录中国快递业的时光机

中国快递年鉴
CHINA EXPRESS YEARBOOK
（2016年卷）

《中国邮政快递报》
微信二维码

《中国邮政快递报》
微博二维码

《快递》杂志
微信二维码

《快递》杂志
微博二维码

地址：北京市西城区北礼士路甲8号
《中国快递年鉴》编辑部
电话：010-88323288/88323297
传真：010-88323269

中国快递年鉴
（2017 年卷）

《中国快递年鉴》编辑部　编

人民交通出版社股份有限公司
China Communications Press Co.,Ltd.

内 容 提 要

本年鉴客观记载、全面反映了2017年我国快递业的发展情况以及各地区的进展和主要成就。全书共11部分，分别为：特载、发展概览、发展环境、发展数据、人才建设、市场主体、各地纵览、协会活动、人物志、行业展望和附录。

本书为我国快递领域最具权威的综合性、资料性、史册性工具书，是读者全面了解我国2017年快递领域发展情况的翔实史料，可供快递行业相关人员及其他社会各界人士阅读参考。

图书在版编目(CIP)数据

中国快递年鉴. 2017年卷 / 《中国快递年鉴》编辑部编. — 北京：人民交通出版社股份有限公司，2018.7

ISBN 978-7-114-14919-1

Ⅰ. ①中… Ⅱ. ①中… Ⅲ. ①邮件投递—中国—2017—年鉴 Ⅳ. ①F618.1-54

中国版本图书馆CIP数据核字(2018)第172597号

书　　名：**中国快递年鉴**(2017年卷)
著 作 者：《中国快递年鉴》编辑部
责任编辑：黎小东
责任校对：宿秀英　刘　芹
责任印制：张　凯
出版发行：人民交通出版社股份有限公司
地　　址：(100011)北京市朝阳区安定门外外馆斜街3号
网　　址：http://www.ccpress.com.cn
销售电话：(010)59757973
总 经 销：人民交通出版社股份有限公司发行部
经　　销：各地新华书店
印　　刷：北京市密东印刷有限公司
开　　本：880×1230　1/16
印　　张：63
插　　页：8
字　　数：1523千
版　　次：2018年7月　第1版
印　　次：2018年7月　第1次印刷
书　　号：ISBN 978-7-114-14919-1
定　　价：396.00元

《中国快递年鉴》编委会

特邀委员:李　雄　中国邮政速递物流股份有限公司董事长

王　卫　顺丰控股股份有限公司董事长

陈德军　申通快递有限公司董事长兼总裁

喻渭蛟　圆通速递董事局主席兼总裁、党委书记

聂腾云　上海韵达货运有限公司董事长兼总裁

赖梅松　中通快递董事长

周韶宁　百世集团董事长兼 CEO

周少华　百世集团副总裁、百世快递总经理

姚　凯　苏宁物流常务副总裁、天天快递有限公司总裁

崔维星　德邦物流股份有限公司董事长兼总经理

余联兵　优速物流有限公司董事长

王拥军　上海安能聚创供应链管理有限公司董事长

《中国快递年鉴》编辑部

中国邮政快递报社　社　长：李隽琼

中国邮政快递报社　副社长：阴志华

成　　员：(按姓氏笔画排序)

于继锋　王　毅　王　伟　付　嘉　任惠林　任国平
李　峰　李永松　吴晓明　余　艳　陈祎然　杨军栋
沈晓燕　张　慧　武文静　屈　凯　郭荣健　徐华荣
夏新东　耿　艳　矫　捷　曹　丹　董晓云　谢　俊
翟潇潇　戴元元

编 辑 说 明

《中国快递年鉴》是我国快递领域最具权威的综合性、资料性、史册性工具书，旨在客观记载、全面反映我国快递领域发展情况以及各地区每年度取得的最新进展和主要成就，可为读者全面了解我国快递领域的发展提供翔实的史料。

《中国快递年鉴(2017 年卷)》着重反映 2017 年期间我国快递领域的发展情况。全书共 11 部分，具体内容如下。

1. 特载：包括交通运输部和国家邮政局有关领导的重要讲话及专文专访；

2. 发展概览：包括 2017 年快递服务发展综述，快递领域十大事件，中国快递发展大事记，各省(区、市)快递发展大事记；

3. 发展环境：包括 2017 快递市场监管和安全监管情况，2017 年市(地)邮政管理工作综述，2017 年施行的快递法律规章及规范性文件，快递发展相关规划及重要解读，快递标准，快递政策，同时还辑录了部分省(区、市)、市(地)关于快递服务的政策法规；

4. 发展数据：包括 2017 年邮政行业运行情况及发展统计公报，2017 年快递业调查报告，2017 年快递服务公众满意度调查结果及邮政业消费者申诉情况通告；

5. 人才建设：包括 2017 年快递人才队伍建设概述，2017 年职鉴工作进展，以及各骨干企业人才培养特色举措；

6. 市场主体：介绍了 2017 年快递市场主体发展情况以及我国快递市场 11 家重点企业发展情况；

7. 各地纵览：介绍了全国各省(区、市)快递市场发展及管理情况；

8. 协会活动：介绍了中国快递协会 2017 年工作情况；

9. 人物志：辑录了 7 位业内外的传奇人物眼中行业的创新、变革、转型和发展；

10. 行业展望：介绍了我国快递领域未来的发展趋势；

附录：包括与快递领域有关的重要文件。

《中国快递年鉴(2017年卷)》的出版,得到了国家邮政局各有关部门,各省(区、市)邮政管理部门、中国快递协会及各省(区、市)快递协会、有关快递企业的大力支持。在此,我们向所有为本年鉴编辑出版作出贡献的单位和个人表示衷心感谢!

本年鉴资料内容未包括香港特别行政区、澳门特别行政区和台湾省资料。

《中国快递年鉴》编辑部

2018年6月

2017年3月5日，第十二届全国人民代表大会第五次会议在北京人民大会堂开幕，国务院总理李克强作政府工作报告时指出，要促进电商、快递进社区进农村，推动实体店销售和网购融合发展。快递连续第四次被写入政府工作报告。而在此前，3月3日开幕的中国人民政治协商会议第十二届全国委员会第五次会议上，全国政协主席俞正声在回顾政协过去一年工作时指出，聚焦法治建设和社会治理重要问题，对《快递条例》的制定等调研议政——在全球关注的中国两会上，快递发展已成为必不可少的热点。

2017年，国家邮政局党组贯彻落实中央要求，把迎接党的十九大和学习宣传贯彻党的十九大精神作为首要政治任务抓紧抓好。印发《学习宣传贯彻党的十九大精神工作方案》，集中组织观看十九大开幕会，召开全系统电视电话会议进行传达学习和全面部署，分批次对全系统党员干部进行专题培训，召开座谈会，实现学习培训全覆盖，迅速掀起学习宣传贯彻党的十九大精神热潮，不断深化思想理论武装，推动行业改革发展各项工作深入开展。图为国家邮政局召开全国邮政管理系统电视电话会议传达学习贯彻党的十九大精神。

2017年1月6日晚，国家邮政局首次举行宪法宣誓仪式。国家邮政局党组书记、局长马军胜监誓，党组成员、副局长王梅、赵晓光、刘君、邢小江列席。马军胜在宣誓仪式现场勉励大家要坚决维护宪法权威，做到坚持党的领导与忠于宪法的高度统一，坚决同以习近平同志为核心的党中央保持高度一致。要依法全面履行职责，坚持依宪行政、依法行政，确保中央决策部署全面落实、政策措施全面落地。要自觉接受监督，坚持廉洁奉公，以更高标准和更严要求约束自身言行。要时刻牢记誓词，扎实工作、恪尽职守、奋发有为，以优异成绩迎接党的十九大胜利召开，为全面建成与小康社会相适应的现代邮政业做出新的更大贡献。

2017年10月27日，我国主导的UPU改革方案获得万国邮联行政理事会批准，它强化了万国邮联政府间国际组织性质和政企分开的治理结构，简化了经营机构选举程序，为代表性不足地区增加了8个席位，保护和调动了各方积极性。中国的领导力和贡献得到各成员国的充分认可和赞赏。本届UPU改革特设组包括76个成员国、区域性邮联和其他国际组织，成为了UPU历史上参与者数量最多的超级工作机构。此外，在第12届亚太邮联代表大会上，我国候选人林洪亮连任亚太邮联秘书长。

2017年11月9日，交通运输部部长李小鹏到国家邮政局调研“双11”旺季服务保障工作，与国家邮政局和部分省（市）邮政管理部门负责同志座谈，并向奋战在旺季服务保障工作一线的同志表示慰问。他强调，要更加紧密地团结在以习近平同志为核心的党中央周围，切实把思想和行动统一到党中央决策部署上来，以扎实工作深入贯彻落实党的十九大精神，凝心聚力建设交通强国，坚定信心、脚踏实地，以最佳的状态、最实的举措、最优的业绩，全力以赴确保快递旺季安全畅通、平稳运行，力争向社会交出一份满意的答卷。国家邮政局局长马军胜主持座谈会，副局长王梅、赵晓光、刘君、邢小江出席。

2017年3月15日，全国两会进入最后一天，备受关注的“部长通道”最后一次开启。早8时许，列席十二届全国人大五次会议闭幕会的国家邮政局局长马军胜在这里接受采访，回应媒体关切的邮政、快递热点话题，为邮政业200余万干部职工点赞，表达行业发展的愿景和诉求，在两会上为邮政业发出声音。

2017年5月12日，“一带一路”国际合作高峰论坛召开倒计时之际，国家邮政局党组书记、局长马军胜一行在北京深入企业分拨处理中心，检查督导企业做好寄递渠道安全保障工作，强调要切实增强政治责任感和紧迫感，从讲政治、顾大局的高度，充分认识做好高峰论坛寄递渠道寄递安全服务保障工作的特殊意义，严格落实收寄验视、实名收寄和过机安检“三项制度”，通过科技手段提高作业效率,提升规范化程度，增强服务水平，高度重视末端网点建设，稳定基层网点运营，确保高峰论坛寄递渠道安全、畅通和高效。

2017年10月11日至12日，在第四个“国家扶贫日”即将到来之际，国家邮政局党组成员、副局长王梅带队赶赴河北平泉，走访慰问贫困户，并就精准扶贫工作展开密集调研。王梅强调，要切实贯彻落实好习近平总书记关于扶贫攻坚的重要战略思想，坚定“四个意识”，着力发挥基层党支部的战斗堡垒和党员干部的先锋模范作用，强化脱贫攻坚主体责任，关心爱护、大力支持挂职干部工作，以更强的责任感、更硬的举措、更大的气力，补齐工作短板，夯实工作基础，问需于民、问计于民，在精准施策上出实招、在精准推进上下实功、在精准落地上见实效，坚决打赢脱贫攻坚这场硬仗中的硬仗，为党和人民交上一份满意的答卷。

2017年3月，国家邮政局党组成员、副局长赵晓光分别在宁夏银川市、石嘴山市和吴忠市进行调研。赵晓光实地调研了银川邮区中心局邮件分拣中心及药品仓储中心、银川市电商快递物流园区、石嘴山市O2O快递电商体验馆、平罗县电商快递园等地，详细了解了快递企业生产运营、安全保障、分拣设备配置、车辆通行等方面的情况。赵晓光提出，邮政企业要不断拓展普遍服务内涵，树立大服务理念，主动参与市场竞争，灵活开办业务，充分发挥点多、线长、面广等优势，不断提高服务能力和水平。快递企业要不断优化作业流程，大力推进自动化、智能化工艺和设备的应用，提高生产精细化水平，应用云计算、大数据等信息技术提升生产效能，努力构建现代化的快递服务体系。图为赵晓光在石嘴山市平罗县农村电子商务公共服务中心调研。

2017年6月15日至16日，国家邮政局党组成员、副局长刘君同志带队赴河北省石家庄、保定、邢台等地调研实名收寄信息系统推广应用工作。刘君一行深入各主要快递企业基层营业网点，详细了解实名收寄制度推进落实情况，现场查看实名收寄信息系统实际操作演示，亲自使用安易递系统监管终端核查快件实名信息采集情况，认真听取邮政管理部门和快递企业一线工作人员意见和建议，针对实名收寄信息系统企业版使用过程中暴露出的系统不稳定、信息传送不及时、实际操作不方便等问题提出了改进意见。图为刘君在保定圆通复兴路标准门店调研实名收寄工作。

2017年9月27日，国家邮政局党组成员、副局长邢小江赴山东青岛出席2017年中国技能大赛——全国邮政行业职业技能竞赛决赛闭幕式。此次大赛是邮政体制改革以来国家邮政局首次主办的国家级竞赛，也是全行业规格最高、参与范围最广的技能比赛。大赛对前3名获奖选手按程序申报全国技术能手荣誉称号。图为邢小江在首届全国邮政行业职业技能竞赛决赛现场督导。

2017年4月25日，中国邮政集团四川甘孜县分公司邮运驾驶员其美多吉、中通快递河南鹤壁分公司负责人马朝立摘得“2016年感动交通年度人物”的殊荣，他们也在第一时间收到了来自国家邮政局的祝贺与慰问。这次评选开创了邮政业两个第一次，一是第一次有两位职工同时当选，二是第一次有快递企业员工当选。“全行业要以其美多吉、马朝立为榜样，大力弘扬社会主义核心价值观，自觉践行行业核心价值理念，引领企业发展方向，树立良好的社会形象。”国家邮政局局长马军胜强调，要充分发挥典型的示范、辐射作用，影响和带动广大从业人员，立足本职，无私奉献，为行业发展做出新的更大的贡献。图为国家邮政局局长马军胜、副局长邢小江与其美多吉、马朝立高红娟夫妇合影留念。

2017年5月6日，由国家邮政局联合共青团中央共同发起的首届“绿色快递进高校”活动在全国六所高校同时启动。本届活动主题是“以青春的名义共建美丽中国”，倡导大学生率先发扬绿色用邮新风尚，引导和营造良好社会舆论氛围，让更多企业、组织和个人参与到践行绿色环保、共建“美丽中国”的伟大工程中来。共青团中央书记处书记傅振邦，国家邮政局党组成员、副局长王梅，北京邮电大学校长乔建永在位于北京邮电大学的主会场共同签收“绿色快件”，揭晓“绿色快递行动标识”，启动“绿色快递进高校”活动。

2017年8月30日，由国务院法制办、交通运输部、国家邮政局组成的《快递暂行条例》立法调研组赴上海，就《快递暂行条例（草案）》与企业座谈并征求意见。在座谈会上，调研组与企业代表面对面交流，深入了解企业界对于《快递暂行条例（草案）》的意见和建议，逐一听取了中邮速递、顺丰、中通、申通、联合包裹、中外运-敦豪、优速、京东、阿里巴巴等企业代表的意见。大家对《快递暂行条例》充满期待，认为《快递暂行条例》的出台必将有力地推动快递业的高质量发展，呼吁条例尽快出台，再在发展中不断探索。

继2016年底发布《邮政业发展“十三五”规划》《邮政普遍服务“十三五”规划》《快递业发展“十三五”规划》《邮政业监管体系建设“十三五”规划》之后，2017年3月27日，《京津冀地区快递服务发展“十三五”规划》《长江三角洲地区快递服务发展“十三五”规划》《珠江三角洲地区快递服务发展“十三五”规划》三大区域快递规划发布。截至2017年7月，全系统“1+3+3+31+332”部邮政业规划全部完成发布，建立起层次清晰、统筹协调、功能衔接、符合业情的三级邮政业规划体系。图为国家邮政局印制的《邮政业“十三五”规划汇编》。

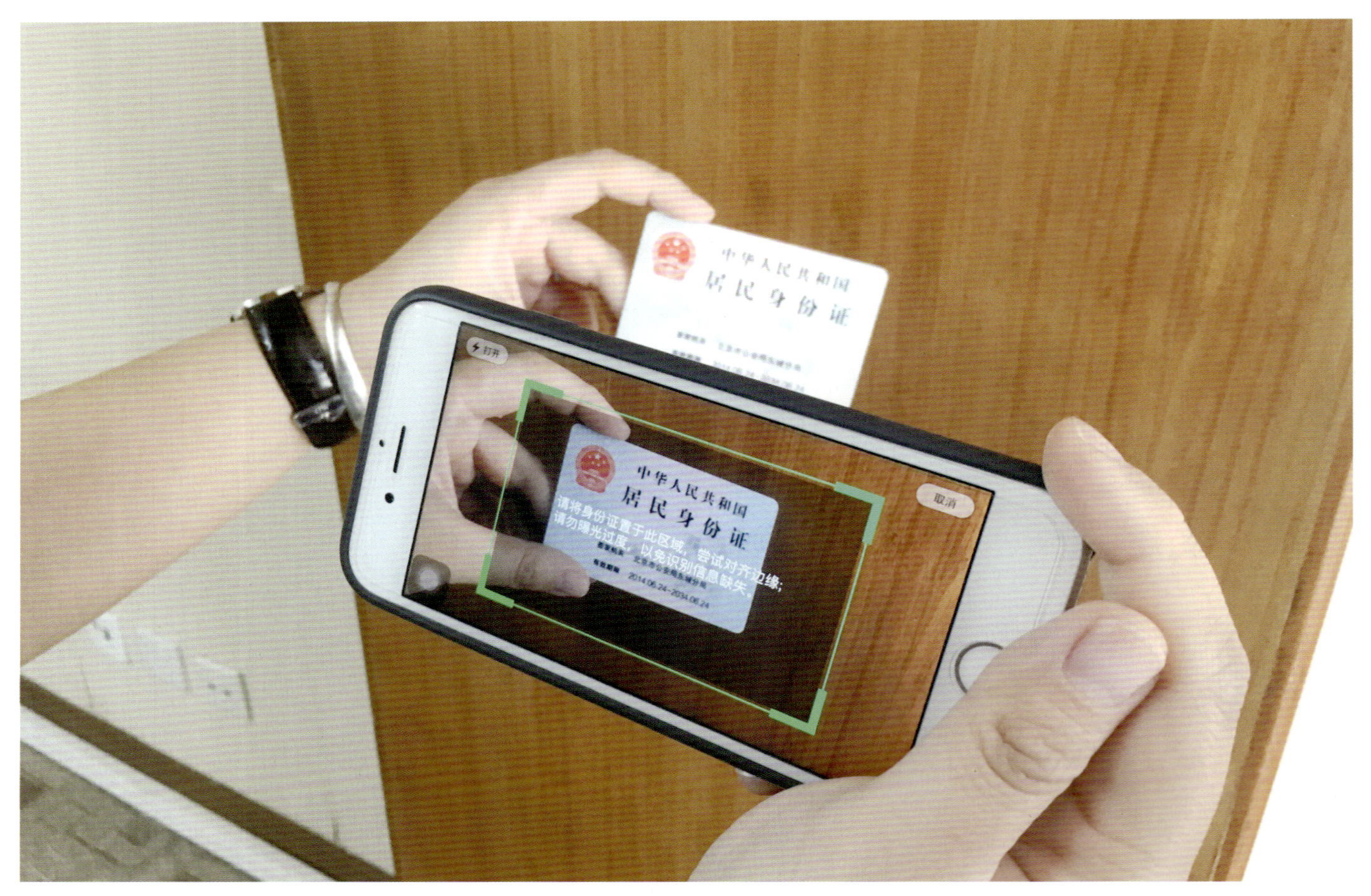

2017年，寄递实名制全面铺开。从4月1日开始，全行业按照“合法、安全、便民、高效”的原则，高度重视，精心组织，加快推进实名收寄信息系统在全国范围的试点应用，建立了高效务实的工作机制，构建起了一套实名收寄信息支撑体系。7月10日、9月25日，国家邮政局又先后召开会议，下发紧急通知，对推动寄递实名制和强化寄递渠道三项制度进行再动员、再部署。

2017年2月，国家邮政局发布2017年邮政业更贴近民生7件实事。全国各级邮政管理部门以落实7件实事为各项工作的出发点和着力点，顺应群众期盼，突出问题导向，注重创新驱动、优化结构、补齐短板、联动融合，不断增加邮政基本公共服务新供给，解决人民群众关注的突出问题，满足人民群众对寄递服务的新需求，让广大人民群众共享邮政业改革发展成果，拥有更多的获得感。图为快递服务助力四川泸州市古蔺县呐喊村精准脱贫，村民们正在采摘丰收的猕猴桃。

2017年1月18日，由中国邮政快递报社主办，《快递》杂志、《中国邮政快递报》、快递经理人俱乐部、国邮新媒、国邮舆情倾力打造的2017“快递之夜”中国邮政快递报社年会暨快递行业颁奖典礼在北京举行。这场快递业首度全类别颁奖典礼，吸引了来自全国19家主要快递企业的董事长、高管，18家关联企业的负责人及行业各界人士共计200余人。在此次颁奖典礼上，“金”当选2016年中国快递年度汉字。

2017年11月，国家邮政局等十部门联合发布《关于协同推进快递业绿色包装工作的指导意见》，推进快递包装的绿色环保化，并将每年11月第一周定为“绿色快递宣传周”。《指导意见》明确，到2020年，可降解的绿色包装材料应用比例将提高到50%，基本淘汰重金属等特殊物质超标的包装物料，基本建成专门的快递包装物回收体系。主要快递品牌协议客户电子运单使用率达到90%以上，平均每件快递包装耗材减少10%以上，推广使用中转箱、笼车等设备，编织袋和胶带使用量进一步减少。基本建立快递业包装治理体系。图为快递绿色包装行动首次走入小学校园活动，同学们展示自己设计的快递绿色包装宣传活动志愿者招募启事，此次活动也是落实国家邮政局《推进快递业绿色包装工作实施方案》、推动“绿色快递”发展的具体举措之一。

自2017年5月以来，全国快递服务企业日均快递业务量超过1亿件，标志着我国已经常态化进入单日快递“亿件时代”。2017年“双11”当天，主要电商企业全天共产生快递物流订单8.5亿件，同比增长29.4%；全天各邮政、快递企业共处理3.31亿件，同比增长31.5%。在整个“双11”期间，全行业处理的邮件、快件量超过15亿件，达到历史峰值。2017年，邮政业主要经济指标均数倍于GDP增幅，显示行业仍处于高位运行，基数更大，发展更稳，同时也呈现出稳中有好、稳中有进、稳中有新的态势。

2017年5月28日至6月1日，2017北京国际服务贸易交易会在国家会议中心召开。5月29日，快递业和关联产业多家知名企业在2017年北京国际服务贸易交易会现场举行2017中国快递行业签约仪式，14场签约涉及快递服务电子商务、制造业、农业以及跨境快递等项目，总签约额再次突破千亿元。此次签约仪式以“打通上下游、拓展产业链、画大同心圆、构建生态圈”为主题。图为中国邮政、快递企业与菜鸟网络战略合作签约。

2017年6月1日，阿里巴巴旗下的菜鸟网络与顺丰集团旗下的丰巢科技相互关闭数据接口，引发社会广泛关注；6月2日晚，国家邮政局召集菜鸟网络和顺丰速运高层来京，就双方关闭互通数据接口问题进行协调，双方表示将从讲政治顾大局的高度出发，积极寻求解决问题的最大公约数，共同维护市场秩序和消费者合法权益，并同意从6月3日12时起，全面恢复业务合作和数据传输；7月3日，菜鸟网络与丰巢科技就数据共享合作达成一致意见，双方因数据互通而遗留的问题得以圆满解决。“丰鸟之争”从企业之间的合作纠纷升级为一场社会舆论事件，让快递数据安全进入公众视野，快递数据该如何共享、收集、分析和运用成为一个亟待回答的问题。

2017年9月26日至27日，2017年中国技能大赛——全国邮政行业职业技能竞赛决赛在山东青岛举办。来自26个省（区、市）的70名参赛选手经过激烈角逐，最终，孙季冬、潘林军、李晓晓三名选手脱颖而出获得一等奖，卢海龙等12名选手获得二等奖，谢武辉等15名选手获得三等奖。此外，山东省代表队等5个代表队获得优秀团体奖，上海市代表队等10个代表队获得优秀组织奖，广东省代表队等5个代表队获得精神文明奖，山东省代表队杜华云等10名技术指导获得优秀技术指导奖。

2017年9月25日，“砥砺奋进的五年”大型成就展在北京展览馆开展，以“小黄人”为代表的快递业科技创新成果引发社会各界观众和新闻媒体广泛关注。“小黄人”5分钟的运算量，相当于最繁忙的首都机场一天航班起降的计算量；圆通“双层巴士”的分拣效率比普通自动分拣设备提升1倍，每小时处理量可达4万件；百世自主研发的“风暴自动分拣系统”，将包裹分拣准确率从人工操作的80%提升至99.9%以上，分拣效能提升4倍。除此之外，无人仓、无人车、无人机等快递业科技创新成果也在加速向应用领域转化。“黑科技”风靡，行业科技创新呈你追我赶之势。

2017年11月24日，由国家邮政局、浙江省人民政府、中国快递协会共同主办的第二届中国（杭州）国际快递业大会在快递之乡浙江桐庐召开，来自国内外的600余名政产学研代表共同展望新时代下中国快递的美好愿景和探讨发展思路。国家邮政局局长马军胜、浙江省副省长高兴夫出席并致辞。会上，国家邮政局和浙江省人民政府签署战略合作协议，国家邮政局副局长刘君和高兴夫分别代表双方签字。

2017年11月11日13：00，在北京南站中铁快运集散中心，一件件通过安检的快件经工作人员扫描后，被装进了蓝色的高铁快运专用箱中。一个小时后，它们搭乘从北京南站开往上海虹桥的京沪高铁“复兴号”G3次列车开启4.5小时的“复兴号”之旅——这是中铁快运携手顺丰速运在京沪高铁“复兴号”列车上首次推出的“高铁极速达”产品，北京上海间可实现10小时货物送达客户。

2017年12月8日，第二届全国“互联网+”快递大学生创新创业大赛全国第二轮总决赛在湖北武汉落下帷幕。大赛以“凝聚创新力量、放飞创业梦想”为主题,重点围绕“互联网+快递”的产业升级、服务提升、协同发展和平台建设四个方面设置了创新产品设计、工作流程优化、创业计划实施三类比赛项目。经过激烈角逐，安全可追踪共享绿色快递袋及其应用等9个参赛作品获得金奖，“到了吗”高校末端快递共享平台等21个作品获得银奖，石家庄邮电职业技术学院等10所高校获得优秀组织奖。

2017年5月8日，圆通速递公司发布公告称，圆通或圆通全资子公司拟以现金方式收购香港联交所主板上市公司先达国际物流控股有限公司61.87%的股份，实现对先达国际的控股，成为国内上市快递企业并购境外上市物流企业的第一案。8月1日，申通快递公司发布公告，以自有资金1.33亿元对快捷快递有限公司进行增资，增资完成后，申通将取得快捷快递10%的股权，成为第三大股东。资本起舞，行业兼并重组加剧。

目 录

第一篇　特载

第二篇　发展概览

第三篇 发展环境

第四篇　发展数据

第五篇 人才建设

第六篇 市场主体

第七篇 各地纵览

第八篇　中国快递协会 2017 年工作情况

第九篇　人物志

第十篇　行业展望

附录

第一篇　特　载

齐心协力推动我国邮政业在新的一年取得重大成绩

——交通运输部部长李小鹏在2017年全国邮政管理工作会议上的讲话

2017年1月5日

同志们：

很高兴参加2017年全国邮政管理工作会议。刚刚过去的2016年，是邮政业持续快速发展、取得重要进展的一年。刚才，军胜同志作的工作报告，总结了2016年工作情况，部署了2017年工作，听了以后，很受启发，也很振奋，我完全赞同。

2016年，邮政行业认真贯彻落实党中央、国务院决策部署，主动适应经济发展新常态，改革攻坚、开拓创新，实现了“十三五”良好开局，为建成与小康社会相适应的现代邮政业奠定了坚实基础。一是行业发展环境持续优化。颁布实施了邮政业发展“十三五”规划和各专项规划，《快递条例》立法工作也取得重要进展，制修订了邮政普遍服务等6项标准，行业发展政策体系更加完善。二是改革成效日益凸显。制定实施了邮政管理部门“放管服”改革方案，健全完善“三个清单”，实施“双随机一公开”工作机制，大力推动邮政企业改革创新，行业管理体系进一步完善。三是基础建设不断强化。邮政普遍服务和机要通信基础设施建设工程稳步实施，快递园区和综合枢纽建设取得积极进展，智能快件箱等末端服务能力大幅提高。产业协同工程、“上机上车”工程扎实推进，行业服务能力显著提升。四是依法行政水平有力提升。进一步加强邮政普遍服务监督和邮政市场监管，执法综合管理有序推进。五是行业安全体系进一步夯实。持续强化安全监管基础，强化寄递安全监管和应急管理，有效保障了G20峰会寄递，“双11”等旺季服务保障顺利平稳。六是国际合作交流不断深化。积极推进中欧班列运输邮(快)件，成功举办亚洲国际邮展，高票当选新一届万国邮联大会行政理事会和经营理事会理事国，进一步提升了中国邮政业的国际话语权和影响力。

可以说，在过去的一年，邮政业各方面都取得了显著成绩，实现了“十三五”开门红。在此，我代表交通运输部，向以军胜同志为班长的局党组，向所有关心支持邮政工作的各级党委政府和各有关部门，向全国邮政系统广大干部职工和离退休老同志，表示热烈的祝贺！

习近平总书记高度重视交通运输工作，对交通运输事业寄予了殷切期望、给予了亲切关怀，并且作出了一系列重要指示批示。特别是去年9月，习近平总书记对交通运输工作作出了新的重要指示。在2017年全国交通运输工作会议上，我们进行了传达学习。刚才，军胜同志在报告中又作了进一步传达。总书记的重要指示，概括起来，主要是“七个重点、四项要求”。七个重点是，紧紧抓住交通运输黄金时期，建好“四好农村路”，促进物流业“降本增效”，积极服务“三大战略”，创新发展综合交通运输，大力弘扬“两路”精神，全面加强党的建设。四项要求是，把握机遇，加快发展；真抓实干，久久为功；组织创新，管理创新；找准位置，履职尽责。总书记的重要指示，指明了当前和今后一个时期交通运输工作的根本宗旨、工作主线、发展关键、职责使命、动力源泉、精神支柱和根本保障，是治国理政新理念新思想新战略在交通运输领域的集中体现，是做好交通运输工作的根本方针和根本遵循。希望包括邮政在内的整个交通运输战线广大干部职工，都要结合各自的工作实际，认真学习领会、深入贯彻落实。

学习领会、贯彻落实总书记对交通运输工作的重要指示，要和学习领会、贯彻落实党的一系列重要会议精神结合起来，包括党的十八大、十八届三中、四中、五中、六中全会精神和中央经济工作会议精神，还要和学习贯彻习近平总书记系列重要讲话精神结合起来，还要和学习贯彻党中央、国务院决策部署结合起来。

10 月 24 日至 27 日，党的十八届六中全会在北京举行，全会审议通过了《关于新形势下党内政治生活的若干准则》和《中国共产党党内监督条例》，这是我们党加强全面从严治党的两个新的文件，被称为从严治党的利器。我们正在进行的是中国特色社会主义的伟大事业，正在进行的是具有许多新的历史特点的伟大斗争，推进伟大事业、适应伟大斗争的要求，关键是全面从严治党。这就是所讲的治国必先治党，治党务必从严，从严先严领导，领导要守纪律，纪律政治当先。这两个文件在这些方面提出了明确要求，做出了具体规定。我们一定要学习领会、贯彻落实好。六中全会决定，2017 年的下半年召开党的十九大，全会要求全国上下都要为党的十九大召开，做好思想准备、组织准备，做好经济社会发展的各项工作，做好社会和谐稳定的各项工作，我们也要贯彻落实好。六中全会确立了习近平总书记在全党的核心地位。我们的事业需要核心，习近平总书记就是我们的核心，这个核心是党的十八大以来，在实践当中已经形成的核心。这次六中全会，明确这个核心，名副其实、众望所归、当之无愧，符合党心、民心、军心。包括邮政职工在内的整个交通运输战线，要坚决拥护、坚决服从、坚决维护习近平总书记这个核心，紧密地团结在以习近平同志为核心的党中央周围，做好各项工作，为党的十九大胜利召开作出我们应有的贡献。

12 月 14 日至 16 日，中央经济工作会议在北京召开，习近平总书记、李克强总理都作了重要讲话。习近平总书记在会议的讲话当中，总结了十八大以来党中央带领全国上下治国理政、推动经济社会发展三件大事。第一件大事是，作出了经济社会发展进入新常态的重大判断；第二件大事是，建立了以新的发展理念为指导，供给侧结构性改革为主线的经济政策框架；第三件大事是，明确了稳中求进的工作总基调。这三件大事非常重要，概括了我们党十八大以来指导经济工作的实践，也是我们党在推动中国特色社会主义发展过程当中，对马克思主义政治经济学的新发展。中央经济工作会议还明确提出，2017 年经济工作的主线是深化供给侧结构性改革，这是现实的需要，是做好经济工作的需要，是包括邮政在内的整个交通运输战线工作的主线。我们要按照中央要求，把邮政系统供给侧结构性改革落实好、推动好、深化好，为降低物流成本作出贡献，为提升服务质量作出贡献，为提高管理水平作出贡献。中央经济工作会议还再次明确了 2017 年工作的总基调，就是稳中求进。稳中求进，是党治国理政的重要原则，也是经济工作的新的方法论。稳是大局，稳是主基调，但是稳不等于不进。习近平总书记要求，在稳的前提下，要有所进取，在把握度的前提下，要奋发有为。我们要进一步深刻领会中央经济工作会议精神，结合邮政系统的实际，把会议精神贯彻好、落实好。

12 月 27 日，新闻媒体集中报道了中央政治局民主生活会情况。中央政治局召开民主生活会，以深入学习领会党的十八届六中全会精神为主题，围绕“两学一做”学习教育要求，重点对照《准则》和《条例》，联系中央政治局工作，联系十八大以来中央抓作风建设的实际，联系自身执行八项规定的实际，进行了自我检查、党性分析，开展批评和自我批评，并且研究加强党内政治生活和党内监督的措施。党中央和党中央领导同志，为我们加强和改善党内政治生活作出了榜样，作出了表率，也为我们加强和改善党内政治生活提出了新的明确要求。我们要认真学习贯彻，准备好、开好各自的民主生活会，做好各项工作。关键是通过加强党内政治生活，通过开好民主生活会，总结、批评、自我批评，团结一致，加强党的建设，为做好各项工作奠定坚实的基础。

学习领会、贯彻落实中央精神，关键是要把中央的精神落到实处，做好邮政系统的各项工作。在这里，我再强调几点意见。

第一，抢抓"黄金时期"，深化供给侧结构性改革。推进供给侧结构性改革，是当前和今后一个时期我国经济工作的主线，也是邮政工作的主线。要坚持以提高发展质量和效益为中心，针对人民群众对邮政服务的多元化需求，着力扩大高品质、便捷化、个性化产品和服务供给。要深化与先进制造业、农业、金融等产业的深度融合，巩固与电子商务协同发展的良好态势，完善快运、冷链和仓配一体化服务。要加强与现代综合交通运输体系融合，在信息、标准、设施、业务等领域有效衔接。要积极落实"一带一路"倡议要求，健全中欧铁路运邮机制，增强国际航空运邮能力，支持中国企业、中国服务走向世界。

第二，坚持创新驱动发展，加快推进行业转型升级。做大做强做优邮政业，必须把创新摆在行业发展的核心位置，不断创新商业模式、服务形式和管理方式，不断激发市场主体活力和创造力。要大力培育壮大骨干企业，打造国际知名品牌，支持邮政企业做强寄递主业，支持快递企业提高核心竞争力。要全面推进"互联网＋"行动，促进线上线下互动创新，发展体验经济、社区经济、逆向物流等便民利商新业态。要充分应用现代信息技术，优化服务网络布局，提高运营管理效率，不断提升邮政行业的信息化、智能化、标准化水平。要推动绿色邮政建设，大力推广新能源汽车，加强对快递业包装绿色化、减量化和可循环利用的指导，为建设美丽中国贡献力量。

第三，坚持人民为中心，千方百计做好邮政基本公共服务。12 月 30 日，习近平总书记主持召开中央财经领导小组会议，专门研究关系民生的六项工作。在元旦贺词中高度关注民生。这充分体现了我们党全心全意为人民服务的宗旨和浓浓的爱民情怀。我们一定要把总书记的要求落到实处。邮政普遍服务是国家基本公共服务的重要组成部分，也是保障和改善民生的重要领域。要坚持普惠性、保基本、均等化、可持续的方向，提高邮政公共服务共建能力和共享水平。要优化基础设施网络，全面推进建制村直接通邮，构建覆盖城乡、惠及全民、功能集成的普遍服务体系。要探索邮政精准扶贫，扩大贫困地区邮政基础设施的覆盖面，打造特色农副产品的新型流通模式。要发挥邮政综合服务平台作用，加大对农村电商、跨境网购的支撑能力，提高服务质量，提升便利程度，让邮政改革发展成果更多、更好地惠及广大民众。

第四，坚持安全第一，全力以赴保障寄递安全。安全红线是发展必须坚守的底线，任何时候都必须始终保持清醒头脑，始终绷紧安全生产这根弦。要认真落实习近平总书记关于安全生产工作的系列重要指示批示精神，深刻把握行业监管的新形势新特点，积极开展"绿盾"安全监管工程建设，从行业规划、产业政策、法规标准、行政许可等方面夯实安全基础。要落实安全生产责任制，落实收寄验视、实名收寄、过机安检"三项制度"，强化企业安全生产主体责任、政府监管责任和用户安全用邮责任。要建立健全安全风险全面防控和隐患排查治理的双重预防体系，提升安全监管和应急处置能力，坚决防范和遏制重大安全事故发生。

第五，坚持落实全面从严治党要求，切实加强干部人才队伍建设。加强干部人才队伍建设，是邮政业科学发展的坚强保障。要坚持严字当头、问题导向，落实全面从严治党要求，巩固巡视整改和“两学一做”专题学习教育成果，突出抓好党规党纪的落实，锻造一支忠诚干净担当的干部队伍。要切实加强和规范党内政治生活，全面落实党内监督责任，突出抓好领导干部这个“关键少数”，积极营造风清气正的良好政治生态。要坚持人才是第一资源，充分发挥共建院校合作培养高层次人才机制作用，完善高水平专家智库，扩大人才培养规模，建设专业人才队伍，为行业持续健康发展提供智力支撑。

2017 年是实施“十三五”规划的重要一年，是供给侧结构性改革的深化之年，邮政业改革发展各项任务艰巨繁重。交通运输部将一如既往支持国家邮政局工作，齐心协力推动我国邮政业在新的一年取得重大成绩。

新春佳节将至，借此机会，我代表交通运输部，向全国邮政业广大干部职工和同志们致以新春的问候，祝大家身体健康、阖家幸福、工作顺利，万事如意！

加快建成与小康社会相适应的现代邮政业 以优异成绩迎接党的十九大胜利召开

——国家邮政局局长马军胜在2017年全国邮政管理工作会议上的讲话

2017年1月5日

同志们：

这次会议的主要任务是：认真贯彻落实党的十八大、十八届三中、四中、五中、六中全会和中央经济工作会议精神，深入学习贯彻习近平总书记系列重要讲话精神和治国理政新理念新思想新战略，总结2016年工作，部署2017年任务，全面落实《国务院关于促进快递业发展的若干意见》，全面实施邮政业"十三五"规划，全面加快建成与小康社会相适应的现代邮政业。下面，我讲三个方面意见。

一、2016年主要工作回顾

2016年是全面建成小康社会决胜阶段的开局之年，也是推进结构性改革的攻坚之年。全行业牢固树立新理念，按照稳中求进工作总基调，主动适应经济发展新常态，坚持创新引领，坚持服务民生，推进结构改革，推进合作开放，巩固发展态势，巩固安全基础，保持了持续快速发展。全年完成邮政业业务总量7410亿元，同比增长45.9%；业务收入5380亿元(不含邮政储蓄银行直接营业收入)，同比增长33.2%。其中，快递业务量完成313.5亿件，同比增长51.7%；业务收入完成4005亿元，同比增长44.6%。邮政普遍服务和快递服务满意度稳中有升，消费者申诉处理满意率达到97.6%。全力推进重点工作落地见效，主动配合做好中央巡视工作，扎实开展"十三五"规划编制工作，有序推动邮政企业改革创新，有效推进快递企业改制上市，圆满完成G20杭州峰会寄递渠道安全和服务保障任务，高票当选万国邮联行政理事会和邮政经营理事会理事国。邮政业在经济社会发展中的作用不断发挥，日均服务超过2.5亿人次，支撑网络零售额超过4万亿元，占社会消费品零售总额比重达到12.5%，新增就业20万人以上，为国家"稳增长、促改革、调结构、惠民生、防风险"战略实施作出了积极贡献。

(一)全力抓好巡视整改，党的领导和党的建设进一步加强。根据中央统一部署，中央第十四巡视组于2016年2月29日至4月29日对国家局党组开展了专项巡视。国家局党组坚决拥护中央重大决策部署，坚决落实政治巡视要求，切实担当起巡视整改主体责任，即知即改、立行立改。成立巡视整改工作领导小组及办公室，迅速召开巡视工作动员大会，统一思想认识，以良好的精神状态配合巡视工作。针对中央巡视组指出的3个方面11个问题，多次召开会议研究，制定整改方案，细化分解为25项具体任务、87项整改措施，建立清单、明确任务、落实责任，实行台账推进、挂账销号、动态管理、督促落实。召开党组专题民主生活会，党组成员深入查摆问题、深刻剖析原因，有针对性地提出整改举措。各省(区、市)邮政管理局和国家局机关、直属单位党组织负责同志敢于较真碰硬，带头整改问题，发挥示范和表率作用。针对存在的突出问题及时召开系统警示教育大会，用身边人、身边事教育广大党员干部。通过巡视，全系统党的领导进一步强化，党的建设进一步完善，全面从严治党进一步加强，党员干部干事创业热情进一步激发，行业改革发展动力进一步增强。

国家局党组以深入开展"两学一做"学习教育

和巡视整改为契机，切实把全面从严治党要求融入贯穿到邮政管理工作的全过程各方面。抓深思想建设，把学习党章党规党纪和习近平总书记系列重要讲话作为党组中心组学习会、民主生活会和组织生活会重要内容及干部专题培训的必修课。召开“两学一做”学习教育交流会。大力表彰“两优一先”，扎实开展学习教育“灯下黑”等7项专项整治。抓好组织建设，坚决贯彻民主集中制原则，认真落实《中国共产党党组工作条例（试行）》，严格执行党组工作规则、重大事项议事决策规则和重大事项风险评估制度。健全党建工作领导小组。顺利召开国家局机关第三次党员代表大会。抓实作风建设，完善落实中央八项规定精神的实施细则，坚决防止“四风”反弹回潮。严格执行领导干部密切联系群众工作制度，深入基层重点解决群众反映的热点难点问题。保持正风肃纪的政治定力和强劲态势，以优良的党风带政风促行风。抓严反腐倡廉建设，配合纪检监察体制改革，设立党风廉政建设领导小组办公室，建立纪检监察联动工作机制。认真履行“两个责任”，确保党风廉政建设目标任务落实到位。正确运用监督执纪“四种形态”，把纪律和规矩挺在前面，推动管党治党从“宽松软”走向“严实硬”。抓牢制度建设，制订《关于贯彻落实全面从严治党要求的实施意见》《党组织和党员领导干部党建工作述职评议考核办法》等制度，加强对党建工作的考核。严格落实“三会一课”和双重组织生活制度。

（二）紧紧围绕主题主线，发展环境进一步优化。一是行业规划工作成效明显。与发展改革、交通运输部门联合印发《邮政业发展“十三五”规划》，邮政普遍服务、快递业发展、邮政业监管体系建设专项规划及各地邮政业发展规划相继发布，对“十三五”时期行业改革发展做出全面部署。规划衔接取得重大突破，邮政快递基础设施建设、网络终端建设、安全管理、竞争性业务开放、快递下乡、村村直接通邮和邮政班列发展7项重点内容纳入了国家规划纲要。加强与现代综合交通运输体系、电子商务等多部规划衔接。二是邮政立法工作稳步推进。《快递条例》被明确为国务院全面深化改革急需立法项目。积极参与电子商务立法，推动快递服务纳入立法内容。修订颁布《集邮市场管理办法》，福建、西藏邮政普遍服务保障办法等地方法规相继出台。三是发展政策体系更加完善。认真落实《国务院关于促进快递业发展的若干意见》，企业上市、“绿盾”工程、人才队伍建设等工作取得重大突破，24个省（区、市）出台落实意见。出台京津冀邮政业协同发展、加快长江经济带邮政业发展等指导意见。参与制定互联网+高效物流实施意见等政策。落实全面推开营改增政策，进一步减轻企业税负。四是科技与标准工作全面加快。召开邮政行业科技创新大会，出台指导意见。发挥企业技术创新主体作用，数据分单技术广泛应用，机器人配货分拣和无人机投递等新技术开始试用。引导企业申报国家重点实验室、技术中心。印发推进快递业绿色包装工作实施方案，主要品牌快递企业电子运单使用率达到70%，全行业新能源汽车使用量超过4000辆。制修订快件集装笼等7项标准。稳妥推进快递专用电动三轮车国家标准的制订，会同相关部门起草快递汽车技术条件标准。圆满完成《邮政普遍服务》标准修订工作，坚持以人民的根本利益为出发点和落脚点，与邮政企业和相关部门积极协调，广泛征求意见建议，科学提出指标，最终邮件时限标准大幅缩短，投递服务标准显著提升。

（三）着力突出放管服重点，改革成效进一步显现。一是持续深化放管服改革。制订邮政管理部门放管服改革工作方案。精简经营邮政通信业务审批程序，优化快递业务经营许可和仿印邮票图案及制品审批环节。推进许可企业信息公开，实现全流程网上审批。清理审批中介服务事项。着力推动实施“双随机”工作机制，印发随机抽查工作细则和事项清单。二是不断推进企业改革创新。加强重大问题调研，出台政策推动国有企业创新发展。邮政企业在世界五百强中的排名提升到105位，邮储银行成功在香港上市，"一体两翼"战略效果初步显现，快递、包裹业务量完成50亿件，同比增长37%。鼓励各类资本依法进入快递领域，支持企业改制上市，对拟上市企业出具合规证明，圆通、中通和申通已成功上市，顺丰和韵达重大资产重组上市获证监会审核通过。鼓励邮政企业与快递企业创新合作模式，在铁岭、吉安等6个城市开展试点。三是进一步完善行业管理体系。强化安全监管能力建设，健全国家局安全监督管理机构，河北、四川等7个省和东营等9个市（地）成立邮政业安全中心。继续推进县级邮政管理机构建设，新增43个县级机构，进一步规范机构组建及运行工作。按要求完成中国直邮协会脱钩工作。

（四）不断优化基础布局，行业发展能力进一步增强。一是持续加强基础设施建设。实施邮政普遍服务基础设施建设工程。推动邮政企业邮区中心局作业流程和投递网络优化再造，全国累计建成"村邮乐购"站点23.5万个。在湖南、青海等6省开展建制村直接通邮试点工作。加快快递类专业物流园区建设，新增园区20个。湖北鄂州国际快递货运机场选址方案获批并纳入民用机场布局规划，申通国际全货机实现首航，国内快递专用货机达到81架。继续开展快递向西、向下服务拓展工程，全国快递服务网点乡镇覆盖率超过80%。多措并举提升末端服务能力，全国布放智能快件箱累计超10万组，年投递快件逾10亿件。加快推进快递进校园工程，全国高校规范收投率达到84%，黑龙江、湖北、海南达到100%。强化快递网点标准化建设，全国城市标准化网点达到4.1万个。授予8个城市快递示范城市荣誉称号。二是加快推进产业协同工程。启动服务现代农业示范工程，全年农村地区收投包裹超过80亿件，直接服务农产品外销达1000亿元以上，为国家精准扶贫作出积极贡献。深入推进快递服务制造业示范工程，全国已累计开展联动试点项目322个，直接服务的制造业年产值达1207亿元。在北京、上海等13个城市开展跨境引导工程。国际小包继续保持跨境电商寄递的主渠道地位，业务量同比增长47%。联合财政、商务部门继续抓好快递与电子商务协同发展试点工程。三是大力促进交邮融合。山西、黑龙江、河南等地出台保障政策。海南、重庆、贵州等6省（市）实现了县级城市党报当日见报率100%。扎实推动"上机上车"工程，天津、上海、杭州、南京、无锡、青岛、郑州、广州、南宁、重庆、昆明建成航空快件"绿色通道"，高铁运送快件工作取得重大突破。北京按照"三统一"模式，解决了困扰行业多年的电动三轮车规范上路问题。四是着力打造高素质人才队伍。与江苏、陕西、重庆共建三所大学现代邮政学院和邮政研究院，北京邮电大学首届邮政快递专业方向顺利完成招生；遴选确认第一批6个全国邮政行业人才培养基地，"四位一体"的邮政行业人才培养体系初步形成。成功举办全国"互联网+"快递大学生创新创业大赛、快递专业技术人员高级研修培训班。全年完成职业技能鉴定9.7万人次。邮政和快递企业健全人才培训机制，从业人员能力素质不断提升。

（五）坚持发展监管并重，依法行政水平进一步提升。一是强化邮政普遍服务监督。修订邮政普遍服务、邮票发行监管行政处罚裁量基准，出台邮政普遍服务约谈暂行办法。重点开展农村营业场所检查、无着邮件监销、外邮监管、邮票印制销售等专项检查。圆满完成中国工农红军长征胜利八十周年、孙中山诞生一百五十周年等重大题材纪念邮票发行任务。发布年度邮政普遍服务、邮票发行监管报告。继续做好社会监督工作。二是加强邮政市场监管。组织快递市场清理整顿专项行动，实施市场主体退出管理，严厉打击快递企业参与电商刷信行为。对经营运行异常主体进行重点跟踪，强化监测预警、发布监管提示，就服务质量问题多次约谈品牌企业总部。组织对12家品牌快递企业开展服务质量管控评估。推进行业信用体系建设，在天津等7个省（区、市）开展试点。

加强集邮和邮政用品用具市场监管。发布快递市场监管报告和中国快递发展指数。三是推进执法综合管理。27 个省(区、市)局编制完成“三个清单”，执法信息系统实现全面应用。印发法治邮政建设指标体系、邮政行政执法评议考核制度等配套制度。开展第四次邮政行政执法资格全国统一考试,2720 人获得执法资格。加大行政复议、应诉和依申请公开力度。

（六）扭住安全工作关键,寄递安全监管进一步强化。一是持续夯实安全监管基础。加强与综治、公安、国家安全等部门协作配合,建立健全信息共享对接机制。开展寄递渠道安全管理综治考核工作。修订颁布《禁止寄递物品管理规定》,与民政部门联合出台《赈灾包裹寄递服务和安全管理规定》。二是加快推进“三项制度”落实。积极争取国家对寄递渠道“绿盾”工程的政策支持。推动实名收寄制度立法纳入《快递条例》,委托国务院发展研究中心对实名收寄工作开展全面评估。制定实名收寄信息化解决方案及技术规范,在 7 家企业和 3 个省份试点应用实名收寄信息系统。积极争取地方支持,全国安检机已配备到位 7620 台。定期开展收寄验视制度落实情况专项检查,委托第三方机构对企业落实情况进行专门测评。三是着力强化应急管理保障。全力保障 G20 峰会寄递渠道安全,在进浙邮件快件高达 6275 万件的情况下未发生重大安全事故,邮政管理部门被授予“安保贡献突出集体”称号。扎实做好“双 11”等旺季服务保障工作,在业务量同比增长 44% 的情况下实现“两不三保”目标。加强邮政业反恐怖工作,配合做好邮政业禁毒、打击侵权假冒、扫黄打非、锂电池邮(快)件航空运输管理和濒危野生物种保护等工作。

（七）服务国家发展战略,国际交流合作进一步深化。一是“引进来”和“走出去”步伐不断加快。认真贯彻落实“一带一路”国家战略,积极推进中欧班列运输邮(快)件工作,完成中德班列运邮测试,推动万国邮联将制定国际铁路运邮规则和安全便利化措施纳入工作计划。优化布局,设立合肥、济南、东莞、满洲里、阿拉山口、珲春 6 个国际邮件互换局(交换站)。顺丰、申通、圆通、中通和韵达等企业国际化步伐不断提速,在日韩和东南亚重点地区初步形成服务网络,在北美、欧洲和大洋洲等地加快布局,跨境网购、国际物流、海外仓等业务蓬勃开展。第四届中国快递行业(国际)发展大会签约协议金额首次突破 1000 亿元。二是国际合作交流深入开展。积极参与国际组织活动,我国当选万国邮联大会副主席国和改革特设工作组、实物寄递和电子商务委员会主席国。加强双边多边交流,与埃及等 5 国签署合作文件,成功举办亚洲国家邮政高级管理人员研修班。积极参与中美、中欧投资协定、区域全面经济伙伴关系协定(RCEP)谈判,配合改进邮政快递领域中方负面清单。做好世贸组织贸易政策审议工作,配合制订跨境服务负面清单。成功举办中国 2016 亚洲国际集邮展览,在第 45 届国际少年书信写作比赛和纽约世界邮展获得大奖。三是港澳台工作有序推进。加强香港、澳门邮政业交流合作,推进内地与港澳关于建立更紧密经贸关系的安排(CEPA)有关协议在邮政领域落实。继续推进两岸邮政业务交流合作,成功举办海峡两岸邮政研讨会,组织两岸邮政青年交流。

（八）努力夯实管理基础,政府治理效能进一步提升。一是干部队伍建设不断强化。制定关于加强和改进系统领导班子建设的意见等制度,健全干部人事管理机制,规范干部选拔任用工作流程。累计任免局管干部 75 人次,领导班子和干部队伍结构进一步优化。组织 24 名领导干部和公务员双向交流和挂职锻炼。健全干部考核评价机制,强化结果运用。加强干部教育培训,全年共举办各类培训班 20 个,培训 1500 余人次。加强对领导干部和选拔任用工作的监督,组织抽查核实 263 名干部个人有关事项报告,对存在问题的干部严格按规定进行了处理。二是信息化支撑能力持续增强。健全行业统计体系,将经营邮政通信业务企业纳入行业统计,进一步拓展统计范围,纳统机构增加30%。启动电子政务内网建设,推进政府信息公开、安全监管、行政许可、行政执法等信息化项目升级改造。开展三级网站监测通报,有效消除"僵尸网站"。三是基础保障能力稳步提升。继续加强财务管理,完善内控制度,强化监督检查和审计工作。持续推进解决省级以下邮政管理机构办公业务用房工作,宁夏、安徽、湖南等地市(地)局办公业务用房得到有效解决。认真做好信访、保密、档案、督查督办等工作。四是新闻宣传和精神文明建设成果显著。出台进一步加强邮政业新闻宣传工作意见,加强行业意识形态管理和新闻舆论引导工作。组织开展第二届"寻找最美快递员"和全国青年文明号创建等系列活动。落实"精准扶贫"要求,有力有序推进定点扶贫工作,创新工作模式,"哈叭气村脱贫工程"等5个定点扶贫工程取得显著成效。工会、共青团等群团组织和老干部工作有序开展。

同志们,今年行业保持了持续快速发展的良好态势,各项工作都取得了新成效、迈上了新台阶、呈现了新气象,实现了"十三五"开门红。这些成绩的取得,是党中央、国务院坚强领导和亲切关怀的结果,是交通运输部直接领导和中央有关部门、地方各级党委政府大力支持的结果,是全行业、全系统广大干部员工奋发有为、无私奉献的结果,更离不开社会各界的理解、帮助和支持。我谨代表国家邮政局党组,向关心支持邮政业改革发展的各位领导和同志们,向全体干部员工和离退休老同志致以崇高的敬意和衷心的感谢!

二、科学统筹伟大事业伟大工程,奋力实现邮政业的中国梦

习近平总书记多次强调要坚持伟大事业和伟大工程协同推进,这是党和国家在前进的道路上取得一个又一个新胜利的宝贵经验,也是中央巡视组对国家邮政局党组提出的整改要求。我们必须巩固巡视整改成果,深入学习贯彻党的十八届六中全会精神,科学统筹好邮政管理系统党的建设工程和现代邮政业建设事业。

党的十八届六中全会是在我国进入全面建成小康社会决胜阶段召开的一次十分重要的会议,开启了全面从严治党向纵深推进的新征程,推动党和国家事业迈入新时代。全会审议通过的《关于新形势下党内政治生活的若干准则》《中国共产党党内监督条例》,是全面从严治党、标本兼治的重大理论成果,为依规治党提供了制度利器和思想利器,体现了党中央坚定不移推进全面从严治党的坚强决心和历史担当,体现了全党和全国人民的共同心声。我们一定要把全面从严治党要求落到实处,严明政治纪律和政治规矩,着力增强党内政治生活的政治性、时代性、原则性、战斗性,推动邮政管理部门管党治党走向"严实硬"。我们一定要切实加强党内监督工作,做到有权必有责、有责要担当,用权受监督、失责必追究,坚持"较真、务实、从严、共进"的作风,不断增强各级领导班子的创造力、战斗力和凝聚力,加快培养造就一支具有铁一般信仰、铁一般信念、铁一般纪律、铁一般担当的邮政管理干部队伍。

我们要充分认识全会明确习近平总书记核心地位的重大意义,坚决拥护以习近平同志为核心的党中央。当前,党和国家事业站在新的历史起点上,改革发展稳定任务之重前所未有、矛盾风险挑战之多前所未有、治国理政考验之大前所未有。全会确立习近平总书记在全党的核心地位,是我们党和国家根本利益所在,是加强党的领导的根本保证,是坚持和发展中国特色社会主义伟大事业的迫切需要。伟大事业需要坚强的领导核心,中华民族伟大复兴更加需要领导核心的正确引领。我们必须把思想统一到全会精神上来,进一步增强政治意识、大局意识、核心意识、看齐意识,坚定不移同以习近平同志为核心的党中央保持高度一致,始终把坚持党的领导作为推动邮政事业改革发展的根本,持续深化邮政体制改革,认真履行邮政管理职责,推进简政放权放管结合优化服

务，加强事中事后监管，实施公正监管、综合监管，着力解决好行业运行中和群众反映强烈的突出问题。

我们必须始终把促进邮政业发展作为伟大工程的出发点和落脚点，客观总结邮政体制改革以来取得的成就和经验，深刻认识邮政业发展面临的新形势、新任务和新挑战。邮政体制改革十年来，我们坚持事业与产业双轮驱动，在发展中形成了五大基本经验：树立“大邮政”理念，开辟一条符合中国国情的邮政业发展道路；坚持“大发展”导向，不断解放和发展行业生产力；把握“大融合”关键，提升行业供给适应性和有效性；践行“大民生”宗旨，始终牢记“人民邮政为人民”的理想信念；坚定“大信念”不动摇，从井冈山精神等红色基因中汲取营养。经过不懈努力，行业发生了巨大的变化，我们建立健全了企业自主经营、政府依法管理的邮政体制，保障了邮政普遍服务和特殊服务，激发了市场主体活力，保护了消费者合法权益，推动了流通转型和消费升级，基本适应了亿万商家和广大民众的用邮需求。社会关注度支持度持续提升，在国民经济中的作用和影响持续显现。尤其是快递业务量连续6年保持50%左右的高速增长，短时期内完成从小到大的历史性跨越，培育了一批具有较大规模和成长性的企业，成为中国经济的一匹“黑马”，创造了中国服务业和世界邮政业发展的奇迹，为全球邮政发展贡献了可复制、可推广的“中国经验”。

习近平总书记作出了“十三五”是交通运输基础设施发展、服务水平提高和转型发展“黄金时期”的重大判断，为邮政业改革发展指明了方向。国家邮政局深入学习习近平总书记的重大判断，深刻认识和准确把握行业发展规律，综合研判国内外供需两侧形势，认为当前正处在全面建成与小康社会相适应的现代邮政业的决胜期、转型提效的攻坚期、由大到强的加速期，既面临成长蝶变、脱胎换骨的重大战略机遇，同时也面临诸多矛盾风险的严峻挑战。一是行业快速增长态势不断显现，但制约发展的体制性瓶颈依然存在，竞争层次不高，发展基础不牢，被动适应特征突出，服务转型才刚刚起步，金融资本、人才培养、科技装备、服务咨询等社会资源才刚刚集聚，加快释放发展活力、汇聚社会资源、向主动引领型转变的任务还十分艰巨。二是企业资本供给取得重大突破，但制约发展的机制性障碍依然存在，企业有规模欠质效，有知名度欠美誉度忠诚度，有数量欠差异化层次化特色化，有一定的信息化标准化自动化欠系统性整体性协调性，提升服务质量、打造核心竞争力的任务还十分艰巨。三是服务广度不断扩展，普惠程度迅速提高，但制约发展的结构性矛盾依然存在，中高端供给明显不足，低端供给难以为继，末端和跨境供给明显偏弱，提高供给结构对需求结构适应性的任务还十分艰巨。四是业态模式创新活跃，跨界融合趋势明显，但制约发展的政策性问题依然存在，监管资源缺乏、能力不足，规制落地不够、执行不严，事中事后监管效能不高，服务、安全、环保等压力凸显，推进行业治理体系和治理能力现代化的任务还十分艰巨。

站在新起点，开启新征程。为响应中央对邮政业的新定位新要求，解决邮政业发展面临的突出问题，适应邮政业发展新阶段的现实需要，按照中央经济工作会议部署，国家邮政局党组研究提出，当前和今后一个时期，要深入贯彻落实习近平总书记系列重要讲话精神和治国理政新理念新思想新战略，统筹推进“五位一体”总体布局和协调推进“四个全面”战略布局，进一步牢固树立和贯彻落实新发展理念，坚持稳中求进工作总基调，坚持目标导向、问题导向，继续深化行业供给侧结构性改革，按照“打通上下游、拓展产业链、画大同心圆、构建生态圈”思路，深化业务联动，汇集社会资源，提升科技水平，提高服务质量，强化安全保障，加快转型提效，加快建成与小康社会相适应的现代邮政业，为实现“两个一百年”奋斗目标作出积极贡献。

“打通上下游、拓展产业链、画大同心圆、构建生态圈”，强调的是生产力与生产关系的相互作用，供给与需求的动态均衡，业内与业外的有机统一，以期推动行业迈向形态更高级、分工更优化、结构更合理的发展阶段，为实现全面建成与小康社会相适应的现代邮政业规划路径，为破解发展难题、筑牢发展基础、厚植发展优势提供保障。“打通上下游、拓展产业链”，就是要以满足需求为最终目的、以提高供给质量为主攻方向，增品种、提品质、树品牌，做优存量、做大增量、做强质量，拓展范畴、深化内涵、细化分工，增强内生动力，提升贯通产业上下游间和关键环节间的能力，更深更广地融入国民经济主战场。“画大同心圆、构建生态圈”，就是要以深化改革为根本途径，聚焦寄递主业，健全要素市场，引导资源配置，凝聚发展共识，推动全社会知识、资本、管理、技术、人才等不断汇聚，深化企业间、产业间、区域间、部门间紧密协作，创新政府、企业、社会和生态治理方式，更好更快地破解和消除发展中的难点、堵点和痛点。

“打通上下游、拓展产业链、画大同心圆、构建生态圈”要重点把握好五个方面的工作。

第一，强化创新驱动，提升供给适应性有效性。着眼于做大做强做优寄递服务供给，服务经济社会发展大局。抢抓线上线下互动模式蓬勃发展机遇，继续巩固邮政业与电子商务协同发展的良好局面，努力从单纯业务承接引向服务上游业务和提供增值服务的全面协作，拓展个性化、专业化、差异化、一站式寄递服务。积极主动为电商企业提供仓储物流解决方案，健全完善仓配一体化模式。鼓励向综合性快递物流运营商转型，开拓快运、冷链等服务，推动服务品类向生鲜、医药等高端品易逝品扩展。加速推进与现代制造业协同合作，从服务轻工制造业的产品销售引向服务高端制造业的内部流程，拓展产业内贸易服务网络，推进服务3D打印的专业布局。深耕细耕农村市场，深入原产地、贴近消费者，形成特色农副产品的垂直服务渠道和区域服务网络，进一步发挥“工业品下乡、农产品进城”双向渠道作用。大力开拓跨境电商“蓝海”，推动企业走出国门参与竞争，畅通中欧铁路运邮通道，建设国际航空运邮网络，着力畅通国际部门间环节间业务流程，加快“一带一路”沿线国家服务网络布局。同时，要延伸服务链条，拓展与信息、金融、保险、教育等第三产业的协同空间，实现服务品种多元化；要提升供给效率，加强大数据、云计算、机器人等关键技术研发应用，不断推进服务智能化、生产自动化、协同信息化。

第二，优化产业组织，加快培育壮大骨干企业。毫不动摇地巩固和发展公有制经济，毫不动摇地鼓励支持引导非公有制经济发展。支持邮政企业实施“一体两翼”战略，健全完善邮政普遍服务网络，加快实现邮政基本公共服务均等化，打造线上线下一体的综合便民服务平台，发挥网络和品牌优势，做强做优做大寄递主业，促进“两翼”协调发展，提高市场比重。支持铁路、民航等国有企业参与寄递市场，加强邮政业与综合交通运输的有效衔接，着力推进快递航空枢纽和“绿色通道”建设、航班车次接驳处理与邮政快递网络的深度融合，实现互利共赢。瞄准世界一流，加快培育国际级快递品牌，以上市重组为契机，将资本用在刀刃上，发挥主业优势，警惕成长陷阱，完善治理结构，提升核心能力，加快构建战略清晰、技术领先、服务一流、管理科学的现代企业，打造中国快递企业的航母群。

第三，强化合作联动，凝聚行业发展强大合力。加强与有关部门和地方政府协调联动，落实国家保障邮政普遍服务、促进快递业发展的各项政策。鼓励社会资本加大对邮政业投入，积极探索邮政业基础设施PPP模式。鼓励商业、社区、楼宇、交通站点等向邮政业开放资源，鼓励车辆装备、包装信息等协同行业为邮政业提供配套服务。支持电商、物流、仓储等相关企业参与寄递市场。支持高等学校、科研院所定向培养邮政业高层次人才，吸引海外人才回国创业。建设高水平高层次的行业智库，充分发挥专家作用，为发展建言献策，为行业治理提供智力支持。注重舆论阵地建设，做大做强行业自有宣传平台，巩固和扩大社会影响力。引导各类媒体大力宣传邮政业发展成就，大力弘扬行业"诚信、服务、规范、共享"核心价值理念，积极传播正能量。

第四，坚持普惠为民，促进共享发展绿色发展。坚持以民为本，始终把满足人民群众对更好寄递服务的需求作为我们的努力方向。坚持不懈加强能力建设，提高干线运输和中转分拨的装备水平和运营效率，打造便民高效的末端服务网络，提高农村和西部地区的网络覆盖，增强服务的功能适应性和城乡均衡性，促进区域均等、城乡普惠和消费公平，助力精准扶贫。坚持不懈抓好质量管理，改善群众用邮体验，完善申诉受理和行政执法联动机制，维护消费者合法权益，打造放心消费的样板示范。坚持不懈扩大服务领域，创新服务模式和内容，使更多关联产业从邮政业发展中受益，使亿万商家和广大民众在邮政业创新中受惠。坚持不懈提升一线员工获得感，争取各方面理解支持，包容发展中的不足，让基层员工更加有归属感，更加体面地工作，拥有更多的尊严。坚持不懈推进邮政业绿色低碳循环发展，大力推广应用新能源车辆，全面推进包装材料绿色化，推动实现生产、销售、使用、回收全链条闭环管理，扩大可循环、可降解材料使用范围，减少有害材料和过度包装，促进行业绿色发展，为建设美丽中国贡献应有力量。

第五，发挥两个作用，着力提高行业治理水平。以推动转型提效、保障寄递安全、促进公平竞争为重点，注重精准施策，促进邮政管理的科学化、法治化。牢牢把握邮政强国的战略目标，科学制定行业发展规划和产业政策，综合运用多种手段，激发企业转型提效的动力、活力和能力。加快形成行业法治制度体系、实施体系和监管体系，有效防控各类风险。摒弃粗放思维，弥补市场失灵，促进规制落地，破解发展瓶颈，优化市场环境。牢记安全重于泰山，全力强化寄递渠道安全监管。全面落实企业安全主体责任、用户安全用邮责任和政府部门监管责任，全面落实安全监管"三项制度"，打造一支正规化专业化的安全工作队伍，建成一项安全监管"绿盾"工程，发挥好一个安全监管协作机制作用，减少和消除寄递渠道安全隐患。大力营造透明高效、公平竞争的法治化营商环境，遏制低质低价恶性竞争及不正当竞争，实现优胜劣汰。树立行业标杆企业，形成引领示范效应，让真正重服务、强管理、惠民生的企业在竞争中脱颖而出。

三、2017 年工作安排

2017 年是实施"十三五"规划的重要一年，是供给侧结构性改革的深化之年，做好邮政业改革发展工作意义重大。今年工作的总体要求是：认真贯彻落实党的十八大、十八届三中、四中、五中、六中全会精神和中央经济工作会议精神，深入贯彻落实习近平总书记系列重要讲话精神和治国理政新理念新思想新战略，坚持稳中求进工作总基调，牢固树立和贯彻落实新发展理念，适应把握引领经济发展新常态，全面落实《国务院关于促进快递业发展的若干意见》和《邮政业发展"十三五"规划》，以"互联网 +"为方向，以提高发展质量和效益为中心，以深化供给侧结构性改革为主线，更加注重创新驱动、更加注重优化结构、更加注重补齐短板、更加注重联动融合，坚决防范和遏制重大安全事故发生，为全面建成与小康社会相适应的现代邮政业而努力奋斗，以优异成绩迎接党的十九大胜利召开。

预计全年邮政业业务总量完成 9260 亿元，同比增长 25%；业务收入完成 6450 亿元，同比增长 20%。其中，快递业务量完成 423 亿件，同比增长 35%；业务收入完成 5165 亿元，同比增长 30%。邮政、快递服务满意度持续提高。要重点抓好以下工作。

（一）坚持综合施策，着力巩固向稳向好态势

一是全力推进重大政策项目实施。深入贯彻

落实国家战略，出台邮政业积极服务“一带一路”建设加快走出去指导意见。着力将京津冀、长三角、珠三角等重点区域打造成邮政业的改革创新先行区、转型提效示范区和高端服务引领区，培育具有国际先进水平的增长极。继续深入实施“快递下乡”工程，启动“快递入区”工程，加快城乡末端服务网络建设。进一步推进快递机动车、快递电动三轮车上路通行保障工作。切实减轻企业税负，协调落实省内跨地区经营总分支机构增值税汇总缴纳政策。争取国家政策支持，明确公益性、基础性快递基础设施范畴。支持寄递企业强化与农业、供销、商贸企业合作，助力各地特色农副产品输出，不断释放农村内需潜力，更好地服务国家精准扶贫。继续推动省、市两级落实促进快递业发展若干意见精神，积极争取地方政策支持。聚焦“三重大”落地，开展规划实施情况监测评估。

二是扎实推进立法修规。积极推动《快递条例》颁布实施并做好宣贯，修订《快递业务经营许可管理办法》等配套规章。积极参与《电子商务法》快递物流有关条款的制定工作。修订《仿印邮票图案管理办法》等规章。推动出台《快递专用电动三轮车技术要求》国家标准，制定冷链快递服务规范等6项行业标准。开展行政执法评议考核试点。组织实施行业法治宣传教育第七个五年规划。

三是不断强化科技创新。加大信息技术在产品开发、产业融合和品质提升等方面的应用。支持企业继续推广数据分单、数据派单等实用技术和自动装卸传输分拣等先进设备，提高生产自动化水平。鼓励企业积极开发基于“互联网+”的应用软件，推广智能自助设施，促进服务智能化和应用便利化。制定邮政业技术研发指南，研究起草邮政业技术中心认定管理办法，引导企业继续申报国家重点实验室和企业技术中心认定。开展科技表彰和统计等工作，形成企业共同参与、产学研用紧密结合、政府部门有机衔接的科技工作新格局。

四是持续加强人才队伍建设。充分发挥四所共建院校资源优势，强化在高端人才培养、科学研究等方面的支撑作用。推动成立现代邮政教育联盟，举办现代邮政人才发展研讨会。开展第二批全国邮政行业人才培养基地遴选，积极推进职业院校现代邮政人才校企合作培养改革，加强专业技术人员知识更新和继续教育。加强技能人才队伍建设，启动快递技能人才“853”工程，制定完成快递员、快件处理员国家职业技能标准，积极推进职业标准和教学标准对接，稳步开展快递业务员职业技能鉴定，举办全国邮政行业职业技能大赛。推进快递工程技术人员职称评审，举办第二届全国“互联网+”快递大学生创新创业大赛，开展快递优秀人才推荐评选。

（二）坚持创新发展，着力推进行业提质增效

一是继续推动国有企业做大做强。着力创新邮政普遍服务，不断增强国有企业活力、影响力、抗风险能力。全面推进建制村直接通邮工作，力争直接通邮率提高两个百分点。推进邮政服务农村电商，加快发展“农产品+大同城寄递”的区域服务模式。合理布局国际邮件互换局（交换站），推广重点地区服务跨境电商先进经验，发挥邮政服务跨境电商和当地经济的作用。持续发挥邮政综合服务平台作用和网络优势，拓展便民服务领域和内容。落实邮政普遍服务基础设施布局规划，继续实施西部和农村地区邮政普遍服务基础设施建设工程，提升邮政设施信息化水平。

二是不断加强基础能力建设。深入推进快递“上机”工程，围绕20个重点城市的航空绿色通道建设，打造一批具有多式联运功能的快件集散中心。加快湖北鄂州国际快递货运枢纽建设，支持企业提升自有航空运能，加大对其他航空资源的整合利用，扩大航空网络覆盖面。加快推进快递“上车”工程，稳定以现有电商班列为代表的快件班列试点，推动发展空铁、公铁联运体系。推广“高铁+快递”联合运营模式，打造服务重点城市的“同日递”网络。持续推进快递陆运网络建设，

引导企业依托重要物流节点和快件集散地规划建设陆运网络。继续开展快递“三进”工程，基本实现高校快递规范化末端服务全覆盖。大力推进快递末端设施能力建设，加快智能快件箱建设布局，力争派件量占比提高两个百分点，逐步形成以住宅投递、智能快件箱投递和公共服务站投递等模式互为补充的末端投递服务新格局。

三是加快推进行业转型升级。推动重点企业建立现代企业制度，健全法人治理结构和职业经理人制度。以培育国际级快递品牌为抓手，加强对外拓网联合和对内重组整合，做强做优主业，释放网络潜在价值。深入推进服务现代农业“一地一品”示范工程。联合工信部门出台行动计划，遴选支持一批快递服务制造业项目。继续实施跨境寄递引导工程，推动跨境电商综试区所在城市提升跨境寄递业务承接能力。推进快递示范园区建设，引导区域快递服务功能集聚。加快建立具备仓配一体功能的分拣运输中心，增强运输、仓储、配送、信息服务等环节的有机结合，发展与电子交易和网络购物协同的寄递服务。

四是着力推动绿色邮政建设。制修订快递封装用品国家标准和邮政业封装用胶带等行业标准，研究提出绿色包装技术指标。推动建立绿色包装监测评估体系，研究绿色包装环保标识认定使用和管理办法。开展绿色包装试点工程，加快建设快递业绿色发展产学研协同创新示范基地。鼓励包装生产商、电商平台、寄递企业共同建立寄递绿色包装产业联盟。大力推广使用中转箱、环保袋、笼车等物品设备，重点品牌企业电子运单使用率不低于80%。进一步提升新能源车辆应用普及率。

（三）坚持深化改革，着力增强依法行政效能

一是深化放管服改革。通过落实审批时限承诺制度、优化审批工作流程、提高事中事后监管针对性有效性等措施，在更大范围更深层次上深化放管服改革。推动落实快递企业同一工商登记机关管辖范围内“一照多址”政策。严格跨省经营快递业务企业许可审核标准，完善分支机构备案、代理国际快递业务制度设计。修订完善经营邮政通信业务审批工作细则，将规模较大的独立经营企业纳入审批范围。全面完成省级邮政管理部门“三个清单”编制工作。全面实施“双随机一公开”，组织开展跨区域互查和随机暗查，及时全面准确公开监督检查结果。落实邮政市场重大案件督办制度，制定邮政市场违法行为举报处理办法。开展市（地）局内设机构调整试点，集中行使执法权。

二是强化监督管理。坚持严守红线，强化邮政普遍服务和特殊服务监督。贯彻落实修订后的《邮政普遍服务》标准，加强普遍服务质量监督，督促邮政企业采取有效措施达到新标准要求，聚焦达标情况组织专项检查。开展党报党刊投递服务质量及见报率调查，推动三分之一以上的省份实现县级城市党政机关党报当日见报。依法履行邮票发行审批监管职责，重点针对生肖邮票零售组织开展交叉执法检查，监督邮政企业提高纪特邮票零售比例。做好党的十九大、建军九十周年等重大题材纪念邮票发行工作。适应上市企业发展实际，加强市场准入负面清单管理，健全行政监督、执法与信息披露机制，优化综合监管制度。贯彻落实修订后的《集邮市场管理办法》，加强集邮和邮政用品用具市场监管。积极推动移动执法设备的配备，提升行政审批和监督执法的信息化水平，提高一线执法人员机动执法能力。

三是实施放心消费工程。开展服务质量提升行动，针对刷信、违规操作等侵害消费者合法权益行为进行专项治理，继续做好邮政普遍服务、特殊服务和快递服务各项满意度调查及时限测试，加大指标披露引导力度。加快推进行业信用体系建设，完善管理办法和评定指标，建立企业信用档案和信用管理信息系统，加快与企业信用信息公示网、“信用中国”等网站联网。完善与消费者申诉的衔接和联动机制，畅通案件线索来源渠道。强化企业总部对其分支机构、加盟商之间的连带责

任,加强对品牌企业总部的约束与监管。继续发布快递市场监管报告和中国快递指数,引导市场预期。完善社会监督机制,充分发挥监督员队伍作用。组织开展“诚信快递你我同行”3·15系列活动。

(四)坚持协调联动,着力强化寄递安全监管

一是强化安全监管“硬能力”。推动开展寄递渠道安全监管“绿盾”工程建设,建成集用户信息、面单信息和运营信息于一体的综合化平台,优化整合现有行政执法、诚信管理、快递业务经营许可等信息系统,实现信息数据共享与综合应用,建设邮政安全管理和服务大数据中心,实施国家局信息化“库”改“云”工程,形成信息管理云环境,实现对寄递信息数据全程监测预警。推进国家局主机房(北京)和容灾备份中心(合肥)建设,在河北等21个省(区、市)建设邮政业安全信息监管平台,实现省级平台全覆盖。

二是强化企业责任“硬约束”。积极稳妥、务实有效地推进实名收寄制度落实,有条件的品牌企业和地区要全面推广应用实名收寄系统,并完成与安监系统互联互通。加快推进专业化安检队伍建设,建立健全企业安全生产工作机制。继续做好市、县两级具有较大规模的处理场所安检设备的配置工作。出台安全检查操作流程规范和安检机联网管理规范,切实加强安检机使用管理和培训。严格寄递协议客户安全管理。开展“平安寄递”专项整治和寄递企业安全生产标准化建设工程。结合《禁止寄递物品管理规定》宣贯,突出加强危险化学品和易燃易爆物品寄递管控和整治。督导企业落实安全生产主体责任,健全和完善安全基本制度,抓好安全设备配置、生产操作规范等强制性标准落实,提升安全管理规范化水平。建立健全寄递企业安全风险分级管控和隐患排查治理双重预防机制。

三是强化安全保障“硬目标”。积极争取地方政府对省、市两级邮政业安全支撑体系建设的支持,进一步建立完善上下对接机制及政企联动机制。建立健全寄递渠道安全管理工作目标责任考核机制。联合相关部门共同做好寄递渠道反恐、禁毒、扫黄打非、打击侵权假冒等专项工作。建立安全事故统计分析和通报制度,研究制定寄递渠道重大活动安保专项预案和工作规范,全力做好党的十九大、“一带一路”高峰论坛、金砖国家领导人会晤、“双11”等生产服务旺季和重点时段的寄递渠道安全和服务保障工作。着力强化应急预案和应急管理体制机制建设,重点加强对基层网点运营状况监测预警,严防重大群体性事件发生。建立举报奖励制度,努力营造人人参与维护寄递安全的良好氛围。

(五)坚持全面推进,着力提升政府管理水平

一是加强干部队伍建设。坚持正确选人用人导向,扩大视野和渠道,选优配强领导班子和领导干部。着力加强事业单位领导人员管理,加强后备干部队伍建设,持续畅通干部交流渠道。继续严格贯彻执行领导干部个人有关事项报告制度,开展干部档案专审监督检查,加强对省(区、市)局党组书记履行干部选拔任用工作职责离任监督检查,加大领导干部选拔任用工作监督检查力度。注重省局领导班子和领导干部年度考核结果运用,积极研究推进公务员平时考核试点工作。加强对公务员分类管理、职务与职级并行研究。扎实做好机关事业单位养老保险制度改革、事业单位分类改革工作。积极稳妥开展规范三级京外单位津贴和所属事业单位绩效工资实施工作。

二是深化对外交流合作。积极开展与“一带一路”沿线国家务实合作,巩固深化多双边和区域性邮政交流机制,积极参与万国邮联、亚太邮联等国际组织活动,做好万国邮联改革特设工作组、实物寄递和电子商务委员会主席国工作,深入参与规则及标准制定。做好亚太邮联秘书长竞选连任工作。继续参与中欧投资协定、区域全面经济伙伴关系等多双边谈判,优化企业“走出去”国际环境。做好世贸组织贸易政策审议、电子商务议题、中美商贸联委会等涉外工作。扎实推进中德货运

班列运邮双向测试，稳步推进中德、中俄等货运班列运邮常态化。继续深化与港澳台邮政合作，认真做好海峡两岸邮政交流协会换届工作。

三是提升支撑服务能力。提高统计数据安全保密意识，加强数据质量管理，深入开展行业经济运行分析和对国民经济贡献的研究，制定邮政行业投入产出调查方案。着力提升财务管理规范化、科学化、精细化水平，充分发挥审计监督职能作用，有效防范财务风险。加快安全监管信息系统和电子政务内网建设，推进监管、许可、执法、统计等各系统资源整合、信息共享，充分发挥大数据对于分析研判态势、支撑政府决策的强大作用。持续加大政府信息公开力度，加强重大政策发布和宣传解读，加强全系统网站群运行维护管理。以中央对意识形态工作的总体要求为行动指南，充分发挥报刊网及新媒体在行业宣传中的主渠道作用，有效引导社会舆论，不断创新行业新闻宣传工作。

（六）坚持从严从实，着力筑牢全面从严治党政治根基

一是突出党建引领作用。加强思想引领。深入推进六中全会精神的学习贯彻，深入开展“两学一做”学习教育，不断强化“四个意识”，特别是核心意识、看齐意识。认真做好党的十九大代表选举工作，广泛深入开展学习宣传贯彻党的十九大精神系列活动，形成良好的政治氛围。认真举办党组织书记、纪检干部业务专题培训，提高全系统管党治党、推动党建工作的能力。加强组织引领。以抓好党员教育管理为重点，严格日常管理，注重人文关怀，充分发挥党组织的战斗堡垒作用和党员的先锋模范作用。以严格执行“三会一课”等制度为重点，增强组织生活的针对性、实效性。以贯彻执行民主集中制为重点，切实保障党员民主权利，确保党的路线方针政策和党内法规制度得到贯彻执行。加强创新引领。适时召开系统党建工作交流推进会，表彰先进，鞭策后进，以总结和推广支部工作法为重点，不断提高支部工作质量，推动党建工作创新发展。

二是突出管党治党责任。坚决贯彻全面从严治党要求，坚持思想建党和制度建党相结合，严格落实“两个责任”。着眼打造“四个铁一般”的干部队伍，认真严肃开展党内政治生活，强化党内监督，营造良好的政治生态。认真贯彻落实中纪委七次全会精神，针对“四风”新动向，盯住节点、传导压力，切实加强监督检查。用好“四种形态”，及时纠正苗头性、倾向性问题，强化监督执纪问责，加强纪律审查，重点查处违纪行为。制定《关于落实〈中国共产党巡视工作条例〉的实施意见》，启动全系统巡视工作。

三是突出精神文明建设。开展第三届“寻找最美快递员”活动，打造行业文明品牌。开展“全国青年文明号”创建活动。组织精神文明建设工作培训，提升行业创建工作能力。支持群团组织围绕中心主动作为，持续推进“奋战十三五、传递邮政情、共筑中国梦”系列主题教育文化活动。认真做好离退休干部工作。以“哈叭气村脱贫工程”为牵引，扎实稳妥推进定点扶贫工作，确保2017年“提前三年脱贫摘帽”目标实现。

同志们，站在新的历史起点上，面对邮政业发展的新形势、新任务、新要求和新愿景，我们的任务艰巨、使命光荣。让我们紧密团结在以习近平同志为核心的党中央周围，以更加饱满的热情、更加昂扬的斗志和更加务实的作风，解放思想、锐意进取、攻坚克难，为全面建成与小康社会相适应的现代邮政业而努力奋斗，以优异成绩迎接党的十九大胜利召开！

推动全面从严治党向纵深发展
以邮政业发展新成绩迎接党的十九大召开

——国家邮政局局长马军胜在全国邮政管理系统党风廉政建设工作会议上的工作报告

2017 年 1 月 23 日

同志们：

这次会议的主要任务是，认真学习贯彻党的十八届六中全会和中央纪委七次全会精神，学习贯彻习近平总书记系列重要讲话精神，总结 2016 年全国邮政管理系统党风廉政建设工作，部署 2017 年任务，统一思想，狠抓落实，以管党治党新成效保障邮政业健康发展。今天，我就三个方面向会议作报告。

一、强化责任担当，2016 年全系统党风廉政建设和反腐败工作取得新成绩

2016 年，全国邮政管理系统认真贯彻党的十八大和十八届三中、四中、五中、六中、中央纪委六次全会精神，按照“四个全面”战略布局，全面从严管党治党，强化“两个责任”落实，推动党风廉政建设和反腐败工作取得新的成绩。

（一）履行从严治党主体责任，强化职责定位

不断深化对全面从严治党主体责任的认识。通过接受中央专项巡视、开展“两学一做”学习教育、学习贯彻中央系列重大会议精神，全系统各级党组织在思想认识、责任担当、方法措施上紧跟中央要求，把落实全面从严治党主体责任作为重要任务，深刻认识到落实全面从严治党主体责任是政治责任，是党组织的职责所在、使命所系，始终以高度的政治自觉性，切实加强党的领导、党的建设和从严管党治党；各级党组织书记坚持做管党治党的书记，当好第一责任人，认真履行从严管党治党的责任。经过一年的努力，全系统管党治党思想统一、步调一致，为国家邮政局党的建设写下了重要一笔。

在经常抓、抓经常中加大落实主体责任力度。全系统各级党组织认真落实“两个责任”的实施意见，列出主体责任和监督责任清单，做到了知责、明责。强化“一岗双责”，层层签订《党风廉政建设责任书》，落实党风廉政建设主体责任。局党组研究下发《贯彻落实全面从严治党要求的实施意见》，成立党建工作领导小组，严格落实“三会一课”制度，健全领导干部双重组织生活会制度，举办落实“两个责任”培训班，开展党建述职评议考核，发挥了全面从严治党的表率作用。组织各省局开展“两个责任”落实情况自查，对 6 个局履行“两个责任”情况开展综合检查，根据自查情况下发“两个责任”情况通报，明确责任要求。31 个省局深入落实“两个责任”，河北、福建、广东、黑龙江等局开展了分区互查，陕西、贵州、甘肃等局开展了专项督查，广西局开展了自查自纠；河南局强化主体责任落实，建立全面从严治党“可量化”考核制度。

（二）抓好中央专项巡视整改，强化领导责任

强化巡视整改工作领导。各级党组坚持把抓好巡视整改作为重大政治任务和政治考验，作为加强自身建设、推动行业发展的重要机遇，始终以高度的政治责任感和强烈的使命感，切实担当起整改工作的责任主体、实施主体和落实主体，“一把手”认真落实第一责任人责任，领导班子其他成员认真落实“一岗双责”，全力抓好整改工作。成立巡视整改工作领导小组，统一领导和组织实施整改工作，国家局党组将巡视反馈的党的领导弱

化、党的建设缺失、从严治党不力3个方面11个问题细化分解为25项具体任务，制定了87项整改措施，建立了问题清单、任务清单、措施清单、责任清单，明确时间表、路线图、责任人，实行台账推进、挂账销号，全力抓好落实。

坚持抓好整改推动发展。局党组通过定期召开党组会和专题会、整改工作动员会、专题民主生活会、每周工作推进会，集中研究、分析、部署、推动整改工作。31个省局党组按照国家局党组统一部署，认真履行主体责任，切实抓好整改落实。各级领导干部敢于较真碰硬，带头认领问题和推进整改，积极发挥示范和表率作用。至2016年12月，国家局党组87项整改措施全部完成，巡视整改成果持续巩固和扩大，全系统各级党组织“四个意识”进一步强化，贯彻全面从严治党战略部署的思想自觉进一步提高，党的建设进一步加强，党内组织生活进一步严格规范，党员干部精神面貌为之一新，行业改革发展动力活力明显增强。2016年，邮政业业务总量、业务收入同比大幅提高，邮政普遍服务和快递服务满意度稳中有升，消费者申诉处理满意率达到97.6%，行业为国家稳增长、促改革、调结构、惠民生、防风险战略实施做出了积极贡献。

（三）坚持把纪律挺在前面，强化纪律约束

不断夯实党员干部思想基础。全系统坚持把习近平总书记系列重要讲话精神作为思想武器和行动指南，认真学习“七一”重要讲话、纪念红军长征胜利80周年重要讲话精神，引导广大党员干部牢固树立政治意识、大局意识、核心意识、看齐意识。坚持把贯彻落实六中全会精神同深入开展“两学一做”学习教育结合起来，把尊崇党章同贯彻执行党内政治生活若干准则、廉洁自律准则、党纪处分条例、党内监督条例、问责条例等党内法规联系起来，学思践悟、融会贯通。注重加强党员干部日常教育，国家局机关通过开展革命传统教育，集中观看警示教育片，召开警示教育大会，通报违纪典型案例，制作专栏宣传党规党纪，切实增强教育的针对性和实效性。组织参加中央国家机关工委“党章党规知识竞赛”，获得“优胜奖”。各省局也不断丰富和创新廉政教育，河南、吉林、湖南、广西等局组织观看纪录片《永远在路上》，教育党员干部认清纪律界限；浙江、辽宁、山东等局赴廉政教育基地，锤炼清正廉洁作风；安徽局精选20个案例，加深对问责条例学习领悟；广东局开展“纪律教育月”活动，进行党性党风党纪教育；海南局通过“廉政教育月”活动和“琼邮管党建”微信平台，拓宽廉政教育；山西局举行优秀党员和优秀公务员先进事迹报告会，选树先进典型；江苏局围绕“新时期共产党员思想行为规范”开展集中大讨论，使廉政教育入脑入心；福建局开展“话家风”道德讲堂主题活动，引导党员干部树立廉洁家风。

始终把纪律挺在前面。运用“四种形态”，让红脸出汗成为常态，国家局建立经常性的主责约谈、提醒谈话、诫勉谈话、谈话函询制度，根据“凡提必听”要求，对18名拟提任干部出具了廉洁意见；根据信访情况，对3名同志进行约谈；按照廉政谈话办法，对40名新任领导干部进行廉洁教育；按照驻部纪检组意见，对15名领导同志进行诫勉谈话、批评教育；落实重大事项报告制度，加强对领导干部婚丧嫁娶有关事项的监督。31个省局也认真践行“四种形态”，共开展谈话函询20人、诫勉谈话22人、批评教育57人。坚持抓早抓小，动辄则咎，对发现的问题依规依纪处理，经驻部纪检组调查核实，5人受到严重警告处分、1人受到警告处分；各省局也加大问题线索处置，共接受信访举报64件、处置问题线索19件，给予党纪处分8人。

（四）坚决贯彻中央八项规定精神，强化正风肃纪

紧紧抓住重要节点不放松。坚持经常抓、抓经常，看住重要节点，聚焦“关键少数”，紧盯享乐奢靡和隐形变异的不正之风。局党组下发了《关于贯彻落实中央八项规定的实施细则》和中秋国庆、元旦春节期间深入贯彻中央八项规定精神的

通知，严明各项纪律要求，防止"四风"反弹回潮。各省局也看住节点不放，山西、河南局发送廉洁过节短信，江西、宁夏局加强节日督查，山东局注重事前提醒与事中监督，严防节日腐败；抓住重要节点强作风，北京局在国庆节后向企业发放180份《依法行政、廉洁自律情况调查回访表》，开展问卷调查，征求意见，改进工作；严禁违规收送礼金，共上交礼金9700元。

针对突出问题深化整改落实。认真查找制度和管理漏洞，强化监督检查，开展专项清理，保证制度执行到位。开展办公用房超标问题专项清理，存在问题的17个省局、16个市(地)局已全部整改到位。开展违规配置使用手机问题专项清理，共收回违规配备手机104台，制订完善了使用管理措施。开展虚列和违规使用会议费问题专项清理，共收回超标准支出及会议结余款14万余元，23个单位和个人受到批评教育并作出书面检查，对7个市(地)局进行通报批评，对6人诫勉谈话，给予党纪处分4人、行政开除1人、行政记大过1人。各省局也认真加强各类专项监督检查，天津局开展违反廉洁自律规定等7个方面专项整治，湖南局开展落实八项规定精神、作风建设整治行动，四川局开展违规收送礼金专项整治。坚持一边抓整治一边抓规范，切实加强制度建设，河北、山西、上海、安徽、云南、陕西、新疆等局对不适应新要求的制度进行修订，重庆局制定完善包括纪检监察在内的制度30项，甘肃局建立党风廉政建设主体责任提示等制度6项、完善财务管理等制度11项，青海局汇编了党风廉政、作风建设、日常工作方面64项制度建设成果，做到用制度管人、靠制度管事。

(五)加强纪检监察部门自身建设，强化责任担当

健全完善纪检监察工作基础。设立"国家邮政局党风廉政建设领导小组办公室"，统筹全系统党风廉政建设和反腐败工作。局党组制定下发了《纪检监察联动工作机制的意见》，统筹各方资源，监督执纪问责。选齐配好各级纪检组长，选配和交流了8名优秀干部担任省局纪检组长。注重发挥党组织战斗堡垒作用，召开了国家邮政局机关第三次代表大会，选举产生了机关纪律检查委员会；河北、甘肃局配置机关党委专职副书记，海南、湖北、云南局在各党支部增设纪检委员，增强机关党建力量，统筹抓好机关纪检工作。

加强纪检监察干部能力建设。各级纪检监察部门按照"三转"要求，明确职责定位，主动从各类业务联席会议中退出，不再参与各类项目评审、结题等会议，将力量向监督执纪集中。加大纪检监察干部培训力度，国家局组织全系统60名纪检监察干部分3批参加驻部纪检组举办的纪检监察业务骨干培训班，组织1期92名纪检监察干部参加的培训班，集中开展监督执纪业务学习培训；各省局也注重加强业务培训，内蒙古、安徽、吉林、江西、河南、广东、四川、西藏、陕西等局举办纪检监察干部培训班，不断提高把握运用政策能力。

过去一年，全国邮政管理系统各级党组织忠诚履责，纪检监察部门聚焦主业，全体党员干部积极参与，反腐倡廉建设取得新的明显成效。但我们也必须清醒地认识到，工作中还存在不少差距：有的党组对党风廉政建设重视不够，工作投入严重不足；有的党员干部纪律意识淡薄，理想信念还需进一步坚定；有的党员干部进取意识不强，对重大决策部署执行不够坚决有力；有的单位纠正"四风"不彻底，作风建设还存在薄弱环节；监督机制措施还不够健全，监督执纪问责的实效性还需进一步提高。对这些问题，一定要高度重视，认真对待，切实解决。

二、切实把思想和行动统一到十八届六中全会和中央纪委七次全会精神上来

在刚刚结束的中央纪委七次全会上，习近平总书记充分肯定党的十八大以来全面从严治党取得的显著成效，深刻阐释党的建设重大理论和实践问题，作出了深入推进全面从严治党的重大部

署,为做好今年反腐倡廉工作提供了根本遵循,为巩固全面从严治党成果指明了努力方向。全国邮政管理系统各级党组织和广大党员干部要认真学习、深刻领会,全面贯彻落实十八届六中全会和中央纪委七次全会精神,以新的认识指导新的实践,继续在常和长、严和实、深和细上下功夫,严肃党内政治生活,强化党内监督,全面加强纪律建设,持之以恒抓好作风建设,不断把邮政管理系统党风廉政建设和反腐败工作引向深入。

（一）充分看到党风廉政建设重大成效,坚定全面从严治党的信心和决心。党的十八大以来,党中央把全面从严治党纳入战略布局、着力从严从细抓管党治党,加强和规范党内政治生活、着力净化党内政治生态,严抓中央八项规定精神落实、着力从作风建设这个环节突破,严明党的政治纪律和政治规矩、着力真管真严、敢管敢严、长管长严,坚持反腐败无禁区、全覆盖、零容忍、着力遏制腐败滋生蔓延势头,惩治群众身边的不正之风和腐败问题、着力增强人民群众获得感,全面强化党内监督、着力发挥巡视利剑作用。这"七个着力",坚持了问题导向,抓住了重点难点,充分体现了全面从严治党系统性、创造性、实效性的统一,推动全面从严治党不断向纵深发展。

实践充分表明,党中央作出全面从严治党的战略抉择完全正确,深得党心民心。4 年多来,从提出作风建设永远在路上,进而提出党风廉政建设和反腐败斗争永远在路上,直至提出全面从严治党永远在路上,充分表明我们党对共产党执政规律的认识不断深化,对党的建设规律的认识不断深化。全系统各级党组织和广大党员干部要深刻把握,学习贯彻习近平总书记重要讲话精神,巩固全面从严治党成果,关键就是要进一步把握规律,不断深化全面从严治党。我们要进一步坚定信心,对党中央全面从严治党的决心时刻保持足够自信,坚持党的领导,提高政治站位,牢固树立"四个意识",以永远在路上的恒心和韧劲落实全会部署,以更加担当的行动落实管党治党责任,推动全系统党风廉政建设和反腐败工作不断取得新的成效。

（二）清醒认识党风廉政建设形势判断,增强全面从严治党的责任感和使命感。习近平总书记在七次全会上指出,经过全党共同努力,党的各级组织管党治党主体责任明显增强,中央八项规定精神得到坚决落实,党的纪律建设全面加强,腐败蔓延势头得到有效遏制,反腐败斗争压倒性态势已经形成,不敢腐的目标初步实现,不能腐的制度日益完善,不想腐的堤坝正在构筑,党内政治生活呈现新的气象。这是对全面从严治党形势作出的最新判断。同时我们也必须清醒地认识到,全面从严治党取得显著成效,但仍然任重道远。

4 年多来,从"压倒性态势正在形成"到"压倒性态势已经形成",一词之变,标志着反腐败斗争形势朝着积极方向转变,反映出反腐败斗争取得了突破性进展,这是全面深刻、鼓舞人心的变化。全系统各级党组织和广大党员干部要深刻把握,管党治党从宽松软走向严实硬,需要经历一个砥砺淬炼的过程,要严字当头、实字托底,步步深入、善作善成。当前,邮政业正处在全面建成与小康社会相适应现代邮政业的决胜期、转型提效的攻坚期、由大到强的加速期,既面临成长蝶变、脱胎换骨的重大战略机遇,同时也面临诸多矛盾风险的严峻挑战。这同时也对我们加强党的领导、党的建设和从严管党治党提出了新的更高要求,中央巡视组对我们提出的党的领导弱化、党的建设缺失、从严治党不力等问题,归根到底还是管党治党的责任意识、担当意识、自觉意识不强。我们一定要时刻保持清醒和警醒,正确认识抓邮政业改革发展与抓全面从严治党的关系,只有把党建设好,我们才能成功应对重大挑战、抵御重大风险、克服重大阻力、解决重大矛盾,不断从胜利走向新的胜利。

（三）深刻领悟党风廉政建设重要启示,坚持全面从严治党的根本规律和遵循。习近平总书记在七次全会上指出,十八大以来,我们在开展党风廉政建设和反腐败斗争中得到了一些重要启示:

坚持高标准和守底线相统一，教育引导党员、干部自觉向着理想信念高标准努力，同时要以党的纪律为尺子，使党员、干部知敬畏、存戒惧、守底线；坚持抓惩治和抓责任相统一，对“四风”问题露头就打、执纪必严，同时要落实主体责任和监督责任，督促党的各级组织和领导干部强化责任担当；坚持查找问题和深化改革相统一，从问题入手，抽丝剥茧，查找根源，深化改革，破立并举，确保公权力在正确轨道上运行；坚持选人用人和严格管理相统一，既把德才兼备的好干部选出来、用起来，又加强管理监督，形成优者上、庸者下、劣者汰的好局面。这“四个统一”，既是经验总结，更是一种制度化安排，体现了党风廉政建设和反腐败斗争的整体思路，思想建党和制度治党、依规治党的统一，把全面从严治党的要求通过制度机制和扎实有效的举措落实到方方面面。

4 年多来，实践充分证明，这四对关系是抓好党风廉政建设反腐败工作的主要方面，全系统各级党组织和广大党员干部要深刻把握，四个方面的重要启示，不仅为党风廉政建设和反腐败工作提炼了宝贵经验，也为未来全面从严治党向纵深发展提供了行动指南，必须长期坚持。我们必须要时刻保持清醒的认识，保持定力、坚持方向，既要坚守党的纪律和规矩的底线不逾矩，又要坚持追求理想信念的高线不松懈，既要对“四风”问题露头就打、执纪必严，又要严格落实“两个责任”、层层传导压力，既要结合实践推进制度创新，又要聚焦现实问题扎紧制度笼子，不断完善从严管理监督干部制度，使党员干部习惯在监督下开展工作，保持奋发有为、敢于担当的精气神。

（四）准确把握党风廉政建设重点任务，坚持全面从严治党的正确思路和方向。习近平总书记在七次全会上对下一步全面从严治党提出具体要求，主要是：落实中央八项规定精神是一场攻坚战、持久战，要坚定不移做好工作；要做到惩治腐败力度决不减弱、零容忍态度决不改变，坚决打赢反腐败这场正义之战；要敢于坚持原则，完善配套措施，推动问责制度落地生根；要积极稳妥推进国家监察体制改革；各级纪委要强化自我监督；各级党委要认真落实党中央关于换届工作的部署。这“六项任务”，对全面从严治党提出新要求，抓住了全面从严治党的关键环节，是 4 年多来被实践证明行之有效的，必须要进一步坚持、进一步加大力度，深化全面从严治党成果。

全系统各级党组织和广大党员干部要深刻把握，深入推进全面从严治党，必须坚持标本兼治。既要靠治标，猛药去疴、重典治乱；也要靠治本，正心修身、涵养文化，守住为政之本。当前，我们党在各个方面都已具备反腐治本的政治保障和社会基础。各级党组织必须把治标成果进一步转化成全体党员的政治觉悟、理想信念和文化自信，使广大党员始终坚持共产党人的价值观，以文化自信坚定理想信念，以文化自信支撑政治定力，永葆共产党人政治本色；必须加强和规范党内政治生活，强化党内监督，从点滴抓起，从具体问题管起，在坚持不懈、持之以恒中见常态、见长效，在党员干部内心深处构筑起拒腐防变的思想防线，书写全系统党风廉政建设的优异答卷。

三、履行管党治党责任，全力完成 2017 年党风廉政建设和反腐败工作任务

2017 年，是深入贯彻落实党的十八届六中全会精神、全面实施“十三五”规划的重要之年，是“四个全面”战略布局纵深推进之年，也是深化邮政业转型升级、提质增效的关键期，做好今年的党风廉政建设工作意义十分重大。总体要求是：全面贯彻党的十八大和十八届三中、四中、五中、六中全会、中央纪委七次全会精神，深入学习贯彻习近平总书记系列重要讲话精神，按照统筹推进“五位一体”总体布局和协调推进“四个全面”战略布局的要求，落实“两个责任”，坚持标本兼治，严明党的纪律，严肃党内政治生活，严格党内监督，严防“四风”反弹，严惩违纪行为，把党风廉政建设和反腐败工作引向深入，以邮政管理系统党员干部

的良好精神状态和行业发展的优异成绩迎接党的十九大召开。

（一）严明党的纪律，把纪律和规矩立起来严起来执行到位

深入学习贯彻党的十八届六中全会精神。全会审议通过的党内政治生活准则、党内监督条例，源自党章、源于实践，是依规治党、从严治党的重要制度成果。各级党组织要把自己摆进去，带头执行准则和条例，把党的政治纪律摆在首要位置，紧紧围绕对党忠诚、履行管党治党的政治责任、遵守党的纪律等方面，深入开展宣传教育，引导全系统党员干部增强党的意识、宗旨意识、责任意识，增强政治警觉性和政治鉴别力。各级纪检部门要以准则和条例为尺子，加强对贯彻落实六中全会精神和执行准则、条例情况的监督检查。

坚决贯彻执行党章党规党纪。各级党组织和全体党员要尊崇党章，执行党章，深入贯彻执行廉洁自律准则、党纪处分条例和问责条例，深刻把握党章党规党纪的精神实质和实践要求，增强贯彻落实的主动性、系统性、有效性，着力解决管党治党“宽松软”的问题。要以党的“六大纪律”为尺子，与贯彻执行中央纪委七次全会精神结合起来，敢于担当、敢于较真，坚持纪律面前人人平等、执行制度没有例外，严肃查处各类违反纪律和规矩的行为，坚决维护党纪党规的严肃性。

加强对中央及国家局党组决策部署落实情况的监督检查。重点对中央稳增长、促改革、调结构、惠民生、防风险战略实施等情况开展监督检查，确保重大决策部署的贯彻落实。要紧紧围绕以“互联网+”为方向，以提高发展质量和效益为中心，以深化行业供给侧结构性改革为主线重点开展监督检查，为深化邮政改革创新、健康持续发展提供有力保证。要紧紧围绕工程项目实施，专项资金管理使用进行专项监督检查，促进工程项目优质、资金使用安全、干部清正廉洁。各级纪检监察部门要把握监督检查的关键，督促各单位、各部门认真履行职责，坚决防止和纠正上有政策、下有对策，有令不行、有禁不止的行为，推动各项工作科学、高效地完成。

（二）压实“两个责任”，把全面从严治党要求落到实处

落实主体责任是各级党组织职责所在、使命所系。国家邮政局长期坚持的党风廉政建设责任书制度，对落实领导班子和领导干部管党治党责任，推动邮政行业健康发展，发挥了重要作用，随着党内权力运行制度、党内监督制度、党内问责制度、党纪处分制度已经基本完备，今年不再采取责任书制度，重点是完善配套措施，执行好制度、履行好责任。要强化党组领导核心作用，把党要管党、从严治党要求落实到邮政管理的各方面和全过程，切实担负起主体责任，旗帜鲜明地支持纪检监察部门开展工作。党组书记要履行好第一责任人的职责，把责任传导给班子成员，压给下一级党组织负责人，推动全面从严治党向基层延伸，确保责任落到实处。

各级纪检监察部门要全面履行监督责任。要把检查主体责任落实情况作为巡视和监督执纪的重点，监督检查党组织是否贯彻党的路线方针政策，加强党的建设，发挥了战斗堡垒作用，督促各级党组织解决本单位、本部门党内政治生活中存在的突出问题。要抓住“关键少数”，层层落实责任，督促各级领导干部落实党的路线方针政策，发挥先锋模范作用，把中央的决策部署和国家局党组重大安排贯彻到底。

以问责督促各级党组织履行好管党治党责任。组织制定邮政管理系统贯彻问责条例实施办法，用好问责条例这个全面从严治党的利器，结合中央专项巡视反馈问题整改成果巩固，对党的领导弱化、党的建设缺失、从严治党责任落实不到位的，对执行党的路线方针政策不力，管党治党主体责任缺失、监督责任缺位，给党的事业、邮政事业造成损失的，对维护党的政治纪律和政治规矩失责、贯彻中央八项规定精神不力、选人用人问题突出、不作为乱作为、巡视整改不落实的，都要严肃

追究责任,定期曝光典型问题。

(三)深化作风建设,持之以恒落实中央八项规定精神

坚持狠抓节点、锲而不舍、不断深化。在坚持中深化、在深化中坚持,紧盯年节假期,坚守一个个节点,解决一个个具体问题,带动作风的持续转变。作风建设坚持常抓不懈、锲而不舍,既要盯住无视中央八项规定精神、潜入地下公款吃喝等老问题,又要注意发现和纠正以形式主义、官僚主义方式对待各项决策部署等突出问题,更要密切关注新动向,警惕穿上隐身衣的享乐主义、奢靡之风,坚决防止不正之风反弹回潮,使纠正"四风"往深里抓、实里做。

把作风建设的有效经验转化为制度成果。各单位各部门要深刻吸取2016年系统内几起违反中央八项规定精神、违反廉洁纪律案件教训,定期检查落实中央八项规定精神措施执行情况,总结经验、梳理问题,以实事求是的态度对制度措施加以修订,把制度建设的过程作为深化认识、增强执行力的过程,建立健全公务接待、公务用车、公务出差、办公用房、因公临时出国(境)、办文办会等制度规范,并落地执行,毫不含糊,做不到的宁可不写,写上就要确保做到,确保用有效的制度管人管事、规范行为;认真开展干部违规兼职取酬、单位违规发放工资、快递协会乱发津补贴问题专项治理;对会议费专项清理中暴露出来的问题,继续跟踪自查问题的整改情况,加强整改时效、整改质量督导督促;严格规范干部和干部配偶、子女及其配偶经商办企业行为,干部不得从事或参与营利性活动,不得在企业或者其他营利性组织中兼任职务,干部的配偶、子女及其配偶不得在其工作地或者业务范围内从事与快递行业相关的经商办企业活动,不得获取快递企业股权和其他额外利益,注重从制度机制上堵塞漏洞,从严管理监督干部,推进作风建设常态化、长效化,交上作风建设合格答卷。

坚持纠"四风"和树新风并举。党风正则民风淳。要大力弘扬中华民族优秀传统文化,探索实践社会主义核心价值观,引导党员干部讲政治、讲大局、讲学习,比能力、比担当、比奉献。领导干部要坚持廉洁齐家,自觉带头树立传承优良家风家训,带动全系统树立向善、向好、向上的良好风尚。要加强行业精神文明建设,继续做好"最美快递员"评选工作,注重发现、培养和宣传先进典型,不断释放行业正能量。

(四)践行"四种形态",切实把纪律和规矩挺在前面

运用好"四种形态"让红脸出汗成为常态。"四种形态"是纪律挺在前面的具体化,要聚焦政治纪律、组织纪律和廉洁纪律,运用好"四种形态",特别是第一种形态,在强化日常监督执纪上下功夫,补齐监督短板。对反应的一般性问题及时同本人见面,谈话提醒、约谈函询,并在所在单位党组织民主生活会、组织生活会上说明情况。要规范谈话函询审批等制度,对反映不实的予以澄清,对如实说明且属一般性问题的批评教育予以了结,对不如实说明、欺骗组织的严肃处理。

坚持抓早抓小、动辄则咎。对党员干部身上的问题,坚持早发现、早处置,惩前毖后、治病救人。强化问题线索管理,按照拟立案、初核、谈话函询、暂存、了结五类标准分类处置、规范管理。加强案件审理,把执纪审查的重点放在不收敛不收手,问题反映集中、群众反应强烈,现在重要岗位且可能还要提拔的领导干部上。对被立案审查的党员干部,要从学习党章入手,对照自己理想信念的动摇和违纪的事实,写出忏悔录,自悔自新,警示他人。对问题线索要迅速查处,该纪律处分的及时给予处分、该组织处理的严肃处理、该移送司法机关的就坚决移送。加强问题线索、初步核实、立案调查、纪律处分情况的统计和分析研判,把握规律,不断提高监督执纪问责工作质效。

加强日常警示教育守住纪律红线。深入开展理想信念和宗旨教育、党风党纪和廉洁自律教育,使党员干部做到克己奉公、严格自律。要针对邮政管理系统违纪案件,深刻剖析反思,开展警示教

育，用身边事教育身边人。要通过组织观看警示教育片、参观警示教育展览等多种形式，加大日常党风廉政建设教育力度，让守纪律讲规矩成为党员干部的自觉。

（五）强化党内监督，实行邮政管理系统巡视全覆盖

强化党内监督保持党组织肌体健康。各级党组织要切实担负起党内监督主体责任，加强日常教育、管理和监督，从点滴抓起，从具体问题管起，及时发现问题、纠正偏差。各级党组织书记要落实好党内监督第一责任人责任，抓好班子、带好队伍、管好自己。领导班子成员要切实履行"一岗双责"，共同念好监督"经"。党员和党员之间要坦诚相见、开诚布公、相互监督，在民主生活会、组织生活会、党小组会上，用好批评和自我批评这个武器，让党员干部习惯在相互提醒和督促中进步、习惯在有约束的环境中工作生活。

聚焦全面从严治党做好巡视监督。今年是实行对省局党组巡视全覆盖的第一年，启动工作任务繁重而艰巨，巡视内容必须聚焦、作风尤须务实，抓紧制定出台巡视工作条例实施意见和年度实施方案，并抓好落实工作。要切实把纪律和规矩挺在前面，聚焦履行全面从严治党"两个责任"，坚持问题导向，紧扣"六大纪律"，严格监督问责，加强问题整改，切实发现问题、健全制度、规范行为、教育干部。巡视的威慑力在于对发现的问题从不放过。被巡视省局党组要不折不扣落实整改主体责任，对巡视反馈的意见做到件件有着落、事事有结果，整改情况要公开发布、接受监督。

持续巩固和深化中央专项巡视整改成果。要继续按照目标不变、标准不降、力度不减的要求，把持续推进2016年中央专项巡视整改工作与落实全面从严治党要求结合起来，与持之以恒抓作风建设结合起来，与深化邮政业改革发展结合起来，对已经完成的整改措施，主动开展"回头看"，坚决防止问题反弹；对需要长期坚持的，紧盯不放，把问题整改彻底。在深入整改的同时，坚持问题导向，制定和完善一批管长远、治根本的有效制度，把巡视整改创新实践固化为推动发展制度成果。

（六）持续深化"三转"，主动适应新形势提高履职能力

不断深化对职责定位的认识。各级领导班子和领导干部要加大对纪检监察工作的支持力度，成为纪检监察部门的坚强后盾。各级纪检监察部门要主动适应全面从严治党要求，紧紧扭住监督执纪问责、把纪律挺在前面、实践"四种形态"，持续深化"三转"，自觉承担起监督责任。

夯实纪检监察工作基础。严格落实《中国共产党纪律检查机关监督执纪工作规则》，紧扣监督执纪工作流程，切实履行自身建设主体责任。针对垂直管理实际，积极探索创新，继续完善符合邮政管理实际需要的工作机制，认真落实局党组关于《全系统纪检监察联动工作机制的意见》，确保工作有抓手、运行有保障。充分发挥党风廉政建设领导小组办公室的职能作用，加强纪检监察部门和纪检干部思想、作风和能力建设，以党的建设带动各项工作。加大纪检监察干部培训力度，适时举办落实监督责任培训班，提高纪检监察干部业务能力和水平。

积极践行忠诚干净担当。纪检监察部门要严字当头，强化自我监督，加强党内监督，接受社会监督。要严格纪检监察干部管理，坚决防止"灯下黑"，用铁的纪律打造让党放心的干部队伍。广大纪检监察干部要倍加珍惜组织的信任，以更高的标准严格要求自己，刻苦钻研纪检监察业务和各方面知识，努力提高自身政治和业务素质，自觉维护和执行党的各项纪律，始终保持忠诚、干净、担当的政治本色。

同志们，深入推进反腐倡廉建设对于保障邮政业改革发展意义十分重大。我们要紧密团结在以习近平同志为核心的党中央周围，开拓创新、扎实工作，不忘初心、继续前进，以全面从严治党、党风廉政建设的新成效保障邮政业健康发展，以优异的成绩迎接党的十九大胜利召开！

坚持以人民为中心的发展思想
加快建设与小康社会相适应的现代邮政业

——国家邮政局局长马军胜第48届世界邮政日致辞

2017年10月9日

在迎接中国共产党第十九次全国代表大会胜利召开的日子里,我们迎来了第48届世界邮政日。借此机会,我谨代表国家邮政局,向关心、支持我国邮政事业发展的各地区、各部门和社会各界表示崇高的敬意和衷心的感谢!向全世界邮政业的同行们,特别是我国邮政行业的广大干部员工致以节日的问候和良好的祝愿!

邮政业是国家重要的社会公用事业,是推动流通方式转型、促进消费升级的现代化先导性产业,在国民经济中发挥着重要的基础性作用。当前,行业发展的基本面总体向好,处于大有作为的战略机遇期。党的十八大以来,我们有效发挥市场在资源配置中的决定性作用并更好发挥政府作用,用改革全面激发市场活力,用政策合理引导市场预期,用规划科学指引发展方向,用法治持续规范市场行为,我国邮政业一年一个台阶向上跨越,一步一个脚印向前迈进,发展根基更牢、质效更优、底色更亮。业务总量、业务收入规模分别增长3.6倍和2.7倍,特别是快递业成为中国经济的一匹"黑马",业务量已连续三年稳居世界第一,对全球快递业增长的贡献率达到40%,顺丰、中通等6家企业成功改制上市,中国邮政集团公司业务规模已进入世界邮政前三强,创造了中国服务业和世界邮政业发展的奇迹,为全球邮政发展开辟了可复制的"中国模式",提供了可推广的"中国方案"。

当然,在看到成绩和机遇的同时,我们更应正视短板和不足、困难和挑战,行业供给侧结构性改革任务艰巨,适应新常态的动力机制仍不完善,寄递渠道安全形势日益复杂,车辆通行、末端投递、员工权益保障等行业发展长期存在的瓶颈问题仍需久久为功有效破解。我们必须深入贯彻落实习近平总书记系列重要讲话精神和治国理政新理念新思想新战略,必须紧紧围绕统筹推进"五位一体"总体布局和协调推进"四个全面"战略布局,必须牢固树立和贯彻落实新发展理念,坚持以人民为中心的发展思想,以深化行业供给侧结构性改革为主线,推动《国务院关于促进快递业发展的若干意见》全面落实落地,按照"打通上下游、拓展产业链、画大同心圆、构建生态圈"思路,旗帜鲜明讲政治、全力以赴稳态势、持之以恒拓格局、包容审慎强监管、千方百计优服务,加快建设与小康社会相适应的现代邮政业,加快我国从邮政大国向邮政强国迈进的坚实步伐。

第一,应坚定不移强化创新驱动,提升供给适应性有效性。要引导邮政、快递企业拓展个性化、专业化、差异化、一站式寄递服务,鼓励向综合性寄递物流运营商转型,开拓快运、冷链等服务,推动服务品类向生鲜、医药等高端品易逝品扩展,满足多层次、高品质、多样化消费需求。要加速推进与现代制造业协同合作,从服务轻工制造业的产品销售引向服务高端制造业的内部流程,拓展产业内贸易服务网络。要构建特色农副产品的垂直服务渠道和区域服务网络,更好发挥"工业品下乡、农产品进城"双向渠道作用。要推动企业走出国门参与竞争,加快"一带一路"沿线国家服务网络布局。

第二,应分类施策优化产业组织,加快培育壮

大骨干企业。要支持邮政企业实施“一体两翼”战略，健全完善邮政普遍服务网络，发挥网络和品牌优势，做强做优做大寄递主业。要支持铁路、民航等国有企业参与寄递市场，加强邮政业与现代综合交通运输的有效衔接。要瞄准世界一流，加快培育国际级快递品牌，以上市重组为契机，完善治理结构，提升核心能力，打造中国快递企业的航母群。

第三，应多措并举加强合作联动，凝聚行业发展强大合力。要加强协调联动，落实国家保障邮政普遍服务、促进快递业发展的各项政策。要鼓励社会资本加大对邮政业投入，积极探索邮政业基础设施PPP模式。要鼓励商业、社区、楼宇、交通站点等向邮政业开放资源，鼓励车辆装备、包装、信息等协同行业为邮政业提供配套服务。要支持高等学校、科研院所定向培养邮政业高层次人才。

第四，应一心一意坚持普惠为民，促进共享发展绿色发展。要始终把满足人民群众对更好寄递服务的需求作为我们的努力方向。要打造便民高效的末端服务网络，提高农村和西部地区的网络覆盖率，促进城乡普惠和消费公平，助力国家精准扶贫。要抓好质量管理，维护消费者合法权益，打造放心消费的样板示范。要扩大服务领域，创新服务模式和内容，使更多关联产业从邮政业发展中受益，使亿万商家和广大民众在邮政业创新中受惠。要推进邮政业绿色低碳循环发展，为建设美丽中国贡献力量。

第五，应有效发挥市场和政府两个作用，提高行业治理水平。要牢牢把握邮政强国目标，认真贯彻落实“十三五”发展规划和产业政策，激发市场主体转型提效的动力、活力和能力。要加快形成行业法治体系、实施体系和监管体系，有效防控各类风险。要全面落实企业安全主体责任、用户安全用邮责任和政府部门监管责任，落实寄递安全监管“三项制度”，确保寄递渠道安全畅通。要营造透明高效、公平竞争的营商环境，遏制低质低价恶性竞争及不正当竞争，实现优胜劣汰。要树立行业标杆，让重服务、强管理、惠民生的企业在竞争中脱颖而出。

站在新的历史起点上，我们充满坚定信心和必胜信念。让我们紧密团结在以习近平同志为核心的党中央周围，精准把握我国邮政业发展的趋势和特征，着力提高战略思维和决策能力，不断增强工作的原则性、系统性、预见性和创造性，以新的精神状态和奋斗姿态决胜全面建成与小康社会相适应的现代邮政业，以优异成绩迎接党的十九大胜利召开。

凝聚共识　形成合力
推动行业新闻宣传工作再谱新篇章

——国家邮政局副局长王梅在中国邮政快递报社2017年通联工作会议上的讲话

2017年9月29日

同志们：

在党的十九大即将胜利召开之际，我们举行中国邮政快递报社2017年通联工作会议，主要任务就是深入贯彻落实习近平总书记系列重要讲话精神，全面贯彻落实国家邮政局党组关于邮政业新闻宣传工作的新精神新要求，全力做好当前和今后一个时期的行业新闻宣传工作，为迎接党的十九大、宣传和贯彻党的十九大精神做好思想准备和行动准备，为推动邮政业持续健康发展营造良好的舆论氛围。

下面，我讲三个方面的意见。

一、一年来行业新闻宣传工作的总体情况

2016年度全国邮政管理系统新闻宣传工作会议以来，我们认真贯彻落实中央关于新闻舆论工作的部署要求，牢牢把握正确的政治方向，坚持正确的舆论导向，围绕中心、服务大局，不断优化行业新闻宣传平台，积极探索媒体融合发展，充分发挥系统新闻宣传合力，为邮政管理工作和行业发展营造了良好的舆论氛围，提供了强大的舆论支撑。

（一）以担当为使命，全力做好行业重大主题宣传

担当，主要体现在履职尽责、主动作为。2017年，报社充分发挥一报一刊一网+外联+新媒体的媒体格局优势，紧跟形势要求，紧扣发展脉搏，紧抓行业大事，落实国家局党组的决策部署，认真做好行业重大主题宣传。先后对全国邮政管理工作会议、全国两会、快递实名制信息系统推广、北京国际服务贸易交易会等进行了全面策划和重点报道。如报刊选派记者报道全国两会，解读包括“十三五”规划纲要等在内的各级政府及相关部门出台的行业重大政策文件；杂志“特稿”报道“一带一路”“雄安快递”等内容；网站、外联、新媒体等部门也通过各种形式持续加大了重大主题活动的宣传力度。

积极推动绿色快递行动。推出了助建一个基地、开设一组专栏、策划一项活动、发布一份报告等“十个一”工程来助力绿色快递，充分利用报社在媒体平台、设计人才、传播方式等方面的有利条件，为绿色快递理念的推广营造了良好的舆论氛围。截至目前，这“十个一”工程已经取得了阶段性成效：配合国家局办公室推动我国首个快递业绿色发展产学研协同创新示范基地于4月14日在青岛中德生态园正式挂牌成立；牵头策划，于5月6日在全国六所高校同时发起“首届绿色快递进高校”活动，得到了团中央、国家局领导的高度肯定，在快递业和大学生中引起了强烈反响；在北京、上海两地发起“小手拉大手·绿色绕地球”活动，联合多家快递企业组织开展系列宣传活动，通过开设“绿色讲堂”、举办亲子活动、发出“绿色心愿”等形式传播绿色快递理念。

（二）以创新为抓手，不断优化行业新闻宣传平台

创新，主要体现在勇于探索、求新求变。2017年，《中国邮政快递报》、《快递》杂志、国家邮政局网站三大平台通过改版扩容，在形式和内容上均大胆创新，不断推动行业新闻宣传方式多样化、立

体化。

《中国邮政快递报》按照国家局党组“两年上一个台阶”的要求，通过优化采编流程、提升管理水平和强化工作质量，在增量不增人的情况下，今年实现再扩容，平稳迈入周三报新的发展阶段，对管理部门工作和行业发展的报道力度明显提升，重要会议活动的报道形成了当期消息 + 次期通讯的“1 + 1”模式。这次扩版对《中国邮政快递报》来说具有里程碑式意义，创办仅 4 年便升级为“周三报”，初步迈入“大报”行列；达到这个周期，《人民邮电报》用了 7 年、《中国交通报》用了 8 年。

《快递》杂志在总结去年扩版经验与分析接纳读者反馈意见的基础上，今年将工作重点放在内容再改版上，在深化精彩优质栏目、优化定位不清栏目、增加更为适宜新栏目等方面下苦功夫，坚持深入基层，期刊质量得到进一步提升，实现了栏目多元化、内容专业化、功能多样化，更好记录着行业变革创新历程的点滴瞬间，得到了读者的广泛认可好评。

国家局网站聚焦国务院对政府网站工作的要求，成功实现改版，对栏目设置进行了优化，对页面布局进行了调整，方便网民上网浏览，网站宣传功能进一步提升。在今年的政府网站绩效评估中，国家局网站的排名稳中有升，在国务院 70 个部门的综合绩效排名中位列第 18 位，同比上升 2 位，在 16 个部管局网站中连续第四年位列第一。

（三）以融合为方向，积极探索媒体联动发展

融合，主要体现在新旧联动、内外协同。2017 年，报社积极探索互联网条件下的新闻宣传工作新理念新方式，进一步加强新媒体在行业新闻宣传工作中的作用，对人员安排、资源调配都给予了重点考虑。2016 年底，国家邮政局开通微信和微博，由报社负责运营，扩大了国邮新媒矩阵规模。近一年来，在粉丝数量、内容传播、报道形式等方面均有所突破和创新，特别是在重大新闻事件面前及时响应和发声，起到了舆论引导和传播正能量的作用。同时，围绕国家局“双微”平台，各地邮政管理部门已开通并完成认证微信公众号 115 个，官方微博（蓝 V）43 个，在重大事件发生时，基本做到了联动发声。在 6 月的“顺丰和菜鸟关闭数据互通接口”事件中，国邮新媒三大帐号联合发声，直接影响人次接近 2500 万，及时有效平息了舆论。国家邮政局在 6 月 4 日的政务微博总榜中排名第三。“丰鸟之争”事件的处理也被人民日报新媒体中心和新浪微博评选为“2017 年十佳政务公开案例”。

此外，报社进一步与中央各大主流媒体加强合作，通过集体采访、新闻发布、推送通稿等多种形式，加强对邮政管理工作和行业发展的正面宣传，引导社会舆论。截至 8 月 31 日，中央媒体共刊（播）发国家邮政局新闻信息 223 篇（条），其中 6 大中央媒体 107 篇，包括《人民日报》24 篇，中央电视台 28 条。在数量增长的同时，中央媒体对行业的报道质量越来越高，深度报道占比超过四成，在一些行业热点问题的报道中，中央媒体的报道发挥了定海神针的作用。

（四）以聚力为手段，努力加强系统新闻宣传合力

聚力，主要体现在聚集力量、协同推进。三级联动的新闻宣传工作体制，是我们行业新闻宣传工作的一大特色，各省局的记者站在其中起到承上启下的关键作用。通过多年努力，各省局记者站实现全覆盖，并将通讯员、信息员队伍向市局、县局和企业延伸，为行业新闻宣传工作筑牢基础。2017 年，各省局记者站充分发挥组织指导作用，通过召开会议、印发新闻宣传工作要点、布置“命题作文”等多种方式进行部署，提高各地写稿的针对性和稿件质量。同时，通过定期或不定期组织培训以及建立工作组等途径，帮助基层通讯员增强新闻敏感意识，提高新闻写作水平。2017 年，各省记者站骨干通讯员投稿踊跃，政务信息稿件 1 ~ 6 月份来稿 12686 件，报纸有效稿件 1533 件，杂志有效稿件 360 件，投稿稿件数量稳中有升，质量显著提高。同时，在全国两会、“十三五”规划发布解

读、实名收寄信息化推广、"快递下乡"等重要选题策划报道中，各省、市(地)局特约记者和通讯员队伍与报社专业团队密切协作，写出了不少鲜活生动、接地气的好文章，深受各界好评。

此外，各记者站不断强化与省级主流媒体的协作，加强沟通，保持日常工作联系，提供新闻素材，积极接受采访，加强正面宣传，引导社会舆论。据不完全统计，今年上半年，仅浙江、黑龙江、内蒙古、山西、江苏、辽宁、福建、安徽、湖北、上海、天津、云南、广东、河北、广西、青海、贵州、江西、湖南、北京等20个省(区、市)局在当地主流媒体发布稿件就达2856篇。

以上成绩的取得，离不开国家邮政局党组的坚强领导、各级邮政管理部门领导的重视支持和全系统广大新闻宣传工作者的共同努力。在此，我代表国家局党组，对大家一年来的辛勤付出表示衷心的感谢！

在肯定成绩的同时，我们必须清醒地认识到，面对中央关于意识形态和新闻舆论工作的新要求，面对实现从邮政大国向邮政强国迈进的新使命，行业新闻宣传工作还存在一些短板，亟待补齐：一是汇聚各方智慧助力破解行业发展热点难点问题还有待进一步下功夫；二是行业媒体传播力、影响力和舆论引导力还有待进一步提高；三是互联网时代媒体转型提效的能力还有待进一步加强；四是个别管局网站"僵尸""睡眠"现象有待进一步强化管理；五是新闻宣传队伍整体能力素质还有待进一步提升。这些新问题需要我们在下一步工作中予以改进。

二、认真学习贯彻习近平总书记系列重要讲话精神，坚持正确的舆论导向，更好汇聚团结奋进的强大正能量

习近平总书记今年7月26日在省部级主要领导干部专题研讨班上的重要讲话，科学分析了当前国际国内形势，深刻阐述了5年来党和国家事业发生的历史性变革，深刻阐述了新的历史条件下坚持和发展中国特色社会主义的一系列重大理论和实践问题，深刻阐明了未来一个时期党和国家事业发展的大政方针和行动纲领，提出了一系列新的重要思想、重要观点、重大判断、重大举措，具有很强的思想性、战略性、前瞻性、指导性。去年2月19日，习近平总书记在党的新闻舆论工作座谈会上发表重要讲话，深刻回答了党的新闻事业发展一系列重大问题，丰富和发展了党的新闻舆论工作理论，是指导做好新形势下党的新闻舆论工作的纲领性文献，为全国新闻舆论战线指明了前进方向。去年的宣传工作会议上我们集体进行了学习，作为邮政业新闻宣传工作者，我们务必要深刻理解、深刻领会习近平总书记系列重要讲话，把握精神实质，吃透核心要义，自觉增强政治意识、大局意识、核心意识、看齐意识，自觉把思想和行动统一到讲话精神上来，用讲话精神指导行业新闻宣传实践，树立高度的文化自信，坚持正确政治方向、舆论导向、价值取向，不断汇聚全系统全行业团结奋进的强大正能量，为建成与小康社会相适应的现代邮政业、加快从邮政大国向邮政强国迈进提供精神动力和舆论支撑。

第一，必须一以贯之地坚持行业新闻宣传工作的正确政治方向

习近平总书记在"7·26"讲话中强调，中国特色社会主义是改革开放以来党的全部理论和实践的主题，全党必须高举中国特色社会主义伟大旗帜，牢固树立中国特色社会主义道路自信、理论自信、制度自信、文化自信，确保党和国家事业始终沿着正确方向胜利前进。旗帜引领方向，道路决定命运，道路问题是关系党的事业兴衰成败第一位的问题。正如习近平总书记在"2·19"讲话中强调的那样，做好党的新闻舆论工作事关旗帜和道路，在新的时代条件下，我们行业新闻宣传工作者要承担起党的新闻舆论工作的职责和使命，坚持行业新闻宣传工作的正确政治方向是第一位的，应重点把握以下四点：

一是始终坚持党性原则这个根本，永葆国家

局主管新闻媒体姓党的鲜明底色。要充分认识党管宣传、党管意识形态、党管媒体是坚持党的领导的重要方面，毫不动摇坚持党对新闻舆论工作的领导。国家局主管的新闻媒体同样是党和政府的宣传阵地，必须姓党，必须成为党和人民的喉舌，必须自觉在思想上政治上行动上同以习近平同志为核心的党中央保持高度一致。行业新闻宣传的所有工作都必须维护党中央权威，必须坚持以人民为中心的工作导向，必须体现国家局党组的意志、反映国家局党组的主张。

二是始终坚持马克思主义新闻观这个灵魂，筑牢行业新闻宣传工作的思想根基。要把马克思主义新闻观作为行业新闻宣传工作的"定盘星"。不仅要在理论上准确把握马克思主义的思想内涵，在实际工作中要能够运用马克思主义的立场观点观察问题、分析问题、解决问题，创新新闻舆论工作的方式方法。切实强化"四个意识"，坚定"四个自信"，坚决维护以习近平同志为核心的党中央的权威，认真落实国家局党组的决策部署，与党同心，与人民共鸣，与时代同行，当好党的政策主张的传播者、时代风云的记录者、社会进步的推动者、公平正义的守望者。

三是始终坚持正确舆论导向这个生命，充分发挥行业新闻宣传"中流砥柱"作用。要把导向意识贯穿到行业新闻宣传工作的各个环节，落实到采编校审的具体工作中，做到层层把关、人人有责、人人负责。要全方位传播行业主旋律，弘扬行业正能量，真正把握正确舆论导向，真正做到以科学理论武装人，正确舆论引导人，高尚的精神塑造人，优秀的作品鼓舞人。对重大的原则问题要旗帜鲜明，对敏感热点问题要及时疏导，对涉及群众利益的问题，要有针对性地释疑解惑，自觉维护社会和全行业的稳定；要防止片面追求新闻效应而忽视社会效应的做法，努力实现行业新闻报道社会效益的最大化。

四是始终坚持正面宣传为主这个方针，努力成为全系统全行业奋进有为的"催化剂"。要从邮政业改革发展全局出发把握行业新闻宣传工作，坚持团结稳定鼓劲、正面宣传为主的方针，把营造良好舆论环境作为头等大事抓紧抓好。要充分发挥报社全媒体优势，深入推进媒体融合发展，不断提高行业新闻报道的质量和水平，切实增强吸引力和感染力，着力形成全方位、多层次、多声部的主流舆论矩阵，努力在多元中立主导、在多样中求共识、在多变中把方向。要敢于举旗亮剑、勇于激浊扬清、善于引领发声，要增强新闻的职业敏感性，坚决杜绝负面杂音，抵御社会负面信息的影响，为推动行业发展聚集正能量。

第二，必须旗帜鲜明地提高行业新闻宣传工作的政治站位

习近平总书记在"7·26"讲话中指出，党的十八大以来，在新中国成立特别是改革开放以来我国发展取得重大成就的基础上，党和国家事业发生历史性变革，我国发展站到了新的历史起点上，中国特色社会主义进入了新的发展阶段。对于邮政业发展而言，也同样站到了新的历史起点上，进入了新的发展阶段。经过邮政体制改革实施十年来特别是党的十八大以来的发展，邮政行业发展迈上新台阶，邮政普遍服务均等化水平持续提升，快递规模跃居世界第一，企业竞争实力不断增强，邮政业在国民经济体系中的地位和影响力与日俱增，已成为中国经济的一匹"黑马"。我们要适应发展新阶段的要求，旗帜鲜明提高行业新闻宣传工作的政治站位，重点把握好以下三个方面：

一是注重加强对党和国家大政方针在邮政领域如何贯彻落实的宣传报道，与以习近平同志为核心的党中央保持高度一致。重点关注：全系统全行业如何按照中央部署要求认真贯彻落实党的十九大精神；如何结合行业实际统筹推进"五位一体"总体布局和"四个全面"战略布局，牢固树立和贯彻落实新发展理念；如何扎实稳步推进行业供给侧结构性改革；如何按照中央决策部署继续深化"放管服"改革；如何落实坚持以人民为中心的思想推动行业改革发展。新闻宣传工作要着眼大格局，做到胸怀大局、把握大势、着眼大事、因事而谋，要以伟大梦想为引领，用伟大梦想鼓舞斗志，凝聚全行业团结奋斗、攻坚克难的强大力量，推动全系统为实现中国梦、建成与小康社会相适应的现代邮政业，凝聚共识，鼓舞斗志、形成合力、推动发展。

二是注重加强对行业重要发展思路重大战略规划重大政策重大工程如何有效推进的宣传报道，与国家局党组决策部署同心同向。重点关注：如何按照“打通上下游、拓展产业链、画大同心圆、构建生态圈”20字思路，讲政治、稳态势、拓格局、强监管、优服务，精准施策、引领发展；如何有效推进邮政业“十三五”发展规划落地实施；如何全力推进2017年更贴近民生7件实事；如何加快推进快递“三向”“三上”“快递入区”工程。新闻宣传工作要突出宣传好谋实事出实招的经验和成效，加大对邮政管理系统把中央的部署要求转化为一项项具体措施、把人民群众的愿望变成一件件实事好事的宣传力度，用舆论力量为改革发展鼓劲造势，为推动我国由邮政大国向邮政强国迈进营造良好的舆论环境。

三是注重加强对社会关注的行业热点难点问题如何得到解决的宣传报道，及时有效回应社会关切引导舆情。重点关注：如何推动落实寄递渠道三项安全管理制度；如何对快递包装带来的垃圾污染进行破题，推动快递包装绿色化、减量化、可循环相关措施的落实；如何举全系统全行业之力齐心协力破解快递车辆通行、末端投递、员工权益保障等行业发展长期存在的瓶颈问题。新闻宣传工作要把握好主旋律，充分发挥新闻舆论工作团结人民、鼓舞士气的优势，要善于把大题材、大方向与群众的关切点、兴奋点结合起来，用生动鲜活的素材、喜闻乐见的形式进行呈现，及时回应社会关切、企业关注、群众期待，讲好行业故事。

第三，必须下大力气加快造就一支党性强敢担当的新闻宣传队伍

习近平总书记在“7·26”讲话中强调，全党要坚持问题导向，保持战略定力，推动全面从严治党向纵深发展，把全面从严治党的思路举措搞得更加科学、更加严密、更加有效，确保党始终同人民想在一起、干在一起，引领承载着中国人民伟大梦想的航船破浪前进，胜利驶向光辉的彼岸。总书记在“2·19”讲话中指出，要加快培养造就一支政治坚定、业务精湛、作风优良、党和人民放心的新闻舆论工作队伍。这些都为我们行业新闻宣传队伍建设指明了前进的方向、提出了更高的要求。

一是进一步增强政治素质，在围绕中心、服务大局中找准坐标定位。行业新闻宣传工作者要认真学习好习近平总书记系列重要讲话精神，加深对讲话内涵的深刻把握、对客观规律的正确认识，坚持理论联系实际、坚持学用结合，坚定理想信念、站稳政治立场、增强“四个意识”，强化政治担当，把新闻宣传工作放在党和国家工作大局中、放在邮政行业改革发展中去谋划和推进。

二是进一步提高职业素质，努力成为全媒型、专家型人才。行业新闻宣传工作者要加强专业理论学习、夯实理论根基，完善知识结构，拓宽知识领域，做到既具备较高的政治理论水平和政策水平，又精通新闻传媒业务；既有广博知识，又有自己的专门研究和独到见解，成为行业新闻宣传领域的全媒型、专家型人才。要深入生活、深入实践、深入基层、深入群众，着力践行“走转改”，精准把握当前世情、国情和业态，善用现代传播手段，勤学习、勤思考、多求教、多锻炼，按照“精、深、高”的要求多出精品。

三是进一步提升综合素质，不断增强履职尽责的能力。随着行业的持续快速发展，行业新闻宣传工作的内涵外延不断扩展，行业新闻宣传工作者要不断拓宽知识领域，补齐短板，增强内外协同、上下联动能力，提高组织协调水平，提升文字写作能力，努力成为“十八般武艺样样精通”的多面手和“杂家”，不断提高自身综合素质和能力水平，持续提升行业新闻宣传工作的责任感、紧迫感和使命感，不负局党组的期望和重托，发挥好新闻宣传在推进行业发展中的支撑保障作用。

第四，必须努力奋进推动行业新闻宣传工作再上新台阶

习近平总书记在“7·26”讲话中强调，在新的时代条件下，我们要进行伟大斗争、建设伟大工程、推进伟大事业、实现伟大梦想，仍然需要保持和发扬马克思主义政党与时俱进的理论品格，勇于推进实践基础上的理论创新。事实上不光是理论需要创新，行业新闻宣传工作也需要创新，要按照习近平总书记在“2·19”讲话中指出的那样，坚持问题导向，改革创新，讲求实效，创新理念、内容、体裁、形式、方法、手段、业态、体制、机制，牢牢掌握行业新闻宣传工作主动权。为此，我们要做到：

一是立足补齐短板勇于创新。面对深刻变化的媒体格局、舆论生态、受众对象和传播技术，我们要顺应互联网发展大势，坚持问题导向，认真分析短板不足，勇于创新、勇于变革，利用互联网特点优势，推进理念、内容、手段、体制机制等全方位创新，力争在行业新闻宣传工作中把握主动权、打好主动仗，做到不失声、不掉队，有影响力、更有引领力。

二是准确把握“时度效”要求推进创新。创新的出发点和落脚点，在于推动邮政业新闻宣传工作更好地从“时度效”着力，体现“时度效”要求。要通过创新，更好地把握好时机、节奏，重视“首发效应”，做好“早”和“快”的文章；更好地找准思想认识的共同点、情感交流的共鸣点、利益关系的交汇点、化解矛盾的切入点进行舆论引导，积聚人气、深入人心。

三是寻找有效路径深入推动传统媒体和新兴媒体融合发展。我们一方面要立足“为我所有”，进一步创新理念、创新手段、创新机制，打造体现行业水准，具有竞争力的新型主流媒体；另一方面要坚持“为我所用”，善于借力发展，用好中央和地方主流媒体、知名新媒体、商业网站、社交平台等大平台，建好行业媒体的“中央厨房”。

三、突出学习宣传贯彻党的十九大这条主线，凝聚共识形成合力，更好服务行业改革发展

今年是实施“十三五”规划的重要一年，是推进供给侧结构性改革的深化之年，党的十九大即将召开，行业新闻宣传工作任务更重、要求也更高。当前和今后一段时期行业新闻宣传工作要突出坚持和发展中国特色社会主义、实现中华民族伟大复兴中国梦这一主题，突出宣传贯彻党的十九大这条主线，坚持稳中求进工作总基调，不断聚焦重点、突破难点，按照在整体推进中重点突破精准发力的要求扎实推进，确保行业新闻宣传工作更好地发挥思想引领、舆论支持、凝心聚力的重要作用，更好地服从服务于行业改革发展和邮政管理工作全局。

一是着力做好党的十九大宣传贯彻报道工作。要把做好党的十九大的学习贯彻落实工作作为重中之重，结合系统和行业实际及时有效做好宣传报道，引导全系统全行业干部职工切实把思想和行动统一到中央的部署要求上来。要按照中央要求和国家局党组的部署做好宣传报道方案，多渠道、多载体、多形式做好宣传报道工作。

二是着力做好贯彻落实中央重大决策部署的宣传报道。加强对邮政管理部门服务“一带一路”建设、推动京津冀邮政业协同发展、支持雄安新区邮政业建设与发展、落实长江经济带邮政业发展指导意见、推进珠三角邮政业创新改革等工作的宣传报道。

三是着力做好邮政业更贴近民生7件实事的宣传报道。国家局党组研究提出的“7件实事”，坚持以人民为中心的发展思想，坚持贴近人民群众，效果实、受用大，对解决人民群众便捷用邮、方便民众生产生活意义重大，对推动行业转型升级、提质增效作用明显，也是邮政管理部门有效施政的重要抓手。要持续加大宣传力度，强化舆论引导，搭建经验交流的互动平台，营造把“7件实事”办实办好的良好氛围。

四是着力做好行业立法修标的宣传报道。《快递暂行条例》公开征求意见已经结束，要按照国家局的部署做好条例发布后的宣贯工作，通过召开宣贯会议、编制解读材料、拟订条例释义、新闻媒体发布等方式做好宣贯、扩大影响。根据《快递业务经营许可管理办法》等部门规章、规范性文件和地方法规规章以及《快递封装用品》和《邮政业封装用胶带》等标准的制修订进展，适时做好宣传报道。

五是着力做好邮政普遍服务质效提升的宣传报道。围绕国家局部署开展的全国邮政普遍服务达标情况监督检查专项行动、党报党刊县级城市当日见报率提升工程、继续推进建制村直接通邮工作确保年底前实现全国建制村直接通邮率提升2个百分点等工作加强宣传报道。

六是着力做好深化行业"放管服"改革加强邮政市场事中事后监管的宣传报道。加大对全系统深化"放管服"改革、探索包容审慎监管、加强事中事后监管、维护市场秩序和消费者合法权益、稳妥有序推进实名收寄制度落实、做好"双11"等生产服务旺季期间行业安全稳定运行等工作的宣传力度。特别是在实名收寄信息化工作的报道中，要强化宣传引导，回应社会关切，妥善消除公众对于个人信息安全保护等问题的担忧。

七是着力做好绿色邮政建设的宣传报道。要密切关注九部委协同推进快递绿色包装联合发文工作进度，做好政策出台后贯彻落实工作的宣传报道；要重点围绕国内外各界推动邮政和快递服务绿色发展的经验举措、快递绿色包装试点工程示范效应、中国快递绿色包装产业联盟和青岛快递业绿色发展产学研协同创新示范基地建设进展等内容，组织中央和地方媒体进行专题采访和深度报道，充分宣传绿色邮政建设所取得的成效。

八是着力做好全系统从严治党和行业精神文明建设的宣传报道。重点宣传国家局党组落实全面从严治党要求，做好全系统巡视、提升抓党建促发展的成效。要继续办好第三届"寻找最美快递员"等活动，做好精神文明创建和"青年文明号"创建活动以及行业定点扶贫等工作的报道，大力宣传精神文明建设中涌现出的先进典型，传递邮政行业正能量。

同志们，邮政业改革发展的事业正在稳步推进，建设邮政强国的梦想正在逐步实现，行业新闻宣传工作责任重大，使命光荣。让我们紧密团结在以习近平同志为核心的党中央周围，振奋精神，砥砺奋进，再接再厉，进一步提升邮政行业新闻宣传工作的传播力、引导力和影响力，为全面建成与小康社会相适应的现代邮政业作出更大的贡献，以优异成绩迎接党的十九大胜利召开！

强监管　促创新　推动邮政服务不断发展

——国家邮政局副局长赵晓光在全国邮政管理局长座谈会上的讲话

2017 年 7 月 30 日

同志们：

听了马军胜局长的工作报告，我和大家一样深受鼓舞。上半年，普遍服务工作和各项工作一样，都在扎实推进，为全年工作打下了很好的基础。接下来我把普遍服务的几项重点工作再强调一下，请各省局下半年再加把劲，保证全年工作圆满完成，并且为明年的工作打好基础。先从国家局今年更贴近民生的 7 件实事说起。

一、讲政治，抓好县级城市党报当日见报

这项工作非常重要，不仅是一项单纯的业务工作，更是一项政治任务。党报党刊是党的喉舌，是重要的思想政治工作抓手和舆论宣传阵地，做好这项工作和加强党的建设、巩固党的执政地位、推进伟大工程、伟大斗争、伟大事业、伟大梦想的“四个伟大”是相关的，同时也是邮政部门的行动自觉，是我们以实际行动和成绩迎接党的十九大召开的具体体现。各级领导对这项工作都非常重视、非常支持。杨传堂书记在《贵州实现县一级党政机关〈人民日报〉当日见报》的报告上作出大幅重要批示，军胜同志也多次作出明确指示。国家局第一时间印发了贯彻落实杨传堂书记批示精神的通知，并对各级邮政管理部门提出了具体要求。7 月上旬，交通运输部办公厅也专门下发了《关于加强交邮合作加快实现县级城市党报当日见报有关工作的通知》，要求各级交通运输部门与邮政管理部门密切配合，全力保障党报党刊安全、高效运送，大力推进县级城市党报当日见报。

今年以来，我和普遍服务司的同志进行了多次实地调研，赴河北、山西、江西、云南、福建、甘肃、黑龙江、湖南等省份深入了解情况。通过调研，了解到我们在这项工作上的问题主要有两个方面：一个是主观方面，邮政企业在作业组织上，特别是在邮路组织、发运频次、中转衔接、投递安排上，存在不合理的问题，有些省份过于强调成本控制和经济效率；还有，近年来快包业务快速发展，企业邮路由发运报纸为主转变为包裹为主，对报纸的发运有所忽视，甚至忽略。这个问题我在去怒江调研时指出过，这是认识问题，是管理问题，是投入问题，是讲政治还是讲经济效益的问题。另一个是客观方面，我国地域辽阔，地区差异大，有些邮路过长，如果不采取设立分印点或航空邮路，客观上难以实现。对于邮路过长的特殊地区，我们也要实事求是，要承认有些省份是不可能实现全部 100% 的，比如新疆、西藏、内蒙古、四川、青海等地，个别地区的邮路过长，不具备设置分印点和航空邮路的条件。黑龙江个别县距离哈尔滨分印点 700 多公里，实现当日见报的确是不具备客观条件的。但这些省份，可以适当调整目标，但也必须积极采取措施，推进本省具备条件的地区，提高当日见报率。比如：云南目前的当日见报率是 12% ，但云南的今年目标是提升到 40% ，单从公路来说，的确不具备实现当日见报的条件。但即便这样，也要通过调整作业组织和增加投入，提升见报率。西藏目前是 5% ，进一步努力。内蒙古的阿拉善地区大漠荒原，游牧民入秋后就回到县城。这些客观条件我们都要考虑到。

总体来看，各地邮政管理部门是高度重视这项工作的，主要领导亲自协调推动，取得了良好成效。在去年北京、上海、海南、重庆、贵州等省（市）

已经实现的基础上,目前又有山西、辽宁、浙江、江苏、安徽、福建、山东、河南、广西、宁夏等十省(区)实现了当日见报,这样全国就有一半以上省份实现了县城当日见报,超额完成年初的计划任务。这项工作国家局党组非常满意,感谢同志们的努力。在这里我还要特别提到三个局。安徽局和广西局,这两个局都不是国家局今年下达任务必须完成的省份。但他们自我加压、迎难而上,加大投入、调整邮路,措施非常有利,安徽的黄山局采取调整邮路组织的方式,滁州局增加前往县级天长市的运输班次,宣城局采取交邮合作每天早班由合肥发出的客运大巴直接带报到县城,全省所有县级城市全部实现《人民日报》当日见报。广西局采取寻求交邮合作、增加投递频次的方式,解决了百色市西林县和贺州市钟山县、富川县和昭平县当日见报,实现了全区当日见报。这两个局实现100%,对全国实现一半的省份的目标做出了突出贡献。黑龙江局也非常值得肯定和表扬。近期我到黑龙江调研了解到:他们对漠河、抚远、黑河、加格达奇偏远地区开通了4条航空邮路,对较为分散的17个县组开客运委办邮路,组开8条地市到县自办运输专线,组开22条报刊盘驳邮路。舍得投入,增加党报党刊运行车辆7辆,各环节增加人员50人,年运行成本增加近800万元,将全省县城党报当日见报率从50%提升到97.5%,除大兴安岭的塔河、呼玛,双鸭山的饶河等距离哈尔滨分印点均在700公里以上的个别边疆县,原有37个未实现党报当日见报的县(市)基本得到解决。这说明,只要足够重视、舍得投入、主动克服,困难是能解决的。湖南决定从8月10日开始将报纸与快包分开,专门购置小吨位汽车,早取、专送、中途不停,效率可以提高一个半小时;同时打破区域界限,郴州个别县改由株洲送。他们的承诺是八月中旬全省实现县城党报当日见报。

前段时间,普遍服务司根据各省台账,建立了全国县一级城市党报见报情况数据库。经过对各省情况仔细分析,还有吉林、江西、广东等三个省(区)有望实现。我到江西赣州做了调研,赣州市距离分印点472公里,以前除了城区全市17个县城只能在第二天见报,其中距离最远的寻乌县距离赣州市区又有230公里,在调研中省市局和及省市公司一起开会,想办法、找对策,在印点暂时来不及调整的情况下,会后也提出了解决方案:一是积极协调省委宣传部和印厂将交报时间提前,争取在4点前交报。二是计划安排从南昌到赣州的专线邮车,争取实现当日见报。所以思想上重视了,办法总比困难多!希望吉林等三个省份,要加快工作进度,也要在党的十九大召开之前实现目标。

对整体当日见报工作,我们要算好两笔大账。一笔账是以省为单位,全国大多数省份要全部或基本实现党报当日见报;第二笔账是以县为单位,绝大多数的县要实现当日见报。从这两笔账上来考量我们的工作,达到了,我们就完成了任务。内蒙古、甘肃、新疆、青海、西藏、云南6个省(区)要尽全力减少不能当日见报的县级单位数量,而且要争取次日见报,基本消除第三日见报。要实事求是,要奋发有为。

同志们,在党的十九大召开之前,我们把《人民日报》为代表的党报党刊县级以上党政机关当日见报做到位,是邮政部门践行"四个意识"的具体体现,是我们行业为党的十九大的召开的献礼,是我们应该完成好的一项政治任务,大家要同心协力,努力为党的十九大召开交上一份满意的答卷。

二、强监管,贯彻落实《邮政普遍服务》标准

这项工作是一项利国利民利企业的工作,是我们很多工作的有力抓手,是我们发挥好政府职能和扮演好监管角色的充分体现。有的邮政企业负责人说,这提升了我们的竞争能力。所以,这项工作也推动和加强了我们的普服监管工作。

新标准是去年12月颁布,今年3月1日起正式实施的,到现在已经是7月份了,在今年普服工

作会上我提出三个阶段，第一是宣贯阶段，第二是调整阶段，给邮政企业一定的时间，督促企业补短板，补缺欠。我们在调研中看到，5 公斤及以下包裹的分拣和投递基本达到了标准，局所营业员也基本了解新标准的情况，县一级也基本开办了国际业务。邮政集团公司下发了多份文件，来落实新标准。各省局积极推动新标准的宣贯落实。一是组织了针对邮政执法人员和企业工作人员的培训，通过电视、微博、微信公众号等多种形式开展宣传，创造了良好的舆论环境。二是推动当地邮政企业查找不足，督促其通过调整生产组织方式、优化作业流程，合理调配资源、强化服务工作，确保标准落到实处。如辽宁局实施达标情况清单制度，设定达标进度时间表，督促企业整改。山东局整理汇总了 10 类新标准执行过程中可能存在的难点问题，作为督促企业落实新标准的重点内容。湖南局构建贯标达标的协作机制，优化流程，强化保障，严格考核，建立科学有效的管理和评价体系。邮政企业也做了大量工作，邮政集团公司对照新标准对包裹时限和投递的新要求，制定并全面实施了《信函、印刷品、普通包裹运营标准》，提出普通包裹内部处理、干线运输环节按照快递包裹标准执行；下发了关于确保营业网点全面落实新标准规定的通知、做好普通包裹投递工作的通知等。可以说，全系统已经形成了落实新标准的浓厚氛围，各方面的反响都很好。

现在就到了第三阶段，我们要加强监管，要加大监督执法力度。下半年，国家局部署全国开展邮政普遍服务达标情况监督检查专项行动，就是要通过严格执法，迅速将标准落实推向深入，有效督促企业对标达标，切实提升普遍服务水平。希望各省要做出周密的安排，时间选择要充分、恰当，要用好行政执法手段。专项行动要符合以下几点要求：一是专项行动要有针对性，针对这次修订的主要内容，如时限、投递服务、营业场所功能等，抓主要标准，突出重点。二是专项行动方式要有多样性，可以采取开展邮件时限监测、进行“双随机”抽查等方式，也可以通过组成跨区域的检查组开展交叉联合检查。这次新标准对于邮件时限有了新要求，特别是同城、省内的时限要求弥补了邮件时限的空白，需要各地自行开展这个监测，国家局考核邮政集团 2017 年时限情况，需要的同城、省内时限的结果就要来源于各地的监测结果。对于包裹按址投递，可能需要结合抽查、时限监测同步进行。三是专项行动要突出实效性，对于违反标准的行为，要坚决予以处罚，督促企业彻底整改，不折不扣地履行新标准。只有严格依法行政，企业会发自内心敬重政府，才能树立管理部门的威信。威严威严，不严不威，从目前情况看，越是执法政企关系越为正常。政府部门执法要公开公正，要按照政务公开的要求及时公开执法信息，进一步形成和传导压力。四是专项行动要注重目的性，我们推进贯标工作，出发点和落脚点都是为了人民群众的利益，要特别注重群众的反响，注重收集整理群众的意见建议。各省要在 12 月份前将开展专项行动的情况报告国家局。我们要注意的是，执法处罚不能骤增。专项行动的目的是促进、保障标准的实施，督促企业把服务搞好。我们要尽力避免一个行动下来，出现成百上千个处罚，这样未必能达到我们的目的。这里，我有个建议，请大家在这次会后要向企业打招呼，通知他们下半年要进行专项行动，要求他们早做工作。有了提醒，如果还不整改，那就严格执法。大家要把专项行动做得细一点、周到一点。

三、促均等，全面推进建制村直接通邮

建制村直接通邮是邮政普遍服务的应有之义。通邮是个老问题，我们这里强调的“直接通”和以前的“通邮”是有区别的，是适应新的形势，“十三五”末所有建制村实现稳定的、持续的、达到标准要求的通。可以说，这件工作已上升到国家政治的层面：2015 年中央民族工作会议提出“要实现民族地区村村通邮政”；《国家“十三五”规划纲要》在“交通建设重点工程”中明确提出“实现村

村直接通邮”；今年的中央一号文件也提出了建制村直接通邮；前不久国办印发《兴边富民“十三五”规划》也将通邮政作为边境村庄“八通八有”标准之一。党和国家非常重视边疆省份，对此专门制定了规划，这个规划中也把“通邮政”纳入进去，说明通邮这个工作，对于国家边疆稳定、民族团结有着非常重要的意义。因此我们说，实现建制村直接通邮有“三个有利于”，一是对邮政行业来说，有利于拓展邮政网络、提升农村邮政服务水平；二是对社会来说，有利于服务三农发展、助力精准扶贫，推进公共服务均等化；三是对国家来说，有利于加强民族团结、巩固国家边防、维护社会安定。这项工作不仅是业务工作、经济工作，更是一项政治性很强的工作，不仅是企业的事情，更是国家的事情，是党的要求，做好这项工作意义非同一般。

就这项工作，国家邮政局组织了多次实地调研，掌握了基础情况。目前未实现直接通邮的建制村主要集中在中西部民族和边远地区的特殊地域，不通邮的原因很多，主要有自然环境和居住方式造成直接通邮困难，包括山深坡陡路况复杂、投递里程过长、游牧等生活方式造成投递难。还有投递成本高，仅仅依靠企业自身力量及现有政策难以支撑，包括人烟稀少需求小、业务收入低亏损大、投递员数量不足、投递车辆损耗大等现实问题。但是不论存在多大的困难和多大差异，都要做好这项工作。

我们通过和邮政企业联合开展试点，以及和邮政企业的反复沟通，最终在全国推进工作方案里明确了建制村通邮的标准，主要是要同时符合“确定投递主体、确定投交地点、确定投递频次”三个要素。

一是确定投递主体。一般情况应由邮政企业组织邮政投递人员或其委代办机构完成。确有特殊情况的，在保证投递频次稳定和邮件安全的前提下，可以委托其他组织如村委会、班车等完成。对于协议的问题，考虑到企业的心理，觉得有了协议就产生责任，有了责任就惧怕，就不敢签协议，我们对协议不作强要求，但要尽量做，毕竟关系到“三个确定”的问题。承担建制村邮件投递的委代办机构，邮政企业与其签订的协议中有投递到村服务内容的，可以视为有协议。对于按确定频次投递的村委会或公交客运班车公司等，一般应签订协议，确无法签订的，也要由邮政企业在协议文本中注明无法签订的原因。不能搞得太死。协议是通邮的重要保障，企业要妥善保管，管理部门检查通邮情况要检查协议签订情况。

二是确定投交地点。按照《邮政普遍服务》标准，除超过5kg的包裹外，建制村的邮件应至少投递到村邮站或者村内其他接收邮件的固定场所，未设置固定邮件接收场所的，由建制村村民委员会代为接收、保管和转投邮件。有条件的建制村，应逐步扩大按址投递到户的范围。

三是确定投递频次。应当按照《邮政普遍服务》标准规定的频次投递。交通不便的边远地区建制村的投递频次，由市(地)级以上邮政管理部门和邮政企业确定。交通不便的边远地区的范围，由省(区、市)邮政管理部门与邮政企业在充分调查研究、征求相关部门意见的基础上划定。范围及投递频次报国家邮政局备案。

从去年10月国家局和邮政集团公司联合开展试点工作以来，不仅试点省份开展了工作，其他省份也积极推进建制村通邮工作。一是组织开展建制村通邮情况基础信息统计。在国家局和集团公司全国方案下发前，全国半数以上省份都主动开展了建制村通邮基础数据调查工作。这项工作要做得准。二是管理部门联合邮政企业采取多种措施推动工作。其中，试点省份里甘肃局已有273个建制村新实现直接通邮，全省直通率提升1.6个百分点，达到95.9%。湖南局将未实现的400多个建制村建档立卡，有100个建制村新实现直通，全省部分建制村投递频次由“周三班”改为“周五班”，甚至包括两个偏远地区，实现了投递频次和投递时限的大跨越。广西局第二季度新实现建制村直接通邮106个。其他未纳入试点的省份也积极主动开展工作，福建局以延伸投递路线、整合邮路等方式，推进漳州市和龙岩市36个未直接通邮建制村直接通邮工作，全面实现建制村直接通邮。宁夏局提出2017年全区应至少完成总数的87%，直接通邮率达到95%以上，力争在2018年底前全面完成建制村直接通邮工作。云南局完成了102个建制村直接通邮任务。三是认真开展通邮情况核查工作。吉林、江西局组织开展建制村直接通邮情况检查，重点检查建制村直接通邮情况与台账是否一致。这件事要认真做，不能搞不实虚报。广东东莞局对检查发现邮政企业在农村地区投递频次不达标情况作出4.8万元行政处罚。

在前期开展工作过程中，省局一致希望国家局与集团公司联合推动此项工作，由于在通邮协议、工作进度等一些问题上国家局与集团公司一直有不同看法，普遍服务司用了大量的时间和精力进行沟通，最终达成一致，上周已联合印发了工作方案。

下半年，各省要根据方案，按照“政企协力、争取支持、量化推进、重点考核”的工作思路，挂账销号，全面推进建制村直接通邮工作。对此，我提几点要求：

第一，要坚持“以人民为中心”。要通过“十三五”这五年的工作，使农村地区邮政服务的水平有一个新的面貌，使广大的农民群众享受到更高层次和水平的投递服务，这是我们这个工作的根本目的。所以我们方案里提出要“从守底线做起，向高标准看齐”，不能说经过五年的时间，实际通邮水平没有提升，维持现状，这是不可以的。无论是从投递的稳定性、安全性上，都要有一个提升。

第二，要坚持实事求是摸清底数。方案中明确了通邮标准和调查内容，各省要督促企业认真开展调查，实事求是统计情况，抓准落实，建立准确的数据台账。目前已经有北京、天津、河北、山西、辽宁、吉林、黑龙江、上海、江苏、浙江、安徽、福建江西、山东、河南、湖北、广东、海南18个省（区、市）初步实现了建制村直接通邮，这些省也要对照“三确定”的标准统计台账，做一次梳理。要特别注意普遍服务新标准实施后应对标进行调整。陕西省就从98%调到75%，这就是保质保量做好工作的表现。

第三，要坚持因地制宜开展工作。按照《邮政普遍服务》标准，建制村的邮件应当至少投递到村邮站或者其他接收邮件的、稳定的场所。因此邮政企业应该投递到村。但考虑到我国幅员辽阔经济社会发展不平衡，某些特殊情况下允许采取委托外包的形式实现，比如村委会人员等将邮件从乡镇投递到村，但需要有协议保证稳定和安全。另外需要注意的就是频次要达标，只有极特殊的交通不便边远地区可以适当降低频次，我们准备将划定边远地区的权限交给省局和省公司。

第四，要坚持“一有两少”严格标准。“一有”指的就是承认“有差异”，因地制宜。“两少”指的是一个是与标准存在差异的地方越少越好，交通不便边远地区的数量要控制在一定的比例之下；再一个是与标准存在差异的内容越少越好，投递频次不能确定得过低。我们做普遍服务工作，一个大的目的就是推进基本公共服务均等化，“一有两少”就是保障均等化的一个工作原则。

到年底，全国建制村直接通邮率要提升2个百分点，达到96%以上，2019年底前全面完成。从目前新标准实施带来的情况变化看，这个数据会出现波动，这是客观实际，但大家一定要实事求是，尚未实现的省份，要按全国方案要求，制定本省实施方案，确保完成任务目标。各地都要加大抽查力度，检查建制村情况与台账信息是否一致，以及年度计划完成情况。各省11月底前要将工作情况和结果专题报国家局。

四、促创新，推动邮政服务不断发展

关于邮政普遍服务创新，我经常和大家探讨的是，发挥邮政企业独特的优势和潜力，发挥邮政企业的作用，必须走合作的道路，只有通过合作才

能扩大企业的影响，才能增强企业的能力，更好地发挥国有企业的作用。我们总结的合作是“多方合作”，既包括邮快合作、邮交合作，还有很重要的邮政与电商的合作。在我们的推动下，这项工作出现了新的发展趋势。邮政与快递、交通、电商等主要市场联系主体在加快兼业融合，比如内蒙古、湖北、江西、安徽、海南、浙江、福建、贵州、陕西、甘肃等地都在积极推进“邮快+电商”多方合作。其中，江西邮快合作推到了全省11个地市43个县，但要注意持续性的问题，目前是大量依靠政府支持，要促进市场动力向可持续方向转变。甘肃全省文化主题邮局向快递服务开放；甘肃金昌局推动邮政、快递合作，为当地冷鲜产品“金昌羊肉”做寄递销售。黑龙江省67个县(市)全面实施交邮合作，牡丹江的交邮综合便民服务站做得很好，方便百姓，对牡丹江交邮合作模式在全国“四好农村路”交通运输现场会上做了经验交流，得到了杨传堂书记、李小鹏部长的充分肯定。目前牡丹江市农委也主动找来寻求合作，交邮合作便民服务站也将向地方的农垦、森工系统开放平台。这其中是邮政增加了影响力。

目前看，邮政与电商的合作与融合已经成势，发展很快。从最早的上海，辽宁铁岭、海城，到现在的贵州黔南、黔东南，山西的太原、运城，广东揭阳，河北张家口、承德，福建龙岩、漳州，江苏无锡等地，地方政府都在大力支持邮政与农村电商的合作，把地方农村电商发展的任务交给邮政。最近在湖南资兴调研时看到，邮政企业在政府的支持下，腾出一栋楼，将回乡大学生、回乡农民工请进来创业，孵化地方电商，培训电商操作人员，提供物流服务。邮政在这方面有一个优势，就是地方政府认识到，邮政发展农村电商的定位是推动农产品上行，不是聚焦于工业品下乡。我在湖南永州调研时了解到，当地有三个县将以工业品下乡为主的阿里巴巴农村淘宝“请出去”了，接来了搞农产品上行的邮政企业。所以，邮政要利用好“在乡”的优势，这是邮政的天然能力和血脉，要引导邮政企业定位于为人民群众服务，定位于为农产品进城服务。地方管局要借助邮政的优势，与地方政府多沟通，与当地经济发展结合，多为企业发展争取政策。

关于推动邮政服务农村电商工作。对于这项工作，我们要一直抓下去，而且要抓好。这几年，中央越来越关注农村电商工作，国家局一直将这项工作作为全局性的重点工作来抓。我们搞农村电商的关键，是推动农产品市场化，帮助农产品进城。通过农产品市场化，提高农产品价格，让农民得实惠，这是带领农民脱贫增收、创业致富的能力和途径。甘肃的“敦煌李广杏”依托邮政一体化物流服务，在邮政电商平台上成为热销产品，价钱从5块钱涨到了10块、20块，2016年实现农民收入14万元。还有“玉门人参果”，也是通过邮政打通的农产品进城“绿色通道”，价钱涨到8块钱。这就是邮政搞农村电商的定位，发挥我们的渠道能力，搭建农民脱贫致富的途径。

今年以来，我们在这项工作上把握住了几个重点方向：一是推动企业加快农村物流配送网络建设，面对新需求、新任务，推动企业完善网络渠道，为农户、合作社、农业企业和园区提供更好的网络化服务。上半年已累计建设“邮乐购”站点40.3万个，重点建设仓储1300个，配套推进农产品供应链管理，部分地区尝试对接县、乡两级农产品质量安全监管，做到农产品可追溯。二是引导邮政企业服务于农产品品牌化，解决农产品上行的持续运营问题。上半年启动“一市一品”农特产品示范项目，各省局和地方企业积极响应，对区域内上行农产品进行了梳理，各地市都在区域内选择了示范性较好、效益较高、可持续发展的一批农特产品品牌，建档备案，按季度跟进品牌发展。上半年27省带动农产品电商快包业务量2300万件。三是紧扣中央1号文件和国家精准扶贫、“双创”等重要政策要求，打通城乡之间工业品和农产品的双向流通，带动相关产业发展，培育地方消费市场，真正给老百姓带来实惠。有的省局为地方发展出力，与地方政府有效衔接，主动为邮政工作造势。比如浙江温州局推动市政府出台文件明确支持邮政服务农村电商发展，辖区8个县市政府都明确了邮政企业作为属地农村电商工作主承建方，政府年补助资金300万元。有的省局为精准扶贫铺路，比如齐齐哈尔管局对辖区内国家级贫困县开展工作，推动企业帮助国家级贫困县甘南县注册玉米销售品牌，为贫困户在邮乐网上销售玉米加工产品。有的省局为“双创”工作搭台，比如浙江丽水局与市就业管理局联合印发了加强邮政农村电子商务就业创业工作的指导意见，鼓励邮政企业参与公共就业服务、支持邮政企业建立高校毕业生就业见习基地等。

就现在发展来看，邮政的农村网络在不断优化，“三流合一”供应链也在完善，“农产品+大同城寄递”模式基本形成，邮政服务国家重要战略政策的能力有了阶段性提升，邮政企业的眼光在拓宽，优势在逐渐显现。但接下来需要管理部门更大力度的引导和鼓励。目前在农村电商方面号称“国家队”的不只是邮政一方，供销总社拥有国内最大的农村合作社，覆盖面最广的农资供应系统，还拥有电商平台“供销e家”，与邮政旗鼓相当。供销总社一直在布局农村电商生态，正在通过全国网点加紧建设仓储物流体系，搭建全国农村从产区到销区的冷链物流体系，服务农产品跨区域流通。未来3年计划在全国范围建立1000个县级运营中心。从供销总社的动作就能看出，我们的工作很有必要，要努力争取，主动作为，坚定信心，明确目标，推进邮政发展成为农村物流综合服务商。下一步需要重点引导和推进的，一是加强农村地区末端网络建设，进一步开放网络，推进邮政企业完善三级物流配送体系，发展“农产品+大同城寄递”服务模式，对接产需，加速农产品流通效率，提升邮政网络服务能力。支持企业不断完善“自营网点+便民服务站点”管理体系。二是创建服务农村电商的知名品牌，继续推进“一市一品”示范项目，加大重视程度，引导农产品走规模化生产、标准化销售、品牌化运营的道路，强化农产品与邮政的品牌价值整合叠加。发展寄递主业，提升农产品寄递服务质量。三是强化政策指引，积极沟通当地政府及商务、农业、扶贫部门，帮助邮政企业积极对接电子商务进农村综合示范工作和县域电商产业园区建设，争取政策和资金支持。

五、提效能，依法履行监督职责

（一）关于邮票发行监管工作

上半年，邮票发行监管工作方面也卓有成效。一是围绕服务国家大事，开展了多项重大题材纪念邮票发行工作，圆满完成增加发行《“一带一路”国际合作高峰论坛》纪念邮票。积极主动与高峰论坛筹备办公室秘书处等紧密沟通，并先后将邮票表现内容和图案报中央审批，确保在5月14日高峰论坛开幕日成功发行。何鲁丽、王家瑞等领导同志分别出席了配合该套纪念邮票发行专题而组织的集邮巡回展在北京和福建的启动仪式。同时，香港回归祖国二十周年、建军九十周年、金砖国家领导人厦门会晤等重大题材纪念邮票发行工作稳步推进。二是纪特邮票零售服务监管取得明显成效。完善纪特邮票计划发行数量报审规定，加强纪特邮票零售以及监督检查工作。重点针对群众和消费者反映强烈的生肖邮票零售市场问题，将2017年鸡年生肖邮票的零售比例由2016年的5%调整到15%，并在全国范围组织开展丁酉年生肖邮票的省际交叉执法检查，取得明显成效。三是加强仿印邮票图案管理。抓紧推进《仿印邮票图案管理办法》修订工作。完成了修订稿的起草，并征求各省局意见。各省局要重视仿印邮票图案管理职责，这是关系到社会治理的一项工作。针对邮政企业违规行为，贵州省局紧抓不放松，约谈省邮政公司业务负责人，要求企业即刻下架违规产品并加以整改。使得贵州省邮政企业充分认识到邮政管理部门的仿印审批和管理职责，从而将邮政企业仿印行为引导到依法审批轨道。

下半年要继续依法做好邮票发行监管。进一步落实 2017 年纪特邮票发行计划,依法继续开展纪特邮票计划发行数量审批和纪念邮票图案审查,做好仿印邮票图案及其制品审批,调研并制定 2018 年纪念邮票选题计划,审定 2018 年纪特邮票发行计划并及时对外公布。加快修订《仿印邮票图案管理办法》。继续做好重大题材纪念邮票发行。抓好 2017 年纪特邮票印制和销售监督检查,督促邮政企业提高服务水平。

(二)关于邮政特邀监督员管理工作

对于监督员工作,要充分发挥监督员处于第三方的客观、公正性,发挥出"人民邮政为人民"的优势,让人民来参与监督,做好普服监管的配套工作。今年以来,监督员继续发挥作用,在生肖邮票、"一带一路"等重大题材邮票销售方面,普遍服务新标准贯彻实施、补白网点业务开办情况等方面发挥了很好的作用,并且积极争取地方政府对邮政普遍服务政策支持,这些都有效的配合支撑了邮政监管工作,为我们了解邮政服务状况,促进邮政企业改善服务、提高服务水平发挥着较好地作用。今年上半年,监督员工作开展得很有成效,社会监督报告达 24412 人次,监督员查看服务网点 23703 个,走访消费者 47457 人次,反映问题 648 条,提出建议 351 条;针对问题督促企业整改,97% 得到落实。国家局也每月定期编发邮政社会监督信息及在"中国邮政快递报"上开展监督员专栏、专版的宣传,并将社会监督的重点、热点内容定期发布于国家邮政局网站。

随着监督员队伍的不断扩大和社会监督的不断深化,要注重引导监督员围绕配合中心工作开展社会监督,比如配合监督邮政企业贯彻落实新标准,参与到包裹按址投递的落实情况、营业场所功能变化情况等监督工作中。在党报当日见报、建制村直接通邮等今年的重点工作中,也可以发挥监督员作用配合调查。要积极发挥监督员的宣传喉舌作用,运用专刊、报纸、网站等载体,从多角度、多方位反馈监督信息;要加强监督员队伍建设,选任有能力的人员担任监督员,扩大信息来源的广泛性、可靠性和权威性,更好地发挥作用,让有能力、有责任心、有代表性的同志到监督员队伍中;要加强引导监督员关注社会热点、难点问题,为促进邮政行业的发展进言献策。

(三)关于增强服务改善监管工作

在改善服务方面,我主要讲一下"创新"的问题。一是要完善上下沟通机制,遇事要上下通气,省里发现企业发生的重大问题要及时上报,不能等到考核的时候再说,容易在监管上出现被动。如果本省普遍服务出现重大的问题,丢失邮件、机要件,邮件时限下降等等情况,都要马上上报国家局,国家局才能采取有效措施,指导好全局工作。二是将推进分等分级监管体制。这对节约监管资源,增强监管有效性,特别是建设适应行业快速发展的监管体制很重要。今年将在山西召开一个分等分级监管的现场会,大家都要提前做好准备,在这次会上把各地的情况做个充分的交流,共同研究如何能把分等分级搞好。三是希望基层管局要普遍建立支持邮政服务农村电商、服务农产品进城的协调机制,地方政府越来越重视国有企业对农产品进城的带动效应,我们要争取政策,推动邮政企业与地方政府签订合作协议,建立协调机构,想方设法帮助邮政企业做大农村电商。四是希望行政执法要继续提升水平,要争取做到企业心服口服。目前已经很成熟,但我们面对的是一对一的监管,有难度,需要我们进一步推进行政执法向高水平发展。

以上就是我要强调的工作。谢谢大家!

坚定信心　务实进取
全面推进邮政市场监管工作再上新台阶

——国家邮政局副局长刘君在2017年全国邮政市场监管工作会议上的讲话

2017年2月23日

同志们：

本次会议的主要任务是：深入贯彻落实中央经济工作会议精神和2017年全国邮政管理工作会议精神，回顾总结2016年邮政市场监管工作，深入分析当前面临的机遇与存在的问题，全面部署2017年工作任务，全力推动新时期邮政市场监管工作再上新台阶。下面，我讲三个方面的意见。

一、2016年邮政市场监管工作回顾

2016年是“十三五”的开局之年，也是贯彻落实《国务院关于促进快递业发展的若干意见》的关键一年，在宏观经济下行压力依然较大的背景下，邮政市场监管工作坚持主动施策、迎难而上、稳中求进，紧紧围绕“巩固发展态势、巩固安全基础”双轮并行，快递市场继续保持较高速度增长，寄递安全领域重点工作取得有力突破，邮政市场监管队伍建设进一步强化，实现了“十三五”良好开局。全年快递业务量累计完成312.8亿件，业务收入累计完成3974.4亿元，较上年分别增长51.4%和43.5%，支撑网络零售额超过4万亿元，占社会消费品零售总额比重达到12.5%，新增就业20万人以上，对稳增长、促改革、调结构、惠民生、防风险发挥了积极作用。

（一）优化发展环境，巩固发展态势

一是推进规划编制和政策引领。编制发布《快递业发展“十三五”规划》，按照行业规划“1+3”格局，在更高平台上科学谋划中国快递业发展蓝图，明确提出基本建成“普惠城乡、技术先进、服务优质、安全高效、绿色节能”的快递服务体系，形成“覆盖全国、联通国际”服务网络的发展目标。

国家局持续强化与部委间的协调沟通，分别与民航局、铁路局、工信部、农业部、公安部等部门，围绕61号文件提出的快递“上机上车”、快递服务先进制造业和服务现代农业等重点工作进行政策对接，积极推动快递专用车辆、专用电动三轮车国家标准的制定。在落实“互联网+”、促进电子商务和物流发展等多个文件中，主动反映行业诉求，争取政策支持。同时，积极推动快递企业上市融资，为顺丰、圆通、中通、申通、韵达等企业上市提供了有力支持。

各地区政策落地更显实效。截至2016年底，已有河北、内蒙古、浙江、安徽、广东、新疆等26个省（区、市）政府出台了落实61号文件的具体实施意见，省级政策覆盖率已达84%。北京市多部门合力推进5.7万余辆快递电动三轮车纳入形象、标识、编码“三统一”通行管理，为解决城市快递车辆道路通行开辟了新思路。此外，河北唐山、山西晋中、辽宁抚顺、安徽滁州、福建宁德、山东威海、湖北咸宁、贵州黔西南、陕西宝鸡、青海西宁等50余个地市也纷纷出台落实快递业发展的实施意见，快递业政策红利集中释放，上下联动的叠加效应逐步显现。

二是深入推进供给侧结构性改革。快递企业主动加强品牌和能力建设，适应新需求、创造新供给，提升发展质效。主要品牌企业对标国际一流水准，不断加快个性化、差异化、定制化产品开发，圆通、申通先后推出“承诺达”服务，提高品牌服务“粘性”，顺丰冷运、百世云仓、中通快运等服务创

新发展，产品类型加快丰富，满足市场需求能力有效提升。2016年，全国快递服务满意度平均得分达74.7分，比2015年提升0.7分。全国重点地区快递服务时限为58.71小时，较2015年缩短0.49小时；72小时准时率为75.53%，较2015年提高了1.68个百分点，服务质量和水平进一步提升。

科技应用水平不断提高。全面推广规范使用电子运单，主要品牌快递企业已在总部网站公告电子运单合同内容，协议客户电子运单使用率提升至70%。进一步普及自动化分拣，快递业自动分拣率达到35%，占快递业务总量近八成的7家品牌企业投入使用全自动分拣设备156套，其中2016年新增71套。电子分单、大数据派单、智能机器人等应用提速，隐形运单正式投入使用。

基础能力建设不断增强。重点企业、重要区域、重要节点的大型快递枢纽项目加快建设，2016年全国新建快递园区20个。快递网点标准化建设持续推进，全国城市标准化网点数量达到4.1万个，标准化率达到51.4%，其中北京、河南、广东、宁夏标准化率率先突破80%。布放智能快件箱累计超过10万组，年投递快件逾10亿件，对末端服务能力提升形成有效支撑。全年完成职业技能鉴定9.7万人次，从业人员能力素质不断提升。

绿色快递试点稳步推进。印发《推进快递业绿色包装工作实施方案》，积极推动提升快递包装领域资源利用效率，降低包装使用量，减少环境污染。组织开展以绿色化、标准化、减量化和分类回收利用为重点的快递绿色包装试点工作，制定《绿色包装试点指南》，指导部分企业先行先试。积极践行低碳减排，努力推动新能源车辆在快递领域的探索应用，全国快递企业共投入使用新能源汽车4545辆。

（二）推进系列工程，强化示范引领

一是“三向”工程有力推进。坚定不移推进快递“向西、向下”发展，使“快递下乡”成为服务“三农”的组成部分、精准扶贫的重点工程，以及中西部经济结构调整的重要抓手。全国快递服务乡镇网点覆盖率已超过80%，天津、辽宁、上海、江苏、福建、湖北、广东、海南等8省（市）达到100%，中西部地区整体提升超过12个百分点，快递业通达城乡的双向通道基本形成。为强化示范引领，广泛调动地方政府积极性和社会资源，国家局推出快递服务现代农业示范工作，全国60个城市踊跃申报，苏州阳澄湖大闸蟹、百色芒果、赣南脐橙等7个优秀项目当选首批示范。

“走出去”取得新的进展。天津、上海、杭州等13个城市开展跨境引导工程，与地方海关、商检、口岸办等部门建立更加密切的工作联系，重点推动提升快件通关能力。开展跨境电子商务寄递服务“三流一关”课题研究，着力配合有关部门完善跨境电商工作机制。积极利用“京交会”平台推动中国快递走出去。部分品牌企业积极响应“一带一路”号召，努力拓展国际网络，顺丰、申通加快布局东南亚、俄罗斯市场，中通、圆通、韵达积极建立海外仓。快递服务跨境电商能力有效提升。

二是“三上”与“三进”工程取得新成效。国内快递专用货机总数达到81架，上海、天津、杭州、厦门、泉州、郑州、重庆等城市快件“绿色通道”建设成效突出。快递上高铁成为去年“双11”新亮点，1525万件快件“坐高铁”为快铁合作掀开了崭新一页。积极推进快递进高校工作，因地制宜调动快递企业、专业第三方、院校等各方积极性，全国高校规范收投率达到83.9%，其中黑龙江、湖北、海南等3省达到100%，校园快递服务得到明显改善。江苏、安徽、宁夏等地开展城市快递综合服务平台建设，北京、上海利用社区生活圈建设加载快递服务功能，均收到较好成效。

三是产业联动拓展工程纵深开展。继续抓好快递与电子商务协同发展试点工作，与财政部、商务部联合对首批试点进行经验总结，对第二批试点开展督导考核。天津、杭州、福州等试点城市在提升监管能力、增强基础服务、强化互联互通等方面取得了有益经验。深入推进快递服务制造业示范工作，推进江苏、浙江、福建、河南、陕西五省试点扩围。全面开展产业联动项目库建设，初步建立统计制度。2016 年，全国开展快递服务制造业试点项目共计 322 个，累计产生快件量 1.27 亿件，直接服务制造业累计产值超过 1200 亿元。积极引导地方政府和社会资源支持快递业发展，组织开展快递示范城市创建评选工作，大连、苏州、合肥、揭阳等 8 个城市获评。上海市青浦区被授予“全国快递行业转型发展示范区”称号。

（三）突破监管难点，巩固安全基础

一是加强安全监管顶层设计。国家局设立专门安全监管机构工作取得突破，中央编办批准加挂安全监督管理司牌子。大力推动省级及省级以下邮政业安全监管支撑保障机构建设，有 12 个省局和 8 个地（市）局成立邮政业安全中心。持续抓好中央九部门 24 号文件的贯彻落实，深化省、市寄递渠道安全管理领导小组机制建设，实现国家、省、市三级寄递渠道安全管理联合监管机制全覆盖。发挥各级综治考评作用，进一步强化属地管理责任，寄递渠道安全管理“齐抓共管、综合治理”工作格局基本形成。认真宣贯安全生产法、反恐怖主义法，会同公安部、国家安全部印发《禁止寄递物品管理规定》及指导目录，制定颁布《快递安全生产操作规范》，会同民政部联合出台《赈灾包裹寄递服务和安全管理规定》，印发《邮件快件微剂量 X 射线安全检查设备配置管理办法（试行）》等，不断健全行业安全发展制度保障。

二是强化寄递安全“三项制度”落实。国家局利用近半年时间，组织专门力量，集中开展寄递渠道安全监管“绿盾”工程可行性研究，明确了总体思路、项目架构和分期实施安排，目前已正式上报国家发改委。积极落实禁寄物品管理规定，按照“谁收寄、谁负责”要求，强化企业收寄验视责任，加大危险化学品和易燃易爆品管控力度，对危化品实行零容忍。制定《邮件快件实名收寄实施办法》及信息化解决方案和技术规范，研究开发实名收寄管理信息系统和“公共版”APP，并在顺丰等 7 家企业和浙江等 3 个省（区）试点应用。大力推进寄递企业安检设备配置工作，2016 年全国寄递企业已配备 X 光机 8869 台，北京、浙江、河南、广东等 29 个省（区、市）地方政府先后给予安检机配置财政补贴 6 亿多元。各主要品牌快递企业省、市大型分拨中心安检机配置基本到位，安检保障能力迈上新台阶。

三是强力推动安全生产主体责任落实。督促企业严格落实《邮政业安全生产设备配置规范》和安全监管“三项制度”，认真贯彻落实中央关于安全生产工作要求，深入开展安全生产大检查，突出检查重点，加大执法力度，确保各类安全隐患整改到位。邮政业安全中心和快递企业建立了安全工作对接机制，顺丰等企业相继配置了专门的安全管理员。宁夏等地区通过对企业分级分类管理，有效提高了企业安全管理水平。

四是全力做好重大安保任务及应急管理工作。圆满完成二十国集团领导人杭州峰会寄递安全保障任务，峰会期间，按照“全国保浙江、浙江保杭州”总要求，部署构建环浙寄递安保圈和“护城河”工程，坚决严格落实峰会核心区专人、专岗、专车、专项服务、专项检查“五专”要求，确保峰会寄递服务优质高效，寄递渠道安全畅通，向中央交出了满意答卷，得到了国务院领导的高度肯定。切实做好全国“两会”、第三届世界互联网大会、新疆亚欧博览会、甘肃文博会等重大活动期间寄递安全保障工作。严格执行《邮政业安全信息报告和处理规定》，有效应对汛期连续强降雨天气和数次台风对行业带来的不利影响。妥善处置北京日益通、港中能达、安信达等快递企业加盟商群访事件。扎实做好寄递渠道禁毒、反恐、扫黄打非、打击侵权假冒等专项工作。

（四）强化监管能力，提升监管水平

一是“放管服”改革深入推进。持续推进简政放权，落实国务院关于推动快件投递众包的要求，进一步激发市场活力和社会创造力。推进快递末端网点规范化管理工作，积极协调工商部门探索“一照多址”改革。持续优化许可管理工作，减少许可申请受理材料,优化完善许可信息系统,实现全流程网上审批,全面推进许可企业信息公开。加强许可日常管理,2016 年各级邮政管理部门共核发快递业务经营许可证 4443 件,全年核准变更申请 23589 件。严格实行分支机构实地核查制度,落实安全生产强制性标准。完善退出机制,对不再实际开展快递业务经营活动的快递企业依法履行注销程序,全年共注销许可证 1006 件。

二是依法行政能力不断增强。全面推进"双随机一公开",制定印发《邮政管理部门随机抽查工作细则》和《随机抽查事项清单》,优化完善执法系统双随机抽查功能。持续推进"三清单一张网"建设,认真贯彻《邮政行政执法信息公开规定》,及时公开执法检查信息。继续向社会发布快递市场监管报告和中国快递发展指数报告。加强舆情监测,进一步健全市场监管支撑体系。升级改造行政执法、集邮市场和用品用具管理信息系统。深化消费者申诉和市场监管联动机制。建立国家局快递服务质量提升联席会议制度,印发《邮政市场监管约谈办法(试行)》。指导各地依法查处辖区快递企业参与"空包刷信"的违法行为,先后约谈多家企业总部。对无证经营、超地域范围经营和违反加盟管理规定等违法行为开展专项整治。认真做好《集邮市场管理办法》宣贯实施,完善集邮市场日常监管。各级邮政管理部门全年共执法检查 11.6 万次,查处违法违规行为 2.3 万次,办理邮政市场行政处罚案件 4600 多件。

三是信用体系建设扎实推进。签署《失信企业协同监管和联合惩戒合作备忘录》,与发展改革委、工商总局等 38 个部委对工商领域失信当事人共同实施联合惩戒。认真贯彻落实《快递业信用管理办法》,选取内蒙古、吉林、陕西等七省(区)开展快递业信用体系建设试点,指导建设快递业信用管理信息系统,已为近 2.5 万个市场主体、近 13 万从业人员建立了信用档案。上海、江苏、广东等省(市)结合实际,探索推进信用体系建设。行业信用监管组织架构和工作机制初步建立。组织开展"诚信快递 · 你我同行"3 · 15 主题诚信宣传活动,设计快递业诚信专用标识,开展诚信主题征文活动,积极营造诚信用邮氛围。

四是监管队伍建设常抓不懈。坚持以党建工作全面统领干部队伍建设和作风建设,深入开展"两学一做"学习教育,不断提升市场监管干部队伍的政治意识、大局意识、核心意识和看齐意识。严格按照中央巡视工作部署和国家局党组《巡视反馈意见整改方案》有关要求,全面落实巡视整改各项措施,规定时限、逐条整改、件件落实,各项整改任务全部完成,宗旨意识、服务意识有效增强。坚持"两不误、两促进",一手抓作风过硬,一手抓能力提升,先后围绕快递业发展、经营许可管理、寄递安全监管和行政执法检查开展专题业务培训。各级邮政市场监管干部以"忠诚、干净、担当"为职业追求,以高度的责任感和使命感,埋头苦干、勤勉奋进,一心一意谋发展、扎扎实实强监管、全心全意做服务,为全年工作任务的圆满完成做出了积极贡献。

一年来,在国家局党组的坚强领导下,各级邮政市场监管部门扎实拼搏、努力奋斗,积极克服宏观经济形势下行压力,努力确保行业发展良好势头,扎实完成市场监管各项任务。在此,我谨代表国家局党组,向战斗在邮政市场监管工作一线的同志们和关心支持邮政市场监管工作的同志们,致以诚挚的问候和衷心的感谢!

二、当前面临的形势和存在的问题

(一)稳中求进的总基调和供给侧结构性改革,为快递业持续健康发展增添了动力与活力

一是经济发展新常态为服务业发展提供新动能。转方式、调结构为国民经济增长开辟了更有质效的广阔空间,城镇化率的不断提升和居民收入改善,使消费成为经济结构中更为重要的组成部分。作为现代服务业重要组成部分的快递业,正处于大有可为的战略机遇期,习近平总书记关于"十三五"是交通运输基础设施发展、服务水平

提高和转型发展“黄金时期”的重大判断，更为快递业发展指明了方向。中央一号文件要求，要通过商贸、供销、邮政、电商的互联互通，特别是实施“快递下乡”工程，充分发挥为农服务综合平台作用。中央全面部署精准扶贫工作也明确提出，坚持分类施策，要通过扶持生产和就业脱贫脱困，这将为快递业深度服务三农，服务农村电商创造新的机遇。中央关于深入实施西部开发、东北振兴、中部崛起、东部率先的区域发展总体战略，继续实施京津冀协同发展、长江经济带发展、“一带一路”建设三大战略等，为快递业一域一策、精准服务、有针对性地支持区域经济发展，积极拓展、伴随发展、统筹国内国际两个市场创造了广阔的发展空间。

二是“互联网＋”战略为寄递业发展带来新机遇。“互联网＋”迅速扩展到更加广阔的领域，以电子商务为媒介和平台的交易模式日臻成熟。个性化、定制化消费与制造已经成为趋势，智能化、线上线下一体化正在更加广泛地影响着各个产业。“中国制造2025”的提出，“中国流通2025”的酝酿，是中国经济形态发生重大变革、创新升级的历史必然。作为支撑电子商务的主渠道，快递业逐步成为以电子商务为桥梁，连接消费与制造两个领域的关键环节，全新的生态环境已在构建之中，这是时代赋予中国快递业实现转型升级、做大做强的良好机遇。

三是社会资源聚合为快递业发展创造新活力。电子商务蓬勃发展带动了巨大的寄递需求，市场在资源配置中起决定性作用正在快递业得到充分显现，经济结构转型升级，进一步催生了更加多元化、个性化的寄递市场，服务模式和技术创新层出不穷。2016年是中国快递企业上市的元年，已有5家品牌企业陆续登陆资本市场，涌现出6家年营业额突破300亿元的品牌企业，各方要素加速聚集，新的资本和技术正在加速进入。资本市场为快递业发展带来了前所未有的动能，为加快补短板、强内功创造了难得机遇。面对国际经济格局深刻变化的大背景，精耕国内市场、拓展国际市场，坚定走“中国模式”快递业发展道路，推动由快递大国向快递强国加快迈进，中国快递业趁势而上，借力提升，正当其时。

（二）快递业转型升级和持续发展面临诸多困难与挑战

一是稳发展、提质效任务艰巨。当前我国经济稳态势任务依然艰巨，电子商务总体增势开始放缓，特别是随着电子商务发展进入法制化、规范化轨道，快递业稳发展面临的不确定因素将有所增加。同质低效的发展模式仍未实质性转变，虽然部分企业在积极向差异化产品和细分领域拓展，但行业整体供给结构不合理的问题依然突出，结构性改革任务繁重急迫。企业内生动力与核心能力不足较为突出，产品、数据、客户等多项重要资源受上游影响甚至控制的情形普遍存在，自我创新发展能力不足。对新业态新模式主动适应能力不强，“大数据、云计算”＋“同城配、落地配、仓配一体化”带来可预见的挑战，“仓”的地位和作用不断提升，开始成为重要的战略资源，末端服务能力已成为重要的基础资源，能力竞争已经遍布每个角落。发展不平衡、不协调的问题仍然突出，产品结构不合理较为严重，地区不平衡问题改善偏慢，部分企业运营不稳的情况易发多发。协同发展能力不足依然是短板，面对新流通、新制造提出的新需求，企业适应和配套能力尤显不足，部分企业与制造业、现代农业的合作项目仍停留在初级阶段，缺乏深度服务参与。信息技术支撑能力滞后，技术创新作用还没有得到充分发挥。绿色发展尚在起步阶段，胶带、包装箱及废弃物等均已成为社会关注的焦点。

二是强安全、固基础困难众多。伴随快递业的高速发展，安全隐患和监管压力不断加大。近年来境内外敌对势力和不法分子借助寄递渠道传递政治性非法出版物、宗教极端思想宣传品、淫秽色情低俗暴力印刷品、枪支弹药和毒品等违法犯罪活动不断增多，对国家安全、公共安全构成严重威胁。企业主体责任亟待强化，一些企业安全意识淡薄，侥幸心理严重，安全投入不足，培训力度不强，标准化程度不高。“三项制度”落实不到位，收寄验视把关不严、实名收寄执行不力、过机安检流于形式等问题较多存在，违规收寄行为时有发生。安全生产隐患明显增多，快递业务量持续高位增长，企业长时间处于高负荷运转，一线人员劳动强度大、安全意识弱，发生交通、消防、用电、机械伤害等安全事故因素持续增多。安全基础薄弱现状尚未根本改变，行业安全监管能力与发展形势需要不相适应，相关配套制度还不完善，信息化应用整体水平不高，大数据支撑安全预警、安全监测、安全处置的能力急需提升。监管体制机制有待完善，目前各地虽然建立了联合监管机制，但一些地区在思想认识上与中央的决策部署还有差距，不愿抓、不会抓、不敢抓等问题仍然存在，部门间协作还没有形成有效合力，综合治理和属地责任尚未很好地落实。2017 年我国将举办“一带一路”峰会、金砖会晤等一系列重大活动，特别是党的十九大即将召开，这是党和国家政治生活中的一件大事，安全工作必须万无一失，与面临的形势任务相比，行业安全现状不容乐观。

三是优服务、强监管面临挑战。在快递业政策环境不断优化背景下，行业的竞争格局将快速升级，资本运作能力及资源整合能力正在成为行业竞争的新焦点。目前几家上市企业市场份额占比已超过 60%，其他品牌面临日益增大的竞争压力，部分企业面临着较为突出的不稳定因素。此外，监管政策调整和监管信息披露也将对上市企业市值构成影响，需加快探索对上市企业的监管方式。快递企业物流化与物流企业快递化趋势明显，传统物流企业纷纷采取降低货品单重、提供门对门服务以及缩短运输时限等新策略，快递企业则积极向综合物流服务商转型，冷链、快运等新业务发展迅猛，市场准入与监管面临新的挑战。快递末端网点形式多样，简单套用现有法规制度设计已经无法完全解决现实问题，这是市场向监管提出的急迫问题。随着众创、众包、众筹等新业态不断出现，一些企业纷纷申请快递业务经营许可，是否纳入监管，如何进行监管，已经是邮政管理部门面临的重要课题。进入以移动互联网为标志的新媒体时代，舆论监督话语权不断泛化，主动适应新媒体时代挑战，消解负面影响，有效引导舆论，善用媒体力量能力有待提升。

当前我国快递业正处在结构调整的转型期、提质增效的攻坚期和由大到强的加速期，准确把握行业发展面临的有利形势，正确分析市场监管急需解决的矛盾问题，最核心的就是要坚持目标导向、问题导向，坚决贯彻落实国家局提出的“打通上下游、拓展产业链、画大同心圆、构建生态圈”总体思路，继续深化供给侧结构性改革，推进业务拓展联动，有效汇集社会资源，全面提高服务质效，切实强化安全保障，着力提升科技水平，加快实现转型升级，进一步坚定信心，凝聚力量，直面存在的各种风险挑战。在实际工作中，要正确处理好三个关系，解决好三个问题：

一是正确处理好发展能力与适应需求的关系，重点解决“匹配”与“融合”的问题。坚持以满足需求为最终目的、以提高供给质量为主攻方向，不断增强内生动力，提升贯通产业上下游和关键环节的能力，继续巩固快递与电子商务、先进制造业、现代农业融合发展的良好态势，主动为电商企业提供仓储物流一体化解决方案，积极为制造业提供多种创新服务模式，鼓励企业向综合性快递物流运营商转型，在不断延长的供应链中谋得商机，在供应链与产业链中扎根立足。要有效提升服务能力，适应市场需求，坚定实施“快递入区”、“快递下乡”工程，着力解决好城市与农村的末端服务瓶颈问题。大力推动快递“三向”、“三上”工程，不断健全中西部地区快递乡镇服务网络，不断完善重点城市“绿色通道”建设。要通过大数据、云计算、机器人等关键技术研发应用，不断快递业提升服务智能化、生产自动化、协同信息化水平。

二是正确处理好加快发展与安全保障的关

系，重点解决“红线”与“持续”的问题。贯彻以人民为中心的发展思想，始终把人的生命安全放在首位。没有安全红线，行业就没有可持续健康发展的基础，要正确处理安全与发展的关系，发展决不能以牺牲安全为代价。要牢记安全责任重于泰山，坚持安全发展理念，坚持安全第一、预防为主、综合治理的工作方针，着力强化企业安全主体责任、用户安全用邮责任和政府部门监管责任，着力堵塞各项安全管理漏洞，着力解决法律法规不落地的问题。依靠严密的责任体系、严格的制度措施、有效的体制机制、有力的基础保障和完善的综合治理，推动行业不断提高安全意识、重视安全管理、加大安全投入、补齐安全短板，不断提升安全防范能力，为行业持续发展提供强有力的安全保障。

三是正确处理好行业发展与社会共建的关系，重点解决“共生”与“共治”的问题。要深化行业间、产业间、部门间的密切协作，把发挥市场对资源配置的决定性作用，同更好地发挥政府作用有机结合起来，着力破解监管难点、消除服务盲区，重点维护公平有序的市场秩序和消费者合法权益。随着国家行政体制改革和社会治理体系建设的不断深化，在简政放权、放管结合、优化服务改革，加强事中事后监管等方面，我们要用好“三清单一张网”，推行“双随机一公开”，充分发挥信用监管的激励约束作用，发挥其监管成本低、威慑力量大、连带责任强，以及多部门联合机制作用突出的特点，不断扩大综合监管的效能。随着快递业社会化程度的提升，我们要勇于引导和善于引领行业更为积极地利用社会资源，在全面提升服务中不断强化社会面的管控，持续提升用户的体验感、员工的归属感和企业的成就感，推动快递业更有质量的发展。

三、2017 年邮政市场监管重点工作

2017 年邮政市场监管工作的总体要求是：深入贯彻落实中央经济工作会议和全国邮政管理工作会议精神，坚定不移推进快递业供给侧结构性改革，坚定不移抓好《国务院关于促进快递业发展的若干意见》贯彻落实，全面推动快递业供给结构优化，提升服务质效，确保发展态势稳中有进；全面树立安全发展理念，夯实安全管理责任，确保寄递安全保障能力持续提升；全面提升服务监管能力，科学应对市场发展新业态新模式，确保行业监管工作创新有为，以优异成绩迎接党的十九大胜利召开。

（一）深化快递业供给侧改革，巩固发展态势

快递业供给侧结构性改革的重点是解决好适应需求问题，需要通过能力提升、产品升级、扩大有效供给、提高供给质量推进改革的不断深化。

一是强化规划引领与政策落实，不断提升快递发展活力。持续抓好 61 号文件和相关产业政策落实，着力释放中央、地方两个层面的政策红利。国家局将继续围绕产业协同、支撑电子商务及运输通行等瓶颈问题，加大部门间的协调推进。北京、上海、河南、湖南、宁夏 5 省（区、市）要积极推动出台落实61 号文件的实施意见，年内基本实现省级快递业发展政策全覆盖。各地市要因地制宜、乘势而为，继续推动在快递领域落实中央及有关部门关于促进农业供给侧结构性改革、促进消费升级、推动互联网 + 流通、促进物流业降本增效等方面的有关政策，在政策落地方面求实效。

全面实施《快递业发展“十三五”规划》。国家局将重点强化邮政业规划、横向产业规划的衔接，各地要抓紧推进产业规划和地区相关规划落地，切实发挥引领协调作用，上下联动，积极推动重点工程落地实施。一是要着力推动将京津冀、长三角、珠三角打造成邮政业改革创新先行区、转型提效示范区和高端服务引领区，培育具有国际先进水平的增长极，国家局将会同有关地区出台实施意见，相关省（市）要抓好工作配合、政策落实。二是要借助“一带一路”倡议实施，加强部门协调与顶层设计，利用好万国邮联和中欧班列的优势资源，借助“京交会”等综合平台为中国快递

业开拓国际市场开门引路、提供支撑。三是着力推进绿色发展。按照绿色化、减量化要求,大力推广绿色包装试点工程,在部分企业推广使用中转箱、环保袋、笼车等物品装备,推动创建快递绿色包装联盟,在快递业形成科技创新服务平台。要加快出台邮政快递绿色包装标准,持续强化科技应用与创新。各地要积极争取政策支持,推广应用新能源车辆。要以降本增效为目的,大力推进新技术、新管理、新工艺等现代化手段的开发应用,继续加快协议客户电子运单应用,年内品牌企业使用率力争达到80%。

二是强化协同发展与示范引领,不断增强行业发展动力。在首批快递服务现代农业示范项目取得经验的基础上,启动全国快递服务现代农业"一地一品"建设工作,各省要以市地为单位做好推进工作。国家局将继续推动与农业部联合开展产业协同,积极争取国家层面的政策支持。各地区要加强同农业部门的联动配合,推动快递服务项目成为服务农业发展、农民致富、精准扶贫的新载体。继续深化快递业与先进制造业联动发展,努力推动与工信部门联合出台行动计划,培育一批联合试点示范,国家局将通过滚动编制全国产业联动项目库,向各地提供可复制、可借鉴的发展模式。要积极发挥示范城市引领作用,杭州、泉州、揭阳等10个快递示范城市要汇聚资源、创新发展,着力在推动与电子商务、现代农业和先进制造业联动发展,提升城市快递末端服务能力,推动快递车辆便利通行,服务跨境贸易,促进快递上机上车上船等方面取得新突破、探索新经验。今年国家局还将启动全国快递示范园区创建工作,各地要积极争取,发挥好产业集聚对快递业发展要素配置的引领示范作用。

三是夯实发展基础与补足短板,不断增强服务发展能力。加快培育依托电子商务服务现代农业和先进制造业的线上线下联通能力,鼓励快递与电子商务深层次协同发展,鼓励建设具备仓配一体功能的分拣运输中心,实现运输、仓配、信息服务等环节的有机结合。复制推广首批协同发展试点经验,努力与商务部联合出台进一步促进产业联动的发展政策。各地要着力推动建立适应电子商务创新发展需要的快递服务体系,优供给、补短板、强能力,推动电商快递基础设施建设纳入城市总体规划,进一步完善骨干节点和末端投递服务站点建设。要加快信息技术的研发与应用,鼓励快递企业加快提升大数据采集、挖掘和应用能力,开发基于"互联网+"的应用软件,继续推广数据分单、数据派单、隐形运单等实用技术和自动化分拣设备,主动适配制造、流通、贸易新需要。

继续推进城乡末端服务能力建设。积极推进"快递入区"工程,鼓励在社区、写字楼、校园等人员相对密集的地区设置智能快件箱,年末力争快件投递占比提升两个百分点。鼓励快递企业主动参与城市综合便民服务,加强与连锁商业机构、便民服务设施、社区公共服务中心、机关、学校以及专业第三方企业开展多种形式的投递合作,共建城市社区综合服务平台。各省要学习借鉴江苏、宁夏等地"驿站"建设经验,以地市为单位开展快递公共服务平台试点,积极参与城市便捷生活圈建设,推动加载快递服务功能。要持续巩固"向西、向下"拓展成果,中东部地区要加快实现农村快递服务全覆盖,西藏、青海、新疆等地区覆盖率力争再提升10个百分点,年内全国乡镇快递网点覆盖率努力达到85%。各地区要持续关注和监测城乡网点运营情况,主动关心一线员工生产、生活,督促品牌企业增强基层站点平稳运行能力,努力减少突发事件。推广北京市快递专用电动三轮车城市通行管理"三统一"经验,不等不靠、积极主动加快解决末端"最后一公里"通行难题。要继续推进快递进校园工程,以市地为单位基本实现高等院校快递服务规范化全覆盖。要在已有经验基础上推广城市网点标准化建设,年内全国力争主要品牌企业自营网点标准化率达到60%以上,东部重点地区力争达到80%。

稳步提升快递上机上车能力。20个重点城市要持续巩固和推进航空“绿色通道”建设，有条件的地区要积极争取建设空侧转运通道，特别是要借助行业自有航空落地的时机，争取地方空侧资源方面的支持。要加快推进快递“上车”，在完善对接标准的基础上，继续发挥电商班列优势，积极联合铁路部门推广“高铁＋快递”联合运营模式，以高铁运输为支撑，加快推动重点城市“同日递”网络建设。要借力综合运输体系建设，持续推进快递陆运网络优化，引导企业依托重要物流节点和快件集散地规划建设陆运网络。

加快推进快递“向外”发展。13 个跨境电子商务综试区所在城市要努力提升“三流一关”便捷度，因地制宜，因需施策，努力增强跨境寄递业务承载力。引导和鼓励品牌企业服务“一带一路”倡议，积极利用中欧班列及自有运能打造国际快递运输通道，巩固和扩大中国快递在国际重要经济区的阵地，要继续利用合作、联营等成熟模式开拓海外市场。探索开展跨境快递统计分析工作。

（二）攻坚克难，紧紧守住安全发展底线

要坚持和坚定“安全第一”的思想，以巩固安全发展态势为核心，在强化安全监管“硬能力”，企业责任“硬约束”，安全保障“硬目标”等方面取得新突破。

一是继续完善安全监管体系和工作机制。按照党政同责、一岗双责、失职追责的要求夯实领导责任，推动各省（区、市）局成立邮政业安全领导小组。稳步推进省、市两级邮政业安全中心建设，年底前国家局邮政业安全中心与各省（区、市）要实现职能对接全覆盖。继续完善联合监管工作机制，重点用好各级综治考评，强化属地责任落实，有条件的地区要借助组建安全中心的契机，探索公安、国家安全人员派驻联合办公。要夯实安全监管基础，逐步健全对企业安全考评的量化指标体系，建立安全事故统计分析和通报制度，加大安全信息的发布力度。要积极探索企业安全风险分级管控和隐患排查治理双重预防机制，逐步实现管理有目标、考核有抓手、惩处有依据、用户有评判。研究建立举报奖励制度，形成社会共同参与维护寄递安全的良好氛围。要充分发挥联合机制作用，配合有关部门扎实做好寄递渠道反恐、禁毒、扫黄打非、打击侵权假冒等专项工作。

二是扎实有效推动“三项制度”落实。贯彻落实中办、国办关于实名登记制度的有关要求，全面推进实名收寄制度实施。近期国家局已会同公安部、国家安全部联合印发了加快邮件快件实名收寄信息系统推广应用工作实施方案，按照“行业主导、标准统一、信息共享、安全便捷”的总体思路，分阶段推进实名收寄工作。从今年 4 月开始，在每省（区、市）选择 2 个以上市（地）开展信息系统应用试点，力争年底前实名收寄信息化率达到 40% 以上。从 2018 年开始全面推广应用，年底前要全面实施到位，同时，要进一步完善制度标准，加强信息使用，强化常态监管。国家局将印发《邮件快件实名收寄实施办法》《邮件快件实名收寄信息技术标准规范》《邮件快件寄递协议服务安全管理规定》，并协调三部门成立领导小组，联合召开全国电视电话会议进行动员部署。实施实名收寄制度是今年的一项“硬任务”，各地要按照统一要求做好辖区内相关部门协调、企业试点和实施准备工作，国家局将加强工作指导和督导。

严格落实过机安检制度。按照《邮件快件微剂量 X 射线安全检查设备配置管理办法（试行）》规定，一是要继续会同有关部门积极争取地方政府安检机补贴，督促企业在市、县两级较大规模处理场所配齐配全安检设备，具备必要的安防能力。二是按照“谁收寄、谁安检、谁负责”和“属地管理”原则，突出落实安检设备的操作使用，国家局将结合协议客户管理规定出台具体的工作指导意见，确保实现“应检必检”目标。三是印发《寄递企业安检人员培训指导教程》，开发邮件快件安检人员培训系统软件，采取联合办学、委托第三方机构等方式，加强对企业安检操作人员培训。研究制定《邮政行业安检人员管理办法》《邮件快件安全检查操作流程规范》,推进邮政业安检员队伍专业化建设。印发《寄递企业安检机联网管理规范》,探索推进安检机属地联网监管。

继续做好"绿盾"工程项目申报和相关工程建设。根据工程进度和工作需要,成立项目建设工作领导小组。按照"动态可跟踪、隐患可发现、事件可预警、风险可管控、责任可追溯"工作要求,建设寄递安全信息预警系统,实现对全程全网寄递信息数据监测预警。对现有执法检查、诚信管理、经营许可等信息系统进行优化整合,实现数据共享和综合应用。实施信息化"库"改"云"工程,升级改造云计算平台、大数据分析平台,建设邮政管理和服务大数据中心,形成信息管理云环境。推进国家局主机房(北京)和容灾备份中心(合肥)建设。按照省级以下邮政业安全监管体系建设总体安排,在河北等21个省(区、市)建设省级邮政业安全监管信息平台。

三是切实做好重大活动期间安全保障。全力做好党的十九大期间寄递安保工作,各级邮政管理部门要把做好党的十九大寄递安全服务保障工作作为今年首要的政治任务,全力以赴,精心部署,严密组织,按照"全国保北京"的总要求,构建环京寄递安保圈和"护城河"工程,以最严管理、最强措施、最优服务,全力确保寄递安全与服务保障工作万无一失。北京、西藏、新疆等重要地区和环京各省(区、市)要提早谋划、提早部署、提早落实,扎实有效地做好能力储备,国家局将适时召开专题会议进行具体部署。同时,要突出抓好"一带一路"峰会、金砖会晤、全运会等一系列重大活动期间寄递安全保障工作。继续在全国"两会"、业务旺季、岁末年初等重要时间节点,部署做好安全隐患排查和矛盾纠纷化解工作。

四是强化安全生产责任落实和应急管理。按照"五到位"的要求,今年全国要重点抓好"企业管理到位"的落实,即品牌企业要落实"一个安全机构、一支安全队伍、一套标准制度、一本安全台账、一次应急演练"要求。此项工作要以地市为单位抓好落实,国家局、省局要做好督导推进工作。同时,要围绕加强寄递企业安全标准化建设,深入抓好《邮政业安全生产设备配置规范》《快递安全生产操作规范》的贯彻落实,提升企业安全管理规范化水平。要以宣贯落实《禁止寄递物品管理规定》为抓手,部署开展"平安寄递"专项整治活动,突出加强危险化学品和易燃易爆品寄递管控和整治。要加强应急管理"一案三制"建设,推动建立常态化的行业应急管理工作机制,提高应对和处置突发事件的能力。加强对基层网点运营状况的监测预警,严防发生重大群体性事件。强化安全生产信息报告,建立安全信息报送情况定期通报制度。继续做好快递业务旺季服务保障工作。

(三)创新监管理念,提升依法治理能力

"放管服"改革是供给侧结构性改革的重要内容,是转变政府职能的重要抓手,是促进"大众创业、万众创新"的重要举措,同时也是维护市场秩序、优化发展环境、处理好政府和市场关系的关键所在。

一是坚持推进快递业"放管服"改革。配合《快递条例》出台,与工商管理部门建立衔接机制,推动施行在同一工商登记机关管辖范围内"一照多址"模式,全面梳理和部署开展快递末端网点备案工作。在快递服务末端支持市场主体创新发展,营造快递业助力"双创"的良好氛围。做好《快递业务经营许可管理办法》的修订及宣贯工作,进一步从法律层面明确许可条件,完善分支机构备案、代理国际快递业务等制度设计。要持续优化许可管理,严格落实承诺时限制度,定期通报审批时限完成情况。继续优化完善快递业务经营许可信息系统。要落实行政许可信息公开制度,做到程序公开透明。要严格跨省经营许可管理,依规审核,严格把关。积极探索建立专业第三方机构评估机制,将申请人安全能力、服务能力以及网络运递能力第三方评估引入许可审核。继续加强市场主体退出管理。要积极利用邮政行业职鉴工作数据和证书复核结果,对从业人员服务能力进行

评价，引导和推动企业不断提高人才队伍素质。

二是全面加强事中事后监管。按照国务院工作部署，全面实施日常执法检查“双随机”制度。国家局将按照《邮政管理部门双随机抽查工作细则》《随机抽查事项清单》，组织开展跨区域互查和随机暗查，加强对各地落实“双随机一公开”的指导、考核和管理。各地区要进一步完善抽查事项清单，建立动态管理工作机制，确定辖区随机抽查的比例、频次，强化结果运用。继续推进执法规范化建设，编制印发邮政市场案由详解和案件查办要点指南，制定邮政市场违法行为举报处理办法，继续完善行政执法管理信息系统。落实邮政市场重大案件督办制度，开展案卷季度评议。继续优化用品用具监制申请流程，实现网上办理、全程追溯。研究修订《邮政用品用具监督管理办法》，继续委托开展邮政用品用具质量抽检。贯彻落实修订后的《集邮市场管理办法》，打击制售假邮票行为。

组织实施快递放心消费工程。在全国范围内开展服务质量提升行动，切实解决群众反映强烈的服务问题，督促快递企业在总部网站公示赔偿制度，着力整治快件丢失损毁赔偿难。充分运用媒体曝光、执法检查等多种手段措施，加强服务质量监管。组织开展“刷信”行为专项治理，严厉打击快递企业“刷信”和参与电商“刷信”活动，及时向有关部门移送案件线索，做好配合工作。要将“刷信”行为纳入诚信体系考核评价指标，实现联合惩戒。组织开展“野蛮分拣”专项整治，通过地市局视频监控系统，对快递企业分拨中心及规模较大营业场所开展实时监控，用好现场检查、视频巡查、申诉举报等多种案源途径，发现一起查处一起，逐步杜绝“野蛮分拣”行为。进一步加强消费者申诉处理工作，畅通消费者申诉渠道，邮政业安全中心（申诉中心）要制定量化考核措施，确保全年申诉满意率提升到98%，加强与检查执法的衔接联动，畅通案件线索来源。

全面推进信用体系建设。在总结评估试点工作基础上，今年国家局将印发《快递业信用管理办法》和信用评定指标，在全国范围内开展快递业信用体系建设。指导各地建立信用监管工作机制，部署建立信用档案，采集信用信息，开展信用评定，将结果与有关部门共享。建设快递业信用管理信息系统，并与企业信用信息公示网、“信用中国”网站等联网。组织开展诚信快递宣传活动，编发快递业信用手册，继续举办“诚信快递 · 你我同行”系列活动，教育引导广大从业人员爱岗敬业、诚实守信。

今年国家局党组贯彻落实中央为民办实事的指示精神，确定了7项邮政业更贴近民生实事，其中涉及快递业重点整治的有两项“硬任务”：一是基本消灭末端“摆地摊”乱象；二是基本实现包裹“不着地、不抛件”。春节后，《人民日报》连续登载了“百姓关注 · 快递业迅猛生长中的问题”，反映了大量用户对快递服务的诉求和心声。民生的事，看似小事，都是大事，这些事有的依法依规要坚决进行整治，有的社会反映强烈必须主动作为予以回应。各级邮政管理部门要从讲政治、讲大局的高度坚决落实局党组的决策部署，对群众反映强烈的快递服务问题坚决不护短、不手软、不容忍，必须全面加强快递服务质量监管，全力维护消费者合法权益。对于社区、校区、商区末端服务“摆地摊”，要坚决依法依规强力整治，到年底要基本实现消灭乱象。对于快递包裹“不着地、不抛件”，要以分拣中心、营业场所为治理重点，扎实有效抓好整治。涉及民生的事就是要看结果，国家局将定期督导通报，并将各地落实情况作为年底考评的重要依据。

三是积极创新监管理念。主动适应上市企业发展实际，加强市场准入负面清单管理，健全行政执法与信息披露机制，加强信息公开管理。充分发挥社会和媒体的监督作用，加大信息公开力度，及时公开监管动态。加大行业内部通报力度，发挥案例警示教育作用。以《快递条例》宣贯为契机，加强对品牌企业总部连带责任管理约束，落实加盟制企业连带赔偿责任条款。在诚信评价中强化总部对加盟商和分支机构的连带责任，加强信用信息的应用共享，充分发挥多部门联合惩戒机制作用。完善大数据应用支撑，积极推动移动执法设备配备，提高一线执法人员机动执法能力，充分挖掘数据价值，提高监管效能。积极发挥快递协会和市场主体自律自治作用，督促总部加强对基层网点和一线员工的支持与关注，努力营造和谐共赢的行业氛围。继续发布快递市场监管报告和中国快递发展指数，引导市场预期。支持各方要素在快递领域汇集发展，鼓励快递业及相关领域的“大众创业、万众创新”，各地对涌现出的新模式新服务，在依法维护市场公平、维护消费者权益和严守寄递安全红线的基础上，要坚持包容发展的态度。对于新兴的服务业态要加强研究和相关政策储备，较为成熟的要加快纳入监管范围，依法进行规范管理，今年要重点研究智能快件箱服务管理制度。

四是推进监管队伍建设。各级邮政市场监管干部要坚持讲政治，坚决贯彻落实国家局党组的工作部署；讲大局，自觉服从服务国家、行业大局，推动各项工作有效开展；讲学习，不断增强发现问题、解决问题的能力，积极适应新形势新理念新要求。要坚持比能力，在提高自身素质，提升服务水平，争创新业绩上下功夫；比担当，在急难险重任务面前，忠诚履职，敢于担责，起到模范带头作用；比奉献，始终坚持求真务实、团结共进的良好作风，撸起袖子加油干，沉下身子抓落实。

同志们，2017 年邮政市场监管工作任务艰巨繁重，邮政市场监管队伍肩负着推动快递业健康发展的重要职责，使命光荣、责任重大，必须牢固树立“政治意识、大局意识、核心意识、看齐意识”，更加坚定地推进供给侧结构性改革，努力拼搏、攻坚克难，确保市场监管各项工作扎实推进，以优异成绩迎接党的十九大胜利召开！

持续推动规划落地实施　促进邮政业转型升级提质增效、拓展产业链构建生态圈

——国家邮政局副局长邢小江在邮政业规划宣贯实施工作座谈会上的讲话

2017 年 3 月 22 日

同志们：

今天，我们在广西南宁召开邮政业规划宣贯实施工作座谈会。主要任务是：学习贯彻中共中央办公厅、国务院办公厅《关于建立健全国家“十三五”规划纲要实施机制的意见》，总结邮政业“十三五”规划工作，落实国家局党组对规划工作的进一步部署，持续推动规划落地实施，促进邮政业转型升级提质增效、拓展产业链构建生态圈。下面，我重点谈三个方面的内容。

一、上下协同、凝心聚力，邮政业规划工作迈上新台阶

2014 年底，国家局部署启动了行业五年规划编制工作，明确了“1 +3 +3 +31 +332”的邮政业“十三五”规划体系。经过前期重大问题研究、形成基本思路、研究提出规划框架、起草规划、征求各方意见、专题调研、修改完善、规划衔接等阶段，目前，邮政业规划已由我局和国家发展改革委、交通运输部联合印发，3 个专项规划和 31 个省级邮政业规划也已发布实施，3 个区域规划已经局长办公会审议通过，下周也将发布。至此，邮政业“十三五”规划编制发布工作基本全面完成。

国家局党组充分肯定“十三五”规划工作，指出全系统精心部署、周密组织、有序推进规划编制工作，各方认识到位、工作扎实，规划衔接成效显著，有效提升了邮政业在国民经济中的作用和影响力。经过十年的探索和两个完整五年规划编制，我们基本建立起层次清晰、统筹协调、功能衔接、符合业情的行业规划体系。规划衔接的力度加大，成效显著，规划的综合平衡、政策导向功能进一步凸显，成为强化政府职能的重要手段。在规划工作过程中，我们还积累了经验、锻炼了队伍、提高了能力、培养了干部。

总结邮政业“十三五”规划编制工作，有以下几条经验。一是领导重视是根本保障。各级邮政管理部门都高度重视，加强组织领导，成立了规划编制领导小组和工作组。国家局 2 次召开党组会议、召开 3 次规划编制座谈会、3 次局长专题会议研究部署审议规划。二是强化基础研究是重要前提。围绕关系行业长远发展的重大问题，深入开展规划前期研究。做深做实重大工程、重大项目、重大政策，强化“三个重大”研究论证，这也是“十三五”规划编制工作的一大亮点，是我们“绿盾”工程审批立项的重要依据。三是创新工作方法是重要途径。积极探索和创新规划编制方法，采取“三同步、三衔接”方式推进工作。坚持“开门编规划”，注重提高规划编制的透明度、社会参与度。组织召开 6 次企业座谈会、3 次征求意见会，开展公众建言活动，广泛征求 19 个部委的意见。深入基层，开展创新发展等 4 次专题调研。四是上下联动和横向协调是重要基础。在思路研究、规划起草、衔接、宣贯解读全过程，系统上下联动，形成合力。主管副局长召开了 3 次规划编制工作座谈会，讲解编制原则、思路、程序和方法。注重信息通报，开辟 OA 规划专栏，形成 15 期规划工作简报，分享工作动态和研究成果，加强系统沟通交流。

与“十二五”相比，邮政业规划整体质量和水平明显提升，“1 +3 +3 +31”部规划各有所长、各

有特点。总体规划得到国家发展改革委、交通运输部的充分肯定，省级规划也有了很大进步，系统规划工作迈上了新台阶。具体来看，规划工作呈现以下五个突出的特点：

(一)规划贯彻新定位新理念新战略

邮政业总体规划明确了“邮政业是国家重要的社会公用事业，是推动流通方式转型、促进消费升级的现代化先导性产业”新定位。并以“五大发展理念”为指引，提出具体目标、任务和工程。省级邮政业规划贯彻了国家局对新定位新理念的要求。北京、广西、河北、湖南、江苏、江西等省份提出创新发展和绿色发展的任务工程，甘肃、宁夏还特别提出了科技创新和绿色发展相关指标。各地结合自身特点，在任务和工程中注重对接“一带一路”、区域发展、“中国制造 2025”、走出去等国家重大战略。北京、天津和河北规划落实京津冀协同发展，提出建设京津冀快递核心枢纽，探索一体化通关试点等任务。内蒙古、浙江、福建、广西、重庆、陕西、甘肃、青海等省份，提出对接“一带一路”倡议，构建服务体系、开辟国际运输通道、利用中欧班列拓展邮件快件服务功能等。安徽、江西、湖北、湖南等长江经济带省份，提出率先推进快递业转型升级，发挥辐射带动作用等任务。河北、天津、吉林、陕西、宁夏等省份，提出服务“中国制造2025”战略，推动快递企业与制造业协同发展。黑龙江、吉林、山东、广东、广西、海南、云南等省份，提出发展对俄罗斯、日本、韩国、东南亚、东盟以及港澳台等国家和地区跨境电子商务寄递业务的任务。可以说，邮政管理系统在规划工作方面做到了国家有部署、行业抓落实，全国有统筹、地方有特色。

(二)规划注重体现空间布局

“十三五”邮政业规划突出了空间布局和重大工程栏。回头来看，邮政业“十二五”规划更注重发展，缺乏空间布局的意识和对基础设施建设等重大项目工程的研究、储备和对接。“十三五”强化了空间布局的研究和统筹规划，取得了较大的突破。邮政业总体规划明确了航空快递枢纽、快递专业类物流园区布局城市、邮件快件进出境通道等的布局。省级邮政业规划深入衔接综合交通运输体系，结合行业生产力布局，提出了思路清晰、特色鲜明的空间布局。北京、天津、河北、湖南等设置了专门的空间布局章节。天津、福建分别明确了“一轴两圈三园多结点”“一通道二枢纽三中心五节点”的总体空间布局图，广东、甘肃、江西等明确了快递园区布局城市图、枢纽及重点节点示意图、快递园区及快件主要流向示意图等。山东、浙江等明确了省内快递园区布局。山西提出形成“人字形”骨架、放射状结构、网格化布局的快递服务网络体系。河南规划部署了航空邮件(快件)、电商快递、国际快件等各类中转便利、功能互补的快递园区。四川提出 3 条特色优势产业邮政业联动工程发展带。重庆提出“一圈三点”的主城区快递基础设施空间布局。海南提出构建海口、三亚为集散枢纽、辐射琼海、儋州、琼中等节点的快递物流体系。湖北明确了快递物流航空、陆路、铁路快运服务体系和快递物流多式联运体系。内蒙古明确了双向支撑的“537”邮政快递骨干网络布局。

(三)规划注重推动产业联动发展

邮政业总体规划把发展基点放在推进供给侧结构性改革和创新上，提出了聚焦电子商务、跨境贸易、先进制造业、现代农业、现代金融业等关联产业，实现新旧动能转换的基本思路。省级邮政业规划将产业联动发展放在重要位置，结合地方实际，提出了具体举措。福建提出分别建成 10 个以上快递与制造业、农业联动发展示范项目并予以政策扶持。上海提出产业融合工程，鼓励快递企业拓展制造业供应链等业务领域，打造生鲜农产品流通新模式，探索支付结算、小额消费信贷等金融产品。广东提出快递服务制造业工程，建设一批快递服务制造业发展的创新孵化中心。湖南提出以长沙、株洲、湘潭等地区为重点，推动设立一批邮政业与制造业合作试验区、示范区。宁夏提出联动发展工程，进一步落实《中国制造2025宁夏行动纲要》。内蒙古提出以农牧产品生产加工基地为核心，发展集农牧产品销售、收寄、运输为一体的农牧产品冷链快递。这些任务和工程，都有助于扩大有效和中高端供给，释放内生动力，拓展产业链，促进产业转型升级。

（四）规划衔接得到强化

“十三五”邮政业规划衔接工作成效显著。一是与国家规划纲要的衔接取得突破。“实施‘快递下乡’工程”等邮政业发展重点内容纳入国家规划纲要，涉及4篇7处149字，比“十二五”的2篇2处25字增加数倍，凸显了邮政业在国民经济和社会发展全局中的地位和作用。邮政业发展重点内容纳入了综合交通运输体系、国家信息化、脱贫攻坚、战略性新兴产业、农业现代化、西部大开发、促进民族地区与人口较少民族发展、市场监管等8部国务院重点专项规划，其中，寄递渠道安全监管“绿盾”工程以工程专栏的形式纳入“十三五”现代综合交通运输体系发展规划。与铁路、民航、电子商务、商贸物流、服务贸易等部门规划的衔接也取得重要成果，民航规划明确提出重点发展航空快递业，鄂州机场纳入了《全国民用运输机场布局规划》。上述衔接成果是邮政管理部门争取项目资金和政策支持、开展相关工作的重要依据和有力抓手。二是各地加强了与地方规划纲要的衔接，相关重大项目、重大政策得以在纲要中体现，衔接内容的广度和深度得以提升。开展了与城乡规划、物流业、服务业、综合交通、产业园区、脱贫攻坚、电商物流、商务发展等专项规划的衔接，规划衔接的种类和范围大幅拓展。各地走出了邮政业的小圈子，融入了地方经济社会发展的大格局。上海局衔接地方重要规划6部，纳入涉邮重点目标任务措施达30项。江苏省综合交通运输体系规划明确“力争建成2个国家一级快递物流园区，在苏南、苏中、苏北分别建设1～2个区域性仓储配送基地”。天津市8个邮政快递企业建设项目纳入市现代物流业重点项目。这些衔接成果值得充分肯定。三是各省规划与国家局总体规划进行了充分衔接，大部分省局规划都征求了政策法规司意见。政策法规共计提出800余条意见建议，为规划衔接一致和顺利发布打下了好的基础。

（五）规划发布层级显著提高

去年底，国家局会同国家发展改革委、交通运输部联合印发了《邮政业发展“十三五”规划》。这是邮政体制改革以来，首部由三部门联合印发的行业五年规划。在印发的省级邮政业规划中，北京、山西、内蒙古、辽宁、吉林、上海、江苏、安徽、福建、江西、山东、湖北、湖南、广东、四川、贵州、宁夏、新疆等18个规划由省局与发展改革部门联合印发，贵州省在联合印发省级邮政业规划的基础上，打捆联合印发9个市州邮政业规划。河南、重庆、云南、陕西、甘肃等5省（市）局与发展改革、交通运输部门联合印发，天津局以发展改革部门文件形式印发，海南局以省政府办公厅文件形式印发。上述联合印发、以发改委名义印发，或以省政府办公厅名义印发的规划共计25个，比“十二五”规划翻了一番多。省级邮政业规划发布层级有力提升，极大地改变了行业规划自说自话的局面，为规划落地实施和纳入地方政策体系打下了坚实基础。这深刻体现出省局真抓实干、敢打硬仗、敢啃硬骨头的优良作风，是在座各位坚强领导、统筹协调、主动出击努力下的“开花结果”，也是邮政管理系统上下一心、谋事创业的重要表现。

同志们，“十三五”规划各项工作呈现了新特点、取得了新成效，实现了规划成果的大丰收。这些成绩的取得，是党中央、国务院正确领导的结果，是中央和地方有关部门、地方各级党委政府大力支持的结果，是全系统广大干部职工奋发有为、努力拼搏的结果。在此，我也代表国家局党组，向各省局的领导和同志们表示感谢！

二、围绕全面建成与小康社会相适应的现代邮政业目标，坚定不移推动规划实施

前面我对“十三五”规划工作进行了总结，应

该说邮政业“十三五”规划工作开了一个好头。常言说，“行百里者半九十”，行业发展蓝图绘就，方向已经明确，今后的关键在于落实。习近平总书记在讲话中指出：要真正做到一张好的蓝图一干到底，切实干出成效来。李克强总理强调：要做好规划编制与实施的衔接，好的规划不能只是墙上挂挂。党中央、国务院高度重视规划实施，为了推动规划贯彻落实，中共中央办公厅、国务院办公厅出台了《关于建立健全国家“十三五”规划纲要实施机制的意见》，对各单位各部门落实规划进行了总体部署，提出了具体要求，并对规划纲要逐段做了分工。交通运输部印发了关于贯彻落实国家“十三五”规划纲要的实施意见。

国家局党组高度重视规划实施，专门成立了邮政业发展“十三五”规划宣贯实施工作领导小组，军胜同志任组长，我任副组长。军胜同志还多次对规划进行批示，仅今年以来，就作了4次重要批示，对落实规划纲要、国务院重点专项规划以及建立规划通报机制等提出了明确要求。上上下下、方方面面对规划实施工作都是非常重视的。建设邮政强国没有诀窍，万里长征需要脚踏实地一步步走出来。全国邮政管理系统要肩负起“十三五”规划实施的重要使命，确保规划目标任务如期完成。

(一)以推动行业供给侧结构性改革和创新发展为主线，认真谋划规划实施工作

1.坚持改革和创新主线，遵循产业链生态圈思路。贯彻落实规划，要紧紧围绕统筹推进“五位一体”总体布局和协调推进“四个全面”战略布局，贯穿以人民为中心的思想，坚持创新、协调、绿色、开放、共享的发展理念，以提高邮政业发展质量和效益为中心，以推动行业供给侧结构性改革和创新发展为主线，遵循“打通上下游，形成产业链，画大同心圆，构建生态圈”思路，最大限度调动行业内外的资源和力量，形成发展合力，确保全面建成与小康社会相适应的现代邮政业，为实现邮政强国目标奠定坚实基础。

2.把握关键原则，掌握科学方法。一是要正确处理政府和市场的关系。发挥市场在资源配置中的决定性作用和更好发挥政府作用。加快转变政府职能，加强事中事后监管，激发市场活力和社会创造力。二是要发挥中央和地方两个积极性。坚持“全行业一盘棋”，正确处理局部利益和整体利益关系。强化对全局性、战略性及跨区域目标任务的统筹协调。尊重基层首创精神，鼓励省市局因地制宜开展工作。三是坚持整体推进和重点突破相结合。以重点突破带动整体推进，在整体推进中实现重点突破。着力在关键领域、重点环节和难点问题上取得突破，提升发展的整体性和协调性。

3.创新工作机制，强化监督考核。一是做好邮政业“十三五”规划目标任务分工，近期国家局将印发分工文件。同时，梳理国家规划纲要、国务院相关重点专项规划及相关部门规划涉邮重点内容，形成清单，并明确分工，落实责任，细化措施。二是建立健全规划任务与年度工作任务衔接机制，将《规划》重大任务实施列入年度工作重点，注重规划实施与年度计划落实情况相衔接，相互照应，协调推进。三是研究构建规划实施监测评估体系。今年，国家局要组织开展国家“十三五”规划纲要、国务院相关重点专项规划涉邮内容和邮政业规划实施监测工作，争取年底前形成监测分析报告。2018年，开展规划中期评估，形成中期评估报告。2019年—2020年，开展规划总结评估，既是对上一个五年的总结，也是下一个五年规划编制的基础。另外，对于纳入国家规划纲要的重点目标任务，要开展专项评估。在规划实施监测评估过程中，将建立信息通报制度，总结各地典型经验做法，以推进规划更好地落地见效。国家局将强化监督考核，把规划实施情况纳入年度考核重要内容。

(二)聚焦规划实施重点，引领行业科学发展

抓住规划重点内容的落实，有利于我们集中力量办大事，纲举目张，全面完成规划设定的各项

目标任务。一是确保主要目标指标的顺利实现。着重加强行业发展规模、运行质量的监测监控，及时发现和解决苗头性倾向性问题，保持平稳发展态势。加快完善快件延误、损毁、丢失率和新增就业岗位等指标的统计、监测和考核，积极回应社会民生关切。加强对乡镇快递网点覆盖率、建制村直接通邮情况的跟踪分析和政策引导，确保到2020年基本实现快递乡乡有网点和建制村实现直接通邮目标。二是推动重大工程项目加快实施。加强对邮政普遍服务均等化水平提升工程、邮政机要通信建设工程等中央预算内投资项目的年度审查和实施监督。加快推进寄递渠道安全监管“绿盾”工程审批立项和落地实施，切实提升行业安全监管能力。做好与交通运输、民航、铁路等部门的沟通衔接，多措并举推进快递“上车、上船、上飞机”工程的实施。切实发挥地方积极性和主动性，注重示范引领，推动实施快递专业类物流园区工程、“快递下乡”工程、绿色通道、航空快递枢纽工程等。三是推动主要任务落地实施。推动行业改革和创新发展。促进普遍服务协调发展，开放共享，构建邮政综合服务平台。推动转型升级，联动发展，提升快递产业竞争能力，鼓励企业国际化发展，培育快递企业集团，打造快递航母。解决发展痛点难点问题，切实提升快递末端服务能力，推进快递服务进社区、进校区、进商区，研究解决快递电动三轮车合法上路问题。切实促进包装减量化、绿色化和再利用，推动行业绿色健康发展。切实加强快递安全监管，提升邮政行业安全监管效能。

（三）落实纲要实施意见，扎实做好规划实施监测

规划实施监测是推动规划落地实施的有力抓手，今年首次开展，破题难度不小，任务不轻。总体要求是：“明确对象、形成合力、监评联动、客观准确、督查考核”。“明确对象”是指：规划实施监测的对象主要包括国家规划纲要、综合交通运输规划等国务院重点专项规划涉邮重点内容和《邮政业发展“十三五”规划》重点目标任务的落实情况。各省局要配合国家局做好规划实施监测工作。“形成合力”是指：规划实施监测的主体为各级邮政管理部门，国家局将加强对跨省目标任务的监测，并聚焦规划实施重点难点问题和对全局发展具有带动作用的任务措施，研究开展专题监测。“监评联动”是指：规划实施监测强调的是收集资料、发现问题、总结经验，是一项常规性工作。今年的监测将为规划中期评估夯实基础，监测发现的问题将在中期评估时做更加深入的分析，找出系统性地应对举措。“客观准确”是指：规划实施监测是独立客观、不偏不倚、用事实和数据说话的，需做到分析客观、内容真实、数据准确、资料可靠。“督查考核”是指：强化规划实施的督查考核。国务院明确提出“将《纲要》实施情况纳入国务院大督查内容”，国家局将把规划实施情况纳入年度考核重要内容，并完善社会监督等机制。国家局将通过今年的监测，总结经验，探出路子，扩大范围，形成机制。

三、牢固树立政治意识和大局意识，落实国家局党组工作部署

同志们，“十三五”规划的实施成效，决定了邮政业改革发展、转型升级的成效。我们要把思想认识统一到国务院的决策要求上来，统一到国家局的安排部署上来，全力推动规划的落地实施，切实发挥邮政业在推动流通方式转型、促进消费升级的现代化先导性产业作用。各省局要在前一阶段工作基础上，站在更高起点，提高认识、加强领导、统筹谋划、狠抓落实，深入推进规划宣贯实施工作。下面，我再强调几点：

（一）继续做好规划宣贯工作

部分省局规划发布后就紧锣密鼓开展了宣贯工作，部分省局向国家局上报了宣贯实施方案，还有个别省份没有启动宣贯工作，要尽快迎头赶上。各省局要积极利用地方主流媒体和新媒体开展本地区规划宣贯，向政府相关部门进行专题汇报，加

强正面宣传,发出主流声音,强化规划解读,提高规划社会认知度和影响力。各省局要支持中国邮政快递报社地方记者站的工作,动员干部职工、专家学者、业内企业、快递协会等参加《邮政业发展“十三五”规划》解读征文活动。近期,北京、上海、广东要落实军胜同志在局长办公会上的要求,牵头做好京津冀、长三角、珠三角区域快递规划新闻发布工作,三地同期召开新闻发布会,形成联动宣传效应,扩大影响力。

(二)加强规划实施组织领导

各省局要成立由主要负责同志任组长的规划宣贯实施领导小组,强化规划实施工作部署,建立健全落实推进机制,研究决策重大问题。要制定本地区邮政业规划目标和任务分工安排,突出“十三五”地方规划纲要、综合交通运输等地方专项规划涉邮内容的分工实施,明确责任部门,强化督查考核。同时要加强对市地局规划实施工作的领导和指导,统筹联动、明确重点、各有侧重、产生实效。

(三)形成规划实施工作合力

各省局要加强向地方政府的工作汇报,做好与发展改革、财政、交通运输等部门的衔接协调,充分调动各类资源和力量,形成规划实施合力,推动规划落地实施。要做好与土地利用规划、城乡规划的对接,加强对邮政快递基础设施和快递专业类物流园区的规划布局。要抓住新一轮城市总体规划修编和城市群规划编制发布的机遇期,引导企业科学统筹布局航空快递货运枢纽和大型快递分拨处理设施。

(四)有效开展规划实施监测

各省局要准确把握邮政业规划实施重点,结合本地区国民经济和社会发展五年规划以及相关专项规划,比照国家局做法,明确实施的重点,强化责任分工,开展实施监测。尤其是要加强对发展态势、村村直接通邮、乡镇快递网点覆盖率等重点指标的监测,以及涉及全局的重点任务、重大工程、重大政策的监测。对于出现的新苗头新业态新情况以及具有代表性的典型案例要及时总结。要将规划监测与年度工作有机结合,充实监测内容,落实工作重点。

(五)加强规划监测信息通报

各省局要明确责任部门,以推动规划重点目标、重点任务和重大工程落实为重点,主动将规划实施进展情况、工作动态、经验做法、典型案例等监测材料报国家局。政法司要加强调研、总结,编制印发工作简报,定期通报重大工程和重要任务的阶段性进展情况。要积极推广成效突出的工作方法,以点带面,强化扩散和带动效应,促进各地规划全面落地实施。

同志们!做好规划实施工作,使命光荣、责任重大、任务艰巨。我们要抢抓发展机遇,切实履职尽责,以钉钉子的精神,真抓实干、埋头苦干,撸起袖子加油干,持续深化行业供给侧结构性改革和创新发展,全力推动规划落地实施,促进行业转型升级和提质增效,为全面建成与小康社会相适应的现代邮政业,推动我国向邮政强国迈进贡献力量。

谢谢大家!

第二篇　发展概览

第一章　2017年快递服务发展综述

2017年是党的十九大胜利召开之年,是"十三五"规划实施的关键之年。全行业认真学习贯彻习近平新时代中国特色社会主义思想和党的十九大精神,深入贯彻新发展理念,坚持稳中求进工作总基调,以提高发展质量和效益为中心,以深化供给侧结构性改革为主线,按照"打通上下游、拓展产业链、画大同心圆、构建生态圈"工作思路,更加注重创新驱动、优化结构,更加注重补齐短板、联动融合,更加注重服务民生、安全绿色,行业发展态势良好、持续保持高位运行。快递服务满意度在业务量快速增长情况下保持平稳,消费者申诉处理满意率达到98.2%。行业在国民经济社会发展中的作用不断增强,为国家"稳增长、促改革、调结构、惠民生、防风险"政策实施作出了积极贡献。

一、行业影响力和社会关注度继续增强,快递发展利好政策不断出台

快递业是现代服务业的重要组成部分,是推动流通方式转型、促进消费升级的现代化先导性产业。近年来,快递业在降低社会流通成本、支撑电子商务、服务生产生活、扩大就业渠道等方面发挥了不可替代的积极作用。2017年,我国快递业在国民经济中的基础性作用更加凸显,快递已成为现代社会生产生活不可或缺的组成部分,被媒体调查评为中国老百姓"新开门七件事"之首。全年快递业务量完成400.6亿件,连续4年迈上新百亿关口;最高日处理量达到3.31亿件,再度刷新世界纪录;带动全国农村地区农副产品进城和工业品下乡超过6000亿元,年新增就业岗位超过20万个,支撑网络零售交易额超过5万亿元,年支撑制造业产出达到2375亿元。

利好政策持续出台。2017年,快递业发展继续获得党中央、国务院的关注和重视,各方面利好政策不断出台,社会各界对行业发展的关注热度持续提升。新世纪以来指导"三农"工作的第十四份中央一号文件——《中共中央　国务院关于深入推进农业供给侧结构性改革加快培育农业农村发展新动能的若干意见》将实施"快递下乡"工程纳入其中,这是继2016年后,"快递下乡"工程连续两年被纳入中央一号文件。文件在第十四条"推进农村电商发展"中明确提出,推动商贸、供销、邮政、电商互联互通,加强从村到乡镇的物流体系建设,实施"快递下乡"工程,推动商贸、供销、邮政、电商互联互通,加强从村到乡镇的物流体系建设。李克强总理在《政府工作报告》中强调:"促进电商、快递进社区进农村,推动实体店销售和网购融合发展。"

与此同时,政策的出台,为快递基础设施建设、产业协同发展、保障寄递渠道安全、绿色发展等提供了一系列重要的政策支持,其中包括:《中共中央　国务院关于加强和完善城乡社区治理的意见》《中共中央　国务院关于开展质量提升行动的指导意见》《国务院关于进一步扩大和升级信息消费持续释放内需潜力的指导意见》《中共中央办公厅　国务院办公厅关于加快构建政策体系培育

新型农业经营主体的意见》《国务院办公厅关于加快发展冷链物流保障食品安全促进消费升级的意见》《国务院办公厅关于印发兴边富民行动“十三五”规划的通知》《国务院办公厅关于进一步推进物流降本增效促进实体经济发展的意见》《国务院办公厅关于进一步激发民间有效投资活力促进经济持续健康发展的指导意见》等中央政策，以及交通运输部、国家发展改革委、商务部、海关总署等18部门《关于进一步鼓励开展多式联运工作的通知》，交通运输部、国家发展改革委、质检总局等14部门《关于印发促进道路货运行业健康稳定发展行动计划（2017－2020年）的通知》，国家邮政局、国家发展改革委、科技部等10部门《关于协同推进快递业绿色包装工作的指导意见》，农业部、国家发展改革委等6部门《关于促进农业产业化联合体发展的指导意见》，交通运输部、财政部、国家铁路局、中国民用航空局、国家邮政局、中国铁路总公司6部门《关于支持运输企业创新发展的指导意见》《国家发展改革委　财政部　住建部关于推进资源循环利用基地建设的指导意见》《交通运输部　公安部　商务部关于组织开展城市绿色货运配送示范工程的通知》《财政部　国家税务总局关于继续实施物流企业大宗商品仓储设施用地城镇土地使用税优惠政策的通知》《商务部　农业部关于深化农商协作大力发展农产品电子商务的通知》《国家发展改革委印发关于深入推进农业供给侧结构性改革实施意见的通知》《交通运输部关于加快发展冷链物流保障食品安全促进消费升级的实施意见》《财政部办公厅　商务部办公厅　国务院扶贫办综合司关于开展2017年电子商务进农村综合示范工作的通知》《商务部办公厅　财政部办公厅关于开展供应链体系建设工作的通知》等部门政策。

新闻宣传持续加强。2017年，《人民日报》、新华社、中央电视台等中央主流媒体对快递业进行了持续关注，全年中央媒体和行业媒体共刊（播）发国家邮政局新闻信息387条（篇），深度报道占报道总量的36.9%。6大中央媒体发稿207篇，同比增长47.9%，其中《人民日报》41篇，新华社34篇，中央电视台56篇。中央媒体和行业媒体制作专版、专题报道共19个，向社会展示了行业的主要发展成就，起到了舆论引导和传播正能量的作用，大大提升了快递的社会关注度、影响力和美誉度。与此同时，全国邮政管理系统积极探索符合时代要求和行业需求的新闻宣传新理念新方式，坚持围绕中心、服务大局，努力推动传统媒体与新兴媒体有效融合，一方面不断提升《中国邮政快递报》、《快递》杂志作为新闻内容采编“底盘”的基础性和权威性，推进报纸迈上周三刊“大报”新阶段，推进杂志继续丰富内容、提高水平、提升效益；另一方面不断扩大互联网、新媒体在行业新闻宣传工作中的传播效应，以国家邮政局“双微”平台为核心，各地邮政管理部门已开通并完成认证微信公众号115个，官方微博（蓝V）43个——在重大事件发生时，基本做到了联动发声。在6月发生的“顺丰和菜鸟关闭数据互通接口”事件中，国家邮政局门户网站、微博微信公众号，以及《中国邮政快递报》和《快递》杂志的微博微信公众号第一时间联合发声，直接影响人次超过2500万，及时有效平息了舆论。“国家邮政局”官方微博在6月4日的新浪政务微博总榜中排名第三。“丰鸟之争”事件的处理也被人民日报新媒体中心和新浪微博评选为“2017年十佳政务公开案例”。

国务院总理李克强关注和点赞快递

·2017年4月5日，李克强在国务院常务会议上说：“我在两会期间听到来自贫困山区的代表介绍，他们深山里的特色农产品，通过网购、快递，两三天就被送到了北京、上海的消费者手中。农业是最传统的实体经济，但他们依靠'互联网+'，让时令产品有了新出路。"

·2017年7月12日的国务院常务会议上，李克强总理明确要求，要将已审议的《快递条例(草案)》向社会公开征求意见。"我们不仅要听管理部门的意见，还要听各家快递公司的意见。"李克强说，"更重要的是，快递行业已经与百姓的生活息息相关、密不可分了，所以，这份草案必须要充分听取人民群众的意见!"李克强明确指出，快递业作为新兴产业，可以便利群众生活，降低物流成本，对于刺激消费、带动经济发展具有重要意义。"几年前，快递业刚刚开始发展的时候，有些城市不允许快递存在，理由是影响市容整洁，快递员骑的摩的也不允许停放。但是我们认为，对于任何新生事物，应尽量秉持'包容审慎'的监管方式，不能一上来就'管死'!"李克强说。

"快递业的形态已经发生了很大变化，早就不仅是那个'骑着摩的到处跑'的老样子了!"李克强说，"大家一定要认识到，当前新产业、新业态蓬勃发展，很多事情都是'未知大于已知'。我们一定要顺应这一变化，'包容审慎'开展监管。"

"有关部门要充分听取各方意见，深入调查研究，让《快递条例(草案)》既能促进行业健康发展，又能保障消费者和快递从业者的合法权益。"李克强最后说，"快递业'搞活'了，我们就能进一步降低物流成本，更大激发市场活力。"

二、快递业持续健康快速发展，市场规模跃上新台阶

(一)年业务量突破400亿件，业务规模连续四年稳居世界第一

2017年，快递业继续保持高位运行的良好态势，市场规模再攀新高峰，快递业务量首次突破400亿件，业务规模连续四年稳居世界第一。全国快递服务企业业务量累计完成400.6亿件，同比增长28%；业务收入累计完成4957.1亿元，同比增长24.7%。其中，同城业务量累计完成92.7亿件，同比增长25%；异地业务量累计完成299.6亿件，同比增长28.9%；国际/港澳台业务量累计完成8.3亿件，同比增长33.8%。

2017年，同城、异地、国际/港澳台快递业务量分别占全部快递业务量的23.1%、74.8%和2.1%；业务收入分别占全部快递收入的14.8%、50.7%和10.7%。与去年同期相比，同城快递业务量的比重下降0.6个百分点，异地快递业务量的比重上升0.5个百分点，国际/港澳台业务量的比重上升0.1个百分点。

2017年，东、中、西部地区快递业务量比重分别为81.1%、11.6%和7.3%，业务收入比重分别为80.9%、10.8%和8.3%。与去年同期相比，东部地区快递业务量比重上升0.2个百分点，快递业务收入比重下降0.2个百分点；中部地区快递业务量比重下降0.3个百分点，快递业务收入比重上升0.1个百分点；西部地区快递业务量比重上升0.1个百分点，快递业务收入比重上升0.1个百分点。2017年，快递与包裹服务品牌集中度指数CR8为78.7，与1～11月基本持平。

2017年，快递业务收入在邮政行业收入中的占比超过了7成，达到74.9%，较2006年提高了38.9个百分点；收入占国内生产总值的比重继续提升，上升至6‰，比上年提高0.7个千分点，显示快递服务在邮政行业发展中发挥了不可替代的驱动作用，快递服务经济、民生和社会发展的能力和水平进一步显著提升。按照国家统计局《2017年国民经济和社会发展统计公报》全国人口数据计算，2017年年人均快递使用量接近29件，是2010年的17倍；年人均快递费用支出为356.6元，同比增长24.1%，是2010年的8.3倍。与上一年相比，人均使用快件量增加了6.2件，人均快递费用支出增加了69.2元。

2010－2017年人均快递使用量和快递支出情况

指标	2010年	2011年	2012年	2013年	2014年	2015年	2016年	2017年
人均快递使用量(件)	1.7	2.7	4.2	6.8	10.3	15	22.6	28.8
人均快递支出况(元)	42.9	56.3	77.9	106.0	150.4	201.5	287.4	356.6

(二)打一仗、进一步,快递业务旺季服务保障能力继续稳步提升

2017年"双11"当天,据国家邮政局监测数据显示,主要电商企业全天共产生快递物流订单8.5亿件,同比增长29.4%;全天各邮政、快递企业共处理3.31亿件,同比增长31.5%。国家邮政局根据不同企业的处理能力合理调节资源,引导电商企业错峰发货、快递企业均衡推进,全网运行平稳顺畅。11月11日至16日期间,全行业共揽收邮(快)件14.96亿件,同比增长33.6%。最高日处理量达到3.31亿件,比去年增长31.5%,是日常处理量的3.3倍。

一年一度的"双11"快递业务旺季服务保障工作既是邮政、快递服务支撑消费、协同电商、精准扶贫、助力跨境的重要体现,也是对行业服务能力、服务质量和安全保障的重大考验,2017年"双11"更是在党的十九大召开后,在全面建成小康社会决胜阶段对邮政快递发展水平的一次全面检验。全行业认真学习贯彻党的十九大精神,牢固树立以人民为中心发展理念,深入落实国务院领导同志关于邮政业旺季服务保障的重要指示精神,抓实抓细各项工作,国内国际均衡推进,坚持更高水平统筹驾驭,更高水平协调衔接,更高水平组织实施,顺利实现网络不瘫痪、重要节点不爆仓和保畅通、保安全、保平稳的"两不""三保"工作目标,旺季运行整体有序。为圆满完成旺季保障任务,全行业全系统主要做了以下工作:

一是坚持安全为基,严守底线。为保障"双11"期间行业安全平稳运行,邮政管理部门牢固树立安全发展理念,各级领导带班值守,严守底线,加大执法巡查力度,坚持寄递安全各项制度全面落实,深入开展危爆物品违规寄递专项整治,监督企业完善安全生产责任制度,加强安全隐患排查治理。充分发挥寄递渠道安全管理领导小组机制作用,联合地方综治、公安、国家安全等部门行政执法资源,加大巡检排查整治力度。邮政、快递企业加大重点防控力度,11日至16日全网共计拦截35起违禁物品进入寄递渠道。"双11"期间全行业无重大安全生产责任事故发生。

二是坚持督导为主,凝心聚力。"双11"期间,交通运输部部长李小鹏亲自到国家邮政局指导邮政管理部门扎实做好旺季服务保障工作。国家邮政局局领导带队赴重点省(市、区),深入走访邮政、快递企业分拣中心和末端网点,开展寄递网络稳定与安全工作现场督导。各级邮政管理部门加大执法检查力度,强化服务监督。邮政、快递企业对旺季合理预估,充分准备,协调资源,加强储备,先后投入3000万平方米作业场地,9万辆干线运输车辆,近300万作业人员,行业基础服务能力较日常提高三至五成。

三是坚持联动为纲,多措并举。继续深化三级联动(国家局、省局、市局)和三维互动(政府、协会、企业)的保障机制,提高整体部署贯彻落实能力。继续强化"错峰发货、均衡推进"的核心工作机制,提升电商、快递协同作业能力,实时监控,动态调整。大量增设前置仓,减少跨省调拨流转包裹数量,通过计划滚存、干线押车、分段控制等方式,科学控制揽配进度。增强区域性快递企业配送能力,有力补充寄递供给缺口。利用乡村代理点、智能快件箱、综合服务站等末端服务设施,充分发挥社会众包众筹力量,有效缓解"最后一公里"配送压力。统筹规划邮政、快递运输路由,在农村地区积极利用邮政渠道运送快件,扩大快递配送覆盖区域。在部门间加强协调,争取各种有利资源与政策。加强与海关、检验检疫等部门的协作,简化流程、增加工作时长,提高口岸通关能

力和查验效率。积极协调公安、交管部门，获得临时性通行保障和分拨中心周边警力疏导支持。在多级联动、多措并举的政策指导下，2017 年“双 11”基本实现“不爆仓、不积压”，人民寄递需要得到有效保障。

四是坚持数据为王，科技支撑。“双 11”期间，通过大数据、云计算等技术应用，结合电商仓储布局，快递企业有效分析寄递需求，合理调配资源储备，大幅提高寄递效率。国家邮政局升级新建安监系统、电商协同数据平台、视频监控系统、实名监管系统、安易递和申诉等 6 大信息化系统，将电商和快递企业数据有效连接，前后端协同作业，实时监控收寄数量、流量流向、投递数量，通过深度关联分析，充分发挥精准数据预测和雷达预警等功能作用，及时向社会发布业消费提示，实现全流程控制，有效缓解末端服务压力。各级邮政管理部门运用信息化远程监控手段，对各分拨中心与末端网点开展实时巡查，大幅提高研判、监测和精准调控能力，监管效能显著提升。

五是坚持宣传为重，社会共治。国家邮政局主动对接主流媒体，强化“质量双 11”概念，合理引导社会预期，积极传播“双 11”社会化理念，实现社会共治共保。利用电视、网站、报纸、微信等渠道，全面客观报道旺季期间快递服务压力，及时发布流量、流向信息，充分争取社会理解。11 月 6 至 17 日期间，各中央和行业主要媒体以“快递‘双 11’”为题进行的新闻报道共计 9488 篇，含主要中央媒体使用中国邮政快递报社推送信息刊发的报道 23 篇。国家邮政局主管的《中国邮政快递报》开启“双 11”模式，连续推出重磅报道；《快递》杂志出版“双 11”特刊予以全面报道。旺季期间，快递员辛勤工作场景广泛传播，快件上飞机高铁深入人心，“互联网 +”技术推广和智能设备应用令百姓称赞，行业形象更佳，消费预期更趋合理，社会对行业的包容度明显提升，舆论环境更加和谐。

2017 年“双 11”期间，行业在日均和单日处理量双双创下新高的情况下，圆满完成“两不”“三保”目标，保障工作主要有以下特点与经验：

一是深入贯彻落实党的十九大精神为完成旺季服务保障工作指明方向。2017 年“双 11”恰逢全国上下深入学习贯彻党的十九大精神，党和国家发展进入新时代，各行各业争相创造新气象、实现新作为的关键节点，快递业务旺季服务保障工作作为邮政业决胜全面小康迈出的第一步，也是全国人民高度关注的重大民生服务项目，系统上下高度重视，深刻认识到做好旺季保障工作，是全行业在中国特色社会主义发展的新时期，更好地服务国计民生和社会发展，使人民在邮政业发展中更有获得感的必然要求。为此，各级邮政管理部门以习近平新时代中国特色社会主义思想作为此次旺季保障工作的行动指南，自觉在思想上政治上行动上同以习近平同志为核心的党中央保持高度一致，坚持以人民为中心，贯彻新发展理念，以实际行动践行全心全意为人民服务的宗旨，加强协调，有力推进，确保了“双 11”旺季服务保障工作顺利完成。

二是大力加强基础设施建设为完成旺季服务保障工作提供重要支撑。2017 年，国家邮政局大力加强行业基础设施建设，网络覆盖率进一步提高，末端投递多元发展。全国快递乡镇网点覆盖率提高到 87.25%，已有 16 个省（市）实现全覆盖，为缓解旺季快递下沉西移压力提供重要保障。全国建成公共服务站 2.87 万个，投入运营智能快件箱超 18.9 万组，综合服务站与自助快递融合发展成为解决“最后一公里”难题的有效手段。快递企业网络布局进一步优化，仓配一体化分拣处理中心不断增加，大幅压缩干线运距，提高配送效率。

三是跨境寄递渠道畅通为完成旺季服务保障工作提供有效保证。在“一带一路”倡议的指引下，2017 年“双 11”跨境寄递包裹数量大幅提升，仅通过宁波、杭州等 9 地海关寄递的包裹数量就达 1617.9 万个，支撑跨境零售 30.86 亿元。为保证跨境寄递渠道畅通，国家邮政局多方谋划，联动协同，全面加强跨境寄递服务能力建设。主动与相关部门对接,构建一站式跨境电子商务综合服务中心,实现信息互联互通。

四是与综合交通运输体系深入对接为完成旺季服务保障工作提供多元方案。国家邮政局积极引导快递企业采用公铁、公空、空铁等联运方式,提高综合运输能效。快件班列覆盖城市范围不断扩大,运输能力显著提升。高铁运送快件模式取得新突破,结合高铁运输特点,快递企业进行营运端“去中心化”改革,推出“高铁极速达”业务,成为2017年“双11”新亮点,京沪千里运送时限缩短至10小时,实现异地陆运当日达。快递自主航空运力持续增强,上海、天津、杭州、厦门、泉州、郑州、重庆等城市积极推进快件“绿色通道”建设,优化航空快件作业流程。

五是技术应用智慧创新为完成旺季服务保障工作提供重要途径。“双11”期间行业科技应用水平进一步提升,智能算法、自动化流水线、AGV机器人等大范围应用,节省70%人工,实现仓储、分拨智能化,极大提升行业运行效率。大数据预测技术的使用,使大部分网点可以根据预测数据提前配置相关资源,保证旺季期间资源优化合理应用。多个转运中心启用双层自动分拣线,使快件分拣效率提升1倍。电驱动手推式拣货车、真空助力机械臂、指环微型扫码枪等设备的运用则在提高工作效率的同时,大幅降低快递员劳动强度,有效缩短工作时间。

六是快递绿色化程度明显提高为完成旺季服务保障工作带来一抹亮色。邮政管理部门积极贯彻绿色发展理念,将绿色快递与旺季保障相结合,为美丽中国建设添砖加瓦。“双11”期间全行业电子运单使用率已达80%,部分企业超过90%。投入和使用新能源车近万辆,绿色包装袋超千万个,回收快递纸箱超千万个,应用智能打包算法,一天节省箱子4000万个以上,共享快递盒投入应用,启用绿仓,包装、运输、分拣各环节绿色化程度大幅提高。

(三)快递市场结构呈现三方面突出特点[1]

在主体结构方面,市场主体竞争格局趋于稳定。2017年,在“打通上下游、拓展产业链、画大同心圆、构建生态圈”工作思路指引下,品牌化、集团化的综合快递运营商和精细化、集约化的中小快递服务商稳步发展,我国快递与包裹服务品牌集中度指数CR8为78.7%,同比提高2个百分点,行业规模经济效应更加显著。

在业务结构方面,异地业务稳步增长、同城业务服务价值提升、跨境寄递成为业务增长亮点。2017年跨区域快递服务仍是增长主力,异地快递业务量299.6亿件,同比增长28.8%,占全国快递业务量比重74.8%,异地业务收入2512.8亿元,同比增长19.7%,占全国快递业务收入比重50.7%。同城业务量92.7亿件,比上年增长25%,同城业务收入732.2亿元,比上年增长30%,同城业务收入增幅超过业务量增幅5个百分点,为五年来新高,不断满足多元化和时效性的寄递需求。跨境寄递业务量8.3亿件,同比增长34.5%,占全行业比重2.1%;业务收入528.9亿元,同比增长23.3%,占全行业比重10.7%,国际寄递网络日益健全,为促进跨境贸易提供了重要支撑。

在区域结构方面,东部地区继续领先发展,中西部地区收入增长较快。2017年,东部地区业务量325亿件,占全国比重81.1%,业务收入4011.9亿元,占全国比重80.9%。其中,广东省成为首个业务量上百亿、业务收入过千亿的快递大省,长三角和珠三角地区撑起快递业务的“半壁江山”,业务量和业务收入分别占全国的56.8%和59.5%。中部地区业务收入534.2亿元,同比增长25.6%,西部地区业务收入411亿元,同比增长26.5%。中西部业务收入增幅超过全国平均水平,西部地区业务量和业务收入增速领跑全国,湖北省和贵州省业务量收增速分别为中部地区西部地区首位。

[1]摘自《2017年快递市场监管报告》。

三、行业发展环境持续优化，稳中向好的发展态势进一步巩固

（一）深入推进供给侧结构性改革，努力巩固发展态势

一是着力强化政策和战略规划引领作用。国家邮政局推动出台《国务院办公厅关于推进电子商务与快递物流协同发展的意见》，在“放管服”改革、管理创新、解决突出矛盾、补齐短板弱项、前瞻性政策设计、推动绿色发展等方面取得一系列重大政策突破。联合多部门出台《城乡高效配送专项行动计划（2017－2020年）》。发布《快递业发展“十三五”规划》，起草雄安新区快递设施布局方案。进一步贯彻落实《国务院关于促进快递业发展的若干意见》，上海、山东、湖南、宁夏等省（区、市）政府先后出台实施意见，省级政策覆盖率达到96.8%。四川眉山、河北廊坊、山东聊城、广东中山等45个市政府先后出台促进快递业发展的专门政策。

二是有力推动产业协同发展。快递服务现代农业成效显著。全国打造905个“一地一品”项目，江苏宿迁、安徽宿州、广西玉林、陕西宝鸡等9个城市获评“全国快递服务现代农业示范基地”。快递服务制造业继续发力。301个重点示范项目累计产生快件3.51亿件，直接支撑制造业产值2375亿元。跨境引导工程扎实推进。广州、宁波、深圳、重庆等13个跨境电子商务综试区城市持续推动完善快件通关管理，累计完成进口快件1.03亿件，出口快件2.97亿件。

三是有效推进快件“上机上车”。快递航空运能快速提升。湖北国际物流核心枢纽项目进展顺利，行业运营全货机达100架，比上年末增加14架，邮政EMS、顺丰和圆通3家货运航空公司快件占到国内航空货运量的40%以上。南京、无锡、福州、泉州、厦门和成都等城市积极推进航空快件“绿色通道”建设。快递上车工作取得新突破。高铁运邮快件、高铁示范线建设、铁路场站设施综合利用、中欧（俄）班列合作等方面进展顺利，15条高铁图定车63条、高铁动检车用于运输快件。

2017年全国主要快递企业航空运输情况❶

邮政EMS	自有全货机33架，自主航空网规模不断扩大，运能接近1千吨/天
顺丰	自有全货机41架，租赁全货机16架，在国内首家拥有波音747全货机。国内外航空线路1776条，航班总数124.4万次，覆盖中国大陆、香港、台湾以及海外等34个国家和地区。航空发货量约111万吨，占全国航空货运总量22.98%，航空运输快递件量占顺丰业务总量约25%
圆通	自有全货机增至10架，投入运营8架，开通国际航线2000余条。首架B757全货机入列，进入商载30吨级时代航线网络覆盖全国大部分地区
申通	重点航空运输线路实行包板、包仓，航空部46个。航空运输业务量12.5万吨，占总业务量的2.22%
韵达	与30余家航空货运代理公司开展合作，合作航线470余条。航空运输发货量平均约12万票/天，发货重量平均约85吨/天
德邦	与航空公司战略合作，全网航空线路1700多条

四是继续深化行业科技应用。智慧快递推动行业升级，数据成为网络建构、路由规划、末端优化、精准投递的重要支撑。京东、顺丰无人机进展顺利。无人货车进行路试。智能分拣大规模应用，“小黄人”成为社会新热点。“物流信息互通共享技术及应用”国家工程实验室正式获批成立，安徽南陵被授予“全国快递科技创新实验基地”称号。

❶本表与本章其余部分表格均摘自《2017年快递市场监管报告》。

2017 年主要快递企业科技创新应用案例

类别	案例
无人机	邮政 EMS 无人机载重约 7 公斤，可通过手机 APP 遥控，投递速度提高近一倍，成本节约一半以上。已在广东、内蒙古投入使用
	顺丰与赣州市南康区联合申报的物流无人机示范运行区空域申请获得批复，在成都双流自贸区建立物流无人机总部基地，是国内首个无人机支线物流运输项目。2017 年 10 月，顺丰成为国内首家无人机运营试点企业，参与制定《物流无人机行业标准》。顺丰无人机载重 5～25 公斤，最大载重飞行距离 15～100 公里。自研垂直起降固定翼无人机载重超过 200 公斤，运输距离超 1000 公里
	韵达与多家供应商合作开发“小型垂直起降固定翼无人机”，进入测试阶段
无人车	6 月，京东无人车在中国人民大学完成首单配送，可放置 5 件快件，承重 100 公斤，充电一次能走 20 公里，每小时配送 18 件快件。9 月，京东联合上汽大通推出无人轻型货车，为国内物流领域首次推出此类产品，已在交管部门指定路段内路试
无人仓	京东在上海市嘉定区构建全球首个全流程无人仓，可同时存储商品 6 万箱
	韵达无人仓拥有数十台 AGV 起货调度车及两条无人包装线，可实现全自动化。总部快运智慧仓在建，引进无人叉车技术
自动化分拣仓库	苏宁在上海奉贤的自动化分拣仓库，采用国际最先进的高密度自动存储软硬件系统，可胜任小件、中件、整托盘、整箱等不同形式商品的高密度存储。最少只需被触摸两次，避免反复搬运带来的损伤
智能化分拣系统	中通广州花都转运中心的双层自动分拣系统，最大处理量达 7.2 万件/小时
	圆通双层自动分拣系统可处理包裹 4 万件/小时，日均处理量达 150 万件
	韵达自动化分拣流水线仅需扫码一次，分拣效率约 2 万件/小时，差错率低于万分之一，节省 40% 人力
智能分拣机器人	邮政 EMS 在上海、武汉等地使用 AGV 分拣机器人，日处理量超过 60 万件，形成业内最大机器人分拣规模
	申通“小黄人”24 小时不间断分拣，可分拣 1.8 万件/小时，减少 70% 人工，每单快件平均时效至少缩短 3 小时
电子面单	主要快递企业均使用电子面单，只需在手机上操作，再由快递员使用便携式打印机打印出电子面单。快递电子面单使用率达 80%
其他创新应用	顺丰投放智能接驳柜，实现新型末端中转接驳模式
	中通自主研发自动伸缩机，长达 16 米，可直接伸到身长 13.5 米的大货车车厢内装卸快件

（二）持续强化安全基础，保障寄递渠道安全

一是完善安全监管体制机制。落实中央决策部署，国家邮政局出台《关于推进邮政业安全生产领域改革发展的指导意见》，推进邮政业安全生产领域改革发展。印发《邮件快件寄递协议服务安全管理办法（试行）》，制修订《禁止寄递物品管理规定》，发布《邮件快件实名收寄信息技术接口规范指导书（试行）》等 4 项技术指导规范。寄递渠道安全监管“绿盾”工程项目可研、初步设计概算投资和项目初步设计方案获国家发改委批复。天津、黑龙江、江苏、浙江、安徽、山东、湖北、贵州等 13 个省（市）、23 个地（市）已成立邮政业安全中心，安全监管支撑体系建设有力推进。

二是坚决抓好重点问题整治。采取超常规措施，集中力量对重点问题、重点区域、重点环节进行集中整治，开展寄递渠道安全综合整治、安全生产大检查、违法寄递危险化学品整治、易制爆危险化学品和寄递安全专项整治、涉恐隐患排查治理、毒品堵源截流等系列专项行动。分片包干、对口督导，组织开展全覆盖检查。部署开展寄递渠道涉枪涉爆隐患集中整治专项行动。

三是狠抓寄递安全“三项制度”落实。督促企业严格落实收寄验视制度，重点加强危险化学品、枪支弹药、易燃易爆等违禁物品的验视把关。推广应用实名收寄信息系统。全国实名收寄日均业务量 9121 万件，实名率达到 83%。全国已配备到

位12247台安检机，投入费用14亿元。组建成立国家邮政局邮政业安全中心安检培训基地。首次对8家企业总部开展专项检查，重点督促落实全网安全管理责任。有序推进寄递渠道反恐、禁毒、打击侵权假冒、知识产权保护和濒危野生动物保护，北京、广东、云南、西藏、新疆等省（区、市）局开展了卓有成效的工作。

四是全力抓好重大活动安全保障和应急处置。以最高标准、超常措施，确保了党的十九大期间寄递渠道万无一失，绝对安全。圆满完成“一带一路”国际合作高峰论坛、金砖国家领导人会晤、第十三届全国运动会、中国共产党与世界政党高层对话会等重大活动寄递安保工作。妥善处理突发事件，积极应对强降雨灾害、四川省阿坝州九寨沟县7.0级地震、台风“天鸽”等自然灾害事件。高效化解丰巢菜鸟、天天京东纷争，稳妥处置福建莆田部分快递企业伪造寄递服务信息协助售假案件。妥善处置国通快递干线运输承包商扣押快件、贵州全峰快递聚众讨薪等突发事件。

（三）坚持以人民为中心，全力以赴推进更加贴近民生实事贯彻落实

一是深入推进“快递下乡”工程。全国乡镇快递网点覆盖率进一步提高，达到87.25%。25个省（区、市）覆盖率超90%。其中，辽宁、吉林、黑龙江、浙江、安徽、山东、河南、湖北、湖南等18个省覆盖率达100%。各地区政策面持续发力。江西局推动省政府出台15条措施推进“快递下乡”，浙江局、安徽局联合省农委推进快递服务“三农”，重庆局为“快递下乡”工程争取地方补助资金905万元。

2017年部分省份推进“快递下乡”工程情况

天津	天津局落实市政府办公厅出台的《关于全力推进天津市农村电子商务发展的实施方案》，联合市农委、市供销合作总社、涉农区政府共同举办“推动农产品电商与快递业协同发展”主题活动，引导乡镇快递网点针对农产品网络销售提供专业化服务
吉林	吉林局推进快递企业与公交公司合作、与专业第三方合作，在延边、舒兰建立两个仓储、分拣中心，在全省12个县、187个乡镇、564个村组建立快递配送网络。推进快递企业间合作，建立乡镇“快递超市”
江苏	徐州局在全区推广沛县模式，引导邮政快递企业开展共同配送，积极探索快递进村新途径。常州局联合溧阳团市委启动“邮政快递精准扶贫溧阳农村电商”项目，不断提升邮政快递服务“三农”能力
江西	江西局纵深推进“快递下乡”，通过“快递＋电商＋青年创业者”模式利用电商平台带动农民在家门口创业就业
山东	济宁局推进市政府印发《关于推动农村快递电商公共服务中心暨精准扶贫助力站建设的实施意见》，将“快递＋电商”服务网络体系建设工作列为市政府重点工作项目，在全市建设助力站100处。积极探索“公共服务中心＋特色农产品＋贫困户”“公共服务中心＋就业岗位＋贫困户”等扶贫新模式，打造电商快递扶贫平台
广西	钦州局引导经营超过4个以上品牌的乡镇快递网点成立“快递超市”，标准化布设营业场地，规范收投服务，全市建成“快递超市”13个。柳州局鼓励快递企业在乡镇整合资源，抱团发展，设立电商快递综合服务部。玉林局引导快递企业和乡镇网点以“一个合法备案的分支机构网点经营多个快递品牌”，鼓励和支持有能力的企业加快乡镇网点布局

二是有效推进“快递入区”工程。快递末端服务多元格局初步形成，全国已建成快递末端公共服务站3.15万个，投入运营智能快件箱超20.6万组，智能快件箱投递服务占比提升到7%。全国高校快递服务规范化建设成效明显，规范化率达95.6%，2697所高校实现快递入校服务。吉林、江西、河南、重庆、贵州、青海、新疆等22个省（区、市）覆盖率达100%。城市网点标准化建设工作推进效果显著。全国主要品牌企业城区自营网点标准化率达80.43%，宁夏回族自治区率先达100%，辽宁、福建、河南、广东、四川、云南等6省超过85%。

2017年部分省份推动“快递入区”工程情况

天津	天津局大力推进《智能邮件快件箱》地方标准落实，借助2017年天津市中心城区旧楼区及远年住房综合提升改造契机，在河北区、南开区部分社区安装66组、超3.16万个格口的智能邮件快件箱，推进寄递智能终端设备推广应用
河北	邯郸局采取与市综治办联合委托第三方建设“快递驿站”方式，创新快递末端共同配送模式。邢台局依托“大大管家”项目，建立22个社区服务站和首个“快递超市”。衡水局指导圆通、中通依托现有网络资源，注册成立“小鸡快跑”同城配送服务平台，进一步优化快递末端投递路径、构建新型便捷化服务模式
山西	大同局借助电子商务与物流快递协同发展试点城市建设契机，共计补贴快递服务驿站、快递末端综合服务站372万元。晋城局积极争取政府的支持，推动将包含邮件、快件自取功能的“长河智能便民寄存柜项目”纳入政府为民办实事工程
浙江	浙江局联合省民政厅、省住房和城乡建设厅下发《关于快递服务进社区的指导意见》，推进快递进社区工作。加强社区快递配送点建设，支持快递企业与社区服务组织合作，将智能投递终端列入省政府十方面民生实事
安徽	安徽局联合省住房城乡建设厅、民政厅出台了《关于推进快递服务进社区的意见》，将快递服务进社区作为和谐社区建设的重要内容。蚌埠局将快递投递点建设纳入电商与物流快递协同发展城市试点范围。芜湖市政府将“10分钟快递便民圈”列为重点工作和国家物流标准化试点项目。淮南局从2017年市财政支持快递业发展专项资金中切块使用作为综合服务站建设补助资金，助推“快递入区”工程。合肥、蚌埠、六安、滁州和宣城等市局出台智能快件箱运营管理或备案办法，规范智能快件箱运营行为
福建	福建局大力推广福州电商与物流快递协同发展试点中“人工＋智能”的快递末端服务模式。三明局制定《关于开展三明市城区居民小区物业代投快件试点工作的通知》，在部分小区试点建设社区综合投递平台
山东	山东局联合省商务厅出台《关于做好2017年智能快件箱进楼宇工程有关工作的通知》，2017年新增威海、东营、滨州等7个市为智能快件箱进楼宇工程工作推进市，省级财政累计落实2600万元财政资金予以扶持。青岛局启动“城市智慧物流（快递）末端公共配送服务平台”项目建设，并纳入国家电子商务重大工程项目扶持范围

三是全面实施“三不”治理力促放心消费。国家邮政局印发《关于开展“不着地、不抛件、不摆地摊”治理工作的指导意见》，全面开展“三不”治理工作，取得良好成效，有效解决群众反映强烈的服务问题，切实保障消费者合法权益。全国处理、营业场所离地设施铺设率达76.42%，天津、山西、吉林、甘肃4省（市）率先达到100%，河北、内蒙古、上海、江苏、陕西、广东等16省（区、市）超过80%。分拨中心与邮政管理部门视频监控系统联网率达49.68%，天津、海南和甘肃3省（市）率先实现100%。

2017年部分省份“三不”治理工作情况

河北	衡水、邢台、承德三地市局结合全市“三化”建设、“三落实”活动、“平安寄递”和“放心消费”工作部署，细化工作目标，加强督导检查，采取“宣标贯标＋自查整改＋专项督导”等举措，依法严格查处邮件快件抛扔、着地、露天分拣和在社区、校区、商区“摆地摊”等问题，效果明显
福建	泉州局充分利用快递总部集聚泉州的优势，以总部为龙头，采取集体约谈的方式，要求17家总部督促下属企业对自身服务质量进行全面无死角排查。莆田局结合平安寄递业创建活动，督促企业建立执行员工培训、新员工入职培训的制度，确保把“三不”专项治理要求应知应会、应禁应做的内容落到实处
江西	江西局印发《江西省邮件快件“不着地、不抛件、不摆地摊”专项整治实施方案》，成立专线治理工作领导小组，建立健全考核管理机制，强化年度考核，针对分拣处理场所乱堆乱放、“抛、扔”等野蛮分拣、末端网点“摆地摊”等服务问题进行重点整治
湖北	湖北局将分拨中心全部纳入监管台账，督促企业在快件处理场所、临时存放地等放置托盘等设备，确保快件与地面隔绝。针对露天分拣、摆地摊加大查处力度。推动快递企业处理场所视频监控与邮政管理部门实时联通，实施视频监控随机抽查
湖南	怀化市邮政行业安全生产远程监控平台在全省率先建成运行，湘潭局将城区主要分拨中心及部分企业网点纳入网络监控系统，多个市州动工建设远程监控系统

续上表

四川	各市(州)局通过召开会议、与快递企业签订责任书、承诺书等形式,要求快递企业对快件处理场所进行升级改造,鼓励企业加大设备投入,推广使用笼车、中转箱、托盘等作业工具,改善分拨处理条件,确保快件在分拣处理过程中“不抛件”
甘肃	甘肃局结合本地实际提出“四个进一步”,即进一步找准“三不”治理存在的问题;进一步明确“三不”治理工作措施;进一步明确“三不”治理时间进度;进一步明确“三不”治理工作要求,即包干负责、公开承诺、示范引领、创新思路、督导检查、社会监督和协会倡导。被确定为西部地区“三不”治理工作试点省份

四是厚植绿色发展理念。推动10部门联合印发《关于协同推进快递业绿色包装工作的指导意见》,确立“绿色化、减量化、可循环”发展方向,推进源头治理,增加绿色供给,引导企业积极承担社会责任。建立快递业绿色发展产学研协同创新示范基地,研究推广科技环保包装材料。组织北京、上海、浙江等8个省(市)局和顺丰、申通、圆通、京东和优速5家快递企业开展包装绿色化、减量化试点工作,试点成效显著,气体包装、减量化材料广泛应用,可循环包装使用比例大幅提高,回收体系初步建立,油墨用量减少70%左右,绿色采购成为企业共识。快递绿色包装联盟成立。新能源车辆加快推广使用,行业保有量上升至7158台。电子运单应用率进一步提升,重点快递企业使用率已超80%。

2017年快递绿色包装应用试点情况

北京	6家快递企业与北京市环卫集团合作,推动快递包装物源头减量。京东、微特派等一批同城快递企业使用可复用包装材料用于实际生产。在北京邮电大学、北京印刷学院启动“绿色快递进高校”活动,在北京化工大学设立快递包装物回收试点。大力推进新能源汽车应用,督导邮政快递企业完成新能源电动车更新指标
上海	采用免胶带包装设计,替代传统“包装箱+胶带”包装方式,减少胶带使用量。通过推行气体标准化缓冲包装,逐步替换EPE与EPS缓冲包材,预计全年可减少22万千克的碳排放量。将满版印刷改为无底纹印刷,减少油墨用量约70%。处理中心采用自动化分拣设备,在节能减排上起到明显的效果。上海的电子面单使用率达到97%~98%。集包袋、编织袋、信封、包装箱、内部缓冲物均重复循环使用
浙江	贯彻落实车俊书记、高兴夫副省长重要批示精神,积极试点快递绿色发展。圆通加强印刷减量化试点,通过改进油墨原料、改进平面设计、减少印刷幅面、减少油墨使用量等措施大力推进。将中转环节使用包装袋由一次性塑胶材质改为PU材质,改良之后包装袋可重复使用80次。包装袋由一、二维码扫描改为RFID芯片植入模式,可实现快速扫描。优速提高可降解或可生物溶解包装物料采购比例,大力推行电子面单。申通积极推广可循环利用环保芯片编织袋,使用率提升到80%
湖北	出台《湖北省快递业绿色包装应用试点工作方案》。通过特定包装缓冲物设计,避免大量塑料缓冲物使用。开展1元回收旧纸箱活动,提高可重复使用编织袋应用比例。推广“共享快递盒”绿色共享行动,投放共享快递盒5万余个,循环使用共计超过82.5万次。引导快递企业推广使用电子面单,各家品牌企业使用比例超过90%。强化培训及交流学习,邀请专家对《邮政业封装胶带》等两项标准详细解读,推动邮政业科技标准化工作
广东	积极开展“6·5”世界环境日公益宣传活动,向社会发出绿色包装倡议。促进无纸化寄递广泛推广,主要网络型快递企业电子面单推广程度超过90%。实现包装耗材减量化,包装胶带厚度从0.07mm改为0.06mm,宽度由53mm减少至45mm。建立废旧包装回收设施,实现包装物的回收再利用。采用可循环塑料中转箱替代塑料编织袋,推出全降解包装袋
海南	在分拨中心推广使用环保袋,实现重复利用和快件实时跟踪。海南省政府印发的《2017年海南省新能源汽车推广应用重点工作任务》,将邮政业运输车辆纳入绿色布局,通过组织召开新能源汽车应用座谈会,引导推动119辆新能源汽车用于城市配送

五是努力改善快递员工作环境。《国家邮政局关于加强和改进快递末端服务管理工作的指导意见》出台,推动企业总部在规范加盟关系、加强“四专建设”、改革“以罚代管”、保障职工权益等方面采取更多实质性举措。“快递员关爱周”活动得到快递企业积极响应。北京“三统一”管理经验进一步推广,全国已有3个省(市)、52个地级市出台快递配送车辆便利通行管理政策,保障快递

末端配送畅通。大力推进温情监管,开展"快递员关爱周"活动并得到积极响应,切实加强基层员工权益保障,采取信息化手段改善工作环境,减轻一线员工劳动强度,提升快递(投递)员工作尊严。

(四)不断创新监管方法,邮政管理部门监管能力进一步提升

一是依法履行行政审批职责。"互联网+政务"服务有效推进,实现快递业务经营许可全流程网上审批。2017年快递业务经营许可办理平均时限为13.1个工作日,按时办结率达到98.81%。加强市场主体退出管理。完成对北京中通大盈、北京日益通、上海麦力等异常经营主体的许可注销工作。

二是深化邮政市场放管服改革。完成《快递业务经营许可管理办法》修改草案。推动快递领域工商登记"一照多址"改革。加强快递末端网点管理研究。推进快递企业年度报告公示制度改革。探索在天津自贸区范围内,实施国际快递业务(代理)经营许可审批权下放。加强上市快递企业股权等新领域新问题的政策研究工作。

三是创新事中事后监管机制。加快构建以信用为核心的新型市场监管机制,总结信用体系建设试点经验,印发《快递业信用管理暂行办法》。开展快递码号统一管理试点工作。继续开展快递服务满意度调查和时限准时率测试,2017年全国快递服务满意度得分为75.7分,重点城市间72小时准时率为76.76%,服务质量保持基本稳定。消费者申诉处理满意率达98.2%,为消费者挽回经济损失5719.3万元。

四是提升市场监管规范化水平。全年查处违法违规行为2.34万次,办理邮政市场行政处罚案件1.13万件,全面公开各类邮政市场行政执法信息1.8万条。积极贯彻落实《邮政管理部门随机抽查工作细则(试行)》,大力推行"双随机一公开"。依法为企业出具重大违法行为证明书面意见。加强国家机关公文寄递管理。继续开展邮政用品用具质量检测。

四、快递服务评价体系继续完善

2017年,以服务满意度、时限准时率等为主要指标的快递服务质量评价体系持续完善。为持续改进服务质量,促进快递业健康有序发展,国家邮政局委托专业第三方于2017年对快递服务满意度进行了调查。测试结果显示,消费者对快递服务质量的满意度总体保持平稳,公众满意度保持上升势头,快递时效水平4年来首次下降。消费者申诉处理满意率达到98.2%。

(一)快递服务满意度总体保持平稳

2017年快递服务满意度调查范围覆盖50个城市,包括全部省会城市、直辖市以及19个快递业务量较大的重点城市,具体为:北京、天津、上海、重庆、杭州、太原、南昌、郑州、兰州、昆明、济南、南京、石家庄、福州、乌鲁木齐、西宁、长春、海口、合肥、拉萨、银川、长沙、贵阳、哈尔滨、成都、呼和浩特、武汉、南宁、广州、西安、沈阳、深圳、东莞、中山、揭阳、金华、温州、宁波、苏州、无锡、厦门、泉州、青岛、大连、洛阳、芜湖、株洲、遵义、宝鸡和桂林。测试对象为2016年国内快递业务总量排名靠前且服务水平较好的10家全网型快递服务品牌,包括:邮政EMS、顺丰速运、圆通速递、中通快递、申通快递、韵达速递、百世快递、天天快递、宅急送快运和快捷快递。调查由2017年使用过快递服务的用户对受理、揽收、投递和售后4个快递服务环节及16项基本指标进行满意度评价,通过计算机辅助电话访问和在线调查等方式,共获得有效样本85501个。

调查显示,用户对于快递业的服务总体满意度略有下降,公众满意度保持上升势头。2017年快递服务总体满意度得分为75.7分,较2016年下降0.1分;其中,公众满意度得分为80.8分,上升0.3分,快递服务的公众评价向好;时测满意度得分为70.7分,下降0.4分,快递时效水平4年来首次下降。快递企业总体满意度排名和得分依次为:顺丰速运(83.4分)、邮政EMS(79.9分)、中

通快递(76.8分)、韵达快递(76.5分)、圆通速递(75.0分)、申通快递(74.1分)、百世快递(74.0分)、宅急送快运(71.9分)、天天快递(70.9分)和快捷快递(67.3分)。其中,韵达快递和百世快递总体满意度上升较为明显。

公众满意度方面,在涉及评价的4项二级指标中,受理环节满意度得分为84.6分,较2016年上升1.4分;揽收环节满意度得分为84.4分,较2016年上升1.2分;投递环节满意度得分为81.1分,较2016年下降0.1分;售后环节满意度得分为75.4分,与2016年持平。

在涉及评价的16项三级指标中,用户满意度较高的指标是:揽收员服务、普通电话受理、查询服务、揽收质量、上门时限、网络下单、送达质量、派件员服务。满意度有所上升的指标是:签收信息反馈、网络下单、快递费用、上门时限和普通电话受理。满意度有所降低的指标是投诉服务。

在受理环节,普通电话受理、统一客服受理、网络下单满意度得分分别为86.7分、82.8分、83.9分,与2016年相比均有改善。各快递企业在普通电话受理服务方面差异较小,服务均达到较高水平;各快递企业在统一客服受理方面差异较大;网络受理作为一种新型受理方式得到用户认可,但仍有进一步提升空间。在受理环节表现较好的企业有:顺丰速运、中通快递和韵达快递。

在揽收环节,上门时限和快递费用满意度得分分别为84.2分、82.4分,较2016年有所上升;揽收质量和揽收员服务满意度分别为85.8分、87.6分,较2016年略有上升;在揽收环节,各企业服务差异较小,大多数企业均有上升。

在投递环节,签收信息反馈满意度得分为79.6分,较2016年上升2.4分,进步明显;时限感知、送达质量、送达范围感知以及派件员服务满意度得分分别为78.2分、83.3分、79.0分、83.1分。投递环节表现较好的企业有:顺丰速运、中通快递和邮政EMS。

在售后环节,查询服务表现最好,满意度得分为86.5分,相较2016年上升0.4分;投诉服务满意度得分较低,为50.3分,较2016年下降1.1分。售后环节表现较好的企业有:顺丰速运、韵达快递和中通快递。

在不同区域中,我国中部地区服务表现最好,中、西部得分继续上升,表明“快递向西、向下”成效继续显现。大区方面,东北地区满意度得分较高,西北、华中地区上升明显。用户对城市寄往农村或偏远地区快递服务的满意度得分为74.7分,较2016年上升0.4分。2017年快递公众满意度得分居前15位的城市是:长春、洛阳、哈尔滨、石家庄、大连、郑州、沈阳、青岛、济南、太原、长沙、宝鸡、兰州、西宁和北京。

2017年度调查中,还对部分与快递服务紧密相关的事项进行了抽样调查。从下单方式来看,用户对网络化的新型下单方式给予肯定,其中网络平台使用的满意度得分为82.8分,较2016年上升1.9分;在手机客户端使用方面,用户的满意度为85.0分,较2016年上升2.6分。

对于快递价格问题,用户逐渐趋于理性。81%的用户可以接受快递涨价,其中55.4%的用户认为物价上涨快递价格理应上涨,48.4%的用户接受快递涨价是因为其能在一定程度上维持快递网点人员的稳定性,43.3%的用户因快递员生活状况需改善接受涨价。

调查还显示,快递企业在特殊时段的应对能力不断增强。2017年,用户春节月使用快递的公众满意度得分为77.3分,较2016年上升0.4分。其中,57.6%的用户认为春节期间可以放假,但要保证适当的运营比例。“双11”期间,五成以上的用户认为快递时效跟平时差不多或比平时快。

(二)快递服务时限准时率保持相对稳定

为促进快递业健康发展,不断满足人民日益增长的寄递需求,国家邮政局委托专业第三方对2017年全国重点地区快递服务时限准时率进行了测试。2017年快递服务时限准时率测试范围覆盖50个城市,包括全部省会城市、直辖市以及19个快递业务量较大的重点城市，具体为：北京、天津、上海、重庆、杭州、太原、南昌、郑州、兰州、昆明、济南、南京、石家庄、福州、乌鲁木齐、西宁、长春、海口、合肥、拉萨、银川、长沙、贵阳、哈尔滨、成都、呼和浩特、武汉、南宁、广州、西安、沈阳、深圳、东莞、中山、揭阳、金华、温州、宁波、苏州、无锡、厦门、泉州、青岛、大连、洛阳、芜湖、株洲、遵义、宝鸡和桂林。测试对象为2016年国内快递业务量排名靠前且服务水平较好的10家全网型快递服务品牌，包括：邮政EMS、顺丰速运、圆通速递、中通快递、申通快递、韵达快递、百世快递、天天快递、宅急送快运和快捷快递。测试方式为系统抽样测试和实际寄递测试，有效样本合计330万个。

在全程时限方面，2017年全程时限均值为56.02小时，较2016年增加0.61小时。2017年72小时准时率均值为78.67%，较2016年降低2.72个百分点。从各月表现来看，多数月份全程时限在60个小时以内，72小时准时率在80%上下平稳波动。受春节假期影响，1、2月份全程时限超62个小时，72小时准时率低于70%。

在分环节时限方面，寄出地处理环节平均时限为12.14小时，运输环节平均时限为31.09小时，寄达地处理环节平均时限为9.61小时，投递环节平均时限为3.18小时。四个环节中，寄达地处理时限、投递时限均有所改善，运输时限有一定延长，寄出地处理时限基本稳定。

在不同寄送距离时限方面，1000公里以下平均时限为44.67小时，较2016年缩短0.34小时；1000～2000公里平均时限为56.22小时，较2016年延长0.22小时；2000～3000公里平均时限为66.69小时，较2016年延长2.00小时；3000公里以上平均时限为76.40小时，较2016年延长4.52小时。1000公里以上快件全程时限均有所延长，尤其是3000公里以上快件全程时限延长明显。

在分区域时限方面，寄往东部地区的快件平均时限为56.60小时，较2016年缩短0.06小时；寄往中部地区的快件平均时限为58.68小时，寄往西部地区的快件平均时限为62.35小时，分别较2016年延长0.75小时和1.22小时。东部地区末端服务时限（该区域寄出快件收寄时限与寄达该区域快件投递时限的平均值）为3.27小时，较2016年缩短0.16小时，中部地区和西部地区末端服务时限为2.48小时和2.69小时，较2016年缩短1.40小时和0.06小时。东部地区处理时限（该区域寄出快件处理时限与寄达该区域快件处理时限的平均值）为10.33小时，较2016年缩短0.95小时，中部地区和西部地区处理时限为11.71小时和11.21小时，较2016年缩短0.83小时和1.58小时。中西部揽投两端服务时限、处理时限均改善明显，快递“向西向下”成效显著。

2017年10家快递服务品牌主要时限指标排名表现

排名＼时限	全程时限	寄出地处理时限	运输时限	寄达地处理时限	投递时限	72小时准时率
顺丰	1	1	2	1	1	1
EMS	2	2	1	2	8	2
韵达	3	6	3	5	5	3
中通	4	4	4	7	4	4
圆通	5	3	6	6	7	5
百世	6	8	5	8	3	6
申通	7	5	7	4	9	7
宅急送	8	9	9	3	2	9
天天	9	10	8	9	6	8
快捷	10	7	10	10	10	10

五、行业人才队伍建设稳步推进

一是开展快递从业人员职业保障研究。贯彻落实国务院领导同志重要批示精神，国家邮政局成立专项工作领导小组，制定印发工作方案，统筹协调局内、局外相关部门，稳步推进工作开展。会同人力资源和社会保障部开展实地调研，向国务院领导同志报送了专题报告。

二是加强行业人才工作组织领导。成立全国邮政行业人才工作领导小组。统筹推进现代邮政教育联盟建设，指导筹备“强邮论坛”暨现代邮政人才发展峰会。指导召开首次全国邮政职业教育教学指导委员会年度工作会议。

三是提升行业人才培养支撑能力。协调推进共建四所邮电大学现代邮政学院发展，四个共建学院在校生达700余人。举办第二届全国“互联网+”快递大学生创新创业大赛，开展第二批全国邮政行业人才培养基地遴选，指导深化以创新创业教育为导向的行业人才培养模式改革。

四是强化高校邮政类专业建设。邮政工程、邮政管理两个本科新专业获得教育部批准，实现零的突破，为行业高层次人才培养奠定了坚实基础。会同教育部遴选全国职业院校邮政和快递类示范专业点，16个省(区、市)的21所院校相关专业入选。推进中职院校专业目录新增快递专业。组织举办快递专业教学研讨会，推进制定高等职业院校邮政、快递专业教学标准。

五是做好技术技能人才培养。指导举办首届邮政行业职业技能竞赛，对前3名获奖选手按程序申报全国技术能手荣誉称号。组织举办快递专业技术人才知识更新工程高级研修班。立项研究快递工程技术人员职称评审。推进快递员、快件处理员职业标准制定。指导做好快递业务员职业技能鉴定收尾和职鉴工作转型。

六是做好行业优秀人才的推荐和专家服务工作。组织推荐候选人参加中国青年科技奖、全国创新争先奖、2017年国家级百千万人才工程、全国交通技术能手等评选。支持交通运输部专家委邮政组等专家工作，收集汇总行业各类专家队伍情况，推荐多式联运专家、政府采购邮政专家。

六、国际和港澳台交流合作开创新局面

一是落实“一带一路”建设重点任务。与波兰等6国签署关于响应“一带一路”倡议、加强邮政领域合作的文件。持续推进中欧班列运输邮件快件工作，“渝新欧”班列出口运邮进入常态化运行，积极推动万国邮联国际铁路运邮特设工作组工作，组织召开中欧班列运输国际快件座谈会。二是加大走出去和引进来力度。参与辽宁等7个自贸试验区总体方案制度设计，配合完善上海等4个自贸试验区配套政策，探索开展国际邮件交换、许可审批下放等政策创新，设立泉州、徐州国际邮件互换局，持续提升邮件快件跨境流通效率。三是拓展双多边交流合作。我国担任万国邮联改革特设组主席国，主导改革方案取得重大突破。成功推动我国候选人连任亚太邮联秘书长。积极参与双多边自贸协定谈判和中欧投资协定谈判，配合完成世贸组织年度贸易政策审议。组织参与第四届京交会，成功举办第二届中国(杭州)国际快递业发展大会。深化与日韩等国家的双边交流机制。四是巩固与港澳台邮政合作成果。认真贯彻新形势下中央对台工作部署，巩固落实《海峡两岸邮政协议》。召开第二届内地与港澳邮政高峰会，推动粤港澳大湾区邮政合作。

七、市场主体积极投身公益事业传递行业正能量

近年来，各快递企业在努力提升快递服务质量和水平的同时，积极履行企业社会责任，参与各种公益活动，尽己所能回报社会，传递爱心和行业正能量。

西藏邮政联合相关部门举办“幸福返乡路 邮政伴你行”公益活动。11 月 16 日，西藏邮政联合区党委宣传部、区总工会、妇联、扶贫办和青藏铁路公司举办“幸福返乡路 邮政伴你行”公益活动。据了解，此次公益活动主要针对全区所有来自外省(区、市)务工的邮政客户群，西藏邮政筹集资金 60 万余元，计划免费提供拉萨至成都、拉萨至重庆火车票各 882 张，共 1764 个硬座座席，并向获得赠票资格的 1764 名外来务工人员赠送温情礼包，丰富务工人员返乡旅途生活。活动共分三个阶段：2017 年，11 月 1 日至 12 月 10 日为活动预报名阶段；11 月 20 日至 12 月 10 日为预报名人员换领票阶段；12 月 20 日至 12 月 25 日为免费送外来务工人员回家阶段。12 月 20 日上午，西藏邮政还将在拉萨火车站召开“幸福返乡路邮政伴你行”送站仪式，为部分外来务工人员代表现场赠票。同时，考虑到务工人员携带行李较多，西藏邮政邀请青藏铁路公司拉萨站为他们提供“务工人员专用安检通道”“务工人员候车专区”等，方便他们有序进站。

辽宁邮政“爱心医疗”关爱留守儿童。2017 年 8 月，中央电视台《晚间新闻》栏目报道了辽宁邮政通过“爱心医疗”服务关心关爱留守儿童的做法。留守儿童长期离开父母，一般都由老人照顾，老年人很容易忽视一些早期病症，使孩子错过最佳治疗期。辽宁邮政通过“爱心医疗”服务与铁岭何氏眼科医院和春天医院开展合作，在暑期为铁岭的留守儿童进行了免费问诊。辽宁邮政“爱心医疗”项目从铁岭试点起步，2017 年 4 月开始向全省推广。他们利用局所网点平台资源优势，与百姓认可、资质良好的医疗机构合作，通过互联网技术，打造远程医疗信息平台，为百姓提供远程诊询服务和现场义诊服务，实现了百姓“看病不出村”的梦想。目前，辽宁省内共设立了 527 处“爱心医疗”服务点，已有 17988 人次体验了邮政企业远程医疗服务，“爱心医疗”得到了用户和社会广泛好评。

顺丰公益“一人一书桌 10000 套计划”收官。2016 年顺丰公益基金会发起为贫困乡村孩子置换 10000 套课桌椅计划，前后分三批在广东、甘肃、江西、贵州、安徽、西藏、吉林、河北、河南、云南、湖南等 11 省 70 校发放全新课桌椅 10500 套。截至 2017 年 11 月，该计划内 10500 套全新课桌椅已全部完成发放签收。

沈阳顺丰为壹基金温暖包提供爱心支持。2017 年 12 月 16 日，壹基金辽宁温暖包暖冬行动在沈阳启动。活动主要内容是在寒冷的冬天，免费为辽宁省内贫困儿童寄递棉衣、棉裤、棉鞋以及玩具。顺丰沈阳区作为此次活动的爱心支持企业，无偿为本次活动提供承运服务。沈阳区今年已多次参与辽宁公益活动，共为朝阳、葫芦岛、鞍山、营口、本溪五所城市的贫困家庭送去，公益物资累计重量达 4539 公斤。

EMS、中通、圆通、申通、优速、天天、宅急送举办“小手拉大手 · 绿色绕地球”公益活动。6 月，由中国邮政快递报社发起，EMS、中通、圆通、申通、优速、天天、宅急送共同举办了“小手拉大手 · 绿色绕地球”快递实践活动。活动中，各快递企业邀请中小学生走进企业，为小学生赠送了图书，现场上了一堂生动有趣的“绿色快递”之课，形象地展示了快递企业在绿色环保、科技运用等方面的创新举措，将“绿色知识”的理念传达给学生，增强了环保意识和绿色理念。

扶危济困帮弱助贫——申通快递专项基金成立仪式举行。4 月 12 日，申通快递专项基金成立仪式在上海举行。仪式现场，申通快递有限公司与上海市慈善基金会青浦区分会举行了签约仪式，申通公司向区慈善分会捐款 100 万元，成立申通快递专项基金，用于开展安老、扶幼、助学、济困及其他各项慈善公益活动。申通快递表示，作为一家成立 20 多年的企业，申通快递一直将履行社会责任作为企业核心战略之一，把“做一家受人尊重的企业，做一家有社会责任感的企业”当作自己的崇高使命。2017 年，正值申通快递上市后的开局之年，为了能加快公益步伐，规范化、精准化企业捐赠行为，让每一份爱心切实落实到真正需要的群体身上，申通快递决定与上海市慈善基金会青浦区分会携手，成立申通快递专项基金。申通快递专项基金成立后，将继续深化与青浦区、重固镇的合作，持续开展系列公益慈善活动，发挥公司30万名员工和2亿多客户的传播优势，积极宣传慈善，搭建爱心人士奉献爱心的公益平台，帮助真正需要帮助的人，为社会慈善事业发展做出新的更大的贡献。

中通快递毕节公司开展"六一"爱心公益活动。5月27日，在"六一"儿童节来临之际，为了让偏远山区的孩子们能够度过一个快乐的"六一"，中通快递毕节公司公益小团队到鸭池河茶店小学开展了"六一"爱心公益活动。此次爱心活动，共为学生捐赠了2万余元的物资，包括80余套校服，各种学习用品、儿童玩具及运动器材等。给这里的孩子们送来了一份不一样的"六一"儿童节礼物，让孩子们在社会的关心、关爱下健康成长，好好学习。活动中，公益小团队还和学生们一起玩起了老鹰捉小鸡、投球等游戏。学校为他们送上一面"滋润一方土地，爱心传播接力"的锦旗以示感谢。

京东携手联合国开发计划署启动"蔚蓝地球可持续周"。10月12日至17日，由京东公益联合联合国开发计划署（UNDP）、中国纺织工业联合会、中国社会福利基金会，以及众多知名品牌共同举办的"蔚蓝地球可持续周"活动将在全国展开。活动期间，各方将通过闲置衣物回收、举办2017可持续时尚周，开展众多线上绿色可持续活动、发布绿色消费报告等形式，鼓励消费者将可持续消费理念融入日常生活中，选择更健康、更美好的绿色生活方式，推动联合国2030年可持续发展目标的实现。"蔚蓝地球可持续周"的一项重要活动，就是闲置衣物回收。据中国资源综合利用协会的数据显示，中国每年大约有2600万吨旧衣服被扔进垃圾桶，与庞大的存量相比，废旧衣物的再利用率却不到1%。这不仅造成了资源浪费，更为环境带来巨大的压力。京东时尚、京东超市、京东物流、京东公益联合中国纺织工业联合会、中国社会福利基金会将再次开启旧衣回收活动。消费者在北京、上海、广州、深圳、成都、西安、武汉、沈阳8个城市，可以通过京东"物爱相连"平台，一键呼唤京东快递小哥，免费上门收取闲置衣物。回收的全部衣物将捐赠给公益组织，通过捐赠、再生等途径，减少服装丢弃造成的环境污染，帮扶弱势群体。借助于该平台，数十万公益人士已累计捐赠闲置物资近100万件。除了旧衣回收，10月11日至13日，京东公益联合中国纺织工业联合会、东方国际集团有限公司还将在上海开启"2017可持续时尚周"。

韵达参与"全民消防　我代言"119大型公益活动。2017年11月，公安部消防局联合中国快递企业，在全国范围内发起为期一个月的"全民消防我代言"快递小哥消防宣传公益使者行动。利用快递行业的服务网络传播优势，扩大消防安全公益活动影响，向广大顾客和公众传播关注消防、共享平安的理念。由快递小哥加入，展开一个月的消防公益宣传活动，提升快递企业与员工的社会责任感。韵达速递参与了这场"全民消防　我代言"119大型公益活动。11月伊始，为积极响应公安部消防局号召，韵达速递在全网开展了消防安全动员。韵达速递印刷了代言人消防海报发往全国各分拨中心、加盟网点和代收代寄点，并在分拨中心、网点门店和车辆车身张贴；制作带有"消防公益"主题字样的消防马甲发放给一线快递小哥。同时，在电子面单上印制"用火用电温馨安全小提示"，让快递小哥为客户送去快件的同时，也送上了一份提醒，让"消防安全"理念深入人心。

五年来快递业发展总体回顾及经验总结

(一)党的十八大以来的五年,是快递业发展取得历史性成就的五年

一是发展规模迈上新台阶。快递业务量和业务收入连续5年保持高速增长,2017年比2012年分别增长6倍和3.7倍。自2014年开始,我国快递业务量稳居世界第一。2017年,对全球的贡献率更是达到50%。李克强总理多次点赞,快递业“黑马”变“骏马”,成为推动流通方式转型、促进消费升级的现代化先导性产业,为国民经济发展不断贡献积极力量。

二是基础能力达到新水平。快递网点已覆盖全部县级以上城市和大部分乡镇,230多个快递物流园区遍布全国。快递企业在日韩和东南亚等重点地区初步形成服务网络,在北美、欧洲和大洋洲等地区加快布局,国际化步伐加速迈进。快递业拥有干线车辆超过20万辆,已有3家货运航空公司,包裹占到国内航空货运运输量的40%以上,高铁快递从梦想走进现实。

三是发展质效实现新变革。自动化分拣、智能化终端、大数据技术、电子运单广泛应用,快递公共服务站、连锁商业合作、第三方服务平台等创新不断涌现,创新驱动成为潮流。快递上市企业增加到7家,与此同时形成了7家年收入超过300亿元的快递企业集团,市场主体竞争力显著增强。快递服务满意度从71.7分上升到75.7分,质量明显提升。

四是社会贡献实现新跨越。快递年服务人次突破800亿,年人均快件使用量达29件。“快递下乡”工程顺利实施,农村地区年收投快件量超过100亿件,5.9亿农村人口的快递服务需求基本得到满足。快递业年支撑网络零售交易额超过5万亿元,平均单价累计降低三分之一,有效降低物流成本,成为新经济的代表产业。五年来,累计新增就业岗位超过100万。快递业在落实中央“稳增长、促改革、调结构、惠民生、防风险”决策部署方面发挥了积极作用。

(二)党的十八大以来的五年,更是邮政管理部门勇于担当、锐意进取、奋发有为的五年

一是发展环境全面优化。《国务院关于促进快递业发展的若干意见》《国务院办公厅关于推进电子商务与快递物流协同发展的意见》为邮政业改革发展举旗定向,各省、市两级政府促进快递业发展的专门意见陆续出台。《快递业发展“十三五”规划》明确了到2020年行业发展的重点任务。“快递下乡”“快递入区”分别被写入中央一号文件和《政府工作报告》,农村、城市快递服务焕然一新。快递与电子商务协同发展持续深化,快递服务先进制造业扎实推进,快递服务跨境电商蓬勃发展,“1+1”向“1+3”战略空间拓展基本实现。国家邮政局先后与北京、吉林、浙江、上海等省(市)政府签署战略合作协议,央地合作打开新局面。福建“闽七条”、北京“三统一”管理模式、广东省快递业发展专项资金通过地方创新为全国破解发展瓶颈提供了有益经验。“中国快递示范城市”、快递服务现代农业示范基地建设充分调动地方政府积极性,成效显著。行业自我展示的舞台进一步扩大,中国(杭州)国际快递业大会连续成功举办,中国快递行业(国际)发展大会连续亮相京交会,快递“双11”成为服务业新品牌,全年无休成为服务业新标杆。行业发展舆论环境进一步改善,《中国邮政快递报》创刊并实现两次改版,《快递》杂志影响力持续增强,系统网站群建设成效突出,中央媒体正向宣传作用充分发挥,新媒体矩阵不断扩大。

二是安全基础不断夯实。国家、省、市邮政业安全领导小组全面成立，国家邮政局市场监管司加挂安全监督管理司牌子，邮政业安全监管工作领导机制更加健全。牵头建立寄递渠道安全管理九部门联合机制，推动纳入社会治安综合治理(平安建设)考评体系，开创了齐抓共管、综合治理的工作格局。出台指导意见，全面部署推进邮政业安全生产改革发展工作。推动寄递安全管理写入反恐怖主义法，上升为国家意志。创立收寄验视、实名收寄、过机安检"三项制度"，禁寄限寄有章可循，实名收寄和过机安检取得历史性突破，寄递安全管理进入制度化、标准化、规范化、信息化的新阶段。国家局和部分地区安全中心相继成立，安全监管支撑保障能力不断强化。寄递安全保障成为重大活动、重要时期服务国家安全、公共安全、社会安全的重要组成部分，APEC会议、抗战胜利70周年纪念活动、G20杭州峰会、党的十九大等重大活动寄递安全保障任务圆满完成，得到中央领导同志批示肯定。建立健全行业应急预案体系，有力应对自然灾害，妥善处置行业纠纷，高效化解上下游纷争，成为行业发展的稳定器。着眼全局，谋划推进"绿盾"工程，全面增强安全科技支撑后劲。在快递业年均增速高达50%的背景下，有效保障了行业安全平稳运行，发挥了压舱石作用。

三是监管能力持续提升。市地邮政管理机构相继组建，国家、省、市三级邮政管理体系搭建完成，全国邮政管理工作掀开了崭新一页。邮政法修订实施，市场管理、经营许可、安全监管、集邮市场等多部规章修订出台，一系列规范性文件和标准落地实施，行业法规制度体系不断健全。深入贯彻落实"放管服"改革要求，践行简政放权，全面优化简化许可流程，全面开放国内包裹快递市场，取消集邮市场开办许可，有力释放市场活力。建成安全监管、行政执法、经营许可、集邮和用品用具、电商数据平台、企业生产视频管理及消费者申诉等信息系统，信息化应用水平全面提升，邮政市场监管"互联网+政务"迈出坚实步伐。邮政市场监管队伍从小到大，从弱到强，不断走向成熟。专业技能不断提升，作风建设成效显著，执行能力不断增强，成为促发展、保安全、强监管的骨干力量。完善以满意度调查、时限准时率、消费者申诉率为核心的服务质量评价体系，建立质量提升联席会议常态机制，有力引导行业改进服务质量。健全消费者申诉和市场监管衔接联动机制，有效发挥预警作用，及时干预市场异常状况。顺应现代治理趋势，扎实推进行业信用体系建设，积极发挥行业协会作用，努力构建企业自治、行业自律、社会监督、政府监管的社会共治新机制。积极稳妥开展规范清理专项行动，大幅提高主要品牌快递企业自有网络覆盖率，进一步压实企业主体责任，市场秩序明显改善。

*(三)回顾五年来的历程，做好行业改革发展工作，必须始终坚持党的领导这一根本。*全国各级邮政管理部门坚决维护以习近平同志为核心的党中央权威和集中统一领导，牢固树立"四个意识"，坚定"四个自信"，统筹推进"五位一体"总体布局，协调推进"四个全面"战略布局，坚持稳中求进工作总基调，坚持以新发展理念引领新常态，坚持以供给侧结构性改革为主线推动邮政市场监管工作改革发展。在国家邮政局党组的坚强领导下，以全面建成与小康社会相适应的现代邮政业为目标，全力建设"五个邮政"，因地制宜、坚定推动"三向""三上"，努力引导发展领域由"1+1"向"1+3"转变，自觉践行"打通上下游、拓展产业链、画大同心圆、构建生态圈"工作思路，爬坡过坎、滚石上山，以钉钉子的精神，一锤接着一锤干，一件接着一件办，推动行业发展面貌焕然一新。

*(四)回顾五年来的历程，做好行业改革发展工作，必须始终坚持以人民为中心的发展思想这一初心。*把人民对美好生活的向往，作为邮政市场监管工作的初心和落脚点。以人民满意，作为衡量一切工作的标准和奋进的目标。按照中央精准扶贫的要求，持续推进"快递下乡"，不断强化工业品下乡、农产品进城的双向通道作用。短短四

年,乡镇快递网点覆盖率已达到近90%。以苏州阳澄湖大闸蟹、烟台大樱桃、玉林百香果等为代表的一大批快递服务现代农业优秀项目脱颖而出。努力为广大消费者提供便捷优质的服务,坚决推进“快递入区”工程,快递末端公共服务站加快建设,智能快件箱广泛布局,末端服务网络短板不断补齐。持续加强安全监管,通过推动“三项制度”有效实施,为老百姓营造出安全稳定的寄递服务环境。持续强化服务监督,重点整治群众反映强烈的快件延误、丢失损毁现象,坚决实施快件“不着地、不抛件、不摆地摊”治理,快递服务质量不断提升,用户合法权益得到有效维护。着力推动各地完善快递车辆通行管理政策,督促总部落实职工权益,组织开展“最美快递员”评选和关爱快递员活动,基层工作环境不断改善。

(五)回顾五年来的历程,做好行业改革发展工作,必须始终坚持不断深化改革创新这一方向。行业高速发展的过程,就是邮政市场监管工作不断改革创新的过程。也正是坚定地改革创新,才有力推动了行业的大发展。坚持开放理念,始终注重发挥市场对资源配置的决定性作用,牢牢把握简政放权、放管结合、优化服务的根本方向,以创造公平、公正的发展环境为核心,坚持服务型政府的建设目标。坚持依法依规监管,持续完善执法程序、严格执法责任、加强执法监督、推进综合执法,监管效能大幅提升。坚持发挥社会共治作用,以我为主,聚力共赢,创新方法,破解难题,为克服资源少、力量弱的短板走出一条新路。坚持技术创新引领,主动适应行业上下游科技发展新趋势,学习运用大数据管理思维,通过互联网有力助推行业治理体系和治理能力全面提升。坚持强化监管队伍建设,凝聚思想,统一认识,形成了勇于拼搏、注重实干的工作作风,为全面落实邮政市场监管五年来的任务提供了不竭的精神动力。

2017年全国各省(区、市)快递服务企业业务量和业务收入情况

单　位	快递业务量累计（万件）	同比增长（%）	快递收入累计（万元）	同比增长（%）
全国	4005591.9	28.0	49571088.8	24.7
北京	227452.1	16.0	3038329.8	18.4
天津	50199.0	22.4	763314.9	20.2
河北	119389.3	32.1	1264880.7	34.2
山西	24359.1	30.5	299901.6	35.4
内蒙古	11035.3	30.3	239592.8	29.5
辽宁	51434.5	29.1	680585.6	22.2
吉林	17569.4	26.5	304484.0	21.2
黑龙江	23185.6	6.5	358414.8	8.1
上海	311503.7	19.7	8688851.6	22.5
江苏	359627.8	26.7	4081730.6	20.3
浙江	793231.1	32.5	6682204.0	23.5
安徽	86332.3	25.3	895715.9	26.9
福建	166110.7	28.8	1619683.4	20.1
江西	43754.5	14.2	491976.7	19.1
山东	151474.6	25.7	1705165.2	22.7
河南	107377.6	28.0	1159337.9	22.9
湖北	101277.9	30.9	1190450.7	36.6
湖南	59181.6	21.8	641882.9	24.4

续上表

单　　位	快递业务量累计（万件）	同比增长（%）	快递收入累计（万元）	同比增长（%）
广东	1013468.0	32.1	11466893.4	30.3
广西	31750.3	39.0	448672.2	32.4
海南	5915.8	21.5	126970.8	26.5
重庆	32874.9	15.8	447311.3	14.8
四川	110795.9	38.2	1274785.5	32.3
贵州	15781.9	40.2	311536.8	43.0
云南	22775.8	30.6	360114.9	24.4
西藏	567.5	-22.7	20487.7	-1.1
陕西	45750.6	24.0	563581.1	23.5
甘肃	7201.7	18.7	148095.9	18.4
青海	1449.7	34.4	38832.9	29.3
宁夏	3721.5	14.8	67784.4	15.7
新疆	9042.3	4.4	189518.9	9.3

2017 年全国部分省、市(州)邮政立法情况

省(市)、市(州)	日　　期	事　　件
福建	2017 年 5 月 4 日	福建省人民政府发布《福建省人民政府关于修改〈福建省促进快递行业发展办法〉的决定》
江苏	2017 年 12 月 2 日	2017 年 12 月 2 日江苏省第十二届人民代表大会常务委员会第三十三次会议通过《关于修改〈江苏省邮政条例〉的决定》,自 2018 年 2 月 1 日起施行
长春	2017 年 4 月 13 日	《长春市邮政条例》修订纳入吉林省长春市第十五届人大常委会 2018 年立法规划建议项目
徐州	2017 年 4 月 20 日	江苏省徐州市第十六届人民代表大会常务委员会第三次主任会议讨论通过将徐州市快递市场管理条例列入《徐州市十六届人大常委会立法规划》
淄博	2017 年 12 月 29 日	山东省淄博市政府第 22 次常务会议研究通过《淄博市快递网点管理办法》,办法自 2018 年 2 月 1 日起施行
佛山	2017 年 4 月 1 日	广东省佛山市人民政府第十五届 4 次常务会议通过《佛山市寄递物流安全管理办法》,由佛山市人民政府于 2017 年 4 月 25 日发布,办法自 2017 年 7 月 1 日起施行
拉萨	2017 年 4 月 6 日	西藏自治区拉萨市第十一届人民政府第 11 次常务会议审议通过《拉萨市寄递安全管理办法》,办法自 2017 年 6 月 1 日起施行
克孜勒苏柯尔克孜	2017 年 11 月 30 日	新疆维吾尔自治区克孜勒苏柯尔克孜自治州人民政府同意并印发《克孜勒苏柯尔克孜自治州邮政管理办法》,办法自印发之日起施行

2017 年国家相关部门支持快递发展的部分政策文件

部　　委	政策文件名称
国务院办公厅	关于加快发展冷链物流保障食品安全促进消费升级的意见(国办发〔2017〕29 号)
国务院办公厅	关于进一步推进物流降本增效促进实体经济发展的意见(国办发〔2017〕73 号)
商务部等 5 部门	关于印发《商贸物流发展"十三五"规划》的通知(商流通发〔2017〕29 号)

续上表

部　　委	政策文件名称
国家邮政局、国家发展改革委、科技部、工业和信息化部等十部门	关于协同推进快递业绿色包装工作的指导意见(国邮发〔2017〕86 号)
国家发展改革委、人民银行、交通运输部等二十部门	印发《关于对运输物流行业严重违法失信市场主体及其有关人员实施联合惩戒的合作备忘录》的通知(发改运行〔2017〕1553 号)
国家烟草专卖局、公安部、交通运输部、国家邮政局	建立物流寄递环节打击涉烟违法犯罪协作机制

2017 年全国部分省(区、市)支持快递发展政策

省(区、市)	支持政策文件名
北京	《北京市"十三五"时期现代产业发展和重点功能区建设规划》(京政发〔2017〕6 号)
	《关于培育扩大服务消费优化升级商品消费的实施意见》(京政发〔2017〕20 号)
	《北京市进一步推进跨境电子商务发展的实施意见》(京政办发〔2017〕24 号)
	《关于加快推进生活垃圾分类工作的意见》(京政办发〔2017〕44 号)
	《北京市深入推进"互联网 + 流通"行动实施方案》(京政办发〔2017〕50 号)
	《北京市"十三五"时期电子商务发展规划》(京商务电商字〔2017〕4 号)
	《关于加强电子商务领域诚信建设重点任务分工及进度安排》(京经信委发〔2017〕45 号)
天津	《关于印发天津市降低实体经济企业成本 2017 年第一批政策措施的通知》(津政办发〔2017〕62 号)
	《关于贯彻落实"十三五"现代综合交通运输体系发展规划的实施意见》(津政办发〔2017〕81 号)
	《关于全力推进我市农村电子商务发展实施方案的通知》(津政办函〔2017〕87 号)
	《关于印发天津市降低实体经济企业成本第二批政策措施的通知》(津政办函〔2017〕111 号)
	《关于印发天津市服务业转型升级专项项目管理办法的通知》(津发改规〔2017〕1 号)
	《关于做好 2017 年天津市服务业转型升级专项年度工作计划编报工作的通知》(津发改服务〔2017〕354 号)
	《关于印发天津市服务业转型升级专项资金管理办法的通知》(津财规〔2017〕17 号)
	关于印发《2017 年度天津市服务业转型升级专项项目(快递业)申报指南》的通知(津邮管〔2017〕30 号)
河北	《关于建立健全河北省"十三五"规划纲要实施机制的意见》(冀办发〔2017〕3 号)
	《关于深入推进农业供给侧结构性改革加快培育农业农村发展新动能的实施意见》(冀发〔2017〕1 号)
	《关于推进邮政业服务农村电子商务协同发展的实施意见》(冀邮管〔2017〕19 号)
	《关于做好高等院校快递服务工作的意见》(冀邮管〔2017〕73 号)
	《关于推动快递服务制造业发展的三年行动计划(2017－2019)》(冀邮管〔2017〕74 号)
	《关于实施快递入区下乡出境工程促进快递业与电子商务协同发展的意见》(冀邮管〔2017〕75 号)
	《关于加快发展邮政行业职业教育的实施意见》(冀邮管〔2017〕76 号)
	《关于推进我省快递园区建设工作的指导意见》(冀邮管〔2017〕79 号)
	《关于支持邮政业服务创新综合解决城市末端投递服务的实施意见》(冀邮管〔2017〕81 号)
	《关于加快推进住宅区等规划建设邮政服务场所的指导意见》(冀邮管〔2017〕87 号)
	《关于进一步加强快递机动车辆管理的通知》(冀邮管〔2017〕100 号)
山西	《关于印发山西省推动实体零售创新转型实施方案的通知》(晋政办发〔2017〕60 号)
	《关于推动交通物流发展的实施意见》(晋政办发〔2017〕130 号)
	《关于现代物流发展的实施意见》(晋政办发〔2017〕131 号)
	《关于印发山西省支持现代服务业发展政策措施(2017 年版)的通知》(晋政办发〔2017〕155 号)
	关于印发《山西省智慧物流体系建设实施意见》的通知(晋经信交通字〔2017〕324 号)
	关于进一步加强城市配送车辆交通安全管理工作的通知(晋公交管〔2017〕48 号)

续上表

省(区、市)	支持政策文件名
内蒙古	《关于推进交邮合作　促进农村物流健康发展的实施意见》(内交发〔2017〕995 号)
	《关于推动邮政业服务农村电子商务发展的实施意见》(内商建字〔2017〕439 号)
	《关于推进快递服务进校园工作的意见》(内邮管联〔2016〕5 号)
	《关于推进快递服务进社区的指导意见》(内邮管联〔2017〕7 号)
	《关于推进快递服务现代农牧业的意见》(内邮管联〔2017〕8 号)
	《关于在全区快递行业开展创建青年文明号活动的通知》(内邮管联〔2017〕9 号)
辽宁	《辽宁省邮政管理局推进快递业绿色包装工作实施方案》(辽邮管〔2017〕15 号)
	《辽宁省商贸物流发展规划(2018－2020 年)》(辽商零售〔2017〕296 号)
吉林	吉林省人民政府办公厅关于印发吉林省服务业发展“十三五”规划的通知(吉政办发〔2017〕26 号)
	吉林省人民政府办公厅关于推动实体零售创新转型的实施意见(吉政办发〔2017〕27 号)
	吉林省人民政府关于促进民营经济加快发展若干措施的通知(吉政发〔2017〕14 号)
	关于印发《外商投资企业支持产权保护行动方案》的通知(吉打假办发〔2017〕20 号)
黑龙江	《黑龙江省物流业降本增效专项行动实施方案(2016－2018 年)》(黑政办规〔2017〕1 号)
	《黑龙江省人民政府办公厅关于进一步推进物流降本增效促进实体经济发展的通知》(黑政办规〔2017〕79 号)
	《黑龙江省现代综合交通运输体系发展“十三五”规划》(黑发改交通〔2017〕199 号)
	《黑龙江省农村物流网络节点体系建设实施方案(2017－2020)》(黑交规备〔2017〕4 号)
	《关于成立黑龙江省邮政业安全中心的通知》(黑编〔2017〕170 号)
	《关于促进农村电商物流发展的实施意见》(黑商联发〔2017〕35 号)
	关于印发《黑龙江省关于促进商贸物流业发展的实施意见》的通知(黑商发〔2017〕128 号)
	关于印发《推动农村电子商务新增长点行动方案(2017－2020 年)》的通知(黑商发〔2017〕276 号)
	《关于印发推动交通提质增效提升供给服务能力推进方案的通知》(黑发改铁航〔2017〕92 号)
	《关于推进快递服务进校园工作的指导意见》(黑邮管联〔2017〕1 号)
	《关于支持智能快件箱建设推进快递服务进社区工作的实施意见》(黑邮管联〔2017〕2 号)
上海	上海市人民政府关于促进本市快递业发展的实施意见(沪府发〔2017〕21 号)
	关于创新驱动发展　巩固提升实体经济能级的若干意见(沪府发〔2017〕36 号)
	促进本市生物医药产业健康发展的实施意见(沪府办发〔2017〕51 号)
	上海市电子商务发展“十三五”规划(沪商电商〔2017〕104 号)
	上海市跨境电商发展 2017 年工作要点(沪发改经贸〔2017〕7 号)
	上海市绿色交通“十三五”规划(沪交科〔2017〕718 号)
江苏	《江苏省政府关于促进快递业持续健康发展　培育经济新增长点的实施意见》(苏政发〔2017〕8 号)
	《关于成立江苏省快递业安全监管与服务云平台工程建设项目组的通知》(苏邮管〔2017〕16 号)
	关于印发《江苏省快递业务经营许可证变更审查工作细则(试行)》的通知(苏邮管〔2017〕58 号)
	《关于组织开展省级快递行业放心消费创建先进、示范单位复核工作的通知》(苏邮管〔2017〕73 号)
	江苏省邮政管理局关于全面推进快递网点标准化建设工作的通知(苏邮管〔2017〕123 号)
	关于在全省开展快递业严重违法失信行为记录工作的通知(苏邮管〔2017〕165 号)
浙江	《关于推进快递服务进社区的指导意见》(浙邮管〔2017〕110 号)
	《关于推进快递服务“三农”工作的实施意见》(浙邮管〔2017〕113 号)
	《关于加强城市快递车辆通行管理的意见》(浙邮管〔2017〕127 号)
安徽	关于印发推进电子商务进农村全覆盖工作方案的通知(皖政办〔2017〕29 号)
	关于印发推动实体零售创新转型实施方案的通知(皖政办〔2017〕30 号)

续上表

省(区、市)	支持政策文件名
安徽	关于进一步推进物流降本增效促进实体经济发展的实施意见(皖政办〔2017〕85号)
	关于推进快递服务现代农业的意见(皖邮管〔2017〕22号)
	关于推进快递服务进社区的意见(皖邮管〔2017〕108号)
福建	关于推进快递服务进校园工作的意见(闽邮管联〔2017〕7号)
山东	关于促进邮政和快递服务业发展的实施意见(鲁政发〔2017〕1号)
河南	关于印发中国(河南)自由贸易试验区建设实施方案的通知(豫政〔2017〕12号)
	关于印发中国(河南)自由贸易试验区建设专项方案的通知(豫政〔2017〕35号)
	关于印发河南省物流业转型发展三个工作方案的通知(豫政办〔2017〕126号)
	关于印发河南省物流业转型发展规划(2018－2020年)的通知(豫政办〔2017〕109号)
	关于印发河南省"十三五"现代综合交通运输体系发展规划的通知(豫政办〔2017〕42号)
	关于印发促进快递企业加强末端网点管理改进从业人员职业保障工作方案的通知(豫邮管〔2017〕47号)
	关于加快推进快递服务进校园工作的指导意见(豫邮管〔2017〕75号)
	关于印发开展"不着地、不抛件、不摆地摊"治理行动实施方案的通知(豫邮管〔2017〕78号)
	关于快递企业履行安全生产主体责任的指导意见(试行)(豫邮管〔2017〕91号)
	关于联合开展清理整顿非法邮政快递网点回头看行动的通知(豫邮管〔2017〕93号)
	关于印发《河南省邮政管理部门随机抽查工作办法(试行)》及解读稿的通知(豫邮管〔2017〕120号)
湖北	《省财政厅关于批复2017年省级财政企业专项资金预算的通知》(鄂财企发〔2017〕6号)
湖南	关于促进快递业发展的实施意见(湘政发〔2017〕14号)
	关于深入推进新型城镇化建设的意见(湘政办发〔2016〕95号)
	湖南省物流业降本增效专项行动方案(2017－2020年)(湘政办发〔2017〕37号)
	关于促进医药产业健康发展的实施意见(湘政办发〔2017〕35号)
	关于完善寄递渠道安全管理联动机制强化属地安全管理的通知(湘公发〔2017〕26号)
广东	广东省人民政府关于印发广东省积极发挥新消费引领作用加快培育形成新供给新动力实施方案的通知
	关于印发广东省推动实体零售转型实施方案的通知(粤府办〔2017〕21号)
	转发国务院办公厅关于加快发展冷链物流保障食品安全促进消费升级意见的通知(粤府办〔2017〕44号)
	关于印发《广东省营造良好市场环境推动交通物流融合发展实施方案》的通知(粤发改交通函〔2017〕1433号)
	关于印发《广东省交通提质增效提升供给服务能力推进方案》的通知(粤发改交通〔2017〕309号)
	关于印发《广东省物流业降本增效专项行动实施方案(2017－2018年)》的通知(粤发改服务〔2017〕391号)
	关于印发2017年广东省电子商务产品专项打假工作方案的通知(粤工商〔2017〕13号)
	关于印发《关于全面加强电子商务领域诚信建设的实施意见》的通知(粤发改信用〔2017〕584号)
	关于印发《广东省邮政行业法治宣传教育第七个五年规划(2016－2020年)实施方案》的通知(粤邮管〔2017〕13号)
	印发《关于加快全省邮件快件实名收寄信息系统推广应用工作的实施方案》的通知(粤邮管〔2017〕55号)
	关于印发《2017年邮政业更贴近民生实事实施方案》的通知(粤邮管〔2017〕88号)
	关于印发《广东省邮政业发展"十三五"规划落实工作分工方案》的通知(粤邮管〔2017〕99号)
	关于促进珠三角地区邮政业创新改革的指导意见(粤邮管〔2017〕151号)
	关于印发《广东省邮政管理系统落实〈物流业降本增效专项行动方案(2017－2018)年〉分工方案》的通知(粤邮管函〔2017〕167号)
	转发国家邮政局 国家发展改革委 交通运输部关于印发《邮政业发展"十三五"规划》的通知(粤邮管联〔2017〕1号)
	关于下达2017年广东省邮政业发展专项资金项目计划的通知(粤邮管联〔2017〕3号)
	印发《关于加快全省邮件快件实名收寄信息系统推广应用工作的实施方案》的通知(粤邮管联〔2017〕4号)

续上表

省(区、市)	支持政策文件名
广西	《关于印发消费品培育升级专项行动工作方案的通知》(桂政发〔2017〕28 号)
	《关于推动物流业降本增效促进我区物流业健康发展若干政策的意见》(桂政办发〔2017〕55 号)
	《关于印发“互联网 + 流通”行动计划实施方案的通知》(桂政办发〔2017〕58 号)
	《中共广西壮族自治区委员会、广西壮族自治区人民政府关于加强县域经济发展的决定》(桂发〔2017〕16 号)
海南	关于转发省发展改革委、省交通运输厅海南省物流业降本增效专项行动实施(2017－2018 年)的通知(琼府办〔2017〕56 号)
	关于印发海南省推动实体零售创新转型实施方案的通知(琼府办〔2017〕117 号)
	关于印发海南省加快推进物流降本增效促进实体经济发展实施方案的通知(琼府办〔2017〕221 号)
	关于印发海南省加快推动冷链物流发展保障食品流通安全实施方案的通知(琼府办〔2017〕212 号)
重庆	关于印发重庆市深化实施电子商务扶贫行动方案的通知(渝府办〔2017〕33 号)
	关于印发五大功能区域城市共同配送实施方案的通知(渝府办发〔2017〕15 号)
	关于印发重庆市现代物流业发展“十三五”规划的通知
	关于印发创新建设农村现代物流体系实施意见的通知(渝发改贸〔2017〕1348 号)
	关于印发深入推进农业供给侧结构性改革加快培育农业农村发展新动能实施意见分解的通知(渝委农工组办〔2017〕1 号)
	关于印发重庆市农业农村发展“十三五”规划主要目标和重点工作任务分解的通知(渝委农工组〔2017〕1 号)
	关于全面加强企业全员安全生产责任制工作的实施意见(渝安办〔2017〕97 号)
云南	《云南省邮政业发展“十三五”规划》
	《云南省“十三五”综合交通发展规划》
陕西	《关于推动交通物流融合发展的实施方案》(陕政办发〔2017〕41 号)
甘肃	《转发省发展改革委物流业降本增效专项行动实施方案的通知》(甘政办发〔2017〕7 号)
	《关于协同推进快递绿色包装工作的实施意见》(甘邮管发〔2017〕206 号)
	《甘肃省邮政管理局关于促进全省邮政业稳定发展的通知》(甘邮管发〔2017〕106 号)
青海	关于印发青海省 2017 年服务业发展工作要点的通知(青政办〔2017〕68 号)
	关于青海省创新管理优化服务培育壮大经济发展新动能加快新旧动能接续转换的实施意见(青政办〔2017〕165 号)
	转发省发展改革委关于青海省物流业降本增效专项行动实施方案的通知(青政办〔2017〕188 号)
	关于全面加强电子商务领域诚信建设的实施意见(青政办〔2017〕197 号)
宁夏	关于印发加快推进新型城镇化建设行动方案的通知(宁政办发〔2017〕195 号)
	关于促进全区邮政和快递服务业健康快速发展的实施意见(宁政发〔2017〕60 号)
	关于转发自治区交通运输厅等 20 个部门关于进一步鼓励开展多式联运工作的通知(宁政办发〔2017〕130 号)
	关于印发宁夏服务业发展“十三五”规划的通知(宁政办发〔2017〕109 号)
	关于推动实体零售创新转型的实施意见(宁政办发〔2017〕98 号)
	关于促进服务业加快发展的意见(宁政办发〔2017〕90 号)
	关于印发宁夏回族自治区物流业“十三五”发展规划的通知(宁政办发〔2017〕66 号)
	关于印发全区物流业降本增效专项行动实施方案(2017 年—2018 年)的通知(宁政办发〔2017〕64 号)
	关于印发《宁夏服务业发展引导资金管理办法》的通知(宁发改产业〔2016〕540 号)
	关于推进农产品现代流通体系建设的实施意见(宁政办发〔2017〕38 号)
新疆	《关于印发〈自治区物流及寄递企业购置 X 光安检机补助资金实施方案〉的通知》(新党政法电〔2017〕62 号)

第二章 2017 年中国快递业十大事件

2017 年 12 月 20 日,《快递》杂志编辑部发起“票选 2017 年中国快递领域十大事件”活动,并通过《快递》杂志邮箱、微信公众号和“问卷星”三大渠道接受行业内外广大读者的投票。

这是我们连续第七年开展票选年度“十大事件”活动,得到了广大读者朋友一如既往的支持。截至 2018 年 1 月 15 日,各渠道累计收到投票 1563 张,以及其他推荐 86 条。和往年一样,综合读者投票和推荐意见,我们对部分备选事件进行了合并、增减,最终评选出“2017 年中国快递领域十大事件”。

1.“新常态”“促进快递发展”写进中央文件

2017 年 2 月 5 日,中共中央、国务院发布中央一号文件——《中共中央 国务院关于深入推进农业供给侧结构性改革 加快培育农业农村发展新动能的若干意见》,提出“推动商贸、供销、邮政、电商互联互通,加强从村到乡镇的物流体系建设,实施快递下乡工程”,这是“快递下乡”自 2016 年以来,连续两年被写入中央一号文件;在 2017 年 3 月 3 日至 15 日召开的全国两会上,“快递”再次成为关注热点,快递业连续两年被写入全国政协常委会报告和提案工作报告,连续四年写入政府工作报告。种种迹象表明,“促进快递业发展”相关内容被写入中央文件,已成为一种“新常态”。

2.“二十字金句”导航,行业找到发展新动能

2017 年 1 月 5 日,国家邮政局局长马军胜在全国邮政管理工作会议上提出“打通上下游、拓展产业链、画大同心圆、构建生态圈”的二十字发展思路。这二十字思路强调生产力与生产关系的相互作用,供给与需求的动态均衡,业内与业外的有机统一,以期推动行业迈向形态更高级、分工更优化、结构更合理的发展阶段,为实现全面建成与小康社会相适应的现代邮政业规划路径,为破解发展难题、筑牢发展基础、厚植发展优势提供保障。在过去的 2017 年,主要快递企业聚焦快递主业,围绕二十字发展思路,在产业链上下游做深、做透、做精,找到了行业发展的新动能和增长点。

3. 问题导向,7 件实事让群众拥有获得感

2017 年 2 月,国家邮政局发布 2017 年邮政业更贴近民生 7 件实事,具体包括:全面提高邮政普通包裹时效,实现投递入户;全国三分之一以上省份的县城实现党报当日见报;提升邮政、快递服务“三农”能力,助力国家精准扶贫;稳步提升快递末端投递服务水平;实施放心消费工程;提高快递包装绿色化、减量化水平;改善投递员(快递员)工作环境。2017 年,全国各级邮政管理部门以落实 7 件实事为各项工作的出发点和着力点,顺应群众期盼,突出问题导向,注重创新驱动、优化结构、补齐短板、联动融合,不断增加邮政基本公共服务新供给,解决人民群众关注的突出问题,满足人民群众对寄递服务的新需求,让广大人民群众共享邮政业改革发展成果,拥有更多的获得感。

4. 丰鸟之争,快递数据安全牵动各方神经

2017 年 6 月 1 日,阿里巴巴旗下的菜鸟网络与顺丰集团旗下的丰巢科技相继关闭数据接口,引发社会广泛关注;6 月 2 日晚,国家邮政局召集菜鸟网络和顺丰速运高层来京,就双方关闭互通数据接口问题进行协调,双方表示将从讲政治顾大局的高度出发,积极寻求解决问题的最大公约数,共同维护市场秩序和消费者合法权益,并同意

从6月3日12时起,全面恢复业务合作和数据传输;7月3日,菜鸟网络与丰巢科技就数据共享合作形成一致意见,双方因数据互通遗留问题得以圆满解决。“丰鸟之争”从企业之间的合作纠纷升级为一场社会舆论事件,让快递数据安全进入公众视野,快递数据该如何共享、收集、分析和运用成为一个亟待回答的新课题。

5. 信息支撑,寄递实名制全面铺开

2017年,寄递实名制全面铺开。从4月1日开始,全行业按照“合法、安全、便民、高效”的原则,高度重视、精心组织,在全国范围加快推进实名收寄信息系统的试点应用,建立了高效务实的工作机制,构建起了一套实名收寄信息支撑体系。在随后的7月10日、9月25日,国家邮政局又先后召开会议、下发紧急通知,对推动寄递实名制和强化寄递安全管理三项制度进行再动员、再部署。2017年下半年以来,多家快递企业因未严格执行实名收寄制度受到严肃查处。此前,“寄递实名制”已经在部分地区以及重大活动期间试点推进,2016年1月1日正式实施的《中华人民共和国反恐怖主义法》,解决了寄递实名制的法律依据问题,并且对寄递企业违反相关规定的处罚力度之大,前所未有。

6. 上市融资,资本市场集齐快递“七龙珠”

2017年,中国快递企业继续抢滩登陆资本市场。1月18日和2月24日,韵达、顺丰相继走完借壳流程,在深圳证券交易所挂牌上市。美国东部时间9月20日,百世集团在纽约证券交易所正式挂牌交易,成为继中通之后,又一家选择赴美上市的中国快递企业,百世赴美IPO一共发行4500万股美国托存股份(ADS),每股价格为10美元,总融资额高达4.5亿美元,成为2017年截至当时在美国上市的中国公司中募资规模最大的IPO。12月5日晚间,中国证监会网站发布消息,宣布德邦物流股份有限公司的上市首发申请获得有条件通过,这意味着德邦距离正式上市只有咫尺之遥,有望成为国内第一家IPO上市的快递物流企业。

7. 亿件时代,我国单日件量实现跨越

自2017年5月以来,全国快递服务企业日均快递业务量超过1亿件,标志着我国已经常态化进入单日快递“亿件时代”。统计数据显示,2017年第二季度全国快递业务量约完成98亿件,同比增长31.3%,人均快件使用量为7.1件。2017年“双11”当天,主要电商企业全天共产生快递物流订单8.5亿件,同比增长29.4%;全天各邮政、快递企业共处理3.31亿件,同比增长31.5%。在整个“双11”期间,全行业处理的邮件、快件量超过15亿件,达到历史峰值。2017年,邮政业主要经济指标均数倍于GDP增幅,显示行业仍处于高位运行,基数更大、发展更稳,同时也呈现出稳中有好、稳中有进、稳中有新良好态势。

8. 绿色旋风,十部门联合推进快递绿色包装

2017年11月,国家邮政局、国家发展改革委、科技部、工业和信息化部、环境保护部、住房与城乡建设部、商务部、国家质量监督检验检疫总局、国家认证认可监督管理委员会、国家标准化管理委员会联合发布《关于协同推进快递业绿色包装工作的指导意见》,将每年11月第一周作为“绿色快递宣传周”,并提出到2020年可降解的绿色包装材料应用比例将提高到50%,基本淘汰重金属等特殊物质超标的包装物料,基本建成专门的快递包装物回收体系。2017年,主要电商平台和快递企业主动承担社会责任,积极推动快递绿色发展落地实施,菜鸟网络联合合作伙伴推出“绿动计划”,苏宁物流推出环保材质的共享快递盒,推动快递绿色化发展取得明显进展。

9. “黑科技”风靡,行业科技创新你追我赶

2017年9月25日,“砥砺奋进的五年”大型成就展在北京展览馆开展，以“小黄人”为代表的快递行业科技创新成果引发社会各界观众和新闻媒体广泛关注。“小黄人”5分钟的运算量，相当于最繁忙的首都机场一天航班起降的计算量；圆通“双层巴士”的分拣效率比普通自动分拣设备提升1倍，每小时处理量可达4万件；百世自主研发的“风暴自动分拣系统”，将包裹分拣准确率从人工操作的80%提升至99.9%以上，分拣效能提升4倍。除此之外，无人仓、无人车、无人机等快递业科技创新成果也在加速向应用领域转化。

10. 资本起舞，行业兼并重组加剧

2017年，行业内的并购重组加剧。5月8日，圆通速递公司发布公告称，圆通或圆通全资子公司拟以现金方式收购香港联交所主板上市公司先达国际物流控股有限公司61.87%的股份实现对先达国际的控股，成为国内上市快递企业并购境外上市物流企业的第一案；8月1日，申通快递公司发布公告，以自有资金1.33亿元对快捷快递有限公司进行增资，增资完成后，申通将取得快捷快递10%的股权。其成为继快捷创始人吴传龙、达顺创投之后的第三大股东，通过资本运作，第二梯队中的快递企业与上市企业实现强强联合、资源互补，这已经成为其寻求生存和发展空间的必然选择。

第三章　2017 年中国快递发展大事记

国家邮政局召开 2017 年全国邮政管理工作会议

1 月 5 日,2017 年全国邮政管理工作会议在北京召开。会议提出,继续深化行业供给侧结构性改革,按照“打通上下游、拓展产业链、画大同心圆、构建生态圈”思路,深化业务联动,汇集社会资源,提升科技水平,提高服务质量,强化安全保障,加快转型提效,加快建成与小康社会相适应的现代邮政业,为实现“两个一百年”奋斗目标作出积极贡献。交通运输部部长李小鹏出席会议并做重要讲话。国家邮政局党组书记、局长马军胜做工作报告。局领导王梅、赵晓光、刘君、邢小江出席会议。中央有关部门的相关负责同志应邀出席会议。

2017 年快递企业座谈会在京召开

1 月 5 日下午,作为全国邮政管理工作会议的重要组成部分,2017 年快递企业座谈会举行。国家邮政局副局长刘君出席会议并讲话。刘君指出,2017 年是实施“十三五”规划的重要一年,是供给侧结构性改革的深化之年。快递业要响应中央对行业的新定位新要求,解决行业发展面临的突出问题,适应行业发展的现实需要,继续巩固来之不易的发展态势,继续夯实安全基础,不忘初心,继续前进,特别是要将思想统一到中央的决策部署上来,统一到国家邮政局党组提出的新发展思路上来,进一步加快提质增效、转型升级的步伐。

中国快递协会二届五次理事会召开

1 月 6 日上午,中国快递协会二届五次理事会在京召开,传达 2017 年全国邮政管理工作会议精神,听取协会 2016 年工作报告,审议新会员单位入会申请。国家邮政局党组成员、副局长刘君代表局党组出席会议并讲话。中国快递协会会长高宏峰作总结讲话。

2017 年全国邮政管理工作会议圆满闭幕

1 月 6 日,2017 年全国邮政管理工作会议圆满闭幕。会议深入贯彻落实党的十八大、十八届历次全会、中央经济工作会议和习近平同志系列重要讲话精神,总结 2016 年工作,分析邮政业面临的新形势和存在的问题,贯彻落实十八届六中全会全面从严治党要求,研究提出邮政业当前和今后一个时期的发展思路,部署 2017 年目标任务。交通运输部李小鹏部长亲临会议并做了重要讲话,国家邮政局局长马军胜做了工作报告。中央有关部门的相关负责同志应邀出席会议。国家邮政局党组成员、副局长王梅做总结讲话,局党组成员、副局长赵晓光主持闭幕会,局党组成员、副局长刘君、邢小江出席。

国家邮政局首次举行宪法宣誓仪式

1 月 6 日晚,国家邮政局首次举行宪法宣誓仪式。国家邮政局党组书记、局长马军胜监誓,党组成员、副局长王梅、赵晓光、刘君、邢小江列席。宪法宣誓现场国徽高悬,五星红旗鲜艳夺目,宣誓台上摆放着《中华人民共和国宪法》,气氛庄严隆重。

国家邮政局党组传达学习习近平总书记在中央纪委七次全会上的重要讲话精神

1 月 9 日,国家邮政局党组召开扩大会议,传达学习习近平总书记在第十八届中央纪律检查委员会第七次全体会议上的重要讲话精神。国家邮政局党组书记、局长马军胜主持并讲话;党组成员、副局长王梅、赵晓光、刘君、邢小江出席会议并交流学习心得。

国家邮政局党组召开 2016 年度民主生活会

1 月 11 日,国家邮政局党组以深入学习贯彻党的十八届六中全会精神为主题,召开 2016 年度民主生活会。会议紧紧围绕坚定理想信念、严守政治纪律和政治规矩、落实全面从严治党责任等 6 个方面深入查找存在的突出问题,聚焦政治合格、执行纪律合格、品德合格、发挥作用合格,深刻剖析根源,以整风精神开展批评和自我批评,进一步明确努力方向,确保从严从实抓好整改。局党组书记、局长马军胜主持会议,局党组成员王梅、赵晓光、刘君、邢小江出席会议。中央纪委、中央组织部、中央国家机关工委、中央纪委驻交通运输部纪检组有关同志到会指导。

马军胜局长赴山东慰问调研

1 月 13 日至 14 日,国家邮政局局长马军胜赴山东菏泽、济宁两地,调研邮政业发展和服务情况,代表局党组慰问邮政、快递企业和邮政管理部门一线干部员工,向他们致以新春问候和良好祝愿。

赵晓光副局长赴海南慰问调研

1 月 17 日至 20 日,国家邮政局党组成员、副局长赵晓光一行赴海南省邮政管理局调研,并深入山区、深入基层慰问邮政业一线员工,听取邮政管理部门工作汇报,全面了解海南邮政业发展情况,对海南邮政管理工作给予肯定。调研期间,赵晓光参加并指导了海南局民主生活会。

邢小江副局长赴湖南慰问调研

1 月 17 日至 21 日,国家邮政局党组成员、副局长、机关党委书记邢小江率队赴湖南益阳、株洲两地,调研邮政业发展和服务情况,并代表邮政管理部门对春节前夕仍坚守在生产一线的广大邮政、快递企业员工表示慰问,向他们致以新春问候和良好祝愿。调研期间,邢小江参加并指导了湖南局民主生活会。

王梅副局长赴四川慰问调研

1 月 18 日至 20 日,国家邮政局党组成员、副局长王梅率队赴四川省南充、广安两地,调研指导邮政业发展和服务情况,并代表国家局党组对春节前夕仍坚守在生产一线的广大邮政、快递企业员工和邮政管理干部表示慰问。调研期间,王梅参加并指导了四川局党组民主生活会。

马军胜局长赴天津慰问调研

1 月 19 日,国家邮政局局长马军胜赴天津,调研邮政业发展和服务情况,代表局党组慰问邮政、快递企业和邮政管理部门一线干部职工,向他们致以新春祝福和良好祝愿。

2017 年寄递渠道安全管理领导小组第一次会议召开

1 月 20 日,2017 年寄递渠道安全管理领导小组第一次会议在京召开。领导小组组长、国家邮政局局长马军胜,领导小组副组长、中央综治办三室主任彭波出席会议并讲话。领导小组副组长、国家邮政局副局长刘君主持会议。马军胜强调,要坚决贯彻落实党中央国务院关于安全工作的决策部署,牢固树立安全发展理念和强化红线意识,坚持标本兼治、综合治理、系统建设,全面提升寄递渠道安全管理的规范化、专业化、智能化水平,以优异成绩迎接党的十九大胜利召开。

2017 年全国邮政管理系统党风廉政建设工作会议召开

1 月 23 日,国家邮政局召开全国邮政管理系统党风廉政建设工作电视电话会议,局党组书记、局长马军胜代表局党组作工作报告,总结 2016 年度全系统党风廉政和反腐败工作，部署2017年党风廉政建设任务。中央纪委驻交通运输部纪检组副组长丹向东出席会议并讲话。国家邮政局党组成员、副局长、机关党委书记邢小江主持会议，局党组成员、副局长王梅、赵晓光、刘君出席会议。中央纪委机关和驻交通运输部纪检组有关同志莅临会议指导。

国家邮政局党组研究邮政业安全工作

1月24日，国家邮政局党组召开会议，听取2016年邮政业安全生产情况及2017年工作思路汇报，分析当前行业安全工作面临的严峻复杂形势，深入研究部署下一阶段行业安全生产工作。国家邮政局党组书记、局长马军胜主持会议，局党组成员、副局长王梅、赵晓光、刘君、邢小江出席会议。

刘君副局长在京慰问调研

1月25日，农历腊月二十八，国家邮政局党组成员、副局长刘君在北京调研春节期间寄递服务保障工作，并代表国家局党组向仍坚守在生产一线的邮政企业、快递企业干部职工致以新春祝福和节日问候。

《寄递渠道安全监管“绿盾”工程建设项目(一期)项目建议书》审议并通过

2月8日，国家邮政局局长马军胜主持召开2017年第1次局长办公会，传达学习国务院常务会议精神，对行业落实会议要求进行安排部署，审议并通过《寄递渠道安全监管“绿盾”工程建设项目(一期)项目建议书》，局领导王梅、赵晓光、刘君、邢小江出席会议。

国家邮政局党组研究部署2017年党建工作

2月10日，国家邮政局党组书记、局长马军胜主持召开会议，研究部署2017年机关党建工作、纪检工作、系统党风廉政建设工作以及在系统内开展巡视工作等重点任务。国家邮政局党组成员、副局长王梅、赵晓光、刘君、邢小江出席会议，中央纪委驻交通运输部纪检组副组长丹向东列席会议。

赵晓光副局长率团访问印度尼西亚

2月13日至15日，应印度尼西亚通信信息技术部邀请，国家邮政局副局长赵晓光率团于赴印尼进行工作访问，分别与印尼通信信息技术部和印尼邮政企业就在国际邮政事务方面加强沟通协调和在“一带一路”框架下促进两国邮政领域的交流合作进行了会谈。

邢小江副局长赴河南调研指导工作

2月14日至15日，国家邮政局副局长邢小江一行赴河南鹤壁、郑州考察调研，并指导邮政业监管工作。他要求，河南局要在实现“十三五”开门红的基础上，适应把握引领经济发展新常态，坚决贯彻落实全面从严治党要求，认真落实国家局20字工作思路，找准邮政管理工作与地方经济建设社会发展的结合点，为服务地方经济社会发展和保障改善民生做出更大贡献。

国家邮政局科技专家咨询组召开2017年度第一次会议

2月16日，国家邮政局科技专家咨询组召开2017年第一次会议，总结2016年工作情况，研究2017年工作计划。国家邮政局副局长邢小江出席会议并作动员部署讲话。邢小江肯定了咨询组对邮政行业发展的咨询评议和智囊支撑作用，对各位专家关心支持行业科技工作表示衷心感谢，并对咨询组的下一步工作提出了殷切希望和具体要求。

《2017年全国邮政市场监管工作会议方案》审议并通过

2月17日，国家邮政局局长马军胜主持召开今年第2次局长办公会，审议并原则通过《2017年全国邮政市场监管工作会议方案》。马军胜强调，要坚持以人民为中心的发展思想，贯彻落实全国邮政管理工作会议决策部署，进一步促发展、补短板、抗风险、强能力，推动邮政管理工作和行业转型升级、提质增效再上新台阶。

国家邮政局党组学习习近平总书记在中央政治局民主生活会上的重要讲话精神

2月21日，国家邮政局党组召开中心组(扩大)学习会，学习习近平总书记在中央政治局民主生活会上的重要讲话精神。局党组书记、局长马军胜主持会议并讲话，强调要把认真学习贯彻习近平总书记重要讲话精神作为当前和今后一个时期的重大政治任务，深学细悟、笃行实干，始终对党绝对忠诚，坚定不移地把维护党中央权威，维护党中央的核心、全党的核心落实到推动邮政业改革发展各项工作中去。局党组成员、副局长王梅、赵晓光、刘君、邢小江出席会议，并联系思想和工作实际分别交流了学习体会。

国家邮政局党组学习习近平总书记在中央政治局民主生活会上的重要讲话精神

2月21日，国家邮政局党组召开中心组(扩大)学习会，学习习近平总书记在中央政治局民主生活会上的重要讲话精神。局党组书记、局长马军胜主持会议并讲话，强调要把认真学习贯彻习近平总书记重要讲话精神作为当前和今后一个时期的重大政治任务，深学细悟、笃行实干，始终对党绝对忠诚，坚定不移地把维护党中央权威，维护党中央的核心、全党的核心落实到推动邮政业改革发展各项工作中去。局党组成员、副局长王梅、赵晓光、刘君、邢小江出席会议，并联系思想和工作实际分别交流了学习体会。

马军胜局长赴京冀两地调研邮政和快递基层网点

2月22日至23日，两会召开前夕，国家邮政局局长马军胜一行密集调研北京和河北两地邮政和快递基层企业网点，深入了解基层网点运营状况，谋划邮政业转型升级、科学发展，要求企业高度重视基层基础工作，严格规范内部管控流程，严格执行寄递安全“三项制度”，确保两会期间寄递渠道安全畅通。

国家邮政局、国家发展改革委联合在陕西安徽调研

2月22日至24日，国家邮政局、国家发展改革委组成联合调研组赴陕西、安徽，就邮政业基础设施建设和“绿盾”工程基础条件等开展联合调研。国家邮政局副局长邢小江参加在安徽的调研。

赵晓光副局长在京检查全国两会邮政服务保障和安全工作

2月24日，国家邮政局副局长赵晓光在北京市检查全国两会期间邮政服务保障和安全工作。他强调，做好两会期间邮政服务保障和安全保障工作责任重大、使命光荣，政企双方要通力合作，切实增强两会保障的政治自觉和责任自觉，深刻认识当前邮政安全工作面临的严峻形势，深入研究分析两会期间邮政安全和服务工作的规律、特点，牢固树立政治意识、大局意识、忧患意识和责任意识，为两会召开提供优质高效、安全便捷的邮政服务。

2017年全国邮政市场监管工作会议召开

2月23日至24日，2017年全国邮政市场监管工作会议在天津召开。会议总结回顾2016年邮政市场监管工作，分析研判当前面临的形势和存在的问题，对2017年邮政市场监管重点工作进行部署。国家邮政局副局长刘君出席会议并讲话。会议提出，各级邮政管理部门要全面推动快递业供给侧结构优化，提升服务质效，确保发展态势稳中有进；全面树立安全发展理念，落实安全管理责

任，确保寄递安全保障能力持续提升；全面提升服务监管能力，科学应对市场发展新业态新模式，正确处理好三个关系，解决好三个问题，确保行业监管工作创新有为，以优异成绩迎接党的十九大胜利召开。

3大区域快递发展“十三五”规划获通过

3月1日，国家邮政局局长马军胜主持召开2017年第3次局长办公会，审议并原则通过《京津冀地区快递服务发展“十三五”规划》《长江三角洲地区快递服务发展“十三五”规划》和《珠江三角洲地区快递服务发展“十三五”规划》。局领导王梅、刘君、邢小江出席会议。

马军胜局长会见浙江省副省长高兴夫一行

3月2日上午，国家邮政局局长马军胜在京会见了浙江省副省长高兴夫一行。双方就筹备第二届中国国际快递业大会、合力支持快递发展等内容交换了意见。马军胜指出，浙江是轻工制造大省、市场大省和外贸大省，为邮政业快速发展提供了强力支撑，目前浙江快递业发展位居全国前列，前景十分广阔。

国家邮政局召开快递业健康规范有序发展专题座谈会

3月2日，国家邮政局召集部分品牌快递企业召开专题座谈会，听取快递企业对于加强基层网点建设和保障行业持续发展的意见建议，协调政府、企业、协会和社会的力量，加快构建责任共担、成果共享、公开透明的运行机制，力争在快递行业形成结构优化、转型升级、提质增效的科学发展格局。国家邮政局局长马军胜、中国快递协会会长高宏峰出席会议并讲话，国家邮政局副局长刘君主持。

国家邮政局在京展开推动快递绿色包装系列调研

3月3日至9日，为进一步推进快递业绿色包装工程，国家邮政局副局长王梅带队在北京就快递包装末端的分类、回收、处理及循环再利用等问题进行专题调研。

国家邮政局与塞尔维亚贸易旅游和电信部签署备忘录

3月10日上午，正在塞尔维亚访问的国家邮政局副局长赵晓光在贝尔格莱德，与塞尔维亚副总理兼贸易旅游和电信部长拉希姆·利亚伊奇举行会晤并共同签署了《中国国家邮政局与塞尔维亚贸易旅游和电信部关于加强邮政和快递领域合作的谅解备忘录》。

刘君副局长调研首都快递进社区情况

3月10日下午，国家邮政局副局长刘君以北京市人大代表的身份，前往朝阳门街道竹竿社区，与社区居委会负责人座谈，详细了解快递进社区情况。刘君一行还先后前往位于东城区金宝街的中邮速递和顺丰速运网点，以及位于朝阳门外大街的DHL网点，认真查看末端网点建设情况，深入了解国有、民营、外资等不同所有制企业末端网点发展和“两会”寄递服务安全保障情况。

交通运输部领导到国家邮政局调研机关党建工作

3月13日，交通运输部党组成员、副部长、部直属机关党委书记刘小明一行来到国家邮政局调研机关党建工作，国家邮政局党组书记、局长马军胜，局党组成员、副局长、机关党委书记邢小江出席调研座谈会。

赵晓光副局长会见法国邮政总裁沃尔

3月13日至15日，应法国邮政邀请，国家邮政局副局长赵晓光率团访问法国。3月14日，赵晓光在巴黎与法国邮政总裁沃尔举行会谈。双方就两国邮政市场发展、普遍服务和进一步加强在“一带一路”建设、电子商务和万国邮联事务等领域的交流合作交换了意见。法国经济和财政部企业总局有关代表出席了会谈。

马军胜局长在两会“部长通道”回应行业热点话题

3月15日,两会进入最后一天,备受关注的“部长通道”最后一次开启,早8时许,列席十二届全国人大五次会议闭幕会的国家邮政局局长马军胜在这里接受采访,回应媒体关切的邮政、快递热点话题,为邮政业200余万干部职工点赞,表达行业发展的愿景和诉求,在两会上为邮政业发出声音。

国家邮政局传达学习全国两会精神

3月15日下午,国家邮政局召开全体干部大会,全国政协委员、国家邮政局局长马军胜传达了刚刚闭幕的十二届全国人大五次会议和全国政协十二届五次会议精神,对邮政管理全系统贯彻落实工作进行部署。局领导王梅、刘君、邢小江出席会议。

国家邮政局部署2017年定点扶贫工作

3月16日,国家邮政局召开扶贫工作领导小组2017年第一次全体会议,学习贯彻习近平总书记系列重要讲话和扶贫开发战略思想,按照中央扶贫开发工作总体部署和要求,总结交流2016年国家局定点扶贫工作,安排部署今年定点扶贫重点任务。国家邮政局党组书记、局长、扶贫工作领导小组组长马军胜出席会议并讲话。局党组成员、副局长、扶贫工作领导小组副组长邢小江主持会议。

马军胜局长会见波兰邮政代表团

3月16日下午,国家邮政局局长马军胜在京会见了由塞普纽斯基总裁(Przemyslaw Sypniewski)率领的波兰邮政代表团。双方就在“一带一路”建设的框架下促进两国邮政业的合作,加强在中欧铁路运邮项目和万国邮联事务等方面的协调与沟通交换了意见。波兰驻华大使馆也派代表出席了会谈。

王梅副局长率团访问新西兰

3月19日至23日,应新西兰贸易创新就业部邀请,国家邮政局副局长王梅率团赴新西兰进行工作访问,分别与新西兰贸易创新就业部和新西兰邮政企业就加强双方在万国邮联和亚太邮联事务上的沟通协调,以及促进两国邮政业的合作进行了会谈交流。

国家邮政局党组学习习近平总书记在学习贯彻六中全会精神专题研讨班上的讲话精神

3月20日,国家邮政局党组召开中心组(扩大)学习会,学习习近平总书记在省部级主要领导干部学习贯彻十八届六中全会精神专题研讨班上的重要讲话。局党组书记、局长马军胜主持会议并讲话,强调要深入学习贯彻习近平总书记系列重要讲话精神,进一步增强“四个意识”,坚定不移推进全面从严治党,坚决维护党中央权威,提高党内政治生活质量,强化责任担当,敢于直面问题,真抓实干、积极作为,以推进邮政业改革发展的成效迎接党的十九大召开。局党组成员、副局长赵晓光、刘君、邢小江出席会议。

马军胜局长赴湖南广东调研

3月21日至24日,国家邮政局党组书记、局长马军胜一行到湖南和广东调研行业发展和邮政管理工作情况,为两省邮政业改革发展加油鼓劲,并冀望广大干部职工继续保持昂扬向上的精神状态,紧抓机遇,真抓实干,砥砺奋进,走在前列,努力做好行业科学发展这篇大文章。

国家邮政局召开会议部署加强和改进快递员职业保障工作

3月21日,国家邮政局召开加强和改进快递从业人员职业保障工作座谈会，总结前一阶段工作进展情况，并对今后的工作任务进行安排部署。国家邮政局党组成员、副局长、专项工作领导小组组长邢小江出席会议并讲话。

国家邮政局召开邮政业规划宣贯实施工作座谈会

3月22日，国家邮政局在广西南宁召开邮政业规划宣贯实施工作座谈会，学习贯彻中共中央办公厅、国务院办公厅《关于建立健全国家“十三五”规划纲要实施机制的意见》，全面总结邮政业“十三五”规划编制工作，落实国家局党组对规划工作的进一步部署，推动规划落地实施。国家邮政局副局长邢小江出席会议并讲话。

王梅副局长率团访问斐济

3月23日至25日，应斐济共和国公共企业部邀请，国家邮政局副局长王梅率代表团访问斐济，分别与斐公共企业部和邮政企业就两国的行业发展、管理体制、普遍服务及进一步促进双方在国际邮政组织和跨境电子商务等多领域的交流合作进行了会谈。

邮政业标委会审查通过《快件航空运输信息交换规范》等标准

3月30日，全国邮政业标准化技术委员会在南昌召开会议，审查通过了《快件航空运输信息交换规范》《快递服务与制造服务（仓配一体化）信息交换规范》两项邮政行业标准送审稿。国家邮政局副局长邢小江出席会议。标准的出台将有利于促进快递企业与制造企业、航空运输企业加强信息交换，有利于推动双方深化合作和协同发展。

马军胜局长会见河北省张古江副省长一行

4月5日下午，国家邮政局局长马军胜在京会见了河北省副省长张古江一行。双方就合作推进河北省邮政业发展等工作交换了意见。马军胜指出，随着中央近日决定建设雄安新区规划的实施，河北省邮政业发展前景更加广阔。他希望河北省在雄安新区邮政快递发展规划、区域经济协同发展、快递物流园区建设和城市末端投递服务等方面给予更多的政策支持，为促进邮政业创新发展发挥更好的作用。

国家邮政局举办全系统纪检监察干部培训班

4月5日至8日，国家邮政局在安徽合肥举办全国邮政管理系统纪检监察干部培训班，深入学习贯彻党的十八届六中全会、中央纪委七次全会和习近平总书记系列重要讲话精神，落实全面从严治党要求，努力优化邮政管理系统政治生态，切实推进全系统党风廉政建设和反腐败工作。国家邮政局党组成员、副局长、机关党委书记邢小江以讲党课方式做开班动员。

国家邮政局研究部署行业安全生产工作

4月7日，国家邮政局党组召开会议，传达学习习近平总书记关于安全生产的系列重要讲话和指示批示精神，研究部署行业安全生产工作。局党组书记、局长马军胜主持会议并讲话，强调各级邮政管理部门要认真抓好贯彻落实，进一步深化邮政业“放管服”改革，切实加强行业安全监管。局党组成员、副局长王梅、赵晓光、刘君、邢小江出席会议，中央纪委驻交通运输部纪检组副局级专员李波列席会议。

国家邮政局党组传达学习中央关于设立河北雄安新区的通知精神

4月7日，国家邮政局党组书记、局长马军胜主持召开党组会议，传达学习中共中央、国务院关于设立河北雄安新区的通知精神。马军胜强调，邮政管理部门坚决拥护以习近平同志为核心的党中央作出的重大决策部署，将积极作为、开拓创新，全力支持雄安新区规划建设，大力打造我国邮政业改革发展新的增长极。局党组成员、副局长王梅、赵晓光、刘君、邢小江出席会议，中央纪委驻交通运输部纪检组副局级专员李波列席会议。

国家邮政局动员部署邮政管理系统巡视工作

4月10日，国家邮政局召开全国邮政管理系统巡视工作动员部署电视电话会议，深入贯彻党的十八届六中全会和中央纪委七次全会精神，推动全面从严治党在全系统向纵深发展。国家邮政局党组书记、局长、巡视组组长马军胜在做动员部署讲话时强调，要以习近平总书记系列重要讲话精神为指导，准确把握巡视工作的新形势新要求，充分认识本次系统内巡视工作的重大意义，坚决贯彻落实全面从严治党要求，逐步对各省(区、市)邮政管理局、国家局直属单位领导班子及其成员开展巡视，动员全系统各级党组织和广大党员干部，以从严从实的作风做好巡视工作。

全国首个快递业绿色发展产学研协同创新示范基地在青岛揭牌

4月13日至14日，国家邮政局副局长王梅赴青岛为全国首个快递业绿色发展产学研协同创新示范基地(以下简称“绿色基地”)成立揭牌，出席快递业绿色包装工作系列座谈会，听取企业关于推动快递包装绿色化、减量化、可循环的意见和建议，并就绿色基地后续建设召开联席会，对下一步重点工作进行安排。

快递业信用体系建设试点工作座谈会在武汉召开

4月15日，国家邮政局组织在湖北武汉召开快递业信用体系建设试点工作座谈会，全面总结试点工作开展情况，提炼经验，分析问题，研讨对策，为统筹推进全行业信用体系建设工作奠定基础。参与试点的天津、吉林、内蒙古、浙江、湖北、河南和陕西省(区、市)邮政管理局及辖区省级以下监管机构有关人员，国家邮政局市场监管司、发展研究中心、中国邮政快递报社和中国快递协会相关人员参加了座谈。国家邮政局副局长刘君出席并讲话。

赵晓光在京会见台湾邮政业务青年交流团

4月18日，国家邮政局副局长、海峡两岸邮政交流协会副会长赵晓光在北京会见了前来参观访问的台湾邮政业务青年交流团一行。此次到来的台湾邮政业务青年交流团一行19人，70、80后居多，平均年龄40岁左右，是台湾邮政各层面、各领域的业务骨干。他们对大陆方面的周到安排表示了由衷感谢，并希望两岸邮政增强合作特别是青年之间进一步加强交流和理解。

王梅副局长赴江苏调研

4月18日至20日，国家邮政局副局长王梅赴江苏南通、盐城、无锡等地就快递绿色包装相关工作密集调研，并指导县级邮政管理机构开展工作。

柬埔寨邮电部国务秘书埃克·温迪率团访华

4月20日至27日，应国家邮政局邀请，柬埔寨邮电部国务秘书埃克·温迪率领柬埔寨邮电部代表团一行12人，对我国进行友好访问。国家邮政局局长马军胜和副局长刘君在京分别会见了埃克·温迪一行，就进一步巩固和扩大中柬两国邮政部门在邮政改革、立法、邮票、电子商务等领域的交流合作问题交换了意见。代表团还先后赴中国邮政集团公司、上海和南京参观考察我国邮政电子商务的发展情况。

交通运输部到河北雄安新区调研座谈 马军胜局长参加

4月24日，交通运输部党组书记杨传堂、部长李小鹏率领部机关和国家铁路局、中国民航局、国家邮政局有关司局负责同志到河北雄安新区调研，并与河北省委书记赵克志、代省长许勤就贯彻落实好党中央、国务院重大决策部署，共同推动雄安新区交通规划建设各项工作交换了意见。会上，李小鹏与许勤签署了《交通运输部河北省人民政府关于加快河北省交通运输发展合作协议》。河北省领导袁桐利、张古江，交通运输部领导马军胜、戴东昌、杨宇栋，国家铁路局党组成员郑健，部总规划师、综合规划司司长陈健，中国民航局总工程师殷时军以及部省有关部门负责同志参加调研和座谈。

国家邮政局党组部署推进“两学一做”学习教育常态化制度化

4 月 25 日，国家邮政局党组书记、局长马军胜主持召开党组会议，传达学习贯彻习近平总书记关于推进“两学一做”学习教育常态化制度化的重要指示和中央推进“两学一做”学习教育常态化制度化工作座谈会及全国宣传部长座谈会精神。局党组成员、副局长王梅、赵晓光、刘君出席会议，中央纪委驻交通运输部纪检组有关同志列席会议。

马军胜局长、邢小江副局长会见当选“感动交通十大人物”的两位邮政业职工

4 月 25 日，国家邮政局党组书记、局长马军胜，党组成员、副局长、机关党委书记邢小江亲切会见了刚刚当选“2016 年感动交通十大年度人物”的两名邮政行业优秀职工——“雪域使者”中国邮政集团四川甘孜县分公司驾驶班班长其美多吉和“自强模范”中通快递河南鹤壁分公司负责人马朝立，向以他们为代表的广大一线职工致以诚挚问候，并号召全行业 300 万干部职工向先进学习，共同开创邮政业更加美好的明天。

国家邮政局研究部署“一带一路”国际合作高峰论坛寄递渠道安全服务保障工作

4 月 25 日，国家邮政局党组召开会议，研究部署“一带一路”国际合作高峰论坛寄递渠道安全服务保障工作。局党组书记、局长马军胜主持会议并讲话，强调要切实增强政治责任感和紧迫感，高标准严要求落实各项防范措施，保障高峰论坛寄递渠道安全畅通。局党组成员、副局长王梅、赵晓光、刘君出席会议，中央纪委驻交通运输部纪检组有关同志列席会议。

国家邮政局召开智能快件箱运营企业专题座谈会

4 月 25 日，国家邮政局召开智能快件箱运营企业专题座谈会，深入了解企业经营情况、发展计划、发展遇到问题及政策建议。国家邮政局副局长刘君出席会议并讲话。刘君指出，目前快件箱企业的服务范围已开始由派件端向收派两端延展，运营模式由企业自用向平台共享转变，设备投放由企业自用向对外开放推进，市场竞争的格局初步形成。

“一带一路”国际合作高峰论坛寄递安保工作全国启动

4 月 27 日，国家邮政局召开“一带一路”国际合作高峰论坛寄递渠道安全服务保障工作动员部署全国电视电话会，详细解读工作实施方案，并对下一步具体工作进行安排部署。国家邮政局党组成员、副局长刘君出席会议并讲话。刘君表示，“一带一路”国际合作高峰论坛寄递渠道安全服务保障工作是继抗战胜利 70 周年、G20 杭州峰会之后，邮政业承担的又一项重要的政治任务。各级邮政管理部门和邮政、快递企业要充分认清面临的形势和任务特点，切实增强政治责任感和紧迫感，坚决克服麻痹思想和松懈情绪，树立“万无一失、一失万无”的理念，把这项工作抓紧抓实抓到位。

国家邮政局部署全系统“互联网 + 政务服务”工作

4 月 28 日，国家邮政局召开推进“互联网 + 政务服务”工作专题会议，审议并原则通过《国家邮政局推进“互联网 + 政务服务”工作协调机制》和《国家邮政局推进“互联网 + 政务服务”工作分工

方案》,成立国家局推进“互联网+政务服务”工作领导小组,对下一步推进全系统“互联网+政务服务”工作做出了部署。局党组成员、副局长王梅主持会议并讲话。

刘君副局长率团出席世界海关组织—万国邮联(亚太地区)邮关合作联合研讨会

5月1日至4日,应万国邮联邀请和澳大利亚邮政邀请,国家邮政局副局长刘君率代表团赴澳大利亚悉尼出席了世界海关组织—万国邮联(亚太地区)邮关合作联合研讨会。本次研讨会由万国邮联和世界海关组织联合主办,澳大利亚邮政和澳大利亚移民及边境保护部共同承办。来自万国邮联、世界海关组织、亚太邮联以及30多个国家的邮政与海关的100多名代表出席了会议。

刘君副局长率团访问马来西亚

5月4日至6日,应马来西亚通信和多媒体委员会邀请,国家邮政局副局长刘君率5人代表团访问马来西亚,分别与马来西亚通信和多媒体委员会及马来西亚邮政企业就邮政行业的转型、邮政市场的开放与监管、电子商务快速发展对邮政行业的影响、农村电子商务的发展及进一步促进双方在国际邮政事务方面的合作进行了会谈。

首届绿色快递进高校活动全国启动

5月6日,由国家邮政局联合共青团中央共同发起的“绿色快递进高校”活动在全国六所高校同时启动。共青团中央书记处书记傅振邦,国家邮政局党组成员、副局长王梅,北京邮电大学校长乔建永在位于北京邮电大学的主会场共同签收“绿色快件”,揭晓“绿色快递行动标识”,启动“绿色快递进高校”活动。

马军胜局长调研甘肃邮政业发展和行业管理工作

5月7日至9日,国家邮政局党组书记、局长马军胜一行到甘肃省调研邮政业发展和行业管理工作情况,强调要坚持政治方向,巩固发展态势,拓展发展思路,提升服务水平,强化履职能力,确保寄递渠道安全平稳运行,为行业转型升级、科学发展作出积极贡献。

刘君副局长在京检查“一带一路”国际合作高峰论坛寄递安保工作

5月9日上午,国家邮政局党组成员、副局长刘君在北京市检查“一带一路”国际合作高峰论坛寄递渠道安全服务保障工作,强调要进一步增强政治责任感和使命感,严格落实相关制度,确保峰会期间寄递渠道安全畅通。刘君对各企业的寄递安保工作给予肯定,针对目前实名收寄信息系统推广中存在的数据对接共享不顺畅等难点问题,他要求各寄递企业要把实名收寄信息系统推广应用工作摆上重要位置,加快推进协议客户数据的应用和导入,全力以赴做好数据支撑,为确保首都寄递渠道安全畅通贡献力量。

国家邮政局研究部署支持雄安新区邮政业规划发展工作

5月10日,国家邮政局局长马军胜主持召开今年第6次局长办公会,听取关于支持雄安新区邮政业规划发展的工作汇报,对下一步重点任务进行研究部署。马军胜强调,全行业要认真学习和深入贯彻中央精神,提高认识、统一思想,着眼长远、定位高端,力争把新区邮政业打造为邮政业落实新发展理念的示范区、现代邮政业发展的样板区、邮政业改革创新发展的试验区,以实际行动为雄安新区规划、建设和发展贡献应有力量。局领导王梅、赵晓光、刘君出席会议。

国家邮政局审议通过关于加快推进邮政业供给侧结构性改革的意见

5月10日,国家邮政局召开局长办公会,审议并原则通过《国家邮政局关于加快推进邮政业供给侧结构性改革的意见》。局党组书记、局长马军胜强调，要按照“打通上下游、拓展产业链、画大同心圆、构建生态圈”的思路，以“补短板、提质效、降成本”为主轴加快行业供给侧结构性改革，更好地服务经济社会发展和人民群众生产生活。局党组成员、副局长王梅、赵晓光、刘君出席会议。

马军胜局长检查督导“一带一路”国际合作高峰论坛寄递渠道安全保障工作

5月12日上午，“一带一路”国际合作高峰论坛召开倒计时之际，国家邮政局党组书记、局长马军胜一行在北京深入企业分拨处理中心，检查督导企业做好寄递渠道安全保障工作，强调要切实增强政治责任感和紧迫感，从讲政治、顾大局的高度，充分认识做好高峰论坛寄递渠道寄递安全服务保障工作的特殊意义，严格落实收寄验视、实名收寄和过机安检“三项制度”，通过科技手段提高作业效率，提升规范化程度，增强服务水平，高度重视末端网点建设，稳定基层网点运营，确保高峰论坛寄递渠道安全、畅通和高效。

刘君副局长会见美国联合包裹公司国际公共事务与可持续发展副总裁佩妮

5月12日下午，国家邮政局副局长刘君在京会见美国联合包裹公司（UPS）国际公共事务与可持续发展副总裁佩妮（Penny Naas）一行。双方就UPS在华业务发展情况和中国快递业的可持续发展等问题进行了交流。他表示，UPS公司作为国际级的大型快递企业，对中国快递行业发展发挥了有力的推动作用。国家邮政局高度关注UPS公司的在华发展，支持UPS公司在中国现行法律框架内开展业务合作与经营，希望UPS公司能够为我国国内快递企业带来先进的管理经验和理念，促进中国快递业更好发展。

马军胜局长会见贵州省副省长卢雍政一行

5月17日上午，国家邮政局局长马军胜在京会见了贵州省副省长卢雍政一行，双方就加快推进贵州省邮政业发展、加强跨境寄递设施建设等深入交换了意见。马军胜指出，贵州在完善邮政快递服务网络、实现党报当日“见报”、助推“黔货出山”等方面富有成效，邮政业服务地方经济潜力进一步显现，工作成效走在全国前列。他表示，国家邮政局将全力支持贵州省邮政业改革发展，助力推动邮政基础设施建设进程，不断适应地方经济社会发展需要。

杨传堂书记到中国邮政集团公司调研

5月19日，交通运输部党组书记杨传堂到中国邮政集团公司（简称“邮政集团”）就当前邮政改革发展以及1～4月份经济运行情况进行调研。他强调，要深入学习领会习近平总书记系列重要讲话精神和治国理政新理念新思想新战略，牢固树立新发展理念，坚定不移深入推进国有企业改革，在“降成本、补短板、强服务”等方面深化供给侧结构性改革，不断加强党的建设，进一步推动邮政业持续健康发展。邮政集团总经理、党组书记李国华汇报了今年以来公司改革发展稳定、党建工作、集团公司负责人薪酬管理工作等情况。国家邮政局副局长赵晓光，交通运输部总规划师、综合规划司司长陈健参加座谈。

国家邮政局党组审议通过邮政领域深化改革情况报告及成果目录

5月19日，国家邮政局党组书记、局长马军胜主持召开局党组会议，审议通过《邮政领域深化改革情况报告》及《邮政领域深化改革成果目录》。马军胜强调，要在总结过去成功经验的基础上，围绕落实“四个全面”战略布局要求，围绕建成与小康社会相适应的现代邮政业奋斗目标，持续深化邮政领域改革，继续大力实施创新发展驱动战略，努力构建与现代化邮政业相适应的现代治理体系，为行业改革发展提供有力保障。局党组成员、副局长王梅、赵晓光、刘君出席会议，中央纪委驻交通运输部纪检组有关同志列席会议。

国家邮政局党组召开中心组(扩大)学习会

5月23日,国家邮政局党组召开中心组(扩大)学习会,学习贯彻习近平总书记关于“以人民为中心”的重要论述,围绕局党组年初确定的邮政业更贴近民生7件实事推进落实情况进行研讨交流,对办好为民惠民“7件实事”进行再动员再部署。局党组书记、局长马军胜主持会议并讲话,局党组成员、副局长王梅、刘君出席会议。

刘君副局长参加2017年中国大数据产业峰会暨中国电子商务创新发展峰会并调研

5月26日,2017年中国大数据产业峰会暨中国电子商务创新发展峰会在贵阳举行,国家邮政局副局长刘君出席峰会,并在2017中国电子商务创新发展峰会主论坛发表致辞。期间,刘君到贵阳市、遵义市、黔南州等地基层一线快递网点及贵州省快递物流园开展调研,了解全省实名收寄工作开展情况,现场调阅企业实名收寄信息,要求继续做好实名收寄工作。

刘君副局长出席2017北京国际服务贸易交易会开幕式

5月28日上午,2017北京国际服务贸易交易会在北京国家会议中心开幕。国家邮政局党组成员、副局长刘君出席北京国际服务贸易交易会开幕式主旨论坛,并参观北京国际服务贸易交易会快递服务展区。刘君充分肯定了参展快递企业在科技应用、绿色环保、安全生产等方面的创新,勉励企业继续加大科技研发力度,进一步延伸产业和产品链条、进一步提升服务能力和水平,为全球客户和更多行业提供更加优质、安全、便捷、绿色的快递服务。同时他还要求企业,要充分利用好北京国际服务贸易交易会这个展示平台,让各行业和广大公众更加深入地了解快递,并树立中国快递业的崭新形象。

2017年京交会快递服务板块合作签约额再破千亿

5月29日,快递业和关联产业多家知名企业在2017年北京国际服务贸易交易会现场举行2017中国快递行业签约仪式,14场签约涉及快递服务电子商务、制造业、农业以及跨境快递等项目,总签约额再次突破千亿元。签约仪式现场还举行了第二届全国“互联网+”快递大学生创新创业大赛和“中国快递绿色包装产业联盟”的启动仪式。国家邮政局副局长王梅出席签约仪式,国家邮政局副局长刘君、中国快递协会会长高宏峰分别致辞。

马军胜局长、王梅副局长视察北京国际服务贸易交易会快递服务展区

5月31日,2017北京国际服务贸易交易会仍在如火如荼进行中,国家邮政局局长马军胜专程来到快递服务展区视察,与参展企业面对面交流,现场了解行业发展中涌现出来的新亮点、新成果和新趋势。此前的5月29日上午,国家邮政局副局长王梅也参观了快递服务展区。在快递企业的展台前,王梅既察看了企业运用技术手段提升分拨效率的现场展示,也了解了企业使用绿色快件包装、最后一公里投递以及电子面单的使用等情况。

马军胜局长会见美国联合包裹公司董事长兼首席执行官大卫·艾博尼

6月7日下午,国家邮政局马军胜局长会见了来京参加全球首席执行官委员会第五届圆桌峰会的美国联合包裹公司(UPS)董事长兼首席执行官大卫·艾博尼先生。双方就UPS公司在华业务发展、跨境电商与中美快递市场的发展现状和未来趋势等议题交换了意见。马军胜表示,UPS公司在华业务取得了良好的业绩,与企业深化合作将会推动中国快递市场更好发展。他希望UPS公司能够充分发挥自身优势,不断创新服务模式,协同

中国快递业实现更好发展。

《2016 年度快递市场监管报告》审议通过

6 月 12 日，国家邮政局局长马军胜主持召开 2017 年第 7 次局长办公会，审议并原则通过《2016 年快递市场监管报告》。局领导王梅、赵晓光、刘君、邢小江出席会议。马军胜强调，近年来，尤其是党的十八大以后，快递业砥砺奋进，继续保持快速发展的良好势态。在总结过去一年的快递发展和市场监管工作基础上，邮政管理部门要坚持稳态势、转观念、强监管，更好地做好行业管理工作。

马军胜局长会见哈萨克斯坦邮政总裁萨肯·萨森诺夫

6 月 12 日下午，国家邮政局局长马军胜在京会见了来访的哈萨克斯坦邮政总裁萨肯·萨森诺夫先生一行。双方就两国邮政业改革发展及加强在邮政领域的合作等议题进行了会谈。哈萨克斯坦驻华使馆人员陪同参加。马军胜表示，中哈两国是友好邻邦，是“一带一路”沿线的重要国家。从 2013 年习近平主席首次访哈提出“一带一路”倡议到第三次访哈并签署《联合声明》，两国全面战略伙伴关系不断向前健康稳定发展，为两国邮政领域加强合作提供了新的契机。

刘君副局长调研河北省实名收寄信息系统推广应用工作

6 月 15 日至 16 日，国家邮政局党组成员、副局长刘君同志带队赴河北省石家庄、保定、邢台等地调研实名收寄信息系统推广应用工作。刘君在石家庄、保定、邢台等地分别召开座谈会，听取省、市两级邮政管理局工作汇报，对河北省实名收寄信息系统推广应用工作给予充分肯定，并对进一步加强和改进工作提出了具体要求。他强调，河北省具有环绕北京的特殊地理位置，寄递渠道安全监管责任重大，要在实名收寄信息系统推广应用工作中走在前列。

马军胜局长会见美国联邦快递公司总裁兼首席执行官简力行

6 月 20 日，国家邮政局局长马军胜会见了来京参加第九轮中美工商领袖和前高官对话的美国联邦快递公司总裁兼首席执行官简力行先生一行。双方就联邦快递公司在华运营情况、中美快递市场现状及发展趋势等交换了意见。马军胜表示，在当前和今后一个时期，国家邮政局将坚持目标导向、问题导向，继续深化“放管服”改革，按照“打通上下游、拓展产业链、画大同心圆、构建生态圈”的思路，促进和优化行业联动发展，坚持提质增效，坚持普惠为民，引导和规范行业健康有序发展。

王梅副局长、刘君副局长调研首都高校快递服务工作

6 月 21 日和 6 月 29 日，国家邮政局副局长王梅、刘君先后来到北京部分高校，调研快递绿色包装和“最后一公里”服务问题。王梅强调，随着校园快递最后一公里第三方服务方式的日渐成熟，应当同步建立快递包装的回收体系，最终形成“快件派送＋包装处理”的生态闭环。刘君强调，推动快递进高校，要加强统筹协调，争取教育、公安、商务等部门的支持，形成解决问题的合力；要把工作做细，争取地方资金扶持，在场地、水电等方面给予优惠。

赵晓光副局长会见斯洛伐克驻华大使

6 月 22 日，国家邮政局副局长赵晓光在京会见了斯洛伐克驻华大使杜尚·贝拉一行。双方就促进两国在邮政快递领域的合作及联合发行邮品等事宜进行了交流。赵晓光表示，斯洛伐克是最早与中国建交的国家之一，也是首批与中国签署“一带一路”合作有关谅解备忘录的欧洲国家，两国长期以来保持着友好合作关系。作为中国邮政行业的政府主管部门，希望能够在“一带一路”框

架下，进一步推动两国在邮政快递领域的交流合作，为促进两国邮政业的发展做出努力。

国家邮政局部署扎实推进邮件快件实名收寄工作

6月23日，国家邮政局在北京召开会议，部署扎实推进邮件快件实名收寄工作。局党组书记、局长马军胜出席会议并讲话，强调要充分认识邮件快件实名收寄工作的重大意义，加快推进实名收寄信息系统推广应用，夯实寄递渠道安全基础，为喜迎党的十九大胜利召开做出积极贡献。局党组成员、副局长刘君主持会议。马军胜强调，下半年，党的十九大即将召开，寄递渠道安全管理和保障工作的责任更加重大、任务更加艰巨，要在前期工作的基础上认真总结经验，围绕存在问题制定对策，攻克难关，全力完成年内既定目标，确保寄递渠道安全、平稳、畅通。

国家邮政局推进支持雄安新区邮政业建设与发展工作

6月26日，支持雄安新区邮政业建设与发展领导小组成立暨第1次会议在北京召开，就邮政业进一步贯彻落实中央设立雄安新区的战略决策进行研究部署。国家邮政局党组书记、局长、领导小组组长马军胜主持会议并讲话，强调要从“国家大事、千年大计”的战略高度统筹谋划，以“功成不必在我”的精神境界持续推进，解放思想、锐意进取，举全行业之力支持雄安新区建设发展。国家邮政局党组成员、副局长、领导小组副组长邢小江在会上宣读了《国家邮政局关于成立支持雄安新区邮政业建设与发展领导小组及办公室的通知》，中国邮政集团公司党组成员、副总经理、领导小组副组长康宁介绍了中国邮政集团公司服务雄安新区建设的主要思路。

赵晓光副局长调研甘肃邮政业发展情况

6月27日至7月2日，国家邮政局副局长赵晓光一行赴甘肃兰州、武威、金昌、张掖、嘉峪关、酒泉等市调研邮政业发展情况。赵晓光一行冒着酷暑、日夜兼程，驱车一千多公里，行程横跨河西走廊等6市、14县(区)，足迹遍及邮件分拣中心、城乡邮政局所、乡镇快递网点、村邮站、农特产品生产和收寄点等30多个调研点。

马军胜局长率中国代表团出席第12届亚太邮联代表大会

7月3日，第12届亚洲太平洋邮政联盟(以下简称亚太邮联)代表大会在伊朗首都德黑兰开幕，国家邮政局局长马军胜率中国代表团出席大会。他表示，作为亚太地区邮政大家庭的一员，中国一直积极参与国际邮政事务，愿继续与各国加强合作交流，共同推动亚太地区邮政业的改革发展。中国代表团由外交部、国家邮政局、中国邮政集团公司、香港邮政署和澳门邮电局等代表组成。7月4日，国家邮政局局长马军胜在伊朗德黑兰会见了出席第12届亚太邮联代表大会的万国邮联国际局总局长比莎尔·侯赛因，双方就万国邮联改革工作交换了意见。

中国与伊朗签署加强邮政领域合作的谅解备忘录

7月5日，国家邮政局局长马军胜率团在德黑兰与伊朗信息通信技术部副部长兼伊朗国家邮政公司董事会主席、总裁迈赫里·侯赛因为首的伊朗代表团举行会谈，就邮政行业发展、邮政事务合作、万国邮联改革等话题进行交流，并与迈赫里·侯赛因共同签署加强邮政领域合作的谅解备忘录。

国家邮政局召开长江经济带邮政业发展联席会议制度第1次会议

7月5日至6日，为进一步落实《国家邮政局关于加快长江经济带邮政业发展的指导意见》，国家邮政局在云南昆明召开长江经济带邮政业发展联席会议制度第 1 次会议。国家邮政局党组成员、副局长邢小江出席会议并讲话。会议宣读了国家邮政局关于建立推进长江经济带邮政业发展联席会议制度的决定，审议通过了《加快长江经济带邮政业发展 2017－2018 年重点工作任务》。会议还邀请权威专家介绍了长江经济带发展有关情况。推进长江经济带邮政业发展联席会议成员和联络员参加会议。

第 12 届亚太邮联代表大会闭幕林洪亮顺利连任亚太邮联秘书长

7 月 6 日，在伊朗德黑兰举行的第 12 届亚太邮联代表大会上，我国政府推荐候选人、现任亚太邮联秘书长林洪亮竞选连任成功，新一届任期为 2018 年－2021 年。他此次也创下亚太邮联秘书长选举的一个纪录，成为首位作为唯一候选人成功连任的秘书长。在结束所有会议议程之后，此次代表大会于当日下午顺利闭幕。中国代表团团长、国家邮政局局长马军胜表示，在历任秘书长和各成员国的共同努力下，亚太邮联充分发挥桥梁纽带作用，在促进地区邮政领域合作与发展方面发挥日益重要的作用。

国家邮政局全面部署邮件快件实名收寄工作

7 月 10 日，国家邮政局在北京召开会议，总结邮件快件实名收寄工作试点启动以来有关情况，分析形势、问题和任务，对下一步工作再动员、再部署。局党组书记、局长马军胜出席会议并讲话，强调要坚决按照党中央、国务院决策部署，以抓铁有痕、踏石留印的作风，勇于担当、开拓进取的精神，善始善终、善作善成的态度，上下齐心，真抓实干，共同努力，真正把邮件快件实名收寄工作抓实抓细抓出成效，以优异成绩迎接党的十九大胜利召开。局党组成员、副局长刘君主持会议并讲话。

国家邮政局召开第三季度例行新闻发布会

7 月 11 日，国家邮政局召开 2017 年第三季度例行新闻发布会，首次介绍了邮件快件实名收寄信息系统及其推广应用的情况。国家邮政局市场监管司司长冯力虎表示，将采取“总对总”的方式进行数据共享，按照试点先行、逐步推广的原则，力争在 2018 年年底前实现实名收寄信息化全覆盖。会上还发布了《2017 年二季度中国快递发展指数报告》。

国家邮政局分析上半年行业运行情况

7 月 12 日，国家邮政局局长马军胜主持召开局长办公会，分析上半年行业经济运行情况，研判发展形势，部署下一步重点工作。国家邮政局副局长王梅、赵晓光、刘君、邢小江出席会议。马军胜指出，今年上半年，邮政全行业紧紧围绕党中央、国务院决策部署，牢固树立和贯彻落实新发展理念，坚持稳中求进工作总基调，聚焦重点、突破难点，主动作为、真抓实干，主要经济指标继续保持高位增长，邮政新产品拓展不断发力、快递新动能集聚不断增强、行业新技术应用不断加快，行业运行整体呈现出稳中有好、稳中有进、稳中有新的良好态势。

马军胜局长与国邮智库专家共议行业发展

7 月 13 日，在北京邮电会议中心，一场国邮智库专家沙龙正在如火如荼地进行中，七位来自不同领域的专家与国家邮政局局长马军胜一起，为快递业“号脉”，为行业创新发展转型升级出谋划策。马军胜认真倾听每一位专家的发言，不时还与专家进行互动。他表示会后将认真梳理和消化吸收各位专家所提意见建议，从稳定行业发展态势、加快行业转型升级、加强政府服务等方面着手，制订务实的政策措施，不断做好行业发展和邮政管理工作。

邢小江副局长率团访问保加利亚

7 月 16 日至 19 日，应保加利亚交通信息技术通信部邀请，国家邮政局副局长邢小江率 5 人代表团访问保加利亚，分别与保加利亚交通信息技术通信部、保通信监管委员会和保邮政公司就邮政业改革发展、政策制定、邮政市场开放与监管及共同推进在“一带一路”建设方面的合作等内容进行了会谈，并与保交通信息技术通信部共同签署了《关于响应“一带一路”倡议加强邮政和快递领域合作会议纪要》。

公安部国家邮政局等九部门部署开展易制爆危险化学品和寄递物流专项整治工作

7月18日，公安部、中央综治办、国家安全部、交通运输部、海关总署、国家安全监管总局、国家铁路局、中国民航局、国家邮政局等9部门联合召开电视电话会议，部署从现在起至年底在全国范围内集中开展易制爆危险化学品和寄递物流专项整治行动。国家邮政局党组成员、副局长刘君出席会议，并对寄递渠道开展专项整治工作作出部署要求。

中匈签署关于加强两国邮政和快递领域合作备忘录

7月19日至22日，应匈牙利国家发展部邀请，国家邮政局副局长邢小江率5人代表团访问匈牙利，与匈邮政和国家金融业务总署副国务秘书胡哈兹·伊迪特博士及副国务秘书莫妮卡·科瓦斯博士等进行了会谈，双方就在中国“一带一路”倡议和匈牙利“向东开放”战略框架下加强邮政和快递领域的友好合作达成共识，并签署谅解备忘录。

《国家邮政局关于推进邮政业安全生产领域改革发展的指导意见》审议通过

7月21日，国家邮政局党组书记、局长马军胜主持召开局党组会议，审议并原则通过《国家邮政局关于推进邮政业安全生产领域改革发展的指导意见》。马军胜强调，学习好、领会好、贯彻好中共中央、国务院印发的《关于推进安全生产领域改革发展的意见》精神，对于加强邮政业安全生产监督管理、推进行业安全领域改革发展具有重要意义；出台指导意见是贯彻落实党中央、国务院关于推进安全生产领域改革发展工作部署的实际举措，将有力推动邮政业安全生产整体水平再上新台阶。局党组成员、副局长王梅、赵晓光出席会议，局党组成员、副局长刘君传达了全国安全生产电视电话会议精神。

赵晓光副局长会见南非邮政代表团

7月28日，国家邮政局副局长赵晓光在上海会见了以南非邮政公司首席执行官马克·巴尼恩为首的南非邮政代表团。双方就加强两国邮政和电子商务领域合作等问题交换了意见，并共同参观了京东位于上海嘉定的“亚洲一号”现代化物流中心。赵晓光表示，中国邮政企业积极顺应世界邮政及电子商务发展趋势，依托本国实际，加快转型升级，将电子商务作为优先发展方向，逐步提高电子商务业务占总收入的比重。作为行业管理部门，国家邮政局将与南非邮电部共同推动两国企业的合作，在金砖国家合作框架中发挥示范作用。

马军胜局长调研安徽省邮政业发展情况

7月28日至31日，在全国邮政管理局长座谈会召开前后，国家邮政局党组书记、局长马军胜深入安徽合肥、芜湖密集调研寄递企业、电商企业与关联产业，并与当地政府部门座谈，强调行业要抢抓机遇、开拓思路、改革创新，与上下游联动发展，积极融入地方经济，为广大民众和亿万商家提供优质的寄递服务。国家邮政局普服司、市场司、人事司和安徽省邮政管理部门相关负责同志陪同调研。

刘君副局长出席合肥市“中国快递示范城市”挂牌仪式

7月28日，合肥“中国快递示范城市”挂牌仪式举行，合肥市市长凌云从国家邮政局副局长刘君手中接过“中国快递示范城市”金色牌匾，宣告合肥市快递业加快发展、转型升级进入新阶段。合肥市是国家邮政局去年授予的8个“中国快递示范城市”中首个挂牌的城市。刘君表示，希望合肥市邮政业以挂牌为契机，抢抓机遇、开拓创新，着力推动行业转型升级、积极服务地方经济社会发展；率先示范、更进一步，擦亮“中国快递示范城市”的牌子，并将合肥经验向全国辐射，真正在全国起到示范作用。

全国邮政管理局长座谈会在合肥召开

7月29日至30日，国家邮政局在安徽合肥召开全国邮政管理局长座谈会，总结上半年主要工作，分析研判行业面临的新形势新挑战，部署下半年重点任务。局党组书记、局长马军胜出席会议并讲话，他强调全系统要坚持问题导向和目标导向，巩固行业发展态势，拓展行业格局，强化行业监管，优化政府服务。局党组成员、副局长王梅主持会议，局党组成员、副局长赵晓光、刘君、邢小江出席会议并讲话。

邮政业封装用胶带等标准审议通过

8月2日，国家邮政局局长马军胜主持召开2017年第9次局长办公会，审议并原则通过《邮政业封装用胶带　第1部分：普通胶带》和《邮政业封装用胶带　第2部分：生物降解胶带》两项标准、《国家邮政局关于深入开展违法寄递危险化学品整治工作的通知》《金砖国家领导人第九次会晤寄递渠道安全服务保障工作实施方案》。局领导王梅、赵晓光、刘君、邢小江出席会议。

国家邮政局深入学习贯彻习近平总书记重要讲话精神

8月3日，国家邮政局党组书记、局长马军胜主持召开局党组会议，传达学习习近平总书记在中央政治局会议上关于做好下半年经济工作的重要讲话精神，研究贯彻落实工作。马军胜强调，要进一步增强“四个意识”，自觉把思想和行动统一到党中央对当前经济形势的分析判断和下半年经济工作的部署要求上来，坚定信心，奋发有为，努力做好邮政业改革发展稳定各项工作，以优异成绩迎接党的十九大胜利召开。局党组成员、副局长王梅、赵晓光、刘君、邢小江出席会议。

首届“诚信快递你我同行”演讲比赛成功举办

8月7日至8日，由国家邮政局、中国快递协会主办，国家邮政局邮政业安全中心、中国邮政快递报社协办的首届“诚信快递你我同行”演讲比赛全国总决赛在北京圆满举行。经过初赛和复赛的激烈角逐，企业组、管局组两个组别分别决出全国决赛一、二、三等奖和优秀奖。国家邮政局党组成员、副局长刘君出席决赛复赛和颁奖仪式，为一等奖选手颁奖并讲话。

赵晓光副局长调研四川、西藏邮政业发展情况

8月7日至18日，国家邮政局党组成员、副局长赵晓光赴四川、西藏两省(区)，就邮政业发展情况进行调研，并代表国家邮政局党组看望慰问藏区邮政管理系统基层干部、邮政企业职工。赵晓光在成都听取了四川省邮政管理局和省邮政分公司汇报，他充分肯定四川在邮政普遍服务、快邮合作等方面所作的努力和探索，指出邮政业发展要立足四川各个区域之间的自然条件相差大、经济发展不平衡的实际，不断提升普遍服务质量和水平，努力做到“四个示范”。

马军胜局长赴广西玉林调研

8月8日，国家邮政局局长马军胜前往“百香果之乡”玉林北流市实地调研快递下乡相关工作。他表示，行业要发展，挣钱是必须的。一方面要通过转型升级、提高技术创新等手段来谋长远，另一方面要通过业务量规模化和业务种类特色化细分化来解决眼前的运营难题。马军胜鼓励各家企业趁热打铁，深耕细作“快递下乡”这篇大文章，未雨

绸缪布局企业未来发展，继续做好与当地百香果产业的联动发展，在快件揽收、包装、配送等方面提高效率，提升服务水平，推动百香果寄递业务实现规模化、特色化发展，向规模要效益，以特色创品牌。

国家邮政局动员部署邮政业安全综合整治暨金砖会晤寄递安全服务保障工作

8月9日，国家邮政局召开电视电话会议，贯彻落实近期中央安全工作指示要求，动员部署邮政业安全综合整治和反恐怖防范等工作，切实做好金砖国家领导人第九次会晤寄递渠道安全服务保障。国家邮政局党组成员、副局长刘君出席会议并讲话。会议强调，面对严峻复杂的工作形势，全行业要认真学习贯彻习近平总书记重要指示精神，按照中央9部门联合部署，突出问题导向，在全国集中开展易制爆危险化学品和寄递物流专项整治行动。

全国邮政业标准化技术委员会审查通过《快递封装用品》系列国家标准

8月9日，全国邮政业标准化技术委员会在内蒙古巴彦淖尔组织召开《快递封装用品》系列国家标准修订审查会。16名委员和特邀专家参加会议。标委会主任、国家邮政局副局长邢小江出席会议。会议听取了标准起草组关于《快递封装用品　第1部分：封套》《快递封装用品　第2部分：包装箱》《快递封装用品　第3部分：包装袋》3项国家标准（送审稿）修订情况的报告，并就标准的主要内容进行了认真细致的审议。

马军胜局长看望慰问最美快递员并主持召开座谈会

8月17日，国家邮政局党组书记、局长马军胜前往北戴河，看望慰问在此休养的最美快递员，并主持召开座谈会，就《快递暂行条例（征求意见稿）》征求意见。国务院法制办有关负责同志参加座谈会并就有关问题作了介绍。马军胜强调，国家邮政局党组一直以来高度关注行业的健康发展，今年年初以来在推进基层网点发展、维护一线员工权益、加强上下游联动等方面作了大量工作，希望大家尤其是服务在一线的快递员们能够立足岗位多作贡献，共同促进快递这匹“黑马”从快向大、强、优、好转型。

邢小江副局长调研山西邮政业发展情况

8月22日至25日，国家邮政局党组成员、副局长邢小江在山西临汾、晋城、运城市调研国务院促进快递业发展若干意见、邮政业发展“十三五”规划、邮政业更贴近民生7件实事等工作落实情况。山西省邮政管理局主要负责人、国家邮政局政策法规司有关人员陪同调研。

刘君副局长赴天津督导第十三届全运会寄递渠道安全服务保障工作

8月24日，国家邮政局副局长刘君赴天津督导检查第十三届全运会寄递渠道安全和服务保障工作。刘君要求，天津各级邮政管理部门和邮政业全体干部员工要牢固树立“四个意识”，提高政治站位，采取有效措施，落实“三项制度”，全力保障第十三届全运会期间寄递渠道安全，为党的十九大胜利召开营造良好寄递环境。

马军胜局长会见香港邮政署新任署长梁松泰

8月24日，国家邮政局局长马军胜在北京会见了香港邮政署新任署长梁松泰一行，双方就内地与香港邮政改革发展情况以及双方深化合作等共同关心的话题深入交换了意见。马军胜表示，香港回归祖国以来，内地与香港邮政间的交流日趋密切、合作愈加紧密，在很多方面均取得了显著成效，希望双方在此基础上进一步加强和密切交流与合作，共同推进内地和香港邮政业发展，不断加强跨境包裹寄递方面的合作，改善服务品质、扩大服务范围、提升通关效率，为消费者提供更便捷、更高效的寄递服务，为内地和香港经济发展作出更大贡献。

刘君副局长赴厦门检查督导金砖会晤寄递渠道安全服务保障工作

8 月 29 日，国家邮政局副局长刘君赴厦门检查督导金砖会晤寄递渠道安全保障工作。刘君要求，各级邮政管理部门和邮政业全体干部员工要牢固树立“四个意识”，提高政治站位，采取有效措施，全力做好决战攻坚阶段寄递渠道安全保障工作，确保寄递渠道安全畅通和行业平稳运行，为党的十九大胜利召开营造良好寄递环境。

刘君副局长在广东调研邮政业发展情况

8 月 29 日至 31 日，国家邮政局副局长刘君一行在广东揭阳、深圳等地开展工作调研，要求广东邮政管理系统和全行业坚持稳发展、保安全、强党建，结合广东的资源禀赋和地域特点做好行业发展和管理工作。8 月 30 日上午，在揭阳市政府会议室，刘君代表国家邮政局，向揭阳市授予“中国快递示范城市”牌匾。

《快递暂行条例》立法调研组赴沪征求意见

8 月 30 日，由国务院法制办党组成员、副主任甘藏春，交通运输部党组成员、副部长戴东昌，国家邮政局党组成员、副局长赵晓光带队的《快递暂行条例》立法调研组赴上海，就《快递暂行条例（草案）》与企业座谈并征求意见。甘藏春、戴东昌出席座谈会并讲话，赵晓光主持会议。

刘君副局长赴河南督导检查党的十九大寄递渠道安全保障工作

9 月 5 日至 9 月 8 日，国家邮政局副局长刘君赴河南督导检查党的十九大寄递渠道安全保障工作，要求河南邮政管理系统和全行业要坚持围绕中心、服务大局，以最高标准、最严部署、最强措施、最佳状态，确保寄递渠道安全平稳畅通，以实际行动为党的十九大胜利召开作出贡献。刘君强调，邮政管理部门和全行业要充分认识党的十九大期间寄递安保工作的极端重要性，坚决杜绝乐观轻敌、麻痹松懈等情绪，协同公安等部门重拳出击、重点打击，集中安检、统一监管，进一步加强对社会面的管控力度，上硬手段、用实措施、死看死守，确保进京邮件快件“零危险”，全力以赴做好党的十九大期间寄递安全服务保障工作。

刘君副局长督导检查内蒙古寄递服务和安全生产工作

9 月 11 日至 21 日，国家邮政局党组成员、副局长刘君参加国务院安全生产委员会组织开展的安全生产大检查活动，对内蒙古自治区进行综合督查，并带队检查指导内蒙古自治区快递服务和安全生产工作。刘君指出，快递服务对于提升区域经济活力，支撑西部农村电商，具有重要意义。内蒙古邮政企业、快递企业要把握发展机遇，提高生产能力，结合地方经济特点开发适合当地农村电商以及制造业需求的服务产品，擦亮“快递服务现代农业示范基地”招牌，坚持依法经营，落实标准规范，加快转型升级，保持良好发展势头。

王梅副局长调研辽宁县级机构工作情况并为大连“中国快递示范城市”授牌

9 月 12 日至 13 日，国家邮政局副局长王梅在辽宁省大连市深入调研指导辽宁省县级邮政管理机构组建工作，并为大连“中国快递示范城市”授牌。调研期间，王梅主持召开座谈会，听取辽宁省邮政管理局、部分市局和 16 个县级机构的工作汇报。调研期间，王梅还深入庄河邮政管理局、庄河市徐岭镇大房身村的新型村邮站和辽宁对外经贸学院，对县级机构运行情况、农村邮政服务创新发展、快递人才基地建设、校园快递服务点等进行了实地调研，对大连扎实推进高校邮政快递服务站开展“绿色快递节能减排”包装材料循环使用等活动给予了高度评价。

马军胜局长率团访问美国

9 月 12 日至 17 日，国家邮政局局长马军胜应邀率团访问美国，与美国国务院、邮政监管委员会进行工作会谈，就加强中美两国邮政业合作交流、强化邮政普遍服务保障监督、推动邮政服务创新和国际邮政事务协调等深入交换了意见。代表团分别与美国邮政、UPS、FedEx、eBay 等企业进行了工作交流，就业务创新服务转型、国际网购支撑和数据安全管控等交换了看法。马军胜一行还在亚特兰大等地调研了美国快递企业服务医疗健康领域、美国邮政创新实践以及中国快递企业在美投资发展等情况。国家邮政局政策法规司、市场监管司和黑龙江省邮政管理局有关负责人陪同访问。

全国邮政行业职业技能竞赛决赛于 9 月 26 在青岛举办

9 月 15 日，2017 中国技能大赛——全国邮政行业职业技能竞赛组委会召开全体会议，总结前期省级初赛情况，研究部署决赛重点工作。国家邮政局党组成员、副局长、竞赛组委会主任邢小江出席会议并讲话。根据安排，决赛于 9 月 26 日至 27 日在青岛举办，前三名选手将被授予“全国技术能手”荣誉称号，并晋升职业等级。邢小江指出，此次全国邮政行业职业技能竞赛是邮政管理部门牵头组织的首次国家级竞赛，国家邮政局高度重视，将竞赛作为邮政行业技能队伍建设的重要内容和抓手。邢小江强调，在关键的决赛阶段，相关各方要牢固树立“严谨、周密、细致”的工作作风，统筹安排、精心组织，高标准、高质量地做好决赛工作。

马军胜局长率团访问加拿大

9 月 17 日至 19 日，国家邮政局马军胜局长应邀率团访问加拿大，就行业未来发展趋势和创新转型、业务合作以及国际邮政事务协调等议题进行了深入交流。马军胜局长对加方的热情接待表示感谢。他强调，随着全球经济一体化和跨境电子商务的迅速发展，中加两国邮政业发展面临重大机遇，中方愿意同加方深化合作，加强协调，共同提高跨境寄递服务质量，不断提升客户体验，推动两国邮政业健康可持续发展。

邢小江副局长到福建调研邮政管理系统党建工作

9 月 18 日至 21 日，国家邮政局党组成员、党建领导小组副组长、副局长邢小江一行深入到福建部分市邮政管理局调研系统党建工作。邢小江带领调研组一行先后前往南平、三明、龙岩和漳州市邮政管理局开展调研，认真听取省局和各市局党建工作情况汇报，详细了解党、团、工会组织机构设置和人员配备情况、基层党组织和党建队伍建设情况和党建工作经验做法，深入调查“两学一做”学习教育开展情况和非公有制企业党、团、工会组织建设等情况。

“双 11”快递服务动员会在上海召开

9 月 20 日，中国快递协会在上海召开“双 11”快递服务动员会。会议对今年“双 11”期间快件处理量及呈现出的新特点进行了预测。预测结果显示，“双 11”期间，全行业的快件处理总量将达到新的量级，有望突破 10 亿件。为打好这场硬仗，中国快递协会向全国快递企业和各级快递协会发出《共同面对新旺季　携手打造新快递》的倡议，并举行了相关仪式。国家邮政局市场监管司、邮政业安全中心相关负责同志，上海市邮政管理局主要负责同志，19 个省（区、市）快递协会，16 家主要快递企业和菜鸟网络相关负责人参加会议。

国家邮政局举行大数据应用专题讲座

9 月 22 日，国家邮政局召开全国邮政管理系统电视电话会，邀请中国工程院院士、中国互联网协会理事长邬贺铨就“大数据应用”做专题讲座。

国家邮政局党组书记、局长马军胜主持讲座并讲话。马军胜结合讲座内容，对行业大数据工作提出三点要求，一是要高度重视行业大数据体系的构建，坚持和巩固已有的信息化应用，加强和扩大新技术投入。二是要加快提高行业大数据管控水平，推动行业实现从大到强的新跨越。三是要全面提升行业大数据价值，加强与行业上下游、各部门、各地区合作，共同做好邮政、快递大数据挖掘应用工作。

牢固树立红线意识做好安全生产工作

国庆节、中秋节（以下简称“两节”）将至，党的十九大即将召开，做好邮政业安全生产工作任务艰巨。近日，为有效预防和减少各类安全事故，国家邮政局下发关于进一步做好邮政业安全生产工作的紧急通知，要求各级邮政管理部门牢固树立红线意识，坚决克服松懈麻痹思想，坚决防范遏制重特大事故发生，确保寄递渠道安全、畅通、平稳。通知从四个方面对做好邮政行业安全生产工作提出了具体要求。一是高度重视，切实加强对安全生产工作的组织领导。二要深入开展安全生产大检查，严防发生重特大生产安全事故。三要严格落实寄递安保反恐措施，确保寄递渠道安全畅通。四要加强应急管理，强化值班值守。

首届全国邮政行业职业技能竞赛决赛落幕

9月26日至27日，2017年中国技能大赛——全国邮政行业职业技能竞赛决赛在山东青岛圆满落幕。作为邮政体制改革以来国家邮政局首次主办的国家级竞赛，也是全行业规格最高、参与范围最广的技能比赛，本次竞赛备受各方瞩目。来自26个省（区、市）的70名参赛选手经过激烈角逐，最终，孙季冬、潘林军、李晓晓三名选手脱颖而出获得一等奖，卢海龙等12名选手获得二等奖，谢武辉等15名选手获得三等奖。国家邮政局党组成员、副局长邢小江出席大赛闭幕式并为获得一等奖的选手颁奖。

国家邮政局对党的十九大寄递渠道安全服务保障实战攻坚工作进行再动员再部署

9月28日，国家邮政局召开电视电话会议，认真学习贯彻中央领导同志有关重要指示批示精神，深入分析面临的形势任务，就做好党的十九大寄递渠道安全服务保障实战攻坚工作进行再动员再部署，明确目标、强化责任、鼓舞干劲、奋力攻坚，努力为党的十九大胜利召开营造安全稳定的寄递服务环境。国家邮政局党组书记、局长马军胜，局党组成员、副局长赵晓光、刘君出席会议并讲话。

马军胜局长督导检查党的十九大期间北京市邮政业安全服务保障工作情况

9月29日，国家邮政局局长马军胜对党的十九大期间北京市邮政业安全服务保障工作进行督导检查。他强调，党的十九大寄递渠道安全服务保障即将进入决战阶段，要紧紧围绕“四个严防、两个确保”目标，以最高标准、最严部署、最强措施、最佳状态、最优效果，狠抓各项工作落实，坚决打赢这场硬仗。马军胜表示，党的十九大召开在即，做好党的十九大寄递渠道安全服务保障工作任务艰巨，使命光荣。要把做好党的十九大寄递渠道安保工作作为首要任务。

刘君副局长督导检查国庆期间北京市快递业安全服务保障工作

10月2日，国家邮政局副局长刘君带队督导检查国庆期间北京市快递业安全服务保障工作。北京市邮政管理局主要负责同志、国家邮政局市场监管司相关负责同志等陪同检查。

刘君指出，党的十九大即将召开，企业安全生产责任重大。进入冬季以后，火灾、交通事故的隐患有所增加，快递企业要严格落实安全制度，安全管理工作决不能流于形式，一定要落到实处。

国家邮政局党组召开中心组(扩大)学习会

10月9日下午,国家邮政局党组召开中心组(扩大)学习会,学习主题是发扬学哲学用哲学优良传统,运用科学理论指导邮政业改革发展实践。国家邮政局党组书记、局长马军胜主持会议并讲话。局党组成员、副局长王梅、赵晓光出席会议,局党组成员、副局长刘君出席会议并发言。中央党校哲学教研部教授刘毅强应邀做专题讲座。马军胜要求,全系统要认真学习“两论”等哲学经典著作,大力发扬学哲学用哲学的优良传统,指导推动邮政业改革发展迈向更高层次。

“双节”期间邮政业安全平稳运行

根据国家邮政局邮政业安全监管信息系统监测数据显示,2017年国庆、中秋假日(10月1日至10月8日)快递业共完成快递业务量7亿件,与2016年同期相比增长15.5%。网络运行总体畅通,安全生产总体平稳,为假日消费市场商品流通提供了有力支撑。从揽收情况观察,“双节”(10月1日和10月4日)当日发件量明显减少,日均发件量为节前一半左右;假期后半程(10月5日始),发件量逐渐增加,日均值超过1亿件,基本恢复至节前运行水平。

国家邮政局结合行业发展开展扶贫效果明显

10月10日,中央国家机关定点扶贫工作成果展开幕式在北京举行。中央书记处书记、中央国家机关工委书记杨晶出席并讲话。国家邮政局党组成员、副局长王梅出席开幕式并参观展览。开幕式结束后,与会代表参观了展览,并在国家邮政局定点扶贫工作展台前驻足。国家邮政局派出的新任哈叭气村“第一书记”陈拔群现场为参会代表介绍了定点帮扶以来,村里发生的新变化、新气象。

刘君副局长督导检查山西河北两省寄递安全服务保障工作

10月10日至12日,国家邮政局党组成员、副局长刘君带队赴山西、河北,对两省部署开展党的十九大期间寄递渠道安全服务保障工作情况进行督导检查。在山西省太原、阳泉,河北省石家庄等地,检查组深入了解当地邮政管理部门和邮政企业、快递企业贯彻落实国家邮政局党的十九大期间寄递渠道安全服务保障工作部署,强化寄递物品安全管理,维护寄递渠道安全畅通和邮政行业平稳运行等工作情况。刘君强调,一是提高思想认识,调整工作重心。二是严格三项制度,强化安全管理。三是加强过程管理,落实主体责任。

国家邮政局督导检查部分寄递企业总部安全生产工作

10月10日至13日,国家邮政局派出两个工作组对圆通、中通、申通、韵达、EMS、京东、顺丰和速尔等8家寄递企业总部安全生产工作进行督导检查。工作组听取了企业总部围绕贯彻落实国家邮政局党的十九大期间寄递渠道安全服务保障工作部署等情况的介绍;查阅了企业总部有关安全生产机构、制度、方案、预案、内部检查记录和处理通报等文件档案以及组织隐患排查、培训教育、应急演练等相关资料;询问了寄递企业安全生产管理机构负责人、安全生产管理人员和相关人员落实安全管理职责的情况。

王梅副局长到河北平泉调研定点扶贫工作

10月11日至12日,国家邮政局党组成员、副局长王梅带队赶赴河北平泉,走访慰问贫困户,并就精准扶贫工作展开密集调研。王梅强调,要切实贯彻落实好习近平总书记关于扶贫攻坚的重要战略思想,坚定“四个意识”,着力发挥基层党支部的战斗堡垒和党员干部的先锋模范作用,强化脱贫攻坚主体责任,坚决打赢脱贫攻坚这场硬仗中的硬仗,为党和人民交上一份满意的答卷。

赵晓光副局长会见斯洛伐克驻华大使杜尚·贝拉

10月11日下午,应斯洛伐克大使杜尚·贝拉先生的邀请,国家邮政局副局长赵晓光在斯驻华大使官邸与杜尚·贝拉大使进行了双边会谈。双方就进一步推动两国邮政领域的交流合作进行了深入的探讨。赵晓光指出,国家邮政局愿意在"一带一路"建设的框架下,推动中斯两国在邮政领域的合作,为促进两国邮政业的共同发展发挥积极作用。他向杜尚·贝拉大使详细介绍了中国领导的万国邮联铁路运邮试点项目进展情况,希望斯方关注和参与中欧班列运邮测试工作,共同推动中国和中东欧国家跨境贸易的发展。

赵晓光副局长赴天津督导检查党的十九大寄递安全服务保障"护城河"工作

10月12日,国家邮政局副局长赵晓光赴天津督导检查党的十九大寄递安全服务保障"护城河"工作。他强调,全行业要牢固树立"四个意识",严格落实寄递安全"三项制度",充分认识党的十九大寄递渠道安保工作的极端重要性,始终要绷紧安全这根弦,切实消除安全死角和管理盲区,有效发挥天津"环京护城河"作用,确保党的十九大寄递渠道安全万无一失。赵晓光先后到武清邮政分公司、武清中通快递公司和武清邮政速递分公司进行督导检查。

赵晓光副局长在京检查党的十九大邮政服务保障工作

10月13日下午,中国共产党第十九次全国代表大会(以下简称"党的十九大")召开前的最后一个周末,国家邮政局副局长赵晓光到北京市督导检查党的十九大邮政服务保障工作。他强调,做好党的十九大邮政服务和安全保障工作责任重大、使命光荣,还有几天会议就要召开,邮政服务保障工作现在已经进入实战阶段,政企双方要把增强政治意识、大局意识、忧患意识和责任意识,融入到党的十九大邮政服务保障的实际工作中,做到讲政治,讲大局,不讲条件,不讲困难,确保党的十九大邮政服务和安全保障工作万无一失。

刘君副局长赴北京局对党的十九大寄递安保工作进行再动员再部署

10月15日,国家邮政局副局长刘君来到北京局对党的十九大寄递渠道安全服务保障工作进行再动员再部署。他强调,党的十九大寄递安保工作已进入决战阶段,各级邮政管理部门要按照中央和国家局党组要求,围绕"全国保北京,北京保核心",坚持认识不动摇、标准不降低、执行不减力、干劲不滑坡,以最高标准、最严措施、最强组织和最佳状态确保党的十九大寄递渠道安保工作万无一失。国家局市场监管司、邮政业安全中心、北京局主要负责人和各区局负责同志参加会议。

国家邮政局召开党组扩大会议传达学习党的十八届七中全会公报

10月15日下午,国家邮政局党组书记、局长马军胜主持召开党组扩大会议,传达学习党的十八届七中全会公报。会议指出,党的十八届七中全会是在党的十九大即将召开之际的一次非常重要的会议。国家邮政局党组对全会公报表示坚决拥护。马军胜代表局党组对全系统落实全会公报精神,提出三点要求:一要坚决维护党中央权威,牢固树立政治意识、大局意识、核心意识、看齐意识。二要以高度负责、奋发有为的精神状态做好各项工作,为党的十九大胜利召开提供有力保障。三要认真部署落实党的十九大精神的学习宣传贯彻工作。

国家邮政局召开2017年第四季度例行新闻发布会

10月16日,国家邮政局举行2017年第四季度例行新闻发布会,国家邮政局新闻发言人、办公室主任沈鸿雁在会上详细介绍了党的十八大以来邮政业发展成就。她指出，十八大以来邮政业改革发展取得显著成效，通政通民通商功能进一步强化，服务经济社会发展的基础性作用进一步凸显，中国已成为全球增长速度最快、发展潜力最大、投资吸引力最强、创新活力最活跃的邮政市场，市场规模已接近全球份额的1/5，邮政业发展“中国模式”也得到了国际同行的广泛关注和积极评价。《人民日报》、新华社等十多家媒体记者参加新闻发布会。

国家邮政局组织召开2017年第三季度快递服务质量提升联席会议

10月18日，国家邮政局以现场会的形式，在上海圆通速递总部组织召开第三季度快递服务质量提升联席会议。会上，国家邮政局市场监管司、邮政业安全中心、中国邮政快递报社和中国快递协会分别从行政执法处罚、消费者申诉、邮政市场舆情监测以及行业自律等角度对第三季度各品牌快递企业服务质量情况进行了专项通报，提出改进意见和要求。国家工商总局消费者权益保护局通报了全国工商和市场监管部门2017年第三季度处理消费者邮政快递服务投诉的情况。各企业代表就如何做好快递服务，特别是做好快递末端服务，提升快递服务质量进行了热烈讨论。

刘君副局长带队在京突击夜查快件处理中心

10月19日晚，国家邮政局副局长刘君率市场监管司(安全监督管理司)、邮政业安全中心相关人员，采取不打招呼、直奔现场的方式，赴驻京部分品牌快递企业处理中心开展突击夜查。督导检查组先后检查了北京天天、全峰和国通的快件处理中心，详细了解党的十九大期间快件寄递服务业务开展情况，重点检查寄递渠道安全服务保障工作要求和三项制度落实情况，并现场查看了进京快件落地二次安检和实名收寄系统使用等情况。刘君强调，党的十九大寄递安保工作已进入决战阶段，各企业要以最高标准、最严措施、最强组织和最佳状态确保党的十九大寄递渠道安保工作万无一失。

国家邮政局召开全国邮政管理系统电视电话会议传达学习贯彻党的十九大精神

10月26日上午，国家邮政局召开全国邮政管理系统电视电话会议，传达学习党的十九大精神，并对全系统学习宣传贯彻党的十九大精神进行全面部署。国家邮政局党组书记、局长马军胜在传达中强调，党的十九大具有划时代的里程碑意义，会议确定习近平新时代中国特色社会主义思想为全党指导思想，这是马克思主义同中国实际相结合的又一次历史性飞跃。全系统要深入学习贯彻党的十九大精神，自觉把思想行动统一到党的十九大精神上来，努力开创邮政业改革发展新时代。局党组成员、副局长王梅、赵晓光、刘君出席会议，局党组成员、副局长邢小江主持会议。

马军胜局长参加河南省邮政管理系统领导干部大会

国家邮政局党组书记、局长马军胜10月31日参加河南省邮政管理系统领导干部大会并讲话，强调要切实把思想认识统一到党的十九大精神上来，深入学习贯彻习近平新时代中国特色社会主义思想，牢固树立“四个意识”，努力做好新时代邮政管理工作，开创邮政业改革发展新局面。会议宣布了国家邮政局党组关于河南省邮政管理局主要领导同志的调整决定。在豫期间，马军胜还对河南跨境电商发展情况做了调研。国家邮政局人事司、河南省邮政管理局负责同志陪同调研。

“三不”治理工作座谈会在津召开

10月31日，国家邮政局市场监管司在天津组织召开邮件快件“不着地、不抛件、不摆地摊”治理工作(简称“三不”治理)座谈会。国家邮政局政策法规司、发展研究中心、天津、河北、内蒙古、吉林、上海、河南、甘肃省(区、市)邮政管理局及部分省级以下邮政监管机构代表,德邦、顺丰品牌快递企业总部有关人员等20余人参加了会议。市场监管司还就《快递业信用管理暂行办法》《快递业信用评定委员会工作规定》《快递业信用体系建设工作方案》征求了意见,并听取了与会代表对2018年邮政市场监管工作的意见建议。

国家邮政局科技专家咨询组开展调研和研讨活动

10月31日至11月2日,国家邮政局科技专家咨询组(以下简称专家组)赴陕西、浙江两地就无人机、机器人等智能快递装备研发和应用开展科技创新调研和研讨活动。专家组部分专家以及来自省(市)邮政管理部门、企业和院校的代表共二十余人参加了本次活动。本次活动是专家组今年以来的第三次专题调研和研讨,专家、管局、企业和院校代表纷纷对行业创新发展献计献策,对于进一步推动智能化装备在行业的推广应用将发挥积极作用。

国家邮政局部署2017年快递业务旺季服务保障工作

11月1日,国家邮政局召开全国电视电话会议,对2017年快递业务旺季服务保障工作进行全面动员和部署。国家邮政局党组成员、副局长刘君出席会议并讲话。刘君强调,局党组高度重视今年快递旺季服务的保障工作,要按照《快递业务旺季服务保障工作指南》的要求,着眼国内国际两个市场、城市农村两个阵地,坚持东西协调、全国联动,继续发挥"错峰发货、均衡推进"的核心机制作用,力争实现"两不"(全网不瘫痪、重要节点不爆仓)、"三保"(保畅通、保安全、保平稳)目标,努力做质量"双11",为经济社会发展和满足人民美好生活需要做出更大贡献。

十部门联合发文协同推进快递绿色包装工作

为深入贯彻落实《生态文明体制改革总体方案》和党的十九大关于加快生态文明体制改革的决策部署,国家邮政局、国家发展改革委、科技部、工业和信息化部、环境保护部、住房与城乡建设部、商务部、国家质量监督检验检疫总局、国家认证认可监督管理委员会、国家标准化管理委员会日前联合发布《关于协同推进快递业绿色包装工作的指导意见》,将按照"政府引导、社会参与,创新驱动、源头治理,分类指导、因地制宜"的原则,进一步优化顶层设计,推进源头治理,增加绿色快递服务产品供给,提高快递业包装领域资源利用效率,降低包装耗用量,减少环境污染。

国家邮政局召开2018年工作务虚会

11月3日至4日,国家邮政局召开一年一度的工作务虚会,以党的十九大精神和习近平新时代中国特色社会主义思想为统领,回顾2017年和党的十八大以来邮政业改革、发展、服务、管理和党的建设等各方面工作,以"聚集—碰撞—聚焦"的方式研讨邮政业在中国特色社会主义新时代中所处的方位、主要矛盾和发展方向,谋划明年和今后一个时期的工作思路。局党组书记、局长马军胜主持会议并作总结讲话,党组成员、副局长王梅、赵晓光、刘君、邢小江出席会议并讲话。

国家邮政局预测:"双11"日快件处理量最高将突破3.4亿件

11月7日上午,国家邮政局副局长刘君做客中国政府网,围绕社会关注的"双11"保障话题,与网友在线交流,回应社会关切。他表示,2017年的"双11"快递旺季服务保障工作,是党的十九大刚刚胜利闭幕以后,邮政业迎来的第一场大仗,这一仗能不能打得漂亮,对行业是一个极大的考验。国家邮政局会同有关单位的预测显示,今年"双11"期间即11月11日至16日,全国快(邮)件业务总量有望超过15亿件,同比增长35%以上;最高日处理量预计突破3.4亿件,平均业务量达到2.5亿件,是今年正常业务处理量的2.2倍。

王梅副局长在海南调研行业发展和邮政管理工作

11月6日至8日,国家邮政局党组成员、副局长王梅赴海南省调研邮政业发展和邮政管理工作,深入企业生产一线,了解快递旺季服务保障工作和快递“绿色”包装情况,并慰问一线员工。调研期间,王梅来到快递营业网点、校园快递服务点、快件分拨中心、冷链处理中心,对实名寄递信息系统应用、“三不”工作、绿色包装应用等情况进行了调研。国家邮政局办公室、海南省邮政管理局负责同志陪同调研。

国家邮政局局长办公会审议通过5项文件

国家邮政局局长马军胜11月8日主持召开2017年第12次局长办公会,审议并原则通过《2017年邮件快件寄递安全管理工作综合治理考核评价实施办法(送审稿)》和《寄递企业用户信息数据库技术指导书(试行)》《寄递企业实名查验登记操作规程技术指导书(试行)》《邮件快件实名收寄信息技术接口指导书(试行)》《邮件快件实名收寄信息系统安全技术指导书(试行)》等4项指导书(以下简称《指导书》)。局领导赵晓光、刘君、邢小江出席会议。

国家邮政局党组研究部署学习宣贯党的十九大精神热潮等一系列工作

11月8日,国家邮政局党组书记、局长马军胜主持召开局党组扩大会议,传达学习习近平总书记近期重要讲话精神,研究部署在全系统迅速掀起党的十九大精神学习宣贯热潮、坚决维护党中央权威和集中统一领导、继续狠抓“八项规定”不放松等一系列举措,推动邮政管理系统加强党的建设和全面从严治党走向纵深。局党组成员、副局长赵晓光、刘君、邢小江出席会议。中央纪委驻交通运输部纪检组负责同志列席。

李小鹏部长调研“双11”旺季服务保障工作

11月9日,交通运输部部长李小鹏到国家邮政局调研“双11”旺季服务保障工作,与国家邮政局和部分省(市)邮政管理部门负责同志座谈,并向奋战在旺季服务保障工作一线的同志表示慰问。他强调,要更加紧密地团结在以习近平同志为核心的党中央周围,切实把思想和行动统一到党中央决策部署上来,以扎实工作深入贯彻落实党的十九大精神,凝心聚力建设交通强国,坚定信心、脚踏实地,以最佳的状态、最实的举措、最优的业绩,全力以赴确保快递旺季安全畅通、平稳运行,力争向社会交出一份满意的答卷。国家邮政局局长马军胜主持座谈会,副局长王梅、赵晓光、刘君、邢小江出席。

赵晓光副局长调研河南邮政快递业发展情况

11月10日至11日,国家邮政局副局长赵晓光一行赴河南郑州市参加第二届全国多式联运现场推进会,会议期间深入邮政快递企业,调研河南邮政快递业发展情况,督导检查邮政快递业务旺季服务保障情况。

“双11”当天快件量达3.31亿件同比增31.5%

11月11日,根据国家邮政局监测数据显示,主要电商企业全天共产生快递物流订单8.5亿件,同比增长29.4%;全天各邮政、快递企业共处理3.31亿件,同比增长31.5%。和往年“双11”相比,今年邮政业已经与上游电商一道,提出要努力打造质量“双11”,电商平台企业要保障商品质量,邮政行业要最大限度地按照承诺实现高质量配送,消费者将会有更好的消费体验。

国家邮政局举办党的十九大精神司局级干部培训班

11月29日下午,国家邮政局举办党的十九大精神司局级干部培训班，以上率下，掀起系统学习宣贯热潮。国家邮政局党组书记、局长马军胜做动员辅导，并与局党组成员、副局长王梅、赵晓光、刘君、邢小江一同参加了培训。马军胜指出，一是在学懂上下功夫，深刻领会精髓要义，持续提升思想之力；二是在弄通上下功夫，注重破解发展难题，努力寻求发展之策；三是要在做实上下功夫，干在实处走在前列，不断书写奋进之笔。

国家邮政局召开中欧班列快件运输座谈会

12月1日，国家邮政局在上海组织召开中欧班列快件运输座谈会，聚焦建设中欧班列快件运输机制，积极服务“一带一路”建设，充分发挥寄递互联互通的作用，更好服务国家全面开放新格局。国家邮政局副局长赵晓光出席会议并讲话。来自政府、协会、企业的代表齐聚一堂，共同讨论中欧班列快件运输中的成绩、问题和应对之策。

刘君副局长带队督导检查内蒙古自治区禁毒工作

12月6日至10日，国家禁毒委委员、国家邮政局党组成员、副局长刘君带领国家禁毒委督导检查组一行赴内蒙古自治区督导检查禁毒工作，强调要深入学习贯彻党的十九大精神，以习近平新时代中国特色社会主义思想为指导，统筹谋划当前和今后一个时期的禁毒工作，打好禁毒人民战争。自治区禁毒委副主任、自治区政府副秘书长王瑞峰，自治区禁毒委副主任、禁毒办主任、自治区公安厅副厅长张效敏及相关地区和部门的负责同志参加了座谈调研活动。

第二届全国“互联网+”快递大学生双创大赛圆满收官

12月8日，第二届全国“互联网+”快递大学生创新创业大赛全国第二轮总决赛在湖北武汉落下帷幕。经过激烈角逐，安全可追踪共享绿色快递袋及其应用等9个参赛作品获得金奖，“到了吗”高校末端快递共享平台等21个作品获得银奖，石家庄邮电职业技术学院等10所高校获得优秀组织奖。国家邮政局副局长邢小江出席总决赛闭幕式并为金奖获得者颁奖。

国家邮政局党组传达学习习近平总书记纠正“四风”加强作风建设重要指示精神

12月11日，国家邮政局党组书记、局长马军胜主持召开党组会议，专题传达学习习近平总书记纠正“四风”加强作风建设的重要指示精神。局党组成员、副局长王梅、赵晓光、刘君、邢小江参加会议。会议强调，全系统必须迅速传达学习习近平总书记重要指示精神并切实抓好贯彻落实，下一步要坚持问题导向，持续抓好作风建设，坚决纠正官僚主义和形式主义。12日，国家邮政局召开会议，邢小江向局机关全体党员干部、直属单位内设机构负责人以上人员、离退休干部代表传达了习近平总书记重要指示精神和局党组有关工作要求。

马军胜局长调研山西邮政业发展和行业管理工作

12月11日至12日，国家邮政局党组书记、局长马军胜一行深入山西太原、晋中两市调研邮政业发展和行业管理工作情况，强调要以习近平新时代中国特色社会主义思想和党的十九大精神为统领，进一步转变发展理念、抓好供给侧结构性改革、优化行业空间布局、提升行业治理水平、加强干部队伍建设，为建设现代化邮政强国作出积极贡献。调研期间，马军胜会见了山西省人民政府省长楼阳生、副省长贺天才，双方就加快邮政业发展和强化行业管理深入交换了意见。国家邮政局人事司、山西省邮政管理局有关负责人陪同调研。

2017年“双12”，邮政、快递企业共揽收包裹2.43亿件

随着“双12”电商促销活动开展，快递业务旺季又迎来一个高峰。据国家邮政局监测数据显

示，今年12月12日全天，邮政企业、快递企业共揽收快递包裹2.43亿件，比去年同期增长38%。“双12”是行业业务量的一个高点，一个月前，行业经历了业务量的峰值期——“双11”期间(11月11日至16日)，全行业共揽收邮件快件14.96亿件，同比增长33.6%。

赵晓光副局长出席第二届内地与港澳邮政高峰会议并在广东调研

12月12日至13日，国家邮政局在广东惠州举办第二届内地与港澳邮政高峰会议，会议以“新时代、新合作、新发展”为主题，旨在充分发挥粤港澳地区综合优势，深化内地与港澳邮政合作，推进粤港澳大湾区邮政发展，高水平参与国际邮政合作，提升邮政在国家经济发展和全方位开放中的引领作用。国家邮政局副局长赵晓光、香港邮政署署长梁松泰、澳门邮电局局长刘惠明、惠州市副市长张亚中出席会议并致辞。国家邮政局办公室、普遍服务司、广东省邮政管理局相关负责人参加会议。广东局负责人陪同调研。

邮政业服务“一带一路”建设指导意见等审议通过

12月14日，国家邮政局局长马军胜主持召开2017年第13次局长办公会，审议并原则通过《关于推进邮政业服务“一带一路”建设的指导意见》《邮政行业科学技术奖励暂行办法》《邮政业应用技术研发指南》《快递业信用管理暂行办法》及《冷链快递服务》《快件处理场所设计指南》两项行业标准，听取了2017年快递服务现代农业示范评选工作汇报。局领导王梅、邢小江出席会议。国家邮政局机关相关司室和直属单位负责人参加会议。

国家邮政局邮政业安全中心安检培训基地揭牌仪式在张家口市职教中心举行

12月20日，国家邮政局邮政业安全中心安检培训基地揭牌仪式在张家口市职教中心隆重举行。国家邮政局邮政业安全中心、河北省邮政管理局、国家邮政局市场监管司安全监管处、张家口市政府、张家口市教育局负责人，张家口市职教中心校领导班子成员及来自全国各地的149名培训学员参加揭牌仪式。该基地的成立标志着全国首个邮政业安检专业培训基地正式建成，将有效提升邮政、快递企业安检人员技术水平，提高邮政监管人员依法监管能力，保障寄递渠道安全，推动寄递安全“三项制度”的全面落实。

国家邮政局组织开展快递绿色包装应用试点项目中期评估

今年年初，国家邮政局在北京、上海、浙江等8个省(区、市)和顺丰、申通、圆通、京东、优速5家品牌快递企业围绕胶带减量化、简约包装等十二项任务开展了快递业绿色包装应用试点工作。12月19日，国家邮政局组织召开了中期评估座谈会。专家组听取了项目组关于试点工作开展情况的汇报，认真审议项目阶段性成果，建议加快试点工作进度，进一步巩固提升试点成果，为加快推进快递绿色包装应用工作提供更多参考和借鉴。

国家邮政局传达学习中央经济工作会议精神

12月21日，国家邮政局党组书记、局长马军胜主持召开会议，传达学习中央经济工作会议精神。他强调，全系统要认真学习贯彻会议精神，要深刻领会习近平新时代中国特色社会主义经济思想，切实把思想认识统一到中央对经济形势的科学判断上来，统一到中央对明年乃至今后工作的重要部署上来，坚持稳中求进，牢牢把握高质量发展这个根本要求，进一步解决行业短板弱项，推动均衡充分发展，满足人民对美好生活的用邮需求，不断提高行业发展服务能力，提高履职工作水平，为全面建成与小康社会相适应的现代邮政业而努力奋斗。

邢小江副局长在新疆喀什开展党的十九大精神专题宣讲

12 月 21 日下午，国家邮政局党组成员、副局长邢小江利用新疆邮政管理系统安全防范设备购置项目验收的机会，专程赴喀什为喀什局、克州局全体干部职工和喀什地区快递企业党员、入党积极分子等进行党的十九大精神专题宣讲。邢小江结合实际、深入浅出，围绕五年取得的历史性成就和发生的历史性变革、习近平新时代中国特色社会主义思想确立为党的行动指南等 7 个方面对党的十九大精神进行全面解读。

国家邮政局邮政业安全中心安检培训基地第一期安检培训班圆满结束

12 月 27 日，国家邮政局邮政业安全中心安检培训基地第一期安检培训圆满结束，国家邮政局邮政业安全中心、张家口市职教中心领导出席了结业仪式。首期安检培训共有来自中国邮政集团公司、中国邮政速递物流股份有限公司、顺丰速运有限公司等 15 家企业的 148 名学员参加，经邮政业安全中心严格考试考核，148 名学员全部顺利结业，综合成绩优良。邮政业安全中心和张家口市职教中心为培训合格的学员联合印发了结业证书。

首个“全国快递科技创新试验基地”落户安徽南陵

近日，国家邮政局复函安徽省芜湖市人民政府，决定授予芜湖市南陵县“全国快递科技创新试验基地”称号。12 月 28 日，受国家邮政局委托，安徽省邮政管理局局长李勇为“全国快递科技创新试验基地（南陵）”授牌。同日，南陵邮政管理局也正式揭牌成立。

国家邮政局印发《快递业信用管理暂行办法》

日前，国家邮政局正式印发《快递业信用管理暂行办法》（以下简称《办法》）。《办法》共六章五十二条，对快递业信用信息的采集、评定、应用和监督管理等进行了规定，明确提出快递业信用管理以经营快递业务的企业为主要对象，建立唯一电子化信用档案进行信用评定和管理。对以加盟方式经营快递业务的，在信用建设方面实行统一管理，强化落实企业总部在信用管理方面的主体责任。

国家邮政局部署寄递渠道涉枪涉爆隐患集中整治专项行动

12 月 28 日，国家邮政局召开电视电话会议，就做好集中整治专项行动、进一步加强和改进寄递渠道安全管理工作进行动员部署。国家邮政局党组成员、副局长刘君出席会议并讲话。会议指出，习近平总书记近期就严管严控枪支爆炸物品作出重要批示，为做好寄递渠道安全管理及涉枪涉爆物品管控工作指明了方向、提供了遵循。国家局党组高度重视，召开会议专题研究部署，结合行业实际，制定印发《国家邮政局关于开展寄递渠道涉枪涉爆隐患集中整治专项行动的工作方案》，决定自 2018 年 1 月至 6 月，在全行业范围组织开展涉枪涉爆隐患集中整治专项行动。

第四章　2017 年各省(区、市)快递发展大事记

北京市快递发展大事记

权忠敏委员向市长建言促进首都快递业发展

1 月 15 日,在北京市政协十二届五次会议“治环境补短板提高城市规划建设管理水平”座谈会上,北京市政协委员权忠敏面对面向北京市市长蔡奇建言献策,就促进首都快递业健康发展提出了若干建议。权忠敏建言应尽快修订北京市邮政通信条例,规范快递业发展;合理规划布局,统筹规划配置快递邮件处理中心,构建完善的快递服务网络;完善末端服务体系,将快递服务纳入社区综合服务体系,打造“一刻钟服务圈”;制定绿色包装相关政策,推动快递业绿色发展。

张建东副市长批示肯定全市邮政管理工作成效

1 月 17 日,北京市副市长张建东就北市邮政管理局上报的 2016 年行业发展情况及 2017 年重点工作报告作出批示:市邮政局在 2016 年工作中积极作为、认真履职,在推动行业供给侧结构性改革、引领行业快速发展、保证寄递渠道安全等方面取得了突出成绩,特别是在保障首都一系列重大活动期间寄递安全和服务中做出了积极贡献。望在新的一年再接再厉,深化改革,坚持目标导向、问题导向,把“安全规范、优质服务、绿色发展”作为重点,在服务首都工作中再创佳绩,以优异成绩迎接党的十九大胜利召开!

王跃局长出席北京邮政公司工作会议

1 月 18 日,北京市邮政管理局局长王跃出席北京邮政公司 2017 年工作会议并讲话。王跃强调,2017 年是实施十三五规划的重要一年,是供给侧结构性改革的深化之年,是北京率先建成小康社会、建设国际一流的和谐宜居之都的关键一年。全行业要牢固树立五大发展理念,认清形势、抓住机遇,找准与首都经济社会发展的契合点,同频共振,坚持首善标准,务实奋进,共同推动首都邮政业发展上水平、上台阶。

快递纳入市重点专项规划

1 月 24 日,北京市人民政府发布重点专项规划《北京市“十三五”时期现代产业发展和重点功能区建设规划》,快递业多项内容被纳入该规划。规划提出:推动冷链物流、电商物流、居民消费“最后一公里”物流等配送网络建设,支持连锁服务企业投资建设末端配送网点、智能快件箱。规划还强调:进一步优化城市配送网络,支持统一配送、共同配送、城市配送、电子商务物流等发展。加快末端配送服务网点建设,鼓励发展集零售、配送和便民服务等多种功能于一体的末端配送网点。完善口岸功能,加强与跨境电子商务相关的快递转运中心建设。

刘君副局长在京调研春节期间寄递服务保障工作

1 月 25 日,国家邮政局党组成员、副局长刘君在北京调研春节期间寄递服务保障工作,并代表国家邮政局党组向仍坚守在生产一线的邮政企业、快递企业干部职工致以新春祝福和节日问候。在中国邮政速递物流上地分公司,刘君详细询问了寄递服务保障情况,亲切看望了仍坚守一线的

干部职工。在顺丰北京中关村营业部，刘君对其“客户有需求，我们就坚持”的理念和举措表示肯定。国家邮政局市场监管司副司长林虎、北京市邮政管理局局长王跃陪同调研。

首都邮政业新能源车推广应用列入市政府重点任务

1月25日，北京市政府办公厅印发2017年1号文件《关于印发〈北京市2013－2017年清洁空气行动计划重点任务分解2017年工作措施〉的通知》，首都邮政业550辆新能源车辆推广应用列入市政府重点任务，并获相应政策支持。文件明确提出“进一步加大纯电动小客车以及出租、旅游、环卫、邮政、货运等专业领域新能源等低排放车辆的推广应用力度”，并就推进充电桩等基础设施建设、物流集散地等公共专用场所新能源汽车服务设施配置指标相关政策进行了部署。

北京局紧急督促圆通公司妥善处理快件积压

2月13日，位于北京市花园桥附近的圆通加盟商北京飞亮快递有限公司出现快件积压问题，北京市邮政管理局高度重视，立即联系北京圆通速递公司总部询问了解情况，第一时间组织人员前往现场进行实地调查，督促企业及时妥善处置积压快件。经查，北京飞亮快递有限公司由于节后站点整合、员工未全部返工等因素影响，造成快件积压。北京局果断行动，采取措施进行处置。2月15日，北京局再次对北京飞亮快递有限公司快件积压情况进行跟踪复查，了解到现场正在组织力量疏运、派送积压快件，积压快件逐步减少，积压问题得到有效缓解，且预计在周内派送完毕。

市政府法制办到北京局调研

2月16日，北京市政府法制办副主任郭卫一行到北京市邮政管理局调研，了解北京市邮政行业管理情况，并对北京局法制工作进行指导。双方就《北京市邮政通信条例》修订、《北京市邮票和集邮品管理办法》废止、纪特邮票销售管理、集邮市场管理等方面工作进行了深入交流。郭卫表示，市政府法制办积极支持北京局做好行业立法和行政执法等工作。双方将在行业立法、文件合法性审查、执法监督、法律顾问等方面加强沟通合作。

北京局召开全国两会期间寄递渠道安全与服务工作部署会

2月21日，北京市邮政管理局召开全国两会期间寄递渠道安全与服务保障工作部署会，要求全市寄递企业以最佳状态迎接“两会”顺利召开。北京市公安局、国家安全局、快递协会有关领导、各区邮政管理局及全市150余家邮政、快递企业负责人参加会议。北京局党组成员、副局长、纪检组长韩敬华出席会议并讲话。会议首先传达了国家邮政局关于做好全国两会期间邮政、快递服务和安全工作部署，进一步学习了《北京市邮政管理局关于做好全国“两会”期间寄递服务与安全管理工作的通知》有关要求，通报了2016年北京市快件寄递渠道安全服务水平测试情况以及2017年1月份全市消费者申诉情况、双随机监督检查情况等。

市快递业参加“畅行2017·安全文明出行”活动

2月22日，北京市邮政管理局、北京市快递协会以及15家快递企业代表参加“三整顿、两提升畅行2017·安全文明出行”交通安全宣传启动仪式。启动仪式部署了“畅行2017·安全文明出行”交通安全实施意见并宣读了文明出行的倡议书。北京顺丰速运公司代表快递企业发出倡议：全力支持北京市“三整顿，两提升”安全文明出行活动，坚决做到“不逆行、不闯红灯、不走机动车道”文明出行，为北京道路交通安全做出贡献。为配合主会场的活动，EMS、顺丰、京东、中通4家快递企业的12名安全员在东单路口进行路口的道路交通秩序维护和文明出行的宣传。

马军胜局长调研北京快递末端网点

2月22日，国家邮政局局长马军胜一行密集调研北京快递末端网点，了解基层快递网点运营状况，谋划快递业转型升级发展。马军胜一行先后到圆通、韵达、中通、申通等七处快递基层网点调研。马军胜要求，各企业要高度重视，加强领导，落实安全生产主体责任，严格执行寄递安全“三项制度”，确保“两会”期间寄递渠道安全畅通；要加强企业内部管理，多途径、多渠道防范和遏制网点运营不稳定、快递投递不及时等问题的发生，保证服务质量和服务水平，切实维护消费者合法权益；要关心、支持和指导基层快递网点的生产运营，要让企业改革发展的红利惠及每一个基层网点、每一名快递员；要积极整合社会资源，利用好公共服务平台，破解快递末端网点“用地难”问题，走合作共赢之路。国家邮政局政策法规司司长金京华、北京市邮政管理局局长王跃、副局长韩敬华陪同调研。

赵晓光副局长在京检查全国两会寄递服务和安全工作

2月24日，国家邮政局副局长赵晓光到北京市检查全国两会期间寄递服务和安全工作。赵晓光他强调，做好两会期间寄递服务和安全保障工作责任重大、使命光荣，政企双方要通力合作，切实增强两会保障的政治自觉和责任自觉，深刻认识当前邮政安全工作面临的严峻形势，深入研究分析两会期间邮政安全和服务工作的规律、特点，牢固树立政治意识、大局意识、忧患意识和责任意识，为两会召开提供优质高效、安全便捷的邮政服务。

中央督导组督查北京市全国两会寄递安全联合保障工作

3月3日，中央综治办、公安部、国家安全部、国家邮政局组成联合督导组，到北京督查全国两会寄递安全保障工作。督导组充分肯定北京市全国两会期间寄递渠道安全与保障工作，认为北京市委市政府、寄递渠道安全与保障各职能部门高度重视、态度坚决、措施有力、狠抓落实，各项工作部署早、进展快、效果好，有力保障了全国两会期间北京寄递渠道安全。国家邮政局市场监管司、北京市邮政管理局以及北京市相关部门负责同志陪同检查。

王跃局长调研首都中心城区快递末端服务

3月4日至5日，北京市邮政管理局局长王跃带队调研中心城区快递末端网点标准化和末端设施能力建设情况，实地了解快递“进校园、进社区、进商厦”的现状。北京局高度重视快递末端服务，将“大力推进快递末端网点标准化和末端设施能力建设，继续开展快递三进工程，基本实现高校快递规范化末端服务全覆盖”列为2017年重点工作。王跃指出：快递末端服务能力建设是大城市快递发展的一个难题，是行业升级发展的关键，是群众对快递服务的直接体验，也关乎政府、快递企业、第三方、社会使用快递单位乃至末端快递员的多方利益，需要用创新思维加以解决，政府要引导，社会要理解支持，企业要增强社会责任意识。

张延昆书记肯定邮政寄递渠道安全保障工作

3月8日，北京市委常委、政法委书记张延昆听取了北京市邮政管理局局长王跃关于北京市邮政业发展、全国两会寄递安保、“三项制度”落实等方面的工作汇报。张延昆对北京局强化行政执法，严格落实三项制度，保障首都邮政寄递渠道安全给予肯定，并表示支持加强邮政监管能力建设，提高信息化水平。张延昆指出，北京安全稳定工作任务重，寄递安全要立足高标准，抓好统筹，落实责任，加强部门协调联动，形成合力。市政法委副书记、首都综治办主任闫满成和市流管办常务副主任刘玉成参加汇报会。

王梅副局长在京调研推动快递绿色包装有关工作

3月9日，国家邮政局副局长王梅带队在北京就快递包装末端的分类、回收、处理及循环再利用等问题进行专题调研。调研过程中，王梅听取了北京市邮政管理局在行业规划、产业政策等方面推进快递业绿色健康发展工作汇报，并给予肯定。王梅指出，在促进快递包装可循环、推动快递包装绿色化专项工作中，“快递业＋回收业”的合作模式值得认真研讨。王梅表示，接下来的工作中，要按照国家邮政局“打通上下游、拓展产业链、画大同心圆、构建生态圈”的思路，树立“分享经济”和“共享思维”，积极寻求最大公约数。国家邮政局推进快递业绿色包装工作小组有关同志、北京局长王跃陪同调研，中国教育后勤协会相关负责人参加调研。

刘君副局长调研北京快递进社区和末端配送服务工作

3月10日，国家邮政局副局长刘君带队到北京市东城区朝阳门街道竹杆社区调研快递进社区和末端配送服务情况。竹杆社区的“互联网＋社区服务管家”是北京市智慧社区示范项目，也是东城区网格化社会服务管理升级版的试点项目。竹杆社区向调研组介绍了社区物联网平台建设情况，并在信息接入、场地提供、人员调配等方面介绍了快递依托物联网平台进社区、服务居民的可行性。听取竹杆社区汇报后，刘君对竹杆社区计划利用物联网社区综合服务平台推动快递进社区，提升末端服务水平的思路给予高度肯定，他表示利用物联网综合服务平台推动快递进社区是一种创新模式，是解决快递行业末端配送短板的有益尝试。刘君要求北京市邮政管理局高度重视，加快推进竹杆社区物联网推动快递进社区示范工程建设，形成有益经验并加以推广。北京局副局长韩敬华和国家邮政局市场监管司有关负责同志陪同检查。

北京局召开快递业绿色发展座谈会

3月15日，北京市邮政管理局召开快递业绿色发展座谈会。顺丰、申通、圆通、全峰、优速、京东6家快递包装绿色化试点企业和北京环卫集团代表参加座谈会，北京局副局长韩敬华主持座谈会。与会代表就“快递业＋回收业”的具体合作内容与方式展开交流，在快递包装物的回收、处理、再利用和置换合作等方面达成共识。

商务部、国家邮政局联合调研北京快递末端服务

3月21日，商务部流通业发展司副司长王选庆、国家邮政局市场监管司副司长林虎率联合调研组到北京市快递末端服务网点调研，并召开部分快递企业座谈会听取意见和建议。北京市邮政管理局副局长韩敬华陪同调研。联合调研组表示，商务部、国家邮政局高度重视快递末端服务及末端能力建设，正在积极研究制定相关扶持政策。希望汇集政府、社会、企业等多方力量，顺应电子商务发展和居民消费方式变革需要，加大政策引导力度，鼓励社会资本投入，推动末端能力建设，促进快递末端服务的规范化、连锁化、便利化、品牌化和特色化发展，全面提升快递末端服务的效率和水平。

市政协召开协商恳谈会促进快递业健康发展

3月23日，北京市政协副主席李长友在北京主持召开促进快递服务业健康发展协商恳谈会。这是继国家邮政局与北京市政府签署部市合作协议、首都新机场纳入快递功能、北京“三统一、一加强”解决快递专用电动三轮车通行难题之后，首都支持快递业发展的又一项重要举措和具体表现。会上，与会的北京市各部门代表围绕首都快递业发展的现状、问题和出路进行了深入探讨，表示将加大对行业发展的支持力度。北京市政协城建环保委员会还专门发布了《关于促进北京快递业健康发展的调研报告》，明确把促进快递业发展纳入

年度重要议题内容。

北京局启动实名收寄信息系统推广应用

3月24日，北京市邮政管理局联合市公安局、市国家安全局召开北京市寄递安全工作推进会，全面推广国家局开发的邮件快件实名收寄信息系统应用，提升全市落实实名收寄制度信息化、标准化、规范化水平，提前筹备部署“一带一路”高峰论坛寄递安全保障工作。会议强调，“一带一路”高峰论坛、党的十九大等一系列重大活动将要在北京举行，北京寄递安全保障要求更高、责任更重、压力更大，全面在京推广应用邮件快件实名收寄信息系统，对于全面落实实名收寄制度，提升寄递渠道安全水平具有重要作用。会议邀请了国家邮政局邮政业安全中心有关专家对系统应用问题进行系统化培训，解答企业疑问，提升企业操作能力。

北京局紧急督促申通公司妥善处理站点快件积压

3月31日，北京市邮政管理局了解到位于通州区的北京申通快递服务有限公司永顺营业部出现快件积压问题，高度重视，立即责成所在区邮政管理局派执法人员赶赴现场，调查情况。现场检查发现，申通永顺营业部积压的快件已派送完毕。现场的快件为当月29日、30日到达的快件。该站点由于快递员辞职离岗，于23日开始出现快件积压，后由总部加派人员进行了快速处理。执法人员调取了监控录像留存，并检查了安全生产设备配置情况。北京局及时约谈北京申通公司总部负责人，要求企业总部加大运营管理协调和应急支撑工作力度，全力维护消费者权益；加强内部管理，加强对各级站点运营的业务指导与规范管理；吸取经验教训，优化业务流程，防止出现快件再积压等问题。

两部门督导检查寄递渠道实名收寄落实情况

4月7日，北京市邮政管理局副巡视员杨建、市公安局治安管理总队党委书记王毅、副总队长闫武军率联合督导组到北京申通快递服务有限公司等企业检查寄递渠道“实名收寄”工作落实情况，并召开现场座谈会，顺丰等5家快递企业负责人参加了座谈会。督导组详细询问了企业在推广应用邮件快件实名收寄信息系统的工作进展情况，现场向参会负责人了解了企业自主开发实名收寄APP应用进度、已上线企业的使用情况，就企业在落实“实名收寄”工作中遇到的困难和问题进行了交流，并且提出了要求。

北京局动员部署“一带一路”国际合作高峰论坛期间寄递安保工作

4月20日，北京市邮政管理局联合首都综治办、市公安局、市国家安全局召开动员部署会，提前筹备、提前动员、提前部署、提前落实，督导邮政企业、快递企业以最高的安全标准、最优的服务质量，为“一带一路”高峰论坛成功召开保驾护航。会上，市公安局副总队长闫武军从当前国内外安全形势和寄递安全重要性角度出发，督促企业提高安全认识，强化制度执行，加强员工教育，切实提升全市寄递渠道安全保障能力。北京局副局长韩敬华指出，寄递安全保障工作时间紧、任务重、压力大，各企业要切实强化政治意识、大局意识和责任意识，把思想和行动切实统一到寄递渠道安全服务保障工作要求上来，抓好“三项制度”贯彻落实，提升寄递服务质量，稳步推进，狠抓落实，为“一带一路”高峰论坛成功举办贡献行业力量。

北京局召开2017年邮政市场监管工作会议

4月20日，北京局召开2017年邮政市场监管工作会议，传达贯彻全国邮政市场监管工作会议精神，分析北京邮政市场监管工作新形势、新要求，部署全年邮政市场监管重点任务，明确工作要求，细化责任分工，创新监管模式，全面推进全年邮政市场监管工作有序开展。会上，北京局党组书记、局长王跃同志指出，2017年邮政市场监管工作任务重、压力大、强度高，市区两级邮政管理部门要突出寄递安全保障和执法检查落实两大工作重心，精准发力，攻坚克难，团结协作，不断强化自身建设，提高依法行政能力，圆满完成全年邮政市场监管工作任务。

三部门共同开展快递现状问题梳理及解决对策研究

4月27日，北京市邮政管理局联合北京市规划国土委召开了快递企业座谈研讨会，启动《北京市快递现状问题梳理及解决对策研究》课题研究。顺丰、中通等10余家重点品牌快递企业负责人参会。此项课题研究由市邮政管理局和市规划国土委联合牵头组织，市城市规划设计研究院作为课题支撑单位具体负责。会上，市城市规划设计研究院代表课题组介绍了此次研究开展的背景以及下一步工作安排。各快递企业结合各自经营实际，就当前快递行业在分拨中心及网点设施布局、快递车辆通行以及快递末端收派件方面的问题进行了研讨交流。此次课题研究的主要目的是通过梳理快递末端现状，寻求有效办法解决面临的突出问题。

北京市出台进一步推进跨境电子商务发展的实施意见

5月5日，北京市政府出台《北京市进一步推进跨境电子商务发展的实施意见》，全市邮政业发展再获政策利好。文件明确提出“鼓励企业建设运营海外仓、智能口岸仓、出口集货仓和海外联合仓，建立集分拨、推广、产品展示等功能于一体的跨境电子商务海外运营中心，推动实现物流服务的规模化、标准化和服务链条完整化。充分发挥本市在航路、邮路、市场和人才等方面的优势，着力构建以航空口岸为核心，铁路、公路相配套，跨区域、跨行业的立体化智慧物流信息平台，提供仓储、集货、物流配送、通关、信息查询等跨境物流服务。”“加强北京站国际邮局、国门商务区、首都机场快件监管中心和首都机场国航库等跨境电子商务监管场所的配套设施建设，完善跨境电子商务监管体系，进一步提高跨境电子商务通关便利化水平，提供24小时便捷通关服务。科学规划北京新机场跨境电子商务监管场所，提供集仓储、收寄、通关、结汇、保税等功能于一体的一站式综合服务。”

北京局参与首届绿色快递进高校活动

5月6日，由国家邮政局联合共青团中央共同发起的“绿色快递进高校”活动在全国六所高校同时启动。北京市邮政管理局党组成员、副局长韩敬华出席北京印刷学院分会场活动并致辞。《中国邮政快递报》社、共青团北京市委、北京市快递协会、北京印刷学院的负责同志出席活动。韩敬华和共青团北京市委大学中专工作部部长张秀峰、北京印刷学院党委副书记彭红共同揭晓“绿色快递行动”标识，启动“绿色快递进高校”活动的序幕。活动期间，绿色快递高校展也同时亮相，展出了快递行业在绿色发展方面的积极探索和有益尝试。

北京市出台推动城乡一体化发展意见利好邮政业

5月，北京市委、市政府印发文件《中共北京市委　北京市人民政府关于坚持疏解整治促提升扎实推动城乡一体化发展的意见》，全市邮政业发展获政策利好。文件明确提出“强化农村物流体系建设，整合现有农业、供销、邮政、商贸领域的农村物流资源，在郊区建设一批‘农邮通’服务站，培育一批‘快递+农产品’样板项目，鼓励邮政、快递企业参与鲜活农产品物流配送，畅通‘工业品下乡’和‘农产品进城’双向流通渠道。”

刘君副局长视察指导北京局“一带一路”高峰论坛寄递渠道安保工作

5月9日，国家邮政局副局长刘君带队视察指导北京局"一带一路"高峰论坛寄递渠道安全服务保障工作。期间，刘君要求，各企业要进一步提高政治认识，牢固树立"安全第一"的理念，严格执行寄递安全"三项制度"，杜绝任何侥幸心理，严防死守，敢于较真，确保高峰论坛北京寄递渠道安全保障万无一失。刘君听取了北京市邮政管理局关于"一带一路"高峰论坛寄递渠道安全服务保障工作情况的汇报，对北京局多措并举，扎实开展各项安保工作予以充分肯定。

张延昆书记检查"一带一路"国际合作高峰论坛寄递渠道安保工作

5月10日，北京市委常委、政法委书记张延昆带领市政法委、综治办、维稳办、流管办和公安、国安等部门领导同志，检查"一带一路"国际合作高峰论坛寄递渠道安全服务保障工作，慰问邮政行业干部员工，强调要立足首都高标准，加强部门协调联动，严格落实三项制度，确保高峰论坛寄递渠道安全畅通。张延昆一行听取了北京市邮政管理局关于高峰论坛寄递渠道安保工作的情况汇报，对北京局落实市委要求，提前动手，系统谋划，层层动员，深入推进"三项制度"落实，强化执法检查等举措，表示充分肯定。他指出，寄递渠道安全管控十分重要，要发挥综合治理的优势，加强部门协调联动，加快信息化手段建设，有关部门要支持邮政强化安全管理工作。行业要立足高标准，严要求，树立安全发展观，落实企业主体责任，落实三项制度，确保峰会寄递渠道安全畅通，为迎接党的十九大的胜利召开奠定坚实基础。北京局局长王跃、副局长韩敬华、副巡视员杨建陪同检查。

马军胜局长检查督导"一带一路"国际合作高峰论坛寄递渠道安保工作

5月12日，国家邮政局党组书记、局长马军胜一行在北京深入企业分拨处理中心，检查督导企业做好寄递渠道安全保障工作，强调要切实增强政治责任感和紧迫感，从讲政治、顾大局的高度，充分认识做好高峰论坛寄递渠道寄递安全服务保障工作的特殊意义，严格落实收寄验视、实名收寄和过机安检"三项制度"，通过科技手段提高作业效率，提升规范化程度，增强服务水平，高度重视末端网点建设，稳定基层网点运营，确保高峰论坛寄递渠道安全、畅通和高效。

张延昆书记、张建东副市长充分肯定"一带一路"峰会寄递渠道安保工作

5月中旬，北京市委常委、政法委书记张延昆、副市长张建东充分肯定北京市邮政管理局"一带一路"国际高峰论坛寄递渠道安全保障工作，并做出重要批示。张延昆批示："市邮政管理局维护首都安全意识强，工作力度大，率先推行实名制，敢于创新。应加大对市邮政管理局加强安全工作的支持。"张建东批示要求北京市邮政管理局尽快形成安全监管信息化建设方案，提交市政府研究。

北京局传达马军胜局长批示

5月23日，北京市邮政管理局召开会议传达国家邮政局局长马军胜对"一带一路"国际合作高峰论坛寄递渠道安全服务保障工作的批示：北京市局和邮政、快递企业全体同志对"一带一路国际合作高峰论坛"寄递渠道安全服务保障工作高度重视，周密部署。通过认真推进"三项制度"有效落实、强化安全服务执法检查和全面落实企业主体责任等措施，确保了论坛寄递渠道安全保障万无一失。同志们辛苦了！望继续发扬优良传统，认真总结经验，将此次有效做法尽快形成长效机制，不断提高首都寄递渠道安全监控水平，为迎接党的十九大胜利召开而夯实工作基础。会议由局党组书记、局长王跃主持，局党组全体成员以及市局机关各处室、职鉴中心、安全中心、各区邮政管理局主要负责人参加会议。

北京局召开邮政新能源车更新任务推进会

5月23日，北京市邮政管理局召开专题会议，

推动落实中央环保督查关于推进邮政新能源车更新的专项工作。中国邮政集团公司北京市分公司和中国邮政速递物流北京市分公司负责人参加会议，北京局局长王跃主持会议。会上，中国邮政北京市分公司和中国邮政速递物流北京市分公司负责人先后介绍了新能源车辆更新进展情况。北京局传达了中央及北京市政府关于新能源车辆更新工作的最新要求。政企双方就邮政车辆结构调整及节能减排进行了深入讨论。

两部门开展烟草专卖品专项整治行动

5 月，北京市邮政管理局联合市烟草专卖局开展为期 6 个月的“断线 2 号”烟草专卖品运输市场专项整治行动。在联合专项整治活动中，北京市邮政管理局和烟草专卖稽查部门充分发挥了各自的职能作用，督促企业进一步强化安全意识和制度落实等方面提升能力水平，在寄递渠道安全工作的整体部署下，落实快件开箱验视、实名收寄、过机安检三项制度工作要求，夯实执行三项制度的基础，增强了企业守法经营意识。通过开展联合检查，有效控制了假冒走私香烟的泛滥，净化了烟草专卖市场环境，营造了健康、稳定、有序的市环境。

《北京市“十三五”时期电子商务发展规划》出台

5 月，经北京市政府同意，市商务委向各区人民政府和有关部门印发《北京市“十三五”时期电子商务发展规划》，邮政业发展再获政策利好。规划在绿色发展、创新发展、城市配送和农村物流等方面出台了扶持政策支持邮政和快递发展。

北京局部署香港回归 20 周年庆祝活动期间寄递渠道安保工作

5 月，北京市邮政管理局明确重点，强化监督，严格执法，督导邮政企业、快递企业严格落实寄递安全工作要求，不断提升寄递服务质量，确保香港回归 20 周年庆祝活动期间首都寄递渠道安全畅通和寄递服务优质高效。北京局向全市邮政企业、快递企业印发文件，并明确四点工作要求。

“农邮通”成为北京市国家现代农业示范区建设九大重点工程之一

5 月，北京市社会主义新农村建设领导小组综合办公室印发了《2017 年北京市国家现代农业示范区重点工作细化方案》和《2017 年北京市社会主义新农村建设重点工作分工方案》，北京市邮政管理局被列为重点工作责任单位，“农邮通”服务站建设成为北京市国家现代农业示范区建设九大重点工程之一。上述两文件分别提出“完善‘农邮通’服务站建设，探索‘农邮通’服务站的运营模式，促进农产品流通”和“整合利用现有农业、供销、邮政、商贸企业的资源，在郊区建设一批‘农邮通’服务站，培育一批‘快递 + 农产品’样板项目，继续推进‘一村一品 + 电商’建设”。

北京市出台培育扩大服务消费优化升级商品消费的实施意见

6 月 24 日，北京市政府印发《关于培育扩大服务消费优化升级商品消费的实施意见》，明确市邮政管理局职责分工。邮政快递业获政策支持。《意见》明确了有关邮政行业发展的内容。一是构建适应超大城市消费需求的现代流通体系。二是扩大电子商务在农村地区应用，推动电子商务和快递服务下乡进村入户。三是完善充电桩等配套设施，加大新能源汽车在公交、邮政、物流、环卫等领域的推广应用力度。

刘君副局长调研北京快递进校园

6 月 29 日，国家邮政局副局长刘君带队赴北京交通大学等高校实地调研快递进校园现状，并召开座谈会听取北京市快递进校园专项工作汇报。国家邮政局市场监管司司长冯力虎、北京市邮政管理局局长王跃等陪同调研。调研中，刘君详细了解了收寄量、场地租金、收寄效率等问题，询问企业还存在哪些困难等。刘君还特别询问了使用安易递APP实时查询实名收寄的情况。中央民族大学尚未允许快递进入校区,快递企业只能通过“摆地摊”的形式为师生服务。刘君叮嘱北京局,要积极与各方沟通,早日解决该校师生用快递难题。

王小洪副部长检查指导北京快递安全管理工作

7月2日,公安部副部长、北京市副市长兼公安局局长王小洪带领相关部门负责人,深入北京德邦、中通检查安全生产、寄递渠道安全保障工作。并召开座谈会,听取了北京市邮政管理局及中通、顺丰、德邦主要负责人汇报,对北京局强化安全监管,圆满完成全国两会和“一带一路”国际合作高峰论坛峰会期间寄递渠道安全保障工作表示肯定。北京局局长王跃、副巡视员杨建陪同调研。

北京局推进加强快递末端服务管理等工作

7月5日,北京市邮政管理局召开加强快递末端服务管理和配送服务货物集散地规划布局工作推进会,全市12家主要快递企业相关负责人参加会议。会上,北京局向快递企业传达了国家邮政局关于加强快递末端服务管理有关文件精神,要求企业不断优化末端投递方式,推动自建、共建末端公共服务平台,形成上门投递、智能箱投递、平台投递等多元末端服务体系,保证末端网点运行稳定。会议立足寄递行业现状和市民生活需求等客观要求,针对构建城市共同配送体系,建立统一的配送货物集散地进行了深入探讨。

北京市推进电子商务领域诚信建设

7月,北京市经信委、商务委、邮政管理局等十部门联合印发《关于加强电子商务领域诚信建设重点任务分工及进度安排》等文件,明确市邮政管理局职责分工。快递诚信建设获政策支持。文件明确了快递诚信建设三个方面的内容。一是加强对寄递物流企业及其从业人员的信用管理,探索建立监管部门、商户和消费者对寄递物流企业及其从业人员的信用评价机制。建立健全责任倒查和追究机制,对严重失信寄递物流企业限制入驻电子商务平台。二是建立健全电子商务平台及为电子商务提供支撑服务的代运营、物流、咨询、征信等相关机构和从业人员的信用记录,按照有关规定在“信用北京”网和北京市企业信用信息网公示。三是建立市场主体事前信用承诺制度,推动电子商务平台、入驻商家、个人卖家、物流企业等提供商品销售和服务的市场主体就遵纪守法、信息真实性、产品质量、服务保证、承担的责任和义务等情况作出信用承诺,以规范格式向社会公开。

北京局全面启动“邮政行业安全生产大排查大治理”专项行动

7月17日,北京市邮政管理局全面启动“邮政行业安全生产大排查大清理”专项行动,坚决防范安全生产事故,切实提高邮政行业安全生产水平,为党的十九大胜利召开提前夯实行业安全基础。此次专项行动为期一个月,旨在切实增强全市邮政企业、快递企业安全生产责任意识,深化寄递安全“三项制度”落实,推动完善安全生产制度和应急保障制度。通过开展安全生产隐患大排查大清理,查找安全漏洞和薄弱环节,整改安全问题,有效提升邮政行业安全生产水平。专项行动要求,全市邮政企业、快递企业要对所属的营业网点、处理场所安全生产情况进行自查自纠,做到“全覆盖、零死角、无遗漏”,要开展寄递安全“三项制度”落实情况排查治理,严格纠正安全制度落实不到位的情况并立即整改落实。

北京局提前部署党的十九大期间寄递渠道安保工作

7月20日,北京市邮政管理局联合市公安局、市国家安全局召开寄递渠道安全工作会议,部署相关工作。各区邮政管理局、市邮政公司、顺丰、申通等20家全国网络型快递企业北京负责人及部分网点负责人近百人参加了此次会议。会议强调,党的十九大对北京寄递渠道安全服务保障工作提出更高要求,全市所有邮政企业、快递企业要充分认识首都安全的重要地位和重大意义。各企业要严格落实寄递安全“三项制度”,强化运用实名收寄信息系统落实实名收寄制度,务求收到实效,全面提升实名收寄信息系统的人员注册率和实际使用率,用信息化手段牢筑安全管理“防火墙”。会上,市公安局、市国家安全局分别介绍寄递物流专项整治工作和社会安全形势等方面的情况,北京局通报了邮政企业、快递企业邮件快件落实实名收寄信息系统使用情况,对企业规范使用实名收寄信息系统进行了培训。

北京局部署进一步做好更贴近民生实事工作

7月,北京市邮政管理局印发《关于进一步做好更贴近民生实事工作的通知》,要求各区邮政管理局切实加强组织领导,细化工作措施,明确责任分工,进一步做好更贴近民生实事工作。通知要求,各区局要按照工作部署,坚持统筹谋划、协调推进,把更贴近民生实事与行业提质增效和保障寄递渠道安全有机结合起来,切实解决群众需求最迫切的行业问题,化解行业发展的痛点难点。

北京局推进快递末端服务规范管理工作

7月27日,北京市邮政管理局与市建委进行座谈,规范北京市快递末端服务管理,推动解决快递末端服务中的突出问题。市物业协会和物业服务企业代表参加会议。会上,北京局介绍了本市快递末端服务发展现状和存在的问题,提出采用政策支持和措施导向等方式,引导物业服务企业在写字楼、社区等区域与快递企业开展合作,通过利用智能快件箱或者整合利用现有设施,增强快递末端服务能力。市建委对物业服务企业在部分程度上解决快递末端投递问题予以肯定并就快递末端服务规范提出意见建议。北京局与市建委还就快递末端网点空间布局的规划和末端网点设施的规范管理等方面交换了意见。

北京局组织开展宪法集体宣誓活动

为进一步弘扬宪法精神,深入推进依法行政和依法治邮,按照《国家邮政局副处级以上国家工作人员宪法宣誓组织实施办法》工作要求,7月28日,北京市邮政管理局组织近期新提任的三名副处级以上领导干部开展宪法集体宣誓活动。局党组成员、人事处处长黄立群主持活动并监誓,部分科级领导干部列席宣誓。参会人员首先全体起立,同唱中华人民共和国国歌。宣誓仪式上,领誓人左手抚按《中华人民共和国宪法》,右手举拳,领诵誓词。其他宣誓人列队站立,跟诵誓词。

市快递协会要求进一步规范快递专用电动三轮车管理

8月7日,北京市快递协会向全行业通报,要求各快递企业认真落实《北京市快递专用电动三轮车辆规范管理实施细则》,进一步规范快递专用电动三轮车管理。通报指出,北京天昊快递有限公司对快递专用电动三轮车辆日常使用管理不到位,给予通报批评。同时取消北京天昊快递有限公司颐和园香山站点的车辆编码使用资格,收回配发的车辆编码牌,年底前将北京天昊快递有限公司快递专用电动三轮车辆的总量削减5%。通报向全行业重申了三点要求:一是企业要对照《北京市快递专用电动三轮车辆规范管理实施细则》,做好快递专用电动三轮车辆管理的自查自纠工作,发现问题及时整改。二是落实好企业主体责任,加强电动三轮车的日常运营管理,快递专用电动三轮车只能用于快递的收投、配送服务,不能挪作他用。快递专用电动三轮车上路运营,必须符合“一车一码”的原则,确保车辆编码牌、防伪标识齐全。三是加强员工教育培训,完善驾驶人和车辆的档案,规范运营,文明驾驶。

北京局部署金砖会晤期间寄递渠道安保工作

8月,北京市邮政管理局召开寄递渠道安全工作会,部署金砖国家领导人第九次会晤期间寄递渠道安全服务保障等工作。邮政企业和规模以上快递企业负责人参加会议。北京局局长王跃出席会议并讲话。会议传达了国家局邮政业安全综合整治暨金砖会晤寄递安全服务保障工作会议精神,要求邮政、快递企业认真贯彻落实近期关于全面开展危险化学品安全综合治理、邮件快件“不着地、不抛件、不摆地摊”专项治理等一系列工作部署,切实做好邮政业安全综合整治工作,提升服务质量。要充分谋划、密切安排、周密部署,全力做好金砖会晤期间寄递安全服务保障工作。会议还通报了邮件快件实名收寄信息系统推广应用阶段性工作情况,指出实名收寄信息系统使用中存在的问题,进一步明确做好实名收寄工作要求。

北京局召开市场监管工作会

8月11日,北京市邮政管理局召开市场监管工作会,通报二季度邮政市场监管工作情况,部署金砖国家领导人第九次会晤期间寄递渠道安全服务保障等工作。各区邮政管理局相关人员参加会议。会议要求,各区局提高思想认识,加强领导,严格执法,加强与安全生产监督管理、公安、交通运输等部门协作配合,结合易制爆危险化工品和寄递物流安全专项整治工作,主动开展辖区危化品底数清查行动,强化源头管控,对违法寄递危险化学品行为坚持“零容忍”态度,依照相关法律法规予以严厉处罚,坚决遏制重特大事故发生。会议还就进一步做好更贴近民生实事工作和推进邮件快件“不着地、不抛件、不摆地摊”专项治理工作进行了详细部署。

王跃局长调研城市核心区快递末端网络

8月14日,北京市邮政管理局局长王跃到北京二环内快递企业基层网点调研,检查寄递安全与服务工作。期间,王跃强调,企业要牢固树立安全发展理念和安全红线意识,严格落实主体责任,坚持首善标准,紧紧围绕维护首都北京和谐稳定的政治大局,以高度的政治责任感和紧迫感,紧抓安全工作不放松,落实管理责任,规范生产经营,强化寄递安全,保障安全稳定,促进行业健康发展。

北京局举办行业安全生产知识培训

8月,北京市邮政管理局举办北京市邮政业安全生产培训,邀请市安监局相关负责人员授课。各区邮政管理局、邮政企业、124家快递企业及部分快递站点共180余人参加了培训。培训结合《中共中央国务院关于推进安全生产领域改革发展的意见》精神,从介绍本市生产安全事故情况入手,通过全面普及和重点突出相结合的方式,对具体实例和法律规定进行分析,深入浅出地讲解了企业安全生产主体责任的内容及相关法律责任,图文并茂,明确了企业安全生产主体责任主要包括机构设置和人员配备、健全规章制度、资金投入和物质条件保障、宣传教育培训、日常安全生产管理、事故报告及应急救援、法律法规规章规定的其他安全生产责任等方面。

市禁毒办致函希望共同筑牢首都禁毒防线

8月,北京市禁毒委员会办公室致函北京市邮政管理局,感谢北京局对公开销毒、禁毒宣传活动的大力支持,希望进一步加强合作,共同筑牢首都禁毒防线。感谢函表示,北京局与市禁毒办在市委市政府的领导下,按照部署要求和任务安排,配合公开销毁各类毒品共计1.4吨,毒品的封装、展示和销毁工作进展顺利,圆满完成公开销毒和禁毒宣传活动。活动的举办展示了党中央国务院厉行禁毒的一贯立场和主张,营造了群众参与禁毒斗争的良好氛围,实现了禁毒社会性、时效性的有机统一。市禁毒办感谢北京局对首都禁毒工作的大力支持,希望共同推进首都毒品问题治理体系和治理能力现代化建设,为维护首都社会和谐稳定，提升群众防毒、拒毒意识，营造绿色无毒的禁毒氛围做出新的、更大的贡献。

王跃局长调研北京邮政服务跨境电商情况

8月29日，北京市邮政管理局局长王跃前往北京燕文物流有限公司调研，听取燕文公司负责人情况汇报，实地查看作业处理场地，深入了解燕文公司服务跨境电商模式。王跃对燕文公司在技术研发、通关模式等方面创新性开展跨境电商物流服务、促进邮政与跨境电子商务协同发展等方面取得的成绩表示肯定。王跃指出，目前邮政行业发展速度快、发展变化快，燕文公司作为一种新兴的、独具特色的跨境电商物流模式，一是要把握机遇，抓住北京服务业扩大开放综合试点契机，依法规范经营，提升服务能力，为北京市经济社会和邮政行业发展做出更大贡献。二是要立足长远，不断完善处理场地、硬件设施等方面建设，提升企业硬件软件的能力水平。三是要注重提升品质，加强品牌宣传、数据统计等方面管理，提升企业基础管理水平。

两部门研究促进邮政业健康规范发展

8月30日，北京市邮政管理局局长王跃与市发展改革委主任谈绪祥就加强两部门合作，共同促进邮政业健康规范发展进行了座谈。双方认为，邮政是重要的社会公用事业，是国民经济的基础产业。快递是邮政业的重要组成部分。邮政业在降低流通成本、支撑电子商务、服务生产生活、扩大就业渠道等方面发挥了积极作用。当前，首都邮政业在规划布局、末端投递、安全监管等方面存在较大挑战，双方应按照中央对北京的全国政治中心、文化中心、国际交往中心、科技创新中心的城市战略定位，牢固树立“五大发展”理念，把握京津冀协同发展战略机遇，依靠信息化、大数据等科技手段和体制机制创新，打造“安全运行、规范有序、优质服务、绿色发展”的邮政业服务体系，加快建设与首善标准相适应的现代邮政业。

首都全面启动党的十九大寄递渠道安保工作

9月14日，首都党的十九大寄递渠道安全保障工作动员部署会举行，首都综治办、市公安局、国家安全局和邮政管理局负责同志，中国邮政北京市分公司、中邮速递、顺丰、申通、圆通、中通、韵达等寄递企业代表共500余人参加了会议。此举标志着在党的十九大举办地北京，寄递渠道安保工作正式全面启动。

党的十九大寄递安全“双随机”区域互查启动

9月18日，北京市邮政管理局联合公安等部门迅速行动，拉开为期10天的党的十九大寄递安全“双随机”区域互查的帷幕。“双随机”区域互查共分五个检查组，由各区局主要负责人担任组长，随机抽查全市16个行政区的300个邮政、快递的处理中心、营业网点，重点检查企业执行“三项制度”、邮件快件不落地、安全生产方案制定、安全生产设备配置、安全设备使用维护、安全生产制度建立、安全教育培训、安全生产责任落实、安全设备操作人员的配备和培训等方面内容。公安等部门参与此次寄递安全“双随机”区域互查。

北京局完成党的十九大寄递安全“双随机”区域互查工作

9月18日至29日期间，北京市邮政管理局组织开展了党的十九大寄递安全“双随机”区域互查专项行动。专项行动期间，全市5个现场检查组，共检查邮政、快递企业327家，出动执法人员1449人次，下发责令改正通知书44份，立案调查40起，其中适用反恐法立案7起，保质保量完成党的十九大寄递安全“双随机”区域互查工作，为党的十九大胜利召开夯实寄递渠道安全基础。9月25日还集中组织了对15家品牌快递企业快件处理中心的夜间检查。

北京局一集体两个人荣获市交通工作先进表彰

9月，北京市交通委员会、北京市人力资源和社会保障局联合发文表彰2015－2016年度北京市交通工作先进集体和先进个人。北京局市场监管处荣获2015－2016年度北京市交通工作先进集体。王宝华、江富春两位同志荣获2015－2016年度北京市交通工作先进个人。

开展党的十九大寄递渠道安全专项检查

9月20日，北京市邮政管理局与市公安局、西区局与西城区公安分局分别成立市级、区级联合督导检查组，深入西城区重点地区快递企业生产经营第一线，开展专项督导检查。检查组分别对中国邮政速递、如风达、顺丰等三家品牌企业基层站点进行检查，重点查验一线快递员是否严格落实开箱验视和实名收寄制度。检查组要求，各快递企业必须高度重视党的十九大寄递渠道安全保障工作，始终将安全工作放在第一位，切实提高思想认识，加强安全业务培训，严格落实寄递安全"三项制度"，确保大会期间寄递渠道安全畅通。

张延昆书记赴国通督导寄递渠道安保工作

9月23日，北京市委常委、政法委书记张延昆在北京市邮政管理局局长王跃和相关委办局负责人的陪同下，赴国通快递北京处理中心督导检查寄递渠道安全保障工作。张延昆察看了快件过机安检生产现场，听取了寄递安全保障情况汇报，要求企业增强政治意识、责任意识，严格执行"三项制度"，落实各项安保措施，加强生产现场管理，提升企业管理水平。北京局副局长韩敬华，副巡视员、市场监管处处长杨建，北京东区局相关负责同志陪同督导。

全覆盖开展快递一级中心突击夜查

9月25日夜，北京市邮政管理局联合公安、国安部门，突击夜查15家重点品牌快递企业一级分拨中心，全力保障党的十九大寄递渠道安全万无一失。此次夜查由区局和属地公安、国安部门成立5个检查组。各检查组通过现场查看、调阅监控、查验记录等方式，查看各处理中心安检机配置和使用情况，重点检查企业是否对全部外埠进京的、同城的快件逐件过机安检并粘贴"已安检"标识，并督导企业不断完善生产作业现场消防安全设施，提升安全等级，杜绝生产事故。检查发现，多数企业落实过机安检制度情况较好，天天、快捷、全峰三家企业存在安检机无人值守的问题，检查人员立即现场纠正，要求企业整改，并制作现场笔录，立案调查。夜查持续到第二天凌晨结束。

北京市召开会议规范快递专用电动三轮车

9月26日，北京市邮政管理局、北京市公安局公安交通管理局、北京市快递协会联合召开全市邮政寄递企业交通安全工作会议。北京局副巡视员、市场监管处处长杨建和北京市快递协会秘书长王宝华出席会议。北京市交通安全委员会办公室和各区县交通支队负责人及42家快递企业代表参加会议。会议通报了全市寄递企业的交通违法典型案例，要求快递企业进一步加强交通安全工作。

北京局调研京东集团总部

9月27日，北京市邮政管理局党组成员黄立群带领政策法规处、西区局相关负责同志赴京东集团总部调研。调研组一行先后参观京东自提点、智能自提柜、智慧家庭、无人机、无人超市和数据中心，听取京东集团发展概况、物流配送运营以及企业创新应用等有关情况的汇报，并就快递绿色环保、农村电商扶贫、服务安全保障、企业运营数据统计工作等进行了交流。

三部门要求严格邮件、快件寄件人身份信息查验登记

9月28日，北京市邮政管理局会同北京市公安局、北京市国家安全局，根据《中华人民共和国反恐怖主义法》《中华人民共和国邮政法》等规定，

联合发布《关于严格邮件、快件寄件人身份信息查验登记的通告》。通告对严格邮件、快件寄件人身份信息查验登记有关事项进行规定

马军胜局长督导检查党的十九大期间市行业安保情况

9月29日，国家邮政局局长马军胜对党的十九大期间北京市邮政业安全服务保障工作进行督导检查。马军胜强调，党的十九大寄递渠道安全服务保障即将进入决战阶段，要紧紧围绕“四个严防、两个确保”目标，以最高标准、最严部署、最强措施、最佳状态、最优效果，狠抓各项工作落实，坚决打赢这场硬仗。

刘君副局长督导检查国庆期间市快递业安保工作

10月2日，国家邮政局副局长刘君带队督导检查国庆期间北京市快递业安全服务保障工作。市场监管司副司长林虎，北京市邮政管理局局长王跃，副巡视员、市场处处长杨建，北京市南区邮政管理局局长李国强等陪同检查。刘君指出，党的十九大即将召开，企业安全生产责任重大。进入冬季以后，火灾、交通事故的隐患有所增加，快递企业要严格落实安全制度，安全管理工作决不能流于形式，一定要落到实处。刘君要求：一是要切实加强“三项制度”的落实。企业要承担安全生产的主体责任，企业主要负责人要承担第一责任，亲自抓“三项制度”的落实，提高每一个一线员工的责任意识，确保责任落到实处。二是企业安全管理要制度化。企业要建章立制，并加强对一线员工的教育和培训，落实各项规章制度，使管理制度化、规范化。三是企业要加强对充电区、生活区的管理，改善员工生活条件，杜绝出现火灾、煤气中毒等意外事故。

北京局专题部署党的十九大期间邮政行业安全生产工作

10月12日，北京市邮政管理局向全市17家网络型品牌快递企业通报近期行业安全生产情况，专题部署党的十九大期间安全生产工作。会议通报了最近一段时期期全国连续发生的多起火灾、触电、交通运输、机械伤害等事故以及北京市发生的安全生产事故情况，要求各企业引以为戒，汲取教训，牢固树立安全生产红线意识，杜绝松懈麻痹思想，切实增强责任感紧迫感，严防发生安全生产责任事故。会上，北京局向各企业下发《北京市邮政管理局关于加强党的十九大期间邮政业安全生产工作的通知》（京邮管〔2017〕147号），专题部署党的十九大期间安全生产工作。

北京局召开会议布置智能快件箱运营安全

10月13日，北京市邮政管理局召开了党的十九大智能快件箱运营安全工作布置会。易邮柜、丰巢、速递易、e栈、格格货栈、永嘉易站、近邻宝、全时等主要品牌智能快件箱运营企业负责人参会。会议强调，寄递安全是社会面治安管控的重要方面，是确保党的十九大安全的重要一环，是全行业肩负的重大政治责任。智能快件箱运营企业一要统一思想认识，提高政治站位，自觉履行企业安全主体责任，切实增强责任感和紧迫感，确保智能快件箱运营安全。二要认真执行国家邮政局和北京市委市政府相关工作要求，强部署、抓落实，主要领导亲自抓，开展安全自查和整改，对发现的问题立即整改，切实堵塞安全漏洞。三要严格遵守寄递安全“三项制度”，对党的十九大期间无“安检”标识或未粘贴北京地区“已安检”标识的进京快件，一律不得入箱投递，严防不法分子利用智能快件箱进行违法活动。

刘君副局长在京督导检查党的十九大寄递安保工作

10月15日，国家邮政局副局长刘君到北京市邮政管理局督导检查党的十九大寄递渠道安全服务保障工作。刘君强调，党的十九大寄递安保工作已进入决战阶段，各级邮政管理部门要按照中

央和国家局党组要求，坚持“全国保北京，北京保核心”，坚持认识不动摇、标准不降低、执行不减力、干劲不滑坡，坚持工作再狠一些、再严一些、再细一些，以最高标准、最严措施、最强组织和最佳状态确保党的十九大寄递渠道安保工作万无一失。刘君听取了北京局关于党的十九大寄递渠道安全服务保障工作的汇报，肯定了北京局前一阶段做的大量工作。刘君要求当前重点抓好七个方面的工作一要进一步坚定思想认识。二要聚焦具体问题。三要消除安全隐患。四要抓好安全生产。五要加强实名制工作，筑牢行业防火墙。六要确保机要通信绝对安全。七要健全工作机制，形成各部门合力。

三部门联合开展党的十九大寄递渠道安保会前大检查

10 月 15 日，北京市邮政管理局联合公安、消防部门成立两个专项检查组，分赴顺义和丰台开展党的十九大寄递渠道安保会前大检查，严查企业收寄验视、实名收寄和过机安检“三项制度”和消防安全制度落实，督导企业全面落实安全主体责任，严办安全制度不落实的违法违规行为。检查组要求，各快递企业必须切实提高对党的十九大寄递渠道安保工作重要性的认识，严格落实企业安全主体责任，不折不扣地落实好“三项制度”和安全生产制度，消除寄递渠道安全隐患，确保党的十九大期间寄递渠道安全万无一失。

北京局部署党的十九大快递业消防安全培训会

10 月 17 日，北京市邮政管理局、市快递协会联合召开党的十九大快递行业消防安全培训部署会，督导快递企业切实加强党的十九大期间行业消防安全工作。全市 41 家独立品牌快递企业参加会议，北京局副巡视员杨建、市快递协会秘书长王宝华出席会议并讲话。会议邀请市消防局宣传处金德洙处长开展消防安全知识培训，指导企业建立健全消防安全制度、完备消防安全设施，切实提升快递企业消防安全意识和能力。会上，北京局向各企业下发了《北京市邮政管理局关于加强党的十九大期间邮政业消防安全工作的通知》（京邮管〔2017〕148 号），要求企业切实做好党的十九大期间全行业消防安全工作。

北京局赴一线检查党的十九大寄递渠道安保工作

10 月 19 日，北京市邮政管理局局长王跃、副局长韩敬华和局党组成员黄立群分别带队赴四季青附近快递网点、会场驻地周边快递网点和北京市邮政机要通信局检查党的十九大寄递渠道安全服务保障工作。王跃强调，各企业要提高政治站位，严格落实各项安全制度，坚决不能使寄递安全工作流于形式，一定要真正落到实处。王跃要求各企业吸取近期发生的安全事故的教训，加强安全管理，切实提高对党的十九大寄递渠道安保工作重要性的认识，不折不扣地落实好“三项制度”和安全生产制度，消除寄递渠道安全隐患，确保安全万无一失。

刘君副局长带队在京突击夜查快件处理中心

10 月 19 日晚，国家邮政局副局长刘君率市场监管司（安全监督管理司）、邮政业安全中心相关人员，采取不打招呼、直奔现场的方式，赴驻京部分品牌快递企业处理中心开展突击夜查。督导检查组先后检查了北京天天、全峰和国通的快件处理中心，详细了解党的十九大期间快件寄递服务业务开展情况，重点检查寄递渠道安全服务保障工作要求和三项制度落实情况，并现场查看了进京快件落地二次安检和实名收寄系统使用等情况。

北京局圆满完成党的十九大寄递渠道安保工作

在国家邮政局和北京市委、市政府的正确领导下，北京市邮政管理局全体人员奋战 42 天，行业总动员，践行最高标准，落实最强组织，开展最实举措，调动最佳状态，做到了党的十九大期间未发生一起寄递安全事件，未发生一起安全生产责任事故，未发生一起行业群体性事件，圆满完成了党的十九大寄递渠道安全保障和驻会邮政服务任务。

北京局召开快递业务旺季服务保障工作会

11月1日，北京市邮政管理局召开快递业务旺季服务保障工作会，明确旺季期间工作目标，部署具体任务分工。北京局各单位、北京市快递协会和快递企业总部负责人参加会议。会议指出，2017年的快递业务旺季已经来临，这是党的十九大胜利闭幕后的第一个快递业务旺季，全局要不忘初心、牢记使命，按照国家邮政局的具体工作要求，以最佳状态，全力以赴确保旺季期间安全畅通、平稳运行。

北京局学习宣传贯彻党的十九大精神

11月2日，北京市邮政管理局召开党组中心组（扩大）学习会暨学习宣传贯彻党的十九大精神动员部署会，局党组书记、局长王跃主持会议并作动员讲话，全局副处级以上党员干部参加会议。会议集体学习了党的十九大报告关于新时代党的建设的总要求，全文学习了修改后的《中国共产党章程》。王跃在动员讲话中指出，党的十九大是在全面建成小康社会决胜阶段、中国特色社会主义进入新时代的关键时期召开的一次十分重要的大会，是一次不忘初心、牢记使命、高举旗帜、团结奋进的大会，具有划时代的重大意义。认真学习贯彻党的十九大精神，是当前和今后一个时期全党的首要政治任务和长期战略任务。

开展邮政行业安全生产专项检查

11月，北京市邮政管理局与市安全生产监督管理局成立联合检查组，对申通、中通和天天三家品牌快递企业北京一级处理中心进行安全生产落实情况综合检查。检查组根据《安全生产法》、邮政法、《邮政行业安全监督管理办法》等法律法规规定，重点检查企业安全生产责任制建立、安全生产教育培训落实、安全生产自查自改落实、特种行业作业人员管理等情况，同时对生产作业现场安全生产制度执行进行排查。

市委市政府充分肯定党的十九大期间邮政寄递服务安保工作

11月7日，在党的十九大北京市服务保障和维稳安保总结大会上，播放了忠诚履职纪录片，记录了北京市邮政管理局干部深入快递企业开展执法检查、强化“三项制度”落实的情况。会议肯定了邮政驻会服务。中共中央政治局委员、北京市委书记蔡奇作了重要讲话，肯定了寄递安全工作。在北京局上报的党的十九大期间寄递渠道安全服务保障的工作报告上，市长陈吉宁、市委政法委书记张延昆作了批阅；副市长张建东充分肯定了北京局的工作，并对邮政行业干部员工辛勤付出表示感谢和慰问。

国家邮政局对党的十九大期间北京邮政寄递服务安保工作作批示

11月9日，北京市邮政管理局召开会议传达国家邮政局局长马军胜、副局长赵晓光、副局长刘君对党的十九大期间邮政寄递服务安保工作的批示。在北京局上报的党的十九大期间寄递渠道安全服务保障的工作报告上，马军胜批示：要充分肯定成绩，北京局和全行业干部职工团结奋斗，攻坚克难，圆满完成了党的十九大寄递渠道安全服务保障任务，可喜可嘉。同志们辛苦了！要认真总结经验，将此次成功做法形成长效机制，以利再战，不断提高邮政业安全服务保障水平。当前要集中力量做好“双11”旺季保障工作，确保安全畅通、有序平稳。赵晓光批示：在北京这个首善之区，北京局担负的任务更重，责任更大，付出的更多，不但要有好的精神状态，更要有真抓实干的能力。特别是北京局与邮政北京公司良好的工作关系，已成为做好首都各项工作的基础和重要经验，希望保持发扬下去。刘君批示：北京局讲政治顾大局，克服各种困难出色地完成了党的十九大寄递渠道的服务保障任务，建议市场司对北京局创造出的一些好做法系统总结形成固化模式，同时，对北京全局上下同志们的不懈努力、艰辛付出给予表彰。

北京市出台政策推动快递业绿色发展

11 月 10 日，北京市人民政府办公厅印发《关于加快推进生活垃圾分类工作的意见》，明确了邮政管理部门分工职责，快递业发展再获政策支持。《意见》要求大力推动垃圾源头减量，明确邮政管理部门作为牵头单位，开展快递包装物逆向回收试点工作，研究制定快递包装回收实施方案，搭建快递包装回收体系。北京地区快递业包装总量庞大、种类繁多、增长迅速，包装废弃物对环境造成的影响不容忽视。妥善处理快递包装问题对于节约资源、保护环境和促进快递业健康可持续发展具有重大意义。《意见》的出台为推动快递绿色发展指明了方向，提供了政策支持。

北京局做好“双 11”业务旺季新闻宣传工作

“双 11”期间，北京市邮政管理局高度重视“双 11”业务旺季新闻宣传工作，制定工作方案，召开媒体通气会，组织深入生产一线采访，多措并举助力首都邮政业全力以赴应对“双 11”快递服务旺季。一是印发《北京市邮政管理局关于邮政快递业务旺季期间新闻宣传工作方案》。二是召开北京市邮政快递“双 11”旺季服务保障媒体通气会。三是主动组织媒体深入生产一线专题报道。

刘君副局长在京调研快递旺季服务保障工作

11 月 13 日晚，国家邮政局副局长刘君带队到北京市的快递服务网点和快件处理中心，调研“双 11”快递旺季服务保障工作，并向奋战在一线的邮政、快递员工和邮政管理干部表示慰问。刘君强调要深入学习贯彻党的十九大精神，坚持以人民为中心的发展思想，努力做质量“双 11”，力争圆满完成快递旺季服务保障工作。国家邮政局市场监管司司长冯力虎、北京局局长王跃和有关单位负责人陪同调研。

北京局迅速查处媒体曝光的快递企业涉嫌违法行为

11 月 17 日，媒体曝光位于崇文门附近的申通快递北京新世界网点有踩踏快件、偷取已破损快件内物品等涉嫌违法行为后，北京市邮政管理局局领导高度重视，立即部署，要求市局业务处室和相关区局连夜行动，调查涉嫌违法行为，迅速依法严肃处理。

北京局部署安全隐患大排查大清理大整治专项行动

11 月 20 日，北京市邮政管理局召开了安全隐患大排查大清理大整治专项行动部署会。各区邮政管理局、市快递协会及邮政企业、网络型快递企业主要负责人参加了会议。会议通报了近期本市发生的各类安全事故，特别是 11 月 18 日发生在北京市大兴区的火灾事故，造成了重大人员伤亡和恶劣社会影响。根据市委市政府的有关工作要求，结合行业实际，部署自 2017 年 11 月 20 日起，在全行业开展为期 40 天的安全隐患大排查、大清理、大整治专项行动工作。

北京局组织党的十九大精神专题培训

11 月 21 日下午，北京市邮政管理局组织党的十九大精神专题培训，特邀中国人民大学哲学院副院长、教授、博士生导师臧峰宇作“中国特色社会主义新时代的历史方位与文化自信”专题讲座。北京局党组全体成员及市局机关和各区邮政管理局全体工作人员参加培训。臧峰宇教授从深刻领会党的十九大的主题、深刻领会习近平新时代中国特色社会主义思想的历史地位和丰富内涵等十个“深刻领会”入手，全面解读了党的十九大报告的主要内容和丰富内涵，重点从坚定中国特色社会主义新时代文化自信角度进行了详细的阐述。文化自信是中华民族伟大复兴的思想前提，是中华民族赖以生存发展的精神力量。臧教授的讲座从文化的来源、发展等角度，分析了文化与经济、政治、科技的关系，文化的民族性与世界性的关系，从中国文化的内在结构阐述了新时代中国特色社会主义文化产生的必然性，对于进一步深化对中国特色社会主义文化发展规律的认识，深刻理解人民日益增长的美好生活的文化需要的内涵，更好地领会党的十九大精神，增强“四个自信”并指导工作实践具有重要意义。

北京局会同首都综治办召开快递企业安全管理座谈会

根据市委领导批示，11 月 23 日晚，北京市邮政管理局会同首都综治办召开快递企业座谈会，进一步研究落实快递企业安全隐患大排查大清理大整治专项行动工作，促进快递企业安全规范运营。北京局和综治办主要负责人、相关处室、区局负责人，以及顺丰、中通、百世快递等 7 家主要品牌快递企业负责人参加了座谈会。市委政法委副书记、首都综治办主任闫满成同志充分肯定了快递服务民生、确保城市功能正常运转的作用。要求寄递企业要充分认识到安全专项行动的重大意义，积极开展自查，切实整改，抓好正常经营，做好职工队伍的稳定。要加强沟通，畅通渠道，积极帮助企业解决安全发展过程中存在的困难。

北京局做好中国共产党与世界政党高层对话会寄递渠道安保工作

11 月 30 日至 12 月 3 日，北京市邮政管理局按照国家邮政局工作要求，系统部署、明确分工、细化措施、履职尽责，保障中国共产党与世界政党高层对话会期间寄递渠道安全畅通和全网平稳运行。一是强化组织领导和动员部署。二是落实企业安全主体责任。三是加强监督检查和应急值守。四是维护行业稳定运行。五是指导做好邮政驻会服务。

北京局召开快递升级发展座谈会

12 月 6 日，北京市邮政管理局组织召开快递升级发展座谈会，国家邮政局副局长刘君，市场监管司冯力虎司长出席会议，北京局局长王跃、副局长韩敬华、副巡视员杨建、相关处室负责人以及顺丰、百世、圆通等 8 家品牌企业北京地区负责人参会。会上，快递企业负责人汇报了北京安全隐患大排查大清理大整治专项行动中企业的运行情况和存在的问题，并对疏解非首都功能形势下北京快递业定位和发展提出了建议。韩敬华汇报了专项整治行动开展以来，北京局保障行业正常运行所做的各项工作，并提出了下一步工作计划。刘君对北京局在安全隐患大排查大清理大整治专项行动中的工作给予高度肯定，要求各企业站在讲政治的高度，正确认识此次安全隐患整治专项行动，确保安全，坚定信心，积极应对，找准定位，谋划长远，补齐短板。

市交通委联合北京局调研首都快递业

12 月，北京市交通委主任周正宇在北京市邮政管理局局长王跃陪同下到快递企业调研。调研组先后现场调研了中科富创（近邻宝）北京交通大学网点和顺丰公司华北航空集散中心，并召开会议进行座谈交流。调研组强调，要切实加强行业管理，多部门推动解决用地规划、车辆通行、绿色发展等难题。以“互联网 + ”快递为发展方向，推进创新驱动，融入并衔接综合交通体系，强化安全生产红线意识，加强寄递安全制度体系建设，落实企业主体责任，夯实快递业安全基础，促进行业转型升级和提质增效，不断满足人民群众日益增长的寄递需求，更好地服务于首都经济和社会发展。

天津市快递发展大事记

推动农产品电商与快递业协同发展

1月17日，天津市邮政管理局联合市农村工作委员会、市供销合作总社、宁河区政府共同举办“推动农产品电商与快递业协同发展”主题活动。市农村工作委员会副主任毛科军、市邮政管理局副局长王东、宁河区政府副区长王东军出席会议并致辞，市供销合作总社副巡视员梁正月主持活动。活动现场，多家农产品经营企业与顺丰、圆通、韵达等快递企业洽谈业务合作事宜。活动目的在于贯彻《国务院关于促进快递业发展的若干意见》以及天津市委、市政府印发的《关于贯彻落实〈中共中央、国务院关于落实发展新理念加快农业现代化实现全面小康目标的若干意见〉的实施意见》中关于“快递下乡”工作部署，落实2017年天津市邮政管理工作会议要求，推进实施农产品网络销售全覆盖工程，推动农产品电商与快递业的深度融合与协同发展。

马军胜局长赴天津调研行业发展

1月19日，国家邮政局局长马军胜赴天津，调研邮政业发展和服务情况，代表局党组慰问邮政、快递企业和邮政管理部门一线干部职工，向他们致以新春祝福和良好祝愿。每到一处，马军胜都详细询问企业的旺季服务保障和业务发展情况，并对寄递企业持续强化主动引领意识，不断做大做强，为地方社会经济发展提供有力支撑给予高度评价。近两年，天津市邮政业发展迅猛，马军胜对此予以充分肯定。他希望企业在未来发展中不断优化产品结构，加大服务现代农业和先进制造业的力度；强化市场开发和产品策划，不断拓展服务范围，变被动适应为主动引领，持续适应发展趋势，提升核心竞争力。国家邮政局办公室、政策法规司和天津市邮政管理局负责人陪同调研慰问。

天津局完成建设500个社区快递设施任务

截至2016年底，天津市邮政管理局建设“社区快递服务设施”共计754个，圆满完成天津市政府20项民心工程确定的“建设社区快递设施500个”的任务目标，超额完成率达50.8%。作为快递设施建设项目的责任单位，天津局密切市相关部门沟通协作，借助“天津市电子商务与物流快递协同发展试点城市”的利好政策和项目成果，制定了《天津市邮政管理局2016年民心工程建设方案》，明确三方面举措。通过建设社区快递服务设施，有效解决了天津市邮政快递“最后一公里”投递难题，实现民心工程项目与社区便利超市、社区服务站等设施资源整合，提高末端平台的利用效率。

天津局与市商务委会商促进邮政业发展长效机制

2月8日，天津市邮政管理局局长陈凯与市商务委主任张爱国进行座谈，就推进电商与快递协同发展、加快智慧寄递建设、加强双方合作深入交换意见。天津局党组成员李慧良、市商务委副主任李宏及双方相关处室负责人参会。双方就做好天津市电子商务与物流快递公益性平台的开发升级、深入采集挖掘行业信息数据、推广邮政业末端智能设施、加强智慧监管手段等方面进行交流。双方表示，将以试点城市建设的良好合作为契机，进一步强化协作交流，建立定期沟通合作机制，深化在公益性服务平台的开发共享、完善城市配送体系、推广应用智能寄递设备等方面的合作，加快推动天津市快递业与电子商务深度融合发展。

天津局召开全市寄递安全六项保障制度专题会

2月15日，天津市邮政管理局召开全市寄递安全六项保障制度专题工作会。天津局局长陈凯、市综治办副巡视员吴金星、市邮政管理局党组成员李慧良、市公安局经保总队队长李康捷、市寄递渠道安全管理领导小组成员杨朝晖出席会议，会议由王东副局长主持。陈凯指出，召开全市寄递安全六项保障制度专题工作会，目的是落实国家局邮政局和市委市政府关于做好寄递行业安全工作的决策部署，进一步夯实天津市寄递行业安全保障基础，提升寄递从业人员的安全责任意识和大局意识，推进形成天津市“收寄验视、实名寄递、过机安检，以及持卡认证、监控联网、车辆定位”的“3+3”寄递安全六项保障连锁链条，保障寄递渠道安全、高效、畅通。全市邮政管理系统干部、市快递协会、邮政企业、快递企业代表500余人参会。

天津局部署开展邮(快)件“不着地、不抛件”专项整治工作

2月，天津市邮政管理局下发通知，部署开展邮件快件“不着地、不抛件”专项整治工作。专项整治工作自2月15日起至6月底结束，共分自查整改、督导检查和总结分析三个阶段。专项整治工作范围既包括各寄递企业分拨处理中心，也涵盖快递营业场所和邮政普遍服务营业场所。通知要求，各寄递企业要按照“管生产、管品牌、管服务”的原则，立即行动、即查即改，加大对相关设备、设施的资金投入，强化对邮件、快件各处理环节的现场管理，持续做好对企业员工的教育、培训，不断提升企业服务水平和质量，打造企业优质、规范服务形象。各级邮政管理部门要认真开展专项检查，落实属地管理职责，强化对各寄递企业的督促指导，对检查中发现存在不符合新《邮政普遍服务》标准、《快递服务》标准及《快递安全生产操作规范》等问题的企业，要依法严肃处理。

刘君副局长调研天津邮政业

2月22日，国家邮政局副局长刘君赴天津，深入天津邮政机要通信局、顺丰速运、百世快递分拨中心及南开大学津南校区，调研邮政业发展情况，了解行业节后恢复运营情况和“三项制度”的落实情况。国家邮政局市场监管司司长韩瑞林、天津市邮政管理局局长陈凯陪同调研。

天津局三举措加强全国两会期间寄递渠道安保工作

全国两会召开在即，按照国家邮政局的统一部署和要求，天津市邮政管理局采取三项举措，全面加强全国两会期间寄递服务和安全保障工作。一是下发专门通知，要求全市邮政管理系统和寄递企业牢固树立政治意识，增强政治责任感，严格落实收寄验视、实名寄递、过机安检和持卡认证、监控联网、车辆定位等寄递安全六项保障制度。二是召开专题会议，提前部署两会期间寄递服务和安全工作。三是开展专项检查，全市邮政管理系统持续加大执法检查工作力度，充分发挥寄递安全联合监管机制作用，联合综治、公安、国安等相关部门检查寄递企业落实两会期间寄递安保工作情况。

陈凯局长出席市邮政分公司2017年工作会

2月，中国邮政集团公司天津市分公司召开首届五次职代会暨2017年工作会。天津市交通运输委主任王福山出席并提出工作要求，天津市邮政管理局局长陈凯出席并讲话，市邮政分公司总经理李克超主持。陈凯对市邮政分公司2016年取得的成绩予以充分肯定，对2017年确定的主要工作目标表示同意，并就下一步工作提出两方面意见。

陈凯局长带队夜查全国两会前夕快递企业分拨中心

3月2日晚，全国两会召开前夕，天津市邮政管理局局长陈凯深入中通、圆通天津分拨中心，实地督导检查全国两会期间进京快件过机安检情况。市场监管处负责人陪同。陈凯强调，全国两

会是一年一度我国政治生活中的一件大事。各快递企业要站在讲政治、顾大局的高度，树立安全意识和底线思维，严格落实天津市寄递安全六项保障制度，特别是进京快件100%过机安检，有效发挥天津“护城河”作用，确保两会期间天津市寄递渠道安全畅通。

市领导批示天津局要落实好国家邮政局工作要求

3月，天津市副市长孙文魁在天津市邮政管理局呈报的《关于全国邮政市场监管工作会议在津召开有关情况的报告》上作出批示，“感谢国家邮政局对天津工作的大力支持，我们一定要落实好国家邮政局的要求。”天津局表示，全市邮政管理系统将认真落实2017年1月19日国家邮政局局长马军胜视察天津工作时提出的五点要求，实施创新驱动战略，增强行业供给侧适应性、有效性，积极培育市场主体核心竞争力，提升城市末端服务水平和行业服务质量，不忘初心、继续前进，推动天津局各方面工作再上新台阶。

天津局联合相关部门开展全国两会寄递安全专项检查

3月，天津市邮政管理局联合市公安局、市国家安全局等部门组成联合检查组，深入顺丰、宅急送、优速、速尔、国通等快递企业，检查全国两会期间寄递服务和安全保障工作落实情况。检查组就下一步工作提出四点要求：一是牢固树立政治意识、大局意识，进一步加强组织领导，切实做好两会期间寄递安全保障工作。二是严格落实寄递安全各项保障制度，对收寄的进京快件安全检查要严之又严、细之又细，确保100%通过X光安检机安检，严防禁寄物品流入寄递渠道，有效发挥天津市“环京护城河”作用。三是强化企业主体责任落实，切实抓好安全生产工作，认真开展安全生产隐患大排查、大整治工作，消除各类安全生产隐患。四是强化应急值守，遇有重大问题和事件，积极妥善处置并及时上报。

2016年天津快递服务公众满意度居全国第三

2016年本市快递服务公众满意度达到87.3分，高于全国平均水平6.8分，排名位居全国第三位。本次满意度调查，反映出天津快递服务四大特征：天津公众满意度高于全国，服务质量表现优秀；多品牌服务有进步，公众满意度差异明显；天津整体业务水平佳，需保持以提升用户体验；天津用户感知高于全国，需继续强化品牌建设。

天津局召开党组理论中心组学习会

3月13日，天津市邮政管理局召开党组理论中心组学习会，会议集中学习了中共中央办公厅、国务院办公厅印发的《领导干部报告个人有关事项规定》《领导干部个人有关事项报告核查结果处理办法》，全文学习了国家邮政局印发的《关于进一步规范邮政管理系统干部和干部配偶、子女及其配偶经商办企业行为的规定（试行）》，传达学习了天津市委办公厅、市政府办公厅印发的《关于开展不作为不担当问题专项治理方案》文件精神。天津局领导班子、各处室及派出机构主要负责人参加学习。

召开天津国际邮件互换局（交换站）功能提升专项工作会

3月，天津市邮政管理局联合天津交通运输委召开天津国际邮件互换局（交换站）功能提升专项工作会。市交通运输委副主任、天津航空货运办主任郝学华、市邮政管理局党组成员李慧良出席会议，双方相关部门及市邮政分公司、市邮政速递物流分公司、天津机场等负责人参会。会议就天津国际邮件互换局（交换站）的业务现状、存在问题以及未来的功能定位和发展方向等作了充分讨论和交流。会议决定成立专门工作组，建立联合办公机制，由市邮政管理局、市航空货运办共同牵头，市邮政分公司、市邮政速递物流分公司、天津机场指派专人参与，专题研究、落实国际邮件互换局（交换站）功能提升各项工作。

天津局传达学习驻部纪检组和市委市政府会议文件精神

3月27日，天津市邮政管理局召开专题会议，传达学习中央纪委驻交通运输部纪检组和天津市委市政府有关会议文件精神。天津局党组书记、局长陈凯主持会议并讲话，局班子成员、各处室负责人参会。会议集中观看了3月24日《天津新闻》“天津市领导干部学习贯彻党的十八届六中全会精神专题研讨班开班”有关视频，传达学习了天津市政府第五次廉政工作电视电话会议精神，组织学习了《中央纪委驻交通运输部纪检组2017年工作要点》。会议就落实中央、驻部纪检组和市委市政府有关工作部署和会议要求提出三点要求。

天津局召开2017年邮政普遍服务与市场监管工作会议

4月，天津市邮政管理局召开2017年邮政普遍服务与市场监管工作会议，天津局副局长王东、党组成员李慧良出席会议并讲话，市局普遍服务处、市场监管处全体人员，各派出机构负责人及工作人员参会。会议强调，2017年全市邮政管理系统要按照国家邮政局“打通上下游、拓展产业链、画大同心圆、构建生态圈”的工作思路，坚持稳中求进工作总基调，牢固树立和贯彻落实新发展理念，以提高发展质量和效益为中心，深化供给侧结构性改革，推进创新驱动、注重补齐短板，坚决防范和遏制重大安全事故发生，为全面建成与小康社会相适应的现代邮政业而努力奋斗，以优异成绩迎接党的十九大胜利召开。

出台降低实体经济企业成本首批政策措施

4月，天津市政府办公厅印发《天津市降低实体经济企业成本2017年第一批政策措施》，明确对本市快递企业降低物流成本新举措，快递业迎来特大利好。《措施》明确，为最大限度降低本市物流成本，天津市将对新入驻、租用海关特殊监管区或经所在地政府认定的物流园区、快递园区、工业园区、电商园区等的快递企业营业、处理及仓储用房，由所在地政府按照以不超过30元/平方米标准给予快递企业月租补贴、单家企业每年最高100万元、连续补贴3年的政策执行。各区人民政府负责牵头落实。

动员部署“一带一路”国际合作高峰论坛寄递渠道安保工作

5月2日，天津市邮政管理局召开“一带一路”高峰论坛寄递渠道安全保障工作动员部署会，传达国家邮政局相关工作部署，并就高峰论坛期间全市寄递渠道安全保障工作再动员、再部署。天津局内各业务处室、各派出机构负责人，全市主要寄递企业负责人参加会议。会上，各主要寄递企业递交了《“一带一路”高峰论坛寄递渠道安保工作责任书》。

市邮政业5单位2个人获先进表彰

5月，国家邮政局对2016年邮政行业统计报表工作先进集体、先进个人进行表彰，天津市邮政管理局获评“2016年国家邮政局系统统计报表工作先进集体”，天津局刘芳、第二分局刘田甜获评“2016年国家邮政局系统统计报表工作先进个人”，中国邮政速递物流股份有限公司天津市分公司、天津顺丰速递有限公司、天津永恒快捷快递有限公司、天津千秋中通速递服务有限公司获评“2016年邮政行业统计工作先进企业”。

联合确保“一带一路”高峰论坛寄递渠道安全

5月8日晚，由天津市寄递渠道安全管理领导小组组长、天津市邮政管理局局长陈凯带队，联合市公安局组成专项行动检查组，不打招呼、直奔现场，分别到中通、申通、邮政、顺丰、百世等五家寄递企业天津分拨中心，实地督导检查各寄递企业落实“一带一路”高峰论坛期间进京邮件快件实名收寄、过机安检等情况。此次专项督导检查坚持问题导向，不遮丑、不护短，对于检查中发现存在的问题，天津局除现场询问有关人员外，还将逐家约谈企业负责人和相关责任人，依据反恐怖主义法、邮政法等法律法规进行严肃查处。

陈凯同志当选天津市第十一次党代会代表

5月，天津市邮政管理局机关党委组织15名党员代表参加中国共产党天津市级机关系统第一选举单位代表会议，通过差额选举产生局党组书记、局长陈凯同志等5人为天津市第十一次党代会代表。

陈凯局长督查“一带一路”高峰论坛期间快递网点寄递渠道安保情况

5月12日，天津市邮政管理局局长陈凯深入邮政EMS、中通、顺丰等快递企业基层网点，督导检查“一带一路”国际合作高峰论坛期间寄递渠道安保情况。天津局市场监管处负责人陪同。陈凯强调，快递企业基层网点是行业健康发展的基石，也是落实行业安全管理各项规定的关键环节。各快递网点要站要提高政治站位，站在“讲政治、顾大局、保安全”的高度，认真落实反恐法、邮政法等法律法规规定，严格执行寄递安全六项保障制度，加强对一线收派人员的教育培训，切实保障“一带一路”高峰论坛期间寄递渠道安全畅通。

召开党组理论中心组学习专题会议

5月15日，天津市邮政管理局党组书记、局长陈凯主持召开党组理论中心组学习专题会议，集中学习了习近平总书记对“两学一做”学习教育常态化制度化重要指示、《中共中央组织部关于认真学习习近平总书记重要指示精神广泛开展向廖俊波同志学习的通知》、《市委办公厅、市政府办公厅关于对市工业和信息化委推诿扯皮、不作为问题问责情况的通报》、中央保密行政管理部门通报有关单位机关借调、聘用临时性工作人员泄密案例、《中共天津市委办公厅关于认真学习贯彻〈中国共产党工作机关条例（试行）〉的通知》等文件精神。

天津快递业发展再获1000万资金支持

5月，天津市发展改革委印发《关于做好2017年天津市服务业转型升级专项年度工作计划编报工作的通知》。其中，明确年内支持市邮政管理局快递业发展项目1000万元。此举是2017年4月天津市政府办公厅出台《天津市降低实体经济企业成本2017年第一批政策措施》，对符合条件的单家快递企业给予每年最高100万元、连补3年优惠政策后又一重大政策利好。2017年全市服务业转型升级专项财政预算为1亿元，其中用于支持天津市邮政管理局快递业发展项目1000万元，主要用于支持推广快递智能终端，支持标准化快递（寄递）营业场所建设，进一步提升快递末端服务在自动化、智能化互联互通水平，升级用户服务体验。

召开促进快递与航空运输业协同发展推动会

6月5日，天津市邮政管理局召开专题会议，邀请相关专家对天津市航空货运相关支持政策进行解读，组织航空货运企业与快递企业进行工作对接，促进天津市快递业与航空运输业协同发展。会上，天津机场相关负责人重点介绍了当前天津市支持航空货运市场发展的相关支持政策，并从航空邮件、快件“绿色通道”建设、航线资源、设备及人力投入、安全查验、定期会商机制等方面介绍了天津航空货运市场发展情况。与会各快递企业从自身航空快件发展现状、未来发展规划以及相关业务需求同天津机场方面进行了互动交流，现场气氛热烈。

赵晓光副局长赴天津调研

6月5日至6日，国家邮政局副局长赵晓光赴天津出席第四届海峡两岸珍邮特展活动方案研讨座谈会，并调研天津邮政业发展情况。海峡两岸邮政交流协会常务副秘书长，国家邮政局港澳台办公室、中国邮政集团公司、天津市邮政管理局、天津邮政分公司负责人陪同座谈或调研。

召开全市寄递企业过机安检工作现场会

6 月 13 日晚，天津市邮政管理局在顺丰天津空港分拨中心组织召开全市寄递企业过机安检工作现场会。天津局局长陈凯出席并作总结讲话，市邮政管理局领导班子成员、业务处室及各派出机构负责人，全市 23 家寄递企业天津总部主要负责人及授权代表参会。会议决定，将在全市寄递企业开展新一轮落实过机安检制度专项行动。会议要求各邮政监管派出机构和市邮政管理局业务处室切实履行监管职责，坚持“四铁”原则，依据《反恐法》有关规定，坚决查处违法违规行为。对在专项行动中发现存在不作为、徇私枉法的组织和个人，将依据有关规定严肃问责。

印发创建现代物流创新发展试点城市实施方案

6 月，天津市发展改革委正式印发《天津市创建现代物流创新发展试点城市的实施方案》，确定了指导原则、工作目标、主要任务和保障措施，市邮政业获政策利好，明确了天津市邮政管理局作为责任单位。《方案》提出，到 2020 年，天津市将初步形成便捷、高效、安全、绿色的现代物流服务体系，北方国际航运核心区建设取得显著成就，物流新兴业态不断涌现，基本建成区域辐射力较强的冷链物流体系，物流现代化水平明显提升，物流创新示范效应充分发挥。

印发贯彻落实“十三五”现代综合交通运输体系发展规划实施意见

6 月，天津市政府办公厅印发《关于贯彻落实“十三五”现代综合交通运输体系发展规划的实施意见》，市邮政业发展获支持，并明确天津市邮政管理局为相关工作责任单位。根据《实施意见》，“十三五”期间，天津将重点做好建设国际一流枢纽海港、建成区域枢纽机场、提升天津铁路枢纽地位、打造综合运输服务升级版、着力推进平安交通建设等十方面重点工作。按照《实施意见》要求，天津局将配合做好三方面工作：一是加强物流枢纽节点建设；二是促进现代物流运输发展；三是加大交通邮政深度融合。

进一步加强寄递渠道安全管理工作

6 月 27 日，天津市邮政管理局与市公安局就进一步加强寄递渠道安全管理工作进行座谈。天津局局长陈凯、市公安局副局长王通海出席，市邮政管理局副局长王东、市公安局经保总队副总队长穆琨及双方相关部门负责人参加。双方就进一步深化合作、加强寄递渠道安全管理工作达成三点共识。

召开部分快递企业座谈会研究解决行业发展难题

6 月，天津市邮政管理局召开部分快递企业座谈会，听取企业意见建议，研究解决行业发展难题。与会快递企业负责人分别就快递车辆通行、快递业务经营许可、行业发展用地、邮件快件实名收寄、过机安检制度落实、末端网点管理等方面提出了有关新情况、新建议，以及需要协调解决的新问题。陈凯在听取各企业负责人情况汇报后指出，面对新情况、新问题，我们要转变思维方式、不断与时俱进，以发展的眼光、求实的态度研究解决行业发展过程中遇到的难题，通过政企合力、上下其心，推进邮政行业实现又好又快发展。对于企业反映的有关问题，陈凯还提出三点意见。

陈凯局长会见市邮政分公司总经理陆学鹏

6 月，天津市邮政管理局局长陈凯会见新任市邮政分公司总经理陆学鹏，对其履新天津表示祝贺和欢迎。陈凯表示，邮政管理部门将一如既往支持邮政企业发展，不断优化行业发展环境，推动邮政企业做大做强。陆学鹏表示,将按照邮政管理部门要求,认真履行邮政普遍服务义务,贯彻执行新邮政普遍服务标准,扎实推进各项工作,为全市经济社会发展作出积极贡献。

出台贯彻落实国家口岸发展"十三五"规划实施方案

6月,天津市政府办公厅转发市口岸办关于贯彻落实国家口岸发展"十三五"规划实施方案,明确市邮政业将获得三方面政策支持。根据《实施方案》,到2020年,天津海港口岸外贸货物吞吐量预计达到3.6亿吨,空港国际、地区货邮吞吐量预期达到23万吨。实现口岸管理相关部门信息互换、监管互认、执法互助。优化口岸物流与通关流程。支持天津机场强化枢纽功能,大力发展航空物流。

组织开展服务业转型升级专项项目(快递业)申报工作

按照市发改委《关于做好2017年天津市服务业转型升级专项年度工作计划编报工作的通知》要求,7月初,天津市邮政管理局印发《2017年度天津市服务业转型升级专项项目(快递业)申报指南》,明确专项资金支持方向和标准、申报条件、材料、程序和时限等内容。根据《申报指南》,本次转型升级快递业项目主要支持快递智能终端建设和标准化快递营业场所建设,支持铺设智能快件箱、智能邮件箱等快递智能终端设备,支持按照国家、行业、企业标准,新建或改造标准化快递营业场所,或按照邮政管理部门制定的标准,利用社区超市、便利店等多元主体建设标准化快递驿站。

推进快递封装用品绿色化减量化

7月,天津市邮政管理局召开专题座谈会,全市主要快递企业及部分快递封装用品企业负责人参会。会议首先传达了国家邮政局有关领导对推进快递业绿色包装的指示要求,解读了《国家邮政局推进快递业绿色包装工作实施方案》。会议要求各快递企业要高度重视"绿色邮政"建设,要采取切实有效措施,通过加大科技投入、加强对快递包装物料的循环利用、强化与包装用品生产企业的合作等方式,提高快递绿色封装用品、电子面单的使用率,减少快递包装对环境产生的负面影响,推动实现快递包装的绿色化、减量化和可循环的目标。会上,部分绿色封装用品企业对相关快递封装产品进行了详细介绍,并和与会快递企业进行了座谈交流和业务对接。

召开十三届全运会寄递渠道安保动员部署会

8月15日,天津市寄递渠道安全管理领导小组召开十三届全运会寄递渠道安全保障暨违法寄递危化品专项整治动员部署会。市寄递渠道安全管理领导小组组长、市邮政管理局局长陈凯出席并讲话,市邮政管理局副巡视员李慧良出席,市综治办、市公安局等市寄递渠道安全管理领导小组成员单位及十三届全运会组委会相关负责人参会。会议由市寄递渠道安全管理领导小组副组长、市邮政管理局副局长王东主持。会议宣读了《中华人民共和国第十三届运动会寄递渠道安全保障工作实施方案》和《天津市邮政管理局关于深入开展违法寄递危险化学品整治工作的通知》。

刘君副局长赴天津督导第十三届全运会寄递渠道安保工作

8月24日,国家邮政局副局长刘君赴天津督导检查第十三届全运会寄递渠道安全和服务保障工作。刘君要求,天津各级邮政管理部门和邮政业全体干部员工要牢固树立"四个意识",提高政治站位,采取有效措施,落实"三项制度",全力保障第十三届全运会期间寄递渠道安全,为党的十九大胜利召开营造良好寄递环境。国家邮政局市场监管司有关同志,天津市邮政管理局主要负责同志陪同督导。

陈凯局长督查寄递渠道安保工作

9月1日,天津市邮政管理局局长陈凯深入天津圆通、中通公司位于空港航空快递物流园内的新快件分拨中心，督导检查寄递渠道安全保障工作。市场监管处负责人陪同。陈凯要求，各快递企业要按照国家邮政局的工作部署和天津局相关实施方案要求，认真做好第十三届全运会和金砖国家领导人第九次会晤的寄递渠道安全保障工作，要持之以恒、持续用力，确保寄递渠道安全万无一失。

出台推进农村电子商务发展实施方案

9 月，天津市人民政府办公厅印发了《关于全力推进天津市农村电子商务发展的实施方案》，明确提出多项涉及邮政业利好政策。《方案》指出，要加快实施“快递下乡”工程，鼓励邮政快递企业建设或改造区级农村电子商务仓储配送中心；鼓励供销、邮政快递企业加强农村地区自营网点建设或在区、乡镇建立末端配送点和提货点，建立城乡一体的电子商务物流配送体系。

审议通过党的十九大期间天津市寄递渠道安保工作实施方案

9 月 18 日，天津市邮政管理局党组书记、局长陈凯主持召开局党组会议，传达学习国家邮政局党组 2017 年第 22 次会议精神，审议并通过《中国共产党第十九次全国代表大会期间天津市寄递渠道安全服务保障工作实施方案》。天津局党组成员、副局长王东，局党组成员、副巡视员李慧良出席会议。会议强调，全市邮政管理系统和邮政全行业要把做好党的十九大期间寄递渠道安全保障工作作为当前首要政治任务，切实担负起保障寄递渠道安全畅通、邮政行业平稳运行的重要职责和光荣使命。要按照“全国保北京、首都保核心”的总体思路，有效发挥天津市寄递渠道“环京护城河”作用，落实国家邮政局提出的“四个严防”要求，坚决杜绝乐观轻敌、麻痹松懈等情绪，以最高标准、最严部署、最强措施、最佳状态，确保寄递渠道安全平稳畅通，以天津之“为”做好天津之“卫”，全力以赴做好党的十九大期间寄递安全服务保障工作。

动员部署党的十九大寄递渠道安全服务保障工作会

9 月 21 日，天津市寄递渠道安全管理领导小组召开党的十九大寄递渠道安全服务保障工作动员部署会。领导小组组长、市邮政管理局局长陈凯，领导小组副组长、市综治办副巡视员吴金星，领导小组副组长、市公安局副局长王通海出席并讲话，市国家安全局、市交通运输委、市市场监管委、天津海关、北京铁路局天津办事处等领导小组成员单位相关负责人出席。市邮政速递物流分公司、市顺丰速递公司和天津申通物流公司在会上作了表态发言，各寄递企业向市寄递渠道安全管理领导小组递交了党的十九大期间寄递安全保障责任书。天津局各处室、各邮政监管派出机构全体人员，市公安各分局负责人，市邮政分公司、各快递企业负责人及员工代表 300 余人参会。

进一步规范寄递企业过机安检操作

9 月，天津市邮政管理局印发《天津市寄递企业过机安检作业流程操作指导规范（试行）》。《规范》指出，邮政管理部门鼓励、支持寄递企业采取“先安检、后分拣”，邮件、快件 100% 无差别的安全检查模式。《规范》同时就制定《禁寄物品处置专项应急预案》、邮件、快件安全检查台账、安检标识请领核销制度以及安检设备配置、使用情况报备等方面提出了具体的要求。《规范》的出台，进一步指导全市寄递企业认真落实反恐怖主义法关于邮件、快件安全检查的规定，全面提升寄递渠道安全防范水平，对维护寄递渠道安全、畅通，全面做好党的十九大期间寄递安保工作打下坚实的基础。

开展突击式安全生产大检查并召开现场专题会

9 月 29 日晚，天津市邮政管理局局长陈凯亲自带队，带领市局两个督导组、四个派出机构共计

30余名执法人员，深入天津市空港航空快递物流园区内顺丰、中通、韵达、百世等四处快递分拨中心开展突击式安全生产大检查。大检查紧紧围绕《党的十九大天津市寄递渠道安全大检查工作方案》开展，重点对寄递安全六项制度，特别是收寄验视、实名寄递、过机安检制度落实情况进行检查。当日晚23点左右，陈凯在百世快递天津分拨中心主持召开党的十九大寄递渠道安全保障第二次专题会议。会议通报了前期各派出机构在执法检查中存在的问题，提出下一步工作要求。

陈凯局长带队督导党的十九大寄递渠道安保工作

10月2日，天津市寄递渠道安全管理领导小组组长、市邮政管理局局长陈凯带领市局两个督导组，深入河东区、东丽区、滨海新区等三个行政区域，对邮政、顺丰、申通、百世、韵达等9个品牌18处邮政普遍服务营业场所和快递营业网点开展党的十九大寄递渠道安全督导检查。期间，陈凯强调，各寄递企业基层网点要切实提高政治站位，深化担当意识，全面履行党的十九大寄递渠道安全保障责任义务；要进一步深入落实企业安全生产主体责任，务必落实100%收寄验视、100%实名收寄，牢牢守住安全生产红线，牢牢把住寄递渠道安全底线。同时，陈凯要求督导组深入细致开展执法检查工作，及时将检查中发现的问题原原本本地移交辖区派出机构，并要确保件件有着落、处理有回音。

强化国庆中秋期间寄递渠道安保工作

2017年中秋、国庆期间，按照《党的十九大天津市寄递渠道安全大检查工作方案》要求，天津市邮政管理系统持续强化节日期间寄递渠道安保工作，充分发挥天津寄递渠道“环京护城河”作用，为党的十九大胜利召开创造良好寄递环境。9月26日至10月9日期间，市邮政管理系统共检查寄递企业及网点440处，出动执法人员944人次，下发责令改正通知书39份，立案查处企业36家，查封违规网点23家。

赵晓光副局长赴天津督查党的十九大寄递安保工作

10月12日，国家邮政局副局长赵晓光赴天津督导检查党的十九大寄递安全服务保障“护城河”工作。赵晓光强调，全行业要牢固树立“四个意识”，严格落实寄递安全“三项制度”，充分认识党的十九大寄递渠道安保工作的极端重要性，始终要绷紧安全这根弦，切实消除安全死角和管理盲区，有效发挥天津“环京护城河”作用，确保党的十九大寄递渠道安全万无一失。国家邮政局普遍服务司、天津市邮政管理局主要负责同志，市场监管司有关同志陪同督导检查和座谈。

召开党的十九大全市寄递渠道实战攻坚再部署暨安全警示大会

10月16日，天津市邮政管理局召开党的十九大全市寄递渠道实战攻坚再部署暨安全警示大会。天津局局长陈凯出席会议并讲话，王东副局长通报近期查处的全市寄递企业违法违规案件。会议再次传达了9月28日国家邮政局局长马军胜在全国邮政管理系统党的十九大寄递渠道安保工作电视电话会议上的讲话精神，要求全系统全行业要按照国家邮政局和市委市政府工作部署和要求，落实最高标准、最严部署、最强措施、最佳状态，认真落实寄递渠道“三项制度”，切实消除安全隐患和管理盲区，发挥天津寄递渠道“环京护城河”作用，以优异成绩迎接党的十九大胜利召开。会议还就做好下一步寄递渠道安保工作提出三点意见。全市邮政管理系统全体干部、市快递协会负责人，各寄递企业主要负责人、分支机构及加盟企业负责人共500余人参会。

陈凯局长带队督查外资快递企业落实寄递安保情况

10月17日晚，天津市邮政管理局局长陈凯带队赴位于天津空港航空快递专业类物流园区内的DHL、FedEx、TNT、UPS等外资快递企业分拨中心，实地督导检查企业落实党的十九大寄递安保工作情况。陈凯对各企业认真落实国家邮政局和天津局关于做好党的十九大寄递安全服务保障工作要求，强化安易递版实名收寄信息系统应用，落实进京快件二次安检要求给予充分肯定，要求各企业再接再厉，坚持好的做法，严格落实党的十九大寄递渠道安保各项工作要求，认真执行寄递安全“三项制度”，确保党的十九大期间天津市寄递渠道绝对安全、万无一失。

天津局圆满完成党的十九大寄递安全服务保障工作

为切实做好党的十九大期间寄递渠道安全保障工作，天津市邮政管理局按照国家邮政局相关工作要求，提前谋划、精心安排、狠抓落实，以超常规的状态、超常规的力度，充分发挥天津寄递渠道“环京护城河”作用，全力确保党的十九大期间寄递渠道绝对安全、万无一失，圆满完成党的十九大寄递安全服务保障工作。9月21日至10月25日期间，天津局累计出动执法检查人员1805人次，检查邮政企业、快递企业网点775家次，下达责令改正通知书95份，立案查处寄递企业122家，关停违法违企业网点62处。其中，依照反恐怖主义法有关规定，对6家未落实收寄验视、过机安检制度的寄递企业实施行政处罚，对强化寄递安全起到很好的震慑作用。

学习贯彻党的十九大精神

10月，天津市邮政管理局采取多种形式学习宣传贯彻党的十九大精神，切实将思想行动统一到党的十九大决策部署上来，统一到习近平新时代中国特色社会主义思想上来。一是组织全系统党员干部及时收听收看党的十九大开幕式，仔细聆听习近平总书记代表十八届中央委员会所作的报告，认真学习习近平总书记提出的新思想、新战略、新举措。二是组织市局全体党员干部参加全国邮政管理系统学习贯彻党的十九大精神电视电话会议。三是召开局党组会议，专题研究部署天津邮政管理系统开展学习贯彻党的十九大精神工作。四是印发《中共天津市邮政管理局党组学习贯彻落实党的十九大精神工作方案》，切实将党的十九大精神学习好、宣传好、贯彻好。

“不着地、不抛件、不摆地摊”治理工作座谈会召开

为深入推进邮件快件“不着地、不抛件、不摆地摊”治理工作，10月31日，国家邮政局市场监管司在天津组织召开“三不”治理工作座谈会。国家邮政局政策法规司、发展研究中心、天津、河北、内蒙古、吉林、上海、河南、甘肃省(区、市)邮政管理局及部分省级以下邮政监管机构代表，德邦、顺丰品牌快递企业总部有关人员等20余人参加了会议。会上，德邦、顺丰品牌快递企业介绍了品牌内部“三不”治理工作开展情况和下一步工作思路。与会代表围绕“三不”治理采取的工作措施、取得的成效、存在的问题和下步工作建议进行了深入探讨。市场监管司还就《快递业信用管理暂行办法》《快递业信用评定委员会工作规定》《快递业信用体系建设工作方案》征求了意见，并听取了与会代表对2018年邮政市场监管工作的意见建议。

动员部署2017年寄递业务旺季服务保障工作

11月2日，天津市邮政管理局召开2017年全市寄递业务旺季服务保障工作动员部署会。会议强调，各寄递企业要按照国家邮政局印发的《快递业务旺季服务保障工作指南》和《天津市邮政管理局关于做好2017年天津市寄递业务旺季服务保障工作的通知》要求，着眼国内国际两个市场，城市农村两个阵地，坚持城乡协调联动，以实现“两不”(全网不瘫痪、重要节点不爆仓)、“三保”(保畅通、保安全、保平稳)为目标，继续发挥“错峰发货、均衡推进”的核心机制作用，在确保全行业稳

定运营的基础上，努力做质量“双11”，为天津市国民经济和社会发展做出更大贡献。会议解读了《2017年天津市寄递业务旺季服务保障工作方案》，并就做好2017年寄递业务旺季服务保障工作提出四点要求。

出台降低实体经济企业成本政策措施

11月，天津市政府办公厅出台《天津市降低实体经济企业成本2017年第二批政策措施》，明确提出降低物流企业成本。市邮政业发展获政策利好。《政策措施》提出：一是落实部分税收优惠政策；二是降低能源资源成本；三是降低物流企业成本；四是加大对民营经济发展的支持力度。对在津设立的总部、地区总部、结算中心或职能型总部机构，给予一定奖励。

陈凯局长“双11”前看望慰问一线快递员工

11月10日，天津市邮政管理局局长陈凯带队深入红桥区顺丰、圆通、韵达等快递网点，看望慰问一线快递员工，督导检查寄递业务旺季企业应对准备情况。陈凯强调，各快递企业要认真落实市邮政管理局寄递业务旺季服务保障方案和动员部署会的要求，严格落实收寄验视、实名收寄、过机安检“三项制度”，关心一线员工生产生活，稳定员工队伍；认真落实消防“三合一”规定，严防安全生产事故，确保寄递业务旺季平稳度过，为实现国家邮政局确定的“两不”“三保”目标做出应有贡献。

陈凯局长带队督查旺季快递企业分拨中心

11月13日，天津市邮政管理局局长陈凯带队，深入韵达、百世、圆通快递分拨中心，督导检查各快递企业旺季服务保障情况。期间，陈凯强调，各快递企业要按照国家邮政局和天津局关于寄递业务旺季服务保障的工作部署和要求，坚持往年好的经验和做法，继续发挥“错峰发货、均衡推进”核心机制作用，强化与上游电商企业沟通协作，合理调配进港快件数量和流向，缓解一线网点派件压力。重点关注基层网点的运营状况，出现异常及时妥善处理，避免发生大面积快件爆仓。在做好业务旺季各项应对工作的同时，各快递企业决不能放松安全生产这根弦，要严格执行收寄验视、实名收寄和过机安检“三项制度”，决不能摆样子、走过场，确保旺季生产平稳度过。

多措并举抓好寄递业务旺季新闻宣传工作

为做好2017年“双11”寄递业务旺季期间新闻宣传工作，天津市邮政管理局提前谋划、精心组织、多措并举，为旺季服务保障营造良好舆论氛围。截至11月16日，新华网、天津日报、今晚报、天津电视台、天津电台、北方网、城市快报、每日新报等地方主流媒体共播发、转发旺季信息近50篇。

天津市批复设立市邮政业安全中心

11月16日，天津市编办正式批复设立天津市邮政业安全中心。此举为推动全市邮政业安全管理工作提供有力组织保障。批复明确，市邮政业安全中心为处级公益一类事业单位，由市邮政管理局管理。主要负责全市邮政业安全监管信息系统的建设、管理和维护，参与邮政业安全监管和应急管理相关研究、行业运行安全监测和应急处置等工作。

武清区政府出台快递业发展实施方案

11月，武清区政府印发了《武清区快递业发展实施方案》。《方案》提出，到2020年，武清区快递业发展比“十二五”时期翻两番，快递业务收入达到17.07亿元，业务量达到2.13亿件。《方案》从用地政策、快递服务网络建设、行业环境改善、绿色发展、产业协同发展、技术改造升级、人才队伍建设等七个方面提出促进武清区快递业发展政策措施，明确了天津局第二分局、武清区发展改革、商务、财政、规划、国土、公安、市场监管、工信、招商等相关责任部门的职责分工。

天津市邮政业安全中心揭牌

12月5日,天津市邮政业安全中心举行揭牌仪式。天津市邮政管理局局长陈凯出席并作简短讲话。市邮政业安全中心的成立,标志着天津邮政业信息化支撑工作掀开了智能化监管历史的新篇章,标志着天津邮政行业安全监管工作进入了新时代。

召开全系统安委会暨安全生产专题会议

12月5日,天津市邮政管理局召开全系统安委会暨安全生产专题会议,传达学习近期市领导关于安全生产的批示、讲话精神,听取各派出机构对辖区寄递企业安全生产检查、过机安检夜查的情况汇报,对下一阶段全市邮政行业安全生产工作作出安排部署。陈凯局长出席并作总结讲话,王东副局长主持。局机关各处室负责人、各派出机构负责人及科级干部参加。

天津局一人获市社会治安综合治理先进个人表彰

12月,天津市召开社会治安综合治理表彰会,总结全市社会治安综合治理成绩经验,对全市维稳安全工作进行动员部署。天津市委书记李鸿忠出席并讲话。市委常委、市委政法委书记赵飞主持。天津市邮政管理局局长陈凯参加。会议通报了天津市获得全国平安建设先进区、“长安杯”和全国社会治安综合治理先进集体、先进工作者荣誉情况,宣读了《关于表彰天津市社会治安综合治理先进集体和先进个人的决定》。天津局市场监管处吴广磊同志获先进个人表彰。

陈凯局长赴第三分局调研

12月12日,天津市邮政管理局局长陈凯赴第三分局调研,陈凯仔细查看了第三分局搬迁后的办公场地,重点听取了第三分局今年以来辖区行业安全监管、优惠政策落地及部门自身建设等情况汇报和有关建议,充分肯定了第三分局今年以来所做工作及取得的成效,并就下一步工作提出五点要求。

部署寄递渠道涉枪涉爆隐患集中整治专项行动

12月,天津市邮政管理局召开专题会议,传达国家邮政局寄递渠道涉枪涉爆隐患集中整治专项行动动员部署电视电话会议精神,并结合天津市寄递渠道安全管理工作实际对集中整治专项行动进行再动员再部署。会议要求全市寄递企业要进一步提高思想认识,清醒判断当前寄递渠道面临的严峻形势,牢固树立总体国家安全观,持续强化底线思维和红线意识,按照“隐患就是事故,事故就要处理”的原则,扎实有效地开展专项整治行动。

河北省快递发展大事记

出台推动实体零售创新转型实施意见

1月,河北省政府办公厅印发《关于推动实体零售创新转型的实施意见》,省邮政业发展获利好政策。《意见》提出,到2020年,全省重点谋划、建成30个单体投资规模10亿元以上,集购物、餐饮、住宿、办公、会展、娱乐、生活体验等功能于一体的大型商贸综合体。一是深化供给结构改革。二是促进跨界融合发展。三是加快内外贸一体化。

获二十国集团领导人峰会寄递安保工作表彰

1月,在国家邮政局表彰二十国集团领导人杭州峰会寄递安全服务保障工作的通报中,秦皇岛市邮政管理局获先进集体称号,河北省邮政管理局市场处负责人王海权获先进个人称号。峰会期间,全省邮政管理系统、邮政企业、快递企业认真贯彻落实中央决策部署,及早谋划,精心组织,严密防范,全力以赴投入保障任务,较好实现了“四个严防、三个确保”工作目标,为G20峰会的成功举办作出了积极贡献。

訾小春局长当选河北省第十一届政协委员

1月,中国人民政治协商会议河北第十一届委员会常务委员会第二十次会议审议通过了政协河北省第十一届委员会委员增补名单,河北省邮政管理局党组书记、局长訾小春成功当选省政协委员。

河北省快递年业务量突破9亿件,日均服务超8百万人次

2016年,河北省快递业务量持续高速发展,截至12月31日,快递业务量突破9亿件,在全国名列第8位,标志着“十三五”时期河北省快递业务发展取得“开门红”。河北邮政业在经济社会中的作用日益凸显,日均服务超过8百万人次,比2015年同期增长23%,支撑网络零售额超1千亿元,占社会消费品零售总额比重达到7.67%,新增就业1万人以上,为河北省“稳增长、促协同、调结构、治污染、抓改革、攻脱贫、惠民生、防风险”战略实施作出了积极贡献。

宣贯动员部署省邮政业发展“十三五”规划

1月16日,河北省邮政管理局组织召开《河北省邮政业发展“十三五”规划》宣贯动员部署会,对规划重点内容进行解读,对规划宣贯实施工作作出安排部署。会议指出,《河北省邮政业发展“十三五”规划》作为省级专项规划,已经省政府审议同意后印发,这充分体现了省委省政府和有关部门对邮政业发展的肯定、关心和支持。《规划》系统总结了“十二五”时期河北邮政业的发展成果,分析了未来的发展形势,明确了“十三五”时期邮政业发展的主要目标、重点任务和保障措施。《规划》是全面贯彻落实党中央国务院、省委省政府、国家邮政局关于邮政业发展的新定位、新思路的行动纲领,也是促进全省行业转型创新、提质增效的行动指南。

河北局组织举行宪法宣誓活动

1月17日,河北省邮政管理局首次举行宪法宣誓仪式。河北省局机关副处级以上干部和各市局局长、副局长共32人参加了宣誓仪式。河北局副局长、纪检组长、党组成员魏水旺领誓,省局党组书记、局长訾小春监誓并对全省邮政管理系统干部提出了四点要求。

河北省邮政业安全中心揭牌成立

1月17日,河北省邮政业安全中心正式揭牌成立,河北局局党组书记、局长訾小春,省交通运输厅党组副书记、副厅长杨国华共同为省邮政业安全中心揭牌。省邮政业安全中心是省编办批复成立的省局所属事业单位,主要承担为邮政业安全监管工作提供相关支撑、服务和保障的工作职责。

春节前赴平泉县走访慰问

1月19日,受国家邮政局党组委托,国家邮政局北京邮电疗养院院长、党总支书记张安法一行14人,赴国家邮政局定点扶贫县——河北省平泉县开展春节前走访慰问活动,代表国家邮政局在春节前看望哈叭气村两委成员,走访慰问困难户,将党和政府的关心送到村两委成员和贫困村民身边,将邮政管理系统全体干部职工的关怀送到贫困村民家中。当日,河北省邮政管理局特向省直工委请示,将局机关干部职工捐赠的近3000元慰问金和100余册图书送到了国家局定点扶贫村——平泉县哈叭气村,向广大村民表达了深切问候。承德市邮政管理局、平泉县人民政府相关负责人陪同走访、慰问。

訾小春局长调研邮政企业安全生产情况

1月21日，河北省邮政管理局局长訾小春在石家庄市邮政管理局负责人的陪同下，先后看望慰问石家庄邮区中心局和石家庄市邮政分公司部分一线干部职工。訾小春要求，邮政企业一定要提高安全意识，做好安全防护工作，确保一线工人的人身安全和邮路安全。邮政企业是央企、国企，要担负起应尽的责任和义务，希望干部职工在春节期间继续坚守岗位，克服困难，全力以赴确保春节期间安全有序生产，保障邮路畅通，并预祝大家过一个温暖祥和的春节。

訾小春局长调研石家庄快递业发展

1月21日，河北省邮政管理局局长訾小春赴石家庄调研快递业发展和服务情况，代表河北局党组慰问快递企业一线员工，向他们致以新春问候和良好祝愿。訾小春对下一步工作提出了三点要求，一是各快递企业要提升春节旺季服务应对能力，提高科学化管理水平，保证春节期间正常营业，保障服务质量，抓好安全生产，在保障节假日快递服务平稳运行的同时，照顾好员工生活。二是要大力加强末端服务网络建设，全面落实企业主体责任，不断提升发展质量和发展效果。三是市局要全面加强党的领导、党的建设，贯彻落实全面从严治党，进一步强化“四个意识”，围绕中心，服务大局，攻坚克难，扎实工作，全力做好各项工作完成各项任务，深一部进入企业调研，与企业相互做好全方面沟通、互动。河北省邮政管理局市场监管处副处长王海权、石家庄市邮政管理局局长张子云等陪同调研慰问。

訾小春局长调研邯郸市快递企业

1月22日至23日，河北省邮政管理局党组书记、局长訾小春一行到邯郸市快递企业进行调研和检查，召开了企业座谈会。邯郸市政府副秘书长丁向平陪同调研。訾小春一行先后到EMS丛台营业部、中通复兴光华营业部以及申通、韵达、顺丰、京东分拨中心等地进行检查调研，看望慰问企业部分一线干部职工，给他们送去慰问礼品，并送上新春祝福。调研过程中，訾小春实地检查了各分拨中心及营业点部的规章制度建设、落实寄递安全“三项制度”情况、企业监控视频、业务统计系统等内容，并就确保寄递安全、加强网点标准化建设、三项制度落实、安检机操作人员的专业化培训等方面提出了要求。在企业座谈会上，訾小春对行业发展邮政业形势进行了分析。结合邯郸市邮政业实际情况，对下一步工作提出了四点要求。

确保节日期间全省邮政快递行业稳定运行

1月，为切实做好春节期间各项工作，确保节日期间全省邮政快递行业在节假日期间稳定运行，根据国家邮政局、省委省政府相关文件精神省局发布了《河北省邮政管理局关于做好2017年春节期间有关工作的通知》，并提出了五点要求：一是扎实做好节日期间寄递服务保障工作，确保全省邮政快递业平稳运行。二是全力抓好安全生产，严防重大安全事故发生。三是坚持务实勤俭过节，倡导文明社会风尚。四是严格遵守廉洁自律各项规定，坚决杜绝“节日腐败”。五是强化岗位责任，切实做好值守应急工作。

魏水旺副局长调研慰问保定邮政快递企业

1月24日，河北省邮政管理局党组成员、副局长魏水旺一行赴保定调研邮政业发展情况，向奋战在一线的邮政快递企业员工表示亲切慰问，并致以新春祝福和良好祝愿。保定市邮政管理局局长金达旺等陪同调研。魏水旺一行先后到保定市EMS、顺丰等企业分拨中心及部分营业网点进行了调研走访。期间，魏水旺均详细了解企业近期邮件、快件业务量收变化以及各项安全措施落实等情况。魏水旺强调，春节临近，要严格执行“收寄验视+实名收寄+过机安检”三项制度，全面排查各类安全隐患，切实做好春节期间寄递服务保障和安全生产工作。

河北局全面承接国家局各项工作部署

2月6日，河北省邮政管理局召开由省局机关全体干部参加的局长办公（扩大）会议，全面学习国家邮政局2017年各项工作部署要求，采取“过筛子”方式逐项研究承接，完善了河北局2017年工作要点和重点任务目标分解安排，确定了河北局2017年10项重点工作和5项难点工作，就近期要着力抓好的18项工作作出安排部署，并强调了6个方面的工作要求。会议还研究审议并原则通过了全省财务分区负责人制度、邮政服务监管联席会议制度、邮政业经济运行分析通报会议制度（试行）、网络型快递企业品牌负责人制度（试行）、全省邮政管理系统干部交流学习锻炼工作实施办法（试行）以及省局2017年工作要点、2017年重点工作任务目标分解、一季度重点工作内容等文件制度。

张惠荣荣获“2016年度十佳学习型党员干部”荣誉称号

2月，河北省邢台市委市直工委印发了《关于表彰2016年度学习型党委（党组）中心组、学习型基层党组织和学习型党员干部的决定》，邢台市邮政管理局副局长张惠荣被授予“2016年度十佳学习型党员干部”荣誉称号。

邮政、快递服务三农获多项政策支持

2月8日，河北省政府下发了《关于深入推进农业供给侧结构性改革加快培育农业农村发展新动能的实施意见》。邮政、快递服务三农获多项政策支持。《实施意见》提出，要坚持把推进农业供给侧结构性改革作为“三农”工作主线，实施“一县一品一牌”培育计划。推进农产品电商发展，促进新型农业经营主体、加工流通企业与电商企业全面对接融合，支持农产品电商平台和乡村电商服务站点建设。支持商贸、邮政、电商互联互通，实施快递下乡工程。建立农产品电子商务标准化体系，着力解放农产品物流标准化、冷链仓储等关键问题，支持特色优质农产品线上销售。《实施意见》还提出，把农产品电商从业人员纳入新型职业农民培育范围，扩大农产品电子商务主体。加快推进“互联网＋”现代农业行动。推广一批蔬菜、水果、畜禽、水产等农业物联网应用模式。

张古江副省长调研省邮政快递工作并给予充分肯定

2月9日，河北省副省长张古江调研邮政快递工作情况。张古江对近年来全省邮政业发展取得的成绩及对河北经济社会发展做出的贡献给予充分肯定，张古江表示，省政府将一如既往支持邮政业发展，发挥省邮政业市场发展和维护市场秩序领导小组作用，上半年召开一次领导小组会议；协调做好京津冀快递产业集聚发展高端会议筹备召开；支持邮政管理部门进一步完善行业安全监管体制等。河北省政府副秘书长陪同调研。

魏水旺副局长调度市场监管重点工作

2月13日，河北局副局长魏水旺组织召开2017年第一次市场监管工作调度会，安排部署近期重点工作。河北局市场处、安全中心负责人和相关人员参加会议。魏水旺传达了张古江副省长调研全省邮政快递业的指示精神，对当前河北省快递业发展、安全监管、企业服务能力和部门基础建设面临的形势和主要任务进行分析梳理，对市场处、安全中心处务管理和重点工作调度制度作出指示，并对近期重点工作推进提出五点要求。

《关于建立健全河北省“十三五”规划纲要实施机制的意见》出台

2月，河北省政府出台《关于建立健全河北省“十三五”规划纲要实施机制的意见》，其中，在突出发展现代服务业中指出要将河北打造为全国现代商贸物流重要基地。《意见》提出要加强物流产业聚集区和商贸中心建设，在廊坊市建立国家一

级快递枢纽节点，在石家庄、保定等区域性中心城市建立国家级二级快递物流园区，建设石家庄国际快件监管中心，加快培育一批与河北省现代产业体系相配套的第三方物流企业。《意见》还提出在推进城乡一体化发展中，加快基础设施向农村延伸，推动水电路气信邮等基础设施城乡联网、共建共享。

建立邮政业经济运行分析通报会议制度

2月14日，河北省邮政管理局印发《河北省邮政业经济运行分析通报会议制度(试行)》，建立了河北省邮政业经济运行分析通报会议制度。经济运行分析通报会议每季度召开一下，河北局有关部门、直属事业单位和省级相关企业参加会议，必要时扩大到市局或邀请市局代表参会。

河北局十项责任目标推进全面从严治党深入开展

为坚定不移推进全面从严治党，着力增强“四个意识”，围绕“抓党建强主体、聚主业强监督”工作要求，着力把党建优势转化为发展优势，把组织优势转化为发展活力，把政治优势转化为发展保障，进一步在从严治党、管党中增定力、转作风、树表率。河北省邮政管理局党组研究确定了十个方面的党建工作重点目标责任，确保党组主体责任落实，确保全面从严治党深入推进，强化巩固巡视整改成果，促进行业改革发展取得新成效。

訾小春局长会见石家庄邮电职业技术学院负责人一行

2月15日，河北省邮政管理局局长訾小春会见了石家庄邮电职业技术学院院长赵栓亮一行。赵栓亮介绍了学院专业设置、师资力量、职工培训、课题研究等方面的情况。訾小春对赵栓亮一行表示欢迎，对学院立足邮政业，加强校企融合、推进教培研一体化服务表示肯定，并就如何发挥学院现有优势，积极服务邮政业尤其是快递业发展提出了具体意见。

河北局与供销社合力推进农村电商全覆盖

2月20日，河北省供销社副主任张忠辉带队走访河北省邮政管理局，与河北局副局长魏水旺进行工作会谈，就供销、邮政合作共赢进行了交流探讨。双方一致认为，供销社作为服务“三农”的合作经济组织，拥有遍布城乡的经营服务网络体系，业务经营涉及现代农业全产业链，为农民提供生产服务，为城乡居民提供生活服务，邮政具有覆盖全省的实物运递网、信息传输网、资金结算网，形成了一个多层次、多功能的现代化邮政通信服务网，双方都具有长期扎根农村、服务农民的历史传承，在网络布局、服务领域等方面契合度高、互补性强，合作空间和发展潜力巨大，双方开展合作既符合服务“三农”需要，又能实现互利共赢。

确保全国两会期间寄递渠道安全畅通

2月，河北省邮政管理局采取多项措施，部署“两会”期间服务安全保障工作。一是及时印发加强快递末端网点管理确保稳定运营的紧急通知、做好全国两会期间邮政、快递服务和安全工作的通知，对寄递服务和安全保障工作提出要求。二是组织全省快递企业召开会议，由河北省副局长魏水旺部署2017年两会期间服务安全保障工作。

河北局被纳入省标准化委员会成员单位

2月，河北省标准化委员会办公室印发通知，增补河北省邮政管理局为“河北省标准化委员会”成员单位，河北局局长訾小春为省标委会委员。河北局高度重视邮政业标准化工作，《河北省农村地区快递服务规范》被纳入省标准化委员会地方标准制修订计划，正在积极编制。

马军胜局长赴保定、廊坊调研邮政和快递基层网点

2月23日，国家邮政局局长马军胜赴保定、廊

坊调研邮政和快递基层网点。河北省邮政管理局局长訾小春陪同调研。调研期间,马军胜分别与保定、廊坊市邮政管理局干部职工座谈,对其积极推动当地邮政业发展,积极融入地方经济社会发展给予充分肯定并指出,两市行业发展快、变化大、干部员工劲头足,取得了较好的成效。同时,马军胜要求,一是坚决落实党的基本路线,“咬定青山不放松”,稳定行业来之不易的发展态势。立足地方实际,发挥比较优势,引导企业扩大业务规模、拓展服务领域、提升客户体验。二是要树立以人民为中心的思想,全力抓好国家邮政局2017年提出的七件便民实事,紧抓发展新机遇,下大力气做好落实工作。三是着力突破制约行业发展的瓶颈与难题,落实三项安全制度,稳定基层网点运营。四要按照全面从严治党的要求,加强作风建设、加强队伍建设,提升综合素质,进一步把工作做好,迎接党的十九大胜利召开。

省快递协会召开第二届理事会第七次(扩大)会议

2月,河北省快递行业协会在石家庄召开了第二届理事会第七次(扩大)会议。会议审议并表决通过了《河北省快递行业协会工作报告》《河北省快递行业协会年度财务工作报告》。表决通过了新入会企业申请等两项议案。省快递行业协会与省电子商务协会、省物流商会在会上签署了合作框架协议。会上,河北省邮政管理局副局长魏水旺到会并做了重要讲话,对快递企业和协会工作提出了三点要求。全体理事单位和省内品牌企业代表、河北局市场处主要负责人,省电子商务协会、省物流商会负责人、省内各市快递行业协会负责人参加了会议。

河北局被列为省信息进村入户工作领导小组成员单位

2月,河北省政府办公厅下发《关于成立河北省信息进村入户工作领导小组的通知》,河北省邮政管理局被列为领导小组成员单位,河北局副局长魏水旺被列为小组成员。河北局将加强与各部门的协同合作机制,推动快递服务现代农业,培育推广“快递+特色农产品”示范项目,深化快递下乡工程,加快村邮站和普遍服务网点建设,建立完善农村新型云供销网络,构建农产品进城和工业品下乡双向流通体系,积极促进农村电子商务良性发展,提升河北特色农产品品牌价值,为推动河北省农村地区信息化建设,加快农村地区经济发展贡献力量。

专题会议研究审议全省系列专业会议筹备方案

2月,河北省邮政管理局局长訾小春主持召开专题会议,研究审议并原则通过全省普遍服务监督管理工作会、邮政市场监管工作会议、新闻宣传与办公室综合业务培训会、人事和职业技能鉴定工作会议、财务管理工作会议等全省邮政管理系统系列专业会议的筹备方案。訾小春就开好系列专业会议提出三点要求:一是突出重点,认真筹备;二是丰富内容,加强培训;三是厉行节约,反对浪费。

全面贯彻落实马军胜局长视察河北指示精神

3月1日,河北省邮政管理局局长訾小春主持召开全体干部会议,深入学习贯彻国家邮政局局长马军胜视察河北指示精神,强调要学深悟透马军胜对河北邮政业发展的“4条要求”和“5条指示”,学在深处、干在实处、走在前列,将责任扛在肩上、任务抓在手上,树立知难而上的必胜信念,完善工作思路,破解发展难题,在全省掀起贯彻落实马军胜对河北“5+4”指示精神的高潮。

訾小春局长会见衡水市委副书记、代市长王景武

3月6日,河北省邮政管理局局长訾小春一行在衡水调研期间,与衡水市委副书记、代市长王景武会见,双方就衡水市邮政业发展等多项内容进

行深入会谈。王景武表示，市委市政府将一如既往地支持衡水市邮政业发展，将在园区建设、车辆通行、安全中心组建及市局办公用房等方面提供政策支持，为邮政业发展创造良好的环境，促进全市邮政业健康、持续、快速发展。衡水市政府副市长林飞、市政府副秘书长赵万福，省局普遍服务处、省邮政业安全中心和衡水市局相关负责同志参加会见。

訾小春局长调研指导衡水市邮政业发展工作

3月6日至7日，河北省邮政管理局党组书记、局长訾小春一行赴衡水开展深入调研，详细了解了快递企业的经营现状和发展情况，对快递与电子商务融合发展、仓配一体化、安检机使用、“两会”安保、网点标准化和企业面临的问题、困难予以了特别的关注。调研期间，訾小春召开了衡水市邮政快递企业座谈会，訾小春对衡水邮政业整体发展经营情况以及主要品牌企业量收占比数据进行了专业分析，对各企业发展给予了肯定，并就如何促进衡水市邮政行业快速发展提出了六点要求。

河北局召开全省邮政市场监管工作会议

3月8日至10日，河北省邮政管理局召开2017年全省邮政市场监管工作会议。河北局党组书记、局长訾小春出席会议并作重要讲话，副局长魏水旺主持会议。会上，魏水旺传达了全国邮政市场监管工作会议精神，全面总结了2016年邮政市场监管工作，对2017年工作进行了安排部署。訾小春向全体参会人员传达了国家邮政局局长马军胜2月23日视察保定、廊坊时对河北邮政业发展提出的“四条要求”，并就落实要求，做好2017年快递业发展改革工作提出四点意见。会议对全省邮政市场监管工作先进集体和先进个人进行表彰。邯郸、秦皇岛、衡水、保定、唐山做了经验介绍，各市局就市场监管相关工作进行了分组讨论，组织参会企业签订《寄递企业安全服务责任书》。

訾小春局长会见邯郸市委副书记、代市长王立彤

3月9日，河北省邮政管理局局长訾小春一行在邯郸出席全省邮政市场监管工作会议期间，与邯郸市委副书记、代市长王立彤亲切会见，双方就邯郸市邮政业发展等多项内容进行深入会谈。王立彤表示，市委市政府将一如既往地支持邯郸市邮政业发展，将在末端网点建设、安全中心组建及市局办公用房等方面提供政策支持，为邮政业发展创造良好的环境，促进全市邮政业科学、持续、蓬勃发展。邯郸市政府党组成员杜树杰、市政府秘书长刘弘瑛、市政府副秘书长丁向平，河北局市场监管处、省邮政业安全中心和邯郸市局相关负责同志参加会见。

邯郸市成立省内首家快递产业试验园区

3月9日，河北省快递产业试验园区暨邯郸快递产业园揭牌仪式在邯郸市隆重举行。河北省邮政管理局党组书记、局长訾小春一行对入驻邯郸快递产业园区的快递企业进行观摩，并出席揭牌仪式。訾小春表示，邯郸快递产业园作为河北省首个挂牌成立的快递产业试验园区，实现了全省零的突破，为河北省邮政业大发展、上水平注入了新的活力，带来了新的示范，形成了新的经验，要做好以下四项工作继续推动邯郸市邮政业又好又快发展：一是要主动汇报，争取支持。二是要积极沟通，搭建平台。三是要恪尽职守，履职尽责。四是要解放思想，开拓创新。

开展“四个统一”快递面单集中销毁行动

3月14日，河北山邮政管理局下发通知，精心组织，谋划开展“诚信快递你我同行”快递寄递详情单集中销毁专项行动，各市局结合地方实际，按照“统一时间、统一方式、统一人员、统一宣传”工作要求，顺利完成此次快递面单集中销毁工作。

訾小春局长考察调研沧州邮政、快递乡镇末端网点

3月20日,河北省邮政管理局局长訾小春一行赴沧州,对沧州市富镇的邮政、快递乡镇末端网点开展调研工作。訾小春指出,快递服务在乡镇拥有广阔市场。各企业要学会利用各自网络优势,进一步开拓市场、整合资源,在做大做强同时要逐步加强末端网点标准化建设。

訾小春局长会见沧州市委书记杨慧

3月,河北省邮政管理局局长訾小春一行在沧州调研期间,与沧州市委书记杨慧同志亲切会见,就沧州邮政业发展情况深入交换了意见。杨慧表示,市委市政府将一如既往地支持沧州邮政业发展,将在产业用地、园区建设、促进农业、制造业与邮政快递融合发展等方面提供政策支持。杨慧指出,目前沧州邮政业发展仍有较大空间,希望省邮政管理局党组继续关心、关注、关照沧州邮政业发展,并多多给予政策鼓励和政策倾斜,希望沧州市局要主动适应经济发展新常态,积极作为,在加快建设创新驱动经济强市进程中继续发挥更大作用。

訾小春局长会见沧州代市长梅世彤

3月,河北省邮政管理局局长訾小春一行来沧会见沧州市委副书记、代市长梅世彤,双方就进一步加快邮政业转型发展、更好服务地方经济发展和民生改善交换了意见。梅世彤表示,市政府将一如既往地支持沧州市邮政事业的发展,将在园区建设、安全中心组建、市局办公用房等方面提供政策支持,为邮政业发展创造良好的环境,持续推进全市邮政业健康、持续、快速发展。市政府分管邮政业工作领导、市政府常务副市长袁志刚,市政府秘书长车军,分管副秘书长许强,市政法委、国安局、交通运输局主要领导及省局普遍服务处、市场监管处负责同志参与会见。

訾小春局长调研沧州市邮政、快递企业

3月20日至21日,河北省邮政管理局局长訾小春一行赴沧州,对中通沧衡转运中心、韵达快递分拣中心、邮政速递物流公司分拨中心和狮城营业部、市邮政公司邮区中心局及市邮政公司总部开展调研工作等邮政、快递企业开展调研考察工作。訾小春就邮政、快递企业发展建设提出四点要求:一是要加快推进"三化建设",优化生产作业流程,及时更新生产设备,改善经营基础设施;二是要增强安全意识,落实安全工作主体责任,确保寄递渠道稳定畅通;三是要加大员工培训力度,进一步提升服务质量,为消费者提供更加优质高效的服务。沧州市政府副秘书长许强,河北局市场处、普服处主要负责人,沧州局相关工作人员陪同调研。

訾小春局长会见秦皇岛市副市长冯志永

3月22日,河北省邮政管理局党组书记、局长訾小春在秦皇岛市调研期间,会见了秦皇岛市副市长冯志永。双方就加快快递业与农业、制造业等协同发展、强化寄递渠道安全应急管理以及推进邮政业安全中心建设等方面进行深入交流。冯志永充分肯定了邮政管理局在寄递渠道安保、服务地方经济等方面的工作。冯志永表示,将大力支持邮政快递行业发展,对于此次会谈交流的情况要深入研究,积极落实省政府关于支持邮政业发展的相关政策,为邮政业发展提供有力支持,创造良好发展环境。同时,希望省局能够凸显秦皇岛在京津冀协同发展中的重要区位优势,在全省邮政业总体布局中给予优先考虑。河北局普遍服务处、市场监管处主要负责人,市政府副秘书长、建设处处长以及市邮政管理局负责同志等参加会见。

訾小春局长调研秦皇岛市邮政快递企业

3月22日至23日,河北省邮政管理局局长訾小春一行赴秦皇岛,就邮政快递企业贯彻落实国

家邮政局局长马军胜的“5＋4”指示精神、国家邮政局7件实事以及“不抛扔、不沾地”要求等情况，开展调研。调研期间，訾小春参加了全市邮政快递企业负责人座谈会，听取了各企业汇报发言，仔细询问了解企业经营状况、业务量收情况以及存在的问题，对各企业发展给予肯定，并指出要运用现代企业管理模式，实现“五个转变”。同时，针对下步工作，訾小春提出要做到“五个着力”。

《京畿邮政》微信公众号开通上线

3月，河北省邮政业安全中心正式开通名为“京畿邮政”微信公众号，旨在建设成为社会公众了解行业最新动态，实时查阅邮政业法律法规、全省合法企业及禁限寄物品名录等信息的新渠道。京畿邮政微信公众号主要发布邮政管理工作的信息动态和行业发展过程中的重大政策措施、重要工作部署、重要运行数据、重要法律法规以及行业先进典型等邮政行业内容。

印发全省邮政管理系统2017年新闻宣传工作要点

3月，河北省邮政管理局制定印发《2017年河北省邮政管理系统新闻宣传工作要点》，提出了三个方面的工作要求：一是以深化贯彻落实党的十八届六中全会精神和习近平总书记系列重要讲话精神为主题，强化全省系统党风廉政建设宣传工作。二是坚持以“打通上下游、拓展产业链、画大同心圆、构建生态圈”为总体思路，加强行业发展宣传。三是以科学发展观为指导，提高新形势下新闻宣传工作能力。

建立行业品牌企业通讯员制度

为完善行业新闻宣传体系，提升我省邮政行业良好形象，增强政企间的沟通联系，河北省邮政管理局印发《河北省邮政管理局办公室关于建立行业品牌企业通讯员制度的通知》，组建河北省品牌企业通讯员队伍。通讯员将通过河北局办公室向《中国邮政快递报》、《快递》杂志、河北局门户网站以及社会新闻媒体进行供稿，及时向社会宣传河北省品牌快递企业在各项工作中的好做法和新成果。

河北局被评为2016年度依法行政工作优秀等次单位

2016年，河北省邮政管理局全面贯彻落实党的十八大和十八届六中全会精神，紧紧围绕国家邮政局和河北省委省政府的重要改革任务和重大决策部署，积极践行“四个加快”“六个扎实”总体要求，较好地完成了依法行政各项工作任务，为推动行业法制建设、绿色发展、跨越提升提供了坚实的法制保障，被河北省政府评为2016年度依法行政工作优秀等次单位。

马军胜局长会见河北省副省长张古江一行

4月5日，国家邮政局局长马军胜在北京会见了河北省副省长张古江一行。双方就合作推进河北省邮政业发展等工作交换了意见。张古江对国家邮政局长期以来对河北省经济社会发展的支持表示感谢，对河北省邮政业在服务民生、推动产业转型、精准扶贫中发挥作用和保障重大活动和重要节点寄递服务安全等给予了高度评价。马军胜希望河北省在雄安新区邮政快递发展规划、区域经济协同发展、快递物流园区建设和城市末端投递服务等方面给予更多的政策支持，为促进邮政业创新发展发挥更好的作用。国家邮政局相关司室和河北省政府办公厅、交通运输厅、邮政管理局有关负责同志参加了会见。

学习贯彻全国邮政管理系统巡视工作动员部署会议精神

4月10日，国家邮政局召开了全国邮政管理系统巡视工作动员部署电视电话会议，河北省邮政管理局机关全体工作人员、省邮政业安全中心负责人、各市邮政管理局领导班子成员参加会议。

印发推进邮政业服务农村电子商务协同发展指导意见

4月，为落实国家邮政局《关于推动邮政业服务农村电子商务发展的指导意见》，河北省邮政管理联合省商务厅、省供销合作总社印发了《关于推进邮政业服务农村电子商务协同发展的实施意见》。《意见》在三个方面取得了新的进展。一是联合商务、供销两部门共同印发文件，充分贯彻落实2017年中央1号文件关于“推动商贸、供销、邮政、电商互联互通，加强从村到乡镇的物流体系建设，实施快递下乡工程”的要求，强化了三部门间的协调与合作。二是快递服务现代农业示范项目“一报双评”，各市申报的“一市一品”项目既可参加国家邮政局评审，也可参加《河北省快递服务特色农产品目录》评审。三是进一步落实资金支持，对列入《目录》的示范项目，利用电子商务进农村综合示范项目资金和商贸流通发展资金优先予以支持。

传达学习中央关于设立河北雄安新区的通知精神

4月，河北省邮政管理局党组召开扩大会议，传达学习中共中央、国务院关于设立河北雄安新区的通知精神。会议提出三点要求：一是要深刻认识规划建设雄安新区的重大意义；二是要主动融入河北雄安新区建设的要求；三是要认真做好规划衔接对接工作。要坚持先谋后动、规划引领，在国家邮政局党组的正确领导下，加强内外沟通联络，统筹各方资源力量，及时跟进落实，有序开展各项工作，为雄安新区建设作出更大贡献。

开展专项整治大检查

为全面推进国家邮政局2017年更贴近民生“七件实事”落实，提升寄递安全服务管理水平，实现快件“双不”（不着地、不抛件）目标，为社会营造安全放心的消费环境，河北省邮政管理局印发方案，开展全省“平安寄递”和“放心消费”专项整治大检查活动。专项整治的重点是违反法律法规、严重影响快递服务质量和安全生产的行为，特别是抛扔快件、收寄不验视、投申诉处理和理赔不及时、泄露用户信息、无着快件管理不善、对外公示内容不全等情况，分为自查整改、市局检查、随机互查、汇总通报四个阶段。在随机互查阶段，按照“双随机”抽查工作要求，在市局局长名录库中选取检查组组长，市局副局长名录库中选取副组长，工作人员也进行随机抽取。互查采取实寄测试、走访消费者、现场检查、查阅资料、召开座谈会、电话回访等形式开展，对发现的违法违规事实，填写移交单，交由当地市局按照依法依规进行处理。

开展“三化”建设促进快递服务质量提升

为提升快递服务质量，营造放心消费环境，推动行业创新发展，河北省邮政管理局在全省快递行业开展“营业场所标准化、分拨中心规范化、作业流程制度化”（简称“三化”）建设工作，制定了建设工作方案，采取标准指引、目标导向、典型示范、总结推广、验收评定等措施，确保建设工作取得实效。为加强“三化”建设工作推进，成立了以“一把手”为负责人的领导小组和以协会负责人为组长的验收评定小组，建立了“三化”建设工作的普法贯标联动机制、执法检查衔接机制和工作信息反馈机制。

赵晓光副局长调研河北邮政服务工作

4月10日至13日，国家邮政局副局长赵晓光一行赴河北张家口市宣化区、张北县、沽源县和承德丰宁满族自治县就贯彻落实新修订的《邮政普遍服务》标准、“补白”局所运营、邮政服务农村电商、《人民日报》等党报党刊当日见报率、农村地区通邮等情况进行深入调研。调研期间，赵晓光一行会见了张家口市委书记回建、市长武卫东、主管副市长高峰，承德市副市长邓子来等市县领导，就邮政业促进地方经济社会发展等深入交换了意见。省、市邮政管理部门主要负责同志、省、市、县邮政企业主要负责人、市、县人民政府相关负责同志陪同调研。

訾小春局长到张家口调研

4 月 13 日至 14 日，河北省邮政管理局局长訾小春一行到张家口调研，分别召开了两个座谈会，并就下一步工作提出要求。在全市邮政快递企业座谈会上，訾小春听取了相关邮政快递企业的工作汇报以及在经营中存在的问题和对邮政管理部门的工作意见建议。河北局办公室、市场处和市局，市公司主要负责人陪同调研。

马军胜局长参加雄安新区调研

4 月 24 日，交通运输部党组书记杨传堂、部长李小鹏率领部机关和国家铁路局、中国民航局、国家邮政局有关司局负责同志到河北雄安新区调研，并与河北省委书记赵克志、代省长许勤就贯彻落实好党中央、国务院重大决策部署，共同推动雄安新区交通规划建设各项工作交换了意见。会上，李小鹏与许勤签署了《交通运输部　河北省人民政府关于加快河北省交通运输发展合作协议》。河北省领导袁桐利、张古江，交通运输部领导马军胜、戴东昌、杨宇栋以及部省有关部门负责同志参加调研和座谈。马军胜在座谈时表示，设立雄安新区是以习近平同志为核心的党中央作出的一项重大决策部署，邮政业将汇全行业之智、举全行业之力支持新区建设发展。座谈会后，马军胜赶赴保定调研白沟新城快递企业及电商发展情况。国家邮政局政策法规司、河北省邮政管理局主要负责同志陪同调研。

訾小春局长出席保定市邮政快递企业座谈会

4 月 25 日，保定市邮政管理局组织召开全市邮政快递企业主要品牌负责人座谈会，传达学习中央和省关于雄安新区相关文件及会议精神。河北省邮政管理局局长訾小春出席会议并作重要讲话。会议传达了以下四方面内容：一是中共中央、国务院关于设立河北雄安新区的通知精神。二是国家邮政局局长马军胜在国家邮政局党组会议上就学习领会和贯彻落实中央关于建设雄安新区的战略部署提出的三点要求，以及在交通运输部和省政府在雄安新区举行的工作交流座谈会上提出的四点意见建议。三是传达学习了交通运输部党组书记杨传堂、部长李小鹏以及省委书记赵克志、省委副书记、代省长许勤等领导在工作交流座谈会上的讲话精神。四是马军胜局长赴保定调研白沟快递电商发展相关情况。

推广全省邮(快)件实名收寄信息系统应用操作

4 月，河北省邮政管理局组织举办了 2017 年全省邮件快件实名收寄信息系统推广应用操作培训班。培训班直接针对系统操作使用，紧密结合实名收寄工作实际，目标明确，内容具体，培训全程着眼“怎么开展工作，怎么解决问题”。培训班强调了实名收寄工作的重要意义，明确了参训人员今后工作的目标任务；宣读了《河北省全面推进邮件、快件实名收寄信息化工作方案》；讲解了实名收寄信息系统和安易递实名收寄平台以及安易递实名收寄 APP、用户 APP、监管 APP。邀请顺丰、圆通、百世、申通、中通、韵达等 6 家企业演示了企业自主研发的企业版实名收寄信息系统。

河北局深入研究支持雄安新区规划建设

4 月 26 日，河北省邮政管理局召开党组理论中心组(扩大)专题学习会议，传达省委九届三次会议精神，贯彻交通运输部到雄安新区调研座谈、签署部省战略合作协议的重要精神，研究确定服务新区规划建设重点项目，并提出落实工作任务的三点要求。

细化措施加强雄安新区寄递服务和安全保障工作

为落实国家邮政局局长马军胜在雄安新区调

研座谈会上的工作要求，主动对接和服务新区规划建设，河北省邮政管理局细化工作措施，加强雄安新区寄递服务和安全保障工作，印发了《关于加强雄安新区寄递服务和安全保障工作的通知》，并召开寄递企业会议进行动员部署，提出四点要求：一是提高认识，统一思想，切实增强做好雄安新区快递服务和安全保障工作的政治责任感和紧迫感。二是合理规划邮政快递网络布局，提高服务网络层级，加快邮件快件的传递速度。三是强化企业主体责任，全面落实三项安全制度。四是做好应急处置和信息报送工作。

推进邮快件实名收寄信息系统推广应用工作

4 月，河北省邮政管理局采取多项措施切实推动邮快件实名收寄信息系统推广应用工作落实：一是联合省公安厅、省国家安全厅印发了《河北省全面推进邮件、快件实名收寄信息系统工作实施方案》，全面部署全省邮快件实名收寄工作。二是组织举办全省邮件快件实名收寄信息系统推广应用操作培训班，为各市局培养 1 名兼职讲师和熟悉操作规程的业务骨干，熟练掌握国家局公共版安易递实名收寄平台、实名收寄监管版信息系统的操作使用方法，指导做好本市信息系统推广应用的培训工作。三是要求使用企业版实名收寄信息系统的企业及时沟通联系企业总部，尽快推动实名收寄工作在河北省全面落地。

深入贯彻落实“一带一路”国际合作高峰论坛寄递安保工作动员部署会议精神

4 月 27 日，国家邮政局“一带一路”国际合作高峰论坛寄递渠道安全服务保障工作动员部署电视电话会议召开后，河北省邮政管理局第一时间进行了安排部署，并连续多日多举措确保会议精神落到实处、落到一线。一是河北局于 27 日迅速组织召开安保工作动员会。二是制定《河北省邮政管理局“一带一路”国际合作高峰论坛寄递渠道安全服务保障工作实施方案》，成立了高峰论坛寄递渠道安全服务保障工作领导小组，专门将保定、廊坊、承德、张家口等环京 4 市局主要领导列为领导小组副组长，主管局领导列为领导小组成员，切实加强环京地区的安全防护工作。三是河北局副局长魏水旺带队赴廊坊视察安保工作，以“三项制度”落实为重点，检查企业安防工作准备情况，要求各企业提高认识，不可疏忽，要主动排查隐患，不留死角，确保“一带一路”高峰论坛期间寄递渠道安全。

召开河北省寄递渠道安全管理工作领导小组会议

5 月 9 日，2017 年度河北省寄递渠道安全管理工作领导小组会议在石家庄召开。会议传达了《河北省邮政业开展“平安寄递”专项整治大检查工作方案》《“一带一路”国家合作高端论坛寄递渠道安全服务保障工作方案》《北戴河暑期安全保障工作方案》《邮件、快件实名收寄信息系统应用推广工作方案》等 4 个工作方案，并对环京 4 市 14 县设立邮政业安全中心和申请寄递渠道安全监管信息化建设资金的请示进行了说明。河北省邮政管理局局长訾小春、省综治办副主任李雨生作重要讲话。会议要求各成员单位做好四个方面工作。领导小组成员单位省公安厅、国家安全厅、交通厅、海关、工商、铁路、民航等有关负责人，省邮政管理局市场处、省邮政业安全中心等有关负责人参加会议。

訾小春局长在石督查“一带一路”国际合作高峰论坛期间寄递渠道安保工作

5 月 11 日，河北省邮政管理局党组书记、局长訾小春在石家庄检查“一带一路”国际合作高峰论坛寄递渠道安全服务保障工作，强调要立足高标准，严格落实“三项制度”，确保高峰论坛期间寄递渠道安全畅通。期间，訾小春认真听取了石家庄局关于“一带一路”国际合作高峰论坛期间寄递渠道安保工作情况的汇报，訾小春指出，寄递渠道安全管控十分重要，要加强部门协调联动，加快信息化手段建设，立足高标准，严要求，树立安全发展观，落实企业主体责任，落实“三项制度”，确保“一带一路”国际合作高峰论坛期间寄递渠道安全畅通，万无一失。

联合督查“一带一路”高峰论坛寄递渠道安保工作

5月，河北省邮政管理局联合省国家安全厅组成联合督查组，分赴保定、廊坊、唐山、承德、张家口等地区，对“一带一路”国际合作高峰论坛寄递渠道安全服务保障工作进行督导检查。期间，督查组对各单位的安全保障工作给予肯定，督查组要求，各单位要进一步提高“一带一路”国际合作高峰论坛寄递渠道安全服务保障工作的认识，切实增强责任感和紧迫感，按照国家邮政局和河北局总体部署，本着“严之又严、细之又细、实之又实”的工作要求，严格落实“护城河”联防联控工作部署和防范措施，认真贯彻落实“收寄验视、实名寄递、过机安检”三项制度，严防枪支弹药、易燃易爆、管制器具、政治性非法出版物、危险化学品等违禁物品流入寄递渠道。各市局要加强监督管理，严惩违法违规行为，督促寄递企业加强安全生产管理和服务保障，确保圆满完成寄递渠道安全服务保障各项工作任务。

举办首期全省邮政行业X光安检机操作培训班

5月11日起，河北省邮政管理局分三期对全省安检机操作人员进行培训。河北局市场处、安全中心、各市局市场监管人员共20余人参加了首期培训。本次培训邀请了包括国家防爆安检委员会秘书长、北京市公安局安保协会高级顾问李福会教授在内的专家团授课，培训分为理论讲解和上机操作两部分，即通过课堂教学进行了全面讲解，又通过实际操作增强了直观感受。培训内容全面、丰富，包括反恐知识讲座、X光安检机种类、工作原理、操作注意事项、危险品种类与识别等。

河北局圆满完成全省寄递渠道安检培训工作

5月11日至26日，河北省邮政管理局在张家口市职业技术教育中心分三期对全省邮政市场监管执法人员和快递企业安检机操作人员进行了培训，共培训254人。本次培训邀请了包括国家防爆安检委员会秘书长、北京市公安局安保协会高级顾问李福会教授在内的专家团进行授课。培训结束后，河北局副局长魏水旺、张家口市职教中心校长李雪梅共同为“河北省邮政行业人才培养培训基地”揭牌。据悉，经报国家邮政局同意，张家口职业技术教育中心被设为“河北省邮政行业人才培养培训基地”，该基地为全国首个也是唯一一个邮政安检人员培训基地。

发文全面贯彻落实邮政业更贴近民生7件实事

5月24日，河北省邮政管理局印发了《关于落实国家邮政局2017年邮政业更贴近民生七件实事的实施意见》，要求加快民生实事完成进度，确保圆满完成各项工作的任务目标。河北局要求，各有关部门和单位加强组织领导，严格履行工作职责，切实强化督促检查。要建立7件实事工作台账，及时汇报工作进度。省局也将加大对七件实事的督促检查力度，检查工作实效、检验作风水平，及时发现并协调解决困难和问题。通过督查，确保高质量、高标准完成7件民生实事。

河北局全方位部署加强行业精神文明建设工作

5月，河北省邮政管理局组织召开党组专题会议，全方位研究部署进一步加强行业精神文明建设工作。会议研究审议并原则通过了《关于进一步加强邮政行业精神文明建设的实施意见》《关于加强邮政业诚信体系建设的指导意见》《关于在全省邮政行业开展青年文明号创建活动的实施意见》以及全省邮政行业精神文明建设推进工作会议方案。

推进“互联网＋”现代农业行动实施意见

5月31日，河北省政府办公厅出台《关于推进“互联网＋”现代农业行动的实施意见》，省邮政业发展获政策支持。《实施意见》提出，加快推进农业电子商务融合发展，鼓励支持快递物流企业参与农业电子商务平台建设，探索产地直销、订单生产等营销新模式。加强基础设施建设，支持物流快递企业科学布局农村地区、国有农牧场仓储网络，建设农村电商邮寄网。加强农业、商贸、交通运输、供销、邮政等部门的协作配合，建立农村物流服务网络和设施的共享机制，推动多站合一、资源共享。

部署开展全省邮政业“安全生产月”活动

6月，河北省邮政管理局印发实施方案，就全省邮政业2017年开展“安全生产月”活动进行了安排部署：一是开展主题宣讲进企业活动；二是开展“6·16”企业安全生产主体责任宣传咨询日活动；三是开展企业安全风险公告和隐患排查治理活动；四是开展生产安全事故警示教育活动；五是开展多种形式的执法检查活动。

訾小春局长接受《京津冀大头条》电视采访

6月5日，河北省邮政管理局党组书记、局长訾小春就河北在京津冀快递业协同发展中优势和所承担的功能接受了河北电视台《京津冀大头条》栏目的采访。訾小春表示，河北在京津冀快递业协同发展中还承担了首都“护城河”、服务京津、承接辐射、产业联动等功能，河北将继续发挥优势，找准定位，拓展功能，不断促进快递业转型升级、协同发展，努力为建设与小康社会相适应的京津冀快递服务体系做出应有的贡献。

启动2017年度“美丽河北·最美快递员（邮递员）”推选展示活动

6月14日，河北省邮政行业精神文明建设推进会暨2017年度“美丽河北·最美快递员（邮递员）”推选展示活动启动仪式在石家庄召开。河北省邮政管理局党组书记、局长訾小春出席会议并作重要讲话。省委宣传部、省文明办、团省委有关同志参加会议。会议为2016年度全省最美快递员代表、优秀快递员代表颁发奖杯和证书。会上，邮递员代表宣读了“助力美丽河北·争做最美快递员（邮递员）”倡议书，快递员代表宣读了“构建诚信行业共享快递服务争当最美快递员”承诺书。

张古江副省长批示感谢国家邮政局

6月，河北省副省长张古江在河北省邮政管理局《关于服务雄安新区邮政业建设发展工作情况的报告》上作出批示，感谢国家邮政局对雄安新区规划建设的支持帮助，同意河北局关于服务雄安新区邮政业建设发展工作所报内容，要求做好与雄安新区的沟通对接，抓好下步工作的落地落实。

刘君副局长调研河北省实名收寄信息系统推广应用

6月15日至16日，国家邮政局党组成员、副局长刘君带队赴河北省石家庄、保定、邢台等地调研实名收寄信息系统推广应用工作。河北省邮政管理局党组书记、局长訾小春陪同调研。刘君强调，河北省具有环绕北京的特殊地理位置，寄递渠道安全监管责任重大，要在实名收寄信息系统推广应用工作中走在前列。国家邮政局市场监管司、邮政业安全中心、河北省邮政管理局有关负责同志和工作人员陪同调研。

12部门联合发文支持唐山构建开放型经济新体制

6月，河北省商务厅、省发改委、省编委办、省人社厅、省公安厅、省交通运输厅、省邮政管理局等12部门联合下发了《关于进一步推进唐山市构建开放型经济新体制综合试点实验的实施意见》，支持唐山市深入开展贸易投资便利化和放管服改革，全面推进综合试点取得更大成效。邮政业发展获利好。实施意见提出，推动跨境电子商务快速发展，争取在唐山设立国际邮件互换局。加快电子口岸建设，实现对唐山港口岸一线的全覆盖，提高通关效率。

推进快递业重点项目在河北落地实施

6月19日至21日，河北省邮政管理局领导带队赴上海市和深圳市，与全国主要快递企业总部进行工作对接，进一步推动快递业重点项目建设并座谈研讨雄安新区邮政业规划编制相关工作。与会快递企业介绍了在河北发展和项目投资建设情况，对下一步工作提出意见建议。

成立服务雄安新区邮政业建设与发展领导小组

6月27日，服务雄安新区邮政业建设与发展领导小组成立暨第一次会议在石家庄召开。会议传达贯彻国家邮政局支持雄安新区邮政业建设与发展领导小组第1次会议精神，审议通过了《服务雄安新区邮政业建设与发展2017年重点工作任务》。河北省邮政管理局党组成员、副局长、领导小组副组长魏水旺宣读了《河北省邮政管理局关于成立服务雄安新区邮政业建设与发展领导小组及办公室的通知》。河北局党组书记、局长、领导小组组长訾小春主持会议并讲话。针对下一步工作，訾小春提出四点要求。

开展“三个落实”专项行动

6月，河北省邮政管理局印发《河北省邮政业“落实三项安全制度、落实企业安全生产主体责任、落实行业安全监管责任”专项整治行动工作方案》，全面推进当前邮政业安全生产各项工作，为党的十九大胜利召开营造良好安全环境。

省邮政业市场发展和维护市场秩序领导小组成员调整

7月，经河北省政府批准，河北省邮政业市场发展和维护市场秩序领导小组对部分成员进行了调整，省政府副省长张古江任领导小组组长，省政府主管副秘书长、省邮政管理局局长任副组长，领导小组办公室设在省邮政管理局。调整后的领导小组在省政府直接领导下，由省发展改革委、编委办、法制办、金融办、财政厅、交通厅、公安厅、国安厅、教育厅、人社厅、工信厅等27个成员单位组成，并首次把省编委办吸纳为领导小组成员单位，对于开展沟通协调，推进全省县级邮政监管机构和市县级安全中心设置提供了便利。

开展邮件快件“不着地、不抛件、不摆地摊”专项治理工作

7月，河北省邮政管理局印发了《关于开展邮件快件“不着地、不抛件、不摆地摊”专项治理工作的实施方案》，进一步加强事中事后监管，规范企业生产行为，维护消费者合法权益，努力为人民群众提供更加优质的寄递服务。

印发做好高等院校快递服务工作的意见

7月，河北省邮政管理局联合省教育厅印发了《关于做好高等院校快递服务工作的意见》。《意见》针对高等院校快递服务难题，提出了推进快递服务进校园的具体措施：一是利用现有资源建立高校快件派送点，扩展高校收发室和邮政局所功能。二是鼓励高校自建配送站点，与各快递公司开展合作，统一完成校园内快件的配送服务。三是引入专业第三方开展校园快件派送服务，并明确了第三方快递服务企业所需的条件。四是推进智能快件箱建设，引导有条件的快递企业、智能快件箱建设运营企业在高校内加大智能快件箱投入力度。同时，鼓励高等院校、快递企业、第三企业因地制宜探索多种建设模式，从多个方面加强校园快递服务网点的管理。

全力推进全省快递行业基层党组织建设工作

7月，河北省邮政管理局党组下发《关于推进全省快递行业基层党组织建设的通知》，全力推进全省快递行业基层党组织建设工作。《通知》要

求，各市局按照属地管理原则，指导本地域快递企业基层党组织建设工作，明确分管局长和具体负责部门，切实加强组织领导，做到责任落实。要主动与地方党组织加强联系，争取就近、方便、灵活的组织设置方式，有效推进地方的党组织建设工作。要及时向省局机关党委报送工作开展情况，全面反映所辖企业党组织组建工作进程。

以责任制清单式管理助推依法治邮

7月17日，河北省邮政管理局召开局务会审议通过了河北省邮政行政管理权力清单、责任清单以及行政执法事项清单，并严格落实国家局制定的负面清单。权力清单和责任清单依据邮政法、安全生产法、反恐怖主义法以及河北省邮政条例、河北省邮政业安全监督管理规定等16部法律法规规章，构建了河北邮政行政管理权责体系。权力清单全面梳理了行政许可、行政处罚、行政强制、行政检查、行政征收、行政奖励等职权；责任清单梳理了邮政管理部门承担的职责以及内部分工，体现了监督和责任追究机制。

出台行政执法"三项制度"

7月17日，河北省邮政管理局召开局长办公（扩大）会审议通过了《河北省邮政管理局行政执法公示实施办法（试行）》《河北省邮政管理局邮政行政执法全过程记录实施办法（试行）》《河北省邮政管理局重大行政执法决定法制审核办法（试行）》，为全面推进依法治邮、加强法治邮政建设提供了制度保障。

河北省"促进快递业发展"实现全覆盖

7月，河北省及11个地市实现促进快递业发展政策全覆盖。

河北省邮政行业职业技能大赛举行

7月20日至21日，2017年中国技能大赛——河北省邮政行业职业技能大赛在唐山举行。本次比赛由河北省人力资源社会保障厅和河北省邮政管理局联合主办，河北省邮政行业职业技能鉴定中心承办、唐山市邮政管理局和唐山劳动技师学院协办，张家口、秦皇岛、承德、廊坊等市局领导观摩本次大赛。河北省邮政管理局党组书记、局长訾小春出席大赛开幕式并致辞。共有来自全省11个地市的33名选手参加了大赛，经过精彩激烈的角逐，唐山的于振飚，承德的孙波，邢台的高宪军夺得比赛的前三名。

印发推动快递服务制造业发展的三年行动计划

7月，河北省邮政管理局联合省工信厅印发了《关于推动快递服务制造业发展的三年行动计划（2017－2019）》。《计划》提出，到2019年，全省快递服务制造业典型项目总数超过100个，服务制造业的年快递业务量达到5亿件，业务收入达到75亿元，支撑制造业总产值超过700亿元。鼓励快递企业通过"订单末端"配送、仓储配送一体化等服务模式，整合服务功能，深化服务内涵，加快向综合型快递物流运营商转型。《计划》明确，深入推进"快递服务制造业示范建设项目"的申报和推选工作，对各地申报的项目，由河北局会同省工信厅进行评审，入选项目列入《河北省快递服务制造业示范建设项目目录》，除上报国家邮政局名录库外，由河北局与省工信厅进行示范推广，给予支持。

印发《关于加快发展邮政行业职业教育的实施意见》

7月，河北省邮政管理局与省教育厅联合印发了《关于加快发展邮政行业职业教育的实施意见》。《意见》提出，2020年左右，将基本建成适应全省邮政行业转型升级、创新发展和做大做强要求的现代邮政职业教育体系，造就一支素质高、能力强、结构优的现代邮政专业人才队伍，并明确了三项具体目标：一是实现全省邮政职业教育规模稳定增长；二是推动全省邮政人才培养质量不断提升；三是促进全省邮政从业人员素质明显提高。《意见》还从八个方面提出了具体措施。

召开邮政业市场发展和维护市场秩序领导小组会议

7月26日，河北省政府组织召开了邮政业市场发展和维护市场秩序领导小组会议，省政府副省长、省邮政业市场发展和维护市场秩序领导小组组长张古江出席会议并讲话。省政府副秘书长、省邮政业市场发展和维护市场秩序领导小组副组长康彦民主持会议，河北省邮政管理局局长、省邮政业市场发展和维护市场秩序领导小组副组长訾小春做工作报告，27个省级部门作为成员单位参加会议。会议筹备期间，根据省政府办公厅的意见，河北局联合相关部门出台了一系列促进行业发展的文件。

印发促进快递业与电子商务协同发展的意见

7月，河北省邮政管理局联合商务、海关、民航三部门联合印发了《关于实施快递入区下乡出境工程　促进快递业与电子商务协同发展的意见》。《意见》提出，年底前全省乡镇快递服务网点覆盖率100%，农村电商实现全覆盖，快递服务电子商务直接收入100亿元，支撑电子商务销售额1000亿元，网络购物销售额占社会消费品零售总额比例力争达到13%。到2020年，基本形成覆盖全省、普惠城乡、技术先进、服务优质、安全高效、绿色节能的快递电商服务网络体系，实现“乡乡有网点，村村通快递”。《意见》还从多个方面明确了推动电商快递协同发展的任务措施。

印发文件综合解决城市末端投递服务难题

8月，河北省邮政管理局会同省财政、住建、民政、教育、人社、公安、质监、综治等9部门联合印发了《关于支持邮政业服务创新综合解决城市末端投递服务的实施意见》。成立了综合解决城市末端投递建设工作领导小组，分管省领导亲自担任组长，相关部门负责同志为成员，部门协调配合、企业广泛参与、公众支持认同的末端投递管理工作格局初步形成。《意见》提出，以快递驿站、邮件快件智能投递箱为载体，持续推进城市末端投递网点进社区、进校区、进商区、进政区，形成上门投递、智能箱投递、驿站投递等多元末端服务体系，提升邮件、快件终端配送的智能化、集约化和规范化水平，更好满足人民群众日益增长的多样化、专业化、个性化的用邮服务需求。《意见》同时明确了六项重点任务。

开展金砖会晤寄递安全大检查活动

为贯彻落实国家邮政局邮政业安全综合整治暨金砖会晤寄递安全服务保障动员部署电视电话会议精神，河北省邮政管理局采取措施，开展了“平安寄递”和“放心消费”专项整治异地随机大检查活动。大检查活动于8月9日正式启动，采取实寄测试、走访消费者、现场检查、查阅资料、召开座谈会、电话回访等多种形式，重点检查违法寄递危险化学品、收寄不验视、泄露用户信息等安全违法行为，以及抛扔快件、投申诉处理不及时、无着快件管理不善等服务违法行为。检查组对于发现的违法违规线索，经现场取证后，移交当地邮政管理局依法处理。异地随机检查结束后，各检查组将检查情况形成书面报告，由河北局择机召开通报会，通报检查情况及违法行为处理情况。

用制度强化企业安全主体责任落实

8月，河北省邮政管理局结合工作实际，制定了《河北省寄递企业安全管理办法》。该办法从基础安全、收寄安全、运输安全、分拣安全、投递安全、应急管理、专项安保等七个方面对邮政、快递企业的安全生产活动做出了明确规定，围绕收寄验视制度执行、实名登记、过机安检、安全机构建立、安全生产设备配备、应急体系完善等方面，逐项厘清了企业应当落实的主体责任，重点突出，针对性强，易于企业学习落实执行和邮政管理部门监督检查。

地市级城市到2020年将全部建成市级快递园区

8月,河北省邮政管理局联合省发改委、国土资源厅、交通运输厅、商务厅等4部门印发《关于推进我省快递园区建设工作的指导意见》,提出到2018年前完成3~5家省级快递园区建设、2020年前全省地市级城市全部建成市级快递园区。《意见》还从加强组织协调、加大政策扶持、加快人才培养和发挥协会作用等方面提出了保障措施。

推进住宅区、高校等规划建设邮政服务场所

8月,河北省邮政管理局与省住建厅联合印发了《关于加快推进住宅区等规划建设邮政服务场所的指导意见》,推动投递终端设施建设。《意见》要求,积极引导住宅区、高校等规划建设邮政服务场所,用于设置邮政快递服务中心、智能信包箱等人工、智能终端,提供邮件快件收投等末端服务。《意见》还按照住宅区建筑面积和高校在校学生数量,提出了邮政服务场所及智能信包箱的设置标准。

全省实名收寄信息化率超过50%

国家邮政局部署实名收寄信息系统推广应用工作以来,河北全省邮政管理系统上采取六项有力措施,扎实推进全省实名收寄信息系统推广应用工作,提升了安全监管效能,保障和促进了全省邮政业安全平稳发展。截至2017年8月,全省邮件快件实名业务量快速提升,日均达百余万件,实名收寄信息化率稳定在50%以上,11个地市均达到40%以上,其中8个地市突破60%,成效显著。

河北局党组理论学习中心组学习系列文件精神

8月21日,河北省邮政管理局党组理论学习中心组召开扩大会议,重温学习习近平总书记正定期间主持制定的"六项规定"和国家邮政局党组《关于深入学习贯彻习近平总书记重要讲话精神进一步加强邮政管理系统干部队伍作风建设的意见》、河北省委《关于改进领导作风的若干规定》等系列文件精神。河北局党组书记、局长訾小春主持会议。

开展寄递渠道危化品安全整治行动

为有效防范和坚决遏制危化品寄递事故发生,根据河北省政府和国家邮政局关于开展危化品安全生产专项集中整治要求和国家9部门关于集中开展易制爆危险化学品和寄递物流专项整治行动电视电话会议精神,9月,河北省邮政管理局印发《河北省寄递渠道危险化学品安全集中整治专项行动实施方案》,采取多项措施开展寄递渠道危化品整治行动,确保全省邮政行业安全生产形势持续稳定和寄递渠道安全畅通。

推进5市15县(市、区)设立邮政业安全中心

9月5日,河北省邮政管理局局长訾小春一行到省编办进行拜访,与省编办主任栗建华、副主任刘修起就5市15县(市、区)设立邮政业安全中心等事宜进行了座谈交流。双方就在5市设置邮政业安全中心以及在业务集中、情况特殊的15个县(市、区)设置邮政监管机构等进行了探讨交流,并达成4点共识。

全力贯彻落实马军胜局长重要批示要求

9月,国家邮政局局长马军胜在《河北省邮政管理局关于争取扶持政策优化发展环境的报告》上批示:"局内各部门阅并指导做好工作。衷心感谢河北省委、省政府对邮政业的大力支持。河北省局争取工作力度大效果好,为行业发展营造了十分有利的环境。望集中力量抓好宣贯,明确目标、明确任务、明确责任,落实到位,进一步优化发展环境,加快行业发展进程,为地方经济社会发展多作贡献。"9月13日,河北省邮政管理局组织省局全体干部召开会议,传达贯彻落实马军胜重要批示精神。

督查党的十九大期间寄递渠道安保工作

9月29日，国家邮政局党的十九大安保动员电视电话会议后，河北省邮政管理局局长訾小春、副局长魏水旺分别带队，赴邯郸、石家庄开展党的十九大寄递渠道安保工作督导检查。訾小春指出，党的十九大是我国政治生活中的大事要事，举国关注，举世瞩目，全行业要不折不扣地落实好党中央各项部署要求，以最高标准、最严部署、最强措施、最佳状态、最实作风、最优效果，狠抓各项工作落实，坚决打赢党的十九大寄递安保这场硬仗。河北局普遍服务处、市场监管处、石家庄局、邯郸局相关人员陪同督导检查。

訾小春局长会见邯郸市委副书记、市长王立彤

9月29日，河北省邮政管理局局长訾小春一行在邯郸出席“最美快递员（邮递员）”“邮政行业职业技能大赛”揭晓暨党的十九大寄递渠道安保动员培训会，期间，訾小春与邯郸市委副书记、市长王立彤及副市长高和平会见，双方就邯郸市邮政业发展等多项内容进行深入会谈。

河北局新闻宣传工作获国家局表彰

9月29日，中国邮政快递报社2017通联工作会议在广州召开。会上，国家邮政局对2017年度新闻宣传成绩突出的记者站、记者站长、特约记者和通讯员进行了表彰，河北记者站获“先进记者站”称号，邢台局张晓霞获“优秀通讯员”称号。

訾小春局长会见邯郸市委书记高宏志

9月30日，河北省邮政管理局局长訾小春一行在邯郸开展党的十九大寄递渠道安全保障调研期间，与邯郸市委书记高宏志会见，双方就邯郸市邮政业发展等多项内容进行深入会谈。

省政府专题听取全省邮政行业管理工作情况汇报

10月9日，河北省政府召开分管部门工作调度会，听取了河北省邮政管理局关于全省邮政行业管理工作情况的汇报。河北省副省长张古江出席会议并讲话。河北局局长訾小春参加会议。张古江要求，全省邮政管理系统认真贯彻落实省委、省政府和国家邮政局决策部署，牢固树立新发展理念，主动适应经济发展新常态，推动全省邮政业持续健康发展，为全省大局继续作出更大贡献。

全省寄递渠道管理工作领导小组（扩大）会议召开

10月10日，河北省寄递渠道管理工作领导小组扩大会议暨中国共产党第十九次全国代表大会期间安全保障和服务工作动员会在石家庄召开。河北省寄递渠道领导小组组长、省邮政管理局局长訾小春出席会议并讲话。会议解读了党的十九大安保服务工作方案，保定、张家口、廊坊局和邮政快递企业代表做了表态发言。訾小春与石家庄、邢台、唐山市局主要负责人签订责任状，与省EMS、省圆通公司、省中通公司等省级品牌企业负责人签订承诺书。省寄递渠道安全管理工作领导小组各成员单位成员，省局及各市局相关负责人，全省邮政、快递企业负责人及一线安全管理职工代表共300余人参加了会议。

王梅副局长到平泉调研定点扶贫工作

在第四个“国家扶贫日”即将到来之际，为深入贯彻习近平总书记关于扶贫攻坚的重要批示精神，全面落实党中央、国务院坚决打赢脱贫攻坚战的决策部署，10月11日至12日，国家邮政局党组成员、副局长王梅带队赶赴河北平泉，走访慰问贫困户，并就精准扶贫工作展开密集调研。调研期间，王梅会见了承德市副市长李维，就进一步加强邮政行业建设、发挥行业优势、深入推进定点扶贫工作交换了意见。国家邮政局机关党委、河北省和承德市邮政管理局有关负责人陪同调研。

刘君副局长督查河北寄递安保工作

10月11日至12日，国家邮政局党组成员、副

局长刘君带队赴河北，对部署开展党的十九大期间寄递渠道安全服务保障工作情况进行督导检查。河北省邮政管理局局长訾小春陪同检查。检查组肯定了河北前期工作成绩，指出了工作中存在的不足。在发现企业安全管理问题和隐患时，立即责成当地邮政管理部门下达责令限期整改通知书。刘君指出，各级邮政管理部门和邮政企业、快递企业务必认真贯彻落实中央和国家邮政局相关工作部署，确保党的十九大期间寄递渠道安全服务保障工作圆满成功。国家邮政局普遍服务司（机要通信司）、市场监管司（安全监督管理司）和河北省、石家庄市邮政管理局相关人员陪同检查。

河北局党组开展中心组（扩大）学习党的十九大精神

10月18日，河北省邮政管理局党组组织全体处级以上干部开展党组中心组（扩大）学习，就习近平总书记在党的十九大上的报告进行了再学习、再传达，并结合本职工作，进行了热烈讨论，交流了感受，汇报了体会。局党组要求，各级邮政管理部门干部职工要把学习宣传贯彻党的十九大精神作为首要政治任务，把握主题主旨，深刻学习领会，切实把思想统一到党的十九大精神上来，把力量凝聚到实现党的十九大确定的各项任务目标上来，结合行业实际抓好贯彻落实。

圆满完成党的十九大寄递渠道安全服务保障工作

河北省邮政管理局在国家邮政局的坚强领导下，切实发挥北京“护城河”作用，全省上下尽职履责、主动作为，严防死守，圆满完成了党的十九大期间寄递渠道安全服务保障工作任务。

召开快递业务旺季安全服务保障动员会

10月26日至27日，河北省邮政管理局召开全省快递业务旺季安全服务保障动员会。河北局党组书记、局长訾小春出席会议并讲话。会议指出，旺季服务保障工作，是党的十九大胜利召开后全行业面临的第一场大的战役，具有特殊重要的意义，必须坚决打赢。要科学研判形势，准确把握发展机遇，统一谋划部署，以实现“两不”（全网不瘫痪、重要节点不爆仓）、“三保”（保畅通、保安全、保平稳）为目标，继续发挥“错峰发货、均衡推进”的核心机制作用，确保行业安全平稳运行。河北局各处室、省邮政业安全中心负责人和相关同志，各市局副局长和市场监管科（行业管理科）负责人，省市快递行业协会以及省邮政公司、省邮政速递物流有限公司、省级品牌快递企业负责人共60余人参加了会议。

召开2017年全省邮政业旺季安保工作新闻通气会

11月1日，河北省邮政管理局召开2017年全省邮政业旺季安全服务保障工作新闻通气会。会议明确，采取10项措施，全力保障邮政行业旺季安全服务工作。会议要求，各单位坚持服务与安全并重，重点做好预案、宣传、组织、督导、应急等五个方面保障工作，要以行业稳定运营为基础，以打造“质量双11”为中心，以强化10项工作措施为关键，突出重点城市、重点环节和基层网点的监测监管，抓好协调联动，全面落实责任，确保“全网不瘫痪、重要节点不爆仓和保畅通、保安全、保平稳”工作目标的实现。要提前安排部署，全力做好旺季备战。河北局机关办公室、市场处、普服处，石家庄局，省邮政业安全中心，省快递行业协会相关负责人，河北日报、河北工人报、河北青年报、长城网、河北电视台等省级主流媒体，以及省邮政快递企业代表参加了会议。

訾小春局长督查全省“双11”邮政快递服务安保工作

“双11”快递服务旺季来临之际，河北省邮政管理局党组书记、局长訾小春赴承德地区，召开了全省“平安寄递，放心消费”交叉大检查片区会，督导检查全省“双11”邮政快递服务安全保障工作。

唐山、秦皇岛、承德等三市邮政管理局及市场主体约70余人参加会议。

河北局督导“双11”快递业务旺季服务保障工作

11月11日至12日，河北省邮政管理局分4个督导组，由局领导亲自带队，赴省内主要邮政、快递企业营业网点、分拨中心督导检查“双11”快递业务旺季服务保障工作。督导组指出，2017年“双11”是党的十九大后第一个业务旺季，要提高政治站位，以党的十九大精神为指引，把党的十九大精神转化为旺季服务保障的强大动力，认真落实国家邮政局和省邮政管理局旺季服务保障工作会议精神，确保实现“两不”“三保”的工作目标。

张古江副省长专题听取河北局关于旺季工作情况的汇报

11月13日，河北省副省长张古江专题听取了河北省邮政管理局关于旺季服务安全保障及相关工作情况的汇报。河北省邮政管理局局长訾小春，副局长魏水旺，各处室主要负责人参加会议。张古江听取汇报后，对河北局在保障党的十九大寄递渠道安全和旺季服务安全保障，加快行业发展服务地方经济，发挥行业优势助力脱贫攻坚，统筹谋划行业未来五年工作思路和确定2018年行业发展目标等工作给予充分肯定。张古江对邮政行业与电商协同发展、快递园区建设等方面存在的困难，进行了一一回应，并提出了相关的指导意见和解决方法。张古江表示，省委省政府将一如既往地支持邮政快递行业做强做大，希望全省邮政行业干部职工为新时代建设经济强省、美丽河北作出新的更大贡献。

召开全省邮政管理系统学习宣传贯彻党的十九大精神会议

11月23日至24日，河北省邮政管理局召开了全省邮政管理系统学习宣传贯彻党的十九大精神会议，会议要求，全省邮政管理系统党员干部深入学习宣传贯彻党的十九大精神，把学习党的十九大精神作为第一堂党课、第一堂政治必修课，坚持以习近平新时代中国特色社会主义思想为指引，自觉践行“四个意识”，牢固树立“四个自信”，为决胜全面建设与小康社会相适应的河北现代邮政业、谱写新时代现代邮政业河北新篇章而不懈奋斗。河北局机关全体党员干部、省邮政业安全中心和各市邮政管理局党组成员参加会议。

全面部署邮政业安全生产领域改革发展工作

河北省邮政管理局制定《关于推进河北省邮政业安全生产领域改革发展的实施方案》，全面安排部署全省邮政业安全生产改革发展工作。《实施方案》实施安全生产与职业健康一体化监管，落实政府监管责任和企业主体责任，细化了6大类27小项任务措施，逐项明确了责任单位和时间进度。《实施方案》提出，到2018年，全省邮件快件实名收寄信息化率要实现100%，“两河区域”5市15县（市、区）邮政业安全支撑机构要实现全覆盖，省市邮政业应急处置预案要全部上升到地方政府层面。到2020年，全省市级安全中心实现全覆盖，基本形成法规标准落实体系完备、监管体制健全、主体责任全面落实、安全管理规范化专业化智能化的安全生产工作格局。

动员部署全省寄递渠道涉枪涉爆隐患集中整治专项行动

12月28日，河北省邮政管理局召开全省寄递渠道涉枪涉爆隐患集中整治专项行动动员部署会。河北局党组书记、局长訾小春出席会议并讲话。会议要求，以隐患清理、源头管控、环节治理、查堵结合为重点，采取超常措施，从严从紧、从细从实抓好枪爆物品禁寄管理，全面提升寄递渠道涉枪涉爆隐患风险防范能力，为维护社会公共安全和保障国家长治久安营造安全稳定的寄递服务环境。会议同时就做好元旦、春节期间邮政业安全生产工作进行了安排部署。河北局各处室、省邮政业安全中心、省邮政公司、省邮政速递物流有限公司、省级品牌快递企业负责人共40余人参加了会议。

山西省快递发展大事记

王赋副省长充分肯定全省邮政管理工作成绩

1月12日,山西省副省长王赋听取了山西省邮政管理局党组书记、局长秦红保工作汇报后,对全省邮政管理工作和邮政业发展取得的成绩给予充分肯定,对山西邮政业发展表示大力支持,对山西局工作提出殷切期望和明确要求。

山西局召开2017年全省邮政管理工作会议

1月13日至14日,山西省邮政管理局召开2017年全省邮政管理工作会议,深入贯彻落实全国邮政管理工作会议和全省经济工作会议精神,总结2016年工作,研判当前形势,部署2017年重点任务。山西局党组书记、局长秦红保作工作报告。山西局领导班子,机关全体人员和全省11个市局局长、副局长、办公室主任,共50余人参加了会议。

秦红保局长赴大同调研指导工作

1月17日,山西省邮政管理局局长秦红保深入大同市,就大同市邮政管理局办公业务用房落实情况、电子商务与物流快递协同发展试点城市建设进展情况进行调研指导。大同局主要负责人、山西局办公室相关负责人陪同调研。

秦红保局长出席省邮政分公司工作会议

1月24日,中国邮政集团公司山西省分公司召开全省邮政工作会议,山西省邮政管理局党组书记、局长秦红保出席会议并讲话。秦红保强调,2017年是实施“十三五”邮政业发展规划的重要一年,是供给侧结构性改革的深化之年,全省各级邮政企业要不忘初心、继续前进,坚决把党和国家交给的邮政普遍服务和特殊服务任务完成好,切实保障好人民群众的用邮权益。

发布《山西省“十三五”邮政业发展规划》

2月20日,山西省发展改革委、山西省邮政管理局联合印发《山西省“十三五”邮政业发展规划》。为确保《规划》落实,专门配套了五项保障措施:一是加强规划实施领导;二是全面推进依法治邮;三是优化发展政策环境;四是加强人才队伍建设;五是提升党建工作水平。

召开全省寄递企业购置X光安检机财政补贴工作会

2月21日,山西省邮政管理局联合省综治办召开全省寄递企业购置X光安检机财政补贴工作推进情况电视电话会议,全省11个市局领导、相关业务科室负责人及山西局市场监管处相关人员参加了会议。

部署“两会”期间邮政、快递服务和安全工作

2月22日,山西省邮政管理局印发《关于做好全国“两会”期间我省邮政、快递服务和安全工作的通知》,部署全国两会期间山西省范围内邮政、快递服务和安全保障工作,为全国两会顺利召开创造良好寄递环境。

传达贯彻全国邮政普遍服务监督管理和邮政市场监管工作会议精神

3月6日,山西省邮政管理局召开专题会议,传达贯彻全国邮政普遍服务监督管理和邮政市场监管工作会议精神。山西省邮政管理局党组书记、局长秦红保作讲话,各部门负责人参加了会议。

孝义邮政管理局正式揭牌

3月9日，吕梁市第一家县级邮政管理机构——孝义邮政管理局正式挂牌成立。

山西局党组召开专题会议研究部署党建工作

3月10日，山西省邮政管理局党组召开学习例会，传达学习习近平总书记在中央政治局民主生活会上的重要讲话精神，专题研究部署党建工作。山西局党组书记、局长秦红保主持会议并讲话，山西局党组成员、各部门负责人参加会议。

黎城邮政管理局挂牌成立

3月13日，黎城邮政管理局暨黎城县邮政业发展中心正式挂牌成立。这是长治市首家县级邮政管理机构，它的成立标志着全市在四级邮政管理体制探索取得突破。

召开2017年全省邮政市场监管工作会议

3月16日至17日，山西省邮政管理局召开2017年全省邮政市场监管工作会议，山西局党组书记、局长秦红保出席会议并讲话。全省11个市局分管领导、市场监管（行业管理）科负责人，山西局市场监管处全体人员、办公室相关人员及全省规模以上快递企业负责人，共60余人参加会议。会议期间，围绕快件“不着地、不抛件”，与会代表赴中通和顺丰分拨中心参观，详细了解企业自动化分拣设备运行、安全制度执行等情况，为下一步推动企业强化主体责任、省级分拨中心半自动化和市级分拨中心规范化提供参考经验。

印发两文件规范行业安全生产运营

3月27日，山西省邮政管理局印发《2017年度安全生产监督检查计划》和《关于强化寄递企业落实主体责任的指导意见》。《计划》明确，成立安全监督检查领导小组，对全省11个市局监管职责及列入执法检查计划的寄递企业主体责任落实情况进行监督检查。《意见》就督导山西省许可和市级备案寄递企业履行安全生产法定责任和义务，强化主体责任落实提出具体意见。

赵晓光副局长深入山西各地调研邮政服务工作

3月28日至30日，国家邮政局副局长赵晓光一行赴山西太原、临汾、运城三地市就邮政普遍服务工作开展情况、县级城市党政机关《人民日报》当日见报情况、“补白”局所运营情况及“邮政＋电商”发展情况进行深入调研。调研期间，赵晓光还会见了运城市委副书记、市长陈振亮，双方就加强当地邮政业监管队伍建设、促进邮政行业与地方经济协同发展深入交换了意见。山西省邮政管理局、普遍服务司主要负责同志陪同调研。

部署开展寄递渠道安全隐患大排查大整治活动

4月5日，山西省邮政管理局印发《全省开展寄递渠道安全风险隐患大排查大整治专项行动实施方案》，对寄递企业相关安全制度执行情况、生产场所安全设施设备配置情况等开展全面排查整治。

召开2017年全省邮政管理系统新闻宣传工作会议

4月6日，山西省邮政管理局召开2017年全省邮政管理系统新闻宣传工作会议，并对2016年度新闻宣传先进单位和优秀个人进行了表彰。会议期间，对2016年度新闻宣传先进单位和优秀个人进行了表彰，六个先进单位做了典型经验交流，与会人员还分组开展了工作讨论。山西局机关相关人员和全省11个市局办公室负责人、优秀通讯员，共40余人参加了会议。

开展2017年全省邮政管理系统新闻培训

4月7日，山西省邮政管理局举办了2017年全省邮政管理系统新闻宣传和政府网站建设培训班。全省11个市局办公室负责人、通讯员、网站管理人员，山西局机关各部门通讯员及办公室相关人员,共40余人参加了培训。

开展寄递渠道危险化学品安全治理

4月7日,山西省邮政管理局印发《全省开展寄递渠道危险化学品安全治理实施方案》,从3月至11月分三个阶段对我省寄递渠道危险化学品安全治理工作开展摸底整治。

推进全省邮件快件实名收寄信息系统推广应用

4月10日,山西省邮政管理局联合省公安厅、省国家安全厅成立山西省邮件快件实名收寄信息系统推广应用领导小组,有效推进全省邮件快件实名收寄信息系统推广应用工作。

推进全省"十三五"邮政业发展规划宣贯实施

4月17日,山西省邮政管理局成立山西省"十三五"邮政业发展规划宣贯实施工作领导小组,扎实推进规划宣贯实施工作。4月18日,山西省邮政管理局召开全省"十三五"邮政业发展规划宣贯培训电视电话会议,对贯彻落实全省邮政业发展规划作出安排部署。山西局党组书记、局长秦红保出席会议并讲话。会议对《规划》进行了深入解读,重点对指导思想、发展目标、主要任务、重大工程等进行了详细的解读与分析。全省邮政管理系统全体人员,中国邮政集团公司省、市分公司负责人,各品牌快递企业省、市分公司负责人,省快递协会有关人员参加了会议。

开展"作风建设提升年"活动

4月18日,山西省邮政管理局党组印发了《全省邮政管理系统"作风建设提升年"活动实施方案》确定2017年为全省邮政管理系统"作风建设提升年"。活动以"严、深、细、实"的管理作风,以重点项目为基础,通过山西局各部门和各市局申报、考核评比、总结表彰等三个环节,激发全省系统党员干部工作活力,促进全省邮政业提质增效。

秦红保局长到长治调研邮政管理工作

4月21日,山西省邮政管理局局长秦红保一行深入长治调研快递企业市级分拨中心规范化建设和县级邮政管理机构运行情况等工作。秦红保与长治局全体机关干部进行座谈。座谈中,秦红保对长治局自组建以来取得的工作成绩给予了充分肯定,并对当前工作提出明确要求:一要不断强化党的建设。二要抓好干部队伍建设,尤其是抓好班子建设。三要进一步压实责任,强化进度管控,推动各项重点工作及早取得实效,保证重点任务有落实、难点问题有突破。四要切实解决创新意识不强、工作标准不高、工作成效不明显等问题。山西局人事处、长治市邮政管理局负责人陪同调研。

部署全省邮政行业"两整治一提升"专项检查活动

4月24日,山西省邮政管理局印发《关于开展全省邮政行业"两整治一提升"专项行动的通知》,在5月至9月随机对邮政、快递企业从经营秩序、服务质量、安全生产三个方面进行监督检查。通知指出,专项检查活动以整治非法经营,整治安全隐患,提升快递服务质量为目标,坚持整体推进,分类实施,整合人力资源三项原则,全面贯彻"双随机一公开"制度。

安排部署"一带一路"国际合作高峰论坛寄递渠道安保工作

4月27日,山西省邮政管理局对"一带一路"国际合作高峰论坛寄递渠道安全服务保障工作进行安排部署,确保高峰论坛期间全省寄递渠道安全平稳畅通。在迅速传达国家局电视电话会议精神的基础上,山西局对各市邮政管理部门作出要求:一要高度重视、认清形势,切实做好安排部署。二要突出重点、精准发力,强化企业主体责任落实。三要精心组织、周密部署,严格执法检查。

曹阳同志获“山西省五一劳动奖章”荣誉称号

4月27日，山西省劳动竞赛委员会授予山西省邮政管理局曹阳同志“山西省五一劳动奖章”荣誉称号。

山西快递员刘文玉被评为“全国向上向善好青年”

5月3日，由共青团中央主办的2017年“全国向上向善好青年”推选活动结果揭晓，来自各个行业和领域的100名模范践行社会主义核心价值观的优秀青年受到表彰，山西省有5人获此殊荣，其中山西圆通快递员刘文玉被授予“全国向上向善好青年”，行业精神文明建设活动取得成效。

国家邮政局“高峰论坛”督导组到山西督导

5月11日至12日，国家邮政局“一带一路”国际合作高峰论坛寄递渠道安全服务保障工作第二督导组一行对山西省邮政管理局“一带一路”国际合作高峰论坛寄递渠道安全服务保障工作落实情况进行了督导检查。山西省邮政管理局、相关市局主要负责同志陪同检查。

专题研究部署“两学一做”学习教育常态化制度化工作

5月18日，山西省邮政管理局党组召开会议，专题学习《中共国家邮政局党组关于推进“两学一做”学习教育常态化制度化的实施方案》，山西省邮政管理局党组书记、局长秦红保主持会议并提出要求。山西局党组成员、机关各部门负责人参加会议。

细化部署更贴近民生7件实事落实

5月27日，山西省邮政管理局召开党组扩大会议，专题传达国家邮政局党组中心组（扩大）学习会精神，对邮政业更贴近民生7件实事进行再动员、再部署，山西省邮政管理局党组书记、局长秦红保主持会议并讲话。山西局副处级以上领导干部参加了会议。

印发《山西省鼓励投资政策（2017年版）》

6月14日，山西省政府办公厅印发《山西省鼓励投资政策（2017年版）》，进一步打造审批最少、流程最优、体制最顺、机制最活、效率最高、服务最好的投资营商环境，省邮政业发展再获利好政策支持。

秦红保局长调研太原高校快递末端服务规范化工作

6月14日至15日，山西省邮政管理局局长秦红保深入太原部分高校调研快递进校园和末端网点服务情况。秦红保强调，要坚持政府主导、校方主动和市场化运作的原则，充分利用好多种社会资源，推动校企合作、多品牌协作、第三方服务平台接入，有效发挥智能化数据支撑作用，提高快递业务操作科技化和智能化应用水平，努力打造服务更加规范、流程更加标准的校园快递服务，为高校师生提供更加优质、便捷的快递服务。山西局办公室、市场监管处，太原市邮政管理局主要负责同志和相关人员陪同调研。

山西局参加“禁绝毒品—物流寄递在行动”动员会

6月26日，山西省邮政管理局联合省快递协会组织寄递企业代表共100余人参加山西省纪念第三十个国际禁毒日暨“禁绝毒品—物流寄递在行动”动员会。

召开“严守纪律规矩强化作风建设”警示教育会议

6月26日，山西省邮政管理局召开全省系统“严守纪律规矩强化作风建设”警示教育会议。局党组书记、局长秦红保主持会议并讲话。全省11个市局局长，山西局机关副处级以上干部及办公室相关人员参加会议。

召开重点工作推进部署会

6月26日，山西省邮政管理局召开专题会议，围绕邮政业更贴近民生“7 件实事”对重点工作落实推进情况进行了安排部署。会议强调，在推进“7 件实事”落实上要大力弘扬求真务实的工作作风，以钉钉子精神狠抓落实。要把工作抓深入、抓透彻，力戒以会议贯彻会议、用文件落实文件，逐步形成抓落实的闭环管理。要有强烈的目标性和坚韧性，紧盯 7 件实事的“硬指标”，科学设定“软目标”，持之以恒，一抓到底。要大兴调查研究之风，深入企业了解行业情况，找准方向，指导工作，推进邮政业为民惠民实事在山西办实、办好。全省 11 个市局局长及山西局副处级以上领导干部参加会议。

传达学习习近平总书记在山西考察时的重要讲话精神

6 月 27 日，山西省邮政管理局召开会议，专题传达学习习近平总书记在山西考察时的重要讲话精神。会议对习近平总书记在山西考察时的讲话进行了全文学习传达。会议指出，习近平总书记在重要讲话中对山西工作提出了明确要求，指明了前进方向。要把学习习近平总书记讲话作为全省邮政管理系统的首要政治任务，立足实际，不折不扣地贯彻落实好。山西局党组书记、局长秦红保主持会议并就贯彻落实工作作出安排部署。山西局机关科级以上公务员参加会议。

印发推动实体零售创新转型实施方案

7 月，山西省政府办公厅印发《山西省推动实体零售创新转型实施方案》，共提出六方面意见，15 条具体措施，进一步释放经济发展活力，增强经济发展动力，省邮政业再获利好发展政策。

建立服务业工作推进机制

7 月，山西省服务业发展领导小组印发《山西省服务业工作推进机制》《山西省 2017 年下半年服务业发展重点工作清单》，对全省邮政业发展有关政策的落地有很强的推动作用。推进机制包含清单化管理、定期调度会议、督办督查、考核激励、约谈通报和入企(单位)帮扶六项工作机制，分别从内容、运行方式、结果应用等方面进行细致的安排部署。2017 年下半年重点工作清单中涉及邮政业有七方面内容。

秦红保局长接受国家邮政局网在线访谈

7 月 13 日，山西省邮政管理局党组书记、局长秦红保就“为民办实事　聚力促发展”接受国家邮政局网在线访谈，回答网友提问。

山西局党组中心组专题学习研究基层党建工作

7 月 18 日，山西省邮政管理局党组召开中心组理论学习会议，专题学习《全面从严治党向基层延伸——以习近平同志为核心的党中央抓基层强基础纪实》，并就加强全省邮政管理系统基层党建工作提出具体要求。山西局党组书记、局长秦红保主持会议。山西局党组成员、机关各部门负责人参加会议。

开展省邮政行业安全生产大检查

7 月 20 日，山西省邮政管理局印发《山西省邮政行业安全生产大检查实施方案》，于 7 月至 10 月在全省邮政行业开展安全生产大检查工作。

全省快递车辆通行难题得到进一步解决

7 月，在山西省政府的支持下，山西省公安厅交通管理局向各市公安交警部门下发《关于进一步加强城市配送车辆交通安全管理工作的通知》，出台具体措施解决全省快递车辆通行难问题，快递车辆通行难问题得到进一步解决。

传达学习习总书记重要讲话精神

8 月 7 日，山西省邮政管理局召开专题学习会议，传达学习习总书记 7 月 26 日在省部级主要领导干部专题研讨班上的重要讲话精神及国家局党组关于深入学习贯彻重要讲话精神的要求。山西省邮政管理局党组书记、局长秦红保主持会议，机关全体人员参加会议。中共国家邮政局党组第三巡视组成员列席了学习会议。

部署山西寄递渠道金砖会晤安保工作

8月11日，山西省邮政管理局印发《金砖国家领导人第九次会晤山西省寄递渠道安全服务保障工作实施方案》，部署金砖国家领导人第九次会晤期间山西省寄递渠道安全服务保障工作。

邢小江副局长调研山西邮政业发展情况

8月22日至25日，国家邮政局党组成员、副局长邢小江在山西临汾、晋城、运城市调研国务院促进快递业发展若干意见、邮政业发展"十三五"规划、邮政业更贴近民生7件实事等工作落实情况。调研期间，邢小江察看了晋城局新的办公场地，慰问了运城局干部职工，并进行了座谈。邢小江对山西省邮政管理系统取得的成绩表示肯定，同时提出四点要求。山西省邮政管理局主要负责人、国家邮政局政策法规司有关人员陪同调研。

召开全省邮政业安全工作会议

9月8日，山西省邮政管理局召开全省邮政业安全工作会议，安排部署近期及今后一段时期全省邮政业安全重点工作，为党的十九大胜利召开营造良好的安全生产环境。山西局党组书记、局长秦红保同志出席会议并讲话。山西局机关各部门负责人、市场监管处全体人员，全省11个市局局长、副局长，市场监管（行业管理）科负责人，省邮政分公司、全省快递品牌许可企业及跨省备案企业负责人共计300余人参加了会议。

国家邮政局在山西开展寄递安全督导检查

9月12日至14日，国家邮政局寄递安全专项督导第四检查组在山西开展寄递安全工作部署落实情况专项督导检查。督导组在检查中要求寄递企业强化红线意识，严格落实安全生产主体责任和各项安全管理制度，有效夯实安全管理基础。督导检查期间，督导组还听取了山西局落实8月9日国家局邮政业安全综合整治暨金砖会晤寄递安全服务保障动员部署电视电话会议工作情况汇报，查看了相关资料和检查记录，并进行了座谈。

专题学习《国务院关于支持山西省进一步深化改革促进资源型经济转型发展的意见》

9月21日，山西省邮政管理局党组召开中心组学习会议，专题学习《国务院关于支持山西省进一步深化改革促进资源型经济转型发展的意见》，山西局党组书记、局长秦红保主持会议，并对贯彻落实《意见》精神提出具体要求。山西局党组成员、机关各部门负责人参加学习。

部署党的十九大期间全省寄递安保工作

9月21日，山西省邮政管理局印发《中国共产党第十九次全国代表大会期间山西省寄递渠道安全服务保障工作实施方案》，对党的十九大期间全省寄递渠道安全服务保障工作进行安排部署。方案提出，全省邮政行业要按照"全国保北京、首都保核心"的总体思路，通过落实"两个责任""四个严防"，充分发挥好"护城河"作用，确保党的十九大期间全省寄递渠道安全畅通，邮政行业平稳运行。

刘君副局长督导检查山西党的十九大寄递保安工作

10月10日至11日，国家邮政局副局长刘君先后深入山西太原、阳泉两市督导检查党的十九大寄递渠道安全保障工作。山西省邮政管理局局长秦红保陪同检查。国家局市场监管司、普遍服务司相关同志，山西局市场监管处、太原局、阳泉局负责同志陪同检查。

山西局督导党的十九大寄递安全服务保障工作

10月10日至13日，山西省邮政管理局由局领导带队，成立两个专项督导检查组，分赴太原、阳泉、朔州、忻州、大同等市督导党的十九大寄递安全服务保障工作。督导组强调，保障党的十九大胜利召开、维护党的十九大期间的寄递渠道安全是全省邮政管理系统首要政治任务，各市局及寄递企业一定要认清当前形势，提高政治站位，明确工作任务，全面夯实责任，彻查隐患漏洞，强化源头管控，严格做好三项制度的落实，将国家局和省局的相关要求和部署落到实处。

印发推动交通物流发展的实施意见

10月17日，山西省人民政府办公厅印发《关于推动交通物流发展的实施意见》，明确邮政业两项重点工程：一是高铁快运工程，鼓励快递企业依托高铁和铁路快捷货运班列运输快件，推进在铁路货场、具备高铁接驳条件的地点配套建设快件运输通道、装卸操作接驳场所和快件分拨中心，推动铁路专用线引入大型快件转运中心，探索发展高铁货运列车；二是城乡物流服务工程，加快推进城乡物流服务一体化建设，构建覆盖县乡村三级的农村物流网络，实现建设标准化、管理规范化、服务多元化。加强农村邮政、快递基础设施建设，依托乡镇客运站、货运站等建设仓储场地、小型快递分拨中心和物流集散中心，推动物流配送网络下沉至乡村，实现“乡乡有网点、村村通快递”。

汾阳市邮政管理局揭牌成立

10月19日，汾阳邮政管理局正式挂牌成立。

专题部署学习党的十九大精神

10月27日，山西省邮政管理局党组召开扩大会议，专题研究部署全省邮政管理系统学习宣贯党的十九大精神。山西局党组书记、局长秦红保主持会议并提出具体要求，局党组成员、机关各部门负责人参加了会议。

部署2017年快递业务旺季服务保障工作

11月1日，山西省邮政管理局召开专题会议，安排部署全省2017年快递业务旺季服务保障工作。山西局要求，全省邮政行业要以实现全网不瘫痪、重要节点不爆仓、保畅通、保安全、保平稳为目标，在确保全行业稳定运营的基础上，努力做质量“双11”。省邮政分公司、主要品牌快递企业省公司负责人，山西局办公室、普遍服务处、市场监管处、太原市邮政管理局相关人员参加了会议。

秦红保局长赴吕梁督导检查“双11”

11月8日至9日，山西省邮政管理局党组书记、局长秦红保带队深入吕梁孝义市、离石区督导检查“双11”快递业务旺季服务保障工作。期间，秦红保会见了吕梁市委书记李正印和市政府相关领导，双方就吕梁邮政体制改革、行业发展现状、寄递渠道安全监管、机构建设及省级以下邮政管理部门办公业务用房等情况进行了深入探讨。山西局办公室负责人、市场监管处相关人员，吕梁市邮政管理局负责人陪同调研。

山西局党组中心组专题学习新党章

11月10日，山西省邮政管理局党组理论学习中心组召开会议，专题学习党的十九大通过的《中国共产党章程》。山西局党组书记、局长秦红保主持学习并作重点发言，山西局党组成员、机关各部门负责人参加了学习研讨。

山西局夜查寄递企业业务旺季服务保障工作

11月10日晚，山西省邮政管理局党组书记、局长秦红保带队深入部分省级快递企业分拨中心，督导检查快递业务旺季服务保障工作。在山西圆通旺季调度指挥中心，秦红保通过视频监控系统查看了侯马、长治、运城等地分拨中心的实时运行状况。秦红保对圆通快递应用互联网技术实现安全管理表示赞赏，并强调要以此为基础，不断优化场地布局、作业流程，要在企业发展质量和效益上多琢磨、多思考、多创新。山西局办公室负责人、市场监管处相关人员，太原市邮政管理局负责人陪同调研。

出台《关于现代物流发展的实施意见》

11 月,山西省人民政府办公厅印发《关于现代物流发展的实施意见》,明确提出支持快递业发展,并在规划建设快递专业类物流园区、解决城市配送车辆问题、实施“快递下乡”工程、实施快递“上铁上机”工程、统筹实施邮政业发展规划等多方面细化具体措施,提出要求,邮政业获利好政策支持。

山西省政府成立省促进快递业发展工作领导小组

12 月 7 日,山西省政府办公厅下发文件成立由副省长贺天才任组长,副秘书长张文栋和山西省邮政管理局局长秦红保任副组长,省发展改革委等 20 个相关省直单位分管负责人任成员的省促进快递业发展工作领导小组。领导小组主要职责是组织领导、统筹协调国家级省委、省政府关于推进快递业发展的决策部署;协调解决推进过程中的重大问题和事项。

贺天才副省长肯定省邮政业发展成绩

12 月 10 日,山西省副省长贺天才专题听取山西省邮政管理局工作汇报,对全省邮政业发展和管理工作取得的成绩给予充分肯定,表示将大力支持省邮政业发展和管理工作,并对山西局工作提出期望和要求。

马军胜局长调研山西邮政业发展和行业管理工作

12 月 11 日至 12 日,国家邮政局党组书记、局长马军胜一行深入山西太原、晋中两市调研邮政业发展和行业管理工作情况。调要以习近平新时代中国特色社会主义思想和党的十九大精神为统领,进一步转变发展理念、抓好供给侧结构性改革、优化行业空间布局、提升行业治理水平、加强干部队伍建设,为建设现代化邮政强国作出积极贡献。调研期间,马军胜会见了山西省人民政府省长楼阳生、副省长贺天才,双方就加快邮政业发展和强化行业管理深入交换了意见。

贺天才副省长调研省国际邮件互换局建设工作

12 月 28 日,山西省副省长贺天才在太原武宿机场就我省国际邮件互换局(交换站)建设工作进行调研。贺天才指出,组建成立太原国际邮件互换局,是我省打造内陆地区对外开放新高地的重要举措,对于构建我省全面对外开放新格局具有重要意义。各有关部门要统一思想,站在服务山西对外开放大局的高度,坚决贯彻省政府决策部署,群策群力,密切配合,倒排工期,抓紧推进,确保项目如期建成运行。各项建设规划要结合实际,按照海关、检验检疫监管要求,实事求是,科学安排,既要满足当前现实需要,又要充分考虑长远发展。山西省邮政管理局党组书记、局长秦红保陪同调研。

内蒙古自治区快递发展大事记

《内蒙古自治区邮政业发展“十三五”规划》发布

1 月 4 日,内蒙古自治区邮政管理局与自治区发展改革委联合印发了《内蒙古自治区邮政业发展“十三五”规划》。《规划》立足国家对自治区的战略定位,主动适应经济发展新常态,统筹东、中、西区域布局,促进邮政业与自治区工业化、信息化、农牧业现代化良性互动、共同发展,不断推进普惠邮政、智慧邮政、安全邮政、诚信邮政和绿色邮政建设。《规划》提出七项主要任务、七项重点工程和五项保障措施。

内蒙古局首次举行宪法宣誓仪式

为激励广大干部忠于宪法、恪守宪法、维护宪法、依宪履职，根据《国家邮政局系统副处级以上国家工作人员宪法宣誓组织实施办法》，1月8日，内蒙古自治区邮政管理局举行首次宪法宣誓仪式，对上年度选拔任用的4名副处级以上干部组织宪法宣誓。内蒙古局党组书记、局长钟奇志监誓。区局机关全体公务员、各盟市局班子成员50余人列席宪法宣誓仪式。

内蒙古局召开全区邮政管理工作会议

1月9日，内蒙古自治区邮政管理局召开全区邮政管理工作会议。自治区副秘书长王瑞峰代表区政府出席会议并传达了自治区副主席王波的批示，自治区交通运输厅副厅长臧俊应邀出席。自治区党委组织部、综治办、发改委、商务厅等23个相关单位参会。王波在批示中指出，2016年自治区邮政业深入贯彻落实《内蒙古自治区人民政府关于促进快递业发展的实施意见》，服务网络不断完善，服务能力水平不断提升，保持了持续安全发展。王波要求内蒙古邮政业持续深化行业供给侧结构性改革，进一步扩大邮政快递有效供给，不断夯实安全基础，规范行业发展秩序，为自治区经济社会发展做出新的更大贡献。会议期间，内蒙古局局长钟奇志与局党组班子成员，副局长王鹰与自治区局机关各处室和各盟市邮政管理局主要负责人分别签订了安全管理责任书。全区12个盟市邮政管理局、内蒙古局机关全体干部以及自治区快递协会、内蒙古邮政分公司和主要快递企业的负责人参加会议。

内蒙古局对部分自治区地方标准提出修改意见

1月，内蒙古自治区反恐办制定了《反恐怖防范要求通则》《寄递托运行业反恐怖防范要求》等20项自治区地方标准，就涉及邮政业的《反恐怖防范要求通则》《寄递托运行业反恐怖防范要求》的两项标准征求邮政管理部门意见。内蒙古自治区邮政管理局高度重视该项工作，提出了相关修改意见：一是建议进一步明确寄递行业反恐怖防范重要部位；二是建议明确寄递企业员工在揽收快件（邮件）时，应执行实名收寄制度。自治区反恐办调研组对内蒙古局近年来在维护寄递渠道安全，打击、防范不法分子利用寄递渠道从事恐怖活动领域所做工作予以充分肯定，并表示将吸纳内蒙古局提出的修改意见，进一步完善该项标准。

内蒙古快递协会进行换届选举

1月11日，内蒙古快递协会第三届会员代表大会在呼和浩特召开，来自全区12个盟市120个会员代表参加了大会。内蒙古自治区邮政管理局局长钟奇志出席会议并讲话。大会选举产生了第三届协会理事、常务理事、会长、常务副会长、副会长、秘书长。张礼同志当选为协会会长、索聪明同志当选为协会常务副会长兼秘书长。

开展《内蒙古自治区邮政条例》立法后评估工作

1月19日，内蒙古自治区邮政管理局联合自治区政府法制办印发了《关于开展〈内蒙古自治区邮政条例〉立法后评估的通知》，制定了《〈内蒙古自治区邮政条例〉立法后评估工作方案》，启动了邮政条例立法后评估工作，这是内蒙古自治区立法后评估工作开展以来首次针对邮政条例开展的立法评估。对邮政条例开展立法后评估，将有力推进邮政条例修订进程，进一步促进邮政条例内容的完善，以适应新形势下自治区邮政业的发展要求。

内蒙古局要求行业积极应对降温降雪天气

2月，内蒙古自治区中西部地区出现大范围降温降雪天气，多处高速公路封闭，各快递企业运输网络受到影响。同时春节假期结束后，全区快递业务量逐周递增，全区快件日均处理量达到18.7

万件，最高突破 21 万件，同比增长 50% 以上。针对天气变化与业务量激增叠加可能造成的局部网络运行不畅，部分地区邮快件延误等情况，内蒙古自治区邮政管理局发出预警提示，要求全行业积极应对，努力保网路安全畅通；希望社会用户对局部邮快件延误予以理解。

内蒙古局荣获区爱心单位称号

2 月，在由内蒙古自治区青少年发展基金会组织进行的“新春送希望”关爱困难青少年活动当中，内蒙古自治区邮政管理局积极联系协调辖区寄递企业，号召寄递企业积极参与社会公益活动，勇于担当社会责任。活动中，内蒙古局荣获“爱心单位”称号，在行业内部及社会当中形成了良好反响。此次活动，自治区青少年发展基金会通过线上线下筹集爱心资金突破 57 万元，共为全区 40 余个旗县区贫困孩子送去新出“爱心礼包”。我区寄递企业免费为全部的 1900 个“新春礼包”承担了寄递工作，共计节约寄递费用 10 万余元。

召开新闻通气会宣传快递新规

国家邮政局、国家公安部、国家安全部三部委联合出台了《禁止寄递物品管理规定》，快递禁寄物品从 58 种增至 188 种。为了让社会各界对新规定有更多的了解，2 月 28 日，内蒙古自治区邮政管理局召开新闻媒体通气会。内蒙古日报社、内蒙古晨报、内蒙古广播电台、《新闻天天看》栏目组等新闻媒体参加了会议。

开展呼和浩特市快递末端网点生存状况工作调研

在“3·15”即将到来之际，内蒙古快递协会与呼和浩特市邮政管理局联合对呼市地区中通、申通、圆通、汇通、韵达、天天、优速、全峰、国通 9 个品牌快递企业的部分加盟网点的生存状况进行了为期 5 天的实地走访调研。本次调研重点从加盟关系、劳动用工、社会保障、经营状况、诚信经营、安全保障、员工收益、加盟管理等方面进行了全面了解。内蒙古快递协会和呼和浩特局呼吁社会各界对快递行业继续给予更多的关注，尽快研究解决制约快递发展的瓶颈问题，推进快递进社区、进农村出台政策支持保障，促进快递行业更好地为地方社会经济服务，实现“共享、共赢”。

部署邮政业发展“十三五”规划宣贯工作

3 月，内蒙古自治区邮政管理局印发了《〈内蒙古自治区邮政业发展“十三五”规划〉宣贯实施方案》，安排部署国家邮政局、内蒙古局编制的两级邮政业发展规划宣贯工作，推进规划宣贯实施工作有序开展，确保规划主要目标、重点任务及工程有效落地实施。

部署 2017 年度全区邮政管理系统法治邮政建设工作

3 月 10 日，内蒙古自治区邮政管理局印发了《2017 年度内蒙古自治区邮政管理系统法治邮政建设工作计划》，对 2017 年全区邮政管理系统法治邮政建设重点工作进行安排部署：一是全面强化依法履职。二是推进行政决策科学化、民主化、法治化。通过健全依法决策机制，制定本局重大行政决策程序规定，进一步健全依法决策机制。三是强化对行政执法的监督。四是提升法治意识、强化队伍建设。

全区市场监管工作会部署 2017 年 46 项重点工作

3 月，内蒙古自治区邮政管理局组织召开了全区市场监管工作会议，回顾总结 2016 年邮政市场监管工作，深入分析当前面临的机遇与存在的问题，全面部署 2017 年市场监管重点工作任务。内蒙古局局领导、市场监管处、快递协会、申诉中心及 12 个盟市局和 5 个新组建的邮政业县级机构相关负责同志参加会议。

开展邮件、快件"不着地、不抛件"专项整治

为落实国家邮政局邮政业贴近民生7件实事,推进实施"放心消费工程",提升寄递服务质量,规范寄递服务行为,提高消费者的寄递服务的满意度。内蒙古自治区邮政管理局安排部署开展邮件、快件"不着地、不抛件"专项整治工作。专项整治工作自3月中旬起至9月底结束,共分自查整改、督导检查、总结分析三个阶段。专项整治工作范围既包括各寄递企业分拨处理中心及快递营业场所和邮政普遍服务营业场所。此次专项检查将严格落实属地管理职责,强化对各寄递企业的督促指导,对检查中发现存在不符合规定的企业,要依法严肃处理。

印发《推动实体零售创新转型实施方案》

3月17日,内蒙古自治区人民政府办公厅印发了《推动实体零售创新转型实施方案》,邮政业获政策利好。《方案》提出:鼓励商务、供销、邮政、新闻出版、寄递等领域龙头企业向农村牧区延伸和下沉服务网络,发展集商品销售、物流配送、生活服务于一体的苏木乡镇商贸中心。支持商业连锁企业、寄递企业以城带乡发展乡村连锁直营店,构建超市进镇、连锁下乡、配送到村、城乡协同的商品流通体系。

内蒙古快递协会发出"四个坚持""八项注意"的倡议

4月,内蒙古快递协会向全行业发出"四个坚持""八项注意"的倡议,引导行业健康发展。"四个坚持"即坚持安全为基、坚持诚信为本、坚持服务为上、坚持共享为要;"八项注意"即不收寄未经验视的物品,不办理未实名登记的业务;不违规经营,不欺诈失信;不推诿赔偿责任,不损害消费者的合法权益;不哄抬价格,不恶意同质化竞争。

呼和浩特快递电商产业园被认定为自治区区级服务业集聚区

根据《内蒙古自治区人民政府关于加快推进服务业发展的指导意见》和《内蒙古自治区服务业集聚区发展指导意见》精神,呼和浩特快递电商产业园等26个服务业集聚区被认定为自治区级服务业集聚区。4月,呼和浩特快递电商产业园获得地方政府创新基地城市示范专项资金,这是呼和浩特快递电商产业园被认定为自治区级服务业集聚区后的首笔政府扶持资金,园区集聚效应初见成效。

内蒙古行业职鉴中心稳步推进合作院校建设

4月12日,内蒙古邮政行业职业技能鉴定中心与呼和浩特职业学院就政校合作事宜召开了座谈会。中心及院校双方就如何做好自治区邮政行业职业教育体系支撑工作,提升全区邮政业员工的素质、能力,推进政、校、企合作,实现政府履行职能、企业员工培训、学校人才培养三方共赢,进行了深入交流,并就快递业人才培养、职业鉴定、行业竞赛举办等方面达成合作共识。

完成内蒙古邮政条例立法后评估问卷调查工作

4月,内蒙古自治区邮政管理局联合自治区法制办开展的《内蒙古自治区邮政条例》立法后评估问卷调查工作,历时近两个月,调查对象范围覆盖了全区12个盟市及部分旗县、乡镇的相关人员,并圆满结束,取得了良好效果。本次《条例》立法后工作是内蒙古自治区首次开展的邮政业法律法规立法后评估工作。

部署安排"一带一路"国际合作高峰论坛寄递渠道安保工作

国家邮政局"一带一路"国际合作高峰论坛寄递渠道安全服务保障工作动员部署全国电视电话会议后,内蒙古自治区邮政管理局及时开展了动员部署会,制定《"一带一路"国际合作高峰论坛寄递渠道安全服务保障工作实施方案》,对全区在高峰活动期间的寄递安全服务保障工作进行了动员和全面部署,对全区各级邮政管理部门和所有寄

递企业提出了“严、细、实”具体要求。

出台实施意见贯彻落实邮政业更贴近民生实事

4月，内蒙古自治区邮政管理局出台了《2017年邮政业更贴近民生实事实施意见》。《意见》全面梳理了全区2017年邮政业更贴近民生实事工作，明确了发展目标和细化了工作措施，提出了全面提高邮政普通包裹时效实现包裹投递入户、推动提升县级城市党政机关党报当日见报率、提升邮政快递服务“三农”能力、稳步提升快递末端投递服务水平、实施放心消费工程、提高快递包装绿色化减量化水平、改善快递员工作环境等七大工作任务，具有较强的指导性和可操作性。

全力保障快递从业人员权益

4月，内蒙古自治区邮政管理局结合全区邮政管理工作实际，制定下发《加强和改进快递从业人员职业保障工作方案》。《方案》通过督促企业、健全工会、党团组织建设，加强快递业协会与政府管理部门的沟通协调机制、推动快递企业建立与快递职工开展集体协商的机制、完善末端配送基础设施，改善快递服务条件，创造良好工作环境等针对性、系统性措施，切实加强和改进快递从业人员职业保障，维护员工合法权益。内蒙古局将该《方案》落实工作列为2017年全区重点任务，同时在实际工作中不断充实完善政策措施，切实保障快递从业人员权益，促进自治区邮政业健康有序发展。

制定《行政处罚专用章规范使用管理办法》

4月，内蒙古自治区邮政管理局制定印发了《内蒙古自治区邮政管理系统行政处罚专用章规范使用管理办法》，对自治区邮政管理系统行政处罚专用章的使用和管理作出了明确规定。《办法》对行政处罚专业章的使用效力、使用范围、启用审批程序、监督管理、保管使用、法律责任等事项进行了详细、明确的规定，明确了“严格把关、专人保管、建立台账、加强监督”的管理原则，要求机关各处室、盟市局严格执行《办法》规定使用和管理行政处罚专用章。

内蒙古局申报地方邮政业标准制定项目

5月，内蒙古自治区邮政管理局向自治区质监局申报了《快递公共投递服务站建设与服务标准》《畜禽肉冷链快递操作规章》两项自治区推荐性地方标准制定项目。此前，经过对两项标准制定可行性和必要性的深入分析论证后，内蒙古局联合自治区质检院起草了《快递公共投递服务站建设与服务标准》和《畜禽肉冷链快递操作规章》建议立项书，形成了翔实的申报材料，并向自治区质监局提交，待立项审批通过后，内蒙古局可全力推动两项推荐性地方行业标准的制定出台，用标准来规范全区快递公共投递服务站建设，指导冷链快递服务规范操作。

多部门联合督导检查“一带一路”高峰论坛寄递渠道安保工作

5月9日，内蒙古自治区寄递渠道安全管理领导小组组织综治、邮政管理、公安、国家安全等单位组成两个检查组，对“一带一路”国际合作高峰论坛期间寄递渠道安全保障工作开展专项检查。每到一地，督导检查组都听取了各地寄管办关于“一带一路”国际合作高峰论坛寄递渠道安全服务保障工作及实名收寄信息化推进工作的汇报，了解盟市在工作开展中存在的问题、意见和建议，并即时反馈检查中发现的问题。“一带一路”高峰论坛寄递渠道安保期间，内蒙古各盟市局按照统一要求与相关部门联合开展了督导检查工作。

马军胜局长在内蒙古调研

5月25日晚，国家邮政局局长马军胜，分别来到呼和浩特市八一社区快递综合服务站、呼和浩特市快递电商产业园、邮政速递电商分拨处理中心等地调研。国家邮政局党组成员、副局长邢小江一同调研。调研期间，马军胜强调，快递服务尤其是末端服务，需要充分利用第三方平台，发挥资源整合的优势，提升服务效率，叠加服务品种，不断改善人们对快递服务的体验。同时，马军胜要求当地邮政管理部门，为企业发展创造更好的政策条件，推动企业在加强自身发展的同时，努力为当地经济发展服务。

内蒙古局推动邮政业服务农村电子商务发展

5月，内蒙古自治区邮政管理局与自治区商务厅联合下发了《关于推动邮政业服务农村电子商务发展的实施意见》。《意见》结合内蒙古自治区实际，提出了加强农村地区基础网络建设、推进邮政业与电子商务深度融合发展、优化农村网络组织运行体系、完善邮政业服务农村电商模式、强化科技和信息应用支撑等五项主要任务，明确了加强组织领导、完善政策保障措施、加强资金扶持力度、提升政府服务水平等四项政策保障措施。

内蒙古局动员全行业合力推进精准扶贫

6月6日，内蒙古自治区邮政管理局副局长王鹰带队，组织15家快递总部企业负责人深入扶贫联系点乌兰察布市化德县七号镇达拉盖村进行实地扶贫调研，现场确定杜泊羊养殖长期帮扶项目，并为81户贫困户募集养殖资金近13万元。当天，各家快递企业还分别与贫困户结成对子，在捐资助学、劳务输出等方面为他们提供帮助。

出台自治区物流业降本增效实施方案

6月，内蒙古自治区人民政府发布了《内蒙古自治区物流业降本增效专项行动实施方案(2016－2018年)》，提出了21项重点举措，其中多项措施直接利好于自治区邮政业发展。其中，《方案》提出，要扩大关检合作“一站式作业”范围，协调推进邮快件现场关检“一站式作业”全覆盖；开展城市配送需求调查，优化车辆通行管控，鼓励快递企业优先选用节能与新能源车辆；加强物流运行监测、安全监管等大数据平台建设，进一步提升行业监管水平；加强城市物流基础设施建设，完善城市三级配送网络，健全农村牧区物流配送网络，到2018年底逐步实现“旗县有分拨，乡镇有网点，村村通快递”。

加快推进邮政业四级快递物流服务网络体系建设

7月3日，内蒙古自治区邮政管理局组织全区12个盟市局负责人在呼和浩特市武川县快递物流集散中心，召开了邮政业四级快递物流服务网络体系建设现场推进会。呼和浩特市邮政管理局介绍了呼和浩特邮政业四级快递物流服务网络体系建设取得的成效。

组织召开2017年重大活动寄递渠道安保誓师动员大会

7月4日，内蒙古自治区邮政管理局联合自治区政法委、公安厅、国家安全厅联合组织召开了2017年重大活动寄递渠道安全保障誓师动员大会，就做好全区重大活动期间寄递渠道安全保障工作进行动员部署。会议首先分析了当前寄递渠道安全管理基础较弱、恐怖势力威胁较大、影响安全因素不断增多的现状。针对这一现状和即将举行的诸多重大活动，内蒙古局结合全区行业监管实际，提出四项措施力保行业安全。会上，呼和浩特市、鄂尔多斯市邮政管理局及快递企业代表做宣誓发言，会议同时详细解读了自治区成立70周年和《联合国防治荒漠化公约》第十三次缔约方大会寄递渠道安全保障工作方案。与会代表纷纷表示将树立“严之又严、慎之又慎、细之又细”的工作理念，以“最高标准、最实基础、最严措施、最佳形象”贯彻落实各项工作部署和防范措施，全力保障全区寄递渠道安全畅通。

举办全区邮政行业寄递渠道安全监管培训班

为进一步提升全区邮政行业寄递渠道安全管理水平，周密部署内蒙古自治区成立70周年和《联合国防治荒漠化公约》第十三次缔约方大会寄递渠道安保工作，7 月 4 日，内蒙古自治区邮政管理局在呼和浩特市举办了全区邮政行业寄递渠道安全监管培训班。各地市邮政管理局、各主要寄递企业负责人共 60 余人参加了培训。本次培训邀请了国家局邮政业安全中心、自治区公安厅反恐总队等部门资深专家进行授课。培训同时还总结近几年重大活动期间寄递渠道安全保障工作，现场分享经验，解答学员提问。

贯彻落实《内蒙古自治区邮政发展“十三五”规划》分工方案

7 月，内蒙古自治区邮政管理局印发《贯彻落实〈内蒙古自治区邮政发展“十三五”规划〉分工方案》，对《规划》中提出的发展目标、主要任务和重大工程进行了分工、量化。《分工方案》的制定坚持“实、细、精”的原则，确保《规划》中提出的各项任务目标如期完成。

区快递公共投递服务站建设与服务规范标准获批立项

7 月，内蒙古自治区质量技术监督局印发了《关于 2017 年第一批内蒙古自治区地方标准制修项目计划的通知》，公布了 2017 年第一批地方标准项目计划名单，内蒙古自治区邮政管理局申报的快递公共投递服务站建设与服务规范地方标准获批立项。“十三五”期间，计划将在全自治区建立 1000 个快递公共投递服务站，制定快递公共投递服务站建设与服务规范地方标准将有利于推动全区快递公共投递服务站建设，促进自治区邮政业健康发展，更好地服务百姓民生。

内蒙古局一人获区直属机关工委优秀党员表彰

7 月，在纪念中国共产党成立 96 周年之际，内蒙古自治区直属机关工委对区直机关的先进集体和个人进行了表彰，内蒙古局张剑彪同志获优秀党员荣誉称号。

钟奇志局长督导检查 70 周年庆祝活动寄递渠道安保工作

7 月 24 日，内蒙古自治区邮政管理局局长钟奇志带队督导检查呼和浩特市自治区成立 70 周年庆祝活动寄递渠道安保工作落实情况和实名收寄信息系统推广使用情况。督导组先后抽查了全市收件量居前的新城区、回民区、赛罕区营业网点，采取暗访测寄、现场查验等形式，对邮政公司、邮政速递物流、申通、中通、百世等企业的 10 家营业网点进行检查，重点检查了基层网点对实名收寄信息系统使用、散户交寄快件包裹验视等落实情况，抽查了企业落实“协议客户”安全责任、安全教育培训记录、监控设备完好率及监控覆盖面等内容。内蒙古局办公室、呼和浩特市邮政管理局负责人参加督导检查。

印发营造良好市场环境推动交通物流融合发展实施方案

7 月，内蒙古自治区人民政府办公厅印发了《内蒙古自治区营造良好市场环境推动交通物流融合发展实施方案》，《方案》提出鼓励民航、铁路、公路等运输部门为快邮(件)运输开设绿色通道，优先保障通行。《方案》围绕打通衔接一体的全链条交通物流体系、构建资源共享的交通物流平台、创建协调联动的交通物流新模式、营造交通物流融合发展的良好市场环境五个大方面提出了 14 项工作内容，其中涉及邮政管理部门的任务 11 项。

开展内蒙古职业技能竞赛快递员选拔赛

7 月 27 日至 28 日，内蒙古自治区邮政管理局与自治区人社厅、民政厅等 7 部门联合举办的“2017 年中国技能大赛——内蒙古职业技能竞赛快递员选拔赛”，在乌兰察布职业技术学院举行。经过选拔，来自全区 12 个盟市的邮政、快递企业和有关高校的 44 名选手参加比赛。最终，3 名表现优异的快递员分获一二三等奖,7 人荣获优秀奖。根据竞赛文件规定,对符合条件的选手授予“内蒙古自治区五一劳动奖章”“全区技术能手”“全区青年岗位能手”“巾帼建功标兵”等荣誉称号。决赛优胜者将代表内蒙古参加 2017 年中国技能大赛——第十三届“振兴杯”全国青年职业技能大赛。

督查自治区成立 70 周年庆祝活动寄递渠道安保

8 月 5 日起,内蒙古自治区邮政管理局协同自治区寄递渠道安全管理领导小组综治、公安、国家安全等成员单位组成四个检查组,对自治区成立 70 周年庆祝活动期间寄递渠道安全保障工作开展专项检查。联合督导检查组深入呼和浩特、包头、呼伦贝尔、鄂尔多斯、乌兰察布、巴彦淖尔等重点盟市旗县寄递企业的营业网点、分拨中心,按照《内蒙古自治区成立 70 周年庆祝活动期间寄递服务安全保障工作实施方案》要求,逐一对照列表检查。

圆满完成自治区成立 70 周年寄递渠道安保工作

8 月 8 日至 13 日,内蒙古自治区邮政管理局成立 70 周年庆祝活动在全区顺利举办,内蒙古局紧抓实名收寄、收寄验视、过机安检、应急保障、行政执法检查、宣传教育、动员部署和联动协作“八大环节”,圆满完成了庆祝活动期间寄递渠道安全服务保障工作,实现了庆祝活动期间“零事故”的目标。

开展《快递暂行条例(征求意见稿)》征求意见工作

8 月,为了进一步做好《快递暂行条例(征求意见稿)》在内蒙古自治区的宣传和征求意见工作,按照国家邮政局安排部署,内蒙古局认真组织,利用多种形式征求自治区政府及相关部门、快递企业等的意见建议。在征集意见过程中,各府部门均对《条例》的出台表示大力支持,各快递企业也纷纷表示《条例》的出台将为企业发展营造良好的政策环境,有利于进一步规范市场秩序,引导企业不断提升服务水平。

自治区检查组到鄂尔多斯检查寄递渠道安保情况

《联合国防治荒漠化公约》第十三次缔约方大会目前进入临战落实阶段之际,内蒙古自治区邮政管理局副局长王鹰一行到鄂尔多斯市检查寄递行业备战情况。王鹰指出,《联合国防治荒漠化公约》第十三次缔约方大会召开进入倒计时,各寄递企业要以更加强烈的政治责任感和工作紧迫感,进一步强化企业安全生产主体责任,严格执行收寄验视、实名寄递、过机安检三项安全制度,特别是要做好所有进港邮件、快件的二次及重点区域的三次安检工作,加强安检人员的业务培训,如有发现可疑物品,要及时与邮政管理、公安、国安等部门联系,切实保障大会期间寄递渠道安全畅通。

呼和浩特市局获得自治区文明单位称号

内蒙古自治区精神文明建设委员会正式授予呼和浩特市邮政管理局“内蒙古自治区精神文明单位”称号。

全面完成会商系统建设并投入使用

9 月 5 日,内蒙古自治区邮政管理局使用新建设的会商系统召开了全区各盟市局“十八大以来内蒙古邮政业发展历程宣传工作分工”电视电话会议。会商系统的建设是认真贯彻落实《国家邮政局办公室国家邮政局电子政务外网管理中心关于做好全国邮政管理系统接入国家电子政务外网工作的通知》和《关于配合做好会商系统建设相关工作的通知》要求的一项近期重点工作。内蒙古局以及十二盟市局积极开展电子政务外网接入、会议室装修及相关配套设备采购等前期准备工作。

刘君副局长督导检查内蒙古寄递服务和安全生产工作

9月11日至21日，国家邮政局党组成员、副局长刘君参加国务院安全生产委员会组织开展的安全生产大检查活动，对内蒙古自治区进行综合督查，并且带队检查指导内蒙古自治区快递服务和安全生产工作。刘君充分肯定了内蒙古两级邮政管理部门和邮政企业、快递企业工作成绩，同时指出了工作中存在的问题，要求企业尽快提升生产服务能力和安全管理水平，切实维护行业和谐稳定和寄递渠道安全畅通，为党的十九大胜利召开作出积极贡献。国家邮政局市场监管司和内蒙古自治区邮政管理局相关人员陪同检查。

全面部署党的十九大期间寄递渠道安保工作

9月13日至14日，内蒙古自治区邮政管理局制定印发了《中国共产党第十九次全国代表大会期间内蒙古自治区寄递渠道安全服务保障工作实施方案》，对党的十九大期间内蒙古自治区寄递渠道安全服务保障工作进行了全面部署，明确了此次工作"一目标、五层面、同落实"即"以一个目标为根本，五层面分工负责，全行业同心同力落实"的工作要求。

圆满完成荒漠化公约大会邮路安保及服务工作

9月16日，《联合国防治荒漠化公约》第十三次缔约方大会在内蒙古鄂尔多斯市落下帷幕，在为期两周的会议期间，来自190多个缔约方国家、20多个国际组织的2000余名代表，围绕防治荒漠化问题进行了广泛深入的探讨和磋商。此次会议是我国首次承办联合国环境类会议，规模之大、规格之高给内蒙古寄递渠道安全服务工作带来了前所未有的考验。在全区邮政业的共同努力下，实现了大会期间全区进出港邮件、快件2690余万件、鄂尔多斯市进出港邮件、快件109.1万件"零事故"的目标，全区查处寄递违禁品1442件，圆满完成了大会寄递渠道安全保障及会议服务保障工作，用安全可靠的寄递服务，为参会代表和媒体高效传递了中国的治沙经验，也发出了中国邮政业的强音。

部署党的十九大寄递渠道安保工作

9月，内蒙古自治区邮政管理局召开会议，安排部署中国共产党第十九次全国代表大会期间，全区寄递渠道安全服务保障工作。全区各寄递企业品牌负责人参加了会议。会议首先分析了当前形势任务，明确了寄递渠道安全风险依然存在的现状，达成了将思想和行动统一到中央的决策部署上来的工作思路。同时会议还要求要以细之又细、实而又实的作风，全面落实寄递渠道安全保障各项要求。与会企业纷纷表示将以"最高标准、最严要求，最强措施"的核心理念，进一步把行动实践对标到落实到各项要求中，为党的十九大胜利召开做出邮政行业应有的贡献。

推进寄递渠道安全保障"三项制度"

9月26日，内蒙古自治区邮政管理局组织召开了寄递渠道安全服务保障"三项制度"现场推进会，认真贯彻落实各项安全生产规章制度，总结交流"收寄验视、实名收寄、过机安检""三项制度"落实情况。全区24家主要品牌寄递企业负责人现场参加了交流学习。会议还组织企业到标准化营业网点进行了参观学习，就七件民生实事落实情况进行了讨论发言。会议强调，要适应新情况、新形势，统一思想认识，狠抓"三项制度落实"，严格落实各项安全规章制度，为党的十九大寄递渠道安全运行提供有力保障。

三部门下发推进快递服务进社区指导意见

10月，内蒙古自治区邮政管理局与自治区住房和城乡建设厅、民政厅、商务厅三部门联合下发了《关于推进快递服务进社区的指导意见》，积极鼓励各类市场主体参与发展快递服务，为快递服务进社区提供了政策支持。《意见》明确指出快递服务进社区，是贯彻落实国务院、自治区政府有关要求的重要举措，有利于解决城市快递末端投递难题，有利于维护广大人民群众的用邮权益，有利于更好地促进社区的和谐稳定。同时《意见》还从五个方面明确了快递进社区的主要工作措施。

寄递渠道安全管理领导小组召开党的十九大安保专题会议

10月11日，内蒙古自治区寄递渠道安全管理领导小组召开党的十九大安保专题会议，自治区综治办、公安厅、国安厅、交通运输厅、工商局、呼和浩特海关、民航监管局、呼和浩特铁路局等成员单位负责人参加会议。会议通报了2017年历次重大活动期间寄递渠道安全管理工作情况，重点研究党的十九大寄递渠道安全保障工作措施，对开展联合督导检查进行安排和部署。与会各部门还对《2017年寄递渠道安全管理工作综合治理考核评价实施办法(征求意见稿)》进行了讨论。

十八大以来内蒙古邮政业发展历程宣传活动成功举办

10月，内蒙古自治区邮政管理局以开展“世界邮政日”主题活动为契机，在呼和浩特市举办了“璀璨征程　领航未来”——十八大以来内蒙古邮政业发展历程主题宣传活动，国家邮政局办公室主任沈鸿雁、自治区政府办公厅副秘书长曹晓斌出席活动，自治区30个相关委办厅局、各盟市邮政管理局、区局机关全体工作人员、自治区邮政企业及各品牌快递企业参加了活动。18名全区“最美快递员”登台亮相，向社会各界展示了自治区邮政业五年来的巨大发展和行业的良好风貌。

寄递渠道安全管理领导小组开展专项督导检查工作

10月13日至19日，内蒙古自治区综治办、国家安全厅、公安厅、邮政管理局等寄递渠道安全管理领导小组成员单位组成两个督导组分别赴5个临京、环疆重点盟市旗县督导检查党的十九大期间寄递渠道安全服务保障工作。检查期间，督导检查组听取了相应盟市的汇报，对检查发现的问题进行了反馈并明确提出“举一反三”工作要求。督导检查组指出，做好党的十九大安保工作，是当前头等大事，是首要政治任务，各部门要进一步牢固树立安全发展理念和红线意识，以落实企业安全主体、用户安全用邮和政府部门监管“三个责任”为关键，切实发挥好内蒙古作为首都“护城河”的保卫作用，确保党的十九大期间寄递渠道安全平稳畅通。

内蒙古局迅速掀起学习党的十九大报告的热潮

党的十九大召开后，内蒙古邮政管理系统及时组织收看了直播盛况，第一时间学习领会报告精神。按照《国家邮政局党组学习宣传贯彻党的十九大精神方案》要求，内蒙古自治区邮政管理局党组及时研究部署并组织党员干部开展学习活动，迅速掀起学习党的十九大报告的热潮：一是及时制定学习宣传贯彻方案，二是党组中心组召开学习座谈会。

内蒙古局荣获“自治区直属机关文明单位”称号

中共内蒙古自治区直属机关工委下发《关于命名表彰2017年度自治区直属机关文明单位标兵和文明单位的决定》，内蒙古邮政管理局榜上有名，荣获“自治区直属机关文明单位”荣誉称号。

联合发文助力快递服务现代农牧业

10月，内蒙古自治区邮政管理局与自治区农牧业厅联合下发了《关于推进快递服务现代农牧业的意见》，为推动快递业与现代农牧业协同发展提供了有力保障。《意见》首先明确提出了发展目标，要在“十三五”期间，实现建制村直接通邮全覆盖，每个盟市至少培育1个、全区形成35个以上“一地一品”快递服务特色农产品示范项目，全区乡镇(苏木)快递网点覆盖率达到90%以上的发展目标,基本在全区范围内形成“盟市有园区、旗县有分拨、乡镇有网点、村村通快递”的四级快递服务网络体系。同时意见还从五个方面明确了主要任务。

圆满完成党的十九大期间寄递渠道安全服务保障工作

党的十九大期间,内蒙古邮政管理系统以高度的大局意识和政治自觉,调动发挥全行业力量,强化主责担当,以全面落实三项制度作为核心和根本落脚点,切实发挥寄递渠道安全管理领导小组作用,以“最高标准、最强组织、最严要求、最佳状态、最切实管用的措施”实现了全区进出港邮件、快件3100余万件“零事故”的目标,圆满完成了党的十九大期间寄递渠道安全服务保障工作。

召开2017年全区旺季服务保障工作动员部署会

11月1日,内蒙古自治区邮政管理局第一时间利用会商系统召开了2017年全区快递业务旺季服务保障工作电视电话会,对当日上午国家邮政局动员部署会议精神进行了传达贯彻,并对全区旺季服务保障工作进行了全面动员部署。内蒙古局党组成员、副局长王鹰出席会议并讲话。会议还通报了全区邮政管理系统关于更贴近民生实事落实情况,要求全区系统继续深入推动民生实事工作,着力加强“三不”治理,稳中求进应对“双11”业务旺季,引导企业做好人力、运力等储备工作,确保“双11”业务旺季平稳度过。自治区快递协会、邮政企业、各主要品牌快递自治区总部企业负责人在区局主会场参加了会议,各盟市邮政管理局全体人员及辖区内寄递企业负责人在各盟市分会场参加了会议。

召开2017年快递业务旺季服务保障工作新闻通气会

11月6日,内蒙古自治区邮政管理局召开2017年快递业务旺季服务保障工作新闻通气会,就十八大以来全区邮政业发展情况及2017年“双11”快递业务旺季服务保障工作进行介绍和说明。新华社、内蒙古电视台、内蒙古日报、内蒙古广播电台、北方新报、新浪网等15家中央驻蒙、自治区、首府城市主要新闻媒体,区局相关处室,区快递协会,呼和浩特市局负责人参加了通气会。

王鹰副局长作客自治区人民政府网在线访谈栏目

11月8日,内蒙古自治区邮政管理局副局长王鹰作客自治区人民政府网在线访谈栏目,就自治区2017年“双11”快递业务旺季服务保障情况与广大网友进行了在线交流。王鹰表示,全区快递行业有信心有能力做好“双11”快递业务旺季服务保障工作,力保行业安全稳定高效运行,让广大网购消费者享受到快速畅达的快递服务。

内蒙古局荣获全国大赛精神文明奖

11月,根据国邮办发〔2017〕47号文件《国家邮政局办公室关于公布2017年中国技能大赛——全国邮政行业职业技能竞赛获奖结果的通知》,内蒙古自治区邮政管理局荣获全国大赛精神文明奖。

开展“双11”快递业务旺季督导检查工作

11月,内蒙古自治区邮政管理局组成督导检查组赴圆通、中通、韵达、申通、百世、顺丰等主要寄递企业省级分拨处理场地及一线营业网点,督导企业全面落实旺季服务保障应对措施,确保旺季期间行业安全平稳运行。

内蒙古局质量“双11”取得新突破

11至13日,内蒙古自治区快递业务进港量累计609.68万件,同比增长60.65%,出港业务量累计222.19万件,同比增长58.75%,2017年的“双11”在“量”上保持旺势的同时,在“质”上取得突破:一是服务能力不断提升;二是基础网络不断延伸;三是保障措施全面有效。

钟奇志局长陪同区政协党的十九大宣讲团赴赤峰考察

11月13日至14日，内蒙古自治区政协副主席陈羽一行到赤峰市敖汉旗宣讲党的十九大精神，同时考察电商、旅游、邮政等民生项目进展情况。赤峰市政协、敖汉旗委、市邮政管理局、市邮政公司、敖汉旗邮政公司领导参加了考察和座谈。在陪同陈羽调研之余，内蒙古自治区邮政管理局局长钟奇志先后检查了敖汉旗百世快递网点、圆通快递网点、赤峰市电商快递物流园区、赤峰市百世快递和韵达快递分拨中心，实地了解“双11”赤峰邮政业旺季服务保障情况，并与市邮政管理局副科级以上干部座谈。钟奇志要求市邮政管理部门要发挥协调推动作用，与敖汉旗委、旗政府密切配合，研究制定“邮政业+电商、邮政业+旅游”具体运行方案，以试点模式带动全市快递企业与农村电商在更高层面、更深程度上实现合作双赢。

王波副主席调研邮政行业旺季服务保障工作

11月17日，内蒙古自治区政府副主席王波带领相关部门负责同志深入呼和浩特市快递电商产业园和内蒙古邮政公司邮区中心局，就“双11”快递业务旺季服务保障工作和邮政业发展情况进行调研，亲切慰问一线员工。王波表示，自治区政府将继续支持邮政业发展改革，对座谈交流中提出的需要协调支持的事项将开展重点调研，切实为行业发展解决实际问题。王波指示，内蒙古邮政管理局要继续强监管优服务，加快推进行业转型升级、提质增效，努力保持行业发展态势，着力保障行业平稳发展。

扎兰屯市邮政管理局挂牌成立

11月23日，扎兰屯市邮政管理局挂牌成立，成为全区县域邮政监管机构第六个新成员。

召开县域邮政监管工作座谈会

11月24日，内蒙古自治区县域邮政监管机构座谈会在满洲里市召开。满洲里市、扎兰屯市、集宁区、丰镇市、商都县、四子王旗和筹建中的二连浩特市邮政监管机构负责人齐聚一堂，就县域邮政行业市场监管、普遍服务、基层党建、行业管理等工作情况进行交流，共同学习提高。在听取了各县局的工作汇报后，内蒙古自治区邮政管理局局长钟奇志做总结讲话。

部署开展中国共产党与世界政党高层对话会寄递渠道安保工作

11月30日至12月3日，中国共产党与世界政党高层对话会将在北京举办。按照国家邮政局总体部署，内蒙古自治区邮政管理局于11月26日制定印发《关于做好中国共产党与世界政党高层对话会寄递渠道安全服务保障工作的通知》，对此次对话会期间内蒙古自治区寄递渠道安全服务保障工作进行全面部署。为做好此次安全服务保障工作，内蒙古局从服务和安全两个方面分别明确了全区两级邮政管理部门、自治区寄递企业总部的各自分工职责，力保对话会期间全区寄递渠道安全畅通、邮政行业平稳运行。

区快递员获内蒙古职业技能竞赛多项殊荣

12月1日，由内蒙古自治区职业技能鉴定管理中心竞赛组委会在乌兰察布市医学高等专科院校举办的“2017年中国技能大赛——内蒙古职业技能竞赛闭幕式”圆满落幕。中国邮政速递物流股份有限公司赤峰市分公司王伟，荣获“2017年中国技能大赛——内蒙古职业技能竞赛快递员选拔赛”一等奖，同时获得“全区青年岗位能手”“全区技能能手”称号及国家快递员职业资格证书。并由自治区总工会按照流程为其申报“内蒙古自治区五一劳动奖章”；中国邮政速递物流股份有限公司包头市分公司魏显梅，荣获“2017年中国技能大赛——内蒙古职业技能竞赛快递员选拔赛”二等奖，同时获得“全区青年岗位能手”“全区技能能手”称号及国家快递员职业资格证书；内蒙古顺丰速运有限公司包头分公司高峰，荣获“2017 年中国技能大赛——内蒙古职业技能竞赛快递员选拔赛”三等奖，同时获得“全区青年岗位能手”“全区技能能手”称号及国家快递员职业资格证书；李晓望（呼和浩特圆通物流）、常磊（包头市百世快递）、王丽娜（乌兰察布职业学院）、邵旭（兴安盟邮政速递）、方玲（鄂尔多斯圆通速递）、巴特尔（兴安盟邮政速递）、刘彦彦（呼和浩特中通物流）荣获“2017 年中国技能大赛——内蒙古职业技能竞赛快递员选拔赛”前十名，同时获得国家快递员职业资格证书及优秀快递员荣誉证书。

国家禁毒委督导组督查乌兰察布市快递园区

12 月 6 至 8 日，国家禁毒委委员、国家邮政局党组成员、副局长刘君为组长的国家禁毒委督导组一行，到乌兰察布市督导工作。期间，督导组深入乌兰察布市电商快递物流产业园督导寄递渠道禁毒工作，查看了邮政业安全监管服务平台应用情况。督导组认为，乌兰察布局通过内置芯片实现全市 9 台安检机全部联网，对于寄递渠道禁毒工作意义重大，能有效遏制毒品等禁寄物品流入寄递渠道。设立旗县一级邮政监管机构，实行安全监管巡查制度，将行业安全监管真正落实到了基层；同时，通过提升信息化监管手段，推进了三项制度进一步落到实处。

部署开展“双 12”至春节业务旺季服务保障工作

12 月，内蒙古自治区邮政管理局就 2017 年“双 12”到 2018 年春节业务旺季期间服务保障工作作出五项工作部署：一是毫不松懈，继续加强督导检查；二是控制节奏，继续关注末端稳定；三是维护权益，努力保障服务质量；四是坚守底线，继续强化安全监管；五是宣传引导，传递行业正能量。

全区邮政管理系统专题学习宣贯党的十九大精神

12 月 14 日，内蒙古自治区邮政管理局举办了全区邮政管理系统学习宣传贯彻党的十九大精神专题培训班，邀请了自治区社会科学界联合会党组成员、副主席胡益华同志，以《党的十九大向我们传递了哪些新信息》为题作辅导讲座。内蒙古局党组书记钟奇志做了《不忘初心、牢记使命》党的十九大报告学习专题党课，区局和各盟市局全体党员通过视频形式参加了此次培训。

内蒙古局与自治区团委携手共促行业精神文明建设

12 月，内蒙古自治区邮政管理局与自治区团委联合下发了《关于在全区快递行业开展创建青年文明号活动的通知》。结合内蒙古自治区快递行业发展实际，内蒙古局与自治区团委携手提出了“敬业、协作、创优、奉献”的行业青年文明号精神理念。同时就活动开展提出了具体要求：一是要加强组织领导，要按照总体部署，认真规划，明确创建重点，制定推进计划；二是要广泛组织发动，要通过动员会议、座谈交流、交流观摩等方式，增强快递企业对青年文明号活动的了解和认识；三是要强化载体建设，要结合行业发展方向和行业青年特点，适时开展特色鲜明、牵动力强、富有实效的青年文明号示范创建活动；四是要培育示范集体，要加强重点培育，遴选先进集体开展本级的示范创建工作，促进创建工作的整体活跃。

辽宁省快递发展大事记

召开 2017 年辽宁省邮政管理工作会议

1 月 11 日，2017 年辽宁省邮政管理工作会议在沈阳召开，会议传达了国家邮政局工作会议精神和国家邮政局局长马军胜工作报告，总结了全省2016年工作，明确了今后一段时期工作思路和2017年目标任务。辽宁省邮政管理局党组书记、局长刘彦辰在工作报告中要求全省邮政管理部门要全面贯彻落实党的十八大、十八届三中、四中、五中、六中全会精神，深入贯彻落实中央和全省经济工作会议精神，以“稳增长、促振兴、明方向”为主线，贯彻落实“五大发展”理念，深入推进《辽宁省人民政府关于促进快递业健康发展的实施意见》和《辽宁省邮政业发展“十三五”规划》，以“互联网+”带动“快递+”，推动辽宁邮政行业发展再上新台阶。辽宁局机关干部、市局长、县级机构负责人及企业代表共计70余人参加了此次会议。

省政府工作报告提出支持邮政业发展

1月21日，辽宁省第十二届人民代表大会第八次会议审议通过了省长陈求发在会上作的省政府工作报告。报告指出，要优化投资营商环境，大力发展民营经济，深化服务业供给侧结构性改革，建设综合交通运输体系，抓好第三方物流、跨境物流、冷链物流、共同配送等新模式，实施“互联网+流通”行动计划等。同时明确指出，支持快递物流产业园建设，发挥邮政网络服务优势，构建新型农产品流通体系，为省邮政业发展带来利好。

辽宁局细化2017年工作任务确定14项重点工作

1月，辽宁省邮政管理局召开省局机关各处室专题会议，围绕全国邮政管理工作会议和全省邮政管理工作会议目标任务，明确今年全省14项重点工作事项。会议确定了各项重点工作责任部门和主办协办分工，要求各部门把任务领回去，分别制定工作方案，明确目标任务、保障措施、时间进度，指导全年各项重点工作的推进实施。

部署2017年全省寄递渠道安全监管工作

为做好全省寄递渠道安全监管工作，推动安全生产各项措施有效落实，防范遏制重特大安全事故，保障行业安全平稳有序运行，1月，辽宁省邮政管理局印发了寄递渠道安全监管工作实施方案，全面安排部署2017年全省寄递渠道安全监管工作。方案明确提出全面贯彻落实国家邮政局、省委省政府关于安全生产工作的总体部署，坚持稳中求进工作总基调，以防范遏制重特大事故为重点，全面落实“党政同责、一岗双责、失职追责”的工作要求，提出了全面落实“三项制度”、压实安全生产责任、加大安全检查力度、提升应急处置能力、加强宣传教育培训、严把许可准入关口、加强执法联动、加强重点时段安全监管、创新寄递安全监管方式等九项具体工作措施。

辽宁局制定2017年新闻宣传工作方案

2月，辽宁省邮政管理局制定《2017年新闻宣传工作方案》。《方案》指出，要以习近平总书记关于新闻舆论宣传重要讲话的新思想、新观念和新创建为指导，进一步提高认识，坚持正面宣传、鼓舞士气，大力宣传党的十八大和十八届三中、四中、五中、六中全会精神，宣传《国务院关于促进快递业发展的若干意见》、辽宁省政府《关于促进快递业健康发展的实施意见》落实情况，以宣传推进工作，以工作促进宣传。

印发2017年贯彻落实全面从严治党总体要求工作方案

为认真落实中央关于全面从严治党的新要求，深入贯彻落实习近平总书记系列重要讲话精神，持续推进“两学一做”学习教育，进一步深化巡视整改的成果，辽宁省邮政管理局制定并印发2017年贯彻落实全面从严治党总体要求工作方案，坚定不移地推进党风廉政建设和反腐败工作。方案明确了从严落实管党治党责任、从严落实思想建党、从严开展党内政治生活、从严选拔管理监督干部、从严加强作风建设、从严遵守政治纪律和政治规矩、从严加强反腐倡廉建设、从严夯实党的组织基础、从严落实制度治党、强化监督十个方面的主要任务。

全力促进行业精神文明建设

为进一步推动全省邮政行业精神文明建设不断创新发展，提升全行业文明创建水平，辽宁省邮政管理局找准着力点，制定精神文明建设工作方案，方案明确以深入学习贯彻党的十八大及历次全会精神和习近平总书记系列重要讲话精神，践行社会主义核心价值观，努力弘扬邮政行业“诚信、服务、规范、共享”的核心价值理念为指导思想，按照五个“着力”的要求，着力增强行业改革发展的凝聚力，着力推进邮政行业核心价值体系建设，着力提升邮政行业社会满意度，着力深化“学树建创”文明创建活动，着力构建邮政行业精神文明建设新格局。

贯彻落实优化营商环境建设工作

辽宁省将2017年确定为优化营商环境建设年，将营商环境建设作为全面深化改革和实现老工业基地振兴的抓手和突破口。全省邮政管理部门迅速贯彻相关会议精神，安排部署当前和今后一个时期邮政业营商环境建设任务。涉及邮政业方面的营商环境建设任务包括三方面内容。一是强化邮政法制体系建设，落实邮政业“三项清单”，继续推进《关于促进快递业健康发展的实施意见》贯彻落实；二是做好普遍服务和特殊服务保障监督，支持邮政企业整合便民服务站、三农服务站资源，推动便民服务设施建设；三是促进快递市场健康发展，按照快递业务经营许可工作优化方案要求，执行规定程序和核查标准，严格许可审批各环节时限规定，确保各环节审批时限零超时。

辽宁局调研企业贷款资金需求

为优化全省邮政业营商环境，大力拓宽企业融资渠道，切实解决企业“贷款难”问题，辽宁省邮政管理局按照省政府相关要求，对全省邮政快递企业贷款资金需求的相关数据进行调查、筛选，并进一步完善。此次调查中，全省共有11个地市的80余家邮政快递企业提出了贷款资金需求。

辽宁省邮管系统首个县级机构团委正式成立

4月，经大连市邮政管理局党组、庄河团市委批准，共青团庄河市邮政业发展中心委员会第一次团员代表大会顺利召开。大连局、庄河团市委、庄河局、各快递企业负责人及团员青年120余人参加了大会。会上，宣读了大连局党组和庄河团市委关于同意成立共青团庄河市邮政业发展中心团委的批复，表决通过了选举办法，并选举出共青团庄河市邮政业发展中心委员会第一届书记、副书记、委员。

辽宁省联合调研快递物流产业园建设情况

为落实辽宁省政府工作报告关于“支持快递物流产业园建设”的部署，省发展改革委、省商务厅、省邮政管理局组成联合调研组，对全省各市快递物流产业园发展和建设情况进行全面深入调研。4月，调研组一行赴鞍山、本溪等地开展快递物流产业园建设情况的专题调研。调研组采取实地调研、召开座谈会和资料收集相结合的方式，听取了相关市局关于快递物流产业园基本情况的综合汇报，重点调研了解了快递物流产业园建设存在的问题，并与园区重点品牌企业代表开展座谈，全面听取快递物流产业园发展思路、模式以及建议，并对相关工作提出了具体意见和建议。

部署“一带一路”国际合作高峰论坛寄递渠道安保工作

5月14日至15日，“一带一路”国际合作高峰论坛将在北京举行。为保障高峰论坛期间全省寄递渠道安全畅通，辽宁省邮政管理局制定印发《“一带一路”国际合作高峰论坛寄递渠道安全服务保障工作实施方案》，全面部署高峰论坛期间寄递渠道安全服务保障工作。

“一市一品”农特产品进城示范项目取得突破

辽宁省邮政管理局2017年积极落实《国家邮政局关于推动邮政业服务农村电商发展的指导意见》，开展了“一市一品”农产品进城示范项目，指导辽宁省邮政企业在14个地市进行深度挖掘，每个地市至少确定一种特色农产品，指导和帮助邮政企业开展农村电商发展的相关创新尝试。

安排部署“安全生产月”和“安全生产辽沈行”活动

按照国家邮政局和辽宁省委省政府关于安全生产工作的总体部署和具体要求，进一步强化安全生产各项措施有效落实，排查整治安全隐患，提升事故防控能力，辽宁安排部署“安全生产月”和“安全生产辽沈行”活动。本次活动以“全面落实企业安全生产主体责任”为主题，集中开展系列安全生产宣传教育、隐患整治、监管执法等活动，完善安全生产责任体系，保障寄递渠道安全畅通。活动内容包括主题宣讲、宣传咨询、隐患治理等，采取生产安全事故隐患曝光行、监管执法专题行、应急演练专题行等有效措施，集中精力，创新手段，正面引导，狠抓落实，进一步促进企业落实安全生产主体责任。

辽宁邮政业将在全省内贸流通供给侧改革中发挥作用

6月，辽宁省政府印发《关于推动实体零售创新转型的实施意见》。《意见》明确，支持商务、供销、邮政、新闻出版等领域的大型零售企业向省内重要城乡节点延伸网点，发展建设一批集商品销售、生活服务、物流配送于一体的乡镇商贸中心；引导快递企业、电商平台、城乡共同配送中心、公共事业缴费单位等与社区连锁商业网点开展合作，探索发展社区商业服务中心，便利居民日常生活消费；结合特色小城镇和电子商务进农村综合示范县建设，整合提升“村邮乐购”“村级综合服务中心”等流通设施资源，推动农村实体零售与电子商务协同发展。

完成夏季达沃斯论坛寄递渠道安全保障工作任务

6月26日至28日，第十一届夏季达沃斯论坛在大连市举办。党和国家领导人，以及90多个国家的政要、官员、企业家及媒体代表1500余人参加论坛。为保障论坛期间寄递渠道安全畅通，辽宁省邮政管理局采取印发通知、召开会议、联合执法等有效措施，全面完成了夏季达沃斯论坛寄递渠道安全保障工作任务，交上了满意的答卷。辽宁局在论坛期间加大监督检查力度，强化安全监管，依法严厉查处违法违规行为，确保了夏季达沃斯论坛期间全省寄递渠道安全畅通。

制定省邮政业发展“十三五”规划贯彻落实方案

为全面贯彻实施《辽宁省邮政业发展“十三五”规划》确定的各项目标任务，切实推动全省邮政业转型升级，实现跨越式发展，辽宁省邮政管理局制定了《辽宁省邮政业发展“十三五”规划贯彻落实方案》，并专门成立了贯彻实施《规划》领导小组，推动《规划》任务的贯彻落实。《方案》明确了《规划》的贯彻实施时间节点、具体方式以及责任单位，重点包括三方面内容：一是积极推动快递园区建设、支持营口国际快件处理中心建设、城市邮政业安全监管平台建设工程、实施从业人员素质提升工程等重大工程。二是城市邮政业公共服务平台建设项目、普惠邮政建设项目、诚信邮政体系建设项目等重大项目。三是邮政业发展规划的研究与对接、快递服务发展研究与实施、加强法制建设等重大政策。

落实物流业降本增效专项行动方案

辽宁省邮政管理局通过简政放权，建立更加

公平开放规范的市场新秩序；通过补短强基，完善支撑物流高效运行的设施和标准体系，落实物流业降本增效专项行动方案：一是优化行业行政审批。按照简政放权、放管结合、优化服务改革要求，根据《邮政行政管理权力清单》相关规定，邮政普遍服务两项行政审批、快递分支机构名录发放、年度报告审核、快递业务许可申请初审和变更初审权限均已下放。二是优化货运车辆通行管控。推进破解快递配送车辆通行难题，联合公安交管部门，发放快递配送车辆通行证，电动三轮车享受通行便利政策，保障高峰时段快递配送车辆通行。三是完善城市物流配送体系。优化城市物流基础设施布局，完善城市三级配送网络。支持城市末端配送点建设，大力发展智能快件箱。

把实名收寄工作向纵深推进

7月12日，辽宁省邮政管理局召开局党组扩大会议，要求真正把邮件快件实名收寄工作抓实抓细抓出成效。辽宁局对全省实名收寄工作提出了要求：一是要组织召开全省实名收寄工作推进会议，向全省邮政管理部门传达国家邮政局会议精神，认真对全省实名收寄工作进行再动员、再部署，确保工作落实；二是要联合省公安厅、省国家安全厅按照全省《关于加快全省邮件快件实名收寄信息系统推广应用工作的实施方案》要求，开展联合执法检查，保障工作力度；三是每周对沈阳、大连、丹东三个试点城市工作推进情况进行通报，确保年底前完成40%覆盖率，全面完成国家局布置的工作任务；四是加强宣传，加大对实名收寄社会面宣传力度，广泛通过报刊、广播、电视等媒体加大对实名收寄制度的宣传力度，确保工作成效。

积极做好邮政行业贴近民生实事

为认真贯彻落实国家邮政局2017年邮政业更贴近民生实事有关工作部署，辽宁省邮政管理局制定做好全省邮政行业更贴近民生实事工作方案，推进更加贴近民生实事落地实施。方案明确深入推进“快递下乡”工程，保障乡镇网点稳定性；扩大城市快递智能箱建设布局；实现高等院校快递规范化末端服务全覆盖；组织开展“不着地、不抛件、不摆地摊”专项治理行动；加大对主要申诉率及侵害消费者权益行为等重要指标和信息的披露力度；落实寄递渠道安全管理三项制度；大力推广使用中转箱、环保袋、笼车等物品设备；重点品牌企业电子运单使用率不低于80%；进一步提升新能源车辆应用普及率；推广快递电动三轮车规范上路；推动寄递企业规范内部管理，遏制“以罚代管”行为，减轻一线员工负担等十二项重点工作，并逐项制定出工作要点，提出具体工作要求。

深化供给侧结构性改革促进行业发展

辽宁省邮政管理局认真贯彻落实国家邮政局工作部署，积极推进省邮政业供给侧结构性改革，进一步促进行业转型升级提质增效：一是加快推动优化邮政业发展环境。推动《辽宁省人民政府关于促进快递业健康发展的实施意见》落地实施，全省14个市均已出台本地促进快递业发展的实施意见；推进邮政行业营商环境建设，制定下发省邮政业优化营商环境建设实施方案，努力构建“亲”“清”新型政商关系，保护邮政快递市场主体的合法权益。二是促进电商、快递进社区进农村。以“一市一品”示范项目为抓手，鼓励邮政快递企业积极参与农产品电子商务项目。全省共确定“一市一品”农产品进城示范项目21个，大连樱桃、鞍山南国梨、丹东草莓、朝阳大枣等特色农产品，通过快递服务网络递送至消费者手中。三是稳步提升快递末端投递服务水平。进一步提升乡镇快递服务网络的稳定性，提高农村快递末端服务质量。推进快递服务现代农业工程，加强重点企业、重要区域、重要节点的快递园区项目建设。

营口局成为辽宁自贸试验区相关事项牵头单位

7月，为深入推进中国(辽宁)自由贸易试验区营口片区建设,加快实现制度创新,营口市政府正式公布了首批复制推广自贸试验区改革创新经验85条,并出台了配套实施文件。在推广名单中,营口市邮政管理局成为在交通运输领域完善快件处理设施和绿色通道事项牵头单位。根据《营口市首批复制推广自贸试验区改革创新经验名单》,营口局负责第六大项加强东北亚区域开放合作第18条,作为交通运输领域完善快件处理设施和绿色通道事项的牵头单位。主要实施内容为规范邮政、快递车辆管理,逐步统一标志,对邮政、快递专用车辆城市通行和临时停靠作业提供便利。对邮政、快递企业车辆实现备案管理。在责任部门方面,营口局作为牵头单位,市公安局、市交通局配合相关工作。

督导寄递企业全力保障党的十九大期间寄递安全

9月27日,辽宁省邮政管理局党组书记、局长刘彦辰同志亲自组织召开党的十九大期间寄递渠道安全保障督导座谈会。辽宁局相关处室负责人,省内中通、圆通、顺丰、特急送等重点快递企业负责人参加了会议。会上,刘彦辰详细解读了《中国共产党第十九次全国代表大会期间寄递渠道安全服务保障工作实施方案》。参会快递企业负责人均表示严格按照省局要求,全力落实安全生产主体责任,保障党的十九大期间寄递渠道安全。

开展全省易制爆危化品和寄递物流专项整治行动巡查

按照《全省易制爆危险化学品和寄递物流专项整治行动工作方案》要求,10月,辽宁省邮政管理局联合省综治办、公安厅、交通运输厅、安监局、沈阳铁路监督管理局、民航东北地区管理局等相关部门,成立7个巡查组,对省内寄递企业开展专项整治巡查工作。巡查工作采取明察与暗访相结合的方式,以暗访检查为主,采取实地检查,听取汇报,查阅台账等方式,重点检查寄递企业是否落实"三项制度";视频监控系统是否正常工作,是否按规定保存视频监控记录;是否设立保卫机构,是否配备专职或兼职安全保卫人员;是否制定突发事件应急预案及组织演练等。

开展党的十九大寄递安全综合整治专项督导检查

10月,辽宁省邮政管理局由局长带队,成立三个专项督导检查组,第一阶段督导检查了抚顺、本溪、铁岭等市局党的十九大期间寄递渠道安全服务保障、寄递渠道安全综合整治工作部署落实情况。检查组听取了相关市局的工作情况汇报,查看了相关文件、记录;抽查了寄递企业分拨中心、营业场所,现场查看工作措施落实情况,并将检查发现的问题和不足及时反馈至各市局,帮助分析症结原因,提出工作改进建议。

部署认真学习贯彻党的十九大精神工作

10月,辽宁省邮政管理局召开党组中心组(扩大)学习会,专题学习党的十九大精神。辽宁局党组书记、局长刘彦辰主持学习,局机关全体公务员共计20余人参加了会议。会议指出,认真学习宣传和全面贯彻落实党的十九大精神,是当前和今后一个时期全省邮政管理系统各级党组织和广大党员干部的首要政治任务。各级党组织要紧紧围绕学习、宣传和贯彻党的十九大精神这条主线,把用党的十九大精神武装头脑、指导实践、推动工作作为学习的出发点和落脚点,把思想统一到党的十九大精神上来。会议结合《中共辽宁省邮政管理局党组学习宣传贯彻党的十九大精神工作方案》进一步明确了责任部门和完成时间,提出了完成质量的具体要求。同时组织辽宁局全体党员围绕"不忘初心继续前行,立足岗位履行使命"主题,深入研讨如何结合各自岗位学习贯彻党的十九大精神。

召开全省邮政管理系统新闻宣传工作会议

11月7日，辽宁省邮政管理局组织召开了2017年全省邮政管理系统新闻宣传工作会议，总结通报2017年四季度以来新闻宣传工作情况，安排部署下一步工作任务，并对2017年度新闻宣传先进单位和优秀个人进行了表彰。沈阳、盘锦、大连三市局做了典型经验交流。辽宁局相关处室负责人和各市局分管领导、办公室负责人等30余人参加了会议。

营口国际快件处理中心项目一期工程落地启动

营口国际快件处理中心项目是辽宁省邮政管理局“十三五”规划重点项目，11月2日，营口市政府召开国际快件处理中心项目推进会，项目一期工程5200平方米正式落户辽宁自由贸易试验区营口片区。营口市副市长钟建主持会议，对营口市邮政管理局工作给予了高度肯定，评价营口局工作“认真详实、为项目成功启动做了大量卓有成效的准备工作”，自贸区管委会、营口海关、营口检验检疫局、营口局等单位参会。

督导检查旺季服务保障工作

11月14日，辽宁省迎来快递业务量峰值，当日全省快件收寄量和投递量同比增长均在50%以上。在全省旺季生产关键之时，辽宁省邮政管理局党组书记、局长刘彦辰在“双11”当日坐镇指挥全省旺季服务保障工作的基础上，于14日深夜赴全省快递收寄量和投递量增长最大的大连市督导快递旺季服务保障工作，并向奋战在一线的快递员工表示慰问。

铁岭三部门联合出台促进快递园区发展指导意见

12月，为贯彻落实《铁岭市人民政府办公室关于促进快递业健康发展的实施意见》，促进快递园区建设，加快铁岭快递业发展步伐，铁岭市发展改革委、市服务业委员会、市邮政管理局联合出台了《关于促进全市快递园区发展的指导意见》。《指导意见》指出，到2020年，基本建立快递园区建设及管理的有关制度，建成多个运营规范并具一定经济效益的示范园区，形成布局合理、规模适度、功能齐全、绿色高效的全市快递园区网络体系。

吉林省快递发展大事记

印发《吉林省落实“十大扩消费行动”实施方案》

1月，吉林省发展改革委、教育厅、工业和信息化厅、公安厅、邮政管理局等24个部门联合印发《吉林省落实“十大扩消费行动”实施方案》，推进“快递下乡”工程被纳入《实施方案》。《实施方案》明确，加强快递业安全监管信息系统建设，实现省内主要快递企业监控系统联网和数据系统联网，实现对快递企业分拨中心的动态即时监管。组织开展全省农村劳动者快递行业岗前培训，转移农村剩余劳动力，为快递企业培训、输送专业快递人员。引导快递企业加强与农产品电商及原产地的合作。

巨登照局长出席省邮政公司2017年工作会议

1月9日，吉林省邮政管理局局长巨登照出席省邮政公司一届四次职工代表大会暨2017年工作会议并作重要讲话。巨登照强调，当前，邮政业正处于全面建成与小康社会相适应的现代邮政业的决胜期、转型提效的攻坚期、由大到强的加速期，既面临成长蜕变、脱胎换骨的重大战略机遇，同时也面临诸多矛盾风险的严峻挑战。2017年是实施“十三五”规划的重要一年，也是供给侧结构性改革的深化之年，更是把握新常态、寻求新突破的关键一年。希望邮政系统广大干部职工要坚持目标导向和问题导向，按照国家邮政局党组提出的“打通上下游、拓展产业链、画大同心圆、构建生态圈”的工作思路，深化改革创新，强化服务保障，加快转型升级，以优异成绩迎接党的十九大胜利召开。巨登照对省邮政公司2017年工作提出五个方面的要求和意见。

召开2017年全省邮政管理工作会议

1月10日，吉林省邮政管理局召开2017年全省邮政管理工作会议，传达贯彻全国邮政管理工作会议精神，总结2016年邮政管理工作，提出行业发展思路，布置2017年重点工作。吉林省交通运输厅党组书记、厅长王振才出席会议并讲话，吉林省局党组书记、局长巨登照作工作报告。王振才在讲话中对吉林省局一年来工作取得的成绩给予了充分肯定，并对2017年的工作提出希望。

召开全省规模以上快递企业座谈会

为进一步贯彻落实2017年全省邮政管理工作会议要求，了解全省快递企业对快递行业发展的实际需求，1月13日，吉林省邮政管理局召开全省规模以上快递企业座谈会，魏遵红出席座谈并讲话，13家规模以上快递企业主要负责人参会。座谈对《2017年全省邮政管理工作会议报告》进行解读，并重点讲解了《2017年市场监管重点工作》。各企业负责人依据自身发展情况，针对工作报告展开讨论，提出意见。魏遵红指出企业现行仍存在服务能力无法满足当地民生、员工素质偏低导致投诉申诉不减等问题，提出了增强法律意识、树立品牌意识、加强安全意识、形成自律意识、提升服务意识的工作要求。

巨登照局长到吉林市调研指导工作

1月13日至14日，吉林省邮政管理局党组书记、局长巨登照带队到吉林市调研指导工作，并与吉林市局干部职工开展座谈。研组还深入企业一线查看了标准化门店建设、企业安全生产和“三项制度”落实等情况。

举办全省农村劳动者快递行业岗前培训

为落实省政府办公厅《关于支持“快递下乡”的意见》，加强农村物流快递服务业的基础性建设，转移农村剩余劳动力并提供充足的就业岗位，为快递企业培训、输送专业快递人员，1月16日，吉林省邮政管理局、省农委共同举办了第一期农村劳动者快递行业岗前培训，共计92名学员参加本次培训。培训面向有意向从事快递行业的农村劳动者及未经过岗前培训的农村户口在职人员，从邮政行业相关法律法规、快递行业发展情况、经营许可证办理条件及流程、快递从业人员形象素质和安全生产要求、快递业安全案例解析等方面进行了详细生动的分析讲解。培训班还对参培人员进行了登记备案，备案的参培人员将得到品牌快递企业的优先录用资格。

加强行业事中事后监管

1月，《吉林省失信企业协同监管和联合惩戒合作备忘录》正式印发。《合作备忘录》包含协同监管和联合惩戒的范围、工商行政管理部门对当事人采取市场准入和任职资格限制、工商行政管理部门与各部门的协同监管措施、各部门对当事人采取的联合惩戒措施、协同监管和联合惩戒实施方式等五个部分，由52个部门联合签署。《合作备忘录》在工商行政管理部门与各部门的协同监管措施部分，对快递企业协同监管措施进行了明确规定。

省政府工作报告提出大力发展现代物流业

1月15日，吉林省十二届人大六次会议召开，省委副书记、代省长刘国中代表省人民政府向大会作工作报告，报告中明确提出：要下大力量打好服务业发展攻坚战，全面落实加快发展服务业政策意见，坚持生产性服务业与生活性服务业并重、现代服务业与传统服务业并举，发展提速、比重提高、水平提升并进，使服务业成为稳增长、攒后劲的新引擎。加快培育服务业发展增长点，大力发展冷链物流等现代物流产业，抓好长吉图综合物流园项目，不断提高物流专业化、社会化水平。为全省邮政业发展指明了发展方向。

召开专题会议传达学习中央经济工作会议精神

1月17日，吉林省邮政管理局召开专题会议，传达学习中央经济工作会议精神。省局机关全体党员干部列席会议。会议传达了习近平总书记、李克强总理在中央经济工作会议上的重要讲话内容。会议强调，要切实把思想和行动统一到以习近平同志为核心的党中央对经济形势和党的十八大以来经济工作的分析判断上来。办实事求实效，狠抓工作落实。切实增强“四个意识”，坚决维护以习近平同志为核心的党中央权威。始终保持奋发进取的精神状态、求真务实的工作作风，科学谋划好全年各项任务目标，推动全省邮政管理工作不断取得新成效。

吉林省出台物流业降本增效方案

1月，《吉林省物流业降本增效专项行动方案(2016－2018年)》经省政府同意正式印发。《方案》提出，完善城乡配送体系，结合城市道路条件和交通流量特点，合理规划城市配送车辆行车路线和时间，提高配送效率。充分发挥邮政、供销系统覆盖乡村的基础设施和配送渠道优势，加快实施“快递下乡”工程，继续推进“新网工程”。推动县级仓储配送中心、农村物流快递公共取送点建设，加大对农产品冷链物流设施和农产品批发市场建设的支持力度，完善县乡村三级物流配送体系，打通农资、消费品下乡和农产品进城双向通道。《方案》明确，增强物流协同服务能力，促进物流业联动制造业，引导快递企业延伸服务链条，加强与制造企业的深度合作，推进快递服务制造业示范工程。促进物流业互动商贸业，加快商贸业现有渠道资源整合，深化电子商务与快递物流协同试点，不断满足电商企业物流需求。延伸商贸业的服务链条，拓展物流服务功能，促进行业转型升级。

国家邮政局行业标准研制工作项目组到吉林省开展调研

1月18日至20日，国家邮政局关于《冷链快递服务规范》《快递处理场所设立指南》两项行业标准的研制工作项目组到吉林省内开展调研，项目组深入长春市部分快递企业进行调研，并对查干湖项目冷链运输情况进行调研。吉林省局和长春局、松原局相关负责同志陪同调研。

长春市获2016年快递公众满意度城市第四位

国家邮政局发布2016年快递服务满意度调查结果。其中2016年快递公众满意度位居前15位的城市揭晓，长春市位居第四位。

邮政业发展重点内容纳入省政府2017年重点工作任务

2月，吉林省人民政府印发《2017年省政府重点工作目标责任制》，明确将“深入推进‘快递下乡’工程，大力发展快递物流”等邮政业发展重点内容纳入省政府2017年重点工作任务。省政府要求，各任务承办单位要高度重视，精心组织，周密部署，把任务目标进一步细化分解，制定具体实施方案，层层明确责任人、任务事项和完成时限，拿出“时间表”“路线图”，形成各自年度目标责任清单。

细化分解2017年重点工作任务

2月，吉林省邮政管理局召开专题会议，进一步明确了全年的工作重点和目标任务，并进行了具体细化和量化分工，制定并印发《吉林省邮政管理局2017年工作要点》《吉林省邮政管理局2017年重点工作目标任务分解落实表》。会议对国家邮政局提出的20项重点目标任务进行了认真总结梳理,结合全省邮政管理工作实际,在明确工作内容、工作要求、实施进度、责任处室、责任人、主管领导的基础上,研究提出了2017年全省邮政管理18项重点工作任务,确定31项重点工作目标和98项具体分解落实措施。

部署两会期间全省寄递服务和安全保障工作

2月16日,吉林省邮政管理局下发《关于做好全国“两会”期间全省邮政、快递服务和安全工作的通知》,对全国两会期间全省行业安全保障工作进行安排部署。《通知》要求,各市州局要严格执行收寄验视、过机安检、实名收寄三项制度,开展联合督导检查,完善安全预测预警和应急协调联动机制,加强安全宣传教育,督促企业落实24小时值班和领导带班制度,全力确保行业安全稳定。

邮政业发展内容纳入省物流业发展“十三五”规划

2月,吉林省发展改革委印发《吉林省物流业发展“十三五”规划》,邮政业获得多项政策支持。《规划》强调,坚持“以城带乡”,加快解决广大农村地区物流业发展相对落后的问题,实现城乡一体化协调发展。《规划》提出,实施城乡物流一体化工程,支持社区、机关、学校、商务区末端配送点建设,大力发展智能快件箱,并纳入公共服务设施规划。构建县、乡、村消费品和农资配送网络体系,加强农村邮政网点、村邮站、“三农”服务站等终端设施建设。长春中通瑞吉快递产业园、长春圆通速递产业园、申通快递长春转运中心、四平快递物流园等项目被列为城乡物流一体化工程重点项目,长春顺丰电商产业园、吉林市一网全城电商物流园等项目被列为“互联网+”高效物流工程重点项目。

召开2017年全省邮政市场监管工作会议

3月7日至8日,吉林省邮政管理局召开2017年全省邮政市场监管工作会议。全省九个市州局主管局领导、市场监管科(行业管理科)科长及省局市场监管处全体人员参加了会议。吉林省局副局长魏遵红出席会议并讲话。会议还下发了《2017年“诚信快递、你我同行”“3·15”主题宣传活动周工作方案》,并就《全省邮政市场监管工作实施方案》和《2017年“诚信快递、你我同行”“3·15”主题宣传活动周工作方案》进行了解读。同时,会议针对进一步加强放管服工作,做好“双随机”执法检查进行了讲解和部署。

部署全省快递企业营业网点标准化建设工作

3月,吉林省邮政管理局召开会议,部署全省快递企业营业网点标准化建设工作。全省九市(州)局主管局领导及市场监管科(行业监管科)科长、省快递行业协会和各快递企业负责人参加了会议。会议从出台背景、总体目标、重点落实项目、责任分工、处理办法及法律依据五个方面,对《吉林省推进快递企业营业网点标准化建设实施方案(试行)》进行了解读。会议明确,市、州邮政管理局要落实属地管理责任,对快递协会验收合格网点进行抽查,抽查比例不得低于30%,并在开展日常监督检查及许可企业、分支机构实地核查中,严格把握核查标准;省快递协会要完成许可企业营业网点年末全部达到要求标准,其他营业网点三年内全部达到要求标准;快递企业要结合《实施方案》的总体目标和自身实际制定具体实施方案,有时间表,有计划、有步骤实现营业网点标准化建设工作。

魏遵红副局长到吉林市汽车生产厂家调研

3月13日,吉林省邮政管理局副局长魏遵红带队到吉林市一汽吉林汽车有限公司、吉林龙山有机硅集团有限公司,对新能源车辆补贴政策、快递专用车辆和新能源车辆车型、车辆生产能力等情况进行调研。吉林市工信局、省局市场监管处、吉林市邮政管理局相关同志和省内主要品牌企业负责人陪同调研。魏遵红指出，快递末端配送问题已成为制约行业发展的瓶颈问题，作为行业监管部门，吉林省局将积极向省软环境办、省市交警部门反映情况，争取使用电动车辆配送的缓冲期，研究解决车辆通行问题的具体措施和办法，着力搭建车辆生产厂家和快递企业之间的供需交流平台，实现车辆生产厂家和快递企业的直接对接。

座谈研究解决快递三轮车辆通行

3月16日，吉林省邮政管理局召开省内主要品牌快递企业负责人座谈会，研究解决快递三轮车辆通行问题。会议介绍了吉林省局、长春市邮政管理局在推动解决快递三轮车通行问题中所做的具体工作，听取了快递企业的诉求和解决快递三轮车辆通行的意见。会议提出，吉林省已经借鉴北京做法，从加强行业交通安全管理的角度，制定《吉林省邮政行业交通安全管理工作方案》，并在2月份正式向省交警总队递交《吉林省邮政管理局关于落实快递车辆通行政策情况的函》（吉邮管函〔2017〕5号）。

印发2017年新闻宣传工作要点

3月，吉林省邮政管理局印发《2017年全省邮政管理系统新闻宣传工作要点》，明确了2017年全系统新闻宣传工作的总体要求，并就18项新闻宣传重点任务进行了安排部署。吉林省局还向各市（州）局下发了2017年新闻宣传重点选题计划备案表，要求各市（州）局提早谋划形成年度重点选题报道计划，至少报送12个重点选题，于一季度前报省局办公室备案，省局将对宣传计划进行督促跟进。

吉林省局赴四平调研快递进校园情况

4月，吉林省邮政管理局局长巨登照、副局长魏遵红深入四平职业大学，就快递进校园、打通快递服务校园“最后一公里”等问题进行调研。巨登照指出，四平职业大学校园快递服务中心的建立，是四平局、快递企业与院校成功合作所迈出的坚实一步，是解决快递服务校园“最后一公里”的一次有益尝试。巨登照要求，四平局要加强对快递企业从业人员的安全教育和培训，入驻校园超市的快递企业要选派业务熟练、安全意识强、有责任心的业务人员提供收派服务，充分利用好校园快递服务中心这个平台，有效破解校园快递“最后一公里”难题，总结做法、形成经验，提炼模式、逐步推广。四平局相关负责同志和快递企业负责人陪同调研。

部署开展2017年全省邮政行业安全生产“双随机”执法检查工作

4月，吉林省邮政管理局召开专项会议，部署开展2017年全省邮政行业安全生产“双随机”执法检查工作。省局市场监管处全体工作人员，各市（州）局主管局领导及相关工作人员参加了会议。会议下发了《2017年全省邮政行业安全生产“双随机”执法检查工作方案》，并从工作目标、组织领导、检查内容、具体安排、工作要求五个方面，对《方案》进行解读。会议现场抽取了各检查小组组长，确定了各检查组组成人员，并明确了各组的检查对象。与会成员就如何开展“双随机”执法检查工作进行了交流讨论，并提出意见建议。

出台《推动实体零售创新转型的实施意见》

4月12日，吉林省人民政府办公厅出台《推动实体零售创新转型的实施意见》，对实现实体零售发展新格局进行了重点部署，省邮政业发展获政策支持。《实施意见》提出，调整商业结构，推动实体零售由销售商品向引导生产和创新生活方式转变。完善空间布局，支持省内商务、供销、邮政、新闻出版等领域龙头企业向农村延伸服务网络，促进以城带乡、城乡协调发展。优化零售业态，支持发展综合型业态，引导欧亚商超连锁、中东新天地等连锁化、品牌化实体零售企业进入社区设立多元化、综合化的服务网点，加强与电商、物流、金融、电信、市政等对接，拓展便民增值服务，打造“一刻钟”便民生活服务圈。

省局开通微信公众号提升政务宣传影响力

4月17日，吉林省邮政管理局政务微信公众号正式运营，微信公众号名称为“吉林省邮政管理局”。吉林省局政务微信主要将发布邮政监管重要工作部署、行业发展主要数据、重要法律法规、行业先进典型、突发事件应急处置等方面内容，并适时回应公众关注的热点问题，实现邮政管理部门、邮政快递企业和用户百姓间的实时互动交流，达到宣传行业、服务公众的效果。

推动全省邮政行业高技能人才培养、选拔工作

4月，吉林省邮政管理局联合吉林省人力资源和社会保障厅、吉林省总工会共同举办2017年吉林省邮政行业职业技能大赛。吉林省人社厅和吉林省总工会对这次大赛给予了大力支持。联合发出通知，明确规定，对本次大赛产生的最优秀选手，经吉林省人社厅和吉林省总工会审核后，将分别授予“吉林省技术能手”和“吉林省技术创新标兵”称号。

印发服务业发展“十三五”规划

4月，吉林省人民政府办公厅印发《吉林省服务业发展“十三五”规划》。《规划》将完善邮政领域统计方法、发挥邮政物流系统网络优势、实施快递下乡、鼓励快递企业延伸服务等多项邮政业发展内容纳入其中。《规划》提出，培育和扶持重点物流企业发展。加快第三方物流企业的发展，推进制造业企业剥离物流业务，积极发展专业化、精益化的大型物流企业。重点扶持国家级甩挂运输试点企业发展，积极引导和培育省级甩挂运输企业发展。鼓励现有运输、仓储、货代、快递等企业进行功能整合与服务延伸，规范物流运输市场秩序，提高服务质量和运作水平。

金育辉副省长肯定省邮政管理部门工作成绩

4月，吉林省政府副省长金育辉、副秘书长高志国专题听取了吉林省邮政管理工作情况汇报，充分肯定省邮政管理部门在行业管理、指导和服务方面取得的成绩，并表示全力支持邮政管理部门工作。金育辉表示，对省邮政管理部门提出的邮政业安全中心、县级机构组建、快递末端通行投递难和加强快递基础设施建设等问题，省政府将逐一进行研究，并全力支持解决，希望省邮政管理局进一步发挥职能作用，落实邮政业发展规划，不断强化行业管理、指导和服务，规范市场秩序，提升服务质量，满足人民群众日益增长多元化用邮需求，为全省经济和社会发展、民生改善作出积极贡献。

部署“一带一路”国际合作高峰论坛期间寄递渠道安保工作

4月，吉林省邮政管理局召开专题会议，部署“一带一路”国际合作高峰论坛期间全省寄递渠道安全服务保障工作。会议决定成立高峰论坛期间全省寄递渠道安全服务保障工作领导小组，下发了《“一带一路”国际合作高峰论坛期间全省寄递渠道安全服务保障工作实施方案》及《“一带一路”国际合作高峰论坛期间吉林省寄递渠道安全保障应急预案》，并与省内主要品牌快递企业签署《吉林省寄递企业“一带一路”峰会期间安全生产承诺书》。会议要求，各市、州邮政管理局要针对性地部署专项整治活动，加大执法检查力度，督促寄递企业健全安保工作机制，严格落实收寄验视、实名收寄、过机安检等措施要求，督促寄递企业落实安全主体责任，深入开展自查自纠，排查各类安全隐患，完善各项防控措施。

印发吉林省邮政业发展“十三五”规划目标和任务措施分工

5月,吉林省邮政管理局印发《吉林省邮政业发展“十三五”规划目标和任务措施分工》,为如期完成《吉林省邮政业发展“十三五”规划》提出的各项任务目标提供了保障。《分工方案》就《规划》中提出的发展目标、主要任务、重大工程及保障措施四个方面进行了全面细致地分工,提炼出了56项具体工作任务,包括提升普遍服务均等水平、推动快递服务转型升级、推进交邮协同融合发展、促进关联产业协同发展、推动跨境寄递有序发展、保障寄递渠道安全稳定、推进行业低碳经济环保等任务分工和加强规划统筹协调、推进法治邮政建设、优化行业发展环境、提升行业监管水平、加强人才队伍建设等措施分工,明确了牵头部门、配合部门,进一步深化了全系统对《规划》的理解程度,确保了《规划》的贯彻执行有抓手、能落地、见实效。

延边州首个快递物流园区正式挂牌成立

5月,延边州星汇快递物流园区正式挂牌成立,这是延边州首家快递产业园区。星汇快递物流园区的成立将极大推动延边州快递行业实现跨越式发展,为延边州经济社会发展做出积极贡献。

召开全省邮件快件实名收寄信息系统推广应用工作会

5月,吉林省邮政管理局与省公安厅、省国家安全厅联合召开全省邮件快件实名收寄信息系统推广应用工作会议,省公安厅、省国家安全厅相关工作负责人,长春、吉林、延边、通化等四个全省首批试点城市的邮政管理、公安和国家安全部门相关工作负责同志参加了此次会议。全省邮件快件实名收寄信息系统推广应用领导小组组长、省局副局长魏遵红同志出席会议并讲话。会议对《关于加快全省邮件快件实名收寄信息系统推广应用工作的实施方案》进行了解读,明确了总体工作思路和原则要求。吉林省邮政管理局副局长魏遵红就进一步做好实名收寄信息系统在吉林省的推广应用工作提出三点意见。会上,省邮政管理局还对“安易递实名收寄平台”系统操作与推广工作进行了培训。

部署开展全省邮政行业安全生产专项检查工作

吉林省邮政管理局下发专项行动方案,部署开展了全省邮政行业安全生产专项检查工作。《方案》明确,自2017年5月开始至2019年9月开展为期近3年的邮政行业安全生产专项检查工作,共分三个阶段,全面提升全省全行业安全生产工作水平,有效防范遏制违规收寄禁寄物品等违法违规行为。《方案》强调,此次专项检查以推进三项制度落实和防范危化品流入寄递渠道为重点,引导和帮助企业进一步明确安全生产主体责任,对照《安全生产法》和《邮政行业安全监督管理办法》等法律法规,引导和督促企业强化安全主体责任,落实各项安全制度。

部署开展“刷信”和“野蛮分拣”专项整治工作

吉林省邮政管理局下发《吉林省邮政行业“刷信”和“野蛮分拣”专项整治工作方案》,部署开展相关工作。此次专项整治工作自2017年6月开始至2017年10月结束,分三个阶段进行。《方案》要求,各市(州)局要坚持“党政同责、一岗双责”原则,坚持根源治理,明确工作任务,严厉查处各类违反《快递服务》标准、损害消费者切身利益的违法违规行为,有效杜绝“利用面单刷信誉”“野蛮分拣”和“邮件快件摆地摊”等违法违规行为发生,推进行业服务水平得到显著提升。

八项措施全面深化快递末端服务管理工作

为全面提升快递末端服务精细化水平,改善末端服务能力不足、质量不高等问题,吉林省邮政管理局通过召开会议部署、严格执法检查、通报检查结果等形式，采取八项措施全面深化快递末端服务管理工作：一是建立长效工作机制；二是推进“三进工程”；三是继续推进网点标准化建设；四是协调车辆通行问题；五是部署开展“刷信”和“野蛮分拣”专项整治工作；六是全面推进信用体系建设；七是加强行业人才队伍建设；八是开展第二届“最美快递员”评选活动。

开展“野蛮分拣”督导检查工作

6月，为落实《吉林省邮政行业“刷信”和“野蛮分拣”专项整治工作方案》要求，进一步督促企业提升服务能力，吉林省邮政管理局组成检查组，由吉林省局党组成员、副局长魏遵红带队对部分快递企业进行了督导检查。检查组先后对申通、韵达、圆通、中通等企业和部分营业网点的日常经营和各项安全要求的落实情况进行了检查。从检查情况看，多处营业网点存在露天分拣、摆放混乱等问题，达不到标准化建设要求，检查组针对检查中发现的问题责令企业立即整改。吉林省局还对整改情况进行复查，确保工作取得实效。

做好《中华人民共和国网络安全法》贯彻实施

6月，为贯彻落实国家邮政局《关于做好〈中华人民共和国网络安全法〉贯彻实施工作的通知》要求，更好地维护邮政管理系统网络信息安全，吉林省邮政管理局及时转发国家邮政局关于做好《中华人民共和国网络安全法》贯彻实施工作的通知，并召开全体干部职工会议，专题解读《中华人民共和国网络安全法》，就做好《网络安全法》的贯彻实施工作进行安排部署。

细化部署国家“十三五”规划纲要等工作

6月，吉林省邮政管理局下发《关于贯彻实施国家“十三五”规划纲要和国务院重点专项规划的通知》，细化部署国家“十三五”规划纲要和国务院重点专项规划贯彻实施工作。随《通知》印发的《吉林省邮政管理局关于国家“十三五”规划纲要和国务院重点专项规划涉邮目标任务分工明细表》，对《国民经济和社会发展第十三个五年规划纲要》及《“十三五”脱贫攻坚规划》《“十三五”现代综合交通运输体系发展规划》等六项重点专项规划中，27项涉邮目标任务进行了分工部署，明确了具体工作措施和责任单位。

“校企合作实训基地”揭牌

6月8日，顺丰集团吉林分公司与长春汽车高等专科学校“校企合作”签约仪式暨“校企合作实训基地”举行揭牌仪式，标志着“校企合作”迈出实质性一步。

十项措施细化落实贴近民生7件实事

6月，吉林省邮政管理局制定了《吉林省邮政业2017年更贴近民生实事十项工作措施》，细化具体工作目标、明确责任部门，要求全省邮政管理系统不折不扣地抓好相关落实工作。《工作措施》要求，各单位、各部门要践行“大民生”宗旨，始终牢记“人民邮政为人民”的理想信念，认真落实国家邮政局党组“打通上下游、拓展产业链、画大同心圆、构建生态圈”的工作思路，按照国家邮政局和吉林省局工作会议部署，切实加强邮政业供给侧结构性改革，统筹实施好邮政业发展“十三五”规划，推动全省邮政业向更高质量、更有效率、更加公平、更可持续发展。

印发城市共同配送试点实施方案

6月，吉林市人民政府办公厅印发了《吉林市城市共同配送试点实施方案》，邮政业作为城市配体体系的重要内容，获得了多项利好政策。《实施方案》提出了分类选取试点企业、完善配送节点网络、城市共同配送标准化建设、大力培育市场主体、推广应用现代技术、建设运营城市共同配送信息平台等七项主要任务，着重推进长吉图综合物流园区建设、末端配送网点建设、城市共同配送车辆购置和使用等八项重点工作。其中，吉林市局负责多项任务的推进落实。

研究部署“航空飞镖”赛事寄递渠道安保工作

经中央军委批准，中国空军在“国际军事比赛-2017”框架下，于7月29日至8月12日承办“航空飞镖”“空降排”两项赛事，这是中国空军首次承办国际军事比赛。吉林省四平市是“航空飞镖”赛区之一，吉林省邮政管理局高度重视此次赛事，由省局党组成员、副局长魏遵红于6月21日带队赶赴四平，与赛事服务保障单位进行座谈，就赛事期间寄递渠道安全保障工作交流了意见。

通化局“大通道”开启电商发展新跨越

通化市邮政管理局引导培育邮政企业以大通道取得成效，这条大通道连接160个港口、120多个国家，使通化市这座边陲城市与国家“一带一路”倡议相接轨，让吉林省融入了环渤海经济圈，并延伸至东南亚以及欧洲。在通化局的争取下，吉林省电子商务进农村综合示范县落户通化市辖区的柳河县内，并获得一块建筑面积720平方米的仓储场地、3台由政府补贴购置车辆和邮件资费补贴等优惠政策，建立以县级为运营中心、镇村两级服务站组成的农村电子商务“三级服务”体系，为农村居民提供网销网购、配送服务。截至2017年6月底，柳河县邮政分公司共建成村级服务站180个，覆盖全县82%的行政村。柳河县的有机大米、冰葡萄酒、大榛子、黑木耳、香烟叶以及玄武岩等产品大量走向线上交易，减少了繁杂的流通环节，大大地提高了利润空间。该县从事电商相关行业的企业共有300多家，从业人员超过3000人，2016年年底实现销售额4500万元。

开展快递标准化建设调研工作

6月29日，吉林省邮政管理局组织开展全省快递标准化建设工作调研。吉林省局市场监管处全体，各市（州）局主管局领导，市场监管科、行业管理科（处）负责人，省快递行业协会，省级快递企业主要负责人参加此次调研。在调研过程中，省局要求各市（州）局要有计划、有步骤的做好标准化建设工作：一方面，各地邮政管理部门要加强实时掌控，将辖区内企业营业网点的标准化建设情况及时统计上报；另一方面，各企业要充分认识到标准化网点建设的重要性，提高重视程度，加大投入力度。

推进全省邮件快件实名收寄信息系统推广应用工作

7月12日，吉林省邮政管理局召开全省邮件快件实名收寄信息系统推广应用工作推进会，各市（州）局主管局领导、市场监管（行业管理）科（处）负责人及具体工作人员，省内主要品牌快递企业主要负责人参加会议，吉林省局副局长魏遵红出席会议并讲话。会议传达了国家邮政局邮件快件实名收寄信息系统推广应用试点工作推进会议精神。长春、吉林、延边、通化等四个试点城市邮政管理局在会上先后汇报了实名收寄信息系统推广应用工作开展情况。会议还对安易递监管版和公共版的操作使用进行了培训。

吉林省第二届“最美快递员”表彰大会圆满落幕

7月13日，吉林省邮政管理局精神文明办公室、吉林省快递行业协会联合组织召开吉林省第二届“最美快递员”表彰大会。省邮政管理局部分干部职工、快递协会代表、各快递企业代表、“最美快递员”获奖人员参加会议。吉林省局副局长魏遵红出席会议并讲话。经第二届“最美快递员”评选委员会结合企业推荐情况、网上得票情况，依据公开、公平、公正的原则，最终评选出张坤等10名同志为吉林省第二届“最美快递员”。他们用吃苦耐劳、爱岗敬业的精神和诚实守信、服务为民的道德品质赢得了广大同行和用户们的赞誉。魏遵红代表省局向最美快递员们表示了热烈的祝贺，并就快递企业进一步加强文化建设和精神文明建设提出五点要求。

加快推进邮政业供给侧结构性改革

7月,吉林省邮政管理局制定了《吉林省加快推进邮政业供给侧结构性改革十项工作措施》,细化具体任务目标和责任部门,要求全省邮政管理系统不折不扣地抓好相关落实工作。《工作措施》提出,一是加强邮政基础网络建设;二是加强快递基础网络建设;三是推动邮政+服务;四是推动快递+服务;五是提升邮政服务质量;六是提升快递服务质量;七是深化"放管服"改革;八是推动政策落地实施;九是强化行业安全监管;十是加强行业人才支撑。

震后全力保障寄递渠道平稳运行

据中国地震台网正式测定:7月23日7时13分在吉林省松原市宁江区(北纬45.30度,东经124.81度)发生4.9级地震,震源深度12千米。松原市内震感较强,包括长春在内的省内部分地市也有震感。地震发生后,松原市邮政管理局立即启动应急预案。23日上午11时,松原局向吉林省邮政管理局报告,据实反馈,全市寄递企业中,仅邮政企业有3个局所玻璃破损,没有人员伤亡和邮(快)件损失情况,当前寄递渠道运行平稳。接到松原局报告后,吉林省局领导第一时间先后做出指示,要求松原局妥善做好安全信息搜集和指导特殊时期企业生产运营工作,尤其要按照国家邮政局领导指示精神,采取有效应对措施,突出做好机要通信、大学生录取通知书等重要邮件、快件投递工作,确保寄递渠道稳定畅通。同时,吉林省局要求各寄递企业省级公司密切关注松原地震及后续情况,做好应急处置,保证松原以及全省寄递渠道安全平稳运行。

举办全省邮政行业职业技能大赛

7月24日至25日,吉林省邮政行业职业技能竞赛在长春职业技术学院成功举办。国家邮政局人事司、吉林省人力资源和社会保障厅、吉林省总工会、吉林省邮政管理局及长春职业技术学院相关领导出席比赛并致辞,共有来自全省15支代表队的60名选手参赛。大赛的优胜者可直接晋升技师职业等级,经核准后,还可获得吉林省人力资源和社会保障厅和吉林省总工会授予的"吉林省技术能手""吉林省技术创新标兵"称号。经评比,最终来自吉林省中通吉快递有限公司的孙大龙获得个人一等奖,吉林省中通吉快递有限公司获得团体一等奖,其他参赛个人及队伍按照竞赛得分分别获得相应奖项。

巨登照局长赴省交警总队商讨快递三轮车通行相关问题

进一步落实《吉林省人民政府关于促进快递业发展的实施意见》(吉政发〔2016〕17号)文件精神,破解快递末端电动车辆通行存在的突出问题,规范快递三轮车辆管理,维护道路交通和运输秩序。8月,吉林省邮政管理局局长巨登照赴省交警总队,进一步商讨快递电动三轮车通行相关问题。省交管局局长高宏伟、各处室负责人出席座谈。交通处、法律处负责人结合交管局工作提出难点及疑问,希望两部门形成有效合力,推动省政府出台相应办法,并组织共同调研,赴北京、西安等地学习经验做法。双方达成共识,在学习调研后,进一步研究解决办法。吉林省局市场监管处相关同志,EMS、顺丰、韵达、中通、圆通、申通等快递企业负责人参加座谈。

省交通厅全力支持邮政业安全中心组建工作

8月,吉林省邮政管理局局长巨登照就邮政业安全中心组建工作赴省交通厅协调沟通,省交通厅表示全力支持,安全中心组建工作取得实质性进展。省交通厅厅长王振才表示,安全工作是重中之重,鉴于邮政管理部门人手少、任务重和邮政行业安全形势日趋严峻的实际,全力支持邮政业安全中心组建工作,从现有事业单位编制中调剂到安全中心使用。

开展全省邮政业易制爆危化品防控工作培训

8月22日,全省邮政业易制爆危化品防控工作培训班在白城市举办。吉林省邮政管理局党组书记、局长巨登照出席培训班活动并对全省寄递渠道安全保障工作提出具体要求。培训班特邀白城市公安局治安支队危爆大队大队长冯晨详细讲解了易制爆危险化学品防控及应急处置,重点强调了行政执法过程中需要注意的关键环节和事项。同时传达贯彻了《吉林省邮政管理局关于进一步加强违法寄递危险化学品整治工作的通知》和《金砖国家领导人第九次会晤期间吉林省寄递渠道安全服务保障工作实施方案》。吉林省局局领导和相关处(室)负责人,各市(州)局主管局领导、市场监管(行业管理)科(处)负责人及具体工作人员参加培训。

加强实名收寄信息系统推广应用工作

为进一步加强邮件快件实名收寄信息系统推广应用工作,着力解决个别企业信息系统数据对接不畅的问题,确保全省邮件快件实名收寄率在党的十九大前得到显著提高,吉林省邮政管理局要求邮政企业于9月15日前完成安易递公共版的全面使用,并专门举办了邮政企业安易递公共版业务培训班,对中国邮政集团公司吉林省分公司全面使用安易递公共版进行了培训,邮政企业相关负责人员参加了此次培训。

通报邮件快件实名收寄信息系统推广应用工作情况

9月7日,吉林省邮政管理局召开邮件快件实名收寄信息系统推广应用工作情况通报会,省局市场监管处负责同志、长春市局主管局领导、市场监管处相关工作人员、全省14家寄递企业主要负责人参加会议。吉林省局副局长魏遵红出席会议并讲话。会议通报了全省邮件快件实名收寄信息系统推广应用工作开展情况,肯定了工作成绩,指出了存在问题,并深入分析了问题存在的内在原因。魏遵红结合全省行业实际,就如何继续做好实名收寄信息系统推广应用工作,提出三点要求。魏遵红强调,实名收寄信息系统推广应用是事关行业安全稳定和长远健康发展的一件大事,是邮政管理部门安全监管工作的重中之重,各企业要站在讲政治、讲大局的高度,将实名收寄信息系统推广应用工作全面推向深入,以优异成绩迎接党的十九大召开。

两部门商榷推进解决快递电动车辆通行问题

9月12日,吉林省邮政管理局与省交警总队召开会议,就规范快递电动车辆交通安全管理、积极解决快递电动车辆通行问题进行了商讨。省交警总队先就赴北京、兰州、海口等城市的调研情况进行了说明,就解决快递电动车辆通行提出了解决思路。通过对建立电动车辆准入目录、确定过渡期限、研究登记管理办法等问题的深入交流探讨,双方就加强车辆统一管理、落实快递企业主体责任、加强车辆违法信息互通等达成共识。

省政府第三督导组到延边州进行督查

9月,吉林省政府维护稳定工作专项联合督查第三督导组到延边州就维稳工作开展情况进行督查。督导组首先听取了延边朝鲜族自治州邮政管理局关于开展维稳工作情况汇报,之后又到延边中通快递有限公司实地检查寄递渠道“三项制度”落实情况。督查组详细检查企业“三项制度”落实情况,对分拣环节和X光安检机使用情况进行了督查。督查组对延边州局开展安全生产监管工作给予了肯定,并提出三点要求。

全面部署党的十九大期间寄递渠道安保工作

9月21日,吉林省邮政管理局召开党组扩大会,审议通过了《中国共产党第十九次全国代表大会期间吉林省寄递渠道安全服务保障工作实施方案》,并就党的十九大期间吉林省寄递渠道安全服务保障工作进行了全面部署。会议从省局、各市(州)局两个层面进行分工落实,明确了具体任务措施。并就落实《实施方案》,全力做好党的十九大期间寄递安全保障工作提出四点要求。会议还研究成立了党的十九大期间全省寄递渠道安全服务保障工作领导小组,由省局主要领导任组长,相关处室主要负责同志为成员,负责统筹指挥党的十九大期间全省寄递渠道安全服务保障工作。

开展邮政行业安全生产分区互查

10月,吉林省邮政管理局组织开展了全省邮政行业安全生产分区互查活动,进一步加强寄递渠道安全监管和邮政机要通信安全保障,确保寄递渠道安全平稳运行。此次检查共出动四个小组,由市(州)局主要领导带队,检查为期2周,检查范围涵盖全省9个市州20多个区县。吉林省局要求,各检查组和各市州局要高度重视此次互查工作,牢固树立四个意识,进一步落实企业安全主体责任,强化预防和源头治理,全面排查整治安全隐患,以优异成绩迎接党的十九大召开。检查开始前,吉林省局举办了分区互查工作培训班,对检查表格填写等具体事宜进行了培训。

巨登照局长率队督查党的十九大前寄递渠道安全工作

10月13日至14日,吉林省邮政管理局派出督导组,由党组书记、局长巨登照带队,对党的十九大前通化地区寄递渠道安全工作进行了督导检查。检查结束后,通化局组织召开了党的十九大期间寄递安全保障紧急工作会议,对安全工作进行再部署再动员。巨登照、通化市副市长孙景龙出席会议,通化市政府副秘书长杨延福主持会议。通化市公安局、通化市国家安全局及通化地区邮政企业、快递企业负责人参加了此次会议。

全力做好党的十九大精神学习贯彻准备工作

10月,吉林省邮政管理局召开专题会议,研究部署学习宣传贯彻党的十九大精神准备工作。会议强调,迎接和学习宣传贯彻党的十九大精神,是当前和今后一个时期全系统首要的政治任务,要紧紧围绕这条主线,进一步增强"四个意识",坚定"四个自信",以高度的政治责任感和良好的精神状态,深入做好迎接和学习宣传贯彻党的十九大精神各项准备工作,把思想统一到党的十九大精神上来,把力量凝聚到实现党的十九大确定的各项任务上来,加快推进全省邮政业改革发展,为全面建成与小康社会相适应的现代邮政业作出更大的贡献。

邮政快递车辆不受重污染天气机动车单双号通行限制

为应对大气重污染,10月20日20时起,长春城市绕城高速合围区域内道路实行机动车单双号通行。经吉林省邮政管理部门与省交警总队沟通,邮政快递车辆列为特定车辆不受通行限制。依照《吉林省重污染天气应急指挥办公室关于立即启动部分城市重污染天气红色预警的紧急通知》(吉气指办〔2017〕3号)的要求,长春市于2017年10月19日12时发布大气重污染红色预警,全市启动一级响应。根据《长春市重污染天气应急预案》,对机动车实行限行管理。应急抢险救援车辆、医疗救护、军警车辆、党政机关公务车辆和邮政快递车、残疾人专用车、新能源汽车、公交车、出租车及其他特定车辆除外。

开展寄递渠道联合执法检查

10月,吉林省邮政管理局与省国家安全厅等部门组成党的十九大期间寄递渠道安全联合检查组,对全省寄递企业安全生产工作进行了检查,督促企业进一步落实安全主体责任,确保党的十九大期间寄递安全。联合检查组组长、吉林省局局党组成员、副局长魏遵红在检查中强调,各企业要提高重视,消除麻痹大意思想,进一步明确企业安全主体责任,加强内部管理,将责任细化到人,确保各项安全管理制度要求得到有效落实,确保党的十九大期间及即将到来的"双11"期间寄递渠道安全平稳、保障有序。长春市邮政管理局全程参加此次检查。

出台《外商投资企业知识产权保护行动方案》

10月，吉林省打击侵权假冒工作领导小组办公室会同省邮政管理局等11部门制定了《外商投资企业知识产权保护行动方案》，决定于2017年10月至12月，在全省范围内集中打击侵犯外商投资企业知识产权违法犯罪行为。《方案》提出11项工作任务，明确了相关部门职责分工。其中，侵犯商业秘密、专利权、植物新品种权、恶意抢注商标和“傍名牌”，以及互联网领域侵权盗版等违法犯罪行为成为打击重点。方案还强调，要加强寄递环节安全监管，加强市场监管执法检查，督促企业严格执行寄递渠道安全管理“收寄验视、实名收寄、过机安检”三项制度，突出加强电商海淘产品寄递安全管理。

落实全系统学习贯彻落实党的十九大精神会议部署

10月26日，国家邮政局召开全国邮政管理系统电视电话会议，传达学习党的十九大精神，并对全系统学习宣传贯彻党的十九大精神进行全面部署。吉林省邮政管理局迅速召开专题会议，落实国家邮政局局长马军胜相关指示要求，对学习贯彻落实党的十九大精神进行再动员再部署。会议强调，当前和今后一个时期，学习宣传贯彻好党的十九大精神，是全省邮政管理系统首要的政治任务。全系统各级党组织要紧紧围绕学习、宣传和贯彻党的十九大精神这条主线，把用党的十九大精神武装头脑、指导实践、推动工作作为学习的出发点和落脚点，把思想统一到党的十九大精神上来，把力量凝聚到实现党的十九大确定的各项任务上来，团结带领广大党员干部，注重抓重点、补短板、强弱项、促改革、保安全，为建成与吉林经济社会发展相适应的现代邮政业作出更大的贡献。

圆满完成党的十九大期间寄递渠道安保工作

根据中央关于党的十九大期间安全保障工作的统一部署，在国家邮政局党组的领导下，吉林省邮政管理部门和寄递企业圆满完成了保障任务，实现了预期工作目标。党的十九大期间，吉林省局多次派出检查组，由局领导带队，对寄递渠道安全工作进行全面督导检查，督促企业进一步落实各项安全制度要求，按照“谁收寄、谁安检、谁负责”的要求，通过突击检查，明察暗访，与公安、国家安全等部门联合检查等方式，全面开展安全生产检查，排除安全隐患，确保寄递渠道安全稳定。

动员部署2017年快递业务旺季服务保障工作

为贯彻落实国家邮政局2017年快递业务旺季服务保障动员部署电视电话会议精神，落实有关工作要求，吉林省邮政管理局第一时间组织召开了全省快递业务旺季服务保障动员部署会议，对即将到来的快递业务旺季服务保障工作进行了全面动员部署。吉林省局党组书记、局长巨登照出席会议并讲话。省局党组成员、副局长魏遵红，省局机关相关处室负责同志，各市、州局主管局领导、市场监管科负责同志和全省主要品牌寄递企业负责人参加了此次会议。会议通报了党的十九大期间全省寄递渠道安全服务保障工作情况，认真梳理总结了工作经验，就进一步落实安全生产三项制度提出了明确要求。会议对《2017年吉林省快递业务旺季服务保障工作方案》进行了解读，明确了政府、协会和企业的责任，对各项工作和准备措施提出了具体要求。

举办学习贯彻党的十九大精神培训班

11月6日至7日，吉林省邮政管理局举办学习贯彻党的十九大精神培训班。省局党组书记、局长巨登照同志出席会议并作了题为《不忘初心　牢记使命　深入学习党的十九大精神》专题党课。省局党组成员、副局长、纪检组长魏遵红主持会议并作了题为《把握党的十九大精神重点，落实全面从严治党》的专题辅导。各市（州）局领导班子、省局机关全体干部参加培训。培训期间，吉林省局还组织开展了党的十九大应知应会知识测试，以测促学，取得了良好效果。全体党员干部在巨登照同志的带领下重温入党誓词，进一步激发了全体干部不断进取、担当有为的干事热情。

省局视察快递企业“双11”保障工作情况

11月9日至10日，吉林省邮政管理局派出检查组，由副局长魏遵红带队，对中通、圆通、顺丰、百世等主要品牌寄递企业旺季准备工作进行督导检查。吉林电视台、吉林日报、城市晚报、新文化报、中国吉林网等各类媒体跟随采访行业备战旺季情况，对行业紧张备战快递业务旺季工作情况进行报道。在检查中，魏遵红对媒体详细介绍了行业备战旺季工作情况，要求各企业要凝神聚力，进一步梳理工作流程，改进薄弱环节，完善末端管理和支持政策，切实提高服务保障能力，确保实现“两不”（全网不瘫痪、重要节点不爆仓）、“三保”（保畅通、保安全、保平稳）的预期目标，争创“质量双11”。

巨登照局长夜查分拨中心督促企业做好旺季服务

11月11日，吉林省各寄递企业当天共处理邮件、快件192万件，同比增长20%以上，其中进港77万件，出港115万件。为进一步加强督导，确保行业旺季生产稳定运行，吉林省邮政管理局党组书记、局长巨登照于11月12日夜间率队赶赴圆通、中通、申通等主要寄递企业分拨中心，视察旺季服务保障和安全生产工作。各企业一致表示，将会按照邮政管理部门工作要求，落实工作措施，努力做好旺季服务保障工作，全力以赴实现“质量双11”。长春市邮政管理局负责同志陪同检查。

召开规范快递电动车通行管理实施意见企业讨论会

11月14日，吉林省邮政管理局召开《关于规范快递二、三轮电动车通行管理的实施意见》企业讨论会，针对《实施意见》广泛听取快递企业方面意见。会议指出，快递企业对快递三轮车通行问题的反映和诉求，省委省政府高度重视，相关各部门积极协调、沟通配合，寻找解决邮件投递问题和城市管理之间的最大公约数。省交警总队和吉林省局共同起草了《关于规范快递二、三轮电动车通行管理的实施意见》，提出成立领导小组，并确定四个工作目标和十一条具体工作措施。企业代表一致认为政府出台政策，遵循快递企业生产实际，给予电动车道路通行权，对快递城市末端配送提供通行便利，是对快递企业最大的扶持。各企业代表结合生产实际，针对《实施意见》提出修改意见。

妥善应对旺季业务高峰

11月16日，吉林省邮政管理局派出检查组赶赴圆通、中通等省内主要寄递企业督战旺季服务保障工作。通过检查发现，面对业务高峰，各企业按照《全省2017年快递业务旺季服务保障工作方案》要求，合理调配资源，通过增加车辆、人员和投递频次等方式，旺季生产紧张有序，业务高峰得到及时妥善处理。吉林电视台、新文化报等媒体跟踪报道了此次检查，并对旺季生产情况进行了采访宣传。

动员部署对松原市查干湖鱼冬捕项目

在第十六届查干湖冬捕即将拉开帷幕之际，作为全国快递服务现代农业示范基地，吉林省邮政管理局要求各总部快递企业要做好项目前期预热和宣传，助力松原市各快递企业做好冬捕鱼销售和寄递工作。“互联网+农业”的模式正在快递业生根发芽，迅速成长，最终呈现多方共赢的局面，为拉动地方经济发展作出贡献。

举办全省邮政管理系统新闻宣传工作培训班

11月,吉林省邮政管理局举办全省邮政管理系统新闻宣传工作培训班,省局机关各处室主要负责同志、新闻宣传工作人员和各市(州)局主管新闻宣传工作的局领导和新闻宣传工作人员参加培训。省局党组书记、局长巨登照出席培训并作重要讲话,党组成员、副局长魏遵红出席培训。培训班传达了《中国邮政快递报社》2017年通联工作会议精神,总结一年来行业新闻宣传工作总体情况,分析了新闻宣传存在的问题和短板,对2017年度新闻宣传工作先进集体和优秀通讯员进行了表彰,并对2018年新闻宣传重点工作进行了部署。省局普遍服务处、延边朝鲜族自治州邮政局、吉林市邮政管理局、松原市邮政管理局就新闻宣传工作经验进行了交流。培训采取业务知识学习与实例分析相结合的方式,进一步分析了全系统新闻宣传工作中存在的问题与不足,为下阶段工作开展理清了思路、指明了方向。

妥善处理吉林市韵达突发事件

11月25日,吉林市韵达快递自行停止吉林市范围内的快件派送,导致快件积压。吉林省邮政管理局接到报告后,第一时间考虑如何解决积压问题及负面影响,在第一时间启动应急预案。1月26日下午,积压快件全部得到有效处理。

开展中国共产党与世界政党高层对话会期间寄递渠道安保工作

11月30日至12月3日,中国共产党与世界政党高层对话会在北京举行。为切实做好对话会期间寄递渠道安全服务保障工作,吉林省邮政管理局按照国家邮政局工作部署,结合全省实际,及时下发通知,全面部署对话会期间寄递渠道安全服务保障工作。吉林省局还要求各市(州)局要加强应急值守,11月27日至12月4日期间,要严格执行24小时值班、领导带班和“零报告”制度,遇有重大问题和突发事件,要及时报告。

全面推进快递业绿色包装工作

吉林省邮政管理局为深入贯彻落实《关于协同推进快递业绿色包装工作的指导意见》,采取三项举措——制定一个方案:11月27日,印发《吉林省邮政管理局推进快递业绿色包装工作实施方案》,明确四项目标和五项重点任务;召开一次会议:11月29日,召开“推进吉林省快递行业绿色包装工作座谈会”,印发“使用绿色包装　倡导简约适度　共创生态文明　促进绿色发展”宣传条幅;开展一次调研。

部署第四届互联网大会期间全省寄递渠道安保工作

12月3日至5日,第四届世界互联网大会(以下简称互联网大会)在浙江省嘉兴市举行。吉林省邮政管理局下发通知,部署全省邮政业切实做好互联网大会期间吉林省寄递渠道安全保障工作。通知明确,全行业要高度重视此次安保工作,强化寄递安全防范措施落实。切实强化责任意识、大局意识和忧患意识,牢固树立底线思维,坚持以面保点、整体防控的工作思路,全面加强寄递安保各项措施。吉林省局要求各市州切实加强应急管理,有针对性地完善防范应对措施,做好人力、物资、车辆、场地及相关设备等应急准备,确保一旦发生突发事件,能够及时应对、有效处置。

吉林省局一人获先进表彰

12月,吉林省人民政府督查室下发通报,对《2017年省政府重点工作目标责任制》定期反馈工作成绩突出的联络员给予表彰,吉林省局市场监管处于涛同志获得三等奖表彰。通报要求,各单位要以先进为榜样,认真学习借鉴经验做法,结合实际创造性开展工作,发扬钉钉子精神狠抓落实,奋力开创新时代吉林全面振兴发展新局面。

举行全国快递服务现代农业(查干湖鱼项目)示范基地授牌仪式

12月28日,中国查干湖第十六届冰雪渔猎文化旅游节在吉林松原市查干湖开幕。在开幕仪式上,国家邮政局现场授予松原市政府"全国快递服务现代农业(查干湖鱼项目)示范基地"荣誉称号。国家邮政局市场监管司相关负责同志,吉林省政府和松原市政府相关领导,吉林省局、松原市局相关负责同志出席授牌仪式。

部署开展邮政行业消防安全管理工作

12月,吉林省邮政管理局下发《关于切实做好吉林省邮政业消防安全管理工作的通知》,进一步加强全省邮政行业消防安全管理。通知要求,要结合有关业务旺季和岁末年初安全生产工作系列部署,切实加强消防安全管理,深入开展消防隐患排查治理,会同公安消防等部门开展企业生产用电安全检查。督促企业严格按照《快递经营场所设计基本要求》(YZ/T 0137—2015)等行业标准要求,对充电区与其他生产经营区域实施隔离,严禁违规敷设电气线路,严禁超负荷使用充电设备、严禁违规用电取暖,切实降低电气火灾风险。

部署落实寄递渠道涉枪涉爆隐患集中整治专项行动

12月28日,国家邮政局召开电视电话会议,就做好集中整治专项行动、进一步加强和改进寄递渠道安全管理工作进行动员部署。吉林省邮政管理局组织全省九个地市局同步参加国家局电视电话会议,并在会后第一时间对会议精神进行落实部署。会议要求,各市州局要尽快制定开展寄递渠道涉枪涉爆隐患集中整治专项行动的实施方案,统一思想、提高认识,全力抓好寄递渠道涉枪涉爆物品查堵工作。要采取超常措施,从严从紧、从细从实抓好枪爆物品禁寄管理,全面提升寄递渠道涉枪涉爆隐患风险防范能力,为维护社会公共安全和保障国家长治久安营造安全稳定的寄递服务环境。会议指出,各级邮政管理部门要做好元旦、春节期间邮政业安全生产工作,全力保障寄递渠道安全畅通和行业平稳运行。

黑龙江省快递发展大事记

黑龙江省政府出台物流业降本增效实施方案

1月8日,黑龙江省政府出台《黑龙江省物流业降本增效专项行动实施方案(2016－2018年)》,提出了五项重点行动和五点保障措施,确保到2018年,物流业降本增效取得明显成效,社会物流运行效率显著提高。省快递业发展获利好。黑龙江省邮政管理局表示,省政府连续出台推动交通物流融合发展和物流业降本增效实施意见,均将快递业纳入扶持物流业发展的重要领域,将有力促进省快递业持续健康发展,行业发展质效和支撑关联产业发展能力将得到有力提升。

黑龙江局召开2017年全省邮政管理工作会议

1月16日,黑龙江省邮政管理局召开全省邮政管理工作会议。会议深入贯彻落实党的十八大、十八届三中、四中、五中、六中全会精神,深入学习贯彻习近平总书记系列重要讲话精神,总结2016年工作,部署2017年任务。提出全面落实《黑龙江省关于促进快递业发展的实施意见》,全面实施《黑龙江省邮政业发展"十三五"规划》,实现全省邮政业又稳又好发展,迎接党的十九大胜利召开。会议指出,2016年是全省邮政业转型升级持续高速增长的一年,更是不断规范、安全发展的一年。会议提出要深入贯彻落实2017年全国邮政管理工作会议精神，紧跟“打通上下游、拓展产业链、画大同心圆、构建生态圈”的发展思路，实现全省邮政业又稳又好发展。

黑龙江局举行宪法宣誓仪式

1 月 16 日晚，黑龙江省邮政管理局举行了宪法宣誓仪式，局党组书记、局长监誓。宪法宣誓现场国徽高悬，五星红旗鲜艳夺目，气氛庄严隆重，全体宣誓人员同唱中华人民共和国国歌，在领誓人的带领下进行宣誓。“我宣誓：忠于《中华人民共和国宪法》，维护宪法权威，履行法定职责，忠于祖国、忠于人民，恪尽职守、廉洁奉公，接受人民监督，为建设富强、民主、文明、和谐的社会主义国家努力奋斗！”这是每个人对祖国、对人民、对党发自肺腑的承诺，心灵的洗礼，灵魂的震撼。

省政府工作报告提出推动更多人才进入快递业

1 月 16 日至 20 日，黑龙江省第十二届人民代表大会第六次会议在哈尔滨召开，省长陆昊在政府工作报告中指出，振兴实体经济，要持续推动四支队伍创新创业，既注重推动高新技术成果产业化，又注重促进农业等优势资源、优势产业与新业态、新商业模式相结合，在供给侧生成更多市场主体，吸引留住人才，推动资源型城市转型，带动就业。广泛宣传各行各业自主创业典型，推动更多人力资源进入新领域、新业态、特别是以互联网为基础的电商、微商、众筹、快递等。促进物流产业发展，靠第三方物流及其规模效益降低企业物流成本。黑龙江省邮政管理局表示，将认真落实报告要求，持续深入推动全省邮政业又稳又好发展，切实为地方转型升级和加快发展作出新贡献。

胡亚枫副省长批示肯定和支持邮政管理工作

1 月，黑龙江省副省长胡亚枫就黑龙江省邮政管理局《关于 2017 年全国邮政管理工作会议在京召开交通运输部部长李小鹏出席会议并做重要讲话的情况汇报》作出批示，充分肯定全省邮政管理工作，并批示：“请省邮政管理局、省邮政公司结合龙江实际，落实好会议精神。”黑龙江省邮政管理局表示，将全面贯彻落实省领导的批示精神，落实好全国邮政管理工作会议精神和省委省政府工作部署，坚持精准发力，不断加大工作力度，把握工作规律，完善监管工作手段，狠抓工作落实，全面提升监管工作能力，实现全省邮政业又稳又好发展。

周召华局长春节前到大庆慰问企业一线员工

1 月 25 日，在春节即将到来之际，黑龙江省邮政管理局局长周召华深入大庆市邮政分公司邮件处理中心和邮政 EMS、顺丰快递网点看望慰问一线员工，为辛勤工作在一线的员工们送上新春问候和良好祝愿。在大庆市邮件处理中心和网点，省局局长详细了解了节前邮运生产和快递业务量增减变化情况，以及春节期间企业对安全、服务等工作的整体部署情况。

黑龙江局领导慰问省速递物流公司

2 月 3 日上午，黑龙江省邮政管理局召开机关全体人员会议，就节后工作进行安排部署。强调省局机关处室要充分发挥引领、指导和督导作用，要以高的标准、严的要求、快的节奏，凝心聚力做好 2017 年各项工作。会后，局领导立即前往省速递物流公司慰问。省局领导充分肯定了省速递物流公司作为国企在春节期间为百姓提供的优质服务，希望要继续发挥国企的作用，巩固并扩大网络和平台优势，提升科学化管理水平，继续创新技术、产品、服务，进一步提高产品服务质量，加快企业的发展速度，做出国有企业应有的贡献。

黑龙江局部署 2017 年重点课题调研工作

为进一步加强对邮政行业的调查研究，破解管理难题，推动行业安全、规范、健康发展，黑龙江省邮政管理局在全省邮政管理系统部署开展 2017

年重点课题调研工作。黑龙江局结合全省邮政业发展实际和“十三五”规划的实施，围绕全年重点工作，紧扣行业转型升级和创新发展的热点、难点，确定了“新形势下如何抓好党建工作，积极服务邮政管理中心工作”“《黑龙江省邮政条例》立法的相关意见”等七个重点课题，及“邮政行政执法存在的问题及对策”“如何禁止危化物品进入寄递渠道”等四个一般课题。要求各单位选择可以提供参考价值课题，深入基层，获取市场最新数据及资源，丰富调研成果。

黑龙江局召开全省系统党风廉政建设工作会议

2月16日至17日，全省邮政管理系统党风廉政建设工作会议在哈尔滨召开，会议期间还出台了《黑龙江省邮政管理系统巡察工作实施方案》《黑龙江省邮政管理系统党风廉政建设责任清单》。会议要求，全省邮政管理系统必须保持高度的政治定力，主动适应中央反腐倡廉新要求、新常态；必须严格按纪律、按规章办事，让守纪律、讲规矩成为做人做事新常态；必须坚持问题导向，履行好监督执纪问责职责；必须抓早、抓小、抓细，切实防患于未然。领导干部必须以上率下，做好示范。

黑龙江局积极部署做好全国两会期间寄递服务和安全工作

黑龙江省邮政管理局扎实推进两会期间寄递服务和安全工作。一是下发了《关于做好全国两会期间邮政、快递服务和安全工作的通知》，督促企业加强管理，严格落实邮政、快递服务各项制度标准，严格执行三项制度，认真做好投诉处理等工作，保障消费者合法权益。二是召开专题会议部署。分别召开市(地)局班子和重点品牌快递企业负责人会议，周密部署两会期间寄递服务和安全工作，要求认清安全形势，消除监管盲区，堵塞安全漏洞，严执法严处罚。三是开展快递行业安全达标活动，推动企业主体责任落实，督促企业自查、整顿、加强自律，奠定了寄递渠道安全基础。四是组织开展全省范围内的安全检查，通过明察暗访、联合执法检查等措施，加大执法检查和责任追究力度，依法严厉查处违法违规行为，保障寄递渠道安全畅通。

黑龙江局领导两会前到快递网点调研督导工作

2月28日，省局领导到哈尔滨市顺丰、中通、申通、韵达网点督导两会期间快递安全和服务保障工作，同时调研了快递企业用工问题。省局领导强调，一是要严守安全底线，切实做好两会期间寄递服务和安全工作，为两会顺利召开营造良好寄递环境。二是要依法保障基层快递员的基本利益。三是推动全省智能快件箱建设，减轻快递员的劳动强度，改善快递员工作环境。

黑龙江局加大企业安全生产检查保障两会寄递安全

3月1日至2日，黑龙江省邮政管理与哈尔滨局组成联合检查组随机抽查了部分快递企业的分拨中心和营业网点安全生产情况。检查组重点检查了各快递网点执行实名收寄、开箱验视、落实《禁止寄递物品管理规定》等情况，对企业分拨中心发往北京的快件100%过机安检情况进行了检查。要求企业把责任和措施落实到每个部门、每个环节、每个服务项目，严禁枪支弹药、易燃易爆物品、危险化学品等物品的寄递，严防因违规收寄各类禁寄物品导致发生重大寄递安全事件。

黑龙江局多措并举迎接“3·15”

日前，黑龙江省邮政管理局以国际消费者权益保护日为宣传契机，紧扣“诚信快递、你我同行”宣传主题，在全省范围内以四项重点工作贯穿“3·15”主题系列宣传活动，切实维护寄递用户合法权益，提升寄递企业服务质量和服务能力。一是组织实施主题维权活动，二是黑龙江局开展寄递详情单集中销毁行动，三是开展邮政业服务专项整治工作，四是开展邮政业诚信体系建设活动。

黑龙江局组织开展快递寄递详情单集中销毁专项行动

3月13日，黑龙江省邮政管理局组织开展快递寄递详情单集中销毁专项行动，13个地市集中销毁寄递详情单9737万份，重56.63吨。顺丰、申通、圆通、中通、汇通、韵达等20家企业参加活动。黑龙江局将把此次集中行动作为加强全省寄递服务用户个人信息安全管理和保障个人信息安全的重要抓手，进一步贯彻落实《寄递服务用户个人信息安全管理规定》，此次集中专项行动是全省销毁寄递详情单涉及企业最多、参与人员最多、销毁数量最大的一次，有效地保障了全省用户个人信息安全。

姚伟明副局长到大庆局调研督导工作

3月，黑龙江省邮政管理局副局长姚伟明到大庆局调研检查全国两会期间寄递渠道安全工作。姚伟明听取了大庆局两会期间安全生产工作部署及品牌企业负责人属地管理责任落实情况的汇报，深入快递基层网点进行了现场督导，对基层网点运营和末端网点配送等情况进行了调研，要求一是要明确品牌企业负责人制度，确保两会期间寄递渠道平稳运行。二是要落实企业主体责任，抓住企业管理者履行安全管理职责的关键点。三是要抓好三项安全制度的落实，尽快在大庆地区及行业内形成有效的监督检查机制。

姚伟明副局长到齐齐哈尔局调研督导工作

3月，黑龙江省邮政管理副局长姚伟明到齐齐哈尔局调研督导工作，对两会期间全市寄递行业服务与安全保障工作进行了督导检查，并对党建工作进行了调研。省局副局长检查了齐齐哈尔局两会期间服务与安全保障工作的开展情况，并深入到圆通、韵达等企业的分拨中心、营业网点进行实地调研，现场察看了安检机的应用及三项制度落实情况。要求企业严格落实安全生产主体责任，始终坚持安全第一的理念，加大安全投入，完善相关制度，做好人员培训，防范事故发生。同时要求齐齐哈尔局在思路上、招法上多动脑筋，切实把对安全生产的高度重视转化为具体的工作思路和方法，不断提高安全监管规范化、科学化水平。

黑龙江局贯彻落实2017年邮政业更贴近民生实事提出具体实施意见

为贯彻落实国家邮政局2017年邮政业更贴近民生实事的具体要求，坚持人民邮政为人民的服务宗旨，黑龙江局以解决人民群众关注的突出问题，明确发展目标、细化措施，提出具体实施意见。其中包括：全面提高邮政普通包裹时效，实现投递入户；提升邮政、快递服务“三农”能力；提升快递末端投递服务水平，积极促进省住建厅出台文件推动智能快件箱布局，解决快递“三进”问题；开展服务质量提升行动，实施放心消费工程；大力推广使用中转箱、环保袋、笼车等物品设备，提高快递包装绿色化、减量化水平；重点推动解决快递电动三轮车通行难问题，督促企业改善生产作业及生活环境，加强党团工会组织建设和行业精神文明建设。

黑龙江局开展全省邮政行业安全生产管理达标活动

3月，黑龙江省邮政管理局在全省范围内开展邮政行业安全生产管理达标活动。此次安全生产管理达标活动以“五个到位”明确企业主体责任。要求企业安全设施设备配置到位、安全生产基础建设到位、安全生产制度管理到位、安全生产现场管理到位。并明确了安全达标的评定内容，以安全生产基础管理到位、监督管理到位明确邮政管理部门监管职责。同时以安全培训、督导检查、随机抽查等多种方式开展安全达标活动，结合“寄递安全三项基本制度”的贯彻落实、清理整顿专项行动、快递服务质量等工作，全面提升快递企业安全生产管理能力和水平。

黑龙江局开展2017年快递行业诚信体系建设活动

为进一步提高全省快递行业的社会诚信度和满意度，促进行业健康发展，黑龙江省邮政管理局开展2017年快递行业诚信体系建设活动。此次快递行业诚信体系建设活动，涵盖全省所有取得快递业务经营许可的企业和直营型企业县级以上分公司。以企业依法经营、规范服务、用户满意度、服务质量、安全管理、诚信文化建设及否决事项七方面内容，建立企业诚信档案。黑龙江局表示，诚信体系建设是落实《黑龙江省邮政业发展"十三五"规划》的重要内容之一，将牢固树立诚实守信、服务规范、安全放心的快递行业形象，建立行业诚信体系建设长效机制。

黑龙江局出台快递服务质量提升联席会议制度

3月，为建立政府、企业、行业协会和社会公众共同参与的综合协调机制，推动快递服务质量稳步提升，解决快件丢失损毁赔偿难等群众关心的问题，黑龙江省邮政管理局制定出台《快递服务质量提升联席会议制度》。黑龙江局将根据联席会议制度，及时向企业和社会公开各品牌快递企业快递服务质量变化情况，并纳入快递业信用管理评定指标体系，通过与工商行政管理等部门信息共享，发挥联合惩戒机制作用，切实提升服务质量。

佳木斯市委、市政府出台振兴老工业基地实施意见市快递业获利好

3月，黑龙江佳木斯市委、市政府印发《贯彻落实〈中共中央、国务院关于全面振兴东北地区等老工业基地的若干意见〉的实施意见》，明确指出要大力发展现代物流业，规划布局物流园区、邮政快递集散分拨中心建设。作为相关工作落实单位，佳木斯市邮政管理局表示，将以精细、务实、苦干的态度，精心组织，主动作为，积极与相关部门协作配合，扎实推进工作，落实任务分工，为促进行业发展、推进老工业基地振兴贡献力量。

黑龙江局开展邮政业服务专项整治工作

3月，黑龙江省邮政管理局开展邮政业服务专项整治工作，全面加强邮政业服务质量监管。黑龙江局要求企业把服务专项整治与强化企业主体责任、安全生产管理达标、12305消费者申诉和快递行业诚信体系建设等活动结合起来，提升企业整体管理水平和服务质量，树立诚实守信、服务规范、安全放心的快递行业形象。

黑龙江局召开邮政市场监管工作会议

3月21日至23日，黑龙江省邮政管理局召开2017年邮政市场监管工作会议，深入传达贯彻全国邮政市场监管工作会议精神，部署2017年市场监管重点工作任务。市场监管工作一是强化规划引领与政策落实，继续推动在快递领域落实关于促进农业供给侧结构性改革、促进消费升级等方面的有关政策。二是继续完善安全监管体系和工作机制，推进省、市以安全监管中心、安全执法平台、安全检查平台"一中心两平台"项目建设。三是创新监管理念，提升依法治理能力。

黑龙江省农村物流网络节点体系建设实施方案出台

3月，黑龙江省交通运输厅出台《农村物流网络节点体系建设实施方案》，明确提出到2020年，全省实现县级农村物流中心、乡镇综合服务站、村级物流服务点基本覆盖。省邮政业发展再获利好政策支持。黑龙江局表示将积极发挥邮政快递业的资源优势，与交通运输部门共同推动交通邮政综合服务体系建设，通过邮政快递渠道为黑龙江优质农产品外销提供支撑，努力探索出一条便民物流、利民商贸、惠民服务的新路子，助力黑龙江经济更好更快发展。

黑龙江局制定出台行政执法"双随机一公开"实施办法

3月，黑龙江省邮政管理制定出台《行政执法

“双随机一公开”实施办法》。其中,《办法》规定各市(地)局按照属地管理原则,建立“两库一单”,实行市场主体名录库、执法检查人员名录库、随机抽查事项清单动态管理,确保监管对象齐全、监管人员合格、监管事项合法。黑龙江局表示,将大力推广运用随机抽查模式,在监管工作中做到监管轨迹清晰,监管记录完善,切实履行邮政管理部门法定监管职责。

黑龙江局部署开展快递市场清理规范专项行动

4月,黑龙江省邮政管理局部署开展快递市场清理规范专项行动。此次专项行动旨在通过实地检查,摸清各类市场经营主体底数,建立健全市场主体安全责任数据台账。对法人企业事先核查下设的合法分支数量及分支机构备案登记情况,与现场检查情况进行比对检查;对末端网点根据实际情况和经营形式,依法判断其性质;对品牌快递企业进行重点监查;对触及法律法规底线、严重扰乱市场秩序、造成恶劣后果的快递企业主动出击、严厉处罚;对“快递下乡”和快递“三进”工程等列为方便群众用邮需求的寄递企业采取规范方式积极引导。

黑龙江局召开一季度邮政行业经济运行质量分析会

4月19日,黑龙江省邮政管理局召开一季度全省邮政行经济运行质量分析会,研判行业发展形势,通告一季度全省邮政业发展整体情况,通报一季度行业监管情况,并对许可申请办理、申诉受理、执法检查结果、企业履行安全生产主体责任情况进行说明。省局主要领导主持会议,各处室负责人、重点品牌快递企业负责人共20余人参加会议。

黑龙江局举办全省邮政市场监管培训班

4月,黑龙江省邮政管理局举办全省邮政市场监管培训班。黑龙江局处室负责人、13个市(地)局的相关负责人员共计30余人参加了培训班。培训对重点对安全生产管理达标、快递市场清理规范两项工作方案进行了详细解读,对执法文书应用对“双随机”检查录入方法进行了现场讲解和示范,各市(地)局主管人员就培训内容开展了座谈讨论。

黑龙江促进商贸物流业发展实施意见出台快递业发展获利好

4月20日,《黑龙江省关于促进商贸物流业发展的实施意见》正式出台,对大力发展电子商务物流进行了重点部署,从现有设施共享、国内外电商快递园区建设提出政策支持。其中,《实施意见》提出,鼓励物流、快递、商业等企业充分利用现有商贸物流园区、专业物流中心、城乡配送中心和末端配送资源等。

黑龙江局部署“一带一路”国际合作高峰论坛寄递安保工作

5月,黑龙江省邮政管理局对“一带一路”国际合作高峰论坛寄递安保工作进行部署,完善各项防控措施,健全安保工作机制,确保高峰论坛期间寄递渠道安全平稳畅通。黑龙江局要求,一是严格落实收寄验视、实名收寄、过机安检等制度;二是全面排查治理各类安全隐患;三是突出加强寄递渠道反恐怖防范工作;四是要求寄递企业要切实落实安全主体责任;五是加强值班备勤和信息报送工作。

黑龙江局就安全及服务质量问题约谈天天、全峰、申通3家企业

5月,黑龙江省邮政管理局约谈天天、全峰、申通3家品牌快递企业负责人,就存在的三项制度执行落实不到位及服务质量问题进行了告诫。下一步,黑龙江局将继续发挥约谈等行政措施的积极作用,及时矫正企业违规行为,加大对侵害邮政业消费者合法权益、扰乱快递市场经营秩序和威胁邮政业运行安全等问题的监测和查处力度,切实加强邮政市场事中事后监督,促进行业持续健

康发展。

黑龙江局领导到黑河、大兴安岭局调研指导行业发展和管理工作

5月9日至11日，黑龙江省邮政管理局领导到黑河、大兴安岭局实地调研行业发展和管理工作，检查指导“一带一路”国际高峰论坛寄递渠道安全服务保障工作。强调要坚持政治方向，坚持党建引领，巩固发展态势，提升服务水平，严格落实安全制度，确保峰会期间寄递渠道安全平稳畅通，为行业转型升级、科学发展作出积极贡献。

黑龙江局领导到双鸭山调研指导邮政行业发展和管理工作

5月17日至18日，黑龙江省邮政管理局领导到双鸭山调研指导邮政行业发展和管理工作。黑龙江局领导听取了双鸭山局各项工作开展情况及全市快递业发展情况的汇报，并到双鸭山市邮政分公司邮件处理中心、交邮合作服务中心、中通、圆通快递网点进行调研。详细了解企业融入农村电子商务的运营情况、交邮合作情况及安全生产和服务工作，要求企业以市场为导向，跟上中央、省委的发展战略思路，立足地方，创新发展，服务地方。

国家邮政局发展研究中心到绥化调研快递服务现代农业

5月24日至25日，国家邮政局发展研究中心通过召开座谈会、实地走访的形式，就快递服务现代农业到绥化进行实地调研考察。座谈会上，绥化市邮政管理局就快递服务现代农业进行了简要汇报，指出了快递服务现代农业的主要模式，同时就此项工作开展中存在的问题与调研组进行逐一探讨，提出有关意见建议。绥化局将抓住此次调研的有利契机，大力推广快递企业在服务现代农业方面的优秀做法，促进快递与农村电商的融合，加快推动农特产品“走出去”，为全市经济社会发展作出积极贡献。

邮政快递服务发展内容被纳入黑龙江省现代综合交通运输体系“十三五”规划

5月，《黑龙江省现代综合交通运输体系发展“十三五”规划》正式发布。《规划》提出促进邮政和快递服务发展。其中，《规划》提出，以邮政中心局为核心、邮政网点为支撑、便民服务站和村邮站为延伸，强化村邮站建设，完善农村邮政普遍服务网络。加快推进快递业发展，推动快递网络“向下”“向外”拓展，扩大快递服务网络城乡覆盖范围。黑龙江省邮政管理局表示，将把握好现代综合交通发展机遇，认真研究落实措施，推进供给侧结构性改革，促进行业快速健康发展。

黑龙江局举办“诚信快递　你我同行”主题演讲比赛

6月9日，黑龙江省邮政管理局举办的“诚信快递　你我同行”主题演讲比赛圆满落幕，来自全省邮政、快递企业和邮政管理部门26名选手参加了比赛，邮政、快递企业和邮政管理部门代表近100人观看了比赛。参赛选手紧紧围绕“诚信快递　你我同行”的主题，结合自己身边的典型事迹、所感所悟，饱含情感地抒发了自己对快递行业诚信的理解和实践，凝聚诚信共识、传播行业正能量，充分展现了全省行业服务社会，活力、激情、上进的精神风貌。

十三地市全部开通生鲜冷链速运

6月，随着大兴安岭冷链速运业务的开通，黑龙江省13个地市的生鲜产品全部可以享受到定置化、安全、全程冷链可控的冷运服务。黑龙江局表示，作为行业主管部门，将继续按照国家邮政局、省委省政府的工作部署，引导全行业践行创新、协调、绿色、开放、共享发展理念，适应经济发展新常态，创新引领，服务民生。推进“快递下乡”工程，助力农村经济；发展仓配一体化，让龙江制

造走出去；发展城市智能投递，促进消费结构升级。全力培育黑龙江省现代服务业新增长点，努力探索出一条邮政业振兴东北经济的新路子。

黑龙江局党组成员到联系点鸡西局调研指导工作

6月15日至16日，黑龙江省邮政管理局党组成员到联系点鸡西局调研指导党建工作及业务工作，深入到鸡西市邮政公司、密山市邮政分公司，实地调研企业融入农村电子商务的运营工作情况、交邮合作情况及安全生产和服务工作情况。省局党组成员听取了鸡西局上半年党建工作开展情况、"3+1"重点工作推进情况及落实贴近民生7件实事情况的汇报，查看基础资料，并对鸡西局各项工作给予了肯定，对鸡西局党建工作开展，快递市场清理整顿、安全管理和下村扶贫等工作提出指导建议。

黑龙江局领导调研绥化邮政业发展和行业管理工作

6月26日，黑龙江省邮政管理局领导到绥化局实地调研行业发展和管理工作，强调要坚持党建引领全局的工作思路，坚持政治方向，提升服务水平，强化履职能力，加强基础管理，确保寄递渠道安全平稳运行，为行业健康持续发展做出积极贡献。黑龙江局领导听取了绥化局重点工作情况汇报。详细查看了业务部门的企业档案及安全生产管理达标活动的企业基础信息台账报备情况。在与干部职工座谈中，对绥化局在抓基层党建、联合执法、简易执法、队伍建设等方面取得的成绩给予了肯定。

黑龙江局部署邮政业汛期安全生产工作

7月，根据国家邮政局和省政府对今年汛期安全生产工作的部署安排，黑龙江省邮政管理局下发紧急通知，要求各市（地）邮政管理部门和各寄递企业按照要求进一步做好汛期和下半年安全生产工作。通知强调，各寄递企业要立即对本企业安全生产工作开展自检自查，层层落实防汛工作责任和安全防范措施，开展安全隐患排查治理，切实做到超前预防有力、严密防控到位。

赵晓光副局长调研黑龙江邮政业发展情况

7月13日至14日，国家邮政局副局长赵晓光一行赴黑龙江牡丹江穆棱市、绥芬河市调研交邮合作、实名寄递及邮政快递营业网点、跨境电商、对俄小包综合保税区等邮政业发展情况。赵晓光对黑龙江邮政业的发展等工作给予了充分肯定。调研期间，赵晓光一行会见了牡丹江市委市政府的相关负责同志，就邮政业融入地方、促进地方经济发展交换了意见。国家邮政局普遍服务司、黑龙江省邮政管理局有关人员陪同调研。

黑龙江局领导调研大庆邮政业发展和行业管理工作

7月20日，黑龙江省邮政管理局领导到大庆市杜蒙县调研邮政业发展和邮政行业监管工作。调研人员轻车简从，直接到基层网点开展点对点、面对面的调研督导，以直接的工作方式，获得更客观、真实的情况。黑龙江局领导要求大庆局，一是要继续抓好党建工作，凝心聚力，共谋发展。二是要推进企业主体责任落实，精准发力，务求实效。三是要紧跟省局工作部署，不使蛮力，注重质量。

黑龙江局召开2017年上半年行业运行质量分析会

7月24日，黑龙江省邮政管理局组织召开上半年行业运行质量分析会。省邮政分公司、省级重点品牌快递企业负责人、实名收寄试点城市邮政管理部门相关负责人共计40余人参加会议。会议对上半年行业经济运行情况及安全、服务、市场规范清理整顿活动进行了通报分析，传达了国家局邮件快件实名收寄信息系统推广应用试点工作推进会的精神和各项要求，下发并解读了关于推进此项工作的专项实施方案，对下步工作进行了安排部署。

黑龙江局举办全省邮政行业职业技能大赛

7月28日，2017年全国邮政行业技能大赛黑龙江省初赛在哈尔滨技师学院圆满落幕，大赛共有13家品牌快递企业的54名快递员参加。大赛按照《快递业务员国家职业技能标准》的要求，对选手进行综合能力测评。竞赛分为理论知识和实际操作两部分，根据企业生产实际，突出了快递业务的实操技能。经过激烈角逐，顺丰代表队牛刚获得此次快递业务员比赛第一名，顺丰代表队徐振东、EMS代表队田雾霄别获得比赛第二、三名。顺丰代表队荣获团体一等奖；EMS、韵达、中通代表队荣获二等奖；宅急送、申通、圆通、天天、汇通五家快递企业荣获团体三等奖。

黑龙江局召开交邮合作现场会推进全省交邮合作

8月，黑龙江省邮政管理局召开交邮合作现场会，对穆棱市县、乡、村三级交邮合作网络和合作站点建设运行情况进行现场观摩。在现场观摩过程中，企业代表听取了客运站工作人员关于邮件交接、按址投递等情况，并与经营者详细交流了综合服务站建成以来的运营情况，开办业务情况和邮政包裹收投、代购商品等业务情况。黑龙江局要求，各级邮政管理部门要借鉴穆棱市县、乡、村三级交邮合作网络建设和站点运营经验，整合现有资源，打造物流节点，推进乡镇享受均等化服务，鼓励交邮合作、快邮合作、快递进村，打通工业品“下乡”和农副产品“进城”通道。

黑龙江局部署第十三届全运会寄递渠道安全服务保障工作

为落实国家反恐办和国家邮政局相关工作部署，切实做好全运会期间全省寄递渠道安全服务保障工作，为全运会的召开营造良好寄递环境，黑龙江邮政管理局采取三项措施全面做好各项安全服务保障工作。一是切实做到“三个提升”，提升思想认识、提升监管水平、提升工作效率。二是切实做到“两项结合”，结合易制爆危险化学品整治工作和安全达标管理活动，督促企业落实主体责任。三是切实做好“一项服务”，针对用户反映的邮件快件丢失、损毁、延误等突出问题进行有效解决。

黑龙江局部署全省邮政业安全综合整治及金砖会晤期间寄递渠道安全保障工作

为贯彻落实国家局寄递渠道安全综合整治工作方案要求和金砖会晤期间寄递安全服务保障动员部署电视电话会议精神，黑龙江省邮政管理局专题部署全省邮政业安全综合整治及金砖会晤期间寄递渠道安全保障工作。黑龙江局表示，将以安全综合整治及金砖会晤期间寄递渠道安全保障工作为契机，进一步督促各寄递企业树立做好重大节日活动和重要会议期间行业安全保障工作的责任意识，使寄递渠道安全保障工作形成常态化机制。

黑龙江局大力推进实名收寄信息系统推广应用工作

黑龙江省邮政管理局大力推进实名收寄信息系统推广应用工作，在2017年年底实现实名收寄信息化率达到40%以上。黑龙江局结合上半年全省三个试点城市实名收寄信息系统应用推广情况，对各市（地）局及各品牌快递企业分批进行一对一培训，由省局联合三个试点城市具体工作人员就实名收寄信息系统进行现场操作指导，解答常见问题，确保培训实效。要求各寄递企业要落实主体责任，在执行、落实好实名收寄制度的基础上，加强对企业实名收寄信息系统的技术支持，稳步实现实名收寄信息系统推广应用，为广大寄递用户提供更加优质安全的寄递服务。

四家寄递企业获全省“优秀青年文明号”荣誉称号

8月，黑龙江省青年文明号活动组委会审核评2014－2016年度全省青年文明号“优环境、助发展，践行核心价值观”主题活动“优秀青年文明号”示范集体，中国邮政集团公司黑龙江省漠河县北极村支局、哈尔滨邮政分公司嵩山路营业所、哈尔滨邮政分公司大客户营销中心和黑龙江省顺丰速运有限公司市场销售部四家寄递企业获得表彰。黑龙江局表示，将大力宣传“优秀青年文明号”的先进经验和典型事迹，进一步激发全省邮政行业广大青年奋发进取的精神动力，不断提升青年文明号活动的影响力和感召力。

黑龙江局走进“行风热线”回应社会关切和行业热点话题

8月22日至25日，黑龙江省邮政管理局组织机关各处室、全省邮政、品牌快递企业负责人参加了由省政府纠风办、省广播电视台联合主办的“行风热线”节目，通过电话、网络、微信公众平台与广大听众和网民展开互动交流，倾听百姓意见建议，回答全省听众的咨询和投诉，解答当前邮政、快递服务中用户关心的问题，取得了良好的社会效果。下一步，黑龙江局将对群众投诉的问题立即进行调查，督促责任处室、市（地）局及企业抓好整改，做到事事有回音，件件有着落，让群众满意。同时进一步分析问题，补漏洞，强管理，提升服务水平，让社会满意。

黑龙江局督导检查金砖会晤期间寄递渠道安保工作

9月，黑龙江省邮政管理局督导检查组赴绥化市督导检查寄递渠道安全服务保障工作。黑龙江局督导检查组深入绥化市中通、圆通、天天、百世快递等网点进行了实地督导检查。在督导检查过程中，详细了解快递企业专项应急预案制定、收寄验视、实名收寄、过机安检三项制度执行等情况，现场观摩了一线快递员使用实名收寄APP操作演示，并与企业负责人和一线工作人员进行交谈，详细询问了解金砖会晤期间企业安保工作措施落实、安全生产培训、收寄验视执行等内容，督促企业严格落实主体责任，保障寄递服务网络运行平稳畅通，为金砖会晤顺利举行创造良好的社会环境。

黑龙江局联合三部门发文促进全省农村电商物流发展

9月，黑龙江省邮政管理局与省商务厅、交通运输厅、供销合作社联合印发《关于促进农村电商物流发展的实施意见》。黑龙江局表示，将按照文件要求，加强部门协调配合，加大政策扶持力度，引导邮政、快递企业“向下”拓展服务网络，进一步整合资源，优化组织模式、提升装配水平，加快构建覆盖县、乡、村三级农村物流服务体系，全面有力地支撑起全省“三农”发展需要。

贾玉梅副省长肯定绥化电商平台建设和快递电商融合发展

9月4日，黑龙江省委常委、副省长贾玉梅到绥化就电商平台建设和快递电商融合发展进行了专题调研。贾玉梅一行参观了绥化市电子商务创新创业园快递服务中心时指出，快递是连接生产和消费的新链条，是支撑电商快速发展的关键点。绥化市建立的可满足电商企业差异化需求，多个快递品牌入驻提供个性化服务的模式是一种非常好的尝试，也取得了显著实效。希望快递企业能够依托信息化手段，实现大数据共享，能够为电商发展以及农副产品外销提供原始数据支持。

出台推进快递服务进校园工作指导意见

9月，黑龙江省邮政管理局与省教育厅联合下发了《关于推进快递服务进校园工作的指导意见》，进一步规范全省高校的快件收投，实现快递资源的有效整合和利用。下一步，黑龙江局将联合省教育厅，加强对快递服务进校园工作的指导和管理，共同研究工作措施，探索建立联合工作机制，及时研究解决工作中存在的问题，总结推广成功经验，推动快递服务进高校工作的有序开展。

黑龙江局全力做好党的十九大寄递渠道服务安保工作

9月，黑龙江省邮政管理局采取多项举措，全力做好党的十九大前寄递渠道安全保障工作，切实保障寄递渠道安全畅通。黑龙江局成立了由主管局长任组长，相关处(室)主要领导为成员的工作领导小组，明确责任分工。黑龙江局表示，将持续保持打击寄递渠道违法犯罪活动高压态势，强化监督检查和问责处理，以更高的标准、更强的部署、更细的工作、更严的措施全面做好党的十九大期间寄递渠道安全服务保障工作。

出台实施意见推进智能快件箱建设和快递服务进社区

9月，黑龙江省邮政管理局联合省住房和城乡建设厅出台《关于支持智能快件箱建设推进快递服务进社区工作的实施意见》，推动解决全省快递服务“进社区”难等相关问题。双方将积极协调推动寄递企业与物业单位、小区合作，推进智能快件箱配置建设，推进快递服务进入全省城乡社区，更好地发挥快递业在促进生产、改善民生、增加就业、扩大内需等方面的积极作用。

黑龙江局建立行业行政执法通报制度

为加强行业执法情况应用，提升行业监督管理效果，以案说法，促进行业守法经营，2017年以来，黑龙江省邮政管理局建立行业行政执法月通报制度，督导寄递企业落实主体责任，推动行业安全、规范发展。黑龙江局表示，将继续落实好行政执法通报制度，加大执法力度，强化企业安全意识和依法依规经营意识，切实维护行业发展秩序。

黑龙江局开展节日期间保障寄递渠道安全专项督导检查

10月1日至8日，黑龙江邮政管理局检查组到哈尔滨、牡丹江、佳木斯、鸡西市检查寄递企业23家。重点检验安保工作开展成效，及时发现整改问题隐患和薄弱环节，在双节期间对重点品牌寄递企业实施了专项督导检查。黑龙江局表示，下一步将持续通过明察暗访、重点督查、多渠道排查的方式做好党的十九大安保专项督导检查，全面保障党的十九大期间全省寄递渠道安全稳定畅通。

黑龙江局领导到快递企业督导党的十九大期间寄递渠道安保工作

10月10日，黑龙江省邮政管理局领导带队到省优速物流总部和省天天快递总部就党的十九大期间寄递渠道安全服务保障工作进行督导。督导组现场听取汇报、查看操作现场、检查了相关资料和快件，深入检查两家快递企业落实寄递安全“三项制度”情况、寄递渠道安全自检自查情况及应急预案建立等情况。两家快递企业表示将继续严格按照省局部署，继续深入开展安全自检自查工作，严格落实寄递安全“三项制度”，全力以赴落实好安全主体责任，确保党的十九大期间寄递安全服务保障工作，以“安全、平稳”迎接党的十九大的胜利召开。

黑龙江局督导检查党的十九大期间寄递渠道服务安保工作

10月，黑龙江省邮政管理局开展了全省邮政业党的十九大期间寄递渠道安全服务保障督导检查。检查组由省局领导带队，部分市(地)局主要负责人任组长，抽调了邮政市场监管干部12名，分四个小组历时10天，对全省13个市地邮政管理部门进行全面督查，对全省企业市、县、乡三级营业网点开展随机检查。

黑龙江局领导到大庆局督导党的十九大期间寄递渠道安全保障工作

10月17日，黑龙江省邮政管理局领导到大庆局督导党的十九大期间寄递渠道安全保障工作。黑龙江局领导详细听取了大庆局关于党的十九大寄递渠道安全服务保障前期开展的主要工作情况汇报，实地考察了大庆中通、天天快递企业，深入了解企业贯彻落实党的十九大期间寄递渠道安全服务保障工作部署、企业主体责任落实、三项安全制度落实、安检机使用等情况。重点检查了企业安全管理台账和实名收寄信息系统应用情况，并与企业负责人就员工工资、福利、安全生产设施配置等进行了交谈。

黑龙江局传达学习贯彻党的十九大精神

10月30日，黑龙江省邮政管理局召开全省系统电视电话会议，传达贯彻国家局动员部署会议精神，深入学习党的十九大会议精神，并对全省系统学习宣传贯彻党的十九大精神进行全面部署。会议强调，全省系统、行业广大党员要增强学习贯彻自觉，自觉把思想行动统一到党的十九大精神上来，统一到总书记的报告上来。紧密团结在以习近平同志为核心的党中央周围，增强“四个意识”，坚定“四个自信”，统筹推进“五位一体”总体布局，协调推进“四个全面”战略布局，坚持党要管党、全面从严治党，使党的十九大精神成为推动党和邮政业发展的强大思想武器，把党的十九大提出的各项目标任务在行业管理中落到实处。

黑龙江局召开旺季服务保障动员部署电视电话会议

10月，黑龙江省邮政管理局组织召开了全省邮政业旺季服务保障动员部署电视电话会议。会议强调，全省邮政行业要以《快递业务旺季服务保障工作指南》为指引，确保实现“两不”（全网不瘫痪、重要节点不爆仓）、“三保”（保畅通、保安全、保平稳）的总体目标，继续发挥“错峰发货、均衡推进”的有利机制作用，平稳度过业务高峰期。

黑龙江局召开快递业务旺季服务保障新闻媒体通气会

11月，黑龙江省邮政管理局联合省快递行业协会组织召开2017年快递业务旺季服务保障新闻媒体通气会，8家地方主流新闻媒体和12家省重点品牌网络型快递企业负责人参加会议。会议解读了黑龙江局《关于做好2017年“双11”旺季服务保障工作方案》，并就全省邮政快递行业迎战“双11”旺季生产服务保障前期准备情况向各媒体和企业作了通报。

黑龙江局领导到鸡西局调研督导旺季服务保障工作

11月15日，黑龙江省邮政管理局领导深入到鸡西邮政、快递企业，调研督导旺季服务保障工作。黑龙江局领导先后走访了邮政、邮政速递物流、韵达和顺丰的分拣中心及营业网点，详细了解快递企业旺季业务量收、安全运营、后勤保障和应急处理等情况，对一线的邮政快递员工进行慰问，并强调，要努力做好质量“双11”，确保寄递渠道安全稳定畅通，服务好人民。要关心一线员工的生活，做好后勤服务保障工作，叮嘱投递人员大雪天气注意安全。

姚伟明副局长到齐齐哈尔督导业务旺季服务保障工作

11月16日，黑龙江省邮政管理局副局长姚伟明深入到齐齐哈尔邮政、快递企业调研督导旺季服务保障工作。姚伟明先后到邮政速递物流、顺丰、中通快件操作中心和营业场所对企业旺季生产运营情况进行实地检查。他在调研中强调，一是要着力巩固行业安全发展良好态势，在确保全行业安全稳定运营的基础上，努力做质量“双

11”。二是旺季期间,要严格落实企业安全生产主体责任,确保安全服务的各项工作标准不降低,力度不减弱。三是要重点关注末端投递等重要环节,建立邮政管理部门、省级总部和基层网点信息报送对接机制,确保妥善应对。

黑龙江局举办全省邮政市场安全监管培训班

11月,黑龙江省邮政管理局举办了全省邮政市场安全监管培训班,13个市(地)邮政管理局主管领导及相关负责同志参加了培训。培训班上,省安全厅、省反恐办领导就当前国内外安全形势进行了深刻分析,对市场准入许可审批事项涉及国家安全的内容和培训人员进行了深入探讨,并以播放宣传教育片的形式直观展示了危害国家安全的各类禁寄物品。培训同时对全省实名收寄信息系统推广应用、“3+1”重点工作开展了专题培训,对“双11”旺季服务保障工作进行了全面总结,对即将到来的“双12”及元旦春节等重要时间节点的服务保障工作进行了重点部署。

黑龙江局组织举办全省邮政行政执法资格考试

为加强省邮政行政执法队伍建设,全面提升依法履职能力,严格实行行政执法人员持证上岗和资格管理制度,按照新出台的《黑龙江省行政执法证件管理办法》要求省行政执法部门负责本系统行政执法人员《行政执法证》的印制、发放的规定,黑龙江局首次独立举办全省邮政行政执法资格考试。全省15名邮政管理干部参加了考试。

黑龙江局部署全省邮政行业消防安全检查工作

为传达贯彻国务院安委办全国消防安全专题工作视频会议精神,深刻吸取北京市大兴区“11·18”、天津市河西区“12·1”等重特大火灾事故教训,进一步强化火灾事故预防措施,12月,按照国家邮政局要求,黑龙江省邮政管理局积极部署开展了全省邮政业消防安全检查工作。黑龙江局要求各市(地)局加大安全执法检查力度,对安全主体责任不落实和安全管理制度不执行,或者弄虚作假、欺骗监管部门的,发现一起、查处一起。要配合公安消防等部门加强联合监管,对消防安全隐患严重又拒不整改的,依法严厉打击。要认真配合公安消防部门做好火灾事故调查处理工作,深刻总结事故教训,依法严肃追究事故责任单位和相关责任人员的责任。

黑龙江局为全省快递车辆换发743张通行证

12月,黑龙江省邮政管理局联合省快递行业协会、省交警总队、省道路运输管理局为快递企业车辆办理743张2017年通行证,进一步提升全省干线运输车辆的通行效率,有效缓解快递车辆城区通行难、停靠难等问题。下一步,黑龙江局将继续强化沟通协作,加强对持证车辆的监督管理,同时联合省、市各有关部门加强对持证车辆的监督管理,形成长效工作机制,确保快递车辆通行证发挥效用,促进快递服务质量和水平不断提高,为全省快递业健康发展营造良好环境。

黑龙江局举办全省邮政管理系统依法行政培训班

12月,黑龙江省邮政管理局举办2017年度全省邮政管理系统依法行政电视电话培训班,各市(地)局全体公务人员在分会场参加培训。培训邀请了省法制办专家授课,授课内容结合党的十九大报告的法治内涵,用生动的案例和典故,从为什么建设法治政府、什么是法治政府和如何建设法治政府三个方面,深入讲解了依法行政的有关知识和背景。

黑龙江局召开寄递渠道安全管理领导小组联席会议

为全面分析、准确把握寄递渠道安全管理面临的新形势新特点新任务,总结分析2017年寄递渠道安全管理领导小组工作成果及存在的问题,安排部署2018年相关工作。12月,黑龙江省邮政管理局联合省综治办召开了寄递渠道安全管理领导小组会议。省公安、国安、交通、工商、民航、海关、铁路等部门有关负责同志参加会议。会议强调，要坚决贯彻党的十九大精神，保障国家安全，防范行业风险。会议要求，一是坚持协调联动，全力推动“三项制度”落实。二是强化监管力量融合，加强执法监管互动。三是严格落实责任制。

黑龙江局召开寄递渠道涉枪涉爆隐患集中整治专项行动电视电话会议

12 月 28 日，黑龙江省邮政管理局召开电视电话会议，就做好全省寄递渠道涉枪涉爆隐患集中整治专项行动进行了统一部署。会议指出，各市(地)局要充分发挥寄递渠道安全管理工作领导小组作用，进行联管联控，从严从细抓好枪爆物品禁寄管理，全面提升全省寄递渠道涉枪涉爆隐患风险防范能力。会议强调，目前全省寄递渠道安全管理形势总体向好，但隐患问题依然存在，安全管理的形势日益严峻，各市(地)局要充分认识全省寄递渠道安全管理工作的形势，切实抓好寄递渠道涉枪涉爆隐患集中整治专项行动。

上海市快递发展大事记

民革上海市委主动关注行业发展

上海市两会召开前夕，上海市人大专职常委、民革上海市委专职副主委董波专程带队走访上海市邮政管理局，了解邮政业发展情况。这是民革上海市委机关将上海市邮政业作为密切联系的民生行业、知情明政的宝贵资源和参政议政重要平台后，双方密切联系的又一具体举措。上海局党组书记、局长夏颐，党组成员、副局长余洪伟热情接待并座谈交流。董波对近年来上海邮政业发展取得成绩表示高度赞赏，高度肯定上海局提出的相关建议诉求对上海社会经济发展的重要作用和积极意义，并充分理解相关民生问题，表示市民革将在市两会期间通过合适方式予以重点反映。董波同时希望上海局继续围绕上海建设卓越全球城市，更好发挥行业作用建言献策，为实现伟大的中国梦贡献力量。上海局各处室相关同志参加座谈。

周德刚副局长带队开展专题调研督导

1 月 10 日至 12 日，上海市邮政管理局副局长周德刚带队赴中通快递、顺丰上海公司、圆通速递等 7 家快递企业开展专题调研督导。调研中，各快递企业总部或上海区域公司负责人重点介绍2016 年各企业在寄递安全、提质增效和精神文明建设等方面的工作举措和所取得成绩，汇报 2017 年相关工作思路和方法，并报告春节期间企业安全生产与服务保障相关举措。政企各方开展多层面座谈交流，共同探索快递行业精神文明建设等工作新路子，并就 2017 年各项工作思路达成共识。上海局市场监管处、人事处及文明办负责同志参加调研。

开展春节前邮政服务和安全随机抽查专项行动

1 月 11 日至 13 日，上海市邮政管理局在全市范围内组织开展 2017 年春节前邮政行业服务和安全随机抽查专项行动。本次专项行动共出检 30 人次，随机抽查上海市 6 个区的 6 家邮政公司营业网点、3 家邮政机要站点、14 家快递企业(包括国有、民营和外资)。对于部分企业存在监控资料保存期限不符合规定等违规行为，执法人员当场开具整改通知书，要求其尽快整改。

上海局积极推进快递末端综合服务站建设

1 月 18 日，上海市邮政管理局副局长余洪伟带队调研杨浦区快递末端服务站点，提出“抢机遇、勇创新、整资源、集合力”,全力打好上海市快递末端综合服务站建设攻坚战。余洪伟充分肯定快递企业在建设末端服务站中取得的成效。调研人员实地察看末端门店运行状况,具体了解服务站点的运营模式、合作现状、收派量收和便利程度等情况,并现场召开座谈会,听取相关企业负责人汇报中心城区经营成本高、收派件量失衡和运营压力大等经营困难,以及后续推进工作有关建议。上海局政策法规处、黄浦邮政管理局等部门负责人陪同调研。

上海局召开专题会议宣贯上海邮政业“十三五”规划

1月19日,上海市邮政管理局召开专题会议宣贯《上海邮政业发展“十三五”规划》组织实施。局党组成员、副局长余洪伟出席会议,全面解读《规划》出台背景、编制过程、规划衔接和主要内容,并对《规划》组织实施和推动落实提要求作部署。市发展改革委、市国家安全局、市公安局、市财政局、市经济信息化委、市商务委、市综治办、市工商局、市统计局、上海海关等相关政府部门负责同志参加会议。上海局各处室、各邮政派出机构全体人员,市快递行业协会、中国邮政集团上海邮政分公司、中国邮政速递物流集团上海分公司、上海市各主要快递企业负责人共100多人参加会议。

上海局召开2017年上海邮政管理工作会议

1月19日,上海市邮政管理局召开2017年上海邮政管理工作会议。会议全面贯彻落实2017年全国邮政管理工作会议精神和市委、市政府工作要求,总结上海邮政业2016年工作,部署2017年任务,加快组织实施《上海市邮政业“十三五”发展规划》,全力促进行业改革创新、转型发展,推动上海邮政业各项工作迈上新台阶、实现新跨越。上海局党组书记、局长夏颐做工作报告,市交通委员会党组成员、副主任蔡军出席会议并作重要讲话。会议还邀请了市发展改革委、市国家安全局、市公安局、市财政局、市经济信息化委、市商务委、市综治办、市工商局、市统计局、上海海关等相关政府部门负责同志出席会议。上海市邮政管理局各处室、各邮政派出机构全体人员,市快递行业协会、中国邮政集团上海邮政分公司、中国邮政速递物流集团上海分公司、上海市各主要快递企业负责人共100多人参加会议。

上海局举行首次宪法宣誓仪式

1月19日,上海市邮政管理局举行首次宪法宣誓仪式,上一年度提拔任用的8名副处以上干部进行宪法宣誓,进一步激励广大干部忠于宪法、恪守宪法、维护宪法、依宪履职。上海局党组书记、局长夏颐监誓并作重要讲话,局党组全体成员出席仪式。上海局机关公务员、派出机构负责人参加活动仪式。

上海局网站在国家邮政局网站普查中排名第一

在国家邮政局办公室通报的2016年第4季度全系统网站检查情况,上海市邮政管理局网站名列第一,为全国31个省(市)局网站中两个没扣分单位之一。

研讨修订《上海市实施〈中华人民共和国邮政法〉办法》

1月,上海市邮政管理局组织召开了修订《上海市实施〈中华人民共和国邮政法〉办法》立法研讨会,会议邀请了市人大城建环保委、市人大常委会法工委、市政府法制办、市立法研究所有关领导和专家,以及市人大代表参加。市立法研究所介绍了修订《上海市实施〈中华人民共和国邮政法〉办法》的必要性、依据及经验借鉴、需要解决的核心问题及相关条款。与会人员一致认为加强邮政业安全监管工作十分重要,对修订《上海市实施〈中华人民共和国邮政法〉办法》的必要性予以了充分肯定。专家们提出,立法课题组前期开展了广泛的调查研究，不仅听取了多个委办局的意见建议，还赴广东、福建两省四市调研，基础工作扎实。课题报告内容全面，操作性强，特别是就加强安全监管方面，创设若干新制度，具有一定参考价值。

夏颐局长走访慰问金山区“结对帮扶村”

1月24日，上海市邮政管理局党组书记、局长夏颐一行来到金山区吕巷镇夹漏村走访慰问困难党员，送上新春祝福。夏颐一行来到村委会与村党支部座谈交谈，听取该村一年来在经济发展、民生保障等方面的情况介绍，以及有关农村邮政普遍服务和快递服务的意见建议，并表示将继续做好城乡结对帮扶工作。上海局机关党委、奉贤局相关同志陪同走访慰问。

上海市领导表示将继续全力支持上海邮政业发展

2月7日，上海市副市长陈寅、市政府副秘书长黄融专题听取了上海市邮政管理局局长夏颐、副局长余洪伟的工作汇报。上海市领导对上海邮政业的发展和上海局的工作给予了充分肯定。市政府副秘书长黄融指出，上海快递企业总部集聚，这几年发展迅速，先后有多家上市，邮政管理部门要加强引导，市政府也会大力支持，争取把青浦区的综合交通优势利用好。要继续着力解决快递末端投送存在的问题，可推进小区开展物业与快递合作试点。副市长陈寅表示，市政府将一如既往地全力支持邮政业的发展和市邮政管理局的工作。邮政快递是上海建设“四个中心”的重要支撑和组成部分，上海要力争成为快递物流的枢纽中心。上海快递业近年来发展迅速、总部集聚、优势明显，发展水平、服务质量、高端业务比例处于全国前列。对上海快递业的未来发展，要重视解决瓶颈问题，如网点的优化布局和末端的集约配送，要处理好与城市管理、交通设施、百姓需求的关系，加强统筹规划，要注重普惠邮政建设，加强行业引导，立足上海发展大局多作贡献。上海局办公室人员参加了专题汇报。

周德刚副局长率队赴部分企业调研

2月8日，上海市邮政管理局副局长周德刚赴部分快递企业走访调研，了解企业发展、运行情况，及需要政府相关部门支持关注事项，指导企业以新举措适应新常态，以新发展谋求新突破。市场监管处相关同志陪同调研。

上海局第一时间调查申通上海公司部分网点快件积压事件

2月初，上海市部分媒体报道了申通快递上海公司部分网点因节后人手短缺、网点整合等原因造成部分快件积压。2月13日，上海市邮政管理局第一时间抵达现场开展调查工作。经查，上海市申通快递公司部分网点因节后网点整合、员工尚未全部返工、人手短缺、派送不及等多重因素叠加，造成部分快件积压。上海市邮政管理局要求申通快递总部必须高度重视此次快递积压事件，务必采取有力措施，尽快调派力量做好积压快件派送及投诉处理工作，同时，加大运营管理协调和应急支撑工作力度，督促周边网点妥善处理涉事网点的滞留快件，尽快完成积压快件派送工作，全力维护消费者合法权益，并及时将此事件后续进展第一时间报告市邮政管理部门。

上海市快递协会荣获2016年度突出贡献奖项

2月，上海现代服务业联合会对2016年度为推动现代服务业发展作出贡献和取得优良成绩的会员单位进行表彰。上海市快递行业协会荣获“上海现代服务业联合会2016年度突出贡献奖”。上海市快递行业协会紧密结合行业实际，出色做好了五项有特色、有成效的工作，得到了国家邮政局、中国快递协会和上海市邮政管理局的好评和会员单位的欢迎，为上海快递业乃至全国快递行业的健康、快速发展起到了较好推动作用。

周德刚副局长调研上海邮政物流分公司

2月,上海市邮政管理局党组成员、纪检组长、副局长周德刚赴上海邮政物流分公司开展调研。调研中,周德刚一行详细了解2016年上海邮政物流分公司国际业务、同城业务、冷链业务的对外合作、业务发展、安全保障等情况,听取企业在发展中存在的瓶颈与困惑。周德刚要求邮政企业,一要抓住机遇做大做强,加强与地方政府合作,服务地方跨境电商发展;二要深入探讨加强与外国邮政的双边合作,继续保持开创性,继续加强研究,为融合发展提供条件;三要进一步加强与相关互联网企业的合作,加强"互联网+"方面的融合。

上海局约谈申通快递公司总部负责人

针对相继发生的大量快件积压事件,2月20日,上海市邮政管理局约谈了申通快递总部负责人。上海局要求申通快递公司总部:一要继续妥善处理后续工作,做好媒体的沟通和消费者投诉处理工作。二要在上海地区进行摸排,特别是市中心区域,要及时发现下属加盟企业经营中存在的问题,一旦发现及时解决,避免矛盾扩大化,确保网络稳定运行。三要充分发挥安全管理主体责任,切实采取有效措施,强化对加盟企业的管控,督导加盟企业落实安全主体责任。四要增强对下属加盟企业的信息收集能力,一旦发现问题,要第一时间向邮政管理部门汇报。

《上海市促进快递业发展的实施意见》获审议通过

2月20日,上海市委副书记、市长应勇主持召开市政府常务会议,研究部署贯彻落实《国务院关于促进快递业发展的若干意见》精神,审议并原则通过《上海市促进快递业发展的实施意见》。应勇指出,快递业作为现代服务业的重要组成部分,是推动流通方式转型、促进消费升级的现代化先导性产业。他强调《实施意见》出台很有必要,并就《实施意见》的贯彻执行提出三点要求。上海市邮政管理局党组成员、副局长余洪伟,政策法规处负责人参加会议。市发展改革委、市经济信息化委、市商务委、市科委、市金融办、市公安局、市交通委、市规划国土资源局、市工商局、上海海关、民航华东地区管理局、市住房城市建设委、市教委、市环保局等14家相关政府部门负责人列席会议。

上海局召开市快递行业精神文明创建工作会议

2月21日,上海市邮政管理局组织召开全市快递行业精神文明创建工作会议,贯彻落实国家邮政局、上海市文明办和市建设交通文明委有关会议精神,研究部署2017年上海快递行业精神文明创建工作。上海市邮政管理局党组成员、纪检组长、副局长周德刚出席会议并讲话。会议解读了2017年全市快递行业精神文明建设重点工作,并就上海城市文明进步指数测评情况和企业诚信创建工作进作了进一步部署。各管局负责人、相关快递企业代表三十余人参会。

上海局组织召开快递末端建设专题研讨会

2月,上海是邮政管理局组织召开快递末端建设专题研讨会。上海局党组成员、副局长周德刚参加会议并讲话。智能快件箱、商务楼宇、校园末端、门店末端、物业末端等不同商业模式的10余家企业负责人参加研讨。研讨会上,不同商业模式的运营企业详细介绍了企业的发展状况以及2017年工作计划,重点研讨了快递末端建设中存在的问题,提出了许多建设性的意见。会上,周德刚对企业的意见表示肯定和感谢,并提出五点要求。

召开2017年上海快递行业职业技能鉴定工作会议

2月21日至22日,上海邮政行业职业技能鉴定中心和上海市快递行业协会联合举办"2017年上海快递行业职业技能鉴定工作会议"。会议回顾总结2016年上海快递行业职业技能鉴定工作情况并部署2017年工作任务。上海市邮政管理局党组书记、局长夏颐出席会议并讲话。上海快递行业协会会长沙剑湧作会议总结。上海市邮政管理局人事处、上海邮政行业职业技能鉴定中心和上海市快递行业协会、相关培训中心、上海市规模以上15家快递企业相关负责人共30余人出席会议。

上海局获评“2016年上海市重点网站运行安全优秀工作单位”称号

2月，上海市网络与信息安全应急管理事务中心授予上海市邮政管理局“2016年上海市重点网站运行安全优秀工作单位”称号。上海市网络与信息安全应急管理事务中心受市网络与信息安全协调小组办公室委托，定期对全市重点网站运行安全情况进行监测。经严格评测，上海局官方网站在2016年运行情况良好，安全通畅、信息更新符合要求，各季度运行安全情况评价均为Ⅰ级且未发现安全风险。

上海局部署全国两会期间寄递渠道安保工作

2月，上海市邮政管理局按照国家邮政局要求，专题召开办公会，部署两会期间上海市寄递渠道安全保障工作：一是印发上海市加强两会期间寄递渠道安保工作的通知；二是要求各管局加强执法检查力度，摸排辖区内企业运行情况，确保网点稳定，及时排查化解各类矛盾纠纷，避免引发群众性事件。三是充分发挥寄递渠道联合监管机制作用，联合相关部门开展督导检查，严防发生各类安全事件，努力为两会顺利召开创造良好的寄递环境。

上海局获市重点工程实事立功竞赛工作先进表彰

2月，上海市城市综合管理推进领导小组办公室下发表彰决定，上海市邮政管理局1集体1个人获上海市重点工程实事立功竞赛工作先进表彰。

中央联合督导组督查上海市寄递渠道安保工作

3月，中央综治办、公安部和国家邮政局组成联合督导检查组对上海市寄递渠道安保工作进行专项督导检查。督查组对上海市部分品牌企业处理中心和收寄网点进行了现场检查，深入了解“三项制度”落实情况。针对检查中发现的X光安检机配置、实名寄递落实不到位和处理场地存在安全隐患等问题，提出四点要求。市综治办、市邮政管理局、市公安局等相关部门同志参加督导检查。

圆通速递客服中心等11家集体获评上海市青年文明号

3月，上海市团市委发文命名“2015－2016年度上海市青年文明号”，圆通速递客服中心等11家上海市快递企业青年集体获评上海市青年文明号。此次EMS、圆通、顺丰、中通、韵达、国通、天天等11家快递公司青年集体获评市级青年文明号，是上海市快递行业单独作为评选条线后首次获评市级青年文明号。这11家集体是在上海市邮政管理局评选出的35家快递行业青年文明号的基础上，经过层层选拔和考核，通过现场评审展示会等方式脱颖而出后经推荐获评。

上海召开2017年邮政市场监管工作会议

3月，上海市邮政管理局召开2017年邮政市场监管工作会议，传达2017年全国邮政市场监管工作会议和国家邮政局副局长刘君的讲话精神，回顾总结2016年上海市邮政市场监管工作，分析研究当前上海市邮政业面临的形势与需要把握的重点环节，部署2017年上海市邮政市场监管工作任务。上海市邮政管理局党组成员、副局长周德刚、余洪伟出席会议并讲话。上海局各处(室)及六个派出机构的相关同志参加会议。

召开“诚信快递、你我同行”快递企业座谈会

3月14日，上海市邮政管理局联合市快递行业协会召开“‘诚信快递、你我同行’2017年‘3·

15'快递企业座谈会"。上海市邮政管理局副局长周德刚、国家邮政局市场监管司、中国快递协会等相关领导出席会议。上海市邮政速递、顺丰、圆通、申通、中通、韵达、联邦、中外运敦豪等近20家国营、民营、外资快递企业有关负责人参加座谈,就行业发展、市场监管以及快递业信用体系建设相关问题进行了讨论,重点研讨消费者权益保护相关内容。

上海市快递行业协会召开二届三次会员大会

3月22日,上海市快递行业协会召开二届三次会员大会,审议通过协会2016年工作报告、财务情况报告、会员发展情况报告,并审议通过上海凯拿资产管理有限公司等4家会员为协会新理事单位。上海市邮政管理局党组成员、副局长周德刚,上海市社团管理局主任居文薇出席会议并讲话。协会会长沙剑湧主持。秘书长高镇海作协会2016年工作报告。上海市快递行业237家会员单位出席会议。

上海局与中国邮政快递报社深化新闻宣传合作

3月,中国邮政快递报与上海市邮政管理局召开新闻宣传合作研讨会,共同总结双方2016年度新闻宣传合作情况,探讨深化2017年央地新闻宣传合作模式,并确定2017年上海新闻宣传重点。上海局副局长余洪伟出席会议并讲话。中国邮政快递报社总编秦磊、记者范云兵参加。

上海局召开快递"上车"工程座谈会

3月28日,上海市邮政管理局组织召开上海市快递"上车"工程座谈会。会议指出,铁路运输具备安全、准时、吞吐量大的特点,已有部分快递企业进行了快递"上车"的有益尝试。目前快递业和铁路的合作还处于初级阶段,市场的积累和培育还需要一定时间。要进一步探索快递与铁路的融合方式,创新配送组织模式,提高资源利用效率。鼓励快递企业结合自身运输需求,探索基于准时制的铁路运输组织方式和货物列车"客车化"开行方式,利用高速综合检测列车、载客动车组列车、行李车等既有铁路资源开展铁路快递业务。上海局市场监管处相关负责人以及上海邮政速递、中铁快运、申通、圆通、中通、韵达、顺丰、国通共8家国营、民营企业有关负责人参加座谈,就如何实施快递"上车"工程、如何利用铁路资源进行快件运输进行了探讨。

媒体集中报道《长江三角洲地区快递服务发展"十三五"规划》发布

3月30日,受国家邮政局委托,上海市邮政管理局、江苏省邮政管理局、浙江省邮政管理局三家在上海联合召开新闻发布会,发布《长江三角洲地区快递服务发展"十三五"规划》。会上,上海市邮政管理局局长夏颐、江苏省邮政管理局局长张水芳、浙江省邮政管理局新闻发言人介绍了《规划》的出台背景、编制过程和主要特点,对《规划》进行解读,并回答媒体提问。会上,新华社、《新华日报》、《浙江日报》、《新闻晨报》等4家媒体分别就关心的《规划》相关问题进行了提问。会后,《人民日报》、上海电视台、东广新闻台、上海交通广播等媒体又对上海局相关领导进行了采访。截至3月31日中午,江浙沪三地媒体记者共对《长江三角洲地区快递服务发展"十三五"规划》发布集中报道20余篇,其他媒体纷纷转载。

末端配送体系建设纳入2017年电子商务重点工作

4月,上海市委常委、常务副市长周波主持召开2017年全市电子商务发展联席会议。作为联席会议成员单位,上海局余洪伟副局长参加会议,并就如何构建布局合理、功能完善、智能规范的快递末端配送体系交流发言。周波在讲话中,指出市相关部门要加强研究,继续合力解决、加快破解城市快递配送"最后一公里"服务瓶颈,积极引导快递配送服务模式创新,推动社区服务中心、社区便利店内快递服务功能的纳入，推进末端配送综合服务站和智能快递箱等建设。快递末端体系建设已纳入2017年上海市电子商务重点工作中，具体内容为：积极培育电商末端配送服务主体和新业态新模式，共同构建布局合理、功能完善、智能规范的快递末端配送体系，建设一批集约式的快递配送综合服务站，布设智能快递柜。

举办上海快递行业文艺盛宴

4月，上海市邮政管理局精神文明建设指导委员会办公室向各快递企业发出通知，举办一场以“携手创文明、共筑快递梦”——上海市快递行业喜迎党的十九大文艺汇演。上海市邮政管理局专门成立汇演活动指导委员会，负责本次汇演的策划、督导等工作。各快递企业积极行动，认真落实。

上海市快递业发展实施意见出台

4月14日，上海市政府正式印发了《关于促进上海市快递业发展的实施意见》（沪府发〔2017〕21号），这是继2012年之后，市级层面第二次出台促进快递业发展的专项政策文件。《意见》明确了培育壮大快递企业、推进“互联网+”快递、完善快递服务网络、衔接综合交通体系、推动产业协同发展和加强安全监管等六个方面的重点任务。提出了推进简政放权、加强规划建设衔接、加大财税金融支持、提供便利通行条件和加大人才队伍建设等五个方面保障措施。4月17日，上海市政府同步专门下发督办通知，要求市相关各部门形成合力，加快步伐推进《意见》落实工作。

上海局全面启动“七五”普法工作

4月19日，上海市邮政管理局组织开展法治培训，邀请市政府法制办专家作以“依法行政”为主题的专题讲座，全面启动上海局“七五”普法工作。上海局通过“七五”普法工作，全面提升本部门依法行政能力，促进上海市邮政监管工作全面纳入法制轨道，为行业发展创造良好的法治环境和氛围。

上海局提升行业危化品安全管控能力

4月，上海市人民政府印发了《上海市危险化学品安全综合治理实施方案》，开展以“源头管控、过程管理、末端治理、整体提升”为核心、为期3年的危险化学品的综合治理工作。上海局作为综合治理负责部门之一，《方案》分工中安全监管能力建设、建立完善风险分布档案、加强安全管控、加强法律法规宣贯、创新监管方式和严格规范执法检查等六项任务均有涉及，标志着寄递渠道纳入上海市危化品综合治理政策体系。《方案》是对2017年1月1日颁布实施的《上海市危险化学品安全管理办法》（第44号政府令）政策的贯彻落实和政策落地，为防止危化品进入寄递渠道提供了重要保障，为邮政管理部门联合相关部门追查交寄人责任提供了重要抓手，体现出多部门之间联防共治和协同监管，是上海市邮政行业安全管控能力的又一次重大提升。

上海局积极推动快递末端最后一公里建设

4月，上海市邮政管理副局长周德刚带队先后调研浦东新区临港大学城快递服务中心和杨浦区快递超市综合服务中心，通过摸底实情，研提对策，全力推进上海市快递末端第三方服务建设工作。上海局市场监管处、浦东邮政管理局、黄浦邮政管理局等负责人陪同调研。

上海局召开2017年新闻宣传工作会议

5月2日，上海市邮政管理局召开上海邮政业2017年新闻宣传工作会议暨新闻宣传主题培训，传达国家邮政局2017年新闻宣传工作要点，总结讲评前期工作，部署2017年新闻宣传重点工作。上海局党组成员、副局长余洪伟出席会议并讲话。会议邀请上海广播电视台东方广播中心采访部副主任李斌作“遇见媒体”为题的新闻宣传主题培训，对突发事件、投诉事件中如何与媒体打交道进行案例分析和培训。各参会人员均认为培训内容贴近工作实际,各企业间也就日常舆情监测和媒体应对进行了交流讨论。上海局各处室、管理局负责人和通讯员,邮政上海分公司、邮政速递物流上海分公司,申通、圆通、韵达、中通、百世、国通、顺丰等快递企业新闻宣传负责人和通讯员共50余人参加会议。

“上海市快递行业人才队伍建设工作座谈会”召开

5月5日,上海市邮政管理局会同上海市快递行业协会召开“上海市快递行业人才队伍建设工作座谈会”,动员、布置2017年行业人才队伍建设工作,进一步做好上海地区快递业人才队伍建设,启动实施技能人才“853”工程,主动适应职业资格改革要求,积极整合行业内外技能人才培养资源,推进职鉴工作有序开展,优化技能人才等级结构,为行业人才队伍建设提供支撑。上海局、上海市快递行业协会相关负责人,上海市17家规模以上快递企业负责人以及上海地区13名快递技术能手出席了本次座谈会。

印发上海市电子商务发展“十三五”

5月,上海市商务委员会出台《上海市电子商务发展“十三五”规划》,快递业作为支撑电子商务发展的重要功能载体,获多项政策支持。《规划》提出全面完善快递服务体系,提升电子商务交易保障能力。一是全力打造上海世界级航空快递枢纽;二是重点部署快递末端综合服务规划布局;三是全面推动电子物流标准化工程;四是促进快递业纳入民生领域共享发展;五是支持快递业与跨境电子商务融合发展。

开展“一带一路”国际合作高峰论坛期间寄递渠道安全专项检查

5月11日深夜,由上海市邮政管理局副局长周德刚总负责,上海局联合市寄物品安全监管办在上海市范围内组织开展了“一带一路”高峰论坛期间寄递渠道安全专项检查。本次专项行动采取事前不打招呼、各区随机参与的飞行检查模式,兵分多路前往邮政、申通、圆通、中通、韵达、百世等大型处理场所开展检查。此次行动检查的重点内容是发往北京的邮(快)件是否按规定过机安检、是否填写品名和是否加盖收寄验视章等。在检查现场,检查组重点了解企业执行实名收寄制度的进度,随机抽查了进京邮(快)快件品名填写、过机安检和粘贴安检标识情况,一一对抽取的邮(快)件品名和安检等情况等进行登记,并依照上海市邮政行业安全检查表对企业各项安全防范措施执行情况进行逐项核查。

物流领域首个国家工程实验室在上海揭牌

5月12日,由国家发展改革委批复、圆通速递牵头承建的“物流信息互通共享技术及应用国家工程实验室”在圆通速递上海总部正式揭牌。中国快递协会会长高宏峰、中国物流与采购联合会副会长兼秘书长崔忠付、国家邮政局政策法规司巡视员靳兵、国家邮政局发展研究中心副主任焦铮、上海市邮政管理局局长夏颐、副局长余洪伟以及圆通速递董事局主席兼总裁、国家工程实验室理事会理事长喻渭蛟等领导、专家及理事单位代表50余人出席揭牌仪式。国家工程实验室落户上海,是物流领域的首个国家工程实验室,是快递行业在国家层面的首个工程实验室,也是上海近几年来首批申请获批的国家工程实验室,是建设上海全球科技创新中心、国际航运中心的重要支撑载体。这也是全国首个由民营快递企业牵头承建的国家工程实验室,为民营快递行业发展带来历史性的机遇。国家邮政局政策法规司、上海局在该国家工程实验室申报、推荐、筹备过程中积极做好介入协调、指导推荐等工作。

上海局统计工作获得国家邮政局表彰

国家邮政局通报表彰2016年度行业统计报表

工作先进集体和先进个人，上海市邮政管理局获评先进集体，戴园、王志锋两位同志获评先进个人。

联合调研邮政公司服务跨境电商情况

5 月 17 日，上海市邮政管理局普服处、浦东邮政管理局、上海自贸区管委会保税区管理局、上海跨境电商公共服务公司联合赴上海市邮政物流分公司调研。调研组听取上海市邮政物流分公司关于邮政公司服务跨境电商的模式、特色、成果及未来设想的汇报，并共同分析存在问题并提出工作建议。调研组充分肯定上海市邮政公司创新思路、积极主动服务跨境电商的实践及探索。座谈会后，参与调研的同志参观了 Wish 公司 FBW 中国仓物流服务操作现场。

上海局全力推进行业“十三五”规划实施

5 月，上海市邮政管理局印发《关于推进上海市邮政业“十三五”规划实施的意见》，明确任务分工，强化督促检查，确保各项目标任务如期完成。《意见》指出，各处室、各派出机构要强化全局意识、责任意识，围绕全面建成与小康社会相适应的国际化大都市现代邮政业目标，主动作为、敢于担当，坚定不移推进规划实施。要坚持整体推进和重点突破相结合，找准切入点，抓住着力点，聚力突破点，准确把握规划实施重点，确保主要目标顺利实现，推动重大工程加快实施，促进重大政策尽快落地。

国通快递员邱礼礼荣获好人好事提名奖

5 月，上海市精神文明建设委员会印发文件，表彰 2016 年度上海市社会主义精神文明好人好事。全市共表彰好人好事 10 件，提名 20 件，国通快递上海宜川网点负责人邱礼礼荣获提名奖。2016 年 7 月 12 日，正值 2016 中国杭州 G20 峰会前期，邱礼礼按规定严格执行收寄验视三项制度，对快件进行开箱验视，发现寄件人所寄物品为“仿真枪支”，便立即联系警察，并与寄件人斗智斗勇，最终协助警方破获了这起贩卖违禁枪支大案。

申通快递宝山罗泾公司荣获第十八届上海市文明单位称号

5 月 31 日，上海建设交通行业精神文明建设工作会议上传出喜讯，申通快递有限公司宝山罗泾公司作为全市唯一一家民营快递企业荣获第十八届上海市文明单位称号，受到大会表彰。会上，市建设交通工作党委领导向宝山罗泾公司负责人授牌。

上海局召开政策法规工作会议

6 月 6 日，上海市邮政管理局组织召开政策法规工作会议，局党组书记、局长夏颐，局党组成员、副局长余洪伟参加会议并讲话，市局机关全体干部、邮政监管派出机构科级以上干部以及全市主要邮政快递企业相关负责人参加会议。会议对 2017 年上半年度规划统计、法治建设、政策制定和科技标准等方面工作进行回顾总结，对《市邮政业发展“十三五”规划实施方案及任务分工》《促进市快递业发展实施意见》以及《市邮政行政管理权力清单、责任清单和市场准入负面清单》做详细解读，并部署政法工作下一阶段任务。

上海局召开网络与信息安全专题会议

6 月，上海市邮政管理局信息化建设领导小组办公室召开网络与信息安全专题会议，部署落实国家邮政局布置的相关任务。会议部署落实四项工作任务：一是调整局信息化建设领导小组成员及下设办公室成员。二是召开专题会议传达学习《国家邮政局办公室关于做好〈中华人民共和国网络安全法〉贯彻实施工作的通知》，明确了维护网络安全的责任义务。三是部署市网信办《关于开展 2017 年上海市关键信息基础设施网络安全检查的通知》文件的相关工作要求。四是做好全国邮政管理系统接入国家电子政务外网相关工作。局信息化建设领导小组办公室成员，相关处室、管理局负责人和技术支撑单位参加。

快递末端网点通用规范列入市地方标准编制计划

6月,上海市质量监督局组织2017年上海市地方标准编制计划立项评审会,上海市邮政管理局申报的《上海市快递末端网点通用规范》通过专家评审,并获经费资助。立项评审会上,上海局向专家组介绍了《通用规范》的前期预研、立项必要性以及研究基础等内容。专家组一致认为《通用规范》的制订符合上海市快递行业发展需求,对于规范和提升快递末端派送具有指导意义。

上海局召开试点快递企业实名收寄信息系统应用推进会

6月15日,上海市邮政管理局在申通快递总部会议室,组织"三通一达"、顺丰、百世、国通、天天、优速等快递企业,就落实国家邮政局实名制信息系统应用情况召开试点快递企业实名收寄信息系统推进会。上海局分管领导、市场监管处、安全事务中心负责人及相关同志出席会议。会上,各参会企业发言踊跃,深入交换意见,深刻认识到国家对实名制信息工作的重视和决心,表示坚决落实上海地区实名收寄信息系统推广和应用工作。

持续推进国际航空快递枢纽建设

上海市邮政管理局积极会同市交通委、商务委和上海机场集团,持续关心浦东机场航空快件枢纽和绿色通道建设,并积极争取将行业相关需求纳入自由贸易港区规划中。为进一步落实推进该项任务,了解相关进展情况,上海局副局长余洪伟带队赴FedEx浦东国际快件和货运中心调研,政策法规处负责人和相关人员陪同参加。调研座谈期间,参观了快件和货运中心建设工地,听取了FedEx上海公司关于浦东国际快件和货运中心建设情况的汇报,并就供应链拓展、跨境电商贸易、进出通关便利等问题与相关负责人进行了深入交流。

国家邮政局在沪召开实名制信息系统推进情况座谈会

6月21日,国家邮政局在上海组织EMS、"三通一达"、顺丰、百世、国通、天天、优速等快递企业召开实名制信息系统推进情况座谈会。国家邮政局市场监管司、安全监管中心和上海局领导、市场监管处负责人及相关同志出席。各参会企业负责人分别就各自企业在全国试点的推进计划、协议客户操作方案、企业自查系统的开发情况做详细汇报,阐述企业在实名制信息系统推广应用过程中遇到的问题和困难,并提出工作建议。

开展"自贸区邮政服务"跨省联合调研

6月27日至30日,国家邮政局普遍服务司根据《关于印发2017年邮政普遍服务创新发展联合调研工作方案的通知》文件精神,组织"自贸区邮政服务"跨省联合调研组赴上海进行专题调研。联合调研组对上海邮政公司开拓市场的创新精神表示肯定。联合调研组还到上海自贸区管委会保税区管理局、上海跨境电子商务公共服务公司座谈调研,了解上海自贸区跨境电商发展情况及邮政服务自贸区情况。联合调研组及被调研单位均表示要加强跨区域跨部门跨行业的沟通协作,依托自贸区突破难点,创新模式,促进邮政服务跨境电商、服务"一带一路"国家战略。

召开快递面单赔偿责任格式条款司法规定座谈会

7月4日,上海市快递行业协会召集上海市规模以上快递公司22位有关负责同志,召开"快递面单上关于赔偿责任格式条款的司法规定座谈会",就上海市第二中级人民法院向市快递行业协会发出的司法建议书精神,讨论快递公司由于收件操作不规范、面单格式条款不符合要求,导致货物毁损后承担客户全部损失等情况,并提出相关完善建议，举一反三、规范操作、防范风险。

国家邮政局市场司来沪督导实名寄递

7月4日至5日，国家邮政局市场监管司主要负责人率领联合调研组来沪督导推动实名寄递工作。调研组听取了上海市邮政管理局关于实名寄递推进工作情况的报告，并先后来到百世、申通、中通、圆通位于黄浦区的营业网点，详细了解了实名寄递工作的落实情况，询问了营业网点在实名寄递推进过程中遇到的问题和困难，现场观看了实名制信息系统的演示，并再次强调要充分发挥企业的主体责任，充分认识实名寄递工作的重要性与紧迫性。上海局主要负责人、市场监管处负责人及相关同志陪同参加调研活动。

召开《邮件、快件民航运输交接操作要求行业标准项目》座谈会

7月7日，国家邮政局在上海召开《邮件、快件民航运输交接操作要求行业标准项目》座谈会，国家邮政局政策法规司、项目专家组和上海市邮政管理局相关人员出席会议，上海市邮政公司、快递企业总部和相关航空公司等企业代表参加座谈。会上，项目专家组介绍了标准编制工作的开展情况，讲解了邮件、快件民航运输交接基本要求等相关内容。围绕问题件的处理、到货件的归集交接管理以及信息互换等问题，与会人员进行了深入交流、研讨。

印发绿色交通"十三五"规划

7月，上海市交通委员会印发《上海市绿色交通"十三五"规划》，邮政业绿色发展获多项政策支持。《规划》提出，一是完善绿色综合交通体系，加速建设绿色物流体系，以物流配送行业为突破，逐步实现物流车辆清洁化、物流模式集约化、全供应链绿色化发展；在郊区新城、经济开发区和工业园区等重点区域率先推进绿色配送示范区建设。二是大力优化交通能源结构，支持新能源物流车发展，给予纯电动货运车在中心城区的通行便利；完善物流新能源车辆充电设施布局建设；加大邮政分拨中心等交通设施光伏发电技术推广。三是持续挖掘节能技改潜力，改进邮政物件分拣机驱动方式，推广双边夹持式驱动装置；加大公路甩挂运输、城市物流共同配送等模式推广力度。

推进邮件快件实名收寄信息系统推广应用

7月14日，上海市邮政管理局会同市公安局、安监办联合召开邮件快件实名收寄信息系统推广应用工作推进大会。会议传达国家局相关会议精神，通报上海市实名制工作推进情况；市公安局、安监办等部门领导对上海市实名收寄工作提出具体要求。顺丰、中通等企业作交流发言，汇报各自企业目前的实名信息系统建设情况以及后续工作安排。市邮政公司、EMS、顺丰、"三通一达"等20余家企业负责人及相关同志参加会议，市公安局、安监办、各管理局、市场监管处、安全中心负责人及相关同志出席会议。

举办上海市快递行业职业技能竞赛

7月15日，"中国技能大赛——上海市快递行业职业技能竞赛"举行决赛阶段的比赛，全市快递企业共选出60名选手参加决赛。上海市市级机关工会主任陈玲、上海市职业技能鉴定指导中心副主任崔立强等莅临观摩指导。经比拼，共评出个人奖38个。其中，中国邮政速递物流股份有限公司上海市分公司表现优异，不仅获得了团体第一的好成绩，个人奖项的桂冠也由其员工孙敏获得。根据上海市人社局、市总工会和团市委有关政策和规定，此次竞赛成绩第一名的选手，由上海局推荐申报"上海市技术能手"称号；如岗位贡献突出且符合相关条件，推荐申报"上海市五一劳动奖章"评选；如年龄在35岁以下且符合有关条件还将申报"上海市青年岗位能手"称号。

促进跨境电子商务与邮政业协同发展

7月,上海市跨境电商工作领导小组办公室正式印发《上海市跨境电商发展2017年工作要点》,涵盖邮政业多项内容,全力支持跨境电子商务与邮政业协同发展。《工作要点》指出:一是要积极创新邮路监管模式,推进邮政快件进口系统与公共服务平台数据对接,实现邮政企业开展跨境电商直邮进口试点,增强邮政互换局对于出口业务的监管能力;二是要全面提升物流服务,完善推进跨境电商仓储物流中心和集中监管场所建设,加强航空、海运、铁路等多种运输方式的对接和运能保障,鼓励企业设立口岸仓、海外仓和境外服务网点;三是要支持本地物流企业与跨境电商企业携手"走出去",合作开展全球业务布局,建立跨境物流分批配送和服务体系。

上海市发布巩固实体经济50条

7月,上海市政府发布《关于创新驱动发展 巩固提升实体经济能级的若干意见》,围绕提质增效、创新引领、环境营造、要素集聚、降低成本等方面提出50条具体举措。根据计划,未来五年,战新产业增加值占全市GDP比重达到20%以上,战新制造业产值占全市工业总产值比重达到35%左右。作为新经济的代表,邮政业发展将因此在推进现代服务业过程中获得新动力。

快递揽投专用电动自行车上路试用

7月24日,一批有统一标识的快递揽投专用电动自行车试用车在上海市宝山地区正式上路,这标志着上海地区为解决快递最后一公里投递车辆难题的工作有了新的突破。上海市邮政管理局副局长周德刚要求,开展试用车工作的顺丰速运、邮政EMS、申通快递、京东公司等各单位要认真做好试用车使用的各项工作,认真填写试用数据,严格遵守交通法规,争取尽快在上海全面普及快递揽投专用电动自行车,为全行业做出上海应有的贡献。上海局市场处、上海市快递协会、宝山局、电动自行车生产企业等相关人员出席。

规范上海市邮政行业非机动车交通行为

7月,上海市邮政管理局下发《关于规范上海市邮政行业非机动车交通行为的专项工作方案》,决定自7月中旬起开展为期半年的专项行动。《方案》明确,成立由副局长牵头的领导小组,制定严格的实施步骤,对各管局、相关处室的具体工作提出要求。

联合调研快递业非机动车交通行为治理工作

8月3日,上海市文明办副主任宋慧、建设交通工作党委副书记田赛男、交警总队副总队长潘洛一等领导同志莅临上海市邮政管理局,调研指导上海市快递行业非机动车交通行为治理工作。上海市邮政管理局党组成员、副局长周德刚陪同调研并做专题汇报。调研中,相关领导分别从不同角度就开展快递行业非机动车交通行为治理工作提出了建议和要求。周德刚汇报了上海市快递行业非机动车交通行为专项工作情况。市文明办、建交党委、交通委和交警总队相关部门负责人,邮政管理局市场监管处、文明办、团委及快递行业协会相关负责同志参加调研。

部署金砖会晤寄递服务安保工作

8月9日,国家邮政局召开安全综合整治暨金砖会晤寄递安全服务保障工作电视电话会议后,上海市邮政管理局第一时间召开部署落实会议,传达国家局相关会议精神,学习贯彻落实中央安全工作指示要求,动员部署上海市邮政业安全综合整治和反恐怖防范等工作,切实做好金砖国家领导人第九次会晤寄递渠道安全服务保障。会上,上海局下发《上海市寄递渠道安全综合整治工作实施方案》,局党组成员、副局长周德刚提出四点工作要求。市邮政企业、邮政EMS、"三通一达"、顺丰等十几家重要品牌企业总部安全负责人及相关同志参加会议,市局市场监管处、普遍服务处、各管理局、安全中心负责人及相关同志出席会议。

颁布《促进上海市生物医药产业健康发展的实施意见》

8月9日，上海市颁发了《上海市人民政府办公厅关于促进上海市生物医药产业健康发展的实施意见》（沪府办发〔2017〕51号），就促进上海市生物医药产业健康发展提出相关实施意见，多项内容涉及邮政业，有利于促进上海市邮政业与生物医药产业联动发展。《实施意见》提出到2020年，上海市生物医药产业创新能力保持全国领先地位，基本建成亚太地区生物医药产业高端产品研发中心、制造中心、外包与服务中心和具有配置全球资源能力的现代药品流通体系。《意见》主要任务中指出要打造医药链供应高地，建立高效、安全、可及、便利的现代药品流通体系，支持建立智慧医药供应链示范企业和创新示范基地，完善全程可追溯医药供应链追溯体系。聚焦扶持产业各领域龙头企业发展，引导各种要素向其集聚。释放产业发展空间，完善全产业链体系。

启动文明交通主题宣传实践活动仪式

8月25日，上海市邮政管理局会同市文明办、市建设交通工作党委、市交通委、市公安局交警总队、上海交通广播电台，在青浦区韵达速递处理中心联合举办了“文明快递守法出行”文明交通主题宣传实践活动，上海市规模以上快递企业负责人及快递员代表300余人参加了启动仪式。上海市文明办副主任宋慧，市建交工作党委副书记田赛男，市交通委副主任、市邮政管理局党组书记、局长夏颐，青浦区委常委、宣传部长姜道荣等领导出席。活动现场，市公安局交警总队发布了规范非机动车和行人交通行为的提示，韵达速递、市快递行业协会代表快递行业做了表态发言，邮政速递物流、“三通一达”、顺丰等上海市规模以上十余家快递企业负责人签署了“文明快递　守法出行”承诺书，快递员代表做了文明交通倡议。活动现场还播放了由市文明办、上海交通广播联合推出的沪语说唱《可爱的上海人》交通文明公益宣传视频。

《快递暂行条例》立法调研组在沪征求意见

8月30日，由国务院法制办党组成员、副主任甘藏春，交通运输部党组成员、副部长戴东昌，国家邮政局党组成员、副局长赵晓光带队的《快递暂行条例》立法调研组赴上海，就《快递暂行条例（草案）》与企业座谈并征求意见。甘藏春、戴东昌出席座谈会并讲话，赵晓光主持会议。在座谈会上，调研组与企业代表面对面交流，深入了解企业界对于《快递暂行条例（草案）》的意见和建议。大家对《快递暂行条例》充满期待，认为《快递暂行条例》的出台必将有力地推动快递业的高质量发展，呼吁条例尽快出台，再在发展中不断探索。当天下午，立法调研组还实地考察了顺丰速运上海锦屏营业场所、中邮速递上海市国际速递分公司的分拣中心和跨境寄递申报营业厅。国务院法制办、交通运输部有关负责同志，国家邮政局政策法规司、市场监管司、中国快递协会及上海市邮政管理局负责同志参加座谈并陪同调研。

上海局随机交叉夜查快递企业处理中心

8月31日夜，上海市邮政管理局组织8个执法检查组，分赴EMS、顺丰、申通、圆通、中通、韵达、百世、天天、优速、快捷、速尔、全一、德邦、国通等总部型企业处理中心，就天津全运会和福建金砖会晤安全保障活动开展随机交叉夜查工作。各执法检查组详细了解企业发往天津和福建方向快件安全保障工作的落实情况，重点检查企业安检作业现场，并查看处理中心的监控录像；同时对每个场地随机抽查50票发往天津和福建的快件，对检查出的不足之处提出整改要求。

上海局督导检查快递企业实名制落实情况

9月7日，上海市邮政管理局副局长周德刚带队对上海市快递企业网点实名制落实情况进行督导检查。督导组检查申通、圆通、韵达、天天、快捷等部分品牌企业的加盟网点，主要检查基层网点对开展实名制工作的认知、企业版实名收寄信息系统开发推进、协议客户处理方式等情况，并了解企业在推进实名制过程中遇到的问题。督导组指出：一要继续加大实名制的宣传力度，要让消费者了解这一规定，配合实名制落实工作；二要加快信息系统的推广应用，逐步淘汰手工登记的方式，提高实名收寄的效率，尤其是要保证协议客户的数据录入；三要提高保密意识，切实做好实名信息的保密工作，防止泄密事件的发生。

上海局获评2016年度上海市“平安示范单位”

上海市综治委印发《关于命名2016年度上海市“平安示范城区”、“平安城区”、“平安社区”、“平安示范单位”的决定》（沪综治委〔2017〕3号），对上海市在平安创建活动中表现突出的单位进行表彰，上海市邮政管理局机关获评2016年度上海市“平安示范单位”。

上海局联合市轨交公安开展专项检查

9月14日，上海市邮政管理局和市轨交公安组成联合检查组进行专项安全检查，抽查东昌路、静安寺地铁站，询问在站内交接快件的快递人员的日常工作情况，检查正在交接快件的品名填写情况。检查组当场要求：快递公司必须严格执行实名收寄制度和收寄验视制度，确保在地铁站内交接的快件必须过机安检，严格遵守轨交公安的相关安全规定。

“上海与国际大都市快递业对标研究”课题通过专家评审

9月，上海市邮政管理局组织召开“上海与国际大都市快递业对标研究”课题评审会，会议邀请了交通管理、物流规划、快递咨询和国际快递运营管理等领域的7位专家和代表组成评审委员会。会议听取了课题承担单位关于“上海与国际大都市快递业对标研究”课题开展情况的报告，并就研究报告的主要内容进行了认真细致的审议。经过充分讨论，各位专家和代表一致同意课题报告通过审查，并建议按所提意见修改完善后尽快结题并报国家邮政局，进一步深化课题研究成果应用。

“双11”快递服务动员会在沪召开

9月20日，中国快递协会在上海召开“双11”快递服务动员会。会议对2017年“双11”期间快件处理量及呈现出的新特点进行了预测。为打好这场硬仗，中国快递协会向全国快递企业和各级快递协会发出《共同面对新旺季携手打造新快递》的倡议，并举行了相关仪式。2017年“双11”是第9个“双11”，也是主要快递企业起舞资上海市场后经历的第一个真正意义上的业务旺季。国家邮政局市场监管司、邮政业安全中心相关负责同志，上海市邮政管理局主要负责同志，19个省（区、市）快递协会，16家主要快递企业和菜鸟网络相关负责人参加会议。

上海市邮政业安全监管事务中心举行揭牌仪式

9月29日，上海市邮政业安全监管事务中心举行揭牌仪式，国家邮政局安全中心主任江明发、上海市邮政管理局局长夏颐共同为市邮政业安全监管事务中心揭牌。市交通委、市公安局、市国安局、上海局相关处室、各管局、市交通委行政事务中心、市快递行业协会等相关领导、邮政业安全监管事务中心全体同志参加了揭牌仪式。

上海局获“2016年度先进记者站”等称号

中国邮政快递报社印发《关于表彰2017年度先进记者站、优秀站长、优秀特约记者、优秀通讯员的决定》（国邮报发〔2017〕8号），通报表彰了全国15个先进记者站、15名优秀站长、15名优秀特约记者、31 名优秀通讯员。其中，上海市邮政管理局获得“2017 年度先进记者站”称号，这是上海局连续四年获此殊荣。郑小鹏、汤琳、范照东等三位同志分别获“优秀站长”“优秀特约记者”“优秀通讯员”称号。

上海航空快件枢纽建设辐射服务周边效应显现

10 月 2 日，一架顺丰航空波音 767-300 宽体机满载来自长三角地区的 45 吨快件，从南通兴东国际机场出发飞往日本大阪，标志着南通机场口岸首条国际全货机航线正式开通，上海航空快件枢纽建设开始显现对周边辐射服务作用。作为上海国际航空枢纽辅助机场，南通沪通空港物流发展有限公司由上海浦东国际机场货运站有限公司与南通机场共同组建，也是上海航空枢纽全球战略布局中建立的首个外仓。国际全货机航线的开通标志着来自长三角地区的货物经由上海“北大门”飞向世界，沪通机场协同发展正奏出新的“空中交响曲”。此次整合旨在打造长三角北翼第一航空物流平台，通过监管卡车地面短驳，做到沪通两地航空口岸高效连接；采用属地报检报关，共享进出境双向代码，异地航空口岸进出境运输模式，真正实现沪通“两地三场”资源的互联互通。

开展党的十九大期间寄递安全督导专项检查

10 月 11 日，上海市邮政管理局联合市公安、国安、交通委等部门开展党的十九大期间寄递安全督导专项检查行动。督导组随机抽查了中通、圆通、顺丰等企业的营业网点，认真听取企业负责人关于党的十九大期间快递安全保障工作的汇报，详细了解近期业务量变化及三项制度执行情况，重点检查企业安检作业现场，现场查看员工实名收寄流程、开箱验视操作。

商研党的十九大期间寄递安全保障工作

10 月，上海市综治办召集上海市邮政管理局召开专题会议，进一步商研党的十九大期间寄递安全保障工作。会上，上海局汇报了党的十九大期间寄递渠道安全服务保障工作实施方案，及前阶段所做的一系列组织督导、检查和保障工作。双方一致认为，要以最高标准、最严布置、最强措施、最佳状态，全力以赴投入到党的十九大期间寄递渠道安全保障中去。

举行“聚焦快递绿色环保”2017 · 上海快递论坛

10 月 12 日，由上海市邮政管理局指导、上海市快递行业协会主办、上海韵达货运有限公司承办，主题为《聚焦快递绿色环保》的 2017 · 上海快递论坛召开。国家邮政局市场监管司、国家邮政局发展研究中心、中国快递协会、上海市政协经济委员会、上海市政府发展研究中心，上海市邮政管理局领导和 UPS 中国区、上汽大通、上海市包装技术协会、京东物流、正信光电等相关负责人以及上海市规模以上快递企业代表共 80 多人出席本次论坛。

部署党的十九大期间新闻宣传工作

10 月，上海市邮政管理局印发文件传达贯彻中国邮政快递报社 2017 年通联工作会议会议精神和王梅副局长重要讲话精神，并结合《党的十九大期间邮政业新闻舆论工作方案》，要求上海市邮政业系统各单位、各部门结合实际，认真学习贯彻会议精神，贯彻部署党的十九大期间邮政业新闻宣传舆论工作，融会贯通、指导实践，从三方面推进上海邮政业新闻宣传工作：一是始终坚持正确政治方向；二是注重加强重点内容宣传报道；三是不断提高工作能力和水平。

上海局组织双随机夜查

10 月 16 日夜，上海局组织 8 个执法检查组，分赴邮政公司、EMS、顺丰、申通、圆通、中通、韵达、百世、天天、优速、快捷、速尔、全一、德邦、全峰、国通等总部型快递企业处理中心，就党的十九大期间安全保障活动开展随机交叉夜查工作。各执法检查组重点检查企业安检作业现场，对每个场地随机抽查 100 票发往北京的快件，检查中发现仍存在部分快件未实名收寄、品名填写不规范等安全隐患。上海局对此于次日约谈了申通、圆通、天天等快递公司的相关负责人，指出其存在的问题，并提出要求。

开展党的十九大期间寄递渠道安全专项督导检查

10月，上海市邮政管理局联合上海市公安部门开展党的十九大期间寄递渠道安全专项督导检查。期间，上海局党组书记、局长夏颐带队到部分快递网点进行督导检查。此次专项督导检查为期3天，各管理局与各区公安部门密切配合、联合执法，主要检查企业网点在党的十九大期间收寄验视、实名收寄制度执行情况，重点检查发往北京的邮件、快件是否严格执行收寄验视、实名收寄制度，并对检查出的问题依法严惩。

加快推进邮政业供给侧结构性改革

党的十九大召开后，上海市邮政管理局掀起学习热潮，按照国家邮政局要求制定并印发《关于加快推进邮政业供给侧结构性改革的意见》。《意见》深入贯彻习近平总书记系列重要讲话精神和治国理政新理念新思想新战略，按照“打通上下游、拓展产业链、画大同心圆、构建生态圈”的思路，紧紧围绕上海建设“四个中心”和具有全球影响力的科技创新中心目标，结合以人为本、创新驱动、融合发展、安全绿色四项原则，提出形成3～4家具有较强国际竞争力的网络型快递总部企业，全面建成与小康社会相适应的“两地、三中心”上海现代邮政业，更好满足社会日益增长的多样化、专业化、个性化服务需求。《意见》聚焦十项具体内容，在全局范围明确分工，全面推动《意见》各个层面的扎实落地。

上海市快递业喜迎党的十九大文艺汇演表彰会召开

10月31日，上海市快递行业喜迎党的十九大文艺汇演表彰会召开。上海市邮政管理局党组书记、局长夏颐，上海市快递行业协会会长沙剑湧出席会议并讲话。上海局文明办、汇演组委会和市快递行业协会相关同志，13家参与文艺汇演的快递企业相关负责人和联络员，文艺汇演先进集体和个人代表共50余人参加会议。

上海局推动市邮政、快递企业开展合作

11月1日，上海邮政EMS协同上海爱会客信息科技有限公司旗下的快速递平台，共同推出“快递e哥”即时递寄递平台。“快递e哥”即时递寄递平台是上海邮政EMS开发的新型寄递模式。用户在上海同城任何位置，只要通过微信平台下单，从取件到送达，全程由专员完成配送，平均送达时间在60分钟内。为深入贯彻落实国家邮政局绿色发展理念，上海局积极引导上海邮政EMS与比亚迪达成合作意向，首批300辆比亚迪新能源物流快递车在2017年“双11”期间投于使用，用于邮件的同城收派。

高小玫副主席率队视察市快递业

11月3日，上海市政协副主席高小玫率队开展“规范发展上海市快递行业”年末委员视察，实地考察上海顺丰转运中心和圆通速递总部并开展座谈。副秘书长袁鹰出席，社法委常务副主任李芬华主持座谈会，34位市政协委员参加视察。上海市邮政管理局副局长周德刚陪同并向委员介绍上海市快递行业发展情况和上海市邮政业保障业务旺季情况。座谈中8位委员发表看法，认为要注重推广智能快递设备和普及使用环保材料，提高运输配送工具和操作流程的标准化水平，加快完善法律法规和政策规定，建立企业黑名单和退出机制，切实加强行业自律，着力营造良好的市场环境。

上海局深夜督导快递企业“双11”旺季生产

11月11日深夜，上海市邮政管理局局长夏颐和副局长周德刚组成的督导组兵分两路，先后巡

查了邮政公司、中通、圆通、申通、韵达、顺丰、DHL等快递企业，现场检查督导上海市各大快递企业旺季生产情况。在督导过程中，督导组听取了各企业备战“双11”的工作汇报，了解各企业收发件量实时动态，视察了总部视频监控指挥中心及处理中心自动化分拣流水线，充分肯定了各企业在确保全市“双11”期间快递业安全、平稳、有序运行方面做出的努力，对各企业的快件量再创新高表示祝贺，对各企业奋战的工作人员表示亲切慰问。

协调青浦交警为“双11”车辆保驾护航

“双11”业务旺季期间产生的大量订单和快递包裹造成青浦区部分道路快递物流压力极大，日均快递等运输车辆达4000辆次。为了解决物流运输车的正常通行容纳和停放，保证广大消费者购买的物品能够通过快递物流渠道安全及时送达，上海市邮政管理局协调青浦交警主动与快递物流企业对接，采取多种措施保驾护航。经报备审核后可在规定路段暂时停靠，并在多个重要路段部署警力，防止出现拥堵和交通安全隐患。同时，通过110警情分析，梳理违停、拥堵类警情明显上升的快递物流企业周边路段，加强运输车辆超速、违停、超载等违法行为查处力度，确保“双11”期间全区交通的安全、有序和畅通。

上海市快递业获近3000万元资金支持

11月，上海市发展改革委、市财政局等部门发布了2017年上海市服务业发展引导资金支持项目计划文件，在上海市邮政管理局的指导、支持和帮助下，快递业共有4个项目获得资金资助，其中2个为重点示范项目，共获得市、区资金支持近3000万元。获批的重点示范项目为中通快递公司申报的“智慧物流管理系统及自动分拣服务”和圆通速递公司申报的“快递寄递安全的监测平台”，获批的另外两个项目为顺丰快递上海分公司申报的“顺丰智能化信息管理项目”和中安电子信息科技有限公司自主申报的“互联网＋物流末端配送云服务平台”。

上海局加强“双11”期间新闻宣传保障等工作

“双11”期间，上海市邮政管理局采取多项措施加强上海市旺季新闻宣传保障和舆论引导工作，营造良好的舆论氛围：一是提前策划，挖掘上海市快递行业亮点；二是精心组织，针对性提供新闻线索；三是牵线搭桥，尽力满足各媒体不同需求；四是立体宣传，强化官网、微信正面发声。

上海局荣获第五届全国文明单位称号

11月17日，全国精神文明建设表彰大会在北京举行。上海市邮政管理局荣获第五届全国文明单位称号，这是上海局首次获此项殊荣。11月21日，上海召开全市精神文明建设工作座谈会，上海局党组书记、局长夏颐参加座谈会并受到市委书记李强、市委副书记、市长应勇接见。

国家邮政局召开中欧班列快件运输座谈会

12月1日，国家邮政局在上海组织召开中欧班列快件运输座谈会，聚焦建设中欧班列快件运输机制，积极服务“一带一路”建设，充分发挥寄递互联互通的作用，更好服务国家全面开放新格局。国家邮政局副局长赵晓光出席会议并讲话。来自政府、协会、企业的代表齐聚一堂，共同讨论中欧班列快件运输中的成绩、问题和应对之策。会上，来自海关总署、商务部、义乌市陆港口岸管理局、国家邮政局发展研究中心、中国铁路总公司、中国邮政速递物流、顺丰速运、中通快递、中国交通运输协会联运分会、中国快递协会等部门、企业和协会负责人先后作主题发言，为中欧班列快件运输发展模式、机制建设献计献策。与会代表一致认为，推动中欧班列快件运输是落实党的十九大精神、推动“一带一路”建设的重要表现，并达成三点共识。国家邮政局机关相关司室和直属单位、部分省（区、市）邮政管理局负责人出席会议。

"快递网点金融融资及风险管控研讨会"召开

12月8日,上海市快递行业协会与上海凯拿资产管理有限公司联合召开"快递网点金融融资及风险管控研讨会",探索研究新时代上海市快递网点和金融服务企业之间的合作共赢之路。上海邮政EMS、圆通速递、中通快递、申通快递、韵达速递、顺丰速运等35家快递企的代表约50人出席研讨会。会上,凯拿公司作了"金快递"融资产品、快递行业金融风险管控介绍,并进行成功的快递企业融资案例分析;申通快递金山区网点负责人作交流发言。出席研讨会的同志一致希望,通过快递网点和上海凯拿的共同努力,充分发挥好凯拿公司"金快递"融资服务项目功能,实现快递网点和凯拿公司业务双赢。

召开2017年度上海邮政业科技标准工作会议

12月13日,上海市邮政管理局组织召开了2017年度上海邮政业科技标准工作会议,会议传达了国家邮政局科技标准工作会议精神,回顾总结了上海市邮政业2017年度科技和标准工作,初步部署了2018年科技标准重点任务,解读了《上海市快递末端网点通用规范(意见征求稿)》,着力推进上海市邮政业科技创新能力上新水平。会上,市邮政企业、圆通快递和韵达货运等参会企业代表作了经验交流,上海市邮政管理局党组成员、副局长周德刚出席会议,并提工作要求。市交通委科技委、市标准化院等相关部门负责同志出席会议。上海局各处室和各管理局负责人、市快递行业协会、邮政企业、各主要快递企业科技工作负责人等参加会议。

上海局举办学习宣传贯彻党的十九大精神专题培训班

12月14日至15日,上海市邮政管理局举办学习宣传贯彻党的十九大精神专题培训班暨全市邮政管理系统2018年工作务虚会,深入学习党的十九大召开的时代背景、报告的内容与重点,总结交流今年上海市邮政业改革发展和邮政管理工作,研究谋划2018年工作思路。上海局党组书记、局长夏颐对2018年工作提出要求。会议强调,学习宣传贯彻党的十九大精神,既是当前首要政治任务,又是今后的长期任务,要抓持续深入、勤学不怠,坚持紧贴实际、融会贯通、学以致用,使党的十九大精神成为推动上海市邮政管理事业和邮政快递行业发展的强大思想武器。上海局各处室、邮政监管派出机构相关负责人参加。

上海局团委指导顺丰上海公司组建团组织

12月19日,共青团顺丰速运集团(上海)速运有限公司第一次团员代表大会在顺丰速运上海公司华新分拨中心会议室举行。团市委副书记丁波、团市委基层工作部副部长杨莉萍、上海市邮政管理局团委书记郭超、团区委沈竹林书记等出席会议。会议采用差额选举办法,以无记名投票的方式民主选举,大会产生共青团顺丰速运集团(上海)速运有限公司第一届委员会,并由顺丰速运集团(上海)速运有限公司党支部书记李之宝公布了民主选举结果。丁波为本次大会作重要讲话。

上海局召开部分重点快递企业实名制工作推进会

12月19日,上海市邮政管理局组织"三通一达"、百世、天天等快递企业在圆通总部召开部分重点快递企业实名制工作推进会。上海局副局长周德刚、市场监管处和安监中心负责人及相关同志出席会议。周德刚副局长对参会企业前期取得的成绩表示认可,同时指出上海市寄递企业的实名工作推进情况与国家邮政局要求和其他省市尚存在一定差距,强调各企业要深入学习贯彻党中央、国务院领导同志关于落实实名收寄制度系统重要批示精神,总结梳理前期工作,分析形势任务,进一步推进上海局实名信息工作。

江苏省快递发展大事记

江苏局召开全省邮政行业统计工作培训班

江苏省邮政管理局在南京召开了全省邮政行业统计工作培训班。全省各市局统计工作人员参加了此次培训。培训班传达了国家邮政局统计报表制度布置会议暨统计工作培训班的相关精神，总结了2016年邮政行业统计工作，并对下一步工作提出了具体要求：一是要努力提高统计质量，确保数据及时准确完整；二是要加强调研，统计工作人员要深入企业了解行业发展的新形势、新问题，掌握行业发展新动态；三是要提高统计队伍专业素质，全面提升行业经济运行分析能力；四是要加强对企业统计人员的培训，提升企业统计人员的专业技能。

印发《关于加快发展邮政行业职业教育的实施意见》

江苏省邮政管理局与省教育厅联合印发了《关于加快发展邮政行业职业教育的实施意见》，旨在进一步营造邮政技术技能人才培养的良好环境，促进全省邮政行业职业教育健康发展。该意见明确提出加快发展邮政行业职业教育的总体目标：到2020年左右，将基本建成适应行业需求、产教深度融合、专业示范引领、行业特色显著、全国地位领先的现代邮政职业教育体系，实现中等职业教育、高等职业教育、应用型本科教育和专业学位研究生教育协调发展，培养和造就规模宏大的素质高、能力强、结构优的现代邮政专业人才队伍。

开展全省安全生产大检查专项督查行动

1月10日至12日，江苏省邮政管理局联合省国家安全厅对全省安全生产大检查深化隐患排查情况进行了督导检查。督查组采取不发通知、不听汇报、“双随机”的形式，分别对南京、泰州、镇江3个城市的寄递企业分拨中心和营业网点进行了检查，通过现场寄递测试、抽查企业安全主体责任台账、观察操作流程和调阅监控录像等方式，重点检查了寄递企业安全培训、“三项制度”执行、安检机配置、作业现场管理、设备设施管理等安全生产工作。

江苏省政府常务会议审议通过关于加快快递业发展的实施意见

1月13日，江苏省省长石泰峰主持召开省政府常务会议。会议听取了省邮政管理局关于快递业发展情况的简要汇报，审议通过了《省政府关于大力促进快递业发展培育经济新增长点的实施意见》，充分肯定了近年来江苏快递业良好的发展态势和快递业在推动流通方式转型、促进消费升级、改善民生、扩大就业等方面发挥的积极作用。会议强调，快递业作为新经济的代表，既拉动了生产也促进了消费，同时服务了民生，带动了就业，促进了地方经济发展，要把快递业放到重要位置进一步加快发展。

江苏局召开2017年全省邮政管理工作会议

1月17日，江苏省邮政管理工作会议在南京召开。会议学习传达了全国邮政管理工作会议精神，总结回顾了2016年全省邮政业发展成效和邮政管理工作取得的成绩，明确了当前和今后一个时期全省邮政业的发展思路，部署了2017年的工作任务。江苏省邮政管理局党组书记、局长张水芳作工作报告，党组成员、副局长陈京生主持会议。2017年，全系统要抓重点善作为，对标国家邮政局提出的二十字新思路，在“党建引领、政策落地、综合治理、聚焦服务”这16个字上做文章，以党建引领发展，以治理规范发展，以服务促进发展，以落实政策为发展营造良好环境，只有用发展的办法，才能在发展中解决发展中的问题。

江苏邮政行业三基地(园区)获评省级电子商务示范基地(园区)

1月18日，盐城电商快递产业园、江苏顺丰电子商务产业园、南京邮政跨境电子商务创业基地入选由省商务厅公布的2017－2018年度江苏省电子商务示范基地(园区)，快递与电子商务协同发展取得新进展。

江苏智能快件箱格口数超一百万个

据初步统计，2016年江苏全省新增智能快件箱6817组，累计达到1.92万组；智能快件箱新增格口数39.1万个，累计达到100.67万个格口；通过智能快件箱投递的快件达到1.52亿件，占全省快件总投递总量的5.9%。

张敬华副省长批示肯定省邮政业发展成效

1月22日，江苏省邮政管理局局长张水芳向副省长张敬华专题汇报了2017年全国邮政管理工作会议精神及全省邮政管理工作会议情况，介绍了2016年全省邮政行业发展及管理工作情况和下一步贯彻落实全国邮政管理工作会议、全省第十三次党代会精神的工作举措。张敬华充分肯定全省邮政行业发展成效并作出批示。批示指出：新的一年里面，希望邮政管理部门深入贯彻省第十三次党代会精神，继续深化行业供给侧结构性改革，坚持问题导向，突出提质增效，突出服务民生，突出安全发展，推动江苏从邮政大省向邮政强省迈进，为高水平全面建成小康社会作出新的贡献。

出台促进快递业健康发展的实施意见

1月22日，江苏省政府下发了《关于促进快递业持续健康发展　培育经济新增长点的实施意见》，这是该省继2014年之后第二次出台促进快递业发展的专项扶持政策。该意见提出了“十三五”期间的快递业发展目标。其中，产业规划跃上新台阶，到2020年，江苏快递业务量将突破60亿件，年均增长22%，快递业务收入突破700亿元，年均增长21%，日均服务用户3000万人次以上。意见明确了促进行业集聚发展、推动行业转型升级、加快行业协同融合发展、改善行业发展环境和强化行业安全监管五大重点任务。

张水芳局长新年前走访慰问快递企业

1月25日，江苏省邮政管理局局长张水芳专程前往南京顺丰雨花分部，走访慰问节前依然坚守岗位的快递员工，并就节日期间寄递渠道服务保障工作进行了强调。走访中，张水芳向江苏顺丰负责人详细询问了节日期间的生产运营安排情况，叮嘱企业要做好员工关怀工作，在保障寄递服务质量的同时，保障员工的合法权益。她要求企业科学合理安排好值班值守，着重做好安全生产各项工作，妥善处理消费纠纷，为全省人民过上欢乐祥和平安的农历新年贡献自己的力量。

江苏邮政业发展内容纳入省“十三五”综合交通规划

江苏省政府办公厅印发《江苏省“十三五”综合交通运输体系发展规划》，其中多项内容对接邮政业规划，为“十三五”期间江苏邮政业发展提供了有力支撑。江苏省邮政管理局表示，邮政业是综合交通运输的重要组成部分，规划为江苏邮政业发展提供了指引和方向。

张水芳委员在省政协十一届五次会议上作重点发言

2月8日，江苏省邮政管理局局长张水芳以省政协委员的身份，作为经济界的代表在界别联组会上作了题为“加快发展快递业　努力服务新江苏”的专题发言，就江苏快递业发展现状、存在问题以及相关建议等内容进行了阐述。省委常委、常务副省长黄莉新听取发言并高度关注。黄莉新表示，南京正在进行老旧小区改造，可以与智能信包箱的推广利用结合起来。新华网、南京日报等主流媒体也对关于推广智能信包箱的建议给予了特别关注和报道。

陈京生副局长赴徐州调研快递业发展情况

2月8日，江苏省邮政管理局副局长陈京生一行赴徐州调研，了解当地快递业发展情况。陈京生一行首先来到徐州申通快递银湖网点，实地查看实名收寄和开箱验视两项制度执行情况，了解实名寄递信息系统信息采集、上传流程以及工作中遇到的困难和问题，并与一线收寄人员亲切交谈。随后，陈京生一行赴沛县飞马快递公司调研县级快递统一配送平台建设情况。他实地查看了飞马公司快件分拨中心，询问了处理流程和平台布点情况，充分肯定了飞马平台的快递资源整合、集约配送模式。

江苏局启动全省邮政市场行政执法“清风”行动

2月，江苏省邮政管理局印发工作方案启动了全省邮政市场行政执法“清风”行动。根据方案，邮政市场行政执法“清风”行动为期一年，分为动员部署、专项执法、抽查检查和总结提升四个阶段，按季度实施寄递安全专项整治、经营主体专项整治、服务质量专项整治和安全生产专项整治等系列活动。邮政市场行政执法“清风”行动是江苏局2017年十项重点工作之一。

共推高层次邮政快递专业教师队伍建设

2月15日，南京邮电大学现代邮政学院首批具有博士学位的教师到江苏省邮政管理局开始了为期3个月的挂职学习。江苏局局长张水芳充分肯定了南京邮电大学强化高层次邮政快递专业教师队伍建设的务实作风，并表示江苏局将为教师挂职学习提供良好条件、做好服务。同时，希望挂职学习的教师要做到理论联系实际，充分发挥数据挖掘、计算机应用等专业优势，为建设“智慧邮政”、行业转型升级做出积极贡献。

江苏局召开全省邮政管理系统党风廉政建设工作会议

2月17日，江苏省邮政管理局组织召开全省邮政管理系统党风廉政建设工作会议，深入贯彻落实党的十八届六中全会、中央纪委七次全会、省纪委二次全会和全国邮政管理系统党风廉政建设工作电视电话会议精神，回顾总结2016年全省党风廉政建设和反腐败工作，部署2017年工作任务。党组成员、副局长陈京生主持会议并作工作报告，党组书记、局长张水芳出席会议并讲话。各市局局长、纪检组长，各县（区）局局长，省局机关全体党员以及省邮政业安全中心、省快递协会、省邮政行业职业技能鉴定中心主要负责同志参加会议。

江苏局部署全国两会期间寄递渠道安全保障工作

2月，江苏省邮政管理局下发了《关于开展保障全国“两会”期间寄递服务和安全工作的检查通知》，组织全省邮政管理部门开展全行业寄递渠道安全检查工作，确保全国两会期间行业安全平稳运行。江苏局表示，结合全省正在开展的寄递渠道安全监管“清风”行动，对检查中符合立案条件的违法行为，坚决予以立案查处，切实做到源头严防、过程严管、后果严惩，严防不法分子利用寄递渠道从事各类违法犯罪活动，确保寄递渠道安全畅通。

江苏局举办全省邮政业消费者申诉处理培训班

2月21日，江苏省邮政管理局举办了全省

邮政业消费者申诉处理培训班。各市局申诉处理工作人员参加了培训。培训中，省局市场监管处相关人员对于快递企业在经营活动中可能涉及的违法、违规行为及案由转办程序进行了详细讲解；省申诉中心对于2016年全省邮政业消费者申诉情况进行了总结分析，并针对各市局在日常申诉处理中遇到的疑难问题，结合相关案例及行业标准进行了分析指导和答疑解惑。

江苏省邮政业安全中心正式获批更名

2月28日，江苏省机构编制委员会正式批复，同意江苏省邮政行业职业技能鉴定中心（江苏省邮政业安全中心）更名为江苏省邮政业安全中心，为公益一类事业单位。江苏省邮政管理局表示，将继续推进省邮政业安全中心建设，做好职能调整、人员配备等工作。同时，在无锡、苏州邮政业安全中心获批成立的基础上，继续落实市局邮政管理支撑体系“一市局一中心”的工作目标。

张敬华副省长批示全力推进快递服务现代农业示范基地试点工作

国家邮政局授予苏州等7个城市首批“全国快递服务现代农业示范基地”称号。3月，江苏省副省长张敬华批示，“请省邮政管理局全力推进苏州市试点工作”。苏州市凭借大闸蟹寄递服务获得示范基地称号。苏州市邮政管理局表示，将加强与农委、商务等部门的对接，加快推动相关基础设施建设和政策体系的完善，鼓励引导企业提升寄递服务能力，推进大闸蟹寄递服务示范项目的建设工作。

江苏局召开“3·15”主题新闻通气会

3月14日，江苏省邮政管理局召开新闻通气会，针对在全省范围内开展的“诚信快递、你我同行”“3·15”主题活动等相关内容进行专题发布。副局长、新闻发言人陈京生出席会议。新华日报、江苏卫视、省电台、扬子晚报、现代快报等主流媒体参加通气会。会议通报了2016年全省快递服务总体情况、市场细分、人均使用快件量、消费者申诉处理、快递服务满意度等具体内容，介绍了“3·15”主题宣传活动实施方案。会上，媒体就人均快件量、申诉问题涉及的内容等话题进行了集中采访，该局相关领导给予了详细的解答。

江苏局受邀参加“3·15”互联网消费投诉咨询活动

3月15日，江苏省邮政管理局、南京市邮政管理局及省快递协会受邀参加由省放心消费创建办、省工商局、省消协组织的“3·15”互联网消费投诉咨询服务日活动，在荔枝网平台上围绕“新消费，我做主”消费维权年主题，以互联网、移动互联网的形式接受消费者投诉、举报、咨询，在线开展快递服务消费维权活动。下一步，江苏局将按照国家邮政局部署，深入推动“诚信快递、你我同行”主题宣传活动，重点开展诚信宣传，切实维护消费者权益，全面营造诚实守信、放心消费的市场环境。

江苏局召开全省邮政市场监管工作会议

3月16日至17日，江苏省邮政管理局组织召开全省邮政市场监管工作会议，传达贯彻全国邮政市场监管工作会议精神，研究部署2017年全省邮政市场监管工作。局长张水芳出席会议并讲话，副局长陈京生做市场监管工作报告。张水芳要求，全省邮政管理系统要认真学习贯彻全国邮政市场监管工作会议精神，深刻认识当前快递行业发展和市场监管工作面临的新形势与新任务，全力推进2017年各项工作的开展和落实。陈京生总结了2016年全省邮政市场监管工作及快递业发展情况，并对2017年全省邮政市场监管3个方面20项重点工作进行了全面部署。

张敬华副省长视察中邮航南京集散中心

3月20日，江苏省副省长张敬华专程赴中国邮政航空速递物流集散中心视察，了解运营发展情况，听取意见建议。省政府副秘书长陆永泉，省交通运输厅、省邮政管理局、南京空港枢纽经济区、南京禄口国际机场等部门和单位领导陪同视察。张敬华一行现场视察了中邮航飞行员培训基地和集散中心作业现场，在听取了中邮航关于工程概况、运营发展、邮运生产等情况汇报后，对中国邮政将该大型项目落户南京表示感谢，对中邮航在拉动地方经济、促进就业等方面做出的贡献表示认可。参与视察调研的相关部门领导均表示，将进一步推动政府部门与中邮航的沟通融合，全力为中邮航的发展提供良好的政策支持。

张水芳局长一行赴淮安调研邮政业发展情况

3月21日，江苏省邮政管理局局长张水芳一行专程赴淮安调研邮政业发展情况，并指导邮政业监管工作。调研期间，张水芳听取了淮安市邮政管理局关于全市邮政业基本情况、2017年主要工作安排等方面的工作汇报。张水芳表示，淮安市作为重要交通枢纽城市，具有得天独厚的区位优势，快递业发展迅速，但也要看到行业内价格恶性竞争、安全基础薄弱等问题依然存在，希望各快递企业进一步强化以下三方面工作：一是不断提高服务质量，提升品牌企业竞争力；二是强化安全意识，加强从业人员安全培训，严格落实“三项制度”；三是注重关心职工生产生活，积极发挥企业工会作用，改善职工工作环境。

江苏局组织快递行业开展诚信宣誓活动

“3·15”期间，江苏省邮政管理局组织全省快递行业开展了“诚信快递、你我同行”宣誓活动。江苏局联合省放心消费创建办公室、省快递协会，组织各主要快递品牌江苏地区负责人以及省级放心消费创建示范企业代表42人在南京举办了诚信主题宣誓仪式。江苏局表示，将不断丰富形式，引导全行业依法诚信经营，提升服务质量，保障消费权益，切实维护快递市场秩序，进一步推进全省快递行业诚信体系建设。

江苏发布2016年度快递服务警示

3月，江苏省邮政管理局发布了2016年度全省快递服务警示，对上海红楼快递集团有限公司等10家快递企业分别给予红色、橙色、黄色警示。根据《江苏省快递服务警示制度（试行）》，江苏局针对公众满意度、寄递时限准时率、有效申诉率、行政处罚数量、安全生产情况等多个指标，对规模较大的主要快递服务品牌企业2016年度在江苏省内的快递服务水平进行了全面分析和评估。江苏局表示，下一步将约谈受到红色、橙色警示的企业总部负责人，并责令所有被警示企业限期整改，督促相关企业加强对加盟商和基层网点的管理，严格遵守服务和安全标准，不断提升快递服务质量。

江苏表彰2016年度全省快递行业放心消费创建活动示范单位

3月，江苏省邮政管理局联合省放心消费创建活动办公室对2016年度全省快递行业放心消费创建活动进行表彰。经实地验收、评选推荐和联合审定，徐州圆邦网络科技有限公司等9家企业获得“全省快递行业放心消费创建活动示范单位”称号。

江苏局部署开展全省邮政市场经营主体专项整治行动

3月，江苏省邮政管理局根据《全省邮政市场行政执法“清风”行动工作方案》阶段性工作安排，决定在第二季度开展全省市场经营主体专项整治行动。专项整治行动以规范快递市场经营主体为重点，通过全面查处未经许可经营快递业务等九大类违法违规行为，进一步严格落实许可备案制度、规范委托加盟代理行为，净化市场经营主体，维护市场经营秩序。江苏局要求全省邮政管理部门要充分认识“清风”行动对于维护市场秩序、提升服务质量、保障行业安全的重要意义，确保“清风”行动取得实效。

张水芳局长赴南通调研

3月30日至31日，省邮政管理局局长张水芳一行专程赴南通海门、通州等地调研邮政快递业发展和管理工作。30日下午，张水芳一行专程来到南通天顺快递有限公司，在天天快递分拨中心生产现场与负责人亲切交流，了解企业当前生产经营管理状况、存在的困难和瓶颈问题，并要求企业一定要高度重视安全生产和网点维稳工作，确保企业持续良好运营。此外，张水芳一行还实地走访了南通市通州区西亭镇亭东村“村邮站＋快递”便民服务点，详细了解该服务点运作模式、盈利状况。她还对南通顺丰快递有限公司进行了实地走访。

江苏表彰2016年度快递行业优秀企业

4月，为表彰行业先进典型，引导省内快递企业提质增效，在江苏省邮政管理局的指导下，省快递协会组织开展了2016年度全省快递行业优秀企业评选活动，并对中国邮政速递物流股份有限公司江苏省分公司等5家企业进行了表彰。为做好评选表彰工作，省快递协会研究制定了《江苏省快递业优秀企业评选办法》，并对2016年度全省快递品牌企业的服务满意度、有效申诉率等指标进行了分析评估。

江苏快递业六项目入选全省“十三五”重点物流项目

4月，江苏省发展改革委发布《江苏省“十三五”物流业发展规划重点任务分工落实方案》和重点物流项目，南京邮政国际邮件处理中心、中国邮政速递物流无锡长三角集散中心、昆山门对门电子商务物流总部园、淮安电子商务现代物流园快递物流项目、高港区临港速递产业园、宿迁电商物流园区等六个项目被列入全省重点物流项目。

王梅副局长赴苏调研

4月19日至20日，国家邮政局副局长王梅一行专程前往盐城、无锡两地就快递业绿色环保发展情况进行了专题调研。江苏省邮政管理局局长张水芳陪同调研。在盐城，王梅一行首先前往东台邮政管理局，了解县级机构工作开展情况。随后，王梅赴响水县，实地调研江苏京环隆亨纸业有限公司快递包装再利用生产流程。在无锡，王梅一行前往江南大学“快递超市”和市民中心“快递e站”调研快递末端快件回收利用情况，对快递集中进机关，解决摆地摊乱象、创造良好用邮环境表示了赞许。王梅指出，快递行业包装过度、循环利用率低等现象给环境带来负担，快递业要尽量取消二次包装，构建快递包装材料循环利用良性机制，走出绿色发展新路。

召开快递业劳动用工座谈会

4月25日，江苏省邮政管理局联合省人社厅召开了快递企业座谈会。与会者就当前快递从业人员基本情况，以及快递业劳动用工过程中的突出问题进行了深入交流。座谈会上，省快递协会介绍了全省快递业整体情况。南京EMS、江苏顺丰两家企业分别对本企业经营模式、用工方式、从业人员薪酬福利、休息休假等情况逐一进行了介绍，并就异地社保互认、内部停薪留职以及短期工的工伤保险问题提出了建议。江苏局、人社厅相关部门负责人对企业提出的问题进行了现场回应，同时介绍了相应政策规定，表示将进一步研究解决相关问题。

江苏局制定出台快递业务经营许可变更审查工作细则

4月,江苏省邮政管理局在2016年制定的《江苏省快递业务经营许可审查细则》基础上,制定出台了《江苏省快递业务经营许可变更审查工作细则》,进一步完善快递业务经营许可制度建设。《工作细则》全面梳理邮政法、《快递业务经营许可管理办法》及《快递业务经营许可工作优化方案》等相关规定,明确了省、市两级邮政管理局职责分工,规范了初审、受理、核查、审批等工作流程,细化了形式审查及实地核查工作要求,统一了全省审查工作标准,强化了对审批环节的内部监督,确保审批行为更加规范、公开、透明。

江苏局部署“一带一路”峰会寄递渠道安保服务工作

5月,江苏省邮政管理局采取四项措施,贯彻国家邮政局“一带一路”国际合作高峰论坛寄递渠道安全服务保障电视电话会议精神,认真部署“一带一路”国际合作高峰论坛全省寄递渠道安全服务保障工作,确保高峰论坛期间全省寄递渠道安全平稳畅通。江苏局表示,将结合前期“双随机”督导检查整改情况,开展“一带一路”高峰论坛期间江苏寄递渠道安全服务保障工作专项督查,重点督查企业收寄验视、实名收寄制度落实情况,着力确保“一带一路”高峰论坛期间寄递渠道安全。

“绿色快递进高校”活动在南邮启动

5月6日,由国家邮政局联合共青团中央共同发起的“绿色快递进高校”活动在南京邮电大学等全国六所高校同时启动。本届活动的主题是“以青春的名义共建美丽中国”,倡导在大学生中率先发扬绿色用邮的新风尚,引导和营造良好社会舆论氛围,让更多的企业、组织和个人参与到践行绿色环保、共建“美丽中国”的伟大工程中来。江苏省邮政管理局副局长陈京生、南京邮电大学副校长王宗荣、共青团江苏省委学校部部长陈文娟共同揭晓“绿色快递行动标识”,启动“绿色快递进高校”活动。

江苏局督导检查“一带一路”高峰论坛寄递渠道安全保障工作

5月8日至11日,江苏省邮政管理局领导带队赴南京、常州等地部分企业,督导检查“一带一路”高峰论坛寄递渠道安全保障工作。督导组一行先后赴德邦、顺丰、百世、中通等企业的营业网点和快件处理中心开展实寄测试和实地检查,详细了解了企业当前生产运行情况和高峰论坛期间在执行“三项制度”、保障服务水平等方面的具体措施。

张水芳局长、陈京生副局长赴常州调研行业发展情况

5月11日,江苏省邮政管理局党组书记、局长张水芳,副局长陈京生一行专程赴常州调研邮政行业精神文明建设和末端投递服务创新工作,对常州市邮政管理局强化行业精神文明建设、服务地方经济发展等方面的工作表示了充分肯定。在常州中通,张水芳一行听取了企业负责人关于精神文明建设工作的汇报,实地查看在中通设立的首家常州快递企业道德讲堂。随后,张水芳一行还前往常州百世邻里点调研末端投递服务创新工作。她提出,快递企业要进一步加大创新力度,整合企业数据信息,建立信息共享平台,为提升末端投递能力提供数据支撑。

江苏局召开实名收寄信息系统推广应用会

5月,江苏省邮政管理局联合省公安厅召开了加快推进实名收寄信息系统推广应用会。会上,各参会企业汇报了实名收寄信息系统推广情况及推进工作计划,反映了系统使用过程中存在的问题

及意见建议。会议要求各寄递企业清醒认识当前面临的严峻安全形势,采取切实有效措施做好实名收寄信息系统推广应用工作。会议商定,江苏省邮政管理局和省公安厅将相互协调,密切配合,通过定期会商制度,合力解决实名信息系统在推进工作中的困难,全面完成2017年度实名收寄信息系统推广工作任务。

江苏局与民航监管部门签订行政执法协作备忘录

5月,江苏省邮政管理局与民航江苏监管局签订了《关于加强行政执法领域协作备忘录》,旨在建立和完善行政执法联动机制,共同打击各类危害寄递渠道安全和航空运输违法违规行为。根据协议,双方将本着"资源共享、优势互补"的原则,在联合执法、信息共享、线索移送、办案协作等六个方面加强协作。

江苏省推进快递行业放心消费创建工作动态管理

5月,江苏省邮政管理局与省放心消费创建活动办公室联合印发了《关于组织开展省级快递行业放心消费创建先进、示范单位复核工作的通知》。这是继2016年启动市级先进、示范单位创建工作后,首次组织开展省级先进、示范单位的复核和摘牌工作。通知要求,各市邮政管理和放心消费创建部门要依据创建标准,在2017年7月底前对2014年度及之前获得省级快递行业放心消费创建先进、示范单位荣誉的企业实施复核检查,对复核出有严重失信行为,符合撤销荣誉情形的企业予以摘牌并向社会公示,实现对创建企业和创建工作的动态管理,进一步发挥创建工作对行业发展的推动作用,不断提升全省快递服务水平与质量。

江苏局部署开展邮政业"安全生产月"活动

5月,江苏省邮政管理局部署开展全省邮政业"安全生产月"活动。"安全生产月"活动自2017年6月起在全省各地市同时开展,以"全面落实寄递企业安全生产主体责任"为主题,要求各市局七措并举,广泛宣传行业安全生产工作:一是成立一个机构;二是制定一个方案;三是开展一次宣传;四是开展一次警示教育活动;五是举办一次演练;六是开展一次企业安全隐患排查治理活动;七是开展一次"平安寄递"创建检查。

顺丰开通"南京—深圳"全货机航线

6月6日,顺丰航空有限公司正式开通"南京—深圳"全货机运输航线。新航线首航仪式于6日上午8时在南京禄口机场内举行,江苏省邮政管理局局长张水芳等领导莅临首航仪式现场并致辞,见证顺丰航空全货机在南京的首次飞航。此航班也是顺丰完成重组上市敲钟后接收的首架新运力,至此,顺丰航空机队规模增至39架。张水芳在致辞中对顺丰开通南京全货航给予热烈祝贺,指出随着此次顺丰全货机航线的开通,进一步丰富了以南京为中心的国内国际航空快递运输网络,对推动江苏快递业发展将产生积极的影响。

江苏局印发省邮政业"十三五"规划任务分工方案

6月,江苏省邮政管理局印发了《江苏省邮政业发展"十三五"规划目标和任务分工方案》。该方案围绕规划中提出的发展目标、主要任务、重点工程及保障措施等四个方面细化提炼了21项具体工作任务,并逐项进行责任分解安排,为如期完成规划提出的各项任务目标提供保障。方案要求,各处室、各市局要强化规划实施工作部署,明确具体工作措施;加强规划实施和年度工作的对接,做好规划实施监测评估;要强化担当,履职尽责,全力推动规划落地实施,促进行业转型升级和提质增效。

江苏举办全省快递业“诚信快递 你我同行”主题演讲比赛

6月12日，根据国家邮政局统一部署，由江苏省邮政管理局主办、省快递协会承办的江苏省快递业“诚信快递、你我同行”主题演讲比赛顺利举办。本次演讲比赛得到了省内各品牌企业的积极响应和高度重视，各参赛企业都精心组织了选拔赛。经过企业内部层层筛选和比赛组委会的审核，全省共有10家品牌企业的18名选手参加比赛。

张水芳局长赴新沂市调研快递业发展情况

6月16日，江苏省邮政管理局局长张水芳一行专程赴徐州新沂市调研快递行业发展情况。新沂市委书记王成长、常务副市长杨远朝等陪同调研。张水芳一行先后实地考察了新沂市互联网产业园、新沂市快递物流产业园、新沂市电商美妆园等，详细了解了该市电子商务及快递业的发展运行情况，并就加强快递行业监管、促进快递与电商协同发展等有关问题与新沂市委、市政府市领导进行了沟通交流。在调研中，张水芳要求新沂邮政管理局进一步创新监管方式，不断提升服务水平，为促进地方经济社会快速发展提供有力的行业支撑。

江苏局召开重大课题调研成果汇报会

6月28日至29日，江苏省邮政管理局召开全系统重大调研成果汇报会和年中工作务虚会。江苏局局长张水芳、副局长陈京生出席会议，省局机关各处室、各市局主要负责人参加会议。张水芳认为，大部分调查报告思路清晰，既有基于行业发展和问题的深入剖析和把脉，又提出了解决问题的思考和良方，能引起共鸣，深受启发，达到了开展调研活动的目的。她指出，组织开展重大课题调研，既是深入了解基层情况，有的放矢开展工作的重要举措，也是针对我省行业发展中面临的突出问题谋划推进行业进一步发展的具体行动，非常重要，也非常有必要。

江苏省举办第二届邮政行业职业技能竞赛

7月1日至2日，江苏省第二届邮政行业职业技能竞赛在省交通技师学院顺利举行。国家邮政局人事司、省总工会、省人社厅、省邮政管理局等部门领导出席开幕式并视察了竞赛现场。江苏省邮政管理局表示，本次竞赛以“弘扬工匠精神、提升服务技能”为主题，紧贴快递服务发展，突出快递实践技能，品牌参与度高，行业影响力大，综合竞争性强，必将对提升技能人才队伍素质、优化技能人才队伍结构、提高全省邮政行业的生产效率和服务水平起到积极的推动作用。该局将根据竞赛情况，组队参加2017年全国邮政行业职业技能竞赛。

张水芳局长、陈京生副局长带队督导检查实名收寄信息系统应用工作

7月，江苏省邮政管理局局长张水芳、副局长陈京生带队赴部分快递企业网点和院校快递服务中心开展督导检查。督导组先后赴南京顺丰、中通、百世等企业的营业网点和中国药科大学、江苏经贸职业技术学院快递服务中心进行了实地检查，详细了解网点、服务中心落实寄递实名制的具体措施和使用实名收寄信息系统的情况。张水芳要求相关企业要充分认识推进实名收寄信息系统应用工作的重要性，切实落实企业的安全主体责任，针对推广应用过程中的问题要主动与企业总部对接、及时向邮政管理部门反馈，确保实名寄递制度在江苏落实到位。

江苏局召开快递业发展专题座谈会

7月17日，江苏省邮政管理局召集6家主要品牌快递企业江苏区部负责人和苏宁、晟邦快递总部负责人召开了快递业发展专题座谈会。江苏局局长张水芳、副局长陈京生出席座谈会。座谈会上，企业负责人分别围绕行业发展现状与趋势、

快递末端服务存在的问题与解决方案、提升快递服务质量的主要对策、推进快递行业与相关产业融合实现转型升级的思路等内容进行了阐述,并对邮政管理工作提出了意见建议。发言中,大家纷纷对行业发展前景表示了积极乐观态度,并就寄递实名制落实、《快递条例》征求意见等行业热点话题展开了讨论。

江苏局召开全省邮政企业普法培训电视电话会议

7月,江苏省邮政管理局召开了全省邮政企业普法培训电视电话会议。培训围绕邮政法、《江苏省邮政条例》等法律适用中的难点,结合省12305申诉中心、省局网站公众留言、局长信箱用户意见较多的服务环节,对各市邮政管理局日常执法以及检查中发现的重点问题进行了细致的梳理和讲解。同时,培训也对省、市、县各级邮政企业提出的问题做了一一回应。

开展《江苏省邮政条例(修正案)》立法调研

7月,江苏省邮政管理局局长张水芳、省法制办副巡视员顾爱平率调研组一行赴泰州市高港区开展《江苏省邮政条例(修正案)》立法调研。调研组召开征求意见座谈会,听取泰州市和高港邮政管理局对辖区邮政行业发展、监管情况的专题汇报,并向区编办、人社、交通、财政、工商、法制办等政府部门以及邮政企业负责人征求意见和建议。张水芳指出,基于邮政体制改革、当地社会经济社会发展及行业安全监管三方面的需要,条例修正工作十分迫切。调研组表示,将对参会代表提出的相关意见建议认真研究,争取尽快完善并出台《江苏省邮政条例(修正案)》。

走访慰问奋战高温一线快递员工

7月25日至27日,在红色高温预警期间,江苏省邮政管理局联合省快递协会走访慰问快递企业和一线快递员工,实地调研高温期间企业运行状况,督导夏季安全生产工作。江苏局副局长陈京生和省快递协会会长孙安宁分别带队,前往南京、无锡等地EMS、顺丰、申通等12个品牌快递企业的分拨中心或一线网点,亲切慰问高温下奋战在操作和揽投一线的快递员工,对快递企业积极应对高温天气,加强人员、设备以及后勤保障等措施给予了充分肯定。同时,要求企业进一步做好防暑降温各项工作,确保全省快递业安全度夏。

智能末端两规范入选省2017年度第1批地方标准项目计划

7月,《智能快件箱运营管理服务规范》和《智能信包箱运营管理服务规范》两项目分别获江苏省质量技术监督局10万元标准编制经费,这是继入选2017年度第1批江苏省地方标准项目计划后的又一利好。从地方标准层面出台《智能快件箱运营管理服务规范》将对智能快件箱的设置、运营管理和服务质量提出明确要求。同时,随着快递业务量的急剧增长,江苏局积极推动出台《智能信包箱运营管理服务规范》地方标准。为提升智能末端投递服务水平,江苏省邮政管理局提出了建造、摆放、规范运营"三步走"的解决方案。

江苏局召开上半年快递服务质量提升联席会议

7月,江苏省邮政管理局召开2017年上半年快递服务质量联席会议。会议通报了2017年全省快递服务质量情况,从消费者申诉处理、快递服务时限测试、邮政市场监管及行政执法方面对2017年上半年各企业快递服务质量进行了分析。江苏局表示,将对服务质量问题突出、整改措施落实不到位的企业予以行政约谈,进一步加强服务质量监测和消费预警,开展快递服务质量专项整治工作,督促企业提高服务质量水平。全省主要品牌快递企业江苏区负责人、省局市场监管处相关人员参加了会议。

国家邮政局《智能信报箱》标准修订调研组来苏调研

8月10日，国家邮政局《智能信报箱》标准修订调研组赴南京、盐城两地开展智能信报箱专题调研。调研组分别在两地召开了《智能信报箱》标准修订座谈会，南京、盐城市邮政管理局分别就智能信报(包)箱试点建设情况进行了汇报，部门邮政、快递企业和生产厂商参加了座谈并提出意见建议。

江苏局召开全省邮政业安全综合整治暨金砖会晤寄递安全服务保障动员部署会

8月17日，江苏省邮政管理局召开全省邮政业安全综合整治暨金砖会晤寄递安全服务保障动员部署会，贯彻落实党中央和国务院关于全面开展危化品安全综合治理、涉恐隐患排查整治、安全生产大检查等系列活动，动员部署金砖会晤寄递安全服务保障工作。会议传达了国家邮政局组织开展违法寄递危化品整治活动的工作要求，并对严防寄递危险化学品专项整治、邮政行业电气火灾综合治理、邮政行业安全生产大检查、金砖会晤寄递渠道安全服务保障工作等多项工作方案进行全面解读和部署安排。

蓝绍敏副省长表示全力支持邮政业发展

8月28日晚7时，江苏省副省长蓝绍敏、副秘书长陆留生专题听取了江苏省邮政管理局工作情况汇报，充分肯定了全省邮政业发展及行业管理工作成效，并表示全力支持邮政管理工作。蓝绍敏对邮政业特别是快递业持续快速发展为全省经济社会发展作出的积极贡献表示肯定，对省邮政管理局提出的各地政策落地不到位等问题认为很重要，要求形成专题报告呈报省政府，逐一进行研究，全力推动解决。

江苏局深入推进快递入区进村工作

8月，江苏省邮政管理局先后印发了推进全省快递网点标准化和快递进村工作的相关通知文件，并在徐州市召开现场会对快递入区进村工作进行了动员部署。为推进快递入区工程，江苏局根据相关法律法规和标准编制了《江苏省快递网点标准化建设验收表》，明确了五大类15项建设和考核标准，并制定下发了具体推进方案，要求全省分阶段、按步骤实施建设。

江苏快递业赴上海学习考察

9月12日至13日，江苏省快递协会牵头组织了9家省内主要品牌快递企业的相关负责人赴上海学习考察。本次考察共有省EMS、顺丰、圆通、申通、百世、晟邦、韵达、苏宁、京东等9家快递企业的10位负责人参与。参与考察的相关企业负责人纷纷表示，通过此次学习考察开阔了视野、拓宽了思路，要将先进的设备、先进的技术、先进的管理理念带回去，更好地促进江苏快递业快速健康发展。

蓝绍敏副省长为邮政业发展多项建议作出明确批示

9月13日，江苏省邮政管理局向刚刚分管邮政一个多月的副省长蓝绍敏，分别呈送了“关于推进市邮政业安全中心建设的建议”“关于规范管理快递电动三轮车通行的建议”“关于推广使用智能信包箱的建议”等三个建议。9月14日，蓝绍敏对上述三个邮政业发展相关建议中分别作出明确批示，要求各地政府、各有关部门高度重视，认真研究处理相关建议。江苏局表示，将认真贯彻落实蓝绍敏批示精神，并做好与相关政府部门的沟通对接，推动相关问题的逐步解决。

江苏局举办全省寄递企业X光机安检培训班

9月21日至22日，江苏省邮政管理局联合省公安厅在镇江举办了寄递企业X光机安检培训班。全省11家品牌快递企业安检人员共54人参加培训。此次培训班邀请了南京禄口机场安检保卫部培训主管为学员授课。培训主要有三项内容:一是货邮安全检查的重要性、疑难点及X光机安全操作相关知识,二是货邮安全检查的相关文件规定和物品种类,三是违禁品的分类及图像识别技巧。

江苏局部署党的十九大期间寄递安全服务保障工作

9月28日,国家邮政局电视电话会议后,江苏省邮政管理局立即召开党的十九大全省寄递渠道安全服务保障实战攻坚动员部署会,对党的十九大期间全省寄递安全服务保障工作进行再动员再部署。会议指出,党的十九大寄递安保工作已进入实战攻坚阶段,全省各级邮政管理部门要切实提高政治站位,认真贯彻落实电视电话会议精神,从严从实从细落实各项措施,以最高规格、最严部署、最强措施、最佳状态、最优效果,确保寄递行业安全工作万无一失。一要以更高的认识抓落实,二要以更实的举措抓落实,三要以更严的责任抓落实。

江苏提前部署寄递业旺季服务保障工作

10月,江苏省邮政管理局联合省快递协会组织召开了全省寄递业旺季服务保障动员会,要求全行业通力协作、互帮互助,确保"合力攻坚、决胜旺季"的目标圆满实现。会上,省快递协会会长孙安宁分析了2017年快递业务旺季保障形势,重点对旺季服务期间安全与服务保障工作进行了全面动员和部署,对快递企业提出了明确要求。省局相关部门重点对生产组织和安全生产进行了进一步强调。会上,省快递协会发起了旺季快递服务倡议,举行了寄递企业旺季服务誓师仪式。省邮政公司和省内主要快递企业江苏区负责人及省内主流新闻媒体共30余人参加了会议。

督导检查党的十九大寄递安保工作

10月17日至20日,江苏省邮政管理局联合省公安厅、省国家安全厅对全省各地寄递渠道安保工作进行了督导检查。本次督导检查共分三个组,分别由邮管、公安、国安三部门的领导带队,通过听取汇报、查阅资料、现场抽查的方式,对各地在易制爆危化品专项整治、"三项制度"、党的十九大安保等工作落实情况进行督导检查,共检查了8个城市、寄递企业网点26个、分拨中心12个,现场利用实名收寄信息系统抽查快件179件。

开展《江苏省邮政条例(修正案)》立法调研

10月25日至26日,江苏省人大财经委副主任王晨曦、省邮政管理局副局长陈京生一行,赴高邮市开展《江苏省邮政条例(修正案)》立法调研。调研组与高邮市人大常委会和扬州市、高邮邮政管理局进行了座谈,详细了解县级邮政监管机构成立及运行的基本情况、监管中遇到的问题,听取大家对条例修正的意见和建议。王晨曦表示,县级邮政监管模式是我省与时俱进的探索,在邮政监管过程中遇到的难题需要通过立法来逐步有序破解。

陈京生副局长调研县域邮政管理工作

10月,江苏省邮政管理局副局长陈京生一行赴昆山市,专题调研县域邮政管理工作。陈京生听取了昆山邮政管理局的工作情况汇报,充分肯定该局在争取地方政策、行业监管治理等方面所取得的成绩。陈京生一行还专程赴昆山市便民快递服务中心视察,详细了解该中心的经营模式和发展愿景。

陈京生副局长率队督导检查全省旺季服务保障工作

10月,为督促指导全省做好旺季服务保障工作,确保实现"二不三保"目标,江苏省邮政管理局副局长陈京生率队赴各地开展督导检查。督导组先后赴南京、镇江、无锡、扬州等地,对EMS、中通、韵达、顺丰、安能等企业的快件处理中心和快递营业网点开展实地检查,详细了解了企业当前生产运行情况和旺季期间在人员、车辆、场地等方面的应对措施。陈京生对各地快递业旺季服务保障工作给予了充分肯定，同时要求邮政管理部门进一步加强检查指导和应急值守，各快递企业进一步做好旺季保障工作。

江苏局就编制智能快件柜管理规范和服务标准开展调研

10 月 31 日至 11 月 1 日，江苏省邮政管理局联合省质量和标准化研究院，就编制《智能快件柜管理规范服务标准》开展调研。调研组先后赴江苏云柜、深圳丰巢公司，听取了快件柜运营企业对智能快件柜场景设置、日常管理、系统维护、信息采集的介绍，现场观摩了快件柜系统后台操作的演示，实地考察了“丰巢”快件柜的实际使用情况。此外，调研组还组织 EMS、顺丰、申通、圆通、中通、百世等快递企业进行了座谈。调研组表示，将统筹考虑、合理采纳相关企业提出的意见和建议，进一步完善《智能快件柜管理规范服务标准》，争取尽早出台。

江苏局走进“政风热线”直播室回应社会关切

11 月 22 日，江苏省邮政管理局副局长陈京生带领各处室负责人及邮政、快递企业相关负责人走进江苏新闻广播“政风热线”直播室，直面社会诉求，回应社会关切。直播中，听众通过电话、网络、微信等途径积极参与互动，既有相关业务咨询，也有对快件损毁、投诉反馈不及时、延长网点营业时间等问题的投诉和建议。节目结束后，江苏局立即对听众当天反映的问题进行了交办，要求邮政、快递企业明确责任人限期解决，并表示将跟踪督办。

《江苏省邮政条例（修正案）》正式出台

12 月 2 日，江苏省第十二届人民代表大会常务委员会第三十三次会议审议并高票通过《江苏省邮政条例（修正案）》，并将于 2018 年 2 月 1 日施行。《江苏省邮政条例》于 2002 年颁布实施，并于 2013 年进行了修订，此次修正旨在明确县级邮政监管机构的法律地位，以适应邮政安全形势和邮政监管体制的需要。《江苏省邮政条例（修正案）》共有两款修改，一是规定“设区的市邮政管理部门设置的派出机构”。二是根据行政审批制度改革的要求，取消了“开办集邮票品集中交易市场许可”。

江苏局部署 2017 年国家公祭日期间寄递渠道安全保障工作

12 月 13 日，江苏南京将举行南京大屠杀死难者国家公祭 80 周年祭活动。江苏省邮政管理局采取多项举措部署国家公祭日期间寄递渠道安全保障工作，确保公祭日期间全省寄递渠道安全平稳畅通。一是高度重视，加强领导。二是全面清理，加强督查。三是突出重点，加强保障。

江苏局开展岁末年初行业安全生产大检查工作

12 月，江苏省邮政管理局制定下发了《岁末年初全省邮政行业安全生产大检查实施方案》，组织全省邮政管理部门开展全行业安全生产大检查，以确保岁末年初寄递渠道畅通和行业平稳运行，切实维护广大人民群众生命财产安全。方案要求全省寄递企业要狠抓寄递企业安全主体责任落实，强化企业安全主体意识，围绕“三项制度”落实等情况进行自查自纠，切实落实寄递企业安全主体责任，最大限度地消除安全隐患。

江苏局启动快递业严重违法失信行为记录工作

12 月，江苏省邮政管理局印发了《关于在全省开展快递业严重违法失信行为记录工作的通知》，启动快递业严重违法失信行为记录工作，积极探索规范行业秩序新途径。通知明确了经营快递业务企业、快递从业人员、使用快递服务用户严重违法失信行为的范围，省、市两级邮政管理部门将据此建立快递业严重违法失信行为记录，并定期公布。

浙江省快递发展大事记

召开2017年全省邮政管理工作会议

1月12日,2017年浙江省邮政管理工作会议在杭州召开。浙江省邮政管理局党组书记、局长詹永枢作工作报告。会议强调,要牢牢把握邮政业发展的黄金机遇期,坚定敢为人先、勇立潮头的决心,拉高标杆、自加压力,上下同欲、奋发有为,撸起袖子加油干,为全面建成与"两富""两美"浙江相适应的现代邮政业作出新的贡献。浙江局党组成员、纪检组长、副局长黄立群,省局党组成员、副局长王德奔出席会议。会后,与会代表就贯彻落实会议精神,做好2017年邮政管理工作进行了座谈讨论。各市和义乌邮政管理局、县级邮政管理局、各市快递协会、省局各处室及浙江邮政分公司和省内主要快递企业的负责人参加会议。

省政府连续三年关注将智能快件箱和农村邮政电商服务站建设

1月16日,浙江省省长车俊在浙江省十二届人大五次会议上作政府工作报告,公布了2017年浙江十方面民生实事,其中明确提出:新建农村电商服务站3000个、城市社区智能投递终端3000个。这是农村电商服务站和城市社区智能投递终端(智能快件箱)连续第三年被纳入省政府十大民生实事。

召开党组扩大会谋划2017年党建工作

2月13日,浙江省邮政管理局召开党组扩大会,进一步研究谋划2017年党建工作,浙江局党组书记、局长詹永枢就做好2017年全省邮政管理系统党建工作进行了谋划部署。会议还就2017年16个方面的党建工作要点进行了明确,并就抓好落实作了部署。

推进全省政务服务办证快递送达取得实效

浙江省邮政管理局按照省政府推进十大民生实事的要求,积极与省政府政务服务网中心协调,有效推进邮政速递公司和浙江政务服务网合作,实现各类相关证件网上申请办理、EMS次日送达,成效明显,实现了广大群众、用户"足不出户"即可办证领证。截至2017年2月,全省房屋权属证明、纳税证明、行驶证补换、驾驶证补换、会计从业资格证书等已实现在"浙江政务服务网""网上申请、在线服务、快递送达"。

组织开展全省邮政业综合检查调研

2月13日至17日,浙江省邮政管理局组成四个检查组,赴全省各地开展了综合检查调研,实地检查了各地安全生产情况、快递末端网点运营情况及农村电商快递发展情况,听取了当地邮政管理部门、邮政快递企业工作部署落实情况介绍,深入调研了解情况,听取了相关意见建议。

部署全国两会期间寄递服务和安全保障工作

全国两会召开前夕,浙江省邮政管理局采取多种措施:加强组织部署、开展安全检查、加强应急值守,全面动员部署,切实加强全国两会期间全省邮政、快递服务和安全保障工作,为两会顺利召开创造良好的寄递环境。

马军胜局长会见高兴夫副省长一行

3月2日,国家邮政局局长马军胜在北京会见了浙江省副省长高兴夫一行。双方就筹备第二届中国国际快递业大会、合力支持快递发展等内容交换了意见。浙江省邮政管理局局长詹永枢陪同参加会见。国家邮政局相关司室、直属单位和浙江省政府办公厅、邮政管理局有关负责同志参加了会见。

协调推进解决快递车辆便利通行

根据全省近期开展的交通全面整治行动部署，浙江省邮政管理局积极推进解决快递车辆便利通行问题。3月23日，浙江局局长詹永枢专题向省政府作了汇报，取得省政府重视支持。3月24日，詹永枢率市场处负责人一行3人分别与省公安厅、省运管局等领导就推进解决快递车辆便利通行问题进行会商，三方就联合出台相关政策支持措施达成一致意见。省运管局主要负责人也同意联合发文推进解决快递车辆便利通行问题。

传达贯彻全省建设平安浙江工作会议精神

3月31日，浙江省委省政府召开全省建设平安浙江工作会议，浙江省邮政管理局被评为2016年省平安创建工作先进单位。会后，浙江局局长詹永枢主持召开全局会议，传达贯彻省建设平安浙江工作会议精神，就进一步推进寄递渠道安全工作进行部署。

任虹副司长一行赴浙江调研快递业发展情况

4月13日至15日，国家发展改革委基础产业司副司长任虹一行先后到浙江省杭州、温州等地调研快递业发展情况。国家邮政局政策法规司司长金京华，浙江省邮政管理局局长詹永枢、副局长黄立群等陪同调研。

高兴夫副省长要求凝聚合力推动快递业快速健康发展

4月18日，浙江省副省长高兴夫出席省政协第33次“浙江政协·民生论坛”。高兴夫肯定了快递业发展快速、作用巨大、前景广阔、困难不少，他指出，要抢抓机遇，加快普惠城乡、技术先进、服务优质、安全高效、绿色节能的快递服务体系建设，推动浙江快递业发展继续位居全国第一方阵，推动从快递大省向快递强省的跨越。浙江省政协各位副主席、政协各工作委负责人、有关县（市、区）政协主席和各界别群众代表参加了会议。浙江省邮政管理局局长詹永枢参加论坛并重点介绍了浙江快递业发展情况，就大家提出的相关问题及建议作了发言回应。

部署“一带一路”国际合作高峰论坛寄递安保工作

国家邮政局“一带一路”国际合作高峰论坛寄递渠道安全服务保障工作动员部署电视电话会议后，浙江省邮政管理局迅速部署“一带一路”国际合作高峰论坛寄递安保工作，通过出台实施方案、加强工作部署、积极筹划开展联合执法检查，多措并举，抓紧抓实，认真落实峰会论坛各项安保措施，全力保障寄递渠道安全畅通。

全力督查“一带一路”国际合作高峰论坛寄递安保工作

为切实做好“一带一路”国际合作高峰论坛期间寄递安保工作，浙江省邮政管理局组织力量，联合公安、国安等部门，分三组赴各地、各相关企业开展安全综合督导检查。5月11日，浙江局局长詹永枢在进行暗访督查的基础上，再次带队赴浙江申通、浙江圆通分拨中心和秋圆速递网点进行安全督导检查。詹永枢还对企业切实落实高峰论坛寄递安全工作提出明确要求。

举办全省快递发展示范项目建设培训会

6月1日至2日，浙江省邮政管理局在宁波举办了全省快递发展示范项目建设培训会，各市邮政管理局分管局领导、市场处负责人及相关人员参加培训，浙江局副局长王德奔作培训讲话。会议选取了宁波快递示范城市建设、湖州信息化建设、绍兴快递车辆通行、金华快递下乡、衢州快递服务现代农业五个项目做了重点经验交流，参会人员就快递示范项目建设过程中遇到的问题及取得的经验进行了交流。会上充分肯定了全省快递示范项目创建工作取得的成效,各局以示范项目建设为切入点,积极争取地方政府的政策支持,推动快递行业供给侧改革,促进行业转型升级。会议要求各局在示范项目建设工作中,要把握好六方面的关系。

举行2017年全省快递业安全应急演练

6月21日,2017年浙江省快递业安全应急演练在湖州举行。湖州市公安局禁毒支队、市公安局反恐支队、市急救中心、织里公安消防大队、吴兴区公安局八里店派出所等单位应邀参演。浙江省邮政管理局、各市局、义乌局及湖州德清、长兴、安吉县局相关人员到现场全程观摩。本次演练设定为III级应急响应事件。6月22日,全省各市局相关人员参加了邮政业安全管理培训班。培训内容包括近期寄递渠道禁毒、反恐、反邪教严峻形势分析,新精神活性物质毒品查缉要点,湖州市邮政管理局智慧邮政安全监管信息系统建设经验等,并布置了下阶段安全监管工作要点。

詹永枢局长到桐庐检查调研

6月21日,浙江省邮政管理局局长詹永枢一行到桐庐调研,调研期间,詹永枢对申通企业和桐庐县政府对绿色包装项目试点的重视与努力给予肯定,对中通滨江路标准化门店的规范化建设和落实实名收寄的做法给予肯定。詹永枢一行还来到桐庐邮政管理局,听取了桐庐邮政管理局负责人的近期工作汇报。

全力组织做好省邮政业防汛抗洪和服务保障工作

6月,受连续多轮强降雨影响,浙江省多地出现洪涝和地质灾害,防汛进入Ⅱ级响应。浙江省邮政管理局高度重视,迅速组织省内邮政、快递企业做好防汛抗洪和寄递服务保障工作。据统计得知,洪峰过境期间,全省邮政业无人员伤亡和重大事故发生,未发生严重邮件、快件积压延误,各网点均在洪峰过后当日恢复正常运转。

浙江省长充分肯定浙江局对经济转型发展的贡献

7月6日,浙江省省长袁家军在浙江省邮政管理局《关于邮政管理工作情况的汇报》的材料上作出重要批示,袁家军指出:工作谋划深,改革力度大,助推经济转型成效明显。安全中心事,请编办研究支持。

传达贯彻国家邮政局邮件快件实名收寄工作推进会精神

7月11日,浙江省邮政管理局召开专题会议,迅速传达贯彻国家局会议精神,进一步部署推进浙江邮件快件实名收寄工作。浙江局局长詹永枢强调,浙江作为寄递业大省和实名收寄先行先试地区,要勇挑重担,克难攻坚,切实发挥优势、落实各方责任,加大督导推进,确保实名收寄工作全面落实到位。副局长王德奔就具体工作进行了专题部署。詹永枢要求,要坚决按照国家局的决策部署,发扬G20峰会寄递安保精神,强化认识,齐心协力,攻坚克难,全力推进实名收寄工作。

召开全省寄递企业实名信息化座谈会

7月19日,浙江省邮政管理局召开全省寄递企业实名信息化座谈会,省邮政公司及EMS、顺丰、申通、圆通等11家省公司参加了本次座谈会。会议学习了国家邮政局局长马军胜关于做好实名登记信息化工作的重要讲话精神,传达了国家邮政局关于进一步推进实名登记信息化工作的相关要求。浙江局副局长王德奔结合浙江实际对做好浙江省实名登记信息化工作提出了四点要求。会后,各企业与省局签订了实名登记信息化工作承诺书。

浙江局联合省农办发文推进快递服务“三农”工作

7月，浙江省邮政管理局联合省农办下发了《关于推进快递服务“三农”工作的实施意见》，提出以降低农村物流成本为目标，以培育快递服务“三农”示范项目为抓手，以树立一批快递服务“三农”示范基地为引领，强化农村物流网络规划，完善快递服务“三农”基础设施，搭建优质农产品销售平台，推进农村邮政综合便民服务，更好地服务于“三农”工作。《实施意见》明确了六项重点任务：一是加强农村快递基础设施建设；二是推进农村邮政综合便民服务；三是搭建优势农产品销售平台；四是提高快递服务“三农”效率；五是推进放心农资入户；六是加强快递服务“三农”配套建设。

部署全省邮政业安全专项整治行动

7月，浙江省邮政管理局下发《2017年全省邮政业安全专项整治实施方案》，部署从2017年7月至12月在全省开展邮政业安全专项整治工作。《方案》明确了五项重点任务：一是全面落实三项安全制度；二是全面落实企业主体责任；三是全面落实监管责任；四是深入开展危险化学品和易燃易爆物品安全整治；五是健全执法横向协作机制。

举办全省第二届快递业务员职业技能竞赛

7月26日至27日，浙江省第二届快递业务员职业技能竞赛在绍兴成功举办。来自全省9个知名快递品牌的16支代表队伍参加比赛。浙江省邮政管理局局长詹永枢、副局长王德奔及办公室、市场处相关负责人出席开(闭)幕式及颁奖活动。此次竞赛遴选出的优胜选手同时会参加2017年中国技能大赛——全国邮政行业职业技能竞赛。

下发推进快递服务进社区的指导意见

8月，浙江省邮政管理局联合省民政厅、省住房和城乡建设厅下发了《关于快递服务进社区的指导意见》，进一步加强社区快递配送点建设，支持快递企业与社区服务组织合作，更好地服务于广大群众。《意见》明确了四项重点措施：一是鼓励有条件的小区与快递企业合作设立快递服务点；二是加快推进智能快件箱建设；三是加强快递车辆管理；四是鼓励各类市场主体参与快递服务。

推进金砖会晤寄递安保环闽“护城河”工程

8月，为全面落实金砖会晤期间环闽“护城河”寄递渠道安保工作，浙江省邮政管理局按照国家邮政局的总体安排，深化动员部署，加强高频次明察暗访、严格执法监管，通过打造寄递安保环闽“护城河”工程为金砖会晤保驾护航。

深入开展寄递渠道安保督查工作

8月30日至9月1日，浙江省邮政管理局党组书记、局长詹永枢一行到温州、台州、丽水等地督查寄递渠道安保工作。詹永枢一行先后听取了三市局邮政业发展和寄递渠道安全监管工作汇报，就当前金砖会晤、党的十九大召开在即形势下，如何加强邮政业监管，严守安全底线，确保重大活动期间寄递渠道安全畅通提出了明确要求。检查组一行还实地检查了温州圆通、台州椒江申通、丽水中通等分拨中心和营业网点，详细了解检查企业在落实三项安全制度方面的情况，并通过暗访和实测试寄方式，深入到多家快递企业检查开包验视和实名收寄落实情况，推动三项安全制度的进一步落实。

浙江省召开寄递渠道安全管理领导小组会议

9月7日，浙江省召开寄递渠道安全管理领导小组会议，对前期寄递渠道安全管理领导小组工作进行回顾总结，研究部署下一步特别是党的十九大寄递渠道安全保障工作任务。省寄递渠道安全管理领导小组组长詹永枢出席会议并讲话，副组长王德奔、顾仁出席会议。省综治办、公安厅、国安厅、交通厅、工商局、杭州海关、宁波海关、铁路杭州办事处、民航浙江安监局等部门及省邮政集团分公司、杭州市邮政管理局负责人参加会议。

浙江局下发紧急通知做好邮政业防御台风各项工作

9月13日，浙江省气象台发布的台风警报，2017年第18号台风“泰利”逐渐逼近东南沿海，强度逐渐加强，最强可达强台风级或超强台风级。9月13日，浙江省邮政管理局下发紧急通知，部署全面做好邮政业防御台风“泰利”各项工作。

印发全省平安护航党的十九大寄递安全管理工作方案

9月，浙江省寄递渠道安全管理领导小组正式印发《浙江省平安护航党的十九大寄递安全管理工作方案》，要求坚持统筹部署全面防范，坚持源头管理严防死守，坚持分工协作无缝对接，组织全行业和社会用户，全面落实各项工作部署和防范措施，严防敌对势力和极端分子利用寄递渠道从事损害国家安全、社会公共安全、人民生命财产安全等违法活动；严防违规收寄各类禁寄物品导致重大寄递安全事故；严防行业内部发生重大群体性事件和安全生产责任事故；确保寄往北京等地的邮件快件安全，确保省内寄递业运行平稳有序，为党的十九大胜利召开做出积极贡献。《方案》明确了七项重点任务。

浙江局密集开展平安护航党的十九大寄递安全督导

为切实保障寄递渠道安全，平安护航党的十九大，浙江省邮政管理局在连续下发寄递渠道安全保障相关文件的基础上，先后于9月20日、22日、24日，由浙江局局长詹永枢带队，深入浙江品牌企业总部及分拨中心开展寄递安全督导。督导组认真察看了分拨中心生产场地，调看了监控录像，对个别企业分拨中心安检机无人监管、监控视频存在盲区、安全标识不足及电线混乱等问题，责成杭州市邮政管理局对其跟踪回头看并限期整改到位。同时，督导组召集各品牌总部负责人及相关人员现场提出寄递安保要求。杭州局主要负责人等陪同督导。

浙江省邮政业安全中心正式批复成立

9月28日，浙江省机构编制委员会正式批复设立省邮政业安全中心。省编委〔2017〕37号文件批复明确，为加强邮政业安全工作，同意设立浙江省邮政业安全中心，为省邮政管理局所属的正处级公益一类事业单位，由省邮政管理局管理，经费来源为省财政拨款，主要负责邮包、快件分拨监控系统信息化、行业监控管理日常事务和执法处置沟通联络等方面工作。

国家邮政局发展研究中心义乌基地授牌

10月21日，“国家邮政局发展研究中心义乌基地”授牌，并正式发布国家邮政局发展研究中心义乌基地第一个研究项目：义乌快递指数。国家邮政局发展研究中心主任曾军山、浙江省邮政管理局局长詹永枢出席开幕式并触摸水晶球启动“义乌快递指数”发布仪式。

集中学习贯彻党的十九大精神

10月27日，浙江省邮政管理局召开党组理论（中心组）学习会，在认真领会国家邮政局电视电话会议和省委学习党的十九大精神领导干部会精神的基础上，深入学习贯彻党的十九大精神，紧密结合浙江邮政管理工作实际，研究谋划学习贯彻党的十九大精神的措施，更好地把思想认识统一到中央的决策部署上来。浙江局党组书记、局长詹永枢主持会议并组织学习。浙江局党组成员、纪检组长、副局长黄立群，局党组成员、副局长王德奔参加会议，各处室负责人、机关各支部书记列席会议。

浙江局深入企业开展旺季服务安保检查

11月10日，浙江省邮政管理局党组书记、局长詹永枢一行赴申通、圆通浙江省总部及顺丰萧山冷链快递等企业检查旺季服务安全保障工作。詹永枢一行先后听取了三家企业关于2017年旺季服务安全保障工作情况汇报，实地察看了快递分拨中心及冷链快递操作场所，并就做好旺季服务保障工作提出了明确要求。

马军胜局长会见高兴夫副省长

11月15日，国家邮政局局长马军胜在京会见了浙江省人民政府副省长高兴夫一行，就进一步加强邮政业与浙江省经济社会融合发展，提升双方合作层次与水平举行工作会谈。国家邮政局副局长刘君一同会见。国家邮政局机关相关司室和直属单位，浙江省、杭州市和桐庐县有关方面负责同志参加会见。

余杭邮政管理局正式挂牌成立

11月17日，杭州市第三家县级邮政管理机构——余杭邮政管理局正式挂牌成立。浙江省邮政管理局局长詹永枢和余杭区区长陈如根为余杭邮政管理局揭牌。余杭区委常委、常务副区长祝振伟主持仪式，浙江省邮政管理局、杭州市邮政管理局、余杭区有关部门领导以及杭州市快递协会、余杭区邮政企业、快递企业代表共60余人参加了揭牌仪式。

部署第四届世界互联网大会寄递安保工作

11月20日，浙江省邮政管理局召集各市局及省主要品牌快递企业负责人召开第四届世界互联网大会寄递安保工作部署会。浙江局党组书记、局长詹永枢出席会议并讲话。省局党组成员、纪检组长、副局长黄立群，省局党组成员、副局长王德奔出席会议。会议要求，要重点加强对各类禁寄物品的查验力度，确保三项安全制度落实到位，尤其是对进入嘉兴及嘉兴区域内互寄的邮件、快件要全面二次过机安检，对进入乌镇镇区的邮件、快件要实行三次安检，发现无“安检”标识邮件、快件的，一律予以退返。要大力开展安全生产督查，要充分发挥寄递渠道安全管理领导小组机制作用，要加强值班值守，确保信息畅通，要认真落实应急管理措施。

第二届中国(杭州)国际快递业大会在桐庐召开

11月24日，由国家邮政局、浙江省人民政府、中国快递协会共同主办的第二届中国(杭州)国际快递业大会在快递之乡浙江桐庐召开，来自国内外的600余名政产学研代表共同展望新时代下中国快递的美好愿景和探讨发展思路。国家邮政局局长马军胜、浙江省副省长高兴夫出席并致辞。会上，国家邮政局和浙江省人民政府签署战略合作协议，国家邮政局副局长刘君和高兴夫分别代表双方签字。

浙江局召开全省邮政管理系统新闻宣传培训会

11月30日至12月1日，浙江省邮政管理局组织召开2017年全省邮政管理系统新闻宣传培训会，浙江局党组成员、纪检组长、副局长黄立群出席会议并讲话。浙江局、各市局、义乌局办公室负责人和通讯员，省各主要快递企业通讯员参加会议。会议对2017年全省邮政管理系统优秀通讯员进行了表彰，湖州、丽水、义乌局作了交流发言，《浙江快递》杂志编辑部就有关事项作了说明。培训会上，还邀请了浙江省社科院的老师就政务信息公开作了专题培训。

浙江局赴乌镇实地督导世界互联网大会寄递安保工作

12月1日至4日，浙江省邮政管理局党组书记、局长詹永枢，局党组成员、副局长王德奔赴乌镇世界互联网大会邮件快件中心，实地督导寄递安保工作，看望了安检中心工作人员，听取了安检中心运行工作情况和嘉兴市的寄递安保工作开展情况的汇报，对强化大会期间寄递安保各项工作提出要求。

冯飞副省长检查指导世界互联网大会寄递安保工作

12月2日，浙江省委常委、常务副省长冯飞带队到第四届世界互联网大会·乌镇峰会邮件快件安检中心检查指导寄递安保工作，浙江省邮政管理局、嘉兴市、桐乡市有关负责人陪同检查。冯飞实地了解和查看了邮件快件安检中心运作流程和正在安检的邮件快件，听取了嘉兴市邮政管理局关于全市寄递渠道安保工作情况及“三道安检”“五专服务”等寄递安保服务措施的汇报。冯飞对邮政管理部门在世界互联网大会期间邮件快件的安检工作表示肯定，对安检中心工作人员表示慰问，要求进一步加强寄递渠道安全检查，增强寄递安全保障工作的责任感、使命感，全力以赴做好世界互联网大会安保各项工作，确保寄递渠道安全畅通。

圆满完成世界互联网大会寄递渠道安保工作

12月3日至5日，第四届世界互联网大会在浙江乌镇召开，来自世界五大洲的政要、部长、国际组织负责人、互联网领军人物、专家学者等1500余名嘉宾参加研讨和交流。在国家邮政局的领导和各省（区、市）局的支持下，浙江省邮政管理局创新举措，圆满完成了互联网大会寄递安全保障和服务工作。

孙景淼副省长调研指导邮政企业服务农村电商情况

12月，浙江省副省长孙景淼一行到淳安邮政邮乐网“千岛湖品牌农产品馆”调研指导工作。孙景淼对淳安政企合作，“农旅邮”深度融合，立足本地，立足品牌，成功打造千岛湖品牌农产品馆给予了充分肯定，并高度赞扬“邮政农村电商无所不在，只有邮政这样的国企才能做好这件事”。调研中，孙景淼还对邮政企业勇于承担社会责任、体现政治担当、主动服务“三农”，助力当地经济发展给予了高度评价。

陈训秋主任一行赴湖州调研邮政管理工作

12月20日，中央综治委副主任、中央政法委副秘书长、中央综治办主任陈训秋一行赴浙江省湖州市邮政管理局现场调研，浙江省政法委副书记刘树枝，湖州市委副书记陈浩等陪同调研。陈训秋一行实地查看了湖州局视频集中监控中心，专题听取湖州局寄递安全监管示范区和信息化监管示范区创建工作情况汇报。调研中，陈训秋对湖州局县域机构全覆盖、信息化安全监管、“雪亮工程”推进、实名制落实、双向安检等工作给予高度肯定，对湖州局所取得的工作表示满意。陈训秋指出，湖州市邮政管理局寄递安全监管有创新、有亮点、有成效，整体工作走在了全国前列，特别是信息化监管工作做得很到位，经验值得推广。

安徽省快递发展大事记

出台“十三五”脱贫攻坚规划

1月4日，安徽省人民政府办公厅印发《安徽省“十三五”脱贫攻坚规划》，邮政业获多项政策利好。为保障扶贫攻坚目标任务完成，《规划》提出实施电子商务等重点工程，鼓励地方政府和电商企业对贫困地区电商站点购置电脑、打印机、显示屏和网点装饰、代办物流快递服务点等，给予适当补助和小额信贷支持。

出台“十三五”服务业发展规划

1月20日，安徽省人民政府办公厅印发《安徽省“十三五”服务业发展规划》，快递业作为现代物流的重要部分和“电商安徽”建设的重要支撑，获得多项政策支持。《规划》提出做大做强生产性服务业，全面提升生活性服务业水平。一是推动物流业与现代农业、先进制造业和金融等其他服务业融合发展。二是加快发展农村电子商务。三是加快快件分拨中心等基础设施建设，提升支撑电商发展能力。四是完善城市快递配送模式。五是加强农村快递网络建设。安徽(蜀山)跨境电子商务产业园、三只松鼠“互联网＋”食品全渠道商业模式电商产业园、阜阳皖北快递产业园等多个电商及快递重点项目均被列入省重大服务业建设工程。

商务部评价组赴砀山县开展“电子商务进农村”绩效评价

2月22日，商务部组织“电子商务进农村”综合示范项目国家评价组赴砀山县对“电子商务进农村”发展情况开展绩效评价。评价组现场查看了砀山县申通快递有限公司、砀山县百世云仓电子商务有限公司和砀山县电子商务产业园等，听取了相关企业经营发展现状介绍。随后，砀山县政府对“电子商务进农村”综合示范项目进行了专题汇报。评价组对砀山县“快递＋电子商务”的发展给予了高度评价，建议继续发挥本地酥梨、黄桃罐头等农副产品优势，聚焦农产品上行功能，大力发展电子商务。

邢小江副局长一行在安徽开展调研

2月23日至24日，国家邮政局副局长邢小江和国家发展改革委基础产业司副司长任虹一行赴安徽合肥、芜湖调研邮政业基础设施和“绿盾”工程建设工作，并指导邮政业发展和邮政监管工作。在合肥、芜湖调研期间，邢小江一行还与合肥市委常委、常务副市长韩冰，芜湖市市长潘朝晖，市委常委、南陵县委书记王丰，副市长胡锡萍就邮政业发展和管理工作交换了意见。国家邮政局政策法规司副司长刘莹、安徽省邮政管理局局长李勇以及相关部门同志陪同调研。

安徽EMS发布极速鲜茶行业解决方案

2月28日，安徽EMS在黄山市举行“鲜茗速递　邮我护航”极速鲜茶行业解决方案发布会，并与黄山市政府签订战略合作协议。安徽省邮政管理局局长李勇出席发布会并致词。发布会上，省EMS介绍了极速鲜茶行业解决方案，通过管家式前端支撑、专家式运输保障、保姆式客服跟进、嵌入式分销合作、助农式金融服务等方案，为茶企茶农提供从销售推广、收寄运输到金融支撑、客服保障的一体化服务。发布会期间，李勇还与黄山市副市长毕普民就黄山邮政业发展事宜进行了会谈交流。安徽局、省农委、市委市政府和市直有关单位领导，以及省快递协会、省茶叶行业协会，EMS总部和16个省EMS分公司、茶商300余人参加会议。

安徽局部署做好全国两会期间寄递服务安保工作

3月，安徽省邮政管理局多措并举，部署做好全国两会期间全省寄递服务安保工作。一是下发文件对做好服务保障工作进行具体布置，要求各市局切实增强政治自觉和责任自觉，做好两会期间寄递服务和安全保障工作。二是组成督查组赶赴重点城市，实地督查两会安保落实情况。三是召开邮政、快递企业安徽区域总部负责人两会寄递渠道服务和安全保障工作动员会。会议还对全省的危化品专项整治行动进行部署。

李勇局长赴砀山县调研指导快递与电商融合发展

3月，安徽省邮政管理局局长李勇赴砀山县调研快递与电商融合发展工作开展情况，砀山县委常委、常务副县长及县交通局主要负责人、宿州市邮政管理局主要负责人陪同。砀山县委常委、常务副县长秦晓明表示，将一如既往关注快递和电商的发展，并提供相应的政策支持。

李勇局长带队赴快递企业总部考察对接

3月，安徽省邮政管理局局长李勇率安庆市大观区政府、市邮政管理局负责人赴申通、韵达等快递企业总部考察，对接快递园区项目建设事宜。李勇指出，安庆市连接皖鄂赣，辐射皖西南，是安徽省快递产业发展的重要节点城市之一，大观区拥有较好的基础和优势，值得各企业在规划布点时认真考虑，并表示省、市邮政管理局将认真做好相关业务指导工作，齐心协力，努力打造电子商务和快递物流业协同发展新的亮点。

李勇局长赴金寨县调研"邮乐购"网点建设

3月7日，安徽省邮政管理局局长李勇一行赴金寨县调研邮政企业"邮乐购"网点建设情况。安徽局政策法规处、人事处、六安市邮政管理局以及金寨县、汤家汇镇政府负责人陪同调研。李勇对邮政企业利用邮乐网和邮掌柜系统，构建邮政农村电商服务体系，推进现代农村流通体系建设的做法给予了充分肯定。李勇指出，邮政企业要加大宣传推广，进一步夯实邮政农村电商发展基础，充分利用邮政网络资源优势，将金寨当地特色农产品销往全国各地，把邮政农村电商项目做优做实。

安徽局召开全省邮政市场监管工作会议

3月10日，安徽省邮政管理局召开全省邮政市场监管工作会议，各市局分管局长、业务科室负责人、县级监管机构业务管理部门负责人参加会议。会议首先传达了国家邮政局市场监管工作会议精神。会议下发了《关于全面推动2017年市场监管工作提质增效的指导意见》，科学应对市场发展新业态新模式，确保行业监管工作创新有为；解读了《安徽省邮政管理局2017年安全监管工作要点》，布置全年安全监管重点工作。

全面推动2017年市场监管工作提质增效

3月，安徽省邮政管理局出台《全面推动2017年市场监管工作提质增效的指导意见》。《指导意见》要求，各市局要积极参与全省商路建设，做好快邮合作牵头协调工作，提高农村邮政营业场所及其他末端设施利用率；充分发挥合肥快递示范城市、皖南快递产业园、蚌埠市电子商务和快递协同发展试点工作引领示范作用；要加强与农委、城建房管等部门沟通协调，积极推动"快递下乡""快递入区"工程，加强与多经营主体的投递合作，共建城市社区和乡镇综合服务平台；要夯实领导责任，强化属地责任落实，逐步健全对企业安全考评的量化指标体系，扎实有效推动"三项制度"落实。

出台推进农业供给侧结构性改革实施意见

3月，安徽省委省政府出台《关于深入推进农业供给侧结构性改革加快培育农业农村发展新动能的实施意见》，邮政业发展获多项利好政策支持。《实施意见》在推进农村电商发展中明确提出，出台全面推进农村电商发展实施方案，促进新型农业经营主体、加工流通企业与电商企业线上线下互动发展。支持农产品电商平台和乡村电商服务站点建设。推动商贸、供销、邮政、电商互联互通，加强从村到乡镇的物流体系建设，实施快递下乡工程。

出台电子商务"十三五"发展规划

3月，安徽省商务厅、网信办、发展改革委联合印发《安徽省电子商务"十三五"发展规划的通知》，快递业作为支撑电子商务发展的重要物流业态，获得多项政策支持。《规划》提出，推进电子商务进农村、进社区、进企业，实现县级电子商务综合服务体系、社区电子商务便民服务网点和大中型企业电子商务应用全覆盖。《规划》要求以"绿色、开放和创新"引领发展，发展物流服务市场，加快打通航空、铁路、水运等交通服务资源，优化电子商务基础设施布局和物流配送网点，统筹利用相关信息资源，创新仓储、运输及配送模式，大幅提高配送效率；解决“快递止于乡镇”等问题，建立适应电子商务发展的物流产业体系；宣传倡导绿色包装、运输、仓储、快递理念，鼓励发展绿色网购模式。

李国英省长提出实现电子商务进农村全覆盖

4月8日，全省电子商务进农村全覆盖工作现场会在砀山县召开。安徽省省长李国英出席会议并讲话。李国英强调，要把发展农村电子商务作为推进农业供给侧结构性改革的重要举措、促进农民增收的重要渠道、实施精准扶贫的重要载体，促进农业提质增效和农民持续增收。李国英对“快递下乡”工程对电子商务进农村的支撑作用表示了肯定。副省长张曙光、省政府秘书长侯淅珉，省商务厅、交通厅、邮政管理局等省直部门及各地市、县区政府主要负责人参加现场会。

出台快递服务现代农业意见

4月，安徽省邮政管理局与省农业委员会联合出台了《关于推进快递服务现代农业的意见》。《意见》明确了快递服务现代农业的总体思路和基本原则，提出了四项主要任务。《意见》还明确支持快递服务现代农业项目，争取各级财政专项资金将符合条件的企业和项目纳入支持范围。组织各地开展快递服务现代农业示范工作，开展快递服务现代农业示范基地建设。到2020年，全省每个市至少培育1个以上，共形成20个以上“一地一品”快递服务特色农产品示范项目。

安徽局荣获2016年度全省综治工作（平安建设）优秀单位

4月，安徽省委、省政府下发《关于2016年度全省综治工作（平安建设）目标管理考评情况的通报》，安徽省邮政管理局被评为2016年度全省综治工作（平安建设）优秀单位。

推动实体零售创新转型

4月，安徽省人民政府办公厅印发《推动实体零售创新转型实施方案》，邮政业获多项政策利好。《实施方案》提出，一是支持有实力的流通企业向农村延伸服务网络，鼓励企业建设符合规划的集商品销售、物流配送、生活服务于一体的乡镇商贸中心。鼓励商贸、供销、图书等流通龙头企业间加强业务合作，推动连锁化、品牌化企业进入社区设立便利店和社区超市，加强与电商、物流、金融、邮政、电信、市政等对接，实现优势互补、资源共享，推进实体终端的服务功能叠加，拓展增值服务空间。二是提高社区店便民服务化程度，打造“一刻钟”便民生活服务圈。三是完善城市配送车辆通行制度，根据配送需求合理确定城市配送车辆的通行区域和时段，增加城市通行高峰时段配送车辆通行许可。减少对城市配送车辆停靠限制措施，施画城市配送车辆专用临时停车位或临时停车港湾。

合肥市部署跨境电商综试区建设任务

中国（合肥）跨境电子商务综合试验区建设工作领导小组办公室下发《关于印发2017年度中国（合肥）跨境电子商务综合试验区重点工作任务分解表的通知》，部署2017年重点工作任务，明确各部门工作职责，进一步强化组织领导，完善工作机制，为全市跨境电商发展再添强劲动力。

王正伟副主席一行调研霍邱县邮政企业电商扶贫工作

4月，全国政协副主席王正伟，全国政协常委、人口资源环境委员会副主任吴双战一行深入霍邱县农村电子商务公共服务中心，调研电商扶贫工作。王正伟对邮政企业开展的电商扶贫等工作给予了充分肯定和称赞，并鼓励邮政企业继续将农村电商与精准扶贫工作有机结合，做好电商扶贫工作。安徽省政协副秘书长、提案委主任曹国强以及市、县有关部门领导陪同调研。

安徽局召开邮件快件实名收寄信息系统推广应用推进会

4月25日,安徽省邮政管理局联合省快递协会召开全省邮件快件实名收寄信息系统推广应用推进会。安徽局局长李勇出席会议,安徽局市场监管处、省快递协会、全省寄递企业区域总部负责人参加会议。会议解读了《安徽省关于加快全国邮件快件实名收寄信息系统推广应用工作的实施方案》。李勇要求,全省寄递企业要按照会议要求,全面推进实名收寄信息系统推广应用试点工作,确保实名收寄信息系统推广应用全覆盖。会议还通报了2017年第一季度全省快递服务质量情况,对省政府办公厅《推进电子商务进农村全覆盖工作方案》进行了宣贯解读。

安徽局部署"一带一路"高峰论坛寄递渠道安保工作

安徽省邮政管理局多措并举,扎实部署"一带一路"国际合作高峰论坛全省寄递渠道安全服务保障工作,确保高峰论坛期间全省寄递渠道安全平稳畅通:一是国家邮政局"一带一路"动员部署电视电话会议召开后,省局党组立即召开专题会议,研究方案措施,贯彻落实会议精神。二是制定并向各市局、各企业区域总部下发《"一带一路"国际合作高峰论坛安徽省寄递渠道安全服务保障工作实施方案》,明确要求,强化措施,压实责任。三是要求各寄递企业区域总部向安徽局提交高峰论坛期间寄递安全和服务保障承诺书,进一步落实企业安全生产主体责任。四是5月3日召开全省邮政管理部门专题会议进行再部署。

连续出台文件推进农业产业化和农村电商发展

5月,安徽省人民政府办公厅相继出台了"一规划两方案"(《安徽省农业现代化推进规划(2016—2020年)》《安徽省推进农业产业化加快发展实施方案(2017—2021年)》《安徽省推进电子商务进农村全覆盖工作方案》,邮政业迎来多项政策利好。

淮上邮政管理局揭牌成立

5月3日,蚌埠市淮上邮政管理局暨淮上区邮政业发展中心正式挂牌成立,安徽省邮政管理局党组书记、局长李勇和蚌埠市委常委、副市长胡启望共同揭牌。安徽局人事处、淮上区政府、市邮政管理局的主要负责人,有关市直机关、市邮政快递企业、区域分拨中心、市快递协会及社会监督员、媒体代表共50余人出席了揭牌仪式。期间,李勇还与胡启望就推动蚌埠市邮政业发展和邮政管理工作进行了会谈交流。

部署寄递渠道安全保障专项行动

5月5日,2017年安徽省寄递渠道安全管理领导小组会议召开。会议通报了全省关于加快邮件快件实名收寄信息系统推广应用工作实施方案及前期开展的工作,审议讨论全省落实收寄验视制度、开展寄递渠道危化品整治等专项活动方案,并专题部署"一带一路"高峰论坛寄递安保联合督查工作。安徽省寄递渠道安全管理领导小组组长、省邮政管理局局长李勇在讲话中强调,各成员单位要积极面对寄递渠道安全管理工作新形势,重点做好党的十九大安全保障、推动三项制度落实、开展常态化联动、严格落实主体责任等方面工作。各成员单位负责人、联络员以及安徽局市场监管处参加会议 。

召开邮政法、《安徽省邮政条例》执法调研座谈会

5月10日,安徽省人大常委会城建环资工委专门召开座谈会,听取安徽省邮政管理局关于邮政法、《安徽省邮政条例》宣贯实施情况的汇报,并就组织开展两部法律法规执法调研作出安排。省

人大常委会城建环资工委主任梅劲和安徽局局长李勇出席会议。会议决定,联合组织调研组,赴部分市开展邮政法、《安徽省邮政条例》执法调研活动,并就调研方案进行了商议。安徽省人大常委会城建环资工委副主任罗昌平、鲍挺、庄庆生,安徽局党组成员、副巡视员鲍黎霞及有关部门负责人参加了座谈。

召开县级邮政管理机构运行推进会

5 月 18 日,全省邮政业县域发展暨县级邮政监管机构运行推进会在阜阳界首召开,全省各市邮政管理局局长、相关部门负责人,全省县级邮政管理局长和邮政业发展中心主任参加会议。安徽省邮政管理局局长李勇就县域邮政业发展和县级邮政管理工作做了重要讲话,界首市委书记徐会东到会致辞,界首市委常委、副市长滕敏等出席会议并陪同参加观摩活动。李勇对界首邮政管理局成立以来,积极向地方政府争取政策,促进快递与电商协同创新发展和企业标准化建设等各项工作情况给予了高度评价。李勇强调:县级监管机构的设立是邮政行业快速发展的需要,是加强行业监管的需要,是服务地方经济发展的迫切需求。对下一步县级机构的建设提出五点要求。

出台现代基础设施体系建设总体规划

5 月 22 日,安徽省人民政府印发《安徽省现代基础设施体系建设总体规划(2017 —2021 年)》,提出加强电子商务发展,加快现代物流体系建设,全省邮政业发展再获新动力。《规划》要求,强化合肥全国性综合交通物流枢纽核心地位,推进综合保税区、铁路国际内陆港等战略性节点建设。发挥铁路干线和高速公路网等交通优势,把芜湖、马鞍山、安庆、蚌埠、阜阳等节点城市打造成为区域性物流中心。加快构筑纵向物流通道,建设提升横向物流通道,串连各级物流中心和节点城市,形成内畅外通的网状物流通道体系。

安徽省邮政业安全中心批复成立

5 月,安徽省机构编制委员会办公室正式批复设立安徽省邮政业安全中心,委托安徽省邮政管理局管理,列入公益一类事业单位序列,正处级建制,核定全额拨款事业编制 11 名。主要职责是:负责全省邮政行业安全监管信息系统运营和维护,承担全省邮政行业安全监管和应急管理相关技术工作。

出台“十三五”综合交通运输体系规划

6 月 2 日,安徽省人民政府办公厅印发《安徽省“十三五”综合交通运输体系发展规划》,邮政和快递作为综合运输体系的重要部分获得多项政策支持。《规划》还提出统筹城乡运输一体发展,提升运输服务水平,建立健全以农村物流枢纽站场为基础,以县、乡、村三级物流节点为支撑的农村物流基础设施网络体系。

安徽局部署开展寄递渠道落实收寄验视制度专项整治活动

6 月,安徽省邮政管理局印发《安徽省寄递渠道落实收寄验视制度专项整治活动实施方案》,部署开展全省寄递渠道落实收寄验视制度专项整治活动。此次专项整治活动以落实收寄验视制度为重点,主要针对寄递安全薄弱环节,通过试寄暗访方式,对寄递企业在收寄快件时行为的规范性进行八个方面的考查、评判,对违法违规行为进行约束,严肃查处不执行收寄验视制度行为。

出台“十三五”信息化发展规划

6 月 13 日,安徽省人民政府出台《安徽省“十三五”信息化发展规划》,提出大力发展电子商务,支持跨境电子商务发展,构建繁荣健康的电子商务生态系统,实施电子商务提升工程。要求积极培育设计、咨询、金融、交通、物流、商贸等生产性服务业，推动现代服务业网络化发展。《规划》还制定了网络扶贫行动，要求大力发展农村电商，建设特色农产品网上销售平台。健全农村电子商务服务体系，加快建设完善贫困地区物流服务网络和设施。邮政业作为电子商务发展的重要支撑，获得多项政策支持。

出台政策推进快递进社区、进农村

6月，安徽省政府办公厅印发《关于进一步扩大旅游文化体育健康养老教育培训等领域消费实施意见》，提出推进快递进社区、进农村，省邮政业发展获支持。《实施意见》提出，要加快铁路货运物流基础设施建设；加强冷链物流基础设施网络建设；加大对农村物流设施等公益性较强的流通设施支持力度，推进农民工生活服务站、农村综合服务中心和电商建设，促进农村服务业发展，扩大农村生活服务消费。《实施意见》强调，要加强电商核心竞争力建设，发展线上线下相结合的新业态，推进全省76个县（市、区）电子商务进农村全覆盖工作，推进快递进社区、进农村。《实施意见》同时明确安徽省邮政管理局为相关工作责任单位。

举办全国邮政行业职业技能大赛安徽省初赛

6月23日至24日，2017年全国邮政行业职业技能大赛安徽省初赛暨全省邮政行业职业技能大赛在淮南联合大学开赛，来自全省16个地市，经过层层选拔的近百名优秀快递从业人员现场展开了理论和实际操作的激烈比拼。国家邮政局职业技能鉴定指导中心主任张小宁，安徽省邮政管理局党组书记、局长李勇，淮南市委常委、副市长张祖保莅临大赛现场出席开幕式并视察了考试现场。经过角逐，来自六安、合肥、阜阳EMS的卢海龙、刘东、于丁丁分别取得冠军、亚军、季军；阜阳中通的张海龙、淮南申通的史志厂、淮南EMS的王振杰分别获得大赛的四、五、六名。

出台现代商务平台体系建设专项规划

6月28日，安徽省人民政府办公厅印发《现代商务平台体系建设专项规划（2017－2021年）》，邮政业作为现代商务平台体系建设的重要内容获得多项政策支持。《规划》强调，加强物流基础设施网络建设。加快整合航空、铁路、水运等交通服务资源，优化电子商务基础设施布局和物流配送网点，创新仓储、运输及配送模式，加强智能冷链物流体系建设。加强城市配送中心规划，在城市社区和村镇布局建设共同配送末端网点，优化城市商业区和社区物流基础设施布局，形成层级合理、规模适当、需求匹配的物流仓储配送网络。加快快件分拨（转运）中心等骨干快递设施建设。

安徽局赴扶贫点调研并召开专题现场会

7月5日，安徽省邮政管理局党组书记、局长李勇到宿州泗县定点帮扶村马宅村调研并召开专题现场会。会上，李勇要求安徽局做好服务保障和指导工作，宿州市邮政管理局全力做好支持配合，驻村工作队要紧紧依靠乡党委和村两委，做好帮扶工作，努力完成扶贫攻坚任务。并要求工作队要尽快建成马宅村电商快递综合服务中心和村邮乐购项目，以及谋划建设日光大棚特种种植项目，以项目支撑带动马宅村贫困户脱贫。安徽局和宿州局相关人员参加会议。

安徽省邮政业安全中心揭牌成立

7月28日，安徽省邮政业安全中心揭牌成立，揭开了安徽邮政管理工作的新篇章，开启了安徽邮政业发展的新历程。国家邮政局副局长刘君和安徽省政府副秘书长赵振华亲临仪式并共同为安徽省邮政业安全中心揭牌。国家邮政局、安徽省编办、省人社厅等相关部门领导，安徽省市邮政管理局、省快递协会负责同志以及邮政、快递企业代表参加了揭牌仪式。

刘君副局长出席合肥市“中国快递示范城市”挂牌仪式

7月28日，合肥“中国快递示范城市”举行挂牌仪式，合肥市市长凌云从国家邮政局副局长刘君手中接过“中国快递示范城市”金色牌匾，宣告合肥市快递业加快发展、转型升级进入新阶段。合肥市是国家邮政局2016年授予的8个“中国快递示范城市”中首个挂牌的城市。同日，安徽省邮政业安全中心成立。期间，刘君还对快递服务现代农业、快递末端网点建设、实名收寄信息系统推广应用等进行调研。国家邮政局市场监管司，安徽省和合肥市、六安市有关部门、协会和企业负责人分别参加上述活动。

马军胜局长调研安徽邮政业发展情况

7月28日至31日，在全国邮政管理局长座谈会召开前后，国家邮政局党组书记、局长马军胜深入安徽合肥、芜湖密集调研寄递企业、电商企业与关联产业，并与当地政府部门座谈，强调行业要抢抓机遇、开拓思路、改革创新，与上下游联动发展，积极融入地方经济，为广大民众和亿万商家提供优质的寄递服务。国家邮政局普服司、市场司、人事司和安徽省邮政管理部门相关负责同志陪同调研。

全国邮政管理局长座谈会在合肥召开

7月29日至30日，国家邮政局在安徽合肥召开全国邮政管理局长座谈会，总结上半年主要工作，分析研判行业面临的新形势新挑战，部署下半年重点任务。国家邮政局党组书记、局长马军胜出席会议并讲话，他强调全系统要坚持问题导向和目标导向，巩固行业发展态势，拓展行业格局，强化行业监管，优化政府服务。国家邮政局党组成员、副局长王梅主持会议，局党组成员、副局长赵晓光、刘君、邢小江出席会议并讲话。各省（区、市）邮政管理局主要领导、国家邮政局机关各司室和直属各单位负责同志参加会议并进行了分组讨论。在安徽期间，马军胜还分别会见了安徽省委副书记、省长李国英，省委副书记信长星，副省长张曙光，就进一步推动邮政业服务安徽经济社会发展工作交换了意见。

张曙光副省长一行调研桐城市村邮乐购站点

7月，安徽省电子商务进农村全覆盖工作推进会在安庆桐城市召开。期间，安徽省副省长张曙光一行专程赴桐城市金神镇现场调研村邮乐购网点运营情况。张曙光指出，村邮乐购站点要继续探索农产品深加工配送，在产品包装上下功夫，提升附加值，增加农民收入。安徽省邮政管理局、省商务厅、省农委、省供销社等部门主要负责人或分管领导陪同调研。

六安茶谷邮政快递服务现代农业示范基地举行揭牌仪式

7月，由六安市政府主办的第十七届六安瓜片茶文化节开幕式在合肥市举行，安徽省政协副主席邵国荷，中国农业科学院茶叶研究所副所长、研究员江用文，安徽省邮政管理局副局长傅风潮，市领导高斌、薛建宏、孙军、杨光祥等出席。开幕式上，安徽局副局长傅风潮、六安市副市长孙军共同为安徽省邮政快递服务现代农业示范基地六安茶谷揭牌。

建立邮政业运行和安全信息日报制度

8月，安徽省邮政业安全中心在国家邮政局邮政业安全中心的指导下，建立了全省邮政业运行和安全信息日报制度。邮政业运行和安全信息日报内容分为邮政业安全监管信息系统监测报告（全网业务量情况及各市业务量负荷及变化情况），实名收寄监测报告，消费者申诉系统监测报告，行业动态、本省动态、各市动态等部分。

阜阳市邮政业安全中心获批设立

8月，阜阳市机构编制委员会印发了《关于设立阜阳市邮政业安全中心的批复》，正式批准设立阜阳市邮政业安全中心。批复文件明确，阜阳市邮政业安全中心为全额拨款事业单位，列入公益一类事业单位序列，正科级建制，核定财政全额拨款事业编制3名，单位领导职数1正。主要职责为负责全市邮政行业安全监管信息系统运营和维护，承担全市邮政行业安全监管和应急管理相关技术工作。市邮政业安全中心的成立将有助于加强全市邮政行业监管，维护寄递渠道安全，保障邮政行业持续健康发展。

顺丰速运举办2017年闸蟹寄递行业解决方案推介会

8月17日，顺丰速运2017年闸蟹寄递行业解决方案推介会暨中南优品产销对接会在合肥举办。安徽省邮政管理局、农委、商务厅、快递协会负责人，以及蚌埠、芜湖、马鞍山等市县政府领导，全省电商、蟹农代表共计数百人出席了推介会。顺丰集团速运事业群CMO李国亮、顺丰集团速运事业群中南大区总裁王峰等在会上致辞。会上，安徽顺丰速运公司被省快递协会授予官方推荐物流合作伙伴，并与安徽淮商商业管理集团股份有限公司、安徽农业科技有限公司共同签署了“扶贫助农电商联盟项目之徽蟹推广”协议。

专题研究党的十九大期间寄递安保工作

9月，安徽省邮政管理局党组召开会议专题研究党的十九大期间寄递渠道安保工作。省局党组书记、局长李勇主持会议，党组成员、副局长傅风潮，副巡视员鲍黎霞参加会议，国家邮政局党组第二巡视组有关成员列席会议。会议分析了当前寄递渠道安全形势，对全省寄递渠道安保工作作出部署。一是提高政治站位，充分认识党的十九大期间寄递安保工作的极端重要性，按照国家局党组的要求，以最高标准、最严措施、最佳状态做好各项安保工作。二是研究并审议通过了《党的十九大期间安徽省寄递渠道安保工作实施方案》，要求从严从细从实抓好落实。三是对近期寄递渠道安保工作作出具体要求。

进一步做好邮政业安全信息报送工作

9月，安徽省邮政管理局出台《关于进一步做好邮政业安全信息报送工作的通知》。《通知》要求各市邮政管理局及寄递企业安徽区域总部，一要提高思想认识，扎实做好安全信息报送工作；二要强化主体责任意识，密切关注突发事件和及时报送相关信息；三要明确报送内容，做到应报尽报；四要加强舆情信息监测，及时核查反馈信息；五要完善检查及通报制度，严格责任追究。

安徽局召开党的十九大寄递渠道安全保卫工作会

9月，安徽省邮政管理局组织召开了安徽省寄递渠道安全管理领导小组联络员会议暨党的十九大寄递渠道安全保卫工作会议。会上，省寄递渠道安全管理领导小组办公室通报了1～9月全省寄递渠道安全管理工作情况及党的十九大期间安保工作方案，对各成员单位间发挥联络员作用、加强部门协作提出工作要求。各成员单位汇报了本部门寄递渠道安全监管工作情况。大家围绕针对工作中存在的问题，讨论解决办法，提出应对措施。

安徽局联合寄递企业总部负责人研究部署寄递渠道安保工作

9月25日，安徽省邮政管理局、省快递协会联合召开了党的十九大期间寄递渠道安全服务保障工作部署会。安徽省邮政公司、省EMS及快递企业安徽区域总部负责人参加会议。安徽局副局长傅风潮到会讲话，省快递协会秘书长罗俊主持会议。会议对企业签订《寄递渠道安全服务保障承诺书》作出安排。

省代表队在全国邮政行业职业技能竞赛中取得优异成绩

9月26日至27日，2017年中国技能大赛——全国邮政行业职业技能竞赛决赛在山东青岛落幕。安徽省代表队的卢海龙、史志厂、于丁丁与其他25个省（区、市）62家企业的70名参赛选手经过激烈角逐。最终，卢海龙、史志厂获得二等奖，于丁丁获得三等奖，安徽省代表队获得优秀团体奖。潘亚运技术指导获得优秀技术指导奖，丁云龙被国家局聘为全国邮政行业职业技能竞赛决赛裁判员。

举办“全省邮政业发展高管研讨会”

9月28日，安徽省快递协会组织召开“全省邮政业发展高管研讨会”。安徽省邮政管理局局长李勇及相关处室负责人，省快递协会会长汪青、行业协调交流专业委员会各成员单位及部分快递企业负责人参加了研讨会。会议由省快递协会副会长、秘书长罗俊主持。会上，各成员单位结合企业特点做了主题发言，从邮快合作、行业协同发展、核心竞争力的提升、末端服务的保障、基层网点的管理、标准化建设、安全制度的落实等方面提出了意见和建议。

出台省级服务业集聚区发展规划

10月9日，安徽省人民政府办公厅印发《省级服务业集聚区发展规划（2017－2021年）》，快递业作为现代物流和电商产业链的重要组成部分获得多项政策支持。《规划》提出重点在合肥、芜湖、蚌埠等国家级物流园区布局城市和重要物流节点城市，整合、建设一批物流园区，推动形成若干物流产业集群。根据实际需求建设货运枢纽型、商贸服务型、生产服务型、口岸服务型等综合性物流园区，打造快递物流、粮食物流、冷链物流、医药物流等专业园区，重点依托主要港口、铁路站场、机场等，建设形成一批多式联运综合枢纽。合肥商贸物流园、芜湖皖南快递产业集聚区等涉及快递业的园区列入提升类或完善类服务业集聚区。

皖西南快递产业园挂牌成立

10月，安徽省皖西南快递产业园在安庆市大观区正式挂牌成立。安徽省邮政管理局局长李勇、安庆市政府副市长张小青、中通速递董事长兼总裁赖梅松出席并讲话。皖西南快递产业园规划总用地面积为1.73平方公里，致力打造集物流中转、仓储托管、货物配送于一体的区域大型物流基地。安庆局，大观区委、区政府负责人出席仪式，市直相关部门以及部分邮政、快递企业负责人参加仪式。

安徽局开展党的十九大寄递安全督查工作

安徽省邮政管理局下发了《关于开展全省寄递渠道安全和服务保障工作督查的通知》，部署寄递安全督查工作。督查工作分为三个工作组，省局领导分别带队，采取不发通知、不打招呼方式对全省各地市寄递企业分拨中心、营业网点进行安全督查。各督查组按照《安徽省寄递业（安全）检查表》内容，重点检查安全设施设备、员工安全教育培训、“三项制度”落实、安全档案建立、安全信息化管理、服务质量申诉及实名收寄信息系统使用等方面情况。对发现的问题，立即要求企业进行整改、市局跟进处理。

安徽局举行全省邮政管理系统新闻宣传业务培训

10月27日，安徽省邮政管理局举办了全省邮政管理系统新闻宣传工作培训班。各市局办公室负责人和通讯员，省局机关相关人员参加培训。安徽局副局长傅风潮出席培训并作开班动员讲话。培训班组织学习了王梅副局长在全国通联工作会议上的重要讲话精神，总结今年以来全系统行业新闻宣传工作成果，表彰了2017年度新闻宣传工作先进集体和先进个人，并重点布置了下一阶段重点工作。

安徽局动员部署党的十九大学习宣传工作

10月30日，安徽省邮政管理局召开党组理论中心组（扩大）学习会议，学习国家邮政局党组、安徽省委省政府学习宣传贯彻党的十九大精神要求，并着力动员部署安徽局学习宣传党的十九大工作。安徽局党组书记、局长李勇主持会议。会议还组织学习了中国共产党第十九次全国代表大会关于《中国共产党章程（修正案）》的决议，以及《人民日报》社论——《夺取新时代中国特色社会主义伟大胜利》。安徽局党组成员、省局机关、省邮政业安全中心全体党员干部参加学习。

安徽局部署“双11”快递旺季服务保障工作

11月1日，安徽省邮政管理局召开各寄递企业安徽区域总部负责人会议，对全省“双11”快递旺季服务保障工作进行再动员再部署。安徽局局长李勇主持会议并讲话。会议对《安徽省邮政管理局快递旺季服务保障工作方案》进行了解读，并结合省情业情实际，提出了快递旺季服务保障工作各项措施要求。

安徽省十部门联合印发物流园区发展规划

11月，安徽省发展改革委、国土资源厅、商务厅、邮政管理局等十部门联合印发《安徽省物流园区发展规划》，快递园区建设作为现代物流的重要载体和“电商安徽”建设的重要支撑，获得重点政策支持。《规划》提出“一核、两轴、多集群”的物流园区空间布局设想，构建覆盖全省、辐射全国、联通全球的物流园区网络。《规划》要求，建设一批专业型物流园区，快递物流园为重点建设领域。在合肥、芜湖、阜阳、蚌埠、安庆等地规划建设具备集中仓储、分拣处理、快速集散、统一配送、商品展示等功能的快递物流园区，推动快递业与电子商务协同发展。依托合肥国际邮件互换局，建设跨境电商物流园。合肥快递产业园、皖南（芜湖）快递产业园等9个快递专业类园区纳入重点专业型物流园区建设目录。《规划》还明确了在开展示范引导、落实用地政策、加大金融支持等方面的保障措施。

安徽省邮政业安全中心微信公众号开通

11月6日，安徽省邮政业安全中心微信公众号正式开通。该公众号将定期推送邮政业安全动态新闻及工作内容，宣传邮政业安全相关政策法规。同时，公众号还提供邮政业法律、法规和行业标准查询功能，并设置了快递网点、快件在途信息查询等版块。消费者还可以通过公众号，向省邮政业消费者申诉受理中心进行在线申诉等功能，为用户提供便利服务。

安徽局召开全省寄递业旺季服务保障工作新闻通气会

11月7日，安徽省邮政管理局召开全省寄递业旺季服务保障工作新闻通气会，就全省邮政业发展情况和2017年“双11”快递业务旺季服务保障工作进行通报和说明。安徽局副局长傅风潮出席通气会并讲话。会后，各媒体单位参观了合肥市环状快递产业园南区的顺丰和韵达分拨中心，全面了解企业在设备投入、场地安排和人员调配等方面备战情况。新华社、人民网、安徽日报、安徽电视台等10多家中央驻皖、省、市主要新闻媒体，安徽局市场监管处，安徽省快递协会，合肥市邮政管理局及相关快递企业负责人参加通气会。

安徽省邮政业安全中心党支部成立

根据中共安徽省邮政管理局机关委员会关于同意成立省邮政业安全中心党支部的相关批复文件，安徽省邮政业安全中心于11月14日在党员活动室召开全体党员大会，选举产生了由胡兵、王映辉、任莹莹三名同志组成的第一届中共安徽省邮政业安全中心支部委员会。随后，安全中心党支部第一届委员会召开了第一次全体委员会议，选举胡兵同志为党支部书记。

印发推进物流降本增效促进实体经济发展实施意见

11 月，安徽省政府办公厅印发《关于进一步推进物流降本增效促进实体经济发展的实施意见》，推出了多项物流业发展政策，邮政业获重点支持。《实施意见》提出，一是深化“放管服”改革；二是加快推进货物通关一体化，通关时间压缩三分之一，建成国际贸易“单一窗口”并发挥作用；三是加快综合物流枢纽和示范物流园区建设；四是完善城乡物流配送体系；五是提升物流与先进制造业、现代农业融合发展水平。《实施意见》还提出了完善相关税收政策、收费清理、用地和融资支持、推广应用高效便捷物流新模式等措施。

建立寄递渠道安全管理联合工作机制

11 月，安徽省邮政管理局联合省公安厅印发了《关于健全工作机制切实加强寄递业安全管理的通知》，健全联合工作机制，进一步加强全省寄递渠道安全管理。

安徽省快递协同发展试验区获批为省级服务业集聚区

12 月，安徽省发展改革委下发文件，公布新认定的 30 个涵盖现代物流、电子商务等八个门类的省级服务业集聚区，其中现代物流集聚区 5 个，位于蚌埠市淮上区的“安徽省快递协同发展试验区”入选。这是自 2015 年肥东县撮镇现代物流园区、2016 年在芜湖皖南快递产业园入围省级服务业集聚区的基础上，安徽省第三家快递类产业园区获批省级服务业集聚区。

砀山县冷链物流项目开工建设

12 月，砀山申雪冷链物流项目奠基仪式在砀山交通商贸物流园举行。安徽省邮政管理局局长李勇，砀山县副县长薛勇、汪丽，申通总部副总裁熊大海，省快递协会秘书长罗俊及市直、县直相关部门负责人参加了奠基仪式。李勇在仪式上讲话并宣布项目建设启动。砀山申雪冷链物流项目由申通快递上海总部投资建设，项目一期占地 80 余亩，总投资 1 亿元，建设万吨级恒温及 －18℃冷冻冷藏库，构建全国各省级冷链运输对接体系，并以冷链快递的方式解决鲜果“无损化”配送难题，与园区内的保税仓、智能云仓共同构成砀山县快递服务现代农业发展体系，实现砀山县农特产品“买全球、卖全球”的格局。砀山申雪冷链物流项目将填补皖北地区鲜果冷链快递的空白，有效解决鲜果冷链配送的瓶颈问题，更好助力砀山县特色农产品上行，标志着宿州市快递服务现代农业水平迈上新的台阶，为皖北地区农村电子商务及快递业发展注入新的活力。

池州市邮政业安全中心正式批复成立

12 月，池州市编委会下发了《关于同意设立市邮政业安全中心的批复》，同意成立市邮政业安全中心。池州市邮政业安全中心为全额拨款事业单位，公益一类，正科级建制，主要承担全市邮政业的安全监管和应急管理相关技术工作。

张曙光副省长批示肯定快递业务旺季服务保障工作

12 月，安徽省副省长张曙光对《安徽省邮政管理局关于全省快递业务旺季服务保障工作情况的报告》作出批示：“省邮政管理局在快递业务旺季服务保障方面，准备充分，措施有力，成效明显，值得肯定。望总结经验，再接再厉，继续抓好各项业务，确保行业持续健康发展。”

安徽局召开党的十九大精神专题培训

12 月，安徽省邮政管理局党组召开全省系统党建工作交流推进会暨党的十九大精神专题培训。各市局党组书记和党务工作者参加了会议。会议传达了全国邮政管理系统党建工作交流推进会精神，安徽局党组书记李勇作了题为《坚定不移全面从严治党，引领全省邮政业迈进新时代》的工作报告。培训邀请了省委讲师团讲师、省委党校胡珺教授作了《习近平新时代中国特色社会主义思想》专题授课。

首个“全国快递科技创新试验基地”落户安徽南陵

国家邮政局复函安徽省芜湖市人民政府,决定授予芜湖市南陵县“全国快递科技创新试验基地”称号。12月28日,受国家邮政局委托,安徽省邮政管理局局长李勇为“全国快递科技创新试验基地(南陵)”授牌。预计到2020年,南陵“全国快递科技创新试验基地”将培育并集聚快递领域科技创新企业不少于20家,总产值超30亿元;建成1~2家国内快递领域技术领先的技术研发中心或研究院,成立若干个由创新型企业、科研院校等构成的产业技术联盟;在快递智能装备、新能源汽车和绿色环保材料方面形成一批拥有自主知识产权、具有产业化前景、能够产生良好经济效益和社会效益的创新成果。同日,南陵邮政管理局也正式揭牌成立。

福建省快递发展大事记

厦门市获评“中国快递示范城市”

1月,国家邮政局发布文件正式同意授予厦门等八个城市“中国快递示范城市”称号,厦门成为福建省第二个获评该称号的地区。福建与浙江成为全国第一批拥有两个“中国快递示范城市”的双子星省份。

裴金佳书记赴厦门市邮件处理中心调研

1月9日,福建省委常委、市委书记裴金佳带队赴厦门市邮件处理中心调研指导邮政业安全生产工作。厦门市委常委、市政府常务副市长黄强,市委常委黄文辉,市政府副市长李辉跃,市安监局、邮政管理局等部门相关负责人陪同调研。

福建省政府工作报告重视发展邮政业

1月18日,福建省第十二届人民代表大会第五次会议召开,省长于伟国在会上作省政府工作报告。报告明确指出要大力发展现代物流业,完善支持物流业发展的用地政策,健全城乡物流配送网络,加快发展冷链物流体系。报告还提出扩大先进制造业和现代服务业项目投资,建立与国际投资贸易通信规则相衔接的制度体系,培育跨境电商、冷链物流等重点业态,推进闽台深度融合,提升“三通”服务水平。

张志南副省长批示肯定邮政管理工作

2月,福建省委常委、常务副省长张志南在省邮政管理局上报的《关于全省邮政管理工作情况的报告》上作出重要批示指出:2016年福建省邮政管理局各项工作成效显著,可喜可贺,望认真贯彻落实全国会议精神,再接再厉,再创佳绩。

沙县邮政管理局揭牌成立

3月13日,三明市首家县级邮政监管机构——沙县邮政管理局正式揭牌成立。

闽侯邮政管理局揭牌成立

3月15日,福州首个县级邮政管理机构——闽侯邮政管理局揭牌成立,这是继晋江、海沧、翔安、沙县之后,全省第五个县级邮政管理机构。

晋江市邮政快递专用电动三轮车获“上路权”

3月底,晋江邮政管理局与晋江市公安局交通警察大队联合印发规范邮政快递专用电动三轮车通行管理的实施意见,邮政快递专用电动三轮车便捷通行获得支持,标志着晋江市邮政快递车辆的规范管理、安全便利通行迈入了新阶段。

全球跨境电商巨头 eBay 落户福州

4 月 7 日，福建省商务厅、福州市人民政府与全球跨境电商巨头——eBay 公司在福州市共同签署战略合作协议，设立 eBay 跨境电商服务中心，助推福州传统制造和外贸企业提升质量、打造品牌、拓展海外市场，同时也将促进福州快递跨境业务发展。

开展《中华人民共和国邮政法》及《福建省邮政条例》执法检查

4 月，福建省人大常委会在全省范围内开展《中华人民共和国邮政法》及《福建省邮政条例》《福建省促进现代物流业发展条例》实施情况执法检查，听取省政府和有关部门工作汇报，深入实地查看企业和网点，对邮政业法律法规的实施情况开展全面检查。

发布关于修改《福建省促进快递行业发展办法》的决定

5 月 4 日，福建省省长于伟国签署第 189 号省政府令，公布《福建省人民政府关于修改〈福建省促进快递行业发展办法〉的决定》。《决定》经福建省人民政府第 90 次常务会议审议通过，自公布之日起施行。《决定》对邮政管理委托执法、实名收寄、过机安检等制度作出进一步明确。

刘可清副主席赴泉开展交通物流融合发展调研

5 月，福建省政协副主席刘可清带队就省政协专题协商议题“推进我省交通物流融合发展”赴泉州开展调研活动。泉州市邮政管理局参加专题座谈会并作发言。座谈会上，泉州局从机构设置有所调整、行业规划有力衔接、跨境业务有效合作、末端服务不断融合、信息共享日益完善等方面介绍了市邮政快递业在推进交通物流融合发展方面所作的努力。同时，结合实际提出四点建议，其中包括规划建设物流园区统筹考虑快递业务发展需求，划分区域建设快递中心；鼓励交通运输、物流快递企业联合构建农村智能配送联盟，引导小件快递物流与农村客运班线结合等内容。调研组表示要将有关意见建议整理汇总加以研究吸收。

龙岩在全省率先成立快递行业自律委员会

5 月，龙岩市快递行业协会召开第一届第三次会员大会，会议表决通过成立龙岩市快递行业自律委员会，并明确了自律委员会的主要职责。龙岩成为全省寄递行业协会中第一个成立行业自律委员会的协会。

泉州邮政快递专用电动三轮车获许上路

5 月，泉州市政府印发专题会议纪要，支持邮政快递专用电动三轮车上路开展邮件快件收派服务，首批 300 部邮政快递专用电动三轮车获许于中心城区上路通行。

福建局组织开展全省邮政业突发事件应急演练

6 月 20 日，福建省邮政管理局在厦门百世快递分拨中心组织开展 2017 年全省邮政业突发事件应急演练。省综治办、省公安厅、省国家安全厅等部门负责同志莅临现场观摩指导，各设区市邮政管理局分管领导及业务部门负责人，各寄递企业福建区部、各市重点快递企业主要负责人及安全生产管理人员共 140 余人参加了演练活动。

莆田仙游邮政管理局对外挂牌成立

6 月 30 日，莆田第一个县级邮政管理机构——仙游邮政管理局对外挂牌成立。福建省邮政管理局党组成员、副局长、纪检组组长王文胜和仙游县副县长郑文炉出席揭牌仪式并发表致辞。

福建局出台文件全面推进“互联网 + 政务服务”

7 月，福建省邮政管理局根据《中华人民共和国邮政法》《中华人民共和国行政许可法》《快递业务经营许可工作优化方案》等法律法规，结合全省快递业务经营许可审批工作实际，出台了《福建省邮政管理局贯彻落实“一趟不用跑”和“最多跑一趟”的指导意见》，全面推进“互联网 + 政务服务”，提升快递经营许可工作效能。

泉州国际邮件互换局兼交换站获批设立

7 月，国家邮政局复函中国邮政集团公司，正式同意设立泉州国际邮件互换局兼交换站，落地晋江陆地港。泉州国际邮件互换局(交换站)的设立，有利于整合利用泉州晋江国际机场、晋江围头港等运输资源，丰富和优化国际邮件路由及运输路线，缩短邮件进出口时间，提高通关效率和传递时限，降低物流成本，对促进外贸发展、更好地服务跨境电商企业具有重要意义。

福建局出台“三项清单”

7 月，福建省邮政管理局依照国家邮政局有关要求，根据相关法律法规，结合地方权限的实际，制定了《福建省邮政行政管理权力清单责任清单和市场准入负面清单》，并获得国家邮政局批复同意。福建局《清单》总共涉及 296 项，具体包括：邮政管理部门权力清单 152 项、邮政管理部门责任清单 134 项、邮政业市场准入负面清单 10 项。每项清单列明了事项名称、依据、行政相对人、简要描述、权力实施主体、承办机构、公开情况和其他需要说明的情况。

出台寄递安全管理工作综合治理考核评价标准

7 月，福建省寄递安全管理工作联席会议办公室正式印发《2017 年福建省寄递安全管理工作综合治理考核评价标准》。福建省寄递安全管理工作联席会议办公室设在福建省邮政管理局。《标准》包含八大项 24 个考核内容，总分 100 分。具体为机制建设 10 分，推动收寄验视、实名收寄、过机安检三项制度落实 30 分，防范打击利用寄递渠道从事各类涉恐涉暴等违法犯罪活动 35 分，督促寄递企业落实安全主体责任 15 分，应急管理 5 分，重大活动安保工作 5 分。另外，八大项中包含减分项目即发生寄递安全责任事故和发生寄递安全群体性事件，以及否决项目即发生特别重大事故。每个项目都有明确的考核标准和自评牵头部门。

首届邮政行业职业技能竞赛举办

7 月 27 日，福建省首届邮政行业职业技能竞赛在福州市成功举办。本次竞赛全省各地市共选拔出 9 支优秀代表队共 36 人参加。比赛最终产生个人一等奖 1 名、二等奖 2 名、三等奖 3 名，共有 3 支代表队分别获得了团体一、二、三等奖。获得本次技能竞赛的第 1 名选手将在推荐申报后由省人力资源和社会保障厅授予“福建省技术能手”的荣誉称号。

福州市出台县域寄递安全管理意见落实寄递安全属地管理

8 月 1 日，福州市政府办正式印发《关于进一步落实县域寄递安全管理工作的实施意见》，标志着福州市成为新修订的《福建省促进快递行业发展办法》出台后的全省首批贯彻委托实施快递市场监督管理规定的城市。《意见》提出了县域寄递安全管理工作新要求，并实现了“四个明确”。一是明确“邮政业发展安全中心”7 县全覆盖。二是明确建立属地领导负责制。三是明确“一限制 + 三考核”加强委托管理。四是明确建立属地部门联合监管长效机制。

王惠敏副省长点赞厦门寄递安保工作

8 月，福建省副省长王惠敏、厦门市公安局副局长林少强一行组成检查组，赴厦门市邮政处理中心检查安全生产工作。厦门市邮政管理局局长陈华、中国邮政厦门公司总经理王晓文、市邮政速递物流公司副总经理陈松陪同。期间，王惠敏对厦门局寄递安全管理工作给予充分肯定，并对企业下一步安全生产提出具体要求。王惠敏要求，邮政企业要做好行业表率作用，严格落实企业主体责任，抓好各项邮件快件安保制度，有效保障寄递渠道安全。他强调，邮政管理部门要加强与公安局、安全局等安全保障单位的联动，相互协作共同保障邮件快件寄递安全。

福建实名收寄系统日采集量超过100万

据福建省邮件快件实名收寄信息系统数据显示，8月份起福建日实名采集量已超过100万，其中通过管局系统采集的36万左右，其余为企业自采。

梁金焰副厅长调研泉州顺丰

为促进全省交通物流创新发展，探索先进物流企业创新发展模式、借鉴先进管理经验，8月2日，福建省交通运输厅副厅长梁金焰、省安监处处长高军刚、省运管局局长雷文忠、泉州市交通委副主任杨琦伟等一行赴泉州顺丰磁灶总部调研考察。梁金焰对泉州顺丰认真抓好寄递安全三项制度落实表示高度认可。

漳州诏安、平和两县分获2000万元资金扶持

8月，漳州市诏安、平和两县成功列入国家级农村电子商务示范县名单，各获得2000万元中央财政资金的直接扶持，启动电子商务进农村示范创建活动。

三明高职院校入选首批国家级邮政和快递类示范专业点

8月，国家教育部公示了首批22个全国职业院校邮政和快递类示范专业点名单，三明职业技术学院物流管理专业（邮政快递方向）成功入选。

福建局印发全省寄递渠道安全生产大检查工作实施方案

8月，为持续推进福建省寄递渠道安全生产大检查工作，做好厦门重大活动、党的十九大期间的寄递渠道安保工作，福建省邮政管理局根据《福建省安全生产大检查工作实施方案》，结合全省邮政业实际，制定了《全省寄递渠道安全生产大检查工作实施方案》，决定从8月21日起至2018年春节前，在全省集中开展寄递渠道安全生产大检查。

中欧（厦门）班列首次经国际海铁延伸东盟

8月26日，中欧（厦门）班列直通线搭载着来自东盟十国之一越南的货物开往欧洲，系班列首次通过国际海铁联运延伸至东盟。这意味着中欧（厦门）班列开启东南亚到亚欧的物流新通道。

刘君副局长赴厦门检查督导金砖会晤寄递渠道安全服务保障工作

8月29日，国家邮政局副局长刘君赴厦门检查督导金砖会晤寄递渠道安全保障工作。刘君要求，各级邮政管理部门和邮政业全体干部员工要牢固树立“四个意识”，提高政治站位，采取有效措施，全力做好决战攻坚阶段寄递渠道安全保障工作，确保寄递渠道安全畅通和行业平稳运行，为党的十九大胜利召开营造良好寄递环境。公安部治安管理局相关负责同志，国家邮政局市场监管司、福建省邮政管理局主要负责同志陪同督导。

泉州市快递数据实时分析展示系统全面落地

9月，泉州市快递数据实时分析展示系统全面落地。此前，该信息系统实时数据仅在浙江省义乌国际商贸城展出。泉州快递数据实时分析展示系统通过大数据获得全国规模以上快递企业实时生产数据，可实现对全行业实时生产的监控和监测预警。通过该系统的数据分析研判，可为制造企业、电商商家等在调整产能、寻找商机、优化仓配方面提供实时数据支撑，对推动产业需求和行业发展有重要的现实意义。泉州快递数据实时分析展示系统作为城市对外展示窗口之一，有利于

更好地推动泉州市快递服务业转型升级,促进上下游产业协同发展,进一步融入泉州市“互联网+”行动,深化“智慧泉州”建设。

马军胜局长肯定福建局厦门金砖会晤寄递安保服务工作

9月,国家邮政局局长马军胜就福建局关于厦门金砖会晤全省寄递渠道安全保障工作情况的报告作出批示:福建局对金砖会晤寄递渠道安保和服务工作高度重视,工作扎实,采取的措施有力有效。望认真总结经验,按照“打一仗,进一步”的要求,将有效做法转换成长效工作机制,推进福建省邮政业健康发展。

福建局被授予“厦门会晤筹备及服务保障工作先进集体”称号

10月,福建省委、省政府及厦门市委、市政府总结表彰了厦门会晤筹备和服务保障工作过程中表现突出的集体和个人。福建省邮政管理局被福建省委、省政府授予厦门会晤筹备和服务保障工作先进集体的荣誉称号。福建省邮政管理局和各市局推荐的9名干部职工被福建省委、省政府授予厦门会晤筹备和服务保障工作先进个人的荣誉称号。2名干部职工、8名寄递企业工作人员被厦门市委、市政府授予厦门会晤筹备和服务保障工作先进个人的荣誉称号。2名寄递企业工作人员被漳州市委、市政府授予厦门会晤筹备和服务保障工作先进个人的荣誉称号。

王文胜副局长一行在榕督导检查党的十九大寄递渠道安保工作

10月19日,福建省邮政管理局副局长王文胜一行来福州督导检查党的十九大寄递渠道安保工作落实情况,福州市邮政管理局领导陪同检查。夜间,督导检查组为最真实地了解福州市党的十九大寄递渠道安保措施落实情况,采取不提前打招呼、直奔现场检查的方式,实地督查该市百世、申通等品牌企业处理中心,现场查看处理中心安全生产配置和管理落实情况,以及使用实名收寄检查扫描设备抽查实名收寄和收寄验视落实情况,并通过抽查监控和安检记录检查安检机使用、北京件过机安检等情况。

福州市邮政业纳入全国供应链体系建设获利好

10月,福州入选全国供应链体系建设首批重点城市,获得8000万元专项发展资金。同时,邮政行业也被纳入该体系建设领域。

马军胜局长到福建督导业务旺季服务保障工作

11月12日至14日,国家邮政局局长马军胜赶往福建福州、莆田、厦门等地,深入邮政、快递企业和邮政管理部门调研督导快递旺季服务保障工作,慰问奋战在一线的行业干部职工。调研期间,马军胜还在福建省及福州、莆田邮政管理局进行了座谈,查看视频监控中心等安全基础设施建设情况,慰问广大一线邮政管理工作者。他指出,今年业务旺季是党的十九大召开后邮政业面临的第一次大考,安全平稳度峰是学习贯彻党的十九大精神、践行以人民为中心发展思想的重要举措。全系统要高度重视精心组织,全力以赴做好旺季保障工作,绝不可麻痹大意;要重点关注末端投递等重要环节,更多地关注和关爱行业一线员工;要确保寄递渠道安全,将安全管严管细管实,主动引领行业转型升级和提质增效。国家邮政局市场监管司相关负责人,福建省邮政管理局主要负责同志陪同督导。

福州成立全省首个市级邮政业安全中心

11月28日,福州市邮政业发展与安全服务中心正式完成事业单位法人登记,标志着全省首个市级安全中心正式成立。该中心主要职责为协助开展邮政业安全生产监管工作,保障邮政通信与信息安全,保护用户合法权益,促进邮政行业健康发展。同时,安全中心运行经费市政府已明确批示要求市财政局按照配置不少于25人的标准予以支持、核拨每年预算经费。

福清邮政管理局揭牌成立

12月26日，福州市福清邮政管理局揭牌成立，这是继闽侯局之后福州市第二个、全省第七个县级邮政管理机构。

福建局市场监管处被授予“全省社会治安综合治理先进集体”称号

12月27日，福建省社会治安综合治理表彰大会在福州举行，省委省政府对全省各行业领域社会治安综合治理工作成效突出的先进集体和先进个人进行了表彰，福建省邮政管理局市场监管处被授予“全省社会治安综合治理先进集体”称号。

平潭到台湾“台北快轮”首航 实现海运国际快件出口新突破

12月28日，平潭到台湾“台北快轮”货运滚装航线首舱仪式在平潭金井码头举行。当天，韵达国际快递的7吨快件也将搭乘这艘万吨货物滚装船从平潭首航驶往台湾，实现福州海运国际快件出口的又一次突破。

武夷山邮政管理局揭牌成立

12月28日，南平市第一个县级邮政管理机构——武夷山邮政管理局揭牌成立。福建省邮政管理局副局长、南平市邮政管理局局长、武夷山市常务副市长、武夷山邮政管理局局长共同为武夷山邮政管理局揭牌。武夷山市委、市政府有关部门以及武夷山市邮政公司、快递企业负责人参加了仪式。

江西省快递发展大事记

发布《江西省邮政业发展“十三五”规划》

1月，江西省邮政管理局与江西省发展改革委联合对外发布了《江西省邮政业发展“十三五”规划》。《规划》全面回顾了江西邮政业“十二五”时期发展概况和取得的成果，科学分析了“十三五”期间的主要形势，明确了“十三五”时期江西邮政业发展的指导思想、基本原则，提出了到2020年，全省邮政业业务总量突破220亿元，业务收入超过160亿元，实现邮政业在发展规模、创新能力、服务能力、服务水平、竞争实力五个方面的大幅跨越。《规划》提出了八项主要任务，明确了六项保障措施。

江西局召开2017年全省邮政管理工作会议

1月，江西省邮政管理局召开全省邮政管理工作会。会议强调，2017年要深入贯彻落实习近平总书记系列重要讲话精神和治国理政新理念新思想新战略，按照全国邮政管理工作会议和全省经济工作会议部署，牢固树立和贯彻落实“打通上下游、拓展产业链、画大同心圆、构建生态圈”新发展思路，全面落实《江西省人民政府关于促进快递业发展的若干意见》和《江西省邮政业发展“十三五”规划》，按照“高标准、高质量、创一流”的工作要求，以提高发展质量和效益为中心，以深化供给侧结构性改革为主线，围绕“发展、服务、安全”三大主题，更加注重创新驱动、更加注重优化结构、更加注重补齐短板、更加注重联动融合，全力推进行业发展迈上新台阶，坚决防范和遏制重大寄递安全事故发生，为全面建成与小康社会相适应的现代邮政业而努力奋斗，以优异成绩迎接党的十九大胜利召开。

赣州市获首批“全国快递服务现代农业示范基地”称号

2月，国家邮政局授予赣州市“全国快递服务现代农业示范基地”称号，赣州市成为全国首批7个快递服务现代农业示范基地之一。赣州市“全国快递服务现代农业示范基地”建设立足于赣南脐橙项目,赣州是全国最适宜种植脐橙的地区之一,目前已成为脐橙种植面积世界第一、年产量世界第三、全国最大的脐橙主产区,被誉为“世界橙乡”。

督导检查全国两会寄递渠道安保工作

3月,江西省邮政管理局与省国家安全厅等单位组成检查组,对赣州、吉安、新余三个地市全国两会期间寄递渠道安保工作进行督导检查。座谈会后,检查组通过抽查快件、查看监控、询问员工等方式先后抽查了三地申通、顺丰、中通等多家寄递企业的生产作业场地,对进京进疆寄递渠道安全情况进行了重点检查。

江西局召开2017年全省邮政普遍服务和市场监管工作会议

3月16日至17日,江西省邮政管理局召开了2017年全省邮政普遍服务和市场监管工作会议,贯彻全国邮政普遍服务和市场监管工作会议以及全省邮政管理工作会议精神。会议提出,要按照“两高一创”的工作要求,以深化供给侧结构性改革为主线,以保障行业安全发展为原则,以加强行业服务能力建设为基础,以强化行业监督管理为重点,以激发行业内生动力为关键,解放思想应常态,干事创业善作为,以更大的担当引领行业发展,以优异成绩迎接党的十九大胜利召开。

江西局动员部署推进落实企业寄递安全主体责任

3月25日,江西省邮政管理局召开推进落实企业寄递安全主体责任动员部署会议,邮政、顺丰等32家省级寄递企业参会。江西局副局长周慧锋做动员讲话。会议要求,全省邮政监管部门要切实履行好监管职责,重点监管企业落实寄递安全主体责任,对弄虚作假、履职不到位的企业,将依法依规从重从快处罚。顺丰、圆通等四家企业的相关负责人发言表示,2017年会按照国家邮政局和江西局的要求加大收寄验视力度,强化内部检查考核,加强内控管理。

江西局举行“一带一路”国际合作高峰论坛寄递渠道安保培训

5月3日,江西省邮政管理局举办“一带一路”国际合作高峰论坛寄递渠道安全服务保障培训班,全面部署高峰论坛期间寄递安保服务工作和当前寄递渠道反恐怖防范工作。江西省邮政管理局党组成员、副局长周慧锋出席会议并讲话。江西局“一带一路”高峰论坛寄递渠道安全服务保障工作领导小组成员,各市邮政管理局分管领导和市场监管科(行业管理科)负责人,省级网络型寄递企业负责人和本企业安全管理机构负责人,省快递行业协会秘书长参加了会议。

江西局组织研讨破解城市末端服务问题

5月,江西省邮政管理局政策法规处组织邮政、速递、顺丰、申通、圆通、中通等18家省级寄递企业召开“解决城市末端服务问题”座谈会。政策法规处在汲取其他城市解决末端服务的经验做法的基础上,制定了《关于解决城市快递末端服务问题的方案(讨论稿)》,着重围绕快递进社区、校区、商区等和快递专用电动三轮车城区通行、停靠等提出了措施方法,如建设城区快递服务站、设置智能快件箱、设立快件集中收发场所,以及加强快递专用电动三轮车规范化管理等。座谈会上,大家围绕《方案》,结合实际,积极讨论。针对大家提出的问题,政策法规处与企业代表一起深入探讨了解决措施和办法。

江西局督导检查“一带一路”高峰论坛寄递渠道安保工作

5月8日至12日,江西省邮政管理局对各市局工作落实情况进行督导检查。此次督导检查,省局2个检查组分别到南昌、宜春、新余、吉安、九江、上饶、景德镇、鹰潭、抚州等9个地市,重点督查各市局贯彻落实递渠道安全服务保障工作部署的情况以及企业推进落实寄递安全主体责任工作开展情况等。

江西省政府发展与统计联席会考察快递园区

5月，江西省政府发展与统计联席会组织省发展改革委、统计局、财政厅、交通厅、商务厅和邮政管理局等15家成员单位深入吉安市快递产业园考察调研，对园区的创建和取得的成绩给予了高度评价。

出台“实体零售创新15条”利好邮政业

7月14日，江西省政府办公厅发布《关于促进实体零售创新转型的实施意见》（赣府厅发〔2017〕25号），提出了15条干货措施，强化实体零售发展的政策支撑。邮政、快递担当促进实体零售发展的角色，从中获得政策支持。《实施意见》提出，要整合利用商务、农业、供销、邮政、新闻出版和企业资源，鼓励推进“快递下乡”工程，构建农村“快递高速公路”，延伸农村服务网络，充实完善农村流通体系；在限制通行路段和时段，经公安机关交通管理部门同意，配送车辆在确保安全的前提下，可以通行；对城市配送车辆在配送途中发生道路交通事故，因调查取证需要扣留车辆的，在对车辆所载货物重量、体积进行核实后，及时通知车辆所有人自行处理车辆所载货物。

江西局获省“综治工作（平安建设）先进单位”称号

7月，江西省社会治安综合治理委员会表彰江西省邮政管理局为“2016年度全省综治工作（平安建设）先进单位”。

出台《江西省药品流通行业发展“十三五”规划》

7月18日，江西省发布《江西省药品流通行业发展“十三五”规划》，推进线上线下融合发展，鼓励企业开展基于互联网的服务创新，丰富药品流通渠道和发展模式，为邮政、快递企业拓展同城配送业务，打开了市场，提供了机遇。

举办江西省2017年“振兴杯”职业技能大赛

7月30日，江西省“振兴杯”邮政行业职业技能大赛圆满结束。本次竞赛，各市局共选拔出13支优秀代表队共38名选手参加比赛。对在竞赛中获前3名的个人，由江西省人力资源和社会保障厅授予“江西省技术能手”称号，颁发相应职业技师（国家职业资格二级）资格证书。对35岁以下的获奖选手由省人力资源和社会保障厅授予“江西省青年岗位能手”称号。对女性选手由江西省人力资源和社会保障厅授予“巾帼建功标兵”称号。获第4名至6名的选手，由江西省人力资源和社会保障厅颁发相应职业（工种）的高级工（国家三级）职业资格证书。江西省邮政管理局从获奖选手中筛选3名选手代表江西省邮政业参加全国邮政行业职业技能竞赛。

部署金砖会晤寄递安全

8月，江西省邮政管理局联合省综治办、公安及国安等部门组织召开金砖会晤寄递渠道安全服务保障工作会议，部署安排金砖会晤期间全省寄递渠道安全服务保障工作。省级网络型寄递企业主要负责人、安全管理机构负责人，省快递行业协会秘书长等参加了会议。会议首先传达学习了国家局对金砖会晤期间寄递渠道安全的相关部署要求，对省局制定下发的《金砖国家领导人第九次会晤寄递渠道安全服务保障工作实施方案》进行了详细解读，并与各省级企业签订了安全责任书。

马军胜局长深入江西调研

9月2日至5日，国家邮政局党组书记、局长马军胜一行深入江西省、市、县、乡级邮政企业和村邮站，基层快递企业以及邮政管理部门，调研邮政业发展和更贴近民生7件实事落实情况，马军胜强调要转变观念，拓展思路，创新转型，以完成

"7件实事"为抓手，促进行业转型升级，不断提升服务电商网购、现代农业和现代制造业的能力和水平。江西省委书记、分管副省长分别会见了马军胜一行，就加快邮政业创新转型，更好服务民生等工作交换了意见。国家邮政局普遍服务司、办公室、江西省邮政管理局相关人员陪同调研。

江西局、山东局签订党建"双联共建"合作协议

9月27日，江西省邮政管理局与山东省邮政管理局签订了《山东、江西邮政管理系统建立党建"双联共建"协议》。通过实地考察和协商，双方提出了五项共建目标：一是党建工作机制共享共建；二是制度建设成效共享共建；三是党性教育资源共享共建；四是队伍培养模式共享共建；五是行业发展经验共享共建。两省局明确了共建措施，为开展交流合作提出了具体要求。通过沟通协调，充分发挥双联共建工作，与落实全面从严治党责任、推动现代邮政业发展等相结合，着力增强干事创业工作本领，着力强化为群众服务能力，发挥党建引领带动作用，推动国家邮政局各项任务落到实处。

江西局动员部署党的十九大全省寄递渠道安全服务保障工作

9月29日，江西省邮政管理局召开党的十九大期间寄递渠道安全服务保障工作动员部署会议，会议认真贯彻落实国家邮政局电视电话会议精神，动员部署江西省党的十九大寄递渠道安全服务保障工作。江西局党组成员、副局长周慧锋，省综治办、省公安厅、省国家安全厅等有关领导出席会议并讲话，各市局分管局领导，省级寄递企业负责人及安全生产管理机构负责人、省快递协会秘书长参加了会议。会议要求，各市局、省级寄递企业要在巩固前期工作成效的基础上，紧紧围绕"四个严防、二个确保"目标，认真贯彻落实《中国共产党第十九次全国代表大会期间江西省寄递渠道安全服务保障工作实施方案》，立体防控，严防死守，确保寄递渠道安全畅通，确保邮政行业平稳运行。

江西于都快递员肖福明勇救落水儿童

10月6日下午3时许，地处江西赣州市于都县和瑞金市交界处的留金坝水库下游，5名小孩在水面的小竹排玩耍时不慎落水，于都圆通快递员肖福明和村民陈小金、陈璇先后下水救人，5名小孩全部获救，肖福明不幸遇难。肖福明三人英勇救人的事迹受到社会的广泛关注，引起了各级领导的高度重视，江西省邮政管理局得知消息后，迅速派专人赶赴于都看望慰问救人英雄肖福明的家属亲人，了解情况，并安排做好英雄事迹的宣传报道工作。

省委政法委刘烁副书记充分肯定江省寄递安全监管工作成效

10月16日，江西省委政法委副书记、省综治办主任刘烁在全省易制爆危险化学品和寄递物流企业安全教育警示大会上，对江西省邮政管理局加强寄递安全监管采取的措施和工作成效给予充分肯定和表扬。

江西局加快推进实名收寄信息系统推广应用

为深入推进实名收寄信息系统推广应用工作，江西省邮政管理局在总结4个试点城市取得经验的基础上，将推广范围扩大到全省各设区市，组织全省全系统再动员、再部署，提出下一步更有针对性的工作措施：一是提高认识，狠抓实名工作落实；二是落实责任，督导企业实施落地；三是倒排时间，确保完成阶段目标；四是专人专责，扎实加快推进步伐；五是强化执法，倒逼企业落实责任。

江西局学习宣传贯彻党的十九大精神

10月，江西省邮政管理局召开党组理论学习中心组（扩大）学习会议，专题学习党的十九大精神。江西局党组成员、处级以上领导干部以及各

市局党组书记(主要负责人)参加。会议学习了十九届中央委员会第一次全体会议公报和十九届中央纪律检查委员会第一次全体会议公报、《党章》修改内容,江西局党组书记、局长杜继涛结合10月26日省委书记鹿心社在全省领导干部会议上的讲话,对党的十九大精神进行了宣讲。

江西局邀请新闻媒体“探访”旺季快递企业

11月14日,江西省邮政管理局邀请江西日报、江西电视台、江西晨报等主流新闻媒体记者深入顺丰速运、中通快递、百世快递等快递企业实地采访。记者们对集中式的业务量暴增所带来的不利影响表示理解,对邮政管理部门和快递企业采取的有效保障措施所带来的明显变化表示赞许。记者们在采访中表示,要加强与邮政管理部门和快递企业的沟通联系,了解快递小哥们的辛劳,多宣传报道行业发展的正能量,报道快递在服务民生和服务社会经济中发展发挥的积极作用。

江西局深入一线督导检查快递业务旺季服务保障工作

11月,江西省邮政管理局由局领导带队,分两个督导检查组先后对邮政、圆通、顺丰、百世等主要寄递企业省级分拨中心就落实快递业务旺季服务保障工作进行了督导检查。督导检查组详细了解分拨中心和末端网点运行情况,亲切慰问一线作业员工,全面检查企业快递业务旺季服务保障情况。督导组要求企业,要坚持讲政治、顾大局,全力维护党的十九大后和谐稳定的社会局面;要以实现“两不”“三保”为目标,努力做质量“双11”,规范邮件快件分拣,做到不着地、不抛件;要注意天气变化带来的不利影响,尤其是“洪峰”期间,采取好应对措施;要加强对重点线路、重点地区监测预警,抓住分拨中心处理和末端网点投递两个节点,确保渠道畅通和时效保证;要妥善处置好消费投诉,积极应对媒体宣传报道,主动提供企业正能量素材;要切实落实寄递安全主体责任,执行寄递安全管理“三项制度”,加强安全隐患自查自纠,妥善处理各类纠纷。

江西局部署中国共产党与世界政党高层对话会期间寄递渠道安保工作

11月,江西省邮政管理局接到国家邮政局紧急通知,立即连夜安排部署中国共产党与世界政党高层对话会期间寄递渠道安全服务保障工作。江西局指出,做好对话会期间寄递渠道安全服务保障工作是党中央和国务院交给各级邮政管理部门的重要政治任务,各局要提高认识,强化底线思维、危机意识和问题导向,从严从实从细做好相关工作。各市局随之进行全面部署落实,第一时间通知各寄递企业做好邮件、快件路由调整和进京流量控制,统筹安排网络资源,落实企业安全生产主体责任,严格执行寄递渠道“收寄验视、实名收寄、过机安检”三项制度,规范受理消费者投诉工作,强化安全防范和应急管理,确保行业整体平稳运行。

慰问赣州救人牺牲快递员亲属

11月30日,江西省邮政管理局办公室主任巴颜林、省快递行业协会秘书长谈让也一行来到舍己救人英雄肖福明家中,代表全省邮政系统看望慰问肖福明的家属,并送上全省快递行业开展“学英雄,献爱心”活动募集到的捐款172420元,以表达对救人英雄的崇敬之情。巴颜林一行向肖福明家属转达了省邮政管理局党组的关心和问候,详细了解他们的生活和子女的学习情况,嘱咐他们要保重身体,把子女抚养好。并要求地方邮政管理部门和快递企业要关注关心他们的生活,提供尽可能多的帮助。肖福明的家属表示了感谢。截至当日,全行业已募集捐款合计66.45万元。

山东省快递发展大事记

烟台大樱桃项目入选首批全国快递服务现代农业示范基地

国家邮政局下发《国家邮政局关于公布首批全国快递服务现代农业示范基地的通知》,烟台市大樱桃项目被列为首批 7 个全国快递服务现代农业示范基地之一。

菏泽获批创建国家电子商务示范城市

1 月,国家发展改革委、商务部等七部门联合下发通知,同意菏泽市等 17 个城市创建国家电子商务示范城市。菏泽成为山东省此次唯一获批城市。

山东局召开 2017 年全省邮政管理工作会议

1 月,2017 年山东省邮政管理工作会议召开。会议传达学习全国邮政管理工作会议精神,山东局党组书记、局长赵民作工作报告。会议回顾总结了 2016 年工作,深入分析了行业发展形势和面临的机遇挑战,安排部署了 2017 年工作任务。按照全国邮政管理工作会议精神,会议明确提出了坚持稳中求进工作总基调,牢固树立和贯彻落实新发展理念,适应把握经济发展新常态,以深化供给侧结构性改革为主线,以提高发展质量和效益为中心,以法治邮政建设为基础,坚持"全面落实从严治党责任、全面推进行业转型升级、全面夯实安全生产基础、全面加强基础能力建设"四轮驱动的总体思路。

马军胜局长赴山东调研行业发展

1 月 13 日至 14 日,国家邮政局党组书记、局长马军胜赴山东菏泽、济宁两地,调研邮政业发展和服务情况,代表局党组慰问邮政、快递企业和邮政管理部门一线干部员工,向他们致以新春问候和良好祝愿。国家邮政局普遍服务司、市场监管司和山东省邮政管理局负责人陪同调研慰问。调研期间,马军胜对寄递企业与电商融合联动,协同发展,为地方经济发展提供有力支撑给予充分肯定。同时也对邮政管理部门立足实际,全面服务行业发展,有效保障寄递渠道安全,全面推进"快递下乡"等工作给予充分肯定,希望大家在新的一年里全面加强党的建设和全面从严治党,与以习近平同志为核心的党中央保持高度一致。马军胜还与地方有关负责同志就加快邮政业发展交换了意见。

启动编制促进电子商务发展三年行动实施方案

1 月,山东省政府启动编制《促进电子商务发展三年行动实施方案》,快递服务业与电子商务融合发展再获利好。在《方案》提出的五大主要任务中,涉及快递服务业的有 5 项,包括物流快递效能优化、推动跨地区跨行业智慧信息平台建设、促进快递配送站建设、支持快递服务网络向农村延伸和进校园,鼓励快递企业发展"仓配一体化"服务等。《方案》的制定和实施,将对进一步推进快递服务与电子商务协同发展等具有深远意义。

青岛市被授予全国首批"中国快递示范城市"称号

1 月,经国家邮政局批复同意,青岛市作为山东省唯一入选城市,被正式授予"中国快递示范城市"称号。

山东局调研组指导淄博局推进行业立法工作

1 月,山东省邮政管理局调研组一行赴淄博市邮政管理局指导推进行业立法工作,淄博市政府法制办、淄博市局相关负责同志陪同调研。调研组指出,《淄博市快递管理办法》已连续两年列入市政府立法调研计划,要根据新《立法法》颁布实施后提出的新要求,结合全市快递行业发展实际,研究确定亟需立法解决的现实问题,尽快确立立法目的和立法方向,强化立法调研、合法性审查和可行性研究,推进行业立法工作有效开展。

王书坚副省长对全省邮政管理工作作出重要批示

1月,山东省副省长王书坚对全省邮政管理工作给予批示肯定,并对下一步邮政业发展作出明确指示。王书坚指出,2016年,全省邮政管理系统广大干部职工履职尽责、扎实工作,在加强党的建设、推动政策落地、夯实安全基础、加快转型升级、扩大有效供给等方面做了大量工作,取得了显著成绩。希望新的一年里,再接再厉,奋发有为,全面落实从严治党责任,适应把握经济发展新常态,加快行业转型升级步伐,促进城乡邮政服务协调发展,强化寄递安全监管,提升管理水平和服务质量,努力推动全省邮政业再上新水平,为经济社会发展和服务民生改善做出新的更大贡献。

印发《关于促进邮政和快递服务业发展的实施意见》

1月19日,山东省人民政府1号文件印发《关于促进邮政和快递服务业发展的实施意见》,细化责任分工,明确落实部门。意见要求,各市政府要结合本地实际,建立健全工作机制,加大政策和资金支持力度。各有关部门要加强协调配合,按照职责分工完善细化相关配套措施,并抓好政策贯彻落实,共同推进山东省邮政和快递服务业健康发展。

召开2017年山东省邮政行业职业技能鉴定工作座谈会

2月,2017年全省邮政行业职业技能鉴定工作座谈会召开。山东省邮政管理局党组成员、纪检组长、副局长胡世光出席会议。会议总结山东省2016年的职业技能鉴定的各项工作,并对2017年的工作任务进行了部署。对2016年度职业技能鉴定目标管理考核结果优秀的单位和个人进行了表彰,组织获奖单位和个人代表做了交流发言。

启动城市共同配送末端网点考核验收和绩效评价工作

2月,山东省商务厅、财政厅、省邮政管理局联合下发文件 ,启动城市共同配送末端网点(智能快件箱)考核验收和绩效评价工作。本次考核验收的是5个试点城市的项目实施建设情况,验收小组将采取听取情况介绍、现场检查等形式开展考核验收和绩效评价工作。为后续两年该项工作的开展汲取经验、奠定基础,对加快城市基础公共设施建设,推动全省快递行业和电子商务协同发展起到积极作用。

山东局组织召开加盟制快递网络座谈会

2月,山东省邮政管理局召开加盟制快递网络座谈会,11家加盟制快递网络负责人参会。山东局局长赵民主持会议,相关处室负责人参加会议。座谈会上,各企业负责人介绍了网络目前运营情况、存在的困难及采取的措施,并围绕快递市场竞争、加盟模式利益分配、快递园区建设、快递业务员待遇、末端网点扶持、快递车辆通行、服务质量保障等关乎行业发展的瓶颈性问题,提出了相关的意见和建议。会议指出,快递业近期出现的问题是暂时的,大家要坚定发展信念,只有发展才能解决发展中出现的问题。

山东局做好全国两会期间寄递渠道安全保障工作

2月,按照国家邮政局《关于做好全国"两会"期间邮政、快递服务和安全工作的通知》要求,山东省邮政管理局积极采取措施,认真做到全省寄递渠道安全保障工作:一是下发通知,提前安排部署相关工作。二是开展检查,督导市局、企业抓好落实工作。三是发挥协作机制作用,推动安全生产属地综合治理。

马军胜局长对山东局工作作出重要批示

2月,山东省邮政管理局向国家邮政局呈送了《关于出台〈山东省人民政府关于促进邮政和快递服务业发展的实施意见(鲁政发〔2017〕1号)〉的专报》,国家邮政局对山东局的工作给予充分肯定。国家邮政局局长马军胜作出重要批示,并要求将该文件转发各省学习借鉴。马军胜指出:“山东省局利用贯彻国发61号文件的契机,推动省政府出台指导邮政、快递发展的落实文件,这种结合实际主动创新的做法值得肯定。文件内容丰富、目标明确、措施有力、政策含金量高,望抓好贯彻落实,借此东风促进山东邮政、快递服务的健康发展。”

联合督导组赴山东检查全国两会寄递服务安保情况

3月,国家邮政局、国家安全部联合督导组赴山东督导检查全国两会寄递服务与安全保障工作部署落实情况,山东省、市邮政管理和国家安全部门的相关负责同志陪同督导。联合督导组与快递企业进行充分交流,并对做好全国两会寄递安全工作强调四点要求:一是强化行业安全管理政治意识和责任意识,构建全方位的安全生产责任体系;二是强化机制建设,加强多部门协作,共同画好寄递安全“同心圆”;三是狠抓“三项制度”落实,加强末端管控,把各项安保工作落小、落细、落实,夯实安全生产基础;四是加大安全宣传和培训力度,突出抓好《禁止寄递物品管理规定》的宣贯,营造浓厚安全生产氛围。

山东局召开2017年全省邮政市场监管工作会

3月,山东省邮政管理局召开2017年全省邮政市场监管工作会,传达国家邮政局全国邮政市场监管工作会精神和有关要求,部署2017年市场监管重点工作。会议提出4项要求,明确20项重点任务,同时对《禁寄物品管理办法及指导目录》进行专题培训,对全省邮政市场执法系统登录及录入情况进行通报。山东局分管局长,省局相关处室、省快递协会、市局分管负责同志和市场监管负责人、部分县级邮政监管机构负责人共计60余人参加会议。

山东局召开邮政业安全生产专题会议

3月,山东省邮政管理局召开邮政业安全生产专题会议。山东局党组书记、局长赵民主持会议,党组成员、副局长刘长春,相关处室负责同志参加会议。与会人员逐条学习了山东省寄递渠道安全管理工作综合治理考核评价标准,梳理了2017年山东省安委会安全生产目标责任书要求,明确了2017年全省邮政业安全工作的重点任务、责任分工和工作思路。会议决定,成立山东省邮政业安全领导小组。

即墨邮政管理局揭牌成立

4月,即墨邮政管理局(即墨市邮政业发展服务中心)成正式揭牌成立。山东省局党组成员、副局长刘长春,即墨市政府市长吕涛、副市长赵治林,即墨市人大常委会副主任闫丕云出席会议,山东省局相关处室负责人、青岛市局、即墨局全体人员,即墨市政府办公室、交通局相关负责同志,即墨辖区各主要寄递企业负责人参加会议。

全国首个“快递业绿色发展产学研协同创新示范基地”揭牌

4月13日至14日,国家邮政局副局长王梅赴青岛为全国首个快递业绿色发展产学研协同创新示范基地(以下简称“绿色基地”)成立揭牌,出席快递业绿色包装工作系列座谈会,听取企业关于推动快递包装绿色化、减量化、可循环的意见和建议,并就绿色基地后续建设召开联席会,对下一步重点工作进行安排。启动仪式上，王梅会同北京印刷学院党委书记刘超美，青岛市委常委、西海岸新区工委书记、黄岛区委书记王建祥，青岛中德生态园党组书记、管委主任赵士玉共同为绿色基地成立揭牌。顺丰速运、优速物流、青岛安颐科检测等8家企业与绿色基地签署了战略合作协议。

山东局召开跨区域联合执法工作座谈会

4月，山东省邮政管理局召开跨区域联合执法工作座谈会，山东局副局长刘长春，相关处室负责人、部分市局主要负责同志参加会议。会议要求，一是要切实加强寄递渠道安全管理，严防不法分子利用寄递渠道从事违法犯罪活动，确保寄递渠道安全畅通，为党的十九大胜利召开创造安全稳定的社会环境。二是邮政普遍服务是民生工程，要引导企业认真贯彻国家局有关部署，确保函件、包裹通邮率和报刊妥投率。三是各片区、执法人员要认真开展"双随机"检查工作，及时沟通交流、相互借鉴、共同提高，不断创新方式方法，为提升全系统监管工作打下坚实基础。会前，还组织与会党员干部赴滨州市渤海革命纪念园红色教育基地接受党性教育。

EMS极速鲜樱桃寄递行业解决方案发布

4月，EMS极速鲜樱桃寄递行业解决方案发布会在烟台举行。烟台市人民政府副市长王晓军，中国邮政速递物流股份有限公司副总经理姜文渊、中国邮政集团公司山东省分公司总经理马志民、山东省邮政管理局副局长刘长春，中国邮政速递物流股份有限公司山东省分公司总经理吴全兵，烟台市邮政管理局、商务局、农业局等部门相关负责同志，全国樱桃消费大省的邮政企业、相关行业协会、农商代表参加会议。EMS在总结往年成功经验的基础上，依托EMS"极速鲜"服务平台，研究制定2017年的烟台大樱桃寄递方案。整合自主邮政航空网络、优质民航线路、干线冷链专线、云仓速配服务等优质资源，搭建起从原产地到消费者的快速通道，山东运抵全国主要城市实现次日递率95%。

山东局部署"一带一路"国际合作高峰论坛寄递邮路安保工作

4月，山东省邮政管理局周密安排、压实责任，就做好"一带一路"国际合作高峰论坛期间邮路安保工作进行全面动员部署：一是高度重视，抓好传达贯彻；二是严格措施，抓好安全防范；三是突出重点、精准发力；四是加强协作，抓好信息畅通；五是严格执法，抓好督促落实。

山东省快递行业3集体荣获"全国青年文明号"

5月，共青团中央联合交通运输部等22家部门、单位印发通知，决定命名1759个青年集体为"2015－2016年度全国青年文明号"，快递业7个集体获此殊荣，其中山东省山东顺丰速运有限公司客服团队、邹城圆正通速递有限公司营业部和莱芜市嬴通速递有限公司操作部等3个快递企业先进集体名列其中。

山东省委明确农村工作会议任务责任分工

5月，山东省委农村工作领导小组印发了《落实全省农村工作会议任务责任分工》，山东省邮政管理局被列为责任落实部门。文件指出，推广农业生产全程社会化服务试点经验，创新政府购买农业公益性服务机制，拓展政府购买服务内容和方式；推进农商互联、健全农商对接标准体系，推动商贸、供销、邮政、电商互联互通；实施快递下乡工程，探索县域共同配送模式，邮政和快递服务业发展再获利好。

山东局获"2016年度邮政业消费者申诉处理工作先进集体"荣誉称号

5月，国家邮政局邮政业消费者申诉中心下发通知，对2016年度全国邮政业消费者申诉处理工作进行表彰，山东省邮政管理局获"2016年度邮政业消费者申诉处理工作先进集体”荣誉称号。

山东局约谈百世快递山东区负责人

5月，根据国家邮政局邮政业安全中心舆情通报，针对百世快递青岛网点涉嫌存在违规收寄违禁品问题，山东局依法约谈百世快递山东区负责人。约谈指出，涉事网点的揽收人员在收寄快件时未执行收寄验视和实名收寄制度，导致违禁品进入寄递渠道，暴露出百世快递网络安全管控措施落实不到位、一线从业人员安全意识淡薄、培训教育缺失、收寄验视与实名寄递制度执行不严格等问题。针对舆情反映的相关案件线索，山东局同时快速按程序交由青岛市邮政管理局立案调查。

山东局约谈省邮政公司和 EMS

5月，山东省邮政管理局按照程序依法约谈省邮政公司与省邮政速递物流有限公司相关负责人。山东局向两家企业通报公安反恐部门反馈的邮政行业有关情况以及各市邮政管理部门跨区域联合检查发现的邮路安全问题，听取被约谈企业对相关问题的汇报，重申邮政法、《反恐怖主义法》、《邮政业安全生产设备配置规范》等法律法规以及标准的有关要求。

中央综治办调研组调研临沂市邮政业公共安全信息中心

5月，中央综治办调研组到临沂调研社会综治及“雪亮工程”建设工作，调研组一行实地察看了市邮政业公共安全信息中心运行情况。山东省委政法委副书记兼省综治办主任李娥，市委副书记张宏伟，市委常委、政法委书记王行华陪同。调研组对临沂市寄递渠道安全管理工作给予充分肯定，希望临沂市邮政管理局进一步规范工作机制，抓好资源共享，探索创新应用，全面推进寄递渠道安全建设提档升级，努力提供可复制、可推广的实践经验。要求市邮政管理局深入贯彻中央综治办有关文件精神，完善中心功能，督促企业落实安全生产主体责任严格执行寄递渠道“三项制度”，确保全市寄递渠道安全畅通。

中邮集团烟台包裹陆运中心建设被纳入市级重点建设项目

5月，烟台市委、市政府办公室印发《关于加快推进重点项目建设的意见》，中邮集团烟台包裹陆运中心建设被纳入市级重点建设项目。《意见》确定2017年市级重点项目，细化责任分工，并要求相关部门、单位落实项目推进机制、完善考核督导机制、创新项目服务机制，加快重点项目建设。

山东局部署全省“百日攻坚治理”行动

6月，山东省邮政管理局结合“平安寄递”“安全生产月”活动，部署开展全省邮政业安全生产“百日攻坚治理行动”。“百日攻坚治理行动”以提升邮政管理部门安全监管和寄递企业安全防控“两个能力”为重点，以落实寄递企业安全主体责任、邮政管理部门安全监管责任，确保邮政业安全生产不出问题为目标。

马军胜赴烟台调研樱桃旺季寄递服务情况

6月7日至8日，国家邮政局局长马军胜赴山东烟台，走访樱桃种植基地和交易流通市场，深入调研邮政、EMS、顺丰等寄递企业现场收寄、仓储拣选、分拣处理和航空运输以及当地农业电商大户，察实情、鼓实劲、支实招儿，勉励大家坚定信心、联动拓市，共同做大、拉长鲜果寄递业务，为行业转型升级和地方经济发展勇闯新路，确保广大人民群众能够享受高品质的生鲜快递服务。调研期间，马军胜还与当地有关领导就加快行业发展与地方协同交换了意见。国家邮政局市场监管司，山东省邮政管理局主要负责同志和有关人员陪同调研。

国家邮政局调研组赴烟台调研冷链快递服务情况

6月,国家邮政局科技与标准处和国家标准研究院专家一行赴山东烟台调研冷链快递服务情况。调研组直赴樱桃收寄、分拨一线,详细了解采摘、拣选、冷藏、包装、运输、投递等生产环节流程,对包装材料、设施设备、信息采集监控、冷链温度管控进行了调研,并召开快递企业座谈会,了解问题及建议,为下一步制定冷链快递服务标准提供了一手资料。山东省邮政管理局相关处室及烟台市邮政管理局负责同志陪同调研。

国家邮政局联合调研组到青岛开展末端配送专项调研

6月,国家邮政局联合调研组到青岛专题调研邮政末端配送情况。调研组采取实地考察和座谈相结合的方式,对青岛邮政社区、乡镇、农村、工业园区投递情况和青岛市快递联合服务中心政府、高校末端投递情况进行实地考察,组织市高校工委、建委、农委、交警支队以及邮政、快递企业相关人员,召开邮政、快递末端配送座谈会。调研组对青岛邮政、快递在末端投递等工作开展情况给予充分肯定。

e城e品农村电商全国孵化基地落户济宁

6月,全国农村快递电商平台总部e城e品农村快递电商全国孵化基地项目在济宁市兖州区揭牌。该平台是国内第一家以农产品为主的集网销、智能配送、云仓于一体的综合性平台。该项目由上海圆通蛟龙投资发展(集团)有限公司投资,总投资额10亿元。该项目致力打造的新型快递物流、农产品跨境电子商务、云计算相统一的“互联网+”新业态,立足济宁,辐射全国,将济宁农村快递电商模式在全国2000个县域复制推广,并成立国际事业部,积极融入“一带一路”国家战略,在“一带一路”沿线国家推进跨境快递电商业务,打通全市农产品国际通道。项目全部运营后预计平台年交易额超100亿元,可吸纳1万余人就业。

山东局部署香港回归20周年纪念活动寄递渠道安保工作

6月,为切实做好香港回归20周年庆祝活动寄递渠道安保工作,强化寄递渠道安全管控力度,按照国邮政家局工作部署,山东省邮政管理局“五个紧抓”周密部署,以最高标准、最严措施、最佳状态,从严从实做好各项防控工作。

山东局推进省邮政业发展“十三五”规划落地

7月,山东省邮政管理局印发工作方案,细化规划目标和任务分工,提出落实要求和下一步推进措施。方案围绕规划发展目标、重点任务、保障措施等要求,明确49项具体工作任务,并逐项进行责任分解。

山东局获“全省服务业发展绩效考核先进单位”称号

7月,经山东省人民政府同意,省政府办公厅发文通报表彰了济南等10个市、省发展改革委等14个省直部门、省国税等4个中央驻鲁单位。山东省邮政管理局位列其中,再次获评“全省服务业发展绩效考核先进单位”荣誉称号。

山东省邮政业安全中心正式批复设立

7月,山东省机构编制委员会办公室正式批复设立省邮政业安全中心。批复明确,省邮政业安全中心为处级公益一类事业单位,由山东省邮政管理局管理,事业编制10名,经费来源为省财政拨款。主要负责全省邮政行业安全监管信息系统的建设运行维护,承担邮政行业安全监管、应急管理相关技术支撑和邮政业消费者申诉受理工作。

枣庄市邮政业安全中心获批

7月,枣庄市编办正式批复设立市邮政业安全中心。枣庄市邮政业安全中心为全额拨款事业单位,人员6名,主要职责为贯彻执行国家关于邮政业安全监管有关法律、法规;监控监测邮政业安全监管系统,为产业安全提供预警;收集、整理、统计、分析、报告邮政业安全生产、安全监管、应急管理业务数据和资料等,配合做好本地区邮政业安全生产监督检查等工作。

山东局部署开展邮件快件“三不”专项治理行动

7月,山东省邮政管理局印发了《关于开展邮件快件“不着地、不抛件、不摆地摊”专项治理工作的实施方案》,全面部署“不着地、不抛件、不摆地摊”专项治理行动。一是成立“三不”专项治理工作领导小组,强化组织领导。二是落实企业主体责任,强化宣传引导。三是积极推进“快递入区”工程,规范末端网点代收代投行为。四是创新监管手段,严格行政执法。

出台促进内贸流通供给侧结构性改革的意见

7月17日,山东省政府办公厅印发《关于促进内贸流通供给侧结构性改革的意见》,大力发展新业态、新模式、新技术,邮政业再获多项政策支持。其中,意见指出,深化农村电商示范创建,深入推动与企业的战略合作,依托有实力的电商龙头企业,整合邮政、交通、农业及电商、快递企业资源,落实中央及省资金、金融扶持政策,构建平台、标准、仓储、数据、配送“五统一”的农村物流配送体系。加大惠民“三进”推进力度,推进智能快件箱进楼宇,将智能快件箱等纳入公共服务设施规划,取消门槛限制,提供便利条件,能布则布、提高密度,鼓励各市把惠民“三进”列入重大民生工程,并给予资金支持。要求各市研究出台城市共同配送车辆便利通行政策措施,允许符合标准的非机动快递车辆从事社区配送,在工商登记、税务征收及车辆道路管理等方面给予支持。将物流园区、分拨中心、配送中心、冷链物流等基础性设施用地、带有公益属性的民生项目用地,以及代表实体零售转型创新发展方向的电子商务等项目用地,纳入城乡规划和土地利用规划,予以重点保证。加大财政支持力度,统筹利用各级服务业发展资金支持创新发展,对电商、冷链、惠民“三进”、品牌“三行”以及公益属性的民生项目等给予重点扶持。

举办全省第二届邮政行业职业技能竞赛

7月,山东省邮政管理局会同省人力资源和社会保障厅、共青团山东省委,联合举办全省“技能兴鲁”职业技能大赛,即山东省第二届邮政行业职业技能竞赛。来自全省29支企业或地市代表队,经过初选进入决赛。大赛设个人奖项一等奖2名,二等奖4名,三等奖6名,另设团体奖。获得竞赛第1名的选手,可推荐申报“山东省技术能手”称号;前5名且符合条件的选手,可推荐申报“山东省青年岗位能手”称号;前10名选手,由省邮政管理局颁发“山东省快递技术能手”证书;获得竞赛前5名选手,经组织专家审核评议,将择优推荐参加2017年中国技能竞赛—全国邮政行业技能竞赛决赛;竞赛中获得优异成绩的选手将晋升职业等级。

印发推进城乡交通运输一体化实施意见

8月,山东省交通运输厅、发改委、财政厅、农业厅、邮政管理局等12部门联合印发《关于稳步推进城乡交通运输一体化 提升公共服务水平的实施意见》,实施意见强调,要加强城乡交通运输规划衔接,统筹规划城乡交通基础设施、客货运物流、邮政快递等内容,整合综合资源,拓展仓储、电商快递、信息交易等服务功能。推进邮政普遍服务基础设施建设改造提升与智慧城市、智慧社区建设相融合,邮政基础设施与公共信息平台互联互通,引导邮政企业利用农村客货运站场等交通运输基础设施,建立仓储场地和小型分拨中心,进一步强化县域邮件处理能力,鼓励快递企业主动对接电商平台,促进农村物流、邮政快递和电子商务融合发展。利用邮政网络和供销合作网络的网点优势，发挥山东供销e家综合服务平台作用，完善"邮政万亩示范田+鸿雁合作社+一体化服务"的服务"三农"模式，畅通工业品下乡和农产品进城双向流通渠道。实施快递"上飞机、上车、上船"工程，引导快递企业合理规划快递节点布局，加快农村地区快递网络建设，推进快递末端服务能力提升。

山东局部署金砖会晤寄递安全服务保障工作

8月14日，山东省邮政管理局召开专题会议，全面安排部署全省邮政业安全综合整治与金砖会晤寄递渠道安全服务保障工作。山东局党组书记、局长赵民出席会议并讲话，局党组成员、副局长刘长春主持会议。省综治办、省国家安全厅相关负责同志，各市局主要领导、分管领导、省局机关各相关处室、省快递协会以及23家省级寄递企业的负责人参加会议。会议就做好寄递渠道安全管控工作提出五点要求。会议还就深入推进全省邮政业安全生产大检查、全省寄递渠道安全综合整治等工作进行了再动员、再部署。会上，山东局与省级寄递企业签订了《金砖会晤寄递安全和服务保障承诺书》。

潍坊市邮政业安全中心获批成立

8月，潍坊市机构编制委员会办公室批复同意设立潍坊市邮政业安全中心，邮政行业安全监管力量将进一步得到充实。潍坊市邮政业安全中心经费为财政拨款（由市财政列支），人员由潍坊市邮政管理局管理，主要职责是负责全市邮政行业安全监管信息系统的建设进行维护，承担邮政行业安全监督管理、应急管理相关技术支撑工作，承担邮政业消费者申诉受理工作。

山东局召开邮政业安全生产领导小组专题会议

9月，山东省邮政管理局召开邮政业安全生产专题会议。山东局党组书记、局长赵民主持会议，党组成员、副局长刘长春，省邮政业安全生产工作领导小组全体成员参加会议。会议传达党中央国务院、省委省政府、国家邮政局关于党的十九大安全稳定工作的一系列部署要求，全体成员就如何做好党的十九大寄递渠道安全管控工作进行深入研讨，明确下步的工作重点。赵民就做好党的十九大寄递渠道安全管控工作提出五点要求。

开展平安护航党的十九大寄递安保督导检查

9月5日至26日，山东省邮政管理局联合省公安厅、省交通厅、省经信委成立6个检查组，对全省十七地市党的十九大寄递安全保卫工作进行了"全覆盖"督导检查。各检查组坚持问题导向，聚焦收寄验视、实名收寄、过机安检"三个100%"制度落实，对各市局寄递安全监管责任落实、寄递企业安全生产主体责任落实情况进行了重点督导检查。

寿光邮政管理局揭牌成立

9月8日，潍坊市首个县级邮政管理机构——寿光邮政管理局（寿光市邮政业发展服务中心）揭牌成立。山东省邮政管理局党组成员、纪检组长、副局长胡世光，寿光市委副书记孙修炜，市委常委、副市长张振城，寿光市财政局、人社局、市编办等相关单位负责人，山东局相关处室负责人、潍坊市邮政管理局、寿光邮政管理局全体人员，潍坊、寿光各寄递企业主要负责人参加活动。

山东局与江西局开展党建工作双联共建活动

9月，山东省邮政管理局与江西省邮政管理局在临沂组织开展了党建工作双联共建活动。双方对发挥赣、鲁红色文化资源优势、创新开展党建工作进行深入探讨与交流，希望相互加强联系与合作，立足专业和地域优势，进一步推进党建与行业发展深度融合。会上，山东局与江西局、临沂市邮政管理局与吉安市邮政管理局分别签订深化党的建设双联共建协议书。

领导小组部署党的十九大寄递渠道服务安保工作

9月，山东省寄递渠道安全领导小组成员单位联合召开党的十九大寄递渠道安全服务保障实战攻坚动员部署会议，全省20余家主要寄递网络省级负责人参会。省综治办、公安厅、国家安全厅、交通厅、工商局负责同志结合本部门职能，对进一步加强全省寄递渠道治安防范、国家安全、综治防控、运输安全、规范经营等方面内容进行了强调部署。会议强调，各寄递企业要聚焦核心，以最高标准、最严措施、最细工作、最佳状态、最大责任，坚决打赢全省党的十九大寄递渠道安全服务保障攻坚战。各寄递企业省级总部与山东省邮政管理局签订《党的十九大寄递安全和服务保障承诺书》。

临沂首条全货机航线开通

10月，临沂市首条全货机航线开通，首批11吨快件、散货搭载专机飞往广州，航空快递发展迎来新动力。

德州市邮政业安全中心获批复设立

10月，德州市机构编制委员会办公室正式批复设立市邮政业安全中心。德州市邮政业安全中心由市邮政管理局管理，经费纳入地方财政预算给予保障，主要职责是负责全市邮政行业安全监管信息系统的建设进行维护，负责邮政行业安全监管、应急管理相关技术支撑工作，负责邮政业消费者申诉受理工作。

山东局配合做好党的十九大安保反恐工作

为深入推进党的十九大安保反恐措施落地生效，按照山东省委省政府、省反恐怖工作领导小组指示要求和全省党的十九大安保维稳视频会议精神，山东局积极配合省反恐怖工作领导小组对菏泽、聊城、德州三市党的十九大安保反恐措施落实情况进行了专项督导检查。

济南局重拳出击首次适用反恐主义法

10月，济南市邮政管理局开出建局以来首张适用《反恐主义法》罚单，对涉案企业及个人共处罚款人民币22万元。

山东局传达宣贯党的十九大会议精神

10月，山东省邮政管理局党组举办中心组（扩大）学习班，深入传达贯彻党的十九大会议精神。山东局党组成员、机关各处室相关负责同志以及各市局主要负责人参加学习。大家一致认为，党的十九大是在全面建成小康社会决胜阶段、中国特色社会主义进入新时代的关键时期召开的一次十分重要的大会。习近平总书记作的报告高屋建瓴，思想深刻，内涵丰富，凝心聚力，科学总结过去五年党和国家事业发生的历史性变革，提出一系列重大思想观点、重大判断、重大举措，为我国的经济社会发展，实现“中国梦”指明了方向，深受鼓舞，倍感振奋。

山东局部署快递业务旺季服务保障工作

10月，山东省邮政管理局召开2017年快递业务旺季服务保障工作动员部署会议，对全省2017年快递业务旺季服务保障工作进行动员部署。山东局党组成员、各市局主要负责同志、省局机关各相关处室、快递协会负责人参加会议。会议传达了国家邮政局关于2017年快递业务旺季服务保障工作要求，对《山东省2017年快递业务旺季服务保障工作方案》进行了解读，对党的十九大期间全省寄递渠道安保维稳工作情况和各市实名收寄率进行了通报。

王文涛副书记一行视察快递企业

11月，山东省委副书记、济南市委书记王文涛，济南市委副书记、市长王忠林，市人大常委会主任殷鲁谦，市委副书记苏树伟一行到中通快递集团山东省管理中心进行视察。视察组听取了企业关于运营发展、场地建设及使用情况、中转汽运、安全监察、网络覆盖等方面的汇报，参观了中通集团济南转运中心快件全自动分拣设备的运行情况，充分肯定了中通快递集团山东省管理中心的项目建设、运营情况。王文涛要求，各有关方面要保持这种良好态势，积极发展生产，做好安全保障，不断提高发展质量和效益。

乐陵市、成武县、临邑县邮政业发展中心批复设立

11 月，德州乐陵市、成武县、临邑县机构编制委员会批复设立邮政业发展中心。乐陵市、成武县、临邑县邮政业发展中心均为公益一类事业单位，各核定事业编制 10 名，编配主任 1 名，副主任 2 名，主要职责为协助配合德州市邮政管理局做好辖区内邮政业发展服务及监管等工作，承办地方人民政府交办的其他事项。

山东局部署快递企业业务旺季服务保障

11 月 7 日，山东省邮政管理局召开 2017 年快递企业业务旺季服务保障部署会议，山东局领导、局机关各相关处室、省快递协会负责人及主要寄递企业负责人参加会议。会议传达了山东省邮政管理局《2017 年快递业务旺季服务保障工作方案》，对山东省 2017 年快递业务旺季服务保障工作进行了动员部署，对寄递企业提出明确工作要求。会上对省委政法委明察暗访发现涉及寄递行业的问题和隐患、全省寄递渠道安全工作查处的案例以及寄递实名制落实情况进行了通报，要求各企业认真落实整改工作，举一反三，加强管理，切实落实安全生产主体责任，并与各寄递企业省级网络负责人签订安全承诺书。

山东局党组部署学习宣传贯彻党的十九大精神

11 月，山东省邮政管理局党组印发《关于认真学习宣传贯彻党的十九大精神的通知》，部署安排全省邮政管理系统学习宣传贯彻党的十九大工作。《通知》强调，全省系统各级党组织和广大党员干部要自觉从履行新时代新使命、打赢决胜期攻坚战的高度来谋划推动学习宣贯工作，充分认识学习宣传贯彻党的十九大精神的重大意义，深刻学习领会党的十九大提出的一系列重要思想、重要观点、重大论断、重大举措，把力量和干劲凝聚到实现党的十九大确定的各项任务上来，自觉用党的十九大精神统领新时代邮政业改革发展工作。

山东局督导检查“双 11”快递业务旺季

11 月，山东省邮政管理局派出督导组赴省内各主要快递企业现场督导企业做好“双 11”快递业务旺季服务和安全保障工作。督导组就进一步做好“双 11”等快递业务旺季服务和安全保障工作提出五点要求。

刘君副局长检查指导山东“双 11”邮政业旺季

11 月 15 日至 16 日，国家邮政局副局长刘君带队赴山东济南、德州等地，深入邮政、快递企业分拨中心、末端服务网点督导检查业务旺季服务保障工作，慰问一线干部职工。山东省邮政管理局主要负责同志和国家邮政局办公室、市场监管司相关人员陪同检查。

召开学习宣贯党的十九大精神专题会

11 月，山东省邮政管理局党组理论学习中心组召开 2017 年第十六次学习会，认真传达学习《中共中央关于认真学习宣传贯彻党的十九大精神的决定》、国家邮政局党组相关部署要求和省委书记刘家义辅导报告精神，深入研究细化全省系统学习宣贯党的十九大精神工作，山东局党组书记、局长赵民主持会议。局党组理论学习中心组全体成员参加学习。会议强调，一是精心组织学习党的十九大精神集中培训；二是认真开展学习党的十九大精神集中宣讲活动；三是自觉用党的十九大精神指导推动邮政业各项工作。

青岛市邮政业安全中心批复设立

11月，青岛市机构编制委员会办公室正式批复设立市邮政业安全中心。批复明确，市邮政业安全中心为处级公益一类事业单位，由市邮政管理局管理，事业编制8名，经费来源为市财政拨款。主要负责全市邮政行业安全监管信息系统的建设运行维护，承担邮政行业安全监管、应急管理相关技术支撑和邮政业消费者申诉受理工作。

山东局举办全省邮政业安全监管工作培训会

12月，山东省邮政管理局在青岛举办全省邮政业安全监管工作培训会。会议全面总结了党的十九大、“双11”业务旺季期间全省寄递渠道安全与服务保障工作开展情况，分析当前行业发展形势和存在的突出问题，对岁末年初和2018年行业安全监管重点工作进行安排部署。培训期间，与会人员到即墨邮政管理局以及青岛天天快递分拨中心进行现场调研学习，并就全省县级邮政业安全监管机构建设、X光机规划设计与流程管理、“三项制度”常态化落实、外地考察学习浙江G20峰会寄递安全保障工作等议题进行了深入交流探讨。会议还对邮政行政执法信息系统使用进行专题培训，对全省邮政行政执法系统录入、公开情况进行了再部署。山东局对党的十九大寄递渠道安全服务保障工作先进单位进行了集中表彰，并对做好下步行业安全监管工作提出五点要求。

临沂市邮政业安全中心获批成立

12月，临沂市机构编制委员会办公室正式批复同意设立市邮政业安全中心。新成立的临沂市邮政业安全中心隶属临沂市邮政管理局管理，登记为事业单位法人。临沂局贯彻落实《国务院关于促进快递业发展的若干意见》《山东省人民政府关于促进邮政和快递服务业发展的实施意见》等文件精神取得新成效。

山东局召开邮政业安全生产领导小组专题会议

12月，山东省邮政管理局召开邮政业安全生产专题会议。山东局党组书记、局长赵民主持会议，党组成员、副局长刘长春，省邮政业安全生产工作领导小组全体成员参加会议。会议要求，要强化顶层设计，制定相关配套标准，建设寄递安全管理信息系统，为寄递安全监管提供强有力的信息化、科技化支撑。按照“先试点、后推广”的思路稳妥推进寄递企业安全生产分类分级管理，务求工作实效。会议还就做好下步行业安全监管工作提出五点要求。

济南市邮政业安全中心获批成立

12月，济南市机构编制委员会办公室印发《关于设立济南市邮政业安全中心的批复》（济编办发〔2017〕125号），正式批复成立济南市邮政业安全中心。《批复》指出，为适应工作需要，经研究并报市编委领导同意，设立济南市邮政业安全中心，登记为市邮政管理局管理的事业法人，其主要职责为：负责全市邮政行业安全监管信息系统的建设运行维护，承担邮政行业安全监管、应急管理相关技术支撑和服务保障工作，承担邮政业消费者申诉受理工作，承办市邮政管理局交办的其他事项。

滨州市邮政业安全中心正式批复设立

12月，滨州市机构编制委员会正式批复设立市邮政业安全中心。批复明确，市邮政业安全中心核定购买服务岗位5个（技术辅助类5个），主要负责全市邮政行业安全监管信息系统的建设运行维护，承担邮政行业安全监管、应急管理相关技术支撑工作，承担邮政业消费者申诉受理工作。

《淄博市快递网点管理办法》获研究通过

12月29日，《淄博市快递网点管理办法》已经市政府常务会议研究通过，并以淄博市人民政府第104号令正式公布，自2018年2月1日起施行。《办法》是山东省首部规范快递网点的地方政府规章，共22条，对快递网点的建设、运营、管理和监督提出明确要求，进一步压实企业安全主体责任，规范企业经营行为，保障用户合法权益。对于规范快递末端网点管理，保障寄递安全，提升快递服务水平，推动淄博市快递市场健康有序发展具有重要意义。

河南省快递发展大事记

河南省实现全省乡镇快递网点全覆盖

1月，河南省1822个乡镇实现快递网点100%全覆盖。大力推进“快递下乡”，河南省邮政管理局支持鼓励快递企业深入乡镇设置自有网点，引导快递企业依托乡镇较大超市、客运站等设置合作网点，取得良好成效，全省共设置乡镇快递网点8268个，平均每个乡镇设有4.5个快递服务网点，成功打通“农产品进城、工业品下乡”的流通通道，圆满实现“快递下乡”工程从“下得去”向“立得住、走得好”阶段转型。

赵建才副省长批示要做好邮政管理工作

1月4日，河南省副省长赵建才全面听取了省邮政管理局工作汇报，对全省邮政业发展取得的成效给予了高度肯定并作出重要批示。赵建才指出，2016年，河南省邮政管理局认真贯彻落实省委、省政府决策部署，强化责任担当，狠抓工作落实，持续提升履职能力，科学引领行业发展，在推进全省邮政业现代化发展进程、服务河南经济民生等方面做出了新的贡献，工作成效显著。希望河南省邮政管理局牢固树立大局意识、机遇意识、紧迫意识、责任意识，以更加坚决的态度、更加有力的举措、更加扎实的工作，全力推动邮政业转型升级提质增效，为加快中原崛起河南振兴富民强省作出新的更大贡献。

组织开展2017年重点课题调研活动

2月，河南省邮政管理局决定在全省邮政管理系统开展2017年重点课题调研活动。调研活动以国家局《2017年邮政业更贴近民生实事》为指导，以贯彻落实党中央关于加快邮政业发展和国家局《邮政业发展“十三五”规划》的重大战略部署为目标，确定了创新机关党建、精神文明建设、快递条例立法、行业统计、精准扶贫、诚信体系建设、寄递渠道安全和邮政业安全监管等十七个重点调研课题。

河南省四大班子领导调研申通快递郑州转运中心

2月28日，河南省委书记、省人大常委会主任谢伏瞻，省委副书记、省长陈润儿等省四大班子领导莅临位于郑州航空港经济综合实验区的申通快递郑州转运中心调研。谢伏瞻、陈润儿一行听取了申通快递关于申通快递基本情况的汇报，谢伏瞻对申通快递自动化分拣在效率、人工、安全方面的优势给予了高度肯定。陈润儿详细询问了申通快递国际供应链的发展情况以及存在的问题。谢伏瞻强调，快递行业要不断提升服务能力，提高服务质量，增强市场竞争力，保障快件运营安全；注重发挥集群效应，助推现代物流中心建设和发展，为郑州航空港经济综合实验区的产业发展和经济建设贡献一份力量。

徐光副省长肯定全省邮政管理工作

3月8日，河南省副省长徐光听取全省邮政业专题工作汇报，充分肯定全省邮政业在行业监督、管理和指导、服务方面的突出成绩，并提出下一步工作要求。徐光指出，在经济形势下行压力不断加大的情况下，河南省邮政管理局能够克服困难，积极作为，认真贯彻落实省委、省政府决策部署，积极应对经济发展新常态，加快推进各项主体工作，为河南省经济社会持续较快发展提供了强有力的支撑，得到了省委、省政府以及广大人民群众的高度评价。希望省邮政管理局进一步发挥职能作用，积极研究制定并组织实施邮政业发展战略、发展规划，不断强化行业监督、管理和指导、服务，有效切实维护行业秩序和质量。

中国(河南)自由贸易试验区总体方案公布河南邮政业发展获重大利好

3月15日，国务院正式印发《中国(河南)自由贸易试验区总体方案》，涉及多项邮政业发展利好政策，河南邮政行业发展再迎重大历史机遇。

《河南省邮政业发展“十三五”规划》发布

3月20日，河南省邮政管理局联合河南省发改委、交通运输厅正式发布《河南省邮政业发展“十三五”规划》。《规划》提出了八项主要任务、七大工程和六项保障措施。八项主要任务是指深化行业改革、完善基础设施、推进节点建设、完善投递体系、培育壮大企业、推进交邮融合、引入先进科技、加强安全监管。七大工程分别是邮政普遍服务能力提升工程、河南全国性快递集散交换中心工程、郑州航空港经济综合实验区快递枢纽工程、城市末端配送工程、“快递下乡”工程、快递“上车、上飞机”工程和寄递渠道安全监管“绿盾”工程。六项保障措施是做好顶层设计、加大政策扶持、完善行业标准、强化人才培养、推广科技应用、加强诚信建设。

举办全省快递企业管理人员业务提升培训班

4月12日至14日，河南省邮政管理局在河南交通职业技术学院举办快递企业管理人员业务提升培训班。全省各市、县快递企业中层管理人员共100余人参加培训。

河南局组织召开河南省邮件、快件寄递安全管理领导小组2017年度第一次联席会议

4月27日，河南省邮政管理局组织召开河南省邮件、快件寄递安全管理领导小组2017年度第一次联席会议。省综治办、公安厅、交通运输厅、国家安全厅、郑州海关、工商行政管理局、武汉铁路监督管理局、中国民用航空河南安全监督管理局等九部门相关负责人及领导小组办公室全体成员参加会议。会议对全面做好2017年寄递渠道安全管理工作提出了具体要求：一是充分发挥寄递渠道安全管理领导小组工作机制的重要作用；二是准确把握寄递渠道安全管理工作面临的新形势新任务新要求；三是联合联动齐抓共管，共同保障寄递渠道安全通畅。

河南多市局全力做好“一带一路”高峰论坛期间寄递渠道安全服务保障工作

5月，河南郑州、开封、平顶山、新乡、焦作、濮阳、许昌、漯河等多个市局及时筹划，精心组织，迅速行动，全力做好“一带一路”国际合作高峰论坛期间全市寄递渠道安全服务保障工作。

河南省召开省长办公会议 专题研究推动现代物流业发展

5月19日，河南省人民政府省长陈润儿主持召开省长办公会议，河南省邮政管理局作为现代物流业专题的责任单位参加会议。会议将现代物流业作为重点专题加以推进，明确由河南省邮政管理局与省商务厅、省发改委作为共同责任单位，着力在冷链物流、快递物流、电子商务等方面取得突破性发展。

部署开展邮政业“安全生产月”活动

6月14日，河南省邮政管理局部署开展全省邮政业“安全生产月”活动。活动紧扣“全面落实企业安全生产主体责任”主题，积极谋划部署，科学组织实施。

圆满举办全省“诚信快递、你我同行”主题演讲比赛

6月16日，成功举办“诚信快递、你我同行”主题演讲比赛活动，来自17个省辖市邮政管理局、邮政公司和邮政速递、顺丰、圆通、中通、百世、韵达、快捷等8家快递品牌的35名选手参加了比赛。

丁平调研全省物流服务体系建设情况

7月6日，丁平带队赴郑州航空港实验区、河南省机场集团公司和郑州铁路局，就全省物流服务体系尤其是多式联运发展情况开展调研和座谈。

河南局积极推动实名收寄信息化工作

8月，河南省邮政管理局召开实名收寄信息系统推进工作会议，邮政EMS、顺丰、中通等10家品牌快递企业负责人和省内第二批试点城市开封、鹤壁、新乡、漯河、南阳市邮政管理局负责人参加会议。会议要求，8月份省内第二批试点的5个城市将全面启动实名收寄信息系统推广应用试点工作，年末10家应用企业版软件的企业和省内第二批试点的5个城市信息化实名收寄率要分别达到70%和60%以上。

河南省大力推动快递物流业转型升级

8月5日，河南省人民政府省长陈润儿主持召开现代物流转型升级专题会议，河南省邮政管理局作为快递物流业主汇报单位参加会议，并向大会提交了《关于加快推进快递物流业转型升级的工作方案(2018－2020)》和《关于促进快递物流业加快发展的政策措施(2018－2020)》。陈润儿充分肯定了河南局在快递物流业转型升级方面所做的工作，并提出六点要求：一是把握战略定位，打造以郑州为中心的国际现代物流中心；二是抓住发展重点，重点支持快递物流等现代物流业核心产业发展；三是发挥企业带头作用，培育引进国内外知名快递物流企业；四是积极建立服务平台，推动信息、标准、监管互联互通；五是创新开展多式联运，立足大交通、发展大物流；六是突出政策引领效应，出台政策支持行业发展。

河南省政府常务会议审议通过快递物流转型发展方案

8月22日，河南省人民政府省长陈润儿主持召开省政府常务会议，集中讨论研究现代物流业等三个产业转型发展工作，会议审议通过了《河南省现代物流业转型发展规划》和冷链物流、电商物流、快递物流转型发展工作方案。会议指出，推进现代物流业转型发展，要突出“转”的重点，选取河南最具比较优势和发展潜力的冷链物流、电商物流、快递物流作为主攻方向，以重点突破带动全面提升。

部署落实全省物流业转型发展工作会议精神

9月8日，河南省邮政管理局召开贯彻落实全省物流业转型发展工作会议精神部署会，统筹推进河南省快递物流转型发展。省邮政管理局局长丁平、省交通运输厅副厅长刘兴彬出席会议并作重要讲话，省交通运输厅、省公安厅、省商务厅有关部门负责人受邀参加会议。全省各市邮政管理局局长、副局长，县级邮政管理机构负责人，重点快递企业的代表共计90余人参加会议。

出台《关于快递企业履行安全生产主体责任的指导意见(试行)》

9月11日，河南省邮政管理局制定出台《关于快递企业履行安全生产主体责任的指导意见(试行)》规范性文件，督促企业履行主体责任。

《河南省物流业转型发展规划(2018—2020年)》发布省邮政业发展再迎重大利好

10月13日，河南省人民政府下发《河南省物流业转型发展规划(2018－2020年)》，提出到2020年河南省快递物流要实现省内县级以上城市24小时投递、全国重点城市48小时投递。河南邮

政业发展再迎重大利好。

马军胜调研河南跨境电商发展情况

10月31日，国家邮政局党组书记、局长马军胜赴河南保税物流中心，实地查看聚美优品、小红书、网易考拉等电商平台的经营情况，以及提供快递物流服务的邮政EMS、中通、顺丰、申通等快递企业的占比等情况，鼓励河南各家企业紧贴市场实际，紧贴行业优势，扬长避短，有的放矢，把行业政策与河南省情高度融合，探索快递与跨境电商的深度合作，协同推进快递“向下”“向外”工程建设。

举办2017年快递服务质量工作培训班

11月3日，河南省邮政管理局举办2017年快递服务质量工作培训班，17个市局行管科负责人及负责服务质量人员和20余家快递企业分管服务质量负责人、申(投)诉处理负责人共80余人参加培训。

出台方案促进快递物流转型发展

11月11日，河南省政府办公厅发布了《河南省冷链物流转型发展工作方案》《河南省快递物流转型发展工作方案》《河南省电商物流转型发展工作方案》，实施期限为2018－2020年。物流业三大方案集中出台，标志着河南省建设现代国际物流中心和全产业链现代物流强省有了具体规划。

河南局召开邮政业安全生产领域改革发展推进会

12月15日，河南省邮政管理局召开邮政业安全生产领域改革发展推进会，省内各品牌快递企业负责人及安全管理人员共60余人参加会议。会议对《安全生产法》进行了解读，并对《河南省邮政管理局关于快递企业履行安全生产主体责任的指导意见》进行了详细阐述。

湖北省快递发展大事记

湖北局召开2017年全省邮政管理工作会议

1月16日，2017年湖北省邮政管理工作会在武汉召开。会议传达了2017年全国邮政管理工作会议精神，全面总结了2016年全省邮政业改革发展和邮政管理工作情况，提出了当前和今后一个时期的发展思路，布置了2017年重点工作任务。湖北局党组书记、局长唐顺益作了题为《牢固树立新发展理念　贯彻落实发展新思路　以优异成绩迎接党的十九大胜利召开》的工作报告。会议期间，表彰了2016年全省邮政普遍服务监督管理、安全监管、行业统计管理、新闻宣传等七项工作先进单位和个人。省国安厅、省公安厅、省交通运输厅等有关部门领导出席会议。湖北局局领导、机关各处室干部，各市(州)局局领导，省邮政业职鉴中心、省快递协会负责人，省邮政公司和各主要快递企业负责人参加会议。

湖北局强化全省快递经营许可闭环管理

2月，湖北省邮政管理局严格按照《快递业务经营许可管理办法》《快递业经营许可注销管理规定》，分批开展、稳步推进全省快递经营许可注销工作。开展许可注销工作，强化了全省快递经营许可闭环管理，为进一步加强全省快递经营许可企业事中事后监管打下了基础。

湖北局部署全国两会期间寄递服务安保工作

2月，湖北省邮政管理局部署全国两会期间全省邮政、快递服务和安全监管工作：一是提前部署寄递服务与安全保障工作；二是加强安全宣传教育；三是做好应急管理与值班值守工作。

湖北局专项督导全国两会期间邮政、快递安保工作

3月7日至10日，湖北省邮政管理局党组书记、局长唐顺益带队，派出两个检查组，深入武汉、咸宁、鄂州、黄石、黄冈等地邮政、快递营业网点一线开展明察暗访，对寄递安全和服务开展专项督导检查。检查组强调，全国两会期间寄递服务和安全保障工作责任重大：一是要严格落实收寄验视、实名收寄制度，严格按照《禁止寄递物品管理规定》，坚决将各类禁寄物品堵截在寄递渠道之外；二是要加大对车辆、消防、用电等安全隐患排查力度，严防发生火灾、触电、车辆安全、机械伤害等事故；三是要加强内部培训和用户宣传力度，提升企业员工安全素质和用户安全意识；四是要按照邮政、快递服务各项制度标准，提高寄递服务质量。

湖北局召开全省邮政市场监管工作会议

3月，湖北省邮政管理局召开2017年全省邮政市场监管工作会议，传达学习2017年全国邮政市场监管工作会议精神，全面总结2016年全省邮政市场监管工作，安排部署2017年全省邮政市场监管重点工作任务。湖北局领导、市场监管处室责人、各市（州）局领导和市场监管科负责人参加会议。

国家邮政局市场监管司赴咸宁开展末端调研

3月，国家邮政局市场监管司一行深入咸宁市开展快递末端网点备案调研。调研组对市局加强快递末端网点规范运营、鼓励邮政、快递企业在网点办理基本业务的基础上，与电商协作打造综合服务平台的做法表示了肯定并提出了要求：一是要加强与地方部门的沟通联系，协调解决快递末端网点面临的困难，积极引导快递企业规范发展末端网点，满足城乡居民快递服务需要；二是要建立健全制度，从投递时限、提高客户满意度等方面加强对末端网点的管理；三是要督导末端网点落实好安全管理责任，严格落实寄递安全三项制度，坚决将各类禁寄物品堵截在寄递渠道之外。

国家邮政局政策法规司赴湖北调研行业发展情况

4月，国家邮政局政策法规司巡视员靳兵率政策法规司和发展研究中心有关人员赴湖北调研行业发展情况。调研组指出，快递企业和邮政企业要继续巩固与电子商务协同发展的良好态势，不断改革创新，积极向综合性快递物流运营商转型。要进一步提升快递服务质量，提高客户的满意度，为社会提供更优质、高效的快递服务。湖北省邮政管理局局长唐顺益、政策法规处和武汉市邮政管理局负责同志陪同调研。

《中国（湖北）自由贸易试验区总体方案》提出“构建国际物流枢纽”

4月，国务院印发《中国（湖北）自由贸易试验区总体方案》，明确了自贸试验区发展的总体要求、区位布局、19项主要任务和四项保障措施，湖北省邮政业发展迎来重大发展机遇。《方案》明确提出“构建国际物流枢纽”，大力推进铁、水、公、空多式联运，贯彻落实“一带一路”建设战略，推进中欧班列（武汉）发展，支持设立中欧班列华中拆拼箱中心。支持有条件的航空口岸开通和增加国际客货运航班，开通至各大洲主要物流节点城市的全货运航线和国际中转货运航班。支持设立国际航空运输服务企业，在条件具备时，在自贸试验区试点航空快件国际中转集拼业务。大力引进国际物流企业在自贸试验区内建立区域总部或营运中心，支持在自贸试验区内设立国际邮件互换局和交换站。支持国内外快递企业在自贸试验区内的非海关特殊监管区域，办理符合条件的国际快件属地报关报检业务。支持建设多式联运物流监管中心，对换装地不改变施封状态的予以直接放行。

快递业信用体系建设试点工作座谈会在武汉召开

4月15日,国家邮政局组织在湖北武汉召开快递业信用体系建设试点工作座谈会,全面总结试点工作开展情况,提炼经验,分析问题,研讨对策,为统筹推进全行业信用体系建设工作奠定基础。参与试点的天津、吉林、内蒙古、浙江、湖北、河南和陕西省(区、市)邮政管理局及辖区省级以下监管机构有关人员,国家邮政局市场监管司、发展研究中心、中国邮政快递报社和中国快递协会相关人员参加了座谈。国家邮政局副局长刘君出席并讲话。期间,刘君还调研了邮政业发展和监管工作情况。先后到恩施州中通快递分拣处理中心和营业网点、芭蕉乡快递超市、高拱桥村邮站和宜昌市韵达分拣处理中心等进行了参观考察,到恩施州、宜昌市邮政管理局与一线干部进行了座谈。

举办2017年全国邮政行业职业技能大赛湖北选拔赛

4月,湖北省邮政管理局、省人力资源和社会保障厅、省教育厅、省总工会、共青团省委决定共同举办2017年湖北省快递职业技能大赛暨全国邮政行业职业技能大赛湖北省选拔赛。

国家邮政局人事司赴湖北省交通职业技术学院调研

4月,国家邮政局人事司司长刘良一一行来到湖北省交通职业技术学院,就第二届全国“互联网+”快递大学生创新创业大赛承办工作筹备情况进行专题调研。省邮政管理局局长唐顺益、省交通运输厅副巡视员刘立生等有关领导出席调研座谈会。会上,学院从办学基本情况、承办赛事条件、大赛承办方案和校内组织方案4个方面进行了工作汇报。刘良一对校前期准备工作予以了充分肯定,并就做好此次大赛承办工作提出建议。

湖北局部署“一带一路”国际合作高峰论坛寄递渠道安保工作

5月,湖北省邮政管理局召开“一带一路”国际合作高峰论坛寄递渠道安全服务工作动员部署会,对高峰论坛期间寄递渠道安全服务工作进行再动员、再部署。湖北局领导及市场监管处相关工作人员、省邮政公司、省内主要快递品牌负责人参加会议。会议详细解读了《“一带一路”国际合作高峰论坛寄递渠道安全服务保障工作实施方案》,要求各寄递企业充分借鉴寄递渠道安全保障工作经验,严格落实各项工作部署和防范措施,做到“五个确保”。会议要求全省寄递企业切实增强政治自觉和责任自觉,落实好安全主体责任,严格落实“三个100%”和临时管控措施,加强应急和值班值守。会上,湖北局局长唐顺益还与邮政、快递企业代表现场签订了安全保障工作责任书。

举行全国邮政行业职业技能大赛湖北选拔赛

6月24日至25日,2017年湖北省快递职业技能大赛暨全国邮政行业职业技能大赛湖北省选拔赛、武汉市第二十届职业技能大赛暨武汉市快递职业大赛顺利举行,来自全省行业内30个品牌企业和院校代表队共200余名选手参赛。经过比拼,最终分别在“企业组”和“学生组”中选出优胜者。

湖北局调研督导实名收寄信息系统推广应用

7月14日,湖北省邮政管理局党组书记、局长唐顺益带队,随机抽取武汉市内快递网点,调研督导实名收寄信息系统推广应用工作。督导组一行深入武汉市顺丰、申通、中通等快递企业基层营业网点,详细了解实名收寄制度推进落实情况,现场查看了“安易递”系统企业版实际操作演示,查看了基层网点实名收寄数据,并听取了快递企业一线工作人员意见和建议。湖北局市场处、武汉市邮政管理局负责人参加调研督导。

湖北局推进邮件快件实名收寄系统推广应用

为切实推进全省快递企业落实实名收寄制度，加快实名收寄信息系统推广应用，湖北省邮政管理局采取多项措施推进实名收寄系统推广应用工作：一是提高认识，增强实名收寄系统推广应用的紧迫感和责任感；二是问题导向，定期研判采取针对性举措；三是抓住关键，加强对品牌快递企业湖北总部的督导；四是加强通报，不断加强监督。

湖北局召开金砖会晤寄递安保工作会议

8月，湖北省邮政管理局召开全省邮政业安全综合整治暨金砖会晤寄递安全服务保障动员部署会，全面安排部署全省邮政业安全综合整治与金砖会晤寄递渠道安全服务保障工作。湖北局党组成员、机关各相关处室负责人、各市（州）局主要领导、省快递协会以及相关省级寄递企业负责人参加会议。

周先旺副省长专题调研全省邮政业发展与管理情况

8月22日，湖北省人民政府党组成员、副省长周先旺一行赴省邮政管理局，专题调研全省邮政业发展与管理情况。周先旺表示，邮政业作为现代服务业的重要组成部分，服务万村千乡、服务千家万户，为地方经济和社会发展作出了应有的贡献；省邮政管理局近年来在改革中不断克服困难，各项工作有序推进，较好地服务了全省邮政业发展。他强调，随着生活水平提高、城乡差距缩小，人民对邮政、快递服务的需求将会不断增加，省邮政管理局要再接再厉，以良好的工作作风，继续做好服务行业发展相关工作，助推行业转型升级，为促进全省现代服务业发展作出新的贡献。省人民政府副秘书长贺盛有、省交通运输厅副厅长谢强等陪同调研。

召开寄递渠道安全管理领导小组扩大会议

9月29日，湖北省寄递渠道安全管理领导小组在省委政法委召开扩大会议。省综治办（维稳办）副主任王丰年主持会议并讲话，领导小组各成员单位分管负责人、联络员以及9家寄递企业湖北公司负责人参加会议。王丰年充分肯定了各成员单位和寄递企业为保障全省寄递渠道安全平稳畅通而付出的心血和努力。就进一步做好寄递渠道安全管理工作，他提出四点意见。

湖北局部署党的十九大期间全省寄递渠道安保工作

9月30日，湖北省邮政管理局召开国庆、中秋及党的十九大期间全省寄递渠道安保工作动员部署会，全面安排部署"两节"及党的十九大期间全省寄递渠道安全服务保障工作。会上，湖北局领导还与各寄递企业代表现场签订了安全服务保障工作责任书。湖北局党组成员、机关各处室负责人、各市（州）邮政管理局主要领导以及相关省级寄递企业负责人参加会议。

湖北局督导检查党的十九大期间寄递渠道安全

10月1日至8日，湖北省邮政管理局局领导带队，组成两个督导检查组，深入武汉、荆州、荆门、黄石、黄冈、鄂州、孝感、随州等地寄递企业基层网点和分拨中心开展安全督导检查。检查组采取不打招呼、试寄暗访的方式，随机抽查了34个邮政、快递网点及分拨中心，重点检查了寄递企业执行收寄验视、实名收寄、过机安检"三项制度"和临时管控措施、应急保障等方面情况。检查组要求，一是要坚决克服麻痹思想和松懈情绪，不折不扣地执行收寄验视和实名收寄制度，严把寄递安全第一道防线；二是要加大对车辆、消防、用电等安全隐患排查力度，严防发生火灾、触电、车辆安全、机械伤害等事故；三是要加强从业人员教育培训，提高从业人员安全意识和综合素质。

湖北局全覆盖督导检查党的十九大期间全省寄递渠道安全

为确保党的十九大期间湖北省寄递渠道安全平稳畅通，湖北省邮政管理局印发了《党的十九大期间湖北省寄递渠道安全保障工作督导检查实施方案》，组织了4个督导检查组，采取分片包干负责的形式，于2017年10月9日至10月31日期间，对全省落实党的十九大期间寄递渠道安保工作进行全覆盖式督导检查。

湖北局部署2017年快递业务旺季服务保障工作

11月，湖北省邮政管理局先后组织省级寄递企业负责人会议、各市(州)邮政管理局局领导会议，全面动员和部署2017年湖北省快递业务旺季服务保障工作。会议传达了国家邮政局旺季服务保障工作电视电话会议精神以及副局长刘君的讲话精神，通报了近期湖北省寄递渠道安全督导检查情况，解读了《2017年全省快递业务旺季服务保障工作方案》，明确了政府、协会和企业的责任，对快递服务保障各项工作和准备措施提出了具体要求。湖北局要求全省邮政管理系统要充分认识做好2017年快递业务旺季服务保障工作重要意义，积极做好今年旺季服务保障工作。

全国快递业首个全功能智能机器人项目在湖北EMS试行

11月6日，搭载最新分拣技术的323台智能机器人在中国邮政速递物流华中(武汉)陆运中心投产试行，此系全国快递行业首个全功能分拣机器人上线运行。华中(武汉)陆运中心智能机器人项目是全国快递物流行业第一个全功能应用AGV智能分拣技术的标志性项目，是第一套采用立体式模块协同作业、大小件同步智能分拣的快递自动分拣系统运用典型，是中国邮政速递物流应用先进技术的示范工程，享有专利技术，是具有自主知识产权的智能化、自动化、信息化的处理系统。该陆运中心2015年10月投入使用时，使用全自动分拣设备代替人工分拣，日处理能力30万件，智能机器人上线后，日处理量预计超过60万件。

湖北局开展全省邮政管理系统新闻宣传培训

11月9日至10日，湖北省邮政管理局举办了2017年全省邮政管理系统新闻宣传暨文秘工作培训班。省局各处室相关人员和各市(州)局办公室主任及文秘工作人员参加培训。培训班邀请湖北省人民政府办公厅、《中国邮政快递报》、《湖北日报》相关专家开展了“加强政务信息编报工作，切实发挥决策参谋作用”“新闻写作技巧”“新闻采写与作品赏析”等三个专题讲座，湖北局办公室还分别就做好党组、行政会议记录规范等有关工作进行了讲解。

湖北局检查督导一线“双11”旺季服务保障工作

11月11日起，湖北省邮政管理局党组书记、局长唐顺益与相关处室负责人组成督导组，连续深入武汉、孝感、荆门、荆州、宜昌等地寄递企业分拨中心、营业网点一线，检查督导企业“双11”旺季服务保障和安全生产工作情况。11月11日至16日，除在湖北中转的快件外，全省寄递企业累计已处理出口、进口快件量6582万件。其中收件量3239万件，同比增长42%；派件量3344万件，同比增长41%。全省寄递企业服务能力大幅提升，最高日收件量为11月11日847万件，同比增长44%，最高派件量为11月15日722万件，同比增长47%。

“双11”快递搭上高铁从武汉抵达全国各地

11月11日至20日，武汉铁路局每天利用武汉至沈阳G1274次、武汉至北京G510次、汉口至上海虹桥D3016次、武昌至西宁K624次等30趟高铁列车和普速列车行李车联合开展“双11”运输服务，为电商平台商铺、电商企业、快递企业及供货企业提供铁路干线运输及“库到库”全程物流服务。从武汉始发的动车组列车，6小时基本覆盖包括长三角、珠三角、京津冀等所有主要城市。11月11日晚，“双11”黄金周首趟电商货运班列79351次装载天猫商城快递物资的500吨机箱、童车、母婴用品等物资从吴家山站始发，经汉丹线、襄渝线、达成线运行，32个小时后抵达成都市城厢车站，与以前的运输方式相比提速了四到五天。

确保湖北国际物流核心枢纽项目2017年开工

11月13日，湖北省政府召开湖北国际物流核心枢纽项目建设指挥部会议，研究项目合作协议及开工方案等事项。湖北省委常委、常务副省长黄楚平强调，要坚决落实省委、省政府决策部署，凝聚共识，合力攻坚，加快推进，确保项目年内开工建设。副省长周先旺主持会议。黄楚平指出，在省委、省政府主要领导的直接推动下，在省直相关部门和鄂州市的共同努力下，湖北国际物流核心枢纽项目前期工作卓有成效。目前已进入项目开工前的冲刺阶段，时间紧、任务重、要求高，各有关方面要再接再厉，确保按时间节点完成各项工作。周先旺要求，各成员单位要统一思想、敢于担当、落实责任、挂图作战，确保项目按期开工。

邢小江副局长调研湖北农村快递业发展情况

12月9日至10日，国家邮政局邢小江副局长一行深入湖北荆州、宜昌等地，专题调研农村快递发展、交邮合作等情况。期间，邢小江勉励大家要再接再厉，进一步加强快递与电商、农户的三方深度协同合作，共同努力将湖北农村优质农特产品售往全国各地。鼓励相关企业发挥龙头优势，进一步加强与邮政、快递企业合作，实现互利双赢，为推进地方经济发展、农民致富、农村脱贫做出更大贡献。国家邮政局相关司室及湖北省邮政管理局负责人陪同调研。

湖北省邮政业安全中心获批成立

12月11日，湖北省机构编制委员会办公室正式批复同意设立省邮政业安全中心。批复明确，省邮政业安全中心由省邮政管理局管理，为公益一类事业单位，主要承担全省邮政行业安全监管信息系统的管理、运行和维护，承担全省邮政行业安全监管和应急管理相关事务性、技术性、辅助性工作。

湖北局督导检查全省邮政行业消防安全工作

12月27日，湖北省邮政管理局长唐顺益带领市场监管处、武汉市邮政管理局相关负责同志组成督导组对湖北韵达、湖北优速等寄递企业分拨中心消防安全管理工作，进行现场督导检查。同时，湖北局还派出三个督导检查组，对湖北申通、湖北德邦、荆州申通、荆州圆通、随州顺丰、随州中通、孝感圆通、孝感韵达等寄递企业分拨中心消防安全情况进行督导检查。湖北局要求，各寄递企业要保持清醒头脑，提高认识，牢固底线思维和红线意识，切实增强做好行业消防安全管理工作的责任感和紧迫感，将加强行业消防安全管理摆上重要位置，牢固树立“隐患就是事故”的理念，切实落实消防安全主体责任，按照“安全自查、隐患自除、责任自负”原则，加强火灾事故应急管理，健全完善岗位火灾危险性识别等消防安全内容，切实提高应急能力。健全完善消防安全制度、消防安全操作规程和应急疏散预案，最大限度降低火灾事故发生的几率。

湖南省快递发展大事记

出台支持邮政智能包裹柜建设文件

湖南省邮政管理局联合省住房和城乡建设厅印发《关于支持邮政智能包裹柜建设提升邮政服务能力的通知》，支持邮政智能包裹柜建设。《通知》指出，智能包裹柜与收发室同属接收邮件的场所，物业单位和住宅小区有完善邮政配套设施建设的义务，应为支持邮政智能包裹柜建设提供适宜场地，为投递车辆和投递人员提供出入便利。同时，鼓励并支持快递企业参与邮政智能包裹柜建设；对邮政智能包裹柜的建设和管理提出了标准和要求。

推进新型城镇化建设中注重统筹邮政业发展

湖南省人民政府办公厅下发《关于深入推进新型城镇化建设的实施意见》，要求提升城镇综合承载力，均衡配置公共服务资源，注重统筹发展邮政、快递等惠民便民服务。《实施意见》强调，要牢固树立开放、共享的发展理念，以人的城镇化为核心，制定完善各项配套政策，推进新型城镇化健康持续发展。要求各地扩大公共服务范围并提高服务标准，制定公共服务全面覆盖的配套政策，全面提升完善城市功能。在充分考虑域内城镇常住人口增长趋势的前提下，搭建多层次、宽领域、广覆盖的农村产业融合发展服务平台，推动基础设施和公共服务向农村延伸，尽快实现建制村通邮、通快递。要建设适应乡村特点的电子商务平台、商品集散平台和物流中心，加快农村快递网络建设，加快“快递下乡”，推进农产品进城、工业品下乡，带动农村电子商务发展。各级各有关部门要落实年度项目清单，建立健全试点绩效考评机制和动态管理机制，确保政策举措落到实处。

湖南局组织召开快递企业座谈会

1月12日，湖南省邮政管理局组织全省快递企业代表召开座谈会，传达学习国家邮政局、省局工作会议精神，贯彻《湖南省人民政府加强寄递渠道物流安全管理工作的实施意见》，讨论交流落实工作的具体措施。省快递行业协会、邮政速递物流、顺丰、圆通、中通、申通、韵达、百世、宅急送、天天、国通、全峰、优速等55名企业代表参加了座谈会。

湖南局召开2017年全省邮政管理工作会议

1月12日至13日，2017年湖南省邮政管理工作会议在长沙召开。湖南局党组书记、局长周国繁作工作报告，局党组成员、纪检组长、副局长谢强主持会议。省委宣传部、省委政研室、省编办、省综治办、省政府办公厅、省政府研究室、省发改委、省财政厅、省公安厅、省国家安全厅、省交通运输厅、省商务厅、省新闻出版广电局、省工商管理局、省统计局、省公安交通管理局、长沙海关、湖南出入境检验检疫局、财政部驻湖南专员办等相关省直及中央驻湘单位代表参加会议。会上，周国繁宣读了省人民政府副省长张剑飞的重要批示。张剑飞对湖南邮政业取得的发展成绩表示充分肯定，并在批示中对2017年全省邮政管理工作提出明确要求与期许。

邢小江副局长赴湖南调研指导行业发展

1月17日至21日，国家邮政局党组成员、副局长、机关党委书记邢小江率队赴湖南益阳、株洲两地，调研邮政业发展和服务情况，并代表邮政管理部门对春节前夕仍坚守在生产一线的广大邮政、快递企业员工表示慰问，向他们致以新春问候和良好祝愿。调研期间，邢小江参加并指导了湖南局民主生活会。国家邮政局政策法规司、人事司有关人员和湖南局局长周国繁等陪同慰问调研。

邢小江副局长指导湖南局民主生活会

1月18日，湖南省邮政管理局党组召开2016年度民主生活会。以学习贯彻党的十八届六中全会精神为主题，围绕“两学一做”学习教育要求，重点对照《准则》和《条例》，联系班子、个人思想和工作实际认真查摆问题，聚焦政治合格、执行纪律合格、品德合格、发挥作用合格要求进行党性分析，深入开展批评与自我批评，明确整改方向和措施。湖南局党组书记、局长周国繁主持会议，局党组成员、副局长谢强出席会议，各处室负责同志列席会议。国家邮政局党组成员、副局长、机关党委书记邢小江，政策法规司、人事司有关领导同志到会指导。邢小江对会议情况进行了点评，认为湖南局党组这次民主生活会开得质量高，效果好，会议准备工作充分，查摆问题全面深入，开展批评严肃认真，整改措施切实可行，并就做好会后工作提出要求。

推进邮快合作

1月，湖南省邮政管理局组织省邮政分公司和部分快递企业在长沙召开邮快合作推进座谈会。湖南局普遍服务处、市场监管处负责人，省快递协会会长和邮政分公司市场部、网运部负责人以及顺丰、申通、圆通、中通、韵达、京东等主要品牌快递企业负责人等十余人参加会议。与会企业负责人围绕合作意向、愿景、可行性、技术层面操作性等进行了广泛交流，并达成共识。一是普遍认为推进“邮快合作”势在必行，只有顺应发展大势，行业才能做强做大，才能走远走好。二是普遍表示愿意参与和积极推进邮快实体合作。三是对推进中可能遇到和需要有解决方案的事项提出了建设性意见。

周国繁委员获评政协湖南省第十一届委员会优秀委员

政协湖南省委员会印发《关于表彰政协湖南省第十一届委员会优秀委员的决定》（湘协发〔2017〕1号），省政协委员、省政协提案委副主任（兼）、省邮政管理局局长周国繁被评为优秀委员。

周国繁局长出席全省邮政速递物流工作会议

2月13日，湖南省邮政管理局党组书记、局长周国繁同志出席全省邮政速递物流工作会议并作重要讲话，要求湖南邮政速递物流树立起国企志向，扛鼎起兴企大旗，深化改革创新，加快转型升级，打造行业标杆。省邮政公司总经理徐茂君出席会议并讲话，省邮政速递物流公司总经理刘俊峰作工作报告，省邮政速递物流公司副总经理胡绍波主持会议。

马军胜局长调研湖南邮政行业发展等情况

3月21日至23日，国家邮政局党组书记、局长马军胜一行到湖南调研行业发展和邮政管理工作情况，希望湖南邮政行业广大干部职工继续保持昂扬向上的精神状态，紧抓机遇，砥砺奋进，努力做好湖南邮政业科学发展这篇大文章。马军胜还对湖南省邮政管理局继续扎实推进湖南邮政事业各项工作提出了三点要求。国家邮政局人事司、湖南省邮政管理局负责人陪同调研。

马军胜局长出席湖南省邮政管理系统领导干部会议

3月22日，湖南省邮政管理局组织召开全省邮政管理系统领导干部会议，国家邮政局党组书记、局长马军胜莅临会议并作重要讲话。受湖南省委常委、组织部长王少峰委托，湖南省委组织部常务副部长胡伯俊出席会议并讲话。国家邮政局人事司司长刘良一宣布国家局党组决定：朱汉荣任湖南省邮政管理局党组书记、局长,周国繁不再担任湖南省邮政管理局党组书记、局长。周国繁主持会议并发言,朱汉荣作表态发言。马军胜对做好这次主要领导调整、继续扎实推进湖南邮政事业各项工作提出了三点要求。国家邮政局办公室秘书处、省委组织部干部三处负责人,湖南局领导班子成员,省局机关全体公务员,各市州邮政管理局主要负责人以及长沙、株洲、湘潭市邮政管理局领导班子成员参加会议。

加快农村邮政业基础建设

3 月,湖南省委、省政府以一号文件出台《关于大力发展精细农业深入推进农业供给侧结构性改革的若干意见》,要求邮政行业加强农村配送体系建设,协同打造"互联网 + 农特产品"和"电商扶贫特产专区"产业链。《意见》指出,邮政业要致力于推动农业更好走向市场,支撑实施产销对接和直供直销。要加快完善县乡村三级邮快服务体系,激发农村站点资源活力,延伸产业链、打造供应链。要支持方便食品、休闲食品等龙头企业,协同现代食品产业发展。要以"一带一路"沿线及周边国家与地区为重点,创建跨境电子商务平台,推动"湘品出境"。

湖南局召开 2017 年全省邮政普遍服务和市场监管工作会

3 月 30 日至 31 日,2017 年湖南省邮政普遍服务和市场监管工作现场会在娄底市召开。会上,各市州邮政管理局与会代表实地观摩了娄底双峰青树坪乡镇邮政综合便民服务平台建设示范点、娄底花门乡镇标准化快递网点、电商快递园分拣中心,对娄底市邮政管理局推进标准化网点建设、整合乡镇电商快递资源服务农村、快递下乡等融合发展工作的经验性做法给予肯定和点赞。湖南省邮政管理局普遍服务处、市场监管处负责人以及全体公务员,各市州局分管局领导、业务科室负责人共 70 余人参加了会议。娄底电视台、娄底日报社对本次会议进行了报道。

召开 2017 年省寄递渠道安全管理工作联席会议

4 月 14 日,湖南寄递渠道安全管理工作办公室组织召开 2017 年省寄递渠道安全管理工作联席会议。省公安厅党委委员、副厅长、寄安办副主任谭和平,省综治办综治一室主任、寄安办副主任周武出席会议,省国安厅、省交通运输厅、省工商行政管理局、长沙海关、民航湖南监管局、广铁集团长沙办事处等成员单位分管领导及相关部门负责同志参加会议。省邮政管理局局长、寄安办主任朱汉荣主持会议,省邮政管理局副局长、寄安办专职副主任谢强通报去年工作情况并介绍 2017 年重点工作。会议总结评价了 2016 年工作,各成员单位重点就贯彻落实中央综治办等九部委文件、国家三部局实名收寄信息化方案、省政府办公厅 98 号文件,围绕邮件快件就地安检、党的十九大等重要节点重大活动安保工作、信息化监管平台建设、各级安检中心组建、县级以下安全监管等六个方面问题进行深入讨论,达成广泛共识。

湖南局与省邮政公司召开政企座谈会

4 月 18 日,湖南省邮政管理局与省邮政公司召开政企座谈会,就进一步优化邮政普遍服务政策保障、提升邮政普遍服务能力水平、加强寄递渠道安全管理等问题进行座谈交流。湖南局局长朱汉荣、副局长谢强,省邮政公司总经理徐茂君、省邮政公司副总经理唐成文,省局、省邮政公司相关处室(部门)负责同志参加座谈交流。会后,朱汉荣一行还视察调研了湖南邮政运营管控平台、邮政智能终端系统,详细了解企业生产经营、安全管理等情况。

许达哲省长批示要求做好整体布局促进快递业发展

4 月,湖南省政府出台《关于促进快递业发展的实施意见》，省长许达哲审定并作出重要批示，要求“做好整体布局，促进快递业发展”。《意见》要求，突出产业政策引导，加强快递同经济对接、同产业对接、同精准扶贫对接，加强部门、行业、地方间的协作协同、以“互联网＋”快递为发展方向，切实增强快递业服务全省经济社会发展的能力和水平，推动快递业加快融入生产、流通和消费环节。严守安全发展红线，落实寄递安全管理属地责任和企业主体责任，提升安全监管能力。计划到2020年，实现快递到乡镇、配送到村寨，全年支撑网络零售交易额突破2500亿元，日均服务用户1000万人次。

湖南局部署实名收寄信息化工作

为推进落实湖南省人民政府办公厅《关于加强寄递物流安全管理工作的实施意见》，加快邮件快件实名制信息化应用推广工作，提升寄递渠道安全防控能力，湖南省邮政管理局组织召开全省邮政安全监管培训班，各市州局邮政市场监管干部参加了此次培训。培训班强调，实名收寄信息化工作是2017年中心工作，已纳入综治考评内容。试点市州要加强信息化系统推广应用工作，推动全面覆盖所有寄递企业，其他非试点地区要按要求落实实名登记制度。要把镜头对准企业，在全国试点工作中体现湖南执行力。会上还针对实名收寄系统监管、公共版、用户版进行了培训，组织试点市州现场分角色开展模拟演示。

湖南局部署“一带一路”国际合作高峰论坛寄递渠道安保工作

5月2日，湖南省邮政管理局召开“一带一路”国际合作高峰论坛期间寄递渠道安全服务保障工作动员部署会，湖南局局长朱汉荣出席会议并作动员讲话，副局长谢强主持会议。会议宣读了《湖南省“一带一路”国际合作高峰论坛寄递渠道安全服务保障工作实施方案》，明确了任务分工和措施要求。会上，各寄递企业在湘管理中心负责人向湖南局主要负责同志递交了安全服务保障承诺书，会议要求全省邮政行业坚持责任牵引、制度防控、督导推动，严控危爆物品、严治安全隐患、严防事故案件，做到“三个确保”，确保寄递安全、确保生产安全、确保运行安全。湖南局机关各处室负责人、各市州局分管局领导，各寄递企业在湘管理中心负责人60余人参加会议。

国家邮政局发展研究中心赴湖南开展调研

5月4日至5日，国家邮政局发展研究中心主任曾军山一行到湖南就落实2017年全国邮政工作会议精神、推进行业科技创新工作进行调研。调研组深入湘邮科技股份有限公司，重点考察调研了邮政业科技创新与发展工作情况。调研期间，曾军山与湖南局党组书记、局长朱汉荣进行座谈交流，听取了湖南局关于落实国家邮政局“打通上下游，形成产业链，画大同心圆，构建生态圈”工作部署情况的工作汇报，详细了解了湖南省邮政业改革发展情况。湖南局副局长谢强，相关处室负责人，长沙局负责人陪同调研和参加座谈。

开展安全生产专项行动

6月，湖南省邮政管理局下发通知，组织全省邮政行业开展为期7个月的安全生产大排查大整治大管控专项行动。要求寄递企业逐级分类摸排整治、邮政管理部门上下联动督导管控，坚守安全生产红线，加强隐患排查治理和安全风险管控，坚决防止危爆物品通过寄递渠道出省外溢，坚决防止寄递安全管理制度执行虚转，坚决消除影响党的十九大安全的安全隐患。

湖南局组织省邮政业做好防汛抗灾工作

6月22日晚，湖南迎来2017年入汛以来最强降雨。造成部分地区河水暴涨、道路交通中断，给全省行业生产作业带来影响。湖南省邮政管理局对此高度重视，迅速部署全省邮政业的防汛抗灾工作，要求受灾地区立即启动行业防汛应急预案，组织企业全面开展安全隐患排查整改，积极做好生产自救工作。

推进邮政快递业服务医药产业发展

7月4日，湖南省人民政府办公厅印发了《关于促进医药产业健康发展的实施意见》，优化产业结构，促进产业融合发展。《意见》指出，要培育壮大现代医药物流。鼓励药品经营企业通过收购、并购、重组等方式构建遍及城乡的药品配送网络，支持符合药品配送条件的邮政企业、快递企业参与药品运输与配送，满足基层和边远地区药品供应保障需求。

朱汉荣局长深入一线走访慰问受灾企业网点

7月4日，湖南省邮政管理局党组书记、局长朱汉荣一行赴长沙市宁乡县调研邮政业防汛减灾工作，并看望慰问一线员工。湖南局普遍服务处、市场监管处，长沙市邮政管理局负责人陪同调研。朱汉荣强调，要及时开展灾后重建恢复工作，确保寄递渠道安全畅通。全省各级邮政管理部门要敦促各寄递企业利用气候转晴间隙期再次排查安全隐患、检修车辆和电器设备、加固安全防护设施，落实各项工作部署，总结经验进一步做好后续防汛减灾工作，最大限度减少人员伤亡和财产损失。要争取地方政府宣传部门和新闻媒体的支持，利用电视、报纸、微信和互联网等实时公开行业受灾情况和恢复状况，争取群众理解和支持。

湖南局部署全省邮(快)件就地安检工作

7月，湖南省邮政管理局下发通知部署邮件快件就地过机安检工作。通知要求，全省寄递企业要实现所有出埠件以县(市)区为单位100%就地安检。凡过机安检的邮件、快件要在醒目位置加盖安检戳记或者张贴安检标识，载明安检单位、安检地区、安检时间；各市州邮政管理局要积极引导企业采取联合安检、自主安检、集中安检等方式，对邮件快件进行安全查验，落实定机安检制度，建立X光机与快递企业一对一过机安检模式，实现定人、定机、定岗、定责。

出台物流业降本增效专项行动方案

7月11日，湖南省发展改革委制定印发《湖南省物流业降本增效专项行动方案(2017－2020年)》，省人民政府办公厅予以转发。《方案》提出，要优化行业行政审批，进一步放宽物流企业住所和经营场所登记条件，鼓励物流企业网络化经营布局；要畅通物流通道，加快实施长沙黄花机场飞行区东扩(二期)等航空基础设施建设，大力提升郴州市快件中心功能，加快推进岳阳市港口体系建设；要优化物流节点，探索高铁物流发展模式，提升快递物流运行能力；要促进制造业与物流业联动发展，鼓励快递企业开展“入厂快递、区域性供应链服务、嵌入式电子商务服务”等服务模式创新；要推动交通物流融合发展，加快机场、车站、码头快件“绿色通道”建设，促进快件高效集疏运；要推进商贸业与物流业融合发展，鼓励快递企业开展产地直销、订单生产等物流服务新模式，带动农村消费；要完善城乡配送体系，加快建设城市公用型配送节点和末端配送点，完善县、乡、村三级物流配送体系，推进快件“上车上机上铁”“快递下乡”“电子商务与物流快递协同发展”等试点工程。

湖南局全力推进实名收寄信息化工作

7月13日，湖南省邮政管理局召开局长办公会议，传达学习国家邮政局局长马军胜重要讲话精神，要求长沙、益阳、永州三个试点城市对标站位、升温压力，全力推进邮件、快件实名收寄信息化推广应用工作。湖南局要求试点城市加强工作调度，坚持政企联动，坚持数据导控，以收件实名、网点实名、快递员实名为重点，推动实名信息化工作全面覆盖。一要强化“邮政管理＋”，形成合力；二要强化“信息系统＋”，多方助力；三要强化“数据安全＋”，精准发力。

湖南局与省公安厅建立常态化联动机制

8 月，湖南省邮政管理局与省公安厅召开座谈会，湖南局党组书记、局长朱汉荣，党组成员、副局长谢强，省公安厅党委委员、副厅长谭和平，治安总队总队长丁阳云，以及两厅局相关部门负责人参加座谈，就如何加强全省寄递安全工作进行深入交流。会议强调，两厅局要进一步加强交流合作，建立制度化、常态化沟通机制，实现信息共享、情报互通、齐抓共管，提升寄递渠道安全监管能力水平，全力以赴为党的十九大胜利召开保驾护航。

举行全国邮政行业职业技能大赛湖南省初赛

8 月 16 日至 18 日，全国邮政行业职业技能大赛湖南省初赛在湖南邮电职业技术学院举行。来自全省邮政业 17 支代表队的 51 名选手参赛，参赛企业覆盖全省大多数快递品牌。这是湖南省邮政行业规模最大的一次技能比武活动。竞赛由湖南省邮政管理局、省人力资源和社会保障厅、省总工会主办，省邮政行业职业技能鉴定中心、省邮电职业技术学院承办。经过角逐，大赛评选出个人奖 8 名，团体奖 12 名、精神文明奖 2 名、优秀教练奖 8 名。获得竞赛个人第 1 名的选手，由省人力资源和社会保障厅授予“湖南省技术能手”荣誉称号。

湖南局督导检查金砖会晤寄递渠道安保工作

9 月，湖南省邮政管理局以实名收寄和过机安检为重点，开展金砖会务寄递渠道安全服务保障工作督导检查。湖南局成立多个检查小组，由局领导带队赴各快递品牌企业分拨处理中心，检查组在省际分拨中心进行抽查，对发现未张贴出埠安检标识、未落实实名收寄的，要求逐环节倒查问责。

建立安全管理联动机制强化属地安全管理

9 月 5 日，湖南省邮政管理局联合省公安厅下发《关于完善寄递渠道安全管理联动机制强化属地安全管理的通知》，建立“工作联动、信息共享、案件联处”工作机制，特别是加强市州邮政管理部门与县级公安机关的联动，实现寄递渠道安全工作齐抓共管。《通知》强调，要加大查处整治力度。各级公安机关和派出所在治安检查中，发现的非法寄递网点，要配合邮政管理部门予以取缔；对邮政管理部门移交和寄递企业、社会群众举报的案件线索，要迅速调查核实，依法立案查处；对扰乱寄递企业、寄递网点和寄递分拨中心正常生产秩序、危害寄递渠道安全畅通的违法犯罪行为，要坚决依法打击。各地邮政管理部门在检查中发现寄递企业违反法律法规的，要依法处罚，并在寄递行业进行通报。省邮政管理局要建立“黑名单”制度，建立健全“一处失信、处处受限”的惩戒机制。

推进落实寄递安全“三个 100%制度”

9 月 19 日，湖南省邮政管理局、省公安厅联合召开全省推进落实寄递安全管理“三个 100%制度”视频会议，深化部门协作，加强寄递安全属地管控。省公安厅党委委员、副厅长谭和平，湖南局党组书记、局长朱汉荣出席会议并讲话。会议强调，实名收寄工作是邮政业贯彻落实党中央、国务院系列决策部署的实际举措，是构建寄递渠道安全屏障的必然要求。要围绕“实名信息化工作较全国提前半年完成”的目标，自 9 月底开始，将实名收寄信息化工作推向全省，力争 2018 年 6 月底前实现全省实名收寄全覆盖。长沙市公安局、益阳市邮政管理局、湖南顺丰速运有限公司在会上做经验介绍。湖南局办公室、市场监管处人员，各市州邮政管理局主要领导和相关人员，省、市、县（市区）公安机关分管领导，治安、刑侦、网技、禁毒、反恐等部门负责人，全省寄递企业负责人参加会议。

湖南局建立重大事故隐患治理“一单四制”制度

10 月，湖南省邮政管理局印发通知，建立全省邮政业重大事故隐患和重大安全生产问题治理“一单四制”制度。通知指出,邮政业重大事故隐患治理“一单四制”制度,是指全省邮政管理部门对日常监督检查中发现或上级交办、群众举报、媒体曝光、其他部门移送和邮政、快递企业报告的重大事故隐患,经研究认定,形成重大事故隐患清单,并对每项重大事故隐患治理任务实行交办制、台账制、销号制、通报制管理,做到治理任务不落实不放过、隐患不消除不销号,并对逾期未完成治理任务的予以通报。

朱汉荣局长率队检查督导党的十九大期间寄递安保工作

10月12日,湖南省邮政管理局党组书记、局长朱汉荣率队检查督导党的十九大期间寄递渠道安全服务保障工作。朱汉荣指出,党的十九大寄递渠道安全服务保障已经进入实战攻坚阶段。湖南局党组高度重视党的十九大期间寄递渠道安全服务保障工作,根据国家邮政局工作部署专门制定实施方案,与公安、国安等部门密集组织督导检查。各寄递企业务必认真贯彻落实国家邮政局、湖南局相关工作部署,确保党的十九大期间寄递渠道安全服务保障工作圆满成功。湖南局市场处,长沙局负责人参加调研。

湖南局深入开展党的十九大寄递安全专项检查

10月,为党的十九大胜利召开营造安全稳定的寄递环境,湖南省邮政管理部门深入开展寄递渠道安全生产专项监督检查。根据党的十九大安保工作方案,从10月9日起至党的十九大闭幕次日,为国家重大活动特别防控期。湖南省局强调要求,党的十九大安保工作不能做一般性部署,不能做常态化要求,全省邮政管理部门要提高标准、周密部署、强化措施、严防死守,始终保持高压态势,加大执法检查力度,围绕党的十九大安保任务聚焦用力。

湖南局全面部署2017年快递旺季服务保障工作

11月2日,湖南省邮政管理局召开2017年全省快递业务旺季服务保障工作动员部署电视电话会议,安排部署全省2017年快递业务旺季服务保障工作。湖南局党组成员、副局长谢强出席会议并讲话。会议传达了国家邮政局2017年快递业务旺季服务保障工作动员部署电视电话会议精神,对全省旺季服务、安全、宣传、应急等各方面工作进行了动员部署,要求全省行业提高政治站位,把平稳运行置于首要位置,把安全发展放在先导位置,把服务质量立于核心位置,致力于“服务提质、能力提升”目标,按照“全员发力、全网统筹、全省行动、全民受益”总要求,呼应时代需求,对标群众需要,全力以赴,精心组织,打造“质量双11、安全双11”。湖南局办公室、市场监管处、普遍服务处负责人在主会场、各市州邮政管理局主要领导和相关人员在分会场参加会议;全省快递行业协会负责人、寄递企业负责人参加会议。

湖南局学习宣贯党的十九大精神

11月3日,湖南省邮政管理局召开党组中心组(扩大)会议,深入学习党的十九大会议精神,传达贯彻国家邮政局、湖南省委相关会议精神,并对全省邮政管理系统学习宣传贯彻党的十九大精神进行全面部署。湖南局党组书记、局长朱汉荣出席会议并作辅导宣讲,强调要认真学习宣传贯彻大会精神,不忘初心、牢记使命,开拓创新、奋发进取,以充沛的精神状态和奋斗姿态决胜全面建成与小康社会相适应的湖南邮政业。局党组成员、副局长谢强主持会议。省局机关副处级以上干部,各市州邮政管理局领导班子成员共30余人参加集中学习。

召开快递旺季新闻媒体恳谈会

11月,湖南省邮政管理局联合湖南省快递行业协会召开快递业务旺季服务保障工作新闻媒体恳谈会暨培训班。省委宣传部、省委网信办相关处室负责人出席会议并就结合行业实际贯彻党的十九大精神，做好新闻宣传工作做了培训。省快递行业协会主要负责人向媒体介绍快递旺季服务保障情况。湖南日报、湖南经视、湖南公共频道、长沙晚报、潇湘晨报、长沙政法频道、红网、华声在线、新湖南、星辰在线、湖南交通频道、中国交通广播等10余家地方新闻媒体代表，全省邮政管理系统和快递企业部分通讯员参加会议。

朱汉荣局长调研督导快递旺季服务保障工作

11月7日至9日，湖南省邮政管理局局长朱汉荣一行深入寄递企业生产一线，调研督导快递旺季服务保障工作。期间，朱汉荣同志一行先后走访了湖南申通快件处理中心、湖南中通快件处理中心、湖南顺丰速运快件处理中心，强调务必要以扎实工作深入贯彻落实党的十九大精神，以高度的政治责任感和使命感，全力以赴确保快递旺季安全畅通、平稳运行，力争向湖南人民交出一份满意的答卷。湖南局市场处，长沙市邮政管理局负责人陪同调研。

印发《湖南省全面加强电子商务领域诚信建设的实施意见》

11月28日，湖南省邮政管理局、省商务厅、省发展改革委、省委网信办、省公安厅、省交通运输厅、省工商局、省质监局、人民银行长沙中心支行、省食药监局等十部门联合印发《湖南省全面加强电子商务领域诚信建设的实施意见》，推动建立全省电子商务领域诚信体系，促进邮政快递市场信用环境建设，推动行业健康快速发展。《意见》指出，要建立寄递物流信用体系，强调要严厉打击整治电子商务领域违法失信行为。严厉打击通过空包裹代发邮寄等方式伪造交易记录和物流信息的违法失信行为，加大对物流配送环节违法违规行为的查处力度，严厉打击利用电子商务平台或物流体系非法采集、滥用、泄露和倒卖个人信息的行为。

建立促进快递业发展部门联席会议制度

12月，经湖南省人民政府批准同意，湖南省邮政管理局和省发展改革委联合印发《关于建立湖南省促进快递业发展部门联席会议制度的通知》，建立由湖南省发改委牵头，省邮政管理局、省经信委、省公安厅、省财政厅等十五个部门参加的促进快递业发展部门联席会议制度，进一步加强快递业发展统筹协调、部门联动和政策保障。《通知》指出，联席会议制度统筹协调全省快递业发展工作，负责研究提出促进快递业加快发展的政策，指导、协调解决快递业发展和改革中的重大问题，督促检查快递业发展政策的贯彻落实。

湖南局开展涉枪涉爆隐患集中整治专项行动

12月，湖南省邮政管理局召开会议，传达贯彻国家邮政局工作部署，动员全省邮政行业打响打好涉枪涉爆隐患集中整治专项行动，防范管控寄递渠道安全，筑牢行业安全发展根基。省内各主要品牌寄递企业参加会议。会议强调，安全是行业发展的首要责任。针对涉枪涉爆隐患增多、风险因素突出的新情况，市州邮政管理部门要组织“冬春攻势”，督促引导寄递企业，强化源头管理，立足责任体系和制度落实，排隐患、查盲区、补漏洞。要落实属地管理责任，以布防管控为牵引，发挥验视、实名、安检三大关口滤网屏障功能，提高线索发现、全程追溯、依法打击能力，为持续维护社会公共安全、保障国家长治久安营造安全稳定的寄递服务环境。

广东省快递发展大事记

广东局印发方案推进邮政业服务质量提升

1月，广东省邮政管理局印发了《2017年广东邮政业服务质量提升实施方案》，从健全质量管理体系、推动质量品牌建设、加强服务质量监管、加强组织保障四个方面着手开展邮政业服务质量提升工作。《方案》强调，要加强服务质量监管，一是强化企业质量安全主体责任，二是加强服务质量动态监测，三是完善服务质量评价体系，四是完善诚信体系建设，建立失信企业"黑名单"和违规寄递处罚警示制度，五是落实行业主管部门和相关部门监管职责。

国家邮政局赴深圳开展营改增调研

1月，国家邮政局政策法规司协同中国财政科学研究院专家组成调研组，到深圳对邮政业营改增政策落实情况开展调研。广东省邮政管理局政策法规处、深圳局相关人员陪同调研。调研组在深圳市顺丰总部与企业财税工作负责人进行了交流，随后在深圳局召开了企业座谈会，就全面营改增试点推开对企业的影响、实际纳税操作的困难与问题等问题调研组与企业进行了讨论。总体上，企业认为营改增的全面推开符合邮政行业一体化、网络化经营需要，推动企业在设备上加大投入，提高行业信息化、自动化水平，扶持企业向大型化、集团化发展。调研组表示将对企业反映的问题深入研究，结合各地的情况对今后的政策调整作出科学合理的建议。

出台现代物流业发展规划助推邮政快递业发展

1月，广东省人民政府办公厅印发《广东省现代物流业发展规划（2016－2020年）》。《规划》内容涉及范围广，措施针对性强，全面总结分析了"十二五"期间全省物流业的发展历程和面临的形势，并对2016－2020年现代物流业的发展明确了指导思想、基本原则、发展目标。《规划》强调，要支持快递业整合资源，推进快递与综合交通运输系统的顺畅对接，支持农村电商发展，推动快递下乡工程，加强农村邮政基础设施建设，并提出与邮政业相关的电子商务物流、城乡物流配送等一批重要项目。下一步，广东局将按照该规划的指引，加强与地方政府部门之间的协作配合，积极营造有利于现代邮政业发展的政策环境，为全省邮政业发展保驾护航。

马兴瑞等省领导充分肯定广东邮政业改革发展成绩

1月，广东省委副书记、代省长马兴瑞和省政府副省长袁宝成相继在《广东省邮政管理局关于2016年广东邮政业业务收入过千亿的报告》上作出重要批示，勉励广东邮政业争取争取更大成绩。马兴瑞指出，广东邮政业在2016年深入实施供给侧结构性改革，主动适应经济发展新常态，业务收入全国领先，圆满完成年度目标任务，成绩突出，可喜可贺，希望新的一年要坚持改革创新，全面从严治党，加快推进现代邮政业建设步伐，为助力广东社会经济发展作出更大贡献。袁宝成指出，广东邮政业2016年业务收入超千亿，全国领先，成绩来之不易，这是全体邮政系统干部职工共同努力的结果，对全体干部职工所付出的辛勤劳动和取得的突出成绩表示慰问和敬意。

联合调研检查航空快件安全管理

1月，广东省邮政管理局联合中国民用航空中南地区管理局赴顺丰总部、深圳申通调研检查，共同推进航空快递安全监管。调研组在顺丰总部和深圳申通分别召开了座谈会，进一步强化企业主体责任，明确企业在落实收寄验视、安全教育培训、安检设备配备使用方面的要求，重点对航空快件安全管理工作进行了讨论，对企业在加强收运管理、安全检查、申报危险品的处置、企业员工培训、航空货运销售代理人管理等提出了明确要求。调研检查组表示，邮政管理部门和民航管理部门将进一步深化合作，推动快件"上机"工程，加强部门联合执法，齐抓共管，形成工作合力，确保航空快件运输安全，促进行业转型升级健康快速发展。

广东局召开2017年全省邮政管理工作会议

1月16日至17日，广东省邮政管理局在广州召开2017年全省邮政管理工作会议，深入贯彻落实十八届系列全会全面从严治党要求，传达2017年全国邮政管理工作会议精神，总结回顾2016年全省邮政业发展成效和邮政管理工作取得的成绩，提出当前和今后一个时期全省邮政业的发展思路和2017年的工作任务，全面落实《广东省人民政府关于促进我省快递业发展的若干意见》，全面实施广东邮政业"十三五"规划，力争率先建成与小康社会相适应的广东现代邮政业。广东局党组书记、局长江明发作工作报告。江明发强调，要坚持以新发展理念为指导，以供给侧结构性改革为主线，科学统筹广东现代邮政业建设事业。

广东局完成全省寄递渠道安全管理年度综治考评工作

1月，广东省邮政管理局组织召开了全省寄递渠道安全管理工作综合治理考核评价专题会议，在落实省局综治自评的基础上，逐一审核各市寄递渠道安全管理领导小组的自评报告，对照考核内容和评分细则，逐项逐条进行了全面考评，结合抓好寄递渠道安全监管、推进"三个100%"全面实施等工作情况，最终确定各市综治考核评价中"邮件、快件寄递安全管理工作"项目得分，将评分情况上报省委政法委并反馈各市局。

广东局首次举行领导干部宪法宣誓仪式

1月17日，广东省邮政管理局首次举行宪法宣誓仪式。新任职的十名省、市局副处级以上干部参加宣誓，党组书记、局长江明发监誓，省局党组成员、副局长罗德韶领誓。省局领导班子、全体公务员，各市局主要负责同志共计四十余人出席仪式。宣誓完毕，江明发同志代表省局党组，向参加宣誓的同志和在座的同志提三点希望和要求：第一，要坚决维护宪法权威。在全省邮政管理系统形成崇尚宪法、遵守宪法、维护宪法的良好氛围。第二，要依法全面履行职责。讲政治、讲大局、讲学习，确保国家局和省局党组决策部署全面落实、政策措施全面落地。第三，要自觉接受监督。持之以恒改进作风，努力做忠诚干净担当的邮政管理干部。

广东局开展春节扶贫慰问工作

1月，广东省邮政管理局召开扶贫座谈会，对口帮扶的沙坪村村集体和村民脱贫致富工作情况，并为村里贫困户送上了新春慰问，祝愿他们度过一个安乐祥和的春节，早日实现脱贫致富，省局党组成员、相关处室负责人、扶贫干部以及沙坪村村委班子成员参加会议。在广东局的帮扶下，沙坪村集体经济收入从2012年的2.96万元跃升到2015年的9.79万元，贫困户年人均纯收入从0.26万元跃升到1.56万元，农民收入得到大幅提高，沙坪村还被评为清远市"美丽乡村"，村容村貌得到有效改善，实现了农业增效、农民增收、农村繁荣的预期目标，圆满完成扶贫工作任务。

广东省政府工作报告三提快递

1月19日，在广东省第十二届人民代表大会第五次会议上，广东省委副书记、代省长马兴瑞代表省人民政府向大会作政府工作报告，工作报告中充分肯定邮政快递业发展工作，并三次提及快递，为全省邮政业发展带来重要利好。接下来，全省邮政管理系统和全行业将以此为契机，主动作为，创新作为，进一步加大工作力度，狠抓工作落实，积极推进工作报告相关任务落地，推动全省邮政业创新发展和提质增效，为实现“三个定位、两个率先”目标和助力广东经济社会健康快速发展作出行业应有贡献。

广东局开展新春慰问和行业安全检查工作

1月24日，广东省邮政管理局党组书记、局长江明发带队，先后来到中国邮政集团公司广东省机要通信局、顺丰广州公司中环广场营业部、圆通速递广州市一德路营业部，了解企业生产情况，慰问一线基层员工，向员工致以新春的祝福，并要求切实抓好安全生产工作，确保过一个平安祥和的春节。每到一处，江明发都向一线员工致以新春的祝福，并代表广东局感谢大家一年来的辛勤付出和做出的积极贡献，祝福大家新年快乐，阖家幸福，同时也要求大家切实做好安全生产工作，做到佳节更不能忘了安全。广东局有关处室、广州市局主要负责同志陪同慰问检查。

江明发局长率队赴揭阳开展调研活动

2月14日至16日，广东省邮政管理局局长江明发率队赴揭阳开展调研活动。江明发充分肯定了揭阳邮政业发展取得的成效，要求揭阳局要以“中国快递示范城市”为契机，全面推动邮政业健康发展。揭阳市委副书记、市长陈东陪同调研。在调研中江明发指出，揭阳邮政业要牢固树立五大发展理念，以规划建设“1+6”快递物流平台为契机，继续深化邮政业供给侧结构性改革，做到规划引领发展、政策促进发展、标准规范发展、服务推动发展、监管助力发展，让邮政业更好地服务企业、服务经济社会、服务民生，把“中国快递示范城市”打造成揭阳的金字招牌。

广东局分解2017年工作任务

2月20日，广东省邮政管理局印发了《广东省邮政管理局2017年工作任务目标分解安排》，对2017年工作任务目标进行了具体细化和量化分工，有序推进各项工作。广东局从坚持从严治党等六大方面，细化36项具体工作任务，明确了牵头部门、配合部门，并由牵头单位明确每项具体工作任务完成时间。广东局还要求各部门要统一思想认识，强化责任意识，加强部门间协作形成合力，狠抓工作落实。下一步，广东局将明确督办机制，由办公室按照工作任务完成时限督办各项工作完成情况，各处室督查牵头工作完成情况，督办各处室每月底前向办公室报送牵头工作任务完成情况，确保年度任务高质高效完成。

江明发局长赴品骏快递调研

2月21日，广东省邮政管理局局长江明发一行到醉观公园唯品会总部、万胜广场品骏快递总部、品骏快递广州赤岗站调研指导工作。唯品会物流高级副总裁、品骏控股有限公司总经理唐倚智向江明发详细介绍了唯品会和品骏快递的业务类型、营业规模等情况。江明发对唯品会连续17个季度实现盈利表示高度的赞赏，对品骏快递坚持全直营和做中高端快递的经营方针表示充分肯定，对公司的未来发展寄予了殷切的期望，希望公司能继续坚持直营模式，走一条区别于“三通一达”的发展道路，争取早日实现品骏快递的战略目标。

广东局召开全省寄递渠道安全管理专题工作会议

2月，广东省邮政管理局联合省委政法委、省综治办、省公安厅、省交通运输厅等部门召开全省寄递渠道安全管理专题工作会议，共同构筑全省寄递渠道安全管理铜墙铁壁。会上，与会单位汇报了去年以来寄递渠道安全管理工作中分工履职情况，广东局从充分发挥各部门协同机制作用，推动全省寄递渠道安全管理工作落实作了重点发言。广东局指出，各有关部门一是要提高思想认识,强化“四个意识”;二是要明确任务分工,精心组织部署、形成强化齐抓共管的工作合力;三是要坚持源头治理,加大责任追究,切实将违禁品堵截在寄递渠道之外;四是要加强组织领导,强化联合监管。

广东局开展航空邮(快)件安全专项行动

3月,广东省邮政管理局联合中南民航管理局、省公安厅、白云机场公安局等部门在广州邮件处理中心召开了座谈会,并对白云机场内寄递企业贯彻落实“收寄验视、实名收寄、过机安检”三项安全制度情况以及杜绝非法寄递枪支弹药、危爆物品、毒品、假冒伪劣商品等情况进行了专项检查。座谈会上,省公安厅刑侦局、治安局分别通报了近期各地破获的寄递物流渠道非法寄运枪支爆炸物品、毒品的相关情况。会上对目前在寄递渠道安全监管工作中存在的问题进行了沟通协调,特别就建立良好的工作协作机制,确保“两会”期间行业安全平稳运行,努力为“两会”提供优质、安全的邮政、快递服务等方面进行了深入的探讨和交流。

广东局召开2017年度全省邮政市场监管工作会议

3月14日,广东省邮政管理局组织召开2017年度全省邮政市场监管工作会议。会议传达了全国邮政市场监管工作会议上国家局副局长刘君的讲话精神,全面总结了全省邮政管理系统2016年市场监管工作成绩,充分肯定了2016年全省市场监管工作取得的成效,部署安排了2017年市场监管目标任务及工作安排。广东局党组书记、局长江明发出席并作重要讲话,党组成员、副局长罗德韶作邮政市场监管工作报告。江明发强调,真正落实马军胜局长提出的“打通上下游、拓展产业链、画大同心圆、构建生态圈”二十字方针,一定要强化政策争取工作,要强化财政资金导向作用,要纾解行业瓶颈制约,要发挥省市两级工作合力。

广东局开展2017年软课题研究工作优化政策环境

3月,广东省邮政管理局下达2017年课题研究计划,全力推动2017年课题研究工作。此前,广东局印发了《关于征集2017年课题研究计划的通知》,在全省邮政管理系统公开征集课题研究计划。各单位高度重视,积极梳理工作难点、热点开展申报,共报送二十一份课题计划申请书。经局长办公会审议研究,确定了十项课题列入2017年度重点调研课题,研究内容从广东实际出发,围绕“十三五”规划,突出发展重点,内容涵盖创新、绿色、标准、监管等多个方面。下一步,广东局将按要求认真做好课题项目的立项和实施工作,督促课题责任人员集中精力和时间做好调查研究工作,切实提高课题成果质量,为解决制约行业发展突出问题提供政策参考。

下达2017年广东省邮政业发展专项资金项目计划

3月,广东省邮政管理局联合省财政厅下达2017年广东省邮政业发展专项资金项目计划。本次计划共安排资金总额六千万元,用于支持全省邮政基本公共服务均等化建设和快递业安全发展。其中,邮政基本公共服务均等化方向共三千万元,主要用于邮政基础设施改造工程、邮政专用车辆购置工程、投递终端建设工程及普服均等化实施监测与评价项目;快递业安全发展方向共三千万元,主要用于快递末端服务能力提升工程、寄递渠道安全保障工程、安全管理人才培训工程和安全监管与发展项目建设工程。

印发《广东省推动实体零售创新转型实施方案》

3月17日,广东省政府办公厅印发《广东省推动实体零售创新转型实施方案》,邮政快递发展多项工作再获政策支持。其中,《方案》细化了推动实体零售创新转型的具体工作,提出要调整区域结构，支持商务、交通运输、供销、邮政、新闻出版等领域龙头企业向农村延伸经营服务网络等。《方案》还明确了相关工作的具体部门分工，要求加强工作组织领导和统筹协调，尽快出台配套政策，切实推动实体零售创新转型。《方案》的出台，体现了地方政府对行业发展的重视和关切。

罗德韶副局长赴清远指导快递业务员职业技能鉴定工作

3月18日，根据广东省邮政行业职业技能鉴定指导中心统一部署，清远市邮政管理局组织开展快递业务员职业技能鉴定考试，广东局副局长罗德韶到清远市考点督导和巡视，详细了解考生报名、企业组织和考务准备等情况，要求监考人员和考生进一步规范考场秩序，严肃考场纪律。罗德韶指出，组织快递业务员职业技能培训和鉴定考试，是落实国务院提高从业人员技能提升有关要求，是提升邮政行业整体服务水平的重要手段，也关系到快递企业的自身的发展，快递企业要重视员工技能水平提升，才能满足持续健康发展、竞争力不断提升的需求，才能在行业整体大发展上水平的格局中获得一席之地。

国家局政策法规司赴粤开展快递绿色包装调研

3月，国家邮政局政策法规司和工信部节能与综合利用司组成联合调研组赴广东东莞、深圳多家企业开展实地调研，召开座谈会，听取相关企业和专家的意见建议。调研组先后到快递产业链上下游企业——东莞玖龙纸业有限公司、广东天元实业集团股份有限公司和深圳劲嘉彩印集团股份有限公司开展调研，详细了解快递包装用品的研发生产情况，听取了企业在包装绿色化、减量化方面的科技应用及新型材料设计研发情况介绍，以及快递包装产品的回收处理、循环使用情况和相关建议。调研组实地参观了包装产品的生产线，以及产品质量检测实验室，查看了包装产品从造纸、印刷到出厂的全过程。

马军胜局长在粤调研行业发展和邮政管理工作情况

3月24日，国家邮政局党组书记、局长马军胜赴中山调研行业发展和邮政管理工作情况，为广东省邮政业改革发展加油鼓劲，并冀望广大干部职工继续保持昂扬向上的精神状态，紧抓机遇，真抓实干，砥砺奋进，走在前列，努力做好行业科学发展这篇大文章。马军胜先后来到中山三角邮件处理中心和中通快递中山分拨中心进行调研，了解企业运行情况。调研间隙，马军胜来到中山市邮政管理局看望慰问全体干部职工。在粤期间，马军胜先后会见省政府袁宝成副省长和中山市政府主要负责同志，就加强邮政业改革发展等事宜交换了意见。

周国繁局长出席省快递行业协会三届二次会员大会

3月27日，广东省快递行业协会三届二次会员大会在广州召开，广东省邮政管理局周国繁局长出席大会并讲话，在充分肯定协会一年来工作的基础上，希望协会围绕一流协会目标，认真履职，做好服务，为推动广东快递业发展作出新贡献。中国快递协会副秘书长杨骏、广东局副局长罗德韶以及二百四十名会员单位代表参加了会议。周国繁对协会近年来所取得的工作成绩以及在广东快递服务业科学发展安全发展中发挥的作用予以充分肯定。对于下阶段工作，周国繁要求，省快递行业协会要认真履职，做好服务，为推动广东快递业发展作出新贡献。

广东局积极部署防御强降雨加强行业安全生产工作

3月，广东省内部分地区将迎来今年第一轮强降雨，广州及部分市县暴雨局部大暴雨，伴有8级左右雷雨大风和强雷电，对邮政行业安全生产将产生不利影响。广东省邮政管理局领导高度重视，第一时间印发《关于积极防御强降雨加强行业安全生产工作的紧急通知》，要求各级邮政管理部门要严格落实工作责任制，坚决克服麻痹思想，细化应急预案，从严从实督促各寄递企业迅速组织人员进行安全自查，全面排查安全隐患，及时调整生产作业流程，加固生产作业设施，检修运输车辆，做好灾害天气应对准备，并密切注意雷雨大风预警信息，切实做好行业安全生产工作，为党的十九大胜利召开等系列重要活动创造良好的邮政行业安全稳定环境。

印发交通物流融合发展实施方案

3月，广东省发展改革委、广东省交通运输厅联合印发《广东省营造良好市场环境推动交通物流融合发展实施方案》，具体部署交通物流融合发展工作安排，其中邮政快递发展成为重要工作之一，将进一步促进邮政业与交通运输领域的融合发展。《方案》从优化完善交通物流网络、发展提高联运能力和水平等六个方面提出了二十二项工作内容。

广东局部署安全生产特别防护期寄递渠道安全管理大检查大整治专项活动

3月，广东省邮政管理局印发《在党的十九大维稳安保特别防护期开展全省寄递渠道安全管理工作大检查大整治专项活动的方案》，要求全省邮政管理系统和各寄递企业进一步强化安全生产大检查和专项治理，切实加强寄递渠道安全风险管控和隐患排查整治，坚决遏制行业重特大生产安全事故发生，为党的十九大胜利召开营造安全稳定的社会环境。《方案》要求，各单位各部门要坚持问题导向，全面开展安全大检查、大排查，强化行业监管执法，切实把行业安全生产大检查大整治工作的全过程作为发现问题、落实整改和化解风险、消除隐患的过程。

周国繁局长在广州调研

4月17日，广东省邮政管理局党组书记、局长周国繁在广州调研市局工作以及行业改革发展情况，察看广州市邮政管理局办公场地，看望市局干部员工，并召开工作座谈会，听取了广州市邮政管理局局长周建军作的工作情况汇报，希望广州邮政业进一步巩固全省领头羊地位，当好推动行业改革发展和行业管理工作的排头兵。对于下阶段工作，周国繁要求，广州局要进一步牢固树立和贯彻落实新发展理念，坚持稳中求进工作总基调，不断提高行业推动流通转型、促进消费升级的服务能力。调研期间，周国繁还先后来到京东亚洲一号仓、邮政EMS分公司天河分公司棠下营业部，详细了解企业生产经营、安全管理等情况，并与一线员工进行了交流。

四部门部署打击跨境走私贩卖枪弹犯罪专案行动

4月，广东省邮政管理局联合广东省公安厅、海关总署广东分署、广东出入境检验检疫局部门研究印发《广东省打击跨境走私贩卖枪弹犯罪专案行动方案》。《方案》明确了打击走私贩卖枪弹犯罪专案行动的工作目标和打击重点，决定成立专案行动领导小组和办公室共同部署专案行动。下一步，广东局将根据《方案》的工作要求，积极安排与各相关部门协调配合，加强全省寄递渠道安全管理，及时发现不按规定落实开箱验视、过机安检制度的寄递企业，依法依规严肃处理，并通报省专案行动办公室，斩断走私、运输枪弹犯罪渠道，确保打击跨境走私贩卖枪弹犯罪专案行动取得实效。

提升邮政业服务质量纳入《广东省现代服务业发展“十三五”规划》

经过广东省人民政府同意，省发展改革委印发《广东省现代服务业发展“十三五”规划》，提升邮政业服务质量纳入规划内容，将进一步促进行业“十三五”时期提升服务质量、融入地方经济和社会发展。《规划》指出要优化服务业发展环境，开展环境营造工程，实施服务质量提升计划，建立健全服务标准体系和服务质量测评体系，推动交通运输、现代物流等重点领域企业和组织全面实施国家服务质量标准。

广东局召开政策法规工作会议

4月，广东省邮政管理局在肇庆召开了政策法规工作会议暨“十三五”规划宣贯落实推进培训会议。周国繁局长出席并作重要讲话，何青副局长主持会议。会议传达了全国邮政业规划宣贯实施工作座谈会精神，全面总结了全系统2016年政策法规工作，部署安排了2017年工作，全面总结了全省邮政管理系统“十三五”规划工作成绩，对做好规划后续工作进行了培训，并对2016年度全省邮政管理系统统计工作先进单位和先进个人进行通报表彰。对下阶段工作，周国繁强调，要重点抓好推动落实规划、优化政策环境、强化依法行政、坚持放管结合、完善执法监督、推动科技创新、加强统计管理等七项工作，贯彻落实十三五规划，推动广东法治邮政建设再上台阶。

周国繁局长到省快递行业协会调研指导工作

4月20日，广东省邮政管理局局长周国繁到省快递行业协会开展工作调研，并与协会座谈，听取协会工作和有关建议，副局长罗德韶和办公室有关人员参加调研。周国繁一行首先察看了协会的办公环境，详细了解了协会2017年的工作安排。他表示，协会是政府实施政策的载体和桥梁，广东局党组将一如既往地关心、支持协会的工作，希望协会要加强与省局的联系和沟通，严格按照国家邮政局的相关要求和省局党组的部署，积极落实相关政策和要求，着力解决行业发展中的热点和难点问题，推动协会工作更上一个新的台阶，在能力和实力上有更长足的发展，努力朝“办一流协会”的工作目标迈进。

国家邮政局副局长赵晓光在广东调研邮政业发展情况

4月20日至22日，国家邮政局副局长赵晓光一行到揭阳、深圳市实地调研邮政业发展情况。近几年，揭阳市委、市政府高度重视快递产业发展，多措并举，依托扎实优势产业基础，大力发展电商产业，从而带动快递业呈“井喷式”发展，并于去年成功获评“中国快递示范城市”。调研期间，赵晓光会见了揭阳市委副书记、市长陈东，对揭阳市邮政业特别是快递产业发展所取得的成绩给予充分肯定。赵晓光表示，国家邮政局将继续大力支持揭阳邮政业发展，促进地方经济社会健康快速发展。陈东感谢国家邮政局一直以来对揭阳邮政业的高度重视和大力支持，希望国家邮政局继续给予支持，推动揭阳邮政业产业发展再上新台阶。

周国繁局长在深圳调研

4月24日，广东局党组书记、局长周国繁在深圳调研市局工作以及行业改革发展情况，察看市邮政管理局办公场地，看望市局干部员工，并召开工作座谈会，听取市局工作情况汇报，要求深圳局依托得天独厚的自身条件，坚持创新引领，争取在更高起点上推动深圳邮政业改革发展，继续走在前列做好表率。调研期间，周国繁还与顺丰速运集团公司王卫总裁会谈，听取企业情况介绍，表示省市邮政管理部门将积极扶持、帮助和推动企业的发展和壮大，希望顺丰速运在行业人才培养、标准规范、信息化水平和安全管理方面当好标杆，更好地服务社会，王卫感谢邮政管理部门的支持，表示将认真按照国家局和省局要求做好企业经营发展工作。

周国繁局长在东莞调研

4月27日，广东省邮政管理局党组书记、局长周国繁在东莞调研邮政业发展和行业管理工作情况，实地察看东莞局办公场地，看望慰问市局干部员工，并召开座谈会，听取市局工作汇报，要求当好标杆、做好表率，继续走在全国地级市前列。周国繁强调，要深入贯彻落实习近平总书记对广东工作作出的重要批示精神，认真贯彻落实国家邮政局马军胜局长对广东邮政业工作的重要讲话精神，进一步牢固树立新发展理念，继续深化行业供给侧结构性改革，坚持安全与发展并重，促进行业持续健康发展。期间，周国繁局长还与东莞市政府黄庆辉副市长进行会谈，就促进东莞邮政业发展进行了交流。

邮政业基础设施建设纳入《广东综合交通运输体系发展“十三五”规划》

4月28日，广东省发展改革委、广东省交通运输厅联合印发《广东省综合交通运输体系发展“十三五”规划》，邮政业基础设施建设及行业发展多方面内容纳入其中，为“十三五”时期广东省邮政业持续健康发展、促进交邮深入融合提供了有力支撑。其中，《规划》提出，“十三五”时期要构建功能完善的综合交通网络，完善基础运输网，提升基本交通服务水平，在邮政设施方面，要加快邮政普遍服务网点、机要通信网点和投递站点改造升级，完善邮政普遍服务网。

广东局扎实防御雷雨强风

4月，广东大部分地区出现暴雨至特大暴雨，部分地区并伴有强降雨、强雷电和9级左右短时大风等强对流天气，极易引发城乡内涝和山洪地质灾害。国家邮政局领导高度关注广东暴雨期间寄递渠道安全工作，对广东防御暴雨强风相继提出工作要求。为扎实做好寄递渠道防御暴雨强风灾害的各项准备工作，广东省邮政管理局党组高度重视，连夜部署安排，采取多项措施，全力做好安全防范工作。一是立即印发《关于扎实做好全省寄递渠道防御暴雨强风各项工作的紧急通知》；二是立即启动应急响应；三是加强应急值班值守；四是确保信息畅通。

广东局联合有关部门开展实名收寄信息系统推广应用

5月，广东省邮政管理局、广东省公安厅、广东省国家安全厅联合印发《关于加快全省邮件快件实名收寄信息系统推广应用工作的实施方案》，结合国家部委的要求与广东省行业发展情况，具体部署了邮件快件实名收寄信息系统推广应用的工作，有效推动实名制收寄制度信息化、标准化、规范化。下一阶段，广东省邮政管理局将结合《中华人民共和国反恐怖主义法》《关于加强邮件、快件寄递安全管理工作的若干意见》等文件精神，按照《方案》责任分工，加大部门沟通协调力度，坚持行业主导与部门联动相结合，严格贯彻国家邮政局实名收寄操作标准，确保《方案》目标和各项工作的有效落实，保障寄递渠道的安全健康发展。

广东局赴致公党广东省委员会共商快递绿色发展大计

在广东省政协十一届五次会议上，致公党广东省委员会提出了《关于推进城乡快递垃圾资源化利用的提案》，广东省邮政管理局承担了该提案的主办工作。5月15日，广东省邮政管理局副局长罗德韶带队赴致公党广东省委员会座谈汇报提案办理情况，共商推进邮政行业绿色发展大计。致公党广东省委会副主委陈怡霓出席座谈会。座谈会上，罗德韶感谢致公党对广东快递业的关心和支持，介绍了广东邮政行业发展情况及快递包装材料监管现状，并结合广东局邮政行业管理工作实际，对推动快递垃圾资源化利用提出了工作设想与建议。双方人员以办理提案为契机围绕着快递减量化、科技创新、争取上级支持等方面深入沟通交换意见，达成了重要共识。

周国繁局长在广州检查指导快递业务员职业技能鉴定考试考务工作

5月20日，广东省邮政管理局党组书记、局长周国繁同志前往广州交通技师学院，检查指导2017年第二批快递业务员职业技能鉴定考试，并与院方进行了深入交流。本次鉴定考试广州考场共有518名考生，分别参加两个模块三个等级的职业技能考试。周国繁现场听取了考务组对考前准备、考场布置和考生组织工作的汇报，对此次鉴定考试工作进行了肯定，并到各个考室进行巡视督查，了解考生报名、试卷难易、企业组织等情况。检查结束后，周国繁局长与市交通技师学院任惠霞院长等进行了亲切交谈，并希望今后加大政校企合作，进一步提升全省快递业务员职业素养和服务水平。

印发《广东省邮政业发展专项资金管理试行办法》

为规范和完善广东省邮政业发展专项资金使用管理，提高资金使用效益，根据《广东省省级财政专项资金管理试行办法》有关规定，省财政厅联合省邮政管理局制定了《广东省邮政业发展专项资金管理试行办法》，并于5月正式印发。《办法》共八章二十四条，分别从总则、部门职责、预算编制等方面进行明确规定。广东省邮政业发展专项资金是由省财政设立，专项用于广东邮政基本公共服务均等化建设以及快递业安全发展等各项工作，具有专门用途和绩效目标的财政预算资金。

全面完成邮政业发展"十三五"规划编制印发工作

5月，随着《珠海市邮政业发展"十三五"规划》顺利印发，广东全面完成省市两级邮政业发展"十三五"规划编制印发工作。广东全省邮政管理系统按照国家邮政局规划工作统一部署，结合省委省政府工作要求和广东邮政业发展实际，深入开展省市两级邮政业发展"十三五"规划编制印发工作，取得良好效果。规划编制印发工作完成后，全省邮政管理系统将继续开展省市邮政业规划推进实施工作，按照国家邮政局和省委省政府要求，以五大发展理念为指导，密切结合习近平总书记对广东发展"四个坚持、三个支撑、两个走在前列"的新要求、新期望，做好行业发展各项工作，积极服务地方经济民生。

举办2017年纪念"6·5"环境日公益宣传活动

6月3日，广东省邮政管理局联合省环保厅等单位主办"绿水青山就是金山银山——绿色发展·简约生活"广东省2017年"6·5"环境日公益宣传活动。省人民政府副秘书长赵坤、省环保厅厅长鲁修禄、省邮政管理局副局长罗德韶等领导，与企业家代表、环保社会组织代表等约三百人参与了活动。活动现场设置了绿色企业、环境文化等展示专区，广东天元公司作为绿色邮政快递包装材料生产企业代表也开设了产品展示区，向到场群众宣传推广绿色邮政的理念。中邮速递、顺丰、圆通等快递企业代表上台向社会发出绿色包装倡议，提出减少包装物料用量，积极参与包装物回收再利用体系建设，以环境保护为己任，诚信守法经营，接受社会各界监督。

马军胜局长在茂名调研荔枝寄递工作

6月9日至10日，国家邮政局马军胜局长一行赴广东茂名，实地走访荔枝种植基地和交易流通市场，深入调研邮政、EMS、顺丰、圆通等寄递企业现场收寄、仓储拣选、分拣处理和航空运输以及菜鸟网络产地仓、当地农业电商大户，勉励大家坚定信心、联动拓市，共同做大、拉长鲜果寄递业务，为行业转型升级和地方经济发展勇闯新路，确保广大人民群众能够享受高品质的生鲜快递服务。在夜察邮政、EMS、圆通和顺丰分拣中心时，马军胜向企业负责人详细了解了荔枝快件业务量、单票重量等情况，对企业结合实际开拓市场的做法给予了肯定。调研期间，马军胜一行还与茂名市政府许志晖市长和李多民副市长就加快行业发展与地方协同交换了意见。

广东局赴顺丰、阿里等企业调研寄递行业发展

6月，广东省邮政管理局派出工作组赴深圳顺丰总部和阿里中心调研，了解寄递行业安全及关联企业对行业发展的影响。在顺丰总部，调研组与相关负责人进行了座谈，详细了解了顺丰集团业务发展现状以及与菜鸟网络的业务合作和数据传输情况，通报了邮政管理部门在执法检查中发现的安全隐患问题，对进一步落实收寄验视、实名收寄、过机安检三项制度特别是推进实名收寄系统的使用提出了明确要求。在深圳阿里中心，调研组了解阿里企业文化、办公环境和相关业务情况，详细观看了阿里宣传片，对阿里企业定位的电商、金融、物流、阿里云、跨境电商等五大战略发展方向进行初步了解。

周国繁局长在惠州调研邮政业发展

6月22日至23日，广东省邮政管理局党组书记、局长周国繁在惠州调研邮政业发展和行业管理工作情况，实地查看惠州局工作场地，看望惠州局干部职工，走访企业，并召开座谈会，听取市局汇报工作。对于下一阶段的工作，周国繁提出了四点要求，一是要持之以恒抓好机关党风廉政建设；二是要持之以恒在优化行业发展环境上求突破，积极寻求在行业用地、车辆通行、财政资金等方面的支持；三是持之以恒坚持发展与安全两手抓，进一步贯彻落实“三个100%”制度，保障寄递渠道安全畅通；四是持之以恒加强行业队伍建设，推进邮政管理工作再上新台阶。

国家邮政局政策法规司在广东调研行业发展情况

6月27日至30日，由国家邮政局政策法规司副巡视员李永松带队，国家邮政局政策法规司协同发展研究中心组成调研组在广州、深圳对邮政业发展情况开展调研。调研组通过走访、座谈的方式先后来到广州市局，德邦、安能、递四方、顺丰等快递企业展开调研，围绕着行业发展主题就快递企业在拓展产业链和服务跨境电商的情况、智能快件箱的使用和前景、企业未来发展战略方向以及行业相关数据统计方面进行深入交流讨论。调研组表示，广东快递行业发展迅速，亮点突出，为行业的政策研究提供了很好的参考，接下来将对企业反映的情况和问题进行深入研究，争取在政策法规方面给企业提供更好的服务，不断优化行业发展环境。

广东局召开座谈会推动快递绿色包装工作

6月30日，广东省邮政管理局在广州召开快递业绿色包装工作座谈会，研讨推进快递业绿色包装相关工作。会议由广东局政策法规处主持，副局长罗德韶出席会议并讲话，省经信委、省商务厅相关负责人出席会议，省环境科学研究院、省电商协会、省包装技术协会、省快递行业协会等相关单位代表，省EMS、顺丰、京东、天元等快递电商及包装企业代表参加会议。与会代表一致认为绿色包装工作不仅是快递行业的问题，更是综合性的社会管理问题，需要各有关部门共同努力。

周国繁局长调研香港回归二十周年庆祝活动期间寄递渠道安保工作

7月，广东省邮政管理局党组书记、局长周国繁深入邮政快递一线基层网点调研香港回归二十周年庆祝活动期间寄递渠道安全保障工作。周国繁一行来到广州顺丰中环广场营业点，现场了解网点运作情况，并实地检查了网点安全生产作业和三项制度落实情况。强调企业要进一步提高思想认识，明确落实安全责任，严格落实收寄验视、实名收寄和过机安检三项制度，务必保证寄达重点地区的邮件、快件100%过机安检，确保香港回归二十周年庆祝活动期间寄递渠道安全生产工作

万无一失。调研组还来到邮政富力广场支局，深入了解邮政进社区、社区服务综合体建设以及智能信报箱投放等情况。

国家邮政局市场监管司派员来广东督导检查

7月，国家邮政局市场监管司派员到广东省深圳市开展香港回归20周年庆祝活动寄递渠道安全保障工作督导检查。检查组前往深圳市邮政EMS国际快件监管中心、顺丰国际快件分拨中心、深圳邮政公司邮件处理中心等重点检查了发往香港澳门或经转的邮件快件落实收寄验视、实名收寄、过机安检三项制度的情况。检查组现场详细询问了寄往香港澳门邮件快件业务量、企业加强安全保障采取的具体措施等，检查了过机安检视频记录、发现问题快件台账、企业实名信息系统等；督促企业对发往香港澳门或经转邮(快)件严格落实二次安检，坚决杜绝收寄枪支、弹药、危险化学品等禁寄物品，确保寄递渠道安全畅通。

2017年全国邮政行业职业技能大赛广东省初赛成功举办

7月9日至11日，广东省第二届邮政行业职业技能竞赛暨2017年全国邮政行业职业技能大赛广东省初赛在中国邮政集团广东培训中心成功举行。来自全省行业内二十一个品牌快递企业共六十三名选手参加了比赛。广东省邮政管理局局长周国繁在开幕式上作了重要讲话，并对本次竞赛的来宾与参赛队伍表示热烈欢迎。各参赛企业经过了两天激烈的角逐，竞赛共决出个人全能奖一等奖一名，二等奖两名，三等奖三名；团体一等奖一名，二等奖两名，三等奖三名，团体优秀奖十五名。其中，竞赛第一名按程序向省总工会申领广东省五一劳动奖章。

广东局召开全省邮件快件实名收寄信息系统推广应用工作推进会

7月17日，广东省邮政管理局在广州举办全省邮件快件实名收寄信息系统推广应用工作推进会。广东局局长周国繁、分管副局长罗德韶，办公室、法规处、普服处负责人、监管处全体人员，省快递行业协会负责人，各市邮政管理局领导和监管科处室负责人，广东邮政、EMS等四十余家品牌企业负责人共一百一十余人参加了工作推进会。周国繁强调，全省邮政管理系统和各寄递企业要始终牢记习近平总书记对广东发展提出的“四个坚持、三个支撑、两个走在前列”的新期望、新要求，坚决贯彻党中央、国务院决策部署，按照国家邮政局、省局的统一要求，真抓实干，共同努力，真正把实名收寄信息系统推广应用工作抓实抓细抓出成效。

《珠江三角洲地区邮政业创新改革研究》课题组在粤开展调研

7月，《珠江三角洲地区邮政业创新改革研究》课题组联合广东省邮政管理局赴广州、深圳、东莞和佛山市开展专题调研，实地考察了邮政、顺丰等企业，深入了解企业运营模式和创新发展思路，并分别在各地召开座谈会，与当地邮政管理局和品牌快递企业交换了意见。今年年初，国家邮政局在部署2017年工作要点时明确提出新的目标任务，并委托广东省产业发展研究院有关专家团队负责对珠三角邮政业创新改革问题展开课题研究。通过此次调研，有助于课题组更深入分析珠三角邮政业发展现状和存在问题，为研究珠三角邮政业创新改革的重点领域和主要环节提供了样本和参考。

广东局联合省快递行业协会开展高温慰问

7月28日，广东省邮政管理局局长周国繁带领广东局和省快递行业协会有关人员到广州快递服务网点，实地了解一线员工工作情况，并开展慰问工作。周国繁一行先后来到顺丰珠江新城网点和圆通员村二马路网点，详细了解一线员工每天快件揽收工作量，并了解网点为应对夏季高温所采取的措施。周国繁表示，在当前持续高温天气的形势下，全省广大邮政快递员工坚守岗位，辛勤工作，忘我付出，代表广东省邮政管理局和省快递行业协会，对大家表示衷心的感谢和亲切的问候。

湖南省邮政管理局来粤开展调研

8月9日，湖南省邮政管理局局长朱汉荣带领机关处室、市（州）局负责同志到广东开展调研。广东局组织召开座谈会，省局周国繁局长、罗德韶副局长和各处室负责同志参加了座谈。会上，广东局局长周国繁对朱汉荣一行表示热烈欢迎，并提出广东和湖南作为兄弟省份，地理相近、人员流动密切，两地邮政管理部门在部门建设、市场监管、行业发展方面各有特色，希望湖南局多提意见和建议。广东局副局长罗德韶对广东省总体发展现状、省邮政业改革发展情况、行业政策、市场监管措施、内部建设、快递进校园、快递下乡以及下半年工作重点等情况进行介绍。双方就相关内容进行深入的讨论交流。

周国繁局长赴揭阳开展调研指导工作

8月11日至13日，广东省邮政管理局局长周国繁率队来揭阳局调研指导工作。周国繁一行听取了揭阳局工作汇报，实地考察揭阳局邮政业安全平台及新办公场地建设，视察了揭阳市邮政业培训中心，深入揭阳主要快递企业实地调研，与企业管理层和一线员工亲切交谈。周国繁一行还深入揭阳顺丰营业网点和揭阳中通粤东分拨中心，就邮政业安全综合整治、金砖会晤及党的十九大期间寄递安全服务保障工作进行实地考察，详细了解网点安检机使用、“三项制度”落实等情况，并与企业负责人进行座谈，慰问一线员工。检查过程中，周国繁重申收寄验视和实名制寄递要求，强调企业要严格完善安全生产相关措施，全面落实企业安全生产主体责任。

周国繁局长赴汕尾开展调研考察

8月14日至15日，广东省邮政管理局党组书记、局长周国繁一行到汕尾市调研考察，了解汕尾邮政行业安全和发展等情况，并分别会见了汕尾市政府市长杨绪松、副市长林少文。周国繁一行听取了汕尾局的工作汇报，对其工作成绩表示肯定和满意。在会谈中，杨绪松市长充分肯定了汕尾局的工作成绩，他指出，广东省邮政管理局领导坚强有力，汕尾局领导班子勇于面对困难，能千方百计主动解决困难，是一支“敢担当、能担当、会担当”的强有力的队伍，并介绍了汕尾市近年来的经济、社会发展情况。林少文副市长对周国繁一行的到来表示热烈欢迎，介绍了汕尾的发展历史和现状，肯定了汕尾局近年来所做出的努力和成绩。

广东省快递行业协会成立十周年活动在东莞举行

8月15日，广东省快递行业协会成立十周年活动在东莞举行，中国快递协会副会长兼秘书长孙康、国家邮政局邮政业安全中心主任江明发及广东省邮政管理局党组书记、局长周国繁出席并发表讲话。孙康副会长及江明发主任对广东省快递行业协会成立十周年表示祝贺，充分肯定了协会十年来的工作，并希望协会继续为推动行业发展做出新贡献。周国繁一行还调研考察了中通华南区总部的分拣现场，了解企业当前生产经营情况和“金砖会晤”安保工作落实情况，并勉励企业抓好安全和服务质量关，在新的起点上取得更大的进步。

国家邮政局调研广东实名收寄和行业安保情况

8月15日至18日，国家邮政局邮政业安全中心主任江明发带队调研广东实名收寄和金砖会晤寄递安保以及行业安全综合整治工作情况。江明发先后在广州、东莞、深圳分别召开座谈会。会上通报了全国各地实名收寄情况，听取省、市邮政管理部门和邮政、快递企业在实名收寄及金砖会晤安保工作落实情况的工作报告,详细询问了解企业实名收寄信息化系统推广工作的进展、措施、目标和存在困难,认真记录有关数据和内容,现场答疑解惑。江明发充分肯定广东邮政管理系统和寄递企业在推进实名信息化系统应用、金砖会晤护城河防护安保工作以及行业安全综合整治工作方面取得的成绩,并对东莞市即将成立邮政业安全中心给予高度肯定和祝贺。

周国繁局长赴河源开展调研指导工作

8 月 16 日至 17 日,广东省邮政管理局党组书记、局长周国繁率队赴河源调研指导工作。周国繁一行深入寄递企业调研,看望慰问市局干部员工,并召开座谈会,听取市局工作汇报。省局人事处和河源局负责同志陪同调研。周国繁听取了河源局近年来工作情况汇报,认为河源局在落实省局工作部署上不打折扣,为推动重点工作开展做了大量工作,同时对河源局干部职工的辛勤付出表示慰问。调研期间,周国繁一行还前往河源市速通快递有限公司分拣中心进行实地调研考察,现场查看了 X 光安检机运行,了解企业“三项制度”及金砖会晤期间安全保障落实情况,要求企业积极做好实名收寄系统应用推广。

周国繁局长赴梅州开展调研指导工作

8 月 17 日至 18 日,广东省邮政管理局党组书记、局长周国繁到梅州市调研行业发展情况,实地察看梅州市局办公场地,看望市局干部职工,走访机要通信局及邮政 EMS 龙安路营业部,并与一线员工交流,了解生产经营情况。梅州市政府副市长吴泽桐、副秘书长黎清华、省邮政管理局人事处及市交通运输局、梅州局负责同志参加调研。调研期间,周国繁一行深入梅州市机要通信局和邮政 EMS 龙安路营业部开展调研,就邮政业安全综合整治、金砖会晤及党的十九大期间寄递安全服务保障工作进行实地考察,并与企业负责人进行座谈,慰问一线员工。

周国繁局长赴潮州开展调研指导工作

8 月 18 日至 19 日,广东省邮政管理局党组书记、局长周国繁一行赴潮州开展调研指导工作。在潮州期间,周国繁会见了潮州市政府副市长洪岳伟等领导,还与潮州局干部、企业负责人座谈交流,并深入企业网点检查督导“金砖会晤”寄递安全服务保障工作。调研期间,洪岳伟在潮州迎宾馆与周国繁亲切会谈。周国繁表示,感谢潮州市政府一直以来对邮政管理部门关心和支持,同时要求潮州局积极履行监管职责,促进行业持续快速发展,更好服务地方经济建设。洪岳伟对周国繁一行到潮州调研走访表示热烈欢迎,一方面肯定了潮州局近年来所做出的努力和成绩,一方面也希望省局能够继续关心支持地方行业发展,为潮州经济社会发展提供更多地帮助。

周国繁局长赴汕头开展行业调研工作

8 月 19 日至 20 日,广东省邮政管理局党组书记、局长周国繁到汕头实地调研邮政行业改革发展以及行业管理工作。调研期间,周国繁一行来到汕头市顺丰速运有限公司潮阳分公司等企业,慰问了在炎热天气中工作的快递业务和管理人员,了解公司每日快件转运和收派服务的频次、场地操作设备和办公环境,查看公司落实三个百分之百制度和快件不着地不抛件要求的执行情况,鼓励企业进一步加强员工队伍建设,升级技术设备,提升服务能力。在汕头局,周国繁看望慰问了干部职工并召开了座谈会,认真听取了汕头局的工作汇报。周国繁对汕头局在落实快递园区选址、加强行业法规宣传、推动行业绿色发展等工作取得的成效表示肯定。

广东局召开全省邮政管理局长座谈会

8 月 21 日至 22 日,广东省邮政管理局组织召开全省邮政管理局长座谈会,传达贯彻全国邮政管理局长座谈会精神,总结今年以来的主要工作,部署下一阶段重点工作任务,扎实推进全系统党建工作。广东局党组书记、局长周国繁出席会议并讲话，副局长罗德韶主持会议，副局长何青作总结发言。周国繁传达了国家邮政局全国邮政管理局长座谈会会议精神，要求全省邮政管理系统要从讲政治、稳态势、拓格局、强监管、优服务五个方面着手，结合实际，进一步统一思想，坚定信心，主动作为、真抓实干，确保2017年各项目标任务圆满完成。

广东局扎实部署防御“天鸽”台风工作

8月23日13时台风“天鸽”在珠海市登陆，登陆时强度为台风级别，中心风力有14级，是今年以来登陆我国的最强台风。广东省珠三角地区气象恶劣，珠海、中山、阳江、汕头等地寄递行业受到一定影响。广东省邮政管理局及时部署行业抗台工作，第一时间印发《关于全省寄递行业做好防御“天鸽”台风的紧急通知》，局长周国繁亲自坐镇，靠前指挥，要求市场监管处加强应急部署和安排，扎实指导广东省内企业做好预防准备，及时掌握了解行业动态。广东局要求全省邮政管理部门和各寄递企业仍需继续保持高度警惕，扎实做好寄递渠道暴雨天气下的安全和服务保障工作，确保全省邮政业持续健康有序发展。

广东局领导赴珠海指导天鸽台风灾后行业生产救援工作

8月23日，“天鸽”登陆珠海，对珠海邮政业造成较大影响。8月27日，广东省邮政管理局副局长罗德韶带队亲赴珠海实地指导灾后恢复生产工作。罗德韶实地查看了8个受损严重的分拨现场，仔细查看了解企业当前的生产现状和受损情况，传达了省局党组对受灾企业的亲切慰问，鼓励企业树立信心，众志成城，加快灾后生产恢复，他要求受灾企业要在作业现场设定警戒区域，认真做好生产场地的修复、安检和隐患排查工作，防止发生次生灾害，绝不允许出现人员伤亡事故。实地查看后，罗德韶还组织召开邮政业“天鸽”台风灾后生产救援工作协调会，听取了企业灾后重建情况的报告。

广东局全面推进金砖会晤寄递渠道安全服务保障工作

8月，广东省邮政管理局严格按照国家邮政局构建环闽“护城河”工程的总体要求，深化动员部署，加强高频次明察暗访、严格执法监管，紧锣密鼓的部署各项安保工作，保证圆满完成金砖会晤期间广东省寄递渠道安全保障工作任务。

刘君副局长在广东调研邮政业发展情况

8月29日至31日，国家邮政局副局长刘君一行在广东揭阳、深圳等地开展工作调研，要求广东邮政管理系统和全行业坚持稳发展、保安全、强党建，结合广东的资源禀赋和地域特点做好行业发展和管理工作。8月30日上午，在揭阳市政府会议室，刘君代表国家邮政局，向揭阳市授予“中国快递示范城市”牌匾。随后，刘君一行先后来到圆通粤东分拨中心和揭东区锡场镇军埔电商村进行安全检查和工作调研。当听到军埔村今年快递业务量有望突破5000万件时，刘君连连称赞，鼓励快递企业要进一步服务好地方电商发展，同时要加强宣传，提升快递形象，更好地发挥“中国快递示范城市”的品牌效应，推动快递产业转型升级。

周国繁局长赴韶关调研指导工作

9月4日至5日，广东省邮政管理局党组书记、局长周国繁一行赴韶关开展调研指导工作。在韶关期间，周国繁会见了韶关市委常委、副市长万卓培，与韶关局干部座谈交流，并深入邮政快递企业网点调研指导工作。调研期间，周国繁一行来到邮政公司曲仁园支局和松山学院中通快递等企业网点，慰问了企业一线工作人员，了解企业每日快件转运和收派服务的频次、场地操作设备和校园快递运行情况，查看公司落实“三项制度”和快件“不着地、不抛件、不摆摊”要求的执行情况，鼓励企业进一步加强员工队伍建设,升级技术设备,提升服务能力。

周国繁局长赴清远开展调研指导工作

9月6日至7日,广东省邮政管理局党组书记、局长周国繁一行到清远实地调研邮政行业改革发展以及行业管理工作。在清远期间,周国繁会见了清远市政府彭裕殿副市长,与清远局干部座谈交流,并深入邮政快递企业网点调研指导工作。周国繁一行深入清远市邮政公司机要营业场地和邮政EMS开展调研,就邮政业安全综合整治、党的十九大期间寄递安全服务保障工作进行实地考察。此外,他实地调研了清远市圆通速递、韵达快递等企业,查看企业落实"收寄验视、过机安检、实名收寄"三项制度和快件不着地不抛件要求的执行情况,鼓励企业进一步加强员工队伍建设,改善快递员的工作环境,提升快递员的社会地位。

周国繁局长赴云浮开展工作调研

9月7日至8日,广东省邮政管理局党组书记、局长周国繁一行赴云浮开展工作调研。在云浮期间,周国繁会见了云浮市副市长施东红,与云浮局全体干部员工座谈交流,并深入快递企业调研指导工作。周国繁一行来到云浮市新富云电商快递产业园内申通、韵达、天天快递公司调研,详细了解X光机使用、视频监控系统运行以及企业业务开展等情况,要求快递公司加强从业人员素质建设,切实提高服务能力和安全业务水平,严格落实"三项制度",全面提升安全服务保障能力。

周国繁局长赴中山开展调研指导工作

9月,广东省邮政管理局党组书记、局长周国繁到中山实地调研邮政行业改革发展以及行业管理工作。在中山期间,周国繁会见了中山市政府高瑞生副市长,与中山局干部座谈交流,并深入邮政企业网点开展调研指导工作。周国繁一行深入中山市机要通信局和邮政EMS分拨处理中心开展调研,就邮政业安全综合整治、落实"三项制度"和快件"不着地""不抛件""不摆摊"要求的执行情况、党的十九大期间寄递安全服务保障工作进行实地考察。调研过程中,周国繁再次强调了寄递渠道"三项制度"和快件执行"三不"要求的重要性,要求企业严格完善安全生产相关措施,进一步提高服务质量,确保行业健康发展。

"促进我省电商经济健康发展"专题协商会在广州召开

9月,"促进我省电商经济健康发展"专题协商会在广州召开。广东省政协主席王荣主持会议,副省长袁宝成到会听取意见,广东省邮政管理局党组书记、局长周国繁参加会议并发言。会上,周国繁汇报了广东邮政业发展情况,总结邮政业对促进电商经济发展存在的问题,并提出促进广东省电商经济发展的建议:一是完善政策体系,保持行业发展态势;二是加快行业转型升级,推进供给侧结构性改革;三是完善信息化建设,强化市场监管力度;四是引导行业创新发展,促进普遍服务提质增效;五是整合行业资源,促进电商快递协同发展。

周国繁局长赴阳江调研指导工作

9月,广东省邮政管理局党组书记、局长周国繁赴阳江开展实地调研工作。在阳江期间,周国繁会见了阳江市副市长张磊,就邮政业与地方经济社会协调发展,以及协调解决阳江局办公用房等问题交换了意见。周国繁实地察看了阳江局拟搬迁办公场所,对阳江局向市政府积极争取办公用房所做出的努力给予积极评价。调研期间,周国繁深入阳江(汇达)跨境电商快件分拣清关中心、韵达等企业走访,了解阳江邮政快递业发展运行及邮政业各项重大举措落实情况。

周国繁局长到佛山局调研指导工作

9月,广东省邮政管理局党组书记、局长周国繁一行到佛山调研指导工作。在佛山期间，周国繁视察了佛山局新办公场地，听取了市局工作汇报，并与干部职工进行了座谈交流。在干部职工座谈会上，周国繁听取了佛山局详细的工作汇报，对佛山局在加强党风廉政建设、改善行业发展环境、推进国际邮件互换局建设、强化行业安全监管、加强机关自身建设等方面的工作给予了充分肯定，尤其对佛山局用好“双重管理”机制，积极向市区两级政府争取办公场地和财政支持的做法和成效给予了高度评价。周国繁认为佛山局与顺德办公室积极作为，肯干能干，对省局党组部署的工作不打折扣，全力落实，成效明显，各项工作走在前面。

王梅副局长在广东调研邮政业发展情况

9 月，国家邮政局副局长王梅在广州出席中国邮政快递报社 2017 通联工作会议并讲话。在会议前后，王梅先后到佛山、肇庆和广州三地密集展开调研，与市局干部职工进行沟通交流，深入了解广东邮政行业最新发展动态，在调研期间，王梅先后到肇庆学院智顺通快递超市、唯品会华南物流中心、广州九恒条码有限公司，详细调研了快递绿色包装的使用和生产情况，对三家企业在快递绿色包装方面所做的努力给予高度评价。她要求寄递企业要坚决践行绿色环保理念，减少胶带、不可降解包装袋和填充物的使用，杜绝过度包装。她勉励生产企业要加大研发力度，协同推进快递绿色包装工作，共建美丽中国。

广东局召开党的十九大期间广东省寄递渠道安全服务保障冲刺会

10 月，广东省邮政管理局召开党的十九大期间广东省寄递渠道安全服务保障冲刺会。会议传达贯彻国家邮政局实战攻坚动员部署会议精神，深入分析当前我省寄递渠道安全管理面临的形势，就做好党的十九大广东省寄递渠道安全服务保障和综合整治督导检查各项工作进行再动员、再部署。会议要求各地及时传达国家局和省局会议精神，进一步细化工作措施，突出重点，落实责任，确保实现党的十九大期间我省寄递渠道“四个严防、两个确保”目标。广东局党组书记、局长周国繁在会上分析了广东省邮政业安全管理工作取得的成绩，他强调，全省邮政管理部门要按照“万无一失”标准，以优异成绩向党的十九大胜利召开献礼。

广东局督导检查党的十九大期间寄递渠道安全综合整治工作

10 月，广东省邮政管理局副局长罗德韶带队，到潮州市和汕尾市督导检查党的十九大期间寄递渠道安全综合整治工作。在潮州期间，督导组实地查看企业的作业流水线、X 光机配置及运行、进京快件“三项制度”落实情况、安全教育培训情况和监控视频信息系统运行情况等。在汕尾期间，督导组先后深入汕尾市凯通快递有限公司分拨中心、海丰县韵通货运服务有限公司分拨中心等开展实地督导检查。罗德韶强调，党的十九大召开期间寄递渠道安保工作是目前邮政行业的首要工作，企业要按照邮政管理部门的要求，严格落实安全生产主体责任，切实维护行业和谐稳定和寄递渠道安全畅通。

广东局督导检查韶关市党的十九大期间寄递渠道安保工作

10 月，广东省邮政管理局副局长罗德韶、市场监管处负责领导一行到韶关督导检查全市在党的十九大期间寄递渠道安全保障工作情况。督导组先到韶关市韵达快递有限公司进行检查，查看了快件分拣场所消防、操作、安检机运行管理等情况，并倒查了企业的监控录像。随后，检查组又前往中通快递沙洲尾网点等检查末端网点安保工作情况。通过本次督导检查工作，进一步提高了监管部门“守土有责”的责任意识，进一步提高了企业安全生产主体责任落实，确保了韶关市寄递渠道在党的十九大期间的安全畅通。接下来，韶关局将针对本次督导检查中发现的问题，举一反三，狠抓整改，对涉嫌违法的行为，顶格处理。

广东局举办2017年全省邮政行政执法培训班暨市场监管工作座谈会

10月，2017年全省邮政行政执法培训班暨市场监管工作座谈会在佛山举办，广东省邮政管理局副局长罗德韶、市场监管处全体公务员、普服处和法规处相关负责同志等共计80余人参加了培训，这次培训还邀请了X光机生产企业培训工程师、省烟草专卖局和省公安厅禁毒局三位老师为大家授课。罗德韶在开班动员上做了重要讲话：一要提高思想认识，深刻理解行政执法的重要内涵。二要把握监管重点，剖析行政执法存在的各种问题。三要加强行政执法，提升寄递行业的监管效能。四要提前谋划准备，打好"双11"业务旺季攻坚战。五要端正学习态度、遵守培训纪律、理论联系实际，切实通过这次培训班有所思有所获。

广东局召开全省快递业务旺季服务保障动员部署电视电话会议

在2017年快递业务旺季即将到来之际，广东局省邮政管理召开专题电视电话会议，动员部署全系统和全行业做好2017年广东省快递旺季服务保障工作。会议由副局长罗德韶主持，传达全国2017年快递业务旺季服务保障工作电视电话会议精神，并解读了《2017年我省快递业务旺季服务保障工作方案》。广东局党组书记、局长周国繁作了动员部署讲话。周国繁指出，2017年的旺季服务保障工作，既要因势利导，发挥好成熟的保障机制、储备的支撑能力、多元化的末端服务等一切有利因素的支撑保障作用；又要趋利避害，最大限度化解和防范运营风险，正确估量高峰可能造成的风险与考验，妥善应对末端网络的运营与稳定问题，切实守住安全的防线与底线。

袁宝成副省长充分肯定广东邮政业2017年发展成绩

11月5日，广东省政府副省长袁宝成会见广东省邮政管理局局长周国繁，专题听取省局工作情况汇报。袁宝成对2017年广东邮政业取得的成绩表示充分肯定，并要求全省系统和全行业全力以赴做好"双11"旺季服务保障工作，为广大用户提供满足日益增长美好生活需要的寄递服务。对于即将到来的"双11"的快递"春运"大考，袁宝成要求，全行业要充分认清形势，提高政治自觉和政治站位，稳定行业运行态势，加强统筹协调，全力以赴保障旺季期间寄递渠道的平稳、安全、通畅，为广大用户提供满足日益增长美好生活需要的寄递服务。

周国繁局长到东莞督导检查快递业务旺季安全服务保障工作

11月8日，广东省邮政管理局党组书记、局长周国繁带领省局人事处负责同志和东莞局一行人到东莞申通虎门分拨中心进行快递业务旺季安全服务保障工作督导检查。督导组实地查看了企业操作场地和作业流水线，听取了申通广东总部负责人关于全省旺季安全服务保障工作的情况汇报，了解了企业旺季期间业务增长预测以及在人员车辆储备、末端网点派送保障、确保服务顺畅和网络稳定等方面采取的工作措施。周国繁强调，2017年快递业务旺季安全服务保障工作是党的十九大胜利召开后邮政业面临的第一场大的战役。一是提高思想认识，二是旺季期间要坚持不懈贯彻落实寄递安全三项制度，三是关心员工工作生活，四是加强安全教育。

广东局参加2017年"双11"邮政快递服务保障座谈会

11月9日，国家邮政局组织召开2017年"双11"邮政快递服务保障座谈会。交通运输部部长李小鹏出席会议并作了重要讲话，国家邮政局党组书记、局长马军胜主持会议并提出工作要求。国家邮政局领导班子,相关司室和直属单位负责人以及各邮政、快递企业主要负责人参加了会议,广东省邮政管理局党组书记、局长周国繁在广东分会场汇报了广东快递业务旺季服务保障工作情况。周国繁在汇报中指出,广东省"双11"期间预计全省收寄的邮件快件量将达3.6亿件,预约占全国总量的1/4,较去年同期增长40%。周国繁表示在国家邮政局的坚强领导下,广东局有信心、有能力胜利完成"双11"高峰期的各项保障工作。

袁宝成副省长在广州检查"双11"快递服务保障工作

11月10日,在"双11"来临之际,广东省人民政府袁宝成副省长,钟旋辉副秘书长和广州市人民政府马文田副市长一行在省邮政管理局党组书记、局长周国繁的陪同下,在广州视察电商和快递企业,了解广东快递业务旺季服务保障工作情况。周国繁向袁宝成一行汇报了今年全行业关于"双11"旺季服务保障准备工作情况,袁宝成对邮政管理部门提前谋划、精心部署、精准施策、全力保障予以充分肯定;对企业采取多种措施,灵活应对,加大生产投入,提升处理能力,全力满足人民群众的需求,表示充分认同,并对坚守第一线的企业人员致以亲切慰问。

周国繁局长带队连夜督导检查寄递企业"双11"服务保障工作

11月11日,广东省邮政管理局党组书记、局长周国繁同志带队深入寄递企业一线,连夜督导检查指导中通快递广州分拨中心、韵达快递广东省公司的分拨处理场地,督导企业落实旺季服务保障应对措施,保障"双11"快递业务旺季期间行业安全平稳运行。周国繁十分关注企业规范操作情况,要求越是业务旺季,企业越要规范操作,确保快件"不抛扔、不着地、不摆摊",同时,周国繁十分关注企业员工生产生活情况,要求企业负责人加强人文关怀,为员工提供生产生活便利,让员工在业务旺季感受到企业大家庭的温暖。周国繁要求,一要提高政治站位,二要保障措施到位,三要守住安全底线。

柬埔寨青年邮政干部研修班在粤成功举办

12月3日至8日,由国家邮政局主办、广东省邮政管理局承办的柬埔寨青年邮政干部研修班在广州举办。来自柬埔寨邮电部邮政政策司处长恁·侯等10人参加培训。广东省邮政管理局党组书记、局长周国繁受国家邮政局委托主持开班以及结业仪式并为研修人员颁发结业证书。在结业式上,周国繁指出,中国邮政业发展的成绩为全球邮政发展提供了经验,邮政管理部门愿意通过举办研修班、交流访问等形式,与各国邮政行业朋友分享改革发展经验,希望能够与柬埔寨在邮政领域互利合作、共同发展。恁·侯代表柬方研修人员表示,本次研修班内容实、形式活、效果好,为今后柬埔寨邮政业发展提供了可借鉴的成功经验。

广东局召开"双11"快递旺季服务保障工作总结会议

12月,广东省邮政管理局组织召开"双11"快递旺季服务保障工作总结电视电话会议。会议总结了2017年广东省"双11"快递业务旺季服务保障工作情况,对2017年"质量双11"邮政快递旺季服务保障工作先进单位和个人进行表彰,对岁末年初行业安全监管工作进行部署。广东局党组书记、局长周国繁出席会议并讲话,他指出,全行业不忘初心、砥砺前行,胜利完成2017年"双11"快递业务旺季服务保障工作,是新时代下,行业服务民生取得的首场胜利。周国繁简要回顾了"双11"期间旺季保障工作情况,分享了工作心得,对2017年全省邮政市场监管工作情况进行了通报,并结合当前我省行业安全生产形势,对做好岁末年初行业安全管理提出了具体要求。

第二届内地与港澳邮政高峰会议在广东成功举行

12月12日至13日,国家邮政局在广东惠州举办第二届内地与港澳邮政高峰会议,会议以"新时代、新合作、新发展"为主题,旨在充分发挥粤港澳地区综合优势,深化内地与港澳邮政合作,推进粤港澳大湾区邮政发展,高水平参与国际邮政合作,提升邮政在国家经济发展和全方位开放中的引领作用。会议指出,习近平总书记在党的十九大报告中强调,要支持香港、澳门融入国家发展大局,以粤港澳大湾区建设、粤港澳合作、泛珠三角区域合作等为重点,全面推进内地同香港、澳门互利合作,让港澳同胞共担民族复兴的历史责任、共享祖国繁荣富强的伟大荣光。

赵晓光副局长调研清远市邮政业发展情况

12月13日,国家邮政局赵晓光副局长在广东省邮政管理局局长周国繁的陪同下赴广东省清远市调研。在调研过程中,赵晓光对快递网点的业务量、业务收入、"双11"期间的业务增幅、运输投递车辆使用、快递企业间的合作模式等情况进行了调研,详细询问了民营快递企业负责人、基层快递员的收入及生活现状,沟通了解各快递从业人员对邮政行业及未来的憧憬。申通快递清新山塘镇服务点在做好服务的同时,还为圆通、百世、京东等品牌快递提供免费寄存服务。赵晓光给予赞赏并勉励企业盘活资源、抱团发展,确保"快递下乡"工程取得实效。

广东局开展2017年广东省申诉业务培训班

12月18日至20日,2017年全省邮政业申诉工作业务培训班在广州举办。广东省邮政管理局副局长罗德韶、市场处相关负责人、省申诉中心及21个市局申诉中心工作人员、包括邮政公司广东省分公司和省EMS在内的41家寄递企业共80余人参加了这次培训班。这次培训班主要围绕快递行业标准(规范)常用条款解析、申诉处理中常见问题及典型案例分析、快递行业安全服务、企业处理申诉存在的问题、如何提高申诉处理率和消费者满意率、申诉工作座谈交流等中心内容展开。

广东快递业务量突破百亿

12月,据广东省邮政管理局初步统计,预计2017年全省快递业务量突破100亿件,成为全国首个快递业务量超百亿的省份。

广东局印发促进珠三角地区邮政业创新改革指导意见

12月20日,广东省邮政管理局印发了《关于促进珠三角地区邮政业创新改革的指导意见》,助推邮政行业创新发展。《意见》明确了珠三角邮政业创新改革的重点领域及路径,要求以业态创新推动行业融合发展,以高端服务促进行业转型升级,以先进技术和设备提升行业效率,以标准和规范提高行业管理水平。其中,突出"全球化、智能化、标准化、绿色化、多元化、个性化",与国家局提出的工作定位形成"三区六化"的发展战略。《意见》提出,邮政管理部门要有力保障珠三角邮政业持续科学高效创新发展。一是加强组织领导,二是深化行业改革,三是加大政策支持,四是强化行业监管,五是加强部门协调联动。

广西壮族自治区快递发展大事记

广西局召开2017年全区邮政管理工作会议

1月11日,广西壮族自治区邮政管理局在南宁召开2017年全区邮政管理工作会议,深入贯彻落实党的十八届六中全会全面从严治党要求,传达2017年全国邮政管理工作会议精神，全面总结回顾2016年全区邮政业发展成效和邮政管理工作取得的成绩，提出当前和今后一个时期全区邮政业的发展思路和2017年的目标任务。区局党组书记、局长韦慧做工作报告。韦慧指出，2017年是实施十三五规划的关键一年，全区邮政管理系统要重点做好几个方面工作，一是把握重点，持续优化行业发展环境。二是扭住关键，全面加强安全监管，继续推动三项制度落实，保障寄递渠道平稳畅通。三是转变作风，着力提升政府治理能力。

韦慧局长到百色调研行业发展

1月17日至18日，广西壮族自治区邮政管理局党组书记、局长韦慧一行深入百色邮政、快递企业和邮政管理局调研，了解当前生产经营情况，强调要做好服务工作，狠抓安全生产，确保大家过一个安定、祥和、快乐的春节。韦慧同时向在岗位上奋战的企业和邮政管理局一线员工表达了节日的问候和祝福。韦慧与百色局全体干部职工进行了座谈，并到百色邮政速递分拨中心、百色申通快递公司、百色快递物流园区工地、平果县中通快递和田阳县百育镇邮政所调研，视察了沿途的村邮乐购服务站。

区政府工作报告提出推进快件分拨中心等流通基础设施建设

1月18日，广西第十二届人民代表大会第六次会议在南宁闭幕。会议期间，自治区主席陈武代表自治区人民政府向大会作政府工作报告。报告指出，要提升发展服务业，发展现代物流业，要推进快件分拨中心等流通基础设施建设。同时提出，要力争农村电商覆盖率达60%以上，加快建设中国东盟跨境电商公共服务平台和电商集聚区，推动电子商务进社区。广西区邮政管理局表示，将紧紧抓住这一行业发展契机，以落实促进广西快递业发展实施意见为抓手，主动作为，推动行业发展与地方经济民生深度融合，为营造“三大生态”、实现“两个建成”贡献力量。

陈刚副主席肯定全区邮政业发展成绩

1月19日，广西壮族自治区政府副主席陈刚批示：“代表自治区政府对广西局取得的成绩表示祝贺，对为广西所做的贡献表示感谢。”广西壮族自治区邮政管理局表示，将严格落实国家邮政局和自治区党委、政府的决策部署，着力推动国务院和广西区促进快递发展实施意见落地见效，促进广西邮政业更好更快的发展，助推广西营造“三大生态”、实现“两个建成”，以优异的成绩迎接党的十九大胜利召开。

广西局到定点扶贫村开展春节走访慰问活动

1月22日，广西壮族自治区邮政管理局派出专门工作组到定点扶贫联系村——钟山县回龙镇龙虎村开展春节走访慰问活动。工作组首先慰问了龙虎村“两委”干部和驻村第一书记，详细了解了他们的工作情况和生活状况，并深入到部分贫困户家中，与困难群众进行亲切交谈。此外，工作组还参观了龙虎村农村淘宝服务点，了解该服务点的运营模式和经营状况。

韦慧局长赴南宁寄递企业慰问基层一线员工

1月24日下午，广西壮族自治区邮政管理局党组书记、局长韦慧赴顺丰速运南宁分公司和中国邮政集团南宁市分公司，调研邮政业发展和服务情况，代表广西局党组慰问邮政、快递企业和邮政管理部门一线干部职工，向他们致以新春祝福和良好祝愿。

春节期间广西邮政业保持安全平稳运行

2017年春节期间，广西壮族自治区邮政管理局认真履行各项工作职责，进一步牢固树立安全发展理念，切实加强值班值守，督导企业落实安全生产主体责任，全区邮政业实现安全平稳运行，未发生安全生产事故，未出现服务质量问题集中投诉等情况。广西局始终高度重视邮政业春节旺季生产工作,广西局表示,下一步将继续深入贯彻落实国家邮政局春节旺季安全生产决策部署,确保全区邮政业安全平稳运行。

黄世勇副主席到崇左市邮政企业调研

2月16日,广西壮族自治区党委常委、政法委书记、自治区副主席黄世勇一行到崇左邮政公司就邮政业全国两会期间安全保障工作情况开展督查调研。在邮件处理中心,黄世勇对企业生产流程细节、企业经营状况、管理状况和基础设施基本情况进行了深入了解,重点对企业落实三项制度、消防安全、人员车辆安全管理等情况进行了细致检查和现场指导。崇左市邮政管理局表示,将进一步抓好行业安全监管工作,加大监督检查力度,严格要求企业落实各项安全制度,切实保障全市邮政业健康安全发展。

广西局开展两会前风险排查化解工作

全国两会召开前夕,广西壮族自治区邮政管理局近期组织开展风险排查化解工作,全面整改安全生产隐患,排查化解危害稳定因素,保障两会期间寄递渠道安全平稳畅通。一是认真开展动员部署活动,二是开展安全隐患排查工作,三是开展不稳定因素排查化解工作,四是督导企业保障两会期间寄递服务质量,五是加强应急值守工作。

广西局学习传达全国邮政市场监管工作会议精神

3月,广西壮族自治区邮政管理局组织召开专题会议,学习传达贯彻全国邮政市场监管工作会议精神,要求结合广西实际,做好任务分解,狠抓落实。广西局要求,一是深刻学习领会,抓好贯彻落实。二是突出重点,集中力量谋发展。三是结合国家邮政局提出的7项邮政业更贴近民生实事及广西局2017年工作要点制定落实方案,按照"工作方案化、任务项目化、目标指标化、责任清单化"的原则,力争各项工作部署取得扎扎实实的效果。

韦慧局长赴钦州、防城港调研邮政业发展情况

3月7日至8日,广西壮族自治区邮政管理局局长韦慧一行先后赴钦州、防城港两市,深入邮政企业、快递企业和市邮政管理部门调研,督导全国两会期间寄递渠道安全保障工作,重点了解邮政业与电商融合发展情况,寄递企业"三项制度"落实情况,以及邮乐购整合电商、金融、三农等便民服务情况。在寄递企业分拣场地调研期间,韦慧强调,要始终绷紧安全生产的弦不放松,切实落实企业主体责任,鼓励企业要加强基础设施建设,着力提升服务能力,同时要注重创新发展,不断拓展服务领域。

广西局"3·15"主题宣传活动丰富多彩

"3·15"期间,广西局组织全区邮政业开展丰富多彩的主题宣传活动,引导市场主体诚信合法经营,提高消费者诚信安全用邮和依法维权意识,进一步营造诚实守信的市场环境。广西壮族自治区邮政管理局局长韦慧参加广西"3·15""网络诚信 消费无忧"主题宣传活动,代表全区邮政业向广大消费者承诺提供优质诚信服务。

陈刚副主席到广西局调研慰问

4月5日,广西壮族自治区人民政府副主席陈刚一行,来到自治区邮政管理局看望慰问全局干部职工。陈刚听取了自治区邮政管理局就行业发展概况、寄递渠道安全管理工作、2017年主要工作部署的汇报,以及邮政管理局提出的关于明确邮政行业的公共服务定位、政府法定职责和行业发展特性、细化扶持邮政行业发展的政策举措等意见建议。陈刚强调,自治区政府对邮政业的发展寄予厚望,希望邮政管理部门能从三个方面入手,扎实开展工作。一是要营造环境、加快发展。二是要加强监管、确保安全。三是要超前研究、积极

引导。

广西局贯彻落实2017年邮政业更贴近民生7件实事

4月，广西壮族自治区邮政管理局印发《落实国家邮政局2017年邮政业更贴近民生7件实事工作目标任务分解安排》，明确责任处室、细化具体工作目标，要求各单位、各部门不折不扣抓好落实。其中，广西局要求，实现2017年建制村直接通邮率达74%，快递乡镇网点覆盖率达85%。着力提升快递末端投递服务工作，积极推进快递入区工程，杜绝摆地摊现象，完善安全监管体系，规范末端网点管理。五是实施放心消费工程，加大全区视频监控系统覆盖范围，组织开展“野蛮分拣”专项整治行动，做好申诉受理和行政执法衔接工作。六是提高快递包装绿色化、减量化水平。

韦慧局长到崇左调研指导工作

4月8日，广西壮族自治区邮政管理局局长韦慧一行到崇左市调研指导工作，深入崇左市邮政、快递企业了解邮政业服务地方经济、快递电商协同发展以及企业落实“三项制度”等情况，并与崇左局干部职工进行座谈。调研组先后深入实地考察凭祥国际邮件交换站、凭祥跨境电子商务监管分中心项目等情况。在企业调研期间，韦慧强调，在着力发展的同时企业也要抓紧安全生产不放松，切实落实企业主体责任，严格落实“三项制度”，鼓励企业要加大投入基础设施建设，注重服务创新，促进行业与电商的融合发展。

广西局召开扶贫攻坚工作会议

4月19日，广西壮族自治区邮政管理局组织召开扶贫攻坚工作会议，传达国家邮政局扶贫工作领导小组2017年第一次全体会议精神和自治区脱贫攻坚推进大会精神。广西局指出，2017年，是龙虎村脱贫攻坚关键的一年，压力更加巨大，要在2016年的基础上，继续落实基础设施、产业扶贫、医疗救助、电商扶贫、金融扶贫、教育扶贫、危房改造、扶贫移民搬迁等帮扶措施，着重在整村脱贫短板—村集体经济收入上寻找突破口，重点抓好产业发展和电商扶贫工作。各市局在定点扶贫工作中要坚持高度重视，关心关注，参与其中；加强领导，加强保障，全力支持驻村工作队工作；落实责任，明确任务，按计划脱贫摘帽。

广西局研究部署全区邮政业安全生产工作

4月19日，广西壮族自治区邮政管理局召开党组扩大会议，传达学习习近平总书记关于安全生产的系列重要讲话和指示批示精神、国家邮政局关于行业安全生产工作的相关部署以及自治区政府二季度防范特大安全事故会议精神，分析全区邮政行业安全形势及工作要求，并对全区邮政业安全生产工作进行部署。广西局指出，当前，全区邮政业基本保持安全平稳态势，但寄递渠道安全保障方面仍存在较大风险，寄递安全“三项制度”落实、末端网点备案推进等工作仍需深入推进，安全监管工作保障不足等问题亟待解决。

广西举办快递进校园论坛

4月20日，由广西壮族自治区快递行业协会主办，南宁市快递行业协会承办，菜鸟驿站协办的2017广西城市校园快递末端规范管理与服务创新论坛在南宁举行。论坛得到了圆通速递、邮政速递EMS、近邻宝、顺丰速运四家寄递企业战略支持。广西大学、广西民族大学、广西师范大学等区内36所高校代表，各品牌寄递企业、全区各地市邮政管理部门、南宁市相关职能部门及媒体记者200余人出席本次论坛。广西局表示，快递进校园不能采取“一刀切”，需要有效引导和规划，采取多种形式，通过科技手段做好高校校园快递服务工作。

广西48条政策推动物流业降本增效

5月，广西壮族自治区政府印发《广西壮族自治区推动物流业降本增效促进我区物流业健康发展的政策意见》提出了48条具体政策措施，推动我区物流业降本增效。其中，多项措施直接利好邮政业发展。《意见》明确了将快递公共投递服务站纳入基础产业项目给予相关政策扶持，加强县级仓储配送中心、农村物流快递公共取送点建设，推动物流企业、电商企业和邮政企业、供销合作社等充分利用现有物流资源开展深度合作，开放农村公路客货运站点、邮政收寄点等。

广西局开展“一带一路”高峰论坛寄递渠道服务安保督导检查

为切实做好“一带一路”国际合作高峰论坛寄递渠道安全服务保障工作，按照国家邮政局的工作要求，广西壮族自治区邮政管理局印发工作方案，督促各市局结合地方实际多方面着手开展安全服务保障工作，并组成工作组，由局领导带队，分赴北海、南宁两市辖区内寄递企业开展督导检查工作。检查过程中，督导组听取了相关市局寄递渠道安保工作情况汇报，通过查阅工作方案、预案、通知、安全承诺书等文件材料的方式，了解组织领导、传达部署、监督检查等工作情况。

韦慧局长到河池调研指导工作

6月7日至8日，广西壮族自治区邮政管理局局长韦慧一行到河池市调研指导工作，深入河池市邮政、快递企业了解河池市邮政业落实“2017年更贴近民生7件实事”以及企业落实“三项制度”等情况，并与河池局干部职工进行座谈。调研组先后实地考察宜州市德胜邮政支局、环江县邮件处理班，河池中通、河池天天、南丹申通营业场所及南丹县邮件处理班等场所，详细了解邮政、快递服务“三农”、助力国家精准扶贫，快递下乡、企业落实“三项制度”及行业一线工作人员工作环境等情况。

广西局组织开展安全生产月宣传咨询日活动

6月16日，广西壮族自治区邮政管理局组织开展宣传咨询日活动，面向社会公众集中宣传邮政业安全生产法律法规和各项安全保障措施。当天，各市局在当地城市中心广场、人流密集地区开设宣传展台，悬挂宣传标语，向社会公众宣传普及邮政业法律法规和安全生产知识。各市局印制《禁寄物品指导目录》等各类宣传手册发放给群众。同时邀请部分企业人员参与展台宣传活动，现场回答群众咨询。此次全区邮政业安全生产月宣传咨询日活动，共开设宣传展台14个，发放宣传资料超过6000份，接受群众咨询400余人次，进一步营造邮政业安全发展良好氛围。

广西局传达学习马军胜局长重要批示精神

6月27日，广西壮族自治区邮政管理局在百色市田东县召开全区生鲜水果寄递旺季现场调研会，传达学习马军胜局长对《关于山东烟台、广东茂名生鲜水果寄递服务的调研报告》的重要批示精神，组织邮政管理干部、主要快递企业负责人观摩学习百色市“快递+芒果”服务示范项目创建工作。与会人员就各市、各企业推动快递业与当地农特产品协同发展情况进行了经验交流。调研期间，与会人员还到田东县芒果市场各快递网点参观，了解当地快递企业与果农深度合作情况，学习当地生鲜水果揽收、包装、冷藏、转运等各环节的好经验、好做法。

广西邮政业多举措应对洪涝灾害

7月1日至2日，广西北部地区遭受强降雨天气，共有9个城市32个县(区、市)出现洪涝灾害。据统计，全区共有84家寄递企业300多个分支机构网点受到灾情影响，快件延误129150件，积压20003件。全行业无人员伤亡报告。灾害发生后，广西壮族自治区邮政管理局高度重视，立即组织开展邮政业抗汛救灾工作，指导企业妥善应对极端天气。督导企业做好职工人身安全保障工作，同时，要求各受灾寄递企业网点、快件分拨中心，立即组织人员转移邮件、快件至安全地带，做好生产场地的防雨排水、防灾止损工作。

广西局领导到百色调研指导工作

7月17日至18日，广西壮族自治区邮政管理局局长韦慧一行到百色就芒果寄递项目和快递物流园建设进行工作调研。通过调研，韦慧深入细致了解了寄递行业在芒果季如何服务芒果产业、在与电商的结合发展中如何找准自己的定位、在市场竞争中各快递企业如何破解困境凭借自身优势占领一席之地。调研中，韦慧认真倾听果农、企业负责人、快递员、消费者等的意见建议，并对访谈对象提出的问题一一进行了细致解答。最后，韦慧要求百色局立足岗位职责，不断提高工作管理和服务能力，不断加大行业执法力度，加强“三项制度”的推进和落实，确保党的十九大期间寄递渠道的安全畅通。

广西局召开实名收寄信息系统推广应用试点工作推进会

7月18日，广西壮族自治区邮政管理局召开全区邮件快件实名收寄信息系统推广应用试点工作推进会，传达学习国家邮政局推进会和马军胜局长重要讲话精神，总结前一阶段试点工作开展情况，对下一步工作进行部署。会议通报了全区开展邮件快件实名收寄信息系统推广应用试点工作以来的进展情况，分析研判了存在的问题和矛盾，在充分听取各试点城市意见和建议的基础上，讨论和制定了下一步工作计划。广西壮族自治区邮政管理局局长韦慧强调，全区邮政业要切实把思想和行动统一到党中央、国务院和国家邮政局的工作部署上来，从讲政治、顾大局的高度，扎实开展邮件快件实名收寄信息系统推广应用工作。

广西县域经济发展对邮政业提出新要求

7月，广西召开全区县域经济发展大会，提出统筹资源配置，加大政策倾斜，扎实推动县域经济又好又快发展，多项政策文件提及邮政快递发展。其中，《中共广西壮族自治区委员会、广西壮族自治区人民政府关于加强县域经济发展的决定》提出：大力发展电子商务和现代物流业。《广西壮族自治区人民政府办公厅关于加快县域现代特色农业示范区建设的实施意见》提出：加快农产品流通体系建设。此外，广西壮族自治区人民政府印发《消费品培育升级专项行动工作方案》提出，挖掘农村电商消费潜力。广西各级邮政管理部门将以此为契机，引导寄递企业提升县域基础设施支撑能力，为县域经济发展做出更大贡献。

广西局召开《快递暂行条例》征询意见座谈会

7月28日，广西壮族自治区邮政管理局组织快递企业召开《快递暂行条例》征询意见座谈会，区快递协会及14家重点快递品牌的省级机构相关人员参加了座谈。与会行业代表普遍认为，在行业迅猛发展的背景下，单靠规章性质的《快递市场管理办法》和过于原则化的邮政法都已难以满足行业发展的需要，快递暂行条例出台已经迫在眉睫。广西局认真听取企业对条例的建议和反响，并进行了讨论答疑，会后汇总企业意见建议向区人民政府办公厅进行了反馈。

广西局举办首届邮政行业职业技能大赛

8月15日，2017年广西第二届区直机关职工岗位技能大赛暨首届邮政行业职业技能大赛在广西电信职工培训中心落下帷幕。本次大赛由广西壮族自治区邮政管理局联合中共广西壮族自治区直属机关委员会、广西壮族自治区总工会共同举办，旨在弘扬精益求精的工匠精神，加快培养和选拔高技能人才，推动行业人才队伍建设。来自邮政速递物流、顺丰、韵达等9个快递品牌代表队，共22名选手参加比赛。

广西局围绕重大活动安保深入开展行业安全综合整治

广西壮族自治区邮政管理局结合金砖国家领

导人第九次会晤和第十四届中国—东盟博览会寄递安全服务保障工作，深入开展全区邮政业安全综合整治，排查整改安全风险隐患，完善安全管理机制，筑牢安全防线，为党的十九大寄递安全服务保障工作打好基础。一是深入开展动员部署活动，二是深入开展行业安全综合整治，三是开展重大会议活动专项安保，四是进一步健全行业安全管理机制。

广西局积极开展台风“天鸽”防范应对工作

2017 年第 13 号台风“天鸽”于 8 月 23 日夜间进入广西境内，导致部分地区发生强风暴雨天气。全区邮政业积极开展防范应对工作，保障寄递渠道安全畅通。此次台风天气具有风雨强大度、影响范围广、持续时间长的特点。为确保全区寄递渠道安全平稳畅通，广西局采取了一系列应对措施。一是落实和强化各项安全防范措施，二是突出抓好员工人身安全保障，三是做好灾情监测预警工作。由于准备充分，应对当得。此次台风“天鸽”过境，全区邮政业基本保持安全平稳运行状态，未造成人员伤亡事故和重大财产损失。

广西局召开实名收寄信息系统推广应用座谈会

8 月，国家邮政局邮件快件实名收寄信息系统推广应用工作第五督导组赴桂督导调研工作。调研组先后深入桂林、柳州、南宁等地，实地了解实名收寄系统推广应用情况。调研期间，广西壮族自治区邮政管理局组织了包括中国邮政、EMS、顺丰、圆通等在内的 12 家寄递企业代表与督导组召开座谈会。座谈会上督导组组长国家邮政局邮政业安全中心副主任王锡彬首先介绍了调研期间发现的新问题新情况，肯定了广西局在推广实名收寄信息系统工作上取得的阶段性成果，并听取了与会代表在开展实名收寄过程中遇到的问题和建议。

多部门联合开展金砖会晤安保督导检查

9 月，广西壮族自治区邮政管理局联合自治区公安厅、国家安全厅等部门，对各市贯彻落实金砖会晤寄递渠道安全保障工作各项要求，执行寄递安全三项制度及易制爆危险化学品和寄递物流专项整治行动开展情况进行督导检查。督导组先后检查桂林、贺州两市金砖会晤寄递渠道安全保障工作开展情况，听取两市寄递渠道安全管理领导小组工作汇报，查阅两市金砖会晤寄递渠道安保及易制爆危险化学品和寄递物流专项整治行动工作方案、会议记录、日常检查记录等台账。督导组还对多家快递企业进行明察暗访。

广西百香果快件突破 1000 万件

继芒果快件量突破 1000 万件后，9 月 10 日，广西快递业再传捷报——百香果寄递量突破 1000 万件，跻身“千万件俱乐部”。百香果与芒果，同是广西千万件级“快递 + 农业”服务项目，两者的发展道路却各有特色。广西自古就是芒果特产区，而百香果最近几年才陆续引入种植。如果说快递服务芒果是顺水推舟、借势而为，那快递服务百香果就是逢山开路、造势而上。这是广西快递业积极贯彻落实国家邮政局大力推进的快递“向西、向下”工程，管理部门、快递企业和当地农民三方合力，不断创新发展的成果。

广西邮政亮相第 14 届中国—东盟博览会

9 月 12 日上午，第 14 届中国—东盟博览会、中国—东盟商务与投资峰会开幕大会在中国南宁举行。中国邮政广西分公司在博览会现场设置展位，全面展示公司在电子商务综合服务体系建设方面所取得的成就。展位以邮政绿为主色调，总面积 60 平方米，共分为 2 个展区，分别是广西邮政跨境电子商务综合服务体系展区和中国邮政农村电子商务综合服务体系展区。

联合开展党的十九大寄递渠道安全保障督导检查工作

9月，为做好迎接党的十九大胜利召开的寄递渠道安保工作，广西壮族自治区邮政管理局联合国安部门分四组赴全区14个地市进行跨区域综合督导检查工作。各督导组先后与各市局及当地寄递企业代表进行座谈交流，听取前期党的十九大安全保障工作预案布置情况和“三项制度”工作落实情况。要求各市局要监督指导辖区内企业设立相应的安保机构，制定工作方案和应急预案，与辖区内邮政企业、快递企业逐一签订安全保障承诺书，压实企业安全主体责任。

广西局部署开展党的十九大寄递渠道服务安保工作

9月，广西壮族自治区邮政管理局召开党组扩大会，部署党的十九大期间全区寄递渠道安全服务保障工作，审议并通过相关实施方案。要求全区邮政业立即行动起来，将党的十九大寄递渠道安全服务保障工作作为当前首要任务，以最高标准，最严要求，扎实推进各项工作措施落实。会议要求全区邮政管理系统要进一步强化思想认识，提高政治站位，牢固树立“四个意识”，切实将思想和行动统一到中央决策部署上来，增强责任感、使命感和紧迫感，坚决克服松懈麻痹思想，强化底线思维和红线意识，加强组织领导，周密筹划部署，严格措施落实，确保圆满完成党的十九大期间寄递渠道安全服务保障工作目标。

广西局召开贯彻落实国家邮政局党的十九大寄递渠道安保方案动员部署会

9月28日，国家邮政局召开了“党的十九大寄递渠道安全保障”动员部署电视电话会，广西壮族自治区邮政管理局利用视频会议系统将参会规模同时扩大到全区各市局，参会人员包括广西邮政管理系统全体公务员、快递协会以及各主要品牌企业负责人，共计453人。在国家邮政局会议结束后，广西局立即召开再动员再部署会议，结合广西实际制定、解读了广西的贯彻落实方案。会议要求各局各企业要认真组织学习马军胜同志讲话精神，抓紧时间贯彻落实，不折不扣执行好各项工作措施。

韦慧局长带队督导党的十九大寄递渠道安全服务保障工作

10月9日至11日，广西壮族自治区邮政管理局局长韦慧带领督导组到钦州、北海两市督导党的十九大寄递渠道安全和服务保障工作。他强调，党的十九大安全和服务保障工作已进入冲刺阶段，全区邮政业要进一步增强紧迫感，抓紧时间整改安全隐患，抓紧时间落实安保措施，全力保障全区寄递渠道安全平稳畅通。韦慧要求，全区邮政管理系统要以最高标准、最严措施做好当前寄递渠道安全管理工作。认真开展全覆盖式安全检查，不留死角，不留隐患，督导企业严格落实进京邮件快件3个100%及其他临时寄递管制措施。进一步加强执法力度，严肃查处各类危害寄递渠道安全稳定的违法违规行为。

黄世勇书记高度肯定邮政业改革发展成绩

10月13日，广西壮族自治区邮政管理局局长韦慧一行前往拜见广西党委政法委书记黄世勇，汇报了2016年以来全区邮政业取得的发展成绩以及党的十九大寄递渠道安全服务保障工作部署情况。黄世勇在听取汇报后指出，广西邮政业抓住了经济快速发展的时间窗口，主动适应经济发展新常态，紧紧跟上了广西经济发展转型升级的步伐，做得很好，今后也将取得更大的进步。黄世勇表示，邮政业要切实将安全生产“三项制度”落实到位，实现“两个确保”重要目标。他指出，当前寄递渠道的安全形势依然严峻，邮政管理部门提出的建立邮政业安全中心的要求很有必要，要加强与相关部门的沟通协调，及时落实到位。

韦慧局长督导党的十九大寄递渠道服务安保工作

10月15日至16日，广西壮族自治区邮政管理局局长韦慧一行到桂林进一步督导党的十九大寄递渠道安全服务保障工作。期间，韦慧一行先后走访了桂林市邮件处理中心、桂林顺丰分拨中心、桂林申通物流园，强调务必要以高度的政治责任感和使命感，全力保障寄递渠道安全平稳畅通。

广西局强化党的十九大期间安保工作履职情况监督检查

10月，广西壮族自治区邮政管理局全局动员，围绕党的十九大期间邮政管理部门安全监管责任和寄递企业安全生产主体责任履行情况，强化监督检查，层层压实责任，保障寄递渠道安全畅通。自治区邮政管理局组织多个督导组，由局领导分别带队，对钦州、北海、桂林、贺州、来宾、柳州、河池等各市落实党的十九大期间寄递渠道安全和服务保障工作方案情况进行督查。党的十九大寄递渠道安保活动开展以来，广西局已组织督导活动三轮，覆盖全区各主要地市。各市局组织开展安全检查活动出动检查人次1452人次，检查企业及分支机构535个，发现问题17例，其中立案8例，现场督导整改9例。

广西首个县级邮政管理管理机构挂牌成立

10月31日，广西壮族自治区首个县级邮政管理管理机构——东兴邮政管理局在东兴市政务服务中心正式挂牌成立，这是广西深化邮政体制改革、完善邮政监管体制工作取得的一个重大突破。广西区邮政管理局党组书记、局长韦慧、防城港市委常委、副市长田博共同为东兴邮政管理局揭牌。东兴市邮政业服务中心同日正式成立。韦慧还强调，要把党的十九大精神贯彻邮政管理工作始终，认识新矛盾迎接新时代，始终与党中央保持高度一致，定好位、把好关、服好务，要树立总体国家安全观，清醒地认识到东兴作为沿海沿边地区面临的严峻安全形势，在筑牢安全基石的基础之上谋发展。

广西局动员部署全区快递业务旺季服务保障工作

11月1日，广西壮族自治区邮政管理局召开2017年全区快递业务旺季服务保障工作动员部署电视电话会议，区、市两级邮政管理部门及各邮政、快递企业负责人参会。会议学习了国家邮政局2017年快递业务旺季服务保障工作动员部署电视电话会议精神，对全区业务旺季服务、安全、宣传、应急等各方面工作进行了动员和部署。广西局局长韦慧出席会议并讲话。他指出，一要扎实做好服务保障工作，二要认真做好安全和稳定工作，三要展现行业良好精神风貌，四要做好值班值守工作。

广西局积极宣贯“双11”服务保障工作座谈会精神

“双11”来临之际，广西壮族自治区邮政管理局认真学习贯彻国家邮政局“双11”服务保障工作座谈会和交通运输部部长李小鹏重要精神，围绕保畅通、保安全、保平稳目标，抓紧时间积极备战，力争打造质量“双11”。广西局提出要将做好旺季服务保障工作与深入学习贯彻党的十九大精神紧密结合起来，提高政治站位，强化责任意识，强化协同联动，强化绿色引领，强化创新驱动，强化宣传引导，坚决打赢旺季服务保障攻坚战，更好服务广西经济民生，满足人民群众美好生活的用邮需求。

广西“双11”出省快件量增长迅速

2017年“双11”电商促销节首日，广西区快件处理量近369万件，同比增长42.99%。其中，收件量约150万件，同比增长63.9%，投递量219万余件，同比增长31.54%。收件量增幅超投递量增幅两倍，反映出随着全区“快递＋”工程持续推进，全区电子商务发展迅速，带动快递企业收件业务高速增长。

韦慧局长深入寄递企业督导旺季服务保障情况

11月13日，广西壮族自治区邮政管理局党组书记、局长韦慧一行深入南宁市邮政、快递企业，调研南宁市邮政业发展情况，督导检查邮政快递业务旺季服务保障情况。期间，韦慧一行先后走访了中国邮政东盟跨境电商监管中心、京东南宁FDC仓、广西申通江南区营业部、广西顺丰营业部，详细询问企业“双11”业务量情况，实地查看企业装卸、分拣等作业流程。韦慧对各企业积极应对“双11”旺季生产、保障服务水平的举措和成效表示肯定，并向一线员工表示慰问，要求各企业增加人文关怀，在提高工作效率的同时，要尽力为员工创造安全、舒适的工作环境。

广西局全力应对旺季快件投递业务高峰

11月13日至15日，广西快递业迎来业务高峰，每日需处理的快件量分别超过512万、555万、611万件，均创历年新高。为妥善应对投递高峰，确保快件能够及时安全送达用户手中，全区邮政管理部门、各寄递企业开足马力，按照旺季服务保障工作方案要求，扎实推进各项保障措施落实。自治区邮政管理主要领导带队，深入各主要快件分拨中心开展督导，并看望和慰问广大一线员工。各市局结合地方实际，采取有力措施保障行业平稳度过投递高峰。

广西局迅速查处两家寄递企业暴力分拣违法行为

“双11”期间，有媒体曝光广西南宁吉宁速递有限公司（圆通）和中国邮政集团公司南宁市分公司铜鼓岭投递部存在涉嫌暴力分拣的行为，广西壮族自治区邮政管理局领导高度重视，立即部署，11月20日上午，要求市局对涉事的两家寄递企业进行立案调查，迅速依法严肃处理。

广西局深入一线督导“双11”旺季保障

11月20日，广西壮族自治区邮政管理局党组书记、局长韦慧前往钦州市邮政、快递企业督导检查“双11”旺季服务保障工作并慰问寄递企业员工。钦州市人民政府党组成员、副市长李从佳一起督导。韦慧先后到了钦州港韵达、钦州港中通、市邮政分公司等企业（网点）进行检查。检查中，各邮政、快递企业均按照旺季服务保障工作要求和各自实际，在人员组织、车辆调配、物资保障、应急措施和营业时间等服务保障措施方面进行了充分安排，未出现积压和爆仓现象。韦慧对各企业积极应对“双11”旺季生产、保障服务水平的举措和成效表示肯定，并向一线员工表示慰问。

“双11”广西收投比明显改善

2017年“双11”，广西区邮件快件总处理量5263.17万件，同比增长53.52%。收投比为1:3.3，较往年得到明显改善，反映出全区“快递＋”工作初见成效，企业收寄量大幅增长，旺季生产效益有望进一步提升。11月11日至20日，广西壮族自治区邮件快件收寄量1211.76万件，同比增长80.79%。投递量4051.41万件，同比增长46.9%。收寄量增速比去年的36.08%提高44个百分点。虽然今年“双11”全区寄递业务量高速增长，但由于旺季保障工作准备充分，措施有力，加上近年来各企业不断提高分拨能力，布局末端网点，全区寄递渠道仍保持平稳畅通，未发生大面积快件积压、爆仓等现象。

广西局举办行业发展和服务保障业务培训班

12月，广西壮族自治区邮政管理局举办行业发展和服务保障业务培训班，深入学习贯彻党的十九大精神，结合广西邮政业发展实际，探讨进一步推动行业发展，提升服务保障水平。与会同志表示，党的十九大报告提出要实施乡村振兴战略，把解决好“三农”问题作为重中之重，坚持农业农村优先发展，构建现代农业产业经营体系等重大论断和部署，对广西邮政业发展具有重要指导意义。玉林、北海、柳州等市局就本市推动快递服务现代农业工作做了专题经验交流。

印发《实施县域路网攻坚工程支撑引领县域经济发展行动方案》

12 月，广西区政府印发《实施县域路网攻坚工程支撑引领县域经济发展行动方案》，旨在加快完善县域对外通道，提质升级县域内部路网，促进重要交通节点互联互通，提高普遍运输服务保障能力。广西区邮政业将迎来政策利好。其中，《方案》明确提出，依托农贸产品、特色农产品等商品集散地，建设县级农村物流中心、乡镇农村物流服务站和村级农村物流服务点，不断完善县、乡、村三级农村物流服务网络。加快推进“快递下乡”工程，利用村委会、农家店、供销超市等平台开展农村快递服务。

中国邮政(凭祥)跨境电商监管中心项目投产运营

12 月 11 日，中国邮政(凭祥)跨境电商监管中心运营仪式在广西凭祥综合保区内举行，标志着我国西南地区第一家沿边地区跨境电商监管中心正式投产运营，将有效解决中国—东盟跨境电子商务的通关和物流痛点，大幅提高通关效率和便利化水平，降低企业综合物流成本。据了解，该项目由中国邮政集团公司广西区分公司投资建设，一期建设面积约 6000 平方米，配置了 4 条自动化和信息化查验分拣线，设计日均包裹吞吐量达 20 万件。

韦慧局长深入百色市寄递企业调研

12 月，广西壮族自治区邮政管理局党组书记、局长韦慧赴百色市寄递企业调研邮政发展和寄递渠道安全管理情况。韦慧一行先后走访了百色电商运营服务中心、城区快递物流园、百色职业技术学院与百色邮政速递校企合作学生创业基地及德保县、靖西市的邮政、快递企业等，详细了解电商服务中心与快递相互融合促进，快递物流园区入园寄递企业运行，校企合作推动快递进校园的模式，特色农产品寄递、电子商务进农村工程物流配送项目建设等情况。在寄递企业调研期间，韦慧还重点查看了企业使用实名收寄系统的情况，强调寄递企业要切实落实安全主体责任，严格落实“三项制度”，做好岁末年初旺季寄递安全服务保障工作。

广西局传达学习中央及自治区经济工作会议精神

12 月 29 日，广西壮族自治区邮政管理局党组召开扩大会议，传达学习中央及全区经济工作会议精神，研究贯彻落实措施。局党组全体成员、各处室主要负责同志参加了会议。会上，大家认真学习了中央经济工作会议精神及习近平总书记在会上的重要讲话，还学习了刚刚召开的全区经济工作会议精神。

广西局召开党组扩大会部署涉枪涉爆隐患专项整治行动

12 月 29 日，广西壮族自治区邮政管理局召开党组扩大会，学习传达国家邮政局寄递渠道涉枪涉爆隐患集中整治专项行动动员部署电视电话会议精神，研究部署全区集中整治专项行动工作措施。会议强调，广西地处边境，是走私、贩卖枪爆物品犯罪活动多发地区。会议研究部署了全区集中整治专项行动的各项重点措施。一是严格落实寄递安全“三项制度”，二是全面排查和清理全区寄递渠道涉枪涉爆安全隐患，三是强化落实寄递企业安全主体责任，四是充分发挥寄递安全联合监管机制作用，五是充分发挥社会媒体舆情监督作用。

海南省快递发展大事记

海南局召开2017年全省邮政管理工作会议

1月10日，海南省邮政管理局召开了2017年全省邮政管理工作会议，传达贯彻全国邮政管理工作会议精神，认真总结2016年邮政行业发展改革和监督管理工作情况，部署2017年工作任务。省交通厅、综治办、工商局、公安厅、安全厅、海口海关、民航管理局等7个省直部门相关负责人、全省邮政管理系统干部职工、主要快递企业负责人参会。会上，海南局党组书记、局长唐健文做了题为"加快建成与小康社会相适应具有国际旅游岛特色的现代邮政业　以优异的成绩迎接党的十九大胜利召开"的工作报告。唐健文强调，全省邮政行业要积极响应中央对邮政业的新定位新要求，为实现"两个一百年"奋斗目标作出积极贡献。

赵晓光副局长春节前夕到海南慰问调研

1月17日至20日，国家邮政局党组成员、副局长赵晓光一行赴海南省邮政管理局调研，并深入山区、深入基层慰问邮政业一线员工，听取邮政管理部门工作汇报，全面了解海南邮政业发展情况，对海南邮政管理工作给予肯定。调研中，赵晓光通过海南省邮政业监管信息平台，了解春节前夕寄递高峰期全省邮(快)件处理情况，对EMS、顺丰等企业坚持"全年无休"予以肯定，并指出EMS等企业服务精神、社会责任突出，要加大宣传报道力度，传播行业发展正能量。赵晓光一行还深入保亭黎族苗族自治县、五指山市和三亚市邮政支局(所)、村邮站、快递分拨中心慰问一线员工。

海南省村邮乐购点实现乡镇100%全覆盖

为确保邮政业服务农村电商工作顺利推进，海南省邮政管理局印发推动邮政业服务农村电子商务发展的实施意见，坚持市场主导、政府引导原则，形成政企合力，充分发挥企业主观能动性，因地制宜选择服务农村电商的推进路径和发展模式。目前，五指山、乐东、屯昌等市县邮政企业被政府指定为农村电子商务承建运营单位；全省已建成1860多个村邮乐购点，乡镇覆盖率达100%。海南局指导邮政企业积极构建邮政服务农村电商网络，形成以"村邮站+包裹代收代投站+优选产品配送站+三农服务站+电商服务站"多站合一模式，为农村地区提供电子商务服务。

海南局领导春节前夕走访慰问企业及基层员工

1月，海南省邮政管理局副局长丰圣少带队先后深入邮政、快递企业进行走访慰问，了解春节期间企业运营服务和安全保障情况，为基层员工送去了新春祝福，并与企业相关负责人员座谈调研，了解企业生产运营中存在的困难和2017年的工作思路。丰圣少一行先后走访慰问了海南百世、海南德邦、海南品骏、邮政EMS、海南顺丰等企业，现场查看了各家企业分拨中心作业、生产调度运行情况，询问了解业务量情况、企业发展现状和春节期间的生产安排，对基层员工致以节日的问候。

唐健文局长春节前赴东部局调研慰问

1月20日，新春佳节前夕，海南省邮政管理局党组书记、局长唐健文一行来到海南省东部邮政管理局，了解节前行业安全生产及服务保障情况，并深入邮政、快递企业慰问基层员工，向他们送上节日的问候和祝福。唐健文一行首先来到东部局看望机关全体干部职工，并与大家进行座谈，代表省局党组向大家表示慰问，对大家一年来的辛勤工作表示感谢。会后，唐健文一行还来到琼海圆通等企业调研，看望慰问了企业一线员工，并详细了解节前企业生产运营、员工生活及节假日应急值守情况等。

海南局部署要求做好 2017 年春节期间邮政行业安全生产工作

1 月，海南省邮政管理局印发通知部署要求做好春节期间邮政行业安全生产工作。通知要求，各级邮政管理部门要督促寄递企业严格落实安全生产主体责任，加强安全管理和隐患排查治理，严防各类事故特别是重特大安全生产事故发生。要督促寄递企业加强运输车辆、消防设施、监控设备、机电设备以及生产操作重点环节安全管理，严禁违章操作和冒险作业，采取有效措施维持良好生产作业秩序。要指导企业合理安排人员调休，采取有效措施保证必要的安全管理和应急处置人员力量。要积极督促寄递企业认真执行寄递渠道安全管理收寄验视、实名收寄、过机安检“三项安全制度”。

海南局重申加强春节期间寄递安全管理工作

1 月 31 日，海南局再次印发通知重申加强春节期间寄递安全管理工作。通知指出，各级邮政管理部门要进一步提高思想认识，加强组织领导，按照国家邮政局部署要求，全面做好 2017 年春节期间行业安全生产工作。通知要求，全力保障生产安全是春节期间行业监管工作的首要任务。各级邮政管理部门要切实增强责任担当，要督促寄递企业认真执行收寄验视、实名收寄、过机安检“三项安全制度”，严防危险化学品、易燃易爆品等各类违禁物品流入寄递渠道。要督促寄递企业节后尽快恢复生产运行，加强对员工的安全教育，加强对运输车辆、机电设备的出班和运转安全检查，严防违规作业，杜绝违章操作，确保行业运行平稳有序。

丰圣少副局长带队深入海口辖区调研慰问

2 月 3 日，海南省邮政管理局副局长丰圣少带领市场监管处和海口局相关同志深入海口辖区开展春节后调研慰问工作。在海南圆通分拨中心，详细了解了企业春节期间的运行情况和节后服务开展情况，对一线员工表示慰问，认真听取了企业诉求及今后的发展计划，并着重强调企业要加强安全生产和服务质量等工作。随后，深入到演丰互联网产业小镇，详细了解演东村村邮站和镇上邮政、快递服务情况。

唐健文局长春节后深入海口辖区开展调研慰问

2 月 8 日，海南省邮政管理局党组书记、局长唐健文带队赴海口辖区快递企业开展工作调研，亲切看望慰问了节假日期间坚守岗位的一线基层员工，对他们的辛勤付出表示感谢，并送上新春祝福，勉励大家在新的一年再接再厉，更上一层楼，为海南邮政行业健康发展创造新业绩、作出新贡献。在海南综通分拨中心，唐健文与企业负责人深入座谈，详细了解企业发展情况、春节期间的运行情况和节后服务开展情况等，对一线员工表示慰问，认真听取了企业诉求及今后的发展计划。

海南局领导深入定安县乡镇调研寄递安全服务保障工作

2 月，海南省邮政管理局副局长丰圣少到定安县调研寄递安全服务保障工作，要求要督促邮政、快递企业落实收寄验视、实名收寄、过机安检三项制度，做好安全服务保障工作，维护消费者合法权益。在定安县仙沟邮政支局、龙湖邮政支局、圆通速运、申通快递、海汽快递等企业网点调研时，深入了解各寄递企业落实安全保障和服务质量、业务发展等情况，查看监控设备运行情况，检查消防设施状况，要求切实抓好收寄验视等制度，落实安全保障措施。同时还调研了定安县桐树村邮站，详细了解了邮政服务农村电商的相关情况。

海南局开展邮政业服务质量提升行动

2 月，海南省邮政管理局以提高发展质量和效益为中心，以深化供给侧结构性改革为主线，决定在全省范围内开展邮政业服务质量提升行动，制定并印发了《海南省邮政业服务质量提升行动方案》。《行动方案》明确了工作目标，细化了工作步骤，并围绕对邮政服务的多元化需求，研究制定了9项主要措施。《行动方案》印发后，海南局组织全省邮政管理部门、中国邮政集团海南省分公司以及主要品牌快递企业召开会议进行动员部署，要求企业以提高供给质量为主攻方向，增品种、提品质、树品牌，做优存量、做大增量、做强质量，增强行业内生动力，贯通产业上下游能力，更好地融入地方经济社会发展。

海南局动员部署2017年博鳌亚洲论坛年会寄递服务安保工作

2月，海南省邮政管理局印发了《海南省邮政业2017年博鳌亚洲论坛年会期间寄递安全服务保障工作方案》，并召开工作会议全面动员部署博鳌年会期间寄递安全服务保障工作。海南局局长唐健文、副局长丰圣少、省国家安全部门有关领导出席会议，机关各处室、各市（地）邮政管理局、中国邮政集团海南省分公司、各快递企业总部负责人参加会议。会议要求，各级邮政管理部门、寄递企业牢固树立政治责任感和使命感，按照“全省保琼海、琼海保博鳌”的总体思路，严格落实各项工作部署和防范措施，确保寄递渠道安全畅通，确保邮政行业平稳运行，确保2017年博鳌亚洲论坛年会安全顺利举办。

海南局贯彻落实2017年全国邮政市场监管工作会议精神

3月2日，海南局党组召开扩大会议，专题听取了2017年全国邮政市场监管工作会议精神汇报，研究贯彻落实措施。一是认真谋划，精心部署。积极筹备全省邮政市场监管工作会议，安排部署2017年工作任务。二是聚焦重点，明确思路。以提高发展质效为中心，努力推动海南邮政业发展稳中有进，为全面加快建成与小康社会相适应的具有国际旅游岛特色的现代邮政业建设做出新的贡献。三是细化工作，推动落实。根据全国邮政市场监管工作要求，以及全省邮政管理工作会议部署，对2017年邮政市场监管重点工作任务进行细化梳理，强化职责分工，确保全年重点工作任务有序推动落实。

丰圣少副局长深入海口检查全国两会期间安全生产工作

3月，海南省邮政管理局副局长丰圣少一行对海口市邮政快递网点落实安全责任情况进行检查。丰圣少一行先后来到海秀中路邮政所、秀英邮政营业部、圆通快递国贸营业部，同企业负责人亲切交谈，询问企业经营情况，对企业执行实名收寄制度、日常管理以及安全设施等情况进行深入了解，并现场查看核对企业收寄实名登记单据和信息网络数据。同时，强调寄递安全事关国家安全、社会安全、公共安全，邮政快递企业要增强安全生产意识，认真落实安全生产主体责任，加大对员工的安全培训力度，严格执行三项安全制度，毫不松懈做好全国“两会”期间寄递安全保障工作。

唐健文局长赴三沙调研邮政、快递服务工作

3月13日至14日，海南省邮政管理局党组书记、局长唐健文带队到三沙市检查调研邮政、快递服务工作。唐健文一行与三沙市委市政府相关领导进行了座谈，唐健文介绍了海南局关于将“进一步提升三沙市邮政、快递服务能力建设”列为2017年海南邮政业更贴近民生8件实事之一的决定，提出海南局2017年将采取措施，提升三沙市邮政、快递服务能力，希望三沙市委市政府给予支持和帮助。三沙市委常委、市委秘书长董建平同志非常赞赏海南局将助力三沙发展的工作安排，表示三沙市委市政府将给予大力支持和帮助，并将研究安排专门部门配合邮政管理部门开展工作。

海南局召开 2017 年海南省邮政市场监管工作会议

3 月,海南省邮政管理局召开 2017 年全省邮政市场监管工作会议,传达学习了 2017 年全国邮政市场监管工作会议精神,总结海南省邮政市场监管 2016 年工作,分析研判当前形势,并安排部署了 2017 年工作任务。全省邮政管理部门相关人员参加会议,海南局副局长丰圣少作讲话。会议指出,要认真贯彻落实 2017 年全国邮政市场监管工作会议和全省邮政管理工作会议精神,坚持目标导向、问题导向,推动快递业供给侧结构性改革,确保发展态势稳中有进;全面树立安全发展理念,确保寄递安全保障能力持续提升;全面提升服务监管能力,确保行业监管工作创新有为。

海南局学习宣贯快递业发展“十三五”规划

3 月,海南省邮政管理局组织召开全省邮政管理系统工作人员会议,解读宣贯《快递业发展“十三五”规划》。会议结合快递业发展指导思想和基本思路,详细解读了快递业六个方面主要目标和快递市场发展七项任务及九大工程。会议要求,全省邮政管理系统要切实提高思想认识,认真贯彻落实全国邮政管理工作会议和全省邮政管理工作会议精神,以创新驱动、优化结构、补齐短板、联动融合为重点,推进“互联网 +”发展方向,有效增强行业发展质效,深化供给侧结构性改革,保障海南省邮政业安全、平稳发展,为全面加快建成与小康社会相适应具有国际旅游岛特色的现代邮政业努力奋斗。

丰圣少副局长调研指导博鳌年会期间寄递安保服务工作

3 月 15 日至 16 日,2017 年博鳌亚洲论坛年会召开前夕,为确保年会期间寄递服务安全保障工作平稳有序开展,海南省邮政管理局副局长丰圣少一行赴琼海市调研指导寄递服务安全保障工作。针对快递企业在生产中存在的问题,丰圣少强调:各快递企业必须高度重视年会期间的安全保障工作,提高安全生产意识,严格执行制度。对责任落实不到位、制度执行不严格的快递营业网点,一是邮政监管部门要严格执法,严肃追究;二是企业要认真反省,坚决改正;三是要突出重点,加强巡查,建立机制,杜绝后患,确保真正做到年会期间寄递安全万无一失。

丰圣少副局长调研博鳌年会期间寄递安全服务保障工作

3 月 20 日至 21 日,海南省邮政管理局副局长丰圣少一行前往琼海市调研指导寄递安全服务保障工作。丰圣少一行首先前往琼海市邮件处理中心,现场查看进入博鳌区域的邮件、快件二次集中安检情况,对现场安检人员进行慰问。随后前往各快递网点,就企业落实安全生产主体责任和执行“收寄验视、实名收寄、过机安检”等安全制度的情况进行现场检查和询问。

丰圣少副局长到东部局调研指导工作

3 月,海南省邮政管理局副局长丰圣少一行到海南省东部邮政管理局调研指导工作。在座谈会上,东部局主要负责人详细汇报了关于做好 2017 年博鳌亚洲论坛年会期间寄递安全服务保障工作安排、重点工作落实情况、党建工作做法经验等。在听取工作汇报后,丰圣少与东部局全体人员进行座谈交流,详细了解大家在工作中遇到的难点问题。

海南局圆满完成博鳌亚洲论坛期间寄递安全服务保障工作

3 月 23 日至 26 日,博鳌亚洲论坛 2017 年年会在海南省琼海市博鳌镇举行。为切实做好博鳌亚洲论坛年会期间寄递安全服务保障工作,海南局牢固树立政治意识、大局意识、核心意识、看齐意识“四个意识”,按照“全省保琼海、琼海保博鳌”的总体思路，通过谋划部署、强化协作、督导落实等多措并举保障了寄递渠道安全畅通，实现了“三严防、三确保”工作目标，树立了海南邮政业新形象。一是提前谋划部署，二是强化措施协作，三是加强督导检查。此外，督导邮政企业为年会期间寄递服务制定专项作业方案，扎实做好涉会邮件快件等寄递服务工作，得到了地方政府以及与会代表的广泛好评，彰显了海南邮政服务精神和社会责任。

唐健文局长到海口局调研指导

3 月 30 日，海南省邮政管理局党组书记、局长唐健文带队到海口市邮政管理局调研指导工作，听取海口局工作汇报，全面了解海口市邮政业发展、机关党建和行业管理工作等情况，并与海口局工作人员亲切交谈，详细了解大家在工作中遇到的难点问题、对省局工作的意见建议等。唐健文对海口局近期工作给予肯定，并提出五点意见：一是着力抓好党建工作，二是着力抓好业务发展，三是着力抓好安全生产，四是着力抓好服务质量提升，五是着力抓好机关文化建设。

海南局动员部署邮政业寄递安全服务保障工作

4 月，海南省邮政管理局联合有关部门组织召开会议，对中国共产党海南省第七次代表大会以及我国首个货运飞船“天舟一号”发射期间邮政业寄递安全服务保障等工作进行动员部署。省公安、省国家安全部门有关负责同志出席会议，全省各级邮政管理部门、中国邮政集团海南省分公司、主要品牌快递企业负责人参加会议。会议传达了国家邮政局党组、省委省政府有关安全生产工作的系列重要决策部署精神，提出了省第七次党代会和文昌火箭发射期间邮政业寄递安全服务保障工作要求。与此同时，会议对加快海南省邮件快件实名收寄信息系统推广应用工作进行了动员部署。

海南局召开 2017 年邮政业服务质量提升联席会议

4 月，海南省邮政管理局组织召开 2017 年邮政业服务质量提升联席会议，全省各级邮政管理部门、中国邮政集团海南省分公司、主要品牌快递企业负责人参加会议。会议对做好 2017 年海南省邮政业更贴近民生 8 件实事进行了动员部署，解读了《海南省快递营业场所标准化建设指导意见》《关于规范乡镇和校园快递服务工作的指导意见》《邮件快件寄递协议服务安全管理办法（试行）》等，通报了 2016 年海口市快递服务满意度报告以及当前邮政业服务质量存在的主要问题，提出了相关工作要求。参会企业代表围绕提升邮政业服务质量进行了座谈交流。

丰圣少副局长赴文昌龙楼检查指导工作

国产货运飞船天舟一号于 4 月下旬在文昌卫星发射中心发射，为确保火箭发射期间寄递安全服务保障工作平稳有序开展，4 月 13 日至 14 日，海南省邮政管理局副局长丰圣少带队赴文昌龙楼等地检查指导寄递安全服务保障工作。丰圣少一行就赶赴文昌卫星发射地龙楼镇，实地查看邮政、圆通和韵达等企业落实“三项安全制度”的相关情况。他还检查了文昌市内邮政、圆通和顺丰等企业落实安全生产制度的相关情况，并现场和企业人员进行交流。丰圣少强调各寄递企业必须提高责任意识，严格制度执行，着重落实好收寄验视和实名收寄等安全责任制度，邮政管理部门要加强执法检查，对违法经营的企业要依法处理，确保火箭发射期间寄递安全万无一失。

海南局召开《海南省邮政业发展“十三五”规划》重点项目实施推进会

4 月 21 日，海南省邮政管理局召开《海南省邮政业发展“十三五”规划》重点项目实施推进会，传达贯彻国家邮政局在广西南宁召开邮政业规划宣贯实施工作座谈会精神，落实国家局党组和省委省政府对规划工作的进一步部署，对海南省邮政业发展“十三五”规划实施工作进行进一步动员、安排和部署，推动规划落地实施，开创行业发展新局面。会上，海口局、三亚局分别就辖区重点工程的推进落实情况（包括完成情况、存在的问题及原因、下一步工作措施等内容）做介绍发言。海南局全体人员、各市（地）局领导班子、办公室全体人员、各科负责人参加会议。

海南局动员部署寄递渠道安全服务保障工作

5月，海南省邮政管理局联合有关部门组织召开会议，对“一带一路”国际合作高峰论坛海南省寄递渠道安全服务保障等工作进行动员部署，省公安、省国家安全部门有关负责同志出席会议，全省各级邮政管理部门、中国邮政集团海南省分公司、主要品牌快递企业负责人参加会议。会议进一步传达贯彻国家邮政局“一带一路”国际合作高峰论坛寄递渠道安全服务保障电视电话会议精神，对海南省寄递渠道安全服务保障工作进行动员部署。与此同时，会议对加快实名收寄信息系统推广应用工作进行了再部署再落实，并对寄递协议服务安全管理等进行了部署，通报了海南省邮政业“双随机”执法检查情况等情况。

海南局携邮政、快递企业赴才地村开展扶贫工作调研

5月，按照海南省邮政管理局党组的扶贫工作部署，海南局扶贫驻村工作组携邮政、快递企业相关负责人调研昌江县十月田镇才地村，同才地村委会领导班子开展座谈，并探望慰问了5户贫困户，进一步推进驻村扶贫工作。海南省西部邮政管理局负责人陪同。座谈会上，才地村委会班子向调研组详细介绍了才地村土地、劳动力、特色农产品等资源禀赋情况和贫困户脱贫进展情况，提出了才地村脱贫致富存在的困难和愿望。海南局引导邮政、快递企业负责人同才地村委会领导班子深入交流，邮政、快递企业提出了一系列帮助才地村贫困户脱贫的意向措施。

海南局联合相关部门督导检查寄递渠道安全保障工作

5月，海南省邮政管理局联合省综治、省公安、省国家安全等部门分赴海口、东方等市县，督导检查“一带一路”高峰论坛寄递渠道安全保障工作。海南局联合省综治办深入乐东县邮政分公司、海南顺丰东方市分公司督导检查企业收寄验视、实名收寄等安全措施落实情况，并现场查阅了企业安全生产保障制度、高峰论坛寄递安全工作方案以及安全服务保障承诺书签订等情况。与此同时，海南局联合省公安厅、省国家安全厅深入海口邮区中心局、EMS、海口全程德邦等处理中心，以及海南全枫海口市秀英分公司等营业场所，督导检查企业收寄验视、实名收寄、过机安检以及“安检”标识粘贴等安全措施落实情况。

海南局力推快递服务农村电商

5月16日，海南顺丰B737-300型号航空货运专机降落海口市美兰机场，这次海南快递航空专机落地，将有力助推地方特色农特产品特别是季节性农产品出岛，更好地服务海南经济社会发展，助力精准扶贫。每年4月至6月是海南荔枝集中上市的季节，为满足市场需求，在海南省邮政管理局的积极推动下，海南顺丰提前与相关农户、电商对接，采取产地直销、订单生产的模式，将海南荔枝通过航空专机运输发往全国各地，用户次日便可收到从“田间”直达“舌尖”的新鲜荔枝。

海南局携企业走进十月田才地村实地扶贫

5月17日，海南省邮政管理局党组书记、局长唐健文携海南综通快递、海南顺丰速运、海口市菜篮子集团三家企业一行到昌江县十月田镇才地村开展相关扶贫工作。昌江县政府副县长

陈国斌、十月田镇党委书记林书科、县扶贫办主任陈学良等陪同开展扶贫工作。唐健文一行还参观了设在才地村，由邮政企业承建的昌江农村电商服务站，在听取了今后该服务站的运营设想，唐健文指出，这是产业扶贫让农产品上网触电的重要平台，要利用好，解决才地村农产品品牌影响力不强的问题。

唐健文局长到西部局调研指导工作

5月，海南省邮政管理局党组书记、局长唐健文带队到海南省西部邮政管理局调研指导工作，听取西部局工作汇报，全面了解西部局辖区邮政业发展等情况，并与西部局工作人员亲切交谈，详细了解行业监督管理工作中遇到的难点问题、下一步工作思路等。唐健文对西部局近期工作给予肯定，同时就西部局下一步工作提出四点意见：一是着力做好党建工作，二是着力抓好业务发展，三是着力抓好安全生产，四是着力抓好邮政行业服务质量提升工作。

海南局引导推动快递服务海南热带特色农产品出岛

海南荔枝集中上市季，在海南省邮政管理局的积极推动指导下，海南顺丰提前与相关农户、电商对接，采取产地直销、订单生产的模式，通过预冷处理、生物冰袋保鲜等措施，以及快递冷链车辆和航空专机等运输方式，将海南荔枝发往全国各地，大部分城市次日就能收到从“田间”直达“舌尖”的新鲜荔枝，有力地推动了地方农特产品出岛，亦为快递服务海南现代农业提供了实践范例。下一步，海南局将积极鼓励发展“互联网＋农业＋快递”海南模式，努力推动快递服务现代农业“一地一品”示范项目建设。

出台物流业降本增效实施方案

海南省政府办公厅印发《海南省物流业降本增效专项行动实施方案（2017－2018年）》，加快补齐物流发展软硬件短板，推进“互联网＋高效物流”和物流技术推广应用，强化物流管理和政策支持，推动物流业跨界深度融合发展，构建完善的现代物流服务体系，降低物流成本。《方案》将提供城市配送车辆通行便利、推进海口美兰机场海关快件监管中心建设、完善城市物流配送体系等纳入其重点工作，由海南省邮政管理局与相关部门联合推进。《方案》为海南邮政业持续快速发展营造了良好的政策环境。

丰圣少副局长深入三亚邮政行业调研指导工作

6月，海南省邮政管理局副局长丰圣少深入三亚邮政行业，调研行业监管、安全制度落实等各项工作，并与三亚局党员干部座谈交流。丰圣少一行先后实地走访三亚邮政、百世汇通等寄递企业分拣中心和营业网点，重点查看企业生产作业场地及落实收寄验视、实名收寄、过机安检等安全制度情况，询问了解企业在经营中遇到的困难问题等。三亚局表示，将继续认真贯彻落实省局各项工作要求，持续改进工作作风，以优良党风政风促进三亚邮政监管工作再上新台阶。

丰圣少副局长实地调研快递营业场所标准化建设等工作

6月，海南省邮政管理局副局长丰圣少带队前往海口及三亚辖区顺丰、百世、优速、韵达等品牌快递企业网点进行调研指导，对快递营业场所标准化建设、快件不着地不抛件、实名收寄信息系统推广应用等落实情况进行了督导检查，并提出两点工作要求：一是要按照海南邮政业服务质量提升行动工作部署，结合邮政业更贴近民生的8件实事，不断满足人民群众对寄递服务的新需求，推动快递业转型升级、提质增效。二是各级邮政管理部门要采取有效措施，指导督促企业加强实名收寄信息系统的推广应用工作，不断提升实名收寄信息化、标准化、规范化水平。

海南局六项举措开展禁毒主题宣传月活动

6月,为深入推进海南省邮政业禁毒三年大会战行动,结合“6·26”国际禁毒日集中宣传教育活动,海南省邮政管理局积极部署,印发了禁毒宣传月主题活动方案,决定在全省邮政业开展禁毒主题宣传“六个一”活动。一是发放一批禁毒宣传材料,二是开展一次面对面禁毒宣传,三是组织一次禁毒宣誓活动,四是推送一批禁毒宣传信息,五是组织一次禁毒培训,六是开展一次联合检查。

毛超峰副省长实地调研快递企业

6月21日,海南省委常委、常务副省长毛超峰带领省财政、交通、发改、商务等部门组成的调研组深入海南顺丰处理中心、京东海南运营中心进行实地调研。调研过程中,毛超峰听取了海南局关于全省邮政业发展情况的汇报,仔细查看了快件分拣、仓配一体化快递服务等作业流程,详细了解了海南顺丰、京东等企业业务发展等情况。毛超峰指出,现代物流业是海南省十二大重点产业之一,物流业特别是快递业的发展事关海南民生,行业的快速发展可以支撑服务业的发展,可以提升老百姓的生活舒适度。海南局表示将按照国家邮政局党组、省委省政府工作部署要求,为加快建设美好新海南做出不懈努力。

海南局举办邮政业安全生产暨提高服务质量工作培训

6月,海南省邮政管理局举办了邮政业安全生产暨提高服务质量工作培训。此次培训围绕行业寄递安全和提升服务质效两条主线,紧密结合当前行业工作实际,一是解读了海南省邮政业“安全生产月”和禁毒宣传月活动以及海南省邮件快件过机安检实施方案,对邮件快件实名收寄信息系统推广应用工作进行了再部署再落实,提出了邮政业安全信息报送工作的要求。二是对贯彻落实海南省邮政业更贴近民生8件实事细化的16项具体措施,以及加强和改进海南省快递末端服务管理工作的实施意见进行了安排部署。三是邀请有关单位专家对《邮政法》《反恐法》等相关法律法规再次进行了宣贯。

丰圣少副局长实地调研京东快递分拨中心

6月,海南省邮政管理局副局长丰圣少带队前往澄迈县京东快递分拨中心调研指导工作,西部局负责人陪同。调研组详细了解京东快递分拨中心标准化建设情况、安全生产主体责任落实情况及“收寄验视、实名收寄、过机安检”三项制度执行情况,并提出两点工作要求:一是企业要切实担起主体责任,加大企业内部业务培训力度,要着力抓好安全生产,严格落实好收寄验视、实名收寄、过机安检等安全生产制度,迎接党的十九大的胜利召开。二是鼓励企业放宽视野,加快推进网点规范化、标准化,提升服务质量,提高企业竞争力,更好地服务海南经济社会发展。

海南局组织开展邮政业突发事件应急演练

6月,海南省邮政管理局联合消防等部门组织开展了邮政业突发事件应急演练。应急演练分为危险化学品泄漏以及消防应急处置两个实操环节,寄递企业模拟了快件分拣过程中疑似危险化学品泄漏的场景,一线从业人员和消防人员按照应急方案,迅速响应、密切配合,预演了抢救伤员、信息报告等环节。同时,消防部门专家对寄递企业进行了现场消防知识培训。此外,寄递企业模拟了快件分拨中心发生火灾的场景。此次演练组织严密、处置得当、贴近实战,达到了预期的效果,切实提高了企业及从业人员的应急处置和应急救援能力。

海南局力推新能源汽车推广应用取得积极成效

7月2日上午,在海南局的积极推动下,海南韵达快递与海南科运公司在海口市韵达园区举行战略合作暨交车仪式,科运向韵达交付了25辆带有标准韵达标识的新能源电动汽车。该批投入使用的新能源汽车在通行等方面获得更多便利，解决快递“最后一公里”问题，进一步提升新能源车辆应用普及率，促进海南省邮政业绿色发展。海南局提前谋划，深入推进绿色快递建设，多措并举助推新能源汽车推广应用取得积极成效。下一步，海南局将根据国家邮政局和省政府工作部署要求，继续鼓励支持邮政、快递企业应用新能源汽车，促进运输车辆节能减排，逐步推动全省邮政业绿色环保、低碳发展，服务海南生态省建设。

海南局贯彻实名收寄信息系统推广应用试点工作

7月11日，海南省邮政管理局召开局务会，传达贯彻国家邮政局邮件快件实名收寄信息系统推广应用试点工作推进会精神，特别是进一步传达了国家邮政局局长马军胜以及副局长刘君的讲话精神，明确了本周五将组织全省各级邮政管理部门负责同志和主要品牌企业负责人召开海南省邮件快件实名收寄信息系统推广应用工作推进会，对下一步工作进行再部署再落实。海南局局长唐健文提出了三点要求：一是要提高认识站位，真正把邮件快件实名收寄工作抓实抓细抓出成效。二是要坚持统筹推进，不断把实名收寄信息系统推广应用工作向纵深推进。三是强化铁腕执法，加快拓展、全面覆盖实名业务规模，确保总体目标圆满完成。

海南局开展新能源汽车试点工作调研

7月，海南省邮政管理局对海口市新能源汽车试点工作开展调研。调研组一行来到秀英投递部，详细了解新能源汽车的内外部构造、内部空间、时速等内容，并对试点工作提出了具体要求。调研组对海口局积极推动新能源汽车在邮政、快递行业应用取得的成效给予肯定，并强调：一是邮政企业要认真统计试点车辆的各项数据，为新能源汽车在海南省邮政行业推广提供第一手数据。二是要充分发挥政府引导、企业主体和市场决定作用，在邮政、快递配送领域推广应用新能源汽车，促进海南省快递业转型升级。三是要解放思想、拓宽思路，积极探索邮政、快递领域新能源汽车使用模式。

唐健文局长调研督导实名收寄信息系统应用工作

7月，海南省邮政管理局党组书记、局长唐健文赴三亚市和中部邮政管理局辖区保亭县邮政及快递企业调研督导实名收寄信息系统应用工作。唐健文对三亚局、中部局认真开展实名收寄信息系统推广应用工作给予充分肯定，并对进一步加强和改进实名收寄信息系统推广应用工作提出了具体要求。他指出，实名收寄制度有法律依据，有社会共识，必须坚定意志，坚决推进。唐健文强调，寄递渠道安全监管责任重大，邮政管理部门要充分把握这一契机，积极引导，主动作为，坚定方向，加快推进实名收寄信息系统推广应用。

2017年全国邮政行业职业技能大赛海南省初赛成功举办

7月24日，全国邮政行业职业技能大赛海南省初赛在海口市举行。来自全省邮政业的16家品牌企业、62名选手参加比赛，这是海南省举办的邮政行业规模最大的一次练功比武活动。竞赛由省邮政管理局主办，省快递行业协会和省邮政行业职业技能鉴定中心承办。本次竞赛分为理论知识与实操技能两个部分，经过激烈角逐，一批优秀选手和优胜团队脱颖而出，大赛评选出个人奖12名，团体奖8名、精神文明奖2名、优秀组织奖2名、优秀技术指导奖8名。下一步海南省邮政管理局将按照相关要求依次从获奖选手中筛选3名选手代表海南省邮政业参加全国邮政行业职业技能竞赛。

丰圣少副局长带队深入海口辖区邮政及快递企业调研

7雨夜，海南省邮政管理局副局长丰圣少带队深入海口辖区邮政、快递企业，对邮件快件“不着地”和实名寄递信息系统推广应用等工作开展情况进行调研。丰圣少在调研中要求企业：一是认真贯彻落实《快递服务》国家标准等，积极开展服务达标活动，努力为人民群众提供更加优质的寄递服务；二是要进一步做好“实名收寄、收寄验视、过机安检”三项安全制度落实工作，落实企业安全生产主体责任，确保完成既定目标；三是要做好消防等安全隐患排查，完善各项消防设施，特别是要加强电动车充电管理，防患于未然，做好员工的防暑降温工作，确保企业及员工的生命财产安全。

海南局参加海南省农村电子商务专题调研

8月10日，海南省政府副省长李国梁带队，省商务厅、省财政厅、省农业厅和省邮政管理局负责人一行赴定安县开展农村电子商务专题调研。定安、陵水、澄迈、屯昌、白沙等市(县)政府负责人，部分电商销售企业、行业协会、电商服务商等参加调研，定安县邮政分公司和海南顺丰主要负责人代表物流快递企业参加调研并作发言。李国梁副省长认真听取了大家的汇报，非常重视大家提出的意见建议，不时打断追问了解详细情况。李国梁副省长谈到品牌培育和电商问题时，以顺丰销售荔枝为例子，表扬顺丰公司。他说要抓好品牌培育，靠品质取胜市场，顺丰买荔枝是用飞机运的，物流成本投入大，但是他有品牌、有质量，大家相信它愿意买。

海南局动员部署邮政业安全综合整治等工作

8月，海南省邮政管理局组织对邮政业安全综合整治和金砖会晤寄递安全服务保障等工作进行动员部署，全省各级邮政管理部门、中国邮政集团海南省分公司、主要品牌快递企业负责人参加培训。培训进一步传达贯彻国家邮政局邮政业安全综合整治暨金砖会晤寄递安全服务保障动员部署电视电话会议精神，对全省邮政业寄递渠道安全服务保障工作进行了动员部署，海南局局长唐健文强调要求：一是要充分认清面临的形势任务。二是要坚持问题导向，抓好寄递渠道安全监管重点工作。三是要严密组织金砖会晤寄递渠道安全服务保障工作。

唐健文局长赴海南东部局辖区调研督导

8月15日，海南省邮政管理局党组书记、局长唐健文同志赴海南省东部邮政管理局辖区琼海市快递企业开展调研督导。唐健文一行先后来到琼海圆通、琼海顺丰等快递企业网点，详细了解实名收寄信息系统应用、邮件快件“不着地”、金砖国家领导人第九次会晤寄递安保等工作开展情况，听取了东部局和企业负责人相关工作汇报，现场查看了实名收寄信息系统企业版操作演示、快递营业场所标准化建设、快件分拣作业及寄递三项安全制度落实等情况，并与企业员工进行深入交谈，了解实名收寄信息系统应用过程中存在的问题和建议，要求东部局要及时处理企业反馈的问题。调研中，唐健文对东部局工作给予充分肯定，并对下一步工作提出要求。

海南省寄递安全联合督导组赴五指山市督导检查

8月22日，海南省寄递安全联合督导组赴五指山市开展寄递递安全专项督导检查，海南省中部邮政管理局、五指山市公安局等单位相关负责人与工作人员陪同检查。督导组一行由海南省邮政管理局会同省公安厅、国安厅等相关部门人员组成，省邮政管理局市场管理处负责人任组长，一进入五指山市城区就直奔寄递企业，不事先预设检查对象，随机抽取沿途邮政快递企业营业网点进行督导检查。督导组对进一步加强和改进寄递安全工作提出四点要求：一是要高度重视寄递安全工作；二是要充分发挥快递企业主体作用；三是要加大社会面宣传教育；四是要充分发挥与相关政府部门合力作用，加强联合执法检查。

丰圣少副局长督导全运会及金砖会议期间寄递服务安保等工作

8月，海南局副局长丰圣少带队深入海口市顺丰、韵达、EMS等企业营业场所，实地检查全运会及金砖会晤期间寄递渠道安全服务保障工作，并对实名寄递信息系统推广应用和邮件快件“不着地、不抛件、不摆地摊”等工作开展情况进行了督导检查。丰圣少在督导检查中要求企业：一是要按照国家邮政局和省邮政管理局的总体部署要求，切实增强政治意识和责任意识，落实各项安全防范措施。二是要用信息化手段筑牢安全管理“防火墙”，加快推进实名收寄信息系统应用工作。三是要不断提高邮政行业服务质量，着力提升行业服务质量，努力为群众提供更好的寄递服务。

海南局再次部署加强乡镇快递服务规范监管工作

9月，海南省邮政管理局印发相关通知，再次部署加强全省乡镇快递服务规范监督管理工作。通知指出，末端服务是快递服务的重要环节，是快递业发展惠及百姓、服务民生的重要体现。通知要求，指导企业结合全省百个特色小镇和千个美丽乡村建设，统筹规划快递服务网络布局。督促企业在营业场所公示服务承诺，特别是规范乡镇“最后一公里”投递服务。同时，要加大对违法违规行为的打击力度，督促企业认真落实相关法律法规和规章标准，依法依规妥善处理消费纠纷，保障消费者合法权益。

海南局再次部署强化寄递渠道珊瑚礁和砗磲监督管理工作

9月，为深入贯彻落实海南省人大常委会颁布的《海南省珊瑚礁和砗磲保护规定》，海南局再次部署进一步加强寄递珊瑚礁和砗磲监督管理工作。通知要求，要按照《中华人民共和国邮政法》《海南省珊瑚礁和砗磲保护规定》以及《禁止寄递物品管理规定》等法律法规中关于禁止寄递的相关规定，督促企业开展自查自纠，对排查出的问题立行立改，不得违反有关禁限寄规定违规收寄珊瑚礁和砗磲及其制品等。

海南省安全督查组开展邮政业安全检查

9月，海南省公安厅、省国安厅、省邮政管理局等部门组成督查组，深入海南西部局辖区儋州、昌江等市县邮政、快递企业开展金砖会晤期间寄递渠道安全服务保障工作检查。检查过程中，督查组对寄递企业提出四点要求：一是要严格落实安全防范工作责任制，全面落实企业安全生产主体责任。二是要建立完善企业安全管理制度体系，严格执行收寄验视、实名收寄、过机安检三项安全制度，积极推进实名收寄信息系统应用进度。三是要增强员工安全防范意识和能力，强化安全生产知识培训，组织开展突发事件应急演练。四是要认真落实金砖会晤期间安保工作有关要求，执行好临时管制措施，确保金砖会晤期间寄递渠道安全平稳运行。

唐健文局长对实名收寄信息系统推广应用等进行明察暗访

9月，海南省邮政管理局党组书记局长唐健文专程赴屯昌县对实名收寄信息系统推广应用和邮件快件“三不”服务专项治理等工作落实情况开展明察暗访。此次暗访，采取领导干部独自前往，不带队、不公开身份的方式进行。唐健文以客户的身份，分别到屯昌县申通、中通、韵达、顺丰、邮政营业网点，以拒绝实名交寄为由，详细了解企业是否严格执行实名收寄制度，及实名收寄信息系统推广应用和邮件快件“三不”服务专项治理等工作落实情况。通过暗访，唐健文对屯昌县邮政、快递企业执行实名收寄制度、推广应用实名收寄信息系统和统一着装、佩带工牌上岗等方面工作给予肯定，并指出在落实邮件快件“三不”服务方面仍有改进提升空间。

海南局部署“杜苏芮”台风安全防范工作

受2017年第19号台风“杜苏芮”影响，9月14日至15日，海南全省将有一次明显风雨过程，部分地区可能有暴雨、特大暴雨。为切实做好台风的防范安全工作，海南省邮政管理局就做好“杜苏芮”台风防范安全工作进行安排部署。海南局要求：一是要高度重视台风防范工作。二是加强安全生产应急管理。三是落实台风期间应急值守工作。

海南局召开党的十九大期间海南省寄递渠道安全服务保障工作动员部署会

9月23日，海南省邮政管理局召开会议，对党的十九大期间海南省寄递渠道安全服务保障等工作进行动员部署，全省各级邮政管理部门、中国邮政集团海南省分公司、主要品牌快递企业负责人参加了会议。会上，海南局党组书记、局长唐健文对习近平总书记关于做好党的十九大安保工作重要讲话精神进行了传达学习，并就做好党的十九大期间海南省寄递渠道安全服务保障工作进行了强调。会上，海南局市场监管处对《中国共产党第十九次全国代表大会期间海南省寄递渠道安全服务保障工作实施方案》和专项应急预案等进行了解读。

海南局召开邮政业更贴近民生实事现场推进会

9月，海南省邮政管理局在琼海市组织召开邮政业更贴近民生实事现场推进会，全省各级邮政管理部门、中国邮政集团公司海南省分公司、主要品牌快递企业负责人，现场参观了琼海中通、琼海百世、琼海顺丰、琼海邮政分公司4家企业邮件快件“不着地、不抛件、不摆地摊”和实名收寄信息系统等工作推进情况。海南局党组书记、局长唐健文对目前全省邮政业更贴近民生8件实事推进情况进行了介绍，并对琼海市邮件快件营业及处理场所铺设离地设施比例达到100%，以及实名收寄信息化覆盖率达到80%以上等工作成效予以了充分肯定。

海南局传达贯彻党的十九大寄递渠道安全服务保障精神

9月，海南省邮政管理局组织全省各级邮政管理部门负责人参加了国家邮政局党的十九大寄递渠道安全服务保障实战攻坚动员部署电视电话会议。会后，海南局立即召开了党组会和局务会研究，对党的十九大寄递渠道安全服务保障工作进行了再动员再部署，海南局党组书记、局长唐健文提出了三点要求：一要提高思想认识，二要加强组织领导，三要落实值班制度和“零报告”制度。

唐健文局长带队深入海口辖区企业检查慰问

9月，海南省邮政管理局党组书记、局长唐健文深入海口辖区快递企业，对“两节”及党的十九大之前安全及服务保障、邮件快件三不工作及实名寄递信息系统推广应用等工作开展情况进行检查指导，并对企业员工进行国庆中秋慰问。唐健文一行先后来到邮政速递物流南宝路营业厅和韵达椰林路分公司，听取了企业相关负责人在党的十九大召开前夕备战情况、邮件快件“不着地、不抛件、不摆地摊”、实名寄递信息系统推广应用等工作开展情况汇报，并实地检查了企业层层压实责任；网点责任落实、邮件快件“不着地、不抛件、不摆地摊”工作开展情况和实名寄递信息系统应用情况。

丰圣少副局长调研8件实事等推进落实情况

10月，海南省邮政管理局副局长丰圣少深入儋州市邮政、快递企业，实地调研2017年更贴近民生8件实事推进情况，并召开推进儋州市邮政业更贴近民生8件实事座谈会。海南西部局全体干部、儋州市邮政和主要快递企业负责人参加座谈。座谈会上，丰圣少详细了解了新修订《邮政普遍服务标准》落实情况、寄递企业实名收寄信息系统应用情况、“不着地、不抛件、不摆地摊”专项整治落实情况及企业生产经营中存在的困难，并征求企业对邮政行业监管工作的意见建议。

海南局及时安排部署防御“卡努”台风工作

受“卡努”和冷空气共同影响，10 月 15 日至 16 日，南海中北部海域和海南岛四周海面风力较大，海南岛陆地将有一次强风雨过程。为切实做好台风防范应对和安全生产工作，海南局党组高度重视，迅速召开会议部署防御台风工作，海南局党组书记、局长唐健文强调，要按照省委省政府防御台风的工作要求，全方位做好防风各项工作，努力把灾害可能造成的损失降到最低，确保全省邮政业寄递渠道安全畅通和行业平稳运行。同时，海南局组织全省各级邮政管理部门、中国邮政集团公司海南省分公司、各快递企业负责人召开会议并印发通知，及时安排部署防御“卡努”台风工作。

海南局动员部署快递业务旺季服务保障工作

11 月 3 日，海南省邮政管理局组织召开 2017 年海南省快递业务旺季服务保障工作培训。海南省各级邮政管理部门、省快递行业协会、中国邮政集团公司海南省分公司、快递企业负责人参加了此次培训。丰圣少副局长结合全省邮政行业发展形势，就进一步贯彻落实国家邮政局电视电话会议精神，做好 2017 年快递业务旺季服务保障工作提出了三点要求。一是以高度的政治自觉和行动自觉，充分认识做好旺季服务保障工作的重要意义。二是正视存在的困难和可能出现的不稳定因素，做好打攻坚战的准备。三是抓好旺季服务保障重点工作，实现“两不”“三保”工作目标。

王梅副局长在琼调研

11 月 6 日至 8 日，国家邮政局党组成员、副局长王梅一行赴琼调研海南邮政业改革发展和邮政管理工作。11 月 6 日晚，王梅一行刚抵达海口就连夜深入企业生产一线，了解快递旺季服务保障工作，慰问一线员工，调研快递新能源车辆、“绿色”包装推广应用情况。调研期间，王梅与海南省委常委、常务副省长毛超峰在海口举行会谈，双方就加快推进海南省邮政业发展，探索绿色邮政发展等进深入交换意见。随后，王梅一行又冒雨视察了快递营业网点、校园快递点、快件分拨中心、冷链处理中心，对实名寄递信息系统应用、“三不”工作落实情况、绿色包装应用情况进行了调研。

丰圣少副局长调研指导旺季服务保障等工作

11 月 10 日至 12 日，海南省邮政管理局副局长丰圣少一行深入三亚、陵水、乐东、琼中等地区指导旺季服务保障、实名信息系统应用和“三不”治理等工作。调研期间，丰圣少先后深入三亚市邮政营业网点、圆通分拣中心，详细了解询问了企业在旺季生产期间生产场地、人员能力储备等保障工作情况，实地查看了企业落实实名信息系统应用和邮件、快件“不着地”情况。现场召开了三亚地区邮政、快递企业旺季保障工作座谈会，听取了各企业负责人关于旺季服务保障工作筹备和实名信息推广应用等重点工作汇报。

唐健文局长督导快递业务旺季服务保障工作

11 月 11 日，海南省邮政管理局局长唐健文带队深入海南京东、海南中通等企业分拨中心督导快递业务旺季服务保障工作，详细询问了企业旺季人员和车辆运力等能力储备、业务量增长、安全保障以及近期台风“海葵”安全防范工作应对情况，听取了相关企业负责人有关旺季服务保障情况汇报，并实地查看了京东海南分拨中心仓配一体化服务模式。唐健文指出，2017 年“双 11”，恰逢党的十九大召开不到一个月，国务院和交通部领导同志对此高度重视，分别就做好行业“双 11”快递业务旺季服务保障工作作出指示批示。因此，全省邮政行业要以实际行动践行为人民服务的宗旨，全力以赴做好旺季服务保障工作。

丰圣少副局长督导快递企业防汛等工作

11月14日,海口市遭遇一场多年不遇的强降雨,最大降雨量超过200毫米,全城多出积水,交通不畅。为督促企业做好防汛和旺季服务保障工作,海南省省邮政管理局副局长丰圣少带队冒雨深入海南百世、德邦、品骏等企业分拨中心进行现场督导检查。丰圣少一行先后听取了相关企业负责人有关防汛和旺季服务保障情况汇报,详细询问了海口暴雨对"双11"快递高峰期间快递收派影响、是否受灾、企业的应对措施等情况,并实地检查了海南百世、德邦、品骏等企业实名收寄和过机安检情况,并就企业防汛和旺季服务保障提出工作要求。

唐健文局长赴琼海市检查督导旺季服务保障等工作

11月17日,海南省邮政管理局党组书记、局长唐健文带队深入海南省东部邮政管理局辖区琼海市邮政、快递企业,对旺季服务保障、实名收寄信息系统应用和邮件快件"三不"治理等工作进行督导检查。唐健文一行先后来到琼海申通分拣中心、琼海邮政分公司和琼海园通快递物流公司,详细询问企业旺季生产期间的业务量、防汛应对工作以及在车辆和人员等方面的保障情况,现场查看了企业实名收寄系统应用、邮件快件"三不"治理和快递营业场所标准化建设等工作落实情况,对邮政企业将营业网点改造成农特产品体验店,利用电子商务拓展服务功能的做法表示肯定。

丰圣少副局长调研检查安全服务和快递进校园工作

11月,海南省邮政管理局副局长丰圣少带队到海口邮政网点和桂林洋大学城,对海口市邮政行业落实安全保障、消防安全生产工作和快递进校园服务进行检查调研。丰圣少一行先后来到海府路邮政营业部、红城湖路邮政所、中山路邮政营业部,同网点负责人亲切交谈,详细询问了网点经营情况、每日收寄邮件量和员工工作情况。在调研检查中详细询问了海师大快递服务中心、海口经济学院圆通、中通、百世等校园快递各网点负责人有关经营、"三项制度"是否落实等情况,并实地检查了各校园网点实名收寄、收寄验视、消防设施设备、"三不"、网点标准化等情况,并对各企业提出工作要求。

海南局传达贯彻国家邮政局寄递渠道涉枪涉爆隐患集中整治专项行动会议精神

根据国家邮政局工作部署,海南省邮政管理局组织机关处室、主要品牌寄递企业负责人参加了国家邮政局寄递渠道涉枪涉爆隐患集中整治专项行动动员部署电视电话会议。会后,海南局立即召开了会议,对全省寄递渠道涉枪涉爆隐患集中整治专项行动进行了再动员再部署,海南局党组书记、局长唐健文提出了三点要求:一是要提高思想认识,二是要明确任务措施,三是要加强组织领导。与此同时,海南局还对做好元旦、春节期间邮政业安全生产工作进行了部署,要求企业采取有效措施,保障海南省寄递渠道安全畅通、平稳运行。

唐健文局长赴西部局和快递企业调研工作

12月28日,海南省邮政管理局党组书记、局长唐健文率普服处负责同志一行赴海南省西部邮政管理局和儋州农村电商产业园仓储物流中心调研工作,听取西部局工作汇报,调研了解快递企业生产经营情况,并对做好下一步工作提出了具体要求。在西部局,唐健文认真听取了西部局负责人关于辖区邮政业发展情况及下一步工作思路的汇报,对西部局2017年工作给予充分肯定,同时就做好2018年工作提出了要求。在调研中唐健文强调,入驻儋州农村电商产业园仓储物流中心为快递企业降本增效、转型升级创造了良好条件,同时也为促进农村电商协同发展创造了良好条件。

海南局召开海南省寄递渠道安全管理领导小组会议

12月，海南省寄递渠道安全管理领导小组会议在海口市召开，省寄递渠道安全管理领导小组成员单位有关负责同志出席会议。会上，海南省邮政管理局局长唐健文介绍了海南邮政业改革发展情况以及寄递安全管理工作情况，分析了当前寄递渠道面临的主要安全形势，提出了下一阶段重点工作建议：一是全力做好重大活动期间寄递渠道安全保障工作；二是持续推动收寄验视、实名收寄、过机安检“三项制度”落实；三是发挥9部门联合监管机制作用，开展常态化合作；四是完善寄递安全监管体制机制保障，深入推进寄递渠道安全管理各项工作。

唐健文局长深入海口辖区开展节前调研慰问

12月29日，海南省邮政管理局党组书记、局长唐健文带队深入海南韵达海口秀英分公司、海口申通分拨中心等企业开展节前调研慰问工作。唐健文在调研中实地查看了海南韵达海口秀英分公司、海口申通分拨中心运营情况，详细询问了企业运营、人员管理、末端网点服务、三项安全制度落实等工作，听取了相关企业负责人有关企业运营、安全生产等情况汇报，并对一线快递员工进行节日慰问。

重庆市快递发展大事记

重庆局召开2017年全市邮政管理工作会议

1月10日，重庆市邮政管理局召开邮政管理工作会，传达2017年全国邮政管理工作会议精神，并布置2017年重点工作。会上，重庆局认真传达贯彻2017年全国邮政管理工作会议精神、交通运输部部长李小鹏的重要讲话精神，党组书记、局长徐文葛组织学习了国家邮政局局长马军胜所作的工作报告，全面部署了2017年重点工作。会后，重庆局领导班子、2016年新提任副处级以上干部及其他公务员进行了宪法集体宣誓仪式，宣誓忠于宪法、维护宪法权威，履行法定职责，2017年在宪法精神的指引下，重庆局将继续坚持依法行政，大力加强服务型政府建设，全面贯彻落实行业发展政策，推动行业又快又好发展。

推动末端取送点转型取得新进展

1月，重庆市邮政管理局联合市商委、市财政局完成2016年电商快递末端配送网点转型公共取送点评审工作，19个邮政快递企业共计521个网点通过评审，将获得财政补贴支持，重庆市快递末端网点转型公共取送点取得新进展。为加快推动城市共同配送体系建设，重庆局在2014年即联合市商委开展了快递末端取送点转型申报试点工作，为行业企业争取补贴政策的同时，努力推动快递末端网点朝公共化、规范化转型。经过两年的试点摸索，2016重庆市快递末端公共取送点的申报范围进一步扩大，申报企业涉及26个区县，41个企业，申报网点共计1685个。

重庆局“交邮合作”课题取得新进展

在重庆市邮政管理局大力鼓励“交邮合作”的背景下，2017年新年伊始，重庆交运集团与重庆邮政签署战略合作协议，这标志着重庆局“交邮合作”课题取得了新进展。此次合作，双方将通过优势互补、强强联合，实现资源共享，互利互赢，在邮政网络、便民服务和广告平台三个方面开展合作。通过此次合作，交运集团和邮政企业双方将建立起战略合作关系，进一步发挥各自资源及渠道优势，实现强强联合、共同发展。这不仅可以提升公共服务水平，更好地服务地方经济和社会发展，还能够促进双方降本增效,实现社会效益与企业效益"双丰收"。

重庆市出台五大功能区域城市共同配送实施方案

2月4日,重庆市《五大功能区域城市共同配送实施方案》印发。方案明确指出,到2020年全市城市共同配送率达到30%以上,商贸物流三级配送体系基本建成,城市末端公共取送点基本实现全覆盖。方案计划到2020年建设2972个末端公共取送点,加快推进符合规划要求的现有快递末端配送网点向公共取送点转型发展。重庆市邮政管理局将配合市商委大力发展城市末端配送。鼓励邮政企业和快递企业加快推进全市电商物流一体化共同配送,建设一批快递专业服务平台、"商超+快递"线上线下综合服务实体和社区公共配送服务网点,到2017年主城区建成1000个左右公共取送点,2020年基本实现城市全覆盖。

重庆局深入荣昌区调研农村电商发展及"快递下乡"工作

2月,重庆市邮政管理局副局长周向东带队深入荣昌区调研农村电商产业发展现状及"快递下乡"工作,积极探索邮政业服务农村电商、深入推进"快递下乡"新举措。调研组一行实地考察了"在村头""河包镇新创粉条专业合作社"等农村电商项目的商业模式、运营情况和发展规划,周向东详细了解了项目目前存在的问题、困难和诉求,鼓励农村电商企业与快递企业开展广泛合作,服务三农。周向东指出,"快递下乡"是一项服务于民的民生工程,也是支撑农村电商发展的基础工程。在下阶段工作中,重庆局将因地制宜推进农村快递服务平台建设,推动农村快递服务与电商服务相结合,有效促进地方经济社会发展。

重庆局传达全国邮政市场监管工作会议精神

2月,重庆市邮政管理局召开会议,传达全国邮政市场监管工作会议精神。会议要求牢固树立和贯彻落实"打通上下游、拓展产业链、画大同心圆、构建生态圈"的发展思路,全面推动快递业供给侧结构优化,提升服务质效,确保发展态势稳中有进;全面树立安全发展理念,落实安全管理责任,确保寄递安全保障能力持续提升,重点抓好"企业管理到位"的落实,即品牌企业要落实"一个安全机构、一支安全队伍、一套标准制度、一本安全台账、一次应急演练"。

重庆局部署两会期间寄递渠道安全保障工作

2月27日,为落实全国邮政市场监管工作会议精神,认真部署两会期间寄递渠道安全保障工作,重庆市邮政管理局组织召开邮路安全监管办公室会议,会议讨论并原则通过了《2017年全国"两会"期间重庆市寄递渠道安全保障工作实施方案》。会议指出,要督促寄递企业落实安全主体责任,加强执法检查,督促寄递企业严格执行"收寄验视、过机安检、实名收寄"三项安全制度,排查安全隐患,堵塞监管漏洞,补齐服务短板,确保两会期间重庆市寄递渠道安全畅通。公安、国安等邮路安全监管办公室成员单位参加会议。

重庆局组织开展"3·15"宣传咨询活动

3月12日,重庆市邮政管理局和重庆市快递协会围绕"诚信快递,你我同行"主题开展了宣传活动。此次宣传活动通过向消费者介绍消费维权途径,讲解用户基本权利和义务,倡导安全用邮、诚信和谐的理念。活动现场工作人员为消费者答疑解惑,发放了"诚信快递 你我同行"宣传单页和《禁止寄递物品指导目录》等宣传资料。重庆局表示,将组织各分局、各邮政快递企业开展现场宣传、座谈会、宣誓承诺等宣传活动,虚心听取消费者关于行业发展、市场监管以及快递市场信用体系建设等方面的意见建议,进一步增强消费者依法、诚信、安全用邮意识和能力。

重庆市召开寄递安全管理专项工作组2017年第一次会议

3月28日“全国加快实名收寄信息系统推广应用工作电视电话会议”召开后，重庆市邮政管理局迅速贯彻会议精神，3月29日召开“加强寄递安全管理专项工作组2017年第一次会议”，市邮政管理局、综治办、公安局、国家安全局等十五部门参会。重庆局局长徐文葛代表专项工作组总结2016年工作情况，提出2017年工作计划，从扎实做好党的十九大等重大活动的安全保障工作、全力推进“三项安全制度”有效落地、落实寄递企业安全主体责任等七个方面对2017年专项工作组的工作进行了部署，并提出4月初在黔江区和江津区进行“全国邮件快件实名收寄信息系统”试点工作。

徐文葛局长赴永川区调研

3月29日至30日，重庆市邮政管理局党组书记、局长徐文葛同志先后到永川区朱沱镇、大安街道办事处，实地调研了重庆理文卫生用纸制造有限公司电商项目、永川区通用货运机场项目、基层快递网点，并与镇、办事处干部群众进行了座谈。徐文葛认真听取了基层干部群众和快递网点经营者的意见与建议，叮嘱快递企业结合农村实际，挖掘乡镇“农特产品”外销潜力，积极开展配送，并且参与配合“农村电商”发展，促进农民增收致富。调研中，徐文葛详细了解了电商企业物流配送情况，就企业降低配送成本、发挥集约效应提出了参考建议。

重庆局开展行政执法程序与风险防范专题培训

3月，重庆市邮政管理局邀请重庆市法制办执法监督处处长郭严祥就行政执法程序与风险防范进行了专题培训，市局及各派出机构全体公务员60余人参加。在培训中，郭严祥将理论培训与典型案例分析有机结合，从行政执法的基本原则和依法治国的形势要求入手，详细讲解了行政执法法律风险防范、执法文书制作以及行政执法案件办理等问题，增强了执法人员文明、规范、公正、严格执法的意识。

重庆局召开邮政业发展“十三五”规划宣贯会

3月30日，重庆市邮政管理局组织召开《重庆市邮政业发展“十三五”规划》宣贯会，《规划》主要执笔人重庆邮电大学田帅辉博士就《规划》进行讲解培训，重庆局及各派出机构全体公务员、全市主要邮政、快递企业负责人参加了会议。会上，田帅辉博士对《规划》编制的意义和主要内容进行了深入浅出的讲解，阐释了《规划》的指导思想、目标任务和重点工程。会后，政策法规处穆云波副处长对实施好和贯彻好《规划》作出安排，要求各单位准确把握《规划》精神实质，转变工作思路，促进《规划》全面落地实施，推动邮政业转型升级、提质增效。

重庆市“绿色快递进校园”活动正式启动

5月6日，在重庆邮电大学举办“绿色快递进校园”活动，重庆市邮政管理局党组书记、局长徐文葛，共青团重庆市委副书记、党组成员胡栋，重庆邮电大学党委副书记、校长李林出席活动并致辞。重庆市主要品牌快递企业、快递校园服务平台、快递包装企业等行业从业人员，大学生代表参加了活动。伴随着“绿色快递行动标识”的揭晓，重庆市“绿色快递进校园”活动正式启动，重庆局将继续深入贯彻落实国家邮政局建设“绿色邮政”的重要部署，进一步探索符合重庆邮政业实际的“绿色发展”之路，将加大宣传引导，推动“绿色快递”进校园、进社区，在行业内树立“绿色发展”的新理念，在学生中群众中掀起绿色用邮新风尚。

国家邮政局许可工作片区研讨座谈在渝举行

5月，许可工作片区研讨座谈在渝举行，国家邮政局市场监管司快递业务经营许可处一行，江苏、福建、山东、四川四省许可工作人员，中央财经大学相关课题组成员及重庆局市场监管处全体人员参与讨论。各省(市)许可工作人员提出许可工作实际管理中的困难,国家邮政局快递业务经营许可处领导进行了详细的解答。针对行业快速发展出现的新业态新问题,大家集中探讨了可能性的解决方案,为创新监管方式、营造良好环境、破解发展难题提供了新思路。

重庆局举行"邮件快件实名制"推广培训

6月6日,重庆市邮政管理局举办寄递企业实名收寄系统应用培训,7个分局的行管科负责人及具体经办人参加培训。会上,重庆局对实名收寄信息系统推广应用的重要性和操作规范进行了讲解。要求各分局始终将安全监管作为重中之重,加强寄递安全日常检查,对企业的各类安全风险做到深入排查和有效化解;认真开展实名收寄信息系统内部培训,确保系统推广及运用落到实处;坚决落实寄递安全"三项制度",把好"收寄验视"这第一道关口,加强对违禁品过机安检识别能力,保障2017金砖国家峰会、党的十九大等重大活动期间寄递渠道安全畅通、平稳运行。

重庆局联合供销部门开展邮供合作调研

6月8日,重庆市邮政管理局会同市供销合作社前往綦江区、梁平区开展实地调研,指导邮供合作共同推进农村物流体系建设,促进邮政创新发展,服务农业发展。其中,綦江区邮政、供销在平台建设、物流配送、金融服务等方面开展了合作,依托村邮乐购、綦江网上供销商城等营销网络平台,分别代理销售对方零售渠道的农资、农产品及日用消费品,共同拓展农村市场。重庆局将继续与重庆市供销合作社加强沟通,推动邮政公司农村营业网点与供销合作社开展差异化合作谋求乡镇邮政业服务的转型升级,在全市范围内复制、推广比较成熟的合作模式。

重庆局协调地方政府逐步落实行业优惠政策

2017年以来,重庆市邮政管理局加强与地方政府的沟通联系,促进快递业发展的政策措施逐步落实,强化快递业发展的政策保障。其中,重庆局推动梁平邮政分公司整合快递资源集体入驻快递园区,争取政府补贴150万元推进"快递下乡"工程;推动石柱邮政分公司建成县级电商快递物流分拨中心,争取政府补贴100余万元;推动黔江区政府在《加快黔江区快递业发展的实施意见》出台的基础上,研究制定《奖补实施办法》,落实快递业补贴政策;协调落实南川区《关于进一步促进快递业发展的实施意见》,明确的财政补贴政策,南川区中通等共计8家入驻快递物流园的快递企业获得补贴资金。

重庆局优化资源整合提升末端投递质效

2017年上半年,重庆市邮政管理局各分局按照《实施方案》的总体部署,鼓励引导快递企业整合资源,因地制宜采取"邮快合作"、快递企业"抱团取暖"、引入专业第三方、"电商+快递"融合发展等方式推动快递末端网点建设,进一步降低了物流成本,提升了末端投递质效。其中,一分局积极推动梁平区"快邮合作",采取"3+4"即三固定(固定人员、固定线路、固定频次)四统一(统一价格、统一流程、统一服务、统一补贴)模式推进"快递下乡"工作,有效提升了农村地区末端快递服务质量与服务效率。

渝新欧班列实现固定频次国际运邮

2017年上半年,经过政企合力推进,中欧运邮班列(渝新欧)在先后组织了5次运邮测试后迎来了新的突破——中欧运邮班列(渝新欧)实现固定频次国际运邮。自7月20日起,渝新欧班列固定每周四、周六分别发运一个邮包集装箱,班列全程时限约15~18天,由重庆收寄后经波兰邮政中转发往欧洲17个国家。渝新欧班列打破了中国传统以东部沿海城市为重点的对外贸易格局,彻底改变了重庆内向型经济结构。

重庆局组织召开“快递下乡”工作推进会

7月25日,重庆市邮政管理局在垫江县组织召开全市“快递下乡”工作推进会,总结通报上半年“快递下乡”工作开展情况,对下半年“快递下乡”重点推进工作进行安排部署,并组织参会人员参观垫江县快递物流集散中心、城市和乡镇快递末端网点、农村快递电商综合服务营业网点营运情况,开展座谈交流。会议指出,目前,全市快递服务乡镇网点覆盖数为808个,覆盖率提升为99.5%;积极争取地方补助资金905万元;积极推动邮政服务农村电商,助推了7.8万余人的精准扶贫,带动农民增收452万余元。

重庆局加强申诉处理有效提升消费者满意率

2017年,重庆市邮政管理局根据国家邮政局提出的七件民生实事要求,结合实际开展服务质量提升行动,采取多项措施加强消费者申诉处理工作,切实维护消费者的合法权益,督促企业提高服务质量和水平。一是开展申诉中心改造工程,二是创新工作方式方法,三是开展邮政行业投诉申诉处理工作培训。通过政企合力,消费者对申诉处理的满意率明显提升。下一步,重庆局将进一步提升申诉处理效率和质量,并以此为抓手,维护消费者的合法权益,切实促进企业进一步提升服务质量,为消费者提供更加便捷、高效、贴心的服务。

重庆局积极贯彻国家邮政局精神

7月,重庆市邮政管理局分别召开“邮件快件实名收寄信息系统推广工作培训”和“邮路安全监管办公室成员单位联席会议”,开展实名收寄信息系统培训,并就易制爆危险化学品和寄递物流专项整治行动工作进行部署动员,市反恐办、市公安局治安总队、市公安局技侦总队、市公安局机场分局、市国安局、市工商局、市检验检疫局、重庆海关相关负责同志参加会议,全市各分局分管领导和行管科负责人参加会议。会议强调了做好党的十九大寄递渠道安保的重要性,就开展“易制爆危险化学品和寄递物流专项整治行动”进行了部署,各成员单位商讨了末端网点管理和服务,联合执法等内容,达成初步共识。

2017年全国邮政行业职业技能大赛重庆市初赛举办

7月29日,2017年全国邮政行业职业技能大赛重庆市初赛在重庆邮电大学落下帷幕。本次大赛由重庆市邮政管理局主办,重庆邮电大学,重庆市邮政行业职业技能鉴定中心承办,重庆市快递协会协办。来自顺丰、圆通、申通9个快递品牌代表队参加比赛。市邮政管理局领导和邮电大学继续教育学院院长、经济管理学院、现代邮政学院副院长,全程参与了整个大赛的组织领导、试题设置及比赛的策划工作。经过一天的激烈角逐,大赛评选出一等奖1名,二等奖2名,三等奖3名,优秀团队奖3名、优秀组织奖6名。

重庆局举办科级领导干部任职培训班

8月9日,重庆市邮政管理局举办科级领导干部任职培训班,对全市邮政管理系统15名科级领导干部进行集中培训。培训班上,局党组成员、纪检组长、副局长周向东同志结合全面加强从严治党,对新修订的《党政领导干部选拔任用工作条例》进行讲解,并对参训的科级领导干部提出要求,要有坚定的理想信念、高度的政治觉悟、良好的道德修养和强烈的进取精神,做政治合格、纪律合格、品德合格、履职合格的科级领导干部。

重庆局召开2017年邮政管理工作座谈会

8月11日,重庆市邮政管理局召开2017年邮政管理工作座谈会,传达学习国家邮政局工作座谈会议精神,研讨未来几年行业发展和监管体系建设工作。重庆局要求各部门认真学习贯彻马军胜局长在全国邮政管理局长座谈上的讲话精神，进一步把思想认识统一到“讲政治、稳态势、拓格局、强监管、优服务”的总体要求上来，要坚持问题导向和目标导向，巩固行业发展态势，拓展行业格局，强化行业监管，优化政府服务。会上，各处室、各派出机构负责人和行业管理科长结合各自工作实际，就行业发展新常态带来的新现象新问题，进行了深入探讨，提出了推动行业发展的意见建议。

九部门开展易制爆危险化学品和寄递物流专项整治

8 月 15 日，重庆市综治办、国安局、交委、海关、安监局、成都铁路监管局、成铁重庆办事处、民航重庆监管局、邮政管理局等 9 部门联合召开电视电话会议，部署集中开展易制爆危险化学品和寄递物流专项整治行动。市政府党组成员、市公安局党委书记、局长邓恢林出席会议并作重要讲话。重庆市邮政管理局副局长周向东同志在会上就推进专项整治进行专题部署，要求各分局要从讲政治、顾大局、守纪律的高度充分认识开展专项整治工作的重要意义，扎实开展易制爆危险化学品和寄递物流专项整治行动，确保寄递渠道安全，迎接党的十九大顺利召开。

徐文葛局长赴石柱县调研指导邮政业发展工作

8 月 29 日，重庆市邮政管理局党组书记、局长徐文葛一行赴石柱县调研指导邮政业发展工作。徐文葛局长一行深入中益乡邮政网点、养蜂农户开展调研，详细了解了该乡农业及邮政快递业务发展情况。在中益邮政所，认真听取了该县电子商务、快邮合作等关联产业融合发展情况的介绍，他鼓励邮政企业再接再厉加快发展，要求邮政企业积极利用发展优势、创新发展理念、抓住发展重点、深挖发展潜力，助推邮政业健康持续发展。随后，对城区圆通、中通、顺丰等快递网点进行了走访调研。

重庆局联合市快递协会开展“夏日送清凉”慰问活动

9 月，重庆市邮政管理局联合市快递协会及保险公司等社会团体前往顺丰、申通、圆通等十余个快递企业一线网点与分拣中心开展“夏日送清凉”慰问活动，送去矿泉水、饮料、毛巾与常用药品等慰问品，感谢他们为重庆市快递行业得以稳健发展所作出的贡献，将来自党和政府、来自社会的关怀送到工作在行业一线的员工群体中，也希望他们能在自己的岗位上继续努力，发挥出钉钉子的精神，保障重庆市快递业更好更快地发展。活动让在场的企业员工感受到了关怀，他们纷纷表示将以更加踏实的工作回报社会关爱，尽职尽责，为行业发展添砖加瓦。

重庆局对党的十九大安全工作再动员、再部署、再落实

9 月 13 日，重庆市邮政管理局召开“重庆市邮政管理系统党的十九大寄递渠道安全保障工作推进电视电话会议”、14 日召开“主要快递企业保障党的十九大寄递渠道安全工作推进会”，分别传达近期市委督导组反馈的工作要求，反馈反恐联合检查组发现的寄递渠道安全隐患和实名信息化情况，并安排寄递安全专项督导检查相关工作，对党的十九大寄递渠道安全工作和专项行动进行进一步部署。会议要求，各分局和邮政、快递企业要认真查找安全工作中存在的问题和不足，有针对性地进行再动员、再部署、再落实。

全国邮政业消费者申诉工作培训班在渝举办

9 月 25 日至 29 日，全国邮政业消费者申诉工作培训班在重庆举办。全国各省(市、区)局申诉中心负责人、工作人员和寄递企业包括中国邮政、EMS、顺丰申通、圆通等 19 家规模企业，共 90 余人参加了培训。国家邮政局安全中心副主任王锡彬作了开班动员，重庆局党组书记、局长徐文葛在开

班动员会上致欢迎词。重庆局与广东、福建等省局在会上做了申诉受理工作交流。在培训期间，王锡彬副主任还莅临重庆局邮政业消费者申诉中心检查指导工作，对中心的工作给予了充分的肯定并提出殷切希望。培训班邀请邮科院、中国消费者协会专家，对申诉系统优化升级和功能使用以及如何妥善处理好邮政业消费者投诉问题进行了讲解。

重庆局召开全市邮政业助力精准扶贫工作座谈会

11 月 6 日，重庆市邮政管理局组织召开全市邮政业助力精准扶贫工作座谈会，市邮政管理局党组书记、局长徐文葛主持会议，对行业助力精准扶贫工作进行动员部署。会议指出，全市邮政行业要认真学习贯彻党的十九大精神，按照“强能力、促电商、重帮扶”的思路整体推进，把人民对美好生活的向往和邮政行业的发展方向相结合，不断探索、大胆尝试。要按照“确保到 2020 年我国现行标准下农村贫困人口实现脱贫”的目标任务，不断完善贫困地区农村寄递服务网络，解决进城“最初一公里”和进村“最后一公里”问题，充分发挥邮政行业服务农村电商、助力精准扶贫的积极作用，促进地方经济发展、满足农村居民对美好生活的需求。

重庆局加强督导检查保障寄递渠道平稳运行

11 月 11 日至 12 日，重庆市邮政管理局领导 24 小时现场值班，坐镇指挥“双 11”旺季保障工作，并于 12 日、13 日晚，分别带队督导检查了重庆市主要快递企业分拨中心，督促快递企业全力做好“双 11”快递服务保障工作。“双 11”旺季到来前重庆市韵达、中通、百世等主要快递企业分拨中心基本实现自动化、半自动化分拣，与此同时快递企业增加了近一倍的人员和车辆，为“双 11”的到来进行了充分准备。

出台电子商务扶贫行动方案

11 月 16 日，重庆市人民政府发布《重庆市深化实施电子商务扶贫行动方案》，为全市邮政业助力精准扶贫、解决农村“最后一公里”问题提供了政策支撑。《方案》明确邮政管理部门在电子商务扶贫工作的重要作用，指导重庆市邮政管理局在七个方面深度参与电子商务扶贫工程。《方案》提出：一是到 2020 年，所有具备条件的贫困乡镇、贫困村电子商务物流网点布局实现全覆盖，基本实现快递包裹从县城送达村用 1 天时间，农产品从村送达县城分拨 1 天时间，农产品出村“最初一公里”和工业产品进村“最后一公里”问题得到有效解决。二是在贫困地区电子商务物流配送体系建设等方面给予资金补贴。三是对在贫困地区设置网点开展农产品配送的邮政、快递等物流企业给予奖补。四是优先保障电子商务扶贫企业扩大规模以及快递物流配送企业仓配设施建设等重大电子商务项目用地。

进一步加强合作共同推进农村物流建设

11 月，在 2016 年签订《战略合作协议》基础上，重庆局与市供销合作总社联合下发《关于进一步加强合作共同推进农村物流建设的实施意见》，共同推进农村物流建设，服务农业现代化。《意见》指出，在供销合作系统和邮政快递行业经营主体自主自愿、合作互利的情况下，将在快递业务、物流业务等五个方面加强合作。此项工作将在南川、合川等六个供销社综合改革试点区和 18 个深度贫困乡镇先行试点，在取得成功经验后，将在全市供销社系统和邮政行业全面铺开。此外，重庆局与市供销合作总社还建立了联席会议制度，将不定期组织召开专题会，共同研究工作中存在的困难、问题以及措施。

重庆邮政业发挥行业优势助力精准扶贫

11 月，重庆市邮政管理局在对全市 18 个深度贫困乡镇开展实地调研的基础上，出台了《关于邮政业助力精准扶贫的实施方案》，要求全市邮政、快递企业助力精准扶贫，服务地方经济发展。《方案》提出，全市邮政业要全面贯彻落实国家邮政局和市委、市政府扶贫工作部署，把深度贫困地区人民对美好生活的向往和邮政业的发展方向紧密结合，进一步提升邮政业服务“三农”能力，助力精准扶贫。

重庆局召开《邮政行业统计报表制度》培训会

12 月 21 日，重庆市邮政管理局组织召开了《邮政行业统计报表制度》及《科技标准》电视电话培训会议。重庆局政策法规处、各分局统计工作负责人及统计人员以及十几家寄递企业相关工作人员参加了此次培训。培训上，重庆局政策法规处就修订后的《报表制度》进行了专题讲解，对报表制度修订具体内容及统计范围调整进行了全面的解读。对《科技标准》《邮政业封装用胶带》等行业标准进行了解析。通过此次培训，参会人员对邮政行业统计规范、行业标准有了更加深入的了解和掌握，有利于进一步推进快递业绿色包装工作，有利于提升行业统计工作能力。

重庆局完善申诉处理机制

重庆市邮政管理局将提升申诉处理水平作为服务型政府建设的重要举措，采取多项措施加强消费者申诉处理工作，切实维护消费者合法权益，督促企业提高服务质量和水平。一是开展申诉中心改造工程。通过扩充申诉受理人员，增设 12305 语音呼叫系统，规范申诉中心受理流程，提升了申诉服务效率。二是创新工作方式方法。完善申诉处理与行政执法的联动机制，建立申诉中心周末值班制度等，针对“不满意”申诉，深刻剖析、对症下药，保障消费者权益。三是申诉处理工作培训。通过承办国家邮政局申诉处理培训，组织邮政、快递企业相关人员进行业务培训。四是畅通政府公开电子信箱申诉渠道。

四川省快递发展大事记

出台农村物流运输发展实施意见

四川省交通运输厅运管局印发《关于进一步加快我省农村物流运输发展的实施意见》，推进全省农村物流发展和运邮合作，建立完善农村物流服务体系，省邮政业获利好。《意见》强调，各地要积极主动联系商贸、邮政、供销、农业等部门，签署战略合作协议，充分发挥道路运输行业比较优势，加强部门协作，形成战略联盟，整合客运站、物流企业、邮政服务、农资生产、农村商超等多种资源，对农资、农产品、农村生活必需品开展特色配送服务。加强与农业、供销、邮政快递等部门的联合，积极开展运邮合作和连锁配送业务，打造农村物流发展新模式。鼓励物流骨干企业在贫困地区建设物流网点，使用客运站物流服务基础设施，逐步形成辐射城乡的物流配送体系。

四川邮政与星亿东方签署战略合作协议

四川邮政与北京星亿东方文化科技服务有限公司在成都签署战略合作协议。根据协议，双方将通过整合线上、线下营销渠道，打造县区、乡镇院线体系，共创影视文化传媒业务发展新机制，实现双方战略发展新的跨越。双方的合作也将进一步推进文化传媒业务转型，加快行业间资源融合互换，拓展传媒业务领域，也是四川邮政服务地方经济文化建设，践行送文化下乡活动的集中体现。

速递易参评“四川十大经济创新成果”

三泰控股集团旗下智能快递柜项目——速递易参评“四川十大经济创新成果”。

四川局召开 2017 年全省邮政管理工作会议

1 月 8 日至 9 日，四川省邮政管理局在成都组织召开2017年全省邮政管理工作会议。会议学习传达2017年全国邮政管理工作会议精神，总结2016年全省邮政管理工作，部署2017年重点任务。四川局党组书记、局长成建政作2017年全省邮政管理工作报告。会议期间，四川局各处室对本部门2017年工作思路和打算进行了汇报。会议由四川局党组成员、副局长罗萍主持。全省21个市(州)局领导班子和四川局全体工作人员参加会议。

杨洪波副省长充分肯定邮政业发展成效

1月13日，四川省邮政管理局向省政府副省长杨洪波专题汇报2017年全国邮政管理工作会议精神和2016年全省邮政业发展情况及2017年工作打算。杨洪波对全省邮政业发展成效给予肯定，并对下一步邮政业发展作出重要指示。他指出，在经济新常态下，邮政业发展一枝独秀，邮政业业务总量、业务收入高速增长，基础设施不断强化，发展环境持续优化，公众满意度持续提高，安全管理措施有力，取得了不容易的良好佳绩。同时杨洪波对做好2017年工作提出四点要求。

省政府工作报告提出完善县乡村三级物流配送体系

1月16日，在四川省十二届人大五次会议上，省委副书记、省长尹力代表省人民政府作工作报告，报告明确提出，一要完善县乡村三级物流配送体系，建设中西部电子商务创新创业创意中心。二要深入实施服务业“三百工程”，抓好507个服务业项目。三要提升市场拓展“三大活动”，推动更大规模的“川货出川”。四要大力发展乡村旅游、农村电商等新产业新业态。同时，尹力在参加会议的一场小组讨论中，为地方旅游业发展支招时，谈及要加大旅游景区邮局、邮筒建设。

成建政局长出席省邮政公司2017年度工作会

1月17日，四川省邮政管理局局长成建政出席省邮政公司2017年年度工作会议，肯定省邮政公司一年来在服务民生和促进行业发展中所做的努力和贡献，并对2017年工作提出明确要求。成建政强调，一是树立大邮政理念，在服务大局里抓机遇；二是把握大融合趋势，在转型升级中出实招；三是践行大民生宗旨，在普惠为民上下功夫。

长虹携手四川邮政构建农村电商新模式

1月18日，四川长虹股份公司宣布与四川邮政在成都签署战略协议。按照协议，双方将依据各自优势资源、渠道等，共同探索农村电商服务新模式，让村民更方便、快捷的购买长虹电视、空调、手机、美菱冰箱等智能产品，提高生活水平，推动新农村经济发展。

印发“十三五”脱贫攻坚规划

四川省政府印发《四川省“十三五”脱贫攻坚规划》，省邮政业获利好。《规划》指出，要将农村电子商务作为精准扶贫的重要平台，积极培育农村电子商务市场主体。加快物流配送体系建设，支持邮政、供销合作社等系统在贫困乡村建立服务网点，逐步建成具县服务中心、乡有服务站、村有服务点的电子商务服务体系，实现农村商业网点“线上线下”全覆盖，形成农产品进城、工业品下乡的双向流通服务网络。要改善农村电子商务发展环境。加强交通、物流、供销、邮政等部门(单位)及大型电商、快递企业信息网络共享衔接，鼓励多站合一、服务同网，进行市场化合作，形成比较完善的农村物流解决方案，突出解决农村“最后一公里”快递物流瓶颈问题，支持快递物流企业等在产业基地建设分拣仓储、冷链物流项目，解决配送“起始一公里”问题。《规划》强调，各省直部门(单位)分别牵头联系指导至少1个片区贫困县和1个贫困村，制定2016—2020年定点扶贫工作方案，加大力度指导突进精准扶贫工作。

王梅副局长赴四川调研指导行业发展

1月18日至20日，国家邮政局党组成员、副局长王梅率队赴四川省南充、广安两地，调研指导邮政业发展和服务情况，并代表国家邮政局对春节前夕仍坚守在生产一线的广大邮政、快递企业员工和邮政管理干部表示慰问，向他们致以新春问候和良好祝愿。调研期间，王梅参加并指导了四川省邮政管理局党组民主生活会。国家邮政局办公室、人事司有关人员和四川省邮政管理局陪同慰问调研。广安市副市长王瑛在广安市陪同调研。

印发产业园区创新改革发展规划

四川省人民政府办公厅印发《四川省产业园区创新改革发展规划（2016－2020年）》。《规划》强调，要立足多点多级支撑战略优化产业园区布局。在首位城市（成都）产业园区布局中，成都近郊区县主要发展汽车制造、电子电气、装备制造、新能源等现代制造业和仓储运输、物流配送等配套生产性服务业。同时，以川藏、成达铁路和成雅、成南高速公路等为纽带，强化其动向、南向辐射作用以及进藏物资集散地的作用。在川南次级产业园区布局中，内资宜通道重点布局新一代信息技术、绿色食品、商贸、物流、金融等产业园区；“中国白酒金三角”核心区推动设计、包装、物流、检验检测等配套服务产业向全区居中。在川东北次级产业园区布局中，达广（安）渝发展带、成南达发展带、广（元）巴达发展带、嘉陵江、渠江流域发展带以铁路、高速公路、地理位置优势等为纽带，大力发展现代物流、现代农业、农产品加工、电子信息、沿江港口物流园区等产业园区布局发展。

发布“十三五”特色小城镇发展规划

四川省发展改革委发布《四川省“十三五”特色小城镇发展规划》，明确“十三五”期间，四川省将以旅游休闲、现代农业、商贸物流等方向为重点，重点培育200个左右特色小城镇，省邮政业发展获多项利好。《规划》明确，支持区位优势突出、位于重要交通节点、镇区常住人口多的小城镇，以交通为依托，加快发展商贸业、物流业、会展业等，强化城镇功能与商贸服务功能的有机结合，打造成为辐射周边区域的商贸流通、物流集散中心。加快交通运输、邮电通信等基础设施建设，完善城镇公共服务功能，促进技术、信息、人才等生产要素自由流动，强化对周边区域的辐射带动作用。科学布局综合市场及各类专业批发市场、着重加强商业街区、仓储物流设施建设，着力培育以商务会展、农产品流通、物资集散、电子商务等为主导的产业形态。加快产镇和镇村联动，以特色小城镇为节点，加强电商服务站（点）建设，推进农村电商发展和“快递下乡”。

印发增强农业农村发展新动力意见

1月31日，中共四川省委与四川省人民政府联合印发《关于以绿色发展理念引领农业供给侧结构性改革切实增强农业农村发展新动力的意见》，明确要推广“电商＋冷链快递＋智能菜柜”农产品直销模式和加快推进“快递下乡”工程，为促进全省邮政业与农村电商融合发展出台多项利好政策。

中国邮政成都航空邮件处理中心建设项目获批

2月，四川省发展和改革委员会发文批复，同意建设中国邮政成都航空邮件处理中心。批复明确，为提升国际和航空邮件快速处理、转运和国际邮件口岸互换能力，完善成都天府国际机场功能，与“国家级航空枢纽和中西部门户枢纽机场”定位相匹配，同意建设中国邮政成都航空邮件处理中心。中国邮政航空邮件处理中心项目位于成都天府国际机场货运区，占地面积12公顷，建筑面积67289平方米。

构建三级物流体系纳入 2017 年省 20 件民生实事

2 月，中共四川省委办公厅和省政府办公厅联合印发《2017 年全省十项民生工程及 20 件民生实事实施方案》，明确要构建县乡村三级物流体系，省邮政业发展获利好。方案将支持农村电子商务发展，帮助农户线上销售特色产品列为全省 20 件民生实事之一。其主要内容是支持 15 个省级电商脱贫奔康县、10 个电子商务示范县建设，重点发展农村电子商务，构建县乡村三级物流体系，帮助农户线上销售农特产品，实现在家门口增收致富。省级安排 1.65 亿元。

王东明书记肯定邮政电商扶贫工作

2 月，四川省委书记王东明在南充市和仪陇县调研督导期间，考察了“仪陇互联网@ +产业园”，详细了解了产业园区总体运营情况和邮政农村电商项目 + 精准扶贫工作模式，并对邮政电商扶贫工作给予充分肯定。王东明强调，一是将电商融入精准扶贫的做法是有生命力的，可复制，要大力推广。二是要利用邮政快递物流网络的优势，多建乡村级服务站点，提高服务能力，充分覆盖，解决农产品上行“最初一公里”难题。三是邮政要发挥实物流、信息流、资金流三流合一的独特优势，做大做强农村电子商务，为百姓做更多实事；四是政府要在政策上给予支持，相关单位要大力配合，把扶贫创新工作推向新台阶；五是省委办公厅要尽快组织全省商务、邮政系统召开电商助力扶贫工作现场会，推广仪陇的做法和模式。

开展全国两会期间寄递渠道安保工作

2 月，为保障全国两会期间四川省寄递渠道安全畅通，按照国家邮政局部署和安排，四川省各级邮政管理部门采取下发通知、召开会议、联合检查、专题培训等多种方式，扎实开展监督检查工作。

印发“十三五”农产品冷链物流发展规划

2 月 8 日，四川省发展和改革委员会印发《四川省“十三五”农产品冷链物流发展规划》，省邮政业发展再获利好。《规划》强调，要鼓励生鲜农产品经营主体加强与配送、快递等企业合作，开展多品种、小批量、多批次的冷链配送服务。围绕城市冷链配送，大力推进发展“电商 + 冷链快递 + 智能菜柜”的生鲜农产品直销零售模式。开展农产品进社区工程，大力发展以社区为单位的“电子菜箱”“智能菜柜”等蔬果直销零售模式，实现大型居住社区农产品直投智能冷藏柜基本覆盖。积极开展试点示范，打造一批生鲜直销配送示范企业和“智能微菜场”示范小区。《规划》明确，要选择一批冷链物流园区，冷链物流企业和农业龙头企业，农民合作社，在先进冷链物流装备、冷链配送、冷链物流标准化等领域，开展示范工程建设试点。发挥冷链物流示范带动效应，在全省培育一批主业突出、竞争力强、服务水平高、行业影响力大的冷链物流示范企业，打造一批冷链物流示范园区和农民合作社。

四川省人民政府与阿里巴巴集团、蚂蚁金服集团签署三方战略合作协议

2 月 26 日，四川省委书记王东明、省长尹力在成都会见了阿里巴巴集团董事局主席马云、蚂蚁金服集团董事长彭蕾一行，并出席了四川省人民政府与阿里巴巴集团、蚂蚁金服集团三方战略合作协议签署仪式。省委常委、秘书长吴靖平，省委常委、常务副省长王宁，副省长朱鹤新，成都市委书记唐良智等参加了活动。会见中，王东明与马云围绕互联网经济、产业转型升级、互联网金融、农村电商扶贫、电商人才培训、带动更多企业来川投资发展等，深入交换了意见。协议签署仪式上，省委常委、常务副省长王宁，阿里巴巴集团总裁金建杭、蚂蚁金服集团董事长彭蕾，分别代表三方签署协议。根据合作协议，三方将发挥四川省在产业、资源、环境、政策、区位等方面的优势和阿里巴

巴、蚂蚁金服在互联网经济领域立体化发展优势，在云计算与大数据、电子商务、物流骨干网、旅游推广、信用建设等领域开展全方位深入合作。在川期间，马云一行还专程考察了天府新区成都科学城，并与成都市有关部门洽谈合作。

四川局与资阳市政府共商推动资阳邮政业发展

2月28日，四川省邮政管理局局长成建政在成都会见资阳市副市长雷刚，双方围绕资阳市邮政业发展现状和下一步发展规划进行进行了座谈交流，表示将合力加快推进资阳市邮政业发展工作。资阳市邮政管理局主要负责人参加座谈。

印发深化供销合作社综合改革任务分工方案

中共四川省委农村工作领导小组印发《贯彻落实〈中共四川省委四川省人民政府关于深化供销合作社综合改革的意见〉重点工作任务分工方案》，明确要推进邮政与供销合作社等单位合作，省邮政业发展获支撑，并将四川省邮政管理局列为责任单位。方案指出，农业、商务、交通运输、邮政管理等部门（单位）要协同推进农村现代服务业发展。要积极推进供销合作社及社有企业加强与交通运输、通信、邮政、金融保险等单位合作，实现农村流通、服务网络资源互利共享。要实施“互联网+供销社”行动计划，以服务农产品流通为重点，大力发展农村电子商务，加强区域性电子商务运营服务中心建设，加快农村经营服务网点信息化改造，构建与农村电子商务配套的乡村物流配送网络。

自贡市荣县邮政管理局揭牌成立

3月15日，自贡市荣县邮政管理局（荣县邮政业发展中心）成立揭牌仪式暨建立寄递渠道安全监管长效机制现场会在荣县召开。荣县县委、县政府领导及相关部门负责人，县邮政分公司、全县快递企业参加会议。四川省邮政管理局局长成建政和自贡市政协副主席徐武斌出席会议并讲话。

两位副省长点赞省邮政业发展工作

3月，四川省脱贫攻坚领导小组办公室在南充市仪陇县举行的全省“农村电商+精准扶贫”现场会上，副省长朱鹤新和王铭晖多次点赞省邮政业发展工作，高度肯定邮政“农村电商+精准扶贫”工作模式，为全省邮政业持续健康发展指明方向。现场会上，省商务厅联合省扶贫移民局印发《2017年全省电子商务精准扶贫实施方案》。

省委1号文件和省政府工作报告重点工作分工方案出台利好邮政业

3月，中共四川省委农村工作领导小组印发《关于贯彻落实〈中共四川省委四川省人民政府关于以绿色发展理念引领农业供给侧结构性改革切实增强农业农村发展新动力的意见〉主要工作任务责任分工通知》、四川省人民政府办公厅印发《〈政府工作报告〉重点工作分工方案通知》，进一步推进快递物流业加快发展，并明确四川省邮政管理局为责任单位。

印发《中国（四川）自由贸易试验区总体方案》

3月31日，国务院印发《中国（四川）自由贸易试验区总体方案》，提出要打造国际综合物流服务体系，加快发展快递等物流业，四川省邮政业发展获政策利好。《方案》明确了24条主要任务和措施，重点在转变政府职能、双向投资、国际贸易、金融开放创新、创新创业、内陆与沿海沿边沿江协同开放等6个方面进行探索。并提出，依托双流航空枢纽、成都国际铁路港、川南临港口岸，构建与“一带一路”沿线相关国家和长江经济带空、铁、公、水联运的综合物流服务体系。支持成都国际铁路港建设国家对外开放口岸，依托中欧班列（成都）等打造国际铁路运输重要枢纽，推进与泛欧泛亚国家（地区）枢纽城市的互联互通。

印发省“十三五”综合交通运输发展规划

3 月 31 日,四川省人民政府印发《四川省“十三五”综合交通运输发展规划》,将邮政业发展纳入 19 个专栏之一进行统筹规划,为“十三五”时期省邮政业持续健康发展提供有力支撑。

四川局召开全省邮政普遍服务监管和邮政市场监管工作会

4 月,四川省邮政管理局在阿坝州召开 2017 年全省邮政普遍服务监管与邮政市场监管工作会议,传达学习 2017 年全国邮政普遍服务监督管理和全国邮政市场监管工作会议精神,全面总结 2016 年工作,安排部署 2017 年重点工作任务。会议解读了 2017 年全省普遍服务监管和邮政市场监管工作要点,对 G20 安保工作先进集体及先进个人进行了表彰。参会代表参观了邮政普遍服务网点和快递标准化建设网点,围绕如何提高邮政普遍服务质量和强化邮政市场监管工作进行了交流讨论。

四川局获评全省社会治安综合治理工作先进单位

4 月,四川省委办公厅、省政府办公厅联合发文对完成 2016 年度全省维护社会稳定和社会治安综合治理工作目标优秀、先进单位进行通报表扬,四川省邮政管理局荣获 2016 年度全省社会治安综合治理工作先进单位。

印发省“十三五”服务业发展规划

4 月 7 日,四川省政府印发《四川省“十三五”服务业发展规划》,明确要大力发展邮政、快递服务。《规划》强调,大力发展邮政、快递服务。推进邮政、快递服务设施和网点建设,加快建设快递专业类物流园区和快件集散中心,鼓励建立县域快件分拨、仓储中心。支持邮政、快递企业建设便民服务站、快递超市等综合服务平台,推进邮政快递服务进社区、进校园、进商区。加强城乡末端服务网络建设,完善配套政策,引入多元主体,推动配套建设快递配送站、智能快件箱纳入城市社区建设规划。推进“快递下乡”,支持企业建设农村电商邮政快递寄递网,解决农村电商“最初一公里”和“最后一公里”问题,促进农产品“进城”和工业品“下乡”的双向流通,提升邮政快递末端服务功能和水平。

快递三轮车规范管理被纳入省 2017 年电子商务工作要点

4 月 11 日,四川省商务厅印发《2017 年全省电子商务工作要点》,鼓励规范管理快递三轮车,并明确四川省邮政管理局为责任单位。《工作要点》指出,鼓励社区共同配送和社区智能快件投递终端建设。实施快递下乡工程,加强村到乡镇物流体系建设。依法依规对电商快递物流仓储等项目规划选址给予积极支持。制定城市配送管理政策。鼓励开展快递三轮车外观、标识、编号“三统一”规范管理工作。《工作要点》强调,要深入推进“互联网 + 流通”行动计划,规范发展网络预约出行、共享单车、物流众包等新服务模式。探索电商产业与物流协作融合发展,加强物联网等技术应用。推动工业电商平台与物流、互联网金融等业务协同融合创新发展。

四川局成为全省服务贸易发展联席会议成员单位

为深入贯彻落实《四川省人民政府关于加快发展服务贸易的实施意见》,四川省政府批复建立四川省服务贸易发展联席会议制度,四川省邮政管理局被列为成员单位,四川局分管领导为小组成员。

印发省 2017 年寄递物流安全管理工作方案

4 月,四川省社会治安综合治理委员会办公室印发《2017 年全省寄递物流安全管理工作方案》,重点确定了 5 个方面 12 项任务。并明确四川省邮政管理局为责任单位之一。方案提出，一要牢固树立行业安全生产理念。二要完善寄递物流安全监管常态工作机制。三要提高寄递物流行业安全管理的能力水平，加强信息互通机制建设和网点规范化标准化建设。四要加大寄递物流安全执法力度，将寄递物流安全管理作为社会治安防控的重要内容。

四川局被列为中国（四川）自由贸易实验区推进工作领导小组成员单位

4月，四川省人民政府办公厅印发文件调整中国（四川）自由贸易试验区推进工作领导小组，四川省邮政管理局被列为成员单位，四川局主要负责人为小组成员。

印发“十三五”农业和农村经济发展规划

4月28日，四川省政府印发《四川省“十三五”农业和农村经济发展规划印发》，明确支持乡村电子商务物流快递配送体系建设。《规划》指出，要提升农产品流通水平，加快流通设施网络改造升级，建设一批现代化大中型农产品批发市场、产地集配中心、冷链物流集散中心和社区生鲜超市、农贸市场，提高产销对接能力，推进现代物流体系建设。大力发展农村电子商务，实施“互联网+供销社”行动计划，支持县域电子商务运营服务中心、乡村电子商务物流快递配送体系和农村经营服务网点信息化改造建设。

四川局举办全省寄递渠道安全综合培训班

5月24日至25日，四川省邮政管理局在成都市举办全省寄递渠道安全综合培训班，21个市（州）邮政管理局主管部门负责人，省邮政分公司、驻川主要品牌快递企业分管领导及部门负责人共80余人参加培训。本次培训邀请省安全生产监督管理局、公安厅禁毒总队、反恐总队、消防总队、民航西南地区管理局等部门资深专家进行授课。培训重点围绕寄递渠道相关国家安全工作方针、法律、法规，如何防范危化品寄递工作，如何识别和发现违禁品，如何识别和发现毒品，消防安全知识，如何提高反恐怖主义工作能力等方面内容进行了系统讲解。

四川局部署推进“两学一做”学习教育常态化制度化

5月31日，四川省邮政管理局召开推进“两学一做”学习教育常态化制度化工作动员部署会，传达学习贯彻中央推进“两学一做”学习教育常态化制度化的意见、国家邮政局党组、省委有关贯彻落实要求，全局党员干部参加会议。局党组书记、局长成建政出席会议并讲话。会议宣读了《中共四川省邮政管理局党组推进“两学一做”学习教育常态化制度化实施方案》。

印发推动交通物流融合发展实施方案

5月31日，四川省人民政府办公厅印发《关于转发省发展改革委推动交通物流融合发展实施方案的通知》，方案指出，要发展“互联网 + 城乡配送”。优化城市配送网络，妥善解决快递车辆城市通行难、停靠难、作业难等问题。在成都率先开展城市共同配送试点，设立统一监管的“城市集中配送示范区”。深入推进快递下乡，利用邮政、快递、供销社等网点，开展农村共同配送。方案强调，要加大用地支持力度，对符合《划拨用地目录》的非营利性的铁路、公路、机场、邮政等基础设施用地，可采取划拨方式供地。要在航空、铁路等交通物流中转节点，建设邮件、快件处理中心、专业快递园区、电商快递园区。

出台扩大开放促进投资若干政策措施意见

6月4日，四川省人民政府印发《关于扩大开放促进投资若干政策措施意见的通知》，明确要降低物流成本。《通知》要求，规范交通运输收费，建立高速公路车辆通行费收费标准与工程、服务质量挂钩的动态调整机制，实行铁路等货物运价优惠政策。支持各地根据实际情况对重点产业企业进行适当物流补助,降低企业物流成本。对充分利用成都国际航空港、中欧班列(成都)拓展境外市场的企业可按规定给予补助。

四川局召开快邮合作试点推进会

6月16日,四川省邮政管理局联合省快递协会组织召开专题协调推进会,顺丰、圆通、韵达、申通、百世等驻川的快递企业负责人参加会议。四川局要求,各企业一要高度重视,切实提高思想认识。要敞开胸怀、转换思路,正确认识快邮合作工作重要性,在企业内部开展深入动员,切实统一思想认识。二要加快推进,勇于承担社会责任。要从全省邮政业发展大局来认识和思考快邮合作,以"人民为中心的发展观"担负起企业社会责任,加快推进合作相关事宜,努力实现互利共赢。三要拓展视野,树立联合发展理念。深刻理解国家邮政局提出的五大发展理念,加强企业之间互动交流,积极参与包容、开放、共享的行业业态建设,为全省邮政业持续健康发展营造良好环境。省快递协会强调,各企业要明确快邮合作任务分工,尤其是收寄环节要细化好,为快邮合作顺利推进提供有力保障。

四川局被纳入省消费者权益保护工作厅际联席会议成员单位

6月,经四川省政府领导同意,省工商局牵头建立了四川省消费者权益保护工作厅际联席会议制度,并明确四川省邮政管理局为成员单位,四川局分管领导为成员。

四川局应急驰援阿坝茂县山体高位垮塌灾后工作

6月24日6时左右,四川茂县叠溪镇新磨村因降雨诱发山体高位垮塌,塌方量巨大,约800万立方米,河道堵塞2公里。灾害发生后,四川省邮政管理局立即启动应急预案,采取四项措施迅速部署邮政业应对处置工作。

四川局举办全省邮政"七五"普法与统计工作培训班

6月,四川省邮政管理局举办2017年全省"七五"普法与统计工作培训班,各市局相关工作负责人共50余人参加了培训。培训班上,表彰了国家邮政局评选出的2016年四川统计报表工作先进个人2名和四川统计工作先进企业6个。对普法工作要点和统计工作重点进行了详细讲解,通报了上半年全省行政执法、"七五"普法和统计工作情况,对下半年重点工作进行了部署。自贡、遂宁、乐山、巴中、眉山市局做了统计工作经验交流;泸州、广元、达州、资阳、阿坝做了普法工作经验交流。

四川局开展全省邮政管理系统新闻宣传工作培训

6月,四川省邮政管理局举办2017年全省邮政管理系统新闻宣传工作培训班,省局机关各处室通讯员及各市局办公室主任、通讯员共70余人参加了培训。培训通过业务知识学习与实例分析相结合的方式讲解了如何写出优秀的新闻与政务信息,对公文写作、保密工作、政府信息公开、网站管理等工作也进行了详细的讲解。对2016年度新闻宣传优秀通讯员进行了表彰,广安、遂宁、南充、达州市邮政管理局分别就新闻宣传工作经验进行了交流。参训人员就进一步提升新闻宣传和办公室工作水平进行了座谈讨论。

出台降低实体经济企业成本实施细则

6月28日,四川省政府出台《四川省降低实体经济企业成本实施细则》,提出要降低物流成本,打通物流配送"最后一公里"。《实施细则》指出,进一步畅通进出川物流通道,深度融入"一带一路"和长江经济带建设,建立现代物流服务体系。健全现代物流标准体系,强化物流标准实施。加强物流园区、交通物流枢纽建设,发展多式联运、甩挂运输和集装箱运输,提高一体化运输服务能力。推进"互联网+"物流,加强物联网等先进技术在物流领域的应用,提高物流服务效率。研究制定城市配送车辆管理指导意见,督导地方制定城市配送运输与车辆通行管理办法。进一步优化通行环境,为配送车辆进入城区道路行驶提供通行便利。鼓励发展统一配送、共同配送、夜间配送,打通物流配送"最后一公里",降低配送成本。

四川局举办全省快递服务质量提升培训班

6月30日,四川省邮政管理局举办四川省快递服务质量提升培训班。成都市邮政管理局、省快递协会,省邮政公司、省邮政EMS、顺丰、申通、韵达、中通等20多家快递企业参加了培训。四川局强调,一要积极转型升级、提质增效,加大在创新服务模式、健全产品体系、创新增值服务等方面的投入力度,努力保持行业又好又快的发展活力。二要融入四川省提出的"三大发展战略"和"两个跨越"战略部署。三要以国家邮政局提出的7件实事为抓手,科学制定实施方案,明确步骤细化措施,强力推进狠抓落实,不断夯实行业服务质量基础工作,努力打造放心消费示范样板,不断满足人民群众日益增长的用邮需求,以优异成绩迎接党的十九大胜利召开。

四川局完成乐山市禁毒包片年中督导工作

7月4日至5日,由四川省禁毒委委员、省邮政管理局副局长张生泰带领由省邮政管理局和省公安厅禁毒总队组成的联合检查组对乐山市开展了为期两天的禁毒督导检查工作。检查组对当地的禁毒重点地区开展了督导检查,分别听取了乐山市、峨眉山市禁毒委、乐山市邮政管理局、乐山市教育局、乐山市妇联等部门和单位的专题汇报。会上,张生泰对乐山市上半年禁毒工作给予肯定,并就下一步工作措施提出了具体要求。

推进实名收寄信息系统推广应用工作

7月,四川省市两级邮政管理部门积极采取多项措施扎实开展实名收寄信息系统推广应用,取得明显成效。四川省邮政管理局要求各市(州)局要高度重视,充分认识实名收寄系统是维护国家安全的重要举措,是推动行业发展的硬性要求,要通过专题培训、实地指导等多种方式全面推广实名收寄信息系统,确保实名收寄制度落到实处,切实保障全省实名收寄信息系统推广应用工作顺利开展和寄递渠道安全畅通。

四川局五项措施强化汛期邮政业安全生产保障工作

7月,四川省、市两级邮政管理部门积极采取印发通知、召开会议、实地督导、联合检查等多种方式再次部署安排汛期邮政业安全生产工作,坚决防范遏制重特大事故发生。

举办2017年全国邮政行业职业技能竞赛四川省初赛

7月12日,全国邮政行业职业技能竞赛四川省初赛在自贡市举行。本次比赛有17个市(州)邮政管理局推荐的17个代表队共计32名选手参加竞赛。竞赛由四川省邮政管理局主办,自贡市邮政管理局、自贡广播电视大学承办。四川局局长成建政到竞赛现场督赛并讲话。经过角逐,自贡申通航空快递服务有限公司的魏力、绵阳速之尔商务服务有限公司的车仁利、中国邮政集团公司泸州分公司的邓伟三名同志荣获一等奖。国家邮政局职业技能鉴定中心专家到竞赛现场全程指导了竞赛,并组织了相关业务培训。

四川局调研川南电商快递物流园区建设项目

7月13日,四川省邮政管理局党组书记、局长成建政带队到自贡市自流井区工业园区,考察川南电商快递物流园建设项目工程。自贡市邮政管理局负责人陪同调研。川南电商快递物流园项目地址位于自流井区工业园区，规划用地面积276亩，建筑面积约16万平方米，其中用于快件分拣处理的厂房面积约11.7万平方米，设计最大处理能力近400万件/日。

文件密集出台支持快递业快速安全发展

7月，四川省陆续印发《推进农业供给侧改革加快由农业大省向农业强省跨越十大行动方案》《四川省推动实体零售创新转型四年行动计划（2017－2020年）》《四川省"十三五"工业发展规划》《2017年四川省打击侵犯知识产权和制售假冒伪劣商品工作安排》等多个文件，均强调要加快推动快递物流业发展，全省快递业发展获政策利好。同时，还明确四川省邮政管理局为相关工作的责任单位。

推进全省邮件快件实名收寄信息系统推广应用

7月24日，四川省邮政管理局组织召开全省邮件快件实名收寄信息系统推广应用工作推进会。省局机关各处室、各市（州）邮政管理局、省邮政分公司、省EMS及驻川12家主要品牌快递企业负责人参加会议。四川局党组书记、局长成建政出席会议并讲话。局党组成员、副局长张生泰主持会议。会议期间，成都、遂宁2个市邮政管理局和顺丰、圆通、中通3家企业作了经验交流和表态发言，同时参会人员还围绕如何落实好实名收寄信息系统推广应用工作进行了交流讨论。

四川局启动应急响应全力做好灾后应急驰援工作

8月8日21时19分，四川省阿坝州九寨沟县发生7.0级地震。21时41分，九寨沟县再次发生3.3级地震。此次7.0级地震的震中距九寨沟县39公里、距松潘县66公里、距舟曲县83公里、距成都市285公里。地震发生后，四川省邮政管理局立即启动应急响应，成立应急领导小组，落实24小时值班制度，要求震中所在的阿坝局、距震中较近的绵阳局广元局和其他市（州）做好应急值守、信息汇总、灾害损失收集和调查评估、维护行业稳定等工作。

广元寄递企业助力苍溪红心猕猴桃外销全国

8月，2017第三届中国苍溪红心猕猴桃采摘节暨猕猴桃新零售高峰论坛在广元苍溪县举行，同时，首届苍溪红心猕猴桃网上采摘节也盛大开幕，苍溪"红心果"在全国100多个大中城市旗舰店及多家电商平台进行销售。各寄递企业提前谋划，把握商机，切实提升服务能力和服务质量，助力农副土特产品外销。

四川局多措并举规范校园快递服务管理工作

9月，四川省邮政管理局与省公安厅、教育厅联合印发《关于规范高等学校校园快递服务管理的通知》，规范校园快递服务管理工作。《通知》针对校园快递无证经营、收寄验视及实名收寄等安全制度执行不严、店面形象脏乱、服务质量不高、消防隐患突出等诸多问题进行了梳理，并提出一系列规范要求。

全国邮政行业职业技能竞赛决赛四川局荣获优异成绩

9月26日至27日，2017年中国技能大赛——全国邮政行业职业技能竞赛决赛在山东青岛圆满落幕。来自自贡申通航空快递服务有限公司快递业务员魏力荣获个人三等奖，四川局获得优秀组织奖和优秀技术指导奖。

四川局召开党的十九大安保工作部署会

10月10日，四川省邮政管理局联合四川省快递协会召开全省党的十九大安保工作部署会暨"双11"快递服务动员会。四川局局领导和相关业务处室负责人、成都市邮政管理局局领导及业务处室负责人、省邮政公司、各快递企业的主要负责人和安全部门负责人，省、市快递协会有关负责人，共计40余人参加了会议。四川局党组书记、局长成建政传达了省市迎接党的十九大反恐维稳保障相关会议精神，并结合四川邮政业实际情况进行安排部署，强调各邮政快递企业要严格贯彻落实国家邮政局和省委、省政府会议精神和相关文件要求。

四川省直机关工委肯定四川局党建工作

10月18日，四川省直机关工委政研室书记王孝平带队到四川省邮政管理局督查党建工作。王孝平对四川局2017年党建工作给予了肯定，指出四川局将党的建设与国家邮政局对四川局的巡视整改工作相结合，加强了基层党组织建设，在全面从严治党、全面深化改革上成效显著，党的十八大以来四川局党员干部未发生一起违规违纪违法案例。同时要求四川局再接再厉，各级党员干部严格落实一岗双责，种好责任田，进一步强化党的建设，凝心聚力，心往一处想，劲往一处使，推动行业发展再上新台阶。

四川局开展快递服务旺季保障督导检查

四川省邮政管理局积极部署2017年快递服务旺季保障工作，制定保障方案，进行动员部署。四川局副局长张生泰带队到成都、德阳、绵阳、乐山、南充、眉山等市督导检查快递服务旺季保障工作。检查组到市（州）邮政管理局督察旺季方案传达落实、应急准备情况，深入邮政和快递企业分拨中心、营业场所检查“三项制度”落实，人员、车辆等服务要素组织储备情况。张生泰在检查中强调，各市（州）要指导辖区快递协会和企业加强旺季服务期间网络组织协调、安全生产管理、应急处置保障，要加强对邮政和快递企业“三项制度”执行和服务质量的监督检查。快递协会和企业要积极与上游电商沟通，落实错峰发货要求、协议安全管理制度，加强对网点的管理和全网统筹协调，确保快件不积压、网络不中断、质量不降低。

四川局学习贯彻党的十九大精神

11月，四川省邮政管理局召开专题会议，传达学习《国家邮政局党组学习宣传贯彻党的十九大精神方案》和国家邮政局党组书记、局长马军胜在电视电话会议上的指示精神，结合行业实际，对四川省邮政管理系统学习宣传贯彻党的十九大精神进行再传达、再学习、再部署。会议指出，学习宣传贯彻好党的十九大精神，是当前和今后一个时期全系统首要的政治任务和头等大事。要在全省邮政管理系统迅速掀起学习宣传贯彻党的十九大精神的热潮，把广大党员干部职工的思想统一到党的十九大精神上来，把各方面力量凝聚到实现党的十九大提出的各项目标任务上来。

四川局全力保障“双11”寄递渠道安全平稳

为了全力满足广大人民日益增长的美好生活需要，做好2017年的快递旺季保障工作，四川省邮政管理局做了充分的准备工作：一是坚持靠前指挥、下沉督导；二是落实企业安全生产主体责任；三是提前召开“双11”快递服务动员会，对行业安全稳定工作提要求、作部署；四是加强培训，对旺季安全保障工作进行再部署；五是开展末端服务调研，提升末端服务水平；六是充分发挥快递协会作用，建立寄递企业“互帮互助，资源共享”机制；七是加强安全监管，坚持寄递安全实名收寄、收寄验视、过机安检“三项制度”不放松；八是做好申诉预警，畅通申诉渠道；九是加强宣传引导，营造良好氛围。

赴广西百色学习调研“一市一品”农特产品进城

11月上旬，四川省邮政管理局普遍服务处、攀枝花市邮政管理局、泸州市邮政管理局等“一市一品”农特产品进城机制分析研究课题组成员及攀枝花市快递协会一行前往广西壮族自治区百色市开展学习调研，学习百色市邮政管理局在“一市一品”推进过程中的运作模式、宣传方式，学习借鉴在长效机制建设、可持续性方案的制定、城乡双向互动等方面的先进做法，两地协会就芒果生产销售、价格协调及电商融合发展等方面展开深入交流。

四川局加强寄递业务旺季期间新闻宣传工作

为做好2017年"双11"寄递业务旺季期间新闻宣传工作，四川省邮政管理局提前谋划、精心组织、多措并举，为旺季服务保障营造良好舆论氛围。一是邀请主流媒体深入邮政、快递分拨中心、网点了解旺季期间行业从业者辛勤工作情况以及智能设备应用等建设取得的成效，全面客观报道旺季期间快递服务压力，从而增进社会大众对行业的理解和支持。二是参加四川人民广播电台"政风行风"热线，四川局局领导及相关处室负责人向广大消费者详细介绍"双11"全市寄递业务旺季服务保障工作情况，通报"双11"业务量预测情况以及各企业在人力、场地、运力等方面的准备情况，现场解答群众关心的问题，跟踪督办群众遇到的问题，获得了广大老百姓的一致好评。三是畅通申诉电话、互联网、微信等多种申诉渠道。同时，四川局将主要寄递企业的投诉电话向社会大众公布，以便于及时、高效解决广大用户在用邮过程中遇到的问题、困难和纠纷。截至11月22日，四川地方主流媒体共播发、转发旺季信息20余篇。

四川局赴泸州调研邮政业参与自贸试验区建设情况

12月，四川省邮政管理局副局长张生泰赴泸州调研邮政业参与自贸试验区建设情况。调研组听取了泸州市邮政管理局相关工作情况汇报，现场了解了邮政速递物流泸州国际快件中心、泸州电商快递分拨中心工地建设及规划运营情况。张生泰在调研中指出，邮政业是现代服务业重要组成部分，寄递渠道是重要的商贸流通渠道。邮政业要抓住机遇，积极主动参与自由贸易试验区建设；发挥好通政、通民、通商的作用，服务国际贸易发展。

贵州省快递发展大事记

出台《贵州省贫困村电子商务扶贫实施方案》

贵州省出台《贵州省贫困村电子商务扶贫实施方案》。《方案》明确了以2020年与全国人民同步实现全面小康为指导思想，将物流快递支撑作为贵州省贫困村电子商务扶贫工作的七个重点内容之一，提出要支持邮政企业补建乡镇网点搭载农村电商等多项惠农服务，要支持快递企业参与贫困乡镇的"快递下乡"工程，着力做好"小康讯"邮政基础设施建设向贫困村延伸，保障贫困村实现"村村通邮"，共享寄递服务均等化。

省政府工作报告提出着力发展现代物流业

1月16日，贵州省十二届人大五次会议召开，省委副书记、省长孙志刚代表省人民政府向大会作工作报告，报告中明确提出：一要大力发展现代服务业。加快发展研发设计、商贸会展等生产性服务业。着力发展现代物流业，完善城乡一体化配送体系，打造西南地区重要物流中心。二要继续抓好"四在农家·美丽乡村"六个小康行动计划。坚持把六个小康行动计划作为推动基础设施向乡村延伸的重要抓手，整村整乡打造、集中连片推进，整合建设资金，扩大项目覆盖面，持续改善农村生产生活生态环境。为全省快递业发展明确了发展新方向。

贵州省委要求构建现代快递物流体系

1月，贵州省委组织专题调研组赴贵阳市、遵义市、安顺市等15个市(州)及县区，就农村电子商务发展中存在的问题开展调研。调研组形成报告，并指出：贵州省农村电子商务正在迅速起步，开拓农村消费市场、激发农村活力带动创业就业成效明显，显现出新经济增长点的蓬勃生机。电商黔货要出山，快递物流是基础、品牌是关键、主体是企业、人才是根本。应把构建现代快递物流体系作为黔货出山的重大工程，加快构建便捷高效价廉的农村快递物流体系。按照政府扶持、市场运作、企业主体模式，在全省合理布局物流集散枢纽（基地），扶持大型快递物流企业拓展提升，大力推进快递物流业向乡镇和村组延伸，加强基层物流配送中心建设，进一步畅通基层物流渠道。运用大数据进一步整合物流场所、信息资源和个体户资源，建立智能货物运输体系。

就毕节市邮政业发展展开会谈

1月，贵州省邮政管理局局长到毕节市指导调研邮政业发展工作，期间与市常务副市长丁雄军进行会谈，双方就促进毕节市邮政行业快速健康发展交换了意见。

宗永涛局长赴遵义开展调研

6月5日，贵州省邮政管理局党组书记、局长宗永涛一行到遵义市邮政管理局调研、座谈，遵义局干部职工参加座谈。会上，调研组一行认真听取了遵义局的工作汇报，高度肯定了遵义局近年来取得的成绩并表示祝贺。宗永涛指出，遵义局能取得今天的成绩，是全局干部职工共同努力的结果，是长征精神的传承与弘扬，希望遵义局能再接再厉，再创辉煌。并就如何做好当前工作提出四点要求。

贵州局传达贯彻全国邮政管理系统警示教育会议精神

6月，全国邮政管理系统警示教育电视电话会议召开后，贵州省邮政管理局召开部署会，传达贯彻落实国家邮政局局长马军胜的讲话精神，进一步统一思想认识，明确工作思路。会议认为，国家邮政局通报系统内发生的八起违规违纪典型案例，释放了有案必查、从严肃纪的强烈信号。马军胜同志以讲党课的形式作的警示教育讲话，让广大党员干部尤其是纪检干部对反腐倡廉形势有了更清醒的认识，对党风廉政建设要求有了更深刻的理解和把握。会议强调，全省邮政管理系统要贯彻落实好马军胜同志讲话精神，结合“两学一做”学习教育常态化制度化，进一步深化系统党风廉政建设。

遵义市委提出加快推进黔北快递物流园区建设

7月26日，遵义市委五届三次全会通过了《遵义市委关于加快第三产业发展的意见（草案）》，全市快递业发展获利好。《意见》提出，“要加快核心物流园区和节点建设，加快推进黔北快递物流园区建设，加快形成以中心城区为核心、以县城为节点、镇（乡）配套的物流网络互动发展格局”。

贵州局开展全省寄递渠道安全督导检查工作

8月20日至31日，贵州省邮政管理局集中开展全省寄递渠道安全督导检查工作。贵州局采用分片包干形式，由局领导班子成员带队，对全省9个市（州）邮政管理局及寄递企业分别督导检查。督查过程中不打招呼，不走过场，随机抽点，实地深入网点开展寄递测试，切实以问题为导向开展督导检查工作，巩固行业安全生产态势。

部署党的十九大期间寄递渠道服务安保工作

党的十九大召开前夕，贵州各市（州）局通过多项措施压实寄递企业安全生产主体责任，全力确保邮政行业安全稳定发展，为党的十九大胜利召开营造良好的社会环境。

贵州局召开学习贯彻党的十九大精神

10月30日，贵州省邮政管理局组织召开学习贯彻党的十九大精神暨巡视整改工作动员部署会,对全省邮政管理系统学习贯彻党的十九大精神和巡视整改工作进行动员,作出部署,明确要求。贵州省局全体党组成员,各市(州)局党组书记、纪检组长,贵安邮政事业办和省局机关副处级以上党员领导干部出席会议。会议强调,全省邮政管理系统各级党组织要结合学习贯彻党的十九大精神,认真落实政治巡视各项要求,以对党忠诚负责的政治态度和从严务实的工作作风,全面履行好巡视整改的主体责任。对巡视整改任务措施,要倒排时限,倒排任务,按照"条条要整改,件件有着落"的要求,确保巡视整改工作规范有序、扎实有效推进。一要切实发挥党组领导核心作用;二要切实加强党的建设,深入推进"两学一做"学习教育常态化制度化;三要切实落实全面从严治党要求,加强对党风廉政建设和反腐败工作的研究部署和落实;四要切实落实中央八项规定精神,强化群众观念,切实密切联系群众。

举行贵州省邮政业2017年反恐应急处突演练

11月,贵州省邮政业2017年反恐应急处突演练在位于龙里的贵州省快递物流园区申通分拨中心举行。全省邮政管理系统领导干部、园区管委会、各品牌快递企业总部负责人和安全工作负责人员及园区快递企业代表共计120余人参加观摩。此次演练主要内容为在安检过程中发现快件内部为疑似易爆物品装置的应急处置。通过实战演练,向观摩人员形象生动地展示了发现疑似易爆物品装置的应急处置程序及方法步骤,增强了行业从业人员反恐处突防范意识和安全常识,有效提升了行业从业人员的反恐处突能力。

校企合作助力"双11"旺季服务保障工作

为做好2017年"双11"旺季服务保障工作,贵州省快递业新增5000余人,其中近1000人为来自贵州大学、贵阳交通职业技术学院、贵阳职业技术学院等当地院校的大学生,约占全行业新增人员的两成。贵州省邮政管理局表示,快递企业在服务旺季招聘使用在校大学生,有力地缓解了快递行业旺季"招工难"的问题;也有利于促进在校大学实习生增加社会实践,提高就业竞争力;可有效实现资源、人才共享,是形成校企优势互补、互利共赢、协调发展的有益尝试。引导推进校企合作的同时,贵州局密切关注并要求各企业要高度重视大学实习生的福利待遇问题,要严格遵守《中华人民共和国劳动法》相关规定,给予大学实习生合理的薪酬待遇,为实习生提供一个安全、舒适的工作环境,为提高互利共赢的校企合作打好坚实的基础。

贵州局举办全省规划政策及行业发展培训班

11月23日至24日,贵州省邮政管理局举办全省规划政策及行业发展培训班。全省邮政管理部门相关负责同志和企业代表50余人参加培训。培训期间,贵州局邀请了快递企业代表结合企业发展和经营特点,交流了各自的企业文化、战略部署及发展前沿;还邀请了贵州大学管理系教授结合党的十九大精神,对新时代快递物流业发展的新机遇作了专题讲座。

贵州局深入推动贯彻学习党的十九大精神

12月,贵州省邮政管理局召开全省邮政管理系统处级干部培训班,学习贯彻国家邮政局党组书记马军胜在国家邮政局党的十九大精神培训班上的重要讲话精神,抓住领导干部这一"关键少数",推动学习贯彻党的十九大精神往深里走、往实里走。贵州局党组书记作了动员讲话,强调要深刻领会"习近平新时代中国特色社会主义思想"这一马克思主义中国化最新理论成果,扎实推进全面从严治党、依法治邮和解决行业发展不平衡不充分三大实践,切实学懂、弄通、做实党的十九大精神。培训期间,贵州局还组织开展了学习党的十九大精神心得体会文章征集活动,收到心得体会20余篇。

贵州局专题学习党的十九大精神

12 月 28 日，贵州省邮政管理局党组书记宗永涛组织机关全体党员干部开展了题为“以党的十九大精神为指引　在新的起点上奋力推动贵州邮政业向更高质量、更有效率、更可持续发展”的党的十九大精神主题学习。宗永涛同志从党的十九大召开的时代背景和神圣使命，党的十九大的历史地位和重大意义两个方面就党的十九大精神的丰富内涵为大家做了深入的阐释。从以党的十九大精神为指引，在新的起点上奋力推进贵州邮政业向更高质量、更有效率、更可持续发展方面联系邮政行业改革和发展，重点从深化供给侧结构改革、实施乡村振兴战略、坚决打赢脱贫攻坚战、坚持新发展理念、有效维护国家安全五个方面给大家做了深入的剖析，并提出了“在新的起点上奋力推动全省邮政行业向更高质量、更有效率、更可持续发展！”这句振奋人心的行动口号。

云南省快递发展大事记

刘君副局长赴云南慰问邮政、快递企业职工

1 月 22 日，国家邮政局党组成员、副局长刘君一行到云南省机要通信局、昆明市邮区中心局机要室进行调研，实地察看了机要通信工作场所，并代表国家邮政局党组看望慰问一线干部职工，向他们致以新春问候和良好祝愿。期间，刘君还专程来到云南中通快递公司，亲切看望了奋战在一线的干部职工，并与大家亲切交谈。刘君表示，春节期间中通快递要合理安排人力物力，确保快递不停运，满足广大用户的寄递需求。同时，一定不能放松安全这根弦，要增强员工的安全意识，进一步采取有效措施，强化内部管控，严格落实“三项制度”，确保寄递渠道安全通畅，为广大用户提供安全、优质的寄递服务。国家邮政局人事司褚蔚副司长、普遍服务司李幼平副司长、云南省邮政管理局赵和玉局长、云南省邮政公司董文副总经理陪同慰问。

云南局召开 2017 年全省邮政管理工作会议

1 月 24 日，2017 年云南省邮政管理工作会议暨全省邮政管理系统党风廉政建设工作会议在昆明召开。会议学习传达了 2016 年全国邮政管理工作会议和全国邮政管理系统党风廉政建设工作电视电话会议精神，回顾总结 2016 年全省邮政管理工作，深入分析研判了今后一段时期行业发展形势，安排部署 2017 年重点任务。云南局党组书记、局长赵和玉作了题为“把握新机遇迎接新挑战　开拓云南邮政业改革发展新局面”的工作报告。全省各州市局领导，省局机关全体干部职工，省快递协会负责人共计 70 余人参加会议。

董华副省长调研省邮政业发展等工作

2 月 14 日，云南省副省长董华调研全省邮政业发展和邮政管理工作情况，对邮政行业改革发展工作提出了新要求。董华提出：一是要紧抓当前邮政业转型发展的关键时期，利用邮政自身优势，在做好普遍服务的同时，注重传统业务的延伸发展，将邮政业这个重要的现代服务业板块持续做大做强。二是着力培育电商业务发展新动能。邮政业要充分利用地区优势和邮政品牌价值，做好与大农业品牌的对接合作，打造具有云南特色的产品，助力农村电商业务的发展。三是要严守安全底线，将安全监管放在突出位置，完善邮政安全保障体系建设，确保行业安全稳定运行。云南省政府副秘书长、省邮政管理局、省邮政公司相关领

导陪同调研。

云南局就快递服务质量约谈部分企业

2月，云南省邮政管理局针对申诉率连续三个月超过预警红线的个别企业进行行政约谈，要求快递企业对服务质量存在的问题开展自查并进行整改。通过对申诉内容的分析整理，云南局要求对存在快件丢失延误、申诉存在虚假答复、申诉处理不及时3个突出问题的快递企业作出具体解释和答复。并提出进一步加强整改的四个要求。被约谈快递企业负责人表示，将严格按照此次约谈整改的要求，及时进行本企业自查整改，不断提升管理能力，加强快递服务质量，维护好用户的合法权益。

全国两会寄递安全保障工作联合督导组到德宏督导检查

全国两会召开期间，为确保寄递渠道安全保障工作，由公安部、国家安全部、国家邮政局组成的第三联合督导检查组对德宏州进行2017年全国两会寄递安全保障工作进行专项督导检查。督导检查组一行随机抽查了芒市部分快递网点，实地开展现场检查，并通过明察暗访对芒市仙池路中通、圆通两家快递企业收寄网点进行禁寄物寄递测试。通过检查和测试，督导检查组对德宏州认真落实“3个100%制度”工作给予了充分肯定和高度评价。州综治办、州国家安全局、州公安局治安支队、禁毒支队、州邮政管理局相关人员参加了会议。

云南局举办2017年邮政市场监管培训

3月，云南省邮政管理局举办全省邮政市场监管培训。深入贯彻落实了2017年全国邮政市场监管工作会议和全省邮政管理工作会议精神，简要回顾总结云南省2016年邮政市场监管工作，部署2017年工作任务。全省16个州(市)局相关负责人共40余人参加培训，云南局副局长荣蓉出席并做重要讲话。培训重点对营造良好行业发展环境、认真履行监管职责、全力保障寄递渠道安全等方面的工作做了深入的分析，并就2017年市场监管工作重点工作提出四点要求。

云南局举行全省邮政管理系统新闻宣传培训

3月30日至31日，云南省邮政管理局在昆明举办了全省邮政管理系统新闻宣传和政府网站建设培训班，云南局机关各处室相关同志、各州(市)局办公室主任和相关工作人员共40余人参加培训。培训班组织学习了《2017年全省邮政管理系统新闻宣传工作要点》的具体内容，并就新闻宣传和政务信息的相关知识进行了讲解。对2016年度新闻宣传工作先进集体进行了表彰。曲靖、迪庆、西双版纳等州(市)邮政管理局分别就新闻宣传工作经验进行了交流，其他各州(市)局对如何做好新闻宣传工作进行了讨论。

云南省邮政业发展“十三五”规划出台

3月，《云南省邮政业发展“十三五”规划》出台。《规划》科学系统地描绘了“十三五”行业发展蓝图，为未来五年行业改革发展提供了纲领性文件。《规划》聚焦行业改革发展、普遍服务体系网络建设、农村电商发展、提高快递竞争力、提升国际化水平、促进关联产业融合发展、提升邮政行业监管效能等七个方面的主要任务，从普遍服务均等化水平提升、邮政机要通信建设、农村邮政寄递网搭建、邮政业“上机上铁”、快递物流园区建设、邮件、快件末端配送提升、面向南亚、东南亚的邮件、快件进出境通道、交邮合作和寄递渠道安全监管“绿盾”等九个方面的重大工程发力，全力助推我省邮政业在发展规模、服务水平、创新能力和竞争实力上实现跨越，建成与小康社会相适应的现代邮政业。

赵和玉局长赴曲靖检查指导邮政业工作

3月31日，云南省邮政管理局局长赵和玉一行4人深入曲靖圆通分拨中心，圆通、中通快递麒麟营业室和邮政分公司沾益营业室，检查指导邮政业寄递安全和邮政普遍服务工作。赵和玉对曲靖邮政企业近年来开展普遍服务工作和邮政行业发展取得的成绩给予了肯定。对下一步的工作，赵和玉要求：曲靖市邮政管理局要继续立足行业监管职责，认真做好邮政普遍服务和邮政市场监管工作，特别要做好邮政机要通信安全和邮政业寄递安全工作，积极推进建制村直接通邮工作，继续争取地方政府支持邮政业的发展。曲靖邮政管理局负责同志陪同检查。

加快邮政和快递业发展被纳入省“十三五”综合交通发展规划

4月，云南省人民政府印发《云南省“十三五”综合交通发展规划》，明确提出将加快邮政和快递业发展作为全省综合交通建设的主要工作任务。《规划》明确，加快邮政和快递业发展，就要改造提升邮政基础设施，打造邮政综合服务平台，推进云南省邮政速递物流跨境电商服务体系建设。要强化交通和邮政融合发展，促进快递城乡普惠发展和产业链协同创新，积极开通国际邮政服务。要完善寄递渠道安全监管“绿盾”工程，推进邮政业“上机上铁”工程；推动昆明新机场航空邮件处理中心二期工程和昆明市一级快递作业枢纽以及曲靖市、大理州、普洱市思茅地区、红河州三级快递业作业枢纽等。要实施县级邮政普遍服务和机要基础设施建设。

云南局省部署“两学一做”学习教育常态化制度化

5月18日，云南省邮政管理局召开“两学一做”学习教育常态化制度化动员部署会议。云南局党组书记、局长赵和玉出席会议并作动员讲话，党组成员、副局长、纪检组长戴猛主持会议，全局党员干部职工参加会议。会上，戴猛传达了习近平总书记关于推进“两学一做”学习教育常态化制度化重要指示，对中共云南省邮政管理局党组《关于推进“两学一做”学习教育常态化制度化的实施方案》具体内容进行了深入解读。赵和玉要求，全体干部要从讲政治的高度充分认识推进“两学一做”学习教育常态化制度化的重大意义，把握好“两学一做”学习教育常态化制度化关键要点，扎实有效推进。一是要强化政治思想建设。二是要加强组织领导，精心组织实施。三是要规范支部建设，坚持落实“三会一课”制度。四是建立长效机制，注重典型引领。

大理州远航快递物流园区全面开工

5月，大理州快递物流园区主体工程全面开工，这标志着大理州快递物流园区建设将进入全新阶段。园区位于大理州大理市海东新区核心区域，毗邻大理机场，总占地面积50.39亩，年内将完成投资8000万元。根据工程进度测算，全面开工后预计60天完成园区主体建筑施工，90天完成园区整体建设，120天完成企业入驻并正式运营。大理州快递物流园区作为行业的交易平台、服务平台和形象平台，建成后将打破传统单一型物流园区开发的模式，采取电子商务交易、存储、配送、办公多功能混合互动模式，实现多业态积聚效应。届时，园区年吞吐快件量将达到1000～1500万件，带动就业800余人。

云南局党组印发《关于推进“两学一做”学习教育常态化制度化的实施意见》

5月，中共云南省邮政管理局党组印发《关于推进“两学一做”学习教育常态化制度化的实施方案》，就认真贯彻落实习近平总书记关于推进“两学一做”学习教育常态化制度化的重要指示精神，深入贯彻落实《中共中央办公厅印发〈关于推进“两学一做”学习教育常态化制度化的意见〉的通知》要求，推进全省系统“两学一做”学习教育常态化制度化作出部署。

西双版纳州勐海县电子商务运营中心揭牌

按照国家兴边富民政策的导向，为全力推进农村电商在勐海县的发展，积极打造勐海县农村电子商务生态链，勐海邮政公司与县商务局签订《农村电子商务建设框架协议》，由邮政企业共提供2250平方米的物业用房，10个乡镇网点用于建设1个电商运营中心以及10个农村电子商务服务站，搭建县乡两级电商服务体系。6月，西双版纳州勐海县电子商务运营中心正式开业揭牌，标志着勐海电商进入发展新时代。该中心设置有体验中心、培训中心、溯源中心、产品设计中心、企业孵化、农产品仓储配送中心，并以此为依托，搭建起了邮乐勐海馆电商平台，在运营中心销售的勐海各乡镇的特产同步在邮乐网、版纳人家微信服务号等电商平台上线，实现线上线下同步展示和销售。

省寄递物流调研组赴临沧调研

7月3日至4日，由云南省公安厅治安总队处长为组长、省综治办、省邮政管理局、省交通厅组成的省寄递物流调研检查组一行7人，对临沧寄递物流安全管理工作进行督促检查。通过明察暗访、听取汇报、座谈交流等方式，调研检查组对临沧市寄递物流落实三项安全管理制度工作取得的阶段性成效给予了充分的肯定，并要求临沧局在今后的工作中严格落实各项寄递物流工作措施的同时，要继续加强组织领导，保持齐抓共管的监管合力。同时，要继续创新监管方式，做好“扎口子”的工作，从严监管，营造公平、公正、公开的执法环境，倒逼企业做好寄递渠道三项制度工作的落实，并深入开展矛盾纠纷化解工作，确保寄递渠道安全畅通，力保党的十九大的顺利召开。

邢小江副局长赴玉溪调研快递经营发展

7月9日，国家邮政局副局长邢小江等一行5人到玉溪就快递经营发展情况进行调研。调研中，邢小江一行5人到澄江中通和澄江圆通进行实地考察，认真听取了快递企业就贯彻落实寄递三项安全管理制度、绿色包装和农产品进城等方面工作开展情况。同时，对安易递实名收寄信息系统使用情况和企业经营发展情况进行了充分了解。邢小江希望快递企业要增强安全生产责任意识，提高管理水平，加强与电商企业的合作，加快融入农村电商体系，促进快递业与现代制造业、旅游业等相关产业的协同发展，积极拓展新的业务领域，不断提高企业服务能力和水平，提高市场占有率，扩大行业规模，促进行业转型升级。云南省邮政管理局和玉溪市邮政管理局相关领导陪同调研。

邢小江副局长一行赴红河调研

7月，国家局副局长邢小江一行到红河开展调研工作。调研期间，邢小江对红河州邮政管理局开展的一系列工作和红河州快递行业发展获政策利好表示肯定，并提出三点工作要求：一是要继续努力，为红河州快递业发展营造良好的发展环境，切实做好发展规划，与当地政府做好沟通衔接，保障《红河州人民政府促进快递业发展实施意见》逐步落实；二是要进一步加强市场监管，特别是红河州特殊的地理位置决定了安全问题是重中之重；三是要做好红河局建设基础性工作，进一步加强日常管理及干部队伍素质提高工作，坚决按照党中央、国务院和国家局的部署，完成工作任务。邢副局长一行还前往红河州建水县对建水县邮政分公司、圆通快递网点、中通快递网点进行调研，并实地指导工作。

云南局召开2017年快递服务质量提升联席会议

8月，云南省邮政管理局召开2017年快递服务质量提升联席会议。针对上半年快递服务比较突出的延误、投递服务、丢失短少等几个问题，云南局提出整改意见，并通过理论和实际案例相结合的方式，进行消费者申诉的规范与技巧培训，提高客服人员的业务技能和工作能力。为引导企业妥善解决丢失、损毁赔偿难的难题，会议专门安排3家企业介绍快递保险理赔机制，为其他企业解决难题提供了实践经验。而专业律师在快件赔付方面的法律解读，打开了企业的另一个视野。2家企业的科技手段提升服务质量的经典案例分享也让大家感叹行业的发展迅速。

江明发主任赴昆明开展寄递安全专项督导检查

10月，国家邮政局邮政业安全中心主任江明发一行赴昆明市对党的十九大寄递渠道安全保障工作进行督导检查，云南省邮政管理局、昆明市邮政管理局相关同志陪同。检查过程中，江明发主任听取了昆明局关于党的十九大邮政业安全监管工作情况汇报，对昆明局创新市场监管模式、强力推进“三个100%制度”落实、有效推进实名收寄信息化等工作给予了充分肯定。

大理远航快递物流园区开园入驻

11月1日，位于大理海东新城的远航快递物流园区举行企业首期入驻仪式，标志着大理远航快递物流园区正式开园。大理州政协副主席、海开委党组书记、主任杨志东，云南省邮政管理局副局长出席仪式。该园区是经大理海东开发管理委员会审批，由大理远航商务信息有限公司作为投资平台承建，大理州邮政管理局、大理州快递行业协会协调推动的具有标准化、信息化，智能化功能的现代物流园区。总占地面积50.39亩，建筑面积32419平方米，工程建设总投资8600万元。园区于2017年6月23日启动建设，2017年11月主体工程竣工。园区正式投入运营后，将入驻快递分拨中心、快递公司电子商务公司超过20家，年快件进出量将达到2000万件，预估实现产值16亿元，GDP增加值6亿元，解决就业1500人。同时，远航快递物流园区将借助“园区＋招商＋电子商务＋现代物流＋资本运营”的高效模式，逐步发展成为滇西乃至云南省一流的示范性综合快递物流园区。

云南局多措并举做好“双11”旺季新闻宣传工作

11月13日至14日，云南省邮政管理局、昆明市邮政管理局联合云南电视台、云南日报、云南广播电台、昆明电视台、昆明日报、春城晚报、都市时报、昆明信息港等近10家省市主流媒体，深入快递分拨中心和网点一下开展现场参观采访，积极开展“双11”新闻宣传工作。云南局高度重视全省行业宣传工作，从三个方面着力：一是提前布置，加强媒体联络，营造良好宣传环境；二是引导快递企业，共同做好新闻舆论导向；三是突出重点亮点，提升新闻宣传效果。

广州市委政法委考察团赴昆明考察

12月，广州市委政法委考察团就寄递渠道安全监管工作赴昆明市开展学习考察，昆明市委政法委、市综治办、市邮政管理局相关领导陪同实地考察。考察团一行实地考察了昆明韵达快递分拨中心，现场查看了分拨中心快件过机安检、自动化分拣以及企业安全管理等情况。昆明局向考察团具体介绍了昆明市邮政业安检机配备、过机安检、实名收寄信息化等“三项制度”贯彻落实以及行业规模和发展等方面的情况。在座谈交流时，昆明局就强力推进“三项制度”贯彻落实、全面开展党的十九大寄递渠道安全保障、高频次组织开展执法检查行动、加大行政处罚力度、总结创新监管工作方式等情况与考察团进行了广泛而深入的交流和研讨。考察结束后，广州市委政法委考察团表示，希望通过此次考察，两地能进一步加强交流学习与业务合作，更好地维护两地寄递渠道安全，促进两地邮政业快速健康发展。

西藏自治区快递发展大事记

西藏局传达学习贯彻全国邮政管理工作会议精神

1月10日，西藏自治区邮政管理局组织全体干部职工召开专题会议，认真传达学习2017年全国邮政管理工作会议精神。会议深入传达学习了李小鹏部长关于邮政管理工作的重要指示和马军胜局长等国家局领导在全国邮政管理工作会议上的重要讲话精神。会议结合西藏实际，就贯彻落实全国邮政管理工作会议精神提出要求。一是全区邮政管理系统要切实把全系统干部职工的思想、行动统一到此次会议精神上来。二是全面落实国家邮政局“打通上下游、拓展产业链、画大同心圆、构建生态圈”工作思路，认真研究2017年工作，进一步提高工作的主动性、科学性、创新性。三是切实提高抓落实的能力水平。四是全面加强党的建设工作。

西藏全面部署“三个100%”制度贯彻落实工作

1月，由西藏自治区综治办牵头，召开全区寄递物流“三个100%”制度贯彻落实工作座谈会。全区邮件、快件寄递安全管理工作协调小组成员单位及24家主要寄递企业负责人参加了会议。会议传达学习了全国寄递物流“三个100%”制度贯彻落实工作视频会议及自治区主要领导的重要批示精神，安排部署了全区下一阶段寄递物流企业贯彻落实“三个100%”制度工作。会议要求，一要提高思想认识，全力确保寄递物流渠道安全稳定。二要规范操作规程，严格执行“三个100%”制度。三要强化督导检查，全面落实“三个100%”制度。

西藏局安排部署全年寄递行业安全生产工作

1月，西藏自治区邮政管理局组织召开全区二十四家寄递品牌企业安全生产工作会议，对春节、藏历新年以及2017年寄递行业安全生产工作进行安排部署。会上，西藏局与各寄递企业负责人签订了《2017年度西藏自治区邮政业安全保障建设责任书》和《2017年度西藏自治区邮政业消防安全责任书》，并要求企业依法履行安全生产主体责任，严格落实各项安全防范措施，全面推进“收寄验视＋实名收寄＋过机安检”三项制度100%落实到位，确保全区寄递渠道安全畅通。西藏局表示，将紧抓行业安全生产不放松，确保全区寄递业安全、平稳、健康运行。

西藏局召开2017年全区邮政管理工作会议

1月17日，西藏自治区邮政管理局召开2017年全区邮政管理工作会议。西藏局全体干部、7个市(地)邮政管理局领导，区邮政公司、邮政速递物流公司领导及各民营快递企业负责人参加了会议。会议认真传达学习了全国邮政管理工作会议精神；与各市(地)邮政管理局签订了《保密工作责任书》《综治工作责任书》。西藏局局长焦伟在工作报告中系统回顾了2016年工作情况，全面部署了2017年工作。会议要求，2017年全区邮政管理系统要全面落实《国务院关于促进快递业发展的若干意见》和《邮政业发展“十三五”规划》，贯彻落实国家邮政局“打通上下游、拓展产业链、画大同心圆、构建生态圈”工作思路，扎实开展好邮政管理各项工作。

西藏局首次举行宪法宣誓仪式

1月18日，西藏自治区邮政管理局首次举行宪法宣誓仪式，局党组书记、局长焦伟监誓，九名2016年新任职同志在国旗下对着《中华人民共和国宪法》庄严宣誓："我宣誓：忠于《中华人民共和国宪法》，维护宪法权威，履行法定职责，忠于祖国、忠于人民，恪尽职守、廉洁奉公，接受人民监督，为建设富强、民主、文明、和谐的社会主义国家努力奋斗！"西藏局全体干部、七个市（地）邮政管理局领导列席。西藏局要求全区邮政管理系统干部职工：一要坚决维护宪法权威，二要依法全面履行职责，三要自觉接受监督。

西藏局传达学习贯彻全国邮政管理系统党风廉政建设工作电视电话会议精神

1月23日，西藏自治区邮政管理局组织召开专题会议，传达学习贯彻全国邮政管理系统党风廉政建设工作电视电话会议精神，全面总结全区邮政管理系统2016年党风廉政建设和反腐败工作，认真安排部署2017年工作。各市（地）邮政管理局主要负责同志、西藏局全体干部以及社会特邀监督员代表参加了会议。会议传达学习了国家邮政局马军胜同志和驻交通运输部纪检组副组长丹向东同志的重要讲话精神，明确了西藏邮政管理系统2017年党风廉政建设和反腐败工作总体要求。

提出大力发展商贸物流业和电子商务

1月，西藏自治区召开全区经济工作会议，总结2016年经济工作，分析当前经济形势，部署2017年经济工作。会议明确，要大力发展商贸物流业，着力构建功能完善、布局合理、时尚现代的商贸物流体系，推进拉萨物流中枢和区域性物流中心建设，引导扶持商贸物流向农牧区延伸。大力发展电子商务、养老健康、文化创意等现代服务业，不断拓展服务业层次、提高服务水平。西藏局表示，将积极跟进、主动作为，服务全区经济社会发展大局，推动全区邮政业实现健康、快速、稳定发展，加快推进与西藏小康社会相适应的现代邮政业建设步伐。

西藏自治区党委书记提出要加快推进农村电商发展

1月，西藏自治区召开全区农村工作会议，深入贯彻中央农村工作会议和自治区第九次党代会、全区经济工作会议精神，总结"三农"工作，分析农牧业农牧区形势，部署当前和今后一个时期的农牧业农牧区工作。会上，区党委书记吴英杰提出，要促进融合发展，大力培育新产业新业态。要加快推进农村电商发展。大力实施"互联网+现代农业"行动，开展电子商务进农牧区综合示范，推动商贸、供销、邮政、电商互联互通，加强从村到乡镇到县（区）的商贸、物流体系建设，完善农畜产品流通网络等。

西藏局扎实做好春节期间邮政业安全生产工作

2017年春节期间，西藏局高度重视寄递渠道的安全生产工作，认真落实习近平总书记、李克强总理关于加强春节期间安全管理工作的重要指示批示精神和国家邮政局《关于做好2017年元旦春节期间寄递服务保障和安全生产工作的通知》精神，按照自治区安全生产相关要求，明确措施、落实责任、加强监管，保障了全区邮政业平稳运行和寄递渠道安全畅通。一是切实提高思想意识，二是清晰明确目标要求，三是加大节前安全生产检查力度，四是严格执行二十四小时带班值班制度。

西藏局积极开展精准扶贫脱贫攻坚工作

按照自治区关于开展精准扶贫脱贫攻坚工作的部署要求，西藏自治区邮政管理局驻帕羊镇达热村（位于西藏日喀则市仲巴县，县驻地海拔4772米，县境内平均海拔在5000米以上）工作队结合实际，创新思路，扎实开展2017年脱贫攻坚工作。2月，工作队组织村"两委"成员召开会议，会议决定整合使用2016年至2017年度办实事经费，按照草畜平衡原则，从本村购买三百只成年母羊，以承包方式分配给首批六户建档立卡贫困家庭用于脱贫增收，并做好后续脱贫程序认定及基础母羊收回再分配工作。

西藏局部署全国两会期间寄递服务工作

3月，西藏自治区邮政管理局召集快递品牌企业负责人召开专题会议，认真部署两会期间寄递服务和安全保障工作。一是传达学习《国家邮政局关于做好全国两会期间邮政、快递服务和安全工作的通知》精神；二是要求企业认清形势，强化大局意识和责任意识，进一步明确做好两会期间寄递服务和安全保障工作的重要意义；三是要采取强有力措施，全力以赴保障全国两会期间寄递渠道安全；四是要求快递企业严格落实寄递安全“三项制度”；五是要加强“两会”期间应急管理，遇有问题要及时处置，同时报告所属邮政管理局和相关部门。六是要求各快递企业认真履行安全生产主体责任，切实做好寄递服务与安全保障工作。

西藏局深入开展慰问活动和驻村调研工作

3月，西藏自治区邮政管理局组派工作组深入日喀则市仲巴县帕羊镇达热村开展慰问活动和驻村调研工作，工作组由西藏局党组成员、纪检组长、副局长周义文带队，仲巴县委组织部领导陪同参加。工作组看望慰问了村委会领导班子和驻村工作队，随后通过座谈调研、检查了解、听取汇报等方式了解驻村工作队的工作开展情况。周义文代表西藏局党组要求，驻村工作队要牢记使命、不负重托，做好各项驻村工作，树好邮政管理驻村工作队形象，确保出色完成党和人民赋予的重大任务。

西藏局传达贯彻全国邮政市场监管工作会议精神

3月，西藏自治区邮政管理局召开专题会议，传达贯彻全国邮政市场监管工作会议精神，并对有关工作进行安排部署。一要迅速传达会议精神。切实把思想、行动统一到会议精神上来，进一步明确发展目标、坚定发展信心、凝聚发展合力。二要突出重点抓落实。按照全国邮政市场监管工作会议部署，结合各地实际，研究部署各地市场监管工作，进一步明确工作目标，认真抓好落实。三要全力保持行业良好发展态势。不断加强市场监督管理，全力确保行业运行安全，同时狠抓督促检查，确保圆满完成各项目标任务、促进行业健康发展。

西藏局认真学习贯彻全国两会精神

3月，西藏自治区邮政管理局召开全体干部职工会议，传达学习刚刚闭幕的全国两会精神，主要包括政府工作报告、习近平总书记在两会期间的讲话及李克强参加西藏代表团审议时的讲话精神。会议认为，两会集中展现了国家各方面工作的新局面新成就，彰显了代表委员认真履职参政议政的高涨热情，是一次民主、团结、求实、奋进的大会。会议要求全体干部职工要认真学习、深刻领会，把思想和行动统一到中央对形势的分析判断和重大决策部署上来，紧紧结合行业实际，重点做好以下三个方面工作。一是转作风，提高工作效率。二是通过多渠道领会两会精神，提升管理效能。三是把握“安全、服务、时效”三个关键，推动我区邮政业健康发展。

西藏局对寄递企业规范运营工作进行再安排再部署

4月，西藏自治区邮政管理局组织召开专题会议，对各寄递企业规范运营工作进行了再安排再部署。会议学习传达了《马军胜同志在加盟制快递企业主要负责人座谈会上的讲话》精神以及国家机关公文寄递管理、快递行业规范管理等相关文件精神，并对寄递行业实名收寄信息系统推广应用工作进行了总动员。西藏局要求，各寄递企业要深刻领会贯彻落实讲话和文件精神，着力解决末端网点、一线员工不稳定的问题，加强企业依法依规运营，并按照邮政管理部门要求有序推进寄递行业实名收寄信息系统推广应用工作。

进一步安排部署寄递物品安全运营工作

4月，西藏邮件快件寄递安全管理工作协调小组办公室下发《关于落实寄递物品安全运营有关工作的通知》，对全区各寄递企业落实行业安全运营有关工作进行再安排再部署。《通知》要求，各寄递企业一要严格履行法定义务，落实寄递物品安全运营责任；二要以全面落实寄递安全"三项制度"为抓手，严防危害国家安全、公共安全和社会稳定的危险物品进入寄递渠道；三要主动配合监管部门工作，依法提供有关便利条件；四要进一步完善寄递物品信息化管理措施；五是提示社会公众依法使用寄递服务。

西藏局进一步安排部署寄递行业安保工作

4月，西藏自治区邮政管理局召开专题会议，深入学习传达全国邮政市场监管工作会议精神，并对实名收寄信息系统推广应用和党的十九大安保工作进行了安排部署。会议要求，全区各寄递企业一要深入贯彻落实全国邮政市场监管工作会议精神，突出工作重点，明确工作目标，认真抓好落实，全力保持行业良好发展态势。二要深入贯彻落实安全生产"三项制度"，自2017年五月起在全区七市(地)全面落实实名收寄信息系统推广应用工作，确保实现全区寄递行业实名收寄信息化全覆盖。三要落实安全生产主体责任，做好邮件、快件在各环节的全面检查，以优异成绩迎接党的十九大的胜利召开。

西藏局党组召开理论中心组学习会议进行普法教育

4月14日，西藏自治区邮政管理局召开党组理论中心组学习扩大会，局党组书记、局长焦伟主持，会议邀请了法律顾问就宪法、民族区域自治法、邮政法等相关法律法规进行了授课。通过此次授课，进一步增强了西藏局干部职工的法律意识，提升了干部职工在工作、生活中如何运用法律知识的能力。会议强调，作为邮政监管部门，在加强监管、严格执法过程中，要牢固确立法律红线不可逾越、法律底线不可触碰的观念，不违法行使权力，更不能以权压法、徇私枉法，要公正执法，要在今后的工作中，严格按照法律程序进行执法活动，为西藏邮政业创造风清气正的环境。

西藏局开展"全民国家安全教育日"法制宣传活动

4月15日，西藏自治区邮政管理局组织开展了2017年"全民国家安全教育日"法制宣传活动。活动现场以与人民群众面对面交流咨询、发放彩页等形式宣传安全生产及邮政业法律法规知识，向过往的市民宣传安全生产的重要性，提升全民的安全生产意识。此次法制宣传活动，共发放宣传资料五百余份，促进了人民群众对邮政行业的了解以及维护自身合法权益的意识，取得了良好的效果。今后将更加广泛地开展有关法制宣传的各种活动，拓宽宣传渠道，让社会大众参与关注邮政业的安全发展情况，进一步提升行业发展水平。

西藏局组织召开"十三五"规划宣贯培训

4月20日至21日，西藏自治区邮政管理局组织召开了"十三五"规划宣贯培训班，各市(地)邮政管理局负责规划的同志参加了培训。培训传达学习了国家邮政局局长马军胜关于"十三五"规划宣贯工作的历次批示精神和国家邮政局副局长邢小江在邮政业规划宣贯实施工作座谈会上的讲话精神；详细介绍了《邮政业发展"十三五"规划》《快递业发展"十三五"规划》等重点内容；安排部署了2017年全区邮政业规划宣贯重点工作。西藏局表示，下一步将充分发挥各市(地)邮政管理局在"十三五"规划宣贯工作中的基础性作用，促进全区邮政业全面协调可持续发展。

西藏局积极开展"送法进企业"活动

5月26日，西藏自治区邮政管理局组织召开拉萨片区邮政、快递企业普法培训班。此次普法培训班以切实提高企业负责人及职工的法律意识为宗旨，专门邀请西藏伟豪律师事务所专家授课，就提高企业依法决策、依法管理水平，引导企业诚信守法和依法维权，落实企业安全生产主体责任，规避经营性风险进行了认真细致的讲解。西藏局表示，将进一步从源头上夯实法治邮政基础，对各种影响企业和谐稳定发展的社会矛盾、法律纠纷做到早控制、早解决，全面学习和借鉴"枫桥经验"，做到"小事不出企、大事不出市、疑难纠纷不出区、矛盾不上交"，努力为全区邮政业发展营造良好的法治氛围。

拉萨市实现县级区域快递业务普及全覆盖

5月底，当雄县快递便民服务点的建立，拉萨市率先在西藏自治区实现了县级区域快递业务普及全覆盖的工作目标。

西藏局开展寄递行业安全生产专项督导检查工作

6月，西藏自治区邮政管理局组成专项督导检查组，利用一个月时间赴全区七市(地)对寄递企业安全生产工作情况进行了专项督导检查。此次检查涵盖了全区七个市(地)二十四个寄递品牌，重点对企业寄递安全"三项制度"落实情况、实名收寄信息系统推广应用情况以及安全生产台账建立情况进行了检查。通过检查，深入了解了全区寄递市场的安全生产现状和存在问题，并针对问题提出六点要求：一是认真整改此次检查中发现的问题；二是100%落实寄递安全"三项制度"；三是加大隐患排查和专项整治力度；四是加强安全生产台账建设；五是把安全生产作为长期、重点工作抓实抓好；六是认真做好安全生产经验做法的推广工作。

西藏局在全区范围内开展邮政业"安全生产月"活动

6月，西藏自治区邮政管理局下发《2017年西藏自治区邮政业"安全生产月"活动方案》，在全区范围内开展邮政业"安全生产月"活动。此次"安全生产月"活动主要内容为：开展主题宣讲进企业活动，开展"企业家谈安全生产主体责任"和"安全监管干部谈企业安全生产主体责任"活动等。西藏局要求，要切实把"安全生产月"活动与落实安全监管工作职责结合起来，与防范遏制重特大安全生产事故结合起来，与行业内各项专项整治行动结合起来，深入各寄递企业从严督导落实，努力把邮政业安全生产工作做扎实，巩固行业安全稳定的良好局面。

西藏局组织开展全区邮政业标准化业务宣贯培训

7月10日至12日，西藏自治区邮政管理局组织开展全区邮政业标准化业务宣贯培训，各市(地)邮政、快递企业四十多人参加了培训。此次培训特地从专业的科研机构邀请了经验丰富的专家进行授课。授课老师介绍了全区的经济形势和重大政策部署，并通过大量统计数据和生动的案例深入浅出地讲解了企业开展科技标准建设的意义。西藏局指出，当前科技标准工作已成为邮政业不断提高技术水平、提质增效的重要途径，企业标准化建设工作是推动全区邮政业健康发展的一项重要举措，希望各企业对此要引起足够的重视，积极配合共同做好企业标准化建设工作。

西藏局传达贯彻全国集中开展易制爆危险化学品和寄递物流专项整治行动动员部署会议精神

7月19日，西藏自治区邮政管理局召开专题会议，会议传达学习了7月18日全国集中开展易制爆危险化学品和寄递物流专项整治行动动员部署电视电话会议精神，特别是刘君副局长的讲话精神，就当前至年底寄递渠道安全管理工作进行专题研究，为党的十九大胜利召开构筑坚固的寄递渠道安全防线。会议要求，要认真贯彻落实电视电话会议精神，扎实做好当前至党的十九大前后寄递渠道安全管理工作。一要提高认识，二要加强领导，三要明确责任，四要全面排查，五要突出重点，六要密切协作。

京东拉萨仓储物流园区一期工程投入运营

7月，京东在拉萨市堆龙德庆区羊达工业园区设立的仓储物流园区一期工程正式投入运营。京东拉萨仓的建立和运营结束了西藏没有电子商务物流中心的历史，不仅能为西藏消费者提供更及时的网购服务，而且其物流网络支撑也将更好地服务西藏当地企业。

西藏局安排部署全区邮政业汛期安全生产工作

7月，西藏自治区邮政管理局召开专题会议，安排部署全区邮政业汛期安全生产工作。全区各寄递企业负责人共计四十余人参加了此次会议。会议要求要牢固树立“安全生产是民生大事，一丝一毫不能放松”的理念，进一步强化红线意识、责任意识和风险意识，把做好汛期邮政业安全生产工作摆上突出位置，全力防范应对各类自然灾害引发的生产安全事故。西藏局要求：一是各寄递企业要严格落实安全生产主体责任制，切实抓好汛期安全生产工作。二要100%落实寄递安全“三项制度”，着力推进实名收寄信息系统推广应用。三要加强部门联动，关注各市地气象信息，做好提前预防。四要做好应急预案，确保发生突发情况能妥善处理。

西藏局举办2017年全区邮政业消费者申诉工作培训班

7月，西藏自治区邮政管理局在拉萨举办了2017年全区邮政业消费者申诉工作培训班，各市(地)邮政管理局分管领导、业务科室工作人员，各快递企业相关负责人和投诉处理工作人员参加了此次培训。西藏局要求，各寄递企业要对申诉突出问题及时整改，提高服务质量，加强客服人员的规范管理，从源头上降低申诉率，树立企业良好形象。各市(地)邮政管理局要加大市场检查力度，针对申诉率居高不下且不重视整改的企业，要寻根溯源加大检查力度，发现问题依法查处，切实维护消费者的合法权益。

赵晓光副局长调研西藏邮政业发展情况

8月7日至18日，国家邮政局党组成员、副局长赵晓光赴西藏就邮政业发展情况进行调研，并代表国家邮政局党组看望慰问当地邮政管理系统基层干部、邮政企业职工。调研中，赵晓光在与西藏自治区政府副主席甲热·洛桑丹增及有关部门负责同志座谈时，认真听取西藏区党委政府对邮政业发展的意见建议，对当地党委政府多年来对邮政业发展给予的大力支持和关怀表示衷心感谢，并表示将进一步推动邮政业在服务西藏地方经济社会发展上发挥更大作用。

西藏局深入落实国家邮政局邮政业安全综合整治会议精神

8月9日，西藏自治区邮政管理局组织机关和全区邮政、快递品牌企业负责人参加了国家局邮政业安全综合整治暨金砖会晤寄递安全服务保障动员部署电视电话会议西藏分会场会议，并对行业安全综合整治暨金砖会晤期间寄递安全服务保障工作进行了安排部署。一是要高度重视行业安全生产综合整治工作，自觉落实企业安全生产主体责任。二是要严格落实此次会议精神，制定安全隐患排查方案，深入开展行业自查自纠。三是要结合行业各项专项整治行动，细化工作任务目标，确保“金砖”会晤期间寄递行业安全运行。四是要加强对一线员工教育培训工作，从源头把好收寄关口,为党的十九大胜利召开营造安全稳定的寄递服务环境。

西藏自治区领导对寄递安全工作做出批示

8月18日,西藏自治区副主席、区党委政法委副书记、公安厅党委书记、厅长刘江在区综治办《关于召开全区邮件快件寄递安全管理工作协调小组联席会视频会议建议方案》上批示:“加强邮件寄递安全管理工作,事关人民群众生命财产安全,事关社会和谐稳定。当前党的十九大召开在即,做好各项维稳安保工作,确保党的十九大绝对安全,是摆在我们目前压倒一切的头等大事。”西藏自治区领导高度重视寄递渠道安全管理工作,一是务必高度重视,二是压实主体责任,三是细化防范措施,四是强化人员管理,五是严格责任追究。

召开全区邮件快件寄递安全管理工作协调小组联席会议

8月20日,西藏自治区综治办组织召开了“全区邮件快件寄递安全管理工作协调小组联席会视频会议”,就寄递渠道安全管理工作进行安排部署。自治区综治委副主任、区党委政法委副秘书长、区综治办主任、区维稳办常务副主任陈文强主持会议并作重要讲话。自治区各协调小组成员单位负责同志、相关处室负责人在拉萨主会场参加了会议;各市地协调领导小组成员单位负责同志参加了分会场的会议。陈文强对全区邮件快件寄递安全管理工作给予了充分肯定,并就下半年寄递渠道安全管理工作提出了工作要求。

西藏自治区人大常委会开展执法检查工作

9月11日至13日,西藏自治区人大常委会组成以人大常委会副主任李文汉为组长的执法检查组,对西藏自治区“一法一例”贯彻实施情况进行了执法检查,西藏自治区邮政管理局副局长王惠文陪同检查。检查组先后深入到拉萨市林周县、曲水县,贡嘎机场、区邮政公司、邮区中心局等地,实地检查了邮政普遍服务情况及全区邮政业发展面临的困难和问题。通过实地查看和了解情况,检查组指出:希望各单位要以此次执法检查为契机,认真学法,自觉守法,严格执法,主动普法,向全社会宣传,确保“一法一例”贯彻执行得到全社会支持和参与,为全区进一步改善和优化经济发展环境,促进经济平稳健康发展提供有力法治保障。

自治区人民政府出台政策利好邮政业发展

10月9日,西藏自治区人民政府下发《西藏自治区人民政府关于进一步促进服务业发展的实施意见》,意见提出要大力促进特色旅游、现代物流、商贸服务、文化体育等服务业发展。意见中重点任务之一为:大力提升现代物流发展水平。其中,提到要加快综合交通运输网络配套物流设施建设,做好运输场站、物流节点布局规划,促进各种运输方式无缝衔接和高效联运。以机场、城镇为节点,公路、铁路为网络,打造物流基础设施、电子商务、仓储配送平台,重点建设现代物流服务网络。

西藏局对党的十九大寄递渠道安保工作再部署再落实

10月10日,西藏自治区邮政管理局召开党的十九大寄递渠道安全服务保障工作推进会,对党的十九大寄递渠道安全服务保障工作进行再部署再落实。全区26家品牌寄递企业参加了会议。会议要求,各寄递企业一要认真自查全区安全生产各项工作安排部署的贯彻落实情况。二要强化安全生产主体责任落实。三要加强组织领导,细化工作方案和防范措施。四要严格遵守国家法律法规以及禁止寄递物品管理规定。五要及时妥善处理用户投诉等工作。六要加强应急值守和“零报告”制度。

甲热·洛桑丹增副主席调研邮政邮件寄递安全工作

10月16日，西藏自治区政府副主席甲热·洛桑丹增通过实地考察、听取汇报等形式对西藏自治区邮政邮件寄递安全工作进行了调研。甲热·洛桑丹增对西藏邮政系统寄递安全生产工作给予充分肯定。就做好党的十九大期间和今后一个时期邮政邮件寄递安全工作，甲热·洛桑丹增提出三点意见：第一，要切实增强责任感和紧迫感；第二，要层层落实领导责任；第三，要抓好各项措施的落实。

西藏局专题部署快递业务旺季服务保障工作

11月1日，西藏自治区邮政管理局召开专题会议，对西藏2017年快递业务旺季服务保障工作进行安排部署，西藏局、拉萨局，各寄递企业负责人和相关人员参加会议。会上，西藏局与各寄递企业签订了《西藏自治区2017年快递业务旺季服务和安全保障工作责任书》。会议要求，各寄递企业要认真贯彻落实党的十九大精神，统一思想，提高认识，以安全生产为本，提高能力储备，坚决打赢2017年快递业务旺季服务保障工作的攻坚战。

西藏局就三项违法行为约谈邮政企业

11月7日，西藏自治区邮政管理局针对邮政企业未严格落实过机安检制度、野蛮分拣、未按邮政管理部门要求如期报送有关资料的三项违法行为，依法对中国邮政集团公司西藏自治区分公司进行约谈。西藏局在约谈中指出了邮政企业的违法行为，要求邮政企业进一步提高安全生产意识，建立健全内部安全管理制度，形成界面清晰、责任明确、措施有效的安全管理长效机制，要求企业采取切实有效的整改措施，确保生产各环节的绝对安全。西藏局表示，将持续跟进邮政企业整改情况，并按照相关法律法规，严格依法履行邮政业监管职责，切实保障人民群众用邮权益、维护邮政业安全稳定。

西藏局扎实做好林芝6.9级地震邮政业应急处突工作

11月18日6时34分，西藏林芝市米林县(北纬29.75度，东经95.02度)发生6.9级地震。地震发生后，西藏自治区邮政管理局立即启动应急预案，召集突发事件应急领导小组会议对震后应急处置工作进行部署：一是采取有效措施确保干部职工和邮政业员工的生命财产安全。二是要求林芝市邮政管理局及时了解上报震后邮政行业运行及受损情况。三是做好震后寄递业旺季的服务安全保障工作。地震当日，西藏局第一时间向国家邮政局报告了《关于西藏林芝发生6.9级地震邮政行业运行情况报告》。

西藏局督导检查快递业务旺季服务保障工作

11月19日，西藏自治区邮政管理局分管局领导带队，深入圆通、中通、申通、汇通、韵达、天天等快递企业，督导检查“双11”快递业务旺季服务保障工作，拉萨市邮政管理局相关人员参与检查。检查组深入各公司分拨中心，详细了解进出港快件操作情况，重点查看发往地震灾区林芝方向的快件。检查组要求各企业要充分发扬“老西藏”精神，克服困难，坚决确保旺季服务保障工作平稳可控，面对业务量高峰期，充分做好人员、车辆、设备保障工作，全力应对分拣、派送重点环节，对于部分投递延误的快件要积极主动做好申诉受理工作，确保消费者合法权益。

西藏局举办政策法规业务培训班

11月，西藏自治区邮政管理局在拉萨召开政策法规业务培训班，集中培训学习现行邮政业标准，七市(地)邮政管理局及部分市(地)邮政、快递企业负责人参加了培训。西藏局全面梳理了日常工作中经常用到的具体业务标准，将标准规范中要求的流程、环节作出提示和说明，重点强调了邮政业标准对行业规范化发展的重要意义，同时向大家讲解了部分兄弟省份应用标准提升行业监管效能的案例，培训针对性强，实用性高。通过此次培训，企业对如何建立企业标准体系有了更深刻的认识，有利于在企业中掀起了一股人人学标准、人人用标准的高潮，为企业生产经营的提质增效注入了新活力。

西藏局举办2017年邮政业应急管理培训班

11月28日至29日，西藏自治区邮政管理局在拉萨举办2017年全区邮政业应急管理培训班并开展应急演练。七市（地）邮政管理局分管领导、业务科（室）负责人和邮政、快递企业安全生产负责人五十余人参加了培训演练。培训全面总结了2017年全区安全生产应急管理工作，并对2018年安全生产应急管理工作进行了安排部署；对安全生产应急预案和应急处置管理办法进行了详细解读；全体参训人员在消防、防爆专家的指导下进行了应急实战演练。此次培训增强了参训人员面对突发事件的应变、逃生等自我保护能力，加深了邮政监管人员和企业从业人员对邮政业应急管理处置工作的理解，进一步提高了各寄递企业从业人员安全生产意识和处置能力。

陕西省快递发展大事记

孙海伟局长出席邮政速递物流省分公司工作会

1月9日，陕西省邮政管理局局长孙海伟出席邮政速递物流公司省分公司2017年工作会并作重要讲话。孙海伟结合全国邮政管理系统2017年工作会议精神和我省快递业发展情况，对邮政速递物流公司省分公司提出明确要求。孙海伟强调，全面深化改革，引领我省快递服务普惠化；坚定发展信心，促进行业融合发展；坚持安全发展至上，实现邮政业可持续发展。

第八届中日邮政政策对话在西安举行

1月12日，第八届中日邮政政策对话在陕西西安举行。国家邮政局副局长赵晓光在对话前会见了由日本总务省邮政政策规划司司长安藤英作率领的日方代表团一行，就深化两国邮政之间交流，共同推动万国邮联改革，加强国际事务合作和促进全球邮政发展等话题交换了意见。对话期间，中方作了中国邮政业发展“十三五”规划、中国邮政服务农村电商做法、跨境电子商务趋势下寄递服务的发展、邮政业安全监管工作等情况的介绍，日方就日本邮政集团股票上市、邮政业务创新、普遍服务发展、跨境电商发展等方面作了发言交流。双方还就上述话题进行了深入的互动讨论。由国家邮政局办公室（外事司）、政策法规司、普遍服务司、市场监管司和陕西省邮政管理局有关负责人组成的中方代表团参加了本次对话。

赵晓光副局长在陕西调研

1月12日至13日，国家邮政局党组成员、副局长赵晓光利用在陕西参加第八届中日邮政政策对话之机，深入邮政、快递企业，邮政管理部门，就基层邮政管理工作、邮政普遍服务发展及邮快合作情况进行调研。陕西省邮政管理局局长孙海伟、商洛和铜川两市邮政管理局相关工作人员参加调研。

陕西局召开2017年全省邮政管理工作会议

1月19日至20日，2017年陕西省邮政管理工作会议在西安召开。陕西省邮政管理局党组书记、局长孙海伟作工作报告，党组成员、纪检组长、副局长康金官主持会议。陕西省编办、发展改革委、教育厅、工信厅、交通厅等部门的相关负责同志参加应邀出席会议。孙海伟强调,2017 年全省邮政行业要坚定政治立场,明确发展方向,不断把建设现代邮政业的伟大事业推向前进。全面加强党的建设,以伟大工程促进伟大事业发展;牢牢把握追赶超越目标,实现行业服务能力迈上新台阶;始终坚持改革创新,深入推进行业治理体系现代化。各市邮政管理局、省局机关各处室,邮政企业、主要快递企业负责人参加会议。

庄长兴副省长批示肯定全省邮政管理工作成效

1 月,陕西省副省长庄长兴对陕西省邮政管理局提交的《关于 2017 年全国邮政管理工作会议召开情况的报告》作出批示,指出全省邮政管理系统积极服务陕西经济社会发展,主动担当作为,圆满完成各项目标任务,尤其是快递业继续保持高速增长势头,支撑发展和服务民生的作用日益显现,实现了“十三五”良好开局。批示还对 2017 年省邮政管理工作提出希望,要全面落实国务院、省政府促进快递业发展的意见和“十三五”规划,充分激发陕西区位、交通和产业优势,更加注重补齐短板,更加注重安全监管,积极营造有利于行业发展的投资环境、政策环境和政务环境,促进邮政业快速、规范、安全发展,为助推陕西“追赶超越”作出新的贡献。

孙海伟局长调研寄递渠道联合执法检查情况

2 月 6 日,陕西省邮政管理局党组书记、局长孙海伟赴西安市公安局物流寄递犯罪侦查支队调研寄递渠道联合执法工作情况。孙海伟充分肯定西安市寄递渠道联合执法检查工作取得的成效,表示多部门通力合作、联合发力,积极开展联合执法检查是寄递渠道安全管理的新模式、新手段,有效地打击了违法犯罪、保障人民群众的合法利益,为行业发展保驾护航,还牢牢把住了全市寄递渠道打防管控的安全主动权。孙海伟强调,2017 年寄递渠道安全管理工作面临着新形势和新任务,各单位要细化目标、精心组织、周密部署、严格落实,进一步探索创新规范有效的工作模式和秩序,健全完善部门间责任协作机制,加大联合执法检查力度,强化寄递安全宣传教育,提高寄递企业和从业人员的法律意识,打造基层寄递安全管理网络,共同营造寄递安全良好环境,全面提升全行业维护公共安全的能力和水平。西安市物流寄递犯罪侦查支队、西安市邮政管理局相关工作人员参加座谈。

召开全省电商快递融合发展推进会

2 月 10 日,陕西省邮政管理局、商务厅联合召开全省电商融合发展推进会,进一步贯彻落实中省关于促进电子商务与快递协同发展精神,推进全省电商快递融合发展的进度与深度。陕西局局长孙海伟、省商务厅副厅长王国龙出席会议。孙海伟强调,电商快递融合发展已经成为新的产业增长点,只有全面推进电商快递物流融合发展,才能全面助推产业发展。王国龙充分肯定各市邮政管理局为推进电商快递融合发展所做的努力,以及全省各电商、快递企业为全省经济发展做出的贡献,两部门将为快递企业争取政策支持,为电商快递融合发展保驾护航。省商务厅、各市邮政管理局、陕西局相关工作人员及主要快递企业负责人参加会议。

陕西局约谈圆通速递在陕总部

2 月 17 日,针对多地媒体曝光圆通速递末端网点快件积压无人派送等问题,陕西省邮政管理局及时约谈圆通速递在陕总部相关负责人,详细了解陕西省圆通速递末端网点恢复生产和网络运营情况。陕西局要求圆通速递在陕总部要加大对基层加盟网点运行情况的关注力度,切实完善总部与基层的利益分配机制,加大企业员工关怀力度,妥善解决一线出现的问题。对于可能出现的异常现象,要有预案、有准备,如有问题发生,要按照应急管理要求,及时向当地邮政管理部门报告。与此同时,全国两会召开在即,陕西局还要求要严格落实“三个100%”制度，全力确保行业安全稳定。

陕西局部署落实快递末端网点稳定运营工作

2月20日，陕西省邮政管理局召集中通、申通、韵达、百世、天天等重点品牌快递在陕总部负责人通报各地媒体关于快递末端网点运营异常、快件大量积压等报道情况，传达国家邮政局关于快递末端网点稳定运营等相关通知精神。陕西局要求各品牌快递企业：一要妥善应对末端网点问题，支持帮助末端网点解决出现的问题，确保网络运转正常，快件收投有序；二要加强对基层加盟网点的管理力度，督促检查“三个100%”制度落实，全力做好全国两会等重要节点时期寄递行业安全稳定工作；三要强化员工教育培训，及时监测舆情，妥善处理各类突发应急事件，并及时上报安全信息。

开展雨雪天气期间邮政行业安全生产工作

2月，陕西省多地迎来不同程度雨雪降温天气后，陕西省邮政管理局及时下发《关于切实做好雨雪凝冻天气期间安全生产工作的紧急通知》，保障雨雪天气期间寄递渠道安全畅通。

国家发展改革委、国家邮政局调研陕西邮政业

2月22日，国家发展改革委、国家邮政局调研组在陕西调研邮政业发展情况。调研组鼓励骨干企业积极使用智能终端、自动分拣等技术装备，充分发挥安检设备作用，并进一步拓展现代信息技术在快递生产中的应用。省发展改革委、邮政管理局，西安市政府负责人陪同调研。

陕西局荣获全省2016年度社会信用体系建设先进单位

2月，陕西省社会信用管理办公室发出《关于表彰2016年度省级部门社会信用体系建设先进单位的通知》，陕西局荣获“2016年度社会信用体系建设先进单位”称号，两名同志荣获“2016年度社会信用体系建设先进个人”称号。

陕西局部署全国两会期间行业安全生产工作

2月，为切实做好全国两会期间陕西省邮政、快递服务和安全工作，为全国两会顺利召开创造良好的寄递环境，根据国家邮政局要求，陕西省邮政管理局及时安排部署两会期间行业安全生产工作。

出台推进农村一二三产业融合发展的实施意见

陕西省人民政府办公厅印发《关于推进农村一二三产业融合发展的实施意见》，着力构建农业与二三产业融合的现代产业体系。《实施意见》提出，大力发展农业新型业态，大力发展农村电子商务，加快农产品电子商务示范县建设，在全省80%以上县城设立农村电子商务示范中心，促进特色农产品销售，推进农业生产、经营管理和服务信息化建设。同时，统筹规划建设农村物流设施，逐步健全以县、乡、村三级物流节点为支撑的农村物流网络体系，加快完善农产品流通设施布局，建立健全以县、乡、村三级物流节点为支撑的配送物流网络体系，加快打造3~5个具有影响力的特色农产品集散中心、价格形成中心、物流加工配送中心。《实施意见》还明确，进一步强化组织保障，抓紧制定和完善相关规划、政策措施，密切协作配合，确保各项任务落实到位。

2017年省政府工作报告利好邮政业

2017年的陕西省政府工作报告在2017年十大工作任务中明确，大力发展县域经济，推进区域城乡协调发展。顺应消费升级需求提高县域服务业水平，大力发展金融服务、特色旅游等现代服务业，抓好知名电商引进和本地电商培育，支持农村电子商务、物流快递加快发展。报告还提出，加快建设电子商务平台、农村物流配送体系，加快城乡流通网络一体化建设，推动电子商务进农村、进社区。“支持农村电子商务、物流快递加快发展”被写入工作报告在陕西历史上尚属首次。

召开2017年全省邮政市场监管工作会议

3月9日至10日，2017年全省邮政市场监管工作会议在西安召开，陕西省邮政管理局党组成员、市场监管处处长薛威参加会议并讲话。会议传达学习全国邮政市场监管工作会议精神，总结回顾了2016年全省邮政市场监管工作，分析研判了当前面临的发展机遇与存在的问题，同时安排部署2017年邮政市场监管重点工作。会议解读了快递示范城市创建、快递服务现代农业、制造业、快递示范园区、快递末端网点管理、快递网点标准化建设等重点工作，对邮政用品用具生产监制流程及检查工作进行培训讲解。期间，先进市邮政管理局还作经验交流，与会人员围绕2017年重点工作任务目标开展集体讨论。

召开规范高校快递服务工作推进会议

3月30日，陕西省邮政管理局、教育厅联合召开规范高校快递服务工作推进会议。西安交通大学、西北大学、陕西师范大学、西安电子科技大学、长安大学等10余所重点高校后勤集团及顺丰、京东、圆通、百世等主要品牌快递企业参加会议。双方就建立共同配送站点、引进专业第三方等展开探讨，就创造条件实现快递进校园规范化服务达成共识，纷纷表示将进一步加强交流合作，全力以赴共同做好快递服务进校园工作，确保高校快递服务规范、安全、高效运行。

公布《中国(陕西)自由贸易试验区总体方案》

3月31日，国务院印发《中国(陕西)自由贸易试验区总体方案》。《方案》明确总体要求、区位布局、21项主要任务和四项保障措施，邮政业发展获政策支持。《方案》显示：按照共商、共建、共享的原则，构筑全方位立体化开放大通道，建设“一带一路”交通、商贸、快递物流中心。以生产链为纽带，促进西部地区在研发设计、生产销售和物流配送等环节的协同配合，支持西部地区企业通过跨区域兼并重组实现产业转型升级。鼓励跨国公司在自贸试验区设立地区总部、研发中心、销售中心、物流中心和结算中心。

召开快递与民航产业协同发展座谈会

4月6日，陕西省邮政管理局、民航陕西监管局联合召开快递与民航产业协同发展座谈会，进一步贯彻落实《陕西省邮政管理局　民航陕西安全监督管理局关于促进快递与民航产业协同发展的意见》精神，持续巩固和推进西安航空快件“绿色通道”建设，全面促进全省快递与航空货邮运输协同发展。双方还就建立信息对接平台，实现快递企业与民航公司间货量与仓位信息互联互通；整合航空快件资源，建立错峰发货、统一代理的配送机制；加强绿色通道建设，提供快速安检、快速配载、快速装卸、快速交接服务；强化人防技防手段，保障航空快件运输安全等达成共识。双方表示，将进一步加强交流合作，全力以赴共同做好“快递上机”工程，助推陕西经济跨域式发展。西安市邮政管理局、中航协、西安—咸阳机场、西部机场航空物流、东航、国航、南航、海航等航空公司，以及华翰、荣宾、金盟等货代企业，EMS、顺丰、“三通一达”、百世等20余家品牌快递企业参加了会议。

全面启动邮(快)件实名收寄信息系统推广应用工作

4月21日，陕西省邮政管理局、省综治办、省公安厅、省国家安全厅联合召开实名收寄信息系统推广应用工作电视电话会议，就全省邮件、快件实名收寄信息系统推广应用工作进行动员部署。陕西局局长孙海伟从提高思想认识、加强组织领导、理清工作思路等方面提出工作要求：一要高度重视，切实加强组织领导，要按照方案要求，明确部门职责分工，加强联动协调，组织辖区各寄递企业开展系统培训工作；二要综合运用电视、广播、媒体、网络等渠道，加大舆论宣传力度，进一步提高公众对邮件快件实名收寄信息采集工作的知晓率和认知度；三要通过联合检查、明察暗访、约谈通报等方式，有效推动邮件、快件实名收寄信息系统应用工作落实。

开展全省邮件快件实名收寄信息系统应用操作培训

4月24日，陕西省邮政管理局组织召开全省邮件快件实名收寄信息系统应用操作培训会，切实推进实名收寄制度落实执行。陕西局专题部署邮件、快件实名收寄信息系统推广应用工作的各项工作任务，针对系统两大平台、三个操作软件进行详细的解读演示，对提出的问题进行现场答疑，并组织参训人员进行现场操作。同时要求各市局提高认识，充分认识做好实名收寄信息系统推广应用工作的重要性和紧迫性，督促企业开展培训教育，按时间节点分阶段、分步骤推进实名收寄信息系统推广应用。

陕西局部署推进“两学一做”学习教育常态化制度化

5月2日，陕西省邮政管理局召开党组扩大会议，传达学习国家邮政局党组《关于推进“两学一做”学习教育常态化制度化的实施方案》，讨论陕西局落实《实施方案》的各项工作安排。陕西局党组书记、局长孙海伟强调，各市邮政管理局党组、局党总支和全体党员一要充分认识推进“两学一做”学习教育常态化制度化的重大意义。要提高思想认识，进一步增强“两学一做”学习教育常态化制度化的自觉性，迅速把思想和行动统一到党中央的决策部署上来，按照国家邮政局部署和陕西局党组制定的实施方案，扎实推进“两学一做”学习教育在全省邮政管理系统深入推进、扎实开展，确保取得实实在在的成效。会议研究通过了《中共陕西省邮政管理局关于推进“两学一做”学习教育常态化制度化的实施方案》并决定以陕西局党组名义下发各市局党组执行。

陕西局部署“一带一路”国际合作高峰论坛期间寄递渠道安保工作

5月，陕西省邮政管理局贯彻落实国家邮政局“一带一路”国际合作高峰论坛寄递渠道安保工作动员部署电视电话会议精神，制定详细的安全服务保障工作实施方案，动员部署各地有序开展实施工作，并要求各市邮政管理局和邮政、快递企业充分认清目前的任务和形势，切实增强政治责任感和紧迫感，坚决克服麻痹思想和松懈情绪，切实做好落实、督导和推进工作。

出台推进实体零售创新转型的实施意见

5月5日，陕西省出台《关于推动实体零售创新转型的实施意见》，陕西省邮政管理局被列为重点工作负责单位，邮政业发展获利好。《意见》提出：统筹城乡商业设施建设，支持商务、供销、邮政、新闻出版等领域龙头企业通过并购重组等形式向农村地区延伸网络，在省级重点示范镇，文化旅游名镇，建设一批集商品销售、物流配送、生活服务于一体的多功能商贸中心，实现以城带乡、城乡协调发展。同时还要求公安和交通运输管理部门要进一步完善城市配送车辆通行报备审查制度，为企业发展夜间配送、共同配送创造条件。

启动陕西省“绿色快递进校园”活动

5月6日上午9点30分，“绿色快递进校园”活动（西安邮电大学分会场）启动，积极倡导“绿色快递　你我同行”，向社会传递践行绿色环保、共建美丽中国的理念。陕西省共青团陕西省委副书记、省青联主席徐永胜，陕西省邮政管理局党组书记、局长孙海伟，西安邮电大学校长范九伦致辞并揭晓“绿色快递行动标识”，大学生代表倡议引领“绿色用邮”新风尚。启动仪式结束后，孙海伟还与西安邮电大学现代邮政学院院长薛蓉娜、西安市邮政管理局局长王伟、快递企业负责人、智能快件箱等第三方负责人共同为“寄递服务中心”选址，瞄准校园用邮需求，加快建设代收和代发快递的校园物流平台。

京东集团全球物流供应链总部落户陕西

5月22日，京东集团全球物流供应链总部、无人系统产业中心、京东云陕西大数据运营中心项目落户陕西省签约仪式，在陕西航天经济技术开发区举行。陕西省省长胡和平见证签约并颁发新公司营业执照，省委常委、西安市委书记王永康致辞，西安市市长上官吉庆主持。省政府秘书长陈国强及省级有关部门负责同志参加活动。签约前，胡和平会见了京东集团首席公共事务官蓝烨一行。

印发《陕西省“十三五”邮政业发展规划宣贯实施工作方案》

5月，陕西省邮政管理局印发《陕西省“十三五”邮政业发展规划宣贯实施工作方案》，进一步宣贯实施好全省“十三五”邮政业发展规划，切实推动全省邮政业转型升级、创新发展和提质增效。《方案》要求，一是提高认识，加强组织领导；二是求真务实，强化监督检查；三是统筹谋划，形成工作合力。

陕西局下发紧急通知应对“关闭互通数据接口事件”

5月，陕西省邮政管理局下发《关于做好菜鸟网络与顺丰速运关闭互通数据接口事件应对工作的紧急通知》，就做好菜鸟网络与顺丰速运关闭互通数据接口事件应对工作提出明确要求：一要保持高度警觉，及时约谈辖区顺丰企业，了解电商业务受影响情况、存在的困难及下一步解决思路；二要及时发布消费提示，加强舆情监测引导，决不能因企业间的纠纷产生严重的社会影响和负面效应；三要强化调度，积极协调邮政企业和其他快递企业组织运能，努力保持辖区生鲜农产品外运渠道畅通；四要加强上下信息沟通，及时反馈辖区企业运行情况及需要省局协调解决的问题；五是省邮政业消费者申诉中心要及时联系顺丰公司，认真处理因快件信息查询不畅造成的客户投诉、申诉问题，做好客户解释工作。

陕西局被列为中国（陕西）自由贸易试验区工作领导小组成员单位

5月，陕西省人民政府成立中国（陕西）自由贸易试验区工作领导小组，陕西省邮政管理局被列为成员单位。

出台推动交通物流融合发展实施方案

5月25日，陕西省政府印发《关于推动交通物流融合发展的实施方案》，加快提升全省交通物流融合发展的广度和深度，有效降低社会物流成本，省邮政业发展获利好。《实施方案》提出：要构建打通衔接一体的全链条交通物流网络体系，到2020年，邮政普遍服务全面达到服务标准，建制村实现直接通邮，法定邮政普遍服务开办率达到100%，快递服务水平显著提升，主要快递企业西安至重点城市间快件48小时投递率超过90%，省内城市间处理时限降低至24小时。《实施方案》明确：一是完善城乡物流配送网络；二是创建协同联动的交通物流新模式；三是营造交通物流融合发展的良好环境。

陕西局举行全省邮政市场行政许可执法培训

6月21日至23日，陕西省邮政管理局举办全省邮政市场行政许可执法培训班。通过此次评审培训，查找出了当前各市局在行政执法、许可审批中存在的问题和不足，进一步提升了执法、许可的规范化水平和一线工作人员的业务能力，为下一步更好地开展邮政市场监管工作奠定了坚实基础。陕西局市场监管处全体人员、各市局分管局领导、业务科室负责人及相关工作人员参加此次培训。

国家邮政局考核陕西局法治邮政建设工作

6月22日，国家邮政局政策法规司副司长高黎明率中国社科院、中国政法大学、国家局政策法规司法规处相关人员一行对陕西省邮政管理局的法治邮政建设工作进行考核，充分肯定陕西局法治邮政建设工作。

联合推进“快递进校园”工程

6月27日，陕西省邮政管理局、省教育厅在陕西师范大学召开“快递进校园”工程推进情况通报会，合力推进“快递进校园”工程。与会人员围绕《关于做好高等院校校园快递服务工作的意见（征求意见稿）》进行讨论，并就下一步建立高校快递服务协会等工作进行交流。会后，与会人员还参观了陕西师范大学校园快递服务点。陕西局、省教育厅、省快递行业协会及西安交通大学、西北大学、陕西师范大学、西安电子科技大学、长安大学等10余所重点高校后勤集团相关领导参加会议。

陕西局助推邮政业脱贫攻坚

为深入贯彻落实《中共陕西省委陕西省人民政府关于贯彻落实〈中共中央国务院关于打赢脱贫攻坚战的决定〉的实施意见》精神，陕西省邮政管理局多措并举，助推邮政业脱贫攻坚：一是加强组织领导，落实工作责任。二是主动沟通协调，密切协作配合。三是严格退出标准，强化监督考核。

国家邮政局“自贸区邮政服务”跨省联合调研组在陕西调研

7月，国家邮政局普遍服务司组织“自贸区邮政服务”跨省联合调研组赴陕西西安进行专题调研。联合调研组及被调研单位均认为，陕西邮政业要紧抓“一带一路”倡议驱动的发展机遇和陕西自贸区成立的重要机遇，加快构建国际化、便利化邮件处理体系，优化布局和能力建设，形成高效畅通的邮政运输渠道，加快创新，做大跨境电商寄递业务规模。同时，各部门要进一步强化协作，共同研究、破解突出问题和薄弱环节。陕西省邮政管理局、中国邮政集团公司陕西省分公司相关人员参加调研。

陕西局建立新闻发言人制度

7月，陕西省邮政管理局建立新闻发言人制度。该制度明确新闻发言人的职责：一是新闻发言人是省邮政管理局发布社会新闻和政务信息的责任人，应根据新闻发布相关规定，及时、准确、系统地做好发布工作，正面引导舆论导向。二是新闻发言人发布社会新闻和政务信息，其内容和口径须经局领导班子集体研究确定，必要时应请示上级部门。三是建立社会新闻预警和舆情监控机制，研究、掌握舆论导向及境内外媒体有关报道情况，及时向上级部门汇报并有针对性地做好相关工作。四是按照国家局和省局党组的统一部署，做好其他社会主流媒体记者的采访接待工作。同时，还对新闻发布的形式、内容、程序、纪律及实施时间等方面做出规定。

举办2017年陕西省邮政行业职业技能大赛

7月20日，由陕西省人力资源和社会保障厅、陕西省科学技术厅、陕西省总工会、共青团陕西省委、陕西省邮政管理局、西安邮电大学等联合举办的“陕西省2017年邮政行业职业技能大赛”，在西安邮电大学成功举办。来自邮政速递物流、中通、圆通、顺丰等多家快递企业的19名选手参加比赛。经过两天角逐，最终评选出一等奖2名，二等奖4名，三等奖6名，团体一、二、三名和优秀组织奖。

陕西局成为省消费者权益保护工作联席会议成员单位

7月，陕西省人民政府建立全省消费者权益保护工作联席会议制度，陕西省邮政管理局被列为成员单位，省局党组成员、市场监管处处长薛威列为工作小组成员之一。

出台《关于做好高等院校校园快递服务工作的意见》

7月,陕西省邮政管理局与省教育厅联合出台《关于做好高等院校校园快递服务工作的意见》。《意见》要求多措并举做好高校校园快递服务工作:一是推进共同配送末端网络(智能快件箱)建设;二是利用现有资源建立高校快件派送点;三是引入专业第三方开展校园快件派送服务;四是鼓励高校自建配送站点。

联合开展打击寄递渠道涉烟违法行为百日专项行动

8月,陕西省邮政管理局、省烟草专卖局、省公安厅联合印发《打击寄递渠道涉烟违法行为百日专项行动实施方案》,决定从9月1日至12月10日在全省范围内开展打击寄递渠道涉烟违法行为百日专项行动。本次活动从动员部署、宣传培训、进驻监管、总体表彰四个阶段展开,明确三点要求:一是高度重视,加强领导;二是加大宣传,营造氛围;三是务实求效,建立机制。

陕西局召开政企协调座谈会

8月15日,陕西省邮政管理局召集EMS、顺丰、"三通一达"、京东、百世等10余家在陕快递企业总部,召开2017年下半年快递服务政企协调座谈会。会议围绕快递进校园、榆林快递企业灾后重建、绿色包装试点、邮件快件"不着地、不抛件、不摆地摊"专项整治、实名收寄信息系统应用、企业统计、快递许可等七项重点工作,通报前期工作进展情况,听取与会企业的意见建议,并对下一步工作进行安排部署。

陕西局部署金砖国家领导人第九次会晤寄递渠道服务安保工作

8月21日,陕西省邮政管理局召开党组扩大会,制定了《金砖国家领导人第九次会晤寄递渠道安全服务保障工作实施方案》,印发到全省各地市邮政管理局。同时,陕西局还成立了金砖会晤寄递渠道安全保障工作领导小组,负责统筹指挥金砖会晤寄递渠道安全服务保障工作。陕西局强调,各市局要成立金砖会晤寄递渠道安全保障工作领导小组,分阶段开展工作,以最高标准、最严措施、最佳状态,做好金砖国家领导人第九次会晤寄递渠道安全服务保障工作。

陕西局组织菜鸟驿站各网点开展实名收寄信息系统应用培训

8月,陕西省邮政管理局组织菜鸟驿站在陕网点负责人开展实名收寄信息系统应用培训,确保全省实名收寄信息系统推广应用工作落到实处。陕西局要求,各网点要充分认识做好实名收寄信息系统推广应用工作的重要性和紧迫性,切实推进实名收寄信息系统推广应用。

孙海伟局长调研宝鸡邮政业脱贫攻坚

8月23日至24日,陕西省邮政管理局局长孙海伟一行赴宝鸡偏远贫困地区调研建制村直接通邮情况,督导"金砖会晤"期间寄递渠道安保落实工作。调研组还在国家级(眉县)猕猴桃产业园区了解了产业园区规划、产业发展以及齐峰果业的生产销售情况。孙海伟要求寄递企业在提质增效,巩固服务眉县猕猴桃等强势产业的同时,要为当地樱桃、葡萄等农业项目向老百姓提供更多、更好的快递便民服务,着力打通"农产品进城、工业品下乡"的双向通道。期间,调研组检查了宝鸡市邮政管理局普遍服务和市场监管重点工作台账,并召开座谈会,与宝鸡局全体公务员沟通工作、交流思想,听取建议和意见。

召开打击寄递渠道涉烟违法行为百日专项行动会议

8月30日,陕西省公安厅、省烟草专卖局、省邮政管理局联合召开了全省打击寄递渠道涉烟违法行为百日专项行动电视电话会议。会议要求各市邮政管理部门：一要高度重视这次专项行动，增强责任观念，树立配合意识，全力以赴协助烟草和公安部门开展工作，鼓励引导寄递企业从业人员积极参与、全力配合，形成打击涉烟犯罪行为的合力；二要加快信息传递，落实培训、宣传、检查等监管措施，推动专项行动深入开展；三要严格执行邮政业及烟草专卖法律法规，加大源头控制，强化信息对接，推动部门协作联动、信息共享、信息通报等工作日常化、长效化，确保专项行动取得实效。全省各级烟草、邮政管理部门和公安机关相关人员参加此次电视电话会议。

孙海伟局长调研西安局邮政管理工作

9月7日，陕西省邮政管理局党组书记、局长孙海伟一行到西安市邮政管理局调研邮政管理工作，重点调研陕西省《关于促进快递业发展的实施意见》落实情况及“快递进校园”推进情况。调研组对西安局所做的工作给以充分肯，重点部署下半年市场监管工作，要求做好安全寄递、实名收寄、行政许可、车辆通行等各项工作，把握安全监管不放松，促进西安市快递行业的健康快速发展。

陕西局进一步推进物流降本增效

为贯彻落实《国务院办公厅关于进一步推进物流降本增效促进实体经济发展的意见》，做好全省物流降本增效相关工作，陕西省邮政管理局对照国家邮政局相关任务分工，结合本省工作实际，明确各部门职责分工，制定本省邮政业推进进一步物流降本增效促进实体经济发展工作方案。方案明确五项重点任务：一是深化“放管服”改革，激发物流主体活力。二是加强重点领域和薄弱环节建设，提升物流综合服务能力。三是加快推进物流仓储信息化标准化智能化，提高运行效率。四是深化联动融合，促进产业协同发展。五是打通信息互联渠道，发挥信息共享效用。

陕西局全力保障党的十九大期间寄递安全畅通

为做好党的十九大期间寄递渠道安全服务保障工作，陕西省邮政管理局成立局主要领导任组长、相关处(室)主要领导为成员的工作领导小组，制定了《中国共产党第十九次全国代表大会期间寄递渠道安全服务保障工作实施方案》。《方案》分为备战运行阶段(自即日起至9月30日)和实战攻坚阶段(10月1日至党的十九大闭幕日次日)，按照“全国保北京、北京保核心”的总体思路，统筹行业各方资源，构建整体防控机制，突出寄递安全和行业稳定两个重点，协调做好安全与服务两项保障，坚持统一部署，整体防范，源头治理，重点管控，确保寄递渠道安全畅通，确保邮政行业平稳运行。

国家邮政局督导组检查陕西寄递渠道安全工作

9月，国家邮政局第五督导组到陕西督导检查寄递渠道安全工作。督导组指出，西安市各邮政、快递企业要重点围绕推动收寄验视、过机安检和实名收寄三项制度落实、违法寄递危险化学品整治工作、安全生产大检查和寄递渠道安全综合整治工作、企业矛盾纠纷排查化解和落实企业安全主体责任等五项内容，扎实开展党的十九大期间寄递渠道安全保障工作。

陕西局督导检查党的十九大期间寄递渠道安保工作

10月16日至20日，陕西省邮政管理局组成以局主要领导带队的党的十九大安全督导检查组，分三组对西安、宝鸡、咸阳、铜川、渭南、汉中、安康市等地区落实省局《中国共产党第十九次全国代表大会期间寄递渠道安全服务保障工作实施方案》情况进行督查。

全省邮政管理系统掀起学习党的十九大精神热潮

10月26日，陕西省邮政管理局召集省局机关全体党员干部召开学习会，专题学习党的十九大精神，学习国家邮政局局长马军胜在电视电话会议上就习近平总书记的报告所做的解读和体会，组织领导系统各级党组织迅速掀起学习党的十九大精神热潮。会议要求省局机关全体党员干部在学习领会党的十九大精神上先学一步、深学一层，示范带动全省邮政管理系统迅速掀起学习宣传贯彻热潮；要精准把握新时代党的建设总要求，为开创陕西邮政业发展新时代提供坚强组织保证。同时要求各支部书记要充分发挥“关键少数”示范带头作用，积极参加所在支部学习研讨，主动宣讲辅导，当好学习宣传贯彻报告精神的先行者。

陕西局党组理论学习中心组专题学习党的十九大精神

10月27日，陕西省邮政管理局党组召开2017年第5次集中（扩大）学习会议，专题学习党的十九大精神。陕西局党组书记、局长孙海伟主持会议，党组各成员、省局机关各处室负责人参加集中学习。

陕西邮政助力猕猴桃外销达193万件

陕西省邮政管理局按照国家邮政局部署，积极引导邮政企业做优做强寄递主业，推动“一市一品”农特产品进城示范项目建设，指导邮政企业进一步做好农特产品外销。其中猕猴桃寄递项目累计实现业务量193.89万件，完成收入1152.17万元，成为包裹快递业务发展的重要增长点。西安市邮政分公司借助“2017年西安·周至猕猴桃”主题年，与周至县政府签订农村电商战略合作框架协议；眉县邮政分公司在全县建设邮政农村电商服务中心75处，鲜果临时揽收点200余处，在互联网产业园设置600平方米的临时邮件处理盘驳中心，搭建网运远程车间，增开临时邮路，猕猴桃销量超过100万件，收入720万元，帮助农民增收致富，带动了地方经济发展。

部署全省快递业务旺季服务保障工作

11月8日，陕西省邮政管理局召开全省快递业务旺季服务保障工作电视电话会议，传达贯彻国家邮政局快递业务旺季服务保障动员部署会议精神，并对全省旺季服务保障工作进行动员部署。西安市邮政管理局、陕西省快递行业协会、省邮政公司及各品牌快递企业区域总部相关负责人在主会场参加会议，其他9个市局和当地快递企业在分会场参加会议。

邮政、快递车纳入特种车辆

为了确保旺季期间快递车辆城市便捷通行，经陕西省邮政管理局多次沟通协调，陕西省政府在印发的《省重污染天气应急预案》中，明确将邮政及快递运送专用车辆纳入特种车辆，不属于城市禁限行车辆范围。

陕西局举办党的十九大精神宣讲报告会

11月21日，陕西省邮政管理局举办党的十九大精神宣讲报告会，陕西省委宣讲团成员、省直机关工委副书记熊晖为陕西省邮政管理系统全体干部作宣讲报告。陕西省邮政管理局党组书记、局长孙海伟主持会议。熊晖书记在宣讲报告中全面、系统地分析和解读了党的十九大的新论断、新思想、新观点、新要求，对习近平新时代中国特色社会主义思想的历史地位和丰富内涵作了系统地分析和辅导。各市邮政管理局党组书记、局长，陕西局和西安市邮政管理局全体干部职工参加了宣讲报告会。

陕西局推出加快邮政业供给侧改革三年行动计划

11月，陕西省邮政管理局制定了《陕西省邮政管理局加快推进邮政业供给侧结构性改革三年行动计划(2017－2019)》。《计划》从补齐服务短板,增强供给能力;深化业务联动,优化供给结构;突出安全绿色,提高供给品质;注重融合创新,提升供给效率;完善制度建设,优化供给环境;加强支撑保障,确保改革成效等六个方面着手。《计划》还详细制定了2017－2019年邮政业供给侧改革的46项具体任务,明确了各项具体目标任务的实施责任主体、时间和进度。

举办全省快递系列示范工程培训班

11月28日,陕西省邮政管理局在延安举办了全省快递系列示范工程培训班,各市邮政管理局业务主管副局长、市场监管科负责人参加培训。培训期间,与会人员在富县钳二社区上良村、羊泉镇郭丰村的两个陕西黄土高坡物流公司电商快递服务站点和黄土高坡物流产业园区,对快递仓储、安检、寄递等业务进行观摩学习。在快递进校园工程示范点延安大学快递服务部,现场观摩延安大学后勤集团服务部关于快递进校园的管理、运营模式。观摩学习期间,大家还就行业发展、安全保障、市场规范、创新管理等方面工作进行了座谈讨论。陕西局对延安市邮政管理局在推动快递进校园工作方面做出的努力和成绩给予了充分肯定,并对行业发展及管理提出要求。

陕西局调研延安快递物流双创产业园区建设

11月29日,陕西省邮政管理局党组成员、市场监管处处长薛威一行对延安快递物流双创产业园区进行了现场调研。陕西局要求,延安市邮政管理局要主动向市政府汇报、积极与相关部门沟通,为园区建设争取大力的支持、营造良好的环境,力争早开工、早建成。园区建成后,要科学引导企业入驻,做到顺利、高效投产使用。

江明发主任赴陕西调研

12月12日,国家邮政局邮政业安全中心主任江明发一行在陕西,就陕西省安全中心组建情况及快递业实名收寄信息系统应用情况进行调研督导。江明发与陕西局省安全中心、相关市局负责人及企业代表进行座谈,并对快递分拨场所、菜鸟驿站、京东无人机等进行了调研考察。

陕西局部署开展全省邮政业消防安全检查工作

12月,陕西省邮政管理局下发《关于切实做好邮政业消防安全管理工作的通知》,部署开展全省邮政业消防安全检查工作。此次检查分为企业自查,邮政管理部门抽查两部分,重点突出加强消防隐患排查治理、电气火灾隐患整治、“三合一”“多合一”场所火灾隐患整治、“五个一律”要求落实等。

第十届(2017)海峡物流论坛在韩城举办

12月22日,由民建中央企业委员会、民建陕西省委员会、韩城市人民政府、陕西省邮政管理局、韩城邮政管理局等共同举办的“第十届(2017年)海峡物流论坛”在韩城开幕。本次论坛设有主论坛和三个专题论坛,紧紧围绕我国现代物流政策前瞻、新时期下两岸产业合作模式、“一带一路”蓝图与全球供应链安全、中国服务贸易全球化、邮政与快递行业健康发展、大数据与商务信用、创新科技与金融服务、电子商务与物流配送等重要行业关切问题展开研讨。来自全国各地及台湾、香港的现代物流、电子商务、供应链管理、跨境电商、数据信息、金融科技、旅游休闲等领域的600多名专家学者、企业代表参加了研讨。

陕西局与省侨联洽谈物流园区建设项目

12月26日,陕西省侨联党组书记程勉贵携中国侨商联合会副会长雷宁、美国陕西总商会会长胡焕涛、加拿大陕西总商会副会长张运波、加拿大陕西总商会副会长赵斌、泰国陕西总商会西安分会会长路刚等一行7人到陕西省邮政管理局，就邮政快递物流产业园区投资建设进行合作洽谈。陕西省邮政管理局党组书记、局长孙海伟以及相关负责人参加洽谈。孙海伟对省侨联以及各位侨商关注陕西邮政业发展表示感谢，欢迎侨商投资陕西邮政业基础设施建设项目；并表示，全力支持双方的合作，共同推动陕西邮政快递物流的发展，服务陕西经济建设。双方经过深入交流，就邮政快递物流产业园区投资建设达成初步合作意向。

甘肃省快递发展大事记

发布《甘肃邮政业发展“十三五”规划》

甘肃省邮政管理局会同省发展改革委、省交通运输厅发布《甘肃邮政业发展“十三五”规划》。《规划》的发布对引领全省邮政行业健康快速发展，促进与地方经济深度融合具有重要意义。《规划》配套提出六项保障措施：一是加强规划组织领导，建立健全保障机制。二是优化行业发展环境，争取利好政策出台。三是强化市场监督管理，确保行业规范发展。四是加快行业协会建设，完善行业自律机制。五是加大人才培养力度，提高从业人员素质。六是强化舆论宣传保障，塑造行业品牌形象。

甘肃局召开2017年全省邮政管理工作会议

1月15日，甘肃省邮政管理局组织召开全省邮政管理工作会议，会上，甘肃局党组传达了全国邮政管理工作会议精神，省交通运输厅厅长李睿出席会议并做重要讲话，甘肃局党组书记、局长张玉虎做工作报告，交通厅办公室、综合规划处、财务资产管理处、运输处等相关处室负责人、各市州局领导、省邮政公司、全省规模以上快递企业负责人和省局、兰州市局机关全体干部约80人参加了会议。李睿对2016年全省邮政管理工作和行业发展给予充分肯定。他指出，2016年，全省邮政行业紧紧围绕加快建设与全面小康社会相适应的甘肃现代邮政业发展目标，主动适应经济发展新常态，团结协作、开拓创新，加快“五个邮政”建设，圆满完成了既定的目标任务，实现了“十三五”良好开局：行业发展速度超过预期；行业发展环境明显优化；行业公共服务能力明显提升；行业融合发展明显增强；行业整体形象明显提升；行业安全形势平稳可控。对2017年工作，李睿同时提出了五点建议。会上，通报表彰了2016年全省系统内获得全国和全省荣誉的先进集体和个人，并颁发了奖杯和荣誉证书。

甘肃局荣获“省直机关文明单位”称号

2月，甘肃省直机关工委组织召开了省直机关党的工作会暨党建述职评议大会，甘肃局相关领导参加了会议，会上，甘肃省邮政管理局等12个单位被授予“2015－2016年度省直机关精神文明单位”荣誉称号。

召开2017年甘肃省邮政市场监管工作会议

3月8日至9日，2017年全省邮政市场监管工作会议在兰州召开。会议回顾总结2016年全省邮政市场监管工作，分析研判当前面临的形势和存在的问题，对2017年全省邮政市场监管重点工作进行了安排部署。甘肃省邮政管理局副局长赵自敏出席会议并讲话。会上，甘肃局还同机关各处室、各市州局签订了《2017年甘肃省寄递渠道综合治理和安全监管工作责任书》和《2017年寄递渠道禁毒工作责任书》，表彰了2016年G20峰会寄递渠道安保工作中表现突出的先进集体和先进个人。甘肃局机关各处室、申诉中心，各市州邮政管理局分管局领导和行业管理科负责人、省快递协会负责人参加会议。

甘肃局传达学习全国两会精神

3月，甘肃省邮政管理局组织召开党组(机关党委)中心组(扩大)学习会议，传达全国两会精神，组织学习习近平总书记在中央政治局第三十九次集体学习时的重要讲话，中央办公厅《中国共产党党委(党组)理论学习中心组学习规则》，国家邮政局局长马军胜、甘肃省委书记王三运就贯彻全国两会精神提出的要求等内容，并对全省系统内贯彻落实工作进行部署。

甘肃局开展2017年全省邮政业消费者申(投)诉受理培训

4月，甘肃省邮政管理局举办了2017年全省邮政业消费者申(投)诉受理培训班，各市州邮政管理局行业管理科负责人和申诉受理人员、重点快递企业主管客服工作经理和客服部门负责人共80余人参加了培训。培训采用理论和实际案例相结合的方式，详细解读了《邮政业消费者申诉处理办法》和《邮政业消费者申诉处理规程》。为增强培训的针对性和实效性，甘肃局还专门邀请甘肃省消费者协会梁方教授就消费者合法权益保护、消费者和经营者的权利义务以及消费者投诉处理工作做了专题辅导。

启动实名收寄信息系统应用试点工作

4月，甘肃省兰州、天水、嘉峪关、甘南等四个市州被纳入启动实名收寄信息系统推广应用工作首批试点城市范围。为认真贯彻落实国家邮政局、公安部、国家安全部印发的《关于加快邮件快件实名收寄信息系统推广应用工作的实施方案》，加快甘肃省实名制信息化应用推广工作，甘肃省邮政管理局在天水组织召开邮件快件实名收寄信息系统试点应用动员及培训班，首批试点市州邮政管理局负责人和系统管理人员参加了培训会，标志着甘肃实名收寄信息系统应用试点工作正式启动。

马军胜局长调研甘肃邮政业发展等情况

5月7日至9日，国家邮政局党组书记、局长马军胜一行到甘肃省调研邮政业发展和行业管理工作情况，强调要坚持政治方向，巩固发展态势，拓展发展思路，提升服务水平，强化履职能力，确保寄递渠道安全平稳运行，为行业转型升级、科学发展作出积极贡献。调研期间，马军胜出席甘肃省邮政管理系统干部大会。会议宣布了国家邮政局党组关于甘肃局主要负责同志调整的决定。马军胜对甘肃省邮政管理系统全体干部职工提出三点要求。国家邮政局人事司、甘肃省邮政管理局和邮政公司主要负责同志陪同调研。

甘肃局督导检查“一带一路”国际合作高峰论坛寄递渠道安保工作

为确保“一带一路”国际合作高峰论坛全省寄递渠道安全服务保障工作取得实效，甘肃省邮政管理局在前期安排部署的基础上，由局领导带队成立两个督导检查组，深入各市州局和邮政企业机要室、寄递服务企业分拨中心、营业网点检查督导工作，并慰问一线职工。

甘肃局开展寄递渠道安全领域专项整治行动

为深入贯彻落实习近平总书记、李克强总理关于安全生产工作的一系列重要指示批示精神，全面落实党中央、国务院关于推进安全生产领域改革发展工作实施意见，确保寄递渠道安全，甘肃省邮政管理局在全省组织开展寄递渠道领域安全专项整治行动。行动为期5个月，共分为安排部署、集中整治、深化总结三个阶段进行。

孙广明局长调研平凉、庆阳邮政业发展等情况

6月14日至17日，甘肃省邮政管理局党组书记、局长孙广明一行先后深入平凉、庆阳两市调研邮政业发展和行业监管工作。调研期间，孙广明分别同平凉局和庆阳局干部职工进行了座谈交流，同时还出席甘肃省快递协会三届二次会员大会并讲话。甘肃局市场监管处、相关市局和邮政企业主要负责同志陪同调研。

甘肃局开展邮件快件过机安检专项整治

为进一步贯彻落实《邮件快件微剂量X射线安全检查设备配置管理办法(试行)》和《国家邮政局关于进一步加强邮件快件过机安检工作的通知》等文件精神，严格寄递物品安全管理，切实保障寄递渠道安全畅通，甘肃省邮政管理局印发通知，决定开展全省寄递企业邮件快件过机安检专项整治活动。此次专项整治行动从2017年6月12日起至2017年7月31日结束，为期50天。

赵晓光副局长调研甘肃邮政业发展情况

6月27日至7月2日，国家邮政局副局长赵晓光一行赴甘肃兰州、武威、金昌、张掖、嘉峪关、酒泉等市调研邮政业发展情况。赵晓光一行行程横跨河西走廊等6市、14县(区)，足迹遍及邮件分拣中心、城乡邮政局所、乡镇快递网点、村邮站、农特产品生产和收寄点等30多个调研点。调研期间，赵晓光一行还出席了甘肃省邮政管理局与邮政企业相关负责同志座谈会。时值建党96周年之际，赵晓光专程前往张掖市高台县“中国工农红军西路军纪念馆”，瞻仰烈士墓并敬献花篮，缅怀先烈的丰功伟绩。国家邮政局普遍服务司、甘肃省邮政管理局主要负责人，省邮政公司相关负责人陪同调研。

甘肃局贯彻部署进一步推进邮件快件实名收寄工作

7月12日，甘肃省邮政管理局组织召开专门会议，迅速传达国家邮政局邮件快件实名收寄工作试点推进会精神，学习国家邮政局局长马军胜、副局长刘君在会上的重要讲话和指示，总结本省试点工作开展情况，分析形势、梳理问题，对下一步工作进行了再动员、再部署。为进一步做好试点工作，甘肃局提出四点工作要求。

甘肃局组织邮政行业突发事件应急演练

7月，甘肃省邮政管理局在金昌市组织了邮政行业突发事件应急演练。此次应急演练遵循新修订的《禁止寄递物品管理规定》和邮政营业网点安全保卫工作防抢、防盗、防火等工作要求，以《甘肃省邮政业突发事件应急预案》为蓝本进行，主要包括寄递企业在分拣中发现危化品泄漏应急处置、不法分子在邮政营业厅交寄违禁物品应急处置以及歹徒在营业厅劫持人质抢劫财物应急处置等三个项目。通过各方参演人员的共同努力，演练取得圆满成功。甘肃局副局长赵自敏、金昌市政府副市长盛云峰出席演练活动，金昌市综治办、应急办、邮政管理局、公安局、国家安全局、交通局、环保局、安监局、卫计委、消防支队联合参演，各市州邮政管理局、相关寄递企业负责人共150人观摩了演练活动。

甘肃局强化全省邮政行业安全知识培训

7月，甘肃省邮政管理局以安检机操作使用、寄递渠道禁毒等技能为重点，对各市州局领导干部、相关寄递企业安全管理人员等90余人进行了专题培训。

多部门共同推动提升快递物流服务质量

8月，甘肃省邮政管理局联合省质量技术监督局、省发展改革委、交通运输厅、商务厅、省工商局、省供销合作社等7部门出台《推动物流服务质量提升工作实施方案》，共同推进全省快递物流领域服务质量提升，积极为快递物流服务创造良好发展环境。《方案》明确了进一步推动和提升快递服务流服务质量的重点任务。

宋亮副省长冀望邮政业创新发展

8月，甘肃省委常委、副省长宋亮专门听取了甘肃省邮政管理局工作汇报，对邮政管理工作和邮政行业发展给予充分肯定，冀望交通邮政融合发展，在服务现代农业等方面争取更大作为。宋亮强调，随着多年来的建设发展，甘肃交通运输能力显著增强，在人员、场地、运能运力等方面都存在潜力，为邮政快递服务向下延伸提供了很大合作空间。要适应供给侧结构性改革需要，扎实推进交通运输业与邮政业融合发展，进一步提升邮政业服务“三农”的边际效益。

甘肃省首届邮政行业职业技能竞赛成功举办

8月，甘肃省首届邮政行业职业技能竞赛在兰州举办。来自全省邮政行业的8名优秀选手参加比赛。此次竞赛由甘肃省邮政管理局主办，甘肃省邮政行业职业技能鉴定中心和甘肃省快递协会承办。

召开实名收寄信息系统试点应用推进会

8月，甘肃省实名收寄信息系统试点应用推进会在嘉峪关市召开，兰州、嘉峪关、天水、甘南四个试点市州邮政管理局相关领导和工作人员以及甘肃省快递协会、甘肃省邮政速递、甘肃中通速递服务有限公司、兰州顺丰速运有限公司等8家企业相关负责人共计31人参加会议。甘肃省快递协会向全省快递企业发出《积极使用实名收寄信息系统的倡议书》，倡议各快递企业提高责任意识，积极按照国家局、省、市州邮政管理局的相关要求，做好实名收寄信息系统的推广应用工作。甘肃省邮政管理局就试点市州邮政管理局认真开展实名收寄信息系统推广应用工作，提出四点要求。

孙广明局长赴陇南天水开展主题调研

8月15日至18日，甘肃省邮政管理局局长、省交通运输厅副厅长孙广明带领调研组先后深入陇南和天水两市开展“交通邮政、助力三农”专题调研活动。调研期间，孙广明分别同陇南和天水市辖区邮政管理、交通运输、商务局部门以及邮政、快递、电商企业代表座谈会，共同为“交邮融合、助力三农”工作问诊把脉。孙广明还同陇南市政府副市长李祥进行了会谈，就邮政快递促进地方经济发展特别是服务农村电子商务发展深入交换了意见。甘肃局普遍服务处、省交通运输厅运输处及相关市州邮政管理局、交通运输局、邮政公司负责同志陪同调研。

甘肃局开展金砖国家领导人第九次会晤寄递渠道安保工作

8月，甘肃省邮政管理局制定印发《金砖国家领导人第九次会晤寄递渠道安全服务保障工作实施方案》，安排部署活动期间的邮路安保工作，并将重大活动期间的邮路安保工作列入正在开展的“双随机”检查项目，派出5个检查组深入全省14个市州扎实组织开展安全检查，确保活动期间的寄递渠道安全畅通。甘肃局还就切实做好金砖国家领导人第九次会晤寄递渠道安全服务保障工作提出四点明确要求。

甘肃局切实维护敦煌文博会寄递渠道安全

为做好第二届丝绸之路（敦煌）国际文化博览会邮路安保工作，甘肃省邮政管理局在认真总结首届敦煌文博会邮路安保工作成功经验的基础上，结合当下安全新形势和新特点，采取四项措施切实维护活动期间寄递渠道安全：一是高度统一思想；二是加强组织领导；三是加强督导检查；四是严格落实责任。

甘肃局赴岷县开展脱贫攻坚帮扶对接调研

8月，甘肃省邮政管理局党组书记、局长孙广明带领调研组赴岷县马坞乡秦家沟村和曹眼村对接脱贫攻坚帮扶工作，并深入邮政、快递和电商企业调研精准扶贫工作。孙广明强调，驻村帮扶工作队要注重发挥基层党组织作用,坚持扶贫先扶"智"和"志",解决群众思想观念问题;要深入挖掘当地农特产品资源优势,着力突破"产品商品化"瓶颈、补齐"流通组织化"短板,积极探索邮政行业助力精准扶贫的有效路径 ,进一步激发当地群众脱贫致富的内生动力。调研期间,孙广明同岷县县委书记郭世杰就邮政行业支持精准扶贫工作交换了意见。甘肃局办公室、定西局、岷县县乡有关负责同志,甘肃局扶贫工作队同志参加对接调研活动。

甘肃局督导金砖国家领导人会晤寄递渠道安保工作

8 月,甘肃省邮政管理局副局长赵自敏带队先后深入圆通、德邦、百世、韵达等重点寄递服务分拨中心督导检查安全保障工作。检查组通过查看作业现场、调阅视频监控资料、询问企业负责人及一线员工等方式详细检查寄递企业收寄验视、过机安检、实名收寄三项安全制度执行情况,并就各企业存在的问题现场进行批评教育和督促整改。检查组就进一步做好第九次金砖国家领导人会晤期间寄递渠道安全保障工作提出四点要求。

孙广明局长督导检查文博会寄递渠道安保工作

9 月,为确保第二届丝绸之路敦煌(国际)文化博览会寄递渠道安全,甘肃省邮政管理局党组书记、局长孙广明带领检查组队深入文博会举办地敦煌市,实地督导检查寄递渠道安全保障工作。在敦煌期间,孙广明还就邮政快递业与电商协同发展、邮政行业助力农产品外销及推动地方产业协同发展情况进行了调研。甘肃局相关处室、酒泉市邮政管理局、敦煌市交通运输局负责同志陪同检查、调研。

文博会寄递渠道安全"滤网"效果凸显

9 月 3 日,为确保敦煌文博会寄递渠道安全,严防违禁物品通过寄递渠道流入敦煌,在甘肃省邮政管理局和酒泉市邮政管理局的大力协调下,由敦煌市政府投资、采用购买社会服务的方式建立的敦煌文博会邮件快件集中安检中心正式投入使用,该安检中心专门负责对文博会期间对进入敦煌市的所有邮件快件进行集中安检。

圆满完成文博会系列活动寄递渠道安保工作

9 月 19 日至 27 日,由国家文化部、甘肃省人民政府、国家新闻出版广电总局等多个部委联合在我省敦煌市举办的第二届丝绸之路(敦煌)国际文化博览会和 2017"一带一路"媒体合作论坛、丝绸之路(敦煌)司法合作国际论坛等大型系列国际活动顺利举办。全省邮政管理部门按照省委省政府的总体安排部署和本届文博会安保总要求,圆满完成了第二届敦煌(国际)文化博览会系列活动邮路寄递渠道安保工作。

国家邮政局督导调研甘肃快件"三不"落实等情况

9 月 20 日至 21 日,国家邮政局检查组赴兰州督查、调研快件"不着地、不抛件、不摆地摊"落实情况等情况。检查组对甘肃省邮政管理局落实各项安保工作和"三不"工作给予了充分的肯定,同时对各寄递企业在执行"三不"工作中存在的问题和不足进行了现场指导。省局领导、市场监管处、相关市州局负责同志陪同检查调研。

甘肃局部署党的十九大寄递渠道服务安保工作

10 月,甘肃省邮政管理局召开专题会议,传达学习国家邮政局党的十九大寄递渠道安全服务保障实战攻坚工作再动员再部署电视电话会议精神,向各市州邮政管理局全文转发学习国家邮政局局长马军胜的重要讲话,并对党的十九大期间甘肃寄递渠道安全服务保障工作进行全面安排部署。会议系统解读了《中国共产党第十九次全国代表大会期间甘肃寄递渠道安全服务保障工作方案》,强调了做好党的十九大寄递渠道安保工作的重大意义，对党的十九大期间甘肃寄递渠道安全服务保障工作提出四个方面的明确要求。

甘肃局六项措施拱卫党的十九大安保维稳目标

10月，甘肃省邮政管理局三个工作组深入14个市州开展寄递渠道安保维稳督查，实现全省各市州和重点寄递企业党的十九大安保维稳工作全覆盖。甘肃局主要负责人带队赴重点企业分拨现场夜查，强调六项措施：一要压实责任；二要落实制度；三要消除隐患；四要严格执法；五要稳妥处突；六要问效追责。

甘肃局掀起学习贯彻党的十九大精神热潮

10月30日，甘肃省邮政管理局召开党组中心组学习会议，组织机关全体党员干部学习党的十九大报告原文，交流学习体会，并对下一阶段学习贯彻工作作出安排部署。会议强调，全省邮政管理系统要将学习贯彻党的十九大精神与“两学一做”学习教育紧密衔接起来，通过学报告、学党章，不忘初心、牢记使命，切实把思想统一到党的十九大精神上来，统一到以习近平总书记为核心的党中央重大决策部署上来，投入到开启新征程、谱写新篇章的伟大实践中来。

甘肃局召开学习党的十九大精神动员大会

11月，甘肃省邮政管理局召开全省邮政管理系统干部大会，专题学习党的十九大报告，就全省邮政管理系统学习贯彻党的十九大精神发出动员。各市州邮政管理局领导班子成员、甘肃局机关全体干部参加会议。会议要求，要将全省邮政管理干部职工智慧和力量，凝聚到实现党的十九大确定的任务上来，在“做实”上下苦功。会议号召，全系统党员干部要以高度的思想自觉、政治自觉和行动自觉，把学习贯彻党的十九大精神落实到邮政行业旺季服务保障、全面完成全年重点工作任务和科学谋划全力推进2018年工作顺利开局的实际行动上来，以更加饱满的热情和旺盛的干劲投身决胜全面建成小康社会的伟大实践。

甘肃局专题部署2017年旺季服务保障工作

11月，甘肃省邮政管理局组织召开专题会议，对2017年旺季服务保障工作进行了安排部署。会议传达了国家邮政局2017年旺季服务保障工作电视电话会议和国家邮政局副局长刘君的重要讲话精神，分析研判了2017年甘肃省业务旺季形势，详细解读了《2017年甘肃省业务旺季服务保障工作方案》。会议强调，全省邮政管理部门和邮政、快递企业要继续按照“打一仗、进一步”的要求，以《快递业务旺季服务保障工作指南》为基础，以实现“两不”“三保”为目标，重点做好五个方面的工作。

甘肃局强化六项措施全力做好旺季服务保障工作

为确保2017年旺季服务保障工作有效开展，甘肃省邮政管理局强化六项措施，全力以赴做好旺季服务保障工作：一是强化督导检查；二是强化安全监管；三是强化质量提升；四是强化应急值守；五是强化监测预警；六是强化能力储备。

孙广明局长检查指导旺季服务保障工作

11月14日，甘肃省邮政管理局党组书记、局长孙广明前往甘肃联合弘物流园，慰问坚守在旺季服务保障工作一线的顺丰、联合、圆通等品牌快递企业员工，送去邮政管理部门的诚挚问候和深切关怀。孙广明还对旺季期间的服务保障和生产安全进行了现场督导检查，孙广明强调，全省邮政行业要打赢今年的旺季服务保障攻坚战，要着力抓好四项工作：一要提高政治站位；二要强化安全保障；三是强化质量提升；四是强化应急值守。甘肃局相关处室、兰州市邮政管理局和省快递协会相关负责人陪同慰问和检查督导。

甘肃局组织媒体实地报道“双11”快递旺季

11月15日，甘肃快递日处理量突破250万件。为更好利用地方媒体资源，积极引导地方媒体宣传方向，妥善报道旺季运行情况，传递行业正能量，当日晚，甘肃省邮政管理局组织甘肃电视台、甘肃日报、甘肃经济日报、西部商报、兰州晚报等12家省内主要媒体到快递操作一线实地采访报道。各路媒体对快递分拣全环节进行了现场探访，并采访了甘肃局、省快递协会和相关快递企业负责人，详细了解全行业应对“双11”旺季服务保障情况。

甘肃局借“双11”历练“三不”治理工作显成效

11月，甘肃省邮政管理局下发《关于全面推进落实邮件快件“不着地、不抛件、不摆地摊”专项治理工作的通知》，要求全省邮政管理部门和寄递企业采取有效措施开展综合治理，按时限、按步骤稳妥有序规范寄递企业全流程操作，结合“双11”旺季服务保障工作，加强实战历练，提升寄递企业服务能力，实现快件在全流程中“不着地、不抛件、不摆地摊”，努力为消费者提供更加优质的寄递服务。甘肃局研究提出和细化七项工作措施，即“包干负责、公开承诺、示范引领、创新思路、督导检查、社会监督和协会倡导”，结合质量“双11”旺季服务保障，因地制宜全面推进“三不”治理工作并取得实效。

甘肃局举办专题党课学习党的十九大精神

11月，甘肃省邮政管理局机关党委举办专题党课，甘肃局党组书记、局长、机关党委书记孙广明以“下足学习党的十九大精神真功夫”为题对党的十九大精神进行了宣讲，甘肃局和兰州市邮政管理局机关全体党员、退休支部党员及部分企业支部党员代表参加了学习。孙广明局长从三个方面要求全体党员干部一定要学懂弄通做实党的十九大精神。孙广明强调，全体党员干部一定要认真学习领会党的十九大精神，肩负起作为共产党员的历史使命，始终不忘初心，继续前进，着眼新时代，迈出邮政监管工作服务民生促发展的新步伐。

行业综合治理工作受到省综治考核组充分肯定

12月6日，甘肃省综合治理委员会第四考核组到甘肃省邮政管理局进行2017年度全省邮政行业综治、维稳等工作综合考核，甘肃局党组书记、局长孙广明从行业发展基本情况、寄递渠道社会治安防控、全面履行综治职能、邮政行业外防内控等方面向考核组一行详细汇报了全省邮政管理部门和邮政行业2017年综治工作开展情况及取得的成果。考核组对甘肃邮政行业2017年综合治理工作给予了充分肯定，考核组一致认为，全省邮政行业综合治理工作有三个突出特点：一是责任靠的实；二是措施抓得严；三是机制建的全。核组还对甘肃邮政行业进一步做好综合治理工作提出三点要求。

国家邮政局督导检查甘肃实名收寄信息化推进工作

12月13日至14日，由国家邮政局邮政业安全中心主任江明发带队的实名收寄信息化推进等工作督导调研组一行在甘肃检查指导工作。通过现场实地扫码检查、与邮政管理部门及寄递企业座谈，督导检查组对甘肃省落实实名收寄信息化工作给予了充分肯定，认为甘肃局在推广使用实名收寄信息化过程中有三个方面的特点：一是认识到位；二是举措到位；三是成效显著。督导检查组要求甘肃邮政管理部门和寄递企业进一步总结经验、巩固成果，开拓创新，本着对国家负责，对人民负责的态度，持续抓好实名收寄信息化工作。

甘肃局荣获2017年甘肃省禁毒工作先进单位

12月，在甘肃省2017年禁毒工作会议上，甘肃省邮政管理局因履行禁毒工作职责成绩突出被评为“2017 年甘肃省禁毒工作先进单位”。

多部门共同推进落实快递绿色包装工作

12 月，甘肃省邮政管理局联合省发展改革委、工信委、环保厅、商务厅、住建厅、科技厅、质监局、出入境检验检疫局等 9 部门印发《关于协同推进快递业绿色包装工作的实施意见》，多部门共同推进落实快递绿色包装工作。《意见》明确提出，要结合甘肃省农特产品种类丰富等寄递包装需求和不同类别绿色包装材料的特点，制定可操作性强的包装改进措施。结合发展实际，积极开展快递业绿色包装试点示范和政策创新。一是提高绿色包装法规标准贯彻执行水平，二是强化快递绿色包装产品的使用和利用能力，三是实施快递业绿色包装试点示范引领计划，四是完善绿色包装相关产业间的资源共享机制，五是强化快递业绿色包装宣传引导与教育培训。

甘肃局组织学习中央经济工作会议精神

甘肃省邮政管理局召开党组中心组（扩大）学习会议，传达学习了中央经济工作会议精神和国家局相关部署，要求围绕中央提出的八项重点工作，结合国家邮政局“五点要求”，联系甘肃省情和邮政业实际，全省邮政管理系统要着力抓好四项工作：一要提高发展质量；二要破解短板弱项；三要落实惠民措施；四要增强履职本领。

甘肃局获 2017 年度省交通运输业统计先进单位称号

甘肃省统计局对 2017 年度全省交通运输业统计单位进行了表彰，甘肃省邮政管理局荣获 2017 年度甘肃省交通运输业统计先进单位称号，这也是甘肃局连续 6 年荣获统计先进单位称号。

甘肃局部署寄递渠道涉枪涉爆集中整治专项行动

12 月，甘肃省邮政管理局制定并向各市州邮政管理局和省级寄递企业下发《甘肃省寄递渠道涉枪涉爆隐患集中整治专项行动工作方案》，认真安排部署寄递渠道涉枪涉爆隐患集中整治专项行动。甘肃局成立全省寄递渠道涉枪涉爆隐患集中整治专项行动领导小组，并通过强化寄递渠道安全管理“三项制度”落实力度、加强涉枪涉爆隐患排查整治、加强寄递企业安全主体责任的落实、健全联合执法齐抓共治工作机制和全面提升基础保障能力等强有力的措施来全面落实寄递渠道涉枪涉爆隐患集中整治专项行动工作。

青海省快递发展大事记

青海局举行首次宪法宣誓仪式

1 月 13 日，青海省邮政管理局举行首次宪法宣誓仪式。青海局党组书记、局长赵群静监誓，党组成员、纪检组长、副局长王灿主持。青海局处级领导干部 11 人参加宪法宣誓仪式。

青海局召开 2017 年全省邮政管理工作会议

1 月 13 日，青海省邮政管理系统召开 2017 年全省邮政管理工作会议。青海省交通运输厅副厅长陆宁安出席会议并讲话，青海局党组书记、局长赵群静作 2017 年全省邮政管理工作报告。会上，陆宁安传达了省政府领导和省交通运输厅党组充分肯定全省邮政业发展和邮政管理工作成绩的批示。赵群静重点传达了国家邮政局工作会议精神，并表示下一步将紧密结合青海省邮政业实际，制定有效措施，推动行业发展和转型升级，确保国家邮政局和省委省政府的各项决策部署落地见效，为青海经济建设添砖加瓦，为加快全省邮政业发展努力奋斗。青海局领导班子成员、各处室负责人,各市州邮政管理局局长、副局长,省邮政企业、重点网络品牌快递企业负责人等参加会议。

青海局召开精神文明建设工作座谈会

1月24日,青海省邮政管理局召开全省邮政行业精神文明建设工作座谈会。青海局党组书记、局长赵群静,党组成员、纪检组长、副局长王灿,各市州邮政管理局局长、省局机关各处室负责同志,青海局全体工作人员参加座谈。会议征求了与会人员对青海局《关于加强邮政行业精神文明建设实施意见》的建议。

青海局连续三年荣获“省直机关文明单位”称号

青海省文明委、省直机关工委联合印发《关于命名表彰2013—2015年度省直机关文明单位和精神文明建设先进工作者的决定》,青海省邮政管理局荣获2013—2015年度“省直机关文明单位”荣誉称号。

青海局职业技能鉴定工作获嘉奖

2月,国家邮政局职业技能鉴定指导中心公布了全国2016年度邮政行业职业技能鉴定目标管理结果,青海省邮政行业职业鉴定中心荣获全国2016年度邮政行业职业技能鉴定工作先进单位荣誉称号,青海省邮政管理局郭永红同志荣获全国2016年度邮政行业职业技能鉴定先进工作者荣誉称号。

韩建华副省长专题听取全省邮政管理工作汇报

2月14日,青海省副省长专题听取全省邮政管理工作汇报,青海省邮政管理局党组书记、局长赵群静汇报工作。韩建华充分肯定了全省邮政业在改革发展稳定大局中所做的积极贡献,强调要进一步促进邮政与交通、电商等关联行业的融合发展,加快推进邮政业转型升级,在服务地方经济社会建设、保障改善民生中彰显出新的作为。

出台“互联网+”行动实施意见

2月21日,青海省政府发布《关于积极推进“互联网+”行动的实施意见》,明确青海省邮政管理局为“互联网+”智慧交通物流领域的责任单位,青海省邮政行业发展获多项政策支持。《意见》提出,完善智能物流仓储配送服务体系,支持大中型物流企业建设“仓储+配送”于一体的物流配送云服务平台,推动电子商务与物流配送协同发展;鼓励运用物联网感知与大数据技术建设智能仓储体系,鼓励物流企业在装载卸货、分拣包装、条码印刷等环节应用智能化技术与装备提高作业效率,提升物流仓储信息可视化管理能力与运管水平;提升物流配送智慧水平,大力推广大数据、云计算、无线射频识别、二维码、卫星定位等信息技术在物流企业中的应用,加强物流车辆定位管理,优化配送路线和运力。

青海局全面部署全国两会寄递服务和安保工作

为切实做好全国两会期间邮政快递服务与安全保障工作,根据国家邮政局有关工作要求,青海省邮政管理局采取多项措施全面部署全国两会期间邮政快递服务与安全工作。一是加强组织领导,明确工作重点。二是成立专项小组,开展隐患排查。三是履行主体责任,开展自查自纠。四是狠抓三项制度落实,确保寄递渠道安全。五是加强值班值守,强化应急管理。

青海局驻西沟村精准扶贫工作组进村入户宣讲

3月,青海省邮政管理局驻西沟村精准扶贫工作组进村入户宣讲2017年中央和省委1号文件精神,结合扶贫村实际制定活动方案,认真开展了“三联四做”活动:一是落实宣讲责任,二是营造宣讲氛围,三是注重宣讲实效。

研究邮快件实名收寄信息系统推广应用工作

3月6日,青海省邮政管理局与省公安厅治安总队召开联席会议，就推进邮、快件实名收寄信息系统推广应用工作进行对接，研究如何更好发挥寄递渠道安全领导小组成员单位监管职责，加强邮政行业安全生产信息化建设，共同推动收寄验视、实名收寄和过机安检“三项制度”有效落实。青海局局长赵群静、副局长王灿，省公安厅治安总队副总队长拜雪峰及有关工作人员参加会议。

赵群静局长赴海东市调研

3月8日，青海省邮政管理局局长赵群静深入海东市，调研快递企业员工社会保障待遇落实情况，同时督导检查快递网点运营状况、“三项制度”落实等方面工作，要求企业保障员工正常的社会保险待遇，规范内部管控流程，严格执行寄递安全“三项制度”，确保“快递小哥”队伍稳定、寄递渠道安全畅通。海东市邮政管理局负责同志陪同调研。

青海局召开全省普服、市场监管工作会议

3月9日至10日，青海省邮政管理局召开2017年全省邮政普遍服务和市场监管工作会议，深入贯彻落实全国邮政普遍服务监督管理和邮政市场监管工作会议精神，全面总结2016年全省邮政普遍服务和市场监管工作，分析2017年面临的新形势、新任务，并对2017年重点工作进行了部署。青海局副局长王灿出席会议并讲话。青海局普遍服务处、市场监管处工作人员、各市邮政管理局分管领导、行业管理科相关负责人参加会议。

青海局采取四项举措确保两会期间寄递渠道安全

为做好全国两会期间的邮政、快递服务和安全工作，青海省邮政管理局打破条块分割，采取五项举措精准发力，确保全省寄递渠道安全畅通，寄递服务优质便捷。一是提早安排部署。二是广泛开展教育宣传。三是启动专项整治行动。四是深入进行督导检查。全国两会期间，青海省寄递渠道安全生产工作稳步推进，寄递渠道安全持续可控。

青海局全面部署推进快递业标准化建设

3月，青海省邮政管理局印发《青海省快递企业标准化建设实施办法》，全面部署快递业标准化建设工作。《实施办法》结合全省快递行业发展实际，从营业网点标准化、分拨中心标准化、场所设施标准化、企业标识和车辆标识标准化、生产操作标准化、安全标准化、员工管理标准化等七个方面提出了明确要求。特别对快递企业场所面积、场地分区、设备配备、安全生产、操作流程、人员管理等各方面提出了具体标准，提高了可操作性和针对性。《实施办法》同时明确了推进快递标准化工作的三个重点。

召开联系会议共商交邮合作大计

4月1日，青海省邮政管理局与青海省交通运输厅召开联系会议，就加强交通运输部门与邮政管理部门协作，深入推进交邮合作进行交流。省交通运输厅党组书记、厅长马吉孝出席会议并讲话，青海局党组书记、局长赵群静主持会议并详细介绍了全省邮政业发展及邮政管理工作情况。马吉孝表示，省交通运输厅将一如既往高度重视、大力支持邮政工作，进一步加强与邮政管理部门的统筹谋划和沟通协商，充分发挥省交通运输厅与邮政管理局联系会议机制，定期进行信息交流和重大项目沟通，协调解决邮政业发展中面临的重点和难点问题，推动交邮深度合作，使综合交通运输体系更加集约高效，更加便民利民。省交通运输厅、省邮政管理局相关处室负责人，各市州邮政管理局局长、副局长参加座谈会。

青海局赴京东配送西宁分公司调研

4月7日，青海省邮政管理局党组书记、局长赵群静，省快递协会会长宋海宁一行深入京东配送西宁分公司调研非公企业党组织建设工作。调研组希望京东配送西宁分公司能够积极主动地参与到全省非公快递企业基层党组织筹建工作当中来，青海省邮政管理局、青海省快递协会将为企业提供各方面的支持与帮助，确保筹建工作有序开展，实现经济效益和社会效益“双赢”。调研组在调研过程中还详了解了企业发展、员工社会保障待遇落实、快件全程不落地制度执行、积极回应消费者诉求等方面的情况。

青海局出台意见做好邮政业贴近民生7件实事

4月，青海省邮政管理局结合全省实际，出台了《青海省2017年邮政业更贴近民生实事实施意见》，确定了7件实事。

调研果洛多式联运建设工作

4月20日至22日，青海省邮政管理局局长赵群静、省交通运输厅副厅长王永祥一行深入果洛州调研多式联运建设、建制村通邮、农牧区综合交通运输工作。果洛州交通运输局、果洛州邮政管理局主要负责同志陪同调研。调研期间，赵群静还深入部分快递企业就三项制度落实、安检机投入使用、快递员社会保障等方面的情况进行了调研。

青海局举行新闻宣传等业务培训

4月28日，青海省邮政管理局举办全省邮政管理系统机关综合业务培训班，全系统40余名青年公务员参加培训。培训由青海局办公室主要负责同志和相关工作人员主讲，课程内容丰富，主要包括三个方面的内容：一是新闻宣传和公文写作知识；二是政务网站管理；三是安全保密工作规则。

青海局部署“一带一路”国际合作高峰论坛寄递安保工作

5月2日，青海省邮政管理局召开专题会议学习贯彻国家邮政局“一带一路”国际合作高峰论坛寄递渠道安全服务保障工作动员部署电视电话会议精神，并安排部署全省“一带一路”国际合作高峰论坛寄递安保工作，细化分工，严格举措，切实落实好峰会论坛各项安保措施，全力保障寄递渠道安全畅通。青海局“一带一路”国际合作高峰论坛寄递渠道安保工作领导小组各成员参加专题会议。

深入调研海东市化隆县支持当地邮政业发展工作

5月，青海省邮政管理局党组书记、局长赵群静一行赴海东市化隆县就支持当地邮政业发展有关工作进行深入调研，并与化隆县人民政府县长马金星座谈。青海局相关处室主要负责同志、海东市邮政管理局主要领导参加座谈。座谈会上，双方就建设邮政、快递园区，健全和完善城镇物流快递分拨，配送中心等设施网络布局，加快农村电商发展，寄递渠道安全管理等方面进行了广泛深入的交流，达成一致意见。

青海局确保“两学一做”学习教育有力持续推进

5月，青海省邮政管理局出台《关于推进“两学一做”学习教育常态化制度化实施方案》，凸显“六个常态化制度化”，确保“两学一做”学习教育有力持续推进。一是坚持理论武装，推进思想政治教育常态化制度化。二是践行根本宗旨，引导党员做到“四个合格”常态化制度化。三是坚持问题导向，持续查找解决问题常态化制度化。四是抓住“关键少数”，突出领导干部率先垂范常态化制度化。五是发挥主体作用，全面强化基层党支部“三会一课”常态化制度化。六是着力加强制度建设，持续推动学习教育长效机制常态化制度化。

调研海东市交邮融合发展工作

5月16日，青海省交通运输厅副厅长王永祥，省邮政管理局副局长王灿一行深入海东市调研交邮融合发展工作。海东市交通运输局、海东市邮政管理局主要负责同志陪同调研。调研期间，王灿还深入部分快递企业就三项制度落实、安检机投入使用、快递员社会保障等方面的情况进行了调研。

青海局圆满完成“一带一路”国际合作高峰论坛寄递渠道安保工作

为保障“一带一路”峰会期间寄递渠道安全畅通有序，坚决遏制重大突发事件发生，为“一带一路”国际合作高峰论坛创造良好寄递环境，青海省邮政管理局提前谋划、精心部署、迅速落实各项安保措施，圆满完成论坛期间全省寄递渠道安全保障工作。一是加强组织领导，精心安排部署。二是严格监督执法，确保行业安全。三是落实“三项制度”，夯实安全基础。四是实行重点查验，排查安全隐患。五是强化应急值守，严格信息报送。六是加强督导检查，确保工作落实。

召开青海省快递协会第三届全体会员

5月，青海省快递协会第三届全体会员大会在西宁召开，20余个会员单位参加了会议。按照协会章程有关要求，顺利完成了换届选举，产生了新一届协会领导班子，青海邮政速递物流股份有限公司总经理胡建华当选为协会会长，青海报业物流有限公司经理陈文鹏当选为协会秘书长。青海省邮政管理局党组成员、纪检组长、副局长王灿出席会议并讲话。

传达学习青海省第十三次党代会精神

5月24日，青海省邮政管理局召开党组中心组学习会，深入学习省第十三次党代会精神，深入贯彻习近平总书记系列重要讲话精神和治国理政新理念新思想新战略，全面落实“四个扎扎实实”重大要求，着力推动“四个转变”，为与全国同步建成小康社会，在新的起点上建设更加富裕文明和谐美丽新青海而奋斗。青海局党组书记、局长赵群静参加、主持学习，并对贯彻落实党代会精神建设普惠邮政工作作出安排。青海局党组中心组成员参加学习。

青海局专题部署2017年全省邮政行业“安全生产月”活动

6月，青海省邮政管理局两次召开动员部署会，传达省安委办《2017年全省“安全生产月”活动实施方案》精神，部署开展以“全面落实企业安全生产主体责任”为主题“安全生产月”活动。会议提出四项要求：一是要坚持正确导向；二是要加强组织领导；三是要务求取得实效；四是认真总结提高。

青海局明确落实《邮政业发展“十三五”规划》责任分工

6月，青海省邮政管理局印发《贯彻落实〈青海省邮政业发展“十三五”规划〉任务分工方案》，就规划落实工作责任进行细化分工，确保《青海省邮政业发展“十三五”规划》提出的各项任务目标如期完成。《分工方案》将《规划》提出的6项主要任务和5项保障措施，细化为65项具体任务，并逐项列出牵头单位、配合单位，明确时间表、路线图、责任人，扎实推进《青海省邮政业发展“十三五”规划》中提出的“十三五”时期青海邮政业发展的重要事项、重点任务和重大项目，为如期完成规划提出的各项任务目标奠定了扎实的举措和组织保障。

召开寄递渠道安全管理领导小组2017年第一次会议

6月20日，青海省寄递渠道安全管理领导小组2017年第一次会议在西宁召开。会议由青海省邮政管理局副局长王灿主持，领导小组组长、省委政法委副书记赵学章出席会议并讲话。会议要求，省寄递渠道安全管理领导小组各成员单位要切实把思想和行动统一到中央、省委的决策部署上来，增强抓好寄递安全管理工作的责任感和使命感,进一步加大协调联动的力度,拓展齐抓共管的深度,全力以赴打好寄递渠道安全管理这场仗。

青海局专题推进实名收寄信息系统推广应用工作

6月22日,青海省邮政管理局组织召开实名收寄信息系统推广应用工作推进会,通报全省实名收寄信息系统推广应用工作进展情况,分析存在问题和困难,专题研究下一步工作举措。青海局副局长王灿参加会议并讲话。会议通报了实名收寄系统的应用工作进展情况。西宁局、海东局主要领导,青海局各处室相关人员参加会议。会议要求,通过加大通报力度、强化监督检查、开展重点督导、专题研究推进等措施,进一步提高青海省实名收寄信息系统利用水平,确保此项工作应用全面展开,有力推进。一是做好信息应用系统推广工作;二是确保完成各项工作任务有力推进;三是为更好落实"三项制度"提供技术保障。

青海局举办依法行政专题培训班

6月23日,青海省邮政管理局组织举办依法行政专题培训班。各市、州邮政管理局分管行政执法工作的局领导、业务科室负责人、行政执法人员以及青海局各处室相关同志参加培训。培训班邀请青海局法律顾问、青海竞帆律师事务所律师及各市州局、省局各处室业务骨干,围绕依法行政理论与实务、邮政普遍服务和市场监管行政处罚裁量基准、邮政行政执法典型案例进行了宣讲和解读,具有很强实用性和针对性。

青海局专题传达贯彻全国实名收寄工作推进会精神

7月14日,青海省邮政管理局召开专题会议,传达学习7月10日国家邮政局邮件快件实名收寄信息系统应用工作推进会重要精神,就做好全省邮件快件实名收寄工作进行再安排、再部署。青海局党组成员、副局长王灿主持会议并讲话,各市州邮政管理局局长,副局长,业务处(科)室负责人,省局各处室主要负责同志30余人参加了会议。会议要求,各市州局要统一思想、提高认识,在前期有效工作的基础上,全面铺开实名收寄信息系统应用工作,实现青海实名收寄信息系统应用工作新突破。一要加强组织领导,严格目标考核。二要把握推进重点,强化协调联动。三要加强督导检查,严守信息安全。会议还对快递网点标准化建设、建制村通邮等近期行业监管重点工作进行了再安排、再部署。

青海省第一届快递行业职业技能竞赛开幕

7月20日,青海省第一届快递行业职业技能竞赛在西宁开幕,来自全省8个市州17家快递企业的141名选手参加比赛。青海省邮政管理局党组书记、局长赵群静出席开幕式。本届竞赛确定全省8个市州17家快递企业的141名选手参加比赛。最终来自西宁市代表队中国邮政速递物流股份有限公司青海分公司的童智文以96.9分的优异成绩获得了青海省第一届快递行业职业技能竞赛"技术状元"荣誉称号,来自西宁市代表队中国邮政速递物流股份有限公司青海分公司的郭亚男、祁勇获得了青海省第一届快递行业职业技能竞赛"技术明星"荣誉称号,来自海北州代表队青海彪运快递有限公司祁连县分公司的田丽、海北州代表队青海顺丰速运有限公司海北州分公司的安小龙、海北州代表队西宁海都中通速递有限公司祁连县分公司的李晓军获得了青海省第一届快递行业职业技能竞赛"技术能手"荣誉称号。西宁申通快递有限公司获得优秀团体奖,西宁市邮政管理局、海北州邮政管理局获得优秀组织奖,西安宅急送快递有限公司西宁分公司获得精神文明奖。

青海局专题部署全省寄递渠道安全生产

7月21日,青海省邮政管理局召开全省寄递渠道安全生产专题会议,传达全省安全生产电视电话会议精神，部署全省邮政业安全生产工作。全省各市、自治州邮政管理局负责同志及相关工作人员参加会议。会议指出，安全生产永远在路上，要进一步认清形势、明确要求、聚焦目标、强化措施，全力做好全省寄递渠道安全生产工作，严格落实"一岗双责、党政同责"制度。严格落实属地管理、部门监管和企业主体责任，保持高压严管态势，营造稳定良好的寄递渠道安全生产环境。

青海局举行全省邮政行业安全生产培训

7月27日，青海省邮政管理局在西宁市举办全省邮政行业安全生产工作培训班。省邮政管理局党组书记、局长赵群静出席并讲话。赵群静就如何做好下半年行业安全生产工作，对全省邮政管理部门和与会企业提出四项具体要求：一是提高认识，始终把安全摆在首要位置。二是源头防控，狠抓"三项制度"落实。三是细化措施，夯实行业安全生产基础。四是突出重点，全力做好党的十九大安全保障工作。

青海局专题部署落实"三项制度"工作

8月14日，青海省邮政管理局召开落实"三项制度"专题部署会暨金砖国家会晤期间寄递渠道安全服务保障工作会议，强调全省上下要固本强基，确保全省寄递渠道不出问题，为金砖国家领导人会师和党的十九大顺利召开打牢基础。青海局市场监管处、西宁市邮政管理局、全省主要快递企业负责同志共30余人参加会议。

青海局出台加快推进邮政业供给侧结构性改革方案

8月，青海省邮政管理局制定印发《2017年加快推进全省邮政业供给侧结构性改革行动方案》。《方案》从完善基础服务网络、提升末端服务能力、培育行业优质品牌、强化产业协同、增加中高端供给、提升安全发展能力、推动绿色邮政发展、提高寄递服务质量、强化科技创新驱动、深入推进交邮合作、深化放管服改革、健全政策法规体系、完善行业标准体系、形成信用约束机制、争取资金政策支持、提升人才队伍素质、加强员工职业保障等17个方面，提出了2017年全省邮政业供给侧结构性改革的70项具体任务，并明确了各项任务的责任主体、时间进度和目标要求，为扎实推进全省邮政供给侧结构性改革提供了全面指引。

开展"三项制度"执行情况实寄测试

8月21日至25日，青海省邮政管理局结合易制爆危险化学品和寄递物流专项整治行动督导检查工作，联合省公安厅，对西宁市寄递企业"三项制度"执行情况开展了实寄测试。实寄测试过程中，暗访组使用硝酸钠、高锰酸钾和小食品混合装箱，随机选取邮政、快递网点寄送。此次测试共涉及邮政、快递企业网点13个。此外，对检查中发现的个别邮政企业网点未能严格执行实名收寄制度等问题的情况，及时向当地市邮政管理部门反馈。

《青海省志·邮政志》通过验收

8月28日，《青海省志·邮政志(1985－2010)》验收会召开，会议同意《青海省志·邮政志(1985－2010)》通过验收。青海省地方志办公室副主任杨松义主持会议，青海省邮政管理局党组书记、局长赵群静及验收组专家等11人参加会议。《青海省志·邮政志(1985－2010)》详细记述了青海省1985－2010年以来邮政事业在改革发展过程中的脉络及成果，经多次充实、修改和完善，对篇目进行合理调整，对章节具体表述进行了修改完善，对措辞用语进行了斟酌考量，重点记录了青海邮政的机构沿革、邮政网络、邮政业务、信息技术、行业管理、企业管理和行风建设等情况，再现了青海邮政从传统邮政向现代邮政的转变。

青海局着力为依法治邮提供基础保障

9月，青海省邮政管理局印发了《关于充分发挥法律顾问作用的通知》。《通知》从充分发挥法律顾问在邮政管理重大决策中的法律论证作用、充分发挥法律顾问在具体行政行为中的服务支撑作用、充分发挥法律顾问在签约履约中的审核把关作用、充分发挥法律顾问在执法培训中的释疑解惑作用、健全完善法律顾问参与制度等五个方面提出了具体要求。

青海局开展全省快递企业标准化建设现场观摩工作

9月14日,青海省邮政管理局在海南州组织开展了全省快递企业标准化建设现场观摩工作。青海局局长赵群静、副局长王灿,市场监管处负责同志,各市、州邮政管理局局长、副局长及行业管理科负责人、相关工作人员共40余人参加现场观摩。

韩建华副省长充分肯定全省邮政管理工作

9月20日,青海省副省长韩建华主持召开专题会议,分析总结2017年以来重点工作开展情况,研究部署四季度重点工作。会上,韩建华充分肯定了全省邮政业发展及行业管理工作成效。韩建华说,全省邮政管理系统认真贯彻落实省委、省政府和国家邮政局的决策部署,切实加快快递业发展,推进建制村直接通邮工程,加强邮件快件安全管理,工作措施有力,各项工作抓得实、抓得细,取得显著成效。下一步,要继续围绕各项重点工作,加大工作力度,抓好工作落实,确保完成全年目标任务。要牢固树立安全意识、红线意识,确保中秋节、国庆节和党的十九大召开期间寄递渠道安全稳定。

赵晓光副局长调研青海邮政业工作

9月21日至24日,国家邮政局副局长赵晓光在普遍服务司和青海省邮政管理局主要负责同志陪同下,先后赴青海省西宁市、海北州、海南州、海东市等地区的19个邮政和快递网点,调研建制村直接通邮进展情况、新修订的《邮政普遍服务》标准贯彻落实情况、县级城市党报当日见报推进情况及邮政服务农村电商情况和党的十九大寄递渠道安全保障工作。在调研中,针对青海地广人稀、人口分布不均衡、区域发展不平衡的基本省情,赵晓光指出,要立足西宁、海东市及各州县政府驻地人口近450万、占全省580万人口77%的实际,坚持实事求是、因地制宜,不搞“一刀切”,优化资源配置,突出邮政普遍服务的实效性。要坚持以满足大多数人民群众的需求为导向,切实保障偏远地区人民群众的需要,基层政权建设需要,落实党的方针政策的需要,进一步做好邮政普遍服务工作。邮政企业要增强市场意识,积极探索邮政普遍服务业务发展与快递、交通、电商结合的新路子,转型升级,提质增效,扛好邮政普遍服务这面旗。

毛占彪厅长到青海局调研

10月20日,青海省交通运输厅党组书记、厅长毛占彪一行赴青海局开展专题调研,并与青海局机关干部进行座谈,就全省邮政业发展、深入推进交邮合作、保障寄递渠道安全等工作深入交流。毛占彪表示,省交通运输厅将一如既往高度重视、大力支持邮政管理工作和邮政业改革发展,进一步加强与邮政管理部门的沟通协调,帮助解决邮政管理部门和邮政业发展中面临的困难,发挥好大交通的体制优势,共同促进全省邮政业进一步健康发展。省交通运输厅相关处室负责人,省邮政管理局机关全体党员干部参加座谈会。

青海局机关党支部迅速学习党的十九大报告精神

10月20日,青海省邮政管理局召开支部学习会,组织全局党员干部学习领会党的十九大开幕会精神,研究部署党的十九大报告精神宣贯工作。青海局党支部书记王灿主持会议。

青海局圆满完成党的十九大寄递渠道服务安保工作

青海省党的十九大寄递渠道安全保障工作顺利实现了“四个严防、两个确保”工作目标，并有力推进了各项业务工作，全省邮政行业“三项制度”执行规范化、标准化、信息化水平得到大幅度提高，促进了寄递渠道安全管理长效机制形成。通过系列措施的扎实落地，青海省邮政管理部门圆满完成了党的十九大期间全省寄递渠道安全服务保障工作任务。

青海局部署全省邮政行业旺季工作

10 月 26 日，青海省邮政管理局组织召开专题会议，安排部署 2017 年邮政行业旺季期间服务保障和安全生产工作。会上，青海局传达了国家邮政局关于做好邮政业旺季服务保障工作的指示精神，对国家邮政局《2017 年快递业务旺季服务保障工作方案》和《禁止寄递物品管理规定》进行了解读，重申了全省邮政行业“三项制度”执行规范性要求和快递服务质量要求，对服务旺季期间全省服务保障和安全生产工作进行了动员部署。会议还就全省邮政行业业务旺季期间安全服务保障工作提出五点要求。

青海局举办全省邮政行业安检机操作使用培训班

10 月 26 日，青海省邮政管理局联合省公安厅、民航青海监管局等部门，组织举办了全省邮政行业安检机操作使用培训班，着力提升全省寄递企业 X 光安检机操作人员操作使用技能和禁寄物品识别能力。省邮政公司、EMS 和快递企业共 110 余人参加培训。培训要求，全省邮政管理部门、各寄递企业从党的十九大寄递渠道安保工作中深刻汲取经验教训，采取强有力的措施，解决在检查过程中发现个别企业“安检设备无人值守、形同虚设”等问题，消除行业安全生产薄弱环节，继续做好固本强基，从严从细做好工作，打牢安全生产基础，确保全省寄递渠道安全畅通，为全省邮政行业持续健康快速发展营造良好的安全环境。

青海局多措并举学习宣贯党的十九大精神

青海省邮政管理局制定八项措施学习宣传贯彻党的十九大精神：一是传达学习会议精神；二是开展主题党日活动；三是召开党组中心组（扩大）学习会暨工作务虚会；四是举办专题辅导讲座；五是积极组织学习宣传党的十九大精神主题活动；六是专题研究党建工作；七是召开专题民主生活会；八是开展民主评议党员活动。

青海局培训全省寄递企业服务水平提升工作

10 月，青海省邮政管理局联合省经信委组织举办了寄递企业服务水平提升工作培训班。省邮政分公司、EMS 和各快递企业等相关人员参加了本次培训。省经信委现代物流处处长田勇在培训会上发表讲话，在肯定邮政业在经济社会发展中的基础支撑作用的同时，对全省邮政行业提出殷切期盼，希望寄递企业能够提高派送能力和时效，积极开展自查自纠，发现问题及时整改，努力打造“人民满意的快递”。

青海局党组召开理论学习中心组（扩大）学习会

11 月 3 日，青海省邮政管理局党组召开理论学习中心组（扩大）学习会，进一步学习宣传贯彻党的十九大精神，就加强和规范行政执法工作进行学习和部署。青海局党组书记赵群静主持会议并围绕深入贯彻党的十九大精神讲党课，青海局党组理论学习中心组成员、各市州局局长参加会议。会议还就全面抓好快递业务旺季服务保障工作进行了再安排再部署，要求青海局各处室、各市州局从思想上高度重视，科学研判全省 2017 年的快递旺季服务形势，制定周密的工作方案，采取有效的应对措施，确保实现“两不”（全网不瘫痪、重要节点不爆仓）、“三保”（保畅通、保安全、保平稳)工作目标。

三家品牌快递分拨中心入驻快递物流园

11月6日,青海省贵强快递物流园建成。青海省邮政管理局副局长王灿一行赴贵强快递物流园入驻快递分拨中心调研。贵强快递物流园位于西宁市湟中县,是在湟中县政府的支持下、邮政管理部门的指导下,按照"市场运作、政府指导、企业入驻"的原则,由第三方投资建设的青海省第一个快递物流产业园。全省快递业发展进一步向规范化、规模化、自动化、集约化迈进,对青海省快递行业加快实现转型升级、提质增效具有里程碑式的重要意义。

青海局督导检查"双11"快递业务旺季服务保障工作

11月,为切实做好2017年快递业务旺季服务保障工作,确保快递业务旺季期间全省邮政行业平稳运行与寄递渠道安全畅通,由青海省邮政管理局副局长王灿带队,会同市场监管处、西宁局相关人员组成检查组,赴各快递企业,督导企业做好"双11"快递业务旺季服务和安全保障工作,并向奋战在一线的寄递企业员工表示慰问。

青海局开展"双11"行业运行情况检查

11月13日,青海省邮政管理局局长赵群静带领由市场监管处、省快递协会相关人员组成的工作组,赶赴省内邮政企业和重点快递企业生产作业现场,督导检查"双11"快递服务安全保障工作,慰问奋战在快递行业一线的员工。

青海局连夜督导检查"双11"服务保障工作

11月15日,青海省邮政管理局局长赵群静带领由市场监管处和省快递协会相关人员组成的工作组,连夜赶赴省内主要快递企业分拨作业现场,督导检查"双11"快递服务安全保障工作。

青海局安排进一步加强和规范行政执法工作

11月,青海省邮政管理局印发了《关于进一步加强和规范行政执法工作的通知》。《通知》强调,各单位各部门要按照省局关于充分发挥法律顾问作用的部署要求,进一步完善法律顾问参与行政执法工作制度,重大行政处罚案件在做出决定前必须将有关执法文书、证据材料交由法律顾问进行审查,从法律定性、取证、程序等方面征求顾问意见。将行政执法工作纳入年度目标考核范围,对因不作为、乱作为或因不重视发挥法律顾问作用而导致的不规范、不文明执法问题,予以通报批评。

青海局落实邮政业发展"十三五"规划成效显著

青海省邮政管理局精准对接国家《邮政业发展"十三五"规划》作出的战略部署,紧紧围绕《青海省邮政业发展"十三五"规划》明确的重点任务和重大项目,准确把握青海邮政行业发展的新任务新要求,以改革创新、勇于担当、开拓进取的精神深入贯彻落实《规划》,取得重要成果:一是规划明确的各类扶持政策有效落实;二是青海第一个快递专业物流园区建成投运;三是行业基础设施建设取得显著进步。

青海局助推快递分拣中心规范化建设

11月28日,青海局组织全省17家主要寄递企业负责人在青海贵强快递物流园召开省级分拣中心规范化建设观摩交流现场会。会上,青海局副局长王灿针对企业分拣中心标准化建设提出三点要求:一是高度重视建设标准化快递分拨中心的重要意义;二是充分认识行业集聚发展产生的规模效益;三是确保全省快递服务质量水平上新台阶。

青海局推动邮快合作助力寄递服务下乡

11月,青海省邮政管理局组织召开"邮快"合作座谈会,组织寄递企业就深入合作进行探讨。省邮政分公司、顺丰、圆通、中通、申通、韵达、天天快递等17家品牌快递企业负责人参加座谈。座谈会上,各企业就“邮快”合作中存在的突出问题进行了深入交流和探讨,并提出了意见和建议。快递企业负责人纷纷表达了对“邮快”合作的迫切愿望,邮政分公司表示可以充分利用邮政企业农村地区网络优势,研究开放邮政网络,为快递企业提供乡镇及以下地区快件转运、收寄投递等服务,实现邮快共赢。

江明发主任调研青海实名收寄信息系统推广等情况

12月14日至15日,国家邮政业安全中心主任江明发一行3人,赴西宁市、海东市,与省、市邮政管理部门干部和部分品牌企业负责人进行座谈,深入邮政、快递企业营业网点,实地调研实名收寄信息系统推广应用等工作,并就实名收寄信息化推进工作提出了指导意见。

海西州乌兰县申通快递获批350万元专项资金

12月,海西州乌兰县电子商务物流配送中心启动营业,标志着该县“快递下乡”工程迈出实质性步伐,不仅打通了县乡村三级物流配送网络,而且对于进一步提高该县快递服务“三农”能力、支持农村电商发展、助力国家精准扶贫都具有重要意义,有效解决了农产品进城“最初一公里”和工业品下乡“最后一公里”难题。乌兰县申通快递中标海西州首个电子商务物流配送项目,并获批350万元专项资金用于项目建设。

青海局举办精神文明建设工作培训班

12月21日,青海省邮政管理局举办邮政管理系统精神文明建设工作培训班。全省邮政管理系统50余名党员干部参加了培训。培训会传达学习了全国、全省精神文明建设表彰大会精神及《青海省直属机关文明单位创建管理办法(试行)》,部署2018全系统精神文明建设重点任务。会议要求,要始终牢记文化是最基本、最深沉、最持久的力量,进一步增强做好新形势下精神文明建设工作的责任感和使命感 ,准确把握重点任务,抓队伍、增活力、促发展、保稳定。

宁夏回族自治区快递发展大事记

出台推动“互联网+流通”行动计划实施意见

宁夏回族自治区人民政府印发《关于深入推进“互联网+流通”行动计划的实施意见》,提出了加强智慧流通基础设施建设、发展绿色流通和消费、实施电子商务进农村、推动电子商务进社区、发展跨境电子商务、支持“互联网+创新创业”等十一项工作任务,明确要充分发挥自治区政府产业引导基金的作用,推进流通行业+互联网快速发展。多项内容利好邮政业发展。

刘可为副主席肯定自治区邮政管理工作

1月,宁夏回族自治区人民政府副主席刘可为就宁夏回族自治区邮政管理局上报的2016年工作总结及2017年工作安排报告上作出批示:“2016年,自治区邮政管理局在引领行业改革发展、优化行业发展环境、加强行业安全监管、提升行业治理能力、夯实管理基础等方面做了大量工作,尤其是在积极推进快递企业规范化标准化建设和落实‘收寄验视、实名寄递、安全检查’三项安全制度等方面取得了明显成效,为全区经济社会发展和民生改善做出了积极贡献。希望全区邮政管理系统干部职工在新的一年中再接再厉,为加快‘四个宁夏’建设、与全国同步全面建成小康社会做出新的更大贡献。”

宁夏局召开2017年全区邮政管理工作会

1月12日,宁夏回族自治区邮政管理局召开2017年全区邮政管理工作会议,传达贯彻全国邮政管理工作会议精神,总结2016年全区邮政管理工作,安排部署2017年重点任务。宁夏局党组书记、局长李志炜作了题为《坚持创新发展 注重转型升级 为加快建成与小康社会相适应的宁夏现代邮政业而努力奋斗》的工作报告。会议先后组织与会代表认真学习了交通运输部部长李小鹏在全国邮政管理工作会议上的重要讲话精神,传达贯彻了国家邮政局局长马军胜工作报告、自治区党委书记李建华和自治区人民政府副主席刘可为对邮政管理工作的重要批示精神。会上,李志炜代表宁夏局与邮政、快递企业代表现场签订了《2017年度宁夏邮政业安全生产及服务保障责任书》。自治区发展改革委、自治区交通运输厅、工商局、住建厅、财政厅、国家安全厅、公安厅、信建办、规划办、银川海关等部门和单位负责人,宁夏日报、宁夏新闻网、新消息报等媒体记者、宁夏局全体干部职工、5市邮政管理局全体公务员、宁夏邮政公司及宁夏邮政速递物流公司、宁夏圆通、申通、顺丰、韵达等34个快递企业相关负责人共100余人参加会议。

刘可为副主席点赞全区邮政业发展成效

1月17日,宁夏回族自治区人民政府副主席刘可为在全区交通运输工作会议上讲话时点赞全区邮政业发展成效:“2016年,宁夏邮政管理部门不断强化邮政快递业管理服务,全区邮政快递业发展势头良好,业务总量和业务收入实现快速增长,特别是快递业增长了46%,为全区经济社会发展做出了积极贡献”。

银川综保区国际快件监管中心通过银川海关验收

1月18日,银川综合保税区国际快件监管中心通过银川海关验收,成为宁夏首个国际快件监管中心,将依托银川河东国际机场主要经营迪拜直邮国内快件物品的清关业务。标志着宁夏回族自治区打通了国际寄递物品从银川直接进出境的渠道,结束了宁夏企业及个人的国际寄递物品必须绕道其他省市清关出入境的局面,更为宁夏对外开放增添了一条新通道。

中卫市获批创建首批“全国快递服务现代农业示范基地”

为充分发挥快递业在推动流通转型、促进消费升级方面的先导性作用,深入推进实施“快递下乡”工程,支持现代农业发展,国家邮政局于2016年组织开展首批全国快递服务现代农业示范基地申报评选工作。经中卫市人民政府及自治区、地市两级邮政管理部门积极推荐申报,1月,国家邮政局授予中卫市首批“全国快递服务现代农业示范基地”称号。中卫市“全国快递服务现代农业示范基地”建设立足中卫市中宁县名优枸杞及其深加工产品全国快递配送项目,并带动当地硒砂瓜、清真牛羊肉、小杂粮等特色农产品外运外销。

马军胜局长多次肯定宁夏局工作方法

1月,国家邮政局局长马军胜在宁夏回族自治区邮政管理局呈报的《关于宁夏各市邮政管理局2016年综合工作调研的报告》上做了重要批示:“宁夏区局采取综合调研加年度考核模式工作方法已实行几年,效果是明显的。”此项工作同时被马军胜评价为“清单式、挂牌式、考核式”管理,得到国家邮政局领导多次肯定,并要求在全国邮政管理系统交流推广。

宁夏局力促2017年邮政业发展再上新台阶

1月,宁夏回族自治区邮政管理局召开专题会议,研究部署了2017年重点工作目标任务,并进行了细化分工,力促2017年邮政业发展再上新台阶。宁夏局以国家邮政局提出的目标任务为依据,结合全区邮政管理工作实际,对各处室全年的工作进行具体分工,责任到人,将全年的工作细化为100项,并逐条明确牵头领导、责任部门和完成时限,进一步强化责任,在全局形成层层有任务、人人抓落实的良好氛围,推进重点工作的全面完成。

自治区人社厅领导到调研区邮政、快递企业

2月15日,宁夏回族自治区人社厅副厅长孙晓军一行深入宁夏邮政、快递企业实地调研,宁夏回族自治区邮政管理局相关负责人陪同调研。调研组先后考察了银川邮区中心局及申通快递、顺丰速运等快递企业分拨中心,并与快递企业负责人召开了座谈会,认真了解了快递企业、邮政企业生产运营情况,详细询问了企业的用人招工、社会保障、就业培训等工作情况,听取了企业用工中存在的问题和困难。调研组强调,将继续关注和支持邮政管理工作和邮政业发展,从公益岗安置、技能培训等方面提供政策、资金支持,为全区邮政业服务地方经济发展营造良好环境。

宁夏局部署全国两会期间邮政快递服务和安全工作

2月,宁夏回族自治区邮政管理局下发《关于做好全国“两会”期间邮政、快递服务和安全工作的通知》,从六个方面进行了部署和要求。

赵晓光副局长调研宁夏邮政业发展情况

2月,国家邮政局副局长赵晓光在宁夏银川参加2017年全国邮政普遍服务监督管理工作会议期间,分别在银川市、石嘴山市和吴忠市进行调研,实地调研了银川邮区中心局邮件分拣中心及药品仓储中心、银川市电商快递物流园区、石嘴山市020快递电商体验馆、平罗县电商快递园、黄渠桥村邮政“村邮乐购”电商服务站等,详细了解邮政企业普遍服务业务开展、业务量收、基础设施建设等,以及快递企业生产运营、安全保障、分拣设备配置、车辆通行等方面的情况。赵晓光提出,邮政企业要不断拓展普遍服务内涵,树立大服务理念,主动参与市场竞争,灵活开办业务,充分发挥点多、线长、面广等优势,不断提高服务能力和水平。快递企业要不断优化作业流程,大力推进自动化、智能化工艺和设备的应用,提高生产精细化水平,应用云计算、大数据等信息技术提升生产效能,努力构建现代化的快递服务体系。

宁夏局部署《禁止寄递物品管理规定》宣贯工作

为深入宣贯国家邮政局、公安部和国家安全部新发布的《禁止寄递物品管理规定》,2月,宁夏回族自治区邮政管理局下发了《关于做好〈禁止寄递物品管理规定〉宣贯工作的通知》,从四个方面对宣贯工作进行了安排部署。

出台推进农产品现代流通体系建设政策

2月25日,宁夏回族自治区人民政府印发《关于推进农产品现代流通体系建设的实施意见》,对加快公益性农产品市场体系建设、积极开展冷链物流综合示范工作、建立和完善自治区重要农产品追溯体系、积极推进电子商务进农村等任务做了重点部署,明确提出了完善农村物流服务体系支持政策。

宁夏局召开全区邮政市场监管工作会议

3月14日,宁夏回族自治区邮政管理局召开2017年全区邮政市场监管工作会议,回顾总结2016年全区邮政市场监管工作,部署安排2017年重点工作。宁夏局市场监管处工作人员、各市邮政管理局分管领导、行业管理科相关负责人参加会议。会上,参会人员就全区邮政行业监管工作中存在的难点和问题做了交流谈论。会议还对G20峰会行业安保工作中成绩突出的市局和个人进行了表彰,并对中卫市创建全国快递服务现代农业示范基地进行了授牌。

出台服务业发展引导资金管理办法

宁夏回族自治区发展改革委印发了《宁夏服务业发展引导资金管理办法》，并开始征集2017年自治区服务业发展引导资金项目，将建立完善县、乡、村三级快递物流配送体系和发展邮政社区服务设施列为重点支持领域。

部署邮件快件实名收寄信息系统推广应用工作

4月，宁夏回族自治区邮政管理局联合自治区公安厅、国家安全厅联合印发了《邮件快件实名收寄信息系统推广应用工作实施方案》，对全区邮政行业推广应用实名收寄信息系统进行细化部署。《实施方案》进一步明确了三部门职责分工，成立了三部门组成的全区邮件快件实名收寄信息系统推广应用联合领导小组。《实施方案》要求各相关单位在总结试点经验做法基础上，进行再动员再部署，强化技术保障，严格安全管理，建立完善实名信息全流程安全管控责任体系和寄递安全监管信息共享机制，力争利用两年时间基本实现邮件快件实名收寄信息化的目标。

出台“互联网+”高效物流实施方案

4月，《宁夏回族自治区“互联网+”高效物流实施方案》出台，对建立智慧化末端配送网络、加强综合物流服务能力、营造开放共赢的物流发展环境等工作作了重点部署，明确提出了推动邮政业提质增效、创新发展的支持政策。《实施方案》在提升铁路物流服务能力任务中要求：加强铁路和邮政、快递设施的衔接协同，积极发展电商快递班列等铁路快捷货运产品，推动铁路资源开放共享。《实施方案》还提出推广使用“安易递”实名收寄APP，实现对全程全网寄递信息数据的监测和预警。

发布《宁夏回族自治区物流业“十三五”发展规划》

4月，宁夏回族自治区人民政府发布实施了《宁夏回族自治区物流业“十三五”发展规划》，邮政业多项重点发展内容纳入《规划》主要任务和重点工程，全区邮政业发展再获政策保障。

宁夏局部署推进“两学一做”学习教育常态化制度化工作

5月，宁夏回族自治区邮政管理局制定下发了《推进“两学一做”学习教育常态化制度化的实施方案》，对2017全区邮政管理系统推进“两学一做”学习教育常态化制度化工作进行了安排部署。《实施方案》要求，各级党组织要承担起推进“两学一做”学习教育常态化制度化主体责任，加强组织领导，建立健全党组织书记牵头、相关职能部门负责人参加的协调机构。要精心组织，抓常抓细抓长，每年梳理分析工作短板，研究制定重点工作任务，制定时间表、任务书，将工作任务层层细化分解，明确责任单位、责任人和完成时限。要注重典型引导和强化督导，大力宣传推进“两学一做”学习教育常态化制度化的好经验好做法，采取多种方式加强督促指导，及时总结交流经验，发现和解决存在的问题，确保推进“两学一做”学习教育常态化制度化工作久久为功、取得实效。

一快递企业荣获“全国青年安全生产示范岗”称号

6月，在共青团中央和国家安全监管总局联合评选活动中，银川兴邦速运有限公司（韵达快递）荣获2016年度“全国青年安全生产示范岗”荣誉称号。

印发实施意见加快发展邮政行业职业教育

6月，宁夏回族自治区邮政管理局与自治区教育厅联合印发了《关于加快发展宁夏邮政行业职业教育的实施意见》，旨在进一步营造邮政技术技能人才培养的良好环境，促进全区邮政行业职业教育健康发展。《意见》明确提出加快发展邮政行业职业教育的总体目标：2020年前后，基本建成适应全区邮政行业转型升级和创新发展要求，中等职业教育、高等职业教育、应用型本科教育和专业学位研究生教育协调发展，学历教育与职业培训并重，产教深度融合，适应宁夏邮政行业做大做强要求的现代邮政职业教育体系，造就一支素质高、能力强、数量足、结构优的现代邮政业人才队伍。

两电商快递配送项目获自治区服务业发展引导资金支持

6月，宁夏回族自治区发展改革委和财政厅联合下达了2017年自治区服务业发展引导资金计划(第一批)，共评选27个项目，预计下达投资1.6亿元，按每个项目建设资金10% ~15%给予补助，宁夏中圆达电子商务有限公司建设的石嘴山市名优特农产品O2O电子商务运营中心及上下游一体化项目、彭阳县三泰科技实业有限责任公司建设的彭阳县特色农产品电商物流配送项目被列入其中。

宁夏局部署邮件快件“三不”专项治理工作

7月，宁夏回族自治区邮政管理局印发了《关于开展邮件快件“不着地、不抛件、不摆地摊”治理工作的通知》，部署了开展“不着地、不抛件、不摆地摊”服务专项治理具体工作。针对“三不”治理，宁夏局安排了宣传教育、加强生产场地条件建设、推进标准化建设、推进“快递入区”工程、规范末端网点代办代投行为等十三项具体工作措施。

宁夏局举办邮政行业文艺汇演

为迎接党的十九大胜利召开，进一步弘扬邮政行业精神，促进邮政行业精神文明建设，7月19日，宁夏回族自治区邮政管理局举办了以“汇聚梦想　放飞希望”为主题的大型文艺汇演，来自全区5个地市局及9个企业的共计14支代表队、17个节目、150多名演职人员参加了汇演。参演的各文艺代表队在演出中激情演绎，尽情发挥，唱响了宁夏邮政行业干部职工爱岗敬业、无私奉献、积极向上的精神风貌，展现了宁夏邮政行业“诚信、服务、规范、共享”的核心价值理念，演绎出宁夏邮政行业干部职工对共同建筑“中国梦 · 邮政情”的美好愿望。经过精彩而紧张的比赛，最后决出了一等奖1名，二等奖2名，三等奖4名，优秀表演和组织奖8名。

宁夏局部署党的十九大期间寄递渠道安保工作

为确保党的十九大期间全区邮政行业安全生产形势稳定，为大会胜利召开营造良好的寄递环境，宁夏回族自治区邮政管理局早动员、早部署、早落实，联合自治区公安厅、国家安全局组织召开全区邮政行业安全生产会，安排部署了近期及党的十九大期间行业安全生产工作。各市邮政管理局分管副局长、科室负责人，全区较大规模快递企业主要负责人参加了会议。

宁夏局举行全区邮政业消费者申投诉受理培训

8月，宁夏回族自治区邮政管理局举办了2017年全区邮政业消费者申(投)诉受理培训班，各市局相关负责人和申诉受理人员、重点快递企业相关负责人共40余人参加培训。培训班通报了2017年上半年全区邮政业消费者申诉受理总体情况，深入分析了消费者关心的服务热点和难点问题，明确了申投诉受理职责。培训采用理论和实际案例相结合的方式，详细解读了《邮政业消费者申诉处理办法》和《邮政业消费者申诉处理规程》，并就下一步旺季期间邮政、快递企业投诉、申诉处理工作提出三点要求。

印发《关于促进全区邮政和快递服务业健康快速发展的实施意见》

8月3日，宁夏回族自治区人民政府印发《关于促进全区邮政和快递服务业健康快速发展的实施意见》，提出加快建立和完善政策扶持机制，全面促进邮政和快递服务业转型升级和提质增效，进一步增强全区邮政和快递服务业服务社会经济的能力和水平。《实施意见》要求各级人民政府要将支持邮政和快递服务业发展，建立健全与行业发展新任务、新要求相适应的工作推进机制，结合实际研究出台有针对性的政策措施，进一步明确时间表、路线图和责任人，确保各项任务落实到位。要求自治区发展改革委、财政厅、商务厅、工商局、交通运输厅等有关部门明确责任分工，抓紧制定相关配套措施，主动配合完成各项工作任务。

举办宁夏邮政行业职业技能竞赛

8月22日至23日，宁夏回族自治区邮政行业职业技能竞赛成功举办，本次竞赛由宁夏回族自治区邮政管理局牵头，自治区总工会、自治区人社厅联合举办，自治区邮政行业职业技能鉴定中心承办，来自全区邮政、快递企业的7支代表队共31名选手参加了竞赛。经角逐，评选出个人一等奖1名、二等奖3名、三等奖6名，共有6支代表队分别获得了“优秀组织奖”和“精神文明奖”荣誉称号。此次技能竞赛成绩第一名的选手将在推荐申报后由自治区人社厅授予“自治区快递技术能手”荣誉称号。

宁夏局调研国际快件中心运营情况

8月23日，宁夏回族自治区邮政管理局局领导带领相关处室负责人到银川综合保税区调研宁夏国际快件中心运营情况。宁夏局在调研时指出，宁夏国际快件中心运行以来，大幅提高了迪拜等阿拉伯国家地区入境快件通关速度，已成为服务跨境电子商务发展的重要支撑和窗口，各入驻快递企业要继续密切配合，共同努力，提升服务水平，做大做强全区跨境电子商务产业，进一步助力宁夏跨境电商发展，提升对外开放水平。

开展金砖国家第九次领导人会晤期间寄递渠道安全生产专项检查

9月3日至5日，金砖国家领导人第九次会晤举行，恰逢宁夏“古尔邦节”放假，为督促全区各寄递企业切实提升安全生产意识，全面落实各项安全生产工作措施，确保活动及节日期间全区寄递渠道安全平稳运行，宁夏回族自治区邮政管理局联合自治区公安、国安部门深入全区邮政企业、快递企业网点、分拨中心开展了安全专项检查。联合检查组就做好金砖国家第九次领导人会晤及“古尔邦节”期间寄递行业安全生产工作提出了具体要求。

宁夏局做好2017中阿博览会期间寄递渠道安保工作

9月6日至9日，2017“中国—阿拉伯国家博览会”在银川召开。为确保会议期间宁夏邮路寄递渠道安全顺畅运行，根据自治区党委、政府安保工作总体部署，宁夏回族自治区邮政管理局制定了中阿博览会寄递渠道安全保障工作方案，对该项活动期间寄递渠道安保工作进行了全面部署。

国家邮政局发展研究中心调研宁夏快递业发展

9月13日至14日，国家邮政局发展研究中心调研组一行深入宁夏回族自治区邮政管理局机关、快递企业就全区快递业落实新思路新理念新战略、人才队伍建设、发展环境、党的建设等课题进行调研、座谈。在座谈会上，调研组一行与宁夏局就进一步总结提炼宁夏快递业标准化规范化建设、“平罗模式”、四色安全预警管理机制、机关年度目标管理考核制等好经验好做法，促进快递行业发展等事宜进行了深入探讨。双方表示，将按照国家邮政局党组“打通上下游、拓展产业链、画大同心圆、构建生态圈”思路，充分发挥各自职能优势，在监管工作实践和智库学术研究上进一步加强合作，用足用活各方面优惠政策和有利资源，共同推动邮政、快递业健康有序发展。

宁夏局举办寄递行业危化品识别及安检机操作培训班

9月，宁夏回族自治区邮政管理局在银川举办了寄递行业危化品识别及安检机操作培训班，民航、公安等部门，银川、石嘴山和吴忠三个市邮政管理局及三市快递企业负责人及安检机操作人员共100余人参加培训。培训班上，宁夏局要求全体参训人员要认真学习掌握安检机操作使用规范，了解设备的各项功能与作用，尽快掌握操作技能；专心学习各类违禁品的分析与辨别方式，提高禁寄物品的辨别能力，保障全区邮路寄递渠道出港件的安全。

"快递＋"填补宁夏全货运国内航班空白

10月10日14时30分许，由圆通航空执飞的吐鲁番—银川—西安全货运首航班机缓缓降落在银川河东国际机场，宁夏结束了没有全货运国内航班的历史，开创了快递行业引领全区航空全货运发展的先河。

徐广国书记专题调研邮政行业

10月12日，宁夏回族自治区党委常委、政法委书记徐广国深入邮政、快递企业经营网点、分拨中心调研指导工作，听取全区邮政、快递企业迎接党的十九大服务保障及邮政管理工作情况。徐广国强调，做好党的十九大及旺季服务保障工作，是全区邮政、快递行业的头等大事，宁夏回族自治区邮政管理局要立足行业监管部门职能，加大检查力度，自治区相关部门要协调配合，积极引导企业发挥主体作用，综合运用经济、政策、法律、信息化等手段，切实保障全区邮政行业规范有序，寄递渠道安全畅通。对全区邮政、快递行业及邮政管理下一步工作，徐广国提出了三方面要求。自治区综治办、公安厅、商务厅、邮政管理局负责同志及邮政、快递企业负责人陪同调研。

宁夏局开展党的十九大期间安全检查工作

党的十九大召开前夕，宁夏回族自治区邮政管理局组织开展安全保障专项检查工作。宁夏局要求邮政、快递企业，一是要统一思想，提高认识，强化安全生产责任意识；二是要严格落实企业安全生产主体责任，完善各项安全生产制度，层层压实责任，把安全生产责任落实到每个岗位；三是要开展企业自查工作，全面细致排查整治安全生产隐患；四是要加强安全生产事故防控工作，采取积极措施对生产、运输设备进行经常性维护，强化特殊气候下安全防范措施，严防重特大安全生产事故发生。

两级联动开展党的十九大期间寄递服务安保随机检查

10月22日至23日，宁夏回族自治区邮政管理局联合银川市邮政管理局成立检查组，分别对辖区快递企业分拨中心、营业网点、报刊亭进行了全面的检查。检查组采取不打招呼、不做计划、突击检查、流动检查、随机检查的方式，日间检查企业营业网点，夜间检查企业分拨中心，并安排工作人员进行了暗访。

宁夏局召开党组(扩大)会议深入学习贯彻党的十九大精神

10月27日，宁夏回族自治区邮政管理局召开党组(扩大)会议，深入学习传达党的十九大精神，研究部署贯彻落实措施。宁夏局党组书记、局长李志炜主持会议，局党组全体 成员及机关处室负责同志参加会议，并结合各自工作作了发言。会议就深入学习贯彻党的十九大精神提出三方面要求。

宁夏局部署快递业务旺季服务保障

11月，宁夏回族自治区邮政管理局召开2017年快递业务旺季服务保障动员部署电视电话会。会议传达了国家邮政局副局长刘君在2017年快递业务旺季服务保障工作动员部署电视电话会议上的讲话，学习了国家邮政局2017年快递业务旺季服务保障工作方案，研究部署了宁夏快递业务旺季保障工作。自治区寄递行业安全监管领导小组成员单位及全区邮政、快递企业宁夏总部负责人了参加会议，宁夏日报、宁夏电视台等新闻媒体受邀参会并报道。

宁夏局组织开展旺季服务保障检查工作

11月，宁夏回族自治区邮政管理局由党组领导班子成员分别带队组成督导组，赴银川、吴忠、固原等全区重点地区、主要寄递企业及分拨中心进行了督导检查。督导组主要检查了寄递企业旺季服务保障工作安排部署情况、安全规定落实情况、三项制度落实情况、生产经营情况、人员物资器材储备情况、车辆安全和消防安全情况、应急制度、值班制度落实情况以及服务质量等相关情况。督导组要求，各企业负责人进一步延续前一阶段良好工作势头，做好充足准备，继续做好投递等各环节应对工作，确保“双11”安全、平稳运行，切实保障用户合法权益。

宁夏局开展快递业务旺季夜间突击检查

为切实做好“双11”快递业务旺季快递服务保障和安全生产工作，确保全区寄递行业生产平稳有序，宁夏回族自治区邮政管理局由主要负责人带队，区局机关相关处室负责人和银川市邮政管理局的同志组成检查组，对全区部分快递企业总部及分拨中心进行了夜间突击检查。

宁夏局举办全区寄递行业《宁夏回族自治区禁毒条例》培训会

11月，宁夏回族自治区邮政管理局组织举办全区寄递行业《宁夏回族自治区禁毒条例》培训会，宁夏局市场监管处全体、各市邮政管理局副局长、行业管理科科长及相关工作人员、寄递品牌负责人等50余人参加了本次培训。此次培训，宁夏局邀请了自治区法制办相关领导，对《条例》进行了全面系统的解读。培训重点围绕《条例》的立法背景、制定《条例》基本过程及主要特点和《条例》的主要亮点和创设条款等方面作了详细阐述，同时还结合有邮政行业特点从《条例》的总则、禁毒宣传教育、毒品的管制、戒毒管理服务等具体内容进行了讲解。培训会上，宁夏局对各市局及寄递企业进一步做好《条例》学习宣传工作提出三点要求。

宁夏局制定出台落实党的十九大精神意见

为深入全面学习宣传贯彻党的十九大精神，落实国家邮政局党组、自治区党委、政府系列部署要求，宁夏回族自治区邮政管理局党组结合全区邮政管理工作和邮政业改革发展实际，制定出台了《关于学习宣传贯彻党的十九大精神的意见》，要求全区邮政管理系统各级党组织和广大党员干部，从讲政治的高度，坚持学思践悟、知行合一，以实际行动学懂、弄懂、做实党的十九大精神，不断开创全区邮政业改革发展新局面。《意见》从充分认识学习宣传贯彻党的十九大精神的重要意义、认真做好党的十九大精神的学习宣传教育和切实抓好党的十九大精神贯彻落实三个方面和着力建设普惠共享安全邮政、深化邮政业供给侧结构性改革，建设现代寄递物流体系、推动行业发展转型升级等11项内容。

宁夏快件日处理量首次破百万

从11月10日至20日，宁夏回族自治区全区累计进出港快件处理量、单日进出港快件处理量再创新高，累计处理快件达到590万件，其中11月16日全区快件日均处理量突破100万件，是日常处理量的4.5倍，在全行业的共同努力下，“双11”期间全区快递业务高峰安全平稳度过，顺利实现了“两不”“三保”的预期目标。

宁夏局举办寄递行业标准培训班

11月，宁夏回族自治区邮政管理局举办全区邮政行业标准培训班。区、市两级邮政管理部门相关负责人以及邮政企业和主要快递品牌负责人近50人参加了培训。培训要求各市邮政管理部门和快递协会、寄递企业：一是要提高思想认识，深刻领会邮政行业标准化工作的重要意义，进一步增强做好标准化工作的使命感、责任感、紧迫感。二是围绕中心、服务大局，做好行业标准宣贯工作。要突出重点，将标准宣贯列入2018年重点工作项目，有计划分层次推动落实。三是充分发挥企业主体作用，以标准化建设为抓手，立足提高服务质量，进一步优化内部管理，开展对标检查，推动各项标准落地见效。

宁夏局印发加快推进全区邮政业供给侧结构性改革的实施意见

12月，宁夏回族自治区邮政管理局印发《加快推进全区邮政业供给侧结构性改革的实施意见》，全面部署安排了推进全区邮政业供给侧机构性改革的重点工作和任务措施。《实施意见》提出了加强基础设施建设、提升末端服务能力、培育壮大龙头企业、优化供给结构、提高寄递服务质量等六个方面十二项重点工作。并明确了各项重点工作的责任主体、时间进度和目标要求，要求牵头责任部门加强组织领导、协调配合和检查指导，扎实推进各项工作任务，提高邮政行业全要素生产率，促进邮政业与实体经济的进一步融合，进一步提升供给品质和供给效率，促进社会物流成本进一步降低，充分利用行业的网络优势惠及千家万户，更好服务全区经济社会发展和人民群众生产生活。

新疆维吾尔自治区快递发展大事记

新疆局召开2017年全区邮政管理工作会议

1月15日至16日，新疆维吾尔自治区邮政管理局召开2017年全区邮政管理工作会议。新疆局党组书记、局长张建军作工作报告，党组成员、副局长安长来主持会议，党组成员、纪检组长、副局长玉素甫·艾力出席会议。张建军作了题为《落实全面从严治党要求　加大邮政管理工作力度　为建成与小康社会相适应的现代邮政业而努力奋斗》的报告并作《2016年全区快递服务综合调查情况通报》。会议期间，各地州市局局长和副局长还重点围绕全面从严治党，进一步加强党的建设、廉政建设和作风建设；贯彻落实社会稳定和长治久安总目标要求，加强寄递渠道安全监管；明确工作任务和措施，加快转型提效，促进邮政行业持续健康快速发展等三个方面的内容进行分组讨论发言，新疆局各业务处室还分别作了专题发言。

新疆局助力校企合作

2月7日，新疆维吾尔自治区邮政管理局牵线新疆交通职业技术学院与申通、顺丰、圆通签订了快递订单班培养协议，共同探讨校企合作的方式。在本次合作中，对于订单班学生就业岗位接收面，顺丰签订为40%；圆通为20%；申通为40%。订单班学生的教学计划、课程设置及实训方案可以由校企协商共同完成，企业也将派技术人员担任讲师进行专题讲座，将快递企业文化传入校园。这样的合作方式即学生入学就有工作，毕业就能就业，实现招生与招工同步、教学与生产同步、实习与就业联合。学校还将根据企业需求对新进人员进行短期技能培训，培训完成后，经快递企业组织考核合格，即可按合同上岗就业。

部署全国两会期间邮政业寄递安保工作

为切实做好全国两会期间辖区邮政、快递企业寄递安全和安全生产保障工作，2月，新疆阿克苏地区邮政管理局、博州邮政管理局、巴州邮政管理局、克州邮政管理局、塔城地区邮政管理局、伊犁州邮政管理局多措并举积极部署全国两会期间邮政业寄递安保工作。

张建军局长看望慰问 2017 年驻村工作队

3 月 1 日，新疆维吾尔自治区邮政管理局党组书记、局长张建军赴和田县英艾日克乡依米西力克村看望慰问驻村工作队。张建军就地召开座谈会，询问大家生活安排和工作开展情况，并对驻村工作提出指导性意见。座谈期间，张建军还就驻村工作队工作、生活中面临的困难和问题，听取了大家的意见，表示将全力以赴支持驻村工作。新疆局 2016 年驻村工作队队长和和田地区邮政管理局相关领导陪同慰问。

穆铁礼甫·哈斯木副主席肯定全区邮政业发展成效

3 月 7 日，新疆维吾尔自治区人民政府副主席穆铁礼甫·哈斯木专题听取了新疆维吾尔自治区邮政管理局党组书记、局长张建军所作的工作汇报。穆铁礼甫·哈斯木充分肯定了全区邮政业在社会稳定和长治久安中所作的积极贡献，同时他指出，自治区邮政管理局在人员编制少，行业监管和反恐维稳任务重的前提下，勇于创新、求真务实，各项工作取得了鼓舞人心的成绩，全区邮政业发展迅速，业务总量和业务收入分别增长 23.59% 和 17.16%。同时狠抓安全监管，在规范市场秩序、确保寄递渠道安全、促进电商等关联产业发展等方面取得了成效。今后，自治区邮政管理局要紧紧围绕社会稳定和长治久安的总目标，不忘初心、继续前进，认真总结前十年新疆邮政业发展改革成效，创新驱动、联动融合、锐意进取，推进邮政业进一步全面发展。

新疆局召开全区普服、市场监管工作会议

3 月 10 日，新疆维吾尔自治区邮政管理局召开电视电话会议，传达贯彻全国邮政普遍服务监督管理和邮政市场监管工作会议精神，并就 2017 年全区邮政普遍服务监督管理和邮政市场监管工作进行安排部署。新疆局党组书记、局长张建军主持会议并讲话，局党组成员、副局长安长来，局党组成员、纪检组长、副局长玉素甫·艾力出席会议。区局普遍服务处、市场监管处全体人员，乌鲁木齐市局相关人员在主会场参加会议。各地州市局局领导、普遍服务科、市场监管科（行业管理科）全体人员在各自分会场参加会议。

马敖·赛依提哈木扎副主席参加邮政管理系统“3·15”宣传活动

3 月 15 日，新疆维吾尔自治区邮政管理局携同乌鲁木齐市邮政管理局参加了自治区人民政府举行的 3·15 国际消费者权益日纪念大会，并在乌鲁木齐经济开发区万达广场开展了以“诚信快递、你我同行”为主题的宣传活动。通过放置展板、拉横幅、发宣传单等方式向各族消费者宣传邮政法律法规、快递服务标准、禁寄物品指导目录等，并对寄递安全以及消费者在使用邮政服务中遇到的问题进行了耐心细致的解答。自治区副主席马敖·赛依提哈木扎等自治区和乌鲁木齐市领导参加了邮政管理系统的“诚信快递、你我同行”宣传活动。

新疆局举行全区邮政业消费者申诉处理工作培训

3 月 16 日至 17 日，新疆维吾尔自治区邮政管理局在乌鲁木齐市举办 2017 年全区邮政业消费者申诉处理工作培训班。培训班邀请了中国消费者协会陈佳老师对“3·15”消费者维权与投诉处理及沟通技巧进行讲解。新疆局市场监管处调研员马青和新疆邮政业消费者申投诉处理中心卫雪莹与陈燕分别进行了专题讲解和工作经验分享，国家邮政局申诉中心王伟参加座谈会并就各地州市局申诉工作负责人提出的问题进行了一一解答。此次培训班由新疆局副局长玉素甫·艾力做开班讲话，全区 21 位申诉工作负责人参加此次培训。

新疆局举办全区邮政行政执法培训班

3月30日至31日，新疆维吾尔自治区邮政管理局在乌鲁木齐举办2017年全区邮政行政执法培训班，全区41位行政执法人员参加此次培训。新疆局副局长安长来出席开班仪式并讲话，安长来充分肯定了各地州市邮政管理局在成立以来行政执法工作取得的成绩，进一步强调了加强行政执法培训、规范执法行为的重要性和必要性，指出执法队伍的整体素质如何，直接关系到依法行政工作成败，各局要贯彻“内强素质、外树形象”的行政执法队伍建设方针，建立一支素质高、作风硬、业务精、纪律严、廉洁高效的执法队伍。在会议总结中，新疆局局长张建军对全体学员提出了四点要求。

新疆局召开《新疆邮政业发展“十三五”规划》宣贯实施会议

4月11日，新疆维吾尔自治区邮政管理局召开全区电视电话会，部署宣贯实施《邮政业发展“十三五”规划》工作。新疆局党组书记、局长张建军出席会议并讲话，强调《规划》编制实施的重要性和必要性，明确要求切实做好《规划》的宣贯实施工作。自治区发展改革委规划处副处长邱东出席会议。会上，新疆局政策法规处处长邓森就《规划》重点内容作了介绍。新疆局关全体干部、新疆快递行业协会、中国邮政集团公司新疆分公司、乌鲁木齐主要快递企业负责人在主会场，各地州市邮政管理部门全体干部和发展改革委相关人员、邮政企业及主要快递企业负责人在分会场参加会议。

新疆局举办全区邮政行业安全监管培训班

4月26日至27日，新疆维吾尔自治区邮政管理局在乌鲁木齐举办全区邮政行业安全监管培训班，新疆局党组成员、副局长安长来出席开班仪式并讲话，各地州市分管局领导、市场监管（行业管理）科负责人及相关工作人员40余人参加培训。安长来在讲话中，充分肯定了近年来全区邮政行业安全监管工作所取得的成绩，分析了当前全区寄递渠道安全形势，传达了国家邮政局、自治区关于进一步加强寄递安全管理的有关部署，明确下一步应推进的重点工作和主要任务，并对“一带一路”国际合作高峰论坛新疆寄递渠道安保工作作了动员部署。

新疆局部署“一带一路”国际合作高峰论坛寄递渠道安保工作

4月27日，国家邮政局召开电视电话会议，动员部署“一带一路”国际合作高峰论坛寄递渠道安全服务保障工作。会后，新疆维吾尔自治区邮政管理局利用举办安全监管培训班的时机，立即召开会议动员部署高峰论坛期间新疆寄递渠道安保工作，新疆局党组书记、局长张建军出席会议并讲话，局党组成员、副局长安长来，局党组成员、纪检组长、副局长玉素甫·艾力出席会议，区局各处室负责人及市场监管处全体人员、各地州市邮政管理局分管局领导、市场监管（行业管理）科负责人及相关人员参加会议。

启动依米西里克村“爱心日”活动

4月，借助村民活动日全体村民参加升国旗仪式的契机，新疆维吾尔自治区邮政管理局、中国邮政速递物流股份有限公司新疆分公司驻村工作队正式启动和田县英艾日克乡依米西里克村“爱心日”系列活动，并在村委会举行首场捐赠活动暨“访惠聚”工作队捐赠专场。工作人员现场向村民发放了社会爱心人士捐赠的衣物、鞋子、包包等生活物资10余箱。工作队表示，将继续紧紧围绕“奉献爱心，传递温情，共谱民族团结情”这个主题，拓宽活动平台，以爱心捐赠、劳力互助、专业援助、科技惠农、主题宣传等多种形式，大力宣传“奉献”“互助”精神，用真情实感和实际行动感染群众，用先进文化理念引领群众，促进邻里和谐和社会稳定。

部署“一带一路”国际合作高峰论坛期间寄递渠道安全工作

为切实保障“一带一路”国际合作高峰论坛期间寄递渠道安全，确保在重要节点期间新疆邮政业平稳运行，5月，全区各地州市局及时传达国家邮政局和新疆维吾尔自治区邮政管理局“一带一路”国际合作高峰论坛寄递渠道安全服务保障工作动员部署电视电话会议精神，多措并举，动员部署“一带一路”国际合作高峰论坛期间寄递渠道安全工作。

新疆局督导检查乌鲁木齐市“一带一路”国际合作高峰论坛寄递安保工作

5月13日至14日，新疆维吾尔自治区邮政管理局组成专项检查组，由局领导带队，对乌鲁木齐市“一带一路”国际合作高峰论坛寄递安保工作进行督导检查。检查组深入快递企业营业网点及分拨中心，重点检查发往北京的快件是否按规定过机安检、是否完整填写面单信息、进港件是否张贴或加盖安检标识、企业是否安全平稳运营等。发现个别企业存在加盖的安检标识不清、有些进港件未张贴或加盖安检标识等问题，检查组当场进行了通报，并责令企业立即整改，切实按照国家邮政局、自治区相关安保维稳部署要求，狠抓安保措施的落实，确保高峰论坛期间全区寄递渠道安全。

举行2017年全国邮政行业职业技能竞赛新疆地区初赛

6月15日至16日，全国邮政行业职业技能竞赛新疆地区初赛在新疆交通职业技术学院举行。开幕式上，新疆维吾尔自治区邮政管理局局长张建军寄语参赛选手，自治区团委副书记买买提江·达吾提，新疆交通职业技术学院副院长李绪梅在开幕式上做讲话。新疆局副局长安长来为闭幕式致辞。此次大赛共有来自全疆17个参赛队54名优秀快递员参加。经过角逐，个人奖第一名由中国邮政速递物流股份有限公司新疆分公司马小玉、谭梅及韵达快运郭富错获得；个人奖第二名由新疆诚鑫中通速递服务有限公司刘振、中国邮政速递物流股份有限公司新疆分公司马英智、乌鲁木齐精准德邦物流有限公司朱文生及百世汇通快运马鹏军获得；个人奖第三名由中国邮政速递物流股份有限公司新疆分公司赵亮、中铁快运乌鲁木齐分公司许震涛、新疆江南申通物流有限公司马瑞及新疆品骏物流有限公司郭造山、李尚亮获得。团体奖由中国邮政速递物流股份有限公司新疆分公司、新疆品骏物流有限公司、韵达快运获得；精神文明奖由新疆顺丰速运有限公司、乌鲁木齐宅急送快运有限公司、新疆江南申通物流有限公司获得；优秀教练奖由新疆袋鼠速递、乌鲁木齐全峰聚鑫物流有限公司、新疆诚鑫中通速递服务有限公司获得。大赛由自治区邮政管理局、自治区人力资源和社会保障厅、自治区教育厅、自治区总工会、自治区团委联合主办。

张建军局长调研督导昌吉州实名收寄信息系统推广情况

7月6日，新疆维吾尔自治区邮政管理局党组书记、局长张建军带队赴昌吉市调研督导实名收寄信息系统推广应用工作。针对实名收寄信息系统推广应用中存在的问题，张建军强调，落实实名收寄制度是保障寄递安全的重大举措，推进实名收寄信息化是做好实名收寄的重要抓手。新疆是反恐怖、反分裂斗争的前沿阵地，安保维稳压力大、任务重。全面推进实名收寄信息化，对于维护新疆社会稳定和长治久安、加强公共安全和邮政行业生产安全具有重要意义和深远影响，必须从思想上高度重视，行动上抓好落实。要以踏石留印、抓铁有痕的精神，迎难而上，积极作为，不折不扣地落实好实名收寄信息化推广应用工作，确保完成年内实名收寄信息化率目标。市场监管处、昌吉州邮政管理局有关负责同志和工作人员陪同调研督导。

新疆局推进实名收寄信息系统应用工作

7月12日，新疆维吾尔自治区邮政管理局召开全区实名收寄信息系统应用工作推广电视电话会议，总结邮件快件实名收寄信息系统推广应用工作启动以来有关情况，分析当前面临的形势和问题，对下一步工作进行再动员、再部署。新疆局党组书记、局长张建军出席会议并讲话，局党组成员、纪检组长、副局长玉素甫·艾力主持会议。会上，市场监管处负责同志传达了7月10日国家邮政局推广应用试点工作推进会精神，通报了全区实名收寄信息系统应用工作情况。新疆邮政管理局机关相关处室、乌鲁木齐市邮政管理局、昌吉州邮政管理局相关负责同志和中国邮政集团公司新疆分公司、中国邮政速递物流股份有限公司新疆分公司、乌鲁木齐市各品牌快递企业主要负责人在主会场参加会议。各地州市邮政管理局负责同志及相关人员、辖区邮政、快递企业负责人在各分会场参加会议。

国家邮政局、公安部寄递渠道安全工作组到喀督导调研

7月18日至19日，由国家邮政局邮政业安全中心主任江明发带领的国家邮政局、公安部等部门组成的寄递渠道安全工作督导调研组在喀什开展督导调研。地区行署副秘书长王建国参加调研座谈。新疆维吾尔自治区邮政管理局、自治区公安厅等相关领导陪同参加督导调研。调研组一行认真听取各相关部门和寄递企业情况汇报，详细记录工作亮点和实际困难，充分肯定了喀什地区寄递渠道安全管理工作取得的成绩，深刻分析了当前寄递渠道安全面临的新形势新挑战，并从树牢安全意识、依法科学监管、兼顾安全与民生和包容开放发展等方面对喀什地区寄递渠道安全管理工作给予指导。王建国对喀什地区寄递渠道管理部门和寄递企业认真贯彻落实总目标，努力维护寄递渠道安全取得的成绩表示肯定，对调研督导组提出的问题和意见建议表示接受，并对下一步做好喀什地区寄递渠道安全工作提出具体要求。

新疆局召开全区邮政管理系统“发声亮剑”宣誓承诺会议

8月11日，新疆维吾尔自治区邮政管理局召开了全区邮政管理系统党员干部“发声亮剑”宣誓承诺会议。新疆局党组书记、局长张建军，党组成员、副局长、巡视员安长来，党组成员、纪检组长、副局长玉素甫·艾力，各地州市局局长、副局长、相关部门负责人，以及区邮管局机关党员干部在主会场参加会议，各地州市局全体干部职工在分会场参加了会议。

新疆局部署全区邮政业安全综合整治工作

8月17日，新疆维吾尔自治区邮政管理局动员部署全区邮政业安全综合整治暨金砖会晤寄递安全服务保障工作。新疆局党组书记、局长张建军出席会议并讲话，局党组成员、纪检组长、副局长玉素甫·艾力出席会议。张建军要求：一是认清当前形势，统一思想认识。二是坚持问题导向，深入开展整治行动。三是敢于较真碰硬，扎实开展安全生产大检查。四是加强组织领导，做好金砖会晤渠道安保工作。会上，市场监管处相关负责同志对有关工作通知和实施方案作了解读。区邮政管理局市场监管处及安全中心全体人员、乌鲁木齐市邮政管理局主要领导及相关人员、乌鲁木齐主要寄递企业负责人在主会场参加会议。各地州市邮政管理局主要领导及相关人员、辖区寄递企业负责人在分会场参加会议。

新疆局联合多部门开展金砖会晤寄递安全检查

为切实做好金砖国家领导人第九次会晤期间全区寄递渠道安全保障工作，8月31日，新疆维吾尔自治区邮政管理局联合自治区公安厅、经信委、工商局、国家安全厅等部门组成联合检查组，由局党组成员、副局长、巡视员安长来带队，对乌鲁木齐市寄递企业寄递安保工作情况进行督导检查。

检查组强调，各企业要充分认识做好金砖会晤、第十三届全运会寄递安保工作的重要意义，坚决克服因今年重大活动安保任务较多而产生麻痹思想和松懈情绪，以推动落实寄递安全“三项制度”为抓手，全面强化寄递安全各项措施落实，严防发生重大安全事故，确保全行业安全发展、平稳运行，为党的十九大胜利召开构筑坚固的寄递安全防线。乌鲁木齐市邮政管理局相关领导和工作人员陪同检查。

邢小江副局长调研新疆邮政业发展

9月4日至10日，国家邮政局党组成员、副局长邢小江一行赴新疆调研，深入县、乡邮政、快递网点，就邮政业“十三五”规划、国务院61号文以及国家邮政局“7件实事”落实情况进行调研。调研期间，邢小江强调，各局在抓好反恐工作的前提下，要抓好基础管理工作，不断完善制度建设，提升寄递服务水平，把邮政业改革、发展工作做得更好；要继续深入落实社会稳定和长治久安的总目标，保障寄递渠道的安全畅通；要加强邮政管理队伍建设，以班子带队伍，使我们的队伍更有朝气、更有战斗力，解放思想，勇于担当，敢于作为，为党的十九大胜利召开做出应有贡献。国家邮政局政策法规司有关同志、新疆维吾尔自治区邮政管理局主要负责同志等一同调研。

新疆局开展消防安全知识培训

9月6日，新疆维吾尔自治区邮政管理局组织全体干部职工开展以“消除火灾隐患，共建平安社区”为主题的消防安全培训。此次消防知识培训，进一步提高了全局干部职工的消防安全意识和对消防工作的重视，增强了自防自救能力以及对于火灾隐患的发现处置能力。

新疆局举行全区邮政行业法律法规培训

9月22日至23日，新疆维吾尔自治区邮政管理局举办了2017年全区邮政行业法律法规暨标准培训班。培训邀请国家邮政局政策法规司科技与标准处调研员，高级工程师蒋辰和中国标准化研究院服务业标准化研究所副所长、副研究员曾毅就邮政行业标准体系、《邮政业标准化管理办法》及《快递安全生产操作规范》《邮政业安全生产设备配置规范》《智能快件箱设置规范》《快递营业场所设计基本要求》等相关标准进行了深度讲解和指导。各地州邮政管理局标准化工作负责人和相关工作人员共计31人参加培训。

新疆局开展党的十九大寄递安保检查

10月3日，新疆维吾尔自治区邮政管理局组成安全专项检查组，由新疆局党组成员、副局长、巡视员安长来带队，对石河子市、昌吉州玛纳斯县寄递企业党的十九大寄递安保工作情况进行督导检查。检查组强调，各企业要充分认识做好党的十九大寄递安保工作的重要意义，坚决克服麻痹思想和松懈情绪，以推动落实寄递安全“三项制度”为抓手，全面强化寄递安全各项措施落实，进一步加强对寄往北京快件的安全检查，确保党的十九大期间我区寄递安保各项措施落实到位。

新疆局在依米西里克村开展发声亮剑活动

10月5日，新疆维吾尔自治区邮政管理局“访惠聚”驻村工作队召开村民大会，组织新疆邮政管理系统下沉干部、村干部和村民代表同台发声亮剑，进一步统一思想、凝聚力量，坚定全村同“三股势力”和“两面人”作斗争的信心和决心，齐心协力维护祖国统一和民族团结。

阿克苏局开展快递进校园

10月，新疆维吾尔自治区邮政管理局市场监管处派业务骨干前往新疆大学科学技术学院阿克苏校区调研快递进校园情况，帮助指导阿克苏地区邮政管理局开展快递进校园工作。新疆局市场监管处的同志详细了解了阿克苏大学快递服务中心的运行现状，对快递服务中心在管理方面提出了两点建议，帮助快递真正进入校园：一是积极与阿克苏局沟通，按照相关要求配备相关设施，成立独立公司，申请经营同城快递业务，解决不能收货问题。二是改善现有分拣模式，充分利用物流运输学院研究室相关资源，实现扫描分拣短信自动发送技术。

新疆局深入开展党的十九大寄递安保督导检查

10月9日至26日，新疆维吾尔自治区邮政管理局联合经信委、公安厅等自治区物流及寄递行业安全管理领导小组成员单位，对全区十四个地州市物流、寄递企业党的十九大安保工作进行全覆盖检查。同期，新疆局单独组成两个督导组，对各地州市邮政管理局、各主要寄递企业党的十九大安保工作进行督导检查。对督导检查发现的问题，督导组分别对各地州市邮政管理局进行反馈，要求各局以做好党的十九大寄递安保为抓手，全面深入落实"三项制度"等寄递安全措施，积极协调、配合地方相关部门，进一步深化寄递安全管理长效机制，确保全区寄递渠道安全万无一失。

新疆局部署快递业务旺季服务保障工作

11月7日，新疆维吾尔自治区邮政管理局动员部署2017年快递业务旺季服务保障工作。新疆局党组成员、巡视员、副局长安长来出席会议并讲话，党组成员、纪检组长、副局长玉素甫·艾力出席会议。会上，新疆局副局长安长来分析了2017年全区快递旺季服务保障所面临的形势，强调要在确保全行业稳定运营的基础上，积极发挥好一切有利因素的支撑保障作用，有效化解和防范运营风险，努力做质量"双11"，保障平安渡峰、平稳运营。对做好全区快递旺季服务保障工作，安长来提出四点要求。会上，市场监管处邓淼对《2017年新疆快递业务旺季服务保障工作方案》作了解读。区邮政管理局相关处室负责同志、市场监管处全体人员，乌鲁木齐市邮政管理局负责同志及相关人员，乌鲁木齐地区主要寄递企业负责人在主会场参加会议。各地州市邮政管理局负责同志及相关人员、辖区主要寄递企业负责人在分会场参加会议。

调研检查新疆局学习宣传贯彻党的十九大精神工作

11月30日，根据区直机关工委安排，新疆维吾尔自治区第八联学督学调研组熊萍、扈振伟一行两人围绕"深入学习贯彻党的十九大精神奋力开创机关党建工作新局面"主题对新疆维吾尔自治区邮政管理局开展学习宣传贯彻党的十九大精神进行联学督学调研。熊萍对新疆局开展学习宣传贯彻党的十九大工作给予了充分的肯定，并对今后进一步深入学习贯彻党的十九大精神提出四点要求。新疆局表示将结合四点要求，切实把全面学习宣传贯彻落实党的十九大精神作为当前和今后一个时期首要政治任务，在全区邮政行业迅速掀起学习宣传贯彻落实党的十九大精神的热潮，以党的十九大精神为引领，突出做好旺季服务保障工作，加强寄递渠道安全监管和服务质量督导。促进邮政行业健康稳定发展，要进一步抓好年末收官和明年工作思路谋划，为2018年邮政管理工作开好局、起好步打下坚实基础。

新疆局召开学习宣传贯彻党的十九大精神专题会议

12月7日，新疆维吾尔自治区邮政管理局组织召开全区学习宣传贯彻党的十九大精神专题电视电话会议，新疆局党组书记、局长张建军以"用新思想引领新疆邮政业发展新征程"为主题，为全区邮政管理系统党员干部专题讲党课。新疆局机关和各地州市邮政管理局全体党员干部参加了会议。

第三篇　发展环境

第一章　2017年快递市场监管和安全监管情况

第一部分　一季度市场监管和安全监管情况

2017年第一季度，各级邮政管理部门深入贯彻全国邮政管理工作会议和邮政市场监管工作会议精神，按照“打通上下游、拓展产业链，画大同心圆、构建生态圈”的工作思路，推动供给侧结构优化，树立安全发展理念，强化事中事后监管，扎实推进市场监管各项工作有效开展。

一、持续推动行业健康发展

国家邮政局印发《快递业发展“十三五”规划》，对外发布2016年中国快递发展指数年度报告。积极落实政府工作报告分工任务，牵头研究“促进电商、快递进社区进农村”细化形成分工落实方案，明确了“快递入区”工程、“快递下乡”工程和推进立法修规三个方面5项任务，并上报国务院。在上海组织召开长三角“邮政业改革创新先行区、转型提效示范区和高端服务引领区”工作方案专题研讨会，确定了四方共同参与的工作安排。快递企业向下覆盖力度进一步增强，截至一季度末，快递企业乡镇网点覆盖率达到82%。

（一）释放中央、地方两个层面的政策红利

上海，山东，四川，山西长治，黑龙江哈尔滨、齐齐哈尔、大兴安岭，安徽六安、铜陵，湖北黄冈，海南乐东县、琼中县，重庆巴南，四川成都、南充、遂宁、泸州、广安、广元、宜宾、自贡，云南大理州，青海黄南州分别出台了促进快递业发展的实施意见，省级政策覆盖率达到90.3%。北京市政府发布《北京市“十三五”规划纲要》，推动形成京津冀跨境电子商务园区政策共享、关联企业互助、物流配送互动的协同发展格局。江苏省政府出台《关于促进快递业持续健康发展培育经济新增长点的实施意见》，明确了促进行业集聚发展等五大重点任务。印发《江苏省“十三五”综合交通运输体系发展规划》，将建设城市快递服务中心、促进交通与邮政快递服务融合发展、空港快递业发展行动、快递园区建设等内容纳入其中。浙江省印发《快递业示范创建工作实施方案》，明确了创建一批“中国快递示范城市”、培育一批快递服务现代农业示范基地、打造四类示范区、推进五类示范项目建设四项主要任务。河北局制定《关于加快推动快递服务制造业发展的实施意见》，推动各市培育快递服务制造业项目。安徽局出台《全面推动2017年市场监管工作提质增效的指导意见》。山西忻州市政府出台《进一步支持服务业发展的若干措施》，大力支持邮政、快递业快速发展。辽宁本溪局积极推动，支持快递业发展被纳入市政府《关于推进供给侧结构性改革促进全面振兴的实施意见》。安徽合肥局制定了年度1000万扶持资金的实施细则，对安检机配备建设等6个项目给予专项补贴。福建福州市政府出台《福州市促进现代物流业（含快递业）加快发展的若干措施》。江西上饶市对去年全年快递服务单家电商达20万件的企业按每件0.1元进行兑现奖励,全市共有8家企业获得30.6万元的财政资金奖励。

（二）加快推进快递“向外”发展

国务院印发《中国（四川）自由贸易试验区总体方案》,完善快件处理设施和绿色通道,探索中欧班列（成都）邮（快）件运输。海南省政府印发《跨境电子商务综合示范区实施方案》。天津局与市商务委召开座谈会,推动跨境电子商务服务平台与天津局信息服务平台的数据对接,打通跨境电子商务方面的信息壁垒。山东邮政速递物流济南国际邮件互换局（兼交换站）正式启动,打通了鲁中西邮件进出口新通道。河南局推动郑州邮政圃田跨境电商产业园入选河南省首批省级跨境电子商务示范园区,并获得100万元扶持基金。安徽合肥局推动合肥国际邮件互换局于年初全面开通进出口业务,保障顺丰机场快递服务中心如期运营。山东临沂局积极协调河东区政府推进临沂航空物流枢纽工程建设。河南郑州局推动出台《2017年跨境电商综试区建设实施方案》。许昌局推动市政府制定《许昌市跨境电子商务综合试验区建设实施方案》。云南西双版纳局现场调研中国磨憨国际陆路快件监管中心项目建设进展情况,全力做好建设工作。

（三）稳步推进快递服务现代农业工程

江西省政府出台《关于进一步加快现代农业示范园区建设的意见》。陕西省政府印发《关于推进农村一二三产业融合发展的实施意见》,为快递业深度服务三农创造新的机遇。安徽六安市委、市政府联合印发《关于2017年全市农业农村工作的意见》,推动快递电商互联互通。福建厦门市出台《关于深入推进农业供给侧结构性改革加快培育农业农村发展新动能的实施意见》,明确多项快递与农业协同发展措施。河北局与省商务厅、供销社联合印发《关于推进邮政业服务农村电子商务的实施意见》。安徽局联合省农委下发《关于推进快递服务现代农业的指导意见》,推动村邮站、益农信息社共建,形成“一地一品”示范项目。江西局建立全省服务农村电商数据库,指导快递企业与本地农业企业和农村电商企业对接。吉林白城市局推动洮南市大学生创业团队与“洮宝”团队合作,开展“洮宝”杂粮杂豆项目。江苏苏州凭借大闸蟹寄递服务获得“全国快递服务现代农业示范基地”称号。莆田局鼓励快递企业加快转型,为枇杷等农产品和鲍鱼等海产品（干货）提供定制化包装、寄递方案,一季度,枇杷寄递业务量1.8万件,干货寄递业务量6.5万件。山东淄博局联合市商务局、沂源县政府组织启动沂源樱桃节。焦作局协调市政府申报铁棍山药作为“一地一品”项目产品。云南德宏局通过德宏州邮政分公司将芒市五岔路乡砂糖橘纳入电商销售平台,帮助贫困村农民打开农副产品销路。陕西西安局组织顺丰等品牌快递企业开展服务白鹿原樱桃销售示范项目的启动工作。宁夏银川局以盐池羊肉、灵武长枣等农特产品为主要抓手搭建快递企业线上线下推广销售平台。石嘴山局着力构建村级电子商务服务站,培育和销售20种以上本地农产品。吴忠局利用“绿金在线”电商平台通过快递向全国各地销售本地的药材等天然有机产品。

（四）持续巩固“向西、向下”拓展成果

贵州省委、省政府1号文件将快递下乡、邮政基础设施建设项目纳入目标任务。湖南省政府印发《关于深入推进新型城镇化建设的实施意见》,加快农村快递网络建设。江苏徐州市全面启动乡村快递驿站建设,积极推进快递进村工程。江西宜春通过第三方与快递企业合作,在袁州区、高安市实现所有品牌乡镇快件统一收派。天津局在乡镇快递网络全覆盖基础上,开展“回头看”,核实乡镇网点建设情况。吉林局推进快邮合作,磐石市大黑山村“快递村级示范站”、吉林市江北乡“快递乡镇示范站”均已投入使用。江西局在部分县区推广赣州、吉安、萍乡邮快合作“代运代投代办”“政府补贴合作”模式。内蒙古呼和浩特局制定《旗县快递服务网络体系建设方案》。包头局在土右旗设立108个农村电商快递服务站,切实解决农村投递最后一公里问题。山西忻州局召开促进邮政、快递公司业务发展研讨会,为邮快合作搭桥助力。山东淄博局联合市商务局印发《关于推进“快递向下”服务拓展工程的实施意见》,完善农村快递服务网络。河南开封局联合商务局印发《开展农产品快递直通车促进快递下乡的实施方案》。

(五)促进快递与电子商务协同发展

海南省政府印发《关于深入推进“互联网+流通”行动计划的实施意见》。山西临汾市政府出台《关于加快转变农业发展方式的实施意见》,支持创新农产品流通方式,推进“快递+农村电商”融合发展。内蒙古兴安盟印发《电子商务进农村工作实施细则》,明确提出到2017年底建成县、乡、村三级电子商务物流体系。辽宁营口市政府下发《大力发展电子商务加快培育经济新动力实施意见》,将快递业纳入全市电子商务发展体系。山东济宁市出台《关于推动农村快递电商公共服务中心暨精准扶贫助力站建设的实施意见》,将“快递+电商”服务网络体系建设工作列为重点工作项目。天津局联合市农委、市供销社等部门举办“推动农产品电商与快递业协同发展”主题活动。安徽局推动出台《安徽省全面实施农村电子商务工作方案》。陕西局联合商务厅召开全省电商融合发展推进会,共同推进全省电商快递融合发展的进度与深度。河南洛阳局与商务局出台《洛阳市人民政府促进贸易便利化发展实施办法(试行)》。许昌局协调圆通快递举办电子商务进农村培训班。福建莆田局鼓励快递企业推出仙作红木家具(工艺品)小件定制化包装物流方案,推进快递服务制造业。

(六)积极推进“快递入区”工程

山东局联合省商务厅、财政厅等部门下发文件,启动城市共同配送末端网点(智能快件箱)考核验收和绩效评价工作。重庆局联合市商委、市财政局完成2016年电商快递末端配送网点转型公共取送点评审工作,19个邮政快递企业共计521个网点通过评审并获得财政补贴支持;参与制定《五大功能区域城市共同配送实施方案》,明确提出到2020年商贸物流三级配送体系基本建成,建成2972个末端公共取送点,全市城市共同配送率达到30%以上,城市末端公共取送点基本实现全覆盖,目前方案已印发。江苏苏州市政府出台《关于加快推进“互联网+”行动的实施意见》,鼓励统一配送和共同配送以及自提柜代收服务点等新型社区化配送模式。淮安局“建设城市公共配送站点”项目荣获全市创新创优项目一等奖。安徽合肥局召开智能信报箱推广工作座谈会。河南安阳局引导成立“熊猫快收”快递综合服务站。海南省海口局积极推动将快递企业纳入海口市城市共同配送试点项目,海南顺丰、中通等企业获得了海口市城市共同配送专项资金347万元。

(七)加强快递园区建设,启动示范园区创建工作

河北局推动建成邯郸快递产业园,成为河北省首个挂牌成立的快递产业试验园区。江苏盐城电商快递产业园、江苏顺丰电子商务产业园、南京邮政跨境电子商务创业基地入选省级电子商务示范基地(园区),苏南(无锡)快递产业园被纳入省重大工程项目。贵州省快递物流园二期项目已完工,9家快递企业入驻,三期工程已启动。宁夏全区建成4个市级快递物流产业园,5个县级园区,积极引导规模以上品牌企业分拨中心入驻产业园区,为企业争取到前期免房租、水电、物业费用以及园区提供的其他方面优惠政策。

山西吕梁局组织全市20余家品牌快递企业及物流园区代表召开“快递进园区”座谈会，为快递企业与物流园区方搭建交流平台。福建莆田局走访闽招物流园区建设开发有限公司，推进“火车货运站片区物流园”项目一期“快递·电商园区”项目建设。江西吉安赣中快递电商物流园正式投入运营。山东淄博局依托远成综合物流港，建设鲁中快递电商物流发展示范园，8家快递企业入驻。河南漯河局推动占地200亩投资6亿元的漯河圆通速递仓储物流项目、占地100亩投资3亿元的申通快递漯河电商物流产业园项目开工建设。周口局协调在西华县电子商务园建设150亩快递物流园区。云南普洱市快递物流园建设工程正式启动。

（八）大力推广快递三轮车通行管理“三统一”经验

北京局先后接待各地邮政管理、交通等部门的调研活动7次，介绍快递专用电动三轮车城市通行管理经验。吉林省局制定《吉林省邮政行业交通安全管理工作方案》报送至省政府及相关部门，并积极争取与交警总队联合印发。上海局初步完成涉及快递专用车的上海市邮（快）件运输安全监管平台建设并开展试运行，构建专用车辆安全运营长效监管机制。河北秦皇岛市政府出台《秦皇岛市三轮车和电动四轮车管理办法》，明确将快递配送用三轮车确定为非机动车管理。邯郸局为全市300余部快递车辆办理了2017年市内车辆通行证。吉林市局、白山局起草《快递服务车辆快速便捷通行管理办法》。通化市实现邮政、快递中转车辆在市内免收一级路通行费。内蒙古呼和浩特、巴彦淖尔、通辽、呼伦贝尔、鄂尔多斯五个地市积极协调解决车辆通行问题，共为500多辆电动三轮车统一编号，为170辆快递运输车办理车辆通行证，呼和浩特已有574辆新能源汽车投入使用。江苏宿迁局联合市交巡警支队启动第二批次快递三轮车“三统一”管理工作。盐城东台市（县）局发布《东台市寄递业车辆管理办法（试行）》。安徽蚌埠局联合公安局、交通运输局和行政执法局出台《蚌埠市关于快递车辆规范管理的实施意见》。合肥局与巢湖公安交警部门协商，在巢湖市试点开展快递电动三轮车规范上路通行。黄山、亳州、池州等局与市交警部门联合向辖区邮政、快递企业核发车辆通行证、电动三轮车通行证。福建厦门局与交通运输局共同落实车辆通行政策，具备统一标识的寄递企业车辆可享受停靠半小时、过桥隧费用减免等利好政策。莆田局协调市公安交警支队面向全市邮政快递企业发放850个合标电动三轮车上牌配额。宁德局与福鼎交警部门对快递专用电动三轮车实行统一车身颜色、统一标识、统一编码“三统一”管理。江西上饶、吉安电动三轮车规范上路已列入地方政府相关文件。山东淄博、潍坊局联合当地交警部门为快递企业办理250张城区车辆通行证。河南鹤壁局、商丘局联合公安、交通等部门完成全市快递电动三轮车“三统一”。湖北襄阳市宜城局经请示市政府，准予快递企业黄牌货车在城区通行。宁夏局积极与自治区交通运输厅协商，争取快递车辆高速通行免费政策，为快递企业510辆运输车辆核发和换发了快递服务车辆运行使用证。

（九）继续推进快递进校园工程、快递网点标准化

福建局与省教育厅联合印发《关于推进快递服务进校园工作的意见》。天津局组织开展快递网点星级评定活动。河北局制定了《快递行业“营业场所标准化、分拨中心规范化、作业流程制度化”建设工作方案》。山西局研究制定分拨中心规范化建设标准，启动省市两级品牌快递企业分拨中心规范化建设达标工作。吉林省局制定《推进快递企业营业网点标准化建设实施方案》。海南局印发《海南省快递营业场所标准化建设指导意见》。陕西省邮政管理局、教育厅联合召开规范高校快递服务工作推进会议。青海局印发《快递企业标准化

建设实施办法》，全面启动快递营业场所标准化建设。山东济宁局联合市教育局、公安局、商务局出台《关于推进快递服务进校园的通知》，基本实现高等院校快递服务规范化全覆盖。泰安局联合市综治、公安部门对校园快递经营网点进行清理整顿。湖北荆门局集中开展标准化门店建设达标活动。

（十）稳步提升快递上机、上车能力

上海局组织召开快递“上车”工程座谈会座谈。河南局推动中通快递股份有限公司与河南省机场集团有限公司成立货运航空公司，推动申通快递投资10亿元在郑州航空港经济综合试验区建成自动化分拣中心。天津局积极与机场对接，协调落实《战略合作协议》相关内容，继续推动航空快递绿色通道建设。

二、扎实履行行业安全监管职责

国家邮政局、公安部、国家安全部联合发布《禁止寄递物品管理规定》。出台《邮件快件寄递协议服务安全管理办法（试行）》。研究制定《邮件快件实名收寄管理办法》部门规章。1月20日，召开了2017年寄递渠道安全管理领导小组第一次会议，谋划部署2017年工作。开展寄递渠道安全管理工作综治考核工作。国家邮政局、公安部、国家安全部联合成立全国邮件快件实名收寄信息系统推广应用领导小组。3月28日，国家邮政局、中央综治办、公安部、国家安全部联合召开国家、省、市三级电视电话会议，动员部署在全国推广邮件快件实名收寄信息系统，力争两年时间基本实现邮件、快件实名收寄信息化目标。开展安检设备配套标准规范研究。加强过机安检工作指导，研究提出进一步加强过机安检工作的指导意见。推动寄递渠道“绿盾”工程建设。针对春节、全国“两会”、清明节等重点时期行业安全工作特点，及时下发通知作出专门部署。

（一）进一步健全邮政业安全监管体系

湖南省政府印发《关于加强寄递物流安全管理工作的实施意见》，明确业务量大、安全隐患突出的县市，以政府购买服务、设立派出机构形式充实邮政监管力量。龙岩市政府印发《关于进一步加强县域寄递安全管理工作的通知》，明确将邮件、快件寄递安全工作纳入当地社会治安综合治理体系。山东东营市及所辖县区全部成立寄递安全信息服务中心。河北局探索省局和省会局一体化监管机制。吉林省局撰写《关于成立全省邮政业安全中心的请示》，以寄递渠道安全管理联席会议九成员单位联合发文的形式上报省政府。江苏省正式批复江苏省邮政业安全中心更名，同时转为全额拨款事业单位。河南局积极协调成立河南省邮政业安全发展中心，推动济源市和10个省直管县成立邮政监管机构。福建莆田局推进市邮政业安全中心组建，得到市委政法委表态支持，同意以购买服务方式尽快筹组。四川自贡市成立荣县邮政管理局。

（二）继续完善寄递渠道安全联合监管工作机制

吉林、海南、重庆、山西运城、山东济南局组织召开市寄递渠道安全管理领导小组2017年第一次联席会议。四川局与民航西南管理局建立航空邮（快）件安全管理协查机制，定期通报航空邮（快）件安全检查情况。天津局组织召开全市寄递安全六项保障制度专题工作会，推动安全制度落实。湖北襄阳局联合市公安局印发了《关于建立寄递渠道可疑信息报告奖励制度的通告》。湖南株洲局联合市公安局印发了《株洲市寄递行业安全管理规定》，建立完善了安全防范、行业安全、治安检查、线索转递、背景审查、案件倒查六项管理规定。青海海北州、海西州成立县级邮政业寄递渠道安全管理工作领导小组，解决末端执法能力不足问题。海东市依托县级公安机关和属地派出所开展行业安全监管工作。

（三）全面推进实名收寄制度实施

北京局与市公安局、市国家

安全局沟通协调,联合发布了推广应用邮件快件实名收寄信息系统实施方案。浙江局联合省综治、公安两部门联合推进实名登记验视信息化工作,并列入了平安浙江督查考核项目。3 月 24 日共同组织了专项培训,对北京市 150 家邮政快递企业、执法人员进行系统操作培训。山西局制定《邮件快件实名收寄信息系统推广应用工作的实施方案》。黑龙江局制作了《实名收寄登记簿》示范样本,同时指导各市(地)局和寄递企业做好用户信息的安全保障工作。河南局指导郑州局、焦作局开展实名收寄信息化试点,共录入信息 70.7 万条。湖南局以长沙、益阳、永州为试点城市,下发工作方案,明确试点任务及进度安排。四川局与公安、国家安全联合成立邮件快件实名收寄信息系统推广领导小组,在全省范围内推广使用实名收寄信息系统。贵州局对全省实名收寄工作全面部署,以贵阳市、遵义市、黔东南州为试点推广应用实名收寄系统。青海局与省公安厅治安总队召开座谈会,确定在全省 8 个市州全面推广应用系统。云南红河州局联合公安局、交通运输局、工商局联合发布了《关于实行物流寄递业收寄实名登记的通告》。

（四）严格落实邮件、快件过机安检制度

北京局印发《关于实行快件安检标识统一样式的通知》,要求寄递企业对进京的邮件、快件和北京同城的邮件、快件必须 100% 过机安检并粘贴可追溯的“已安检”标识。湖北局印发《关于贯彻落实省委、省政府对寄递企业购置 X 光机安检设备给予财政补贴政策的通知》《关于进一步推动 X 光机安检设备财政补贴的通知》,与省综治办召开了 X 光设备财政补贴资金专题对接会,进一步落实辖区内的补贴政策。海南局与省公安等部门联合印发《邮件快件实名收寄信息系统推广应用工作实施方案》,组织全省邮政管理部门开展了系统操作培训。贵州局印发《关于强化邮政企业安全保障工作的通知》,要求邮政企业发挥好国有企业示范带头作用;推动省政府划拨 450 万元补贴资金用于扶持快递企业购置 X 光机。新疆局积极协调自治区财政厅,争取自治区财政资金 2.73 亿元用于物流及寄递企业购置安检机补贴。山东临沂局印发《寄递行业安检机操作管理方案》,联合市民航管理局开展两期安检机操作人员培训班。河南信阳局组织 40 多名企业安检人员举办安检机操作培训;驻马店局按照当地综治部门要求,对所有出市的快件必须过机安检。陕西榆林、汉中局组织全市寄递企业开展安检机操作培训。渭南局印发《渭南市邮政业 X 光安检机禁限寄邮(快)件登记簿》和快件安检月登记表。

（五）强化安全生产责任落实和应急管理

山西局举办企业主体责任“五到位”落实培训班,印发《关于强化寄递企业落实责任的指导意见》,督导企业“五到位”。黑龙江局印发《关于开展全省邮政行业安全生产管理达标活动的通知》,制作了《寄递安全执法手册》《邮政行业安全生产执法检查指南》《安全信息台账模板》。上海局开展邮政业安全标准化考核工作。江苏局开展全省寄递安全专项整治行动,规范快件收寄行为。福建局印发《寄递渠道安全生产大排查大整治暨四项行动工作方案》,部署开展邮政行业风险隐患排查等行动。山东局与山东交通学院对接,进一步完善《山东省邮政行业安全生产规范化管理指导手册》。河南局起草《快递企业安全生产主体责任指导意见》,要求快递企业全面落实主体责任。海南局印发《邮政业安全生产大检查工作实施方案》,督促企业落实各项安全管理措施。青海局签订《邮政行业安全生产工作责任书》,将“五个一”工程(一个安全机构、一支安全队伍、一套标准制度、一本安全台账、一次应急演练)作为年度工作重点组织实施。山西太原局制定十项具体措施进一步推进企业安全员管理制度。山东淄博局制作安全隐患排查治理公示牌,深化和推进隐患排查治理工作。泰安局启动寄递企业安全生产主体责任落实全面深化年活动,出台《泰安市邮政业安全生产举报管理办法》《泰安市寄递企业安全生产不良记录"黑名单"暂行规定》。湖北襄阳局组织召开了第一次安全生产和服务保障工作例会,带领快递企业安全员随机抽查市区快递网点安全生产落实情况。湖南娄底局以实物展示、视频教学等方式开展《禁止寄递物品管理规定》宣贯。陕西渭南印制下发《渭南市邮政业突发事件应急预案(2017 修订版)》。

(六)做好行业禁毒、扫黄打非和打击侵权假冒等专项工作

北京局扎实开展为期一个月的寄递渠道"扫黄打非"专项检查行动。福建局印发《寄递渠道反恐防暴专项行动方案》。海南局印发《邮政业禁毒三年大会战行动方案》,加强寄递渠道毒品查堵力度。贵州局部署开展"扫黄打非·护苗 2017、固边 2017、清源 2017、净网 2017、秋风 2017"专项行动。吉林四平局利用邮政业安全监控平台协助站前派出所破获手机盗窃案。江苏扬州局联合公安、烟草部门连续查获三起重大寄递假烟案。福建漳州局联合多部门开展卷烟打假专项整治行动。海南海口局印发了《2016 年"12·4"法制宣传日期间组织开展禁毒法制宣传活动方案》,邀请有关专家为企业开展了禁毒专项培训。湖北黄冈局与市文化新闻出版广电局联合印发《关于建立全市邮政行业"扫黄打非"工作联动机制的通知》,成立邮政行业"扫黄打非"工作联动机制领导小组;印发《黄冈市邮政行业危险化学品综合治理实施方案》,开展危险化学品综合治理专项活动。黄石局联合市烟草专卖局打击寄递假烟行为,协助市公安局查获由四川寄往黄石的毒品案件。陕西安康局联合禁毒、安全、反恐等部门对全市近百家快递企业进行集中培训。

(七)强化行业安全宣传和培训

天津局研发用于快递员考试用的手机 APP 软件,极大提高安全培训效率。黑龙江局举办全省邮政市场监管"3+1"专题培训班,对安全生产管理达标、服务质量专项整治、快递市场清理规范及诚信体系建设四个工作方案进行了详细解读。内蒙古、浙江、山东、湖北、贵州、西藏,安徽淮南、池州、山东济南、济宁、菏泽印制《禁止寄递物品指导目录》进行专题培训。海南局组织举办了邮政业安全生产暨规范快递市场提高快递服务质量工作培训,解读《快递安全生产操作规范》《禁止寄递物品管理规定》《海南省珊瑚礁和砗磲保护规定》等。安徽马鞍山局联合公安、烟草局和快递协会举办马鞍山市寄递业"平安信使"志愿者培训会。湖北襄阳局组织开展寄递企业落实安全生产主体责任专题培训,向全市寄递企业印发了《省安委会办公室关于进一步做好危险化学品安全风险辨识的通知》,对《涉及危险化学品安全风险的行业品种目录》进行宣传。海南省中部局分别在屯昌县、琼中县邀请有关专家为企业开展禁毒专项培训。云南德宏局联合国安局采用"白天实地检查+晚上工作培训"的工作模式开展寄递渠道安全培训。

(八)做好党的十九大等重大活动期间寄递渠道安保

天津、山西、内蒙古、吉林、黑龙江、湖北、重庆等地邮政管理部门下发《关于做好全国两会期间邮政、快递服务和安全工作的通知》,赴寄递企业开展检查,全力做好寄递行业安全稳定工作。福建局印发《金砖会晤全省寄递渠道安全保障工作方案》,从严从实从细护航金砖会晤措施。海南局积极做好 2017 年博鳌亚洲论坛年会期间寄递安全服务保障工作,实现了"三严防、三确保"工作目标。山东烟台局制作发放两会安保重点事项清单,逐一落实各项安保措施。辽宁丹东东港局实行三轮集中检查法,紧绷寄递企业两会

期间安全红线，保障寄递渠道安全。

（九）加强寄递信息安全管理

黑龙江局采取统计时间、统一方式、统一宣传的方法组织开展快递寄递详情单集中销毁专项行动，13个地市集中销毁寄递详情单9737万份，重56.63吨。河北局精心组织，在全省11个市统一开展快递寄递详情单集中销毁专项行动，共销毁面单6000余万张，总重达61.36吨。湖南局通报长沙市芙蓉区人民法院审理的快递员出售公民个人信息的刑事案件情况，督促企业及从业人员加强用户信息保护。

三、落实“放管服”要求切实维护市场秩序

（一）规范开展快递业务经营许可审批工作

一季度，全国共核准快递业务经营许可申请512件；共收到许可变更申请7336件，受理4939件，核准3520件，处理变更事项5983项。按照进退有序，闭环管理工作思路，对符合快递业务经营许可注销管理规定的快递企业履行注销程序，全国共注销许可388件，其中国家局本级共注销12件，包括跨省经营1件，经营国际业务11件。严格执行《快递业务经营许可工作优化方案》，实现全流程网上审批，落实审批时限承诺制度，持续推动压缩审批时限，全面推进许可企业信息公开。每月通报各级邮政管理部门审批时限，要求审批超期的省局立即整改，整体审批时限已经大幅缩短。北京局起草《快递业务行政许可工作若干问题操作指引》，进一步明确行政许可事项办理过程中的处置方法，规范行政许可办理。四川局与省国家安全厅联合印发《关于优化快递业务经营许可现场核查联动机制的通知》，建立完善沟通机制，进一步规范核查过程，提高效率。

（二）加强许可主体事中事后监管

国家局根据市场检查和统计系统数据，组织各省局对部分业务量持续减少、生产经营异常的15家跨省快递业务经营企业开展摸底调查工作。根据摸底调查情况依法启动注销程序。印发关于清理部分企业分支机构的通知，要求各地加强对所属分支机构的梳理和清理，督查各省局严格执行《跨省经营快递业务许可审批实地核查操作指引（试行）》。组织开展对国际快递业务企业的调查摸底工作，总结梳理国际快递业务经营企业现状，提出下一步规范国际快递业务经营许可管理、优化许可制度建设工作思路。修订《快递业务经营许可管理办法》，根据研究情况，对修订稿进行再次梳理和修改调整，并征求省局意见。内蒙古局部署各盟市局对辖区内长期未展业和已停止经营的分支机构在各自网站向社会进行公告，并督促企业及时按照相关法律法规办理分支机构撤销手续。山东济宁局联合市公安局开展快递市场清理整顿“利剑行动”，切实维护快递市场秩序。湖北省局加大对快递许可企业动态管控力度，对快递业务经营许可系统进行了全面清理，完成了87家企业的注销工作。

一季度，全国邮政管理部门共开展邮政市场检查次数14436次，出检天数1570天，检查单位14436家次，出检人数33014人次，查处违法违规行为1501次，约谈告诫68次，下达整改通知1108件，下达行政处罚325件，罚款金额170.04万元，没收违法所得1.6万元。

国家局向国家反恐办书面反馈《中华人民共和国反恐怖主义法》适用情况和存在的问题。起草《邮政市场违法行为举报处理办法（草案）》。加强国家机关公文寄递管理，印发《关于重申国家机关公文寄递管理有关工作要求的通知》，研究起草《国家机关公文寄递管理规定》，就浙江顺丰、四川全峰违规收寄国家机关公文案件提起重大案件督办。按规定妥善处理贾友宝等实名举报快递企业收寄国家机关公文案件。通报2016年第四季度全国邮政

市场监管情况和2016年邮政市场行政执法情况。推进快递码号统一管理，印发《关于开展快递码号统一管理试点工作的通知》，选择优速和速尔开展试点。贯彻落实《邮政管理部门随机抽查工作细则（试行）》，在行政执法管理信息系统上线运行双随机功能模块，督促各地邮政管理部门尽快全面实施双随机。在国家局信息公开栏目全面公开执法信息。研究起草《快递放心消费工程实施方案》和《国家邮政局关于不着地、不抛件专项治理的意见》。组织举行移动执法设备配备专项调研，查找行政执法系统案件在线办理存在的堵点，会同有关部门研究提出系统性的解决方案。

全面实施“双随机一公开”，组织开展跨区域互查和随机暗查。北京局于2017年1月9日至20日分两个阶段联合在全市范围内开展了首次邮政寄递渠道安全保障“双随机”区域互查工作，累计出动检查人员799人次，检查快递企业分拨中心及各级网点163处，下发责令改正通知书179份，对检查中发现的违法违规行为立案调查41件。河北局制定了《河北省“平安寄递”和“双不”专项整顿大检查工作方案》，组织全省开展跨区互查和随机抽查。吉林局组织全省开展随机检查任务抽取，各市州局报送年度抽查计划，确定检查频次和检查比例，并报省局备案“被检查对象明细表”。黑龙江局出台《黑龙江省邮政管理系统行政执法“双随机一公开”实施办法》，建立“两库一单”。上海局于1月份开展了2017年春节前邮政行业服务保障和安全生产随机抽查专项行动。河南局制定《河南省邮政市场随机检查办法》。海南局印发了《海南省邮政管理部门随机抽查工作指导意见》。云南局下发《关于开展全省邮政市场跨区域交叉互查和随机暗查工作的通知》，采取听取被查局情况汇报、座谈交流、实地明察暗访等方式开展交叉检查活动。安徽池州局制定《2017年度监督检查工作计划》。江西鹰潭、萍乡完成“一单两库一细则”建设，积极开展“双随机”执法检查工作。

完善事中事后监管机制建设。河北局制定《河北省网络型快递企业品牌负责人制度》，通过“抓总部，总部抓，抓品牌，品牌抓，抓属地，属地抓”的工作模式，强化企业总部对其分支机构、加盟商之间的连带责任，加强对品牌企业总部的约束与监管。黑龙江指导各市（地）和总部企业与下属品牌快递企业包括末端网点签订安全生产责任书和收寄验收责任书，建立责任台账数据库。浙江局印发《关于严格做好投诉、举报处理工作的通知》，明确投诉举报工作处理流程、时限等要求。宁夏局建立了重大案件督办制度。江苏扬州局建立重大行政执法决定法制审核制度。

加大培训和信息化建设力度，规范执法行为，提升监管水平。天津局研发“邮政快递行业车辆安全监管系统项目”，为全市3500余辆邮政、快递车辆安装定位系统，并将车辆信息接入信息系统，实现车辆轨迹可追踪、车辆信息可查询。上海局开展了第一季度执法监管培训，下发了《2016年本市邮政市场行政执法情况通报》，同时在2017年将力推执法案件标准化工作，确保案件案由、卷宗等合法合规。江苏局组织开展全省邮政业消费者申诉处理培训，对案由转办程序进行了详细讲解。新疆局举办行政执法培训班，聘请专业律师、执法专家等开展授课，并通过现场演练、实际操作等深化培训效果。江苏省快递业安全监管与服务云平台项目建设工作全面启动，项目整体投入近2000万元，试点城市相关准备工作稳步推进。新疆邮政业安全监控平台建设完成招标。河南新乡局推动长垣县局“以干促学”，引导县局积极参与实地检查等工作。三明局邀请市法制办专家、资深律师对2016年行政执法案卷进行评查。宁夏局组织了执法文书评议活动。

（三）持续推动实施“一照多址”

保持与工商行政管理部门

的沟通机制顺畅，持续推动快递行业工商营业执照“一照多址”政策落地。对江苏、天津、湖北等地一照多址情况进行调研，指导各地方邮政管理部门与工商行政管理部门积极对接，推动快递企业同一工商登记机关管辖范围内“一照多址”政策实施。上海局配合市工商行政管理部门在上海市长宁区进行“一照多址”试点。海南省政府印发了《关于快递和果蔬连锁配送行业试行企业法人“一照多址”登记制度的通知》，海南局积极对接工商行政管理部门探索“一照多址”改革工作，并组织召开了企业座谈会。河南驻马店局参与起草《驻马店市跨境电子商务综合试验区建设实施方案（征求意见稿）》，提出“五证合一、一照一码”，落实“先照后证”改革目标。

（四）全面规范快递基层网点管理

国家局3月2日召开加强基层网点管理和保障行业持续发展专题座谈会，研究部署专项工作。会后，市场监管司专门向圆通、中通、申通、韵达、百世、天天总部下发通知，督促企业抓紧落实。3月29日，市场监管司在上海组织召开专题座谈会，分别听取了申通、圆通、中通、韵达、百世运营负责人关于整改任务落实情况的汇报。3月底前，各参会企业均已按照要求书面报告了落实情况。天津局下发《关于密切关注快递末端网点稳定运营情况的通知》，要求加强对分支机构、加盟商的督导、管理。吉林局制定《关于关注快递末端网点稳定运营的通知》，指导快递企业做好节后生产运营和服务保障工作。黑龙江局印发《2017年快递市场清理规范专项行动工作方案》，进一步明确快递末端网点的概念、备案范围和方式，对法人企业、分支机构、末端网点和代理服务网点进行分类监管。山东局组织召开加盟制快递网络座谈会，向全省各市局下发《关于关注快递末端网点稳定运营的通知》，督导快递企业注意改善基层网点生存环境，加强末端网点管控。安徽宣城市召开市本级末端网点备案工作推进会，由市及县逐步规范末端网点。

四、推进快递绿色包装工作

国家局组织部分省局和企业在湖北武汉召开快递绿色包装试点座谈会，介绍国家局有关思路，听取有关单位意见建议。印发《国家邮政局办公室关于开展快递业绿色包装应用试点的通知》，选择北京、上海、浙江、安徽、湖北、广东、贵州、陕西局和顺丰、申通、圆通、京东和优速等快递品牌开展试点工作。国家局党组成员、副局长王梅一行赴北京环卫集团及下属垃圾处理站、打包站、填埋场和造纸厂开展快递包装垃圾回收利用专项调研。北京局先后两次组织召开快递业绿色发展座谈会，顺丰、申通、圆通、全峰、优速、京东6家快递包装绿色化试点企业和北京环卫集团代表参加座谈，就“快递业＋回收业”的具体合作内容与方式展开交流，在快递包装物的回收、处理、再利用和置换合作等方面达成共识。安徽局联合省快递协会召开绿色包装对接会，各快递企业安徽区域管理分部和绿色包装生产企业相互沟通协商。山东局推动山东省快递协会与山东天壮环保科技有限公司签署了战略合作协议，开展“绿色快递在山东”行动。湖北局印发了《湖北省快递业绿色包装应用试点工作方案》，由京东武汉市试点生物可降解工程，圆通在武汉市试点绿色分拨中心工程、在荆州市试点缓冲物减量化工程。山东日照局组织市邮政快递行业团委、市快递协会举办快递包装循环利用志愿服务活动，通过快递旧包装免费换取绿植的形式，以点滴举措助推“绿色邮政”建设。

五、推动快递服务质量稳步提升

国家局继续加强服务质量监测，一季度服务指标保持平稳。快递服务公众满意度得分为77.2分，较2016年同期提升0.5分；受春节假期影响，2017年1月、2月全程时限均值为

72.15 小时，比 2016 年 1 月、2 月同比延长 1.5 小时，72 小时准时率均值为 60.40%，同比下降 5.17 个百分点。围绕放心消费开展调研，根据调研情况研究起草《快递放心消费工程实施方案》。起草了《国家邮政局关于不着地、不抛件专项治理的意见》，发部分省局书面征求意见。围绕新疆市场监管存在的突出困难和问题，派出工作组赴新疆开展专题调研。

（一）开展服务质量提升行动，实施快递放心消费工程

天津、内蒙古、青海、福建泉州等局印发实施方案，开展邮件、快件“不着地、不抛件”专项整治工作。黑龙江局印发《黑龙江省邮政业服务专项整治工作方案》，主动解决全社会广泛关注的用户赔偿、野蛮分拣等热点问题。江苏局联合省放心消费创建办对 2016 年度省级放心消费创建示范单位进行表彰。福建局出台《2017 年邮政业更贴近民生实事实施意见》。海南局印发了《2017 年海南省邮政业更贴近民生 8 项实事》，提出实施放心消费工程以及提升三沙邮政快递服务能力等 8 项实事；印发《海南省邮政业服务质量提升行动方案》，开展邮政业服务质量提升行动。安徽池州局开展了“服务质量提升月”专项活动。陕西延安局组织开展“野蛮分拣”专项整治行动，推进实施“放心消费工程”。

（二）强化监管，督促企业加强服务质量管理

浙江、湖北、山西长治、山东德州、湖北黄冈局制定《快递服务质量提升联席会议制度》。江苏、安徽、湖北、湖南、山西大同、福建厦门、陕西铜川局召开快递服务质量提升联席会议，通报快递服务质量情况和消费申诉情况，指出当前消费者反映强烈的快递服务问题，明确提出下一步工作要求。黑龙江局将申诉受理部门下沉至市地级，提高申诉处理工作效率。江苏局发布 2016 年度快递服务警示，对 10 家快递企业分别给予红色、橙色、黄色警示。浙江局在申诉量较大 5 个市局成立申诉中心，提高政府部门申诉处理能力，效果显著。山东局畅通申诉与业务监管部门联动机制，每日通过短信平台通报申诉发生量较多的市局和快递网络，每周下发各市局申诉工作考核表。山西阳泉局联合市文明办、市工商局、阳泉日报社、市消费者协会开展“2016 年度百姓最满意的快递企业”“2016 年度百姓最满意的快递员”评选活动。安徽淮北局对全市主要快递品牌的快递服务质量和投递时限开展了测试。山东青岛局建立快递客服实训基地，制定《快递服务质量考核评价办法》。辽宁鞍山局举办邮政业消费者投诉、申诉处理培训班。

六、全面加强行业诚信体系建设

国家局深入总结快递业信用体系建设试点工作情况，完善信用管理信息系统，修改《快递业信用管理办法（草案）》和信用评定指标，研究起草《快递业信用评定委员会管理办法（草案）》。印发《2017 年“诚信快递、你我同行”“3·15”主题宣传活动周工作方案》，组织开展主题活动。参加交通运输部交通运输信用体系建设领导小组第一次会议。

（一）开展“诚信快递、你我同行”“3·15”系列活动

山西、辽宁、吉林、黑龙江、山东、湖北、海南、四川、贵州局下发了《“诚信快递、你我同行”“3·15”主题宣传活动周工作方案》，部署宣传活动。天津局参加天津广播电台组织的“3·15”特别节目，解答行业热点难点问题，介绍市场监管、行业自律等方面情。河北各市局共发放宣传手册 6000 余份，解答市民咨询 1000 人次。吉林省局召开 2017 年“3·15”快递企业座谈会暨承诺守信誓师大会。上海局会同市快递行业协会召开了“诚信快递、你我同行”2017 年“3·15”快递企业座谈会，会同市公安局、市市场监督管理局、市个体协会、卢工集邮交易市场等部门在卢工邮市开展以“网络诚信，消费无忧”为主题

的“3·15”消费者公益宣传活动。江苏局召开“3·15”主题新闻通气会，组织快递企业及放心消费获表彰企业开展诚信宣誓，受邀参加由省放心消费创建办、省工商局、省消协组织的互联网消费投诉咨询服务日活动。安徽局联合省工商行政管理局、省消费者权益保护委员会召开“诚信快递、你我同行”“3·15”主题宣传活动周动员会。山西阳泉局联合市新闻中心、日报社、工商局、消协举办“网络诚信、消费无忧”新闻发布会。晋城局组织全市21家快递企业签署并联合发表《“3·15”诚信宣言》，通过太行日报、晋城在线等媒体对外公布《关于晋城市邮政行业“3·15”消费者维权的提示》。上海市浦东局组织开展了邮政业“3·15”诚信服务宣誓活动。江苏常州快递员车祸离世捐器官挽救4人，常州局联合多部门关爱快递小哥。广泛设立“快递驿站”，送“健康义诊”上门，帮扶贫困快递员家庭，倡议对快递员工作理解支持。山东德州局参与地方电视台“承诺热线”节目，介绍全市快递业发展成果、快递消费者如何维护合法权益、维权注意事项、维权途径等具体情况，并现场处理消费者的快递服务申诉问题。聊城局组织企业代表参加聊城市“‘3·15’国际消费者权益日（2017）纪念活动”启动仪式，并在市中心广场开展户外宣传咨询活动。

（二）建立信用档案，完善评价指标，开展信用评定

吉林局部署各市州局完成全省2016年信用评定工作。截至3月末，共为1819家企业、13460名从业人员建立信用档案。黑龙江局印发《关于开展2017年全省快递行业诚信体系建设活动的通知》。浙江局完善管理办法和评定指标，选取绍兴市作为典型模板进行试点。江西局评选表彰了快递行业12个“诚信服务示范窗口”和“谋创新发展、促转型升级”十佳范例，指导省快递协会与省级企业签订快递行业收寄验视自律公约，制定了从业人员失信“黑名单”制度。内蒙古兴安盟局联合当地相关部门成立了信用评定委员会，为信用评定工作奠定了基础。河南局建立信用管理信息系统管理队伍，安排专人每月1日向企业信用信息公示网录入数据；组织开封等6个市局开展2016年快递企业信用评定，探索制定了评定指标，评选40家诚信快递企业。山东枣庄局制定《快递企业诚信体系建设考核实施方案》，建立诚信体系建设评价机制。

第二部分　二季度市场监管和安全监管情况

2017年第二季度，各级邮政管理部门以落实更贴近民生实事为中心，突出抓好快递业供给侧结构性改革、坚守安全发展底线和创新提升监管能力三方面任务，坚持问题导向，强化责任落实，邮政市场监管各项工作取得实效。

一、促进行业转型升级提质增效

继续发力向西向下，以首批快递服务现代农业示范工作为基础，提出协同效果评估体系，启动第二批评选工作。加快推动智能快件箱投递服务立法研究工作，将数据互联互通及用户权益保护问题纳入研究范畴。加快推动快递高校服务规范化，分类指导，重点突破，北京大学、清华大学两所高校的快递服务问题正在推动解决。开展专题督导，督促引导企业落实整改“以罚代管”模式、落实总部派费提升政策、降低罚款额度，取消多层罚款等情况。印发《关于加强和改进快递末端服务管理工作的指导意见》，统筹谋划基础设施建设、稳定基层网点运行、强化末端服务管理。积极推动长三角创新发展，建立一司三局联合工作机制，先后组织召开了两次长三角地区“三区”（邮政业改革创新先行区、转型提效示范区和高端服务引领区）建设专题会议，提出联合行动计划

的基本框架和重点任务。利用京交会平台,推动快递服务与电子商务、制造业、农业以及跨境快递等14场合作签约,签约金额再超千亿元。顺利完成快递与电子商务协同发展第一批试点评估,总结出5个方面17条有益经验,目前已会同财政部、商务部联合下发绩效评估报告。联合商务部对大连、吉林、大同、蚌埠、洛阳、株洲等第二批试点城市的收尾、评估工作情况进行督导。赴中国铁路总公司围绕“快递上车”开展专门沟通,推动高铁快运示范线建设等方面工作。指导邮政快递企业与铁总之间进行供需对接,已确立在高铁运邮(快)件、高铁示范线、铁路场站设施、中欧(俄)班列带邮(快)件等4个方面开展项目合作,已开通使用9条高铁动检车线路和28条图定车线路。

(一)持续抓好国务院61号文件和相关产业政策落实

截至上半年,天津,上海,山东,湖南,云南,山西长治、忻州,安徽马鞍山、黄冈,四川乐山、甘孜,云南保山、红河,青海西宁等地方政府出台了推进快递业务发展的政策措施或实施意见,快递业发展政策省级覆盖率达到了93.9%。山西、济宁、临沂等地方政府通过地方扶贫工作政策,引导和支持邮政快递业发展。内蒙古、江西、山东、湖南、海南、四川、陕西等地方政府出台政策文件,鼓励和推动邮政快递业与现代农业、零售业、电子商务等相关产业联动发展,与现代交通运输业融合发展。内蒙古、海南等政府印发物流业降本增效专项行动实施方案。山西,辽宁,江西,河南,安徽蚌埠、芜湖,广西柳州,陕西宝鸡等地方政府出台各类文件支持快递下乡、智能快件箱建设、车辆通行、快递园区建设、人员培训补贴等促进行业健康发展的政策。天津出台《降低实体经济企业成本2017年第一批政策措施》,明确年内支持市快递业发展项目1000万元。内蒙古赤峰红山区出台《快递服务业提档升级实施方案》,园区内快递企业可获100万元专项扶持资金。辽宁大连向企业发放2016年度发展快递服务业专项资金329万元用于推进快递示范城市建设。安徽合肥市政府对安检机配备、分拨中心及呼叫中心建设等6个项目给予专项补贴。福建泉州修订《泉州市快递服务发展专项资金管理暂行办法》,下拨了第一期快递服务发展专项资金301万元。湖南岳阳出台《岳阳市打造千亿现代物流产业行动方案(2017－2020年)》,明确将培育邮政快递经济、建设综合配送园区等工作列入要点。陕西商洛市对实际投资额在5000万元以上的项目,给予一次性补助30万~50万元或贴息最高100万元,对符合条件的综合性服务站点一次性给予奖励5万元。

(二)加快推进快递“向外”发展

积极响应“一带一路”倡议,跨境引导工程扎实推进。13个跨境电子商务综试区城市创新工作,上半年累计完成进口快件8110万件,推动出口3.96亿件,622家快递企业参与跨境寄递。企业海外拓展进一步提速,申通快递与波兰邮政开展合作,韵达拓展欧洲北美市场,圆通启动全球包裹联盟。北京市政府出台《北京市进一步推进跨境电子商务的实施意见》。上海市政府明确提出“鼓励快递总部企业实施国际化战略”。福建局出台促进航空物流发展的专项政策,积极推动泉州国际邮件互换局的设立。福建对重点目标市场海外仓建设给予补贴。河南推动快件“一次通关、一次查验、一次放行”,实行“查验双随机”“跨境秒通关”,邮政跨境电商产业园建设获得省内资金支持。四川局参与制定《中国(四川)自由贸易试验区建设实施方案》,争取将快递纳入实施布局。新疆局积极推进乌鲁木齐国际快件海关监管中心建设,协调百世快递乌鲁木齐跨境电商海关清关中心与EMS等快递企业合作。江苏镇江局积极推动本地跨境电商体系建立,EMS与市商务局、南京海关签订通关备忘录,并成功完成跨境寄递业务测试。

(三)推进快递服务制造业工程

快递与制造业协同发展势头喜人,上半年全国省级重点示范项目287个,产生服务制造业快件2.23亿件,形成业务收入26.5亿元,直接支撑的制造业产值达880亿元。江苏局全面发挥省市两级制造业项目库的示范作用,鼓励企业提供一体化供应链解决方案。内蒙古鄂尔多斯局督导快递企业以"入场物流"模式服务于制造业集群。辽宁辽源局在东北袜业纺织工业园打造"电商快递中心"。福建漳州局推动探索"储销运创"新模式,将电子商务、仓储、物流、众创平台融为一体。厦门局积极开展"OFC仓储+快递配送"合作、"仓配一体+配送平台+OFC"合作。江西景德镇局依托陶瓷特色产业优势,形成电商、寄递、陶瓷等关联产业协同发展良性生态圈。陕西安康局引导快递公司以"区域性供应链"模式服务于企业。

(四)推进快递服务现代农业工程

各省(区、市)局加大工作推进力度,目前共打造401个"一地一品"项目。北京局与市农委联合推进"农邮通"项目服务站建设。天津局与市农委等部门开展"网农对接"活动。河北局与省商务厅、供销社联合印发《关于推进邮政业服务农村电子商务的实施意见》。内蒙古局印发《关于组织开展"一市一品"农特产品进城示范项目的通知》。吉林局有序推进长春鹿制品、吉林黄松甸木耳、白山万良人参等一地一品项目。江苏局与农委、商务厅联合发文,协同推进"快递+"特色农产品项目,积极创建快递服务现代农业示范基地。安徽局与省农委联合出台《关于推进快递服务现代农业的意见》。河南局依托开封杞县大蒜、平顶山汝州大峪杏等农产品开展示范基地创建。湖南、四川纳入年度考核,要求每个市建设不少于3个项目。贵州制定《快递服务现代农业"一地一品"实施方案》。陕西局制定《陕西省邮政业脱贫攻坚实施方案》。云南德宏局启动实施"互联网+农村扶贫电子商务"项目。四川南充局与农牧业局印发《关于推进邮政快递服务现代农业的实施意见》。吉林通化,江苏常州、无锡、淮安,安徽合肥、安庆、界首,福建漳州、莆田、三明、宁德,湖南怀化,陕西西安,西藏那曲等局通过多种形式开展建宁通心白莲、小龙虾、黄蘑菇和酸奶等产品的"快递+电商+农业"项目,助力当地发展现代农业。

(五)巩固"向西、向下"拓展成果

全国快递乡镇网点覆盖率已经提前完成全年目标,提高到85.9%。北京、天津、河北、辽宁、吉林、黑龙江、上海、江苏、安徽、福建、山东、河南、湖北、广东、海南15个省(市)实现了全覆盖。山西局推动将"提高乡镇快递网点覆盖率"纳入《2017年山西省网络扶贫工作要点》。吉林局推动全省56家快递企业和邮政企业签订了农村快递服务战略合作协议,推动快递企业与公交公司合作,支持第三方发展农村配送,推动建设了20个乡镇快递超市。江苏局试点推进"村邮站"负载快递服务功能,全面推动"村村通快递",鼓励引导企业快件直投入村。江西吉安市政府办公室印发《吉安市推进农村电商快递协同发展奖励办法的通知》《2017年度市本级试行竞争性分配和项目化管理财政专项资金目录表》,给予吉安市农村电商快递综合服务站点建设奖补专项资金200万元。福建福州局针对乡镇网点乱收费问题,推进"快快合作"。广西贵港局与供销社携手推进供销社快递乡镇网点建设,将快递业务加载到农村供销业务体系中。甘肃嘉峪关局协调市政府出台《关于促进农村电子商务加快发展的实施意见》,对在镇村开办快递超市的企业给予6万元的财政补贴。武威局争取到42万元专项资金补助40个乡镇邮政和快递服务站。

(六)促进快递与电子商务协同发展

安徽省召开电子商务进农村全覆盖工作现场会,砀山县

"快递下乡"工程和电子商务进农村工作成果获李国英省长充分肯定。内蒙古兴安盟印发《兴安盟电子商务进农村工作实施细则》,提出到2017年底建成县、乡、村三级电子商务物流体系。巴彦淖尔局与五原县人民政府、市邮政分公司签署《关于促进河套电子商务产业园发展战略框架协议》,快递服务已通过"乡村货的"项目覆盖五原县117个行政村。福建福州局拟对第三批电子商务与物流快递协同发展试点项目的快递综合服务站点补助59.3万元。河南焦作局积极推广孟州中通"互联网+快递+电商+制造+旅游"。湖南娄底市政府常务会议审议通过了促进"电子商务、快递业、创客经济"协同发展的指导意见。云南红河州出台《关于加快农产品电子商务发展的实施意见》。

(七)积极推进"快递入区"工程

各地政策面集中发力,多措并举推动快递公共服务站建设,截至上半年,全国已建成公共服务站2.8万个,农村快递公共取送点1.67万个,提前完成全年工作目标。全国已投入运营智能快件箱超17万组,"箱递"已逐步成为城市人口密集区域解决"最后100米"的重要渠道。北京局加快智能快件箱建设备案工作。河北局制定《关于支持邮政业服务创新综合解决城市末端投递服务的实施意见》。天津局印发《天津市邮政管理局住宅楼房信报箱(含智能邮件快件箱、智能包裹柜)验收流程》,争取到1000万元支持资金。吉林局电商物流快递公共信息服务平台投入使用,建成60组智能快件箱,8个高校综合服务站,10个社区综合服务站。上海局先后推动快递末端建设纳入本市3部重要规划,出台了快递末端综合服务站标准。山东局联合省商务厅出台《关于做好2017年智能快件箱进楼宇工程有关工作的通知》,争取到1100万元支持资金。广东安排1540万元省邮政业发展专项资金鼓励快递企业在市区投放智能快件箱和邮政包裹柜。四川省政府提出建设"多点合一、服务同网"站点,成都市财政对每个站点补贴运营资金5万元。重庆联合市商委、市财政局完成2016年电商快递末端配送网点转型公共取送点评审工作,451个网点通过评审并获得240万元补贴。山西大同局为200个社区快递服务驿站争取补贴资金300万元;晋城局推动地方政府将包含邮快件自取功能的"长河智能便民寄存柜项目"纳入政府为民办实事工程。安徽合肥市政府对累计投入运营快件箱格口超过5万个的企业予以一次性奖励50万元;蚌埠局出台《蚌埠市智能快件箱运营管理办法(试行)》。江西南昌、赣州出台文件对城市快递综合服务平台建设给予政策扶持。安徽合肥市政府对累计建设并投入运营快件箱格口超过5万个的企业,予以一次性奖励50万元;淮南局对符合标准的城市末端公共服务站补助5000元,农村点补助3000元。山东济宁市政府印发《关于推动农村快递电商公共服务中心暨精准扶贫助力站建设的实施意见》,提出建设100处农村快递电商公共服务中心。贵州贵阳市政府明确将快递公共服务站和智能快件箱纳入基础设施建设。宁夏石嘴山局依托"邮乐网"网络平台及在平罗县建成了县级电子商务公共服务中心和电商孵化园;固原局引导寄递企业与京东集团就特色馆等10多项内容进行合作。

(八)加强快递园区建设

天津对符合入驻各类政府认定的园区条件的快递企业给予每年最高100万元租金补贴,连补3年。江苏局推动南京邮政国际邮件处理中心、中国邮政速递物流无锡长三角集散中心、昆山门对门电子商务物流总部园、淮安电子商务现代物流园、高港区临港速递产业园、宿迁电商物流园区等6个快递业项目列入全省重点物流项目。河南局推动申通快递、通通优品出资9亿元建设中国(郑州)冷链交易中心,推动中通快递在河南建设航空快递集散分拨中心。湖南局积极推动专业快递服务园区建设，顺丰电商产业园、圆通湖南省总部基地、中通快递湖南管理中心等项目已正式签约或破土动工，总投资额近30亿元。内蒙古通辽市申通快递蒙东转运中心建设项目获批并纳入《通辽市服务业转型升级行动计划》。江苏南京局积极支持快递企业牵头成立江北电商产业园，吸引农产品及食品加工、服装、雨花石等各类电子商务企业入园发展。宿迁局推动市政府出台《宿迁市现代物流业发展三年行动计划（2017－2019年）》，提出在泗洪县建设经济开发区恒汇物流快递产业园。安徽定远县政府明确对入驻园区的快递企业三年内免费提供场地、水电、宽带网络费用。山东淄博依托远成综合物流港，建设鲁中快递电商物流发展示范园，8家快递企业入驻。济宁中通电商快递产业园、临沂申通快递产业园和顺丰航空速运分拨中心项目分别被列入当地全市重点建设项目。滨州无棣县规划50亩地建设快递仓储产业园区，一期计划投资600万元。湖南郴州市快递物流产业中心项目正式开工，着力打造全省和全国性的示范型快递物流产业园区。云南普洱市快递物流园建设工程启动，总投资3亿元。

（九）协调车辆通行，推广“三统一”经验

经过多地邮政管理部门积极争取，全国31个城市已实现快递三轮车辆规范通行。河北局制定《关于支持邮政业服务创新综合解决城市末端投递服务的实施意见》。山西局推动将解决太原市城区内快递电动车上路纳入省政府“13710”专项督查工作；大同局为寄递企业标准化电动三轮车争取补贴资金143.4万元；阳泉局出台《邮政快递行业交通秩序综合大整治工作方案》。辽宁全省近5000台载有专用标志的电动三轮车不受市内禁行限制，并纳入备案管理；沈阳、大连局联合公安和交警部门给企业核发了600余张快递服务车辆通行证。上海局下发《快递揽投专用电动自行车试点方案》在宝山区开展电动自行车试点。内蒙古包头局与市交管支队协商沟通，发布《邮政、快递车辆管理办法（试行）》；巴彦淖尔市出台《快递三轮车管理办法》。江苏宿迁局联合公安部门实施快递三轮车“三统一”管理；常州局制定《快递行业配送车辆自律管理办法》。安徽蚌埠局联合交通运输局、城市管理行政执法、公安局出台了《关于快递车辆规范管理的实施意见》，制订《关于快递电动三轮车规范管理工作实施方案》和《快递规范车辆管理办法（试行）》，为购置快递专用电动三轮车、轻、微型封闭厢式货车等新能源车辆争取到30%的补贴；阜阳局联合交警部门印发《快递运输车辆通过管理暂行办法》；马鞍山局与公安部门、交通部门联合出台《关于马鞍山市快递运输车辆通行管理的实施意见》；黄山局联合市交警部门先后出台《邮政业运输、投递车辆通行管理暂行办法》及《关于规范黄山市邮政、快递电动三轮车通行管理的通知》；六安局联合市公安、城市管理部门出台《快递车辆通行管理办法》。福建福州局推动出台《快递运输车辆专用标识管理办法（试行）》，解除对带有快递专用标识的轻微型载货汽车的限行措施，开展第三批标识快递车辆申请工作，并督促已获批车辆通行的企业对接市快递服务监管平台车辆GPS定位管理系统；三明市政府出台了《关于加快新能源汽车推广应用的通知》，邮政业新能源汽车纳入补贴范畴。山东威海局联合交通、公安、工商等四部门下发《关于落实邮件和快（运）递车辆通行问题的通知》；济宁局联合市公安局出台了《快递专用电动三轮车管理办法》。陕西西安、咸阳、渭南、铜川、榆林等地市出台了快递专用电动三轮车城区通行管理措施，推进“三统一”通行管理。湖北局积极与交警部门协调过渡期市区470辆邮政、快递三轮车通行问题。海南试点快递电动三轮车规范上路。河南鹤壁、开封、焦作、商丘等局积极协调交警支队，对全市快递三轮车“三统一”管理。陕西榆林局与市交警支队联合出台《规范全市快递专用电动三轮车通行管理的实施意见》。

(十)推进快递进校园工程、快递网点标准化

全国高校快递规范服务覆盖率已达92.2%，2300余所高校已能享受到入校服务，人工驿站与自助投递融合发展成为校园服务新趋势。积极推进城市网点标准化建设，主要品牌企业城区自营网点标准化率已经达到69.3%。宁夏、广东、福建、辽宁、河南、安徽、上海、吉林、甘肃、四川网点标准化率达80%以上。河北局制定《关于支持邮政业服务创新综合解决城市末端投递服务的实施意见》。吉林局制定《推进快递企业营业网点标准化建设实施方案》。内蒙古局制定《加强和改进快递从业人员职业保障工作方案》。辽宁局印发《关于确保快递服务末端网点保持稳定运营的通知》。福建局与省教育厅、省综治办联合下发《关于推进快递服务进校园工作的意见》。山东局印发《关于关注快递末端网点稳定运营的通知》。河南局联合省教育厅出台《关于推进快递进校园的指导意见》。海南局印发了《关于加强和改进海南省快递末端服务管理工作的实施意见》《关于规范乡镇和校园快递服务工作的指导意见》《海南省快递营业场所标准化建设指导意见》。青海局印发《青海省快递业标准化建设实施办法》，推动青海大学成立快递超市，将快递从分拣到派送实现了信息化管理。江苏常州局与市商务局联合发文表彰常州工学院校园快递服务中心并给予15万元奖补资金。安徽黄山局下发《关于做好快递末端网点恢复和稳定运营情况工作的通知》；滁州局推动滁州市对在乡镇、行政村、高校和住宅小区设立快递服务标准化服务网点的快递企业，每个网点一次性奖励1000元；蚌埠局推动市政府召开高等院校快递综合服务站建设工作专题会议。山东济宁局联合市教育局、公安局、商务局出台《关于推进快递服务进校园的通知》；泰安局出台《泰安市校园快递服务中心(泰驿站)建设指导意见》。河南新乡局制定《推进快递进校园活动实施方案》。陕西咸阳局制定印发《咸阳市快递企业营业场所标准化建设实施方案》；宝鸡局全面开展标准化快递营业场所创建工作。合肥、安庆局开展快递示范网点建设评比工作。

(十一)积极推动快递“上车上飞机”

绿色通道建设稳步推进。天津、厦门已签署了战略协议；杭州协议已落地实施，优先分拣、优先上机；郑州实施“单一平台”，海关与国检“一次申报，一次查验，一次放行”；陕西出台《关于促进快递与民航产业协同发展的意见》，正积极筹备建设第三方信息交换平台系统，着力解决航空快件优先配舱、优先安检、加速通关等难题。河南局推动停机坪附近建郑州海关快件监管中心，推动无缝衔接，避免二次分拣。山东青岛局联合快递协会与民航签订《加快推进快递与民航产业协同发展战略合作协议书》。四川南充局与高坪机场公司达成共建南充航空快件中心的框架性协议。江苏局推动顺丰航空开通“南京—深圳”全货机运输航线。河南局向省政府建议在河南郑州建设高铁快件集散中心，参与省政府多式联运调研，大力推动快递行业探索多式联运。

二、全面加强行业安全监管

国家邮政局出台《邮件快件寄递协议服务安全管理办法(试行)》。研究起草《邮件快件实名收寄管理办法》。截至6月20日，实名信息监管平台已接入邮政EMS、顺丰、“三通一达”等10家品牌企业，占业务总量约90%；全网信息化实名收寄累计完成1.7亿件，日均已逾200万件，实名收寄信息系统在线注册用户达1015万人，全国实名收寄信息化率已接近20%。印发《国家邮政局办公室关于进一步加强邮件快件过机安检工作的通知》，加强安检人员队伍建设和

安检设备操作使用等方面的工作指导。圆满完成“一带一路”高峰论坛寄递安保工作。加强应急资源管理,督促指导寄递企业做好应急物料、装备储备和专兼职应急救援队伍建设。上半年共接各地突发事件信息报告95期,向国务院应急办报送值班信息5期,向社会发布消费提示4期。稳妥处置福建莆田部分快递企业伪造寄递服务信息协助售假案件。加强与公安部、国家安全部、商务部、民航局等相关部门沟通协作,做好寄递渠道反恐、禁毒、打击侵权假冒、防范和处理邪教等工作。

（一）健全邮政业安全监管体系,完善联合监管机制。

截至目前,全国已有13个省局、15个市(地)局和11个县成立了邮政业安全中心。重庆局、湖北宜昌局、山东聊城局推动寄递渠道网格化管理。内蒙古呼和浩特局成立“邮政行政执法大队”。阿拉善局与公安局成立联合执法办公室。湖南永州局召开全市寄递安全管理工作会议。安徽蚌埠淮上邮政管理局和淮上区邮政业发展中心挂牌成立;安徽局召开全省邮政业县域发展暨县级邮政管理机构运行推进会。福建局拟定《2017年福建省寄递渠道安全管理工作考核评价标准》。山东局修订《全省寄递渠道安全管理工作综合治理考核评价办法》。湖北局印发《加强县级区域寄递渠道安全管理工作的意见》。重庆局印发《加强寄递安全管理专项工作组2017年第一次会议纪要》和《加强寄递安全管理专项工作组2017年工作要点》;五分局制定《合川区加强寄递安全管理专项工作组工作规则》。湖北局出台《关于建立寄递企业安全信息员的通知》。河南开封局分批驻县组建县区寄递渠道安全管理领导小组。山东济宁局成立联合驻园区快递安全监管办公室。马鞍山局推动寄递渠道形成“行业管理+部门协作+协会组织”的组织体系、“监督管理+运行保障+安全自律”的制度体系和以寄递业安全短信平台、网点安全设施达标、从业人员实名建档三点支撑的管控体系。

（二）严格落实寄递安全管理三项制度。

各省采取多种形式加强业务培训和技术指导,举办培训班198期,受训技术骨干2.1万余人次。天津、河北、山西、吉林、安徽、湖北、海南、四川、贵州、云南、青海局和部分市局印制与实名收寄相关的通知、通告等。吉林、辽宁、江苏、安徽、山东、陕西、青海、新疆局和部分市局召开会议,举办培训,推进实名收寄相关工作。山西、内蒙古、吉林、上海、江苏、安徽、湖北、陕西、云南、贵州、海南印发《邮件快件实名收寄信息系统推广应用工作实施方案》。天津局、山西局、福建局、海南局、四川局、甘肃局、安徽池州局、山东临沂局、云南保山局、西藏昌都局印发落实邮件、快件过机安检制度的相关文件。天津局推进过机安检联网工作。山西局下发《关于推进全省邮政行业X光安检机操作人员持证上岗工作的通知》。河北局将实名系统推广范围覆盖到全省11个地市,印发《河北省邮政业“落实安全三项制度、落实企业主体责任、落实行业安全监管责任”专项整治行动工作方案》。黑龙江局争取财政补贴为全省寄递企业购置安检机107台。福建省寄递业实名收寄验视监管系统平台项目获省财政资金433万元支持。福建省政府同意给予寄递行业安检配备省级补助资金750万元,印发《福建省寄递业2016年X射线安检机配置资金奖励工作方案》。广东局安排200万元专项经费用于培训过机安检专业技术人员。湖北省8个市(州)政府已给予寄递企业购置安检机财政补贴共计406.5万元。重庆局在垫江县、永川区继续推广“渝安卫士”寄递系统,在江津区、黔江区试点推广国家局开发的寄递安全管理信息系统的应用。贵州局争取财政补贴450万元用于扶持补贴快递企业购置安检机。安徽宿州、池州局出台《邮政管理局邮件快件微剂量X射线安全检查设备使用管理办法

（试行）》。山东临沂局印发《临沂市寄递行业安检机操作管理方案》，联合市民航管理局开展两期安检机操作人员培训班。河南开封局采取调取监控、查阅使用记录、现场跟班作业等形式确保寄递企业百分百过机安检；鹤壁局组织快递安检员观摩高铁站安检操作。云南局集体约谈33家省级寄递企业，签订《云南省邮政业三项制度安全管理责任书》。西藏林芝局统一制作了实名收寄提示牌，在地方报纸刊登实名收寄公告。

（三）强化安全生产责任落实和应急管理。

天津局妥善处理天天网点运行不稳等突发事件。吉林局制定《全省邮政行业安全生产专项检查工作方案》。黑龙江局印发安全管理达标活动方案，向企业下发了安全信息台账模板2295册。福建局印发《2017年邮政业安全监督管理工作要点》。江苏局印发《全省邮政行业2017年“安全生产月”活动实施方案》。山东局组织开展邮政业安全生产月、危化品寄递专项整治、安全生产百日攻坚治理集中行动。河南局制定《安全生产监督管理局关于快递企业履行安全生产主体责任的指导意见（试行）》。安徽局开展寄递渠道危险化学品安全专项整治活动。湖北局积极部署寄递渠道防汛工作。广西局开展汛期安全生产动员部署，积极应对梧州市汛期险情。青海局印发《2017年青海省邮政行业“安全生产月”活动实施方案》；组织实施“五个一”工程，要求企业重点落实“一个安全机构、一支安全队伍、一套标准制度、一本安全台账、一次应急演练”要求。安徽蚌埠局组织全市加盟快递企业开展应急演练；亳州局组织全市快递企业观摩亳州圆通快递公司的应急演练。福建泉州局制定《寄递渠道可疑信息报告奖励办法》；漳州局制定《进一步规范寄递行业发展实施意见》。陕西咸阳局印发《关于开展2017年寄递渠道“安全生产月”活动的通知》。

（四）做好行业禁毒、扫黄打非和打击侵权假冒等专项工作。

福建局印发《寄递渠道危险化学品安全综合治理方案》，制定《快件包裹测寄活动工作方案》。江苏局印发《“5·14”毒品查缉专项行动方案》，开展寄递渠道反恐工作。上海局与该市规模以上快递企业签订了扫黄打非工作任务书，向企业下发《关于严格落实交通运输工具驾驶人吸毒筛查等有关措施的通知》，举行“拒绝毒驾、安全出行——上海市交通运输行业禁毒宣传暨主题邮票首发活动”。山东局印发《山东省邮政业“5·14”毒品查缉专项行动方案》，开展禁毒宣传活动。湖北局召开联席会议共同商议整治寄递领域涉烟违法活动的措施和办法，联合印制《打击物流寄递领域涉烟违法活动宣传手册》。海南局印发《邮政业禁毒三年大会战“严堵”工程实施方案》，开展了“无毒海南健康生活”签名宣誓活动，开展了邮政行业“扫黄打非”专项检查。云南局制定《邮政业“5·14”毒品查缉行动方案》，指导全省系统开展邮政行业2017清流、清源、秋风等“扫黄打非”专项行动。陕西印发《寄递渠道反恐怖防范工作标准》。西藏局成立协调小组，通过专项检查、联合执法检查等手段，持续保持“扫黄打非”的高压态势。内蒙古乌海局联合4部门出台了《关于打击物流运输领域涉烟违法犯罪活动联合工作机制》；通辽局配合公安局成功破获一起利用寄递渠道邮寄毒品案件，查获冰毒876克。安徽合肥、蚌埠、阜阳、马鞍山、黄山等局与烟草、公安等部门加强寄递渠道涉烟违法案件协作，马鞍山局行业管理科荣获“全市卷烟打假工作先进集体”称号。合肥等3市寄递企业发现枪支、毒品案件线索7起，及时报告公安部门予以侦办。山东济宁局组织快递企业参与“无毒青春、健康生活”为主题的“全民禁毒健步走”活动；淄博局举办禁毒集中宣传活动，为《国际禁毒日》邮票发行揭牌；泰安局开展“禁毒邮路”启动暨“国际禁毒日”邮票首发活动。河南郑州局制定《毒品查缉专项行动方案》，组织

1250人参加寄递渠道毒品辨识培训。陕西咸阳局与全市寄递企业签订《寄递企业禁毒反恐工作责任书》。

（五）着力做好重大活动期间安全保障。

各省积极开展行动，确保重大活动期间寄递渠道安全。山西、吉林、江苏、安徽、云南、广西等局印发“一带一路”国际合作高峰论坛寄递渠道安全服务保障工作实施方案。内蒙古自治区开展专项检查，下发《内蒙古自治区成立70周年庆祝活动寄递服务安全保障工作方案》《公约缔约方大会寄递渠道安保工作方案》。吉林局制定《“航空飞镖”国际军事比赛寄递渠道安全保障专项工作方案》。福建局印发《关于加强寄递安保管控措施的通知》。湖南局通过签订安全承诺书、下发保障方案、开展实地巡查和坚持信息报告。青海局印发《做好党政军机关邮件快件安全管理工作的通知》。

（六）积极开展行业安全宣传培训。

山西、辽宁、江苏、上海、浙江、江西、湖北、广东、海南、重庆、贵州共印制11万份《禁止寄递物品管理规定》发放辖区寄递企业在营业场所张贴。山西部分快递企业在进港快件粘贴60万份禁毒宣传单，扩大禁毒宣传影响。江苏局开展企业安全生产主体责任宣传咨询日活动，通过在电视、报刊开设访谈栏目、发表文章、发布“双微”、大力普及邮政业安全生产法律法规知识；组织寄递企业观看警示教育片，开展行业安全生产突发事件应急演练。吉林长春局组织寄递企业负责人参观省禁毒教育基地；白城、白山局开展“无悔青春，健康生活”禁毒宣传活动，发放环保手提袋等宣传品近千份。安徽淮北局组织全市邮政业消防安全知识讲座；阜阳局组织摄制《明确新定位开启新征程》微电影作品，参加平安中国微电影微视频征选。山东淄博局创作《寄递企业安全主体责任落实》动漫宣传片；东营局制作《寄出安全，收到幸福》安全警示教育片；聊城局开展“寄递责任人人有责平安寄递幸福你我”安全生产月主题宣传活动。河南鹤壁局组织全市快递三轮车张贴最新禁寄物品指导名录。

三、依法严把市场准入

继续推进“放管服”改革，优化治理能力。围绕贯彻落实中央简政放权最新要求，推进《快递业务经营许可管理办法》形成最新修订稿，严格执行《快递业务经营许可工作优化方案》，落实标准化工作要求，做好许可信息公开。上半年，全国共依法核准快递业务经营许可申请1376件，核准快递业务经营许可证变更10086件，处理变更事项17330项，依法注销许可683件，年度报告审核通过企业15338家。全国许可申请平均办结时限为13.1日。严格执行《跨省经营快递业务许可审批实地核查操作指引（试行）》，清理部分企业分支机构。

山西局推动落实快递企业同一工商登记机关管辖范围内“一照多址”政策。福建局制定出台《贯彻落实“一趟不用跑”和“最多跑一趟”的指导意见》。河南局确定开封局开展“一照多址”试点。云南局下发《关于关注末端稳定运营的通知》。吉林局采取八项措施全面深化快递末端服务管理工作。河南局继续对快递末端网点实行备案管理。江苏局制定出台《江苏省快递业务经营许可变更审查工作细则》，印发《关于集中清理查处企业未按期提交年度报告书的通知》，下发涉嫌未提交年度报告违法行为线索137条，经调查对许可证有效期内停止经营的60家企业启动快递业务经营许可注销程序，对其余企业依法予以调查处理。河南郑州局建立许可实地核查要点“面对面培训”机制，实地核查通过率由60%提升至85%。辽宁丹东局规范快递企业年度报告工作，建立监管QQ群和微信群，安排专人进行网上一对一指导。

四、持续推进快递绿色包装工作

国家邮政局配合全国政协

就包装减量和回收工作进行调研。组织企业申报绿色制造示范项目。推动全国首个快递业绿色发展产学研协同创新示范基地揭牌。联合共青团中央共同发起首届"绿色快递进高校"活动。推动创建了快递绿色包装联盟,助力形成快递业科技创新服务新平台。继续加快推广应用电子运单,顺丰、中通、韵达等部分企业使用率已达到80%。北京局在校园内设立快递包装回收点,开展置换合作,回收的快递纸箱置换环卫集团回收的超市纸箱,利用北京环卫集团场地、车辆资源开展快递服务。天津局召开推进快递封装用品绿色化减量化推动会,搭建绿色包装企业与快递企业对接平台。山西局推动主要品牌快递企业省市级分拨中心规范化或自动化工作,减少包装材料的使用量。辽宁局组织全省快递企业开展快递包装回收"春风行动",发布《快递包装春风行动倡议书》。江苏局启动"绿色快递进高校"活动。浙江局在申通开展快递绿色包装试点,以快递环保塑料袋、环保芯片编织袋、电子面单等为主要试点项目,鼓励申通在桐庐建立快递绿色包装产学研基地。安徽局制定试点工作实施方案,成立了推进绿色包装应用试点专项工作小组,与顺丰召开了第一次试点专题对接会。山东局联合省快递协会开展"绿色快递在山东"行动,推进快递试点企业使用可降解绿色环保包装。湖北局在圆通湖北分拨中心开展绿色分拨中心建设探索。广东局安排20万元资金开展绿色环保材料课题研究。贵州局印发《快递业胶带减量化试点工作计划实施方案》和《快递业环保型集装容器试点工作计划实施方案》。陕西局、共青团陕西省委、西安邮电大学联合承办"绿色快递进校园"活动。呼和浩特市高校快递服务站设置拆包台,回收包装箱、包装袋。海南省海口局组织召开新能源汽车推广应用座谈会,推动海南韵达投入20余辆新能源汽车用于城市末端快递服务。

五、坚定不移维护消费者合法权益

国家邮政局市场监管司印发《关于开展"不着地、不抛件、不摆地摊"治理工作的指导意见》并开展重点整治。行动开展以来,全国分拨中心中与邮政管理部门视频监控系统联网率达40.73%,离地设备铺设率达47%,其中天津、辽宁、海南、甘肃等快递分拨中心与邮政管理部门视频监控联网率已达100%,天津、福建、河南、广西、河北离地设备铺设率达80%以上。全国办理未按规定分拣作业案件58件,有效震慑"三不"行为。召开第二季度服务质量提升联席会议,邀请工商总局和消费者协会参加,建立协作联席机制,加大服务质量通报力度。

各省(区、市)邮政管理部门因地制宜,开展服务质量整治行动。天津、贵州、青海印发开展邮件快件"不着地、不抛件、不摆地摊"专项整治工作的实施方案。吉林、上海、安徽、福建、河南、海南、四川局召开服务质量提升联席会议。安徽、陕西、青海局和山东各地市、广东广州、清远局委托第三方调查机构开展快递服务满意度调查。天津局起草《关于加强和改进快递末端服务管理工作的指导意见》。河北局印发《邮政业"平安寄递"和"放心消费"专项整治大检查工作方案》。山西局印发《关于开展全省邮政行业"两整治一提升"专项行动的通知》,强力整治"摆地摊"现象,印发《关于开展快件分拨中心规范化(半自动化)建设达标工作的通知》。吉林局印发《邮政行业"刷信"和"野蛮分拣"专项整治工作方案》。黑龙江局印发《邮政业服务质量专项整治方案》。江苏局组织开展了2016年度快递行业放心消费创建考核验收工作;对省内主要快递服务品牌企业进行了全面评估,发布全省快递服务警示。江苏局推进快递行业放心消费创建工作动态管理,与省放心消费创建活动办公室联合印发了《关于组织开展省级快递行业放心消费创建先进、示范单位复核工作的通知》。浙江局下发《关于推进快递业放心消费工作的通知》。福建局印发《关于深入开展市场清理整顿和服务质量提升的通知》。山东局举办消费者申诉受理工作培训班。海南局印发《海南省邮政业服务质量提升行动方案》。河南省11个视频监控中心实现省、市两级100余家主要快递企业分拨中心联网监控。新疆局启动建设覆盖全区快件分拨中心、营业网点的视频监控平台。安徽合肥局建立安监中心，推动分拨中心和较大网点远程视频全接入。滁州局举办全市快递服务质量提升培训班。山东青岛局建立快递客服实训基地，制定《快递服务质量考核评价办法》。湖北荆门局印发《关于开展2017年全市快递服务质量提升活动的通知》。云南局实行申诉红线预警，先后约谈天天、圆通、远成等多家云南企业总部。

六、加强行业信用体系建设

国家局继续完善信用管理信息系统，研究起草《快递业信用评定委员会工作规定（草案）》，加快构建以信用为核心的新型市场监管机制。各省（区、市）局按照国家局部署，组织开展了“诚信快递你我同行”主题演讲比赛初赛和复赛。内蒙古局搭建政务外网，与自治区工商局协同监管平台共享数据。吉林局将信用信息与国家企业信用信息公示系统进行信息共享，实现信用信息双公示。上海建立企业信用档案，积极与市工商局进行对接，纳入地方诚信管理体系。福建厦门局修订《厦门市邮政行业黑名单管理制度》。河南开封局组织开展“开封百姓口碑榜”暨“2016年度开封群众最满意的快递企业”评选活动。陕西宝鸡局下发《关于在全市快递业开展精神文明创建活动的指导意见》。咸阳局建立快递企业诚信“红名单”和严重失信“黑名单”管理制度。安徽蚌埠局将“电商和快递行业规范自律和电子商务诚信体系”纳入电商与物流快递公共信息服务体系信息系统建设。滁州局联合市快递行业协会制定《滁州市快递企业信用体系建设考核实施方案》。

七、稳步提升事中事后监管水平

2017年上半年，全国邮政管理部门继续加大邮政市场检查和行政执法工作力度，共出动执法人员75111人次，检查单位32861家次，出检天数3400天，查处违法违规行为3800次，约谈告诫129次，下达整改通知2489件，办理邮政市场行政处罚案件2251件，罚款1772万元。办理案件数量排名前五的省份依次为河南（215件）、江苏（178件）、云南（161件）、河北（141件）、北京（137件）。北京、天津、吉林、江苏、云南、陕西、青海办案数量增长较快。上海、贵州、青海、西藏、宁夏行政执法力度有待进一步加强。上半年办理案件数量为0的地市有：辽宁省大连、阜新，黑龙江省鸡西、七台河、鹤岗，安徽省六安、宣城、淮南、宿州，湖北省十堰、鄂州，湖南省岳阳，广东省梅州、云浮、阳江、湛江，广西壮族自治区南宁、梧州、防城港、崇左、贺州、贵港，四川省自贡、绵阳、德阳、眉山、广安、资阳、阿坝、甘孜，贵州省遵义、黔南、黔东南、毕节，云南省文山，西藏自治区昌都、林芝、日喀则、山南、阿里，陕西省商洛，甘肃省天水，青海省果洛、海东、海西，宁夏回族自治区银川、吴忠、固原，新疆维吾尔自治区克孜勒苏、阿勒泰、吐鲁番等。所属的省（区）邮政管理局亟待加大指导和考核力度。

（一）全面实施“双随机一公开”。

吉林、江苏、江西、河南、湖北、四川出台“双随机一公开”实施办法。河北局制定了《河北省“平安寄递”和“放心消费”专项整顿大检查工作方案》，组织全省开展跨区互查和随机抽查。山西局建立全省邮政管理系统行政许可、行政处罚“双公示”目录，建立“双随机一公开”操作系统，将执法信息和许可信息在政府门户网站和“信用山西”网站同时进行公开。上海局在全市范围内组织开展了邮政行业服务保障和安全生产随机抽查专项行动。山东局召开跨区域联合执法工作座谈会，指导六大片区全面启动了寄递安全异地联合执法检查。海南局组织全省邮政管理部门执法人员集中开展了2017年度第一次“双随机”执法检查工作。四川局印发《关于建立四川省邮政管理局随机抽查执法人员名录库的通知》和《关于实施〈邮政管理部门随机抽查工作细则(试行)〉的通知》。云南局、宁夏局开展邮政市场跨区域交叉互查和随机暗查工作。

(二)完善监管机制，提升监管能力。

吉林、福建、山东、湖南、陕西、青海等省局举办全省邮政市场行政许可执法培训班。河北局制定《网络型快递企业品牌负责人制度》。黑龙江局坚持问题导向，执行月通报和季分析制度，每月按时下发市场监管和执法通报；制定品牌快递企业区域安全负责人管理机制指导意见，将安全生产主体责任落实细化分为省、市、县三级，对企业安全员承担的责任和义务作了明确规定。江苏局签订《关于加强行政执法领域协作备忘录》；建立案件线索受理登记制度，对市场监管工作中发现的投诉、举报等案件线索规范登记转办工作程序。福建局印发《关于规范邮政市场行政执法行为的通知》。江苏无锡局创新思路、积极探索推行“全员办案”新模式，整合有限力量。山东局研究制定全系统行政执法案卷评查办法，枣庄、济宁等市(地)局深入开展“安全监管执法年”活动，将执法年活动与“全风险”预控监管体系建设有机结合，举办邮政市场监管行政执法能力培训班。

第三部分　三季度市场监管和安全监管情况

2017年第三季度，各级邮政管理部门按照“旗帜鲜明讲政治、全力以赴稳态势、持之以恒拓格局、包容审慎强监管、千方百计优服务”的要求，以落实民生实事为中心，推动行业转型升级，坚守安全发展红线，提升事中事后监管水平，扎实推进邮政市场监管各项工作有效开展。

一、推动行业健康发展

坚持精准扶贫，全力推动“平泉优质农特产品‘双进’工作”，多次开展会议对接和实地调研，促成平泉市政府、京东集团形成《关于电商扶贫战略合作协议》。组织开展了第二批快递服务现代农业示范项目评选工作。全面总结两批快递与电子商务协同发展试点经验，抓紧开展成果提升工作。积极推动以国办名义出台《关于推进电子商务与快递物流协同发展的意见》。国家邮政局党组成员、副局长刘君在市场监管司陪同下先后到北京交通大学、北京电影学院、北京大学、中央民族大学等4所高校调研快递进校园问题。在宁夏银川举办快递网点标准化建设现场交流推进会，推广先进经验。着力推进“快递上车”工程，指导邮政、快递企业与铁总抓紧推进供需对接，取得明显成效：场站资源方面，首批试点选取北京、广州、衡阳的9个火车站建立顺丰网点，形成前店后厂；高铁资源利用方面，开通高铁图定车146条、高铁动检车23条，累计合作日运力76吨/日。“双11”期间，拟增加运力至284条；总体合作构架方面，铁总运输局拟于近期就《顺丰与中铁快运深度合作设想报告》提请铁总党组会审议。督促主要快递企业总部落实末端网点健康发展的主体责任。

(一)持续抓好国务院61号文件和相关产业政策落实

积极推动国务院61号文件省级政策全覆盖。积极指导具备条件的市级政府出台专门政策，营造属地发展环境。前三季度，上海、湖南、宁夏等省(区、市)政府先后出台了《实施意见》,快递业发展政策省级覆盖率达到了96.8%❶,距离省级全覆盖仅一步之遥;45个市(州)政府出台了促进快递业发展的专门政策。北京市政府印发《关于培育扩大服务消费优化升级商品消费的实施意见》,邮政业获政策支持。内蒙古自治区政府印发《营造良好市场环境推动交通物流融合发展实施方案》,鼓励民航、铁路、公路等运输部门为快邮(件)运输开设绿色通道。安徽省政府印发《关于进一步扩大旅游文化体育健康养老教育培训等领域消费实施意见》,支持推进快递进社区、进农村。江西省政府出台《关于加快发展冷链物流保障食品安全促进消费升级的实施意见》《江西省药品流通行业发展"十三五"规划》。河南局起草《河南省快递物流转型发展工作方案》获省政府常务会议审议通过。湖南省发改委制定印发《湖南省物流业降本增效专项行动方案(2017－2020年)》。青海省《2017年现代物流工作要点》《青海省推动落实"互联网+"高效物流专项行动方案的通知》相继出台。新疆局联合自治区发展改革委正式印发《新疆邮政业发展"十三五"规划》《新疆快递业发展"十三五"规划》。内蒙古乌海市政府印发《关于促进快递业发展的实施意见》。江苏南京市印发《关于促进快递业持续健康发展的若干措施》,同时在市级服务业专项资金中增加2000万元支持快递企业构建配送共享平台、智能投递设备建设与升级改造等。安徽马鞍山市政府出台《支持快递业发展的若干措施》,安庆市政府出台《关于促进快递业发展的实施意见》。福建泉州市政府7月份正式拨付2016年度快递服务发展专项资金297万元。龙岩市武平县政府印发《关于支持现代物流业和快递业加快发展九条措施的通知》。江西九江市政府出台《关于大力发展快递业促进经济转型升级的实施意见》。山东青岛市政府印发《促进邮政和快递服务业发展若干政策措施》,聊城市政府出台《关于促进邮政和快递服务业发展的实施意见》。广东中山市政府印发《关于促进快递业发展的实施意见》。广西玉林市政府印发《推动物流业降本增效促进玉林物流业健康发展实施方案》。北海市发布了《北海市商业网点布局专项规划》。四川乐山市、甘孜州政府出台《促进快递业发展的实施意见》。云南德宏州政府出台《德宏州促进快递业发展的实施方案》。陕西商洛市政府印发《商洛市加快服务业发展扶持奖励暂行办法》,将快递业纳入扶持范围。

(二)加快推进快递"向外"发展

13个跨境电子商务综试区城市持续发力,631家快递企业参与跨境寄递,前三季度累计完成进口快件1.03亿件、出口快件2.97亿件,发展势头喜人。天津市政府发布《贯彻落实国家口岸发展"十三五"规划实施方案》,在"一站式"口岸通关、服务快递物流产业结构调整和优化升级、建立"单一窗口"便利通关长效机制等三方面给予邮政业政策支持。上海市跨境电商工作领导小组办公室正式印发《上海市跨境电商发展2017年工作要点》,全力支持跨境电子商务与邮政业协同发展。江西局积极推动成立海关驻邮办和跨境电商平台,提高进出口邮件快件时效。福建泉州国际邮件互换局兼交换站正式获批设立,落地晋江陆地港,加快航空快件交接、通关和上机效率。晋江机场深化与晋江陆地港国际快件业务的合作,推动实现泉州跨境快件"陆地港通关、晋江机场运输"的模式。

(三)推进快递服务制造业工程

快递与制造业协同发展继续发力,截至三季度末,全国省级重点示范项目301个,主要涵

❶ 除北京市外,全国各省、区、市均已按照《国务院关于促进快递业发展的若干意见》的精神,出台了省级层面的专门扶持政策。

盖纺织服装、农副食品加工、医药制造、汽车制造、计算机及通信设备制造、电气机械制造等工业门类,累计产生服务制造业快件3.51亿件,形成业务收入40.3亿元,直接支撑的制造业产值2375亿元。河北局与省工信厅联合印发《关于推动快递服务制造业发展的三年行动计划(2017—2019)》。福建福州局支持推动福州乔韵达公司的鞋服(玩具)仓配一体化项目建设,为4家电商提供仓配一体化服务,1~9月累计发送快件达760万件,服务制造业产值达5亿元。漳州新韵达产业园探索"储销运创"发展新模式,将电子商务、仓储、物流、众创平台融为一体,日均出件量从8000件增长至目前的5万件。莆田局积极引导快递企业逐步进入制造业供应链服务领域,鼓励EMS、顺丰、中通、韵达等快递企业为19家鞋服、家具、涂料、电商品牌企业提供共计15万平方米的仓储面积。厦门百世快递公司为厦门蓓蕾初华网络科技有限公司和福建与狼共舞服饰发展有限公司开展仓配一体化服务。江西鹰潭局引导中通、百世等快递企业嵌入江西美的贵雅照明有限公司(节能灯)进销存及产品包装等环节,累计发送快件216万件,带动企业产品销售1025万元。

(四)推进快递服务现代农业工程

推动快递服务现代农业全面铺开,各省(区、市)局加大工作推进力度,打造出567个"一地一品"项目,涌现出快递服务现代农业五种典型模式:驻村设点、集中收寄、直配专线、融合发展和供应链。截至三季度末,山东烟台寄递大樱桃582万件,17059吨,较全年同期增长49%;广东茂名寄递荔枝约51万件,3820.43吨,实现业务收入约1.13亿元。吉林局推动建立黄松甸快递集散中心,将所有品牌快递企业进行统一管理和统一运营,提高黄松甸木耳集散外销能力。江西局制定《关于加快推进"一地一品"服务农特产品进城示范项目的通知》。继芒果快件量突破1000万件后,广西百香果寄递量突破1000万件。海南省委、省政府联合印发《关于深入推进农业供给侧结构性改革加快打造热带特色高效农业"王牌"的实施意见》。吉林通化局推动顺丰快递与集安清河野山参交易市场合作,9月"人参节"期间快递企业带动人参项目产值3671.79万元。江苏无锡8架顺丰专机启动螃蟹"空运季"。福建漳州局大力推动"农户+淘宝电商平台+快递配送"及"农户+快递企业销售平台+快递配送"两种服务模式发展,支撑农产品产值约6.3亿元。江西赣州、宜春、吉安、新余、上饶等市局引导快递企业主动融入当地电商快递精准扶贫项目。山东青岛局借助青岛海洋渔业优势,引导快递企业发展冷链快递业务。滨州局联合沾化区政府积极推动"百家快递进枣乡"活动。泰安局推进东平县"咸鸭蛋"农特产品进城示范项目。四川南充局与农牧业局印发《关于推进邮政快递服务现代农业的实施意见》。中通快递及云南顺丰速运先后在迪庆州举办松茸寄递推介会。陕西汉中市政府印发《汉中市做好小农户对接大市场实施意见》。

(五)巩固"向西、向下"拓展成果

坚持分类施策、分省对标、以点兴农、以农稳站,推动快递下乡与服务现代农业有效结合。全国快递乡镇网点覆盖率提高到86.7%,提前完成全年任务目标。全国已有17个省[1](市)实现了全覆盖,有5个省[2](区、市)覆盖率超过90%。天津市政府印发《关于全力推进天津市农村电子商务发展的实施方案》,提出"网农对接"。内蒙古局组织召开了全区邮政业四级快递物流服务网络体系建设现

[1] 北京、天津、河北、辽宁、吉林、黑龙江、上海、浙江、江苏、安徽、福建、江西、山东、河南、湖北、广东、海南。

[2] 山西、湖南、重庆、陕西、宁夏。

场推进会。浙江局联合省农办下发《关于推进快递服务“三农”工作的实施意见》。安徽局和六安市政府共同为安徽省邮政快递服务现代农业示范基地六安茶谷揭牌。福建局针对乡镇网点乱收费问题，以连江为重点召集企业座谈，成立快快合作超市。江西省政府发布《关于促进实体零售创新转型的实施意见》，明确15条措施推进“快递下乡”工程。重庆局为快递下乡工程争取地方补助资金905万元；在垫江县组织召开全市“快递下乡”工作推进会。贵州局建立全省乡镇名录库台账，实施挂图作战，逐月调度快递下乡进度。内蒙古包头局联合市商务局印发《关于推动邮政业服务农村电子商务发展的实施意见》。江苏徐州局指导市快递协会协调企业出资成立第三方公司，打造共配模式，在六个乡镇建立镇级分拨中心。泰州局与商务局联合出台《关于推进“快递下乡”工程促进农村电子商务发展的意见》。安徽亳州市政府印发《亳州市完善支持政策促进农民持续增收实施方案》。福建厦门局推动邮政业纳入《厦门市促进物流业降本增效实施方案》，加强从村到镇的物流体系建设等。漳州局鼓励漳浦县的漳州速递驿站公司与县供销社强强联手，以“农村电商+快递配送+电商培训”模式着眼村级布局。龙岩局推动长汀县供销社与当地多家快递企业签订“供快合作”协议。江西上饶局主动协调广丰县政府，以行政村e邮站为基础，采取“1+N”模式叠加快递服务，实现村村通快递。河南开封局对发展较好的乡镇网点颁发“快递下乡示范点”荣誉公示牌。重庆一分局采取建立联系人制度等七项措施推进快递下乡。

（六）促进快递与电子商务协同发展

河北局与省商务厅、石家庄海关、民航河北安全监督管理局联合出台《关于实施快递入区下乡出境工程促进快递业与电子商务协同发展的意见》。辽宁大连局完成大连市第二批电子商务与物流快递试点城市项目申报工作，预计为企业发放补贴资金6400余万元。安徽淮南市对符合要求的快递服务中心一次性给予3000元建设补贴，对建立覆盖全市乡（村）且年上行单量突破6万单的快递物流网络综合服务平台给予20万元一次性奖励。蚌埠市印发《关于推进“电商蚌埠”建设的实施方案》。河南漯河局联合市商务局出台《关于快递下乡与农村电子商务协调发展的实施意见》。

（七）积极推进“快递入区”工程

全国已建成公共服务站2.95万个，农村快递公共取送点2.96万个，提前完成全年工作目标。投入运营智能快件箱超19.49万组，逐步成为城市人口密集区域解决最后一百米的重要渠道。城市“箱递”日均超600万票，投递占比达到5%，较去年年底提升2个百分点。无人机、机器人等智能配送方式方兴未艾，顺丰在江西赣州、京东在陕西分别获得无人机货运空域批文，启动无人机投递试点。北京局与市建委进行座谈，规范北京市快递末端服务管理。河北局会同省财政、住建、民政、教育、人社、公安、质监、综治8部门联合印发《关于支持邮政业服务创新综合解决城市末端投递服务的实施意见》。内蒙古局与区住房和城乡建设厅、民政厅、商务厅联合印发《关于推进快递服务进社区的指导意见》；推动将快递公共投递服务站建设与服务规范地方标准纳入2017年第一批内蒙古自治区地方标准制修项目计划。黑龙江局与省住建厅联合下发了《关于支持智能快件箱建设推进快递服务进社区工作的实施意见》。江苏局将快递网点设置纳入《江苏省“十三五”时期基层基本公共服务功能配置标准（试行）》。江苏局《智能快件箱运营管理服务规范》和《智能信包箱运营管理服务规范》入选地方标准项目计划并分别获得10万元资金支持。浙江局联合省民政厅、省住建厅下发《关于快递服务进社区的指导意见》。

辽宁辽源局将智能快件箱的推广运用纳入《辽源市加快电子商务创新发展深化年实施方案》。江苏宿迁市政府印发文件,明确由居委会牵头,社区与快递公司合作在社区设置快递点。安徽宣城市对社区电商服务站按投资额给予30%(最高3000元)的补助。福建福州局积极为快递公共投递服务站建设运营商争取财政资金支持,全市运营商已获得财政补贴159.2万元。三明局下发《关于开展三明市城区居民小区物业代投快件试点工作的通知》开展综合投递平台试点工作。江西赣州局积极协调相关部门出台《快递末端配送站建设资金补助办法》。鹰潭局引导圆通、韵达、天天、百世等品牌企业在余江县实现了集中派件。山东泰安局联合商务、财政等六部门出台《泰安市推进城市共同配送末端网点(智能快件箱)建设的实施方案》,下发《关于实施智能快件箱运营主体备案工作的通知》。枣庄局联合市商务局出台《枣庄市智能快件箱进楼宇工程推进方案》。云南曲靖局将智能快件箱的建设工作纳入《曲靖市"十三五"规划》。青海西宁局鼓励快递企业与"惠心篮""宁食""大百"等连锁超市合作铺设末端服务网点。

(八)继续推进快递进校园工程、快递网点标准化

加快推动快递高校服务规范化,分类指导,重点突破。全国高校快递规范服务覆盖率已达93.79%,其中有18个省提前实现全覆盖,7个省覆盖率超过90%,2508所高校实现快递入校服务,人工驿站与自助投递融合发展成为校园服务新趋势。全国主要品牌企业城区自营网点标准化率达到73.75%,提前完成全年任务目标。河北局联合省教育厅印发《关于做好高等院校快递服务工作的意见》。黑龙江局与省教育厅联合下发了《关于推进快递服务进校园工作的指导意见》。福建局与省教育厅、综治办联合下发《关于推进快递服务进校园工作的意见》,选定闽江学院快递服务站作为"安全进校园、信息化进校园、实名收寄进校园"试点。四川局与省公安厅、教育厅联合印发《关于规范高等学校校园快递服务的通知》。陕西局与省教育厅联合出台《关于做好高等院校校园快递服务工作的意见》。山东淄博局联合市综治办、市公安局、市委高校工委出台《关于进一步规范高校校园寄递服务管理的通告》。陕西西安局联合市公安局在西安理工大学曲江校区召开了规范校园收投工作推进会。江苏局印发《关于全面推进快递网点标准化建设工作的通知》,编制了《快递网点标准化建设验收表》。安徽滁州局推动滁州市对在乡镇、行政村、高校和住宅小区设立标准化服务网点的快递企业按照每个网点1000元予以奖励。

(九)持续发力快递园区建设

河北局与省发改委、国土资源厅、交通运输厅、商务厅联合印发《关于推进我省快递园区建设工作的指导意见》,并与省发改委研究快递枢纽城市试点工程建设。河南局推动圆通速递在漯河市投资6亿元建设200亩仓储物流项目、申通快递在漯河市投资3亿元建设100亩电商物流产业园项目,逐步在郑州、漯河形成豫北、豫南快递网络双中心。安徽宣城市对入驻电子商务产业园区(集聚区)的快递、电商企业,每年给予最高50%的租金补助(连续3年)。福建泉州晋江市在磁灶快递产业园提供150亩地用于解决快递企业用地难问题。龙岩局推动长汀县汀州电商物流城加快整体搬迁工作,当地政府将给予装修帮助和运营奖励。云南普洱市快递物流园建设工程正式启动,第一期建设面积5.89万平方米。

(十)不断优化车辆通行政策环境

各地区因地制宜,积极推动与公安、交管等部门联合出台有关车辆通行管理的政策,稳妥解决快递机动车和电动三路车城市通行难题。截至三季度末,全国已有3个省(直辖市)、40个

地市出台了专门的电动三轮车便利通行管理政策。河北局与省公安厅交通管理局联合印发《关于进一步加强快递机动车辆管理的通知》。辽宁鞍山局制定了《鞍山市快递专用电动三轮车规范工作方案》。上海局下发《关于规范本市邮政行业非机动车交通行为的专项工作方案》,快递揽投专用电动自行车试用车正式上路。浙江局联合省公安厅、省交通运输厅联合下发《关于加强城市快递车辆通行管理的意见》。福建局完成第三批标识快递车辆申请核准工作,并督促对接福州市快递服务监管平台的车辆 GPS 定位管理系统,目前已接入 112 辆。宁夏局为 510 辆快递运输车辆核发和换发了《快递服务车辆运行使用证》。吉林延边局与州公安局联合印发《邮政行业交通安全管理工作方案》。江苏苏州局联合市公安、交通印发《关于邮政快递专用电动三轮车规范管理的实施意见》。安徽安庆市印发《关于进一步规范快递配送车辆城区通行的实施意见》。福建泉州晋江局与晋江警察大队联合印发《关于规范邮政快递专用电动三轮车通行管理的实施意见》。江西景德镇局联合公安、交通运输部门研究制定了《景德镇市快递行业电动三轮车管理办法》,全市 675 辆快递三轮车按照“三统一”的要求规范上路。山东济南局联合市公安交警和市快递协会建立快递专用电动三轮车识别代码制度,统一悬挂识别号牌。潍坊局下发《关于在全市邮政业开展文明出行专项行动的通知》,指导市快递行业协会先后起草《寄递车辆文明出行规范》和《寄递车辆文明出行自律公约》,对全市 3000 余辆快递三轮车实行统一外观和编号管理。重庆垫江县综治办、垫江县加强寄递安全管理专项工作组联合印发《规范全县寄递行业专用车辆通行管理的实施意见》。贵州黔南州都匀市政府出台《都匀市快递专用电动三轮车辆管理意见》,快递电动三轮车实现“三统一”。陕西汉中局联合市公安局出台《关于规范城区邮政及快递三轮车通行的通知》。安康局与市交警支队联合出台了《规范全市快递专用电动三轮车通行管理的实施意见》。宁夏石嘴山局、中卫局联合交警部门对电动三轮车实行上牌管理。

（十一）加快推进快递“上车上飞机”

山东局联合省交通运输厅、发改委、财政厅等 12 部门联合印发《关于稳步推进城乡交通运输一体化提升公共服务水平的实施意见》。河南局推动中通总部与省机场集团合作,在机场临空侧建设合资专属货站,共同成立货运航空公司。河南局指导第三方企业制定《河南省航空快件公共转运中心项目建设实施方案》。四川顺丰、成都铁路局、四川航空联合发出“高铁 + 民航 + 顺丰”首单空铁联运快递。江西上饶局协助当地邮政 EMS 与中铁快运就“高铁快件”业务开展探索,已建成试运线路。山东青岛局联合市快递协会与民航签订《加快推进快递与民航产业协同发展战略合作协议书》。四川南充局组织召开建立南充航空快件区域中心座谈会,达成共建南充航空快件中心的框架性协议。

（十二）强化末端治理，引导可持续发展

中通、韵达、申通等企业通过修订网络管理条例、签署《加盟商法人连带责任书》等,加强“四专”建设(专门的服务管控部门、服务管控制度和流程、末端网点监控信息系统、应急处置工作机制),并相继下调罚款额度、减少罚款名目,通过推进扁平化管理,避免处罚层层加码。河北、内蒙古、辽宁、山东、海南等局印发加强和改进快递末端服务管理工作的专门文件。云南局下发《关于关注末端稳定运营的通知》。湖南局印发《关于进一步规范乡镇快递服务的通知》,明确快递服务收费应在收件前端一次完成,快递企业不得以超出服务范围为由收取额外费用。福建南平局开展快递末端网点违规收费问题整治,与工商、物价部门联合下发《南平

市快递市场“最后一公里”违规收费等违法违规行为专项整治方案》,并对南平市蚂蚁帮快递有限公司涉嫌未按名址面交、未提供至少2次免费投递服务的违法行为进行立案调查。山东莱芜局开展企业内部处罚专项调研,对员工反映的处罚过重等情况,约谈相关企业负责人,督促整改。莱芜、临沂局分批次约谈主要快递企业负责人,督促引导企业整改“以罚代管”。陕西宝鸡局积极加强和市政协、市人社局的沟通,将快递业务员列为享受培训补贴的就业培训工种,与渭滨区职业教育中心、商旅技能培训学校联合举办全市快递员免费职业培训班。

二、依法做好快递业务经营许可管理工作

国家邮政局围绕快递新业态有关问题进行了专题研究,总结提出四种模式及管理建议,并向局党组进行了汇报。按照会议精神,市场监管司研究起草了《关于鼓励和规范快递新业态发展的指导意见》。依法开展快递业务经营许可审批,三季度国家局发放许可17件。依法实施主体退出,三季度全国共注销许可267件。7月下旬,市场监管司邀请工商总局,组织有关省局召开快递末端网点座谈会,并进行现场调研。7月末,国家工商行政管理总局印发《关于做好新形势下企业登记注册工作有关问题的通知》。8月初,司领导带队赴工商总局专门沟通推进。在前期工作基础上,市场监管司起草了《关于协调推进快递领域工商登记“一照多址”改革的通知》,并征求了部分省局和政策法规司的意见。

黑龙江局下发《关于进一步开展好快递市场清理规范专项行动的补充通知》,建立《品牌快递企业基础信息台账表》。江苏局草拟《快递业务经营许可申请材料审查规范》《现场核查工作标准》,进一步细化申请材料形式标准与审查要点。浙江局于9月下旬举办全省快递业务经营许可培训班,就快递许可、变更、年报等工作对市局进行培训。安徽省政府下发《安徽省全面实施“多证合一”改革方案》,分支机构备案纳入此次“多证合一”改革事项目录。江西局全面梳理辖区内“僵尸”企业、证照不齐或证照载明事项不一致企业。河南局开展“雷霆行动”,依法关停1651个非法邮政快递网点。云南怒江局积极与工商协调联系,要求乡镇网点在邮政管理部门备案后以个体工商户形式向工商管理部门注册。

三、着力加强行业安全监管

稳步推进邮政业安全生产领域改革发展,印发《国家邮政局关于推进邮政业安全生产领域改革发展的指导意见》,提出6个方面改革任务。8月30日国务院安委办以《全国安全生产简报》第57期专刊形式予以印发。召开全国实名收寄信息系统推广应用试点推进部署会议,对实名收寄信息系统推广应用工作进行再动员、再部署。严格督导检查,按照“分片包干、挂号销账”的方式,组成5个检查组分片区跟踪督导各地实名收寄信息系统推广应用工作落实,局领导亲赴安徽、福建、广东等地调研指导工作推进。推动“绿盾”工程项目可行性研究报告顺利通过国家发改委批复,报送“绿盾”工程项目初步设计方案,牵头组建项目建设领导小组及办公室。贯彻中央有关决策部署,印发《寄递渠道安全综合整治工作方案》和《关于进一步加强违法寄递危险化学品整治工作的通知》,召开电视电话会议,部署开展安全生产大检查、涉恐隐患排查整治、易制爆危险品和寄递物流专项治理行动,共排查治理安全隐患4518处,查处违法违规行为1949起。指导地方邮政管理部门妥善应对处置严重洪涝灾情、四川省阿坝州九寨沟县7.0级地震、台风“天鸽”等自然灾害。配合有关部门严肃查处了安徽合肥、江西上饶涉枪,上海快捷危险化学品泄漏,贵州一加盟企业群访等重大寄递安全案件。

(一)进一步健全邮政业安全监管体系

福建省邮政业安全中心挂

牌成立。山东省邮政业安全中心经省编办批复设立，临沂市邮政业公共安全中心建成并投入使用，东营市及所辖县区全部成立寄递安全信息服务中心，枣庄市邮政业安全中心获批设立。湖南局对重大事故隐患形成重大事故隐患清单，实行交办制、台账制、销号制、通报制管理。安徽阜阳市正式批准设立阜阳市邮政业安全中心。福建福州局邮政业安全中心设立事宜获编办支持，由市交通委下设福州市邮政业发展和安全服务中心，委托福州局管理；印发《关于进一步落实县域寄递安全管理工作的实施意见》，进一步明确福州县域寄递安全管理属地责任，推进委托执法工作。泉州局推动市政府印发《关于进一步落实县域寄递安全管理属地责任的通知》。莆田市邮政监管体系建设取得新进展，目前，已成立仙游邮政管理局和仙游县、荔城区、城厢区、秀屿区四个邮政业安全中心。

（二）继续完善寄递渠道安全联合监管工作机制

吉林局与省综治办共同制定印发《2017年全省寄递渠道安全管理工作综合治理考核评价实施办法》。湖南局联合省公安厅下发《关于完善寄递渠道安全管理联动机制强化属地安全管理的通知》，建立治安检查联动机制，将寄递安检点纳入公安日常巡逻签到点。云南局印发《关于成立云南省邮政综治维稳（平安建设）工作领导小组及办公室的通知》《云南省邮政综治维稳（平安建设）工作领导责任制》《关于成立云南省邮政管理局安全领导小组的通知》。新疆局针对5月份以来各地（市、州）要求寄递行业落实进港件三项安全制度、取消投递、统一集中管理等影响行业的重要情况，多次与自治区政法委进行沟通，上报专门请示。山东德州局会同市公安部门联合出台《德州市寄递物流行业安全管理奖励办法（试行）》。云南版纳局与边防合作，进驻景洪至昆明沿途勐养边境检查站，严格检查过往快递车辆。

（三）全面推进实名收寄制度实施

截至10月1日，实名收寄业务量近41亿件，国家实名信息监管平台共接入全国网络型品牌寄递企业已达17家，日均实名业务量超6000万件，实名收寄信息系统个人用户达7046万人，机构用户约95万个，收派员共149万人。安易递平台共接入品牌210家，用户版APP注册量突破22万，全国总体实名收寄信息化率已超过57%，总体散件实名率25.74%。天津局印发《关于加快推进邮件快件实名收寄工作的督导方案》。黑龙江局开展社会监督员第二次寄递测试活动。安徽局持续开展收寄验视专项整治试寄暗访活动。福建局制定《快件包裹测寄活动工作方案》，委托第三方专业测寄公司对三项制度落实情况进行监测。福建省寄递业实名收寄验视监管系统平台项目获省发改委433万元资金支持。贵州局印制4000份《禁止寄递物品管理规定》和5000份《18+1项违禁品目录》宣传海报发放到全省邮政管理部门和寄递企业，积极推广“画像法”，提升企业一线员工对禁寄物品的辨识能力。福建漳州局建立季度测寄制度，对620个快递网点执行开箱验视、实名收寄和违禁品检出情况进行压力测试。莆田局联合公安等部门开展寄递安全“三项制度”压力测试。贵州贵阳局对主要品牌寄递企业实名收寄情况开展行业自律交叉检查。西藏林芝局对未100%落实实名登记制度的邮政分公司、中通快递2家企业负责人进行了约谈。

（四）严格落实邮件、快件过机安检制度

江苏局联合省公安厅举办寄递企业X光机安检培训班。湖南局组织全省寄递企业安检人员培训，共培训5批次近1000人，对考试合格人员颁发证书。天津局印发《天津市寄递企业过机安检作业流程操作指导规范（试行）》，组织各分局及各企业安检人员开展3期培训。内蒙古局组织召开“三项制度”现场推进会，24家主要品牌寄递企业负责人进行了交流学习。内蒙古兴安盟局为全盟寄递企业安检机购置发放补贴资金52.66万元,乌海局为符合补贴条件的5家企业发放安检机购置补贴30.75万元。湖北武汉市政府划拨专项资金525万元用于补助寄递企业购置安检机。湖南长沙局将全市备案分支机构全部纳入就地安检体系,指导快递企业联合安检。广东清远局举办寄递渠道X光机操作培训班。广西北海局举办邮政业安检机操作技能培训班。柳州局联合市快递协会组织开展安检机操作培训。云南德宏局联合州公安边防支队在瑞丽组织开展了过机安检操作培训。陕西汉中局邀请市反恐办及机场安检部门对全市寄递企业安检机操作人员进行强化培训。西藏那曲局开展过机安检专项检查。

（五）强化安全生产责任落实和应急管理

河北、吉林、福建、广西、海南、重庆、四川局部署开展邮政业安全生产大检查深化安全综合整治、邮政业寄递渠道危险化学品专项整治、易制爆危险化学品及寄递物流专项整治等3项行动。河北局印发《关于在全省集中开展邮政业突发事件应急演练活动的通知》,部署开展应急演练,制定《河北省寄递企业安全管理办法》。吉林局妥善处理白城市韵达公司快件积压事件、通化中通罢工事件。黑龙江局与省安监局联合下发《关于加强化学品寄递安全管理的通知》。上海局和市轨交公安组成联合检查组,对部分快递企业利用地铁进行小批量运输快件的经营行为进行专项安全检查。江西局印发《全省寄递渠道安全综合整治工作方案》《关于开展当前和今后一段时间内寄递安全检查整治的实施方案》《关于切实开展企业内部寄递安全自查整治的通知》,全面推进综合整治工作;妥善处置江西圆通鹰潭分公司劳资纠纷事件、九江申通快递公司停业事件。河南局印发《关于快递企业履行安全生产主体责任的指导意见(试行)》。广西局积极开展台风“天鸽”防范应对工作。青海局印发《2017年青海省邮政行业“安全生产月”活动实施方案》。甘肃局在金昌市组织了邮政行业突发事件应急演练。内蒙古呼和浩特局联合寄递渠道安全领导小组成员单位组织邮政行业突发事件应急演练活动,300余人参加。锡林郭勒局组织寄递企业开展了邮政业突发事件应急演练,建立了“锡盟邮政业联合应急分队”。吉林市局联合市公安局、安全局、安监局、消防支队、吉化安全处开展邮政业突发事件应急演练。上海松江局与闵行公安分局等六部门联合发布《闵行区集中开展易制爆危险化学品和寄递物流专项整治行动实施方案》。福建三明局开展2017年邮政业安全生产应急演练,全市100余家寄递企业参加观摩。江西弋阳县优速快递公司成功阻止一起利用快递包裹寄递气手枪事件。广东韶关局召开寄递行业落实安全生产主体责任座谈会。河源局开展2017年邮政行业安全生产应急演练。广西贺州局开展全市邮政业消防应急知识培训。北海局积极开展安全生产培训和消防演练活动。海南省海口局组织了消防应急演练。

（六）做好行业禁毒、扫黄打非和打击侵权假冒等专项工作

河南局联合工商、烟草等部门印发《河南省烟草市场综合治理工作实施方案》,联合省烟草部门召开全省整治寄递假烟专题会议,联合省禁毒总队在各市巡回培训,共培训快递员2000余人。海南局部署开展全省禁毒三年大会战2017年“秋冬攻势”行动。陕西局联合省烟草专卖局、公安厅印发《打击寄递渠道涉烟违法行为百日专项行动实施方案》。内蒙古阿拉善局联合盟扫黄打非办、文化综合执法局查扣涉非快件2件,共查扣非法出版物147本;联合盟公安局、烟草专卖局,共查获寄递渠道涉烟案件16起,查获非法卷烟1.8万支。福建莆田局印发《关于加强安全管控严防毒品流入寄递渠道的通知》。

湖南郴州局联合市公安局、国家安全局举办全市邮政业反恐怖工作培训会。广东广州局会同市公安局禁毒支队、内保支队、食药环支队和烟草专卖局等部门，组织全市快递企业负责人开展快递行业涉烟涉毒防控知识专项培训。汕尾局联合市烟草专卖局召开了2017年邮政行业打击涉烟违法犯罪活动工作会议；联合有关部门召开邮政行业禁毒培训。海南东部局、重庆三分局、云南德宏局、西藏日喀则局联合有关部门开展邮政业禁毒安全教育培训。

（七）积极开展行业安全培训和宣传

北京局举办邮政业安全生产培训，邀请市安监局相关负责人员授课，180余人参加。天津局召开寄递企业安全管理工作培训会。河北局联合省寄递渠道安全管理工作领导小组有关单位组织举办了全省寄递企业安全警示教育培训班，350余人参会。内蒙古全区各级邮政管理部门举办了寄递企业安全生产培训班、安全监管培训班及消防知识培训班等共计18次，培训学员达1200余人次。吉林局组织全省邮政业易制爆危化品防控工作培训班。辽宁营口局联合市公安局召开了邮政业安保及禁限寄递物品宣贯培训班。山东局委托山东交通学院制作印发《山东省邮政行业安全生产规范化管理指导手册》。上海奉贤、安徽淮北、黄山、宣城、安庆、阜阳、滁州、湖南娄底、湘西、广东东莞、海南海口、西藏山南等局举办邮政业安全生产培训班。福建南平局开展为期3个月的分县域、全覆盖的“巡回讲堂”培训，共对全市6000余名寄递业从业人员进行了培训。重庆垫江局邀请交警大队举办了快递车驾驶员交通安全教育培训会。

吉林局部署各地市开展“6·16”安全生产咨询日活动，共计制作宣传条幅、展板42个，解答企业和用户咨询问题150余条，发放各类宣传资料4000余份。青海局组织开展“综治暨平安青海建设宣传月”活动、“6·16”企业安全生产主体责任宣传咨询日活动。安徽宿州局开展以“实名寄递安全用邮”为主题的邮政业安全知识进社区活动。山东淄博局创作《寄递企业安全主体责任落实》动漫宣传片。东营局制作《寄出安全　收到幸福》安全警示教育片。湖南邵阳局开展户外禁毒宣传教育活动。广东阳江、云浮、湛江局积极配合开展“6·26”国际禁毒日大型宣传活动。

四、全力以赴做好重大活动寄递渠道安全服务保障

（一）举全系统、全行业之力做好党的十九大寄递渠道安全服务保障工作

一是高位部署，全面动员。国家局制定印发《中国共产党第十九次全国代表大会期间寄递渠道安全服务保障工作实施方案》，按照“全国保北京、首都保核心”的总体思路，明确目标任务、组织领导、阶段划分和任务措施。召开党的十九大寄递渠道安全服务保障实战攻坚动员部署电视电话会议，从反恐怖防范、三项制度落实、生产安全、维稳防控、服务保障、应急管理等方面做出全方位部署，要求各地要以最高标准、超常措施，确保党的十九大寄递渠道万无一失。采取实施动员、社会公告、巡回督导、部门联动等形式，充分调动各方积极因素，构建一体化运作暗访机制和环境护城河工程。各级邮政管理部门因地制宜制定方案，采取多种形式开展动员部署。天津、江苏、福建、云南、陕西局印发《中国共产党第十九次全国代表大会期间全省寄递渠道安全服务保障工作实施方案》，召开党的十九大全省寄递渠道安全服务保障动员部署会。浙江局以寄递渠道安全管理领导小组名义下发《浙江省平安护航党的十九大寄递安全管理工作方案》，召开全省“迎接党的十九大、忠诚保平安”维稳安保工作视频会议。

二是突出重点，整体防控。坚持“全国保北京、首都保核心”，聚焦进京邮件快件绝对安全，全面实行收寄验视、实名收寄和过机安检“三项制度”，突

出加强危爆物品、枪支弹药、管制刀具、政治性有害出版物、宗教极端宣传品等违禁物品检查防控，降低寄递渠道安全风险。对进京邮件快件实施二次安检，对寄往核心区邮件快件进行集中三次安检。各级邮政管理部门坚持“守土有责、守土负责、守土尽责”，深入开展安全生产大检查、涉恐隐患排查治理、易制爆危险化学品和寄递安全专项整治，督促企业全面加强人员、车辆、消防、用电、机械操作等安全管理，有效防范重特大安全生产事故。加大监督检查和行政执法工作力度，依法严厉打击违法违规行为，保持高压态势。期间，全国邮政管理部门共开展安全检查47798人次，检查寄递企业23879家次，依法实施行政处罚257件，在进出京邮件快件中查堵违禁物品2342件。贵州局要求全省寄递企业自10月9日起，对寄往北京及天津、河北、内蒙古等环京地区的邮件快件全面执行“三个100%”。天津局印发《党的十九大寄递渠道安全大检查工作方案》，开展执法检查。云南局组织7个检查工作组分别于4月、7月开展了两轮全省邮政市场跨区域交叉互查和随机暗查工作，共随机抽查305个网点和76处理场所，发现纠正各类问题和安全隐患356个，实施行政处罚案件51起，罚款66.3万元。吉林局制定《寄递企业邮件、快件进京路由备案表》。

三是狠抓督查，强力推进。按照“全覆盖”要求，组成11个检查组对全国31个省(区、市)党的十九大寄递渠道安全服务保障工作落实情况进行专项督导检查，发现问题隐患120余个，逐一落实整改要求，实现了摸清情况、发现问题、传导压力、推进工作。首次对企业总部安全生产主体责任落实情况开展了专项督查。各省(区、市)局由一把手带队，深入地市和企业一线开展督导检查，全面压实企业主体责任和政府监管责任，提高保障工作水平。天津邮政管理部门逐级与快递企业签订《党党的十九大寄递渠道安全保障责任书》。浙江局与各市局签订《党的十九大寄递渠道维稳安保目标管理责任书》。安徽局与邮政快递企业安徽区域总部负责人签订维稳安保目标管理责任书，党组成员分别带队组赴合肥、淮南、阜阳、铜陵、黄山等地，对全省寄递渠道安全管理工作进行督导。福建局印发《关于开展党的十九大期间寄递渠道安全保障督导检查的通知》，组织4个督导检查组赴全省各地市开展督导检查。湖北局成立2个督导检查组，由局长亲自带队奔赴黄冈、黄石、荆门、荆州等地对寄递渠道安全保障工作情况进行督导，按照“双随机”原则，对全省市州局开展试寄暗访。云南局与16个市州局签订了《党的十九大云南省寄递渠道安全保障责任书》。

四是保障服务，妥善处突。贯彻“内紧外松”原则，统筹兼顾安全和服务保障。对核心区域邮件快件采取专人、专车、专线、专区服务、专线检查“五专”措施，确保重要寄递物品的绝对安全。加强统筹调配，强化宣传引导，密切监测网络运行情况，指导企业及时调整作业组织，合理配置生产要素，确保寄递服务“不断网、不积压、不爆仓”。健全信息沟通机制，执行24小时值班和“零报告”制度，确保信息渠道畅通。强化监测预警和形势研判，及时有效应对处置各类突发事件。吉林局、云南局印发《党的十九大期间寄递渠道安全应急预案》。福建局印发《关于做好中国共产党第十九次全国代表大会期间值班值守工作的通知》。

(二)做好区域性重大活动寄递渠道安全服务保障

国家邮政局针对寄递渠道安全服务保障工作全面部署，分别印发实施方案、工作通知，召开寄递安全综合治理工作电视电话会议和“护城河”省(区、市)及寄递企业总部寄递安保工作协调会议。会同公安部、国家安全部联合向社会发布公告，实施寄递物品安全管理临时管控措施。寄递安保任务期间全国邮政管理部门共开展安全检查6864人次，检查寄递企业

1432家，依法实施行政处罚55件。共检查入厦入津邮件快件363.4万余件，依法查处各类违禁物品3675件。重大活动期间，全行业运行平稳，服务及时高效，邮票发行有序，确保了寄递服务“不断网、不积压、不爆仓”，实现了“四个严防、两个确保”目标，得到中央领导同志批示肯定。

各地邮政管理部门圆满完成“一带一路”国际合作高峰论坛、金砖会晤、香港回归20周年庆祝活动、第14届中国—东盟博览会和中国—东盟商务与投资峰会、全运会等区域性重大活动寄递渠道安全服务保障工作。天津局做好全运会寄递渠道安保工作。内蒙古局圆满完成《联合国防治荒漠化公约》第十三次缔约方大会寄递渠道安全保障工作。吉林、江苏、江西、陕西局制定《金砖国家领导人第九次会晤期间寄递渠道安全服务保障工作实施方案》，召开全省邮政业安全综合整治暨金砖会晤寄递安全服务保障动员部署会。福建局严格按照《金砖会晤全省寄递渠道安全保障工作方案》部署和工作任务清单，印发《关于进一步做好厦门重大活动寄递渠道安全服务保障工作的紧急通知》，召开金砖会晤誓师大会暨全省邮政业突发事件应急演练，圆满完成金砖会晤寄递渠安保工作，荣获安保工作先进集体荣誉称号，8名邮政管理干部荣获安保工作先进个人荣誉称号。安徽局明确“谁收寄，谁安检，谁负责”，金砖会晤和全运会期间对发往福建、天津的邮件快件一律经过安检后加盖或者粘贴安检标识。江西局联合综治、公安、国安等部门召开金砖会晤期间寄递渠道安全服务保障工作动员部署会议。广东等局做好香港回归祖国20周年庆祝活动期间寄递渠道安保工作。甘肃局圆满完成了第二届敦煌（国际）文化博览会系列活动邮路寄递渠道安保工作。

五、推进邮政业更加贴近民生实事落地

国家邮政局市场监管司向各省（区、市）局印发《关于做好更贴近民生实事督导工作的通知》，建立信息报送和工作督导机制，按月通报落实情况；采取专项督导、综合调研、暗访等多种形式，先后赴内蒙古、浙江、江西、广东、陕西等10余个省份督导检查，推动工作落实。印发《关于开展“不着地、不抛件、不摆地摊”治理工作的指导意见》，针对“不着地、不抛件、不摆地摊”开展重点整治。在上海以现场会的方式，召开第二季度快递服务质量提升联席会议，组织工商、消协等有关部门和23家主要品牌快递企业从行政执法、消费者申诉、舆情监测等角度聚焦快递服务质量问题，探讨提升之策。国家局申诉中心举办全国邮政业消费者申诉工作培训班，提高各省局和企业总部申诉工作人员的业务能力和综合素质。完成邮政业消费者申诉系统优化升级项目可行性研究。发布7～9月份邮政业消费者申诉情况通告。为第三季度有效申诉率较高企业提供消费者申诉情况分析报告，督导企业采取有效措施改善服务质量。

（一）以“三不”治理为核心，开展服务质量整治行动。

各地因地制宜，推进处理场所视频联通，引导企业在快件处理场所、临时存放地等配置托盘、笼车、快件筐、传送带等设施设备，在网点配备货架货框等，着力解决着地问题，加大对违规分拣等违法行为的查处力度。“三不”整治行动开展以来，分拨中心与邮政管理部门视频监控系统联网率提升至46.78%，邮政管理部门可对近半快件分拨中心开展视频巡查，天津、辽宁、海南、甘肃已达100%。处理、营业场所铺设离地设备率提升至61.3%。天津、河北、山西、福建、江西、河南、甘肃离地设备铺设率达80%以上。全国办理未按规定分拣作业案件132件，有效震慑了抛扔快件等违法行为。北京局组织开展邮政业“质量月”活动。天津、安徽、贵州、青海等省（市）局印发开展快件“不着地、不抛件、不摆地摊”专项整治工作的实施方案。河北、山西、吉林、黑龙

江、海南等局将专项整治与服务提升相结合,以整治促提升。江苏、浙江局把"三不"治理纳入放心消费活动,取得了良好成效。黑龙江局参加"行风热线"节目,通过电话、网络、微信公众平台与广大听众和网民展开互动交流,受理咨询和投诉。山东东营市将49家具有分拣处理功能的企业接入安全中心监控平台,共联通监控探头152路,实现了"探头站岗、鼠标巡逻"。临沂局争取市财政资金126万元建设邮政业公共安全信息中心,全市快递企业处理场地及营业网点视频信号已全部接入中心。河南省建成11个视频监控中心,实现省市110余家主要快递企业分拨中心联网监控。青海局联合省经信委、交通运输厅下发《关于开展规范提升物流行业服务水平专项行动的通知》。湖南怀化局成立邮政业安全监控指挥中心,组建专职网络巡查队伍,建立起配套的网上监管巡查管理制度和办法,利用远程监控平台,向企业发出责令整改14份,发现案情线索5起。广西防城港局在全市范围内组织开展邮政业"质量月"活动。

(二)推动快递服务质量稳步提升。

江苏局全面组织开展省级快递行业放心消费创建先进、示范单位复核工作。针对国通快递服务质量问题突出、百世快递安全管理不力等问题,对两家快递企业江苏省公司主要负责人实施了行政约谈。继续实施《江苏省快递服务质量警示制度》,综合分析各品牌快递企业在寄递服务时限、消费者公众满意度、申投诉处理以及违法违规案件等情况,对服务质量排名靠后的快递企业总部予以警示。甘肃局联合省质量技术监督局、发改委、交通运输厅、商务厅、工商局、供销合作社等6部门出台《推动物流服务质量提升工作实施方案》。福建局就"莆田假海淘"事件集体约谈申通、中通、圆通、百世、韵达5家企业福建区部负责人。河南开封局制定《开封市邮政管理局投申诉处理流程》,开展投申诉流程处理培训。

六、推动绿色快递发展

国家邮政局组织顺丰、京东等5家企业在北京、上海、浙江等8个省开展试点,完成胶带减量化等6项试点工作的数据采集和分析工作。进行快递包装回收流程调研,组织企业申报绿色制造示范项目。陪同全国政协调研组就"治理过度包装促进绿色生产消费"提案在浙江调研。努力克服补贴退坡影响,积极推广行业使用新能源车辆,保有量上升至7158台,占行业汽车总量的3.27%。继续加快推广应用电子运单,顺丰、中通、韵达等主要企业使用率已达到80%。

广东局在广州召开省快递业绿色包装工作座谈会,研讨推进快递业绿色包装相关工作。陕西局组织各市局及主要品牌快递企业开展绿色包装工作专项培训。内蒙古呼和浩特市局推动在高校快递服务站设置拆包台。福建龙岩武平快递企业尝试回收纸箱供消费者免费试用,要求快递业务员送货时征得用户同意后带走包装盒,推进包装材料循环利用。山东日照局组织市邮政快递行业团委、快递协会举办快递包装循环利用志愿服务活动,通过快递旧包装免费换取绿植的形式,助推"绿色邮政"建设。广东汕头局积极扶持推动树业环保股份有限公司与申通快递总部在可降解快递袋领域的合作。

七、全面加强监督检查和行政执法工作

三季度全国邮政管理部门共出动执法人员36953人次,检查单位16576家次,查处违法违规行为2540次,下达整改通知1583件,办理邮政市场行政处罚案件879件,罚款554.82万元。福建、山东、江西、河南、浙江执法力度不断加大,办理案件数量较多。大力推行"双随机一公开"监管机制,在国家局网站信息公开栏目全面公开邮政市场行政执法信息,截至三季度末,公开约谈信息1111条,责令改正信息2799条,行政处罚信息2636条,随机检查信息2809条。贯彻《关于加强跨区域协

作监管的通知》，指导协调福建、上海等地邮政管理部门查办异地上线违法行为。修改完善《邮政市场违法行为举报处理办法（征求意见稿）》，规范违法行为举报和处理。加强与国家反恐办、安委会办公室的沟通联系，协调明确反恐怖主义法和安全生产法在邮政行业适用操作事宜，起草裁量基准并征求意见。向社会公众和系统内分别通告、通报2017年上半年邮政市场行政执法情况，启动《2016年邮政市场行政执法案件汇编》编制工作。

依据《邮政管理部门对拟上市快递企业出具重大违法行为证明操作指引（试行）》，组织各地邮政管理部门开展核实，为圆通、韵达、杭州佳成、德邦及其下属企业上市或者增发出具有无重大违法行为书面意见。

（一）全面实施“双随机一公开”。

北京局全面实施双随机检查，适用反恐怖主义法查处案件13件，重点检查三项制度落实情况。山西局通过双随机方式开展了以整治经营秩序、安全隐患和提升服务质量为目标的“两整治一提升”专项行动。吉林局制定《吉林省邮政行业安全生产互查工作方案》，印发《全省邮政行业安全生产双随机执法检查情况通报》。山东局制定《邮政管理部门双随机抽查工作细则》《随机抽查事项清单》。湖北三季度录入422条随机抽查记录。云南局组织7个检查工作组开展了全省邮政市场跨区域交叉互查和随机暗查工作，随机抽查305个网点和76处理场所，发现纠正各类问题和安全隐患356个。甘肃局通过“双随机”机制，抽取15名执法人员组成5个检查小组，随机对年初列入名录库的邮政企业和快递企业开展执法检查。西藏局组织多家快递企业开展随机互查。江西萍乡局印发《“双随机一公开”抽查监管工作实施细则（试行）》，制定了《随机抽查事项清单》《检查对象名录库》《执法检查人员名录库》，全部录入江西省“双随机一公开”行政执法监督平台。

（二）强化执法规范化建设，提升行政执法水平。

黑龙江局执行月通报和季分析制度，每月按时下发市场监管和执法2个通报，对整改结果进行跟踪问效。江苏局起草《案件线索管理办法》，举办全省邮政市场行政执法实务培训班。福建局就“异地上线”案件，商请上海局协助提供案件信息，并根据案件管辖权，移送广东、浙江、山东、江苏、河北等局进行处理。山东局举办全省邮政管理系统依法行政能力培训班。河南局举办全省邮政市场监管和安全管理培训班。广东局召开全省邮政市场监管行政处罚案卷评查片区研讨培训会。四川局举办四期行政执法案件培训班，对全省21个市（州）局分管局领导和部门负责人进行轮训。青海局召开全省邮政市场监管重点工作培训班，组织全省快递企业标准化建设现场观摩工作。西藏林芝局召开联合执法检查情况讲评通报会。

八、加强行业诚信体系建设

国家邮政局两次专题研究《快递业信用管理暂行办法》，分析各方面反馈建议，修改完善相关内容。研究起草了《快递业信用评定委员会工作规定》和《快递业信用体系建设工作方案》。参加交通物流行业信用体系建设座谈会，与国家发改委、交通运输部、公安部、海关总署、商务部等部门共同研究交通物流行业信用体系建设工作。举办了首届“诚信快递、你我同行”演讲比赛全国总决赛，为信用体系建设深入开展营造良好的工作氛围。

内蒙古局积极参与内蒙古自治区信用促进会成立相关工作，利用信用内蒙古平台进行信息共享。吉林局联合省直51个厅局签署《吉林省失信企业协同监管和联合惩戒合作备忘录》。湖北局完成“国家企业信用信息公示系统（湖北）”平台上行政许可和行政处罚信息录入工作，并在加强事中事后监管联席会上做了经验交流。河南局安排专人向工商部门企业信用信息公示系统录入信息，许可、处罚数据实现应录尽录，获全省企业信用信息归集共享工作“先进集体”称号。内蒙古呼和浩特局全面启动“信用呼和浩特”宣传周活动。包头局开展2017年年中“快递行业信用管理信息系统”集中评定。福建三明局联合市文明办启动第二届“快递榜样人物”评选活动。湖南岳阳局指导市快递协会制定《岳阳市快递行业规范发展指导意见(2017年—2020年)》，通过行业自律，在规范加盟、价格标准、安全管理、从业守则、行业发展等方面做出制度约束和风险控制。陕西渭南局牵头组织渭南市快递业信用评定委员会对全市快递企业及从业人员开展信用评定工作。咸阳局印发《关于在全市开展首届“最美快递员”评选活动的通知》，在全市范围内开展“最美快递员”评选活动。

第四部分 四季度市场监管和安全监管情况

2017年第四季度，各级邮政管理部门认真学习贯彻党的十九大精神，坚决落实国家邮政局有关工作部署，结合本地实际，扎实推动行业供给侧改革，全面落实“放管服”改革和安全生产领域改革要求，采取有效措施扎实开展邮政市场监管工作，取得明显成效。

一、推动行业健康快速发展

国家邮政局大力推进快递服务现代农业、制造业，聚焦农产品进城、示范园区建设、电子商务协同发展、跨境电商引导等重点工程任务，不断推动快递产业转型升级。对外公布两批16个快递服务现代农业示范项目，第一批示范园区专家初评基本完成，建成第二批快递服务制造业和服务现代农业项目库。推动出台《国务院办公厅关于推进电子商务与快递物流协同发展的意见》，引导上下游共同在政策法规环境、基础设施建设、配送协同管理、末端服务能力、标准化智能化和绿色发展等方面发挥协同作用。

(一)释放政策红利，为行业发展营造良好环境

天津出台《天津市降低实体经济企业成本2017年第二批政策措施》《武清区快递业发展实施方案》。江苏出台《江苏省邮政条例(修正案)》，明确县级邮政监管机构的法律地位。河南局推动省政府出台《河南省快递物流转型发展工作方案》，带动9个地市出台快递物流转型发展工作方案。青海省政府出台《全面加强电子商务领域诚信建设的实施意见》，将快递业发展首次纳入青海省2017年服务业发展工作要点。湖南局联合省商务厅、发改委等十部门印发《全面加强电子商务领域诚信建设的实施意见》；与发改委联合印发《关于建立湖南省促进快递业发展部门联席会议制度的通知》。山西省政府成立促进快递业发展工作领导小组，印发《关于现代物流发展的实施意见》，出台《关于推动交通物流发展的实施意见》。上海局引导4家快递企业申报科研项目，获得市、区两级财政资助金额共计近3000万元。广东局推动出台《广东省营造良好市场环境推动交通物流融合发展实施方案》《广东省推动实体零售创新转型实施方案》。山西晋城、大同、运城市政府出台促进快递业发展的政策文件。内蒙古通辽局印发《通辽市快递营业场所标准化建设管理办法(试行)》；巴彦淖尔市推出“警邮便民邮路”。辽宁大连市政府出台《全面建设“中国快递示范城市”实施方案》。吉林延边局为寄递企业争取购置车辆及建设电子商务仓储中心补贴170万元。江苏无锡市政府出台《关于促进快递业持续健康发展培育经济新增长点的实施意见》。浙江宁波局编制《宁波市快递行业专项资金申报管理办法》。安徽合肥局推动快递企业申报总部建设、安检机配

备、分拨中心建设等8个项目，获补贴金额612.4万元；黄山局推动出台《黄山市服务业发展专项资金快递以奖代补政策》；淮南市政府出台《关于完善支持政策促进农民持续增收的实施意见》《推动实体零售创新转型实施方案》。福建福州局印发《关于加快城乡民生基础设施建设的实施方案》。山东济南、淄博、东营市政府出台《关于促进邮政和快递服务业发展的实施意见》；青岛局联合快递协会与民航签订《加快推进快递与民航产业协同发展战略合作协议书》。青海西宁局争取年度快递服务发展专项资金近75万元。陕西宝鸡市政府出台《关于加快构建全国性综合交通枢纽的意见》；西安局为顺丰、黄马甲快递公司分别争取135万元、137万元的专项资金支持。

（二）推进快递服务制造业和现代农业

全国开展服务现代农业“一地一品”项目905个，完成第二批示范基地评选工作，农村地区收投快件量超过100亿件，带动农产品进城和工业产品下乡超过6000亿元。快递与制造业协同发展示范项目已达301个，年支撑制造业产值2375亿元。内蒙古局与自治区农牧业厅联合下发《关于推进快递服务现代农牧业的意见》。江西省涌现出景德镇“快递+陶瓷”、赣州“快递+南康家具”、九江“快递+羽绒服”等一批快递服务地方特色产业项目，“双11”期间九江庐山横塘镇红星村的羽绒制品日均发件量超60万件，累计收入突破1亿元。江西局制定《关于加快实施快递服务现代农业“一地一品”工程的通知》。辽宁丹东局组织辖区寄递企业积极助力燕红桃特色农产品外销。吉林辽源局打造电商快递中心，在东北袜业纺织工业园内建立快递集中管理区域，实现快递集中分拣、装卸；通化局积极推进“山菜季”“蓝莓季”和“人参节”活动，采取个性化定制，帮助山野菜、蓝莓、人参走出通化。江西新余局指导邮政企业打造“赣邮情”农产品品牌，上线本地产品100余款。山东青岛局指导青岛顺丰制定《海产寄递行业寄递解决方案》；潍坊局积极引导韵达等快递企业拓展花卉寄递业务，全国首家花卉智能分拣中心在青州正式启用。云南丽江局推动永胜县邮政分公司推广“农产品+大同城寄递”区域服务模式。

（三）加快推进快递“向西、向下、向外”发展

继续巩固快递下乡成果，全国快递乡镇网点覆盖率提高到87.25%。扎实推进跨境引导工程，13个跨境电子商务综试区城市持续发力，631家快递企业累计完成进口快件1.03亿件、出口快件2.97亿件。江苏局印制《江苏省快递服务农村电子商务典型项目》图册。河南局参与制定《河南省电商物流转型发展工作方案》；推动机场邮政口岸实现“一点通关、分拨全国”功能。广东省政府印发《中国(广州)跨境电子商务综合试验区实施方案》和《中国(深圳)跨境电子商务综合试验区实施方案》。新疆局助推乌鲁木齐国际航空快件转运枢纽正式投入运营。山西忻州局与供销、住建等部门联合下发《关于加强整合农村电商快递服务发展的通知》。广东东莞国际邮件互换局兼交换站、珠海上冲EMS国际快件监管中心投入使用；湛江快件进出口监管中心投入使用；阳江跨境电商快件分拣清关中心正式通过海关验收发证；江门开平落成全国首个县级跨境电子商务快件分拣清关中心。广西南宁综合保税区东盟跨境电商监管中心和国际邮件互换局投入使用。甘肃兰州市政府印发《兰州市网络扶贫行动工作方案》，提出加快推进“快递下乡”工程；甘南州政府印发《关于深入推进农牧业供给侧结构性改革加快实现甘南州农牧村绿色崛起的实施意见》，将“快递下乡”工程列入州“一号文件”工作内容。

（四）积极推进“快递入区”工程

内蒙古局与自治区住建厅、民政厅、商务厅三部门联合下发

《关于推进快递服务进社区的指导意见》。上海局会同市商务委在虎城商圈设立顺丰临时自寄自取点，开创“商圈 + 快递”合作的新模式。江苏局与省质量和标准化研究院联合推进《智能快件柜管理规范服务标准》编制工作。安徽局出台《关于推进快递服务进社区的意见》，编制《快递末端服务创新工作经验交流材料汇编》，召开全省快递末端服务创新管理工作现场会。福建局继续修改完善《智能信包箱技术规范》；厦门局修订《厦门市智能快件箱管理办法（试行）》。山西太原局引导邮政公司布放新一代智能信报箱；临汾局推动在10个社区设立了社区快递服务网点。吉林辽源局将智能快件箱的推广运用纳入《辽源市加快电子商务创新发展深化年实施方案》。安徽亳州局推动快递企业启动城市社区快递电商便民服务站建设。江西九江局引导快递企业共建“快递超市”40多处；景德镇、吉安、新余等市局指导快递企业引进“熊猫快收”第三方配送企业。河南漯河局推动市政府将快递“进社区、进机关、进学校”作为全市2017年民生实事。

（五）继续加强快递园区建设

江苏局推动首个菜鸟超级机器人仓落户苏南快递产业园。安徽省印发《安徽省物流园区发展规划》；皖西南快递产业园在安庆市大观区正式挂牌成立。江西南昌快递（电商）物流园区，被列为南昌市百大重点建设项目之一。山西晋中局推动建成晋中市首家县级电商快递物流园——平遥县电子快递产业园；忻州局推动建成代县诚信快递物流园区；晋城局推动建成晋城市县级电商快递物流园——高平市电商物流配送中心。内蒙古乌海市第一个快递企业独立购置产权自有的通用物流园新分拣中心建成；鄂托克前旗快递集散中心正式投入运营。山东淄博建设鲁中快递电商物流发展示范园。云南大理远航快递电子商务产业园区建成并运营。

（六）协调车辆通行，推广“三统一”经验

吉林局代起草《规范快递专用电动三轮车通行管理的实施意见》。江西局联合省住建厅等部门出台《促进城市快递末端能力提升的实施意见》。陕西省政府印发《重污染天气应急预案》，解除邮政及快递运送专用车辆城市禁限行规定。甘肃局协调保险公司为快递电动三轮车办理第三者责任险或为员工购买人身意外险。山西太原市出台《电动自行车管理条例》；大同局联合市公安局印发《关于加强和改进全市寄递服务运输车辆运行管理工作的通知》。吉林延边州局与市公安局印发《延吉市邮政行业交通安全管理工作方案》。福建厦门局修订出台《厦门邮政快递业电动自行车管理办法》；泉州局编印《泉州市快递电动三轮车交规安全及使用管理注意事项》。河南开封、鹤壁、商丘、焦作、漯河、信阳等6个市实现快递电动三轮车城市通行管理“三统一”。湖北黄冈局出台《关于保障我市寄递企业投递车辆便捷通行的通知》；孝感局出台快递电动三轮车规范通行方案。湖南娄底市政府印发《娄底市市本级城市邮快件配送车辆管理暂行办法》。广西南宁局起草《关于加强和规范南宁市电动三轮车交通安全管理工作实施方案》；梧州、北海、百色、河池等局制定快递电动三轮车管理办法。陕西渭南局联合临渭大队召开规范城区邮政快递专用电动三轮车运营现场协调会。云南红河局同州交警支队、州交通运输局联合制定邮政业电动三轮车“三统一”方案，红河州道路交通安全委员会出台《红河州道路交通安全委员会关于进一步加强邮政寄递行业电动三轮车交通安全管理工作的实施意见》。西藏林芝局协调解决快递专用电动三轮车城市管理问题。

（七）继续推进快递进校园工程和快递网点标准化建设

天津局为企业制发公示牌，稳步推动网点标准化建设；向市政府争取1000万元用于支持标准化快递营业场所和快递智能终端建设。河北局组织召开全省“三化”建设示范网点验收启动会，在“京畿邮政”微信公众号平台开设了“三化建设巡礼”栏目。山西省首个包含快递自提功能的一体智能出库设备在山西工程技术学院菜鸟驿站改造完毕。河南局联合省教育厅起草《关于加快推进快递服务进校园工作的指导意见》。青海局制定《青海省快递企业标准化建设实施办法》，组织召开全省快递企业分拨中心标准化建设现场观摩交流会。福建福州闽侯局联合县综治办等召开福州地区大学新校区校园寄递安全综合治理专项行动工作会议，境内16所高校代表参加会议。

二、圆满完成重大活动安保切实履行安全监管职责

国家邮政局组织各级邮政管理部门切实保障党的十九大和旺季寄递安全，深入开展危爆物品违规寄递专项整治，监督企业完善安全生产责任制度，推广应用实名收寄信息系统，强化监管互动和信息共享，全国实名收寄率超过83%。各主要快递企业大型分拨中心安检机配置基本到位。抓好《禁止寄递物品管理规定》落地实施，出台《邮件快递寄递协议服务安全管理办法(试行)》，规范邮件快件寄递协议服务安全管理，研究制定《邮件快件实名收寄管理办法》和技术指导书，全面规范实名收寄管理操作。充分发挥寄递渠道联合监管机制作用，开展寄递安全管理工作综治考评，进一步强化属地管理责任。深入开展安全生产大检查，全面排查事故易发的重点场所、部位、环节。

(一)进一步健全邮政业安全监管体系

天津、湖北成立邮政业安全中心。山西局联合省国家安全厅印发《寄递渠道可疑线索举报奖励办法(试行)》，制定《邮政行业安全生产分级属地监管暂行办法》。江苏南京、苏州两市邮政业安全中心正式挂牌成立。浙江宁波市启用智慧邮政综合服务监管平台。福建福州局实现全省市、县邮政业安全中心全覆盖。山东临沂市邮政业公共安全中心建成并投入使用，东营市及所辖县区已全部成立寄递安全信息服务中心，青岛、淄博、枣庄、德州、潍坊等市邮政业安全中心获批设立。

(二)继续完善寄递渠道安全联合监管工作机制

北京局与公安部门首次建立较为完善的部门移交线索、联合办案机制。吉林局联合省综治办制定《2017年全省寄递渠道安全管理工作综合治理考核评价实施办法》。黑龙江局印发《2017年黑龙江省邮件快件寄递安全管理工作综合治理考核评价实施办法》；召开九部门2017年寄递渠道安全管理工作联席会议。江西局联合省综治办印发《2017年江西省邮件快件寄递安全管理工作综合治理考核评价实施办法》。山东局积极探索建立与省高法、公安、国家安全部门的互动沟通联系机制；修订《全省寄递渠道安全管理工作综合治理考核评价办法》；推动建立网络市场监管部门联席会议制度。西藏局以寄递安全管理工作协调小组名义印发《关于对全区寄递企业安全生产工作督导检查情况的通报》。山东德州局会同市公安部门联合出台《德州市寄递物流行业安全管理奖励办法(试行)》。湖南永州局联合市公安局下发《关于完善寄递渠道安全管理联动机制强化属地安全管理的通知》；岳阳局联合市公安局印发《关于加强寄递渠道安全管理联动机制强化属地安全管理的通知》。云南昆明局与国安、禁毒、治安、反恐等部门建立抄告制度，积极发挥行业监管合力。

(三)全面推进寄递安全三项制度实施

山西局已到位840万政府财政补贴用于购置安检机；印发《关于推进全省邮政行业X光安检机操作人员持证上岗工作的通知》；督促落实全省寄递企业400人持证上岗，形成2人轮流操作一台X光安检机的基本

模式。江西、重庆局下发《关于进一步加强邮件快件过机安检工作的通知》。福建局下发《关于规范实名制稽查手持终端设备使用工作的通知》;完成福建省寄递业实名验视监管平台初验工作。河南局增加5个地市试点推广“安易递”实名收寄系统。重庆、湖南张家界、云南丽江等局印发邮件快件实名收寄信息系统推广应用工作的实施方案。重庆局印发《关于实施寄递企业配置邮件快件安检设备补助工作有关事项的通知》,获得财政补贴257万元。四川局邀请西南民航管理局安检专家开展安检技能综合培训。青海局对全省寄递企业安检机操作人员进行培训。山东滨州局联合市公安局印发《关于严格邮件、快件寄件人身份信息查验登记的通告》;潍坊局开展针对开箱验视和实名制落实情况的第三方测试;聊城局利用“专职专管民警”上门督导实名收寄。云南昆明局坚持实名信息周通报和月通报制度;红河局联合工商、交通运输等部门联合发布实行物流寄递业收寄实名登记的通告;昭通局联合市反恐办组织开展全市邮政、快递安检人员安检业务交流活动;保山局、西双版纳局开展安检机操作培训。

(四)强化安全生产责任落实和应急管理

重庆局印发《重庆市邮政管理局主要应急预案汇编》。山西局印发了《关于强化寄递企业落实主体责任的指导意见》,制定了《强化寄递企业落实主体责任监督检查标准》。安徽局开展寄递信息安全工作专项检查。吉林局妥善处理通化市安能公司发现寄递弹夹、弹鼓事件及吉林市韵达突发罢工事件。山东局印发《关于落实快递品牌省级总部安全管理责任的通知》。河南局印发《关于快递企业履行安全生产主体责任的指导意见(试行)》。湖南局印发《关于开展寄递渠道涉枪涉爆隐患集中整治专项行动的工作方案》。西藏局举办2017年全区邮政业应急管理培训班并开展演练。新疆局发布《新疆邮政业应急预案体系建设及管理》。内蒙古呼伦贝尔局组织开展邮政业危化品事故安全生产培训暨应急演练,邀请市安委办专家对危化品概念和分类等基础知识进行普及。陕西安康局向寄递企业印发《寄递企业安全生产管理台账》和《寄递企业过机安检日志》,进一步落实邮政、快递企业安全主体责任。

(五)做好行业禁毒、扫黄打非和打击侵权假冒等专项工作

广东局开展打击走私贩卖毒品“蓑鲉”专项行动、打击跨境走私贩卖枪弹犯罪专案行动,建立寄递渠道打击贩卖假烟的工作联席机制。河南局联合省禁毒总队在各市巡回培训,共培训快递员2000余名;联合工商、烟草等部门印发《烟草市场综合治理工作实施方案》;联合工商、烟草等部门开展网络市场监管、打击假烟等专项整治活动。江西局与省“扫黄打非”办联合制作并发放“扫黄打非”温馨提示桌牌1500余份,建立联合培训制度。甘肃局协助公安机关缴获毒品近20公斤。安徽亳州局联合市禁毒支队组织开展全市寄递渠道禁毒知识培训。云南曲靖局联合文化综合执法、城市综合管理等开展“扫黄打非”专项检查,联合反恐部门举办邮政业反恐专项培训;文山局邀请禁毒支队为寄递企业进行培训。

(六)强化行业安全宣传

山东局印发《禁止寄递物品管理规定》《邮件快件实名制信息化宣传海报及特别提示》等宣传材料2万余份。海南局印制并发放《禁止寄递物品管理规定》等手册共1万余册。安徽亳州局开展“消防快递入户”公益活动;安庆局通过“1584政风行风热线”宣传三项制度;安庆局、淮北局、六安局、宿州局成立平安信使志愿服务队。山东济南局联合市公安部门在电动三轮车车体张贴收寄验视、实名收寄特别提示;青岛局组织全市寄递企业开通寄递安全电话语音温馨提示;聊城局联合市公安局制作下发《警方提示》,引导用户依法用邮。贵州贵阳局向

邮政快递企业发放行业法律法规宣传资料2000余份。

（七）做好重大活动和业务旺季期间安全保障

各级邮政管理部门以最高标准、超常措施，科学谋划、多措并举、积极应对，确保了党的十九大、“双11”“双12”等重大活动和旺季期间寄递渠道万无一失。北京429台安检机全部投入使用，确保无“安检”标识邮件快件退返，进京邮件快件100%落地二次安检。山西、湖北、湖南、贵州、江西、贵州局印发党的十九大期间寄递渠道安全保障工作督导检查实施方案文件。青海局通过每日下发《青海省快递业旺季运行情况监测日报》，全面了解全省快递业旺季期间运营情况。吉林局印发《2017年快递业务旺季服务保障工作方案》，召开快递业务旺季服务保障工作动员部署会议，补充下发《关于进一步做好“双11”快递业务旺季服务保障工作的通知》及《继续做好快递业务旺季服务安全保障工作的通知》。内蒙古局约谈申诉率排名前三位的快递企业，要求快递企业客服人员入驻消费者申诉中心并建立“双11”“双12”期间“日巡查”制度。贵州局印发《中国共产党第十九次全国代表大会期间贵州省寄递渠道安全服务保障工作专项应急预案》；翻印《国家邮政局、公安部、国家安全部关于加强中国共产党第十九次全国代表大会期间寄递物品安全管理的通告》和《企业安全生产责任体系五落实五到位规定》各7000余份进行宣传。重庆局相继印发《关于做好“一带一路”国际合作高峰论坛期间邮件、快件安全检查工作的通知》《关于做好党的十九大期间邮件、快件安全检查工作的通知》。江苏局开展2017年国家公祭日期间寄递渠道安全保障工作；会同省快递协会召开旺季服务保障动员会。陕西西安市快递行业协会联合西安市消费者协会，组织消费维权志愿者代表和地方媒体体验快递企业的一线工作；汉中局召开快递旺季新闻宣传媒体通气会。安徽黄山局印发《关于继续做好2017年快递业务旺季服务安全保障工作的通知》；宿州局印发《宿州市快递业务旺季服务保障工作方案》《宿州市邮政管理局旺季服务保障应急预案》。

三、提升事中事后监管水平

2017年，全国各级邮政管理部门加大邮政市场监督检查和行政执法工作力度，出动执法人员29.86万人次，检查企业13.28万家次，出检天数1.29万天，查处违法违规行为2.34万次，约谈告诫650次，下达整改通知1.08万件，办理邮政市场行政处罚案件11388件，罚款7174.83万元。国家邮政局完成《快递业务经营许可管理办法》修改草案。全年核准快递业务经营许可申请2306件，处理变更事项28467项。加强市场主体退出管理，全国注销许可971件。开展异常经营专项摸底，完成了对北京中通大盈、北京日益通、上海麦力的许可注销工作。启动邮政用品用具监管措施完善研究，完成快递码号统一管理试点工作。

（一）深入推进简政放权，优化审批流程。

2017年快递业务经营许可办理平均时限为13.4个工作日，按时办结案率达到99%。天津局完成《承接国家邮政局国际快递业务经营许可下放工作方案》，进一步优化审批服务流程及时限。安徽局实施全省快递许可审批时限情况按月通报制度。江西局制定《关于优化快递业务经营许可审批工作若干问题的通知》。云南局组织召开全省快递业务经营许可行政审批培训会。西藏局举办七市（地）局和全区30余家许可企业许可准入培训，进一步规范许可审批和行政执法程序。重庆、陕西、内蒙古等局推动落实快递企业同一工商登记机关管辖范围内“一照多址”政策。甘肃局编制完成《行政许可事项业务手册》《行政许可事项办事指南》，进一步优化流程。青海局进一步加大对跨省设立分支机构的外省快递企业的审查，严防违法招揽加盟商。福建莆田局制作《快递行政审批及相关事项系列微视频》并在全行业开展微视频培训服务，提高行政效能。山东淄博局联合市法制办开展快递末端管理专题调研，推动市政府公布《淄博市快递服务网点管理办法(征求意见稿)》；枣庄局出台《关于规范快递企业分支机构、末端网点备案工作的通知》。

(二)全面实施“双随机一公开”，加大市场监督检查力度。

北京局开展第三次双随机检查工作，深入一线开展了九项检查活动。山西局建立“双随机一公开”操作系统，基本实现11个市全覆盖、历年互查未涉及县域全覆盖、县域范围内所有品牌寄递企业全覆盖。内蒙古局对邮政用品用具生产厂家38家、快递企业298家开展邮政用品用具监督检查。辽宁局对省内快递企业分拨中心开展“双随机”执法检查。吉林局完成省政府综合监管平台“一单两库一细则一计划”的建立工作，制定《吉林省邮政行业安全生产互查工作方案》，对全省50多家快递企业和营业网点进行检查。上海局出台《邮政管理部门随机抽查工作细则(试行)》《邮政行政执法检查工作规定(暂行)》。安徽局组织开展“双11”期间全省寄递渠道随机督查和跨区域互查。河南局出台《随机抽查工作办法》；联合公安部门依法关停6078个非法邮政快递网点。四川局举办双随机抽查工作培训班。浙江局完成阿里巴巴和中华收藏网的集邮市场备案工作。河南局组织全省开展集邮市场备案培训班。

(三)完善监管机制，提升监管能力。

黑龙江局召开全省邮政市场安全监管培训班。上海、广州局组织各企业进行实名寄递公共版“安易递”系统应用培训。江苏局举办邮政市场监管业务培训班。河南局举办三期邮政市场监管培训班；印发《关于加强跨区域协作监管的通知》；依托联动机制转办案件线索43起。湖北局组织安全监管培训班和基础管理培训班。海南局举办全省邮政管理系统行政执法培训班和邮政业安全生产工作培训班。青海局开展标准化建设、快递园区建设、安检机使用、快邮合作、全省寄递企业服务水平提升等方向的五期培训班；印发《关于进一步加强和规范行政执法工作的通知》，开展全省行政执法案卷评查工作。辽宁沈阳局召开快递企业安全员培训班，60个品牌企业、1000名安全员参加。

四、推动快递服务质量稳步提升

国家邮政局市场监管司以落实民生实事为中心，组织召开第三季度服务质量提升联席会议，强化“三不”治理工作，督促企业全面提升服务质量。针对邮件不着地、不抛件、不摆地摊开展重点整治，分拨中心与邮政管理部门视频监控系统联网率提升至49.68%，邮政管理部门可对近半快件分拨中心开展视频巡查，天津、辽宁、海南、甘肃已达100%。处理、营业场所铺设离地设备率达到76.42%，全国办理未按规定分拣作业案件154件。

山西局印发《关于开展全省邮政行业“两整治一提升”专项行动的通知》。吉林、河南、海南局召开快递服务质量提升联席会议。江苏局完成77家省级放心消费创建先进、示范单位进行复核。福建局对用户不满意的申诉件进行二次回访；建立申诉中心服务质量分析月例会制度。河南局举办2017年快递服务质量工作培训班。四川局开展“异地上线”专项整治活动。云南局在“双11”期间将申诉处理权限下放到省级企业。甘肃局出台《推动物流服务质量提升工作实施方案》。青海局发布《关于开展规范提升物流行业服务水平专项行动的通知》。山东淄博局实施“33511”工程，强化服务质量动态监管；聊城局向市政府争取186万资金，启动全市邮政行业视频联网可视化指挥系统项目建设。陕西安康局组织开展快件时限测试工作；渭南韩城局为全市17家快递企业统一制作发放邮政业服务监督信息公示牌，建立寄递安全服务监督责任制。

五、全面加强行业信用体系建设

国家邮政局市场监管司推动构建以信用为核心的新型市场监管机制，印发《快递业信用管理暂行办法》，起草《快递业信用评定委员会工作规定》和《快递业信用体系建设工作方案》并广泛征求意见。

天津局为企业制发公示牌，涵盖风险等级、星级评定、持卡人员二维码等要素，推动企业诚信化建设。吉林局对快递企业开展信用评定，评定三星企业147家、四星企业1779家。江苏局启动全省快递业严重违法失信行为记录工作。江西省组织开展了“学英雄、献爱心”捐赠活动，向快递员肖福明学习，募集捐款66.45万元；组织开展第二届“最美快递员”评选活动。安徽六安局、亳州局开展“最美快递员”评选活动。陕西延安市政府出台《关于深化企业信用监管改革的实施意见》；宝鸡市政府印发《宝鸡市社会信用体系建设实施方案》，将宝鸡局列入成员单位之一；下发《关于开展2017年度“榜样之星”明星快递员评选活动的通知》。

六、推进快递绿色包装工作

国家邮政局、国家发展改革委等十部门联合出台《关于协同推进快递业绿色包装工作的指导意见》。国家邮政局市场监管司组织在重庆开展快递绿色包装应用试点中期评估，邀请国家发展改革委员会、商务部、环境保护部等有关方面专家对项目试点情况进行评估，提出意见建议。配合发改委开展新兴业态塑料包装垃圾治理工作调研。

内蒙古局宣贯实施快递封装用品国家标准和邮政业封装用胶带等行业标准，推广使用中转箱、环保袋、笼车等物品设备。吉林局印发《推进快递业绿色包装工作实施方案》，召开推进吉林省快递行业绿色包装工作座谈会。海南局积极引导申通等企业试点在分拨中心推广使用环保袋，推动快递企业应用新能源汽车119辆用于城市配送。内蒙古呼和浩特市高校快递服务站设置拆包台，回收包装箱、包装袋，推进新能源车应用。河南开封局指导快递企业在营业厅设置“绿色包装回收站”。甘肃局联合省发改委等9部门印发《关于协同推进快递业绿色包装工作的实施意见》。

第二章　2017年市(地)邮政管理工作综述

2017年,各市(地)邮政管理局在国家邮政局和各省(自治区、直辖市)邮政管理局的领导下,深入贯彻新发展理念,坚持稳中求进的工作总基调,以提高发展质量和效益为中心,以深化供给侧结构性改革为主线,按照“打通上下游、拓展产业链、画大同心圆、构建生态圈”的工作思路,拼搏创新、砥砺奋进,行业发展环境持续优化、管理水平不断提升,社会影响力显著增强。

一、行业发展环境持续优化

随着中国经济从高速增长转向高质量发展阶段,快递业也正在告别“铺摊子”,开始“上台阶”。各市(地)邮政管理部门结合当地实际,充分利用地方政策机遇,与地方政府形成合力,行业发展环境持续优化。

为落实《国务院关于促进快递业发展的若干意见》和《河北省人民政府关于促进快递业发展的实施意见》,河北省廊坊市、承德市相继出台本市促进快递业发展的实施意见。其中,廊坊市《关于促进快递业发展的实施意见》指出,到2020年,在全市基本建成普惠城乡、技术先进、服务优质、安全高效、绿色节能的快递服务体系,形成覆盖全市、对接京津、辐射全国、联通国际的服务网络,并明确了6项重点工作和6项具体措施;承德市《关于促进快递业发展的实施意见》明确了全市快递业发展的总体要求、发展目标、重点任务和政策措施等方面内容,为全市快递业发展营造良好的政策环境,该《实施意见》提出,到2020年,全市快递业务量力争达到3200万件,业务收入力争达到3.8亿元,新增就业岗位8000人。同时,在企业实力、服务水平、网络支撑能力以及安全保障能力方面得到有效提升。衡水市政府常务会议审议通过《衡水市人民政府办公室关于加快制造业与互联网融合发展的实施意见》,提出支持制造企业、电子商务企业、物流快递企业在战略投资、品牌培育、产品体验、网上销售、仓储物流等领域合作,打造制造、营销、物流等高效协同的生产流通一体化新生态,为邮政快递业发展带来利好。

山西省大同市政府出台《大同市促进邮政业健康发展的若干措施》,共分8部分24条措施,在支持快递业发展的同时,立足行业实际,安排专项配套资金,支持邮政企业完善邮政设施,将村邮站纳入民心工程建设,进一步扩大了支持范围。该《措施》明确,要从保障邮政用地、完善服务网络、培育壮大企业、改善车辆管理、优化发展环境、提高服务能力、提升管理水平、完善工作机制等8个方面在土地、资金、财税、政策等方面给予贴合行业发展实际的有力支持。对快递园区或邮政、快递企业改扩建分拨处理场所和服务设施、年处理量达到1000万件以上的区域性快件处理中心入驻物流园区、年快递业务量首次突破100万件、200万件、500万件的快递企业、邮政、快递企业配置的安全检测设备(X光机)等方面按照相关规定给予财政补贴,支持邮政行业发展。运城市政府、晋城市政府也分别印发利于两市快递业发展的政策,为行业发展创造良好的政策环境。其中,运城市将快递业发展纳入全市国民经济和社会发展规划,在城乡规划和土地利用总体规划中统筹考虑快件大型集散、分拣场地等基础设施和城市公共服务站等末端机构的用地需求,在执行《山西省支持快递业发展若干措施》基础上,对达到规定标准的服务业企业再予以补助;晋城市则成立了由分管副市长任组长,发改、经信、公安、财政、邮政管理等部门为成员的促进快递业健康发展领导小组,在规划、政策、用地、资金、车辆、人才、工商登记、监管力量等方面提出具体保障措施,明确各县

(区)政府要将快递业列为重点扶持发展行业,给予政策支持。

内蒙古自治区乌海市政府、兴安盟行署先后印发《关于促进快递业发展的实施意见》,推动形成政府统一领导、部门协调配合、企业广泛参与、公众支持认同的促进快递业发展的工作格局。其中,乌海市确定了培育壮大快递市场主体、协同推进"互联网+"快递、健全完善快递服务网络、快递业信息化建设、提升快递服务标准化水平、促进快递与综合交通运输体系融合、全面提升监管水平等7大任务,并配套行业准入、财政扶持、税收优惠、保障通行、末端建设及用地、金融、人才等8项支持政策;兴安盟行署在行业准入政策、财政扶持政策、税费优惠政策、用地支持政策、金融支持政策、人才支持政策、末端建设政策等8个方面给予保障,并明确对入驻快递产业园区的企业,连续3年分别给予100%、80%、50%的租金补贴,采取盟、旗3:7比例进行分级承担,从政策层面推动企业发展,补齐盟邮政行业发展短板。

辽宁省抚顺市委常委会审议通过《抚顺市加快物流业发展实施意见》,明确以"平台+物流集聚区+重点企业+标准化建设+网络"为发展布局,打造综合性交易平台,促进二、三产业联动发展;在加快物流园区和特色物流集聚区工程建设的同时,培育发展快递物流港工程建设;发展企业联盟,加快物流企业基础设施升级改造,优化供应链管理,促进物流业与装备制造业、商贸业、金融业互动融合发展,重点发展装备制造物流、冷链物流、农产品物流、大宗商品物流,提升物流专业化水平;加快电子商务仓储配送与城乡物流配送网络工程建设,加快末端配送站点建设,着力解决两个"最后一公里"问题,支持农村电商发展,完善农村物流配送体系。

黑龙江省鸡西市出台意见,明确要以解决制约快递业发展的突出问题为导向,以"互联网+"快递为发展方向,培育壮大市场主体,拓展服务网络惠及范围。逐步实现快递产业规模跃上新台阶,企业实力明显增强,服务水平大幅提升。到2020年,基本建成普惠城乡、技术先进、服务优质、安全高效、绿色节能的快递服务体系,更好地满足地方经济发展和人民群众用邮需求。

为更好地发挥快递业对稳增长、促改革、调结构、惠民生的积极作用,江苏省南京市政府出台了《关于促进快递业持续健康发展的若干措施》,提出到2020年,全市快递业务量突破15亿件,年均增长35%;快递业务收入超过170亿元,年均增长30%;行业收入占GDP的比重超过1%;培育年业务收入超10亿元企业4家,其中超20亿元企业2家;建设快递产业集聚园区2个;寄递服务产品体系更加丰富,长三角地区内重点城市间12小时送达、其他城市间24小时送达,重点快递企业国内重点城市间48小时投递;全年支撑网络零售交易额突破2700亿元,累计新增就业岗位8000个左右,日均服务用户800万人次以上。

安徽省蚌埠市委、市政府联合印发《关于推进"电商蚌埠"建设的实施方案》,以将蚌埠建成皖北地区和淮河流域电子商务中心城市、皖北品牌快递区域总部集聚中心、皖北电商与快递人才培训中心为目标,加快电子商务(物流快递)产业园建设,重点加快淮上区"安徽省快递协同发展试验区"、五河县电商快递产业园建设,提升其他电商与物流快递集聚区以及皖北跨境电商产业园等园区建设水平;推进电子商务进农村,实现农村电子商务公共服务中心全覆盖、物流快递配套全覆盖、乡村网点全覆盖,逐步形成乡村电商网点体系、农村电商物流配送体系、农产品网络销售体系、农村电商产业发展平台体系和农村电商综合保障体系。

二、各项重点工程稳步推进

2017年全国邮政管理工作会议提出,要坚持稳中求进工作总基调,坚持目标导向、问题导向,继续深化行业供给侧结构性改革,按照"打通上下游、拓展产业链、画大同心圆、构建生态圈"思路,强化创新驱动，提升供给适应性有效性。各市(地)邮政管理局以此为抓手，聚焦发展，扎实开展工作，巩固既有成果，“快递三进”“快递下乡”“快递服务制造业”“快递服务现代农业”等各项重点工程取得重大进展。

北京东区邮政管理局组织召开校园快递服务专题座谈会，邀请各高校和企业代表就校园及周边快递服务实际情况、高校对校园快递服务的相关制度措施等进行交流，并围绕如何提高校园快递服务质量，提供优质高效、安全有序、技术先进、绿色节能的校园快递服务，以及各自在推进高校快递服务存在的困难和问题进行了研讨。与会人员普遍认为，校园快递规范服务是民生实事工作，关乎校园安全，做好校园快递服务工作具有重要的社会意义；快递进校园也是一个系统工程，涉及方方面面的问题，需要各方面的支持以及相互间的沟通，多方发力共同努力解决。随着北京首都功能定位的不断完善和形势发展，规范化、社会化、智慧化是快递末端服务发展的重要方向。

在江苏，连云港市邮政管理局联合市综治办、教育局、公安局联合出台《关于规范快递服务进校园工作的实施意见》，进一步规范校园快递网点设置，提升高校快递末端服务水平。该《意见》明确，“高校应建立校园快递公共服务中心，并为服务中心提供必要、独立的经营场地，其面积应满足快递服务需求，并与在校生规模、日常快递收发业务量及未来发展需求相适应”；“高校要根据学校安全管理规定以及卫生、环境等要求，加强对服务中心的日常管理与监督，承担起相应的管理责任和属地安全管理职责”。《意见》同时对校园快递网点的经营主体、安全设备设置作出明确规定：进入服务中心的从业人员须经身份核实确认，不得采取转包、分包的形式提供高校快递服务，不得以任何形式向校内用户收取任何附加费用。

徐州市邮政管理局联合市发改委、规划局、建设局、房管局、城管局印发了《关于推进住宅小区邮政服务设施建设与管理的意见》，进一步规范全市住宅小区智能包裹柜建设和邮政服务用房的设置。《意见》明确，住宅小区建设单位要对智能包裹柜的设置做好规划，预留位置、电源接口、通行道路等；智能包裹柜的格口数量按照不低于小区总户数的50%规划配比；鼓励社会资本积极投入已建成住宅小区的智能包裹柜建设，并在规划、用地、用电、通行等方面提供便利。《意见》同时要求，将邮政服务用房规划列入小区总体布局规划，新建住宅小区需设置与规模相适应的邮政服务用房，并对邮政服务用房的标准做出了明确规定。

在安徽，淮安市政府出台《淮安市农业农村电子商务“一村一品一店”行动计划实施意见》，提出要完善农村电商服务支撑体系，扶持快递物流企业新建基层网点，促进农产品线上线下融合，打通农产品“进城”和农资、消费品“下乡”的双向流通渠道。《实施意见》提出，“政府重点扶持农产品冷链、物流设施建设，建立更大范围的农产品绿色通道，扶持快递物流企业新建基层网点，充分利用邮政、交通、商贸、农业、供销等部门和电商物流企业在农村的现有渠道，探索农村电商服务网络的共享衔接机制，力争实现农村物流全覆盖。”

六安市政府办公室印发《六安市推进电子商务进农村全覆盖实施方案》，要求积极引进国内外知名电商企业在六安设立总部、搭建平台、拓展业务，推进电子商务平台和龙头企业的对接整合，各县(区)要建设1个县级电子商务公共服务中心；拓展乡村电商网点的商品销售和代购、缴费充值、代订票务、代收代发快递等功能，打造“线上线下”融合，“一网多用”，商务、政务、服务一体的乡村电商网点；鼓励建设多站点合一、协同发展的县、乡、村三级电子商务物流配送体系，实现“乡乡有网点”“村村通快递”。

蚌埠市邮政管理局与市农业林业委员会联合出台了《关于推进快递服务现代农业的意见》，提出到2020年，全市至少培育1个省级“一地一品”快递服务特色农产品示范项目、每个县至少培育1

个市级“一地一品”快递服务特色农产品示范项目。该《意见》同时提出了四项主要任务：一是推进农村快递设施建设，构建农产品快递网络。推动快递企业加快建设农村地区自营网点；鼓励企业对县级仓储配送中心进行升级改造，形成县域快递物流运营节点；鼓励快递企业在特色农产品优势突出、产销量较大的行政村和益农信息社设立快递揽收点，服务农产品电商配送。二是促进快递服务各类农业经营主体，助推农产品“网上行”。支持快递企业与家庭农场、农民合作社、农业产业化龙头企业等深化合作，从包装、仓储、运输、派送等各环节为其提供标准化、定制化服务，形成“特色农产品+快递”营销模式。鼓励快递企业参与涉农电商平台建设，实现快递网络与农产品网络销售渠道的有效对接，服务产地直销、订单生产等农业生产新模式，拓宽全市“三品一标”“名优特新”“一地一品”等品牌农产品销路，打造具有地方特色的“蚌埠馆”。三是推进快递末端合作共建，打造农村便民综合服务站点。推动益农信息社运营企业与电子商务平台、快递企业加强合作，鼓励益农信息社设村级快递服务点。推动益农信息社、村邮站共建，完善快递服务功能，建设“站、社合一”的村级便民综合服务平台。四是加强服务管理，优化政策环境。

在浙江温州，“快递下乡”作为涉及就业创业、生活服务等方面的一大举措被列入《2017年温州市基本公共服务体系建设行动计划》。《行动计划》提出，要通过组织创业培训等多种形式，扶持农村电商创业2000人，并明确要“推进乡镇快递网点建设，鼓励和支持快递企业面向偏远地区、山区、海岛等边缘区域布局落户，力争全市乡镇快递网点覆盖率达到99%”。这为温州市邮政管理局提出的“加快完善乡镇快递网络，顺畅‘工业品下乡，农产品进城’通道，提高农民收入，享受快递便捷，缩短城乡差距”任务提供了政策支持。

在江西，“快递下乡”被纳入赣州市出台《中共赣州市委　赣州市人民政府关于深入贯彻习近平总书记扶贫开发战略思想以脱贫攻坚统揽经济社会发展全局的意见》。近年来，赣州市邮政管理局深入推进“快递+脐橙”等“快递+农特产品”项目建设，不断提升邮政服务地方经济发展、助力精准扶贫效能，取得了切实成效。2016年果季，赣南脐橙线上销售量26.59万吨，同比增长59.76%；销售额27.29亿元，同比增长52.95%。全市脐橙快递业务量达567多万件，按常规包装10公斤/件、均价7元/斤计，快递企业共寄递脐橙5.67万吨，直接支撑脐橙产值7.94亿元，占线上销售额的29.1%。

在广西，柳州市邮政管理局始终按照“打通上下游、拓展产业链、画大同心圆、构建生态圈”的发展思路，采取多种措施，推进寄递企业与螺蛳粉生产企业融合发展，鼓励寄递企业发展螺蛳粉电商，激活基层网点活力。鼓励寄递企业进一步加强与螺蛳粉电商的多元化合作，创新螺蛳粉推广模式，充分发挥自有渠道优势，在各寄递企业全国微信公众平台上销售螺蛳粉，此外，有条件的还可以在网点内部做螺蛳粉商品展示，建立螺蛳粉“线下+线上”的销售模式，截至2017年12月13日，柳州螺蛳粉寄递量突破2000万件，快递服务现代农业成效显著。

福建省泉州市政府出台《泉州市创建“中国制造2025”城市试点示范实施方案》，提出“推动电子集聚发展，重点规划新建一批电子商务园区(基地)，发展电子商务公共服务平台。推动电子商务与传统制造业线上线下融合发展。促进纺织鞋服、建材家居、食品饮料等产业利用电子商务实现品牌和制造业的网络化腾飞”。《方案》还提出“鼓励制造企业逐渐剥离或外包物流服务，培育发展第三方物流企业”等。《方案》促进制造业与物流业、电子商务产业协同发展的同时，也为泉州发展“快递+制造业”带来商机。

河南郑州市政府下发《关于印发郑州市2017年跨境电商综试区建设实施方案的通知》，明确全市快递业发展三项重点内容。具体内容包括：积极引导和支持快递企业向外贸综合服务企业转型，为跨境电商企业提供通关、物流、仓储、融资、检验检测认证等全方位服务，提升跨境电子商务产业综合服务水平；探索“互联网＋快递＋农村”发展模式，鼓励快递企业结合全市农业产业特点，参与农村跨境电子商务平台和线下集配中心建设，扩大农产品出口；推动有条件的县（市、区）、开发区建设跨境电子商务仓储物流中心，鼓励国际物流、快递企业与跨境电子商务物流仓储中心对接，鼓励快递、物流企业开展跨境电子商务服务业务。同时，加强快递末端配送能力建设，着力解决快递配送“最后一公里”问题。

广东省佛山市政府办公室印发《佛山市深入推进“互联网＋流通”行动计划实施方案》，促进流通行业向“互联网＋”转型，推动行业创新发展。该《实施方案》要求，加大对快递物流服务制造业的扶持力度，促进制造业与快递物流业的联动发展；加强政策和资金支持，选择有条件并具有一定规模和影响力的企业作为示范企业推进重点项目建设；设立快递物流服务制造业专项扶持资金，由市邮政管理部门牵头，协调落实有关财政、税收、土地、人才等扶持政策，协调交警、交通等部门重点保障快递物流企业运输车辆便捷通行，积极推进佛山快递物流产业园区的建设，提升市快递业的服务能力和水平。《实施方案》将有力地促进当地快递业与制造业的融合发展。

三、全力保障寄递渠道安全

2017年，面对日益变化的寄递渠道安全监管形势，各市（地）邮政管理局不断健全完善体制机制，推动“实名收寄”“收寄验视”和“过机安检”三项制度落到实处，在重大活动安保服务和应急管理中圆满完成寄递渠道安全保障工作。

为保障“一带一路”国际合作高峰论坛期间寄递渠道安全畅通，北京市北区邮政管理局组织召开辖区“一带一路”峰会寄递渠道安全保障服务工作部署大会，传达国家邮政局和北京市邮政管理局关于做好高峰论坛期间寄递渠道安全保障和服务工作要求，部署峰会期间各项安全保障工作措施，组织辖区寄递企业签订安全服务保障工作承诺书，落实企业安全主体责任；联合各区综治、公安部门开展联合执法检查，重点检查快递企业落实“三项制度”情况；按照“全覆盖、零容忍、严执法”原则，根据北京市邮政管理局关于峰会期间双随机检查的有关要求，对辖区内5个行政区的邮政普遍服务营业网点、快递网点及邮政报刊亭进行全方位执法检查，严肃查处企业存在的各类违法违规行为，检查期间共下发责令改正通知书11份，立案处罚2起。北京市南区邮政管理局不断强化“万无一失”的工作标准和“一失万无”的忧患意识，落实各项安全部署，强化安全管理，强化责任落实，加强值班值守，提升服务质量。邮政、快递企业要不折不扣地执行“三项制度”，严把收寄、分拣、运输、投递各个环节的安全关口，确保全部外埠进京邮件快件、同城邮件快件和经由北京中转的邮件快件实行100%过机安检并粘贴“已安检”标识，确保高峰论坛期间辖区寄递渠道安全万无一失。

天津市邮政管理局第三分局会同区综治办、公安西青分局、区市场监管局、区安监局、区文体局、区运管局等11家领导小组成员单位组成联合检查组，对随机抽取的三家寄递企业开展联合执法监督检查。双随机联合检查组结合各自工作职责和任务分工，对企业营业网点、分拣场地、员工宿舍等场所开展全方位无死角的隐患排查，重点查看了企业经营资质、安全生产责任制落实、六项安全保障制度执行、监控设备和消防设施配备、员工宿舍及集体食堂卫生安全等方面情况。检查中，检查组现场指出部分企业存在的问题，并当场下达《责令改正通知书》，约谈相关企业负责人，要求限期整改。

为扎实做好党的十九大期间寄递渠道安全和服务保障工作，河北各市邮政管理局全面出击，切实做好各项保障措施，确保党的十九大期间寄递渠道安全稳定畅通。其中,保定市邮政管理局主动出击,多措并举,动真格,出重拳,强化协作能力,积极与地方公安部门对接、沟通,共出动检查400余人次,检查企业113家,对环京市、县及重点地区进行检查,对发现问题的企业进行了严肃处理;张家口市邮政管理局要求各营业网点对寄往北京的邮件、快件在确保100%收寄验视、100%实名登记的基础上,登记造册,详细登记收寄的物品名称、寄件人详细信息、收件人信息,并确保信息安全不泄露,各企业分拨中心对寄往北京的邮件、快件必须单独设立安检通道,由专人负责安检工作,建立安检记录台账,详细记录安检情况,确保100%过机安检;邯郸市邮政管理局联合市公安、消防、交通等部门抽调精干力量,组成三个专项督导检查组,按照不低于所辖行政区域30%的抽查比例,在县(市、区)公安、消防、交通等部门前期摸排检查的基础上,采取网点实地检查、听取汇报等多种形式对全市寄递企业进行连续为期一周的党的十九大寄递渠道安全保障专项督导检查,确保党的十九大期间寄递渠道安全平稳运行。

江苏省无锡市邮政管理局针对个别企业思想麻痹、抱有侥幸心理,落实“三项制度”走形式、摆样子,部分网点在开箱验视执行、网点安全设施配备等方面仍存在一些问题,给寄递安全和百姓用邮带来一定隐患的情况,在党的十九大召开前夕,和警方联合展开了地毯式检查。根据调查结果,依法查封了10家快递网点。执法组每到一处,均正式宣读行政处罚决定书,告知停业整顿具体要求和注意事项,要求企业做好相关网点财物和安全管理工作,确保停业整顿不折不扣执行到位,待主管部门评估停业整顿效果后再申请复业。企业代表在承诺书上签字确认,在网点张贴了停业整顿告知书。执法部门同时责令各快递品牌无锡公司派专人负责整顿工作,整顿到位后才予以恢复经营。

为提高社会综合管理水平,更好融入辖区城市管理网络体系,妥善应对辖区行业运行过程中出现的突发事件,上海市浦东邮政管理局联合市公安局浦东新区分局地面派出机构,召集辖区15家大型网点进行邮路安全保障应急演练。演练活动现场选址申通快递浦东转运中心,设置中心发生化学品泄漏场景,全程演练应急响应、应急救援、应急处置、应急疏散及应急报告等应急保障机制各环节,演练过程中,从接到事项报告到启动应急机制、调动应急队伍,直至妥善处理事件,全程仅用20分钟,体现了应急保障队伍高效、严肃、专业的素养和水平。

为进一步推进邮件快件实名收寄信息系统应用,浙江省宁波市邮政管理局组织开展国家公共版协议用户信息化收寄系统应用工作专题培训会,对实名收寄信息系统应用工作进行了部署,介绍了实名收寄信息系统有关情况,从信息系统企业管理员、从业人员操作使用两个方面进行了讲解,对参训人员提出的问题进行互动答疑。培训现场还发放了《实名寄递安易递平台操作手册 企业端管理员》《实名寄递安易递平台操作手册 快递从业人员》等材料。

浙江省湖州市邮政管理局“平安寄递”项目被纳入市“平安学院实训基地”教学项目。“平安学院实训基地”是由湖州市委政法委牵头,联合市邮政、安监、环保、市场监管等职能部门,投入200余万元建立的集模拟教学、实地培训、技能比武等于一体的平安实训基地。基地共设置了7个功能模块区和1个电教中心教学区。“平安快递”项目旨在模拟寄递点通过全真实物还原重建的方式,在功能区中预先设置具有代表性的寄递渠道常见问题隐患11个,实地模拟教学,由参训学员找出隐患,然后由市邮政管理部门工作人员进行总结点评,通过模拟教学培训,实现理论学习与实践操作的结合,使教学更具针对性、实效性。

福建省福州市邮政管理局多次与市财政局沟通协商获得支持,明确同意对寄递业2016年X射线安检机配置配套市级奖励资金85万元,成为福建省内首个获得安检机配置市级配套奖励资金的城市。相关部门明确，对寄递企业在规定时间内购置的每台单价不低于10万元的X光机安检设备，政府按其实际采购单价的50%给予一次性奖励，每台奖励上限10万元。此次奖励资金由省、市政府各承担一半，其中福州市将按省级1:1同比给予配套补助资金，省级奖励资金下达后，市级资金也同步予以下达。

湖南省岳阳市邮政管理局联合市公安局印发《关于加强寄递渠道安全管理联动机制强化属地安全管理的通知》，旨在整合、发挥部门职能优势，落实寄递安全属地管理责任，实现常态化分工协作管理，夯实寄递业安全发展基础。《通知》从推动企业落实主体责任、建立属地管理联动机制、加大查处整治力度、加强寄递安全防范能力等四个方面，明确了部门职责，强化局际联动，明确寄递安全管理的工作目标，要求以落实寄递渠道安全管理属地责任为抓手，重点化解寄递业在“三项制度”执行方面的问题。明确了联动举措，通过设定开展定期或不定期联席会议、联合执法、典型案件宣传、专项整治行动、明察暗访工作、建立案情通报制度等一系列具体措施，确保制度落地生根。

广东省东莞市邮政管理局联合市公安、交通、安监、消防、交警部门和虎门镇政府对辖区内的寄递企业开展了快递业务旺季安全服务保障联合检查。检查期间，各部门依职责分别从寄递企业生产操作、内保机制建设、车辆管理、安全生产规范、消防设施设备配备等方面进行了实地检查，听取了企业负责人关于快递业务旺季安全服务保障工作情况汇报，详细了解企业旺季期间业务增长预测以及在人员车辆储备、末端网点派送保障、确保服务顺畅和网络稳定等方面采取的工作措施。对于检查中发现存在问题的个别企业，联合检查组现场提出整改要求，要求其限期整改，加强安全生产防范。

宁夏回族自治区中卫市邮政管理局根据《中卫市快递企业安全管理评价体系实施方案》，完成了全市28家品牌快递企业的安全等级评定工作，进一步明确监管职责和企业安全主体责任。中卫局对28家企业从落实“三项制度”、教育培训、制度台账、安全条件、作业规范、隐患治理、事故处理、应急管理等19个方面进行了检查核实，依据评分标准及日常监管动态对各企业做了等级评定，其中纳入A级监管的企业6家，纳入B级监管的企业17家，纳入C级监管的企业3家，纳入D级监管的企业2家。

四、破解发展瓶颈问题取得突破

2017，各市(地)邮政管理局坚持问题导向，积极主动与地方各部门沟通协调，争取理解和支持，着力破解行业发展中的瓶颈问题，快递车辆通行等一系列制约行业发展的瓶颈问题取得重大突破。

江苏省苏州市邮政管理局、市公安局、市交通运输局三部门联合印发了《苏州市关于邮政快递专用电动车规范管理的实施意见》，全面规范邮政快递专用电动三轮车的管理，改善城市末端寄递配送车辆交通秩序。《实施意见》明确：动态控制快递三轮车总量，对快递三轮车采取“自治管理”，并根据苏州市快递量年增长情况确定快递三轮车配置比例，进行总量控制；统一标识管理。制定邮政快递电动三轮车颜色、标识的统一标准和编码规则，市快递协会编发邮政快递三轮车通行备案证，统一购买交通意外保险。要求企业为所使用的邮政快递电动三轮车统一购买交通意外保险，提高寄递运输车辆和人员的安全保障；统一规范使用管理。建立驾驶人学习管理制度，统一制发交通安全活动卡，定期参加交通安全知识培训，开展车辆驾驶人遵守道路交通安全法律、法规的考核。

在广东，佛山市政府办公室印发了《关于进一步做好城市配送运输与车辆通行管理工作的实施意见》，明确将邮政、快递企业纳入城市配送试点企业申报范围，允许试点企业持公安交警部门核发的城市配送车辆通行证享有非高峰时段在限货区域内通行和临时停靠卸货物等通行便利。《意见》的出台，将有效缓解邮政、快递企业货车在限行区域的通行问题，也成为佛山局加强行业监管、规范行业运行秩序和引导行业转型升级的有力抓手。

山东省潍坊市邮政管理局加强与市文明委、市交警支队等单位的沟通协调，牵头印发《关于在全市邮政业开展文明出行专项行动的通知》，明确在邮政业开展文明出行专项行动的总体目标、主要内容、重点措施、实施步骤和工作要求。由快递行业协会起草《潍坊市邮政业寄递车辆文明出行规范》和《潍坊市邮政业寄递车辆文明出行自律公约》，构建寄递车辆规范文明出行自律机制，要求各寄递企业要根据行业标准和品牌形象标识，统一电动三轮车外观和标识，实行统一编号管理，专人专车、定人定车，3000 余辆快递三轮实现统一规范管理。

陕西省商洛市邮政管理局联合商州区交警大队试点规范管理城区快递投递三轮车，落实统一标识区分、统一车牌挂号、统一备案登记的“三统一”管理模式。目前，已有邮政企业和 14 家快递企业共计近 150 辆投递车辆达到备案管理要求，统一挂牌投运。商洛局与市公安局交通警察支队商州大队联合下发规范管理通知，明确规范管理的主要车型是商洛市城区投递运营的快递机动、电动三轮车；明确备案管理办法，统一外观标准，对于已办理牌照的机动三轮车进行备案登记，对于电动三轮车在备案登记的基础上制作临时牌照进行统一管理；明确安全通行政策，凡按期备案挂牌的投递车辆在城区禁限停区可以临时停放投递，对于违反交通法规情节轻微的投递车辆以批评教育为主，加大交通安全培训力度，力争实现规范管理的具体要求。

宁夏回族自治区银川市邮政管理局和市公安局交通警察分局联合下发了《关于加强银川市快递车辆绿色通行的通知》，对全市快递车辆发放绿色通行证提出了明确要求。此次快递车辆绿色通行证的办理、发放，严格按照一车一档上报车辆信息，由银川局审核通过后，统一送公安交警部门核办。

为保障邮政、快递车辆城区便捷通行，减少重污染天气机动车禁限行措施对邮政、快递运送车辆产生影响，在陕西省咸阳市邮政管理局的沟通协调下，咸阳市政府在印发的《咸阳市重污染天气应急预案》中，明确将邮政、快递专用车辆纳入特种车辆，不受限行限制。

五、行业管理体系不断完善

2017 年，各市（地）邮政管理局结合具体工作的开展，通过各种形式加强队伍建设，夯实行业管理基础，邮政监管机构稳妥有序地向县级延伸，截至 2017 年年底，全国县级邮政管理机构达到 113 个，山东、黑龙江、天津、湖北、安徽、浙江、贵州等 13 个省（市）和 23 个市（地）成立邮政业安全中心，行业监管支撑保障能力进一步加强。

为进一步加强邮政行业队伍建设，激发全体干部职工工作热情和学习内在动力，提升干部综合素质和能力，北京市东区邮政管理局结合“两学一做”学习教育和全年重点工作安排，开展“干部大讲堂”系列培训讲座活动，讲座围绕行政许可培训、行政执法培训、行业统计培训、普遍服务监管培训等主题，由主讲人自己准备 PPT 并主讲，培训结束后当场开展集体研讨，通过自己制作 PPT 主讲，进一步深入认识自己的工作，拓宽工作思路。通过大讲堂活动这种新颖的形式，起到深化学习成效的目的，也实现了机关干部学习常态化，有力促进了学习型机关建设。

安徽省马鞍山市邮政管理局认真贯彻落实省局和市委、市政府综治工作（平安建设）工作决策和部署，切实发挥行业监管在社会治安综合治理方面的作用，通过宣传教育、市场整顿、文明创建、政企会商、树创志愿服务品牌等系列活动，有序参与、推进寄递渠道综治维稳和平安创建工作，形成和巩固了管理部门、行业协会、全体企业和从业人员群防群治,多方力量参与共建平安城市的良好局面,保障了全市寄递渠道的安全畅通、稳定和谐,为开展社会面综合防控做出了积极贡献,连续两年被评为全市综治工作(平安建设)优秀单位。

河南省许昌市邮政管理局认真实施“党建+”行动,将党建工作与中心工作、特色工作和群众工作有机融合,强化党的建设对各项工作的推动作用。推行“党建+精准扶贫”工作,发动党员发挥模范先锋作用,支持、参与、推动精准扶贫工作;推行“党建+行业管理”工作,将党建工作与落实“三项制度”、提升行业规范化管理和重要活动、重大节日期间寄递渠道安全保障等重点工作相结合,以党组织建设推动邮政业管理良性发展和平稳运行;推行“党建+行业发展”工作,将党建工作与提升快递末端网点服务水平、全市国内贸易流通体制改革发展综合试点等工作相结合,激发党员工作活力和创新力,继续引领行业快速发展;推行“党建+为民服务平台”工作,将党建工作与做好快递网点申办流程解答,处理好消费者申(投)诉和全市12345社会公共服务平台转办事项结合,为群众做好事、做实事,推进服务型机关建设。

湖北省荆门市邮政管理局立足行业实际,积极探索市邮政行业安全监管执法检查工作新模式,通过对寄递企业、分支机构和生产操作场地、营业网点等运用动态评级分类管理方式,突出日常工作执法重点,有效提升执法效能,消除安全隐患。荆门局在执法上采取“双随机”与安全监管全覆盖相结合的方式,积极运用日常执法检查结果,对监管对象采取动态评级分类管理。对全市所有寄递企业、分支机构和生产操作场地、营业网点进行安全评估,共分ABC三个类别:A类为安全达标;B类为一般问题,督促企业及时整改;C类为安全隐患突出的企业和网点,实行重点监管,提高日常检查频次。寄递企业及营业网点的评级根据检查情况实时调整,并按季度通报企业。

部分市(地)邮政管理局2017年工作亮点及特色举措

市(地)	工作亮点及特色举措
河北省唐山市	创新“1+2+3+X”模式:“1”即形成了一个全市邮快合作总体框架协议。制定出台了《关于推进“邮快合作”工作的指导意见》;“2”即构建了两个邮快合作交流共享平台,集中打造邮快合作微信平台,构建了“社会用户”“企业员工”两大黑名单系统;“3”即实现了三个方面的突破合作,包括邮政与苏宁的合作、邮政与顺丰的合作、邮政与同城快递易代路的合作。“X”即搭建了X个邮快联合配送服务驿站。针对解决邮件、快件进小区(特别是高档小区)难、员工紧缺、成本压力大等问题,由邮政、快递企业共建共享邮快联合配送服务驿站,实现集中配送,既提高了效率,又降低了成本
山西省临汾市	“快递+特色农产品”建设再结硕果。山西隰县人民政府、山西顺丰快递联手打造的“玉露香梨寄递 一路顺丰”深度合作项目,这是临汾市“快递+特色农产品”和快递精准扶贫的又一重大建设项目。隰县地处山西吕梁山南麓,盛产梨果,全县梨果种植总面积达到35万亩,其中,玉露香梨种植面积达20万亩,是名副其实的“中国玉露香梨第一县”。为切实推进快递电商扶贫战略落实,深挖“一市一品”发展资源,山西顺丰快递积极响应临汾局号召,主动担当,勇于作为,立足临汾实际,与隰县政府开展深度合作,形成了由顺丰快递主导的玉露香梨销售、包装、运输一体化合作模式,为隰县果品经济发展和农民增收致富敞开了一条快车道
内蒙古自治区锡林郭勒盟	“快递下乡”工程实现全覆盖。全盟苏木乡镇快递网点覆盖率由年初的22%提升至100%,超额完成了年初制定的工作目标。以推进“全国快递服务现代农业示范基地”为工作抓手,借力苏尼特右旗、东乌珠穆沁旗、太仆寺旗、正蓝旗获批电子商务进农村国家级示范县的政策东风,以推动快递电商深度融合,加快实现以“互联网+快递+农牧特色产品”为重点的电子商务、快递企业协同发展一体化格局为目标,深入推进电子商务与快递物流体系建设工作。争取地方政府的政策和资金支持,引导快递企业组团下乡,组建快递物流集散中心、设立以配送为主、资源共享、利益均沾、共同发展的快递综合服务站

续上表

市(地)	工作亮点及特色举措
辽宁省葫芦岛市	实现高校快递全覆盖。坚持将“快递进校园”作为全年的一项重点工作强力推进。在前期大量走访调研，充分了解掌握校园快递服务需求及高校具体硬件配套设施情况的基础上，积极搭建沟通交流平台，多次组织品牌快递企业负责人、第三方企业负责人与辽宁工程技术大学、辽宁财贸学院、渤海船舶职业学院等三所学校的后勤负责人座谈，力争实现“校企合作”三方共赢。同时，葫芦岛局坚持目标导向，将推进工作目标细化到各时间节点上，有计划、分步骤地推进快递进校园工作，对个别工作进展滞后的快递企业进行督促，确保推进工作更加聚焦、更有效率
江苏省沭阳市	启动全省首个“快递物流小镇”工程建设。“江苏百盟快递物流小镇”位于沭阳县南部城区，规划占地333亩，其中一期规划占地88亩，二期规划占地245亩。该项目在沭阳邮政管理局的引导下，积极招商引资，由江苏百盟投资有限公司建设，总投资额达3.6亿元，其中一期固定资产投资1.2亿元，建设快递物流用房2万平方米，计划于2017年年底主体封顶，2018年上半年投入使用。全面建成投入使用后，“江苏百盟快递物流小镇”将成为沭阳县域内集快递分拨(拣)、智能云仓、保税仓库、零担物流、冷链物流等功能于一体，具有综合功能的现代化物流产业园区
福建省泉州市	快递数据实时分析展示系统全面落地。泉州快递数据实时分析展示系统通过大数据获得企业实时生产数据，可实现对行业实时生产的监控和监测预警。通过对该系统数据分析研判，可为制造企业、电商商家等在调整产能、寻找商机、优化仓配方面提供实时数据支撑，对拉动产业需求和促进行业发展有重要的现实意义。该系统作为城市对外展示窗口之一，有利于更好地推动泉州市快递服务业转型升级，促进上下游产业协同发展，进一步融入泉州市“互联网＋”行动，深化“智慧泉州”建设
广东省汕头市	组织开展市寄递企业安检机操作技能专项培训。培训活动邀请专业技术人员讲授安检设备工作原理、安检设备的日常使用知识以及寄递渠道常见禁寄物品图像等实用知识。并在快递企业操作场进行实操演示，指导参培人员现场操作，对仿真枪、管制器具、酒精、鞭炮和不明粉状物品等实物进行过机安检，对照图像讲解。此外，专业技术人员还现场解答了部分安检员的有关操作疑问，有针对性地提高了参培人员的安检操作水平
云南省迪庆州	推动发展“快递＋”模式助力地方农特产品“走出去”。鼓励快递企业发展“快递＋”特色服务模式，引导“快递＋电商＋农产品”合作模式，围绕松茸、虫草、牦牛肉等地方特色产品实现新发展，支持快递企业与关联产业建立长期稳定合作关系，并取得初步成效。日前，云南顺丰、中通先后在迪庆州举办了松茸寄递推介会，依托“顺丰优选”“中通优选”电商平台，为松茸销售做全国推广
陕西省宝鸡市	快递员培训被纳入免费培训范畴。陕西宝鸡市邮政管理局积极加强和市政协、市人社局等部门的沟通，将快递业务员列为享受培训补贴的就业培训工种。培训内容包括就职培训、安全知识培训、电商培训、职业道德培训等技能培训。宝鸡局制定了3年培训计划，计划通过3年时间培训快递员2000名

承诺 为每一份托付

DELIVER ON OUR EVERY PROMISE

1993年，顺丰诞生于广东顺德。2017年2月24日，正式在A股上市，股票代码002352。

顺丰不仅是国内领先的快递物流综合服务商，
更是一家具有“天网+地网+信息网”三网合一、可覆盖国内外的智能物流运营商；
同时采用直营的经营模式，并大量运用信息技术保障全网执行统一规范，建立多个行业领先的业务信息系统，提升了网络整体运营质量。

立志于为客户提供一体化的综合物流解决方案。

聚合支付，多消费场景串联，会员积分当钱花

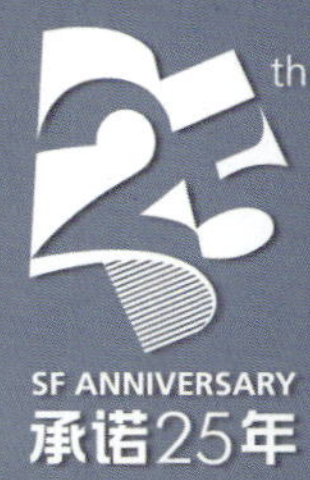

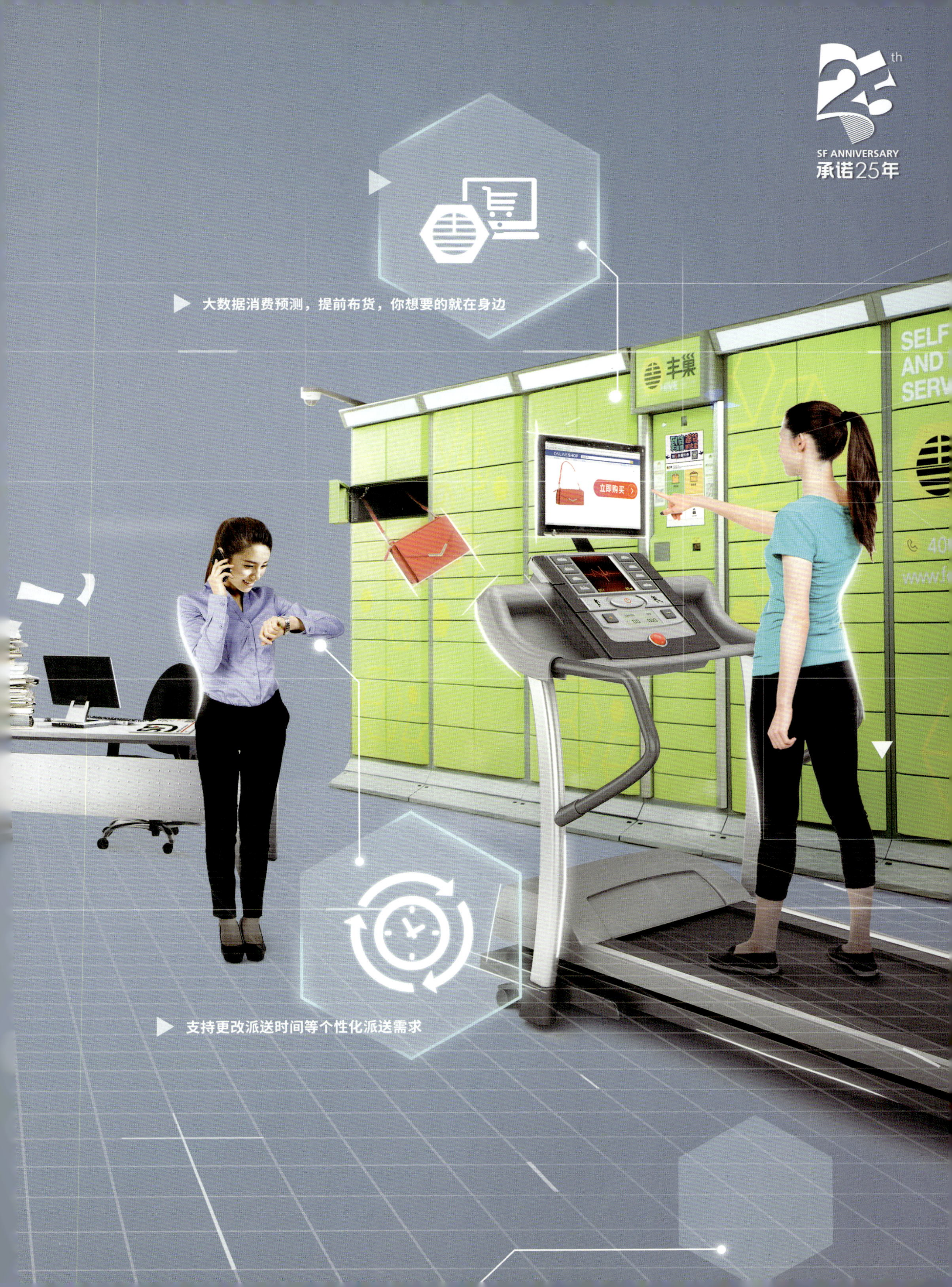
th
SF ANNIVERSARY
承诺25年
大数据消费预测，提前布货，你想要的就在身边
丰巢
立即购买
支持更改派送时间等个性化派送需求

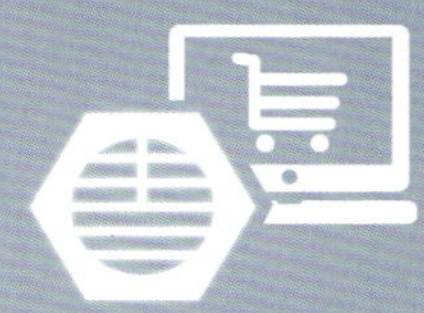

质量年

2018

质量保障·服务提升

凝心聚力

聚焦质量

强化执行

实现超越

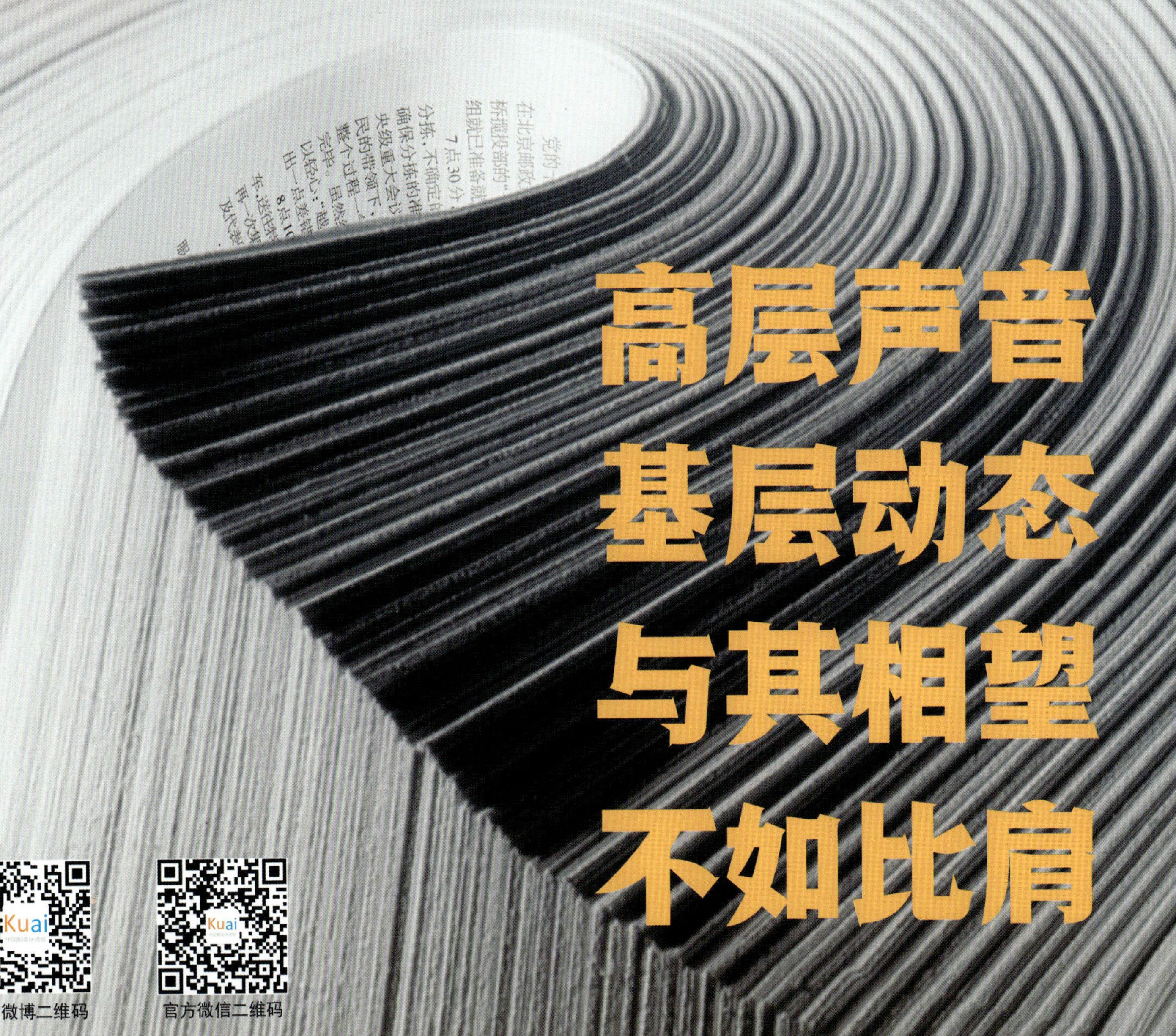

高层声音
基层动态
与其相望
不如比肩

第三章 快递法律规章及规范性文件

(2017年施行)

国家邮政局关于印发《快递业信用管理暂行办法》的通知

国邮发〔2017〕105号

各省、自治区、直辖市邮政管理局,各经营快递业务的企业:

为贯彻落实《社会信用体系建设规划纲要(2014－2020年)》和《国务院关于建立完善守信联合激励和失信联合惩戒制度加快推进社会诚信建设的指导意见》,加强快递业信用体系建设,促进快递业健康发展,根据《中华人民共和国邮政法》以及《快递市场管理办法》等有关规定,国家邮政局制定了《快递业信用管理暂行办法》,经2017年第13次局长办公会议审议通过,现印发给你们,请遵照执行。

国家邮政局

2017年12月27日

快递业信用管理暂行办法

第一章 总 则

第一条 为加强快递业信用体系建设,促进快递业健康发展,根据《中华人民共和国邮政法》以及《快递市场管理办法》等有关规定,制定本办法。

第二条 快递业信用信息的采集、评定、应用和监督管理等适用本办法。

第三条 快递业信用信息是指经营快递业务的企业从事快递业务经营过程中形成的信息,以及邮政管理部门在依法履行职责过程中产生的能够反映企业信用状况的信息。

第四条 快递业信用管理应当遵循标准统一、分级分类、动态调整和公开、公平、公正的原则,依法保守国家秘密、商业秘密和个人隐私。

第五条 国务院邮政管理部门在全国依法推进快递业信用体系建设。

省级及省级以下邮政管理部门在本辖区依法推进快递业信用体系建设。

第六条 快递业信用管理以经营快递业务的企业为主要对象,建立唯一信用档案进行信用评定和管理。

经营快递业务的企业的加盟企业、分支机构由所在地邮政管理部门实施管理。

第七条 邮政管理部门应当加强与发展改革、公安、交通运输、商务、人民银行、海关、税务、工商、质检、安全生产监督管理等部门和司法机关的沟通协作，逐步实现信用信息共享，健全和完善守信联合激励和失信联合惩戒机制。

第八条 经营快递业务的企业应当加强信用建设，建立健全规章制度，加强对分支机构和从业人员的信用管理与考核，不断提升企业信用水平。

以加盟方式经营快递业务的，在信用建设方面实行统一管理。

第九条 快递行业协会应当引导和督促会员单位加强行业自律，通过行业公约等倡导信用建设，引导企业诚信经营。

第二章 信用档案的建立和信用信息的采集

第十条 国务院邮政管理部门应当建设快递业信用管理信息系统，建立电子化信用档案，用以记录、存储经营快递业务的企业的信用信息。

省级及省级以下邮政管理部门依照职责权限，对本辖区内经营快递业务的企业的信用档案实施管理。

第十一条 信用档案应当使用统一的信用代码。信用代码具有唯一性。

经营快递业务的企业及其分支机构应当使用国家有关登记管理部门发放的统一社会信用代码。

第十二条 经营快递业务的企业信用信息包括以下内容：

（一）基本信息。包括企业名称、信用代码、住所（主要办事机构所在地）、法定代表人（负责人）身份信息等；

（二）许可管理信息。包括经营快递业务的企业取得快递业务经营许可、备案、年度报告、变更以及许可的地域范围、业务范围等情况；

（三）快递服务质量信息。通过满意度调查、消费者申诉、时限测试、行政执法、舆情监测等反映的快递服务质量状况；

（四）寄递安全信息。包括经营快递业务的企业落实安全主体责任、制定执行安全制度、组织安全培训教育、落实重大活动安全保障措施、预防处置突发事件等情况；

（五）社会责任信息。包括经营快递业务的企业遵守社会公德、商业道德，开展企业诚信文化建设，履行绿色环保责任，遵守快递市场秩序，弘扬行业核心价值观等情况；

（六）获得表彰、奖励等其他反映经营快递业务的企业信用状况的信息。

第十三条 省级及省级以下邮政管理部门依照职责权限负责采集本辖区经营快递业务的企业的信用信息。

跨省（区、市）经营快递业务的企业、经营国际快递业务的企业，信用信息由所在地省级邮政管理部门按照国务院邮政管理部门的要求采集。

第十四条 按照快递业信用信息产生的方式和来源，采集的途径包括邮政管理部门收集录入、经营快递业务的企业申报录入、共享其他部门信息等。

第十五条 经营快递业务的企业的信用信息通过下列方式采集：

（一）基本信息。经营快递业务的企业的基本信息从快递业务经营许可管理信息系统采集。与系统对接有异常的，核实后补正录入；

（二）许可管理信息。经营快递业务的企业取得快递业务经营许可、备案、年度报告、变更的信息从快递业务经营许可管理信息系统采集。信息存疑的，结合其他信息源比对核实后补正录入；

（三）服务质量信息。邮政管理部门通过满意度调查、消费者申诉、时限测试、行政执法、舆情监测等手段获取的服务质量信用信息，直接从相关信息系统采集或者由相关部门提供。产生于经营快递业务的企业的其他服务质量信息，应当由该企业在该信息产生后10日内主动申报；

（四）寄递安全信息。消费者申诉、行政执法、舆情监测等涉及寄递安全的信用信息，直接从相关信息系统采集或者由相关业务部门提供。产生于经营快递业务的企业的其他寄递安全信息，应当在该信息产生后10日内主动申报；

（五）社会责任信息。经营快递业务的企业履行社会责任的情况应当主动申报，并提供相关证明材料。邮政管理部门履行职权过程中获取的经营快递业务的企业信用信息，由邮政管理部门录入。

第十六条　邮政管理部门对其他部门获得的经营快递业务的企业的信用信息，通过共享机制采集。

其他相关信用信息，邮政管理部门按照信息来源、产生方式等确定适当的方式采集。

第十七条　作出的行政处罚决定被依法变更或者撤销的，邮政管理部门应当自变更或者撤销决定生效之日起10日内自行完成信用记录的变更。

其他部门做出的行政处罚决定被变更或者撤销的，通过信用信息共享机制进行变更。

第十八条　经营快递业务的企业认为信用信息记录不准确，可以向所在地省级以下邮政管理部门提出异议，并提供相关证明材料。邮政管理部门应当自收到异议申请之日起10日内进行复核。异议成立的，应当自核实之日起10日内完成变更。

信用信息记录经当场复核有误且可当场完成变更的，应予当场变更。

第十九条　本年度信用信息采集、申报、变更、提出异议，不得迟于次年2月15日。

第三章　信用评定

第二十条　国务院邮政管理部门组织设立全国快递业信用评定委员会，开展全国快递业信用评定工作。

省级及省级以下邮政管理部门组织设立本地区快递业信用评定委员会，开展本地区快递业信用评定工作。

快递业信用评定委员会可由邮政管理部门、快递行业协会、经营快递业务的企业、快递从业人员、用户代表等组成。

第二十一条　快递业信用评定委员会负责编制年度评定方案，确定评价指标并赋予相应分值，明确守信企业、失信企业和信用异常企业的确定标准。

评定方案按照兼顾稳定性和适应性的原则实行动态管理，原则上每年编制一次，经快递业信用评定委员会审定，可以继续沿用上一年度评定方案。

评定方案编制应当充分征求经营快递业务的企业等相关主体的意见。

第二十二条　全国快递业信用评定委员会确定通用信用评价指标，各地可以结合实际补充提出适用于本地区的信用评价指标。

通用指标与本地区指标的权重比例由全国快递业信用评定委员会确定。

第二十三条　全国快递业信用评定委员会应当于每年9月30日前审定发布次年的评定方案。各地快递业信用评定委员会应当于每年10月31日前审定发布本地区次年评定方案。

第二十四条　快递业信用评定委员会对经营快递业务的企业信用评定的周期为一年度。信用情况的发布和通报等可以视管理需要采取按月度、季度、半年等周期实施。

经营快递业务的企业发生严重失信行为的，由快递业信用评定委员会依据评定方案直接将其列入快递业失信名单。

第二十五条　快递业信用评定采用百分制。快递业信用评定委员会根据评定方案对经营快递业务的企业的信用情况考核打分，得出评定结果。

第四章　信用信息的披露和应用

第二十六条　各地快递业信用评定委员会应当于每年3月1日前发布上年度快递业信用评定结果，全国快递业信用评定委员会应当于3月31日前发布全国快递业信用评定结果。

第二十七条　对拟列入失信名单的企业，快递业信用评定委员会应当通过网站等媒介予以公示，公示期不得少于一个月。

第二十八条 经营快递业务的企业对被列入快递业失信名单有异议的，可以向所在地快递业信用评定委员会提出书面异议并提交相关证明材料。

快递业信用评定委员会应当在收到异议申请之日起二十个工作日内审查并将审查结果书面告知申请人。对审查结果重复提出异议的，不予受理。

经审查发现列入失信名单存在错误的，应当自查实之日起五日内予以更正。

第二十九条 经营快递业务的企业的信用信息通过公开、共享和查询等方式披露。

涉及国家秘密、商业秘密和个人隐私的不予披露。

第三十条 披露的信用信息包括下列内容：

（一）基本信息、许可管理信息为本办法第十二条规定的相应内容；

（二）其他信息包括行为事实、认定部门和时间、认定文件和文号、信息来源部门（单位）；

（三）信用评定结果包括评定分数等。

第三十一条 信用信息按照下列规定期限披露：

（一）经营快递业务的企业基本信息、许可管理信息长期披露，已注销的除外；

（二）其他信用信息以及评定结果披露期限为2年，自信用评定结果发布之日起计算，超过2年的转为档案保存；

（三）法律、法规和规章另有规定的，从其规定。

第三十二条 年度守信名单和失信名单应当通过邮政管理部门网站、报纸等媒介公开。

第三十三条 邮政管理部门及其委托的监督管理机构、有关部门可以依法通过快递业管理信息系统共享快递业信用信息。

第三十四条 公民、法人和其他组织可以查询公开的经营快递业务的企业的信用信息。查询非公开的信用信息，应当征得被查询企业书面同意。

第三十五条 经营快递业务的企业被列入年度守信名单的，邮政管理部门可以在行业评优评先、争取政府政策支持等方面优先予以考虑和安排。

第三十六条 经营快递业务的企业被列入年度失信名单或者信用异常名单的，取消企业及其法定代表人（负责人）在邮政管理系统的评优评先资格。

第三十七条 对列入信用异常名单的企业，邮政管理部门应当将其作为监督检查的重点对象，可以约谈其法定代表人（负责人），提出告诫督促其整改。

第三十八条 对列入快递业失信名单的企业可以采取以下惩戒措施：

（一）作为重点监督管理对象，提高对其随机抽查的频次和比例；

（二）列入失信名单且被依法吊销《快递业务经营许可证》的企业，法定代表人再次以法定代表人身份申请新设经营快递业务的企业的，或者其他高层管理人员任职新设经营快递业务的企业高层管理人员的，邮政管理部门应当依法重点审查；

（三）取消企业及其法定代表人（负责人）、从业人员在邮政管理系统的评优评先资格；

（四）按照联合惩戒机制通过邮政管理部门与其他部门的信息共享，由其他部门审慎批准失信企业新增项目、土地使用、政府采购、融资贷款、政策性资金和财税政策扶持等措施，取消企业及其法定代表人（负责人）、从业人员评优评先资格；

（五）由行业协会对列入失信名单的会员企业实行警告、行业内通报批评、公开谴责、不予接纳、劝退等惩戒措施。

第三十九条 被列入失信名单的经营快递业务的企业满足以下条件，可以移出失信名单：

（一）因严重失信行为被列入失信名单的，次年信用评定为守信企业的；

（二）非因严重失信行为被列入失信名单的，次年信用评定未被列入失信名单或者信用异常名单的。

第四十条 基于信用修复被移出失信名单的企业，自移出之日的次日起解除对其惩戒措施。移出失信名单的评定年度，不得对其实施本办法规定的激励措施。

第四十一条 邮政管理部门可以结合经营快递业务的企业的信用状况，基于特定的方法编制信用指数，以反映行业信用建设的动态水平。

第五章 监督管理

第四十二条 各级邮政管理部门应当加强对快递业信用体系建设的管理。

第四十三条 邮政管理部门依法履行快递业信用管理职责，可以采取下列监督检查措施：

（一）进入经营快递业务的企业或者其他有关场所实施现场检查；

（二）向有关单位和个人了解情况；

（三）查阅、复制有关文件、资料、凭证；

（四）经邮政管理部门负责人批准，查封与违法活动有关的场所，扣押用于违法活动的运输工具以及相关物品，对信件以外的涉嫌夹带禁止寄递或者限制寄递物品的快件开拆检查。

第四十四条 经营快递业务的企业应当积极配合邮政管理部门的管理工作。

第四十五条 邮政管理部门引导全行业开展诚信文化建设，营造讲诚信、守信用的行业氛围。

第四十六条 邮政管理部门可以通过与其他部门签订联合奖惩备忘录等方式，健全守信激励、失信惩戒工作机制，提升信用管理实效。

第四十七条 经营快递业务的企业按照本办法申报相关信息，应当确保及时、真实、完整，不得迟报、谎报和瞒报。

第四十八条 邮政管理部门工作人员违法采集、使用、披露经营快递业务的企业信用信息的，应当按照有关规定追究责任。构成犯罪的，依法追究刑事责任。

第六章 附 则

第四十九条 对快递从业人员的信用管理，暂时不纳入本办法调整。

各地邮政管理部门可以参照本办法相关规定，结合本地实际探索开展对快递从业人员的信用管理。

第五十条 本办法中以上含本值，以下不含本值，日为工作日。

第五十一条 本办法由国务院邮政管理部门负责解释。

第五十二条 本办法自印发之日起施行。

国家邮政局关于印发《邮件快件寄递协议服务安全管理办法（试行）》的通知

各省、自治区、直辖市邮政管理局：

《邮件快件寄递协议服务安全管理办法（试行）》于2017年3月1日经国家邮政局2017年第3次局长办公会议审议通过，现印发给你们，请遵照执行。

国家邮政局

2017年3月8日

附件：http://zjqz.spb.gov.cn/xxgg_3962/201704/P020170413596503734684.pdf

第四章　快递规划(索引)

京津冀地区快递服务发展“十三五”规划

http://www.spb.gov.cn/zc/ghjbz_1/201704/t20170405_1110512.html

长江三角洲地区快递服务发展“十三五”规划

http://www.spb.gov.cn/zc/ghjbz_1/201704/t20170405_1110511.html

珠江三角洲地区快递服务发展“十三五”规划

http://www.spb.gov.cn/zc/ghjbz_1/201704/t20170405_1110503.html

第五章 快递标准(索引)

冷链快递服务

http://www.spb.gov.cn/zc/ghjbz_1/201508/W020180201602203808261.pdf

快件处理场所设计指南

http://www.spb.gov.cn/zc/ghjbz_1/201508/W020180201602203824979.pdf

快件航空运输信息交换规范

http://www.spb.gov.cn/zc/ghjbz_1/201508/W020171016409562239916.pdf

快递服务制造业信息交换规范 第1部分:仓配一体化

http://www.spb.gov.cn/zc/ghjbz_1/201508/W020171016409562051241.pdf

邮政业封装用胶带 第1部分:普通胶带

http://www.spb.gov.cn/zc/ghjbz_1/201508/W020171016409562045597.pdf

邮政业封装用胶带 第2部分:生物降解胶带

http://www.spb.gov.cn/zc/ghjbz_1/201508/W020171016409562010265.pdf

第六章 快 递 政 策

国务院办公厅关于加快发展冷链物流保障食品安全促进消费升级的意见

国办发〔2017〕29 号

各省、自治区、直辖市人民政府，国务院各部委、各直属机构：

随着我国经济社会发展和人民群众生活水平不断提高，冷链物流需求日趋旺盛，市场规模不断扩大，冷链物流行业实现了较快发展。但由于起步较晚、基础薄弱，冷链物流行业还存在标准体系不完善、基础设施相对落后、专业化水平不高、有效监管不足等问题。为推动冷链物流行业健康规范发展，保障生鲜农产品和食品消费安全，根据食品安全法、农产品质量安全法和《物流业发展中长期规划(2014－2020 年)》等，经国务院同意，提出以下意见。

一、总体要求

(一)指导思想。

全面贯彻党的十八大和十八届三中、四中、五中、六中全会精神，深入贯彻习近平总书记系列重要讲话精神，认真落实党中央、国务院决策部署，紧紧围绕统筹推进“五位一体”总体布局和协调推进“四个全面”战略布局，牢固树立和贯彻落实创新、协调、绿色、开放、共享的发展理念，深入推进供给侧结构性改革，充分发挥市场在资源配置中的决定性作用，以体制机制创新为动力，以先进技术和管理手段应用为支撑，以规范有效监管为保障，着力构建符合我国国情的“全链条、网络化、严标准、可追溯、新模式、高效率”的现代化冷链物流体系，满足居民消费升级需要，促进农民增收，保障食品消费安全。

(二)基本原则。

市场为主，政府引导。强化企业市场主体地位，激发市场活力和企业创新动力。发挥政府部门在规划、标准、政策等方面的引导、扶持和监管作用，为冷链物流行业发展创造良好环境。

问题导向，补齐短板。聚焦农产品产地“最先一公里”和城市配送“最后一公里”等突出问题，抓两头、带中间，因地制宜、分类指导，形成贯通一、二、三产业的冷链物流产业体系。

创新驱动，提高效率。大力推广现代冷链物流理念，深入推进大众创业、万众创新，鼓励企业利用现代信息手段，创新经营模式，发展供应链等新型产业组织形态，全面提高冷链物流行业运行效率和服务水平。

完善标准，规范发展。加快完善冷链物流标准和服务规范体系，制修订一批冷链物流强制性标准。加强守信联合激励和失信联合惩戒，推动企业优胜劣汰，促进行业健康有序发展。

(三)发展目标。

到 2020 年，初步形成布局合理、覆盖广泛、衔接顺畅的冷链基础设施网络，基本建立“全程温控、标准健全、绿色安全、应用广泛”的冷链物流服务体系，培育一批具有核心竞争力、综合服务能力强的冷链物流企业，冷链物流信息化、标准化水平大幅提升,普遍实现冷链服务全程可视、可追溯,生鲜农产品和易腐食品冷链流通率、冷藏运输率显著提高,腐损率明显降低,食品质量安全得到有效保障。

二、健全冷链物流标准和服务规范体系

按照科学合理、便于操作的原则系统梳理和修订完善现行冷链物流各类标准,加强不同标准间以及与国际标准的衔接,科学确定冷藏温度带标准,形成覆盖全链条的冷链物流技术标准和温度控制要求。依据食品安全法、农产品质量安全法和标准化法,率先研究制定对鲜肉、水产品、乳及乳制品、冷冻食品等易腐食品温度控制的强制性标准并尽快实施。(国家卫生计生委、食品药品监管总局、农业部、国家标准委、国家发展改革委、商务部、国家邮政局负责)积极发挥行业协会和骨干龙头企业作用,大力发展团体标准,并将部分具有推广价值的标准上升为国家或行业标准。鼓励大型商贸流通、农产品加工等企业制定高于国家和行业标准的企业标准。(国家标准委、商务部、国家发展改革委、国家卫生计生委、工业和信息化部、国家邮政局负责)研究发布冷藏运输车辆温度监测装置技术标准和检验方法,在相关国家标准修订中明确冷藏运输车辆温度监测装置要求,为冷藏运输车辆的温度监测性能评测和检验提供依据。(工业和信息化部、交通运输部负责)针对重要管理环节研究建立冷链物流服务管理规范。建立冷链物流全程温度记录制度,相关记录保存时间要超过产品保质期六个月以上。(食品药品监管总局、国家卫生计生委、农业部负责)组织开展冷链物流企业标准化示范工程,加强冷链物流标准宣传和推广实施。(国家标准委、相关行业协会负责)

三、完善冷链物流基础设施网络

加强对冷链物流基础设施建设的统筹规划,逐步构建覆盖全国主要产地和消费地的冷链物流基础设施网络。鼓励农产品产地和部分田头市场建设规模适度的预冷、贮藏保鲜等初加工冷链设施,加强先进冷链设备应用,加快补齐农产品产地“最先一公里”短板。鼓励全国性、区域性农产品批发市场建设冷藏冷冻、流通加工冷链设施。在重要物流节点和大中型城市改造升级或适度新建一批冷链物流园区,推动冷链物流行业集聚发展。加强面向城市消费的低温加工处理中心和冷链配送设施建设,发展城市“最后一公里”低温配送。健全冷链物流标准化设施设备和监控设施体系,鼓励适应市场需求的冷藏库、产地冷库、流通型冷库建设,推广应用多温层冷藏车等设施设备。鼓励大型食品生产经营企业和连锁经营企业建设完善停靠接卸冷链设施,鼓励商场超市等零售终端网点配备冷链设备,推广使用冷藏箱等便利化、标准化冷链运输单元。(国家发展改革委、财政部、商务部、交通运输部、农业部、食品药品监管总局、国家邮政局、国家标准委按职责分工负责)

四、鼓励冷链物流企业经营创新

大力推广先进的冷链物流理念与技术,加快培育一批技术先进、运作规范、核心竞争力强的专业化规模化冷链物流企业。鼓励有条件的冷链物流企业与农产品生产、加工、流通企业加强基础设施、生产能力、设计研发等方面的资源共享,优化冷链流通组织,推动冷链物流服务由基础服务向增值服务延伸。(国家发展改革委、交通运输部、农业部、商务部、国家邮政局负责)鼓励连锁经营企业、大型批发企业和冷链物流企业利用自有设施提供社会化的冷链物流服务,开展冷链共同配送、“生鲜电商+冷链宅配”、“中央厨房+食材冷链配送”等经营模式创新,完善相关技术、标准和设施,提高城市冷链配送集约化、现代化水平。(国家发展改革委、商务部、食品药品监管总局、国家邮政局、国家标准委负责)鼓励冷链物流平台企业充分发挥资源整合优势,与小微企业、农业合作社等深度合作,为小型市场主体创业创新创造条件。(国家发展改革委、商务部、供销合作总社负

责）充分发挥铁路长距离、大规模运输和航空快捷运输的优势，与公路冷链物流形成互补协同的发展格局。积极支持中欧班列开展国际冷链运输业务。（相关省级人民政府，国家铁路局、中国民航局、中国铁路总公司负责）

五、提升冷链物流信息化水平

鼓励企业加强卫星定位、物联网、移动互联等先进信息技术应用，按照规范化标准化要求配备车辆定位跟踪以及全程温度自动监测、记录和控制系统，积极使用仓储管理、运输管理、订单管理等信息化管理系统，按照冷链物流全程温控和高时效性要求，整合各作业环节。鼓励相关企业建立冷链物流数据信息收集、处理和发布系统，逐步实现冷链物流全过程的信息化、数据化、透明化、可视化，加强对冷链物流大数据的分析和利用。大力发展“互联网＋”冷链物流，整合产品、冷库、冷藏运输车辆等资源，构建“产品＋冷链设施＋服务”信息平台，实现市场需求和冷链资源之间的高效匹配对接，提高冷链资源综合利用率。推动构建全国性、区域性冷链物流公共信息服务和质量安全追溯平台，并逐步与国家交通运输物流公共信息平台对接，促进区域间、政企间、企业间的数据交换和信息共享。（国家发展改革委、交通运输部、商务部、农业部、工业和信息化部负责）

六、加快冷链物流技术装备创新和应用

加强生鲜农产品、易腐食品物流品质劣变和腐损的生物学原理及其与物流环境之间耦合效应等基础性研究，夯实冷链物流发展的科技基础。鼓励企业向国际低能耗标准看齐，利用绿色、环境友好的自然工质，使用安全环保节能的制冷剂和制冷工艺，发展新型蓄冷材料，采用先进的节能和蓄能设备。（科技部、工业和信息化部负责）加大科技创新力度，加强对延缓产品品质劣变和减少腐损的核心技术工艺、绿色防腐技术与产品、新型保鲜减震包装材料、移动式等新型分级预冷装置、多温区陈列销售设备、大容量冷却冷冻机械、节能环保多温层冷链运输工具等的自主研发。（科技部负责）冷链物流企业要从正规厂商采购或租赁标准化、专业化的设施设备和运输工具。加速淘汰不规范、高能耗的冷库和冷藏运输车辆，取缔非法改装的冷藏运输车辆。鼓励第三方认证机构从运行状况、能效水平、绿色环保等方面对冷链物流设施设备开展认证。结合冷链物流行业发展趋势，积极推动冷链物流设施和技术装备标准化，提高冷藏运输车辆专业化、轻量化水平，推广标准冷藏集装箱，促进冷链物流各作业环节以及不同交通方式间的有序衔接。（交通运输部、商务部、工业和信息化部、中国民航局、国家铁路局、国家邮政局、中国铁路总公司按职责分工负责）

七、加大行业监管力度

有关部门要依据相关法律法规、强制性标准和操作规范，健全冷链物流监管体系，在生产和贮藏环节重点监督保质期、温度控制等，在销售终端重点监督冷藏、冷冻设施和贮存温度控制等，探索建立对运输环节制冷和温控记录设备合规合法使用的监管机制，将从源头至终端的冷链物流全链条纳入监管范围。加强对冷链各环节温控记录和产品品质的监督和不定期抽查。（食品药品监管总局、质检总局、交通运输部、农业部负责）研究将配备温度监测装置作为冷藏运输车辆出厂的强制性要求，在车辆进入营运市场、年度审验等环节加强监督管理。（工业和信息化部、交通运输部按职责分工负责）充分发挥行业协会、第三方征信机构和各类现有信息平台的作用，完善冷链物流企业服务评价和信用评价体系，并研究将全程温控情况等技术性指标纳入信用评价体系。各有关部门要根据监管职责建立冷链物流企业信用记录，并加强信用信息共享和应用，将企业信用信息归集至全国信用信息共享平台，通过“信用中国”网站和国家企业信用信息公示系统依法向社会及时公开。探索对严重违法失信企业开展联合惩戒。

（国家发展改革委、交通运输部、商务部、民政部、食品药品监管总局、质检总局、工商总局、国家邮政局等按职责分工负责）

八、创新管理体制机制

国务院各有关部门要系统梳理冷链物流领域相关管理规定和政策法规，按照简政放权、放管结合、优化服务的要求，在确保行业有序发展、市场规范运行的基础上，进一步简化冷链物流企业设立和开展业务的行政审批事项办理程序，加快推行“五证合一、一照一码”“先照后证”和承诺制，加快实现不同区域、不同领域之间管理规定的协调统一，加快建设开放统一的全国性冷链物流市场。地方各级人民政府要加强组织领导，强化部门间信息互通和协同联动，统筹抓好涉及本区域的相关管理规定清理等工作。结合冷链产品特点，积极推进国际贸易“单一窗口”建设，优化查验流程，提高通关效率。利用信息化手段完善现有监管方式，发挥大数据在冷链物流监管体系建设运行中的作用，通过数据收集、分析和管理完善事中事后监管。（各省级人民政府，国家发展改革委、交通运输部、公安部、商务部、食品药品监管总局、国家卫生计生委、工商总局、海关总署、质检总局、国家邮政局、中国民航局、国家铁路局按职责分工负责）

九、完善政策支持体系

要加强调查研究和政策协调衔接，加大对冷链物流理念和重要性的宣传力度，提高公众对全程冷链生鲜农产品质量的认知度。（国家发展改革委、农业部、商务部、食品药品监管总局、国家卫生计生委负责）拓宽冷链物流企业的投融资渠道，引导金融机构对符合条件的冷链物流企业加大投融资支持，创新配套金融服务。（人民银行、银监会、证监会、保监会、国家开发银行负责）大中型城市要根据冷链物流等设施的用地需求，分级做好物流基础设施的布局规划，并与城市总体规划、土地利用总体规划做好衔接。永久性农产品产地预冷设施用地按建设用地管理，在用地安排上给予积极支持。（国土资源部、住房城乡建设部负责）针对制约冷链物流行业发展的突出短板，探索鼓励社会资本通过设立产业发展基金等多种方式参与投资建设。（国家发展改革委、商务部、农业部负责）冷链物流企业用水、用电、用气价格与工业同价。（国家发展改革委负责）加强城市配送冷藏运输车辆的标识管理。（交通运输部、商务部负责）指导完善和优化城市配送冷藏运输车辆的通行和停靠管理措施。（公安部、交通运输部、商务部负责）继续执行鲜活农产品“绿色通道”政策。（交通运输部、国家发展改革委负责）对技术先进、管理规范、运行高效的冷链物流园区优先考虑列入示范物流园区，发挥示范引领作用。（国家发展改革委、国土资源部、住房城乡建设部负责）加强冷链物流人才培养，支持高等学校设置冷链物流相关专业和课程，发展职业教育和继续教育，形成多层次的教育、培训体系。（教育部负责）

十、加强组织领导

各地区、各有关部门要充分认识冷链物流对保障食品质量安全、促进农民增收、推动相关产业发展、促进居民消费升级的重要作用，加强对冷链物流行业的指导、管理和服务，把推动冷链物流行业发展作为稳增长、促消费、惠民生的一项重要工作抓紧抓好。国家发展改革委要会同有关部门建立工作协调机制，及时研究解决冷链物流发展中的突出矛盾和重大问题，加强业务指导和督促检查，确保各项政策措施的贯彻落实。

国务院办公厅
2017 年 4 月 13 日

国务院办公厅关于进一步推进物流降本增效促进实体经济发展的意见

国办发〔2017〕73 号

各省、自治区、直辖市人民政府，国务院各部委、各直属机构：

物流业贯穿一二三产业，衔接生产与消费，涉及领域广、发展潜力大、带动作用强。推动物流降本增效对促进产业结构调整和区域协调发展、培育经济发展新动能、提升国民经济整体运行效率具有重要意义。按照党中央、国务院关于深入推进供给侧结构性改革、降低实体经济企业成本的决策部署，为进一步推进物流降本增效，着力营造物流业良好发展环境，提升物流业发展水平，促进实体经济健康发展，经国务院同意，现提出以下意见：

一、深化“放管服”改革，激发物流运营主体活力

（一）优化道路运输通行管理。2017 年年内实现跨省大件运输并联许可全国联网，由起运地省份统一受理，沿途省份限时并联审批，一地办证、全线通行。参照国际规则，优化部分低危气体道路运输管理，促进安全便利运输。（交通运输部负责）完善城市配送车辆通行管理政策，统筹优化交通安全和通行管控措施。鼓励商贸、物流企业协同开展共同配送、夜间配送。（公安部、交通运输部、商务部负责）

（二）规范公路货运执法行为。推动依托公路超限检测站，由交通部门公路管理机构负责监督消除违法行为、公安交管部门单独实施处罚记分的治超联合执法模式常态化、制度化，避免重复罚款，并尽快制定可操作的实施方案，在全国范围内强化督促落实。原则上所有对货车超限超载违法行为的现场检查处罚一律引导至经省级人民政府批准设立的公路超限检测站进行，货车应主动配合进站接受检查。各地公路超限检测站设置要科学合理，符合治理工作实际。（交通运输部、公安部、各省级人民政府负责）公路货运罚款按照国库集中收缴制度的有关规定缴入国库，落实罚缴分离。（财政部会同交通运输部、公安部负责）依据法律法规，抓紧制定公路货运处罚事项清单，明确处罚标准并向社会公布。严格落实重点货运源头监管、“一超四罚”依法追责、高速公路入口称重劝返等措施。严格货运车辆执法程序，执法人员现场执法时须持合法证件和执法监督设备。（交通运输部、公安部、各省级人民政府按职责分工负责）完善公路货运执法财政经费保障机制。（财政部会同交通运输部、公安部、各省级人民政府负责）完善全国公路执法监督举报平台，畅通投诉举报渠道。（交通运输部、公安部负责）

（三）完善道路货运证照考核和车辆相关检验检测制度。进一步完善道路货运驾驶员从业资格与信用管理制度，运用信息化手段推进违法失信计分与处理，积极推进年审结果签注网上办理和网上查询，在部分省份探索实行车辆道路运输证异地年审。（交通运输部负责）2017 年年内将货运车辆年检（安全技术检验）和年审（综合性能检测）依据法律法规进行合并，并允许普通道路货运车辆异地办理，减轻检验检测费用负担。（交通运输部、公安部会同质检总局负责）

（四）精简快递企业分支机构、末端网点备案手续。指导地方开展快递领域工商登记“一照多址”改革。（工商总局、国家邮政局负责）进一步简

化快递企业设立分支机构备案手续，完善末端网点备案制度。严格落实快递业务员职业技能确认与快递业务经营许可脱钩政策。（国家邮政局负责）

（五）深化货运通关改革。2017年年内实现全国通关一体化，将货物通关时间压缩三分之一。加快制定和推广国际贸易“单一窗口”标准版，实现一点接入、共享共用、免费申报。（海关总署、质检总局、公安部、交通运输部负责）

二、加大降税清费力度，切实减轻企业负担

（六）完善物流领域相关税收政策。结合增值税立法，统筹研究统一物流各环节增值税税率。加大工作力度，2017年年内完善交通运输业个体纳税人异地代开增值税发票管理制度。全面落实物流企业大宗商品仓储设施用地城镇土地使用税减半征收优惠政策。（财政部、税务总局负责）

（七）科学合理确定车辆通行收费水平。选择部分高速公路开展分时段差异化收费试点。省级人民政府可根据本地区实际，对使用电子不停车收费系统（ETC）非现金支付卡并符合相关要求的货运车辆给予适当通行费优惠。严格做好甘肃、青海、内蒙古、宁夏四省（区）取消政府还贷二级公路收费工作。落实好鲜活农产品运输“绿色通道”政策。（交通运输部、国家发展改革委、各省级人民政府负责）

（八）做好收费公路通行费营改增相关工作。2017年年内出台完善收费公路通行费营改增工作实施方案，年底前建成全国统一的收费公路通行费发票服务平台，完成部、省两级高速公路联网收费系统改造，推进税务系统与公路收费系统对接，依托平台开具高速公路通行费增值税电子发票。（交通运输部、税务总局、财政部负责）

（九）加强物流领域收费清理。开展物流领域收费专项检查，着力解决“乱收费、乱罚款”等问题。（国家发展改革委、交通运输部负责）全面严格落实取消营运车辆二级维护强制性检测政策。（交通运输部负责）完善港口服务价格形成机制，改革拖轮计费方式，修订发布《港口收费计费办法》。（交通运输部、国家发展改革委负责）清理规范铁路运输企业收取的杂费、专用线代运营代维护费用、企业自备车检修费用等，以及地方政府附加收费、专用线产权或经营单位收费、与铁路运输密切相关的短驳等两端收费。（国家铁路局、中国铁路总公司、各省级人民政府负责）

三、加强重点领域和薄弱环节建设，提升物流综合服务能力

（十）加强对物流发展的规划和用地支持。研究制定指导意见，进一步发挥城乡规划对物流业发展的支持和保障作用。（住房城乡建设部负责）在土地利用总体规划、城市总体规划中综合考虑物流发展用地，统筹安排物流及配套公共服务设施用地选址和布局，在综合交通枢纽、产业集聚区等物流集散地布局和完善一批物流园区、配送中心等，确保规划和物流用地落实，禁止随意变更。对纳入国家和省级示范的物流园区新增物流仓储用地给予重点保障。鼓励通过“先租后让”“租让结合”等多种方式向物流企业供应土地。对利用工业企业旧厂房、仓库和存量土地资源建设物流设施或提供物流服务，涉及原划拨土地使用权转让或租赁的，经批准可采取协议方式办理土地有偿使用手续。各地要研究建立重点物流基础设施建设用地审批绿色通道，提高审批效率。（各省级人民政府、国土资源部、住房城乡建设部负责）

（十一）布局和完善一批国家级物流枢纽。加强与交通基础设施配套衔接的物流基础设施建设。结合编制国家级物流枢纽布局和建设规划，布局和完善一批具有多式联运功能、支撑保障区域和产业经济发展的综合物流枢纽，并在规划和用地上给予重点保障。（国家发展改革委、交通运输部、住房城乡建设部、国土资源部负责）

（十二）加强重要节点集疏运设施建设。统筹考虑安全监管要求，加强铁路、公路、水运、民航、

邮政等基础设施建设衔接。统筹利用车购税等相关资金支持港口集疏运铁路、公路建设，畅通港站枢纽“微循环”。（国家发展改革委、交通运输部、财政部、中国民航局、国家铁路局、国家邮政局、中国铁路总公司按职责分工负责）

（十三）提升铁路物流服务水平。着力推进铁路货运市场化改革，发挥铁路长距离干线运输优势，进一步提高铁路货运量占全国货运总量的比重。探索发展高铁快运物流，支持高铁、快递联动发展。支持铁路运输企业与港口、园区、大型制造企业、物流企业等开展合资合作，按需开行货物列车。加快一级和二级铁路物流基地建设，重点加强进厂、进园、进港铁路专用线建设，推动解决铁路运输“最后一公里”问题。鼓励企业自备载运工具的共管共用，提高企业自备载运工具的运用效率。大力推进物联网、无线射频识别（RFID）等信息技术在铁路物流服务中的应用。（中国铁路总公司、交通运输部、国家铁路局、国家邮政局负责）

（十四）推动多式联运、甩挂运输发展取得突破。做好第二批多式联运示范工作，大力推广集装箱多式联运，积极发展厢式半挂车多式联运，有序发展驮背运输，力争2017年年内开通驮背多式联运试验线路。大力发展公路甩挂运输。完善铁路货运相关信息系统，以铁水联运、中欧班列为重点，加强多式联运信息交换。（交通运输部、国家发展改革委、国家铁路局、中国铁路总公司负责）

（十五）完善城乡物流网络节点。支持地方建设城市共同配送中心、智能快件箱、智能信包箱等，缓解通行压力，提高配送效率。加强配送车辆停靠作业管理，结合实际设置专用临时停车位等停靠作业区域。加强交通运输、商贸流通、供销、邮政等相关单位物流资源与电商、快递等企业的物流服务网络和设施共享衔接，逐步完善县乡村三级物流节点基础设施网络，鼓励多站合一、资源共享。加强物流渠道的安全监管能力建设，实现对寄递物流活动全过程跟踪和实时查询。（商务部、交通运输部、公安部、国家邮政局、供销合作总社、各省级人民政府按职责分工负责）

（十六）拓展物流企业融资渠道。支持符合条件的国有企业、金融机构、大型物流企业集团等设立现代物流产业发展投资基金，按照市场化原则运作，加强重要节点物流基础设施建设，支持应用新技术新模式的轻资产物流企业发展。（国家发展改革委、财政部、国务院国资委负责）鼓励银行业金融机构开发支持物流业发展的供应链金融产品和融资服务方案，通过完善供应链信息系统研发，实现对供应链上下游客户的内外部信用评级、综合金融服务、系统性风险管理。支持银行依法探索扩大与物流公司的电子化系统合作。（国家发展改革委、银监会、人民银行、商务部负责）

四、加快推进物流仓储信息化标准化智能化，提高运行效率

（十七）推广应用高效便捷物流新模式。依托互联网、大数据、云计算等先进信息技术，大力发展“互联网＋”车货匹配、“互联网＋”运力优化、“互联网＋”运输协同、“互联网＋”仓储交易等新业态、新模式。加大政策支持力度，培育一批骨干龙头企业，深入推进无车承运人试点工作，通过搭建互联网平台，创新物流资源配置方式，扩大资源配置范围，实现货运供需信息实时共享和智能匹配，减少迂回、空驶运输和物流资源闲置。（国家发展改革委、交通运输部、商务部、工业和信息化部负责）

（十八）开展仓储智能化试点示范。结合国家智能化仓储物流基地示范工作，推广应用先进信息技术及装备，加快智能化发展步伐，提升仓储、运输、分拣、包装等作业效率和仓储管理水平，降低仓储管理成本。（国家发展改革委、商务部负责）

（十九）加强物流装载单元化建设。加强物流标准的配套衔接。推广1200mm×1000mm标准托盘和600mm×400mm包装基础模数，从商贸领域

向制造业领域延伸,促进包装箱、托盘、周转箱、集装箱等上下游设施设备的标准化,推动标准装载单元器具的循环共用,做好与相关运输工具的衔接,提升物流效率,降低包装、搬倒等成本。(商务部、工业和信息化部、国家发展改革委、国家邮政局、中国铁路总公司、国家标准委负责)

(二十)推进物流车辆标准化。加大车辆运输车治理工作力度,2017 年年内完成 60% 的不合规车辆运输车更新淘汰。保持治理超限超载运输工作的延续性,合理确定过渡期和实施步骤,适时启动不合规平板半挂车等车型专项治理工作,分阶段有序推进车型替代和分批退出,保护合法运输主体的正当权益,促进道路运输市场公平有序竞争。推广使用中置轴汽车列车等先进车型,促进货运车辆标准化、轻量化。(交通运输部、公安部、工业和信息化部、各省级人民政府负责)

五、深化联动融合,促进产业协同发展

(二十一)推动物流业与制造业联动发展。研究制定推进物流业与制造业融合发展的政策措施,大力支持第三方物流发展,对接制造业转型升级需求,提供精细化、专业化物流服务,提高企业运营效率。鼓励大型生产制造企业将自营物流面向社会提供公共物流服务。(国家发展改革委、工业和信息化部、国家邮政局负责)

(二十二)加强物流核心技术和装备研发。结合智能制造专项和试点示范项目,推动关键物流技术装备产业化,推广应用智能物流装备。鼓励物流机器人、自动分拣设备等新型装备研发创新和推广应用。(工业和信息化部、国家发展改革委负责)支持具备条件的物流企业申报高新技术企业。(科技部负责)

(二十三)提升制造业物流管理水平。建立制造业物流成本核算制度,分行业逐步建立物流成本对标体系,引导企业对物流成本进行精细化管理,提高物流管理水平。(国家发展改革委、工业和信息化部负责)

六、打通信息互联渠道,发挥信息共享效用

(二十四)加强物流数据开放共享。推进公路、铁路、航空、水运、邮政及公安、工商、海关、质检等领域相关物流数据开放共享,向社会公开相关数据资源,依托国家交通运输物流公共信息平台等,为行业企业查询和组织开展物流活动提供便利。结合大数据应用专项,开展物流大数据应用示范,为提升物流资源配置效率提供基础支撑。结合物流园区标准的修订,推动各物流园区之间实现信息联通兼容。(各有关部门按职责分工负责)

(二十五)推动物流活动信息化、数据化。依托部门、行业大数据应用平台,推动跨地区、跨行业物流信息互联共享。推广应用电子运单、电子仓单、电子面单等电子化单证。积极支持基于大数据的运输配载、跟踪监测、库存监控等第三方物流信息平台创新发展。(国家发展改革委、交通运输部会同有关部门负责)

(二十六)建立健全物流行业信用体系。研究制定对运输物流行业严重违法失信市场主体及有关人员实施联合惩戒的合作备忘录,对失信企业在行政审批、资质认定、银行贷款、工程招投标、债券发行等方面依法予以限制,构建守信激励和失信惩戒机制。(国家发展改革委会同相关部门、行业协会负责)

七、推进体制机制改革,营造优良营商环境

(二十七)探索开展物流领域综合改革试点。顺应物流业创新发展趋势,选取部分省市开展物流降本增效综合改革试点,深入推进物流领域大众创业、万众创新,打破地方保护和行业垄断,破除制约物流降本增效和创新发展的体制机制障碍。探索建立物流领域审批事项的“单一窗口”,降低制度性交易成本。强化科技创新、管理创新、机制创新,促进物流新业态、新模式发展,形成可复制、可推广的发展经验。(国家发展改革委、交通运输部会同有关部门负责)

各地区、各有关部门要认真贯彻落实党中央、国务院的决策部署，充分认识物流降本增效对深化供给侧结构性改革、促进实体经济发展的重要意义，加强组织领导，明确任务分工，结合本地区、本部门实际，深入落实本意见和《国务院办公厅关于转发国家发展改革委营造良好市场环境推动交通物流融合发展实施方案的通知》（国办发〔2016〕43号）、《国务院办公厅关于转发国家发展改革委物流业降本增效专项行动方案（2016—2018年）的通知》（国办发〔2016〕69号）明确的各项政策措施，完善相关实施细则，扎实推进工作。要充分发挥全国现代物流工作部际联席会议作用，加强工作指导和督促检查，及时协调解决政策实施中存在的问题，确保各项政策措施的贯彻落实。

国务院办公厅

2017年8月7日

国家邮政局关于加快推进邮政业供给侧结构性改革的意见

国邮发〔2017〕47号

各省、自治区、直辖市邮政管理局，国家局直属各单位、机关各司室，中国邮政集团公司，各主要快递企业：

邮政业是国家重要的社会公用事业，是推动流通方式转型、促进消费升级的现代化先导性产业。近年来，我国邮政业发展迅速，在降低流通成本、服务生产生活、扩大就业渠道等方面发挥了积极作用，但仍存在发展方式粗放、创新能力不强、同质化竞争严重、服务质量不高、安全基础薄弱等突出问题，迫切需要在供给侧发力，提高供给质量和效率。为贯彻落实党中央、国务院重大决策部署，加快推进邮政业供给侧结构性改革，进一步促进行业转型升级提质增效，充分发挥邮政业对降低社会物流成本、释放消费需求、培育经济发展新动能的重要作用，现提出如下意见。

一、总体要求

（一）指导思想。

深入贯彻习近平总书记系列重要讲话精神和治国理政新理念新思想新战略，牢固树立和贯彻落实新发展理念，坚持稳中求进的工作总基调，坚持以人民为中心的发展思想，加快推进邮政业供给侧结构性改革，按照“打通上下游、拓展产业链、画大同心圆、构建生态圈”的思路，围绕补短板、提质效、降成本，强化创新驱动、注重联动融合、加强制度供给，着力增加服务品种、提升服务品质、创建服务品牌，更好服务经济社会发展和人民群众生产生活。

（二）基本原则。

以民为本。始终以满足人民群众对更好服务的需求作为努力方向，促进区域协调、城乡普惠和消费公平，使商家、用户在行业发展中有更多获得感。推动改善工作条件，完善职业保障，促进企业一线员工更有归属感。

市场主导。坚持发挥市场配置资源的决定性作用，完善市场机制，引导企业做优存量、做大增量、做强质量，有效满足服务需求。更好发挥政府作用，加强行业制度供给，提高行业全要素生产率，促进邮政普遍服务提质创新、快递服务转型升级。

创新驱动。发挥科技创新引领作用和企业主体作用，形成激发创新活力、推广创新成果、支持业态创新的体制机制。创新服务理念、商业形态、组织方式和运营模式,创造、引导和满足新需求。

联动融合。科学统筹补短板、提质效和降成本工作,通过补短板推动行业提质效,以提升供给品质和供给效率促进社会物流成本进一步降低。坚持"互联网 +"邮政发展战略,有效衔接现代综合交通运输体系,促进产业、市场融合,优化供给结构,扩大供给范畴,加快培育行业发展新动能。

安全绿色。守住安全发展底线,构建企业、社会、政府三方共治的寄递渠道安全治理模式,减少和消除安全隐患。倡导绿色邮政理念,促进资源节约,推广绿色包装、绿色运输,推动行业绿色低碳循环发展。

(三)主要目标。

到2020年,邮政业供给侧结构性改革取得重要进展,行业迈入形态更高级、分工更优化、结构更合理的发展阶段,发展方式明显转变,创新能力显著增强,服务产品更加丰富,供给质效大幅提高,寄递安全有效保障,形成世界一流的邮政企业和若干家具有国际竞争力的快递企业集团,能够更好满足广大商家和亿万群众日益增长的多样化、专业化、个性化服务需求。

二、补齐服务短板,增强供给能力

(一)完善基础服务网络。

完善邮政普遍服务基础设施布局,支持邮政企业实施西部、农村地区邮政网点改造工程,加快推进建制村直接通邮工作,优化调整偏远和经济落后地区邮政普遍服务营业场所的运营模式。加强邮件快件处理中心、集散枢纽和快递专业类物流园区建设,提升骨干节点信息化、自动化水平。深入实施"快递下乡"和农村电商邮政寄递网工程,整合农村商贸、供销、交通、电商等物流资源,完善县、乡、村三级物流体系,实现"农产品进城"和"工业品下乡"有序集散和高效流通,切实提升服务"三农"水平。打造邮件、快件进出境通道,加强各类口岸国际邮件互换局(交换站)和国际快件监管区建设,提升国际邮件、快件处理效率和能力。鼓励企业建设一批国际转运中心和海外仓,衔接境外邮政、快递、物流体系,构建立足周边、连通"一带一路"、面向全球的跨境寄递物流网络。

(二)提升末端服务能力。

推动邮政企业优化服务流程,提高邮政包裹服务质量,缩短邮件全程寄递时限,实现城市包裹投递到户,农村包裹投递到村邮站、村委会等。支持邮政企业以便民服务形式延伸、拓展服务功能,按照市场化机制代理投递农村地区快件,着力将邮政乡镇网点、村邮站打造成为农村寄递服务平台。鼓励快递企业结合各地实际深化合作,在农村共享网点、人员、车辆等资源,降低末端投递成本。实施快递"进社区、进院校、进商厦"工程,加强智能快件箱(智能信包箱、智能包裹柜)和城市公共投递服务中心等末端服务设施的规划建设,着力解决"摆地摊"问题。引导加盟型快递企业总部理顺与加盟网点的关系,规范运营管理方式,进一步完善基层网点和员工的补贴机制,构建稳定、可持续的末端服务网络。鼓励快递企业与商贸流通企业、连锁零售和外卖平台企业以联盟、股权合作等形式开展共同投递,形成区域共同合作模式,促进实体店销售与网购融合发展。支持各地加强管理、完善机制,推广符合标准的快递电动三轮车规范上路。

(三)培育行业优质品牌。

引导邮政企业主动开拓市场,调整产品结构,优化作业流程,提高运营效率,不断提升服务品质和用户体验。加快邮政企业自身改革,健全现代企业制度,发展混合所有制经济,激发企业活力、创造力和市场竞争力,做强做优做大国有企业。鼓励企业加强资源要素整合,通过投资入股、联合投资、股权并购等方式,围绕产业链上下游开展兼并重组,提高行业集中度。支持邮政业上下游国有资本和电子商务、仓储、物流等企业,对发展潜力大、成长性强的快递企业进行股权投资。引导加盟型快递企业完善产权激励机制,强化全程全网统筹管理,促进网络资源优化配置。着力培育中国快递国际品牌，完善治理结构，提升核心能力，加快构建定位准确、技术领先、服务一流、管理科学的现代企业，打造中国快递航母。

三、深化业务联动，优化供给结构

（四）强化产业协同。

实施“互联网＋”邮政发展战略，引导企业拓展产业链、供应链和服务链，向综合性寄递物流运营商转型。深入推进邮政业与电子商务联动发展，建立适应电子商务需求的服务产品体系。服务“中国制造2025”战略，推进邮政业与现代制造业协同合作，发展“入厂物流”“区域性供应链”等服务模式，遴选支持一批寄递服务制造业项目。实施寄递服务现代农业“一地一品”示范工程，为农产品提供包装、仓储、运输的标准化、定制化服务，助力国家精准扶贫。打造跨境寄递引导工程，提升自由贸易试验区、跨境电子商务综试区所在地企业的跨境寄递服务能力，不断扩大跨境寄递服务范围。引导企业创新服务品种和模式，拓展与信息、金融、教育、旅游、文化等第三产业的协同空间。

（五）增加中高端供给。

鼓励邮政企业在履行好普遍服务义务基础上，提供改址、约投等精准的投递服务。引导企业提高时限承诺产品的比重，拓展个性化、专业化、差异化、一站式寄递服务。支持企业加快发展快运、冷链等物流服务，加强预冷仓储、分等分级等冷链物流设施建设，推动服务品类向生鲜农产品、易腐食品和医药等高端品易逝品扩展。鼓励企业积极发展体验经济、社区经济等便民利商新业态，大力发展特殊物品寄递、合同物流、逆向物流、代收货款、快递保险等服务。引导企业与上游业态优势互补，拓展服务功能，提供物流、仓储、金融、保险、通关、货代等供应链一体化管理服务。

四、突出安全绿色，提高供给品质

（六）提升安全发展能力。

引导企业加强安全生产管理机构建设，聘用注册安全工程师，健全完善安全管理内控制度，加大安全生产技术设备投入。建立寄递从业人员实名档案制度，严格执行《邮件快件微剂量X射线安全检查设备配置管理办法》，出台安全检查操作规程和安检人员管理规范，推动收寄验视、实名收寄、过机安检制度全面落实，加强用户个人信息安全管理。推进实施寄递渠道安全监管“绿盾”工程，全面提升邮政管理部门安全监管能力，实现动态可追踪、隐患可发现、事件可预警、风险可管理、责任可追究。健全寄递渠道安全联合监管机制，强化对重点地区、重点部位、重要活动期间寄递安全管理，坚决遏制重特大事故发生。实施企业安全生产评估分级制度，对评级偏低企业进行约谈警告、重点整治和黑名单管理。加强寄递安全宣传引导，提升寄递从业人员安全生产意识和用户安全用邮意识。

（七）推动绿色邮政发展。

鼓励企业再造运营流程，优化运输组织，采用新技术新设备，着力降低生产成本，实现节能减排。开展绿色包装物品研究，出台邮件、快件绿色包装环保标识认定使用和管理办法，开展绿色包装试点工程，提高快递包装绿色化、减量化、可循环水平。鼓励包装生产商、电商平台、寄递企业等共同建立绿色包装联盟，使用符合环保标准的包装物料。大力推广环保袋、中转箱、笼车等物料设备，重点品牌企业电子运单使用率不低于90%，进一步提升新能源车辆的使用率。广泛宣传绿色邮政理念，倡导绿色消费方式，营造“绿色邮政，人人有为”的良好氛围。

（八）提高寄递服务质量。

强化企业质量主体责任，提高质量意识和诚信意识，提升服务透明度和时限水平，切实降低邮件快件延误率、损毁率、丢失率和投诉率。开展服务质量提升行动，专项治理刷信、违规操作等侵害消费者合法权益行为，打造放心消费样板工程，基本实现寄递作业“不着地、不抛件”。鼓励邮政企业采取增加运力、利用客运班车代运等措施，提高党报党刊投递服务质量，基本实现党报县城当日见报。运用现代信息技术完善申诉处理平台，充分发挥12305申诉热线的作用，加强申诉受理和行政执法的联动，维护消费者合法权益。完善寄递服务质量评价体系，加强寄递服务满意度调查和时限测试，加大相关信息披露力度。鼓励行业协会、学会等社会团体提供技术、标准、质量管理、品牌建设等方面的咨询服务，为提高寄递服务质量提供智力支持。

五、注重融合创新，提升供给效率

（九）强化科技创新驱动。

引导企业加大科技投入，推广应用云计算、大数据、互联网、物联网等信息技术，探索应用人工智能、无人机等先进技术，广泛使用自动装卸传输分拣、冷链物流等技术设备。制定邮政业技术研发指南，加强邮政业枢纽型基地业务与集成、关联产业垂直解决方案、实名制信息化解决方案、包装新材料新工艺设计等关键技术研究。出台邮政业技术中心认定管理办法，支持企业申报国家重点实验室、企业技术中心认定和国家科技计划项目。研究设立科技交流平台，开放共享信息资源和科技研发成果。支持行业协会、媒体为产学研合作牵线搭桥，推进科技成果转化运用。加强邮政、快递领域国际科技交流与合作，提高科技创新水平。

（十）深入推进交邮合作。

推动邮政、快递基础设施与铁路、公路、民航枢纽的同步规划建设，打通交通资源要素与寄递服务的衔接。加快机场、车站等邮（快）件绿色通道和装卸、接驳、仓储功能区建设。推广“高铁+快递”联合运营模式，建立中欧班列运输邮（快）件机制。支持企业加大甩挂运输力度，开展多式联运，提升运输集散效率。鼓励快递企业组建货运航空公司，与民航运输企业在飞机、飞行员、航线、场站资源等方面深化合作，提供纵向一体化的全过程物流服务。建设一批航空快递货运枢纽，延伸面向周边区域的产业链和服务链，实现航空物流、跨境电商、电子信息、健康医疗、智能制造等产业的集聚发展。推进邮政、快递、交通运输企业整合资源，形成“场站共享、服务同网、货运集中、信息互通”的农村快递物流发展新格局。

六、完善制度建设，优化供给环境

（十一）深化放管服改革。

坚持简政放权、放管结合、优化服务，加强事中事后监管。加快开放邮政业竞争性业务，引导社会资本进入邮政服务领域，完善经营邮政通信业务审批制度。简化快递业务经营许可程序，完善分支机构备案、代理国际快递业务制度设计。落实快递市场主体退出机制，依法注销长期未实际开展业务的僵尸快递企业，加强许可闭环管理。完善部门权力清单、责任清单、市场准入负面清单，健全行业行政裁量基准制度。推动落实快递企业同一工商登记机关管辖范围内“一照多址”政策。全面实施日常执法检查“双随机、一公开”制度，加强综合执法和跨区域互查。

（十二）健全政策法规体系。

推动落实《国务院关于促进快递业发展的若干意见》和相关产业政策，开展中国快递业发展战略研究。出台行业服务“一带一路”建设加快“走出去”指导意见。全力做好雄安新区邮政业发展规划的编制与衔接工作，科学谋划新区邮政、快递设施布局，着力提供优质寄递服务。落实《邮政业发展“十三五”规划》、行业专项规划及各区域专项规划，开展规划实施情况监测评估。研究提出邮政业增长极战略，将京津冀、长三角、珠三角等重点区域打造成为邮政业的改革创新先行区、转型提效示范区和高端服务引领区。加快推动《快递条例》颁布实施，制修订《快递业务经营许可管理办法》《邮政行业安全监督管理办法》《邮件快件实名收寄管理办法》等配套规章，积极参与电子商务立法工作。

（十三）完善行业标准体系。

加强邮政业标准体系建设，发挥标准的规范

引导作用，助推行业供给侧结构性改革。加大修订后的《邮政普遍服务》标准实施力度，推动修订《住宅信报箱》标准。制定快递专用车辆国家标准，制修订快递封装用品、快递集装容器、快递服务与不同运输方式衔接等标准。加快快递与先进制造业、现代农业等关联产业信息交换技术标准和冷链快递、逆向快递标准研究制定工作。加大标准实施监督力度，开展标准试点示范，推动企业标准自我声明公开。加强与万国邮政联盟、世界海关组织等国际组织的合作，推动建立统一互认的单证格式，为便利通关创造条件。

（十四）形成信用约束机制。

建立企业和从业人员的电子信用档案，制定快递业信用信息内容、分类、共享标准。推动企业和从业人员的信用信息依法公开。实施行业违法失信企业、从业人员和用户"黑名单"制度，强化信息通报、舆论约束和信用惩戒。全面推进政务公开，依法公开在邮政监督管理中掌握的行业信用信息，建立有效的信息公开和查询机制。建立健全行业信用信息系统，对接企业信用信息公示系统、"信用中国"等国家统一信用信息平台，推动行业信用资源整合共享，构建"一处失信、处处受限"的联合惩戒机制。

七、加强支撑保障，确保改革成效

（十五）争取资金政策支持。

推动落实西部和农村地区邮政普遍服务基础设施建设中央投资项目。积极探索邮政业政府和社会资本合作（PPP）模式，吸引社会资本参与邮政业基础设施建设。引导企业争取财政资金支持技术升级、研发创新、企业国际化和人才培养等项目。鼓励政策性、开发性金融机构创新投融资方式，参与邮政、快递重大工程项目建设。争取亚洲基础设施投资银行、丝路基金资金支持，推动互联互通邮政、快递物流项目建设。支持符合条件的邮政、快递物流建设项目，申请中央和地方现代物流专项资金。引导企业加强内控管理，合规取得进项抵扣税额，实现增值税应抵尽抵，协调落实省内跨地区经营总分支机构增值税汇总缴纳政策。

（十六）提升人才队伍素质。

推动成立现代邮政教育联盟，发挥北京、南京、西安、重庆邮电大学共建院校资源优势，强化在行业高端人才培养、科技研发等方面的支撑作用。引导普通高校、职业院校加强邮政、快递学科建设，开设仓储、路由规划等实用课程。加强全国行业人才培养基地建设，开展职业院校现代邮政人才培养改革试点，遴选、建设和推广一批邮政快递产教融合示范项目、示范专业点，举办"互联网＋"快递大学生创新创业大赛。实施快递技能人才"853"工程，制定快递员、快件处理员职业标准，推进快递工程技术人员职称评审。支持企业通过职业培训提高员工的职业素养和专业技能。积极推进邮政业智库联盟建设，加强行业供给侧结构性改革政策研究和决策咨询。

（十七）加强员工职业保障。

推动有关部门出台完善快递从业人员职业保障意见，建立健全快递职业保障体系，稳定快递从业人员队伍。推动快递企业与员工依法签订劳动合同，缴纳社会保险。支持其他快递从业者按灵活就业人员身份参加养老、医疗保险，配合探索适应灵活就业人员的失业、工伤保险保障方式。加强从业人员职业病防治和心理健康保护，督促企业调整雾霾严重区域和灾害天气期间一线员工时效考核标准。加强职业能力建设，强化快递职业人才评价服务引导和支持。鼓励企业加强职业培训教育，拓展从业人员向上发展空间，搭建管理、技术等晋升通道。加强行业党团工会建设，充分发挥党团工会作用，维护劳动者合法权益。

各单位要充分认识加快推进邮政业供给侧结构性改革的重要意义，要加强组织领导、协调配合和检查指导，扎实推进各项工作任务，确保取得实效。各省、自治区、直辖市邮政管理局要紧密结合本地实际，抓紧制定年度行动计划，明确各项重点工作的责任主体、时间进度和目标要求，认真抓好落实。国家邮政局将对本意见落实情况进行督查，并及时总结推广各地推进邮政业供给侧结构性改革的经验和做法。遇有重大问题，要及时向国家邮政局报告。

国家邮政局关于加强和改进快递末端服务管理工作的指导意见

国邮发〔2017〕49 号

各省、自治区、直辖市邮政管理局，中国快递协会：

末端服务是快递服务的重要环节，是快递业发展惠及百姓、服务民生的重要体现。近年来，随着新技术、新业态、新模式不断涌现，快递业在提供多样化、个性化的末端服务方面努力创新、勇于实践，取得了扎实成效；但同时，传统组织模式、运营模式、盈利模式与经济发展新常态不相协调的问题依然存在，末端服务能力不足、服务质量不高、员工队伍不稳、基层网点量收增长不匹配等现象在部分地区有所显现，已经成为影响行业提质增效发展的重要瓶颈，亟待系统研究解决。为全面提升快递末端服务精细化水平和组织化程度，优化创新快递末端服务监督管理方法，结合邮政管理工作实际和快递业发展实际，制定本指导意见。

一、总体要求

（一）指导思想。

深入贯彻习近平总书记系列重要讲话精神和治国理政新理念新思想和新战略，牢固树立和贯彻落实新发展理念，坚持以人民为中心的发展思想，按照“打通上下游、拓展产业链、画大同心圆、构建生态圈”总体思路，以市场需求为导向、改革创新为动力，增强供给能力、整合社会资源、健全服务体系、加快网络建设，加快形成更高质量、更有效益、更可持续、更加公平的规范管理局面，促进快递业健康发展。

（二）主要原则。

坚持问题导向。聚焦基层网点稳定和加盟体制规范管理，积极争取相关政府部门支持，为加强和改进城乡快递服务末端管理工作提供政策保障。

坚持行业联动。积极实践探索，突出企业主体责任，加强上下联动、政企互动，切实做到标本兼治、综合施策、协同推进。

坚持因地制宜。从建设网络设施、保持稳定运行、加强行业综合治理等要求出发，积极引导，建立适宜的监控措施，确保监管工作符合实际、适应需求。

二、强化基础设施建设

（三）完善快递末端服务体系。

各地要科学研判末端服务发展形势和规律特点，统筹规划和部署相关工作。引导快递企业优化末端投递方式，形成上门投递、智能箱投递、平台投递等多元末端服务体系。重点推动快递企业联合、自建末端公共服务平台，增强集成服务能力。2017 年，全国范围初步建成 1000 个快递末端公共服务站。

（四）积极推进“快递入区”工程。

支持各地探索利用现有的收发室、信包箱等资源，开展快递投递服务。联合相关部门综合利用现有的连锁商业机构、便民服务设施、社会公共服务中心等开展投递合作。争取将智能快件箱和末端投递服务中心等设施列入城市基础设施规划，推动党政机关、社区、学校为末端设施安置和末端投递作业提供便利，支持快递企业与社区商超开展多种形式的末端服务合作。

（五）继续推进网点标准化建设。

大力引导快递企业贯彻落实《快递营业场所设计基本要求》，落实品牌户外标识、操作技术设备、室内业务分区、安保设施等规范标准，改进快递营业网点服务形象。鼓励企业制定高于行业标准的企业标准，规范提升从业人员服务技能和仪容仪表，优化企业形象。

（六）促进环保循环利用。

引导企业减少快递作业在各个环节对环境的污染和资源消耗。大力推广新型包装技术和材料，减少重复包装、过度包装，提高包装绿色化和循环利用率。鼓励快递企业对网络购物商品包装物进行回收和循环利用，发展逆向物流体系。

三、保持基层网点稳定运行

（七）全面建立网点运行监测保障机制。

督促主要快递品牌总部以提升管理水平为重点，加快建立现代企业制度和期权股权制度，改善对于基层网点的运行管护，着力解决增量不增收、内部多重“罚款”等问题。以地（市）为单位建立基层网点运行监测保障机制，对申诉异常变化情况进行跟踪分析，充分利用邮政业安全监管信息系统数据进行网络阻断预警和稳定运行风险等级分析。

（八）全面落实“四专”工作机制。

主要快递品牌总部在保障网络安全、服务、稳定方面已建立“四专”（专门的服务管控部门、专门的服务管控制度与流程、专门的基层网点监控信息系统和专门的应急处置流程）工作机制。各地在推进末端治理工作中，要注重引导基层网点进一步增强区域服务能力，提高服务透明度和时限水平，降低有效投诉率和申诉率。

（九）提高应急反应能力。

推进政府、行业协会、企业、网点“四维联动”联系制度，引导基层网点理性合法表达利益诉求。各地要督促辖区企业落实主体责任，加强运行监测，及时收集、分析有关信息，妥善处理各类突发应急事件。要切实完善突发事件应急预案，遇有企业运营异常情况时，要加强部门横向协调能力，与地方公安、交通等部门密切配合，提高应急处置工作效率，并按规定及时上报安全信息。

（十）改善一线从业人员职业保障。

各地配合相关部门督促企业依法与员工签订劳动合同，参加社会保险，落实员工休息休假权益，足额支付员工劳动报酬；加强劳动保护，注重改善工作环境，提升职业健康水平，促进快递从业人员稳定就业。

四、强化末端服务管理

（十一）做好末端网点备案工作。

积极推动《快递条例》立法工作，明确快递末端网点备案管理制度设计。配套修订《快递业务经营许可管理办法》，将符合条件的快递末端网点纳入备案管理。各地深入组织开展依法经营宣传教育，倡导守法经营理念，培育公平竞争的市场环境。加大对违反《中华人民共和国邮政法》《快递市场管理办法》《快递业务经营许可管理办法》等法律、规章行为的监督检查，对严重扰乱市场秩序、损害用户权益的行为要依法依规严肃处理。

（十二）改善末端车辆通行环境。

各地要积极借鉴北京经验，因地制宜规范末端车辆管理，推动合规上路。引导企业推广使用符合标准的城市配送车型，支持使用符合标准的低碳环保配送车型开展末端投递。鼓励依托大数据及分享经济模式，减少车辆在途时间。

（十三）实施放心消费工程。

加大快递服务公众满意度、时限准时率和用户申诉率等指标的披露引导力度，全面落实市场监管与消费者申诉联动机制，运用企业质量提升联席会议等形式，督促企业改善服务。各地要着力整治快件丢失损毁赔偿难的问题，维护消费者合法权益。加强对分拨中心、营业场所的日常巡检和执法，开展快件“不着地、不抛件”专项整治活动。规范企业投递方式,对发现的“摆地摊”问题,采取有力措施进行重点治理。

(十四)健全诚信考核体系。

全面推进诚信体系建设,完善激励机制和市场退出机制,引导辖区内企业加强管理、优质服务、诚信经营、防范用户信息泄露、保障安全。在50个城市试点从业人员实名制管理。探索利用申诉用户数据,建立恶意申诉黑名单。

(十五)增强信息化手段治理能力。

依托“互联网+政务服务”“快递业信用管理信息系统”“绿盾”等相关重点工程,推进邮政业安全监管信息系统数据、视频、通信管理系统的信息应用,逐步实现网络阻断预警、备案网点线上管理、网络视频随机巡查、重点网点远程监测值守、网络稳定运行风险等级分析等监管应用。

五、加快组织实施

(十六)加强组织领导。

国家邮政局成立加强和改进快递末端服务管理工作领导小组,由分管局领导任组长,相关部门负责同志为成员,领导小组办公室设在市场监管司,负责日常工作。根据阶段性工作任务,领导小组适时组织召开专题会议,听取工作汇报,研究措施办法,部署工作任务。

(十七)加快工作推进。

各级邮政管理部门要结合本地实际,主动作为,调动相关政府部门、行业协会、企业等多方积极性和主动性,及时出台加强和改进本地区快递末端服务管理工作的实施意见。支持协会、工会等加强与相关方进行沟通,在价格竞争、加盟利益协调、网络纠纷调解、从业人员职业保障等领域发挥积极作用。建立起部门协调配合、企业广泛参与、公众支持认同的末端管理工作格局,形成各方面齐抓共管的合力。

(十八)加强宣传引导。

充分利用传统媒体和新兴媒体,广泛展示快递业为经济社会发展所作贡献,增强快递从业人员的行业归属感、责任感和荣誉感。激发调动行业转型升级的自觉性、积极性,及时总结推广成功经验与做法,形成示范案例,发现和宣传优质服务网点和优秀快递员感人事迹,积极推进最美快递员、青年文明号等评选表彰活动,增强行业正能量,在全社会营造关心、支持行业发展的良好氛围。

国家邮政局

2017 年 5 月 22 日

国家邮政局　中国残疾人联合会关于进一步加强邮政行业无障碍环境建设等相关工作的通知

国邮发〔2017〕58 号

各省、自治区、直辖市邮政管理局、残疾人联合会,中国邮政集团公司,新疆生产建设兵团、黑龙江垦区残联:

我国共有 8500 万残疾人。残疾人是一个数量众多、特性突出、特别需要帮助的社会群体。党和政府历来十分关心残疾人,高度重视发展残疾人事业,采取了一系列重大举措,推动残疾人事业不断发展,残疾人参与社会生活的环境和条件明显改善,生活水平和质量不断提高。

为了创造无障碍环境,保障残疾人等社会成员平等参与社会生活,2012 年,国务院颁布实施了《无障碍环境建设条例》,住房和城乡建设部发布了《无障碍设计规范》，无障碍环境建设法律法规、标准规范、组织管理体系基本建立，无障碍理念日益深入人心。

长期以来，邮政行业积极贯彻《中华人民共和国邮政法》和相关法规、政策要求，加强和改进邮政普遍服务和特殊服务，无障碍环境建设和为残疾人服务的能力取得了显著进步。为大力弘扬“人民邮政为人民”的宗旨，进一步加强和改进残疾人客户邮政服务工作，保障残疾人合法权益，加快推进残疾人小康进程，提升邮政行业服务水平，发挥示范引领作用，促进全社会无障碍环境建设，现就有关事项通知如下：

一、提升邮政行业服务残疾人事业理念

（一）做好邮政行业服务残疾人工作，是贯彻落实《中华人民共和国残疾人保障法》《中华人民共和国邮政法》《无障碍环境建设条例》《无障碍设计规范》等法律法规、标准的必然要求，是保障残疾人等特殊群体方便就近办理业务、公平获得邮政服务的重要措施，是提高邮政行业服务水平和质量、履行社会责任、实现邮政行业可持续发展的组成部分。各地要高度重视，充分认识做好邮政行业无障碍环境建设等相关工作的重要意义，把这件利国利民的实事抓实、好事抓好。

二、落实邮政设施无障碍建设与改造

（二）各地新建、改建、扩建邮政营业场所等邮政基础设施时，应符合《无障碍环境建设条例》要求，参照《无障碍设计规范》进行无障碍设计和建设。

（三）对现有邮政营业场所等设施，各地要因地制宜，逐步推进无障碍改造。在改造过程中应力争场所出入口、柜台等达到无障碍标准，如有电梯、卫生间等设施，也宜进行无障碍改造。

三、完善信息交流无障碍措施

（四）邮政营业场所应逐步完善语音提示、盲文、电子信息显示屏幕、配备手写板、无障碍设施标识等信息交流无障碍措施，方便残疾人办理业务。

四、提高无障碍服务水平

（五）邮政企业应按照相关规定和根据残疾人的特点及需求，丰富服务内容，改进服务方式。邮政企业应执行视力残疾人携带导盲犬出入公共场所的相关规定；试情为重度残疾人客户提供上门服务等相关特殊服务；定期对员工开展手语、助残服务知识和技能的培训，提高为残疾人客户服务的能力和水平。

（六）各级邮政管理部门要加强对快递企业的指导，推进快递企业完善无障碍措施，利用移动客户端、智能快件箱等技术，为用户提供更加便捷和高效的快递服务，鼓励为听力言语残疾人客户接快件提供短信沟通等个性化服务，保障听力言语残疾人客户权益。

五、积极发展残疾人公益事业

（七）邮政企业应积极落实《中华人民共和国残疾人保障法》等相关规定，对盲人读物给予免费寄递。

（八）邮政企业应积极落实《残疾人保障法》《残疾人就业条例》等相关规定，积极创造条件安排残疾人就业。

（九）在残疾人事业重大节日、重大活动之际，深入研究利用以残疾人事业为主题发行纪念邮资凭证或纪念封等，加大残疾人事业宣传力度，扩大社会影响。

（十）邮政、快递企业应进一步倡导扶残助残的良好社会风尚，履行企业社会责任，积极关心关爱残疾人公益事业，为残疾人提供捐助和志愿服务。

六、加强对无障碍环境建设工作的领导

（十一）各级邮政管理部门、残联要建立工作协调机制，加强沟通合作，制定计划，定期研讨推进本地邮政行业无障碍环境建设工作。

（十二）邮政、快递企业应加强政策落实情况的监督检查，推进无障碍环境建设工作持续发展。

（十三）各级残联要切实代表残疾人利益，向邮政管理部门和邮政、快递企业反映残疾人的特点、困难和需求，积极开展残疾人体验、座谈等多种活动，提出工作建议，配合做好无障碍设施改造、完善信息交流无障碍、助残服务知识和技能培训等相关工作。

国家邮政局关于推进邮政业安全生产领域改革发展的指导意见

国邮发〔2017〕67 号

各省、自治区、直辖市邮政管理局：

邮政业安全生产事关社会公共安全、国家安全和人民群众生命财产安全，事关行业持续健康发展。为贯彻落实《中共中央　国务院关于推进安全生产领域改革发展的意见》要求，进一步加强邮政业安全生产工作，现就推进邮政业安全生产领域改革发展提出如下意见。

一、总体要求

（一）指导思想。

全面贯彻落实党的十八大和十八届三中、四中、五中、六中全会精神以及习近平总书记系列重要讲话精神和治国理政新理念新思想新战略，坚持以人为本，牢固树立安全发展理念，坚守发展决不能以牺牲安全为代价这条不可逾越的红线，严守安全底线、严格源头管控、严格隐患排查、严格行政执法、严防重特大事故，依靠严格的规章制度、严密的责任体系、有效的体制机制、完备的预防控制体系和有力的基础保障，全面提升安全生产整体水平，确保邮政业安全稳定和寄递渠道安全畅通。

（二）主要原则。

坚持安全发展。深入贯彻“安全为基、发展为要、服务为上”要求，正确处理安全与发展的关系，大力实施安全发展战略，全面夯实行业安全工作基础，为推动邮政业持续健康发展提供有力保障。

坚持问题导向。紧紧围绕解决当前邮政业安全生产领域存在的突出问题，着力强化企业安全生产主体责任，着力完备法规标准体系，着力健全监管体制机制，着力堵塞安全生产管理漏洞。

坚持源头管控。贯彻“安全第一、预防为主、综合治理”的方针，全面落实收寄验视、实名收寄、过机安检“三项制度”，严格市场准入安全条件，健全风险分级管控和隐患排查治理双重预防机制，严把源头防范关口。

坚持系统治理。综合运用法律、行政、经济、市场等手段，大力推动“属地管理”“谁主管谁负责”“谁经营谁负责”责任落实，完备人防、技防、物防措施，提升邮政业安全生产治理能力。

（三）主要目标。

到 2020 年，邮政业安全生产法规标准体系进一步完善，安全科技支撑能力大幅提升，主体责任有效落实，监管体制机制更加健全，全国省级邮政业安全支撑机构覆盖率达 100%，业务量排名前 50 名的地市邮政业安全支撑机构全覆盖。到 2030 年，全国地市级邮政业安全支撑机构实现全覆盖，基本建成法规标准体系完备、监管体制机制健全、主体责任全面落实、安全管理规范化专业化智能化的安全生产工作格局，为邮政业健康发展提供稳固可靠的安全基础。

二、健全落实安全生产责任制

（四）依法落实监管责任。坚持党政同责、一岗双责、齐抓共管、失职追责，主要领导亲自抓，分管领导具体抓，职能部门合力抓，一级抓一级，层层抓落实。按照“打通上下游、拓展产业链、画大同心圆、构建生态圈”的思路，适应行业发展面临的新形势，从科技创新、政策规划、标准规范、许可审批、执法检查等方面，不断加强和改进安全监管工作。充分发挥各级邮政业安全支撑机构作用，强化技术保障、信息支撑、应急管理、教育培训等职能，推动行业健康发展、安全发展。

（五）严格落实企业主体责任。邮政企业、快递企业是安全生产的主体责任单位，其法定代表人和实际控制人同为本单位第一责任人。树立安全与发展并重理念，严格履行安全生产法定责任，建立健全自我约束、持续改进的内生机制。依法设置安全生产管理机构，配备安全生产管理人员，建立全过程安全生产和职业健康管理制度，做到安全责任、管理、投入、培训和应急救援“五到位”。企业总部要加强对分支机构和加盟企业的安全管理，在安全保障、业务流程、操作规范等方面实行统一管理。国有企业要带头落实安全生产主体责任，发挥示范作用。

（六）严格责任考核追究。按照违法必究、执法必严要求，严格违法违规行为查处，通过典型案例和处罚情况社会曝光，强化警示，保持高压态势，倒逼企业安全生产主体责任落实。建立科学的安全生产监管工作考核评价体系，实行层级考核、年度考核和结果通报制度。统筹整合、科学设定安全生产考核指标，加大安全生产在综合目标考核中的权重。建立安全生产监管工作情况与履职评定、职务晋升、奖励惩处挂钩制度，将履行安全生产监管工作职责情况作为干部能上能下的重要参考。

三、大力推进依法治理

（七）健全法规制度体系。积极推动《快递暂行条例》立法工作，完善快递安全制度顶层设计。修订《邮政行业安全监督管理办法》，全面规范安全生产监督管理。出台《邮件快件实名收寄管理办法》，修订《快递业务经营许可管理办法》，增强行业安全生产法规制度建设的系统性。加强邮政业安全生产地方性法规制度建设，解决区域性安全生产问题。完善邮政业标准体系，加快邮政业安全生产标准制定修订。建立安全生产统计体系和考评体系。鼓励企业制定更加严格规范的安全生产标准，结合国情业情积极借鉴实施国际先进标准。

（八）严格安全准入制度。严格快递业务经营许可准入条件，将维护国家安全作为许可管理的一项原则。加强邮件快件寄递安全管理，将《邮政业安全生产设备配置规范》作为服务能力的评价内容，规定营业场所和处理场所配备的设备设施应当符合《邮政业安全生产设备配置规范》等强制性标准要求，并进行实地核查。按照强化监督与便民服务相结合原则，优化审批流程，实行全流程网上办理。

（九）规范监管执法行为。完善邮政业安全生产监管执法制度，健全执法标准，规范执法程序，依法严格查处各类违法违规行为。建立行政执法和刑事司法衔接制度，加强与公安、检察院、法院等协调配合，完善安全生产违法线索通报、案件移送与协查机制。建立执法行为审议制度和重大行政执法决策机制，评估执法效果，防止滥用职权。全面推行“双随机、一公开”监管。完善安全生产执法纠错和执法信息公开制度，加强社会监督和舆论监督，保证执法严明、有错必纠。

（十）健全监管执法保障机制。加强邮政业安全生产监管能力建设，配备监管执法装备和应急救援设备，强化监管执法技术支撑，保障监管执法需要。建立监管执法经费保障机制，将监管执法经费纳入财政预算支出重点保障范围。建立健全监管执法人员入职培训、持证上岗和定期轮训制度。加强邮政业诚信体系建设，完善安全生产不良信用记录及失信行为惩戒机制，对安全失信行为开展联合惩戒。

（十一）完善事故调查处理机制。坚持问责与整改并重,依法依规做好邮政业生产事故调查和处理工作,充分发挥事故查处对加强和改进安全生产工作的促进作用。建立生产安全事故调查分析支撑体系,对相关事故调查处理情况进行实时跟踪。建立典型事故提级调查、跨地区协同调查和工作督导机制。建立事故暴露问题整改督办制度,事故调查结案后,负责事故调查的邮政管理部门要及时组织开展评估,督促有关单位和人员切实落实整改措施。

四、完善体制机制

(十二)完善监督管理体制。各级邮政管理部门要成立邮政业安全领导小组,建立党组、领导小组定期召开安全形势分析例会制度,加强工作统筹协调。各地邮政管理部门可结合本地实际在编制限额内进行内设机构调整,加强邮政业安全支撑机构建设,强化行业安全监管职责。健全邮政业联合监管机制,探索开展邮政管理、公安和国家安全部门联署办公。研究推进政府向社会购买公共服务,引入第三方提供安全监管执法技术支撑,利用社会力量加强安全生产管理。建立安全生产举报奖励制度,强化社会监督。鼓励企业订单式、协作式购买运用安全生产管理和技术服务,聘请注册安全工程师从事安全生产管理工作,建立社会商业保险机构参与安全管理机制。

(十三)健全应急管理机制。督促企业完善总体应急预案和重点岗位、重点部位现场应急处置方案,制定危险化学品、易燃易爆物品及重大活动寄递安保等专项应急预案。加强专兼职应急救援队伍建设及应急物资装备配备。定期开展应急演练,提升事故先期处置和自救互救能力。落实预案管理及响应责任,加强政企预案衔接与联动。探索建立应急准备能力评估和专家技术咨询制度。

五、建立安全预防控制体系

(十四)严格落实收寄验视、实名收寄、过机安检“三项制度”。督促企业严格执行收寄验视制度,明确验视岗位责任,制定收寄验视操作规程,统一规范验视标识。坚持以信息化手段为主,加快实名收寄信息系统推广应用,2018 年底基本实现实名收寄信息化全覆盖的目标,着力构建企业低成本运行、用户易于接受、政府高效监管、信息安全有效保障的实名收寄制度。完善安检操作流程规范,提升安检实效,确保应检必检。规范寄递协议服务安全管理,在保障安全的前提下采取批量实名和特定方式过机安检等方式提升效率。

(十五)强化预防措施。督促企业针对收寄、分拣、运输、投递各环节和不同岗位,建立分级管控制度。大力推进安全生产标准化建设,健全完善现场作业、机械操作、设备设施管理等规程,规范安全生产操作行为。建立健全隐患排查治理制度,突出分拨中心、营业场所、员工宿舍等重点部位和人员、车辆、消防、用电等安全管理,定期开展自查自纠,加强整改台账管理,建立重大安全隐患自查报告制度。各级邮政管理部门要建立隐患治理监督机制,强化隐患排查治理监督执法。

(十六)完善安全防范设施。鼓励企业采用先进技术,加强自动化分拣设备、机械化装卸等设备推广应用。加强视频监控系统建设,重点区域达到全覆盖。组织研发和推广应用危险化学品、易燃易爆物品及其他禁寄物品检测仪器等关键技术装备。督促企业加强电器产品安全防范以及电动车火灾防范,定期检测电气线路及设备,配套安装防护设施。

(十七)切实保障信息安全。强化企业保护用户数据的责任,依法规范数据收集、存储、分析、应用行为,采取有效技术手段保障用户信息安全。督促企业切实维护市场秩序和用户合法权益,不得非法收集、使用用户数据。企业的基础信息网络,要同步规划、同步建设、同步运行安全防护设施,强化技术防范,切实提高防攻击、防篡改、防病毒、防瘫痪、防窃密能力。加强网络与信息安全专业骨干队伍和应急技术支撑队伍建设,提高风险隐患发现、监测预警和突发事件处置能力。

六、强化基础建设

(十八)完善安全投入长效机制。加强邮政业安全生产、应急管理等专项资金使用管理,加大安全生产与职业健康投入,实行专项管理,确保专款专用强化审计监督。督促企业落实安全生产费用提取管理使用制度,建立企业增加安全投入的激励约束机制。加强政策支持力度,引导企业积极应用灾害防治、预测预警、检测监控、应急处置等技术和装备。

(十九)建立安全科技支撑体系。实施寄递渠道安全监管"绿盾"工程,依靠信息化手段提升监管能力,基本实现"一个全覆盖、三个制度监督、四个环节管控、五个可以把控"的目标,建成支撑三级邮政管理部门在线监管、移动执法的装备设施体系主体框架。推动建立企业与科研院校联合实施的安全技术创新引导机制,形成产学研用战略联盟。督促企业提升现代信息技术与安全生产融合度,加快安全生产信息化建设,运用大数据技术开展安全生产规律性、关联性特征分析,提高安全生产管理水平。

(二十)健全安全宣传教育体系。督促企业严格落实安全教育培训制度,切实做到先培训、后上岗。推进安全文化建设,加强警示教育。加强寄递安全知识宣传,提高全社会安全用邮意识。引导企业和高等院校构建供需互动的就业机制,加强安全管理专业人才建设。加强国际交流合作,学习借鉴国外安全生产先进经验。

各级邮政管理部门要加强组织领导,根据本意见提出的任务和要求,抓紧制定工作方案,完善制度措施,明确责任分工和时间进度要求。要健全工作机制,加强督促检查,确保各项改革举措和工作要求落实到位。

国家邮政局

2017 年 8 月 4 日

关于协同推进快递业绿色包装工作的指导意见

国邮发〔2017〕86 号

各省、自治区、直辖市邮政管理、发展改革、科技、工业和信息化、环境保护、住房城乡建设(城管委、市容园林委、绿化市容局、市政委)、商务、质量技术监督(市场监督管理)主管部门,各直属检验检疫局,有关企事业单位:

我国快递业包装总量庞大、种类繁多、增长迅速,包装废弃物对环境造成的影响不容忽视。妥善处理快递包装问题对于节约资源、保护环境和促进快递业健康可持续发展具有重大意义。为深入贯彻落实《生态文明体制改革总体方案》和党的十九大关于加快生态文明体制改革的决策部署,进一步优化顶层设计,推进源头治理,增加绿色快递服务产品供给,提高快递业包装领域资源利用效率,降低包装耗用量,减少环境污染,现提出以下意见。

一、总体要求

(一)指导思想

深入贯彻落实党的十九大精神,以习近平新时代中国特色社会主义思想为指导,按照"五位一体"总体布局、"四个全面"战略布局要求,牢固树立新发展理念,以加快推进供给侧结构性改革为主线,以绿色化、减量化、可循环为目标,坚持节约优先,突出创新引领,强化法治保障,加强部门协同合作,推动建立健全中国特色快递业包装治理体系,引导企业承担社会责任,提高消费者环保意识,实现"低污染、低消耗、低排放,高效能、高效率、高效益”的绿色发展，服务美丽中国建设，为全面建成小康社会作出积极贡献。

(二)基本原则

政府引导、社会参与。加强政府引导，健全快递业绿色包装法规政策和标准规范等支撑体系，强化企业主体地位和主体责任，发挥协会学会等社会组织、科研机构及消费者的积极作用，营造有利于推进快递业绿色包装工作的良好环境。

创新驱动、源头治理。聚焦快递业绿色包装材料研发、设计、生产、使用和回收处理等关键环节，激发全社会创新活力和创造潜能，鼓励绿色包装技术研发推广，以标准化、规范化、集约化的方式加强快递业包装源头治理。

分类指导、因地制宜。结合不同品类快递的包装需求和不同类别绿色包装材料的特点，制定操作性强的包装改进措施。引导地方结合发展实际，积极开展快递业绿色包装试点示范和政策创新。

(三)主要目标

——绿色化、减量化、可循环取得明显效果。“十三五”期间，力争在重点企业、重点地区的快递业包装绿色发展上取得突破。到2020年，可降解的绿色包装材料应用比例提高到50%，基本淘汰重金属等特殊物质超标的包装物料。符合标准要求的环保箱、环保袋和环保胶带使用率大幅上升。基本建成专门的快递包装物回收体系。

——科技创新和应用水平大幅提升。到2020年，主要快递品牌协议客户电子运单使用率达到90%以上，大幅降低运单纸张耗材用量。利用大数据和智能计算等技术进一步优化包装结构、减少材料耗费，平均每件快递包装耗材减少10%以上。推广使用中转箱、笼车等设备，编织袋和胶带使用量进一步减少。

——治理体系日益完善。“十三五”期间，快递业包装治理体系基本建立。快递绿色包装技术标准、统计监测、信用体系、用品用具管理制度和事中事后监管更加健全。绿色包装产学研体系更加完善，试点示范工程建设取得可复制、可推广经验。快递企业使用绿色包装、消费者参与包装分类回收再利用的环境保护意识明显增强。

二、重点任务

(四)完善快递业绿色包装法规标准

推动出台《快递暂行条例》，明确鼓励经营快递业务的企业和寄件人使用可降解、可重复利用的环保包装材料，鼓励经营快递业务的企业采取措施回收快件包装，实现包装材料的减量化使用和再利用。完善快递业绿色包装标准体系，制定实施《快递封装用品》系列国家标准、快递包装以及胶黏剂相关绿色产品评价标准，对快递封套、快递包装箱、快递包装袋以及封装用胶黏剂的规格尺寸、物理性能、印刷粘合、重金属等特殊物质限值等提出要求。适时研究制定快递包装通用技术条件等其他相关绿色包装标准，鼓励相关社会团体适时制定实施严于国家标准、行业标准的快递绿色包装团体标准。推广1200mm×1000mm标准托盘，加快推动商贸物流领域相关标准与快递包装、快递集装容器以及快递车辆相关标准有效衔接。加强工作交流沟通，推动标准内容协调一致，共同做好标准的宣传贯彻工作。

(五)增加快递绿色包装产品供给使用

引导和支持各类企业利用大众创业、万众创新平台，加大对快递绿色包装产品研发、设计和生产的投入，增加绿色产品和服务有效供给。健全快递包装生产者责任延伸制，完善包装物生态设计、回收利用、信息公开等方面标准规范，推动生产企业减少难降解、难处理、挥发性强物质的使用，主动披露产品和服务的能效、水效、环境绩效、碳排放等信息，推动实施企业产品和服务标准自我声明公开和监督制度。鼓励生物基材料环保包装制品的研发、生产和使用。将绿色包装内容纳入物流服务提升工作重要内容，鼓励电子商务企业积极开展网购商品包装物减量化和再利用，在电商产品和快递的仓储、运输、配送、分拣、加工全过程推进可循环包装、减量包装和可降解包装。大力推广环保袋、中转箱、笼车等物料设备，推行简约化、减量化、复用化及精细化包装设计技术。

（六）实施快递包装产品绿色认证

充分发挥各行业主管部门职能作用，依据《国务院办公厅关于建立统一的绿色产品标准、认证、标识体系的意见》的相关要求，构建统一的快递包装产品绿色标准、认证、标识体系，统一发布快递包装产品绿色标准清单和认证目录，依据标准清单中的标准组织开展认证，对通过认证的快递包装产品加贴绿色产品认证标识。按照"公平、公正、公开、自愿"的原则开展快递包装产品绿色认证，引导和支持电商企业、快递企业使用绿色包装产品或通过快递包装产品绿色认证的包装产品。

（七）开展快递业绿色包装试点示范

支持快递企业开展"工业产品生态（绿色）设计"试点，加快制定绿色设计快递包装产品标准，推动企业研发、生产适用于不同快递包装品类的绿色包装，发布绿色设计快递包装产品名录，提高绿色设计水平。引导快递领域有关企业联合发展成为绿色制造体系示范企业，支持参与绿色供应链试点。在主要品牌快递企业和快递物流信息平台企业开展绿色包装应用试点，实现快递绿色包装在生产、使用、回收和废弃等各环节典型新技术、新产品、新工艺、新模式的应用、示范和推广。鼓励主要品牌快递企业和各类环卫企业、回收企业联合开展"快递业 + 回收业"定向合作试点。鼓励和支持快递领域相关企业申报物流标准化试点，参与商贸物流标准化专项行动、商贸物流绿色发展工程和"服务标杆"引领计划，加大对标杆与试点企业支持力度。支持一批符合条件的快递示范园区建设成为绿色园区。

（八）做大做强快递绿色包装产业联盟

支持中国快递绿色包装产业联盟建设发展，鼓励有关单位、生产企业、科研机构依托联盟深入开展合作，打通绿色消费在物流环节的淤点和阻点，培育并做大绿色快递服务消费市场，建立完善快递绿色包装全产业链体系。促进快递、包装及相关环保行业间的技术交流及资源、信息共享。鼓励有关企业、科研机构和高等院校建立产学研相结合的新模式。发挥电商平台企业作用和优势，积极推广绿色包装、简约包装。鼓励企业强化绿色生产，建设绿色回收体系，搭建信息管理平台，打造绿色供应链，带动联盟企业实现绿色发展。

（九）建设快递包装回收示范城市

在国家实施生活垃圾强制分类的城市共同推动建设快递包装回收示范城市。明确不同快递包装的分类要求，引导居民自觉开展生活垃圾分类。包装生产企业、电商企业和快递企业应主动与回收利用企业衔接，建立"互联网 +"平台与线下物流相结合的机制，在社区营业网点配备标志清晰的快递包装回收容器。支持快递企业积极参与再生资源回收利用网络建设，进一步提升包装资源回收利用率。将快递绿色包装和回收再利用相关指标纳入"中国快递示范城市"创建内容。

（十）强化快递业绿色包装宣传引导与教育培训

加强宣传引导，组织开展形式多样的绿色包装主题宣传活动，将每年 11 月第一周作为"绿色快递宣传周"，并利用全国低碳日、节能环保周、"美丽中国"公益广告等活动广泛宣传绿色理念，倡导绿色消费方式，普及绿色包装和回收知识，营造"绿色快递，人人有为"的良好氛围。发布快递绿色包装趋势研究与调查报告，做好典型经验总结与宣传推广工作。充分发挥行业协会作用，发布倡议书，引导相关企业积极履行社会责任，加快形成环保、绿色、低碳发展的行业共识。结合快递业绿色包装标准实施，加强相关行政主管部门、行业协会和企业人员教育培训工作。

三、保障措施

（十一）组织管理

为加强对快递业绿色包装工作的组织领导，国家邮政局、国家发展改革委、科技部、工业和信息化部、环境保护部、住房城乡建设部、商务部、国家质量监督检验检疫总局、国家认证认可监督管理委员会、国家标准化管理委员会等有关部门共同成立推进快递业绿色包装工作领导小组,负责统一领导,统筹协调有关部门、各地区,指导督促检查工作落实。各部门建立协调机制,分工负责推进相关工作。建立健全责任制和责任追究制,逐步建立部门互动、区域联动、上下齐动的长效工作机制。

(十二)政策扶持

落实国家鼓励节能减排、循环利用资源、绿色制造、绿色金融、绿色消费、绿色采购等优惠政策。研究制定包装分类回收利用支持政策,提高包装循环利用率,推动各地加大对快递包装回收利用的财政支持力度。推动各地研究出台针对快递、电商企业绿色包装的税收、信贷等扶持政策,支持有关企业申报地方节能减排、技术改造、中小企业、信息化等专项资金。

(十三)监督管理

各地有关部门要加强执法协作,开展联合监督检查,对出现的问题,要及时沟通、协商解决。运用大数据技术完善绿色包装监管方式,建立健全快递业包装监测评估体系,委托有资质的第三方机构对快递包装进行质量抽检和情况通报,每年开展快递绿色包装使用单位数量、包装物品使用数量、回收再利用比例等的统计工作。将快递绿色包装纳入绿色产品信用体系建设,对违法违规行为的责任主体建立黑名单制度,推动建立联合惩戒机制。适时建立对快递包装生产企业落实生产责任延伸信用信息采集系统,并与全国信用信息共享平台对接,对严重失信企业实施跨部门联合惩戒。

国家邮政局
国家发展改革委
科技部
工业和信息化部
环境保护部
住房城乡建设部
商务部
国家质量监督检验检疫总局
国家认证认可监督管理委员会
国家标准化管理委员会
2017 年 10 月 26 日

国家邮政局关于印发《邮政业应用技术研发指南》的通知

国邮发〔2017〕102 号

各省、自治区、直辖市邮政管理局,中国邮政集团公司,各主要快递企业:

为贯彻党的十九大精神,落实全国科技创新大会和 2016 年邮政行业科技创新座谈会议部署,充分发挥科技创新的支撑引领作用,国家邮政局组织编制了《邮政业应用技术研发指南》,现予印发。请结合实际贯彻落实,推动邮政业实现有质量、有效益、可持续的发展。

邮政业应用技术研发指南

科技创新是深化邮政业供给侧结构性改革的重要依托,是推进邮政业转型升级、提质增效的关键支撑。技术研发是科技创新的重要内容。为贯彻全国科技创新大会和 2016 年邮政行业科技创新座谈会议精神,落实《邮政业发展“十三五”规划》,系统部署邮政业应用技术研发工作,提升邮政行业科技创新能力,特编制本指南。

一、生产自动化

1. 高效快速条码识别处理技术

(1)研究目标

在邮件快件寄递过程中，通过应用一维码、二维码快速识别处理技术，实现对邮件快件收寄、分拣、运输、投递等全过程信息的高效跟踪处理。

(2)研究内容

研究高效快速的条码图像获取、条码定位、条码分割和条码解码等识别处理技术。

(3)技术指标

至少支持 UPC-A、Code39 和 Code128 等一维码编码，QR CODE、Datamatrix 和 PDF417 等二维码编码。

运动容差≤50mm/s，扫描角度俯仰 ±70°、倾斜 ±60°、旋转 ±180°，可识别印刷对比度≥35%的反差，条码图像正确解码速度≥10 个/秒，识读距离≥40 厘米，条码识别错误率≤0.0001%。

2. 手写体文字内容识别技术

(1)研究目标

通过对纸质运单、包裹详情单等进行拍摄或扫描，识别图片中的文字内容，生成文本信息，实现快速自动录单。

(2)研究内容

研究纸质运单或包裹详情单图片中手写体文字内容的识别技术及自动录单的实现手段。

(3)技术指标

手写体文字识别速度≥6 张单据/分钟，手写体数字准确识别率 >99%，手写体文本准确识别率 >80%。

3. 用于单件和总包的 RFID 技术

(1)研究目标

利用 RFID 技术实现电子运单和总包信息的自动获取，提高邮件快件的处理速度和水平。

(2)研究内容

研究高时效性电子标签批处理技术，RFID 读写器及其嵌入技术，以及适用于电子运单和总包的电子标签印刷电路技术。

(3)技术指标

标签识读准确率≥99.9%，识读速度≥600 个/秒，识读距离≥6.5 米。

4. 手持终端摄像头相位定焦技术

(1)研究目标

通过摄像头拍摄快递运单并成像，实现对运单条码的清晰获3取，降低设备购置成本。

(2)研究内容

研究摄像头捕捉定位点、对焦、清晰度调整、成像、裁剪和压缩等技术。

(3)技术指标

摄像头对焦速度 <0.3 秒，成像速度≥20 张/秒。

5. 邮件快件实名制收寄集成技术

(1)研究目标

通过对实名制收寄集成技术的研究，为全面落实并推行邮件快件实名制收寄提供技术保障。

(2)研究内容

研究基于 OCR、人脸、虹膜的身份信息采集技术，信息加密传输技术，以及 NFC 读取 + SAM 解析实名认证技术。

(3)技术指标

查验数量≥3000 条/秒，查验准确率 100%。

6. 多功能外场手持终端技术

(1)研究目标

通过外场手持终端技术研究，为收派员提供功能齐备、安全可靠的终端设备和支撑服务。

(2)研究内容

研究终端嵌入式操作系统，无线通信、外形结构设计、屏幕超宽视角显示、电池续航、电池充电和终端防尘防水防摔等技术。

(3)技术指标

支持移动、电信、联通的 4G 全网通移动通讯，支持一维/二维条码扫描，具备蓝牙、WIFI、RFID/NFC、卫星定位、1300 万以上 PDAF 高清摄像，支持身份证识别和终端丢失找回等功能。-20 ~ +50℃工作温度，IP65 防护等级，支持 1.2 米六面八角各 2 次跌落，4500 毫安时以上大容量电池，支持快充功能，充电电流能够达到 2.5 安，屏幕分辨率 1080P 及以上，具备重力感应、光线感应、距离感应、陀螺仪等传感器。

7. 多功能集成化内场手持终端技术

(1)研究目标

结合内场工作环境特点，开展内场手持终端技术研究，减小场地内障碍物对无线信号的影响，实现对邮件快件的高频次扫描。

(2)研究内容

研究无线通信、终端外形结构设计、高速工业级扫描和终端防尘防水防摔等技术。

(3)技术指标

支持一维/二维条码高速扫描和数字键盘输入，具备蓝牙、WIFI、NFC、800 万以上自动对焦高清摄像，满足 5 年以上使用的工业级二维扫描器，-15 ~ +50℃工作温度，IP65 防护等级，支持 1.2 米六面八角各 2 次跌落。

8. 规模化 AGV 应用的路径规划与调度技术

(1)研究目标

通过对 AGV 路径优化规划和调度技术研究，实现规模化 AGV 的有序运行，提高 AGV 的规模化应用水平。

(2)研究内容

研究在邮件快件自动分拣环节规模化 AGV 应用的防冲突、防碰撞路径规划技术，有限资源合理分配、任务排序和 AGV 调度等技术。

(3)技术指标

AGV 同时运行数量 >400 台。

9. 高稳定高可靠 AGV 导航技术

(1)研究目标

通过对 AGV 导航技术的研究，降低 AGV 应用时对场地环境清洁度的要求，提高 AGV 运行的稳定性和可靠性。

(2)研究内容

研究 AGV 的定位、导航和智能纠偏等技术。

(3)技术指标

400 台规模以上的 AGV 应用，需要人为排除的导航迷失故障每小时 <1 次。

10. 单件自动分离技术

(1)研究目标

通过单件自动分离技术的研究，实现卸车后邮件快件的自动化整理、有序路线传输和自动供给，提高邮件快件分拣效率。

(2)研究内容

研究小角度翻斗、自主导引、智能路径规划和智能避障等技术。

(3)技术指标

邮件快件长度小于 400 毫米时，分离效率≥4500 件/小时；邮件快件长度为 400 ~ 600 毫米时，分离效率≥3000 件/小时。

11. 邮件快件体积高精度测量技术

(1)研究目标

通过对体积高精度测量技术的研究，实现对邮件快件体积的快速准确测量，提高邮件快件分类的准确性。

(2)研究内容

研究超声波测距、激光测量、光电传感和三维重建等技术。

(3)技术指标

邮件快件长宽高小于 400 毫米时，测量时间≤20 毫秒，测量数据精度为 ±5 毫米，测量误差在 ±8毫米之内。

12. 邮件快件快速称重技术

(1)研究目标

通过快速称重技术的研究，实现邮件快件的自动快速称重，提高邮件快件自动处理效率。

(2)研究内容

研究称重传感器的建模、称重设备小型化和称重数据自动采集等技术。

(3)技术指标

邮件快件运行速度小于 1.5 米/秒时，称重速度≥1500 件/小时，称量范围 0 ~ 35 公斤，称量精度为 ±20 克，称量误差在 ±50 克之内。

13. 智能交叉带自动化分拣技术

(1)研究目标

通过对智能交叉带自动分拣技术的研究，以

及对邮件快件处理工艺流程的集成研究，实现高效准确的邮件快件分拣功能。

（2）研究内容

集成研究机器视觉、皮带式托盘、高速自动供件、扁平件状态调整、包件三维测量、非接触供电、无接触式远红外通讯、网络通信等技术。

（3）技术指标

单端供件分拣效率≥10800 件/小时，分拣差错率≤0.01%，实物破损率≤0.01%，平均噪声≤70dB（A），最大噪声源噪声≤72dB（A）。

14. 高速信件类邮件快件自动化分拣技术

（1）研究目标

通过对自动化分拣设备与工艺流程的集成研究，实现对信件类邮件快件的高速自动分拣。

（2）研究内容

研究自动供件台高速分离、竖直输送过程中精确调速、条码扫描、分拣格口准确同步等技术。

（3）技术指标

a）快件规格：长度 220 ~ 350 毫米，宽度 110 ~ 260 毫米，厚度 1 ~ 20 毫米（自动供件），厚度 21 ~ 32 毫米（人工供件），重量 0.01 ~ 1.5 千克。

b）主要指标：分拣效率≥40000 件/小时，分拣差错率≤0.01%，实物破损率≤0.01%，平均噪声≤70dB（A），最大噪声源噪声≤72dB（A）。

15. 经济型落盘式小包分拣技术

（1）研究目标

通过对适用于小包快件自动化分拣系统的研究，在相同分拣效率下取代交叉带分拣系统，大幅降低设备购置成本。

（2）研究内容

研究供件、电机驱动、驱动链与并列托盘稳定可靠连接、自动落件结构托盘、包裹有无智能识别、自动落袋输出等技术。

（3）技术指标

a）快件规格：重量 0.1 ~ 5 千克；长度≤350 毫米（单盘）或≤500 毫米（双盘），宽度≤350 毫米，高度 15 ~ 300 毫米。

b）主要指标：分拣效率≥12000 件/小时，分拣差错率≤0.02%，快件破损率≤0.01%，平均噪声≤70dB（A），最大噪声源噪声≤72dB（A）。

16. 智能仓储机器人

（1）研究目标

通过对智能仓储机器人相关技术的研究，提升仓储作业的处理效率和作业能力，实现无人化的仓储管理模式。

（2）研究内容

研究智能仓储机器人、智能仓储管理及相关自动化技术，包含包裹自动识别、自动测量体积和重量、自动供件和取件、自动拆托和合托、自动出入库管理、优化机器人调度、多路径/多任务最优分配等；以及邮政业仓储结构配置优化技术。

（3）技术指标

库内机器人载重能力≥1500 千克，库内机器人最大运行速度≥1.5 米/秒，智能仓储系统实时管理机器人数量≥1000 台，设备故障率≤0.1%。

17. 邮件快件微量危险物质探测技术

（1）研究目标

通过对微量危险物质探测技术的研究，实现对邮件快件中易燃易爆危险品、毒品和炸药等的探测和分析，提高安全生产水平。

（2）研究内容

研究微量危险物质分析结果定性实时显示技术、探测成像和识别技术，包括但不限于多能多视角 X 射线检测、太赫兹、拉曼光谱和离子迁移谱等技术。

（3）技术指标

毒品、炸药等微量危险物质探测准确度达到 100%，易燃易爆危险物品探测准确度达到 100%，识别准确度≥50%。

18. 高效安全检测固定式通道设备

（1）研究目标

通过对高效安全检测固定式通道设备相关技术的研究，实现对整车邮件快件危险品的检测识别、分析预警、数据采集和监管处置等一体化探测。

(2)研究内容

重点研究高稳定性的射线源、高灵敏度X光探测卡、快速成像、图像处理、快速识别违禁品等技术。

(3)技术指标

车辆通过速度1.5米/秒,危险物标注准确度达100%。

19. 全自动分拣设备故障诊断与远程运行维护技术

(1)研究目标

通过对故障诊断与远程运行维护技术的研究,实现对全自动分拣设备的远程监测、故障实时告警、远程故障自动诊断与维护等功能。

(2)研究内容

研究基于Web方式的远程诊断数据接口、数据压缩、网络安全传输,以及设备信息监测分析、性能衰退预警预测、自动化维护等技术。

(3)技术指标

设备故障诊断准确率≥85%,设备远程维护处置率≥85%,智能处置准确率≥85%。

20. 安检设备故障诊断与远程运行维护技术

(1)研究目标

通过对故障诊断与运行维护技术的研究,实现对安检设备的远程监测、故障实时告警、故障自动诊断与维护功能。

(2)研究内容

研究安检设备并网、自动诊断、故障预警、模块维护和状态分析等技术。

(3)技术指标

设备故障诊断准确率≥85%,设备远程维护处置率≥85%,智能处置准确率≥85%。

二、服务智能化

1. 智能温控投递箱

(1)研究目标

通过对智能温控投递箱相关技术的研究,实现智能投递箱的保温、保鲜和制冷等多样化功能。

(2)研究内容

研究保温、保鲜和制冷,声光预警提醒以及报警信息实时回传等技术。

(3)技术指标

冷藏0~4℃,保鲜5~8℃;保温时间≥2小时;支持超温预警提醒,现场声光报警;报警信息回传时间≤10秒。

2. 自助收寄终端

(1)研究目标

通过对自助收寄终端相关技术的研究,拓展服务渠道,提升服务效率。

(2)研究内容

研究自助收寄终端整机电气控制和整机结构设计技术,以及收寄业务流程和自助收寄终端有效对接技术。

(3)技术指标

支持银联POS机、现金等多种支付方式;支持语音识别录入寄件信息;支持终端远程监控、软件自动下载等功能;设备故障率≤0.1%。

三、协同信息化

1. 邮件快件全程可视化追踪技术

(1)研究目标

通过对全程可视化追踪技术的研究,实现邮件快件在收寄、分拣、运输和投递等全过程的追踪和定位。

(2)研究内容

研究邮件快件位置、状态追踪和定位技术,以及邮件快件状态信息采集与传输等技术。

(3)技术指标

邮件快件定位偏差≤50米,离线时间≤10%。

2. 冷链全程实时监控技术

(1)研究目标

通过对全程实时监控技术的研究,实现对冷链车辆和保温箱温度、湿度和在途状态等信息的实时采集、监测和预警。

(2)研究内容

研究移动制冷、保温、数据采集传感器和基于

NB-IoT 的网络实时监控等技术。

(3)技术指标

自动告警时间≤10 秒,告警准确率≥95%。

3. 地址库建设技术

(1)研究目标

通过对地址库建设技术的研究,推进行业地址库规范与标准建设,推动行业地址库的推广应用。

(2)研究内容

研究地址分词和结构化快速分析技术,地址地理位置编码技术,地址关联商业属性以及恶意地址识别等技术。

(3)技术指标

地址库覆盖中国大陆境内全部地址,地址分词和结构化结果准确率 95% 以上,地址更新时间≤24 小时。

四、运输高效化

1. 邮件快件自动装卸技术

(1)研究目标

通过自动装卸技术的研究,实现邮件快件快速装车和柔性卸载,提高邮件快件装卸效率。

(2)研究内容

研究可微调方向伸缩皮带机技术,以及自动卸车相关的机械装置设计和自动控制等技术。

(3)技术指标

一个自动装卸口配备两个自动控制台,自动装卸效率 6000~9000 件/小时。

2. 运输车辆路径规划及在途实时监测技术

(1)研究目标

通过对路径规划和在途实时监测技术的研究,实现运输车辆数据自动采集、最优路径规划、运力资源的实时管控,提高全网运力管理水平。

(2)研究内容

研究运输车辆定位、自动分派、货物配载、最优路径规划、数据采集和监测、安全管控等技术。

(3)技术指标

车辆实时位置回传间隔≤30 秒,实时定位请求应答时间≤10 秒,车载视频应答响应时间≤30 秒,电子围栏检测准确率达到 100%,Canbus 数据采集准确率≥90%,车载音视频本地存储时长≥30 天,视频录像分辨率≥D1(720x576),运力动态配载准确率≥80%。

3. 用于自动派件的数字地图技术

(1)研究目标

通过对数字地图技术的研究,实现基于高精地图技术的无人自动派件功能,解决邮件快件派送"最后一公里"难题。

(2)研究内容

研究精度达厘米级别的高精度地图采集技术,地图数据达分钟级的更新技术,以及无人驾驶动态路径规划技术。

(3)技术指标

高精度地图支持多级精准地址库,包括但不限于支持地址简称、别名、纠错、赋坐标等功能,匹配准确率≥99%;自动派件设备动态路径规划导航准确率>95%,无人驾驶高精地图精度不低于10 厘米。

4. 寄递无人机非线性飞行控制技术

(1)研究目标

通过对先进非线性飞行控制技术的研究,实现寄递无人机在恶劣天气和强干扰情况下的姿态、轨迹稳定跟踪,完成 5~10 公里快件的自动配送。

(2)研究内容

研究多通道强耦合、强非线性、强不确定性和强干扰等条件下的无人机姿态、轨迹控制等技术。

(3)技术指标

飞行包线内准确跟踪姿态、轨迹指令,控制参数在线自适应调节,姿态控制稳态误差不超过 1°,轨迹控制稳态误差不超过 1 米,8~10 米/秒突风及强干扰下无人机姿态保持稳定。

5. 寄递无人机通信与测控技术

(1)研究目标

通过对通信与测控技术的研究,实现多种通

信模式下稳定的寄递无人机、地面基站和调度系统间通信。

(2)研究内容

研究寄递无人机的信道编码、专用通信协议、通信设备电磁兼容优化和航线信号覆盖优化等技术。

(3)技术指标

航迹信号强度≥－90dbm,空口丢帧率≤0.001%,空口传输速率≥115.2kbps,地面基站与电台通信距离≥5千米,基站容纳无人机数量≥10台,64位以上AES加密,无人机与调度系统传输时延≤500毫秒,基站与调度系统丢帧率≤0.001%,无人机与调度系统丢帧率≤0.001%。

6.轻型寄递无人机飞行器技术

(1)研究目标

通过对飞行控制和导航系统等技术的研究,提高轻型寄递无人机系统的高可靠性和自动化程度,满足邮政和快递业务所需的载重和航程要求。

(2)研究内容

研究轻便实用的动力系统和可靠的无人机结构设计技术,无人机结构抗疲劳断裂及可靠性设计技术,飞机结构动强度、复合材料结构强度、航空噪声、飞机结构综合环境强度、飞机结构试验技术以及计算结构技术等。

(3)技术指标

最大起飞重量≤25千克,最大巡航速度≤160公里/时,最大离地高度≤120米,按法规要求添加电子围栏系统,飞行和降落精度能够满足业务场景设定;续航里程≥80公里,目的地误差≤2米;平均无故障工作时间≥1000小时,平均坠机事故率<1/10000架次。

五、运营绿色化

1.邮政业生物降解包装袋

(1)研究目标

通过对生物降解技术的研究,研制生物降解邮件快件包装袋,进一步降低生产成本,推动绿色邮政建设。

(2)研究内容

研究生物降解高分子材料耐撕裂、耐久储存技术,以及热塑加工快速成型、热封等技术。

(3)技术指标

生物降解包装袋的直角撕裂强度≥140千牛/米,抗穿刺强度≥2.0牛,热合强度≥7.0焦耳,相对生物降解率≥90%,储存期≥8个月。

2.邮政业生物降解封装胶带

(1)研究目标

通过对生物降解技术的研究,研制适用于邮政业的封装胶带,减少环境污染和人体危害。

(2)研究内容

研究聚乳酸等生物降解聚合物基材的耐拉、耐撕裂等技术,以及胶带生产过程中快速牵引、施胶、熟化等关键工艺问题,解决胶带的易解卷、耐湿热、耐低温等技术。

(3)技术指标

生物降解胶带的低速解卷力≤0.5牛/毫米,直角撕裂负荷在0.2~15牛之间,断裂标称应变在15%~200%之间,持黏力≥24小时,湿热老化和低温后180°剥离强度≥2.5牛/厘米,溶剂残留总量≤10毫克/平方米,苯类溶剂残留量≤3毫克/平方米,重金属铅、铬含量≤50毫克/千克,重金属镉、汞含量≤0.5毫克/千克,相对生物降解率≥90%,储存期≥8个月。

3.邮政业生物降解胶黏剂

(1)研究目标

通过对生物降解技术的研究,研制适用于邮政业的水基型生物降解胶黏剂,减少环境污染和人体危害。

(2)研究内容

研究二元酸、二元醇等化学品制备生物降解低聚物,水性分散剂的黏度、耐低温性、干燥速度、黏结强度、储存稳定性等技术。

(3)技术指标

生物降解胶黏剂的pH值为6~9,黏度为

200～1500毫帕·秒，180°剥离强度≥2.5牛/厘米，初黏力(球号)≥4#，持黏力≥1.2小时，相对生物降解率≥90%，苯类溶剂残留量≤3毫克/平方米，储存期≥8个月。

4. 可循环使用包装箱

(1)研究目标

通过对可循环使用包装箱相关技术的研究，减少塑料包装的使用，减少环境污染，推动邮政业绿色发展。

(2)研究内容

研究耐磨损、防水性、防振性高的新型包装箱制作材料和包装箱设计技术以及包装箱安全实现技术。

(3)技术指标

包装箱可循环使用次数≥200次。

5. 快递无人机快速电池充电技术

(1)研究目标

通过对无人机快速充电技术的研究，缩短充电时间，提高电池利用率并延长电池使用寿命。

(2)研究内容

研究新型电池设计和制造，智能电池管理监测，以及智能充电、无线充电和太阳能充电等技术。

(3)技术指标

电池使用温度范围-20～55℃，电池能量密度>220瓦时/千克，放电倍率>20C，充电倍率>3C，电池包内阻<15毫欧，满充满放使用次数>500次，500次后电池容量保持率>75%，电池寿命>10年。智能电池管理系统电压采样偏差<0.1%，电流采样偏差<0.1%，温度采样偏差<0.1℃。电池包放电发热温升<35℃。每次充满时间<0.5小时，带平衡充电接口，充满电后电芯最大电压差<5mV。无线充电模式下充电时间<3小时。自动充电系统和自动电池更换系统失误率<1%。

六、管理科学化

1. 邮政行业云计算集成技术

(1)研究目标

通过对云计算集成技术的研究，实现邮政业信息共享，提供高效数据服务。

(2)研究内容

研究基于开源组件的深度定制开发技术，实现应用与数据分离，开发、测试、部署、运维一体化，以及应用模块间解耦等功能。

(3)技术指标

服务可用性(年)≥99.99%，数据持久性(年)≥99.99%，云主机随机4K读取延迟≤6ms(95%的数据读取)，云主机性能型存储顺序I/O吞吐(写入/秒)≥300MB。

2. 邮政行业大数据集成技术

(1)研究目标

通过大数据集成相关技术研究，提升邮政行业大数据平台性能及应用水平。

(2)研究内容

研究海量数据采集、存储、分析、处理、展示、安全管控等技术，实现各模块间解耦功能；建立邮政行业统计模型及数据分析应用算法。

(3)技术指标

网络与存储I/O满足大规模数据量传输和每日百亿级数据的实时写入等需求。200万/秒以上处理量，2000台以上集群规模，秒级实时处理延迟，天级离线处理延迟，具备用户自助操作、自动监控报警、可视化权限管理、实时安全审计等功能。

缩略语：

AGV——Automated Guided Vehicle

AES——Advanced Encryption Standard

IP65——Ingress Protection 65

NFC——Near Field Communication

OCR——Optical Character Recognition

PDAF——Phase Detection Auto Focus

PDF——Portable Data File

QR——Quick Response

RFID——Radio Frequency Identification
SAM——Security Access Module
UPC——Universal Product Code
WIFI——Wireless Fidelity

国家邮政局关于推进邮政业服务“一带一路”建设的指导意见

国邮发〔2017〕103 号

各省、自治区、直辖市邮政管理局，中国邮政集团公司，各主要快递企业：

为深入贯彻党的十九大精神，全面落实党中央作出的“一带一路”重大决策部署，推进邮政业服务“一带一路”建设，加快行业引进来和走出去，充分发挥邮政、快递互联互通作用，更好服务国家全面开放新格局，现提出以下指导意见。

一、重要意义

邮政业具有通政、通商、通民功能，是推动流通方式转型、促进消费升级的现代化先导性产业，是“一带一路”互联互通的桥梁和纽带，在促进国际交流、服务经贸发展中发挥着重要作用。推进邮政业服务“一带一路”建设，全面加强沿线国家邮政快递领域务实合作，有利于进一步扩大我国邮政业对外开放，加快行业企业走出去，促进转型升级提质增效；有利于构建面向全球的寄递服务网络，提升沿线国家邮政快递发展水平，促进国际产能合作和贸易自由化便利化；有利于推动全球产业链延伸、价值链发展和供应链衔接，增进沿线国家人民福祉，实现共同繁荣。

二、指导思想

全面贯彻落实党的党的十九大精神，以习近平新时代中国特色社会主义思想为指导，牢固树立创新、协调、绿色、开放、共享发展理念，弘扬和平合作、开放包容、互学互鉴、互利共赢的丝路精神，遵循共商共建共享原则，以“丝路传邮，畅达天下”为使命，以推动建设便捷畅通、普惠包容的全球寄递服务网络为主线，坚持引进来和走出去并重，对接沿线国家战略政策和发展需求，全面推进务实合作，共商丝路传邮新模式，共建国际邮政合作新机制，共享沿线邮政业发展新成果，积极服务和平、繁荣、开放、创新、文明之路建设，为推动构建人类命运共同体贡献力量。

三、基本原则

企业主导，政府引导。强化企业主体地位，遵循市场发展规律，使市场在资源配置中起决定性作用，扩大优质服务供给，提升国际竞争力。发挥政府在规划政策等方面的引领保障作用，对接沿线国家邮政业发展战略，营造行业引进来和走出去的良好环境。

创新协同，内外联通。进一步扩大对外开放，加强创新能力开放合作，推动邮政业与跨境电子商务、先进制造业、现代农业等协同发展。完善邮政业国内基础设施建设，衔接“一带一路”综合交通运输网络，推动沿线国家邮政业政策、标准和规则三位一体联通，促进国际贸易发展。

普惠包容，互利共赢。尊重沿线国家发展意愿，秉持正确义利观，遵守国际规则，推动在沿线国家邮政快递领域形成支持“一带一路”建设的广泛共识。坚持共商共建共享原则，携手推动沿线国家邮政、快递服务发展，共享全球邮政治理改革和发展的成果。

突出重点，服务“五通”。聚焦沿线国家关键城市、关键节点的邮件快件进出境需求，依托跨境公路、国际铁路、国际航班、远洋班轮，形成陆空海邮件快件运输通道。通过深化务实合作，畅通邮路、繁荣贸易，面向沿线重要国家和地区提升跨境信息交流、物品递送效率，有力服务"五通"。

因地制宜，有序推动。考虑历史传统、资源禀赋、法律制度和行业实际，共同探讨符合各国国情的邮政快递领域合作模式。充分评估各方面因素，聚焦重点国家、重点项目和重点环节，统筹考虑、稳步实施、有序推进。

四、推动基础设施建设，构建"一带一路"寄递服务网络

加强跨境网络设施建设。结合国内各地区在"一带一路"建设中的定位，优化国际邮件互换局（交换站）布局，加强国际快件监管中心建设，提升国际邮件快件处理能力。鼓励企业在沿边重点口岸、边境城市建设边境仓，依托境外产业集聚区、经贸合作区、工业园区、经济特区等建设分拨中心、集散枢纽和境外快递物流园区，促进各类要素资源整合。支持邮政、快递企业与电商企业、物流地产企业共同投资建设公共海外仓，降低经营风险和成本。

促进标准信息互联互通。鼓励企业、产业技术联盟、社会组织积极参与邮政、快递国际标准化活动。加强与沿线国家邮政业标准互认工作，推动制定设施装备、服务产品、封装用品、寄递安全、信息交换等方面的国际标准。搭建集信息发布、数据交换、跟踪追溯、智能分析功能为一体的"丝路传邮"信息交换平台，推进与沿线国家邮政快递信息数据交互共享，促进"一带一路"邮政快递信息互联互通。

建设邮政业"丝绸之路"。支持邮政、快递企业开辟国际货运航线，统筹航空快递枢纽布局，建设连接沿线主要国家的航空运递网络。围绕新亚欧大陆桥、中蒙俄、中国—中亚—西亚、中国—中南半岛、中巴和孟中印缅等重要经济走廊建设，聚焦关键通道、关键节点、关键项目，提升国际邮件快件的通关、换装、多式联运能力，形成中国与欧洲、中亚、东南亚、南亚的跨境双向寄递骨干通道。依托陆上、海上、天上、网上四位一体的设施联通，提升国际航空寄递运输能力，推进国际铁路运输邮件快件工作，打通与周边国家邮件快件跨境公路、水路运输通道，打造邮政业"丝绸之路"。

五、加快走出去和引进来，促进"一带一路"跨境贸易发展

推动企业加快走出去。鼓励业内企业通过战略联盟、绿地投资、兼并重组等方式，重点在跨境电商零售交易量大的国家加快布局，提升面向东亚、东南亚、南亚、中亚等周边国家的国际寄递服务能力，拓展在西亚、北美、南美和欧洲等地区的业务覆盖范围。支持邮政企业、快递企业联合沿线国家当地企业在仓储管理和落地配送等环节加强业务合作、实现优势互补，为跨境电商提供一体化配套服务。引导优势企业与沿线国家邮政快递、电子商务、技术装备等企业深化合作，带动邮政业设备、技术、标准和服务走出去。支持业内企业联合境内外上下游企业在沿线国家协同布局，实现资源共享、互利共赢。引导业内走出去企业实施属地化经营管理，提升国际化运营能力，规范海外经营行为，积极帮助当地发展经济、增加就业、改善民生。

扩大邮政业开放。全面实行准入前国民待遇加负面清单管理制度，对在境内注册的快递企业一视同仁、平等对待。鼓励沿线国家快递企业依法进入中国包裹快递市场，带动更多商品进出口，支持实体经济发展，促进贸易双向平衡。在自由贸易区、跨境电子商务综试区、自由贸易港等开展试点，支持相关企业依法获得国际快递业务经营许可，为跨境电商提供快件进出境配套服务。

促进跨境贸易发展。鼓励与沿线国家邮政企业加强合作，升级传统邮政产品、创新商业模式、拓展服务范围，开发满足跨境电商需求的国际邮政业务。支持邮政、快递企业与电商企业开展合作，搭建跨境快递物流体系，缩短服务时限，提高

服务可靠性,促进沿线国家中小企业发展国际贸易。推动邮政业与先进制造业、商贸服务业联动发展,带动跨境电商、转口贸易、服务贸易等枢纽型产业集聚。鼓励快递企业在沿线国家发展智慧物流、冷链物流、供应链管理等高端物流服务,积极开展绿色快递服务。支持邮政企业、快递企业完善邮件快件进出境通道,依法在沿线国家申请报关资质,提供代理报关、结汇退税等增值业务,提升综合通关服务能力。

六、加强创新能力开放合作,培育“一带一路”邮政业发展新动能

推动行业科技创新合作。发挥行业内国家工程实验室等科研机构作用,与沿线国家交流邮政业和互联网、大数据、云计算、人工智能及区块链等融合发展的经验,联合开展科技应用示范。鼓励与沿线国家有关企业、科研机构等共建联合实验室(研究中心)、国际技术转移中心、技术示范与推广平台,促进技术转移和成果转化。支持与沿线国家有关企业、科研机构等共同研发智能收投、柔性装卸、集装化运输、冷链服务等技术装备,联合推进人工智能、无人装备等创新应用。

加强人才资源交流合作。支持有关院校、科研机构、企业与沿线国家高等院校、科研机构、知名企业开展合作,联合培养行业紧缺人才和企业中高级经营管理人才。创新人才培养机制,着力培养具有国际视野、通晓国际规则和掌握行业知识的复合型国际化人才。推动实施邮政业高端引智计划,吸引沿线国家和有关国际机构高层次人才来华联合研发技术装备、参与企业经营管理、参加重大项目建设和开展专项培训。探索与沿线国家实施邮政快递领域技能人才职业等级互认。

七、推进政策沟通协调,深化“一带一路”邮政业国际合作

强化双边沟通合作。完善与沿线国家邮政快递主管部门高层互访机制,积极签署双多边合作备忘录和框架协议。加强与沿线国家邮政快递战略规划对接,联合制定合作方案,持续推动务实合作。围绕提升沿线国家邮政业监管能力,组织开展邮政改革、普遍服务、政策法律、科技应用、绿色邮政、寄递安全等为主要内容的交流培训。联合沿线国家举办“丝路传邮”青少年书信大赛和集邮展览,发行“一带一路”纪念邮票。

深化多边交流协作。推动与万国邮政联盟等有关国际组织签订合作协议,凝聚邮政业服务“一带一路”建设共识。深化与万国邮政联盟、区域邮政联盟等有关国际组织合作,共商全球邮政治理改革。加强与世界海关组织以及沿线国家邮政、海关、检验检疫等部门交流合作,推动完善“一带一路”邮件快件通关、检验检疫等方面的管理机制。积极参与国际铁路运邮规则和标准制定,推动与沿线国家签署中欧班列运输邮件、快件合作协议,形成常态协调机制,促进运输规模化、常态化和便利化。

打造交流合作平台。建立与沿线国家政策协商和对话机制,研究设立“丝路传邮”国际合作论坛,分享行业改革经验,共同推进国际邮政业发展。支持全球包裹联盟、快递绿色包装产业联盟在促进“一带一路”邮政业国际合作中发挥积极作用,推动建立“丝路传邮”智库合作联盟,打造多方参与的交流合作平台。继续办好中国(杭州)国际快递业大会,依托世界邮政博览会、中国—东盟博览会、中国(北京)国际服务贸易交易会等平台,组织举办“丝路传邮”展览,加强技术装备、业态创新、国际服务等方面交流。

八、加强组织领导,抓好贯彻落实

成立邮政业服务“一带一路”建设工作领导小组,强化组织领导,制定工作方案,督促工作落实。推动建立邮政业服务“一带一路”建设的相关协调机制,发挥部门工作合力。充实涉外工作力量,创新方式方法,提高能力和水平,加强对“一带一路”邮政业国际合作的支撑。建立邮政业服务“一带

一路”建设的政企联席会议制度，加强政企交流对话，了解落实情况，听取意见建议。成立邮政业服务“一带一路”建设专家咨询委员会，为政府决策提供支撑。支持中国快递协会等社会组织加大对企业走出去的指导和服务力度。加强宣传工作，发布“丝路传邮”白皮书，营造良好氛围。各相关单位要站在全局的高度，充分认识邮政业服务“一带一路”建设的重要意义，切实增强责任感和使命感，明确任务、细化措施、制定方案，全力推进邮政业服务“一带一路”建设工作。国家邮政局各司(室)要按照职责分工，加强研究、勇于创新、密切配合，确保工作任务落到实处。各省(区、市)邮政管理局要结合地方要求和行业实际，找准定位，提出工作方案，抓好贯彻落实。行业各有关企业要切实发挥主体作用，把握发展机遇，强化资源投入，成立工作专班，制定实施方案，加快引进来和走出去，积极服务“一带一路”建设。

国家邮政局

2017 年 12 月 20 日

商务部等 5 部门关于印发《商贸物流发展“十三五”规划》的通知

商流通发〔2017〕29 号

各省、自治区、直辖市、计划单列市及新疆生产建设兵团商务、发展改革、国土资源、交通运输、邮政部门：

为进一步推动我国商贸物流业健康发展，降低物流成本，提高流通效率，根据《国民经济和社会发展第十三个五年规划纲要》《物流业发展中长期规划(2014－2020 年)》，商务部、发展改革委、国土资源部、交通运输部、国家邮政局制定了《商贸物流发展“十三五”规划》，现印发给你们，请认真贯彻执行，并加强对规划实施情况的跟踪问效和监督检查。

商务部

发展改革委

国土资源部

交通运输部

国家邮政局

2017 年 1 月 19 日

商贸物流发展“十三五”规划

商贸物流是指与批发、零售、住宿、餐饮、居民服务等商贸服务业及进出口贸易相关的物流服务活动。加快发展商贸物流业，有利于提高流通效率，降低物流成本，引导生产，扩大消费。根据《国民经济和社会发展第十三个五年规划纲要》《物流业发展中长期规划(2014－2020 年)》，制定本规划。规划期为 2016－2020 年。

一、发展基础

“十二五”期间，商贸物流业取得长足发展，主要指标达到或超过规划目标水平,为推动国民经济提质增效升级和平稳较快发展提供了有力支撑。

物流需求持续扩大。2015 年社会消费品零售总额达到 30.1 万亿元,“十二五”年均增长达 13.9%;货物进出口总额达 24.6 万亿元,年均增长 4%;电子商务交易总额达 20.8 万亿元,年均增长 35.8%;单位与居民物品物流总额达 5078 亿元,年均增长 20.8%;快递业务量达 206.7 亿件,年均增长 54.61%;生产资料销售总额达 57.9 万亿元,年均增长 10.0%。批发、零售、住宿、餐饮、居民服务等商贸服务业及货物贸易迅速发展,对商贸物流服务需求不断扩大。

物流运行效率提升。“十二五”期间,商贸企业物流费用率呈下降趋势,2014 年我国批发零售企业物流费用率为 7.7%,较 2008 年下降 0.6 个百分点。受益于共同配送等新模式发展,大型连锁企业物流成本持续降低,配送效率不断提升。2011 —2015 年,规模以上连锁超市商品统一配送率由 63.4% 提高到 76.6%。

物流服务水平快速提高。商贸物流网络加快向中小城市延伸,向农村乡镇下沉,向居民社区拓展,服务能力不断增强。仓储分拣、装卸搬运、包装加工、运输配送等专用设施设备和条形码、智能标签、无线射频识别、可视化及跟踪追溯系统、全球定位系统、地理信息系统等先进技术加速应用,云计算、大数据、物联网、移动互联网等新一代信息技术日益推广。商贸物流服务更加高效便捷,“及时送”“定时达”等个性化服务以及“门到门”等一站式服务更加普及。

物流模式创新发展。商贸物流企业加快推动平台建设,形成了公共信息服务平台、资源整合交易平台、跨境电子商务平台等物流平台发展模式。适应连锁经营发展需要,形成了供应商直接配送、连锁企业自营配送、社会化配送及共同配送等物流配送模式。企业着眼于供应链管理,形成了商贸物流全产业链集成发展、互联网引领物流发展、商贸业和制造业联动发展等融合发展新模式。商贸物流企业积极推动全过程标准化管理,形成了供应链上下游企业“结对子”协同推进标准化、组建联盟创新推进标准化、大型企业集团在系统内部推进标准化、以标准托盘应用为依托推进商业流程标准化、以标准周转箱应用为依托推进农产品物流标准化等标准化推进模式。

国际化发展取得突破。“十二五”期间,交通运输、仓储和邮政业实际利用外资金额累计达 195.3 亿美元,年均增长 13.3%。自由贸易试验区试点放宽国际航运服务领域外资准入限制,外贸进出口集装箱在国内沿海港口和自贸试验区内港口之间的沿海捎带业务有序开展。商贸物流企业加快推动国际区域物流合作,积极参与“一带一路”物流通道建设,稳步推进跨境电子商务海外仓建设,拓展国际货运代理业务范围,国际合作水平明显提高。

发展环境持续优化。“十二五”期间,国家高度重视商贸物流发展,出台了一系列扶持政策,相关规划和标准体系不断完善。地方政府积极落实土地、资金、税费、交通管理等政策,并出台相关配套措施。商贸物流诚信体系建设有序推进,市场秩序逐步规范。城市共同配送、商贸物流标准化、电子商务与物流快递协同发展等综合示范试点工作成效显著。

商贸物流业在取得重大成就的同时,仍然存在一些突出问题。主要表现在:商贸物流网络不完善,基础设施供给不均衡;企业竞争力偏弱,市场集中度较低;专业化、社会化、现代化程度不高;标准化、信息化、集约化水平有待提升。

二、面临形势

“十三五”时期是我国全面建成小康社会的决胜阶段,也是推进供给侧结构性改革的重要时期,商贸物流发展面临重大机遇:居民消费规模进一步扩大,服务需求更加多元,为商贸物流业发展提供了广阔市场。随着“一带一路”建设、京津冀协同发展、长江经济带发展的推进实施,物流基础设施加快建设，为商贸物流区域协调发展奠定基础。新型城镇化和农业现代化有利于实现城乡融合，提高城市和农村间物流基础设施衔接和配套水平，为商贸物流发展提供支撑。云计算、大数据、物联网、移动互联网等新一代信息技术普及应用，有利于高效整合物流资源，为商贸物流转型升级和创新发展创造条件。内外贸一体化进程加快、跨境电子商务等新型贸易方式兴起，为商贸物流国际化发展拓展空间。法治化营商环境持续改善，有利于促进商贸物流主体公平竞争，为行业规范发展提供保障。

“十三五”时期，商贸物流发展也面临诸多挑战：资源环境约束强化，人工、租金成本刚性上升，标准化、信息化、集约化、绿色化发展任务艰巨。居民消费结构升级，对商贸物流服务向精细化、个性化、专业化发展提出更高要求。随着经济全球化、区域经济一体化进程加快，商贸物流企业在创新服务模式、提高经营效率等方面面临更加激烈的国际竞争。商业新技术、新业态、新模式给传统商贸物流发展带来新的挑战。

总体来看，商贸物流发展仍处于大有可为的重要战略机遇期，必须准确把握战略机遇期内涵和条件的深刻变化，着力在优化商贸物流结构、增强内生动力、补齐发展短板上取得突破，切实转变发展方式，不断提高商贸物流发展水平。

三、总体思路

（一）指导思想。

全面贯彻党的十八大和十八届三中、四中、五中、六中全会精神，深入贯彻习近平总书记系列重要讲话精神，紧紧围绕统筹推进“五位一体”总体布局和协调推进“四个全面”战略布局，牢固树立和贯彻落实新发展理念，充分发挥市场在资源配置中的决定性作用和更好发挥政府作用，按照推进供给侧结构性改革的总体要求，以体制机制改革为动力，以技术应用为支撑，以模式创新为引领，聚焦重点领域和关键环节，完善商贸物流服务体系，提升商贸物流发展水平，降低物流成本，提高流通效率，为经济社会发展提供物流服务保障，为全面建成小康社会做出贡献。

（二）基本原则。

1. 市场驱动、创新发展。

强化企业的市场主体地位，创新商贸物流发展方式，鼓励技术创新、模式创新和业态创新。创新商贸物流管理方式，提高政府公共服务、市场监管和宏观调控能力。

2. 加强统筹、协调发展。

统筹规划重大物流基础设施建设，推动商贸物流城乡合理布局和区域协同发展。优化供应链管理，推进商贸物流与商贸流通业融合发展，加快商贸物流与农业、制造业、金融业等产业协调发展。

3. 生态环保、绿色发展。

鼓励应用节能降耗技术，减少对环境的污染和资源的损耗。推广使用绿色物流设施设备和绿色包装，推进物流设施设备的循环共用，创新绿色物流运作模式，提高能源资源使用效率。

4. 国际合作、开放发展。

坚持扩大开放，深化国际合作，积极引进国外先进技术、资金、人才、管理等要素资源，提升商贸物流国际竞争力。积极构建国际营销和物流网络，为国内企业“走出去”和跨境电子商务发展提供保障。

5. 整合优化、共享发展。

鼓励应用现代信息技术，发挥信息平台的资源整合优势，推进物流设施、技术装备、数据信息等资源共享。大力推广租赁制、交换制等循环共用方式，提高物流效率，降低物流成本。

（三）发展目标。

“十三五”期间，基本形成城乡协调、区域协同、国内外有效衔接的商贸物流网络；商贸物流标准化、信息化、集约化和国际化水平显著提高，商贸流通领域托盘标准化水平大幅提升，标准托盘使用率达到30%左右，先进信息技术应用取得明显成效，商贸物流企业竞争力持续增强；商贸物流成本明显下降,批发零售企业物流费用率降低到7%左右,服务质量和效率明显提升;政府管理与服务方式更加优化,法治化营商环境更趋完善;基本建立起高效集约、协同共享、融合开放、绿色环保的商贸物流体系。

四、主要任务

(一)构建多层次商贸物流网络。

服务于"一带一路"建设、京津冀协同发展、长江经济带发展等国家战略,构建具有国际竞争力、区域带动力的全国性商贸物流节点城市和具有地区辐射能力的区域性商贸物流节点城市。以满足消费升级、产业转型和城市发展为目标,加快构建物流分拨中心、专业配送中心、末端配送网点三级网络为主的城市配送体系。加强农村物流网络体系建设,支持建设县、乡镇综合性物流配送中心和末端配送网点。畅通城乡商贸物流通道,促进城市物流和农村物流的高效衔接。加大对老少边穷地区的支持,完善商贸物流服务网络,打通特色产品销售渠道。

专栏1 商贸物流节点城市名单

全国性商贸物流节点城市:北京、天津、石家庄、唐山、太原、呼和浩特、包头、沈阳、大连、长春、哈尔滨、上海、南京、苏州、杭州、宁波、合肥、福州、厦门、南昌、济南、青岛、郑州、武汉、长沙、广州、深圳、南宁、海口、重庆、成都、贵阳、昆明、拉萨、西安、兰州、西宁、银川、乌鲁木齐。

区域性商贸物流节点城市:保定、秦皇岛、邯郸、大同、临汾、呼伦贝尔、鄂尔多斯、锦州、丹东、延边、吉林、牡丹江、大庆、徐州、南通、连云港、无锡、舟山、金华、温州、阜阳、芜湖、泉州、漳州、九江、赣州、潍坊、烟台、临沂、洛阳、商丘、南阳、宜昌、襄阳、荆州、衡阳、娄底、株洲、东莞、佛山、桂林、柳州、钦州、防城港、绵阳、达州、南充、宜宾、遵义、六盘水、曲靖、红河、咸阳、榆林、天水、酒泉、海西、海东、石嘴山、喀什、伊犁、博尔塔拉、巴音郭楞、日喀则。

(二)加强商贸物流基础设施建设。

推进物流园区转型升级,加强园区水、电、路、网络、通信、热力等基础设施建设,提升仓储、运输、配送、信息等公共服务水平,通过信息平台引导线上、线下对接,拓展物流园区增值服务功能。加强城市配送中心建设,支持具有公益性的城市配送公共服务设施建设,推动位于城市或城乡接合部的货运场站转型为社会化配送中心。加强末端配送网点建设,提升末端配送网点覆盖率,完善配送停靠和装卸设施。

(三)加强商贸物流标准化建设。

重点完善基础类、服务类商贸物流标准,加快形成覆盖仓储、运输、装卸、搬运、包装、分拣、配送等环节的商贸物流标准体系。鼓励和引导企业主动应用国家标准,支持行业协会、科研机构和企业参与物流标准的制订和宣贯工作。以"互联网+"为驱动,推动适应电子商务、连锁经营、共同配送等现代流通方式发展的商贸物流设施设备标准化、服务标准化和信息标准化。发展单元化物流,以标准托盘(1200mm×1000mm)循环共用为切入点,推广包装基础模数(600mm×400mm)和集装器具,带动上下游物流标准化水平提高。

(四)加强商贸物流信息化建设。

深入实施"互联网+"高效物流行动,构建多层次物流信息服务平台,发展经营范围广、辐射能力强的综合信息平台、公共数据平台和信息交易平台。运用市场化方式,提升商贸物流园区、仓储配送中心、末端配送站点信息化、智能化水平。推广应用物联网、云计算、大数据、人工智能、机器人、无线射频识别等先进技术,促进从上游供应商到下游销售商的全流程信息共享,提高供应链精益化管理水平。鼓励有条件的地区开展政府物流信息共享平台建设,将交通运输、海关、税务、工商等部门可公开的电子政务信息进行整合后向社会公开，实现便民利企。顺应流通全渠道变革和平台经济发展趋势，探索发展与生产制造、商贸流通、信贷金融等产业协调联动的智慧物流生态体系。

（五）推动商贸物流集约化发展。

大力提升商贸物流企业组织化程度，鼓励商贸物流企业进行资产重组、业务融合和流程再造，形成一批技术水平先进、主营业务突出、核心竞争力强的大型现代物流企业集团。鼓励中小企业通过联盟、联合等多种方式，实现资源整合优化，提升集约化发展水平。鼓励大企业通过平台集聚带动中小企业的组织化和信息化水平提高。打破地区和行业界限，按照物流需求规模及增长潜力，整合需求不足和同质化竞争严重的物流园区，推动各类分散仓储配送资源与大型物流园区衔接配套，引导企业自用仓储配送设施对外开放。支持第三方物流发展，拓展物流方案设计、智能包装、设备租赁等增值服务，着力提升第三方物流服务水平。

（六）推动商贸物流专业化发展。

重点推动电子商务、冷链、医药、生产资料等专业物流发展。大力发展电子商务物流，引导向中小城市以及县、乡镇延伸服务网络，形成“结构优化、功能强大、运作高效、服务优质”的电子商务物流体系。发展冷链物流，加强多温层节能冷库、加工配送中心、末端冷链设施建设，鼓励应用专业冷藏运输、全程温湿度监控等先进技术设备，建设标准健全、功能完善、上下游有效衔接的冷链物流服务体系。加快发展医药物流，推进医药物流资源集中配置，鼓励大型医药批发企业提供社会化医药物流服务，提升专业化医药物流水平。鼓励生产资料流通企业强化物流服务功能，拓展仓储、加工、配送、追溯、展示等配套服务，推进生产资料物流企业向供应链集成服务商转型发展。

（七）推动商贸物流国际化发展。

推动国际物流发展，支持在“一带一路”国际大通道、沿线中心城市、重点港口、重点境外经贸合作区建设物流中心，发展商贸物流型境外经贸合作区。以跨境电子商务发展为重点，引导和鼓励有条件的企业科学规划、有序建设海外物流基础设施，打造具有较强辐射能力的公共海外仓。支持行业协会开展国际合作，建设仓储资源信息平台，促进国内外仓储资源共享。鼓励国内商贸物流企业与外商投资企业加强合作，提升商业创新水平和现代服务理念，实现结构升级和服务能力提升。

（八）促进商贸物流绿色化转型。

引导企业创新绿色物流运作模式，通过信息技术优化物流资源配置和仓储配送管理，实现节能降耗。推动物流企业建设能源管理体系，建立绿色节能低碳运营管理流程和机制，加快淘汰落后用能设备。发展绿色仓储，建设绿色物流园区，加强仓库建筑创新与节能减排技术应用。推广节油技术和绿色节能运输设备，鼓励配送企业使用新能源汽车、经济型节油车、轻量化起重搬运设备。积极研发和推广可循环利用、可降解的新型包装材料，鼓励使用绿色循环低碳产品。推动流通企业、电子商务企业、物流企业等利用销售配送网络，建立逆向物流回收体系，利用大数据、云计算等技术优化逆向物流网点布局，提高运营效率。

（九）建设商贸物流信用体系。

建立科学合理的商贸物流信用评价体系，研究制定规范统一的信用评价办法，建立信用评价长效机制。将物流企业行政许可、行政处罚、经营异常目录和严重违法失信企业名单（黑名单）、抽查检测结果等信息，通过全国信用信息共享平台和国家企业信用信息公示系统进行归集公示。引导物流园区、物流信息平台、电子商务物流企业等建立对入驻商户和上下游企业的信用评价机制，倡导企业诚信经营。充分发挥行业组织作用，为商贸物流企业和从业人员提供政策、法律、咨询、市场信息等配套服务，增强商贸物流企业和从业人员的诚信意识和风险防范意识。

五、重点工程

（一）城乡物流网络建设工程。

依托商贸物流节点城市，支持建设改造一批

综合型和专业型的物流分拨中心,以龙头企业为主体打通全国物流主干网。完善城市配送网络,建设改造一批集公共仓储、加工分拣、区域配送、信息管理等服务功能于一体的社会化配送中心。加快物流配送渠道下沉,重点完善末端配送网络体系,加快建设商业设施、社区服务机构、写字楼、机关事业单位、大学校园配送场地,完善配送自助提货柜等设施布局,畅通配送末端"毛细血管"。支持全国性物流龙头企业与区域性物流企业加强合作,共建城乡一体化物流网络。

(二)商贸物流标准化工程。

加强物流关键技术标准研制,加快完善贯通物流一体化运作的商贸物流标准体系。结合物流标准化试点,以标准托盘(1200mm × 1000mm)及其循环共用为切入点,推广使用符合国家标准《联运通用平托盘主要尺寸及公差》(GB/T 2934—2007)、《联运通用平托盘性能要求和试验选择》(GB/T 4995—2014)的托盘,大力提高标准托盘普及率。加快标准托盘循环共用体系建设,培育市场主体,提升专业化服务能力。大力发展单元化物流,推广包装基础模数(600mm × 400mm)和集装器具,推动带托盘运输和免验货交接,提高供应链效率。贯彻《汽车、挂车及汽车列车外廓尺寸、轴荷及质量限值》(GB 1589—2016)国家标准,支持运输车辆的标准化改造。

(三)商贸物流平台建设工程。

构建多层次商贸物流信息平台。加快建设物流配送公共服务平台,拓展交易撮合、信息发布、跟踪追溯、信用评价等综合性服务功能,提升采购、交易、运作、管理、结算等全流程服务能力。支持建立智慧化共同配送分拨调配平台,提供路径优化等公共服务,实现供应商、门店、用户和配送车辆等各环节的精准对接,提高物流园区、仓储中心、配送中心的物流供需匹配度。鼓励建设供应链集成平台,推动供应链上下游企业信息互联互通,提高供应链响应能力,促进物流企业与生产制造企业、商贸流通企业融合发展。整合现有物流信息平台资源,促进商贸物流平台与各类专业平台的互联互通,促进数据对接和信息共享。

(四)商贸物流园区功能提升工程。

加强物流园区公共基础设施建设,完善多式联运和集疏运体系,提高仓储、中转及配送能力。加强物流园区经营管理,建立以市场化运作为主,规划引导、依法监管、协调服务相结合的园区开发建设模式。支持物流园区拓展服务功能,提供供应链设计、设备租赁、法律咨询、信用评价等商务服务,引进工商、税务、报关、报检等政务服务,提升服务水平。加强物流园区与外部交通网络的有效连接,鼓励物流园区之间、物流园区与产业园区、商品市场、公共平台之间加强合作,实现联动发展。

(五)电子商务物流工程。

依托铁路、公路、水运、航空、邮政、供销合作网络,完善电子商务物流布局,构建连接城乡、覆盖全国、面向国际的电子商务物流体系。加快电子商务物流服务、作业、技术、包装、单据、信息等标准建设,提升揽收、仓储、运输、分拣、配送、投递等环节处理能力,开发专业化、个性化服务,满足差异化需求,提升用户体验。支持探索产品源头的物流包装解决方案,减少二次包装,推广使用可降解的胶带、环保填充物,可再生纸张和环保油墨印刷的封装物品等物料辅料,推进包裹包装箱的可循环技术创新和循环再利用管理模式创新,完善包裹包装回收体系,实现包装减量化、绿色化和可循环利用。支持具备条件的第三方机构开展面向消费者的电子商务物流信用评价。

(六)商贸物流创新发展工程。

推广使用自动识别、电子数据交换、货物跟踪、智能交通、物联网等先进技术装备,探索区块链技术在商贸物流领域的应用,大力发展智慧物流。推广网订店取、自助提取、代收服务等末端配送模式,探索线上线下融合的物流服务管理模式。大力推进仓配一体化,推动物流企业一体化运作、网络化经营,促进商贸物流转型升级。拓展集中采购、订单管理、流通加工、物流金融、售后维修等增值服务，支持供应链集成创新。

（七）商贸物流绿色发展工程。

鼓励企业全面推进绿色仓储设施设备与技术应用，推动大型商贸企业实施绿色供应链管理，重点推动冷库提升节能技术水平，仓储设施利用太阳能等清洁能源，广泛应用电动叉车、智能穿梭车与密集型货架系统，推广新能源配送车辆，实现绿色仓储与配送可持续发展。全面推进绿色物流包装，在商品仓储、运输、配送、分拣、加工的全过程推进可循环包装、减量包装和可降解包装。

六、保障措施

（一）完善管理机制。

健全部门联动机制，加强商务主管部门与发展改革、财政、国土资源、交通运输、海关、邮政管理、供销合作等部门和单位之间，各级商务主管部门之间的统筹协调。完善跨区域协同机制，健全工作联席会议制度，逐步统一各区域商贸物流管理制度。

深化行政审批制度改革，积极推进“先照后证”改革。深化商事制度改革，持续推动住所（经营场所）登记制度改革，落实物流企业设立非法人分支机构等相关政策。进一步放开商贸物流领域外资准入限制。发挥行业协会作用，探索建立“市场主导、政府规范、社会协同”的商贸物流治理模式。

（二）优化发展环境。

健全法律法规体系，加快制定商贸物流相关法规制度。完善商贸物流市场监管体系，清理和废除行业领域内妨碍全国统一市场和公平竞争的规定和做法，推动建立区域合作协调机制，推进全国高速公路电子不停车收费联网工作。以城市配送车辆通行管理等重点领域为切入点，健全监管执法体制机制，统一执法标准，提高商贸物流综合执法水平。完善商贸物流企业信息披露制度，支持设立商贸物流统一信用信息平台，建立健全失信联合惩戒机制。

（三）加大政策支持。

加大财政金融支持力度。鼓励地方政府加大财政资金支持，引导社会资本投入冷链物流、城乡配送网络、公共信息平台等项目建设。研究制定包装分类回收利用支持政策，提高包装循环利用率。鼓励社会资本探索设立商贸物流产业基金。扩大融资渠道，推广供应链金融。鼓励商贸物流企业通过股权投资、债券融资等方式直接融资。引导金融机构探索适合商贸物流发展特点的信贷产品和服务方式。

落实减税降费政策。通过全面推开营改增改革试点，进一步消除重复征税，扩大交通运输业的进项税抵扣范围，降低企业税收负担。抓好清理和规范商贸物流领域行政事业性收费政策落实。

落实商贸物流业用地政策。将商贸物流设施用地纳入土地利用总体规划和城市规划，保障商贸物流业发展用地，支持商贸物流新业态、新模式发展用地。适度提高物流项目建设用地容积率。

（四）加强人才培养。

支持高等教育机构、商会、协会和企业加强合作，推动学科建设，完善商贸物流理论体系。着力完善专业人才培养体系，通过学历教育、职业教育、继续教育、社会培训等多种方式培养市场急需的商贸物流管理人才和技术操作人才。加强校企合作，积极开展职业培训，职业院校可采取“订单式”人才培养模式，与企业共同研究制定人才培养方案，校企共同组织针对性教学，确保学以致用，全面提高物流从业人员业务素质。积极推进产学研用结合。以提高实践能力为重点，开展物流标准化、电子商务物流、冷链物流等重点领域技能培训，提高管理和操作能力。

（五）强化规划引领。

加快地方商贸物流规划编制工作，加强与国家战略、城市规划和相关规划衔接。支持政策创新，鼓励地级以上城市在公共服务、用地保障、企业融资、人才培养等方面开展试验试点。建立规划年度考核、中期评估和终期检查制度。加强规划政策宣传，提高社会认知度，推动商贸物流健康持续发展。

印发《关于对运输物流行业严重违法失信市场主体及其有关人员实施联合惩戒的合作备忘录》的通知

发改运行〔2017〕1553 号

各省、自治区、直辖市有关部门、机构：

为深入贯彻党的十八大和十八届三中、四中、五中、六中全会精神，落实党中央、国务院关于社会信用体系建设的系列部署，根据《国务院关于建立完善守信联合激励和失信联合惩戒制度加快推进社会诚信建设的指导意见》（国发〔2016〕33 号）要求，建立多部门联合惩戒机制，加快推进运输物流行业信用体系建设，国家发展改革委、人民银行、交通运输部、中央编办、中央文明办、公安部、财政部、人力资源和社会保障部、国土资源部、国务院国资委、海关总署、税务总局、工商总局、质检总局、银监会、证监会、保监会、国家铁路局、中国民航局、国家邮政局联合签署了《关于对运输物流行业严重违法失信市场主体及其有关人员实施联合惩戒的合作备忘录》。现印发给你们，请认真贯彻执行。

附件：关于对运输物流行业严重违法失信市场主体及其有关人员实施联合惩戒的合作备忘录（略）

国家发展改革委　人民银行
交通运输部　中央编办
中央文明办　公安部
财政部　人力资源社会保障部
国土资源部　国资委
海关总署　税务总局
工商总局　质检总局
银监会　证监会
保监会　国家铁路局
中国民航局　国家邮政局
2017 年 8 月 24 日

第七章　重要规划解读

8大关键词，钩玄快递业“十三五”精髓

“航母入海”“上天入地”“进村入户”“由内及外”“由一至十”“安全第一”“信用至上”“大小多少”。

现在请记住这8个关键词，因为这是快递业“十三五”发展的精要所在，是未来几年快递企业的主要任务。以此为圆心，发散思维，看看国家在快递业未来几年发展中在下一盘怎样的大棋。

1. 航母入海，形成3~4家快递企业集团，培育2个世界知名快递品牌。

鼓励快递企业通过合作、联盟、收购和交叉持股等方式实现兼并重组，开展资源要素整合，集中优势资源扩大市场份额。打造具备国际竞争力的“快递航母”，突出优势做大、做强、做精。

2. 上天入地，从71架到200架，海陆空多式联运打通。

上天——依托综合交通运输体系，建设一批辐射国内外的航空快递货运枢纽。加快自主航空网络建设，支持重点快递企业以南京、鄂州、杭州等枢纽为中心，干线与支线、长途与中短途航空运输相结合。拓展国际货运航线。

新建现代化的国际快递枢纽：湖北。

培育国际快递货运枢纽功能：北京、上海、广州、成都、昆明、深圳、重庆、西安、乌鲁木齐、哈尔滨等。

建设国内航空快递货运枢纽：杭州、郑州、南京、天津、石家庄等。

入地——积极发展电商快递班列，推动建设铁路运输快件示范线。研究推进中欧班列运输快件。在环渤海、长江沿岸、海峡两岸等有条件的城市间开展快件水路运输试点，鼓励海运班轮运输。实现快件公铁联运、公航联运全程可追踪查询。

依托物流节点城市，加快布局建设快递专业类物流园区。

一级园区布局城市35个：

北京、天津、廊坊、呼和浩特、沈阳、大连、长春、哈尔滨、上海、南京、无锡、杭州、宁波、金华（义乌）、厦门、泉州、济南、青岛、郑州、合肥、南昌、武汉、鄂州、长沙、广州、深圳、东莞、南宁、重庆、成都、贵阳、昆明、西安、兰州、乌鲁木齐。

二级园区布局城市57个：

石家庄、保定、苏州、徐州、南通、连云港、淮安、温州、嘉兴、台州、福州、莆田、潍坊、烟台、临沂、佛山、汕头、惠州、中山、湛江、韶关、海口、太原、临汾、大同、漯河、洛阳、芜湖、蚌埠、阜阳、赣州、上饶、宜昌、襄阳、衡阳、岳阳、怀化、盘锦、延边（珲春）、齐齐哈尔、牡丹江、包头、赤峰、呼伦贝尔（满洲里）、柳州、桂林、绵阳、南充、泸州、铜仁、拉萨、宝鸡、榆林、安康、天水、西宁、银川。

三级园区布局城市：各省（区、市）统筹规划，确定若干个。

3. 进村入户，推动多形式共建，打通末端壁垒。

推动快递企业主动参与城乡综合便民服务，建设末端综合服务平台。与连锁商业机构、便民服务设施、社区公共服务中心、机关学校以及专业第三方企业开展多种形式的投递服务合作，共建城市社区综合服务平台。在社区、写字楼、校园等人口相对密集的地区设置智能快件箱。建设农村快递服务点（站），与交通、商务、农业、供销、邮政

等合作,整合多种农村基层公共服务平台。

4.由内及外,不同性质主体互利共赢,走向国际。

向下共享——引导快递企业加强农村地区网络建设,完善农村地区网点建设标准和服务标准,加强服务监督。引导快递企业与邮政企业以市场为导向,建立互利共赢、服务规范的合作机制,开展农村设施共享、业务代理等合作。鼓励第三方设置快递服务网点。

向外合作——鼓励重点快递企业构筑跨境寄递网络。加强重点国家、重点城市和重点线路的国际快递网络构建,开辟中国与东北亚、东南亚、东欧和非洲快件运输通道,延伸北美、西欧服务网络。鼓励国内快递企业间、快递企业与境外企业间建立战略协作关系。

5.由一至十,全面服务电商业,服务先进制造业,服务现代农业……

与电子商务。鼓励快递企业针对电子商务特点开发多品种、个性化、国际化服务的产品体系,拓展服务领域。支持快递企业与电子商务企业构建合作发展平台。

与先进制造业。积极推进传统消费品制造产业供应链创新升级,做深做精电子领域、医药领域的快递服务,积极推进装备制造业入场物流服务。

与现代农业。引导快递企业为特色农产品提供包装、仓储、运输的标准化定制化服务。

与……

6.安全第一,实现动态可跟踪、隐患可发现、事件可预警、风险可管理、责任可追踪。

强化企业主体责任。引导快递企业树立安全与发展并重理念,健全企业安全责任体系,落实企业法定代表人对企业安全生产工作的全面责任,明确岗位责任人员、责任范围和考核标准等内容,加强对安全生产责任制落实情况的监督考核。

以“互联网+”监管为主线、邮政业大数据应用为核心,依托既有条件及相关工程成果,加强寄递渠道安全监管能力建设。通过完善监管手段,提升监管信息化水平,实现动态可跟踪、隐患可发现、事件可预警、风险可管理、责任可追踪等“五可”目标。

7.信用至上,“一处失信、处处受限”。

建设快递业信用信息平台,对快递企业及其从业人员的信用信息进行采集、储存和处理。开展信用等级评定,建立企业和从业人员的电子信用档案。整合行业内的执法检查、消费者申诉、信访举报等信息资源,实现信用管理的综合化和信息化。健全信用信息公开制度,在邮政管理部门门户网站设置专栏,对经营快递业务的企业、从业人员的信用信息予以公开。建立信用信息交换共享机制,与企业信用信息公示系统、“信用中国”等国家统一信用信息平台实现对接。

8.大小多少,快递包装绿色化、减量化,并可循环利用。

健全快递业绿色发展法规标准体系,制定快递业包装标准,推动出台快件绿色包装环保标识认定使用和管理办法。建立绿色快递统计监测评估体系。推动快递企业减少包装物料用量,研发生产可循环使用和可降解的包装材料。探索快件包装物有效利用渠道和方式,推动将快件包装物纳入资源回收政策支持范畴。推广使用节能新车型,扩大新能源车辆使用比例,加快标准化绿色装载工具的推广应用。推广建筑节能。

迈向“十三五”三大区域发展各领风骚

——解读京津冀、长三角、珠三角快递服务发展“十三五”规划

2017年3月,国家邮政局正式发布了《京津冀地区快递服务发展“十三五”规划》《长江三角洲地区快递服务发展“十三五”规划》《珠江三角洲地区快递服务发展“十三五”规划》(简称“三大规划”)。三大规划与时俱进地科学谋划了“十三五”时期三个地区快递业改革发展的新思路、新举措。至此,由邮政业规划、快递业规划、区域规划和各地规划组成的邮政行业规划体系基本形成,这对行业的发展极具指导意义。让我们一起来看看三大区域规划,看京津冀一体化下快递如何谋求新机遇,长三角的“包邮区”要如何继续精进,快递业进入千亿产值的广东又将如何大步走向国际化。

“十二五”成绩单

京津冀

业务量:22.2亿件(北京63.7%、天津11.6%、河北24.7%)。

业务收入:281.3亿元(北京64.5%、天津15.5%、河北20.0%)。

营业网点:超过1万个。

乡镇网点覆盖率:90%以上。

长三角

业务量:78.2亿件,全国占比38%。

业务收入:1129.7亿元,全国占比40.9%。

营业网点:2.23万个。

乡镇网点覆盖率:95%。

干线车辆:7.2万辆。

快递专业类物流园:19个。

珠三角

业务量:46.6亿件,全省占比93%,全国占比22%。

业务收入:583亿元,全省占比95%,全国占比22%。

跨境业务量:2.1亿件,全国占比50%。

快递企业:7000多家。

乡镇网点:全覆盖。

年人均快递业务量:约80件。

2020的畅想

京津冀

业务量:80亿件,年均增速29%。

业务收入:850亿元,年均增速25%。

服务网络:乡乡有网点、村村通快递。

年人均快件使用量:超过80件。

智能快件箱:格口超过100万个。

重点企业枢纽分拨中心自动化设备配置率:60%以上。

重点企业新能源汽车保有量:超过5000辆。

国际网络:初步通达亚、美、欧、非、大洋洲,连接“一带一路”沿线国家。

长三角

业务量:265亿件,年均增速27.7%。

业务收入:3313亿元,年均增速24%。

快递专业类物流园区:35 个。

全自动分拣枢纽型分拣中心:30 个。

快递电子运单使用率:90%。

智能快件箱投递快件占比:12%。

年人均快件使用量:151 件/人。

总部在长三角的上市企业:4 ~6 家。

珠三角

业务量:150 亿件业务收入:1650 亿元。

日处理能力超百万件处理中心:20 个。

智能快件箱:格口 150 万个。

乡镇网络:全覆盖。

日均服务人次:6500 万。

年业务收入超 1000 亿元龙头企业:1 家以上。

年业务收入超 100 亿元网络企业:5 家以上。

“十三五”的机遇

京津冀

经济增长、结构升级:京津冀地区工业化将持续推进;地区产业结构和消费结构升级;“互联网+”新业态广泛应用。

对外开放战略:京津冀是参与全球分工的世界级城市群,面向东北亚、中亚、俄罗斯和欧洲全方位开放;“一带一路”战略;北京是全国首个服务业扩大对外开放综合试点城市;天津是跨境电商试点城市。

京津冀协同发展:非首都功能疏解促进产业区域协同和优势互补;区域交通一体化深入推进;新需求、新业态、新商业模式不断涌现。

长三角

多重国家战略叠加实施:“一带一路”战略、长江经济带发展战略和促进快递业发展战略叠加。

开放型经济体系:中国(上海)自由贸易试验区、中国(杭州)跨境电子商务综合试验区、苏南快递产业园等试验示范区建设深入推进。

长三角经济提质增效:区域高附加值产业、高增值环节和总部经济快速发展,城市间物流、资金流和信息流的流通速度和频率大幅提高。

珠三角

经济环境变化:我国积极参与全球经济治理,加快实施“一带一路”战略和《中国制造 2025》行动纲领,深入建设自贸试验区。

政策环境优化:《国务院关于促进快递业发展的若干意见》《广东省快递市场管理办法》和《促进广东省快递业发展的实施意见》等政策法规相继出台。

市场需求扩大:城乡结构、产业结构进一步调整,居民消费升级步伐加快,跨境电子商务蓬勃兴起,国际物品寄递需求大幅上升。

一区域一定位

京津冀

快递业改革创新试验区、快递业与交通运输业协同发展示范区、北方快递业发展核心区。

一核心——北京:疏解北京区域性快递集散分拨功能,发挥对津冀的示范作用。

两区域——津冀。

天津:打造快递专业类国际航空物流中心、跨境快递基地和先进制造业与快递业联动示范区。

河北:建设全国现代商贸快递物流重要基地。

四枢纽——首都机场、天津滨海机场、河北石家庄正定机场(快递航空货运枢纽),北京新机场(国际快递航空货运枢纽)。

五节点——北京、天津、廊坊(全国一级快递专业类物流园区布局城市），石家庄、保定（全国二级快递专业类物流园区布局城市）。

多园区——北京天竺快递核心区、北京新机场快递物流园区、天津空港航空快递物流园、东疆港跨境快递物流园、武清电商快递物流园。

长三角

快递业改革创新先行区、转型提效示范区、高端服务引领区。

创新——培育快递服务高附加值产品体系，推进线上线下一体化，加强信息技术和关键装备技术的研发应用。

协调——因地制宜、错位发展各省市特色快递服务，加快形成多中心的快递网络。

绿色——完善绿色包装标准，鼓励提供低碳环保的快递服务，推广清洁能源车辆。

开放——引导优势快递企业兼并重组、抱团出海，推动长三角地区成为快递航母的重要承载区和跨境电商寄递业务的重点区域。

共享——扩大长三角快递服务覆盖范围。构建多层次快递网络体系、便民生活配送体系和农村现代流通体系。

珠三角

世界知名快递企业聚集地、快递服务“走出去”先行地、全国快递转型升级示范区。

发挥珠三角经济发达、对外开放度高的优势，大力营造国际化营商环境，汇集国内外知名快递品牌，打造具备完善的产业支撑功能和全面服务民生功能的快递产业集群。

紧跟“一带一路”战略，发挥珠三角毗邻港澳及东南亚的地缘优势以及完善的对外开放基础设施优势，深化粤港澳快递业务合作，服务跨境电子商务，探索新路径。

依托珠三角快递业的雄厚基础，发挥规模优势、品牌优势、技术优势和服务优势，结合珠三角产业结构升级，引领快递业深入开展技术创新、运营模式创新和服务模式创新。

重大工程集锦

京津冀——四大工程

1.“黄金三角”快递园区集聚带工程

以首都机场、天津滨海机场、北京新机场和河北石家庄正定机场为重心，在新机场临空经济区、滨海新区、张（家口）承（德）生态功能区、曹妃甸区四个功能区规划布局快递园区，打造京津冀“黄金三角”快递园区集聚带。

2.“快递下乡”工程

鼓励快递企业间加强合作，进行城乡间、乡村间的快件集中运输；支持快递企业与农家店、农村综合服务社、农产品购销代办站建立合作网点；推动快递与邮政企业进一步加强合作；鼓励快递企业与农村商贸流通企业、供销合作社等合作。

3.寄递安全“绿盾”工程

推动京津冀三省市寄递渠道安全监管一体化，全面落实寄递渠道收寄验视、实名收寄、过机安检三项制度，完善快递企业安全防范体系，健全企业安全生产责任追究机制，建立健全京津冀快递业安全应急合作机制。

4.跨境电商与快递物流协同发展工程

以天津和北京为重点，布局建设国际邮件处理中心、国际邮件互换局（交换站）和国际快件监管区。依托天津自贸试验区有关政策，逐步构建京津冀一体化的跨境快递服务体系。

长三角——十大工程

1.空间优化工程

完善快递物流园区体系并推动航空快递枢纽建设；依托综合交通枢纽，提升长三角快递服务对全国的辐射能力。

2.快递“三上”工程

推进快递“上车、上船、上飞机”。大力发展多式联运，促进区域内航空、铁路、公路和水运的有效衔接。

3. 路由优化工程

充分利用长三角交通运输及综合枢纽资源，发挥快递物流园区节点作用，推进区域内网络与路由优化。

4. 服务制造业工程

深入制造企业供应、生产、销售等环节，提供定制的一体化解决方案和服务，创新服务模式。

5. 跨境寄递工程

发挥上海自贸区优势，杭州跨境电子商务综合试验区和义乌、宁波国际邮件互换局兼交换站的作用，打造跨境电商寄递业务重点区域。

6. 冷链快递工程

健全冷链物流标准和服务规范体系，完善冷链物流基础设施网络。鼓励企业利用长三角农特产品资源开展特色快递项目。

7. 智慧快递工程

运用大数据等先进技术，提升快递企业信息化水平。推动大型快递企业自动化分拣系统、智能标签的应用。

8. 末端服务工程

将快递末端建设工程打造成为服务民生的重点工程，创新快递末端配送方式和商业模式。

9. "绿盾"平安工程

推进"绿盾"平安工程建设，确保快件来源可追溯、车辆运输可追踪和人员责任可倒查。

10. 诚信体系工程

构建诚信评价指标体系，建立信用数据库。推进区域快递从业人员注册登记管理，建立快递从业人员诚信档案和"黑名单"制度。

珠三角——重点建设项目

1. 快递（物流）与电商协同产业园区建设

顺丰中山电商供应链产业基地（中山）

顺丰惠州电商物流产业园（惠州）

京东商城"亚洲一号"现代物流基地（广州）

顺丰广州花都医药物流中心（广州）

顺丰东莞电商产业园（东莞）

顺丰广州医药仓储中心（广州）

2. 快件分拨处理中心

顺丰华南转运中心（深圳）

圆通虎门转运中心（东莞）

中国邮政深圳陆运中心（深圳）

中国邮政机场北广州邮政轻件处理中心（广州）

中国邮政东莞市省际处理中心（东莞）

中国邮政佛山市省际处理中心（佛山）

顺丰东莞虎门中转场（东莞）

联昊通省内快件中转处理中心（东莞）

中国邮政中山市省际处理中心（中山）

中国邮政速递惠州邮件处理中心（惠州）

顺丰华南区域陆运枢纽（东莞）

3. 终端服务设施（设备）设置

速递易智能快件交互服务平台（珠三角）

4. 信息自动化改造

德邦快递可视化管理系统（深圳）

中外运-敦豪龙华服务共享中心（深圳）

第八章　部分省（区、市）、市（地）关于快递服务的政策法规

福建省促进快递行业发展办法

（2015年1月20日福建省人民政府第151号令发布，根据2017年5月4日福建省人民政府发布的《福建省人民政府关于修改〈福建省促进快递行业发展办法〉的决定》进行修订）

第一章　总　则

第一条　为了促进和规范快递行业健康发展，加强对快递市场的监督管理，维护快递渠道安全畅通，保护企业和用户合法权益，适应经济社会发展和人民生活需要，依据《中华人民共和国邮政法》及有关法律法规，结合本省实际，制定本办法。

第二条　在本省行政区域内经营快递业务、使用快递服务以及相关监督管理等活动，应当遵守本办法。

第三条　县级以上人民政府及其有关部门应当采取措施，支持快递行业发展。

第四条　邮政管理部门负责对本辖区快递市场实施监督管理，建立完善快递市场监管体系，促进快递企业规范化运作。

邮政管理部门可以在法定权限内依法委托县级以上人民政府指定的部门或者依法成立的管理公共事务的事业组织在其辖区实施快递市场监督管理，开展行政执法等。

发展改革、财政、公安、国家安全、交通运输、经信、建设、商务、规划、工商、税务、海关、检验检疫、价格等部门按照各自职责，建立健全安全保障机制，共同做好快递市场的相关管理工作。

第五条　快递企业应当加强服务质量管理，完善安全保障措施，按照国家规定的相关标准，为用户提供迅速、准确、安全、方便的服务。

采取加盟制经营的品牌快递企业应当加强对其加盟企业的安全生产管理，加盟企业发生生产安全事故给他人造成损害的，品牌快递企业依法承担连带赔偿责任。

第六条　快递行业协会应当制定行业规范，加强行业自律，维护会员的合法权益，提高快递企业的经营管理水平和从业人员的业务素质。

第二章　支持措施

第七条　县级以上人民政府应当将快递行业发展纳入国民经济和社会发展规划，将快递服务基础设施建设纳入本级城乡规划和土地利用总体规划，保障快递服务与当地经济社会协调发展。

城市新建住宅小区和旧城改造应当将快递服务网点纳入社区服务基础设施，同步规划、同步建设，并应当规划安排快递服务所需的停车和装卸用地。

支持快递企业利用工业企业旧厂房、仓库和存量土地资源建设快件处理中心，项目建设用地享受工业用地政策。

第八条　各级人民政府应当将快递服务纳入农村基本公共服务，支持快递企业在农村设置快递服务网点或者利用村邮站、农村超市、农家店等开展农业生产资料、生活消费品和农副产品等寄

递服务。

第九条 县级以上人民政府应当制定扶持和鼓励措施,支持快递行业与电子商务、制造业等关联产业构建合作发展平台,促进快递行业与电子商务、制造业等关联产业有机融合和联动发展。

第十条 鼓励快递企业整合资源,与民航、铁路、公路等运输行业联动发展。机场、车站、口岸等单位应当支持快递企业建设快件集中处理场所,提供快速配载、装卸、交接等服务。安检机构应当对快件实行分类管理、优先查验,提高检验效率,确保快件传递畅通。

第十一条 人力资源和社会保障行政部门应当将快递业务员职业技能培训纳入管理,对通过社会化考试取得职业资格证书的个人,按照相关规定给予补贴。

第十二条 公安机关交通管理部门对经邮政管理部门核准的从事快递业务的车辆,在其收寄、投递快件时,依法提供城区通行和临时停车的便利。从事快递运输业务的车辆应当由邮政管理部门核准喷涂统一快递专用标志,专用标志式样由省邮政管理部门制定。

支持快递企业依法使用非机动车收投快件。鼓励快递企业购置新能源汽车作为城市快件运输和收投服务工具,并按照国家规定给予补贴优惠。

第十三条 机关、企事业单位、住宅小区管理单位、高等院校等应当为快递企业收寄和投递快件提供通行、临时停车、代收、保管等便利服务。

鼓励通过设立快件集中代收代投服务点、设置自助服务终端等形式,为快件收寄和投递提供便利和安全保障。

第十四条 鼓励快递企业的总部、区域总部、分拨中心或者呼叫中心等落户本省,按照规定享受本省总部经济的相关政策。

第三章 快递服务

第十五条 快递企业提供快递服务应当符合以下要求:

(一)在收寄快件时,应当要求寄件人如实完整填写快递运单,应当明确提示寄件人选择保价业务或者保险业务,并告知其权利义务;

(二)不得野蛮分拣,严禁抛扔、踩踏或者以其他危险方法处理快件;

(三)根据业务处理流程,及时准确将快件流转信息上传网络,并向用户提供电话或者网络等查询渠道,方便用户跟踪查询快件流转情况;

(四)快递企业收派员收寄和投递快件时应当统一穿着具有本企业标识的服装,并佩戴工号牌或胸卡。

第十六条 快递企业应当采取按址投递、用户领取或者与用户协商的其他方式投递快件。快递企业应当对快件提供至少2次免费投递。

收件人本人无法签收的,经征得收件人同意,可以由收件人指定的其他人代收。

第十七条 快递企业可以委托连锁商业机构等第三方代办快件收投服务。委托人应当与被委托人签订委托合同,明确约定双方权利义务、快件收投服务规范和快件损失的赔偿责任等;第三方代办快件收寄的,应当建立并执行实名收寄和收寄验视制度。

第十八条 快递企业投递快件,应当告知收件人或者代收人当面验收。快件外包装完好的,由收件人或者代收人签字确认。投递的快件注明为易碎品或者外包装出现明显破损的,收派员应当告知收件人或者代收人先验收内件再签收。

对于网络购物、代收货款以及与用户有特殊约定的其他快件,快递企业应当与寄件人在合同中明确投递验收的权利义务,并提供符合约定的验收服务,验收无异议后,由收件人或者代收人签字确认。

验收过程中,发现快件损毁或者内件短少等异常情况的,收派员应当在快递运单上注明情况,并由收派员和收件人或者代收人共同签字。

第十九条 快件发生延误、丢失、损毁或者内件短少的,快递企业应当按照与用户的约定,依法予以赔偿。

第二十条　快递企业应当建立快递运单实物及电子数据档案管理制度，采取技术措施确保用户信息安全，防止用户信息泄露、丢失。快递运单及其电子数据档案保存应当符合快递服务国家标准规定的保管期限，保管期满后，应当按照规定集中销毁。

第二十一条　用户对快递服务质量存在异议的，可以向快递企业投诉。快递企业应当自接到投诉之日起15日内作出处理。因快递企业逾期未处理或者对处理结果不满意的，用户可以依法向邮政管理部门申诉。

邮政管理部门应当依法及时处理用户的申诉，并自接到申诉之日起30日内作出答复。快递企业应当积极配合邮政管理部门处理用户的申诉。

第四章　快递安全

第二十二条　邮政管理部门应当建立并完善邮件快件实名收寄信息系统，公安、国家安全和财政等部门应当对实名收寄信息系统的运行和维护等给予支持。邮政管理、公安、国家安全等部门应当按照国家有关规定逐步实现寄递安全监管信息互联互通，数据共享。

第二十三条　寄件人交寄快件，应当如实、完整填写快递运单，按规定出示有效身份证件，遵守关于禁止寄递或者限制寄递物品的规定。

快递企业应当建立并执行实名收寄和收寄验视制度，收寄快件时应当依照规定对寄件人身份进行查验，当场开封验视交寄物品，使用实名收寄信息系统对寄件人身份和交寄物品进行信息登记。对寄件人不按照本条第一款规定交寄快件的，快递企业不予收寄。发现存在重大安全隐患及可能涉及危害国家安全等违法犯罪情形的，应当及时向有关部门报告。

第二十四条　快递企业应当对收寄、分拣、运输、投递环节实行安全监控和信息化管理，实现对快件的全程跟踪和实时查询，防止快件在寄递过程中丢失、损毁或者内件短少。监控设备应当全天24小时运转，监控资料保存不少于30天，并按照邮政管理部门的规定报送。

第二十五条　快递企业应当建立安全检查制度，落实安全检查责任和措施，建立隐患排查、登记、报告、整改管理制度，加强安全防范和隐患排查治理。

快递企业应当配备符合国家标准或者行业标准的安全检查设备，安排具备专门技能的人员对快件进行全面安全检查。

第二十六条　快递企业在许可的经营区域范围内，设置用于快件临时配载、装卸、理货、保管等内部配套作业的小型临时中转场所，且不对外开展现场收件或者为社会提供服务的，应当在设置之日起20日内，报所在地邮政管理部门备案，邮政管理部门应当在备案之日起5日内抄告同级工商行政管理部门。

第二十七条　快递企业及其从业人员不得实施下列损害用户合法权益的行为：

（一）毁弃、倒卖、盗窃、私自开拆或者违法扣留用户快件；

（二）非法出售、泄露或者向他人非法提供从事快递服务过程中知悉的用户信息；

（三）法律、法规禁止的其他行为。

第二十八条　有下列情形之一的，公安机关、国家安全机关接到报案后，应当及时受理并依法处理：

（一）违反规定寄递国家禁止寄递或者限制寄递物品，危害国家安全或者公共安全的；

（二）以围堵、拦截、聚众闹事等形式，扰乱快递服务场所正常秩序的；

（三）倒卖、盗窃、私自开拆或者违法扣留用户快件的；

（四）非法出售用户快递服务信息的；

（五）其他影响快递服务安全和用户权益的违法犯罪行为。

第二十九条 邮政管理部门应当与有关部门配合,妥善处置快递行业突发事件,查明事件原因和责任,提出整改措施,并依法对有关企业或者个人作出处理。

第五章 闽台快递合作

第三十条 县级以上人民政府及其有关部门应当采取措施,鼓励发展闽台快递服务合作,支持快递企业服务闽台电子商务、金融、保险、旅游等经贸和文化交往。

第三十一条 支持闽台快递合作基础设施建设,完善两岸快件交换、包裹处理等功能,支持通过闽台通道发展跨境快递业务。

支持开辟闽台快件通关绿色通道,完善闽台快件通关环境,创新快件通关监管模式,简化报检程序,实现闽台口岸关检互认。

第三十二条 支持在本省台商投资区、台湾农民创业园等对台合作区域拓展快递服务业务。

第三十三条 鼓励有条件的快递企业开展对台直航包机,扩大两岸快件运输直航范围,支持扩大对台海运快件业务范围,增强闽台快递服务时效性。

第三十四条 鼓励闽台快递企业相互合作,支持闽台之间相互设立快递企业或者快递企业分支机构。

支持闽台快递企业、快递行业协会建立定期联络协调机制,推动同业人员定期对话、互访交流和业务合作。

第六章 法律责任

第三十五条 违反本办法第二十条规定,快递企业未按照要求保管和销毁快递运单的实物和电子数据档案的,由邮政管理部门责令改正,处1000元以上5000元以下罚款;情节严重的,处5000元以上2万元以下罚款。

第三十六条 违反本办法第二十一条规定,快递企业未按照规定处理用户投诉的,由邮政管理部门责令改正,可处1000元以上5000元以下罚款;情节严重的,处5000元以上2万元以下罚款。

第三十七条 违反本办法第二十三条第一款规定,寄件人不遵守关于实名收寄和禁止寄递或者限制寄递物品规定,构成违反治安管理行为的,由公安机关依法给予处罚;构成危害国家安全行为的,由国家安全机关依法给予处罚;构成犯罪的,依法追究刑事责任。

违反本办法第二十三条第二款规定,快递企业未使用实名收寄信息系统对寄件人身份和交寄物品进行信息登记的,由邮政管理部门责令改正,处1万元以上3万元以下罚款,并对其直接负责的主管人员和其他直接责任人员处1000元以上5000元以下罚款。

第三十八条 违反本办法第二十四条规定,快递企业未按照规定实行安全监控的,由邮政管理部门责令限期改正,可处3000元以上1万元以下罚款;逾期未改正的,处1万元以上3万元以下罚款。

第三十九条 违反本办法第二十五条第二款规定,快递企业未按照规定配备安全检查设备或者未安排具备专门技能的人员对快件进行全面安全检查的,由邮政管理部门责令限期改正,可处3000元以上1万元以下罚款;逾期未改正的,处1万元以上3万元以下罚款。

第四十条 快递企业及其从业人员违反本办法及相关法律、法规、规章规定,受到邮政管理部门或者有关行政管理部门依法处罚的,邮政管理部门应当依法公开其违法信息,并纳入相关信用信息系统,供单位和个人查询。

第四十一条 邮政管理部门工作人员在监督管理中滥用职权、玩忽职守、徇私舞弊,依法给予处分;构成犯罪的,依法追究刑事责任。

第七章 附 则

第四十二条 本办法自2015年5月1日起施行。

佛山市人民政府令

第3号

《佛山市寄递物流安全管理办法》已经2017年4月1日佛山市人民政府第十五届4次常务会议通过,现予公布,自2017年7月1日起施行。

市长:朱伟

2017年4月25日

佛山市寄递物流安全管理办法

第一条 为了规范本市寄递物流活动,保障公民人身、财产安全和公共安全,促进本市寄递物流行业健康发展,根据《中华人民共和国反恐怖主义法》《中华人民共和国邮政法》《广东省禁毒条例》等法律、法规,结合本市实际,制定本办法。

第二条 本办法适用于本市行政区域内寄递物流活动的治安安全管理。

第三条 本办法所称寄递物流企业,包括从事包裹、货物等物品收寄、分拣、运输、投递等环节活动的邮政企业、快递企业(以下统称寄递企业)和道路货物运输企业(以下称物流企业)。

第四条 在本市行政区域内从事寄递物流经营活动,应当建立健全安全保障制度,寄递、托运物品实行安全查验制度和客户身份、物品信息登记制度。

第五条 公安机关负责监督、指导本行政区域内的寄递物流企业建立健全治安管理制度,依法对寄递物流活动中违反治安管理的行为进行查处。

邮政管理部门负责本行政区域内的寄递安全管理工作,依法对寄递企业违反安全查验制度和客户身份、物品信息登记制度的行为进行查处。

公安机关应当与邮政管理、交通运输等部门建立寄递物流安全管理信息共享机制,建立联合执法机制,加强队伍建设,配置专职人员,查处违反寄递物流安全管理的行为,推广寄递物流安全管理信息系统,为寄递物流企业提供信息化技术支持。

国家安全、交通运输、工商、商务、海关、安全监管、检验检疫等主管部门按照各自职能,依法做好寄递物流安全管理工作。政府各相关部门应当加强宣传,普及寄递物流安全管理知识。

第六条 快递、物流行业协会应当加强行业自律,为会员单位提供信息、培训等服务,配合相关部门做好安全管理工作。

第七条 寄件人、托运人交寄、托运物品,应当遵守国家和省有关禁止或者限制寄递、运输物品的规定,出示真实有效身份证件,如实填写交寄、托运物品的信息以及寄件人或者托运人和收货人的信息。

第八条 寄递物流企业的法定代表人或者主要负责人,对本单位的寄递物流治安安全活动负有以下职责:

(一)组织制订并实施本单位寄递物流安全教育和培训计划;

(二)督促、检查寄递物流安全工作,及时消除事故隐患;

(三)组织制订并实施寄递物流安全事故应急

预案；

（四）及时、如实向相关部门报告寄递物流安全隐患和事故。

第九条 以加盟方式从事寄递物流活动的企业，被加盟人对加盟人负有安全监督管理责任。

第十条 寄递物流企业应当加强安全设施建设，在收寄、分拣、安检等环节和道路货物零担运输收货场所安装视频监控设备，接入邮政管理部门或者公安机关信息平台。监控系统应当24小时运转，监控资料保存时间不少于30天。

第十一条 寄递物流企业应当实行从业人员安全知识培训制度，每年组织不少于1次安全培训，并建立培训档案。

第十二条 寄递物流企业应当查验、登记从业人员的身份信息，并按规定录入公安机关治安管理信息系统。

第十三条 寄递物流企业应当在营业网点、处理中心、分拨中心和道路货物零担运输收货场所以明显方式公示禁止或者限制寄递、运输物品名录，身份查验制度，收寄验视制度，安全操作规范等内容。

第十四条 寄递物流企业收运物品时，应当要求寄件人、托运人如实填写寄递运单或者托运单，包括寄件人或者托运人和收货人的姓名、地址、联系方式以及物品名称、种类、数量等，并核对寄件人、托运人的身份。

寄件人、托运人拒绝按规定出示真实有效身份证件或者不如实填写寄递运单、托运单的，寄递物流企业不予收寄、承运。

对于已经签订安全保障协议的企业客户，寄递物流企业应当登记企业负责人和日常主要交寄人员的有效身份信息。已经予以登记的，可以采用其他有效方式查验客户身份信息。

第十五条 寄递物流企业应当按照相关主管部门的要求采取信息化手段落实客户身份查验制度。

寄递物流企业不得将寄件人、托运人的证件号码信息登记在寄递运单、托运单的流通页等位置，防止个人身份证件信息被泄露。

第十六条 寄递物流企业应当对寄件人、托运人交寄的非信件物品当场验视内件，寄件人、托运人拒绝验视的，不予收寄、承运。

第十七条 寄递企业应当配备符合国家标准、具备透视探测功能的安全检查设备，安排具有相应知识和技能的人员按照规定对寄递物品实施安全检查。对通过安检的物品，应当在寄递运单流通页等显著位置，通过张贴标签、加盖印章等方式加具安检标识。

第十八条 物流企业应当与托运人签订安全保障协议，明确安全保障责任。有下列情形之一的，可以采取抽检、抽查等方式进行安全查验：

（一）货物对既有包装有特殊要求或者其他客观原因，不能进行拆包验视的；

（二）货物体积过大，无法采用X光机进行安检的。

物流企业抽检、抽查的情况应当做好登记，以备相关管理部门查询。

第十九条 寄递物流企业对已经收寄的禁止或者限制运输、寄递物品，应当立即停止转发、投递和运输。发现疑似毒品、枪支零部件、弹药、爆炸物、危险化学品或者非法寄递麻醉药品、精神药品、易制毒化学品等需要没收或者销毁的物品，涉嫌违法犯罪的，应当立即报告公安机关和相关主管部门，配合有关部门进行处理；对于不需要没收或者销毁的，应当联系寄件人或者托运人，妥善处理。

第二十条 寄递物流企业应当建立寄递运单、托运单以及电子信息的档案管理制度，信息记录保存期限不少于1年，但法律法规另有规定的除外。保管期满后，应当按照规定集中销毁，做好销毁记录，不得随意丢弃。

寄递物流企业应当采取必要的措施确保用户信息安全，对寄件人或者托运人和收货人的姓名、地址、联系方式、寄递或者托运物品的名称、数量等信息以及身份证件记载的个人信息予以保密，不得出售或者违法提供给他人。发生或者可能发生用户信息泄露、损毁或者丢失的情况时，应当立即采取补救措施，并向主管部门或者公安机关报告。

第二十一条 任何单位和个人有权举报违反寄递物流安全管理制度的行为，对举报、提供犯罪线索或者协助破案的，公安机关或者其他相关部门应当按照规定给予奖励。

第二十二条 寄递企业违反本办法第十条规定，有下列情形之一的，由邮政管理部门责令限期改正；逾期未改正的，处 1 万元以上 3 万元以下罚款：

（一）未安装视频监控设备的；

（二）未按规定接入邮政管理部门或者公安机关信息平台的；

（三）监控设备未按规定运行的。

物流企业违反前款规定的，由公安机关责令限期改正；逾期未改正的，处 1 万元以上 3 万元以下罚款。

第二十三条 寄递企业违反本办法第十一条规定，未组织安全培训的，由邮政管理部门责令限期改正；逾期未改正的，可以处 2 万元以下罚款。

物流企业违反前款规定的，由公安机关责令限期改正；逾期未改正的，可以处 2 万元以下罚款。

第二十四条 寄递物流企业违反本办法第十二条规定，未按规定录入信息或者提供不真实信息的，由公安机关责令限期改正；逾期未改正的，可以处 2000 元以上 1 万元以下罚款。

第二十五条 寄递企业违反本办法第十三条规定，未以明显方式公示相关内容的，由邮政管理部门责令限期改正；逾期未改正的，可以处 2000 元以上 1 万元以下罚款。

物流企业违反前款规定的，由公安机关责令限期改正；逾期未改正的，可以处 2000 元以上 1 万元以下罚款。

第二十六条 寄递物流企业违反本办法第十四条、第十六条、第十七条、第十八条、第十九条规定，有下列情形之一的，由邮政管理部门对寄递企业处 10 万元以上 50 万元以下罚款，对直接负责的主管人员和其他直接责任人员处 10 万元以下罚款；由公安机关对物流企业处 10 万元以上 50 万元以下罚款，对直接负责的主管人员和其他直接责任人员处 10 万元以下罚款：

（一）未实行安全查验制度，对客户身份进行查验，或者未依照规定对寄递、运输物品进行安全查验的；

（二）对禁止寄递、运输，存在重大安全隐患，或者客户拒绝安全查验的物品予以寄递、运输的；

（三）未实行寄递、运输客户身份、物品信息登记制度的。

第二十七条 寄递物流企业违反本办法第二十条第一款规定，未按规定保存或者销毁寄递运单、托运单、电子信息档案的，由邮政管理部门对寄递企业处 5000 元以上 3 万元以下罚款，由公安机关对物流企业处 5000 元以上 3 万元以下罚款。

第二十八条 寄递企业违反本办法第二十条第二款规定，泄露寄件人和收货人的寄递信息或者个人信息，尚不构成犯罪的，由邮政管理部门责令改正，没收违法所得，并处 1 万元以上 5 万元以下罚款；对邮政企业直接负责的主管人员和其他直接责任人员给予处分；对快递企业，邮政部门还可以责令停业整顿直至吊销其快递业务经营许可证。

寄递企业从业人员有前款规定的违法行为，尚不构成犯罪的，由邮政管理部门责令改正，没收违法所得，并处 5000 元以上 1 万元以下罚款。

物流企业有违反本办法第二十条第二款规定行为的，由公安机关责令改正，处 1 万元以上 5 万元以下罚款。

第二十九条 从事道路货物运输的个体工商户参照适用本办法。

第三十条 本办法自 2017 年 7 月 1 日起施行。

拉萨市人民政府关于印发《拉萨市寄递安全管理办法》的通知

拉政发〔2017〕79号

各县(区)人民政府,市直各委、办、局:

《拉萨市寄递安全管理办法》已经2017年4月6日拉萨市第十一届人民政府第11次常务会议审议通过,现印发给你们,请严格贯彻执行。

拉萨市人民政府

2017年4月26日

拉萨市寄递安全管理办法

第一条 为了保障社会公共安全和寄递信息、寄递物品安全,维护寄件人和寄递企业合法权益,规范寄递活动,根据《中华人民共和国邮政法》《中华人民共和国国家安全法》《中华人民共和国反恐怖主义法》《西藏自治区邮政条例》等有关法律法规,结合本市实际,制定本办法。

第二条 在本市行政区域内从事寄递业务经营活动,应当遵守本办法。

第三条 本办法所称寄递,是指将信件、包裹、印刷品等物品按照封装上的名址递送给特定个人或者单位的活动,包括收寄、分拣、运输、投递等环节。

本办法所称寄递企业,是指从事信件、包裹、印刷品等物品收寄、分拣、运输、投递等全部或者部分环节活动的单位,包括邮政企业、快递企业、物流企业以及其他相关企业等。

本办法所称包裹,是指按照封装上的名址递送给特定个人或者单位的独立封装的物品,其重量不超过五十千克,任何一边的尺寸不超过一百五十厘米,长、宽、高合计不超过三百厘米。

第四条 寄递安全管理实行属地管理与分级管理相结合的原则,坚持安全第一、预防为主、综合治理,建立企业负责、政府监管、行业自律和社会监督的机制。

第五条 市邮政管理部门负责本行政区域内寄递安全管理工作,对邮件、快件寄递行业进行监管,引导邮件、快件寄递企业依法规范经营。

市公安机关负责指导、检查、监督邮件寄递企业落实实名制管理和内部安全防范工作,建立邮件、快件寄递治安管理机制,督促邮件、快件寄递企业落实各项安全主体责任,严厉打击利用物流寄递渠道从事各类违法犯罪活动。

市交通运输部门负责寄递企业营运车辆的监督管理工作。

市工商部门负责邮件、快件寄递企业市场经营主体登记注册,取缔无照经营行为。

市安全生产监督管理部门对寄递行业的安全生产工作进行指导、监督。

市检验检疫部门负责邮件、快件寄递的检验检疫工作。

市有关部门配合做好寄递安全相关工作。

县(区)人民政府应当建立本行政区域内寄递安全管理协调机制。

第六条 用户交寄物品应当遵守国家关于禁止寄递或者限制寄递物品的规定,如实填写寄递物品详细信息,不得通过寄递活动危害国家安全、公共安全,不得损害公民、法人和其他组织的合法权益。

第七条 市邮政管理部门在寄递安全管理活动中依法履行下列职责:

(一)指导与监督邮政、快递落实安全责任制,督促企业加强企业内部安全管理;

(二)组织处置或者联系其他部门共同处置寄递安全突发事件;

(三)及时受理处理用户的申诉、举报;

(四)其他依法应当履行的职责。

第八条 寄递企业取得邮政管理部门许可和工商营业执照后,应当及时向所在县(区)公安机关书面报告。

企业名称、经营场所和其他相关信息发生变更的,寄递企业应当持邮政管理部门许可文件和工商部门变更后的营业执照,及时内向所在县(区)公安机关书面报告。

第九条 寄递企业法定代表人或者主要负责人是本企业寄递安全第一责任人,对寄递安全工作负有下列职责:

(一)建立健全寄递安全管理制度;

(二)设立寄递安全管理机构或者配备专(兼)职安全管理人员;

(三)组织制定并落实寄递安全规章制度和操作规程,开展寄递安全标准化建设;

(四)配备寄递安全物防、技防设施,适当增加安全生产经费投入;

(五)组织制定并实施本企业寄递安全教育和培训计划;

(六)督促、检查寄递安全工作,及时消除事故隐患;

(七)组织制定寄递安全事故应急预案并进行演练;

(八)发生寄递安全事故时应当在二十四小时之内向邮政管理部门、公安机关报告。

第十条 寄递企业应当在营业网点、处理中心、分拨中心以明显方式公示限制寄递和禁止寄递物品指导目录、收寄验视制度、实名制登记制度、安全操作规程、突发事件应急处理规定和安全标识等内容。

第十一条 寄递企业应当建立从业人员实名档案,对拟录用的从业人员应当进行从业资格审查,寄递企业所在地公安机关配合做好相关工作。

第十二条 寄递企业应当加强对从业人员的安全教育和培训,每年至少组织一次(不少于十二小时)寄递安全培训,并建立培训档案。

市邮政管理、公安、安全生产监督管理、检验检疫等部门应当按照职责加强对寄递企业安全教育培训的业务指导。

第十三条 寄递企业在收寄物品时,应当要求寄件人出示有效身份证件,并按照实名制登记要求进行登记或者使用国家邮政管理部门实名监管信息系统进行录入。

登记记录保存期限不少于十二个月。

第十四条 寄递企业应当建立并执行收寄验视制度。

寄递企业对寄件人交寄的物品,应当当面验视内件(不得检查信件内容);不能确定安全性的存疑物品,应当要求寄件人出具相关部门的安全证明;寄件人不能出具安全证明的存疑物品或者拒绝验视的,不予收寄。

寄递企业应当对寄件人交寄的物品现场包装,并使用专用检封条(牌)封装。专用检封条(牌)式样由市邮政管理机构监督各寄递企业制定。

第十五条 寄递企业在分拣、运输、投递过程中发现禁寄物品,应当立即终止寄递;对其中依法应当没收或者销毁的,应当立即向公安等有关部门报告,并配合有关部门进行处理;对不需要没收、销毁的,寄递企业应当与寄件人取得联系,妥善处理。

对在寄递过程中发现武器、弹药、毒品以及危险化学品等重大危害性禁寄物品的,寄递企业应当立即向所在县(区)公安机关和邮政管理部门报告。

第十六条 寄递企业应当采用技术手段,对收寄、分拣、运输、投递等环节实行安全监控，防止寄递物品在寄递过程中短少、丢失、损毁。

监控设备应当二十四小时运转，监控资料保存时间不得少于九十天。

第十七条 寄递企业的处理中心、分拨中心应当配备符合国家标准、具备透视探测功能的安全检查设备，对寄递物品进行安全检查，并逐件标记安检标识。

第十八条 运输寄递物品的车辆应当符合道路运输车辆等级标准、办理车辆营运证，并标明寄递企业标识。公安机关和交通运输管理部门应当根据城市交通状况，为寄递运输车辆提供通行便利。

驻市机关、企业事业单位、社会组织、住宅小区的物业管理部门应当为寄递企业收寄、投递物品提供通行、车辆临时停放等便利条件。

第十九条 寄递企业在收寄、分拣、运输、投递等环节，应当做到规范操作，严禁抛扔、踩踏、坐压或者以其他危险方式造成寄递物品损毁。

第二十条 寄递企业应当建立寄件人、收件人个人信息安全保障制度，不得泄露、窃取和售卖寄件人、收件人个人信息。

第二十一条 市公安、邮政管理等部门应当对寄递企业实行实名收寄、验视制度和治安防范措施等情况开展监督检查。

第二十二条 任何单位和个人不得有下列行为：

(一)私自开拆、隐匿、毁弃或者非法扣留、扣查他人寄递物品；

(二)以围堵、聚众闹事等形式，扰乱寄递企业生产经营场所正常秩序；

(三)非法拦截、强登、扒乘运输寄递物品车辆；

(四)盗窃、冒领、倒卖寄递物品；

(五)倒卖用户信息；

(六)其他影响寄递安全的违法行为。

第二十三条 违反本办法第六条、第十四条第一款规定，寄递企业不建立或者不执行收寄验视制度，或者寄递国家关于禁止寄递或者限制寄递物品的，市邮政管理部门根据《中华人民共和国邮政法》第七十五条规定，对邮政企业直接负责的主管人员和其他直接责任人员给予相应处分；对快递企业，市邮政管理部门可以责令停业整顿直至吊销其快递业务经营许可证。

第二十四条 寄递企业违法提供在从事寄递服务过程中知悉的用户信息的，市邮政管理部门根据《中华人民共和国邮政法》第七十六条规定，责令改正，没收违法所得，并处一万元以上五万元以下的罚款；对邮政企业直接负责的主管人员和其他直接责任人员给予相应处分；对快递企业，市邮政管理部门可以责令停业整顿直至吊销其快递业务经营许可证；涉嫌犯罪的，依法移送司法机关。

寄递企业从业人员有前款规定的违法行为，尚不构成犯罪的，由市邮政管理部门责令改正，没收违法所得，并可处五千元以上一万元以下的罚款。

其他违法提供用户信息造成不良后果的，由公安机关按照《中华人民共和国治安管理处罚法》规定予以处罚。

第二十五条 违反本办法第十六条第二款规定，寄递企业安装的监控设备未二十四小时运转，或者监控资料保存时间少于九十天的，市邮政管理部门责令限期改正；逾期未改正的，处两千元以上一万元以下的罚款。

第二十六条 寄递企业有下列情形之一的，市邮政管理部门根据《中华人民共和国反恐怖主义法》第八十五条规定，责令改正，可处三千元以上三万元以下的罚款：

(一)未实行安全查验制度，对客户身份进行查验，或者未依照规定对运输、寄递物品进行安全检查的；

(二)对禁止运输、寄递，存在重大安全隐患，或者客户拒绝安全查验的物品予以运输、寄递的；

(三)未实行运输、寄递客户身份、物品信息登记制度的。

第二十七条 寄递企业拒绝、阻碍公安和邮政管理等部门依法实施的监督检查，依法给予治安管理处罚；对快递企业，市邮政管理部门可以责令停业整顿直至吊销其快递业务经营许可证；涉嫌犯罪的，移送司法机关。

第二十八条 快递企业被依法吊销快递业务经营许可证的，自快递业务经营许可证被吊销之日起三年内，快递企业负责人不得申请经营快递业务。

第二十九条 本办法自2017年6月1日起施行。

关于印发《克孜勒苏柯尔克孜自治州邮政管理办法》的通知

克政办发〔2017〕203号

各县（市）人民政府，自治州人民政府各有关工作部门、州直各单位：

《克孜勒苏柯尔克孜自治州邮政管理办法》已经自治州人民政府同意，现印发你们，请认真遵照执行。

2017年11月30日

克孜勒苏柯尔克孜自治州邮政管理办法

第一条 为了保障邮政普遍服务、加强对邮政市场的监督管理，维护邮政通信与信息安全，保护通信自由和通信秘密，保护用户、邮政企业和快递企业合法权益，促进邮政业健康发展，实现社会稳定和长治久安总目标，根据《中华人民共和国邮政法》《新疆维吾尔自治区邮政条例》及相关法律法规，结合克孜勒苏柯尔克孜自治州（以下简称“自治州”）实际，制定本办法。

第二条 自治州行政区域内邮政业的规划、建设、安全保障、服务和监督管理，适用本办法。

第三条 自治州各级人民政府应当将邮政、快递业发展规划纳入国民经济和社会发展规划，按照统筹安排、合理布局的原则，将邮政、快递基础设施的布局和建设纳入城乡规划、土地利用规划、综合交通运输体系规划，保障邮政、快递业与当地经济社会协调发展。

建设城市新区、独立工矿区、开发区、学校区、旅游度假区、工业园区、城镇社区、边境贸易经济合作区或者旧城区改造，应当提供邮政普遍服务的邮政设施。

重点旅游景区景点和集贸市场，较大的车站、口岸和宾馆等地点，应当提供邮政普遍服务的邮政设施。

县（市）、乡（镇）人民政府应当加强在乡（镇）和行政村的邮政设施建设。在乡（镇）设立邮政所，在行政村设立村邮站。

信报箱的设置相关工程建设依据国家强制性标准执行。

第四条 邮政企业、快递企业新建、改建和扩建邮件处理中心、快件分拨中心、营业网点等场地的，应当在设计建设前和竣工验收后，分别向邮政管理机构备案。邮政企业撤销提供普遍服务的邮政营业场所,应当经过邮政管理机构批准。

租用上述经营、处理场地的,应当自签订租赁合同之日起二十日内向邮政管理机构备案。

第五条 邮政企业、快递企业依照规范标准服务,为用户提供迅速、准确、安全、方便的服务,保障用户的合法权益。

第六条 邮政企业、快递企业应当严格执行收寄验视制度。邮政企业、快递企业应当在用户在场的情况下,当面验视交寄物品,检查交寄物品是否属于国家和自治区规定禁止或限制寄递的物品以及是否与寄递详情单上所填报的内容相符,用户拒绝验视、拒不如实填写寄递详情单、拒不提供相应书面凭证的,邮政企业、快递企业不予收寄。

核对无误并如实记录收寄物品的名称、规格、数量、重量、资费、收寄时间、寄件人身份信息和收件人名址等内容,方可收寄,记录(包括电子数据)保存期限不少于一年。

第七条 邮政企业、快递企业收寄邮件、快件时,应当进行实名制登记,要求寄件人出示有效身份证件,确保寄件人在寄递详情单上所填写的寄件人身份信息同身份证件一致。快递企业与存在长期寄递关系的单位或个人要签订协议,统一进行收寄管理。

用户在交寄邮件、快件时,拒不出示有效身份证件的,快递业务员可以拒收。

第八条 邮政企业、快递企业应当加强员工安全教育,配备专职安全管理人员,所有邮件、快件必须通过X光安检机安检。县级及以上(所辖)的快递企业应安装X光安检机,安检的邮件、快件应当有两人以上参加,必须标注或加贴验视标识。企业建立安全和质量自查巡查制度,并按照规定的频次进行检查,对发现的问题及时整改或报告。

第九条 已经收寄的邮件、快件中发现有国家禁止寄递的物品的,邮政企业、快递企业应当立即停止转发和投递。对其中依法需要没收或者销毁的物品(包括可疑物品),应当立即向有关部门报告,并配合有关部门进行处理。对已收寄的不需要没收、销毁的禁寄物品以及一同查处的禁寄物品之外的物品,邮政企业、快递企业应当与寄件人或者收件人取得联系,妥善处理。

第十条 邮政企业、快递企业应当具备面积适宜且封闭的邮件、快件处理场所,并在营业处理场所配备符合规定的监控设备、消防设施、安全防护设施。

邮政企业、快递企业应当对收寄、分拣、运输、投递等环节实行安全监控,并对营业、处理场所进行24小时全覆盖监控,监控资料保存时间不得少于三十天。经营快递业务的企业应当按照国家和自治区标准以及主管部门的要求提供数据共享接口,为安全监管及公众服务提供所需的实时数据和信息。

为确保相关部门有效监督,邮政企业、快递企业应以电子信息及原始面单方式完整留存寄递物品信息。

第十一条 发生自然灾害、事故灾难、公共卫生、社会安全等事件,有下列情形之一的,邮政企业、快递企业应当在一小时内向突发事件发生地的邮政管理机构和负有相关职责的公安、国家安全、安全生产监督管理等部门报告:

(一)本企业人员死亡或者失踪一人以上,或者重伤三人以上的;

(二)邮件、快件一次丢失、损毁一百件以上,或者积压一千件以上的;

(三)邮寄爆炸物、生物病原体、生物毒素、危险化学品、放射性物品等,在寄递过程中发生爆炸、泄漏的;

(四)邮件处理中心、快件分拨中心内发生重大事故,生产中断的;

(五)其他可能严重影响寄递渠道畅通的情形。

第十二条 鼓励快递企业实行直营化,鼓励自治州快递企业通过直接与品牌快递企业总部或者自治区一级代理商签订协议,按照快递企业品牌要求开展经营活动，拓展经营渠道，提升企业形象。

第十三条 邮政企业、快递企业未按照邮政管理机构的要求对重大安全隐患进行整改的，由安全生产监督、消防等相关部门依法处置。

第十四条 法律法规和规章对邮政管理有规定的，从其规定。

第十五条 本办法自印发之日起施行。

2017 年全国部分市（地）关于快递服务发展的政策文件

市（地）	政策文件名称
天津武清	武清区人民政府关于印发武清区快递业发展实施方案的通知
衡水	《关于印发衡水市邮政业突发事件应急预案的通知》（衡政办字〔2017〕87 号）
	《关于推进邮政业服务农村电子商务协同发展的实施意见》（衡邮管〔2017〕27 号）
唐山	《关于推进快递业创新发展快速发展的若干措施的通知》（唐政字〔2017〕102 号）
廊坊	《关于促进快递业发展的实施意见》（廊政〔2017〕32 号）
	《廊坊市邮政业突发事件应急预案的通知》（廊政办发〔2017〕15 号）
沧州	《关于推进“互联网 +”现代农业行动的实施意见》（沧政办发〔2017〕29 号）
	《关于深入推进农业供给侧结构性改革　加快培育农业农村发展新动能的实施意见》（沧发〔2017〕4 号）
	《关于建设创新驱动质量强市的指导意见》（沧字〔2017〕40 号）
	《沧州市邮政业突发事件应急预案》（沧政办字〔2017〕46 号）
	《关于推动实体零售创新转型的实施意见》（沧政办字〔2017〕139 号）
承德	《关于营造良好市场环境推动交通物流融合发展工作的落实意见》（承市政办字〔2017〕6 号）
	《关于深入推进“互联网 + 流通”行动计划的实施意见》（承市政办字〔2017〕25 号）
	《关于印发承德市邮政业突发事件应急预案的通知》（承市政办字〔2017〕113 号）
	《关于促进快递业发展的实施意见》（承市政字〔2017〕51 号）
	《关于推进邮政业服务农村电子商务协同发展的实施方案》（承邮管〔2017〕34 号）
	《关于进一步加强邮政行业精神文明建设的实施意见》（承邮管〔2017〕101 号）
邯郸	《关于全市快递业快速健康发展的推进措施的通知》（邯政办字〔2017〕78 号）
	《邯郸市邮政业突发事件应急预案的通知》（邯政办字〔2017〕142 号）
	《关于推进全市邮政业服务农村电子商务协同发展的实施意见》（邯邮管〔2017〕26 号）
邢台	《关于创新管理优化服务培育壮大经济发展新动能加快新旧动能接续转换的实施意见》（邢政办字〔2017〕34 号）
	关于印发《邢台市实施质量强市和标准化战略三年行动计划（2017－2019 年）》的通知（邢政办字〔2017〕44 号）
	《关于印发邢台市邮政业突发事件应急预案的通知》（邢政办字〔2017〕79 号）
	《邢台市发展和改革委员会等九部门关于全面加强电子商务领域诚信建设的实施方案》（邢发改财贸〔2017〕559 号）
	《邢台市 2017 网络市场监管专项行动及责任分工方案的通知》（邢工商〔2017〕47 号）
	关于印发《邢台市集中开展寄递物流整治专项行动工作方案》的通知（邢公治发〔2017〕10 号）
	《联合打击寄递渠道涉烟违法行为协作机制的通知》（邢烟专〔2017〕50 号）
	《关于推进全市邮政业服务农村电子商务协同发展的意见》（邢邮管〔2017〕33 号）
	《关于印发〈邢台市全面推进邮件、快件实名收寄信息系统工作实施方案〉的通知》（邢邮管〔2017〕35 号）
	《关于进一步加强邮政行业精神文明建设的实施意见》（邢邮管〔2017〕43 号）
	《关于做好高等院校快递服务工作的意见》（邢邮管〔2017〕46 号）
	《关于加快发展邢台邮政行业职业教育的实施意见》（邢邮管〔2017〕47 号）
	《关于加快推进住宅区等规划建设邮政服务场所的指导意见》（邢邮管〔2017〕49 号）
	《关于进一步加强快递机动车辆管理的通知》（邢邮管〔2017〕50 号）
	《关于在全市邮政行业开展青年文明号创建活动的实施意见》（邢邮管〔2017〕51 号）

续上表

市(地)	政策文件名称
张家口	《张家口市邮政业突发事件应急预案》(张政办函〔2017〕41号)
	《关于印发张家口市重污染天气应急预案的通知》(张政办字〔2017〕18号)
	《张家口市现代服务业发展"十三五"规划》(张政字〔2017〕33号)
	《关于加快推进"互联网+政务服务"工作实施意见》(张政发〔2017〕5号)
	《关于实施质量强市和标准化战略的意见》(张发〔2017〕16号)
保定	《关于推进国内贸易流通现代化建设法治化营商环境的通知》(保政办发〔2017〕1号)
	《关于印发保定市促进跨境电子商务健康快速发展实施方案的通知》(保政办发〔2017〕4号)
	关于印发《保定市邮政业突发事件应急预案》的通知(保政发〔2017〕7号)
	《关于对2017年国民经济和社会发展主要工作目标进行分解的通知》(保政办函〔2017〕14号)
	《保定市物流业降本增效专项行动方案(2017－2019年)》(保政办函〔2017〕83号)
	《关于成立和调整部分市政府临时性议事机构(第一批)的通知》(保政办函〔2017〕166号)
	《保定市加强个人诚信体系建设实施方案》(保政办函〔2017〕169号)
	《关于建立健全保定市"十三五"规划纲要实施机制的意见》(保办发〔2017〕23号)
	关于印发《保定市2017网络市场监管专项行动及责任分工方案》的通知(保市监字〔2017〕292号)
	关于印发《保定市集中开展寄递物流专项整治行动工作方案》的通知(保公发〔2017〕14号)
秦皇岛	《关于进一步加强邮政快递进社区农存工作的实施意见》(秦政办字〔2017〕82号)
	《关于建立寄递渠道安全监管联合工作机制的通知》(秦公发〔2017〕67号)
	《秦皇岛市全面推进邮件、快件实名收寄信息系统工作实施方案》(秦邮管〔2017〕37号)
	《关于推进邮政业服务农村电子商务协同发展的实施意见》(秦邮管〔2017〕39号)
太原	关于印发《太原市城市管理全面提升行动实施方案》的通知(并办字〔2017〕2号)
	关于印发2017网络市场监管行动实施方案的通知(并工商办字〔2017〕80号)
	关于成立太原市电商扶贫领导组的通知(并脱贫组发〔2017〕10号)
	关于成立太原市交通扶贫领导组的通知(并脱贫组发〔2017〕13号)
	太原市安全生产委员会关于推进企业安全生产标准化建设的意见(并安发〔2017〕3号)
	关于印发《太原市涉恐隐患排查政治专项行动工作方案》的通知(并反恐办发〔2017〕5号)
大同	关于印发《大同市物流业降本增效专项实施方案(2016－2018年)》的通知(同政办发〔2017〕27号)
	关于推进落实2017年大同市服务业各项指标任务工作的实施方案(同政办发〔2017〕95号)
	关于印发《加快实施自由贸易区战略工作方案》的通知(同政办发〔2017〕173号)
	关于印发大同市促进邮政业健康发展的若干措施的通知(同政发〔2017〕92号)
	关于加强和改进全市寄递服务运输车辆运行管理工作的通知(同公字〔2017〕195号)
朔州	关于印发《规范全市快递专用电动三轮车通行管理的实施意见》的通知(朔邮管〔2017〕38号)
	关于印发《朔州市加快实施智能快件箱推广的指导意见》的通知(朔邮管〔2017〕52号)
	关于印发《协同推进全市"快递下乡"工程更好服务"三农"的意见》的通知(朔邮管〔2017〕54号)
忻州	《关于印发忻州市推进落实2017年服务业各项指标任务实施方案的通知》(忻政办发〔2017〕69号)
	《关于印发忻州市深入实施"互联网+流通"行动计划方案的通知》(忻政办发〔2017〕74号)
	《关于印发忻州市大数据规划(2017－2020年通知)》(忻政发〔2017〕44号)
	《关于促进忻州市快递业发展的实施意见》(忻政发〔2017〕46号)
	《关于印发忻州市促进大数据应用2017年行动计划的通知》(忻政发〔2017〕90号)
	关于印发《2017年度电商扶贫行动计划》的通知(忻电扶贫组〔2017〕2号)
	《关于加强整合农村电商快递服务发展的通知》(忻邮管〔2017〕62号)

续上表

市(地)	政策文件名称
晋城	关于印发晋城市促进快递业发展实施方案的通知(晋市政发〔2017〕32号)
晋中	晋中市人民政府办公厅关于晋中市"互联网+流通"行动计划方案的通知(暂无)
晋中	关于印发《晋中市农村物流网络节点体系建设实施方案》的通知(市交运输发〔2017〕19号)
临汾	关于同意建立临汾市网络市场监管局际联席会议制度的复函(临政办函〔2017〕64号)
临汾	关于印发《临汾市电商扶贫行动方案》的通知(临脱贫攻坚办〔2017〕11号)
临汾	关于印发《临汾市2017年电商扶贫行动计划》的通知(临脱贫攻坚办〔2017〕12号)
临汾	关于印发2017年网络市场监管专项行动实施方案的通知(临市工商市字〔2017〕171号)
锡林郭勒盟	《关于促进快递业发展的实施意见》(锡署发〔2017〕116号)
锡林郭勒盟	《关于印发〈锡林郭勒盟邮政业发展"十三五"规划〉的通知》(锡署办发〔2017〕125号)
锡林郭勒盟	《推动邮政业服务农村牧区电子商务发展的实施意见》(锡商发〔2017〕265号)
锡林郭勒盟	《快递服务进社区》(锡邮管联〔2017〕3号)
锡林郭勒盟	《推进快递服务现代农牧业的意见》(锡邮管联〔2017〕4号)
乌海	《乌海市人民政府关于促进快递业发展的实施意见》(乌海政发〔2017〕52号)
乌海	《乌海市加快推动服务业发展实施方案》(乌海政办发〔2017〕88号)
乌海	《乌海市打造自治区西部区域物流中心实施方案》(乌海政办发〔2017〕89号)
乌海	《关于推动邮政业服务农区电子商务发展的实施意见》(乌商务发〔2017〕158号)
乌海	《关于推进快递服务进社区的实施意见》(乌邮管联〔2017〕11号)
乌海	《关于推进快递服务现代农牧业的实施意见》(乌邮管联〔2017〕10号)
阿拉善盟	关于印发阿拉善盟促进快递业发展实施意见的通知(阿署办发〔2017〕175号)
阿拉善盟	关于推动邮政业服务农村电子商务发展实施意见的通知(阿商务市建字〔2017〕290号)
阿拉善盟	关于印发《阿拉善盟全面推进邮件、快件实名收寄信息化工作方案》的通知(阿邮管联〔2017〕1号)
阿拉善盟	关于推进快递服务现代农牧业的意见(阿邮管联〔2017〕8号)
阿拉善盟	关于推进快递服务进社区的指导意见(阿邮管联〔2017〕9号)
阿拉善盟	关于推进快递服务进校园工作的意见(阿邮管联〔2017〕10号)
呼伦贝尔	呼伦贝尔市人民政府关于促进快递业发展的实施意见(呼政字〔2017〕310号)
呼伦贝尔	《关于推动邮政业服务农村电子商务发展的实施意见》(呼商字〔2017〕288号)
呼伦贝尔	《关于推进快递服务进社区的指导意见》(呼邮管联〔2017〕2号)
呼伦贝尔	《关于推进快递服务现代农牧业的意见》(呼邮管联〔2017〕3号)
呼伦贝尔	《关于推进快递服务进校园工作的意见》(呼邮管联〔2017〕4号)
通辽	《通辽市人民政府关于加快全市现代物流业发展的实施意见》(通政发〔2017〕80号)
通辽	《关于推进线上线下互动加快商贸流通创新发展转型升级的实施意见》(通政办发〔2017〕29号)
通辽	关于印发《关于推动邮政业服务农村电子商务发展的实施意见》的通知(通商流字〔2017〕85号)
通辽	关于印发《通辽市全面推进邮件、快件实名收寄信息化工作方案》的通知(通邮管联〔2017〕1号)
通辽	《关于推进快递服务现代农牧业的意见》(通邮管联〔2017〕2号)
通辽	《关于推进快递服务进社区的实施意见》(通邮管联〔2017〕3号)
乌兰察布	关于印发《乌兰察布市寄递渠道安全监管协调联动机制》的通知(乌综治办〔2017〕40号)
乌兰察布	关于印发《乌兰察布市全面推进邮件、快件实名收寄信息化工作方案》的通知(乌综治办〔2017〕2号)
乌兰察布	关于印发《关于推动邮政业服务农村电子商务发展的实施意见》的通知(乌政商建字〔2017〕163号)
乌兰察布	关于推进快递服务进社区的通知(乌邮管联〔2017〕2号)
乌兰察布	关于推进快递服务现代农牧业的通知(乌邮管联〔2017〕3号)

续上表

市(地)	政策文件名称
赤峰	印发《关于深入推进农牧业供给侧结构性改革加快培育农牧业农村牧区发展新动能的实施意见》的通知(赤党发〔2017〕2 号)
	《赤峰市人民政府关于促进快递业加快发展的实施意见》(赤政发〔2017〕31 号)
	关于印发赤峰市推动实体零售创新转型实施方案的通知(赤政办字〔2017〕180 号)
	关于印发《关于推动邮政业服务农村电子商务发展的实施意见》的通知(赤商建字〔2017〕385 号)
	关于印发《赤峰市邮政业"十三五"发展规划》的通知(赤邮管联〔2017〕5 号)
	关于推进快递服务现代农牧业的实施意见(赤邮管联〔2017〕8 号)
	关于推进快递服务进社区的指导意见(赤邮管联〔2017〕9 号)
鄂尔多斯	关于印发邮政业发展十三五规划的通知(鄂府发〔2017〕209 号)
	关于推动邮政业服务农村电子商务发展的实施意见(鄂邮管联〔2017〕)8 号
	关于推动快递服务进社区的指导意见(鄂邮管联〔2017〕7 号)
巴彦淖尔	关于推进快递服务现代农牧业的实施意见(巴邮管联〔2017〕6 号)
	关于推动邮政业服务农村电子商务发展的实施意见(巴邮管联〔2017〕7 号)
兴安盟	关于印发兴安盟电子商务进农村工作实施细则的通知(兴署办发〔2017〕10 号)
	关于印发促进快递业发展的实施意见(兴署办发〔2017〕100 号)
	关于印发〈关于推动邮政业服务农村电子商务发展的实施意见〉的通知 (兴商字〔2017〕423 号)
	兴安盟邮政业发展"十三五"规划(兴邮管联〔2017〕2 号)
	关于推进快递服务现代农牧业的实施意见(兴邮管联〔2017〕4 号)
	关于推进快递服务进社区的指导意见(兴邮管联〔2017〕5 号)
呼和浩特	关于印发《呼和浩特市全面推进邮件、快件实名收寄信息化工作方案》的通知(呼邮管联〔2017〕1 号)
	关于推进快递服务现代农牧业的意见(呼邮管联〔2017〕2 号)
	关于我市邮政行业助力脱贫工作的意见(呼邮管联〔2017〕3 号)
	关于推进邮政业服务农村电子商务发展的实施意见(呼政商建字〔2017〕14 号)
包头	包头关于印发《关于推动邮政业服务农村电子商务发展的实施意见》的通知(包商务电商字〔2017〕8 号)
	关于推进快递服务进社区的实施意见(包邮管联〔2017〕4 号)
	关于推进快递服务现代农牧业的意见(包邮管联〔2017〕5 号)
沈阳	《沈阳市人民政府关于印发沈阳市促进城市配送发展实施方案的通知》(沈政发〔2017〕1 号)
	《沈阳市人民政府办公厅关于印发沈阳市"互联网 + 流通"行动计划实施方案的通知》(沈政办发〔2017〕25 号)
大连	《大连市人民政府办公厅关于成立大连市快递示范城市建设工作领导小组的通知》(大政办函〔2017〕32 号)
	《大连市人民政府办公厅关于印发大连市建设"中国快递示范城市"实施方案的通知》(大政办发〔2017〕103 号)
营口	《关于在辽宁自贸区营口片区范围内交通运输领域完善快件处理设施和绿色通道工作的实施意见》(营邮管〔2017〕12 号)
辽阳	辽阳市人民政府办公室《关于进一步加强国家机关公文寄递管理的通知》(辽市政办〔2017〕21 号)
盘锦	《盘锦市人民政府办公室印发关于推进"四好农村路"建设实施意见的通知》(盘政办发〔2017〕84 号)
	《盘锦市人民政府办公室关于印发盘锦市物流业降本增效专项行动实施方案(2017 — 2018 年)的通知》(盘政办发〔2017〕114 号)
葫芦岛	《葫芦岛市人民政府办公室关于印发葫芦岛市物流业降本增效专项实施方案(2016 — 2018 年)的通知 》(葫政办发〔2017〕156 号)
	《葫芦岛市人民政府办公室关于推进"四好农村路"建设的实施意见》(葫政办发〔2017〕160 号)
吉林	吉林市人民政府办公厅《关于印发吉林市城市共同配送试点工作实施方案的通知》(吉市政办发〔2017〕15 号)

续上表

市(地)	政策文件名称
延边	《关于印发延吉市邮政行业交通安全管理工作方案的通知》(延州邮联发〔2017〕5号)
辽源	《辽源市物流业降本增效专项行动方案(2016－2018年)》(辽府办发〔2017〕25号)
	《辽源市加快电子商务创新发展深化年实施方案》(辽府办发〔2017〕3号)
哈尔滨	《哈尔滨市人民政府关于促进快递业发展的实施意见》(哈政规〔2017〕3号)
	《关于推进哈尔滨市交通运输与邮政业融合发展的指导意见》(哈交联发〔2017〕1号)
哈尔滨	《关于印发哈尔滨市开展交邮战略合作推进农村物流网络节点体系建设实施方案的通知》(哈交联〔2017〕6号)
	关于转发促进农村电商物流发展实施意见的通知(哈商务发〔2017〕42号)
齐齐哈尔	关于做好住宅小区邮政、快递末端配送服务工作的通知(齐房联发〔2017〕1号)
	关于对全市邮政业电动三轮车规范管理的建议(齐邮管〔2017〕74号)
	齐齐哈尔市"十三五"电子商务发展规划(无文号)
	齐齐哈尔市促进快递业发展实施方案(齐政办发〔2016〕79号)
	关于全面加强电子商务领域诚信建设的工作方案(齐工商发〔2017〕72号)
牡丹江	《关于商请成立绥芬河市邮政派出机构的函》(绥政函〔2017〕143号)
佳木斯	贯彻落实《中共中央、国务院关于全面振兴东北地区等老工业基地的若干意见》的实施意见(佳发〔2017〕3号)
	关于印发关于全面加强电子商务领域诚信建设工作方案的通知(佳工商发〔2017〕22号)
大庆	关于印发《大庆市邮政业"十三五"发展规划》的通知(庆邮管联发〔2017〕1号)
	大庆市邮政管理局　大庆市商务局关于促进快递业与电子商务协同发展的实施意见(庆邮管联规发〔2017〕2号)
	关于印发《大庆市快递行业电动三轮车通行管理办法》的通知(庆邮管联发〔2017〕3号)
鸡西	《关于支持鸡西市邮政业服务地方经济发展指导意见》(交邮联发〔2017〕1号)
伊春	关于伊春市部分快递企业安检机验收工作报告(伊社综办联呈字〔2017〕1号)
	关于伊春市6家快递企业购置安检机政府补贴的请示(伊社综办联呈字〔2017〕2号)
	关于印发伊春市邮政行业十三五规划的通知(伊邮交联发〔2017〕1号)
鹤岗	鹤岗市人民政府办公室关于印发鹤岗市邮政行业发展"十三五"规划的通知(鹤政办发〔2017〕2号)
	鹤岗市人民政府办公室关于转发市发改委鹤岗市物流业降本增效专项行动实施方案(2016－2018年)的通知(鹤政办发〔2017〕13号)
黑河	黑河市人民政府办公室关于印发《黑河市2017年放心消费创建(试点)工作实施方案》的通知(黑市政办规〔2017〕39号)
	黑河市人民政府关于促进邮政和快递服务业发展的实施意见(黑市政发办〔2017〕10号)
	关于支持黑河市农村电商发展的实施意见(黑市邮管联〔2017〕1号)
	黑河市快递车辆城区通行管理办法(黑市快协〔2017〕1号)
	黑河市邮政业发展"十三五"规划(黑市交发〔2017〕90号)
绥化	《关于推进交邮合作促进农村物流健康发展的实施意见》(绥邮交联发〔2017〕1号)
大兴安岭	大兴安岭地区行署办公室印发大兴安岭地区关于促进快递业发展的实施意见的通知(署办规〔2017〕3号)
南京	《市政府关于印发促进快递业持续健康发展若干措施的通知》(宁政发〔2017〕157号)
苏州	印发2017年度加快推进互联网+行动重点任务分工方案的通知(苏府办〔2017〕74号)
	关于印发《苏州市"十三五"时期基层基本公共服务功能配置标准(试行)》的通知(苏委发〔2017〕30号)
	关于印发苏州市供应链体系建设工作实施方案的通知(苏府办〔2017〕298号)
常熟	关于鼓励新建住宅区等场所设置快递服务用房的实施意见(常政办发〔2017〕228号)
常州	《市政府关于印发常州市人民政府2017年立法有关计划的通知》(常政发〔2017〕14号)
无锡	市政府《关于大力发展电子商务加快培育经济新动力的实施意见》(锡政办发〔2017〕49号)
	市政府《关于促进快递业持续健康发展培育经济新增长点的实施意见》(锡政发〔2017〕316号)

续上表

市(地)	政策文件名称
徐州	《市政府办公室转发市邮政管理局等部门关于推进住宅小区邮政服务设施建设与管理的意见的通知》(徐政办发〔2017〕237 号)
淮安	《市政府关于加快推进全市快递业持续健康发展的实施意见》(淮政发〔2017〕137 号)
	《关于印发全市农业农村电子商务“一村一品一店”行动计划实施方案的通知》(淮政办发〔2017〕98 号)
淮安	《淮安市“十三五”电子商务产业发展规划》《淮安市“十三五”商贸流通产业发展规划》(淮政办发〔2017〕67 号)
	《关于印发推动实体零售创新转型的工作方案的通知》(淮政办发〔2017〕76 号)
	《关于进一步扩大旅游文化体育健康养老教育培训等领域消费实施方案的通知》(淮政办发〔2017〕73 号)
扬州	《关于高邮市在新建住宅小区推广建设智能信包箱的通知》(邮政办发〔2017〕210 号)
	《关于高邮市新建住宅区设置快递服务用房的通知》(邮政办〔2017〕52 号)
南通	《实施六大消费工程促进全市消费健康发展意见》的通知(通政办发〔2017〕60 号)
	《2017 年全市农业农村工作要点及任务分解》(通委农发〔2017〕1 号)
连云港	关于促进快递业持续健康发展培育经济新增长点的实施意见(连政发〔2017〕61 号)
宿迁	《关于印发宿迁市现代物流业发展三年行动计划(2017－2019)的通知》(宿政办发〔2017〕78 号)
	《市政府办公室关于印发电子商务发展规划(2017－2020)》(宿政办发〔2017〕151 号)
宁波	《宁波市建设“中国快递示范城市”实施方案》(甬政发〔2017〕57 号)
	关于印发《宁波市快递服务行业发展专项扶持资金管理办法》的通知(甬邮管〔2017〕30 号)
绍兴	绍兴市政府关于《推进全市现代综合交通发展的实施意见》(绍政发〔2017〕6 号)
	绍兴市委办公室《关于 2017 年绍兴市农业农村工作财政配套资金的安排意见》(绍市委办传〔2017〕20 号)
	绍兴市公安局　绍兴市邮政管理局关于《快递行业规范交通文明出行深化“一创一治”大会战活动》(绍邮管〔2017〕46 号)
	绍兴市政府办公室《关于支持邮政快递新能源配送车辆免避高峰通行的复函》(绍政办发函〔2017〕36 号)
丽水	《关于修订〈丽水市快递企业目标管理考核办法〉的通知》(丽邮管〔2017〕19 号)
	《关于印发〈丽水市快递企业分级管理实施意见〉的通知》(丽邮管〔2017〕21 号)
	《关于严格防范管制刀具等禁寄物品进入寄递渠道的通知》(丽邮管〔2017〕34 号)
合肥	关于印发 2017 年合肥市扶持产业发展“1＋3＋5”政策体系的通知(合政〔2017〕62 号)
蚌埠	印发《关于推进“电商蚌埠”建设的实施方案》的通知(蚌发〔2017〕20 号)
	关于推进快递服务现代农业的意见(蚌邮管〔2017〕23 号)
	关于快递车辆规范管理的实施意见(蚌邮管〔2017〕10 号)
马鞍山	关于印发马鞍山市支持快递业发展若干措施的通知(马政办〔2017〕27 号)
	关于印发关于推进马鞍山智慧小区建设的指导意见的通知(马经信信息化〔2017〕297 号)
宣城	关于印发宣城市促进电子商务与快递业协同发展的实施意见的通知(宣政办〔2017〕9 号)
	关于印发促进全市电子商务和快递业发展若干政策的通知(宣政秘〔2017〕61 号)
黄山	关于推进快递服务现代农业的意见(黄邮管〔2017〕20 号)
铜陵	关于促进快递业发展的实施意见(铜政办〔2017〕4 号)
安庆	关于促进快递业发展的实施意见(宜政办发〔2017〕11 号)
	关于进一步规范快递配送车辆城区通行的实施意见(宜邮管〔2017〕32 号)
滁州	关于推进快递服务现代农业的意见(滁邮管〔2017〕30 号)
淮北	关于推进快递服务现代农业的实施方案(淮邮管〔2017〕56 号)
淮南	关于推进快递服务现代农业和加大旅游商品推广的实施方案(淮邮管〔2017〕38 号)
	关于推进我市电子商务和快递融合发展的实施意见(淮邮管〔2017〕49 号)

续上表

市(地)	政策文件名称
福州	关于进一步落实县域寄递安全管理工作的实施意见(榕政办〔2017〕212 号)
厦门	关于印发厦门市促进物流业降本增效实施方案的通知(厦府办〔2017〕8 号)
莆田	印发《关于加快城乡民生基础设施建设的实施意见》的通知(莆委发〔2017〕16 号)
	关于印发莆田市开展促进跨境电商发展有关项目实施方案(试行)的通知(莆政办〔2017〕121 号)
莆田	关于印发莆田市推动实体零售创新转型实施方案的通知(莆政办〔2017〕154 号)
	转发市经信委　市交通运输局关于推动交通物流融合发展促进物流业降本增效实施方案(2017－2021 年)的通知(莆政办〔2017〕127 号)
	关于印发加快电子商务发展九条措施的通知(莆政综〔2017〕86 号)
三明	沙县人民政府关于扶持快递物流业发展的十一条措施(沙政〔2017〕176 号)
龙岩	龙岩市人民政府关于进一步加强县域寄递安全管理工作的通知(龙政综〔2017〕45 号)
抚州	关于印发《2017 年抚州农村电商扶贫推进工作实施方案》的通知(抚商办字〔2017〕25 号)
	《抚州市东乡区人民政府关于印发东乡区创建网络市场监管与服务示范区创建实施方案的通知》(东府发〔2017〕26 号)
	《抚州市东乡区人民政府关于印发东乡区创建网络市场监管与服务示范区 2018 年行动计划的通知》(东府发〔2017〕27 号)
赣州	赣州市人民政府办公厅关于印发赣州市现代物流创新发展试点城市建设三年行动计划的通知(赣市府办字〔2017〕163 号)
吉安	吉安市人民政府关于促进快递业发展的实施意见(吉府发〔2017〕6 号)
	吉安市人民政府办公室关于印发吉安市推进农村电商快递协同发展奖励办法的通知(吉府办发〔2017〕16 号)
景德镇	关于促进快递业发展的实施意见(景府发〔2017〕1 号)
萍乡	《萍乡市人民政府关于印发萍乡市国家新型城镇化综合试点工作实施方案》(萍府字〔2017〕45 号)
上饶	关于印发关于促进快递业发展的若干措施的通知(饶府厅字〔2017〕57 号)
	2017 年全市电商产业发展引导资金使用管理办法(饶商务字〔2017〕138 号)
宜春	关于印发《建设赣西地区休闲旅游度假商贸中心实施规划》的通知(宜办发〔2017〕31 号)
	关于印发《宜春市推进落实"互联网＋"高效物流工作方案》的通知(宜市发改经贸字〔2017〕12 号)
九江	关于大力发展快递业促进经济转型升级的实施意见(九府发〔2017〕12 号)
	关于印发九江市邮政业发展第十三个五年规划纲要(2016－2020 年)的通知(九府发〔2017〕30 号)
鹰潭	关于印发《关于加快物流产业发展的实施意见》的通知(鹰办发〔2017〕5 号)
济南	关于促进邮政和快递服务业发展的实施意见(济政发〔2017〕23 号)
青岛	关于促进邮政和快递服务业发展若干政策措施(青政字〔2017〕61 号)
淄博	《淄博市人民政府关于贯彻落实鲁政发〔2017〕1 号文件促进邮政和快递服务业发展的实施意见》(淄政发〔2017〕23 号)
枣庄	关于促进邮政和快递服务业发展的实施意见(枣政发〔2017〕14 号)
东营	关于促进邮政和快递服务业发展的实施意见(东政发〔2017〕21 号)
日照	关于促进邮政和快递服务业发展的实施意见(日政发〔2017〕21 号)
莱芜	《莱芜市人民政府关于贯彻鲁政发〔2017〕1 号文件促进邮政和快递服务业发展的实施意见》(莱政发〔2017〕5 号)
聊城	关于促进邮政和快递服务业发展的实施意见(聊政发〔2017〕39 号)
郑州	关于印发郑州市快递物流转型发展工作方案的通知(郑政文〔2017〕241 号)
	关于全面强化快递企业安全生产主体责任的通知(郑邮管〔2017〕22 号)
	关于印发开展"不着地、不抛件、不摆地摊"治理行动实施方案的通知(郑邮管〔2017〕25 号)
许昌	关于印发许昌市现代物流业转型发展一规划三方案的通知(许政〔2017〕63 号)

续上表

市(地)	政策文件名称
安阳	关于印发安阳市“十三五”现代综合交通运输体系发展规划的通知(安政办〔2017〕52号)
	关于印发安阳市现代物流业转型发展攻坚三个专项方案的通知(安物流指办〔2017〕1号)
	关于加强和改进快递末端服务管理工作的指导意见(安邮管〔2017〕20号)
	关于快递企业履行安全生产主体责任的指导意见(试行)(安邮管〔2017〕33号)
	关于推进快递业绿色包装工作的指导意见(安邮管办〔2017〕5号)
焦作	关于印发焦作市推进服务业供给侧结构性改革专项行动方案的通知(焦政办〔2017〕33号)
	关于印发焦作市跨境电子商务综合试验区建设试点工作实施方案的通知(焦政办〔2017〕94号)
	关于印发焦作市物流业转型发展三个工作方案的通知(焦政办〔2017〕153号)
	关于印发焦作市物流业转型发展规划(2018－2020年)的通知(焦政办〔2017〕152号)
漯河	关于支持快递业发展的实施意见(漯政〔2017〕33号)
平顶山	关于印发平顶山市物流业转型发展行动计划(2018－2020年)的通知(平政办〔2017〕100号)
	关于印发平顶山市冷链物流业转型发展工作方案等3个方案的通知(平政办〔2017〕103号)
周口	关于促进快递服务业发展的意见(周政〔2017〕33号)
驻马店	关于印发驻马店市现代物流业发展规划(2018－2020年)的通知(驻政办〔2017〕138号)
	关于印发驻马店市物流业转型发展三个工作方案的通知(驻政办〔2017〕139号)
信阳	关于印发《信阳市中心城区邮政行业三轮车规范管理实施方案(试行)》的通知(信邮管〔2017〕18号)
鹤壁	关于印发《快递质量提升联席会议制度》的通知(鹤邮管〔2017〕4号)
开封	关于印发《开展农产品快递直通车促进快递下乡的实施方案》的通知(汴邮管〔2017〕5号)
	关于印发《文明诚信邮政快递企业创建活动实施方案》的通知(汴邮管〔2017〕6号)
	关于印发《关于开展“不着地、不抛件、不摆地摊”治理行动实施方案》的通知(汴邮管〔2017〕31号)
新乡	关于印发《全市寄递渠道“安全规范提升年”活动实施方案》的通知(新邮管〔2017〕1号)
	关于印发《新乡市邮件快件实名制信息化推广应用工作方案》的通知(新邮管〔2017〕29号)
	关于印发《关于开展“不着地、不抛件、不摆地摊”治理行动的实施方案》的通知(新邮管〔2017〕30号)
黄冈	黄冈市人民政府出台《市人民政府关于促进全市快递业健康发展的实施意见》(黄政发〔2017〕3号)
恩施	恩施州人民政府出台《州人民政府关于促进全州快递业健康发展的实施意见》(恩施州政发〔2017〕15号)
	关于印发《恩施州电子商务进农村综合示范改革实施方案的通知》(州贸易改革和构建开放型经济专项领导小组发〔2017〕1号)
十堰	十堰市人民政府出台《关于促进全市快递业健康发展的实施意见》(十政发〔2017〕31号)
孝感	孝感市人民政府出台《关于促进全市快递业健康发展的实施意见》(孝感政发〔2017〕11号)
咸宁	咸宁市委、市政府出台《关于深入推进农业供给侧结构性改革　加快现代农业绿色崛起　积极培育农业农村发展新动能的意见》(咸发〔2017〕1号)
	咸宁市人民政府出台《关于积极发挥新消费引领作用加快培育形成新供给新动力的实施意见》(咸政发〔2017〕9号)
随州	随州市政府出台《关于促进全市快递业健康发展的实施意见》(随政发〔2017〕20号)
宜昌	《市财政局关于宜昌市邮寄企业配置X光安检机全面落实过机安检制度的意见》(宜市财办函〔2017〕375号)
常德	关于印发《常德市邮政业“十三五”发展规划(2016－2020年)》的通知(常德邮管联〔2017〕1号)
衡阳	关于加强寄递物流安全管理工作的通知(衡政办发〔2017〕13号)
	关于完善寄递渠道安全管理联动机制　强化属地安全管理的实施方案(衡公发〔2017〕55号)
	关于联合打击假烟利用寄递渠道流通的工作意见(衡阳邮管联〔2017〕1号)

续上表

市(地)	政策文件名称
怀化	关于做好2016年度电子商务产业发展专项资金项目申报工作的通知(怀商粮发〔2017〕10号
娄底	关于促进快递业健康发展的实施意见(娄政发〔2017〕37号)
	娄底市市本级城市邮快件配送车辆管理暂行办法(娄政办发〔2017〕40号)
	关于加强寄递物流安全管理工作的实施意见(娄政办发〔2017〕50号)
邵阳	关于邵阳市加快促进物流业降本增效的意见(市政发〔2017〕18号)
岳阳	关于进一步健全县级综治委寄递渠道安全管理工作协调机构的通知(岳市综治委〔2017〕11号)
	关于支持邮政智能包裹柜建设提升邮政服务能力的通知(岳邮管联〔2017〕1号)
岳阳	关于加强联合打击寄递渠道涉烟违法行为的意见(岳邮管联〔2017〕3号)
	关于加强寄递渠道安全管理联动机制强化属地安全管理的通知(岳邮管联〔2017〕4号)
益阳	关于做好2017年度电子商务服务外包扶持资金申报工作的通知(益商联〔2017〕7号)
株洲	关于完善寄递渠道安全管理联动机制强化属地安全管理的通知(株公通〔2017〕203号
	关于印发《株洲市寄递行业安全管理规定》的通知(株公通〔2017〕49号
	关于加强联合执法共同打击寄递渠道涉烟违法行为的工作意见(株烟专联〔2017〕1号
	关于印发《株洲市邮政业发展“十三五”规划》的通知(株邮管联〔2017〕1号
广州	关于印发《广州市邮政业发展“十三五”规划》的通知(穗邮管联〔2017〕2号)
	关于印发加快我市邮件快件实名收寄信息系统推广应用工作的实施方案的通知(穗邮管联〔2017〕7号)
佛山	关于呈报《佛山市人民政府办公室关于进一步做好城市配送运输与车辆通行管理工作的实施意见》的报告(佛邮管〔2017〕19号)
中山	关于转发《中山市人民政府关于促进快递业发展的实施意见》的通知(中邮管〔2017〕51号)
茂名	关于建立寄递渠道违法涉烟违法行为联合监管协作机制的通知(茂邮管联〔2017〕5号)
柳州	关于印发《柳州市“互联网+”高效物流实施方案》的通知(柳发改服务〔2017〕1号)
玉林	《关于印发推动物流业降本增效促进玉林物流业健康发展实施方案的通知》(玉政办发〔2017〕62号)
防城港	关于印发《防城港市关于加快电子商务产业发展的实施方案》的通知(防政办发〔2017〕36号)
	关于下达2017年防城港市“边海经济带”项目建设计划(第二批)的通知(防政办发〔2017〕50号)
	关于印发《防城港市沿边开发开放工作推进方案》的通知(防发〔2017〕13号)
河池	《河池市电子商务产业发展工作实施方案》(河政办发〔2017〕129号)
贺州	关于印发《推进农业供给侧机构性改革加快培育贺州农业农村发展新动能的实施意见》的通知(贺发〔2017〕8号)
海口	关于印发《海口市邮政业发展“十三五”规划》(海府办〔2017〕42号)
琼中黎族苗族自治县	关于印发《关于建立联合打击排寄递渠道涉烟违法行为协作机制工作方案》的通知(琼中烟专〔2017〕36号
五指山	中共五指山市委办公室关于印发《五指山市第四次党代会报告任务分解表》的通知(五办发〔2017〕2号)
成都	《成都市支持新能源汽车推广应用若干政策》(成办发〔2017〕20号)
自贡	《自贡市人民政府办公室关于印发自贡市物流业降本增效专项行动方案(2017—2018年)的通知》(自府办函〔2017〕105号)
攀枝花	关于印发《〈攀枝花市国民经济和社会发展第十三个五年规划纲要〉任务分工方案》的通知(攀委办发〔2017〕17号)
	关于贯彻落实省政府《关于创造良好市场环境　进一步促进消费的意见》的实施方案(攀办发〔2017〕16号)
	关于印发攀枝花市服务业“十三五”发展规划的通知(攀办发〔2017〕180号)
	关于印发《攀枝花市促进消费稳增长七条措施》的通知(攀府发〔2017〕27号)
	关于下达2017年服务业发展引导资金的通知(攀财资建〔2017〕74号)
泸州	《泸州市人民政府关于促进快递业健康发展的实施意见》(泸市府发〔2017〕8号)
	《关于印发〈泸州市邮政业发展“十三五”规划〉的通知》(泸邮管〔2017〕7号)

续上表

市(地)	政 策 文 件 名 称
德阳	关于印发《中欧班列德阳现代物流港党工委(管委会)班子成员工作分工》的通知(德物工发〔2017〕1 号)
	关于印发《德阳市寄递物流安全管理工作考核评价办法》的通知(德综治办〔2017〕17 号)
	关于加快推进中欧班列德阳现代物流港建设和发展的意见(德委发〔2017〕23 号)
	《德阳市邮政业发展"十三五"规划》(德邮管(2017)2 号)
绵阳	关于支持快递业健康快速发展的实施意见(绵府发〔2017〕14 号)
	关于印发绵阳市服务业发展"十三五"规划的通知(绵府发〔2017〕22 号)
	关于印发绵阳市现代物流业发展规划(2016－2020)的通知(绵府发〔2017〕21 号)
	关于印发绵阳市电子商务发展"十三五"规划的通知(绵府发〔2017〕25 号)
广元	《广元市人民政府关于促进快递业健康发展的实施意见》(广府发〔2017〕5 号)
内江	关于促进快递业发展的实施意见(内府发〔2017〕27 号)
	关于印发《内江市加快电子商务产业集群网状发展三年行动计划(2017－2019)》的通知(内府办发〔2017〕55 号)
	关于印发《内江市加快电子商务集群网状发展扶持办法》(内府办发〔2017〕53 号)
	关于加快推进现代物流业创新发展的决定(内委发〔2017〕22 号)
乐山	《乐山市人民政府关于促进快递业发展的实施意见》(乐府发〔2017〕7 号)
	《乐山市邮政业发展"十三五"规划》(乐邮管〔2017〕90 号)
南充	关于印发《南充市推动实体零售创新转型实施方案》的通知(南府办函〔2017〕120 号)
	关于印发《南充市实施"155 发展战略"推进现代物流千亿产业集群发展实施意见(2017－2021)》的通知(南委发〔2017〕11 号)
	《关于下达 2017 年全市经济社会发展重点目标任务的通知》(南委〔2017〕21 号)
	《关于切实抓好 2017 年重点产业项目工作的通知》(南委〔2017〕25 号)
	关于印发《南充市实施"155 发展战略"推进现代物流千亿产业集群发展 2017 年行动方案》的通知(南委办〔2017〕47 号)
	南充市委目督办印发《关于下达 2017 年度县(市、区)目标任务的通知》(南委目督发〔2017〕8 号)
	《关于进一步加强快递营业场所标准化建设工作的通知》(南邮管发〔2017〕29 号)
	《关于进一步加强邮政业环境保护推进绿色邮政建设的通知》(南邮管发〔2017〕53 号)
	《无证经营快递网点举报奖励办法(试行)》(暂无)
宜宾	《宜宾市人民政府办公室关于印发关于创造良好市场环境进一步促进消费的意见的通知》(宜府办函〔2017〕3 号)
	《宜宾市"十三五"服务业发展规划(2016－2020)》(宜府办函〔2017〕34 号)
	《2017 年宜宾市口岸物流工作推进要点》(宜府办函〔2017〕123 号)
	《宜宾市 2017 年"互联网＋"重点工作方案》(宜府办函〔2017〕163 号)
	《宜宾市 2017 年电子商务工作要点》(宜电商办发〔2017〕1 号)
凉山	《关于印发凉山州物流产业发展规划(2016－2020)的通知》(凉府办发〔2017〕30 号)
	关于加快推进村邮站挂牌通邮工作的通知(凉州办函〔2017〕364 号)
	关于转发《四川省寄递物流安全管理工作考核评价办法》的通知(凉综治办〔2017〕36 号)
雅安	《关于保障邮政、快递企业服务车辆便捷通行的通知》(雅邮管〔2017〕16 号)
眉山	《关于印发眉山市促进快递业发展实施方案的通知》(眉府办函〔2017〕90 号)
	《眉山市邮政业发展"十三五"规划》(眉市邮管〔2017〕5 号)
	《加快全市邮件快件实名收寄信息系统推广应用工作的实施方案》(眉市邮管〔2017〕24 号)
遵义	《市人民政府关于加快建设黔川渝结合部商贸物流中心的实施意见》(遵府发〔2017〕19 号)
黔南	《都匀市快递专用电动三轮车规范管理实施细则》
曲靖	《关于印发曲靖市邮政业发展"十三五"规划的通知》(曲邮管局发〔2017〕22 号)

续上表

市(地)	政策文件名称
保山	《保山市人民政府关于促进快递业发展的实施意见》(保政发〔2017〕6号)
	《保关于印发保山市邮政业发展"十三五"规划的通知》(保邮管发〔2017〕11号)
普洱	关于普洱市中心城区快递物流园建设项目推进情况的报告(普邮管〔2017〕21号)
	关于印发《普洱市邮政业发展"十三五"规划》的通知(普邮管〔2017〕42号)
临沧	《关于印发临沧市2017电子商务进农村综合示范项目实施方案的通知》(临政办发〔2017〕252号)
德宏	《关于印发德宏州邮政业发展"十三五"规划的通知》(德政办发〔2017〕59号)
	《关于印发德宏州农村电子商务精准扶贫发展规划的通知》(德政办发〔2017〕93号)
	《关于印发德宏州促进快递业发展实施方案的通知》(德政发〔2017〕96号)
楚雄	《关于促进农村电子商务加快发展的实施意见》(楚政办发〔2017〕10号)
红河	《关于促进快递业发展的实施意见》(红政发〔2017〕38号)
文山	《关于促进快递业发展的实施意见》(文政发〔2017〕54号)
拉萨	《拉萨市人民政府关于印发〈拉萨市寄递安全管理办法〉的通知》(拉政发〔2017〕79号)
商洛	关于加快服务业发展的实施意见(商政发〔2017〕31号)
	关于印发《商洛市加快服务业发展扶持奖励暂行办法》的通知(商政办发〔2017〕34号)
汉中	关于加快交邮融合发展的通知(汉交发〔2017〕66号)
安康	关于印发安康市"十三五"邮政业发展规划的通知(安邮管〔2017〕27号)
	关于印发规范全市快递专用电动三轮车通行管理的实施意见(安邮管〔2017〕62号)
延安	关于扶持电子商务发展的实施意见(延政发〔2017〕27号)
	关于深化企业信用监管改革的实施意见(延政函〔2017〕187号)
兰州	《关于印发兰州市全面推进快递业发展实施方案的通知》(兰政办发〔2017〕64号)
	《关于印发推进国内贸易流通现代化建设法治化营商环境的实施方案的通知》(兰政办发〔2017〕100号)
	《关于印发兰州市邮政业"十三五"发展规划的通知》(兰邮管发〔2017〕19号)
嘉峪关	《关于印发〈嘉峪关市加快制造业与互联网融合发展实施方案〉的通知》(嘉政发〔2017〕92号)
	《关于深入推进"六大一新"重点工作加快补齐全面建成小康社会短板的实施意见》(嘉发〔2017〕41号)
	印发《关于对金翼城乡电商快递物流集散中心项目变更登记备案的通知》(嘉发改经贸(备)〔2017〕25号)
甘南	《中共甘南州委　甘南州人民政府关于深入推进农牧业供给侧结构性改革加快实现甘南州农牧村绿色崛起的实施意见》(甘南发〔2017〕1号)
	《甘南藏族自治州人民政办公室关于印发甘南州"十三五"商贸服务业发展规划的通知》(州政办发〔2017〕99号)
	《甘南藏族自治州人民政办公室关于印发甘南州深入推进交通提升建设实施方案的通知》(州政办发〔2017〕190号)
	《甘南藏族自治州人民政办公室关于印发甘南州邮政业发展"十三五"规划的通知》(州政办发〔2017〕99号)
白银	《白银市人民政府办公室关于下发〈解决快递行业存在问题的整改措施清单〉的通知》(暂无)
	《关于印发〈白银市邮政业发展"十三五"规划〉的通知》(市政办发〔2017〕57号)
	《白银市人民政府关于推进制造业与互联网融合发展的实施意见》(市政发〔2017〕110号)
金昌	《金昌市人民政府关于全面推进快递业发展的实施意见》(金政发〔2017〕58号)
	《金昌市邮政管理局关于促进邮政业稳步健康发展的通知》(金邮管发〔2017〕105号)
	《金昌市邮政管理局关于邮政业更贴近民生实事工作的实施意见》(金邮管发〔2017〕109号)
	《金昌市邮政管理局关于全面推进落实邮件、快件"不着地、不抛件、不摆地摊"专项治理工作的通知》(金邮管发〔2017〕181号)
庆阳	《庆阳市邮政业发展"十三五"规划》(庆政办发〔2017〕114号)
	《关于依托县(区)交通运输部门承担邮政有关监管工作的通知》(庆政办发〔2017〕42号)

续上表

市(地)	政策文件名称
定西	《关于推进邮政快递供销改革创新融合发展的实施意见》(定邮管联发〔2017〕3号)
	关于印发《定西市邮政快递线上线下服务现代农业发展的实施方案》的通知(定邮管联发〔2017〕4号)
酒泉	《酒泉市人民政府办公室关于印发酒泉市邮政业发展“十三五”规划的通知》(酒政办〔2017〕192号)
	《酒泉市人民政府办公室关于全面推进快递业发展的实施意见》(酒政办〔2017〕135号)
陇南	《陇南市深入实施“互联网+流通”行动计划实施方案》(陇政办发〔2017〕58号)
	《关于印发陇南市创建国家电子商务示范市实施方案》(陇政办发〔2017〕69号)
	《关于物流业降本增效专项行动实施方案》(陇政办发〔2017〕139号)
天水	《深入推进“互联网+流通”行动计划》(天政发(2017)93号)
	《天水市危化品安全综合治理实施细则》(天政办发(2017)59号)
	《深入推进农村电子商务发展》(天政办发(2017)124号)
武威	《关于深入推进农业供给侧结构性改革加快培育农业农村发展新动能的实施意见》(武发〔2017〕1号)
	《关于深入推进战略性新兴产业发展建设的实施方案》(武办发〔2017〕1号)
	印发《关于深入推进传统产业改造提升的实施方案》的通知(武办发〔2017〕78号)
	《关于印发武威市“十三五”服务业发展实施方案的通知》(武政办发〔2017〕69号)
	《关于印发武威市“十三五”物流业发展规划的通知》(武政办发〔2017〕71号)
	《转发市发改委物流降本增效专项行动实施方案(2016—2018年)的通知》(武政办发〔2017〕84号)
	《关于推动实体零售创新转型的实施意见》(武政办发〔2017〕193号)
临夏	《临夏回族自治州人民政府办公室关于印发〈临夏州“十三五”交通运输发展规划〉的通知》(临州办发〔2017〕46号)
张掖	《张掖市邮政发展“十三五”规划的通知》(张邮管发〔2017〕22号)
	《关于加快推进快递业发展的实施意见的通知》(甘区政发〔2017〕42号)
	《山丹县全面推进快递业发展的实施意见的通知》(山政发〔2017〕30号)
海西	关于印发促进全州快递业发展的若干措施的通知(西政办〔2017〕202号)
格尔木	关于促进全市快递业发展的实施意见(格政〔2017〕62号)
海南	印发关于促进海南州快递业发展的实施意见的通知(南政办〔2017〕79号)
海北	关于印发促进海北州快递业发展实施意见的通知(北政办〔2017〕50号)
	关于印发海北州邮政业发展“十三五”规划的通知(北邮管〔2017〕47号)
黄南	关于印发黄南州促进快递业发展实施意见的通知(黄政办〔2017〕10号)
玉树	关于促进快递业发展的实施意见(玉政〔2017〕28号)
果洛	关于加快果洛州快递业发展的实施意见(果政〔2017〕17号)
银川	关于加强银川市快递车辆绿色通行的通知(银邮管发〔2017〕51号)
石嘴山	《石嘴山市促进邮政和快递服务业健康发展实施意见》(石政办发〔2017〕183号)
	《市人民政府关于印发石嘴山市物流业“十三五”发展规划的通知》(石政发〔2017〕23号)
	《市人民政府办公室关于印发石嘴山市电子商务“十三五”发展规划的通知》(石政办发〔2017〕30号)
	《市人民政府办公室关于印发〈石嘴山市互联网城市建设实施方案〉的通知》(石政办发〔2017〕131号)
	《市人民政府办公室关于印发〈石嘴山市农村电子商务全域化发展三年行动计划(2017—2019年)〉的通知》(石政办发〔2017〕206号)
中卫	关于印发《中卫市邮政和快递服务业健康快速发展实施方案》的通知(卫政发〔2017〕125号)
昌吉	《昌吉回族自治州关于促进快递业发展的实施意见》(昌州政办法〔2017〕44号)
哈密	《关于全面促进哈密市快递业发展的行动方案》(哈政发〔2017〕11号)

第四篇 发展数据

第一章 行业发展数据

2017年邮政行业运行情况

2017年,邮政行业业务收入(不包括邮政储蓄银行直接营业收入)累计完成6622.6亿元,同比增长23.1%;业务总量累计完成9763.7亿元,同比增长32%(表4-1)。

12月份,全行业业务收入完成653.9亿元,同比增长20.6%;业务总量完成1014.1亿元,同比增长29.7%。

2017年,邮政服务业务总量累计完成1696.1亿元,同比增长28.4%;邮政寄递服务业务量累计完成236.2亿件,同比增长1.4%;邮政寄递服务业务收入累计完成353.9亿元,同比增长14.8%。

表4-1 全国邮政行业发展情况

指标名称	单位	12月份		比去年同期增长(%)	
		累计	当月	累计	当月
一、邮政行业业务收入	亿元	6622.6	653.9	23.1	20.6
1.邮政寄递服务	亿元	353.9	31.0	14.8	18.3
2.快递业务	亿元	4957.1	519.8	24.7	20.8
二、邮政行业业务总量	亿元	9763.7	1014.1	32.0	29.7
1.邮政寄递服务	万件	2361976.5	206362.9	1.4	3.0
其中:函件	万件	314844.2	25799.0	-13.0	-4.5
包裹	万件	2658.0	278.4	-4.9	-4.8
订销报纸累计数	万份	1770567.2	150197.0	-1.6	-3.4
订销杂志累计数	万份	79177.1	6383.6	-7.0	-3.9
汇兑	万笔	3743.7	290.6	-35.5	-39.3
2.快递业务	万件	4005591.9	420037.7	28.0	23.7
其中:同城	万件	926813.3	97313.8	25.0	27.1
异地	万件	2996248.8	313511.6	28.9	22.3
国际/港澳台	万件	82529.8	9212.3	33.8	38.8

注:邮政行业业务收入中未包括邮政储蓄银行直接营业收入。

12月份，邮政服务业务总量完成159.1亿元，同比增长30.4%；邮政寄递服务业务量完成20.6亿件，同比增长3%；邮政寄递服务业务收入完成31亿元，同比增长18.3%。

2017年，邮政函件业务累计完成31.5亿件，同比下降13%；包裹业务累计完成2658万件，同比下降4.9%；报纸业务累计完成177.1亿份，同比下降1.6%；杂志业务累计完成7.9亿份，同比下降7%；汇兑业务累计完成3743.7万笔，同比下降35.5%。

2017年，全国快递服务企业业务量累计完成400.6亿件，同比增长28%；业务收入累计完成4957.1亿元，同比增长24.7%（表4-2）。其中，同城业务量累计完成92.7亿件，同比增长25%；异地业务量累计完成299.6亿件，同比增长28.9%；国际/港澳台业务量累计完成8.3亿件，同比增长33.8%（图4-1、图4-2）。

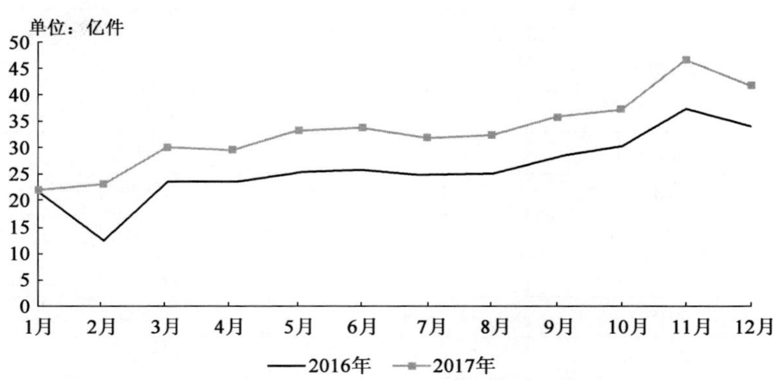

图4-1　快递业务量情况

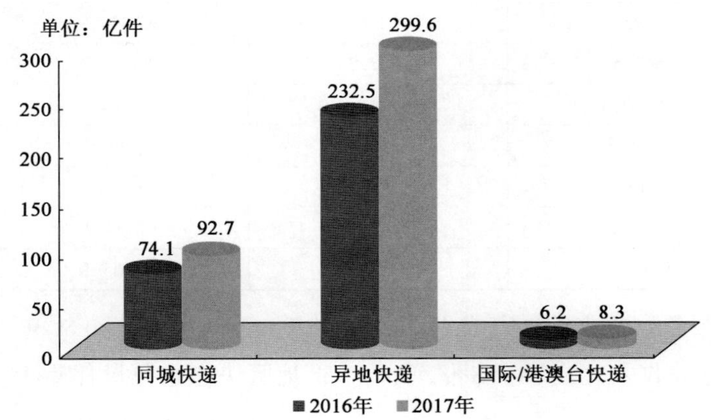

图4-2　分专业快递业务量比较

表4-2　分省快递服务企业业务量和业务收入情况

单　　位	快递业务量累计（万件）	同比增长（%）	快递收入累计（万元）	同比增长（%）
全国	4005591.9	28.0	49571088.8	24.7
北京	227452.1	16.0	3038329.8	18.4
天津	50199.0	22.4	763314.9	20.2
河北	119389.3	32.1	1264880.7	34.2
山西	24359.1	30.5	299901.6	35.4
内蒙古	11035.3	30.3	239592.8	29.5

续上表

单　位	快递业务量累计（万件）	同比增长（%）	快递收入累计（万元）	同比增长（%）
辽宁	51434.5	29.1	680585.6	22.2
吉林	17569.4	26.5	304484.0	21.2
黑龙江	23185.6	6.5	358414.8	8.1
上海	311503.7	19.7	8688851.6	22.5
江苏	359627.8	26.7	4081730.6	20.3
浙江	793231.1	32.5	6682204.0	23.5
安徽	86332.3	25.3	895715.9	26.9
福建	166110.7	28.8	1619683.4	20.1
江西	43754.5	14.2	491976.7	19.1
山东	151474.6	25.7	1705165.2	22.7
河南	107377.6	28.0	1159337.9	22.9
湖北	101277.9	30.9	1190450.7	36.6
湖南	59181.6	21.8	641882.9	24.4
广东	1013468.0	32.1	11466893.4	30.3
广西	31750.3	39.0	448672.2	32.4
海南	5915.8	21.5	126970.8	26.5
重庆	32874.9	15.8	447311.3	14.8
四川	110795.9	38.2	1274785.5	32.3
贵州	15781.9	40.2	311536.8	43.0
云南	22775.8	30.6	360114.9	24.4
西藏	567.5	-22.7	20487.7	-1.1
陕西	45750.6	24.0	563581.1	23.5
甘肃	7201.7	18.7	148095.9	18.4
青海	1449.7	34.4	38832.9	29.3
宁夏	3721.5	14.8	67784.4	15.7
新疆	9042.3	4.4	189518.9	9.3

12 月份，全国快递服务企业业务量完成 42 亿件，同比增长 23.7%；业务收入完成 519.8 亿元，同比增长 20.8%。

2017 年，同城、异地、国际/港澳台快递业务量分别占全部快递业务量的 23.1%、74.8% 和 2.1%；业务收入分别占全部快递收入的 14.8%、50.7% 和 10.7%。与去年同期相比，同城快递业务量的比重下降 0.6 个百分点，异地快递业务量的比重上升 0.5 个百分点，国际/港澳台业务量的比重上升 0.1 个百分点（图 4-3、图 4-4）。

2017 年，东、中、西部地区快递业务量比重分别为 81.1%、11.6% 和 7.3%，业务收入比重分别为 80.9%、10.8% 和 8.3%。与去年同期相比，东部地区快递业务量比重上升 0.2 个百分点，快递业务收入比重下降 0.2 个百分点；中部地区快递业务量比重下降 0.3 个百分点，快递业务收入比重上升 0.1 个百分点；西部地区快递业务量比重上升 0.1 个百分点，快递业务收入比重上升 0.1 个百分点（图 4-5、图 4-6）。

2017 年，快递与包裹服务品牌集中度指数 CR8 为 78.7，与 1 ~ 11 月基本持平。

2017 年，快递业务量及快递业务收入前 50 的城市分别见表 4-3 和表 4-4。

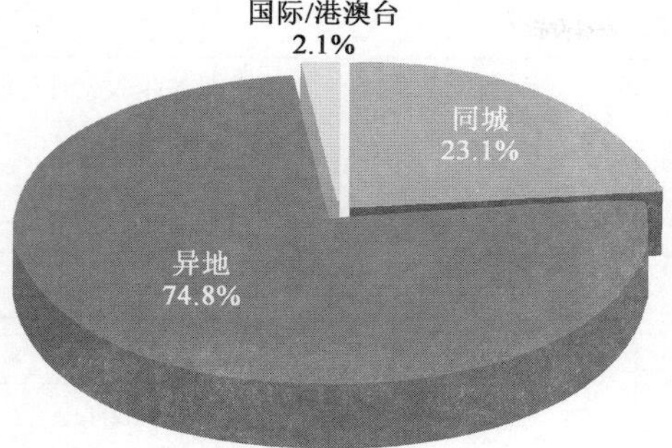

图 4-3 快递业务量结构

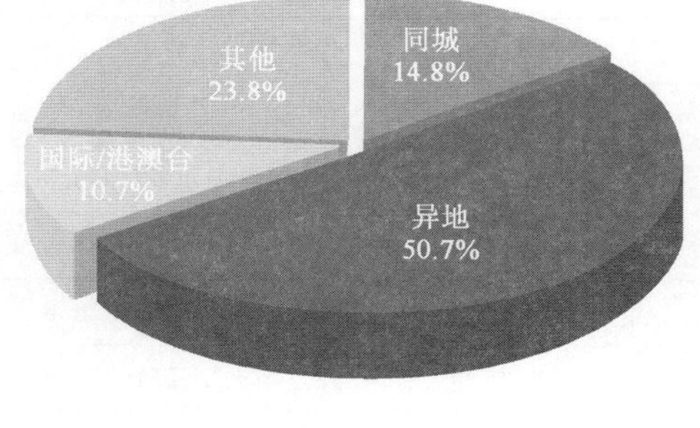

图 4-4 快递业务收入结构

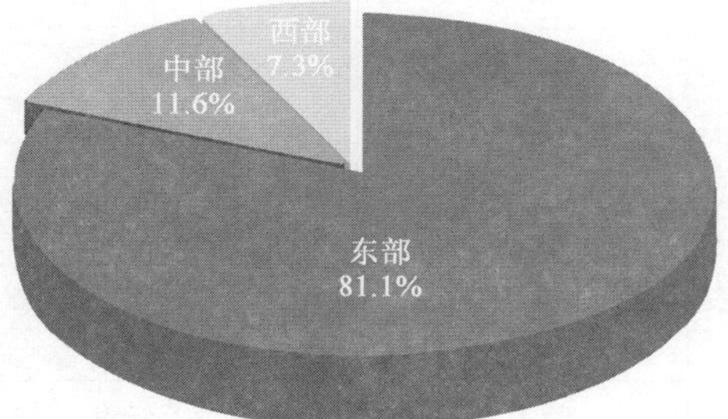

图 4-5 地区快递业务量结构

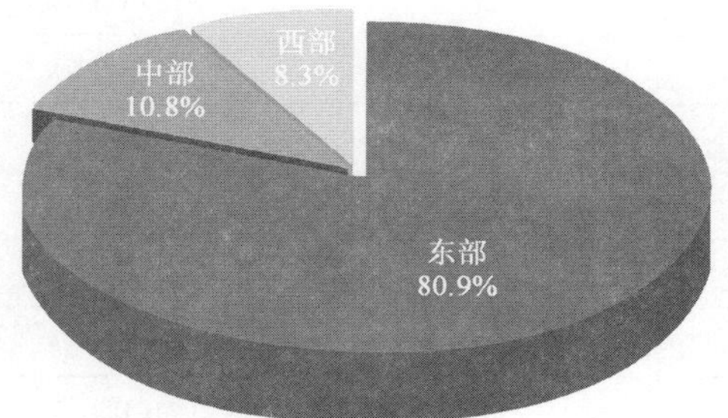

图 4-6 地区快递业务收入结构

表 4-3 快递业务量前 50 位城市情况

排名	城 市	快递业务量累计(万件)	排名	城 市	快递业务量累计(万件)
1	广州	393320.2	26	西安	33956.0
2	上海	311503.7	27	长沙	33133.7
3	深圳	259509.7	28	绍兴	32917.9
4	金华(义乌)	255479.0	29	重庆	32874.9
5	杭州	232630.4	30	中山	31194.6
6	北京	227452.1	31	青岛	31149.9
7	东莞	122485.8	32	济南	30216.6
8	苏州	104054.9	33	南通	29254.7
9	成都	82605.0	34	湖州	25424.4
10	泉州	74432.1	35	沈阳	25365.0
11	温州	72309.8	36	保定	25141.0
12	武汉	70249.0	37	厦门	24364.7
13	宁波	63879.4	38	徐州	21360.0
14	南京	63415.7	39	惠州	20259.3
15	揭阳	58330.3	40	常州	18925.6
16	台州	53945.0	41	南昌	18576.4
17	天津	50199.0	42	临沂	17979.5
18	郑州	49139.2	43	哈尔滨	16753.4
19	无锡	45089.8	44	南宁	16126.4
20	嘉兴	41107.4	45	廊坊	15773.7
21	汕头	39982.3	46	宿迁	15726.3
22	合肥	39110.8	47	昆明	14543.9
23	佛山	39016.6	48	潍坊	13818.1
24	石家庄	35959.4	49	太原	13431.9
25	福州	33959.6	50	淮安	13293.8

表 4-4　快递业务收入前 50 位城市情况

排名	城　市	快递业务收入累计(万元)	排名	城　市	快递业务收入累计(万元)
1	上海	8688851.6	26	济南	378449.8
2	深圳	3754945.3	27	长沙	364503.3
3	广州	3749587.0	28	中山	348494.9
4	北京	3038329.8	29	厦门	348460.9
5	杭州	2510478.7	30	福州	332604.2
6	金华(义乌)	1577875.1	31	台州	331851.8
7	东莞	1476834.4	32	汕头	301793.7
8	苏州	1326474.9	33	南通	287790.6
9	成都	856603.6	34	常州	286895.1
10	武汉	810703.2	35	沈阳	279636.4
11	天津	763314.9	36	绍兴	262460.3
12	南京	738560.7	37	保定	241938.1
13	宁波	701056.7	38	哈尔滨	238359.5
14	泉州	583441.1	39	惠州	233882.4
15	郑州	576662.9	40	南宁	230274.5
16	温州	556702.0	41	南昌	220656.2
17	无锡	552617.5	42	昆明	216200.7
18	佛山	498468.4	43	大连	212322.5
19	重庆	447311.3	44	长春	181737.5
20	嘉兴	434430.0	45	湖州	177553.5
21	揭阳	429270.9	46	徐州	175195.4
22	西安	413699.6	47	廊坊	174038.3
23	青岛	413316.8	48	潍坊	152854.3
24	合肥	398847.5	49	贵阳	145480.4
25	石家庄	395465.2	50	烟台	142176.0

2017 年邮政行业发展统计公报

2017 年，是实施“十三五”规划的重要一年，是供给侧结构性改革的深化之年。邮政行业认真学习贯彻习近平新时代中国特色社会主义思想和党的十九大精神，深入贯彻新发展理念，坚持稳中求进工作总基调，以提高发展质量和效益为中心，以深化供给侧结构性改革为主线，按照“打通上下游、拓展产业链、画大同心圆、构建生态圈”工作思路，更加注重创新驱动、优化结构，更加注重补齐短板、联动融合，更加注重服务民生、绿色安全，行业发展态势稳中有进、持续向好。邮政行业业务总量突破 9000 亿元，收入突破 6000 亿元，快递业务量突破 400 亿件，对国家商贸流通和社会生产生活形成了有力的支撑。

一、业务发展情况

全年邮政行业业务总量完成9763.7亿元，同比增长32%。全年邮政行业业务收入（不包括邮政储蓄银行直接营业收入）完成6622.6亿元，同比增长23.1%（图4-7、图4-8）。

（一）邮政寄递服务业务

2017年邮政寄递服务业务量累计完成235.8亿件，同比增长1.8%；邮政寄递服务业务收入累计完成353.5亿元，同比增长15.2%。

函件业务下降放缓。全年函件业务量完成31.5亿件，同比下降13%。

包裹业务降幅收窄。全年包裹业务量完成2657.2万件，同比下降4.9%。

报刊业务呈现下降。全年订销报纸业务完成176.6亿份，同比下降1.2%。全年订销杂志业务完成7.9亿份，同比下降6.1%。

汇兑业务持续萎缩。全年汇兑业务完成3743.4万笔，同比下降35.5%。

（二）快递业务

快递业务快速增长。全年快递服务企业业务量完成400.6亿件，同比增长28%；快递业务收入完成4957.1亿元，同比增长24.7%（图4-9、图4-10）。

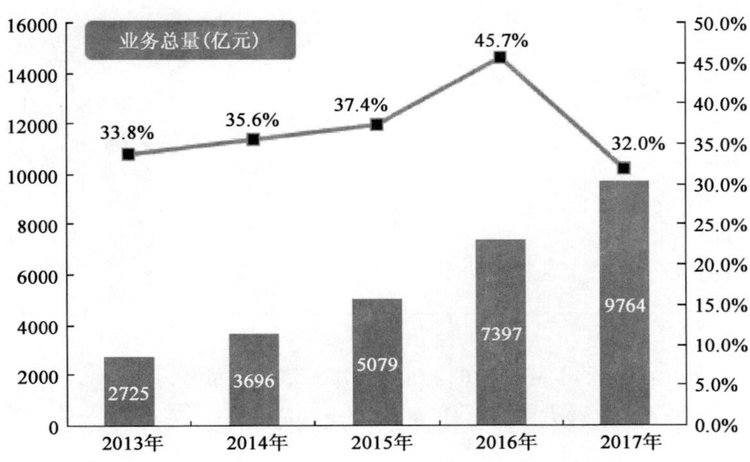

图4-7　2013－2017年邮政行业业务总量情况

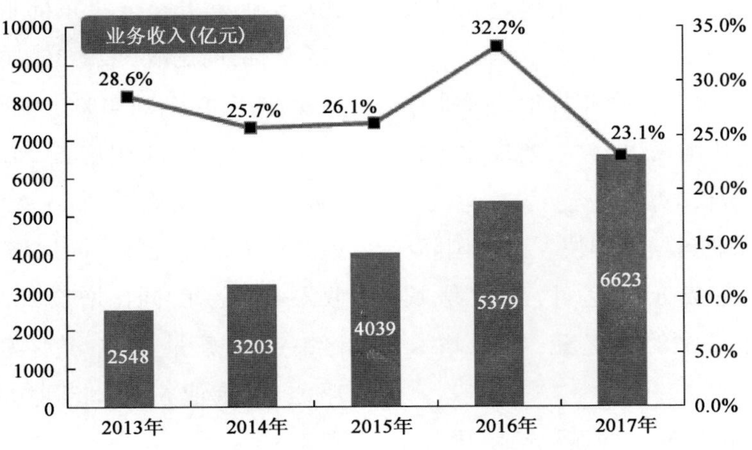

图4-8　2013－2017年邮政行业业务收入情况

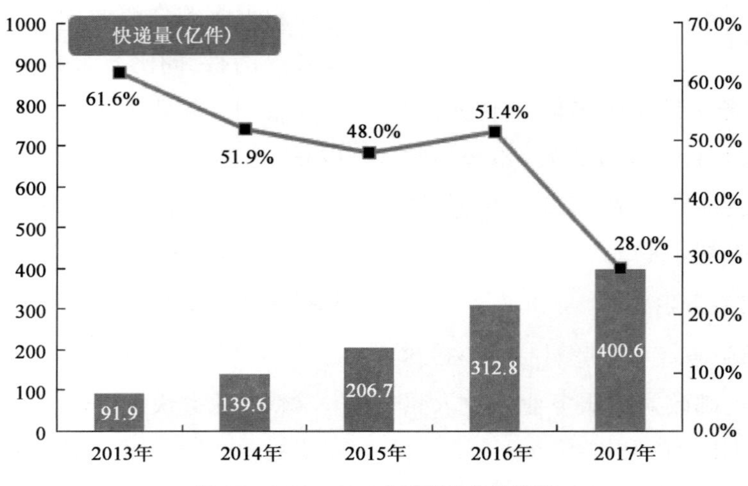

图 4-9　2013 －2017 年快递业务量情况

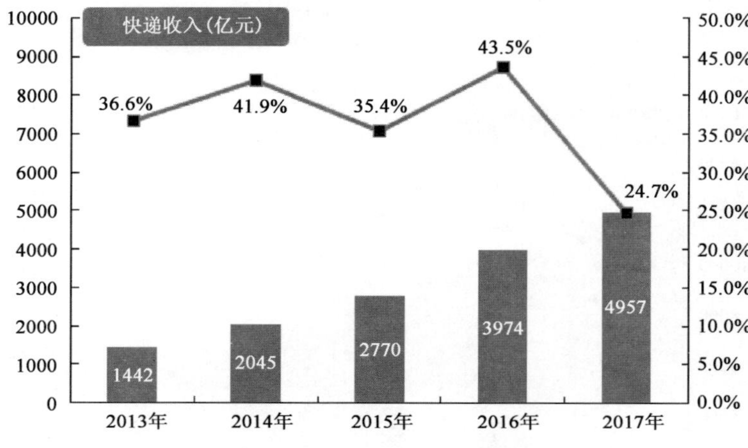

图 4-10　2013 －2017 年快递业务收入情况

快递业务收入在行业中占比继续提升。快递业务收入占行业总收入的比重为 74.9%，比上年提高 1 个百分点。

同城快递业务稳定增长。全年同城快递业务量完成 92.7 亿件，同比增长 25%；实现业务收入 732.3 亿元，同比增长 30%。

异地快递业务持续增长。全年异地快递业务量完成 299.6 亿件，同比增长 28.9%；实现业务收入 2512.8 亿元，同比增长 19.7%。

国际/港澳台快递业务增速加快。全年国际/港澳台快递业务量完成 8.3 亿件，同比增长 33.8%；实现业务收入 528.9 亿元，同比增长 23.3%。

同城业务收入占比提升。同城、异地、国际/港澳台快递业务量占全部比例分别为 23.1%、74.8% 和 2.1%，业务收入占全部比例分别为 14.8%、50.7% 和 10.7%。

东、中、西部地区各项快递业务均保持了持续稳定的增长势头，其中西部地区快递业务量收占比均出现提升。全年东部地区完成快递业务量 325 亿件，同比增长 28.3%；实现业务收入 4011.9 亿元，同比增长 24.4%。中部地区完成快递业务量 46.3 亿件，同比增长 24.8%；实现业务收入 534.2 亿元，同比增长 25.6%。西部地区完成快递业务量 29.3 亿件，同比增长 30.1%；实现业务收入 411 亿元，同比增长 26.5%。东、中、西部地区快递业务量比重分别为 81.1%、11.6% 和 7.3%，快递业务收入比重分别为 80.9%、10.8% 和 8.3%。

民营快递企业市场份额进一步提升。全年民

营快递企业业务量完成369.5亿件，实现业务收入4243.9亿元。民营快递企业业务量市场份额为92.2%，业务收入市场份额为85.6%。

快递业务量收排名前五位的省份合计在全国占比较上年基本持平。快递业务量排名前五位的省份依次是广东、浙江、江苏、上海和北京，其快递业务量合计占全部快递业务量的比重达到67.5%。快递业务收入排名前五位的省份依次是广东、上海、浙江、江苏和北京，其快递业务收入合计占全部快递业务收入的比重达到68.5%。

快递业务量排名前十五位的城市依次是广州、上海、深圳、金华（义乌）、杭州、北京、东莞、苏州、成都、泉州、温州、武汉、宁波、南京和揭阳，其快递业务量合计占全部快递业务量的比重达到59.7%（图4-11）。

快递业务收入排名前十五位的城市依次是上海、深圳、广州、北京、杭州、金华（义乌）、东莞、苏州、成都、武汉、天津、南京、宁波、泉州、郑州，其快递业务收入合计占全部快递业务收入的比重达到62.8%（图4-12）。

2017年，快递与包裹服务品牌集中度指数CR8为78.7。

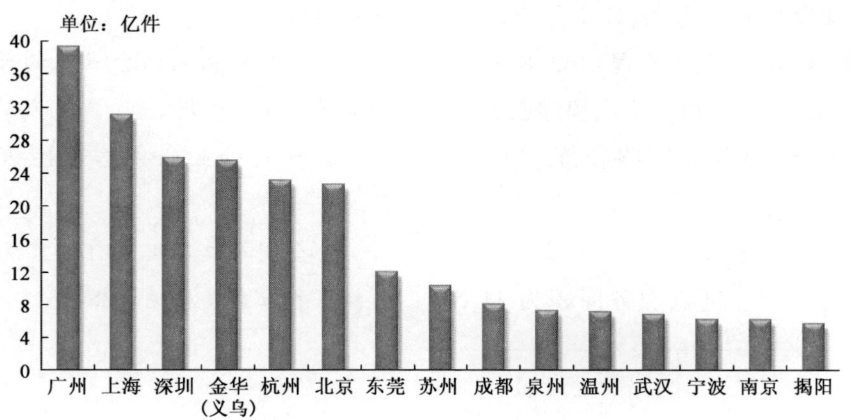

图4-11　快递业务量前15名城市情况

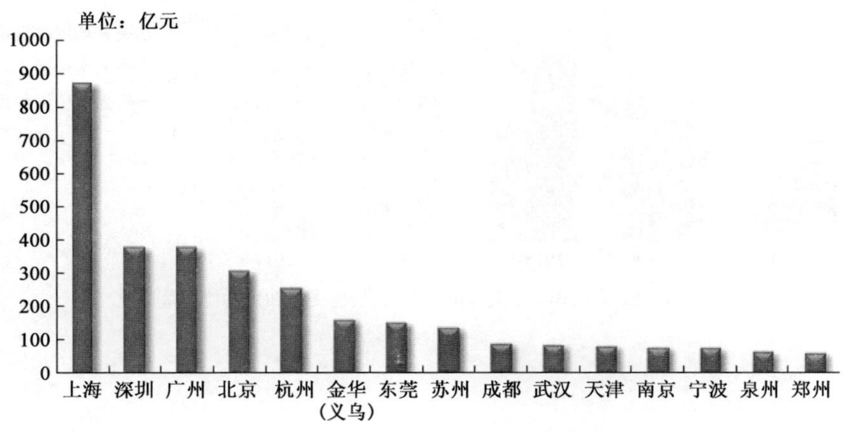

图4-12　快递业务收入前15名城市情况

二、通信能力和服务水平

（一）机构设备

全行业拥有各类营业网点27.8万处，其中设在农村的10万处。快递服务营业网点21万处，其中设在农村的6万处。全国拥有邮政信筒信箱12.5万个，比上年末减少0.2万个。全国拥有邮政报刊亭总数2万处，比上年末减少0.4万处。

全行业拥有国内快递专用货机100架，比上年末增加14架。全行业拥有各类汽车29.5万辆，比上年末增长4.9%，其中快递服务汽车22.2万辆，比上年末增长1.4%。

快递服务企业拥有计算机47.9万台，比上年末增长4.5%；手持终端97.4万台，比上年末增长3.5%。

（二）通信网路

全国邮政邮路总条数2.7万条，比上年末增加1653条。邮路总长度（单程）938.5万公里，比上年末增加280万公里。全国邮政农村投递路线9万条，比上年末减少358条；农村投递路线长度（单程）380.5万公里，比上年末增加3.8万公里。全国邮政城市投递路线6.7万条，比上年末增加0.7万条；城市投递路线长度（单程）162.8万公里，比上年末增加15.4万公里。全国快递服务网路条数20.5万条；快递服务网路长度（单程）3648.7万公里。

（三）服务能力

全行业平均每一营业网点服务面积为34.5平方公里；平均每一营业网点服务人口为0.5万人。邮政城区每日平均投递2次，农村每周平均投递5次。全国年人均函件量为2.3件，每百人订有报刊量为9份，年人均快递使用量为28.8件。年人均用邮支出476.4元，年人均快递支出356.6元（图4-13）。

备注：

1. 本公报中邮政寄递服务业务、通信能力和服务水平有关数据来自年报，其他数据为月报统计数据。

2. 各项统计数据未包括香港和澳门特别行政区及台湾省。

3. 部分数据因四舍五入的原因，存在着与分项合计不等的情况。

4. 邮政行业业务总量按2010年不变价格计算。

5. 全国人口数据来自国家统计局《2017年国民经济和社会发展统计公报》。

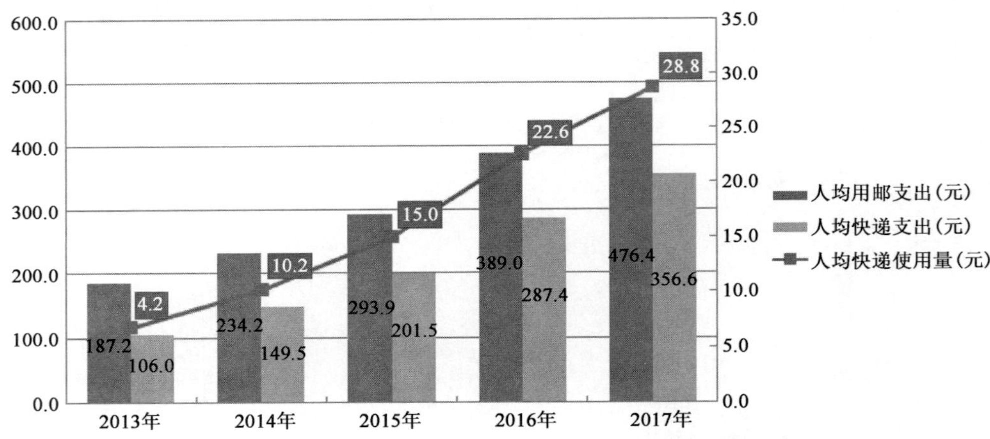

图4-13　2013－2017年人均用邮支出、快递支出和快递使用量情况

第二章 快递服务满意度及时限准时率数据

国家邮政局关于2017年快递服务满意度调查结果的通告

（2018年1月23日发布）

为持续改进快递服务质量，促进快递业健康有序发展，国家邮政局委托专业第三方于2017年对快递服务满意度进行了调查。现将有关情况通告如下。

一、基本情况

2017年快递服务满意度调查范围覆盖50个城市，包括全部省会城市、直辖市以及19个快递业务量较大的重点城市，具体为：北京、天津、上海、重庆、杭州、太原、南昌、郑州、兰州、昆明、济南、南京、石家庄、福州、乌鲁木齐、西宁、长春、海口、合肥、拉萨、银川、长沙、贵阳、哈尔滨、成都、呼和浩特、武汉、南宁、广州、西安、沈阳、深圳、东莞、中山、揭阳、金华、温州、宁波、苏州、无锡、厦门、泉州、青岛、大连、洛阳、芜湖、株洲、遵义、宝鸡和桂林。

测试对象为2016年国内快递业务总量排名靠前且服务水平较好的10家全网型快递服务品牌，包括：邮政EMS、顺丰速运、圆通速递、中通快递、申通快递、韵达速递、百世快递、天天快递、宅急送快运和快捷快递。

调查由2017年使用过快递服务的用户对受理、揽收、投递和售后4个快递服务环节及16项基本指标进行满意度评价，通过计算机辅助电话访问和在线调查等方式，共获得有效样本85501个。

二、调查结果

调查显示，用户对于快递业的服务总体满意度略有下降，公众满意度保持上升势头。2017年快递服务总体满意度得分为75.7分，较2016年下降0.1分；其中，公众满意度得分为80.8分，上升0.3分，快递服务的公众评价向好；时测满意度得分为70.7分，下降0.4分，快递时效水平4年来首次下降。

快递企业总体满意度排名和得分依次为：顺丰速运（83.4分）、邮政EMS（79.9分）、中通快递（76.8分）、韵达快递（76.5分）、圆通速递（75.0分）、申通快递（74.1分）、百世快递（74.0分）、宅急送快运（71.9分）、天天快递（70.9分）和快捷快递（67.3分）。其中，韵达快递和百世快递总体满意度上升较为明显。

公众满意度方面，在涉及评价的4项二级指标中，受理环节满意度得分为84.6分，较2016年上升1.4分；揽收环节满意度得分为84.4分，较2016年上升1.2分；投递环节满意度得分为81.1分，较2016年下降0.1分；售后环节满意度得分为75.4分，与2016年持平。

在涉及评价的16项三级指标中，用户满意度较高的指标是：揽收员服务、普通电话受理、查询服务、揽收质量、上门时限、网络下单、送达质量、派件员服务。满意度有所上升的指标是：签收信息反馈、网络下单、快递费用、上门时限和普通电话受理。满意度有所降低的指标是投诉服务。

在受理环节，普通电话受理、统一客服受理、网络下单满意度得分分别为86.7分、82.8分、

83.9分，与2016年相比均有改善。各快递企业在普通电话受理服务方面差异较小，服务均达到较高水平；各快递企业在统一客服受理方面差异较大；网络受理作为一种新型受理方式得到用户认可，但仍有进一步提升空间。在受理环节表现较好的企业有：顺丰速运、中通快递和韵达快递。

在揽收环节，上门时限和快递费用满意度得分分别为84.2分、82.4分，较2016年有所上升；揽收质量和揽收员服务满意度分别为85.8分、87.6分，较2016年略有上升；在揽收环节，各企业服务差异较小，大多数企业均有上升。

在投递环节，签收信息反馈满意度得分为79.6分，较2016年上升2.4分，进步明显；时限感知、送达质量、送达范围感知以及派件员服务满意度得分分别为78.2分、83.3分、79.0分、83.1分。投递环节表现较好的企业有：顺丰速运、中通快递和邮政EMS。

在售后环节，查询服务表现最好，满意度得分为86.5分，相较2016年上升0.4分；投诉服务满意度得分较低，为50.3分，较2016年下降1.1分。售后环节表现较好的企业有：顺丰速运、韵达快递和中通快递。

在不同区域中，我国中部地区服务表现最好，中、西部得分继续上升，表明"快递向西、向下"成效继续显现。大区方面，东北地区满意度得分较高，西北、华中地区上升明显。用户对城市寄往农村或偏远地区快递服务的满意度得分为74.7分，较2016年上升0.4分。2017年快递公众满意度得分居前15位的城市是：长春、洛阳、哈尔滨、石家庄、大连、郑州、沈阳、青岛、济南、太原、长沙、宝鸡、兰州、西宁和北京。

2017年度调查中，还对部分与快递服务紧密相关的事项进行了抽样调查。

从下单方式来看，用户对网络化的新型下单方式给予肯定，其中网络平台使用的满意度得分为82.8分，较2016年上升1.9分；在手机客户端使用方面，用户的满意度为85.0分，较2016年上升2.6分。

对于快递价格问题，用户逐渐趋于理性。81%的用户可以接受快递涨价，其中55.4%的用户认为物价上涨快递价格理应上涨，48.4%的用户接受快递涨价是因为其能在一定程度上维持快递网点人员的稳定性，43.3%的用户因快递员生活状况需改善接受涨价。

调查还显示，快递企业在特殊时段的应对能力不断增强。2017年，用户春节月使用快递的公众满意度得分为77.3分，较2016年上升0.4分。其中，57.6%的用户认为春节期间可以放假，但要保证适当的运营比例。"双11"期间，五成以上的用户认为快递时效跟平时差不多或比平时快。

国家邮政局关于2017年快递服务时限准时率测试结果的通告

（2018年1月23日发布）

为促进快递业健康发展，不断满足人民日益增长的寄递需求，国家邮政局委托专业第三方对2017年全国重点地区快递服务时限准时率进行了测试。现将有关情况通告如下：

一、基本情况

2017年快递服务时限准时率测试范围覆盖50个城市，包括全部省会城市、直辖市以及19个快递业务量较大的重点城市，具体为：北京、天津、上海、重庆、杭州、太原、南昌、郑州、兰州、昆明、济南、南京、石家庄、福州、乌鲁木齐、西宁、长春、海口、合肥、拉萨、银川、长沙、贵阳、哈尔滨、成都、呼和浩特、武汉、南宁、广州、西安、沈阳、深圳、东莞、中山、揭阳、金华、温州、宁波、苏州、无锡、厦门、泉州、青岛、大连、洛阳、芜湖、株洲、遵义、宝鸡和桂林。

测试对象为2016年国内快递业务量排名靠前且服务水平较好的10家全网型快递服务品牌，包括：邮政EMS、顺丰速运、圆通速递、中通快递、申通快递、韵达快递、百世快递、天天快递、宅急送快运和快捷快递。

测试方式为系统抽样测试和实际寄递测试，有效样本合计330万个。

二、测试结果

（一）全程时限

2017年全程时限均值为56.02小时，较2016年增加0.61小时。2017年72小时准时率均值为78.67%，较2016年降低2.72个百分点。

从各月表现来看，多数月份全程时限在60个小时以内，72小时准时率在80%上下平稳波动。受春节假期影响，1、2月份全程时限超62个小时，72小时准时率低于70%。

（二）分环节时限

寄出地处理环节平均时限为12.14小时，运输环节平均时限为31.09小时，寄达地处理环节平均时限为9.61小时，投递环节平均时限为3.18小时。四个环节中，寄达地处理时限、投递时限均有所改善，运输时限有一定延长，寄出地处理时限基本稳定。

（三）不同寄送距离时限

1000公里以下平均时限为44.67小时，较2016年缩短0.34小时；1000～2000公里平均时限为56.22小时，较2016年延长0.22小时；2000～3000公里平均时限为66.69小时，较2016年延长2.00小时；3000公里以上平均时限为76.40小时，较2016年延长4.52小时。1000公里以上快件全程时限均有所延长，尤其是3000公里以上快件全程时限延长明显。

（四）分区域时限

寄往东部地区的快件平均时限为56.60小时，较2016年缩短0.06小时；寄往中部地区的快件平均时限为58.68小时，寄往西部地区的快件平均时限为62.35小时，分别较2016年延长0.75小时和1.22小时。

东部地区末端服务时限（该区域寄出快件收寄时限与寄达该区域快件投递时限的平均值）为3.27小时，较2016年缩短0.16小时，中部地区和西部地区末端服务时限为2.48小时和2.69小时，较2016年缩短1.40小时和0.06小时。东部地区处理时限（该区域寄出快件处理时限与寄达该区域快件处理时限的平均值）为10.33小时，较2016年缩短0.95小时，中部地区和西部地区处理时限为11.71小时和11.21小时，较2016年缩短0.83小时和1.58小时。中西部揽投两端服务时限、处理时限均改善明显，快递“向西向下”成效显著。

2017年10家快递服务品牌主要时限指标排名情况见表4-5。

表4-5 2017年10家快递服务品牌主要时限指标排名表现

时限 排名	全程时限	寄出地处理时限	运输时限	寄达地处理时限	投递时限	72小时准时率
顺丰	1	1	2	1	1	1
EMS	2	2	1	2	8	2
韵达	3	6	3	5	5	3
中通	4	4	4	7	4	4
圆通	5	3	6	6	7	5
百世	6	8	5	8	3	6
申通	7	5	7	4	9	7
宅急送	8	9	9	3	2	9
天天	9	10	8	9	6	8
快捷	10	7	10	10	10	10

第三章　邮政业消费者申诉情况通告

国家邮政局关于2017年1月邮政业消费者申诉情况的通告

一、总体情况

2017年1月，国家邮政局和各省（区、市）邮政管理局通过“12305”邮政行业消费者申诉电话和申诉网站共受理消费者申诉161711件。申诉中涉及邮政服务问题的7904件，占总申诉量的4.9%；涉及快递服务问题的153807件，占总申诉量的95.1%。受理的申诉中有效申诉（确定企业责任的）为29546件，比上年同期下降17.4%。有效申诉中涉及邮政服务问题的1580件，占有效申诉量的5.3%；涉及快递服务问题的27966件，占有效申诉量的94.7%。消费者申诉均依法依规做了调解处理，为消费者挽回经济损失631.1万元。1月份，消费者对邮政管理部门申诉处理工作的满意率为98.3%，对邮政企业申诉处理结果的满意率为97.2%，对快递企业申诉处理结果的满意率为96.7%。

2017年1月，企业对邮政管理部门转办的申诉未能按规定时限回复的有64件，与去年同期相比减少10件（表4-6）。

表4-6　2017年1月企业对邮政管理部门转办的申诉未能按规定时限回复情况

公司名称	河北	山西	上海	江苏	福建	山东	广东	重庆	四川	贵州	西藏	甘肃	新疆	合计
全峰快递							20	1	1					22
中国邮政	1					1					1		7	10
如风达			5	1			1							7
申通快递					3									3
国通								2						2
圆通速递												1		1
中通快递							1							1
优速					1									1
快捷速递										1				1
FedEx			1											1
佳吉快运							1							1
增益				1										1
安能快递		1												1
其他							4	1	4			3		12
合计	1	1	6	2	4	1	27	4	5	1	1	4	7	64

二、邮政服务申诉情况

2017 年 1 月，消费者关于邮政服务问题的有效申诉1580 件，环比下降10.6%，同比增长7.6%（图4-14、表4-7）。

2017 年 1 月，消费者申诉邮政服务的主要问题是投递服务和邮件延误，占申诉总量的71.4%。

2017 年 1 月，消费者对邮政服务申诉的主要问题与上月比较均呈下降趋势。与去年同期相比，邮政服务的主要问题增长的有邮件延误、投递服务和邮件损毁，同比分别增长29.2%、18.7%和15.8%（图4-15）。

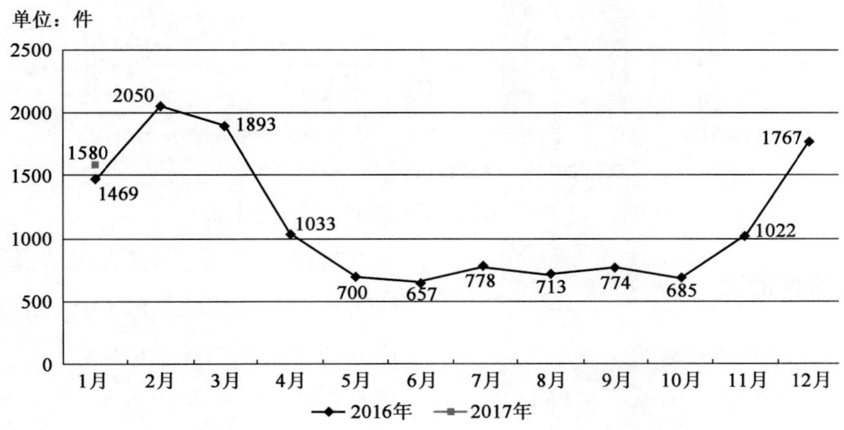

图4-14　2017 年与2016 年各月邮政有效申诉数量

表4-7　2017 年1 月消费者申诉邮政服务的主要问题及所占比例统计

序　号	申诉问题		申诉件数		占比例（%）	环比增长（%）	同比增长（%）
1	投递服务	函件	604	659	41.7	-11.9	18.7
		包件	44				
		报刊	7				
		集邮	3				
		汇兑	1				
2	邮件延误	函件	418	469	29.7	-1.3	29.2
		包件	49				
		集邮	2				
3	邮件丢失短少	函件	284	332	21.0	-10.8	-17.2
		包件	48				
4	邮件损毁	函件	56	66	4.2	-23.3	15.8
		包件	10				
5	收寄服务	函件	23	49	3.1	-24.6	-34.7
		包件	22				
		集邮	4				
6	违规收费	包件	1	2	0.1	-50.0	-60.0
		函件	1				
7	其他		3		0.2	-82.4	-76.9
合计	—		1580		100.0	-10.6	7.6

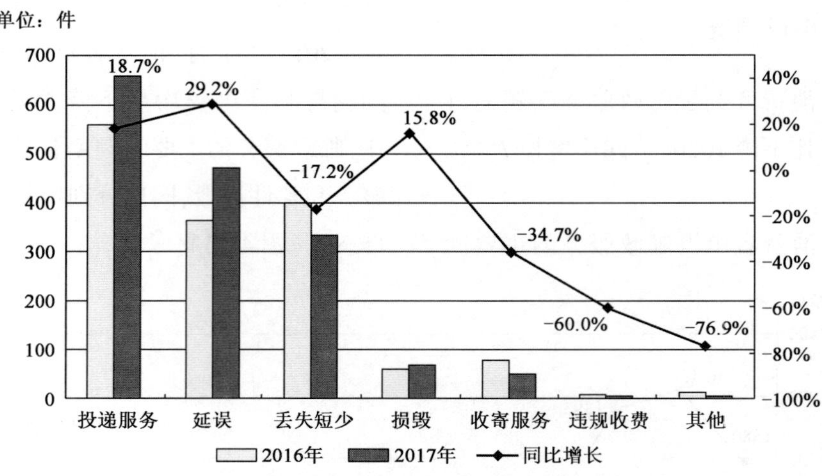

图4-15 2017年1月邮政服务申诉问题同比增长情况

三、快递服务申诉情况

(一)消费者申诉的主要问题

2017年1月,消费者关于快递服务的有效申诉27966件,环比下降35.0%,同比下降18.5%(图4-16)。

2017年1月,消费者对快递服务申诉的主要问题与上月比较增长的有代收货款、违规收费,环比分别增长82.7%、10.9%。与去年同期相比,快递服务的主要问题均有所下降。申诉比较集中的问题是投递服务和延误,占比分别为33.6%和31.1%(表4-8、图4-17)。

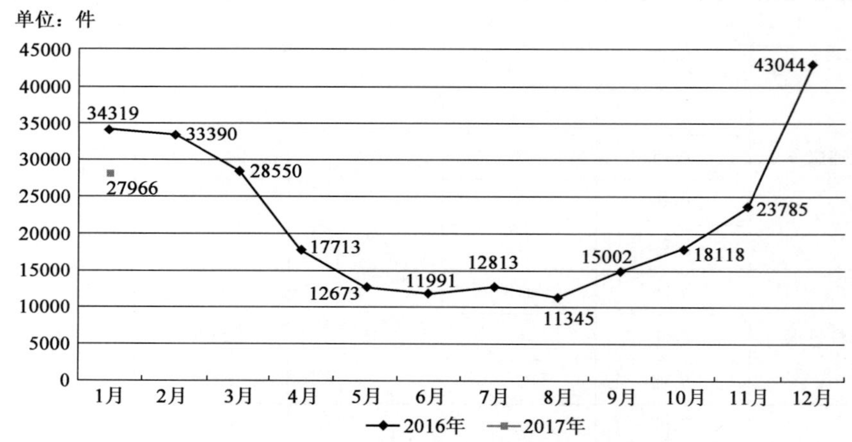

图4-16 2017年与2016年各月快递有效申诉数量

表4-8 2017年1月消费者申诉快递服务的主要问题及所占比例统计

序号	申诉问题	申诉件数	占比例(%)	环比增长(%)	同比增长(%)
1	投递服务	9397	33.6	-35.3	-23.9
2	延误	8693	31.1	-44.6	-3.8
3	丢失短少	6261	22.4	-27.8	-27.7
4	损毁	2421	8.7	-16.2	-11.1
5	收寄服务	670	2.4	-20.4	-28.8
6	违规收费	224	0.8	10.9	-20.3
7	代收货款	190	0.7	82.7	3.3
8	其他	110	0.4	-9.8	-17.3
9	合计	27966	100.0	-35.0	-18.5

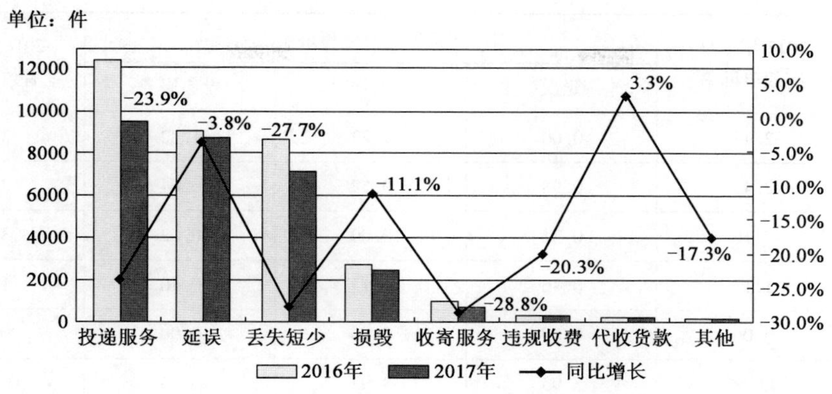

图 4-17 2017 年 1 月快递服务申诉问题同比增长情况

(二)消费者对快递企业申诉情况

2017 年 1 月,消费者对 43 家快递企业进行了有效申诉,全国快递服务有效申诉率为百万分之 12.65,环比减少 0.03,同比减少 3.27,高于全国平均有效申诉率的快递企业有 11 家。全国快递服务快件投递服务的有效申诉率为百万分之 4.25,同比减少 1.48;快件延误的有效申诉率为百万分之 3.93,同比减少 0.26;快件丢失损毁的有效申诉率为百万分之 3.93,同比减少 1.35(表 4-9)。

表 4-9 2017 年 1 月主要快递企业有效申诉率(单位:件有效申诉/百万件快件)

企业名称	2017 年 1 月有效申诉率	主要问题有效申诉率			2016 年 1 月有效申诉率	同比
		延误	丢失损毁	投递服务		
如风达	53.84	17.32	22.77	11.87	16.36	↑
宅急送	45.73	18.92	12.36	12.44	27.83	↑
全峰快递	43.32	19.10	11.29	9.37	24.52	↑
国通	38.40	17.04	9.74	10.32	32.29	↑
天天	30.90	9.12	11.28	9.33	22.24	↑
申通快递	30.57	9.83	8.54	11.26	26.54	↑
中外运-空运	22.22	0.00	0.00	0.00	0.00	↑
优速	21.60	5.14	7.08	8.64	22.47	↓
德邦快递	19.26	5.32	8.28	4.78	4.61	↑
UPS	13.45	0.67	4.03	8.07	23.60	↓
圆通速递	13.01	2.59	5.23	4.74	15.70	↓
TNT	12.41	3.55	1.77	1.77	7.09	↑
百世快递	12.04	3.05	4.44	4.13	17.00	↓
速尔	10.95	3.11	3.20	4.21	13.13	↓
邮政(EMS)	10.65	4.33	2.66	3.33	10.72	↓
全一快递	8.19	1.82	3.19	2.73	7.23	↑
快捷速递	7.61	2.62	2.35	2.47	22.15	↓
中通快递	6.94	1.42	2.08	3.01	15.24	↓
韵达快运	6.04	1.53	1.75	2.49	26.82	↓
卓越亚马逊	3.71	0.93	0.93	1.85	0.96	↑
FedEx	2.69	1.15	0.77	0.38	6.50	↓
递四方	2.56	0.67	0.45	1.45	8.81	↓

续上表

企业名称	2017年1月有效申诉率	主要问题有效申诉率			2016年1月有效申诉率	同比
		延误	丢失损毁	投递服务		
民航快递	2.44	0.00	1.22	1.22	3.94	↓
顺丰速运	2.43	0.98	0.52	0.64	3.09	↓
DHL	2.16	0.31	0.00	0.62	3.01	↓
京东	1.11	0.46	0.13	0.40	1.17	↓
苏宁易购	0.06	0.00	0.06	0.00	0.25	↓
全国合计	12.65	3.93	3.93	4.25	15.92	↓

国家邮政局关于2017年2月邮政业消费者申诉情况的通告

一、总体情况

2017年2月，国家邮政局和各省（区、市）邮政管理局通过“12305”邮政行业消费者申诉电话和申诉网站共受理消费者申诉131160件。申诉中涉及邮政服务问题的10534件，占总申诉量的8.0%；涉及快递服务问题的120626件，占总申诉量的92.0%。受理的申诉中有效申诉（确定企业责任的）为29777件，比上年同期下降16.0%。有效申诉中涉及邮政服务问题的3636件，占有效申诉量的12.2%；涉及快递服务问题的26141件，占有效申诉量的87.8%。消费者申诉均依法依规做了调解处理，为消费者挽回经济损失423.4万元。2月份，消费者对邮政管理部门申诉处理工作的满意率为98.4%，对邮政企业申诉处理结果的满意率为98.0%，对快递企业申诉处理结果的满意率为97.0%。

2017年2月，企业对邮政管理部门转办的申诉未能按规定时限回复的有63件，与去年同期相比增加35件（表4-10）。

表4-10　2017年2月企业对邮政管理部门转办的申诉未能按规定时限回复情况

公司名称	河北	上海	浙江	福建	广东	重庆	四川	新疆	合计
中国邮政	11							5	16
如风达		5	3	1	6	1			16
国通					4	1			5
快捷速递							4		4
全峰快递						2			2
UPS					2				2
顺丰速运			1						1
递四方							1		1
龙邦速递					1				1
其他					13	1	1		15
合计	11	5	4	1	26	5	6	5	63

二、邮政服务申诉情况

2017 年 2 月，消费者关于邮政服务问题的有效申诉 3636 件，环比增长 130.1%，同比增长 77.4%（图 4-18）。

2017 年 2 月，消费者申诉邮政服务的主要问题是邮件延误和投递服务，占申诉总量的 83.6%（表 4-11）。

2017 年 2 月，消费者对邮政服务申诉的主要问题环比、同比均呈增长趋势，其中邮件延误问题与上月比较增长突出，环比增长 349.3%。与去年同期相比，邮政服务的主要问题增长较高的有邮件延误、邮件损毁和收寄服务，同比分别增长 152.6%、120.0% 和 101.9%（图 4-19）。

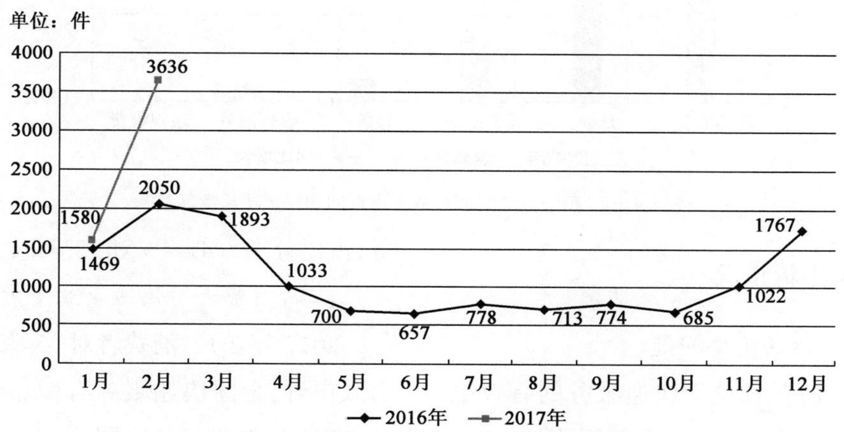

图 4-18 2017 年与 2016 年各月邮政有效申诉数量

表 4-11 2017 年 2 月消费者申诉邮政服务的主要问题及所占比例统计

序号	申诉问题		申诉件数		占比例(%)	环比增长(%)	同比增长(%)
1	邮件延误	函件	1961	2107	57.9	349.3	152.6
		包件	142				
		报刊	4				
2	投递服务	函件	873	933	25.7	41.6	16.0
		包件	51				
		报刊	7				
		集邮	1				
		汇兑	1				
3	邮件丢失短少	函件	316	368	10.1	10.8	23.9
		包件	52				
4	邮件损毁	函件	106	121	3.3	83.3	120.0
		包件	15				
5	收寄服务	函件	89	105	2.9	114.3	101.9
		包件	12				
		报刊	3				
		其他	1				
6	违规收费	包件	1	2	0.1	0.0	0.0
		函件	1				
合计	—		3636		100.0	130.1	77.4

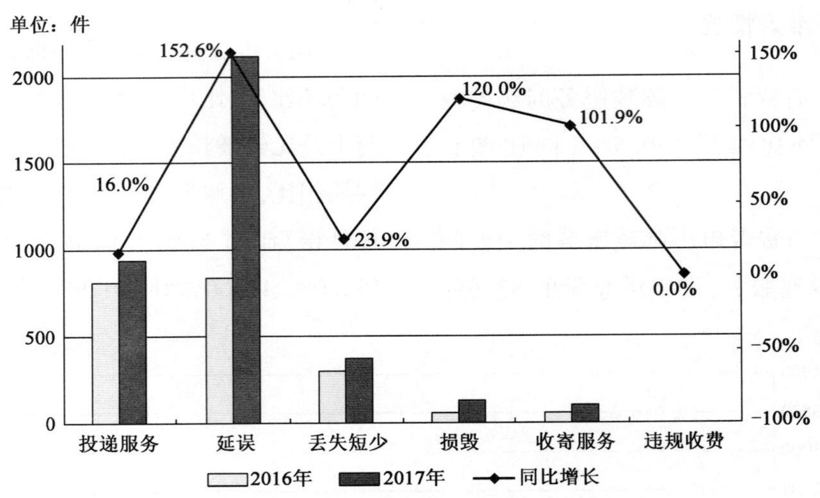

图4-19　2017年2月邮政服务申诉问题同比增长情况

三、快递服务申诉情况

(一)消费者申诉的主要问题

2017年2月,消费者关于快递服务的有效申诉26141件,环比下降6.5%,同比下降21.7%(图4-20)。

2017年2月,消费者对快递服务申诉的主要问题与上月比较增长的有延误问题,环比增长24.6%。与去年同期相比,快递服务的主要问题均有所下降。申诉比较集中的问题是延误和投递服务,占比分别为41.4%和32.3%(表4-12、图4-21)。

(二)消费者对快递企业申诉情况

2017年2月,消费者对43家快递企业进行了有效申诉,全国快递服务有效申诉率为百万分之11.15,环比减少1.50,同比减少15.64,高于全国平均有效申诉率的快递企业有10家。全国快递服务快件延误的有效申诉率为百万分之4.62,同比减少5.54;快件投递服务的有效申诉率为百万分之3.61,同比减少5.65;快件丢失损毁的有效申诉率为百万分之2.59,同比减少3.78(表4-13)。

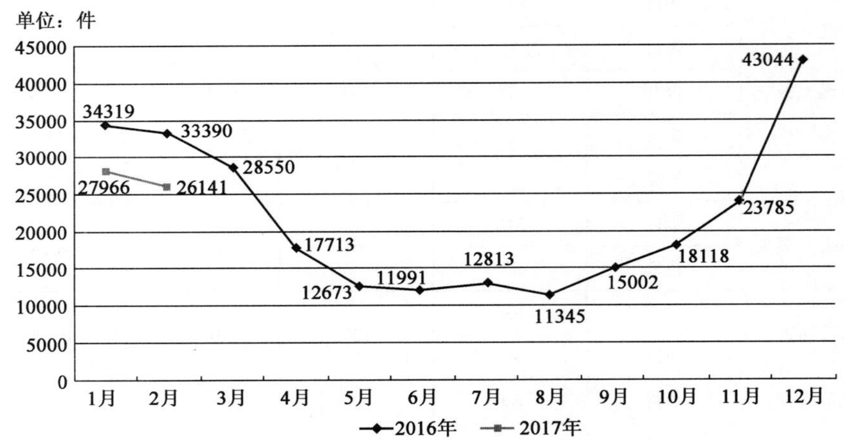

图4-20　2017年与2016年各月快递有效申诉数量

表4-12　2017年2月消费者申诉快递服务的主要问题及所占比例统计

序号	申诉问题	申诉件数	占比例(%)	环比增长(%)	同比增长(%)
1	延误	10833	41.4	24.6	-14.4
2	投递服务	8453	32.3	-10.0	-26.7

续上表

序号	申诉问题	申诉件数	占比例(%)	环比增长(%)	同比增长(%)
3	丢失短少	4615	17.6	-26.3	-23.4
4	损毁	1464	5.6	-39.5	-23.8
5	收寄服务	488	1.9	-27.2	-38.4
6	违规收费	131	0.5	-41.5	-38.5
7	代收货款	106	0.4	-44.2	-17.8
8	其他	51	0.2	-53.6	-57.1
9	合计	26141	100.0	-6.5	-21.7

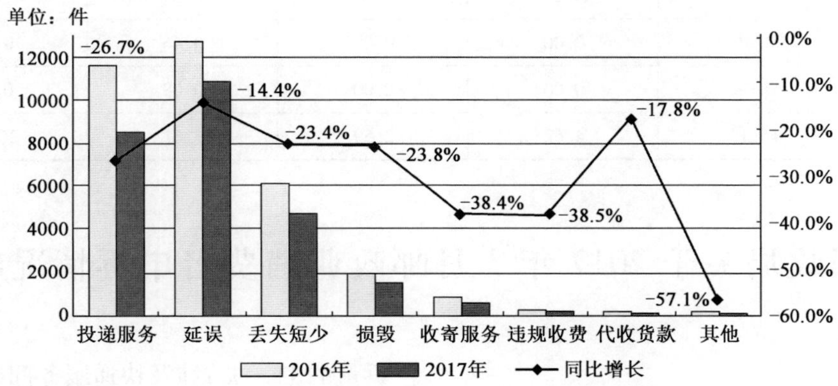

图 4-21　2017 年 2 月快递服务申诉问题同比增长情况

表 4-13　2017 年 2 月主要快递企业有效申诉率(单位:件有效申诉/百万件快件)

企业名称	2017 年 2 月有效申诉率	主要问题有效申诉率			2016 年 2 月有效申诉率	同比
		延误	丢失损毁	投递服务		
宅急送	43.95	21.59	8.80	12.86	53.22	↓
如风达	40.27	17.64	11.08	10.61	33.36	↑
全峰快递	37.98	19.45	9.74	7.20	26.29	↑
邮政(EMS)	33.10	19.68	3.92	8.91	20.59	↑
国通	27.61	13.22	5.85	7.60	26.87	↑
申通快递	22.71	8.94	5.51	7.67	53.80	↓
UPS	21.83	5.24	3.49	11.35	15.89	↑
天天	16.38	6.46	4.73	4.90	54.45	↓
优速	14.32	4.52	3.33	6.09	23.07	↓
圆通速递	11.64	3.78	3.22	4.31	30.16	↓
德邦快递	9.65	3.57	3.22	2.56	4.17	↑
百世快递	8.21	2.53	2.78	2.65	24.39	↓
卓越亚马逊	7.68	4.61	1.54	1.54	2.21	↑
民航快递	6.71	3.36	1.68	1.68	6.61	↑
中通快递	6.41	1.99	1.42	2.75	23.64	↓
速尔	6.18	2.10	1.75	2.22	8.70	↓
TNT	5.17	3.45	0.00	1.72	2.43	↑
全一快递	5.10	1.13	1.13	2.84	6.97	↓

续上表

企业名称	2017 年 2 月有效申诉率	主要问题有效申诉率			2016 年 2 月有效申诉率	同比
		延误	丢失损毁	投递服务		
韵达快运	4.24	1.42	1.15	1.60	50.79	↓
快捷速递	3.66	1.13	1.17	1.09	28.25	↓
顺丰速运	3.46	1.20	0.93	0.98	14.34	↓
FedEx	1.70	0.00	0.00	1.70	2.34	↓
递四方	1.39	0.22	0.15	0.66	9.85	↓
京东	0.86	0.27	0.27	0.29	1.99	↓
DHL	0.46	0.00	0.00	0.46	0.97	↓
苏宁易购	0.08	0.00	0.00	0.08	0.84	↓
全国平均	11.15	4.62	2.59	3.61	26.79	↓

国家邮政局关于2017年3月邮政业消费者申诉情况的通告

一、总体情况

2017年3月，国家邮政局和各省(区、市)邮政管理局通过“12305”邮政行业消费者申诉电话和申诉网站共受理消费者申诉118751件。申诉中涉及邮政服务问题的7826件，占总申诉量的6.6%；涉及快递服务问题的110925件，占总申诉量的93.4%。受理的申诉中有效申诉(确定企业责任的)为25356件，比上年同期下降16.7%。有效申诉中涉及邮政服务问题的3006件，占有效申诉量的11.9%；涉及快递服务问题的22350件，占有效申诉量的88.1%。消费者申诉均依法依规做了调解处理，为消费者挽回经济损失511.7万元。3月份，消费者对邮政管理部门申诉处理工作的满意率为98.2%，对邮政企业申诉处理结果的满意率为97.0%，对快递企业申诉处理结果的满意率为96.8%。

2017年3月，企业对邮政管理部门转办的申诉未能按规定时限回复的有35件，与去年同期相比增加17件(表4-14)。

表4-14　2017年3月企业对邮政管理部门转办的申诉未能按规定时限回复情况

公司名称	河北	上海	江苏	福建	广东	重庆	四川	贵州	新疆	合计
国通						13				13
快捷速递		1		3						4
中国邮政	1				1					2
邮政快递(EMS)			1							1
宅急送						1				1
全峰快递							1			1
递四方					1					1
其他					2	3	5	1	1	12
合计	1	1	1	3	4	17	6	1	1	35

二、邮政服务申诉情况

2017年3月，消费者关于邮政服务问题的有效申诉3006件，环比下降17.3%，同比增长58.8%（图4-22）。

2017年3月，消费者申诉邮政服务的主要问题是邮件延误和投递服务，占申诉总量的70.6%（表4-15）。

2017年3月，消费者对邮政服务申诉的主要问题与上月相比增长的有邮件丢失短少和邮件损毁，分别增长77.7%和42.1%。与去年同期相比，邮政服务的主要问题增长的有邮件延误、邮件损毁、邮件丢失短少和投递服务。其中增长幅度较大的有邮件延误和邮件损毁，同比分别增长136.4%和126.3%（图4-23）。

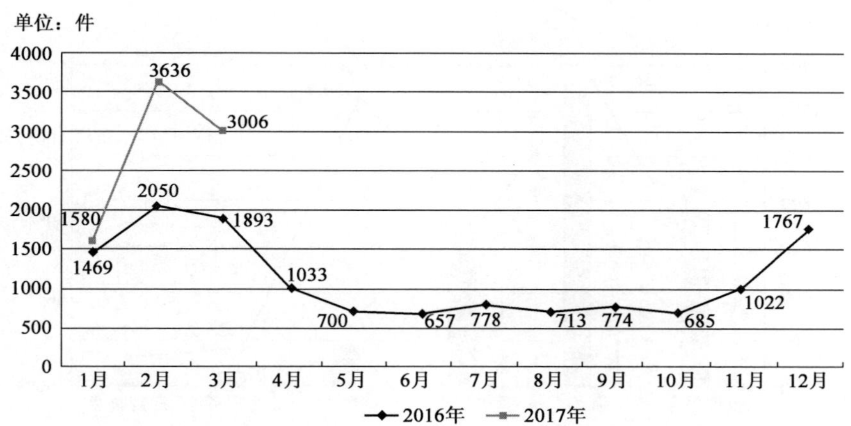

图4-22 2017年与2016年各月邮政有效申诉数量

表4-15 2017年3月消费者申诉邮政服务的主要问题及所占比例统计

序号	申诉问题		申诉件数		占比例(%)	环比增长(%)	同比增长(%)
1	邮件延误	函件	1169	1260	41.9	-40.2	136.4
		包件	85				
		报刊	3				
		汇兑	2				
		集邮	1				
2	投递服务	函件	791	864	28.7	-7.4	15.7
		包件	47				
		报刊	14				
		集邮	9				
		汇兑	3				
3	邮件丢失短少	函件	561	654	21.8	77.7	46.3
		包件	91				
		报刊	1				
		集邮	1				
4	邮件损毁	函件	156	172	5.7	42.1	126.3
		包件	16				

续上表

序号	申诉问题		申诉件数		占比例(%)	环比增长(%)	同比增长(%)
5	收寄服务	函件	42	54	1.8	-48.6	-25.0
		包件	10				
		报刊	1				
		集邮	1				
6	违规收费	包件	2	2	0.1	0.0	-33.3
合计	—		3006		100.0	-17.3	58.8

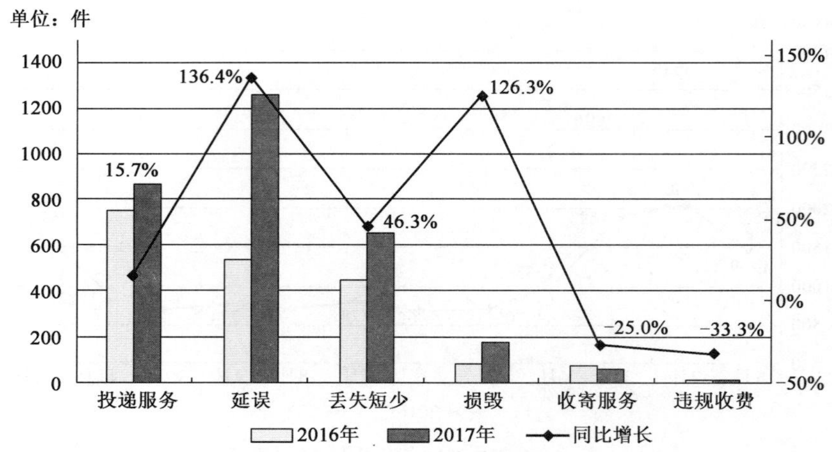

图 4-23　2017 年 3 月邮政服务申诉问题同比增长情况

三、快递服务申诉情况

(一)消费者申诉的主要问题

2017 年 3 月，消费者关于快递服务的有效申诉 22350 件，环比下降 14.5%，同比下降 21.7%(图 4-24)。

2017 年 3 月，消费者对快递服务申诉的主要问题与上月比较增长的有损毁、违规收费、丢失短少，环比增长 23.9%、20.6%、13.3%。与去年同期相比，快递服务的主要问题均有所下降。申诉比较集中的问题是投递服务和延误，占比分别为 33.9% 和 31.2%(表 4-16、图 4-25)。

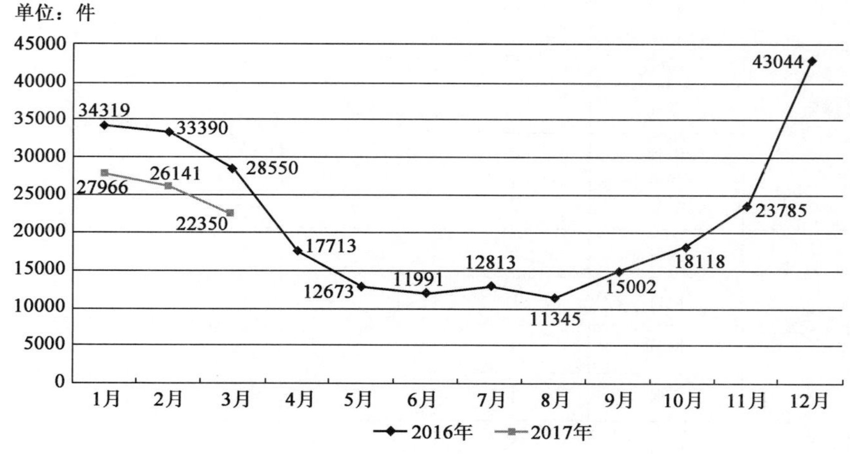

图 4-24　2017 年与 2016 年各月快递有效申诉数量

表 4-16 2017 年 3 月消费者申诉快递服务的主要问题及所占比例统计

序号	申诉问题	申诉件数	占比例(%)	环比增长(%)	同比增长(%)
1	投递服务	7569	33.9	-10.5	-27.8
2	延误	6982	31.2	-35.5	-22.6
3	丢失短少	5230	23.4	13.3	-11.7
4	损毁	1814	8.1	23.9	-7.9
5	收寄服务	469	2.1	-3.9	-30.1
6	违规收费	158	0.7	20.6	-13.2
7	代收货款	80	0.4	-24.5	-57.0
8	其他	48	0.2	-5.9	-57.1
9	合计	22350	100.0	-14.5	-21.7

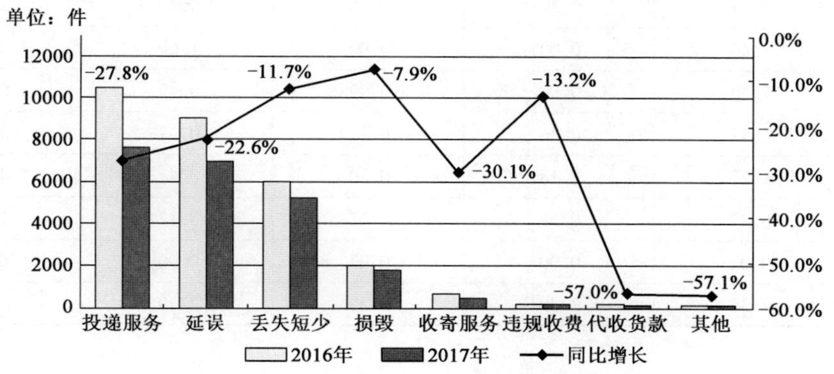

图 4-25 2017 年 3 月快递服务申诉问题同比增长情况

(二)消费者对快递企业申诉情况

2017 年 3 月,消费者对 43 家快递企业进行了有效申诉,全国快递服务有效申诉率为百万分之 7.36,环比减少 3.79,同比减少 4.69,高于全国平均有效申诉率的快递企业有 11 家。全国快递服务快件投递服务的有效申诉率为百万分之 2.49,同比减少 1.93;快件丢失损毁的有效申诉率为百万分之 2.32,同比减少 1.01;快件延误的有效申诉率为百万分之 2.30,同比减少 1.51(表 4-17)。

表 4-17 2017 年 3 月主要快递企业有效申诉率(单位:件有效申诉/百万件快件)

企业名称	2017 年 3 月有效申诉率	主要问题有效申诉率			2016 年 3 月有效申诉率	同比
		延误	丢失损毁	投递服务		
如风达	37.63	10.27	17.40	8.00	13.90	↑
国通	33.64	16.31	7.96	8.39	31.67	↑
全峰快递	33.14	16.34	8.81	7.53	18.01	↑
天天	17.31	6.63	4.88	5.45	25.87	↓
宅急送	16.29	4.82	5.52	5.41	48.30	↓
申通快递	14.92	4.39	4.50	5.61	17.78	↓
邮政(EMS)	13.62	4.19	4.77	4.21	11.27	↑
优速	9.12	1.89	2.61	4.31	12.98	↓
速尔	8.80	2.43	2.21	3.67	8.08	↑
TNT	8.50	2.83	0.00	2.83	7.26	↑
UPS	7.68	0.00	2.96	4.14	5.23	↑

续上表

企业名称	2017 年 3 月有效申诉率	主要问题有效申诉率			2016 年 3 月有效申诉率	同比
		延误	丢失损毁	投递服务		
圆通速递	6.28	1.70	2.21	2.16	9.89	↓
百世快递	6.16	1.58	2.44	1.98	13.24	↓
快捷速递	6.06	1.99	1.95	2.02	25.43	↓
全一快递	4.75	0.34	2.04	2.38	2.68	↑
DHL	4.24	1.21	0.30	2.12	0.94	↑
德邦快递	3.68	0.85	1.75	0.99	4.01	↓
中通快递	3.28	0.57	0.97	1.55	10.38	↓
韵达快运	2.44	0.61	0.84	0.91	12.73	↓
FedEx	2.41	0.30	0.90	0.90	1.77	↑
民航快递	1.60	0.00	0.00	1.60	2.14	↓
卓越亚马逊	1.48	0.00	0.99	0.49	0.70	↑
顺丰速运	1.43	0.46	0.44	0.37	2.77	↓
递四方	1.27	0.18	0.30	0.42	4.78	↓
京东	0.42	0.18	0.12	0.12	1.07	↓
苏宁易购	0.07	0.00	0.07	0.00	0.08	↓
全国平均	7.36	2.30	2.32	2.49	12.05	↓

国家邮政局关于2017年4月邮政业消费者申诉情况的通告

一、总体情况

2017年4月，国家邮政局和各省（区、市）邮政管理局通过“12305”邮政行业消费者申诉电话和申诉网站共受理消费者申诉76849件。申诉中涉及邮政服务问题的3946件，占总申诉量的5.1%；涉及快递服务问题的72903件，占总申诉量的94.9%。受理的申诉中有效申诉（确定企业责任的）为12969件，比上年同期下降30.8%。有效申诉中涉及邮政服务问题的1029件，占有效申诉量的7.9%；涉及快递服务问题的11940件，占有效申诉量的92.1%。消费者申诉均依法依规做了调解处理，为消费者挽回经济损失380.97万元。4月份，消费者对邮政管理部门申诉处理工作的满意率为97.7%，对邮政企业申诉处理结果的满意率为96.4%，对快递企业申诉处理结果的满意率为95.8%。

2017年4月，企业对邮政管理部门转办的申诉未能按规定时限回复的有8件，与去年同期相比减少16件（表4-18）。

表4-18　2017年4月企业对邮政管理部门转办的申诉未能按规定时限回复情况

公司名称	山西	江苏	重庆	四川	云南	甘肃	合计
中国邮政	1						1
申通快递				1			1
圆通			1				1
全峰快递					1		1

续上表

公司名称	山西	江苏	重庆	四川	云南	甘肃	合计
DHL		1					1
增益			1				1
其他				1		1	2
合计	1	1	2	2	1	1	8

二、邮政服务申诉情况

2017年4月，消费者关于邮政服务问题的有效申诉1029件，环比下降65.8%，同比下降0.4%（图4-26）。

2017年4月，消费者申诉邮政服务的主要问题是投递服务和邮件丢失短少，占申诉总量的70.4%（表4-19）。

2017年4月，消费者对邮政服务申诉的主要问题与上月相比呈下降趋势。与去年同期相比，邮政服务主要问题增长的有邮件损毁和投递服务，同比分别增长55.4%和16.9%（图4-27）。

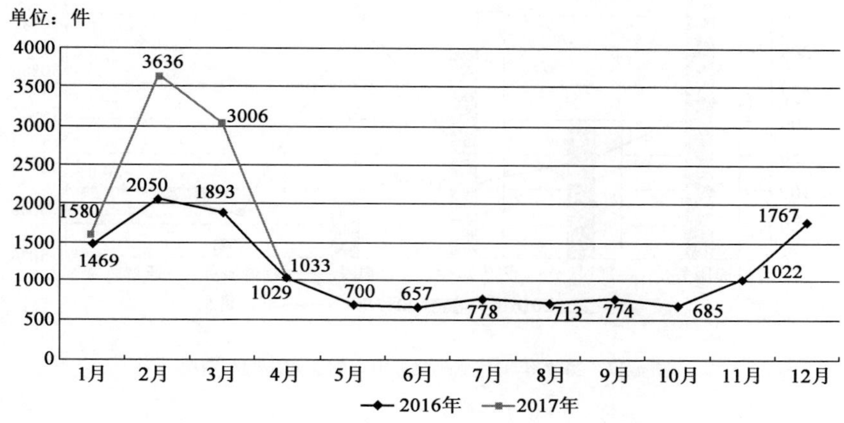

图4-26 2017年与2016年各月邮政有效申诉数量

表4-19 2017年4月消费者申诉邮政服务的主要问题及所占比例统计

序号	申诉问题		申诉件数		占比例（%）	环比增长（%）	同比增长（%）
1	投递服务	函件	388	428	41.6	-50.5	16.9
		包件	30				
		报刊	8				
		汇兑	1				
		集邮	1				
2	邮件丢失短少	函件	243	296	28.8	-54.7	-16.6
		包件	52				
		集邮	1				
3	邮件延误	函件	153	187	18.2	-85.2	-6.0
		包件	31				
		集邮	2				
		报刊	1				
4	邮件损毁	函件	79	87	8.5	-49.4	55.4
		包件	8				

续上表

序　号	申诉问题		申诉件数		占比例(%)	环比增长(%)	同比增长(%)
5	收寄服务	函件	17	27	2.6	-50.0	-30.8
		包件	5				
		集邮	2				
		报刊	2				
		其他	1				
6	违规收费	函件	3	4	0.4	100.0	-20.0
		包件	1				
合计	—		1029		100.0	-65.8	-0.4

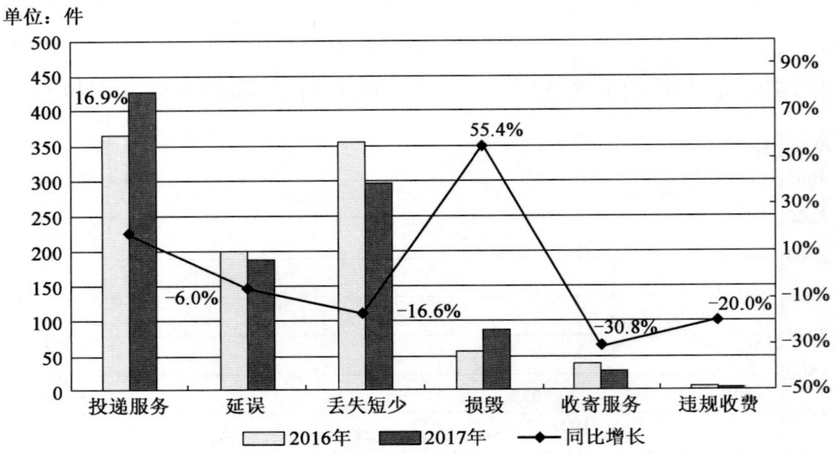

图 4-27　2017 年 4 月邮政服务申诉问题同比增长情况

三、快递服务申诉情况

（一）消费者申诉的主要问题

2017 年 4 月，消费者关于快递服务的有效申诉 11940 件，环比下降 46.6%，同比下降 32.6%（图 4-28）。

2017 年 4 月，消费者对快递服务申诉的主要问题的环比与同比均呈下降趋势。申诉比较集中的问题是投递服务、延误和丢失短少，占比分别为 39.5%、24.6% 和 20.0%（表 4-20、图 4-29）。

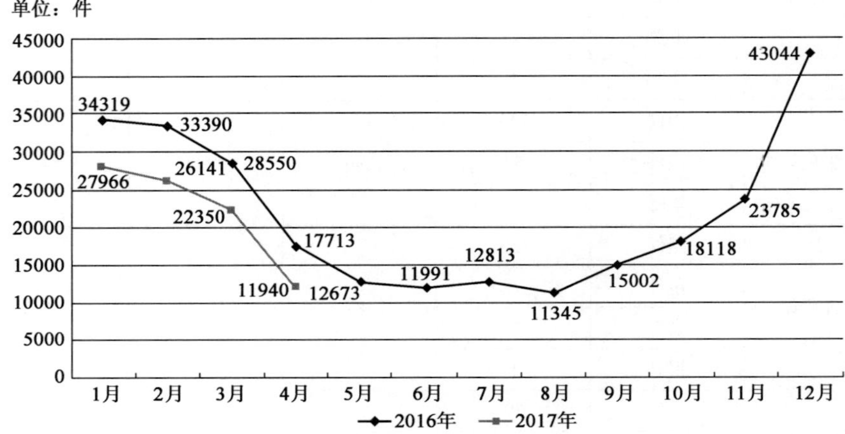

图 4-28　2017 年与 2016 年各月快递有效申诉数量

表 4-20 2017 年 4 月消费者申诉快递服务的主要问题及所占比例统计

序号	申诉问题	申诉件数	占比例(%)	环比增长(%)	同比增长(%)
1	投递服务	4711	39.5	-37.8	-34.9
2	丢失短少	2937	24.6	-43.8	-32.7
3	延误	2386	20.0	-65.8	-23.3
4	损毁	1280	10.7	-29.4	-34.4
5	收寄服务	374	3.1	-20.3	-43.0
6	违规收费	128	1.1	-19.0	-28.1
7	代收货款	80	0.7	0.0	-32.2
8	其他	44	0.4	-8.3	-53.2
9	合计	11940	100.0	-46.6	-32.6

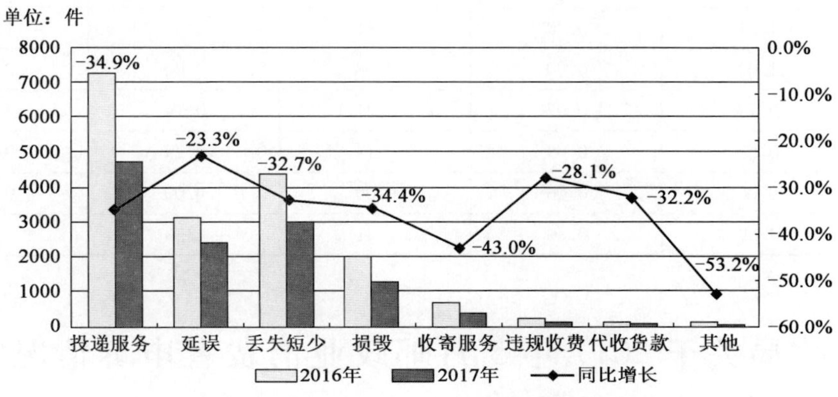

图 4-29 2017 年 4 月快递服务申诉问题同比增长情况

(二)消费者对快递企业申诉情况

2017 年 4 月,消费者对 43 家快递企业进行了有效申诉,全国快递服务有效申诉率为百万分之 4.00,环比减少 3.36,同比减少 3.46,高于全国平均有效申诉率的快递企业有 11 家。全国快递服务快件投递服务的有效申诉率为百万分之 1.58,同比减少 1.47;快件丢失损毁的有效申诉率为百万分之 1.41,同比减少 1.25;快件延误的有效申诉率为百万分之 0.80,同比减少 0.51(表 4-21)。

表 4-21 2017 年 4 月主要快递企业有效申诉率(单位:件有效申诉/百万件快件)

企业名称	2017 年 4 月有效申诉率	主要问题有效申诉率			2016 年 4 月有效申诉率	同比
		延误	丢失损毁	投递服务		
国通	22.82	10.08	5.56	6.23	15.17	↑
全峰快递	19.05	6.99	5.47	6.01	8.25	↑
宅急送	12.41	3.87	3.61	4.40	20.17	↓
如风达	11.89	3.38	4.13	4.04	7.26	↑
天天	10.79	1.76	4.66	3.85	20.84	↓
UPS	9.30	0.66	1.99	3.98	13.15	↓
TNT	8.14	3.26	0.00	3.26	12.08	↓
邮政(EMS)	6.62	1.58	2.23	2.42	5.91	↑
申通快递	6.51	0.86	2.71	2.62	14.11	↓
速尔	5.39	1.68	1.18	2.17	10.12	↓
优速	4.42	0.58	1.48	2.03	9.08	↓

续上表

企业名称	2017年4月有效申诉率	主要问题有效申诉率			2016年4月有效申诉率	同比
		延误	丢失损毁	投递服务		
全一快递	3.54	0.35	1.06	1.06	7.90	↓
百世快递	3.00	0.47	1.20	1.24	5.16	↓
DHL	2.93	0.98	0.00	1.30	0.97	↑
快捷速递	2.92	0.51	1.19	1.12	10.85	↓
圆通速递	2.83	0.34	1.05	1.31	5.13	↓
德邦快递	2.39	0.10	1.56	0.68	3.78	↓
中通快递	2.30	0.17	0.77	1.24	7.88	↓
卓越亚马逊	1.55	0.00	1.55	0.00	0.79	↑
韵达快运	1.41	0.22	0.48	0.64	6.69	↓
顺丰速运	1.21	0.30	0.31	0.36	1.74	↓
FedEx	1.02	0.00	0.68	0.00	2.92	↓
递四方	0.77	0.07	0.21	0.14	2.98	↓
京东	0.62	0.09	0.14	0.29	0.48	↑
苏宁易购	0.06	0.06	0.00	0.00	0.06	/
全国平均	4.00	0.80	1.41	1.58	7.46	↓

国家邮政局关于2017年5月邮政业消费者申诉情况的通告

一、总体情况

2017年5月，国家邮政局和各省(区、市)邮政管理局通过“12305”邮政行业消费者申诉电话和申诉网站共受理消费者申诉97330件。申诉中涉及邮政服务问题的4105件，占总申诉量的4.2%；涉及快递服务问题的93225件，占总申诉量的95.8%。受理的申诉中有效申诉(确定企业责任的)为13252件，比上年同期下降0.9%。有效申诉中涉及邮政服务问题的758件，占有效申诉量的5.7%；涉及快递服务问题的12494件，占有效申诉量的94.3%。消费者申诉均依法依规做了调解处理，为消费者挽回经济损失372.6万元。5月份，消费者对邮政管理部门申诉处理工作的满意率为98.0%，对邮政企业申诉处理结果的满意率为97.3%，对快递企业申诉处理结果的满意率为96.2%。

2017年5月，企业对邮政管理部门转办的申诉未能按规定时限回复的有24件，与去年同期相比增加9件(表4-22)。

表4-22　2017年5月企业对邮政管理部门转办的申诉未能按规定时限回复情况

公司名称	天津	安徽	广东	广西	重庆	四川	合计
邮政快递(EMS)	2		2				4
申通快递		1					1
百世快递						1	1
国通			1				1
递四方			1				1
DHL				1			1

续上表

公司名称	天津	安徽	广东	广西	重庆	四川	合计
TNT			1				1
龙邦速递			1				1
中铁快运					1		1
其他			2	2	1	7	12
合计	2	1	8	3	2	8	24

二、邮政服务申诉情况

2017 年 5 月，消费者关于邮政服务问题的有效申诉 758 件，环比下降 26.3%，同比增长 8.3%（图 4-30）。

2017 年 5 月，消费者申诉邮政服务的主要问题是投递服务和邮件丢失短少，占申诉总量的 76.4%（表 4-23）。

2017 年 5 月，消费者对邮政服务申诉的主要问题与上月相比增长的有收寄服务，环比增长 14.8%。与去年同期相比，邮政服务主要问题增长的有邮件损毁、投递服务和邮件丢失短少，同比分别增长 40.5%、28.3% 和 5.4%（图 4-31）。

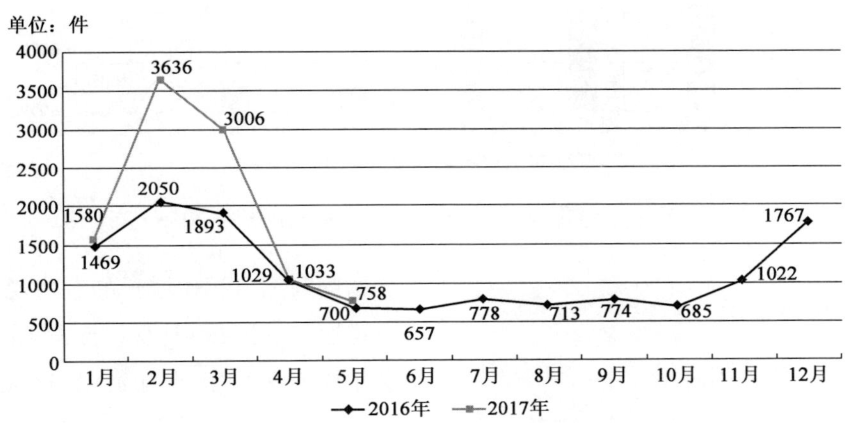

图 4-30　2017 年与 2016 年各月邮政有效申诉数量

表 4-23　2017 年 5 月消费者申诉邮政服务的主要问题及所占比例统计

序　号	申诉问题		申诉件数		占比例（%）	环比增长（%）	同比增长（%）
1	投递服务	函件	334	363	47.9	-15.2	28.3
		包件	28				
		报刊	1				
2	邮件丢失短少	函件	178	216	28.5	-27.0	5.4
		包件	37				
		报刊	1				
3	邮件延误	函件	83	93	12.3	-50.3	-21.8
		包件	9				
		集邮	1				
4	邮件损毁	函件	48	52	6.9	-40.2	40.5
		包件	4				

续上表

<table>
<tr><th>序　　号</th><th colspan="2">申诉问题</th><th colspan="2">申诉件数</th><th>占比例(%)</th><th>环比增长(%)</th><th>同比增长(%)</th></tr>
<tr><td rowspan="3">5</td><td rowspan="3">收寄服务</td><td>函件</td><td>20</td><td rowspan="3">31</td><td rowspan="3">4.1</td><td rowspan="3">14.8</td><td rowspan="3">-24.4</td></tr>
<tr><td>包件</td><td>10</td></tr>
<tr><td>集邮</td><td>1</td></tr>
<tr><td>6</td><td colspan="2">其他</td><td colspan="2">3</td><td>0.4</td><td>—</td><td>-80.0</td></tr>
<tr><td>合计</td><td colspan="2">—</td><td colspan="2">758</td><td>100.0</td><td>-26.3</td><td>8.3</td></tr>
</table>

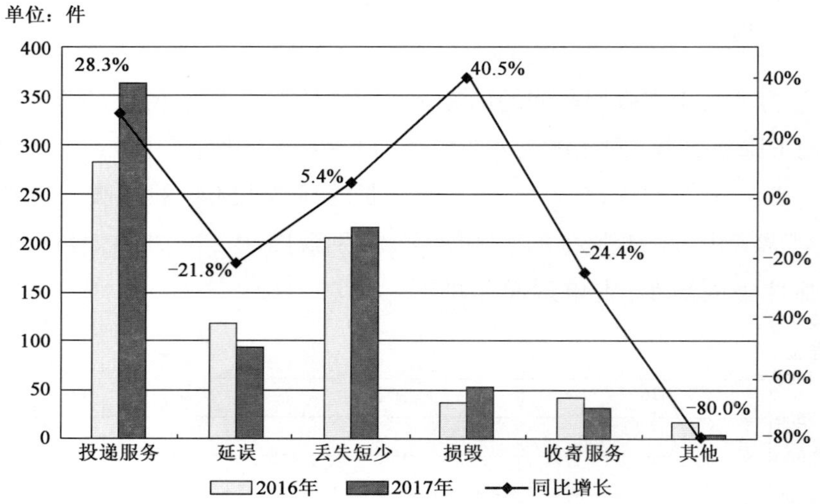

图 4-31　2017 年 5 月邮政服务申诉问题同比增长情况

三、快递服务申诉情况

(一)消费者申诉的主要问题

2017 年 5 月,消费者关于快递服务的有效申诉 12494 件,环比增长 4.6%,同比下降 1.4%(图 4-32)。

2017 年 5 月,消费者对快递服务申诉的主要问题的与上月相比增长的有违规收费、收寄服务、投递服务、延误和损毁。与去年同期相比,快递服务主要问题增长的有延误、违规收费,分别增长 33.4%、1.4%。申诉比较集中的问题是投递服务、丢失短少和延误,占比分别为 42.4%、21.5% 和 20.0%(表 4-24、图 4-33)。

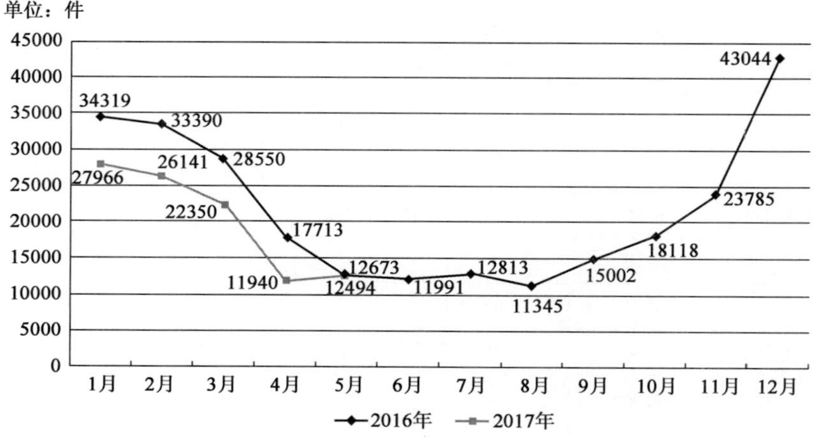

图 4-32　2017 年与 2016 年各月快递有效申诉数量

表 4-24　2017 年 5 月消费者申诉快递服务的主要问题及所占比例统计

序号	申诉问题	申诉件数	占比例(%)	环比增长(%)	同比增长(%)
1	投递服务	5296	42.4	12.4	-7.2
2	丢失短少	2683	21.5	-8.6	-1.4
3	延误	2505	20.0	5.0	33.4
4	损毁	1331	10.6	4.0	-11.0
5	收寄服务	425	3.4	13.6	-16.7
6	违规收费	150	1.2	17.2	1.4
7	代收货款	79	0.6	-1.3	-41.5
8	其他	25	0.2	-43.2	-68.4
9	合计	12494	100.0	4.6	-1.4

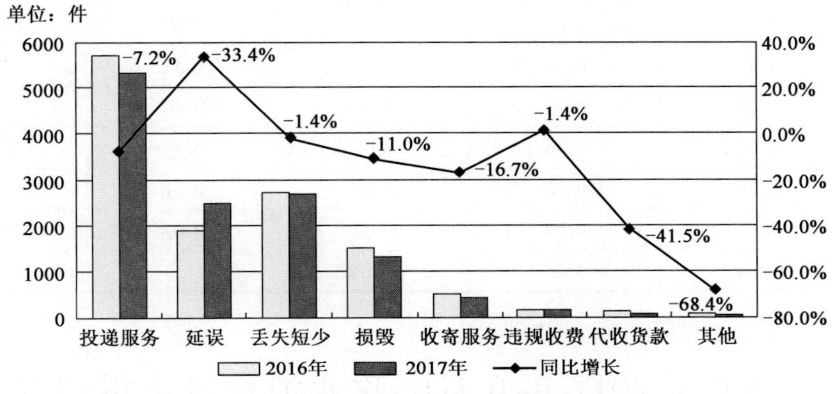

图 4-33　2017 年 5 月快递服务申诉问题同比增长情况

(二)消费者对快递企业申诉情况

2017 年 5 月，消费者对 43 家快递企业进行了有效申诉，全国快递服务有效申诉率为百万分之 3.74，环比减少 0.26，同比减少 1.27，高于全国平均有效申诉率的快递企业有 14 家。全国快递服务快件投递服务的有效申诉率为百万分之 1.59，同比减少 0.66；快件丢失损毁的有效申诉率为百万分之 1.20，同比减少 0.47；快件延误的有效申诉率为百万分之 0.75，同比增加 0.01(表 4-25)。

表 4-25　2017 年 5 月主要快递企业有效申诉率(单位：件有效申诉/百万件快件)

企业名称	2017 年 5 月有效申诉率	主要问题有效申诉率			2016 年 5 月有效申诉率	同比
		延误	丢失损毁	投递服务		
国通	27.20	12.55	5.76	7.94	17.28	↑
全峰快递	23.23	7.35	7.16	7.04	8.23	↑
TNT	13.35	0.00	7.42	2.97	3.30	↑
如风达	10.33	2.53	3.68	3.11	4.19	↑
UPS	8.99	1.28	1.93	4.50	6.22	↑
宅急送	8.69	2.30	2.35	3.84	10.43	↓
天天	7.90	1.17	2.74	3.50	7.01	↑
申通快递	6.53	0.82	2.29	3.14	8.39	↓
速尔	5.45	0.86	1.67	2.57	9.01	↓
邮政(EMS)	5.30	1.11	1.80	2.15	6.04	↓
优速	4.79	0.81	1.99	1.88	8.61	↓

续上表

企业名称	2017年5月有效申诉率	主要问题有效申诉率			2016年5月有效申诉率	同比
		延误	丢失损毁	投递服务		
卓越亚马逊	4.59	0.00	4.59	0.00	2.07	↑
全一快递	4.46	0.64	0.96	2.55	8.83	↓
快捷速递	3.61	0.69	1.24	1.59	10.87	↓
圆通速递	2.73	0.35	1.01	1.24	3.70	↓
德邦快递	2.31	0.08	1.51	0.50	4.61	↓
FedEx	2.21	0.00	1.26	0.32	3.29	↓
中通快递	1.79	0.13	0.57	0.97	4.94	↓
百世快递	1.65	0.19	0.56	0.80	3.20	↓
韵达快运	1.51	0.22	0.41	0.76	3.68	↓
民航快递	1.45	0.00	1.45	0.00	1.38	↑
DHL	1.42	0.28	0.28	0.57	1.95	↓
顺丰速运	1.33	0.41	0.38	0.40	1.55	↓
递四方	0.98	0.46	0.07	0.33	2.98	↓
京东	0.69	0.20	0.19	0.27	0.68	↑
苏宁易购	0.07	0.00	0.00	0.07	0.14	↓
全国平均	3.74	0.75	1.20	1.59	5.01	↓

国家邮政局关于2017年6月邮政业消费者申诉情况的通告

一、总体情况

2017年6月，国家邮政局和各省(区、市)邮政管理局通过“12305”邮政行业消费者申诉电话和申诉网站共受理消费者申诉119882件。申诉中涉及邮政服务问题的4680件，占总申诉量的3.9%；涉及快递服务问题的115202件，占总申诉量的96.1%。受理的申诉中有效申诉(确定企业责任的)为14303件，比上年同期增长13.1%。有效申诉中涉及邮政服务问题的782件，占有效申诉量的5.5%；涉及快递服务问题的13521件，占有效申诉量的94.5%。消费者申诉均依法依规做了调解处理，为消费者挽回经济损失415.3万元。6月份，消费者对邮政管理部门申诉处理工作的满意率为98.4%，对邮政企业申诉处理结果的满意率为97.4%，对快递企业申诉处理结果的满意率为96.3%。

2017年6月，企业对邮政管理部门转办的申诉未能按规定时限回复的有19件，与去年同期相比增加11件(表4-26)。

表4-26　2017年6月企业对邮政管理部门转办的申诉未能按规定时限回复情况

公司名称	上海	广东	广西	重庆	四川	合计
顺丰速运		1				1
国通		1				1
全峰快递	1					1
FedEx	1					1
UPS	1					1

续上表

公司名称	上海	广东	广西	重庆	四川	合计
德邦快运		1				1
中铁快运				1		1
其他		3	1	6	2	12
合计	3	6	1	7	2	19

二、邮政服务申诉情况

2017 年 6 月，消费者关于邮政服务问题的有效申诉 782 件，环比增长 3.2%，同比增长 19.0%（图 4-34）。

2017 年 6 月，消费者申诉邮政服务的主要问题是投递服务和邮件丢失短少，占申诉总量的 76.6%（表 4-27）。

2017 年 6 月，消费者对邮政服务申诉的主要问题与上月相比增长的有投递服务、邮件损毁和邮件延误。与去年同期相比，邮政服务主要问题增长的有违规收费、投递服务、邮件延误和邮件丢失短少，同比分别增长 66.7%、45.1%、19.0% 和 3.9%（图 4-35）。

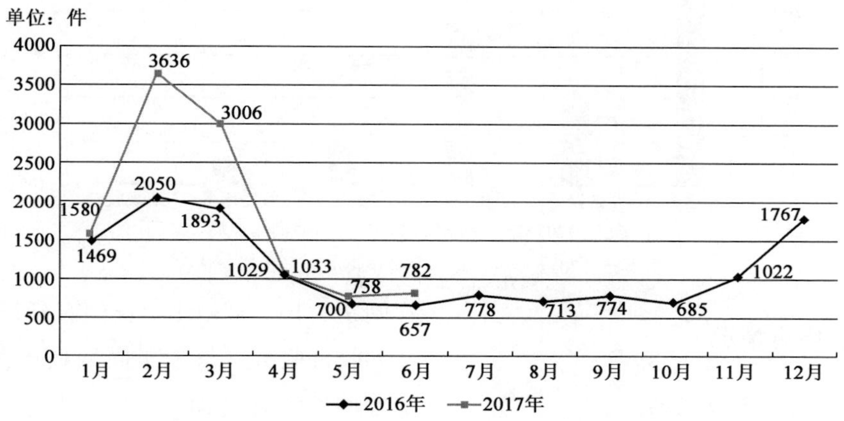

图 4-34　2017 年与 2016 年各月邮政有效申诉数量

表 4-27　2017 年 6 月消费者申诉邮政服务的主要问题及所占比例统计

序　号	申 诉 问 题		申 诉 件 数		占比例(%)	环比增长(%)	同比增长(%)
1	投递服务	函件	383	412	52.7	13.5	45.1
		包件	25				
		报刊	3				
		集邮	1				
2	邮件丢失短少	函件	153	187	23.9	-13.4	3.9
		包件	34				
3	邮件延误	函件	82	94	12.0	1.1	19
		包件	11				
		汇兑	1				
4	邮件损毁	函件	46	53	6.8	1.9	-3.6
		包件	7				

续上表

序　号	申诉问题		申诉件数		占比例(%)	环比增长(%)	同比增长(%)
5	收寄服务	函件	19	31	4.0	0.0	-27.9
		包件	8				
		集邮	3				
		其他	1				
6	违规收费	函件	3	5	0.6	—	66.7
		包件	2				
合计	—		782		100.0	3.2	19.0

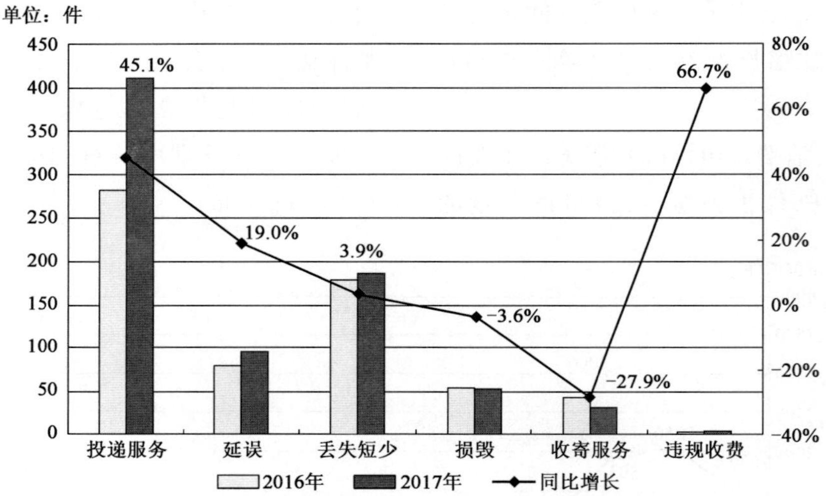

图4-35　2017年6月邮政服务申诉问题同比增长情况

三、快递服务申诉情况

（一）消费者申诉的主要问题

2017年6月，消费者关于快递服务的有效申诉13521件，环比增长8.2%，同比增长12.8%（图4-36）。

2017年6月，消费者对快递服务申诉的主要问题的与上月相比增长的有延误、投递服务、损毁和收寄服务。与去年同期相比，快递服务主要问题增长的有延误、违规收费、投递服务和丢失短少，分别增长43.0%、26.8%、13.4%和12.2%。申诉比较集中的问题是投递服务、延误和丢失短少，占比分别为43.8%、21.5%和18.9%（表4-28、图4-37）。

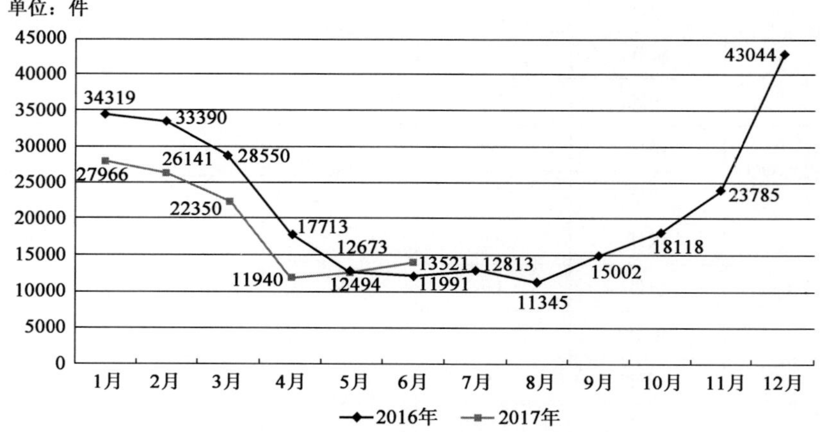

图4-36　2017年与2016年各月快递有效申诉数量

表 4-28　2017 年 6 月消费者申诉快递服务的主要问题及所占比例统计

序　号	申诉问题	申诉件数	占比例(%)	环比增长(%)	同比增长(%)
1	投递服务	5917	43.8	11.7	13.4
2	延误	2901	21.5	15.8	43.0
3	丢失短少	2558	18.9	-4.7	12.2
4	损毁	1455	10.8	9.3	-0.3
5	收寄服务	447	3.3	5.2	-31.2
6	违规收费	142	1.0	-5.3	26.8
7	代收货款	67	0.5	-15.2	-53.5
8	其他	34	0.3	36.0	-67.0
9	合计	13521	100.0	8.2	12.8

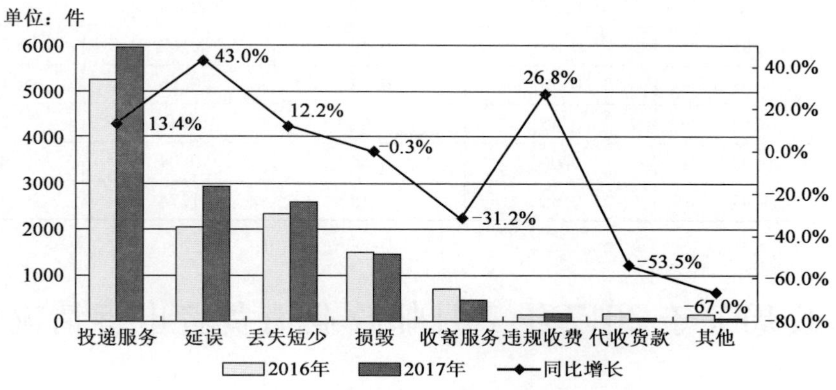

图 4-37　2017 年 6 月快递服务申诉问题同比增长情况

(二)消费者对快递企业申诉情况

2017 年 6 月,消费者对 43 家快递企业进行了有效申诉,全国快递服务有效申诉率为百万分之 3.97,环比增加 0.23,同比减少 0.68,高于全国平均有效申诉率的快递企业有 14 家。全国快递服务快件投递服务的有效申诉率为百万分之 1.74,同比减少 0.28;快件丢失损毁的有效申诉率为百万分之 1.18,同比减少 0.27;快件延误的有效申诉率为百万分之 0.85,同比增加 0.06(表 4-29)。

表 4-29　2017 年 6 月主要快递企业有效申诉率(单位:件有效申诉/百万件快件)

企业名称	2017 年 6 月有效申诉率	主要问题有效申诉率			2016 年 6 月有效申诉率	同比
		延误	丢失损毁	投递服务		
全峰快递	23.06	7.24	6.96	7.80	13.35	↑
国通	20.71	7.54	5.97	6.61	18.00	↑
宅急送	10.77	3.17	2.74	4.57	9.54	↑
UPS	9.41	4.12	2.35	2.94	13.78	↓
如风达	8.64	2.33	2.40	3.38	4.32	↑
卓越亚马逊	7.92	2.64	0.00	5.28	2.87	↑
速尔	7.71	1.95	2.08	3.34	6.69	↑
申通快递	7.52	1.02	2.67	3.52	6.97	↑
全一快递	7.48	0.31	3.12	3.12	6.71	↑
邮政(EMS)	6.87	1.90	1.66	2.97	5.30	↑
优速	6.87	1.27	1.95	3.39	7.77	↓

续上表

企业名称	2017 年 6 月有效申诉率	主要问题有效申诉率			2016 年 6 月有效申诉率	同比
		延误	丢失损毁	投递服务		
天天	5.51	1.34	1.64	2.18	7.72	↓
FedEx	4.74	1.19	1.19	1.19	1.49	↑
快捷速递	4.46	0.76	1.52	2.01	8.57	↓
圆通速递	3.52	0.50	1.15	1.73	3.13	↑
TNT	3.29	0.00	0.00	0.00	4.92	↓
德邦快递	3.19	0.30	1.63	1.10	7.74	↓
百世快递	2.28	0.39	0.69	1.09	2.67	↓
中通快递	1.93	0.21	0.50	1.08	4.16	↓
DHL	1.82	0.00	1.21	0.61	1.36	↑
韵达快运	1.81	0.36	0.52	0.83	2.78	↓
京东	1.81	0.98	0.19	0.62	0.86	↑
递四方	1.65	0.26	0.33	0.66	1.87	↓
顺丰速运	1.54	0.45	0.41	0.47	2.54	↓
苏宁易购	0.08	0.00	0.04	0.04	0.05	↑
全国合计	3.97	0.85	1.18	1.74	4.65	↓

国家邮政局关于 2017 年 7 月邮政业消费者申诉情况的通告

一、总体情况

2017 年 7 月，国家邮政局和各省（区、市）邮政管理局通过“12305”邮政行业消费者申诉电话和申诉网站共受理消费者申诉 123968 件。申诉中涉及邮政服务问题的 5296 件，占总申诉量的 4.3%；涉及快递服务问题的 118672 件，占总申诉量的 95.7%（图 4-38）。

受理的申诉中有效申诉（确定企业责任的）为 15735 件，比上年同期增长 15.8%。有效申诉中涉及邮政服务问题的 1027 件，占有效申诉量的 6.5%；涉及快递服务问题的 14708 件，占有效申诉量的 93.5%（图 4-39）。

消费者申诉均依法依规做了调解处理，为消费者挽回经济损失 408.98 万元。7 月份，消费者对邮政管理部门申诉处理工作的满意率为 98.2%，对邮政企业申诉处理结果的满意率为 97.3%，对快递企业申诉处理结果的满意率为 96.0%。

2017 年 7 月，企业对邮政管理部门转办的申诉未能按规定时限回复的有 23 件，与去年同期相比增加 10 件（表 4-30）。

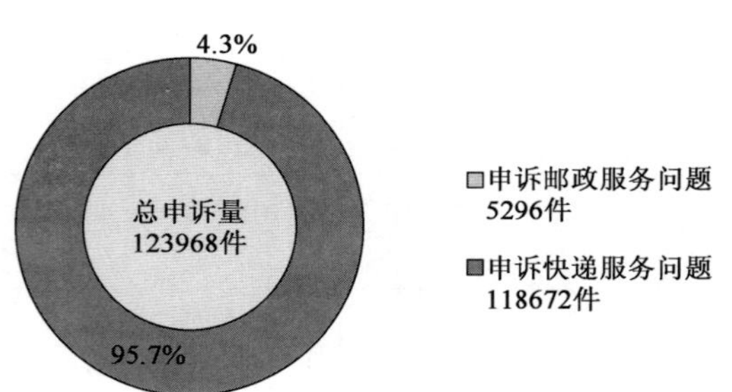

图 4-38　2017 年 7 月受理消费者申诉总体情况

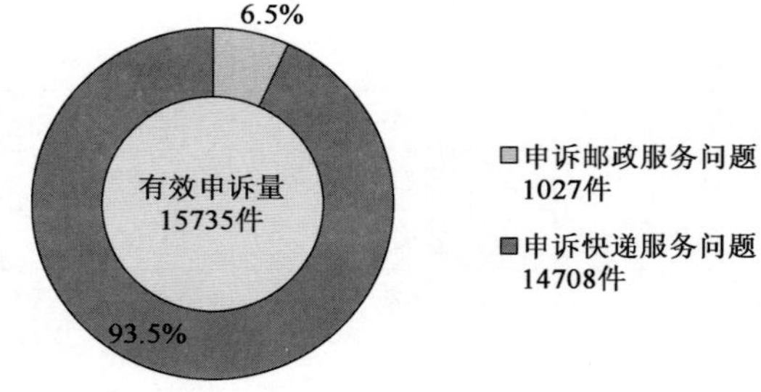

图 4-39　2017 年 7 月受理的申诉中有效申诉情况

表 4-30　2017 年 7 月企业对邮政管理部门转办的申诉未能按规定时限回复情况

公司名称	黑龙江	江苏	浙江	广东	四川	青海	宁夏	新疆	合计
百世快递				7	1				8
中国邮政						1	1	1	3
UPS		1			2				3
顺丰速运				1					1
天天	1								1
其他			1	6					7
合计	1	1	1	14	3	1	1	1	23

二、邮政服务申诉情况

2017 年 7 月，消费者关于邮政服务问题的有效申诉 1027 件，环比增长 31.3%，同比增长 32.0%（图 4-40）。

2017 年 7 月，消费者申诉邮政服务的主要问题是投递服务，占申诉总量的 46.5%（表 4-31）。

2017 年 7 月，消费者对邮政服务申诉的主要问题与上月相比增长的有邮件延误、收寄服务、邮件损毁、投递服务和邮件丢失短少，其中邮件延误问题增幅较大，环比增长 139.4%。与去年同期相比，邮政服务主要问题增长的有邮件延误、违规收费、邮件损毁和投递服务，同比分别增长 110.3%、100.0%、62.2% 和 58.8%（图 4-41）。

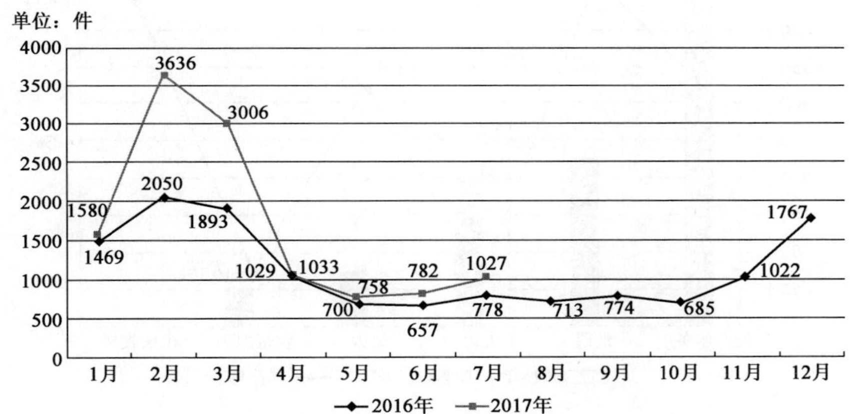

图 4-40　2017 年与 2016 年各月邮政有效申诉数量

表 4-31　2017 年 7 月消费者申诉邮政服务的主要问题及所占比例统计

序　号	申 诉 问 题		申 诉 件 数		占比例(%)	环比增长(%)	同比增长(%)
1	投递服务	函件	420	478	46.5	16.0	58.8
		包件	45				
		报刊	6				
		集邮	5				
		汇兑	1				
		其他	1				
2	邮件延误	函件	176	225	21.9	139.4	110.3
		包件	48				
		集邮	1				

续上表

序　　号	申 诉 问 题		申 诉 件 数		占比例(%)	环比增长(%)	同比增长(%)
3	邮件丢失短少	函件	168	197	19.2	5.3	-18.6
		包件	28				
		报刊	1				
4	邮件损毁	函件	64	73	7.1	37.7	62.2
		包件	8				
		集邮	1				
5	收寄服务	函件	40	52	5.1	67.7	-16.1
		包件	11				
		集邮	1				
6	违规收费	函件	1	2	0.2	-60.0	100.0
		包件	1				
合计	—		1027		100.0	31.3	32.0

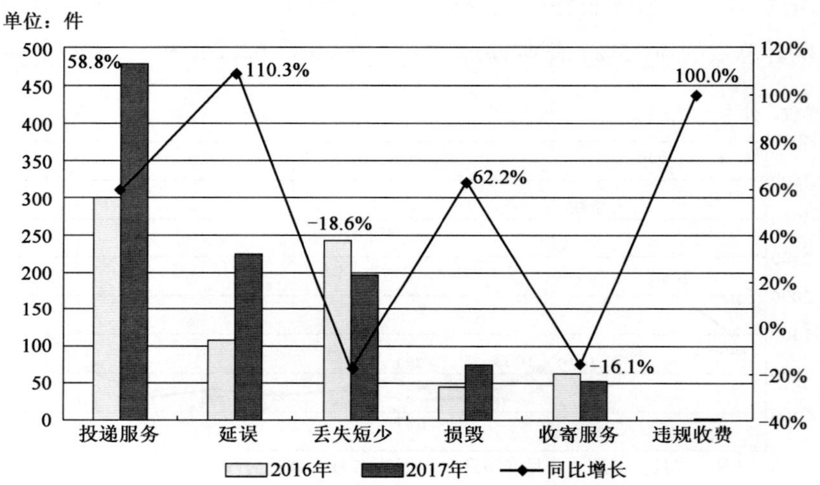

图4-41　2017年7月邮政服务申诉问题同比增长情况

三、快递服务申诉情况

(一)消费者申诉的主要问题

2017年7月,消费者关于快递服务的有效申诉14708件,环比增长8.8%,同比增长14.8%(图4-42)。

2017年7月,消费者对快递服务申诉的主要问题的与上月相比增长的有代收货款、延误、损毁、丢失短少和投递服务。与去年同期相比,快递服务主要问题增长的有延误、丢失短少和投递服务,分别增长49.0%、14.7%和10.9%。申诉比较集中的问题是投递服务、延误和丢失短少,占比分别为41.7%、24.5%和18.3%(表4-32、图4-43)。

(二)消费者对快递企业申诉情况

2017年7月,消费者对43家快递企业进行了有效申诉,全国快递服务有效申诉率为百万分之4.59,环比增加0.62,同比减少0.54,高于全国平均有效申诉率的快递企业有13家。全国快递服务快件投递服务的有效申诉率为百万分之1.91,同比减少0.31;快件丢失损毁的有效申诉率为百万分之1.34,同比减少0.25;快件延误的有效申诉率为百万分之1.12,同比增加0.15(表4-33)。

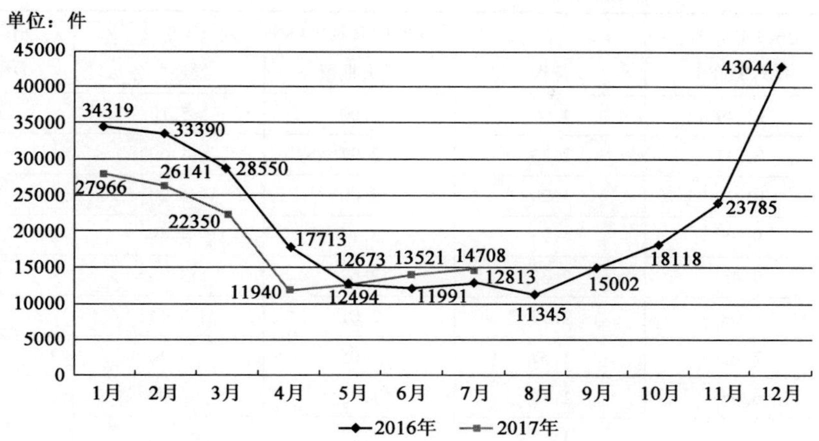

图4-42 2017年与2016年各月快递有效申诉数量

表4-32 2017年7月消费者申诉快递服务的主要问题及所占比例统计

序 号	申诉问题	申诉件数	占比例(%)	环比增长(%)	同比增长(%)
1	投递服务	6133	41.7	3.7	10.9
2	延误	3602	24.5	24.2	49.0
3	丢失短少	2687	18.3	5.0	14.7
4	损毁	1598	10.9	9.8	-2.5
5	收寄服务	432	2.9	-3.4	-26.2
6	违规收费	128	0.9	-9.9	-1.5
7	代收货款	98	0.7	46.3	-5.8
8	其他	30	0.2	-11.8	-53.8
9	合计	14708	100.0	8.8	14.8

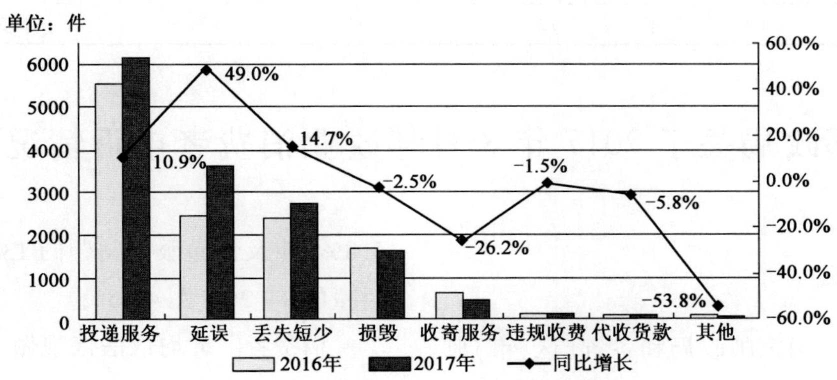

图4-43 2017年7月快递服务申诉问题同比增长情况

表4-33 2017年7月主要快递企业有效申诉率(单位:有效申诉件数/百万件快件)

企业名称	2017年7月有效申诉率	主要问题有效申诉率			2016年7月有效申诉率	同比
		延误	丢失损毁	投递服务		
TNT	170.94	51.28	25.64	85.47	4.14	↑
全峰快递	38.61	16.88	10.13	10.80	20.11	↑
中外运-空运	22.22	0.00	22.22	0.00	17.86	↑
国通	21.32	7.09	5.77	7.33	19.99	↑

续上表

企业名称	2017年7月有效申诉率	主要问题有效申诉率			2016年7月有效申诉率	同比
		延误	丢失损毁	投递服务		
宅急送	12.49	4.05	3.00	5.10	17.39	↓
优速	10.37	2.23	2.97	4.69	9.36	↑
UPS	10.21	1.20	3.00	4.20	13.32	↓
申通快递	9.75	1.75	3.17	4.49	7.37	↑
天天	9.45	2.37	2.67	3.96	11.20	↓
邮政(EMS)	8.08	2.57	2.01	3.14	5.67	↑
速尔	7.08	1.37	2.05	3.46	6.00	↑
如风达	6.06	1.16	1.41	2.99	4.51	↑
快捷速递	4.98	1.05	1.72	1.96	6.67	↓
全一快递	3.90	0.71	2.13	0.71	7.32	↓
圆通速递	3.46	0.54	0.96	1.81	3.18	↑
德邦快递	3.24	0.61	1.33	1.03	4.39	↓
京东	2.92	1.15	0.59	1.12	1.00	↑
百世快递	2.74	0.46	0.94	1.20	3.63	↓
卓越亚马逊	2.64	0.00	1.32	1.32	0.00	↑
递四方	2.43	1.00	0.93	0.50	2.08	↑
FedEx	2.29	1.15	0.00	1.15	2.28	↑
顺丰速运	1.95	0.65	0.68	0.43	2.98	↓
中通快递	1.38	0.11	0.45	0.71	3.82	↓
韵达快运	1.17	0.16	0.42	0.53	3.07	↓
DHL	0.91	0.61	0.00	0.30	1.75	↓
苏宁易购	0.07	0.00	0.07	0.00	0.07	/
全国合计	4.59	1.12	1.34	1.91	5.13	↓

国家邮政局关于2017年8月邮政业消费者申诉情况的通告

一、总体情况

2017年8月,国家邮政局和各省(区、市)邮政管理局通过“12305”邮政行业消费者申诉电话和申诉网站共受理消费者申诉120929件。申诉中涉及邮政服务问题的4829件,占总申诉量的4.0%;涉及快递服务问题的116100件,占总申诉量的96.0%(图4-44)。

受理的申诉中有效申诉(确定企业责任的)为14135件,比上年同期增长17.2%。有效申诉中涉及邮政服务问题的826件,占有效申诉量的5.8%;涉及快递服务问题的13309件,占有效申诉量的94.2%(图4-45)。

消费者申诉均依法依规做了调解处理,为消费者挽回经济损失470.5万元。8月份,消费者对邮政管理部门申诉处理工作的满意率为97.8%,对邮政企业申诉处理结果的满意率为96.5%,对快递企业申诉处理结果的满意率为95.6%。

2017年8月,企业对邮政管理部门转办的申诉未能按规定时限回复的有17件,与去年同期相比减少10件(表4-34)。

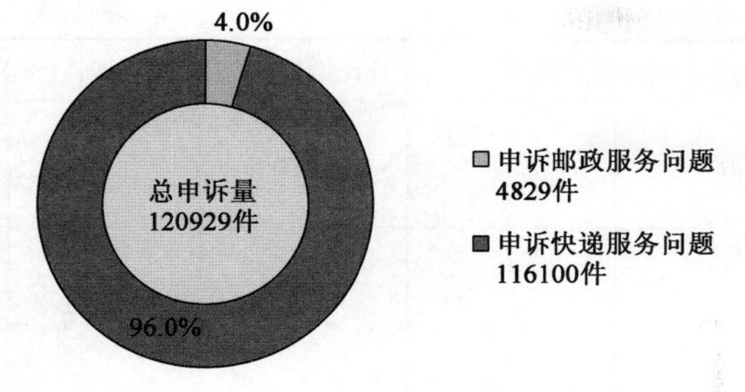

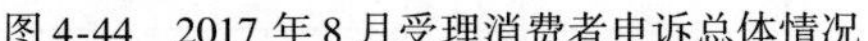
图4-44 2017年8月受理消费者申诉总体情况

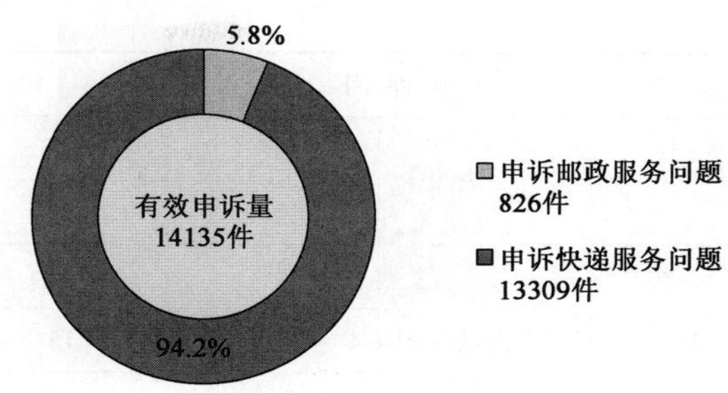

图4-45 2017年8月受理的申诉中有效申诉情况

表4-34 2017年8月企业对邮政管理部门转办的申诉未能按规定时限回复情况

公司名称	上海	浙江	福建	广东	四川	陕西	甘肃	合计
UPS			1	3				4
中国邮政						1		1
其他	1	4	3		3		1	12
合计	1	4	4	3	3	1	1	17

二、邮政服务申诉情况

2017年8月,消费者关于邮政服务问题的有效申诉826件,环比下降19.6%,同比增长15.8%(图4-46)。

2017年8月,消费者申诉邮政服务的主要问题是投递服务,占申诉总量的53.5%(表4-35)。

2017年8月,消费者对邮政服务申诉的主要问题与上月相比有所下降。与去年同期相比,邮政服务主要问题增长的有投递服务、邮件延误和邮件损毁,同比分别增长51.4%、27.7%和26.5%(图4-47)。

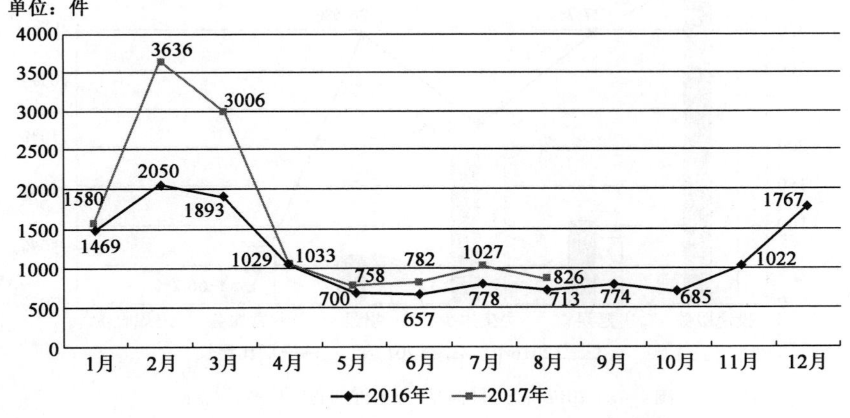

图4-46 2017年与2016年各月邮政有效申诉数量

表4-35 2017年8月消费者申诉邮政服务的主要问题及所占比例统计

序号	申诉问题		申诉件数		占比例(%)	环比增长(%)	同比增长(%)
1	投递服务	函件	417	442	53.5	-7.5	51.4
		包件	16				
		报刊	4				
		集邮	3				
		其他	2				

续上表

序　号	申诉问题		申诉件数		占比例(%)	环比增长(%)	同比增长(%)
2	邮件丢失短少	函件	150	188	22.8	-4.6	-5.5
		包件	38				
3	邮件延误	函件	90	106	12.8	-52.9	27.7
		包件	15				
		集邮	1				
4	邮件损毁	函件	56	62	7.5	-15.1	26.5
		包件	5				
		集邮	1				
5	收寄服务	函件	18	25	3.0	-51.9	-66.2
		包件	5				
		报刊	1				
		其他	1				
6	违规收费	函件	2	3	0.4	50.0	—
		包件	1				
合计	—		826		100.0	-19.6	15.8

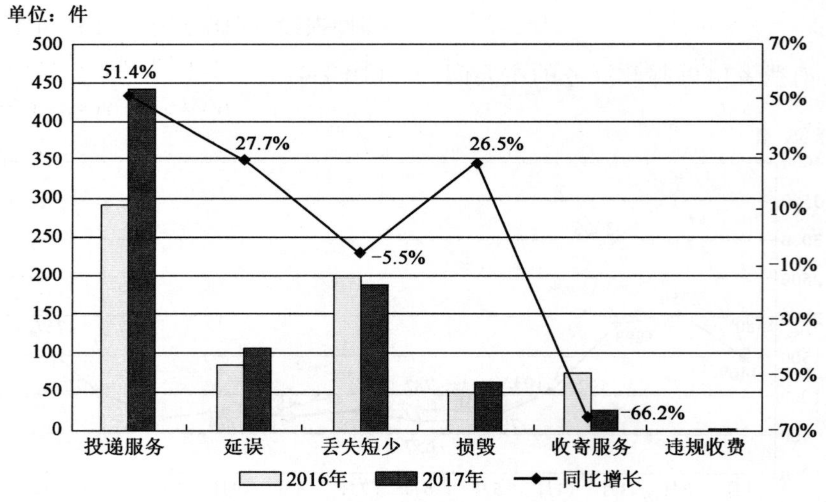

图4-47　2017年8月邮政服务申诉问题同比增长情况

三、快递服务申诉情况

（一）消费者申诉的主要问题

2017年8月，消费者关于快递服务的有效申诉13309件，环比下降9.5%，同比增长17.3%（图4-48）。

2017年8月，消费者对快递服务申诉的主要问题的与上月相比增长的有收寄服务和丢失短少。与去年同期相比，快递服务主要问题增长的有丢失短少、延误、投递服务和损毁，分别增长28.7%、27.5%、17.0%和2.4%。申诉比较集中的问题是投递服务、延误和丢失短少，占比分别为43.0%、20.9%和20.2%（表4-36、图4-49）。

（二）消费者对快递企业申诉情况

2017年8月，消费者对43家快递企业进行了有效申诉，全国快递服务有效申诉率为百万分之

4.08,环比减少0.51,同比减少0.42,高于全国平均有效申诉率的快递企业有14家。全国快递服务快件投递服务的有效申诉率为百万分之1.75,同比减少0.19;快件丢失损毁的有效申诉率为百万分之1.27,同比减少0.13;快件延误的有效申诉率为百万分之0.85,同比减少0.01(表4-37)。

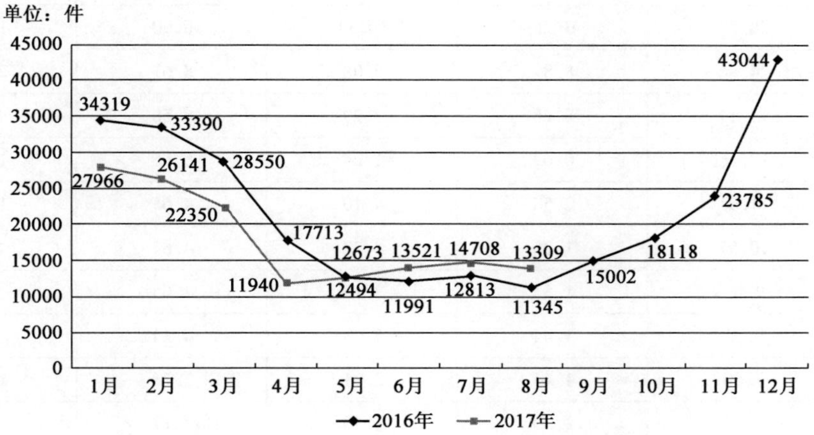

图4-48 2017年与2016年各月快递有效申诉数量

表4-36 2017年8月消费者申诉快递服务的主要问题及所占比例统计

序 号	申诉问题	申诉件数	占比例(%)	环比增长(%)	同比增长(%)
1	投递服务	5722	43.0	-6.7	17.0
2	延误	2778	20.9	-22.9	27.5
3	丢失短少	2692	20.2	0.2	28.7
4	损毁	1467	11.0	-8.2	2.4
5	收寄服务	437	3.3	1.2	-11.9
6	违规收费	119	0.9	-7.0	-4.8
7	代收货款	59	0.4	-39.8	-14.5
8	其他	35	0.3	16.7	-43.5
9	合计	13309	100.0	-9.5	17.3

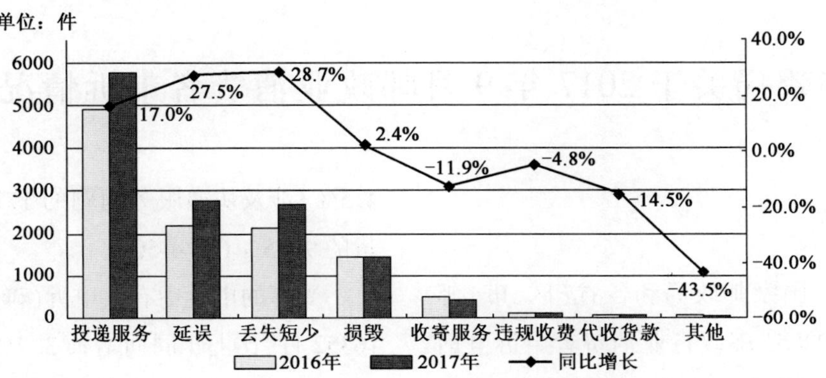

图4-49 2017年8月快递服务申诉问题同比增长情况

表 4-37　2017 年 8 月主要快递企业有效申诉率(单位:有效申诉件数/百万件快件)

企业名称	2017 年 8 月有效申诉率	主要问题有效申诉率			2016 年 8 月有效申诉率	同比
		延误	丢失损毁	投递服务		
TNT	47.47	19.91	9.19	15.31	5.65	↑
全峰快递	28.30	10.20	10.34	6.90	14.30	↑
国通	24.86	8.87	6.08	8.67	20.32	↑
宅急送	15.11	4.26	3.29	6.58	8.83	↑
UPS	12.36	0.62	1.24	5.56	11.99	↑
天天	11.91	2.58	4.10	4.65	11.55	↑
优速	10.57	1.36	4.22	4.67	8.66	↑
申通快递	9.65	1.53	3.13	4.65	6.94	↑
速尔	9.21	1.44	2.98	4.24	7.03	↑
如风达	7.60	1.44	2.21	3.75	17.95	↓
邮政(EMS)	7.37	1.90	1.96	3.17	4.34	↑
FedEx	6.62	3.61	1.51	0.90	2.91	↑
全一快递	5.96	0.00	1.66	3.31	6.83	↓
快捷速递	4.46	0.97	1.51	1.81	4.22	↑
DHL	4.02	0.31	0.31	2.48	2.45	↑
卓越亚马逊	3.58	1.79	1.79	0.00	2.76	↑
德邦快递	3.34	0.25	2.01	0.93	3.19	↑
圆通速递	2.49	0.33	0.82	1.21	2.99	↓
百世快递	1.70	0.22	0.51	0.89	2.82	↓
顺丰速运	1.46	0.28	0.53	0.48	2.56	↓
递四方	1.34	0.06	0.64	0.41	2.95	↓
中通快递	1.14	0.09	0.32	0.63	3.02	↓
韵达快递	0.98	0.16	0.30	0.46	2.97	↓
京东	0.96	0.28	0.26	0.34	0.75	↑
苏宁易购	0.04	0.04	0.00	0.00	0.05	↓
全国平均	4.08	0.85	1.27	1.75	4.50	↓

国家邮政局关于 2017 年 9 月邮政业消费者申诉情况的通告

一、总体情况

2017 年 9 月,国家邮政局和各省(区、市)邮政管理局通过“12305”邮政行业消费者申诉电话和申诉网站共受理消费者申诉 179985 件。申诉中涉及邮政服务问题的 8103 件,占总申诉量的 4.5%;涉及快递服务问题的 171882 件,占总申诉量的 95.5%(图 4-50)。

受理的申诉中有效申诉(确定企业责任的)为 16352 件,比上年同期增长 3.7%。有效申诉中涉及邮政服务问题的 1000 件,占有效申诉量的 6.1%;涉及快递服务问题的 15352 件,占有效申诉量的93.9%(图4-51)。

消费者申诉均依法依规做了调解处理,为消费者挽回经济损失453.6万元。9月份,消费者对邮政管理部门申诉处理工作的满意率为98.1%,对邮政企业申诉处理结果的满意率为97.0%,对快递企业申诉处理结果的满意率为96.1%。

2017年9月,企业对邮政管理部门转办的申诉未能按规定时限回复的有22件,与去年同期相比增加12件(表4-38)。

二、邮政服务申诉情况

2017年9月,消费者关于邮政服务问题的有效申诉1000件,环比增长21.1%,同比增长29.2%(图4-52)。

2017年9月,消费者申诉邮政服务的主要问题是投递服务,占申诉总量的49.0%(表4-39)。

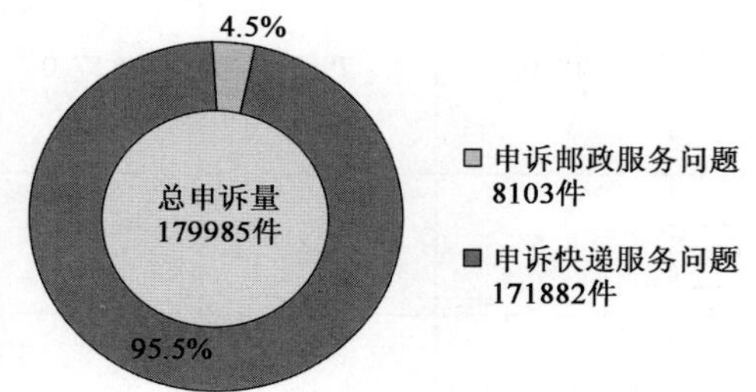

图4-50 2017年9月受理消费者申诉总体情况

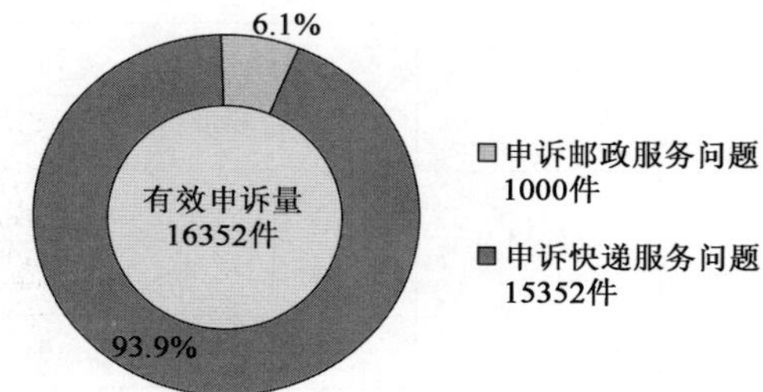

图4-51 2017年9月受理的申诉中有效申诉情况

表4-38 2017年9月企业对邮政管理部门转办的申诉未能按规定时限回复情况

公司名称	黑龙江	上海	广东	重庆	四川	贵州	西藏	甘肃	宁夏	合计
中国邮政				1		1		2	1	5
安能快递			1	1				1		3
UPS			2							2
天天	1									1
国通								1		1
递四方			1							1
德邦快递							1			1
其他		1	3	1	1	1		1		8
合计	1	1	7	3	1	2	1	5	1	22

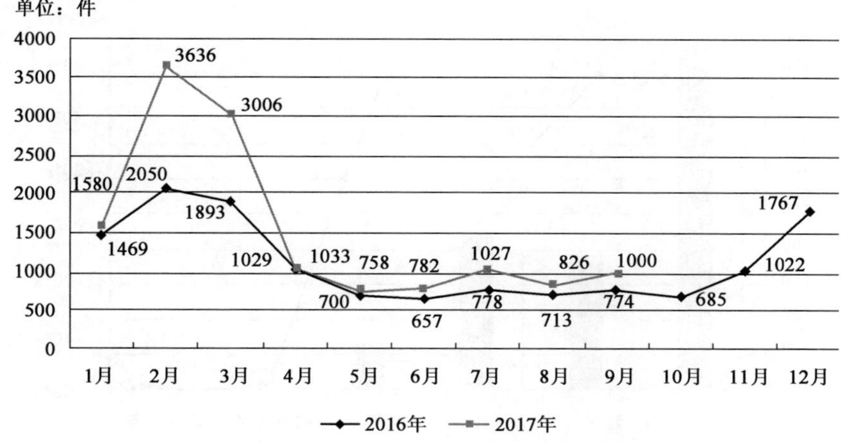

图4-52 2017年与2016年各月邮政有效申诉数量

表 4-39　2017 年 9 月消费者申诉邮政服务的主要问题及所占比例统计

序　　号	申 诉 问 题		申 诉 件 数		占比例(%)	环比增长(%)	同比增长(%)
1	投递服务	函件	460	490	49.0	10.9	40.4
		包件	26				
		报刊	4				
2	邮件丢失短少	函件	186	223	22.3	18.6	15.5
		包件	35				
		报刊	2				
3	邮件延误	函件	161	190	19.0	79.2	57.0
		包件	28				
		报刊	1				
4	邮件损毁	函件	58	65	6.5	4.8	54.8
		包件	7				
5	收寄服务	函件	19	28	2.8	12.0	-53.3
		包件	6				
		集邮	3				
6	违规收费	包件	3	4	0.4	33.3	—
		函件	1				
合计	—		1000		100.0	21.1	29.2

2017 年 9 月，消费者对邮政服务申诉的主要问题与上月相比均呈增长趋势。其中邮件延误问题增长明显，环比增长 79.2%。与去年同期相比，邮政服务主要问题增长的有邮件延误、邮件损毁、投递服务、邮件丢失短少和违规收费，其中邮件延误和邮件损毁问题增长明显，同比分别增长 57.0% 和 54.8%（图 4-53）。

三、快递服务申诉情况

（一）消费者申诉的主要问题

2017 年 9 月，消费者关于快递服务的有效申诉 15352 件，环比增长 15.4%，同比增长 2.3%（图 4-54）。

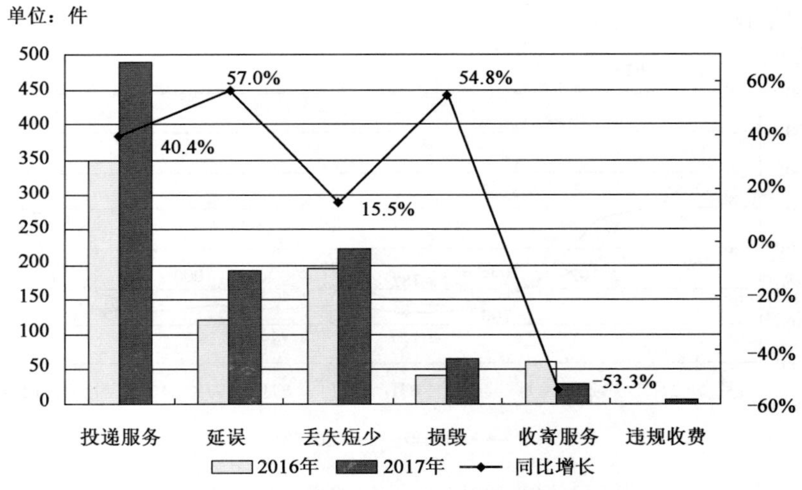

图 4-53　2017 年 9 月邮政服务申诉问题同比增长情况

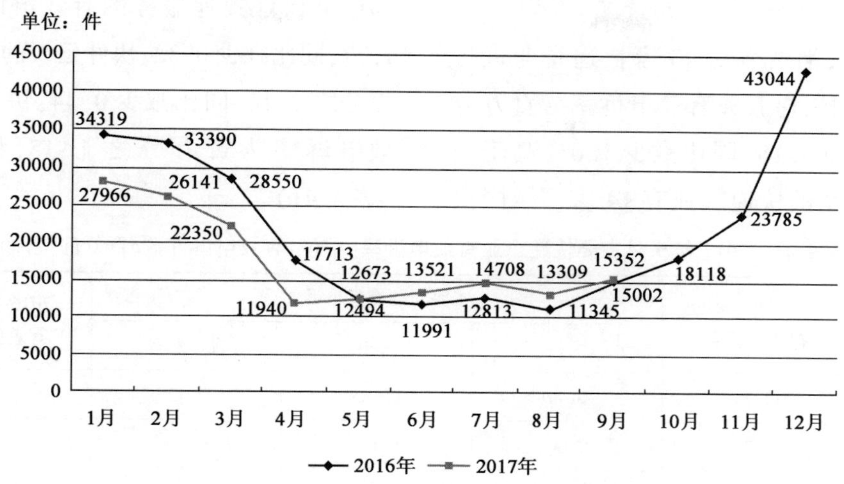

图4-54 2017年与2016年各月快递有效申诉数量

2017年9月，消费者对快递服务申诉的主要问题与上月相比增长明显的是快件延误，环比增长51.2%。与去年同期相比，快递服务主要问题增长的有违规收费、丢失短少、投递服务和代收货款，分别增长26.7%、15.5%、8.2%和2.9%。申诉比较集中的问题是投递服务和延误，占比分别为41.6%和27.4%（表4-40、图4-55）。

表4-40 2017年9月消费者申诉快递服务的主要问题及所占比例统计

序号	申诉问题	申诉件数	占比例（%）	环比增长（%）	同比增长（%）
1	投递服务	6388	41.6	11.6	8.2
2	延误	4201	27.4	51.2	-7.0
3	丢失短少	2694	17.5	0.1	15.5
4	损毁	1468	9.6	0.1	-6.2
5	收寄服务	362	2.4	-17.2	-19.4
6	违规收费	114	0.7	-4.2	26.7
7	代收货款	72	0.5	22.0	2.9
8	其他	53	0.3	51.4	-27.4
9	合计	15352	100.0	15.4	2.3

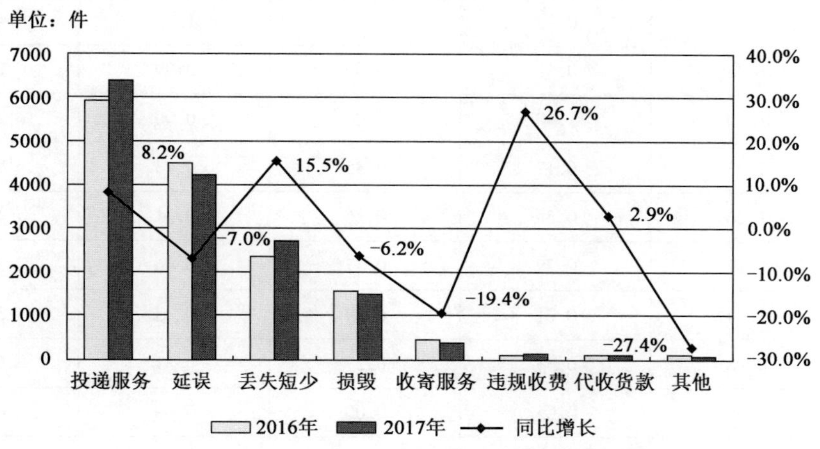

图4-55 2017年9月快递服务申诉问题同比增长情况

（二）消费者对快递企业申诉情况

2017年9月，消费者对43家快递企业进行了有效申诉，全国快递服务有效申诉率为百万分之4.26，环比增加0.18，同比减少1.05，高于全国平均有效申诉率的快递企业有14家。全国快递服务快件投递服务的有效申诉率为百万分之1.77，同比减少0.32；快件延误的有效申诉率为百万分之1.16，同比减少0.44；快件丢失损毁的有效申诉率为百万分之1.15，同比减少0.23（表4-41）。

表4-41　2017年9月主要快递企业有效申诉率（单位：有效申诉件数/百万件快件）

企业名称	2017年9月有效申诉率	主要问题有效申诉率			2016年9月有效申诉率	同比
		延误	丢失损毁	投递服务		
全峰快递	42.73	21.40	11.53	9.12	18.88	↑
中外运-空运	37.74	0.00	0.00	37.74	0.00	↑
国通	24.49	11.54	4.85	7.52	24.54	↓
宅急送	16.94	4.26	4.17	7.91	11.37	↑
TNT	14.71	6.54	1.63	6.54	3.27	↑
天天	11.56	3.14	3.62	4.35	15.23	↓
速尔	11.14	2.99	2.46	5.20	8.16	↑
优速	10.62	2.61	3.15	4.58	11.28	↓
申通快递	7.89	1.23	2.37	4.01	6.58	↑
邮政（EMS）	7.72	2.48	1.70	3.29	5.00	↑
快捷速递	7.65	2.54	1.97	2.90	6.35	↑
如风达	7.04	1.35	2.30	3.11	35.71	↓
UPS	6.93	1.07	1.60	3.20	6.18	↑
全一快递	5.25	1.31	2.30	1.64	3.64	↑
卓越亚马逊	3.64	0.00	2.73	0.00	2.81	↑
FedEx	3.37	0.84	0.28	1.12	2.16	↑
圆通速递	2.93	0.55	0.83	1.45	3.73	↓
德邦快递	2.38	0.28	1.05	0.98	4.30	↓
百世快递	2.25	0.53	0.62	1.05	4.57	↓
DHL	1.98	0.33	0.00	0.99	2.13	↓
民航快递	1.40	1.40	0.00	0.00	2.29	↓
中通快递	1.33	0.17	0.35	0.73	2.23	↓
递四方	1.26	0.58	0.26	0.31	1.24	↑
韵达快递	1.17	0.29	0.37	0.46	3.53	↓
顺丰速运	1.04	0.21	0.39	0.33	3.10	↓
京东	0.98	0.33	0.27	0.31	0.40	↑
苏宁易购	0.05	0.05	0.00	0.00	0.05	/
全国平均	4.26	1.16	1.15	1.77	5.31	↓

国家邮政局关于2017年10月邮政业消费者申诉情况的通告

一、总体情况

2017年10月，国家邮政局和各省(区、市)邮政管理局通过“12305”邮政行业消费者申诉电话和申诉网站共受理消费者申诉205190件。申诉中涉及邮政服务问题的7231件，占总申诉量的3.5%；涉及快递服务问题的197959件，占总申诉量的96.5%(图4-56)。

受理的申诉中有效申诉(确定企业责任的)为22006件，比上年同期增长17.0%。有效申诉中涉及邮政服务问题的1149件，占有效申诉量的5.2%；涉及快递服务问题的20857件，占有效申诉量的94.8%(图4-57)。

消费者申诉均依法依规做了调解处理，为消费者挽回经济损失433.4万元。10月份，消费者对邮政管理部门申诉处理工作的满意率为98.3%，对邮政企业申诉处理结果的满意率为97.6%，对快递企业申诉处理结果的满意率为96.6%。

2017年10月，企业对邮政管理部门转办的申诉未能按规定时限回复的有30件，与去年同期相比增加12件(表4-42)。

二、邮政服务申诉情况

2017年10月，消费者关于邮政服务问题的有效申诉1149件，环比增长14.9%，同比增长67.7%(图4-58)。

2017年10月，消费者申诉邮政服务的主要问题是投递服务，占申诉总量的45.3%(表4-43)。

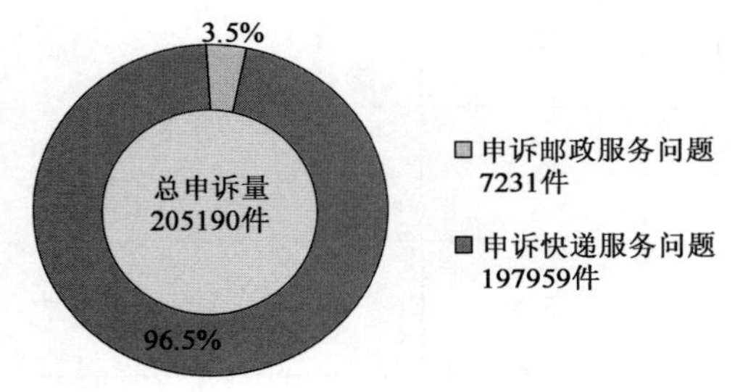

图4-56 2017年10月受理消费者申诉总体情况

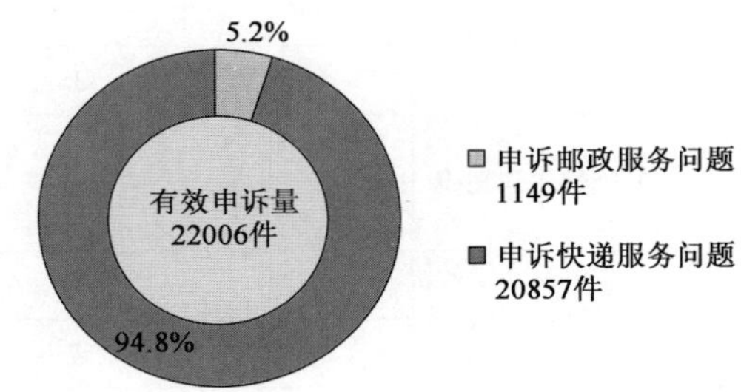

图4-57 2017年10月受理的申诉中有效申诉情况

表4-42 2017年10月企业对邮政管理部门转办的申诉未能按规定时限回复情况

公司名称	上海	浙江	福建	广东	重庆	四川	云南	甘肃	新疆	合计
全峰快递						12				12
安能快递				5						5
宅急送						1				1
百世快递		1								1
TNT				1						1
德邦快递			1							1
其他	1				5		1	1	1	9
合计	1	1	1	6	5	13	1	1	1	30

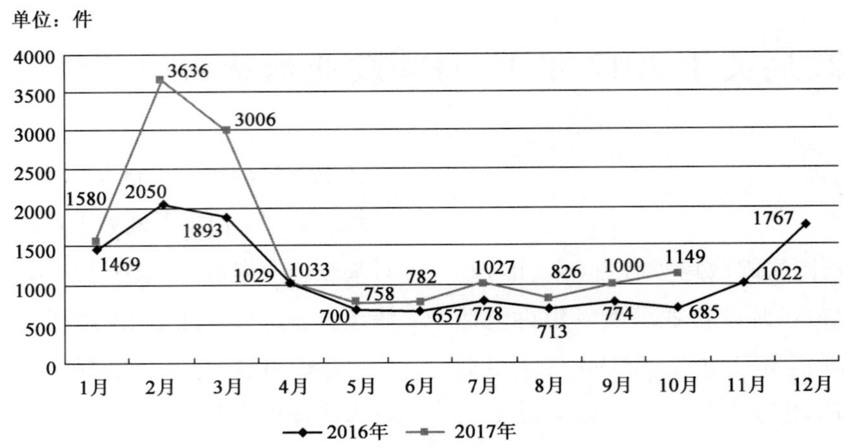

图4-58　2017 年与2016 年各月邮政有效申诉数量

表4-43　2017 年 10 月消费者申诉邮政服务的主要问题及所占比例统计

序　号	申诉问题		申诉件数		占比例(%)	环比增长(%)	同比增长(%)
1	投递服务	函件	473	520	45.3	6.1	62.0
		包件	42				
		报刊	2				
		集邮	2				
		其他	1				
2	邮件延误	函件	233	268	23.3	41.1	104.6
		包件	35				
3	邮件丢失短少	函件	224	256	22.3	14.8	58.0
		包件	32				
4	邮件损毁	函件	59	66	5.7	1.5	106.3
		包件	7				
5	收寄服务	函件	28	35	3.0	25.0	0.0
		包件	4				
		集邮	1				
		其他	2				
6	违规收费	函件	4	4	0.3	0.0	33.3
合计	—		1149		100.0	14.9	67.7

2017 年 10 月，消费者对邮政服务申诉的主要问题与上月相比均呈增长趋势。其中邮件延误问题增长明显，环比增长 41.1%。与去年同期相比，邮政服务主要问题均呈增长趋势，其中邮件损毁、邮件延误、投递服务和邮件丢失短少问题增长幅度较大，同比分别增长 106.3%、104.6%、62.0% 和 58.0%（图 4-59）。

三、快递服务申诉情况

（一）消费者申诉的主要问题

2017 年 10 月，消费者关于快递服务的有效申诉 20857 件，环比增长 35.9%，同比增长 15.1%（图 4-60）。

2017 年 10 月，消费者对快递服务申诉的主要问题与上月相比增长明显的是快件延误，环比增长69.8%。与去年同期相比，快递服务主要问题增长的有延误、丢失短少和投递服务，同比分别增长30.3%、16.3%和15.5%。申诉比较集中的问题是投递服务和延误，占比分别为38.1%和34.2%（表4-44、图4-61）。

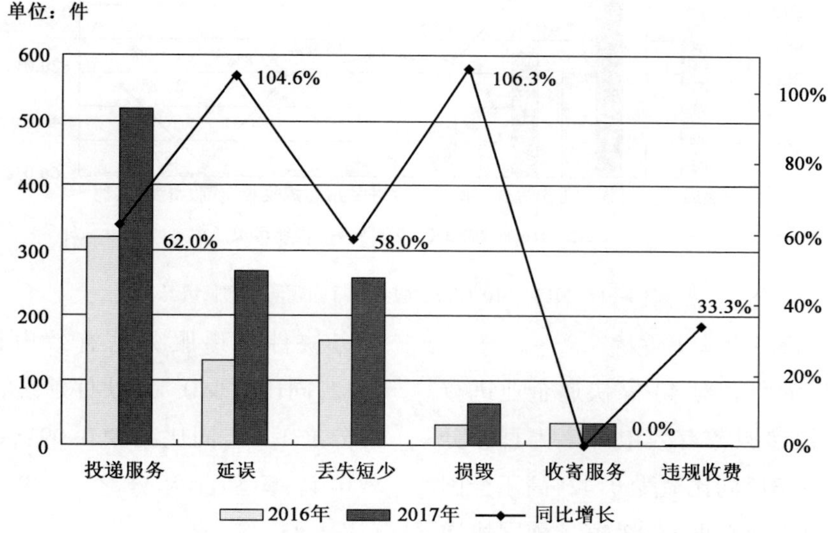

图4-59　2017年10月邮政服务申诉问题同比增长情况

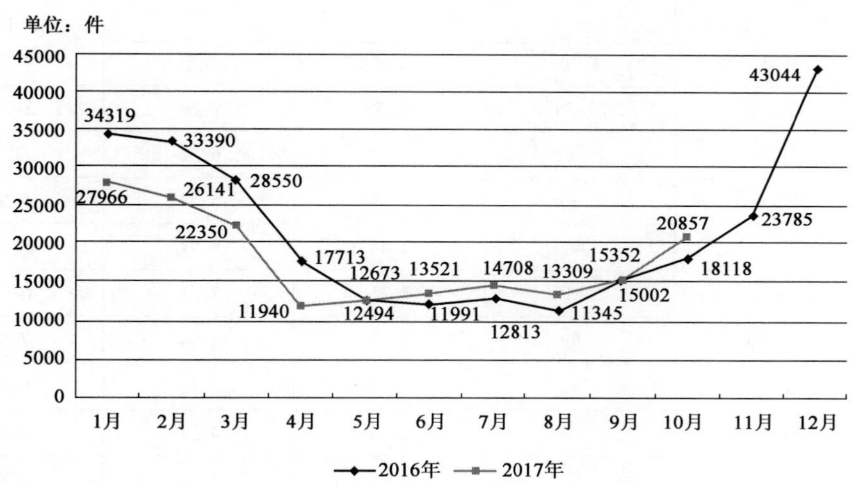

图4-60　2017年与2016年各月快递有效申诉数量

表4-44　2017年10月消费者申诉快递服务的主要问题及所占比例统计

序　号	申诉问题	申诉件数	占比例(%)	环比增长(%)	同比增长(%)
1	投递服务	7941	38.1	24.3	15.5
2	延误	7135	34.2	69.8	30.3
3	丢失短少	3630	17.4	34.7	16.3
4	损毁	1571	7.5	7.0	-17.2
5	收寄服务	406	2.0	12.2	-15.9
6	违规收费	88	0.4	-22.8	-22.8
7	代收货款	34	0.2	-52.8	-57.0
8	其他	52	0.3	-1.9	-26.8
9	合计	20857	100.0	35.9	15.1

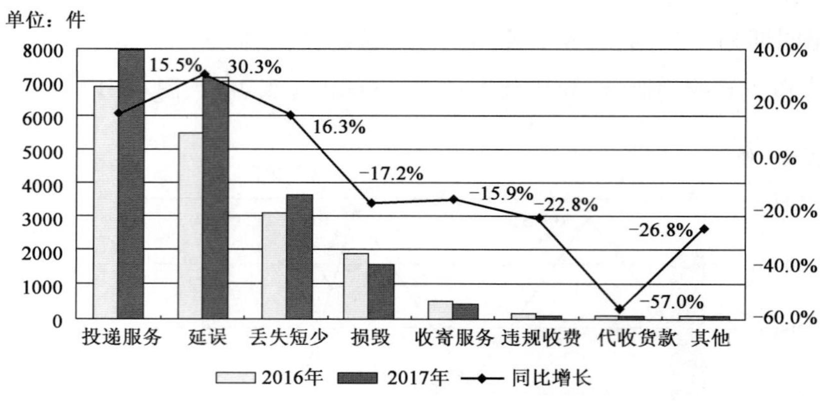

图4-61　2017年10月快递服务申诉问题同比增长情况

(二)消费者对快递企业申诉情况

2017年10月,消费者对43家快递企业进行了有效申诉,全国快递服务有效申诉率为百万分之5.57,环比增加1.31,同比减少0.42,高于全国平均有效申诉率的快递企业有13家。全国快递服务快件投递服务的有效申诉率为百万分之2.12,同比减少0.15;快件延误的有效申诉率为百万分之1.90,同比减少0.09;快件丢失损毁的有效申诉率为百万分之1.39,同比减少0.27(表4-45)。

表4-45　2017年10月主要快递企业有效申诉率(单位:有效申诉件数/百万件快件)

企业名称	2017年10月有效申诉率	主要问题有效申诉率			2016年10月有效申诉率	同比
		延误	丢失损毁	投递服务		
全峰快递	50.40	27.76	12.58	9.66	31.40	↑
国通	27.07	13.62	6.12	6.52	23.79	↑
天天	20.66	7.36	6.69	6.03	9.88	↑
优速	17.12	6.47	3.46	6.77	20.54	↓
宅急送	16.26	5.90	2.76	7.51	19.34	↓
速尔	13.29	5.89	1.96	4.94	7.50	↑
申通快递	10.93	2.78	2.75	5.17	9.99	↑
TNT	10.68	2.14	2.14	4.27	1.20	↑
全一快递	9.80	3.99	1.81	3.63	4.85	↑
邮政(EMS)	8.68	3.22	1.88	3.36	4.30	↑
UPS	8.33	4.44	0.00	2.78	7.91	↑
快捷速递	7.59	3.09	1.87	2.56	6.99	↑
如风达	7.53	3.42	1.51	2.60	29.76	↓
圆通速递	4.21	1.11	0.97	2.01	4.55	↓
FedEx	3.62	1.65	0.33	1.65	4.60	↓
卓越亚马逊	2.52	1.68	0.00	0.84	1.49	↑
德邦快递	2.35	0.62	1.00	0.59	10.93	↓
中通快递	1.77	0.36	0.40	0.94	3.55	↓
百世快递	1.75	0.48	0.42	0.78	4.45	↓

续上表

企业名称	2017年10月有效申诉率	主要问题有效申诉率			2016年10月有效申诉率	同比
		延误	丢失损毁	投递服务		
顺丰速运	1.69	0.46	0.52	0.52	2.33	↓
韵达快递	1.66	0.40	0.56	0.65	4.24	↓
民航快递	1.65	0.00	0.00	0.00	2.74	↓
DHL	1.61	0.32	0.00	0.64	1.36	↑
京东	0.98	0.42	0.25	0.26	0.33	↑
递四方	0.37	0.21	0.16	0.00	0.49	↓
苏宁易购	0.06	0.06	0.00	0.00	0.00	↑
全国平均	5.57	1.90	1.39	2.12	5.99	↓

国家邮政局关于2017年11月邮政业消费者申诉情况的通告

一、总体情况

2017年11月,国家邮政局和各省(区、市)邮政管理局通过"12305"邮政行业消费者申诉电话和申诉网站共受理消费者申诉335824件。申诉中涉及邮政服务问题的10555件,占总申诉量的3.1%;涉及快递服务问题的325269件,占总申诉量的96.9%(图4-62)。

受理的申诉中有效申诉(确定企业责任的)为25597件,比上年同期增长3.2%。有效申诉中涉及邮政服务问题的1621件,占有效申诉量的6.3%;涉及快递服务问题的23976件,占有效申诉量的93.7%(图4-63)。

消费者申诉均依法依规做了调解处理,为消费者挽回经济损失624.9万元。11月份,消费者对邮政管理部门申诉处理工作的满意率为98.2%,对邮政企业申诉处理结果的满意率为97.2%,对快递企业申诉处理结果的满意率为96.3%。

2017年11月,企业对邮政管理部门转办的申诉未能按规定时限回复的有25件,与去年同期相比增加8件(表4-46)。

二、邮政服务申诉情况

2017年11月,消费者关于邮政服务问题的有效申诉1621件,环比增长41.1%,同比增长58.6%(图4-64)。

2017年11月,消费者申诉邮政服务的主要问题是投递服务,占申诉总量的46.2%(表4-47)。

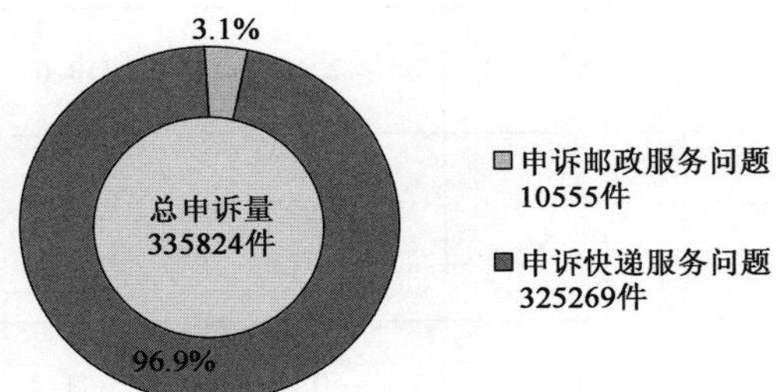

图4-62 2017年11月受理消费者申诉总体情况

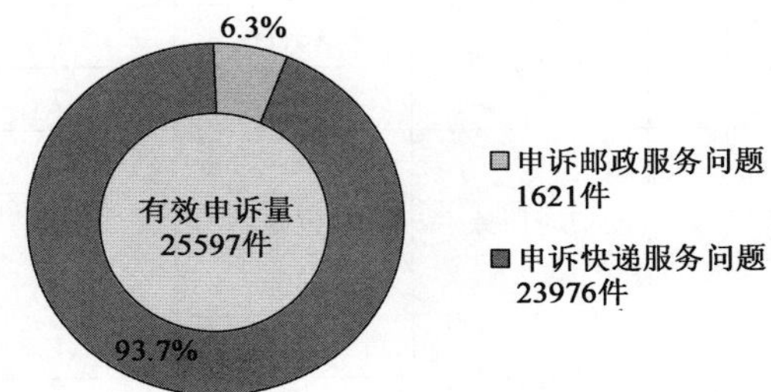

图4-63 2017年11月受理的申诉中有效申诉情况

表 4-46　2017 年 11 月企业对邮政管理部门转办的申诉未能按规定时限回复情况

公司名称	上海	江苏	浙江	福建	广东	重庆	四川	贵州	云南	陕西	甘肃	新疆	合计
中国邮政				1				1			1	3	6
国通			1				1			1			3
宅急送							1						1
优速		1											1
德邦快递		1											1
其他	1			1	1	3	2		4			1	13
合计	1	2	1	2	1	3	4	1	4	1	1	4	25

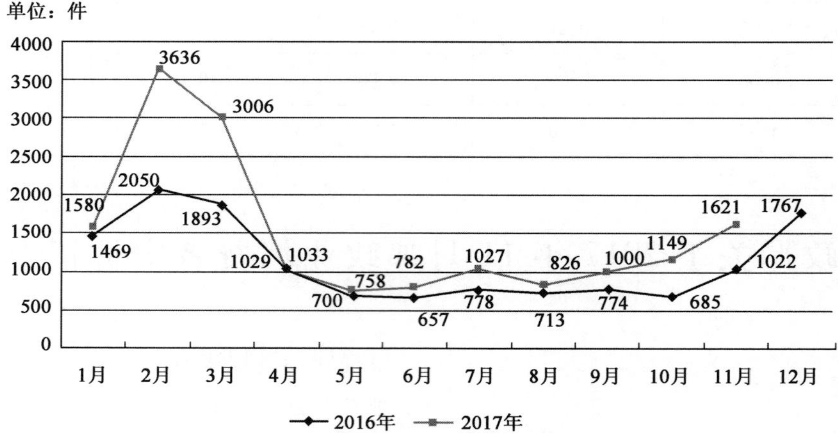

图 4-64　2017 年与 2016 年各月邮政有效申诉数量

表 4-47　2017 年 11 月消费者申诉邮政服务的主要问题及所占比例统计

序号	申诉问题		申诉件数		占比例(%)	环比增长(%)	同比增长(%)
1	投递服务	函件	706	749	46.2	44.0	58.4
		包件	40				
		集邮	1				
		报刊	1				
		其他	1				
2	邮件延误	函件	347	376	23.2	40.3	60.7
		包件	28				
		集邮	1				
3	邮件丢失短少	函件	325	363	22.4	41.8	83.3
		包件	37				
		报刊	1				
4	邮件损毁	函件	87	94	5.8	42.4	118.6
		包件	7				
5	收寄服务	函件	32	37	2.3	5.7	-43.1
		包件	4				
		其他	1				
6	违规收费	包件	1	2	0.1	-50.0	-71.4
		函件	1				
合计	—		1621		100.0	41.1	58.6

2017年11月，消费者对邮政服务申诉的主要问题与上月相比增长明显的有投递服务、邮件损毁、邮件丢失短少和邮件延误，环比分别增长44.0%、42.4%、41.8%和40.3%。与去年同期相比，邮政服务主要问题增长幅度较大的有邮件损毁、邮件丢失短少、邮件延误和投递服务，同比分别增长118.6%、83.3%、60.7%和58.4%（图4-65）。

三、快递服务申诉情况

（一）消费者申诉的主要问题

2017年11月，消费者关于快递服务的有效申诉23976件，环比增长15.0%，同比增长0.8%（图4-66）。

2017年11月，消费者对快递服务申诉的主要问题与上月相比均呈增长趋势。与去年同期相比，快递服务主要问题增长的有丢失短少、延误和投递服务，同比分别增长10.7%、2.1%和1.8%。申诉比较集中的问题是投递服务和延误，占比分别为37.8%和32.2%（表4-48、图4-67）。

（二）消费者对快递企业申诉情况

2017年11月，消费者对43家快递企业进行了有效申诉，全国快递服务有效申诉率为百万分之5.09，环比减少0.48，同比减少1.23，高于全国平均有效申诉率的快递企业有15家。全国快递服务快件投递服务的有效申诉率为百万分之1.92，同比减少0.44；快件延误的有效申诉率为百万分之1.64，同比减少0.37；快件丢失损毁的有效申诉率为百万分之1.37，同比减少0.30（表4-49）。

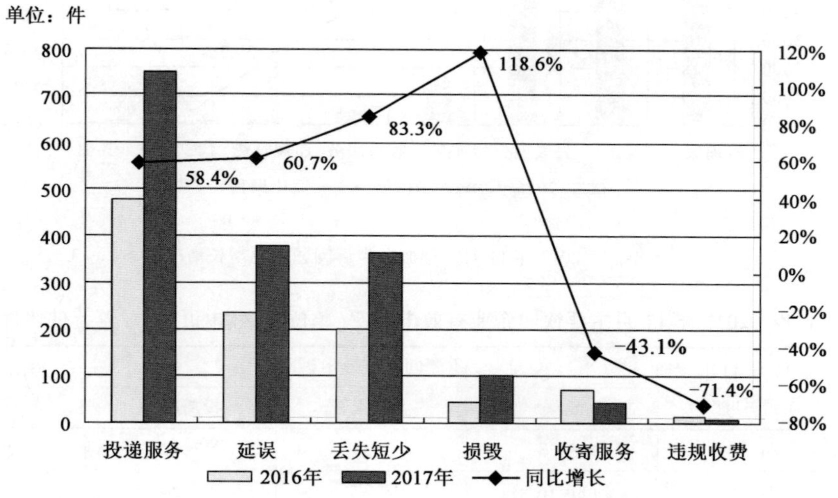

图4-65　2017年11月邮政服务申诉问题同比增长情况

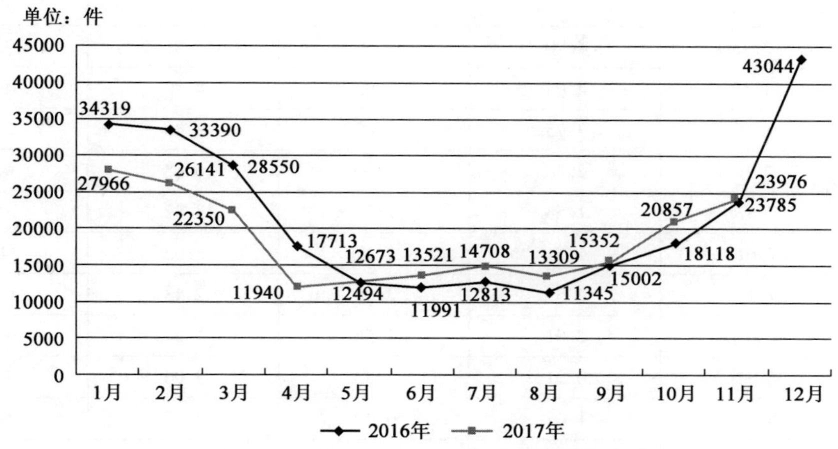

图4-66　2017年与2016年各月快递有效申诉数量

表 4-48　2017 年 11 月消费者申诉快递服务的主要问题及所占比例统计

序　　号	申诉问题	申诉件数	占比例(%)	环比增长(%)	同比增长(%)
1	投递服务	9051	37.8	14.0	1.8
2	延误	7720	32.2	8.2	2.1
3	丢失短少	4771	19.9	31.4	10.7
4	损毁	1708	7.1	8.7	-14.4
5	收寄服务	497	2.1	22.4	-25.2
6	违规收费	105	0.4	19.3	-39.3
7	代收货款	43	0.2	26.5	-56.6
8	其他	81	0.3	55.8	-12.0
9	合计	23976	100.0	15.0	0.8

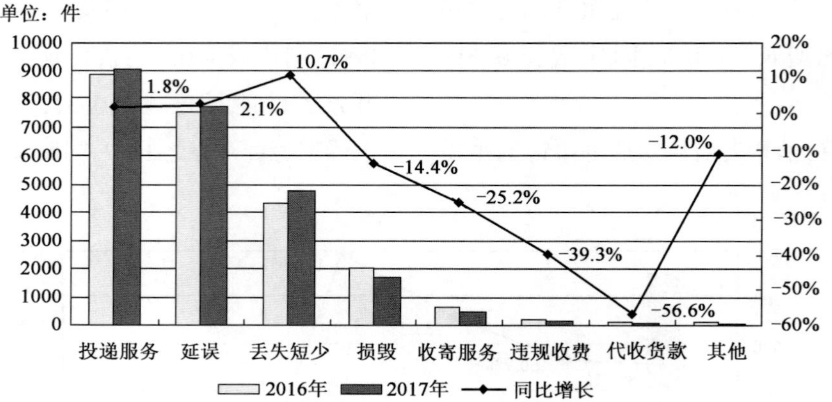

图 4-67　2017 年 11 月快递服务申诉问题同比增长情况

表 4-49　2017 年 11 月主要快递企业有效申诉率(单位:有效申诉件数/百万件快件)

企业名称	2017 年 11 月有效申诉率	主要问题有效申诉率			2016 年 11 月有效申诉率	同比
		延误	丢失损毁	投递服务		
国通	34.28	18.13	7.59	7.67	25.87	↑
全峰快递	24.95	11.16	8.32	5.24	37.20	↓
TNT	21.92	5.06	5.06	5.06	5.92	↑
优速	21.73	7.76	5.36	8.05	14.10	↑
速尔	13.38	4.70	2.66	5.38	9.44	↑
宅急送	11.80	4.04	2.95	4.70	19.29	↓
邮政快递(EMS)	9.35	3.75	1.87	3.40	5.96	↑
卓越亚马逊	8.91	2.23	0.00	6.68	0.00	↑
申通快递	7.82	1.58	2.24	3.82	10.52	↓
如风达	7.61	1.81	2.17	3.62	34.99	↓
快捷速递	7.17	2.52	2.06	2.43	6.18	↑
天天	7.08	2.01	3.56	1.33	10.85	↓
全一快递	6.71	0.91	1.83	3.96	3.25	↑
民航快递	5.90	1.47	0.00	4.42	1.52	↑
圆通速递	5.59	1.57	1.27	2.63	6.09	↓

续上表

企业名称	2017年11月有效申诉率	主要问题有效申诉率			2016年11月有效申诉率	同比
		延误	丢失损毁	投递服务		
UPS	3.93	1.43	0.00	1.43	5.66	↓
递四方	3.50	0.80	1.33	0.72	0.63	↑
百世快递	3.14	0.90	1.01	1.14	5.07	↓
韵达快递	2.16	0.55	0.72	0.83	3.11	↓
FedEx	2.16	0.00	0.27	1.35	1.55	↑
中通快递	1.79	0.35	0.43	0.92	2.90	↓
德邦快递	1.76	0.38	0.76	0.60	7.31	↓
DHL	1.66	0.55	0.00	0.28	2.43	↓
京东	1.50	0.55	0.33	0.59	1.03	↑
顺丰速运	1.18	0.30	0.46	0.29	1.84	↓
苏宁易购	0.06	0.00	0.03	0.03	0.13	↓
全国平均	5.09	1.64	1.37	1.92	6.32	↓

国家邮政局关于2017年12月邮政业消费者申诉情况的通告

一、总体情况

2017年12月，国家邮政局和各省（区、市）邮政管理局通过“12305”邮政行业消费者申诉电话和申诉网站共受理消费者申诉302335件。申诉中涉及邮政服务问题的13480件，占总申诉量的4.5%；涉及快递服务问题的288855件，占总申诉量的95.5%（图4-68）。

受理的申诉中有效申诉（确定企业责任的）为32050件，比上年同期下降28.5%。有效申诉中涉及邮政服务问题的2801件，占有效申诉量的8.7%；涉及快递服务问题的29249件，占有效申诉量的91.3%（图4-69）。

消费者申诉均依法依规做了调解处理，为消费者挽回经济损失592.9万元。12月份，消费者对邮政管理部门申诉处理工作的满意率为98.5%，对邮政企业申诉处理结果的满意率为98.2%，对快递企业申诉处理结果的满意率为96.7%。

2017年12月，企业对邮政管理部门转办的申诉未能按规定时限回复的有59件，与去年同期相比增加24件（表4-50）。

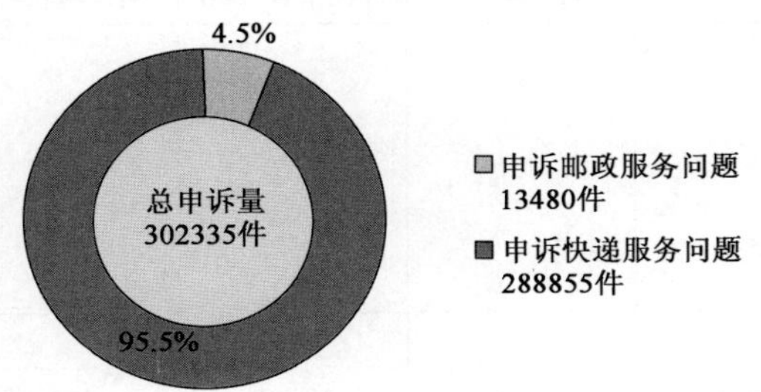

图4-68　2017年12月受理消费者申诉总体情况

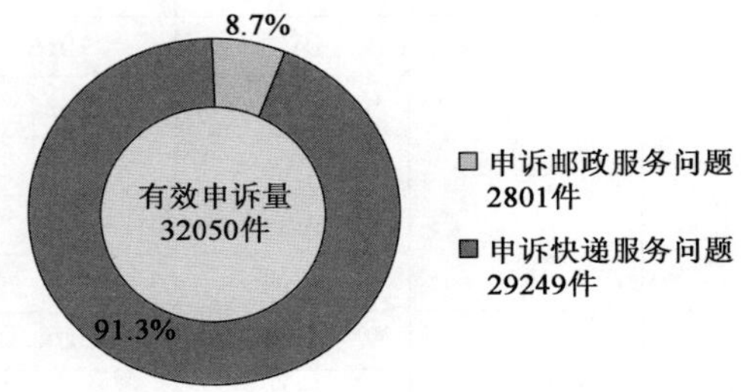

图4-69　2017年12月受理的申诉中有效申诉情况

表 4-50　2017 年 12 月企业对邮政管理部门转办的申诉未能按规定时限回复情况

公司名称	北京	上海	福建	山东	广东	重庆	贵州	西藏	甘肃	新疆	合计
中国邮政							1	1	2	31	35
圆通速递	5										5
邮政快递(EMS)				1							1
天天					1						1
京东			1								1
UPS					1						1
增益									1		1
其他		3	3		2	4			1	1	14
合计	5	3	4	1	4	4	1	1	4	32	59

二、邮政服务申诉情况

2017 年 12 月，消费者关于邮政服务问题的有效申诉 2801 件，环比增长 72.8%，同比增长 58.5%（图 4-70）。

2017 年 12 月，消费者申诉邮政服务的主要问题是投递服务和邮件延误，分别占申诉总量的 39.0% 和 37.5%（表 4-51）。

2017 年 12 月，消费者对邮政服务申诉的主要问题与上月相比均呈增长趋势，其中增长幅度较大的是邮件延误，环比增长 179.3%。与去年同期相比，邮政服务主要问题增长的有邮件延误、违规收费、投递服务、邮件丢失短少和邮件损毁，其中增长幅度较大的是邮件延误，同比增长 121.1%（图 4-71）。

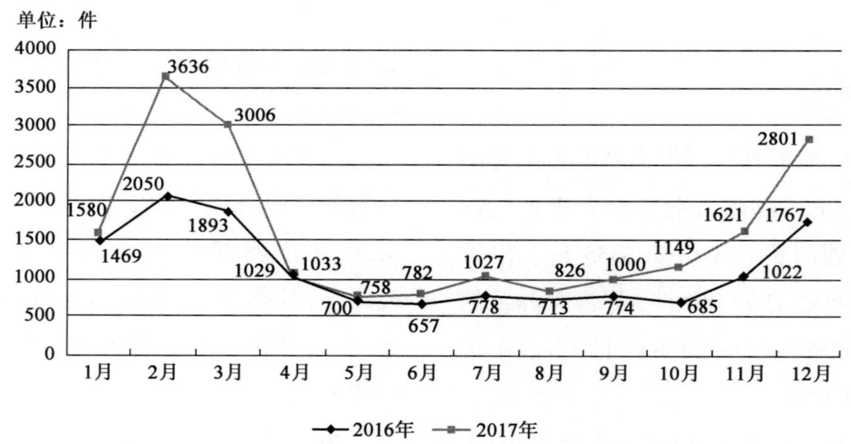

图 4-70　2017 年与 2016 年各月邮政有效申诉数量

表 4-51　2017 年 12 月消费者申诉邮政服务的主要问题及所占比例统计

序　号	申诉问题		申诉件数		占比例(%)	环比增长(%)	同比增长(%)
1	投递服务	函件	1016	1093	39.0	45.9	46.1
		包件	63				
		集邮	9				
		报刊	4				
		其他	1				
2	邮件延误	函件	978	1050	37.5	179.3	121.1
		包件	69				
		报刊	3				

续上表

序　号	申诉问题		申诉件数		占比例(%)	环比增长(%)	同比增长(%)
3	邮件丢失短少	函件	461	515	18.4	41.9	38.4
		包件	54				
4	邮件损毁	函件	90	98	3.5	4.3	14.0
		包件	8				
5	收寄服务	函件	28	37	1.3	0.0	-43.1
		包件	5				
		报刊	1				
		集邮	1				
		其他	2				
6	违规收费	函件	7	7	0.2	250.0	75.0
7	其他		1		0.1	—	-94.1
合计	—		2801		100.0	72.8	58.5

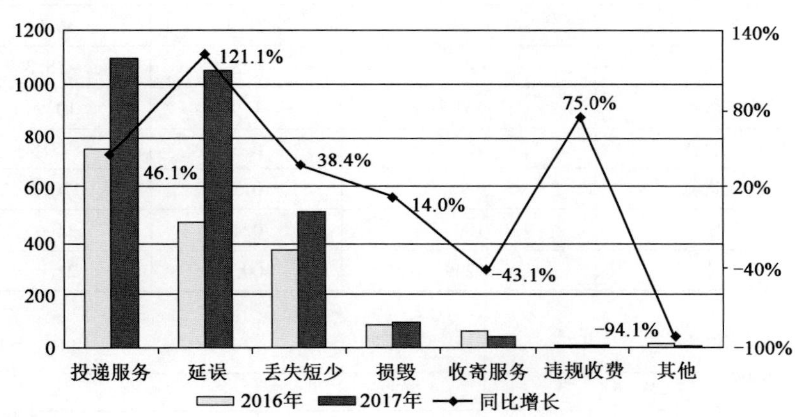

图 4-71　2017 年 12 月邮政服务申诉问题同比增长情况

三、快递服务申诉情况

（一）消费者申诉的主要问题

2017 年 12 月，消费者关于快递服务的有效申诉 29249 件，环比增长 22.0%，同比下降 32.0%（图 4-72）。

2017 年 12 月，消费者对快递服务申诉的主要问题与上月相比增长的有代收货款、延误、丢失短少、投递服务和收寄服务。与去年同期相比，快递服务的主要问题均呈下降趋势。申诉比较集中的问题是投递服务和延误，占比分别为 36.1% 和 34.9%（表 4-52、图 4-73）。

（二）消费者对快递企业申诉情况

2017 年 12 月，消费者对 43 家快递企业进行了有效申诉，全国快递服务有效申诉率为百万分之 6.96，环比增加 1.87，同比减少 5.72，高于全国平均有效申诉率的快递企业有 14 家。全国快递服务快件投递服务的有效申诉率为百万分之 2.51，同比减少 1.76；快件延误的有效申诉率为百万分之 2.43，同比减少 2.19；快件丢失损毁的有效申诉率为百万分之 1.81，同比减少 1.60（表 4-53）。

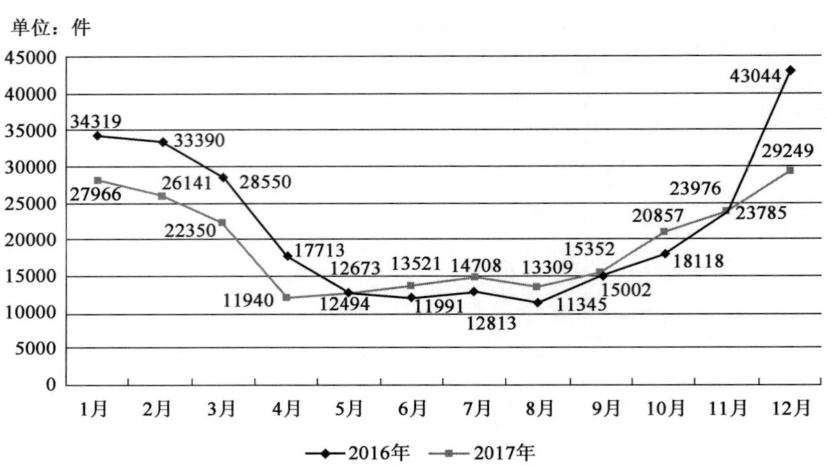

图4-72　2017年与2016年各月快递有效申诉数量

表4-52　2017年12月消费者申诉快递服务的主要问题及所占比例统计

序　　号	申 诉 问 题	申 诉 件 数	占比例(%)	环比增长(%)	同比增长(%)
1	投递服务	10561	36.1	16.7	-27.2
2	延误	10206	34.9	32.2	-35.0
3	丢失短少	6227	21.3	30.5	-28.2
4	损毁	1395	4.8	-18.3	-51.7
5	收寄服务	551	1.9	10.9	-34.6
6	违规收费	101	0.3	-3.8	-50.0
7	代收货款	99	0.3	130.2	-4.8
8	其他	109	0.4	34.6	-10.7
9	合计	29249	100.0	22.0	-32.0

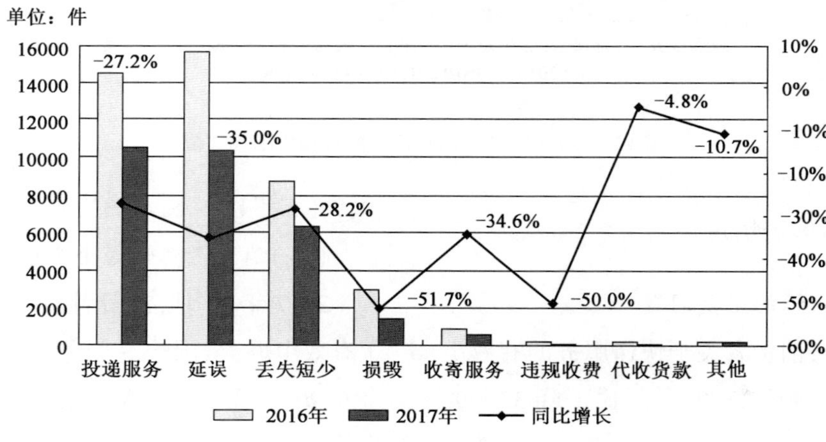

图4-73　2017年12月快递服务申诉问题同比增长情况

表4-53　2017年12月主要快递企业有效申诉率(单位:有效申诉件数/百万件快件)

企业名称	2017年12月有效申诉率	主要问题有效申诉率			2016年12月有效申诉率	同比
		延误	丢失损毁	投递服务		
优速	41.94	17.62	8.23	15.37	16.86	↑
全峰快递	27.44	12.27	7.48	6.34	21.17	↑

续上表

企业名称	2017年12月有效申诉率	主要问题有效申诉率			2016年12月有效申诉率	同比
		延误	丢失损毁	投递服务		
国通	26.69	13.04	6.72	5.77	52.86	↓
宅急送	17.92	5.25	4.20	8.14	34.24	↓
邮政(EMS)	16.88	7.18	3.94	5.33	9.31	↑
如风达	15.82	6.05	1.56	8.20	66.85	↓
速尔	13.91	4.77	3.62	5.02	9.98	↑
申通快递	10.68	2.74	2.37	5.34	31.41	↓
TNT	10.55	1.05	1.05	5.27	9.48	↑
圆通速递	9.96	3.35	2.34	4.10	13.31	↓
天天	7.86	2.22	3.72	1.73	22.51	↓
递四方	7.60	1.56	1.61	2.03	2.33	↑
全一快递	7.39	1.23	0.31	2.77	5.51	↑
快捷速递	7.25	2.29	2.34	2.44	6.84	↑
UPS	6.60	2.03	2.03	1.52	13.46	↓
百世快递	5.53	1.79	1.92	1.72	7.89	↓
卓越亚马逊	3.85	0.00	0.00	3.85	13.97	↓
民航快递	2.72	2.72	0.00	0.00	9.91	↓
德邦快递	2.13	0.39	1.04	0.57	19.26	↓
中通快递	2.09	0.52	0.50	1.00	9.12	↓
韵达快递	1.84	0.47	0.64	0.67	3.95	↓
苏宁易购	1.56	0.80	0.36	0.40	0.05	↑
DHL	1.28	0.00	0.26	0.26	3.10	↓
京东	1.16	0.34	0.35	0.41	1.09	↑
顺丰速运	0.90	0.23	0.31	0.25	2.18	↓
FedEx	0.54	0.00	0.27	0.00	2.88	↓
全国平均	6.96	2.43	1.81	2.51	12.68	↓

第四章　2017 年快递业调查报告

箱子江湖(一)

——上海市智能快件箱发展实录

如果将智能快件箱运营企业间的相互竞争比作是正在进行的一场足球比赛,过去的两年就像开赛前几分钟,“球员”们可谓踢得大开大合、轰轰烈烈。逐渐地,经历了最初的激情,全力拼搏后的“箱子们”开始冷静下来,理性的回归也让比赛推进到需要体力与智慧相结合的“正赛”阶段。从这时起,总结过去,思谋未来,接下来的比赛怎么踢?真的需要“箱子们”仔细想想了。

从 2016 年年底到 2017 年年初,“箱子圈”发生了几件大事:“柜友会”在上海筹备成立,云柜、富友、中集电商结成“创赢联盟”,成都三泰投资校园快递递易科技,丰巢科技完成 25 亿元融资,每一个动作背后都意味深长,对行业的发展产生了重要的影响。“箱子们”接下来的比赛注定不会平静,将在资本、模式、人才等各领域进行全方位竞争。2017 年是精彩的一年,让我们拭目以待,迎接智能快件箱行业 2.0 时代的到来。

一、品牌概况

速递易:速递易成立于 2012 年,致力于为住宅小区、办公楼宇、高等院校、工业园区等提供第三方便民服务,满足大批量、多频次、快周期的快递代收及临时寄存服务。

递易:递易(上海)智能科技有限公司成立于 2013 年,是一家在高校内启用“智能快递柜为主,人工服务为辅相结合”完整快递解决方案的企业,还设计研发智能快递柜、PDA-快递第三方作业系统、云后台快递业务管控系统、移动端等产品。

丰巢:丰巢科技于 2015 年 6 月 6 日成立,由顺丰、申通、中通、韵达、普洛斯投资创建,致力于研发运营面向所有快递公司、电商物流使用的 24 小时自助开放平台——丰巢智能快递柜,以提供体验最佳的平台化快递收寄交互业务。

云柜:江苏云柜网络技术有限公司以“变革物流,创新生活”为使命,融合开放式的互联网生态系统,以智能快递柜为起点,搭建社区服务生态链,以期成为优秀的智慧社区运营企业。

富友收件宝:富友收件宝是富友集团打造的遍布全国 72 城市中高端社区的智能快递柜网络为基础的智慧社区生活服务平台。目前在全国布局 24000 多个小区,主要布局在一二线城市的中高档小区。

格格货栈:格格货栈以快递柜业务为核心,围绕社区、高校等多种场合,提供以不同场景人群为核心的 O2O 平台解决方案。除为用户提供快递代收等社区微仓服务外,还提供各种社区场景 O2O 生活服务。

中集 e 栈:深圳中集电商物流科技有限公司(中集电商)致力于 e 栈交付系统等物流终端基础设施建设,实现快递包裹的自动交付,解决电商物流“最后 100 米”交付的痛点。通过“e 栈”平台构建从交付、配送到商业营运的全闭环社区生态系统。

二、江湖背景

本次针对智能快件箱全品牌、多网点的实证

采访活动之所以选在上海，是因为上海历来是“箱子们”的“兵家必争之地”。北京、上海、广州、深圳代表的一线城市因为人口密集、快递业务量高，有着对所有快件箱品牌的绝对吸引力。选择走访的速递易、丰巢、云柜、富友收件宝、中集 e 栈、格格货栈、递易这几家快件箱运营企业，在快件箱市场的占有率超过 90%（表 4-54）。

表 4-54　快件箱各品牌全国布局情况及市场占有率（数据由各企业提供）

品牌名称	网点数量（万个）	覆盖区域	累计投递（亿件）	市场占有率（%）	日均处理量（万件）
速递易	5.6	79 个城市	8	32	约 170
丰巢	4	74 个城市	—	24	约 200
富友	2.4	72 个城市	3	14	约 70
云柜	2.1	长三角、北方等二三线城市	—	12	约 60
e 栈	1.4	北、上、广、深	1.3	8	约 40
格格货栈	1	22 个城市	1	6	约 30
递易	200 余个校园网点	8 个省	0.3	—	约 20

分析以上数据，目前智能快件箱运营企业的发展正在逐渐向“三极”转变——以行业最早进入者速递易代表的一极，以快速崛起者丰巢代表的一极，还有富友、云柜、中集 e 栈形成的创赢联盟代表的一极。

速递易最早进入行业，但经历了原始的跑马圈地之后，经营压力愈来愈大，从 2016 年开始，速递易对曾经最多的 6 万多个网点进行沉淀，经过一年的优化整改，将现有的网点压缩到 5.6 万个，在 2017 年年初依然保持着行业领先的地位。

丰巢经过几轮融资，从 2015 年起步到现在布局速度十分惊人，在不足两年的时间里将网点数量扩张到 4 万多个，覆盖城市达到 74 个，公开资料显示，其日均快递处理量达到了 200 万件，处行业第一位。

以品牌角度来看，速递易和丰巢的市场占有率最高，但富友收件宝、云柜和中集 e 栈 2016 年 10 月组成的创赢联盟力量不可小觑，三家快件箱网点的总和达 6 万个，甚至超过了目前箱子总量排在第一位的速递易。而且根据三家的联合声明，创赢联盟还有继续吸收联盟成员的可能。

递易在几家主要的快件箱企业中最为特殊，其发展模式并不仅仅依托于智能快件箱，目前“人 + 机”的校园服务模式在快递末端颇受青睐，建立了校园快递模式的主导地位。所以虽然其快件箱网点数量不多，但校园特殊的快递环境形成的超高业务量和使用率，大大减轻了递易的运营压力，并能实现盈利。此外，近日递易与主攻社区场景的速递易、主攻办公场景的零公里战略合作，也为行业未来的发展提供了无限遐想。

三、上海故事

前面说到，上海作为一线城市，并且是很多快递企业的总部所在地，是智能快件箱运营企业的必争之地。这里注定是快件箱运营企业竞争最为激烈的地方，也是未来智能快件箱全国发展的样板。记者走访分布在闵行、普陀、徐汇区的不同品牌快件箱的社区、办公楼、校园网点，意在从最基层深入了解快件箱行业的生存现状。

速递易智能快件箱位于公司办公楼前台附近，2 套快件箱共 180 个格口并排放置于正对大门口的一侧，方便公司员工取件。因为并没有收取场地租金，所以速递易在 2017 年之前并没有向使用的快递员收费。随着运营成本压力越来越大，从 2017 年开始，速递易在全国开始全面收费，该网点也向快递员收取 0.1 ~ 0.3 元不等的使用费。由于公司所在园区管理规范，不允许快递员摆摊派件，而且前台不负责收件，所以使用快件箱成为来这里派件的快递员的首选(表4-55)。

3套云柜被集中放置于新城控股大厦楼下,服务两栋高端商务楼。由于快件量较大,云柜投放了3套设备,3台主机加副柜共364个格口,日均使用率能够达到100%。云柜属新城控股旗下公司品牌,快件箱的安放并没有收取租金,但与上述速递易网点不同的是,云柜向快递员收取0.3～0.4元的服务费,收费水平在整个快件箱行业中已属最高。从外观方面来看,云柜开发了平面广告业务,客户可根据需求投放面积大小不同的广告(表4-56)。

表4-55　速递易(闵行区上海中航光电子有限公司网点)(走访时间:2月9日上午10时)

格口数(个)	网点快件量(件)	使用率(%)	场地租金	向快递员收费(元)	设备成本(万元)
180	200	100	免费	0.1～0.3	约6(2套1拖5)

表4-56　云柜(普陀区新城控股大厦网点)(走访时间:2月9日下午3时)

格口数(个)	网点快件量(件)	使用率(%)	场地租金	向快递员收费(元)	设备成本(万元)
364	500	100	免费	0.3～0.4	约9(3套)

馨宁公寓在上海为中档小区,全小区16栋高层住宅楼。沿小区内道路一周,中集e栈共摆放了6套智能快件箱,分别照顾到不同楼宇的客户。500个格口日均使用率为80%,也反映了住宅小区的快件箱使用率与办公场景相比较低。馨宁公寓小区物业每年向中集e栈收取每套快件箱5000元的场租费,6套设备每年要交30000元租金,加上设备本身折旧费,投入的成本可谓不低(表4-57)。

格格货栈在好世鹿鸣苑小区配备有2套快件箱,其中一套位于小区内,另一套位于小区大门外保安室的一侧,红色的平面广告和具有展示功能的透明格口让快件箱分外显眼。春节期间,格格货栈与合作商家共同推出了格格新年送福袋活动,利用快件箱体的平面展示平台和微仓储物功能,向客户赠送礼品表达祝福。主机柜上的透明格口,可以与快消品商家合作,定期放入需要展示的商品,达到宣传品牌的目的。格格货栈向快递员收取的费用较行业平均水平偏高,2017年将在全国普遍实行收费策略。在鹿鸣苑小区里物业办公场所旁,记者还看到了中集e栈摆放了一套有52个格口的快件箱。在上海,一个小区内摆放两三个品牌快件箱的案例不少,约占所有快件箱网点的20%～30%(表4-58)。

因网点间距离较近,本次记者走访了丰巢三四个网点。位于罗莱家纺总部办公楼下的丰巢快递柜采取1拖8得形式,一个主柜拖带了8组副柜,使用率较高。场地租金方面情况较为特殊,罗莱家纺并没有收取租金,而是采取“买断”的方式,每天每个格口给丰巢0.2元的服务费,不收取快递员的使用费。罗莱家纺主动买单旨在方便员工享受到更好的快递服务。在记者走访的其他几个丰巢社区网点,小区物业均收取了4000元左右的租金,丰巢根据使用率向快递员收取较低的使用费或者暂时免收使用费(表4-59)。

表4-57　中集e栈(徐汇区馨宁公寓小区网点)(走访时间:2月10日上午10时)

格口数(个)	网点快件量(件)	使用率(%)	场地租金	向快递员收费(元)	设备成本(万元)
500	400	80	30000元/6套	0.2～0.4	约18(6套)

表4-58　格格货栈(闵行区好世鹿鸣苑小区网点)(走访时间:2月10日上午11时)

格口数(个)	网点快件量(件)	使用率(%)	场地租金(元)	向快递员收费(元)	设备成本(万元)
144	160	80	5000	0.3～0.5	约6(2套)

表4-59　丰巢(闵行区罗莱家纺网点)(走访时间:2月10日下午1时)

格口数(个)	网点快件量(件)	使用率(%)	场地租金	向快递员收费	设备成本(万元)
180	200～300	70～80	免费	免费	约5

在闵行区金秋花园和与其相邻的南国花园，丰巢与富友收件宝、丰巢与中集e栈同台竞争。在金秋花园，不久前还曾存在速递易、丰巢、富友收件宝三品牌共存的现象。

因为校园快递件量多、周转率高，递易在东华大学安放了5套快件箱、1600个格口，以应对日常两三千件的快递业务量，使用率高达160%，这无论是在社区或者办公楼都是达不到的。因为校园的封闭场景，以及大大超出快递员负荷的派送量，使得第三方管理平台在这里有着其他末端场景所不具备的发展优势。数倍于其他场景快件箱的使用费，保证了校园快递末端较高的盈利水平。当然，其场地租金大部分情况下较社区和办公楼要高(表4-60)。

目前上海智能快件箱网点超过1万个，基本上被丰巢、速递易及创赢联盟所瓜分，递易则专注校园细分市场(表4-61)。

四、成本分析

6个智能快件箱网点营利性分析见表4-62。

表4-60 递易(闵行区东华大学网点)(走访时间:2月8日下午3时)

格口数(个)	网点快件量(件)	使用率(%)	场地租金	向快递员收费	设备成本(万元)
1600	约2500	160	免费	0.5元~几元	约35

表4-61 各品牌快件箱运营企业上海市场占有率(截至2017年1月)

品牌	速递易	丰巢	富友收件宝	云柜	中集e栈	格格货栈	递易
网点数量	2000余个	3000余个	2000余个	近400个	3000余个	600余个	33个
占有率(%)	20	30	10	4	30	6	校园占有率近50%

表4-62 6个智能快件箱网点营利性分析

网点	快件箱品牌	月租金	月设备成本	人工成本	其他(电费、通信费)	快递员使用费	其他收入	收支差
中航光电子公司	速递易	0	625元(6万元/8年)	150元/月(6000元/人)	100元/月(短信0.02元/条)	1080元/月(每格口平均0.2元)	0	205元/月
新城股份大厦	云柜	0	937元(9万元/8年)	150元/月(6000元/人)	218元/月(短信0.02元/条)	3276元/月(每格口平均0.3元)	819元/月(广告)	2790元/月
馨宁公寓	中集e栈	2500元	1875元(18万元/8年)	150元/月(6000元/人)	710元/月(电费+短信费)	3600元/月(每格口平均0.3元)	0	-1635元(基本维持运营)
好世鹿鸣苑小区	格格货栈	417元	625元(6万元/8年)	150元/月(6000元/人)	218元/月(短信0.02元/条)	1382元/月(每格口平均0.4元)	未透露	除去广告收入基本持平
罗莱家纺	丰巢	0	520元(5万元/8年)	150元/月(6000元/人)	86元/月(短信0.02元/条)	0	1080元(月维护费)	324元
东华大学大学城校区	递易	0	3646元(35万元/8年)	17000元/月(全职+兼职)	1536元/月(短信0.02元/条)	76800元/月(每格口平均1元)	占比较小	盈利

注:设备折旧年份以8年计算;社区网点运维人员月工资以6000元计算;短信按0.02元/条计算。以上只列出主要收支项目,且数据均为推算,仅供参考。

以上数据分析可得出几条重要结论:

一是不管是社区还是办公场景，只要物业不收取租金，快件箱在收取一定使用费的情况下是能维持基本运营的;

二是在没有收取场地租金的情况下，维持快件箱政策运营的最低收费标准是0.2~0.3元，使用率必须在80%以上;

三是在收取场地租金的情况下，维持最低运营的收费标准是0.3~0.4元，使用率必须在80%以上;

四是场地租金和先期投入的设备成本，是快件箱运营成本中最大的两部分，各自占到总成本的40% ~50%；

五是校园场景相比社区场景具有更高的盈利空间。当快件量增长到一个临界点，目前校园快递的运营模式或将是未来全场景末端快递服务的雏形。

在上海，绝大部分网点是必须支付物业租金的，上海的租金水平已经从过去的2000多元上升到如今的4000 ~6000元，快件箱要维持正常运营的前提是必须收费。据了解，从2017年开始，基本上所有的快件箱都开始收费，费用从0.1 ~0.6元不等。有总比无好，在成本压力困境中挣扎了几年的"箱子们"，急需站稳脚跟，才好投入到下一场更高阶段的比拼中。希望在将来的竞争中，行业主体能够营造越来越好的竞争氛围。

五、抢滩2017

各品牌快件箱运营企业2017年市场发展计划见表4-63。

表4-63　各品牌快件箱运营企业2017年市场发展计划

品牌	速递易	丰巢	富友收件宝	云柜	中集e栈	格格货栈	递易
上海网点数量	2000余个	3000个	1000个	近400个	3000余个	600余个	33个校园
2017年上海新增	2000个	6000个	500个	1000 ~1500个	3000个	600个	以现有站点运营管控为主
2017年全国新增	未透露	30000个	6000个	6000 ~7000个	6000 ~7000个	1万个	以现有站点运营管控为主

从各家箱子运营企业2017年的计划来看，品牌扩张步伐并没有停止，依然迅速。预计到2017年年底，如果各家公司计划进展顺利，丰巢网点将达到7万个，创赢联盟将达到8万个，速递易未透露全国计划，但从上海目标来看，也有不小的增量空间。除递易外，6家主打社区的快件箱运营企业网点总数将达到23万个，在目前约18万个基础上增长22%。

当然，以上海样本来看，各家企业一致认为2017年的市场空间为1万个左右，其中6000 ~7000个为新建小区，还有3000多个"钉子户"（一般为老旧小区，较难进入），按照各家计划拓展总量13000个来看，可以预见"箱子们"2017年在上海的市场竞争依然激烈。

而在全国，速递易、丰巢、创赢联盟，"三极"效应将在新的一年继续放大。此外，智能快件箱作为未来社区数据流量的重要入口，越来越被中上游产业所看好，菜鸟、京东等在背后将做出哪些针对性的布局？令人期待。

六、未来场景

从目前来看，派件是快件箱最主要的功能，其他诸如广告媒介、微仓、洗衣、生鲜等都被叫作延伸服务；但从长远来看，快件箱的收派只是一种基础业务，用于维持正常运转，而延伸服务才是其未来的价值所在。这些价值将集中于三大场景：

快递场景：将来，快件箱派件、收件的基础功能将在很大程度上减轻快递员的劳动强度，效率提升2 ~3倍，快件箱在未来快件投递中将成为主流渠道；围绕收派件基础功能，快件箱将获得更加丰富的数据资源，无论是几百万注册快递员还是数亿注册用户，都将为开发快件箱价值的其他场景打下基础（表4-64）。

表4-64　各品牌快件箱运营企业用户数

品牌	速递易	丰巢	富友收件宝	云柜	中集e栈	格格货栈	递易
注册快递员（万人）	47	40	31	20	15	20	2000多
累计注册用户（万户）	5000	3000	800	2000	900	200	20

社区场景：将来，无处不在的快件箱还将引领智慧社区、智慧家庭的理念，成为社区O2O服务平台。如可以与附近超市、水果店、洗衣店联动，送货取衣；或回收爱心衣物，临时储物等；或与小区物业联动，成为线上线下沟通平台等；或与快递公司合作，成为居民寄递云平台。智能快递柜作为社区O2O入口的一个载体，对于社区商业来说有着非常大的想象空间。

电商场景：快件箱庞大的注册客户群体，将成为重要的吸引未来电商的线下入口；而且相比线下其他广告载体，智能快件箱更为"立体"，拥有与消费者无缝对接的线上资源。所以，快件箱未来涉足基于大数据的社交化电商领域，发展的想象空间广阔。在未来，社区居民消费方面的个性化和品质化特征，也将是社区大数据的价值所在。

十二届全国人大五次会议上，国务院总理李克强在政府工作报告中指出，"促进电商、快递进社区进农村"，直指快递末端发展。末端作为快递业直接接触消费者的部分，一直以来备受关注。全国政协委员、国家邮政局局长马军胜也在提案中呼吁，解决末端快递网点服务痛点，持续开展"快递进社区"工程。

作为拥有着庞大电商快递消费群体的校园，可以说是一个特殊的"社区"。曾几何时，快递"校园围城"颇受诟病，如今校园快递发展如何？我们以快递进校园为例，寻求末端综合平台建设的良方。

箱子江湖(二)

2017年，最让"箱子"们始料不及的，便是中邮资本引领的三方资本入股速递易。"城头变幻大王旗"，过去的竞争对手由"民间选手"摇身一变为"国家队"，与丰巢、富友收件宝、云柜、中集e栈等构成新的市场格局。自此，旧的箱子"江湖"不在，"双核"(中邮速递易、丰巢)引领的新江湖孕育而成。但是，短期之内，"双核"是否能够进一步进化为"三核"，甚至多核，还有着合理的想象空间。不管箱子江湖各方角色如何变动，内里不变的依然是各方上演的"烧钱"之战。

一、品牌概况

1. 丰巢

丰巢科技为快递业提供"最后一公里"解决方案，以智能快件箱为切入点，提升快递末端效率及便捷度，并加强硬件与人、网点的链接，为智能快件箱行业形成完成的末端快递解决方案提供样板。丰巢产品覆盖物流快递、社区服务、广告媒介等领域，未来将继续深耕"最后一公里"快递服务。

丰巢2015年6月成立，至今发展已有2年时间，虽然时间不长，但全国布局速度惊人。截至2016年年底，丰巢完成全国70余个城市4万套智能快件箱的网点布局。丰巢向记者提供最新数据显示，2017年年初至今，丰巢又完成了1万多套智能快件箱的布局，总布局数量达到了5.6万套(表4-65)。2017年年底之前，丰巢将在全国预计完成共7万套智能快件箱的布局，2018年之前预计布局总量10万套。但是在原有74个城市的基础上，丰巢布局将暂时不再进入新的城市，而是继续深耕既有城市，提高智能快件箱布局密度。目前，丰巢布局重点区域为沿海及内陆省会城市。在社区、办公场所、学校及机关等场景，丰巢的策略是同时推进，在现有进驻场景中，社区所占比例超过70%。

表4-65　丰巢网点分布

目前布局(万套)	2017年目标(万套)	覆盖城市(个)	重点区域	场景占比(%)
5.6	7	74	沿海、省会城市	社区:70 其他:30

2. 云柜

致力于提供云柜终端硬件、平台系统及运营服务。通过自建、运营、改造等措施,在有效解决配送末端环节的同时,提供同城配送解决方案与电子商务平台,融合开放式的互联网生态系统,以智能快件箱为起点,搭建社区服务生态链。

云柜2014年年初发展至今,最高峰时期进驻100余个城市,后优化至如今的98个城市。云柜采取了与丰巢、富友等不同的布局策略,除长三角等重点发展区域外,其他进驻城市主要为二三线城市,进驻城市最多。目前全国共布局2.1万套智能快件箱(表4-66),年底前将实现布局2.5万套,继续深耕原有城市,加大网络密度。云柜主攻社区场景,目前布局网点全部专注于社区。

3. 富友收件宝

上海富友为物业、社区业主及快递公司打造的综合便民服务平台,收件宝通过智能快件箱为社区提供智能收寄快递服务,此外,依托富友金融服务能力,收件宝向用户提供信用卡还款、手机充值、银行卡余额查询等金融服务。

富友收件宝2014年4月开始布局,目前布局城市数量为72个,与丰巢及之前的速递易(79个)数量相差无几,但铺设的智能快件箱数量为2.4万套(表4-67),在同一区域的网络密度上较低。虽然布局数量少,但在后期的运维成本方面也减轻了很大的压力,其他品牌亦然。记者从富友收件宝总部得到的最新消息显示,富友正在对目前的网络进行进一步优化,并且在稳步推进布局的数量,在现有基础上,至2017年年底,将增加铺设6000套左右,总量达到3万套,进一步提高网络密度。富友收件宝重点发展区域为东部沿海及长江沿岸城市,苏浙沪地区更是发展的重点。不同的布局场景,富友收件宝均有所涉及,但以社区为主,占比超过80%。

表4-66 云柜网点分布

目前布局(万套)	2017年目标(万套)	覆盖城市(个)	重点区域	场景占比(%)
2.1	2.5	98个	苏、浙、沪、皖、鲁,部分省会城市、二三线城市	社区:100

表4-67 富友收件宝网点分布

目前布局(万套)	2017年目标(万套)	覆盖城市(个)	重点区域	场景占比(%)
2.4	3	72个	东部沿海及长江沿岸城市	社区:80 其他:20

4. 中集e栈

深圳中集电商物流科技有限公司是中集集团控股子公司,于2014年12月12日在深圳前海注册成立,致力于以e栈为原点的末端智能交付网络的运营,实现快递包裹的无人交付,解决电商物流最后100米交付的痛点。

与其他智能快件箱企业都不同的是,中集e栈的网点全部分布于北京、上海、广州、深圳和佛山5个城市,1.4万套智能快件箱集中于此,网络密度可想而知。中集e栈的策略就是主攻快递业务量最多的几个城市,用最小的成本付出换取最大的运营回报。2017年年底之前,中集e栈还将在以上5个城市增设四五千套智能快件箱,总量达到1.9万套(表4-68),深圳、上海布设数量超过4000套,北京、广佛也将接近4000套。中集e栈全部网点集中于居民小区。

表4-68 中集e栈网点分布

目前布局(万套)	2017年目标(万套)	覆盖城市	重点区域	场景占比(%)
1.4	1.9	北、上、广、深、佛	一线城市	社区:100

从丰巢、富友收件宝、云柜、中集 e 栈的全国布局可以看出,各家的策略并不完全相同,但主要都集中于经济发达和快递业务量较高的城市和区域,如北京、长三角、珠三角等,以及内陆省会城市。根据自身情况采取有效的战略布局,将资源集中于快递业发展成熟区,可有效减轻在全国“摊大饼”带来的后期运维成本压力。但另一方面,快递业仍在稳步快速增长,无论是在覆盖城市方面还是同一城市的密度方面,智能快件箱的布局仍然处在初级阶段,远不能满足日益增长的消费需求。因此,可以预见,智能快件箱未来的市场非常广阔,“箱子”们要走的路还很长。

二、成本地图

智能快件箱从 2014 年前后发迹以来,近 4 年的时间里“蓬勃”发展。所谓“蓬勃”,指其体量从 0 到近 20 万套,洒落在全国各地,帮助快递员投送了数十亿件快件。但在规模的背后,是各方的成本之战。看中了智能快件箱的未来,各方资本风起云动,演变成了今天的箱子江湖。那么,融来的钱都花在了哪里?小小的箱子承载了多少成本压力?各品牌是亏是赚?未来如何走向?我们先从最基本的箱子账本翻起。

不管是丰巢还是中邮速递易,还有富友收件宝、云柜和中集 e 栈,每个箱子手中都有一本账。详细算来,箱子的成本主要集中在硬件采购、物业租金、电费和后期维保等方面,每项成本都是一道坎,想实现布局,均需跨过。

(一)采购成本

近日盛传生产智能快件箱的某企业也要上市了,可见快递业为上下游关联产业带来了不少福利。智能快件箱的生产本身会产生成本,其柜体一般采用 1 毫米厚的冷轧电解钢板,表面喷塑,防止柜体生锈老化;柜门采用 2 毫米厚的冷轧电解钢板,表面经过电泳处理(防腐防锈),然后喷塑。箱体的成本主要体现在钢板和表面的处理方面。

智能快件箱分为主柜和副柜。主柜是“大脑”,一般集成主控系统、开门系统、液晶显示屏、触摸屏、扫描模块、读卡模块、金属键盘、红外探测模块、网络模块、可拓展监控系统、POS 机、身份证验证系统等,副柜则为单一的箱体。一般情况下,一套智能快件箱由一个主柜配套三组(每组两列)或四组副柜(俗称“一拖三”或“一拖四”),当然也可以配套最少一组副柜或者更多组副柜。据记者向各柜子品牌企业了解,主柜的市场价为 15000 元左右;副柜成本较低,每组的市场价为 4000 元左右。如此算来,一套智能快件箱的平均成本约在 25000 ~ 30000 元之间。

一般情况下,每个智能快件箱品牌都有自己的生产企业,也有的生产企业为不同的品牌生产箱体。如丰巢全国有七八家箱体生产企业,分布在全国南北不同地域,方便箱体资源的就近调配。因此,整个智能快件箱行业硬件成本方面较为透明,箱体外形及技术水平也大同小异。看上表,智能快件箱的投资都是数亿元甚至十几亿元(表 4-69)。到 2017 年年底,各品牌智能快件箱硬件投资总和将超过 60 亿元。

表 4-69 “箱子”们这些年买设备花掉的钱

品牌	丰巢	速递易	富友收件宝	云柜	中集 e 栈
布局现状(万套)	5.6 (1 拖 4)	5.6 (1 拖 4)	2.4 (1 拖 3,主柜为 2 列)	2.1 (1 拖 3,主柜为 2 列)	1.4 (1 拖 3,主柜为 2 列)
设备成本(亿元)	16	16	7.2	6.3	3.5

(二)物业租金

智能快件箱行业是一个朝阳行业,也是一个令人百思不得其解的行业。20 万套智能快件箱浩浩荡荡进入末端投递问题突出的居民小区,为快递业发展做出了突出贡献,于行业于消费者都说得上是一件大好事,但箱子们却过得不愉快:“我进你的小区帮你解决问题，你不给我钱倒好，我还得付给你不菲的进场费。”

现今再去探讨当初为什么没有培养好物业的消费习惯的问题已经为时已晚。现状是一线城市如北上广深，二三线城市如各省会城市，甚至是在四五线城市中，智能快件箱进入小区绝大部分都面临着被物业收取租金的问题。一般情况下，租金一年一付，每套都要收钱(表4-70)。

以上是正常情况下物业收取的租金标准，而在非正常情况即恶性竞争下，一线城市租金高达8000元/套/年。智能快件箱的铺设已经持续了三四年，很多网点开始面临着与物业重新签订合同的局面，如果以现有的租金水平计算，全国20万套智能快件箱每年将缴纳多少租金呢？

按照80%已进驻的小区向智能快件箱收费计算，各品牌2017年共要缴纳近6亿元租金。从2015年开始，进场租金不断上涨一方面与各品牌间的激烈竞争有关，另一方面与我国物业管理不规范、市场化程度不高、从业人员整体素质不高等也有直接关系(表4-71)。

表4-70 不同城市箱子近年来进场费标准(单位:元套/年)

年份	一线城市	二线城市	三四线城市
2017年	4000～6000	3000～5000	2000～4000
2016年	3000～4000	2000～3000	1000～2000
2015年之前	2000～3000	1000～2000	1000以下

表4-71 “箱子”们2017年租金猜想

品牌	丰巢	速递易	富友收件宝	云柜	中集e栈
布局现状(万套)	5.6	5.6	2.4	2.1	1.4
物业租金(亿元)	1.8	1.8	0.77	0.67	0.45

注:假设全国平均租金4000元/套/年，数量以现保有量计算，按80%小区收费计算。

(三)运维成本

智能快件箱行业是服务行业，有了先期硬件的投入，并向小区物业缴纳了租金，后期还需要运营和维护。运维人员分工不同，一部分人员负责品牌的推广和落地，另一部分人员负责智能快件箱的管理和维护，加上后勤办公人员，就形成了一个品牌在当地的服务团队。一般情况下，如果是品牌自建的运维团队，团队人员大部分既要负责业务也要负责管理和维护；如果是与合作商(一般是快件箱生产企业)合作，维保工作就会交给合作商，自营人员只负责业务的推广和落地。

总体来看，智能快件箱后期的维保成本与硬件成本和进场租金相比，在所有成本中占比并不高。以中集e栈在上海的直营团队为例，20人左右的维保人员既要负责业务开拓和项目落地，又要维护智能快件箱，每人平均负责180套左右，如果每个人平均月工资为1万元，公司人员一年的开支为240万元。而中集e栈在上海有近4000套快件箱，平均下来，每套快件箱每年摊到的人员成本仅为600元，与进场租金动辄数千元以及硬件设备每年折旧费用相比，已经显得不是那么重要。

事实上，在所有人员成本中，整个“箱子”团队的技术研发人员才是真正的核心，是主要成本来源之一，无法用数字来计算和衡量，往往科研人员要占到整个公司总部人数的一半。记者在前线走访时了解到，丰巢目前的研究人员最多，有100余人，富友收件宝、云柜、中集e栈均为50人左右。

(四)其他成本

其他成本中，最大的一块是智能快件箱日常产生的费用，比如电费。从各品牌智能快件箱企业处了解到，一套智能快件箱每年用电的费用约为1000元，计算下来，20万套智能快件箱一年的电费也达到了2亿元，这些钱也是交给小区物业的。为了节省这一部分成本，智能快件箱企业会与小区物业进行协商，有的电费折合算入了年租金中，多少可以打一些折扣。

此外,还有智能快件箱使用当中产生的通信费用,比如短信。在前期培养用户习惯过程中,花几分钱向用户的手机发送短信是必不可少的环节。这项费用会随着用户逐渐转化至平台之上而降低,整体看来占所有成本之比不高。

(五)收支明细

从智能快件箱的“成本地图”可以从行业整体一览钱都花在了什么地方。大家都知道这个行业“花钱”,那么赚不赚钱?在很多次的报道当中,智能快件箱是亏是赚其实已经明了——一直在亏钱。

怎样能算出“箱子”们每天亏多少?只要把行业的各项平均成本和各品牌的实际情况相结合进行计算就能大致得出。最简单的办法,就是算出平均每个格口每天的成本,与格口一天的收入进行对比。

1. 格口成本

格口的成本与一套智能快件箱的各项成本以及有多少格口有关,更关键的是与格口的周转率直接关联。记者在走访各家企业时,了解到不同品牌的智能快件箱在平均每套的格口数量上存在差异,而且周转率也有高低(表4-72)。

表4-72　“箱子”成本

品牌	丰巢	富友收件宝	云柜	中集e栈
数量(万套)	5.6	2.4	2.1	1.4
日均快件处理量(万件)	350	75	80	75
平均每套格口数量(个)	85	63	68	67
格口周转率(%)	约75	约50	约60	约80
设备年折旧成本(5年寿命)	3万元/5年=6000元	3万元/5年=6000元	2.5万元/5=5000元	2.5万元/5年=5000元
平均年租金(元/年)	4000	4000	300	4000
维保人员月工资(全国平均)(元/月)	4000	4000	4000	5000
人均维保套数(套/人)	200	150	82	180
每套箱子维保成本(元/年)	240	320	585	467
电费(元/年)	1000	折入年租金	300	1000
格口成本(元/天)	0.5	0.9	0.62	0.56

注:格口成本=(年租金+箱子年折旧费+年维保成本+年电费)÷350天÷格口数量÷格口周转率。

根据相关企业提供的数据,并通过以上的公式,可以大概计算出智能快件箱的格口成本。为了与格口的收入进行直观对比,所以此格口成本是建立在周转率的基础之上,并非所有格口的平均成本。此外,一年以350天计,除去了假期;格口周转率通过日均处理快件量、智能快件箱套数、每套格口数量计算得出,并结合企业提供数据进行了适当调整;设备寿命均以目前最低的5年计算,实际上智能快件箱的质量在日渐提高,可使用5年以上;在全国广泛布局的品牌企业平均租金以4000元/年计算,中集e栈因为布局在一线城市,租金以5000元/年计算,维保人员工资亦然;通信费等因为占比太小,所以未计算在内。

需要注意的是,以上成本并未包括智能快件箱企业总部研发人员及其他人员的成本,所以实际的成本会超过以上估算结果。

2. 格口收入

与格口成本较为复杂的计算过程相比,智能快件箱的格口收入比较简单。根据了解到的最新情况,2017年以来,绝大部分智能快件箱品牌在全国已经普遍采取了收费策略,虽然在相互激烈竞争中难免采取一些低价竞争及免费策略,但收费的大趋势目前看来不会改变(表4-73)。

表 4-73 “箱子”们收费情况

品牌	丰巢	富友收件宝	云柜	中集 e 栈
格口标准	不分大小	按照大小收费	按照大小收费	按照大小收费
实际平均收费(元)	0.2	0.3	0.36	0.27
是否向收件人收取滞留费用	否	否	否	否
是否可以寄件	是	否	否	将会部分试点
其他收入	广告、电商	金融产品、广告、便民服务	广告	广告
其他收入与总收入之比(%)	>20	约 50	<30	<20
格口收入(元)	0.25	0.6	0.51	0.34

目前智能快件箱仍然处在盈利难的阶段。对比智能快件箱的快递收入和成本可以看出,0.2～0.36 元的实际格口快递收入与 0.5～0.9 元的成本有着不小的差距。其他收入方面,丰巢目前开展了寄件业务,但整体规模不大,占派件比例只有2%,大部分为退换货,丰巢的广告和电商营收总和不超过总收入的 20%;云柜和中集 e 栈除了向快递收费以外,广告方面收入分别不超过 30% 和 20%;富友收件宝开展金融产品服务成果较为突出,加上便民服务和广告收入,与快递服务费占比相当,达到总收入的 50%。

三、降本增效

算过了智能快件箱的收入和成本,目前行业发展的现状并不乐观,虽然智能快件箱在末端配送中称得上“神器”,但尴尬的境地却难以摆脱。记者从上述几家智能快件箱企业总部了解到,有几个核心因素导致了智能快件箱盈利难:一是前期的硬件设备投入十分巨大,短期内很难收回;二是高昂的进场费用,与设备成本持平,物业公司“想进来就出更多的钱”的想法难以改变;三是向快递公司收取的服务费很难再提高,与快递基层网点艰难运营、快递员收入不高、“箱子”间的价格竞争有直接关系;四是物业按照工业电收取电费,导致电费也是不小的一块成本。

那么,对于“箱子”们来说,如何降低成本呢?

(一)硬件方面

智能快件箱生产成本可以通过两种方法降低:一是随着批量生产数量不断增多,总体的成本也会摊薄;二是提高箱体的质量,包括改进涂层、加强锁头强度等,使箱体的寿命延长;三是进一步增加有限空间内的格口数量;四是研发新的箱体材料,降低原材料成本

(二)租金方面

不断上涨的租金让“箱子”们不堪重负,但问题首先也源于品牌间的竞争,所以首先要改变简单地靠打“价格战”占领市场的方式,将服务放在第一位,让竞争更为有序;其次要抓住我国物业管理行业整合优化的契机,充分与物业公司沟通,改变简单的“交钱放行”的规则,以业主为中心,实现服务的整合,比如金融服务、便民服务、物业服务等,合作至上。与物业全方位合作后,电费如何收取也就不再是问题。

(三)拓宽盈利渠道

向快递员收费仍然是目前智能快件箱收回成本的主要方式,其他诸如收件业务、广告业务、电商平台、便民服务、金融服务等,虽然在所有收入中占比不高,但未来不断增强的趋势明显。比如丰巢借助巨大的线下入口,正在积极打造线上电商平台;富友收件宝发挥自身金融基因优势,打造理财投资产品;云柜、中集 e 栈等积极开拓多维度的广告合作渠道。拓宽盈利的渠道,关键在于如何将智能快件箱无与伦比的海量线下资源转化到线上,进而转化为创造收益的平台,再通过线上线下结合,为消费者提供更加便利的生活环境。而这也正是社会资本涌入该行业的根本所在。

(四)其他问题

自从智能快件箱诞生之日起,其就面临着与

现行相关法律法规有所出入的问题。如快件的当面签收问题。依据邮政法及有关法律、行政法规制定的《快递市场管理办法》第十七条规定:“经营快递业务的企业投递快件(邮件),应当告知收件人当面验收。快件(邮件)外包装完好的,由收件人签字确认。投递的快件(邮件)注明为易碎品及外包装出现明显破损的,企业应当告知收件人先验收内件再签收。企业与寄件人另有约定的除外。对于网络购物、代收货款以及与用户有特殊约定的其他快件(邮件),企业应当与寄件人在合同中明确投递验收的权利义务,并提供符合约定的验收服务,验收无异议后,由收件人签字确认。”

《快递暂行条例(征求意见稿)》第二十三条规定,经营快递业务的企业应当将快件投递到约定的收件地址、收件人或者收件人指定的代收人,并告知收件人或者代收人当面验收。收件人或者代收人有权当面验收。

《快递市场管理办法》和《快递暂行条例(征求意见稿)》明确了快递企业和收件人在签收环节的权利和义务。那么,快件放在智能快件箱里,涉及当面签收的问题如何解决?

丰巢科技公司市场负责人李文青对记者表示,要从不同的角度来考虑这个问题:收件人使用丰巢快件箱收取快件时,丰巢会通过微信、app或者短信告知收件人所拥有的权利,在收件人阅读收件须知后同意使用快件箱完成收件时,快件的签收才算成功,当快递员把快件放在快件箱后,系统并不会显示已签收,而是增加了“快件到箱”的路由节点,保护了收件人的权利;丰巢快件箱得知收件人不愿意使用快件箱的意愿后会及时通知相关快递企业,建议快递员采取上门投递的方式,如此建立起的大数据平台可以满足不同收件人的意愿,也为快递企业减少了投诉。此外,在收件方面,李文青表示,通过丰巢快件箱寄件时,必须进行身份认证才可放件,当快递员开箱取件时,会按照规定进行收寄验视,发现快件不符合收寄要求,会把快件退还收件人。

关于智能快件箱遭遇的数据对接问题,李文青告诉记者,目前丰巢与菜鸟在数据方面延续以往的对接方式,双方还在正常的合作当中。此外,中集e栈、富友收件宝、云柜等负责人也表示,与上下游企业的数据对接目前没有大的问题,都在顺利进行。

“如何突破收寄和安全相结合的难点,也需要从法律规范的角度予以关注。”中国政法大学教授郑佳宁表示。此外,也有业内专家指出,在快件签收、妥投,获得经营许可等方面复杂的法律关系也需要进一步厘清。

四、记者手记

“战争”才刚刚打响

如果以大家最津津乐道的方式来评判如今的智能快件箱行业,那么“二分天下”或者“三分天下”也许是较为接近的词汇。速递易从2012年开始狂飙突进,征战各地资源,最终因为过于激进而铩羽而归,“归顺”中邮等资本;富友收件宝、云柜、中集e栈等兴起虽然稍晚一两年,但也在速递易高歌猛进时默默分食着末端市场,目前的体量和背后的资本支撑也不容小觑;丰巢作为后起之秀,一边吸收前辈们的经验,一边高举高打,短短两年里发展到了之前速递易的水平,称雄之势不可阻挡。说白了,我们现在所看到的智能快件箱行业只是未来的冰山一角,有的是广阔的空间让“箱子”们来闯荡。想想几年之后每天数亿件快件,要想畅快流通,光靠已经水深火热中的快递员根本无法高效完成。智能快件箱的价值就在这里。

箱子江湖的变迁让人浮想联翩。“国家队”中邮速递易诞生后,短期内的重点将放在各方资源的整合中,包括中国邮政旗下的约2.1万组智能快件箱。未来,中邮集团沉淀多年的邮政网络等资源向智能化转变亦应是其战略重点。丰巢目前是“民营资本”的领头羊,到2017年年底,其在全国将拥有7万套智能快件箱,相比整合后的中邮速递易，体量相当。丰巢目前所采取的灵活的市场化战略、追求更强的独立性将会为其未来的发展增加不少筹码，与“国家队”在智能快件箱领域的再度交手，相信亦不遑多让。此外，除中邮速递易和丰巢“双核”之外的“箱子”们不能忽视，也许就会有资本扶持起几家成为新的一“极”，也有其中几家靠向“双核”的可能。

从政府的角度来讲，市场主体的优化整合，正响应了国家邮政局“打通上下游、拓展产业链、画大同心圆、构建生态圈”的发展思路。加上当前《快递暂行条例（征求意见稿）》公开征求意见，鼓励和引导经营快递业务的企业采用先进技术，促进自动化分拣设备、机械化装卸设备、智能末端服务设施、电子快递运单以及快件信息化管理系统的推广应用。

趋势不可逆。现在“箱子”们要考虑的除了收回成本，还要更多地思索如何用好资本助力市场拓展、服务提升、产品创新等。快递业提质增效任务艰巨，未来，多元、规范、精细化是发展方向。虽然智能快件箱一些数据对接问题、法律支撑问题依旧存在，但用长远的眼光来看，一切都可以坐下来解决，发展才是硬道理。

高校“快递圈”

——高效快递超市、智能快件箱发展实录

“教室—食堂—宿舍”，曾几何时，“三点一线”是每个高校学生所要遵守的学习生活定律，如今，必须要在此基础上增加一个“点”了。

这个“点”在不多的几年时间里不断变迁，开始只是校门口的一个摊点，摊点渐渐散了，又变成了校园里的人工站点（小卖部或小超市形式），之后又融入了科技力量，变成了人工＋智能的站点。“点”在一步步进化，成为继教学楼、食堂和宿舍等之外的又一校园“基础设施”。

校园快递因为快件量大且集中，派送方式独特，从而又成为第三方平台等竞相占领的市场高地，进来的人多了，校园快递就逐渐地变成了一个“圈”。既然叫“圈”，就有圈子里的规矩和生存方式。校方、快递企业、第三方平台、第四方平台间根据不同理念、不同学校会形成不同的合作方式。虽然参与搭建校园平台的主体不同，但经营模式主要衍生出两种。

一、品牌概况

递易（上海）智能科技有限公司成立于2013年，是一家在高校内启用“智能快递柜为主，人工服务为辅相结合”完整快递解决方案的企业，还设计研发智能快递柜、PDA-快递第三方作业系统、云后台快递业务管控系统、移动端等产品。

菜鸟网络旗下菜鸟驿站校园快递服务平台致力于改善最后500米的物流服务。菜鸟驿站通过自主研发的快递包裹收发系统，通过大数据，依托菜鸟裹裹等无线互动方式，可实现优质便捷的公务件、校园本地化物流等服务。

广州乐收网络技术公司成立于2014年，以“乐享生活，收发自如”为企业宗旨，专注于解决“快递最后一公里”难题，不断满足市场的需求，为高校师生提供24小时方便快捷的第三方收发快递服务，保证校园安全卫生秩序。

中科富创（北京）科技有限公司基于云计算、移动互联网、大数据及智能终端技术，集技术研发、系统集成、投资运营为一体。“近邻宝”是中科富创公司打造的服务于校园、社区居民及快递物流的24小时快递自助服务运营平台。

二、相关背景

国务院总理李克强在3月5日的政府工作报告：“促进电商、快递进社区进农村，推动实体店销售和网购融合发展。”

全国政协委员、国家邮政局局长马军胜提案："邮政管理部门和发展改革部门应从政府层面加强城市公共快递末端服务平台规划建设，包括公共快递智能箱和城市公共投递服务中心等设施，将其列入城市公共基础设施计划并安排必要的投资补助。""民政和教育部门应出台政策推动城市社区、学校为快递员投递提供方便，为智能快件箱和投递站进入小区或学校设置提供便利。"

三、高校"快递圈"

从校园快递的末端呈现方式来看，主要分为两大类，一类是"机 + 人"模式，即以智能快件箱为主要派件渠道，人工辅助派送快件箱处理不了的快件；另一类是"人 + 机"模式，以人工为主的快递超市是主要派件渠道，快件箱作为辅助根据实际情况进行配置，可以提供少量包裹的24小时自提服务。

实际上，自校园快递将路边摊整合后，发展的第一个阶段就是校园快递超市模式（或小卖部模式），全部通过人力派件，发展到后来，快件箱作为"末端神器"开始登上舞台。当然，还有相当一部分的校园快递还停留在全人工操作阶段，甚至不少校园依然处于原始的"摆地摊"阶段。

本次实证走访了四个具有代表性的不同品牌的校园快递，有"机 + 人"模式的递易、近邻宝，有"人 + 机"模式的菜鸟驿站、乐收。

（一）"机 + 人"模式

1. 代表网点：递易-华南农业大学网点（广州）

华南农业大学是广东省和国家农业部共建的省部共建大学，国家重点建设大学。在广州的本部分为5个校区：燕山区、华山区、启林南区、启林北区、五山区。

华南农业大学是递易合作的为数不多的件量超万件的学校（表4-74）。学校占地面积超过8000亩，以至于分为5大校区，不同校区间以公路相连，要快速往返基本全靠机动车。递易在华南农大设置了5个站点，分别对应5个校区，其中五山区是中心站点，也可以称其为一个小分拨中心。每天上午9点、下午3点，各家快递企业用卡车将快件运至五山区递易网点，卸货即走，接下来的工作全部交给递易的工作人员搞定，但必须在上午10点和下午4点之前将两批快件分拨至五个站点。

为保证派送时效，递易在华南农大配置了20人的直营团队，并拥有着一支由几百名学生组成的勤工俭学队伍，每天有20多名学生参与到快件的派送中（表4-75）。

表4-74　华南农业大学校园快递情况

校内总人口	日均派件量	日均收件量	高峰派件量	派件费（元/件）
4.5万人	1万余件	700余件	3万余件	0.7～0.8

表4-75　递易在华南农大的硬件及人员配置情况

快件箱	全职员工（人）	日兼职学生（人）	兼职工时（小时/班）	兼职人员计酬（元/小时）	车　辆
5个校区共4600个格口	20（站长、客服、财务、分拣派送员）	20（在百名兼职学生中进行排班）	4～5	12	2辆厢式货车，10辆电动三轮车

这种方式的一大特点是，不仅解决了校园的"面子"和"民生"问题，也解决了快递网点的派送问题，还可以为学生提供勤工俭学的机会。在华南农大有专门的勤工俭学部门负责与递易进行对接，提供勤工俭学人员。在日常工作中，全职的站长负责收件和人工取件工作，兼职学生则负责快件的到件扫描和入柜工作。5个站点平均都配置有1名站长和2名兼职学生，以及数量不等的智能快件箱。以下是快件在华南农大的流转过程：

各家快递网点→华南农大递易五山区中心→分拣至5个递易站点→兼职学生扫描入柜（大件、

异形件上架)→发送取件通知→收件人取件。

递易"机+人"模式下,智能快件箱是快件派送的主力。所以快件箱硬件和软件研发水平是保证服务质量的核心。递易智能快件箱通过模块化设计,实现了不同场合的自由组合,可以适用于学校内多种不同场地。同时该快件箱为通用的快递包裹量身定做,是市场上单位面积格口数量最多、大小和位置可选的快件箱产品,其格口有大小六种规格可选。箱体更加节约化、灵活化的设计可以有效应对不同学校、快递淡旺季的业务需求。

2. 代表网点:近邻宝-北京交通大学网点

北京交通大学是教育部直属,教育部、中国铁路总公司、北京市人民政府共建的全国重点大学,是国家"211 工程""985 工程优势学科创新平台"项目建设高校。

北京交通大学位于北京西北二环外,占地1000 亩,分为东西两个校区。目前近邻宝进驻的是最大的西校区,快递点位于西南门。据了解,东校区校园快递项目正在洽谈过程中。

来到校园西南门,近邻宝快递服务中心的招牌十分显眼。一间屋子、一个院子,一排智能快件箱,是这里的硬件配置。目前,网点业务量有1000余件,对于一个有两三万人的学校来说并不多,原因是圆通和申通等几家快递网点还没有整合进来。网点负责人介绍,还在努力与快递网点协商解决中,整合所有快递网点后,件量将达到3000件(表4-76)。

近邻宝校园服务中心的主要派件功臣是智能快件箱,按照其1500格口的配置,假如使用率为160%,其每天的派送量可以达到2400余件,加上需要人工处理的快件,每天整个站点可以完成3000件快件的流转。(表4-77)

表 4-76　北京交通大学校园快递情况

校内总人口	日均派件量	日均收件量	高峰派件量	派件费(元/件)
2～3 万人	1000 余件	100 余件	2000 余件	0.5～1

表 4-77　近邻宝在北京交通大学的硬件及人员配置情况

快件箱	全职员工(人)	日兼职学生(人)	兼职工时(小时/班)	兼职人员计酬(按件计费)	车辆
1500 个格口	3(站长、分拣派送员)	2(在百名兼职学生中进行排班)	2(视学生具体情况而定)	放件0.03 元/件,扫描0.04 元/件等,人均每天收入30～40 元	暂无

递易在华南农业大学设置中心站辐射五个校区的校园快递模式并不多见。更多情况下,高校并没有如此大的面积。近邻宝在北京交通大学是正常状态下的校园快递站点。一个学校内如设置多个站点,容易使管理复杂化、分散化;对学生来说,"三点一线"基础上已经增加了一个点,如再增加一个同一属性点,并不利于取件体验的提升;此外,寻找一处合适的快递场地对一所大学来说并不容易,况且再增加一块场地。应用到北交大,在学校东门要找一块适合"机+人"模式的场地就非常困难。

(二)"人+机"模式

1. 代表网点:菜鸟驿站-杭州师范大学仓前校区网点

杭州师范大学是杭州市重点综合性大学,为浙江省和杭州市重点建设的百年老校。该校建有仓前、下沙、玉皇山、古荡湾等校区。

杭州师范大学仓前校区的菜鸟驿站建在一栋学生宿舍的地下一层,占地三百多平方米(表4-78)。根据指示牌进入地下一层时,菜鸟驿站由蓝、白、橙三种颜色组合成的店面风格带来一股青春之气。据菜鸟公司相关负责人介绍,这里是浙江省高校首个推出的校园快递智慧物流服务平台,场地由校方免费提供,以在校学生作为运营主体,菜鸟网络提供智能系统、服务培训、门面装修和创业资源支持。

杭师大菜鸟驿站分为扫描区和拣货区,各类快件到站后,驿站工作人员通过PC端和无线设备将快件入库上架。快件会按照不同的快递公司被码放在不同的货架上,同一个货架上的不同位置也会进行编号。当上架扫描完成后,后台系统即会向学生发出取件通知,学生可自行进入菜鸟驿站按照收到的编码查找包裹,然后凭学生卡、手机验证码等证明携快件出库,“整个过程不过两三分钟。”一位正在取件的大学生告诉记者。这种“超市”自取模式,相比摆地摊或者隔离式的人工取件模式,不仅解放了人手,还大幅度提高了取件效率和准确率(表4-79)。

表4-78 杭州师范大学校园快递情况

校内总人口	日均派件量(件)	日均收件量(件)	高峰派件量(件)	派件费(元/件)
1万余人	2000~3000	100	6000~8000	0.5~1

表4-79 菜鸟驿站在杭州师范大学仓前校区的硬件及人员配置情况

快件箱	全职员工(人)	日兼职学生(人)	兼职工时(小时)	兼职人员计酬(元/小时)	车辆
更新中	1~2	5	2~8(视学生具体情况而定)	10~15	暂无

通过以上情况可以看出,“人+机”模式中,快递超市即人工自取是主要取件方式,而在另一种模式中扮演主角的智能快件箱在这里反而成为配角,甚至可以不配,取决于不同学校不同场景下的取件需求。据杭师大菜鸟驿站工作人员介绍,原来这里是配备了几十个格口的智能快件箱的,近期因为需要调整,所以暂时没有摆放,过不久就会配置到位,可以解决部分在驿站营业时间内无法取件的需求。

有趣的是,当记者进入杭师大仓前校区后,一时迷了方向,这时看到一辆圆通速递的卡车疾驰而过,便顺着车的方向深入,但很快不见车辆的踪影,记者便向学生打问快递驿站在何处,得到的答案是这里有两个快递站。按照指引,记者先去了近处的快递站——萌站。萌站的学生工作人员介绍,这个校园快递服务站已经存在了至少三年的时间,目前接收的大部分是圆通和百世的快件。萌站的门口还放了一组京东的快件箱,供京东快递使用。记者感叹,京东不做快递柜已多年,看来这个网点是有些历史了。后据杭师大菜鸟驿站学生站长说,萌站可能将在不久后整合到菜鸟驿站中来。

2. 代表网点:乐收-暨南大学石牌校区网点(广州)

暨南大学是中国第一所由国家创办的华侨学府,是“211工程”“985工程”重点建设大学。

暨南大学石牌校区有近千亩的面积。乐收服务站位于一栋宿舍楼的一层,前台、货架、办公和快件箱区域加起来共300多平方米。与杭师大菜鸟驿站模式相同,来到这里的快件基本靠学生进快递超市自取(表4-80)。但乐收的取件方式与菜鸟驿站直接发送快件位置编码不同,快件按规律放入货架后,系统只发送短信或微信通知收件人取件,收件人到达乐收服务站后需扫一扫入口处的二维码才可获得快件所在的具体位置信息。乐收负责人解释,因为有些学生不一定会当天取件,快件每天清仓后位置更改,学生按照旧的位置信息就找不到快件了。而如果每天重复发送短信通知,赶上学生好几天不来,就会收到多条短信,容易混乱。另外一个很重要的原因就是,通过微信扫码,可将学生导流到乐收的公众号平台,用于服务延伸。

乐收人工超市的门口是五套丰巢快件箱。据乐收负责人透露,目前乐收和丰巢是战略合作关系,双方共同开发校园快递市场(表4-81)。

表4-80 暨南大学校园快递情况

校内总人口	日均派件量(件)	日均收件量(件)	高峰派件量(件)	派件费(元/件)
2万人	3000	100	6000~8000	0.6~1.5

表 4-81　乐收在暨大的人员及快件箱等配置情况

快件箱	全职员工（人）	日兼职学生（人）	兼职工时（元/小时）	兼职人员计酬（元/小时）	车　辆
5 套 560 个格口	2～3（站长、分拣派送员）	5	根据学生实际情况	12～15	2 辆电动三轮车

与菜鸟平台向校园菜鸟驿站提供快件箱不同，乐收自己并不研发快件箱，而是与丰巢合作。在暨大，丰巢快件箱主要用于二派快件的派送。因为二派快件到站较晚，人工服务无法实现当日派送，所以智能快件箱成为很好的辅助工具。

在乐收300多平方米的场地中，还摆放了咖啡机、手机回收机、电子书展示台、快消品展示台等，丰巢快递柜上也投放了平面广告。在一定程度上，衍生服务也减轻了乐收的运营压力。

同样为“人＋机”模式，乐收与菜鸟驿站不同。每一个菜鸟驿站都不是菜鸟公司直营，而是在各地吸收加盟商的方式，菜鸟只提供管理平台；乐收则是直营模式，除快件箱与丰巢合作外，其他均为自己研发。

（三）校园众包

不知从何时起，校园里多了一种“侠”，“裹裹侠”“校飞侠”等，他们在课余时间依托于校园快递平台或自建平台，为校内师生捎带快递包裹，赚取生活费的同时锻炼了自身、结交了朋友。本次实证中，记者跟随递易在广东金融学院的“校飞侠”，体验了一把校园众包快递。

“校飞侠”：赵钊洪（大二金融系）　刘逸民（大一法律系）　黄春燕（大一会计系）

平台：递易（校园版）

派件方式：电动三轮车、步行

2月24日上午，广东金融学院快递服务站，刚从师哥手中接过“校飞侠”带队任务的大二学生赵钊洪，带领着大一新生刘逸民和黄春燕开始了一天的派件工作。因为还没有正式开学，所以他们有大把的时间都可以抢单派送。

赵钊洪在递易校园版上的注册名字是小弘，所以大家都这么叫他。小弘的手机上显示着他的抢单记录，详细列出了每一单的派送地址、取件地址、取件密码和派送时间等信息。小弘会根据时间和地址规划路由。刘逸民和黄春燕新加入“校飞侠”队伍不久，小弘负责教他们派件。

从递易站点和校门口的快递摊点（暂时未进入校园快递平台）拿到的快件，都被放上小弘的电动三轮车。三轮车是小弘自己攒钱买的，他还特意加了个遮雨棚，因为很喜欢这辆车，平时也舍不得让其他人使用。这是金融学院里唯一一辆快递车，校方专门为它颁发了通行证。快件装满了，出发！一般小弘派件时会带一个人，一人驾驶，一人坐在后面的车棚里，今天的快件有点多，况且还多了一个人，刘逸民和黄春燕只能抄近道步行跟随了。

男生楼、女生楼……记者跟随的两个小时中，小弘和他的伙伴连取带送一共完成了十几个订单。因为是带新人，而且很多快件都要爬五六层楼，所以小弘感觉效率并不高。没有社会上快递的紧迫感，三人有时还停下来短暂地休息，商量接下来的快件怎么送。下午一点多，小弘暂停了派件，待吃过午饭再进行派送。把车停到递易服务中心的门口后，一行人走向饭馆，路上小弘还跟记者说着一些趣事，哪栋女生楼让进，哪栋不让进，哪栋楼的老太太管得严，哪栋楼的宿管跟他关系好，派件时还认识了一些关心她的女同学，不知道对他有没有意思……

刚刚刚起步的校园众包，无疑在模式上还不成熟，但已经可以在快递末端日常和高峰期派送中扮演重要的角色。除了送快件，他们还可以提供代跑腿服务，师生的日常消费品都可以得到满足；校园快递站需要人手的时候，他们是救急的主力军。据了解，除了递易和菜鸟驿站，乐收、近邻宝等校园快递平台也正在打造众包平台，具体的运营模式或许存在差异，但对其未来的发展前景同样期待。

四、"温度"和"速度"，你怎么选

"人+机"模式增加了互动，颇有"温度"，同时可引流；"机+人"模式"速度"更快，24 小时为你等待，你选谁？

咱先从校园快递出现的根源谈起。

可以说，快递是高校与社会连接的重要纽带。和社会一样，高校内同样享受着电商、快递业飞速发展带来的红利。十几年前的大学生活到如今早已"面目全非"，哪里还用"到学校附近的邮局去寄包裹"？

快件纷至沓来带来了问题。快递员无法进入学校派件，只好门口摆摊，影响了效率，还可能导致服务不规范、变相收费、货物丢损等情况；对师生来说，取件费时费力，遭遇问题投诉无门，学校又无法监管；对学校来说，严重影响了校园秩序和校园卫生环境。于是就有了整合校园快递的需求，整合者中有快递网点、学校、学生及第三方等。从形式来看，在校园快递发展初期件量很少的情况下，投入少、人工成本低的小卖部模式受青睐；快件逐渐增多，转身取件的模式无法满足需求，快递超市应势而生；之后随着取件需求的提高及智能快件箱的发展，人工+24 小时自助取件模式出现。

同样为应对"件量猛增、取件时间集中、无法上门派送"等校园快递问题而衍生出的"机+人"和"人+机"模式，都有其存在的理由和发展的潜力。如果让双方相互辩论，会是一种什么情形？

"人+机"：我的优势在于只需几个人加上成本并不高的货架，就可以完成大量快件的派送；

"机+人"：虽然快件箱的前期投入成本高，但快件箱的取件效率要比你更快。只需扫码，几秒钟就能拿到自己的快件。

"人+机"：快件箱要看使用率，货架利用率更高，而且相同的空间，我装的快件更多。

"机+人"：虽然你装得多，但是几位数的编码和一层一层码放的快件，收件人很难短时间内找到，不方便，出门还得排队确认。我还可以 24 小时服务。

……

两种模式各有优缺点。如果放在"双 11"高峰期来检验呢？采访中代表两种模式的校园快递站点均表示有应对措施。

"人+机"：货架可以摆放比快件箱更多的快件，遇到无法满足需求的情况下，一是可以通过增加货架和工作人员的方式应对高峰，二是可以延长工作时间，三是增设或增加快件箱格口作为辅助。

"机+人"：1. 延长人工站点工作时间，聘用大量学生兼职；2. 增加快递柜投递频次（一般是一天两次，在高峰期的时候后增加到 5~6 次）；3. 学校许可下临时增设临时人工取件点。

"一般来说，在理想情况下（场地足够充足且能够摆放快递柜），我们会更加愿意多摆放快件箱，让更多的快件通过快件箱的方式处理。但并不排除在一些站点，我们也采用学生自取的模式。"递易的一位负责人对记者说，"毕竟，用快件箱的效率非常高，平均每件包裹的处理时间可以压缩到 15~20 秒，而纯人工的处理时间估计要 1 分半到两分钟，同样 1000 件快件，通过纯人工的模式可能需要 4~5 个人用智能柜+人工的模式只需要 2 个人+2 套柜子。"

乐收的一位负责人则有不同看法："以人工为主而不是以机器为主，是因为我们考虑到在校园这样一个特殊的环境中，如果只以快件箱来投递，是否缺乏了一点'温度'，毕竟快递是手对手的传递，我们的目的是想通过人工交互的场景，让各方建立起信任，做一个有'温度'的快递。"

对于两种模式的选择，其实要说哪一种更好很难，仁者见仁智者见智，只能够让时间去检验，两种模式互相融合也不无可能。但需要注意的是，虽然有了发展的模式，但是快递进校园仍然存在不少问题。对第三方平台来说，很多校园高昂的场租金使他们不堪重负，学校对校园快递的“基础设施”性质认识不够；其自身管理也存在可提升的空间，背靠行业要健康发展的大背景，无论哪种模式，都必须制定一套科学、合理、严格的标准和流程来执行。而对校方来说，校园快递也存在不少问题。由中国教育后勤协会校园快递工作委员会于2016年10月17日发布的《校园快递行业发展报告》中，校方对校园快递发展的期待需要重视。

五、校方眼中的校园快递问题

1. 校园站点性质问题

校园快递站点的定性，是经营性质还是公益性质，没有明确说法。学校在对校园快递末端服务进行招标的过程中，应该依据什么来确定标的价格、经营方式等，有待政府或行业相关部门给出明确意见，指导学校得以更好地落实“促进快递进校园”工作。

2. 站点运营问题

随着快件量的迅速增长，快递站点的选址及空间布局如何确定急需参考标准。快递选址以什么环境因素来定位，站点面积又该以什么数据确定，亟待规范。站点的建设与服务如何体现教育后勤“管理育人、服务育人、环境育人”宗旨，尚待研究。

校园快递站点由第三方运营，经营利润微薄甚至亏损，服务质量难以保证，可持续经营面临挑战。缺乏市场准入机制，以及服务标准，包括安全责任的界定，安全隐患的防范方面仍存在巨大欠缺。

3. 各方角色定位问题

高校对社会第三方企业提供“集中统一的末端配送”的运营能力存在质疑。第三方是不是有能力把校园零星快递有效整合？对第三方的能力又该如何进行考量？这些疑虑使学校对末端服务站点是否建、由谁建、如何建难下决心。

学校管理内部校园快递业务模块的部门较为混杂，具体由谁管理无相关标准，导致管理责任不明确，在日常管理中容易存在懈怠和推诿的情况，甚至造成无人监管的状态。

学校、社会企业和物流公司沟通难度大，交易成本高，缺乏相应的行业标准及管理办法，导致各方在业务对接及合作方面很难达成共识。

六、专家观点

交通运输部专家委员会邮政组专家、国邮智库专家　杨世忠：

在高校中，学生接受新事物较快，是最重要的消费群体。李克强总理日前在政府工作报告中提到了快递进社区进农村，虽然没具体讲到进校园，但整个快递正在向广度、深度发展，校园是很重要的一个场景，其快递的密度在不断增加。可以预见的是，学生群体的消费能力还会增加，可能90%的消费都会在网上产生，校园快递平台将扮演越来越重要的角色。

校园快递的环境不同、结构不同，投递的方式也不同，出现了不同的模式，但基本会以上文中提到的两种为主。我个人更倾向于“大量的快件箱+少量人工”的服务模式，而且，当条件成熟时，目前人工服务和快件箱集中的模式可能会变为分散模式——快件箱在校园多点布置。从这方面来讲，相对集中的货架式的模式与校园快件的分散性有矛盾。此外，快件箱的保密性更强，还可以提供24小时服务。最后重要的一点就是，大学生更容易和更喜欢接受新科技，未来智能快件箱究竟还会与哪些新技术嫁接让人期待。

北京邮电大学邮政发展研究中心主任、国邮智库专家　赵国君：

目前校园快递的各种模式皆有一定程度上的适用性。

高校用户在用邮与快递上有非常强的同质性，主要以电商件为主，师生们上课时间不能接收邮件快件，智能快件箱是非常好的解决之道，而且智能快件箱在高校的使用方面也有着利用率高的特点，因此可以在占用场地相对较小的情况下，满足更多的需求，师生群体也比较喜爱这种智能的投递方式。

但是，智能快件箱在布放主体、场地占用、成本、用电等方面存在问题，使其在投放使用之初非短时可形成规模，因此还必须在一定程度上补充其他的形式，如超市自取等形式。

展望未来，校园快递的科技化、智能化应为主要的发展方向与方式。

电动“大”时代

自从各大汽车企业逐渐把电动汽车市场向快递业倾斜以来，在两三年的时间里，快递电动汽车经历了最初的“小”时代和逐渐兴起的“大”时代。作为“小”时代的代表——微型面包车当年一经面世，便成为社会热议的替代快递电动自行车、电动三轮车及同等级汽油车的主流车型。根据设计理念，它可用于快递的末端收派业务，在降低运输成本方面也有着良好的效果。可以说，从电动微面始，快递业末端收派开启了“电动时代”。

新时代的发展是快速的，在两年前的快递业新能源汽车发展现状与趋势报告中，提到“新能源汽车车型将更加多样化”的预测如今成为现实。目前，快递电动汽车已经覆盖了微面到轻卡的所有车型。比微面更大的电动轻卡的出现以及越来越多地应用于快递的末端收派和支线运输中。这也代表着快递电动汽车同时进入了一个“大”时代。

一、品牌概况

浙江东润新能源有限公司：国内首家专注于快递物流企业的租赁公司，由天天快递、申通快递、东润传媒、金宇火腿共同出资组建。公司立足于快递业，依托天天快递、申通快递完善的物流网络市场基础，联合上下游产业链，提供快递业运输车辆整体解决方案，为快递公司专门研发适用于快递业的新能源车型。截至目前已有5000余辆电动快递物流车在全国各地运营。

地上铁租车（深圳）有限公司：从事新能源汽车集约化、创新型运营服务，致力于为各大快递物流及城市配送提供环保、高效的运力服务，同时提供开放互联的新能源汽车充电一体化运营解决方案及服务。公司拥有微面、轻卡等新能源车辆5000余台，在全国10个城市开展业务，主要为快递物流业务的支线、调拨、末端配送提供运力支持。

深圳市民富沃能新能源汽车有限公司：专注于新能源汽车租赁与销售、充维服务，推出了“整车租售、固移并举、八年质保、主快充维”的城市交通电动化创新模式，在广东、陕西、四川、湖北、江苏等17省26市投放运营新能源汽车超过10000台，建设大功率直流充电桩超过700台。

二、电动卡车报告

记者走访了浙江省湖州市安吉县和广东省深圳市，之所以选择上述两地，是因为它们都有着深厚的新能源发展历史背景。

湖州是“两山”概念发源地。2005年，时任浙江省委书记的习近平同志在安吉调研时首次提出了“绿水青山就是金山银山”的重要思想，安吉成为“中国美丽乡村”建设的发源地，也是全国首个生态县。

而在改革开放的前沿阵地深圳，自中国新能源汽车的星火在这里点燃后，已经成为中国乃至全球推广应用新能源汽车最多的城市，在新能源汽车产业发展中抢占了制高点。

新能源的绿色飘带将湖州与深圳连在一起，那么，新能源电动卡车在两地正在孕育怎样的发展契机呢？一起随记者深入基层看看不同地域、不同企业、不同品牌下的快递电动卡车的发展。

(一)安吉天天模式

安吉是我国的第一竹乡，盛产竹制品和座椅，椅业、竹产业年销售收入占全县工业总产值的近一半，安吉茶叶、竹笋等土特产也闻名于世。据记者向当地邮政管理局了解，安吉的竹制品、座椅、土特产如今大部分都通过快递走向全国。2017年1~5月，安吉全县快递业务量累计完成793.7万件，同比增长52.9%，业务收入累计完成10310.7万元，同比增长55.7%，均居湖州三县第一(表4-82)。

安吉天天快递的业务量在当地并不靠前，但因为背靠当地特色产业，业务量较为可观，且快件类型代表了地方特色。该网点负责人对记者表示，相对来说，每年的三月至六月，属于快递业的淡季，这一时期的快件以小件为主，但一进入七月，大件比例就会快速上升，“在下半年旺季里主要以大件为主”。在“收件多、大件多”的业务量结构下，天天快递用于收件的车辆基本都是车厢长度在3.6米以上的轻卡(表4-83)。

表4-82　安吉天天快递发展数据

日均进港（件）	日均出港（件）	快件类型	快件种类	员工（人）	农村件占比（%）	电动卡车数量及用途	购置形式
3000	10000	大件为主	家具、户外装饰品、凉席、茶叶等	90	40	3.6米卡车4辆，用于收件	租赁

表4-83　安吉天天快递使用的电动轻卡车型

卡车品牌	大运E3轻卡
产品类别	4.5t电动车
轴距	2800mm
驾驶室	平顶单排
电机	45/50kW
变速箱	直驱/4挡EMT
电池总容量	65kW·h
中/后桥	2.7t后桥
货厢尺寸/容积	3570mm×1900mm×1900mm/13m^3
续航里程	230km(空载)、150km(满载3t)
电控装置	五合一控制
其他	2t 130前桥，手动门窗、手动后视镜、手动空调、带顶导流罩、ABS、沃特玛电池

近两三年电动汽车销量爆发，在国家补贴大力支持下，许多快递物流电动汽车如雨后春笋般进入市场，在电动轻卡市场也出现了很多热门产品，除大运外，还有吉利远程E200、东风EV300、福田欧马可电动物流车、比亚迪T5等。安吉天天快递使用的大运E3轻卡车厢长度为3.6米，因此可以上蓝色牌照，拥有C级驾照的快递员也可以驾驶，并且可在市区拥有更多的通行便利。在牌照方面值得注意的是，天天快递使用的电动卡车均为山西运城牌照(晋M)。这是因为在全国范围内山西省拥有非常引人的补贴优惠政策，2016年年底之前，车辆在山西上牌可享受1:1:1的国家和地方三级新能源汽车补贴。因此，要使用该电动卡车，还必须考虑到外地牌照在本地的通行便利情况。

在东润新能源为快递网点提供的电动卡车使用方案中，除了一次性买断外，租赁是主要形式，方案有两种，见表4-84。

表 4-84 安吉天天快递可选择的轻卡租赁方案

方案 1:月租		方案 2:月租		一次性买断
车辆押金(元/辆)	10000	车辆押金(元/辆)	10000	7.5 万元
车辆运营保证金(元/辆)	5000	车辆运营保证金(元/辆)	5000	
前 3 年月租金(元/月)	3500(含交强险、商业险)	前 3 年月租金(元/月)	2500(不含保险)	
后 2 年月租金(元/月)	2100(含交强险、商业险)	后 2 年月租金(元/月)	1000(不含保险)	

注:合同期限五年,合同到期后车辆不过户,但可以使用至报废为止。

对于安吉天天快递来说,因为经营成本上的压力,更加倾向于收派车辆的轻资产化,这是其选择租赁的原因之一;其次,电动轻卡在运营成本方面也比柴油版要低,且可以省去很多部件的维修保养费用;最后,电动汽车在驾驶的舒适度方面也要好于柴油车。

以上两种租赁方案,安吉天天快递选择了第一种方案,与第二种方案的区别就是带有保险。事实上,记者了解到,通过东润新能源租赁公司租赁电动卡车的客户大部分都会选择第一种方案,通过租赁公司上保险要比自己上更加实惠和省心。如此,安吉天天快递只需每月缴纳 3500 元就可以用电动卡车收件了,日常充电可通过车载便携式充电器在 220V 电源随时进行,满电需要 8 小时。那么,与柴油车相比,综合成本究竟降低了没有?我们与一辆 8 万元的同等级柴油轻卡进行对比(表 4-85)。

通过上表可明显看出,在车辆缴纳强制保险和商业保险的前提下,电动卡车的日均综合成本比柴油车要低,可降低约 20% 的综合成本;如果执行第二种不含保险的租赁方案,车辆只缴纳交强险的情况下,电动卡车的日综合成本为 100 元左右。如果是一次性买断并且缴纳保险的情况下,使用 5 年期限的前提下日综合成本也约为 100 元。

经过对比可见,无论是租赁还是一次性买断,安吉天天快递使用电动卡车的成本都要低于柴油车。选择租赁方式的优势在于前期投入成本低,可以将资金用于网点的其他建设;从长远来看,在资金充裕的情况下买断的方式更为合算,但是结合目前新能源电动汽车技术、售后及回收体系尚未成熟,一次性买断也存在一定风险。结合电动汽车每年的退坡政策,以及快递末端网点的生存难题,可以预测在未来不短的时期内,租赁仍然是电动汽车在快递业应用的主要形式。

表 4-85 安吉天天柴油与电动轻卡各项成本对比(5 年使用期)

项目 \ 车型	3.6 米柴油轻卡	3.6 米电动轻卡(大运)
一次性购置费用	8 万元	7.5 万元
上户费用(附加费、车船税、制证费、上线费)	8000 元	800 元(电动车免附加费、车船税、制证费)
保险费	4200 元×5 年=21000 元(非营运)	8000 元×5 年=40000 元(非营运)
保养费	8000 元×5 年=40000 元	400 元×5 年=2000 元
租金/月折算成本	149000 元/60 月=2483 元	3500 元/月(前 3 年)、2500 元/月(后 2 年),共 18.6 万元
日运营费(日运行 120 公里)	14.4L×5.6 元=80.64 元(百公里耗油 12L)	65kW·h×0.45 元/kW·h=29.25 元(夜间波谷电价)
日综合成本	163 元	132 元

（二）石岩圆通模式

石岩街道位于深圳市西北部、宝安区中部，总面积64.6平方公里，距深圳宝安国际机场直线距离约13公里。石岩从昔日一个落后的小山村发展成为生态型高新技术产业城。现有内外资企业710多家，主要涉及电子、计算机、塑胶制品、机电、家用电器等行业。近几年来，石岩先后引进了长城电脑、北大方正、恩斯迈、创维等一批高科技项目，加上原有的泰科电子、彩虹、光辉电器等一批高新技术企业，已在区内形成高科技产业群。

在石岩圆通速递的服务辖区内，高新技术企业集聚，日均业务量为3万件，其中有2万件为出港件，大部分来自这些企业（表4-86）。因为大客户数量多，收件时电动三轮车无法完全满足需求，再加上大件的派送需求，所以在添置车辆时，石岩圆通选择了更为省钱好用的电动卡车（表4-87）。

除末端的收件和派件外，石岩圆通还将电动卡车用于网点到深圳分拨中心的支线运输上。由于圆通新开通的同城配送业务量不断增加，石岩圆通三辆电动卡车每天都要数次往返于深圳分拨中心与网点之间，因为网点距离分拨中心单程只有十余公里，所以电动卡车的续航基本能够满足收派件和往返分拨中心的需求。

与浙江安吉天天快递使用的3.6米厢式货车不同，石岩圆通使用的电动卡车为十堰东风特汽的一款更大的4.2米车型。因为总质量超过7吨，所以牌照为黄色，对驾驶员要求较高。石岩圆通位于深圳郊区，粤B的黄色牌照并不会受限行影响。该网点负责人向记者表示，租赁3辆4.2米电动卡车的主要目的是替代4.2米柴油车，目前3辆车已经使用了1年，状况良好。

为石岩圆通提供电动卡车租赁服务的是深圳民富沃能新能源汽车有限公司，其经营内容主要是电动卡车的整车租赁，纯电动汽车产品全部支持快速充电，快递企业可选择去固定大功率充电桩充电和呼叫移动补电车随时随地充电（表4-88）。

表4-86　石岩圆通速递发展数据

日均进港（件）	日均出港（件）	快件类型	快件种类	员工（人）	电动卡车数量及用途	其他车辆	购置形式
10000	20000	小件为主	电子产品、家用电器等	150	4.2米卡车3辆，用于收件、派件和支线运输	电动三轮车80辆、7.6米卡车1辆、5.8米卡车2辆、金杯3辆	租赁

表4-87　石岩圆通速递使用的电动轻卡车型

卡车品牌	东风特汽3t
产品类别	纯电动厢式运输车
总质量	7100kg
整备质量	4000kg
轴距	3300mm
货厢尺寸/容积	4150mm×2050mm×1900mm/16m^3
驾驶室	平顶单排
电机	60kW
最高车速	95km/h
整车长	5995mm
续航里程	180km（空载）、150km（满载）
轮胎数	6个
电池种类/型号/生产企业	分体式磷酸铁锂电池/32650-5AH/深圳市沃特玛电池有限公司

表 4-88 石岩圆通速递轻卡租赁方案

月租费用	4500 元/辆(含保险)
押金	1 万元
合同形式	1 年 1 签
充电形式	固定场站/移动充电车
充电费用	免费

在新能源电动汽车推广过程中,一般面临五大问题:一是购置成本太高;二是充电设施建设困难;三是售后的维修和保养不可控;四是安全管理问题突出;五是车辆运营效益不高。在这种情况下,通过打包租赁方式、服务范围内随时随地充电方式,可以有效解决上述问题。

在充电方面,距石岩圆通 2 公里就有一个民富沃能的充电站,充电站还配备了数台大小不等的移动充电车。圆通快递员在中午休息或晚上下班车辆空闲时,电话或微信呼叫充电车到停车处补电,半小时到一小时即可充满,不影响正常收派作业。

此外,租车公司对电动卡车大三电(动力电池、电机、电控)及充电设施提供 8 年质量保证。其他部分按照约定的质保期进行质保。也就是说,只要不出现大的意外,日常所需的维修和保养都不用石岩圆通操心。那么,在最终的降成本上,租赁电动卡车给石岩圆通带来实惠了吗?(表 4-89)

根据租赁公司为石岩圆通提供的租赁方案以及一年来实际的使用情况,石岩圆通租赁的电动卡车日均综合成本低于同等级柴油车 68 元,降幅约为 31%(表 4-89)。假设平均工况下,3 辆电动卡车平均每天可以节省 200 元的运营成本。当然,这是建立在充电一直保持免费的情况下。据记者了解,民富沃能公司主要盈利渠道为车辆租赁、维保和充电费用,所以不排除将来其会向快递网点收取充电费的可能,如果充电收费,电动卡车的日均综合成本难免会上升。

记者随石岩圆通快递员小徐体验了驾驶电动卡车收派快件的过程。小徐告诉记者,他把能开上电动车看作多年奋斗的回报。他认为,电动车有着更高的舒适度,操作更加简单、噪音更低、空调更加给力,“不是每个快递员都能开上电动车的”。

(三)华强德邦模式

深圳市福田区华强南地铁站 A 口出来,南华花园小区,是此区域德邦快递网点的所在地。德邦快递与圆通、天天最大的不同,就是快件的体积大、重量重。南华花园德邦快递与德邦物流合址办公,并且有不同的配送队伍(表 4-90)。

表 4-89 石岩圆通柴油与电动轻卡各项成本对比(5 年使用期)

项目 \ 车型	4.2 米柴油轻卡	4.2 米电动轻卡(东风特汽 3t)
一次性购置费用	11 万元	—
上户费用(附加费、车船税、制证费、上线费)	8000 元	—
保险费	8000 元×5 年=40000 元	—
保养费	14600 元×5 年=73000 元	—
租金/月折算成本	231000 元/60 月=3850 元	4500 元/月,5 年共 27 万元
日运营费(日运行 100 公里)	16L×5.6 元=89.6 元(百公里耗油 16L)	目前免费充电
日综合成本	218 元	150 元

表 4-90 华强德邦快递发展数据

日均进港(件)	出港业务收入(元)	快件类型	快件种类	电动卡车数量及用途	购置形式
400	10000	大件为主	家用电器、家具等	4.2 米卡车 1 辆,用于支线运输	租赁(人+车)

与上述安吉和石岩快递网点使用电动卡车的形式不同，德邦快递与深圳地上铁新能源汽车租赁公司合作，租赁内容是“人+车”，即整体打包支线运输服务。地上铁提供的具体服务内容是，负责德邦深圳中转场到网点之间的快件转运，需要的车型是4.2米电动卡车，该车可承载17立方米的货物。每天上午十点左右，地上铁公司的驾驶员会驾驶着电动卡车从德邦在深圳的中转中心往市内德邦对应网点运输快件，日均400件左右，一般均为体积较大、重量较重的快件。地上铁的电动卡车在网点卸车后即返回充电站，等候下一项任务。据记者了解，在深圳，顺丰与地上铁公司也采取了该形式的合作。

东风凯普特EV300总质量超过4.5吨，所以为黄牌车，但其长度不超过6米，所以在深圳享受比普通轻卡更便利的通行条件，能够更好地服务深圳市内快递网点（表4-91）。该车型与前面提到的两款电动卡车最大的不同是采用了三元锂电池。据记者向行业专业人士了解，磷酸铁锂电极材料是目前最安全的锂离子电池正极材料，由于产业成熟带来技术门槛下降，很多厂商出于各种因素考虑都采用了磷酸铁锂电池。不过，磷酸铁锂电池有一个致命性的缺点，那就是低温性能较差。对比之下，三元锂电池能量密度更大，但安全性受到怀疑。总体来说，三元锂电池自身能量密度更大的优势，应该是要作为未来汽车新能源存储设备而生的，但安全性应该牢牢把控。

地上铁公司为快递公司提供的使用方案包括直接租赁、以租代售和运输外包服务（表4-92）。在德邦与地上铁的合作中，地上铁以包月服务的合作方式直接承接了德邦深圳市内部分线路的运输服务，同时承担车辆保养、正常使用维修维护、当月车辆电费结算等，还包括保险年审、替换车服务、24小时现场救援等其他服务。为保证服务的正常提供，地上铁在深圳建设了一级、二级和三级充电场站，并配有应急充电车和移动电源，充电桩方面有慢充和快充电桩，可提供6～8小时和1～3小时的充电服务。

表4-91　为华强德邦服务的电动轻卡车型

卡车品牌	东风凯普特EV300
产品类别	纯电动厢式运输车
载重量	3000kg
整备质量	3460kg
轴距	3308mm
货厢尺寸/容积	4130mm×2150mm×2100mm/17m^3
驾驶室	平顶单排
电池容量	83.4kW·h
最高车速	80km/h
续航里程	160km(满载)
电池种类/生产企业	三元电池/北京海博思创科技有限公司

表4-92　地上铁公司在深圳可提供的轻卡租赁方案

直接租赁方案		运输服务方案(人+车)
月租费用(1年期)(元/辆)	4340(含保险)	未获得具体服务细节及价格
月租费用(3年期)(元/辆)	4290(含保险)	
押金(万元)	1	
充电形式	固定场站/移动充电车	
充电费用	免费	

由于未获得德邦快递与地上铁公司合作的具体细节和价格，所以无法比较在支线运输方面的使用成本，但从另一个角度来说，快递企业愿意使用新能源汽车租赁公司提供的服务，在综合成本方面肯定是经过了仔细的考量。

地上铁公司提供的凯普特电动车与同等级柴油车的成本对比见表4-93。

通过以上三个网点使用电动卡车的案例可以看出，快递市场之所以在新能源汽车市场中占有举足轻重的地位，是因为其对新能源产品有着真实的需求。从最初的电动微面到如今的电动轻卡，从最初的单一购买到如今丰富的租赁形式，快递与新能源汽车无数次地亲密接触并渐渐磨合。快递企业不断地提出要求，汽车制造和租赁企业积极地去满足需求。已经连续两年发布的快递业新能源汽车发展现状与趋势报告显示，电动汽车在行业的应用数量逐年递增，2015年，500辆；2016年，3000辆；到2017年，相信还会有所突破。站在行业发展的角度来看，不但快递电动汽车车型实现了大型化，进入了“大”时代，而且快递与新能源两个行业的融合也正在加快，快递业实现“绿色化”也即将进入一个更大的时代。

表4-93 地上铁公司提供的凯普特电动车与同等级柴油车成本对比

类　型	电动轻卡(凯普特)	某品牌同等级柴油车
厂商指导价	40.04万元	12.4万元
补贴后市场价	9万元	12.4万元
标称载重量	2500kg	2500kg
日最高驶公里数	150km	150km
电/油费单价	1.2元/kW·h(含服务费)	6.14元/升(0号)
100km电/油耗	50kW·h	13L
100km电/油费	60元	79.82元
每日最高电/油费	90元	119.73元
每月总费用	2700元	3591.9元
平均保养费(1万公里/次)	600元	950元
每年总费用(3万公里)	19800元节省6996元，节省比例26%	26796元

机器人总动员(一)

“公元2700年，地球早就变成了一个巨大的垃圾场。人类大举迁移到别的星球之后，最后只剩下唯一一个瓦力机器人，勤勤恳恳地在垃圾堆中忙碌着，转眼几百年……”

这是电影《机器人总动员》中出现的一幕动人场景。机器人成了未来拯救地球的唯一依靠，目前看来虽然科幻，但如今机器人在社会发展中的地位变得越来越重要是不争的事实。

可以说，在2014年就有不少机器人公司瞄准了快递业，当年成立的机器人公司有浙江立镖机器人有限公司、上海快仓智能科技有限公司等，菜鸟的“小G”、京东无人车也开始进入研发阶段。2014年至2017年，快递业处在较快增长期，带动了适用于快递业的机器人快速孕育。2016年，立镖的“小黄人”、快仓的“朱雀”“玄武”等已经正式应用于快递业，菜鸟“小G”正式发布并试运行；2017年，京东无人车正式发布并试运行。

截至目前，在快递业的分拣、仓储和末端派送环节均出现了机器人的身影，一场关于快递业的机器人“总动员”拉开了大幕。机器人能为行业带来哪些改变？机器人与机器人能否协调互动？未来快递业机器人将呈现怎样的场景？欢迎进入本期实验室,一探究竟。本期出场的机器人是:立镖“小黄人”、快仓“朱雀”和“玄武”。

一、品牌概况

立镖主要致力于创造和推广一流的物流自动化设备和物流集成解决方案。产品核心优势在于原创性的智能领域技术成果、自主系统底层与应用开发,以及具有高稳定性、高可靠性、高效率。

快仓为用户提供产品级解决方案,从应用场景、流程再造到软件算法,从多主体系统到智能机器人,实现了电商仓库操作模式从“人到货”向“货到人”的转变。

二、机器人报告

智能机器人在快递业应用的数量不多,可以说处于刚刚起步的阶段,而我们对机器人产业的发展也处于认识的初级阶段。但有幸的是,快递业的发展也开始进入智能机器人行业的视野。近日,权威机器人检测机构赛迪向《快递》杂志提供了一份由德国莱茵 TÜV 与赛迪检测认证联合发布的《2017 年中国机器人行业发展白皮书》(以下简称“白皮书”),可以“脑补”一下我们在智能机器人方面的空白。

白皮书中提到,根据国际机器人联合会(International Federation of Robotics, IFR)的定义,机器人是具有感觉、思维、决策和动作功能的智能机器。根据机器人的应用环境可以将机器人分为工业机器人、服务机器人。服务机器人是一种半自主或全自主工作的机器人,它能完成有益于人类的服务工作但不包括从事生产的设备。据此,快递业目前应用的快件分拣和仓储拣货机器人应属于此类。

白皮书还提到,目前机器人应用领域包括汽车、电子、物流、机械、轻工、医疗、航空航天、建筑、电力等。其中,根据中国机器人产业联盟的统计,2016 年上半年国产工厂物流机器人(AGV)销量超过 1,000 台,同比增速高达 71.3%,但在我国国产工业机器人中占比只有 5%。

白皮书强调,中国机器人技术及其标准化是《中国制造 2025》的重要内容,对规范国内机器人市场以及占领国际市场起着非常重要的作用,对中国重振制造业至关重要。目前,虽然机器人在快递业应用的数量不多,但行业应用的技术和标准化可能也需要我们给予更多的关注。

下面盘点一下快递业应用的智能机器人。

(一)“分拣员”——“小黄人”

1.“小黄人”简历(表 4-94)

因为身上一个大大的黄色托盘,大家亲切地称呼新晋“网红”立镖机器人为“小黄人”,“黑科技”“经验”“萌翻了”更是成为它的标签。

本刊曾在 2016 年 6 月对“小黄人”进行过深度报道,当时初出茅庐的小家伙已经展现出了惊人的能力,并受到快递企业的青睐。一年多过去,“小黄人”在浙江义乌申通和义乌邮政速递物流已经部署了 3 套系统,此外,郑州申通、天津申通、京东麻涌仓等也出现了“小黄人”的身影。据立镖相关负责人介绍,目前全国已经有 2000 多个“小黄人”奔跑在快递企业的分拣场地上。

表 4-94 “小黄人”简历

昵称	“小黄人”
年龄	1 岁半
身高体宽	480 毫米 ×380 毫米 ×200 毫米
体重	10 公斤
奔跑速度	1.5 米~3 米/秒
寿命	>5 年
外壳材料	塑料
工作岗位	快件分拣
分拣能力	>18000 件/小时

2."小黄人"组件(表4-95)

作为一个会行走的机器人,"小黄人"有着像电动汽车一样的动力系统。动力系统由电池、电机和电控构成。"小黄人"底部有4个轮子,两个驱动轮和两个辅助万向轮。两个驱动轮分别由一台电机驱动,可实现"前后左右"四个方向的行走,万向轮作辅助支撑作用。"小黄人"的电池可在充满电的情况下连续工作6小时,如果以1.5米/秒的行驶速度计算,可行驶30多公里。当然,"小黄人"的作用不在于比赛奔跑。在工作时的任何一个间隙,"小黄人"都可以去场边的充电桩充电,充电5分钟,奔跑4小时。

除了动力系统,"小黄人"顶部的黄色翻板可以说是它的"手臂"。每当行驶到对应的分拣口,"手臂"便会挥动起来,与地面呈45度角,将快件精确地送入路由。负责翻板的是翻板机构,因为它负责分拣5公斤以下重量的快件,所以翻板机构设置的推力超过5公斤。

"小黄人"的"眼睛"位于底部中央,头冲下扫描地面上的二维码,并同时向后台"大脑"报告自己的位置,然后"大脑"向其发出下一步移动指令。与"眼睛"紧密相连的是导航系统。导航的指令通过大脑wifi信号发出,"小黄人"在信号充足的地方随时可以接收到最新的指令。

罩在"小黄人"身上的外壳由塑料制成,以便减轻整体的重量,在有限的动力下承载更重的快件。因为很容易在运行过程中产生静电,为了保证安全以及快件的正常滑落,"小黄人"整体还进行了防静电处理。

3."小黄人"的工作场所(以350个为例)(表4-96)

"小黄人"工作的场地如"棋局"。"棋盘"上,按照不同路由将分拣口矩阵排列,分拣口之间是同样整齐排列的二维码,每个二维码之间间隔约50厘米,"小黄人"依此行进。

棋盘的两侧或者中间位置,设置有拆包台和放件台;场地边角处设置有补码台和充电桩;在场地的下方,是人工集包的地方,集包袋落满快件后,集包员会及时打包并装车。

经过实测,"小黄人"分拣效率要高于人工分拣,以义乌申通为例,一套"小黄人"与人工分拣效率对比见表4-97。

表4-95 "小黄人"组件

动力系统	翻板机构	翻板	摄像系统	导航系统	电源系统
1块电池,2个驱动轮电机,电控系统	5公斤推力,最大可侧翻90度角	适用长宽高400毫米×400毫米×300毫米的快件	视觉摄像头识别二维码	二维码定位,后台系统路由测算,信号通过wifi传输	可手动关闭电源、手动调节部分参数

表4-96 "小黄人"的工作场所

拆包台	放件台	分拣口	补码台	充电桩
2个,一般配备4名人员	10个,同时可配备最多20名人员	250个,需要约1300平方米场地	一般配备2名工作人员	15个充电桩位,可维持350个机器人正常工作

表4-97 "小黄人"与人工分拣效率对比

项　目	"小黄人"	人工
分拣能力(理论数值)(件/小时)	18000(速度为1.5米/秒,10人放件)	<15000(约50人)
分拣能力(实际测试)(件/小时)	8500(5人放件)	<15000(约50人)
运行速度(米/秒)	1.5	最大
最高速度(米/秒)	3	最大
适用快件尺寸(长×宽×高,毫米)	最大400×400×300	全部

续上表

项　目	“小黄人”	人工
适用快件重量(公斤)	最小:0.01 最大:5(可扩充)	全部
占地面积(平方米)	1300	1500
“小黄人”数量(个)	350	—
分拣口(个)	240	—
拆包台(人/个)	4/2	10/1
放件台(人/个)	5/10	12(分拣)
信息采集器数量	20 个	—
集包员(个)	8	14
补码员(个)	3	
总用工(个)	20~30	约 50
(购置+人工)成本(万元)	600	300(万/年)

4.“小黄人”未来形态

“小黄人”的研发总部位于杭州西溪湿地园区中，优美自然的环境孕育着勃勃生机，“小黄人”也在这里悄然成长。在记者与立镖机器人公司相关负责人的探讨中，内容涉及“小黄人”自身的进化和升级，以及整套系统的进化方向。

进化方向1：据相关负责人介绍，首先，小黄人一直在进化过程中，比如轮子的材料、翻板的形状、软件的升级等，都在不断变化；

进化方向2：为了提高“单兵”效率，“小黄人”顶部的翻板也可能改进，比如设置两块翻板，可同时装载两个快件，甚至还可以设计成类似交叉带分拣系统的左右滑动模块，实现两个方向的分拣；

进化方向3：鉴于目前导航受二维码限制较多，他们正在研发更先进的导航方式，实现场地的无码化；

进化方向4：集包方面正在研发自动集包系统，快件落满袋后，无须人工进场打包，机器人可自动打包并送到场外；

进化方向5：更大型的分拣机器人正在研发过程中，可满足30公斤以上和体型更大的快件的分拣，“小黄人”的兄弟要来了。

顺着技术升级的思路想开去，“小黄人”在不久的将来将为快递业带来几大变化：一是分拣效率在目前机器人配置的基础上会大幅度提升，与人工及交叉带系统相比，优势将更加明显；二是实现了新的导航方式，分拣将更加精确，系统故障率也可降低；三是自动集包系统将进一步节省人力，目前350个机器人需要配备的8个集包员很可能大幅度减少；四是大型分拣机器人的投入，将弥补机器人分拣系统大件自动分拣的不足。

(二)“库管员”——“朱雀”和“玄武”

1.“朱雀”“玄武”简历(表4-98、表4-99)

不知道什么原因，快仓公司用传说中的四大神兽名字为其大、小两款产品命名，分别为“朱雀”和“玄武”，不过其酷酷的外形确实颇为威武，引人注目。初见这“俩兄弟”是在2016年的“双11”期间，在位于上海青浦的百世云仓中，它们已经在为百世云仓“卖命”了，不过当时的兄弟俩还属于二代机。目前，快仓机器人已经发展到了第三代。

记者从快仓公司了解到，目前“朱雀”和“玄武”在百世云仓、菜鸟电商仓以及邮政跨境电商仓的应用数量已经颇具规模。据相关负责人透露，“朱雀”和“玄武”在将来也很有可能进入更多的电商和快递企业仓库。

表 4-98 “朱雀”简历

昵称	“朱雀”
年龄	2 岁
身高体宽	906 毫米 ×710 毫米 ×300 毫米
体重	150 公斤
最高速度	2 米/秒
寿命	>5 年
外壳材料	塑料
工作内容	货架到人
电池能量	28Ah
负载能力	600 公斤

表 4-99 “玄武”简历

昵称	“玄武”
年龄	2 岁
身高体宽	1100 毫米 ×880 毫米 ×300 毫米
体重	180 公斤
奔跑速度	1.2 米/秒
寿命	>5 年
外壳材料	塑料
工作内容	货架到人
电池能量	40Ah
负载能力	1000 公斤

2. “朱雀”和“玄武”组件(表 4-100)

在很多方面,“朱雀”和“玄武”与“小黄人”有不少相似之处。从形体上看,一大一小,一轻一重,均由底部的两个驱动轮驱动,为轮子提供能量的是电池系统。但因为工作岗位不同,所以“扛大包”的姿势有所区别。“小黄人”靠翻板机构将快件送入路由滑槽,“朱雀”和“玄武”则是靠顶升机构负责把仓库分拣员需要的货架送到他面前。

“朱雀”和“玄武”要比“小黄人”多一个“眼睛”。两个摄像头分别位于顶部和底部中央,顶部的负责识别货架底部的二维码,记录货架信息,底部的则负责扫描地面上的二维码,报告所处位置。从定位导航的方式来说,“朱雀”和“玄武”与“小黄人”区别不大。

“朱雀”和“玄武”能在负重 600 ~ 1000 公斤货物的情况下实现 1.2 ~ 2 米/秒的行走。因为重量近千斤,所以“朱雀”和“玄武”在安全防护方面需要更多的防碰撞装置。其自身安装了红外雷达,可结合中控系统预测性的防护测算,进行及时避让。

表 4-100 “朱雀”和“玄武”组件

动力系统	顶升机构	视觉模块	导航系统	通信与协调系统
1 块电池,2 个驱动轮电机,电控系统	可扛起 600 ~ 1000 公斤重的货架	机器人的顶部和底部分别有两个摄像头	二维码识别定位与航位推算相结合	红外测距仪、超声系统、中控系统等相结合

3.“朱雀”和“玄武”的工作场所(表4-101)

“朱雀”和“玄武”的工作说直白一点,就是实现了电商仓库操作模式从“人到货”向“货到人”的转变,分拣人员不用再在林立的货架之中跑得晕头转向了。例如,应用于百世供应链的百世云仓中的“朱雀”和“玄武”,在接收到订单后会通过后台智能系统选取的最优路线驶向存放货品的货架,并将其从巨大的货架区搬运至员工配货区。配货员只要等货架被搬到面前,从电脑提示的货位上取下所需商品即可,全程不需要走动。在有效降低人工的劳力强度的同时也大幅缩短了配货时间。

事实上,“货架到人”只是“朱雀”和“玄武”工作的一部分,“朱雀”和“玄武”也不是“一个人在战斗”。俩兄弟和后台系统一起,还负责仓库的上架、补货、拣货、盘点和退货工作,都具备自主学习功能。系统可以辅助“朱雀”和“玄武”提高自主决策的能力,帮助仓库优化订单顺序、优化仓库改造,同时能提高库存转化率,以更经济的方式高效完成订单。

据快仓公司相关负责人向记者透露,“朱雀”和“玄武”可以为传统仓库作业模式节省5~7成人工(节省进场补货、拣货人工,有效整合工作站的业务流程与信息流),有效提高平效(精细管理储位,吞吐更多的SKU),降低错单率、产品损耗率和订单消耗品开销等,从而大幅降低仓库的运营成本。

以菜鸟打造的广东惠阳网络智慧仓为例,快仓机器人分拣系统与人工分拣效率对比见表4-102。

表4-101 “朱雀”和“玄武”的工作场所

配 货 区	拣 选 区	存 储 区	充 电 区
位于场地一侧,“朱雀”和“玄武”运输商品的目的地	“朱雀”和“玄武”常态化工作区,这里布满了需要拣选的商品货架	商品进入拣选区之前,需要在存储区待命	位于拣选区一侧,供“朱雀”和“玄武”休息时充电

表4-102 快仓机器人分拣系统与人工分拣效率对比

项 目	货 找 人	人 找 货
仓库整体面积(平方米)	3500	
仓库存储能力(万件)	70	
SKU数量(个)	30000	
移动机器人/人员配置	100台+10人左右	20~30人
拣货能力(件/小时/人)	300~500	100~200
拣货员行走步数(步/天)	2000	最多6万
运行速度(米/秒)	1.5	最大
存储形式	存拣一体,四面拣选	最大
(购置+人工)成本(万元)	机器人系统:1000万元(每个机器人成本10万元)+10人成本	20~30人成本

快仓相关负责人表示,一个电商的订单往往有几件至几十件不等的商品,拣货员需要在仓库内的多个货架间跑动,一般拣货能力为100多件/小时。“朱雀”和“玄武”与拣货员搭配干活,拣货能力可提高三倍。“双11”等旺季来临时,一名传统的拣货员一天最多要走六万步。有了机器人的陪伴,拣货员只需要在拣货台拣货,一天下来步数约为2000步,真正算是“人机搭配,干活不累”。

4.“朱雀”和“玄武”的未来形态

虽然类似“朱雀”和“玄武”的AGV(Automated Guided Vehicle,自动导引运输车)技术已十分成熟,但其在快递业还算一名“新兵”。快仓公司随电商快递业水涨船高，先后于2014年、2015年和2017年完成近2.5亿元融资，用于增强软硬件方面的研发能力、建设生产中心和拓展商业模式，同时加快团队建设，提升品牌影响力。短短三年多时间里，快仓抓住了快递业“打通上下游、拓展产业链”的契机，可以说在行业里立稳了脚跟。如何更好地为行业服务，是他们未来最重要的任务之一。

“朱雀”和“玄武”从原型机算起，已经历了三次改进，不管是技术方面还是外观上，都取得了长足的进步。那么，未来AGV机器人还将在哪些方面实现变革？听一听快仓市场部总监孙迪的看法。

进化方向1：“朱雀”和“玄武”目前还依赖于地面上的二维码进行定位导航，将来可以进化为混合导航，即在目前基础上增加激光导航和视觉导航等功能，混合导航可以帮助机器人更精确地定位并具有自主学习生成地图的能力；

进化方向2：在安全方面，机器人还可以搭配激光雷达、超声传感器等，进一步完善机器人的自主避障功能；

进化方向3：真正的无人仓不仅只有AGV一个角色，还有多关节的机械手臂以及其他多种机器人，为了能够提供更加一体化的仓储解决方案，“朱雀”和“玄武”必须增加与其他种类机器人的协调能力，可以在更多的场景应用；

进化方向4：还可能出现一些“朱雀”和“玄武”的兄弟产品，比如滚筒式AGV，即在AGV上搭载滚道，可以跟滚筒式自动流水线进行对接，接收货物或发送货物，实现无人化作业。

在“小黄人”“朱雀”和“玄武”的进化方向中，都有着“兼容”的意味，也就是各环节不同分工的机器人之间不应该是单打独斗，而应该联合起来，相互协作。这就需要机器人公司不断研发兼容性更好的产品出来。比如“小黄人”，当它完成了自动分拣的任务后，其后续的集包工作、大路由分拣工作、装车工作依然还需要人来完成；比如“朱雀”和“玄武”，货架送到后，拣选、打包等工作也需要人来完成。据记者了解到的最新消息是，两家公司都已经在研究和测试与目前产品相匹配的智能机器人产品，以便提高更长产业链上的自动化水平。当快递业各环节实现了智能化打通，那时呈现的将是真正意义上的快递业“机器人总动员”。

（三）不要小看当初的那个“1%”

如果要计算如今机器人分拣系统（不包括交叉带系统）为快递业所做的贡献，那么只需要计算目前应用的2000多个“小黄人”的处理量即可得出：假设300个“小黄人”每小时的处理能力为1.8万件，每天工作8小时，那么其一天的处理量就是96万件，一年的处理量就是3.5亿件，占全年快递业务量不足1%。

曾几何时，“1%”也是智能快件箱处理业务量与当年快递业务量之比，而如今，这一比例已经接近10%。所以，不要小看当初的那个“1%”，放在分拣机器人在快递业的应用上，道理亦然。

不可否认，机器人的应用速度与智能快件箱不在一个技术水平上，其研发和推广需要更为宽广的发展视野和更为挑剔的市场需求。目前，我国规模以上快递企业在各地拥有数百个大型分拣转运中心，机器人系统应用的少之又少，其推广面临着技术臻于化境的交叉带分拣系统的“阻挠”，想要迈过这道坎，成本需要更低，效率优势需要更明显，更不能只停留在宣传“概念”的维度。一旦实现了技术性的跨越，急于降本增效的快递企业又有哪个不愿意用？

除了快递企业大型的分拣转运中心，分拣机器人还有着一片更为广阔的“蓝海”——姑且称之为区域性共享分拣中心。众所周知，快递企业大型的分拨中心之下，便是加盟商各自建设的更低一级的县（市）级分拣中心，而这些建立在“日子过得并不那么好”的加盟网点基础上的分拣中心面临着重复性建设、严重浪费资源的困境，区域性的、独立于快递企业之外的第三方分拣转运配送平台的建设是未来快递业发展的一大趋势。试想一下，在每个县一级区域（或更大）都能建设共享分拣中心的话,先进的机器人分拣系统将拥有多么庞大的市场。

也正是意识到了“小黄人”的潜力,所以在中国出现了很多的“模仿者”,或者叫“追随者”,这就意味着短短的几年之后,将有更多的分拣机器人在快递业的土地上开疆拓土。也许就像智能快件箱行业一样,在快递的分拣环节,不久会迎来一个智能化装备普及的爆发期。快递业准备好了吗?各方资本准备好了吗?

机器人总动员(二)

与上期实验室介绍的已经在快递业用得风生水起的“小黄人”和“朱雀”“玄武”兄弟不一样,今天要向大家介绍的是还在“襁褓”中或者叫还在试运营中的“小G”和“X君”(菜鸟快递无人车发布名称确为“小G”,且身上也有“G”的标识;京东快递无人车并无昵称,因身上一个大写字母“X君”,本文暂曰其为“X君”)。

“小G”和“X君”前后脚来到这个世上,间隔也就一年,同是如今快递机器人队伍中的两个“新兵蛋子”,目前纯靠自己萌萌哒的外形在快递圈儿里混,好在两位志向远大,已经在封闭的环境中刻苦修炼,想必在未来快递江湖上也有着一席之地。与其他的机器人前辈不一样,“小G”和“X君”专修末端本领,应该说是目前快递末端派送中仅有的两个智能机器人。虽然快件箱也谈得上智能,但与这两位比不在一个级别上,尚称不上机器人。

两个初出茅庐的小家伙在快递大江湖中将怎么“混”?且看一看它们目前的表现。

一、品牌概况

菜鸟:菜鸟网络科技有限公司成立于2013年5月28日,愿景是建设一个数据驱动、社会化协同的物流及供应链平台,利用先进的互联网技术,为电子商务企业、物流公司、仓储企业等提供服务。“E.T.物流实验室”由菜鸟网络于2015年年底组建,目标是研发物流前沿科技产品,追求符合未来科技发展的物流生产方式。“E.T.物流实验室”研发的“小G”适用于相对封闭的居民社区和企业园区、办公楼的最后几百米配送。

京东:京东投入大量资源开发完善可靠、能够不断升级、以应用服务为核心的自有技术平台,驱动电商、金融、物流等业务成长。京东将发展云计算、大数据、智慧物流、人工智能等最新技术。2016年5月,京东成立了JDX事业部。JDX事业部囊括了京东全自动物流中心、京东无人机、京东仓储机器人以及京东无人车等一系列尖端智能物流项目。

二、机器人报告

虽说“小G”和“X君”都是末端派送场景中的机器人,但就以目前试运营的场景来看,还是具有很大的不同。“小G”目前应用的场景是封闭的园区,干着送货上楼的“买卖”;“X君”则在校园里最先应用,负责把快件送到楼下,喊一声“你的快递到了”就算大功告成。场景不同,自然工作的方式不同,各有各的追求,各有各的千秋。

(一)菜鸟“小G”

1.“小G”简历

昵称:“小G”

年龄:1岁

身高:约1.2米

体重:70公斤(满载100公斤)

行走速度:约1米/秒(相当于人的行走速度)

外壳材料:塑料

工作岗位:办公楼末端配送

快件箱:大、中、小三个抽屉

携带快件:几十件(文件类)、十几件(小件)

日送件:最多可送80件以上

江南有座城,名曰杭州;杭州有片园,名曰阿里巴巴;园中设一邮局,“小 G”便在其中当差。

一米二左右的个子,酷酷的黑色正脸中间一颗散发着淡蓝色光芒的“眼睛”十分惹眼,透出一股可爱劲儿;脚踩四个厚实的橡胶轮显得十分稳重,走起路来更是虎虎生风;白色的车体上装备了三个大小不同的抽屉,可以携带不同规格大小的快件;顶上一面屏幕,显示着运行状态并供工作人员及收件人交流操作。这是“小 G”可爱的外观,它的内里更是集成了多种科学技术:正面,视觉识别系统、红外探测系统、激光雷达系统、超声波雷达系统;背面,触屏交互系统、红外探测系统、装载系统、激光雷达系统、紧急制动系统;侧面,红外探测系统、电源管理系统;底部,动力驱动系统、激光雷达系统。

2.“小 G”实测

实测开始时间:上午 10:45

实测地点:杭州阿里巴巴园区

路线:园区“邮局”至 3 号办公楼(距离约 500 米)

携带快件:小商品 1 件

实测结束时间:上午 11:10

• 取件

“小 G”有生以来找到的第一份工作就是在阿里巴巴园区中送快件。这让它十分高兴,因为园区是封闭的,对于没有经验的它来说感觉十分安全;还有就是园区的整个环境十分舒适,马路宽阔而平整,办公楼不用拾阶而上,电梯还可以直达每个楼层。总之,这里是“小 G”十分向往的工作场所。

因为园区不允许快递员随便进入,所以到达园区的快件都会被集中到一个被称为“邮局”的地方,“小 G”就在“邮局”当差。它每天的任务是从这里拿到快件,然后送到在 3 号和 4 号楼里办公的收件人手中。

这天上午,休息了一晚并充满电的“小 G”精神抖擞地开始上班。它从“邮局”工作人员手里接过一件快件,同时大脑接到了后台发出的指令:将快件送到 3 号办公楼 3 层的收件人手里。“只有一个快件,距离 500 米,太简单了。”“小 G”眼睛一转,开始计算派件的路线。

原理释疑:目前,“小 G”日常主要的任务是给财务人员送发票类快件,同时搭配一些其他种类的快件。“小 G”充满电可连续工作 5 小时以上,在升级之后可随时更换电池,可连续工作 24 小时。

• 出发

“小 G”计算派件路线的过程其实只用一瞬间,因为它的脑海中已经有了一幅日常派件路线的高精度地图,只要知道派件的地址,最优的路线立刻就能计算出来。

出了“邮局”的大门,“小 G”便按照计算出的路线开始行进。不巧的是,这天从早上开始就下起了小雨,但丝毫没有阻挡“小 G”的脚步。“等升级之后,下中雨我都不怕,快件在我这里很安全”。它心里想。

避让迎面而来看手机的行人和挡在行进路线上的自行车,对“小 G”来说都不是问题。只要停下脚步,稍微后撤再调整一下方向就可以安全绕过障碍物。偶尔遇到故意上前“逗你玩”的行人,“小 G”也不生气,“惹不起我躲得起。待我会开口说话,有你好看。”“小 G”这样想。其实,研发它的人员何尝不想给他装上“耳朵”和“嘴巴”,但是为了防止“小 G”不去派件却停下来跟人聊天,最后愣是没给它装。

从出“邮局”到 3 号办公楼,这段路宽阔而且障碍物并不多,几分钟的时间,“小 G”就到达了楼前。在阿里巴巴园区,很多楼宇无须台阶即可进入,也为“小 G”进出提供了不少方便,毕竟它依赖的不是两条腿。如果是 20 度以下的斜坡,“小 G”也可以顺利爬上。

根据地图定位以及前置的摄像头自动识别,“小 G”做简单调整后即顺利通过自动感应门。进入办公楼之后,“小 G”要做一个派送路上最有技术含量的动作——上电梯。第一步要找到电梯,因为“小G”事先已经了解了楼内的布置,所以这一步很简单;第二步是走到电梯门前,喊一声“请让我进去”(当然是通过蓝牙发出信号,电梯需要具备此功能);第三步等到电梯门打开,“小G”需要计算两侧的宽度调整好姿势后驶入电梯;第四步是发出“我要去3楼,请关门”的信号;最后一步是等到电梯到达3楼,“小G”倒出即可。

原理释疑:高精度的地图并不是通过人工输入“小G”的大脑中的,而是“小G”以“探地图”的方式一点一点自主绘制而成,包括行进的路线、周围的环境、目的地位置、楼内的布局、电梯和大门的位置等。脑中的地图只能为“小G”提供目标的方位,具体的细节全靠视觉摄像头来实现,比如对自动感应门的识别,对电梯门的识别,以及进入电梯的整个过程的调整等。从实测来看,它的表现堪称完美。“叫门”的蓝牙技术虽然已经非常成熟,但是有此技术的电梯并不多,所以这也是应用“小G”的一个硬性条件。

• 到达

其实每一种快递机器人都有着一手“绝活儿”。对“小G”来说,拿着快件在路上奔跑并不是最难,而能在狭窄的办公室通道中快速准确地穿梭才显得最有技术含量。只见“小G”出了电梯后就直奔左侧的办公区域而去。

这里是阿里巴巴集团某部门的集中办公区,想要找到收件人,“小G”需要先调出本楼层的地图,然后要实时躲避路上的柱子、办公桌、垃圾桶等障碍物。在穿过一片区域后,“小G”停在了一列工位旁,屏幕一变,一个大大的二维码闪现出来——“我到了,请出来取件啦!”“小G”向收件人发送了取件的信息。

阿里园区中的工作人员都安装有内部的App,其中的一个功能就是通过扫描“小G”屏幕上的二维码来取件。收件人收到取件信息,再用手机扫描二维码后抽屉即可滑出,拿到快件后,继续操作手机即可关闭抽屉,收件完成。

原理释疑:“小G”能在楼宇内辗转腾挪,全靠一身高科技装备:楼层地图+视觉摄像头来辨别方位并规划路线,激光雷达、红外线、超声波系统360度探测障碍物,动力系统高效执行停、退、转、进等动作。各项系统密切配合,让“小G”在运行过程中挥洒自如。

• 返回

因为没有更多的快件可送,“小G”执行完这次送件任务后就要返回“邮局”了(表4-103)。返程的环节与送件刚好相反,也需要上电梯、出楼宇和在马路上奔跑。“小G”正是通过这样每天重复性的工作,记录着送件途中的一点一滴,为下一次更好地出发做好准备。俗语有“老马识途”,“小G”这位“新秀”也将成长为人类的得力助手。

表4-103　实测时效“成绩单”

环节	“邮局”至3号办公楼	等电梯时间	进电梯时间	寻找收件人时间	取件时间	下楼时间	3号办公楼至“邮局”	共用
用时	8分钟	16秒	50秒	2分55秒	40秒	5分20秒	8分钟	26分钟

评语:此次派件过程,“小G”多次遭遇花坛、骑行中的自行车、看手机的行人、“粉丝”拍照、自动门、电梯、大巴车、办公桌、室内墙体等障碍物,未发生碰撞等意外事件,过程顺利,并且能够礼貌避让行人,表现合格。

(二)“X君”大志向

1.“X君”简历

昵称:“X君”

年龄:半岁

身高:约1.2米

体重:很重(需两人合力才能搬动)

行走速度:约1.5米/秒(稍快于人的行走速度)

外壳材料:塑料

工作岗位:校园末端配送

快件箱:格口大小可自由组合

携带快件:根据车体大小不同,大车可携带数

十个小件

日送件：几十件（试运营）

“X君”无论是在外观上还是应用场景都与“小G”不同。“X君”长方形的外观更像一辆车，车身主要用来装载快件，格口可组合成类似快件箱的布局，所以也可以把“X君”看作一个移动的智能快件箱。

“X君”有着四种大小不同的形态。体型最大者可在箱体侧面开门，分出十多个大小不等的格口；体型较大者在车顶部设有五六个格口；中等体型者也在顶部开口，可放几个大体积快件或众多小件；体型最小者侧面开门，可设置五个小格口。“X君”四兄弟（以后也有可能变成“葫芦七兄弟”）根据工作环境和派件需求目前在人民大学、清华大学、浙江大学、长安大学等不同的院校进行封闭训练。期待它们他日修炼大成，能有“七剑下天山”的震撼效果。

在人民大学供职的“X君”个头排在第三位，酷酷的正脸上布满了视觉、红外、激光等各种传感器；头顶两个圆形的GPS天线，有一种空军预警机的感觉；背后上部一面显示屏，可人机交互；底部四个轮子，可根据需求设置成两驱或者四驱；车顶则是快件入口，可根据需求自由分配格口。内部集成系统如下：正面，视觉识别系统、红外探测系统、激光雷达系统；背面，触屏交互系统、激光雷达系统、视觉识别系统；侧面，视觉识别系统、电源管理系统；底部，动力驱动系统、激光雷达系统。

2.“X君”实测

实测开始时间：上午9:40

实测地点：中国人民大学

路线：校园“京东派”至人文楼（距离约500米）

携带快件：京东超市商品1件

实测结束时间：上午9:58

•取件

充满朝气的大学校园，是另一块适合快递机器人成长的沃土。自2017年6·18“X君”在人民大学正式亮相以来，“X君”已经在这里实习了近半年时间。虽然校园相比于园区较为开放，但“象牙塔”的特性同样为机器人提供了锻炼的良好环境。而且，校园的最后一公里配送也正是快递末端配送中的难点之一。“能为行业解决难题是我的荣幸！”“X君”美美地想。

京东在很多大学校园里都有“京东派”的站点，这里自然也就成了“X君”驻扎的基地。这里的快件大部分还需要快递员骑着电动三轮车往教学楼或者宿舍楼去派送，但“X君”已经开始在为辛勤的快递员们分忧了。“X君”的上司为它划定了四条派送线路，线路这头是“京东派”，那头是宿舍楼、教学楼和图书馆。因为是实习期，“X君”并没有每天要派送多少快件的任务，学习和快速成长是它目前的主要使命。

上午9:00，休息了一晚的“X君”从“京东派”驶出，习惯性地沿着一条派送路线溜了一圈，算是热身。9:40，“京东派”工作人员递给他一件鞋盒大小的快件，让它马上送到目的地。“X君”定睛一看，“人文楼的快件，这路我熟！保证马上送到。”

原理释疑：人大的“京东派”每天也有不少快件，上午9:00左右，这里的京东快递员便会把快件装车，然后送到校园里的收件人手中。测试这一天正赶上学校刚开学，快递三轮车上堆满了电脑、健身器械、小电器等学生们的日常生活用品。“X君”休息的时候就停在“京东派”的门店里，一般工作的时间会避开上下课的高峰期。虽说校园是半封闭的性质，但是环境要比封闭的园区复杂许多，有路障、大批的行人、自行车以及机动车，对“X君”来说是个不小的考验。

•出发

“X君”的工作原理与“小G”不同，它更像一部无人驾驶汽车，头顶的GPS定位系统为后台大脑提供精确的位置，根据位置，后台会向其下达前进、后退、转弯等指令。

虽然“X君”是根据后台大脑提供的地图并按照既定路线前进，但在行驶过程中遇到的所有障碍都需要它自己去想办法克服。今天"X君"出发得有点晚,出门赶上了学哥学姐们去上课,一不小心"X君"就扎进了由自行车和行人组成的"洪流"中,让大家暗地里为它捏出一把汗。不过"X君"显得十分从容,左躲右闪,最后安全穿过。

对付运动的物体"X君"有一套,那么面对静止的地面障碍物表现如何?估计"X君"心里会想:"运动物体我都过了,那些不动的桩子就更不在话下啦。"

像人大这样的校园,其实里面就是一个小社会,交通情况也与外面接近。路上不但有减速带,也有隔离桩。遇到隔几十米就有的减速带,"X君"采取的策略一是仔细观察,二是减速慢行,越过障碍物后再加速前进。别看"X君"那么小心翼翼,其实它的越野能力不弱,像低矮的减速带不需要减速也能通过,不过颠簸有些厉害,为了快件的安全考虑,"X君"认为自己还是不能托大。

在穿越隔离桩时,"X君"会通过摄像系统提前判断两侧桩子的距离,然后精准地从中间减速通过,计算可谓缜密。但如果遇到距离过近的隔离桩,"X君"估计就无能为力了,跳也是跳不过去。其实,"X君"在人大工作之前,技术人员就已经把校园内的环境包括道路、障碍物等摸了个透彻,确保"X君"不会出现抓耳挠腮的情形。

原理释疑:"X君"上岗之前,身后的团队先需要熟悉所在区域的交通环境,根据不同环境投放不同的无人车。比如在上面提到的隔离桩所在的路线上就不能投放最大型的无人车。在地图定位方面,京东与高德地图进行合作,校园内的建筑、道路等细节都会在地图上精确显示,确保"X君"能够找到派件的地点并认识回家的路。划定好大致的线路,其他全靠"X君"的自由发挥,仗着身上配备的激光雷达和视觉雷达,"X君"可以判断障碍物的大小、与自己的距离,以及如何通过。

- **到达**

前面提到可以将"X君"看作是一个会移动的快件箱。事实上它的确可以分为两大主要部件:一是货仓部分,用来放置快件;二是底盘部分,集成了驱动系统和雷达系统等。"X君"送件的目的地一般都是教学楼或者宿舍楼下较为显眼的位置,方便收件人快速取件。

当"X君"顺利来到送件的目的地人文楼下,就选了个宽敞而且距离大门不远的位置停了下来,因为出发之后不久就向收件人发送了"快件将由'X君'10分钟后派送到人文楼下"的信息,所以此时它要做的就是等待收件人的出现。一般情况下,"X君"不会等太久,最多半小时。"虽然我是机器人站着不累,但还有别人的快件要送啊。""X君"一边等待一边嘀咕。

没过多久,收件人从人文楼走了出来,来到"X君"的显示屏前,按照收到的短信密码进行开箱的操作,最后拿走快件,关上仓门。取件的过程与智能快件箱基本一致,但是"X君"将"最后一公里"的距离大幅缩短。

原理释疑:"X君"在不同线路的目的地附近,都有一块固定的停车区域,既方便"X君"安全停车,也方便收件人取件。众所周知,智能快件箱在快递末端有着重要的作用,它能够满足一片区域内大批量快件的投放需求,节省人工成本。"X君"作为一个移动的快件箱,克服了快件箱需要固定的安装区域、资源不可移动等弱点,使用起来更加便利。按照京东的设想,"X君"成长起来之后,可根据派件的需求大批量投放,比如一个校园里投放数十个,或者用卡车将"X君"军团拉到城市的某个区域,自行放出送件等,场面十分科幻。

- **返回**

当"X君"得到收件人已取件并关上仓门的信息后,便会执行派送下一件或者原路返回的命令,这对路线已经熟稔于心并且具有超强避障能力的"X君"来说并不是难事。

从"X君"派件到它回到"京东派",其实背后一直会有京东的运营或者技术人员在观察。电量还有多少？周围天气如何？里面装了多少快件？派送的是哪条线路？现在所处的位置等，在后方的液晶屏幕上都一目了然。等到“X 君”练成气候、大规模应用时，这些大数据就可以成为其高效运行的绝对助力（表 4-104）。

表 4-104 实测时效“成绩单”

环节	“京东派”至人文楼	通过隔离桩时间	等待收件人时间	取件时间	人文楼至“京东派”	总用时
用时	8 分钟	10 秒	1 分钟	20 秒	8 分 30 秒	18 分钟

评语：派件过程中，“X 君”在刚出发时扎入人和自行车群中临危不惧的表现十分值得赞赏；在遇到固定障碍物时，判断准确而且能快速通过也可圈可点；同时，在面对众多“粉丝”拥趸时，亦面不改色把工作放在第一位的态度值得鼓励。综合送件成绩，判定其在校园的表现合格。

（三）无人车配送离我们有多远

在菜鸟和京东推出无人配送车后，唯品会近期也发布了自己的无人车。此外，加上国外 Dispatch 公司发布的 Carry 自动驾驶运输车，Starship Technologies 发布的送货机器人 Starship 等，全球已经出现了数款末端配送无人车产品。无人车的出现是需求？还是噱头？从行业需求和趋势来看，快递无人车肯定有发展的空间，当然也可以成为企业头上的一张科技标签。

无人车配送离我们有多远？可以分几个角度考虑。

第一，从技术上来说，通过对菜鸟小 G 和京东无人车的观察以及了解其测试情况，在正常的情况下并不存在太大的问题。不管是哪种无人车，都需要按照人设定好的路线进行作业，而不是放任其在马路上自由行驶。固定好线路，那么线路上的所有障碍物情况、周边环境都可以做预先处理，结合各种设备如激光雷达、视觉雷达、红外雷达、驱动性能等，可提前为无人车做好各种设定。但是，在非常态情况下，也就是出现了设定环境之外的、超出了无人车自主解决能力的状况，无人车还是需要依赖人，这就为无人车的正常运行带来了变数。

第二，从安全角度来说，目前无人车面临的问题较为复杂。首先是无人车的自身安全问题，零部件的质量问题、运行过程中的故障率等；其次是对外安全问题，无人车运行中是否会对人造成伤害，是否能保证快件的安全等；再次是被动安全问题，遭受外部力量的破坏，甚至被偷盗等。以上都会导致无人车本身和快件遭受损失。可以说，安全问题是无人车得到广泛应用所面临的最大难题。由此，就不难理解菜鸟小 G 和京东无人车首先在封闭的园区和半开放的校园展开测试了。

第三，从政策角度来说，无人车还真是一个“三无”产品，没有身份，没有标准，没有管理。首先，无人车会面临一个与智能快件箱相似甚至更为复杂的问题，那就是快递身份。智能快件箱因为与快递员有着衔接，所以其只存在收件人当面签收的问题，但是无人车要上岗，没有上岗资格证怎么办？其次，快递无人车属于机器人范畴，相关的机器人标准，以及快递业的生产标准等，很多都属于空白。再次，无人车产品成熟以后，如果大批量投产和销售，其日常运行管理、行业监管等也将面临史无前例的难题。

综上可以预测的是，快递无人车首先会在较为封闭的、人员素质较高的园区、办公楼、大学校园等场景批量应用，在社会的大范围普及，我们还有很长一段路要走。

快件的摩天大楼之旅

摩天大楼,在中国大陆通常指高度100米以上的超高层建筑,其在成为衡量一个城市现代化程度高低的标志时,也给快递的发展带来了"困惑"。进办公楼难是快递"最后一公里""三进"难题之一,进办公楼中的摩天大楼则是难上加难。

上海,我国摩天大楼最多的城市之一。上海陆家嘴更是拥有中国最高的上海中心大厦(632米),有第二高的环球金融中心(492米)和第七高的金茂大厦(420.5米)等,摩天大楼林立使陆家嘴驰名中外。本期实验室,带您来到上海滩,看看快件在摩天大楼的旅行。

一、品牌概况

楼服宝:上海楼冠信息科技有限公司旗下品牌,利用移动互联网技术,打造商务楼宇企业一站式服务平台,为商务楼内用户提供快件收寄、餐食存放、办公租赁、商务用车、空气净化、空调清洗、下午茶等服务。现已入驻上海歌斐中心等楼宇。

零公里:通过在商务楼内建立线下快递服务中心,结合信息化工具,定人定岗为商务楼提供快递服务,并衍生出其他一站式商务办公服务。现已入驻上海中心、金茂大厦、花旗集团大厦等楼宇。

中通快递:截至2017年6月30日,中通快递现有员工30万多名,服务网点2.8万多个,转运中心79个,网络合作伙伴9300多家,干线运输车辆超过4380辆,干线路由超过1780条,网络通达97.69%以上的区县。

二、实测地点

歌斐中心:5A级写字楼,地上共32层,高度143米,其中1~4层为商业,5~32层为办公。楼内客梯12部,货梯2部。

上海中心:5A级写字楼,地上118层,高度632米,含办公、会展、酒店、观光娱乐、商业(地下1~2层)等5大业态。楼内客梯19部,货梯5部。

未来资产大厦:5A级写字楼,地上31层,高度180米,客梯12部,货梯1部,地下1~3层为车库等,无商业。

花旗集团大厦:5A级写字楼,主楼高40层,建筑高度181米。楼内客梯12部,货梯1部,配套餐饮等商业设施。

三、摩天大楼报告

记者本次走访了歌斐中心大厦、上海中心大厦、未来资产大厦和花旗集团大厦四座摩天大楼,一座位于黄浦区上海世博会博物馆旁,三座位于浦东新区国家级金融中心陆家嘴,都是上海著名的标志性建筑物。从快递在这里的派送情况来看,可分为三种模式:第一种是快递企业自派模式,第二种是第三方代派模式,第三种是快递企业自派和第三方代派相结合的模式。第二种代派模式中不同品牌的运营方式也有一些区别。

(一)歌斐中心模式

歌斐中心2016年建成投入使用,目前入驻企业近40家,超过2000人在这里办公或经营商业活动,2018年预计将增加到4000多人。快递业务量日均1000件,其中派600余件,收300余件,2018年预计业务量翻番(表4-105)。

表4-105 歌斐中心快递业务量情况

楼层	企业	人员	快递业务量	派件	收件
32层	近40家	2000余人	近1000件	600余件	300余件

由于大楼从投入使用开始便不允许外来人员入内,所以这里的快件都交给第三方平台进行收派。2017 年 9 月 1 日之前,这里的快递服务由“小马驿站”提供;9 月 1 日,楼冠公司旗下“楼服宝”进驻歌斐中心。为了保证业主能够正常收寄快件,物业公司专门为楼服宝划出了一块办公场地,位于主楼后方一层。楼服宝负责人王宇告诉记者,选择场地需要符合三个基本条件:一是要方便快递公司车辆卸货,二是要在楼内有最基本的操作场地,三是要靠近大楼货梯。

楼服宝在歌斐中心免费代派各家企业快件,并向 EMS、申通快递等合作企业收取收件分成,作为其快递业务的收入来源。另外,楼服宝还在一侧开辟了外卖餐食存放区,并有专人盯守,免费向外卖人员和楼内人员提供存放和领取服务(表 4-106)。

表 4-106 楼服宝在歌斐中心免费代派情况

服务种类	员 工	派件合作企业及合作方式	收件合作企业及合作方式	派送频次	外卖代存
快件代派、代收,外卖餐食存放等	6 人(1 名站长、2 名后台,3 名派送员)	所有快递企业,免费派送	中国邮政 EMS、申通快递等,收件分成	1 日 2 派	日均 300 份

王宇向记者表示,快件的代派代收业务是楼服宝进驻 5A 级写字楼提供的基础服务。此外,楼服宝还开发了办公相关的各种服务,如商务用车、场地租赁、印刷设计、办公绿植等;在有商业项目的楼宇如歌斐中心,他还投资了咖啡厅、自动贩卖机、自助榨汁机、自助 K 歌机、抓娃娃机等。“咖啡厅可以为客户提供活动场地,自动贩卖机可以放在外卖餐食货架旁等。楼里的客户需要什么,都可以在楼服宝的平台上找到。”王宇说,“将来还可以为大楼提供共享单车的管理服务。”

- **跟测实录**

楼服宝在歌斐中心的三位快递员,分别按照不同楼层被分配了不同的任务:陈里红负责 5 ~ 11 层,另外两位小伙伴负责 15 ~ 20 层和 20 层以上。楼服宝的货架上,注有不同楼层的标识。

每天上午 10 时之前和下午 3 时之前,不同的快递企业会把两批快件送到这里,陈里红三人要在上午 12 时前和下午 5 时前将快件送完。收件工作是在派件过程中和派件结束后进行。

上午 10 时 20 分,已在此实习了近一个月的陈里红拉上整理好的快件开始上楼派件。因为每层楼都需要刷卡进入,所以在出发之前,后台人员递给他一张门禁卡。派件的顺序从 11 层开始,然后是 6 层、5 层和 8 层。“先送一些比较集中而且好送的件,11 层就比较集中,8 层是最耗时的。”陈里红说。

歌斐中心的大部分企业都有前台帮助代收快件,可以为陈里红节省很多时间和精力,也有的企业没有前台,需要陈里红一件一件进行登记或者送到每个工位上。“给前台有时候一下子好几十件就送出去了,送工位要一件一件送,还要慢慢找。”陈里红站在日企神钢公司门前,仔细核对着工位表,生怕送错了快件。每到一个公司送完快件,陈里红都会用手机进行拍照,留给后台存档。

在高层写字楼送件,因为客梯不让使用,所以最依赖的就是货梯。歌斐中心有一部货梯离楼服宝不远,并且供楼服宝和物业人员等专用,为派件提供了极大的方便。陈里红送完 8 层神钢企业的快件,记者看了下时间,11 时 10 分,他上午派件只用去了 50 分钟的时间(表 4-107)。

表 4-107 陈里红派件效率

出发派件时间	结束派件时间	上午派件用时	派件数量	派送楼层数	每件用时
上午 10 时 20 分	上午 11 时 10 分	50 分钟	252 件	4 层	20 秒

那么,如果不通过楼服宝进行派件,各家企业在歌斐中心派件将面临怎样的情况呢?假设歌斐中心允许快递员上楼,我们将252件快件分给顺丰、中通、圆通、申通、韵达5家企业,虽然单位快件变少,但要跑的楼内公司一个不少,5家企业5位快递员都分别要在4个楼层跑一遍,送完这些快件的时间加起来将是陈里红用时的5倍——4小时10分钟,而且其中并没有计算等电梯的时间。假设歌斐中心不允许快递员上楼,那么只能“摆地摊”了。记者曾在北京金融街跟随快递员送件,在办公楼下摆地摊的效率大概是每分钟送出1件,这已经是很快的速度,如果252件送出去需要252分钟,算上5位快递员摆摊和众多客户下楼取件消耗的资源,不同派件模式的效率高下立分。

陈里红结束了上午的派件任务,午饭时段还要在外卖餐食存取处负责与外卖小哥和楼内客户对接——把餐食放在对应的楼层位置,再取出来交给下楼取餐的客户。“人少的时候可以自助,人多的时候为了防止放错或拿错,我们就需要时刻盯着了。”陈里红说。

下午3时40分,陈里红又出发派件了。下午的快件虽然不多,但是还要取件。所以在接下来将近一小时的时间里,陈里红又送出62件快件。全天下来,他送出314件快件(实际用时不超过2小时),收到98件快件,与全国快递员的平均派送效率相比,这已经是很高的效率了。

(二)上海中心模式

站在下面脖子向上仰90度,才能看到大楼的全貌,这就是上海中心,目前我国最高的摩天大楼。上海中心对外来人员的管理十分严苛,不允许快递员等外来人员进入,进入楼内的车辆和货物须经过安检机或安检犬进行验视。目前上海中心入驻企业还不足一半,快递业务量日均约2000件,其中派近1500件,收400余件(表4-108)。

表4-108　上海中心快递业务量情况

楼层	企业进驻情况	快递业务量	派件	收件
118层	进驻未过半,具体不详	约2000件	近1500件	400余件

在上海,最近几年投入使用的摩天大楼几乎都不允许快递进入。上海中心投入使用以来,楼内人员的快件都交给第三方平台零公里进行收派,或通过零公里快递员送上楼,或投入楼下智能快件箱。工作日每天上午9时30分、下午1时和4时,所有快递企业的快件都会在大楼2号门附近的一片空地上进行交接,随后由零公里的短驳车载入地下2层的快件分拣中心。

大楼物业为零公里在地下2层开辟了快件分拣场地,对外称为“快递服务中心”。按照之前王宇提到的“选址三原则”,这里满足了“靠近货梯”和“有专门场地”的条件,快递企业直接下到地下2层进行接驳则无法实现,因为车辆进入大楼的条件非常严格,而且要经过安检犬验视。

零公里根据楼内企业的不同需求有不同的服务模式。如果企业客户需要快件上楼,零公里就会与其签订协议,每天按时将快件送到客户手里;如果企业客户不需要送件上楼,零公里则会将快件投入楼下的智能快件箱,客户下楼自取。在上海中心,并不是所有企业都允许快递员进入,所以智能快件箱在这里有着充足的发挥空间。

零公里采取从收、派件收入中分成的形式为快递企业提供代派代收服务,目前除顺丰外,其他企业均有合作(表4-109)。这是零公里目前盈利的主要渠道。“为了专心做好快递服务,目前在上海中心并没有开展其他增值业务。”零公里相关负责人表示。

表4-109　零公里在上海中心服务情况

服务种类	员　工	派件合作企业及合作方式	收件合作企业及合作方式	派送频次
快件代派、代收	8人(1名站长、2名后台,5名派送员)	中国邮政EMS、顺丰、“三通一达”等,派送分成(顺丰除外)	中国邮政EMS、顺丰、“三通一达”等,收件分成(顺丰除外)	1日3派

据记者了解，为了做好“最后一公里”服务，零公里在揽件环节自主研发了企业版系统，解决商务楼纸质面单无法电子化的问题。“现在企业只需通过我们开发的电子面单打印系统，打印出有自己物流信息的二维码，然后贴在快件上即可，零公里会根据二维码扫出的信息自行打包发货。”零公里负责人裴承前向记者表示。

● 跟测实录

过了安检犬这一关，快件进入零公里的快递服务中心后还须经过安检机逐件验视，负责验视的安检人员由大楼直派。经过安检的快件会被盖上“已验视”的戳记或贴上验视的绿色标签。

9时50分，当天上午交接的所有快件安检完毕。一阵分拣操作后，几名工作人员将快件按照所在楼层分别码放好，之后派送员会从自己所属的货架上取下快件进行派送。黄子铭是五位派送员之一，他负责9、11、12、19、30和40等楼层。“我们不是按照楼层来分配任务的，而是按照客户来分，五个人要从总量和时效上保持平衡。”黄子铭一边整理快件一边说。他的小车里最多的就是文件类的快件。

上午10时15分，黄子铭出发派件。快递服务中心侧面就是通向货梯的通道，距离并不远。上海中心有4部常用货梯，其中2部通往高楼层(40层以上)，2部通往低楼层(40层以下)。“我们派送的楼层也要根据不同电梯来划分，我最高只送到40层，再往上就得换高层电梯了。”换电梯在摩天大楼送件过程中是一件很“麻烦”的事情，高层电梯需要在使用时专门呼叫电梯司机，再赶上中午物业人员上下楼频繁，电梯司机去吃饭，等电梯就成了“很要命”的一件事。

为了尽量避开电梯拥堵时间，黄子铭从40层开始送件。把高楼层的快件送完再送低楼层，这样在电梯上就能节省不少时间，这是他积累的经验。事实也正如他预料，10时44分，当快件送完后，记者发现一部货梯已经停用，“司机去吃饭了”。黄子铭要下到12层去收件，我们只好等另外一部货梯，近10分钟后才终于登上电梯。收完件要下楼也不是一件容易的事儿，货梯司机显然还没有吃完饭，所以记者和黄子铭又等了10分钟才成功下到地下2层，结束上午的工作(表4-110)。

记者发现，上海中心的快件要比歌斐中心更为集中，黄子铭在12层就派送了100多件快件，所以派送效率稍高。但整体上，除收费模式略有差异外，第三方代派平台零公里和楼服宝采取的配送模式基本相同：集中揽收+集中派送，将人力资源和大楼资源降到最低，配送效率却做到了最高。那么，快递企业自行送件是一种怎样的体验？

(三)未来资产大厦模式

在上海，未来资产大厦是少有的几个允许快递员进入的5A级写字楼，但却不允许外卖人员进入，其快递业务量情况见表4-111。“允许快递员进入是有条件的，必须遵守大楼的规矩。你看对面的花旗大厦，本来也允许快递员进入，之前有一个快递员在楼里和客户发生了冲突，后来就不让进了。”未来资产大厦的保安一边让拿着相机的记者登记一边说。这次记者跟随中通快递上海陆家嘴一部的快递员老邢进入未来资产大厦，体验快递员自主上楼派件过程。

表4-110　黄子铭在上海中心的派件效率

出发派件时间	结束派件时间	上午派件用时	派件数量	派送楼层数	每件用时
上午10时15分	上午10时44分	29分钟	173件	4层	17秒

表4-111　未来资产大厦快递业务量情况

进港件	出港件	员工	摩天大楼派件量
日均6000多件	日均3000多件	50人	日均4000多件

由于上海不让电动三轮车通行，电动自行车是快递网点的派送工具。但以中通快递上海陆家嘴一部为例，平均每人每天要送150件快件，电动自行车拉不了怎么办？“我们在陆家嘴有几十个卸货点，每个卸货点都对应1～2名值守的快递员，然后用4辆货车把这些卸货点串联起来，轮流送件。”网点负责人胡旭一边开着货车去卸货一边说，今天一位货车司机请假，他就临时顶了上来。为了保证快递员派送时效，他要在短时间内去6个卸货点，这些点基本都在摩天大楼或者大型商超楼下。

第三个卸货点就在老邢负责的未来资产大厦附近，货车上午9时40分到达时，他已经守在那里。因为这里没有第三方入驻，记者直接开启了派件跟随模式（表4-112）。

● **跟测实录**

9时50分，老邢拉着快件进入大厦，首先面对的就是电梯。大厦里只有一部货梯，等一趟需要几分钟的时间。“靠货梯送肯定不行，一会咱们换客梯。”老邢笑着对记者说。9时55分，老邢先下到地下三层，开始分拣快件。这里是他常用的分拣场地，“人少，安全。其他企业的快递员都有自己的一块地方，来了按顺序分好再上楼。”老邢说。

10时10分，老邢分拣完毕。徒步送完地下三层和地下一层的4件快件后，他返回地下三层带着记者坐货梯上到地上二层，跨过一道厚厚的门后，眼前瞬间敞亮，“这就是客梯了”。

客梯的速度比货梯要快而且舒适，说话间便到了33层，从这里老邢开启了“扫楼”模式（表4-113）。

“扫楼”过程还算顺利，但也有几件记忆深刻的事儿。在33层，老邢3个快件有2个无人接收，他打了电话才知道公司放假了。“2个送不出去，签收肯定受影响”。

因为客梯高楼层和低楼层有分工，客梯下到22层需要换货梯到21层，再换向下的客梯。但当老邢从货梯出来时，发现21层客梯间进不去。他只好走到20层再上来开21层的门。“20层的人我熟，让他们帮我开门。”老邢自有办法。

这一趟下来，老邢要进出电梯20余次，送出快件46件，结束未来资产大厦送件的时间是11时16分（表4-114）。

表4-112　老邢在未来资产大厦的服务情况

楼层	企业	中通业务量	派件	收件
31层	约70家	日均100余件	日均70余件	日均40余件

表4-113　老邢的“扫楼”模式

楼层	33层	30层	29层	28层	25层	23层	22层	20层	19层	16层	11层	10层	9层	7层	5层	2层	1层
快件	3件(2件无人接收)	2件	3件	2件	2件	4件	3件	1件	6件	2件	3件	1件	2件	2件	1件	2件	1件

表4-114　老邢在未来资产大厦的派件效率

出发派件时间	结束派件时间	上午派件用时	派件数量	派送楼层数	每件用时
上午9时50分	上午11时16分	86分钟	46件	18层	约2分钟

在未来资产大厦送件的不只中通一家，还有顺丰、圆通、申通、韵达等。这几家企业在楼内的业务量最多，他们的快递员也要像老邢一样去“扫楼”，这无疑在派件效率、资源占用方面都存在极大的浪费。

从未来资产大厦出来，老邢的下一站是对面的花旗集团大厦。他每天只负责这两栋摩天大楼和一些路边散件。在花旗大厦，快递人员是不允许进入的，零公里在这里入驻，模式基本与上海中心相同。

老邢在这里大概有100件快件要送，派送的途径有三种：第一，与零公里签订协议的客户的快件交给零公里，再集中派送上楼，这部分共有20余件；第二，没有签订协议的客户，需要老邢一件一件扫入楼下的快件箱,这部分共有60余件;第三,不能放入快件箱的快件,需要老邢打电话给客户下来取,这部分共有10余件。

往箱子里扫完最后一件快件,已经接近中午12时了,老邢还要在这里蹲守半小时,等楼上的人都下来取完件,他才能回公司吃饭。记者离开花旗大厦时还看到,顺丰和京东的快递员也都在这里摆上了"地摊",不断地有人从楼上下来取走自己的快件。在繁华如陆家嘴的地段,快递依然还有着很大的发展空间。

(四)各方观点

高力国际歌斐中心驻场总经理　冯勇:"物业需要更广义上的快递服务"

高力国际是全球领先的商业房地产服务公司。近几年来,高速增长的电商快递业给高端商务楼的管理带来一些困扰:一是快件数量迅速增长,增加了快递员在这里的派送难度;二是包括快递员、外卖员在内的大楼外来人员素质良莠不齐,有的快递员在送快递时还推销其他的东西等,给业主带来了不便;三是楼内因为外来人员进入造成的业主投诉不断增多,包括安全问题、形象问题等,给物业管理也造成了很大障碍。但是,快递服务是高端商务楼不可缺少的服务之一,高力国际倾听不同业主的声音,结合不同业主的需求,决定与第三方楼宇综合服务商合作。

引入第三方的目的一是为了保障写字楼的品质;二是为了向业主提供更广义上的快递服务,不只是快件的收派;三是维持写字楼的办公秩序;四是将合作商整体纳入到物业服务中,进行战略合作,打造未来物业对外服务的全新标准。

上海楼冠信息科技有限公司CEO　王宇:快递为基,打造5A级商务楼生态系统

在打造"楼服宝"品牌之前,我并没有与快递业有过专门的接触,一个偶然的机会,让我意识到快递服务之于高端商务楼的重要意义。因为同时还经营着很多与办公楼宇相关的工作,所以我与上海这些国际知名物业公司交往甚多,对他们的需求也十分了解。而且我也看过很多在上海5A级写字楼里经营的第三方快递服务平台,模式上大同小异,都有一个共同点——将赚取快递服务差价作为主要收入来源。我们在赚取差价方面做出了一些改变,免费为快递公司派件。而且在收件上的收入只作为在楼内提供快递服务的人员成本,并不是我们的盈利渠道。楼服宝一年可以为歌斐中心节省60～80万元的人员(保洁、保安等)、设施和电费(电梯)等成本,其实这一部分成本是嫁接到了楼服宝身上。通过收件提取部分差价可以补贴这部分支出。

在我的经营理念中,快递服务只是切入高端商务楼的一个基础业务模块。通过线下与线上"楼服宝"APP打通,为大楼提供一站式供应链服务才是我们的目标,包括办公绿植、办公用品、下午茶、饮用水、空气检测、空调清洗、办公租赁等,我们还会与各种共享场景嫁接,包括自助贩卖机、唱吧、无人货架、无人冷柜,甚至共享单车等。但做这些都有一个原则,我们绝对不抢物业的饭碗。以上这些将是我们未来服务的一个标配。明年,我们的计划是按照这个标准先落地100多栋。

国邮智库专家　邵钟林:"进楼难"的背后形势严峻

快递进摩天大楼目前有几种不同的模式:一是单一地通过智能快件箱投递;二是快递网点委托大楼物业进行投递,物业需要自己出人出力;三是快递企业派专人驻楼进行派送;四是第三方公司为物业提供软件平台和服务模式,代收代派收入按一定比例分成,对物业有激励作用;五是第三方借用物业的场地直接开展服务,场地小,人工支出高,而且有的快递企业不合作;六是快递网点联合成立平台,根据派件量的大小决定入股多少,但存在各家利益分成和与总部的矛盾。

综合对比几种不同的模式,从行业发展来看,第三方平台集约式的派送模式是未来趋势之一,能有效减轻快递网点的压力。以我所在的徐泾这栋办公楼为例，每天至少有10个快递员跑进来送件，而集约以后只需要1个人。

事实上，在快递进楼难的背后，反映的是一个严峻的问题，那就是现在快递末端网点生存艰难，尤其是在发达城市中心的网点，面临的环境更为复杂——用地问题、车辆问题、用工成本、交通问题、上楼问题等错综交织。进一步来说，目前整个快递末端的生存问题到了非解决不可的地步，整个行业都需要一场“变革”。我们需要用“互联网+”的思维去考虑这些难题，需要国家从顶层设计上首先给予行业信心和支持，需要行业上下游齐心协力想办法来渡过目前的困境。

快递员职业大调查

目前全国有200多万快递员，快递员群体也越来越受到社会的关注。但平时我们除了收发快递和看到他们在街道上穿梭外，对他们并没有更加详细的了解。各地的快递员有什么不同？他们每天的工作时间有多久？他们承受了多大压力？等等。虽然几年前我们做过此类调查，但快递在飞速发展、环境在不断变化，所以我们有必要去收集和更新这些重要的数据，为行业积淀发展的力量。在此也衷心感谢陪伴行业成长的快递兄弟们！

由于此次调查分类较细，调查的内容也涉及方方面面，所以调查结果将分多期呈献给大家。

（一）样本说明

此次调查依然通过在网上设计问卷向规模以上快递企业发放的形式进行。截至5月10日，调查员共收到问卷2709份。

性别：男性1822名，占比67.26%；女性887名，占比32.74%。

区域：来自广东（399份）、河南（284份）、黑龙江（214份）、山东（184份）、安徽（162份）、湖南（160份）、山西（157份）、浙江（130份）、贵州（118份）等全部31个省（区、市）的快递员提交问卷。

企业：优速（723份）、中通（566份）、百世（358份）、申通（354份）、圆通（314份）、韵达（196份）、全峰（176份）、天天（22份）8家快递企业参与调查。

岗位：接受调查的有收派人员869名、客服岗位551名、管理岗位834名、运输岗位41名、分拣岗位131名、其他岗位283名。

（二）年龄里的“玄机”

从事快递员这个职业的基本都是青年，且以35岁以下为主。受调查者的年龄八成多在35岁以下，其中26～30岁为最多，占32.93%；其次是31～35岁，占22.15%；再次是21～25岁，占20.89%。36岁以上的占比不超过20%，50岁以上的只有18人，且管理岗位就有8人，收派岗位7人等。

如果进一步把“年龄”与“岗位”交叉分析，会得出以下结果：18～20岁的有近70%在收派和客服岗位，管理岗位则只有6%；21～25岁的有60%在收派和客服岗位，管理岗位占18%；26～30岁有55%在收派和客服岗位，管理岗位上升到28%；31～35岁有49%在收派和客服岗位，管理岗位上升到38%；36岁以上，管理岗位占据的比例维持在45%左右。由此看出，随着年龄的逐渐增加，从事管理岗位的快递人员也越来越多。此外，在大部分岗位中，26～30岁都是一个“黄金年龄层”，因为其在所有快递岗位中占比最高。

从“年龄”与“性别”对比来看，在26～30岁年龄段，女性（35.63%）的从业比例高于男性（31.61%），21～25岁年龄段亦然（女性24.01%，男性19.37%）；而在31～35岁年龄段，男性（24.09%）的从业比例高于女性（18.15%）。这与男女性不同的特点有关，随着年龄的增长，男性更能够接受体力强度大的工作。

从“年龄”与“地域”对比来看，有一些数据也许能反映出不同的地域特征。在18~20岁年龄段,广东的占比最大,为31.15%,即在广东省从事快递行业的小伙子居多;21~25岁,广东依然占比最大,为20.49%;而36~40岁,黑龙江以17.47%的比例开始超过其他省;41~45岁,黑龙江依然是第一,占15.76;46~50岁,黑龙江占比达到24.68%的峰值。用一句话来总结,就是黑龙江的快递员年龄结构偏大。有专业报告提供佐证:2016年12月,中央财经大学中国人力资本与劳动经济研究中心发布了我国最新《中国人力资本报告2016》,报告认为,老龄化对人力资本增长的阻碍日益明显,尤其在东北地区。这也揭示了目前东北的现状,由于产业上的劣势和劳动力的过剩导致东北面临严峻的就业压力,驱使年轻人大量外流。年轻人不在,只能中年人顶上了。

(三)多年媳妇才熬成婆

本次调查涉及具体的5个岗位:收派、客服、管理、运输和分拣。不同的岗位有不同的职业特征。

在学历方面,只有8.42%的受调查者是大学本科及以上学历。高中学历占比最高,为26.76%,大专学历占比24.33%,初中为22.33%,中专15.95%,初中以下2.21%。其中,初中以下学历的受调查者超过半数从事收派工作,初中学历近五成、高中学历近四成在从事收派工作;中专学历中,从事客服的人员最多,而一般客服都为女性;大专学历中,有39%的从事管理岗位;本科及以上学历从事管理的最多,占比62.28%。

在婚姻方面,有65.49%的快递员已婚,未婚占32.37%,离异占2.07%,丧偶占0.07%。其中,管理岗位已婚率最高,占比76.26%,其次是运输岗位,占比65.85%,收派岗位为63.75,客服岗位相比稍低,为58.26%。五个岗位中,未婚率最高的是分拣岗位。看来,我们的管理者可以在客服和分拣岗位上多撮合撮合。

"您干快递多少年?"比例从大到小顺序排列为:1~3年(34.66%)、1年以内(24.36%)、3~5年(22.44%)、5~8年(10.78%)、8年以上(7.75%)。从数据来看,快递员职业目前的对行业的忠诚度依然不高,这与基层网点的生存状况有着最直接的关系。

从五个不同的岗位来看(图4-74),从业经历不足一年的快递员在分拣岗位最多,占42.75%,1~3年的占39.69%;运输岗位也有较高比例的人员为新入职员工,占36.59%,1~3年的占29.27%;客服岗位有31.22%是新员工,41.56%不到3年;收派岗位30.49%入职不到一年,1~3年占38.2%;管理岗位较其他岗位有明显区别,只有9.47%的入职不到一年的新员工,1~3年的也较其他岗位低,占25.42%,3年以上占65.11%,其中8年以上就有17.63%。用一句俗语可总结和形容以上数据——多年的媳妇熬成婆,年轻的小伙子们要努力了。

(四)城市和乡下,谁更忙

2709名受调查者中,1546名来自城市,733名来自县城,430名来自乡镇。如果把不同工作环境下的快递数据进行对比,会呈现一种什么状况?

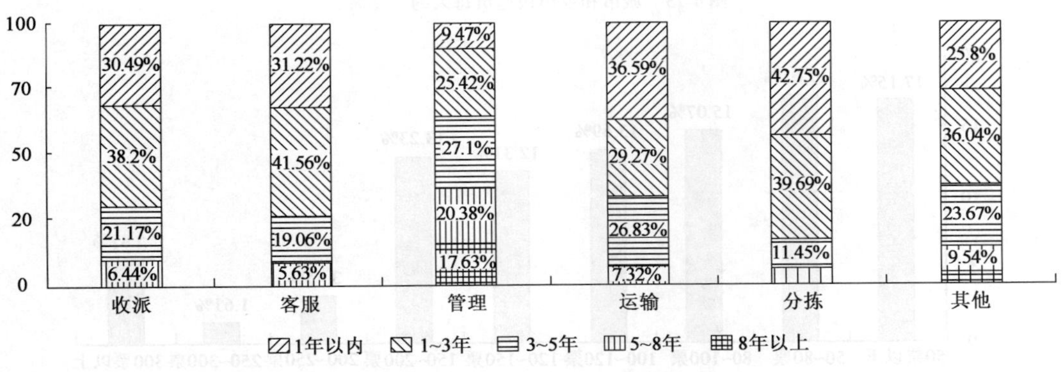

图4-74 快递员从业时长和岗位对比

首先在工作时间方面，从总体数据来看，每天工作时间8～10小时的快递员占比最多，为39.87%；工作10～12小时的次之，占25.21%；工作12小时以上的占19.38%；8小时内可以下班的占15.54%。这起码能说明一个问题，我们的快递员的辛苦程度不亚于每天坐在华为、腾讯、百度和阿里巴巴大厦里的白领。

根据交叉分析，在城市，每天工作8小时以内的快递员占13.65%；在县城，这一比例上升到16.23%；在乡镇，继续上升到21.16%。如果以此来推测乡镇的快递劳动强度没有城里高，那就成了片面之词。因为每天工作12小时以上的快递员比例，乡镇超过了城市，比例分别为22.33%和19.99%。一般情况下我们认为乡镇里的件量少，很快就能送完，但这只是一方面。乡镇的路又远又分散还不好走，决定了有很多快递员要超长时间奔波在路上。所以，在乡镇送快递，呈现出了不同于城市的“两极分化”的特点：“8小时以内干完”和“12小时以上还在干”的比例相比最高（图4-75）。

第二，在工作量方面，从总体数据看，每天收派件50～80票的占比最高，为17.61%，之后依次为“50票以下”（17.15%）、“80～100票”（15.07%）、“100～120票”（13.69%）、“150～200票”（13.23%）、“120～150票”（12.31%），能够达到200票以上的只有一成，占比10.93%（图4-76）。

调查员交叉对比了城市、县城和乡镇揽投员的数据。结果显示，每天收派件量在50票以下的，城市占比13.47%，县城占比20.32%，乡镇占比25.81%，呈逐渐上升趋势，也体现了城乡业务量的差距。50～80票区间，乡镇的比例也最高，占19.35%，县城为13.37%，城市为18.6%。80票以上的取件，城市占比则要明显超过乡镇，县城与城市相当。如果将不同收派件量区间节点连成一条线，可以看出城市最为“顺滑”，各区间衔接流畅，县城次之，乡镇则呈现高低错落、起起伏伏，各区间落差较为明显。这一方面体现出城市和乡镇对快递服务需求的不同特点，另一方面也说明城市拥有更为成熟和稳定的快件收派机制，而乡镇还需改进。

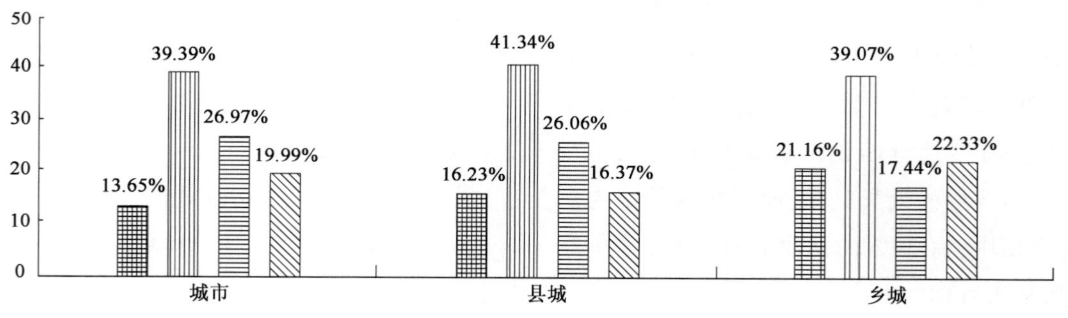

图4-75　城市和乡镇快递员每天的工作时长

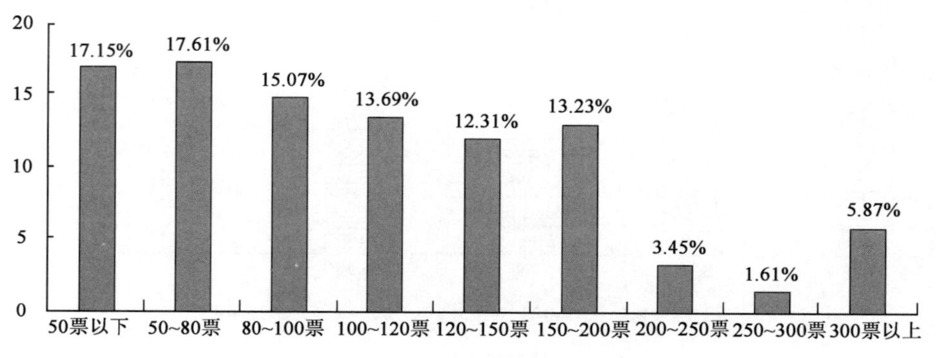

图4-76　快递员平均每天收派件量

（五）岗位不同，收入差多少

收入是衡量快递小哥职业幸福观的很重要的一项指标。综合不同地区、不同岗位快递员的收入情况来看，“2000～3000 元”仍是占比最高的一个区间，为 30.49%，“3000～4000 元”占比 26.65%，2000 元以下占比 14.95%，“4000～5000 元”占比 13.44%，能够达到 5000 元以上的不超过 15%，其中 8000 元以上的只有 4.17%。如果将这次调查的数据与之前的一次大调查对比，快递员的收入并没有明显变化，甚至还有从“3000～4000 元”向“2000～3000 元”下滑的倾向。结合快递企业基层网点的生存情况，快递员目前的收入现状不容乐观，值得快递企业高度重视（图 4-77）。

那么，不同岗位的快递员收入有何不同呢？交叉分析结果显示，一线收派员的月收入最多的集中在“3000～4000 元”的区间，为 30.49%，“2000～3000 元”的占 24.17%，“2000 元以下”与“4000～5000 元”占比相同，均为 16.46%；客服岗位月收入更多的是“2000～3000 元”，占比超过 50%，2000 元以下占比 21.05%，“3000～4000 元”占 18.87%；分拣员月收入五成为“2000～3000 元”，“3000～4000 元”的占 36.64%；运输岗位收入明显高于前三者，36.59% 的运输员收入在 3000～4000 元之间，31.37% 月收入为 4000～5000 元。相比基层，管理岗位收入在不同工资区间的分布较为平均，除月收入“3000～4000 元”占比超过 20% 外，其余大部分均在 10%～20% 之间，收入体系更加稳定。

最后根据调查结果给各岗位排名，月收入从高到低依次为：管理、运输、收派、分拣、客服。

（六）三轮车仍是收派“神器”

根据对全国快递揽投员的调查结果显示，59.38% 的快递员每天都在依靠电动三轮车来完成收派任务，其是当之无愧的快递业“神器”、最合脚的“马掌”。骑电动自行车派件的占 16.46%，开汽车的占 15.3%，摩托车为 2.65%，其他 6.21%（图 4-78）。

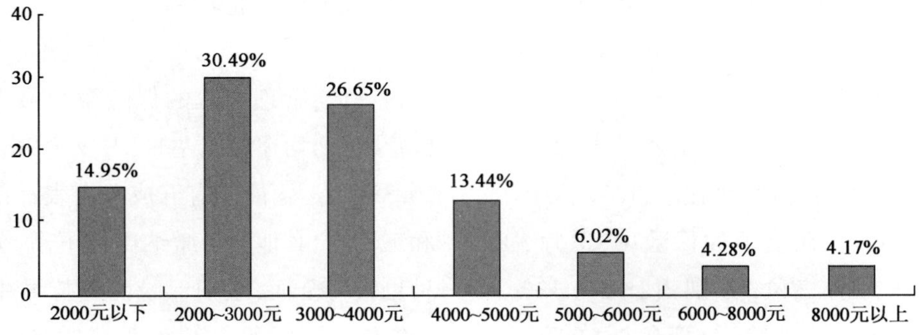

图 4-77 快递员的平均月收入

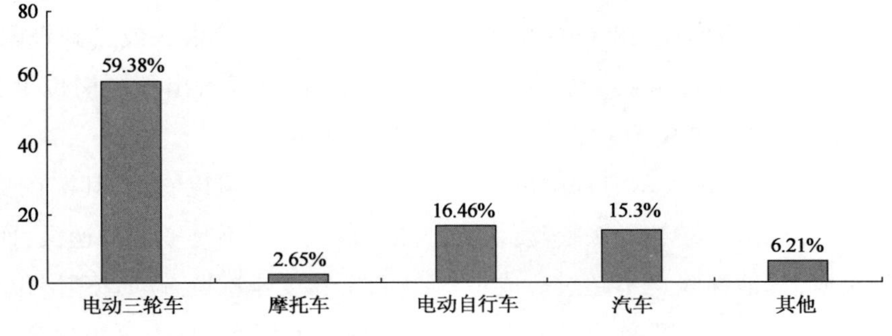

图 4-78 快递员的派送工具

快递电动三轮车虽然为快递业立下了汗马功劳，但也曾在呼和浩特、深圳、郑州等地被严打和禁行，而首都北京则通过规范车辆外观喷涂并上牌，为快递三轮车创造了良好的工作环境。各个城市政策不同，送快件的交通工具也不同，下面可通过一图直观地感受几个地区的不同。从安徽、北京、广东、贵州、河北、黑龙江、河南、湖南、浙江等几个省（市）图例可以看到，不同快递工具在以上地区使用比例的不同。在北京，绝大部分快件都通过快递三轮车投递，使用汽车和电动自行车的很少；在安徽、河北、湖南、浙江等地，用汽车投送快件的比例不断提升，且远高于北京；在黑龙江和广东，投送快件的工具显得十分丰富，电动三轮车、电动自行车、汽车和其他派送工具均占有一定的比例，电动三轮车的使用比例低于其他工具比例之和，其中，广东使用电动三轮车的比例最低，电动自行车的比例最高，这与广东对车辆的管制不无关系（图4-79）。

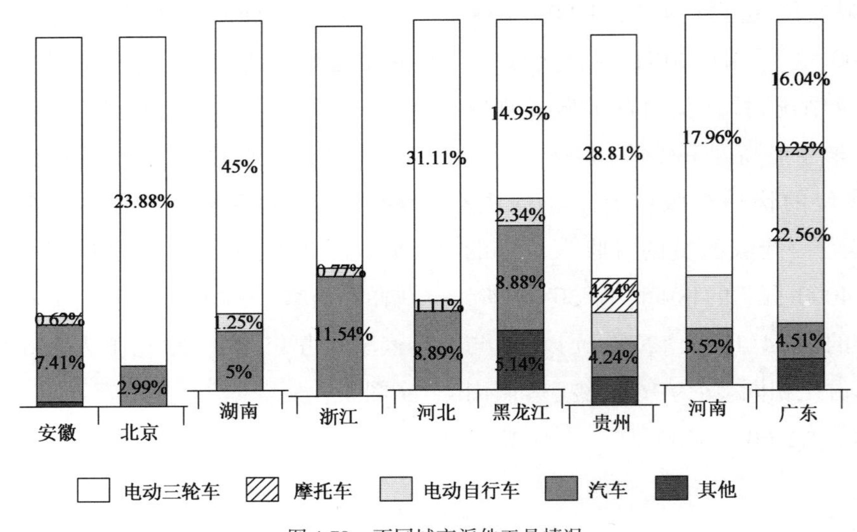

图4-79　不同城市派件工具情况

（七）都上了哪些保险？

养老、医疗、工伤、失业……快递员上保险了吗，都上了哪些保险？调查结果显示，1227人上了保险，占比45.29%。在上了的保险中，医疗、工伤、养老保险排在前三位，分别占比57.13%、55.99%和44.82%。失业险、公积金、意外险、车险占比不高。

不同的岗位上保险的情况不同。收派岗位，有34.64%的表示有保险；客服岗位，38.66%上了保险；管理岗位，56.47%上了保险；运输岗位，70.73%有保险；分拣岗位，56.49%有保险；其他岗位有五成上了保险。收派岗位表示有保险的四成以上缴纳了工伤险，三成以上缴纳了医疗险，缴纳养老保险的不到两成，其他保险均不超过一成；客服岗位表示有保险的超过四成都缴纳了养老、医疗和工伤险，并且有23%缴纳了失业险，公积金也占一成；管理岗位的保险缴纳最为全面，养老、医疗、工伤均在六成左右，失业险36.31%，公积金20.38%；运输岗位有五成左右表示都缴纳了医疗和工伤险，其他险种缴纳比例不高；分拣员缴纳险种也较为全面，缴纳保险的分拣员中七成以上表示缴纳了医疗和工伤险，五成缴纳了养老险，失业险和公积金占三成以上。

想想自己的收入和福利待遇，34.36%的快递员表示工作压力很大或已到极限。通过“岗位压力分布图”可以看出不同岗位承受不同压力的情况（图4-80）。

通过数据可以看出，其实在受调查者中，承受压力最大的还不是一线快递员，而是管理岗位，而大部分接受本次调查的管理岗位很多都是网点的管理者，网点经营压力可想而知。当然，也有近七成的揽投员表示压力较大，近四成压力很大或快到极限。相对而言,客服、运输和分拣等岗位压力要小一些。统计工作中最大的压力源,“罚款名目多”占首位,占比62.49%,“工资福利低”排第二,占比43.84%;“工作时间长”“收件少”并列第三,占32.22%。

调查了这么多数据,分析了这么多项目,快递员对自己从事的这个职业究竟怎么看?56.88%的受调查者表示“有前景,值得一直干下去”,30.31%表示“干一段时间再说”,12.81%表示“只是过渡”。其中,收派岗位态度最为不确定,超过四成表示干一段时间再说,而管理岗位最为乐观,超过七成把快递作为自己一生值得奋斗的事业。总之,不管哪种态度,快递业发展的车轮都将会滚滚向前,想离目标更近一些,就要拿出诚恳的态度、职业的风度、改革的力度以及奔跑的速度。

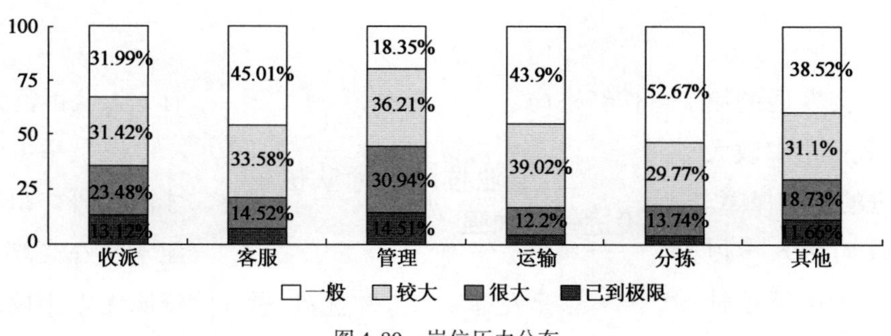

图4-80　岗位压力分布

第五篇　人才建设

第一章　2017年快递人才队伍建设概述

人才是经济社会发展的第一资源,也是推动我国由邮政大国向邮政强国迈进的坚强保障。2017年,国家邮政局深入学习贯彻习近平新时代中国特色社会主义思想,坚持党管人才原则,落实中央《关于深化人才发展体制机制改革的意见》,全面推进行业人才队伍建设工作,统筹推进专业技术人才、技能人才、管理人才三支队伍建设和行业人才教育培训,在育才、选才、用才、聚才等方面都取得了较为明显的成效。

一、人才工作组织领导进一步加强

为加强对行业人才工作的领导,进一步推动行业人才队伍建设,2017年3月,国家邮政局成立了由党组书记、局长任组长的全国邮政行业人才工作领导小组,形成了领导小组牵头抓总,领导小组办公室统筹协调,领导小组成员单位各司其职、密切配合,上下联动、共同推进,有关部门广泛参与的行业人才工作新格局。

二、专业技术人才队伍建设进一步加强

一是发挥专家人才优势,做好专家联系服务工作。为深入落实中央办公厅《关于进一步加强党委联系服务专家工作的意见》,国家邮政局专门整理分析了行业各类专家队伍情况,并向有关部门推荐多式联运专家和政府采购邮政专家。2017年,国家邮政局召开了邮政业标准化技术委员会换届大会,并组织了三次科技专家咨询组专题活动,支持了交通运输部专家委员会邮政组专家工作,更好地发挥了专家组织作用。

二是推荐选拔行业优秀专技人才。国家邮政局组织推荐优秀人才参加交通运输青年科技英才、中国青年科技奖、全国创新争先奖、2017年国家百千万人才工程等评选,其中有7人被评为全国交通运输青年科技英才。在参加交通运输行业高层次技术人才培养项目申报中,有5人获得资助。

三是举办快递专业技术人才高级研修班。为充分发挥共建学院在高端人才培养方面的资源优势,国家邮政局成功申报并举办列入国家专业技术人才知识更新工程资助的快递专业技术人才高级研修班。2017年6月,2017年快递专业技术人才知识更新工程高级研修班在南京开班。

四是研究推进快递专业技术人员职称评价。国家邮政局不断加强与相关部门的沟通,已起草完成了快递工程技术人员职称评审标准(征求意见稿)。

三、技能人才队伍建设水平不断提升

一是做好职业技能鉴定和职业技能等级认定研究工作。在技能人才方面,2017年,全年参加快递业务员鉴定考试人数4.1万人。2017年5月,根据国务院常务会议关于职业资格改革精神,第一时

间停止实施鉴定考试。同时，跟进国家和人社部相关政策，做好职业技能等级认定的研究工作。

二是开展技能大赛和人才选拔工作。2017 年 9 月，2017 年中国技能大赛——全国邮政行业职业技能竞赛决赛成功举办，这是邮政体制改革以来国家邮政局首次主办的国家级竞赛，也是全行业规格最高、参与范围最广的技能比赛。共有 27 个省（区、市）的 2000 余名企业员工参加初赛，26 个省 12 个品牌企业的 70 名选手进入决赛，前 3 名获奖选手获全国技术能手荣誉称号。通过大赛，增强了行业企业对技能重要性的认识，激发了行业从业人员钻研新技术、掌握新技能、争创新业绩的热情。此外，国家邮政局还组织推荐了 20 名优秀人才参加全国交通技术能手评选。

三是加快快递员等职业标准编制。国家邮政局在广泛开展标准征求意见工作的基础上，不断修改完善标准文本，并将快递绿色包装等内容纳入快递新职业标准中。同时，还启动了与新职业标准相对应的教材、大纲、题库建设工作，开展先期调研，组织编写教材。

四、管理人才队伍建设有序推进

一是加强领导干部队伍建设。国家邮政局坚持正确选人用人导向，落实“好干部”标准，严格任职资格条件和程序规定，突出把好政治关、品行关和廉洁关，选优配强各级领导班子和领导干部。2017 年，国家邮政局印发了全系统领导干部异地交流任职相关问题暂行规定，组织新任职干部首次宪法宣誓，完善了领导班子和领导干部考核评价机制，加强了干部监督，积极营造风清气正的良好工作氛围。

二是有序组织干部挂职交流锻炼。国家邮政局不断丰富干部培养方式，优化干部成长路径，继续组织国家局机关和基层干部双向挂职锻炼。在扶贫干部选派上，形成了挂职扶贫干部和驻村第一书记压茬交接的良好机制，凝心聚力推进精准扶贫。

三是国际化人才培养成效明显。在开展外交和行业助选工作上，国家邮政局赴印尼、新西兰等国争取支持，成功推动我国候选人林洪亮连任亚太邮联秘书长。在“中国年轻行政人员长期培养支援”项目（JDS）中，国家邮政局组织参加并选派 2 名干部赴日留学。国家邮政局承担万国邮联改革特设工作组主席国和万国邮联国际铁路运邮特设工作组主席国任务，深度参与国际组织工作，在国际舞台讲好中国故事，外事干部能力水平不断提升。

五、人才教育培训环境条件不断优化

一是推进高层次人才培养。2017 年，邮政工程、邮政管理两个本科新专业获得教育部批准，实现零了的突破，也为行业高层次人才培养奠定了坚实基础。国家邮政局继续协调推进共建四所邮电大学现代邮政学院的发展，2017 年四所邮电大学现代邮政学院在校生达 1100 余人。此外，为积极推进现代邮政教育联盟筹备，国家邮政局人事司还指导共建院校筹备首届“强邮论坛”。

二是加强行业职业教育。国家邮政局会同教育部联合遴选全国职业院校邮政和快递类示范专业点 22 个。此外，国家邮政局还指导召开全国邮政职业教育教学指导委员会工作会议、高职快递专业教学研讨会，组织开展高等职业院校邮政类专业教学标准制订和中等职业院校专业目录修订，协调推进快递教学资源库建设。

三是举办快递大学生“双创”大赛。国家邮政局会同教育部有关部门指导举办了第二届全国“互联网 +”快递大学生创新创业大赛，深化以创新创业教育为导向的行业人才培养模式改革。全国共有 27 个省（区、市）百余所高校选送 300 余件作品参评，决出金奖9个、银奖21个、铜奖70个、优秀组织奖10个。

四是遴选第二批全国邮政行业人才培养基地。国家邮政局研究起草全国邮政行业人才培养基地管理办法，并遴选确定了12所院校为第二批全国邮政行业人才培养基地遴选。

此外，在研究推进快递从业人员职业保障方面，国家邮政局成立了专项工作领导小组，制定印发工作方案，督促企业落实主体责任，稳步推进工作开展。国家邮政局还会同人社部开展了专题研究，组织召开了多场企业座谈会和专家座谈会，进一步加强了劳动保障管理和劳动标准方面的研究。

值得一提的是，随着市场竞争的加剧，越来越多的企业也深刻地认识到人才对企业发展的重要性，人才培养的意识也逐渐增强。2017年，快递企业在加快规范发展、转型升级过程中，不断加大投入力度，通过多种方式积极加强人才队伍建设，进一步优化人才发展环境，在选才、育才、用才、留才等方面，也逐渐摸索出一些适合企业自身发展的新模式和工作思路，为行业快速发展奠定了人才基础，为企业由大做强提供人才支撑。

第二章 2017 年职鉴工作进展

2017 年，职鉴指导中心紧紧围绕国家局中心工作，服务大局，坚决落实职业资格改革要求，积极研究行业职鉴工作转型发展思路，认真开展职业技能鉴定工作，圆满完成全国职业技能竞赛活动，推动实施技能人才“853”工程，努力拓展服务领域，各项工作取得新的成效。

一、主动适应职业资格改革要求

2017 年，国家深入推进“放管服”改革，大力推动职业资格改革，公布了国家职业资格目录，实行清单式管理，邮政相关职业未列入目录。职鉴指导中心积极研究行业职鉴工作转型发展思路，为实现国家职业资格与行业技能等级认定工作的有序衔接平稳过渡做好准备。

紧密跟踪改革动态，坚决贯彻改革要求。与人社部相关部门单位保持沟通联系，及时了解改革工作进展和相关政策信息，及时向各省中心传达国家局领导指示，指导各地做好职鉴考试后续工作。积极开展专项调研，研究转型发展思路。根据实施“人才强邮”战略部署，按照“增加职能、拓展领域、多元经营”的发展思路，初步提出转型发展方向。

二、组织实施 2017 年全国职业技能大赛

2017 年中国技能大赛——全国邮政行业职业技能竞赛是由国家邮政局、中国就业培训技术指导中心联合主办的，也是邮政管理部门首次组织的列入国家大赛计划的全国性行业竞赛。开展职业技能大赛是国家邮政局深入实施“人才强邮”战略的重要举措，是推进邮政行业高技能人才队伍建设的重点工作。竞赛得到了各方面的大力支持，各省积极组织实施，相关合作院校鼎力支撑，广大快递企业和从业人员积极投入，形成了全行业广泛参与竞赛的生动局面。国家局、省局、地市局三级层层推动，全国有 27 个省（区、市）近 2000 名选手参加省赛。70 多个地市组织了本地竞赛。19 个省与地方人社、教育、工会、共青团等联合举办省赛，争取奖励政策和荣誉。9 月 26 ~ 27 日全国决赛在山东青岛酒店管理职业技术学院举办，26 个省（区、市）组成代表队，来自 12 个品牌快递企业的 70 名选手参加了决赛。孙季冬等 30 名选手获得一、二、三等奖，经人社部核准后孙季冬等三名选手被授予“全国技术能手”荣誉称号。

截至 2017 年年底，通过各级竞赛共产生全国技术能手 8 名，全国青年岗位能手 5 名；省级技术能手 95 名，地市级技术能手 57 名；省级五一劳动奖章获得者 17 名，地市级五一劳动奖章获得者 38 名。据不完全统计，全行业有数万名快递企业员工参加了省、市两级和各企业举办的赛前培训、技术比武、技能竞赛活动，在全国快递从业人员中掀起学技术、比技能的热潮。

三、稳步开展职业技能鉴定工作

强化统筹安排，坚持统考制度。根据快递行业生产作业特点规律，继续探索送考上门、送考到企等鉴定方式，更好满足快递从业人员和院校学生的考试需求。鉴定工作进一步向地市拓展。指导各省督促地市局设置考点，“向下”延伸，不断提高鉴定服务能力。两次统考全国共设考点 268 个，考场 1276 个，其中 221 个考点设在市（地）。通过鉴定考试，进一步拓展合作院校，探索专业人才培养培训，

职鉴工作向下延伸效果显著。

精心组织全国统一鉴定工作。全年开展了两次统考共有4.1万人参加，鉴定量保持基本稳定。每批次考试均严格按照规程要求，规范组织实施，细化各工作环节的质量管理，确保万无一失，安全高效，行业鉴定工作的规范化水平进一步提升。截至目前，全国历年累计鉴定80万人次，持证近54万人次，为促进行业管理，提升企业服务能力水平，提高从业人员素质提供了有效支撑和重要抓手。

四、积极推进技能人才素质提升

推动实施快递技能人才“853”工程。认真落实邮政行业“十三五”系列规划部署和要求，研究细化工程目标任务、工作措施和保障支撑等内容，指导各省对接落实工程任务，统筹推进工程实施。

推进合作院校建设，积极推进全国邮政行业人才培养基地管理和评选工作。广泛开展调研，征求建议意见，修改完善“基地考核认定指标体系”，起草《全国邮政行业人才培养基地管理办法（报审稿）》，筹备组织行业人才培养交流工作。

推进快递专业建设。积极参与高职院校快递专业教学标准制定，推进职业标准和教学标准对接。参与教育部示范专业点建设相关工作，支持21所院校开展邮政快递类示范专业点建设。支持山东淄博职业学院快递运营管理专业教学资源库建设，申报入选教育部2017年度职业教育专业教学资源库备选库。支持重点合作院校加强快递专业（方向）建设，开展“一体化”课程教材编写工作。组织全国邮政、快递相关专业骨干师资高级研修班，为17个省（区、市）的50多名行业合作院校和专业骨干师资提供学习交流的平台。

配合落实从业人员职业保障。根据加强和改进快递从业人员职业保障工作的重点任务分工，组织参与相关调研工作，研究提出落实任务的意见和建议，配合推进落实工作。组织开展快递工程技术人员职称评审标准研究，提出快递专业技术职务任职资格评审工作建设方案，为拓展从业人员职业发展空间奠定基础。五一前，组织开展“五一技术能手岗位建新功”回访慰问活动，推动行业树立关爱员工、尊重人才、崇尚技能的新风尚。

加快快递新职业标准编制。启动与新标准相对应的教材大纲、题库建设工作。加强人员队伍建设。完成2016年行业职鉴数据统计工作，编制数据统计情况报告，为技能人才队伍建设提供决策依据。

第三章 2017 年企业人才培养特色举措

2017 年是党的十八大以来我国邮政业发展的收官之年,也是实施“十三五”规划的重要之年。全行业认真学习贯彻习近平新时代中国特色社会主义思想和党的十九大精神,深入贯彻新发展理念,坚持稳中求进工作总基调,以提高发展质量和效益为中心,以深化供给侧结构性改革为主线,按照“打通上下游、拓展产业链、画大同心圆、构建生态圈”工作思路,更加注重创新驱动、优化结构,更加注重补齐短板、联动融合,更加注重服务民生、绿色安全,行业发展态势高位运行持续向好。这一年,各主要快递企业也结合自身特点,通过特色举措,全面推进快递人才的培养。

一、中国邮政速递物流:建立“双定”落实评价积分体系

中国邮政速递物流坚持人才是企业宝贵资源的理念,贯彻“人才强邮”战略,不断推进人才队伍建设。建立“双定”落实评价积分体系,人员配置比例更加合理,揽投人员新增 1.5 万人,一线人员占全口径用工总量的 56%,同比提高了 7.3%;营业部人均日揽投量 121 件,同比提升 51%;处理中心第四季度人均日处理量 777 件,同比提升 37%;全口径用工总量人均劳产率超过 30.7 万元,同比提高 22%。

着力提升人才队伍素质,对总部机关部门正副职、省分公司领导班子副职、重点县营业部经理、百名优秀营销人员进行各类针对性的总部级培训 78 场次,受训人员达 4300 人次;对一线技能人才进行线上远程培训 13 个班次,培训近 15 万人次。编写了《揽投员入职培训读本》,实现全网培训课件、服务规范和操作标准“三统一”。

二、顺丰速运:打造人才智慧生态体系

顺丰一直视人才为实现企业战略目标的基础,是企业持续发展的动力。为把控外部招聘人才质量,2017 年顺丰持续完善内部招聘体系,优化招聘流程提升人才应聘体验。在校企合作方面,2017 年顺丰在全国 17 个重要城市 40 余所国家重点高校开展校园招聘,吸纳近 600 多位优秀人才加入顺丰;深化实施“管理培训生计划”,定位全球 TOP100 名校,精准筛选并引进顶尖硕/博士 30 余位,储备未来发展人才;针对国内名校开设“奖学金”,开展“学科竞赛”“企业沙龙”“企业开放日”等多元化活动,持续深化校企合作,打造高校人才供应链。

在人才队伍建设上,顺丰坚持“双价值(价值观实践、价值贡献)”的用人导向,并基于此去选人、育人和用人。为不断营造“公正、公平、公开”的用人环境,并应用于管理者实际人力资源管理活动中,2017 年公司发布了《顺丰管理者——人力资源管理十诫》,对管理者的行为和要求进行明确与规范。

2017 年,顺丰还在内部进行了全面人才盘点,并给予优秀的高潜人才更多优质培养资源、项目历练机会等,切实牵引员工的能力提升及对公司做出价值贡献。同时,搭建并全面落实人才发展评价中心及自我驱动的职业发展平台,帮助员工“照镜子”,助力员工自驱发展;帮助管理者“知团队”,助力管理决策;帮助公司“识人才”,驱动业务发展。

集团在人才培养上,围绕战略目标,聚焦关键人才,2017 年进行顺丰大学 2.0 体系升级,构建领导力与管理学院及职业技能培训学院体系构架,搭建一体

化学习平台，运用学币激励手段，全面推进互联网化学习模式的转变，提升整体学习效率。

在关键管理人才方面，构建“4度”培养模型：准备度－胜任度－成熟度－卓越度。通过专项培养项目，推动领导能力与管理能力升级，并联动职业发展体系，把关键人才“扶上马、送一程”，开拓其视野、引领其发展。

在职能专业岗位方面，通过岗位应知应会的打造与分享，形成专业能力的精进与发展。应知部分通过知识分享、以考代训、游戏通关的方式，实现大范围的岗位覆盖与效率提升；应会部分通过岗位网红分享，实现技能经验的复制与传承，岗位最优秀的人辅导岗位发展，仅网点负责人就有1000＋网红的视频分享，点击打赏量100000＋。

2017年，基于KMS知识管理平台，顺丰打造了一体化学习平台，PC＋APP双通道入口，PV量10000000＋，UV量500000＋，上线3455个项目，课程11126门，学习人数2501704人，全面实现学习全流程线上管理；另外，通过学币激励，形成量化学习评价体系，充分调动学习氛围与优质内容产生，形成顺丰人学习交流的智慧生态体系。

三、圆通速递：建立新体系，凝聚新团队

建立新体系，凝聚新团队，实现新目标。在人才建设方面，圆通一直不遗余力。

2017年，圆通全网员工数近40万人，全年引进高管数十名，团队更加专业化、年轻化、知识化、国际化。

在人才培养和梯队建设上，圆通已打通全网职业晋升通道，全年储备一百多名管理人才，全年开展培训800多场，培训人数达到8万多人次。其中，为加盟公司培训30多场，涉及人数24000人。

在提升员工职业技能和素养上，全网层层开展业务技能大赛。通过比赛，揽派、客服、操作等各个方面涌现出一批业务能手；在员工关怀方面，公司开展圆通趣味运动会、法律咨询活动、月度员工生日晚会等，增强员工归属感，进一步推动公司企业文化建设，为圆通提供学习成长的平台，与企业共发展，最终形成良好的企业向心力和凝聚力。

据了解，为提升员工的专业技能管理能力，向现代化企业转变，2017年圆通速递用于各种人才培训经费超过百万。

四、申通快递：以人为本，优化人才发展环境

2017年，申通快递大力实施人才引进工程，不断优化人才发展环境，切实做到“引进来、用得好、留得住”，从而有效助力公司经营发展。2017年公司与全国各地对口院校建立联系，与西安外国语大学、华中师范大学、西华大学、江西财经大学、吉林农业科技学院进行了校企合作，并预定毕业生。同时在部分学校组建了申通快递订单班，开展课程讲座。通过校企交流，全年公司总部共引进50名管理培训生，IT类技术人才10名，其他普通行政人员若干。

2017年，申通快递共开展各类培训1155场次，培训人次总计70106人次，平均满意度达到94.75。培训分管理系列、技能系列、一线岗位系列等。管理系列课程包括《网点业绩倍增技能》《网点管理技能分享》《客服经理角色认知》《质量考核》等；技能系列课程包括《有效沟通》《消防安全》《场地安全设备维护》《三件处理》《客户投诉处理技巧》等；一线岗位培训教程包括《新员工入职》《企业文化》《服务礼仪》《航空件流程》、《巴枪使用说明》等。

同时，申通快递积极组织员工参加快递业务员职业技能鉴定考试和竞赛。2017年1月，浙江杭州公司获得杭州邮管局组织技能比武“团体一等奖”，查添桦、全春燕被评为“行业杰出青年岗位能手”。

申通快递始终坚持“以人为本”的理念，把员工利益作为工作的出发点和落脚点，采用多

方沟通、问卷调查等方式，分析员工真正需要什么和对活动的意见和建议；公司每年召开职工代表大会，听取员工心声并及时反馈、跟踪、解决；按时签署“三项合同”（集体劳动合同、工资专项集体合同、女职工权益保护专项集体合同）；企业员工享有带薪休假、带薪培训、健康体检、话费补贴、食宿补贴、高温补贴、活动补贴等众多福利待遇，公司节假日发放慰问品，员工生日发放蛋糕券等。

申通快递还设立了爱心救助基金。对发生重大交通事故、自然灾害的申通网点，患重大疾病的申通员工进行困难补助，帮助他们度过经济难关。据了解，自2015年9月设立爱心救助基金以来，申通快递共救助困难网点公司及员工50多人/次，累计救助金额200多万元。

五、韵达速递：让“能者上、平者让、庸者下”

在发展过程中，韵达坚持“勤俭进取”的管理文化，通过内部公平竞争、考核激励等机制，让“能者上、平者让、庸者下”，打造“以客户为中心，以价值为目标，为奋斗者为本”的众创合伙人平台。通过与国内多所高校联合办学，与有关院校举办专题班，实施“高管游学”计划、中层管理者专业培训，基层员工每月培训计划，建立可持续发展的人才梯队，为韵达的快速发展提供专业人才支撑。同时，实施相关激励措施，增强业务骨干和主要技术人员的主人翁精神和担当意识，进一步调动工作积极性和工作热情，不断推动韵达未来发展战略和经营目标的实现，促进韵达健康、稳定和可持续发展。

六、中通快递：人才队伍建设稳步推进

人始终是企业发展的第一要素，人才就是“硬实力”，人力资源管理开发程度，直接决定企业的兴衰。2017年，中通快递优化组织架构，强化团队建设，完善人才培养和人才晋升机制，吸引和培养具有公司文化认同感和对公司有归属感的技术骨干。

为推进安全工作的实行，中通快递致力于安全意识和能力的提升。定期组织召开安全会议，全面落实安全制度；举行员工安全培训，开展安全演练活动，强化员工安全意识；设置安全宣传栏，传播安全文化；参与安全类公益活动，扩大安全文化辐射面。2017年，中通快递开展安全培训及应急1852次，参与人数132828人次。

七、百世快递：人才强企，多渠道引进和培养人才

百世快递坚持人才是企业第一资源的战略思想，贯彻人才强企，人才兴企方针，全面开展选才、育才、用才、留才机制建设，通过人才开发合作、人才培训培养、人事委托代理等多渠道聚集人才、培养人才。

在人才引进方面，一是通过专业的人才服务中介机构为公司提供高级的管理型人才。二是校企深度合作。百世快递已与全国200多家大、中专院校建立了校企合作关系，并在这些大学专门设置有关物流（快递）知识的课程，定向培养物流专业学生，为学生后期进公司顺利上岗奠定基础。三是线上线下并举的招聘机制，与大型招聘网站合作、建立员工推荐奖励制度、参与大型招聘会等引进企业需要的人才。

百世快递主要通过以下几个项目来培养和选拔人才：

一是，“黄埔军校”是百世快递为了完善培训基地建设。打造区域化、模块化人才培训（培养）模式的一种创新。它是一个虚拟的学校，又是人才集训的实践地。为了夯实分拨基层管理人员的专业技能，挖掘基层管理潜力，提升基层管理水平，打造高素质基层管理队伍，也为运营团队的发展储备人才。2017年，黄埔军校重点推出了针对主管的战狼培训项目、和针对组长的雏鹰项目。在总部校区与全国4个分校区共同联动

下，战狼项目累积培训储备252人，覆盖率达到73%；雏鹰项目累积培训储备组长603人，覆盖率64%。通过提升被培训人员认知、技能，来促进了业务部门的业绩提升；保障了运营团队发展的人才需求。

二是，AB培训项目。针对分拨一线人员，每月定期开展A类（安全+技能）培训和B类（标准化+技能）培训。2017年度，累积10次，累积参训学员超过1000人次。在开展这样的活动过程中，我们总结出以赛代培的运作模式，即通过比赛的方式，让员工们能愉快的、轻松的，不知不觉地接受了新知识、新技能。

三是，百世大学线上培训项目。百世大学服务于业务发展和人才的培养，是知识体系管理和共享的平台。2017年设置220个课程，共2708道试题。推广学习课程134个，应学习人次122369，完成学习人次119833，学习完成率97.93%。

四是，运营微分享线上培训项目。微分享采用微信平台，针对当下的发现的问题，采取有效的举措后，形成的可复制、可参考的经验知识。然后由指定人员在线上对全网的伙伴分享，可以做到知识点及时、广泛的传播。2017年运营微分享共组织19期，已经形成比较有特色的培训项目。

五是，加盟商培训资源建设（一滴红墨水项目）。针对新加盟的站点而设立的培训项目，旨在帮助站点快速掌握快递运营知识。百世快递对全网符合资质的优秀加盟商站点进行筛选、认证，作为标杆和模板，让其他站点到这些优秀的站点学习并进行实操培训，帮助新加盟商尽快上手，最终建构成“一滴红墨水”站点。截至2017年12月共产生108个“一滴红墨水”站点，活跃度达到47%。

六是，蒲公英培优项目。该项目的是让经验丰富的加盟站点经理人和员工成为培训讲师，同时结合孵化器（一滴红墨水）培训基地，通过站点培训站点的模式，提升全网培训质量。截至2017年年底，全网共发展了142位蒲公英培优讲师，每月平均活跃度86%。此外，其他有针对基层运作管理人员的培训，共开设10期运管精英培训班，累计培训管理人员260余人；针对一线操作人员举行一期共9场直营专考，为112余人提供了晋级机会，其中39人得以成功晋级。

在人才保障方面，实施人才保障计划，最大诚意留住人才。丰富的业余活动，充实员工的精神生活。成熟的培养晋升体系，培养出优秀的百世内部人才。建立内部职位推荐制度，为每一位员工打开升职通道。培训方式多样，内容广泛，培训质量更高。公司制定的人才选拔、晋升、培养、任用、管理、福利的激励机制，已形成了一条符合产业发展的爱才、惜才、用才的用人机制。此外，百世快递还积极开展一线岗位技能等级考试，主要面向分拨中心一线在岗操作岗位员工，面向客服中心一线员工进行技能等级认证考试，提升员工专业技能。

八、优速快递：持续完善优速“家”文化

人才队伍的建设事关全局、意义重大，强有力的人才队伍更是企业发展的根本，直接决定了企业在自身业务领域中的生存位置和价值区间，并直接影响着企业今后的发展。优速快递始终坚持人才是第一生产力的原则，随着优速在业内影响力和竞争力的提升，优速的人才队伍建设也进入了一个新的阶段。

2017年，业内多位知名高管相继加入优速，搭建起了优速人才队伍的“指挥塔”，指引优速向更高层迈进；基层领域，由于计件工资制度的推行，优速的人才流失率呈下降趋势，大大提高了企业的稳定性。

在人才建设方面，优速通过人力资源部门及优速商学院完善的人才培训机制，开发各类具有优速特色的培训课程及视频教材，满足了各层级员工的培养

需求，充分调动了员工积极性。同时，优速免费组织员工参与国家快递业务职业技能鉴定认证，进一步提高了员工的职业技能素养。

2017年，优速成立了优速快递工会，持续完善优速“家”文化，为公司及员工搭建了沟通的桥梁，多次组织员工参与各类文娱活动，提升了人才队伍的向心力。

九、天天快递：在人才储备和培养上发力

在人才招聘方面，2017年“双11”前，天天快递储备转运中心员工16000余人，同比去年“双11”增长了25%，储备“最后一公里”投递人员20000余人，同比去年“双11”增长了25%，为天天一线收派、转运提供了强有力的保障。此外，天天快递与合肥学院、阜阳师范学院、盐城师范学院、江西赣州华坚科技职业学校、江西青年职业学院、江西省商务学校、武昌职业技术学院等几十所高校展开多样的校企合作模式，在重点合作院校成立“天天快递班”，为客服体系储备人员300余人、为各层管理梯队人才储备30余人，给公司储备了大量的高素质人才和新鲜血液，为公司的快速发展奠定了基础。

在人才培养方面，2017年，天天快递开办各类专项培训活动64期，共有5000余人次参训，圆满完成了年初制定的各项目标任务。每月不定期组织新员工培训；公司各区域积极组织“苏宁企业文化之旅”培训活动，公司融合奠定坚实基础；继续保持与青海、上海、杭州等武警总队的密切联系，新增了上海、浙江等地区的解放军部队的沟通联络，为退伍军人提供广阔的发展平台，开展由复转军人与快递行业经验人才组成的基层管理梯队储备人才队伍培训，为公司各区域定向培养和输送人才。

天天快递重视人才的提升，在鼓励员工养成良好自学习惯的同时，为员工制定在职期间职业生涯规划。实施人才培养战略，通过内部竞聘上岗选拔人才，健全完善公司人才管理方案与培养机制，不断完善各层级管理人才梯队建设，为公司发展提供坚实的人才保障。

十、安能：强化“选、用、育、留”人才机制

安能坚持人才强企的用人理念，始终认为人才是企业发展的重要战略资源，通过在选、用、育、留等各个环节开展机制性建设，保障公司人才战略的落地。

在选拔聚集人才方面，安能主要通过四个方面来选拔人才：一是通过专业的人才服务机构为公司提供高素质的管理人才。二是通过深化校企合作，定向选拔培养专业的物流人才，为学生后期进入公司胜任相关岗位奠定坚实的专业基础。三是通过各方面的招聘渠道如招聘网站、招聘会等引进相关岗位人才。四是通过内部推荐及转岗制度，把更加专业的人才选拔出来放在更合适的岗位上。

为了给员工提供一个能够迅速成长的学习型平台，安能不仅成立了专业的组织与人才发展部门，搭建了完善的培训体系，更是提供了双向的人员晋升通道，让全体安能人能够在安能这个平台上自由发挥才智并获取相应回报。

随着业务规模的不断扩大，安能各个层级人员也需不断提升自身的服务能力，为此安能搭建了各个层次的培训体系，以满足公司人员能力提升的需要：A180计划，主要是面向一线业务人员以及基层员工的培训体系，旨在让基层员工更加了解自身岗位知识以及公司文化，能够胜任自身岗位需要；战狼特训营，是公司重要的人才培养基地，主要是为公司孵化各层级管理人员，分为幼狼、青狼、头狼三个培养阶段，分别为公司培养基层、中层、高层管理人才，目前安能所有的大区总均为公司战狼特训营培养出的人员；黄埔军校，主要是为贯彻公司重大战略部署，提高公司管理层管理能力

进行定期的全封闭式的管理层培训，公司总裁任校长，高级副总裁及各一级部门负责人担任讲师，为公司各级管理层宣贯公司各项战略及战术打法；此外，安能专门打造了花火、思阅驿站、火炬手等专业的培训平台为全体员工及加盟商提供专业技能的培训。

十一、德邦：差异化管理，优化升级人才梯队

德邦在人才管理方面一直都独树一帜。截至 2017 年年底，已经有 10805 名本科生、1242 名硕博研究生加入到德邦的队伍中。此外，公司设立了德邦大学，从一线操作人员到办公文职人员及管理工作人员都要持续地参加系统培训；并通过建立领导力模型、储备选拔机制、专业人才认证体系，打造德邦的人才优势。

从人员招聘来看，自 2005 年起德邦启动校园招聘。12 年来，德邦坚持不懈地从 100 多所高校中寻找优秀人才，与中国物流行业、与德邦一起成长。德邦设立了德邦大学，所有员工均需定期参加内部培训。公司内部各个层级的管理人员基本来源于内部提升，丰富的人力资源储备，保障了公司快递等各项业务规模扩张对各层级管理人员的需求。截至 2017 年年底，德邦大学有兼职讲师 1543 人，开设培训课程 2.5 万小时，共有27.4万人次参加各项培训。德邦拥有一支经验丰富、锐意进取、年富力强的管理团队。高管团队平均年龄 35 岁，在公司的平均工作时间已超过 10 年，经过多年的磨合，公司的高级管理人员团队具备丰富的行业管理知识、技能和营运经验，能制定有利的经营战略，合理评估并管控风险，严格执行各项管理和生产制度，从而提升公司整体盈利能力。

在人才培养方面，德邦通过精细化管理，不断降低劳动强度、提升员工的福利与待遇，完善自荐、推荐体系，促进了德邦人才梯队的不断优化升级。为了让员工迅速成长，德邦成立了专业的培训部门，建立了标准的培训体系。从员工入职到每一次晋升，都需要经过专业的学习和培训。在德邦的管理层看来，员工是德邦长远发展的宝贵财富，也是维系公司与合作伙伴、消费者情感的纽带。德邦为员工提供的不仅是工作，更是可以实现职业梦想的通道。

随着公司业务规模的不断扩大，领导者需要不断提升自身的管理能力。在德邦，主要是以选拔为主导的晋升模式，通过实际工作，让管理者不断锻炼相应的管理能力。因此，德邦的管理者需要具备强大的学习能力以及适应能力，才能面对不同环境带来的挑战。

2017 年，德邦以业绩为基础开展个人绩效评价，对公司管理层进行末位淘汰制，这也让优秀的人能够脱颖而出，让有梦想、有能力的人才获得更高的认可。在德邦，个人激励等级分四级，每个等级奖励的比例不同，且奖励的差异逐渐拉大，排在末位的也会被淘汰。

以业绩为导向的绩效管理模式让德邦人与企业的整体业绩紧密捆绑，同时，个人绩效差异化激励也打破了管理的平均主义。在保持每月考核的基础上，拉长绩效评估的周期，以半年或一年为周期对输出结果进行考核，从业绩、能力、价值观等维度对人才进行综合性评价。对德邦而言，从单一快运产品向多产品的公司转型过程中，差异化的人力资源管理转型非常重要，不同的业务模式，针对不同的客户，需要不同的人力资源管理体系。

第六篇 市场主体

第一章 2017年快递市场主体发展情况综述

2017年是主要快递企业在资本市场接受检验的第一年，也是中国快递大发展、大变革、大调整的一年。在资本的助力下，快递业从"劳动密集型"向"技术密集型""智慧密集型""资本密集型"转型的步伐明显加快。在"打通上下游、拓展产业链、画大同心圆、构建生态圈"二十字工作思路的指引下，各快递企业战略布局更加着眼长远，基础建设加速升级换代，服务质量和水平得到稳步提升，中国快递业阔步迈入新时代。

一、资本市场，各家企业交出亮眼答卷

2017年，中国快递企业继续向资本市场集结。1月18日和2月24日，韵达、顺丰相继走完借壳流程，在深圳证券交易所挂牌上市，"通达系"快递企业和顺丰在资本市场会师。美国东部时间9月20日，百世集团在纽约证券交易所挂牌交易，百世此次IPO一共发行4500万股美国存托股份(ADS)，每股价格10美元，总融资额高达4.5亿美元，成为2017年在美国上市的中国公司中募资规模最大的IPO，也是继中通快递上市后，又一家把中国快递故事讲到美国的中国快递企业。12月5日晚间，中国证监会网站发布消息，宣布德邦物流股份有限公司的上市首发申请获得有条件通过，德邦上市进入最后冲刺阶段，成为国内第一家IPO上市的快递物流企业。至此，中国快递企业在资本市场集齐"七龙珠"。

根据顺丰控股发布的2017年年报显示，在报告期内，公司实现营业收入710.94亿元，增幅达23.68%；归属上市公司净利润47.71亿元，同比增长14.12%。每股收益1.12元。扣除非经常性损益后净利润达37.03亿元，较上年同期利润额26.43亿元相比，同比增长40.08%，完成2017年承诺利润(28.15亿元)的129.68%。顺丰控股表示，公司连续两年顺利完成业绩承诺。

圆通速递发布的2017年财报显示，全年营业收入199.82亿元，较2016年增长18.82%，实现归属于母公司股东净利润14.43亿元，较2016年增长5.16%。2016年圆通速递在重大资产重组过程中，置入资产承诺2016年度、2017年度实现扣除非经常性损益后的归属于母公司所有者的净利润分别不低于110010万元、133290万元，2016年度及2017年度置入资产实际实现合并报表范围扣非净利润分别为130901.65万元、136223.80万元。圆通速递亦连续两年超额完成了业绩承诺。

申通快递发布的2017年度业绩快报显示，在报告期内，申通快递营业总收入126.57亿元，同比增长28.09%；利润总额21.26亿元，同比增长25.72%；归属于上市公司股东的净利润为15.94亿元，同比增长26.31%。

中通快递对外发布的2017

财年未经审计全年财报显示，中通2017全年营收为130.601亿元，同比增长33.4%，净利润为31.589亿元，同比增长54.0%。

韵达股份披露的2017年度业绩快报显示，公司2017年实现营业总收入1002459.88万元，同比增长36.39%；实现归属于上市公司股东的净利润158010.90万元，同比增长34.22%。

百世发布的财报显示，集团2017年全年业绩创新高。百世2017年总收入199.9亿元，同比增长126%。2017年毛利润层面实现盈利，全年毛利润4.9亿元，毛利润率从2016年的-6.0%改善到2017年的2.4%，大幅提升8.4个百分点。2017年净亏损大幅缩窄，从2016年的13.6亿元收窄至9.2亿元。净亏损率由-15.4%改善至-4.6%。业务板块来看，百世快递全年收入127.9亿元，同比增长137.3%。全年包裹量37.7亿件，同比增长74.1%。对比顺丰、申通、韵达三家快递企业均发布了2017年的业绩快报，百世快递在营收方面已经超过了申通快递和韵达股份。

二、趁势而上，基础建设再上新台阶

2017年，各主要快递企业在既有基础之上，更加注重基础设施建设的投入，对传统的基础设施、设备进行升级改造优化，行业运营效能得到明显改善。

中国邮政速递物流落实“一体两翼”经营发展战略，在实物网建设优化方面快速推进。廊坊等6个国内重点项目如期投产；广州、厦门、深圳、杭州4个国际业务生产处理场地上线自动化分拣设备；义乌、武汉等关键节点投产AGV，形成业内最大机器人分拣规模；全网日均处理能力提升至1200万件，较上年提升33%。东北、中南、西北等7大区域集散网组建完成，无锡长三角邮件集散中心单日处理量突破140万件。公司通过组织开展省内网建设达标验收工作，通过加密频次、优化组织、强化管控等措施，省内邮件时限质量显著提升。各省邮政速递物流多管齐下克服投递用工困难，新增揽投网点近160个、道段近2500条，新建社会合作代办点1.75万个，使用快递柜9.4万组。

顺丰已建成覆盖全国的快递服务网络，并向全球主要国家拓展。截至2017年年底，顺丰业务覆盖全国334个地级市、2672个县区级城市，近1.3万个自营网点。国际业务方面，国际标快/国际特惠业务涉及美国、欧盟、俄罗斯、加拿大、日本、韩国、东盟、印度、巴西、墨西哥、智利等53个国家和地区，较2016年底增加智利和菲律宾2个国家；国际小包业务覆盖全球225个国家及地区。截至2017年年底，顺丰共有在飞自有全货机41架，租赁全货机16架，全货机加散航总计航空线路1776条，2017年航班总数124.4万次，日均约3400班次，可覆盖中国大陆、香港、台湾以及海外等34个国家和地区；截至2017年年底，顺丰拥有10个枢纽级中转场，39个航空、铁路站点，113个片区中转场，172个集散点，其中28个中转场已投入使用全自动分拣系统，最大中转场全自动分拣设备分拣能力峰值可达15万件/小时，确保快件准时、安全送达；顺丰自营及外包干支线车辆合计约3万辆，末端收派车辆合计6.3万辆（不含摩托车和电动车），其中冷藏车约1500辆；开通干、支线合计超过7.8万条，其中冷运干支线合计375条。此外，顺丰还积极寻求与铁总合作，开通高铁线路62条，普列线路96条，陆运网络遍布全国。

2017年，申通快递进一步加大基础设施建设力度，全年新建3个转运中心，改建、扩建转运中心30个，新建、改建、扩建转运中心场地面积达100万平方米；网络的广度和深度得到进一步加强，全年新开独立网点192家，按时保质保量完成了序时任务,截至2017年年底,全网独立网点达1846家;全网新增乡镇服务点3178个,超额完成2000个的计划指标,进一步强化提升了末端网络服务能力。在加强企业网点基础建设的同时,申通快递紧跟市场消费和发展趋势,以项目建设为支撑,以智慧平台、智能分单、智能分拣、智能运输和智能派送"五智"为目标,不断提升企业的机械化、自动化、信息化保障水平,为保障申通快递网络的经营决策、路由调度、服务智能、运输资源、操作自动化,提供了有力的服务保障支撑。

圆通在不断夯实管理层级的基础上,投资数亿元,持续开展基础建设及拓展、优化发展环境,全面提升企业的管理能力和经营水平。截至2017年年底,圆通在国内拥有40余万名员工、82个转运中心、6.8万个派送网点,县级以上城市网络覆盖率达98%,日均快件量已超2000万件,市场占有率居行业前列;在海外,圆通国际网络覆盖4大洲,拥有国际直营站点60余个,覆盖50多个国家和地区,开通国际航线2000多条,海外网络代理点突破1000家。作为国内两家拥有航空公司的民营快递企业之一,圆通航空投入使用的自有全货机已达11架,基本搭建起覆盖各大区域的航线网络,腹舱航线总数超千条,覆盖国内城市120多个。2017年,圆通先后在深圳、石家庄、盘锦、荆州、自贡等地投入使用新场地,对济南、西安、南宁、广州、苏州、无锡等多个中心的场地进行了扩建,并在上海、福州等中心使用最新的自动化分拣设备,全力保障快件平稳、有序运转,提升转运环节能力建设。同时,为了网络平衡及发展,圆通速递启动万人持股计划,推行网点股权激励政策,并定期开展网点培训工作,对有困难的网点进行驻点制帮扶,使公司网络平衡和稳定水平得到了进一步提升。

2017年,中通快递的网点数量约为2.9万个,网络通达97.97%以上的区县,乡镇覆盖率超过85.24%,网络合作伙伴数量超过9500家,分拣中心总数为82个,其中76个为中通自营,长途货运卡车数辆超过4800辆,分拣中心之间的干线运输线路超过2000条。中通快递在立足传统快递业务的同时,采用数字化方式,开发多项增值服务;升级加盟模式,加速市场开拓,延伸业务范围;迎合现代贸易趋势,推出仓储服务业务;将业务领域拓展至金融业,助力公司稳健快速发展。

截至2017年12月,百世快递拥有服务网点达1.5万多个;全网省际、省内公路运输班车线路3800多条,同比增加27%。目前,百世快递拥有转运、集散中心和集散仓140余个,操作场地面积超过120万平方米。全年扩建转运面积10万平方米,场地面积同比增加10%;日处理能力达到约1600万件/日。全年就大规模新建、扩建转运中心(转运仓)30余个,完成了对广州黄埔、上海浦东、江苏无锡、浙江嘉兴、湖南长沙、江西南昌等大型转运场地的搬迁工作。全年改造流水线40余个,目前全国场地已投入使用47套百世自主研发的风暴自动分拣系统。全国新增爬坡机、伸缩机600余台,新增分拣流水线1.2万米,同比增长20%以上。2017年百世快递网络覆盖范围持续扩大,截至2017年12月底,全网共有一级服务站点6000多个,二级服务站点近2000个,直营站点294个。在积极增加服务网点的前提下,公司大力推进网络的优化工作,全面提升基层网点服务能力和综合竞争力。网络覆盖率大幅提升,其中地市级覆盖率100%,街道覆盖率100%,区县覆盖率97.59%,乡镇覆盖率75%。

截至2017年底,安能在北京、上海、广州、深圳、杭州、武汉、西安、郑州、成都等大中城市拥有200多个全直营分拨中心,以满足目前日均2.7万吨货物的运转以及日均峰值400万票快递的中转运输,总面积达234万平方米。全直营的分拨中心使安能对干线产品具有全面的把控能力，并有力地降低货丢货损概率，极大提升了货物运输时效，保障客户货物的在途安全。

三、顺势而为，业务发展多头并进

2017 年，各主要快递企业以市场为导向，围绕消费者的个性化需求，不断丰富产品体系，服务质量和水平不断提升，在人民群众中的美誉度也得到提升。

2017 年，中国邮政速递物流国内标快业务发展换挡提速。通过开展“提质增量”和“决战航空产品”活动，省际标快业务收入增幅同比提高了 13 个百分点，业务量增幅连续 5 个月超过 30%；强化航空产品运营，12 个核心城市二至四季度航空标快业务量增长 20% 左右。商务市场有所突破，开发维护商企大客户 26 万个，同比增长 13%。升级政务市场发展模式，与 20 个省（区、市）政府网上平台对接，进驻 600 多个市县行政服务中心、超过 200 个地市公安车管所。生鲜业务增长翻番，运行总部级项目近 100 个，业务收入同比增长 120%。电子渠道发展迅速，全年净增粉丝近 1500 万人，总订单量突破 460 万单；电子支付量突破 1200 万单。国际业务保持高速发展，e 特快新增美国等通达路向，打造高端跨境电商寄递产品。e 邮宝继续巩固美向优势，拓展了日本、德国等路向，覆盖了近 40 个跨境电商活跃国家和地区。中速－DHL 实现全国开办，业务规模增长近 10 倍；试点上线中速－FedEx，非邮优质渠道持续拓宽。e 速宝开通了英国、法国等重点线路，增加了日本海外购海运线路，新增 13 个商业口岸运营进口商业快件，进出口商业渠道业务形成完整体系。新开通捷克、印度海外仓，总数达到 11 个，全球布局框架基本完成。电商业务发展取得新突破。全国仓储面积突破 360 万平方米，七大枢纽城市均建成具备百万单发货能力的规模仓，业务量同比增长 362%。电商专线拓展至 13 个省、35 个重点城市共 136 条。菜鸟仓配一体项目业务规模快速拓展，日均业务量增至 20 万单，培养了一批“懂仓储、精营销、善管理”的仓配专业化实体团队。重点客户拓展取得 10 年来最佳成绩，新增亿元级客户 2 家，千万元级客户 4 家，百万元级客户达到 296 家。物流业务发展进入快车道，聚焦重点行业、重点客户，新增亿元级客户 3 家，5000 万级客户 3 家，千万元级客户 25 家，其中，高科技规模项目收入同比增长 35%，汽车行业规模项目收入同比增长 43%。积极参与雅戈尔、华为等行业龙头企业全国供应链的整合优化方案，仓配一体化综合物流服务占比提升至 25%。启动“中邮快运”业务，搭建智慧物流信息平台，实现了无现金交易、无纸化作业、智能结算的新运作模式。

顺丰速运基于顺丰集团在物流、科技、商业、金融等方面的资源能力，面向标杆行业提供端到端的综合物流解决方案，引领企业客户数字化升级供应链，促进产业链可持续健康发展。帮助客户以及客户的客户提升用户体验、降本增收，增加供应链的透明化，助力客户减少或者去除交易和物流服务的中间化环节，升级客户服务新模式。**在 3C 行业：**面对服务标准不断提高的客户需求，顺丰依托自身三网合一网络优势、大数据分析、客户画像等技术，帮助客户构建供应链端到端的全方位个性化解决方案，包括借助微仓把商品布局到离客户最近的地方，提升客户体验、库存管理和销售预测，以及结合客户业务发展需要，借助顺丰的优势资源进行新品首发，实现极速配送等，有效提升了客户以及客户的客户之体验，助力客户成为行业的引领者。目前，顺丰已与 TOP10 手机客户建立密切而深入的合作。**在生鲜行业：**顺丰拥有覆盖全国的常温＋冷链物流运输网络，直接触达 C 端客户的商品销售平台，以及庞大的终端网点网络和大数据资源。2017 年，顺丰围绕鲜花、水产、水果、肉类等若干生鲜子行业,聚焦行业客户需求,制定集销售、物流、金融、数据、科技、品牌等于一体的行业综合解决方案。其中在物流运输方面,顺丰发挥端到端的全程可追溯的常温+冷链物流服务能力,满足生鲜品类对物流运输条件、物流时效等方面的严格要求,助力上游产地端将商品快速分销至全国各地;在扩大销路和品牌提升方面,顺丰通过整合内外部线上线下销售渠道,助力农户和农业企业扩大销路,并开展智慧营销,协助地方政府打造生鲜农产品的知名度。**在服装行业**:2017年顺丰重点助力传统服装品牌企业全渠道转型升级,推动行业产业链数字化升级,从数字化库存系统全面升级服装品牌客户的库存管理系统,全方位管理客户产品投放、铺货、补货、促销等,帮助服装行业提升供应链的透明度、敏捷度、反应能力、线下门店的转化率以及线上客户的收货体验。在原服装行业仓配一体化解决方案基础上,顺丰升级推出服装行业D2R线上线下门店物流数字化升级业务,聚焦目标客户画像完善、方案迭代,提供线上线下全渠道销售及库存共享、同城急配、仓店/店间调拨服务、门店配送等服务,促进行业数字化转型和价值链升级。**在医药行业**:针对医药行业的特殊监管要求,顺丰医药取得了GSP认证及第三方物流许可。目前,顺丰医药已具备强大的物流基础设施和网络能力,其中医药运输网络目前覆盖全国132个地级市,基本覆盖了全国大部分重点地区。顺丰医药拥有专业执业药师和来自国内外知名医药生产流通企业的专业药品质量管理团队,同时制定了多项医药冷链物流的质量管控制度和标准操作流程,并按GSP要求,针对涉及医药物流的操作人员、质量人员、营运人员等进行相关的质量培训和考核,提升全程冷链物流管理和溯源管理能力。

申通快递继续立足国内、面向国际,加快发展。深入实施"快递下乡"工程,进一步拓宽加密公司服务站点。同时,为了促进农村经济发展,助力农民增收,申通快递不断拓宽产品业务,深入原地产,深耕细耕农村市场,积极寻求与农民、农业基地、农村电商、果园场的合作,破解农村消费渠道不畅难题,为农村市场提供物流一体化的解决方案;加大在中西部省份的投资力度,改建扩建西部地区转运中心3个,同时,继续出台优惠政策,扶持中西部网点经营发展;申通国际2017年4月上线"申通国际商城"项目,为申通体系内自有产品搭建销售平台,把进城农产品引入线上平台,解决农产品销售问题。此外,申通国际新拓展丹麦、芬兰、匈牙利、印度等网络,截至2017年末,申通国际海外网点已达23家。

2017年5月,圆通发布了继"承诺达"之后又一精准时效承诺服务产品——"计时达",全面发力中高端快件市场。"计时达"系列服务共包括即时配送、同城限时、省际限时3款产品,主要提供针对贵重物品、3C产品递送以及个性化配送等高质量、高时效服务。同年10月20日,中国检验认证集团(以下简称中检集团)新西兰公司与中国圆通速递新西兰代理WDL签署合作协议。合作之后,中检集团为圆通新西兰跨境邮包提供始发地证明以及装箱检验证明等认证,双方将共同创建起"直邮、安心、放心"的包裹体系,这是快递行业首次实现跨境包裹有证可查和溯源。11月,圆通速递与香港联交所主板上市公司先达国际物流控股有限公司出售各方办理了相关股权交割手续。交割完成后,公司通过圆通国际控股持有先达国际61.75%的股份,实现对先达国际的控股,这是中国快递物流行业第一起大规模跨境并购。圆通将搭建更多平台,助力"一带一路"建设,为"中国服务"和"中国制造"协同走出去作出更大贡献。11月22日,海南省三沙市永兴岛驻岛工作人员张先生收到了圆通三沙网点送出的快件，这票搭乘飞机送达的快件是民营快递企业在三沙市送出的“第一票”快件，送达时效明显缩短。“义新欧”运营平台引进上海圆通蛟龙投资发展（集团）有限公司战略投资，双方正式签署增资扩股协议。此次增资扩股协议的签署，为提升平台企业整体运营能力和市场竞争力奠定坚实的基础。

中通“快递下乡”工程不断推进，助力农产品进城，为农民增收，服务精准扶贫。2017年，中通不断完善农村服务网络，网络服务乡镇覆盖率超85.24%。企业积极寻求与农村、农业、农民更深入有效的合作，助力当地特色农产品销售，帮助更多农民脱贫致富。中通快递集团陕西省管理中心为当地苹果生产大县礼泉县提供专人、专车运输服务，全年累计为果农增收800多万元；中通快递集团山东省管理中心为山东樱桃电商提供“干线冷链+双重保护”运输服务模式，为果农创收近百万元。还有湖北洪湖莲藕、山西临县红枣、云南松茸、西安周至猕猴桃、山西寿阳县香梨、甘肃民勤县蜜瓜……中通助力绿色优质的农产品运到真正有需要的地方。

2017年，百世快递发力发展“最后100米”服务，与上一年相比，末端站点进一步注重质量与服务，使用更加便利化的工具执行日常操作。尝试“百世邻里”与“百世店加”融合，探索社区便利店的新型合作模式。进行结构创新，建立了行业内领先的一站式综合供应链，百世供应链、快递、快运三网融合，在大数据支持下，完成了三网的升级，“天网+地网”（“天网”进行大数据传出及处理，“地网”遍布全国的仓储、运输、配送网络）为客户提供线上线下一体化服务。拓展农村物流服务。百世快递是第一家承接菜鸟农村淘宝县级服务中心的快递企业，与菜鸟农村淘宝上行方面（农村至城市）、下行方面（城市至农村）等均有深入合作，在过去几年“双11”“年货节”“农耕节”等大型促销合作中，获得了很多经验，现在此合作有了更深一步发展。承接菜鸟国内普通仓落地配项目。在“双11”“双12”期间，百世快递发货及时率达到了99%，圆满完成包裹的承接任务。国际化进程加速，跨境物流进口方面，在百世快递国内配送能力基础上，与天猫国际、聚美优品、百世国际等合作进口保税和直邮配送业务，并在美国、澳大利亚、日本等国家设立的海外仓，开发“一单到底”业务。跨境物流出口方面，百世快递与多家境外物流配送服务商合作，在亚太和欧美地区进行快递服务拓展，实现国内商品在境外市场的末端配送。

安能以产业驱动创新，持续从客户需求出发，推出“Mini小包”“定时达”“普惠达”“航空快递”“标准快运”等领先的公路运输产品，并提供家居五包、代收货款、送货上楼、保价等完善的增值服务，满足客户多样化的物流服务需求。2017年，安能快运货量稳步提高，日均货量超过2.7万吨，继续保持国内零担快运行业经营规模第一的领先优势。公司快递业务突飞猛进，起网一年就完成了全国多数区域的网络覆盖，日均票件量峰值达到400万票。

四、科技引领，抢占企业发展制高点

2017年，各主要快递企业继续加码科技投入，在科技引领下加速企业转型升级步伐，抢占发展制高点。

中国邮政速递物流新一代寄递平台揽投功能全面上线，完成ERP一期功能推广上线工作，信息化支撑作用凸显。岗位任务看板系统全面应用至速递物流总部和各省邮政速递物流经营部门，将关键指标和关键任务落实到关键人；基于销售、生产、处理三岗联席设计的实时监控看板系统，构建了新型的监控调度机制。升级国际发运系统架构，支撑出口订单快速增长；启动海关总署“金关工程”，有效提升了通关效率。优化标准化处理中心系统，实现快包邮件同机分拣。全面完成统版系统安全改造,建设基于大数据的信息安全风险管防控体系,敏感数据泄露恶性事件零发生。

顺丰自主研发了一套完整的智慧网平台,包括顺丰物流各项核心营运系统、顺丰地图平台、大数据平台、信息安全平台、智能运维管理平台等,打造智慧化的坚实底盘,快速、灵活、安全、全面地支撑业务发展,实现数据交互分析,驱动业务决策,助力智慧物流升级。同时,顺丰将数据挖掘、机器学习、统计分析等科技方法应用到实际业务场景中,结合以用户为本的产品设计,推动公司业务变革,提升公司在人工智能方面的科技竞争力。其中,在智慧仓网方面,构建了完整的顺丰云仓信息系统体系,支持电商仓、物资仓、冷运仓、海外集运仓、微仓等多种仓储业务形态,基于多维度数据分析和人工智能的智慧分仓,助力客户服务和体验升级。在终端收派智能化方面,顺丰对终端收派作业开展了深度变革和服务提升,在全新客户端UI、超级地面平台、核心订单管理系统及HHT6收派APP功能等方面持续优化发力。2017年全网数码运单使用率高达97%,新版微信端、扫码寄件的有效推广不仅使寄件、查件更加便捷,助力顺丰向数字化目标又迈进一步。自动化任务分配及排班实现了部分业务任务与资源的自动匹配,建立起完善的收派资源管理体系,极大地提升了效能。引导式巴枪操作实现了更简单的揽收流程,一定程度上加快了订单响应速度,同时通过派件端的人件合一,建立全智能末端配送能力,联合打造了顺丰数字化协同的收派服务。还有顺丰科技在其他业务运营和内部管理方面的种种应用,共同成就了科技顺丰互通互联的"智慧信息网"。

申通快递打破原有的外包模式,坚持走自主研发之路,不断推陈出新,深入构筑业务一体化平台——"申通快递·梧桐"。该平台是支撑申通快递整个业务系统的综合性平台,是申通快递核心运营系统,包括快递业务、服务质量、运输资源、财务结算、数据分析、国际系统、自动分拣等多个功能模块,同时建立申通自主基础资料库,保障全网安全,实现国内国际业务、全网各网点转运中心的操作、查询、结算、管理一体化。申通快递于2017年启动智能分单项目,积极打造自动分单系统,对申通所有订单信息进行大数据分析并实现地址库自动匹配与纠错。自动分单系统的末端网点分单准确率达90%以上,且可借助第三方软件对分单结果进行反馈,为后续替换传统面单及自动分拣做好数据准备。创新性地引入"自动分拣技术""自动分拣机器人""伸缩式皮带输送机"等,2017年共投入4000万元购置自动化分拣设备,实现货物分拣连续化和批量化、分拣误差率极低化、分拣作业机械化。在持续优化运输网络配置方面,申通快递从自身供应链和客户需求角度出发,合理安排联络点与集散地,实现网络资源利用最大化;在运输过程中,注重车辆状态与运输系统的实时对接,利用GPS跟踪实现车辆行驶轨道自动采集,在提高作业效率的同时保证车辆和货物安全。

圆通在国家邮政局发展研究中心指导下,率先研发推出的"隐形面单",为消费者的个人信息安全又添一把"安全锁"。隐形面单主要有三大"隐藏功能",可实现对用户的手机号、姓名和地址等信息的加密处理。2017年,"物流信息互通共享技术及应用国家工程实验室"正式获国家发改委批复,由圆通速递牵头筹建。一年来,"国家工程实验室"的建设取得阶段性成果:物流信息互联共享平台完成第一期建设并在小范围测试及试点;承担省部级课题,搭建快件寄递安全的监测平台;建立平台及装备示范基地两个。在信息技术方面,圆通持续优化升级"金刚"系统,并开发更新了"行者""罗汉""如意"等系统,为公司,为客户提供多元化、快捷、方便的服务体系提供了技术保障。

中通快递继续加大信息科技开发力度,加快新技术、新设备的推广和应用,在科技方面投入上亿元,科技团队人员增长超过100%。12月,中通旗下全资子公司上海中通吉网络技术有限公司成功获得高新技术企业认证。2017年"双11"前,中通快递在广州、成都、武汉、郑州、南昌、济南等多个转运中心上线了最新的双层自动分拣设备,处理能力大大提升。其中广州花都转运中心的双层自动分拣设备,是目前业内最大的自动化分拣系统。同时还配有智能称重扫描设备、伸缩皮带机、甩挂车辆、无人机、"掌中通"、"中通来了"等设备和信息软件系统。

2017年,百世在自动化、人工智能、大数据等物流"黑科技"领域有多项技术及专利产品诞生和投入使用。截至2017年12月,已有47套自动分拣流水线在全国主要转运中心使用,自动分拣设备为提升效率降低成本起到了很大作用,分拣准确率从全人工分拣的80%提高到99.9%以上,每小时处理能力大幅提升,分拣效能提升4倍。在配送环节借助风暴分拣、三段码等技术提升分拣准确度,并通过合理的物理网络拓扑结构优化(尤其是区域性集散功能节点的合理规划建设),实现对配送小包裹进行包中转的方式降低配送链成本,提升配送时效。在路由规划方面,实现系统化自动路由代替之前的人工操作。运用大数据,对全网运单进行实时测算;利用运筹学、人工智能、凸优化的方法,计算时效、成本最优的路由;主要技术有自动路由、路由区设定、自闭集预警、实时监控、甩挂管理、里程管理、仿真模拟等。上线异常拦截器,它能将末端网络异常前置提醒给发件站点,实现异常快件的前端及时截留和处理,避免末端区域异常快件流入网络导致时效延误和客户投诉,目前全网异常拦截成功率已达到90%左右、退件拦截成功率达到93%左右。

2017年,安能自主研发的360智灵通网点管理系统上线,360智灵通系统可以全面覆盖安能业务核心环节,实现业务效率全面提升和网络成本进一步优化。通过对网点经营收据的分析,对所属网点及片区网管进行有效赋能,降低不必要的成本支出以及缩减管理环节,实现治理效益的最大化。同时,360智灵通系统质量透明、费用清晰、多维互评的功能也将让网点与总部、网点与网点之间建立基本信任,最终在安能整个网络系统内营造一个健康发展的生态体系。此外,安能拥有一支近500人的专业信息化技术研发团队,自主研发及合作研发的信息化系统多达58套。信息化系统和智能化设备的引入极大地提升了安能整体运作效率与服务时效,保障公司整体运行地流畅性。未来,安能将进一步加大在信息化、智能化方面的投入,与网络合作伙伴一起不断深化IT智能化管理,实现以科技驱动物流效率提升的目标。

五、不忘初心,回馈社会履行社会责任

2017年,顺丰公益总支出约1.14亿元。莲花助学在全国15个省43个项目县/市,开展40站公益行,全年共走访学生6200人,通过资助审核学生5993人。2017年在资助中学生7779人,大学生697人,合计8476人。截至2017年12月,项目累计资助总人数10458人。2017年,顺丰公益基金会与北京市企业家环保基金会(即阿拉善SEE基金会)合作,在内蒙古阿拉善盟左旗巴彦诺日公苏木苏海图嘎查造林2000亩,种植10万棵梭梭,致力于生态文明建设。

四川阿坝州九寨沟县发生7.0级地震后,申通快递迅速组织力量开展企业抗震自救工作,最大限度减少损失,确保企业寄递渠道安全通畅、快递服务尽快恢复。同时,公司第一时间抽调人员,组成申通应急救援队;第一时间筹备了500件方便面、

1200件矿泉水、30箱早茶奶饼、40箱软面包、20件凤梨饼干、40件菓味酸,整整两大卡车救灾物资发往灾区。圆通速递第一时间启动应急预案,一方面排查和确认灾区网点员工安全,另一方面投入开展救灾工作,成立由总部直接指挥调度,以西南管理区、四川省区为主,全网航空、陆运等运输力量全力参与的支援地震灾区特别项目组,全力参与当地抗震救灾工作需要。

在由BAZAAR明星慈善夜、新浪微博、全球首创分享式拍卖平台库拍联手打造的“为爱分享,愿爱永恒”在线慈善拍活动中,申通快递董事长陈德军将自己一只珍藏多年的“铜炉”献出作为拍品,助力库拍在线慈善拍活动。这只铜炉经过35轮出价拍卖,最终以9万元的价格被昵称为“大龙333”爱心人士拍走。

中通快递北京转运中心将北京市朝阳区平房地区食品药品监督管理所向社会爱心人士筹集来的棉衣、棉被等大大小小共计150多包、约3000公斤重的爱心包裹分类、装车,送往西藏阿里和日喀则地区,将冬日的温暖送到最需要的地方。中通快递四川省管理中心捐赠220万元,用于南部县西河乡小学重建项目,帮扶南部县贫困学生。

百世公益和北京电视台卡酷少儿卫视共同发起“我的童年送给你”大型公益活动,百世快递免费将爱心物资运送到内蒙古小朋友手中;与中国交通报社团委、中国交通通信信息中心团委、人民交通出版社团委共同开展“精准爱心捐赠”活动,由百世快递免费承运,从北京到云南,给当地孩子送去书本、文具、玩具、衣服等爱心物资。

第二章　2017 年各市场主体发展情况

中国邮政速递物流股份有限公司

2017 年，中国邮政速递物流股份有限公司认真贯彻落实党中央、国务院和中国邮政集团公司各项决策部署，落实“一体两翼”经营发展战略，全网上下唱响“挑战不可能，实现新跨越”的主旋律，扎实推进各项工作，发展成效明显。EMS 服务满意度保持行业第二位，公众满意度持续提高，速递物流整体发展态势达到近十年来最好水平。

一、基础建设

（一）实物网建设优化快速推进。廊坊等六个国内重点项目如期投产；广州、厦门、深圳、杭州四个国际业务生产处理场地上线自动化分拣设备；义乌、武汉等关键节点投产 AGV，形成业内最大机器人分拣规模；全网日均处理能力提升至 1200 万件，较上年提升 33%。东北、中南、西北等 7 大区域集散网组建完成，无锡长三角邮件集散中心单日处理量突破 140 万件。组织开展了省内网建设达标验收工作，通过加密频次、优化组织、强化管控等措施，省内邮件时限质量显著提升。各省邮政速递物流多管齐下克服投递用工问题，新增揽投网点近 160 个、道段近 2500 条，新建社会合作代办点 1.75 万个，使用快递柜9.4 万组。完成菜鸟、云集，以及广东、上海等 10 余个仓储场地的改造建设工作。

（二）信息化支撑作用凸显。新一代寄递平台揽投功能全面上线，完成 ERP 一期功能推广上线工作。岗位任务看板系统全面应用至速递物流总部和各省邮政速递物流经营部门，将关键指标和关键任务落实到关键人；基于销售、生产、处理三岗联席设计的实时监控看板系统，构建了新型的监控调度机制。升级国际发运系统架构，支撑出口订单快速增长；启动海关总署“金关工程”，有效提升了通关效率。优化标准化处理中心系统，实现快包邮件同机分拣。全面完成统版系统安全改造，建设基于大数据的信息安全风险管防控体系，敏感数据泄露恶性事件零发生。

（三）网络运行稳定性提升。在业务量高速增长的情况下，实现网络运行质量稳中有升，重点城市标快次日递率达到 78%，进口及时妥投率达到 85%。完善时限监控系统的全国标快时限计划，不断改善衔接时限，实施按时限计划管控作业组织。自主航空网积极应对客观不利条件，保障了重点航线、重点城市时限质量不降低。通过建立民航台账制度、规范民航专用封装容器等措施，民航运邮稳定性大幅提升。建立每日调度会制度，强化区域和省调度职能，区域间运行协同性明显增强；省内互寄邮件次日递率稳定在 90% 以上，省内邮件全程时限准时率超过 98%。全国揽投机构电子围栏维护工作深入推进，三级码应用普及率达到 60% 以上。通过改革国际运邮模式、加强境外口岸派驻巡场、强化调度和协商机制，邮件时限质量稳步上升，取得了良好效果。逐步完善多部门联动运营模式，苹果项目两次新品首发均取得新品发售当天及时投递率 100% 的优异成绩；“双 11”旺季经受住了收寄总量破亿件、峰值 1700 万件的考验。

（四）是服务质量保障水平稳步提升。进一步完善速递物流质效考核体系，关键信息采集扫描率、跟单内部调度率等多个指标明显改善。时限质量分析会制度不断深入,强化网运和运控联动机制。标快智能跟单系统全网上线,普通跟单系统推广至国际 EMS、e 标准和快递包裹,全面实现速递业务质量管控。客服深度不断拓展,内部客服升级为揽投部主动客服,政务、贵品、时限承诺邮件等纳入主动客服。客服质量管控持续增强,实施全网统一质检,国际客服各项指标均领先邮联。视察检查深入开展"两规两治"和问题机构精准整改工作,基本消除妥投信息虚假问题和收寄安全案件。

二、业务发展

(一)国内标快业务发展换挡提速。开展"提质增量"和"决战航空产品"活动,省际标快业务收入增幅同比提高了 13 个百分点,业务量增幅连续 5 个月超过 30%;强化航空产品运营,12 个核心城市二至四季度航空标快业务量增长 20% 左右。商务市场有所突破,开发维护商企大客户 26 万个,同比增长 13%。升级政务市场发展模式,与 20 个省(区、市)政府网上平台对接,进驻 600 多个市县行政服务中心、超过 200 个地市公安车管所。生鲜业务增长翻番,运行总部级项目近 100 个,业务收入同比增长 120%。电子渠道发展迅速,全年净增粉丝近 1500 万人,总订单量突破 460 万单;电子支付量突破 1200 万单。

(二)国际业务保持高速发展。e 特快新增美国等通达路向,打造高端跨境电商寄递产品。e 邮宝继续巩固美向优势,拓展了日本、德国等路向,覆盖了近 40 个跨境电商活跃国家和地区。中速 - DHL 实现全国开办,业务规模增长近 10 倍;试点上线中速-FedEx,非邮优质渠道持续拓宽。e 速宝开通了英国、法国等重点线路,增加了日本海外购海运线路,新增 13 个商业口岸运营进口商业快件,进出口商业渠道业务形成完整体系。新开通捷克、印度海外仓,总数达到 11 个,全球布局框架基本完成。

(三)电商业务发展取得新突破。全国仓储面积突破 360 万平方米,七大枢纽城市均建成具备百万单发货能力的规模仓,业务量同比增长 362%。电商专线拓展至 13 个省、35 个重点城市共 136 条。菜鸟仓配一体项目业务规模快速拓展,日均业务量增至 20 万单,培养了一批"懂仓储、精营销、善管理"的仓配专业化实体团队。重点客户拓展取得十年来最佳成绩,新增亿元级客户 2 家,千万元级客户 4 家,百万元级客户达到 296 家。

(四)物流业务发展进入快车道。聚焦重点行业、重点客户,新增亿元级客户 3 家,5000 万级客户 3 家,千万元级客户 25 家,其中,高科技规模项目收入同比增长 35%,汽车行业规模项目收入同比增长 43%。积极参与雅戈尔、华为等行业龙头企业全国供应链的整合优化方案,仓配一体化综合物流服务占比提升至 25%。启动"中邮快运"业务,搭建智慧物流信息平台,实现了无现金交易、无纸化作业、智能结算的新运作模式。

三、企业大事记

1 月,邮政 EMS 速递服务融入浙江政务服务网,助力"最多跑一次"民生服务。各省邮政速递物流相继接入省政府"互联网 + 政务"服务,协助政府部门提供便民服务。自主电子政务平台初具规模和社会影响力,粉丝数突破 350 万。

1 月 10 日,邮政进口国际邮件代征税系统入驻"微信城市服务"正式全国上线,实现用户足不出户在线办理邮件申报及缴税电子支付,覆盖全国 30 多国际互换局,增加了各地通关服务及仓储费的收入,大幅提升了邮件过关效率、缓解查验积压,提高了关税上缴国库的结算时效,实现"邮关互通、利国便民"。

1 月 18 日,由中国邮政快递报社主办的 2017"快递之夜"颁奖典礼在北京举行。中国邮政速递物流股份有限公司荣获 2016 年中国快递业最佳专业产品奖;中国邮政速递物流股份有限公司总经理方志鹏荣获 2016 年中国快递业魅力人物奖。

2月，中国邮政速递物流无锡集散中心全面投产运行，进一步实现了区域内资源整合与共享，将邮政和速递双方收寄的各类包裹了邮件实现集中上机分拣处理。

2月14日，第五届全国邮政特有职业技能竞赛正式启动，速递物流共有6名选手获得了个人全能奖，其中福建陈钟武获得了个人全能第1名，有10名选手获得个人优秀奖，有56名选手获得个人单项奖，团体优胜奖和组织奖各6名。

2月，完成中速德国公司（汉诺威）注册工作。

3月16日，中国邮政速递物流率先在全国推出“次日递”时限承诺服务——“限时未达，原银奉还”。

3月，启用无锡中速TNT直发中心，有效提升了中速-TNT产品的交接转运时效。

4月25日，在中国邮政集团公司举办的科学技术表彰大会上，南京集散中心技术保障部和跨境电商技术组2个团队荣获“优秀科技团队”称号；崔超、陈彧任2名同志荣获“突出贡献科技工作者”称号；陈遥等13名同志荣获“优秀科技工作者”称号。

5月，参加全球智慧物流峰会，向公众、媒体及行业专家展示“中邮云仓”和“中邮O2O”创新服务模式，以及无人机和分拣机器人等智能生产设备。

6月，邮政速递物流工会共有10个单位被中国邮政集团工会评选为模范职工之家，9名工会干部被推选为优秀工会工作者。

6月，股份公司总部启动“中邮快运”业务，服务于零担货运市场。

6月，速递物流启动视察检查人员资质考评认证工作，实施各级视检人员“资质认证，持证上岗”。

7月21日，中国邮政速递物流在安徽合肥召开“第一届中国邮政EMS创客大会”，掀起了全员众创、“比学赶帮超”的竞赛氛围。

7月，中国邮政速递物流在线客服平台与菜鸟智能服务宝平台对接，成为首个与电商客服平台无缝对接的快递企业平台，解决了以往电商与快递企业客服平台双轨运行的问题。

8月，启动高考成人礼项目，邀请社会知名人士为大学新生寄语，线上同步微博晒录取通知书活动，关注量超千万。

截至8月底，与黎巴嫩、不丹、阿尔及利亚等三国邮政正式签署了双边合作协议，正式建立国际EMS双边关系，国际EMS通达路向扩大至105个，对外合作范围进一步扩大。

9月5日，中国邮政速递物流与易果生鲜签订战略合作协议，在全国6个省份与易果仓开展业务合作。

9月22日，在第八届中国电子商务物流大会上，中国邮政速递物流股份有限公司获得中国物流与采购联合会颁发的“2016－2017年度中国电子商务物流优秀服务商”荣誉称号。

9月27日，中国邮政速递物流股份有限公司荣获第二届全国政务服务博览会“中国政务服务优秀实践案例奖”。

截至9月底，新增日本、德国、泰国等路向国际e邮宝业务，覆盖了38个跨境电商活跃国家和地区；开通中邮海外仓捷克仓，中邮海外仓达到11个；开通国际e速宝英国、法国、德国、澳大利亚、印度、美国等6个海外路向，国际e速宝路向扩大至13个；阿里速卖通平台国际e邮宝业务全国上线。

10月17日，中国邮政与方正公司战略合作开仓仪式在南京航空集散中心隆重举行，标志着把“仓库建在跑道上”的愿景得以施行。

10月23日，作为五家优质供应商之一与空军后勤部签订《空军后勤物流军民融合战略合作协议》，中国邮政速递物流股份有限公司被空军后勤部授予空军后勤物流军民融合战略合作单位（2017－2022）。

10月31日，中国邮政速递物流与奥康集团有限公司签署战略合作协议，共同探索线上O2O业务智能化解决方案，助力“互联网＋”时代下的新零售模式。

9月、11月苹果项目两次新品发售期间,达成新品发售当天及时投递率100%,新品发售期间整体及时投递率100%的优异水平,得到苹果公司总部及亚太区的赞许。

11月6日,华中(武汉)陆路邮件处理中心AGV智能分拣设备投入试生产。12月,被《物流技术与应用》杂志评为"中国物流装备技术应用标杆示范项目"。

11月,有效应对"双11"业务旺季。在收寄峰值接近1700万,日均收寄量较平日增长123%,同比提高43%的情况下,保障了全网运行平稳有序。

11月20日,《邮政速递基于信息化的电子政务服务平台建设》和《以拓展市场为目标的邮速联动生鲜配送业务开发》获第十六届全国交通企业管理现代化创新成果二等奖。

11月30日,中国邮政速递物流与江西省鹰潭市人民政府正式签署"互联网+政务服务"战略合作协议,打造"智慧物流",共建"智慧新城"。

12月7日,中国邮政速递物流与大洋百货集团有限公司签署战略合作协议,共推"互联网+零售+快递"的新发展。

12月27日,新一代寄递业务信息平台一阶段揽投推广工作完成,覆盖全国28个省份,分四个批次完成了4900多个揽投机构的上线工作,机构上线率达到100%,开创了信息技术人员与一线生产人员共推信息化建设的新模式。

12月,智能跟单系统在速递物流全网上线应用,实现了实时发现近百种类型邮件异常,实时调度相关责任人处理,实现按时限计划和作业规范对邮件运行质量进行事中管控,从根本上改变了传统的运行质量管控手段。

12月,全国云仓网络布局已初步完成,472个仓储中心,总面积约361万平方米,六大枢纽仓均具备百万单发货能力,业务同比增长362%。

12月,合同物流高科技行业收入首次规模超过12亿,快消品行业收入首次规模突破11亿,标志着两个行业物流跨过10亿大关。

12月,全国邮政速递物流职工小家三年建设规划已圆满完成,共建设职工小家4305个,覆盖4700个网点,累计总投资约1.2亿元。初步实现了集团邮政工会建家率100%,达标率80%的任务目标。

顺丰速运有限公司

顺丰是国内领先的快递物流综合服务商,经过多年发展,已初步建立为客户提供一体化综合物流解决方案的能力,不仅提供配送端的高质量物流服务,还延伸至价值链前端的产、供、销、配等环节,以客户需求出发,利用大数据分析和云计算技术,为客户提供仓储管理、销售预测、大数据分析、金融管理等一揽子解决方案。

一、基础建设

顺丰已建成覆盖全国的快递服务网络,并向全球主要国家拓展。截至2017年年底,顺丰业务覆盖全国334个地级市、2672个县区级城市,近1.3万个自营网点。国际业务方面,国际标快/国际特惠业务涉及美国、欧盟、俄罗斯、加拿大、日本、韩国、东盟、印度、巴西、墨西哥、智利等53个国家,较2016年年底增加2个国家,分别是智利和菲律宾;国际小包业务覆盖全球225个国家及地区。

(一)航空运输方面

截至2017年年底,顺丰

共有在飞41架自有全货机，租赁16架全货机。全货机加散航总计航空线路1776条，2017年航班总数124.4万次，日均约3400班次，可覆盖中国大陆、中国香港、中国台湾以及海外等34个国家和地区。

（二）中转分拨方面

截至2017年年底，顺丰拥有10个枢纽级中转场，39个航空、铁路站点，113个片区中转场，172个集散点，其中28个中转场已投入使用全自动分拣系统，最大中转场全自动分拣设备分拣能力峰值可达15万件/小时，确保快件准时、安全送达。

（三）陆运网络方面

截至2017年年底，顺丰自营及外包干支线车辆合计约3万辆，末端收派车辆合计6.3万辆（不含摩托车和电动车），其中冷藏车约1500辆；开通干、支线合计超过7.8万条，其中冷运干支线合计375条。此外，积极寻求与铁总合作，开通高铁线路62条，普列线路96条，陆运网络遍布全国。

二、业务发展

基于顺丰集团在物流、科技、商业、金融等方面的资源能力，顺丰面向标杆行业提供端到端的综合物流解决方案，引领企业客户数字化升级供应链，促进产业链可持续健康发展。帮助客户以及客户的客户提升用户体验、降本增收，增加供应链的透明化，助力客户减少或者去除交易和物流服务的中间化环节，升级客户服务新模式。

截至2017年年底，顺丰已提供综合性行业解决方案的行业包括不限于：

（一）3C行业

面对服务标准不断提高的客户需求，顺丰依托自身三网合一网络优势、大数据分析、客户画像等技术，帮助客户构建供应链端到端的全方位个性化解决方案，包括借助微仓把商品布局到离客户最近的地方，提升客户体验、库存管理和销售预测，以及结合客户业务发展需要，借助顺丰的优势资源进行新品首发，实现极速配送等，有效提升了客户以及客户的客户之体验，助力客户成为行业的引领者。目前，顺丰已与TOP10手机客户建立密切而深入的合作。

（二）生鲜行业

顺丰拥有覆盖全国的常温+冷链物流运输网络，直接触达C端客户的商品销售平台，以及庞大的终端网点网络和大数据资源。2017年，顺丰围绕鲜花、水产、水果、肉类等若干生鲜子行业，聚焦行业客户需求，制定集销售、物流、金融、数据、科技、品牌等于一体的行业综合解决方案。其中在物流运输方面，顺丰发挥端到端的全程可追溯的常温+冷链物流服务能力，克服生鲜品类对物流运输条件、物流时效等方面的严格要求，助力上游产地端将商品快速分销至全国各地；在扩大销路和品牌提升方面，顺丰通过整合内外部线上线下销售渠道，助力农户和农业企业扩大销路，并开展智慧营销，协助地方政府打造生鲜农产品的知名度。

（三）服装行业

2017年，顺丰重点助力传统服装品牌企业全渠道转型升级，推动行业产业链数字化升级，从数字化库存系统全面升级服装品牌客户的库存管理系统，全方位管理客户产品投放、铺货、补货、促销等，帮助服装行业提升供应链的透明度、敏捷度、反应能力、线下门店的转化率、以及线上客户的收货体验。在原服装行业仓配一体化解决方案基础上，顺丰升级推出服装行业D2R线上线下门店物流数字化升级业务，聚焦目标客户画像完善、方案迭代，提供线上线下全渠道销售及库存共享、同城急配、仓店/店间调拨服务、门店配送等服务，促进行业数字化转型和价值链升级。

（四）医药行业

针对医药行业的特殊监管要求，顺丰医药取得了GSP认证及第三方物流许可。目前，顺丰医药已具备强大的物流基础设施和网络能力，其中医药运输网络目前覆盖全国132个地级市,基本覆盖了全国大部分重点地区。顺丰医药拥有专业执业药师和来自国内外知名医药生产流通企业的专业药品质量管理团队,同时制定了多项医药冷链物流的质量管控制度和标准操作流程,并按GSP要求,针对涉及医药物流的操作人员、质量人员、营运人员等进行相关的质量培训和考核,提升全程冷链物流管理和溯源管理能力。

三、科技应用

顺丰一贯重视并积极投入公司的各项智慧物流建设,旨在基于人工智能、物联网、机器学习、智能设备等技术的综合应用,让机器解放双手、让人工智能助力决策、让智能设备汇集数据之源,使物流行业进入智能化、可视化、精细化、数字化的新时代,提升运作效率,助力企业价值升级。

截至2017年年底,顺丰科技从业人数规模超过3600人,顺丰集团已获得及申报中的专利共有1004项,其中发明专利366项。主要的智慧物流项目包括物流无人机、智能设备、智慧服务、智慧决策、智慧地图、智慧包装、机器图像识别、顺丰车联网、智慧云仓、全自动分拣等。

顺丰自主研发了一套完整的智慧网平台,包括顺丰物流各项核心营运系统、顺丰地图平台、大数据平台、信息安全平台、智能运维管理平台等,打造智慧化的坚实底盘,快速、灵活、安全、全面地支撑业务发展,实现数据交互分析,驱动业务决策,助力智慧物流升级。同时,顺丰将数据挖掘、机器学习、统计分析等科技方法应用到实际业务场景中,结合以用户为本的产品设计,推动公司业务变革,提升公司在人工智能方面的科技竞争力。其中,在智慧仓网方面,构建了完整的顺丰云仓信息系统体系,支持电商仓、物资仓、冷运仓、海外集运仓、微仓等多种仓储业务形态,基于多维度数据分析和人工智能的智慧分仓,助力客户服务和体验升级。

在终端收派智能化方面,顺丰对终端收派作业开展了深度变革和服务提升,在全新客户端UI、超级地面平台、核心订单管理系统及HHT6收派APP功能等方面持续优化发力。2017年,全网数码运单使用率高达97%,新版微信端、扫码寄件的有效推广不仅使寄件、查件更加便捷,助力顺丰向数字化目标又迈进一步。自动化任务分配及排班实现了部分业务任务与资源的自动匹配,建立起完善的收派资源管理体系,极大地提升了效能。引导式巴枪操作实现了更简单的揽收流程,一定程度上加快了订单响应速度,同时通过派件端的人件合一,建立全智能末端配送能力,联合打造了顺丰数字化协同的收派服务。还有顺丰科技在其他业务运营和内部管理方面的种种应用,共同成就了科技顺丰互通互联的“智慧信息网”。

四、绿色快递

近年来,快递业包装总量增长迅速,妥善处理快递包装问题,对应节约资源,保护环境和促进快递业健康可持续发展具有重要意义,顺丰作为快递业的领先者,主动承担社会责任,通过绿色包装产品的研发与创新,在绿色包装与可循环包装上全面开展绿色研发计划,将绿色包装贯通整个快递环节,开展纸箱回收行动,建立绿色回收体系,实现企业可持续发展。通过推广纸箱回收、循环共享包装箱,传播和倡导顺丰节约资源、保护环境的绿色速递使命。

(一)绿色包装

1. 减量化、绿色化

在保证产品使用质量前提下合理减少原料投入,采用环保材料与技术替代污染环境材料,2017年共完成物资优化10项,节约成本1.91亿元,节约原材料9239.4吨。

2. 循环化

延长包装产品的使用生命周期,减少再生产再投入环节,减缓末端抛弃回收处理,使之真正意义上达到绿色环保。每投入1000万个“丰·BOX”预计将节省：5 亿个纸箱、14 亿米胶纸、225 万立方米内填充。

3. 企业社会效益：

（1）直至目前，顺丰获得 130 项包装方面的专利；

（2）顺丰包装实验室获得深圳邮政局颁发的"绿色快递贡献奖"；

（3）顺丰包装实验室连续三年获得美狮集团传媒颁发的"可持续发展大奖"。

（二）新能源物流车

顺丰积极倡导新能源电动车使用，截至 2017 年 12 月，累计在 14 个省份、21 个城市投放 2371 台新能源物流车，应用于顺丰网络内货物中转及终端收派环节，并积极开展新能源物流车型试用，目前已有 49 款不同车型正进行试用。

五、社会责任

2012 年，经国家民政部批准，公司的控股股东和公司下属子公司共同发起成立了非公募性质的顺丰公益基金会。顺丰公益基金会致力于乡村教育发展、儿童医疗救助等公益活动，同时发挥顺丰物流优势，积极参与灾害救助，并在扶贫济困、生态环保等公益领域进行了积极的尝试与探索。

2017 年，顺丰公益总支出 113913192.47 元。

（一）助力中国教育发展——顺丰莲花小学、莲花助学

顺丰莲花小学。为中国偏远乡村小学提供校园援建，让乡村儿童享有公平有质量的受教育环境。2017 年，顺丰在贵州省榕江县和湖南省隆回县援建三所顺丰莲花小学。

顺丰莲花助学。为家庭困境高中生提供经济资助，帮助他们完成学业，并为其提供陪伴关怀、暑期夏令营、梦想分享会等活动，全面支持和陪伴学生的成长。

2017 年，莲花助学在全国 15 个省 43 个项目县/市，开展 40 站公益行，全年共走访学生 6200 人，通过资助审核学生 5993 人。2017 年在资助中学生 7779，大学生 697 人，合计 8476 人。截至 2017 年 12 月，项目累计资助总人数 10458 人。

（二）儿童医疗精准扶贫—顺丰爱佑专项基金

我国部分地区仍然有一些重症大病患儿无法及时得到有效和优质的医疗救助，为使更多中国贫困地区儿童有机会享受优质的医疗检查及手术治疗，顺丰公益与爱佑慈善基金会合作开展 0～14 周岁先天性心脏病和先天性白血病患儿救助项目。自 2014 年起，2017 年 12 月 31 日止，救助先天性心脏病患儿 2664 人，救助先天性白血病患儿 504 人，救助先天性出生缺陷患儿 374 人。共计投入 1 亿元，救助 3542 人。

顺丰阳光善行倡导关注儿童医疗，在腾讯益行家上线顺丰爱佑专项基金配捐，在顺丰内部发起顺丰阳光善行活动，倡议更多人关注儿童医疗，给生命一次机会，给孩子一个未来。

益行家活动历时 235 天，32414386 人参与，捐赠步数 450569215000 步。

（三）生态文明建设——顺丰梭梭林

2017 年，顺丰公益基金会与北京市企业家环保基金会（即阿拉善 SEE 基金会）合作，在内蒙古阿拉善盟左旗巴彦诺日公苏木苏海图嘎查造林 2000 亩，种植 10 万棵梭梭，致力于生态文明建设。

（四）志愿者文化——唤醒更多潜在的善能量，让公益成为一种生活习惯

设立让志愿者长期参与服务的公益项目，建立志愿者协会，从制度上给予保障和支持，从专业上给予培养和引导。唤醒更多潜在的善能量，营造良好的顺丰志愿者文化，让公益成为一种生活习惯。

截至 2017 年 12 月 31 日，顺丰公益志愿者人数达到 18579 人，2017 年有 2091 名志愿者参与志愿服务，总志愿者服务时长 133607 小时。

六、企业大事记

2 月 24 日，顺丰控股在深交所举行重组更名暨上市仪式，正式登陆 A 股。顺丰控股董事

长王卫带领收派员代表、客服代表、顺丰航空工作人员等一起敲钟。

9月28日，顺丰控股发布公告，与UPS成立的合资公司获批，双方将推出全新快递产品——"SF-UPS直运+"，助力双方共同开发和提供国际物流产品，聚焦跨境贸易，拓展全球市场。

10月23日，顺丰控股与中国人民解放军空军后勤部签署战略合作协议，将配合空军后勤部建设军事物流体系。顺丰获颁"空军后勤物流军民融合战略合作单位"资质牌，将打开千亿规模军队市场。

11月9日，顺丰携手中铁快运在京沪高铁"复兴号"列车上推出"高铁极速达"产品并进行试运营，实现10小时货物送达客户。客户上午11时前发件，当日21时前即可收件。

11月21日，中国最大的电子商务网站阿里巴巴旗下拍卖平台完成首笔大型飞机的司法拍卖交易。顺丰航空经过多轮竞价以总价约3.2亿元拍下两架波音747-400ERF远程宽体货机。

12月7日，顺丰集团与杭州市拱墅区康桥街道吴家墩经合社签订外来务工人员公寓项目(二期)投资合作协议，拟投资2.2亿元在吴家墩社区建设一批公租房，供顺丰集团员工及外来务工者居住。

12月11日起，顺丰推出的丰e足食无人值守能量架将全面开通深圳、广州、北京、上海、成都、杭州、郑州、南昌、大连、武汉、济南、长沙、天津13城。据了解，首批货架于11月20日在深圳推行。

12月20日，湖北国际物流核心枢纽项目开工仪式在湖北省鄂州市举行，顺丰机场项目正式开工。该系列工程将打造全球第四、亚洲第一的航空物流枢纽。

12月26日，继赣州南康全国首个无人机物流配送运用试点、无人机总部基地落户成都双流、水陆两栖无人机首飞、大吨位改装无人机首飞等诸多无人机创新之后，顺丰在云南进行国内首次大型无人机应急物资快速投递的演示验证飞行。本次演示中使用的大型物流无人机载重达1.2吨，航程可达3000千米，是目前全球大型物流无人机之一。

圆通速递有限公司

圆通速递创立于2000年5月28日，现已成为一家集速递、物流、航空、金融、科技等业务为一体的大型企业集团。

2017年，圆通紧跟国家发展战略和行业发展要求，围绕国家邮政局"打通上下游、拓展产业链、画大同心圆、构建生态圈"发展思路，已基本形成新快递物流、新零售、新科技、新金融、新健康等"快递+"新产业体系。这一年，圆通科技创新、国内国际融合取得重大突破，在安全生产、军民融合、精准扶贫以及党建工作等方面也取得了阶段性成果。

一、基础建设

2017年，圆通在不断夯实管理层级的基础上，投资数亿元，持续开展基础建设及拓展、优化快递发展环境，全面提升企业的管理能力和经营水平。

目前，圆通在国内拥有40余万名员工，82个转运中心，68000余个派送网点，县级以上城市网络覆盖率达98%，日均快件量已超2000万，市场占有率居行业前列。

在海外，圆通国际网络覆盖4大洲，拥有国际直营站点60余个，覆盖50多个国家和地区，开通国际航线2000多条，海外网络代理点突破1000家。

作为国内两家拥有航空公司的民营快递企业之一，圆通航空投入使用的自有全货机已达11架，基本搭建起覆盖各大区域的航线网络，腹舱航线总数超千条，覆盖国内城市120多个。

2017年，圆通先后在深圳、石家庄、盘锦、荆州、自贡等地投入使用新场地，对济南、西安、南宁、广州、苏州、无锡等多个中心的场地进行了扩建，并在上海、福州等中心使用最新的自动化分拣设备，全力保障快件平稳、有序运转，提升转运环节能力建设。

同时，为了网络平衡及发展，圆通速递启动万人持股计划，推行网点股权激励政策，并定期开展网点培训工作，对有困难的网点进行驻点制帮扶，使公司网络平衡和稳定上得到了进一步提升。

二、业务发展

圆通速递始终秉承“客户要求，圆通使命”的服务宗旨，以市场需求为导向，为客户提供“最具性价比的快递服务”。如：

2017年5月，圆通发布了继“承诺达”之后又一精准时效承诺服务产品——“计时达”，全面发力中高端快件市场。“计时达”系列服务共包括即时配送、同城限时、省际限时3款产品，主要提供针对贵重物品、3C产品递送以及个性化配送等高质量、高时效服务。

10月20日，中国检验认证集团(以下简称中检集团)新西兰公司与中国圆通速递新西兰代理WDL签署合作协议。合作之后，中检集团为圆通新西兰跨境邮包提供始发地证明以及装箱检验证明等认证，双方将共同创建起“直邮、安心、放心”的包裹体系，这是快递业首次实现跨境包裹有证可查和溯源。

11月初，圆通速递(600233.SH)与香港联交所主板上市公司先达国际物流控股有限公司(06123.HK)出售各方办理了相关股权交割手续。交割完成后，公司通过圆通国际控股持有先达国际61.75%的股份，实现对先达国际的控股，这是中国快递物流行业第一起大规模跨境并购。圆通将搭建更多平台，助力“一带一路”建设，为“中国服务”和“中国制造”协同走出去作出更大贡献。

11月22日，海南省三沙市永兴岛驻岛工作人员张先生收到了圆通三沙网点送出的快件，这票搭乘飞机送达的快件是民营快递企业在三沙市送出的“第一票”快件，送达时效明显缩短。

12月27日，“义新欧”运营平台引进上海圆通蛟龙投资发展(集团)有限公司战略投资，双方正式签署增资扩股协议。此次增资扩股协议的签署，为提升平台企业整体运营能力和市场竞争力奠定坚实的基础。

2017年，圆通航空新增广州—天津、广州—西安、广州—成都、无锡—广州、无锡—天津、银川—西安—吐鲁番—银川等多条航线。同时，圆通航空引进的首架B757飞机正式起航，圆通航空进入商载30吨级的B757时代。2020年，圆通航空全货机数量将达到50架。

在夯实基础业务的同时，圆通不断创新，以市场为导向，升级服务和产品，力求为客户提供多元化、快捷、方便的快递服务，提高客户满意度的同时，增加核心竞争力的培育。

三、科技应用

2017年年初，圆通在国家邮政局发展研究中心指导下，率先研发推出的“隐形面单”，为消费者的个人信息安全又添一把“安全锁”。隐形面单主要有三大“隐藏功能”，可实现对用户的手机号、姓名和地址等信息的加密处理。

2017年，中国快递物流领域首次有了创新研发层面的“国家重器”——国家工程实验室。这一年，“物流信息互通共享技术及应用国家工程实验室”正式获国家发改委批复，由圆通速递牵头筹建。一年来，“国家工程实验室”的建设取得阶段性成果：物流信息互联共享平台完成第一期建设并在小范围测试及试点；承担省部级课题，搭建快件寄递安全的监测平台；建立平台及装备示范基地两个，等。

在信息技术方面，圆通持续优化升级“金刚”系统，并开发更新了“行者”“罗汉”“如意”等系统，为公司、客户提供多元化、快捷、方便的服务体系提供了技术保障。

向科技要生产力，以科技创新引领圆通的未来。新快递物流、新金融、新零售、新健康的发展离不开新科技。圆通将打造升级版的“无敌金刚”；打造信息化集群，将各个业务系统打通、集成，实现各业务平台的互联互通，形成圆通“云平台”。

四、绿色快递

一直以来，圆通速递致力于树立“绿色圆通”的观念，增强全网员工节能减排的意识。为了推行绿色环保，圆通建立了绿色车队管理体系，推广新能源车辆，在车辆中安装尾气处理装置，有效减少和控制温室气体的直接排放；大力推广电子面单，截至2017年年底，圆通电子面单的使用率已超过82%，较之前的五联纸质面单，大大减少纸张用量，也有效免除了处理废弃底纸的费用和所造成的环境污染；积极回收利用旧编织袋，将平均每个编织袋的利用次数提高到2～3次；倡导“绿色办公，低碳生活”的理念，鼓励员工珍惜每一度电、每一滴水、每一张纸、每一件办公用品，增强员工环保意识，营造节能减排的良好氛围。

2017年6月22日上午，由中国邮政快递报社发起，圆通速递联合青浦区华新小学举办的“小手拉大手·绿色绕地球”快递实践活动在上海举行。此次活动，圆通速递邀请华新小学一年级80多名学生走进圆通，向小学生赠送了精心准备的图书，还上了一堂生动有趣的“绿色快递”之课，形象地展示了圆通在绿色环保、科技运用等方面的创新举措。之后，又邀请华新小学三、四年级的学生和家长，联合举办了“小手拉大手·绿色绕地球”亲子夏令营活动，这是亲子夏令营活动首次走进快递公司，让“绿色快递”概念逐步深入孩子们心间。

五、社会责任

“服务社会，强企为国”是圆通速递的社会责任。在企业发展的同时，圆通不忘回报社会。长期以来，圆通积极关注、支持和参与公益慈善及环保事业，先后用于抗险救灾、捐资助学、扶贫帮困、爱老敬老、社会主义新农村建设等方面的捐款投入达数亿元，特别是在精准扶贫、促进就业、构建和谐社会等方面，充分发挥快递物流企业的优势，做出了不懈的努力，并取得一定成效。

2017年，圆通创新“快递＋电商”模式，助力精准扶贫，不但解决了农村地区农产品销售的难题，还培养了一批在快递创业者，形成了农村增收致富的造血机制。其中，圆通线上“e城e品”平台助销陕西、山西、山东、安徽、重庆等地的苹果、猕猴桃、滩枣、柠檬、莲藕、红皮土豆、红薯、花生、红心猕猴桃、脐橙等80多种产品，切实助力当地农民实现增收。

2月28日，今日头条寻人志愿者联盟在北京成立，圆通速递北京区域成为头条寻人的首批线下志愿者成员。当日起，圆通速递北京的快递小哥们成为寻人志愿者，在获得头条寻人弹窗线索后，接力寻找走失者，帮助他们早日与家人重聚。

8月8日晚上，四川省阿坝州九寨沟县发生7.0级地震，震源深度20公里。灾情发生后，圆通速递第一时间启动应急预案，一方面排查和确认灾区网点员工安全，另一方面投入开展救灾工作，成立由总部直接指挥调度，以西南管理区、四川省区为主，全网航空、陆运等运输力量全力参与的支援地震灾区特别项目组，全力参与当地抗震救灾工作需要。

12月10日，圆通速递河北承德公司（以下简称承德圆通）工作人员前往该县的道虎沟乡看望并资助了这里的6名贫困小学生，为他们带去了棉服、学习用具、牛奶等慰问品和600元/人的现金资助，为贫困家庭提前送去一份“圣诞大礼”。

圆通承诺，在为快递业发展作出新贡献的同时，会始终如一地承担应有的社会责任，积极回报社会。

六、企业大事记

2月21日，圆通与陕西省、西安市政府签署合资西北国际货运航空公司合资合同和圆通科技有限公司两项投资协议，以实际行动支持陕西省打造“航空物流枢纽”“科技之都”和“国际商贸之都”。

5月12日，由国家发改委批复、圆通速递牵头承建的“物流信息互通共享技术及应用国家工程实验室”在圆通速递上海总部正式揭牌。随着该国家工程实验室各项目的“开花结果”，将加快破解物流快递业面临的瓶颈问题，有力助推行业创新转型的步伐。

5月28日，圆通在义乌召开“2017新快递物流发展大会”，启动“全球包裹联盟”（GPA），这是首个由国内民营企业发起的全球快递平台，被称为物流版“一带一路”。

6月23日，圆通e城e品农村电商全国孵化基地挂牌落户山东济宁兖州，上海圆通蛟龙投资（集团）有限公司全资子公司——山东妈妈商成电子商务有限公司也正式成立，公司致力于为农村电商提供一站式服务，破解农村电商物流瓶颈。

8月28日，中共圆通速递有限公司委员会召开党委换届选举大会，浙江省、杭州市、桐庐县三级组织部及横村镇相关领导出席会议。大会投票选出新一届党委成员、纪委委员，圆通速递董事局主席兼总裁喻渭蛟以全票再次当选党委书记。

9月30日，“义（乌）新（疆）欧（洲）”班列运营主体在杭州举行引进圆通蛟龙集团等战略投资者签约仪式。战略投资中欧班列、深度参与推进“一带一路”建设，圆通此举开了快递物流业的先河。

10月16日，由圆通速递牵头组建的上海市工商联国际物流商会揭牌成立，商会致力于助推中国物流业的国际化进程。其中，喻渭蛟担任国际物流商会第一届理事会会长。

11月22日，南京战区国防交通协会建会三十周年之际，经协会常务理事会议讨论研究，圆通速递全票入选协会副会长单位。同时，圆通速递董事局主席兼总裁喻渭蛟当选为协会副会长。这是继2017年6月圆通速递加入浙江省国防交通协会后，积极参与国防交通、军民融合国家战略的又一成果。

12月29日，圆通航空迎来重磅机型，首架波音B757-200型全货机在厦门正式交付，并替代737-300型全货机执飞无锡—广州往返航线，以满足华东及华南地区日益增长的快递需求。此架B757-200型全货机的起航，标志着圆通正式进入商载30吨级的B757时代。

中通快递股份有限公司

中通是一家集快递、快运、电商等综合物流服务于一体的大型集团公司。十六年来，中通紧抓邮政体制改革、经济转型升级、产业结构调整、电商蓬勃发展等机遇，依托“众创、众包、众扶、众筹”的双创模式,在全体中通人的辛勤付出和努力拼搏下,用坚持的信念、相信的力量,成就了今天中通大平台。这个平台正从“深耕”向“深耕、融合和创造”的进程迈进。未来,它将对团队、客户、社会带来更大的回报和贡献。

中通快递将始终秉承“用我们的产品,造就更多人的幸福”的企业使命,通过拓展和优化国内国际服务网络,帮助国内外合作伙伴“降本增效”,全面优化国内全链路管理以及跨境电商的服务布局,成为一家全球一流的综合物流服务商。

一、基础建设

2017年,中通快递全年业务量62.2亿件,同比增长38.3%;市场占比15.5%,提升超过1个百分点;全年营业收入为人民币130.60亿元,同比增长33.4%;全年调整后净利润为人民币32.30亿元,同比增长49.2%。

2017年,中通快递的网点数量约为29000个,网络通达97.97%以上的区县,乡镇覆盖率超过85.24%,网络合作伙伴数量超过9500家,分拣中心总数为82个,其中76个为中通自营,长途货运卡车数辆超过4800辆,分拣中心之间的干线运输线路超过2000条。

中通快递在立足传统快递业务的同时,采用数字化方式,开发多项增值服务;升级加盟模式,加速市场开拓,延伸业务范围;迎合现代贸易趋势,推出仓储服务业务;将业务领域拓展至金融业,助力公司稳健快速发展。

二、科技应用

2017年,中通快递继续加大信息科技开发力度,加快新技术、新设备的推广和应用,在科技方面的投入上亿元,科技团队人员增长超过100%。12月,中通旗下全资子公司上海中通吉网络技术有限公司成功获得高新技术企业认证。

2017年“双11”前,中通快递在广州、成都、武汉、郑州、南昌、济南等多个转运中心上线了最新的双层自动分拣设备,处理能力大大提升。其中广州花都转运中心的双层自动分拣设备,是目前业内最大的自动化分拣系统。同时还配有智能称重扫描设备、伸缩皮带机、甩挂车辆、无人机、“掌中通”、“中通来了”等设备或信息软件系统。

三、精准扶贫

中通“快递下乡”工程不断推进,助力农产品进城,为农民增收,服务精准扶贫。

2017年,中通不断完善农村服务网络,网络服务乡镇覆盖率超85.24%。企业积极寻求与农村、农业、农民更深入有效的合作,助力当地特色农产品销售,帮助更多农民脱贫致富。中通快递集团陕西省管理中心为当地苹果生产大县礼泉县提供专人、专车运输服务,全年累计为果农增收800多万元;中通快递集团山东省管理中心为山东樱桃电商提供“干线冷链+双重保护”运输服务模式,为果农创收近百万元。还有湖北洪湖莲藕、山西临县红枣、云南松茸、西安周至猕猴桃、山西寿阳县香梨、甘肃民勤县蜜瓜……中通助力绿色优质的农产品运到真正有需要的地方。

四、绿色快递

中通快递多措并举,积极推进绿色化发展。全网大力普及电子面单,目前中通全网的电子面单使用率已超94%;配合全自动智能分拣设备的上线,中通也在全国各大转运中心及网点推出了绿色可循环使用帆布袋。一条帆布袋可重复使用4~6个月。平均下来,一条帆布袋的使用率是以往单条编织袋的100倍。中通在浙江部分转运中心使用太阳能,其中杭州转运中心已安装25800平方米,台州转运中心已安装51000平方米;

此外,为减少资源浪费,中通积极推动包装材料回收工作。比如,在中通部分网点,客户发件时可通过二次利用快递包装抵扣快递费用。根据包装盒大小,给予客户2~5元不等的费用减免,每年也可以省下上万元。

五、企业大事记

2月27日，中通快递西北（西安）电商物流产业园项目签约仪式在陕西西安举行。中通快递西北（西安）电商物流产业园项目的建设，主要依托西安在西北区域的地理区位优势，结合中通快递市场和电商运营经验，集聚电子商务经营者和消费者，吸引不少于200家电商企业入驻电商基地，形成规模性电商产业集聚区。同时，中通还通过优质高效的快递、仓储、物流及其他配套服务，增强了电商客户的粘性，推动了电商产业升级、壮大。

3月24日，国家邮政局局长马军胜赴中通快递集团广东中山转运中心视察调研，勉励中通再接再厉，为广大客户提供更加优质、高效的综合物流服务。

5月12日，马军胜视察中通快递集团北京转运中心时特别强调，企业要确保对所有快件收寄验视、实名收寄、过机安检。

5月25日晚，马军胜视察中通快递集团内蒙古呼和浩特转运中心，详细询问了中通进出港件量、设备投入、机械自动化、环保等情况。

5月31日，2017北京国际服务贸易交易会上，马军胜来到中通快递展台视察，详细了解了中通在科技研发、绿色环保、便捷服务等方面的创新举措。

6月9日，第十九届中国浙江投资贸易洽谈会（以下简称浙洽会）在宁波举行。作为浙洽会的重要议程之一，金华投资环境推介会暨项目签约仪式于前一天下午在宁波举行，中通快递与金义都市新区签署了中通浙中总部基地二期项目。

7月10日，国家邮政局召开专门会议，全面部署邮件快件实名收寄工作。为更好地落实实名收寄制度，中通积极进行宣贯与探索，全面落实实名收寄；值得一提的是，中通自主研发的“掌中通”APP，通过OCR扫描读取寄件人身份证信息，自动推送至后台系统，并实时导入国家邮政管理局服务器，为全面执行实名收寄提供了重要的技术保障。为推进安全工作的实行，中通快递致力于安全意识和能力的提升。定期组织召开安全会议，全面落实安全制度；举行员工安全培训，开展安全演练活动，强化员工安全意识；设置安全宣传栏，传播安全文化；参与安全类公益活动，扩大安全文化辐射面。2017年，中通快递开展安全培训及应急1852次，参与人数132828人次。

7月28日，马军胜视察中通快递集团安徽合肥转运中心时表示，中通快递在易坤仓储建设上创出了典型、做出了示范，为快递业突破服务瓶颈、拓展业务板块辟出了一条新路。

8月22日，中通快递获评全国第二十四批5A级国家物流企业。5A级物流企业是国内物流企业评估的最高标准，也是最具权威性的行业资质。

11月11日19点50分，中通快递全网当日订单量突破1亿件，创历史纪录，成为全球首家单日订单量破亿的快递企业。

截至11月20日，“乌拉诺斯”平台日下单量突破百万。为给客户提供优质、便捷的“一站式”下单服务，中通快递在便捷服务方面不断大力投入科技研发，三年磨一剑，“乌拉诺斯”下单平台系统今年的下单量每季度翻倍增长。“乌拉诺斯”项目是用户线上下单平台系统，但其作用和价值远不止于此。通过总部与末端的调度指令、反馈、交互、执行、完结等完整链路的标准执行系统，使得原本快递企业离散式运作模式进一步提升到了控制运营模式，进而能够实现真正意义上的柔性供应链服务保证。未来基于“总对总”合作与结算，使各个分支机构弥漫性业务随机需求得到充分满足。

11月27日（当地时间），国务院总理李克强在匈牙利首都布达佩斯出席第六次中国—中东欧国家领导人会晤，并出席第七届中国—中东欧国家经贸论坛。期间，作为中通快递集团生态圈重要板块的中通国际，联合宁波英才科技有限公司，与匈牙利国家邮政股份有限公司签署相关法律文件,合资成立中欧供应链管理股份有限公司,致力于开辟中匈跨境电商快件专线,为海内外广大客户提供更为便捷的快递物流服务。活动期间,李克强总理和匈牙利总理欧尔班会见中通快递集团高管,听取中国快递跨境业务发展情况,勉励中国快递企业在中欧跨境电商物流领域进一步做大做强,发挥更大的作用。

12月,中通旗下全资子公司上海中通吉网络技术有限公司获得国家高新技术企业认定。

六、企业荣誉

2017年,中通快递荣获“快递产业集聚发展特别贡献奖”“十大快递物流品牌”“五星级车队”“国家高新技术企业认定”“2017年中国快递社会责任奖”“2017最令消费者满意十大快递物流品牌”“2017年中国快递年度品牌奖”“2017年中国快递金包裹提名奖”及获评5A级物流企业等奖项;中通董事长赖梅松荣获“2017年中国快递魅力人物奖”。

七、社会责任

近年来,随着企业的不断壮大,企业不忘初心,回报社会,或建立希望小学,为贫困山区的孩子播撒希望的种子;或捐赠图书,为孩子圆梦;或参与公益基金,为“绿色快递”保驾护航……2017年1月,中通快递集团贵州遵义公司帮助当地中山村村民提供30个就业岗位。6月19日至20日,中通回访了两所云南边区的希望学校,这两所学校是中通在2015年和云南省青少年发展基金会合作,分别投资上百万元建造而成,目前,中通出资建设的新校舍正在筹建中。历时12天,跨越万里,中通人天路送爱心。12月6日,中通快递集团北京转运中心将北京市朝阳区平房地区食品药品监督管理所向社会爱心人士筹集来的棉衣、棉被等大大小小共计150多包、约3000公斤重的爱心包裹分类、装车,准备送往西藏阿里和日喀则地区,将冬日的温暖送到最需要的地方。12月29日,中通快递集团四川省管理中心捐赠220万元,用于南部县西河乡小学重建项目,帮扶南部县贫困学生。

申通快递有限公司

25载艰苦创业,25载不懈追求,申通快递有限公司现已发展成为拥有32万名员工,集快递、电子商务服务商为一体的大型企业集团,市场占有率、服务质量、综合实力稳居中国快递业前列。

一、基础建设

2017年,申通快递进一步加大基础设施建设力度,全年新建3个转运中心,改建、扩建转运中心30个,新建改建扩建转运中心场地面积达100万平方米。

2017年,申通网络的广度和深度得到进一步加强,全年新开独立网点192家,按时保质保量地完成了序时任务,截至2017年年底,全网独立网点达1846家;全网新增乡镇服务点3178个,超额完成2000个的计划指标,进一步强化提升了末端网络服务能力。

2017年,在加强企业网点基础建设的同时,申通快递紧跟市场消费和发展趋势,以项目建设为支撑,以“五智”为目标,不断提升企业的机械化、自动化、信息化保障水平,为保障申通快递网络的经营决策、路由调度、服务智能、运输资源、操作自动化,提供了有力的服务保障支撑。

（一）智慧平台。申通快递打破原有的外包模式，坚持走自主研发之路，不断推陈出新，深入构筑业务一体化平台——“申通快递·梧桐”。该平台是支撑申通快递整个业务系统的综合性平台，是申通快递核心运营系统，包括快递业务、服务质量、运输资源、财务结算、数据分析、国际系统、自动分拣等多个功能模块，同时建立申通自主基础资料库，保障全网安全，实现国内国际业务、全网各网点转运中心的操作、查询、结算、管理一体化。

（二）智能分单。申通快递于2017年启动智能分单项目，积极打造自动分单系统，对申通所有订单信息进行大数据分析并实现地址库自动匹配与纠错。自动分单系统的末端网点分单准确率达90%以上，且可借助第三方软件对分单结果进行反馈，为后续替换传统面单及自动分拣做好数据准备。

（三）智能分拣。申通快递创新性地引入自动分拣技术、自动分拣机器人、伸缩式皮带输送机等，2017年共投入4000万元购置自动化分拣设备，实现货物分拣连续化和批量化、分拣误差率极低化、分拣作业机械化。

（四）智能运输。申通快递结合客户的需求最大限度合理规划服务网络。在持续优化运输网络配置方面，从自身供应链和客户需求角度出发，合理安排联络点与集散地，实现网络资源利用最大化；在运输过程中，注重车辆状态与运输系统的实时对接，利用GPS跟踪实现车辆行驶轨道自动采集，在提高作业效率的同时保证车辆和货物安全。

（五）智能派送。申通快递投资建设的丰巢科技致力于研发和运营优质的智能快递柜，破解快递“最后一公里”难题。截至目前，丰巢快递柜落地数量约10万台，覆盖全国82个城市。

在未来，公司将通过不断加大科技研发投入，完善信息系统功能开发与应用，助推企业转型升级，为打造数据申通、科技申通、百年申通奠定坚实基础。

二、业务发展

2017年，申通快递立足国内、面向国际，加快发展。“向下”：花费人力、物力、财力投入快递下乡工程，进一步拓宽加密公司服务站点。同时，为了促进农村经济发展，助力农民增收，申通人不畏艰难，不断拓宽产品业务，深入原地产，深情来到农民中间，深耕细耕农村市场，积极寻求与农民、农业基地、农村电商、果园场的合作，破解农村消费渠道不畅难道，为农村市场提供物流一体化的解决方案；“向西”：加大在中西部省份的投资力度，改建扩建西部地区转运中心3个，同时，继续出台优惠政策，扶持中西部网点经营发展；“向外”：申通国际2017年4月份上线“申通国际商城”项目，为申通体系内自有产品搭建销售平台，把下乡农产品引入线上平台，解决农产品销售问题，商城用户达在短期内达1.9万，且陆续呈上升趋势。此外，申通国际新拓展丹麦、芬兰、匈牙利、印度等网络，截至2017年年底，申通国际海外网点已达23家。

2017年，申通快递实现营业收入126.57亿元，同比增长28.09%；实现净利润15.94亿元，同比增长26.31%，业务规模继续位居行业前列。

三、企业荣誉

1月18日，在中国邮政快递报社年会暨“快递业颁奖典礼”上，申通快递董事长、总裁陈德军荣获最具含金量奖项——“2016年快递魅力人物”，申通快递副董事长陈小英因为在企业发展、慈善助学方面的杰出贡献，收获木兰奖。此外，申通快递还斩获“2016年中国快递最佳国际业务拓展奖”。

2月7日，申通快递被青浦区人民政府授予“2016年度上海市青浦区纳税百强企业”荣誉称号；同时荣获青浦区纳税百强“持续贡献奖”。

2月16日，由中国搜索创意主办的“搜索中国正能量点赞2016”大型网络宣传活动颁奖典礼在北京新华社大礼堂隆重举行。凭借在打造民族快递品牌方面的杰出贡献,申通快递荣膺中国品牌企业的“奥斯卡”奖——“中国品牌奖”。中国搜索是由人民日报、新华社、中央电视台、光明日报、经济日报、中国日报和中国新闻社联合创办的国家级互联网高新企业,“搜索中国正能量　点赞2016”网络宣传活动由中国搜索创意主办,并联合多家中央和地方重点新闻网站、《网络传播》杂志、北京大学新媒体研究院共同举办。

3月,申通快递被上海市青浦区消费者权益保护委员会和上海市青浦区精神文明建设委员会办公室授予“2016年度青浦区消费维权诚信单位”荣誉称号。

3月31日,在第二届物流快递业信息安全大会上,申通快递荣获“2016年度信息安全突出进步企业奖”。

5月,在上海市市级机关庆祝“五一”国际劳动节暨先进表彰大会上,申通快递副总裁邹建生荣获“上海市五一劳动奖章”。

5月,申通快递有限公司荣获上海市青浦区委、区政府颁发的“2015－2016年度上海市青浦区文明单位”荣誉证书。

5月31日,在市建设交通工作党委召开的“上海建设交通行业精神文明建设工作会议”上,罗泾申通作为唯一一家快递企业,荣获“上海市文明单位”荣誉称号。

12月,从上海市名牌推荐委员会办公室传来喜讯,申通快递入选2017年度“上海名牌”。

12月,申通快递被上海市道路交通安全工作联席会议办公室和上海市公安局交通警察总队联合授予“2017年度上海市安全行车管理先进集体”荣誉称号。

四、慈善公益

1月,申通快递有限公司应邀参加了由共青团青浦区委员会、青浦区青年联合会联合主办的“青生活·爱公益·乐志愿”2017年青浦青少年圆梦公益行动。活动中,申通快递有限公司加入“青之益”青年志愿服务支持联盟,将向青浦青少年圆梦公益活动无偿提供物流服务支持,全力支持青年志愿服务事业发展。

4月12日,申通快递专项基金成立仪式在公司本部举行。仪式现场,申通快递有限公司与上海市慈善基金会青浦区分会举行了签约仪式,申通公司向区慈善分会捐款100万元,成立申通快递专项基金,用于开展安老、扶幼、助学、济困及其他各项慈善公益活动。

5月,在申通快递集团工会的号召下,公司总部员工积极参加青浦区组织的无偿献血活动,6名符合无偿献血条件的员工共计献血1400毫升,超额完成青浦区、重固镇下达的目标任务。

6月9日,由中国邮政快递报社发起,申通快递联合重固镇团委、重固镇小学,举办了“小手拉大手·绿色绕地球”暨“吾心为爱”爱心捐赠公益活动。

8月8日,四川阿坝州九寨沟县发生7.0级地震,造成多人死伤。地震发生后,申通快递迅速组织力量开展企业抗震自救工作,最大限度减少损失,确保企业寄递渠道安全通畅、快递服务尽快恢复。同时,公司第一时间抽调人员,组成申通应急救援队;第一时间筹备了500件方便面、1200件矿泉水、30箱早茶奶饼、40箱软面包、20件凤梨饼干、40件菓味酸,整整两大卡车救灾物资发往灾区。

8月25日,在由BAZAAR明星慈善夜、新浪微博、全球首创分享式拍卖平台库拍联手打造的“为爱分享,愿爱永恒”在线慈善拍活动中,申通快递股份有限公司董事长陈德军将自己一只珍藏多年的铜炉献出作为拍品,助力库拍在线慈善拍活动。这只铜炉吸引了1000多位爱心人士,经过35轮出价拍卖,最终以9万元的价格被昵称为“大龙333”爱心人士拍走。

12月20日,二辆满载儿童衣物、书本、文具和学习用品的爱心物资从申通快递上海转运中心出发,前往四川省阿坝藏族自治州阿坝县麦尔玛乡、云南红河州元阳县俄扎乡中心小学。据了解,为让边远贫困地区的孩子读更多的书,过一个更温暖的冬天,上海市青浦区爱心促进会短时间内筹集了该批爱心物资。作为上海市青浦区爱心促进会的重要成员,申通快递免费承担此次运输任务。

五、企业大事记

1月9日,上海市税务局公布了2016年本市第三产业税收排名前100位、工业税收排名前100位的企业名单。在2016年本市第三产业税收排名前100位中,申通快递有限公司以9.86亿元税收收入位居第59位,成为2016年上海市第三产业税收排名前100位上榜的唯一一家快递企业。

2月14日,申通快递召开2017年宣传思想工作会,总结2016年宣传思想工作,安排部署2017年宣传思想重点工作和新闻宣传工作要点,落实具体新闻宣传任务。会议要求公司宣传工作者要以强化舆论阵地建设、讲好申通故事为己任,主动作为,鼓舞士气,为企业持续健康发展做出新贡献。

3月初,申通快递开展了"极光计划"培训。培训围绕思想认识、管理能力、创新思维等维度展开,内容包括申通快递企业文化宣导、演讲"人生有梦大胆去追"、市场开发"追梦赤子心"、客服服务"2017 撸起袖子加油干"、企业理念"用心成就你我"等。

3月15日,万众瞩目的全国"两会"顺利地落下了帷幕。"两会"前后及期间,申通快递加强驻点监督,加强寄递安全检查,积极排查安全隐患,未发生一起寄递安全事故,圆满完成了企业寄递渠道安全保障任务。

4月12日,申通快递专项基金成立仪式在公司本部举行。仪式现场,申通快递有限公司与上海市慈善基金会青浦区分会举行了签约仪式,申通公司向区慈善分会捐款100万元,成立申通快递专项基金,用于开展安老、扶幼、助学、济困及其他各项慈善公益活动。

4月21日,第二届申通快递趣味运动会在上海青浦隆重举行,来自申通快递总部各部门的14支代表队300多名选手参加了比赛。

5月3日下午,申通快递安全生产委员会在总部航空部二楼会议室组织召开了公司安全工作会议。申通快递副总裁熊大海、王明利、唐锦,各部门总监,经理级以上人员及上海片区负责人、杭州片区负责人、杭州监察部负责人共128人参加了会议。会上成立了申通快递有限公司安全保障工作小组及督导检查小组,对实名制信息系统应用及"一带一路"高峰论坛会议安保工作进行了安排部署。

5月10日,2017蜂集万采快递物流装备暨物料采购博览会在浙江省杭州市国际博览中心举办。申通快递董事长兼蜂网投资有限公司董事长陈德军为本次博览会开幕致辞。

5月11日,申通快递有限公司与广东卓志跨境电商供应链服务有限公司战略合作协议签约仪式在申通总部举行,本次合作协议的成功签署标志着未来几年,双方将在跨境电商物流进出口关务、国内派送、海外仓运营等几大领域进行深入的合作,优势互补,实现共赢。

5月12日,申通快递邯郸转运中心项目签约仪式在上海青浦举行。仪式上,申通快递副总裁邹建生表示,申通快递将高起点规划、高标准建设、高强度投入、高效益运营邯郸转运中心。

5月31日,国家邮政局局长马军胜在中国快递协会副会长兼秘书长孙康的陪同下莅临2017北京国际服务贸易交易会申通快递展厅参观指导。马军胜说:"在昨晚新闻联播《为了我的国》系列报道中,看到了有关申通快递智能分拣机器人的报道,现在申通小黄人成网红了,全国人民都知道了。"马军胜表示,此次申通快递作为快递业创新发展的典型代表企业,为整个快递业科技研发和应用起到了很好的示范和带头作用,值得肯定和表扬。

5月31日,在市建设交通

工作党委召开的“上海建设交通行业精神文明建设工作会议”上，罗泾申通作为唯一一家快递企业，荣获“上海市文明单位”荣誉称号。

6月初，申通快递移动社交电商平台“巨贤百味商城”正式上线。“巨贤百味商城”是申通快递利用自身物流优势，斥资2000万元打造的“巨贤百味”实体店与微盟软件联手构建的移动社交电商平台。

6月初，申通快递正式推出扫码寄件服务。

6月29日，申通快递庆祝建党九十六周年暨深化“两学一做”表彰大会在公司本部隆重召开，浙江省委组织部两新党建处副处长何斌，桐庐县委常委、组织部长邵雪荣，杭州市委组织部两新党建处处长陈豫林，申通快递副总裁邹建生出席会议。

8月8日，四川阿坝州九寨沟县发生7.0级地震，造成多人死伤。地震发生后，申通快递迅速组织力量开展企业抗震自救工作，最大限度减少损失，确保企业寄递渠道安全通畅、快递服务尽快恢复。同时，公司第一时间抽调人员，组成申通应急救援队；第一时间筹备了500件方便面、1200件矿泉水、30箱早茶奶饼、40箱软面包、20件凤梨饼干、40件菓味酸，整整两大卡车救灾物资发往灾区。

8月10日，申通快递举办了一场“夏季送清凉 安全伴我行”驾驶员安全知识竞赛，来自申通快递上海片区的80多位驾驶员参加了竞赛活动。

9月，旨在全面提升预备管理梯队人员业务技能和综合素质的申通快递预备管理人员培训班在上海开班，来自申通全网各片区、直属转运中心、航空部的39名学员参加了培训。

9月27日下午，国家邮政局机关党委常务副书记、廉政办主任张星朝一行在上海市邮政管理局党组成员、副局长周德刚的陪同下莅临申通快递总部调研指导党建工作。申通快递副总裁兼总裁办主任熊大海，申通快递党委组织委员、工会副主席张焕明热情接待了张书记一行。

9月28日，申通快递2017年“双11”保障动员大会召开。会议围绕“双11”快递业务旺季服务保障工作进行安排部署，动员全网上下进一步振奋精神，再接再厉，加压鼓劲，高标准、高质量地做好各项准备工作，确保“双11”生产平稳有序运行、旺季服务保障取得圆满成功。申通股份董事长兼总裁陈德军、申通快递执行总裁申屠俊出席会议并作重要讲话。

“双11”来临前，申通快递投入5亿多元采购车辆，为旺季保障再添动力。截至2017年9月28日，公司共购置车辆1412辆，其中挂车642辆，牵引车550台，单车220辆。

10月2日，申通快递日本分公司“日本申通”与日本邮政股份有限公司签署全面战略合作协议，决定双方携手、强强联合，为位于日本国内面向中国的跨境电商客户提供跨境EC通关及配送“一单到底”的国际物流服务。

10月18日上午9点，中国共产党第十九次全国代表大会在北京人民大会堂开幕。中共中央总书记习近平同志向大会作报告。申通股份党委书记、董事长兼总裁陈德军，公司副总裁兼总裁办主任熊大海等党员领导干部和其他在公司的党员集体在总部会议室收看了电视直播，各直属单位党员在本支部会议室参加了收看。

11月1日，申通快递召开全体党员大会，学习宣传贯彻党的十九大精神，准确把握我国社会主义经济、政治、文化、社会、生态文明建设等方面的重大部署和全面从严治党的重要任务，进一步提高快递工作站位，切实用党的十九大精神引领企业改革发展。

11月3日，为了激励网点公司提升服务质量，申通快递斥资500万元设立奖励基金，奖励“双11”期间服务质量较好的网点。按照奖励方案，根据网点日均派件量大小，派送表现优异的网点将分别可以拿到15万、12.5万、9万、7.5万、6万、5万元不等的现金奖励。

11月28日，公司发布公告称，公司于当日与快捷快递有限公司签署出资合同，双方拟以自有资金共同出资5000万元人民币设立上海申通岑达供应链管理有限公司，其中申通快递出资3500万元人民币，持股比例占70%，快捷快递出资1500万元人民币，持股比例占30%，申通岑达设立后将成为申通快递的控股子公司。

11月28日，在中匈两国政府领导人的见证下，申通欧洲公司与布达佩斯机场集团以及欧洲领先物流企业EKOL LOGISTICS负责人共同签署战略合作谅解备忘录，共同打造“一带一路”中欧国际转运中心。

12月1日，桐庐县委副书记周扬，县委组织部副部长、两新工委书记、县招才局局长夏敏一行莅临申通快递总部检查指导党建工作。

12月2日，申通快递制定了全网呼叫中心旺季接听奖励办法。办法规定，12月16日至29日期间，按照日呼入电话量，每日接听率达到92%以上的网点，均可获得2000～8000元不等的现金奖励。每日基础接听率达标之外，日均接听率每增加一个百分点额外奖励1000元。

韵达控股股份有限公司

一、企业概述

韵达控股股份有限公司成立于1999年，2017年1月18日在深圳证券交易所正式完成重组更名（韵达股份；002120），登陆资本市场。韵达现为中国快递协会副会长单位。

韵达正在实施“一体两翼”发展战略，即以快递核心业务为“主体”，持续夯实底盘建设，积极实施产品分层，满足客户差别化需求；同时，以开发快递周边产品，发展新业态、新模式为“两翼”，通过发挥信息化优势和大数据赋能，不断打通上下游、拓展产业链、画大同心圆，构建以快递为核心的“生态圈”。

二、业务概况

（一）服务产品与业务网络

韵达为了满足客户需求，根据服务产品规划、建设运输网络。截至目前，推出了标准快递服务、贵重物品快递服务、当日达、次晨达、次日达、签单返回服务、到付件快递服务、电子商务快递服务、企业项目快递服务及仓储等综合服务产品。同时针对跨境寄递，推出国际业务，在主要国家设立海外仓，完善跨境物流供应链管理，丰富国际业务产品线，在20余个国家或地区开通跨境物流服务。

为了有效支撑上述服务产品更好地服务广大客户，韵达在全国设立了50余个自营枢纽转运中心，建设了覆盖全国的自营干线运输网络，协同全国3000多家加盟商及20000余家配送网点，为全国31个省、自治区和直辖市及乡镇、农村地区的客户提供快递、仓储、快运及供应链管理等服务。

在服务的过程中，通过统一的运营规则，以大数据能力为载体，按照服务质量、标准化建设程度和安全管理等多口径对加盟商进行管理和考核，保证网络服务效率和服务质量，不断提高客户满意度。

（二）末端服务与社会协同

韵达注重末端网点平台与当地社会资源协同发展，增强用户使用体验。在“最后一公里”及“末端100米”方面多措并举，开展包括自建门店、合作便利店、智能快递柜等方面的合作。截至目前,末端网点自建门店超过 20000 个,合作便利店、物业及第三方合作资源超过 16650 个,智能快递柜 140000 余个。通过“便利店 + 快递”模式,让快递走进社区,有效解决了派送时间错配难题。

特别在智能快递柜方面,韵达持续发展面向所有快递公司、电商物流使用的 24 小时自助开放平台——“丰巢”智能快递柜业务,向客户提供最佳的平台化、交互式快递体验和服务。目前,韵达已和国内各大智能快递柜开展合作。

三、竞争优势

(一)领先的信息化优势

韵达现有十余个信息处理平台、数十套信息系统,已实现韵达全网、全系统信息化管理,并结合大数据赋能,通过多样化的快递产品,辅以“最后一公里”、“末端 100 米”的相关配送服务,为客户提供涵盖快递、仓配、云便利、商业等为内容的优质综合服务,是韵达发展“智慧物流”最重要的“神经中枢”。

日常运营管理中,韵达通过呼叫中心系统、公众平台、客服自助共享平台、工单系统、OA 系统、协同平台、移动办公 APP、逆向物流系统和 WMS 等专业化信息管理工具,实现了订单管理、客服管理、人力资源管理、办公管理、物流和逆向物流管理、收付款管理的信息化和各系统间对接,为各部门之间信息流通提供便利,极大提高了公司管理透明度,有利于缩短部门之间的配合与反应时间。

韵达是行业内较早实施 ORACLE OTMS 运输管理系统的公司。通过大数据路由对票件量的统计和预警,对路由时效分析比对,监控和预测网络运营情况,实现对车线路由的不断优化,提高网络效率。另外,韵达拥有自主研发的微笑平台、自动仲裁系统、电子面单二维码系统、仓库管理系统,保障客户服务、结算和运单全程信息化;并且大力推广手持终端、车载终端、无线终端等终端设备,实现快件和交通运输的实时信息化,实现了工作效率化、服务过程可视化。

韵达是较早实施 SAP 管理的民营快递公司。通过业务、财务一体化管理,韵达将业务和财务信息整合,提高了管理透明度和管理效率;韵达研发的地址归集系统排查率为 96%,准确率达 98%,保障高速处理快件路由、安全运输和及时送达。

韵达是较早实施“数据仓库平台”的快递公司。目前,韵达通过专业数据软件,已经构建起有效的快递服务模型和高效的业务智能平台,为韵达更好、更有竞争力地参与快递市场服务提供快速的数据采集、沉淀、访问和决策支持。

凭借领先的信息化管理系统和网络平台,韵达将网络资源、快件信息流传递、一体化自动分拣、全程智能跟踪等供应链流程,与财务支付结算系统有效整合,实现了物流、信息流、资金流“三流合一”,有力驱动着韵达向“智慧物流”方向快速发展。

(二)先进的设备智能优势

韵达转运中心采用全自动和半自动相结合模式,韵达根据不同转运中心操作货量的大小,配备不同分拣能力的自动化设备。各转运中心依托服务网络强大的信息系统支持,实现互联互通的操作、运输、分拣、信息识别管理工作,并通过超强的信息前置和智能分拣设备,持续提高安全性、分拣速度和准确性。

自动化智能化方面,韵达引入了交叉带自动分拣系统,全程仅需扫码一次,分拣效率高达 2 万件/小时,分拣差错率 1/10000,既提高了工作和管理效率,又确保了快递服务的时效性和稳定性。

同时,韵达积极引入自动化仓储管理技术,通过“类目仓建设”,并根据货物的物理特性,自动设定仓库管理参数;通过智能标签技术、条码及射频技术等现代化技术,实现仓库环境的自动化监控、库存的自动调配和分类、自动补货、商品的包装和配送等,有利于节省劳动力、提高仓储能力。

韵达拥有丰富的仓储资源、

先进的联合仓WMS管理系统和高效的运营管理体系，同时借助庞大的网络平台和领先的信息化管理系统，将仓储、运输、配送、数据服务等业务“云化”、互联互通，形成“万仓联盟”，为上下游客户提供仓储租售、管理、运输、配送、寄递等一体化供应链解决方案。截至目前，韵达可利用仓库资源达300余个，面积超过150万平方米，并可根据客户分层，灵活搭配、定制专属化服务。

（三）研发创新优势

韵达科技队伍通过各种IT项目的实施与服务，不断对系统进行改良、升级，包括：对智跑、地磅重构、自动分拣线二期、业务员派费清分、OMS、快递宝、客服自助共享平台第三期、新版物料商场开发、逆向物流项目、V9系统4.0、矩阵分拣线部署，快手等设备不断优化改良。GPRS定位、北斗系统，实现快件运营信息传递：车辆跟踪、路线规划、信息查询、话务指挥和应急处置功能为一体的GPS卫星定位系统。

四、提质增效

（一）推进“向西向下向外”

2017年，韵达持续推进“向西向下向外”工程——“向西”：新开通了云南省福贡县、贡山独龙族怒族自治县、甘肃省肃南裕固族自治县、新疆乌鲁木齐县、内蒙古新巴尔虎左旗县、四川省黑水县等中西部县级城市，县级以上城市覆盖率已达到近95%；“向下”：新开通了1189个乡镇网点，服务网络覆盖面特别在乡镇、农村地区得到了进一步拓展，持续夯实国内业务发展的根基；“向外”：继续深入开拓英国、意大利、法国、德国、美国、澳大利亚、阿联酋等地区和国家的国际快件物流网络。

（二）投入新技术、新设备

2017年，韵达深入实施创新驱动发展，新技术、新设备不断涌现和投入——成功研制“神行者”智能运力管控平台，通过车辆GPS、韵达司机APP等操作系统，实现对车辆行驶状况进行可视化管控；根据系统大数据统计和分析，对车辆运输异常情况进行识别和及时处理；依照运输任务、安全行驶等数据模块保障和优化运输时效和运输安全。同时，陆续开发“指环王”扫描枪、“快手”设备、新型摆臂、自动交叉带、矩阵式分拣等高科技产品，依托互联互通的操作、运输、分拣、信息识别管理系统，使转运中心分拣速度、准确性、安全性、包裹完整性等提高到行业较高水平，持续巩固信息化和设备智能化优势，引领“智慧物流”的发展。

（三）全网一体，规范化发展

韵达在持续推进“韵达”品牌建设和统一标准化建设的同时，还创新全网管理管控方式，搭建总部与加盟伙伴的沟通平台，在全国范围定期举办加盟商“战略研修班”活动，提升加盟商的运营质量、效率。通过设计合理的课程内容、专题式集中培训及案例与理论相结合的现场互动，提高韵达全网向心力和凝聚力。

（四）深化布局，推进产业链

韵达有序推进以快递为核心的“生态圈”建设，以多样化的产品及服务打通上下游、拓展产业链、画大同心圆，在快运、智能快递柜、仓配一体化及云仓、跨境物流等快递产业链和新业务方面持续开拓。

2017年10月10日，韵达快运第一票货物从上海发出。韵达快运以“互联网+”为发展理念，利用先进的科技信息系统、优秀的人力资源队伍、先进的运营体系，始终贯彻落实“品牌一体，服务一体，全网一体”运营方针，上下协同，构建领先、规范、高效、协同的国内一流快运网络，为客户提供个性化、多样化的快运服务。

五、社会责任

3月，韵达携手《宁波晚报》免费运送30余箱爱心物资，前往青海省玉树市。

4月，韵达助力“衣+衣=爱”爱心公益捐赠活动。该活动共募集爱心物资15大袋，由韵达浙江省丽水市庆元县网点免费运输。

5月，韵达湖南株洲网点开展无偿献血活动。

5月，韵达海口网点爱心团队为海南省屯昌县新兴镇某小学的孩子们送去了爱心物资。

5月4日，韵达北京分拨中心爱心志愿者一行前往北京某医院心脏中心小儿科开展“五四青年节，关爱儿童”慰问活动。

6月，韵达云南省丽江市网点与韵达云南省丽江市华坪县网点联合丽江市邮政管理局、华坪县委组织部、华坪县供电公司等丁王村的挂钩扶贫单位及丽江市、华坪县快递行业协会组织了一支爱心团队，共同举办了“进校园，献爱心”的大型公益活动，为当地华坪县通达乡丁王村一所小学送去一批包含学生校服与文体用品的爱心物资，共计340件。此外，丽江网点与华坪网点还出资捐助了两名贫困生。

6月，韵达广东省珠海市柠溪网点为珠海市香洲亲青汇“一齐公益爱心盒”活动承运了一批爱心物资至云南怒江泸水县六库山区小学。

6月18日，为践行韵达“日行一善”公益理念，韵达山东省广饶县网点的员工们顶着高温，为当地孤寡老人和环卫工人们送去了慰问。

7月11日，韵达山东省曲阜网点参与运输一批由北京益微青年公益发展中心筹集的爱心物资发往西部地区。

10月20日，韵达总部员工参加青浦区红十字会造血干细胞捐献宣讲活动。

11月，韵达参与“全民消防 我代言”119大型公益活动。

11月26日，韵达参与新浪四川“暖冬行动”，免费运输爱心物资至四川省甘孜州色达县。

12月，韵达辽宁省公司参加了在沈阳市举行的辽宁省困境儿童温暖包项目暨花漾年华·乡伴童行壹乐园儿童服务站启动仪式，并作为该项目辽宁地区的物资承运方被授予了“爱心企业”荣誉称号。

六、企业荣誉

1月，韵达被中国邮政快递报社授予中国快递“最佳末端创新”奖。

1月，韵达被上海市青浦区人民政府授予2016年度“青浦区纳税百强企业”和2016年度青浦区纳税百强企业“持续贡献奖”称号。

1月，韵达被共青团上海市委员会、上海市交通委员会、上海市邮政管理局授予“2015－2016年度青年文明号”称号。

6月，韵达荣获2017北京国际服务贸易交易会快递服务板块“最佳组织奖”。

七、企业大事记

1月18日，韵达控股股份有限公司（韵达股份:002120）在深圳证券交易所举行上市仪式。

3月17日，韵达参与成立中国物流环保公益基金。

5月28日，韵达“云仓”科技创新项目荣获2017京交会科技创新服务示范案例奖。

8月9日，为保护客户的个人隐私，韵达上线隐形面单功能。

10月10日，韵达快运首单货物从上海发往浙江台州，标志着韵达以快递为核心的延伸业务再添新“兵”。

12月28日，韵达参加平潭全货轮“台北快轮”开航仪式，并与平潭综合实验区管委会签署战略合作协议。

百 世 快 递

2017 年，百世快递秉承“成就商业，精彩生活”的使命，践行以互联网、信息技术和创新力量为整个网络带来革命性变化的奋斗目标，不断挑战自己，全体百世人精准发力补短板，砥砺前行促跨越，取得了令人鼓舞、催人奋进的新成就。

截至 2017 年 12 月，百世快递拥有自营转运中心、集散中心和集散仓 140 余个；拥有服务网点 15000 多个；全网省际、省内公路运输班车线路 3800 多条，同比增加 27%；2017 年全年包裹量达到 37.7 亿件，同比增长 74.1%，远超行业平均增幅。

一、主要成绩

(一)科技升级

在自动化、人工智能、大数据等物流“黑科技”领域有多项技术及专利产品诞生，并把科技成果转化为现实生产力，全年各部门智能化产品运用得到普及。

(二)服务升级

完成快递“最后 100 米”的网络建设工作。聚合社区延伸增值服务，建成了惠及全民、可持续发展的城乡物流末端配送服务体系。

(三)网络升级

优化网络结构，减少转运环节。通过转运和末端的网络布局优化，减少不必要的操作环节，缩短快件运输路程和减少操作次数。

成绩源自拼搏。全体百世人积极进取，用智慧和实干书写了百世发展的新篇章。

二、基础建设

2017 年，百世快递的基础设施建设得到明显加强，对网络的支撑能力得到提高，公司服务水平迈上新台阶。

(一)转运中心和转运仓建设

目前百世快递拥有转运、集散中心和集散仓 140 余个，操作场地面积超过 120 万平方米。全年扩建转运面积 10 万平方米，场地面积同比增加 10%；日处理能力达到约 1600 万件/日。全年就大规模新建、扩建转运中心(转运仓)30 余个，完成了对广州黄埔、上海浦东、江苏无锡、浙江嘉兴、湖南长沙、江西南昌等大型转运场地的搬迁工作。

全年改造流水线 40 余个，目前全国场地已投入使用 47 套百世自主研发的风暴自动分拣系统。全国新增爬坡机、伸缩机 600 余台，新增分拣流水线 1.2 万米，同比增长 20% 以上。

(二)网点建设

2017 年，百世快递网络覆盖范围持续扩大，截至 2017 年 12 月底，全网共有一级服务站点 6000 多个，二级服务站点近 2000 个，直营站点 294 家。在积极增加服务网点的前提下，公司大力推进网络的优化工作，全面提升基层网点服务能力和综合竞争力。网络覆盖率大幅提升，其中地市级覆盖率 100%，街道覆盖率 100%，区县覆盖率 97.59%，乡镇覆盖率 75%。

(三)客服系统建设

2017 年，百世快递拥有上海青浦和杭州乔司两大自营呼叫中心，以及安徽合肥、六安、宿州、河北石家庄、山东烟台、潍坊、河南洛阳、湖南长沙共 8 个客服职场，共有座席 1000 席，同比增加 60%。全国客服热线平均接通率达 95% 以上，全国各省 MINI 热线接通率达 96% 以上，微信在线平台接通率在 95% 以上，全年消费者满意率高于 90%。主要成绩如下：

1. 主动服务平台的搭建，由总部客服中心对接“菜鸟系统”，成功搭建了商家与快递之间快速有效的沟通协作的平台。

2. 设立 8 大呼叫中心，新增座席 500 多个。由总部客服中心与各供应商合作,充分满足了高峰期人员的需求和对组织弹性的要求。

3. 热线短号项目上线,成功申请到短号95320,替代原先的“4009565656”长号,更方便客户,提升了企业形象和客户体验。

4. 大客户(VIP)服务平台上线,即针对项目客户,提供快件全程跟踪处理,异常反馈处理,系统自动识别快件状态,为客户提供优质高效快递服务。

(四)信息化系统建设

强大的信息技术研发能力是百世快递最有力的竞争优势,公司始终致力于信息技术领域的研发与创新,2017年在自动化、人工智能、大数据等物流“黑科技”领域有多项技术及专利产品诞生和投入使用,一条可持续发展的智慧快递网络已见雏形。

1. 自动分拣流水线升级普及。自2014年诞生第一条自行研发的自动分拣流水线后,经过两年的不断磨合改进,到了2017年此项技术已经成熟,截至12月底已有47套自动分拣流水线在全国主要转运中心使用,自动分拣设备为提升效率降低成本起到了很大作用,分拣准确率从全人工分拣的80%提高到99.9%以上,每小时处理能力大幅提升,分拣效能提升4倍。

2. 优化配送和路由规划。在配送环节借助风暴分拣、三段码等技术提升分拣准确度,并通过合理的物理网络拓扑结构优化(尤其是区域性集散功能节点的合理规划建设),实现对配送小包裹进行包中转的方式降低配送链成本,提升配送时效。在路由规划方面,实现系统化自动路由代替之前的人工操作。

运用大数据,对全网运单进行实时测算;利用运筹学、人工智能、凸优化的方法,计算时效、成本最优的路由;主要技术有自动路由、路由区设定、自闭集预警、实时监控、甩挂管理、里程管理、仿真模拟等。

3. 百世自主研发的“如来神掌”APP得到普遍推广。如今它已成为一线快递员的得力助手,全网快递员仅需一部智能手机,即可完成快件的收件、派件、查询等各项工作。“如来神掌”APP不仅融合了快递员日常的收、发、到、派、签功能,还拥有自定义短信群发,线上首付款,实名制揽收等功能,不仅如此,它还具备移动支付功能以及快递员社区交流功能,增加对一线业务员的粘性,方便快递员的同时也大大缩减了时间成本,给消费者带来更优质的收寄体验。

4. 二段码/三段码的使用。该项目通过百世快递自动分拣系统和菜鸟分拣系统并行,可抓取运单的收件地址通过强大的后台数据库匹配,结合该地址的历史签收站点,计算出应派送站点。并将派送站点信息打印于运单上,为末端转运中心提供分拣指导,大大提升分拣效率,减轻分拣压力。

5. SP2.0打单神器。该项目为快递电子化、下单移动化而设计的新产品,截至2017年年底,全国SP2.0安装量已覆盖全国90%以上的一级站点。SP2.0的出现,为站点降低了出单成本,减少录单量。

6. 异常拦截器上线。它能将末端网络异常前置提醒给发件站点,实现异常快件的前端及时截留和处理,避免末端区域异常快件流入网络导致时效延误和客户投诉,目前全网异常拦截成功率已达到90%左右、退件拦截成功率达到93%左右。

7. 热敏包牌推广使用。热敏包牌是替代传统包牌的快递物料,它能将传统纸质信息数据化,为后期信息化、自动化应用打下基础,目前站点热敏包牌入网量占比已达到97%。

(五)运输体系建设

截至2017年12月,全网省际、省内公路运输班车线路超过3800多条。在发展陆运及铁运的基础上,公司积极发展航空运输,覆盖区域延伸至二三线机场。目前一条以公路为主、航空、铁路为辅,贯穿东西、连接南北、辐射全国的快件运输网络已经形成。

三、业务发展

2017年,百世快递的业务呈多元化发展趋势,业务总量创下新高，业务结构持续优化，末端服务成绩突出。

（一）量质齐增

2017年全网业务量同比增长74.1%，远超行业平均增幅；准点签收率达95%以上。

（二）服务创新

大力发展“最后100米”服务，与上一年相比，末端站点进一步注重质量与服务，使用更加便利化的工具执行日常操作。尝试“百世邻里”与“百世店加”融合，探索社区便利店的新型合作模式。

（三）结构创新

建立了行业内领先的一站式综合供应链，百世供应链、快递、快运三网融合，在大数据支持下，完成了三网的升级，“天网+地网”（“天网”进行大数据传出及处理，“地网”遍布全国的仓储、运输、配送网络）为客户提供线上线下一体化服务。

（四）拓展农村物流服务

百世快递是第一家承接菜鸟农村淘宝县级服务中心的快递企业，与菜鸟农村淘宝上行方面（农村至城市）、下行方面（城市至农村）等均有深入合作，在过去几年“双11、年货节、农耕节”等大型促销合作中，获得了很多经验，现在此合作有了更深一步发展。

（五）承接菜鸟国内普通仓落地配项目

在“双11”“双12”期间，百世快递发货及时率达到了99%，圆满完成包裹的承接任务。

（六）国际化进程加速

跨境物流进口方面：在百世快递国内强大的配送能力基础上，与天猫国际、聚美优品、百世国际等合作进口保税和直邮配送业务，并在美国、澳大利亚、日本等国家设立的海外仓，开发“一单到底”业务。跨境物流出口方面：百世快递与多家境外物流配送服务商合作，在亚太和欧美地区进行快递服务拓展，实现国内商品在境外市场的末端配送。

四、企业荣誉

1月，2016年度中国快递最佳科技创新奖。

1月，2017年物流行业客户服务能力交流会上获“优质服务百灵鸟”奖。

7月，上海市快递业职业技能比武活动获团体二等奖。

9月，上海邮管局组织的“喜迎19大”文艺汇演获组织奖、节目表演奖。

11月，中国快递协会颁发河北省平泉县定点扶贫奉献奖。

12月，中国邮政快递报社年会暨“快递之夜”颁奖典礼上获2017中国快递社会责任大奖、2017中国快递年度发展奖。

12月，菜鸟全球合作伙伴大会上获2017年度菜鸟优秀合作伙伴“金鹰奖”“中国快递最佳科技创新奖”。

12月，菜鸟全球合作伙伴大会上涂延芳获得为机制客户体验做出贡献的“金燕奖”、百世快递山东胶州站点荣登菜鸟网点“龙虎榜”。

12月，李长辉获中华人民共和国交通运输部“全国交通技术能手”称号。

五、社会责任

1月，北京电视台卡酷少儿卫视和百世公益共同发起“我的童年送给你”大型公益活动，百世快递免费将爱心物资运送到内蒙古小朋友手中。

11月，中国快递协会颁发河北省平泉县定点扶贫奉献奖。

11月，百世公益与中国交通报社团委、中国交通通信信息中心团委、人民交通出版社团委，共同开展“精准爱心捐赠”活动。由百世快递免费承运，从北京到云南，给当地孩子送去书本、文具、玩具、衣服等爱心物质。

六、企业大事记

5月，百世快递正式进入中国快递公司日均单量“千万俱乐部”。

6月，百世快递2017全国网络大会在青岛召开。

9月，百世快递总部顺利从上海搬迁至杭州，迎来新的征程与新的开始。

9月20日，百世集团在美国纽约证券交易所挂牌上市，其旗下百世快递发展迈上新台阶。

天天快递有限公司

天天快递有限公司创建于1994年,自成立以来,天天快递始终专注于服务质量的提升,不断满足市场需求。2017年1月2日,苏宁宣布收购天天快递,自此天天快递完成重大战略重组。双方资源整合,平台共享,加快转型升级,实现弯道超车。2017年10月28日,天天快递总部从杭州整体搬迁至南京苏宁总部园区,天天快递员工正式加入苏宁总部园区办公。

一、基础建设

(一)业务网络

2017年,天天快递的网络数量达10000多个,网络遍布300多个地级市和2800多个县(含县级市、区),基本覆盖发达地区县级以上城市,辐射全国大部分的地级市。现已实现江浙沪皖无盲区派送,形成了以长江三角洲、珠江三角洲、环渤海地区为重点区域的快递网络布局。

(二)分拨中心

2017年,天天快递在全国布局、优化对分拨中心的建设,对淮安、南通、合肥、泰州、漯河等地的分拨中心进行改造升级。截至2017年年底,天天快递共拥有大型集散分拨中心100余个,分布于全国重点城市。布局合理的分拨中心,先进的运营模式,实现货物全天候运输,为客户提供安全、快捷、便利的快递服务。

(三)信息化建设

2017年,天天快递在提升客户服务体验的同时,不断加大信息化建设。2016年,天天快递与菜鸟网络在杭州举行战略合作发布会,双方共同启动“云+端”战略合作,协同推进快递行业在DT时代的发展。2017年,与苏宁IT总部联合开发新系统,依托苏宁大数据平台和强大的研发团队,对旧系统进行功能改进、操作优化,使天天快递拥有强大、高速、操作简便的管理系统。

(四)呼叫中心

截至2017年末,天天快递在全国设有800多个独立呼叫中心,座席4500余个,最高峰值话务量达30万,自动服务24小时不间断,为客户提供货物查询、在线下单、业务查询、服务投诉等服务。

(五)运输能力

2017年,全网拥有班车30000多辆,强大的车辆资源配置、优化的线路设计、智能的信息查询系统,实现货物运输信息与公司后台服务器的联动和实时更新,极大地提高配送的及时性、准确性及客户接收的实时性。航空线路400多条,与各大航空公司开展合作,最大限度地满足客户对时效的需求。

二、业务发展

2017年,天天快递在原有基础上,与苏宁物流资源整合,平台共享,加快实现快递行业的转型升级。

2017年,苏宁易购“‘8·18’发烧购物节”中,拥有全国网络优势的天天快递全面接入。此次购物节也是双方融合发展后首次共同参与的电商节日,根据苏宁物流的服务标准,天天快递顺利完成30%服务配送既定目标,完成“最后一公里”配送服务,实现真正意义上的融合升级。

目前,天天快递主要推出橙诺达、钉钉寄件、定时派送等新产品,并强推菜鸟裹裹,截至2017年年底,天天快递已经占据了菜鸟裹裹项目60%以上业务量的揽收。后期将逐步推出24小时件,以点带面,区域提速带动全网,同时借力苏宁,不断拓展在苏宁易购、平台商户、菜鸟等的业务范围,优化产品结构和服务能力。

三、科技应用

在科技方面，由天天快递自主研发的“天宝”“天网”“天眼”三大信息化平台，及智能手机巴枪为天天快递提供了准确可靠的数据信息，为天天快递的时效运营夯实基础，为业务的开展保驾护航。

“天宝”系统是一款快件收发手机 APP 系统，主要提供给业务员使用。此系统有效地保障了企业需求，提高了业务员派件的积极性和工作效率。使用此系统还可实现裹裹抢单和实名验证功能。

“天网”系统是一个综合信息管理平台，能够保障核心数据安全，解决系统外包研发周期长、受制约等问题，对生产链条的疏通、作业流程的规范、数据信息的整合等都起到了举足轻重的作用。

“天眼”系统是一套实时的图示化业务数据监控系统，实时在线展示网点、集散、干线车辆的运行情况以及货物流向，发现异常及时告警，快速形成数据报告，为战略部署和突发应对指明了方向。

智能手机巴枪是一款手机终端设备，相对于原有巴枪，此设备更加方便、快捷，功能多样化。快递员通过背夹蓝牙功能与手机连接，可以使用背夹进行快件扫描，在收快件的同时进行实名验证。送件的过程中，通过手机的定位功能可以实时获取快递员位置，对快件进行实时监控。当快件送达后，快递员通过手持终端设备即可进行快件签收确认，并及时把快件数据信息上传。

此外，天天快递还在部分地区试点，使用智能分拣流水线、智能分拣柜、伸缩称重计泡一体机等，达到操作简化甚至无人化的效果。

四、绿色快递

天天快递一直注重环境保护工作，大力推广绿色快递，积极参与环保事业，不断通过自身行动，打造快递物流绿色生态圈。

1. 2017 年，天天快递大力推广电子面单，力求减少传统纸质面单的使用量，并推广便携式面单打印机，快递员可有效解决物流运单信息填写不便、辩识度低、运营成本过高等问题，同时也节省了耗材成本。

2. 天天快递研发并在部分地区使用可循环汽运编织袋，此编织袋将一次性塑料包装材质升级为环保材质，降低其溶解过程中对环境的破坏。植入芯片成为独有“身份证”，可记录使用次数和流向，大大提高利用循环使用率。

3. 快递行业快速发展，新能源物流车以成本低、零排放的优势受到行业的青睐。2017 年，天天快递推广使用新能源车，节能减排效益明显，具有货箱容积大、续航里程长、承载吨位大、经济性强等优点。平均每车每年省油 6570L，保证高效率的同时对环境保护起到积极作用。

4. 2017 年 3 月 17 日，中国首个物流环保公益基金——菜鸟绿色联盟公益基金在京成立。天天快递作为共同出资方之一参加此次大会。该基金将专注于解决日趋严重的物流业污染现状，推动快递包装创新改良，促进快递车辆使用清洁能源，引导运用大数据技术减少资源浪费，更好的保护生态环境。

五、社会责任

2017 年 2 月 8 日，天天快递邢台公司荣获“邢台市 2016 年度十佳爱心企业”荣誉称号。

2017 年 3 月 17 日，中国首个物流环保公益基金——菜鸟绿色联盟公益基金在京成立。天天快递作为共同出资方之一参加此次大会。该基金将专注于解决日趋严重的物流业污染现状，推动快递包装创新改良，促进快递车辆使用清洁能源，引导运用大数据技术减少资源浪费，更好的保护生态环境。

2017 年 3 月 21 日，天天快递广东公司开展爱心助学活动，该活动将资助天天快递广东公司的 17 名一线贫困员工的子女，每名受助员工的子女每年 8000 元，用于他们的学习生活，该计划将连续资助三年。

2017年4月25日，天天快递北京公司联合黑庄户医院为员工开展接种麻疹、乙肝、流脑等疫苗公益活动，为员工接种疫苗，并耐心与员工沟通，讲解健康知识。

2017年4月25日，天天快递广东公司、长沙分拨、永顺公司三方联动助力“微书屋”公益活动，将2000册爱心书籍亲手交到湖南省湘西土家族苗族自治州永顺县小溪完小的学生们手中。

2017年5月17日，天天快递上海公司爱心志愿者们在香花桥党委支部联盟组织下开展敬老院慰问活动。

2017年5月31日，装载着天天快递重庆公司、大足公司、永川公司、北碚公司、璧山公司筹集的价值两万余元的爱心物资车辆来到重庆市大足区90公里外的中心小学，此次爱心物资包括衣物、书包、文具、食品等。

2017年6月17日，由《中国邮政快递报》发起，天天快递、中国杭州低碳科技馆联合举办的“小手拉大手 · 绿色绕地球——馆企共建绿色家园”环保系列主题活动在杭州低碳科技馆举行。本次系列活动通过“绿色心愿征集赢大奖、快递包装变废为宝创意比赛、慈善捐助献爱心”等系列主题活动，向大家宣传环保知识，传递绿色物流理念，号召大家注重低碳环保，共建绿色家园。

2017年7月5日，天天快递湖南理事会组织一批志愿者，带着天天快递每一位兄弟姐妹的爱心及物资前往湖南省长沙市宁乡县洪涝灾区进行援助。

2017年7月10日，一辆天天快递运输车从江苏南京驱车320公里到达安徽省黄山市歙县，为那里的贫困留守儿童送去3000册少儿图书。这是由江苏城市频道和梦金园集团共同发起、天天快递协助开展，在经济欠发达地区的乡村小学建立“爱心图书室”公益行动，为那里的孩子们送去知识和爱心。

2017年7月，自入夏以来，受极端天气的影响，湖南、广西等地遭受了连续暴雨袭击。在湖南，灾难发生后，天天快递湖南理事会第一时间组织志愿者，带着天天快递每一位兄弟姐妹的爱心及物资前往灾区进行援助。与此同时，天天快递全国各理事会在天天快递总部的指导和号召下，成立专项爱心捐款小组，在短短几天时间里，就筹集到了21万元的善款，用于补助湖南、广西两地的具体受灾网点。

2017年7月25日至26日，陕西榆林市绥德、子洲两县突降特大暴雨，子洲县28万立方米水库决堤。天天快递榆林公司心系灾区网点分部，在得知灾情的第一时间联系了绥德、子洲分部，确认员工及家属的安全后，为帮助灾区网点抗洪救灾、渡过难关，尽快恢复生产运营，迅速组织购买了500箱矿泉水、100箱方便面、大量的蔬菜、米面油、雨鞋、衣服等慰问品，加急送往绥德、子洲灾区分部，为两县天天快递员工及家属提供灾后基本生活必需品。

2017年7月，天天快递全网正式启动第三期“‘天天有爱 · 助学圆梦’——天天快递千名助学计划”活动。经过近2个月的时间，助学小组对申报者家庭各项情况进行审查、电话采访核实、现场走访后，最终确定资助人员为32人。截至8月底，在大学新生入学之际，每人8000元的助学金已陆续发放到受助家庭手中。

2017年8月8日，四川阿坝州九寨沟县发生7.0级地震。九寨沟灾情发生后，天天人第一时间开始紧急联动，全网各地迅速自发组织支援灾区，安徽六安、山东滕州、四川巴中等地网点公司开放免费寄递爱心救灾物资爱心通道，开辟通往灾区的绿色救援通道。同时，天天快递全国各理事会纷纷伸出援助之手，对灾区进行捐款，共筹集九万元，用于水、面包、饼干等日常物资的采购，随后运送至灾区，送到灾区人民的手中。

2017年9月2日，天天快递洛阳公司客服部员工谢慧果，突然感觉头疼、恶心呕吐，经医生诊断其静脉窦血栓，静脉性梗死。10月2日晚，谢慧果病情突然加重，生命垂危，至今昏迷不醒，全身水肿，巨额的医疗费压垮了这个刚刚组建的家庭。一方有难，八方支援！天天快递洛阳公司得知谢慧果的情况后，高度重视，并在第一时间向谢慧果和其家人伸出援助之手！总部及天天快递河南理事会在得知情况后，发动公司及社会各界爱心人士捐款，用他们无私的援助，让谢慧果和她的家人感受到天天快递这个大家庭的温暖。

2017年12月8日，天天快递沈阳公司响应市邮政管理局号召，参加壹基金“辽宁益路邮你公益项目”，负责将捐赠物资运送至需要的人手中。

六、企业大事记

2017年1月2日，苏宁云商对外发布公告，以现金出资人民币29.75亿元收购天天快递70%股份；剩余的30%的股份作价12.75亿元，将在交割完成后12个月内完成。

2017年1月11日，天天快递荣获“2016年中国创新企业100强”荣誉称号。

2017年1月12日，天天快递2017年迎新春联谊会于杭州宝盛水博园酒店盛大开幕，来自总部各部门近500名员工参加了联谊会。会上对50名优秀员工、13名优秀经理、2名优秀总监进行了颁奖。

2017年1月13日，天天快递上海公司荣获“2016年度上海市安全行车管理先进集体”称号。

2017年1月，天天快递荣获中国物流与采购联合会颁发的“5A物流企业”称号。

2017年2月7日，为全面解读苏宁集团刚刚结束的2017开年工作部署会议精神，并根据天天快递自身情况对公司2017年布局、发展方向进行部署，天天快递召开总部经理级以上管理层工作会议。

2017年4月13日，国家发展改革委基础产业司副司长任虹、国家邮政局政策法规司司长金京华等领导一行在浙江省邮政管理局局长詹永枢、杭州市邮政管理局局长赵武的陪同下莅临天天快递考察指导工作。

2017年4月18日，天天快递西安公司荣获陕西省“2016年度全省单位内部保卫工作先进单位”荣誉称号。

2017年4月，国家邮政局授予天天快递“G20寄递安全服务保障工作先进集体”光荣称号。

2017年5月6日，天天快递六十余名核心管理干部赴南京苏宁总部参加培训，研究如何尽快整合双方业务，加快融合步伐，提升物流的用户体验。

2017年5月10日，天天快递获得“2016年度浙江省交通物流快递行业优秀企业”荣誉称号。

2017年5月22日，2017全球智慧物流峰会在杭州云栖小镇召开，苏宁、天天完成战略合作后，也首次联合亮相布展，打造了“智慧引领新物流，绿色打造生态圈”主题展台。

2017年5月28日，2017北京国际服务贸易交易会在北京国家会议中心开幕。苏宁、天天在战略合作后首次亮相北京国际服务贸易交易会。5月31日，会议期间，国家邮政局局长马军胜在中国快递协会副会长兼秘书长孙康、国家邮政局市场监管司司长冯力虎的陪同下，视察走访快递板块。在天天快递展台，马军胜驻足观看，详细询问了苏宁和天天战略合作后的发展状况，并对苏宁、天天融合后的发展寄予厚望，他说，双方的融合将是快递行业一股强劲的力量，苏宁+天天，未来大有可为，发展前景不可估量！

2017年6月13日，天天快递荣获2017北京国际服务贸易交易会快递服务板块“最佳组织奖”。

2017年7月26日，天天快递在浙江省第二届快递业务员职业技能竞赛中获得团体二等奖。

2017年8月18日，在苏宁易购“‘8·18’，发烧购物节”中，天天快递根据苏宁物流的服务标准，顺利完成30%服务配送既定目标，完成“最后一公里”配送服务，实现真正意义上的融合升级。

2017 年 8 月 30 日，天天快递在南京召开主题为“聚焦聚能 聚变”的 2017 年网络代表大会，这是苏宁、天天融合以来首次召开的全国范围内的网络代表会议。

2017 年 10 月 12 日，国家邮政局邮政业安全中心主任江明发、浙江省邮政管理局局长詹永枢等领导一行莅临天天快递进行调研。

2017 年 10 月 28 日，天天快递总部从杭州整体搬迁至南京苏宁总部园区，天天快递员工正式加入苏宁总部园区办公。

德邦物流股份有限公司

德邦股份成立于 2009 年，截至 2017 年，德邦已成为一家覆盖快递、快运、整车、仓储与供应链、跨境等多元业务的综合性物流供应商。德邦凭借坚实的网络基础、强大的人才储备、深刻的市场洞悉，为跨行业的客户创造多元、灵活、高效的物流选择，让物流赋予企业更大的商业价值，赋予消费者更卓越的体验。

一、基础建设

（一）业务网络

截至 2017 年 12 月 31 日，公司共拥有门店 10087 家，已基本实现全国省级行政区、地级、区级城市的全覆盖，其中乡镇覆盖率达到 81.1%，网络持续扩大、运输线路不断增加，实现公司网络的高效连接。

目前，德邦正从国际快递、跨境电商、国际货代三大方向切入跨境市场，已开通韩国、日本、泰国、新加坡、马来西亚、越南等多条国际线路。

（二）中心建设

截至 2017 年年底，德邦在上海、广州、北京、武汉、郑州等区域重点的运输枢纽城市，建立了 130 个分拨中心，进行货物的中转仓储及转运，总面积超过 172 万平方米，其中使用的货台面积超过 126 万平方米。

（三）运输能力

作为专注于开展公路快运业务的公司之一，德邦通过对各区域市场的深度分析，并引入麦肯锡、IBM 等知名的外部咨询公司对运输网络进行优化和规划。截至 2017 年 12 月 31 日，德邦拥有约 10742 台自营车辆，1370 条运输干线，全网航空线路 1700 多条。

（四）信息化建设

信息化建设是现代物流发展的必由之路，也是德邦精细化管理的重点。截至 2017 年年底，德邦共拥有 87 个 IT 系统，5 个开发平台，52 个 IT 项目。德邦在公路快运行业领先开发了物流信息一体化的信息平台，并与麦肯锡、埃森哲、IBM（中国）建立了战略合作关系，对信息系统进行不断的建设和完善。同时，在已建成的信息系统平台上开发并整合快递业务信息。

2017 年 3 月至 12 月，德邦自主研发业务门户系统，实现了公司营运系统的整合，主要集成 8 个核心系统，统一了操作入口，弱化系统边界，为用户提供只操作一个营运系统的良好体验。

2017 年 11 月，德邦提出了研发“双 11”、科技“双 11”与管理“双 11”的概念。科技的落地打造了数字化指挥中心，为管理者提供了更为直观的信息，让管理更加直接。IT 部门研发的数据监控大屏、中转屏，确保了对关键数据和业务指标的实时、全面监控，提升了管理效率。

德邦重点研发的系统分别

包括：快递收派可视化系统、业务门户系统、客户结算系统、贷款管理系统、德邦风眼系统、渠道及客户管理、财务系统、人力资源及办公自动化方面进行持续开发和升级，良好地实现了对业务运营流程、渠道及客户的开发与维护，预算及财务报表管理及内部人员信息和管理效率的提升，有效提高了公司整体的生产效率和服务水平。

二、业务发展

德邦始终紧随客户需求而持续创新，坚持自营门店与事业合伙人相结合的网络拓展模式，搭建优选线路，优化运力成本，为客户提供快速高效、便捷及时、安全可靠的服务。2017 年，德邦持续提升原优势产品服务品质并不断研发新产品、新业务来满足不同客群，针对商务、电商、个人客户的不同需求，提供差异化、多元化的服务。

2017 年，公司持续提升快递的网络和时效能力，快递市场份额稳步提升，全年实现快递件量 2.73 亿票，同比增长69.41%；快递收入 69.28 亿元，同比增长 69.14%，高于快递行业整体收入增速。精准的大件快递定位和优质的服务带来了高于同行的品牌溢价，以公司 2015 年至 2017 年票均收入看，快递业务票均收入分别为29.38元、25.43 元和 25.39 元，高于行业的平均水平。

三、科技应用

2017 年“双 11”期间，保证全国 130 个运转中心昼夜不停、运转自如，成为 2017 年德邦“双 11”面临的最大挑战。通过整合技术、公司运营场景数字化和可视化，德邦将管理理念和管理逻辑落实到系统，并通过科技、管理、研发，确保客户体验。

德邦自行研发的多层空间立体式分拣系统，分拣设备跨度更广、复杂度更高、规模更大，更适合大件快递的自动化高效装卸。德邦风眼系统日均录入千万次物流信息，通过千兆数据库、云计算进行整合；并通过 6 万多个摄像头对营业部、转运场、车辆进行实时监控；对 10742 台自有车辆实现 GPS 定位，进行全路段行车监控、司机安全监控，以及天气、道路状况提示。为保证货物运输全程可跟踪、可定位、可视化，德邦成立数字化指挥中心，对全国转运中心实现超清全息视频监控、移动端实时监控，覆盖揽收、运输、中转、派送、仓储等各环节。并通过“拉灯”机制，实现对转运场操作及承载风险的预警管理。

四、绿色快递

德邦的主营业务为公路快运和快递业务，有较多的运输车辆，运输成本占公司总成本的比例较高，公司一直以来十分关注车辆的油耗情况，也制订针对不同群体的油耗考核方案，推进节能减排目标达成，2017 年共投入 458.4 万元用于购买低油耗车辆和设备。同时，公司积极探索新能源车的使用，截至 2017 年年底，共投入 67.4 万元，购买新能源车。

资源充分利用，打造绿色快递。再生胎亦称翻新胎，是指轮胎在一次使用寿命结束后，将其胎面橡胶（与路面接触部分）的表面部分削至规定程度，并贴上新的胎面胶进行硫化而成的轮胎，由于胎体能够重复使用，可有效节约资源，减少使用成本。德邦于 2008 年开始测试再生胎，12 年进行统购推广，2013 年至 2017 年，德邦在北京、上海、广州、深圳、武汉、郑州、西安等城市推广使用了再生胎。不仅在环境保护、资源回收方面取得了成就，还降低了运输成本。

除了再生胎项目，2017 年 7 月，德邦正式上线散客电子面单，开单效率提升了近 8 倍，践行了节能减耗的目的。德邦一直倡导用科技为绿色护航，打造绿色物流，在物流过程中抑制对环境造成危害，实现对环境的净化，使资源得到最充分的利用。

未来，德邦还将继续走绿色物流发展之路，2018 年，德邦以大城市为中心，计划逐步推广覆盖 25 个城市德邦物流车辆的再生胎使用，以降低废旧轮胎的产生，将再生胎的使用占比提升至 30% 左右，回收利用废旧轮胎

300吨左右,可减少9000吨污水排放,500吨固体废弃物排放,减少6900吨大气污染物排放。

五、社会责任

2017年8月8日21时19分,四川阿坝州九寨沟县发生7.0级地震。地震发生后,德邦第一时间启动抗震救灾应急响应,迅速与各级政府及相关机构取得联系,集结10台大型救援运输车辆,参与转运应急救援物资行动。随时听从政府号召,驰援救灾现场。

2017年6月22日至7月初,湖南省多地持续暴雨,长沙市宁乡县受灾最为严重,全县有44人在洪水中罹难,死亡人数超过全省洪灾中遇难人数一半以上,德邦选拔出5位驾驶技术过硬、对宁乡路况较为熟悉的司机,为灾区运送物资。此次赈灾行动,德邦累计出车十余次,为灾区运送物资数十吨,有效缓解了灾区物资的运输压力,为灾区重建工作贡献了属于德邦人的一份力量。

六、企业大事记

6月,德邦入股东方航空物流有限公司,德邦将持有东航物流5%的股份。

7月,德邦特准快件上线,提供精准迅捷的快递服务,具有特准、特快、特优先三大优势。

7月,长沙转运中心无条件提供车辆资源,将救援物资运到因连续暴雨而受灾害的长沙宁乡灾区群众手中。

10月,德邦正式与空军后勤部签署战略合作协议,承接部队的部分物流服务。

10月,德邦快递与中国男子篮球职业联赛签署合作协议,成为CBA联赛的官方赞助商。

12月,德邦正式通过证监会审核,获得上市资格。

12月,德邦再次评获"中国年度最佳雇主30强",并首次排名跻身前20。

12月,德邦与成都市双流区政府正式签约,共同推动落实公司成都产业园区计划。

优速物流有限公司

优速物流有限公司创立于2009年,总部位于上海青浦,是一家提供全国性快递服务的规模型快递企业。

聚焦"大包裹",优速坚持走差异化发展道路。目前,优速已经在全国建立分拨中心93个,拥有营业网点超过5000家,员工60000余人,运输车辆万余台。2018年,优速提出"全·新·优速+"发展战略,以科技助力发展,致力于成为性价比最优的大包裹快递公司。在正确的大包裹战略方向下,富士康、海尔、1919等一大批海内外知名企业成为了优速的战略合作伙伴。如今,优速正以蓬勃的发展速度,向着中国快递第一集团军迈进。

近年来,优速凭借专业化的快递服务、良好的品牌沉淀,屡次获得交通运输部、国家邮政局、各级地方政府等上级主管单位的表彰。在快速崛起和发展的同时,优速时刻不忘尽一个企业的社会责任和义务,主动回报社会。近年来,优速快递积极致力于"免费午餐""关爱抗日老兵"等公益项目,多次捐助善款,善物,为弘扬社会正能量做出应有的义举。

在今后的发展中,优速将以科技构筑大包裹生产力,朝着"规范化、专业化、标准化、精细化、科技化"方向发展,借助技术的力量,全面提升服务品质。在科技驱动下的成本领先和品质保证的大包裹战略指引与实施下,优速正快速健康发展。立志于成为大包裹快递领导者的企业愿景,优速人不断自我激励,肩负使命,砥砺前行。

一、基础建设

2017年，获得A+轮融资的优速发展迅猛，在基础设施建设、网络及干线运输方面加大了投入力度。基础设施建设方面，优速快递已完成93个分拨中心的直营化管理，对29个分拨中心进行了升级、改扩建，货物转运吞吐能力得到进一步的提升；网络方面，优速目前拥有营业网点超过5000家，覆盖31个省区，地市覆盖率达94%；干线运输方面，优速优化了全国路由设置，新增干线车辆300余台，对600多条线路进行了更新优化，提高了全网的快件运输时效。

二、业务发展

2017年，快递和快运两行业互相渗透融合，两者边界不断模糊。过去的两年间，“大包裹”从鲜为人知到成为风口，而“大包裹”首倡者优速快递凭借前瞻性的战略布局，在“大包裹”细分领域站稳脚跟后，开始持续发力，业务量呈稳步上升趋势。优速快递在双十一当天业务量再创新高，全网发件重量突破了15300吨，这对于优速而言，是机遇，更是挑战。

在农村市场方面，优速快递作为主要企业参与“中国银行·陕西省政府、咸阳市政府精准扶贫暨产业合作项目集中签约活动”。在本次签约仪式中，优速快递与中银投、普洛斯共同参与“打造一带一路农产品物流中心暨中银西部物流基金项目签约”。未来，优速有意将“西部总部”落户咸阳，着重发力“大包裹+农产品”板块，整合农产品运营平台或基地，实现从产地、运输、仓储、派送的全链路发展，在田头农民和餐桌消费者之间搭建好桥梁。

凭借专业化的快递服务以及品牌沉淀优势，2017年，优速快递与海尔、1919酒类直供等客户群体保持良好的合作势头，并与金六福、韩都衣舍、都市丽人等品牌达成战略合作，优速提供的物流解决方案，为其节省了大量运输成本。

三、科技应用

智慧时代已经到来，过去协调人力、物力、运输、收派的传统收派模式也即将翻页，而运用科技手段提升效率、降低成本也越来越成为业内共识。

2017年，优速在信息化道路上的投入超过了过去7年的总和，上线与更新了NOS系统、优速宝、优数坊、数码运单等多样化的系统与应用。在信息化建设上，优速夯实了技术基础，提高了业务运作、运输派件、运能协调、信息分析的效率，同时，也为优速的“大包裹”战略发力夯实了基础。

四、绿色快递

近年来，随着“互联网+电商”的爆炸式发展，快递产品包装过度、包装循环利用率低、废弃包装难分解等问题给环境带来沉重负担。如何循环利用包装品、变废为宝，减少制造纸箱对木材的消耗，减轻对环境的污染，实现“绿色快递”，是摆在快递业面前的一道难题。

在分拣、运输等方面，优速对快件采取了标准化的操作流程，如在分拣过程中采用笼车、编织袋等集装容器，最大程度地保证快件安全，创造了快件减少包装的可行性。此外，优速在办公方面，正逐步推行线上无纸化办公，推动“绿色快递”发展。

2017年，在快递业绿色发展产学研协同创新示范基地启动仪式上，优速物流有限公司作为快递业代表企业与快递业绿色发展产学研协同创新示范基地签署科研项目合作协议，进一步推动了“绿色快递”发展。

五、企业文化

（一）企业愿景

大包裹快递领导者

（二）企业使命

大包裹成就你我，助力中华民族伟大复兴

（三）企业价值观

奋斗为本，诚信守则，尽责利他

六、社会责任

优速快递秉持“大包裹成就你我,助力中华民族伟大复兴”的伟大使命,始终将社会责任置于首位,牢记自己的责任和义务。

6月,优速快递走进上海市青浦区香花桥小学,开展“绿色青浦校企共建——小手拉大手·绿色绕地球”活动,通过课堂宣导和游戏互动向在校小学生传达“绿色快递”环保理念,并给孩子们带去了众多文具、玩具等礼物。

8月,得知四川阿坝州九寨沟县附近发生7.0级地震的消息后,优速快递快速响应,随即发布信息聚焦灾区,并立刻发动离灾区最近的网点——四川优速九寨沟网点组建救援志愿者队伍,董事长余联兵当即决定向灾区提供十万元物资,为灾区贡献一份力量。

9月,优速快递与92回收签订战略合作协议,正式启动旧衣上门回收合作项目,承接全国各省市的旧衣上门回收业务,全面助力旧衣再利用环保公益行动。

9月,优速再度携手“免费午餐”公益,为河南、黑龙江、广西、河北、云南等贫困山区留守学生免费承运3000套餐具。这批餐具统一通过优速网络第一时间送达孩子们的手中,让孩子们用上放心餐具,帮助孩子们改善就餐条件。

9月,优速快递在了解陕西省榆林市普降百年不遇的大暴雨造成严重的水灾后,积极响应陕西省妇女儿童发展基金会号召,第一时间加入了“益起行动救援榆林绥德、子洲”公益活动,帮助灾区人民灾后重建工作。

上海安能聚创供应链管理有限公司

安能品牌创始于2010年,是中国增长最快速的综合型物流集团。安能以“准时、安全、服务、经济”的理念,提供遍布全国的快递、零担快运、整车物流服务。

安能以加盟制零担快运的创新模式起步,实现了年复合140%的快速增长,吸引了包括红杉、华平、高盛、凯雷、鼎晖等全球顶尖投资机构的资本注入。

中国经济正处于消费升级大潮,扁平化供应链和碎片化订单成为趋势,物流面临从以工厂为中心到以消费者为中心的转型。安能将持续扩展产品和服务,提升消费者体验,打造中国最强大的物流网络生态,促进中国供应链能力的升级和重构。

一、基础建设

(一)服务网络

2017年,安能服务网络进一步拓展至港澳台地区,完成全国34个省级行政单位的全覆盖,网络覆盖全国近3000个县市,县市覆盖率达到98%,乡镇覆盖率达到86%。截至2017年年底,公司快运网点用户数达到14500多家,快递网点用户数达到15000多家,并且在全国32个核心城市拥有324家直营网点,为全国13亿人民提供优质的物流寄递服务。

(二)分拨中心

截至2017年年底,安能在北京、上海、广州、深圳、杭州、武汉、西安、郑州、成都等大中城市拥有200多个全直营分拨中心,以满足安能目前日均27000吨货物的运转以及日均峰值400万票快递的中转运输,总面积达234万平方米。全直营的分拨中心使安能对干线产品具有全面的把控能力,并有力的降低货丢货损概率,极大提升了货物运输时效,保障客户货物的在途安全。

(三)车线运输

安能拥有发达完善的自营

干线运输网络，目前，公司有3000余条车线，每天有3400多辆装有GPS定位系统的厢式货车行驶在全国各地为客户的货物保驾护航。此外，安能在北京、上海、广州、深圳、杭州、南京、苏州等18个城市开通航空运输服务，其余城市将陆续开通，为网点和客户提供多样化产品选择，满足更快速的寄递服务体验。

二、业务发展

（一）服务产品

安能坚持“传递信任，成就梦想”的企业使命，致力于成为中国商业流通领域最有效率的连接者，以产业驱动创新，持续从客户需求出发，推出“Mini小包”“定时达”“普惠达”“航空快递”“标准快运”等领先的公路运输产品，并提供家居五包、代收货款、送货上楼、保价等完善的增值服务，满足客户多样化的物流服务需求。

（二）业务状况

2017年是安能业务融合发展的一年，快运业务继续保持行业领先优势，快递业务突飞猛进，实现跨越式发展。在公司高层领导的坚强带领与正确决策之下，公司快运货量稳步提高，日均货量超过2万7千吨，继续保持国内零担快运行业经营规模第一的领先优势。公司快递业务突飞猛进，起网一年就完成了全国98%GDP区域的网络覆盖，完成了同行友商需要十年发展才取得的成绩，且日均票件量峰值达到400万票，遥遥领先于同行相同时期所取得的成绩。

三、科技应用

信息化、自动化、智能化一直是安能发展的重中之重，为此安能每年投入过亿元用于信息化系统的研发及自动化设备的引入，以科技驱动效率，在行业内率先应用智能路由调度、指环无线扫描、云呼客服系统、360智灵通系统等业内领先科技产品。

伴随着物流行业进入信息化、智能化发展的新阶段，安能亦加快了向网络化、智能化、信息化融合推进的脚步。2017年，安能自主研发的360智灵通网点管理系统上线，360智灵通系统可以全面覆盖安能业务核心环节，实现业务效率全面提升和网络成本进一步优化。通过对网点经营收据的分析，对所属网点及片区网管进行有效赋能，降低不必要的成本支出以及缩减管理环节，实现治理效益的最大化。同时，360智灵通系统质量透明、费用清晰、多维互评的功能也将让网点与总部、网点与网点之间建立基本信任，最终在安能整个网络系统内营造一个健康发展的生态体系。

此外，安能拥有一支近500人的专业信息化技术研发团队，自主研发及合作研发的信息化系统多达58套。信息化系统和智能化设备的引入极大地提升了安能整体运作效率与服务时效，保障公司整体运行地流畅性。未来，安能将进一步加大在信息化、智能化方面的投入，与网络合作伙伴一起不断深化IT智能化管理，实现以科技驱动物流效率提升的目标。

四、绿色快递

秉持创新、协调、绿色、开放、共享的发展理念，安能积极响应国家节能减排和保护环境的号召，通过多方面举措，开展节能减排工作。

（一）绿色车队

结合公司实际业务发展情况，安能对车队进行精细化管理，培养驾驶员养成良好的工作习惯，从而达到节能减排的目的：

首先，安能所使用的车辆需全部符合国家规定的排放标准，并逐步推广高品质、小排量的运输车辆或清洁能源车辆，同时全面推广汽车尾气净化技术，在车辆中安装尾气处理装置，第一步在硬件设施上便开始遏制超标排放。

其次，安能还不定时与众多车辆供应商共同组织针对卡车驾驶员的节能降耗培训。培养驾驶员良好的用车习惯，杜绝在驾驶中猛踩油门、下车不熄火等不良驾驶习惯。注意车身状况的保养,避免因硬件老化磨损等造成的油耗增加。同时开发驾驶员专用的信息化管理系统收集数据,通过对驾驶员刹车次数的大数据分析,阶段性对驾驶员不良习惯进行指正。

再次,合理规划货物装车,提高车辆利用效率,避免空载空驶,并通过智能路由规划,缩短车辆行驶距离,合理利用运输资源,降低能耗。

(二)电子面单

安能通过与菜鸟、京东等电商平台及大客户合作,将原有的纸质面单更换为以热敏纸不干胶为材料的电子面单,不仅提高了客户的下单效率,而且极大降低了纸张的浪费。

电子面单具有环保效果好、生产成本低、处理效率快等优点,不像传统纸质面单那样复杂,仅有上下联,在减少纸张浪费的同时在打印过程中还能减少二氧化碳和有害物质的排放。同时,其打印速度快与发货效率高的特点受到广大客户和一线快递人员的全面好评。

(三)末端投递

在末端揽收派送环节,安能鼓励加盟商全面推广使用电动车辆或者其他清洁能源车辆,同时要求快递员在取件派送过程中注意快递包装箱、封套、背书页、包装袋的回收再利用。

五、社会责任

(一)三个基金

"传递信任,成就梦想"是安能人肩负的责任,亦是安能的企业使命;是安能经营目标与社会责任的有机结合,也是对安能存在和发展终极意义的总体思考和高度概括。一方面是安能的企业文化不断塑造安能人的精神,另一方面则是我们肩负的企业社会责任,奋进道路上不忘初心,回馈社会,回馈大众,回馈每一个关注安能前进的伙伴,助力实现梦想。为了回报广大合作伙伴、客户、员工对于安能的支持与信任,安能成立了萤火虫互助基金,以关爱帮扶公司员工及其家人;秉持"同呼吸、共命运"的发展经营理念,针对加盟创业合伙人出现的困难,成立网点互助基金,累积发放近100万元。开展网点援助计划以减轻创业合伙人因重大事故带来的伤害;成立思阅基金,用以回馈广大社会对于安能的支持信任,帮助贫困山区的孩子实现读书的梦想。同时,每一次的重大自然灾害,都有安能人奔赴前线的身影,利用自身运输服务的优势,安能人为灾区免费运输的物资已达近万吨。

(二)公益活动

近年来,安能主动承担社会责任,不断通过免费运输活动倡导热心公益、奉献爱心。在面对重大自然灾害时,安能也时刻与社会爱心组织合作,确保爱心能够及时传递。2017年3月,能人们自发组成了志愿者团队,探望了无锡市福利院的孩子们,与孩子们一起度过了欢快的一天。江苏经营本部的能人志愿者们将带来的牛奶、水果、玩具等物品分发到了孩子们的手中,并鼓励孩子们好好学习。活动后能人志愿者们不由地感慨:只有亲身参与,才发现这群孩子多么需要关怀和陪伴,以后会多参加这样的公益活动,给孩子们带去更多的温暖,也为安能的公益事业,更为社会的公益事业尽一份力。2017年8月6日夜晚,雷电暴雨侵袭了甘肃陇南文县,洪水裹挟着巨石摧毁了房屋,通村道路被隔成了无数段,更造成了人员伤亡,搜救还没结束,8月9日文县继而又遭遇了地震……得知灾情后,安能携手绿地(香港)集团积极开展了爱心捐助,组织灾区急需的母婴用品、医疗物品、生活用品等100多箱爱心物,经1900多公里路程,5天的爱心接力,连夜将物资运达安能甘肃文县总工会。

六、企业大事记

5月25日下午,国家邮政局局长马军胜、副局长邢小江一行,来到内蒙古呼和浩特市城发恼包电商物流园安能快递分拨中心,调研安能快递发展情况。

5月27日下午,"聚力赋能,同创共赢"——安能快递第一届全国网络大会在杭州隆重召开。会议指出，安能快递半年成果颇丰，未来将投入20亿元，让网点赚钱更容易，会议现场发出了第一季度的1200万元奖励，奖励在用户数建设、票件量等方面上走在前列的网点。会上，花旗银行、中信银行、招商银行等6家投资机构总共为安能授信50亿元人民币，G7、浩创、奇弦等智能科技企业与安能签署战略合作协议，共同助力安能发展。

6月4日起，安能总部（杭州）的小伙伴们陆续搬入了位于钱江世纪城CBD的大象国际中心。为给安能小伙伴们提供更优质、舒适的办公环境，改善员工办公满意度，提高办公效率，安能本次共租用大象国际的7个楼层，14000多平方米的办公区域。办公区域都经过公司精心布局，使用环保材料、环保家具、环保装修。办公区、接待区、等候区、会议区、茶水区一应俱全，“以人为本”，为员工们打造了一个追求舒适、灵活、生态节能的办公空间。

9月，ISO 9001质量管理体系认证组专家根据体系认证的相关要求，对安能所有部门工作流程的每一个环节进行了细致全面的审核，经过严格的初审和终审环节，最终，安能以高分通过ISO 9001体系认证。

10月9日起，安能快运全网全面实行多频次派送，将进一步提升安能全网的派送时效，缩短货物送达时间，使安能达到物流行业的高时效水准。此外，全网多频次派送的开展，将直接触发末端网点对始发网点发货客户提供的服务，全网联动，从而提升各个区域末端的服务质量。

2017年双11，安能快递单日票量突破400万票，双12安能快运货量突破27000吨。在货量方面取得优异成绩的同时，众多合作伙伴对安能在仓配业务方面的快速反应和优异表现给予了诸多赞赏：菜鸟华南大区授予安能快递“给力战友”锦旗，武汉、天津、嘉兴菜鸟仓对安能快递双11期间的整体表现赞赏有加之后，京东物流授予安能快递“2017杰出贡献奖”。

2017年12月，安能荣获“2017中国物流杰出企业”荣誉称号和“2017中国快递融合发展奖”。

第七篇 各地纵览

北京市快递市场发展及管理情况

一、快递市场总体发展情况

2017年,北京市邮政行业业务收入(不包括邮政储蓄银行直接营业收入)累计完成351.2亿元,同比增长15.3%;业务总量累计完成419.3亿元,同比增长8.6%。其中,快递企业业务量累计完成22.7亿件,同比增长16.0%;业务收入累计完成303.8亿元,同比增长18.4%(表7-1)。业务量收入均位列全国第五。

表7-1 2017年北京市快递服务企业发展情况

指 标	单位	2017年12月		比上年同期增长(%)		占全部比例(%)	
		累计	当月	累计	当月	累计	当月
快递业务量	万件	227452.1	23022.6	16.0	15.3	100.0	100.0
同城	万件	103814.5	11786.1	20.9	51.6	45.6	51.2
异地	万件	121019.9	10857.0	13.2	-9.2	53.2	47.2
国际及港澳台	万件	2617.7	379.5	-19.7	64.9	1.2	1.7
快递业务收入	亿元	303.8	33.0	18.4	33.3	100.0	100.0
同城	亿元	105.2	12.3	22.7	68.9	34.6	37.4
异地	亿元	132.6	13.1	15.2	11.8	43.7	39.8
国际及港澳台	亿元	30.1	3.2	11.5	27.8	9.9	9.6
其他	亿元	35.9	4.4	24.8	35.4	11.8	13.2

2017年,北京圆满完成全国两会、"一带一路"国际合作高峰论坛、党的十九大和世界政党高层对话会等重大活动期间寄递安保任务。

二、行业管理工作及主要成效

增强干部队伍凝聚力战斗力。深入学习宣贯党的十九大精神。制定印发宣传贯彻工作方案,召开动员部署会,举办专题辅导,开展党的十九大精神"学原文、悟精髓、写体会"主题活动,组织参观"砥砺奋进的五年"大型成就展,多措并举抓好宣贯落实。着力抓好党建各项工作。将党建工作列为全年十二项重点工作之首。不断加强党组工作制度建设,出台党组工作规则等4项制度规范。全面完成机关党委届中调整和支部换届改选。围绕强基础,创特色开展党支部规范化建设,通过市直机关工委的检查验收。加强政治理论学习,制定党组中心组和党支部理论学习重点内容安排,围绕党的十九大精神、习近平总书记"7·26"重要讲话精神等内容开展党组中心组(扩大)学习8次。领导班子成员坚持带头学,率先做,层层示范,以上率下,党组成员带头讲党课,并以普通党员身份参加党支部活动,形成学思践悟的良好氛围。国家邮政局局长马军胜和驻部纪检组宋福龙组长到北京市邮政管理局调研全面从严治党、落实两个责任工作情况，对北京局党建工作给予充分肯定。扎实推进“两学一做”学习教育常态化制度化。印发实施方案和任务清单，细化具体工作计划。以贯彻落实“两学一做”为主题，先后开展“两优一先”评选表彰，组织迎“七一”专题党日活动，举办“奋斗的青春最美丽”主题演讲比赛，开展党章党规知识系列测试，切实将“两学一做”学习教育融入日常，抓在经常。切实抓好党风廉政建设。认真履行党风廉政建设主体责任，加强组织领导，层层落实责任。组织开展“以案释纪明纪，严守纪律规矩”主题警示教育活动。对新提拔的27名副科级以上干部进行了集体廉政谈话。紧紧把握春节、端午、中秋、国庆等关键节点做好廉政提醒，防止“四风”问题反弹。组织开展元旦春节期间公车封存情况“暗访”检查，严守纪律红线。向市邮政公司及快递企业发放“为官不为”“为官乱为”以及群众身边的不正之风和腐败问题调查回访表180份，主动接受市场主体监督。

筑牢安全底线。着力加大执法检查工作力度。把执法办案作为夯实安全基础的重要内容，作为强化干部作风、干事担当、凝心聚力的重要抓手，持续开展“双随机”检查、部门联查等多种形式执法检查活动。2017年全年，累计出动检查人员9731人次，检查企业2808家次，下发责令整改497份，共办理行政处罚案件321件，其中适用反恐法18起，北区邮政管理局率先运用反恐法对违法企业做出处罚，累计罚款386万元，执法办案力度为历年最大。在2017年全国市场监管执法案件办理数量中，北京局位列第九名，东区局位列市(地)局第九名。圆满完成重大活动安全服务保障任务。北京2017年重大活动密集，先后召开了“一带一路”高峰论坛、党的十九大和世界政党高层对话会等重要会议，寄递安全保障压力为历年最重。北京局在仅有60多名在岗干部的情况下，充分发扬拼搏奉献精神，树立底线思维，坚持问题导向，统一部署，系统谋划，层层动员，强化落实。重点时段干部停休，持续检查、值班值守，领导班子成员带队检查、夜查。全局人员顽强奋战、攻坚克难，圆满完成全年重大活动寄递安全和服务保障任务，全行业未发生一起寄递安全事件，未发生一起安全生产事故，未发生一起群体性或服务热点事件。马军胜局长和赵晓光、刘君副局长多次在北京局重大活动安全保障期间亲临指导并作出指示批示。党的十九大寄递渠道安全服务保障工作报告得到北京市副市长张建东同志的充分肯定，代市长陈吉宁同志、政法委书记张延昆同志批阅。市场监管处、普遍服务处、办公室及5个区局共8个部门被评为党的十九大期间首都寄递渠道安全保障先进集体，36位同志被评为党的十九大期间首都寄递渠道安全保障先进个人。狠抓“三项制度”落地实施。北京局会同综治、公安、国家安全等部门共同推动落实“三项制度”。要求企业对零散用户100%开箱验视并加盖收寄验视戳记，与协议客户签订安全承诺协议并加强抽验。在全市范围内全面推广应用实名收寄信息系统，联合综治等部门召开推广应用动员大会，对企业加强应用培训，实名率有了大幅度提升。调整安检机配置思路，督促企业落实安全设备配置规范，企业新配安检机350台，全行业累计配备安检机430台。成立项目组，完成安检机购置补贴审核发放，为35家企业121台符合条件的安检机发放补贴1313.98万元。

不断优化行业发展政策环境。2017年以来，北京局进一步加大与地方沟通力度，先后向市领导汇报工作13次，7位市领导到行业检查指导工作。12月1日，陈吉宁代市长到中通大鲁店网点调研。12月12日，市委书记蔡奇和市委副书记、代市长陈吉宁一同到顺丰速运广华营业网点调研，了解行业情况，关注行业发展。北京局多次与相关部门协调沟通，推动工作，需要地方支持的安检机补贴资金使用时间延长、安全中心筹建、申办世界邮展、纳入地方绩效考核等重要事项取得进展。与市发改委联合发布《北京市“十三五”时期邮政业发展规划》并首次纳入市级专项规划体系。

组织联合发布《京津冀地区快递服务发展“十三五”规划》。推动北京市邮政行业规划与地方政府专项规划和国家邮政行业总体规划衔接。

扎实推进贴近民生实事工程。结合北京实际,北京局将落实国家邮政局贴近民生办实事项目细分为全年8项重点工作,破难题,出亮点。一是进一步规范电动三轮车管理,建立快递员服务管理系统,完善基础档案和建立网上培训制度,由“三统一”升级到“五统一”。得到国家邮政局的充分肯定。二是设立行政服务一站式窗口,集中受理行政许可和审批,优化和规范许可工作流程,实现许可事项办理一站式服务。三是推动普遍服务水平提升,支持邮政企业做强做优。邮政包裹全部实现投递入户。《人民日报》当日见报和建制村直接通邮全面完成。全市村邮站和村邮员获得地方财政补贴2600万元。“农邮通”服务站建设成为北京市国家现代农业示范区建设重点工程之一,将国家邮政局“一市一品”农特产品进城示范项目与“农邮通”服务站建设有机结合,打造了一批精品农特产品邮政专线项目。2017年,邮政企业接收15处配套建设邮政局所,总面积达到6645平方米,均价4770元,为企业节约资金近4亿元。协调市商委,帮助解决邮政营业网点不能办理营业执照问题。四是持续推进快递进校园、快递下乡和末端建设。快递下乡实现全覆盖,全市56所高校实现规范快递服务,全市设立智能快递箱近万组。五是推动行业绿色发展。北京成为国家邮政局快递业绿色包装试点城市。6家快递企业尝试与北京环卫集团合作,推动快递包装物源头减量。配合国家邮政局在北京邮电大学、北京印刷学院启动“绿色快递进高校”活动。

着力提升行业监管能力水平。扎实开展市场监管工作。组织开展了三次快递市场“双随机”专项检查,积极配合公安等部门开展“易制爆危险化学品和寄递物流”两项整治行动,推动国家邮政局关于“不抛扔、不落地、不摆地摊”工作落实,全面查处野蛮分拣和暴力分拣抛扔损坏快件问题。配合做好寄递行业禁毒监管工作。开展“诚信快递你我同行”系列宣传活动,营造诚信经营良好氛围。做好申诉受理工作,2017年,北京局申诉中心共受理消费者申诉16万件,为消费者挽回经济损失共605万元。切实增强依法行政能力。印发“七五”普法工作实施方案,成立普法领导小组,举办行政执法案例分析培训,加强依法行政意识,提高行政执法效率,开展案卷评查。积极妥善处理突发事件。首都无小事,处处连政治。今年以来遇到三次比较大的突发事件,全局干部职工以高度的政治责任感和敏感性,积极应对,妥善解决。年初花园桥圆通站点发生快件积压,网络发帖超5000篇,市局第一时间应对,第一时间出现场调查处理,第一时间发布消费提示信息,使这一事件得到较好解决。国务院督察室调研快递许可办理情况,北京局认真汇报情况,积极向地方政府和有关部门汇报协调,争取支持。年末北京市为期40天的安全隐患大排查大清理大整治,对行业运行带来了影响,北京局2次与首都综治办共同组织专题会,并形成会议纪要,由市委主要领导批阅后进行传达,确保一级分拨中心不受影响。联合市商务委赴通州、顺义、朝阳、丰台、海淀、昌平等地开展了6次督导检查,会同市公安消防部门研究快递企业网点消防隐患的整改标准和措施要求。积极向市委市政府汇报,争取有利政策。

持续夯实基础性工作。干部、人才队伍建设持续加强。配强配优各级领导班子,配合国家邮政局做好市局领导班子选配工作。出台《北京市邮政管理局党组管理干部选拔任用工作程序》,选拔任用处级干部7人次,选拔任用科级干部22人次。树立正确用人导向,坚持“好干部”标准,搭建干事平台。加大干部交流轮岗工作力度,处级干部交流轮岗4人次,科级干部交流轮岗27人次。18名干部赴豫参加党性锻炼培训班。完成2018年度公务员招录资格审查工作。完成两批次快递业务员职业技能鉴定考试。切实关心干部职工生活,开展文体活动,加强后勤保障,改善办公环境,做好新闻宣传，全年共发布政务信息351篇，党务信息72篇。

三、砥砺奋进的五年

“十二五”期间，北京市快递业规模持续增长，政策环境不断优化，在服务经济社会发展和民生改善中发挥了重要的作用基础性作用。

快递业务规模持续扩大。“十二五”期间，北京市快递服务得到迅速发展，业务量收保持高速增长，服务质量得到显著提升。2015年，快递服务企业业务量完成14.1亿件，五年年均增长51%；快递业务收入完成181.7亿元，五年年均增长33.2%。“十二五”期末，快递业务收入占邮政行业收入比重达76.6%，较2010年提升30.6个百分点。国有、民营、外资快递企业业务量市场份额分别为20.7%、77.9%和1.4%，业务收入市场份额分别为13.7%、76.6%和9.7%。

政策环境不断优化。行业发展得到了市委市政府的重视支持。2013年出台《北京市快递安全管理办法》，是全国第一个快递安全管理的省级政府规章。2015年6月，市政府专题会议通过《北京市邮件快件寄递安全管理工作的实施意见》，着重体现了寄递安全“首都标准”，同意建立市寄递安全管理协调小组。2015年11月，国家邮政局和北京市政府签订《关于加快推进首都邮政行业建设与发展合作协议》，建立了促进首都邮政业发展的合作机制，全面涵盖邮政、快递两大业务领域。当月，市交通委审议通过《关于推进首都交通与邮政融合发展的意见》，加速交通和邮政全方位深度融合的创新探索。

服务保障能力显著增强。“十二五”期间，成功应对了每年“双11”“两节”等电商促销带来的服务高峰需求，并推动自动化分拣设备、智能手持终端、移动客户端、智能快件箱等科技设备和信息化技术全面推广。安全保障能力得到提升，确保了2012年党的十八大、2011年至2015年的全国两会、2014年APEC峰会以及2015年中国人民抗日战争暨世界反法西斯战争胜利70周年纪念日等重大活动期间的寄递服务安全，全行业未发生重大安全责任事故。

四、各派出机构主要管理工作概况

东区局加大执法检查力度。把行政执法作为安全工作的“抓手”和重中之重，积极构建行业监管新常态，做到有计划、有动员、有检查。集中力量对重点时期、重点企业、重点区域、重点检查内容进行全覆盖式检查，不断加大执法检查密度频次、广度深度，实现办案数量和处罚金额双百突破，创建局以来新高。在2017年全国市场监管执法案件办理数量中，东区局位列地市局第九名，被北京市政府、公安部评为“一带一路”国际合作高峰论坛安保工作先进集体。开展安检机配置情况专项检查。从建章立制抓起，印制并发放《快件过机安检工作日志记录册》近1000份，对快件过机安检操作流程和登记内容做出规范，督促各企业进一步落实主体责任，推动过机安检工作落实到位。

西区局在“快递进校园、进社区、进农村”工作方面取得进展。走访北下关街道，探索解决快递“最后一公里”问题，联合商委、街道、城管等部门共同探讨解决快递进校园、进社区、进单位问题。通过召开企业座谈会、研讨会、问题约谈等方式积极引导快递企业通过与第三方合作等方式，保障用户权益，鼓励快递企业延伸在农村地区的服务，探索创新服务方式。2017年以来，第三方企业不断创新业务模式和合作方式，末端配送问题取得重大进展。辖区快递进校园工作已完成60%，民族大学等难点院校目前已有企业提交解决方案并表示学校已有意合作，辖区14个乡镇的派送服务已实现全覆盖，规范社区公共服务平台超过60个，辖区布放的智能快件箱累计超过2000组。

南区局创新快递市场监管手段。要求快递企业总部设立专门联系人，负责丰台、大兴、房山区本品牌企业的联系、协调。为快递企业建档案，实现“一点一册”，方便对企业的管理。进一步加大同地方政府的协调力度。同大兴区综治办、安监局、交通局、商务委、公安分局、国安办联合印发《关于印发〈大兴区集中开展易制爆危险化学品和寄递物流渠道专项整治行动工作方案〉的通知》,明确各部门在专项行动中的权责范围。这是区局首次和地方政府部门联合发文。多次联合公安部门召开寄递企业安全工作会,开展联合执法检查。

北区局在"一带一路"国际合作高峰论坛期间,使用《中华人民共和国反恐怖主义法》对企业及直接负责的主管人员和直接责任人进行了行政处罚,共计罚款 12 万元。这是区局首次运用《中华人民共和国反恐怖主义法》进行行政处罚,在全市起到了示范作用。借力交通运输一体化示范区创建工作,推进快递下乡、快递进社区等更贴近民生实事工作的落地。怀柔区作为北京市唯一试点被列入城乡交通运输一体化示范县第一批创建县(市、区)。在怀柔区起草制定《关于推进城乡货运物流一体化工作实施方案》中,北区局积极发挥建设性作用,提出引导怀柔区邮政分公司与快递企业开展合作,整合现有快递下乡业务,协调推进区政府加大对村邮站和城关地区快递箱给予政策支持。

天竺局建立健全快递市场监管协作配合机制。与属地综治、公安等部门形成寄递安全监管联动,加强信息沟通,强化协作配合,开展联合执法,确保寄递渠道安全稳定。针对快递业务员在首都机场航站楼的流动收寄行为,与首都机场公安分局、首都机场股份公司等相关单位加强交流沟通,共同研究清理措施,规范收寄行为,确保重点区域安全稳定。

五、快递市场存在的突出问题

首都快递业的发展与首都承担的职责使命相比,与城市总体规划提出的目标相比,与人民对美好生活的向往相比,还面临很多挑战,工作也存在一些不足:

一是快递服务水平有待进一步提升。快递服务量大质不优,城区"最后一公里"服务问题突出,标准化、规范化水平低。

二是快递业面临的制约要素明显。快递服务的用工、用地难问题突出。基层从业人员素质和职业技能有待提升,高端管理人才比较缺乏。

三是寄递渠道安全形势依然严峻。北京作为首都的城市性质和功能定位,决定了对寄递安全的更高要求。快递从业主体众多,企业安全防范能力参差不齐,安全制度建设等工作有待进一步完善。

四是邮政网络综合利用水平不高,整体网络效能未能充分发挥。

天津市快递市场发展及管理情况

一、快递市场总体发展情况

2017 年,天津市邮政行业业务收入(不包括邮政储蓄银行直接营业收入)累计完成 95.9 亿元,同比增长 16.0%;业务总量累计完成 106.1 亿元,同比增长 22.7%。其中,快递企业业务量累计完成 5.0 亿件,同比增长 22.4%;业务收入累计完成 76.3 亿元,同比增长 20.2%(表 7-2)。

表 7-2 2017 年天津市快递服务企业发展情况

指 标	单位	2017 年 12 月		比上年同期增长(%)		占全部比例(%)	
		累计	当月	累计	当月	累计	当月
快递业务量	万件	50199.0	4355.7	22.4	29.0	100.0	100.0
同城	万件	15748.8	1357.5	26.3	38.0	31.4	31.2
异地	万件	34116.4	2964.0	20.8	25.4	68.0	68.0

续上表

指　　标	单位	2017 年 12 月		比上年同期增长(%)		占全部比例(%)	
		累计	当月	累计	当月	累计	当月
国际及港澳台	万件	333.8	34.2	13.3	21.2	0.7	0.8
快递业务收入	亿元	76.3	6.9	20.2	25.1	100.0	100.0
同城	亿元	15.8	1.5	34.0	52.8	20.7	21.7
异地	亿元	42.4	3.7	16.9	29.6	55.6	53.6
国际及港澳台	亿元	4.4	0.4	4.2	3.2	5.8	5.8
其他	亿元	13.7	1.3	21.2	0	18.0	18.8

快递服务满意度持续提升，消费者申诉处理满意率达97.5%。邮政业在全市经济社会发展中的作用不断发挥并巩固。

二、行业管理工作及主要成效

全面从严治党向纵深推进。持续深化思想理论武装。认真落实国家邮政局党组和市委关于学习贯彻党的十九大精神的部署要求，旗帜鲜明讲政治、不断强化“四个意识”、坚定“四个自信”，将学习宣传贯彻党的十九大精神作为首要的政治任务来抓，在学懂弄通做实上下功夫。通过集中收听收看党的十九大开幕会、召开党组理论中心组学习会、举办党的十九大精神专题培训班等多种形式，原原本本、原汁原味研读党的十九大报告原文和新修订《党章》，掀起学习宣传贯彻党的十九大精神新高潮，用习近平新时代中国特色社会主义思想统领全市邮政管理各项工作。认真抓好巡视整改工作。扎实做好国家邮政局党组第一巡视组对天津市邮政管理局党组开展专项巡视工作及巡视反馈意见的整改工作，坚持未巡先改、边巡边改、立行立改，制定巡视整改方案和整改清单、问题清单、责任清单，按时间节点完成全部61项巡视整改任务，进一步建立健全制度体系，形成用制度管人管事管权。深入推进“两学一做”学习教育常态化制度化。参加全国邮政管理系统党建工作交流推进会并做典型发言。开展牢固树立“四个意识”主题宣讲和市第十一次党代会精神学习传达。制定印发全系统《关于开展“维护核心、铸就忠诚、担当作为、抓实支部”主题教育实践活动 推进“两学一做”学习教育常态化制度化的实施方案》。认真做好市第十一次党代会代表推选工作，天津局党组书记、局长陈凯同志当选党代表并出席市第十一次党代会。组织全体党员参观“信仰的力量”“钢铁长城强军梦”等专题展览，组织观看《不忘初心 继续前进》《巡视利剑》等大型政论片。聘用专职党务干部，强化机关党建工作。四是不断加强干部和人才队伍建设。加强对领导干部和选拔任用工作监督，落实领导干部个人事项报告制度。组织机关党支部书记、处级干部、新党员、发展对象和非公快递企业党组织书记等35人参加市级机关工委组织的集中轮训培训。开展年度公务员考核工作，对8名考核为优秀等次的公务员进行表彰。新接收军转干部3名。积极申报天津市交通职业学院作为第二批全国邮政行业人才培养基地。完成市快递协会等社会组织的脱钩工作。五是持续加强党风廉政建设。开展“以案释纪明纪，严守纪律规矩”主题警示教育，以全国邮政管理系统和天津市相关典型违纪案件为镜为鉴。利用重大活动、重大节日等契机做好教育提醒、监督检查工作。深入贯彻落实中央八项规定精神，看住重要节点，防止不正之风反弹回潮。认真做好工会、老干部等工作。

行业发展环境持续优化。深化“放管服”改革。全面完成天津局“三个清单”编制工作。进一步优化行政审批和网上办理流程，精简快递业务经营许可审批手续，建立承诺告知制度，快递业务经营许可办理平均时限缩短为9.2个工作日，比全国平均办结时限少4.2个工作日，办结时限居全国前列。联合市交通运输委、市航空货运办、天津机场等部门成立专项工作小组,推动国际邮件互换局功能提升,支持邮政服务跨境电商取得初步成效。进一步降低快递业物流成本。加强与市发改委及各区政府沟通协调,大力推动落实市政府出台的降低实体经济企业成本第一批、第二批政策措施,重点对符合入驻各类政府认定园区条件的快递企业,给予单家每年最高100万元租金补贴并连补3年、部分税收优惠政策及降低企业用电用水价格等政策的协调落实,使快递企业经营成本进一步降低。推动设立快递业发展专项资金。在市交通运输委的支持下,市发展改革委组织开展2017年天津市服务业转型升级专项年度工作计划编报工作,每年设立快递业发展专项资金1000万元,用于支持推广快递智能终端和标准化快递(寄递)营业场所建设。其中,三家快递企业获2017年度专项资金支持,将推进建设标准化快递网点200余个。快递专业类物流园区建设稳步推进。空港快递专业类物流园已入驻15家快递企业,分拨仓储面积达48.92万平方米,快件日处理量已达110万件,占全市快递业务处理量的37%;武清电子商务快递专业类物流园已入驻菜鸟网络、京东、唯品会、当当网等自建物流和电商企业,集聚效应明显,日均产生快件量达38万件;东疆港跨境电商快递专业类物流园已吸引苏宁易购、麦乐购等众多国内知名跨境电商企业签约入驻。协调推动各区政府落实市政府办公厅出台的《我市支持快递业加快发展十项措施》。

邮政业供给侧结构性改革逐步深化。基础设施能力建设进一步增强。中通、圆通新建分拨中心入驻天津空港航空快递专业类物流园,申通、韵达等企业新建多功能快件分拣系统,快件分拣效率和中转能力显著提升。大数据、人工智能在快递企业的应用越来越普遍。其中,申通全自动分拣"小黄人"被国内外媒体广泛报道,特别是党的十九大期间,党的十九大新闻中心组织中外记者采访团赴天津申通快递公司进行采访报道。天津顺丰电商产业园年内已动工建设。实施国家2017年农村地区邮政普遍服务基础设施建设项目,更新改造营业场所8个,新增机动车64辆。邮政企业建成仓储配送中心3个。全市累计建成便民服务站282个、智能快件箱2000组。二是推动企业改革创新。邮政企业寄递服务供给效率有效提升,聚焦包裹快递业务推进业务结构调整,聚焦农村市场打造覆盖全市的农村综合便民服务平台。三是加快培育新动能。重点寄递企业积极拓展冷链、医药递送等高附加值业务,推出大包裹、快运、云仓、供应链解决方案等新产品,加快向综合物流服务商转型。即时递送、代收代投等新业态为城市寄递服务提供了有益补充。服务制造业、现代农业、跨境电商能力不断增强,快递与制造业协同发展示范项目达21个,支撑制造业产值91.9亿元,全市农村地区收投快件量超过8200万件。四是促进行业科技创新。落实国家邮政局《关于促进邮政行业科技创新的指导意见》,鼓励、支持企业广泛应用自动化装卸、传输、分拣等设备,提升电子面单应用比例,丰富自动下单、全程跟踪、电子支付等功能。落实天津市《智能邮件快件箱》地方标准,借助老旧小区及远年住房综合提升改造契机,在河北、南开等社区安装66组、超3.16万个格口的智能邮件快件箱,使寄递智能终端成为智慧社区的组成部分。

邮政业更贴近民生7件实事取得新成效。按照《国家邮政局关于印发2017年邮政业更贴近民生实事的通知》要求,制定天津局具体贯彻实施方案,细化任务举措,强化督促检查,确保取得实效。一是扎实推进新普服标准宣贯。二是会同市农委拟定《关于全力推进天津市农村电子商务发展的实施方案》并由市政府办公厅印发,提出加强与电子商务企业、物流快递企业的对接、加快实施"快递下乡"工程、鼓励邮政快递企业建设或改造区级农村电子商务仓储配送中心、研究制定物流快递服务等农村电子商务重点领域扶持办法等政策措施。三是落实国家邮政局"一市一品"农特产品进城示范项目，推进天津市特色农产品进城，使邮政业更好服务天津市现代都市农业发展。四是开展放心消费工程。部署开展邮件、快件“不着地、不抛件”专项整治工作，各寄递企业认真落实法律法规和标准要求，加大软硬件投入，处理和营业场所离地设施铺设率达到70%以上。五是会同市教委继续深化落实《天津市高等学校快递服务进校园管理办法》，规范校园快递收投服务，基本实现全市高校快递入校服务，切实解决“路边摊”“快递围城”问题。六是积极引导寄递企业绿色发展。全市寄递企业新能源汽车保有量达1100余辆；推进包装箱厂家与寄递企业合作，提升绿色包装使用率；顺丰、申通、中通、韵达等企业投入使用可循环中转袋，行业电子面单使用率超8成，快件平均耗材使用量有所减少。七是改善员工工作环境。各主要企业通过为员工缴纳工伤意外保险、改善住宿条件、购置劳保用品、采取防暑降温防寒保暖等举措进一步改善从业人员的生产生活条件。

寄递渠道安全管理工作不断强化。在天津市领导的关心下，在市编办、市交通运输委、市财政局的大力支持下，天津市邮政业安全中心正式获批设立，为下一步推进行业安全发展和信息化监管支撑提供了组织保障。一年来，天津局全力督促寄递企业落实安全生产主体责任，不断夯实天津市寄递安全保障基础，初步形成天津市“收寄验视、实名寄递、过机安检和持卡认证、监控联网、车辆定位”的“3＋3”六项安全保障制度，确保了寄递渠道安全畅通。一是印发《关于严格落实邮件快件寄件人身份信息查验登记的通告》和《关于严格落实邮件快件过机安检制度的通告》，对寄递企业推广安易递全国通用版、品牌企业版实名收寄信息系统应用和过机安检工作提出明确要求。二是部署开展邮件快件过机安检制度专项督导检查。依据反恐怖主义法有关规定，对未按规定对寄递物品进行安全检查、未执行收寄验视制度、未对寄件人身份进行登记的12家寄递企业进行立案查处。三是探索推进过机安检联网工作，鼓励寄递企业采取“先安检、后分拣”的无差别过机安检模式，制定印发《天津市寄递企业过机安检作业流程操作指导规范》，加强对寄递企业安检工作的引导和规范。截至去年底，全市寄递企业已配置微剂量X射线安全检查设备128台，并实现部分设备运行联网。四是完成3754辆寄递企业营运车辆定位系统的安装，对全行业运力掌控和应急管理提供了保障。五是全市寄递从业人员办理身份认证近3万人，有效提升消费者对从业人员身份的鉴别能力。六是在全国率先实现寄递网点视频监控联网全覆盖，全市已接入寄递企业网点视频监控1392处。

依法行政能力稳步增强。加强邮政市场监管。举全局之力，落实“最高标准、最严部署、最强措施、最佳状态”要求，实行“战区制、主官上”，实施“战时机制”，保持“战时状态”，有效发挥天津市寄递渠道“环京护城河”作用。按照“严执法、重实效”的原则，加强行业监管工作，全年共办理行政处罚案件237件，下发责令改正通知书327份，依法关停、查封快递网点109处，圆满完成党的十九大、十三届全运会、“一带一路”高峰论坛等重大活动期间寄递渠道安保任务。全面实施“双随机、一公开”，加强市场主体退出管理，依法注销119家快递企业经营许可证。加强国家机关公文寄递管理，继续开展邮政用品用具质量检测。落实快递业信用管理暂行办法，开展“诚信快递、你我同行”和反恐怖主义法实施一周年主题宣传活动。提升行政执法综合管理能力。做好法治邮政建设和执法评议考核试点工作，依法处理行政应诉案件。继续开展行业“七五”普法工作。持续做好邮政业消费者申诉工作。邮政业消费者申诉中心共受理消费者申诉1.35万件，其中有效申诉4886件，累计为消费者挽回经济损失75.4万元。

管理治理能力有效提升。做好信息化平台提升改造工作。积极推进电商与快递信息公益性平台二期建设工作，并做好与国家邮政局“绿盾工程”的衔接准备，以切实发挥信息化监管平台作用。开展不担当不作为专项治理。在全市邮政管理系统内开展不作为不担当问题专项治理工作，明确不作为不担当专项整治工作目标、治理重点、治理措施、任务分工等，把专项治理工作具体化、精准化，保证专项治理工作扎实开展。建立健全财务管理制度。制修定预算绩效、费用支出、培训费、固定资产管理等规定。严格把控各部门各单位预算执行情况，保障预算序时进度，做好2018年预算申报工作。做好业务用房、行业统计、信息公开及新闻宣传工作。推动邮政监管派出机构驻所地区政府落实《省级以下邮政管理业务用房建设标准》，其中，第二分局、第三分局和滨海新区局办公和业务用房得到基本解决。不断完善统计报表制度，扩大统计范围，提升统计分析质量。邮政行业统计工作在全国邮政管理系统二、三季度考核排名中位居首位。全面完成公车改革。加大政府信息公开力度，按期答复20件信息公开申请。强化与中国邮政快递报社合作，刊发12期“天津专题”，较好展现了天津邮政业管理、改革和发展情况。获评2017年度优秀记者站。加强与地方主流媒体协作，及时发布邮政管理部门信息，讲好天津邮政业故事。

三、砥砺奋进的五年

党的十八大以来的五年，是天津邮政业发展不平凡的五年。全行业在国家邮政局党组和市委、市政府的正确领导下，坚持稳中求进工作总基调，坚持以供给侧结构性改革为主线，坚持以人民为中心的发展思想，认真落实国家邮政局党组部署的“五个邮政”“三向三上”“1+1到1+3”“打通上下游、拓展产业链、画大同心圆、构建生态圈”20字发展新思路等一系列发展战略和政策措施，行业治理体系逐渐完善，治理能力建设进一步加快，开启了决胜建成与高质量小康社会相适应的天津邮政业新征程。

一是行业规模不断壮大。全市邮政业业务总量年均增速达33.03%，行业基础性先导性作用开始显现。快递业务量从0.69亿件增长到5.02亿件。

二是发展质效持续优化。落实国家电子商务与物流快递协同发展试点城市建设任务，在电商与快递信息公益性平台、快递三进项目、快递分拨中心、电商仓配中心等建设方面取得明显成效。市政府批复同意《天津市快递专业类物流专项规划（2016－2020年）》，空港、武清、东疆港三大快递专业类物流园建设稳步推进。50余家快递企业、全国性电商企业和跨境电商企业进驻。航空快递取得积极进展，顺丰、圆通等快递全货机落户天津机场，邮件、快件、包裹已占全市货邮运输量的40%。大数据、云计算、智能分拣等关键共性技术加快应用。行业服务制造业、现代农业和跨境网购成效明显，新产品新服务新业态不断涌现。

三是公共服务能力水平明显提升。完成45处空白乡镇邮政营业场所补建，实现乡乡设所、村村通邮。在全国率先实现快递网络乡镇全覆盖。行业年均服务人次达6亿，累计新增就业岗位1.5万个以上；年支撑天津市网络零售交易额突破1000亿元，快件平均单价累计下降三分之一，人民群众用邮满足感和获得感不断增强。

四是治理能力持续提高。健全完善市局及派出机构两级邮政管理体制。市政府办公厅出台促进天津市快递业加快发展十项措施，涉及寄递安全、行业发展等政策陆续出台。切实履行邮政普遍服务监督和邮政市场监管职责，有效开展执法检查和消费者申诉受理工作。建立市、区两级寄递渠道安全管理领导机制，实施综合治理和属地化管理，确保了重大活动和“双11”等旺季服务期间寄递渠道安全畅通。

四、各派出机构主要管理工作概况

第一分局加强与各区房管局沟通协调，积极参加南开区、红桥区等各区旧楼改造对接会，共同完成信报箱更新补建及验收工作。在老旧小区和远年商品房信报箱更新补建工作中推广智能邮件快件箱建设。河东区、南开区等已将智能邮件快件箱的布放纳入信报箱更新补建计划并完成招标。扎实推动快递服务“进校园、进社区、进农村”，在天津市外国语大学、天津医专、天津武警后勤医院等推广智能快件箱，积极推进快递配送公共服务中心（试点）建设，严格标准、规范程序，完成68个试点项目验收工作。全面落实六项安全保障制度，确保寄递渠道安全。规范快递从业人员上门揽收、面单填写和实名登记等寄递操作，深入开展六项安全保障制度专项检查，对圆通天津市分公司、天津市诚科劳务服务有限公司、邮政公司、EMS等企业未落实收寄验视、实名收寄和过机安检制度等问题按照《中华人民共和国反恐怖主义法》进行处罚。发挥辖区寄递渠道安全管理领导小组作用。联合公安机关开展18次联合执法监督检查和培训工作。与公安机关进行信息共享，定期通报寄递渠道相关情况，根据申通、全峰、德邦等企业提供的线索，协助公安机关破获查处非法制造、买卖、邮寄弹药、制贩枪支、假药等案件。完善应急协调联动和快速反应机制，与辖区综治、公安等部门通力协作，充分发挥寄递渠道安全管理领导小组作用，着力强化应急预案和应急管理体制机制建设，重点加强对基层寄递网点运营状况监测预警，及时处置基层快递网点突发问题，严防重大群体性事件发生，有效保障了寄递渠道安全畅通。

第二分局认真推动落实寄递安全六项保障制度，把远程视频系统与巡查监管有机结合，实现了辖区信息化监管全覆盖。同时，还通过信息化手段实施监管，提高了执法的准度和效率，提高了企业生产作业的规范性和自觉性，强化了企业对安全设备使用的重视，进一步推动了法治邮政建设，有效促进了依法行政的规范化、科学化。积极推动国家邮政局“三向”“三进”工程的落地，坚持把快递末端网点建设作为推进快递下乡的重要工作来抓。通过邮政管理部门积极引导和支持，形成了快递企业乡镇分支机构、有备案的加盟代办点、品牌第三方企业末端服务平台等三种形态的末端网点。推动平安快递创建，深化安全隐患排查。依托武清区社会治安防控体系，积极推动辖区“平安快递”创建工作，年内十家寄递企业被评为“2017年度平安寄递企业”，第二分局受到天津市公安局集体嘉奖。认真推进行业安全生产隐患大排查大整治工作，针对安全隐患及时纠正整改，完善企业安全管理制度，督促企业时刻紧盯安全防范不松懈。在第二分局的积极推动下，武清区政府印发《武清区快递业发展实施方案》。《方案》从用地政策、快递服务网络建设、行业环境改善、绿色发展、产业协同发展、技术改造升级、人才队伍建设等7个方面提出促进武清区快递业发展政策措施，明确各相关部门的职责。

第三分局按照市邮政局、市商务委、市财政局联合印发的《天津市电子商务与物流快递协同发展试点项目验收办法》要求，全面完成辖区电子商务与物流快递协同发展项目试点验收工作，共计七大类31个项目，收到财政拨付补贴资金439.16万元，使快递业享受真金白银的政策红利。按照《关于申报2016年度电子商务、物流项目的通知》要求，积极组织静海区寄递企业申报项目扶持资金，指导静海区企业用足用好专项资金。天津市伟业翔通货运代理有限公司和天津市畅递中通快递服务有限公司分别获得20万元扶持资金。认真落实《天津市降低实体经济企业成本2017第一批政策措施》，与辖区政府相关部门沟通政策落实流程等内容，积极与辖区相关政府部门沟通联系，推动降低寄递企业物流成本。

滨海新区邮政管理局重点督促辖区寄递企业落实收寄验视、实名收寄和过机安检“三项制度”。对未落实实名收寄、过机安检的企业和相关人员，依据反恐怖主义法、邮政法等法律法规进行严肃查处。做好视频联网巡查工作。对辖区内168家企业进行32轮巡查，通过电话沟通企业负责人、约谈企业以及上门核查等方式对辖区内所有企业视频监控情况进行逐一记录,针对企业存在的不同情况开展工作。做好电商平台信息录入工作。累计完成700余份企业安全协议录入。推广使用安易递,组织召开安易递实名收寄系统公共版培训会议,完成滨海辖区单一品牌企业和直营分支机构的培训工作。联合滨海新区消防大队特勤中队在开发区申通快递开展夏季寄递渠道消防应急演练活动,辖区70余家快递企业参与观摩了演练,增强了寄递企业及从业人员落实安全制度的责任感、危机感和防范意识,切实提高了从业人员应急救援技能和实操能力。推动落实快递企业享受入园补贴政策,牵头起草的《滨海新区落实天津市降低快递企业经营成本政策措施的实施细则》已报新区政府待批。

五、快递市场存在的突出问题

天津市快递业发展状况与天津经济社会发展的要求还存在差距,行业总体规模不高,基层网点安全能力、服务水平还需进一步增强,企业中高端服务产品比重不高,企业安全与服务管理水平、服务能力现状与社会经济发展和人民群众日益增长的快递服务需求还不相适应,制约快递业发展的体制性和机制性障碍等问题依然存在。

河北省快递市场发展及管理情况

一、快递市场总体发展情况

2017年,河北省邮政行业业务收入(不包括邮政储蓄银行直接营业收入)累计完成184.9亿元,同比增长28.3%;业务总量累计完成269.0亿元,同比增长36.7%。其中,快递企业业务量累计完成119389.3万件,同比增长32.1%;业务收入累计完成26.5亿元,同比增长34.2%(表7-3)。

表7-3 2017年河北省快递服务企业发展情况

指标	单位	2017年12月		比上年同期增长(%)		占全部比例(%)	
		累计	当月	累计	当月	累计	当月
快递业务量	万件	119389.3	13346.8	32.1	30.0	100.0	100.0
同城	万件	20328.8	2162.5	62.2	24.5	17.0	16.2
异地	万件	98712.4	11155.7	27.3	31.3	82.7	83.6
国际及港澳台	万件	348.1	28.6	17.7	-11.4	0.3	0.2
快递业务收入	亿元	126.5	14.1	34.2	33.2	100.0	100.0
同城	亿元	18.4	2.0	73.5	29.3	14.6	14.3
异地	亿元	83.8	9.6	23.9	35.9	66.3	67.9
国际及港澳台	亿元	3.3	0.3	8.9	-7.1	2.6	2.1
其他	亿元	21.0	2.2	61.4	32.9	16.6	15.8

二、行业管理工作及主要成效

行业发展环境持续优化。2017年,河北省邮政管理局大力争取政策资金支持,多渠道、多方式、多途径向国家邮政局领导、省委省政府领导专题汇报全省邮政业发展情况,受到高度重视和大力支持，国家邮政局领导5次到河北调研指导工作，分管省领导先后在行业调研、召开调度会、听取汇报中3次给予充分肯定。河北局领导先后与10余位市委、市政府领导进行会谈，就推动邮政业发展、落地扶持政策、成立安全中心、组建县级机构等深入交换意见，建立了良好的政政关系。首次以省政府名义召开了邮政业市场发展和维护市场秩序领导小组会议。联合相关部门出台了《关于综合解决城市快递末端投递服务的实施意见》等10余项政策。全省11市积极落实省政府《关于促进快递业发展的实施意见》，全部出台了符合本地业情的推进措施。邯郸市印发《关于全市快递业快速健康发展的推进措施》，并给予每年1000万元的发展引导基金支持。唐山市出台了《关于推进快递业创新发展快速发展的若干措施》，将快递业列入了市政府1.5亿元服务业专项基金扶持的项目。积极推动产业集聚发展，联合发展改革、国土资源、交通运输和商务部门印发了《关于推进我省快递园区建设工作的指导意见》。邯郸快递产业园和石家庄瑞川快递园区顺利建成，被列为“河北快递产业试验园区”。积极筹备京津冀快递集聚发展高端会议，专门赴上海、深圳与快递企业总部进行了对接，并就顺丰石家庄综合物流产业园等8个企业18个项目达成意向，预计总投资70亿元，项目用地近2800亩。主动对接雄安规划建设，成立服务雄安新区邮政业建设与发展领导小组，召开了2次领导小组会议，制定了河北局《关于服务雄安新区邮政业建设与发展的实施方案》，明确了2017年重点工作任务，《雄安新区邮政业发展规划》纳入新区专项规划，并与交通、商务、工信、住建部门顺利对接。

行业监管能力显著提高。河北局安全监管机制不断健全，联合省综治委召开寄递渠道安全管理领导小组会议，对落实安全“三项制度”、开展专项安全整治、提升市局突发事件应急预案响应层级等重点工作进行了部署，通过了《河北省邮政业开展“平安寄递”和“放心消费”专项整治大检查工作方案》等4个方案，健全了寄递渠道安全联合监管工作机制，形成了寄递安全齐抓共管的工作局面。全省实名收寄率明显提高。着力加大实名收寄信息系统推广应用力度，召开了全省系统应用交流推进会，各市局积极响应，有效落实。邢台、沧州等局联合公安部门印制了实名收寄“民警提示牌”，并对快递企业实名寄递情况进行突击检查，确保制度得到有效落实。全省实名收寄率达到85.76%，全国排名第5位。应急管理体系提档升级。推动提升邮政业突发事件应急响应层级，保定、沧州等10个市政府印发了《邮政业突发事件应急预案》。积极推进环京5市15县(区)邮政业安全中心设立，沧州、廊坊、保定安全中心顺利获批。圆满完成了党的十九大期间、“一带一路”峰会、旺季等寄递渠道安全服务保障工作，确保了重要时期寄递渠道的安全稳定，切实发挥首都安全“护城河”作用。

积极推进民生实事。河北局服务“三农”和精准扶贫能力不断增强。积极推动邮政、快递企业与特色产业融合发展。邮乐网“河北馆”入驻商家278家，上线商品3600余种；开辟26个地方馆。全省新增6400余个邮乐购站点，建制村村覆盖率达59.8%。全省邮政企业支撑农特产品进城累计配送量7407.9吨，交易额3283.7万元，带动1.6万农民增收779.6万元，争取地方政府电子商务项目资金共计1546.5万元。实施“快递+”工程，全省共培育沧州金丝小枣、衡水深州蜜桃、秦皇岛山海关大樱桃等快递服务现代农业项目25个，实现快递业务量2800万件，形成业务收入3.15亿元，带动农业总产值超10亿元。服务国家邮政局定点扶贫项目，发挥行业特色优势，助推平泉市哈叭气村实现首批脱贫。收投服务能力和水平显著提升。深入推进“放心消费”工程。根据《关于开展邮件快件“不着地、不抛件、不摆地摊”专项治理工作实施方案》要求，坚持省市联动，开展综合治理，有效解决了群众反映强烈的野蛮装卸、抛扔、露天分拣等问题，增强了人民群众消费信心。

印发了《关于支持邮政业服务创新综合解决城市末端投递服务的实施意见》。采取布放智能快递箱、建立快递超市、依托第三方等方式，持续推动“快递入区”和“三进工程”“快递下乡”工程，提升末端服务能力，共布设智能快件箱（信包箱）3099组，格口达18.73万个，建设快递公共服务站点3753个。快递“三化”建设有效推进。制定了《河北省快递行业“营业场所标准化、分拨中心规范化、作业流程制度化”建设工作方案》，成立了“三化”建设工作领导小组，召开了“三化”建设动员部署会、交流推进会、总结表彰会，联合快递行业协会开展了验收工作。全省建设示范网点108个，标准化网点1354个，规范化分拨中心82处，作业流程制度化实现100%。快递员工权益保障得到加强。制定下发了《加强和改进快递从业人员职业保障工作方案》，对重点工作逐一进行了分解落实，明确了责任部门。通过省市采取系列措施加以推进，快递员工工作环境得到改善。衡水局协调人社部门，持续推进快递企业员工缴纳社会保险，切实保障了快递从业人员基本权益。

加强法治邮政建设。河北局深入推进依法治邮。制定了依法治邮实施意见，召开了依法治邮工作推进会，对全省法治邮政建设工作进行了全面部署。制定了依法行政“五个办法”、行政执法“十项制度”，编制了“五个清单”。举办了全省邮政管理系统依法行政培训班，开展了案卷评查和法律知识竞赛。妥善办理行政复议和行政应诉案件，依法做好信访工作。河北局依法行政工作被省政府评为“优秀”等次。各市局认真落实“三个清单一张网”“双随机一公开”等工作要求，承德局被市政府评为“双随机一公开”监管工作优秀单位。加大市场执法力度。开展了寄递安全专项整治、“平安寄递和放心消费”异地交叉大检查等活动。全年共检查4584家企业，出动执法人员1万余人次，进行约谈告诫185次，办理行政处罚案件512件，罚款225万元，其中，唐山局强力规范市场秩序，共立案处罚153起，罚款42.5万元。沧州局联合公安机关在全省首次依据反恐法作出行政处罚。承德局协助公安、国安、烟草等部门办理查处管制刀具、气枪子弹、毒品、假烟等多起案件。秦皇岛局与综治办、公安局、市场监督管理局联合印发《关于建立寄递渠道安全监管联合工作机制的通知》，在全省率先建立了多部门联合执法机制。提升行政服务效能。深入推进“放管服”改革，持续精简行政审批事项，完善事中事后监管体系，着力提升服务质效，规范优化许可申诉服务。印发了《关于加强快递业务经营许可核查和事中事后监管工作的通知》，建立了优化许可流程、严格实地核查、加强事中事后监管“三位一体”的管理模式。建立申诉与执法衔接机制、与企业和市局联动机制，将申诉职能进一步延伸到廊坊、邢台两个市局，消费者申诉满意度为98.2%。统计工作扎实推进，开展了统计检查，建立健全了季度运行经济分析会通报制度。衡水局开出了全省邮政管理系统行业统计执法第一张罚单。纳入全国邮政业统计信息系统的快递企业增加714家，达到3246家，河北局连续11年被授予河北省统计工作“先进集体”荣誉称号。

从严管党要求有效落实。全面落实“两个责任”。从增强“四个意识”、严格党的组织生活、落实党内各项监督制度等10个方面，对党建工作重点目标责任进行了明确，确保党组主体责任落实。明晰了河北局党组领导班子及其成员和纪检组承担的责任，并指导11个市局结合实际制定“两个责任清单”，推进全面从严治党向纵深发展。河北局党组书记就如何履行主体责任做了专题讲座，纪检组长就如何履行监督责任做了辅导报告。结合国家邮政局巡视兄弟省份发现的问题，开展了未巡先改。扎实开展“两学一做”。制定了“两学一做”学习教育常态化制度化实施方案和推进计划。创建了河北局标准化党员活动室，建立了河北邮政微党建群。分冀南、冀北片区召开“两学一做”学习教育及重点工作推进座谈会。组织党组中心组学习 11 次，集中、分区研讨交流 5 次。组织了党建知识测试活动。开展了“两优一先”等一系列活动，取得良好效果。制定印发学习宣贯党的十九大精神方案，开展了“宣讲党的十九大精神党组书记讲第一堂党课”和党的十九大精神专题培训班等一系列活动，在全省迅速兴起了学习宣贯热潮。持续推进作风建设。开展深化机关作风整顿行动，制定实施方案，在全省系统开展了“转观念聚合力，强本领提效能，重实干出亮点，讲规矩守底线”解放思想大讨论活动。通过开展警示教育、组织观看警示教育片、参观警示教育展览等多种形式，加大了日常党风廉政建设教育力度。抓住元旦、春节、中秋等重要时间节点，开展了督查和节日廉政提醒。对各市局集中开展了党建、纪检、人事、财务、行政效能等 8 个方面 109 项的分区互查，工作规范化水平明显提高。

强化干部队伍建设。不断加强机关规章制度建设。制定了《河北局党组工作规则（试行）》《河北局党组重大事项议事规则》《河北局工作规则》《河北局局长办公会议制度》，坚持依法行政，民主决策。制定了《河北省邮政管理系统领导班子和领导干部综合考核办法》《党组管理干部选拔任用工作纪实办法》《干部学习交流锻炼实施办法》《干部提醒函询和诫勉暂行办法》等系列制度，进一步规范了干部人事工作。制定实施了《党组研究审议决定财务工作的制度》《市级邮政管理部门财务管理工作考核办法（试行）》以及河北局机关公务用车管理办法等制度，从制度层面提升了机关管理科学化水平。不断加强干部人才队伍建设。对市局 19 名干部的选拔任用进行了审核把关，完成了 3 名干部试用期满转正和 1 名干部的提任工作。顺利完成河北局机关公务员和市局领导班子的年度考核及评选奖励工作。开展了“如何当好一名市局长（副局长）、处长（副处长）、办公室主任、行管科长、纪检干部、人事干部、财务会计、新闻宣传员”系列培训活动。在全国职业技能大赛决赛中，我省代表队获优秀团体奖。联合省教育厅印发了《关于加快发展河北邮政行业职业教育的实施意见》。在张家口建立了“全国邮政业安检培训基地”和“河北省邮政业人才培训基地”。不断加强行业精神文明建设。首次召开了全省邮政行业精神文明建设推进会，印发了三大实施方案，在全省邮政管理系统构筑了“一体两翼”行业精神文明创建大格局。组织全省快递企业开展了以“提升比重、提质增效、移位晋级、增比进位”为主题的劳动竞赛。13 家邮政企业获省直“文明单位”称号。河北局机关精神文明创建先建单位通过省直工委复核验收。开展了“最美快递员（邮递员）”系列推选展示活动。不断加强基础管理工作。修订了费用支出、会议费、差旅费、培训费、公务接待等财务制度，建立了财务分区负责人制度，并首次开展了财务分区大检查。开展了 2017 年十项重点、五项难点工作的督查督办，确保了工作落实。严格执行各项保密制度规定，保密工作被评为“优秀”等次。贯彻落实省委省政府关于调剂解决市局办公用房的文件精神，石家庄、张家口、秦皇岛、衡水局办公用房率先得到解决。加强机构编制工作，积极推进承德平泉邮政管理局和定州邮政管理局的设立工作。做好新闻宣传工作，积极传播邮政好声音，河北局连续两年被国家邮政局评为“先进记者站”荣誉称号。网站、档案、物业管理等各项工作有序开展。

三、砥砺奋进的五年

党的十八大以来的五年，是河北省邮政业发展史上很不平凡的五年，是行业发展突飞猛进、跨越提升的五年。在国家邮政局和河北省委省政府的坚强领导下，全省全行业主动适应经济发展新常态，顽强拼搏、砥砺奋进，圆满完成了党的十八大以来主要目标任务，为全面建成与小康社会相适应的河北现代邮政业奠定了坚实基础。

全省邮政行业实现跨越发展。党的十八大以来，业务总量和业务收入迅猛增长，2017 年分别为 2012 年的 4.5 倍和 3.2 倍。其中，快递业务量为

2012年的10倍,业务收入为2012年的6倍。快递业务量跃升至全国第8位。石家庄、保定、廊坊等3市快递业务量进入全国城市前50名。邮政普遍服务和快递服务满意度稳中有升,消费者申诉处理满意度达98.2%。五年新增就业岗位5.2万人,从业人员超过10万人,日均服务超940万人次,支撑网络零售额超过1500亿元,占社会消费品零售总额比重达到11%。邮政快递在服务生产生活、支撑电商发展、扩大就业渠道、助力经济社会发展等方面作用日益凸显。

行业发展环境日趋优化。《河北省邮政条例》《唐山市邮政条例》颁布实施,在全国率先制定了邮政业安全监督管理规定,以邮政法为主干,地方性法规和政府规章等构成的多层次邮政法规体系基本形成。邮政管理工作纳入地方党委政府工作体系,行业在地方经济社会发展中的作用日益突出。省、市邮政业发展和安全工作机制不断完善,齐抓共管、协调联动的良性工作格局已经形成,社会关注、政府支持成为常态。

邮政体制改革取得重大进展。省级以下邮政监管机构组建工作稳步推进,全省11个市局规范运行,全面履职。邮政企业法人体制调整到位,市、县邮政企业全部完成更名挂牌。简政放权不断深化,厘清了省市职权,积极下放行政审批事项。河北局行政服务实现一个窗口对外,快递许可流程全面优化,"绿色通道"效果明显,行政效能显著提升。

快递转型升级步伐明显加快。快递服务质量和水平显著提升,支撑电子商务、服务生产生活、扩大就业渠道的作用日益凸显。年营业收入超5亿元的品牌达到9家,超10亿元的品牌6家。企业自动化、智能化、信息化水平不断提高。EMS和顺丰公司在石家庄机场开通全货机航线。快递市场呈现国有、民营、外资多元化竞争格局。快递服务网络不断拓展,全省快递网点达6267处,实现乡镇快递网点覆盖率100%;"工业品下乡"和"农产品进城"双向流通渠道日趋畅通。

治理能力得到进一步提高。积极推动邮政业安全监管体系建设,在全国范围内率先成立了作为地方全额拨款事业单位的省邮政业安全中心。设置了邢台清河、承德平泉市邮政管理局,在县级邮政管理机构设置方面取得了新突破。全面提升应急预案层级,全省10个地市应急响应上升到市政府层面。

四、各市(地)主要管理工作概况

在保定局的推动下,保定市政府办公厅出台了《关于印发保定市促进跨境电子商务健康快速发展实施方案的通知》,明确提出,要提升快递服务支撑能力,推动落实国务院和省、市有关促进快递业发展的文件精神,支持快递企业积极"走出去",开拓国际市场,拓展国际快递网络,增强国际竞争力;要鼓励EMS、DHL等快递企业发挥国际网络优势,与跨境电子商务企业等开展深度合作,做大做强做优企业;要提升快递企业国际服务能力,为用户提供多元化、个性化、定制化的"量身打造"服务,满足国际寄递业务发展的需求;要加快完善服务支持措施,促进快递与跨境电商联动发展,实现保定由快递大市向快递强市迈进。

衡水局推动《衡水市现代服务业发展"十三五"规划》正式发布。《规划》提出,推动现有专业物流园区和特色市场改造升级,加快国家级现代商贸物流中心、衡德商贸综合物流园等园区建设,推进丝网、裘皮等特色产业物流基地建设,规划建设2~3个标准快递物流园区。稳步推进"快递下乡"工程,依托丝网、医药、裘皮、建材、蔬菜等特色产业,实现"乡乡通快递、村村有网点"。

廊坊局第一时间召开局长办公会研究部署具体落实廊坊市委书记批示要求推动"全国一级快递物流园区"规划编制工作事项。一是主动与市发改委对接,商议近期共同研究"全国一级快递物流园区"专项规划编制操作事宜,包括园区选址、政策支持、资金投入等细节内容。二是根据廊坊城市功能定位和产业布局，提出规划编制思路和框架，准备规划编制基础材料，选择专业科研单位为编制规划作支撑。三是为确保高标准高水平做好规划编制工作，拟邀请国家邮政局发展研究中心和石家庄邮电职业学院团队来廊调研，提出具体编制方案，尽快开展规划编制的相关工作。四是组织全体干部职工学习《京津冀地区快递服务业发展“十三五”规划》有关内容，深刻领会规划精神实质，注重规划与实际工作紧密衔接，强化各部门之间协调联动，多措并举推动规划落地实施。

承德局联合市商务局、供销合作社印发《关于推进邮政业服务农村电子商务协同发展的实施方案》，加强市邮政业服务农村电子商务支持力度，促进地方经济发展。《方案》明确，推进农村邮政快递基础设施建设。鼓励邮政、快递企业与农村电子商务全覆盖物流体系融合发展，建设和改造县、乡、村三级物流节点基础设施，完善农村电子商务三级配送体系，解决“最后一公里”配送问题。推动农产品规模化生产，提供“一体化”“一站式”服务。鼓励新型农业经营主体与邮政局（所）、快递网点和社区对接，开展生鲜农产品“基地＋社区直供”电子商务业务。开展“一县一品”“一市多品”示范项目的申报工作。

秦皇岛局联合市商务局、市供销合作社出台了《关于推进邮政业服务农村电子商务协同发展的实施意见》，提出，加强农村地区末端寄递网络建设，强化邮政业服务农村电商功能，加大政策保障支持力度，推进农村邮政快递基础设施建设，强化科技和信息应用支撑，打造农村电商自有品牌，开展农村电商代购批销，依法依规开发农村普惠金融特色产品。

唐山局创新“1＋2＋3＋X”模式加强邮快合作，全市邮快合作成效显著。“1”即形成了一个全市邮快合作总体框架协议。“2”即构建了两个邮快合作交流共享平台。集中打造邮快合作微信平台，构建了“社会用户”“企业员工”两大黑名单系统，可录入、可查询，实现了信用记录共享，有效保障了企业合法权益不受侵害。“3”即实现了三个方面的突破合作。邮政与苏宁、顺丰、同城快递易代路的合作。X即搭建了X个邮快联合配送服务驿站。针对解决邮件、快件进小区（特别是高档小区）难、员工紧缺、成本压力大等问题，由邮政、快递企业共建共享邮快联合配送服务驿站，实现集中配送，既提高了效率，又降低了成本。截至目前，在市区设立了3个邮快联合配送服务驿站，日均派件量5000余件。唐山市政府召开专题会议，研究落实省商务厅等12部门联合印发的《关于进一步推进唐山市构建开放型经济新体制综合试点实验的实施意见》，就争取在唐山设立国际邮件互换局进行了研究部署。副市长曹全民出席会议，他在会上肯定了市邮政管理局在推进行业发展方面所做的工作。

沧州局采取三项措施推进快递进校园工作。全市大中专院校菜鸟驿站已实现全覆盖，高校快递网点规范投递覆盖率实现100%。邯郸局组织市邮政企业与市内4家快递品牌企业签订了战略合作协议，标志着邯郸市“快邮”合作平台已初步建立。

五、快递市场存在的突出问题

一是行业服务能力、发展水平不能满足经济社会发展和人民群众不断增长变化的服务需求。 行业大而不强、快而不优、单而不综的问题仍比较突出。具体来讲，快递对单一电商平台的数据和业务过度依赖，今后的生存发展必然会受到不良影响；非传统安全因素的威胁冲击着们传统监管方式，安全监管压力越来越大；业务量发展速度虽快但增长点过于单一，新技术应用广泛但低水平不良竞争的现象依然严重；行业城乡区域供给不平衡，中高端供给严重不足，难以为群众提供更多样更个性化的产品以及更精准更可靠的服务；协同治理有待加强，诚信文明水平、行业文化等软实力依然有待丰富提升等。

二是加强干部队伍建设、实现治理能力现代化的任务依然繁重。行业的高速发展以及形势的不断变化,对邮政管理部门的要求越来越高。目前,全省县级以下依然存在着明显的监管盲区,行业中传统安全和非传统安全风险交织叠加,法规政策制度标准供给滞后,监管力量和条件资源不足,特别是干部职工队伍中存在的问题仍然比较突出,如个别干部思想观念不够解放,认识不够到位,党性修养仍需加强;个别干部大局意识较弱,执行力不强,落实河北局党组的决策部署不力;个别干部政治理论、业务知识学习不够,对政策规定的把握不够准确,存在个人能力与职责要求不相适应的现象,专业能力和理论政策水平有待提升;个别市局基础管理相对较弱,规章制度落实力度需要进一步加大,行业治理能力有待增强,履责成效不够明显;个别领导干部缺乏领着干、带头干、亲自干、务实重做、真抓实干、较真从严的精神和作风。

山西省快递市场发展及管理情况

一、快递市场总体发展情况

2017年,山西省邮政行业业务收入(不包括邮政储蓄银行直接营业收入)累计完成65.6亿元,同比增长21.0 %;业务总量累计完成72.4亿元,同比增长27.3%。其中,快递企业业务量累计完成24359.1万件,同比增长30.5%;业务收入累计完成30.0亿元,同比增长35.5%(表7-4)。

表7-4 2017年山西省快递服务企业发展情况

指　标	单位	2017年12月		比上年同期增长(%)		占全部比例(%)	
		累计	当月	累计	当月	累计	当月
快递业务量	万件	24359.1	2486.4	30.5	5.7	100.0	100.0
同城	万件	4365.4	496.0	48.5	24.5	17.9	20.0
异地	万件	19970.9	1988.1	27.2	1.9	82.0	80.0
国际及港澳台	万件	22.8	2.4	10.4	11. 6	0.1	0.1
快递业务收入	亿元	30.0	3.2	35. 5	25.0	100.0	100.0
同城	亿元	4.6	0.5	54.1	25.7	15.2	16.1
异地	亿元	16.2	1.8	25.3	23.9	54.0	54.2
国际及港澳台	亿元	0.4	0.03	-13.1	-8.1	1.2	1.0
其他	亿元	8.9	0.9	51.8	28.4	29.6	28.7

二、行业管理工作及主要成效

党的建设科学化水平明显提高。山西省邮政管理局坚决贯彻政治巡视有关要求,配合国家邮政局党组第三巡视组深入查摆问题,坚持边查边改、即知即改、立行立改,针对巡视反馈的3方面9类问题梳理出84项措施清单,实行台账推进、挂账销号、动态管理。及时召开专题民主生活会,聚焦问题深刻剖析根源,严肃开展批评与自我批评,确保件件有落实、事事有结果。全省系统“四个意识”进一步增强、政治生态进一步净化、作风建设进一步提升。党的领导更加有力。山西局党组统揽全局、把握方向,定期研究部署党建工作,坚持党建工作与业务工作同谋划、同部署、同推进、同考核。发挥党建工作领导小组作用,坚持和完善民主集中制,及时修订党组工作规则,出台“三重一大”决策事项清单，理顺党组会议流程；坚持以上率下，紧抓“关键少数”，对照“六大纪律”“四个着力”，不断强化班子思想政治建设和引领发展能力。在山西局单设机关党委，确定专人承办机关党务工作，出台机关党支部工作制度和党组织书记抓基层党建清单，明确支部书记主体责任，做到“一肩挑、两手硬”。党的建设更加扎实。把学习宣传贯彻党的十九大精神作为首要政治任务。持续推进“两学一做”学习教育常态化制度化，开展“维护核心 见诸行动”主题教育、“总书记视察山西讲话进基层”主题宣讲等活动，引导党员干部不忘初心、砥砺前行。党的十九大胜利召开后，迅速在全省系统掀起学习宣贯热潮，印发方案明确 9 项宣贯措施，发挥党组中心组每月学、机关党委每周学、机关支部专题学、党员干部自主学机制作用，组织党员干部观看系列专题片，采取书记讲党课、主题宣讲、集中研讨等多种形式开展学习，切实在学懂弄通做实上下功夫、见真章。对照《关于新形势下党内政治生活的若干准则》，严格落实“三会一课”、民主生活会、组织生活会、民主评议党员等制度，党内政治生活进一步严肃。全面从严治党更加有效。印发《党建工作要点》《纪检监察工作要点》，层层签订党风廉政建设责任书，压紧压实主体责任。聚焦重点领域、关键部位、薄弱环节开展全方位、多批次的专项检查，对各市局组建以来中央八项规定精神落实、财经纪律执行、选人用人、纪检监察等工作进行“回头看”，围绕出差审批、费用执行、补助发放等内容开展差旅费专项检查，组织开展“三基”建设自查、集中整顿软弱涣散基层党组织自查、快递协会违规发放津补贴专项清理等工作，及时发现问题抓好整改。召开全省系统“严守纪律规矩 强化作风建设”警示教育会议，对照典型案例，深刻汲取教训，筑牢思想防线。加强干部监督，对 5 名市局主要负责人进行离任审计，核查 9 名干部的个人事项报告。认真做好重点时段、重要节点廉洁提醒教育工作，接受省直纪工委五一端午期间落实中央八项规定、纠正“四风”专项检查并得到肯定。

内部管理质量效率稳步提升。山西局作风建设提升年成效显著。贯彻国家邮政局党组“三讲三比”要求，围绕全年工作重点确定 5 方面 17 个重点推动项目。各市局、各部门立足实际、自愿申报、公开竞争。省局统筹推进、各方协调，市局精准发力、集中突破，比学赶超帮氛围浓厚，先后创建出 43 个各具特色、各有侧重的精品项目。12 月份山西局组织各部门和市局负责同志赴各市开展实地巡回观摩活动，看现场、看精神风貌，比作风、比工作实效，全面检验党的十八大以来全省邮政管理工作成效和干部队伍作风实效。各市局、各部门通过成绩展示、专题汇报等方式面对面、实打实地向全省系统交底交账。观摩组随机确定成员现场点评，总结经验、发现典型、查缺补漏。同时建立微信群实时互动，分享观摩体会、畅谈管理得失。全省系统形成了人心思进、相互借鉴、共同提高的生动格局，各项重点工作得到有力推进，亮点工作频频添彩，作风建设切实转化为行业发展实效。干部队伍建设不断强化。坚持围绕事业选人用人，大力培养使用敢担当、善作为的干部，年内对在同一岗位任职满五年的 5 个市局领导班子成员进行了交流，选拔 6 名业绩突出的干部到重要岗位任职。结合市局班子空缺情况，启动副职和党组成员选配工作，不断增强基层领导班子的战斗合力。出台干部选拔任用纪实工作实施办法，完善选用档案材料管理制度，实现全流程实时记录。加强交流干部管理，出台办法明确标准、规范程序，10 名领导干部和公务员进行了双向交流和挂职锻炼，干部交流基本实现常态化。加强日常管理，编印《机关人事政策文件选编》，进一步规范请销假制度和工资审批管理办法。提升干部培训精准度，基本实现干部教育与重点工作同步规划、同步落实，全年累计培训 825 人次。持续完善考核评价体系，进一步细化“管理杯”考核标准，大幅度减少附加分，因地制宜制定差异化考核标准，客观评价工作实绩，考核的基础性、导向性、实效性不断提升。基础管理进一步夯实。以贯彻落实《管理制度汇编》为抓手,持续优化机关工作作风。完善统计报表制度,科学调整统计范围,数据分析质量进一步提高,统计工作全国名列前茅。加强全省系统网站群管理,确定专人实时监测提醒,山西局网站连续三个季度实现零扣分,稳居第一梯队,市局排名整体显著上升。加强全省系统财务管理,制修订5项财务制度,资金保障能力稳中有升。实行办公定置化管理,合理利用办公空间、物品,机关工作效率实现再提升。新闻宣传质量与时效性稳步提升,山西局微信公众平台基本保持工作日更新,市局主动邀请媒体召开新闻发布会、深入行业一线报道,切实讲好邮政业山西故事。完成省市局公车改革,执法车辆得到全部保留。认真做好档案数字化工作。先后组织开展健身登山活动,举办全省系统首届运动会,党员干部精神面貌为之一新。山西局机关连续10年被评为"省级文明单位"和"省直文明单位标兵",8个市局先后获评文明单位。山西局一人荣获全省五一劳动奖章。

行业发展政策环境持续优化。规划引领作用不断发挥。省市两级邮政业发展"十三五"规划先后发布并与地方整体规划、专项规划深度衔接。及时召开宣贯会议,成立规划宣贯实施领导小组和3个重大工程建设小组,出台责任分解方案,全面贯彻落实规划。年底组织开展规划任务措施自监测评估,重点任务、重大工程、重要项目得到顺利推进。政策落地取得实效。以贯彻落实《山西省支持快递业发展的若干措施》为主线,推进省政府成立了由分管副省长任组长的促进快递业发展工作领导小组。忻州、运城、晋城、大同等6市先后出台了配套政策。继续落实邮政专用车辆免费通行高速公路政策,享受政策车辆增加到100台,邮政普遍服务成本进一步降低。此外,省市政府还相继出台利好政策20余项,涉及快递城乡配送体系建设、快递物流园区、快递电商协同发展、邮政业精准扶贫等工作。地方政府支持力度不断加大。主动向省政府汇报邮政业改革发展情况,楼阳生省长、贺天才副省长相继肯定行业发展成效,并表示大力支持邮政业发展和邮政管理工作。省政府先后将多项制约行业发展难题纳入"13710"信息督办系统专项推进,部门合力进一步发挥。经楼阳生省长批示同意,省级邮政业安全中心组建工作取得重大进展,预计近期将通过省编委会批复成立。目前,运城、吕梁、阳泉等5个市局办公业务用房已得到妥善解决。年内3个县级邮政管理机构顺利挂牌。与地方发展战略融合更加紧密。贯彻省委省政府关于打造内陆地区对外开放新高地的决策部署,牵头推进国际邮件互换局建设工作。楼阳生省长、贺天才副省长先后调研指导,省政府召开两次秘书长协调会议专题推进,在场地、资金等方面给予政策扶持。山西局积极协调省速递物流公司、海关、检验检疫等部门做好规划、建设等工作,并按照省政府要求全力推进。

供给侧结构性改革逐步深化。基础设施建设不断加强。持续推进"快递下乡"工程,快递网点乡镇覆盖率达到95.2%,9市实现全覆盖。6市积极引导35家快递企业入驻10个快递专业类物流园区。省市两级分拨中心规范化(半自动化)建设成效明显。聚焦行业提质升级,树立标杆引导8家品牌快递企业增加投入,上线自动化(半自动化)分拣系统,广泛应用智能分拣柜、伸缩机、螺旋梯等设备,中通、韵达、顺丰省级分拨中心基本实现自动化,EMS、百世等5家企业省级分拨中心基本实现半自动化。全面完成市级分拨中心规范化验收工作。全省分拨中心硬件设施显著改善,现代化、信息化指数明显提升。行业发展新动能不断壮大。引导基层网点打破企业藩篱,跳出同质化竞争怪圈,加强企业之间的合作,并依托供销、电商、交通、第三方企业等资源,结盟发展、共拓疆土,构建城乡寄递服务新体系。4市快递企业依托供销社资源延伸服务半径;1市快递企业联合成立第三方配送公司统一配送农村快件;4市继续深化邮快合作;1市继续推进交邮合作。同城寄送、专属寄递方案、县乡区域配送、上门采摘、免费定制包装等形式新颖、灵活管用的合作模式相继涌现，寄递同心圆不断画大。邮政企业资源进一步优化。引导邮政企业做大做强寄递主业，整合晋邮惠民店、便民站、三农站等各类社会资源，累计建成“邮乐购”网点1.56万个，邮乐小店19.9万个，拓展包裹快递、农村电商、便民金融等核心产品，逐步形成以实体渠道为主、线上线下互动运营模式。充分发挥电商园区、电商平台优势，吸引“王小帮”等37家农特产品电商企业入驻园区，打造“孙吉果”“习礼情”等自主平台农产品。建成首个区域包裹快递中心，服务区域电商和微商农产品寄递。

为民惠民实事成效良好。邮政、快递服务“三农”能力不断提升。充分发挥“农产品进城、工业品下乡”双向流通主渠道作用，深化晋南以时令水果为主，晋东南晋北以小杂粮为主的外销格局，各市均完成快递服务现代农业“一市一品”建设工程，打造项目25个。全年邮乐网销售农产品交易额2416.14万元，带动电商快包业务315.76万件。建成邮农合作社107个，累计发展会员16.2万名，组织农技下乡活动104场。邮政业助力精准扶贫成效明显。快递末端投递服务水平稳步提升。全省主要快递企业城市自营网点标准化率达到85.1%，标准化网点数量达到2175个。高校快递规范服务率达到100%，80所规模以上高校均实现快递服务进校园。“快递入区”工作稳步推进，智能快件柜格口达到4.72万个，箱递率较去年提升3个百分点。建成快递末端公共服务站511个，农村快递公共取送点190个。快递车辆通行工作取得突破。协调省公安厅交通管理局印发《关于进一步加快城市配送车辆交通安全管理工作的通知》，对全省快递车辆市内通行提出具体解决方案。朔州、大同等5市先后出台具体实施办法。大同市率先实现车辆型号、车体外观、行业标识、企业编号“四个统一”。放心消费工程成效显著。全省快件处理场所和县以上末端网点离地设施铺设率达到100%，基本实现“不着地、不抛件”。定期召开全省快递服务质量提升联席会议，全省快递服务用户满意度达到98.9%。阳泉、忻州局开展了最满意快递员、最美快递员评选活动。落实快递包装绿色化、减量化要求，全省重点品牌快递企业电子面单使用率达到90%。

依法治邮能力水平再上台阶。“放管服”改革持续深化。全面完成“三个清单”编制工作。快递业务经营许可审批时限压缩到11个工作日，许可快递企业达到239家，设立分支机构3431家。不断完善退出机制，依法注销7家许可快递企业，指导市局对辖区长期未开展业务和已停止经营的分支机构办理撤销手续。快递市场监管力度进一步加强。围绕“不着地、不抛件、不摆地摊”，在全省开展整治经营秩序、整治安全隐患、提升服务质量的“两整治一提升”专项行动，坚持全覆盖、零容忍、严执法，随机抽取执法人员和执法区域，重点对历年互查未涉及县域和品牌开展交叉检查。专项行动历时62天，出动执法检查人员1385人次，监督检查企业277家，移交属地局线索80条，立案75起，行政处罚58.19万元，责令停业整顿47天，违法线索全部销号清零，首次实现了专项检查县域全覆盖、快递品牌全覆盖，全省快递市场经营秩序进一步规范，安全形势进一步稳固，快递服务质量进一步提升。大同、运城、临汾3市组建了快递协会。全年全省邮政市场共下达责令改正通知书684份，行政处罚630起，处罚金额244.8万元。

寄递安全监管水平不断提升。企业主体责任不断强化。印发《关于强化寄递企业落实主体责任的指导意见》，督导企业形成“一个安全机构、一支安全队伍、一套标准制度、一次应急演练、三本安全台账、五个记录本”的安全体系。扎实落实寄递渠道安全管理三项制度，省市两级政府财政补贴880万元全部到位，全省新增X光安检机88台，累计达到190台，基本实现省、市、较大县分拨中心全覆盖。推进X光安检机操作人员持证上岗，实现双人轮流值守。邮件快件实名收寄信息系统得到广泛应用,坚持一把手负总责、一对一帮扶、多层次督导,通过抓重点地区、重点品牌,日通报排名等措施,实名收寄率在全国名列前茅。监管责任有效落实。继续发挥寄递渠道安全管理领导小组协作机制作用,推动寄递安全属地化综合治理。出台全省行业分级属地监管办法,厘清监管职责,明确监管权限。加强源头管控,先后开展寄递渠道危险化学品、涉恐、涉枪涉爆隐患专项整治等活动。加强安全管理,出台寄递渠道可疑线索举报奖励办法,先后开展邮政行业安全生产大检查、寄递安全专项整治、"安全生产月"等活动。督促企业加强应急演练,进一步提升突发事件应急处置能力。认真开展社会治安综合治理工作,晋城局、山西局一人分别被评为全省综治工作先进集体和先进个人。认真做好重要节点寄递渠道安全保障工作。圆满完成党的十九大、"一带一路"国际合作高峰论坛、金砖国家领导人会晤等重大活动寄递渠道安全服务保障工作。坚持提前动员部署、层层签订责任书、24 小时值班值守,领导带队开展多频次、全天候检查,从严从实做好防控工作。特别是党的十九大之前,组织召开建局以来规模最大、参加人数最多的全省邮政业安全工作会议,要求以最严管理、最强措施建立起严抓严防的常态工作机制,确保全省寄递渠道安全保障工作万无一失。扎实做好旺季服务保障工作,实现"两不三保"目标。

2017 年 12 月 11 日至 12 日,国家邮政局党组书记、局长马军胜莅临山西调研指导工作。短短两天,马军胜局长密集走访了两市六家寄递企业分拨中心和营业网点,与党员干部深入座谈并作重要讲话。适逢全省系统"作风建设提升年"活动巡回观摩,马军胜局长对山西局党组推进国家邮政局党组"三讲三比"要求落地生根,将作风建设转化为实际工作成效的做法给予充分肯定,并对正在参加活动的同志们表示慰问。马军胜局长充分肯定山西局 2017 年的工作,特别指出山西围绕落实邮政业更贴近民生实事,实现快件处理场所离地设施全覆盖的做法非常好,给全系统带了个好头;平遥县"供销 + 电商 + 快递"综合产业园模式实现了"结盟发展、共拓疆土""有创意、有前途!"马军胜局长高度评价党的十八大以来山西邮政业改革发展成就,特别是近年来山西局党组团结带领全省系统党员干部埋头苦干、扎实工作,取得了全方位、历史性的成绩,全省系统干部队伍精神面貌、干事创业、依法行政、基础管理等无处不体现出正能量。他勉励大家在今后的工作中要深入学习党的十九大精神,以新思想为指引转变发展理念,提升行业发展质效,优化行业空间布局,提升行业治理水平。马军胜局长在山西邮政业改革发展的关键时期莅临山西调研指导,走一线、访基层,进企业、话发展,处处体现出对山西邮政业发展、邮政管理工作及全体党员干部的深切关怀和殷切期望,对山西邮政行业来说具有重大的里程碑意义。座谈时的讲话高屋建瓴、内涵丰富,对山西局工作的肯定极大增强了全省系统的奋进信心,为全省行业改革发展指明了方向,提供了遵循。全省系统要把肯定作为动力,把鼓励作为鞭策,切实把马军胜局长调研山西的讲话精神学好学深学透,进一步走好新征程、再创新业绩。

三、砥砺奋进的五年

党的十八大以来的五年是山西省邮政业发展最快、质效最好、政策最优的五年。全省行业在山西局党组的正确领导下,坚决贯彻党中央和国家邮政局党组各项决策部署,按照稳中求进工作总基调,贯彻新发展理念和以人民为中心的发展思想,坚持邮政业供给侧结构性改革,紧紧围绕全面建成与小康社会相适应的现代邮政业和山西资源型经济转型发展目标,不忘初心、砥砺前行,全省行业实现了跨越式发展。

行业规模再上新台阶,邮政行业业务总量实现翻番,快递业务总量增长 8 倍,突破 2 亿件,邮政业服务电子商务、现代农业、制造业等能力不断提升,基础性先导性作用不断发挥。公共服务能力水平大幅提升，完成空白乡镇邮政局所补建工作，实现乡乡设所、村村通邮，县级城市党报实现当日见报。快递网点乡镇覆盖率、标准化率大幅提升，规模以上高校实现快递规范服务全覆盖，人民群众用邮满意度不断提升。行业治理能力显著提高，邮政管理体制机制不断优化，政策体系不断完善，先后在交叉执法检查、干部队伍管理、动态分级监管、“两整治一提升”、实名制信息系统应用等方面取得实效。

四、各市（地）主要管理工作概况

太原局不断提升邮政服务“三农”能力，助力国家精准扶贫，积极推动“一市一品”项目和特色农产品进城，带动增收人数140人，带动农民增加收入21万元。加强与市应急办的沟通联系，在其指导下，修订完善了《太原市邮政业突发事件应急预案》，经市政府领导批准，纳入市部门应急预案体系；与太原市工商局等七部门联合下发《太原市工商局等八部门关于印发2017网络市场监管专项行动实施方案的通知》，开展太原市邮政业2017网络市场监管专项行动，督促企业严格落实主体责任，加强协议客户资格审查，强化邮件、快件信息溯源追查，为有关部门核查违法犯罪线索提供支持；与市烟草专卖局联合出台了《关于建立打击寄递行业涉烟违法犯罪活动联合工作机制》，有效查堵了通过寄递渠道进行涉烟的违法行为。五是与公安、国安、反恐等部门组成联合检查组，对快递企业开展执法检查，实现各部门监管同向合力，有效提升了行业监管力度和水平。

大同局与市公安局协调出台《关于加强和改进全市寄递服务运输车辆运行管理工作的通知》，按照统一车辆型号、统一车体外观、统一行业标识、统一企业编号“四统一”的原则规范快递电动三轮车管理，保障快递派送车辆市内通行。借助试点城市，督导纳入建设项目的10家企业69个网点加快完成项目建设，督导蜗牛公司完成205个城市社区快递便民驿站建设，圆通公司完成90个乡镇快递综合服务站建设，引导其他快递品牌入驻，探索末端共同配送。督导韵达快递分拨中心、百世快递分拨中心、安能大同中转场相继入驻万昌物流园区。协调督导项目承接企业完成全市52组智能快件箱布设工作。鼓励邮政企业功能叠加，创新发展，依托村邮站建设一批功能齐全、一点多能，以农产品配送为内容的农村电商综合服务站；引导邮政企业加快与快递企业、交通运输企业融合发展，打通“最后一公里”。积极开展“一市一品”农产品进城项目。通过开启“预售+寄递”合作新模式，采用预售众筹模式组织电商的方式，组织阳高京杏进城销售。截至6月30日，共接收大京杏订单11708单，涉及金额54.39万元，产生寄递收入13.12万元。与2016年相比，订单数量同比增长87.21%，金额同比增长120.29%。

朔州局联合市文明办和市交警支队出台《规范全市快递专用电动三轮车通行管理的实施意见》，全面规范快递专用电动三轮车管理，改善城市道路交通环境，破解快递电动三轮车在市区通行难题。统一标识的快递三轮车在通过交通安全知识考试，备案登记后发放通行牌号。积极开展快递服务现代农业“一市一品”建设工作，推动邮政企业与供销社合作发展农村电商，累计销售3800多箱紫皮大蒜，销售额达42万元。顺丰快递累计承运奶杏12万余斤，日均外销500多单，带动采摘3万余人次，实现收入120余万元。通过“拼多多”平台，吸引大量客户，提高应县陶瓷的知名度。指导支持应县中通主动与南河种镇各陶瓷厂联系洽谈，通过快递寄往全国的陶瓷达30118箱，合计60.5万元，极大地促进了陶瓷业的发展。积极推进“快递入区”工程，与市商务局联合发布了《朔州市加快实施智能快件箱推广的指导意见》，快递进校园取得突破，全市两所高校（朔州师范和中北大学朔州分校）都通过菜鸟驿站的形式实现了末端收投规范化。

阳泉局积极协调推进快递园区建设，制定出台了《关于快递物流企业入驻园区的指导意见》，鼓励各快递企业入驻园区，进一步规范管理、降低成本，实现全行业的规模化、集约化、标准化发展。阳泉中通已入驻平定冠亚物流园区，阳泉圆通已入驻通宝鑫能物流园区，平定韵达、平定申通已入驻平定天和物流园区。全面规范快递车辆管理，出台了《阳泉市邮政快递行业交通秩序综合大整治工作方案》，积极协调交警队对邮政快递车辆的干线车辆重新审核发放通行证，并对全行业的投递车辆进行整治，明确统一的企业标识，并进行编号备案。通过多次培训，快递企业人员安全意识和安全技能得到极大提升，2017 年 8 月至 9 月，百世快递利用培训中学到的技能，多次拦截到进口快件中的禁寄物品并移交公安部门，安全培训取得实效。持续做好“精准扶贫”工作，全局干部职工多次深入到黄树岩村开展扶贫帮扶工作，派人远赴浙江省农科院争取香薯种苗积极拓展脱贫渠道，协调市级相关部门帮助黄树岩村建设完成村活动中心项目。

长治局积极协调推进快递园区建设，已建设形成环城四大快递物流园区，分别是位于长治县境的鑫凯越综合电子商务产业园区、长子县境的轩阳现代物流园区、西外环的福星物流园区和潞城市境的永达物流园区，包括圆通、顺丰、百世、中通、天天、优速在内的多家品牌已入驻运行。“双 11”期间，四大物流园区的日最高处理量突破 22 万件，占全市总量的 88.5%。

晋城局深化快递下乡工程，加快推进县乡区域化配送。陵川的新民欣、高平的小驴快运物流与快递企业强化合作，开展县乡物流配送，解决农村寄递“最后 100 米”，打通“工业品下乡、农产品进城”寄递渠道，解决了农村电商物流“最后一公里”难题。深化快递下乡工程，加快推进县乡区域化配送。陵川的新民欣、高平的小驴快运物流与快递企业强化合作，开展县乡物流配送，解决农村寄递“最后 100 米”，打通“工业品下乡、农产品进城”寄递渠道，解决了农村电商物流“最后一公里”难题。由晋城长河尚讯公司研制的智能快件箱已在市区 88 个小区内设置 134 组，快件格口达 7627 余个，开通快递员账号快递员达 1000 余人，约占全市快递员总量的 50%，日处理快件量可达 2000 余件，有效解决了快递员的二次投递难题，提高了投递效率。

忻州局与市供销合作联社联合出台《关于加强整合农村电商快递服务发展的通知》，确定邮政、供销两大行业系统协同合作，大力发展农村电商快递。依托供销社在农村地区的基层社资源，建设农村电商快递综合服务中心(站)，完善“县—乡—村”三级寄递体系，构筑农产品进城和工业品消费品下乡双向流通渠道，电商快递综合服务在各乡镇覆盖率达到 100%；积极推动各快递企业与电子商务企业之间开展合作，丰富产品种类，拓展路由，为本地农产品外运提供畅通的寄递服务。重点推动“快递 + 玉米、土豆等农产品、+ 柿子、杏等时令水果”模式，全市全年共创造产值约 3045 万元。召集地方媒体，开展“10 · 9”邮政日新闻媒体发布会，并组织忻州市首届“最美快递员”评选活动，通过活动大力培育和践行社会主义核心价值观，激发社会正能量，倡导文明新风尚，加强行业宣传，体现行业风采。

晋中局积极协调推进快递园区建设，推进德邦、百世省级分拨中心入驻市中鼎物流园区，全市首家县级快递物流园在平遥投入使用，协调“供销 E 家”、整合平遥县快递企业入驻平遥县电子快递产业园，协调园区为快递企业累计投资近 100 万元，购置安检机、分拣皮带、箱车等设施设备，并给予部分租金减免，目前，百世、韵达、申通、中通、天天 5 家快递企业已入驻该园区。产业园占地 8000 余平方米，其中仓储分拣配送占地 3000 平方米、办公场地占地 2000 平方米，介休、昔阳等县(市)快递物流园区建设也在积极推进中。以太谷县为试点，指导企业将邮快合作、邮件下乡、企业内控创优及相关评先评优活动融入普遍服务建设。积极服务农业生产，助力精准扶贫，寿阳梨先生玉露香梨、平遥槟果、榆次牛村清清苹果、介休长寿湾小米、左权核桃、寿阳豆腐干等地方特色农产品，搭乘快递顺风车，实现从田间到舌尖的“一站直达”。预计产生快递订单5万多件，实现交易额50多万元。积极服务地方特色产业发展。针对地方特色产品特性和寄递需求，各邮政、快递企业为太谷饼、壶瓶枣，平遥牛肉、推光漆，祁县玻璃工艺，榆次海玉食品等企业量身定制专属寄递方案产生快递订单500多万件，预计带动地方特色产业外销达20亿元。全市建立农村电商“邮乐购”平台719个，批销业务交易额181万元、代购业务交易额0.33万元、农特产品进城业务交易额13.233万元。

临汾局完善末端布局快递“三进”工程，快递进校园方面，全力推动山西师范大学、山西师范大学现代文理学院、山西管理职业学院、山西信息职业技术学院4所高校，依托菜鸟驿站建设成高标准、规范化快递超市，其中，山西师范大学快递超市被打造成菜鸟驿站华北地区标杆站点、山西省大学生创业大赛一等奖、山西师范大学“双创”基地。同时，持续加快快递进社区步伐，组织辖区企业对市区部分住宅小区在快件投递、安全保障、网点设置等方面的需求进行了摸底调研，逐步实现将快件从菜摊、小卖部转至规范快递网点的社区运营模式。截至目前，已有天水小区、九州花园等8个社区成功设立了社区快递服务网点，反响良好。立足当地农优特产，加快推进“快递+”特色农产品工作，先后推出“快递+贺家庄鲜桃”“快递+曲沃樱桃”“快递+吉县苹果”“快递+隰县玉露香梨”特色项目。支持启动“玉露香梨寄递一路顺丰”深度合作项目，与隰县县委政府建立合作关系，助力打造出一个让农民受实惠、让百姓享福利的好项目。快递企业已助力外销樱桃共计19000余箱，57000余公斤；贺家庄桃220余箱1100余公斤；吉县苹果23300余箱，116600余公斤；隰县梨66400余箱，332000余公斤。5月，联合市商务局下发文件，支持快递电商发展。企业新建农村电商服务站4家。

运城局依托地方特色农产品丰富的地域优势，同时督促在快递服务制造业等方面取得突破，目前基本形成了闻喜玻璃、临猗万荣苹果、稷山板枣、垣曲核桃等项目，增强了快递服务现代农业能力，实现企业效益和社会效益双赢。依托商务部电子商务进农村示范县，以推进国家局确定的快递服务现代农业示范工程为抓手，逐步构建完善农产品快递网络，“快递+水果”成效显著。2017年1月到8月，据不完全统计，全市通过“快递+”项目销售水果约306万件，共计2400万斤，通过“快递+”项目每斤水果销售价格平均比批发价高出1到1.5元，为农民增收2400万元。全市13个县(市、区)实现特色项目全覆盖。同时，全力推进“快递下乡”工程，目前乡镇快递独立备案网点或代办点263家，实现了全市乡镇全覆盖。积极开展专项检查行动，开展寄递渠道安全风险隐患大排查大整治专项行动，向市政府专题汇报，并受到市委督导组充分肯定；开展寄递渠道危险化学品安全治理，防范危险化学品流入寄递渠道；开展行业电气火灾综合治理，有效防范火灾事故发生；开展易制爆危险化学品和寄递物流专项整治行动，坚决将各类禁寄物品堵截在寄递渠道之外。

吕梁局扎实推进“快递下乡”工程，依托“快递+”特色农产品，打通快递服务网络向下延伸与本地特色农产品向外输送的双向流通渠道。为电商团队解决用水、用电等一系列问题，推动“清风助力”电商团队在临县建厂，“农梦成真”“青风助力”两个电商团队寄往全国各地的各类特色农产品达到8000件每日。汾阳韵达因与电商合作的业务规模不断扩大在吕梁局大力督促下，该公司不断完善，在县级快递企业中率先配置X光安检机，并于2017年7月份取得快递业务经营许可证，增设3处分支机构专门对接电商。2017年1月至11月，该公司与电商合作项目业务量已超过80万件，收入达350万元以上，“双11”期间，最高日出港量达到2万多件。菜鸟驿站也先后入驻吕梁学院、吕梁职业技术学院，高校快递服务日益规范。吕梁辖区孝义、汾阳邮政管理局两个县级机构分别于3月、10月正式揭牌。

五、快递市场存在的突出问题

一是行业发展潜力巨大但规模偏小、质量不优。供给体系质量不稳、效益不高，被动依赖发展没有得到根本性转变。行业处于产业链下游，中高端供给明显不足，末端和跨境供给偏弱，标准化规范化落地不够。

二是增长态势不断显现但竞争层次偏低、后劲不足。井喷式增长和粗放式发展带来一系列问题，基础设施跟进不到位，服务同质化趋势明显，价格竞争激烈，与环境保护及城市治理的矛盾日益凸显。

三是服务覆盖面持续扩大但稳定性不够、发展不平衡。企业治理水平和发展层次有待提高，末端加盟网点基础不牢，农村地区服务不稳定。城乡区域之间、邮政快递之间、快递企业之间不平衡现象明显。

四是行业管理成效明显但制度建设滞后，精细化不足。行业管理配套制度尚不健全，监管力量、专业能力和条件资源不足，区域执法频次深度不一，协同治理有待加强，寄递渠道安全生产形势依然严峻。

内蒙古自治区快递市场发展及管理情况

一、快递市场总体发展情况

2017年，内蒙古自治区邮政行业业务收入(不包括邮政储蓄银行直接营业收入)累计完成45.2亿元，同比增长21.6%；业务总量累计完成34.3亿元，同比增长26.0%。其中，快递企业业务量累计完成11035.3万件，同比增长30.3%；业务收入累计完成24.0亿元，同比增长29.5%(表7-5)。

表7-5 2017年内蒙古自治区快递服务企业发展情况

指　标	单位	2017年12月		比上年同期增长(%)		占全部比例(%)	
		累计	当月	累计	当月	累计	当月
快递业务量	万件	11035.3	1245.0	30.3	14.4	100.0	100.0
同城	万件	2691.0	328.4	70.5	33.8	24.4	26.4
异地	万件	8330.3	915.6	21.1	8.8	75.5	73.5
国际及港澳台	万件	14.0	1.0	12.6	-15.9	0.1	0.1
快递业务收入	亿元	24.0	2.7	29.5	16.5	100.0	100.0
同城	亿元	3.3	0.4	65.4	25.3	14.0	14.7
异地	亿元	14.0	1.6	16.9	7.8	58.6	58.1
国际及港澳台	亿元	0.3	0.03	-0.1	2.5	1.3	1.0
其他	亿元	6.3	0.7	50.7	36.1	26.2	26.2

2017年，内蒙古自治区快递业务量和业务收入增幅均超过全国平均水平。年内全区新增从业人员3659人，新增投递车辆2397台、运输车辆253台、自动化分拣设备36台(套)，新开运输线路181条，新增全货机2架，开辟航空运输线路11条。

内蒙古自治区实现年内党的十九大、自治区成立70周年等8次重大活动期间，全区进出港8479万件“零事故”；实现12盟市418家企业实名收寄信息系统同期上线、同步监管，实名率全国领先；年内新增扎兰屯、二连浩特两家县域邮政监管机构，全区县域邮政监管机构已达7家；成功举办了党的十八大以来内蒙古邮政业发展历程主题宣传活动，向社会各界展示了五年来行业发展的巨大成就和良好风貌。

二、行业管理工作及主要成效

发挥党建统领作用。内蒙古自治区邮政管理局党组把加强党的领导作为推动邮政业改革发展的根本，把学习贯彻党的十九大精神作为首要政治任务，及时部署，统筹推进。行业精神面貌焕然一新，2017年度全区邮政行业共5家获“精神文明单位”称号，7家获“青年文明号”称号。其中，呼和浩特市邮政管理局、兴安盟突泉县邮政分公司荣获自治区“文明单位”称号，内蒙古局机关荣获“自治区直属机关文明单位”称号，乌海局荣获“市级文明单位”称号，商都县局荣获2017年“县级文明单位”称号。呼市邮区中心局、内蒙古顺丰公司、邮政速递乌海市分公司、乌海市邮政分公司海拉路支局、阿拉善盟顺丰公司分别获得自治区、盟市级“青年文明号”荣誉。在学懂弄通做实上下功夫，增强政治定力。紧密结合实际，印发了全区邮政管理系统《关于学习宣传贯彻党的十九大精神工作方案》《学习贯彻党的十九大精神专题培训工作的实施方案》。局党组中心组带头学，全系统通过学习会、研讨会、轮训班、专家培训、网络平台学习等多种形式，深入学习领会习近平新时代中国特色社会主义思想。区局、市局领导班子结合年度工作总结和谋划明年任务，研究贯彻落实新思想，推动全区邮政业发展的新思路新举措，促进了学习宣贯的深入开展。完善干部选拔考核培养机制，管好带头人。在2016年完成对盟市局领导班子、领导干部年度量化考核的基础上，2017年将量化考核范围扩大到内蒙古局机关处室。同时，进一步规范全区县域监管机构的党建工作、制度建设、年度考核和财务管理工作，提升基层管理水平。加大干部轮岗交流力度，选拔了3名盟市局干部到区局挂职锻炼，组织4名区局机关年轻干部轮岗，推荐2名处室业务骨干参加自治区政府办公厅干部调训，给干部更多不同岗位历练的机会，扩大选人用人视野，增强干部人才储备，防止长期在一个岗位带来的职业倦怠，防止长期主管一个业务领域的廉政风险。严格执行《区局党组管理干部选拔任用工作程序》，完成各级干部的调整和任用工作。正风肃纪，营造风清气正的干事氛围。在“两学一做”学习教育中持续开展严肃工作纪律、改变工作作风行动，召开全区邮政管理干部警示教育大会，完善廉政谈话制度、风险提示制度，建立机关干部廉政档案，编制《机关廉政风险防控手册》，强化对党员干部的日常监督。认真完成巡视整改工作，梳理了37项问题清单、27项任务清单、55项措施清单，逐条明确整改责任单位和责任人、整改措施和整改时限，整改任务完成率达99.41%。

推动重大决策部署落地实施。内蒙古局党组制定下发了《关于贯彻落实全面从严治党要求的实施意见》《关于推进“两学一做”学习教育常态化制度化的实施方案》等一系列文件，坚持把查找问题、解决问题贯穿学习教育始终。2017年8月国家邮政局巡视组反馈巡视意见后，内蒙古局认真查找自身在履职尽责、推动行业转型升级方面存在的突出问题并切实加以解决。强化为民服务。全力推动2017年邮政业更贴近民生实事的落地实施。全区快递末端投递服务水平稳步提升，社区、写字楼、校园等人员密集地区均实现智能快件箱投递，基本消灭“摆地摊”乱象。2017年全区消费者申诉处理满意率达98.7%，为消费者挽回经济损失31.6万元。积极改善投递员工作环境，区邮政分公司改建基层支局所“职工小家”216个、城市“投递员之家”71个、“网运职工之家”19个，受益职工达6876人。优化政策环境。

自治区和12个盟市“十三五”邮政业发展规划全部正式发布,邮政快递基础设施建设、网络终端建设、安全管理、快递下乡、建制村直接通邮等多项重点任务纳入了地方规划纲要。12个盟市政府均出台了促进快递业发展的实施意见,行业政策环境明显改善。内蒙古局加强与交通、商务、农牧、民政、住建、教育、团委、供销合作社等部门的沟通,联合制定出台了《关于推进交邮合作促进农村物流健康发展的实施意见》(内交发〔2017〕995号)、《关于推动邮政业服务农村电子商务发展的实施意见》(内商建字〔2017〕439号)、《关于推进快递服务进校园工作的意见》(内邮管联〔2016〕5号)、《关于推进快递服务进社区的指导意见》(内邮管联〔2017〕7号)、《关于推进快递服务现代农牧业的意见》(内邮管联〔2017〕8号)、《关于在全区快递行业开展创建青年文明号活动的通知》(内邮管联〔2017〕9号)等,为解决邮政业发展的重点、难点问题奠定了政策基础。呼和浩特、包头、乌海、赤峰、通辽、呼伦贝尔、鄂尔多斯、乌兰察布、巴彦淖尔、兴安盟等局立足实际,积极与相关部门对接制定落地政策,将邮政业纳入“电子商务进农村”综合示范资金、农村电商发展基金、“农产品进城”时效配送补贴等支持范围,年内区、市两级共争取政府各类补贴资金4782.77万元,有力地促进了行业发展。

在健全服务网络方面,全区已建成盟市级快递类专业物流园区14处,建成旗县级园区14处,建成国际快件监管中心1处,快递园区呈现向旗县延伸趋势。2017年,赤峰重点建设的蒙东快递物流园区已完成一期投资2.7亿元,全区首家由民营快递企业自主投资建设的通辽申通物流园区9月已破土动工,呼伦贝尔市满洲里、扎兰屯快递产业园双11前投入使用,通辽奈曼旗、科左中旗快递物流园区也在建设中,全区旗县快递物流园区建设实现新的突破。邮政管理部门积极整合电商和快递资源,利用全区电子商务示范旗县建设契机,鼓励支持第三方快递企业建设综合服务平台,目前全区已建设旗县综合快递集散中心29处。全区771处乡镇中,快递服务已覆盖716处,快递下乡覆盖率已达92.9%,较2016年末增长16个百分点。其中,呼和浩特、乌海、鄂尔多斯、乌兰察布四个盟市实现了100%全覆盖,包头、通辽、兴安盟、锡林郭勒盟覆盖率超过了90%,全区快递末端网点数量达到1799处。“快递下乡”极大地畅通了农畜产品外销渠道,全区形成“一地一品”“一市一品”农特产品进城示范项目76个,以医药保健、牛肉干加工和羊绒制品为重点的服务制造业示范项目50个。加强监督检查,与邮政企业建立政企工作会制度。开展专项执法整治和重大活动专项监督检查工作,全面推行“双随机”检查,全年共出动检查人员8117人次,下达责令整改通知书393份,查堵违禁品1589件,依法立案94起,行政处罚62.08万元。

进一步强化寄递安全属地化综合治理机制。全系统按照“紧抓八大环节,强化纵横联动”的工作思路,从全面实名收寄、严格收寄验视、筑牢安检防线、强化行政执法、夯实应急能力、誓师动员部署、提升社会认知、发挥监管合力这“八大环节”入手,以及纵向上依托国家邮政局总体指挥部署,横向上与相关省局、地方部门建立协作机制,多措并举,强化了安全监管实效。齐抓共管保安全。根据中央综治办〔2017〕27号文件精神,“邮件、快件寄递安全管理”作为2017年综治工作“平安建设”考核内容之一,自治区寄递渠道安全管理领导小组办公室制定了《2017年全区寄递渠道安全管理工作综合治理考核评价实施办法》,采取量化评比的方式开展考评。年内领导小组共召开2次工作会议,小组成员单位联合开展了4次督导检查。特别是党的十九大期间,两个联合督导检查组行程4500公里赴5个临京环疆重点盟市、12个旗县市区,先后对15个主要品牌的48处作业点进行实地排查,检查出的问题当场移交辖区邮政管理部门依法处理,确保问题隐患立行立改。

监管阵地前延,县域监管机构的组建和实名

信息系统的推广，使寄递安全监管端口前移，企业安全主体责任进一步压实。乌兰察布局利用市政府“平安建设”经费，开发了邮政业监管与服务信息系统，与16家快递企业处理中心、9台安检机联网，接入51处末端网点、402名从业人员，借助视频对企业过机安检情况、快件收寄量和实名情况实时动态监控。内蒙古局及时总结推广呼市局“分级跟踪、分层对接、分类核算、单网测录、散协分测、散电分测、数据剖析”等创新措施，将实名率考核点精确到企业、精确到县区、精确到网点、精确到邮件，层层传导压力，有效解决了自治区总部企业实名件量与安监系统数据不吻合、本地企业数据与企业总部传输数据不匹配、电商客户和协议客户统计标准不统一等问题。2017年盟市局继续争取地方对安检设备购置补贴，全区寄递企业新购置69台X光机，全区分拨处理中心安检机配置达193台，实现了出口邮快件100%过机安检。全年共开展应急演练19次，安全生产、应急培训14次，参加员工达3500余人。

提高依法行政能力，提升行业管理水平。一是完善重大制度建设。结合巡视反馈意见，进一步完善了保密、信访、财务、公务用车、干部任免报审报备等19项重大制度建设。修订《中共内蒙古自治区邮政管理局党组工作规则（试行）》和《内蒙古自治区邮政管理局“三重一大”事项决策实施办法》，对党组会议议题提出、召集主持、材料准备、会议记录等内容进一步规范。通过完善重大制度、严格落实党内法规，坚持依法依规处理重大问题，增强了政治定力和法治意识，保障了邮政管理工作在法制轨道上进行。二是开展法治邮政建设。组织完成《内蒙古自治区邮政条例》立法后评估工作，将《条例》修订工作列入自治区地方性法规五年规划建设项目。制定《内蒙古自治区邮政管理系统规范性文件管理办法》，按照自治区法制办的要求对规范性文件进行清理。制定《内蒙古自治区邮政管理系统法律顾问制度规定》，区局及12个盟市局均聘请了法律顾问，法律顾问在重大行政决策、重大行政处罚以及合法性审查等方面发挥了积极作用。做好行政监督、复议、诉讼工作。按照《邮政行政执法监督办法》相关规定和流程，严格监督邮政管理系统具体行政行为。2017年全区系统共收到行政复议申请2件，行政诉讼3件，已胜诉1件，原告撤诉1件，复议终止1件，其余按照相关法律程序在办理中。开展邮政行政执法培训活动，组织开展两次全区邮政管理系统行政执法案卷评议工作，组织开展“七五”普法宣传，赤峰局在“全市行政执法单位法律知识竞赛”中，获得竞赛团体优秀组织奖和个人优胜奖。三是贯彻落实“放管服”要求。制定2017－2020年加快推进全区邮政业供给侧结构性改革工作实施意见。编制完成了区局本级“三张清单”并认真执行，明确行政执法工作边界，严格执法程序，强化执法指导。加强许可系统、执法信息系统应用，严防执法不严、办事不公行为。2017年共发放快递经营许可证40个，核准许可变更52个，快递业务经营许可审批“零超时”。扎实做好行业统计，定期报送数据的机构达1525家，较年初新增140家，内蒙古局获全区服务业优秀统计工作直报单位称号。行业信用氛围持续提升，与社会信用管理、工商等部门建立数据共享机制，纳入信用管理信息系统企业2084家。四是综合管理基础进一步夯实。举办了全区办公室主任培训班，提升系统公文写作、新闻宣传、政务公开、党务工作、财务管理、网络管理等能力和水平。严格规范财务预算、决算管理，完成区局本级和盟市局公务用车改革。开通了全区会商视频系统。协调自治区党委政府办公厅联合下发相关文件，为解决盟市局办公业务用房提供了政策支撑。动员全行业合力推进精准扶贫工作，为乌兰察布市化德县达拉盖村81户贫困户募集养殖资金13万元。成功举办了2017年中国技能大赛——内蒙古快递员职业技能竞赛，为行业1109人提供了鉴定服务，676人取得了国家职业资格证书。乌兰察布职业学院物流管理专业（快递方向）入选全国职业院校邮政和快递类示范专业点名单。启动第三届"寻找最美快递员"活动,举办"诚信快递、你我同行"演讲比赛,包头局一同志荣获全国二等奖。

三、砥砺奋进的五年

党的十八大以来的五年,是内蒙古自治区邮政业发展进程中跨越提升、极不平凡的五年,也是各盟市邮政管理局从搭台组建到成熟发展的五年。五年来,行业规模不断扩大,公共服务能力水平大幅提升。2012－2017年,全区业务总量年均增幅超过16.9%;快递业务量年均增幅超过33.8%,直接服务用户超过1200万人,支撑自治区互联网零售交易额达到360亿元。邮政和快递基础设施持续完善,6000多个服务网点和8500多个邮政便民服务站遍及城乡,覆盖盟市、旗县、乡镇、嘎查村的四级快递物流网络体系正在形成,邮政快递服务已经成为群众日常生活不可或缺的一部分。邮政行业对促进自治区供给侧结构性改革,降低流通成本、补齐物流短板、扩大就业渠道、助推精准脱贫的作用日益凸显。五年来,行业监管体系日益完善,治理能力不断增强。全行业围绕"诚信、服务、规范、共享"核心价值理念,立足优秀的邮政传统文化,弘扬以爱岗敬业为核心的工匠精神和以改革创新为核心的时代精神,以行业核心价值理念凝聚行业发展的向心力和驱动力。自治区、盟市、旗县三级邮政监管体系不断完善,促进行业发展、产业协同、寄递安全、人才培养等多方面政策体系不断完善。行业普遍服务监督和邮政市场监管职责有效履行,消费者权益保障、寄递安全管理机制不断完善。

四、各市(地)主要管理工作概况

呼和浩特局因地制宜探索快递末端服务新思路,多种模式助推末端服务显成效上水平。一是实现了由点带面的推广发展。在校园,将成功校园试点经验在全市高校范围内进行推广,实现了全市高校标准化快递公共服务的全覆盖;在社区,借助城发公司供热站改造快递公共服务站和布放智能快件箱拓展社区快递服务,通过近邻宝与百利佳、田小米等连锁超市建立合作关系形成店面＋智能快件箱的综合商超快递服务平台,逐步推动"入区工程"向深拓展。在医院,借鉴"校园模式"在内蒙古自治区人民医院成功复制了全市第一个入驻医院的快递公共服务站。二是实现了原有基础上的升级改造。在高校,近邻宝公司在内蒙古财经大学实现了校园快递公共服务的升级,在满足公共服务的基础上拓展延伸了顺丰、京东的专厅服务,并且整合了校园的邮政收发室收发功能,校园快递公共服务站做到了"全而专"。在社区,近邻宝公司进一步确定了叠加多功能服务的"社区模式"。为了能够使社区快递公共服务站发挥更好的便民服务作用、增加服务站的收入来源,在八一小区快递公共服务站先后尝试了叠加邮政缴费一站通业务和新鲜蔬菜直供业务,不断丰富公共服务站的业务种类。三是实现了快递末端公共服务的合规经营。为进一步推动智能末端服务的规范化发展,呼和浩特局坚持依法合规管理,为智能快递箱企业办理许可,多次组织丰巢、近邻宝、速派易、日日顺等公司召开专门座谈会,引导鼓励企业加大智能快件箱投放力度,探索快递公共服务站的运营生存之道。截至2017年底,全市共投放智能快件箱703组,格口总数达68247个。其中,"校园模式"通过以点带面的推广,已在全市24个高校实现了全覆盖,布放智能快件箱17组,格口数达5053个;"商超模式"通过第三方企业与百利佳、田小米等连锁超市合作,布放智能快件箱33组,格口数达3603个;"社区模式"推动了649个社区快递末端服务升级,布放智能快件箱653组,格口数达59591个,依托城发供热站建设快递公共服务站44处。智能化的快递末端服务在全市快递业务中发挥的作用日益凸显,仅2017年"双11"期间(11月11日至11月17日),全市智能快件箱投递总量达到741657件,占到了全市快递投递总量的13.27%。

包头局落实企业主体责任,提升安全生产水平。头市寄递企业在强化安全生产责任落实和应急管理工作颇有成效。所有品牌企业均落实"五到位",即"设立一个安全机构、成立一支安全队伍、建立一套标准制度、整理一本安全台账、举行一次应急演练"。

巴彦淖尔局抓住农畜产品流通变革,积极与当地政府沟通联系,调动社会各界力量积极探索电商与快递互联融合发展,主导建立了巴彦淖尔市快递园区,以快递集聚的形式吸引电商入驻,引起了市区两级政府的关注,随后带动了快递园区的升级,初步探索了一条可复制、可推广的"巴彦淖尔"农商互联发展模式,实现了涉农主体、电商企业和快递企业合作共赢,目前服务在巴彦淖尔市电商园区的9家快递公司让特色农产品搭上互联网"快车"行销天下,该市快递收寄量和派送量比例也由2012年的1:10缩至2017年的1:5。积极沟通五原县政府,在五原县117个行政村全部建立了村级电商服务站,投资126万元,极大地方便了老百姓的生产生活。电商服务中心联合相关部门,对服务站站长进行了业务培训,全面提升农村电商站点规范化运营水平。政府整合县内传统商超配送企业的配送业务、车辆和县内13家快递公司的县村快递投送业务,统一由"乡村货的"配送,目前该业务由五原邮政公司承担,3辆"乡村货的"按东线和西线两条线路,每天运送下乡快递300多单,平均每个村级电商站点两天运送一次,每件快递由县到村配送费用3元,其中,"乡村货的"收2元、村级站点收1元。同时将村级电商站点快递拉到电商园区发货,每件快递费8元,村级站点留3元,给园区交5元(快递公司收4元、网仓服务费1元)。通过乡村货的模式,五原县已经打通并建立了市区、县城、苏木乡镇、嘎查村四级物流配送体系,基本形成了"快递到乡镇、配送到村庄、服务到村口"的配送网络。

兴安盟局积极推动"快递行业信用体系建设"工作全面开展。将信用体系建设工作纳入该局重点工作内容。成立由局领导任组长,各科室相关人员为成员的兴安盟快递业信用体系建设工作领导小组,指定领导小组办公室全面负责盟内快递业信用体系建设工作。同时,结合2015年、2016年对辖区内各企业进行考核通报,在以开展快递业信用体系建设工作经验基础上,结合本地区实际,细化工作方案与实施细则,修改、完善已有信用评定指标,使之更加符合当前兴安盟快递行业发展情况。争取地方政府政策支持。积极与兴安盟行署办沟通协商,交涉工作进展情况。及时转发相关政策文件,要求各企业组织开展相关工作的学习与教育培训,结合兴安盟现已开展的邮政行业信用体系建设的相关工作要求,加快完成行业的诚信建设工作,积极营造良好的社会信用氛围。

锡林郭勒盟局高度重视农村牧区快递行业发展,积极推进实施"快递下乡"工程。推动基层快递服务网络发展,制定"快递下乡"工作方案,明确工作任务、时间表、责任企业和责任人,鼓励支持顺丰、中通、申通、圆通、韵达等有条件和实力的快递企业进一步延伸苏木乡镇网络,提升快递服务网点覆盖半径和服务能力。借助农村牧区综合服务站等公共服务平台,积极推动快递企业与苏木乡镇、供销社合作,利用现有供销社、超市、便利店等农村牧区商务服务站点,设立快件末端投递网点,并协调苏木乡镇建立"快递之家",不断提升快递服务能力,有效降低苏木乡镇地区投递成本,为农村牧区居民带来便利。全力推进"全国快递服务现代农业示范基地"建设,加速快递电商深度融合,苏尼特右旗、东乌珠穆沁旗、太仆寺旗、正蓝旗获批电子商务进农村国家级示范县,初步实现了以"互联网+快递+农牧特色产品"为重点的电子商务、快递企业协同发展一体化格局。同时,积极与旗县(市)区政府对接,争取政策和资金支持,鼓励引导快递企业组团下乡,筹划组建快递物流集散中心,设立以配送为主、资源共享、利益均沾、共同发展的快递综合服务站,极大程度帮助快递企业拓展业务辐射范围,最大化实现便民利民。推进"快递+乡邮"发展模式,充分利用邮政企业在苏木乡镇运输网络优势,由邮政企业承接旗县至苏木乡镇邮件、快件运输工作,实行48小时循环配送,保证收寄包裹配送时限,形成了覆盖旗县、苏木乡镇、嘎查村三级物流服务体系,旗县、苏木乡镇、嘎查村的"最后一公里"更加畅通。同时,为更好地推广"快递+乡邮"发展模式,成功打造了东乌旗邮快合作示范点,推广模式经验和做法,取得了一定成效。积极探索快递企业与锡林郭勒盟较大、覆盖运输线路较多的安顺运输公司合作,加强双方业务服务资源和运营网络资源的融合与对接,引导快递企业利用苏木乡镇客运(货运)班车捎转带邮件、快件,用以解决快递下乡运营成本高、且以派送为主,发件量少,有时候投递车辆可能空返,摊薄快递企业利润空间的关键性问题。通过大力推进邮政、快递与交通运输企业资源整合,形成"服务同网、货源集中、信息互通"农村牧区快递物流发展新格局,降低快递企业的下乡运营成本。

五、快递市场存在的突出问题

自治区邮政业由于起点低、规模小、基础薄、自身建设投入能力不足,行业虽然连续多年保持两位数增长态势,但行业发展指标大部分解决的都是"有没有"的问题,仍然走在"从小到大"的发展壮大之路上,距离"从大到强"、从"有没有"到"好不好"的发展转变,还有一段艰巨的路程。

一是企业服务质量不稳、效益不高、同质化竞争打价格战的现象仍然严重。如何避免总部企业在直营化进程中"撇奶油",只要利益不担责任,如何保证末端网点的安全、质量和稳定,是摆在我们面前的紧迫课题。

二是快递企业与资本、交通、科技和人才等资源要素耦合不紧,与制造业、电商等协调发展的关系还不够畅通。快递企业提供单一配送服务多,综合服务少,难以满足签约客户集批销、包装、仓储、寄递、营销推广为一体的综合物流服务需求,被动发展局面尚未得到根本转变。

三是实现行业治理体系和治理能力现代化的任务还很繁重。邮政业产业波及效应日益显现,新业态新模式不断涌现,传统安全和非传统安全风险交织叠加,法规政策标准等制度供给相对滞后,监管力量、专业能力和资源条件不足,协同治理水平、诚信文明水平、行业文化等软实力有待提升。进一步提升邮政业发展平衡性和充分性的任务还很艰巨。

辽宁省快递市场发展及管理情况

一、快递市场总体发展情况

2017年,辽宁省邮政行业业务收入(不包括邮政储蓄银行直接营业收入)累计完成115.9亿元,同比增长19.2%;业务总量累计完成127.2亿元,同比增长25.4%。其中,快递企业业务量累计完成51434.5万件,同比增长29.2%;业务收入累计完成68.1亿元,同比增长22.2%(表7-6)。

表7-6 2017年辽宁省快递服务企业发展情况

指　标	单位	2017年12月		比上年同期增长(%)		占全部比例(%)	
		累计	当月	累计	当月	累计	当月
快递业务量	万件	51434.5	5859.6	29.2	37.5	100.0	100.0
同城	万件	15631.1	1722.4	34.5	37.6	30.4	29.4

续上表

指　　标	单位	2017 年 12 月		比上年同期增长(%)		占全部比例(%)	
		累计	当月	累计	当月	累计	当月
异地	万件	35455.5	4093.15	27.0	37.4	69.0	69.9
国际及港澳台	万件	347.9	44.0	18.4	45.4	1.0	1.0
快递业务收入	亿元	68.1	7.2	22.2	22.43	100.0	100.0
同城	亿元	13.7	—	27.3	—	20.2	—
异地	亿元	34.9	—	14.2	—	51.2	—
国际及港澳台	亿元	5.0	—	1.4	—	7.4	—
其他	亿元	14.4	—	53.6	—	21.2	—

二、行业管理工作及主要成效

实现了政策引领行业科学发展。一是完善了国务院 61 号文件配套政策体系。推进贯彻落实《辽宁省人民政府关于促进快递业健康发展的实施意见》工作。全省 14 个市全部制定了配套落实政策并出台配套实施文件,推动形成了贯彻落实国务院 61 号文件的政策体系。二是制定印发了《辽宁省邮政管理局加快推进邮政业供给侧结构性改革工作实施方案》。成立了加快推进邮政业供给侧结构性改革工作领导小组,明确全省邮政管理系统深入推进行业供给侧结构性改革的目标和任务,加强了行业供给侧结构性改革进展工作督导和情况分析。三是优化了营商环境。制定印发《辽宁省邮政管理局优化营商环境建设实施方案》,成立省邮政业优化营商环境建设工作领导小组,明确全省六项重点任务,构建了“亲”“清”新型政商关系,保护了邮政快递市场主体的合法权益。四是全面构建了省内二级邮政业规划体系。全省“1 + 14”部邮政业规划全部完成并发布,建立了层次清晰、统筹协调、功能衔接、符合业情的行业规划体系。各级发展规划编制工作达到了全省统筹、区域联动、体现特色的预期效果,突出了空间布局和重大工程。五是深化行业改革工作见成效。完成了省级邮政管理机构权力清单、责任清单和市场负面清单的编制工作,组织推进了“放管服”改革,创新和加强了事中事后监管,严格依法履职,促进了行业监管的公平正义。六是推动“中国快递示范城市”建设。依托资金补贴政策,引领行业转型升级。大连市印发《大连市建设“中国快递示范城市”实施方案》,成为全国 8 个示范城市中首个出台全面建设方案的城市,争取中央、地方财政配套资金 4699.47 万元。

推进了重点项目落地实施。一是积极推动了行业间企业间合作。在辽宁局的协调下,省交通厅对省内高速通行的 50 台邮政运输车辆实行 50% 的费 用减免,全省 1513 个邮政网点开办了票务代理业务;大连“国际航空快递产业园”“电商快递协同发展产业园”“中国邮政集团大连电子商务示范园”核心项目均已正式启动,“大连沿渤海快递产业带”布局基本形成;鞍山、铁岭等市局分别与当地交通部门、邮政企业联合出台了有关道路运输业与邮政业深度合作发展相关意见,对邮政业与运输企业的进一步合作提供了便利的政策条件;大连市局与辽宁对外经贸学院、快递行业协会三方签订战略合作协议,共建邮政行业人才实习就业平台和培训基地。本溪市邮政公司与本溪市国通快递等 5 家快递企业以揽投邮件的形式投递农村快件,实现了农村邮路的资源共享;铁岭开原市邮政分公司与铁岭开原优速快递开展合作,邮政企业提供的 50 平方米标准分拣场地解决了快递企业分拣场地狭小以及分拣操作不规范的问题。二是“一市一品”农特产品进城示范项目带动了农村脱贫致富。积极落实《国家邮政局关于推动邮政业服务农村电商发展的指导意见》,以服务农村电商发展为重点,引导企业加大了农村服务网点建设，助力特色农产品通过邮政、快递网络实现了“农产品进城”，促进了精准扶贫。2017 年，邮政企业自营农特产品进城配送量突破 1 万吨，交易额达 1.07 亿元，带动电商快包业务量 211 万件，业务收入 1400 万元；邮政企业新建村邮乐购站点 2326 处，全省村邮乐购站点总数达到 14155 处。带动农村脱贫致富人数 21719 人，增加农民收入 1124.3 万元。三是推进末端配送取得新进展。指导市局结合地区实际，协调解决快递配送车辆通行问题。沈阳市局联合公安交管部门新增 100 个快递配送车辆通行证，全市快递服务使用的电动三轮车享受通行便利政策，保障了高峰时段快递配送车辆通行。鞍山、阜新、铁岭联合政府相关部门解决快递电动三轮车通行问题；推广邮政智能信包箱应用。大连市局积极推动大连市委、市政府将智能信包箱建设列入了大连市 2017 年重点民生工程，在行政机关、企事业单位、商业写字楼、住宅小区等建设智能信包箱 500 组，实现了传统信报箱与智能信包箱的结合，提高了末端投递设施使用效率，有效解决了“最后一公里”投递难题。2017 年，全省智能快递箱格口总数已达 17 万个。四是推动了贴近民生实事落实。按照国家邮政局工作部署，制定下发了《做好邮政行业更贴近民生实事工作方案》《开展全省邮件快件“不着地、不抛件、不摆地摊”治理工作的指导意见》《辽宁省邮政管理局推进快递业绿色包装工作实施方案》，扎实推进国家邮政局关于更贴近民生七件实事的部署，促进快递业健康可持续发展。全省建设快递末端公共服务站点 614 个，规范收投率 100%，城区自营网点标准化率 93.4%，离地设施铺设率 93.6%。全年共受理邮政业消费者申诉 53160 件，同比增长 74.1%；为消费者挽回经济损失 230 余万元，同比增长 40.3%；消费者满意率达到 99.8%，高于全国平均满意率 1.6 个百分点。

全面加强了寄递渠道安全监管。一是明确了全年寄递渠道安全监管工作重点。年初制定了《辽宁省邮政管理局邮政行业安全监管工作实施方案》，明确了邮政行业安全监管工作目标和措施，压实了安全生产责任，为确保全省寄递渠道安全监管打下了坚实基础。全省共配置安检机 299 台，具备了“应检必检”能力。二是完善了寄递渠道安全联合工作机制。加强与综治、公安、国安等相关部门的协调配合，进一步发挥了寄递渠道安全管理领导小组的协作机制作用。沈阳、朝阳局获评综治先进集体；联合公安、国安等部门印发《关于加快全省邮件快件实名收寄信息系统推广应用工作实施方案》，通过在沈阳、大连、丹东开展实名收寄信息系统试点工作，加快实名收寄制度全面施行，全省实名收寄信息化率接近全国平均水平；联合省公安厅等相关部门开展了寄递渠道反恐、禁毒、打击侵权假冒等系列工作，形成了全省寄递渠道安全监管齐抓共管的格局。三是开展寄递渠道安全生产和清理整顿专项行动。开展了邮政行业安全生产大检查、安全生产活动月、安全生产辽沈行、易制爆危险化学品和寄递物流专项整治活动，深入排查治理事故隐患，整顿和规范生产经营秩序，有效杜绝了安全生产事故发生。四是加强了重点时段安全监管工作。重大活动期间全省实行 24 小时值班和领导带班制度，实行每日“零报告”。同时开展动态隐患排查治理，积极做好维稳工作，强化应急管理，确保突发事件能够得到有效处置。保障了党的十九大、“一带一路”国际高峰论坛、金砖会晤、夏季达沃斯会议等重点时段寄递渠道安全。五是进一步推进“绿盾”工程建设。按照国家邮政局的安排部署，全省 14 个市局全部纳入第二批国家邮政局视频监控系统建设项目，积极指导市局推进市级快件处理中心、营业网点视频监控系统建设，提高联网接入率。全省分拨中心视频监控联网率 88.9%。

深化了依法治邮理念。一是加强了法治诚信宣传教育工作。制定下发了辽宁局“七五”普法实施意见，切实把法治宣传教育融入行业法治实践和自身建设工作中；通过开展“诚信快递、你我同行”“3·15”主题宣传活动，进一步面向社会宣贯法规标准，营造了行业诚实守信的良好氛围。积极参加全国诚信快递主题演讲比赛，我省获评组织奖。二是加大了行业监督检查力度。加大执法检查力度，严厉查处违法经营行为。全省共开展邮政市场监督检查2921次，检查单位2921家次，出动检查人员6656人次，查处违法违规行为322次，下达整改通知书265份，下达行政处罚决定书293份。三是实现了快递许可常态化管理。开展快递分支机构清理工作，进一步完善许可闭环管理，对符合许可注销条件的许可依法予以公示注销。依法开展许可审批工作，全年受理许可申请278件，发放许可证178件；受理变更申请1263件，核准变更申请952件。全部在规定时限内办结。七是加强行政执法监督检查。严格规范性文件的审核、报备和定期清理。落实了执法责任制，强化了执法监督，保证了执法程序、依据和处罚的合法性，推进了全省邮政管理系统依法行政。

贯彻落实了全面从严治党各项任务。一是认真落实党的十九大学习宣传贯彻工作。制定下发《中共辽宁省邮政管理局党组关于印发学习宣传贯彻党的十九大精神工作方案的通知》，明确了学习计划和方案。通过中心组学习、集中培训、辅导讲座、主题活动等多种方式，形成了推动行业发展的强大合力。二是健全严肃党内政治生活各项制度。坚持党要管党、从严治党方针，严明党的政治纪律和政治规矩，落实全面从严治党要求，全面推动落实党风廉政建设主体责任和监督责任。制定印发了《2017年辽宁省邮政管理系统党风廉政建设工作要点》，召开了党风廉政建设工作会议，提出了29项重点工作任务，全面履行加强和规范党内政治生活的领导责任。三是推进"两学一做"学习教育常态化制度化。制定并实施了《2017年全省邮政管理系统开展"两学一做"学习教育安排方案》，切实加强组织领导，明确责任，强化引导，深化督导，推进了"两学一做"学习教育常态化制度化。辽宁局党组中心组和党支部专题学习研讨、党课、组织生活会、民主生活会按要求逐一落实。四是严格落实主体责任和"一岗双责"。认真落实《中共辽宁省邮政管理局党组关于贯彻落实全面从严治党要求的实施意见》，加强对全省邮政管理系统党建工作的指导。组织召开全省邮政管理系统党建工作推进会，对十八大以来党建工作进行总结，对下阶段党建工作做出部署，形成了责任明确、齐抓共管的党建工作格局。五是开展"以案释纪明纪，严守纪律规矩"主题警示教育月活动。组织开展了《中国共产党纪律处分条例》《关于新形势下党内政治生活的若干准则》等党规党纪专题学习，省、市局主要领导亲自讲主题党课、警示教育课，进一步提高了党员干部拒腐防变和抵御风险能力。六是做好巡视整改工作。按照国家邮政局党组第三巡视组反馈意见，结合自查，共梳理4大类、71个具体问题。成立党组专项巡视整改工作领导小组，加强组织领导，坚持问题导向，先后召开4次局党组会议、3次局务会议、7次领导小组会议，研究整改问题，制定174项具体整改措施，深入地市局指导、督查，扎实推进了整改落实，按时保质保量地完成了整改目标。

加强了全省干部队伍建设。一是进一步加强干部队伍建设。制定下发《辽宁省邮政管理局关于印发加强和改进选人用人工作方案的通知》《关于加强和改进培养选拔优秀年轻干部工作的实施意见》，加强和改进领导班子和干部队伍建设，规范了选人用人工作；组织干部培训。先后举办两期全省副处级以上干部培训班，强化党员领导干部思想政治建设，坚决维护以习近平同志为核心的党中央权威。二是强化干部监督，形成执纪常态化。认真落实中组部关于《领导干部报告个人有关事项规定》和《领导干部个人有关事项报告查核结果处理办法》，组织开展了领导干部个人有关事项报告工作。进一步加强领导干部因私出国（境）管理监督工作，规范全省干部和干部配偶、子女及其配偶经商办企业行为。做好干部选拔任用"一报告两评议"工作。三是推进了县级机构建设。全省共设立17个县级邮政管理机构，其中16

个机构已组建挂牌,1 个机构已批复待组建。为保证县级机构顺利运行,制定下发了《辽宁省县级邮政管理机构标准化建设工作实施意见》,指导县级机构对照标准规范管理,树立示范推广标兵单位,进一步提升了全省县级机构工作效能。

提高了基础管理工作水平。一是预算编制质量明显提升,资金保障能力稳中有升。加大预算统筹力度,全力保障全局性重点工作,切实加快预算执行率;开展项目提前储备、预算绩效评价,及时向社会公开部门年度预决算情况;严格按照《辽宁省市级邮政管理部门财务管理工作考核办法(试行)》要求,认真开展考核,全面贯彻落实国家邮政局会计标准化工作;采取自查与重点检查相结合的方法,对重点市局进行了实地检查。二是弘扬行业发展主旋律,实现立体化宣传。年初印发《辽宁省邮政管理局 2017 年新闻宣传工作方案》,明确了全年行业新闻宣传工作的指导思想。根据国家邮政局部署,组织省市局开展了"两学一做"专题教育、"寻找最美快递员"、"诚信快递、你我同行"、"炎炎夏日暑你最美"等系列重点宣传报道。把省市局门户网站作为向社会宣传行业的重要阵地,认真受理群众网上诉求,保证了百姓的知情权。此外,大连、抚顺、营口、铁岭市局积极与当地政府部门沟通协调,解决了办公用房问题。全省邮政管理系统公务用车改革顺利推进,保密、信访、统计、提案等工作任务圆满完成。

三、砥砺奋进的五年

党的十八大以来的五年,是辽宁省邮政业发展极不平凡的五年。全省邮政管理系统在国家邮政局党组的坚强领导下,在地方党委、政府的大力支持下,按照"五位一体"总体布局和"四个全面"战略布局,坚持稳中求进工作总基调,坚持以新发展理念引领新常态,坚持以供给侧结构性改革为主线,紧紧围绕全面建成与小康社会相适应的现代邮政业目标,引领全省邮政行业实现了历史性的跨越。

行业规模再上新台阶。全省邮政业业务量由 2012 年的 42.9 亿元,跃升为 2017 年的 127.24 亿元;业务收入由 46.1 亿元跃升为 115.9 亿元;快递业务量由 7757.4 万件跃升为 5.14 亿件。邮政业业务量年均增速达到 24%,业务收入年均增速达到 20%,快递业务量年均增速达到 46%。全省普遍服务网点达 1699 处,村邮乐购站点达 14155 处;全省快递企业法人及其分支机构达 4157 个,各类快递物流园区 12 个,快递下乡实现全覆盖,旺季服务保障能力明显加强。

行业政策环境明显改善。法治体系得到完善。省级立法走在全国前列,《沈阳市邮政管理条例》《大连市邮政条例》正式颁布实施,对促进地方邮政业又好又快发展具有重要意义。政策环境得到优化,先后出台《关于推进全省电子商务快递服务健康发展的意见》《关于印发辽宁省物流业发展提速计划的通知》《关于组织开展全省现代物流示范园区和示范企业创建工作的通知》《辽宁省人民政府关于促进快递业健康发展的实施意见》《辽宁省邮政业发展"十三五"规划》等政策文件,营造了有利于行业发展的良好政策氛围。

行业服务能力稳步提高。普惠邮政建设取得重大进展。联合省发改委推进西部和农村地区邮政基础设施建设,落实项目进程。整修邮政普遍服务网点 108 处,翻建网点 6 处,改造县级邮政企业办公场所 4 处,改造邮政机要通信网点 62 处。购置邮政普遍服务车辆 95 辆,购置邮政机要通信车辆 62 辆;落实乡镇邮政局所补建工作,全省 141 个空白乡镇邮政局所补建网点全部开业运营;建设村邮站 11125 处,其中,大连市局得到地方政府大力支持和资金扶持,建设新型村邮站 205 处,叠加快递、电商、金融、保险等功能,农村邮政设施建设水平和服务能力得到提升。

行业监管体系不断完善。政府监管得到保障。建立省、市、县三级邮政监管体系,为推动行业发展提供了组织保障;坚持全面从严治党。扎实开展党的群众路线教育实践活动,落实"三严三实”“两学一做”各项工作要求，坚决贯彻中央“八项规定”，营造了风清气正的发展环境；行业自律得到强化。全省 14 个市级快递协会全部成立，成为联系政府与企业的重要桥梁和纽带；社会监督不断延伸。调整充实邮政特邀监督员队伍，邮政社会监督工作重心下延到县乡一级和城市边远地区，针对社会关注的热点、难点问题开展专项监督，有效弥补了市局监管力量不足。

行业安全监管得到强化。成立了寄递渠道安全领导小组，形成了齐抓共管格局。落实了安全生产监督检查“四个清单”制度，着力构建安全风险分级管控和隐患排查治理双重预防工作机制，寄递企业安全生产主体责任、政府部门监管责任进一步得到落实。

行业服务满意率明显提升。强化邮政业消费者申诉维权工作，优化办理工作流程，提高网络回应值守率、反馈率、满意率。消费者申诉满意率达到 99.4% 以上，五年来，为消费者挽回经济损失 570 万元。多次评为民心网亲民单位，申诉处理质量在全系统名列前茅。

四、各市（地）主要管理工作概况

在沈阳局的推动、争取下，沈阳市邮政业发展得到市政府高度重视，沈阳市人民政府相继出台了《沈阳市促进城市配送发展实施方案》和《关于印发沈阳市“互联网 + 流通”行动计划实施方案的通知》，沈阳市邮政业发展再获重大利好。市内 11 家快递企业入选城市配送试点（示范）企业。现已建成邮乐购店（便民站）2015 处、“邮农丰”农产品专业合作社 76 处、“邮农丰”农产品返城直营店 11 处。向市政府上报沈北七星大米、新民“真友瓜子”等 10 个农特产品进城示范项目。沈阳局联合市公安局为主要品牌快递企业核发了 291 张 2017 年快递服务车辆通行证。同时，将全市近 3500 台载有专用标志的电动三轮车纳入备案管理，联合沈阳市公安局交通警察支队探索出台《沈阳市关于邮政快递专用电动三轮车规范管理的实施意见》，基本实现了全市电动三轮车合法合规出行。联合教育、民政等部门共同探索在高校和社区等收寄量大的场所设置“快递公共服务平台”。现全市共有智能快递箱格口 61256 个，广泛分布于全市社区、校园、机关，日均投递量达 12 万件，有效解决了“最后一公里”投递难题。加快行业升级，全市多家企业对分拨中心进行了改造。中通、快捷、圆通等 5 家企业为提升作业速度与能力，新增分拨中心场地面积 5.6 万平方米，从根本上提升了分拣和中转效率。韵达为解决“三不”问题，新增一条全自动分拣线，日均处理快件 30 万件。圆通等 9 家企业购置 900 个九脚吹塑托盘，铺设了 3000 平方米的地垫，进一步杜绝了分拨中心快件落地问题的发生。

大连局落实行业发展战略，“大连沿渤海快递产业带”布局基本形成。出台《大连市建设“中国快递示范城市”实施方案》，成立大连市快递示范城市建设工作领导小组，全力打造“中国快递示范城市”。以大连新机场商务区起步区顺丰速运分拨中心为主体，占地 260 亩、投资 8 亿元的“顺丰大连产业园项目”完成签约仪式。以苏宁物流公司仓储项目为主体，在金普新区七顶山街道建设 400 亩的“电商快递协同发展产业园”正在积极建设中，预计 2018 年 10 月全部竣工并投入使用。由中国邮政集团辽宁分公司投资 2 亿元，在金渤海岸建设面积 300 亩的“中国邮政集团大连电子商务示范园”的相关用地手续正在办理中。至此，三大快递产业园区建设工作已全部启动。分拣处理场地升级，全市现有快递分拨中心 31 处，主要快递企业加快分拨中心改扩建，提升综合服务能力。顺丰、三通一达、百世、德邦等一线快递品牌企业，对现有分拨中心完成升级改造，更新先进分拣传输设备，总投资额在 2000 万元以上。京东物流在大连网库建成 15000 平方米的仓配一体化分拨中心。顺丰、苏宁、圆通、德邦等企业总部均在大连规划建设集中分拣、快速集散的区域性大型分拨中心，打造服务东北地区的快递枢纽。完善末端投递服务设施，通过“综合服务站”等方式，加强校企联动、企业合作。结合大连“智慧城市”总体建设目标，开展500组智能信包箱建设，并纳入大连市政府15项重点民生工程。在庄河市建设205个新型村邮站。与地方政府加强联络，协调各行政村为村邮站免费提供场所，市局统一装修并配置一体机、分拣桌、电动车等设备，具有邮政、快递、电商、金融等功能，实现农村邮政快递公共服务一体化。全市建成社区综合服务站177个，智能快件箱1829组，格口105735个，高效规范收投率达100%。深入开展网点标准化建设，建成标准化网点644个，全市快递网点标准化率达95.98%。设立6家大连市“邮政快递综合服务示范站”，树立行业优秀典型，发挥示范作用，进一步提升末端服务水平。推动行业绿色发展。召集快递企业与环保包装袋生产厂家座谈，鼓励企业使用可降解塑料袋、胶带。在全市高校快递服务站推广快递包装循环利用，建立公共回收利用区。积极开展新能源汽车推广应用，对快递企业购置符合条件的、用于快递末端配送的新能源汽车，按照每台车2万元的标准给予资金补贴。全行业投入使用新能源车辆110台，市政府主要领导对相关工作给予充分肯定和高度评价。协调争取海关等相关部门支持，引导快递企业开展跨境电商业务。大连通达货运有限公司与大连港集团、风信子跨境直购商城等企业合作，利用大连的海空联运资源和对日、韩的地理优势，开通跨境电商海运直邮，标志着以通达货运为代表的大连本土快递企业在助力大连自由贸易区和跨境电商综合试验区建设方面取得重大突破。认真贯彻《大连市电子商务与物流快递协同发展试点实施方案》，会同市财政局、市服务业委将网点标准化、新能源车、弹力筐、X光安检设备、邮快合作等项目均纳入补贴范围，发放资金补贴2073万元，对于推动行业转型升级、提质增效具有重要意义。根据《大连市人民政府关于促进现代快递服务业发展的实施意见》，对EMS、顺丰、申通等企业寄递农海产品增量部分，2017年给予资金补贴118万元。

五、快递市场存在的突出问题

一是行业安全监管形势依旧严峻。邮政行业安全形势日趋复杂，行业安全监管工作面临外部压力不断增大。传统安全与非传统安全交织，生产安全与寄递渠道安全关系不清晰，安全生产方面的事故、事件频发多发。全省邮政行业安全生产理念和意识虽有所提高，但与面临的形势任务要求仍有较大差距。行业安全投入与市场主体快速发展不相匹配，安全主体责任落实不到位的情况十分突出，尤其是部分快递企业不重视、不投入、不清楚、不负责的情况较为普遍，对于安全和发展的关系认识还很不到位，责任传导机制不畅，企业不急政府急的现象较为普遍。

二是快递服务提升、市场秩序维护任重道远。快递基层网点不稳定、区域加盟商停摆等服务问题长期存在，部分企业加盟管理体制和内部管理机制升级缓慢，管理方式严重滞后，重效益、轻管理的问题仍未根本扭转，基层网点和一线员工生存艰难的现象较为普遍，快递服务质量问题依然突出，尤其是末端投递服务问题未得到有效化解。

三是监管能力提升有待进一步提升。市场监管工作标准化规范化程度较低，部分市局办理执法案件存在适用法律错误、程序不合法、证据不足等问题，导致一定履职风险。各市落实“双随机、一公开”力度不够，执法检查信息化应用水平低，市场检查和行政处罚案件信息录入率低、公开率低等信息化应用问题依然存在。

吉林省快递市场发展及管理情况

一、快递市场总体发展情况

2017 年，吉林省邮政行业业务收入（不包括邮政储蓄银行直接营业收入）累计完成 62.1 亿元，同比增长 14.6%；业务总量累计完成 57.8 亿元，同比增长 25.5%。其中，快递企业业务量累计完成 17569.4 万件，同比增长 26.5%；业务收入累计完成 30.5 亿元，同比增长 21.2%（表 7-7）。

表 7-7　2017 年吉林省快递服务企业发展情况

指　　标	单位	2017 年 12 月		比上年同期增长（%）		占全部比例（%）	
		累计	当月	累计	当月	累计	当月
快递业务量	万件	17569.4	1802.6	26.5	18.3	100.0	100.0
同城	万件	3435.8	395.5	25.0	37.3	19.6	21.9
异地	万件	14045.3	1381.8	26.6	12.2	79.9	76.7
国际及港澳台	万件	88.3	25.4	79.6	459.0	0.5	1.4
快递业务收入	亿元	30.5	3.1	21.2	13.3	100.0	100.0
同城	亿元	3.4	0.4	30.7	29.4	11.1	12.4
异地	亿元	17.3	1.7	7.3	-0.4	56.7	54.8
国际及港澳台	亿元	1.2	0.2	6.1	53.4	4.1	5.2
其他	亿元	8.6	0.9	62.0	35.9	28.2	27.6

二、行业管理工作及主要成效

行业发展环境持续优化。规划实施有序开展——印发吉林省贯彻落实国家“十三五”规划纲要和国务院重点专项规划 27 项具体措施。开展邮政业“十三五”规划实施监测评估。通过印发实施方案、分工方案、规划汇编、宣传手册、理论测试和举办培训等形式，提升规划宣贯实施效果，将邮政业发展重点内容纳入全省服务业和物流业发展“十三五”规划。协调出台扶持政策——制定《吉林省邮政业 2017 年更贴近民生实事十项工作措施》和《吉林省加快推进邮政业供给侧结构性改革十项工作措施》。将邮政业发展重点内容分别纳入省委 1 号文件、政府工作报告等 9 项政策文件。通化市局联合交通部门对全市邮政、快递中转车辆免收一级路通行费，为企业减免费用 50 余万元。推动车辆便捷通行——加强与省软环境办、省公安厅，省、市（州）交警部门协调沟通，通过向当地政府报送请示、赴相关部门商讨、召开会议等形式协调解决快递电动车通行问题，联合有关部门起草《关于吉林省规范快递电动车城镇通行管理的实施意见》，完成了专家论证和风险评估工作，力争近期以省政府名义印发执行。延边州局与市公安局联合印发《延吉市邮政行业交通安全管理工作方案》，吉林市政府拟出台《吉林市城市共同配送试点实施方案》，破解了快递车辆通行难问题。

供给侧结构性改革逐步深化。加强基础设施建设：一是完成中央投资项目行业审查与进度督导。推动 2017 年邮政基础设施建设项目，完成 38 个网点整修、14 辆邮运和投递车辆购置的行业审查工作，明确提出建设项目实施具体意见，及时督导项目进展情况，保障“十三五”中央投资项目的有效落实，推动邮政企业基础设施网络优化改造。

二是打造专业快递园区。全省共打造快递物流园区7个,入驻企业21家,实现产业集聚发展。长春顺丰快递产业园建设进展顺利,全年投入资金1.42亿元,一期土建工程已全部完成,2018年将正式投入使用。推动企业改革创新:邮政企业推进寄递服务供给侧改革,加快包裹快递业务发展,全省邮政包裹快递业务总量1824万件,同比增长151%,业务收入15705.5万元,同比增长71%。引导企业整合资源,扎实推动"快邮合作"。支持邮政企业开放网点平台,提高邮政设施利用效率,增加服务功能,推进补白网点有效运营。加快培育发展动能:继续推进吉林市电子商务与物流快递协同发展试点建设,争取财政部补贴资金2989.93万元,建成智能快递箱93组、11个高校综合服务站、11个社区综合服务站、82家标准化店面,购置216个身份证识别仪,完成186台寄递专用车辆的补贴发放。推动"快递+农产品",全省建成快递服务现代农业"一地一品"项目11个,累计业务量569万件,快递业务收入5168万元,直接服务产值达8.8亿元。松原市查干湖鱼项目获评全国快递服务现代农业示范基地,冬捕季共寄销查干湖鱼快件16.25万件,实现快递收入393万元。推进"快递+制造业",快递服务制造业累计业务量460万件,业务收入8622万元,直接服务的制造业累计产值4.8亿元。

邮政业贴近民生实事成效明显。其中,推动邮政服务农村电商——鼓励和引导邮政企业发挥邮政基础设施效用,依托邮乐网等邮政电子商务平台拓展服务领域,推广"农产品+大同城寄递"的区域服务模式,促进邮政服务与农村电商领域融合发展。全省共建成"邮乐购"站点12451个,打造"一市一品"农特产品进城示范项目9个,农特产品进城配送量2179吨,实现交易额2640万元,带动农民增收818万元。长春农安县设立4家"邮政农村电商运营体验中心"。通化辉南县设立村级电商服务站143个,实现了农村电子商务服务站全覆盖。提升快递末端服务能力——通过组织现场观摩、达标验收、督办整改等措施,有力推进标准化建设工作,城区标准化快递网点1204个,达标率93.55%;县级及以下标准化快递网点633个,达标率87.67%。推进"快递进区"工程,建设城市社区综合服务平台52个,快递末端公共服务站1694个,布放快件箱964组,格口数8.03万个,累计投递快件近800万件。全面推进"快递进农村"工程,联合省交通厅等20个部门印发《关于鼓励开展多式联运工作的通知》,建立农村快递公共取送点896个,乡镇快递网点达到1794个,快递服务覆盖618个乡镇,覆盖比率达到100%。推进"快递进校园"工程,实现规范收投的高校58所,规范投递率达到100%,25所高校设立综合服务平台或园区。实施放心消费工程——制定推进快递业绿色包装工作实施方案,鼓励企业使用绿色包装材料。开展"刷信"和"野蛮分拣"专项整治,严厉查处"利用面单刷信誉""野蛮分拣"和"邮件快件摆地摊"等各类违反《快递服务》标准、损害消费者切身利益的违法违规行为,对快件处理场所、临时存放地进行专项检查,全省122个分拨中心和快件临时存放场地铺设离地设施,铺设率达到100%。建立吉林省快递服务质量提升联席会议制度,召开快递服务质量提升联席会议。在长春、吉林、延边建立申诉中心。全省共受理有效申诉2149件,为消费者挽回经济损失73.5万元,消费者对邮政管理部门申诉处理工作满意率为99.4%,对企业申诉处理结果满意率为98.9%。

依法行政能力稳步增强。提升执法综合管理能力,全面落实三张清单、商事制度改革、随机抽查细则等制度规定,建立健全企业名录库和执法检查人员名录库,规范检查清单,明确事中事后监管事项。举办全系统"双随机、一公开"监管工作培训,完成各市(州)局年度抽查工作计划备案。制定《吉林省邮政管理局规范性文件制定程序》《吉林省邮政业法治宣传教育第七个五年规划实施方案》《吉林省邮政管理局行政复议与行政应诉管理暂行办法》。加强快递市场监管。全面落实“双随机、一公开”监管制度，全年开展执法检查2221次，下达整改通知书226份，立案处罚128起，罚金60万元。全面推进快递信用体系建设，联合省直51个厅局签署《吉林省失信企业协同监管和联合惩戒合作备忘录》，为1926个市场主体、13893名从业人员建立了信用档案，占从业人员的88%。开展信用评定103家次，评定三星企业147家，四星企业1779家。召开“3·15”快递企业座谈会暨承诺守信誓师大会，营造诚信经营、诚信用邮的氛围，发放宣传材料9万余份，现场解答群众咨询1000余个。举办全省“诚信快递、你我同行”主题演讲比赛，组织参加国家邮政局举办的全国演讲比赛，荣获管局组全国二等奖、企业组全国三等奖。

安全监管水平不断提升。健全完善体制机制——发挥寄递渠道安全管理联席会议机制作用，联合省综治、省公安厅、省国家安全厅、省交通厅等8部门向省政府报送《关于成立全省邮政业安全中心的请示》，阐述成立安全中心的必要性，省政府明确答复支持成立省邮政业安全中心，相关工作正在推进落实。召开全省寄递渠道安全管理联席会议，下发《2017年全省综合治理寄递渠道安全管理工作考核评价实施办法》，制定《吉林省邮政业安全生产领域改革发展工作实施方案》，建立全省寄递安全管理工作水平量化考评机制，强化属地管理责任。推进“三项制度”落实——联合公安、国家安全等部门印发《关于加快推进全省邮件快件实名收寄信息化工作的通知》，全省实名收寄率达到86.98%，排名全国第2。全面落实《邮政业安全生产设备配置规范》，邮政企业出资300万元，在地市级分拨中心配备了安检设备，全省寄递企业X光安检设备增加到112台。加强邮政业反恐、禁毒、打击侵权假冒、扫黄打非等工作，查堵非法出版物、宣传品13842件，配合公安机关破获寄递渠道涉毒、贩枪案件8起，抓获犯罪嫌疑人20余人。强化寄递渠道安全保障——省、市联动，妥善处理松原地震、吉林市韵达快件积压等6起邮政业突发事件。部署全省汛期安全生产工作，吉林、延边两局做好灾后邮路恢复工作。开展“安全生产月”和“6·16”安全生产咨询日活动，普及安全生产知识，强化企业安全主体责任意识。切实履行安全监管职责，全力做好“航空飞镖”国际军事比赛、一带一路峰会、党的十九大和金砖国家第九次会晤等重要节日和重大活动期间寄递渠道安保工作。扎实做好快递业务旺季服务保障工作，“双11”期间，在业务量同比增长42%，最高日处理量321万件的情况下，实现了“两不”“三保”工作目标。

党的建设全面加强。持续深化理论武装。全系统把学习贯彻党的十九大精神作为首要政治任务，制定《吉林省邮政管理局党组学习宣传贯彻党的十九大精神工作方案》，举办全系统学习贯彻党的十九大精神专题培训班。通过专题党课、座谈讨论、答题竞赛、撰写心得体会等形式，巩固党的十九大学习效果，全系统党员干部撰写学习体会90余篇。开展了党的十九大精神进企业活动，体现政治意识和责任意识。落实全面从严治党责任，开展定期议党、专题议党、述职述责，强化各级党组管党治党责任。全系统共开展定期议党22次，专题议党14次，局班子参加组织生活82次，召开组织生活会22次，民主生活会12次，民主评议党员10次。吉林局先后召开22次会议，传达学习中央和国家邮政局党组关于党风廉政工作的决策部署和指示要求。参加党建专题培训39批次，实现全系统党员干部参加党性教育培训全覆盖。健全完善定期党日活动制度，全系统共开展“迎七一”“向黄大年同志学习”“学习党的十九大精神”等丰富多彩的党日活动65次。不断创新学习方法，组织党员参加网上理论知识学习测试，全系统设计制作“喜迎党的十九大”主题展板14块。创新学习载体，推进基层党建传统优势与信息技术有机融合，全系统12个党支部建设并使用吉林省党员教育服务云平台暨“长白山先锋-e支部”。

推进“两学一做”常态化制度化。成立党建工作领导小组，充分发挥党建工作领导小组作用，组织召开全系统党建工作交流推进会，形成系统推进、常态研究新格局。制定总体实施方案和年度具体计划，树立党的一切工作到支部的鲜明导向，全年在吉林机关党建网刊登信息22篇。充分发挥党组中心组的理论学习带头作用，全系统党组理论学习中心组集体学习55次，党支部集体学习187次。严格执行组织生活会和党建述职考评等制度，总结推广支部工作法，党建工作受到省直机关工委充分肯定。编印了《党员应知应会手册》，巩固学习教育成果。以局领导讲党课方式，紧抓学习教育工作不放松，全系统开展专题党课学习34次。

加强人才队伍建设。严格干部选任的原则、标准、程序和纪律，进一步规范动议、民主推荐、考察、讨论决定和任职等工作环节，不断增强干部选拔任用工作的透明度。选优配强市(州)局领导班子，加强干部培养和任用。严格执行领导干部个人有关事项报告制度、拟提拔干部任前征求纪检部门意见制度和新任职干部任前廉政谈话制度，对拟提任干部严格执行报审报备制度，落实领导班子和领导干部评议工作。全年共提任正处级领导干部2人，副处级领导干部2人，市州局副局长2人，党组成员5人，正科级干部1人，交流调整干部8人。省局、延边州局、吉林市局联合人社、总工会、共青团成功举办全省和地区快递行业职业技能大赛。组织参加全国邮政行业职业技能竞赛决赛，荣获个人一等奖、二等奖、优秀团体奖、优秀技术指导奖等多个奖项，受到了国家邮政局的肯定和表扬。有序开展两批次快递职业技能鉴定考试，鉴定人数1336人。充分挖潜宣传行业先进典型，开展第二届“最美快递员”评选活动。

三、砥砺奋进的五年

党的十八大以来的五年，是吉林邮政业发展极不平凡的五年。全系统、全行业在以习近平同志为核心的党中央坚强领导下，坚持稳中求进工作总基调，坚持以新发展理念引领新常态，坚持以供给侧结构性改革为主线，坚持以人民为中心的发展思想，紧紧围绕全面建成与吉林经济社会发展相适应的现代邮政业目标，全面贯彻落实国家邮政局“五个邮政”“三向三上”“打通上下游、拓展产业链、画大同心圆、构建生态圈”等一系列重大发展战略和政策措施，发展环境不断优化，行业治理水平持续增强，邮政业在服务吉林经济社会发展和改善民生中发挥了重要的基础作用。

行业规模持续扩大。全省邮政业整体规模持续扩大，业务总量年均增长17.3%，业务收入年均增长15.9%，业务总量和业务收入分别增长2.2倍和2.1倍，业务收入占全省生产总值比重从0.24%提高到0.47%。其中，快递业务发展迅猛，业务量年均增长33%，业务收入年均增长30%，快递业务量和业务收入分别增长4.1倍和3.7倍。邮政业从业人员超过3.5万人，年服务用户超过6亿人次。企业规模不断壮大，初步形成了2家年营业收入超4亿元、6家年营业收入超亿元的快递企业集群。服务能力大幅提升。在全国率先完成空白乡镇邮政局所补建工作，补建局所30个，全省共建成各类便民服务站(三农服务站)21796个，村邮站8895个，建制村直接通邮率达到100%，邮政服务城乡均等化水平不断提升。邮政普遍服务营业场所1002处，邮政基础设施网络稳定，布局结构优化。

发展环境不断优化。修订《吉林省邮政条例》，出台《长春市邮政条例》。推动地方政府建立支持邮政业发展工作协调联动机制、宣传贯彻落实邮政法、《吉林省邮政条例》工作协调机制以及促进邮政业健康安全发展政策措施。推动地方政府或者联合相关职能部门出台支持邮政普遍服务、交通邮政融合发展、邮政创新发展、快递车辆便捷通行、快递下乡、快递末端投递、关联产业协同等一系列政策措施。

发展质效显著提升。引导邮政、快递企业加强与农产品电商及原产地合作，吉林大米上网销售，“蓝莓季”“山菜季”等生鲜农产品流通新模式取得极大成功。围绕长春汽车制造业、通化医药行业、辽源袜业，指导快递企业延伸服务链条、订制专项业务，充分发挥区域优势、突出产业优势，借力推进行业发展。结合吉林省区位优势，拓展跨境寄递渠道，在对朝、对俄寄递渠道拓展方面取得重大突破，跨境网购寄递服务等新兴业务有效开展。

治理能力显著提高。落实邮政业“营改增”政策，新旧税制整体上实现了平稳转换。加快转变政府职能，持续简政放权，优化快递业务经营许可备案流程，下放邮政普遍服务两项行政审批项目，实现执法重心下沉。贯彻落实邮政业各类标准，加大执法力度，有效规范市场秩序。强化安全监管，完善配套规制，健全防控体系，落实主体责任，加强应急管理，确保了寄递渠道安全稳定。

四、各市（地）主要管理工作概况

长春市邮政管理局推动长春快递园区向综合性产业集中群发展。快递产业园占地28.92公顷，中通、申通、圆通三家企业主体建筑已经全部完成并已入驻；吉林省顺丰速递有限公司在兴隆保税区建设占地20万平方米的电商产业园，整体规划预计投资10亿元，计划在2018年进行项目验收。推动与制造业、电子商务等其他相关产业协同发展。2017年快递服务制造业（汽车零配件）重点项目完成业务量109万件，业务收入7048万元，直接服务的制造业产值4亿元。鼓励快递企业经营电商业务，为电商企业与快递合作构建平台，2017年，全市电子商务类快件3300多万件，占全市快递业务量的33%。开展快递服务现代农业“一地一品”建设，打造农产品样板项目。将双阳区鹿乡镇的鹿产品作为“一地一品”长春特色项目，积极为企业搭建农业电商与快递信息沟通平台。2017年推动入驻鹿乡的快递企业标准化经营，有效解决鹿乡鹿产品发货难、准时难、保鲜难的问题。2017年双阳鹿乡鹿产品业务量16.4万件，快递业务收入500多万元，直接服务产值2800余万元。建立快递末端公共服务站。“快递进校园”工程成效显著，长春市37所高校100%入驻快递末端网点，提供收派服务。全市建立17个快递末端服务公共服务站，使末端服务质量得到了有效的提升。推进建立农村快递超市，长春市10家农村快递超市，涵盖通达系及百世5个品牌，覆盖榆树、德惠、农安三个县市。解决农民的用邮需求，实现“工业品下乡、农产品进城”。采集信用信息，完善信用档案，开展信用体系评定。长春局作为信用体系建设试点单位，按照2017年的立案处罚信息进度及《长春市快递业信用体系建设实施方案（试行）》，完善、更新467家企业的基础信息和8350余条从业人员信息。对27家快递企业进行34次信用评定，对25家企业存在违法违规现象相应减分，吉林省圆通和邮政速递物流长春市分公司，在协助我局处理突发事件过程中表现突出，获得加分评定。正在与“信用吉林”平台开展对接工作。

吉林市邮政管理局大力推动协同发展和融合发展。一是完成电子商务与物流快递协同发展试点城市工作。共计发放补贴2989.93万元，带动社会资本投入3.31亿元。累计建设标准化门店82个、高校综合服务站11个，设置智能自提柜93组8471个格口，发放末端配送车辆186台、身份证识别仪216台，配备X光安检机11台，电子商务物流快递协同发展公益信息服务平台、一网全城电商物流快递园区分拨中心、吉林市东北亚农产品仓储物流中心建成使用。二是推进“快递+农业”“邮政+农业”协同发展，形成“一黑一白”（黄松甸木耳、舒兰大米）示范项目。通过“互联网+快递+农产品”帮助农村从过去“寄快递”向“产快递+寄快递”转变，培育出“快递+黄松甸黑木耳”特色农产品样板项目。借助舒兰大米“品牌建设工程”契机，邮政企业以“仓储+寄递”的合作模式，实现“以仓换单”。全年，通过快件寄递销售黑木耳9375吨，占总销售量的3成，服务产值达6.9亿元；完成大米出港量近13万件，共计650吨，服务产值780万元。

延边朝鲜族自治州邮政管理局协调解决快递车辆通行难题。2017年与延吉市公安局联合下发邮政行业交通安全管理工作方案，制定《延吉市邮政快递配送车辆管理细则》，要求延吉市快递电动三轮车购买保险、张贴统一标识，统一备案，与公安交警部门共同管理。延吉市118辆快递电动三轮车及336台快递配送面包车统一登记合法上路，有效解决快递车辆便捷通行问题。

四平市邮政管理局加强行业基础设施建设及规范达标。按照《快递服务标准》《邮政业安全生产配置规范》等行业强标要求，对规模以上快递企业的分拣中心进一步开展规范管理工作。2017年，四平市行业分拣场地达到13个，其中配备快件分拣、处理设备的场地6个，配备安检设备的场地11个，在标准化建设、快件处理能力等方面大幅提升。

通化市邮政管理局争取快递车辆通行政策，减轻企业经营成本。在省内率先联合市交通运输局对全市有统一标识和固定运输路线的邮政、快递中转车辆在全市范围内免收一级路通行费。通化局联合市交通运输局实施的快递中转车辆免收一级路通行费政策实施的当天即为本市快递企业节约运输成本1430元，预计全年将为企业节约运输成本50万余元。

松原市邮政管理局结合本地实际情况，将“快递+农业”“一地一品”列为年度重点工作之一，借助查干湖农业示范性项目的优势，组织工作人员对辖区内快递服务现代农业的基本情况进行摸底调查，查干湖鱼类、杂粮等制品通过快递途径进行运输日益火爆，据松原局统计，2017年松原地区快递企业共寄递查干湖鱼类、杂粮类制品91.9吨，产生快递业务量9.5万件，快递业务收入64.11万元，直接服务产值470万元，快递在运输农业特色产品方面的快捷性、方便性、安全性日益凸显。

辽源市邮政管理局强力推进实名登记制度。与市公安局联合，制作下发“寄递快件必须出示身份证件”门厅提示牌120个，提高实名收寄宣传力度和社会认知度；通过工作群每日对品牌企业实名收寄率进行调度，对于实名率排后的企业要求上报问题原因。组织人员到基层末端网点，进行实地检查和现场督导；倡导和鼓励全市营业网点推广便携式电子子面单打印机应用，从技术手段上保障实名收寄的执行。

白山市邮政管理局深入推进“快递下乡”工作。经过充分调研后，在全市47个乡镇中，挑选出业务量少、没有符合标准化营业网点的34个较小乡镇，对其快递资源进行有效整合，全面开展快递超市建设工作。白山局要求快递超市建设参照现有分支机构建设标准，且营业面积不得小于30平方米，并严格按照邮政行业相关法律法规进行配置各项安全生产设备，进驻快递超市的各品牌快递设立背景墙和统一营业台席。截至2017年年底，全市已建成快递超市10处，29处快递超市正在建设中。计划2018年一季度末，全市39处快递超市将全部建成并投入使用，从根本上解决乡镇快递服务“最后一公里”的问题。

白城市邮政管理局不断夯实安全监管基础。落实企业安全主体责任，执行好“三个百分百”制度，努力保障全市寄递渠道安全畅通。截至2017年年底，快递企业实名登记率达到90%以上。积极开展寄递渠道禁毒、易制爆危化品整治工作。全年共联合市禁毒队开展活动共3次，联合下发了《白城市邮政管理局 白城市禁毒支队联合查毒工作机制》，出台了《白城市物流快递行业举报奖励办法》，印发了《“5·14”毒品查缉专项行动方案》。

五、快递市场存在的突出问题

当前，吉林省快递业保持良好发展势头，但发展不平衡、不充分的问题依然十分突出，转方式、调结构、提质量、促改革的任务依然艰巨。

一是行业发展基础薄弱。受吉林省产业结构和产品结构的制约，与制造业、现代农业等产业协同发展仍停留在初级阶段。快件进出比例失衡，主要表现在出港件少，进港件多。

二是基层网点规范程度不高。运营成本高、开放程度低，整体网络效能未能充分发挥，存在由于劳动力短缺和基层盈利率不高带来的季节性、区域性末端网点运营不稳定等问题。同时由于快递企业对于加盟网点的负责人疏于考察，尤其在乡镇地区的加盟网点，人员素质参差不齐。

三是监管力量还需完善。快递业目前仍处于高速发展期，同时行业安全形势日趋严峻，快件处理、禁寄物品收寄、用户信息保护等环节安全隐患突出。作为行业管理部门监管力量未能与之相适应的矛盾日益凸显，人员少、任务重、责任大的问题愈来愈严重，导致监管力量不能有效延伸至行业最末端，监管覆盖面有所缺失。

黑龙江省快递市场发展及管理情况

一、快递市场总体发展情况

2017 年，黑龙江省邮政行业业务收入（不包括邮政储蓄银行直接营业收入）累计完成 86.7 亿元，同比增长 10.0%；业务总量累计完成 79.4 亿元，同比增长 15.6%。其中，快递企业业务量累计完成 23185.6 万件，同比增长 6.5%；业务收入累计完成 35.8 亿元，同比增长 8.08%（表 7-8）。

表 7-8 2017 年黑龙江省快递服务企业发展情况

指　　标	单位	2017 年 12 月		比上年同期增长（%）		占全部比例（%）	
		累计	当月	累计	当月	累计	当月
快递业务量	万件	23185.6	2640.9	6.5	11.5	100.0	100.0
同城	万件	5614.1	684.1	43.7	76.1	24.2	25.9
异地	万件	17485.5	1952.9	-1.9	-1.1	75.4	73.9
国际及港澳台	万件	86.0	3.9	124.9	-31.3	0.4	0.1
快递业务收入	亿元	35.8	4.0	8.1	13.3	100.0	100.0
同城	亿元	4.8	0.6	37.8	67.5	13.4	14.5
异地	亿元	20.9	2.3	-7.5	-5.0	58.4	58.9
国际及港澳台	亿元	0.6	0.1	-31.6	-30.3	1.6	1.3
其他	亿元	9.6	1.0	52.9	60.1	26.7	25.4

二、行业管理工作及主要成效

党建引领，邮政管理事业的政治保证得到加强。深化思想理论武装。把学习宣贯党的十九大精神作为首要政治任务，制定《关于深入学习宣传贯彻党的十九大精神工作方案》，组织各类部署、学习，举办党的十九大精神培训班，掀起学习宣贯热潮；积极践行习近平中国特色社会主义思想，旗帜鲜明讲政治，强化“四个意识”，坚定“四个自信”，始终把党的建设作为最大的政绩。深入推进“两学一做”学习教育常态化制度化。把“两学一做”学习教育贯穿党建全过程，印发《关于推进“两学一做”学习教育常态化制度化的实施方案》和学习计划，明确学习内容、时间和载体活动；发挥党建工作领导小组作用，成立党群办，召开全省系统党建工作交流推进会，推进全面从严治党新格局。

深入推进制度治党。建立党建工作责任清单，落实党建责任；严格落实“三会一课”、组织生活会和党建述职评议等制度，建立党内组织生活、党建工作、党费收缴等负面清单，严肃党内政治生活；严格落实民主集中制和密切联系群众制度，改进工作作风，加强党的领导。深入持续正风肃纪。开展全省系统党风廉政建设宣传教育月、以案释纪明纪警示教育月及正风肃纪作风整顿活动，严明纪律规矩；开展省内系统巡察，对13个市（地）局发现四个方面20条问题，及时督促整改，压实“两个责任”；强化廉政建设，抓住重要时间节点，从严禁公款吃喝、严禁公车私用等具体事情入手，严防“四风”反弹回潮；强化效能监察，围绕行政许可审批、“三公”经费使用管理对齐齐哈尔局、绥化局开展效能监察，促进依法行政，提高行政效能和服务质量。

服务民生，落实贴近民生七件实事成效明显。其中，增强服务“三农”和精准扶贫能力。全省9025个建制村已全部建成村邮站，实现100%建制村通邮；邮政企业新增“邮乐购”站点3922个，在邮乐网平台及龙邮农品平台开设99个店铺及分仓，上线特色农产品3045个，销售金额合计1599.9万元；快递企业打造服务现代农业“一地一品”项目21个，支撑农产品销售额4.18亿元，宁安大米、五常大米等项目销售额均超亿元，东宁木耳等包裹量超百万的项目不断涌现，邮政、快递企业成为服务“三农”和精准扶贫的重要力量。提升快递末端服务能力。主要快递企业城区自营网点标准化率达到89.51%（较去年提升21个百分点）；全省82所高校全部实现规范收投；大庆、黑河、齐齐哈尔局积极推进快递电动三轮车便利通行。实施放心消费工程。强化“不着地、不抛件、不摆地摊”治理，分拨中心与邮政管理部门视频监控系统联网率提升至60.49%，处理、营业场所离地设备铺设率达到91.08%；12305消费者申诉中心全年共受理申诉32495件，有效申诉2297件，为消费者挽回经济损失约117万元。提高快递包装绿色化、减量化水平。推动省内9部门联合转发《关于协同推进快递业绿色包装工作的指导意见》；重点快递企业电子运单普及率提升至80%以上，新能源汽车保有量上升至8辆，快件平均耗材使用量有所减少。改善投递员（快递员）工作环境。黑龙江局积极推进一线人员工作环境的改善；市（地）局联合快递协会对一线员工开展高温严寒慰问；哈尔滨顺丰速运香坊营业网点为员工免费提供宿舍，建立“员工之家”；大庆局制定改进快递从业人员职业保障的工作方案，基层快递员工作条件逐步改善。

发展为要，行业发展环境持续优化。深化“放管服”改革。进一步简政放权，优化审批和网上办理流程，快递业务经营许可办理平均时限缩短为11.8个工作日，全年共核发许可证147个（占全部许可证数量的三分之一以上）。突出规划引领作用。扎实推进全省邮政业“十三五”规划宣贯实施，对重点任务和重大工程列出时间表、路线图；支持快递业发展的多项内容纳入到《黑龙江省现代综合交通运输体系发展“十三五”规划》。完善配套政策保障。省政府连续出台了《关于推进贸易流通现代化建设法制化营商环境的实施意见》《黑龙江省促进外贸回稳向好的若干措施》《黑龙江省电子商务物流发展专项规划(2016－2020)》，明确而具体地支持邮政、快递发展；黑龙江局联合省住建厅出台了《关于支持智能快件箱建设推进快递服务进社区工作的实施意见》，联合省教育厅出台了《关于推进快递服务进校园工作的指导意见》，联合省商务厅、省交通运输厅、省供销合作社出台了《关于促进农村电商物流发展的实施意见》；办理快递车辆通行证700余张，方便快递车辆通行。服务经济发展作用不断增强。快递与电子商务协同发展，服务制造业和现代农业，快递与制造业协同发展项目已达13个，支撑制造业产值1.83亿元，全省农村地区收投快件量3728万件。

创新驱动，供给侧结构性改革逐步深化。加强基础设施能力建设。全省累计建成邮政便民服务站14065个、快递末端公共服务站534个、农村快递公共取送点1216个，智能快件箱1134组；乡镇快递网点覆盖率达到100%，快递行政村网点覆盖率达到17.13%。扩大交邮合作力度。全省67个县（市）邮政分公司全部启动交邮合作，“牡丹江模式”获交通运输部、国家邮政局肯定，齐齐哈尔富裕县试行的“邮政快递+农村电商+交通运输”在全省农村现代物流发展现场会上进行推广，哈尔滨局全面建立“交邮合作”常态化工作机制。加快培育新动能。顺丰等企业积极拓展冷链、医药递送高附加值业务，推出大包裹、快运、云仓、供应链解决方案等新产品，向综合寄递物流服务商转型。即时递送、代收代投等新业态为城市寄递服务提供了有益补充。促进行业高科技应用。中通、韵达省分拨中心智能分拣设备已经投入使用，大量运用智能分拣技术的邮政航空枢纽中心、陆运中心主体部分已经建成，邮政业正在由劳动密集型向知识密集型转型。对俄电商小包枢纽作用凸显。哈尔滨至俄罗斯叶卡捷琳堡电商货运专机运营状况良好，2017年共飞行135班，旺季期间几乎每日一班。全年货运量2850吨，货值2.7亿美元，累计收寄邮政国际小包1360.04万件，同比增长52.14%，对俄电商包裹出口量占国内市场三成份额。

突出重点，依法行政能力稳步增强。强化邮政市场监管。持续加强执法力度，全年共出动检查人员7100人次，检查营业场所3253个，下达责令改正通知书306份，行政处罚126起，罚款54.55万元；全面实施“双随机、一公开”，出动1178人次，检查网点589个，检查情况100%公开；加强市场主体退出管理，按法定程序完成3家快递经营许可注销工作；组织社会监督员试寄活动2次，检验监管效果；加强国家机关公文寄递管理，继续开展邮政用品用具抽查送检。深入推进法治邮政建设。制定实施《黑龙江省邮政行业法治宣传教育第七个五年规划实施意见》《黑龙江省邮政管理局普法责任清单》，组织开展面向行业内外的普法宣传教育活动，依法妥善处理1起行政应诉案件。

精准施策，安全管理基础得到巩固。开展安全达标管理活动打牢行业安全基础。以隐患问题排查和教育培训常态化为主要内容，从根本上督促寄递企业主体责任的落实。快递企业区域安全负责人管理机制在全省推广，全省重点品牌快递企业均成立了安全生产机构并配备了安全员，2763家快递企业建立了安全信息台账。开展快递市场清理规范专项行动规范经营行为。对快递企业法人、分支机构进行清理，对末端网点开展摸底排查和规范，快递企业合法合规经营率从76%提高到97%。开展快递服务质量整治行动保障用户合法权益。强化12305申诉案件与市场监管联动执法的有效衔接，重点查处抛扔快件、违规收费、延误、丢失、损毁等突出问题，特别聚焦末端违规收费问题，立案5起，共计罚款5.5万元。开展诚信体系建设活动引导企业诚信经营。将违法违规行为较多、服务质量问题突出、用户申诉案件量大的企业列为重点监管对象，督促快递企业诚信经营，守法经营，更好的服务民生。

安全为基，寄递安全监管水平不断提升。健全完善体制机制。省邮政业安全中心获批并积极筹建，绥芬河邮政业发展中心获地方政府批准，监管体系进一步增强；成立省、市两级安全生产领导小组，推动安全生产责任落实；充分发挥省寄递渠道安全监管工作领导小组作用，加强与多部门联合协作，积极开展禁毒反恐、打击侵权假冒等一系列监管检查，建立联合执法长效机制。推进“三项制度”落实。重点加大对不执行“三项制度”违法案件查处力度；推广应用实名收寄信息系统，实名收寄信息化率达到77.27%；落实过机安检制度，累计配置安检机106台，基本实现应检必检。强化重大活动安保服务和应急管理。圆满完成党的十九大和“一带一路”国际合作高峰论坛、金砖国家领导人会晤等重大活动寄递安全服务保障工作；扎实做好“双11”等旺季服务保障工作，在高峰期业务量同比增长近50%的情况下实现“两不三保”目标；做好突发事件信息报告和预警提示，妥善处理1起突发事件。

三、砥砺奋进的五年

党的十八大以来的五年，是黑龙江省邮政业发展极不平凡的五年。全省邮政行业在以习近平同志为核心的党中央、国家邮政局和省委、省政府的坚强领导下，按照“五位一体”总体布局和“四个全面”战略布局，坚持稳中求进工作总基调，坚持以新发展理念引领新常态，坚持以供给侧结构性改革为主线，坚持以人民为中心的发展思想，紧紧围绕全面建成与龙江小康社会相适应现代邮政业目标，贯彻落实“五个邮政”“三向三上”“1＋1”到“1＋3”“打通上下游、拓展产业链、画大同心圆、构建生态圈”等一系列重大发展战略和政策措施，全省邮政行业发展实现了历史性跨越。

行业规模再上新台阶。全省邮政业业务总量年均增速达到19.62%，业务收入占全省生产总值比重从0.29%提高到0.53%，快递业务量从0.36亿件增长到2.32亿件，年均增速达到44.95%，行业基础性先导性作用更加突出。

发展质效不断优化。全省快递专业类物流园区建设实现突破，科技装备水平突飞猛进，大数据、云计算、物联网、智能分拣等一批行业发展关键共性技术加快应用。行业服务先进制造业、现代农业成效明显，新产品新服务新业态不断涌现。

公共服务能力水平大幅提升。其中，快递服务网点乡镇覆盖率短短四年内达到100%。全省快递年均服务人次达到4.56亿，支撑网络零售交易额超过300亿元，快件平均单价累计下降三分之一，为人民提供了更加便利、实惠的寄递服务。

治理能力显著提高。健全完善省市两级邮政管理体系。省政府出台促进快递业发展政策，产业协同、寄递安全、末端配送等多项产业政策相继出台。行业普法持续推进，干部依法行政能力显著提高。切实履行邮政普遍服务监督和邮政市场监管职责，有效开展执法检查和消费者申诉处理工作。建立寄递渠道安全管理联动机制，实施综合治理和属地化管理，确保重大活动和旺季期间寄递渠道安全畅通。

四、各市(地)主要管理工作概况

哈尔滨局鼓励快递企业积极服务制造业，以顺丰、EMS为代表的各品牌服务食品加工、汽车零配件等制造业累计形成业务量达到88.2万件，形成业务收入达到1425万元。直接服务制造业的累计产值达到1.5亿元。加强基础设施能力建设。菜鸟驿站已在哈尔滨师范大学、哈尔滨工程大学等高校设置驿站42处。主要品牌快递企业在农村地区通过合作、直接设立等方式共计设立农村服务网点464处，全市乡镇快递网点覆盖率已达到100%，规范化快递网点已到达182处。推动快递园区建设。开展全市快递企业物流园区需求情况摸底调查，并根据《哈尔滨市城市物流配送体系行业发展专项规划实施意见》向市发改委商请物流园区用地。圆通、顺丰自建分拨中心用地基本商定，京东明年将动工自建物流园区，韵达、中通、百世等主要品牌企业已入驻物流园区。加快培育新动能。快捷快递进驻黑龙江省和粮农业集团，新建分拣场地2万平方米。圆通快递对五常、阿城、平房的大米和服装等产品开通无缝对接业务，开辟专线运输，减少转运环节，提高运输效率。促进行业高科技应用。中通、韵达省分拨中心智能分拣设备已经投入使用，大量运用智能分拣技术的邮政航空枢纽中心、陆运中心主体部分已经建成。贴近民生七件实事成效明显。建立“大米”进城绿色通道，全年行业收寄大米531万件，总重6万吨，实现业务收入8000余万元，带动农业总产值达1.3亿元。全市已设置智能快件箱1073组，同比增长95.09%。规范高校收投服务，主要品牌快递企业基本能够覆盖全市52所高校。建立末端网点管理台账，已完成769处末端网点备案登记工作。实施放心消费工程。提高快递包装绿色化、减量化水平。重点品牌电子面单使用率已达到80%；申通使用可循环利用环保袋，每天减少一次性包装袋500个。改善投递员(快递员)工作环境。联合快递行业协会开展“送温暖”活动,顺丰速运香坊营业网点建立“员工之家”。对俄电商小包枢纽作用凸显。哈尔滨至俄罗斯叶卡捷琳堡电商货运专机运营状况良好,2017年共飞行135班,旺季期间几乎每日一班。全年货运量2850吨,货值2.7亿美元,累计收寄邮政国际小包1360.04万件,同比增长52.14%,国内对俄电商小包的主渠道作用逐步发挥。联合市互联网信息办公室、市场监督管理局、商务局等九部门印发了《关于加强电子商务领域诚信建设的实施方案》。制定印发了《哈尔滨市快递行业2017年诚信体系建设活动实施方案》。将快递企业信息和红/黑名单信息纳入《哈尔滨市信用信息共享平台信息目录》。顺丰快递已加入哈尔滨市企业信用协会并成为其副会长单位。

齐齐哈尔局围绕落实《齐齐哈尔市促进快递业发展实施方案》和更贴近民生7件实事,采取多项举措服务企业,取得了突破性进展。一是市委常委、副市长佟永春召集公安、交通、房管等多部门负责人召开落实《方案》座谈会,征集《方案》落实意见建议,解决落实难题。二是与市房管局联合印发了《关于做好住宅小区邮政、快递末端配送服务工作的通知》,小区末端投递难题得以解决。三是向政府报送了《关于对全市邮政业电动三轮车规范化管理的建议》,齐齐哈尔市政府市长李玉刚作出重要批示,为解决电动三轮车通行难题争取了政策支持。四是富裕县试行的“邮政快递+农村电商+交通运输”发展新模式得到省政府的肯定,并在富裕县召开全省农村现代物流发展现场会向全省推广。五是市政府发布的《齐齐哈尔市“十三五”电子商务发展规划》明确了电子商务与邮政、快递协同发展的具体政策措施,全市行业发展再获政策红利。六是联合市商务、工商等9部门出台了《关于全面加强电子商务领域诚信建设的工作方案》,持续加大全行业诚信建设力度,树立行业诚信经营的良好形象。齐齐哈尔局大力推动全市邮政行业提质增效、提档升级。推进标准化建设,提升行业服务形象。截至目前,全市已初步建成面积达标、区域分明、制度上墙、设施齐备的标准化快递营业场所247处,标准化率达93.56%;建成规范化分拨中心6处,规范化率达75%。推动快递下乡,引领行业服务三农。截至2017年10月,已建成村邮站1260处,实现建制村村邮站覆盖率100%。已建成快递下乡网点873处,覆盖率达100%;已建成快递进村网点55处,覆盖率达4.37%。农村地区快递业务量累计完成20.71万件,比去年同期增长了6.1倍。三是组织开展“一市一品”农特产品进城示范项目,先后推出了杂粮、特色南瓜、地产葵花籽等项目,推动邮政、快递积极服务农村电商。截至目前,邮政自营农特产品进城配送量26750公斤,自营农产品进城交易额25.7万元;带动电商快包业务量1.66万个,带动电商快包业务收入11.6万元。

大兴安岭局推进快递下乡,区内多家民营快递企业积极推进服务网点向农村拓展,在促进大兴安岭地区资源流通、提高内需、活跃市场、增加就业等方面发挥了积极作用。目前36个乡镇中,均已设有民营品牌快递网点,实现了全覆盖;推进快递进村,全区79个行政村中,“村邮站”全面覆盖,民营快递企业进村数量14个,覆盖率达17.72%;加快交邮合作,建成投入使用交通邮政综合服务站3处,合作线路6条;推进“一地一品”项目,选定新林中通为辖区“一地一品”项目,销售黑木耳2.72万公斤,实现收入19.3万元,拉动了地域经济发展。

大庆局助力企业服务地方经济发展,取得新进展。结合网络平台优势,建立了线上线下一体化的邮政农村电商O2O平台,目前,已有25户农特产品商家进驻线上平台,并开通了农品进城微平台,注册了富老乡、福老乡、林家店三项商标权,八种农产品上线,助力了地方经济发展。同时,结合邮乐购站点实际情况,建设完成了22处邮乐购标准站点,提升商户对邮政企业的信赖度,为服务地方经济工作的开展打下基础。大力推进“一市一品”农特产品进城示范项目。充分整合农村邮政物流、邮政金融和邮政信息等资源打造电商生态链,完善邮政服务电商机制、建立邮政自营商品标准、提升邮政寄递服务品质及服务国家精准扶贫战略等措施,加快推广“农产品 + 大同城寄递”的区域服务模式,推动地方特色产业发展。2017年,大庆市辖区四县中,鹤鸣湖镇石磨全麦粉、太平村沙土香瓜等特色农产品已有通过邮政电商等线上平台进行销售的成功经验。与市交通局沟通联合发布《大庆市邮政业十三五发展规划》《规划》已纳入城乡建设近期规划。与商务局联合下发了《关于促进快递业与电子商务协同发展的实施意见》,全力推进“快递下乡”工程,支持快递企业末端网点向农村延伸,明确支持电商企业年交易额达到一定标准和在农村地区设立符合国家或行业标准的快递营业网点,给予相应的财政资金补贴,提出每年将安排专项财政资金支持电子商务与快递业协同发展。与市综治办、公安局、交通局联合下发了《大庆市快递行业电动三轮车通行管理办法》,彻底解决了该市快递三轮车上道运行问题,对全市近900台快递三轮车的购置尺寸、喷涂样式等进行了统一规范,实行挂牌上路。积极引导快递下乡、快递进村。目前全市58个乡镇已设立280个快递网点,乡镇快递网点覆盖率实现100%。全市482个行政村已建立58个快递服务网点,行政村快递网点覆盖率达到12%。积极引导该市成立第三方末端投递驿站——大庆市东亿快递服务有限公司(逗妮开心)。目前在全市已设置32个末端投递驿站,辖区内中通、圆通、申通等派件量较大品牌已搭载该驿站投递,解决了末端派送不及时、快件丢失、用户投诉等服务问题。2017年全市增加了200多家末端网点备案,将末端服务点全部纳入监管范围。快递进校园,目前全市5所高校共设立16个校园快递服务站点。此外,中国邮政速递物流有限公司大庆分公司打造创新快递服务理念紧密,已铺设智能快件箱1台,共布设了36个格口,为师生提供24小时随时取件服务。

五、快递市场存在的突出问题

一是行业供给体系质量不稳、效益不高,城乡区域供给不平衡,国际业务短板较为明显。黑龙江省邮政业增长态势总体趋缓,快递行业发展速度长期低于全省经济增长速度,电商快递落后全国平均水平,跨境电商极不稳定,对俄通道优势没有更好发挥,城市与农村的服务不均等。

二是快递企业实力不强,创新能力不足,新技术运用和管理创新不够。邮政业寄递时限和包裹损毁、服务态度依然是人民不满意的主要问题,个性化、多层次的产品不充分,黑龙江省邮政业小而不大、慢而不强的基本业情依然存在。

三是行业安全形势严峻,行业监管能力与行业规模及增长速度不相匹配。新业态新模式不断涌现,法规政策制度标准有待完善,监管力量、专业能力、条件资源、协同治理亟待加强。“简政放权、优化服务”改革还不够,“一照多址、多证合一”还未完全启动,行业数据的规范管理与使用有待加强,绿色包装使用没有破题,加盟制企业粗放式管理风险依然存在,“三项制度”的落实与原始监管手段的矛盾、新业态(闪送、人人、快运、落地配)与监管责任的矛盾没有突破等。

四是“四大考验”(长期执政的考验、改革开放的考验、市场经济的考验、外部环境的考验)**和“四种危险”**(精神懈怠的危险、能力不足的危险、脱离群众的危险、消极腐败的危险)**在干部队伍中长期存在。**“关键少数”中为利益相互通气,互相帮衬的有之;为泄私愤或达到其他个人或小集团目的,明争暗斗、不择手段、无中生有、撒泼耍赖的有之;事不关己、高高挂起,推诿扯皮的有之;会上已形成意见、会下还发表不同意见,会上还未形成意见、会下乱传的有之,一些单位部门还出现了新的“四风”问题,必须坚定不移正风肃纪,扫除这些劣习歪风。

上海市快递市场发展及管理情况

一、快递市场总体发展情况

2017 年,上海市邮政行业业务收入(不包括邮政储蓄银行直接营业收入)累计完成 935.6 亿元,同比增长 22.2%;业务总量累计完成 711.9 亿元,同比增长 26.2%。其中,快递企业业务量累计完成 311503.7 万件,同比增长 19.7 %;业务收入累计完成 868.9 亿元,同比增长 22.5 %(表 7-9)。

表 7-9　2017 年上海市快递服务企业发展情况

指　　标	单位	2017 年 12 月		比上年同期增长(%)		占全部比例(%)	
		累计	当月	累计	当月	累计	当月
快递业务量	万件	311503.7	31729.9	19.7	13.9	100.0	100.0
同城	万件	100684.9	10303.4	13.6	15.4	32.3	32.5
异地	万件	200898.7	20319.5	21.8	11.6	64.5	64.0
国际及港澳台	万件	9920.1	1107.0	47.4	53.4	3.2	3.5
快递业务收入	亿元	868.9	93.0	22.5	21. 8	100.0	100.0
同城	亿元	80.4	8. 6	21.4	24.4	9.3	9.2
异地	亿元	199.2	21.1	19.2	21.1	22.9	22.7
国际及港澳台	亿元	71.0	7.9	42.4	41. 7	8.2	8.5
其他	亿元	518.3	55.4	21.6	19.3	59.7	59.6

二、行业管理工作及主要成效

规划体系基本建立,统计工作成效明显。《上海市邮政业发展“十三五”规划》《上海市邮政业中长期规划》《长江三角洲地区快递服务发展“十三五”规划》相继印发实施,并通过新闻发布会、专题宣讲会的形式进行了解读。2035 年城市总体规划的邮政专项规划进入收尾阶段。上海邮政业专项规划有效衔接地方规划 6 部,纳入涉邮内容达 30 项。组织对全市邮政快递企业开展统计检查,现场核查企业 153 家,占全市纳入统计范围机构数量的 13%。针对一季度增速放慢情况深入开展统计数据分析,规范数据报送内容和统计范围。上海局被国家邮政局评为 2016 年度统计工作先进集体;被上海市统计局评为 2017 年度交通运输行业统计工作二等奖。

依法治邮有序推进,标准建设稳步实施。推动修订《上海市实施〈中华人民共和国邮政法〉办法》,向上海市人大申报了 2018 年及今后五年的地方性法规立法建议项目。制定实施《关于加快推进邮政业供给侧结构性改革的意见》。启动“七五”普法工作,通过专家讲课、参观反腐倡廉警示教育基地和组织行政处罚案卷评议等多种方式,提升依法行政能力。完成 306 项内容的上海市邮政行政管理“三张清单”编制和宣贯工作。围绕快递业改革举措、上海自贸区“证照分离”改革等内容开展行政审批制度改革工作。完成上海市邮政管理局五年来审改工作报告、行政执法年度报告、法治邮政建设考核自评报告。配合国家邮政局开展冷链服务规范等标准调研,启动快递综合服务站“1 + 1 + N”(通用规范 + 服务导则 + 分类标准)标准系列研究。

政策支持红利频现，行业发展惠及良多。上海市政府出台《关于促进上海市快递业健康发展的实施意见》，明确了六大重点任务以及到2020年基本建成与上海城市地位相适应的现代快递服务体系的发展目标。青浦全国快递行业转型发展示范区政策支持力度加大，全年快递企业获青浦区现代服务业发展专项资金共计1052万元，获批商业用地128亩。在市交通委、商务委、综治办、公安局、国安局、人事局等部门的大力支持下，祝桥国际现代快递物流园区建设、浦东机场FedEx国际快件和货运中心投运纳入了上海国际航运中心2017年重点工作；快递末端体系建设纳入了2017年上海市电子商务重点工作；邮政业纳入了吸引"特定就业困难人员"在特定行业就业的政策补贴范围；寄递渠道纳入了上海市危化品综合治理政策体系，实现了多部门联防共治和协同监管。在市发改委、经信委、商务委、质监局等部门的关心帮助下，圆通、中通等企业获得3000多万元上海市服务业发展重大示范项目引导资金支持；《上海市快递末端网点通用规范》成功申报地方标准并获相应经费资助。由国家发改委批复、圆通速递牵头承建的"物流信息互通共享技术及应用国家工程实验室"在圆通速递上海总部正式揭牌运作。FedEx浦东国际快件和货运中心基本建成；顺丰浦东机场国内分拨中心正式投入运营；南通机场口岸首条国际全货机航线正式开通，上海航空快件枢纽建设的对外辐射带动作用显现。

市场监管重点突出，寄递安全得到保证。紧密结合年度业务旺季、"一带一路"高峰论坛、金砖会晤、全运会、党的十九大等重要活动、重要时节，持续高强度开展对上海邮政快递市场的"双随机"检查。全年执法检查出检次数1903次，天数585天，检查单位1903家，共出检4065人次，查处违法违规行为250件，开具整改通知书172份。严格市场准入，全年对1376家企业提交的年度报告材料进行审核；依法注销107家快递企业和33家分支机构的快递业务经营许可。严格集邮市场和邮政用品用具生产企业监管，共出检集邮市场36人次，检查经营点180家；出检信报箱生产企业32人次。深化寄递渠道安全综合治理，开展安全培训，会同公安、市场监管、禁毒等部门开展联合执法，从严从重顶格处理违规违法企业。落实企业安全生产主体责任，实施安全标准化认证试点，全年对10余家快递企业安全标准化工作进行考评。扎实推动实名收寄信息系统应用，切实从政治和全局的高度，将推进实名收寄工作作为全年重点工作，"一把手"亲自推动，分管领导具体抓，目前全市实名率已达60%。加强应急值班和突发情况处置，妥善处理国通全网部分区域运营不善、申通下属卢湾、吴淞加盟网点春节过后由于经营不善导致大量快件积压、浦东天天网点欠薪导致快件积压等事件，做到遇突发事件"及时上报、迅速响应、有效指导、协同配合"。注重加强市场监管力量建设，在市交通委的大力支持下，上海市邮政业安全监管事务中心正式挂牌运作，为邮政业安全监管工作提供了有力支撑。

措施手段及时跟进，发展环境日趋改善。印发《关于进一步强化邮政市场行政执法工作若干意见》，规范行政执法行为。简化邮政快递市场行政审批流程，企业申请材料总体精减55%，许可准入审批时限由45个工作日压缩至25个工作日。在市交通委的关心帮助下，快递专用车额度申请时限得到延长。建立上海市邮(快)件运输安全监管平台，将快递专用车统一纳入，构建专用车辆安全运营长效监管机制。在市交通委、经信委、商委、公安局等部门的支持下，快递揽投专用电动车实现上路试点行驶，将择机在全市范围内推广。行业精神文明建设稳步推进，组织全市300余名快递企业人员参加"文明快递、守法出行"主题实践宣传活动，倡导做文明出行的实践者和维护者；成功组织"上海市快递行业喜迎党的十九大文艺汇演"，展示了行业的良好形象。上海局被评为2017年度全国文明单位；申通宝山罗泾公司作为全市唯一民营快递企业获评2015－2016年度上海市文明单位;11 家快递公司青年集体获评“2015－2016 年度上海市青年文明号”;国通快递宜川网点负责人因举报追逃寄递枪支弹药犯罪人员,荣获“上海市社会主义精神文明年度好人好事”提名奖。

七件实事件件落地,行业服务贴近民生。 2017 年 2 月份,国家邮政局公布了 2017 年邮政业更贴近民生 7 件实事。上海局紧密结合上海特点抓好落实。第一件实事:全面提高邮政普通包裹时效。全市各投递网点自 2017 年 2 月 23 日起,全面实行新的普通包裹投递标准,严格执行“电话预约、上门投递”的投递要求,实现了投递入户。第二件实事:实现党报当日见报。全市在 2015 年实现党报当日见报的基础上,2017 年建立了党报当日见报情况台账。第三件实事:提升邮政、快递服务“三农”能力,助力国家精准扶贫。目前,上海 1496 个建制村全部实现了直接通邮,其中 1163 个建制村直投到户,333 个建制村投递到村委会。组织实施“一市一品”农特产品进城示范项目,全市共有邮乐购站点 518 个,有 3 个“一市一品”项目报送国家邮政局。第四件实事:稳步提升快递末端投递服务水平。目前,上海市域内大学校园快递服务中心覆盖率已达 90% 以上,快递末端智能投递快件箱投递点达 10000 多个,高档商务楼、大型社区等快递综合服务点达 100 多个,菜鸟驿站等便民服务点达 6000 多个。第五件实事:实施放心消费工程。开展以“网络诚信,消费无忧”为主题的“3·15”消费者公益宣传活动。与市工商局对接建立企业异常经营公示制度。每月统计各企业申诉情况,在本局网站进行公示,对申诉率增幅前三位的快递企业发出警示函、进行约谈,对申诉处理先进企业进行表彰。全年“12305”申诉受理中心共受理邮政业消费者有效申诉 19482 件,同比下降 26.6%;为用户挽回经济损失约 399.3 万元。开展对企业资费公示和乱收费情况的检查,禁止企业以任何形式限定邮政资费的给付方式。全年共处理来信来访 408 件;承办市人大代表建议和市政协委员提案 8 件,办理结果均为“解决采纳”,实现了“让代表、委员满意,让人民群众受益”的工作目标。第六件实事:提高快递包装绿色化、减量化水平。目前全市快递企业电子运单使用率达 85% 以上。建立了快递业包装统计监测评估体系,委托有资质的质检机构对快件包装进行质量抽检和情况通报。鼓励企业加强可循环使用和可降解的包装材料研发,上海三念塑胶有限公司在快递包装袋可降解研究方面取得进展,申通快递投资千万自助研发“芯片”环保袋正式投入使用。第七件实事:改善投递员工作环境 。探索制定智能信包箱地方标准,争取智能信包箱进社区等配套政策,推动邮政企业发展包裹自提点,改善邮政投递员工作条件。全年邮政企业新增布放智能包裹柜 296 个。目前全市共布放了 756 个智能包裹柜,实现了上海 16 个区全覆盖,其中 60% 左右分布在居民小区内。

各项保障坚强有力,有效支撑行业发展。 一是党建保障有力。全行业党的十九大精神学习宣传贯彻全面持续,深入人心,见诸行动。上海局巡视整改决心大、要求严、抓到位,为行业发展营造了风清气正、干事创业的良好氛围。各级党组织的“两个责任”落地生根、扎实有效。二是行业人才队伍建设保障有力。以“练高超技能,展行业风采,助产业转型”为主题,组织上海市快递行业职业技能竞赛,共评出 38 个奖项,优胜单位上海邮政速递公司被推荐参评上海市五一劳动奖章和工作先锋号。参加全国邮政行业职业技能竞赛,上海代表队获优秀组织奖。三是新闻宣传保障有力。依托行业“一网一报一刊一信” 宣传平台,以“网站为主、多平台发力、新媒体并重”的思路,突出舆论导向把控,及时妥善应对舆情,为行业发展树立了良好形象。局记者站被评为 2017 年度全国邮政系统“优秀记者站”四是信息化建设保障有力。编制完成《上海邮政业综合管理信息平台可行性报告》,形成了包括基础管理、行业监管与应急指挥和公众服务等三大应用功能的系统设计。完成全国邮政管理系统接入国家电子政务外网工作。上海局网站被评为“上海市重点网站运行安全优秀工作单位”。

三、砥砺奋进的五年

近五年来，上海邮政业以“全国改革开放排头兵、创新发展先行者”为目标，行业持续快速发展，快递业务规模保持高速增长，产业间协作融合能力增强，地方邮政法规政策体系逐步完善，行业发展环境持续优化，体制机制逐步理顺，呈现出发展现代化、企业国际化、产业融合化、服务公共化的态势。特别是总部经济效应下的上海快递业，上海快递业务量从2012年的6亿件增长到2017年31亿件，业务收入从2012年的182.9亿元增长到2017年的711.9亿元，全国6家成功改制上市的快递企业中有4家总部在沪，青浦区已被国家邮政局正式授予“全国快递行业转型发展示范区”称号。

行业发展环境持续优化。上海市邮政法规政策体系日益完善。国家邮政局和上海市人民政府签署《关于加快推进上海快递总部经济建设与发展合作协议》。出台《上海关于促进快递业发展的实施意见》等产业发展专项政策。《上海市邮政业发展“十三五”规划》和《长三角快递服务发展“十三五”规划》编制实施，推动将邮政业纳入国际航运中心建设、生活性服务业和电子商务发展等地方重大政策支持范围，推动成立上海市促进邮政业发展联席会议。推动寄递安全纳入立法。行业发展政策方面实现了多个突破。

快递服务能力显著增强。快递总部经济实力持续增强。快递业成为上海现代服务业中最具活力的新兴产业之一，在上海国际航运中心建设和国家电子商务示范城市创建中发挥了重要作用。快递服务投诉率显著下降，投递时效明显增强，“最后一公里”服务模式更加多样化、便捷化。2017年年人均快递使用量为129件，是2012年的4倍，充分保障和支撑了广大人民群众对快递服务的需求。

邮政监管力量不断加强。邮政体制改革不断深化，优化调整邮政监管体制，促进双轮驱动和交邮融合，省级以下邮政体制构建新格局，强化了行业监管力量。上海市邮政业安全监管事务中心正式揭牌，全面提升和加强上海邮政行业安全监管。

邮政业信息化水平逐步提升。上海邮政业不断向规范化、机械化、信息化转型升级。规模以上快递企业持续、长效地开展快递营业场所规范化建设，行业信息化水平不断提升。邮政行业手持终端普及应用，电子运单使用率大幅提升，实现业务便捷化、标准化、可视化管理。邮政行业加强车辆远程视频监控，建设自动化分拣系统，开发手机客户端，建立数据仓库等信息化应用平台，实现核心业务各环节的信息化运作和全方位的监控查询。市邮政管理部门以平台建设、数据汇集、创新应用为重点，分阶段推进邮政大数据体系建设。

行业精神文明深化提升。近年来，上海快递行业积极开展文明创建活动，带领全行业不懈努力，行业员工的工作风貌有了明显转变，素质有了明显提升，为上海市快递业发展、服务、安全等提供精神动力、智力支持和舆论保证。上海快递行业涌现出救死扶伤、传递社会正能量的一大批先进模范人物，获得全国交通运输行业文明单位、全国青年文明号、全国物流行业劳动模范、最美快递员等市级以上荣誉200多次。

四、各派出机构主要管理工作概况

浦东局会同自贸区管委会保税管理局和骨干邮政、快递企业，探索建设专为上海自贸区服务的虚拟电商物流园。将电商平台、监管仓、体验店、邮政快递集散中心、结算中心等，通过网络技术加强集成，形成网上跨境电商物流园，助推邮政企业成为跨境电商完整产业链中的关键一环。抓住上海自贸区扩容和祝桥镇政府现代航空产业园区规划双重机遇，以邮政业服务产业发展为主线，会同发改委、建交委、邮政科学研究院、祝桥镇政府，推进将国家级快递物流产业园区项目纳入航空产业园整体规划。目前，祝桥镇国家快递产业园区建设方案已经规划设计单位立项研发并报请有关部门审批。协调发改委、商委、建交委、海关等部门，探索建立专项扶持发展基金，通过发展融资租赁、商业保理、金融保险等业态，推动寄递企业加大在高端化、智能化运输工具、仓储配置和运营设备等方面的投入力度。利用邮科院、海事大学供应链研究院等单位长期积累的研究成果，为邮政业企业制定战略提供智力支持。将邮政监管信息纳入上海自贸区信息共享平台，实现了邮政监管信息与区内海关、工商、税务、治安等二十多个部门监管信息的共享，为统筹管理模式的形成打下了良好基础。建立区内企业及区内业务开展广泛的区外企业信息台账，采取“网上公示、网下收集”的方式逐步推进分等分级管理，对信用等级高和在生物医药、芯片研发等重点行业占比重的邮政快递企业进行重点帮扶，对失信企业集中力量加强监管，试点信用示范企业联合惩戒手段，通报工商、质监、税务、环保、公安等部门进行联合打击规范，充分利用大数据实现“事前锁定对象、事中下达指令、事后反馈统计”的监管新模式。将邮政业服务自贸区、跨境电商的相关内容纳入上海市《关于促进本市跨境电子商务发展的若干意见》，明确鼓励跨境邮路服务业态创新，明确优化直邮配套的海关监管措施，全面完善现有直邮进口和保税进口监管办法，实施海关行邮税担保实时验放模式，推动邮路逐步纳入跨境电商服务试点，明确完善跨境邮寄的检验检疫监管政策措施。积极鼓励寄递企业将各自发展规划融入“一带一路”倡议，把握“自由贸易港”的战略机遇期。推动企业走出去、拓展国际产业链。其中，上海邮政分公司与阿里巴巴速卖通、eBay、Wish、Paypal 平台实现对接，密切合作，资源共享，同时与 Wish 美国总部合作推出 FBW 中国仓，与东南亚最大跨境电商平台 LAZADA 商谈共同推出口岸仓计划。

青浦区出台了《关于促进快递业健康发展的若干意见》，支持快递企业延伸产业链，加强与电商、会展等行业的融合协同发展。积极引导快递企业向上延伸产业链，加大快递业与“7 +7”产业的融合力度，促进快递业与区内“7 +7”主导产业协同发展，促进快递企业战略转型为综合物流商，实现与制造业、金融业、信息产业、国际贸易等产业的联动融合发展。引导快递企业大力提升快递服务质量，实施品牌战略，从价格竞争向服务竞争转变。青浦区是快递企业总部集聚地，在快递业务规模方面具备较大优势，在全国处于领先地位。从快递业经营利润情况来看，青浦区作为我国众多快递企业总部的集聚地，盈利模式主要来源自快递网络的面单等物料收入和中转等方面。在行业利润普遍下滑的趋势下，青浦区快递业利润实现正向增长。鼓励区内快递企业由竞争变竞合，进而提升快递行业发展竞争力，成为示范区建设的一大亮点。示范区内快递企业开展战略合作，在运营、产品、信息技术、最后一公里等领域实现复合型资源整合，实现“1 +1 >2”的发展效应，打造快递上下游产业投资平台，通过对快递资源和快递上下游资源的集合、整合和融合打造快递集约化的投资平台，并推动智慧快递、物联网和“云计算”在企业的应用。区财政每年安排现代服务业发展专项资金 4000 万元，支持和鼓励服务业企业加快创新发展，提升经营能力，做大规模。此外，还积极争取国家、市级相关资金，对物流快递企业应用先进技术与设备、品牌建设等方面进行补贴或奖励。

五、快递市场存在的突出问题

一是快递企业核心竞争力仍有待提高。目前快递企业主要经营低附加值的电子商务件，随着市场逐渐饱和，同质化竞争日趋激烈，快递业务的利润空间被不断挤压，导致行业恶性竞争加剧，企业核心竞争力不够的缺陷日益显现。一批规模型企业竞争陷于胶着状态，却难以脱颖而出，普遍“大而不强”，以技术、服务、质量为核心的领军企业屈指可数。要打造培育一批“品牌优、竞争实力强、连锁网络全、具有国际竞争力”的大型企业，仍任重道远。

二是中小企业面临巨大生存压力,市场亟待优化组合。随着龙头企业纷纷上市,中小型快递企业生存艰难,尤其是网点微利运营,不少网点频繁易主,导致网络服务不稳定,继而引发售后服务不完善、服务质量不稳定等连锁反应,对中小企业的发展雪上加霜。快递行业面临"洗牌",行业亟待优化重组。

三是行业定位不高导致人才流失严重。快递业的科技化水平虽逐年提高,但尚未摆脱劳动密集型低端行业的形象,因此基层人员不固定,高端人才留不住。加盟制快递企业总部对加盟网点管理松散导致人员流动频繁;越来越多的快递员转行做送餐骑手,基层人员流失严重;落户难、购房难、子女受教育难等问题也已成为留不住高端人才的主要原因。快递企业"招人难、引进难、稳定难"的用工问题长期存在,尤其是企业上市后缺乏一大批有经验、懂技术、擅管理的高级人才。

四是末端服务仍是影响快递满意度的痛点。快递末端派送成本高,投递速度慢,大多数对派送时限的投诉都是在"最后一公里"。主要体现在派送压力大,"快件积压"频繁出现在网点;"二次派送"多,浪费大量时间和人力成本;网点场地选址困难,末端资源稀缺;网点布局凌乱带来资源浪费和交通干扰。面对2400多万人的快递服务需求,末端派送问题仍然十分突出。

五是快递安全管控有待进一步加强。绝大多数企业所采取的加盟制经营模式,必然存在总部对网点的管控力度薄弱这一局限性,导致收寄验视的盲点仍然难以避免,始终是快递安全的风险所在。企业的法制意识、安全生产主体责任意识需要进一步提升,从源头控制安全隐患。政府虽然不断加大安全监管力度,且正在着力推行寄递实名制,但是离全社会共同配合、快递企业及网点百分百执行还有较大距离。安全管控风险日趋复杂,因此,构建快递可监控、可追溯、可追踪、可预警、可应急、可联控的综合监管体系的进程急需进一步加快。

江苏省快递市场发展及管理情况

一、快递市场总体发展情况

2017年,江苏省邮政行业业务收入(不包括邮政储蓄银行直接营业收入)累计完成560.7亿元,同比增长21.0%;业务总量累计完成880.9亿元,同比增长32.7%。其中,快递企业业务量累计完成359627.8万件,同比增长26.7%;业务收入累计完成408.2亿元,同比增长20.3%(表7-10)。

表7-10 2017年江苏省快递服务企业发展情况

指　标	单位	2017年12月		比上年同期增长(%)		占全部比例(%)	
		累计	当月	累计	当月	累计	当月
快递业务量	万件	359627.8	37596.6	26.7	17.0	100.0	100.0
同城	万件	77967.9	8061.9	27.6	15.3	21.7	21.4
异地	万件	275888.7	28983.6	26.7	18.0	76.7	77.1
国际及港澳台	万件	5771.2	551.2	17.8	-7.7	1.6	1.5
快递业务收入	亿元	408.2	42.1	20.3	17.3	100.0	100.0
同城	亿元	57.5	6.2	32.1	23.5	14.1	14.8

续上表

指　标	单位	2017 年 12 月		比上年同期增长(%)		占全部比例(%)	
		累计	当月	累计	当月	累计	当月
异地	亿元	243.1	24.8	12.6	13.6	59.6	59.0
国际及港澳台	亿元	52.0	5.2	20.0	15.3	12.7	12.2
其他	亿元	55.6	5.9	52.7	30.4	13.6	14.0

二、行业管理工作及主要成效

思想政治建设卓有成效。深入开展党性教育——一是坚持把迎接党的十九大召开、学习贯彻党的十九大精神作为首要政治任务，旗帜鲜明讲政治，不断强化“四个意识”，坚定“四个自信”。在江苏省邮政管理局抓好集中学习讨论、组织党的十九大知识测试、开展领导干部集中轮训的基础上，各市局创新活动载体，通过党建微课堂、体验式党课和专家授课、研讨交流、赴基层宣讲等多种形式，全面提升学习效果，不断加强全行业新时代政治理论武装。二是推进“两学一做”学习教育常态化、制度化。省局机关发挥示范带头作用，召开专题民主生活会、组织生活会，组织 13 次中心组学习，开设“机关讲坛”，开展民主评议党员和主题党日、重温入党誓词等活动。同时，在全系统开设专题党课、开展赴延安“党性教育”、“书香邮管”、先进基层党组织和优秀党员评选、党建创新创优项目评选等系列活动，营造风清气正、团结奋进的良好氛围。全省系统党建工作特色做法在国家邮政局党建交流推进会上作了典型发言。持续加强作风建设——注重作风为先，连续十年召开机关作风建设大会。一是创新作风建设载体。省局机关开展结对帮扶、乡情微调、定点扶贫等深入基层活动，完善机关处以上领导干部基层联系点制度，同时坚持问题导向，认真梳理作风评议、“政风热线”以及走访驻点活动中收集到的意见和建议，积极破解群众反映的热点难点问题，作风建设成效显著。各市局的作风建设活动亮点纷呈、各有特色，如苏州局“六个一”大走访、无锡局服务旺季驻场企业、南通局“走帮扶”、泰州局“邮送希望，寄递爱心”等特色活动，既改进了工作作风，又提升了部门形象。二是深化精神文明创建。成立全系统精神文明创建领导小组，制定实施方案，明确创建目标任务和实施步骤，开展专题培训、动员部署，全面推进省、市“文明单位”创建工作。常州快递业“道德讲堂”成为全省行业精神文明建设的亮点工程。南通邮政系统被评为市文明行业，南通局被评为市文明单位。切实推进党风廉政建设——落实“两个责任”。围绕加强和改进“四风”、落实中央“八项规定”和省委《实施细则》以及“十项规定”精神，周密部署促进规范，明确要求压实责任，紧盯年节假期，切实传导压力，加强监督检查，推动政风行风建设。二是规范从政行为。专门发文规范公务接待、党员干部网络行为和纪检监察干部言行。三是开展警示教育。组织开展“以案释纪明纪，严守纪律规矩”警示教育活动，通报违规违纪典型案例，不断增强党员干部廉洁自律的意识。同时，完善问题线索管理，运用好“四种形态”，切实加强监督执纪问责。

行业发展环境持续优化。立法立规取得新进展——一是推进《江苏省邮政条例》修正。去年 10 月 27 日省政府常务会议审议并原则通过《条例》草案，12 月 2 日省人大审议并高票通过《条例》（修正案），将于今年 2 月 1 日施行。二是推进行业规范的制定。开展《智能快件箱管理服务规范》《智能信报箱管理服务规范》前期调研和征求意见工作，近期将修改完善、公开征求意见，并按程序上报、审议、发布。完成江苏省《住宅信报箱建设标准》修订工作，目前已进报批阶段，有望近期发布。三是推进邮政业地方立法。《南京市快递服务用房和智能快件箱管理办法》《常州市寄递安全管理办法》和镇江、南通、盐城市的《快递管理办法》被列入地方立法计划，相关工作正有序开展。规划引领打开新局面——一是完成“十三五”规划编制。在编制《江苏省邮政业发展“十三五”规划目标和任务分工方案》的基础上，各地市完成了邮政业“十三五”规划编制工作，实现了全省邮政业“十三五”规划全覆盖。二是发挥规划引领作用。推动邮政业规划与综合交通运输体系、物流业发展规划有机衔接，南京邮政国际邮件处理中心等6个项目被列入全省重点物流项目，基层邮政网点、快递点布局规划建设列为省“十三五”时期基层基本公共服务功能配置标准。三是加强规划年度监测。及时跟踪“十三五”规划重点目标、重点任务和重大工程的实施情况，推动规划目标的全面实现。政策保障实现新突破——一是国务院文件精神在省市落地。省政府出台《关于促进快递业持续健康发展 培育经济新增长点的实施意见》，南京、苏州、无锡、徐州、淮安、连云港等地相继出台相关意见，为促进邮政业发展提供了政策保障。二是地方政府扶持力度不断加大。盐城、高邮、启东、沭阳等地财政投入住宅小区智能信包箱建设，常州、徐州、扬州、常熟等地出台新建住宅快递服务用房规划建设标准或文件，泰州市将预留邮政服务用房作为土地出让的必备条件。三是末端配送通行难题不断破冰。苏州局会同公安、交通部门对全市3万辆邮政快递电动三轮车实行“四统一”管理，宿迁局启动第二批次及泗阳区快递电动三轮车投放工作，常州制定相关自律管理办法，解决了电动三轮车“上路难”“停靠难”“管理难”问题。

行业监管水平稳步提升。依法行政取得新突破——一是加强快递市场监管。落实行政许可制度，严格审批办理时限，完善市场主体退出机制，全年快递业务经营许可受理188件、核准114件，快递业务经营许可证变更申请775件、核准594件、注销50件。组织开展“清风”行动，累计执法检查4730次，作出行政处罚决定1022次，处罚金额572万元，行政处罚案件数量同比增长457%，处罚金额同比增长237%，邮政市场行政执法工作迈上新台阶。三是保障行政相对人权利。依法开展行政复议和行政诉讼，全年行政复议6起、行政诉讼4起，行政诉讼零败诉；制定《行政复议程序规则》，规范复议案件办理程序，提高办案效率和质量，切实保障行政相对人的法定权益。扬州局执法基础工作扎实，获地方法制办的充分肯定。安全监管取得新成效——一是圆满完成重大活动和重要时间节点的寄递安保工作。周密部署全国“两会”、“一带一路”国际合作高峰论坛、金砖国家领导人峰会、党的十九大等活动期间寄递渠道安保工作，会同公安、国安等部门联合开展系列专项整治行动，实施专项检查3006人次，排查整治安全隐患1350项，发现违法违规行为808次，责令企业停产整顿237家，开出“反恐”罚单23张，处罚金额260万元，形成寄递安全监管的高压态势。二是“三项制度”落实和“平安寄递”建设成果显著。全面部署邮件快件实名收寄信息系统推广工作，会同公安、国安部门印发《关于严格邮件快件寄件人身份信息查验登记的通告》，顺利实现实名信息化率60%目标。镇江、连云港、徐州等地实名信息化率较高。“平安寄递”创建工作深入推进，“平安寄递企业”参创率达85%，“平安寄递示范点”参创率达81%。三是安全管理信息化水平进一步提升。完成“省邮政业安监平台”信息系统建设，实时掌握全省快递业基本信息与安全信息，提高安全监管工作效能。联合监管取得新进展——一是加强行政执法部门协作配合。会同民航江苏监管局签订《关于加强行政执法领域协作备忘录》，本着“资源共享、优势互补”原则，深化两部门在线索移送、执法协作、信息交流、预警分析、应急联动等方面的协作。二是完善案件线索登记移送机制。全年江苏局共登记各类案件线索34条，其中交由相关市局核查处理30条。建立随机抽查检查工作机制，启动快递业严重违法失信记录工作，强化证照联动和联合惩戒机制，使市场主体一处违法、处处受限。

行业供给质量日趋完善。行业发展取得新成果——一是邮政业服务现代农业深度融合。鼓励引导邮政、快递企业推进“一市一品”农特产品进城示范项目建设。邮乐购江苏平台建成28个农产品馆，上线产品853个，全年运作农产品重点项目96个。实施“快递+”特色农产品项目38个，累计产生业务量达7714万件、实现业务收入6.8亿元，直接服务农业产值达76.6亿元。继苏州之后，宿迁市荣获第二批“全国快递服务现代农业示范基地”称号。二是“快递+”先进制造业深入推进。动态管理快递服务制造业项目库，鼓励企业积极开发增值服务，提供一体化供应链解决方案。苏州、徐州、连云港局引导快递企业嵌入制造业生产基地，提供专业化延伸服务。全年全省累计建成各类快递服务制造业项目197个，形成业务量达到1.02亿件、实现业务收入8.62亿元，直接服务制造业产值915.3亿元。三是快递服务跨境电商能力显著增强。徐州国际邮件互换局（交换站）获国家邮政局和海关总署批复同意。常州局积极与常州综保区联手培育和构建跨境电商完整产业链。镇江局积极推动本地跨境电商体系建立，促成企业与市商务局、南京海关签订通关备忘录，并成功完成跨境寄递业务测试。无锡、苏州两地海关签订国际邮件业务合作备忘录，省内国际邮件可通过无锡的国际航线资源中转或直达东南亚、美洲、欧洲等地区，大大缩短了时间，提高了效率。四是快递产业园区集聚效应不断加强。苏南快递产业园等已建产业园功能不断完善，盐城电商快递产业园等3个园区（基地）获评省级电子商务示范园区（基地），南京充分发挥重点物流节点城市的龙头地位，依托南京空港物流集聚区，推动江宁湖熟和禄口空港两个快递集聚区建设，淮安市以苏北快递产业园建设为重点，打造“1核3园9快递功能区”的网络布局，宿迁市实施快递园区市县全覆盖工程，沭阳县启动全省首个“快递物流小镇”建设，目前全省快递物流园区已达26个。平台建设取得新进展——一是“快递下乡”工程全面开花。徐州市积极探索农村电商和物流配送“最后一公里”共同配送平台建设，无锡市新型农业经营主体运用农业物联网和电子商务等手段促进农产品进城等，取得了较好成效。全省共建成乡镇快递服务站4751个、行政村快递服务网点3597个，行政村快递直投率达到43.2%，其中无锡、镇江、泰州行政村快递直投率达到100%。二是快递“三进”工程成果斐然。全年新建智能快件箱6969组、52万个格口，全省智能快件箱累计2.4万组、155万个格口，建成校园快递公共服务平台117个、社区快递公共服务平台909个，快递服务“摆地摊”现象有效遏制，高校规范收投率达到96.9%，提前完成国家邮政局制定目标。三是末端网点标准化建设不断推进。全省主要快递品牌企业建成城区直营标准化网点3852个，网点标准化率达到82.25%，较年初提升25个百分点，服务民生的能力和水平进一步提升。在2018年全国邮政管理工作会议上，江苏局就强化快递末端建设做了经验介绍。服务水平实现新提升——快递规范服务水平稳步提升。发布2016年度全省快递服务警示，对受到红色、橙色警示的快递企业总部负责人依法予以行政约谈。组织开展了2016年度快递行业放心消费创建考核验收工作和表彰，共表彰创建示范单位53家、先进单位95家。深入开展“诚信快递、你我同行”主题系列宣传活动，在全系统主题演讲比赛全国总决赛中，江苏局获优秀组织奖。不断提升申诉处理质量，全年共处理消费者申诉17.6万件，其中有效申诉2.7万件，消费者满意率为99.1%，为消费者挽回直接经济损失581.4万元。省邮政业消费者申诉中心荣获“2015－2016年度全国青年文明号”和“江苏省工人先锋号”荣誉称号。

支撑保障能力不断提升。管理体系支撑体系逐步健全。江苏省邮政业安全中心由自收自支性质调整为全额拨款的公益一类事业单位，并将邮政业申诉受理、职业技能评价纳入安全中心职责。

南京、宿迁、常州、徐州、南通等市邮政业安全中心获批,全省市级邮政业安全管理机构达到7个,其他地市成立邮政业安全中心取得积极进展。苏州市实现县(市)邮政管理机构全覆盖,全省县级邮政监管机构达16个,县级邮政管理工作进一步加强。邮政管理队伍建设成效显著。对部分市局领导班子进行了调整充实,不断增强市局班子整体功能。深入贯彻落实《党政领导干部选拔任用条例》,坚持正确的选人用人导向,选拔任用了5名处级领导干部。强化干部教育培训,组织全省邮政管理系统45名领导干部参加了省委组织部"876"培训,举办了党性教育专题培训班和新任职领导干部培训班,进一步强化党员干部、特别是领导干部的思想政治建设,提升领导干部的综合能力。从严管理监督干部,组织学习贯彻领导干部报告个人有关事项两项法规。加强领导班子、领导干部和公务员年度考核工作,3个市局班子被评为好班子,24名公务员被评为优秀公务员。我省人事工作在全国邮政管理系统人事工作会议上进行了交流。行业人才工作得到加强。落实《关于加快发展邮政行业职业教育的实施意见》,联合省人社厅组织省内院校参加全国职业院校快递类示范专业点评选,江苏省经贸职业技术学院、无锡城市职业技术学院被教育部评为2017年全国职业院校快递类示范专业点;引导和支持南京邮电大学现代邮政学院开设邮政快递相关专业;快递员职业技能竞赛被列入2017年全省十大工种竞赛项目,举办全省第二届邮政行业职业技能竞赛,组队参加了全国邮政行业职业技能竞赛决赛,并获优秀团体奖;优化技能鉴定服务,全年参加快递业务员鉴定考试2507人次,邮政业人才队伍进一步壮大。基础管理扎实有效。严格做好财务日常管理。强化对市(地)局财务工作的监督、指导和检查,基本实现财务检查两年全覆盖的目标。做好预算编制、评审等工作。全面加强行业统计管理,调整完善统计相关工作,开展统计执法检查。完善公务员基础管理工作,做好养老保险改革相关工作。强化政务公开,做好"一张网"的电子证照录入及系统上线对接工作。扎实开展网站普查、新闻宣传等工作,江苏局记者站连续五年获全系统先进记者站荣誉称号。强化网络安全管理,江苏局被评为2017年度省级机关网络安全等级保护工作先进单位。有序开展信访及工会、退休干部工作。协会各项工作推进有力。

三、砥砺奋进的五年

党的十八大以来的五年,是邮政业发展历史进程中跨越提升、极不平凡的五年。党中央国务院、全省各级政府高度重视邮政业发展,极大地坚定了全省全行业加快发展的信心决心。这五年,行业活力全面迸发,产业融合日益紧密,业务量收迅猛攀升,监管体系不断健全,人才队伍显著壮大,两个文明齐头并进,全行业紧紧围绕"五个邮政"建设目标,主动适应经济新常态,积极应对各种复杂环境的严峻考验,顺利完成"十二五"规划目标任务,实现了长足发展,为"十三五"发展打下了坚实基础。

行业基础性先导性作用日益增强。邮政业务量收分别增长4.3倍和3.1倍,快递业务量收分别增长5.6倍和3.9倍。行业收入占全省生产总值比重从0.33%提高至0.65%,占第三产业(服务业)增加值的比重从0.76%提高至1.3%。五年新增就业岗位10万个以上,支撑全省网络零售交易规模3300亿元,同比增长超过50%,相当于江苏省社会零售总额的12.9%。

服务能力和服务质量大幅提高。邮政普遍服务均等化水平稳中有升。截至2017年末,全省已建成农村地区邮政便民服务站(村邮站)示范点157个。快递末端投递难题逐步破解,全省智能快件箱累计2.4万组、155万个格口,建成校园快递公共服务平台117个、社区快递公共服务平台909个。全省共建成乡镇快递服务站4751个、行政村快递服务网点3597个,行政村快递直投率达到43.2%,其中无锡、镇江、泰州行政村快递直投率达到100%。快递产品不断丰富,时限准时率相对稳定,有效申诉率逐年下降,旺季服务保障能力明显加强。

邮政监管能力显著提升。完成市级邮政监管机构的组建工作和省级以下邮政企业更名工作。先后16个县(市)成立县级邮政监管机构,管理队伍得到充实。政策法规体系不断健全,地方法规和扶持政策相继出台实施,依法行政能力不断提升。建立财政补贴与邮政普遍服务监管联动机制。江苏省邮政业安全中心在全国率先成立并有效运行,市级邮政业安全管理机构达到7个,信息化监管能力不断增强。

四、各市(地)主要管理工作概况

推动地方政府出台相关政策规范方面。南京市政府发布了《关于促进快递业持续健康发展的若干措施》。《措施》明确了构建快捷高效优质的快递服务网络、鼓励快递企业发挥市场主体作用、促进快递业与其他产业融合发展、加快推动快递行业转型升级、加大财政资金扶持力度、加快培育引进快递行业人才和优化快递行业发展环境七大任务措施。徐州市政府办印发了《关于推进住宅小区邮政服务设施建设与管理的意见》,将智能快件柜在小区的规范设置工作和推进邮政服务用房进小区相结合,规范邮政服务设施进小区工作。

协调解决快递车辆通行难题方面。苏州局会同市公安局、市交通运输局联合印发《苏州市关于邮政快递专用电动车规范管理的实施意见》,按照“放管结合、行业自治”的原则,对全市快递电动三轮车实行统一标识管理、统一购买交通意外保险、统一规范使用管理的备案制度,并明确政府、协会、企业、驾驶人的各方责任。规范管理工作涉及苏州全市(包括各县、区)128家企业、近3000个网点,约3万辆电动三轮车。

加大行业监管力度方面。徐州局试点开展快递网点网格化管理,将快递服务监督列入到街道、乡镇网格员工作范畴,一个营业网点对应一个网格员,定向监督,发挥社会综治网格员的监督作用。同时,形成了包括综治举报奖励、管局举报奖励、企业自主举报奖励等举报奖励体系。

精神文明建设取得显著成效方面。常州局启动关爱快递小哥工程,组织快递员“健康义诊”活动,开展快递行业道德讲堂活动,并加强行业党团组织建设。5家快递企业先进集体被命名为“常州市青年文明号”。苏州局“六个一”大走访、无锡局服务旺季驻场企业、南通局“走帮扶”、泰州局“邮送希望,寄递爱心”等特色活动,既改进了工作作风,又提升了部门形象。

加强监管队伍建设方面。7个市(地)成立了邮政业安全管理机构。全省县级邮政监管机构达16个,苏州市率先实现了县级邮政管理机构全覆盖。

五、快递市场存在的突出问题

新时代邮政业发展的主要矛盾是人民日益增长的更好用邮需求与邮政业发展不平衡不充分之间的矛盾,这种不平衡、不充分体现在江苏省省情上,就是四个“不足”,即:政策引领作用发挥不足、行业有效供给质量不足,推进协调发展力度不足、综合治理能力提升不足。

一是政策引领作用发挥不足。从政策研究的角度看,虽然大家对行业发展形势有清醒的认识,对中央和国家邮政局出台的相关政策都很熟悉,立足省情、市情研究出台了一些贯彻意见和行业标准,但结合新形势、新任务的要求,超前研判行业发展趋势、积极谋划相关政策建议方面研究不多。从政策落地的角度看,各地在贯彻国家邮政局、江苏局相关政策意见方面做了很多工作,也取得了成效,但存在不平衡性,个别地区政策落地的速度还不够快,有些地区相关政策意见出台后跟踪落实、推进见效的力度不大等等,推动政策落地见效、引领行业科学发展的任务依然十分艰巨。

二是行业有效供给质量不足。从供给结构看,全行业主动嵌入社会化大生产供应链、提供现代物流解决方案不多,寄递企业仍以传统寄递服务为主,特别是电子商务件占比达60%以上,服务现代农业、先进制造业的"快递+"项目仅有200个左右,产生的业务量仅占行业业务总量的5%左右,优化供给结构任重道远。从供给质量看,多数寄递企业重速度、轻质量,有品牌、无美誉,同质竞争、以价换量现象仍然存在。快递总部对加盟制基层网点投入不足、以罚代管,基层网点因陋就简、微利经营,制约了供给质量的提升,特别是业务旺季期间,投诉率有所回升。

三是推进协调发展力度不足。从区域协调发展看,全省农村快递业务量占全省总量的5.24%,快递业务收入占全省总量的3.31%。从数据可以看出,城乡发展差距较大,农村地区是今后几年快递业发展新的增长点,必须加大推进力度。从邮政设施布局看,末端服务"三进"任务还很繁重,特别是城市老小区邮政服务设施滞后还没有得到根本解决,快递末端服务网点还需要进一步向农村延伸,全省仅有3个地市行政村快件直投率达100%。启动老旧小区改造、推广智能信包箱刚刚起步,任务还很繁重,将是今后一段时期的重点工作之一。

四是综合治理能力提升不足。从支撑体系看,省邮政业安全中心组建不久,地市邮政业安全中心组建刚刚起步,目前已挂牌运转或获批的7个,其他地市的组建工作还需要进一步加快;县级管理机构方面,除苏州市实现县级机构全覆盖外,其他地市都只有一个,还需要进一步拓宽思路,切实加强县一级邮政业监管工作。从监管效能看,一线检查、现场执法等难以适应面广量大的监管任务,"数据监管"的水平还需进一步提高,行业新进人员业务知识、执法能力等培训有待进一步加强,"双随机"执法检查机制仍需进一步健全,提升行业治理能力方面还有很多工作要做。

浙江省快递市场发展及管理情况

一、快递市场总体发展情况

2017年,浙江省邮政行业业务收入(不包括邮政储蓄银行直接营业收入)累计完成767.4亿元,同比增长24.0%;业务总量累计完成142.5亿元,同比增长59.7%。其中,快递企业业务量累计完成793231.1万件,同比增长32.5%;业务收入累计完成668.2亿元,同比增长23.5%(表7-11)。

表7-11 2017年浙江省快递服务企业发展情况

指 标	单位	2017年12月		比上年同期增长(%)		占全部比例(%)	
		累计	当月	累计	当月	累计	当月
快递业务量	万件	793231.1	90737.1	32.5	35.1	100.0	100.0
同城	万件	123084.4	13073.2	17.2	18.2	15.5	14.4
异地	万件	660718.1	76045.1	35.8	37.2	83.3	83.8
国际及港澳台	万件	9428.6	1618.8	31.3	136.1	1.2	1.8
快递业务收入	亿元	668.2	69.2	23.5	13.9	100.0	100.0
同城	亿元	68.8	6.9	18.0	13.8	10.3	10.0
异地	亿元	425.5	43.0	20.3	13.2	63.7	62.3
国际及港澳台	亿元	68.2	8.2	28.1	45.8	10.2	11.8
其他	亿元	105.7	11.0	39.1	0.2	15.8	15.9

二、行业管理工作及主要成效

行业发展环境持续优化。一是着力完成快递业规范发展重点工作。2017 年 4 月，浙江省政协召开高规格的快递民生论坛。省政府将《省政协第三十三次民生论坛建议意见的采纳落实工作方案》提出的促进快递业规范发展的 26 项工作列入督办清单，对省编办、公安、交通等多个省级单位下达任务清单，由浙江省邮政管理局牵头，实行一月一督办一推进。目前，26 项重点工作除 5 件需深化研究的事项外，其余 21 件已经全部完成，有效促进了快递业规范发展。二是出台系列行业发展帮扶政策。浙江局找准发展中的痛点、难点，加强协调，联合多部门出台系列政策性文件，推进快递服务"三农"、快递服务进社区、快递车辆便利通行。先后联合省农办下发《关于推进快递服务"三农"工作的实施意见》，深化"快递下乡"，推进农产品进城、工业品下乡，助推"三农"发展；联合省民政厅、省住建厅下发了《关于快递服务进社区的指导意见》，进一步加强社区快递配送点建设，支持快递企业与社区服务组织合作，有效破解末端派送难题，更好地服务于广大群众用户；联合省公安厅、省交通运输厅下发《关于加强城市快递车辆通行管理的意见》，推进快递专用车辆通行难题的解决。三是成功召开第二届中国国际快递业大会。国家邮政局局长马军胜和高兴夫副省长作重要讲话，国家邮政局和浙江省人民政府签署战略合作协议，确定了局省共建快递业发展研究院、快递业标准化示范基地、快递业专用装备研发中心等重大事项，进一步拓展了快递行业的先发优势。

邮政业贴近民生实事成效明显。一是深入推进末端投递基础网络建设。推动快递向下发展，实现快递网点乡镇覆盖率 100% 的目标，已建立的乡镇网点基本稳定运行。积极配合有关方面完成城市社区智能投递终端（智能快件箱）建设和农村电商服务站建设。截至目前，全省共建成智能快件箱 18556 组、新建农村电商服务站 5015 个。快递服务进校园工作稳步推进，高校快递规范收投率达到 100%。四是实施放心消费工程。开展服务质量提升行动，强化"不着地、不抛件、不摆地摊"治理，特别是对刷信、野蛮分拣等问题开展专项治理，分拨中心全部纳入监管台账。发挥省快递业服务质量提升联席会议平台作用，依法约谈申诉率高的企业，做好申诉下放工作，建立用户申诉与执法联动机制，全省快递服务满意度达到 97.1%，服务质量不断提升。认真做好业务旺季服务保障工作，为社会提供优质、便捷、安全的寄递服务。积极推动诚信体系建设，将绍兴作为重点试点城市，通过逐步开展快递业"知信年""守信年"等活动，加强与相关部门信用联动应用机制，创建一批行业信用建设先进典范。组织省内"诚信快递、你我同行"演讲比赛，并参加全国决赛，取得优异成绩。五是打造快递服务示范区和示范项目。部署开展全省快递业示范创建工作，大力打造四类示范区，五类示范项目，推动企业科技创新，强化信息化技术推广和应用，快递自动分拣机器人、无人机快件投递等成功投运。六是开展快递包装绿色化、减量化试点及推广。在浙江申通开展为期一年的以快递环保塑料袋、环保芯片编织袋、电子面单等为主要内容的绿色快递试点，并在桐庐建立快递绿色包装产学研基地。省委车俊书记对此作出重要批示。目前可循环利用环保芯片编织袋使用率从 40% 提升到 80%，快递电子面单的使用率从 60% 提升到 90% 以上。七是深入推进浙江政务服务"网上申请、在线服务、快递送达"。加强与政府相关部门协调，支持邮政企业与浙江政务服务密切合作，实现广大群众和用户"足不出户"办理收取各类证件，多项审批办证达到"零跑腿"。

放管服改革深入推进。一是加强规划引领。完成省级和 11 个市（地）邮政业发展"十三五"规划发布，会同上海、江苏局联合发布《长江三角洲地区快递服务发展"十三五"规划》。组织开展全省邮政业"十三五"规划自监测评估工作。完善行政执法年度报告制度，实行典型案例上报，开展法制员和行政执法培训，进一步强化依法履职的意识。开展行政执法案卷抽查及行政执法规范化建设调研，研究编制全省邮政管理系统规范化执法手册，不断提升执法规范化水平。全面完成两会建议提案及行政复议申请案件的办理工作，开展五年来省两会建议提案办理情况"回头看"，努力让代表和委员的建议意见落到实处。二是抓实抓好邮政业"最多跑一次"改革工作。全面梳理权力清单、责任清单和邮政业市场准入负面清单并印发实施，切实把权力装在制度的"笼子"里。成立"最多跑一次"改革工作领导小组，加强组织领导，抓实改革重点，紧抓时间节点，对邮政管理系统13个办事事项所需要提供的材料及每个事项的办事指南进行梳理明确，对办事流程作了进一步简化优化，全面实现企业群众到邮政管理部门办事"最多跑一次"的要求，得到袁家军省长的批示肯定。切实做好行政许可审批，截至目前，全省共有法人企业1587家，分支机构7548家。开展跨省快递企业分支机构清理，对所有国际证法人企业及分支机构经营情况进行摸底。认真开展用品用具监制工作。三是认真实施"双随机一公开"。落实《邮政管理部门随机抽查工作细则（试行）》要求，结合江苏省实际制定出台全省及《浙江省邮政管理系统"双随机"抽查监管办法（试行）》，在全省范围推开随机检查模式，建立随机抽查市场主体、执法检查人员名录库，制定随机抽查事项清单，大力完善、推广"双随机"检查模式，提升依法行政水平。推进省政府与阿里巴巴集团2017年战略合作项目"菜鸟驿站——最后一百米智慧物流解决方案"试点项目，目前正式在杭州开展菜鸟驿站合法化试点。

寄递安全监管水平显著提升。一是圆满完成党的十九大等重大活动寄递安保工作。严格执行收寄验视、实名收寄、过机安检三项安全制度，强力推动收寄验视落实。协同省综治、公安部门联合推进实名登记验视信息化工作，并列入平安浙江督查考核项目。组织召开邮件快件实名收寄信息系统推广工作推进会，加强实名收寄信息化工作培训。做好我省系统与全国系统的相关对接，加快推进实名收寄信息化实施，目前实名率明显得到提升，有效提高物品动态管控能力和安全监管水平。严查企业处理场所安检机使用问题，防止过机安检执行流于形式。组织开展易制爆危险化学品和寄递物流专项整治行动及安全生产大检查等活动，圆满完成了"一带一路"国际合作高峰论坛、金砖领导会晤、党的十九大、第四届世界互联网大会和业务旺季期间的寄递渠道安全保障，得到了省领导和国家邮政局领导的充分肯定。二是加强执法检查。联合省公安、国安等部门开展全省寄递渠道安全检查，重点检查三项制度等安全措施落实情况。组织市局开展全省邮政行业执法交叉大检查，重点检查安全生产隐患排查治理情况，确保寄递安全。进一步完善寄递渠道安全管理领导小组工作机制，认真做好与省公安、国安、工商、海关、交通等部门的沟通协调，促其密切配合支持，形成工作合力，抓好邮政行业反恐、禁毒、反邪教、打假及扫黄打非等工作。加大寄递安全警示宣传，全省印刷分发《禁止寄递物品指导目录》1.3万份。在浙江民生频道1818黄金眼（民生版）时段通过滚动字幕向全省广大用户宣传安全寄递知识。加大对违法违规行为的执法检查力度，形成高压态势，全省共立案处罚1125件，处以罚款934.6万元，执法力度居全国前列。三是邮政业安全监管机构获批有力推进。在浙江局的积极协调努力争取下，省机构编制委员会正式批复设立省邮政业安全中心，为省邮政管理局所属的正处级公益一类事业单位，由省邮政管理局管理，主要负责邮包、快件分拨监控系统信息化、行业监控管理日常事务和执法处置沟通联络等方面工作。湖州、温州及义乌、绍兴柯桥等地邮政业安全中心也相继获批成立。

大力推进党建工作和党风廉政建设。一是注重政治学习。坚持把学习贯彻党的十九大精神作为首要政治任务,深入学习贯彻党的十九大精神和中央有关全面从严治党的要求,旗帜鲜明讲政治,不断强化“四个意识”,坚定“四个自信”。印发浙江局党组贯彻落实党委(党组)理论学习中心组学习宣传贯彻党的十九大精神工作方案。迅速掀起热潮抓组织实施,举办学习贯彻党的十九大精神专题培训班,力求多形式、分层次、全覆盖组织学习,全省上下认真研读党的十九大报告和党章,在原原本本学习的基础上,突出重点、抓住关键,深刻领会党的十九大报告的精神要义,并结合实际,力求学懂弄通做实。二是深入推进“两学一做”学习教育常态化制度化。制定学教计划,作出统一安排,把学习教育与推动当前工作紧密结合起来,推动行业又好又快发展。三是更加重视党建工作。充分发挥党建工作领导小组作用,浙江局3次召开会议研究加强党的建设,同时召开全系统党建工作推进会,形成常态研究、全面推进的新格局。印发总体实施方案和年度具体计划,树立党的一切工作到支部的鲜明导向,严格落实“三会一课”、组织生活会和党建述职考评等制度,推广支部工作法,充分发挥党组织战斗堡垒作用和党员干部的先锋模范作用。四是按照国家邮政局巡视办要求,组织开展未巡先改。浙江局党组制定整改清单和措施,着力抓好查纠整改工作。五是进一步推进党风廉政建设。认真贯彻落实《中国共产党党内监督条例》,落实全面从严治党监督责任。定期召开会议分析研究党风廉政建设工作,党组书记发挥带头作用,积极履行“一岗双责”。班子成员认真履行分管责任,除抓好自身廉洁自律外,对分管处室等进行廉政监督。加强宣传教育,组织开展各种学习讨论活动、廉政知识竞赛及正反两方面的典型案例教育,组织党员干部到法纪教育基地接受廉政警示教育,积极开展“以案释纪明纪,严守纪律规矩”主题警示教育月和支部主题党日活动。严格执行八项规定,严控“三公”经费开支,全面规范公务接待、公务用车、差旅费会议费培训费管理等,加强监督检查,坚决防止“四风”反弹。进一步强化日常监督,落实监督执纪“四种形态”,严格执行党风廉政建设责任制,坚持抓早抓小,注重对个别有苗头性、倾向性问题的党员干部进行提醒教育,防止小错误酿成大问题。

三、砥砺奋进的五年

党的十八大以来的五年,是浙江省邮政业发展极不平凡的五年。全省邮政业和邮政管理系统在以习近平同志为核心的党中央坚强领导下,紧紧围绕全面建成与小康社会相适应现代邮政业目标,按照国家邮政局“五个邮政”“三向三上”“1 + 1”到“1 + 3”和“打通上下游、拓展产业链、画大同心圆、构建生态圈”等一系列工作思路及重大发展战略措施,全省邮政业治理体系和治理能力现代化进程不断加快,实现了邮政大省的历史性跨越,开启了迈向邮政强省的新征程。

行业综合实力不断增强。邮政业业务量年均增速达到35%,业务收入占全省生产总值比重从0.62%提高到1.5%,行业基础性先导性作用更加突出。快递业务量从8.2亿件增长到78亿件,占全国总量的近五分之一,稳居全国第二位。全省邮政业呈现发展快速、结构优化、提质增效的良好态势。

行业经济社会效应不断增强。邮政服务网络和信息化优势凸显,公共服务职能不断强化。快递企业努力融入地方经济社会发展,形成“快递 + 电子商务 + 专业市场 + 块状经济”发展模式,呈现“小快递、大市场”发展格局,有力推动经济发展。行业日均服务人次超过2700万,支撑网络零售交易额超过5万亿元,邮政快递服务能力不断提升,人民群众用邮满足感和获得感不断增强,为全省经济社会发展作出了重大贡献。

行业服务能力稳步提升。邮政普遍服务实现“乡乡设所、村村通邮”。全省建成功能完善的信息化村邮站10800余个,快递服务基本实现“全城布端点、县乡无盲点”。“最后100米”服务能力得到显著增强。增设了宁波、义乌国际邮件互换局,国际业务服务能力不断增强。快递“向下”“向外”拓展已见成效。新型寄送服务不断推出，“制造＋仓储＋配送”一体化业态不断涌现。

行业发展质效不断优化。全行业基础设施不断完善，场地面积10000平方米以上的分拨中心108个，日处理能力10000票以上的大型处理中心达到63个。信息化水平有较大提升，快递“小黄人”、“无人机”、自动化分拣技术、无人配送技术、无线传输技术、车辆运输跟踪定位技术、影像监控技术、高速扫描录技术得到应用，服务能力不断提升。全省快递业呈现提质增效的良好态势。

行业治理能力显著提高。建立完善省、市（地）、县三级邮政管理体系。浙江省政府出台促进快递业发展政策，邮政快递服务“三农”、跨境电商寄递发展、快递服务制造业、快递服务进校园、快递服务进社区、电商快递协同发展、快递车辆便利通行、航空快递“绿色通道”、邮政基础设施建设，以及寄递渠道安全管理等多项政策相继出台。全行业呈现良好的依法依规经营局面，市场经营秩序明显好转。创新监管手段和模式，建成一批快递分拨中心远程在线监控系统，行业安全基石更加坚固。

四、各市（地）主要管理工作概况

杭州局开展邮快合作试点，在往年邮快合作基础上，进一步发挥邮政企业遍布城乡的局所、村邮站优势，全面推进邮政企业与快递企业合作，帮助快递企业代投农村偏远地区快件。鼓励市邮政公司开展“一市一品”农特产品进城示范项目工作，积极寻找地区内的名优特农产品进入邮政电商体系销售，如余杭区分公司推出的鸬鸟蜜梨项目、临安区分公司推出的临安小香薯项目等，推动邮政服务农村电商发展。通过一系列措施解决杭州快递“向西、向下”和农产品进城问题，助推农村经济社会发展。积极推动快递业诚信体系建设，建立企业信用档案和信用管理信息系统，完善信用管理办法和评定指标，实现与“信用杭州”等数据对接。积极探索末端派送试点。按照创新发展、包容发展的要求，完成“菜鸟网络”快递经营许可和“菜鸟驿站”的备案，全面完成省政府、市政府与阿里巴巴集团2017年战略合作项目“菜鸟驿站——最后一百米智慧物流解决方案”试点工作。

宁波局启动快递车辆规范化管理工作，确定了快递车辆“统一标识、统一GPS定位、统一审核发证”模式，完成政策“破冰”，首批239辆运载快件面包车通过层层筛选审核，正式统一标识、授予通行证件、GPS定位数据进入“智慧邮政”平台，纳入“三统一”规范化管理体系。积极探索以“政府购买第三方服务”方式强化监管力量，破解“人少事多”监管难题，并起草了《关于启用拓展宁波市智慧邮政综合服务监管平台功能，强化寄递渠道安全监管》的报告，提出了在专项资金中列支政府购买第三方服务费用，充实人员叠加安全监管功能的意见，目前该项目已正式启动。充分借助公安部门点多、人多，力量大的优势，建立了一套两部门间包含信息共享、案件办理、安全联管的协作机制，最大可能地调动了部门力量，进一步提升了我局管理能力和威慑力，形成了寄递安全齐抓共管的良好格局。

温州局在省局的大力支持下，经过长期努力，市编委于10月份批复设立温州市邮政业安全中心，并核定6个事业编制。市财政、人社等部门也在经费补助、快递员安全培训等项目上给予大力支持。市政府还将快递下乡列入基本公共服务体系，多个邮政业项目列入市里的现代物流业发展计划。对一线员工、企业负责人进行分类培训：联合市人社局开展快递从业人员“护航党的十九大”专题安全大轮训，累计受训超过1500人，确保一线从业人员掌握应知应会安全知识和安全技能。充分发挥温州的地理优势和体量优势，引导快递企业总部在温投资建设分拨中心，重点推进温州空港新区快递航母集群建设示范项目和温州邮政速递服务制造业项目，其中温州空港新区快递航母集群建设示范项目包括邮政EMS、顺丰、申通、圆通等四家品牌公司的分拨建设项目，总建设面积342960.27平方米，总投资额17.3亿元。9月8日对所有瑞安申通网点进行查封并以反恐法处罚43万元一案，得到了省政法委书记徐加爱等领导的批示肯定，在全国范围内形成了较大影响，切实起到了震慑和示范作用。以科技手段提升监管效率，用好、用足快递行业GIS视频监控系统和寄递哥APP等独立开发建设的系统和X光机等设备，推动实名收寄、收寄验视和过机安检三项安全制度的落实。

湖州局全面助推行业发展。德清县出台《关于推进快递行业健康发展的实施意见》，从税收优惠等六方面助推行业转型升级；快递业发展纳入《安吉县建设中国最美县域行动计划》和服务业“十三五”规划；推进“最多跑一次”改革，湖州全市各区县市民服务中心均专门设置成立寄递服务网点；德清县政府投入资金320万元完成快递智能柜铺设80组，覆盖小区30余个，解决快递投递“最后100米”难题。

舟山局推进信息化监管，完成远程在线联网视频监控系统（二期）项目建设，在对一期项目维护基础上，新开线路78条，使监控在各网点的覆盖率达50%以上，有效实现了对全市快递企业分拨中心、主要网点及偏远小岛网点的实时管控。

在绍兴局的大力推动下，2017年3月，绍兴市政府印发《推进全市现代综合交通发展的实施意见》，明确到2020年全市建设10个快递分拨中心，800个城市配送点，建成网格化现代城市配送体系；7月，市委办下发《关于2017年绍兴市农业农村工作财政配套资金的安排意见》，要大力发展农村流通服务网络及农村电商，其中安排160万元用于乡村旅游和村邮站补助。9月，市府办发文明确新能源快递车辆免避高峰通行。12月，绍兴局与市公安局联合出台《快递行业规范交通文明出行深化“一创一治”大会战活动方案》，优化快递车辆通行环境。绍兴局多管齐下缓解城市末端配送压力，与时俱进，增加可进入城区一环内的快递电动三轮车数量，由原先的170辆增加为250辆，以后视情况将逐年增加；创新思路，将新能源快递车辆的应用作为缓解末端配送压力的方向，有效推动绿色邮政建设。目前，全市共有200余辆新能源车辆投入使用；出台记分、认证、信用制度，对电动三轮车交通违法不再立即扣车，改为记分制度管理，规范快递配送车辆通行。

金华市物流办在制定全市物流行业发展促进三年行动计划扶持政策中，明确将快递列入其中，金华局积极协调政策落地，从而促进快递“龙头”企业加大在场地、设备、信息化等方面的投入力度，引导企业做大做强。浦江县政府全力支持快递下乡工程，明确3年内投入450万元，完成全部409个行政村的快递派送布点工作，目前月派件量突破11万件。通过走访企业，引导企业提升科技应用水平，在信息管理软件及电子面单应用、全自动分拣机器人及设备使用、智能仓储中心建设等方面加大投资力度，不断提高服务能力。2017年以来申通、中通等几大品牌浙中总部都在金华建立了仓储基地，并积极引进电商企业。此外，永康几家规模较大的持证企业中通、申通、韵达今年开展合作，成立永康市中申达物流股份有限公司，扩充分拣场地，建设仓储中心，引进优质电商，形成抱团发展优势。大力发展末端配送网络，推进快递进社区、进校园工程，目前已在浙师大校内建成并启用四个快递服务点，基本满足了在校数万师生的收件取件需求。加快智能快件箱的建设和推广，加强民营智能快件箱建设运营情况调研，为丰巢、速递易等民营智能快件箱品牌进驻各县市牵线搭桥，积极协调机关企事业单位、社区落实建设场地，一年来新增智能快递件箱120余组，格口数17000个，并引导快件箱生产运营企业在浦江开展智能信包箱建设的试点工作。此外，还协调东阳交警部门为快递配送三轮车提供通行便利，并指导市快递行业协会印发《东阳市快递配送电动三轮车管理办法（试行）》，按“一建立、二落实、三统一”的要求规范快递电动三轮车管理。以“邮政助农”“一市一品”工程为抓手，助推兰溪枇杷、浦江葡萄等特色农产品打开市场，走向国际，打通特色农产品走出去的网上销售和快递物流通道。引导邮政公司建设线下邮乐购站点3168个，完善县(市)域农村电商仓储运营中心，形成了线上农品推广、线下站点支撑、邮政网络配送的新型农村电商服务体系。

衢州推进“快递下乡”工程。进一步加大快递在农村地区的覆盖率，按照浙江局部署，衢州局简化快递经营许可证的办证流程，全市已有187家网点获得了快递经营许可，乡镇快递网点覆盖率达70%以上。出台农产品外销重点时段快递绿色通道政策，出台《衢州市快递企业设立农产品快递临时收寄点管理办法》，允许企业设置快递临时收寄点，助推全市农产品外销。

台州局积极对接顺丰和仙居县政府，助推顺丰+仙居杨梅落地。仙居县林业局与台州顺丰速运有限公司签署仙居杨梅寄递销售合作协议，每年补助顺丰100多万元。

丽水建成全市寄递行业“天鹰”视频监控系统，360度监控无死角。通过向市财政争取视频监控系统的建设资金，完成了全市八县一区229个寄递企业网点监控系统建设，真正做到“零死角、全覆盖”，加大了快递企业安全监管信息化的实际运用。通过鼓励高校、快递企业、第三方主体因地制宜加强合作，在院校内设立“快递超市”，解决高校快递投递难等问题。复制丽水学院“快递超市”模式并推广，实现了快递进高校全覆盖。有效解决高校快递投递难、校园安全和管理秩序难保障等问题，同时积极推动高校快递创新服务，开发出“人脸”识别系统，派件完成率高达95%以上。着力推进“快递向下”示范区建设，指导快递企业有序设立乡镇营业网点，成功复制龙泉“快递E站”模式，在庆元、缙云、遂昌等地乡镇实现快递网点建设大突破，快递下乡项目创建工作开展以来，已建成“快递E站”12个，稳步提升快递服务农村人口的数量。在云和县设立“快递业服务现代农业项目示范点”的基础上，加推了庆元、龙泉等地典型农特产品示范基地，使快递服务更加贴近农户，直接服务到田间地头，高山有机稻米、山茶油、农家香茶、香菇、木耳、杨梅等172个当地农特产品已通过当地快递企业实现“进城”之路，实现年产值近120万，促进了当地农民增收致富。率先在全市实行企业安全等级公示制度，助力安全监管区建设。对全市快递企业实行安全等级考核，从企业安全生产主体责任落实情况、安全管理工作执行情况等方面进行实地考核得出考核分，将全市210家寄递企业、网点分为A、B、C、D四类进行管理，对A类(8家)表扬宣传，要求D类企业整顿整改，合理统筹有限的监管资源。

国家邮政局发展研究中心义乌研究基地设立、全国首个县级快递指数发布服务义乌市场新需求。2017年，“国家邮政局发展研究中心义乌基地”授牌，并正式发布义乌快递指数。信息化管控压实企业主体责任。每个网点装上360度监控无死角的高清摄像头，能辨别寄件人面部特征，监控必须与义乌管局监控中心连接。同时，快递园区的9家企业的分拨中心也建立了监控室，配备独立的电视背景墙，将分拨中心、网点监控集中接入监控中心，便于企业开展自查，并安排专人值守，密切关注分拨中心及网点运营情况，发现问题及时处理。为进一步落实企业安全监管的主体责任，最大限度地发挥各快递企业集中监控平台的实时管控作用。积极融入“一带一路”倡议，初步形成全球布局。2017年4月，联邦快递入驻义乌快递园区并正式启用，标志着义乌外资快递企业入驻快递园区。圆通速递与义乌市政府签订三大项目投资协议，总投资额超过50亿元，与“义新欧”运营商天盟实业公司初步达成资产重组意向，同时首创发起的“全球包裹联盟”(简称GPA)正式启动，发布了快递服务新产品“计时达”。

五、快递市场存在的突出问题

一是企业竞争力需加快提升。快递企业机械化、自动化、信息化水平有待提升。多数企业没有建立规范的用人制度、业务和职业技能培训制度，缺乏具有竞争力的薪资待遇，一线服务人员流动性大，岗位技能和人员整体素质有待提升。

二是安全隐患与监管力量不足并存。快递企业安全主体责任落实不到位，部分快递企业负责人安全意识淡薄，安全机构和人员配置不到位，未能严格落实各项安全制度。因企业倒闭带来的员工讨薪、聚众围堵等群体事件偶有发生。邮政管理部门力量相对于监管任务明显不足。

三是绿色低碳发展亟需破题。当前，我国资源环境承载能力的刚性约束趋紧，生态环境恶化趋势尚未得到根本扭转，经济发展亟待转型。随着快递业持续快速发展，传统发展模式受成本、资源和环境制约愈发明显。而快递企业对绿色低碳发展重视程度不够，环保科技研发投入及应用不足，在电商环境下快递包装量大且难以标准化，部分礼品、补品、化妆品等更有过度包装倾向，且多为一次性使用，一定程度上导致资源浪费和环境污染。

安徽省快递市场发展及管理情况

一、快递市场总体发展情况

2017 年，安徽省邮政行业业务收入（不包括邮政储蓄银行直接营业收入）累计完成 158.2 亿元，同比增长 27.7%；业务总量累计完成 248.0 亿元，同比增长 41.8 %。其中，快递企业业务量累计完成 86332.3 万件，同比增长 25.3%；业务收入累计完成 89.6 亿元，同比增长 26.9%（表 7-12）。

表 7-12　2017 年安徽省快递服务企业发展情况

指　标	单位	2017 年 12 月		比上年同期增长(%)		占全部比例(%)	
		累计	当月	累计	当月	累计	当月
快递业务量	万件	86332.3	9034.9	25.3	9.5	100.0	100.0
同城	万件	13700.9	1411.5	29.9	8.4	15.9	15.6
异地	万件	72091.6	7577.1	24.2	9.6	83.5	83.9
国际及港澳台	万件	539.9	46.3	78.4	34.4	0.6	0.5
快递业务收入	亿元	89.6	9.3	26.9	12.8	100.0	100.0
同城	亿元	9.6	1.0	31.9	15.6	10.7	10.8
异地	亿元	56.4	5.9	19.2	9.4	63.0	63.0
国际及港澳台	亿元	4.3	0.4	46.6	28.7	4.8	4.1
其他	亿元	19.3	2.1	48.0	18.9	21.6	22.1

2017 年，合肥市“中国快递示范城市”在全国率先授牌，安徽省邮政业安全中心批复成立，南陵县被授予“全国快递科技创新试验基地”，国家邮政局容灾备份中心建设有序推进。全省实现“三个全覆盖”“四个百分百”：“快递下乡”乡镇网点全覆盖、快递产业园重要节点城市全覆盖、市级快递业发展实施意见全覆盖；“快递进校园”规范收投率 100%。

二、行业管理工作及主要成效

管党治 党责任全面落实。一是完成巡视问题整改工作。按照国家邮政局党组第二巡视组的要求，安徽省邮政管理局党组全面落实巡视整改工作，针对巡视反馈的问题，研究制定整改方案，梳理制定问题清单9个、任务清单9个、措施清单32个。安徽局通过细化分解任务,层层落实责任,实行台账推进,做到立行立改,所有问题已全部整改。二是推进系统党的政治建设。始终把党的政治建设摆在工作的首位,以学习宣传贯彻党的十九大精神为主线,教育引导全省系统党员干部全面树牢"四个意识",始终同以习近平同志为核心的党中央保持高度一致。三是加强党建理论学习。制定局党组及中心组学习计划,建立党员活动日制度。组织党员干部学习党的十九大报告、《习近平谈治国理政》等政治性文件、读本30余份。开展新党章和党的十九大报告知识测试。召开全省党建工作交流推进会,推进形成常态研究、全面推进的新格局。安徽局党组成员讲党课3次,市局负责人深入企业、基层讲党课15次。四是推进"两学一做"学习教育常态化制度化。制定"两学一做"学习教育常态化制度化实施方案和"讲政治、重规矩、作表率"专题警示教育方案。利用网站、报刊宣传学习教育情况,共发布信息60多条,编发简报12期。五是开展党组织标准化建设工作。在安徽局机关全面推进基层党组织基础设施、活动场所等标准化硬件设施建设,抓好领导班子、党员队伍等标准化软件建设。规范基层党支部和党小组活动,制定和落实基层党建年度"三个清单",不断夯实基层党组织工作基础。安徽局机关一、二支部均通过了省直机关工委组织的标准化建设达标验收。六是继续加强党风廉政建设。安徽局和各市局组织党员干部开展形式多样的党风廉政教育和警示教育活动。安徽局制定党风廉政建设任务落实情况监督检查方案,要求市局围绕党风廉政建设、干部选拔任用等进行全面自查,确保党风廉政建设落到实处。认真做好重大节日期间教育提醒工作。全年开展新任职省管干部廉政谈话16次,完成2个市局领导干部离任审计工作。七是狠抓机关效能建设。制定出台了机关工作人员日常行为规范,成立安徽局效能建设明察暗访检查小组,不定期进行检查,并将检查结果纳入年度考核。八是推动精神文明创建。各地开展形式多样的"最美快递员"评选活动。安徽局获得省直机关文明单位,阜阳、淮南市邮政公司被评为全国文明单位,淮南局、省邮政公司等19家单位获省文明单位。金寨县邮政公司投递员江浩同时获得省劳动模范和"安徽好人"称号,全省邮政业9人获省劳动模范。

行业发展环境持续优化。一是各级政府重视支持显著提升。2017年全国邮政管理局长座谈会在合肥召开期间,安徽省长李国英、省委副书记信长星在会见国家邮政局局长马军胜一行时,充分肯定了安徽省邮政业改革发展成效。国家邮政局局长马军胜,副局长王梅、刘君、邢小江前往合肥、芜湖、六安等地开展工作调研,并与当地主要领导交流了邮政业发展工作。全国政协副主席王正伟调研邮乐 品霍邱馆,深入了解邮政扶贫工作;安徽省长李国英在调研砀山县快递网点后充分肯定快递对电商进农村的支撑作用;副省长张曙光专程调研桐城市邮乐购运营情况;副省长李建中3次检查寄递渠道安全保障工作。各市政府工作报告均提出支持推动邮政业发展。各市党委政府主要领导或分管领导都对行业发展、寄递渠道安保等工作进行调研督查,并对邮政管理工作作出批示。芜湖、淮北等市成立由政府领导为组长的促进快递业发展工作领导小组。二是行业发展规划全面实施。邮政业发展内容被纳入省"十三五"服务业、综合交通运输等10多个全省性发展规划中。其中合肥环状快递产业园等多个行业基础项目被列入"十三五"全省重大服务业建设工程。安徽局成立规划宣贯实施领导小组,推进规划实施工作。《蚌埠市邮政快递设施专项规划》经市政府审议通过。三是支持保障政策体系更加完善。深入推进落实国务院、省促进快递业发展实施意见,全省16个市政府全部出台了促进快递业发展意见,省市配套政策措施体系基本形成。省政府出台推进电子商务进农村全覆盖工作方案,推进全省农村物流配套、乡村网点等全覆盖,促进农村快递物流服务配送体系建设。安徽局与省农委联合出台《关于推进快递服务现代农业的意见》，争取各级财政资金支持开展快递服务现代农业示范基地建设。安徽局联合住建厅、民政厅制定《关于推进快递服务进社区的意见》，全面实施“快递入区”工程，共同推进快递末端服务体系建设。四是地方政策红利相继兑现。全省邮政管理部门共为行业发展争取财政资金近5000万元。资金主要用于支持合肥快递示范城市项目、快递物流园区、村邮站建设，以及企业购置安检机等。其中，蚌埠市电子商务与物流快递协同发展试点项目共兑现快递企业项目补助资金1632万元。部分市县还出台了场地免租等优惠政策，吸引快递企业入驻园区。五是“放管服”改革持续深化。安徽局建立快递业务经营许可月度通报机制，进一步优化审批和网上办理流程，减少审批时限。快递业务经营许可平均时限缩短为10.9个工作日，快递业务经营许可变更平均时限缩短为5.8个工作日。

行业发展根基不断夯实。一是推动邮政企业改革创新。安徽省邮政企业积极优化组网模式和网运流程，省际出口能力和时效水平明显提升，量收增速均位于全国前列。“邮快合作”模式实现优化。省邮政公司与税务部门合作，全面推进在邮政网点代开增值税发票业务，建成代理合作网点205处，代征税款2.8亿元；与省交警总队合作在各市建立“警邮便民服务中心”，上线运营的便民服务系统代办业务近9万笔。二是加强基础设施建设。继续实施农村地区邮政普遍服务基础设施建设项目。完成全省邮政县域网建设，共建成县域网2.8万公里、邮乐购站点2.1万个、县镇两级运营中心629个、邮乐品地方馆72个。全省已设立乡镇快递服务网点超过4000个，建成社区快递公共服务站768个，投入使用智能快件箱9000多组。三是配合推进邮政寄递渠道“绿盾”工程建设。积极协调地方相关部门，配合做好“绿盾”工程基础设施国家邮政局容灾备份中心在安徽省规划建设工作，协助完成可行性研究报告、初步设计等编制评审。灾备中心以大数据应用为核心、科学信息存储分析为基础，建成后将有效提升全国邮政管理部门的监管效能。四是企业重大项目建设全面提速。安徽局继续协同地方政府前往快递企业总部，沟通对接总部项目在安徽省规划建设工作。百世皖北、中通皖南、皖北分拨中心及电商仓储项目已建成运行；顺丰合肥智能分拣基地、顺丰芜湖电商产业园、圆通皖南区域总部、中通安庆分拨中心和申通砀山冷链物流项目先后开工。中国（合肥）快递后台服务基地基本建成，总座席数超过8000个。南陵县“全国快递科技创新试验基地”相关项目启动建设。五是快递产业园区建设形成集聚效应。安庆皖西南快递产业园挂牌成立，全省已建成覆盖主要快递物流节点城市，连接长三角、皖江经济带和中原经济区的综合性、区域性五大快递产业集聚区。其中合肥环状快递产业园已有31个分拨中心入驻；芜湖市皖南快递产业园和蚌埠市快递电商协同发展试验区获批为省级服务业集聚区。此外，全省还建成市级快递产业园3个、县级快递产业园22个。六是跨境寄递基础保障更为有力。合肥国际邮件互换局全面开通进出口业务，国际邮件全程时限平均提升2～3天，全年业务总量达到1256万件，出口国际包裹量位居全国前十。邮件快件中心二期项目正在加快建设中。七是快递“上机上车”工程取得突破。合肥新桥机场国际快件监管中心通过海关验收，顺丰机场快递服务中心建成运营。顺丰全货机落地合肥机场，开通的合肥至北京、深圳的全货机航班运行稳定。八是快递服务现代制造业初具规模。各地鼓励快递企业与本地制造企业合作，推动供需对接，实现互利共赢。全省快递服务制造业项目达到3300多个，业务量超过5100多万件。九是行业科技水平不断提升。省邮政公司配备了全省首个包裹智能分拣系统，合肥申通、中通、天天、韵达等企业新增4套全自动分拣线，总投资近1亿元。全省干线运输快递车辆超过3200多辆。十是人才队伍培养再添新彩。淮南联合大学快递管理专业被评为全国快递专业示范点。各市局和安徽局先后成功举办职业技能竞赛,选拔培养优秀快递技能人才。在全国首届邮政行业职业技能大赛中,安徽省获优秀团体奖,2 人获二等奖、1 人获三等奖。

服务民生能力加快提升。一是提升服务"三农"和精准扶贫能力。邮政企业与 44 家政府部门签订合作协议,承接电子商务进农村示范县项目达到 19 个。邮乐购站点行政村覆盖率达到 90%以上。邮乐网上线商品超过 6000 种,全省通过邮政网络配送农特产品进城量达 3968 吨,农特产品交易额 3492 万元,带动 6.5 万贫困人口增加收入。全省 20 个贫困县全部建成邮乐农品馆,开展精准扶贫活动 38 期,推出精准扶贫产品近百种。加快"快递 + "特色农产品样板项目建设,黄山茶叶、砀山酥梨入选第二批"全国快递服务现代农业示范基地"项目,六安茶谷等被定为全省邮政快递服务现代农业示范基地。EMS、顺丰向全国推广"快递 + "黄山茶业、安徽螃蟹等定制化服务。二是提高快递末端服务水平。加快推进品牌企业城区自营快递网点标准化工作,全省标准化网点 2019 个,标准化率达到 90% 以上。破解末端收派车辆通行难问题,蚌埠市出台文件规范管理快递配送车辆,合肥等市制定非机动车辆通行停靠便利政策。三是开展快递包装绿色化、减量化试点。推动顺丰开展绿色包装缓冲物减量化试点,全年减少投入包装胶袋 150 万个。申通分拨中心已全面推广循环使用包装袋。全省寄递企业投入使用新能源车辆 200 多辆。四是实施放心消费工程。启动快递网点标准化和服务质量第三方调查。强化"不着地、不抛件、不摆地摊"治理,快递处理和营业场所离地设施铺设率达到 92% 以上,组织开展全省"3·15""诚信快递、你我同行"主题宣传活动周活动,举办主题演讲比赛。五是提高申消费者用邮满意率。省邮政业消费者申诉中心共处理有效申诉 4074 件,为消费者挽回经济损失 137.4 万元。快递有效申诉量同期下降 26.3%,消费者对邮政管理部门申诉处理满意率达到 99.8%。六是改善投递员、快递员工作环境。推行邮政投递员"私车公助"改革,纳入改革车辆 1395 辆,覆盖全省一半以上农村段道。督促快递企业开设员工食堂、建设员工宿舍,不断改善从业人员工作环境。

依法行政能力稳步增强。一是继续组建行业监管机构。省编办批复成立省邮政业安全中心,为公益一类事业单位。蚌埠市淮上、芜湖市南陵邮政管理局组建成立,阜阳、池州市邮政业安全中心获批设立。全省成立的县级邮政监管机构达 10 个,市邮政业安全中心 4 个,共计增加事业编制近 80 名。全省已有 14 个市局顺利解决办公业务用房。二是推进法治邮政建设。省人大常委会开展邮政法、《安徽省邮政条例》执法调研,重点推动支持邮政业发展政策的落地实施,对安徽局法规宣贯实施工作给予充分肯定。全年受理信访举报 19 起,均按时办结答复。三是严抓快递市场监管。制定"双随机"抽查工作细则,组织开展"双 11"旺季期间寄递渠道随机督查和跨区域互查。全省共开展邮政市场执法检查 9155 人次,查处违法违规行为 778 次,实施行政处罚 385 次。妥善处理企业网点停业运营、经营纠纷等事件。开展国家机关公文寄递管理工作。定期召开快递服务质量提升联席会议制度,建立服务质量监控机制。

切实保障寄递渠道平稳运行。一是加强重大活动寄递安全服务保障。圆满完成党的十九大、"一带一路"高峰论坛等重大活动期间寄递渠道安保工作,做好"双 11"旺季服务保障,相关工作得到分管省长的批示肯定。强化邮政业突发事件信息报告和预警提示,有效应对高温、雨雪天气和突发事件。二是积极推进落实"三项制度"。联合公安、国安等部门开展实名收寄专项检查。推广应用实名收寄信息系统,并纳入市局年度目标考核。安徽省总体实名率达到 84.3%。继续推进安检机配置,全年新增安检机 304 台,累计达到 681 台。协助做好邮政业反恐、禁毒、打击侵权假冒、扫黄打非等工作。三是健全完善体制机制。定期召开寄递渠道安全管理领导小组会议,部署安全管理重点工作。落实安全生产责任制,推动成立市级安全生产领导小组。联合省公安厅印发《关于健全工作机制切实加强寄递业安全管理的通知》,完善安全监管联动机制。四是做好寄递渠道综合整治工作。联合省综治办完成各市寄递渠道安全管理综治考评工作。安徽局和淮北、滁州、池州、马鞍山局获综治工作年度考核优秀等次。联合寄递渠道安全管理领导小组成员单位,集中开展安全专项整治。配合公安部门开展易制爆危化品和寄递物流专项整治行动。五是发挥省邮政业安全中心监管支撑作用。省邮政业安全中心成立后,建立省市县三级企业安全员队伍共655人,做好企业安全生产教育培训及应急事件处置工作,编发安全日报22期,建立微信公众号并发布安全信息147条,协助完成重大活动期间寄递渠道安保工作。

邮政管理工作基础继续夯实。一是加强干部队伍管理。完成公务员年度考核、领导干部报告个人有关事项、人事档案的整理等工作。组织开展11个市局领导班子配备工作,完成省管干部考察、考核任免17人次,调整2名市局主要领导干部。举办全省系统党性修养和能力培养科级干部培训班,提升科级干部党性修养和履职能力。二是推进行业统计。按时向社会公布季度行业经济运行情况,开展全省统计工作检查。行业经济运行分析报告得分连续五个季度位居全国系统第一。三是强化财务、新闻宣传、网站管理等工作。安徽局制定印发了会议费、合同管理办法,进一步完善财务管理制度。完成安徽局和市局公务用车改革。联合行业报刊和地方主要媒体对全省邮政业改革发展成效进行宣传报道。安徽省系统宣传稿件被国家邮政局报刊网采用总分排名全国第七,其中政务信息被国家邮政局采用148篇。编发《安徽邮政管理》工作简报11期。联合省经济信息中心发文推动电子政务外网建设,安徽省在全国率先接入开通。加大政府信息公开力度,按要求做好3起信息公开申请答复工作。按季度组织开展网站互查工作,省市局网站在国家邮政局四个季度检查中全部合格,综合评分位居全国前列。其中铜陵局连续三个季度网站检查满分通过。做好机要、保密和档案等工作,安徽局机要工作获年度考核优秀等次。

三、砥砺奋进的五年

党的十八大以来的五年,是安徽邮政业发展极不平凡的五年。全省邮政业和邮政管理系统在以习近平同志为核心的党中央坚强领导下,按照“五位一体”总体布局和“四个全面”战略布局,坚持稳中求进工作总基调,坚持以新发展理念引领新常态,坚持以供给侧结构性改革为主线,坚持以人民为中心的发展思想,紧紧围绕全面建成与小康社会相适应的安徽现代邮政业目标,加快建设现代化五大发展美好安徽,贯彻实施国家邮政局提出的“五个邮政”“三向三上”“打通上下游、拓展产业链、画大同心圆、构建生态圈”等一系列重大发展战略和政策措施,实现了安徽邮政业的飞速发展、历史跨越,确立了建设邮政强国的安徽新起点、新征程。

行业规模再上新台阶。全省邮政业务总量由2013年的57.5亿元增长到2017年的248亿元,年均增速达到44%,行业基础性、先导性作用更加突出。快递业务量从1.4亿件增长到近9亿件,年均增速高达58%,增速位居全国前列,成为安徽省增长最快、成效最好的现代服务业。快递业务量增长数据2017年首次写入省《政府工作报告》。

发展质效不断优化。蚌埠市被列为全国第二批电子商务与物流快递协同发展试点城市,合肥市获得首批“中国快递示范城市”,南陵县被授予首个“全国快递科技创新试验基地”。企业发展得到政策资金强力支持,上下游产业实现有效连通。快递产业园从无到有、从有到强,已形成规模布局和集聚效应。2013年合肥快递产业园挂牌至今,全省五大快递物流节点城市快递产业园相继挂牌成立,企业分拨中心、电商仓储中心和区域总部先后落户园区,累计总投资已超过100亿元。芜湖市皖南快递产业园和蚌埠市快递协同发展试验区成为省级服务业集聚区。申通总部投资建设的全省首个冷链物流项目在砀山县物流园区开工建设。合肥国际邮件互换局获批设立运行,助力安徽省跨境电商走向全球。全省行业服务先进制造业、现代农业和跨境网购成效明显。

公共服务能力整体提升。完成278个空白乡镇邮政局所补建,实现"乡乡设所、村村通邮"。深入推进"快递下乡"工程,全省乡镇快递服务网点4001个,覆盖率达到100%,行政村快递通达率达到80%以上。邮政业助力全省电商进农村全覆盖和精准扶贫效果显著,各地依托邮乐网和邮乐购站点全力打造"一市一品",发挥快递网络和网点优势加快建设"快递+电商"特色农产品样板项目,带动农民增收脱贫。探索推进"邮快合作"模式,41个县邮政企业为快递公司提供乡村包裹代投服务。全省通过快递服务站、智能快件箱的服务组合,进一步优化城区和高校快递末端派送服务。人民群众用邮的便捷性和满足感不断提高。

治理能力显著增强。加快法治邮政建设,《安徽省邮政条例》颁布施行。省、市两级政府全部出台促进快递业发展的实施意见。产业协同、寄递安全、人才培养等各方面建设深入推进,并产生明显效果。切实履行邮政普遍服务监督和邮政市场监管职责,有效开展执法检查和消费者申诉工作。建立健全寄递渠道安全管理联动机制,实施综合治理和属地化管理,确保重大活动、服务旺季寄递渠道安全畅通和行业稳定发展。

四、各市(地)主要管理工作概况

合肥局夯实基础,园区建设跃升新高度,合肥环状快递产业园深度融入工业立市战略和内陆开放新高地的定位,35个省级快递分拨中心集聚东西南北四大园区,建设总投资达105亿元,总面积125万平方米。中国(合肥)快递后台服务基地基本建成,顺丰、德邦、UPS等呼叫中心及后台处理座席数超过8000个。合肥国际邮件互换局进出口业务全面开通,累计处理出口包裹突破1000万件,高峰处理量达6万件,大幅提高国际邮件的通关速度,有效降低国际寄递成本。合肥空港国际快件处理中心即将建成使用。提升品质,申诉服务彰显新形象。通过精确统计、大数据分析、动态监测、及时预警、媒体公示、约谈企业、开展培训等手段,大幅提升消费者对申诉处理的满意度。全年快递业务平均百万件快件有效申诉降至4.05件,低于全国有效申诉率31.16%,低于全省有效申诉率14.53%,全年累计处理有效申诉18747件,为用户挽回经济损失58.68万元。消费者用邮满意度持续提升,对邮政管理部门处理满意率100%。争取支持,行业发展增添新动力。合肥市财政给予快递业3000万元以上资金扶持,用于支持行业基础设施建设、总部建设等。全年,合肥局争取市财政对寄递企业安检机配备补贴实现全覆盖,累计补贴金额达350万元。强化安全,行业监管提升新水平。加大执法检查力度,引导企业健全内部安全管理制度、完善安全设施配备、加强安全生产培训管理,切实落实三项制度。完成邮政业安全监管中心三期建设,提升安全监管信息化水平。全行业共配备X光安检机200余台,全年寄递渠道查处涉枪案件4起、贩卖盗版出版物案件1起、贩卖毒品案件2起。寄递行业稳定性管控成效显著。针对个别网点出现承包商"跑路"等问题苗头,合肥局及时采取大数据分析,早发现、早应对、早处理,通过强化日常监管、约谈通报、媒体沟通等多种手段,有效强化行业稳定性控制,成功避免寄递网络系统性风险,获得了地方政府及国家局充分肯定。持续发力,绿色智能邮政取得新成绩。申通快递合肥分拨中心、安徽顺丰等大力推广绿色、特色包装,践行绿色发展理念。合肥邮区中心局配备省内首个"小黄人"包裹智能分拣系统,全市寄递企业自动分拣设备累计达12套。

产业融合，转型升级迈出新步伐。合肥中通易坤仓储、百世新华云仓、京东云仓、顺丰冷链等创新服务，开展仓配一体化、供应链、冷链等定制化、个性化寄递服务。邮政普遍服务水平稳步提升，遍布村头巷尾的2327个农村邮政快递网点，为工业品下乡、农产品进城搭起便捷桥梁。邮政、顺丰等企业助力大圩葡萄、长丰草莓、巢湖银鱼等特色农产品更快更好地由"田间到舌尖"。

蚌埠局推动快递车辆规范管理实现"五统一"。联合市交通运输局、市城市管理行政执法局和市公安局先后出台《蚌埠市关于快递车辆规范管理的实施意见》《关于快递电动三轮车规范管理工作实施方案》和《蚌埠市快递规范车辆管理办法（试行）》，对快递车辆实行"统一车辆、统一标识、统一服务、统一管理"，已对两批22个品牌共计1365辆快递专用电动三轮车实现规范化管理，目前已逐步实现全市快递电动三轮车辆"五统一"，全面提升快递行业安全防控意识。推进快递服务现代农业。启动快递服务现代农业"一地一品"建设工作，与市农委联合印发《关于推进快递服务现代农业的意见》，形成具有全国知名度的快递+农产品项目。整合利用现有邮政、供销、交通等物流资源，推动县级仓储配送中心、农村物流快递公共取送点建设，固镇县已建成农村快递公共取送点197个。依托农村特色优势产业和产品，拓宽农特产品网络销售渠道，促进农村流通现代化水平全面提升。邮政公司整合邮政集团内外资源，大力建设县域物流配送体系，加快运营便民惠民的"村邮乐购"站点，解决农产品进城难，有力地推动了"工业品下乡，农产品进城"。推动"五河螃蟹"走出去。促成顺丰速运与五河县政府、协会、蟹商等的深度合作，助力五河螃蟹走向全国。目前超过70%的五河螃蟹通过快递销售，2017年螃蟹已销售近7.5万件，销售额约3750万元。

芜湖局政策支持增添新动力，市政府成立了由分管市领导为组长的促进快递业发展领导小组，负责全市快递业发展各项工作的统筹、协调与落实工作；出台了《关于促进快递业发展的实施意见》，从规划引导、优化政策、财政扶持、改善融资、保障通行和人才培养等方面，提出一揽子综合配套政策；《芜湖市快递管理办法》成功列入2018年芜湖市政府规章制订计划，开创了全省市级邮政业地方立法先河。同时，市政府继续加大对邮政业发展的支持，《芜湖市物流业降本增效专项行动实施方案（2016－2018年）》《芜湖市推进电子商务进农村全覆盖工作实施方案》等文件将邮政业发展纳入支持保障的范围。皖南快递产业园集聚效应进一步显现。继皖南快递产业园获批为省级服务业集聚区后，安能、申通区域总部、分拨中心项目相继落户，中通皖南（芜湖）分拨中心及电商仓储项目建成投入使用，新增8万平方米的综合处理场所；顺丰速运芜湖电商产业园、圆通速递（皖南）区域管理总部项目先后开工建设，韵达控股皖南中心基地项目完成开工前期准备工作，快递产业集聚度进一步提升。目前有16家快递区域分拨中心在该市运营，7家快递在该市投资购地建设区域总部、分拨中心等项目，总计划投资额达57亿元，用地面积达1200亩，形成了立足皖南、辐射中东部的快递集聚发展区。关联产业进一步提升。南陵县将快递物流智能装备制造产业作为产业发展的主攻方向，被国家邮政局认定为第一家"全国快递科技创新试验基地"。末端服务体系全面覆盖。以快递服务站为载体的"10分钟快递便民圈"基本建成，市区188个快递服务站，服务市民100余万人，年延长服务时间达20万小时，年投递快件近3000万件，为全国末端服务体系提供的"芜湖方案"。以村邮乐购站点为载体的农村寄递服务体系，覆盖该市全部行政村，构建较为完善的县、镇、村三级物流体系，成为联通城乡，服务"三农"，支撑农产品上行的重要渠道，在"9·19"邮政电商节中，成功向全国销售近30吨南陵优质大米。

宿州市邮政业获得市交通商贸物流发展和电子商务进农村全覆盖专项资金支持。宿州局抓住宿州市大力发展交通商贸物流的有利契机，积极争取市交通商贸物流发展专项资金，2017 年为新安速快递物流园、县级园区分别争取 100 万元和 60 万元的财政补贴。宿州市邮政业获得“市电子商务进农村全覆盖”专项资金支持。2017 年 11 月，宿州市 6 家邮政、快递企业共获得市电子商务进农村全覆盖专项资金共计 133.56 万元。砀山县冷链物流项目开工建设 。砀山申雪冷链物流项目正式开工建设，该项目由申通快递上海总部投资建设，项目一期占地 80 余亩，总投资 1 亿元，建设万吨级恒温及 -18℃°冷冻冷藏库，构建全国各省级冷链运输对接体系，项目建成后以冷链快递的方式解决鲜果“无损化”配送难题，与园区内的保税仓、智能云仓共同构成砀山县快递服务现代农业发展体系。该项目标志着宿州市快递服务现代农业水平迈上新的台阶。首创行业安全巡查新模式，提升行业安全管理水平。宿州“砀山酥梨项目”入选“全国快递服务现代农业示范基地”。鼓励快递企业健全完善农村快递服务网络，提升快递服务品质，促进快递助力农产品上行，助力快递与现代农业协同发展。宿州“砀山酥梨项目”入选第二批“全国快递服务现代农业示范基地”。

五、快递市场存在的突出问题

一是快递专业人才供给不足、高素质人才匮乏、结构不优、能力不强。快递从业人员整体素质偏低，高技能人才匮乏，专业人才不足，人才培养、教育和储备机制不健全。薪酬低、劳动强度大和季节性波动等因素，造成企业员工流失率较高。快递企业的员工主要来自农村剩余劳动力、待业人员、下岗工人等群体，文化素质普遍比较低，很多人未经过正规的就业培训，再加上高流动率使行业整体从业素质低，不能为企业树立良好的形象，也对企业生产经营效率、服务质量带来影响。快递企业管理人员实战经验多，专业知识少，使得快递行业队伍水平提升困难。

二是市场竞争无序，安全隐患大。由于快递行业缺乏全面监管，市场无序竞争的现象比较严重。快递行业投资小，收益快，进入门槛较低。少数快递公司凭借自身成本低廉的优势，随意压低快递资费，超范围经营，这种短期行为，既造成市场过度竞争，又带来较大的安全隐患。投错件、发错件、损坏件、丢件、不能按时投递等现象屡有发生，损害了消费者的合法权益。由于软、硬件均存在安全隐患，导致快递行业在收寄、运输、仓储等环节都存在安全隐患。政府监管部门对违规经营行为和安全隐患缺少有效的监管、管理及处罚手段，未能很好地起到监督管理的作用。

三是三级管理体制难以应对高速发展的行业管理需求。目前，快递行业监管施行的是国家邮政局、省邮政管理局、市邮政管理局三级管理体制，且各级管理局人员配置数量较少。县区缺少管理机构和管理人员。现有的监管力量远不能适应飞速发展的快递业的监管要求，存在监管盲点。

四是事中事后监管压力凸显。商事制度改革实施后，尤其是安徽省“多证合一”改革将“经营快递业务分支机构备案”列入“安徽省多证合一改革证照事项目录”，原先通过事先实地核查，提高分支机构标准化和服务水平，降低行业安全风险的模式必然将会被事中事后监管方式进行转变，由于监管人员、车辆设施、监管设备等不足，必然导致事中事后监管跟不上行业发展趋势，由此导致的网点稳定、安全风险、市场监管等压力迅速增大。

五是社区、商业区、单位等场景地投递仍然困难。大型居住地、商业区、校区、机关企事业单位综合办公区等不断涌现，对快递末端投递服务能力提出了新的要求，这些区域人员密集、交通繁忙、服务需求个性化突出，快递服务于用户需求、生活习惯不匹配的矛盾仍然突出。

六是农村投递服务网络尚需完善。从现行实际情况来看，快递企业在农村区域的配送，已经实现了乡镇网络的配置。但是从乡镇到村一级的快递服务网络尚未齐备，导致农产品上行和工业品下行渠道尚未畅通。农村地区配送地址模糊化、人员流动性强、消费习惯和信任度低等痛点也影响了农民的消费体验。农村网购习惯以现金形式做到货到付款结算，也对快递行业代收货款的灵活性提出了更高的要求。

七是基层网点经营压力日益加大。传统的市场竞争模式已经发生了改变，基层网点面临网点设备升级和新业务推广两方面的经营压力。一方面，一线快递员的用工缺口和日益增长的包裹处理量，迫使基层网点进行分拣设备、信息系统的改造升级；另一方面，服务农业业务、服务制造业业务等陆续开展，市场仍然处于培育期，基层网点面临市场开拓方面的压力，因此基层网点的经营压力日益加大，迫切需要改变。

福建省快递市场发展及管理情况

一、快递市场总体发展情况

2017 年，福建省邮政行业业务收入（不包括邮政储蓄银行直接营业收入）累计完成 213.4 亿元，同比增长 19.5%；业务总量累计完成 392.9 亿元，同比增长 30.7%。其中，快递企业业务量累计完成 166110.7 万件，同比增长 28.8%；业务收入累计完成 162.0 亿元，同比增长 20.1%（表 7-13）。

表 7-13　2017 年福建省快递服务企业发展情况

指　标	单位	2017 年 12 月		比上年同期增长（%）		占全部比例（%）	
		累计	当月	累计	当月	累计	当月
快递业务量	万件	166110.7	17315.0	28.8	28.2	100.0	100.0
同城	万件	21884.2	2823.9	23.5	59.7	13.1	16.3
异地	万件	140993.1	14136.1	29.7	23.6	84.9	81.6
国际及港澳台	万件	3233.4	355.0	27.3	14.2	2.0	2.1
快递业务收入	亿元	162.0	16.9	20.1	19.1	100.0	100.0
同城	亿元	16.3	2.0	21.7	46.5	10.0	11.8
异地	亿元	96.4	9.6	12.4	14.1	59.5	56.7
国际及港澳台	亿元	23.4	2.6	29.4	24.2	14.5	15.4
其他	亿元	25.9	2.7	46.7	16.9	16.0	16.1

二、行业管理工作及主要成效

“两个责任”有效落实。一是主动落实主体责任。召开 2017 年全省邮政管理系统党风廉政建设会议，层层签订党风廉政建设责任书。成立党建工作领导小组，统筹领导机关党建工作。深入学习贯彻党的十九大精神，印发宣贯工作方案及意见，通过召开动员部署会、邀请专家授课、中心组学习、支部学习等方式，把党员干部的思想统一到党的十九大精神上来。推进“两学一做”学习教育常态化制度化，完成四个专题的学习讨论，开展向廖俊波同志学习活动。党组成员分别以《纪律与规矩》和《党内监督条例》为主题上廉政党课。二是持续加大监督力度。对地市局开展“两个责任”监督检查，严肃处理相关违纪行为。开展快递协会违规发放津补贴专项清理工作和党纪政纪处分执行情况监督检查。在全省邮政管理系统开展“以案释纪明纪,严守纪律规矩”警示教育月活动。实行廉政教育登记制度。强化党员领导干部任职前廉政教育,对提任的领导干部开展廉政知识测试及廉政谈话。发挥“党建前沿”宣传阵地作用,及时发布各种违规违纪典型案例通报。把握运用监督执纪“四种形态”,今年福建局共函询2人次、诫勉1人次、批评教育1人次。三是自觉履行“一岗双责”。党组书记、机关党委书记参加省直机关工委组织的抓党建工作述职会。召开机关党员大会,通报全年党建工作情况。开展支部书记述职评议考核工作。严肃党内政治生活,认真落实“三会一课”,落实领导干部参加双重组织生活会制度,召开领导班子民主生活会。开展“共筑邮政梦,机关走前头”主题实践活动。

依法行政全面推进。一是强化快递市场监管。印发贯彻落实“一趟不用跑”和“最多跑一趟”指导意见,进一步优化快递审批工作流程,落实审批时限承诺制度。全年全省新颁发《快递业务经营许可证》40本,办理许可变更197项次。加大执法检查力度,全省全年共开展快递市场、集邮市场和邮政用品用具市场检查3955次,纠正和查处违法违规行为为842次,下达整改通知354件,办理行政处罚718起,罚款约746万元。二是提升行业服务质量。在落实民生七件实事的基础上,及时妥善处理用户申诉,按月公布申诉情况通报和典型案例,约谈服务问题突出的企业。全省“12305”申诉中心全年共受理申诉8.3万件,同比增长约56%,为用户挽回经济损失约181万元。其中有效申诉约1万件,比去年同期下降5%,涉及快递服务9558件。

管理水平大幅提升。一是完善安全监管体系。福建省邮政业安全中心组建工作持续推进,省交通运输厅支持省邮政业安全中心作为省交通运输厅所属事业单位,所需人员编制可从交通运输厅内部调剂,目前待省编办提请省政府最终研究决定。沙县、闽侯、仙游、武夷山、福清邮政管理局相继挂牌成立。县域快递市场委托执法工作稳妥有序开展。二是推动落实“三项制度”。寄递安全监管信息化建设获省政府补助资金433万元。推进福建省寄递业实名收寄验视监管信息系统应用,落实“实名收寄+收寄验视”。截至2017年12月底,全省实名收寄系统累计采集收件信息超过3.5亿条,单日实名散件量最高超过200万件,注册企业966家、网点5352个,登记从业人员8.7万多人,市民版注册7.8万多人,监管版注册人员超过4400人。加强过机安检,全省共配备安检设备465台,实现省际、市际处理中心100%配备目标,2016年安检配备省级奖励资金750万元拨付到位,福州、厦门、莆田、南平、宁德等地市获得市级安检机配套资金补助。三是完成专项重点任务。深化寄递安全管理协作机制,联合开展寄递市场清理整顿、易制爆危险化学品和寄递物流专项整治等工作。圆满完成全国两会、一带一路高峰论坛、香港回归20周年纪念活动、厦门金砖会晤、党的十九大等重大活动安保及“双11”等旺季服务保障工作。福建局、厦门局荣获厦门金砖会晤安保工作先进集体荣誉称号,全省9名邮政管理干部荣获省级安保工作先进个人荣誉称号。福建局市场监管处获评“全省社会治安综合治理先进集体”称号。

提质增效步伐加快。一是优化行业发展环境。推动“闽七条”进一步落地,全年下发扶持资金524万元。协调省商务厅推动快递末端公用平台建设,与省教育厅、综治办联合印发《关于推进快递服务进校园工作的意见》。推进省邮政业“十三五”规划实施进程,福建邮政广场、三明惠农电子商务双创园等重点项目建设完成。开展《快递公共投递服务站设置与服务要求》和《智能信包箱技术规范》的编制工作。

二是推动快递融合发展。快递“向下”成效明显,快递服务农业“一地一品”,形成武夷山和安溪的茶叶、漳浦六鳌地瓜、平和蜜柚、莆田四大名果、古田食用菌等知名项目。快递“向外”步伐加快,福州机场建成福建优购跨境直邮监管中心和国际快件监管中心，厦门出台快递与民航产业协同发展的意见，翔安新机场建设航空邮件快件集散中心纳入“十三五”规划，泉州晋江机场深化与晋江陆地港国际快件业务的合作。泉州国际邮件互换局兼交换站获批设立，厦门首创两岸协作海空联运的监管模式，厦门跨境电商监管中心设立并成为全国开展“互联网＋保税展销”模式业务的重要监管场所，平潭到台湾“台北快轮”货运滚装航线首航，实现海运国际快件出口新突破。快递业与制造业加快融合发展，全省快递服务制造业重点项目26个，累计产生快递业务量超过2亿件，支撑制造业产值400多亿元，形成泉州顺丰特步云仓、莆田顺丰“仙作”定制化包裹等特色项目。

服务支撑坚强有力。一是推进监管法治建设。修订快递发展办法，省政府第90次常务会议审议并通过修改《福建省促进快递行业发展办法》的决定，这是全国首次以省政府规章的形式，对邮政行业委托执法、实名收寄、过机安检、加盟制企业安全管理责任等作出明确规定；各地市适用修订后的《办法》就未执行实名收寄或过机安检等违法行为进行行政处罚，实现了规章修订初衷和立法目的。制定印发《福建省邮政业地方性法规规章行政处罚裁量基准（试行）》《福建省邮政行政管理权力清单责任清单和市场准入负面清单》《福建省邮政管理部门随机抽查工作细则（试行）》和《关于做好快递市场监督管理委托执法工作的通知》，不断完善法规体系。配合省人大完成邮政“一法两例”执法检查。开展2016年行政处罚案卷评查，加强行政执法规范化建设。

二是加强干部队伍建设。出台《党组管理干部选拔任用工作程序》《设区市邮政管理局领导班子和领导干部年度考核办法（试行）》《系统干部异地交流任职相关问题暂行规定》和《领导干部交流工作暂行规定》。完成宁德、福州、泉州、莆田四地市领导班子成员选拔任用工作，全年通过转任、遴选、考录等方式新录用公务员7人，10名干部实现省内系统间交流。强化干部教育、管理和监督。

三是推进行业人才培养。完成2017年两批次职鉴考试，鉴定人数共3274人次，深入开展政校企合作，加强技能人才队伍建设，组织601位学生参加中高级职鉴考试。福州、泉州、莆田、宁德等地市举办了市级快递行业职业技能竞赛活动。福建局联合省人社厅成功举办了全省首届“用心传递、共创未来”邮政行业职业技能竞赛，组队参加了国家邮政局和全国就业指导中心共同举办的“练高超技能、显快递风采、助产业转型”全国职业技能竞赛，并获得了优秀组织奖、优秀技术指导奖及个人三等奖的好成绩。全省顺利组织“诚信快递 你我同行”演讲比赛，福建选手在全国总决赛中获得企业组二等奖、管局组优秀奖的好成绩。

四是提升支撑服务能力。省政府批复同意《关于邮政管理机构支持福建经济建设工作经费补助办法》，第一年地方经费补助140万元于今年4月到账。协调省政府办印发《关于在已腾退办公用房中统筹调剂优先解决省级以下邮政管理机构办公业务用房的通知》，并做好厦门邮电广通大厦房产处置工作，为推进解决地市局办公业务用房奠定了基础。完成福建局车改工作，将主要负责人用车调整为行政执法用车，做好市局车改资料审核报送。新闻宣传工作成效显著，福建局记者站连续五年获评“全国优秀记者站”，全年各市局和机关各处室共报送稿件2286篇，被国家邮政局网站刊载385篇，中国邮政快递报、快递杂志刊载242篇。做好政府信息公开、信访、人大建议及政协提案办理、财务管理、保密管理等工作。积极创建第十三届省直机关文明单位，连续两次获得“省直机关无偿献血先进单位”荣誉称号。

三、砥砺奋进的五年

邮政行业发展向稳向好。党的十八大以来，福建省邮政业发展取得明显成效，体量不断增大，质效不断提升，有力地支撑了网络零售交易，带动了农副产品进城和工业品下乡。2013－2017年，全省邮政业业务总量累计1187亿元，年均增幅28%，是同期全省生产总值增幅的3倍多，占全省生产总值的比重从2013年的0.4%到2017年的1.2%。快递业增长尤其迅猛，年业务收入突破160亿元，5年业务收入累计540亿元，业务收入占邮政业业务收入的比重超过75%。全省年快递业务量由2013年的4.5亿件猛增到2017年的16.6亿件，位居全国第6位。泉州、福州、厦门快递业务量保持全国前50强。

邮政体制改革持续深化。省级以下邮政管理机构组建取得重大进展，2012年下半年全省9个设区市邮政管理局相继成立，行业监管力量大大增强。2015年以来，县级邮政监管机构建设取得突破，泉州晋江、厦门翔安和海沧、三明沙县、福州闽侯、莆田仙游、南平武夷山、福州福清等邮政管理局相继成立。全省邮政企业顺应邮政集团公司由母子公司调整为总分公司的改革要求，完成市县邮政企业更名挂牌工作，管理体制进一步理顺。

行业政策环境不断优化。一方面，邮政业法规体系逐步完善。2012年《福建省邮政条例》获省人大常委会审议通过，2013年1月1日开始施行，填补省内邮政行业立法空白；2015年全国首部以促进快递行业发展为主旨的省级政府规章《福建省促进快递行业发展办法》颁布；2016年11月1日，《福建省邮政普遍服务保障办法》通过省政府常务会议审议，于2017年3月1日起施行，福建邮政业法规“一体两翼”形成；2017年5月，省政府常务会审议通过修改《福建省促进快递行业发展办法》的决定，对邮政管理委托执法、实名收寄、过机安检等制度进一步予以明确。另一方面，政策环境持续改善。2015年10月省政府出台《关于支持快递业加快发展的七条措施》，提出支持快递业发展的一系列政策措施，全省九地市均出台支持行业发展的意见，泉州、厦门获批中国快递示范城市，福州成为电子商务与物流快递协同发展全国首批试点城市，行业发展后劲十足。

公共服务能力稳中有升。空白乡镇邮政局所补建任务全面完成，全省79个空白乡镇邮政局所补建后全部投入运营，实现“乡乡设所”目标。邮政投递覆盖所有乡镇和建制村，通邮率达到100%，提前完成“村村通邮”目标。城镇住宅楼房信报箱建设纳入新建住宅楼房竣工验收项目，智能信包箱建设逐步扩大试点，基本实现“户户设箱”目标。全省全面实现邮政普通包裹按址投递，《人民日报》县级以上党政机关当日见报率实现100%。快递下乡成果显著，全省快递服务网点乡镇覆盖率100%。全省89所高校已全部解决快递进校园问题，完成率100%。行业安全监管及消费者权益保护不断加强，邮政普遍服务和快递服务满意度稳步提升，邮政业服务水平和服务质量群众认可度更高。

安全发展基础更加扎实。企业主体责任落实更加积极，“三项制度”执行标准愈加严格，“绿盾”工程作用有效发挥，安全监管力度不断加大。一方面，狠抓“实名收寄、收寄验视、过机安检”三项制度实施，建设推广福建省寄递业实名收寄验视系统。开展收寄验视专项整治，督促寄递企业落实收寄验视制度。推进安检设备配备使用，全省实现省际、市际处理中心100%配置和“应检必检”目标。另一方面，有效发挥寄递渠道安全管理联席会议作用，狠抓属地社会综合治理，将寄递物流安全管理纳入全省“六个专项治理”，并纳入对地方政府的综治考评，促进地方政府落实寄递安全属地责任。明确寄递安全管理牵头部门，建立联络通报机制，深入开展寄递安全隐患排查，保障寄递渠道安全畅通，全省未发生较大以上邮政通信安全事故。

行业转型升级步伐加快。一方面，邮政企业加大改革力度，在做大做强包裹业务的同时，强化邮政网络综合服务平台作用，发力农村电商及跨境电商市场，不断挖掘新的增长点。另一方面，邮政、快递与电子商务、制造业、农业等关联产业协同程度更深，融合趋势更强，仓配一体化、进场物流、“储销运创”等各种合作模式不断出现。同时，邮政业向外发展进程不断加快，两岸邮政合作持续深化，各地便利通关政策纷纷出台。泉州国际邮件互换局获批设立，厦门进出境邮件快件监管中心、福州进出境快件监管中心、泉州国际快件监管中心投入运营，福州至台北货邮航空专线实现常态化运营，两岸海运快件业务实现双向直接运营。此外，“邮快合作”“快快合作”等模式不断推出，绿色包装、新能源汽车等更多投入使用，科学技术更多地用于企业管理及行业监管，绿色、创新、共享等发展理念进一步落地。

全面从严治党纵深推进。2013－2014年，按照国家局部署，组织在全省邮政管理系统开展了党的群众路线教育实践活动，围绕为民务实清廉的内容，重点聚焦“四风”，强化机关作风建设；2015年，扎实开展了“三严三实”专题教育，持续深入推进党的思想政治建设和作风建设，巩固群众路线教育实践活动成果；2016－2017年，依托“两学一做”学习教育，进一步深化从严治党理念，全体党员干部争做“四讲四有”合格党员，机关党风廉政建设不断加强，风清气正的政治生态有效营造。

机关服务效能有效提升。一是干部和行业人才队伍建设得到加强。出台干部选拔任用工作程序、年度考核办法、异地交流任职规定等相关制度，强化干部管理和监督。健全市局领导班子，多渠道补充公务员队伍，打通干部横向和纵向交流渠道。做好快递职业技能鉴定工作，加大政校企合作力度，强化行业人才培养，积极搭建人才供需对接平台。二是党群工作富有成效。获评省直机关文明单位、省直机关创先争优先进基层党组织、省直机关五四红旗团支部、先进职工之家等称号。抓好机关党建工作，持续加强廉政风险防控，有效发挥纪检监察作用，逐步推进非公快递企业党建工作。三是机关能力建设更加扎实。省局机关连续三年获省政府批复同意给予经费奖励或工作经费补助，有效解决机关公务员同城不同酬问题。顺利完成省、市两级公车改革工作。机关财务管理、保密管理、档案管理、政府采购、信访处理、后勤保障等工作更加规范。

四、各市（地）主要管理工作概况

2017年各市邮政管理局按照国家局“打通上下游、拓展产业链、画大同心圆、构建生态圈”的发展思路和福建省邮政管理局的决策部署，扎实有效推进各项工作任务，推动邮政管理工作和行业发展上新台阶。

持续优化行业发展环境。福州局为企业争取电子商务与物流快递协同发展试点项目扶持资金1873万元及快递企业租金等补助270万元。泉州市、县两级邮政管理部门争取地方奖励补助资金超过750万元。漳州局推动市级电商快递协同发展扶持政策落地，全市邮政快递企业获得财政补助资金423.7万元。南平局推动寄递业列入《南平市人民政府关于进一步促进现代物流业发展的若干措施》补助范畴，争取地方政府兑现三产奖励79万余元。三明局推动沙县政府出台《关于扶持快递物流业发展的十一条措施》。龙岩武平县政府印发《关于支持现代物流业和快递业加快发展九条措施的通知》。厦门局推进《厦门经济特区促进快递发展条例》立法进程。莆田圆通仓配物流园项目投产使用，莆田火车站货运站片区快递电商园区用地计划获批，7家快递企业签订入园意向协议。莆田市第三批96辆快递电动三轮车挂牌通行。泉州中心城区及晋江辖区590辆电动三轮车获批上路通行。厦门局为邮政业争取到300部电动车牌照配额，为快递营运车辆申请通行年费减征50多万元。

持续强化快递市场监管。福州局推动市政府出台《关于进一步落实县域寄递安全管理工作的实施意见》，并实现全市6区6县全覆盖建立“邮政业发展安全中心”目标。莆田市一县四区邮政业安全中心全部挂牌实体化运作。龙岩局与各县（市、区）交通运输局签订行政执法委托书，各县级交通运输局邮政业安全中心均已成立并正常开展工作。泉州局推动市政府发文明确县域快递市场执法委托给交通综合行政执法机构，并与晋江市邮政业发展中心签订委托协议。厦门局印发《厦门市邮政行业黑名单管理制度（试行）》，推进信用体系建设，并委托第三方专业机构对寄递企业进行安全风险评估，发布《2017年厦门市寄递企业及其从业人员举报寄递安全问题奖励办法》。泉州印发《泉州市寄递渠道可疑信息报告奖励办法》。莆田局、晋江局建成寄递业安全监控平台并与公安信息系统对接。莆田局参与全市“仿冒鞋”和“假海淘”专项行动，有力打击“异地上线”等违法违规行为。南平局联合物价、工商部门共同开展“最后一公里”违规收费问题专项整治。莆田局实施末端网点全程网上备案，联合工商共同推行末端网点“一照多址”制度。龙岩局推动快递协会成立全省首个行业自律委员会，完善快递行业自律管理约束机制和自律体系建设。

持续推动行业创新发展。漳州局大力推动“农户＋淘宝电商平台＋快递配送”和“农户＋快递企业销售平台＋快递配送”两种服务模式发展。龙岩快快合作“三集中”运营模式在新罗、武平、长汀、永定等地全面铺开，“快供合作”模式逐步落地。南平局加快在建阳、建瓯等地推进“快递超市”“快快合作”模式，整合快递末端网点。宁德探索形成“惠农电商”“蚂蚁驿站”等“快快合作”模式，并打造了海上“邮包驿站”。泉州顺丰特步云仓、莆田顺丰“仙作”定制化包裹等特色项目有力服务当地制造业发展。漳州、龙岩、三明等地邮政企业加快“县乡村三级物流体系”建设。泉州推进“政府主导牵头、邮政企业运营、邮快合作”的普惠公共服务平台建设。

五、快递市场存在的突出问题

行业安全形势依然比较严峻。一是安全隐患较多。高速发展带来诸多安全隐患，行业基础先导性作用日益提升，波及效应凸显，传统安全和非传统安全风险交织叠加。二是监管专业能力和条件资源不足。全省普遍面临“人少事多”的矛盾，监管人员不足，监管体制不完善。监管方式方法亟待创新，对数据信息的监管和依靠数据信息手段监管能力有待加强，监管效率仍需提高。三是监管边界有待明确。新业态新模式不断涌现，行业法规政策制度标准供给滞后，部分领域监管边界不够明确，增加监管压力。

创新动力依然不足。一是业务层面有待创新。企业同质化竞争严重，多元化服务及中高端供给不足。大部分企业仍停留在单纯寄递层面，物流增值服务发展不足，距离综合性物流提供商仍有很大的距离。二是设施设备有待创新。大型现代化仓储、转运设施等较为缺乏，设备自动化、容器标准化、托盘普及化、包装绿色化、快递仓储供应链自动化等设备投入及普及率较低。三是管理模式有待创新。现代化科技、人才、管理投入不足，现代化企业管理模式未能完全建立，企业在个体规模、整体上的集中度、治理模式、诚信体系建设等方面发展不充分。

不协调不平衡的情况依然不同程度存在。一是地区间发展不协调。山区与沿海地区发展不均衡，城市与农村发展差距较大。二是发展规模与质量不协调。发展“重量轻质”的现象较为突出，发展规模和质量效益不平衡，投入产出比和量收比过低。三是发展速度与服务水平不协调。发展速度长期保持在中高水平，服务的稳定性、多样性跟不上发展速度，末端服务水平亟待提升。四是监管水平与行业发展不协调。监管理念、监管水平与高速发展的行业不相匹配。

环保意识实践力度仍然有待加大。一是企业（特别是基层网点）对绿色发展的重视度不够。产业链上下游尚未形成普遍性的绿色发展共识，社会环保意识未能落实到实际行动中。二是环保物料整体使用率比较低。以电商为主的协议客户及寄递企业对可循环包装袋、封装用品及环保材料投入较少，未大规模推广，过度包装情况依然存在，回收利用程度较低。三是新能源汽车推广力度不足。环保车辆使用数量较少。

共享程度有待提升。从“大共享”来看，福建快递业经过几年的高速发展，在便利群众生产生活、助推经济发展、促进就业增收等方面发挥了重要作用，但与人民群众日益增长的更好用邮需要仍有一定的差距。从“小共享”来看，行业网络、信息资源的共享程度仍有待提高。一是服务能力有待提升。快递网络基础设施建设仍需完善，快递网点设置不合理、不均衡的情况不同程度存在，影响群众用邮。快递末端网点规范化、标准化不足，“最后一公里”服务能力亟待提升。二是网络资源共享程度较低。“快邮合作”“快快合作”“快供合作”依然停留在较低层次和较小范围，第三方合作平台发展不够成熟，产业协同深度不够，邮政、快递及社会网络资源仍有较大的共享空间。三是信息共享不足。企业间、平台间、部门间信息共享不足，全省全行业大数据库有待进一步整合和建立。

开放力度有待加大。一是跨境业务发展不足。全省全年跨境业务占快递业务量比重不足2%，经营跨境业务的企业数量较少，福建区位优势未充分发挥，企业“走出去”的实力较弱。二是对新业态的研究和监管有待加强。当前，快递相关新业态迅猛发展，极大地影响了行业格局和人们生活。作为监管部门，急需以包容审慎的态度加强对新业态的研究和监管。

江西省快递市场发展及管理情况

一、快递市场总体发展情况

2017 年，江西省邮政行业业务收入(不包括邮政储蓄银行直接营业收入)累计完成 93.7 亿元，同比增长 21.5%；业务总量累计完成 129.7 亿元，同比增长 29.2%。其中，快递企业业务量累计完成 43754.5 万件，同比增长 14.2%；业务收入累计完成 49.2 亿元，同比增长 19.2%(表 7-14)。

表 7-14　2017 年江西省快递服务企业发展情况

指　　标	单位	2017 年 12 月		比上年同期增长(%)		占全部比例(%)	
		累计	当月	累计	当月	累计	当月
快递业务量	万件	43754.5	5013.1	14.2	6.5	100.0	100.0
同城	万件	6465.0	745.1	14.2	2.2	14.8	14.9
异地	万件	36909.0	4223.5	14.0	6.8	84.4	84.3
国际及港澳台	万件	380.5	44.5	48.6	82.1	0.9	0.9
快递业务收入	亿元	49.2	5.8	19.2	12.6	100.0	100.0
同城	亿元	5.5	0.7	21.0	5.3	11.2	11.7
异地	亿元	30.9	3.7	13.0	8.7	62.7	63.9
国际及港澳台	亿元	2.1	0.3	32.6	70.6	4.3	4.5
其他	亿元	10.7	1.2	36.7	22.1	21.8	20.0

二、行业管理工作及主要成效

行业内涵发展开创新格局。进一步争取政策支撑，释放行业发展活力。不断强化与各级政府和部门的沟通协调，在落实已有政策、争取新的政策方面加大工作力度。市级邮政业“十三五”规划全部出台，其中，萍乡、鹰潭、上饶、宜春、九江 5 个市局以政府专项规划形式发布。省政府出台《关于促进实体零售创新转型的实施意见》,明确鼓励推进"快递下乡"工程,首次提出积极构建农村经济发展的"快递高速公路";《江西省药品流通行业发展"十三五"规划》强调"发挥邮政企业、快递企业的寄递网络优势,实现药品流通对基层的有效覆盖",这些产业政策体现了对邮政快递业支撑经济发展作用的进一步重视,为邮政、快递企业拓展发展空间提供了良好的政策条件和外部环境。各市局在争取政策支持上主动作为、硕果累累。全省共争取政策支持 26 项,争取扶持资金 3800 万元,再创历史新高。南昌、吉安、九江、鹰潭、上饶、宜春等市局积极作为,在争取政策支持、资金扶持上取得良好成效。南昌市局推动江西顺丰、德邦、EMS 三家企业列入全市国家物流标准化试点项目,验收成功后单个企业最高可获 500 万元资金补贴。吉安市局争取市财政拨付 200 万元用于推进农村快递服务电商补贴奖励等。

坚持产业融合,推进"快递 +"不断深入。各市局结合当地农业、制造业产业特色,大力推动实施"快递 + 现代农业""快递 + 制造业"工程,寄递服务与上下游融合、产业链拓展延伸呈现出好的势头。快递服务现代农业方面,目前江西省已打造赣南脐橙、廖奶奶咸鸭蛋,赣西竹制品,赣东北蜜橘、马家柚等一批知名度较高的"寄递 + 特色农产品"项目,培育快递服务现代农业"一地一品"重点项目 51 个,形成服务农特产品销售多点开花的生动局面,邮政、快递业服务当地农特产品、拉动地方经济发展、助力精准扶贫的作用不断凸显。特别是赣州深入实施全国快递服务现代农业示范基地赣南脐橙项目,脐橙快件量一举突破 1000 万件大关,达到 1500 万件,成为全国为数不多的单品包裹寄递量超过千万大关的快递服务项目,快递业务收入突破 2 亿元,实现量收双翻番,支撑当地农民脐橙销售收入达 8.4 亿元,获得极大社会效益和企业效益,为农村振兴做出了突出贡献。上饶邮政、快递企业配送进城的马家柚、绿茶、黄菊等农特产品量达 632 吨,实现交易额 5 亿元。央视《生财有道》栏目,报道了上饶县贫困户姜献武通过经营"邮乐购"站点带动其他贫困户一起脱贫致富的事迹。省委、省政府主要领导多次视察邮政快递电商扶贫工作,给予充分肯定。快递服务制造业融合发展方面,积极推动全省寄递企业采取"嵌入式""仓配一体""订单式"等方式与江西省优势制造业加快融合,共打造快递服务陶瓷产业、家具、羽绒服等制造业项目 2922 个,形成快件业务量 7367.6 万件。景德镇市局积极引导寄递企业服务陶瓷传统名优支柱产业,服务全市陶瓷电商客户 1 万余家,全年寄递陶瓷快件 2000 多万件,销售陶瓷价值 20 多亿元,占全市陶瓷销售收入比 13.2%。九江市局引导 13 家寄递企业入驻羽绒服"淘宝第一村"红星村,全年累计助力网上销售快件量超 1000 万件,销售额超 40 亿元,寄递企业业务收入突破 1 亿元。在拓展自身产业动能、多产业融合发展方面,涌现出宜春罗芳、鹰潭左智亮等一批基于企业寄递网络向相关产业扩大发展的"产包裹"能人,带动快递业务量达 2651 万件,业务收入 2.4 亿元,增加相关产业产值 23 亿元。鹰潭申通 2017 年业务量占全市总量的五分之一,其 95% 的业务量来自自身电商产品。

抓行业关键能力提升,释放园区高地效应。重视园区对行业发展的关键支撑作用,继续强化快递园区规模能力提升,全省 11 个地市基本建成快递园区,43 个县快递企业进入当地电商快递园。依托跨境电商产业园,全省完成国际及港澳台快件和国际小包业务 874.53 万件,同比增长 65.74%,业务收入 3.36 亿元,同比增长 36.03%。南昌快递园高起点投入运营,仅中通江西总部一家企业就占地 200 亩,安装机械化、自动化大型处理设备,日最高处理量达 200 万件;南昌 EMS 积极打造跨境电商产业园,实现跨境业务收入 1.4 亿元;九江市局引进第三方企业投资 1.5 亿元建设集分拣包装、集疏中转、智能服务等功能为一体的全能快递物流园区,正在加快建设;吉安快递企业自主建设的第二个快递园区已有 8 家快递企业投入运营;

鹰潭正在规划建设第二个市级快递产业园，规划建设华东邮件处理中心及物流仓储中心1个；上饶、宜春2个快递园区入选省现代服务业集聚区，江西顺丰入选省服务业龙头企业，园区的聚集效应、带动效应、支撑效应不断显现。特别在“双11”期间，各主要寄递企业由于分拨中心自动分拣技术的应用，处理能力大幅提高，全省未出现大幅积压现象，确保了旺季高峰畅通无阻。

行业服务提升取得新成就。积极贯彻国家邮政局部署，江西省邮政管理局印发《关于贯彻落实国家邮政局2017年邮政业更贴近民生“七件实事”的实施意见》，以实打实的措施狠抓“七件实事”落实，不断满足人民群众对寄递服务的新需求，取得突出成效。2017年9月，国家邮政局局长马军胜在江西调研时，对江西局推动落实“七件实事”给予了充分肯定。进一步推进“快递下乡”，加快构筑农村电商“快递高速公路”。通过加快推动“快递下乡”，全省实现快递服务乡镇覆盖率100%，并逐渐向行政村延伸，构建、扩大县—乡—村三级农村快递网络服务体系。其中，九江共青城市实现了村村通快递目标，鹰潭市快递服务行政村覆盖率达73%，其他地市村通率也都有了显著提升。全省农村地区快递业务量完成1744.79万件，同比增长124.59%，业务收入1.4亿元，同比增长98.14%，投递量5345.86万件，同比增长112.71%。邮政企业建设农村“邮乐购”站点12565个，“邮乐购”上线产品4737种，带动电商快递包裹业务量1329万件。快递车辆通停难取得突破。各市局重视行业发展环境，重视解决企业困难，通过积极与相关部门协调沟通，推动解决快递三轮车等运营车辆上路通行难问题。目前景德镇、吉安、九江、上饶等地市已按照“三统一”解决了快递三轮车持证通行问题，赣州积极争取出台《城市道路车辆通行规定(草案)》，通过地方立法为快递三轮车合法合规上路开“绿灯”，目前已进入向社会征求意见程序。末端服务模式创新发展。围绕快递进社区、进校区、进商区等末端投递存在的问题，深入调研，寻找对策，通过多方协调，江西局联合省住建厅等部门拟出台《关于提升城市末端快递服务能力的实施意见》，努力构建上门投递、智能箱投递、平台投递等多元末端投递服务体系，目前文件正在会签中。各市局因地制宜加快提升快递末端投递服务水平，取得良好成效。南昌市局引导新建区快递企业组建第三方公司，实现全区乡镇快件集中收派；宜春市局不断推广“铜鼓模式”，推动快递企业整合升级，奉新、樟树、宜丰等县市实现统一分拣处理、统一配送投递、乡镇统一运营管理“三统一”。目前，全省共设立城市末端综合配送平台1877处，智能快件箱3923组；98所高校全部实现快递规范化服务，覆盖率达100%；已达标网点数量1704个，达标率85.6%。放心消费工程有序实施。研究制订《开展服务质量整治提升工作实施方案(草案)》，积极实施放心消费工程。开展“不着地、不抛件、不摆地摊”专项治理，查处违法违规行为59起，企业铺设离地设施的快件处理场所比例达90%。加强申诉问题的分析运用，针对申诉反映的服务质量问题进行整治，全年共受理申诉33628件，同比增长45.5%，为消费者挽回经济损失80.1万元，消费者对邮政管理部门处理满意率达98.8%。

行业安全监管成效显著。一是企业寄递安全主体责任有效落实。江西局成立“重点工作办公室”，将落实企业寄递安全主体责任列为省、市局“一把手”工程，认真研究制定下发了《关于推进落实企业寄递安全主体责任的实施意见》，明确了工作重点内容、主要措施、实施步骤，细化了工作方案和路线图，保证了工作推进有力度、有成效。为推进工作开展，江西局通过编发《重点工作专刊》、召开工作调度会、组织联动督促检查、明察暗访等措施，强化指导调度。各市局狠抓依法推动寄递企业建立安全生产机构、配备专(兼)职安全生产管理人员，建立内控管理机制，聚焦验视制度和实名收寄落实，通过实地检查指导、约谈问责、加大处罚力度等措施，将企业主体责任压准、压实、压牢,大力推动企业重视安全主体责任、落实内部管控措施。全省 69 家企业设置了安全管理机构,1125 家企业和分支机构配备了安全管理员,2663 处末端网点配备了安全检查员,积极主动开展收寄验视和实名制执行情况内部检查 31930 人次,检查网点 9868 个,辞退 108 人,对不执行收寄验视制度的员工落实企业内部罚款 38.25 万元。一年来,行业抓安全的两个责任逐步归位运行,从业人员的责任意识明显提高,行业安全管理水平显著改善。二是“三项制度”执行效果明显。江西局始终把行业安全的关键聚焦收寄验视、实名收寄,通过责任落实、多频督导、严格执法、通报警示等举措,用最强手段督促企业严把安全源头关,收寄验视率明显提高。党的十九大前夕,省政法委抽调公安、安监、交通、邮政等部门组成 5 个暗访检查组,经过 7 天暗访检查,仅查出 2 起未执行收寄验视和实名制情况,收寄验视率、实名率达 95.8%。省委政法委、省综治办领导在省、市、县三级警示教育电视会议上对江西局的工作成效给予充分肯定和表扬。全力推进实名收寄信息化应用推广工作,通过专人负责、专题培训、定期通报、约谈执法等措施,实名收寄信息系统上线业务量累计完成 1.51 亿件,年底实名率达 87.3%,排名全国第一。

规范行政执法取得新成效。一是法治基础得到加强。制定印发了《江西省邮政管理局随机抽查工作实施细则(试行)》《江西省邮政业法治宣传教育工作实施方案(2017—2020 年)》,完成“七五”普法规划;拟定了《江西省寄递安全管理办法(征求意见稿)》,上报省法制办争取政府规章立项,向省人大报送了《江西省邮政条例》审查保留意见的报告。组织开展了 2017 年案卷评查活动,进一步规范行政执法行为,提高邮政执法案卷质量。对执法案件进行抽查,发现一些普遍性问题,及时进行了纠正、指导,提高依法办案水平。受理首例行政复议案件,依法撤销行政处罚决定一起。二是行政审批保持零超时。进一步完善和落实快递业务经营许可审核工作全流程网上审批,继续保持了审批时限零超时。共受理快递业务经营许可申请企业 206 家,受理快递企业变更申请 601 家。目前,全省取得快递业务许可经营和备案的企业及分支机构 3243 家,其中法人企业 1026 家。完成了全省所有上报企业年度报告审核工作。三是行政执法力度加大。执法广度、深度不断拓展,部分市局依据反恐法实施了重处罚,依据《安全生产法》对未设立安全生产管理机构和人员企业进行了处罚,对邮政企业安全生产违规行为启动了执法处罚。抓好机要通信保密安全监督检查,共发现邮政机要安全隐患 403 个,下发 158 份责令整改通知和通报,全省机要通信监管工作得到国家邮政局肯定。加大执法信息公开力度,全省执法系统登录率、信息公开率均达到 100%。强化工作联动,查获并向公安及有关部门移交寄递毒品、枪支、危化品等禁寄品案件 16 起。上饶弋阳县快递企业截获并上报公安部门查获猎枪 3 支、气手枪 7 支、零部件 12 个,受到公安部通报表扬;吉安县韵达公司配合公安机关破获一起寄递贩卖铅弹案,查获铅弹上万发。

全面从严治党不断强化。积极加强巡视整改。作为第一批接受国家邮政局党组巡视的单位,江西局积极配合巡视工作,按照巡视反馈意见,认真深入落实整改措施,不断推进全面从严治党。研究制定了《关于进一步加强党建工作的指导意见》,进行了江西局机关党委换届选举、机关各支部调整,全面落实加强党的组织建设、思想建设、规范化建设的各项措施;认真制定、完善、健全《党组议事规则》等规章制度 31 项,出台《进一步加强干部监督管理的意见》,强化机关基础管理;开展了节假日期间落实中央八项规定精神明察暗访、领导干部办公用房使用及津补贴发放检查清理,“以案释纪明纪,严守纪律规矩”主题警示教育月活动;对巡视反馈指出的有关干部问题依规依纪进行了处理,清退违规发放的奖金、津贴补贴等共计 33.5 万元,对存在问题一一进行了纠正和规范，做到了巡视整改“事事有回音，件件有着落”。

规范开展党的组织生活。深入开展“两学一做”常态化制度化，细化工作措施，提升党内政治生活规范化水平。转发了省直机关工委《关于严格省直机关基层党组织党内政治生活制度的意见》，制定了《关于加强机关党支部规范化建设的意见》，建立并实施自查督查通报制度，强化支部活动“痕迹管理”，进一步规范党支部工作。江西局办公室党支部获批省直机关党支部规范化建设示范点，鹰潭等市局通过开展“戴党徽、亮身份、作表率”“企情日记”等活动，强化党建引领带动各项工作开展。抓实党员干部理论学习，江西局和各市局坚持周五学习讨论、中心组理论学习、支部半月学习等制度，编辑“两学一做”学习专刊，认真组织开展了重温入党誓词、接受革命传统教育、慈善一日捐、警示教育等主题活动。

全面加强干部人才队伍建设。切实抓好干部教育培训工作，共举办行政执法、实名收寄、综治等各类培训班16个，培训干部300多人次。选派3名市局领导参加了省直工委党校的处级干部脱产学习班，省、市两级全年共组织学习考察10余次，组织赴山东学习“沂蒙精神”，切实提升了领导干部的政治觉悟，激发了干事创业的热情。坚持正确选人用人导向，按照政治过硬、干事创业、群众公认的标准，加大了对江西局机关和市局班子调整充实力度，共提拔县(处)级干部6人，提拔重用市局副局长、市局党组成员6人，交流锻炼干部10人。坚持任用干部的正确导向，营造出“高标准、高质量、创一流”奋勇争先的“大环境”，促进干事创业的“大作为”。同时，严格落实中央八项规定精神，严肃查处各类违规违纪行为，全年共组织处理2人，诫勉谈话1人，约谈3人，打招呼10余人次。促进全系统党员干部时刻绷紧纪律之弦，形成风清气正的良好政治生态。

积极组织参加全国邮政行业职业技能竞赛，获得个人三等奖1名，江西局获优秀组织奖。大力推动相关院校申报全国快递专业示范点，江西交通职业技术学院物流管理(快递方向)成功入选全国职业院校交通运输大类示范专业点。

推进精神文明建设。通过办好“好人榜”，宣传全系统全行业优秀公务员、优秀员工，号召学习先进、崇尚先进、争当先进。组织开展了江西省第二届“最美快递员”评选活动，弘扬传统美德，体现时代精神。今年新增“全国青年文明号”1个，吉安、萍乡等市局获评市级文明单位。行业文明标兵不断涌现，赣州于都县快递员肖福明勇救5名落水儿童不幸遇难，省委、赣州市委领导分别就肖福明同志英勇事迹作出批示，江西局向全行业发出向英雄学习的决定，组织开展了“学英雄、献爱心”捐赠活动，全省邮政管理系统和行业为肖福明家属募集捐款70余万元。新余市“最美快递员”周亮亮爱岗敬业，热心服务群众，荣登“中国好人榜”。助力地方精准扶贫，组织江西局挂点帮扶村“两委”成员赴山东考察学习“淘宝村”经验，推动电商快递扶贫；动员江西局机关干部及爱心企业为帮扶村捐赠23余万元，争取建设项目资金27.2万元；各市局按照当地党委政府要求，也都扎实开展了挂点帮扶等相关工作。省、市协会在加强行业自律、开展精神文明建设等方面积极作为，取得显著成效；县级协会不断增加，行业自律和服务能力不断提升。

持续提升工作保障能力。完善统计报表制度，扩大统计范围，提高统计数据质量。加强全系统财务管理，财务管理规范运行，资金保障能力稳步提升。加快电子政务内网建设，强化网站运营管理，加大政府信息公开力度。全面完成公务用车改革，严格规范公务接待，“三公”经费管理更加规范。积极开展新闻宣传工作，有效引导舆论舆情，全系统在国家邮政局“一报一刊一网”上共计发稿143篇，多个地市局在当地主流媒体刊登反映行业发展的“大材料”，不断讲好行业发展故事。统筹做好综治、信访、保密、普法、档案管理等工作，江西局和部分市局获评2017年保密工作先进单位。

三、砥砺奋进的五年

党的十八大以来的五年，是江西省邮政业发展史上很不平凡的五年，是行业发展突飞猛进、跨越提升的五年。在国家邮政局和江西省委省政府的坚强领导下，全系统全行业坚持稳中求进工作总基调，主动适应经济发展新常态，全面贯彻落实国家邮政局“五个邮政”“20 字”发展新思路等重点发展战略和政策措施，顽强拼搏、砥砺奋进，圆满完成了各项目标任务，为全面建成与小康社会相适应的江西邮政业奠定了坚实基础。

全省邮政行业实现跨越发展。党的十八大以来，全省邮政业业务总量和业务收入迅猛增长，2017 年分别为 2012 年的 4 倍和 3 倍。其中，快递业务量为 2012 年的 8 倍，业务收入为 2012 年的 6 倍。快递业务量居全国第 17 位，南昌市快递业务量进入全国城市前 50 名。邮政普遍服务和快递服务满意度稳中有升，消费者申诉处理满意度达 98.8%。行业从业人员超过 46979 人，日均服务超 341.7 万人次，年支撑网购交易额突破 650 亿元。

行业服务能力大幅提升。完成空白乡镇邮政局所补建工作，补建局所 214 个，全省共建成各类便民服务站（三农服务站）14780 个，村邮乐购站点 10119 个，建制村直接通邮率达到 100%，实现全省县级城市《人民日报》等主要党报当日见报，邮政服务城乡均等化水平不断提升。全省有省、市、县邮政企业 96 家、局所营业网点 1896 处，快递企业法人及分支机构 3243 家，实现快递服务乡镇覆盖率 100%。

行业发展环境日趋优化。推动建立支持邮政业发展工作协调联动机制，先后推动地方政府及相关部门出台《关于促进快递业发展的实施意见》等一系列扶持政策，积极争取党委政府在快递园区建设、农村电商发展、快递包裹配送、乡村网点建设等方面的政策、资金、项目支持。仅 2017 年就争取政策支持 26 项，扶持资金 3800 万元，再创历史新高。省、市两级邮政业“十三五”规划全部出台，其中，5 个市局以政府专项规划形式发布。

行业转型升级步伐明显加快。引导邮政、快递企业贯彻“20 字”发展新思路，大力实施“快递+”工程。成功打造赣南脐橙、廖奶奶咸鸭蛋，赣西竹制品，赣东北蜜橘、马家柚等一批知名度交稿的“寄递+特色农产品”项目。推动全省邮政、快递企业采取“嵌入式”“仓配一体”“订单式”等方式与江西优势制造业加快融合，打造快递服务景德镇陶瓷产业、南康家具等制造业项目 2922 个，涌现出宜春罗芳、鹰潭左智亮等一批基于企业寄递网络向相关产业扩大发展的“产包裹”能人。

行业治理能力得到进一步提高。省寄递渠道安全领导小组等联合机制不断健全，开展联合执法、安全检查、专项整治等活动，寄递安全齐抓共管态势不断巩固。寄递渠道安全管理列入地市平安建设的重要内容，纳入综治考核体系。贯彻落实邮政业各类标准，加大执法力度，规范执法行为，有效规范市场秩序。强化安全监管，完善配套机制，健全防控体系，落实主体责任，狠抓“三项制度”执行，确保了寄递渠道安全稳定。简政放权不断深化，理清了省市局职权，积极下放行政审批事项，许可审批流程全面优化，办理时限大幅缩短。

四、各市（地）主要管理工作概况

赣州局坚持“发展第一要务”，扎实推动快递业与现代农业融合发展，多次向市委市政府报告全市快递行业发展情况，建议出台促进快递业发展的相关方案，促成了一系列利好政策的出台。积极引导下，全市各邮政、快递企业主动跟进，加大资源投入，在平台建设、宣传推广、价格政策、寄递保障等方面全力支撑脐橙电商销售，采取了一系列新行动，为赣南脐橙拓宽销路、提升影响，形成了“快递+脐橙”的良好合作典范。2017 年脐橙季，赣州实现脐橙快件量 1500 万件，成为全国为数不多的单品快件量超过千万大关的快递服务项目，快递企业业务收入突破 2 亿元，实现量收双翻番,支撑当地农民脐橙销售收入达8.4亿元,为农村振兴做出了突出贡献。

景德镇局认真贯彻“20字”发展新思路,依托陶瓷特色产业,大力实施“快递+陶瓷”项目,推动寄递企业不断延伸产业链,构建寄递服务与陶瓷电商等关联产业协同发展良性生态圈。服务陶瓷电商1万余家,实现年陶瓷快件量2000多万件,支撑陶瓷销售20多亿元,陶瓷电商“快递高速公路”不断拓宽,使陶瓷这个古老的全市传统支柱产业焕发出勃勃生机,该市连续几年成为全国电商百强城市。

五、快递市场存在的突出问题

一是企业发展能力亟待提升。江西省快递业牢牢抓住“一带一路”、长江经济带等重大战略发展机遇,加大发展步伐,快递业务规模不断壮大。但行业转型刚刚起步,发展基础不牢,被动适应特征突出,企业有规模但欠质效,中高端供给严重不足,在服务现代农业、先进制造业等方面除一些重点项目外,规模还较少,服务层次还不高,产品系列开发,深度融合服务社会不够。人民日益增长的更好用邮需要与行业发展不平衡不充分之间的矛盾突出,为人民群众提供更多样化个性化的邮政快递产品,更精准可靠的服务,更全面广泛的功能,更绿色智慧的使用任重道远,进一步提升邮政业发展平衡性和充分性的任务还很艰巨。快递企业普遍存在管理水平低下、发展方式粗放、从业人员素质不高等,严重影响快递企业进一步提升实力,加快发展。企业加盟制弊端日益突出,市县级企业短期行为普遍,缺乏整体长远的发展规划,旺季“用地难”“用工难”等问题依然突显。快递投递三轮车辆缺乏统一配备和管理,一些城区遭遇“通行难”等矛盾依然存在。企业提升服务质量和标准化建设主动性不高,加剧了末端服务困境。

二是寄递服务安全问题仍然较为凸显。传统风险、非传统风险叠加,寄递安全面临的形势严峻复杂,给行业安全管理带来隐患。企业安全主体责任仍然落实不力,安全内控管理制度执行不到位,重经营轻管理观念未根本改变,快递员执行收寄验视和实名收寄制度的意识还较淡薄。企业安全资金投入不足,在硬件建设方面,安全生产设施设备配置不规范不到位,企业的生产环境存在诸多安全隐患,安全检测设备的配置明显不足,难以有效防控危险化学品、枪支、弹药等禁寄物品流入寄递渠道,行业安全监管任重道远。近年来企业加大分拨中心建设、智能化自动化分拣设施的投入使用力度,分拨中心流转快,但末端网点仍然不畅通,末端服务安全问题突出,问题和矛盾叠加,影响行业整体服务质量的提升。

三是行业监管工作仍需加强。快递网点急剧增加,快递业务规模不断扩大,行业出现的新问题和新困难不断增多,给快递行业的监管工作带来了极大挑战。面对高速扩张的快递市场,监管队伍在人员配备上吃紧,执法人员的业务素质有待进一步提高,开展检查执法工作的力度和效果仍需加强。快递与相关产业融合发展的纵深推进,众创众包、智能快件箱、代收代投服务、公共服务站等新业态、新模式、新市场主体的不断涌现,需要监管部门进一步增强服务意识、服务水平,监管手段还要向多样化、科技化、规范化方向发展,不断完善行业监管。

山东省快递市场发展及管理情况

一、快递市场总体发展情况

2017 年,山东省邮政行业业务收入(不包括邮政储蓄银行直接营业收入)累计完成 279.3 亿元,同比增长 21.3%;业务总量累计完成 392.9 亿元,同比增长 30.3 %。其中,快递企业业务量累计完成 151474.6 万件,同比增长 25.7%;业务收入累计完成 170.5 亿元,同比增长 22.7%(表 7-15)。

表 7-15 2017 年山东省快递服务企业发展情况

指 标	单位	2017 年 12 月		比上年同期增长(%)		占全部比例(%)	
		累计	当月	累计	当月	累计	当月
快递业务量	万件	151474.6	16447.7	25.7	29.4	100.0	100.0
同城	万件	29246.3	3229.6	23.1	37.5	19.3	19.6
异地	万件	121042.1	13103.3	26.4	27.6	79.9	79.7
国际及港澳台	万件	1186.2	114.9	15.7	16.0	0.8	0.7
快递业务收入	亿元	170.5	17.8	22.7	22.3	100.0	100.0
同城	亿元	22.3	2.5	26.1	38.6	13.1	14.0
异地	亿元	108.1	11.3	17.0	19.0	63.4	63.5
国际及港澳台	亿元	14.6	1.4	16.4	13.8	8.5	7.9
其他	亿元	25.5	2.6	55.5	23.9	15.0	14.6

二、行业管理工作及主要成效

全面从严治党政治责任不断强化。一是党的领导显著增强。牢固树立“四个意识”,严格落实党建工作责任制。出台《省局党组工作规则(试行)》,健全完善党组统一领导、党建工作领导小组统筹推进、各级党组织全面落实的党建组织领导体系。年初确定 21 项党建重点工作,先后召开 7 次党组会、6 次党建工作领导小组会,督促指导抓好落实。扎实开展全省系统落实中央巡视整改“回头看”活动,深入巩固巡视整改成果。山东局党组确定的 23 项问题、59 条整改措施全部整改完毕,对济南、淄博、潍坊、泰安等市局进行随机抽查,切实履行巡视整改主体责任。以高度的政治责任感,自觉接受国家邮政局党组巡视监督,坚持立说立行、即知即改、销号管理,针对巡视组反馈意见,梳理细化 36 项具体任务、55 条整改措施,全部落实到位。启动全省系统政治巡察工作,修订《省局党组巡察工作办法》,制定巡察方案,完成两批次 3 个市局党组的政治巡察。

二是基层党的建设全面提升。深入学习宣传贯彻习近平新时代中国特色社会主义思想和党的十九大精神。采取书记带头讲党课、举办专题学习班、召开宣贯务虚会、开设学习交流专栏专刊等形式,推动全省系统迅速掀起学习宣传贯彻热潮。扎实开展“两学一做”学习教育常态化制度化。研究制定工作方案和年度工作计划配档表,突出问题导向、注重以上率下、坚持学做结合,以严格中心组学习和落实“三会一课”制度为抓手,全面提升党内政治生活质量,严明政治纪律和政治规矩。实行市局党组中心组理论学习情况向山东局党组报告制度和学习通报制度,山东局开展集中学习 17 次,各市局党组中心组开展学习 200 余次。山东局党组成员讲党课 4 次,自觉以普通党员身份参加所在支部组织生活 30 余次。全面加强基层组织建设。出台《省局党组加强和规范全省系统党支部建设的意见》，举办支部书记培训班，开展加强支部建设大讨论、戴党徽亮身份践承诺、党建知识竞赛、党纪党规测试和优秀党支部评选表彰等活动。联合江西局建立党建双联共建机制。各市局开展政德教育、沂蒙红色教育联合党建活动。山东局获评全省机关党建优秀研究成果一等奖。

三是党风廉政建设持续深化。认真落实“两个责任”，严格执行签字背书和责任报告制度，举办述职述廉会和专题培训班，按规定向中央纪委驻交通运输部纪检组和国家邮政局廉政办报告情况，推动责任落细落实。用好监督执纪“四种形态”，开展“以案释纪明纪 严守纪律规矩”主题警示教育月活动，召开廉政警示教育大会，加强干部任前廉政监督和廉政提醒、离任审计和纪检监察信访监督，进一步筑牢不想腐的堤坝。开展任前廉政谈话提醒 16 人次。深入贯彻落实中央八项规定。第一时间传达贯彻习近平总书记关于进一步纠正“四风”、加强作风建设的重要批示精神，开展机关作风建设突出问题自查自纠、家教家风家训征文，加强重要时间节点廉政提醒，严格办公用房、公务接待、公差缴费、公务用车、会议培训管理，切实维护良好政治生态。

四是精神文明建设不断强化。山东局和枣庄、德州、滨州 3 个市局通过省级文明单位复查验收，济南局获评省级文明单位。圆满完成机关工会、团总支换届选举工作。举办第六届文化艺术节、“阳光心态”专题讲座、“五四”青年干部座谈会、联系社区志愿服务等系列群团活动，营造奋发进取的良好氛围。发挥“一网一报一微”宣传平台作用，开设党建专版专栏，加强党建工作宣传交流。共编发《山东邮政管理》23 期，推送《舆情日报》172 期。山东局被中国邮政快递报社评为 2017 年度先进记者站。参与全国第三届“寻找最美快递员”和“青年文明号”评选。山东顺丰速运有限公司客服团队等 3 家企业集体获“全国青年文明号”称号。淄博、东营、潍坊、莱芜等市局与市文明办联合开展“最美(邮)快递员”“文明服务窗口”“邮政(快递)服务之星”等评选活动。枣庄局联合市总工会，开展“工人先锋号”评选表彰。临沂、聊城、菏泽等市局开展结对帮扶共建工作。

行业服务经济社会发展能力持续改善。一是行业发展环境进一步优化。深入贯彻落实国务院 61 号文件精神，认真开展调查研究，积极向省政府领导汇报，推动出台省政府 1 号文件。国家邮政局党组书记、局长马军胜同志专门做出批示肯定。参与制定我省《服务贸易创新发展试点方案》《关于促进农村电子商务发展的实施意见》和《物流业降本增效专项行动方案》等 35 份涉及邮政业发展的政策文件，推动寄递服务与跨境电商联动发展列入《山东省跨境电子商务发展三年行动计划》。与省发展改革委、住建厅、商务厅、农业厅、交通厅等部门建立联合工作推进机制。联合省商务厅、财政厅，启动城市共同配送末端网点考核验收和绩效评价工作，落实项目财政补贴资金 1700 万元。济南、青岛、淄博、东营、枣庄、日照、莱芜、德州、聊城等市政府制定出台促进行业发展意见。山东局连续两年被省政府评为“全省服务业发展先进单位”。枣庄、烟台、潍坊等市局获支持当地经济社会发展先进单位。

二是规划、标准引领作用稳步提升。联合省发展改革委发布《山东省邮政业发展“十三五”规划》，指导和调度 17 个市局在一季度全部完成规划发布。分片区召开“十三五”规划和省政府 1 号文件落实工作调度会，编印《山东省邮政业发展“十三五”规划汇编》，细化分解责任，推进“十三五”规划和省政府 1 号文件的贯彻落实。加强邮政业标准的宣贯与制定。村邮站、快递末端网点服务标准首次列入省级地方标准，争取配套补助资金 10 万元；组织市局启动全省快递标准化达标创建工作。淄博局开展快递企业安全管理标准化建设，村邮站标准化建设列入全市“十三五”重点工程。济宁局开展邮政业标准化建设年活动。莱芜局制定全市快递业标准化建设指导意见。全省寄递企业建设自营标准化网点 2390 个，达标率80%。

三是快递“向外”发展成效明显。认真落实国家邮政局关于“一带一路”倡议实施意见，主动对接中韩自贸区建设，加快“向外”拓展步伐，助推跨境电商发展。青岛成为全国首批中国快递示范城市，成立全国首家多式联运发展联盟。菏泽获批国家电子商务示范城市。济南国际邮件互换局正式启动鲁中西邮件进出口新通道。青岛、临沂、日照等市局联合民航部门，推进快递航空绿色通道建设。济宁航空快件获0.5元/件的财政补贴。淄博申通建立波兰仓配基地，“走出去”开拓欧洲市场。中邮集团烟台包裹陆运中心列入市级重点项目。威海市政府给予中韩EMS海运邮路运营补贴。临沂市政府免费提供邮政国际小包处理场地。

四是行业有效供给能力大幅提高。突出山东特色，烟台大樱桃、沾化冬枣等农副产品寄递服务网络渐成体系，进一步带动“网货下乡”和“农产品进城”双向流通，助力全省精准扶贫战略实施。全省共寄递烟台大樱桃1.73万吨、590.3万单，同期增长50.7%；沾化冬枣11万吨、1200万单，同期增长29.4%。山东邮政依托便民服务平台，发挥县、乡、村三级电商服务体系资源优势，打造“买卖惠”农村电商平台，实现我省17个市、122个县全覆盖。济宁市政府办公室出台《关于推进农村快递电商公共服务中心暨精准扶贫助力站建设的实施意见》，圆通全国农村快递电商平台总部落户兖州。快递服务制造业试点范围不断深化。结合《中国制造业2025山东省行动纲要》产业布局，引导企业与制造业实施战略合作，推进邮政速递、顺丰速运服务中国重汽、海尔集团、歌尔电子等54个合作项目深度开展。

五是“快递三进”工程扎实推进。联合省商务厅，加快推动智能快件箱进楼宇工程，枣庄、日照等7个市列为工作推进市。青岛局启动“城市智慧物流(快递)末端公共配送服务平台”建设，并纳入国家电子商务重大工程项目扶持范围。济南、淄博、潍坊、济宁等市局联合交警部门，统一规范管理快递三轮车。泰安局推广建立快递服务中心－泰驿站、安驿站服务模式。济宁局联合教育、公安、商务等部门清理整顿校园快递经营网点。全省144所高校全部实现快递进校服务。

行业监管能力稳步增强。一是法治邮政建设加快推进。成立“七五”普法领导小组，制定《山东省邮政业法治宣传教育第七个五年规划工作实施方案（2017－2020年）》，加大邮政行业法律法规的宣贯力度。主动向省人大和法制办报送地方立法项目，建议将《山东省邮政条例》修订列入一类立法计划。全省首部规范快递网点的市级政府规章《淄博市快递服务网点管理办法》，以市政府令形式公布施行。潍坊市快递条例列入2018年二类立法计划。推动快递领域工商登记“一照多址”改革。公开省级邮政行政管理权力清单、责任清单和行政许可、处罚以及公共服务事项目录，推送“信用山东”网站许可和处罚相关事项222条。印发《山东省快递业务经营许可流程规定》，准入材料由22项减为9项，规范精简审批流程，提高办理时效。制定《行政执法案卷评查办法》和《行政执法人员岗前培训及持证上岗制度》，开展行政执法案卷评查，强化法律服务支撑，加强执法队伍建设。加强行政复议和应诉工作，受理行政复议和诉讼11起，依法举办行政处罚听证会1起。

三是寄递安全保障工作扎实开展。认真落实与省政府签订的安全生产目标责任书，顺利通过考核验收。编印《山东省邮政行业安全生产规范化管理指导手册》，指导企业生产安全规范化建设。采取送法上门、印发宣传单、悬挂标语等形式，督导企业强化安全文化建设。淄博局创作《寄递安全主体责任落实》系列漫画，泰安、莱芜局开展“邮安泰山”和“邮安莱芜”活动。严格落实收寄验视制度，加强对危险化学品、枪支弹药、易燃易爆等违禁品的验收防范。全省抽查协议客户2.5万余次，截堵违禁品及拒收拒绝开箱验视交寄物品5686件次。推广应用实名收寄信息系统，共录入45个快递品牌，累计采集信息5.7亿条，平均实名收寄率88.8%。深入推进过机安检，争取财政补贴资金4856万元，安装X光安检机1249台，配备安检机操作员2045人，基本实现全省寄递企业市级出口处理场所安检设备应配尽配。圆满完成“两会”、“一带一路”高峰论坛、金砖会晤以及党的十九大期间寄递安全保障任务。配合做好邮政业反恐禁毒、打击侵权假冒等工作。临沂局安全监管工作经验在全国“雪亮工程”建设推进会上连线展示，受到中央综治办肯定。济南、东营、泰安、莱芜、聊城等市局获全市安全生产工作先进单位。青岛局获G20峰会寄递安全服务保障工作先进集体。淄博、潍坊、济宁、威海、临沂、德州等市局获党的十九大安保维稳工作先进单位。

四是行业服务质量稳步提升。继续开展全省“服务质量提升年”活动，推行申诉处理质量考核和通报制度，强化申诉受理、市场监管联动机制，依法约谈邮政、快递企业，有效保障群众放心消费，有力维护邮政市场秩序。消费者申诉处理满意率为98.3%，同比提升0.3%，为消费者挽回经济损失315.7万元。山东局获评邮政业消费者申诉工作先进集体。开展“诚信快递、你我同行”“3·15”主题宣传，举办全省诚信快递主题演讲比赛，大力营造行业诚信服务良好氛围。

五是邮政监管体系建设取得新突破。即墨、寿光邮政管理局挂牌成立，乐陵、武城、临邑邮政管理局获批设立，全省12个县级邮政管理机构有9个投入运行，支撑作用发挥明显。研究制定《关于推进省级以下邮政业安全中心建设的指导意见》，推动和指导省邮政业安全中心和济南、青岛、淄博、枣庄、潍坊、济宁、临沂、德州、滨州等市邮政业安全中心获批设立。我省邮政业安全中心设立数量位居全国第一。

基础管理能力进一步增强。不断规范干部管理制度，修订《山东省邮政管理系统年轻干部交流管理办法》和《山东省邮政管理局异地任职干部管理暂行规定》，印发《关于进一步明确全省邮政管理系统非领导职务设置管理有关问题的通知》。进一步加强干部队伍建设，严格干部选拔任用程序，选优配强12个市局班子，提拔或调整市局领导干部23名，对7名市局党组成员和山东局内设机构正职任职试用期满进行考核。注重干部队伍梯队建设，开展山东局和市局间挂职、交流30余人次，推荐3名市局青年干部到国家邮政局挂职锻炼。抓好领导干部个人有关事项报告制度贯彻落实工作。关心老干部生活。强化行业人才队伍建设。联合省人社厅、团省委，开展全省第二届邮政行业职业技能大赛。参与协办首届全国邮政行业职业技能竞赛，山东选手分别获一等奖两名、二等奖1名的好成绩，山东局获优秀团体奖。进一步规范财务管理，加大预算管理、执行监督，对9个市局开展财务检查和审计，组织资产清查，完成市局公务用车改革工作。山东局被评为财务工作先进单位，获2018年预算考核奖励。扎实做好统计基础工作。按月编制报表，强化统计分析，开展行业统计检查和调研，为科学决策提供有效数据支撑。出台《山东省邮政管理局经济合同管理办法》，建立健全内控制度，防范合同订立风险。开展保密检查和办公用房超标准专项清理工作。邀请省法制办、省高院、信访局等相关部门，召开政府信息公开、举报投诉及信访工作研讨会。办理人大代表建议和政协提案5件，回复率、满意率均为100%，在潍坊组织人大代表建议面复会，获省人大人事代表工作室肯定。强化政府网站建设，山东局及17市局网站监测全部合格。畅通服务群众渠道，受理信息公开申请137件，办理来信来访526件，做到事事有结果，件件有回音。

三、砥砺奋进的五年

党的十八大以来的五年，是全国邮政业发展极不平凡的五年，也是山东省邮政业砥砺奋进的五年。在以习近平同志为核心的党中央的坚强领导下，按照“五位一体”总体布局和“四个全面”战略布局，坚持稳中求进工作总基调，坚持以新发展理念引领新常态,坚持以供给侧结构性改革为主线,坚持以人民为中心,围绕全面建成与小康社会相适应的现代邮政业目标,根据国家邮政局和山东省委、省政府一系列重大发展战略和政策措施要求,山东省邮政管理局提出"四轮驱动"总体思路,突出政策保障支撑,突出规划标准引领,突出事中事后监管,突出基层基础建设,全省邮政业呈现良好发展态势,推动实现了邮政大省的历史性跨越,全面开启了迈向邮政强省的新征程。

全面从严治党成效显著。党的领导和党的建设全面加强,全省系统各级党组织严格落实管党治党政治责任,从党内政治生活管起,从"关键少数"严起,持续向基层延伸,扎实开展党的群众路线教育实践活动、"三严三实"专题教育和推进"两学一做"学习教育常态化制度化,持之以恒落实中央八项规定精神,自觉接受巡视监督,深入推进政治巡察,党员干部理想信念更加坚定、"四个意识"明显增强、工作作风持续转变,基层组织基础日益牢固,党建创新和党建文化建设不断深化,党建引领作用逐步凸显,为行业改革发展提供了坚强保证。

行业规模再上新台阶。2017 年,全省邮政业业务总量完成392.9 亿元,是2012 年的4 倍,年均增长33.4%。实现业务收入 279.3 亿元,是 2012 年的3 倍, 年均增长 24.2%。发展规模位居全国第六位。业务收入占全省生产总值比重从 0.2%提高到0.4%。其中,全省快递业务量完成 15.2 亿件,快递业务收入实现170.5 亿元,是2012 年的6 倍和4 倍,年均分别增长 44.7% 和 32.7%。行业增长速度明显高于全省生产总值和服务业同期增速。

公共服务水平持续提升。完成空白乡镇邮政局所补建工作,全省邮政普遍服务营业网点 2875 处,便民服务站 8.3 万个,三农服务站 2.6 万个,8.2 万个建制村直接通邮率 100%,在全国率先实现"乡乡设所、村村通邮"。骨干快递企业县级网点实现全覆盖,乡(镇)网点覆盖率 100%。累计布放智能包裹柜、快件箱 2.3 万组。邮政普遍服务满意度稳居全国前列,消费者申诉处理满意度持续提升,人民群众用邮的满足感和获得感不断提高。

法治邮政和政策环境不断优化。颁布实施《山东省寄递安全管理办法》《淄博市快递服务网点管理办法》,印发《山东省邮政行政处罚裁量基准》,全国率先实现法律顾问制度全覆盖,法治邮政体系建设不断加快。编制发布邮政业发展"十三五"规划,指导和推动省和17 市规划相关内容,纳入省及所属地市国民经济和社会发展规划纲要,与物流发展、新型城镇化以及新农村发展规划实现有效衔接。积极开展地方标准试点,探索建立标准化体制机制。推动省政府将邮政快递服务业列为全省加快服务业转型升级的重点行业,先后出台《山东省邮政快递服务业转型升级方案》和《关于促进邮政和快递服务业发展的实施意见》,各市政府相继制定配套落实政策。

基础保障能力稳步提高。干部队伍素质明显提升,依法行政能力不断增强,青年干部得到快速锻炼成长。邮政监管支撑体系实现突破,省、市邮政业安全中心及县级邮政管理机构顺利组建,全省系统干部队伍得到充实。建立健全规章制度,严格规范财务管理,持续提升行业统计质量,提供有效数据支撑,不断加大政务信息公开力度,依法依规办理来信来访,有效维护群众合理合法诉求,强化新闻宣传和舆情处置,机关自身建设得到明显增强。

四、各市(地)主要管理工作概况

济南局针对省政府出台的 1 号文件,推动市政府出台了《关于促进邮政和快递服务业发展的实施意见》,明确了行业发展的政策扶持和资金补贴。推进市级邮政业安全中心建设,积极与市编办对接,推动市编办印发了《关于设立济南市邮政业安全中心的批复》,以政府购买服务的方式设立济南市邮政业安全中心。争取安检机补贴,积极向分管市领导汇报当前面临的安检压力，在市领导的批示精神下，市局及时与财政局沟通，拟申请一次性安检机补贴1000万元，现该工作正在推进中。优化快递行业车辆通行环境，联合市公安局为快递企业办理城区车辆通行证。对快递三轮车进行规范管理，统一车辆标准，统一悬挂识别号牌，建立快递专用电动三轮车识别代码制度。推进行业"三进"工程，指导市邮政公司与5所高等院校签订合作协议，建设综合服务平台。支持快递企业加强末端投递网点建设，在市快递协会的协助下，全市共170余处高校、机关、社区的快件实现了集中、统一收投。

青岛局充分结合行业发展实际，制定印发了"邮政业发展规划宣贯实施方案"，召开了"规划宣贯部署会"和"全市邮政、快递产业规划布局现场推进会"，并通过积极争取，将邮政基础设施空间布局规划纳入全市"多规合一、一张蓝图" 空间规划体系。全国首个"快递业绿色发展产学研协同创新示范基地"正式落户青岛，项目总投资约3.5亿元；青岛西海岸快件监管中心正式开通，成为全国首家国际海运快件监管中心；胶州国际快递物流园作为市级重点工程已进入选址立项阶段，胶州市政府在土地规划、政策扶持、资金保障等方面给予重点支持；即墨的"青岛智慧快递物流产业园"也在规划建设中，"城市智慧物流（快递）末端公共配送服务平台"国家被列入电子商务发展扶持项目。此外，全行业深入学习贯彻省政府1号文件精神，市管局积极推动市政府制定印发了《关于促进邮政和快递服务业发展若干政策措施》，共推出22项49条举措，重点在提升服务"三农"能力、提高跨境寄递通关效率、完善邮政和快递便民服务、扶持企业加快发展和加强人才队伍建设等方面提出了更加务实、更具操作的政策。青岛市已与杭州、宁波、郑州等14个试点城市同等适用过渡期政策开展保税备货进口业务。可降低物流和时间成本，提高配送效率。全行业坚持以新发展理念引领新常态，稳步推进转型升级、提质增效，各项服务发展工作取得显著成效。在"快递三进"方面，以"城市智慧物流（快递）末端公共配送服务平台"建设为抓手，统筹布局推进快递进校区、进商区、进社区，不断提升末端投递能力和服务水平。现已建成末端公共配送网点20余处、布放智能快件箱累计3000余组，年投放快件约3000万件；在"快递下乡"方面，邮政公司在全市推进邮政便民服务站建设，在农村开展"村村建、村村通"便民站建设，在城市社区引入邮政易邮店。现已建成邮政便民服务站6000余处、易邮店116处、布放智能包裹柜243组。同时，加快完善县乡村寄递物流体系，建成县级电商运营中心6处，镇级电商服务中心135处，村级电商服务旗舰站234处，配套大型县级仓储5处，架起农村城市直通桥梁。各品牌快递企业也加大县、乡服务网点布局，实现乡镇快递服务全覆盖。在供给质量提升方面，不断创新服务模式，加强与电子商务、现代农业、先进制造业等产业融合发展，加快向综合性寄递物流运营商转变。全力助推青岛国家跨境电商综合试验区建设，实现年国际快件业务量540万件，支撑跨境电商进出口额达200余亿元；在服务制造业方面，邮政速递青岛海尔事业部实现年业务收入1800余万元；在服务现代农业方面，青岛顺丰推出樱桃寄递项目，实现樱桃寄递收入2800余万元、带动樱桃销售3400余万元；推出《海产品寄递解决方案》，打造"青岛海鲜"品牌；邮政公司利用自有农村电商"买卖惠"交易平台，推动本地农特产品线上交易，打造线上线下营销体系。累计上线商品2.3万种，实现订单4.5万余笔，交易额达6200余万元。

临沂局争取市政府无偿提供财政资金640万元加强行业安全建设。筹集资金12万元，将安全信息平台延伸到郯城、沂南邮政管理局，实现了全覆盖、无死角的安全监管。协调市政府办公室印发《临沂市邮政业发展"十三五"规划》，为未来五年全市邮政业发展明确了目标方向。在市政务大厅设立邮政行业审批业务窗口，并设立快递服务窗口，有效提升邮政管理局群众满意度和社会美誉度。加强市邮政业安全中心建设，市财政通过政府购买服务的形式为中心配备6名优秀大学毕业生，确保安全中心有效运行。紧盯邮政业发展最前沿，积极参与招大引强，引导全市快递行业健康快速发展。与河东区政府共建鲁南航空快递物流产业园项目已落地开工，广东白云机场至临沂机场全货机起降航线正式运营。中邮集团占地160亩，投资2亿元的二级中心局暨电商产业园建设项目已完成签约洽谈，进入实施阶段。规划占地5700亩，核心区域占地2700亩的罗庄快递物流产业园项目全面实施，圆通、中通、申通等5家市级分拨集散中心已经先期入驻。抢抓临沂物流之都和高铁运营枢纽的机遇，不断满足快递业务量倍增发展需求，积极探讨快递物流上高铁新尝试，进一步提升临沂行业发展的总体水平。

潍坊局推动圆通、韵达、申通、中通与地方政府达成初步园区建设意向，规划用地470亩，联合寿光市政府开展快递园区考察调研，占地200余亩的寿光市快递园区建设已经完成调研立项，园区聚集发展态势向好。联合市快递协会开展行业安全标准化建设，制定行业安全生产标准化建设标准，共验收企业186家，达标率94.6%。认真落实2017省政府1号文件，推动我市《关于贯彻落实省政发〔2017〕1号文件促进邮政和快递服务业发展的实施意见》发布。争取行业扶持资金1220余万元，其中安检机补贴660万元，现已完成31家企业补贴；安全监管平台和安全中心开办费210万元；顺丰航空补贴350万元。政策红利集中释放，促进市邮政业发展效应明显。继续加强末端服务能力建设，大力推进快递“三进”工程，全市共投入运营智能快递箱隔口超过3万余个，农村地区快递服务乡镇网点覆盖率达到100%，行业基础设施建设取得新进展。委托有资质的企业开展末端配送，建设摩西管家旗舰店，寿光管局推动成立“菜都驿站”13处。邮政企业供给改革创新迈出新步伐，组织开展“一市一品”、农特产品进城示范项目，全市新增“邮掌柜”站点3018个。邮政综合服务平台功能不断增强，全市累计建成便民服务站3716个。产业协同发展跃上新台阶，快递服务特色农业，助力精准扶贫成效明显。全国首家花卉智能分拣中心启用（青州韵达花卉智能分拣中心）；“快递+萝卜”“快递+花卉”“快递+大樱桃”等特色农产品销售火爆；快递服务潍柴动力、歌尔声学等加工制造业成效显著。

五、快递市场存在的突出问题

山东快递业发展势头强劲，供给质量效益逐步改善，业态模式创新活跃，但制约发展的体制性瓶颈、结构性矛盾和政策性问题依然存在，发展方式粗放、竞争层次不高、发展基础不牢、不大不强问题明显，规划、标准、政策落地不够，事中事后监管效能不高，服务、安全、环保等压力凸显，加快释放发展活力、汇聚社会资源、推动服务转型，扩大有效和中高端供给，推进行业治理能力现代化的任务还十分艰巨。

河南省快递市场发展及管理情况

一、快递市场总体发展情况

2017年，河南省邮政行业业务收入（不包括邮政储蓄银行直接营业收入）累计完成228.9亿元，同比增长19.6%；业务总量累计完成332.7亿元，同比增长42.7%。其中，快递企业业务量累计完成10.7亿件，同比增长28%；业务收入累计完成115.9亿元，同比增长22.9%（表7-16）。涌现出快件年包裹业务量超亿件的企业5家，年收入超10亿元的快递企业7家。快递从业人员达到7万人，全行业从业人员超过10万人。

表7-16　2017年河南省快递服务企业发展情况

指　　标	单位	2017年12月		比上年同期增长(%)		占全部比例(%)	
		累计	当月	累计	当月	累计	当月
快递业务量	万件	107377.6	11212.4	28.0	23.5	100.0	100.0
同城	万件	18174.9	1824.6	23.4	16.5	16.9	16.3
异地	万件	86640.3	9207.9	26.7	24.0	80.7	82.1
国际及港澳台	万件	2562.4	180.0	231.2	119.5	2.4	1.6
快递业务收入	亿元	115.9	11.8	22.9	18.1	100.0	100.0
同城	亿元	13.6	1.5	25.0	26.5	11.7	12.4
异地	亿元	70.8	7.2	10.4	9.2	61.1	60.7
国际及港澳台	亿元	9.3	0.8	128.6	91.4	8.0	7.0
其他	亿元	22.3	2.4	45.6	27.8	19.2	19.9

二、行业管理工作及主要成效

全面从严治党初显成效。一是持续强化党的十九大精神的引领作用。从河南省邮政管理局机关到全省邮政管理系统，再到全省邮政行业，不断扩大学习宣传贯彻范围。召开党组中心组专题学习会议、河南局机关全体党员会议，下发学习通知、工作方案，举办全省邮政行业学习宣传贯彻党的十九大精神专题辅导讲座，在全省邮政管理系统迅速掀起学习党的十九大精神的热潮。组织党员干部及部分品牌快递企业员工网上学习“砥砺奋进的五年”，并通过手机端、PC端等方式发表心得体会，切实推动党的十九大精神在全省邮政行业落地生根、形成生动实践。平顶山局开展“贯彻党的十九大，文明社区行”主题党日活动。南阳局开展“不忘初心，牢记使命”主题党日活动。

二是扎实推进“两学一做”学习教育常态化制度化。坚持融入日常、抓在经常。注重党组中心组的示范引领作用，制定2017年理论学习计划，开展专题学习12次。严格落实机关党委集体学习制度，以理论学习、民主生活会等制度为主要抓手，组织党员领导干部定期开展集体学习。探索创新党内教育和组织生活的有效方法，开展支部书记讲党课、普通党员讲党课活动。加强对基层党组织的指导，印发《关于推进“两学一做”学习教育常态化制度化的实施方案》《“两学一做”学习教育计划安排》，明确学习教育的总体要求和主要任务，对责任落实和制度保障作出具体部署。

三是创新开展基层党建工作。在全省邮政管理系统开展“讲忠诚、守纪律、做标杆”活动、“一准则一条例一规则”学习活动。组织豫、京、晋、鄂4省邮政管理系统80余名党员干部，齐赴济源愚公移山精神干部学院开展集中学习培训。在焦裕禄干部学院，配合举办广东、广西两省(区)邮政管理系统处级干部培训班。举办全省邮政管理系统“七一”表彰大会，对表现突出、成绩优异的3个先进基层党组织、12名优秀共产党员、11名优秀党务工作者进行表彰。许昌局实施党建“清单化、规范化、制度化、项目化、信息化”“五化”管理。安阳局机关支部成功创建全市四星级基层党组织。

四是不断深化党风廉政建设。制定印发党风廉政建设工作要点。组织党员干部参加全国邮政管理系统“以案释纪明纪，严守纪律规矩”主题警示教育电视电话会，召开违反中央八项规定精神案例通报专题学习会、反思违纪违法案件教训专题民主生活会。主动对照国家邮政局通报的巡视共性问题清单，举一反三，深入开展自查自纠，做到未巡先查、即知即改，切实增强党员干部的党性意识和纪律意识，健全廉政风险防控机制。通过下发传真、网站发布、手机报“廉政提醒”等多种方式，严格做好节庆假日重要时间节点党风廉政建设工作。组织开展《清廉锦囊》《共产党员必须知道的100个基本知识》学习活动。结合党员干部工作实际，全年开展批评教育谈话2次，诫勉谈话2次，函询10次。承办驻部纪检组转办案件1起并结案。

五是大力推动行业精神文明建设。对来信来访、局长信箱、公众留言等受理问题的整改情况及时跟进督查，畅通投诉渠道、完善处理机制，持续加强行风建设。郑州局承办的市长热线转办案件被评为全市十佳案件。举办“诚信快递、你我同行”主题演讲比赛，在全国决赛中1名选手荣获企业组二等奖、2名选手分别荣获管局组三等奖和优秀奖。郑州局获得“市劳动竞赛优秀组织单位”荣誉称号，12名快递从业人员荣获“市技术标兵”荣誉称号。洛阳局联合团市委在全市快递行业开展“争创青年文明号、争当青年岗位能手”活动。鹤壁中通马朝立当选全国交通运输系统“感动交通年度十大人物”。安阳天天杨秋林荣获“河南省五一劳动奖章”，林州中通李凯明、安阳韵达郝玮玮荣获“安阳市五一劳动奖章”。鹤壁邮政毛瑞芳荣获“市劳动模范”荣誉称号。三门峡中通荣获市级“工人先锋号”荣誉称号。邮储银行河南分行、濮阳局被评为全国文明单位。许昌局被评为“省级精神文明单位标兵”。平顶山、周口等市局被评为“省级文明单位”。安阳、鹤壁、三门峡、驻马店等市局被评为“市级文明单位”。信阳局被评为“市交通运输系统创建全国文明城市工作先进单位”。安阳局孙菲荣获广东公安边防总队首届“最美警嫂”荣誉称号。

行业发展态势稳中向好。一是主动服务地方经济发展。紧抓中国（河南）自由贸易试验区建设的有利契机，积极参与自贸区建设，确定和推进自贸区建设方案中涉及邮政业改革发展的十项工作内容，并在河南省邮政业发展“十三五”规划、2017年度重点工作中进行项目承接。建立与地方海关、商检、口岸办等部门协作机制，支持快递企业提升跨境业务承接能力。支持快递企业充分利用郑州机场国际航线资源，拓展跨境快件的直运、直封、直发业务。支持邮政建设航空邮件处理中心，开展进境邮件“一点通关、分拨全国”，开展跨境电子商务和商业快件及邮政包裹搭乘中欧班列（郑州）出口等业务探索。

二是全力推进重大政策项目实施。持续抓好《国务院关于促进快递业发展的若干意见》《河南省人民政府关于促进快递服务业发展的意见》和相关产业政策落实，着力释放中央、地方两个层面的政策红利，指导各市、县邮政管理部门因地制宜，创新性地开展工作。大力支持郑州国际物流园区、中国漯河电子商务产业园、洛阳市中通速递物流园区3家快递物流园区申请创建“中国快递示范园区”。支持邮政速递在机场临空侧建设航空邮件处理中心、顺丰速运在郑州航空港区建设电商产业园。推动圆通在漯河建设仓储物流园。推动申通建设漯河电商物流产业园、郑州航空港区全国第二总部，与河南日报报业集团、河南通通优品科技有限公司合作建设大河申通冷链物流园。

三是大力推动行业转型发展。召开贯彻落实全省物流业转型发展工作会议精神部署会，推动《河南省物流业转型发展规划》贯彻落实，目前，省政府办公厅已经印发《河南省快递物流转型发展工作方案》《河南省促进物流业转型发展若干措施》。郑州、开封、安阳、许昌、焦作、平顶山、驻马店等市快递物流转型发展工作方案已经发布。积极引导快递企业服务制造业，全省滚动编制快递服务制造业项目91个，形成累计业务量732.46万件、业务收入近2亿元，直接服务的制造业累计产值超100亿元，涌现出一批以服务食品制造业、纺织服装业、仪器仪表制造业为代表的快递服务制造业典型。信阳局推动快递服务信阳光山羽绒产业项目，累计业务量355万件，累计业务收入

3858万元，直接服务羽绒产业累计产值达到7.7亿元。搭建多式联运综合运输体系，协助省交通运输厅举办全国多式联运现场会。推动中通快递股份有限公司与机场集团共同成立货运航空公司，在机场临空侧建设合资专属货站。引导快递企业与中铁快运对接，探索西安、武汉方向邮件快件通过高铁运输，探索东北、西北、西南等方向邮件快件通过普速列车运输，逐步形成便捷顺畅的多式联运网络。

四是稳步开展邮政行业基础设施建设。洛阳局以建设电商快递试点城市为契机，为邮政企业争取政府专项补贴39万余元。大力推进快递“三化建设”和基层快递网点建设。郑州市快递营业场所标准化率达到90%。洛阳局为快递企业争取仓储及快递操作设备项目、智能快件箱项目、快递车辆更新项目、快递标准化直营网点项目政府专项补贴633万元。安阳建成快递标准化营业网点401个、乡镇快递综合服务站31个。驻马店建成标准化营业网点391个、形象化营业网点17个、标准化分拨中心30个。许昌局指导市邮政分公司完成500个邮政综合便民服务平台建设，支持快递企业设立乡镇分支机构140余个，实现全市乡镇100%覆盖。

贴近民生实事有序推进。召开专题会议，下发落实2017年邮政业更贴近民生七件实事26项措施，多角度多层次从实从细推进七件民生实事的贯彻落实。其中，服务“三农”和精准扶贫能力明显增强。濮阳局召开邮政业扶贫工作现场会，积极引导圆通、韵达等快递公司与贫困村签订精准扶贫框架协议，顺丰、圆通、中通、申通、百世等快递企业为马白邱村小学捐资50万元新建教学楼一座。开展“一市一品”农产品进城活动，搭建“工业品下乡、农产品进城”的双向流通渠道，推动全省“快递下乡”从“下得去”向“立得住”“走得好”阶段转型，全省乡镇快递网点覆盖率达到100%。开封局联合市发改委、商务局印发《开展农产品快递直通车促进快递下乡的实施方案》，助力刺梨、大蒜、麻辣花生等农产品以及兰考县泡桐为主材的民乐器外销；鼓励支持开封邮政企业深度参与电子商务进农村项目，农特产品进城配送量3420吨、交易额1023万元，带动农民年收入增加600万元，产生邮政快包87.8万件。信阳局积极推动快递企业探索建立“快递+电商+农业”经营模式。焦作局着力推动“互联网+快递+电商+农业”发展模式，仅“双11”期间，焦作快递企业累计出口电商快件137.3万件，其中铁棍山药出口20万件、突破120万斤。

快递末端投递服务水平不断提升。联合省教育厅下发《关于加快推进快递服务进校园工作的指导意见》，指导郑州、安阳等地市引导相关企业在高校设立校园快递公共服务中心，引导校园快递规范化经营，全省129所大中专院校全部实现投递规范化；积极引导社区快递公共服务站、智能快件箱建设，全省新建快递公共服务站点153个、智能快件箱8851组，逐步形成上门投递为主、箱递为辅、快递公共服务站为有效补充的多种投递模式共存的局面，利用智能快件箱投递量占比较去年同期提升3个百分点。漯河局推动市政府出台《快递“进社区、进机关、进学校”工程实施方案》，快递“三进”工程见实效。焦作局积极推进“快递进社区”工程，35个快递社区服务站全部投入启用。

放心消费工程稳步实施。举办全省快递服务质量工作培训班，17个市局行业管理负责人及负责服务质量人员、20余家快递企业分管服务质量负责人、申（投）诉处理负责人共80余人参加培训。针对分拨中心、营业场所的日常业务操作，充分利用实地检查、视频监控、约谈、处罚等措施，开展“不着地、不抛件、不摆地摊”专项治理。督促企业采取增加基础设施、运用机械化手段等极大减少“三不”乱象。

多举措提高快递包装绿色化、减量化水平。密切关注郑州苏宁首批共享快递盒使用情况，支持快递企业探索试用可折叠回收的循环共享快递盒,推动快递包装绿色化进程。推广电子运单使用,全省重点品牌快递企业电子运单使用率达80%以上。郑州局联合市快递协会举办新能源汽车专业租赁使用服务推介会,在河南财经政法大学等高校试点包装箱回收积分奖励制度。南阳局推动企业使用新能源汽车、中转箱、环保袋、笼车等设备。许昌局加强快递绿色化宣传引导。

投递员工作环境有效改善。引导各市局积极协调相关部门解决车辆通行难题,推动开封、鹤壁、商丘、焦作、漯河、信阳实现快递电动三轮车城市通行"三统一"管理。郑州局联合市快递协会积极推进"快递员之家"建设,为快递从业者提供便利服务。

法治邮政建设不断深化。一是全面推进服务型政府建设。立足邮政监管工作实际,多措并举,梯次推进,结合各地市实际情况,有针对性地推进服务型政府建设工作,涌现出鹤壁、开封、周口、焦作等市局各有特色的服务型邮政执法典型。河南局推进服务型行政执法建设工作做法被评为全省20个典型经验之一,受到河南省法治政府建设领导小组办公室通报表扬。印发《河南省邮政管理局关于做好2017年度服务型执法建设与行政执法责任制落实工作的通知》,做好服务型执法建设与执法责任制落实。印发《关于在全省邮政管理系统开展法治宣传教育的第七个五年规划(2016－2020)》,为"七五"普法工作的顺利开展提供了保障。举办全省2017年度邮政行政执法培训班,进一步提升全省邮政管理系统规范化执法水平。组织开展全省邮政管理系统行政执法自评工作,并接受国家邮政局考核组的现场执法考评,受到国家邮政局的肯定。开封局被评为第二批"河南省服务型行政执法示范点"。周口局被评为"全市法制工作先进单位""全市服务型行政执法示范单位""河南省服务型行政执法示范点"。平顶山局荣获"全市行政服务工作优质窗口"称号。

二是继续推进"放管服"改革。优化许可办理流程,实现快递许可审批全流程网上办理。快递业务经营许可流程由原来的45个工作日优化为22个工作日,许可申请协查审批平均办结时间为7.4天,许可变更审批平均办结时间为8.1天,许可申请审批平均办结时间为13.4天。全年共受理快递企业许可申请266件,批准许可申请212件;受理变更申请2597件,核准变更申请1873件。准予撤销邮政普遍服务邮政营业场所11个,新增邮政普遍服务营业场所12个,邮政营业场所信息变更57个,备案暂时停止或者限制办理邮政普遍服务和特殊服务业务34个。

三是加强行业规划政策的落实和研究。联合河南省发改委、交通运输厅发布《河南省邮政业发展"十三五"规划》。推进全省各地市邮政业发展规划的发布,截至目前,全省17个市均已印发地方邮政业发展规划。举办全省邮政业发展"十三五"规划宣贯落实培训班,完成规划任务措施实施年度自监测评估工作。组织召开邮政业发展政策解读会,编发《河南省邮政业发展相关政策汇编》,对行业相关资金、土地、税务扶持政策以及放管服改革等内容进行解读。开展行业发展课题研究,对已申报的2017年度河南省交通运输科技计划项目"河南省邮政业大数据平台构建与应用研究"开展研究,完成项目开题,并组织申报2018年河南省交通运输科技计划项目"多式联运在快递物流中的应用研究"。

四是依法有效化解矛盾纠纷。妥善处理政府信息公开申请、行政复议和行政诉讼。办理政府信息公开申请32件。上报全省2016年度信息公开情况统计表,在局网站按时发布2016年河南局政府信息公开工作年度报告。依法办理行政复议案件3起、行政复议答复5起、依法办理行政应诉案件18起。

综合监管水平稳步提升。一是确保实现安全保障目标。与综治、公安、国家安全、反恐、工商、消防等部门建立联动工作机制,开展电气火灾、打击假烟、清理整顿非法邮政快递网点、易制爆危险化学品等专项治理活动,确保全国"两会"、"一带一路"高峰论坛、金砖会晤、第十三届全国运动会、党的十九大等重大活动、会议期间全省寄递渠道安全通畅。全力做好"双 11"等业务旺季服务保障。指导快递企业增加人员、场地、车辆，统一做好调度，全省圆满实现"两不三保"目标。持续推进"三项制度"落实。郑州市实名收寄信息化率达到 80%；焦作局在全国邮件、快件实名收寄信息化试点工作推进会上作先进典型发言，实名收寄信息化率最高达到 97.4%；鹤壁市安易递系统平均使用率达到 95% 以上。大力推动安检机配置使用，郑州局争取安检机购置补贴资金 1622.2 万元，全市共配备安检机 145 台，大型分拨中心安检机与流水线的对接改造工程已全部完成。南阳局督促企业配置安检机 49 台，辖区快递品牌安检机配置率达到 100%。周口、信阳、许昌局联合举办安检机操作培训，168 名安检人员参加培训。

二是依法开展行业安全监管。举办邮政市场监管和安全管理培训班，全面提升执法队伍综合能力和素质，进一步强化邮政市场安全监管。全年共开展快递市场监督检查 19626 人次，检查快递企业分拨中心和营业场所 6474 个，查处违法违规行为 3394 起，作出行政处罚决定 2368 起，共处罚金 488.3 万元。省邮政安全发展中心积极发挥职能作用，多次到安阳、漯河等市开展邮政业安全生产、行业安全管理和信息化建设督导调研，助推行业实现安全发展。

三是切实落实企业主体责任。印发《河南省邮政管理局关于快递企业履行安全生产主体责任的指导意见（试行）》，指导企业建立健全安全生产隐患排查治理体系、定期组织安全教育培训、制定应急预案、开展应急演练、制定自查和检查整改计划等。督促快递企业履行机构保障、制度保障、物质资金保障、教育培训保障、安全管理保障、事故报告和应急救援等安全生产主体责任，督促快递企业强化主体责任，落实一个安全机构、一支安全队伍、一套标准制度、一本安全台账、一次应急演练"五个一"工程建设，明确快递企业自查内容和频次，推动形成政府督导、企业自律、社会监督的安全生产体系。

四是创新开展综治维稳工作。印发《河南省邮政管理局办公室关于深入推进全省邮政业综治创新工作的通知》，全面征集汇总创新需求和创新点子。编制 6 本制度汇编，做好综治和平安建设考核工作。在河南局网站开设"综治和平安建设"专栏，及时发布全省邮政业平安综治建设信息。党的十九大期间，编发《河南省邮政管理系统党的十九大期间寄递渠道安全保障和行业稳定工作简报》，做好信息沟通和行业宣传工作。河南局荣获"党的十九大期间全省稳定安全信访工作表现突出的集体"荣誉称号。平顶山局被评为市防范处理邪教工作、"党的十九大"反恐安保工作先进单位。鹤壁局被评为市平安建设先进单位、维稳信访工作先进集体。新乡局被评为稳定安全信访工作先进单位。南阳局被评为反恐维稳工作先进单位、全市综治和平安建设工作考核优秀单位。

科学履职能力显著增强。一是加强干部队伍建设。组织全省各市、县邮政管理机构广泛开展调查研究，形成调研报告 51 篇。制定 2017 年干部教育培训计划，确立实施 17 项专题培训，累计培训 890 余人次。制定实施《关于加快青年干部培养工作的意见》，组织 5 名人员参加省直机关党校秋季干部调训班，举办全省纪检监察干部综合业务培训班等。河南局试用期满考核干部 2 人，市局试用期满考核局长、副局长各 1 人。受理市局报送干部选拔任用工作有关事项 23 件，涉及 15 个市局 30 人次。开展河南局干部选拔任用工作"一报告两评议"，组织副处以上干部填报个人有关事项并开展重点核查和随机抽查。加强人事基础管理，组织开展档案专项审核和考察文书档案自查，对退休老干部开展走访慰问和联络服务等工作。

二是做好职业鉴定和人才培养工作。编制 2017 年职鉴工作计划方案，累计鉴定 3447 人次。组织邮政行业中层管理人员业务提升、快递业务员业务提升培训班,430 余人参训。举办 2017 年全国邮政行业职业技能大赛河南省初赛,在全国决赛中,河南省荣获优秀组织奖、优秀技术指导奖,2 位选手荣获个人三等奖。开展河南省全国职业院校邮政和快递类示范专业点遴选和建设工作,河南交通职业技术学院物流管理专业(快递方向)、河南省理工中等专业学校物流服务与管理专业(快递方向)入选全国职业院校邮政和快递类示范专业点。积极搭建人才培养合作平台,与郑州大学、郑州航空工业管理学院,签订合作协议,推进河南省快递人才基地建设。

三是加强财务管理。着力提升财务管理规范化、科学化、精细化水平,加强内控制度建设。在 2017 年全国邮政管理系统财务考核中,河南局获得优秀称号并被通报表彰。完善职鉴中心、机关工会、机关党委财务管理,分别建立独立的账务处理系统。指导各市局有序推进公务用车制度改革,目前市局车改方案已通过财政部驻豫专员办审批,拟上缴车辆已按规定封存。开展年度财务检查工作,组织全省各市局认真开展财务自查工作,出具财务检查整改通知书 9 份,查摆问题 2 大类,并认真进行整改落实。强化市局财务考核管理,考核结果纳入市局班子年度考核。

四是推进行业统计工作。积极做好统计报表制度布置培训,进一步细化和扩充调查单位,认真做好统计范围调整工作。举办全省邮政行业统计报表制度培训班,进一步提升统计人员专业能力。加强行业经济运行监控,深入开展数据分析,更好地发挥统计信息服务决策、服务发展的功能。开展行业统计检查,召开经济运行分析会议,提高统计信息服务能力。河南省 4 家企业和 2 名同志分别获评 2016 年度统计工作先进企业和先进个人。新乡局作为市大数据决策支持平台成员单位,积极参与"互联网 +"和"大数据"的建设工作,一名同志被评为"大数据决策支持平台构建工作"先进个人。信阳局被评为"全市统计工作优秀单位",2 名同志被评为全市"统计系统先进工作者"。

五是做好新闻宣传和信息化建设等工作。连续第三年荣获全国邮政管理系统年度先进记者站、优秀站长、优秀特约记者、优秀通讯员称号,举办全省邮政管理系统新闻宣传综合培训班,对 10 家先进单位、16 名先进个人进行表彰。编发政务信息 1824 篇,国家邮政局网站采用 263 篇,在《中国邮政快递报》和《快递》杂志上刊发新闻稿件 80 篇,坚持编发《河南省邮政业舆情专报》《河南邮政管理手机报》《河南邮政政务半月动态》,受到广泛好评。做好新闻发言人工作,制定河南省邮政管理系统新闻发布制度,累计接受新闻采访 17 次,获得正面报道 87 篇次,进一步提高了行业的认知度和公信力,为行业发展营造了良好的舆论氛围。

进一步规范网站管理,坚持通报制度,引入排名机制,并将全年 4 个季度的网站检查情况纳入市局领导班子考核范畴。在国家邮政局网站季度检查中,河南局网站 4 次检查全部合格,17 个市局网站在国家邮政局第一、二、四季度检查中全部合格。下发网站普查情况通报两次,并对个别市局进行约谈,督促市局切实做好网站管理工作。稳步推进省局和市局的会商系统建设。目前省局和 11 个市局已实现互联互通。升级档案管理模式,对文书档案、声像资料进行数字化归档。按规定做好机要、保密及后勤保障等工作。

三、各市(地)主要管理工作概况

郑州局科学定位、积极抢位、正确站位,以落实国家邮政局深化行业供给侧结构性改革和邮政业更贴近民生 7 件实事为抓手,紧密围绕两条主线,全面把握"安全与发展"。郑州局敢于亮剑执法,全年共立案 341 起、罚款 62.23 万元,其中一般行政处罚 186 起、当场行政处罚 155 起,有力震慑了违法违规行为,确保行业安全有序运行。坚持重点突破,通过专项检查、实时监控、每日通报、重点督导等方式,推进实名收寄信息化试点工作,目前全郑州市日均采集电子化实名收寄信息 120 万条,实名收寄信息化率接近 80%。强化安检防控，为全市145台安检机逐一建立专项管理档案并随机进行突击检查，先后依法对存在安检人员脱岗等问题的顺丰、宅急送、百世等河南总部快件处理中心开出罚单，督促企业严把寄递渠道安检关。推动重大项目建设，继中南邮政物流、顺丰华中、圆通郑州等处理中心投产运行后，邮政航空邮件、申通中原陆运中转、韵达华中总部、中通国际业务基地等重点项目进入实质性建设阶段。落实“1+3”发展导向，顺丰为思念、三全等企业开展运销一体化冷链服务；邮政公司在跨境电商国际业务上实现长足发展；快递企业助力荥阳河阴石榴、新郑大枣等地方特色农产品销售成为常态。应用先进生产设备，邮政、中通、圆通、百世等企业省级处理中心均已上线全自动化分拣设备，区域加盟商逐步采用自动化揽收称重扫描仪，行业科技含量、劳动生产率和社会形象大幅提升。

开封局注重引导、强化服务，不断推进行业文明建设走向深入。联合开封市文明办下发《开封市邮政快递行业精神文明建设工作实施意见》长期规划，以开封市创“双城”工作为契机，以“诚信”为主题开展“3·15”国际消费者权益日宣传、“诚信快递　你我同行”主题演讲比赛以及“2016年度开封群众最满意的快递企业”评选活动。“快递下乡”工程被当地媒体评为全市十大民生工程。行业发展成果多次被开封日报、汴梁晚报等媒体报道。行业发展获得多项政策扶持。开封移动为全市快递企业提供实名收寄系统APP定向通信支持，为企业带来实惠的同时也为加速全市邮件快件实名收寄信息系统应用打下良好基础。

洛阳局促普惠、严监督、优保障，积极践行以人民为中心发展思想。主动调研解决焦点问题。配合国家邮政局开展中欧班列运邮情况专题调研，并形成调研报告，探索做好普遍服务创新发展工作。调研洛阳市邮政企业经营发展情况，要求企业积极反馈2016年普服补贴项目进展，切实担当主体责任，保障邮政普遍服务水平不降低。支持建成中国邮政豫西快递物流集散中心，大大巩固洛阳作为豫西地区物流快递枢纽的中心地位。积极争取和落实各项利好政策，抓住“洛阳市电子商务与物流快递协同发展试点城市建设”的契机，指导洛阳邮政企业争取政府专项补贴39万元，用于改造仓储和升级操作设备。洛阳市“治霾限行”期间，积极与公安部门协调解决限行期间邮政、快递车辆的正常通行，有力地保障“双12”等旺季生产期间邮(快)件的时效与服务。

焦作局提升监管手段践行服务理念，扎实推进实名收寄信息化试点工作。成立专项工作领导小组，明确分工、责任到人。召开专题会议，制定工作方案，对实名收寄信息化工作进行全面部署。以邀请国家邮政局专家集中培训、深入企业现场培训和快递企业内部逐级培训相结合的方式，使快递从业人员“人人会操作、人人能推介、人人能答疑”。利用新闻媒体播放宣传片、发布公告、刊登报道；利用“3·15”活动，摆放展板、发放《致全市人民的一封信》和《焦作市邮政业用户寄递安全指南》，为实名信息化工作推广营造良好的社会舆论氛围。7月下旬完成了中通、圆通、韵达、汇通、百世等企业版系统的使用工作，实现了对散件客户、大宗协议客户实名信息采集的全覆盖，形成了“安易递”系统与企业版系统同时使用、互为补充的格局。三是优化组合，9月份实现重点品牌快递企业全面使用企业版实名收寄信息系统，提升对散件、大宗快件的实名信息录入效率。12月份实名率平均值达到95%，最高达到97.4%。

四、快递市场存在的突出问题

一是主体责任履行不到位。一些企业安全意识淡薄，不落实“五落实五到位”要求，安全投入不足，培训力度不强；收寄验视把关不严、实名收寄执行不力、过机安检流于形式等问题较多存在；违规收寄行为时有发生，安全生产隐患明显增多，企业主体责任亟待强化。快递业务量持续高位增长，企业长时间高负荷运转，一线人员劳动强度大、安全意识弱，发生交通、消防、用电、机械伤害等安全事故风险较高。

二是监管界限不清晰。 众包物流、即时物流、快递物流、零担物流、整车物流、冷链物流之间的界限比较模糊，一些非快递类物流企业纷纷申请快递业务经营许可，快递与其他物流形式界限越来越模糊，对于已经取得快递业务经营许可的快递企业从事“类快递”（快运、冷链）业务和已经取得快递业务经营许可或未取得快递业务经营许可的其他企业从事“新业态”业务的监管界限不清晰，市场准入与安全监管面临新问题。

三是法律标准不健全。《安全生产法》对企业安全生产作出明确规定，快递企业亦应遵守，但邮政管理部门未明确是否可用《安全生产法》对快递企业处罚不明确；《反恐怖主义法》实施近两年，但涉及邮政行业案由和裁量基准未出台；虽行业强标对安检机配置提出明确要求，但安检机的日常管理、操作人员要求、安检流程、信息传递等仍不明确。

四是服务质量不高。 快递企业福利待遇不高，致使员工流动性强。企业为了尽快招人，往往不重视业务员的素质，岗前培训简单，造成业务员素质不高，服务态度差，服务水平难以有效提高。

湖北省快递市场发展及管理情况

一、快递市场总体发展情况

2017 年，湖北省邮政行业业务收入（不包括邮政储蓄银行直接营业收入）累计完成 196.4 亿元，同比增长 30.5%；业务总量累计完成 265.7 亿元，同比增长 38.3 %。其中，快递企业业务量累计完成 101277.9 万件，同比增长 30.9%；业务收入累计完成 119.0 亿元，同比增长 36.6%（表 7-17）。

表 7-17 2017 年湖北省快递服务企业发展情况

指 标	单位	2017 年 12 月		比上年同期增长（%）		占全部比例（%）	
		累计	当月	累计	当月	累计	当月
快递业务量	万件	101277.9	9416.2	30.9	12.8	100	100
同城	万件	23627.9	2501.0	37.4	35.8	23.3	26.6
异地	万件	76849.8	6822.0	28.4	5.5	75.9	72.5
国际及港澳台	万件	800.2	93.2	168.9	145.1	0.8	1.0
快递业务收入	亿元	119.0	11.6	36.6	26.7	100	100
同城	亿元	18.3	2.0	38.2	39.1	15.4	16.8
异地	亿元	65.2	6.0	22.6	10.3	54.8	50.9
国际及港澳台	亿元	4.2	0.4	48.4	28.3	3.5	3.6
其他	亿元	31.3	3.3	75.0	60.6	26.3	28.8

全省邮政企业农村电商服务点共有 23667 个，实现批销业务交易额 7.14 亿元，代购业务交易额 1695 万元，农特产品进城业务交易额 1.12 亿元。组织邮政企业开展“一市一品”农产品进城活动，全省共设 29 个项目，带动电商快包业务量 543.5 万件，实现业务收入 4134.5 万元。全省村邮站总数达 23348 个，行政村覆盖率达 100%。全省乡镇快递网点 3015 个，实现乡镇 100% 全覆盖；行政村快递网点达 2512 个，村级快递网点覆盖率近 11%。主要企业城区自营网点标准化率达 78%。全省高校快递规范服务覆盖率达到 100%。湖北省邮政管理局 12305 申诉中心共受理消费者

申诉60188件,其中有效申诉6043件,为用户挽回经济损失156万元。建立湖北省快递服务质量提升联席会议制度,每季度召开会议,促进企业全面提升快递服务质量,维护消费者合法权益。制定了《湖北省快递业绿色包装应用试点工作方案》,由京东在武汉试点生物可降解工程,圆通在武汉试点绿色分拨中心、在荆州试点缓冲物减量化工程,国家邮政局副局长王梅专题调研湖北省快递绿色包装生产企业,并对相关生产模式予以肯定。邮政企业“职工小家”建设水平不断提升。推进快递员人身与财产安全保障工作,孝感、襄阳、咸宁、荆州、天门等地试行快递员电动车购买第三者责任险等措施,一定程度改善了投递员(快递员)工作环境。

二、行业管理工作及主要成效

行业发展环境持续优化。突出规划引领作用。扎实推进全省邮政业发展“十三五”规划宣贯实施工作,大力支持“十三五”全省邮政业重大项目建设,其中湖北国际物流核心枢纽项目已开工建设。深入推进“放管服”改革。依法公开湖北省邮政行政管理权力清单和责任清单。进一步优化审批和网上办理流程,精简快递业务经营许可批准手续,建立承诺告知制度,快递业务经营许可办理平均时限缩短为10.7个工作日。强化政策保障。推动《省人民政府关于促进全省快递业健康发展的实施意见》落地实施,黄冈、随州、恩施、十堰、孝感等5个市(州)和1个县的地方政府出台了促进快递业发展的相关实施意见。争取省政府对寄递企业X光机购置划拨专项财政补贴资金1125万元,武汉、荆州、荆门、咸宁、随州、十堰、黄冈等局共争取到X光机购置专项补贴资金680.74万元。

供给侧结构性改革逐步深化。加强基础设施能力建设。全省已安装智能信报箱1185组,入柜投递邮件量为126万件,安装智能快件箱7236处,箱递率进一步提高。快递“上机上车”工程深入推进,“双11”期间武汉铁路局每天安排30趟始发终到高铁和既有列车行李车运送快件,日均运送电商物资是去年的两倍。推动企业改革创新。省局建立了邮政服务创新发展统计报告制度,定期掌握邮政企业包裹业务发展情况,推动做强寄递市场。2017年全省邮政包裹快递业务完成收入6.28亿元,同比增长65%,其中县域快递包裹业务收入1.74亿元,实现翻番增长。省EMS率先使用自动分拣机器人,提高生产效率。推动行业与关联产业深度协同发展。服务制造业、现代农业能力不断增强,全省快递与制造业协同发展示范项目达14个,支撑制造业产值57亿元,服务农业项目11个,带动农业产值10.5亿元,全省农村地区收投快件量2.4亿件,主要品牌快递企业经营网络已延伸至特色农产品生产种植行政村。推动行业人才队伍建设。成功推荐相关高职院校遴选全国职业院校邮政和快递类示范专业点、“全国邮政行业人才培训基地”。举办了全省邮政行业第二届职业技能竞赛并派出优胜选手参加全国决赛,在武汉成功协办了第二届全国“互联网+”快递大学生创新创业大赛,行业人才培养和支撑能力进一步提升。

依法行政水平持续提高。强化邮政市场监管工作。全年共出动检查人员1.67万人次,检查6919个营业场所。全面实施“双随机一公开”,全省共双随机检查网点1124个,出动2248人次,检查情况实现100%公开。进一步加强市场主体退出管理,按法定程序完成全省168家快递经营许可注销工作。深入开展“诚信快递、你我同行”宣传和主题演讲比赛活动。深入推进法治邮政建设。制定实施《湖北省邮政行业法治宣传教育第七个五年规划实施意见》和《湖北省邮政管理局普法责任清单》,组织开展面向行业内外的普法宣传教育活动。开展2017年全省邮政行政处罚案卷评查工作,加强执法监督。严格按照规定程序办理行政复议2起。积极开展标准宣贯和培训工作。

寄递安全监管不断强化。健全完善体制机制。省邮政业安全中心正式获批成立,安全监管支撑保障能力进一步增强。推动将寄递渠道安全管理工作纳入社会治安综治考评体系。充分发挥省寄递渠道安全监管工作领导小组作用,加强与多部门联合小组的沟通协作,积极开展禁毒反恐、打击侵权假冒等一系列监管检查,建立联合执法长效机制。宜昌局快递业视频监控中心建设完成,实现全市各大品牌快递企业联网监控运行。推进"三项制度"落实。集中开展寄递安全专项整治,加强对危险化学品、枪支弹药、易燃易爆等违禁物品的验视把关。联合公安、国安等部门在全省推广邮件快件实名收寄信息系统应用工作,目前全省寄递企业总体实名收寄率达80%以上,居全国前列。全省寄递企业共配备360台X光安检机,基本实现应检必检。强化重要节点安全保障和应急管理。顺利完成了党的十九大、"一带一路"高峰论坛、金砖四国会议等重大活动期间全省寄递渠道安全和服务保障工作。扎实做好"双11"等旺季服务保障工作,在收件量同比增长42%、派件量同比增长41%的情况下实现"两不三保"目标。强化突发事件信息报告和预警提示,妥善处理突发事件41起。

政府管理水平有序提升。进一步加强基础管理工作。新成立竹山、夷陵、广水三个县级邮政管理局,全省共组建6个县级邮政管理机构。养老保险、公车改革工作有序推进。湖北局、黄冈、黄石、恩施、襄阳等局解决了办公用房问题。加强干部队伍建设。2017年共举办全省系统内培训班14个,培训480余人次。通过公务员考录、接收军转干部、选配转任和调任干部等方式接收优秀人才。加大干部交流力度,选配3名优秀年轻干部交流任职。三是加强财务管理工作。组织对七个市(州)局财务工作进行检查,定期通报全省财务管理工作情况,整理汇编2015年以来湖北局制订和转发的一系列财务管理制度。全面加强行业统计管理工作。加大对行业经济形势分析研究力度,局领导参加省政府月度、季度经济运行分析会,深入分析全省邮政业经济运行情况。新闻宣传、信息调研、督查督办等工作不断加强,湖北局记者站获2017年全系统"先进记者站"称号。

不断推进全面从严治党向纵深发展。强化思想理论武装。坚持把迎接党的十九大召开、学习贯彻党的十九大精神作为首要政治任务,不断强化"四个意识",坚定"四个自信"。修订湖北局党组理论学习中心组学习规则,全年开展学习11次。印发湖北局党组学习宣传贯彻党的十九大精神工作方案、召开专题会议动员部署,带动各级党组织层层跟进,掀起学习热潮。组织党员领导干部赴愚公移山干部学院参加党性锻炼培训班,进一步坚定理想信念、锤炼党性修养。推进"两学一做"学习教育常态化制度化。充分发挥党建工作领导小组作用,印发总体实施方案和年度具体计划,召开全省邮政管理系统党建工作推进会,通过组织研讨学习、演讲比赛、开展现场督导检查等活动,推动"一切工作到支部"。严格落实"三会一课"、组织生活会和党建述职考评等制度,固化领导干部参加双重组织生活、讲党课、谈心交心等好的做法。举办全省系统内党建和纪检监察业务培训班,提高基层党建工作能力。落实全面从严治党要求,突出管党治党责任。坚持把纪律和规矩挺在前面,认真组织学习党章党规、《准则》和《条例》,开展第十八个党风廉政教育月活动。节日前夕召开专题会议、印发通知警示提醒,杜绝节日腐败。先后开展快递协会违规发放津贴补贴专项清理、人事档案专项审核自查、涉企收费自查自纠、领导干部落实中央八项规定自查等专项活动,并督促立行立改。

三、砥砺奋进的五年

党的十八大以来的五年,是湖北省邮政业实现跨越式发展的五年。全省邮政业在以习近平同志为核心的党中央坚强领导下,在国家邮政局党组和湖北省委、省政府的正确带领下,按照"五位一体”总体布局和“四个全面”战略布局，坚持稳中求进工作总基调，坚持以新发展理念引领新常态，坚持以供给侧结构性改革为主线，坚持以人民为中心的发展思想，紧紧围绕全面建成与湖北全面建成小康社会相适应的现代邮政业目标，贯彻落实“五个邮政”“三向三上”“‘1 + 1’到‘1 + 3’”“打通上下游、拓展产业链、画大同心圆、构建生态圈”等系列重大发展战略和政策措施，治理体系不断完善、治理能力不断提升，开启了由建设邮政大省到邮政强省的新征程。

行业规模不断扩大。全省邮政业业务总量年均增速达35%，业务收入占全省生产总值的比重由0.25%上升到0.54%，行业基础性先导性作用更加突出。全省快递业务量突破10亿件大关，是五年前的9倍，快递业务收入占全行业比重由2012年的33%上升到58%。全省邮政、快递企业新增就业人数4万余人，从业人员数量累计近10万人，为创新创业提供了重要动力。

发展质效稳步提升。全省共建有省级以上快递分拨中心23处，主要品牌快递企业均在武汉设立了区域总部，湖北国际物流核心枢纽重大项目进展顺利，湖北作为中部乃至全国快递枢纽的重要地位更加凸显。自动分拣机、智能手持终端、货物跟踪系统等科技手段得到广泛应用，快递服务标准化、时效性和准确率不断提升，有效申诉率逐步下降。全省邮政业服务先进制造业、现代农业和跨境网购成效明显，新产品新服务新业态不断涌现。

公共服务能力水平不断提高。全省共补建空白乡镇邮政局所46处，总体实现乡乡设所、村村通邮。快递服务网点实现乡镇100%覆盖。服务“三农”助力精准扶贫成效明显，邮政企业共建农村电商服务点22815个，推动实现农特产品进城业务交易额近9000万元。全省快递业日均服务超过920万人次，快递均价下降35%，年均支撑网络零售额近1500亿元，为湖北省电子商务蝉联中部第一作出了有力贡献。

行业治理能力显著增强。国家、省、市三级邮政管理体制进一步完善，县级邮政监管机构组建工作取得突破。省人大常委会制订颁布《湖北省邮政条例》，为保障和促进全省邮政业发展进一步夯实了法制基础。省人民政府印发《关于促进全省快递业健康发展的实施意见》，寄递安全、人才培养等多项利好政策相继出台。切实履行邮政普遍服务监督和邮政市场监管职责，有效开展执法检查和消费者申诉工作。建立健全寄递渠道安全管理联动机制，实施综合治理和属地化管理，确保重大活动和旺季期间寄递渠道安全畅通。

四、各市（地）主要管理工作概况

恩施州邮政管理局全力推动“快递下乡”工程和村邮站建设工程。大力实施“村村建邮站、村村通快递”工作，截至2017年12月，全州累计建成村邮站2148个，覆盖全州91%的行政村。采取快递超市模式、村邮站合作、商超合作等多种方式实现快递服务下乡进村，全州76个农村乡镇全部建成“快递超市”，已实现100%的乡镇、35%的行政村通快递。创新发展方式，大力开展快邮合作，形成了“村邮站 + 快递 + 农村电商”的高效综合服务平台模式。积极争取政策支持，州政府印发《关于促进全州快递业健康发展的实施意见》，2017年全州各级地方政府已投入资金约1000万元支持邮政、快递企业用于村级站点、县乡仓配中心等建设。随着“毛细血管”的畅通，邮政业服务现代农业的优势逐步凸显。2017年全州邮政、快递企业共发出地方特色农产品快递约300万件，帮助农民实现综合产值约4亿元，带动约5万名农民增收致富。快递在服务全州茶叶、土豆、中药材、柑橘、葡萄、黄金梨等各种特色产品外销中大显身手。恩施市芭蕉侗族乡快递超市今年帮助茶农发出茶叶快件1万余件，为农民实现现金收入1200万元以上。巴东县快递企业发出脐橙快件90余万件，为农民带来现金收入4000余万元。宣恩县白柚、黄金梨通过快递渠道外销，为当地农民增收近2000万元。

充分发挥全州寄递渠道安全管理领导小组工作机制作用,强化对县市寄递安全属地管理责任的考核落实。全州8县市移交、协助邮政管理部门立案查处企业安全违法案件15起。部门监管执法力度空前,全年行政约谈企业41家次,立案处罚违法企业23家。强化企业安全管理主体责任,大力推动企业落实定期安全检查制度。企业独立检查和联合检查双管齐下,所有企业全面达到了县城网点1个月覆盖1次,乡镇网点2个月覆盖1次的定期检查频次。寄递安全“三项制度”落地生根。大力推进实名收寄信息系统推广应用,截至11月全州快递实名率已达90%,散件实名率达100%。全州快递企业配备安检机达到22台。

五、快递市场存在的突出问题

湖北省邮政业大而不强的基本业情依然存在,进一步提升行业发展平衡性和充分性的任务还很艰巨。

一是提高全省邮政业供给体系质量和效益的任务艰巨。行业供给体系质量不稳、效益不高,城乡区域供给不平衡,国际业务短板较为明显。

二是全省邮政业践行新发展理念、实现转型升级发展的任务艰巨。快递企业实力不强,创新能力不足,新技术运用和管理创新不够。

三是提高行业治理能力的任务艰巨。行业安全形势严峻,行业监管能力与行业规模及增长速度不相匹配,新业态新模式不断涌现,法规政策制度标准有待完善,监管力量、专业能力、条件资源、协同治理亟待加强。

湖南省快递市场发展及管理情况

一、快递市场总体发展情况

2017年,湖南省邮政行业业务收入(不包括邮政储蓄银行直接营业收入)累计完成136.1亿元,同比增长24.2%;业务总量累计完成192.6亿元,同比增长34.4%。其中,快递企业业务量累计完成59181.6万件,同比增长21.8%;业务收入累计完成64.2亿元,同比增长24.4%(表7-18)。

表7-18 2017年湖南省快递服务企业发展情况

指　标	单位	2017年12月		比上年同期增长(%)		占全部比例(%)	
		累计	当月	累计	当月	累计	当月
快递业务量	万件	59181.6	6411.1	21.8	21.4	100.0	100.0
同城	万件	11443.8	1326.3	42.4	46.1	19.3	20.7
异地	万件	46546.9	4987.0	16.7	15.8	78.7	77.8
国际及港澳台	万件	1190.9	97.8	78.9	49.9	2.0	1.5
快递业务收入	亿元	64.2	6.9	24.4	18.4	100.0	100.0
同城	亿元	9.3	1.1	62.2	48.0	14.4	16.1
异地	亿元	36.9	3.9	15.6	12.1	57.6	56.1
国际及港澳台	亿元	4.0	0.4	33.9	25.2	6.2	5.4
其他	亿元	14.0	1.6	28.0	16.7	21.8	22.5

二、行业管理工作及主要成效

行业发展环境持续优化。湖南省政府出台《关于促进快递业发展的实施意见》。这是湖南省邮政政企分开来，首个以省政府名义下发的文件，省长许达哲亲自过问、亲自审定，委托省委常委、常务副省长陈向群召开专题协调会，批示要求全省“做好整体布局，促进快递业发展”。文件出台后湖南省邮政管理局联合省发改委建立促进快递业发展联席会议制度。争取省政府出台《关于深入推进新型城镇化建设的实施意见》，明确加快农村快递网络建设，推动农产品进城、工业品下乡。顺丰长沙航空产业园项目已上报交通运输部争取列作重点建设项目，并纳入省重点项目预备库。快递与电商协同发展纳入2017年现代服务业发展重点工作，将“村村通快递”纳入精准扶贫总体目标，推动村级快递网点整合升级。省政府办公厅转发省发改委《湖南省物流业降本增效专项行动方案（2017－2020年）》，指出要鼓励快递企业开展“入厂快递、区域性供应链服务、嵌入式电子商务服务”等服务模式创新。省政府办公厅《关于促进医药产业健康发展的实施意见》提出要培育壮大现代医药物流，支持符合药品配送条件的邮政企业、快递企业参与药品运输与配送。

供给侧结构性改革逐步深化。推动快递企业加快布局转型，圆通速递华中管理区总部基地建设项目落户长沙县，中通快递湖南分拨中心建设项目牵手岳麓区，新建的百世快递湖南分拨中心投入运营，年内总投资超过30亿元的建设项目相继开工。邮政速递物流积极参与邵阳保税仓建设。郴州国际快件监管中心运行，进一步提升跨境寄递服务能力，加速推动湖南省邮政业“一核三区多带”的战略构建。深入推进“快递下乡”“快递进社区”“快递进校园”工程。全省乡镇快递网点共3615个，覆盖率达到100%，布放智能快件箱7183组，建成农村快递公共取送点870个，全省高校快递规范收投服务覆盖率达到100%，125所高校实现快递规范入校。提升末端服务能力，湘潭、株洲等地市在城区建设快递配送公共服务平台，完善配送网络，延伸末端投递触角。

邮政业贴近民生实事成效明显。增强服务“三农”和精准扶贫能力，全省建制村通邮率达到99.6%。进一步优化“工业品下乡”和“农产品进城”双向流通渠道，创建一批“快递＋”农产品示范县（乡），培育一批“淘宝村”“快递村”。株洲市获评全国快递与电商协同发展示范城市。湘潭昭山路口、娄底双峰太平寺、岳阳君山挂口村、益阳桃江株木潭村等获评“中国淘宝村”。怀化靖州杨梅、株洲炎陵黄桃、益阳南县螃蟹、郴州永兴冰糖橙、资兴东江梨等通过快递畅销全国，岳阳临湘年产值近10亿元的浮标由物流快递走向世界。鼓励各地区因地制宜破解末端收派车辆通行难问题，衡阳、娄底、湘西等市州出台快递配送车辆通行政策，积极推动破解城市“最后100米”投递难问题。实施放心消费工程。强化“不着地、不抛件、不摆地摊”治理，分拨中心与邮政管理部门视频监控系统联网率提升至32%，处理、营业场所离地设备铺设率达到80.5%。

依法行政能力稳步增强。加强市场监管。坚持把监管执法作为常态，全年行政处罚441起。联合公安、国安等部门开展“夏冬攻势”，紧盯涉枪涉危涉爆案件，严查反恐法颁布后违法行为、整治三项制度不落实的现象，全年依照反恐怖主义法严肃惩处3家涉案企业，“点名道姓”通报了2家安检不彻底的违法典型案例。在全国危爆物品专项整治行动中，湖南省寄递渠道考评排名全国第六位。开展“诚信快递、你我同行”主题宣传活动，参加国家邮政局主题演讲比赛获优秀组织奖，选派的企业选手周慧获企业组第一名。提升执法综合管理能力。开展法治邮政建设和执法评议考核试点并完善考核指标体系。依法妥善处理行政复议和行政应诉案件，继续开展行业“七五”普法。

寄递安全监管水平不断提升。健全完善体制机制。建立全省邮政业重大事故隐患和重大安全生产问题治理"一单四制"制度，推动行业重大事故隐患排查治理。联合省公安厅下发《关于完善寄递渠道安全管理联动机制强化属地安全管理的通知》，建立"工作联动、信息共享、案件联处"工作机制，特别是加强市州邮政管理部门与县级公安机关的联动，实现寄递渠道安全工作齐抓共管。联合省综治办等部门制定寄递物流安全管理工作问责办法，将寄递渠道安全保障工作纳入综治考评项目，将寄递安全深化到市州以下政府责任。制定《湖南省寄递企业安全生产标准化等级评定管理办法》，对快递企业实行分级、分类监管，有效配置监管力量，督促企业自觉加强安全生产管理。督导各省级管理中心加强层级管理，落实"五个一"工程，规范健全网点台账信息制度。推进"三项制度"落实。集中开展寄递安全专项整治，加强对危险化学品、枪支弹药、易燃易爆等违禁物品的验视把关。推广应用实名收寄信息系统，全省累计完成实名收寄散件2639.8万票，实名个人用户达1468.8万人，散件实名率整体达到86.24%，居全国第四。"层级分流，就地安检"格局加速形成。目前，全省共配备到位安检机454台，基本实现县市区的覆盖。湖南局举办全省培训班，培训5批次近1000名企业安检员，推动持证上岗。强化重大活动安保服务和综合治理。圆满完成党的十九大和"一带一路"国际合作高峰论坛、金砖国家领导人会晤等重大活动寄递安全服务保障及纪念邮票发行工作。扎实做好"双11"等旺季服务保障工作，在业务量同比增长近40%的情况下实现"两不三保"目标。强化邮政业突发事件信息报告和预警提示。有效应对今年特大洪涝灾害和各类突发事件。将寄递安全管理提升为整体行动，拓展为综合治理，获评2017年度全省综治考核评估先进单位。

全面从严治党向纵深推进。持续深化思想理论武装。坚持把迎接党的十九大召开、学习贯彻党的十九大精神作为首要政治任务，旗帜鲜明讲政治，不断强化"四个意识"，坚定"四个自信"。印发湖南局党组《党建工作要点》《党组中心组理论学习计划》和学习宣传贯彻党的十九大精神工作方案，以湖南局党组中心组集中学习示范带动全省邮管系统党组织层层跟进。党的十九大召开后，着眼迅速掀起热潮抓组织实施，突出"六个聚焦"抓学习培训，结合转型发展抓实践转化，促进了学习宣传贯彻的深入开展。深入推进"两学一做"学习教育常态化制度化。充分发挥党建工作领导小组作用，召开全省邮管系统党建工作交流推进会，形成常态研究、全面推进的新格局。印发总体实施方案和年度具体计划，树立党的一切工作到支部的鲜明导向，严格落实"三会一课"、组织生活会和党建述职考评等制度。不断加强干部队伍建设。不断提高选人用人质量，全年累计选拔任用处级干部1人，科级干部20人。规范干部异地交流任职相关问题。健全干部考核评价机制，强化结果运用。加强对领导干部和选拔任用监督，落实领导干部个人事项报告制度。进一步加强出国(境)管理，规范湖南局机关涉密人员因私出国(境)工作。关心老干部学习生活。持续加强党风廉政建设。在韶山开展党员领导干部党风廉政警示教育活动，用典型案例教育领导干部。抓好新提任领导干部廉政谈话，认真做好重大活动、重大节日期间教育提醒、监督检查工作。深入贯彻落实中央八项规定精神，看住重要节点，强化监督检查，防止不正之风反弹回潮。运用"四种形态"让红脸出汗成为常态，督促全省邮管系统各级党组纪检组做好问题线索处置和执纪审查等工作，对发现的问题依规依纪处理，2017年全省邮管系统共处分3人。积极创建行业精神文明。积极配合国家邮政局开展第三届"寻找最美快递员"活动，举办"诚信快递、你我同行"演讲比赛和第二届"绿盾杯"羽毛球赛。扎实开展行业扶贫工作。适应新形势新要求做好工会和共青团工作。

三、砥砺奋进的五年

过去的五年，是湖南省快递业发展进程中极

不平凡的五年。全省全行业砥砺前行，认真践行党的十八大精神，全面贯彻习近平新时代中国特色社会主义思想和党的十九大精神，深入落实新发展理念，坚持稳中求进工作总基调，以提质增效为中心，以深化行业供给侧结构性改革为主线，按照“打通上下游、拓展产业链、画大同心圆、构建生态圈”工作思路，注重创新驱动、优化结构，注重补齐短板、联动融合，注重服务民生、绿色安全，“十二五”规划胜利完成，“十三五”规划顺利实施，行业发展态势高位运行持续向好。

发展规模实现新的跃升。2017 年，全省快递业务量累计完成5.9 亿件，同比增长 21.8%；业务收入累计完成64.2 亿元，同比增长 24.4%。全省快递业务量收连续 5 年以超过 20% 的增速高位增长，增幅虽逐年收窄，但仍保持全省生产总值 2.5 倍的增速。长株潭城市群“极核”带动作用明显，快递业务量占全省比重近 70%。农村电商、跨境电商蓄势待发，有望成为我省快递发展的新动能。

基础设施建设持续加强。快递企业加快完善网络布局，服务外向型经济和湖南开放战略成为新动向，邮政、顺丰、圆通、中外运敦豪、中通等企业重点项目相继立项、开工。京东、苏宁等电商向湖南聚集。全省快递企业累计投入逾 40 亿元，新建、改建省级分拨中心 11 个，更新升级流水线 25 条。快递园区建设持续发力，郴州快递物流产业中心纳入市重点项目。城区快递配送公共平台试水破冰，第三方平台建设方兴未艾，末端转型渐入状态。

产业结构持续优化升级。着眼产业融合、共享发展，推动快递业与交通运输、农业、制造业、电子商务的对接配套和融合协同，充分发挥株洲全国快递与电商协同发展示范城市试点工作示范带动作用，快递协同电商呈现热气腾腾的发展气场。快递下沉农村带动消费，服务现代农业“一地一品”项目上升至 30 个。长沙、邵东、常德、岳阳等地快递企业，围绕产业链培育新动能，积极对接零配件、电子产品、箱包、服饰、纺织、渔具、食品配送。

安全发展取得突破进展。四梁八柱的制度基本确立，在问题牵引、部门联动的监管攻势下，三项制度进一步夯实。行业实名制信息化全省覆盖，持续加压升温，整体实名率排全国前列。县市出埠邮件、快件“层级分流、就地安检”措施全面落地。寄递安全属地化管理机制建立健全，寄递网点列入治安网格管理。重点时期、重大活动安保工作圆满完成，未发生安全生产重大案事件。

民生工程取得阶段成效。践行以人民为中心的思想，以贴近民生实事带动，引领行业提高供给质量。“快递下乡”“快递三进”纵深推进，快递服务乡镇覆盖率 100%。“不着地、不抛件、不摆地摊”专项治理稳步推动，离地设施铺设率持续上升。实施放心消费工程，申诉中心受理有效申诉率逐年降低，用户满意度逐年升高，至 2017 年达 99.60%，为消费者挽回经济损失累计超过 300 万元。快递车辆通行瓶颈约束逐步“解禁松绑”。

四、各市（地）主要管理工作概况

长沙局聚焦实名制信息化试点工作，压茬推进，以体量稳整体，发挥核心保全省作用。寄递网点配对安检设备，安检方式清、属地责任明，探索形成“浏阳经验”。协调三轮车通行政策周折反复、喜收硕果。寄递视频监控建设纳入雪亮工程，同步建设，瞄准综治网格管理提档升级。快递服务制造业颜值高、成效显。不坐看矛盾恶性转化，稳妥处置敏感突发事件和信访诉讼事项。

湘潭局争取地方资金建成快递业视频网络监控系统。快递电动三轮车统一编号，城区通行难题破解。协调将快递服务综合平台纳入全市商贸物流配送体系，列入财政补贴覆盖范围，建成的城区和高校快递服务平台，集约度高，品质形象好。精心培育“快递 + 特色农产品”示范项目，带动农民创业致富。推动邮快合作联合安检，填补盲区短板。

衡阳局在全国首个推出快递电动三轮车上牌

管理。争取市政府制定加强寄递安全管理配套文件。快递下乡深度推进。邮快合作前沿引领,趟路示范。消防应急演练开展经常。株洲局醴陵快递抱团“组合效应”加快释放,吸引资本技术关切。试点工作紧扣绿色发展要求,快递新能源电动车纳入政策补贴笼子。组织制定芦淞商圈快递集散中心建设方案,推动整治商区快递“摆地摊”问题。

邵阳局禁毒、反恐、安全生产宣传活动形式多样,督导检查频次加强。对接邮政、顺丰和通达快递,培育农特产品进城示范项目12个。加强安检机配备补弱项,构筑同城布防网络。岳阳局争取地方财政支持寄递企业科技信息化建设。持续开展送法下基层。联合协会、高校举办企业管理人员培训班。推进组建县级寄递渠道安全管理工作办公室,强化属地管理。指导协会制定的快递行业规范发展指导意见在全省推广借鉴。组织快递行业融入大扶贫格局“集体出征、聚合发力”。

常德局着力末端资源整合,扎实推进乡镇网点标准化和下乡快件共同配送,增开乡镇快递班车频次,助力乡村振兴战略。推动快递电商融合发展,引导企业进驻电商产业园集聚协同。组织协会开展安全自查自纠。张家界局积极推动空港快递物流园建设。开展上门培训,督促企业设立安全管理机构,完善内控制度,开展安全隐患排查治理,注重安全操作。快递员兼作“流动消防员”具有创造性、感召力。实名信息化率稳定靠前。企业员工罢工、快件积压等事件有效化解。益阳局实名信息化试点工作积累经验,树立标杆,引领全省。继续将快递纳入市电子商务服务外包扶持资金范围。积极发掘并培育申报快递服务特色农产品、制造业项目。组织编写快递安全生产管理指引,定向标尺,增强推进上的针对性。

郴州局快递物流产业中心项目正式开工。快递标准化网点提升增质。城区形成10分钟便捷寄递服务圈。乡镇快递超市革故鼎新,形象规范标准,要素功能拓展。争取市政府协调督办,明确快递车辆通行政策,解决投递配送问题。永州局在全省介绍实名制试点经验,力排地方版的掣肘,尽管起步晚,但推进快。争取各县区政府重视将寄递服务集中安检中心模式复制推广至九县两区,属地安检常态运行。怀化局从协同电商发展切口,为全市快递争取近百万财政专项补贴。快递物流园区筹建加速,并积极申报全国快递示范园区。引导快递对接当地特色农产品驻点服务,上行畅销全国、农户欢心、政府舒心。安全远程监控系统为全省提供样板,安全中心配套管理制度全省推广借鉴。自主安检就地拦截仿真枪械配件获公安部嘉奖通报。

娄底局争取市政府相继出台配送车辆管理、促进快递发展、加强寄递安全管理的配套文件,实现工作整体推进和重点突破。稳控企业欠薪关门、卷款跑路突发事件,维护行业安全稳定。有力平息职业投诉人的缠诉。“快递三进”、整治“摆地摊”乱象扎实推进。湘西州局通过抱团组合,“快递下乡”步伐加快,乡镇覆盖率持续提升。争取州政府对企业增配的安检机予以财政补贴。快递车辆通行难题协调解决。

五、快递市场存在的突出问题

一是行业发展的制约因素依然存在。虽然快递行业加速发展,但总体来说“体量大、体质弱”,依然是自然性增长。缺少一批具有垂直整合能力强、产业链带动作用明显的快递示范企业,缺少一批有产业格局、谋篇布局的快递领军企业。发展层次低,业务结构性矛盾较为突出,存在“市场好时无暇调整、市场差时无力转型”现象。

二是安全形势依旧严峻。快递是时刻与安全较量的行业,受众广、链条长、安全触点多。当前,市场恶性竞争等压缩企业利润空间,部分基层网点谋取非法利益铤而走险,个别快递员主观故意违法时有发生,同时不法分子目光下移到乡镇,夹寄手段不断翻新,各类风险诱因复杂交织。

三是转型升级阵痛期来临。当前,行业发展正处于重大历史拐点，粗放发展、投资带动、劳动红利等推动行业增长的主要引擎先后进入换挡期。发展动力、业务结构都面临转型升级。跨界融合、物流转向快递、电商自建网络等新形势，农村淘宝、投递众包等末端争夺，倒逼快递企业推进产业链条的延伸，加快与现代制造业、农业等产业的配套融合，培育新的增长点，提高发展层次和市场开拓能力。

四是监管力量存在不足。由于快递服务向农村的延伸覆盖，快递末端网点的迅速增加，偏远乡镇、农村山区等地区点多面广，安全监管和促进发展的工作任务重，监管力量不足，形成监管体制拉不成网、形不成势，无法达到“横向到边、纵向到底”的监管要求。

广东省快递市场发展及管理情况

一、快递市场总体发展情况

2017 年，广东省邮政行业业务收入（不包括邮政储蓄银行直接营业收入）累计完成 1316.0 亿元，同比增长 28.9%；业务总量累计完成 2526.3 亿元，同比增长 33.9%。其中，快递企业业务量累计完成 101.3 亿件，同比增长 32.1%；业务收入累计完成 1146.7 亿元，同比增长 30.3%（表 7-19）。

表 7-19　2017 年广东省快递服务企业发展情况

指　　标	单位	2017 年 12 月		比上年同期增长（%）		占全部比例（%）	
		累计	当月	累计	当月	累计	当月
快递业务量	万件	1013468.0	100259.7	32.1	26.5	100.0	100.0
同城	万件	245280.2	24514.0	29.3	31.4	24.2	24.5
异地	万件	725695.8	71386.9	33.0	25.0	71.6	71.2
国际及港澳台	万件	42492.0	4358.8	33.1	24.5	4.2	4.3
快递业务收入	亿元	1146.7	118.3	30.3	21.8	100.0	100.0
同城	亿元	187.3	19.6	38.2	34.5	16.3	16.6
异地	亿元	603.1	58.4	30.3	16.0	52.6	49.3
国际及港澳台	亿元	218.8	23.3	17.8	13.4	19.1	19.7
其他	亿元	137.4	17.1	42.9	45.3	12.0	14.4

二、行业管理工作及主要成效

全面从严治党向纵深推进。认真组织学习宣传贯彻党的十九大精神。站在当前和今后一个时期首要政治任务的高度，切实用习近平新时代中国特色社会主义思想统领广东邮政业的一切工作。省邮政管理局党组及时印发工作方案，以党组中心组学习示范带动全省邮政管理系统各级党组织层层跟进，通过集中学习、培训辅导、考学等方式迅速掀起学习宣传贯彻热潮。深入推进党的思想建设、组织建设和制度建设。制定广东省邮政管理局党组中心组学习办法，领导干部带头讲党课，组织全省系统党组织书记赴焦裕禄干部学院开展党性教育，培训党员干部 1000 余人次，推动“两学一做”学习教育从关键少数向全体党员拓展。成立以省局党组书记任组长的党建工作领导小组，推动市局完善党建工作领导机构，形成常态研究、全面推进的党建工作新格局。确立党的一切工作到支部的鲜明导向，开展机关党支部工作量化考评，强化基层党组织责任落实。严格执行

“三会一课”制度，领导干部带头过好双重组织生活。持续加强党风廉政建设。制定党风廉政建设工作要点，召开全省党风廉政建设工作会议，对落实全面从严治党做出部署。做好未巡先改工作，选派8人次配合国家邮政局开展全系统巡视。制定省局党组工作规则和“三重一大”决策事项清单，制定政府采购操作细则，用制度管人管事管权。联合省财政厅印发《广东省邮政业发展专项资金管理试行办法》，规范和完善财政资金使用。从严管理干部，认真做好重大活动、重大节日期间廉洁教育提醒和监督检查，防止“四风”反弹回潮。深入开展纪律教育，推动党章党规党纪在全系统有效执行。开展纪检监察培训，用好“四种形态”，强化监督执纪问责。不断强化干部队伍建设。坚持正确选人用人导向，从严开展干部选拔任用。加强干部教育培训，组织开展领导干部交流轮岗，激发队伍活力。创新队伍建设，汕尾、东莞分别以政府聘员和政府购买服务方式获得地方政府的人员和资金支持。落实领导干部个人事项报告制度，加强因私出(国)境审批。首次举行新任职领导干部宪法宣誓仪式，领导干部的宗旨意识和使命担当得到进一步强化。

行业发展环境持续优化。突出规划引领作用。全省搭建完善“1+2+21”规划编制体系，省级、市级和区域三个维度的规划全部编制印发，各地邮政业发展积极融入地方规划。组织开展全省邮政业“十三五”规划实施监测评估。承接开展国家邮政局“珠三角地区邮政业改革创新发展研究”项目。完善配套政策保障。贯彻落实《广东省人民政府关于促进我省快递业发展的实施意见》，加强与省发改、商务、经信、工商等单位沟通对接，推动行业发展多项重点任务纳入相关部门政策。肇庆、中山、江门、汕尾等市出台促进快递业发展的具体意见和实施方案。印发《广东省邮政管理系统落实物流业降本增效专项行动方案(2017—2018年)分工方案》和《关于进一步落实加快推进邮政业供给侧结构性改革的相关工作的通知》，明确任务责任，及时总结工作成果。2017年全省安排邮政业发展专项资金6000万元，扶持邮政基本公共服务均等化和快递业发展。

邮政业供给侧改革持续推进。完善基础设施建设。2017年，中央财政和省财政共计投入5480万元，补贴危旧县局房改造、邮运和投递车辆配置等邮政基础设施建设。目前全省日处理能力达百万件的分拨中心21个，日最高处理能力超过7500万件。支持快递园区建设，争取地方政府用地支持。推动邮政普遍服务创新发展。鼓励邮政企业依托服务网络和资源优势，加快发展邮政“两包”业务。2017年，全省邮政快递包裹发展迅猛，年业务量2.11亿件，同比增长130%，年业务收入10.59亿元，同比增长84%。邮政国际小包全国领先，全省业务量3.49亿件，同比增长14.43%，业务收入38.25亿元，同比增长12.63%。鼓励邮政企业创新邮政普遍服务内涵，强化邮政综合服务平台作用，打造政务服务、公共服务、邮政服务等“一站式”综合服务体。培育行业协同发展新动能。推动快递与制造业协同发展，入场物流、“仓储+配送+增值服务”一体化、订单末端配送、区域性供应链、嵌入式电子商务快递等服务模式不断成熟，业务体量稳中有升。紧抓粤港澳大湾区建设机遇，放大邮政、快递与跨境电商发展的协同效应。省政府印发《中国(广州)跨境电子商务综合试验区实施方案》和《中国(深圳)跨境电子商务综合试验区实施方案》，快递业服务跨境电商获利好政策。东莞国际邮件互换局兼交换站、湛江进出境快件监管中心正式投产运营，珠海上冲EMS国际快件监管中心投入使用。申请建设佛山国际邮件互换局列入佛山市政府重点项目。

邮政业服务民生七件实事成效显著。其中，增强邮政业服务“三农”和精准扶贫能力。推动全省建制村直接通邮率达到100%，累计建成村邮站12027个。鼓励邮政企业优先叠加“邮乐购”便民服务功能，加快建设农村电商服务点，全省开设邮乐小店52万个、农村电商网点2万个。开展43个

“一市一品”农特产品进城项目，梅州金柚被国家邮政局列为全国第二批快递服务农业示范项目。提升末端服务能力。加快智能投递设施建设，全省共设智能快件箱和邮政包裹柜30986组，格口数超180万个，日均投递邮（快）件达130万件，较2016年增长44%，使用智能设施投递占总投递量的比重从2.1%提升至4.4%。推进“快递进校园”工作，全省高校规范收投率明显提升。与省教育厅联合印发的《关于促进和规范广东省高等学校快递服务进校园工作的意见》已经省法制办审核通过。推进“快递入区”工程，珠三角城市居民小区便利店、快递末端综合服务网点在居住集中、快递量较大的社区基本覆盖。推进快递服务标准化建设，城区自营网点标准化率达95.6%。积极协调保障快递车辆便捷通行，借力省政协提案推动电动三轮车通行管理。《广州市非机动车和摩托车管理规定》、佛山市《关于进一步做好城市配送运输与车辆通行管理工作的实施意见》出台，促进邮政快递末端配送难题得到进一步缓解。实施放心消费工程。推动全省2414个快件分拨和营业场地设置地垫、笼箱等离地设施，快件不着地到位率达到90.4%。严肃处理和通报4起暴力分拣违法行为，形成有力震慑。实施视频监控扩容项目，新接入分拨中心79个，接入视频信息512路，实现21个地市及省内主要分拨中心全覆盖，全面保障服务质量。做好消费者申诉处理，全省受理有效申诉38599件，挽回消费者经济损失903万元。推动行业绿色发展。推进电子面单应用，全省主要网络型快递企业电子面单普及率超过90%。推动行业新能源汽车应用，寄递企业使用新能源汽车超过2300台。改善快递员工作环境。开展行业用工情况调研。推动校企合作，深圳技师学院、广东省邮政培训中心、广东省邮电职业技术学院、顺丰速运有限公司华南培训基地等4所院校（机构）挂牌“广东省快递人才培养基地”。

依法治邮能力稳步增强。加强邮政市场监管。依法开展快递业务经营许可管理。截至2017年12月，全省取得快递业务经营许可证的企业2385家，取得分支机构名录的分公司5674家。2017年新增快递业务经营许可企业330家，全省受理各类许可变更（含许可证登载事项、分支机构类）1655件，核准1299件。累计完成2016年度企业年度报告1871家。强化快递业务经营许可退出机制，针对快递业务经营许可证届满未延续、连续两年未报年度报告等情形，累计注销272家企业的快递业务经营许可证。加大邮政市场监督检查力度，全省共开展执法检查10737人次，检查企业6348家，发现违法违规行为1152起，约谈137件，行政处罚303宗，其中依据反恐怖主义法处罚21宗，全年共执行罚款342.75万元，停业整顿30宗，有力巩固了行业安全稳定形势。提升执法综合管理能力。落实“谁执法谁普法”责任，建立普法责任清单制度，制定《广东省邮政行业法治宣传教育第七个五年规划（2016－2020年）实施方案》，各市局多形式开展普法宣传。修订《广东省邮政行政处罚案卷标准和评查评分细则（试行）》，组织全省邮政行政执法评议考核和案卷评查，开展行政处罚案卷大研讨，深入研究工作中的热点难点。加强重大案件办理指导。严格执行“三张清单”，推进执法规范化建设，组织跨区域互查和随机暗查，加强对落实“双随机、一公开”的指导、考核和管理。制定重大行政决策合法性论证和政府合同法律审查制度，全面推行法律顾问制度，完善公职律师管理。健全行政执法与信息披露机制，加强执法信息公开管理。依法办理行政复议和行政诉讼案件。

寄递安全监管不断强化。一是推进“收寄验视、实名收寄、过机安检”三项制度落实。严格执行《禁止寄递物品管理规定》及指导目录，强力推动收寄验视制度落实，依法从严处理违规收寄行为，推进问题快件责任倒查追究的全链条管理。全面推进实名收寄制度。截至目前，广东省实名收寄信息系统共开设快递企业账号827家，输入网点5825个，导入快递业务员41319人，实名机构用户13435家。当前全省使用实名收寄信息化系统的日均实名收件量达2200万件，自系统上线以来实名收件量累计达52.95亿件，全省快递实名收寄信息化率超过78%，完成到2017年底达到70%的预期目标。严格落实过机安检制度。力推X光机安装使用，全省配备X光机累计1625台。安排200万专项经费培训寄递企业安检人员。完善安检台账管理，落实专人负责，提高安检实效。二是强化寄递渠道安保服务和应急管理。圆满完成党的十九大、“一带一路”国际合作高峰论坛、香港回归20周年庆祝活动等寄递安保重大任务。扎实做好“双11”等业务旺季安全服务保障，实现“两不三保”目标。加强突发事件信息报告和预警提示，有效应对各类突发事件，组织做好台风“苗柏”“天鸽”等自然灾害防御和灾后恢复工作。三是加强寄递安全重点领域专项整治和联合治理。开展行业安全生产大检查和安全隐患排查治理。深入开展打击违法寄递枪支、毒品、危爆物品等专项行动和邮政业“扫黄打非”工作，依法查处违规寄递枪械案件7宗，取缔违规经营快递网点176个。2017年，全省寄递企业向公安部门提供有效线索10余条，协助抓获犯罪分子4人，缴获各类毒品7.7公斤。健全省市两级寄递渠道治安管理机制，落实层级责任，联合开展广东省打击跨境走私贩卖枪弹犯罪专案行动和打击走私贩卖毒品“蓑鲉”行动。建立寄递渠道打击贩卖假烟工作联席机制，协助烟草部门查获假私烟销售窝点3个、涉案卷烟500余万支，涉案金额800余万元。

三、砥砺奋进的五年

党的十八大以来的五年，是广东省邮政业发展极不平凡的五年。全行业在以习近平同志为核心的党中央坚强领导下，按照“五位一体”总体布局和“四个全面”战略布局，坚持稳中求进工作总基调，坚持以新发展理念引领新常态，坚持以供给侧结构性改革为主线，坚持以人民为中心的发展思想，紧紧围绕全面建成与小康社会相适应的现代邮政业目标，认真贯彻落实国家邮政局提出的“五个邮政”“三向三上”“1+1到1+3”以及“打通上下游、拓展产业链、画大同心圆、构建生态圈”等一系列重大发展战略和政策措施，行业治理体系和治理能力现代化进程不断加快，实现了邮政大省的历史性跨越，开启了迈向邮政强省的新征程。

始终坚持以发展为第一要务，行业体量规模再上新台阶。2012－2017年，全省邮政业业务总量和业务收入年均增长分别达45%和33%，快递业务量和业务收入年均增长50%和36%，稳居全国第一。到2017年底，广东已成为全国首个年快递业务量破百亿、年快递业务收入破千亿的快递大省。

着力转变行业发展方式，服务质量和效益明显提升。快递“三向”工程成效显著，产品体系不断丰富，产业链条不断延伸。“快递+”发展显著，农村电商发展迅猛，快递服务制造业形成典型，跨境寄递业务迅速增长。

始终坚持人民邮政为人民，公共服务能力大幅提高。全面完成空白乡镇邮政局所补建，实现乡乡设所、村村通邮。快递服务网点乡镇覆盖率大幅提高。寄递时限准时率相对稳定，有效申诉率逐年下降，旺季服务保障能力明显增强。

着力推进依法行政能力提升，行业治理能力显著增强。市(地)一级邮政管理体系健全，成立县级邮政管理机构取得进展。省政府出台促进快递业发展的实施意见，快递市场管理、邮政普遍服务监督管理等法律法规体系逐步健全。邮政管理部门切实履行监管职责，有效开展执法检查，建立健全寄递渠道安全管理联动机制，实施综合治理和属地化管理，行业安全生产基础逐步夯实，确保了重大活动和旺季期间寄递渠道安全畅通，人民群众的获得感、幸福感、安全感明显加强。

四、各市(地)主要管理工作概况

东莞局主动建言献策，促成行业规划多项重点任务纳入地方。《东莞市综合交通运输体系“十三五”规划》提出快递“上车、上船、上机”工程、快递配送电动车辆上路通行、中欧国际货运班列运输邮(快)件以及快递与制造业、电商、跨境网购、交通运输业协同发展等重点工作。《东莞市城市共同配送发展规划》提出构建三级城市配送体系，建议政府给予相应开放政策，逐步适度放开“特种行业电动车、摩托车、微面上路”，解决快递行业“最后一公里”问题，考虑智能柜配套建设作为居住小区基础设施标配，方便居民生活。积极引导推动，促使行业规划多项重点工程稳步推进。一是激发邮政企业发展活力，做优跨境 B2C 物流主渠道。二是创新快递企业发展动能，拓展快递服务产业链。东莞顺丰仓配一体化、联昊通代收货款等快递服务制造业模式不断创新。2017 年“双11”期间，东莞收投的邮件、快件累计 5441.6 万件，同比增幅 49%，单日峰值首次破千万，达 1024.8 万件。东莞顺丰与电商平台、专业合作社合作提供鲜果冷链配送，助力获得 2017 年国家农产品地理标志的东莞荔枝快速走向全国。三是推动行业瓶颈纾解，保障末端通行便利。协助广东局起草《关于解决我省快递末端配送车辆通行难问题的提案》，经省政协常委、时任东莞市副市长张少康支持并同意，于 2017 年向省政协提交，促进从全省层面统筹研究解决。目前，省公安厅《关于做好快递末端收投车辆交通安全管理的工作意见》已完成征求意见。联合商务、公安、交通部门开展城市共同配送车队试点，东莞顺丰 32 辆厢式货车获批《城市配送车辆通行证》，在规定的禁行区域可通行、临时停靠装卸货物。多方借力使力，促进行业重点政策法规深入宣传贯彻。联合政法、综治、公安、国安、烟草、安监、“扫黄打非”办等部门开展寄递安全宣传教育，印发《禁止寄递物品管理规定》《关于严格执行邮件、快件实名收寄的通告》和毒品、枪支、烟草等寄递管控宣传资料超过 9 万份，取得政法委、公安局安排实名收寄宣传经费约 30 万元，举办寄递渠道安全管理人员培训 3 期，培训超过 1100 人。

茂名局抢抓“互联网 +”机遇，促进地方政府出台相关政策，完善农村快递物流体系建设，力促快递业与果农业、电商业联动发展，助推茂名农产品出村进城取得良好成果。政策扶持农村快递、电商发展。电子商务市场主体扩大。在政府的大力推动下，传统企业以及个人纷纷“上网触电”。据不完全统计，茂名销售荔枝的网店，从 2013 年 36 家发展到 2017 年 3600 多家，销售量由 450 吨 18 万件增长到 2.2 万吨 600 万件。销售三华李网店和微店约 550 家，化橘红网店和微店约 600 家。茂名局通过多次深入调研，探讨方针对策，积极推进电商、快递进农村，完善农村快递物流体系建设，力促快递业与果农业、电商业联动发展。每年荔枝成熟前组织快递企业参加“荔枝网上行”对接会，搭建快递企业与本土电商企业、特色农产品企业、农民合作社联动发展的平台，积极拓展快递业务发展空间，紧抓全市全面推进农村电商工作的机遇，大力推动快递与农业、果业、水产业等地方特色产业的对接，打造专业的果蔬生鲜速递，培育新的市场增长点，取得明显成效。

肇庆局借利好政策东风，抓行业发展良机。《肇庆市人民政府关于印发促进快递业发展实施方案的通知》(肇府函〔2017〕81 号)也指出：“鼓励企业通过整合利用现有商业、邮政便民服务等设施加强快递末端服务平台建设，开展多种形式的投递合作，推广快件箱等智能投递设施，解决快递进社区、校区(高校)、办公区等‘最后一公里’难题。”这些政策的出台切合肇庆市快递行业发展的实际，肇庆局充分发挥职能作用，响应国家邮政局“打通上下游、拓展产业链、画大同心圆、构建生态圈”的思路，推动快递企业适时抓住契机发展“冷链”项目。为着力解决服务群众“最后一公里”问题，共同推动供销“菜篮子” + 快递服务向纵深发展，在 2017 年联合肇庆市供销社一同推动企业打造“菜篮子(冷链) + 快递 + 电子政务”的创新服务模式。通过以供销“菜篮子”服务快线的智能配送柜 + 智能快件箱投递为载体，以肇庆端州智慧社区互助平台“五服务进小区”(“菜篮子”服务、志愿服务、医疗服务、法律服务和金融服务）等各项民生服务为内容，以邮件快件寄递服务为引导，构建全方位一体化的便民利民服务平台，推进"冷链＋快递＋电子政务"多元化服务进社区，实现便民服务站点社区全覆盖，切实解决服务群众"最后一公里"难题。

揭阳局经过深入调研，结合揭阳产业及交通布局，完善了《揭阳市邮政业发展"十三五"规划》，围绕产业聚集发展下好先棋手，对全市邮政业进行了全面布局，突出以争创"中国快递示范城市"为抓手，努力推动揭阳市建成竞争有序、技术先进、安全高效、服务优质的现代邮政业服务体系。为进一步夯实行业发展基础，引入优质产业，实现"筑巢引凤"，在揭阳局的全力争取下，揭阳市政府出台了《揭阳市促进快递物流业发展方案》，这一任务含金量高、导向性强，打出了一套政策"组合拳"，为快递业健康快速发展提供了有力保障。积极为揭阳产业转移园区和中通集团公司穿针引线，构建双方对接平台，推动建设揭阳快递特色小镇。2017 年 8 月 1 日，中通快递集团与揭阳市产业转移工业园正式签约。该项目计划投资 5 亿元，以打造粤东区域中心为目标，建设科技信息研发中心、电商和仓储产业中心、引进行业最新标准的全自动分拣系统，200 家成熟的电商企业，并为入驻电商提供企业代理、人力资源、财务税务、海关申报等一系列配套服务。目前，中通快递集团正加快项目的规划设计和方案报批，力争 2018 年年底实现投产，2019 年年底完成整个项目建设工作。项目建成后，将为揭阳提供超过 2 千个就业岗位，年创收将达到 5 亿元。在中通项目的带动影响下，韵达总部也意向在产业转移工业园购置 300 亩以上用地，计划投资 10 亿元建造韵达粤东分拨和电商中心。顺丰公司在揭阳筹建区域邮件处理中心事宜也在有条不紊推进中，预计 2018 年年底投产；同时，为有效推进行业智能生产应用，组织辖区内主要快递企业与巨轮智能装备股份有限公司对接，洽谈本土化定制智能设备生产的引进事宜，协助企业引入高科技，提升操作水平；与圆通总部对接，协助揭阳圆通购置 40 亩专项用地，用于上马全自动化分拣流水线以及电子商务产业园。根据《揭阳市促进快递物流业发展方案》要求，揭阳局联合市商务局，推动市快递协会与市物流协会于 2017 年 9 月 20 日成立揭阳市快递物流联盟，两个协会将在市邮政管理局与市商务局的正确指导下，切实发挥联盟作用，打通产业链，整合资源，提升通达效率，推动全市快递物流产业发展再上新台阶。

2017 年度，揭阳市快递业步入发展新纪元，"中国快递示范城市"的"虹吸效应"正在不断放大，主要体现在：全年行业紧紧围绕地方产业实际，加快推动快递与五金机械、纺织服装、化工塑料、食品医药等关联产业的协同发展，继续保持行业快速健康发展的态势，目前，全市共有快递企业 93 家，其中省级分拨中心 8 家，主要快递品牌分拨中心均落户揭阳并持续加大投资规模。全国业务量、业务收入城市排名也从 2016 年度的 18 位和 31 位提升到 2017 年度的第 15 位和第 21 位。推动揭阳市政府出台《揭阳市人民政府关于支持快递业发展的若干意见》，通过积极对接各县（市、区）政府，有力推动各地充分整合资源，因地制宜采取措施，更好地扶持当地快递发展，建设相应的快递物流示范片区，更好地发挥行业对制造业的支撑作用。在广东局的大力支持下，以建设揭阳市邮政业安全平台和邮政业大数据平台为抓手，进一步增加科技监管研发投入，完善监管体系，克服执法人员偏少的困难。目前，揭阳市邮政业安全监管平台已基本搭建完成，预计 2 月份将正式上线投入试运行，这也是目前全省第一个安全监管平台，将全面提高行业安全和应急保障能力，为行业健康发展保驾护航。

五、快递市场存在的突出问题

2017 年，广东省邮政业发展速度虽较同期略有放缓，但作为朝阳产业，与省内其他行业相比，发展速度依然领先，行业后续将迸发出强势后劲。“量、收”结构、“邮、快”结构和“基本业务、创新业务”结构持续改善，新业务新服务比重不断上升，呈现稳中有进。云仓、生鲜冷链、跨境业务等新动能加快孕育，“智能快件箱包裹箱”“无人机”等一批智能化技术装备投入应用，呈现稳中有新。发展质量不断提升，快递服务公众满意度持续走高，有效申诉率持续走低，呈现稳中有好。但是，行业提升的内外部阻力、转型摩擦力和安全压力也在不断叠加，企业活力不足、体制不顺、机制不活、人才短缺，效率与效益不高，差异化、层次化、特色化方面还存在欠缺；行业监管资源缺乏，规制落地不够，服务、安全、环保等压力凸显。如何适应把握引领行业发展的新常态，是摆在广东邮政业面前十分迫切又不得不迈过的一道坎。

广西壮族自治区快递市场发展及管理情况

一、快递市场总体发展情况

2017 年，广西壮族自治区邮政行业业务收入(不包括邮政储蓄银行直接营业收入)累计完成 85.0 亿元，同比增长 28.2%；业务总量累计完成 88.0 亿元，同比增长 38.2%。其中，快递企业业务量累计完成 31750.3 万件，同比增长 39.0%；业务收入累计完成 44.9 亿元，同比增长 32.4 %(表 7-20)。

表 7-20　2017 年广西壮族自治区快递服务企业发展情况

指　标	单位	2017 年 12 月		比上年同期增长(%)		占全部比例(%)	
		累计	当月	累计	当月	累计	当月
快递业务量	万件	31750.3	3537.5	39.0	43.6	100.0	100.0
同城	万件	5068. 7	611.5	32.2	55.4	16.0	17.3
异地	万件	26546.0	2920.9	40.4	42.5	83.6	82.6
国际及港澳台	万件	135.6	5.2	52.8	-74.7	0.4	0.2
快递业务收入	亿元	44.9	5.0	32.4	36.1	100.0	100.0
同城	亿元	5.6	0.8	43.6	97.8	12.4	16.6
异地	亿元	24.4	2.5	23.7	25.3	54.4	49.6
国际及港澳台	亿元	1.0	0.1	16.6	-29.4	2.3	1.7
其他	亿元	13.9	1.6	47. 7	38.8	30.9	32.1

二、行业管理工作及主要成效

党的领导和党的建设有效加强。认真落实全面从严治党主体责任，把党建工作列入党组工作重要内容，以深入推进“两学一做”学习教育常态化、制度化为契机，切实把全面从严治党要求融入贯穿到邮政管理工作的全过程各方面。聚焦重点强化思想建设。制定实施方案和年度工作计划、理论学习计划，以“三会一课”为基本制度，以党支部为基本单位，坚持用党章党规规范党组织和党员行为，用习近平总书记系列重要讲话精神和治国理政的新理念新思想新战略指导实践。迅速学习贯彻党的十九大精神，印发工作方案、广泛开展宣讲活动、组织专题培训。打牢基础抓好制度建设。进一步完善《自治区邮政管理局党组贯彻落实中国共产党党委(党组)理论学习中心组学习规则实施办法》《自治区邮政管理局党组重大事项议事规则》等制度，印发《广西局机关抓机关党建工作责任清单》。规范使用“四个本子”、重新明确和划分机关各党支部党员。严格执行领导干部密切联系群众制度,深入基层重点解决群众反映的热点难点问题。精准发力抓实党风廉政建设。召开全系统党风廉政建设工作会,印发年度工作要点,明确工作计划、目标要求和具体措施。签订党风廉政建设工作目标责任书,明确督促落实党风廉政建设工作目标任务。开展全区邮政管理系统警示教育月活动,通报违规违纪典型案件,保持正风肃纪的政治定力和强劲态势。组织机关党员到扶贫点开展“七一”主题党日教育活动、在英家起义纪念馆缅怀革命前辈历史功绩,重温入党誓词,多种形式开展党风廉政建设教育。开展快递协会违规发放津贴补贴清理和落实中央八项规定精神回头看等专项活动,及时部署节假日期间廉洁自律工作,坚决防止“四风”反弹回潮。定点扶贫村工作取得新进展。贺州市钟山县回龙镇龙虎村被自治区党委组织部命名为五星级农村基层党组织,通过积极参与促进广西电商精准扶贫工作和网络扶贫行动实施工作,带领寄递企业深入贫困村调研,加快推进“快递下乡”和鼓励邮政企业在贫困村建设“邮乐购”站点,邮政快递企业成为助力精准扶贫的重要力量。

持续推进行业供给侧结构性改革。行业基础设施建设持续加强。全区快递专业类物流园区已投入运营10个、在建5个,柳州华乐物流园已获认定为首批自治区现代物服务业聚区。累计向自治区发改委推送24个符合进入服务业重大项目库条件的邮政行业项目,邮政东盟跨境电商监管中心和南宁综合保税区国际邮件互换局已投入使用,凭祥综合保税区跨境电商监管中心(含国际邮件互换局)已投入运营,日均邮件处理量分别达40万件、30万件。全区共有邮政普遍服务营业网点1501个。累计建成村邮站6979个、智能快件箱2638组、快递末端公共服务站点126个、农村快递公共取送点78个。全区乡镇网点覆盖率达91%,钦州、玉林、北海等覆盖率已达100%。全区大型邮件、快件分拨中心总面积超过25万平方米,设计日处理能力超过600万件。行业发展新动能不断积累。广西邮政、广西顺丰分别进入2017年广西服务业企业50强中第26名、47名。随着快递业的上下游产业环境和行业政策环境逐步优化,行业发展动能持续转换,百色芒果、柳州螺蛳粉、玉林百香果、玉林容县沙田柚、河池珍珠李、北部湾海鸭蛋等产业,在农村电商、邮政寄递的带动支撑下,已经成为地方特色产业或支柱产业。2017年,全区芒果寄递量突破1500万件、螺蛳粉寄递量突破2000万件、荔枝寄递量达614万件。百香果快件寄递量突破2700万件,助力农民创收4.8亿元,电商获利1.2亿元。继百色市之后,玉林市被国家邮政局列为第二批(9个)全国快递服务现代农业示范基地。全区“双11”寄递企业邮件快件总处理量5263万件;同比增长53.52%。其中,收寄量1212万件,同比增长80.79%,投递量4051万件,同比增长46.90%,相较去年,收寄量增速暴涨,而投递量增速有所下降。玉林北流市百香果位列全国热卖农产品第10名。邮件快件收投比结构进一步改善,反映出随着全区“快递+”工程持续推进,带动“桂货出区”成效显著。地方特色产品快递业务发展的同时,也促进了寄递企业加大投入、提升服务,通过规模扩大,产品包装、仓储、冷链保鲜、专车专线等一系列衍生服务链条,邮政、顺丰全货机航班每周12架次,初步形成了良性循环。借助“一带一路”建设契机,东兴市部分快递企业拓展物流业务,开辟东兴—越南专线,承接国际贸易、代购支付、清关服务和仓储服务。中交协、圆通速递、湘欧快线三方协调拟开通冠名“湘欧快线-圆通号”长沙—南宁—河内班列。凭祥市已经成为我国最大的陆路水果进出口口岸。行业人才队伍素质进一步加强。全年共计780人参加职业技能鉴定考试,取证率71%,院校报考人数再创新高。联合区直属机关委员会、区总工会共同举办职业技能鉴定大赛,第一名被推荐为自治区五一劳动奖章候选人,弘扬了精益求精的工匠精神。广西顺丰江南点部顺利通过自治区青年文明号复核工作，各市青年文明号创建稳步推进。组织选手参加国家邮政局“诚信快递、你我同行”演讲比赛，获得第一名等优异成绩。

行业发展环境进一步优化。全区涉邮利好政策不断叠加出台。2017年，自治区人民政府先后印发的《“互联网+流通”行动计划实施方案》《推动物流业降本增效促进我区物流业健康发展的政策意见》《消费品培育升级专项行动工作方案》《关于加强县域经济发展的决定》《关于加快县域现代特色农业示范区建设的实施意见》等多个政策文件中均包含了涉及邮政业发展的利好政策。玉林、南宁、柳州、河池等市利好行业发展的政策密集出台。狠抓利好政策落实。开展“政策落实年”活动，做好培训，指导市局理清思路、找准定位、运用政策、申报项目，并对相关规划政策重点目标任务的落实情况实施监测。2017年度，全行业共争取地方财政资金支持2213万元，主要涉及服务业发展专项资金、租金减免等多个类别。组织邮政企业积极申报县域经济发展三年行动计划项目，将获得支持资金。全区已有9个地市的17个邮政快递专业类物流园区或项目纳入自治区“十三五”相关规划和重点项目，计划总投资额接近100亿元。广西区局及14个市局全部纳入服务业发展部门联席会议成员单位，实现部门协同常态化。突出规划引领作用。贯彻落实广西邮政业“十三五”规划，扎实开展规划实时监测评估工作。14个市局均完成规划的编制和发布，其中梧州、防城港、贵港、钦州4局与地方发改、交通等部门联合印发，为规划落地实施和纳入地方政策体系打下坚实基础。邮政体制改革取得新突破。广西首个县级邮政管理机构，东兴邮政管理局（东兴市邮政业服务中心）揭牌成立，这是广西深化邮政体制改革、完善邮政监管体制工作取得的一个重大突破。深化“放管服”改革。根据新修订的法律法规及时调整广西邮政管理部门“三张清单”，所列事项已与邮政法律、行政法规以及部门规章有效衔接，并及时下发各市局组织实施。配合自治区行政权力运行流程编制、商事制度改革、涉企信息公开等行政改革工作。严格执行快递业务经营许可工作优化方案，减少申请材料，落实时限承诺，实行全流程网上办理，真正方便企业办事。2017年，全区共受理许可申请108份、变更申请189份（不含分支机构变更类），新增许可B证企业70家，新增分支机构713家。目前全区共有许可企业621家、分支机构4125家。许可申请协查完成率95.55%，协查平均办结时间7.7天；许可变更完成率92.68%，平均办结时间10.2天；许可申请审批完成率100%，平均办结时间12.1天。认真落实“双随机、一公开”监管机制，不断提升事中事后监管效果。印发了《广西壮族自治区邮政管理局双随机抽查工作细则（试行）》，并结合党的十九大安保工作，抽调业务骨干开展了网点随机抽查、执法人员跨区域互查工作。

邮政业贴近民生实事成效显著。提升邮政、快递服务“三农”能力，助力精准扶贫。全区14187个建制村，直接通邮率已达99.7%，南宁、桂林、柳州、梧州、防城港、贺州等13个市实现辖区全部建制村直接通邮。邮政企业累计建设便民服务站3203处，三农服务站2778处，“邮乐购”站点9379。全区已有“一市一品”农产品进城示范项目21个，“一地一品”项目12个，助农增收效果显著。快递末端服务能力不断提升。积极推进城市快递网点标准化建设，主要品牌企业城区自营网点标准化率达到69%。广西区快递行业协会主办，菜鸟驿站协办的2017广西城市校园快递末端规范管理与服务创新论坛在南宁举行。全区73所高校，已有64所实现规范投递，规范收投率达88%，其中柳州、防城港、北海、河池、贺州五市实现辖区内高校100%规范收投。指导鼓励各市因地制宜破解末端收派车辆通行难题，南宁、百色、河池、柳州局通过与市交警部门协调，基本解决了快递车辆通行难问题。实施放心消费工程。开展

“不着地、不抛件、不摆地摊”专项治理,分拨中心视频监控联网率68%,超全国46%的平均水平。防城港市20家快递网点获“诚信经营、放心消费”示范创建单位称号。继续做好用户寄递信息日常管理和定期销毁工作,全年销毁过期寄递详情单73吨。改善投递员工作环境。认真做好企业日常经营情况的调查摸底,及时掌握情况,做好预判预警,全年未发生造成恶劣影响的群体性事件。南宁局主办了南宁市首届“寻找最美投递员”活动,防城港局开展夏日高温防暑降温“送清凉”慰问活动。

稳步增强依法行政能力。认真履行邮政市场监管职责。2017年全区共检查企业4360余次,纠正和查处违法违规行为为588次,下达整改通知书348份,下达行政处罚决定书294份,罚款共计165.66万元。防城港、玉林先后适用反恐怖主义法对快递企业进行处罚。充分发挥申诉渠道作用,2017年全年,“12305”邮政业消费者申诉中心共处理申诉25202件,经调解,已全部妥善处理,为消费者挽回经济损失56.5万元,消费者对邮政管理部门申诉处理满意率为98.1%,同比提高0.7个百分点。开展信用体系建设,维护市场秩序,“3·15”期间,在全区快递业组织开展“诚信快递,你我同行”主题宣传活动,弘扬行业正能量,推动广大市民对行业的理解和支持。推进邮政执法综合管理。落实行政执法检查制度,针对2016年各市局已结案的行政处罚案卷组织开展行政执法案卷评查。认真指导、妥善处理行政复议案件三起。持续推进行政执法信息系统的深化应用,行政执法的效率和规范化水平不断提升。

不断提升安全监管和应急保障水平。贯彻落实寄递安全“三项制度”。全面开展国家邮件快件实名收寄信息系统推广应用工作,召开专项动员部署会议,制定工作方案,明确分工职责,加强培训。广泛宣传,组织各市局印制和分发宣传海报系统使用手册、安易递宣传便利贴等。目前,全区每日实名收寄率已达80%左右,其中玉林、防城港两市达到90%左右。集中开展寄递渠道安全专项整治,加强对危险化学品、枪支弹药、易燃易爆等违禁物品的验视把关。安全生产督导检查常态化。督导各市局认真开展日常安全生产检查、集中开展安全生产大检查,有效保障了寄递渠道安全畅通。各市局先后举办安全应急演练7场,安全法规学习班6个。加强部门间协调合作。依法履行相关职责,配合做好寄递渠道禁毒、反恐、扫黄打非、打击侵权假冒等工作。继续推动寄递渠道安全齐抓共管,与各职能部门联合开展打击侵权假冒、打击寄递渠道涉烟违法活动和打击跨国航空渠道贩毒“蓑鲉行动”等多方面合作。健全和完善安全管理机制,推进应急管理能力建设。根据行业发展实际,健全和完善安全管理体制机制,及时更新补充安全管理应急预案。进一步健全行业防灾减灾工作机制,完善应急预案,提出防范措施,指导安全隐患排查化解,加强预警预测工作。全年未因灾害天气发生邮件、快件积压和人员财产损失。

履职尽责能力进一步提高。干部和人才队伍建设持续加强。坚持党管干部的原则,严格执行《党政领导干部选拔任用工作条例》。为发挥市局领导班子的核心作用,选优配强领导班子,共配备6人。多渠道吸收人才充实公务员队伍,全年共接收干部9人。首次在全区邮政管理系统内选拔干部到区局机关挂职锻炼。加强干部监督,开展干部考核、民主评议、述职述廉、报审报备、档案专审、提醒函询诫勉、个人有关事项报告等工作,领导干部个人有关事项报告率100%,按照“凡提必查”的要求,对2位拟提拔干部进行了重点抽查。加强干部考核,制定《市邮政管理局领导班子和主要领导干部年度考核办法(试行)》,印发《市邮政管理局领导班子2017年度考核测评要点》。组织开展干部档案专项审核和考察文书档案整理工作监督检查,进一步规范干部档案管理。借助地方资源优势,多渠道多层次拓宽干部培训渠道，累计向地方争取调训指标14个。同时还安排区局、市局干部根据实际需要参加自治区公务员培训中心举办的各类培训班、自治区公务员局举办的网络培训。各项基础保障工作有序推进。继续完善统计体系，印发《2017年广西邮政行业统计检查工作实施方案》，做好培训指导，不断扩大统计范围，连续三年荣获“国家邮政局系统统计报表工作先进集体”荣誉称号。健全财务制度，完善内控机制，加大财务监督检查力度，开展对市局财务管理工作考核。全面加强资产管理，强化预算管理，提高执行效果，进一步提升全区财务管理工作水平。强化网络安全管理，政府信息公开水平显著提升，建立通联群组，及时提醒、定期通报。大力推进邮政业安全生产监管信息化、行政执法信息系统建设。新闻宣传工作取得新进展，中国邮政快递报社统计的2017年全年报、刊、网稿件采纳总分保持在10名左右。编印市局成立五周年专刊，全面完成公车改革。鼓励市局深化与媒体合作，有效引导处置突发舆情，南宁局在新媒体运营、引导地方媒体宣传邮政业正能量等方面取得突出成绩。信息报送、保密、信访、档案管理、督查督办等工作不断加强。

三、砥砺奋进的五年

党的十八大以来的五年，全区快递业实现跨越式发展，行业活力全面迸发，产业融合日益紧密，业务量收迅猛攀升，监管体系不断健全，人才队伍不断壮大。

行业基础性先导性作用日益增强。2017年，全区邮政业务总量88.04亿元，业务收入84.98亿元，相较五年前分别增长3.64倍和2.98倍。快递业务量3.18亿件，快递业务收入44.87亿元，相较五年前分别增长7.23倍和5.12倍。服务用户人次达到15.61亿人次/年，快递业支撑的广西网络零售交易额约500亿元/年，行业在地方经济社会发展中的作用不断发挥。

服务能力大幅提高。截至2017年年底，全区共建成分支机构网点4125个，网点数量五年间增长11.05倍。乡镇快递网点从无到有，总数已达2805个，1118个乡镇中有1027个乡镇设立快递网点，乡镇网点覆盖率91%。累计建成智能快件箱2638组、快递末端公共服务站点126个、农村快递公共取送点78个。企业生产条件进一步改善。规模以上快递企业都具备面积较大、设施完善、功能齐全的快件处理中心，配置了车辆、分拣设备、安全监控等设备设施。部分品牌企业配备半自动智能分拣设备。企业品牌塑造工作取得成效。品牌标识、营业网点及员工形象实现标准化，服务流程进一步规范化，服务水平得到大幅度提高，在服务行业中处于领先水平，有力提升了行业整体形象。快递产品体系不断丰富，企业业务范围不断向电子商务、先进制造业、现代农业等关联产业拓展，发挥了推动流通转型、促进消费升级的基础性作用。

市场监管能力显著提升。完成市级邮政监管机构的组建工作和省级以下邮政企业更名工作。各市市场监管队伍成立以来，人员得到充实，执法车辆、执法设备基本完备，队伍综合素质不断提高，能够较好地完成行业安全管理、行政许可管理等工作，具备较强的执法能力和水平，推动全区快递市场秩序进一步规范。

四、各市（地）主要管理工作概况

企业用地问题得到有效推进。截至2017年年底，全区共有专业类快递物流园区9个，入驻快递企业43家。百色快递物流园开园，项目建设用地规模约100亩，入驻快递企业3家。柳州市华乐物流园入驻8家规模以上快递企业，初步形成产业集聚。桂林中辰电商产业区纳入自治区统筹推进重大项目，入驻顺丰、百世快递、圆通等市内主要快递品牌，获得“三免三减半”等税收优惠政策。贺州市快递物流园区项目获政府立项批复，规划占地面积300亩。河池快递物流园建设纳入《河池市国民经济和社会发展第十三个五年规划纲要》。防城港市跨境电商快递物流园区快递分拨中心在建，预计 2018 年年中建成。

积极争取地方扶持政策。2017 年，各市局积加强与地方政府沟通协调，为行业争取利好政策，优化行业发展环境。全年推动或参与出台利好政策文件 16 件。主要包括：发挥快递业对电子商务与农业协同发展的支撑作用、快递物流园区建设、快递车辆便捷通行、“最后一公里”配送、农村快递服务网点标准化等方面。

推动行业精神文明建设。南宁、桂林、河池、北海等市局举办“最美快递员”评选活动，积极向社会展现行业先进风采，呼吁各界关心爱护快递员。广西顺丰南宁江南点部顺利通过自治区青年文明号复核工作，各市青年文明号创建稳步推进。组织全区邮政业举办“诚信快递 你我同行”演讲比赛，推送选手参加全国总决赛。管局组获得一等奖一名，优秀奖一名。企业组获得三等奖一名。

积极推进快递运输车辆便捷通行。南宁局与交警部门起草《关于加强和规范南宁市电动三轮车交通安全管理工作实施方案》，明确快递行业专用电动三轮车集中备案管理。“双 11”期间，争取为快递企业运输车辆发放市内临时通行证 625 张。柳州、梧州、钦州、北海、百色、河池等局向当地有关部门争取到快递电动三轮车在城区通行权利，制定快递电动三轮车统一管理办法。

推进快递服务现代农业。组织开展“一地一品”创建活动，引导培育一批“快递 + ”特色农产品样板项目。目前全区已培育形成“快递 + 芒果”“快递 + 百香果”“快递 + 螺蛳粉”3 个年快件量超千万件的品牌项目。继百色市后，玉林市快递服务百香果项目被国家邮政局列为第二批(9 个)全国快递服务现代农业示范项目。

推进快递服务制造业。全区快递服务制造业项目 50 个。重点打造快递服务柳州螺蛳粉项目。引导快递企业为速食包装螺蛳粉电商提供个性化、专业化、差异化、一站式的寄递服务。2017 年螺蛳粉销售平均每天为柳州市快递业带来 5 万多件业务，全年寄递螺蛳粉快件量突破 2000 万件。玉林局推动快递企业与制造业企业合作，达成合作项目 16 个，累计完成业务量 7.8 万件，实现业务收入 482.4 万元，服务制造业实现产值 3.03 亿元。贵港局积极推动快递服务当地家具制造业，相关快件平均每天出港量超过1.5万件。

推进市场监管队伍建设。县级邮政管理部门组建取得进展。2017 年 3 月，成立东兴市(县级市)邮政业服务中心。成立单位为东兴市交通运输局，定为公益二类事业单位。管理单位为东兴市邮政管理局，机构规格副科级，编制数量 3 人，经费来源为东兴市财政。

五、快递市场存在的突出问题

2017 年，全区水果寄递呈现爆发式增长，与此同时生鲜冷链、跨境业务等新动能加快孕育，行业发展稳中有新。邮政业发展质量不断提升，快递服务公众满意度持续走高，有效申诉率持续下降，行业发展呈现稳中有好。但是发展中依然存在一定的问题：

共性方面——行业提升的内外部阻力、转型摩擦力和安全压力不断叠加，快递对单一电商平台的数据依赖和业务依赖制约着企业持续发展，单纯沉溺于市场份额难以改变同质单一的竞争模式，非传统安全因素的威胁又冲击着原来习惯沿用的监管套路。

个性方面——虽然广西邮政行业规模持续增长，但无论是邮政业业务总量还是快递业务量，广西邮政业在全国排名还是偏后，规模偏小。虽然发展速度有亮点，但增速同比有回落，要追赶上前面的梯队任务依然艰巨。虽然邮政行业正竭尽全力的应对人民群众对寄递服务日趋升级的需求，但邮政业在结构、地域等方面不平衡不充分的矛盾日益突出。

海南省快递市场发展及管理情况

一、快递市场总体发展情况

2017 年,海南省邮政行业业务收入(不包括邮政储蓄银行直接营业收入)累计完成 23.7 亿元,同比增长 20.0%;业务总量累计完成 19.0 亿元,同比增长 12.5%。其中,快递企业业务量累计完成 5915.8 万件,同比增长 21.5%;业务收入累计完成 12.7 亿元,同比增长 26.5%(表 7-21)。

表 7-21　2017 年海南省快递服务企业发展情况

指　　标	单位	2017 年 12 月		比上年同期增长(%)		占全部比例(%)	
		累计	当月	累计	当月	累计	当月
快递业务量	万件	5915.8	584.6	21.5	-12.7	100.0	100.0
同城	万件	1791.8	192.1	61.7	-27.5	30.3	32.9
异地	万件	4118.2	391.9	9.7	-3.1	69.6	67.0
国际及港澳台	万件	5.8	0.7	2.9	33.7	0.1	0.1
快递业务收入	亿元	12.7	1.4	26.5	12.9	100.0	100.0
同城	亿元	1.8	0.2	77.1	2.5	14.1	14.3
异地	亿元	7.2	0.7	9.5	6.7	56.6	52.2
国际及港澳台	亿元	0.1	0.01	-6.0	-13.5	0.9	0.7
其他	亿元	3.6	0.4	54.2	31.9	28.5	32.8

二、行业管理工作及主要成效

深化思想理论武装。海南省邮政管理局党组切实把思想政治建设摆在工作首位,将党的领导核心作用始终贯穿于海南邮政业改革发展的全过程,高度重视党的理论学习,教育引导党员干部坚定正确的政治方向。一是认真学习党的十九大精神,用习近平新时代中国特色社会主义思想武装头脑,指导实践,推动工作。局党组认真研究制定了学习宣传贯彻党的十九大精神工作方案,组织全系统开展"听报告、读原文、学理论、大宣讲、重宣誓、深思考、写心得、测知识"系列学习活动,省局党组书记亲自讲党课,并与党组成员以普通党员身份认真参加支部学习活动。系统各级领导干部积极参加国家邮政局和省委、省直机关工委举办的党的十九大学习培训班。通过对党的十九大精神学习,增强了全体党员干部的理想信念,强化了"四个意识",坚定了"四个自信",牢固树立了正确的政治方向。二是深入推进"两学一做"学习教育常态化制度化。局党组会坚持专题研究党建工作,采取中心组学习扩大至机关处室和市(地)局班子成员模式,共组织学习 18 期。全年相继开展了党的十九大精神宣贯、学习"7·26"讲话、"建功十三五、喜迎党的十九大""不忘初心、继续前进""七一"党日等主题活动,持续将"两学一做"学习教育常态化制度化引向深入,党员干部党性修养进一步提高。

落实党风廉政建设主体责任。一是认真落实全面从严治党"两个责任"。坚持党组会专题研究党风廉政建设工作,完善了廉政风险防控手册。二是认真开展执纪监督工作。坚持问题导向开展了机关党建"灯下黑"监督检查;直面落实中央八项规定精神和领导干部个人报告事项存在问题,开展执纪监督;从严从实防止"四风"反弹,开展领导干部违规在社团组织兼职取酬和津补贴违规发放专项清理工作。三是把党性教育、廉政警示教育作为党员干部必修课。召开全系统警示教育会,对处理问题进行通报和反思教育;开展“锤炼坚强党性传承清廉家风”反腐倡廉警示教育月系列活动,做好廉政谈心谈话、领导干部新任职廉政谈话、节假日廉政提醒等工作,强化党员干部廉洁自律的自觉性。

党的领导和党的建设进一步加强。2017 年 9 月 11 日至 27 日,国家邮政局党组第一巡视组对海南局党组进行了巡视。海南局党组坚决落实政治巡视要求,切实担当起巡视整改主体责任,迅速召开巡视整改工作动员会,统一思想认识。针对巡视组指出的 4 大类 14 个方面问题,多次召开会议研究,制定整改方案,细化分解 55 项整改措施,建立清单、明确任务、落实责任,实行台账推进、挂账销号、动态管理、督促落实。召开党组专题民主生活会,党组成员深入查摆问题、深刻剖析原因,有针对性地提出整改措施,做到即知即改、立行立改。通过巡视,全省系统党的领导进一步强化,党的建设进一步完善,全面从严治党进一步加强。

扎实推进邮政业更贴近民生实事落地。根据海南省实际,局党组研究印发了《2017 年海南省邮政业更贴近民生 8 件实事》,通过一年努力,各项工作指标全面完成,其中,提升邮政、快递服务“三农”能力方面,实现建制村 100% 直接通邮,乡镇快递网点覆盖率 100%,2610 个村邮站有 1504 个实现拓展功能叠加,占 57.6%。“一市(县)一品”项目,全省 19 个市县除三沙市外,全部选定了农特产品进城项目;鼓励发展“互联网 + 农业 + 寄递”模式,海口荔枝、昌江芒果、琼中绿橙等寄递配送项目不断涌现,邮政、快递企业成为助力农村电子商务精准扶贫的重要力量。稳步提升快递末端投递服务水平方面,城区快递营业网点标准化率达到 90%,“快递入区”工程深入推进,建成快递末端公共服务站点 48 个,布设智能快件箱 1208 组,快递“进高校”规范收投率 100%,在社区、校区和商区基本消灭“摆地摊”乱象。实施放心消费工程方面,利用快递视频巡查系统推进“三不”专项治理,快件分拨中心视频监控联网率 100%,铺设离地设施的快件场所比例达 90%。提高快递包装绿色化、减量化水平方面,重点企业协议客户电子面单使用率超过 80%,全省推广使用新能源汽车 119 辆,重点企业在分拨中心推广试用快件环保袋,实现重复利用和实时跟踪。改善投递员工作环境方面,指导企业不断提高职工小家建设水平,为一线员工“夏送清凉、冬送温暖”。进一步提升三沙邮政、快递服务能力。三沙航空邮路开通,实现当日见报,民营快递企业已进驻三沙。

行业发展环境进一步优化。一是行业发展政策体系更加完善。深入贯彻落实《海南省促进快递业发展实施方案》,推动邮政业发展措施纳入省政府印发的《关于加强新建住宅小区配套公共服务设施建设的管理意见》,省政府办公厅印发的《海南省物流业降本增效专项行动实施方案(2017—2018 年)》《海南省加快推进物流降本增效促进实体经济发展实施方案》《海南省推动实体零售创新转型实施方案》《海南省加快推动冷链物流发展保障食品流通安全实施方案》等政策文件之中,为行业发展营造良好的政策环境。二是加快推进产业协同发展。启动服务现代农业示范工程,将“一市一品”项目拓展为“一市(县)一品”项目,全年农特产品进城配送量近 1000 吨,农特产品进城交易额 4000 余万元,带动电商快包业务量 50 余万件,带动电商快包业务收入 1000 余万元。引导推动快递服务海南热带特色农产品出岛,海南顺丰将 600 余吨海南荔枝通过航空专机发往全国各地。推进快递服务制造业示范工作,全省建成快递服务制造业项目达 15 个,初步形成了涵盖制药业、农副食品加工业、木制品业等领域的快递服务制造业试验群。三是推进交邮合作。与省交通厅联合印发《加强交邮合作进一步提升县级城市及乡镇政府所在地党报当日见报服务水平有关工作的实施方案》,指导邮政企业与海汽集团整合资源，利用客运腹舱资源，组开24条邮路和39条报刊专线邮路。指导市县邮政企业与海汽公司开展交邮合作，有效加快了党报党刊在偏远乡镇的投递时限。努力争取邮政专用柴油车辆通行附加费减免政策，并按规定程序向省政府提交报告。争取琼、粤两省琼州海峡轮渡运输管理部门，同意两岸港口对运载党报党刊的邮政专用车辆开辟绿色通道，予以优先通行。

持续深化供给侧结构性改革。一是突出规划引领作用。召开《海南省邮政业发展“十三五”规划》重点项目实施推进会，对规划实施工作进一步动员、安排和部署，加强规划实施组织领导和舆论宣传，强化规划实施监测评估，明确实施责任主体、时间表和路线图，形成推进合力。省东部邮政管理局积极参与琼海市人大常委会打造海南东部物流集散中心的调查摸底工作，为加快推进海南东部快递物流综合项目建设，建立现代化快递物流核心圈奠定坚实基础。省西部邮政管理局协调辖区市、县政府争取扶持政策，推动快递企业入驻儋州、白沙电子商务产业园区，为入驻企业争取到1～2年场地免租金扶持政策，企业节省成本共计80万元。二是加强基础设施能力建设。协调省发改委批复同意海南省2017年邮政普遍服务基础设施项目建设方案，项目总投资为866万元。指导邮政企业推广“邮乐购”电商服务站建设，以“便民服务站＋包裹代收代投站＋三农服务站＋优选产品配送站＋电商服务站”的“多站合一”模式，为农村地区提供电子商务服务。目前全省已建成邮乐购店2920家，乡镇覆盖率达100%。引导企业加强基础能力建设，海南顺丰建成冷运仓储中心，为农产品、海产品等提供冷链快递服务。三是提升专业人才队伍水平。以“为行业转型升级凝聚人才力量、展现行业风采”为主题，成功举办2017年全国邮政行业职业技能大赛海南省初赛，省快递行业协会作为承办单位共同筹办。全省邮政、快递企业共有15个品牌、16支队伍、69名选手参赛，角逐出了7个团体奖项和5个个人奖项，并为全国大赛选送了3名本省的优秀选手。海南电视台、海南日报、海口日报、海南特区报等多家媒体赴现场进行宣传报道，为行业转型升级营造了良好舆论氛围，行业影响力进一步提升。

持续落实“放管服”工作要求。一是推进快递业“放管服”改革。组织座谈调研，对接工商部门，探索对同一工商登记机关管辖范围内企业实施“一照多址”登记模式。持续优化许可管理工作，依法做好快递许可、变更、备案、年报等工作，实现全流程互联网“不见面审批”。二是加强事中事后监管。印发《海南省邮政管理部门随机抽查工作指导意见》，两次组织开展全省邮政业“双随机”执法检查行动；开展海南省邮政业服务质量提升行动，建立邮政业服务质量提升联席工作机制和监管机制；开展“诚信快递、你我同行”“3·15”主题宣传和演讲活动，积极营造诚信用邮氛围。三是加强邮政市场监管。开展了全省乡镇和高校快递市场清理整顿、寄递假烟、“异地上线”等专项检查工作，严厉打击违法违规行为。全省各级邮政管理部门检查企业1042家次，出检人数2869人次，作出行政处罚决定92起。加强市场监管与消费者申诉工作衔接联动，完善消费者申诉信息通告和公开制度。

持续强化寄递安全监管。一是推进“三项制度”落实。与省公安厅、省国家安全厅联合印发了《海南省邮件快件实名收寄信息系统推广应用工作实施方案》和《海南省邮件快件过机安检实施方案》，督促企业落实收寄验视、实名收寄、过机安检制度。全面提升邮件快件实名收寄规模，全省实名收寄信息化率达81%。二是做好重大活动期间安全保障。重点做好党的十九大、博鳌亚洲论坛年会、“一带一路”高峰论坛、金砖会晤、全运会等重大活动期间寄递安全保障工作，圆满完成了各项工作任务。扎实做好“双11”等旺季服务保障工作，在业务量同比增长31%的情况下，实现“两不三保”工作目标。三是强化安全生产责任落实。开展邮政业安全生产大检查深化安全综合整治、危险化学品专项整治等工作,重点督促企业落实“五个一”工程。四是发挥联合机制作用。配合综治、公安、国家安全、商务等部门开展寄递渠道反恐、禁毒、打击侵权假冒等工作,连夜查堵政治性非法出版物。海南局荣获2017年度全国“扫黄打非”先进集体和全省禁毒三年大会战第一阶段先进集体。

推进政府治理效能建设。一是推进干部队伍建设,做好公务员录用、人事档案审核、领导干部个人事项报告核查等工作,持续提升人事管理工作水平。二是加强信息化支撑能力建设,推进全省系统电子政务内、外网接入工作,做好党务政务公开工作,政府网站管理工作水平进一步提升。三是继续加强财务管理和财务监督工作,推进预算管理科学化水平。四是加强统计管理工作,行业统计及经济运行分析质量不断提升。五是新闻宣传和精神文明建设成果显著。全年编发政务信息400余条,被主流媒体和网站报道、转载正面宣传稿件20余篇;六是档案管理、信访、保密、定点扶贫等基础工作持续加强,群团组织工作有序开展。

三、砥砺奋进的五年

党的十八大以来的五年,是海南省邮政业发展极不平凡的五年。全省行业坚持以习近平同志为核心的党中央领导,全面贯彻落实国家邮政局党组和省委、省政府决策部署。坚持稳中求进工作总基调,坚持以新发展理念引领新常态,坚持以供给侧结构性改革为主线,坚持以人民为中心的发展思想,紧紧围绕全面建成与小康社会相适应的具有国际旅游岛特色的现代邮政业目标,认真贯彻落实和扎实推进“五个邮政”“三向三上”“打通上下游、拓展产业链、画大同心圆、构建生态圈”等一系列重大发展战略和政策措施落地实施,为我国实现邮政大国历史性跨越做出了海南应有贡献。

行业发展实现持续高速增长。党的十八大以来,全省行业坚持发展第一要务,服务“环南海经济合作圈”和“中国—东盟自由贸易区”建设,主动融入全省十二大产业、六类园区、美丽海南百镇千村建设,推进“十三五”规划的发布和落实,推进国务院《关于促进快递业发展的若干意见》的实施,实现了行业发展持续高速增长。五年来,邮政行业业务收入从10.52亿元增长到23.65亿元,业务总量从8.87亿元增长到19亿元,年均增幅均超过20%;快递业务量从2226.86万件增长到5915.77万件,年均增幅达到27%以上,业务收入从2.81亿元增长到12.7亿元,年均增幅达到45%以上。

行业发展质效不断提升。全行业发力供给侧结构性改革,以邮政业服务质量提升专项行动为重点,推动一批现代化项目落地海南,京东海南运营中心投入运营,海南中通、海口申通等企业新(扩)建分拨中心项目建成启用,快递航空全货机落地海口,新能源汽车在行业投入使用,电子运单、双层分拣传送设备、智能化终端广泛运用,行业通过创新驱动不断提升发展质效。海南省邮政业监管信息系统建设稳步推进,实名收寄等一批信息化应用技术推广应用,邮政监管手段呈现多样化,监管针对性显著提升,在旺季保障、安全监管、执法检查等领域都发挥了重要作用。

公共服务能力水平大幅提升。海南省在全国率先完成空白乡镇邮政局所补建工作和村邮站建设工作,实现了“乡乡设所、村村建站、户户通邮”;在全国率先实现“乡乡有网点、乡乡通快递”,建成乡镇快递网点704个,城乡双向流通的快递渠道基本形成;在全国率先实现党报在乡镇当日见报,三沙市永兴岛也能通过航空邮路做到当日见报。

治理能力显著提高。强化对行业发展的布局,邮政业被列为省服务业重点挖掘增长潜力行业之一,纳入海南省现代服务业产业指导目录和省“十三五”现代物流业发展实施方案;省政府印发《海南省促进快递业发展实施方案》,省政府办公厅印发《海南省邮政业发展“十三五”规划》，多项行业重点工程纳入海南省“十三五”重点建设项目，初步形成了较为完备的政策支撑体系。切实履行邮政普遍服务监督和邮政市场监管职责，有效开展执法检查和消费者申诉工作。建立健全寄递渠道安全监管联合机制，确保重大活动和旺季期间寄递渠道安全畅通和行业稳定发展。

行业发展得到省委、省政府高度重视。2016年11月15日，时任省委书记罗保铭批示：海南邮政、快递业务健康快速发展，邮政系统的服务精神、社会责任突出，长远发展对地方经济的带动作用很强。省电视台、海南日报等主流媒体集中推出《省邮政管理局：通过党风带政风促行风　全力服务海南经济社会发展》等3个系列9期宣传报道，全方位多维度宣传了全省邮政行业发展成就。省委常委、常务副省长毛超峰多次对邮政业发展予以肯定，出席海南省推进快递业发展座谈会，对快递车辆通行等工作给予支持。

四、各派出机构主要管理工作概况

海口局提升邮政、快递服务“三农”能力。实现乡镇快递网点覆盖率100%。海南顺丰速运有限公司开展水果生鲜等海南特色产品收寄，特色经济项目除了直接提供就业岗位外，还与外部公司产生业务联动，间接带动就业人口1000人余。全年揽收荔枝29.3万票，稳步提升快递末端投递服务水平。城区快递营业网点标准化率达到93%，布设智能快件箱1153组、格口81974个，快递“进高校”规范收投率100%，在社区、校区和商区基本消灭“摆地摊”乱象。实施放心消费工程，铺设离地设施的快件场所比例达91%。提高快递包装绿色化、减量化水平，重点企业协议客户电子面单使用率超过90%，全省推广使用新能源汽车119辆，重点企业在分拨中心推广试用快件环保袋，实现重复利用和实时跟踪。

三亚局结合三亚国际旅游城市实际，强化邮政业消费者申诉工作，于2017年2月24日接入12345三亚政府服务热线系统，2017年共受理申投诉455件，全部妥善处理完毕。

东部局结合区位优势，推进快递集散中心基础设施建设。配合琼海市做好东部物流集散中心项目调研前期工作。对集散中心（含快递配送中心）建设提供相关物流数据，积极参与调研工作并提出意见和建议。协调政府及相关部门，支持琼海中通分拨中心项目建设。加快推进快递营业场所标准化建设。辖区快递营业场所达标率90%，企业品牌形象得到了进一步的提升。

中部局稳步推进“一市（县）一品”农特产品进城项目，琼中县绿橙入选国家邮政局评选全国“一市（县）一品”农特产品进城项目。

西部局协调辖区市、县政府争取扶持政策，推动快递企业入驻儋州、白沙电子商务产业园区，为入驻企业争取到1～2年场地免租金扶持政策，企业节省成本共计80万元。

五、快递市场存在的突出问题

邮政业发展快而不大、快而不强的基本业情没有改变，进一步提升邮政业发展平衡性和充分性的任务还很艰巨。

一是提高行业供给体系质量和效益的任务还很繁重。行业供给体系质量不稳、效益不高，城乡区域供给不平衡，中高端供给严重不足，新动能占比不大，末端基础不牢。

二是转变发展方式、完善邮政业生态体系的任务还很繁重。实现邮政业与上下游的协调发展、与科技人才等要素的协同发展、与社会资源环境的友好发展还有很大的拓展空间。

三是实现行业治理体系和治理能力现代化的任务还很繁重。面对新业态新模式不断涌现，传统安全和非传统安全风险交织叠加，还存在政策相对滞后，监管力量、专业能力和资源条件不足，协同治理有待加强，诚信文明水平、行业文化软实力有待提升等问题。

重庆市快递市场发展及管理情况

一、快递市场总体发展情况

2017年,重庆市邮政行业业务收入(不包括邮政储蓄银行直接营业收入)累计完成92.5亿元,同比增长20.6%;业务总量累计完成100.0亿元,同比增长26.2%。其中,快递企业业务量累计完成32874.9万件,同比增长15.8%;业务收入累计完成44.7亿元,同比增长14.8%(表7-22)。

表7-22 2017年重庆市快递服务企业发展情况

指标	单位	2017年12月		比上年同期增长(%)		占全部比例(%)	
		累计	当月	累计	当月	累计	当月
快递业务量	万件	32874.9	3429.3	15.8	9.9	100.0	100.0
同城	万件	11836.1	1201.8	19.9	19.0	36.0	35.1
异地	万件	20799.3	2181.1	13.1	4.2	63.3	63.6
国际及港澳台	万件	239.5	46.4	108.4	188.0	0.7	1.4
快递业务收入	亿元	44.7	4.9	14.8	14.2	100.0	100.0
同城	亿元	10.0	1.0	22.6	22.9	22.3	20.9
异地	亿元	20.8	2.2	4.2	1.5	46.4	45.9
国际及港澳台	亿元	2.8	0.4	3.0	133.9	6.2	8.7
其他	亿元	11.2	1.2	36.6	13.2	25.1	24.5

二、行业管理工作及主要成效

全面推进党的建设。加强党组自身建设,党组统筹全局能力进一步提升——重庆市邮政管理局坚持从严较真、标本兼治的原则,对巡视整改工作进行周密布置,细化51项整改措施,局党组书记直接跟踪督办,有关部门督促检查,确保巡视整改工作全面落实到位。加强学习研究,党组成员思想认识进一步提升。结合巡视整改,进一步完善了党组学习机制,全年共进行党组中心组学习12次,开展党组专题研究5次,党组成员作为普通党员分别参加支部主题党日5次,真正实现了“两学一做”常态化制度化。党组对党的建设、法治建设、保密工作等十多个领域的突出问题进行了深入研究,局党组成员分别就党建工作、扶贫攻坚工作、“快递下乡”工程进行了专题调研,进一步提升了思想认识,明确了工作思路。完善党组工作制度,局党组议事决策规范性进一步提升。制定了《党组会议制度(试行)》《党组纪检组工作规则(试行)》《党组纪检组监督检查办法(试行)》等管理制度,进一步完善了党组议事协调机制,提升了党组研判决策的能力,进一步加强了党组纪检组对领导干部的监督,有利于切实履行党风廉政建设“两个责任”。加强清单管理,全局工作计划性进一步提升。在已有的重点工作任务清单和日常工作任务清单的基础上,加强上级重大决策部署的研究并梳理任务措施清单。完善了工作交办督办制度和重要事项反馈机制,强化对清单执行情况的督导检查,形成内部管理的“闭环”。

加强基层党建工作,全面推进从严治党——开展党建工作规范化建设。制定《机关党建工作规范化建设实施方案》,建立了党组书记负总责、分管领导分工负责、机关党委推进落实、各部门主要负责人“一岗双责”的党建工作格局,进一步厘清责任、细化责任清单,更好地用责任制传导压力、促进工作,进一步强化了基层党组织建设。完善了《"三会一课"制度实施细则（试行）》《组织生活会制度实施细则（试行）》和《民主评议党员制度实施细则（试行）》等制度，进一步增强了党建工作的规范性，推动党建工作更加深入、更有成效，全局党员干部政治意识、看齐意识进一步提升。加强党风廉政建设。根据巡视整改要求，结合重庆局实际，研究制定了《关于贯彻落实对党员干部进行提醒、函询和诫勉谈话有关规定的暂行办法》《党组管理干部新任职廉政谈话办法》等制度办法，规范了纪检监察工作流程，进一步提高监督执纪工作效能。立足抓早抓小，重庆局对党员干部一般性、苗头性和轻微违纪问题，进行了谈话提醒、教育诫勉，把问题消除在破纪之初、违法之前。深入学习领会党的十九大精神 。充分发挥领导干部"关键少数"的关键作用，党组书记带头撰写心得体会，支部书记根据党的十九大精神为支部党员讲党课，将学习贯彻党的十九大精神引向深入；以机关党建纪实系统、党建微信群、支部党建宣传栏等为平台，做到党的十九大精神"时时学""人人学"，掀起党的十九大精神学习高潮。

加强队伍建设，全面提升干部队伍整体水平——优化配置干部队伍，进一步加强队伍建设。2017年重庆局基本配齐科级领导干部，分局领导班子、内设机构干部配备逐渐完善，干部结构更加合理，进一步调动起了干部积极性，全局干部队伍展现出干事创业的新风貌。加强干部队伍教育培训工作，进一步提升队伍整体素养。重庆局有针对性地制定全年培训计划，确保干部教育培训工作组织有序、落实有效。全年共组织6人参加处级干部任职培训，组织7人参加初任培训，举办科级干部任职培训1次，培训14人，干部队伍综合素质明显提升，为分局领导班子建设、干部队伍建设提供了有力支撑。开展"三讲三比"活动，进一步提升队伍凝聚力创造力。制定并印发了《重庆市邮政管理局"三讲三比"活动方案》，在全市邮政管理系统开展以"讲政治、讲大局、讲学习、比能力、比担当、比奉献"为主题的"三讲三比"活动，引导全体党员干部在"践行"上下功夫，在"奉献"上比追求，不断提高党员干部的创造力、凝聚力和战斗力。

全面推进服务型政府建设。完善内部管理制度，提升行政服务能力——明晰权责，进一步提升依法行政水平。梳理完善权力清单、责任清单和市场准入负面清单，进一步明确了权责，推动市局机关及各邮政监管派出机构进一步"转职能、转方式、转作风"，推进行政权力规范运行、责任切实履行，行政服务能力全面提升；完善制度，进一步提升规范化水平。将三个独立核算的派出机构纳入市局统一管理，规范和加强了财务管理、预算管理，建立健全符合重庆局管理需要的财务制度体系和运行机制。制定了《档案管理办法（试行）》《会议管理暂行办法》完善了会议管理、档案管理等22项制度，进一步提升了重庆局内部管理的规范化水平；深化"放管服"改革，进一步增强行政服务能力。按照国家邮政局的总体部署，深入推进简政放权，采取集中审批的方式，简化审批程序，全程网上办理，进一步减轻了企业负担，为快递从业人员就业创业降低了门槛。加强对各派出机构行政审批事项办理的监督，指导各分局加大对快递企业经营许可和分支机构备案的日常巡查和随机抽查力度，强化事中事后监管，确保行政审批实现"放得下、管得住"。

完善申诉处理机制，提升行业服务水平——重庆局将提升申诉处理水平作为服务型政府建设的重要举措，采取多项措施规范和强化申诉处理工作，切实维护消费者合法权益，推动企业提高服务质量和服务能力。开展申诉中心改造工程。通过规范申诉中心受理流程，加强申诉处理分析，建立申诉中心周末值班制度等机制，实现了申诉处理规范化管理，提升了重庆局申诉处理能力。创新工作方式方法。通过完善申诉处理与行政执法的联动机制、申诉量排名前三企业的月度通报机制、申诉处理工作完成情况不佳企业的约谈机制，加强了申诉处理与行业监管的衔接，切实保护消费者的合法权益。畅通政府公开电子信箱申诉渠道。畅通市局长信箱、公众留言、华龙网网上问政等渠道,通过业务部门指导、申诉中心调解、法规部门审核,依法妥善解决消费者遇到的问题。2017 全年,消费者对管理部门申诉处理工作的满意率为 99.1%,高于全国平均水平 0.9 个百分点,消费者对邮政企业申诉处理结果的满意率连续 12 个月保持 100%,对快递企业申诉处理结果的满意率持续提升。

建立健全安全监管体系。重庆局着力完善安全监管体系,推动重庆市邮政快递业在规范性、安全性等方面达到了全国领先水平,保障了平安重庆建设,2017 年重庆局寄递安全保障工作得到了国务院安委会考核组的肯定,被评选为重庆市安全生产先进单位。规范寄递安全工作台账,有的放矢落实监管职责——在修订完善重庆市邮政业突发事件风险管理制度、流程、评估标准及控制方案的基础上,重庆局指导邮政快递企业从“安全生产、寄递渠道安全、治安防范”三方面完善安全生产工作台账,建立安全台账工作制度,做到安全管理工作“有迹可循、有迹可查”,加强了对行业安全工作的规范化、精细化管理,确保安全工作抓得细、落得实,有效提升了监管部门面临突发安全事件的应对能力。

创新监管工作机制,协调联动保障寄递渠道安全——立足监管力量严重不足、监管对象日趋复杂、行政资源有限的基本现实,重庆局创新监管工作机制,探索以主要品牌企业为龙头,组织 10 家主要品牌寄递企业相关人员,同时借助公安、国安的力量,组建相对固定的安全管理、应急处置队伍,发挥企业自律的作用和寄递安全监管联动机制的效能,定期集中办公,共同参与全市邮政行业安全管理工作。目前,联合工作机制建立并进入常态化运行状态,在党的十九大安保工作中发挥了重要的纽带作用。

探索推进网格化管理,开拓创新强化日常监督检查——2017 年重庆局继续深入探索建立寄递安全网格化管理制度,部分公安分局确定联络人与重庆局进行常态化沟通联系,并委派派出所公安干警与重庆局执法人员定期开展联合执法,“易制爆危险化学品和寄递物流专项整治行动”期间,各区县抽调 1000 余警力与重庆局进行联合执法,按照“全覆盖、零容忍、严执法、重实效”的要求,严厉查处违法行为。通过探索建立网格化管理机制,重庆局配合公安机关侦破寄递物流涉毒案件 3 起,寄递物流涉枪涉爆案件 5 起,缴获各类毒品共计 6613.49 克,各类枪支 46 支,抓获违法犯罪嫌疑人 31 名。

完善联动工作机制,齐心协力落实企业主体责任——开展联合执法督导检查,加强行业监管力度。积极协调各相关部门落实监管责任,推动落实寄递物流安全管理纳入《2017 年度社会治安综合治理和平安建设区县考评办法》和《重大风险防控攻坚战行动方案》,进一步完善了工作联系机制和考评机制,更有效的发挥了综合监管优势。重庆局深入开展专项整治,查堵寄递安全管理漏洞,推动企业全面落实三项安全制度。党的十九大前后,与市反恐办、市公安局等多部门联合组成工作督导组,同时前往各区县进行全覆盖督查,推动企业落实主体责任,圆满完成党的十九大期间寄递安保任务。2017 年重大活动、重要会议期间,重庆市邮政快递业安全平稳运行,未发生安全事故及突发事件。2017 年全年,邮政快递市场开展行政执法检查 5811 次,下达责令整改通知 221 次,查处违法违规行为 434 起,罚款金额 36.26 万元。推动落实举报奖励政策,发挥群众监督作用。通过加强与地方政府的沟通联系,重庆局借助相关部门的举报奖励机制,推动各快递企业及其从业人员更加积极地落实寄递安全主体责任,更加有效的发挥群众监督的作用,进一步完善了政府监管、行业自律、社会监督体系。安监部门将举报寄递危化品有功快递企业列入奖励范围;国安等部门对多起寄递企业及从业人员举报禁寄物品的行为进行了资金奖励。

推进行业供给侧改革。协调地方政府，优惠政策逐步落实——2017 年，重庆局继续加强与地方政府的沟通协调力度，与市级相关部门、区县政府的联系更加紧密，会同市发改委、市交委等部门联合出台了《关于创新建设农村现代物流体系的实施意见》，会同市供销总社出台了《关于进一步加强合作共同推进农村物流建设的实施意见》，促进快递业发展的政策措施逐步落实，形成快递业发展的政策保障。重庆局推动全市邮政分公司获得电子商务进农村资金支持 458 万元，用于重庆市"一市一品"农特产品进城项目的开发。一分局加强与梁平区商务、供销的联系，推动梁平区政府给予邮政业 550 万元资金支持，用于解决邮政快递企业场地不足问题并进行农产品进城奖励补助；二分局推动石柱邮政分公司建成县级电商快递物流分拨中心，争取政府补贴 100 余万元；三分局协调落实南川区《关于进一步促进快递业发展的实施意见》，明确财政补贴政策，获得 37 万元的财政补贴资金；六分局协调江津区出资 300 万元用于快递服务中心建设，统一购置安全设施设备进行集中安检，协调万盛经开区落实邮政企业代投乡镇地区快件每年 5 万元的资金补贴；七分局与永川区相关部门协调推动落实永川区《关于加快全区快递业健康发展的实施意见》，对镇街设立、符合条件的快递专门服务门店给予 1.2 万元/年的运营补贴。

强力推进"快递下乡"工作，助力精准扶贫工程——重庆局高度重视"快递下乡"助力"精准扶贫"工作，局领导多次带队深入基层开展实地调研，指导企业因地制宜开展"快递下乡"工作。2017 年，全市共有 32 个区（县）邮政企业已根据乡镇实际，发掘"一市一品"农特产品进城项目 38 个，全市寄递企业积极参与农特产品运输配送，带动快递业务 913 万件，完成业务收入 7817 万元。目前，重庆市快递服务乡镇覆盖率已达 100%，较去年提升 4 个百分点。

2017 年各分局按照重庆局《关于进一步推进"快递下乡"工程的实施方案》的总体部署，引导邮政快递企业整合资源，因地制宜采取多种模式推动快递末端网点建设，提升末端服务质效。一分局引导梁平区邮政公司与 12 家民营快递企业签订合作协议，进行深度合作，全年通过快邮合作乡镇投递量达 15 万件，累计销售梁平柚子 1000 余吨，同比增长达 70%；二分局推动中邮黔江分公司投入了各类车辆 60 余辆，为全区快递企业提供集中配送服务，推动黔江区实现了快递物流资源整合，优化了农村物流配送线路；三分局积极推动南川区公共取送点建设，打造成以渝南快递物流园为中心，以城市公共配送点与乡镇快递电商服务网点为节点的快递物流配送网络；六分局鼓励江津区快递企业依托丰安物流，对乡镇快件实行共同配送，单日配送到乡镇的快件超过 2500 件。推动璧山区、万盛经开区快递企业整合资源，分区域建立共同配送体系；七分局积极引导潼南三家主要品牌快递企业成立"重庆懒人福音电子商务有限公司"，完成了潼南区 14 个乡镇的网点整合，降低了企业运营成本，带动红薯销售约 6 万余件。指导荣昌区快递企业为"河包粉条"提供"仓配一体化"服务，累计配送河包粉条约 80 万件，惠及农户 6000 余户。

优化城市末端服务，"最后一公里"服务质量显著提升——按照《方案》的总体部署，重庆局积极推进行业共同配送工作，2017 年全年，重庆市已建成 1000 余个公共取送点。推进末端取送点转型取得新进展。重庆局联合市商委、市财政局落实了电商快递末端配送网点转型公共取送点补贴政策，18 个邮政快递企业共计 451 个网点通过评审，总计获得 240 万元的财政补贴支持，用于推动末端取送点转型升级，为加强重庆市快递末端网点管理提供了新思路，进一步提升了末端基础设施水平。推进共同配送工作实现新突破。四分局、五分局加强与地方政府相关部门的沟通，积极协调推进共同配送体系的建设，重庆市主城区现已建成投入使用 5 个快递处理中心，"集散中心—

快递网点—快递末端”的三级快递网络体系已初具雏形;三分局辖区5个区县成立了第三方平台公司,并借助地方的政策资金支持,加快共同配送体系打造,以更好服务农特产品进城、更好推进快递下乡工程。推进末端网点标准化建设呈现新气象。重庆局推动各邮政监管派出机构全面推动快递企业开展“规范化标准化”建设,坚持抓“法人企业”与抓“品牌分支机构”这个“龙头”,做到“许可备案”责任层层落实、层层传导,推动企业主动申请设立“分支机构”,开展网点规范化标准化建设。

推动城乡末端服务衔接,服务平台稳定性逐步增强——积极引导菜鸟、丰巢等末端服务品牌持续快速发展,支持邮政、逗妮开心、华宇物流等企业在其辖区布设或转型自建公共取送点9个、合作公共取送点48个,目前逗妮开心已初步实现与农村电商服务网络的衔接,在其第三方服务平台和移动APP“一站生活”销售来自巴南、奉节等4个区县的农产品和来自泰国、柬埔寨的特色产品,农产品销售量达2.5万斤,城乡末端服务平台稳定性进一步增强。

筑牢行业发展根基。推动企业集聚发展,产业园区建设成效明显——2017年重庆局继续加大力度推动快递企业集聚发展,引导快递企业入驻快递产业园区,集约高效进行分拣、投递,降低操作成本,提升工作效率,实现资源整合的集聚效应,培育壮大快递企业。目前多家快递企业已入驻西永综合保税区,在此出关的快递包裹占全市出关快递包裹的六成以上;江北区、北碚区、长寿区等13家快递企业及分支机构建成3处占地面积累计超过3000平方米、安全设备配备相对规范的快件公共集散中心,对约60%以上的快件进行区域集中分拣、末端共同配送,并对相关区域末端公共服务平台进行统一管理和运营;开州区8家寄递企业入驻巫溪电商产业园区;黔江区5家邮政快递企业顺利进驻正阳物流园区;南川区8个快递企业入驻快递物流园。推动“渝新欧”运邮常态化,服务“一带一路”建设——通过政企合力推进,重庆至德国杜伊斯堡实体邮件运输测试顺利开展,推动渝新欧班列固定于每周四、六分别发运搭载专线寄递产品的标箱,目前,产品寄达范围覆盖法国、英国等17个欧洲国家,标志着渝新欧运邮由测试阶段进入常态化,邮政公司将在西部物流园设立重庆铁路口岸国际邮件处理中心,日处理能力达到10万件以上,支撑渝新欧运邮的市场化运营,“渝新欧”铁路跨境运邮实现新的突破,为重庆市跨境电子商务的发展提供了新动力。

三、砥砺奋进的五年

党的十八大以来的五年,是重庆市邮政业砥砺奋进的五年。在以习近平同志为核心的党中央的坚强领导下,按照“五位一体”总体布局和“四个全面”战略布局,坚持稳中求进工作总基调,坚持以新发展理念引领新常态,坚持以供给侧结构性改革为主线,坚持以人民为中心,围绕全面建成与小康社会相适应的现代邮政业目标,为重庆邮政业发展打下了坚实的基础。

五年来,全行业从严从实、固本强基。坚持贯彻落实党的十八大和十八届历次全会精神,按照“党要管党,从严治党”的要求,以加强思想建设为核心,以组织建设为基础,以制度建设为保障,通过健全党建基础制度,规范基层组织生活,加强党员教育管理,全面加强党的建设。在此基础上,重庆局加强学习型组织建设,创新组建“虚拟团队”,研究践行内部管理、行业管理新制度新机制,干部队伍综合能力进一步提升,很大程度上解决了“人少事多”的问题。强化法治型政府建设,加强内部工作流程管控,完善执法工作机制,彻底扭转了重庆局执法人员“不敢执法”“不会执法”的局面。加强服务型政府建设,完成申诉中心改造,改进工作作风,干部队伍的服务意识和服务能力进一步提升。

五年来,全行业开拓创新、推动发展。坚持围绕国家邮政局和市委市政府的工作部署,按照“补短板、强弱项、惠民生”的要求,加强与地方政府及相关部门的沟通联系，进一步凝聚发展共识，发展环境持续优化，市场活力竞相迸发。在此基础上，重庆局精准发力、因地制宜推进“快递下乡”，实现乡镇快递服务全覆盖，有效提升邮政、快递服务“三农”能力。创新推动第三方平台发展，引导快递“进校园、进社区”，城市末端网点建设取得了明显突破。协调推进快递园区和区域性分拨中心建设，鼓励引导邮政快递企业整合资源，推动行业提质增效升级，实现了集约高效发展。

五年来，全行业严抓监管、保障安全。坚持以保障寄递渠道安全畅通为根本，充分发挥加强寄递安全管理工作组作用，开创了寄递渠道综合治理新局面。在此基础上，重庆局着力加强安全监管体系建设，建立健全台账管理制度，加强风险防控体系建设，全面开展联合执法和专项行动，落实企业主体责任，安全监管机制不断完善，行业安全保障能力持续提升。

四、各派出机构主要管理工作概况

三分局坚持以“党建为纲”统揽各项工作，发挥党的领导核心作用，以党建带团建带妇联，一个领域一个领域的加强行业精神文明建设，增强了行业的凝聚力，获得了地方政府的支持和认可。通过层层推进把党建、团建工作发展到企业，三分局加强了与地方政府的联系，一个区县一个区县地建立了长效沟通机制，争取地方政府对行业的支持，实现了对行业发展和安全保障的齐抓共管。

在涪陵区、南川区，积极向区政府汇报行业发展情况，争取地方政府出台文件支持快递业发展。涪陵区政府出台文件对村邮站建设给予运营补贴每年157.44万元、监管经费每年16.4万元。南川区出台文件给予入驻渝南快递物流园企业三年内每年每个企业5万元资金补贴；在垫江县，三分局为参与农村物流体系建设的快递第三方平台争取约600万元的政策性扶持。与此同时，垫江局保障寄递安全成效显著，被推选参评全国社会治安综合治理先进集体；在丰都县、武隆县，积极与县政府沟通协调，争取地方政府就建设快递集散中心进行扶持，给予农村电商快件共计540余万元的补贴，企业长远发展有了保障，让大山里的农特产品走出去，企业在发展的同时，实现了邮政业“精准扶贫”的目标。中央电视台以“关注农村电商 农村电商促精准扶贫和农民增收”为题报道了三分局辖区武隆区和顺镇海螺村农村电商的发展状况。

三分局通过建村邮站争取政府扶持、搭三方平台整合优势资源、推电商物流园拓展产业链，推动“快递下乡”实现模式可复制、发展可持续的态势。一是实现快递第三方平台全覆盖。三分局积极引导辖区5个区县的主要品牌快递企业抱团发展，在垫江县成立了第一个快递三方平台公司的基础上，2017年其他4个区县快递第三方平台企业也相继成立。平台企业通过对快递运力资源的整合，建设县、乡、村三级物流配送体系，提升了“快递下乡”的配送效率，多样化地推动“快递＋电商”“快递＋农业”的融合发展。二是实现快递乡镇服务网点全覆盖。三分局采取措施盘活乡镇地区邮政和快递两个平台，解决“快递下乡”难题。一方面结合辖区实际，积极鼓励邮政企业拓展乡镇邮政普遍服务网点功能，创新普遍服务业务，建设邮乐购、便民服务站点、邮政综合服务平台，进一步提升网点服务能力；另一方面，引导辖区主要品牌快递企业加强合作和资源整合力度，统一建设区县快递集散处理中心和乡镇快递服务网点。目前，辖区邮政企业建成邮乐购站点1420个、农村快递服务网点150个，带动贫困乡镇增收人数57000余人。三是实现快递集散处理场所的全覆盖。三分局积极帮助辖区企业解决“小、散、乱”的问题，不畏难、敢出手，一个县一个县的攻坚，2016年建成南川区渝南物流园和垫江县商贸物流园，2017年建成涪陵区、武隆区、丰都县快递集散处理中心。5个区县快递集散处理场所占地面积共计35000余平方米，通过集聚发展，实现了集约高效的分拣、投递，提升了工作效率，促进了行业转型提质增效。四是构建“快递＋”的发展模式实现全覆盖。“快递下乡”工程实施后，乡镇地区快递服务能力大幅提升，通过产业引导和地方政府政策扶持，“快递＋电商”“快递＋农业”“快递＋旅游”等产业联动模式逐渐发力，大幅促进了乡镇经济发展。在产业融合、产业联动的促进下，快递业务量得到了大幅提升，乡镇快递服务网点从难以生存到实现盈利，从“缺包裹”逐步发展为“产包裹”，2017 年三分局辖区农村地区快递业务量较去年增长 50%。

五、快递市场存在的突出问题

一是产业融合发展不足。快递产业与农业、制造业、电商产业结合度不高，快递业作为现代服务业，对电商产业、制造业的拉动、支撑作用没有发挥出来。

二是政策扶持效用不强。敏尔书记说“农村做起来了，城乡统筹的问题就解决了”。目前政府的产业扶持政策多针对电商，忽视快递业对电商产业的支撑作用，缺乏快递业发展的配套政策。重庆市快递企业分拨中心以外的网点以加盟制为主，规模较小，依靠自身能力难以实现“快递下乡”的稳定运营，亟需政府对快递下乡、精准扶贫给予政策扶持。

三是行业安全监管能力不足。随着重庆市邮政行业的快速发展，寄递渠道面临着传统、非传统安全的双重威胁，安全形势日趋复杂多变，行业监管的工作任务随之迅速增加，行业监管能力不足的问题日益突出。

四川省快递市场发展及管理情况

一、快递市场总体发展情况

2017 年，四川省邮政行业业务收入（不包括邮政储蓄银行直接营业收入）累计完成 204.8 亿元，同比增长 25.8%；业务总量累计完成 269.3 亿元，同比增长 35.28%。其中，快递企业业务量累计完成 11.1 亿件，同比增长 38.2%；业务收入累计完成 127.5 亿元，同比增长 32.3%（表 7-23）。

表 7-23 2017 年四川省快递服务企业发展情况

指　标	单位	2017 年 12 月		比上年同期增长（%）		占全部比例（%）	
		累计	当月	累计	当月	累计	当月
快递业务量	万件	110795.9	11630.0	38.2	18.8	100.0	100.0
同城	万件	32882.6	3238.7	25.4	8.6	29.7	27.9
异地	万件	77450.7	8343.5	44.6	23.6	69.9	71.7
国际及港澳台	万件	462.5	47.8	25.0	－14.2	0.4	0.4
快递业务收入	亿元	127.5	14.1	32.3	36.5	100.0	100.0
同城	亿元	26.0	3.0	25.0	35.3	20.4	21.0
异地	亿元	73.9	8.1	29.5	25.0	58.0	57.1
国际及港澳台	亿元	4.2	0.5	35.1	39.6	3.3	3.5
其他	亿元	23.4	2.6	52.1	92.2	18.3	18.4

二、行业管理工作及主要成效

政策环境进一步优化。作为社会公用事业和现代服务业的重要组成部分，邮政业在降低流通成本、支撑电子商务、服务生产生活、扩大就业渠道、保障改善民生、维护社会稳定等方面发挥了重要作用，得到四川省委省政府的认同和支持。邮政行业发挥物流配送优势发展农村电商，助力精准扶贫，得到省委王东明书记高度肯定，省委在南充组织召开现场会议，总结推广南充“邮政 + 电商”精准扶贫模式。三位副省长采取听取专题汇报、实地调研、召开现场推进会等方式推动邮政业发展工作。省委省政府出台推动邮政业发展的政策性文件 12 个，对物流快递协同发展、完善末端配送网络等方面做出部署。省政府办公厅印发的推动交通物流融合发展实施方案，明确了多项含金量高、富有操作性的支持措施，解决邮政业最为迫切的问题。

推动《四川省邮政业发展“十三五”规划》与地方政府专项规划无缝衔接。省政府出台服务业、综合交通、冷链物流等 5 个方面省级“十三五”规划，支持快递物流业发展，其中综合交通运输规划明确将邮政业发展纳入 19 个专栏之一进行统筹规划，为推动省邮政业规划落地实施提供了有力支撑。21 个市(州)以政府名义或与发改、交通等部门发布各地邮政业发展“十三五”规划。利用《中国邮政快递报》(四川专题)、公众微信刊登局长的专访、制作 PPT 课件，广泛宣传解读四川邮政规划的指导思想、发展目标、主要任务和重点工程。在全省面向邮政管理系统、行业从业者、邮政特邀监督员开展“小康路，邮政梦——解读邮政‘十三五’规划”主题征文活动。

推动《国务院关于促进快递业发展的若干意见》落地。16 个市(州)政府出台相关促进快递业发展意见或措施，推进快递业加快发展。成都、攀枝花、泸州、德阳、内江、宜宾、巴中、眉山等地出台具体奖补政策，对快递业务增加量、快递企业租用仓储用房或自筹资金建设快递分拨中心的予以补助，切实降低邮政、快递企业运营成本。成都出台《成都市支持新能源汽车推广应用的若干政策》《关于促进总部经济发展的意见》等一系列利好政策文件，涉及企业用地、车辆通行、末端建设、协同发展等方方面面，推动邮政快递业加快发展。成都航空邮件处理中心纳入天府机场同步规划，空侧范围预留了快递分拨中心建设用地，为邮政快递企业入驻空港新城，打造航空、国际快递集群奠定基础。成都、南充、自贡、泸州、遂宁、内江、宜宾、攀枝花、广安、达州等地加强快递园区建设。

行业服务效能进一步提升。采取交邮合作、快邮合作、邮政与电商、快递与电商合作，抱团发展等方式，加强供销、交通运输、邮政、商贸流通等物流服务网络和设施的共建共享，完善县、乡、村物流体系，有效破解“最先一公里”难题，协同推进快递下乡与电子商务进农村，实现农产品进城、工业品下乡的双向流通，助推农民增收致富和精准扶贫。快递企业聚集各地批发市场，中通、顺丰等主要快递企业拓展物流业务，远成、德邦等物流企业进入快递领域，综合快递物流运营商开始出现。通过电商快递产业园、快递仓储一体化为载体，快递与电商融合更加深入，宜宾、南充、达州、攀枝花等地电商快递产业园逐渐成规模。攀枝花芒果、安岳柠檬、广元七绝、筠连土特产、自贡冷吃兔、甘孜松茸、广安脐橙、盐源苹果、内江资中血橙等快递服务现代农业“一地一品”项目不断涌现。全省新建“邮乐购”服务站点近 5 千个，累计建成“邮乐购”服务站总计 2.2 万个；全省“一市一品”项目共计 87 个品类，促成农特产品交易额 1.3 亿元，带动邮政快包业务量 423 余万件，业务收入 4619 余万元；带动农村增收人数 240934 人，贫困县增收人数 36497 人。

快递 + 制造业联动发展。建立快递服务制造业项目库，协调推进快递企业与制造企业建立联动机制，指导企业制定服务方案，为服务项目建立专网、开发专门的信息系统、提供专门的包装材料等，提升服务制造业能力，促进第二产业、第三产业协同发展，为地方经济创造新的增长点。宜宾、泸州快递企业与五粮液、泸州老窖酒业深度融合，德阳 EMS 采取派驻制模式为东方风电提供风机等配件寄递服务，南充快递服务富安娜项目、绵阳一号递快递服务长虹项目、凉山快递服务南红玛瑙产业项目取得了良好成效。目前全省快递服务制造业项目67个,产生快递2600万件,服务产品价值近107亿。

安全监管能力进一步提升。积极推进实名收寄信息系统应用。与省公安厅、省国家安全厅联合下发《关于印发〈加快全省邮件快件实名收寄信息系统推广应用工作的实施方案〉的通知》,进一步细化了实名收寄制度的相关措施,深化实名收寄制度落实;对市(州)局、快递企业相关负责人进行系统使用培训,定期通报使用情况,加快系统应用推广。全省实名率达到85.63%,其中散件实名率91.18%,超额完成了国家邮政局下达的任务目标。进一步落实寄递渠道过机安检制度。印发《四川省邮政管理局办公室关于进一步加强邮件快件过机安检工作的通知》,督促寄递企业将安检机配置到位,并针对安检机使用管理中存在的问题,不断优化安检机使用管理流程,落实应检必检要求。加强对从业人员的培训,邀请民航部门安检专家授课2期,培训安检员150余人次。做好重要时间节点安全保障。全力做好"两会"、"一带一路"国际合作高峰论坛、党的十九大、快递业务旺季等重要时间段寄递渠道安全保障工作,确保行业安全平稳运行。建立行业安全管理互动机制。与民航西南管理局建立航空邮(快)件安全管理协查机制,定期通报航空邮(快)件安全检查情况;与省公安厅建立了航空货运安全源头治理、案件查处等航空货运安全监管协作机制;与公安、国安联合成立邮件快件实名收寄信息系统推广领导小组,共同组织部署实名收寄系统推广工作;按照省禁毒委要求,对包片工作地区禁毒工作进行检查,组织企业参加全省禁毒比武拉练;按照省反恐办要求,开展全省寄递渠道反恐隐患排查专项行动。

严格依法许可,提升许可工作效率。与省国家安全厅联合印发《关于优化快递业务经营许可现场核查联动机制的通知》,明确快递业务经营许可需现场核查的情形、核查形式、核查内容、意见反馈方式和时限要求,建立完善沟通机制,进一步规范核查过程,提高效率。2017年,共收到快递业务经营许可申请815家,受理259家,完成审批并发证143家;收到变更申请3214家,完成变更1527家,核准省内新增设分支机构1244个;完成《快递业务经营许可证》到期换证延续39家;依法注销快递企业经营许可2家。截至2017年12月31日,全省共有法人快递企业913家,下属分支机构6673个。建立"双随机"制度,加强执法检查。印发《关于建立四川省邮政管理局随机抽查执法人员名录库的通知》和《关于实施〈邮政管理部门随机抽查工作细则(试行)〉的通知》,建立涵盖邮政企业、快递企业、集邮市场、用品用具市场、集邮企业网点的市场主体名录库;举办5期双随机抽查工作培训、执法案件评议研讨培训,进一步提升邮政市场监管执法队伍能力、规范办案程序和文书制作。共出动检查人员1.5万人次,检查企业5000家次,约谈告诫37次,下发整改通知书436份,行政处罚331件(其中普遍服务8件),罚款265.78万元(其中普服6万元),停业整顿40起,保持了从严监管的高压态势。推进快递进校园,规范校园寄递管理。联合省公安厅、省教育厅印发《关于规范高等学校校园快递服务管理的通知》,在解决快递进校园问题的同时,加强校园内寄递安全管理,规范校园秩序。通过建设校园快递超市、设立分支机构、发展末端服务网点等方式,快递进高校问题得以普遍解决。

行业发展成果显著。邮政业支撑电子商务、制造业、现代农业等关联产业加快发展,价值约1000亿元的川货通过快递进入国内国际市场,带动10余万人就业。在精准扶贫主战场上精准发力,全省邮政电商网销农产品25万吨,销售额15亿元,带动20万户农户户均创收7500元。"8·8"九寨沟地震发生后,利用"邮政+电商"模式为地震灾区滞销的300万斤脆红李打开销路;推出甜樱桃(车厘子)专属快递服务,收寄28万余票,重量达110余万斤,共计为老百姓创收1650余万元,成为服务农业发展、农民增收、精准扶贫的新载体。

现有乡镇快递网点8583个，覆盖4000个乡镇，乡镇快递网点覆盖率93%；共有快递标准化营业场所6650个，自有营业场所标准化率达到90%。建成各类快递园区24个、分拨中心290个，顺丰无人机项目落户成都。其中，2017年争取用地3500余亩，建成2个、开工建设8个快递园区（分拨中心）。四川中通快递投资近4亿元，集全自动分拣、立体多层、电商孵化器一体的新转运中心全面投入运营；占地1500亩、唯品会全国最大的西部转运中心二三期扩容工程同步启动；总占地1400亩的成都京东“亚洲一号”正式开工建设；落地成都的快递专用货机达9架，四川圆通航空成都基地建设已经签署协议加快推进；成都航空物流园区、新都物流中心、青白江国际铁路港、南充电商快递产业园参与创建示范快递园区；川滇黔电商及快递分拨中心在泸州启动，占地100亩，投资1.5亿元；自贡川南电商快递物流园区项目规划用地面积276亩、总建筑面积19.6万平方米；占地160余亩的内江川南快递物流园区一期项目启动建设。

各级地方财政累计投入2306万元，对快递下乡、村邮站建设、安全投入、邮政管理工作经费等方面予以资金支持。邮政、快递企业通过企业自支、政府补贴等方式购买配置安检机462台，投入经费4000万元。成都市政府划拨共计580万资金支持简阳市村邮站建设项目，补助70余万元建设邮政业安全监管信息平台二期。泸州局向地方财政争取到建设寄递渠道安全视频实时监控专项补贴资金140万元。眉山市财政专项预算120万元用于眉山市邮政业安全监管平台项目建设，目前已完成项目立项批复、初步设计专家评审等工作。德阳局向市财政争取78.88万元补贴寄递企业X光机购置。宜宾村通快递公司获国家专项资金补贴1070万元，用于筠连县、乡、村三级电子商务公共服务体系和三级物流配送体系建设。遂宁市各县区政府共投入430万元建成860个村邮站，已率先实现行政村村邮站建设100%覆盖目标。

省邮政业安全中心、眉山市邮政业服务中心完成组建并正常运转，成都市邮政业安全服务中心正式获批。5个县级邮政监管机构正式运行。7个市（州）局业务用房和办公用房得到解决。在全省范围推广使用实名收寄信息系统。邮政、快递企业强化收寄验视和过机安检，截获毒品79批次52.76公斤，非法出版物2.1万件和危化品、易燃易爆物品、管制刀具、仿真枪、假烟等大量禁寄物品，有力维护了行业安全和社会稳定。

行业发展支撑作用进一步彰显。推进法治邮政。修改完善《四川省邮政行政管理权力清单、责任清单》，印发《四川省邮政管理局规范性文件制定和备案规定》。组织实施全省邮政行业“七五”普法规划，制定2017年“七五”普法工作安排，多种形式开展国家宪法日和普法宣传教育活动。拟定《四川省邮政管理局合同管理办法（试行）》，充分发挥四川省邮政管理系统法律服务团队的作用。认真开展邮政行政执法监督，切实加强行政复议与行政应诉工作。

严格依法统计。加强对统计数据采集的规范化管理，强化对统计数据的审核和监控，保障统计数据质量，为行业发展决策提供有力数据支撑。采取各市（州）局自查自纠、对辖区内重点企业实地抽查和省局抽查相结合的方式开展统计检查工作。从统计台账设置、人员配备管理、数据质量把关、统计资料保管和统计数据的科学研判等方面进行检查。遂宁、巴中局人员被国家邮政局表彰为统计“先进个人”，中国邮政甘孜州分公司、中国邮政速递物流成都市分公司及4家民营企业被国家邮政局表彰为先进企业。

加强队伍建设。其美多吉入选“感动交通年度十大人物”。四川宜宾职业技术学院物流管理（快递方向）专业入选邮政行业教育示范专业。组织两次鉴定考试，共计鉴定1365人次；组织邮政行业职业技能竞赛四川省初赛并参加全国决赛，自贡申通魏力个人荣获三等奖、四川局荣获优秀组织奖和优秀技术指导奖。

强化新闻宣传、精神文明建设。进一步加强行业新闻报道、舆论引导工作,四川日报等省级主流新闻媒体刊发邮政业宣传稿件179篇,在国家邮政局一报一刊一网刊用的信息、稿件位居全国前列。拓宽行业宣传渠道,微信公众号等新媒体运行有序。自贡等地局机关、邮政快递企业成功创建市级青年文明号,攀枝花局荣评为省级文明单位。参加"寻找最美快递员"活动。

严格机关管理。扎实开展领导干部离任经济责任审计工作。加强门户网站维护管理,僵尸网站基本消除,积极整治栏目内容更新不及时等问题,网站合格率逐步提高。加快电子政务内网建设,推动政务信息系统整合共享,加大政府信息公开力度。完成19个市州局公车改革。

党风廉政建设进一步巩固。严格落实"两个责任"。坚持从严治党,切实做到把纪律挺在前面,坚持党风廉政建设与业务工作"四同步",确保"一岗双责"落实到位,形成以上率下、整体联动的总体效应,营造风清气正的政治生态。坚决反对"四风",狠抓党性党风党纪教育,认真践行"四种形态"监督执纪问责。四个工作组对21个市州落实"两个责任"、目标任务、财务制度等方面开展巡查督察,及时纠正偏差,推动重点工作。

切实抓好巡视整改。以巡视整改为契机,切实加强党的建设、作风建设、队伍建设。省、市两级邮政管理局党组以对党高度负责的态度,以抓铁有痕的务实精神,紧扣"六大纪律"、紧盯"三大问题"、紧抓"三个重点",实行销号整改。四川局党组认领3个方面、13个问题,制定96项整改措施,目前已全部完成整改。各市(州)局党组主动认领问题338个,制定整改措施1053项,目前已全部完成整改。

推进"两学一做"学习教育常态化制度化。一是印发了《推进"两学一做"学习教育常态化制度化实施方案》,明确目标任务、细化工作措施、安排进度,将"两学一做"纳入今年党课教育内容,确保学习教育取得实际成效。二是深入学习,增强实效。坚持个人自学与集中学习结合,集中学习党规党章、系列讲话,广泛交流学习计划和经验心得,组织专题座谈研讨。开展主题党日活动,增强学习的系统性、规律性。三是有机统一,转化成果。采取理论学习与实地参观相结合,结合邮政行业监管工作特点,开展多形式的党支部组织生活和教育活动,开展了党建知识测评,创新形式开展微信、移动客户端等"微学习",深入学习宣传贯彻党的十九大精神,形成争做合格党员、争当干事先锋的良好氛围。

加强党风廉政建设专题培训。举办全省系统党风廉政建设专题培训,对四川局机关副处级以上干部、市(州)邮政管理局党组书记和纪检组长进行集中培训,邀请省直机关纪工委专家对两《准则》、三《条例》进行了深入解读,并作了题为"坚持全面从严治党、强化监督执纪问责,全力推进党风廉政建设和反腐败工作向纵深发展"的专题辅导授课。四川局党组书记、纪检组长分别对全省邮政管理系统领导干部讲廉政党课、进行集体廉政谈话。

开展主题警示教育活动。与"两学一做"学习教育活动及巡视整改工作相结合同步推进"以案释纪明纪,严守纪律规矩"主题警示教育月活动,四川局机关党支部召开专题组织生活会,进一步筑牢了全体党员干部特别是领导干部拒腐防变的思想道德防线,增强了廉洁从政意识。

三、砥砺奋进的五年

党的十八大以来的五年,是四川省邮政业发展史上很不平凡的五年,是行业发展突飞猛进、跨越提升的五年。在国家邮政局和四川省委省政府的坚强领导下,四川邮政行业主动适应经济发展新常态,顽强拼搏、砥砺奋进,圆满完成了党的十八大以来主要目标任务,为全面建成与小康社会相适应的现代邮政业而不懈努力。

邮政行业实现跨越发展。党的十八大以来,业务总量和业务收入迅猛增长，2017年，全年完成邮政业务总量269.26亿元，同比增长35.28%；业务收入204.76亿元，同比增长25.75%。其中，实现快递业务量11.08亿件，同比增长38.24%；实现快递业务收入127.48亿元，同比增长32.30%。建设185个过渡局所，累计建成村邮站1.2万个、邮乐购站点（便民服务站）2.2万个。现有乡镇快递网点8583个，覆盖4000个乡镇，乡镇快递网点覆盖率93%；共有快递标准化营业场所6650个，自有营业场所标准化率达到90%。建成各类快递园区24个、分拨中心290个，顺丰无人机项目落户成都。各级地方财政累计投入2306万元，对快递下乡、村邮站建设、安全投入、邮政管理工作经费等方面予以资金支持。

行业发展环境日趋优化。《四川省人民政府关于促进快递业健康发展的实施意见》《四川省邮政业发展“十三五”规划》《关于以绿色发展理念引领农业供给侧结构性改革切实增强农业农村发展新动力的意见》《推进农业供给侧结构性改革加快由农业大省向农业强省跨越十大行动方案》《关于印发四川省推动实体零售创新转型四年行动计划（2017－2020年）的通知》《关于印发四川省降低实体经济企业成本实施细则的通知》《推动交通物流融合发展实施方案的通知》《关于扩大开放促进投资若干政策措施意见的通知》等政策文件相继出台，行业在地方经济社会发展中的作用日益突出，行业发展环境得到进一步优化。省、市邮政业发展和安全工作机制不断完善，齐抓共管、协调联动的良性工作格局已经形成，社会关注、政府支持成为常态。

邮政体制改革取得重大进展。省级以下邮政监管机构组建工作稳步推进，全省21个市（州）局规范运行，全面履职。四川省邮政业安全中心，成都市、眉山市邮政业安全中心以及简阳、南部、资中、富顺、荣县、仁寿6个县级邮政业安全中心完成组建并正常运行；简阳、南部、资中、富顺、荣县5个县级邮政监管机构正式运行，行业监管能力进一步提升。市、县邮政企业全部完成更名挂牌。简政放权不断深化，厘清了省市职权，积极下放行政审批事项。快递许可流程全面优化，行政效能显著提升。

快递转型升级步伐明显加快。快递服务质量和水平显著提升，支撑电子商务、服务生产生活、扩大就业渠道的作用日益凸显。仅2017年，价值约1000亿元的川货通过快递进入国内国际市场，带动10余万人就业。在精准扶贫主战场上精准发力，全省邮政电商网销农产品25万吨，销售额15亿元，带动20万户农户户均创收7500元。“8·8”九寨沟地震发生后，利用“邮政＋电商”模式为地震灾区滞销的300万斤脆红李打开销路；推出甜樱桃（车厘子）专属快递服务，收寄28万余票，重量达110余万斤，共计为老百姓创收1650余万元，成为服务农业发展、农民增收、精准扶贫的新载体。“工业品下乡”和“农产品进城”双向流通渠道日趋畅通。

四、各市（地）主要管理工作概况

成都局争取地方支持成效显著。成都市政府划拨共计580万元资金支持简阳市村邮站建设项目，补助70余万元建设邮政业安全监管信息平台二期，成都市邮政业安全服务中心正式获批。成都市武侯区全国首现“寄递行业调解委员会”。该委员会的成立旨在利用“人民调解”方式，化解寄递行业企业与消费者、企业与劳动者等矛盾纠纷，降低寄递行业纠纷解决成本，促进行业和谐稳定发展。推进“亚欧国际邮件快件集散中心”建设。目前，“亚欧国际邮件快件集散中心”标志性项目，成都天府国际机场红线内“国际邮件快件中心”项目已经开始建设。

自贡局坚持行业发展与行业监管并重，“以人为本”举办自贡市快递员夜校，夜校培训以“1＋N”集中与分散相结合的方式进行，“1”开设由市邮政管理局、市快递行业协会根据工作需要每年组织3～4场集中培训授课；“N”各企业组建以本企业名称命名的夜校分班分散培训授课。夜校师资主要由市邮政管理、公安、国家安全、交通运输、商务、烟草专卖、食品药品监管、消防等各市级职能部门业务人员、快递企业负责人、行业服务明星,法律顾问等组成讲师团。

攀枝花邮政快递企业积极服务地方特色水果出攀外销再创新绩。国家邮政局将"攀枝花芒果项目"纳入"全国快递服务现代农业示范基地"名单,全国共公示了9个地市的申报项目,"攀枝花芒果项目"为四川省唯一纳入全国示范基地打造的项目。创新"快递下乡"模式且成效良好。2017年,申通、中通、韵达、圆通四家企业,以"资源共享,共同持股"的方式注册同城快递——攀枝花市聚优购电子商务有限公司,并已在格萨拉乡设立了首个"城乡优购"快递+助农电商服务中心,公司依托互联网、物联网开发农村网络订单式销售,该快递下乡模式在仁和区大龙潭乡大龙潭村、国胜乡新坪村、大田镇、红格镇等10个地方推广设立,在帮助农村地区百姓推动农产品外销实现致富增收方面发挥了积极作用。营业场所建设标准化率超过90%。快递协会依托快递企业网点覆盖面广的线下优势和"巨商U客"电商平台的线上优势,2017年注册成立攀枝花市聚优购电子商务有限公司,结合"快递下乡"的要求,引导企业以协会为主体,整合快递企业资源优势,在农村建设网点,实实在在为山里的老百姓打开农副产品销路。

泸州局与泸州长开区等部门积极协调,推进规划政策落地,确定于泸州长江经济开发区(龙马潭区安宁街道)九港路以南,进港铁路以东处建设川滇黔电商及快递分拨中心项目,占地面积约100亩,预计投资约1.5亿元,拟建设集电商展示办公、产品仓储分拨、快递物流配送等功能为一体。川滇黔电商及快递分拨中心项目由泸州长江经济开发区与泸州驿通供应链管理有限公司签约,现已完成总体方案和规划设计,计划2018年3月供地,一年半时间建成投入运行。多次会同泸州长开区、海关、检验检疫、商务局等部门推进跨境电商监管中心建设,确定由当地政府平台公司负责跨境电商运营场站建设投入,邮政EMS负责跨境电商业务的招商、运营、管理和推进,泸州跨境电商监管中心现已建成,于2017年12月起开始试运行,测试完成欧洲等地经公铁、公空、公海联运到泸清关分拨,实现跨境电商"一线双模式"操作功能。争取到市委市政府大力支持,市财政投入140万元,分五年拨入,统筹用于建设全市寄递渠道安全监管信息系统,于2017年9月底建成投入使用,现已接入江阳、龙马潭、纳溪区快递网点150余个。通过加大科技投入,节省了行业监管人力物力,提升了监管效率。泸州各主要快递企业为本地区酒类企业提供寄递配送及销售服务,收到了较好的经济效益和社会效应。全年来,泸州主要快递企业共寄递酒类产品约319万件,运送酒类产品价值约80.39亿元,业务收入合计约3533万元。并积极融入本地农产品电商发展,为本地特色农产品提供寄递配送服务,方便"工业产品下乡、农产品进城",助力电子商务进农村。全年共寄递本地鲜果、土特产、中药材及其他农副产品约16.26万件、价值约1285.23万元、业务收入约458.64万元。

德阳市完成中欧班列物流港规划编制和核心区征地拆迁,启动基础设置建设,储备了一批重大产业项目,预计2025年将建成以生产型物流业为基础,以商贸服务产业为支撑的现代化、国际化、生态化千亿产业新城。

南充招引快捷、安能2家快递分拨中心入驻南充电商快递产业示范园,园区快递分拨中心达11家,完成投资4.1亿元。协调、引导企业与百米快递、同城快递等第三方平台合作,统筹整合资源,打造城乡末端配送体系,在高校、大型楼盘、乡镇、部队等重点部位建设"快递超市",开展共同配送,实行"4S"规范管理。建成高校快递超市6个,部队快递服务中心2个,顺庆李家一线、高坪长乐一线乡镇快递超市15个,大型楼盘快递超市5个。指导市快递协会出台《无证经营快递网点举报奖励办法(试行)》,发动快递员开展“违法行为随手拍”活动,发现违规网点并上传照片,核实后立即派发微信红包,通过采取有奖举报的方式,加强相互监督和行业自律。通过此项活动,有效推动了快递市场清理整顿工作,共计收到举报线索290条,派发微信红包2.1万元,清理取缔代办点、代理点230余个,规范升级网点30个,极大地降低了末端寄递安全风险。组织协会副会长以上单位开展跨品牌的交叉检查,实现检查双方的相互促进。指导协会聘请法律顾问起草、发布《南充市快递企业劳动合同(范本)》,指导快递企业依法签订劳动合同,规范用工关系。统筹设立20个“快递员关爱服务站”。联合市快递协会联合致函11家企业总部,争取城区干道封闭施工期间增加派费、调整时限等临时性帮扶政策,获得各主要快递企业总部的支持。印发《关于进一步加强邮政业环境保护推进绿色邮政建设的通知》,引导企业加大科技资金投入力度,提升企业创新能力及环保能力。争取资金9.7万余元,帮扶困难职工及一线从业人员98人。

内江结合本市制造业、农业、电商产业特点,在全省探索出“快递+产业”协同发展新机制。引导快递企业与“黄老五”“赵老师”等农副食品加工企业建立了良好的合作关系,部分快递企业已经和制造商在业务发展上进行了深度融合。初步估算全年与制造业合作,累计产生业务量200余万件,带动消费近30亿元。指导快递企业深入农村,推动各企业开发“快递+特色农产品”合作模式。初步估算今年与农业合作,累计产生业务量100余万件,助推该市特色农产品线上销售达1000多万公斤,助农增收超过2亿元。2017年,借助“农村淘宝”等平台,实现了“网货下乡”和“农村电商产品进城”的双向流通功能。同时市委市政府已将快递产业纳入到全市电子商务产业规划,将为促进电商企业与快递企业的协作发展创造新的平台。

遂宁主要品牌快递企业在市、县城区覆盖率达100%,全市135个邮政所全部加载了EMS快件业务,市县乡村四级快递服务网络基本形成,快递末端网点乡镇覆盖率达100%;引导快递下乡进村服务三农,快递物流服务站在全市行政村覆盖率达100%。建成了专业快递产业园,园内现有分拨场地和生活办公场地近2万平方米,快件日最高处理量达24万件,提升了该市快递产业聚集和处理能力。快递末端网点建设进一步加强,快递收投基本做到了方便快捷,保证了快递业务在校区、机关、住宅小区的全覆盖,引导快递企业在四川职业技术学院设置了校园快递超市。引进速递易和日日顺公司在该市各社区安装智能快件箱,目前已安装使用2.3万个格口,服务快递用户达30万人,大大提高快递用户的体验度和满意度。探索创新寄递市场管理制度,在全行业建立了举报奖励制度、黑名单制度,开展自律公约和诚信体系建设。推进行业标准化建设。在全行业推行“生产作业标准化、运营管理制度化、客户服务规范化、安全生产常态化”的标准化建设,快递网点实现100%标准化率,提升快递行业现代化水平。市圆通、中通、韵达等品牌快递和遂宁鲜、顺意通等本土电商融合发展,促进电子商务线上交易量大幅上升。安居、大英、射洪的柠檬、蓝莓、仙桃、竹编、红薯等特色农产品和手工品等通过电商快递畅销全国。“快递下乡工程”为全市农产品销售架设了一条快递高速公路。

五、快递市场存在的突出问题

发展水平不高,质量不优。快递企业,尤其是民营快递企业的经营管理水平普遍不高,缺乏战略眼光,企业缺乏发展后劲。主要体现在:一是经营和管理体制不适应市场发展的要求,大多数民营快递企业将眼光局限于自己的短期利益,普遍缺少长期发展规划,很少制定与企业发展相关的营销战略及拓展服务业务。二是管理人员素质不高,行业的准入门槛较低,导致民营快递企业起点普遍较低,企业管理者大多还停留在粗放式经营和家族式管理阶段,现代企业管理制度还未建立。三是技术水平落后,从业人员素质不高,快递企业只注重低成本扩张,缺乏必要投入,快件处理设施落后,生产效率不高。由于快递行业劳动强度大,从业人员流动频繁,快递企业在招收业务员时,降低了对员工素质的要求,有的快递公司对员工只进行简单的培训,有的甚至根本不进行入职前的培训,随招随用,导致快递服务的效率和质量得不到保障。

发展能力不足,层次不高。目前,快递企业内生动力与核心能力不足,对新业态新模式主动适应能力不强,在产品结构、地区发展、企业运营等方面不平衡、不协调问题仍然突出。主要体现在:一是快递企业层次低、同质化竞争过激,基层快递企业的运作模式多为家庭式作坊、摊贩式门店,经营模式大多为"单打独斗",彼此之间无交流、协作,很多潜在的快递需求都还没有转化为市场行为。二是快递企业数量多,存在一定程度的恶性竞争,快递服务产品价格过低、服务质量差、效率低,很难满足客户的需求,不但影响了快递行业的形象,而且也导致企业很难做大做强。三是多数快递企业规模小、资金少,对抗风险能力差,都还靠行业发展初期那种单一的快递经营模式维系生存,这既不能提高行业工作效率,又增加了公司的运行成本,严重制约了企业的发展壮大。

发展体制不顺,力量不够。随着快递业的快速发展,行业规模不断扩大,邮政管理部门监管压力越来越大。一是监管体系不健全,目前,仅建立了国家、省、市三级监管机构,县区尚未组建管理部门,市(州)邮政管理局作为最基层的监管单位,直接面对县、乡、村的快递网点,监管压力大,管理服务的效率不高。二是监管队伍执法力量薄弱,当前通过寄递渠道快递枪支、毒品、危爆品等违法犯罪活动呈现易发多发趋势,形势严峻,而市(州)邮政管理局人员少,面临着取证较难、处罚力度不够、确保"收寄验视、实名制、过机安检" 三个"百分之百"任务繁重等监管难题。

贵州省快递市场发展及管理情况

一、快递市场总体发展情况

2017 年,贵州省邮政行业业务收入(不包括邮政储蓄银行直接营业收入)累计完成 59.4 亿元,同比增长 28.2%;业务总量累计完成 53.2 亿元,同比增长 24.7%。其中,快递企业业务量累计完成 15781.9 万件,同比增长 40.2%;业务收入累计完成 31.2 亿元,同比增长 43%(表 7-24)。

表 7-24　2017 年贵州省快递服务企业发展情况

指　　标	单位	2017 年 12 月		比上年同期增长(%)		占全部比例(%)	
		累计	当月	累计	当月	累计	当月
快递业务量	万件	15781.9	1724.4	40.2	31.3	100.0	100.0
同城	万件	4704.4	589	64.8	48.5	29.8	34.2
异地	万件	11067.6	1134.3	31.8	23.8	70.1	65.8
国际及港澳台	万件	9.9	1.2	22.4	107.5	0.1	0.1
快递业务收入	亿元	31.2	3.5	43.0	36.0	100.0	100.0
同城	亿元	4.5	0.5	54.0	8.3	14.5	13.6
异地	亿元	14.0	1.4	17.3	14.2	44.5	39.4
国际及港澳台	亿元	0.2	0	-4.7	12.4	0.7	0.5
其他	亿元	12.4	1.6	85.5	78.8	39.8	46.4

二、行业管理工作及主要成效

行业基础设施及网络建设进一步加快。一是持续推进快递分拨中心建设，全国第一个省级快递物流园区不断拓展完善；持续推进贵州省快递物流园区建设，建成安顺市、黔西南州级快递园区投入使用；贵阳邮件处理中心设施全面实施改造，处理能力大幅提升；中通、百世等企业全自动分拣设备上线，大幅提高分拣效率。省级快件中心分拨转运能力达到500万件/天，实现省内快速分拨、快速转运，运递处理时限平均提升24小时。二是持续推进"四在农家·美丽乡村"小康讯邮政基础设施建设，贵州省全年累计设置农村邮政综合服务平台539个，新增乡镇快递网点300个，贵州省已有90.2%的乡镇有民营快递企业入驻，为贵州省农村电商发展和"黔货出山"战略提供了有力支撑。三是加快城市快递服务末端网络建设，积极推广智能快递箱、快递综合服务平台满足群众需求，贵州省64所高校已100%实现规范收投，贵州省建成255处快递末端公共服务站，布放智能快件箱2397组，贵阳市大型居民社区、大学城等地已经基本覆盖，其他各市（州）大型社区正在逐步推广。

行业发展质效进一步提高。贯彻落实2016年国家邮政局局长马军胜与贵州省省长孙志刚座谈会精神，实施邮政助力医药品下乡，贵州省邮政共与100余家药业公司签订了合作协议，累计配送药品邮件35万余件，1万余种医药品通过邮政寄递到贵州9个市（州）、近500个乡镇，为降低贵州省医药品流通成本做出了积极贡献。开展胶带减量化、绿色环保型集装容器试点，积极推动各企业使用可重复利用的中转箱、环保袋、笼车等设施设备，提高绿色环保水平；推动电子面单取代多联式复写面单，中通、韵达、圆通等几家重点企业电子面单使用率已经超过90%，京东在贵阳亚洲一号场地全面使用中转箱、环保袋、笼车等集装容器。扩大"黔邮乡情"品牌影响力，贵州省累计运作农产品项目850个，助农销售农产品30.56万件，实现销售金额688.38万元，帮扶贫困人口3399人，助农创收440万元，760余吨农产品通过邮政电商走向城市。打造"快递+"特色样板项目，贵州省形成快递服务制造业项目180个，产生快递业务量2556万件，支撑产值约40亿元，其中，"快递+贵酒"已成为贵州省白酒流通销售的新渠道，快递行业每天对外运销贵州各类白酒约7万件。贵州省已建成9个快递服务现代农业重点项目，贵州茶叶、辣椒等土特产和李子、猕猴桃等生鲜果蔬产品通过快递渠道畅销，寄出各类农特产品快件1196万件，比2016年同期增长228%。

行业事中事后监管得到进一步强化。继续优化审批流程，大幅精简企业申办快递业务经营许可所需资料，将企业申请许可22项优化为9项，审批时限由原来的45日压缩至22日以内，全年贵州省共计受理企业许可申请481起，核查通过许可企业126家；受理许可变更申请1353起，核查通过813家，平均办结时间10日；新增备案分支机构175个。严把市场经营秩序和服务质量关，加强申诉与市场监管联动协作制度，解决"快件延误"和"赔偿难"等社会反映强烈的服务热点问题，以坚决遏制抛扔、踩踏等"野蛮分拣"行为为突破口，依法查处违反快递服务标准、严重损害消费者利益的突出问题。全系统开展邮政快递市场检查4110次，出检5210人次，下达整改通知书290份，开展行政处罚271次。贵州省邮政业12305消费者申诉中心共计处理申诉15419件，其中有效申诉2804件，用户满意率98%。

寄递安全基础得到进一步巩固。将寄递渠道安全管理工作纳入社会治安综合考评体系，宣传、培训和督导检查相结合，压实行业安全生产责任制，贵州省共印发通告、目录、手册、警示牌等10余万份宣传资料。一是收寄验视方面，各市（州）局联合公安等部门开展培训，对各类危险禁寄物品的鉴别提供指导，寄递企业一线员工在收寄过程中，对禁寄物品的辨识能力明显增强。同时，在工作中广泛推广“画像法”和“分步把关法”，营业员对可疑但难以确认的寄递物品，报企业安全员识别；对企业安全员仍无法识别的报上级相关部门。二是实名寄递方面，通过成立省、市（州）两级邮件快件实名收寄信息系统领导小组，联合省公安、国安印发实名收寄信息系统推广应用工作实施方案，在贵州省快递物流园区召开实名收寄信息系统推广现场会，采取明察暗访等多种方式检查实名收寄制度落实情况，印发检查通报，督促贵州省实名收寄信息系统推广工作获得重大突破，贵州省共录入实名收寄信息 7382 万条，邮件快件实名信息化率已达 80%，超过年初既定目标 40 个百分点。三是过机安检方面，督促企业严格落实安全生产工作要求，积极落实禁寄物品管理规定，按照“谁收寄、谁负责”要求，强化企业经营责任。450 万元安检机购置财政补贴资金全部发放到位，贵州省各品牌企业已配置安检机 143 台。四是圆满完成春节、全国两会、“一带一路”国际合作高峰论坛、数博会、金砖国家峰会、党的十九大和双 11 等重要活动及节假日期间的寄递渠道安保工作。在特殊时段对寄往会议举办城市的邮件、快件严格落实“三个 100%”措施，并在全行业内严格实行 24 小时值班制度，保证了各项重大活动和重要节日期间寄递渠道的安全、畅通和高效运转。五是持续推进企业安全生产标准化建设，将《邮政业安全生产设备配置规范》强制标准纳入许可现场核查条件。深入推进与省公安、国安等部门协作，有效推进了贵州省寄递渠道扫黄打非、邮政业反恐和打假等工作。

推进“两学一做”学习教育常态化制度化。一是积极推进“两学一做”学习教育常态化制度化。省、市（州）局均按要求制定工作方案、召开动员部署会，层层落实责任。贵州局围绕习总书记“7·26”讲话、《矛盾论》、《实践论》和党的十九大精神等学习内容，开展党组中心组理论学习 5 次，开展机关集体学习 26 次，支部组织学习 100 余次。并组织了贵州省邮政管理系统处级干部理论培训班、廉政警示教育基地参观和学习党的十九大精神心得体会文章撰写等活动，贵州局领导在快递物流园区、市（州）局党支部和驻村扶贫点等上党课 5 次。贵州局机关第四党支部获得 2017 年省直机关“学习型党组织”称号。二是认真抓好巡视整改工作。及时成立巡视整改工作领导小组，召开巡视整改动员会，印发《中共国家邮政局党组第三巡视组巡视反馈意见整改方案》，针对国家邮政局党组第三巡视组排查出的“党的领导存在弱化、党的建设存在缺失、管党治党存在不严”3 大方面 13 个问题，集中整改与建立长效机制相结合，分类提出 41 项整改措施。经过两个多月集中整改，取得了初步成效，共制定、完善制度 8 项，出台措施办法 26 个，整改完成比例 82.9%；剩余要长期整改的，也已做好了安排部署。

三、砥砺奋进的五年

党的十八大以来的五年，是贵州省邮政业发展极不平凡的五年，在行业发展历史上写下了浓墨重彩的一笔。五年来，在国家邮政局和省委、省政府的高度重视和亲切关怀下，全行业克服西部地区不利因素，始终坚定加快发展的信心决心，始终保持了蓬勃快速的发展势头。

行业规模更大了。五年来，贵州省邮政业业务总量和业务收入分别增长 2.97 倍和 3.18 倍，其中快递业务收入和业务量分别增长 7.7 倍和 8.8倍，行业新增就业人员 3 万人，企业及其分支机构数量从不足 500 家增加到目前的 4000 多家，京东、苏宁等一批电商企业加入了快递行业。

政策环境更优了。五年来，国家邮政局和省委、省政府始终高度重视贵州邮政业发展，主要领导和相关领导先后对行业发展作出重要批示 16 次。交通运输部杨传堂书记、国家邮政局党组全部成员以及赵克志、陈敏尔、孙志刚、谌贻琴等省委、省政府领导均先后深入行业调研或作出批示指示，对贵州省邮政业发展给予肯定和支持，推动《关于支持贵州省邮政业又好又快发展的意见》

《加快贵州省快递行业发展责任分工方案》《关于促进快递业加快发展的实施意见》《贵阳市开展电子商务与物流快递协同发展试点工作方案》等一批行业利好政策出台。

人民获得感更足了。五年来，行业新增大量就业，仅贵州快递物流园区就吸纳5000多个“家门口”就业的本地劳动力；完成补建658个乡镇邮政局所，实现“乡乡设所”，搭建1039个农村邮政综合服务平台、13257个邮政农村电商服务点，96.39%的建制村直接通邮，让更多的农村老百姓享受到普惠邮政的公共服务；运作“黔邮乡情”品牌助推“黔货出山·精准扶贫”，从源头提高贫困户收入，社会反响热烈；实施“快递下乡”工程，寄递服务网络乡镇100%覆盖，让当年全国第300亿个快件包裹从贵州产生，一批农民电商户享受到农村快递带来的便利。

监管队伍能力更强了。五年来，贵州省邮政管理部门以党的群众路线教育活动、“三严三实”专题教育、“两学一做”学习教育和巡视整改为契机，增强了党性修养和政治品质，提升了服务意识和行政效能，提高了依法执法水平，完善了学习、人事、财务、会议、调研等方面的管理制度。2015年国家邮政局马军胜局长到贵州省调研时，对贵州省邮政管理工作给予了“发展成效显著、基础建设显著、监督效果显著、队伍建设显著”的充分肯定。

四、各市（地）主要管理工作概况

贵阳局落实“规定动作”与创新“自选动作”相结合，严守寄递渠道安全“红线”。与市公安、国安对接，成立市邮件快件实名收寄信息系统推广应用领导小组，联合发布《关于在全市推广应用实名收寄信息系统的通告》，制作《安易递用户使用手册》和实名制提示牌，摆放到全市所有寄递网点收寄台席上，并通过贵阳日报、晚报及952交通广播等媒体加大宣传，组织辖区16家主要寄递品牌企业总部20余人开展“全市邮件、快件寄递安全暨实名收寄信息系统推广应用企业自律检查”工作。利用开展邮件快件实名信息化试点工作的契机，主动与市公安和国安联系，联合成立贵阳市邮件快件实名信息化工作领导小组，把全市12个区县公安分局纳入领导小组，将寄递物流管理工作开展情况纳入对区县公安分局的考核范围。紧紧围绕党的十九大寄递渠道安保工作、寄递物流专项整治专项行动、邮政行业安全生产大检查等工作严格行政执法，共下达责令改正38起，约谈告诫15家，关停未经许可设立的分支机构8家，行政处罚25起，其中停业整顿4起、警告12起、罚款9起。

遵义局聚焦快递行业发展，经过深入调研和考察，撰写《遵义市快递业发展情况调研报告》，引起市人民政府、人大、政协等部门对全市快递行业发展的高度重视，形成《关于黔北快递物流园区规划建设相关事宜的报告》，贵州省委常委、市委书记龙长春作出重要批示。2017年11月，“全市建成1个市级现代快递物流园区（黔北快递物流园区）”正式写入《市人民政府关于加快建设黔川渝结合部商贸物流中心的实施意见》（遵府发〔2017〕19号）文件。

黔南局在2016年推动州府所在地都匀市出台《都匀市快递专用电动三轮车管理意见》基础上，又于2017年协商交管部门制定《都匀市快递专用电动三轮车规范管理实施细则》，重点对驾驶人员管理、通行证等证件管理、车辆投递时间等内容做了具体规定。在《实施细则》执行过程中，切实加强与有关部门的沟通协作，确保都匀市区350余辆快递电动三轮车辆的正常通行，有效解决了城市快递投递“最后一公里”问题。

五、快递市场存在的突出问题

一是存在快递园区建设、车辆通行、行业安全、行业发展、融资扩大等方面的短板；二是快递企业发展理念和管理水平跟不上全国行业发展的要求；三是监管压力大，传统监管模式不适应现代寄递物流的高速发展，安全与发展的矛盾显著，“人少、事多、责重”的矛盾不断加剧。

云南省快递市场发展及管理情况

一、快递市场总体发展情况

2017年，云南省邮政行业业务收入(不包括邮政储蓄银行直接营业收入)累计完成61.2亿元，同比增长19.7%；业务总量累计完成66.2亿元，同比增长32.4%。其中，快递企业业务量累计完成22775.8万件，同比增长30.6%；业务收入累计完成36.0亿元，同比增长24.4%(表7-25)。

表7-25 2017年云南省快递服务企业发展情况

指标	单位	2017年12月		比上年同期增长(%)		占全部比例(%)	
		累计	当月	累计	当月	累计	当月
快递业务量	万件	22775.8	2332.1	30.6	25.3	100.0	100.0
同城	万件	4609.3	413.6	28.0	28.4	20.2	17.7
异地	万件	18137.5	1916.0	31.3	24.7	79.6	82.2
国际及港澳台	万件	28.9	2.5	2.1	11.2	0.1	0.1
快递业务收入	亿元	36.0	3.6	24.4	19.0	100.0	100.0
同城	亿元	4.7	0.4	26.8	31.9	13.0	11.3
异地	亿元	20.5	2.0	11.9	11.7	57.0	56.2
国际及港澳台	亿元	0.4	0.0	0.7	3.6	1.2	1.0
其他	亿元	10.4	1.1	59.8	30.1	28.8	31.6

二、行业管理工作及主要成效

持续强化党的建设。一是加强党的基础建设。扎实做好云南省系统“两学一做”常态化制度化，年初细化安排，活动开展中抓好实施，年底做好总结。通过理论学习、交流讨论、书记讲党课、开展警示学习教育等多种方式，强化理论武装，坚定理想信念，筑牢“四个意识”。制定党组中心组理论学习计划和党员干部学习计划，各级班子成员以普通党员身份参加支部组织生活，带头学习，率先垂范。紧密结合支部规范化建设，着力落实“三会一课”、党员积分制、党员活动日制度，按时完成党组织换届选举工作。党的十九大召开后，在云南省系统迅速掀起学习热潮，及时印发做好党的十九大精神学习宣传贯彻工作通知，组织开展分层次、全覆盖、多形式的学习活动。丽江局开展先锋模范、战斗堡垒、阵地建设“三项党建工程”，曲靖局开展轮流领学。二是加强党风廉政建设。结合实际制定了云南省系统党风廉政建设工作要点，逐级签订落实党风廉政建设责任书。坚持正面教育和警示教育相结合，以“六个一”活动为抓手，扎实开展“以案释纪明纪，严守纪律规矩”为主题的警示教育月活动。加强党内监督和行政监督，认真落实民主集中、党内组织生活、“三重一大”集体决策、领导干部个人事项报告等制度。开展了党风廉政建设“两个责任”落实情况自检自查、纪律处分决定执行情况自查、快递协会违规发放津补贴专项清理等工作。突出执纪监督责任，着力运用“四种形态”，特别是其中的“第一种形态”，打好廉政“预防针”，全年云南省系统共开展提醒谈话33人次、诫勉谈话4人次。继续开展风险点查找、评估工作，梳理重点部位、关键环节，不断健全完善廉政风险防控体系。开展节假日期间正风肃纪专项治理，做好重要节假日期间的监督检查工作。组织开展云南省系统纪检监察业务培训班，邀请省委党校、省纪委专家进行授课。

营造良好发展环境。一是坚持规划引领加强政策支撑。与交通、发改部门联合发布云南省邮政业发展“十三五”规划，印发邮政业“十三五”规划任务措施分工方案，组织开展规划培训，着力做好规划宣贯实施工作。完成邮政业“十三五”规划实施监测评估，推进长江经济带邮政业发展2017—2018年重点工作任务。在快递园区建设、行业安全监管、交邮融合发展、快递车辆入城等方面取得新进展，保山、大理、临沧、红河等地出台了促进行业发展的政策文件，磨憨口岸国际快件监管中心2017年底投运，曲靖市投入500万元支持邮政基础设施建设。二是落实政策提升快递服务水平。印发省政府《关于促进快递业发展的实施意见》的实施方案，红河、德宏、大理、西双版纳等局结合实际开展服务电子商务项目，怒江、大理协调解决快递车辆进城难问题，红河出台了加强寄递业电动三轮车交通安全管理的意见。推动“快递三进”、营业场所标准化、末端服务能力建设，鼓励在城区建设智能快件箱，在农村地区按强标设置网点，规范完善高校、社区、机关快递末端服务。云南省累计布放智能快件箱1641组，建设快递公共服务站点97个。规范收投的高校达到了60个，规范率81.1%。云南省网点标准化率达到73.4%。设立快递网点的乡镇达885个，乡镇覆盖率66.1%。昆明、玉溪、版纳、临沧、保山等实现乡镇快递全覆盖。大理快递园区首期已入驻11家品牌快递企业，丽江市启动二期快递物流园区建设工程。

强化行业监管。强化市场监管，维持良好市场秩序。云南省邮政市场监管围绕保障党的十九大寄递安全这一主线，以全面落实寄递安全三项制度、企业的安全主体责任为重点，把执法检查作为市场监管“抓手”，依法注销企业经营许可，强化国家机关公文寄递管理，开展重要节点、重大活动期间的服务保障、提升服务质量等工作，举全行业之力，联动综治、公安、国安等部门，采取超常规手段开展专项整治，对违法违规行为实行零容忍，重拳出击，净化了市场秩序，安全用邮、便利用邮的邮政市场环境基本形成。2017年，云南省邮政市场共计检查12467人次，检查企业5122个，下达责令整改通知802份，行政处罚328起，罚款345.35万元。处罚案件同比增长228%，罚款金额同比增长288.51%。全年受理消费者申诉共19553件，同比增长48.5%，处理满意率97.2%，挽回损失117.91万元。加强法治邮政建设，深化“放管服”改革。扎实开展法制宣传教育，推动法制监督，完善行政管理“三个清单”，组织开展2017年度执法案卷评查及案件交流。强化执法监督职能，依法依规办理2起行政复议案。成立云南省邮政法律法规评审委员会及领导小组，制定下发重大复杂案件评审方案。加强快递业务经营许可常态化、规范化管理，严格管控审批时限，实行分级预警提醒，逐件追查超时原因。全年共发放许可211份，审批变更166份，办理换证25份。截至2017年年底，云南省共有902家持证快递企业和3640个备案分支机构。

强化安全保障。云南省系统以党的十九大安保工作作为突破口，将行业安全作为重要政治任务抓紧抓实，以全面落实“三项制度”和企业主体责任为重点，筑牢安全防控体系，一是省市联动约谈云南省寄递企业，签订安全管理责任书；二是组织开展两轮跨区邮政市场交叉互查；三是全覆盖推广实名收寄信息系统；四是党的十九大召开前组织开展全覆盖督导检查。持续不断加大寄递安全执法监督工作力度，严厉打击涉及“三项制度”的违法违规行为，云南局与昆明局组成的联合检查组对寄递企业省总部进行检查，20天的时间处罚8起；曲靖局对未严格执行安全查验和客户信息登记、严重违规收寄禁寄物品的企业适用反恐法作出20万处罚。云南省2017年寄递安全类共处罚217件，占云南省邮政市场监管行政处罚案件的67.6%，其中适用反恐法处罚10万元及以上的10起，企业依法合规经营意识得以强化，依法经营行为明显好转，云南省行业安全状况显著提升。截至2017年年底，云南省实名收寄信息化率达76.56%，昆明、德宏、昭通、版纳、丽江、大理等地实名率在77%以上。

强化综合管理。提升行政管理水平，进一步规范办文办会、档案管理、政务公开等工作流程，开展政府网站交叉互查、保密安全自查自评，举办云南省系统新闻宣传培训，加强省市两级网站的对接管理，完善信访工作网络，健全信访工作岗位责任制，按时按质完成统计数据报审，组织统计检查。加强财务管理，修订部门预算项目评审方案、会议费管理办法，组织开展财务自查自纠、部门预算评审，稳步做好车改工作。加强人事管理工作，扎实做好干部选任、"一报告两评议"、个人事项报告、行业技能人才队伍建设等工作，组织参加全国行业职业技能大赛名列西部地区前茅。

三、砥砺奋进的五年

党的十八大以来，在国家邮政局、云南省委省政府的坚强领导下，云南邮政管理系统干部职工努力奋斗，全省邮政业尤其是快递业保持了持续快速健康发展，为全省经济社会发展和民生改善贡献了行业力量。

全省邮政业持续快速发展。2017年，云南邮政业累计完成业务总量66.24亿元，较2013年的23.38亿元增长183.3%；完成业务收入61.18亿元，较2013年的27.52亿元增长122.3%。其中，完成快递业务量2.28亿件，较2013年的6870.32万件增长231.9%；完成快递业务收入36.01亿元，较2013年的10.53亿元增长241.0%。快递业务收入占比从2013年的38.3%增长到58.9%。截至2017年底，全省共有902家持证快递企业和3640个备案分支机构。设立快递网点的乡镇达885个，乡镇覆盖率66.1%。昆明、玉溪、版纳、临沧、保山等实现乡镇快递全覆盖。

行业发展环境更加优化。推动云南省促进快递业发展实施意见出台实施，各州市陆续等地出台了促进行业发展的政策文件。与省商务厅联合印发《关于推进"快递下乡"加快农村电子商务与邮政快递协同发展的实施意见》。曲靖、大理、普洱、玉溪、临沧、丽江、西双版纳等地快递园区建设顺利推进，磨憨口岸国际快件监管中心2017年底投运。推动出台《全省交通运输与邮政行业融合发展指导意见》《关于开展2015年全省农村物流发展试点示范工作的通知》等政策文件，在红河等地开展了交邮融合试点工作。

行业监管能力明显提升。强化服务能力建设，加快职能转变，加强作风建设，做好简政放权的衔接落实，优化政府服务，简化许可备案流程，缩短办理时限，畅通诉求渠道，强化送法上门和送培送考等便捷服务措施。强化监管效能，完善法规体系和标准体系，充实监管力量，创新监管手段，实现执法重心下沉，规范市场经营秩序。坚持安全为基理念，健全完善安全管理制度，提升安全监管信息化水平，严格落实安全管理举措，突出重点部门、重点时段管控，确保了寄递渠道安全畅通。

四、各市(地)主要管理工作概况

昆明局为规范昆明市快递市场，全力加大执法检查和行政处罚力度，全年共计查处各类违法行为56起，约谈5次、责令整改83次，共处罚金68.5万元，信息公开56次。

曲靖局强化行业优势，增强服务发展能力。2017年继续在马龙县推动邮政与供销合作共建农村电子商务。利用邮政资源打通物流和资金流的"最先一公里"和"最后一公里"；通过合作建立县、乡、村三级服务运营中心，共同推进农产品的标准化、品牌化县域产品销售体系，大力推进"农产品进城、工业品下乡"农村电子商务服务工作，助力农村经济社会发展。2017年，马龙县邮政共建成乡级分销中心8个，村级服务点48个，进驻企业7家，初步形成"农产品返城+平台批销+产品溯源+网络代购+乡村旅游+公共服务+普惠金融＋物流配送”为一体的农村电商O2O平台服务体系。全年完成线上线下交易笔数16.81万笔，交易金额1355万元，其中，农产品交易金额160万元，邮政服务“三农”和助力地方经济社会发展与民生改善的积极作用不断凸显。强化互惠共赢，推动“交邮”融合发展。曲靖市邮政管理局依托综合交通运输体系，积极探索“交邮”合作新模式。2017年省交通运输厅在师宗县开展为期三年的“交邮”合作试点，曲交集团师宗分公司、师宗县邮政分公司被选为市农村物流发展试点示范单位，每年给予试点经费补助20万元。目前，师宗县已经确立建设1个交邮合作示范点和2个行政村示范点，已开展部分乡村邮路委办、客运站增设邮政便民服务站和建设村邮站农村物流体系三个试点项目。

保山局推进“互联网＋”快递发展，根据保山市农产品特色，配合推动产品分等级、网络集货、规模出村，集合“电子商务进农村”“信息进村入户”“一村一品示范村镇”等工作，加强部门联动，形成合力，发挥优势，鼓励快递企业在生产农特产品的乡镇开设服务网点，积极服务农户和农村电子商务企业，拓宽了农特产品销售渠道，发展了地方经济。

丽江局采用“招商引资，合作经营”的方式积极推动“快递入园区”工程建设，目前丽江市快递物流园区已初具规模，规划用地23823.30平方米，一期工程已竣工，圆通、申通、百世、德邦、优速、全峰等多家快递企业已正式入驻。二期工程已于2017年12月底完工，将电子商务、快递物流、仓储、办公、后勤服务多种功能融为一体，顺丰等其他快递企业已陆续迁入。

普洱市中心城区快递物流园项目被省政府纳入云南省“十三五”规划重点项目，被市政府列入了2016年全市重点建设项目和“十三五”普洱市建设国家绿色经济试验示范区重点试验示范项目。项目建成后将彻底解决目前普洱城区各快递企业布局散、乱等问题，成为滇南地区功能齐全、规模较大和服务较好的集运输、仓储、分捡、中转、配送、信息处理、安检及相关服务配套为一体的现代物流基地，为普洱市实现跨越发展打好服务业基础。

临沧局通过加强与公安部门的信息互通联系，建立邮政业平安寄递市场信息化防控体系。针对边境地区外国人邮寄包裹进行规范，要求由邮政、快递企业提出专用手机APP的申请，由企业法人提供身份证负责代寄，代寄过程中发生的任何责任由企业法人承担，同时，有利于公安部门对外国人邮寄包裹的跟踪监控。

德宏局优化发展环境，加快推进“互联网＋农村电商”融合发展。全州邮政服务农村电商成绩突出，“一市一品”量多质优，全年交易额总计超过280万元，带动电商快包业务量超过4万个，带动电商快包业务收入超过16万元。开展“警邮合作”，共同打击利用寄递渠道贩运毒品的违法活动成果突出。2017年，全州寄递渠道查获毒品共160起，共缴获毒品250.55千克，其中边防查获72起，共缴获毒品127.04千克；快递企业自行查获85起，共缴获毒品116.48千克。

迪庆局积极促成与相关产业的进一步融合。迪庆州各快递企业更注重与地方特色农业、旅游业加强合作，EMS、顺丰速递、中通快递与松茸、虫草、青稞酒、牦牛肉、特色旅游产品等相关产业合作初见成效，在提高特色农产品的销量的同时，促进了快递业的发展壮大。2017年，仅新鲜松茸寄递的销售额就约有1400万元，初步实现了与特色农业、农产品加工业的合作共赢。

红河局印发了《红河州道路交通安全委员会关于进一步加强邮政寄递行业电动三轮车交通安全管理工作的实施意见》。《实施意见》明确了“快递员登记证”“快递三轮车登记证”“快递三轮车保险卡”的“三统一”方案。该意见印发实行后，全州1000余辆邮政寄递电动三轮车将纳入交通安全管理范围，将进一步促进行业健康持续发展，推进邮政寄递行业更好服务边境少数民族地区经济和社会发展。

西双版纳局着力优化发展环境，努力推动行业发展，积极争取将磨憨口岸国际快件监管中心项目列入州政府2017年重点督查20项重大建设项目，目前，磨憨口岸国际快件监管中心已建设完成，正进行开业筹备。

五、快递市场存在的突出问题

一是行业发展不充分的问题长期存在。虽然经过多年发展，有了一定发展基础，但同先进省份相比，在规模上没有优势，在发展效益和质量上更存在较大差距，发展模式单一粗放，能够提供的寄递服务内容不丰富，中高端需求无法充分满足，抑制了行业的更快发展。

二是行业发展不平衡的问题依然突出。城乡发展不均衡，乡镇及农村地区的供给不充分，快递网点覆盖率、送达时效、服务水平、服务态度的城乡差别较大，对于经济发展和民生改善的支撑作用需要加强。州市间区域发展不均衡，不只是表现在发展规模，在政策争取、服务保障等方面也很突出，邮政网络资源综合利用水平、快递基础设施建设、网络整体效能、进港量与出港量比例等方面也参差不齐。

三是行业监管能力提升慢实力弱。面对不断增长的监管对象、监管需求，监管任务日益加重，但在增加监管力量，建立邮政业安全监管中心、县级监管机构等支撑体系方面存在较大困难。云南地处边疆、少数民族地区，传统安全和非传统安全风险交织叠加，更加凸显了监管专业能力和条件资源的不足。

西藏自治区快递市场发展及管理情况

一、快递市场总体发展情况

2017年，西藏自治区邮政行业业务收入（不包括邮政储蓄银行直接营业收入）累计完成5.0亿元，同比增长8.8%；业务总量累计完成3.4亿元，同比增长10.1%。其中，快递企业业务量累计完成567.5万件，同比下降22.7%；业务收入累计完成2.1亿元，同比下降1.1%（表7-26）。

表7-26 2017年西藏自治区快递服务企业发展情况

指　标	单位	2017年12月		比上年同期增长(%)		占全部比例(%)	
		累计	当月	累计	当月	累计	当月
快递业务量	万件	567.5	61.7	-22.7	-9.9	100.0	100.0
同城	万件	29.7	3.1	-82.3	-52.4	5.2	4.9
异地	万件	537.3	58.6	-5.1	-5.6	94.7	95.0
国际及港澳台	万件	0.5	0.1	120.0	332.5	0.1	0.1
快递业务收入	亿元	2.1	0.2	-1.1	0.1	100.0	100.0
同城	亿元	0.03	0.0	-81.8	-3.0	1.5	1.6
异地	亿元	1.6	0.2	-1.7	-4.7	80.1	79.9
国际及港澳台	亿元	0.03	0.0	5.3	42.0	1.5	1.7
其他	亿元	0.3	0.04	73.1	27.5	16.8	16.8

二、行业管理工作及主要成效

党的建设不断加强。开展系列活动迎接党的十九大胜利召开。通过学习宣传贯彻党的十九大精神将推进"两学一做"学习教育常态化制度化推向高潮。坚持全覆盖、常态化、重创新，在真"学"

实“做”上深化拓展，使“两学一做”融入日常、抓在经常。精心安排、认真学习党章党规、习近平总书记系列重要讲话、党的治藏方略；制定了党组学习宣传贯彻党的十九大精神工作计划，通过局党组理论中心组学习、党支部集中学习、个人自学、开辟学习宣传专栏、座谈研讨交流、邀请专家讲解、撰写心得体会等形式，认真学习领会党的十九大精神实质。全系统共组织学习党的十九大精神63次，撰写研讨文章32份、心得体会124份。持续加强政治、思想建设。教育党员干部牢固树立“四个自信”，不断强化“四个意识”、向核心看齐，在思想上、政治上、行动上与以习近平同志为核心的党中央保持高度一致。牢固树立全局观念和“一盘棋”的思想，自觉维护以习近平同志为核心的党中央权威，服务大局，不断强化责任意识，不折不扣地贯彻执行国家邮政局党组、区党委政府的各项决策和部署安排。严格执行“三会一课”、理论中心组学习等制度，促使党员干部树立勤于学习、终身学习理念，坚持用中国特色社会主义理论体系武装头脑、指导实践、解决问题、推动工作。不断加强党的组织建设。严格执行民主集中制，研究重要事项、干部任免、大额资金使用等问题，都由集体讨论决定。局党组班子充分团结合作，班子成员平等地参与集体决策，根据集体的决定和工作分工，齐心协力推动全局工作开展，并主动接受干部职工监督。抓好机关党支部建设，实行党员领导干部“一岗双责”制度。做好党员的发展工作，严格发展工作程序，严把发展党员“入口关”，培养入党积极分子2名。及时足额收缴党费，按规定征订党报党刊学习材料。继续开展“领导干部进村入户、结对认亲交朋友”活动，共为结对贫困户捐款1.3万元。支持工青妇工作，成立了机关青年工作委员会。切实加强干部队伍建设。严格执行干部选拔任用工作制度，坚持正确的用人导向和好干部标准；严格走好程序关，不少一个环节、不漏一个步骤；把好管理监督关，在干部考察任用过程中，均征求了当地党委组织和纪检部门意见。2017年，由西藏局考察考核干部5人，其中县处级4人，科级干部1人。严格落实《干部请休假制度》《干部职工考勤办法》等规定，加强干部职工日常管理。认真落实各项人才政策措施，选派干部参加国家邮政局、自治区相关部门组织的培训75人次，区局组织培训12次，培训干部235人次，培训快递企业人员266人次。完成人事档案专项审核自查工作、干部考察档案整理工作，完善人事信息系统，做好领导干部个人事项填报、系统录入、抽查审核和重点核查工作，做好聘用干部队伍管理，做好退休人员服务工作。严格抓好党风廉政建设。全面落实党风廉政建设责任制，认真落实主体责任和监督责任，积极推进廉政风险防控制度措施的执行。年初与各市（地）局及机关各处（室）签订了《党风廉政建设责任书》，强化对主体责任落实情况的检查考核和存在问题的督促整改。加强行风政风建设，认真落实廉政风险防控工作。严格贯彻落实中央“八项规定”，区党委“约法十章”“九项要求”，精简会议、文件，严格车辆管理，杜绝公车私用，严格执行公务接待标准，严格差旅费报销标准。着力加强行业精神文明建设和文化建设。努力践行“诚信、服务、规范、共享”的“4S”核心价值理念，大力弘扬“特别能吃苦、特别能战斗、特别能忍耐、特别能团结、特别能奉献”的“老西藏精神”和“一不怕苦、二不怕死，顽强拼搏、甘当路石，军民一家、民族团结”的“两路精神”。认真学习习近平总书记给卓嘎、央宗姐妹的回信精神，坚持“守土有责、守土负责、守土尽责”，为建设祖国边疆奉献青春和热血。切实增强干部职工的责任感、事业心、使命感，为全区邮政管理事业提供坚强的思想保障和精神支撑。

行业发展环境不断优化。一是行业规划工作稳步推进。印发《西藏自治区邮政业发展“十三五”规划目标和任务措施分工方案》，对《西藏自治区邮政业发展“十三五”规划》中提出的发展目标、主要任务和重大工程进行了分工、量化，确保各项任务目标如期完成。各市(地)邮政业发展“十三五”规划相继发布,对各地“十三五”时期行业改革发展做出全面部署。二是多项政策意见利好邮政业发展。全区经济工作会议提出大力发展商贸物流业和电子商务;《西藏自治区人民政府关于进一步促进服务业发展的实施意见》提出积极拓展邮政物流,支持快递能力建设;《西藏自治区综合交通运输“十三五”发展规划》提出要全力推进邮政设施建设,完善邮政、快递设施,促进经济交流与合作,加强产业、资源在不同区域间的互补流通;《西藏自治区“十三五”时期农村经济发展规划》提出加快发展农村电子商务。三是地方政府对寄递渠道安全管理工作重视程度日益提升。为进一步确保全区邮件快件寄递渠道安全畅通,为党的十九大胜利召开创造良好的寄递环境,自治区副主席、区党委政法委副书记刘江同志于8月18日在《关于召开全区邮件快件寄递安全管理工作协调小组联席视频会议建议方案》上作出了重要批示,对全区邮件快件寄递管理工作提出了明确要求,地方政府的高度重视为全区邮件快件寄递安全管理工作协调小组成员单位形成强大的监管合力提供了支撑保障作用。

行业发展能力不断增强。一是全区快递业发展保持稳步增长态势。全区快递企业品牌25个,新增2个(安能、优购物);快递许可企业43家,分支机构222家,代办点75家,含国有、民营、外资等多种所有制经济形式。二是快递“向下”工程不断推进。民营快递服务范围继续向县乡级地区延伸,县乡覆盖数量不断提高,2017年民营快递服务覆盖63个县,89个乡镇。5月份,拉萨市率先在全区实现县级区域快递业务普及全覆盖的工作目标。林芝局促成多家快递企业与电商企业阿云电子商务有限公司合作,通过快递企业入驻电商村级综合服务站的形式实现“快递下乡”。阿里局鼓励邮政、快递企业开展了“邮快合作”试点工作,形成“邮快”优势互补的合作模式,为基层群众提供了更加方便快捷的寄递服务。三是快递服务能力持续增强。积极推进“民生快递”工程,创新末端投递方式,探索与便民服务设施、社区服务组织、机关学校管理部门以及专业第三方企业合作模式,推动解决快递服务“最后一公里”难题。智能快件箱作为末端投递模式的重要手段效果初显,截至2017年底,全区安装智能快件箱336组,共有11966个格口数,有效提升了快递末端投递能力。各快递企业加快基础能力建设,不断扩大转运分拨中心场地,加大装备、设施和技术投入,提高分拣处理能力。京东拉萨仓储物流园区的建成运营结束西藏没有电子商务物流仓储配送中心的历史,中小件和大家电商品同步首次实现拉萨本地发货、在拉萨实现“当日达”,在部分市(地)实现“次日达”。四是加大绿色邮政建设力度。推动落实国家鼓励节能减排、循环利用资源的优惠政策,引导企业走绿色发展道路。截至2017年底,全区共有754辆投递三轮电动车。清理寄递企业塑料制品封装,共出检138人次,对全区寄递企业使用的塑料袋分装包裹进行清理并责令企业限时整改。

依法行政水平不断提升。一是稳步推进政策法规工作。制定了《西藏自治区邮政管理局“七五”普法规划》,对开展2017年度的法制工作进行了详细部署。通过加强学习、举办普法培训、开展法制宣传活动等形式,深入开展邮政法、《国务院关于促进快递业发展的若干意见》、《邮政业“十三五”规划》、新修订的《邮政普遍服务》、《西藏自治区邮政条例》等法律法规规划的宣贯工作。积极推进法律顾问制度,聘请律师担任局常年法律顾问,对复杂、疑难以及有重大影响的各类涉法、涉诉事务,从法律角度研究、探讨解决方法、应对策略,提升各类决策的合法性和科学性。二是依法开展业务审批。不断优化许可审批流程,缩短审批时限,快递业务经营省内许可平均时限比国家邮政局要求短7天;深入推进简政放权、放管结合和优化服务。全区核准快递业务经营许可申请企业6家,核准许可变更申请11项(不含分支机构变更)，核准许可证换领企业3家。三是强化市场监督管理。加大快递市场检查力度。全年，全区邮政管理部门共出动执法检查人员1519人次，检查企业累计753家，查处违法违规行为37次，下发整改通知书25份，办理行政处罚案件23起，罚款金额共计11.15万元。开展邮政用品用具质量检查工作，针对发现的问题，2次约谈3家生产企业。加强集邮市场诚信建设，营造诚实守信的市场气氛。严厉打击制售虚假集邮票品违法行为。开展快递服务满意度调查。委托第三方对全区10家品牌快递企业开展服务质量监测，探求影响西藏快递企业服务满意度的影响因素，为未来监管服务提供参考依据。开展区内11家主要快递企业时限测试。加大对主要市场主体服务满意度、时效等重要指标和信息的调研和公开力度。四是高度重视消费者申诉工作，提高申诉处理效率。2017年，消费者申诉中心受理消费者申诉3045件，经调解全部妥善处理，为消费者挽回经济损失331609元；接受电话咨询1951人次，消费者对企业处理结果满意率为97.0%，对邮政管理部门工作满意率为97.6%。

行业安全态势持续巩固。一是寄递渠道联合监管机制作用发挥明显。全区寄递渠道安全管理协调小组办公室履职尽责，加强各成员单位间的沟通协调，构筑监管合力。重点强化与综治、公安、国家安全等部门的协作，建立健全信息共享对接机制，加大联合检查力度，打击寄递渠道违法违纪活动。二是企业安全生产主体责任全面落实。区局与各市(地)邮政管理局、各市(地)局与各寄递企业、企业与员工分别签订了各类目标责任书，各市(地)局能够认真履行安全生产监督责任，各寄递企业能够严格履行安全生产主体责任。三是寄递安全生产宣传力度不断加大。积极开展安全生产知识进社区、进企业活动，加强寄递安全知识的培训和宣讲工作。邀请公安、安全、消防等相关部门专家授课，对寄递企业负责人和一线人员加强专业领域安全知识培训和应急演练。印制散发《禁止寄递物品管理规定》《禁止寄递物品指导目录》宣传画3000份，宣传册6000本。四是寄递安全“三项制度”落实推进工作成效明显。各寄递企业严格落实邮件快件收寄验视制度，深入宣贯《禁止寄递物品管理规定》及指导目录，深入推进全区寄递行业实名收寄信息系统推广应用，辖内顺丰、中通、圆通和韵达品牌企业自主研发的企业版实名收寄信息系统以及公共版实名收寄信息系统均在逐步推广使用，实名收寄信息系统使用率大幅提升；转运中心安检设备配置齐全，安检人员辨识能力不断增强，安检台账和安检标识较为完善规范。五是各类行业专项整治行动深入推进。寄递安全生产专项整治行动、安全生产大检查、“安全生产月”和“安全生产西藏行”活动、寄递渠道“5·14”毒品查缉行动、危险化学品和易燃易爆物品安全隐患排查专项整治行动、邮件快件“不着地、不抛件、不摆地摊”治理工作以及寄递渠道安全综合整治工作按照时间安排深入开展，各市(地)邮政管理局进一步严格标准，强化责任落实，寄递安全监管力度不断提升。六是寄递市场安全生产检查力度和频次逐渐加大。4月18日至5月20日、10月17日至11月5日分两批赴全区各市(地)开展行政执法督导和快递市场执法检查工作，重点对寄递企业安全生产“三项制度”落实情况、实名收寄信息系统推广应用情况、企业管理制度建立情况进行督导检查；同时对市(地)邮政管理局寄递市场监管情况进行检查，督导其依法行政，履行行业监管职责。七是重要时间节点寄递安保工作圆满完成。把握工作重点，周密安排部署2017年春节、藏历新年、全国“两会”“一带一路”国际合作高峰论坛、金砖会晤、党的十九大召开以及快递业务旺季等特殊时段寄递渠道安保工作，分解任务目标，提出工作要求，加大监管力度，确保了重大节日和特殊时期寄递渠道安全畅通。继续保持了安全事故“零”发生的良好态势。2017年西藏局被评为自治区安全生产优秀单位。

努力开展维稳、驻村工作。克服人少事多的突出矛盾,不折不扣地执行维稳和3个点的驻村任务。一是深入贯彻落实习近平总书记“治国必治边、治边先稳藏”的战略思想,认真贯彻区党委“持续稳定、长期稳定、全面稳定”的工作要求,牢固树立稳定压倒一切的思想,把维护稳定作为硬任务和第一责任,始终坚持以发展促稳定、以稳定保发展,紧绷稳定弦不放松,积极参与社会治安综合治理,严格落实各项维稳措施,不断健全机关安保制度,长期坚持24小时值班带班,维稳敏感期安保巡逻,实现了全区邮政管理系统的绝对稳定。二是继续派遣干部在海拔近5000米的高原牧区开展驻村工作,与农牧民群众交朋友、认亲戚,同学习、同劳动,努力践行驻村工作任务,关心群众生产生活,加强基层组织建设,选好配强村“两委”班子,带领群众脱贫致富,保稳定促发展,争取项目和资金,开展扶贫工作,为群众办好事实事,积极改善当地农牧民群众的生活生产水平,推动当地经济社会发展,密切了党群干群关系,取得了较好成效。全年共落实办实事经费26万元。组织快递企业自愿捐款10.6万元,用于达热村壮大集体经济。

三、砥砺奋进的五年

党的十八大以来的五年,是邮政业发展极不平凡的五年。全区邮政业在以习近平同志为核心的党中央的坚强领导下,按照“五位一体”总体布局和“四个全面”战略布局,坚持稳中求进工作总基调,坚持以新发展理念引领新常态,坚持以供给侧结构性改革为主线,坚持以人民为中心的发展思想,紧紧围绕全面建成与小康社会相适应的现代邮政业目标,认真贯彻落实国家邮政局“五个邮政”“打通上下游、拓展产业链、画大同心圆、构建生态圈”等一系列重大发展战略和政策措施。省级以下邮政监管体制工作不断完善,7市(地)邮政管理局成立后各项工作机制不断规范健全,为推动行业健康发展提供了坚强的组织保障。完成邮政企业县级分支机构更名换牌工作。完成565个空白乡镇邮政局所网点补建运营工作。全区邮政业运行态势良好、服务网络日益完善、行政能力快速提升、服务深度广度不断延伸,安全形势持续巩固,行业步入了高速发展时期,规模总量始终保持快速增长态势。党的十八大以来的五年,全区邮政业业务总量累计完成13.64亿元,年均增长13.27%;业务收入完成21.23亿元,年均增长8其中,快递业务量累计完成2743.23万件,年均增长13.98%;业务收入完成9.02亿元,年均增长10.04%,持续保持了安全生产“零”事故的良好态势。

四、各市(地)主要管理工作概况

拉萨局多次联合区管局、市综治办、安委会、法制办、公安、安全、交通、林业、工商等相关部门进行立法调研和沟通协商,力促《拉萨市寄递安全管理办法》于2017年4月26日签发。先后6次联合西藏局和政府相关职能部门开展联合执法检查,进一步深化了部门合作,有效形成监管合力。推动县级区域“向下”工程。全市在达孜、曲水、尼木、林周、墨竹工卡和当雄各建立起快递便民服务点,在全区率先实现了县级区域快递业务普及全覆盖的工作目标。

阿里局提升寄递企业县级覆盖率。鼓励快递企业通过设立分支机构、代办点形式向县一级延伸,2017年,在噶尔、普兰、日土、札达四个县设置5个快递分支机构,县级覆盖率达到57%。推动快递和邮政合作试点。在鼓励和推动下,韵达快递、圆通快递、中通快递与地区邮政分公司实现了合作试点,签订了《快递转运服务合作协议》,邮政企业按照邮运班期,以每件8元的邮寄费用标准,在为寄递企业保守商业秘密的前提下开展合作。“快邮合作”的实现有效解决了民营快递企业向县、乡镇运输的难点问题,提升了运输效率,缩短了寄递时限,满足了农村边远地区日益增长的快递服务需求，解决了快递市场乱收费、客户自取等问题。

林芝局积极与市综治办沟通联系，将“平安寄递”创建工作作为新增创建内容和必查项目，纳入市综治平安工作考核体系。成立了由市邮政管理局、市综治办、市禁毒办、市“扫黄打非”办、市公安局、市安全局、市交通局、市民航局等组成的邮件快件安全管理协调小组。主动作为，在尚城花园、林芝花园、政府公租房小区等 18 个小区成功安装了智能信报箱，共 1372 个格口，有效解决快递员“进门难”、投递难以及城市投递“最后 100 米”等问题。力促快递企业与工布江达县阿云电子商务有限公司合作，现已建成运营 12 个末端网点。与市公安局交警支队领导沟通协调，2017 年共换发临时停靠证 52 张。联合市公安、国安、反恐、文广新等部门，共进行 18 次快递市场联合执法检查，出动 185 人次，共计下发责令改正通知书 22 份，约谈快递企业 5 家，行政处罚 5 家次，共计处罚金额 20000 元。

日喀则局全年共进行快递市场检查 78 次，检查营业场所 35 个，出动检查人员 122 余人次，检查天数累计超过 70 天。为提高快递包装绿色化、减量化水平，日喀则局召开专题座谈会，积极引导、推动快递企业使用绿色、环保的快递封装用品，实现包装的材料绿色化、减量化和可循环的目标。各快递企业将通过加大科技投入、加强对快递包装材料的循环利用等方式，提高快递绿色封装用品、电子面单的使用率，减少快递包装对环境产生的负面影响。同时，日喀则局加强与当地综治、公安、工商等部门的协作配合，统一标准、步调，加大行业监督检查力度，对“三个 100%”制度落实不力的企业依法予以严惩。

五、快递市场存在的突出问题

进入新时代，西藏自治区的邮政业与内地发达省市相比还有很大差距，发展中不平衡不充分的问题仍然十分突出。

一是快递业服务能力有待提升。全区快递市场供给结构不平衡，行业发展模式较为粗放，产业融合和创新发展不足、快递下乡服务三农和转型升级任重道远；行业信息化、智能化建设基础薄弱，尤其是实名收寄信息系统有待深入推广使用；进城难、停靠难、投递难等末端服务问题有待系统性解决，末端服务效率有待提高。

二是行业安全形势日趋严峻。邮政、快递服务过程具有环节多、服务网点多、人货分离、科技含量不高、从业人员素质良莠不齐等特点，易被不法分子利用。从全国范围看，随着行业的快速发展，各类安全隐患、安全事故也逐年增加，行业安全问题呈多发、频发态势。作为边疆地区，西藏是维护国家统一和反分裂斗争的前沿阵地，全区的邮政业安全形势更是日趋复杂，行业安全监管压力与日俱增。

三是监管队伍建设需要进一步加强。行业的快速发展对监管队伍的要求越来越高，行业服务范围的不断延伸要求行业监管也要紧步跟上。麻雀虽小、五脏俱全，诸多工作专业化、系统化、细分化程度的不断深入，对人少事多矛盾突出的邮政管理系统干部队伍的能力、素质、力量、精力等各方面均提出了更高要求。行业管理硬件缺乏有效的监管技术手段，监管效率低下、监管覆盖面有限，安全监测、安全预警和安全处置能力有待增强。行业联动监管效能有待提高，联合监管力度有待加强，信息共享机制有待完善。

陕西省快递市场发展及管理情况

一、快递市场总体发展情况

2017年,陕西省邮政行业业务收入(不包括邮政储蓄银行直接营业收入)累计完成99.2亿元,同比增长21.6%;业务总量累计完成116.3亿元,同比增长26.4%。其中,快递企业业务量累计完成45750.7万件,同比增长24.0%;业务收入累计完成56.4亿元,同比增长23.5%(表7-27)。

表7-27 2017年陕西省快递服务企业发展情况

指标	单位	2017年12月		比上年同期增长(%)		占全部比例(%)	
		累计	当月	累计	当月	累计	当月
快递业务量	万件	45750.7	4691.3	24.0	4.5	100.0	100.0
同城	万件	17703.2	1791.7	25.2	12.5	38.7	38.2
异地	万件	27805.4	2881.6	23.2	0.9	60.8	61.4
国际及港澳台	万件	242.0	18.0	28.8	-56.9	0.5	0.4
快递业务收入	亿元	56.4	5.7	23.5	8.1	100.0	100.0
同城	亿元	15.6	1.6	31.4	20.5	27.7	28.5
异地	亿元	27.0	2.7	11.7	-1.1	48.0	47.1
国际及港澳台	亿元	2.6	0.2	35.6	-6.0	4.5	3.7
其他	亿元	11.2	1.2	45.2	19.9	19.8	20.7

二、行业管理工作及主要成效

党的建设全面加强。一是全面从严治党不断加强。坚持全面从严治党不动摇,制定印发党建工作要点,调整党建工作领导小组成员,成立党风廉政建设办公室,层层签订党风廉政建设责任书,把党建工作列入年度述职评议专项内容,促进"两个责任"落实。严格制度约束,修订完善《党组工作规则》《党组会决策重大事项议事规则》《"三重一大"决策事项清单》《党建工作述职评议办法(试行)》等制度。成立巡察工作领导小组,印发巡察工作方案,完成对咸阳、安康两市局党组的巡察。建立起系统纪检监察人才库,举办党务和纪检监察干部培训班。组织开展"以案释纪明纪,严守纪律规矩"主题警示教育月等主题警示教育13次,系统开展13项专项清理整顿,进行4次集体廉政谈话提醒,坚决防止"四风"反弹回潮。对3个市局党组作出通报批评或责令书面检查,对3名党员干部给予党纪政纪处分,对22名党员干部给予组织处理,共追缴、清退违规违纪资金31万余元。汉中局整治"慵懒散"、榆林局持续改作风、咸阳局织牢织密制度笼子,进一步强化党员干部责任担当。二是"两学一做"学习教育常态化制度化落到实处。突出"四讲四有"原则和"三讲三比"要求,坚持精准化部署、差异化落实,以"三会一课"为基本方式,以标准化规范化为努力方向,将各项目标任务落实到基层支部,坚持问题导向、突出薄弱环节、边学边查边改,广大党员学在日常、做在经常、改在时常,取得预期成效。三是巡视整改任务全面完成。坚持把国家邮政局党组巡视反馈意见整改落实工作,作为落实全面从严治党主体责任的重要抓手,实行即知即改、立行立改、常抓常改,做到责任担当到位、统筹协调到位、督查督办到位、整改措施到位,确保2个月内5个方面24个问题67项整改任务全面完成。四是学习宣贯党的十九大精神迅速深入。突出迎接党的十九大召开和学习宣贯党的十九大精神主题主线，及时制定印发学习宣贯实施方案，切实学懂弄通做实，通过党组中心组集中学习研讨、举办专家宣讲辅导、开展专题教育培训等方式持续深入学习宣贯，组织党员干部融会贯通抓学习、深研讨，推动学习宣贯深入落实。五是干部队伍建设规范严谨。坚持德才兼备选人用人，调整、提拔干部11人。坚持用制度管人管事，制定完善《党组管理干部选拔任用工作细则》《干部异地交流和挂职锻炼管理办法》《党员领导干部廉政档案管理办法》等制度。举办公务员初任培训班等各类培训，持续加强能力建设。落实和完善干部常态监督机制，建立系统党员领导干部廉政档案，严格执行领导干部个人重大事项报告等制度，规范管理工作取得明显成效。

行业发展环境持续优化。一是规划引领作用充分彰显。印发《邮政业发展"十三五"规划宣贯实施工作方案》，举办规划宣贯工作培训班，各项规划目标如期推进。二是政策保障硕果累累。国务院《中国(陕西)自由贸易试验区总体方案》、省政府《关于推动交通物流融合发展的实施方案》等众多利好政策密集出台。省政府把邮政及快递运输专用车辆纳入通行特种车辆类目，在全国率先解决极端天气邮政快递运输车辆禁限行问题，西安、咸阳等地已落地实施。西安、宝鸡、汉中、铜川等地政府为邮政行业发展与安全提供了资金支持。三是服务全省重大战略。成立自贸区邮政业改革发展工作领导小组，推进陕西自贸区邮政业建设，引导企业开辟中亚、欧洲邮件、快件运输通道，不断提升服务"一带一路"建设的能力，跨境电商寄递业务规模持续壮大。四是协同发展取得新成效。联合省商务厅召开全省电商融合发展推进会，积极争取相关扶持性政策出台，共同推进电商快递融合发展。联合民航陕西监管局召开快递与民航产业协同发展座谈会，搭建快递与民航企业信息交流平台，持续推进西安航空快件"绿色通道"建设。联合省交通厅出台文件，加强交邮合作，党报党刊当日见报率显著提升，建制村直接通邮目标提前完成。宝鸡、咸阳等地政府与邮政企业签署框架协议推进农村电商发展。西安、汉中、延安、商洛等局通过与交通部门加强合作、引导企业间互惠合作等方式实现交邮、快邮融合发展。

贴近民生7件实事落实有力。其中，邮政、快递服务"三农"能力显著提升。17653个建制村基本实现100%直接通邮，助推脱贫攻坚更加有力。建成乡镇快递网点2698个，覆盖率达到99%，快递服务"三农"能力显著增强，西安和宝鸡猕猴桃、咸阳苹果、榆林红枣、洛川苹果、汉中茶叶等农特产品通过快递走出陕西走向全国。快递末端投递服务水平持续提高。强力推进"快递入区"工程建设，布设智能快件箱3300余组，建成快递末端公共服务站点590个，最后一百米问题得到缓解。与省教育厅联合出台文件，共同推进高等院校校园快递服务工作，"快递进校园"取得实效，全省高校快递规范收投率达到93%。9个地市实现高校快递100%规范收投。西安高校快递收投规范率超过80%。8个地市实现快递电动三轮车规范上路。实施放心消费工程。通过"不着地、不抛件、不摆地摊"等服务专项治理活动，整治侵害消费者合法权益行为，服务质量不断提升。全年受理消费者申诉35749件，为消费者挽回经济损失109.43万元。提高快递包装绿色化、减量化水平。开展"绿色快递进校园"活动和快递绿色包装试点培训，助推快递业绿色发展。快递企业环保袋、电子运单使用率逐步提升。推动西安宅急送等与大型车企达成4501辆新能源车合作协议。持续改善投递人员工作环境。充分发挥快递协会的桥梁纽带作用，鼓励引导企业切实改善快递员工作环境。延安、榆林、安康等局督促邮政企业加大对镇村网点投入，基层投递人员工作环境进一步改善。

转型升级步伐加快。一是做好顶层设计。制定《加快推进邮政业供给侧结构性改革三年行动计划》《邮政业进一步推进物流降本增效促进实体经济发展工作方案》等，为行业转型升级、提质增效保驾护航。二是强力推进基础设施建设。持续推进快递服务网点标准化建设，建成标准化网点1857个，主要品牌企业城区自营网点标准化达标率达到70%。稳步推进快递专业类物流园区建设，圆通（西安）跨境商贸及服务产业园、申通西北地区转运中心、京东集团全球物流供应链总部和全球无人机基地等项目落户陕西，延安、安康等地政府将快递物流园区建设纳入全市重点推进项目，西安、榆林、咸阳等地快递物流园区建设实现向县乡延伸。三是着力培育新动能。邮政“一市一品”农业产品进城示范项目推进有力，寄递农特产品4.8万吨，实现交易额4亿元，带动8.2万贫困农民增收。持续开展快递服务示范工作，深入推进全国快递服务现代农业“一地一品”建设工作，完成宝鸡猕猴桃、渭南富平柿饼、大荔冬枣、铜川樱桃等示范项目申报工作，宝鸡眉县猕猴桃项目获批第二批全国快递服务现代农业示范基地。深化快递业与关联产业的协同发展，共打造快递服务制造业试点项目41个，寄递快件216.75余万件，直接服务制造业累计产值17.24亿元。

依法行政效能稳步提高。一是深入推进“放管服”改革。推进“三个清单”贯彻落实，规范行政权力运行内容和程序。加强对各市局开展行政审批及备案工作的监督管理和业务指导，开展行政许可专题培训。行业许可和备案事项实现网上高效办理。全省核发快递业务经营许可证37件，核准变更申请302件，注销许可证6件。二是加强行业诚信体系建设。初步建立企业信用档案，陕西局获评2016年度社会信用体系建设先进单位，开展“3·15”主题宣传活动和“诚信快递、你我同行”演讲比赛，各市局顺利接入地方信用体系平台，渭南局完成快递企业信用评定。三是大力推进行业精神文明建设和人才队伍建设。与省残联联合推进邮政业无障碍建设，组织开展回访慰问行业技术能手活动，大力开展“每季一星”“最美快递员”等评选活动，行业省市劳模、文明单位、青年文明号等不断涌现。积极推动行业人才培养，举办陕西省邮政行业职业技能大赛，组织优胜者参加全国大赛并获精神文明奖，宝鸡将快递员培训纳入政府免费培训范围并开展首期快递员免费培训，行业尊“技”崇“匠”意识不断深入。

寄递安全形势持续向好。一是全面落实责任。加强与综治、公安、国家安全等部门协作配合，建立健全信息共享对接机制。全面落实行业监管责任和企业主体责任，着力构建“整体防范、源头治理、重点管控”三位一体运行机制。大力推进“三项制度”落实，全省快递企业配置X光机361台，对重要邮件快件实现100%过机安检。与省公安厅、国家安全厅联合印发实施方案，全面推进实名收寄信息系统推广应用，全省快递实名收寄率持续超过90%，走在全国前列。二是开展专项整治行动。组织开展“平安寄递”、安全生产大检查、危化品和寄递安全专项整治行动，对寄递渠道危爆物品、制爆器材等进行摸底排查和专项整治。推进邮政业反恐怖工作，配合做好邮政业禁毒、打击侵权假冒、扫黄打非、涉烟违法行为整治等工作。三是强化安保和应急保障。着力强化应急管理保障，全力保障党的十九大、“一带一路”高峰论坛、金砖国家领导人会晤等重大活动的寄递渠道安全。扎实做好“双11”等旺季服务保障工作，在业务量暴增的情况下，实现“两不三保”目标。妥善处置榆林“7·26”特大洪涝灾害对行业造成的影响。四是深化安全宣传教育。深入宣传新修订《禁止寄递物品管理规定》等行业安全知识，制作收寄安全警示教育宣传片，维护行业安全意识深入人心。五是加强技术支撑。有序推动“绿盾”工程建设。西安、宝鸡等局基本完成市级快递企业分拨中心远程视频监控系统建设，初步实现实时监控。咸阳、铜川等局开展快递面单统一销毁，切实维护消费者信息安全。全年全行业安全平稳运行，没有发生重特大安全生产事故。

三、砥砺奋进的五年

党的十八大以来的五年，陕西邮政行业旗帜鲜明讲政治、全力以赴稳态势、持之以恒拓格局、包容审慎强监管、千方百计优服务，全省邮政业一年一个台阶向上跨越，一步一个脚印向前迈进。

全面从严治党成效显著。扎实开展党的群众路线教育实践活动、"三严三实"专题教育、"两学一做"学习教育，推动党的建设落细落实、抓常抓长，党风政风行风持续改进。

行业规模实现历史性跨越。五年来，全省邮政业业务总量和业务收入迅猛增长，分别增长2.71倍和1.9倍。快递业务量增长8.02倍，业务收入增长4.53倍。五年新增就业岗位近3万个，全行业从业人员规模扩大到6万人。

行业发展环境日益优越。各项利好政策向行业汇聚，省、市政府出台一系列支持扶持邮政、快递发展的政策和措施，推动并支撑行业快速发展。

公共服务水平大幅提升。实现建制行政村100%直接通邮，全省快递企业数量增长2.1倍，服务网点增长5.2倍，群众用邮更便利、幸福感获得感更强。五年累计服务40多亿人次，带动50多万农户增收，服务一二三产业产值超1000亿元，支撑网络零售交易额超2000亿元。

行业治理体系不断完善。全面推进邮政业供给侧结构性改革，深化"放管服"，服务意识进一步强化，行政效能明显提升。省市县三级监管体系初步建立，为推动行业发展提供坚强组织保障。

四、各市（地）主要管理工作概况

西安局积极推进"快递下乡"工程，完善基层网络，助推企业发展。鼓励快递企业依法在乡镇设立分支机构、营业网点、代办点，拓展自营快递服务网络，提高农村快递配送网络覆盖率和使用率。西安市共有行政村1833个，快递已经覆盖的行政村1612个，覆盖率达到88%。坚持部门协同和资源整合，充分发挥市场在资源配置中的决定性作用，加快构建县、乡、村三级农村快递服务网络体系，全面提升快递服务"三农"的能力和水平。积极协调推动灞桥区人民政府与顺丰速运有限公司签订"农业和电子商务战略合作协议"，以优势农产品为范例打造灞桥区农产品电商模式。2017年，顺丰樱桃项目获得了极大的成功，快递樱桃52.2万票，销售樱桃3万票，帮助陕西樱桃果农外运产值约5000万元，农民增收1500万元。同时，鼓励电商与快递企业加强合作，积极探索合作社+电商+快递新路子，大力支持特色农产品线上销售，2017年，仅周至县就实现猕猴桃线上销售6万吨，销售额突破8亿元。持续推进快递进校园工程，全市63家高等院校中已有46家实现了校园快递规范化运营，规范化收投率达到73%。畅通雾霾天企业车辆通行，截至2017年年底，西安市共为邮政快递三轮车辆办理备案证11008个，从根本上解决了配送三轮车停靠难、通行难的问题。率先完成《西安市人民政府关于促进快递业发展的实施办法（讨论稿）》。为促进西安市快递业健康发展，更好发挥快递业对稳增长、促改革、调结构、惠民生的作用。推动了西安市邮政业发展作为现代服务业的重要内容被纳入《西安市国民经济和社会发展第十三个五年规划纲要》。与市交通运输局联合出台《西安市交通运输局 西安市邮政管理局关于深化交邮融合发展的通知》，确定六项交邮融合重点工作任务。

延安局全面推动"三项制度"严格落实。提出并采取"外部验视章+内部验视标签"双保险措施，并为企业免费印发30万枚验视标签，有效杜绝收寄验视制度流于形式。推动村级快递网点覆盖率超20%。其中富县黄土高坡物流公司设立村级电商快递服务站137个，率先实现行政村快递网点全覆盖，"快递+电商"模式在全市进行推广。积极推动快递进校园。延安大学在校内为快递服务划分独立作业区域，并出资建设房屋8间用于快递投递，延安市主要快递品牌已入住。延安快递物流双创产业园区项目列入"延安市转型升级十大产业项目"。延安市人民政府第13次常务会议对《关于促进快递业发展的实施意见》进行了讨论审议，原则同意由市发改委、市邮政管理局结合电子商务发展实施方案和会议讨论意见进一步修改完善，经延安市常务副市长马宏玉、副市长杨光远审核后印发实施。

五、快递市场存在的突出问题

基础设施投入不足。近年来，国家加大了对快递行业的政策扶持力度，中省各级政府对快递行业健康快速发展给予了大力支持。国家对农村电商市场的发展战略和支持力度，为快递业带来了新的行业增长机会，未来的农村电商市场，必定带来快递行业新一轮飞速增长的机会。但是行业基础设施仍然薄弱，服务能力不强、水平不高、创新不足、区域发展不平衡。存在快递服务“最后一公里”不到位，城市配送车辆通行停靠难，以及农村快递网点建设薄弱等问题。

快递业规模较大，但盈利能力差，基层网点生存困难。快递业是微利行业，尤其是西部地区，进出口剪刀差较大，目前，快递业规模较大，基层网点数量多，且地域分配已经较为稳定，同区域内网点间的竞争激烈，运营压力越来越大。一是投入大。随着用地、门店租金、人员工资等成本逐年提升，造成加盟网点的前期投入大。二是基层利润率低。相比于总部较为稳定且逐年积累的大额利润，基层网点的利润率逐年降低，有些已经逼近亏损。特别是处于繁华地段、没有电商支撑的城市中心区域网点，揽派量差距更大，较低的派件收入难以负担高额的房租，运营压力大，不稳定性更强。三是撑不住。基层快递网点的资金链潜伏着风险，很多已经亏损但还没倒闭的网点，是基于银行贷款没到期、全家老小齐上阵、投入多年被套牢的背景，一旦资金链断裂，可能就会发生倒闭事件。因此，快递业的健康发展，需要政府在发展方向上进行引导，政策上予以支持，例如给予快递车辆通行便利，加大资金、用地等方面的支持力度等。

邮政监管部门监管能力需进一步提升。邮政业新业态不断涌现，行业安全形势日趋复杂，邮政监管力量与市场发展不相适应。寄递渠道存在的安全问题和隐患越发突出，整体防范防控能力较弱。

甘肃省快递市场发展及管理情况

一、快递市场总体发展情况

2017年，甘肃省邮政行业业务收入（不包括邮政储蓄银行直接营业收入）累计完成31.7亿元，同比增长17.3%；业务总量累计完成26.7亿元，同比增长20.5%。其中，快递企业业务量累计完成7201.7万件，同比增长18.7%；业务收入累计完成14.8亿元，同比增长18.4%（表7-28）。

表7-28 2017年甘肃省快递服务企业发展情况

指 标	单位	2017年12月		比上年同期增长(%)		占全部比例(%)	
		累计	当月	累计	当月	累计	当月
快递业务量	万件	7201.7	722.3	18.7	5.0	100	100
同城	万件	1857.9	192.6	33.3	14.3	25.8	26.7
异地	万件	5339.2	529.4	14.4	1.9	74.1	73.3
国际及港澳台	万件	4.9	0.5	-5.6	-9.2	0.1	0.1
快递业务收入	亿元	14.8	1.6	18.4	7.4	100	100
同城	亿元	2.2	0.2	38.2	21.1	14.6	15.1
异地	亿元	8.1	0.8	3.0	-8.7	54.5	51.0
国际及港澳台	亿元	0.1	0.01	-6.4	-15.9	1.0	0.8
其他	亿元	4.4	0.5	50.2	38.7	30.0	33.1

二、行业管理工作及主要成效

着眼宏观支撑，优化行业发展“软环境”。规划体系逐步健全。完成全省和14个市州邮政业发展“十三五”规划编制发布工作，其中白银、酒泉、定西、庆阳、陇南、平凉、甘南等地邮政业发展规划以市州政府名义发布。邮政业发展的主要目标、任务、村邮站建设、快递下乡等多项内容分别纳入地方政府总体规划和相关专项规划。有序组织、召开会议、制定方案、细化措施，积极推进规划实施，一批重点项目已落地见效。政策环境持续优化。深入贯彻落实《甘肃省人民政府关于全面推进快递业发展的实施意见》，14个市州全部出台了相关贯彻落实意见，为加快行业发展提供了强有力的政策支撑。省政府出台《关于进一步鼓励开展多式联运工作的通知》，为促进交通运输业与邮政业融合发展提供了政策保障。与省供销社达成“推进农村地区邮政快递物流体系建设”战略合作意向。联合发改、交通、商务、质检等7部门印发《推动物流服务质量提升工作实施方案》，引导、支持和规范行业发展。制定实施促进全省邮政业稳步健康发展的十项措施，扭转了发展速度放缓势头。兰州、嘉峪关、张掖、定西、庆阳、天水、甘南等市州分别出台了加快推进供给侧改革、加大邮政基本公共服务保障、推动快递下乡、规范快递车辆管理等扶持性政策。项目建设全面推进。主动对接交通、商务、供销、农业等部门，保障和支持县以下邮路、邮政局所、快递企业、农村电商平台建设。加强邮政普遍服务基础设施建设，完成2016年项目收尾，推动2017年项目实施，完成2018年项目审核。累计建成便民服务站7622个，快递公共服务站295个，智能快件箱1600组，乡镇快递服务网点覆盖率达到82%。兰州通韵快递电商产业园奠基动工，嘉峪关金翼快递物流集散中心、张掖福盛快递物流园正式投入使用，酒泉、天水、定西等市主要品牌快递企业入驻综合性物流园区。兰州局连续两年将村邮站建设纳入政府“为民办实事”项目，争取政府投资325万元建设150处村邮站。陇南、武威、庆阳、定西等局争取项目补贴1196万元用于县级邮件快件处理中心建设、乡镇邮政快递服务保障、出口邮件快件奖励补贴等。

聚焦增强后劲，锻就提质增效“硬实力”。产业协同呈现新起色。加快推进交邮合作、邮快合作，推广农村物流、城市配送、客货运班车代运等合作模式，以点带面构建农村现代物流发展新模式。打造寄递渠道支撑兰州百合、永昌羊肉、酒泉李广杏、临泽小枣、民勤蜜瓜、天水大樱桃、定西中药材、白银枸杞、庆阳苹果、华亭核桃、陇南橄榄油、甘南虫草等特产销售的“一地一品”项目103个，支撑农村土特产销售近6万吨，形成快件量1685万件，产值突破12亿元，实现业务收入近2亿元。推进邮政业服务制造业向全产业链拓展，涌现出天水华天电子、白银康视达眼镜等服务制造业亮点项目，全省寄递工业品780多万件，直接服务制造业产值36.5亿元。定西马铃薯寄递项目入选第二批“全国快递服务现代农业示范基地”，张掖局鼓励支持班车代运邮快件，获交通运输部“十佳最具投资价值奖”。

民生实事取得新成效。其中，在增强服务“三农”和精准扶贫能力方面，建制村直接通邮率提升3.4个百分点，达到97.6%；快递服务现代农业项目涌现出一批“百万项目、亿元市州”，苹果、蜜桃、中药材寄递量分别突破670万件、440万件和180万件；定西、天水、陇南的“寄递+农特产品”项目分别带动农户创收4.5亿元、4亿元和1.9亿元。在提升快递末端投递服务能力方面，品牌快递城区自营网点标准化率达到85%，47所高校快递规范服务覆盖率达到100%。兰州、定西、陇南、临夏等局联合相关部门对快递电动三轮车实行了统一管理，争取到了便利通行政策。在实施“放心消费工程”方面，强化“不着地、不抛件、不摆地摊”治理，邮政、快递企业新建扩建分拨中心近3万平方米，分拨中心离地设施铺设比例达到96%，探索出了一套适合西部欠发达省份“三不”治理新模式，被国家邮政局正式确定为“三不”治理工作试点省，兰州、嘉峪关、白银、金昌、甘南等市州“三不”治理工作成绩突出。在提高快递包装绿色化、减量化水平方面，联合省发改委等9部门出台了《关于协同推进快递业绿色包装的实施意见》，重点品牌企业分阶段更换和使用环保包装材料，主要品牌企业电子面单使用率达95%以上，新能源汽车应用稳步推进。在改善投递员（快递员）工作环境方面，积极开展关爱快递员、改善快递员工作环境行动，嘉峪关、金昌、白银、庆阳、平凉、定西、陇南、临夏等地分别为快递员和快递电动三轮车办理了保险。

严格依法行政，树起法治邮政“标尺线”。依法开展行政审批和备案。办理快递许可核准申请210家，变更核准事项1368个，注销法人企业1家，核发许可证19家，许可变更审批平均办理时限6.8工作日，许可申请审批严格控制在10个工作日内。“放管服”改革措施在邮政行业落地实施，行政许可、行政执法、企业信用信息等实现全省共集共享，方便了企业办事、保障了社会公众知情权。履行邮政市场监管职责。全面实施“双随机、一公开”，加强跨区域协作监管，稳步构建以信用为核心的新型市场监管机制。开展快递、集邮和邮政用品用具市场检查、督促指导和协调服务4721次，出动执法人员8000多人次，查处违法违规行为779起，下达责令整改通知460份，行政约谈258次，行政处罚201起、罚款51.7万元，停业整顿42家，依法清理194家非正常经营企业。按月公开消费者申诉情况，受理2053件有效申诉并全部妥善处理，挽回经济损失近50万元。

坚持多措并举，筑牢安全生产“防火墙”。健全综合监管体制机制。强化寄递渠道安全监管联合机制，开展综治考核，推动属地管理责任落实。加快寄递渠道安全监管“绿盾”工程建设进程。全省邮政管理部门共协助公安机关侦查办案18次，查获涉毒案件8起，缴获毒品近20公斤，配合相关部门开展联合执法70余次，查获假烟近5000条，涉案金额185万元。省局荣获全省禁毒工作先进单位，兰州局积极完善警邮协同联动共筑寄递行业安全的机制，武威局联合市委政法委成立了邮政行业志愿者服务队，定西局初步建成市、县、乡三级协同共治体系。强化寄递渠道安全管理。组织开展寄递渠道安全领域专项整治和邮件快件过机安检专项整治行动，以“三项制度”落实为抓手，推动企业“五个一”建设，累计排查发现各类安全隐患200余起，处罚安全领域违法行为134起。组织宣贯《关于推进邮政业安全生产领域改革发展的指导意见》，通过召开宣贯会议、组织采访报道、发放宣传资料、举办知识竞赛等方式，大力宣贯禁止寄递物品管理规定。邀请省反恐、禁毒、国家安全等部门专家对全省邮政行业执法人员和重点寄递企业安全管理人员开展系统培训，增强了行业安全防范能力。联合多个部门在金昌组织全省首次邮政行业突发事件应急演练，提高了应急处置能力。联合综治、公安、国安部门制定实施方案，以4个市州为试点全面推进实名收寄信息系统应用，实名收寄率稳定在60%以上。全省已配备安检机197台，组织6批500多人次安检培训，安检机闲置不用现象得到根本遏制，基本满足市州出口和省级分拨出口邮件快件100%安检需要。嘉峪关局妥善处理一起疑似危险化学品泄漏事件。有力保障行业重点任务。通过层层安排部署、拉网式督导检查、地毯式排查隐患等方式，圆满完成党的十九大、“一带一路”国际合作高峰论坛、金砖国家领导人厦门会晤和第二届敦煌文博会等重大活动寄递安全服务保障工作。党的十九大期间，依法关停非法经营网点107个，行政处罚87起，排查化解矛盾纠纷7起，以强力整治保障了全省寄递渠道的安全平稳运行。文博会期间，对进入敦煌市的35万件邮件快件层层过机安检，堵截违禁物品69件，杜绝了违禁物品通过寄递渠道流入博览会核心区。采取强化督导检查、安全监管、质量提升、应急值守、监测预警和能力储备等措施,全力保障“双11”业务旺季服务,在最高日处理量接近平日2.5倍、达到280万件的情况下,圆满完成“两不”“三保”的既定目标。

推进从严治党,下足自身建设“绣花功”。坚持思想理论武装,过好“政治关”。坚持把迎接党的十九大召开、学习贯彻党的十九大精神作为首要政治任务,不断强化“四个意识”,坚定“四个自信”,先后4次召开党组会议,专题研究党的十九大精神学习宣传贯彻工作,制定《甘肃省邮政管理局党组学习宣传贯彻党的十九大精神工作方案》,紧紧围绕习近平新时代中国特色社会主义思想这个主线,迅速掀起学习宣传贯彻党的十九大精神热潮。深化“两学一做”学习教育,过好“常态关”。健全党建工作领导小组,规范党内组织生活,明确专人负责党务工作。印发《落实“两学一做”学习教育常态化制度化实施方案》,制定学习推进计划,严格规范并落实中心组学习、“三会一课”、民主生活会、组织生活会、党费收缴和党员发展制度,组织党建知识测试、党员教育电视片征集评选工作,推选“两学一做”精品党课和微感言,开展爱国主义主题教育活动。强化干部队伍基础,过好“建设关”。制定《市州局领导班子和领导干部年度考核办法》,明确考核目标、细化考核指标、强化考核措施、靠实工作责任、推动工作落实。完善干部人事档案、选拔任用监督管理制度,认真组织领导干部报告个人有关事项。规范异地交流干部有关政策,全面启动市州局公务用车改革。严抓党风廉政建设,过好“作风关”。举办全省系统从严治党暨党风廉政建设培训班,组织观看廉政专题教育片,签订目标责任书和廉政承诺书,开展领导干部集体谈话,党组书记带头上党课,开展“以案释纪明纪,严守纪律规矩”主题警示教育月活动,切实把从严治党要求贯穿到邮政管理工作全过程。

推进精神文明建设,过好“升级关”。“喜迎党的十九大——驿路丝路复兴路集邮巡展”、台湾邮政协会代表团来甘参访交流、“最美快递员”评选、“诚信快递,你我同行”主题演讲比赛、第二届“快递杯”篮球赛等活动的成功举办,弘扬了“诚信、服务、规范、共享”的核心价值理念,产生了良好的社会影响。省局获评省直机关文明单位,8个市州局分获市(州)和区级文明单位,嘉峪关市邮政快递行业荣获市级“文明行业”。省局连续3年被国家邮政局评为“全国邮政管理系统优秀记者站”。在全国“诚信快递,你我同行”征文比赛中,省局荣获优秀组织奖,1人荣获一等奖,1人荣获三等奖,4人荣获优秀奖;在“诚信快递,你我同行”演讲比赛中,全省4名代表中1人荣获二等奖,2人荣获三等奖。夯实综合管理,过好“基础关”。细化财务运行流程,印发内控管理办法、会议费管理办法、培训费管理办法和机关财务报销规定,严控财务风险。积极推进县级机构建设,敦煌局已落实办公场地、20万元开办经费和监管中心4名事业编制人员,7个市州局办公业务用房得到解决。建立驻村帮扶和稳定扶贫长效机制,选拔2名优秀年轻干部担任驻村扶贫帮扶工作队长,制定实施精准扶贫计划和产业帮扶措施。规范和组建8个市(州)级快递协会。强化档案管理,建立档案管理数据库,实现数字化管理目标。加强综合管理工作,完成省级“三个清单”编制、“十三五”中期评估、行政执法评议、自身项目建设申报、“互联网+政务服务”实施、行业协会脱钩、涉企收费自查、信访专题调研、信息数据统计等工作,连续六年荣获省交通运输业统计先进单位。

三、砥砺奋进的五年

党的十八大以来的五年,是甘肃邮政业发展极不平凡的五年。在以习近平同志为核心的党中央的正确指引下,在国家邮政局党组和省委省政府的坚强领导下,省局党组紧紧围绕邮政管理工作大局,始终把握党建第一工程、发展第一要务、服务第一宗旨、安全第一责任、能力第一资源,有力促进了甘肃邮政业持续健康发展。

这五年,甘肃邮政业始终把党的建设作为第

一工程。扎实开展党的群众路线教育实践活动、“三严三实”专题教育活动,持续深化“两学一做”学习教育;组建完善省局机关和市州局党组织,并延伸到非公企业;把纪律和规矩挺在前面,全面落实党组的主体责任和纪检组的监督责任,以永远在路上的执着把从严治党引向深入。实践证明,只有始终坚持党的领导,把从严治党落实到邮政业改革发展全过程和各方面,才能确保邮政业始终沿着正确的道路前进。

这五年,甘肃邮政管理部门始终把行业发展作为第一要务。完成邮政业发展“十三五”规划编制发布,出台促进邮政业发展支持政策,并稳步落地实施;推动实施“邮政、快递 +”工程,新产品新服务新业态不断涌现;邮政行业业务量收增长 2.7 倍,其中快递业务量收分别增长 4.9 倍和 4.2 倍。实践证明,只有始终坚持稳中求进的总基调,适应和把握经济发展新常态,坚决扫除制约行业持续健康发展的障碍,才能更好发挥邮政业在国民经济中的基础性先导性服务性作用。

这五年,甘肃邮政管理部门始终把为民服务作为第一宗旨。全面完成了 532 处空白乡镇邮政局所补建工作,基本建成乡乡设所、村村通邮、惠及全民的邮政普遍服务体系;引导快递企业规范经营科学发展,独立法人企业数量翻了一番,快递服务乡镇覆盖率提升了 52%,网络广度和深度持续扩大;邮政业申诉处理满意率保持在 98% 以上。实践证明,只有始终坚持以人民为中心的理念,不断提升人民群众在邮政快递领域的获得感、幸福感和安全感,才能使我们努力建设的与小康社会相适应的现代邮政业得到人民认可、经得起历史检验。

这五年,甘肃邮政管理部门始终把安全监管作为第一责任。紧紧围绕国家安全、行业安全、社会安全三个重点,建立寄递渠道安全管理联动机制,实施综合治理和属地化管理,建设寄递渠道安全监管“绿盾”工程,健全安全生产责任制度,落实企业安全主体责任,狠抓“三项制度”落实,确保了抗战胜利七十周年、敦煌文博会、党的十九大等系列重大活动“零事故”。实践证明,只有全面树立“五严”监管思路,认真落实安全生产责任,坚决执行寄递安全管理“三项制度”,才能实现邮政业持续安全稳定运行。

这五年,甘肃邮政管理部门始终把行政能力作为第一资源。不断完善全省邮政管理体系,全系统干部队伍由 10 人扩充到 133 人,管理机构由省扩展到市,并延伸到县,有效开展执法检查和消费者申诉工作,切实履行管理职责;顺应新形势要求引导快递协会转变职能,大力发展上下游和关联行业企业会员;持续优化社会监督员队伍、有效开展社会监督,深化媒体合作、讲好邮政业故事。实践证明,只有持续打造政治过硬、本领高强的队伍,不断健全完善“政府监管、行业自律、社会监督”的行业监管体系,才能适应经济社会发展主要矛盾变化,创新和完善邮政监管服务。

四、各市(地)主要管理工作概况

嘉峪关市邮政管理局积极推进邮快合作,邮政公司和顺丰、中通、申通、圆通、韵达、百世、宅急送、天天等 8 家快递企业分别签订了《嘉峪关市农村快递代投协议》,全市农村快件全部实现投递到市,有效推动了电商、快递融合发展。抓好实名收寄信息系统应用推广工作,全市 334 名快递员全部完成实名认证,到年底,实名率达到 93.91%。“三不”专项整治工作取得成效,顺丰、德邦、中通等 8 个规模企业各自建成 1500 平方米以上的独立分拣中心,达到 18000 平方米以上;配置 X 光安检机 9 台,配备率 47%;建成了嘉峪关局远程监控中心,对各分拣场所进行实时监控;营业网点不落地托盘、滞留件货架 100% 配备。行业精神文明建设取得好成绩。大力推动“快递 1 + N”志愿服务工作,该项目被市文明委评为“最佳志愿服务项目”,圆通快递员王小强入选“中国好人榜”,局志愿组织、邮政、顺丰、圆通等 5 名行业青年被评为“创城”先进组织和个人,邮政行业被评为全市唯一“文明行业”。全面落实快递电动三轮车参保工作，持续为3吨以上快递运输车办理通行证26份，为186辆快递三轮车办理人车综合险，全年理赔金额达9万元。金翼城乡电商快递物流集散中心被发展改革委正式备案。顺丰嘉酒分拣中心、中通、圆通、韵达、安能、德邦河西分拣中心已入驻运行。建成面积达15000平方米，并被市政府确定为空港产业园的6大功能园区之一。

平凉市邮政管理局扎实推进“一市一品”及“一地一品”项目，全年农特产品邮快件突破80万件，带动当地农特产品销售6000余吨，销售额突破5000万元，快递服务地方经济能力不断提升。“七件实事”有序落地生根，其中持续推进快递“向下”工程，快递乡镇覆盖率已达到100%；对原甘肃医学院快递超市进行了扩容改建，运营更加高效规范，新建了平凉职业技术学院快递超市，平凉两所高校全部实现了快递进校园100%覆盖；建成智能快件箱46组1500个格口，其中县级首批（10组1000个格口）智能快件箱已全部投入使用；联合公安部门对快递行业从业人员信息逐县区进行实名登记备案，协调各品牌快递企业为快递业务员购买商业保险共计459人8.8万元，企业以罚代管问题得以缓解，快递员工作环境得到进一步改善。

庆阳市邮政管理局推动快递园区建设取得新进展。镇原县政府采取电子商务示范县补助资金+企业自筹模式，建立了占地19.8亩的快递物流园区，主体已经建成。环县政府配套电子商务示范县补助资金，并引进第三方企业，建立了占地60亩的电商快递物流园区，已经建成。宁县政府配套资金补助，引进第三方企业建设快递物流园区，同时配套建设快递物流乡镇干线车辆，确保每天每个乡镇（电子商务示范店）有一班快递物流车，大大提高农村快递服务能力。快递网点基本实现标准化建设，全市已经建成标准化快递网点144个，城区主要快递品牌标准化率达到90%。

定西市邮政管理局加快推进“快递下乡”，全年新建乡镇末端网点93个，建成乡镇快递驿站示范点44个，乡镇网点总数达到379个，快递网点乡镇覆盖率达到89%。陇西、岷县12个偏远乡镇开展邮快合作试点，打造邮快公共服务平台。加快推进“快递入区”，建成校区、商区快递超市2个，社区快递超市21个，社区公共服务点42个。加快推进行业科技成果应用，引导企业积极推广应用行业新技术新装备，主要品牌企业电子面单使用率达到90%以上。积极打造农产品寄递示范项目，全力推进邮政快递线上线下服务产业发展，着力推广打造“一市一品”农产品寄递示范项目。积极探索实践“邮政快递+线上线下+农产品”寄递服务模式，助力马铃薯、中药材、畜草、果蔬、小杂粮等通过寄递渠道外销，全年累计带动销售农产品突破6亿元，实现寄递收入5100多万元。定西市“邮政快递+中药材”寄递项目、“邮政快递+马铃薯”寄递项目入选国家“一市一品”示范项目。定西马铃薯寄递项目入选第二批“全国快递服务现代农业示范基地”名单。行业人才培养机制逐步建立，成立了定西市快递业培训中心，命名了10个实训基地，组建了5个课题研究组，市政府专项预算经费10万元，先后举办了7期行业专业人才培训班，组织5批次人员外出学习考察邮政快递业发展先进经验。指导行业协会成立了常务理事会，设立了七个县区办事处，成立了六个课题研究组。行业协会会员规模达到110多家，行业协会理事以上单位增扩至40家。

白银市邮政管理局积极培育“一市一品”项目，加快发展“快递下乡”工程，助力精准扶贫。寄递项目发展带动农业产值共计2900万元。带动工业产值5000万元。实施放心消费工程，开展“三不”专项整治活动。督促企业在各营业场所建立包装箱回收机制，做好循环利用。引导企业使用电子运单，电子面单使用率达98%以上。开展快递员“关爱工程”，在白银局积极推动下，快递企业为员工购买保险共计317份。

金昌市邮政管理局推动出台政策，完成邮政业“十三五”发展规划编制发布工作，并由市发改委、市交通局、市邮政管理局联合发布。助推出台《金昌市人民政府关于全面推进快递业发展的实施意见》，为加快行业发展提供了强有力的政策支撑。加快促进交通运输业与邮政业的融合发展，联合发改、交通、商务、质检等7部门印发《金昌市推动物流服务质量提升工作实施方案》，引导、支持和规范行业发展。夯实基础能力，完成了邮政公司5000平方米的邮政处理中心建设、顺丰速运完成了2000平方米的分拨中心建设，助推中通、申通、顺丰、百世、品骏五家快递公司入驻永昌农村电商中心。加快推进交邮合作、邮快合作，推广农村物流、城市配送、客货运班车代运等合作模式，以点带面扩大农村现代物流发展新模式。推动班车代运圆通、韵达下乡快件，有效解决寄递服务“最后一公里”问题。

酒泉市邮政管理局助力“快递+敦煌李广杏”项目成效显著。积极培育实施“一地一品”项目，借助敦煌李广杏品质上佳的产品优势，顺应市场需求，总结经验，提前谋划，制定了宣传推介方案，拍摄播出专题片《邮政快递缔造新鲜美味》。同时引导支持企业主动作为，创新增收方式，改良产品包装，缩短寄递时限。据统计，2017年敦煌市寄递企业寄递李广杏共计89000箱350吨，实现业务收入478.5万元，农民收入560万元，业务量、业务收入、农民收入比去年翻一番。圆满完成第二届丝绸之路(敦煌)国际文化博览会寄递渠道安全保障工作。全力推进“快递下乡”，支持主要品牌快递企业结合地域特点抱团下乡，采取“快递+电商”的模式，在乡镇设立营业网点，将线上农特产品销售与线下集中运营管理结合起来，实现了线上线下一体化经营。全市快递企业共在62个乡镇设立了75个乡镇快递网点，乡镇网点覆盖率达到92.5%。针对快递企业营业场所、处理场所、运输车辆，开展全市快递业安全生产设备配置专项整治行动。

兰州市邮政管理局不断优化政策环境，出台《兰州市促进快递业发展实施方案》等一系列政策文件。全省首家项目总投资约4亿元的通韵快递电商产业园项目正式开工。联合省快递协会为全市24家企业1920余辆车辆办理了电子通行证。稳步实施“一地多品”。积极发挥村邮站建设资源，以兰州特产“百合”和“白兰瓜”等农产品为切入点，全市邮政快递企业销售各类特色农产共461.54万件，实现寄递收入1155.69万元，带动产值3.42亿元。全市寄递服务企业已累计完成制造业领域快递业务量650万件，实现快递业务收入1.6亿元，服务制造业累计产值达5.5亿元。更加完善基础设施。各企业新增加分拨场地达到1万余平方米，新增汽车50余台、电动三轮车300余辆，从业人员500余人。全市共投放智能快件箱784组、28224个格位，已进驻200个社区，提供24小时自助取件服务。不断提升行业形象。开展“同倡议、同承诺”系列活动，组织成立了快递行业文明交通志愿者队伍。末端配送电动三轮车按照“统一车型，统一外观标识，统一编号，统一备案管理”的原则强化管理，规范收投电动车3000余辆。企业落实实名收寄率达到90%以上，散件收寄实名率已达到100%，获得国家邮政局认可。

天水市邮政管理局续加大推进快递物流园区建设工作力度，由原天水建工机械市场改造升级初步建成快递园区，韵达、申通、汇通、国通、全峰、京东、天天、优速8家快递企业分拨中心已入驻。增强服务“三农”精准扶贫能力，大力推进“一地一品”工程，以“快递+特色农产品”为抓手，督促动员寄递企业全力打造“快递+樱桃”样板项目，樱桃收寄量也较去年增幅明显。2017年共收寄樱桃60.12万件，占总产量的5.6%，实现产值7575万元，较上年增长233%。发挥项目引领作用，拓展开发“一市多品”示范项目。2017年共收寄蜜桃21.58万件，共计890.4吨，实现产值2415.2万元。推进邮政业服务制造业向全产业链拓展，产业协同呈现新起色，天水邮政速递服务华天电子成为全省“快递+制造业”亮点项目。2017年，服务形成的累计业务量28.8万件，服务形成的累计业务收入533万元，直接服务的制造业累计产值约29.4亿元，比2016年同期增长110%。行业精神文明创建工作成效显著，共青团天水市委决定授予中通快递秦州市场部和天水市韵达总公司2家快递企业青年集体获市级“青年文明号”荣誉称号，兰州顺丰速运有限公司天水分公司运营管理员蒋涛获“青年岗位能手”荣誉称号。积极与农业局植保站进行沟通协调，印制最新版的《天水市危化品生产销售企业名录》和《天水市快递企业从业人员群防群治安全手册》近2000册下发企业，增强企业对毒品和危化品等违禁品的防范能力。

武威市邮政管理局有效推进“快递下乡”工程，快递乡镇覆盖率达87%。全市快递网点标准建设率已达88%，其中城区网点标准化建设率达90%，农村网点标准化建设率达87%。助推快递企业获民勤县电商办500万元资金扶持，建成现代化快递园区1个，入驻企业6家。民勤县18个乡镇在资金政策扶持下全部设立快递超市，实现全县快递下乡100%目标。“三不”治理成效显著，22个品牌企业分拣场地改造升级。研究制定了《邮政行业安全生产监督考核办法》《安全事故隐患排查治理和安全风险分级管控制度》《快递企业诚信体系建设实施方案》，形成组合拳。依托甘肃省政务服务监管平台，开展“双随机、一公开”工作，完善“四库一细则”，归集邮政、快递企业奖惩信息，联合相关部门实施惩戒，开展企业诚信体系评价工作。

陇南市邮政管理局争取资金支持，积极推动“快递下乡”工作。各县区政府对上年度支撑电商发展突出的快递企业给予了数量不等的补贴奖励，共计奖励资金23万元余元，对宕昌县邮政公司建成县乡村三级物流体系专项奖励100万元，累计争取对邮政快递行业奖励资金123万元。创新发展方式，文县政府和邮政公司合作建设、共同运营村邮站。在积极沟通协调下，文县政府下发了《文县村邮站建设实施方案》，并出台了《文县村邮站运营管理办法（试行）》，探索出了一条“政企共建村邮站、村主任担任村邮员”，并将村主任承担村邮员职责，纳入了村级政府的考核体系之中，解决了农村投递“最后一公里”难题。宕昌邮政成省内首家承担三级物流体系建设项目的单位。共计获得政府专项补助资金474.09万元，奖励资金100万元，负责县乡村三级物流体系的建设运营，现已建成投运。推动快递电商扶贫效果明显。利用陇南农副土特产品品种多的优势，先后促进形成了“快递+礼县苹果”“快递+成县核桃”“快递+两当狼牙蜜”“快递+武都橄榄油”等品种众多的“快递+特色农产品”寄递渠道支撑的农村土特产品销售超过11亿元。组织快递企业开展了“8·8”暴洪泥石流自然灾害后救灾工作。先后多次深入武都区琵琶镇谈坝村，认真开展精准脱贫帮扶工作。进一步形成齐抓共管的监管合力，落实了县区交通运输局的监管责任，先后两次组织召开县级交通运输局邮政监管业务会议，并把寄递行业安全监管责任落实到了各县区交通运输局的责任书中。

张掖市邮政管理局积极推进县区制定出台扶持措施，2017年3月6日，张掖市山丹县政府出台了《关于加快推进快递业发展的实施意见》；2017年4月3日，张掖市甘州区政府出台了《关于加快推进快递业发展的实施意见》，进一步细化了工作任务，靠实了部门责任。积极推进“快递+”工程。结合精准扶贫工程，引导邮政企业利用平台优势整合线上线下资源，培育邮政+特色农产品项目，共建成邮乐购站点228个，挖掘开发特色农产品58种，直接和间接参与销售农特产品800多吨，销售额达1300多万元，带动电商快递包裹40万件，带动农民增收200多万元，其中临泽小枣寄递项目被国家邮政局列为“一市一品”示范项目，被邮政快递报专版报道。顺丰、德邦快递重点发展牛羊肉和鲜牛奶冷链快递，日均发件量500件以上，月销售额大200多万元。圆通快递自主研发"圆通商城"电商平台，并借助金张掖北纬38度农特产品电商平台，大力发展地方农特产品和日用快销品，2014年至今，累计完成寄递收入300多万元。全力推动快递园区建设，园区占地50亩，建成高标准仓库2栋，建筑面积9000平方米，硬化路面6000平方米，"四通一达"5家企业已入驻，其他品牌快递将陆续入驻。

五、快递市场存在的突出问题

一是邮政业整体规模较小，基础设施落后，服务能力和水平还不能有效满足消费者日益增长的用邮需求。

二是城乡之间发展不协调，进出口不均衡，企业用地、融资、末端投递等方面仍存在较多困难。

三是行业安全形势较为严峻，监管力量和能力还不能适应行业高速发展的需要。

青海省快递市场发展及管理情况

一、快递市场总体发展情况

2017年，青海省邮政行业业务收入（不包括邮政储蓄银行直接营业收入）累计完成8.0亿元，同比增长22.4%；业务总量累计完成6.0亿元，同比增长24.4%。其中，快递企业业务量累计完成1449.7万件，同比增长34.4%；业务收入累计完成3.9亿元，同比增长29.3%（表7-29）。

表7-29 2017年青海省快递服务企业发展情况

指 标	单位	2017年12月		比上年同期增长(%)		占全部比例(%)	
		累计	当月	累计	当月	累计	当月
快递业务量	万件	1449.7	145.2	34.4	2.2	100.0	100.0
同城	万件	358.6	35.9	107.1	4.7	24.7	24.7
异地	万件	1090.5	109.3	20.5	1.4	75.2	75.3
国际及港澳台	万件	0.6	0.1	8.7	23.0	0.04	0.04
快递业务收入	亿元	3.9	0.4	29.3	-1.7	100.0	100.0
同城	亿元	0.5	0.1	129.7	-0.5	12.7	11.7
异地	亿元	2.2	0.2	13.0	-7.4	56.1	56.7
国际及港澳台	亿元	0.03	0.00	-18.8	-12.5	0.7	0.6
其他	亿元	1.2	0.1	42.8	10.5	30.5	31.0

二、行业管理工作及主要成效

党的建设进一步加强。全面落实"两个责任"，切实把全面从严治党向纵深推进，全系统党的领导进一步强化，党的建设进一步加强，党员干部干事创业的热情进一步激发，行业改革发展的动力进一步增强。一是深化思想建设。以推进"两学一做"学习教育制度化常态化为载体，通过领导干部讲党课、专题培训、演讲比赛、知识测试、交流研讨、召开民主生活会和组织生活会等形式，深入学习习近平新时代中国特色社会主义思想和党的十九大精神；严格落实每月一次中心组学习和每季度一次党组中心组（扩大）学习会制度，扎实推进理论武装。二是细化组织建设。成立党建工作领导小组，制定党建工作计划，加大党建工作目标考核分值，规范党组议事程序、党组会议记录，坚持"三重一大"事项党组会议集体研究，健全党群机构设置，推动"三会一课"等党的组织生活规范化、制度化。三是实化巡视整改。针对国家邮政局党组第一巡视组巡视反馈意见，青海局党组切实担当起巡视整改主体责任，以加强党的建设为总抓手，以最坚决的态度、最有力的举措、最严明的纪律抓整改。将巡视反馈的5大类18个方面问题，细化分解为48项整改措施，每一项整改措施均建立清单、明确任务、落实责任，实行台账推进、挂账销号、动态管理，圆满完成巡视整改任务，加强了薄弱环节，强化了执行能力，夯实了基础工作。四是常化党风廉政建设。通过开展主题警示教育月活动、举办纪检监察工作培训班、参观廉政基地、通报典型案例等形式加强党风廉政宣传教育。严格落实中央八项规定和省委省政府21条措施，开展接待费、会议费、培训费、差旅费、津补贴、违规取酬等问题自查、抽查、专项整治，狠抓春节、端午、中秋等关键节点工作纪律，驰而不息防止“四风”反弹。依规依纪给予1名干部纪律处分，对1名干部进行诫勉谈话。五是严化干部队伍建设。认真落实个人事项报告、约谈、诫勉等制度，加强干部监督。开展非领导干部职数专项清查和干部档案专项审查“回头看”。健全目标责任体系，扎实做好目标责任考核工作，有力地促进了干部队伍的作风效能建设。六是强化制度建设。制定《巡查督查工作办法》《办理党员干部违规违纪问题线索工作细则》《大额货币资金支付审批办法》《任职回避和公务回避暂行规定》《领导干部省内异地交流任职相关问题暂行规定》等制度，以制度管人管事管权的笼子越扎越紧。

行业发展环境进一步优化。一是大力争取政策支持。省政府将快递业发展纳入2017年全省服务业发展重点行业，将邮政业融入《青海省降低实体经济企业成本实施意见》《青海省推动落实“互联网+”高效物流专项行动方案》《2017年全省现代物流工作要点》等政策体系。二是推动政策落地见效。深入落实省政府《促进全省快递业发展实施意见》，全省8个市州全部出台促进快递业发展配套政策。西宁局、海西局、海南局、海北局共落地财政资金163万元。为243辆邮政、快递车辆减免552万元高速公路通行费。三是加强规划引领。制定落实《青海省邮政业发展“十三五”规划》任务分工，开展年度规划实施监测评估，规划的发展引领作用进一步增强。实施加快推进邮政业供给侧结构性2017年行动方案，有力地推动了全行业转型升级、提质增效。四是深化“放管服”改革。优化快递经营许可和普遍服务两项审批业务流程，缩短时限、提高效率，组织开展涉企收费项目自查自纠，努力为促进就业创业降门槛，为市场主体减负担，为公平营商创条件，为群众办事生活增便利。

行业发展根基进一步坚实。一是优化网络布局。引导建成青海省第一个快递物流产业园——湟中县贵强快递物流园。圆满完成快递进高校目标，全省12所高等院校实现快递全覆盖。持续推进快递下乡，快递乡镇覆盖率达到41.5%，较2016年提升22个百分点。大力推动快递网点标准化建设，标准化率达到69%。二是推动服务升级。认真实施2017年邮政业更贴近民生7件实事，全省县级城市党政机关党报当日见报率达到37.5%(15个县)；城区包裹全部实现按址投递；实施“一地一品”、建制村直接通邮、快递下乡、村邮站、电商综合服务平台等工程，有效提升了邮政、快递服务“三农”能力；智能快件箱等快递末端投递服务设施进一步完善；“摆地摊”乱象有所减少；放心消费工程成效初显，基本实现“不着地、不抛件”；成功举办全省首届快递员职业技能大赛，开展快递员(投递员)权益保护专题调研，快递员(投递员)职业形象、权益保护水平进一步提升。会同省交通运输厅开展农牧区交邮融合发展调研，通过交邮合作实现果洛州玛沁县两个乡12个建制村通邮。组织开展邮件快件时限测试、服务满意度调查，帮助企业查摆短板、改进服务。加快推进行业信用体系建设，制定《加强快递业信用体系建设考核实施办法》，建立快递企业信用体系管理档案，开展“诚信快递、你我同行”主题活动。

行业发展秩序进一步规范。不断强化监督检查。深入推进“双随机、一公开”,建立随机抽查事项清单、检查对象名录库和执法检查人员名录库“一库两单”,并按照“双随机、一公开”要求,扎实开展执法检查。全省各级邮政管理部门出检5512人次,查处违法违规行为456起,给予行政处罚74起。组织开展社会监督1699人次,监督邮政网点1404个,走访用户1763人,收到意见建议321条,反馈问题48个。切实维护行业安全稳定。严格落实三项制度,收寄信息化率达到70.64%,散件实名收寄信息化率达到99.78%,居全国前列;通过企业自筹、政府支持等方式投入资金1259.89万元(其中,政府支持资金212.2万元),新配安检机99台,较2016年增长206.25%,全省安检机达到147台,基本实现县级出口快件“应检必检”。完善县级行业安全监管组织架构,海西、海北、果洛3个州成立县级寄递渠道安全管理领导小组。扎实开展矛盾纠纷化解,受理申诉2552件,为消费者挽回经济损失12.38万元。圆满完成金砖国家领导人会晤、党的十九大、“双11”等重要节点和服务旺季寄递渠道安保工作。配合有关部门认真开展扫黄打非、禁毒、反恐等工作。确保了全省邮政业安全生产形势持续稳定。

服务支撑水平进一步提高。全面强化业务培训,组织开展了依法行政、新闻宣传、机要保密、机关综合业务、纪检监察、财务统计、“七五”普法、精神文明建设等一系列培训。有效加强财务管理,深入排查各市州局财务运行管理中存在的问题,开展固定资产管理专项整治、项目经费使用专项检查,完善内控制度。加强网络和信息化工作,开展保密专项检查,强化门户网站管理。着力做好统计工作,加强统计运行分析、考核和范围调整。不断完善新闻宣传工作,健全考核办法,加大通报力度,全系统稿件数量质量显著提升。

三、砥砺奋进的五年

党的十八大以来,青海省邮政管理局抢抓机遇,真抓实干,以做大、做强、做优全省快递业为宗旨,以解决制约快递业发展的突出问题为导向,着力优化行业发展环境,完善快递服务网络,规范快递市场秩序,推动快递企业转型升级,实现了全省快递业持续快速健康发展。2017年,全省快递服务企业业务量累计完成1449.71万件,较2012年增长405.65%,年均增长38.28%;业务收入累计完成3.88亿元,较2012年增长294.14%,年均增长31.56%。服务网络不断拓展,省级注册及备案快递企业40家,较2012年增长81.82%;全省快递分支机构472个,较2012年增长626.15%;快递服务网络市(州)覆盖率达100%;本地品牌快递企业达到4家。用户申诉满意率排名全国前列,消费者对我省邮政业消费者申诉中心调解工作的满意度为100%,对快递企业申诉处理的满意度为97%,较2012年有大幅提升。快递服务能力不断增强,快递服务车辆1452辆,较2012年增加868%;快递从业人员4515人,较2012年增长464.38%。行业发展态势高位运行持续向好,为民实事推进成效显著,全省快递市场呈现出多元主体竞合、多层次服务共生的发展格局。

四、各市(地)主要管理工作概况

西宁局全面完成智能包裹柜安装、村邮站建设等5项纳入市委市政府重点民生实事的项目,对46家寄递企业和营业网点给予70万元服务业发展专项资金支持,指导百世快递建设集电商、快递、仓储为一体的特色产品平台并获市商务局20万元项目资金。

海南局大力推动“电子商务+村邮站”建设,根据农业村和牧业村的需求不同,建设与之相适应的“电子商务+村邮站”56处,2017年,累计完成实现线上交易额692.9万元,配备助农取款机10台,实现助农取款金融交易8.9万元。利用“电子商务+村邮站”的发展优势,结合政府提出的精准扶贫,将“电子商务+村邮站”发展与扶贫工作相结合,帮助贫困农牧民实现脱贫。

海西局不断优化发展环境，分别出台海西州、格尔木市快递业发展政策文件，海西局、海西州邮政分公司、格尔木市邮政分公司、格尔木顺丰速运、天峻县圆通快递、乌兰县申通快递先后获批州县两级政府435万元资金支持。精神文明建设迈出较大步伐，荣获“2014－2016年州级文明单位”。

海北局不断推动诚信体系建设，联合28个部门签署《失信企业协同监管和联合惩戒合作备忘录》。祁连县邮政分公司获得祁连县电子商务资金支持，门源县青石嘴圆通成立电子商务服务中心，祁连的鹿茸片、门源的菜籽油、蜂蜜、刚察的藏香猪及海晏的青稞炒面等纳入当地农特产品进城项目。

果洛局大力推进交邮融合，协调玛多县邮政公司与当地客运公司签订代投协议，由客运班车代投扎陵湖乡和黄河乡的报刊邮件。联合团州委在全州积极开展邮政行业青年文明号活动和果洛州首届“最美投递员”评选活动。

五、快递市场存在的突出问题

一是业态不平衡。表现为传统性业务和竞争性业务不协调，新兴业态发展迅速，基本公共服务虽稳步推进，但与新业态相比尚有一定差距；邮件快件进出口不均衡，出口件与进口件比例约为1∶5，成本高、利润低。

二是区域不平衡。表现为城乡不均衡，部分偏远农牧区群众无法享受到邮政基本公共服务；区域不协调，西宁、海东、海西等地相对较好，其他地区差距较大。

三是管理不平衡。表现为邮政企业、品牌快递企业管理水平较高，服务质量较好，员工保障比较到位，小微快递企业则小而散问题突出，经营管理粗放，中高端人才缺乏，员工保障水平不高；同时，行业监管力量、手段、能力与行业发展形势不适应。

四是发展程度不充分。模式创新、产品创新、服务创新和管理创新能力不强，难以提供多层次、多品种、多样化的中高端服务。行业应用先进技术装备、低碳绿色水平不高。

五是发展联动不充分。与综合交通运输体系、电子商务、制造业、农牧业、旅游业等相关产业的衔接协同程度还不够深。

宁夏回族自治区快递市场发展及管理情况

一、快递市场总体发展情况

2017年，宁夏回族自治区邮政行业业务收入（不包括邮政储蓄银行直接营业收入）累计完成16.3亿元，同比增长7.5%；业务总量累计完成15.3亿元，同比增长0.8%。其中，快递企业业务量累计完成3721.5万件，同比增长14.8%；业务收入累计完成6.8亿元，同比增长15.7%（表7-30）。

表7-30　2017年宁夏回族自治区快递服务企业发展情况

指　标	单位	2017年12月		比上年同期增长(%)		占全部比例(%)	
		累计	当月	累计	当月	累计	当月
快递业务量	万件	3721.5	369.6	14.8	5.5	100	100
同城	万件	898.7	93.8	35.8	12.9	24.1	25.4
异地	万件	2820.7	275.6	9.5	3.2	75.8	74.6
国际及港澳台	万件	2.0	0.2	-36.6	-35.7	0.05	0.04
快递业务收入	亿元	6.8	0.7	15.7	7.4	100	100

续上表

指　标	单位	2017年12月		比上年同期增长(%)		占全部比例(%)	
		累计	当月	累计	当月	累计	当月
同城	亿元	1.0	0.1	38.6	12.4	14.0	14.7
异地	亿元	4.0	0.4	2.6	-1	59.5	57.8
国际及港澳台	亿元	0.05	0.0	-23.3	-26.3	0.7	0.5
其他	亿元	1.75	0.2	48.2	28.8	25.8	26.9

二、行业管理工作及主要成效

补齐行业发展短板。推动自治区人民政府出台《关于促进全区邮政和快递服务业健康快速发展的实施意见》,着力优化行业发展环境。《意见》聚焦全区邮政业发展瓶颈、短板和弱项,提出了49项政策点,力度大、含金量高、导向性强,为全区邮政业健康快速发展提供了坚实保障。组织建立了贯彻落实《意见》的工作机构和工作机制,通过召开动员会、制定工作方案、定期督导等方式,深入推进《意见》主要任务和政策措施落地实施。积极会同自治区发改、财政、交通、公安、商务、综治等32家区直部门召开座谈会,进一步明确各部门的分工责任、落实举措和配套政策。积极指导各市出台相应实施意见,目前,石嘴山、吴忠、中卫三个市结合实际印发了相应的落实意见。

放管结合优化服务,增强行业发展活力。严格按照《进一步优化快递业务经营许可工作实施方案》采取"一次性告知"和全流程网上审批工作模式,进一步优化了许可备案流程,提升了许可审批效率。指导市局认真开展好快递业务许可年度报告工作、分支机构备案、变更等各项工作,鼓励通过QQ业务交流群、微信等形式开展审批备案资料预审查,提高了申请资料的完整性和审批备案的通过率。2017年共核发许可证19张,完成快递企业变更、换发183家/次。同时组织开展了非行政许可审批事项清理和涉企收费自查工作,严格规范、控制新增审批事项及自行设立的审批、核准、备案、登记等事项,有效释放了市场主体活力。

推广"平罗模式",推动邮政服务农村电商发展。继续总结推广"平罗模式",调动邮政企业积极参与全区"电子商务进农村综合示范"建设,在"村邮乐购"电商服务站加载普遍服务业务,拓宽服务领域,叠加服务品种,提升服务质量,打造"多站合一"的农村综合服务平台。协调邮政企业召开了"平罗模式"现场推进会,按照"分步实施、示范带动"的发展思路,将贺兰、灵武、平罗、惠农、同心、西吉等10个县市定为"平罗模式"示范达标县。目前,在各市县政府的大力支持下,各县邮政企业承建的电子商务进农村仓储物流配送项目均已启动,灵武、平罗、盐池、泾源、中宁等县市均已建成县级邮政电商产业园服务中心、乡镇"村邮乐购"电商服务站,并享受农村电商物流补贴政策。2017年新建"村邮乐购"站点126处,全区农村电商示范县共建成"村邮乐购"站点343处。

推动邮政业科技创新和绿色发展。推广应用数据分单、数据派单、自动装卸传输分拣、快件托盘等实用技术,协调相关部门推动寄递企业应用平台融入本地城市移动互联、物联网、大数据、云计算等"智慧城市"综合信息平台,为消费者提供更优质更便捷服务。按照国家邮政局推进快递业绿色包装工作部署要求,出台《宁夏邮政业绿色环保行动纲要》,以邮政业绿色化、环保化、可循环为目标,引导企业主动承担社会责任,全面推广使用电子面单、中转箱、环保袋等设备,行业绿色发展初显成效。

狠抓行业基础建设。进一步加强末端网点建设。启动"快递入区"工程,在全区城市推动开展社区快递配送末端公共服务平台建设,加强公用性快递配送节点建设,综合利用社区连锁超市、药店、电信等网络资源建设"快递驿站",鼓励开展共同配送，提高配送效率，截至目前全区共建成快递末端公共服务站65个。积极推进快递进校区工作，全区18所高校实现快递入校服务。鼓励支持智能快递柜建设，全区累计安装1350组智能快件箱。在农村大力推进“快递向下”延伸工程，积极引导快递企业在乡镇农村布局服务网点，开展快递“进村”共同配送，推广“快邮合作、抱团发展”方式，全区150个乡镇网点覆盖率达到94%，末端投递难题得到有效解决，“农产品进城、工业品下乡”双向通道更加畅通。深入推进寄递行业精准扶贫工作。结合《宁夏寄递行业精准扶贫实施方案》，组织开展“一市一品”农特产品进城示范项目申报工作，全区共确定“一市一品”农特产品进城示范项目5个、季节性项目1个，2017年农特产品进城配送量达到1812吨。协调相关部门为寄递企业、电商、种植农户三方合作创造条件，通过设置原产地临时配送网点、推介优质大客户、举办特色农产品配送推介活动、加大新闻宣传力度等方式给予大力支持。引导寄递企业依托自有电商平台和推广渠道，发展服务产地直销、订单生产等农业生产新模式，提供全程的包装、储藏、运输、销售解决办法，为全区2000余种特色农产品拓展了销路，有效解决了农村消费渠道不畅、流通成本偏高、销售价格偏低等难题，促进了全区农业产业结构调整、农村经济社会发展及农民增收致富。各市局还组织快递企业通过教育扶贫、养殖扶贫、就业扶贫等方式，开展了贫困村、贫困户结对帮扶工作。

提升行业服务水平。坚持规划引领，抓好“十三五”邮政业发展规划宣贯工作。区、市两级均成立了规划宣贯协调机构，出台邮政业“十三五”规划宣贯工作方案和重点任务推进分解表。组织举办了规划宣贯培训班，全面提升规划监测评估工作水平。同时主动向地方党委、政府汇报，加强同相关部门沟通协调，努力将促进行业发展各项工作纳入地方经济社会发展的总体布局共同推进。

坚持规范化标准化引领，持续巩固深化快递服务规范化标准化建设效果。按照国家邮政局最新出台的相关标准和文件内容，在广泛征求意见建议基础上，对原《宁夏快递服务规范化标准化实施办法》进行了修改补充，将原《办法》从服务能力、场所标准、操作环节、人员管理、安全管理、企业文化建设等方面110个环节归纳为7大项23小项109条内容，并推动制定《快递服务》地方标准，着力打造快递服务规范化标准化升级版。持续动态考核规范化标准化建设成效，建立快递行业标准化建设工作长效机制，全区665个快递网点全部完成升级改造。国家邮政局在宁夏召开快递网点标准化建设现场交流推进会，“宁夏快递网点标准化建设经验”在全国得到推广。

坚持政策引领，着力解决制约行业发展瓶颈问题。争取自治区人民政府先后印发了《关于推进线上线下互动加快商贸流通创新发展转型升级的实施意见》《关于加强物流短板建设促进有效投资和居民消费的若干意见》等一系列政策文件，均明确提出了推进县、乡、村三级农村物流快递网络建设，健全城市、农村物流快递配送网络等工作任务和保障措施。协调有关部门将邮政业安全中心运行经费200万元及安检机补贴450万元纳入地方财政预算。自治区发改委出台服务业发展引导资金管理办法，支持建立完善快递物流配送机制，石嘴山市名优特农产品O2O电商快递运营中心、固原彭阳县特色农产品电商物流配送项目被列为支持项目。主动融入“一带一路”建设，引导鼓励顺丰、EMS、韵达等快递企业入驻银川综合保税区国际快件监管中心，开展跨境寄递业务，开辟了国际寄递物品快速通道。协调圆通航空在宁夏开通全区首个全货运定期航班，为自治区打造区域货运集散中心奠定了基础。指导银川电商物流园积极申报中国快递示范园区，积极推进区、市、县三级快递物流园区建设，新建6个县级快递物流园区，全区三分之二的县建成快递物流园。

推进法治邮政建设。严格规范市场经营行为。严厉查处“无证无照”、超业务范围、地域范围,以及非法加盟、代理经营快递业务等违法行为,全面净化市场,优化市场秩序。推进快递末端网点备案,规范快递末端网点建设。组织开展“不着地、不抛件、不摆地摊”专项治理,督导企业按照标准和规范组织生产经营、规范业务操作流程,处理和营业场所离地设施铺设率达到85%。认真落实协议客户管理办法,明确了协议客户的认定、备案、协议的签订和要件等内容,加强了协议客户的管理。全区开展专项检查、联合检查等1433次,出检3805人次,下发限期整改通知书140份,查处违法违规行为147次,行政处罚46起。

加强快递业安全监管。在全区推广“四色安全预警管理”机制,通过分等分级管理提升行业安全监管效能。严格落实企业安全生产主体责任,强化预防和源头治理,扎实推进三项制度落实。全面推广实名收寄信息系统,实名收寄率达到95%以上,在全国稳居前列。以落实收寄验视制度为重点,组织全系统宣传贯彻新修订的禁寄物品指导目录。继续推动邮政、快递企业配置安检设备,全区寄递企业配置安检机达到71台,90%以上市级主要寄递企业配置了安检机。扎实开展寄递安全综合整治、安全生产大检查、危化品寄递运输等专项检查活动,安排部署“安全生产月”“平安宁夏”建设等专项活动,有效提高了行业安全生产水平。强化重大活动安保服务和应急管理,圆满完成了“一带一路”国际合作高峰论坛、自治区党代会、中阿博览会、党的十九大及重要节假日期间的寄递渠道安保工作,坚决遏制了重大特大安全事故的发生。扎实做好“双11”等旺季服务保障,在全区邮件快件单日处理量突破100万件的情况下,圆满实现了“两不”“三保”目标。继续发挥自治区寄递行业安全监管领导小组积极作用,不断完善与综治、国安和公安等部门安全防范联合工作机制,联合推进实名收寄、禁毒、反恐、反邪防邪、打击侵权假冒等工作。

营造良好的行业发展政策法规环境。推动将《宁夏回族自治区实施〈快递暂行条例〉办法》列入2018年自治区立法调研论证项目。制定出台行业“七五”普法规划,建立了区市两级“谁执法谁普法”普法责任制。全区系统上下联动,先后组织开展了“全民国家安全教育日”“3·15消费者日”“宪法法律宣传月”“世界邮政日”等活动,通过集中宣传、发放宣传册、警示教育、征文比赛等多种形式对行业法律法规、政策、行业标准进行了宣传,为行业发展创造了良好的政策法规环境。

全面提升执法水平。进一步树立“严格执法、规范执法、公正执法、文明执法”理念,加强执法队伍建设,不断增强行政执法人员依法行政意识。按照区市两级邮政管理部门制定的权力清单和责任清单,进一步强化执法监督和执法公开,规范执法资格管理和行政权力运行,严防执法不严、执法不公行为。邀请法律顾问开展法律知识培训和行政处罚合法性审查,组织开展行政执法案卷集中评议,以评议代培训,逐步提高案卷制作质量、规范执法行为。继续开展法治邮政建设量化考核,全面、系统提升法治邮政建设水平。加强对市局执法检查信息系统使用的培训,持续推进行政执法信息化工作。

强化党风廉政建设。积极推进巡视整改工作。增强“四个意识”,积极配合国家邮政局党组第二巡视组开展巡视。结合实际研究制定巡视整改方案,对照巡视反馈问题制定了68项整改措施,并定人定责定时,实行挂号销账,精心组织推动整改落实。通过全区邮政管理系统共同努力,巡视组反馈的5个方面20项问题基本整改完毕,并纳入常态化落实机制,整改工作取得明显成效,全系统党风政风进一步好转,基础管理工作进一步夯实。

扎实推进“两学一做”学习教育常态化制度化。出台《关于学习宣传贯彻党的十九大精神的意见》,对学习宣传贯彻工作进行了系统安排部署,迅速掀起了学习贯彻党的十九大精神的高潮。制定下发了实施方案和年度学习安排,完善了党组中心组和基层党支部年度理论学习计划,扎实推进“两学一做”学习教育常态化制度化。局领导带头学习，带头讲党课，带头开展专题研讨，主动参加机关支部“三会一课”活动。机关党支部发挥教育管理党员的主体作用，统筹做好学习教育的具体安排，并加强了日常督促检查。印发了《加强和改进机关党的建设工作的实施意见》，积极开展基层服务型党组织建设星级管理考核，基层党组织凝聚力、战斗力得到提升。持续不断加强思想政治建设，把推进“两学一做”学习教育常态化制度化与邮政管理中心工作紧密结合，真正做到了两促进、两不误。

贯彻落实全面从严治党要求。修订完善局党组会议制度和《党组工作规则》，切实发挥党组议大事谋发展的领导核心作用。进一步加强领导班子建设，制定了《重大事项议事规则》《“三重一大”事项决策事项清单》《“一把手”末位表态制度实施办法》，严格执行民主集中制，提升了“三重一大”决策的科学化、民主化、法治化水平。继续完善重点环节、重点岗位、重点人员的廉政风险防控制度，组织开展了“廉政警示教育月”活动。出台《党风廉政建设主体责任和监督责任追究办法（试行）》，强化“一岗双责”意识。制定印发了纪检监察部门诫勉谈话和函询工作办法，完善提醒、函询、谈话、诫勉机制，规范监督执纪问责程序。认真落实中央八项规定精神及实施细则，进一步完善公务接待、办会审批、精简公文制度，规范津补贴发放、公务接待、公务用车管理制度，加大对隐形“四风”问题和党员工作纪律、履行职责、行使权力等方面的监督检查问责力度。举办全区邮政管理系统纪检监察干部培训班，提升了全系统纪检监察干部的监督执纪能力。严格落实密切联系群众制度，推动领导干部基层调研常态化、制度化。通过日常巡查随机询问、问卷调查、办件回访、受理举报投诉等五种方式，深入开展群众评议机关作风活动，作风建设取得较好成效。

夯实基础管理。加强自身建设。强化目标管理和重点工作督办催办，年初研究确定了100项重点工作目标任务，并层层进行了分解落实，明确责任和完成时限。年底组织各市局以“观摩互查”的方式对市局全年工作进行量化考评。扎实做好制度立改废工作，结合国家邮政局巡视整改要求，修订完善了一批人事、财务、党建等基础管理制度，用制度管权管事管人。进一步落实周、月工作总结、计划和工作例会制度，加强重点工作的督办督查，提升了整体工作计划性和系统性。举办了全区系统人事和财务培训班，协调自治区公务员局将公务员初任培训纳入地方统筹安排。加强优秀年轻干部的培养使用，共提拔交流优秀年轻干部9人次。继续强化新闻宣传、后勤保障、工会、协会等支撑体系建设，抓好公务员招录、档案、保密、会商系统建设等工作。不断强化政务公开及网站管理工作，连续多次受到国家邮政局通报表扬。健全完善区、市两级财务管理制度，强化预算全过程管理，不断健全财务内控管理长效机制，积极推进局机关及市局公务用车改革。各市局全部解决办公用房，并搬入新址办公。

加强行业精神文明建设和人才培养工作。组织开展了“诚信快递、你我同行”主题演讲比赛及全区邮政业职业技能竞赛，成功举办了全区邮政行业“汇聚梦想　放飞希望”文艺汇演，进一步提升了邮政行业文明形象。发挥全区邮政行业团工委的积极作用，引导1家快递企业成功创建2016年度全国青年安全生产示范岗。推动宁夏快递协会成功换届改选，指导石嘴山、吴忠、固原、中卫成立市级快递行业协会，银川局推动成立了全区首个非公快递企业党支部。联合自治区教育厅印发了《关于加快发展宁夏邮政行业职业教育的实施意见》，充分发挥全区教育资源优势，加强行业人才培养。认真组织开展快递业务员职业技能鉴定考试工作，完成快递业务员技能鉴定223人次。

抓好消费者申诉处理、社会特邀监督员管理及统计工作。进一步提高消费者申诉处理质量，重点解决“快件延误”“超区费”和“赔偿难”等社会反映强烈和严重损害消费者利益的服务热点问题。全年共受理消费者申诉2715件，有效申诉456件，申诉处理率达到100%，为消费者挽回经济损失7.5万元。加强邮政社会特邀监督员的管理和考核，逐步调整县、乡监督员比重，22名监督员覆盖全区所有市、县。扎实完成统计检查、报表制度布置培训、统计数据催报审核等工作，认真做好邮政行业统计分析工作，开展统计数据评估，为行业科学管理、优化决策提供了坚实的数据基础支撑。

三、砥砺奋进的五年

党的十八大以来的五年，是宁夏回族自治区邮政业发展极不平凡的五年。全区邮政业规模不断壮大，业务总量年均增速达到32%，增长速度快中趋稳；行业公共服务能力水平大幅提升，人民群众用邮的满足感和获得感不断提高；建立健全寄递渠道安全管理联动机制，实施综合治理和属地化管理，寄递渠道安全畅通平稳运行，行业监管能力和依法行政水平得到提高；市场竞争逐步加深，市场秩序日趋改善，发展质效不断优化，行业影响力持续提升，行业基础性先导性作用更加突出，为发展生产、惠及民生、拉动内需、降低流通成本、支撑新业态发展和推进经济转型升级作出了积极贡献。

四、各市(地)主要管理工作概况

在吴忠局的努力推动下，2017年10月24日吴忠市政府常务会议研究通过《吴忠市促进邮政和快递服务业健康快速发展实施意见》，协同解决快递业与电子商务协同发展、村邮站建设、交邮合作、邮政业安全中心建设等方面问题，为行业发展创造更加有利的环境。吴忠局与吴忠市、各县(市、区)政府及商务部门就协调快递园区建设事宜进行过多次对接，目前，吴忠市园区已经建成，并有部分企业入驻，盐池园区正在建设中，同心县与红寺堡区也已将园区列入政府建设计划中。多次深入红寺堡、利通区、盐池等县(市、区)人民政府协商对乡镇快递网点给予补贴事宜。目前，利通区已落实了对快递下乡网点的优惠补贴政策。

石嘴山局以快递协会为抓手，联合集中优化整合市域品牌快递企业，采取分区、划片集中建立城市社区综合服务站26个，探索先行快递统一配送网络体系，节约人力、物力、财力、运力，切实降低企业运营成本，最大限度地方便了客户与企业，实现了企业与群众的双赢。引导快递企业借助自治区及市政府“快递下乡”项目优惠政策资金，抱团合作主动深入16个乡镇先行布设村级示范电商点47个，乡镇覆盖率达到80%，行政村覆盖率达到24%，弥补乡镇、村级网点不足，提升农村快递服务水平。积极引导邮政公司以农村综合服务站、村委会公共服务平台，共建设村级邮站28个，达到14.4%，有效地提升了石嘴山市乡镇邮件快件公共收投服务水平，助推了“快递下乡”工程顺利推进。

固原局积极协调市政府出台《固原市人民政府关于促进邮政和快递服务业健康快速发展的实施方案》。主动向地方各级政府争取政策支持，推进县、乡、村三级农村物流快递网络建设，各县(区)政府先后出台相关政策引导邮政业与电子商务、农业、制造业协同发展，在农村电商快递物流配送、快邮合作、快递进农村进社区、快递园区建设、村邮站建设等方面给予资金和政策支持。原州区、西吉县、彭阳县、泾源县已全面建成电商综合服务平台，分别由原州区供销社、泾源县邮政分公司(平罗模式)、彭阳三泰物流分别负责所在县区的农村电商物流配送工作，快递配送县、乡、村三级网络已构建完成，实现了生产、加工、电子商务、快递的深入融合。全面推进快递“下乡”，全市快递下乡覆盖率已达92%，62个乡镇中除原州区炭山乡、河川乡、寨科乡，泾源县大湾乡、新民乡，其余57个乡镇快递服务已全覆盖。鼓励快递企业探索完善服务网络体系，支持有条件的企业参与快递网络延伸建设，加快在社区、校园、机关单位、农村地区的网络布局建设，鼓励快递企业与农村电商服务站合作建设村级末端服务网点，进一步优化快递网络均衡度，2017 年共新增 3 处综合投递服务平台，鼓励和支持第三方社会资源加快在社区、校区设置智能自助设施，全年共新增智能快递包裹柜 2 组。

银川局通过积极对接相关部门，推动《银川市快递业促进条例》列入人大常委会拟制定的立法项目。拟定了《关于促进全市邮政和快递服务业健康快速发展的实施意见》并送市政府审核；与银川市交通管理部门联合印发《关于加强银川市快递车辆绿色通行的通知》《关于加强邮政快递车辆进小区管理工作的通知》，积极协调相关部门，有效推进快递车辆停靠及进小区难问题得到进一步解决。在银川市“打好蓝天保卫战”实施市区机动车单双号临时限行措施后，积极对接环保、交警等部门，为 23 个品牌快递企业办理了 120 个车辆临时通行证。力荐银川市邮政分公司参与灵武市电子商务进农村综合示范项目建设，争取项目资金 1490 万元。积极引导快递企业整合人力、物力、财力资源，共同组建第三方配送企业，搭载商业服务、公共服务、快递服务和电商平台功能，打造十分钟城市生活配送服务圈。目前已建成 12 家快递服务站。依托银川智慧社区建设，协调日日顺、速递易、丰巢等快递柜运营商设立多种规格、形式、功能的快递柜，目前全市已设置 355 组智能快递柜。协调银川市相关部门召开顺丰牛羊肉寄递行业解决方案推介会，来自全区的 85 家相关企业参加，并与顺丰签署了合作协议。按照标准化建设的相关要求，大力推广，充电桩设备现已覆盖全市各品牌 80% 的网点，使用效果较好。在全市快递企业中提倡电子化寄递，采取电子快递单；提倡重复使用文件封，推广文件寄递使用“二次使用文件封”；在作业工具的利用上，推广可重复性营运工具；提倡使用可重复利用保温箱，为医药常温托寄产品进行专属使用，回收重复使用包材；推广使用轻便型红酒包装，旨在固化红酒运送的同时，降低包装过度使用。

中卫局积极向市人民政府汇报，印发了《中卫市邮政和快递服务业健康快速发展实施方案》。积极协调两县一区推进快递物流园建设。加强与中卫物流园区协调，促成了企业和园区的合作，先期引导中卫中通、中卫韵达等快递企业入驻发展。协调对接海原县政府及有关部门建成海原快递园区，邮政、申通、中通等 12 家企业进驻，享受“五通一平三免”优惠政策。认真做好《关于在沙坡头区规模住宅小区建通邮配套设施的建议》政协提案办理工作，会同市规划、住建等部门，从规划层面进行前期协调。积极引导企业和社会力量联合发展，努力解决末端投递问题，以荣盛连锁超市为载体建成服务社区“快递驿站”20 个，有效解决邮(快)件投递配送“最后一百米”难题。以获批全国快递服务农业示范基地为契机，推动快递电商深度融合发展。支持顺丰速递启动实施“枸杞鲜果，顺丰领鲜”中宁枸杞鲜果全国配送项目。充分利用硒砂瓜、清真牛羊肉等特色农产品优势，引导韵达、中通、百世、邮政 EMS 等企业依托线上平台及品牌知名度，延伸服务网络，促进“工业品下乡”和“农产品进城”。全年累计通过快递渠道配送枸杞鲜果 2.3 万件，枸杞干果及深加工产品 106 万件，其他农特产品 1.3 万件，实现产值 1.3 亿元。

五、快递市场存在的突出问题

一是提高行业供给体系质量和效益的任务还很繁重。行业供给体系质量不稳、效益不高，城乡区域供给不平衡，跨境寄递业务发展慢，中高端供给严重不足，新动能占比不大；行业分工不专，主体类型不丰富，末端基础不牢。

二是转变发展方式、完善邮政业生态体系的任务还很繁重。实现邮政业与上下游的协调发展、与科技金融人才等要素的协同发展、与社会资源环境的友好发展还有很大的拓展空间，被动发展局面尚未得到根本转变。

三是实现行业治理体系和治理能力现代化的任务还很繁重。邮政业产业波及效应日益显现，新业态新模式不断涌现，传统安全和非传统安全风险交织叠加，法规政策标准等制度供给相对滞后，监管力量、专业能力和资源条件不足，协同治理有待加强，诚信文明水平、行业文化等软实力有待丰富提升。这些都需要全区邮政管理系统在今后工作中认真加以解决。

四是快递企业推广使用绿色包装难度大。目前全区快递企业普遍较小，经营能力较弱，生存较为困难，推广使用绿色包装成本高，难度大；且根据各大品牌快递企业运营模式，面单、包装袋等产品均从总部购买，加盟快递企业没有自行购买使用绿色包装袋的权利，因此建议从快递企业总部自上而下推行绿色包装推广普及，提升绿色包装使用率。

五是快递企业乡村末端网点管理难度大。由于末端网点备分布太广，基层监管部门人员偏少，又没有执法车辆可供使用，监管难以全面覆盖，监管难度大，监管成本极高。

新疆维吾尔自治区快递市场发展及管理情况

一、快递市场总体发展情况

2017 年，新疆维吾尔自治区邮政行业业务收入（不包括邮政储蓄银行直接营业收入）累计完成 43.0 亿元，同比增长 13.4%；业务总量累计完成 32.5 亿元，同比增长 18.3%。其中，快递企业业务量累计完成 9042.4 万件，同比增长 4.4 %；业务收入累计完成 19.0 亿元，同比增长 9.3 %（表 7-31）。

表 7-31 2017 年新疆维吾尔自治区快递服务企业发展情况

指 标	单位	2017 年 12 月		比上年同期增长（%）		占全部比例（%）	
		累计	当月	累计	当月	累计	当月
快递业务量	万件	9042.4	876.2	4.4	-15.6	100.0	100.0
同城	万件	1882.6	203.3	22.1	21.6	20.8	23.2
异地	万件	7126.2	669.4	0.4	-23.0	78.8	76.4
国际及港澳台	万件	33.6	3.5	46.9	107.0	0.4	0.4
快递业务收入	亿元	19.0	2.0	9.3	-8.9	100.0	100.0
同城	亿元	2.5	0.3	30.7	29.3	3.3	13.0
异地	亿元	11.2	1.3	-0.7	-15.9	59.3	62.9
国际及港澳台	亿元	0.2	0.02	-7.6	9.0	1.3	1.1
其他	亿元	5.0	0.5	29.4	-3.8	26.1	23.1

二、行业管理工作及主要成效

党建工作水平全面提升。高度重视巡视整改工作，做到立行立改。新疆维吾尔自治区邮政管理局党组高度重视巡视整改工作，把整改落实作为一项首要政治任务来抓，多次召开专题会议进行研究部署，并召开专题民主生活会，对反馈的问题深剖细挖。根据国家邮政局党组第三巡视组反馈的 3 个方面 15 条问题和相关要求，列出整改措施 71 条，机关各支部、各部门和各地州市局党组主动担责、对号入座、积极认领，实施整改工作“销号式”管理，以“钉钉子”精神抓好整改，确立了整改工作问题清单、任务清单和责任清单，为整改工作有序推进绘制了“路线图”和“时间表”，切实做到反馈意见件件有剖析、巡视事项件件有安排、整改任务件件有落实，巡视整改工作取得明显成效。着眼长远，健全机制，修订完善党组成员分工、加强财务管理工作、机关党建述职评议等9项规章制度，印发局党组“三重一大”决策事项清单、合同管理办法等7个文件，建立整改工作落实情况跟踪问效、限期整改确保效果工作机制，提高党建工作在年度绩效考核中的比重，进一步健全整改落实长效机制。

以专项活动为契机，加强思想政治建设。紧密结合“两学一做”学习教育常态化制度化，深入开展“学转促”专题活动，采取丰富多样的学习教育方式，真正把党的思想政治建设抓在日常、严在经常。通过集体收听收看、党组中心组学习、党课教育、专题报告、辅导讲座、研讨交流、主题党日活动等方式，在全系统开展学习宣传贯彻党的十九大精神活动，着重在学懂弄通做实上下功夫。组织开展向吾布力喀斯木·买吐送同志学习活动，召开全系统党员干部“发声亮剑”宣誓承诺视频会议，集体公开向“三股势力”宣战。在同“两面人”作斗争发声亮剑活动中，全系统讲专题党课15人次，17个党支部、110余名党员公开宣誓承诺，撰写文章200余篇，印发宣传材料600余份，人员覆盖达870人次。

加强基层党组织建设，提高党建工作水平。印发党建工作要点，明确党建工作任务。召开专题会议，及时研究解决党建工作中的重大问题。坚持民主集中制，严格实行“三重一大”民主决策制度。落实“三会一课”制度，组织开展重温入党誓词、讲党课、党的基本理论和基本知识测试、主题党日活动，进一步提高组织生活的吸引力、感染力。从严从实开好专题民主生活会，牢固树立“四个意识”和“四个自信”，真正把党对一切工作的领导不折不扣地落到实处，进一步增强基层党组织的凝聚力和战斗力。

以廉政教育为抓手，不断夯实思想防线基础。持续深入贯彻中央“八项规定”、自治区“十项规定”以及国家邮政局“六项措施”精神。组织开展集中学习、参观廉政教育基地、观看廉政警示教育片、党纪党规知识网络答题、与各地州市局“一把手”面对面进行廉政谈话教育、听取党风廉政建设工作意见建议等活动，加强党纪党规教育，改进工作方法，筑牢廉政防线。在全系统组织开展办公用房面积、廉政风险防控、“优亲厚友”问题专项治理和会议费、软课题经费自查清理，深化标本兼治，强化不敢腐的威慑，扎牢不能腐的笼子，增强不想腐的自觉。用好监督执纪“四种形态”，全年受理信访举报3件、拟给予党纪处分2人。克拉玛依局紧盯问题易发多发的节假日，开展节前廉洁自律学习教育。阿勒泰局开展“以廉为荣，以贪为耻”的家庭助廉活动，构筑家庭助廉防线。

维稳安全和民族团结工作取得新成绩。“访惠聚”工作持续深化。自觉服务大局，克服困难，积极投身维稳安全工作，全系统共抽调26名干部参加驻村(社区)工作，重点围绕“一个目标、两项任务、五件好事”，不断把“访惠聚”工作持续推向深入。区管局驻村工作队先后开展24轮次入户走访，累计入户3740户次；组织升国旗宣讲、现身说法帮教大会、农民“双语”夜校等各类活动共计110余场次，参加群众达11300余人次；指导推进精准脱贫，争取到农业种植投资、养殖扶贫等6个建设项目，资金达280.51万元；累计慰问帮扶贫困村民688户3450人次，投入资金17.21万元。14个地州市局积极响应党委政府号召，坚持把稳定工作作为压倒一切的政治任务，扎实推进“访惠聚”驻村(社区)和“双语”支教工作，全力维护稳定大局。同时，积极联系、多方协调，争取项目和资金，为驻村(社区)办好事、实事。

“民族团结一家亲”活动持续深入。深入贯彻落实自治区党委决策部署，召开全系统“民族团结一家亲”活动动员大会并进行安排部署，经常性开展走访慰问、互帮互学、融情联谊活动，增进彼此感情,强化民族团结。全系统 129 名干部结对认亲 229 户,累计走访慰问 1778 次。区管局机关全年共 6 次赴和田市拉斯奎镇博斯坦阿勒迪村,开展结对认亲活动,走访亲戚 70 余人次。14 个地州市局认真落实具体要求,将“民族团结一家亲”活动转化为深入人心的自觉行动,建立“认亲联系卡”,定期走访慰问,主动帮扶解困,实现了常联系、常来往、增友情、增感情。

维稳安全工作持续落实。按照自治区党委反恐维稳工作的安排部署,全系统严格落实陈全国书记“四句话”“四件事”工作要求,建立健全维稳安全工作机制,落实干部下沉基层、“结亲周”、应急值守、值班备勤等各项任务,推动社会稳定和长治久安总目标各项措施在邮政管理系统落地见效。全系统干部下沉 336 人次,累计 566 天,与村民同吃同住同劳动,增进了与人民群众之间的血肉联系,切实巩固民族团结成果。伊犁局制定《伊犁州邮政管理局常态化维稳工作制度》,促进反恐维稳常态化、长效化。

行业发展环境持续优化。政策环境不断优化。规划引领作用凸显。与自治区发展改革委联合印发《新疆邮政业发展“十三五”规划》,规划系统总结了“十二五”时期新疆邮政业的发展成果,分析了未来五年的发展形势,明确了“十三五”时期邮政业发展的主要目标、重点任务和保障措施。全区 14 个地州市局全部发布“十三五”规划。组织开展 2017 年新疆邮政业“十三五”规划的监测评估工作。政策资金支持力度明显加大。《自治区物流及寄递企业购置 X 光安检机补助资金实施方案》《推进“十三五“时期建制村直接通邮工作实施方案》《关于组织开展“一市一品”农特产品进城示范项目的通知》等多项政策相继出台。争取寄递企业购置安检机补贴资金 8551 万元,2017 年已审核发放 1772.6 万元;发放农牧区投递员、机要通信和马兰军邮局等三项专项补贴资金共计 378 万元。地方政策体系日趋完善。制定《关于促进快递业发展实施意见目标和任务措施的分工方案》,指导督促各地州市局结合当地实际加快推进相关政策出台。目前,和田、喀什、吐鲁番、伊犁、阿克苏、昌吉、哈密、阿勒泰等 8 个地州印发促进快递发展实施意见,为全区快递服务发展营造了良好政策环境。

法治环境不断优化。积极争取地方立法。积极推进《新疆维吾尔自治区邮政条例》修订工作。从行业安全生产、智能快件箱建设、快递车辆城市通行难、争取政策补贴等方面提出提案建议,其中有关促进自治区快递业发展以及规范快递业务管理的建议已纳入自治区政协十一届五次会议提案。克州政府出台《克孜勒苏柯尔克孜自治州邮政管理办法》,并纳入自治州五年立法规划。发挥立法建议助手作用。结合行业发展实际,共完成《邮政管理系统落实国务院办公厅关于加快冷链物流保障食品安全促进消费升级的意见分工方案》《丝绸之路经济带核心区商贸物流中心建设实施方案》等 23 份政策文件和《快件航空运输信息交换规范》等 5 项标准的征求意见回复工作,确保法规、政策、标准制定过程中能够充分体现新疆邮政业发展需要。有序推进法律法规宣传教育。制定《2017 年普法依法治理工作实施方案》《“基层法治建设年”工作实施方案》等方案,全面落实“谁普法谁执法”普法责任制,大力开展法律法规宣贯工作,增强全行业法治意识,为邮政业发展提供了良好的法治软环境。加强行政执法监督。依法办理一起行政复议案件,组织力量对 27 个行政处罚案卷进行评查,对处罚金额较大或案情复杂的行政处罚案件进行指导,进一步规范基层邮政行政执法行为。

市场环境不断优化。认真落实简政放权要求,严格把控快递许可审批、变更、现场核查时限,进一步优化企业准入环境,切实减轻企业负担,提升市场活力。全年办理新增法人快递企业审批 54 件,全区法人快递企业达到 351 家;设立分支机构审批 320 件;快递许可证变更审批 226 件,分支机构信息变更审批 728 件;许可证注销审批 21 件,分支机构撤销审批 107 件。

行业发展能力持续增强。制定《新疆快递生产经营场所标准化建设办法》，积极推进快递网点标准化建设，全区快递网点标准化率达 63%。塔城局、哈密局率先建成营业场所标准化样板点，为“从试点示范向全区推广”提供可借鉴经验。顺利完成新疆邮政管理系统反恐维稳安全防范设备购置项目建设，升级改造自治区一级平台、新建 14 个地州市二级平台，接入邮政、快递营业网点 862 个、分拣中心 91 个，基本实现了邮政管理部门对寄递企业重点部位的实时监控，为提高邮政管理部门监管能力和水平提供了信息化支撑。各地州市局安防监控系统运行稳定，所购置的各类安全防范装备使用情况良好，增强了邮政管理部门自身反恐维稳安全防范能力。

产业协同项目进一步发力。稳步推进“快递三进”工程。积极搭建快递企业与第三方企业的合作平台，在大中专院校、居民小区等布局智能快件箱，促进高校、社区快递规范收投。全区 42 所高校实现规范收投，规范收投率达到 91%。积极推进“快递下乡”工程，全区乡镇快递网点覆盖率接近 30%。推广“农产品 + 快递”模式，深入挖掘地方特色农产品，拓展农产品上下游产业，催生寄递行业新业态，开辟发展新空间。全面推进“一市一品”项目建设，全区累计建成邮乐购站点 1726 个，申报“一市一品”农特产品进城示范项目 13 个，参与农特产品进城配送 487.13 吨，农特产品交易额 2649.18 万元，带动电商快包业务收入 741.02 万元。哈密局与两所高校签订快递入校规范服务框架协议，由校方统一管理妥投快件，引导快递企业有序为在校师生提供快递服务，起到了良好的示范效应。

邮快融合进一步发展。积极推进邮政企业构建开放共享、功能集成的服务体系，因地制宜加快推进邮政与快递合作，提高邮政基础设施利用效率。博州、塔城积极探索农村地区邮政快递合作模式，初步实现了邮政企业为快递企业代理投递农村地区快件。

人才队伍素质进一步提升。执法人才队伍建设跨上新台阶。举办全区邮政行政执法培训班，提升全区执法人员执法能力水平。累计开展执法培训 2 次，共计参培 69 人次。组织编印《新疆邮政管理行政执法案例汇编》，通过实际案例学习，提升执法人员执法技能和办案能力。行业人才队伍培养迈出新步伐。全区共开展两批次职业技能鉴定考试，参加鉴定考生达 516 人。对 395 名申考人员进行了职业技能培训，覆盖率达 76.5%。在全区组织开展邮政行业“诚信快递 · 你我同行”主题演讲选拔活动，在全国总决赛中，区管局荣获组织奖，巴州局、塔城局 4 名推荐选手在全国取得较好成绩。联合自治区人社厅、教育厅、总工会和团委组织开展全国邮政行业职业技能竞赛新疆初赛，全区 17 家品牌企业、54 名参赛选手、16 名裁判员参与此次活动，为加快培养和选拔高技能人才、推进行业人才队伍建设，推进人才强邮战略奠定了良好基础。

依法监管水平有效提升。邮政市场监管力度持续加大。2017 年，全区邮政管理系统共检查寄递企业 5771 家次，出动检查人员 4018 人次，查处违法违规行为 1107 件，下达整改通知书 640 件，有效规范了市场秩序，保障了行业安全有序发展。寄递安全联合监管工作机制巩固深化。联席会议、定期汇报、情况通报、联合检查等部门协作机制日趋成熟，寄递安全日益受到各级党委、政府的重视和支持。昌吉局加强与兵团第六师、第八师综治委协调沟通，将寄递安全纳入 2017 年兵团平安建设行动重点工作。寄递安全制度不断完善。建立新疆邮政业重大安全隐患挂牌督办和追责问责制度，提升安全管理制度化、规范化水平。博州局实行安全生产网格管理，把监管任务明确到具体责任人，打造安全生产监督管理新平台。昌吉局组建首批快递行业专职安全员队伍，初步形成监管部门检查和企业自查联动工作制度。寄递安全监管体制建设取得突破。区管局积极向自治区人民政府申请成立邮政业安全中心。哈密局加强与地方政府协调沟通,伊州区、伊吾县、巴里坤县邮政业安全中心正式获批,实现安全监管重心下移、关口前移。寄递安全“三项制度”深入落实。大力宣贯《禁止寄递物品管理办法》,严厉查处不执行收寄验视制度行为。全力推进实名收寄信息化,举办实名收寄系统应用培训,对各地实施分片包干督导。截至去年年底,全区散件实名信息化率达到82%,初步实现了80%以上的工作目标。加强安检机配备和应用,全区寄递企业配备安检机数量达到2284台;印发《关于深入贯彻落实邮件快件过机安检制度的通知》,建立多层级安检制度。寄递安全专项整治和重要会议期间寄递安保深入开展。组织开展危险化学品寄递专项整治、寄递安全综合整治、邮政业安全生产大检查等整治工作。全面完成“一带一路”峰会、金砖会晤、党的十九大等重要会议期间寄递安保工作,为维护社会稳定和长治久安作出了积极贡献。服务保障能力有效提升。深入开展“双11”“双12”旺季服务保障工作,全面实现“三不”目标。面对2017年乌鲁木齐市、喀什等地邮政快递网点被关停,乌鲁木齐市电动三轮车禁行情况,区管局、相关地州市局积极应对,紧急与综治、公安等部门联系沟通,及时解决网点正常营业、旺季期间投递车辆通行问题,对保障邮政快递网络稳定畅通,发挥了积极作用。吐鲁番局全力协调解决高昌区邮件快件投递车辆禁行问题。双随机检查有效开展。制定《新疆邮政管理局随机抽查工作实施细则(试行)》,组织对南疆部分地州开展双随机督导检查,切实提升执法检查的规范性、有效性。2017年,全区共作出行政处罚决定204起,累计罚款196.85万元,停业整顿30起,有效遏制了企业违法违规行为。

基础支撑工作得到夯实。基础管理工作更加扎实。按期完成会商系统建设并投入使用。扎实开展办文办会,加强车辆、办公用品等使用管理。完善修订各项财务规范制度,加强财务预算收支管理。开展财务检查,以查促改,提高财务管理规范化水平。新闻宣传工作更加规范。完善“上下联动、沟通及时、信息畅通、反应迅速”的新闻宣传组织体系。加强与新疆电视台、广播电台、日报社等主要媒体的沟通联系,新闻宣传工作机制建设取得重要突破。2017年,共编发各类政务信息438期,报送报刊杂志专稿71篇,其中《国家邮政局政务信息》采用79篇,《中国邮政快递报》和《快递》杂志采用政务信息22篇。

人才强邮建设工作更加有序。修订《新疆邮政管理系统干部任免报审报备工作暂行规定》等制度,扎实做好领导干部个人有关事项报告、干部提拔任用纪实、干部考察文书档案规范整理和干部人事档案专项审核复核等工作。对14个地州市局进行工资管理专项检查。不断加强干部队伍建设,选优配强地州市局领导班子,顺利完成2017年公务员招考工作。组织开展人事干部培训,有效提升人事工作水平。统计、申诉支撑服务更加有效。不断提高统计服务水平,日常统计工作有序开展,组织开展行业统计检查和年度考核评优工作,有效提升地州市局统计工作实效。舆情监测常态化工作机制逐步成熟,舆情信息的分析研判能力和决策参考服务作用日益突出,全年共制作舆情周报51期(总第1029期)。强化落实邮政业消费者申诉与市场监管工作衔接联动机制,加强对申诉案件的调查处理,维护消费者合法权益。2017年,共受理消费者申诉26056件,为消费者挽回经济损失56余万元,消费者对申诉处理满意度为96.2%。

三、砥砺奋进的五年

党的十八大以来的五年,是新疆邮政业发展极不平凡的五年。在国家邮政局党组和自治区党委、人民政府的正确领导下,紧紧围绕全面建成与小康社会相适应的现代邮政业目标,主动适应经济发展新常态,认真落实“五个邮政”“打通上下游、拓展产业链、画大同心圆、构建生态圈”“三向三上”等一系列重大发展战略和政策措施，全区邮政业得到长足发展。

邮政业保持高速增长，服务地方经济能力显著增强。党的十八大以来的五年，全区邮政业业务收入(不包括邮政储蓄银行直接营业收入)累计完成167.59亿元，年均增幅13.63%；业务总量累计完成121.28亿元，年均增幅14.71%。快递企业业务量累计完成3.58亿件，年均增幅15.44%；业务收入累计完成68.81亿元，年均增幅20.95%，业务收入在自治区生产总值中占比由0.27%提升至0.39%。

邮政体制改革步伐加快，省级以下邮政管理体制构建新格局。14个地州市邮政管理部门组建成立，16个地州市邮政企业和78个县级邮政企业全部完成更名挂牌，建立健全了政府依法监管、权责关系明确、上下运转顺畅的邮政管理体制，为促进新时期邮政业发展提供保障。深化行政审批制度改革，实现2项行政审批权限的下放，简化许可备案程序，提高审批效能。

邮政基础设施日趋完善，普遍服务能力显著增强。全区现有1542个邮政局所、124个机要通信服务网点(包含县级以下投递站)、98个纪特邮票销售网点、8634个村邮站，补建空白乡镇邮政局所359个，基本实现了乡镇邮政普遍服务网点全覆盖。邮件实现妥投到户，基本构建了“覆盖城乡、惠及百姓”的邮政普遍服务体系。函件、包裹、报刊、机要、汇兑等各项邮政普遍服务和特殊服务寄递时限基本达到国家规定标准，服务满意度逐年稳步提升。

邮政业发展方式加快转变，发展质效不断优化。全区新增快递企业275家、分支机构1833家，快递企业及其分支机构达到2394家，其中乡镇快递企业网点实现了从零到607个的跨越，覆盖率接近30%；建立快件分拨中心超过140个，涵盖快递企业的物流园区14个。平稳实施“营改增”税制改革，助力行业结构调整转型升级。积极推动智能分拣等创新技术在邮政业的应用，逐步实现从粗放型发展方式向科学化、规范化的发展转型，逐步从“家庭作坊”式的小规模快递企业培育出3个年收入超亿元的大规模企业。

法治邮政建设深入推进，依法治理能力显著提升。推动出台《伊犁哈萨克自治州邮政管理条例》，协调自治区人民政府出台《关于促进快递业发展的实施意见》，各地州市局先后出台《关于进一步加强农村地区党报党刊投递工作的通知(喀什)》《昌吉回族自治州邮政管理局随机抽查工作实施细则》等多部规范性文件，地方性邮政法治体系日趋完善。建立全区寄递渠道安全管理协作联动机制和联系会议制度，会同综治办等16个部门联合印发《关于加强物流及寄递行业安全管理工作的意见》，实现了工商、公安、国安、综治等多个部门联合开展快递业综合治理行动。完善实施“收寄验视+实名收寄+过机安检”三项行业安全管理制度，推动寄递安全生产责任制的全面落实。

党的建设全面加强，风清气正的干事创业氛围更加浓厚。全区14个地州市局全部成立了机关党支部和群团组织，党的基层组织建设进一步加强。建立非公快递企业党组织8个，非公快递企业党建工作取得突破。深入扎实开展党的群众路线教育实践活动和“三严三实”专题教育、推进“两学一做”常态化制度化及“学转促”学习教育活动，积极参加“访惠聚”“民族团结一家亲”活动，全系统理想信念更加坚定、党性更加坚强。坚持从严治党、依规治党，严明党的政治纪律和政治规矩，把纪律挺在前面，立起来、严起来，执行到位，坚决贯彻落实中央八项规定精神，制定出台《中共新疆邮政管理局党组关于落实党风廉政建设党组主体责任和纪检组监督责任的意见》，着力推进“两个责任”刚性落实，深入推进党风廉政建设和反腐败斗争，营造风清气正的干事创业环境。

四、各市(地)主要管理工作概况

在积极申请成立邮政业安全中心方面，哈密局积极推动成立邮政业安全中心，下属巴伊州区、里坤县、伊吾县寄递行业安全监管中心正式获批。伊犁局积极向伊犁州党委、人大、政府请示成立州邮政业信息安全中心，同时建议州人民政府将信息安全中心人员经费及部分运行费用长期列入州财政每年支出计划并按时拨付。州政府承诺将每年拨付50万元，作为安全中心的运行费用。

在落实属地管理责任方面。巴州、博州、塔城、吐鲁番等局联合当地公安、经信等寄递安全管理领导小组成员单位，多次开展联合执法检查，取得了良好效果。昌吉局加强与新疆生产建设兵团第八师、第六师综治委协调沟通，将寄递安全纳入2017年兵团平安建设行动计划重点工作。

在落实寄递安全“三项制度”方面。昌吉局联合综治、公安等部门分别在昌吉市、石河子市和奇台县召开了邮件快件实名收寄信息系统推广应用动员部署暨培训会。阿勒泰局协调阿勒泰日报社，借助媒体力量广泛宣传安易递APP，争取用户理解和支持；组织印制并向寄递企业发放安易递漫画(市民版)、《禁止寄递物品管理规定》(汉哈双语版)等宣传挂图。喀什局邀请地区安全局、喀什机场安检站专业人员多次举办安检机操作培训班，对辖区邮政、快递企业安检机操作人员进行专业培训，确保过机安检制度落实。伊犁局建立了过机安检查获违禁品集中展示警示教育基地，多次组织邮政、快递企业近距离参观感受近几年查获的各类禁寄物品，警示企业切实提高安全防范意识，增强辨识能力，筑牢寄递安全基础。博州局通过向企业和群众发放三项制度宣传单和禁止寄递物品目录，提高广大群众对“三项制度”及禁限寄物品的知晓率。乌鲁木齐市局联合乌鲁木齐市公安局给寄递企业下发枪支、管制刀具、易制爆物品宣传画和图册，要求张贴到企业营业网点显著位置。克拉玛依局发布《关于明确寄递行业存储介质寄递相关问题的公告》，要求全市寄递企业在收寄光盘、U盘、存储卡、手机及一切包含存储功能的设备时，需进行现场查验及审读；对于无法查验或无法确定存储内容安全性的，要求用户前往辖区派出所运用专用设备进行查验，查验合格的经派出所出具证明方可收寄；对用户拒绝查验的，不予收寄；查验过程中发现涉暴、涉恐等内容的，交由公安机关进行处理。

在积极推进快递下乡、进校园方面，克州局积极与地方政府进行协调沟通，争取乡镇快递网点建设资金补贴，协助阿图什远航申通物流有限公司每季度争取财政补贴15万元，在阿图什市6乡1镇设立村级快递服务站，有效的推进了快递下乡工作。昌吉局推动在呼图壁县廿十里店镇、大丰镇等乡镇建设快递超市，代理申通、中通、圆通、韵达等主要品牌快递业务，运营情况良好。巴州局推动巴州邮政分公司与州商务局、供销社的合作，签订了战略合作协议，利用已建成的邮乐网，力促我州农产品进城，对和静县、尉犁县农村电子商务示范县电商包裹资费给予特殊优惠。哈密局协调巴里坤县商经委和邮政公司、圆通等四家快递企业签订了《巴里坤县邮政公司服务县域农村电商寄递协议》，商定县域快递企业配送不能覆盖的乡村，统一转交邮政公司配送到各村邮站，享受大客户优惠资费，同时县财政按单进行补贴，打造“工业品下乡、农产品进城”双向流通渠道，满足农村电子商务发展需求。哈密局还同哈密市内两家高校分别签订快件(邮件)进高校合作框架协议书，全面实现快递进校园。

五、快递市场存在的突出问题

一是寄递安全监管压力大、任务重。当前，新疆仍面临“恐怖活动活跃期、反分裂斗争激烈期、干预治疗阵痛期”三期叠加的严峻形势，维护社会稳定的任务依然艰巨繁重，寄递安全作为全区反恐维稳的重要环节，监管压力大、任务重。寄递安全收寄验视、过机安检、实名收寄“三个100%”制度落实方面，个别企业还存在未完全贯彻执行、落实上打折扣等问题，其他地区往新疆寄递刀具、枪支配件等情况时有发生，对进港件的安全管理措施还需要进一步加强。

二是促进快递发展部分措施推进较为缓慢。受反恐维稳形势及地方安保措施影响，全区快递下乡、快递进社区、快递综合服务平台和智能快件箱建设等工作推进较为缓慢。部分县(市)对快递网点集中入园实施统一管理，禁止企业上门投递；个别地区禁止邮政车辆在特定时段进城及行驶，禁止快递服务车辆城区通行；个别地区随意关停邮政、快递网点，末端服务质量难以保障；部分地区推行“一采四拍”APP，采集取件人身份信息，拍投递件外包装、过机安检、内件及取件人照片并上传，邮件快件产生大量积压，寄递时效延长，用户投诉申诉大幅增长。

三是市场监管人员不足、力量薄弱。近年来，根据自治区党委部署，全区邮政管理系统承担并开展“访惠聚”驻村、深度贫困村驻村帮扶、民族团结一家亲“结亲周”与村民同吃同住同劳动等工作，全系统部分人员被抽调参加驻村工作队，其他干部每年六次到农村开展同吃同住同劳动，每次5天；部分地州市每月当中半个月在机关办理行业管理事务，半个月到农村开展同吃同住同劳动。全区市场监管面临人员不足、力量薄弱等问题，亟需切实加以解决。

第八篇　中国快递协会2017年工作情况

发挥职能　提升服务　努力推动行业健康有序发展

——2017年中国快递协会工作综述

2017年是实施“十三五”规划的重要一年，是供给侧结构性改革的深化之年。全行业牢固树立和贯彻落实新发展理念，坚持稳中求进工作总基调，坚持深化行业供给侧结构性改革，努力贯彻落实《国务院关于促进快递业发展的若干意见》和《邮政业发展“十三五”规划》，一年来，快递业运行稳中有进、稳中向好，继续保持了持续快速发展的良好态势。

中国快递协会组织广大会员深入贯彻落实全国邮政管理工作会议精神，按照“打通上下游　拓展产业链　画大同心圆　构建生态圈”的新思路，促进行业深化改革创新，积极融入城乡发展大环境，服务生产制造业和新农村建设，在发挥桥梁纽带作用、反映行业诉求、强化行业自律等方面，全面发挥职能作用，不断提升服务能力，努力推动行业健康有序发展。

一、深入学习贯彻党的十九大精神，推动协会工作再上新台阶

党的十九大开启了党和国家事业新征程。习近平总书记所作的党的十九大报告，描绘了决胜全面建成小康社会、夺取新时代中国特色社会主义伟大胜利的宏伟蓝图，是党和国家团结带领全国各族人民在新时代坚持和发展中国特色社会主义的政治宣言和行动纲领，为快递业发展提供了根本遵循，也为行业协会工作提出了新方向和新任务。

当前和今后一个时期，协会要把学习、宣传、贯彻党的十九大精神和习近平新时代中国特色社会主义思想作为首要任务，增强“四个意识”，坚定“四个自信”，把思想和行动统一到党的十九大提出的目标任务和国家邮政局的决策部署上来。党的十九大报告提出了“加快发展现代服务业，瞄准国际标准提高水平”“坚持人与自然和谐共生”“实施乡村振兴战略”“实施区域协调发展战略”等重要任务目标，协会要深刻认识快递业发展面临的新形势、新任务和新挑战。

（一）分享政策红利，拓宽发展空间

党中央关于深入实施西部开发、东北振兴、中部崛起、东部率先的区域发展总体战略，以及京津冀协同发展、长江经济带、“一带一路”建设三大战略，为快递业融入区域经济发展，统筹国内国际两个市场创造了广阔的发展空间。随着《国务院关于促进快递业发展的若干意见》的贯彻实施，相关部门与各级政府正在出台越来越多支持快递业发展的政策。党的十九大报告提出的人民日益增长的美好生活需要，将深刻影响未来几十年的国民经济发展格局，将为快递业提供无限新机遇，快递业发展必将迎来更加生机蓬勃的新未来。

（二）加快动能转换，补齐短板和弱项

党的十九大报告提出，要以供给侧结构性改革为主线，不断加快新旧动能转换步伐。一方面，协会要加快培育和发展新业态、新模式、新技术、新产品，在中高端消费、创新引领、绿色低碳、现代供应链等领域培育新增长点。另一方面，要立足生产和生活消费升级的需要，向质量提升、绿色低碳、服务优化、品牌高端等方面发展。互联网经济发展加速，线上线下一体化进程加快，新的消费方式改变着供求关系。消费多元化、个性化趋势突显，中高端消费领域对快递高端服务的需求将越来越强。快递企业开拓快运、冷链、重货等市场领域，加速向综合物流服务运营商转型。大数据下的城乡、同城、跨境等国内国际市场需求，必将催生快递服务跨入新的发展阶段。

（三）科技引领推动，行业创新发展

随着大数据和人工智能的高速发展，科技逐渐成为快递业发展的重要支撑力量。快递企业在资本的助力下，会持续加大科技创新投入，加快机械化、自动化、智能化进程。在推进服务智能化方面，企业依托物联网等技术，通过智能媒介、智能交互、智能管控打造智慧物流，实现运营管控精细化和全方位可视化。收寄、分拣、处理设施快速迭代，“小黄人”、无人机、无人车、无人仓等人工智能技术将大规模投产使用。

可以说，我国快递业面临广阔的发展前景与机遇，同时也面临着诸多困难与挑战，补齐短板和弱项的任务依然十分艰巨。同质低效发展模式仍无实质性转变，虽然部分企业在积极向差异化产品和细分领域拓展，但行业整体供给结构不合理的问题依然突出，结构性改革任务繁重急迫。产品、数据、客户等多项重要资源分享不足情况普遍存在；枢纽建设征地难、快递车辆通行难、末端网点管理难、员工权益保障难等行业发展“痛点”亟待有效破解。企业有规模欠质效，有知名度欠美誉度，片面追求发展数量而忽视服务质量，服务产品价值和价格背离，难以反映供求关系的问题亟待解决。

二、着力创新服务发展模式，行业发展动力不断增强

（一）科技投入引领行业创新

科技正在成为推动快递企业加速转型升级、提质增效的主要动力，智慧快递的目标正在加速实现。电子运单使用率进一步提升，部分品牌快递企业电子运单使用率达80%以上，旨在保护消费者个人信息的隐形运单也正式投入使用。自动化分拣设备进一步普及，快递业自动分拣率达40%以上。2017年“双11”得益于科技方面的大量投入，同比增速达35%的快递业务量所带来的投递压力得到明显缓解。快递企业自动分拣流水线等智能分拣系统，使生产效能提升了数倍。电商平台智能仓库实现了全自动搬运与拣货，一条机械臂流水线一天可生产5000个包裹，替代10个工人一天的工作量。同时电子分单、大数据派单、智能机器人等在快递企业应用广泛。多家快递企业启用无人机配送。2017年的北京服交会快递展示区，各类科技产品悉数亮相，“智慧快递”成为企业的“主打牌”。我国在物流领域的首个国家工程实验室，“物流信息互通共享技术及应用国家工程实验室”由圆通速递牵头承建。

面对行业在科技方面突飞猛进的发展，协会积极参与了《邮政业科技奖奖励办法》的制定工作，召开中国快递科技创新座谈会，听取企业对邮政业科技奖奖励办法的意见，进一步汇集了企业在科技创新、科技应用、科研建设等方面的基本情况和主要科技成果，为行业进一步推进科技进步工作奠定基础。

（二）协同发展不断拓展产业链

快递业加速与纺织服装、

电气、机械、医药、通信、制造等产业协同发展，全年累计产生服务制造业快件3.5亿件，业务收入达40.3亿元，直接支撑制造业产值2375亿元。在2017北京国际服务贸易交易会上，快递业与电子商务、制造业、农业以及跨境企业等共签订14个合作项目，总签约额突破千亿元。快递服务现代农业成效明显。快递企业采用“快递+电商+助农”模式，助推“一地一品”项目农产品热销，助力地方政府精准扶贫。快递企业深入挖掘地方特色农产品，将樱桃、百香果、大闸蟹、苹果、香梨等送达全国各地，同时在生鲜冷链运输市场不断深耕细做。

(三)深入探索末端服务

目前全国投入使用的智能投递柜超18.9万组，逐步成为城市末端派送的重要渠道。智能柜经营主体加速兼并重组。在中小城市及乡镇，快件共同派送模式探索不断涌现，面对成本与运营压力以及快递下乡的需求，“快递超市”“驿站”等快件共同派送模式不断推广。“双11”期间，快递企业均加大了与便利店、社区物业等代办点的合作，进一步拓展末端派送能力，满足消费者的多样化需求。人工驿站与自助投递融合发展成为校园服务新趋势。

三、努力营造良好发展环境，行业发展活力不断显现

(一)反映行业诉求争取行业权益

协会组织快递企业积极参与国务院法制办、商务部、发展改革委等十几个相关部门的二十余部法律法规的草案制定和意见征求工作，代表行业提出了相关意见和建议，争取政策支持。《快递暂行条例(征求意见稿)》《电子商务法(草案)》公开征求意见期间，协会受邀参与了国务院法制办等部门开展的调研工作，邀请全国人大财经委、法工委、国家邮政局与快递企业共同座谈，搭建了政府与企业对话的平台，充分反映行业诉求，争取行业权益。整理印发《2016年快递行业新增法规文件汇编》，编撰《中国快递行业法律体系的现状、问题和发展方向》，为行业的立法及普法提供指南。

(二)努力缓解投递车辆通行难题

北京快递协会率先在全国突破了快递专用电动三轮车通行难题，通过对三轮车实施“三统一”，全市40余家快递企业6万余辆快递三轮车合规上路。中国快递协会积极向全国推广北京经验，并在各省协会的帮助下，收集编纂了《全国多地规范“快递电动三轮车”资料汇编》，为各地邮政管理部门和行业协会开展规范快递电动三轮车通行工作提供政策支持和借鉴。一年来省级快递协会与地市级协会都在积极与公安、交管等部门加强沟联系，努力争取出台有关车辆通行管理的扶持政策，福建、辽宁、陕西等省份的多个城市出台了电动三轮车便利通行管理政策。

(三)快递绿色化发展取得突破性进展

前不久，国家邮政局等十部委联合印发了《关于协同推进快递业绿色包装工作的指导意见》，对于今后一个时期形成部门合力推动快递业绿色发展具有重要意义。在国家邮政局的指导下，中国快递协会联合中国包装联合会等五家行业组织共同发起成立了“中国快递绿色包装产业联盟”，相关企业、院校、科研等40家产业链上下游单位共同参与。联盟制订了2017年工作计划，召开中国快递绿色包装沙龙会，专题研讨行业绿色发展，稳步推进快递业绿色化工作的开展。协会向工信部推荐顺丰等快递企业纳入工业产品绿色设计示范试点企业，推动企业对快递绿色包装材料的科技研发与创新工作。组织多家快递企业参加了由国家邮政局联合共青团中央共同发起的“绿色快递进高校”活动。在北京服交会上，参展企业投入使用的拉链式无胶带包装箱、可二

次使用的文件封套、可降解塑料袋等一大批绿色包装产品全面向公众进行了展示。

（四）抓住雄安机遇谋划快递新发展

在国家关于雄安新区建设规划的引领下，邀请部分品牌快递企业和业内外专家学者召开了“雄安新快递”建设与发展畅谈会。企业立足发展战略规划，结合在“雄安新快递”建设与发展过程中的发展需求与未来愿景，建议将经营用地需求、智能收寄、智慧分拣等设施设备纳入雄安新区基础建设规划；专家和学者从服务国民经济，协同上下游产业共同发展等角度，提出具有创新性的解决方案及建议。协会形成《“雄安新快递”建设与发展建议》，报国家邮政局等相关部门，为快递服务献计献策，支持和参与雄安新区建设。

四、加强行业自律，行业安全保障能力不断提升

（一）圆满完成寄递渠道安全保障重点工作

协会引导会员企业，加强行业自律，认真贯彻中央九部门24号文件精神，在“两会”、“一带一路”高峰论坛、金砖会晤、党的十九大等国家重要活动期间，坚决按照邮政管理部门的要求完成寄递渠道安全服务保障工作。企业积极落实实名收寄验视制度，自主研发实名收寄信息采集系统，并基本完成与国家邮政局监管信息系统的对接，实名收寄率达66%。随着安检机购置补贴政策落实，快递企业安检机配备先后落实到位。

（二）旺季服务保障机制日趋成熟

快递企业认真落实旺季生产服务保障的相关要求，在“双11”以及春节、电商促销活动等业务高峰期，各级协会印发快递服务保障工作的通知，组织慰问一线员工，深入末端网点调研，督促企业认真做好快递服务保障和安全生产工作。中快协组织快递企业和省级快递协会，召开旺季生产服务保障动员会，分析研判“双11”业务旺季面临的严峻形势，交流企业应急预案，落实相关措施确保旺季生产安全顺畅。协会还向全国快递企业和各级快递协会发出《共同面对新旺季　携手打造新快递2017倡议书》。在“双11”前夕，协会与相关省级快递协会共同配合邮政管理部门，对快件进出口业务量较大的19个省（区、市）备战“双11”工作情况进行督导和调研。各快递企业认真提早制定旺季生产服务保障预案，加大设施、设备、人员、车辆等的投入力度。

（三）提高诚信意识深化行业自律

各级协会与快递企业共同组织开展“诚信快递、你我同行”宣传活动，并召开辖区内“3·15”快递企业座谈会暨承诺守信誓师大会，启动主题演讲预赛。中国快递协会配合国家邮政局成功举办首届“诚信快递　你我同行”演讲比赛全国总决赛。协会与国际野生物贸易研究组织合作，共同制作了《常见濒危野生动物及其制品示例图》手册及海报，免费发放给快递企业，各企业将海报张贴于全国重点区域的营业寄递网点，引导员工自觉识别并拒绝收寄非法濒危野生动物及其制品。

五、重视党建工作，协会自身建设不断加强

（一）党建工作扎实推进

按照国家邮政局党组和机关党委的要求，协会积极推进党建工作和党风廉政建设工作，认真制定“两学一做”学习教育常态化制度化计划，贯彻“三会一课”制度，开展“学党章党规、学系列讲话、做合格党员”的学习教育活动，加强学习型党组织建设。根据工作变化，增补支部委员，健全党组织机构。开展了党员党建述职评议会。加强党风廉政建设工作，制定和完善了秘书处《廉政风险管理实施办法》等规章制度。

（二）进一步活跃工作机制

分片召开了省级快递协会联席会，交流分享工作经验，研判协会工作当前面临的形势以及工作方向，向国家邮政局汇报

了省级协会遇到的问题和困难。建立了省级快递协会信息交流平台，印发全国快递协会通讯录。加强了与相关联协会的工作联合与互动交流。按照章程，采用通讯形式召开了二届六次理事会，就协会法定代表人变更征求理事会意见，履行法定代表人变更程序。

（三）加强组织建设

按照民政部民间组织管理局要求，办理三证合一手续，完成法人代表变更、年检、审计等工作。积极发展会员十余家，部分会员企业主动申请晋升为理事。完成部分协会规章制度的修订工作，完善和严格执行学习制度、会议制度等工作制度。

第九篇 人 物 志

2017年，对于中国快递业发展而言，可谓精彩纷呈。这一年，7位业内传奇人物接受了《快递》杂志的专访。7次面对面的交流，呈现出了一个行业的变革、创新和精彩。他们说了些什么？我们在此辑录——

方志鹏：包裹快递业务改革要向市场“借东风”

“樱运而生，邮我护航！”4月24日，中国邮政速递物流股份有限公司（以下简称EMS）在山东烟台发布“极速鲜”樱桃寄递行业解决方案，通过山东、辽宁、甘肃、陕西、河北、山西6省联动，助力美味樱桃走进千家万户。

从2014年启动，仅用三年多时间，EMS整合全网自主航空、冷链专线等优质资源推出的“舌尖鲜美、极速到家”生鲜寄递服务平台迅速占领原产地生鲜类农副产品配送市场，“国家队”强势归来。近日，中国邮政速递物流股份有限公司总经理方志鹏接受本刊专访，畅谈EMS的现在和未来。

“国家队”发力，早有迹象可循。2016年11月11日零点刚过不到半小时，菜鸟网络就对外宣布，2016天猫“双11”第一单已由EMS派送成功，仅耗时13分钟！

让业界感到吃惊的，不仅是快递配送的响应速度，还有完成这第一单配送的主角，竟然是EMS。更为重要的是，在多数社会公众的印象中，“双11”一度都是民营快递的天下。很显然，2016年“双11”，EMS用一场胜利证明了“国家队”的实力。

谈电商：与电商平台紧密合作是历史所趋

2015年，中国邮政集团公司提出了“一体两翼”的经营发展策略，明确要求以电子商务发展为契机做大做强邮政“寄递翼”，“重新确立邮政在寄递市场的主导者地位”。

然而，传统的电商市场里，民营快递早已厮杀成一片红海。“国家队”该如何突围？

“EMS抓住企业电商这一新机遇，在多领域推进电商业务多元化发展，实施包裹快递业务改革，大力推进打造国内领先、世界一流的陆运网建设，全面进军电商寄递市场。”方志鹏给出了这样的回答。在他看来，国有企业深化改革，需要“借东风”来激发内生动力，在竞争中增强实力。“EMS实施包裹快递业务改革更需要向市场‘借东风’，让市场来检验改革的最终成效。”在电子商务快速发展的今天，EMS 和电商平台的紧密合作是历史所趋。

“EMS 和电商平台的合作具有天然的耦合性。”方志鹏告诉记者，EMS 在充分竞争的快递市场中已经形成了自身差异化的服务优势，电商平台公司也已经将竞争重心由前台引流转移到物流能力的竞争上。“EMS 希望能够为电商平台公司提供强有力的物流保障，这也是他们提升市场竞争所急需的。”“双方的合作是不谋而合，战略一致的。”

电商快速发展，服务需求已经由初级的包裹寄递迭代到中高端的仓配一体化服务需求。方志鹏认为，这恰恰也是 EMS 的优势所在。“我们将‘云仓’与‘天网’‘地网’相结合，发展‘天网 + 云仓’模式，把仓库建在航站内，实现‘把仓库建在跑道上’；发展‘地网 + 云仓’模式，发挥处理中心对接陆运网络的分拨优势，把仓库建在处理中心或就近设仓，实现‘把仓库建在处理中心上’，让出库包裹直接进入邮件处理中心流水线，最大限度减少中间盘驳环节。”

据了解，EMS 在 2013 年率先推出全国七大区域仓的云仓服务，打造“中邮云仓”品牌，目前已经在全国 120 个城市布局了 470 个仓库，运作面积达 300 万平方米，形成了成熟的电商仓储解决方案和管理能力，可为电商客户提供“当日达”“次日达”等配送服务。2016 年，EMS 与菜鸟网络加快战略合作，在全国核心区域建立具备百万订单生产能力的大型区域仓。正是基于这样的合作，EMS 在 2016 年“双 11”仅用 13 分钟就将快件送达消费者手中，在全球消费者都关注的这场考验中顺利通关。

方志鹏告诉记者，基于标准产品的增值服务成为电商平台越发关注的焦点，这需要快递物流公司适应新的变化去调整服务。“中邮云仓”也紧跟新零售趋势，产品从 2013 年的“单体仓”的单一模式升级到现在的“仓储 + 配送 + 金融 + 销售”的综合供应链服务模式。他透露，“未来，公司将加大与电商平台的合作，在基础寄递外还要为平台公司提供仓储、分拨、干线、落地配、同城、终端服务、O2O 等更多的综合服务”。

聊跨境：国际 e 邮宝今年覆盖全球重点地区

EMS 是较早参与跨境电子商务的企业，和众多民营快递相比，起步早、发展稳，优势明显。

据介绍，早在 2010 年，EMS 就联合 eBay 和美国邮政设计开办了国际 e 邮宝业务，e 邮宝每天的业务量已经达到百万件规模，成为跨境电商行业的首选物流渠道之一，并且已经覆盖 32 个国家和地区。方志鹏透露：“计划今年再增加 10 个左右，基本完成全球重点地区覆盖。”

除了大力发展国际 e 邮宝等直邮业务，EMS 还积极响应政府走出去和大力发展海外仓的号召，先后在美东、美西、英国、德国等国家和地区设立 9 个海外仓。今年计划再增加印度、俄罗斯等新兴市场的海外仓业务，多方位满足出口制造业、传统外贸企业实现中国品牌国际化的多层次寄递服务需求，助力中国品牌走向海外市场。同时满足国内消费者日益增长的海淘需求，提供安全、可靠、快速的跨境海淘需求。

“除了继续加强与 eBay 平台的合作，我们也积极拓展与速卖通、wish、亚马逊等电商平台的合作，并联合电商平台举办了一系列的招商、培训、座谈、讲座活动。”方志鹏介绍说，EMS 已经联合部分高校举办大学生跨境电商创业活动，如其联合福建农林大学成立了大学生跨境电商创业基地，为大学生提供跨境电商培训、供应链、物流、销售培训等一体化服务，已有 300 多名大学生加入创业基地，仅 2016 年生产销售收入就近 3000 万美元，这些学生还没有毕业就被各大跨境电商企业聘用。这种校园创业活动的开展，既提高了大学生创业能力，也解决了高校的就业难题。

话创新：国企要主动承担起社会责任

在科技创新的路上永无止境。作为快递领域重要的“国家队”，EMS一直注重产品和技术的创新，在企业获得经济效益的同时，也不忘履行国企的社会责任。

方志鹏给记者举了一个例子：去年春节前夕，江西某老区芋头滞销，“极速鲜”销售团队在获知这一信息后，将其作为服务“三农”的重要任务，以“销售+寄递”的模式深度嵌入原产地市场，在春节前一周，销售滞销的芋头超过5吨，让老区群众过了一个安乐祥和的春节。方志鹏告诉记者，2017年将持续加大“极速鲜”寄递平台能力建设，扩大服务范围和服务品类，加大冷链车辆投入，更好地服务“三农”。在进口大省的末端揽投部试点增加站点和投递车辆的冷藏设备，提升客户体验。围绕“果鲜、海鲜、湖鲜、冷鲜”四大主题，总部级项目将扩展至24个品类，覆盖全国29个省（区、市）。

积极融入“互联网+政务”是EMS近年来的一张亮丽名片。通过自有电子政务平台“邮政速递便民通”的建设，利用微信、支付宝等互联网载体，形成以港澳通行证再次签注、身份证邮寄服务、全球出国签证、邮政速递快照四大核心功能为主体架构，同步拓展与港澳旅游相关的商业增值资源。据介绍，“邮政速递便民通”平台已吸引粉丝270万。

除此之外，EMS还将二维码识别、人脸识别、指纹识别、电子支付、电子发票等创新技术广泛应用于“互联网+政务服务”场景，让用户进行良好交互性体验，提供线下单程与双程寄递服务，实现用户足不出户就可完成办证。对此，方志鹏十分满意。他这样评价道：“‘互联网+政务服务’产品是我们深度嵌入政府部门服务流程、提供便民服务的重要体现，获得政府部门与广大群众的一致好评，实现了‘政府支持、群众称赞、具有良好社会效益’的目标。”

时代在变化，无论民营快递，还是作为“国家队”的EMS，都面临着瞬息万变的竞争环境。方志鹏很清楚，唯有脚踏实地地做好服务，让消费者真正感受到行业进步发展带来的福祉，才能在竞争中笑傲群雄。2017年年初，EMS在62个重点城市推出了“限时未达、原银奉还”的承诺服务。方志鹏说，这只是一个新的开始，下半年，还会有更多的线路加入到限时承诺服务当中来……

王　卫：每个企业家最难突破的是自己

王卫出来之前，屏幕上播放的是顺丰开场的宣传片，有身着顺丰工服的快递员在旁边，激动得热泪盈眶。

安静，瞬间被王卫出场的掌声打破。

2月24日上午，顺丰控股在深圳证券交易所的敲钟仪式上，顺丰总裁王卫的出场，就是在场媒体和观众的最大关注点，胜过了股价。

掌声一直在持续。从敲响开市钟队伍的组成，到王卫的5分钟讲话，到红彤彤飙升的股价，到顺手付发出的巨额红包，身边的人都洋溢着兴奋。王卫一如过往地笑着,满足大家的需求一一合影,看到熟悉的《快递》杂志记者,快走几步紧紧地与之握手,说了声:“你也来了。”

当大家铺天盖地地谈论王卫的财富时,他在说什么?他眼中的顺丰,究竟是如何一个理想的模样?关键词蕴含在他深交所5分钟的发言里:“事业的追求不变,员工的关爱不变,变的是越来越好的服务质量。”他不回避失误,不掩饰野心,在你面前,坦诚地微笑。

“口碑来自一线,员工才是企业最大的财富”

到底什么是财富?王卫一直都是同样的观点:“我只是一个财富的支配者,绝对不是一个财富的拥有者。我真正的财富,来自于员工的幸福感。员工真正觉得成就感越来越多,真正认识爱、真、直、平、狠,人生达到另外一个境界,这才是顺丰、才是我王卫真正的成就。”

他说:“口碑来自一线,员工才是企业最大的财富。”参加敲钟仪式的北京被打快递小哥冯艳明在接受记者采访时,一个劲地说,自己喜欢这个工作,周围的工作环境正在改善,自己会更努力。客服代表李燕燕和顺丰航空飞行员陈科都开心地表示,自己在工作中有强烈的自豪感,自己和顺丰共发展、共荣辱。可见王卫经常强调的“给员工一份有前途的工作和一个正面的人生态度”正在一点点地沉浸到基层之中。

诚如记者曾经采访过的北京西直门区域的一位开面包车的快递小哥,记者和他一起派件时注意到一个细节,每当会车时,他总是让别的车先过,并且很少使用喇叭,遇到行人也尽量让行人优先通行。记者问他为什么,他只说了一句话:“因为我穿了顺丰工服,我代表了顺丰在大家心中的形象。”这无疑是王卫所言的“口碑来自一线”的最大佐证。

顺丰管理层有一个规定,每个高管每年都要深入基层体验一周,他也以普通员工的身份深入实习。他认为作为管理者,必须了解与客户接触最近的一线收派员和二线服务人员的感受:“一线人员的真实情况,比任何调查报告都来得真实和准确。”2013年,在接受顺丰成立20周年的采访时,王卫表达了自己的三点遗憾,都是关于人:“员工的价值观、专业成长和价值保障,这是一个长远的命题。”所以王卫说:“在2017年,顺丰将更加侧重一线员工的保障和建设,提升员工素质,进一步改善员工劳动环境,强化劳动保障,用科技助力提升劳动强度,全面回归凝聚力。”在这方面,他着重强调了科技的力量,通过持续不断的科技投入,可以在企业的建设中,保障速度、提升效率、减轻劳动量;可以在行业的长跑中,领先几个身位。他也希望全社会形成共识,更加认同和尊重这些快递小哥,让这个职业焕发出更多的自豪感。

“企业通过感冒来达成自我的认知和修复”

在数次接受采访时,王卫都强调了顺丰的变,不但要变,而且永远要“富则变”,而非“穷则变”。观看顺丰近些年的发展过程,其推出的变革举措不胜枚举。顺丰优选、顺丰金融、海购丰运……不可否认,在这突围的过程中,顺丰也在试错,也引起了很多争议和不解,包括嘿客,包括组织架构的调整。“错了收回来,远比永远不去做要好。”王卫毫不掩饰自己犯的错误,“承认错误才能更好地寻找正确的方向。”在过去的一年里,他经历了自身的矛盾纠结,甚至梦中都在开会。他说每个企业在不同的发展阶段都会有一个关口,这个关口必须一把手来突破。企业管理如同人自身管理一样,每个企业家最难突破的是自己。幸运的是,自己在重要关口,可以转过身来和大家一起重新梳理架构,重整逻辑。

“如果自己都没有逻辑,公司越大,漏洞越多,而弥补这些小漏洞不能从根子上解决问题,就像是把灰尘扫到地毯里没有倒出去。一个企业最重要的,是庞大体系的管理逻辑能不能落地。”从3月13日顺丰披露的财报数据中,大家可以切实感受到顺丰在2016年的发展。在国家邮政局公布的满意度数据、时限数据和申诉数据以及自身的感知上,用户感受到了顺丰服务质效的提高、时效管控的优化。对此,王卫笑得很由衷:“经历的痛苦犹如炉火烤炙,或者烤成火鸡,或者浴火重生,凤凰涅槃。如同人感冒一样,企业也是通过感冒来达成自我的认知和修复。”

从顺丰财报和众多的举措中进行分析,我们可以看到,顺丰万变不离其宗,就是紧紧抓住信息流、资金流、物流“三流合一”的牛鼻子不放。对此,王卫的判断是,现代企业间的竞争就是比拼实现“三流合一”的形式、速度和质量。所以,顺丰对自己的战略选择始终坚定不移,此前布局的业务已经开始生根发芽,而且为未来提供了无限的可能。顺丰的心思,不会满足于只为客户提供快递服务,其未来发展的核心在于提供一体化的综合物流解决方案。

“我们不追求不健康的乐观,也不做备胎”

从2016年2月顺丰首次披露正在接受上市辅导,到2017年2月24日于深交所完成借壳上市,顺丰上市在一年后圆满落幕。这一年,快递市场各方合纵连横,特别是“三通一达”先后上市,局势跌宕起伏,而顺丰上市则将业内本已白热化的竞争推向新高潮。

与业内其他企业相比,顺丰的企业文化、经营机制和经营风格与众不同。现在的顺丰不只是一家快递企业,而且是一个以供应链服务为基础,融合信息流、物流和商流的庞大商业综合体。这意味着,顺丰与三大国际快递企业、“三通一达”、阿里巴巴和苏宁的商业联盟以及京东都存在竞争关系。在这一长串名单中,强敌环伺。即使是市值最小的“三通一达”,也常年占有中国快递市场的多数市场份额;三大国际快递企业占据国际快递市场的绝对主导地位;阿里巴巴、京东和苏宁则分别是中国前三大电商平台企业。

前有标兵,后有追兵。对这些挑战,顺丰最值得期待的有两点,一是如何通过上市借助资本力量缩短与三大国际快递企业间的实力差距,进一步提升国际竞争力;二是如何应对来自各个方向的颠覆——从不断涌现的科技创业公司到激进多金的投资者,当然,更不能忽视前文所提及的竞争者们。

此种情况下,顺丰又该如何突围,根据市场变化进行企业变革。国际布局,冷链投入、重货网络、航空力量,在这几个方面,顺丰在2016年都拿出了漂亮的数据,不但巩固了市场领先地位,而且在冷链、供应链整体解决方案、供应链分行业解决方案等多个领域与国内同业相比具有相当的领先优势。

“快递整合其他行业是趋势,传统物流公司做快递,国际上没有成功案例,反方向则有一大把,三大国际快递巨头都是小包裹起家。”顺丰的野心不止于此。那么王卫强调的“变”,在未来需要面对更多利益主体,需要进行更全面的平衡和考量时,会不会影响变革的速度和质量?王卫坦言“不会”,顺丰不会变,自己也不会变。

顺丰的关注力会一直专注于两个方面。一是更好地让产品落地。他说,顺丰规划产品的标准是不能在云端,是要落地。“健康的产品和定位会砍掉不少客户,我们不追求不健康的乐观,也不做备胎,负毛利的产品我们不会去做。”他也相信稳定、优质、有价值认同感的客户的大批量存在,“其实花钱的人永远都是最精明的,发现真正物有所值的服务,这只不过是个时间问题”。

二是全面提升客户体验。“坚持以客户为中心,全面提升全过程客户体验,才是一个企业谈生存的根本。”王卫说。对顺丰来讲,他坚持从产品到人、从运输到分拨、从总部到地区、从客户端到需求流程的研发。这是一个完整的体系,这些体系中的每一个配比都决定着服务质量的好坏。所以,顺丰唯一变的,就是越来越好的服务质量。

“2017,使用洪荒之力,其他的,交给时间看。”王卫说。

陈德军:主动出击才是最好的选择

陈德军经常会得到别人的赞美。比如,在申通上市前夜的庆祝会上,所有发言的申通员工代表都在发言中将“董事长”与“兄长”或“大哥”画上等号。实际上,这几乎也是长久以来陈德军和申通在中国快递界的形象——“兄长”。2016 年 12 月 29 日,在申通上市前夜,《快递》杂志独家专访陈德军,穿越 23 年的时光,为您还原这位中国民营快递的先行者——

“没有基层员工,申通什么也不是”

从 1993 年杭州湖墅北路那间名为“神通综合服务部”的陋室,到 1994 年和其后的上海四平路、东大名路 628 号大名招待所、东长治路 717 弄 10 号、唐山路 1224 号再到辽阳路 526 号,再到今天股票代码为 002468 的上市企业申通快递,企业面貌天翻地覆,陈德军却还是和当年那个骑着自行车送快递的桐庐小伙子一样,说话实实在在,做事全力以赴。

“能上市,我感谢国家、政府、行业协会和媒体的支持。上市后,压力会很大。”他从座位上站起来,一边递给记者一瓶矿泉水,一边说出“但是”。“但是,申通本身的基础是非常好的。有了这个基础,有了资本,我对申通的未来充满信心。”陈德军有充分的理由自信。作为中国历史最悠久的民营快递企业之一,申通历经风云变幻,始终在市场中屹立不倒,依然保持领军地位,是中国快递业名副其实的“老店”。

陈德军有信心,还缘于他对全体申通员工的感激和信任。在他看来,申通能有今天的成绩,是全体申通人共同努力的结果。再好的政策和规划,没人执行也等于纸上谈兵。而基层员工和加盟商是申通最重要的执行者。“没有基层员工,没有加盟商,申通什么也不是。”他告诉记者,自己专门邀请了全国网络内 20 位优秀快递员和 70 位优秀加盟商(50 个重点城市网点和 20 个优秀偏远地区网点),见证申通在深交所敲钟上市的历史时刻。“这些优秀的员工可以带动更多的申通员工,让申通在原来的基础上更上一层楼。”

23 年,陈德军从当年那个每天奔波在沪杭线的年轻人变成现在被称为“陈总”的中年人。他对记者感慨岁月不饶人,羡慕年轻人有更充沛的精力。上市后,他要让申通更加朝气蓬勃。依靠内部挖潜和外部聘请,申通将起用更多的“80 后”和“90 后”管理人才。“我认为,现在的年轻人,他们的想法、他们的思路和他们能创造的价值,是跟年纪大的人不一样的。这些能够帮助申通快速发展。年轻人具备互联网思维。互联网时代必须具备互联网思维。”

“没了用户,就没了一切”

在申通上市前夜的庆功会上,陈德军就像申通成立 20 周年庆典那晚一样,再一次恭敬地把自己的母亲请到台上,深鞠一躬。他出来创业的时候,并不知道自己将来能闯出多大一片天,但他知道,无论如何,母亲一定是最坚定的支持者。他认为,母亲是自己多年来在商场拼搏的精神支柱。而对申通来说,用户就像母亲一样重要。

“没了用户,就没了一切。”陈德军说,“用户才是我们的基础和根本。”这些年,快递业的发展使陈德军更深刻地理解了他一直秉持的商业价值观—本分,也是他一直致力于在申通建立的企业文化。他相信一个朴素的道理:商业的本质就是提供好的产品和服务,这在任何一个时代都不会改变。而所谓本分，用他的话说，可以归结为一个简单却又不简单的问题——“如何去服务好我们的用户？”

陈德军觉得，要服务好用户，就要以用户为导向，两条腿走路。“一条是企业架构和商业模式，另一条是打造一支优秀的人才队伍。”这两条腿强壮了，申通就能为用户创造更多的价值，带来更好的体验。“希望全体申通人能拧成一股绳，让用户对我们的感觉更好、评价更高。”

这几年，快递业的价格战打得鸡飞狗跳。服务好用户，真正做起来不像嘴上说说这么容易。陈德军认为，对服务业来说，服务质量就是商品价值，商品价值与商品价格是对等的。没有稳定的价格，就没有稳定的服务质量。这是亘古不变的经济规律。要真正通过降本提质服务好用户，唯有充分发挥规模效应，提升市场集中度，尽快稳定服务价格，方能提升服务质量。不然，一切都是空谈。

他给记者算了一笔账：“一个茶杯 100 块钱，快递费 10 块钱。现在，很多东西是包邮的，让消费者不知道快递费多少钱。电商如果发一万个茶杯，就来和快递公司讲价讲到 6 块钱，和消费者还收 10 块钱快递费，算下来赚 4 万块。消费者花 10 块钱，认为我应该享受 10 块钱的服务；快递公司收 6 块钱，认为我应该提供 6 块钱的服务。6 块钱的价格是无法与 10 块钱的价值画等号的。这里面就会产生一个矛盾。”

仅电商赚快递费“差价”这一项，就足以让众多基层快递网点“民不聊生”，仅靠市场增量和增速苦苦维持。申通也不例外。陈德军决定从根本上解决这个问题。因此，从某种意义上说，上市是他在现阶段为申通服务好用户找到的最优解。在他看来，顺丰和“通达系”快递企业集中上市并非偶然现象，也不必纠结于这个时机到底是好是坏，只是“形势使然”下的水到渠成。

“上市这把火，是我第一个点起来的”

“上市这把火，是我第一个点起来的。”陈德军笑着说。在他看来，在一个市场主体众多的市场中，单靠内部力量，难以突破发展规范化和标准化的瓶颈，必须引入外部力量打破现有平衡。最有效的外部力量就是资本。所以，他决定，博浪沙击秦始皇，给众人做个榜样。就这样，这位中国民营快递的先行者成为中国民营快递企业上市的急先锋。

与 23 年前的年轻人陈德军迈出送快递的第一步相比，今天的董事长陈德军迈出上市的第一步更难，因为他肩负着带领全网 30 万名员工前进的重任。但是，多年在中国快递市场搏杀的丰富阅历和对快递发达国家发展的研究经验告诉他，市场已进入从多头竞争逐渐向寡头竞争调整的阶段。即使申通不走这一步，其他同处于行业领先地位的对手也会走这一步。主动出击，才是最好的选择。

“美国的快递业务量也很大，强大的快递公司只有三家——UPS、FedEx 和美国邮政，它们掌握了大多数市场份额。它们的价格比较规范透明，服务比较标准。”陈德军认为，如果中国快递市场继续长期保持低成本的价格竞争，很多正在积累中的问题都会爆发出来。这些问题不只关乎快递服务本身，更会延伸到产业链上下游。

他告诉记者，在巨大的成本压力下，小到电子面单印刷，大到运输车辆采购，快递企业都会设法节省成本，和相关生产厂家要求压低产品价格或改变产品规格。此时，压力会被转移到这些生产厂家身上，产品质量不能得到保障，进而影响快递服务质量，甚至产生安全隐患。“快递企业配送的货物不是很重，有的人会和汽车制造厂商量，把车做大、做宽、做高。这在运营中就导致危险因素存在，虽然不超重，但是超宽、超高。”

借助资本力量，整合行业资源，是快递业摆脱目前价格竞争的手段之一。陈德军说：“通过资本进行一些行业的重组,3～5年内会发生。所以,不在乎时机的好与坏。这是行业发展的趋势。‘大鱼’吃‘小鱼’,‘小鱼’吃完了,‘大鱼’之间也会发生整合。”

行业竞争虽已是白热化,但依然有新的企业不断加入,它们还有没有机会?陈德军的答案是“机会不大”,因为市场主体的规模越小、数量越多,越不利于在业内推广服务标准化和规范化,也会提升政府监管的成本。“中国的业务量比美国大,美国最后剩三家,中国可能会剩五家。”

他坚信,申通必是这五家之一。

喻渭蛟:以未来,定现在

“目标和当下,总部和加盟商,利益和共享,资本和独立,并不是矛盾体,就像仰望星空和脚踏实地一样,需要并行。”依然是爽朗的笑声。和喻渭蛟的每次会面,他愉悦的笑声总会感染在座的各位,大家不由自主地微笑起来,看着他穿着笔挺的西装坐在那里,用速度很快的言语夹杂着手势,毫不掩饰地表达自己的观点。整洁的仪表,是他即使在幼时的贫寒中,也一直注重的着装素养。

这场谈话,有对“打通上下游、拓展产业链、画大同心圆、构建生态圈”二十个字的学思和践悟,有作为第一个鸣锣上市的快递企业的思考和奋进,有对未来走向世界的规划和把握,还有对过去的着重淡忘和对时间深深的紧迫感。

一声锣响,开启一个时代

“这一锣敲下去,是敲起了圆通的千层浪。”2016年10月20日,上市公司大杨创世证券正式更名为圆通速递(600233),圆通成为正式登陆国内A股市场的第一只快递股。记者请喻渭蛟回忆上市敲锣瞬间的心情,他若有所思地说道:“这是一个时代的划分,是老圆通和新圆通的分界。压力和挑战越来越大,竞争会越来越激烈。”

17年前,当喻渭蛟用借来的5万块钱创办圆通速递时,他根本没有想到,圆通有朝一日会发展到今日的规模。在他的记忆中,2009年之前考虑得最多的是如何挣钱、还钱。2009年之后,快递取得合法的地位,才被“当作事业来做”,有了明确的方向和目标。而现在,更多了一种“使命感”,“让中国的快递走向世界,中国的服务走向全球”。

“行业的规范,方向的引领,氛围的营造,上下游的打通,生态圈的构建,都在为中国快递提供着不竭的动力源泉,行业会为中国经济和中国的社会发展做出越来越大的贡献。企业也会在国际市场上取得自己的话语权,我相信,用5～10年,中国快递不仅仅可被中国人认可,也会被世界认可。”喻渭蛟说道。

上市使圆通名副其实地成为“中国人的快递”,这是喻渭蛟的梦想,他希望在不久的将来,圆通能够成为“世界的圆通”。圆通从准备上市的那一天起,就准备了两个方案:IPO或者借壳。喻渭蛟说,“至于什么时候,以什么样的方式来实现上市”“是公司的上市团队根据公司的发展战略来决定的”。

上市只是结果,准备过程同样重要。2016年,在上市之外,圆通团队建设、国际化战略、员工激励等方面的成绩单也让喻渭蛟颇为满意:在团队建设方面,圆通在2015年就提出了“建立新体系、凝聚新团队、实现新目标”,计划用三年时间完成

“人的准备”,“该引进的引进,该培养提拔的培养提拔”,经过两年的实施,这项工作已经基本到位;在国际化方面,圆通的海外布局有了基本的雏形,“有了一个可以实现的短期和中长期目标”;在员工激励方面,“万人持股计划”能够让更多的人都有共享、共赢的机会。“圆通集团的变革已经基本完成,大板块已经形成。快递是集团未来的核心。在大物流时代,‘打通上下游、拓展产业链、画大同心圆、构建生态圈’将是圆通今后发展的方向和着力点。”喻渭蛟说。

2016年成为中国快递的“上市元年”,在喻渭蛟看来,“这是企业自身发展的必然选择”。公司上市,变化最大的是管理方式,而个人的心态并没有变。他说:“做中国人的快递,让世界因我们触手可得的梦想没有变,让中国人的快递走向世界的梦想一直没有变。”

赚钱要学,花钱更要学

上市后,公众看在眼里的,是圆通的动作频频。先是与义乌市政府签订战略合作协议,将全资子公司浙江总部以及圆通航空的浙江区域总部设在义乌,设立圆通电商产业园;注册“全球集运网”平台,投资金额超过50亿元;紧接着又与南宁市政府签订框架协议,建设广西区域总部基地及航空枢纽基地,投资金额15亿元。12月初,在宣布终止重大资产重组的次日,又宣布募集85亿元资金强化主业……每一项投入都是大手笔。

对此,喻渭蛟的回答是:“这些都是我们前16年没有做的,或已经做了但还跟不上未来发展步伐的东西,这一次要彻底地改变和提升。”上市让快递公司获得了资本的支持,“有钱了”并不等于“会花钱”,如何实现资本的效益最大化,是喻渭蛟现在最操心的事。

在喻渭蛟眼里,上市是第二次创业的开始。“中国的快递才刚刚开始,和三大巨头比一比,和日本的同行比一比,我们还有很大的差距,我们还有很多东西没有。我希望用2~3年形成一个完整的产品体系,人家有的,我应该有。人家有的,我们应该更优。”

上市后,喻渭蛟经历了一段时间的“闭关”,“闭关”的成果就是“新的思路和组织架构的变革”——喻渭蛟的解释是“把合适的人放在最合适的位置上,让公司的管理更加高效,战略的落地更加顺畅,要把市场的钱用得恰到好处,体现资本效益的最大化,给股民一个交代”。

对喻渭蛟而言,上市并不仅仅是多了一个“董事局主席”的头衔,对公司的管理方式,也是彻底的改变。用他的话说,就是“不管是项目的投入、研发,还是人才引进、兼并重组,都不是自己一个人可以决定的,必须合规合法”“以前可以轻描淡写,拿起一支笔就批了,现在的每一分钱都是企业的,不能乱花,必须严格地走流程”。

更大的变化,是“日常的事务性管理,全部交给专业的团队来打理”,是从“战略组织人才”变成“人才组织战略”。以前,公司的战略是喻渭蛟自己说了算,有了战略再去组织团队来实施。而现在,团队已经成熟,公司的战略都是出自团队,这是和以前截然不同的。“赚钱靠头脑,靠机遇,靠投入,花钱看战略、看方向、看未来,我们对标准化、制度、流程,包括形象等,都进行了大幅度的投入和升级。”

时间才是终极战场

“股价的涨跌,您在乎吗?关注吗?”记者冷不丁抛出这个问题时,喻渭蛟顿了顿,旋即又恢复自信的神情,一字一句地回应道:“对股价的变化,如果说内心没有什么,那是假话。我对圆通的股价和市值,是看三五年以后,看那时市值是多少,为股民创造了多少价值。”“至于每一天的股价,我只是去分析,圆通还存在什么问题,我的短板在哪里”。“一时的涨跌不重要,但三五年后对我来说很重要!”外界的议论和喧嚣,似乎不大能影响喻渭蛟的心情。“数据不会说谎。”他告诉记者,他喜欢用数据说话,“服务质量和市场的变化,数据会有反映，而这一切，都要交给时间证明，但最重要的是，在这个时间里你在做什么”。

“行业和企业的发展都在不断演进，中国的快递现在还处于初、中级阶段，未来的竞争会更激烈，平台也会更广阔。我不惧怕竞争，我更怕原地踏步，在竞争中寻求真正的机会，释放更多潜能，实现企业和人生的最大价值。未来五至十年，我们努力稳步向前，专注于提供最专业的服务，争取与世界对标的机会。我希望到2020年，圆通可以实现进入全球快递企业前五的行列……”

在业内，喻渭蛟有时被称为“大佬”，有对他敢于冲锋勇拔头筹的肯定，也有对他比较爱抛头露面的小小的善意调侃。对于这些，他毫不在意，他非常认同海尔集团董事局主席兼首席执行官张瑞敏关于创业的那段话：“创业是什么？就是从悬崖上跳下来，在落地之前，组装好一架飞机，然后驾驶着这架飞机向新的方向飞去。”他认为：“做快递，恰逢这个好时代，在这样的宏观环境下，第一是在任何一个微小的趋势出现的时候，第一时间把握；第二是勇敢翻页，让过去成为积淀，而不是洋洋得意的资本。”

赖梅松：以网点为原点，画大同心圆

中通快递董事长赖梅松坐在茶案旁，为大家斟着工夫茶，一边讲述着中通的故事，一边把空出来的水杯随时补满。坐在他对面，透过袅袅上升的热气，那个大家评价的“诚实忠厚”的面孔，意气风发。如同2002年，他和创业团队带着50万元启动资金，一脚踏进快递业，激情满怀的模样。

记者曾数次这样坐在他面前，听他讲述他的理想，他的奋斗，他未来想要走的路，越来越精进，越来越宽阔。他说自己每天要做的，就是沿着未来的趋势发现有哪些问题要解决，然后去尝试解决的办法。

“2016是‘上市年’，上市对品牌形象是加分的。境外上市后，国际上或拥有国际资源的合作伙伴主动找我们的比较多，上市带来的好处是有了足够的资金保障，各个方面的合作就能够实现。”甫一坐定，记者还没有来得及发问，赖梅松一边泡着工夫茶，一边就打开了话匣子。

没有怀疑，“上市”拉开了中国快递业新一轮“洗牌”的序幕。“快递进入资本市场后会更加透明，资本可以看到企业的好与坏。”赖梅松预判，到“十三五”末期，中国快递现有的规模快递企业最终只会留下一部分，有的企业会转型到差异化、专业化市场，有的则成为拥抱国际市场的综合物流供应链企业。显然，赖梅松有信心把中通快递打造为最后的胜利者之一。

“公平导向” 巩固好原点

中通快递成功赴美上市，把网络伙伴合作模式带到了资本舞台上。

中通快递采取的措施是“去中间化”，减少合作伙伴和公司总部之间的层级，用扁平化管理缩减链条成本，借以提升末端网点的竞争力。赖梅松认为，这是中国快递最理想的发展模式——主要转运中心和省公司直营，末端‘最后一公里’由网点和合作伙伴完成，“未来的道路一定是两种模式的融合”。

而据记者了解，在中通快递近几年一直坚持的“一体化”道路下，已经基本消除了三级加盟、四级加盟对网点的层层“盘剥”。“下一步是要解决业务员真正拿到多少的问题。”赖梅松告诉记者，他希望中通快递末端网络的发展能够更加强势，能够跟上总部基础设施的建设步伐。公司总部在进行硬件投入的同时，也会通过一些系统培训，引导目前做得比较差的网点和优秀的网点共同提升。“如果真的有一些不合适的，我们也愿意给他们一些补偿，让他们心甘情愿地退出来，让有能力的人，或者总部培养的创业型人才去把这些事做好”。

实际上，以加盟制起家的中国民营快递所面临的问题还不止于此。在中国自古就有着“亲帮亲、邻帮邻”的传统，就中国快递而言，这种质朴的社群关系，曾经迅速地织就了民营快递覆盖最广的网络，以至于还曾经流传着“桐庐人占据了中国快递的半壁江山”的说法。然而，当快递企业开始步入资本市场，这种千丝万缕的亲邻关系，在某种程度上也考验着管理者的智慧。

“其身正，不令而行；其身不正，虽令不从。”赖梅松突然引用了这样一段古话。他坦言，自己也有亲戚在做中通，个人利益与共同利益的关系一定要处理好，公私分明，“有困难，私下里可以帮，但从来没有任何政策倾斜。”“如果我们只让一部分人享受到好处，那么大部分人对这个企业就没信心了。”

“结果导向” 打通上下游

中国的物流成本为什么这么高？赖梅松的答案是“因为中国的快递物流还不够强”“一家成功的快递企业，未来一定不仅仅是服务电商的，还要服务中国的制造业”。

“是时候建设中国快递自己的生态了！”赖梅松轻轻地呷了一口茶，对记者感慨道，“快递发展到今天，已经从最开始的‘帮助更多人创业就业，实现美好新生活’，延伸至‘为客户降低物流成本’”。2017 年，中通快运、中通云仓、中通优选、中通国际等业务板块将全面发力。

“成立中通快运，就是直面工厂，因为他们信任中通，希望通过中通让工厂的商品直接送到用户手中；建立中通云仓，就是整合我们运输线路和分拨中心的优势资源，为用户减少运输成本，实现仓转一体化，客户只需要做生产，后面的事情交给我们就可以了。”赖梅松举例道，“浙江诸暨的袜子，几千商家都在卖，如果有一家企业能提供仓干配一体化服务，袜子全部进仓，发到全国各地，就能实现从工厂到用户的全链路管理，整个物流成本就降下来了。”

提及中通优选，赖梅松则表示，初衷是“可以为农民做得更多一些”。对数字敏感的赖梅松，给记者算了这样一笔经济账。他用例子来说明：城市里的苹果，规格 90mm 以上的要卖 8 ~9 元/斤，85mm 的也得卖 8 元/斤左右，80mm 的卖 5 ~ 6 元，即使更差的，也能卖 10 元/3 斤。而在一些农村，苹果产量增加 15% ~ 20% 却卖不上好价钱。“我们的网络下到几万个乡镇，哪里有这样的产品我们知道。”赖梅松起身，去里屋拿出四种大小不等、颜色形状都有差别的橘子：“你们来尝尝，这几个品种哪个好吃，中通优选的产品就是这样层层选出来的。我们在社区有几万家门店，社区的人有这样的需求，我们又有非常畅通的中间运输环节。”赖梅松说，把产品、门店、渠道和中通每天平均 1200 万件快件背后的用户连接起来，把数据盘活，一直是他们思考和实践的方向。帮助农民把农产品卖出去，帮助用户把优质产品买进来，吸引中通人和当地农民创业增收，满足城里人对新鲜的要求，才真正匹配了工业品下乡和农产品进城，才真正下活了整个企业上下游连接的一盘棋。

谈到中通优选的未来，赖梅松认为“打造品牌”是一条非常可行之路。“比如说‘有机’农产品，在你的农产品还没有生产的时候，就利用我们的平台帮你预订出去，如果网点有能力，就可以自己创办合作社，就能够帮助农产品销出去，帮助农民就业创业。”

“效率导向” 画大同心圆

快递的发展，一方面是广度，一方面是密度。赖梅松毫不掩饰中通赴美上市的目的，就是要拓展中通在国际上的广度，

"选择境外上市，能够提高未来潜在合作伙伴和客户对企业更好的认知度"。

毋庸置疑，中国快递有着世界上最大的体量。但是，"大而不强"的现状也亟待改善。其实，目前中国的快递企业不管是在资本运作还是在人才储备方面，都还处于起步的阶段，与国际快递巨头相比，我们还有很长的路要走。随着全球经济的发展，"一带一路"等战略的推进，中国快递的未来在世界，竞争对手在世界，只有做强自身，才有和巨头过招的资本。

实际上，中国民营快递"出海"的尝试已有多年，但受制于政策等多方面因素，进展相对缓慢。"扶持的政策可以给一个行业，但很难给到一个具体的企业。中国快递走出去，时间要快、功夫要硬的前提，是'抱团出海'，如果大家分散地做，也会成功，就是延长了与巨头竞争的时间，未来一定是'组合拳'，不可能是单打独斗。"赖梅松始终坚信，"联合"一定会比"分散"强，"资源共享、责任共担"，用最小的成本去博取最大的资源，才能够让中国快递得到国际的认可。

"中国的制造业，可以用快递让它'走出去'，国际上好的商品，中国消费者也能够'买进来'。那么这个桥梁如何去搭建？我认为，这需要行业的力量，也需要快递企业的力量，特别是走在前面的快递企业共同努力。"赖梅松最后说道。

聂腾云：紧紧抓住并融入时代的洪流

对于聂腾云的认识，见到他的人，都觉得他真诚、简单。大家对于他的认知，现在更多的只是韵达控股股份有限公司董事长这个身份。

真实的他，呈现出来的是透明而直率，在工作层面，记者更愿意用务实和专注来形容他。他一直保持着对工作的热情，求知若渴，谈起行业两眼放光；他追求快速理解和坚决执行，"做到"和"做好"泾渭分明；他重视企业战略，但也更注重细节，服务、时效和产品三大拳头个个要硬。

他有理想，有远见，但不回避问题，更看重问题的解决和问题后面隐藏的症结。他认为任何企业的发展都要放在历史的大背景下来看，重要的是紧紧抓住并融入时代的洪流，才不会让自己陷入被动。韵达下一步要做的，就是在快速迭代中不断进化，通过产融结合，借力资本实现双轮驱动；通过科技赋能，打通上下游实现智慧物流。

梦想很大，脚步要实。

常怀感恩之心

17位老员工被主持人邀请走上舞台的中央，灯光突然变暗，追光灯打向舞台的两侧。此时，摩托车的轰鸣声响起，几位身着韵达快递员工服的"小哥"，各自载着一束鲜花，骑上舞台。打开头盔，"小哥"是以聂腾云为首的一众韵达高管层。

这一幕，发生在2017年1月17日晚韵达为庆祝次日成功上市而举办的答谢晚宴上。17年前，聂腾云在他创业之初，也曾这样骑着车，穿行在城市的街道。17年后，韵达上市前夜，聂腾云率公司高管，以这样的方式登台，向老员工致敬。

"17年、17位员工、2017年、17日，四个'17'，是刻意的设计吗？"记者对聂腾云的专访，首先从答谢晚宴的这一细节开始。

"有设计，也没有设计。"说"有设计"，是因为观察韵达上市答谢晚宴，乃至在深圳证券交易所的重组更名上市仪式，"感恩”的元素多次体现：向老员工致敬，自然是感谢之意；在答谢晚宴的致辞中，聂腾云说得最多的词是“感谢”，感谢政府的支持，感谢合作伙伴的信任，感谢团队的精诚合作，感谢员工的奉献。甚至在他2017年年初对全网发出的新年致辞中，也以“感恩时代”为题。“感谢”说多了，不了解他的人，也许会认为是“客套”。但如果你看他说话时的眼神，你会相信他的真诚。

1月18日当天，多位参加韵达重组上市的代表中，有三位来自地方政府部门的官员，他们分别来自桐庐、慈溪和青浦。了解聂腾云的人都知道，桐庐是他的出生地，慈溪是他和哥哥做快递起步的地方，而青浦是现在韵达的总部所在地。这可谓：“不管走得多远，都不忘记出发的地方！”

说“没有设计”，聂腾云也坦言，“当初并没有考虑这么多，（四个17）只是回过头看时的巧合而已。”除此一句之外，没有再做过多的解释。这就是聂腾云。

服务永远第一

上市前夕，韵达的组织架构正式浮出水面，在原有快递板块的基础上，新增仓储事业部、国际事业部、终端事业部和商业事业部四大新业务板块。而上市更名时，公司名称改为“韵达控股股份有限公司”，缺少了“快递”元素，以致于有人猜想：上市后的韵达，快递的主业地位是否会有所动摇？

对此，聂腾云回应称：“快递是核心，新增的事业部都是聚焦快递这一核心，这一点不会因为公司更名而改变。”

聂腾云表示，韵达的目标是“让全世界的消费者拥有更加便捷、美好的生活方式”，实现这一目标的路径，是用“打通上下游、拓展产业链、画大同心圆、构建生态圈”的发展思路，发挥匠心精神，持续以科技为驱动，做大做强主业，实现企业的多元化经营，构建以快递为核心，涵盖仓配、跨境物流、智能快递柜等内容的延伸服务的韵达生态圈。

近两年时间，聂腾云一直在提生态圈。他认为企业发展本身就是生态的进化，总部和加盟商，企业和客户，快递员和消费者，国内和国外，走出去和引进来，不是此消彼长的关系，而是共生共荣的正向循环。达到这一循环的前提，是做好产品，做好服务。“什么是品牌，品牌是靠服务打出来的，不是唱出来的。对一个企业的品牌最好的认知，就是服务。未来的成长动力来自哪里？同样是服务。用户需求和用户体验才是企业发展的重中之重，及时准确地把握用户需求，并且通过技术创新来满足这种需求。”

技术也是聂腾云最为看重的一个层面，和他聊天的时候，他会和你讲皮带的转速，自动化扫描的数据设置，自动分拣中心的合理布局等。他认为信息技术的推动和科技的广泛应用，将促使人工智能进一步发展，而这些力量将会共同促进快递服务的不断转型升级。多年前，韵达就开始了在信息化方面的提前布局，2016年“双11”前夕，多套全自动分拣设备投入使用，“科技驱动”的成效已经开始凸显。

“技术是基础，后面环环相扣的，只是管理手段和方法而已。在快递收转运派的闭环服务中，每一个节点紧密联系，每一处技术进步都会让整个圆环不断精准，不断升级。”韵达公司内处处可见的10:29，也代表了他对精益服务的进取。但聂腾云坦承，离理想中的服务，韵达还有很长的路要走，但幸运的是，他们一直把握住了时代和行业对于服务内涵的不断深化，主动求变，朝向正确的方向走着。

最重要的是执行

在公司里，聂腾云爱穿带着鲜明韵达标志的工作服工作。他说穿上那身色彩鲜明的工作服，抹掉自己董事长的身份，就会自觉地转换角度，从员工的需求去思考问题，发现不足。

企业上市后，员工最常问的问题是：“我有什么益处？”

对于这个问题，聂腾云坚持

他的生态论:“总部、网点和快递员的利益是一致的。资本的投入一定会通过总部传导到基层网点,分拨能力、运营能力的提升可以缩短作业时间,带来的是整体效能的提升,上市所带来的品牌影响力,会帮助一线网点提升获取客户的能力。企业发展的过程是一个融合人财物的过程,在这个历程中,每个人用奋斗,来共同推动企业的成长。”

他也由服务毫不避讳地谈到了价格和竞争,谈到了规模效应对于成本削减所起到的正面意义。但他同时也认为,随着科技的进步,价格也许将不再成为一个敏感的话题,更高的性价比和更好的服务质量可能是真正的用户所需。“市场竞争很激烈,小行业讲差异化,快递是大行业,上升空间摆在那里,这个时候更重要的是执行力。目标是对的,方向是对的,就要坚持走下去!”

在2016年之前,在每天散步之时,聂腾云一直在思考企业发展“慢”与“快”、“大”与“小”的关系。那两年,韵达的成绩没有显山露水,在其他企业突飞猛进的时候,有业内人士在讨论韵达的安静,聂腾云没有着急,他的回答一直是一句话——“练内功”。他研究韵达的内生性增长动力,他不断地触及关键问题,他有步骤地开始推行组织变革,他处处物色可用人才,他用融合的理念推动着每一个人奋斗的脚步。他说:“有时候看着是笨方法,但却能更快地跑完全程。种一棵树,不但要浇水施肥,还要及时匡正,才能长得枝繁叶茂,做企业也如此。”

从小热衷看书的他,依然喜欢读书,喜欢研究科技,喜欢聚众求智。他努力前行的背影里,是多人奋斗的累加,他知道,成长,不是为了自己。

在这轮的采访中,企业家们都爱谈时间。或许是唏嘘这十几二十年,从桐庐山村走出来的改变,但更多的,是把自己交给时间来证明未来。在这场竞赛中,他们跑赢了时间;在下一场竞争开始时,如何让时间成为朋友,将是大命题。

袁　萌:赶考,解题大包裹

3月1日,袁萌“空降”优速任职总裁。在此之前,他深居顺丰11年,历任顺丰集团副总裁、营运本部总裁、华南经营本部总裁。他的加盟,不但在优速内部触发了一系列的化学反应,更是引起了整个快递圈的关注。所有的人都在观望和揣测,袁萌的到来究竟能给优速带来哪些改变?

“老相识”和“新挑战”

说起为什么选择优速,袁萌的答案颇出人意料。“我和余总早在七八年前就认识了,那个时候他还在操盘速尔,在华南的市场竞争中曾数次交手,真是不打不相识。”在袁萌的心里,曾经一手创建和操盘过三个快递品牌的余联兵,不但是一位值得尊敬的对手,更是一位极具人格魅力的创业者。

正是基于这份早年间英雄惜英雄的“情谊”和彼此间的欣赏与信任,袁萌接受了余联兵的邀请。他当然知道,这次来,是要干一番大事的。

如果说优速董事长余联兵是袁萌的“老相识”,那么等待他的“大包裹”则是一个全新的挑战,也是他此番要干的大事。

“通达系和顺丰完成上市后,小件快递和商务快递领域基本没有机会,在资本的助推下,未来的竞争只会更加激烈。相反,细分市场的需求正在逐步释放,而且仍然有崛起巨头的机会。”袁萌坦言，“大包裹”就是这样一个可以托起巨头的蓝海市场。

蓝海不是新大陆，优速能够看到的商机，其他正在突围中的快递企业同样可以看到。这是袁萌将要面临的第一个挑战。化解这个挑战，袁萌的思路是——“不要一上来就跟人家拼刺刀，而是要去想如何跟别人不一样”。

这句话的潜台词是：优速在前两年就完成了“大包裹”的战略布局，面对后来的抢食者，不会主动挑起“价格战”，更不会盲目地依靠低价去拓展市场份额。

今年年初，优速在完成总值20亿元的A+轮融资和银行授信后，余联兵曾多次表示，“接下来的发展重心是大力提高服务品质，而不是烧钱打价格战。服务和品质的提升，首要的就是人才支撑。毕竟，所有的商业模式和服务体验，都是人做出来的，而不是靠价格杀出来的”。

正是基于这种经营逻辑，我们看到，陪同袁萌一起“空降”优速的，还有一大批来自德邦、圆通、携程等公司的高管。他们的共同命题就是要为“大包裹”建章立制，期待如通达之于电商，顺丰之于商务。

两年窗口期，营运标准化

为“大包裹”建章立制，首要任务是营运流程的标准化。在袁萌的办公室里，记者看到无论是百叶窗下面的空白处，还是竖立在会议桌旁的大写字板，都被各个业务板块的运营导图或组织架构流程图所填满。

袁萌说：“虽然我们已经在用快递化的服务方式去运营‘大包裹’，但‘大包裹’在标准化体系建立上仍存在很大的缺失。定位‘大包裹’意味着操作、场地、末端等各个方面的体系都要进行相应的改造、升级，甚至重构。”来到优速后，袁萌着手做的第一件大事就是补齐优速目前的短板，从营运、市场、服务等多个维度提升标准化水平和管理效率。

“产品要有区隔，主要体现在运能上。加强自身营运能力建设是第一要务。”袁萌透露，2017年，优速将完成80%的转运中心新建或改扩建工程，并将持续加大对网点的扶持力度，通过授信等方式提升网点经营实力，增强末端收派能力，建设健康的网络生态，同时，还将通过信息技术升级，提升信息处理能力以及大数据分析水平。

“‘大包裹’虽好，但这个窗口期只有两年。”上任刚刚满月的袁萌说，留给他的时间真的不多了。

“不管是直营还是加盟，大家对服务的渴求是没有区别的”

经过近一个月的切身体验，在谈到直营和加盟有何不同时，袁萌用了一组对比来说明。他说，直营企业的管理就像是“君权神授”，总部拥有绝对的控制和决策权，作为管理者，尤其是高级管理者，只要根据总部的要求、市场的调查以及自己的综合判断去下达指示和命令即可，下属要做的就是确保执行。

加盟制的管理则是“民主共和”，总部虽然有规则制定权，但各个加盟商都是独立的、有着公司人格的利益主体。想要他们配合开展工作，必须有自己的“施政纲领”，还要能去说服大家接受并支持才行。

“这真的是一个挺有意思的挑战和尝试。”袁萌在上任的一个月里，先后跟优速多个大区的近百位加盟商进行过面对面的沟通。在交流中，他既感受到了加盟商对服务和市场的急切渴望，也洞察到了这份渴望中所蕴藏的火种。

因此，在对比直营体系与加盟体系在“打法”上的差异时，袁萌并不认为两者间有多大的不同。他表示：“无论是直营还是加盟，标准化的操作要求是一样的，运营体制是一样的，对服务品质的追求是一样的。”未来，袁萌将把在顺丰多年的管理经验，整合进加盟的体系结构，用直营的考核体系与管理理念提升优速的加盟网络。

在基层网点方面,优速今年初推出“乾坤裂变”项目。项目最直接的作用就是为全网收集数据,为项目后期推广奠定基础,同时也可以为网点创新发展模式。通过这个项目,优速的目标是,再用两年时间把大包裹做到日均1.5万吨/天,实现全国1万个站点的网络覆盖。

“不论是公司高层,还是各部门的总监级领导,‘家’都给予了足够的包容和支持,即便是出于工作需要,有一定的调整,也都理解和配合。”袁萌直言自己“很幸运”,优速长期以来打造有梦想有规则的“家文化”,在这次新老团队的融合上,这种“家文化”的深刻烙印体现得淋漓尽致。袁萌坦言,优速团队渴望改变,渴望成为最好,他们愿意为成为最好付出所有,这种发自内心的呼唤深深地感染着新团队的每一位成员。所以,磨合期之短,融合之顺利,超出了他的想象。

这也是他解题“大包裹”的最大动力。

第十篇 行业展望

2018 年中国快递发展趋势

预测未来是一件很艰难的事情。2017 年中国快递领域波诡云谲、风起云涌,更让 2018 年的中国快递市场充满种种变数。好在任何事件发生之前总有蛛丝马迹。《快递》杂志联合多位国邮智库专家,对 2018 年中国快递发展趋势作出研判。

趋势一:走出去,国际市场将成为竞争新战场

国内快递市场早已厮杀成一片红海,“中国快递要走出去”也已经喊了多年,但总体而言步伐相对缓慢。2017 年,国内主要快递企业都加速国际布局,圆通正式启动全球包裹联盟、收购香港上市公司先达国际;顺丰与 UPS 在香港成立合资公司;申通欧洲公司与布达佩斯机场集团及欧洲物流企业 EKOL LOGISTICS 签署战略合作谅解备忘录,共同打造中欧国际转运中心;中通与匈牙利国家邮政股份有限公司签署协议,合资成立中欧供应链股份有限公司……种种迹象表象,随着中国快递企业加速在“一带一路”沿线国家的战略布局,2018 年,中国快递市场的争夺战将从国内市场向国际市场的“最远 N 公里”延伸。

趋势二:个性化,细分市场将会迎来爆发式增长

消费者对快递服务的需求已经出现分化,同质化的服务已经不能完全满足消费者日益增长的寄递需求。2018 年,快递市场细分或将呈现两方面特征:一是随着 A 网(快递网)、B 网(快运网)、C 网(同城网)的独立运行,企业提供的产品将更加契合市场的需求,“大包裹”“冷链运输”“生鲜配送”等寄递需求将被释放,并得到更大程度的满足;另一方面,为消费者个性化需求,“当日达”“限时达”“预约配送”等各类时效产品会受到中高端客户的追捧,成为新的增长点。

趋势三:新常态,安全监管倒逼企业加速转型升级

2017 年,“100% 实名收寄”“100% 收寄验视”“100% 过机安检”三项制度被提到前所未有的高度加以重视,违反三项制度的企业受到严肃查处,在全行业形成了“安全生产怎么强调都不为过”的共识。可以预见,2018 年邮政业安全监管只会更严,多部门对寄递渠道安全“齐抓共管”的态势绝不是“运动式的一阵风”,而将成为今后行业发展的常态。这将倒逼企业特别是基层网点完善管理制度、加大投入对基础设施进行升级迭代,弥补过去多年粗放式发展的欠账。做不到这一点的企业,或将被淘汰出局。

趋势四:切蛋糕,总部与加盟商利益格局重塑

总部与加盟上在同一品牌下结成了利益共同体,但在法律层面上又是独立的利益主体。总部和加盟商在共同做大蛋糕的同时,也存在如何切分蛋糕的问题。在过去几年,总部切走的利润过多导致加盟商利润率大幅下降,后续投入的动力不足,已经影响到末端网点的稳定性。而网点的稳定性又被视为品牌快递企业的核心竞争力之一。2018年,总部出于品牌价值的整体考量,或通过降低罚款、调整派费等方式对加盟商加以扶持,重塑总部与加盟商的利益分配格局。

趋势五:调价格,快递服务价格将在波动中提升

连续多年的价格战让基层快递企业背负了沉重的经营和生存压力,快递价格已经不能完全反映出快递服务的价值。2017年下半年,北京民营快递企业在安全隐患大排查、大清理、大整治专项行动中受到影响,进京快件集中转向网点布局规范的中国邮政和顺丰速运,中国邮政两次调整快递价格。受运营成本上升影响,民营快递北京同城件价格也应势上扬。2018年,综合运营成本、人工成本上涨等因素,可以预见快递价格会有一定程度上浮,因价格战并未结束,其间快递价格或存在波动和反复,但总体趋势应该在现有水平上有所提升。

趋势六:分水岭,网点生存最困难的时期或已过去

2017年上半年,以北京圆通花园桥网点事件为代表,基层网点生存困难的问题被摆上台面,成为舆论的焦点。在此之后,关注末端生存状况,改善一线从业者职业环境被提上议事日程。与此同时,主要快递企业全部完成上市,在保证承诺业绩的前提下,对市场份额的占有相对于上市前略为宽松。上述两方面因素的共同作用下,我们分析,基层网点生存最困难的时期已经过去,但提质增效的压力依然存在,不排除一些缺乏竞争力的网点在2018年被淘汰的可能。

趋势七:用工荒,2018年上半年一线城市将凸显

当前中国的人口红利已经消失,人工成本是基层网点运营中最大的成本构成。过低的快递价格和计件提成制的薪酬,让快递从业者的薪酬待遇仍旧维持在五年前的水平,甚至还有所下降。缺乏吸引力的薪酬和繁重的劳动压力,让快递从业者的职业忠诚度受到冲击。综合多种因素分析,在2018年春节后,返乡快递员是否还会再次返回城市,以及返回城市时再次择业的观望和选择,会在一定程度上造成节后的用工紧张。在部分一线城市,由于城市管理趋严,快递从业环境或加剧这一用工紧张趋势。预计用工紧张的状态会在动态调整中,于2018年年中得到平衡。

趋势八:自动化,人工智能一定程度上取代人工作业

2017年"小黄人"等科技创新应用的惊艳亮相在某种程度上冲击和改变了社会各界对快递业的固有认知。实际上,近年来,伴随着主要快递企业大量引入自动化、半自动化设施设备,科技创新成果从实验室走向实际应用已成趋势。2018年,伴随着各项科技创新成果在快递业的应用从大型分拨场地向二三级转运中心或较大的基层加盟网点下沉,人工智能将会在一定程度上取代传统的人工作业。最为显著的变化是,皮带机、伸缩机的运用将减少分拨操作的人员并提升分拣效率,在快件包装标准化的前提下,智能扫码和全自动分拣设备的运用会取代人工作业,如过去大型转运中心必备的"写大字"这一工种基本上已经消失。

趋势九:兼并重组,向产业链不同板块延伸

"打通上下游、拓展产业链、画大同心圆、构建生态圈"的20字发展思路为快递企业找到了新的发展路径,特别是在主要快递企业先后上市,在资本的助力下,快递企业有了向产业链上下游拓展的资本实力。未来,单纯用"快递"二字已经很难全面准确地概括主要快递企业的业务范围。从中青旅收购全峰、苏宁收购天天、申通收购快捷、圆通收购先达国际等案例分析,预计2018年,快递企业之间的兼并重组将向产业链的上下游及同业中的不同板块延伸,以快速弥补企业发展中的短板。

趋势十:融合,传统快递与"泛快递"跨界

在社会公众的认知中,已经

很难将快递服务和新兴的送餐等“泛快递”服务进行区分。2018年，随着主要快递企业的C网（同城网）相继启动，以及原有的同城配送企业更多地承接电商平台的落地配业务，传统快递和“泛快递”的界限将更加模糊。从快递业满足消费者不同服务需求的角度考量，传统快递企业收购落地配企业、传统快递企业与“泛快递”企业跨界融合将成为新的趋势。

附　　录

一、相关文件(索引)

- 中华人民共和国反不正当竞争法

http://www.gov.cn/xinwen/2017-11/05/content_5237325.htm

- 中共中央　国务院关于深入推进农业供给侧结构性改革加快培育农业农村发展新动能的若干意见

http://www.gov.cn/zhengce/2017-02/05/content_5165626.htm

- 中共中央办公厅　国务院办公厅印发《关于加快构建政策体系培育新型农业经营主体的意见》

http://www.gov.cn/zhengce/2017-05/31/content_5198567.htm

- 无证无照经营查处办法

http://www.gov.cn/zhengce/content/2017-08/23/content_5219861.htm

- 国务院关于印发"十三五"现代综合交通运输体系发展规划的通知

http://www.gov.cn/zhengce/content/2017-02/28/content_5171345.htm

- 国务院办公厅关于印发兴边富民行动"十三五"规划的通知

http://www.gov.cn/zhengce/content/2017-06/06/content_5200277.htm

- 国务院关于印发新一代人工智能发展规划的通知

http://www.gov.cn/zhengce/content/2017-07/20/content_5211996.htm

- 国务院关于强化实施创新驱动发展战略进一步推进大众创业万众创新深入发展的意见

http://www.gov.cn/zhengce/content/2017-07/27/content_5213735.htm

- 国务院关于进一步扩大和升级信息消费持续释放内需潜力的指导意见

http://www.gov.cn/zhengce/content/2017-08/24/content_5220091.htm

• 国务院关税税则委员会关于调整部分消费品进口关税的通知

http://gss.mof.gov.cn/zhengwuxinxi/zhengcefabu/201711/t20171123_2755506.html

• 国务院办公厅关于进一步激发民间有效投资活力促进经济持续健康发展的指导意见

http://www.gov.cn/zhengce/content/2017-09/15/content_5225395.htm

• 国务院办公厅关于深化产教融合的若干意见

http://www.gov.cn/zhengce/content/2017-12/19/content_5248564.htm

国家发展改革委关于印发《服务业创新发展大纲(2017—2025年)》的通知

http://www.gov.cn/xinwen/2017-06/21/content_5204377.htm

• 国家发展改革委关于深化铁路货运价格市场化改革等有关问题的通知

http://www.ndrc.gov.cn/gzdt/201712/t20171226_871603.html

• 商务部办公厅关于印发《2017年加快内贸流通创新推动供给侧结构性改革扩大消费专项行动实施方案》的通知

http://www.mofcom.gov.cn/article/h/redht/201707/20170702607371.shtml? from=timeline

• 工业和信息化部关于印发《工业电子商务发展三年行动计划》的通知

http://www.cac.gov.cn/2017-09/26/c_1121722356.htm

• 关于推进资源循环利用基地建设的指导意见

http://www.gov.cn/xinwen/2017-11/02/content_5236511.htm

• 关于印发《铁路"十三五"发展规划》的通知

http://www.gov.cn/xinwen/2017-11/24/content_5242034.htm

• 商务部办公厅　财政部办公厅关于开展供应链体系建设工作的通知

http://www.mofcom.gov.cn/article/h/redht/201708/20170802627302.shtml

• 商务部办公厅　国家标准委办公室关于印发《网络零售标准化建设工作指引》的通知

http://www.mofcom.gov.cn/article/i/jyjl/l/201712/20171202684033.shtml

• 商务部　农业部关于深化农商协作大力发展农产品电子商务的通知

http://www.mofcom.gov.cn/article/h/redht/201708/20170802631481.shtml

• 财政部　农业部关于深入推进农业领域政府和社会资本合作的实施意见

http://jiuban. moa. gov. cn/zwllm/tzgg/tz/201706/t20170607_5664535. htm

• 财政部　科技部　工业和信息化部　发展改革委关于2016－2020年新能源汽车推广应用财政支持政策的通知

http://www. most. gov. cn/tztg/201505/t20150507_119246. htm

• 交通运输部　财政部　国家铁路局　中国民用航空局　国家邮政局　中国铁路总公司关于鼓励支持运输企业创新发展的指导意见

http://zizhan. mot. gov. cn/zfxxgk/bnssj/dlyss/201702/t20170208_2162285. html

• 交通运输部等十四个部门关于印发促进道路货运行业健康稳定发展行动计划(2017－2020年)的通知

http://zizhan. mot. gov. cn/zfxxgk/bnssj/dlyss/201709/t20170920_2917968. html

• 交通运输部办公厅、公安部办公厅、商务部办公厅关于组织开展城市绿色货运配送示范工程的通知

http://zizhan. mot. gov. cn/zfxxgk/bnssj/dlyss/201712/t20171226_2959828. html

• 农业部　财政部关于开展国家现代农业产业园创建工作的通知

http://www. moa. gov. cn/govpublic/FZJHS/201704/t20170401_5548300. htm

• 农业部　国家发展改革委　财政部关于加快发展农业生产性服务业的指导意见

http://jiuban. moa. gov. cn/zwllm/tzgg/tz/201708/t20170823_5791602. htm

• 农业部　国家发展改革委　财政部　国土资源部　人民银行　税务总局关于促进农业产业化联合体发展的指导意见

http://jiuban. moa. gov. cn/zwllm/tzgg/tz/201710/t20171025_5850040. htm

• 关于印发《循环发展引领行动》的通知

http://www. gov. cn/xinwen/2017-05/04/content_5190902. htm

• 十六部门关于印发发挥民间投资作用推进实施制造强国战略指导意见的通知

http://www. gov. cn/xinwen/2017-11/20/content_5241062. htm

• 工商总局第27部门关于开展放心消费创建活动营造安全放心消费环境的指导意见

http://www. saic. gov. cn:9080/zw/wjfb/lhfw/201801/t20180112 271755. html

二、获得《快递业务经营许可证》企业信息

（截至2017年6月1日）

（一）跨省（区、市）经营国内快递业务并经营国际快递业务的企业

企业名称	许可证号	有效期限	经营地域
民航快递有限责任公司	20100001A/C	2015.09.29至2020.09.28	北京、天津、山西（太原）、内蒙古（呼和浩特）、辽宁（沈阳、大连）、吉林（长春）、黑龙江（哈尔滨）、山东（济南、济宁、青岛、烟台、威海）、江苏（苏州、无锡、昆山、南京、盐城、常州）、上海、浙江（杭州、宁波）、安徽（合肥）、江西（南昌）、福建（厦门、福州）、河南（郑州）、湖北（武汉）、湖南（长沙）、广东（广州、佛山、深圳、珠海、东莞）、海南（海口、三亚）、四川（成都、绵阳）、重庆、云南省（昆明）、陕西（西安）、甘肃（兰州市）、宁夏（银川、石嘴山、灵武）、新疆（乌鲁木齐）、广西（南宁、梧州）、青海（西宁）
中国邮政速递物流股份有限公司	20100028A/C	2015.04.01至2020.03.31	北京、天津、河北、山西、内蒙古、辽宁、吉林、黑龙江、上海、江苏、浙江、安徽、福建、江西、山东、河南、湖北、湖南、广东、广西、海南、重庆、四川、贵州、云南、西藏、陕西、甘肃、青海、宁夏、新疆
北京顺丰速运有限公司	20100031-2A/C	2015.09.29至2020.09.28	北京、河北（廊坊、沧州、唐山、秦皇岛、邢台、邯郸、保定、衡水、张家口、承德）、内蒙古（包头）
广州顺丰速运有限公司	20100031-56A/C	2015.09.29至2020.09.28	广东（广州、清远、韶关）、新疆（乌鲁木齐）、内蒙古（呼和浩特）、山西（太原）、甘肃（兰州）
深圳市原飞航物流有限公司	20100067A/C	2015.09.29至2020.09.28	广东（深圳、佛山、江门、广州、珠海、惠州、东莞）、上海、江苏（苏州、常州、常熟、南通、镇江）、福建（厦门）、湖南（长沙）、浙江（杭州、金华、绍兴、宁波、温州、嘉兴）、湖北（武汉）、江苏（南京）
中外运-敦豪国际航空快件有限公司	20100146A/C	2015.09.29至2020.09.28	北京、天津、湖南（长沙、株洲）、河南（郑州、洛阳）、江西（南昌）、河北（石家庄、保定、廊坊、秦皇岛、唐山）、山西（太原）、湖北（武汉）、山东（青岛、济南、烟台、威海、潍坊、淄博、临沂、日照、济宁、滨州）、辽宁（大连、沈阳）、吉林（长春）、黑龙江（哈尔滨）、陕西（西安）、甘肃（兰州）、新疆（乌鲁木齐）、内蒙古（呼和浩特、包头）、重庆、四川（成都）、贵州（贵阳）、云南（昆明）、西藏（拉萨）、上海、浙江（杭州、金华、嘉兴、绍兴、湖州、宁波、台州、温州）、江苏（南京、淮安、镇江、扬州、泰州、南通、苏州、无锡、常州/盐城）、安徽（合肥）、广东（广州、佛山、湛江、肇庆、深圳、惠州、汕头、潮州、中山、珠海、江门、东莞）、海南（海口）、广西（南宁）、福建（厦门、福州、福清、莆田、泉州、漳州）

续上表

企业名称	许可证号	有效期限	经营地域
圆通速递有限公司	20100209A/C	2015.09.29 至 2020.09.28	北京、天津、河北、山西、内蒙古、辽宁、吉林、黑龙江、上海、江苏、浙江、安徽、福建、江西、山东、河南、湖北、湖南、广东、广西、海南、重庆、四川、贵州、云南、西藏、陕西、甘肃、青海、宁夏、新疆
深圳市亚风快运股份有限公司	20100215A/C	2015.09.29 至 2020.09.28	江苏(无锡)、浙江(杭州)、福建(泉州、厦门)、广东(东莞、深圳、广州、汕头)、上海、天津
捷特亨达货运代理(上海)有限公司	20100278A/C	2015.12.24 至 2020.12.23	北京、天津、河北、山西、辽宁、吉林、黑龙江、上海、江苏、浙江、江西、山东、广东、广西、重庆、四川、云南、陕西、甘肃、新疆
上海林道国际货运代理有限公司	20110337A/C	2016.01.25 至 2021.01.24	上海、浙江(宁波)、福建(福州、泉州、厦门)、山东(烟台、青岛)、辽宁(大连)

(二)跨省(区、市)经营国内快递业务的企业

企业名称	许可证号	有效期限	经营地域
上海红楼快递集团有限公司	20100207A	2015.09.29 至 2020.09.28	上海、北京、山东、江苏、浙江、江西、福建、湖南、湖北、广东、海南、安徽、辽宁、甘肃、广西、河北、贵州、陕西、吉林
北京宅急送快运股份有限公司	20100208A	2015.09.29 至 2020.09.28	北京、天津、河北、山西(太原、大同、晋城、长治、临汾、运城、朔州、忻州、阳泉)、内蒙古、山东
上海韵达货运有限公司	20100210A	2015.09.29 至 2020.09.28	北京、天津、河北、山西、内蒙古、辽宁、吉林、黑龙江、上海、江苏、浙江、安徽、福建、江西、山东、河南、湖北、湖南、广东、广西、重庆、四川、贵州、云南、西藏、陕西、甘肃、青海、宁夏、新疆、海南
申通快递有限公司	20100213A	2015.09.29 至 2020.09.28	河北、辽宁、吉林、山东、江苏、上海、浙江、安徽、湖北、湖南、广东、重庆、贵州、云南、广西、福建、河南、黑龙江、江西、宁夏、山西、四川、陕西、天津、北京、西藏、青海、内蒙古、甘肃、新疆、海南
上海全毅快递有限公司	20100214A	2015.09.29 至 2020.09.28	北京、天津、山西(太原)、辽宁(沈阳)、吉林(长春)、山东(青岛)、江苏(苏州、南京、无锡、常州)、上海、浙江(杭州、宁波、台州、温州、绍兴)、安徽(合肥)、福建(福州、泉州、厦门)、湖北(武汉)、湖南(长沙)、广东(广州、深圳、东莞、中山、阳江、江门)、四川(成都)、重庆、陕西(西安)、江西(南昌)、河北(石家庄)、贵州(遵义)、黑龙江(佳木斯)

续上表

企业名称	许可证号	有效期限	经营地域
北京世纪卓越快递服务有限公司	20100220A	2015.09.29至2020.09.28	北京、天津、上海、广东（广州、深圳）、江苏（苏州）、湖北（武汉）
杭州爱彼西商务配送有限公司	20100223A	2015.09.29至2020.09.28	浙江（杭州、金华、嘉兴、丽水、宁波、温州、舟山）、江苏（无锡）、上海
中运蓝宇联合（北京）快递有限责任公司	20100237A	2015.09.29至2020.09.28	北京、辽宁（沈阳）
北京日益通速递有限责任公司	20100239A	2015.09.29至2020.09.28	北京、天津
重庆华宇物流有限公司	20100248A	2015.09.29至2020.09.28	重庆、四川（成都）
广州宅急送快运有限公司	20100264A	2015.09.29至2020.09.28	广东（广州、河源、梅州、汕头、东莞、珠海、中山、江门、佛山、肇庆、湛江）、福建（福州、南平、三明、莆田、泉州、厦门、漳州、龙岩）、广西、海南（海口、三亚）
上海宅急送物流有限公司	20100265A	2015.09.29至2020.09.28	上海、浙江（杭州、湖州、嘉兴、宁波、绍兴、衢州、金华、台州、温州、丽水）、江苏（南京、徐州、连云港、淮安、盐城、扬州、泰州、南通、镇江、常州、无锡、苏州）、安徽
沈阳宅急送快运有限公司	20100266A	2015.09.29至2020.09.28	黑龙江（哈尔滨、齐齐哈尔、大庆、鹤岗、佳木斯、鸡西、牡丹江、绥化）、吉林（长春、白城、松原、吉林、四平、辽源、通化、白山）、辽宁
武汉宅急送快运有限公司	20100267A	2015.09.29至2020.09.28	湖北（武汉、十堰、襄阳、孝感、黄冈、咸宁、宜昌、恩施、黄石）、湖南（湘西州除外）、江西、河南（郑州、洛阳、许昌、焦作、平顶山、新乡、南阳、开封、安阳、濮阳、漯河、驻马店、鹤壁、信阳）
西安宅急送快运有限公司	20100268A	2015.09.29至2020.09.28	陕西、宁夏、甘肃（兰州、白银、天水、武威、酒泉、张掖、庆阳、平凉、定西、临夏）、青海（西宁、玉树）
成都宅急送快运有限公司	20100269A	2015.09.29至2020.09.28	四川、重庆、贵州、云南、西藏
天天快递有限公司	20100270A	2015.09.29至2020.09.28	北京、天津、山东、江苏、上海、浙江、河南、湖北、河北、广东、陕西、湖南、山西、福建、黑龙江、重庆、新疆、贵州、西藏、云南、四川、海南、安徽、广西、内蒙古、辽宁、吉林、江西、青海、甘肃、宁夏
深圳速尔物流有限公司	20100270A	2015.09.29至2020.09.28	广东（深圳、东莞）、江西（南昌、宜春）、浙江（杭州）、福建（厦门）、北京、重庆、山东（烟台、济南、青岛）、湖南（邵阳、湘潭、怀化、娄底）、山西（太原）、河南（郑州）、湖北（武汉）

续上表

企业名称	许可证号	有效期限	经营地域
优速物流有限公司	20100272A	2015.11.25至2020.11.24	上海、江苏、浙江、北京、天津、四川、辽宁、湖南、湖北、福建、重庆、江西、云南、广东、山西、安徽、山东、黑龙江、河南、广西、内蒙古、海南、陕西、河北、贵州、青海、宁夏、新疆、甘肃、吉林、西藏
哈尔滨市尼尔物流发展有限公司	20110316A	2016.01.25至2021.01.24	吉林(延吉)、黑龙江(哈尔滨、牡丹江、伊春、大庆、双鸭山、七台河)、辽宁(沈阳、大连)
冠达快递有限公司	20110349A	2016.01.25至2021.01.24	辽宁(沈阳)、吉林(长春)、黑龙江(哈尔滨、牡丹江)、云南(昆明)、浙江(宁波)、四川(绵阳)、青海(西宁)、江苏(宿迁)、河北(邢台)、贵州(黔西南州)、广西(百色)、福建(福州)、黑龙江(绥化)、宁夏(中卫)
杭州百世网络技术有限公司	20110354A	2016.08.30至2021.08.29	北京、天津、河北、山西、内蒙古、辽宁、吉林、黑龙江、上海、江苏、浙江、安徽、福建、江西、山东、河南、湖北、湖南、广东、广西、海南、重庆、四川、贵州、云南、西藏、陕西、甘肃、青海、宁夏、新疆
德邦物流股份有限公司	20120378A	2017.01.18至2022.01.17	北京、天津、辽宁、吉林、上海、江苏、浙江、福建、江西、山东、河南、湖北、湖南、广东、重庆、四川、贵州、云南
联邦快递(中国)有限公司	20120147A	2012.09.06至2017.09.05	北京、天津、辽宁(沈阳、大连)、上海、浙江(杭州、宁波、温州、台州、湖州、嘉兴、绍兴、金华、衢州)、河南(郑州、洛阳)、广东(广州、深圳、东莞、佛山、珠海、中山、惠州、江门、汕头、清远、阳江、肇庆、韶关)、四川(成都)、安徽(合肥、芜湖)、福建(福州、泉州、厦门、莆田、漳州)、广西(南宁)、河北(石家庄、唐山、保定、秦皇岛)、黑龙江(哈尔滨)、陕西(西安)、重庆、湖南(长沙、株洲)、云南(昆明)、湖北(武汉)、江苏(南京、无锡、苏州、常州、昆山、扬州、南通、镇江、泰州、淮安、宿迁、徐州)、山东(济南、烟台、青岛、淄博、潍坊、威海、日照、临沂、东营)、山西(太原)、甘肃(兰州)、海南(海口)、吉林(长春)、贵州(贵阳)、内蒙古(呼和浩特)、新疆(乌鲁木齐)、江西(南昌)
优比速包裹运送(广东)有限公司	20120010A	2012.09.06至2017.09.05	北京、上海、广东(广州、深圳、东莞、珠海、佛山、中山、江门、惠州)、天津、陕西(西安)、江苏(苏州、昆山、南京、无锡、常州、南通)、辽宁(沈阳、大连)、山东(青岛)、浙江(杭州、宁波、嘉兴、温州、绍兴)、四川(成都)、安徽(合肥)、湖北(武汉)、福建(福州、厦门、泉州)、河南(郑州)
北京如风达快递有限公司	20120412A	2012.10.10至2017.10.09	北京、湖南(长沙)、广东(广州、佛山、深圳、珠海)、上海、湖北(武汉)、陕西(西安)、天津、福建(厦门)、浙江(宁波)、山东(济南、青岛)
上海佳吉快运有限公司	20120423A	2012.12.28至2017.12.27	北京、天津、河北(石家庄)、上海、江苏(无锡)、浙江(杭州)、广东(广州、深圳、佛山)、江西(南昌)、湖北(武汉)、河南(郑州)、安徽(合肥)、湖南(长沙)

续上表

企业名称	许可证号	有效期限	经营地域
苏宁云商集团股份有限公司	20120424A	2012.12.28至2017.12.27	北京、天津、河北、山西、内蒙古、辽宁、吉林、黑龙江、上海、江苏、浙江、安徽、福建、江西、山东、湖北、湖南、广东、海南、四川、贵州、云南、陕西、甘肃、新疆
中铁快运股份有限公司	20130435A	2013.02.06至2018.02.05	北京、湖北、福建、湖南、海南、吉林、云南、新疆、青海、重庆、甘肃、山西、内蒙古、广西、江苏、上海、天津、河北、河南、山东、江西、贵州、四川、宁夏、陕西、浙江、西藏、辽宁、广东、安徽、黑龙江
上海益实多电子商务有限公司	20130436A	2013.02.06至2018.02.05	北京、上海、天津、江苏(扬州、苏州、南京)、浙江(杭州)、广东(广州、深圳)
山东广通速递有限公司	20130445A	2013.05.14至2018.05.13	山东(济南)、河南(郑州)、上海
北京全峰快递有限责任公司	20130456A	2013.05.14至2018.05.13	北京、河北、山西、内蒙古、吉林、黑龙江、上海、江苏、浙江、安徽、福建、山东、湖北、湖南、云南、陕西、甘肃
速尔快递有限公司	20130475A	2013.12.05至2018.12.04	北京、上海、江西、山东、湖北、湖南、广东、广西、河南、甘肃、安徽、四川、福建、浙江、山西、新疆、陕西、河北、江苏、青海、黑龙江、吉林
北京京邦达贸易有限公司	20130476A	2013.12.05至2018.12.04	北京、辽宁(沈阳、营口、丹东、阜新、鞍山、大连)、安徽(合肥、芜湖)、重庆、四川(成都)、河北(石家庄)、湖北(武汉)、内蒙古(包头、赤峰、通辽)、甘肃(兰州、天水、定西、酒泉)、浙江(杭州)、河南(郑州、开封、三门峡、新乡、周口)、江西(景德镇、鹰潭、南昌、赣州、吉安、九江、萍乡、新余、宜春)、广东(深圳、广州)、湖南(长沙)、山西(太原、阳泉)、贵州(贵阳)、吉林(长春)、广西(南宁)、福建(厦门)、宁夏(银川、固原、石嘴山、吴忠、中卫)、海南省(海口、文昌)、陕西(西安、宝鸡、汉中、商洛、安康、延安、渭南、咸阳)、云南(昆明)、江苏(淮安、苏州、南京、无锡、扬州)、上海、黑龙江(哈尔滨、绥化、五常)、新疆(乌鲁木齐、昌吉、克拉玛依、石河子)、天津、山东(济南) 、青海(海北州、海东)、西藏(拉萨)
中通快递股份有限公司	20130478A	2013.12.05至2018.12.04	上海、湖北、广东、江苏、浙江、广西、吉林、福建、山东、四川、宁夏、内蒙古、新疆、北京、重庆、天津、湖南、西藏、江西、云南、山西、辽宁、贵州、安徽、黑龙江、陕西、青海、河北、河南、甘肃、海南
上海龙邦速运有限公司	20140480A	2014.01.22至2019.01.21	上海、湖北(武汉)、四川(成都、雅安、达州、内江、宜宾、泸州、自贡、绵阳、资阳、广安、德阳、眉山、凉山州、巴中)、福建(福州、泉州、厦门、莆田)、浙江(杭州、温州、嘉兴、台州、湖州)、湖南(长沙)、河南(郑州、鹤壁、许昌、焦作、三门峡)、北京、江苏(无锡、南京、常州、苏州、淮安、扬州、泰州、连云港、宿迁、镇江、南通、徐州、盐城)、安徽(合肥、阜阳、蚌埠、滁州)、江西(南昌、抚州、上饶)、河北(石家庄、邢台、张家口)、黑龙江(哈尔滨)、云南(昆明)、天津、内蒙古(包头)、吉林(长春)、山西(太原)

续上表

企业名称	许可证号	有效期限	经营地域
微特派快递有限公司	20140481A	2014.01.22 至 2019.01.21	北京、湖北(武汉)、天津、上海、广东(广州)
海航货运有限公司	20140482A	2014.01.22 至 2019.01.21	海南(海口)、北京、浙江(杭州)、新疆(乌鲁木齐)、天津、广东(广州)、上海、陕西(西安)
顺丰速运有限公司	20140471A	2014.08.13 至 2019.08.12	北京、天津、河北、山西、内蒙古、辽宁、吉林、黑龙江、上海、江苏、浙江、安徽、福建、江西、山东、河南、湖北、湖南、广东、广西、海南、重庆、四川、贵州、云南、西藏、陕西、甘肃、青海、宁夏、新疆
上海快捷快递有限公司	20140505A	2014.08.13 至 2019.08.12	上海、江苏(淮安)、湖南(长沙)、重庆、广东(东莞、深圳)、四川(成都)、湖北(武汉)、山东(济南、潍坊)、浙江(杭州、宁波、衢州、湖州、温州、嘉兴、金华、台州、丽水、绍兴)、江西(南昌)、安徽(合肥)、天津、贵州(贵阳)、山西(太原)、青海(西宁、海东、海北州、黄南州、海南州、果洛州、玉树州、海西州)、甘肃(兰州)、福建(福州)、黑龙江(哈尔滨)、广西(柳州)
全一快递有限公司	20140047A	2014.08.13 至 2019.08.12	广东(深圳、江门、东莞、中山)、北京、浙江(绍兴、温州、嘉兴、杭州、金华、台州)、陕西(西安)、福建(莆田、福州)、江西(南昌)、江苏(常州、苏州、徐州、无锡)、安徽(亳州、宿州、安庆、马鞍山、蚌埠、合肥、芜湖)、广西(百色)、辽宁(沈阳)、湖北(恩施州、宜昌、咸宁)、天津、山东(青岛、临沂、德州、淄博)、上海、新疆(博尔塔拉蒙古自治州)、湖南(长沙)
增益物流有限公司	20140506A	2014.08.13 至 2019.08.12	北京、上海、江苏(无锡)、浙江(杭州)、广东(广州)、天津
嘉里大通物流有限公司	20140029-0A	2014.12.30 至 2019.12.29	北京、上海、福建(福州、厦门)、广东(广州、深圳、汕头、珠海)、河北(石家庄、秦皇岛、唐山、保定)、黑龙江(哈尔滨)、吉林(长春)、江苏(南京、苏州、无锡、扬州、南通)、江西(南昌)、辽宁(沈阳、大连)、山东(济南、青岛、威海、潍坊、烟台)、山西(太原)、新疆(乌鲁木齐)、浙江(杭州、温州、宁波)、天津、青海(西宁)、甘肃(兰州)、广西(南宁)、安徽(合肥、芜湖)、内蒙古(包头、呼和浩特)、海南(海口)、湖南(长沙)、湖北(武汉)、重庆、云南(昆明)、贵州(贵阳)、陕西(西安)、河南(郑州)、四川(成都)
雅玛多(中国)运输有限公司	20140216A	2014.12.30 至 2019.12.29	上海、江苏(南京、苏州、无锡、南通)、浙江(杭州)
欧西爱司物流(上海)有限公司	20140217A	2014.12.30 至 2019.12.29	上海、北京、天津、福建(厦门)、广东(广州、深圳、东莞、佛山)、江苏(苏州、无锡、常州、南通)、辽宁(大连)、山东(烟台、潍坊、威海、青岛)、浙江(杭州、嘉兴、宁波)
北京畅速快递有限公司	20150565A	2015.01.12 至 2020.01.11	北京、天津、河北(石家庄)、山东(济南)、湖北(武汉)、广东(深圳)、内蒙古(呼和浩特)

续上表

企业名称	许可证号	有效期限	经营地域
上海麦力快递有限公司	20150592A	2015.05.04 至 2020.05.03	上海、辽宁(沈阳)、湖北(武汉)、四川(成都)、陕西(西安)
北京瑞丰速递服务有限公司	20150609A	2015.07.01 至 2020.06.30	北京、河北(邯郸)、湖南(长沙)、贵州(六盘水)、广西(南宁)
广通速递有限公司	20150610A	2015.07.01 至 2020.06.30	湖北(武汉)、河北(石家庄)、黑龙江(哈尔滨)、江苏(南京)、浙江(杭州)、江西(南昌)、山东(潍坊)
一站通速运有限公司	20150622A	2015.07.08 至 2020.07.07	吉林(长春、四平、松原)、黑龙江(哈尔滨)、辽宁(沈阳、大连)、四川(成都)
江苏苏宁物流有限公司	20150658A	2015.12.30 至 2020.12.29	云南(昆明)、福建(厦门)、湖北(宜昌、襄阳)、四川(成都)、北京、天津、江苏(无锡、南通、常州、扬州、淮安、盐城)、山西(太原)、浙江(杭州)、广东(广州、汕头、佛山)
希杰荣庆物流供应链有限公司	20160662A	2016.02.03 至 2021.02.02	山东(临沂)、江苏(苏州)、浙江(杭州)
深圳全信通快递有限公司	20160663A	2016.02.03 至 2021.02.02	广东(深圳)、江西(九江)、贵州(贵阳)、山东(济宁)
百事亨通速递有限公司	20160665A	2016.03.08 至 2021.03.07	天津、河北(唐山)、辽宁(锦州)、黑龙江(哈尔滨)、山东(济南)
上海安能聚创供应链管理有限公司	20160700A	2016.11.28 至 2021.11.27	河北(廊坊)、上海、浙江(金华)、福建(厦门)、广东(中山)、四川(成都)、重庆
圆通速递股份有限公司	20160705A	2016.12.09 至 2021.12.08	辽宁(大连)、上海
申通快递股份有限公司	20160706A	2016.12.23 至 2021.12.22	上海、浙江(杭州)

(三)经营国际快递业务的企业

企业名称	许可证号	有效期限
大连民航快递有限公司	20100001-1C	2015.06.21 至 2020.06.20
中外运空运发展股份有限公司	20090002-0C	2015.01.01 至 2020.12.31
宁德市彼岸国际货运代理有限公司	20100005C	2015.01.15 至 2020.01.14
珠海市隆运国际货运代理有限公司	20100006C	2015.01.15 至 2020.01.14
深圳均辉华惠国际货运有限公司	20100007C	2015.01.15 至 2020.01.14
汉高货运代理(深圳)有限公司	20100008C	2015.01.15 至 2020.01.14
东莞市天峰快递有限公司	20100009C	2015.01.15 至 2020.01.14
优比速包裹运送(广东)有限公司	20100010C	2015.05.17 至 2020.05.16
友航(中国)国际货代有限公司	20100013C	2015.05.17 至 2020.05.16
东莞市常安国际货物运输代理有限公司	20100014C	2015.05.17 至 2020.05.16

续上表

企业名称	许可证号	有效期限
北京明邦运通国际运输服务有限公司	20100015C	2015.05.17 至 2020.05.16
安徽东方国际物流有限公司	20100016C	2015.05.17 至 2020.05.16
东莞市正东国际货物运输代理有限公司	20100017C	2015.05.17 至 2020.05.16
深圳市递四方速递有限公司	20100018C	2015.05.17 至 2020.05.16
芜湖恒诚国际货运代理有限公司	20100019C	2015.05.17 至 2020.05.16
广东永邦经贸国际货运代理有限公司	20100020C	2015.05.17 至 2020.05.16
杭州泛远国际物流股份有限公司	20100021C	2015.05.17 至 2020.05.16
广东易连国际货物运输代理有限公司	20100022C	2015.05.17 至 2020.05.16
联合包裹物流(上海)有限公司	20100023C	2015.05.17 至 2020.05.16
保利佐川物流有限公司	20100024C	2015.05.17 至 2020.05.16
呼和浩特市君立国际货运代理有限责任公司	20100025C	2015.05.17 至 2020.05.16
厦门东港国际运输有限公司	20100026C	2015.05.17 至 2020.05.16
福建联运国际货运代理有限公司	20100027C	2015.05.17 至 2020.05.16
嘉里大通物流有限公司	20100029-0C	2015.06.21 至 2020.06.20
惠州市联捷国际货运代理有限公司	20100032C	2015.06.21 至 2020.06.20
福建泰航国际物流有限公司	20100033C	2015.06.21 至 2020.06.20
东莞市晖翔国际货运代理有限公司	20100034C	2015.06.21 至 2020.06.20
日通国际物流(中国)有限公司	20100035C	2015.06.21 至 2020.06.20
深圳港中旅供应链贸易有限公司	20100036C	2015.06.21 至 2020.06.20
重庆安捷国际运输代理有限公司	20100037C	2015.06.21 至 2020.06.20
宁波雅戈尔国际贸易运输有限公司	20100039C	2015.06.21 至 2020.06.20
深圳市迅达国际货运代理有限公司	20100040C	2015.06.21 至 2020.06.20
江西中迅国际货运代理有限公司	20100041C	2015.06.21 至 2020.06.20
迪比翼环球快递(上海)有限公司	20100042C	2015.06.21 至 2020.06.20
威海通达货运代理有限责任公司	20100043C	2015.06.21 至 2020.06.20
上海雅仕国际物流有限公司	20100044C	2015.06.21 至 2020.06.20
珠海庞志国际货运代理有限公司	20100045C	2015.06.21 至 2020.06.20
江苏弘业国际物流有限公司	20100046C	2015.06.21 至 2020.06.20
全一快递有限公司	20100047C	2015.06.21 至 2020.06.20
上海亚东国际货运有限公司	20100050C	2015.06.21 至 2020.06.20
运必送物流(深圳)有限公司	20100051C	2015.06.21 至 2020.06.20
中国外运股份有限公司	20100053C	2015.06.21 至 2020.06.20
青岛经汉物流服务有限公司	20100054C	2015.06.21 至 2020.06.20
深圳市华信国际货运有限公司	20100057C	2015.06.21 至 2020.06.20
北京燕文物流有限公司	20100058C	2015.06.21 至 2020.06.20
上海天霖星洲国际货运有限公司	20100059C	2015.06.21 至 2020.06.20
武汉中贸发国际货运代理有限公司	20100060C	2015.06.21 至 2020.06.20
杭州日晟国际货运代理有限公司	20100061C	2015.06.21 至 2020.06.20
深圳市和安国际货运代理有限公司	20100063C	2015.06.21 至 2020.06.20
广东秀驿物流有限公司	20100064C	2015.06.21 至 2020.06.20

续上表

企业名称	许可证号	有效期限
威时沛运货运(广州)有限公司	20100068C	2015.06.21 至 2020.06.20
厦门雅顺达国际物流有限公司	20100069C	2015.06.21 至 2020.06.20
上海华兴国际货运公司	20100071C	2015.06.21 至 2020.06.20
浙江中外运有限公司	20100074C	2015.06.21 至 2020.06.20
青岛中远国际航空货运代理有限公司	20100075C	2015.06.21 至 2020.06.20
深圳棋洋国际物流有限公司	20100081C	2015.07.16 至 2020.07.15
福建金诚国际物流有限公司	20100082C	2015.07.16 至 2020.07.15
中航技国际储运厦门有限责任公司	20100083C	2015.07.16 至 2020.07.15
深圳天霖华世达国际货运代理有限公司	20100084C	2015.07.16 至 2020.07.15
伟光达国际货运代理(深圳)有限公司	20100085C	2015.07.16 至 2020.07.15
佛山中新创业国际货运代理有限公司	20100086C	2015.07.16 至 2020.07.15
深圳市安达顺国际物流有限公司	20100087C	2015.07.16 至 2020.07.15
中外运速递有限公司	20100090C	2015.07.16 至 2020.07.15
广州中远国际航空货运代理有限公司	20100091C	2015.07.16 至 2020.07.15
东莞市南翔国际货运代理有限公司	20100092C	2015.07.16 至 2020.07.15
海程邦达国际物流有限公司	20100093C	2015.07.16 至 2020.07.15
厦门东方环球货运代理有限公司	20100094C	2015.07.16 至 2020.07.15
东莞市东港国际货运代理有限公司	20100095C	2015.07.16 至 2020.07.15
江苏苏迈克斯国际物流有限公司	20100096C	2015.07.16 至 2020.07.15
东莞市中亚联发运输有限公司	20100102C	2015.07.16 至 2020.07.15
东莞市骅达国际货运代理有限公司	20100103C	2015.07.16 至 2020.07.15
佛山市冠鸿国际货运代理有限公司	20100104C	2015.07.16 至 2020.07.15
广州番禺中新国际货物运输代理有限公司	20100106C	2015.07.16 至 2020.07.15
中外运-日新国际货运代理有限公司	20100112C	2015.07.16 至 2020.07.15
广东全顺国际货运代理有限公司	20100113C	2015.07.16 至 2020.07.15
青岛大亚空运有限公司	20100114C	2015.07.16 至 2020.07.15
深圳市亿翔快递集团有限公司	20100116C	2015.07.16 至 2020.07.15
东莞市迅达国际货运有限公司	20100117C	2015.07.16 至 2020.07.15
青岛金王国际运输有限公司	20100120C	2015.07.16 至 2020.07.15
东莞市日安国际货运代理有限公司	20100121C	2015.07.16 至 2020.07.15
嘉里大通物流(深圳)有限公司	20100122C	2015.07.16 至 2020.07.15
南阳春龙国际货运代理有限公司	20100124C	2015.07.16 至 2020.07.15
梅县荣嘉国际远洋货运有限公司	20100125C	2015.07.16 至 2020.07.15
深圳市恒立达国际货运代理有限公司	20100126C	2015.07.16 至 2020.07.15
中国外运山东有限公司	20100131C	2015.07.16 至 2020.07.15
瀚洋国际货运代理(深圳)有限公司	20100132C	2015.07.16 至 2020.07.15
山东盛欣国际货运代理有限公司	20100134C	2015.07.16 至 2020.07.15
南通新干线国际货运代理有限公司	20100135C	2015.07.16 至 2020.07.15
江门市邮政速递服务有限公司	20100136C	2015.07.16 至 2020.07.15
深圳市华惠国际货运有限公司	20100137C	2015.07.16 至 2020.07.15

续上表

企业名称	许可证号	有效期限
中远国际航空货运代理有限公司	20100138C	2015.07.16 至 2020.07.15
汕头经济特区平野对外运输有限公司	20100141C	2015.07.16 至 2020.07.15
深圳市平宇物流有限公司	20100142C	2015.07.16 至 2020.07.15
北京华惠国际货运有限公司	20100143C	2015.07.16 至 2020.07.15
深圳市凯鑫国际货运代理有限公司	20100144C	2015.07.16 至 2020.07.15
天地国际运输代理(中国)有限公司	20100145C	2015.08.03 至 2020.08.02
联邦快递(中国)有限公司	20100147C	2015.08.25 至 2020.08.24
青岛宏洋国际货运代理有限公司	20100149C	2015.09.27 至 2020.09.26
广州派亚物流有限公司	20100154C	2015.09.27 至 2020.09.26
青岛翔通国际运输代理有限公司	20100155C	2015.09.27 至 2020.09.26
上海翼速国际物流有限公司	20100156C	2015.09.27 至 2020.09.26
莆田市航鹏货运有限公司	20100157C	2015.09.27 至 2020.09.26
北海海志船舶代理有限责任公司	20100160C	2015.09.27 至 2020.09.26
上海恒荣国际货运有限公司	20100162C	2015.09.27 至 2020.09.26
东莞市金泰辉国际货运代理有限公司	20100165C	2015.09.27 至 2020.09.26
上海空海货运代理有限公司	20100166C	2015.09.27 至 2020.09.26
杭州佳成国际物流股份有限公司	20100167C	2015.09.27 至 2020.09.26
东莞-辉货运服务有限公司	20100168C	2015.09.27 至 2020.09.26
珠海崇宏货运代理有限公司	20100169C	2015.09.27 至 2020.09.26
中国外运河南公司	20100170C	2015.09.27 至 2020.09.26
佛山市快图仕国际货运代理有限公司	20100171C	2015.09.27 至 2020.09.26
中国外运长江有限公司	20100172C	2015.09.27 至 2020.09.26
昆山中外运物流有限公司	20100172-2C	2015.09.27 至 2020.09.26
南京出口加工区中外运物流有限公司	20100172-3C	2015.09.27 至 2020.09.26
安徽宇环储运有限公司	20100174C	2015.09.27 至 2020.09.26
宁波泛洋国际货运代理有限公司	20100175C	2015.09.27 至 2020.09.26
福建华夏货运有限公司	20100178C	2015.09.27 至 2020.09.26
上海华惠国际货运有限公司	20100179C	2015.09.27 至 2020.09.26
浙江外运台州有限公司	20100181C	2015.09.27 至 2020.09.26
湖州新元国际货运有限公司	20100182C	2015.09.27 至 2020.09.26
上海百福东方国际物流有限责任公司	20100183C	2015.09.27 至 2020.09.26
上海长发国际货运有限公司	20100184C	2015.09.27 至 2020.09.26
汕头中外运有限公司	20100185C	2015.09.27 至 2020.09.26
中国外运广东有限公司	20100186C	2015.09.27 至 2020.09.26
深圳市安梭国际货运代理有限公司	20100188C	2015.09.27 至 2020.09.26
大连乾瀚国际物流有限公司	20100189C	2015.09.27 至 2020.09.26
中国外运山西公司	20100190C	2015.09.27 至 2020.09.26
大连双雄国际货运代理有限公司	20100191C	2015.09.27 至 2020.09.26
大连迪比翼爱克斯快递有限公司	20100192C	2015.09.27 至 2020.09.26
昆明荣建国际货运有限公司	20100193C	2015.09.27 至 2020.09.26

续上表

企业名称	许可证号	有效期限
义乌天虎快递有限公司	20100194C	2015.09.27 至 2020.09.26
上海泓丰国际物流股份有限公司	20100196C	2015.09.27 至 2020.09.26
上海翔运国际货运有限公司	20100197C	2015.09.27 至 2020.09.26
包头开源鸿瑞国际货运代理有限责任公司	20100198C	2015.09.27 至 2020.09.26
大庆国际货物运输代理有限公司	20100199C	2015.09.27 至 2020.09.26
黄石中外运国际货运代理有限公司	20100200C	2015.09.27 至 2020.09.26
珠海市中景国际货物运输代理有限公司	20100201C	2015.09.27 至 2020.09.26
杭州百福东方国际货运代理有限公司	20100202C	2015.09.27 至 2020.09.26
河北外运廊坊公司	20100204C	2015.09.27 至 2020.09.26
黑龙江省乾瀚国际货物运输代理有限公司	20100205C	2015.09.27 至 2020.09.26
雅玛多(中国)运输有限公司	20100216C	2015.09.29 至 2020.09.28
欧西爱司物流(上海)有限公司	20100217C	2015.09.29 至 2020.09.28
郑州市程驰速递有限公司	20100221C	2015.09.29 至 2020.09.28
南通三佳快运代理有限公司	20100224C	2015.09.29 至 2020.09.28
河北佳通物流有限公司	20100225C	2015.09.29 至 2020.09.28
厦门洪赞成物流有限公司	20100226C	2015.09.29 至 2020.09.28
菏泽市通世运送服务有限公司	20100227C	2015.09.29 至 2020.09.28
深圳市盈安达国际货运代理有限公司	20100228C	2015.09.29 至 2020.09.28
南通恒丰国际货运代理有限公司	20100229C	2015.09.29 至 2020.09.28
合肥圣捷快运有限公司	20100230C	2015.09.29 至 2020.09.28
惠州市辉宇天地货物运输有限公司	20100231C	2015.09.29 至 2020.09.28
湖南迪比翼快递服务有限公司	20100232C	2015.09.29 至 2020.09.28
珠海市宇立物流有限公司	20100233C	2015.09.29 至 2020.09.28
东莞市亚世国际货运代理有限公司	20100234C	2015.09.29 至 2020.09.28
东莞市东急捷运有限公司	20100235C	2015.09.29 至 2020.09.28
嘉兴市乍浦百通速递服务有限公司	20100236C	2015.09.29 至 2020.09.28
嘉兴环洋电商物流服务有限公司	20100238C	2015.09.29 至 2020.09.28
偌亚奥国际货运代理(深圳)有限公司	20100240C	2015.09.29 至 2020.09.28
天津泰利宝国际货运代理有限公司	20100241C	2015.09.29 至 2020.09.28
北京网易速达国际货运代理有限公司	20100242C	2015.09.29 至 2020.09.28
广州市快时递快递有限公司	20100247C	2015.09.29 至 2020.09.28
中山祥运通国际货运代理有限公司	20100249C	2015.09.29 至 2020.09.28
浙江旭日国际货运代理有限公司	20100252C	2015.09.29 至 2020.09.28
中山龙盛达国际货运代理有限公司	20100253C	2015.09.29 至 2020.09.28
威海田园凯鸽快递有限公司	20100256C	2015.09.29 至 2020.09.28
潍坊联捷国际物流有限公司	20100259C	2015.09.29 至 2020.09.28
吉林市飞虎快递有限公司	20100260C	2015.09.29 至 2020.09.28
中国外运广西桂林公司	20100261C	2015.09.29 至 2020.09.28
青岛金驿路国际物流有限公司	20100273C	2015.11.25 至 2020.11.24
浩通国际货运代理有限公司	20100274C	2015.11.25 至 2020.11.24

续上表

企业名称	许可证号	有效期限
一三九快递(北京)有限公司	20100275C	2015.11.25 至 2020.11.24
东莞市天地通速递有限公司	20100276C	2015.11.25 至 2020.11.24
天津美亚集运国际货运代理有限公司	20100280C	2015.11.25 至 2020.11.24
温州天翔货运服务有限公司	20100281C	2015.11.25 至 2020.11.24
福州中贸英联航空国际货运代理有限公司	20100282C	2015.11.25 至 2020.11.24
包头市中天国际货运代理有限公司	20100283C	2015.11.25 至 2020.11.24
深圳市秀驿国际物流有限公司	20100284C	2015.12.24 至 2020.12.23
昆山外服迪比翼国际货运代理有限公司	20100285C	2015.12.24 至 2020.12.23
常州市奥翔物流有限公司	20100287C	2015.12.24 至 2020.12.23
中国外运广西梧州有限公司	20100289C	2015.12.24 至 2020.12.23
川妮(厦门)国际货运代理有限公司	20100291C	2015.12.24 至 2020.12.23
无锡城晓国际货运代理有限公司	20100292C	2015.11.25 至 2020.11.24
青岛昊坤达国际物流有限公司	20100293C	2015.12.24 至 2020.12.23
辽宁天地国际物流有限公司	20100294C	2015.12.24 至 2020.12.23
宁波睿达国际物流有限公司	20100295C	2015.12.24 至 2020.12.23
泉州顺鑫快递有限公司	20100296C	2015.12.24 至 2020.12.23
厦门安世通国际快递物流有限公司	20100297C	2015.12.24 至 2020.12.23
上海伟邦快递服务有限公司	20100298C	2015.12.24 至 2020.12.23
宁波富成国际货运代理有限公司	20100299C	2015.12.24 至 2020.12.23
天津易运物流有限公司	20100300C	2015.11.25 至 2020.11.24
厦门宸迅物流有限公司	20100301C	2015.11.25 至 2020.11.24
温州金邦盛德国际货运代理有限公司	20100302C	2015.12.24 至 2020.12.23
张家港顺捷国际货运代理有限公司	20100304C	2015.12.24 至 2020.12.23
上海义达国际物流有限公司	20100305C	2015.12.24 至 2020.12.23
包头鼎力通国际货物运输代理有限公司	20110308C	2016.01.14 至 2021.01.15
上海中外运钱塘有限公司	20110309C	2016.01.14 至 2021.01.15
苏州百福东方国际物流有限责任公司	20110311C	2016.01.14 至 2021.01.15
福建鼎佳国际货运代理有限公司	20110312C	2016.01.14 至 2021.01.15
山东中外运弘志物流有限公司	20110313C	2016.01.14 至 2021.01.15
中国外运江苏集团公司扬州公司	20110315C	2016.01.25 至 2021.01.24
青岛翔通报关行有限公司	20110317C	2016.01.25 至 2021.01.24
绍兴希凯易国际货运代理有限公司	20110318C	2016.01.25 至 2021.01.24
深圳福霖冠宇国际货运代理有限公司	20110319C	2016.01.25 至 2021.01.24
浙江亲和货运代理有限公司	20110320C	2016.01.25 至 2021.01.24
长春天地快件有限公司	20110324C	2016.01.25 至 2021.01.24
大连通商急便国际物流有限公司	20110325C	2016.01.25 至 2021.01.24
深圳市快迅捷运输服务有限公司	20110326C	2016.01.25 至 2021.01.24
大连通达货运有限公司	20110328C	2016.01.25 至 2021.01.24
绍兴天越货运有限公司	20110329C	2016.01.25 至 2021.01.24
湖南省华通国际货运代理有限公司	20110330C	2016.01.25 至 2021.01.24

续上表

企业名称	许可证号	有效期限
深圳市迪比翼贸易发展有限公司	20110333C	2016.01.25 至 2021.01.24
襄阳亚樊敦豪国际物流有限公司	20110334C	2016.01.25 至 2021.01.24
上海经贸和光旅运有限公司	20110338C	2016.01.25 至 2021.01.24
宜昌市联合国际货运代理有限公司	20110339C	2016.01.25 至 2021.01.24
嘉兴市锦剑物流有限公司	20110340C	2016.01.25 至 2021.01.24
宁波华迅甬通航空货运代理有限公司	20110342C	2016.01.25 至 2021.01.24
杭州荣城国际货运有限公司	20110343C	2016.01.25 至 2021.01.24
中国外运黑龙江齐齐哈尔公司	20110344C	2016.01.25 至 2021.01.24
安徽亚太航空代理有限公司	20110345C	2016.01.25 至 2021.01.24
深圳市汇通天下物流有限公司	20110346C	2016.01.25 至 2021.01.24
长春顺捷速递有限公司	20110347C	2016.01.25 至 2021.01.24
黄石天海航运有限公司	20110348C	2016.01.25 至 2021.01.24
杭州七逸国际货运代理有限公司	20110350C	2016.01.25 至 2021.01.24
广州霆宇国际货运代理有限公司	20110351C	2016.01.25 至 2021.01.24
中国货运航空有限公司	20110352C	2016.01.25 至 2021.01.24
宁波万邦速运有限公司	20110353C	2016.01.25 至 2021.01.24
北京冠捷国际物流有限公司	20110355C	2016.08.30 至 2021.08.29
深圳市久荣物流有限公司	20110356C	2016.08.30 至 2021.08.29
溧阳溧金速达物流有限公司	20110357C	2016.08.30 至 2021.08.29
中国对外贸易运输总公司浙江嘉兴支公司	20110358C	2016.08.30 至 2021.08.29
中国外运陆桥运输有限公司	20110359C	2016.08.30 至 2021.08.29
浙江云豹国际货运代理有限公司	20110360C	2016.08.30 至 2021.08.29
杭州宏强国际货运代理有限公司	20110362C	2016.08.30 至 2021.08.29
山东天泽航国际货运代理有限公司	20110363C	2016.08.30 至 2021.08.29
东莞市创运国际货运代理有限公司	20110364C	2016.10.18 至 2021.10.17
厦门通宇报关有限公司	20110365C	2016.10.18 至 2021.10.17
安阳市敦豪货运代理有限公司	20110367C	2016.10.18 至 2021.10.17
濮阳市敦豪货运代理有限公司	20110368C	2016.10.18 至 2021.10.17
DHL 空运服务(上海)有限公司	20110369C	2016.12.01 至 2021.11.30
上海合久成越国际货运代理有限公司	20110370C	2016.10.18 至 2021.10.17
中外运安迈世(上海)国际航空快递有限公司	20110372C	2016.11.04 至 2021.11.03
义乌市联信国际货运代理有限公司	20110373C	2016.12.01 至 2021.11.30
佛山市兆航国际货运代理有限公司	20110374C	2016.12.01 至 2021.11.30
龙口亚航船务代理有限公司	20110375C	2016.12.01 至 2021.11.30
常州市美亚国际货运代理有限公司	20110377C	2016.12.01 至 2021.11.30
嘉兴市天地迅捷国际货运代理有限公司	20110379C	2016.10.18 至 2021.10.17
杭州天豹国际货运代理有限公司	20120380C	2017.01.18 至 2022.01.17
浏阳市东豪仓储咨询服务有限公司	20120383C	2017.01.18 至 2022.01.17
青岛世进国际物流有限公司	20120384C	2017.01.18 至 2022.01.17
北京快达国际物流服务有限公司	20120385C	2017.01.18 至 2022.01.17

续上表

企业名称	许可证号	有效期限
深圳市中技物流有限公司	20120386C	2017.01.18 至 2022.01.17
北京群航国际货运代理有限公司	20120390C	2017.01.18 至 2022.01.17
上海马风达快递服务有限公司	20120396C	2017.03.22 至 2022.03.21
厦门琳龙物流有限公司	20120397C	2017.03.22 至 2022.03.21
中山市中泰国际货运代理有限公司	20120399C	2017.03.22 至 2022.03.21
徐州丸全外运有限公司	20120402C	2017.03.22 至 2022.03.21
深圳市宅急送快运有限公司	20120403C	2012.07.13 至 2017.07.12
上海捷利货运有限公司	20120404C	2012.07.13 至 2017.07.12
泉州市华国货运代理有限公司	20120405C	2012.07.13 至 2017.07.12
湖南安迅物流运输有限公司	20120406C	2012.07.13 至 2017.07.12
广西中外运物流有限公司	20120407C	2012.07.13 至 2017.07.12
南通全球通速递有限公司	20120408C	2012.07.13 至 2017.07.12
苏州霞丰国际货运代理有限公司	20120409C	2012.07.13 至 2017.07.12
北京福鑫快递服务有限公司	20120410C	2012.07.13 至 2017.07.12
上海骏佳国际物流有限公司	20120411C	2012.07.13 至 2017.07.12
北京宅急送快运股份有限公司	20100208C	2012.07.13 至 2017.07.12
上海宅急送物流有限公司	20100265C	2012.07.13 至 2017.07.12
杭州百世网络技术有限公司	20110354C	2012.07.13 至 2017.07.12
南京朗沁国际物流有限公司	20120413C	2012.10.10 至 2017.10.09
上海创兴国际货运代理有限公司	20120414C	2012.10.10 至 2017.10.09
上海恒信泓艺国际货物运输代理有限公司	20120415C	2012.10.10 至 2017.10.09
上海圆通国际货物运输代理有限公司	20120417C	2012.10.10 至 2017.10.09
唐山世骐国际货运代理有限公司	20120418C	2012.10.10 至 2017.10.09
青岛永广泰国际货运代理有限公司	20120420C	2012.10.10 至 2017.10.09
飘达通运输(深圳)有限公司	20120421C	2012.10.10 至 2017.10.09
郑州宇迅快递有限公司	20120422C	2012.10.10 至 2017.10.09
上海韵达货运有限公司	20120210C	2012.10.10 至 2017.10.09
许昌启明快递有限公司	20120416C	2012.12.28 至 2017.12.27
上海馨翔航空地面服务有限公司	20120425C	2012.12.28 至 2017.12.27
上海晋越国际货运代理有限公司	20120426C	2012.12.28 至 2017.12.27
宝应县佳捷货运有限公司	20120427C	2012.12.28 至 2017.12.27
上海爱文琪货运代理有限公司	20120428C	2012.12.28 至 2017.12.27
温州亚泰物流有限公司	20120429C	2012.12.28 至 2017.12.27
太仓和信国际货运代理有限公司	20120430C	2012.12.28 至 2017.12.27
惠州市鑫田物流有限公司	20120431C	2012.12.28 至 2017.12.27
宁波海曙易成货运代理有限公司	20120432C	2012.12.28 至 2017.12.27
深圳市有信达物流集团有限公司	20120433C	2012.12.28 至 2017.12.27
苏州健行国际货运代理有限公司	20130434C	2013.02.06 至 2018.02.05
东方国际货运有限公司	20130437C	2013.02.06 至 2018.02.05
大连大田国际货运有限公司	20130438C	2013.02.06 至 2018.02.05

续上表

企业名称	许可证号	有效期限
湛江邮政速递服务有限公司	20130439C	2013.02.06 至 2018.02.05
中山市鸿利国际货运代理有限公司	20130440C	2013.02.06 至 2018.02.05
青岛优派斯速递有限公司	20130441C	2013.02.06 至 2018.02.05
上海思客亚国际货物运输代理有限公司	20130442C	2013.02.06 至 2018.02.05
义乌市恒翔国际货运代理有限公司	20130444C	2013.05.14 至 2018.05.13
大连乾宏国际物流有限公司	20130446C	2013.05.14 至 2018.05.13
上海威盛报关有限公司	20130447C	2013.05.14 至 2018.05.13
重庆中环国际货运代理有限公司	20130448C	2013.05.14 至 2018.05.13
扬州华捷货运代理有限公司	20130449C	2013.05.14 至 2018.05.13
运发(厦门)物流有限公司	20130450C	2013.05.14 至 2018.05.13
上海畅灵国际货运代理有限公司	20130451C	2013.05.14 至 2018.05.13
辽宁中旅国际货运有限公司	20130452C	2013.05.14 至 2018.05.13
威海汉信国际货运代理有限公司	20130453C	2013.05.14 至 2018.05.13
江阴市神鹿航空物流服务有限公司	20130455C	2013.05.14 至 2018.05.13
广东晟荣国际运输有限公司	20130457C	2013.07.16 至 2018.07.15
珠海里洋国际货运代理有限公司	20130458C	2013.07.16 至 2018.07.15
青岛丰翔国际物流有限公司	20130459C	2013.07.16 至 2018.07.15
深圳市中环运实业发展有限公司	20130460C	2013.07.16 至 2018.07.15
广州飞特物流有限公司	20130461C	2013.07.16 至 2018.07.15
温州市亚航国际货运代理有限公司	20130462C	2013.07.16 至 2018.07.15
上海金迪货运代理有限公司	20130463C	2013.07.16 至 2018.07.15
深圳市百千诚国际物流有限公司	20130464C	2013.07.16 至 2018.07.15
台州市嘉晖航空国际货运代理有限公司	20130465C	2013.07.16 至 2018.07.15
上海东航快递有限公司	20130466C	2013.08.23 至 2018.08.22
盐城湖海速递服务有限公司	20130467C	2013.08.23 至 2018.08.22
上海博瀚国际货运代理有限公司	20130468C	2013.08.23 至 2018.08.22
余姚市凯达货运代理有限公司	20130469C	2013.08.23 至 2018.08.22
宁波陆风国际货运代理有限公司	20130470C	2013.08.23 至 2018.08.22
顺丰速运有限公司	20130471C	2013.09.30 至 2018.09.29
山东迅吉安国际物流有限公司	20130472C	2013.09.30 至 2018.09.29
北京宇迅国际运输有限公司	20130473C	2013.09.30 至 2018.09.29
扬州启航货运代理有限公司	20130474C	2013.09.30 至 2018.09.29
金华市易航国际货运代理有限公司	20130477C	2013.12.05 至 2018.12.04
中通快递股份有限公司	20130478C	2013.12.05 至 2018.12.04
东莞市启诚国际货运代理有限公司	20130479C	2013.12.05 至 2018.12.04
苏宁云商集团股份有限公司	20140424C	2014.01.22 至 2019.01.21
山东三合源云科技信息有限公司	20140484C	2014.01.22 至 2019.01.21
新干线(厦门)物流有限公司	20140485C	2014.01.22 至 2019.01.21
山东华飞国际物流有限公司	20140486C	2014.01.22 至 2019.01.21
厦门闽亚货运代理有限公司	20140487C	2014.01.22 至 2019.01.21

续上表

企 业 名 称	许 可 证 号	有 效 期 限
上海鸿谊国际货运有限公司	20140488C	2014.01.22 至 2019.01.21
荣通国际货运有限公司	20140489C	2014.01.22 至 2019.01.21
盐城市新东方国际货运代理有限公司	20140490C	2014.01.22 至 2019.01.21
河南西联速递有限公司	20140491C	2014.03.05 至 2019.03.04
郴州瑞通物流有限公司	20140492C	2014.03.05 至 2019.03.04
郴州捷顺物流有限公司	20140493C	2014.03.05 至 2019.03.04
重庆金利国际货物运输代理有限公司	20140494C	2014.03.05 至 2019.03.04
昆明普斯特速递货运有限责任公司	20140495C	2014.04.21 至 2019.04.20
广州空港国际物流有限公司	20140496C	2014.04.21 至 2019.04.20
上海德科国际货物运输代理有限公司	20140497C	2014.04.21 至 2019.04.20
鑫睿国际货物运输代理(上海)有限公司	20140498C	2014.04.21 至 2019.04.20
珠海市顺联国际货物运输代理有限公司	20140499C	2014.04.21 至 2019.04.20
深圳永利八达通物流有限公司	20140500C	2014.04.21 至 2019.04.20
北京环宇天马国际货运代理有限公司	20140501C	2014.04.21 至 2019.04.20
优速物流有限公司	20140272C	2014.04.21 至 2019.04.20
北京宇恒国际快递有限公司	20140502C	2014.04.21 至 2019.04.20
天津越洋国际货运代理有限公司	20140503C	2014.06.09 至 2019.06.08
上海高飞集装箱储运有限公司	20140504C	2014.06.09 至 2019.06.08
天津顺丰速递有限公司	20130471-1C(2014)	2014.06.09 至 2019.06.08
湖北顺丰速运有限公司	20130471-2C(2014)	2014.06.09 至 2019.06.08
福建新干线物流有限公司	20140507C	2014.08.13 至 2019.08.12
山东冠通国际货运代理有限公司	20140508C	2014.08.13 至 2019.08.12
新疆威达世国际贸易有限公司	20140509C	2014.08.13 至 2019.08.12
内蒙古海悦通国际货运有限责任公司	20140510C	2014.08.13 至 2019.08.12
浙江金瑞国际货运代理有限公司	20140511C	2014.08.13 至 2019.08.12
天津百洲达国际货运代理有限公司	20140513C	2014.10.11 至 2019.10.10
西咸新区立达国际快递有限公司	20140514C	2014.10.11 至 2019.10.10
重庆保时达保税物流有限公司	20140515C	2014.10.11 至 2019.10.10
济南海谷国际货运代理有限公司	20140516C	2014.10.11 至 2019.10.10
北京润顺达国际快递有限公司	20140517C	2014.10.11 至 2019.10.10
四川合众兴国际物流有限公司	20140518C	2014.10.11 至 2019.10.10
海淘客国际物流(上海)有限公司	20140519C	2014.10.11 至 2019.10.10
中外运泓丰(上海)国际物流有限公司	20140520C	2014.10.11 至 2019.10.10
宁波路易通电子商务有限公司	20140521C	2014.10.11 至 2019.10.10
广州速递有限公司	20140522C	2014.10.11 至 2019.10.10
青岛诚业国际物流有限公司	20140523C	2014.10.11 至 2019.10.10
宁波纵横伟业国际货运代理有限公司	20140524C	2014.10.11 至 2019.10.10
湖北省东立国际货运代理有限公司	20140525C	2014.10.11 至 2019.10.10
上海鸿硕国际货运代理有限公司	20140526C	2014.10.11 至 2019.10.10
南通迪比翼快递有限公司	20140527C	2014.10.11 至 2019.10.10

续上表

企业名称	许可证号	有效期限
烟台中外运国际物流有限公司	20140528C	2014.10.11 至 2019.10.10
威海新海丰物流有限公司	20140529C	2014.10.11 至 2019.10.10
汕头市邮政速递服务有限公司	20140530C	2014.10.11 至 2019.10.10
河南盛通国际货运代理有限公司	20140531C	2014.10.11 至 2019.10.10
四川欧西爱司物流有限公司	20140532C	2014.10.11 至 2019.10.10
北京澜海淳远国际运输代理有限公司	20140533C	2014.12.03 至 2019.12.02
港中旅华贸国际物流股份有限公司	20140534C	2014.12.03 至 2019.12.02
河南德骊国际货运代理有限公司	20140535C	2014.12.03 至 2019.12.02
上海增联物流有限公司	20140536C	2014.12.03 至 2019.12.02
深圳市万运国际物流有限公司	20140537C	2014.12.03 至 2019.12.02
上海浦东创业国际物流有限公司	20140538C	2014.12.03 至 2019.12.02
嘉兴市骏天国际货运代理有限公司	20140539C	2014.12.03 至 2019.12.02
大连京大国际货运代理有限公司	20140540C	2014.12.03 至 2019.12.02
深圳市拓威百顺达国际货运代理有限公司	20140541C	2014.12.03 至 2019.12.02
中国外运江苏集团公司淮阴公司	20140542C	2014.12.03 至 2019.12.02
广东高捷航运物流有限公司	20140543C	2014.12.03 至 2019.12.02
汕尾市丰腾速递有限公司	20140544C	2014.12.03 至 2019.12.02
江门市蓬江区利航物流有限公司	20140545C	2014.12.03 至 2019.12.02
上海天行健国际物流有限公司	20140546C	2014.12.03 至 2019.12.02
江苏好德国际货运代理有限公司	20140547C	2014.12.03 至 2019.12.02
山东鸿程物流有限公司	20140548C	2014.12.03 至 2019.12.02
湖北广瑞源国际物流有限公司	20140549C	2014.12.03 至 2019.12.02
昆山天地人国际货运有限公司	20140550C	2014.12.03 至 2019.12.02
航都(厦门)国际货运代理有限公司	20140551C	2014.12.03 至 2019.12.02
天津时代瑞丰国际货运代理有限公司	20140552C	2014.12.30 至 2019.12.29
福建统一快递有限公司	20140553C	2014.12.30 至 2019.12.29
浙江点库电子商务有限公司	20140554C	2014.12.30 至 2019.12.29
威海鹏宇国际货运代理有限公司	20140555C	2014.12.30 至 2019.12.29
吉林省天地嘉通物流有限公司	20140556C	2014.12.30 至 2019.12.29
辽宁韩一国际货运有限公司	20140557C	2014.12.30 至 2019.12.29
广州市乾泰亨通国际货运代理有限公司	20140558C	2014.12.30 至 2019.12.29
上海贸盛国际货运有限公司	20140559C	2014.12.30 至 2019.12.29
汎韩物流(上海)有限公司	20140560C	2014.12.30 至 2019.12.29
赛诚国际物流有限公司	20140561C	2014.12.30 至 2019.12.29
汎韩物流(深圳)有限公司	20140562C	2014.12.30 至 2019.12.29
重庆奔城国际物流有限公司	20150563C	2015.01.12 至 2020.01.11
福建浩翔快递有限公司	20150564C	2015.01.12 至 2020.01.11
广州上通国际货运代理有限公司	20150566C	2015.02.27 至 2020.02.26
深圳市创业兴运国际货运代理有限公司	20150567C	2015.02.27 至 2020.02.26
丹阳浩宇物流有限公司	20150568C	2015.02.27 至 2020.02.26

续上表

企业名称	许可证号	有效期限
深圳市北泰国际货运代理有限公司	20150569C	2015.02.27 至 2020.02.26
北京中铁快运有限公司	20150570C	2015.02.27 至 2020.02.26
青岛三星国际货运有限公司	20150571C	2015.02.27 至 2020.02.26
山东朗越国际运输服务有限公司	20150572C	2015.02.27 至 2020.02.26
哈尔滨市尼尔物流发展有限公司	20150316C	2015.02.27 至 2020.02.26
重庆渝速航空货运有限公司	20150573C	2015.02.27 至 2020.02.26
黑龙江省万木国际货运代理有限公司	20150574C	2015.02.27 至 2020.02.26
上海宏杉国际物流有限公司	20150575C	2015.02.27 至 2020.02.26
黑龙江省太平洋国际货运代理有限公司	20150576C	2015.02.27 至 2020.02.26
中海环球货运有限公司	20150577C	2015.02.27 至 2020.02.26
青岛易通快达国际货运代理有限公司	20150578C	2015.03.11 至 2020.03.10
深圳市深快国际货运代理有限公司	20150579C	2015.03.11 至 2020.03.10
重庆市盈安哒国际货运代理有限公司	20150580C	2015.03.11 至 2020.03.10
吉林省冬晨国际物流有限公司	20150581C	2015.03.11 至 2020.03.10
河南仁之通贸易有限公司	20150582C	2015.03.11 至 2020.03.10
肇庆市新锦洋速递有限公司	20150583C	2015.03.11 至 2020.03.10
江苏时进国际物流有限公司	20150584C	2015.04.16 至 2020.04.15
上海大誉国际物流有限公司	20150585C	2015.04.16 至 2020.04.15
天津市万德隆物流有限公司	20150586C	2015.04.16 至 2020.04.15
句容市海通国际货运代理有限公司	20150587C	2015.04.16 至 2020.04.15
长兴振华货运有限公司	20150588C	2015.04.16 至 2020.04.15
青岛易运联盟国际货运代理有限公司	20150589C	2015.04.16 至 2020.04.15
福建跨境易电子商务有限公司	20150590C	2015.04.16 至 2020.04.15
海航货运有限公司	20150482C	2015.04.16 至 2020.04.15
智达直邮(上海)物联网有限公司	20150591C	2015.04.16 至 2020.04.15
重庆康荣国际货物运输代理有限公司	20150593C	2015.06.02 至 2020.06.01
福州四海捷运物流有限公司	20150594C	2015.06.02 至 2020.06.01
天津易客满国际物流有限公司	20150595C	2015.06.02 至 2020.06.01
沈阳鸿天航国际货运代理有限公司	20150596C	2015.06.02 至 2020.06.01
郑州聚通国际货运代理有限公司	20150597C	2015.06.02 至 2020.06.01
沈阳天添成货运有限公司	20150598C	2015.06.02 至 2020.06.01
青岛安特思国际货运代理有限公司	20150599C	2015.06.02 至 2020.06.01
汉宏物流(中国)有限公司	20150600C	2015.06.02 至 2020.06.01
天津群航国际货运代理有限公司	20150601C	2015.06.02 至 2020.06.01
北京中外运嘉航物流有限公司	20150602C	2015.06.02 至 2020.06.01
天津川港国际货运代理有限公司	20150603C	2015.06.02 至 2020.06.01
深圳市鑫隆华国际货运代理有限公司	20150604C	2015.06.15 至 2020.06.14
天津朝旭国际贸易有限公司	20150605C	2015.06.15 至 2020.06.14
四会市天马物流有限公司	20150606C	2015.06.15 至 2020.06.14
威海瑞盛快递有限公司	20150607C	2015.06.15 至 2020.06.14

续上表

企业名称	许可证号	有效期限
北京林德国际运输代理有限公司	20150608C	2015.06.15 至 2020.06.14
上海甲申速递有限公司	20150611C	2015.07.08 至 2020.07.07
河北瀚博国际货运代理有限公司	20150612C	2015.07.08 至 2020.07.07
北京陆捷达报关有限公司	20150613C	2015.07.08 至 2020.07.07
山东恒古国际货运代理有限公司	20150614C	2015.07.08 至 2020.07.07
天津市天地申通物流有限公司	20150615C	2015.07.08 至 2020.07.07
万达杰诚国际物流(北京)有限公司	20150616C	2015.07.08 至 2020.07.07
北京昊运联合国际货运代理有限公司	20150617C	2015.07.08 至 2020.07.07
北京增益物流有限公司	20150618C	2015.07.08 至 2020.07.07
山东泛亚国际货运有限公司	20150619C	2015.07.08 至 2020.07.07
沈阳铁路局	20150620C	2015.07.08 至 2020.07.07
江门市蓬江区达尔德物流有限公司	20150621C	2015.07.08 至 2020.07.07
天津市玉金物流有限公司	20150623C	2015.08.11 至 2020.08.10
青岛海蓝钧德国际货运代理有限公司	20150624C	2015.08.11 至 2020.08.10
北京聚融国际货运代理有限公司	20150625C	2015.08.11 至 2020.08.10
哈尔滨北方邮联物流有限公司	20150626C	2015.08.11 至 2020.08.10
中大门国际物流服务有限公司	20150627C	2015.08.11 至 2020.08.10
厦门外代航空货运代理有限公司	20150628C	2015.08.11 至 2020.08.10
现代之路(内蒙古)跨境电商物流有限公司	20150629C	2015.09.14 至 2020.09.13
河北中邮物流有限责任公司	20150630C	2015.09.14 至 2020.09.13
吉林飞虎物流集团有限公司	20150631C	2015.09.14 至 2020.09.13
内蒙古华洋物流有限公司	20150632C	2015.09.14 至 2020.09.13
山东郡成国际货运代理有限公司	20150633C	2015.09.14 至 2020.09.13
天津渤海报关有限公司	20150634C	2015.09.14 至 2020.09.13
重庆中邮物流有限责任公司	20150635C	2015.10.26 至 2020.10.25
山东泓诺国际货运代理有限公司	20150636C	2015.10.26 至 2020.10.25
福建鹭优速物流有限公司	20150637C	2015.10.26 至 2020.10.25
天津中远国际航空货运代理有限公司	20150638C	2015.10.26 至 2020.10.25
上海和航国际物流有限公司	20150639C	2015.10.26 至 2020.10.25
上海明驹国际货物运输代理有限公司	20150640C	2015.10.26 至 2020.10.25
河南韵达快递服务有限公司	20150641C	2015.10.26 至 2020.10.25
山东联顺国际速运有限公司	20150642C	2015.10.26 至 2020.10.25
陕西中邮物流有限责任公司	20150643C	2015.11.16 至 2020.11.15
深圳市五洲国际货运有限公司	20150644C	2015.11.16 至 2020.11.15
深圳市柏威国际货运代理有限公司	20150645C	2015.11.16 至 2020.11.15
天津茂友国际货运代理有限公司	20150646C	2015.11.16 至 2020.11.15
深圳市高保远东国际货物代理有限公司	20150647C	2015.11.16 至 2020.11.15
江门市中岸国际船舶货物运输代理有限公司	20150648C	2015.11.16 至 2020.11.15
四川澳速通国际物流有限公司	20150649C	2015.11.16 至 2020.11.15
深圳市域禾国际货运代理有限公司	20150650C	2015.11.16 至 2020.11.15

续上表

企业名称	许可证号	有效期限
辽宁中信国际速递有限公司	20150651C	2015.11.25 至 2020.11.24
鹤山市万年松国际货运代理有限公司	20150652C	2015.11.25 至 2020.11.24
吉林飞虎物流集团国际物流有限公司	20150653C	2015.11.25 至 2020.11.24
辽宁中邮物流有限责任公司	20150654C	2015.12.30 至 2020.12.29
青岛韩商海空国际物流有限公司	20150655C	2015.12.30 至 2020.12.29
天津市飞迅达物流有限公司	20150656C	2015.12.30 至 2020.12.29
天津日月国际物流有限公司	20150657C	2015.12.30 至 2020.12.29
天津中邮物流有限责任公司	20150659C	2015.12.30 至 2020.12.29
申通快递有限公司	20160213C	2016.01.26 至 2021.01.25
上海天戈国际货运代理有限公司	20160660C	2016.01.26 至 2021.01.25
上海递优国际物流有限公司	20160661C	2016.01.26 至 2021.01.25
北京环亚兴达物流有限公司	20160664C	2016.02.03 至 2021.02.02
天天快递有限公司	20160270C	2016.03.24 至 2021.03.23
河南省圆通速递有限公司	20160666C	2016.03.24 至 2021.03.23
辽宁宜正国际物流科技有限公司	20160667C	2016.03.24 至 2021.03.23
上海东擎国际货运代理有限公司	20160668C	2016.03.24 至 2021.03.23
北京翼速国际物流有限公司	20160669C	2016.04.19 至 2021.04.18
深圳市炬东国际货运代理有限公司	20160670C	2016.04.19 至 2021.04.18
宜昌利方货物运输代理有限公司	20160671C	2016.04.19 至 2021.04.18
深圳市海盛国际货运代理有限公司	20160672C	2016.04.19 至 2021.04.18
河北宇航国际货运代理有限公司	20160673C	2016.04.19 至 2021.04.18
鹤山市南方国际速递有限公司	20160674C	2016.04.19 至 2021.04.18
延边法拉盛安能国际货运代理有限公司	20160675C	2016.05.31 至 2021.05.30
河南骏腾国际货运代理有限公司	20160676C	2016.05.31 至 2021.05.30
延边申通快递有限公司	20160677C	2016.06.08 至 2021.06.07
广州白云国际机场商贸发展有限公司	20160678C	2016.06.08 至 2021.06.07
北京世纪卓越快递服务有限公司	20160220C	2016.06.14 至 2021.06.13
昆明汇富通物流有限公司	20160679C	2016.06.14 至 2021.06.13
延边集翔国际货运代理有限公司	20160680C	2016.06.14 至 2021.06.13
深圳市邮政速递有限公司	20160681C	2016.06.14 至 2021.06.13
宁波保税区航虹发展公司	20160682C	2016.06.20 至 2021.06.19
中外运华杰国际物流(北京)有限公司	20160683C	2016.07.11 至 2021.07.10
大连市安达吉翔国际物流有限公司	20160684C	2016.07.11 至 2021.07.10
广州应天长国际货运代理有限公司	20160685C	2016.07.11 至 2021.07.10
德邦物流股份有限公司	20160378C	2016.07.17 至 2021.07.16
上海万历国际货物运输代理有限公司	20160686C	2016.07.17 至 2021.07.16
通诚物流(烟台)有限公司	20160687C	2016.08.05 至 2021.08.04
新疆中邮物流有限责任公司	20160688C	2016.08.25 至 2021.08.24
天津市优诺盈达国际货运代理有限公司	20160689C	2016.08.25 至 2021.08.24
上海园洲供应链管理有限公司	20160690C	2016.09.06 至 2021.09.05

续上表

企业名称	许可证号	有效期限
郴州湘港物流有限公司	20160691C	2016.09.28 至 2021.09.27
北京中邮物流有限责任公司	20160692C	2016.10.13 至 2021.10.12
上海倍海供应链管理有限公司	20160693C	2016.10.17 至 2021.10.16
上海永龙宝国际货物运输代理有限公司	20160694C	2016.10.17 至 2021.10.16
惠州市威球国际货运代理有限公司	20160695C	2016.10.17 至 2021.10.16
上海联葳恒国际货物运输代理有限公司	20160696C	2016.10.17 至 2021.10.16
青岛海谷国际物流有限公司	20160697C	2016.10.17 至 2021.10.16
上海瀚阳国际货运代理有限公司	20160698C	2016.11.10 至 2021.11.09
广州优宜趣供应链管理有限公司	20160699C	2016.11.10 至 2021.11.09
内蒙古鸿诚邮政国际货物运输代理有限公司	20160701C	2016.11.28 至 2021.11.27
青岛恒利泰国际物流有限公司	20160702C	2016.11.28 至 2021.11.27
上海中远国际航空货运代理有限公司	20160703C	2016.11.28 至 2021.11.27
青岛恒捷通国际货运代理有限公司	20160704C	2016.11.28 至 2021.11.27
浙江中邮物联科技有限公司	20160707C	2016.12.26 至 2021.12.25
宁波金腾永安国际货运代理有限公司	20160708C	2016.12.26 至 2021.12.25
福建易北速递有限公司	20170709C	2017.01.11 至 2022.01.10
湖北中邮物流有限责任公司	20170710C	2017.01.11 至 2022.01.10
湖北省快捷通国际货运代理有限公司	20170711C	2017.01.11 至 2022.01.10
山东大田国际货运代理有限公司	20170712C	2017.01.24 至 2022.01.23
山东中邮物流有限责任公司	20170713C	2017.01.24 至 2022.01.23
上海路递申国际货运代理有限公司	20170714C	2017.01.24 至 2022.01.23
青岛万嘉通商外贸综合服务有限公司	20170715C	2017.01.24 至 2022.01.23
安徽顺丰速运有限公司	20100031-1C	2015.09.29 至 2020.09.28
顺丰运输（常州）有限公司	20100031-3C	2015.09.29 至 2020.09.28
顺丰速运（东莞）有限公司	20100031-5C	2015.09.29 至 2020.09.28
福州顺丰速运有限公司	20100031-6C	2015.09.29 至 2020.09.28
海南顺丰速运有限公司	20100031-8C	2015.09.29 至 2020.09.28
浙江顺丰速运有限公司	20100031-9C	2015.09.29 至 2020.09.28
河北顺丰速运有限公司	20100031-10C	2015.09.29 至 2020.09.28
河南省顺丰速运有限公司	20100031-11C	2015.09.29 至 2020.09.28
黑龙江省顺丰速运有限公司	20100031-12C	2015.09.29 至 2020.09.28
武汉顺丰速运有限公司	20100031-13C	2015.09.29 至 2020.09.28
湖南顺丰速运有限公司	20100031-14C	2015.09.29 至 2020.09.28
顺丰速运（湖州）有限公司	20100031-15C	2015.09.29 至 2020.09.28
淮安顺丰速运有限公司	20100031-16C	2015.09.29 至 2020.09.28
顺丰速运（惠州）有限公司	20100031-17C	2015.09.29 至 2020.09.28
山东顺丰速运有限公司	20100031-19C	2015.09.29 至 2020.09.28
嘉兴顺丰运输有限公司	20100031-20C	2015.09.29 至 2020.09.28
江西顺丰速运有限公司	20100031-21C	2015.09.29 至 2020.09.28
金华市顺丰速运有限公司	20100031-22C	2015.09.29 至 2020.09.28

续上表

企业名称	许可证号	有效期限
云南顺丰速运有限公司	20100031-23C	2015.09.29 至 2020.09.28
丽水市顺丰速运有限公司	20100031-24C	2015.09.29 至 2020.09.28
连云港顺丰速运有限公司	20100031-25C	2015.09.29 至 2020.09.28
顺丰运输(南京)有限公司	20100031-27C	2015.09.29 至 2020.09.28
南平市顺丰速运有限公司	20100031-28C	2015.09.29 至 2020.09.28
南通顺丰速递有限公司	20100031-29C	2015.09.29 至 2020.09.28
宁波顺丰速运有限公司	20100031-30C	2015.09.29 至 2020.09.28
宁德市顺丰速运有限公司	20100031-31C	2015.09.29 至 2020.09.28
顺丰速运(宁夏)有限公司	20100031-32C	2015.09.29 至 2020.09.28
莆田市顺丰速运有限公司	20100031-33C	2015.09.29 至 2020.09.28
青岛顺丰速运有限公司	20100031-34C	2015.09.29 至 2020.09.28
顺丰集团衢州运输有限公司	20100031-35C	2015.09.29 至 2020.09.28
泉州顺丰运输有限公司	20100031-36C	2015.09.29 至 2020.09.28
三明市顺丰速运有限公司	20100031-37C	2015.09.29 至 2020.09.28
绍兴顺丰速运有限公司	20100031-38C	2015.09.29 至 2020.09.28
四川顺丰速运有限公司	20100031-39C	2015.09.29 至 2020.09.28
苏州工业园区顺丰速运有限公司	20100031-40C	2015.09.29 至 2020.09.28
台州顺丰速运有限公司	20100031-41C	2015.09.29 至 2020.09.28
泰州顺丰运输有限公司	20100031-42C	2015.09.29 至 2020.09.28
顺丰速运(天津)有限公司	20100031-43C	2015.09.29 至 2020.09.28
温州顺衡速运有限公司	20100031-44C	2015.09.29 至 2020.09.28
无锡市顺丰速运有限公司	20100031-45C	2015.09.29 至 2020.09.28
西安顺丰速运有限公司	20100031-46C	2015.09.29 至 2020.09.28
厦门市顺丰速运有限公司	20100031-47C	2015.09.29 至 2020.09.28
徐州顺衡速运有限公司	20100031-48C	2015.09.29 至 2020.09.28
盐城顺丰速运有限公司	20100031-49C	2015.09.29 至 2020.09.28
扬州顺丰速运有限公司	20100031-50C	2015.09.29 至 2020.09.28
湛江顺丰速运有限公司	20100031-51C	2015.09.29 至 2020.09.28
顺丰运输(漳州)有限公司	20100031-52C	2015.09.29 至 2020.09.28
肇庆市顺丰速运有限公司	20100031-53C	2015.09.29 至 2020.09.28
镇江市顺丰速运有限公司	20100031-54C	2015.09.29 至 2020.09.28
中山顺丰速运有限公司	20100031-55C	2015.09.29 至 2020.09.28
佛山顺丰速运有限公司	20100031-57C	2015.09.29 至 2020.09.28
江门顺丰速运有限公司	20100031-58C	2015.09.29 至 2020.09.28
珠海顺丰速运有限公司	20100031-59C	2015.09.29 至 2020.09.28
舟山顺丰速运有限公司	20100031-60C	2015.09.29 至 2020.09.28
顺丰速运重庆有限公司	20100031-61C	2015.09.29 至 2020.09.28
潍坊顺丰速运有限公司	20100031-62C	2015.09.29 至 2020.09.28
上海顺意丰速运有限公司	20100031-63C	2015.09.29 至 2020.09.28
上海顺啸丰运输有限公司	20100031-64C	2015.09.29 至 2020.09.28

续上表

企业名称	许可证号	有效期限
上海顺衡物流有限公司	20100031-65C	2015.09.29至2020.09.28
顺丰速运集团(上海)速运有限公司	20100031-66C	2015.09.29至2020.09.28
汕头市顺丰速运有限公司	20100031-67C	2015.09.29至2020.09.28
汕头市澄海区顺丰快递服务有限公司	20100031-68C	2015.09.29至2020.09.28
山西顺丰速运有限公司	20100031-69C	2015.09.29至2020.09.28
内蒙古顺丰速运有限公司	20100031-70C	2015.09.29至2020.09.28
龙岩顺丰速运有限公司	20100031-71C	2015.09.29至2020.09.28
顺丰速运(沈阳)有限公司	20100031-72C	2015.09.29至2020.09.28
揭阳市顺丰速运有限公司	20100031-73C	2015.09.29至2020.09.28
广西顺丰速运有限公司	20100031-74C	2015.09.29至2020.09.28
潮州市顺丰速运有限公司	20100031-75C	2015.09.29至2020.09.28
梅州市顺丰速运有限公司	20100031-76C	2015.09.29至2020.09.28
江苏顺丰速运有限公司	20100031-77C	2015.09.29至2020.09.28
新疆顺丰速运有限公司	20100031-78C	2015.09.2至2020.09.28
兰州顺丰速运有限公司	20100031-79C	2015.09.29至2020.09.28
烟台顺丰速运有限公司	20100031-80C(2014)	2014.03.05至2019.03.04